DX 中国传媒大学“211工程”建设项目

ZHONGGUOGUANGBODIANSHIWENYIDAXI

中国广播电视文艺大系

2001—2010

电视综艺节目卷
（上）

游洁◎主编

中国广播影视出版社

《中国广播电视文艺大系》

编 委 会

总 序

随着我国广播电视事业的不断发展，以电视剧、广播剧、电视综艺晚会、电视纪录片等为代表的广播电视文艺作品已经成为当今中国社会受众面最广的艺术形式，与此同时，广播电视文艺理论和作品批评也蔚为大观，广播电视艺术学，已经成为艺术门类中独立的二级学科。

为了改变长期以来“广播电视艺术学”学科发展和资料建设之间的不均衡现象，也为了收集和保存不断发展变化中的广播电视文艺作品和理论成果，给研究者们提供较为系统、翔实的资料，我们借“211 工程”学科建设之东风，组织相关学科的专家和学者，搜求爬梳，去芜存菁，在 2008 年编订出版了多卷本《中国广播电视文艺大系（1977－2000)》，对 20 世纪的广播电视文艺作品和理论研究做了系统的整理和总结。这套“大系”在出版发行后取得了良好的社会效益，2009 年 10 月，入选由中宣部和新闻出版署共同组织评定的“庆祝新中国成立 60 周年百种重点图书”。

2008 年，“中国广播电视文艺大系（2001－2010)”课题又入选中国传媒大学“211工程”第三期。进入21世纪后，信息与通讯技术以日新月异的发展速度改变着全球经济和大众的文化审美意识，广播、电视等传播媒介迎来了前所未有的发展机遇，广播电视文艺节目随时“刷新”节目形态和传播理念，以适应现代受众的审美需求。21世纪的广播电视文艺作品在数量上浩如烟海，形态上异彩纷呈，理论研究也呈现出百家争鸣。可以说，与上一期的“大系”工程相比，“中国广播电视文艺大系（2001－2010）”课题研究成果的编辑出版面临着更加复杂、更加艰巨的挑战。

十年磨一剑。我们终于将《中国广播电视文艺大系（2001－2010）》奉献于社会和同仁面前。朱熹有云：“所以继往圣，开来学，而大有功于斯世也。”我们不敢妄称继往开来以居功，若殚精竭虑的搜求整理能够为相关领域研究提供切实的帮助，能够为推动广播电视艺术学体系的完善贡献绵薄之力，则喜莫大焉。由于广播电视艺术具有载体特殊、节目形态时时求新求变等特点，更兼学海无涯，文本中力有未逮或偏颇缺漏之处，亦愿虚心求正于方家。

《中国广播电视文艺大系》编委会

2015年2月

目　　录

上册

2001 年

2001 年中央电视台春节联欢晚会 …………………………………………………………（1）
《相约花戏楼》第 84 期 ………………………………………………………………………（46）
“岁月如歌”1921—2001 湖南省纪念中国共产党成立 80 周年文艺晚会 ……………………（55）
“飘动的红丝带”预防艾滋病大型公益文艺晚会 …………………………………………（70）

2002 年

2002 年春节联欢晚会 …………………………………………………………………………（87）

2003 年

《激情九九》第 220 期特别节目 ……………………………………………………………（145）

2004 年

“《红楼梦》再聚首”艺术人生主题策划特别节目 ……………………………………………（164）

2005 年

湖南卫视 2005 年春节联欢晚会 ……………………………………………………（174）
“江城月·中华情”2005 中央电视台中秋双语晚会 ……………………………………（208）
“爱我中华——56 朵金花浦江欢庆建国五十六周年”大型文艺晚会 ……………………（222）
“梦想未来”北京亚太青少年电视节颁奖晚会 …………………………………………（231）

2006 年

2006 年中央电视台春节联欢晚会 ……………………………………………………（242）
“和谐礼赞——庆祝上海合作组织成立 5 周年”文艺晚会暨成员国艺术节开幕式 ……（305）
“海峡月·中华情”2006 年中央电视台中秋晚会 ……………………………………（310）

2007 年

“祝福河北”河北电视台 2007 年春节联欢晚会…………………………………………（332）
“快乐回家”湖南卫视 2007 年春节晚会…………………………………………………（349）
“中流击水”第四届泛珠三角区域合作与发展论坛暨经贸洽谈会开幕式 ………………（394）
超级少年……………………………………………………………………………………（409）
庆祝香港回归祖国十周年文艺晚会………………………………………………………（427）
“繁花似锦”第十届精神文明建设“五个一工程”颁奖晚会 ……………………………（440）
“阳光生命”2007 年世界夏季特殊奥林匹克运动会闭幕式 ……………………………（459）
《欢乐中国行》魅力苏州高新区 …………………………………………………………（467）

2008 年

2008 年中央电视台春节联欢晚会 ……………………………………………………（489）
“爱心总动员之真情相守共渡时艰”湖南卫视赈灾晚会 ………………………………（551）
《爱的奉献》2008 宣传文化系统抗震救灾大型募捐活动 ………………………………（588）
“以生命的名义”四川省抗震救灾大型特别节目 ………………………………………（627）

《越策越开心》——小胖子夏令营 …………………………………………………………………（655）
“荣成月·中华情”2008中央电视台中秋晚会 …………………………………………………（670）
《天天向上》——男乘务员 ……………………………………………………………………（688）
《欢乐中国行》国庆特别节目 …………………………………………………………………（702）
《铭记》（电视文艺节目） ………………………………………………………………………（715）
《我爱记歌词》——全国麦霸城市对决第二季 ………………………………………………（730）
《天天向上》——配音演员 ……………………………………………………………………（748）
《开心100》第531期——大魔竞 ………………………………………………………………（782）
《剪子包袱锤》第五期 …………………………………………………………………………（800）
《挑战麦克风》 …………………………………………………………………………………（805）
“辉煌交响”中国电视事业50年暨庆祝中央电视台建台50周年文艺晚会 ………………（824）

2001年

2001年中央电视台春节联欢晚会

播出台：中央电视台
播出日期：2002年
总导演：王洗平　王宪生　金越
制片人：王洗平

（舞台美术：舞台台口从左到右一座高达近九米的拱形门，隐形发光。演播室舞台呈半圆拱型，从舞台上方中央到舞台中侧仿地球仪经纬线搭建了金属反光架子，使舞台空间变大，具有立体感。舞台后方置有升降台。舞台最后方有圆拱造型，布满灯光，圆拱造型中有圆圈型可升降。圆圈升起时，后方大屏幕置于中央。舞台左右台口两侧有高达近三米的波动手臂的真空玩偶。）
（舞台灯光布置：舞台后方左右侧有半圆灯光长条组舞台上方与左后右呈圆拱型，上方布满射灯与筒灯。）

片头视频《今天真好》
作词：甲丁　作曲：卞留念
编导：丁伟　编曲：孟可　戴劲松
演唱：孙悦　陈晓东（香港）
领舞：杨云涛　王亚勇　毕妍　万盛　王迪
　　　霍然　陈琛　魏思佳　段妃　张薇
（舞台布景：红色半圆拱大门缓缓打开，高潮部分启用后方升降台。）
（灯光：节目开始部分黄色顶光，节目过程所有灯光以蓝色、绿色、红色和黄色交叉闪烁）

唱　正点相约在这欢乐的地方
追梦路上的花儿又开放
每一份好心情都在彼此分享
正点相约在这欢乐的地方
用那目光把今夜点亮
追梦路上的花儿又开放
第一份好心情都在尽情绽放
欢乐写在人们脸上
我们用笑容邀春光
心在说　今天真好
欢乐写在人们脸上
告诉明天我们正在出发
把幸福共创

RAP　今天真好是老年人身体很健康
今天真好是日子它一天一个样
今天真好是朋友们个个都挺忙
欢乐写在人们脸上
我们用笑容邀春光

心在说　今天真好
欢乐写在人们脸上
春风又吹开心的窗
告诉明天我们正在出发
把幸福共创

【主持人从舞台后方由演员簇拥走到舞台前区】

周　亲爱的观众朋友们

全　晚上好！

周　新世纪第一个春天正在向我们走来，

朱　这新世纪的第一缕春风飘洒着五千年的清香，

曹　上个世纪我们曾在中华大地创下了辉煌，

张　同样，新世纪的春风必将吹绿中华沃土，萌发出新的希望。

周　就在今晚，这美好的时刻，中央电视台春节联欢晚会又和大家见面了。

朱　在晚会开始之际，我们向全国各族人民

曹　向港澳同胞、台湾同胞，

张　我们向海外侨胞，全世界中华儿女

全　祝贺新春！

周　祝大家在新的一年里，工作顺利

朱　春风得意。

曹　祝大家在新的一年里，

全　越来越好！

歌舞《越来越好》

作词：车行　作曲：李昕　编舞：张志

演唱：宋祖英

（灯光：节目开始淡紫色）

（道具：舞台中央有六个雪人、舞蹈演员有灯笼和雪花道具、舞台后区旋转升降台上有一个大型雪花）

唱　房子大了电话小了
感觉越来越好
假期多了收入高了
工作越来越好
商品精了价格活了
心情越来越好
天更蓝了水更清了
环境越来越好
哎　越来越好　来来来来
越来越好　来来来来
活得有奔头人会步步高
想做到你要努力去做到
越来越好
幸福的笑容天天挂眉梢
越来越好
婆媳和了家庭暖了
生活越来越好
孩子高了懂事多了
学习越来越好
朋友多了心相通了
大家越来越好
道路宽了心气顺了
日子越来越好
哎　越来越好来　来来来来来
越来越好　来来来来来
活的有精神人就不显老
该得到你就争取要得到
越来越好
来来来来
越来越好
来来来来
越来越好
来来来来
幸福的笑容天天挂眉梢
越来越好
来来来来
越来越好
来来来来
幸福的笑容天天挂眉梢
越来越好
来来来来

（舞台主持区）

曹 宋祖英的歌曲呢，已经演唱完了，不知道您喜欢不喜欢她的演唱。

张 现场的观众朋友们注意一下，在您的座椅旁有一个按键器，如果您对所看到的节目感到满意的话，请您按动按钮，您的评价马上就会在我们的大屏幕上呈现出来。

曹 那么今天晚上的节目都是如此，只要您喜欢，千万别忘记按键。

张 在现实生活中啊，夫唱妇随，这是多么美好的事情，可是有的时候，随的太紧了也容易引起烦恼。

曹 没错。可能那样的话，很多好事都能办砸了。

张 好了，接下来请欣赏由郭达、蔡明等表演的喜剧小品《红娘》。

小品《红娘》

作者：崔砚君　导演：由二群

表演：郭达　蔡明　刘桂娟　刘小梅

伴奏：中国戏曲学院

郭 老师，

蔡 老师。（郭、蔡手拉手从舞台左侧走出）

刘 哎，来啦来啦。（从舞台布景后走出）

郭、蔡 老师好！

刘 哟，看您两口子啊，到哪儿都是手挽手啊。

郭 老师啊，这哪是手挽手啊，是她攥着我不撒手。

蔡 老师您不知道啊，现在的男人，要是不拽紧点儿，指不住他干嘛去了呢。

郭 哎哟，瞧你说的，我除了京剧，没有别的嗜好啊。

蔡 那倒是，他作梦都想唱戏。

刘 正好啊，我们文化宫要举行《京剧票友大奖赛》。我想让你们两口子合演一出《红娘》

合 真的？

刘 你演张生，你演红娘。

郭 哐才哐才哐才哐才

合 哐哐才！（郭、蔡击掌）

蔡 谁演崔莺莺啊？

刘 我请我小师妹来演崔莺莺，帮你们两口子拿大奖。

郭、蔡 太好了。

蔡 你小师妹是谁呀？

刘 白雪梅。

郭 白雪梅？

蔡 她演崔莺莺啊？

刘 对。

蔡 我老公演张生，我演红娘，把他们两个人放一块撮合。

郭 对

蔡 腿

郭 这，这怎么了？

蔡 老师您不知道啊？白雪梅原来是他的

刘 冤家仇人？

蔡 白雪梅原来是他的

刘 嗯？

蔡 白雪梅原来是他的

刘 那是

郭 初恋情人。

刘 那都是过去的事了，咱今儿个是演戏啊。

郭 对嘛。

刘 我跟你说啊，白雪梅要不是看我的面子人家都不来，你们两口子可得珍惜这次机会啊。

郭 老师您放心吧，老师。（刘走到舞台布景后方）

蔡 我这可都是为了你啊，待会儿那白雪梅来了，和你演两口子，不准你有什么别的想法。

郭　你放心，你对我那么好，我能对别人有想法？

蔡　算了吧你。你们男人的口号我知道。

郭　什么？

蔡　家里红旗不倒，外面彩旗飘飘。

郭　你放心。就算里面的红旗倒了，外面的彩旗，她飘也是白飘么。

蔡　我告你啊，那我也得时刻地提醒你。回头我一掐你胳膊，你就得想“我没什么想法”，记得了吗？

郭　哎哟，我没什么想法，我没什么想法。

梅　师姐

蔡　彩旗来了。

梅　你好。

郭　彩旗你好！

梅　彩旗？

郭　你好！

梅　哎哟，这么多年没见啊，你还这么精神啊。

郭　你还是那么年轻，漂亮。（蔡掐郭胳膊）

郭　哎哟，我我我，我没什么想法。

梅　你说什么？

蔡　他他，他在背台词呢。

郭　（唱）我，我有什么想法呀

梅　你有这句台词啊？

蔡　有啊，是我们老师啊，先给加的，不信你问老

（回头看到老师）啊（尖叫），老师排戏吧。

刘　成，你们穿上服装。

刘　大伙准备啊。（三人回去换服装、伴奏音乐响起）

刘　乐队，注意听着。我说说我们今天排的这折子戏。这个张生啊他跟莺莺来约会。跳墙进了墙就见着红娘了。红娘呢怕惊动老夫人，就借着帮老夫人拿棋盘的机会，拿棋盘挡着张生。把张生就带到了莺莺的身边。听清了吗？

全　啊，

郭　（着好服装跑出来）听清了。

蔡　听清楚了，听清楚了。（蔡和梅从屏风后跑出）

刘　开始。（唱）

郭　啊，红娘，小姐呢？

蔡　小姐正在外面，张生啊，你的机会来了。老夫人睡觉去了，小姐要下棋。我呀，用这棋盘，遮着你的身子，带你进去。

郭　啊啊，好，那我就躲在你的后面。

蔡　真不要脸。

刘　说什么呢，你。

蔡　啊，我说我说真不好演

刘　好演啊，下面就该唱了。叫张生。

蔡　哎，明白了。

刘　来。

蔡　张生，你要老老实实地听我口令。

郭　多谢。

蔡　查查才。排戏的时候你规矩点。

郭　哎，我规矩点。

刘　台。

蔡　不许给她留电话。

郭　那我给她留呼机？

蔡　留呼机也

刘　你有完没完？

蔡　完了。

刘　往下走。

蔡　（唱）叫张生隐藏在棋盘之下
我走走行来你走走爬
放大胆忍气吞声休害怕
跟随我小红娘你就能见到她
你们俩真叫我放心不下
听号令切莫要你勾引她

郭　勾引她？

蔡　一会儿排戏的时候，不准你跟她眉来眼去的。

郭　那咱俩眉来眼去的。
郭　这张生跟红娘眉来眼去的，这张生不成流氓了吗？
刘　这张生啊，和莺莺就得眉目传情。
郭　对！
梅　啊，相公！
郭　啊，小姐！
蔡　啊，老公！
刘　什么啊？
蔡　我在练习眉目传情呢。
刘　这张生和莺莺眉目传情，再和红娘眉目传情，你以为这张生包二奶呢？
蔡　老师，这折戏我不熟。
刘　不熟啊？成。咱唱下一折。红娘领着莺莺去找张生，这莺莺啊，害羞，不好意思往前走。
红娘就拉着莺莺去找张生的门。
蔡　我拉着她去叫他的门？
刘　对啊。
蔡　我怎么那么贱呢？
刘　又说什么呢？
蔡　我说我心甘情愿呢。
刘　这就对了。红娘领着莺莺上场。
蔡　哎！
梅　一片相思未了债
羞羞答答口难开
蔡　德行。
梅　她说什么呢。
刘　她说高兴。
梅　不是这词。
刘　说台词。
蔡　小姐，什么词啊？
刘　小姐你别害臊。
蔡　哎，小姐你不害臊。
梅　你！你不害臊。
蔡　你不害臊。（争执起来）
郭　你们俩怎么打起来了。
刘　成心还是怎么着？说词
蔡　小姐，你不，
刘　你别。
蔡　你别，你别不害臊。
梅　这是什么呀，这是。
蔡　张师傅，开门。
（伴奏响起）
郭　听见门响必是小姐来临。啊，小姐，小姐。
蔡　你忘了？（蔡掐郭的胳膊）
郭　（唱）我不能有什么想法啊。
梅　啊，相公，什么叫作没有想法？
蔡　就是他见到你以后没什么想法。
梅　他没有想法，我干什么来了？
蔡　你非要让他对你有想法吗？
梅　正是！
蔡　我就知道她没安好心。
梅　你才没安好呢，你。（郭到舞台后区安慰梅）
刘　就你这样还说支持你老公演戏呢？老这么疑神疑鬼的，老公干什么都得让你砸了锅。
郭　哎呀，我已经被砸习惯了。
梅　你真不是正经的事儿。
蔡　老师，我保证这回我一定不让我老公砸锅。
刘　好，保证，下折张生和莺莺就见面了。
蔡　见面以后呢？
刘　见面以后两人就把门插上了。
蔡　插上了？那我呢？
刘　就是演戏啊，你要唱（唱：）见他二人将门关上，称心如愿。明白了吗？
蔡　傻子也明白了。
刘　行吗？
蔡　行！
（伴奏响起）
郭　请小姐莫负这美景良辰
蔡　（跑上来，到郭、梅中间）下棋吗？
郭　哎呀，小姐。（推蔡到一边，与梅相拥

走到屏风后）

刘　说词！

蔡　见他二人将门关上。

刘　高兴。

蔡　称心如愿

刘　好！

蔡　（大哭）哇。

郭　这哪里是红娘，这简直就是一坛子红醋。走吧。

蔡　干嘛？

郭　该谢幕啦。

歌曲联唱《动感组合》

编导：向前

《快请我跳舞》

作词：孔楚坚

编曲：乔恩

演唱：梦幻想　风组合

（灯光：蓝色主调，舞台侧高黄色射灯闪烁）

（舞台调度：演员从两侧边跳边上台。舞台后区群舞，舞台前区是组合演员）

唱　快快快快邀请我跳舞
紫色芳心在等待
仿佛来不及
快快快快邀请我跳舞
我不愿一个人
看舞池的光芒作你伴
快快快快邀请我跳舞
紫色芳心在等待
仿佛来不及
快快快快邀请我跳舞
我不愿一个人
看舞池的光芒作你伴
快快快快邀请我跳舞
紫色芳心在等待
仿佛来不及
快快快快邀请我跳舞
我不愿一个人
看舞池的光芒作你伴
快快快快邀请我跳舞
紫色芳心在等待
仿佛来不及
快快快快邀请我跳舞
我不愿一个人
看舞池的光芒作你伴

《世界多精彩》

作词：刘琛　王文光

编曲：段征宇

演唱：动感男孩演唱组

（灯光：蓝色主调，舞台侧高黄色射灯闪烁）

（舞台调度：演员从两侧边跳边上台。舞台后区群舞，舞台前区是组合演员。）

唱　我看见了未来
未来是千姿百态
我看见了未来
未来多精彩
我看见了未来
未来到处充满爱
我看到了未来
未来让梦醒来
动感的小男孩
今天心情不坏
像大海奔过来
喜欢自由自在
热切的情怀
不想错过时代
把理想一起打开
心飞起来
让快乐不再是空白
让关怀每天都存在
来大家都别再等待
一起去分享世界的爱
我看见了未来
未来是千姿百态

我看见了未来
未来多精彩
我看见了未来
未来到处充满爱
我看到了未来
未来让梦醒来

《网络时代》

词曲：仲衡
演唱：青春美少女演唱组　神秘男孩演唱组
（灯光：蓝色主调，舞台侧高黄色射灯闪烁）
（舞台调度：演员从舞台后区银色网状装置区钻出，到舞台前区。群舞演员在舞台前区两侧及后区表演。）

唱　指针飞旋　我要新感觉
INTERNET　变幻　你我领先
忘记近的远的
和我一起　飞向新纪元
我们就会成为网络战士
保卫网络空间

RAP　飞　你想谈什么我陪你
飞　你想看什么也可以
飞　去哪里由我选择
飞　任何时候我等着你

（舞台主持区）
张　好，谢谢这些孩子们。
曹　我们来欣赏化妆相声《得寸进尺》，表演、冯巩、郭冬临、郭月。

小品《得寸进尺》

作者：崔砚君　李艺　冯巩　编导：娄乃鸣
表演：冯巩　郭冬林　郭月
造型：刘红曼　张家亮
道具：冯香岭　邢文
（道具：一扇牡丹花屏风）

月　亲爱的观众朋友们，春节好！谢谢，哎哟，太不像话，这郭东临太不像话了，刚出点小名，说的6点半试镜，我四点就让我的跟班，冯巩，冯剧务接他去了，现在都8点半了，啊？你们问我是干什么的，合着我这么大腕儿你们不认识啊？我就是这个戏的总导演，专门培养大腕儿的大腕儿。
郭　亲爱的观众朋友啊，我想死你们啦。（郭、冯从舞台右侧　观众席前出场）
冯　都在这儿呢？给大家伙拜年啦。祝你们身体健康、工作顺利、谢谢！快走！
郭　你着什么急？你不就是个剧务嘛。
冯　我这个剧务还是靠拉赞助当上的。
郭　什么？
冯　拉了一百箱汽水、二百箱拖鞋。快走，去晚了导演非得把我歇了不可。
郭　到底是导演重要还是观众重要，大伙儿说谁重要？
（**观众**　观众重要！观众中一名：导演重要。冯上前握着手说：谢谢！到底谁重要？观众说：导演重要，观众更重要！）
冯　都这会儿了，你还拿我开涮啊！郭大爷！
郭　我马上就来，我现在再跟每位观众照一张相就来。
冯　不不，大家伙儿再鼓鼓掌，要不他不上台。
郭　谢谢啊。
月　都8点40啦，这样的演员就是再大的腕儿我也不要，来了也给他轰走。
冯　导演。我们来晚了。
月　太不像话了（脱衣服，给郭冬临披上）这么冷的天你给人家披一件衣服啊。
郭　你吓我一跳。我和观众朋友们握手已经握得很热了。
冯　我给介绍一下，这位就是大腕儿郭冬临，中老年妇女的偶像。

郭　对，我听说濮存昕是少妇的偶像。我比他大一辈儿。

冯　这位就是著名导演，冯小刚。

月　啊？

冯　冯小，没有那个刚。

月　是这样的啊，郭老师，我今天请您来呢，是想让您呢，演一个角色。

冯　导演，你不是答应我了嘛，只要把他请来，也能给我串个角色。我不嫌角色小，我就想混个脸儿熟。

月　我还没说完呢。我们这个角色啊，很简单，一共就两个角色，一个是清朝的皇帝。

冯　皇帝，行。我不嫌角色小。

郭　我还嫌你脸皮厚呢。皇帝是你演的吗？

月　皇帝是人家演。

冯　我知道。你演皇帝，我演另一个皇帝。

郭　两皇帝？

冯　他不是一代的。你要是乾隆呢，我就是雍正。你要是雍正呢，我就是康熙。你要是康熙，我就是顺治啊。

郭　你老是我爹啊。

冯　我不嫌岁数大。

月　行行行啦。你瞎搅和什么呀？我们这儿就一个皇帝，我请您来演。

冯　我呢？

月　您演皇帝身边的人。

冯　大臣。

月　不是。

冯　那我是？

月　太监。

冯　我演什么啊？

月　太监啊，怎么啦？就你这模样，你还不乐意？

冯　我演太监我条件不行啊。长得不像太监啊。看他多好？

郭　你说我长得像太监。

冯　我可没说你长得像太监，我的意思是你长得比较接近太监。

郭　接近？

冯　就以您的气质形象，您活脱脱就是一太监。您怎么这么会活呢？

郭　你说谁呢？就我们两个往这儿一站，我们两个谁像太监。

（郭拿了顶太监帽，戴在冯的头上）

冯　我看这是谁带头嚷呢？谢谢啊。嚷的那些都是对我深层的呵护。因为这年头，谁演太监谁火。你想啊，前些年，一窝蜂的全是太后，后来一窝蜂的全是皇帝，去年，一窝蜂的全是格格，今年，该轮到我们太监了。太监西行、太监私访、还珠太监。火死啦。你要演太监，还来得及。

（把帽子递给郭）

郭　就你演，君子还夺人之美。

月　现在我们正式开始拍戏。这场戏呢，叫做出宫。

冯　出宫，不就是上厕所吗？

月　什么，出宫就是皇帝要走出皇宫！下面就是你的戏啦。

冯　我知道，一步不离地跟着他。

月　不是跟着。

冯　那我还得搀着他啊？

月　不是搀着

冯　那还行

月　你得背着他。

冯　什么？

月　背着，情况紧急，你背起皇帝，撒腿就跑。

冯　你多重啊？

郭　210

冯　他多重啊，我还得背起他，撒腿就跑。

郭　你跑不动，有的是人想背我。什么黄宏啊、赵本山啊、特别是潘长江。你不相信，我一吹口哨他就来。

冯　别别，别吹。潘长江底盘太低啊。

郭　什么底盘低？
冯　个儿小啊！
郭　个儿小？人小志气大！个儿小经不住补钙啊。自从补了钙人家腰不酸了、背不痛了、腿也不抽筋了。
冯　走路也有劲儿了。
郭　你也知道。
冯　我比他补得早，要不能长这么大个儿吗？
月　我只要喊预备，开始，你就说，小巩子，你说嗻！你说背朕出宫，你说嗻！我说窜。你就往他身上一窜，接着你撒腿一跑。明白了吗？
郭　明白！
月　好，预备
郭　压不死你！
月　开始！
郭　小巩子?！
冯　嗻！
郭　过来，过来！背联，背朕出宫。
月　窜！
（冯先跑，郭扑在地。冯绕半个圈回来）
冯　累死我……这是谁啊？
郭　我，朕！
冯　又喝大了！
郭　我什么时候喝酒了？
月　你想不想干了啊，你怎么不听我口令啊？
冯　我听了。
月　小巩子
冯　我说嗻！
月　他说背朕出宫
冯　我说嗻！
月　我说窜。
冯　我就出去了。
月　你出去太早了。
冯　现在干什么都不兴提速嘛。
郭　你提速了，我受得了吗？
月　你得背着他呀。
冯　不合理，你想啊，皇上出宫啊，那肯定是八国联军来了。
月　对啊。
冯　我背着皇上前面跑，洋鬼子后面追。那不一枪，首先打着皇上吗？导演，为了大清的基业，我就是受再大的委屈，也得让皇上背着我（蹿到郭背上）有多少枪子儿我一个人挡着。大清国不能一日无君啊。
冯　小郭子
郭　嗻！
冯　背朕出宫。
郭　（把冯闪下去）我折死你！什么乱七八糟的。
冯　这不是导演认可的吗？
郭　导演。你还认可了？这剧组听谁的？要拍他背我，要不拍我现在就走。
月　您着什么急嘛！
冯　郭大腕儿你现在千万别生气，有什么话我给你转达。要不非打起来不可。
郭　其实啊，我不想走，咱想演戏。
冯　对对。
郭　对不对，咱是演员啊！
冯　他说了，要演戏得加钱呐！
月　加钱？你问他，加多少？
冯　她说了，你不演就拉倒！
郭　我不跟他一般见识，这个导演太年轻。
冯　他说你是狐狸精。
月　这种演员太猖狂。
冯　他说你像黄鼠狼。
郭　这个女人招人烦。
冯　他说你吃了摇头丸。
月　这种男人真要命。
冯　她说你得了疯牛病啊！
郭　我还不演了我。
冯　你别。观众朋友们，求求你，他不演太好了，他不演我演这皇上，你看行不行啊？

月　你要演皇上啊？

郭　闹了半天是你在中间挑啊？

冯　不是挑，关键是我演皇上有生活啊。

郭　有什么生活啊？

冯　为了演皇上，我早就把我们家的称呼都改了，你们家管做饭的兜子叫什么啊？

郭　叫围裙。

冯　我们家叫龙袍。你们家管孩子叫什么啊？

郭　儿子。

冯　我们叫大阿哥。你儿子管你叫什么啊？

郭　爹。

冯　我们叫皇阿玛。你管你爱人叫什么？

郭　叫老婆。

冯　呸！真俗，这年头还有叫老婆的。

郭　那你们家叫？

冯　姨贵妃。

郭　慈禧啊。

冯　我和他的演技差不了多少，我和他就是格尔与小布什差不了几票。

郭　总统我都上任了。

冯　我到法院告你。

月　我告诉你，演太监都是我照顾你，演皇上我告诉你，你气质不行。

冯　气质是可以改变的。厂家说了，只要你让我演皇帝，就给你赞助一箱保暖内衣。

月　保暖内衣？

冯　地球人都知道。

月　我早就看着你像皇帝。

冯　真的？

月　太监谁演。

冯　太监！

郭　哎，你叫谁呢？

冯　太监你演不演？

郭　我不演。

冯　你不演拉倒，我演。我是皇上太监我一块儿演。

郭　你演

冯　现在是知识经济高科技时代了。

月　什么高科技

冯　人家厂家说了，再给你赞助一部无绳电话。

月　无绳电话？

冯　用着方便。妈，电话，小妹电话，你来电话我一接，喂，小丽呀。

月　俩角色，一块儿演。

冯　真的？那我现在就把我这个高科技的成果给朋友们展示一下。

郭　回来！就这么一会儿工夫把我这皇上也给换啦？

冯　废话，菲律宾总统菲斯达拉特都换了。腐败呀，呸！

郭　观众朋友们，我是看出来了，现在为什么有些个电视剧，粗制滥造，就是因为这些个破演员，还有这些个破演员。导演，这些个人说的话能信吗？过河就拆桥。

月　拆桥？好啊！那肯定是豆腐渣工程，早就该拆。

郭　什么啊，我是说这些人，有奶就是娘！

月　废话，没奶那是爹！

郭　我看他这个人啊，就是典型的小人得志！

月　买贴膏药，一贴肚脐就好！

郭　我说他这个人，就是给台里送盒饭的！

月　劳动人民最光荣了。

郭　他把老婆孩子叫过来一块儿吃。

月　人家那是以台为家！

郭　最可恨的是那孩子吃完往盒饭里撒尿。

月　真的？那叫肥水不流外人田！

郭　什么破导演啊。打死我也不相信，他一人能演俩！

冯　皇上出宫喽！

郭　出宫，你上厕所吧！

（音乐呼起，冯带着仿真装备走出来）

郭 这怎么还有我呀？

冯 小郭子。

郭 嗻！

冯 背朕出宫！

郭 嗻！

郭 这你是假的！

冯 废话，现在有假的，谁还用真的？快跑，你这个不争气的东西啊！

郭 你骂我？

冯 骂你，我还抽你呢！快跑，八国联军来了。快跑，爱妃！

月 我怎么成爱妃啦？

（月、冯从舞台左侧跑下）

郭 你说这叫什么玩意儿啊？回来！

（舞台左侧下台）

（观众席）

周 朱军，你看啊，今天晚上呢，是由昆明世博园为我们的现场提供了很多鲜花，这些鲜花把我们的现场装扮的春意融融啊。

朱 是啊，大地回春，万物复苏，到处都是一片蓬勃的生机。

朱 是的，我们的生活就像这美好的春天一样，但愿人人乐观向上，希望人人都有一份好心情。

朱 好有请李玟为大家演唱《好心情》

歌舞《好心情》

作词：姚谦　作曲：李龙祥

编舞：向前　演唱：李玟（旅美）

（灯光：开始只有侧光蓝调，高潮部分加入红调）

【舞台调度：李玟与舞蹈演员从升降台地下升起。李玟坐一只透明粉色沙发中。

副歌走到舞台中间。第二段主歌所有演员一起走到观众席，副歌回到舞台，最后在舞台中前区集体造型结束。】

唱 一见你就有好心情
不用暖身就会开心
因为眼睛耳朵都有了默契
你知道我有多么了解你
有你就有好心情
像夏天吃着冰激凌
因为想法感受都有了感应
每个眼神都变成了动力
如果世界是一片汪洋森林
我选择和你同一棵树栖息
不用怀疑我就是那么在乎你
如果爱情会让人脆弱无力
朋友却可以让人恢复元气
不用怀疑你就是有这种魔力
我知道是上天安排我们
在这时刻相遇在一起
我们都被祝福
常常有好心情
一见你就有好心情
不用暖身就会开心
因为眼睛耳朵都有了默契
你知道我有多么了解你
有你就有好心情
像夏天吃着冰激凌
因为想法感受都有了感应
每个眼神都变成了动力
如果爱情会让人脆弱无力
朋友却可以让人恢复元气
不用怀疑你就是有这种魔力
我知道是上天安排我们
在这时刻相遇在一起
我们都被祝福
常常有好心情
一见你就有好心情
不用暖身就会开心
因为眼睛耳朵都有了默契
你知道我有多么了解你

有你就有好心情
像夏天吃着冰激凌
因为想法感受都有了感应
每个眼神都变成了动力
　　我知道是上天安排我们
在这时刻相遇在一起
我们都被祝福
常常有好心情
一见你就有好心情
不用暖身就会开心
因为眼睛耳朵都有了默契
你知道我有多么了解你
有你就有好心情
像夏天吃着冰激凌
因为想法感受都有了感应
每个眼神都变成了动力
有你就有好心情
像矿泉水清凉在
溶化太多太多的情感交集
不是三言两语可以言喻
有你就有好心情
像夏天吃着冰激凌
因为想法感受都有了感应
每个眼神都变成了动力

（舞台主持区）

曹　下面呢，我们就要献给所有的小朋友们一个充满了童心童趣的逗笑剧，《过年我当家》

打击乐表演《过年我当家》

导演：王为念
编曲：卞留念　张仰胜
表演：成方圆　山西小香玉艺术学校

（灯光：黄色主调）（道具：桌子、电脑、椅子、屏风、皮球、扫把、厨具）

节目描述　节目风格喜剧动感，以夸张的动作与生动的音效表现小男孩子玩皮球，小女孩擦地板、玩电脑、厨房橱具打击等一系列家中场景的变幻演绎。

（舞台主持区）

周　春节过大年是我们老百姓千百年留下来的传统，可是随着时代的变化，这过年的内容啊比以前可丰富多了。

朱　对啊，这主要呀，是日子过好了，就连这吃年夜饭啊，都有很多人到宾馆饭店去了。有的甚至一家老小坐飞机乘火车到风景区到国外去观光旅游。

周　可别管怎样变，老百姓过年那份喜庆劲儿啊，永远都变不了。

朱　说得对。下面就请我们一起来欣赏歌曲《过年》

歌舞《过年》

作词：樊孝斌　作曲：戚建波
编导：孟可
演唱：张媛媛　眉佳　陈新霓　张娟
　　　杨洋　任真
（灯光：蓝色主调　顶光黄绿交叉闪烁）
（道具：舞蹈演员手持面具）

唱　忙完了这一年再忙新一年
长长的岁月路谁又忙得完
平日大家都在忙难得见个面
今儿个合家欢聚问长又问短
辛苦了这一年就为这一天
生活中一些酸统统放一边
大红灯笼挂起来一片艳阳天
你的我的快乐连成一串串
万水千山多么遥远
谁能阻挡回家的心愿
兄弟和姐妹相互抱成团
浓浓的亲情热火朝天
生命最美的是平平安安

大雪飘飘天冻地寒
谁能切断回家的路线
亲朋和好友相互拜个年
千年的祝福温暖心田
人间最美是团团圆圆
辛苦了这一年就为这一天
生活中一些酸统统放一边
大红灯笼挂起来一片艳阳天
你的我的快乐连成一串串
万水千山多么遥远
谁能阻挡回家的心愿
兄弟和姐妹相互抱成团
浓浓的亲情热火朝天
生命最美的是平平安安
大雪飘飘天冻地寒
谁能切断回家的路线
亲朋和好友相互拜个年
千年的祝福温暖心田
人间最美是团团圆圆

（观众席）

曹　朱军啊，你有没有发现，这两年人们的精神生活和文化生活比以前可丰富多了。

朱　有一次，我打的，碰到一位的哥，那叫一个能侃啊，从抗日战争到宇宙飞船，从石油涨价侃到南极探险。

曹　够了，知道的已经不少了。

朱　是啊，我本来应该在军博下车，可是一看石景山了。

曹　那怎么办呢？

朱　这位的哥还说呢，哎哟，哥们你没什么急事吧？要没急事我再把您送回去，刚好啊，我再给你讲讲这疯牛病是怎么得的。

曹　还侃呢？

朱　我遇到的这位啊还不算最能侃的，最能侃的是姜昆碰见的那位。

曹　那我们就有请姜昆和戴志成说的相声《踩脚》

相声《踩脚》

作者：姜昆　戴志诚

表演：姜昆　戴志诚

（拱形福字大门合上）

戴　代表全国的相声演员在这儿给您

全　拜年啦！

姜　有一天我在街上没留神，我踩了小戴脚一下（姜上前踩了一下戴的脚）

戴　哎哟。怎么这么硬啊。

姜　铁鞋大理石脚啊

戴　你这说话怎么这么不客气啊。不客气可不行，还甭说你了，我这挨踩的要是不客气，你都受不了。

姜　挨踩的怎么能不客气呢？

戴　刚才你踩我这下，我给你来两句。哎哎哎，往哪儿踩呢？长眼睛了吗？

姜　我客气客气。您看我都五十了。

戴　五十您就踩人脚？你要活一百，不得上房啊？

姜　我眼神不好。

戴　眼神不好，怎么不踩自己脚啊？

姜　我腿脚不利索。

戴　刚才踩我那下可真利索，成龙比你可差远了。

姜　对不起！

戴　光对不起就完了？

姜　请原谅！

戴　我原谅你，谁原谅我啊？

姜　我下回注意。

戴　一回不行，还想踩下回？

姜　（笑）哪儿那么多话啊，您？

戴　你看，说话要是这么不客气，两人说话能打起来。

姜　看来，什么事情都有个度。

戴　说话太不客气，别人受不了。

姜　太客气了，你也受不了。
戴　太客气了，能接受，礼多人不怪！
姜　我们院里有一个侃哥哥。
戴　侃哥哥。
姜　有一天也是在大街上没留神踩了老大爷脚一下。嚯，客气起来是没完没了的侃，差点啊，把那老大爷给侃晕喽。
戴　能有这事吗？
姜　咱俩学学。
戴　来！
姜　你当那老大爷。我来那侃哥哥。
戴　咱们听听那个侃哥哥怎么把我那老大爷给侃晕了。
姜　也是没留神踩了脚一下。呦呦呦呦呦
戴　唉，等等。咱俩谁踩着谁了？怎么踩了我，你那儿叫唤呢？
姜　您瞧这怎么说的，就顾看您这上面了。没见过您长这么富态的人，您这长相太有福气了。忘记这脚了，您把脚怎么搁在我脚底下了。
戴　什么叫搁在你脚底下了？你踩我脚了！
姜　我说什么来着，就觉得我脚底下软和来着。我正琢磨着是什么东西，平常有个毛病，踩着什么都好拿脚搓一搓。就怕是有用的，今儿幸亏没搓。您说我 180 斤分量朝您脚上一搓。不说了不说了，您真有福气。
戴　我这还有福气呢？行了行了，小伙子，走吧！
姜　走？踩完你这一脚我走？损人，那是人干的事吗？
戴　那我走！
姜　谁走谁缺德！
戴　我还走不了了？
姜　我带您看病去。
戴　不用了。
姜　咱就照个 X 光。
戴　一个踩脚至于拍片子吗？
姜　您可别小看这脚，没进行过足底按摩。
戴　没有。
姜　这脚有全身的器官。两脚并在一块就是坐着的小人。肝在左边，肺在右边，脚心是心脏，脚指头是脑袋，刚才踩您脚指头了，那就是踩您的脑袋了。
戴　你多会踩我脑袋了？
姜　我一定要给您看看。您怕麻烦，咱打个电话就行。咱打 110 就行，110 多好啊，什么事都管。我们院里有一老姑娘，得了一种病，看谁都像和尚，死活也不愿意嫁人。结果一打电话，心理医生愣把病给说好了。现在正找对象呢。大爷您要是单身，您就说话，我给你介绍介绍，别以为您老了，其实您是正当年，现在岁数谁管谁啊，给你们说合成功了，给你们写一对联，上联写上“老姑娘嫁给老单身”。
戴　下联？
姜　“老单身获得第二春”。
戴　横批？
姜　“幸福小老头儿”。
戴　哎哟，您这都是什么乱七八糟的。
姜　不是，我都踩你脑袋了，心里过意不去。
戴　你没踩我脑袋。就踩我脚一下，小事。
姜　不能说是小事，小事捅大娄子。您知道法国吧，协和号飞机，那轱辘就踩着这么小一零件，瞎了，整个飞机爆炸了，100 多条人命报销了，30 年业绩毁于一旦。整个飞机都不让飞了，多少钱啊？这喝凉水败火，其实喝凉水败火。大爷，您有经验，拉才败火呢。
戴　啊？怎么又侃到这上了？
姜　火走不下去，总走上边，老流喇拉子。我是说您总流哈喇子，前胸湿乎乎，那多难看啊。
戴　谁前胸总湿乎乎的了？

姜　这形象一不好就影响我们北京申奥。您说因为这个事，街道要给您个处分，您冤不冤啊？

戴　我说您侃的这都哪挨哪儿啊？

姜　我给您看病去。

戴　不用看啦！

姜　咱也不用照X光了，也不照CT了，咱看新的科学仪器，

戴　什么啊？

姜　电脑深层扫描。哎哟，太好了。让您大冬天的穿一个小裤衩躺在那儿，从脑袋瓜儿到脚，喳喳喳，像切羊肉片似的。

戴　哎。这什么形容词啊？

姜　别说您有病，没病都给您扫出点病来。

戴　你这叫什么机器啊？

姜　说不清楚，高科技的东西说不明白。你说电脑这玩意发展多快啊？什么286、386、486、586现在一转眼，都改成折腾了。

戴　折腾？

姜　嗯，折腾1、折腾2、折腾3，都折腾4了，现在。

戴　你不懂，那就奔腾。

姜　不懂。什么英特网，网上还聊天。没有用真名的，谁都不信谁。前些日子，有个相声演员，姜昆跑上面跟人聊天了，挺热情。诸位网友大家好，我是姜昆。100多个人一起回答，呸，我还是马季呢。

戴　人家不相信你啊。

姜　在家里上网聊天吧，我还在街上踩您脑袋，真是有差距啊。

戴　你没踩我脑袋，就踩我一下脚。确实是小事。

姜　这个时代没有小事，你说石油那个事小不小？中东的事一闹腾，全世界的石油都涨价。哎哟，巴以谈受挫，这边扔石头，那边就开枪，学学人家韩国和朝鲜，两国首脑会谈，100岁的姐姐看97岁的弟弟，多大造化啊。

戴　嗯嗯。

姜　统一大业啊，提起统一我就烦。那个陈水扁，长个中国人样就不敢承认自己是中国人。早知道那他爸爸娶外国媳妇多好。提起这外国，美国大选半年多了，不知道这谁是总统。那选票，一个窟窿眼一个窟窿眼瞅，现在美国大街上那对眼特别多，听说都是手工点票落下的毛病，多让人着急啊。

戴　您听听啊，这都有他什么事啊？行吧，小伙子，您慢慢侃吧，我得快点走了。你侃得有点没边了。

姜　咱不侃咱就说给您到医院里看病。医院里科学家，正在研究克隆，克隆您知道吗？

戴　我听说过一点。

姜　一点可不行，这时代在发展，咱得弄明白。什么叫克隆啊？

戴　您说。

姜　咱们唱歌《夫妻双双把家还》。人家克隆的不用。人家说啊夫妻双双的不叫本事，人家科学家一个人解决问题自己还在家里生孩子玩。

戴　嗯？有自己生孩子玩的吗？

姜　世界这个舆论就是不许克隆人。说得也是，你说这世界科学家，老在家克隆国家领导人玩，那还了得。一出门就碰到总统，一进厕所那蹲着两个首相，多乱啊？

戴　是是。

姜　别说克隆三个国家领导人，就克隆出三个你也麻烦啊。

戴　那怎么啦？

姜　本来您是和老伴一块儿睡，现在往炕上一躺就四个老头，多挤啊。

戴　咳！我把那三老头啊，都送你们家去。

怎么就踩一下搞出这么多乱事。

姜 怎么了？我踩着谁了？

戴 你踩到我了。

姜 踩到你哪儿了？

戴 踩到我脑袋了。什么乱七八糟的。你真把我侃晕了。你踩我脚了。

姜 咱就说这脚，脚是一个器官。克隆到最后就是克隆人的器官，克隆心啊、肝啊、肺啊、眼睛、鼻子、耳朵什么的。

戴 你等等。克隆这么多东西我放哪儿啊？

姜 就放你们家冰箱里啊。

戴 我们家冰箱一开门全是鼻子，耳朵，吓人不吓人啊。

姜 不怕，都是自个儿的，看着挺眼熟的。

戴 还眼熟，那有什么用啊？

姜 哪儿坏了换哪儿啊。您的心坏了就把心拿出来扔了，这边拿个心给搁上。要是肺坏了，拿走，换一个新的。要是肠子坏了，割掉，这边倒出20米来，走！

戴 你在装电线呢？

姜 多好啊？

戴 好什么啊，这跟我的脚没关系。

姜 太有关系了。脚踩坏了，拿去一锯就完了嘛。

戴 你完了，没脚了我怎么走路啊？

姜 那有克隆好的给您安上四个，您轮流使唤。

戴 螃蟹啊。

曹 我国的56个民族就好像56颗明珠，镶嵌在广袤的国土上。

张 是啊，他们放歌在草原，在山间，在湖边，在雪山。不同的旋律却表达了共同的心愿。那就是祖国是我们可爱的

全 大家园

歌曲联唱《民族对唱》

编导：苏冬梅 陈翔

《侗族无伴奏合唱》

译配：吴定国 王德文 吴定邦

编曲：堪贻佑 吴远龙 王德文 吴定邦

演唱：贵州省黔东南黎平侗歌队

（灯光：蓝色主调）

【舞台调度：半圆福字大门从中间打开，侗族演唱演员手拉手从舞台中间走出来。】

歌词大意

春天到 春意浓 千山万树绿葱葱

布谷鸟儿声声唱 布谷布 快播种

河边柳 吐新芽 层层梯田水哗哗

侗家人勤春来早 布谷催春把种下

我们的劳动 我们的爱情 都等待着秋天里

收获 布谷 布谷

《琴努星》

编曲：阿凡提乐队 主唱：哈孜肯

领舞：热娜 乌尔克孜 表演：阿凡提乐队

（灯光：红色主调）

【舞台调度：侗族演员从中间分开撤到两边两名新疆舞演员在台中表演然后从后区迎上来领唱到舞台前区】

歌词大意

月亮般美丽的姑娘 我爱上了你

爱情使我神魂颠倒 请你不要再折磨我

求求你 让我如愿

《台湾民谣》

领唱：斯琴格日乐

（灯光：绿色主调）

【舞台调度：主唱从舞台右侧走出 舞蹈男演员横排站立，目前向舞台二点望去，女演员从舞台左侧托着鱼网走出】

《彝人回家》

词曲：曲比哈布

编曲：陈彤

演唱：彝人制造演唱组合

（灯光：蓝色主调）

【舞台调度：组合在舞台左前侧围三角坐立 舞蹈演员围半圆跳彝族舞蹈 副歌组合起立走到舞台前区】

唱 望明月 思故乡
听到了两鬓苍苍的妈妈
轻轻呼唤
回来吧 倔强的孩子
风中的火把 迎接着你的到来
挂在天上的月亮
你曾知道游子的心酸
彝人回家了 彝人回家了
彝人回家了 彝人回家了
天上月亮圆了
彝人心儿圆了
彝家幸福来了
斟满一杯团圆的酒
敬月亮

《花儿与少年》

改词：朱促 作曲：吕冰

演唱：张燕 李倩倩

（灯光：蓝色粉色交叉）

【舞台调度：两位歌唱演员在舞台前区 间奏绕到舞台后区，返回前区副歌唱完从舞台左侧下台】

唱 春季里吗这到了这迎春花儿开
迎春花儿开
年呀轻的个女儿们呀踩呀踩青来呀
小呀哥哥小呀哥哥呀
小呀哥哥呀手拉上手儿来
迎春花吗这开放呀千呀千里香
千呀千里香
女儿家的个心上呀起了波浪呀
小呀哥哥小呀哥哥……
春季里吗这到了这迎春花儿开
迎春花儿开
年呀轻的个女儿们呀踩呀踩青来呀
小呀哥哥
迎春花吗这开放呀千呀千里香
千呀千里香
女儿家的个心上呀起了波浪呀
小呀哥哥
世上的那个好花朵万呀万万千
只有这枝个迎春花等呀等你怜呀
小呀哥哥
小呀哥哥呀
小呀哥哥呀替我来把花簪

《三花》

藏北民歌改编

演唱：拉姆措三姐妹

（灯光：红黄蓝绿光闪烁）

歌词大意 白色的花朵盛开在雪山顶上
我的心比那雪山还要白
蓝色的花朵盛开在河水边上
我的心比河水还要清澈

《蒙古人》

作词：奇其木德 作曲：腾格尔

演唱：腾格尔

合唱：内蒙古蒙古族青年合唱团

（灯光：蓝红主调）（舞台调度：所有演员撤到舞台两边“V”形包围 小朋友蒙古人表演）

唱 洁白的毡房炊烟升起
我出生在牧人家里
辽阔无边的草原
是哺育我成长的摇篮
养育我的这片土地
当我身躯一样爱惜

沐浴我的那江河水
母亲的乳汁一样甘甜
这就是蒙古人
热爱故乡的人
养育我的这片土地
当我身躯一样爱惜
沐浴我的那江河水
母亲的乳汁一样甘甜
这就是蒙古人
热爱故乡的人
这就是蒙古人
热爱故乡的人
这就是蒙古人
热爱故乡的人

曹 一曲《常回家看看》牵到了上万人的心弦。

张 是啊，浓浓的亲情有如上万年的醇酒令人荡气回肠啊。

曹 白发苍苍的老人们，不仅仅需要儿女们在身边的照料。更需要儿女们在情感上的慰藉。

张 好，观众朋友们接下来请欣赏，由黄宏等表演的小品《家有老爸》。

小品《家有老爸》

作者：黄宏　王宏　王铁虎　导演：尚敏
表演：黄宏　林永健　黑妹

（舞台布景：舞台正中沙发、茶几、舞台右侧狗窝）

黄 （黄拉着狗从舞台左侧上台）日子越过越富有，我儿子是为做生意到处走，怕我一人太孤单，给我整只小巴狗。来我抱抱你，大大。这是什么辈儿啊，我儿子管我叫爸爸，我得管它叫大大。大大，弯弯遛得差不多了？咱到屋里听听广播，行不？这是同意了，就是不会说话，心里啥都明白。来来来来，你到屋里爬一会，我看这广播里有没有好听的节目。（音乐《常回家看看》）那它喜欢这口，见着歌星追着走，扑到身上就一口，比那少女还疯狂，人送外号追星狗。（从舞台右侧出场）

林 快走。

黑 急什么急什么急什么呀？你没看我拎这么多东西嘛？

林 今天我公司签合同，非得今天来。

黑 这不是看你爸嘛。

林 什么看我爸，你看你这大盒小盒拎的都是狗罐头，哪盒我爸能吃啊？

黑 呀，光想狗，把你爸给忘了。（黑准备跑）

林 站住！回来。坐一会儿就走啊。

黑 你别跟火烧屁股的行不行，上回咱爸就不高兴了。没时间了！叮咚。

黄 谁呀？

林、黑 爸。

黄 看我孩子多孝顺，三天来看我两回。

林 老爸。

黑 爸爸。

黄 哎！来就来呗，又给我买那么些吃的。还愣着干啥呀，快屋里说说话。

黑 哎！大大。

黄 你看这儿媳妇跟我多亲呢，还大大。

黑 想死你啦。

黄 我也想你们。

黑 感冒好了吗？

黄 好了，没看都不咳嗽了吗？

黑 天凉别老蹲地上。

黄 没事，我坐在沙发上。

黑 我还给你织了件毛衣呢。

黄 想得多周到，还给我织了件毛（走到黑前面）

黄 哦，脖套儿啊。知道我是气管炎，特意让我把这儿挡上，是吧？

黑 不是，那是给大

林　（跑到黑前面）大啥呀，不大。你看咱爸戴上多合适啊。

黄　可是啊，我总觉得色儿艳点，像老华侨似的。

黑　爸，大勇让我给您拿点钱。

黄　说了多少回了，我不缺钱。你们要是缺钱，我都能帮助你们。

黑　呀，这不快过节了吗？我们来也没给您买点啥吃的。

黄　还没买吃的，这不是吃的？这大包小包我得吃多少日子？

黑　哎呀，爸。

黄　这钱呀，我收下。这点吃的呀，给你妈拎去。

（林吓得坐在地上）

黄　你看把他吓得。拿着。（狗叫）

黄　别叫了，有你啥事，跟着掺和。

林　爸，那罐头是他的。

黑　爸，那不写着宠物食品嘛？（三人对笑）

黄　看我这眼神，幸亏你俩提醒，要不把这东西给领导拎去，估计啥事也办不成。万一再遇个腐败分子，回头吃了这玩意儿能咬死你。来来来，坐下说说话。

（林电话响起）

黄　你看把他忙得。

黑　就是。

林　好，我马上下楼，你让公司派车，8点20准时来接我。好的好的好的。爸，我8点。

黄　我发现你这经理比总理还忙，一回家就看表，那表是你爹啊？

林　哎呀，表爹呀。

黄　啊？几天没来，改表亲了。

林　老爸，你有事啊。

黄　没事。我就想跟你们说说话。

黑　对，你坐那儿说说话。

黄　你咋没把孙子给我带来呢？

黑　他上学去了。

黄　他上学好吗？

黑　好。

黄　他吃饭好吗？

黑　好！

黄　长多高了？

林　8点20。

黄　这长得多快，一晃眼的工夫都长大8点20（黄站起来追林）

黄　你跟我说话，心不在焉的。啥8点20，那是多高，你扯脊梁骨呢，还8点20，看你那眼定的吧，跟你那眉毛似的。

林　爸，我公司谈判签合同，我惦记我那笔生意啊。

黄　你惦记你生意，我惦记我孙子。

黑　差不多该放学了，我来给小涛打个电话。（打电话）

黑　喂，小涛啊，放学了，爷爷想你，跟爷爷说两句话啊。爸。（将手机递给黄）

黄　涛儿啊，想爷爷没有？好孙子。爷爷也想你啊。

林　爸。

黄　催啥呀！好了，你爸这儿还有事，好了。什么？你还想听大大给你叫两声。好好，我这就让大大叫两声。平时不让你叫你瞎叫，让你叫你没本事了，是不是？（对电话）

黄　你别着急，我启发启发它。（对着狗）

黄　广告、中国足球。都他妈麻木了。（对电话）

黄　你别哭，你听好。（学狗叫）哇（狗叫，两人对着叫）

黄　听见了没有？什么两狗啊。那是我和他，我们两人。（林把狗抱进狗窝）

林　行了。

黄　什么？

林　我没说你。

黄　打狗还得看主人呢。

林　我也是他主人。

黄　我是你爸爸。

林　他是我大大。

黄　你那意思我俩是哥俩咋地。

林　没时间（急着准备走）

黄　干什么你这，干什么？你没时间跟我啰唆，我还不能跟孙子啰唆几句吗？要你有什么用啊，尽是没时间没时间，以后没时间，你别回来看我。

林　催什么催啊，拍板拍不了，谈判不会谈啊。我要你们有什么用啊，谈不了，谈不了，今天要是谈不了，今天就别来见我。（狗哼哼，黑抱起）

黑　大大，大大别怕。不是吵架，是爷爷跟爸爸说话。（黑走到黄面前）

黑　爸，其实大勇挺惦记您的，他就是太忙了。他总说天下有做不完的生意，赚不完的钱，可是爹只有一个。

林　爸，今天的事是我不好。我什么都不干，我好好在家陪您聊天行吗？爸。

黄　儿子，爸不怪你，其实我年轻的时候啊，和你一样，一下班回来啊，你爷爷奶奶就围着我，又问这又问那，我呢，也是往床上一躺，啥也不想说。你奶奶拿着扇子，摇啊摇啊，摇。这日子过得真快，我老了，你妈，我这心里，一阵一阵的，空落落的，就盼着你们能回来说说话。我现在想明白了，总盼着你们回来看看啊，倒不如我出去转转，其实天下所有做父母的，都一样。越看着自己儿女在外边忙和，自己在家里待着就越踏实。

林　爸，我这就把小涛接来，我们高高兴兴地团聚团聚。

黑　对！咱们好好说说话。

黄　拉倒吧，你们有正事忙去吧。我去接孙子。来，大大。外面天凉，咱把这玩意儿套上。小芳，我发现你给我织的这玩意儿，套他身上挺合适。

黑　您就别说了，爸，行吗？

黄　不说了。我早就知道不是我的。

黑　我那儿还有毛线呢，我回去再给您织个坎肩。

黄　行！他背心，我坎肩，穿上一对情侣衫。走。

（三人同时舞台左侧下场）

《想起老妈妈》

作词：刘世新　作曲：赵季平

演唱：于文华　郁钧剑

情景设计：王迪

（灯光：蓝色主调，黄色侧高光）

【舞台调度：于舞台中演唱、郁从舞台右侧出场】

唱　想起老妈妈，如今她在老家
晚睡早起忙里忙外，一辈子淡饭粗茶
劝她出来走一走啊，她说舍不得离开家
催她四处转一转啊，她说活儿多放不下
孩儿，孩儿挣钱不容易
这份心意我领啦
想起老妈妈，如今都在老家
一生追着日和月，孩儿心中总牵挂
想起老妈妈，如今她在老家
一年四季从春到冬，霜染了她的鬓发
每逢过节常思念她操劳一生该歇歇啦
每到生日总想起她心血把我养育大
孩儿，孩儿无论身在哪
母爱伴我走天涯
想起老妈妈，如今都在老家
恩情就像日和月，孩儿怎能不报答
想起老妈妈，如今都在老家
恩情就像日和月，孩儿怎能不报答
想起老妈妈，如今她在老家
一年四季从春到冬厮守着我的老家
厮守着我的老家

《好男儿》
作词：车行　刘敬昌　作曲：戚建波
编舞：王迪　演唱：韩磊　满江　江涛
（灯光：蓝白交叉射光）
【舞台调度：三位演唱者从观众席走上舞台，副歌的时候走到升降台，升降台升起】

唱　好男儿闯就闯出个名堂
好男儿干就干出个模样
好男儿咱要对起爹和娘
好男儿咱要为国成栋梁
有一段路程要磨磨咱脚掌
有一副担子要试试咱肩膀
有一句话记在了咱心上
爹娘讲好男儿志在四方
有一番祝福装满了咱行囊
有一汪泪水牵挂着咱成长
有一句话记在了咱心上
爹娘讲好男儿志在四方
好男儿闯就闯出个名堂
好男儿干就干出个模样
好男儿咱要对起爹和娘
好男儿咱要为国成栋梁
有一番祝福装满了咱行囊
有一汪泪水牵挂着咱成长
有一句话记在了咱心上
爹娘讲好男儿志在四方
好男儿闯就闯出个名堂
好男儿干就干出个模样
好男儿咱要对起爹和娘
好男儿咱要为国成栋梁
好男儿闯就闯出个名堂
好男儿干就干出个模样
好男儿咱要对起爹和娘
好男儿咱要为国成栋梁
成栋梁

周　中国戏曲源远流长，博大精深是民族艺术的瑰宝。

朱　对啊，我们中国有300多个戏种，每个戏呢都有自己的戏迷。周涛啊，不过你想想，如果哪个戏迷把他会的戏全串在一块儿唱，那乐可就大了。

周　说得对。那下面呢，我们就请您看这段相声《戏迷》。

相声《戏迷》
作者：刘俊杰
表演：刘俊杰　唐杰忠
伴奏：天津艺术学校乐队
（京剧脸谱的拱形门合上）

唐　亲爱的朋友们，春节好！咱今天这个大联欢呐，是台上台下一片欢腾。那真是各路英雄（刘从台下跑下来）

唐　哎呀，刘俊杰来了。

刘　这不大联欢嘛，我也来凑凑热闹。

唐　行啊。

刘　我给大伙儿唱段京剧你看行不？

唐　唱京剧？就你这口音。

刘　老人家别瞧不起我。别看说话的这口音，要是一叫板，京字京味。京剧里有个《沙家浜》对不，我给你一唱这口音就过来了。司令，过来了吧？我虽然有，不对，我虽然有，也不对，我虽然，好像有点这个意思啦？

唐　对，就按这个唱。

刘　我得借你这个乐队使唤使唤，你看你看，人家一个个都比你长得漂亮。

唐　那还用你说吗？

刘　行了，有他们，你下去吧。

唐　凭什么让我下去啊？

刘　你看我们这都是漂漂亮亮的，全是年轻的，你这个老喀嚓牙的，谁看你呀。

唐　你看这什么话啊，没有老的能有你吗？

刘　你看，那儿还有个老先生呢。老先生，您的贵姓啊？（姓驴）

刘　姓李啊。

唐　人家姓李。
刘　李李都一样，X 啊 X 啊 X 啊都一样。我们那儿啊，xx/xx/xx 都不分，好听着呢。我们老家的那个豫剧，好听着呢。那个你二嫂改嫁你知道不？
李　你二嫂改嫁呢。
唐　那是李二嫂改嫁。
刘　对，那是你二嫂改嫁。
唐　行了行了。你唱吧。
刘　行了，我唱了啊，我叫板了啊，听着。（音乐响起）
刘　（唱）司令！我虽然读书在东洋，沙家浜毕竟是故乡，是不是这样味啊？那往后唱是越唱越有味。我在上海唱剧，人家说有味，在石家庄唱了河北梆子，人家说，有味！
刘　我虽然读书在东洋，沙家浜毕竟是故乡
唐　你这接着往下唱啊。
刘　我虽然读书在东洋，沙家浜毕竟是故乡
唐　你接着往下唱啊。
刘　我就会唱这两句。接下来是什么啊？
唐　这春来茶馆。
刘　（越剧调）
唐　你怎么跑越剧去了。
刘　我我我，我唱得是越剧啊？再来。
刘　（唱）
唐　越京剧。
刘　等着，这就来了！（河北梆子调）
唐　你又唱河北梆子了！
刘　毛病在你这里呢。你说我在这里唱戏，你站在一边挺个大肚子，朝这个拐朝那个拐。有这样的吗。
唐　这儿我不说一句话，看你怎么唱吧。
刘　我叫板啦。（唱）我虽然读书在东洋，忘了。
唐　沙家浜毕竟是故乡。
刘　（唱评戏调）沙家浜毕竟是故乡。
唐　你怎么又拐到评戏上了？
刘　看来是我的问题，是这口音的问题。看我用老家的口音，能唱痛快不能。
唐　老家的口音能叫板。
刘　我叫板了啊。（鲁剧）我虽然读书在东洋，沙家浜毕竟是故乡。
唐　你又唱到山东鲁剧了。
刘　我又唱回老家去了？京剧这东西怎么这么难呢？
唐　再找找。
刘　我叫板啦。我虽然读书在东洋，沙家浜毕竟是故乡。（鲁剧）这春来茶馆毫无印象，（京剧）也不曾见过这位老板娘。
唐　啊，找到了！

戏曲《中华大戏真神奇》

作者：周保平　作曲：孟庆华

导演：孙桂元　吕忠文　编舞：林阳

参加演出：孟广禄　于魁志　李胜素
赵秀君　李佩红　管波　张火丁
李静文　韩再花　张辉　雪萍
周好俊　王晓燕　刘阳　周伟君
张承蝶　陈晓红　何超　张虹

（灯光：红、紫、蓝调）（舞台调度：半圆大门打开，大门方格架子上演员表演，舞台上各种角色的演员定点造型。孟、于舞台中区站立开始表演）

【舞台调度：四位青衣在手绢演员的拥护下走上舞台上，各站左右前侧。副歌部分到舞台中区，最后从舞台后侧左右下场】

唱　大河奔流悠悠远远五千年
沧海桑田一条船
这条沉甸甸船　把戏装满
祖传的旋律唱到今天
桃红李又白
河开燕子来
花鼓龙灯乐开怀
人间大戏开

人间大戏开
一枝迎春桥头开
叫声当家的哥你快点转回来
回来就回来
把我怎安排
正月有个节
当家的可晓得
正月是什么节
我心里一抹黑
正月是春节
难道你不晓得
提起过春节
大家都晓得
打开纱窗望
朗朗一天星
刘郎哥去看灯
早早去　早早转回程
免得妻子常挂在心中
一把连心锁
锁住你和我

凤山青青越水长
苏杭两州胜天堂
姐姐一曲　天歌落凤凰
与妹妹越调双唱柳轻扬
吴丝缠得虎丘绿
越调敲醒钱塘江
戏在画船人在岸
湿了妹妹新衣裳
戏在画船人在岸
湿了妹妹新衣裳
新呀新衣裳
春水流　春水长
春到江南好风光

烁古今
惊天地
望九州　龙蛇起
滚滚春潮走长堤
苍莽莽，水怒云激
塞北风　暖微微　轻吹燕羽
江南雨　点滴滴　绿了春泥
雷乍响　天荡荡　阳关西去
云初动　海滔滔　东方闻鸡

中国　了不起
奋斗　永不息
好大一支笔
好大一出戏
好大一支笔
好大一出戏
中华大戏多神奇

（舞台主持区）

周　下面是由郑伊健、章子怡为您演唱的歌曲《选择你的爱》。

歌舞《选择你的爱》

作词：陈洁明　作曲：李海鹰
演唱：郑伊健（香港）　章子怡
情景设计：王为念　情景表演：小香玉等
（灯光：紫色红色主调）（大屏幕：郑与章的视频）

【舞台调度：郑从舞台左侧走出，章从右侧走出，舞台后区小香玉带着孩子们情景表演，最后孩子们走到舞台前拥抱演唱者，定点结束】

唱　郑　选择了你的爱爱你的选择
请不要把你的眼光移开
章　当你触摸着梦想的时候
别忘了告诉我你最新最新的安排
郑　美丽的世界有美丽的意外
章　每一次我都是这样期待
郑　当你选择了希望的时候
我已经感觉到有心跳的信息存在

全　选择了你的爱　爱你的选择
这一次我等着你说出来
选择了你的爱
爱你的选择
决定不会更改

郑　选择了你的爱　爱你的选择
选择了你的爱　爱你的选择

全　选择了你的爱　爱你的选择
这一次我等着你说出来
选择了你的爱
爱你的选择
决定不会更改
我们彼此祝福所有的未来

（舞台主持区）

张　观众朋友们年年盼着看我们的春节联欢晚会啊，也希望我们的晚会有出新的地方。我们的导演组特意安排了巩汉林，刘流

曹　还有谁？

张　猴、狗熊、大象开了一个动物运动会。

曹　好，那我们看看热闹不热闹。

小品《动物运动会》

编剧：张振彬　导演：由二群

表演：巩汉林　刘流

（刘从舞台右侧跑上台）

刘　各位观众，电视机前的朋友们大家好！我们的超级运动会啊，马上就要开始了。现在由我郑重的宣布。

（巩从舞台左侧跑出）

巩　现在由我郑重的宣布。

刘　我宣布我们运动员入场！

（音乐响起）

巩　首先进场的是我们的选手，他们外表英俊、高大威猛。

刘　看我们的狮子代表队。

巩　狮子长得有点像猫啊。（猴子队出场）

巩　看我们的选手才是精品呐！他们个个身怀绝技。现在比赛开始！（小狗跳杆）

巩　现在是场地自行车追逐赛。由我们的选手上场。（猴子骑车上场）

巩　他们个个身姿矫健、风驰电掣一般。眼花缭乱啊。（一只猴子从自行车上掉下来）

刘　你看，回家练去吧！大家往后看。走到后边的是我们的队员。（狗熊走钢丝）

巩　上面的是我们的选手啊。你看看，它气定神闲，有西部牛仔的风采。（猴子拿大顶）

巩　看，这是金猴倒立。我现在宣布比赛成绩，我们的选手获得第一。

刘　你们的选手获得第一？

巩　对，比赛场地只能有一个第一，就是我裁判。

刘　像你这些裁判，就应该让他下课！
（话外音）小狗－下课下课，猴子－他早就该下课了

巩　今天就是我说了算，就是老虎
（话外音）老虎－刘流，他说什么？
（大象把巩卷起）

刘　看你还敢不敢吹黑哨。

巩　不不不，裁判怎么能不吹黑哨呢？你还是把我放下来吧。不吹了不吹了。
（话外音）老虎－你敢不敢公平？

巩　公平！公平！

刘　你当裁判就得公平。（话外音）大象－大家监督他

（巩与刘站在了拳击台上）

巩　现在我们的选手将重拳出击。

刘　我们的选手也将闪亮登场。（两只狗熊从舞台两后侧出场，上拳击台）

刘　给大家介绍一下，这位是我们的选手，他的名字叫，刘杰凯尔斯

巩　和你一个姓，长得还挺像。

刘 我们俩就是一熊样！
巩 知道他叫什么吗？
刘 什么？
巩 他叫巩倒刘杰凯尔斯。
刘 还真不是跟你吹，就我们这位选手，受过霍利菲尔德的指点。
巩 我们选手得过拳王泰森的亲传！
刘 你们的选手一定咬过别人的耳朵吧？
巩 我们的选手从来不咬别人的耳朵。专咬鼻子。不，专打鼻子！
刘 现在比试！
巩 来！
（熊姑娘溜冰举牌，话外音：请看第一局。两熊开始比赛。）
刘 你怎么搞的怎么一见他就腿软。
巩 你怎么一见它就哆嗦啊？（小猴子举着话筒采访巩汉林）
猴子 巩汉林你好。
巩 你好你好。
猴子 我是电视台的动物娱乐记者。能问你几个问题吗？
巩 无可奉告！
猴子 那就算了吧！
巩 哎呀，对不起。
猴子 刘流，能问你几个问题吗？
刘 对不起，没有时间！
猴子 真牛啊！
（熊姑娘溜冰举牌，话外音：请看第二局。两熊开始比赛。一只熊把另一只打下了拳击台。各方暂停整休）
巩 我们落后，知道吗？偷袭偷袭！（巩倒上前扑打）
刘 不行，我抗议，我抗议！
巩 抗什么议啊，运动员都没有上告。场外摩擦不等于黑哨。
（熊姑娘溜冰举牌，话外音：请看第三局。两熊开始比赛。）
打打打打！
刘 熊瞎子你是熊到家了。
巩 你是怎么打的。我告诉你，你要是输了我扣你奖金。
刘 你要是打输了，我还让回去探亲。（两只熊把巩与刘扑倒在地）
（熊姑娘溜冰举牌，话外音：请大家爱护动物）

（观众席）
曹 下面请欣赏一组激情洋抑的《青春放歌》。

歌曲联唱《青春放歌》
编导：杨云涛

《彩虹》
词曲　陈羽凡
演唱　羽·泉
（灯光：舞台主调满天星　蓝色射灯　地面玻璃口反射蓝光　舞蹈演员手持荧光棒）
【舞台调度：演员坐在舞台两侧　组成一个通道　羽泉从中间走出来。】

唱 爱了就别伪装
迷失了也别彷徨
不管未来怎样
你都要保持坚强
如果明天你的心
依然还在流浪
我愿意承受这份爱
陪着你打造一片天地
我的世界从此以后多了一个你
每天都是一出戏
无论情节浪漫或多离奇
这主角是你
我的世界从此以后多了一个你
有时天晴有时雨
阴天时候我会告诉你
我爱你胜过彩虹的美丽

《第三天》

词曲：小柯　编舞：杨云涛

演唱：谢鱼欣　领舞：姜华　王舸　郑绚

（灯光：舞台主调满天星　蓝色射灯　地面玻璃口反射蓝光　舞蹈演员手持荧光棒）

唱　在你出现后的第三天
我就改变了行车的路线
不想再遇到你面对面
交错过往在一瞬间
在你发现我的第三天
你已戴上我送你的项链
难道你还想往事重演
只是把时间换一换
爱让我们相见
爱让我们相恋
爱让我们怨恨
却又不停的彼此挂念
爱让我们改变
爱让我们孤单
爱让我们相遇
却又装作视而不见
在你消失后的第三天
我便悄悄哭了一整夜
谁让感情被时间改变
交错过往在一瞬间

《二十年后再相会》

作词：甲丁　张枚同　作曲：谷建芬

领唱：谭晶　倪睿思　谷峰　容中尔甲
（第九届全国青年歌手电视大奖赛获奖歌手）

（灯光：绿色主调，天幕高光蓝红闪烁）

唱　女　来不及等待来不及沉醉
噢来不及沉醉
年轻的心迎着太阳
一同把那希望去追
男　我们和心愿心愿再一次约会
让光阴见证让岁月体会
我们是否无怨无悔
全　再过二十年我们来相会
那时的山噢那时的水
那时祖国一定很美
但愿到那时我们再相会
那时的春噢那时的秋
那时硕果令人心醉
女　来不及感慨来不及回味
噢来不及回味
多彩的梦满载理想
一同向着未来放飞
男　我们把蓝图蓝图再一次描绘
让时代检阅让时光评说
我们是否问心无愧
全　再过二十年我们来相会
那时的天噢那时的地
那时祖国一定更美
但愿到那时我们再相会
那时的你噢那时的我
那时成就令人欣慰
那时的你噢那时的我
那时我们再相会
那时的你噢那时的我
那时我们再相会
跨世纪的新一辈
那时我们再相会

（观众席）

张　今夜，人不分东西，地不论南北。我都想深情地说一声：亲爱的中国，我爱你！

歌舞《亲爱的中国我爱你》

作词：唐跃生　作曲：方石

编导：王玫　演唱：叶凡

（灯光：黄色主调　红色侧高光）

【舞台调度：叶凡从舞台上走下来。舞蹈演

员由中后区方块到舞台满天星。间奏部分，舞台大的红绸从舞台前拉到后区。升降台李云迪演奏。】

唱 我来到世上就选择了你
和我一样的人有十几亿
无论是领袖还是人民
都是你爱着的孩子
我走到那里都充满勇气
黄皮肤的脸是面中国旗
不管有痛苦还是欢乐
我都想告诉你
你不说一句话
却时不时把我激励
就因为你在我心里
我的眼中从来没有悲哀的泪滴
亲爱的亲爱的中国我爱你
我越是爱你越就懂得
五千年的风和雨
亲爱的亲爱的中国我爱你
我越是爱你越就知道
谁也没有你美丽
亲爱的亲爱的中国我爱你
我越是爱你越就懂得
五千年的风和雨
亲爱的亲爱的中国我爱你
我越是爱你越就知道
谁也没有你美丽
亲爱的亲爱的中国我爱你
我越是爱你越就懂得
五千年的风和雨
亲爱的亲爱的中国我爱你
我越是爱你越就知道
谁也没有你美丽
我越是爱你越就知道
谁也没有你美丽

（观众席）

周 观众朋友们，在去年的悉尼奥运会上，中华健儿奋勇拼搏取得了 28 块金牌的佳绩。

张 是啊，当我们看到五星红旗冉冉升起，听到中华人民共和国国歌奏响的时候，全世界华人都为之激动不已啊。金牌激起的爱国热情让我们再次掀起了申办奥运的高潮。

周 今晚呢我们把几位奥运冠军也请到了我们的晚会现场。让我们以掌声对奥运健儿表示敬意。
我们代表体育健儿向全国人民。

全 拜年！

群口相声《咱也试一把》

作者：李艺　编导：程东海
表演：笑林　王平　赵保乐　卓林
伴奏：郭铁成

【王、赵、卓齐步走上场】

笑 呀，你们这是？

王 现在全民都在为奥运作贡献，我们觉得应该作点更具体的事情。我们自愿组织成一支

全 陪练队！

笑 陪练队？

王 我是一陪。

赵 我是二陪。

卓 我是三…号陪练！

笑 你们这精神可嘉啊，不过当陪练可不容易，首先要有专业技能。

全 我们有。

笑 你们会什么？

全 吃葡萄不吐葡萄皮，不吃葡萄倒吐葡萄皮。

笑 绕口令啊。当陪练还得能要吃苦。

全 能吃。运动员吃什么我们就凑合吃什么。吃葡萄不吐葡萄皮，不吃葡萄倒吐葡萄皮。

笑　行行，就会这个啊。
王　跟您开个玩笑。我们是想体验一下当陪练的辛苦。您让我们当一下临时的、业余的都行。
笑　都想试试吗？
全　对！
笑　正好，有几个运动员要到这里当陪练。我可说清楚，挑上谁，是谁。正好，男子花剑队先来了。你好你好！（上前握手）观众朋友们，这个小伙子就是中国花剑队的王海滨。他们荣获了悉尼奥运会的男子团体银牌，也荣获了花剑队的最好成绩。
王海滨　大家好。
笑　你看他们合适吗？
赵　王平啊，要陪也得你先陪。
王　为什么啊？
赵　因为你是一陪。王海滨对吧？
王　一号吧。
笑　王平有一点我得提醒你。花剑是剧烈的交手项目。当陪练的时候啊，不能光想着被动挨扎，必须主动进攻，调动起运动员的训练情绪。
王　就是想方设法把大家伙逗起来，让他们玩命扎我。
笑　好来。
赵　哆嗦什么？
王　胡说，这叫激动。
笑　好，二位，我们先试一个回合。预备。
（鼓声响起）
王　等会儿等会儿。能不能让他把这假脸个摘下来。他有没我没
笑　这叫面罩，好好好，摘下来！
（摘下面罩）
笑　好，二位。预备。
（鼓声响起）
王　等会儿等会儿。
笑　又怎么了？
王　我们能不能商量一下，让我用那剑，他用这个长矛。
赵　有拿着长矛跟剑比的吗？
卓　要是给你拿一把手枪呢？
王　有吗？
卓　我说你来吧！
笑　来，二位，做好准备！
（鼓声响起）
王　等会儿等会儿。
笑　你有完没完啊。
王　我习惯站那边。
笑　海滨你可以吗？交换一下。
笑　来，二位，作好准备！
（鼓声响起）
（王海滨不动，王平上前一次次攻击。王海滨一下上次攻击。王平跪下）
王平　王海滨你要是再向前一步，人命官司和你打定了。
笑　海滨啊，你看这一号啊，不行。（王平把剑给其他两位，他们推托）
笑　看来啊，他们两位胆太小。这样吧，过几天给你找几个胆大的。
王海滨　谢谢！
王　你把这凶器带走。
笑　请！
王海滨　谢谢大家！
王　宝乐，我们换换，我不能太自私，我得把机会让给你啊。
赵　这个时候发扬风格啊。（换掉号码）
笑　你好你好你好！这位姑娘就是在悉尼奥运会上女子跆拳道67公斤以上的金牌获得者陈中。
陈　给大家拜年啦！
笑　陈中啊，陪练都在这儿呢，你选谁啊？
王　这是一号！
陈　不行不行不行！刚才王海滨说一号不行
笑　那你选
陈　二号吧！（赵、卓鼓掌把王请出）

赵　太好了，王平啊。你陪女的练安全啊！

王　她比男的还猛呢。大家看他这两大脚丫子。跟气锤似的。就一脚，我肯定是一类特等甲级残废。

笑　没有那么严重。我们先请陈中给我们示范表演一下，好不好？

王　可以！

笑　好，大家欢迎！（一串串劈木表演，笑林被吓倒在地）

眼镜呢？

我！

笑　王平你看明白了吗？

王　明白了，我们能不能商量一下，待会儿训练的时候，让她光动拳别撂蹶子。

笑　呵，什么话呀！陈中的优势就在脚下，连江主席慰问的时候，都表扬陈中

王　说什么？

笑　陈中，你的下劈很厉害！

王　下劈是什么意思？

笑　下劈都不知道是什么意思，卓林告诉他。

卓　连下劈都不明白啊，很简单，就是双腿跳起来，越过头顶用脚后跟往下劈你脑袋。

王　拿我脑袋当西瓜了。

笑　也不能那么说，有些时候当。不管怎么样，不管陈中怎么劈你，就算劈你个跟头，你都得站起来，装着很高兴的样子。

王　我贱骨头啊。

笑　你这就不懂了吧？运动员上场前都有压力，你就得配合训练他的气氛。你看你长那样。耷拉着脸，陈中一看你不乐意了，陈中也没有心思练了。对不对，陈中。

陈　对对！

王　敢情不仅光陪练，还得陪笑！

笑　说对了，不仅得陪笑，还得陪喊！你看陈中那喊的，啊啊。

王　大家都知道，是相声演员都会这句。啊，呸！啊，呸！

笑　行了行了！

卓　什么啊，呸！人家是啊，才！啊，才！啊，才！

王　你喊的好，你啊才去吧！（两人较量一番，卓林吓得坐到地上）

陈　不是给我自己挑陪练的。

笑　那你是给。

陈　给王楠！

王　谁？王楠，那我知道，那是奥运会女子单打冠军啊。（换换换）

赵　我说两句公道话啊，王平你太不像话了。换两回了，不许再换了。

卓　谢谢，谢谢宝哥对我的支持！

赵　卓林你别客气，咱俩换换！

卓　不不，今天我是非王楠不嫁，不不，我是非王楠不娶，不，我非王楠不陪！

笑　先让他们商量着，有了结果我再告诉你啊。谢谢你啊！

陈　谢谢大家！

笑　观众朋友们啊，这位姑娘就是在悉尼奥运会上夺得女子柔道78级以上的袁华。

袁　朋友们，过年好！

笑　来来来，给大家介绍一下。

王　别，我和袁华是老乡，我们都是辽宁人。你给我们评评理，刚才陈中给王楠挑的是我，他非跟我抢。

袁　没关系没关系。陈中不挑他了吗？我挑你！（吓倒一边）

笑　其实你给袁华当陪练很简单，每天给他摔500个大背跨就齐了。

王　一个就散了。

卓　散不了。你看要不现在那么多陪练都搞得浑身是伤呢？在座的朋友们，给他加加油，鼓鼓掌怎么样？

王　袁华你也知道，我这身体就是一豆腐渣

工程，待会儿摔我的时候最好轻拿轻放。

赵 像话吗？你！怎么说话呢？豆腐渣工程，轻拿轻放，你是鸡蛋呢？我告诉你，柔道是最激烈的运动。玩就得玩真的！

王 你来！

赵 我来就我来！不就是当陪练吗？我来啊

笑 来，二位，作好准备各就各位！

（鼓声响起）

赵 为把金牌拿，背垮不算啥，摔散我一个，再摔他们俩。

袁 道服。（王平穿上运动员送上来的道服）

王 这个后上的小姑娘不错，我陪她练练怎么样？

金 你这不是欺负人吗？你一个大小伙子，要摔人家一小姑娘。

王 这不安全吗？

金 那你得轻拿轻放。

王 没问题！

笑 好，两位！那我们试一试啊。预备。

女 叔叔，请多关照！

王 放心吧！我绝对轻拿轻放。（女孩把王平摞倒在地）

笑 袁华，她是干什么的？

袁 她就当过陪练！

全 啊，陪练都这么厉害。

笑 那你们。

全 还是做点宣传工作吧！

笑 你们的口号是？

全 申办奥运，人人有责！申办奥运，人人有责！

《大家一起来》

作词：甲丁　作曲：刘欢

编舞：王为念　演唱：刘欢

表演：山西小香玉艺术学校

（灯光：蓝色主调）

【舞台调度：刘在舞台前区演唱，孩子们在舞台后区满天星拿着网球拍舞蹈】

唱 为胜利来吧
看太阳已举起金牌
让奥林匹克在这里多一份精彩
北京是梦开始的地方
亿万双目光期待
把圣火呼啦啦点起来
一起来吧
事实在超越梦想的豪迈
一起来吧
踏着迈向光荣的节拍
为和平来吧
看鲜花正为你盛开
每一张笑脸
都承诺我们的爱
北京是心相聚的地方
亿万个心愿
就像和平鸽呼啦啦飞起来
一起来吧
带着超越梦想的豪迈
一起来吧
踏着迈向光荣的节拍
一起来吧
带着超越梦想的豪迈
一起来吧
踏着迈向光荣的节拍

（舞台主持区）

周 朱军啊，你看我们老百姓过春节啊，都要贴一副春联。我有一位朋友啊，给我拟了一副春联，但是他没有给出横批。

朱 那太好办了。你说来，我试试。

周 上联是，祥龙腾空辞旧岁。

朱 好！

周 下联是：金蛇狂舞庆新年

朱　太棒了，我这横联啊，有啦！飞舞迎春！

舞蹈《飞舞迎春》

编导：丁伟　作曲：李沧桑

领舞：李倩　王迪　陈文　张宇　张志

舞蹈第一部分：男伴舞吹小号舞蹈，女伴舞扬着五彩的旗帜舞蹈。五位领舞激情澎湃地穿梭

舞蹈第二部：慢板。舒缓的一段集体群舞。

舞蹈第三部分：快板。舞蹈动作幅度大，多地面与弹跳的多维度快速动作，气氛推向高潮。

歌舞《咱老百姓》

作词：张俊以　云剑

作曲：戚建波

演唱：张也　吕继宏

张　都说咱老百姓啊是那满天星
　　群星簇拥才有那个月呀月光明
　　都说咱老百姓啊是那黄土地
　　大地浑厚托起那个太呀太阳红

吕　都说咱老百姓啊是那原上草
　　芳草连天才有那个春呀春意浓
　　都说咱老百姓啊是那无边的海
　　大浪淘沙托起那个巨呀巨轮行

合　天大的英雄也来自咱老百姓
　　树高它千尺也要扎根泥土中
　　是好人都不忘百姓的养育恩
　　鞠躬尽瘁为了报答这未了情

张　都说咱老百姓啊是那原上草
　　芳草连天才有那个春呀春意浓

吕　都说咱老百姓啊是那无边的海
　　大浪淘沙托起那个巨呀巨轮行

全　家道它盼富裕国运它盼昌盛
　　老百姓咱盼的是祥和万事兴
　　谁只要为了咱老百姓谋幸福
　　浩浩青史千秋万代留美名

朱　观众朋友，喜剧小品深受大家的喜爱。喜剧小品啊，不仅能让大家欢笑，更能深刻的揭示现实生活。

周　下面这个小品啊，就告诉我们破除迷信，相信科学很有必要，否则啊很多善良的人就容易上当受骗。

朱　接下来请大家欣赏由赵本山、高秀敏、范伟表演的小品《卖拐》。

小品《卖拐》

作者：何庆魁　宫凯波　张庆东

编导：尹兴东

表演：赵本山　高秀敏　范伟

（道具：自行车和拐）

高　啊，大忽悠！大忽悠！

赵　喊啥大忽悠，当大伙面，别叫我艺名行不行？

高　孩儿他爸。

赵　嗯。

高　要我说这个拐就别卖啦！

赵　你废话，不卖了，做这副拐又搭工又搭料，一天一宿没睡觉，不卖不白瞎了吗？

高　这满大街都是腿脚好的，谁买你那玩意啊？

赵　这啥话，你还不知道我叫大忽悠呢。我能把正的忽悠正邪了，能把奸人忽悠乜了，小两口过的挺好，我给他忽悠分别了。今天卖拐，一双好腿我能给他忽悠瘸了！

高　哈哈，你可拉倒吧，

赵　信不信？

高　我就不信人家好好的腿你就能给人忽悠瘸了？

赵　这就是我强项。

高　我还不知道你那强项，（对观众）他呀，听说人家买马上人那卖车套，听说人家买摩托上那卖安全帽，听说人失眠上那人家卖安眠药，听说人家

赵　别说了，这叫市场，抓好提前量！

高　你那提前量也有打失误的时候！

赵　这拐咋失误了？

高　听说锁柱子开四轮车把腿砸了，贪黑起早做这副拐，结果人家砸重了，出院以后直接坐轮椅了，这拐没卖出去，哈哈哈，呵呵呵，哎呀。

赵　别着急，今天我就把这副拐卖去。

高　那这满大街都是腿脚好的，谁买呀？

赵　媳妇儿，今儿个咱们专门找个腿脚好的卖给他，看看我大忽悠的能力。

高　那你怎么地你不是骗人么？

赵　怎么骗人呢？这叫愿者上钩，懂么？帮我喊两句。

高　我不会忽悠，你自个整得了。

赵　看我眼色行事，好不？哎，来人了，喊

高　啊，拐了噢，拐啦，拐了噢！拐啦，拐啦！拐啦！

范　我说你瞎指挥啥呀你啊？你知道我要上哪你就让我拐呀你啊？

赵　喊卖。

高　卖噢！卖，

赵　卖啥呀？

高　拐。

赵　连上。

高　拐卖了噢！拐卖了！

范　嗯？怎么回事儿？谁要拐卖你呀？

高　不是，他拐卖了。

范　你要拐卖呀？

赵　你啥眼神啊，拐卖，就这样你我能卖出去嘛，你买呀？

范　你们到底怎么回事儿这是，

赵　啥事儿啊，你多管闲事儿。

高　我们俩是两口子，在这玩呢！

赵　呵呵呵，俺们俩是一家的，在这玩呢！

范　这两口子，大过年地，卖媳妇儿玩，哎呀。

高　不卖啦。

赵　站下，非常严重。

高　啥呀？

赵　太严重了。

范　说啥呐？

赵　呵呵，没你事儿。

高　什么玩意，严重啊？

赵　应该告诉他，不告诉这病，危险！没事儿，我这看出点问题来，媳妇儿不让我说，你也不能信，你走吧，没事儿！呵呵，没事儿，走！

范　神神叨叨的，你可真是。

赵　就这病发现就晚期！

范　你怎么回事你啊？大过年地说点好听的！怎么回事儿！

赵　别激动，看出点问题来，哎呀，说你也不信。

范　你得说出来我信不信呐，怎么回事儿啊？

赵　先不说病情，我知道你是干啥的！

范　咳咳还知道我是干啥的，我是干啥的？

赵　你是做生意的大老板——

范　啥？

赵　那是不可能地。

范　废话，大老板有骑这个出来的吗？

赵　在饭店工作。

高　你咋知道他是在饭店呢？

赵　身上一股葱花味。是不是饭店的？

范　那，你说我是饭店干啥的？

赵　颠勺的厨师！

范　咦？

赵　是不？

高　哎呀，你咋知道他是厨师呢？

赵　脑袋大，脖子粗，不是大款就伙夫！——是不？是厨师不？

范 哇，行行行。算算算你猜对了，
赵 别算，是不是？
范 啊，呀呀呀，是，是。那你刚才怎么的说我，说什么又是严重了，又是晚期，那是怎么回事儿？
赵 你能信吗？
范 我我我，我信，
赵 在最近的一段时间内，感觉没感觉到你的浑身某个部位，跟过去不一样了。你想，你使劲想，真的，
范 我没觉着，我就觉着我这脸越来越大呀？
赵 对了，这不是主要病症！你知道你的脸为什么大吗？
范 为啥？
赵 是你的末梢神经坏死把上边憋大了。
范 那是哪憋的呢？
赵 腰部以下，脚往上。
范 腿呀？
赵 对头！
范 不对，我腿没啥大毛病！
赵 走两步！走两步！没病走两步！走！
范 行行！走两步走走走两步走两步走两步，
赵 停！你鞋没毛病吧？
范 有啥毛病呀？
赵 一跟高一跟低？
范 这这。这是旅游鞋死跟地！
赵 对头，就是你的腿有病，一条腿短！
范 没那个事儿！我要一条腿长，一条腿短的话，那卖裤子人就告诉我了！
赵 卖裤子的告诉你你还买裤子么，谁像我心眼这么好哇？这样吧，我给你调调。信不信，你的腿随着我的手往高抬，能抬多高抬多高，往下使劲落，好不好？信不信？腿指定有病，右腿短！来，起来！（范伟配合做动作）
赵 停！麻没？
范 麻了。
高 哎，他咋麻了呢？
赵 你跺，你也麻！
赵 麻没麻？麻没？
范 麻了。
赵 走起来，走起来！别控制，腿百分之百有病，别控制，放松！走！走走走！走，快走！走，别想，你跟我走好不？走起来，一点一点就好了，走。

（范伟配合做动作）

范 诶呀，诶呀，诶呀。哎呀我的妈呀！
赵 你走！
高 好腿给忽悠瘸啦！
范 什么玩意你说？
赵 你看着没，我媳妇儿都看出来了，她说你忽忽悠悠就瘸了。
范 大姐呀，那这早咋没发现呢？
高 早你没碰见他，你早碰见他早就瘸了。
赵 我早就给你调过来了。
范 大哥，这是怎么回事呢？这？
赵 别着急，你呀，小的时候，崴过腿，
范 没有啊，我这只崴过呀？
赵 转移了！不知道吧，后来你的职业对你很不利，原来你不是颠勺，你是切墩，老是往这腿上使劲，就把这条腿压的越来越重，越来越重……轻者踮脚，重者股骨头坏死，晚期就是植物人！
高秀敏 哈哈哈哈哈哈哈。
赵 干啥玩意？
高 我说啊！我头一回看他眼睛还会。哈哈哈
赵 你老实点！我在调病呢！
范 大哥，那什么我得用点什么药呢？
赵 用药不好使！
高 大过年的，别让人吃药，快说拐吧！
赵 看，我老伴都知道，拄拐！
范 拄拐？
赵 请坐！拄上拐之后，你的两条腿逐渐就

平衡了，一点一点也就好了，我当初，一个老头看出我腿有病，她就心疼钱，不让我看病，最后，残了。

范　你呀？

赵　里头有钢板，回不过来弯。

范　这是条废腿呀？

高　老头子咱这是好腿。

赵　你说啥呢！好，好腿谁拄拐呀？

范　是。

高　那拐不是——

赵　你别蒙人了！

范　哎呀大姐你就别老跟着瞎搅和了行不行啊？这是病人和病人之间在探讨病情，你老跟着掺啥呀这是，我看这腿怎么回事！

赵　你不用腿，看！我给你走，我过去都没走，这完了都，

（赵本山走）

范　哎呀，哎呀，哎呀我的妈呀，哎呀呀呀。这么严重呐，

赵　我甩掉多少只鞋了！

高　你别在那扒瞎，你甩掉鞋那回不是上人家偷小鸡儿狗撵的吗？

赵　腿好能撵上么？你鞋多少钱一只？

范　那个，二百二。

赵　二百二呀？正好一副拐钱。

范　那得在哪买拐呢？

赵　拐呀。

高　这不是吗，正好把这副拐就卖给你。

赵　你说啥呢？过去！卖啥呀？我拄什么玩意卖？你咋这样呢？女人抠，送给他不就完了吗？

范　别呀。

高　不卖啦！

赵　别说话了行不？接拐！

范　呀，大哥！哎呀，大哥，我不能白要，我得给钱。

赵　我知道你性格，我女人要钱了，你也磨不开不给，你要脸，你这么给你说我不要就等于瞧不起你，是不？我还得要，给一半，一百。

范　哎，行行行。

赵　我告诉你多给我跟你急啊！

范　好好好。

赵　别说话了。

（范伟掏钱）

范　唉呀大哥呀，大哥那什么。我这俩兜加一块才三十二块钱……

高　那就拿着吧，要多少是多呀。

赵　要什么自行车呀？要啥自行车？

范　哎呀，对对对。

赵　你咋这么个样呢？

高　我没说要自行车呀？你说的要自行车。

赵　见笑了啊，这媳妇儿我也管不了了，见面跟人要自行车。

高　我没说要自行车！

赵　以后我不领你出来了。

范　大哥你别老生气，我觉着我大姐这句话说的还是有道理的，你说像我这腿脚呢，基本就告别自行车啦，是不？我就把自行车给你啦……行不行？

赵　好好好。

高　不行。你不能要人家自行车。你快点拿回去，推回去。你不知道他这是坑你呢！

范　你这是坑我！你怎么这样呢？我就纳闷了，同样是生活在一起的两口子，做人的差距怎么这么大呢？

赵　兄弟，架拐！

范　大哥，缘分呐！

赵　别激动。回去好好养病，过几天就好了。

范　好。大哥。

赵　别激动。

范　那什么，我啥也不说了我。

高　你这么做是不有点太过分了你呀？

赵 过啥分，他还得谢咱呢。

范 谢谢噢！

赵 你看看！（范伟拄拐下场）

赵 瞅啥呀？你咋的心疼了咋的？走，换个地方！

高 还干啥去呀？

赵 找个腿脚不好的把自行车卖他！

（赵本山推自行车下场高秀敏下场）

曹 下面就请来自台湾的蔡琴为我们献上一曲《你的眼神》，有请蔡琴。

歌曲《你的眼神》

词曲：苏来

演唱：蔡琴（台湾）

伴奏：老树皮乐队

（灯光：蓝色主调）（大屏幕：你的眼神MV）

唱 像一阵细雨洒落我心底
那感觉如此神秘
我不禁抬起头看着你
而你并不露痕迹
虽然不言不语
叫人难忘记
那是你的眼神
明亮又美丽
啊有情天地
我满心欢喜

（观众席）

周 新生活伴着新世纪一起到来。

朱 对啊，新生活更需要融洽的人际关系。

周 融洽的人际关系来自于互相的信任，就连夫妻之间也不例外。

朱 下面就让我们一起来看发生在道歉公司里的一段小故事。

小品《说声对不起》

作者：朱积敏　郭月　导演：王群

表演：句号　洪剑涛　唐静

（电话铃响）

唐 喂，您好，道歉公司。对，是我！不用谢，两口子哪有不吵架的，你别动不动就往娘家跑。对不起啊，等会再说。

句 屋里有人吗？（往进走，唐阻拦）

唐 你来干什么啊？

句 我是你丈夫，我怎么不能来啊？

唐 我不想在单位和你吵架

句 你也知道家丑不可外扬啊？那好，现在跟我回家。

唐 你先和我说对不起，我就跟你回家。

句 是你先对不起我的！

唐 我怎么对不起你了？

句 你出口伤人啦！

唐 我说什么啦？

句 你什么也没说啊。

唐 那我怎么伤人啦？

句 你咬我啦！

唐 我又没咬别人。

句 那你得跟我道歉。

唐 我就不跟你道歉。

句 你要是不跟我道歉，我指定你们公司让你给我道歉。

唐 不可能。你又不是我的客户。

句 我现在就是你的客户。（洪从屏风后走出来）

洪 啊，小唐，这位是？

句 我是她客户。

唐 这是我们经理。

句 我是她客户。我就是她客户。

洪 我以为是你丈夫呢。

唐 我哪有这么缺心眼的丈夫啊。

洪 我们道歉公司的宗旨是替您道歉，让您消气，包您满意。

句　哎哎，我就让她给我道个歉。
洪　多简单啊。小唐，道歉。
唐　对不……不对啊。经理啊，我觉得他应该先向他的妻子道个歉，那样效果会更好。
洪　是两口子闹矛盾啦。老婆跑了？
句　猜对啦。
洪　私奔啦？
句　你老婆才私奔了呢。
洪　怎么这么大动静。
唐　经理啊，他媳妇回娘家了，他不痛快。
洪　早看出来了，他有点神经。这样啊，你有什么话，尽管对她说，有什么气，尽管对她出，有什么火，尽管对她发。
句　可以打她吗？
洪　当然。不可以！打人是不对的。
句　那她咬我就对吗？
洪　你咬他啦？
唐　对……啊，我怎么可能咬客户呢？他说的是他老婆。
洪　那咬得不严重吧？
句　你看看，你看看（站起来，捋袖子给洪看胳膊）
洪　哎哟，这是什么牌子手表啊？
句　哪里啊，这是她给我咬的牙印。
洪　哟，你老婆的牙好大啊，你老婆是大板牙呀！
唐　经理，这个事就交给我吧。
洪　好的，那我向你隆重的推荐最优秀的业务员，在单位成绩突出，在家里贤妻良母。但是啊经常是在单位忙了一整天，回到家之后还要看她丈夫那张苦瓜脸。
句　我不是苦瓜脸。
洪　你当然不是啦，你是洼瓜脸！
唐　（笑）那不是我说的。
洪　那是我猜的。来来来，先交费。
句　交什么费啊？
唐　道歉费。
唐　本公司替人道歉，收款150元。上门道歉收款250元。
洪　你选择哪种道歉？
句　上门道歉。
唐　那您就是250，请交钱。
句　没钱。
唐　那就请。
句　你替我交吧。
唐　对不起，本公司从不替客户垫钱。
句　你是我老婆啊。
唐　你？（洪上前挡在中间）
洪　这种人讲话不能当真的啊。喂，你有没有搞错啊？
句　搞什么错啊？我有结婚证啊。
洪　我不看！
唐　经理，算了，他的钱我先替他垫了！
洪　你帮他垫钱？
唐　反正他发了工资全得交给我！
洪　他呀？
唐　还我，还我！
洪　看看，看看，我们员工的素质。二百五，开发票去了啊。
句　哎？二百五就那样出去了，那可是我五个月的零花钱啊。
唐　谁让你说是我的客户啦？你在家和我吵不够，还来这丢人？
句　你要是不回娘家，我能来这儿吗？
唐　你要是关心我，我能回娘家吗？
唐　你问什么问，你明明知道我是替客户道歉去了，再说你干什么去了？
洪　我开发票去了。
句　我们两口子的事你就不要再掺和了，好不好啊？
洪　两口子？
唐　经理，我们是把他们两口子吵架的过程演练一遍。对吧？客户。
洪　这个办法太好啦。你俩继续练，我看看，如果效果好，我向全公司推荐。练练练，我最爱看热闹了。太好了！开始了。

（唐拍桌子，吓得洪爬倒在地）

句　你也太客气啦。

唐　你干什么去了？瞧你那态度。

句　你的态度好？看我不顺眼，我可以走。哼！

唐　那你就上来掐我？

句　我那是拉你。

唐　是拉我？你看看，你看看，都青了！

句　你就给我咬个手表。

唐　那你还给我掐个手镯呢。

洪　哈哈哈哈。

句　可笑吗？

洪　一块手表，一根手镯有什么了不起啊？你们看我老婆，那天我一句话没讲对，她，咔，一上来，给我咬了一条项链。

洪　好笑吗？其实夫妻之间没有什么大不了的。跟老婆低个头认个错，说声对不起就完啦。

唐　经理，请您用茶。

句　哎哎哎，她在家里从来没有这么主动地伺候过我呀。

洪　在这里可以呀，小唐，上茶。有时候，一杯茶水可以浇灭一团愤怒的火。

句　哎哎哎？

唐　他不喝茶，他喝茶睡不着觉。

句　睡不着也喝。

唐　要喝自己倒。

句　这是什么态度？

洪　就是。

句　你也不管一管。

洪　对对，这是我的事情。你先喝我的。小唐过来，搞什么搞？人家客户既然把钱放到我们腰包包里来了，那就是我们的上帝了啊。我看你这个月的奖金不要领啦。

句　还还还有奖金？

洪　这样处理你满意吧？

句　你凭什么扣她的钱呢？

洪　我又没有扣你的钱。

句　扣她的钱就是扣我的钱。

洪　哎哟，你太投入了，戏演完了，结束了！

唐　经理啊，可是他还不上我的钱。

洪　没关系啊，让他老婆还。（对句）你老婆有钱啊？我给你倒一杯好茶就为你这团愤怒的小火苗。

句　一句话，奖金就没了？说扣就扣啊？

唐　你以为你以为我干这份工作容易吗？

句　不干了。咱不受这份委屈。

唐　别人给的委屈就算了。可你给的委屈我就是受不了。

句　你什么时候给过我委屈啊？

唐　就是那一天，晚上下的大雪，我上门给客户道歉。我大哥大哥地喊了好半天，人家连门都不可我开。我就看着大铁门，跟人家说了整整一天的好话，人家就是不答理我。我晚上一回家，你还对我这么凶。

句　我等着急了嘛。

唐　当时我就想扑到你的怀里大哭一场。

句　可你扑到我的怀里还咬我一口。

唐　那我又不是冲你的。

句　我知道，你不咬我，咬谁啊？

唐　那你还逼着我，非让我先说对不起。

句　那我先对不起你行了吧？我先对不起你行了吧？我先对不起你

唐　行了！有火你就发吧，别窝着火过年。

句　那你就哭吧，别让委屈的眼泪流到下个世纪。

唐　讨厌。给，你也咬我一口吧！咱俩凑对情侣表。我要给你咬个闹钟。

（洪走出来）

洪　啊！你干什么？

句　她是我老婆。

洪　她还是我老婆呢。

唐 他是我老公！

洪 他还是我老公呢。他是你老公啊？你们俩是两口子啊？

唐、句 经理，对不起！

洪 那那个钱。（唐推脱）

洪 我就是二百五啊？

（舞台主持区）

曹 俗话说呢，一年之计在于春。每当春风拂面的时候，人们对于未来总是充满了很多的憧憬。俗话说，春种秋收，春华秋实啊，让那些在秋天收获的人们许下一个心愿吧。

歌舞《许下一个心愿》

作词：石顺义　作曲：孟庆云

演唱：刘媛媛　梦鸽

唱 **刘** 祝福的话儿不用挂在嘴边
把一颗心悄悄捧到你面前
梦 愿孩子幸福　老人平安
愿父母健康　自己也很美满
合 许下一个心愿　就在你我身边
你我身边
许下一个心愿　就在此时此间
此时此间
许下一个心愿
留在你我心田
你我心田
许下一个心愿
伴随你我永远
你我永远

（舞台主持人区）

曹 亲人团聚的一刻是最幸福的时刻，同样的，祖国的统一，也是我们共同的夙愿。

张 妈祖的后代们，心相谟拜。期盼亲人们早日团圆。

歌舞《盼团圆》

作词：房千　作曲：孟庆云

编导：桑鲁兵　孟可

演唱：祖海　姜育恒（台湾）

情景表演：李珂　杜婉芹等

（灯光：主调黄光闪烁）

【舞台调度：演唱者从舞台左右两侧走出，舞狮子演员在舞台后区表演】

唱 盼　盼　盼团圆
盼得月儿圆
盼　盼　盼团圆
盼得月儿圆
姜 同宗同祖同血缘
同心同根同挂牵
祖 这边盼得熬白了头
那边盼得望穿了眼
全 盼团圆　盼团圆
盼得月儿圆又圆
全 全家团圆　全家福
国家团圆才美满
哪家的儿女不拌嘴也
携手迈向新世纪
同心迎接新春天
盼团圆　盼团圆
盼得月儿圆又圆
盼团圆　盼团圆
盼得月儿圆又圆

周 好。观众朋友们，我们中国是世界杂技大国。杂技英豪们多次在杂技当中获得金奖。接下来要表演的就是一个杂技组合，他们中的很多演员都是大奖的获得者。好，让我们来一起欣赏他们精彩的表演。

《杂技组合》

作曲：卞留念

编导：唐文娟　孟利媛　卢立新　王桂琴

刘树正　徐叔坚

独舞：普沙莉

（灯光：开始蓝色主光第一、二、三部分：黄色高旁侧光天光蓝紫绿交叉）

第一部分：帽子表演

第二部分：在升降台表演变脸与变伞。舞台前区女孩表演抖空竹

第三部分：舞台前区女孩表演抖空竹。大门格子里男孩子表演换帽子

第四部分：天空降下两段红黄绸子，舞蹈演员与绸共舞

第五部分：换帽子结束。

（观众席）

周　朱军啊，考考你，最基层的干部是什么官？

朱　好像是股长吧。

周　不对，还要更小。

朱　还要更小？不知道

周　是楼长。

朱　我知道了，是现在城市住宅小区里的街道干部。

周　别看他官小，管的事可不少呢。

朱　下面呢就请大家欣赏由潘长江、黄小娟等表演的歌舞小品《三号楼长》。

歌舞小品《三号楼长》

作者：崔凯　作曲：张振国

导演：娄乃鸣　编舞：孙文

表演：潘长江　黄晓娟　阎学晶　孙坤元

江苏表演歌舞团

伴奏：刘牧

潘　开会喽！（潘从舞台左侧骑着自行车出场。音乐响起）

潘　（唱）来吧　来吧　走到一起来

说一说这生活变化多么快

昨天还是一锅肉香了一个院儿

今天就楼上楼下见面在阳台

就是变化快　你没啥不明白

就是变化快　你没啥不明白

潘　三号楼的公民们都来啦？哎呀，台下来了这么多好朋友，朋友们你们过年好！我告诉大家一个好消息，我们三号楼已被社区授予的光荣称号。我明确表态，坚决不要。知道为什么没要这个称号吗？

全　为啥？

潘　主要因为我的工作还没有作好。有一对矛盾还没有解决了。你们说，我们要是拿弄虚作假拿先进是不是有点太没劲？

全　对！

潘　所以，本楼长今天豁出去，不管怎么样也要让他们俩拉起手来和和气气，共同迈入新世纪。还不鼓掌等啥呢？好啦好啦，去请和闪亮登场。跑这边干什么玩意呢？嘘什么呢？你们怕，我可不怕她。告诉你们，今天我要是不归弄得他们俩服服帖帖顺顺溜溜，我都不是（向后倒去，众人推起）

阎　楼长同意你别瞎编，咱这小区可没牡丹。

黄　楼长今天可没外人，接着刚才往下说。

潘　何三姑、李小妹我刚才说到哪儿了？

阎　你刚才不是说，我们三号楼没得着先进就是因为我们俩之间有矛盾吗？

黄　就是！楼长你不能这么说呀。你说让我们怎么过年呢？

阎　今天啊，你要是不当着大伙儿的面把我们的矛盾解决了，我就上你们家过年去！

黄　对！

潘　那你们敢不敢当着朋友的面把你们俩的矛盾说出来？

全　说就说，你听着。

（唱）

黄 她半夜唱歌搅扰四邻

潘 她说你扰四邻

阎 她清早做饭敲锅又敲盆儿

潘 她说你敲盆儿了

黄 她见我不说话还直么嘎巴嘴儿

潘 也许那是嗑瓜子儿呀

阎 她见我扭鼻子儿还一个劲的翻眼皮儿

潘 也许是刮进了灰儿

黄 她说我背后跟你捅过她的小猫腻儿

潘 捅小猫腻儿　我咋不知道呢

阎 她说我和你献媚　像是一对儿黄色小恋人儿

潘 平时我挺小心　这咋还出绯闻

阎 我看你见她心太软

黄 我看你见她就没词儿

全 你身为楼长不管事儿　你不如回家哄孩子儿

潘 可惜我是光棍儿，还没娶媳妇儿，没法哄孩子儿　你说这可多急人儿

（说）

潘 那你俩联起手来帮我找个媳妇呗！

黄 大过年的，你也不怕大家笑话，一说到正事就是没媳妇儿，说正题！

阎 你赶紧给我俩解决矛盾啊？

黄 是啊！

潘 你们大家听明白了吗？他们两个磨叽半天这是啥矛盾啊？唱歌的、敲盆儿的、眨巴眼的、吧唧嘴的，这也叫矛盾？三姑，给我点面

黄 不行！今天当着大伙儿的面说清楚，我咋捅她猫腻儿了？

阎 你也把话说清楚，谁和他像黄色小恋人了？

潘 算了算了！

阎 再说了，就这小模样，值得我一恋吗？

潘 你俩吵架能不能不带上我？

黄 她是胡说八道！

潘 别没礼貌！

阎 她蛮不讲理！

黄 你没啥了不起！

潘 有本事就比一比！

全 我和你没完！

潘 我当裁判员！我这不是闹事吗我！

（斗牛舞曲响起三人对峙　潘表演最后倒地）

阎 妈呀，这是咋啦？

黄 没气了。

阎 咱俩也没想真打呀。这给累趴下了。

黄 楼长你快醒醒啊。我和小妹也没啥大不了的矛盾啊。

阎 是啊，我俩之间一两句说开就打倒的事。

黄 小妹不是还托你给我送过戏票吗？

阎 是啊，三姑还托你给我送过饺子。

黄 我没给你送过饺子。

阎 我也没给你送过戏票啊。

全 都是他！

黄 掐人中。

阎 按肚子！

潘 哎哟，别按了，再按就爆炸了。

全 你没事吧？

潘 压根就没咋地。

全 啊？

潘 给你俩用了一条苦肉计！你俩都没气了？

全 你才没气了呢！

潘 三姑，小妹听我说，你说现在生活过的这么好，千万别再闹也别再吵了。你们平时总说我缺心眼，那我都是为了啥呀？我真想把心掏出来让你们看。

（潘掏出一颗红心道具）

潘 其实我心里很明白，这楼长压根不算什么领导。说白了，就是看花剪草扫楼道，出黑板报，换灯泡，人家两口子闹离婚，搞的我两宿没睡觉，起了一嘴大

火泡。那我为了啥啊，我不就是为了我们三号楼的所有居民，能够亲亲热热，热热呼呼，处得就像一家人，那应该有多开心。你俩说，是不？

全 我！

潘 这有什么不好意思的，这人和亲，马各套，鸭子呱呱叫。只要咱中国人合起心，谁还乱套，乱套。

阎 三姑！

黄 哎！霞妹！

阎 唉！对不起！

黄 没关系！

全 楼长你可真行。

阎 楼长你看，我俩也和好了。

黄 你也别再烦恼了。

阎 你三十多岁也老大不小了。

黄 往后我们合计着给你找个大嫂。

潘 不找不找！

全 找吧！

潘 不要不要。

全 要吧！

潘 我大小算个领导，一天正事忙不过来，哪有时间那个。最好找个漂亮点的。拜托啦！在坐的朋友们，拜托啦！

（音乐响起，舞蹈演员上场，手拿红绸）

唱 来吧　来吧　走到一起来
说一说这日子越过越精彩
生活就像大高楼越盖它越高
你我他的亲热劲却从来没更改
就是变化快　你没啥不明白
就是变化快　你没啥不明白

（最后舞台中区定点造型）

歌舞《江山颂》

作词：张俊以　陈小奇
作曲：姚明
编导：王迪　演唱　彭丽媛
伴唱：周鹏　张娜　李响
（灯光：黄色主调）

唱 天上人间展新貌
好一派江山如画
江山如此多娇
老树前头
万点新绿已破晓
沉舟侧畔
千帆竞发踏春潮
长城内外百花争艳
盼美好年景
九州方圆
十足春意铺满阳关道
北国迎春
飞雪如蝶风光好
南国花开
叶茂枝繁更妖娆
东海扬波巨浪滔滔
伴心潮翻滚
西部开发龙腾虎跃
再传新捷报
江山如画
江山如此多娇
新世纪的大中国风华正茂
江山如画
江山如此多娇
绿水长流　江山不老
数风流人物还看今朝

（舞台主持区）

周 好。下面有请千斤演唱组合为您演唱一首歌。

朱 千斤演唱组合，没听说过，都是女孩吧？

周 想哪儿去了？千斤的意思是就是这几位歌手的分量加起来超过一千斤。

朱 哇，这几位歌手的块可够足的啊。

周 他们的演唱也很有特点，尤其是他们以动作为音响发出的节奏啊特别的有意思。

朱 你说的这么热闹，他们到底唱什么歌啊？

周 这就是《新康定情歌》

朱 让我们一起来欣赏

《新康定情歌》

创意：尹相杰 填词：赵福玉

编曲：吴彤 编导：李珂

舞蹈设计：王玫

演唱："千斤"演唱组（臧天朔 尹相杰 李珂 刘金山 刘惠）

（灯光：暗蓝色射光）

唱 跑马溜溜的山上 一朵溜溜的云哟
端端溜溜的照在 康定溜溜的城哟
月亮弯弯 康定溜溜的城哟
李家溜溜的大姐 人才溜溜的好哟
张家溜溜的大哥 看上溜溜的她哟
月亮弯弯 看上溜溜的她哟
溜溜溜的大山
溜溜溜的白云
溜溜溜的来唱歌
溜溜溜的大哥
溜溜溜的大姐
溜溜溜的笑呵呵
大哥 大姐 大山 白云
唱出了一张网
唱的是 WWW. COM 中国
月亮 月亮 月亮
看上了溜溜的她
唱你 唱他 唱我
唱我们大家伙
说天 说地 说说咱们
月亮 月亮 月亮
看上了溜溜的
月亮 月亮 月亮
看上了溜溜的她哟
世间溜溜的女子
任我溜溜地爱哟
世间溜溜的男子
任你溜溜地求哟
月亮弯弯
任你溜溜地求哟
任你溜溜地求哟
任你溜溜地求哟

（舞台主持区）

朱 亲爱的观众朋友们，我们中国人过春节除了剪窗花、贴春联、逛庙会以外啊，还有一个传统就是敲锣打鼓迎新春。下面就来就有请红樱束女子打击队的打击乐和曾格格、冯小泉用不同的民族乐器表演的新音乐《天上人间》。

《快乐的节日》

编曲：卞留念 红缨束 牛力 张仰胜

编导：杨云涛

表演：红缨束女子打击乐团 领奏：张晓灵

（灯光：蓝色主调黄色顶光闪烁）

【舞台调度：开始领奏一个人，逐渐走上二人、四人、八人列成横排；随后走到舞台前区左右两侧，架子与鼓同时进行演奏。】

《天上人间》

作词：宝宝 冯晓泉 作曲：冯晓泉

表演：曾格格 冯晓泉

（灯光：蓝色主调、黄色顶光）（舞台调度：曾、冯在舞台中区演奏、演唱。旁边六位孩子舞蹈。）

曾 天人上间 月儿它 飘荡云间
天上人间 人逍遥 歌起舞翩

冯 天上人间 燕双飞 心儿相连
我们大家一起跳吧 跳吧 跳吧 好似神仙

全 天人上间 月儿它 飘荡云间
天上人间 人逍遥 歌起舞翩
天上人间 燕双飞 心儿相连

我们大家一起跳吧　跳吧　跳吧　好似神仙

天人上间　月儿它　飘荡云间

天上人间　人逍遥　歌起舞翩

天上人间　燕双飞　心儿相连

我们大家一起跳吧　跳吧　跳吧　好似神仙

（观众席）

曹　观众朋友，就在我们欢度新春、频频举杯的时候，我们不会忘记，忘记在刺骨的寒风中驻扎在边关海港的子弟兵。我们向遥远的军营致以新春的问候。

张　有人说军营像学校，有人说军营像熔炉，还有人说军营是英雄的摇篮。让我们为军营喝彩。

歌舞《为军营喝彩》

作词：甲丁　作曲：刘彤

编曲：卞留念　编舞：刘晓栋

演唱：刘斌　张迈

（灯光：黄色主调）（服装：舞蹈演员着蓝色、白色迷彩以及绿色军装）

【舞台调度：刘斌从舞台左边走出，张迈从右边走出。舞蹈男演员在主舞台区表演、女舞蹈演员在升降台表演。】

刘　把我们的手握到一起来

让这军营检阅我们青春的风采

年轻的心向往阳光地带

蓝的绿的黄的肩牌都是一个爱

张　把我们的梦集合在一起

让这军装展示我们心灵的色彩

忠诚的人心系着人民的期待

报效祖国是我们自豪的表白

刘　绿色军营是我们生命的舞台

八一军旗下把郑重的生命来安排

每次立功受奖都有掌声响起来

那是祖国人民在为我们喝彩

绿色军营是我们生命的舞台

八一军旗下把青春郑重来安排

每次立功受奖都有掌声响起来

那是祖国人民在为我们喝彩

（舞台主持区）

周　亲爱的观众朋友们，我们一直在期待春天，现在激动人心的时刻就要到了。

朱　是啊，因为新世纪的春天已经离我们越来越近了。

曹　虽然室外还是寒风凛冽，但是我们已经感受到了融融的春意。

张　亲爱的观众朋友们，让我们在盎然的春意中，去热情地拥抱那充满希望的世纪清晨吧。

歌舞《世纪清晨》

作词：关山　苏越　作曲：苏越

演唱：那英　孙楠

（灯光：主歌部分蓝色主调，副歌部分黄色主调）

【舞台调度：孙与那从升降台走到舞台前主区。副歌部分所有演员从舞台两侧走出。】

那　无边星空　像孩子的眼睛

无数纯真的幻想，在这一刻诞生

孙　山在风中　雨在空中　无声之间

所有光芒　都撒落在每一个人头顶

全　唱着歌　日夜兼程　记着心和心的约定

带着梦　一路风尘　记住泪水记住感动

每个人心中的梦　都是瞬间的彩虹

让所有平凡的生命　拥有自己的光荣

每次抬头看天空　充满燃烧的心情

握住你的手你的心

goodbye yesterday hello new century

伸出每一双手　拥抱每一个人

在这新世纪的清晨

朱　亲爱的观众们，再有 25 秒钟，我们新世纪的第一个春天就来了。让我们一起等待新世纪春天第一声钟声的敲响。让我们一起倒计时。

全　十、九、八、七、六、五、四、三、二、一。

（全场欢腾，彩花、气球撒落，背景音乐春节序曲）

歌舞《全家福》

演唱：王霞　张晓玲　戴玉强　佟铁鑫

王　许一个心愿在春天
留无数依恋送旧年
戴　天增那岁月人增寿
福满神州春满园
张　一年里最美是过年
一家人最美是团圆
佟　祝愿老人们都康健
祝福孩子们都平安
全　迎春天国泰民安　合家欢　合家欢
王、戴　许一个心愿在春天
留无数依恋送旧年
张、佟　天增那岁月人增寿
福满神州春满园
全　一年里最美是过年
一家人最美是团圆
祝愿老人们都康健
祝福孩子们都平安
迎春天国泰民安　合家欢　合家欢

周　亲爱的朋友们，新世纪第一个春天已经到来了。

朱　是啊，现在已经是蛇年的正月初一了，在这里，我们代表中央电视台向全国的电视观众拜大年。

周　我们向全国各族人民，拜大年！

张　我们向港、澳、台胞以及旅居海外的全体华人华侨拜大年！

曹　向支持中华人民事业的，所有的外国朋友们拜大年！

（观众席表演区）

《西部放歌》

作词：屈塬

作曲：印青

演唱：王宏伟　洪岩　陶红　王莹　易秒音
谌容　刘爱玲　马雪琼　刘丹丽
王燕　李晶　朱砂　吾乐克孜

哗啦啦的黄河水　日夜向东流
黄土地的儿女跟着那太阳走
冰河化春水荒漠变绿洲
一场场及时雨就像一杯杯醉人的酒
八方来支援兄弟手挽手
甩开臂膀创大业咱奋发争上游
赛江南的美景在新世纪造就
古老的山川明天到处披锦绣
哗啦啦的黄河水日夜向东流
黄土地的儿女跟着那太阳走

（舞台主持区）

朱　亲爱的观众朋友，在这合家团圆的时候，不同时期的歌曲记载着不同的人生轨迹。

周　是的，一首老歌有时候会让我们热泪盈眶，但更多的时候是让我们回忆起往日的美好时光。好，接下来让我们一起听几首难忘的老歌。

歌曲联唱《难忘的歌》

编曲：徐晓明　卞留念

《共青团之歌》

作词：阿·伽里契

作曲：瓦·索洛维约夫　谢多伊

演唱：杨洪基　蔡国庆

全唱：总政老干部艺术团　首都警官合唱团

（灯光：红色主调）

杨 听吧战斗的号角发出警报
穿好军装拿起武器
共青团员们集合起来踏上征途
万众一心保卫国家

蔡 我们再见吧亲爱的妈妈
请你吻别你的儿子吧
再见吧妈妈别难过不悲伤
祝福我们一路平安吧

杨 我们自由是心爱的一切
宁死也不能让给敌人
共青团员们集合起来踏上征途
万众一心保卫国家

蔡 我们再见吧亲爱的妈妈
请你吻别你的儿子吧
再见吧妈妈别难过不悲伤
祝福我们一路平安吧

全 再见了亲爱的故乡
胜利星会照耀我们
再见吧妈妈别难过不悲伤
祝福我们一路平安吧

《我们的田野》

作词：管桦　作曲：张文纲
编舞：张志
演唱：汤灿　陈思思
（灯光：黄色主调）

汤 我们的田野
我们的田野
美丽的田野
碧绿的河水
流过无边的稻田
无边的稻田
好像起伏的海面

陈 高高的天空
雄鹰在飞翔
好像在守卫
辽阔美丽的土地
一会儿在草原
一会儿又向森林飞去

全 啊啊啊啊

《马铃响来玉鸟儿唱》（影片《阿诗玛》插曲）

作词：葛炎　刘琼　作曲：葛炎　罗宗贤
编舞：陈翔
演唱：鲍蓉　耿为华
（灯光：蓝、红主调）
【舞台调度：演唱者从舞台后区走到前区。舞蹈男演员在前区情景表演，舞蹈女演员在后区整齐彝族动作，最后男女搭配舞蹈】

合 马铃儿响来玉鸟儿唱
我陪阿诗玛回家乡
远远离开热布巴拉家

鲍 从此妈妈不忧伤
不忧伤　爱罗爱罗　不忧伤

合 蜜蜂儿不落刺蓬棵
蜜蜂落在鲜花上

耿 笛子吹来口弦响
我织布来你放羊
我织布　爱罗爱罗　你放羊

鲍 哥哥像顶帽子

耿 盖在妹妹头上

鲍 妹妹像朵菌子

耿 生在哥哥的大树旁

合 马铃儿响来玉鸟儿唱
我陪阿诗玛回家乡
远远离开热布巴拉家
从此我们不忧伤
不忧伤　爱罗爱罗　不忧伤

（所有演员及主持人从舞台两侧走出）

周 亲爱的观众朋友们，2001 年春节联欢晚会到这儿就要结束了，但是新世纪的春天才刚刚开始。

张　新的一年必将是春光明媚、生机盎然的一年。

曹　展望新的一年，我们伟大的祖国将步入一个新的伟大的历史进程。

朱　我们衷心的祝愿观众朋友们在新的一年里事业有成、大展宏图、身体健康、全家幸福。亲爱的朋友们，

全　明年再见！

歌舞《难忘今霄》

作词：乔羽　作曲：王酩

演唱：幺红　满文军　杭天琪　韦嘉

（灯光：蓝黄主调）

【舞台调度：演员从舞台两侧走出到舞台中前区】

唱　满　难忘今宵　难忘今宵

无论天涯与海角

神州万里同怀抱

共祝愿祖国好祖国好

共祝愿祖国好

共祝愿祖国好

杭　告别今宵告别今宵

韦　无论新友与故交

杭　明年春来再相邀

韦　青山在人未老人未老

全　共祝愿祖国好祖国好

共祝愿祖国好

共祝愿祖国好

共祝愿祖国好祖国好

（李志　整理）

《相约花戏楼》第 84 期

播出台：安徽卫视

播出时间：2001 年 3 月

导演：贯谨美、李季、马骏

制片人：关文彬

字幕　百年皖酒　相约花戏楼

开场

（男女主持人站立于镜头前，背景为大屏幕，投影广告商 logo）

（右下角字幕：百年皖酒　相约花戏楼）

男女合　生旦净末丑，相约花戏楼。

女　观众朋友。

男女合　晚上好。

男　现在您正在收看到的，是安徽卫视《相约花戏楼》节目，我们又将度过一个精彩的夜晚。

女　嗯，除了有精彩的节目，除了有精彩的节目奉献给您，还有一份大奖在等候着你。

男　对，就需要您拨打我们的竞猜热线。

女男合　“16888889”。

（字幕：16888889）

男　对，再说一遍，“16888889”，记住这个号码。

（男女人向前走，站定镜头前，介绍现场观众）

女　那首先我们还是来认识一下，现场的观众朋友们。

男　好，给大家介绍一下。

女　来，看一下，一号方阵是来自“广州新雅阁服饰公司”的观众朋友，欢迎你们。

（现场观众方阵鼓掌欢呼，乐队音效　观众鼓掌声）

男　欢迎。

男　来自“安庆太发针织制衣厂”的朋友们，欢迎你们。

（现场观众方阵鼓掌欢呼，乐队音效　观众鼓掌声）

女　欢迎来自“安庆玻璃厂”的朋友。

男　来自“民心学校”的老师和同学们，你们好。

（现场观众方阵鼓掌欢呼，乐队音效观众鼓掌声）

女　好，我们欢迎来自红太阳，家电公司的朋友。

（现场观众方阵鼓掌欢呼，乐队音效　观众鼓掌声）

男　还有来自“上海申花”合肥办事处的朋友，欢迎你们。

（现场观众方阵鼓掌欢呼，乐队音效　观众鼓掌声）

《戏外戏》

（右下角字幕：戏外戏）

【男女人回到大屏幕前，站定】

男　俗话说呀，走千走万，不如淮河两岸，诶，马滢（女主持），我们的节目也带大家走过了很多的地方。

女　（点头）对。

男　能不能说说你的感受。

女　我们呢，随着这个《相约花戏楼》栏目组，认识了很多的戏曲名家，也了解了不少戏曲剧中。

男　嗯，没错，最近我们的节目组来到了一个农村，在那里，结识了一个民间的，庐剧戏班子，那么当地这种演出景象呀，也许会给大家一些不同以往的思考和认识。

女　嗯，那我们赶快去看一下吧。

插播展现农村，观看民间剧团演出的记录小片；村民从纷纷赶来看戏；观众等待演出开场；演出后台，演员化妆；演出开始，观众热热闹闹看戏。

（记录小片，抹去环境声，配以轻快民乐）

女　正晌午的，村口大喇叭怎么就响起来了？准是搭台唱大戏，走，快唤你大叔二婶的，看戏去。

咱这里，现在生活富裕了，依城里人的说法，该讲究讲究精神生活了，电视机？咱有，但不爱看。搓麻打牌？也没啥意思。只有这戏班好，演的是咱老祖宗传下的故事，唱的是咱嘴里的调，您说，这咋不让人欢喜呢？

这戏班里的演员，名气都大着呢，咱课不是来凑热闹的，是好，是孬，心里一本清账的。这些娃，有的是咱眼瞅着长大的，小时候，就爱亮着嗓门乱窜，如今，还真的成事了，有的娃听说还是县城大剧团里下来地呢。

听说城里人，看戏的少，咳，那是他们不懂，不懂就不懂，可以到咱这来，您看，没瞅见这老老少少，十足的精神气么。这锣鼓一响，就要敲一个礼拜，这个团走了，那个团又会再来，咱村里人就盼他一直唱下去，把祖上的故事传下去，把心窝里的甜蜜唱出来，把好日子越长越红火，咱老百姓，欢喜着呢。

《面对面》：访谈环节

男、安徽省文化厅社会文化电影处的副处长

侯进、民间庐剧演员朱德顺

（男人引领嘉宾上台，舞台中坐谈）（铺古典红布的桌椅摆在舞台中央；一张桌子、三把椅子；舞台照明趋于柔和）

（左下角字幕：面对面；人物对话内容，加衬底字幕）

男 戏外戏句句是戏，面对面处处关情。观众朋友们，下面呢，我们的面对面就要开始了。首先给大家介绍一下，今天节目当中的两位客人，坐在我身边的这位呢，是安徽省文化厅，社会文化电影处的副处长，侯进先生，欢迎您。

（伴随特写 字幕交代身份 掌声）

男 那坐在我对面的这位先生呢，是民间非常著名的庐剧演员，朱德顺先生，欢迎你。

（伴随特写 字幕交代身 份掌声）

男 小朱，你是不是，先给我们讲讲农村演戏的一些情况，在刚才我们专题片中也看到，很多演员都不是特别专业。

朱德顺 对对，这些演员有的父辈唱戏，下辈也唱戏的。剩下的，有分专业的和非专业的两种。专业的呢，有以唱戏为生，整天唱戏，也有的就是农忙的时候，回家种田，没事的时候，到外面来唱戏。

男 侯处长，你知不知道他们这样的演员，在农村大概有多少。

侯进处长 民间职业剧团，像他这样的，按照我们的说法来说，他们属于是民间职业剧团或者是半职业剧团。像这种情况，我们省里，鼎盛时期，80 年代到 90 年代初期的时候，那个时候我们全省有上千个。

男 有上千个？是演员还是剧团

侯进处长 剧团。就是民间职业剧团或者是半职业剧团。那现在呢，比过去有所减少，集中在，北方地区相对较多，南方地区相对较少，还是共有 300～400 个。

男 三四百，那如果一个剧团算有十个人的话，那这个数字，光演员就有好几千，那咱们文化部有没有一个统一的管理。

侯进处长 对于民间职业剧团，我们曾经有过管理的，但是这种管理，属于比较松散型的。像刚才我们小朱说的这种情况，他有的时候可能，农闲的时候，就集合起来，作为剧团在一起演出，农忙的时候，就回去干活去了，出于这么一个情况，是一种松散的管理。原则上，对他们剧团每年演出的剧目，对剧团的内部管理，要有一个规章制度，特别有些团，比较具规模，要出省去的话，我们要进行一些审查，毕竟出去以后，是安徽出去的民间职业剧团，无论是业余的还是专业的，代表我们省的一个形象。

男 那财政上，估计就没有什么支持了。（笑）

侯进处长 财政上，他们完全出于是民间的（笑）

朱德顺 对，我们属于自负盈亏。（笑）

男 那你们演出一般都谁请呢？

朱德顺 现在农村生活条件比以前好多了，几家办喜事或者祝寿，几家能凑份子，联手起来，请一个剧团，去演个几天。

男 除了私人请，好像还有一些公司企业……

朱德顺 对，有一些乡镇企业，或者个人办场。在当地，多少年，大家都照顾，左右邻居都照顾。每个人请，请不到，不好请，干脆，大家一起，把剧团请来，唱十天半个月，招待相亲，也算感谢大家的照顾。

男 那像这样，忙来忙去，您一年大概能做多少场演出？

朱德顺 一年，像我们正常的演出，在 400

到600场左右。

男 400到600，那要是除去比较忙的农忙的话……

朱德顺 就6月份，农历6月份，放一个月的假。

男 那几乎是每天都在唱，而且一天要唱两场。（惊讶）

朱德顺 对，每天都在唱。

侯进处长 我觉得民间职业剧团，因为是土生土长，而且又能够，扎根在乡村里面，为农民群众演出，用他们健康向上的，贴近生活的，群众所喜闻乐见的形式去给大家演出的话，是一种很好的有益行为。所以我们一直觉得，名剑职业剧团，非常有生命力，非常有他的生存空间。我总觉得，总体上来讲，戏曲艺术，观众群体大多数是中老年人，那有的时候就有一种不满足感，主要是两个方面，一方面我希望，今后的演出，有意识的可以多吸引一些青少年来参与，多培养我们戏曲之音，使他们爱好我们的民族艺术，这样我们的戏曲艺术才有更大的发展空间。这一点，我觉得也能做得到，我们的国民素质今后会日渐提高，那很大一部分，对音乐文化的素养会提高，这样的话，有更多的人会来欣赏。还有一点不满足感，我觉得也是希望之所在，就是我们的民间职业剧团，能够从题材和形式上有所创新。所谓题材创新，可能有的时候，我光是我们我们的传统戏曲，有时候，多结合我们的农村的计划生育、农业科技，创作一些现代戏，这样，与群众之间的生活更好的交融在一起。直接反映他们的生活内容，更好的引发大家的兴趣。

男 要有现代感。

侯进处长 对对对。

朱德顺 侯处长讲的也就是我们的方向。

侯进处长 那从形式上来讲，我们民间职业剧团，我们紧紧满足于说，我们现在还不错，老百姓还很爱看。我们就停留在这个水平上，我们就觉得很满足。我觉得我们演的时候，我们还可以考虑到，我们不仅要在农村演，我们还要发展到集镇里去演、到县城去演，甚至有一天我们还会到城市的舞台上，从小舞台，演到大舞台。

男 好，谢谢，相信一定会有这么一天

（掌声串场　到观众现场提问时间）

男 你看，我们三个人在这上面议论，我觉得不少观众也在下面议论，你看，我们跟他们交流一下好不好，今天台下如果有哪位客人，愿意和今天我们的嘉宾聊聊的请举手示意一下我。

某观众 我想问一下朱老师，听说你们剧团在庐剧的演出中，可以根据故事的情节发展，即兴演出一场，不知道，您能不能为我们现场的观众和《相约花戏楼栏目》现场编上一段呢？

男 这好像是民间演出的一种特有的形式。

朱德顺 对。口头艺术，即兴表演，就是这样。

男 看来好像，确实难不倒你，刚提出问题，立刻就站起来了。

【演员离开座位，步入谈话区域前方，即兴表演】

（灯光趋向淡淡蓝色）

观众鼓掌。用手拍节奏，观众一起帮助打拍子

朱德顺 好，既然这位小姐，提出了要求，那我来一段，唱的不好，请多多原谅。朱德顺台上即兴编唱庐剧。

有缘相聚是朋友
新朋友
老朋友

做朋友就要细水长流
今日分别
何日聚首
他日在相约花戏楼

男 谢谢谢谢，下面能不能很正规的给我们来上一段。我知道，在农村演戏的时候，农民兄弟，非常喜欢看你的戏。

朱德顺 那我去换一下服装。

男 嗯，一会给我们唱一段什么？

朱德顺 庐剧传统戏《珍珠塔》中，方卿见姑母一段。

（串场动画转场）（女画外音：欢迎您收看，百年皖酒，相约花戏楼。）

嘉宾表演：庐剧《珍珠塔》

演员：朱德顺

画面转播方式：三个三角排列机位和舞台右边一个摇臂，叠画切换

（道具：演员着戏服，手执折扇；灯光以冷色调蓝、绿为主）

掌声响起，回到现场，戏曲伴奏响起

（字幕：珍珠塔 表演 朱德顺）

这边拜
那边拜
她装模作样
捂着鼻子
斜着眼睛
把我望
我知道是嫌我身上
气味难当
恨不得
不辞而别回家转
不可
坟堂还有老娘白发苍苍
无办法
忍气吞声
再拜上
姑妈妈呀
借点银子
让我回家转
再不讲
你姓方来
我也姓方
一笔难写两个方
你不看僧面
看佛面
不看鱼情
看在水情上
看着我家死去的爹爹
在世的娘
再对我方卿身上
望一望
衣衫褴褛就像花郎
我在外面丢丑
你脸上也无光
就好比是丑肉
拎进了厨房
洗洗涮涮炖了一锅汤
方卿好比肉来
姑妈妈你似汤
我这肉丑
连带你汤也不香

（观众鼓掌）

《学一招》

（右下角字幕：学一招；照明灯光偏暖）

【女 舞台中央站定】

女 学一招手眼身法，练一招唱念做打。各位观众朋友，欢迎继续收看《相约花戏楼》，下面进行的这个板块叫做“学一招”，下面有请我们的师傅，庐剧演员，朱德顺老师，掌声有请。（观众掌声）

【朱德顺后台便装上场】

女　你好，朱老师，刚才呢，我们已经听过了您的精彩演唱了，那我想，您呢，是演庐剧的，那今天您给我们带来的，不会又是庐剧的唱段了吧？

朱德顺　啊，不是了。

女　那是什么？

朱德顺　一段动作。

女　一段动作？戏曲舞台上的动作。嗯，那我们先欢迎我们的徒弟们上场。（观众掌声）

【4位学生身穿戏服上场】

女　好，那现在就请我们的朱老师，给大家展示一下。

朱德顺　这个扇子呢，有很多玩法。（举起手中的扇子）

女　嗯，戏曲中的扇子有很多玩法。

朱德顺表演单手扇子横转

女　喔。哇噻。还有什么绝技，尽管使出来。

朱德顺表演双手食指扇子竖转

女带领观众鼓掌

朱德顺表演单手扇子竖转。

女　这都是手上的绝活啊，可能这个太难了。

朱德顺　那今天咱们不教这个，咱们呢，还是来一套戏曲动作。是秀才在后花园看到小姐的连串动作。

女　嗯，这个太难了，可能咱们学不会，那今天教的是一套什么样的动作呢？我们大家来展示一下。

朱德顺　好。

女　我们来看一下老师的表演。

戏曲伴奏响起，朱德顺表演了一段在花园赏花，突然遇到小姐的动作。

镜头快放，轻快诙谐的垫乐响起，4个学生，分别模仿动作的过程，加以笑场的音效和视频特效。突出学生动作的笨拙。

硬切转场：

女人采访“学生”嘉宾之一，

歌手　汪正正

（右下角字幕：百年皖酒　相约花戏楼；照明灯光）

【女人和嘉宾舞台中央站定】

女　我们的“学一招”热热闹闹的结束了。我想问一下我们的学生，汪正正感觉怎么样。

汪正正　感觉时间太短。

女　还没尽兴。

汪正正　对，我看我们朱老师的表演，确确实实是非常的棒，我也想很努力能学得好，但时间来不及，我只是学到了，他的一些个眼神、表情。

女　那不知道汪正正平时，对这个戏曲了解么？

汪正正　非常的喜爱戏曲。

女　是么？

汪正正　嗯，比如说北方的这个京剧呀，还有呢，很多很多，像我以前在这个深圳待了将近10年，学了很多粤语的歌曲，粤剧，都特别的喜欢。

女　哦？那今天您到我们这里来，要给我们唱上几句了？因为我们相约花戏楼有一个规矩，就是唱歌的歌手来这里，必须要唱两口戏。

汪正正　戏呢，只是喜欢，确确实实是唱得很少。

女　没关系，你刚才说又是京剧呀，又是粤剧呀。

汪正正　呵呵，我唱两句，可以吧。（笑）

女　可以可以，我们掌声鼓励一下。

汪正正　唱的不好呢，希望在这里，大家多多包涵。

女　没事，没事，会包涵的。

穿林海

踏雪原

《转场片花：竞猜问题及奖品介绍》

竞猜问题、奖品画面展示

男　本期168的竞猜题目是本期嘉宾朱德顺，是安徽哪一个剧中的民间戏剧演员，女淮北棒子，男庐剧。欢迎您拨打热线16888889。我们的奖品有，一等奖一名，洗衣机一台；幸运奖四名，有《相约花戏楼》栏目组提供的价值三百元的纪念品。戏迷打雷奖由宁波迪生家电有限公司提供，迪生全自动洗衣机。观众参与奖由绿园集团提供的纯天然饮品，红宝璐。现场大奖由新雅阁服饰公司提供的，价值两千两百八十元的羊毛西服。"学一招"由安庆一枝梅日化有限公司，特约赞助播出。

（串场动画转场）（女画外音：欢迎您收看，百年皖酒，相约花戏楼。）

《戏迷大擂台》

【4位举大旗的戏曲武行扮相亮相，"擂"字大旗，挂在舞台中央。主持人携三位打雷小演员上场】（金黄色灯光）

观众鼓掌

男　生旦净末丑。

女　相约花戏楼。

男　各位观众朋友，现在呢，又到了我们现场戏迷朋友，打擂的时间了。

女　嗯，大家可以看到，今天在我们场上，已经站了三位小姑娘。

男　对，我们这三位擂手呀，都是小朋友。

女　嗯，的确很特别，那我们来看一下，他们今天唱的什么？来（将话筒俯身给第一位打擂选手）

一号选手　今天我要给大家唱的《女驸马》的选段，《谁料皇榜中状元》。

（掌声）

女　嗯，《谁料皇榜中状元》，好。

男　那我们来看一下，2号小朋友唱的是什么？

二号选手　我给大家唱的事《天仙配》中七仙女和董勇的《路遇》。

男　哦，《路遇》，你一个人唱。来，跟大家说一下，你叫什么名字，在哪里上学。

二号选手　我叫陈悦，是在凤阳县的府城小学念书。

男　祝你今天成功。

女　好，我们再来看一下，第三个小朋友。

三号选手　我给大家带来一首《牛郎织女》选段《到底人间欢乐多》。

女　哦，你是哪里的？

三号选手　我是淮北市，青少年宫的。

女　几岁了今年？

三号选手　10岁了

女　10岁了，嗯，那祝你今天成功。

男　今天可以说，我们三个小朋友带来的都是非常非常经典的黄梅戏的段子。

女　对。

男　都是《女驸马》、《天仙配》，不是小仙女就是小驸马。

女　嗯，那不知道究竟谁能够胜出呢？

男　你方唱罢我登场。

女　老少戏迷打擂忙。

男　嗯，那在他们打擂之前呢，我们还要介绍一下，今天打擂究竟怎么评分。

女　哎，我们这个评分规则呢，是我们的专家评分和观众打分，两者相加，才是最后得分。

男　嗯，现在就给我们介绍一下，我们今天现场"戏迷打擂"的三位评委。

女　来看一下。

男　著名的黄梅戏演员，梅伟慈老师。

（掌声、现场音效、人物身份介绍字幕）

男 安徽省文化厅，社会文化电影处的副处长长，侯进先生，欢迎。

（掌声、现场音效、人物身份介绍字幕）

男 著名庐剧演员，朱德顺先生。

（掌声、现场音效、人物身份介绍字幕）

男 我们的评委分就由他们三位商量打出来。

女 哎，我们的这个评委的满分是一百分。那我们观众怎么打分呢，大家看到我手上有一个分贝器，我们以前也用过。（举起分贝器）就是现场观众如果觉得选手唱得还不错的话，就给她欢呼声和掌声。谁的分贝器上的分数最高，谁的得分就最高。

男 对，你们觉得哪个小朋友唱得好，就大声的叫喊出来，使劲的鼓掌，产生的音量就会比较高。

女 对。

男 这样分贝就越高，那他获得分数也就越高。

女 嗯，那大家要谨慎使用手中的权利。

男 嗯，那首先让我们来欣赏，一号小选手演唱的《女驸马》选段。掌声鼓励。

【男女退场，将舞台留给三位小选手依次上场】

一号选手演唱——《女驸马》选段

伴奏起（字幕：播黄梅戏《女驸马》选段 打播者：定润琦 合肥市二十八中初一）

（灯光：蓝色、红色、黄色交替）

为救李郎离家园
谁料黄榜中状元
中状元着红袍
帽插宫花好啊好新鲜
我也曾赴过琼林宴
我也曾扎马御阶前
人人夸我潘安貌
原来乌纱罩啊罩婵娟
我考状元不为把名显
我考状元不为坐高官
为了多情的李公子
夫妻恩爱花好月儿圆
我考状元不为把名显
我考状元不为坐高官
为了多情的李公子
夫妻恩爱花好月儿圆

二号选手演唱——《天仙配》选段

伴奏起

（字幕：播黄梅戏《女驸马》选段 打播者：定润琦 合肥市二十八中初一）

（灯光：蓝色、红色、黄色交替）

大哥休要泪淋淋
我有一言奉劝君
你好比杨柳遭霜打
但等春来又发青
小女子我也有伤心事
你我都是苦根生
我本住在蓬莱村
千里迢迢来投亲
又谁知亲朋故旧无踪影
天冷落叹飘零
只要大哥不嫌弃
我愿与你配成婚

三号选手演唱——《牛郎织女》选段《到底人间欢乐多》

伴奏起

（字幕：播黄梅戏《牛郎织女》选段 打播者：陈悦 凤阳县的府城小学）

（灯光：蓝色、红色、黄色交替）

架上累累悬瓜果，风吹稻海荡金波
夜静犹闻人笑语，到底人间欢乐多
我问天上弯弯月，谁能好过我牛郎哥
我问篱边老枫树，几曾见似我娇儿花两朵

再问清溪欢畅水，谁能和我赛喜歌
姐妹们，你们快下来吧
闻一闻瓜香心也醉
尝一尝青果甜透心窝
听一听乡邻们问，寒问暖知心语
看一看画中人影舞婆娑
何必愁眉长锁？莫把时光错过
到人间巧手同绣好山河

【男女回到台上】

女　好，谢谢我们三位选手的演唱。

男　我觉得，无论这三个小朋友唱得好不好，就凭这三个小朋友这么小的年纪，真的是非常非常的不容易，就像我们侯处长前面刚才所讲的一样，戏曲要培养年轻一些的观众。

女　从娃娃抓起。

男　对，是这样子的，我建议大家再一次给他们掌声和鼓励，好么？

观众鼓掌

女　好了，那现在，又到了比较激动人心的时刻了。

男　嗯，要给三个小朋友评出一个高下来。

女　嗯，那我们观众朋友，事先打分，首先我们来看一下，一号打擂者，那如果你觉得这位小朋友唱得还不错的话呢，就猛烈的鼓掌，来，我们来看一下。（走上前，将分贝器，伸向观众席）

男　好。

女　（亮起分贝器）有92分。

男　嗯，92分，那刚才观众中没有听见叫喊声，不知道是不是有所保留。来，我们再看一下，评委给一号选手打多少分呢？

女　97分。

男　好的，我们一号选手，小的女驸马，最后得分是189分，恭喜你。

（掌声、音效；字幕：擂一号选手最后得分189分）

女　好，那我们来看一下，二号小朋友，观众能打多少分呢？（走向观众席，伸出分贝器）

女　（退回，看着分贝器）97分。

男　好，97分，那我们再来看一下，评委给二号选手亮多少分。

女　哇，98分。

男　那我们二号小选手的最后得分是195分，恭喜你。

（掌声、音效；字幕擂　二号选手　最后得分195分）

女　嗯，还有最后一位小朋友，那她能得多少分呢？（走向观众席，伸出分贝器）来，观众开始打分。

女　（退回，看着分贝器）95分。

男　95分，也很不错的一个成绩。那请评委给我们的三号小选手打分。

男　嗯，好的，那我们的三号小选手的得分就是192分，同样也恭喜她。

（掌声、音效；字幕擂　三号选手　最后得分192分）

女　好，那胜者为王，胜者就是我们的第二位小朋友。来，擂旗伺候。

男　那同时这三位小朋友，都将获得我们的相应奖品。

结束

（右下角字幕：百年皖酒　相约花戏楼）

男　那到这里呀，我们这一期的相约花戏楼节目就要和大家说再见了。

女　是呀，欢乐的时光总是过得特别快。

男　希望本期节目能给您带来欢笑和收获。

女　生旦净末丑，相约花戏楼，下周同一时间，我们

男女合　不见不散。

（孙锐　整理）

“岁月如歌”1921—2001湖南省纪念中国共产党成立80周年文艺晚会

播出台：湖南电视台
播出时间：2001年7月1日
总导演：王炳文
制片人：胡卫箭

歌曲《妈妈教我一支歌》
作词：杨涌　作曲：刘虹
编配：杨歌阳
演唱：杨钰莹　杨小勇　张梦莎
编舞：王小元　杨允金　王芳　李小勇
　　徐轶成　符超
舞蹈：长沙市麓山国际实验学校
　　长沙世界之窗五洲艺术团
　　武警湖南省总队政治部文工团
　　湖南省艺术学校音乐剧科
　　长沙市歌舞剧院
　　中国人民解放军国防科技大学

张梦莎（儿童）　妈妈教我一支歌
没有共产党就没有新中国
这支歌从妈妈心头飞出
这支歌伴随她走遍祖国山河
（VCR　历史资料片　毛泽东画面）
杨钰莹+女　妈妈教我一支歌
没有共产党就没有新中国
这支歌从妈妈心头飞出
这支歌伴随她走遍祖国山河
杨小勇+男　我教儿女一支歌
没有共产党就没有新中国
这支歌飞进幼小心田
这支歌世世代代永不落
（VCR　历史资料片　邓小平画面）
合唱　妈妈教我一支歌
（VCR　历史资料片　江泽民画面）
没有共产党就没有新中国
这支歌从妈妈的心上飞出
这支歌伴随她走遍祖国山河
我教儿女一支歌
没有共产党就没有新中国
这支歌飞进幼小心田
这支歌世世代代永不落
啊——
这支歌世世代代永不落

李　观众朋友们，
李、仇　晚上好！
仇　今年7月1日式伟大的中国共产党诞辰八十周年纪念日。在历史的长河中，八十年只是短暂的一瞬，然而有了中国共产党，这八十年的历史就显得特别的璀璨夺目。
李　自鸦片战争以来，中国近代史异常沉重，国家积弱不振，帝国主义列强夺我土地，掠我资源，鱼肉我人民，这是一段不堪回首的屈辱史。
雨　1921年7月1日中国共产党成立以后，

中华民族和中国人民的历史命运实现了大转折，党领导人民用28年时间推翻了帝国主义、封建主义、官僚资本主义三座大山。

司 中华人民共和国成立之后，党又领导人民进行社会主义革命和社会主义建设，使综合国力大大增强，人民的生活水平大大提高。

柴 历史作证：没有共产党就没有新中国；人民作证：没有共产党就没有中华民族的伟大复兴。

梅 湖南省庆祝中国共产党成立80周年大型文艺晚会《岁月如歌》，已经拉开了帷幕。

李 回首党的历史，光辉灿烂，岁月如歌。让我们把热爱和祝福汇成心中最美的赞歌献给——

合 中国共产党。

歌舞组合

编曲：周秀松　配器：杨歌阳

编舞：杨允金　王芳　李小勇

舞蹈：武警湖南省总队政治部文工团

长沙世界之窗五洲艺术团

湖南省艺术学校音乐剧科

《颂歌献给亲爱的党》

作词：高峻　作曲：克里木

演唱：阿布力孜·聂

党啊党啊亲爱的党
你像那一轮初升的太阳哎
你给我们智慧给我们力量哎
温暖着各族儿女的心房
哎……
有了你天山春水流淌
有了你草原牛羊肥壮
有了你毡房奶茶飘香哎
有了你生活蒸蒸日上
党啊党啊亲爱的党
你像那太阳光芒万丈哎
你给我们智慧给我们力量哎
温暖着各族儿女的心房
哎……
有了你人民豪情奔放
有了你祖国走向富强
有了你事业发达兴旺哎
有了你前程灿烂辉煌灿烂辉煌

（灯光转蓝）

《共产党来了苦变甜》

作词：黄宗江　作曲：彦克

演唱：韦嘉

喜马拉雅山再高也有顶
雅鲁藏布江再长也有源
藏族人民再苦啊再苦也有边啊
共产党来了苦变甜哟

（灯光转红）

《千条江河向海洋》

作词：刘薇　石祥　作曲：李迪秋

演唱：郭瓦·加毛吉　齐峰　武力　梁音

我们在五湖四海朝着一个方向
我们像万朵鲜花开在一棵树上
千条江河奔向海洋
各族人民的心哟永远向着党
啊呀啦嗨　啊呀啦嗨
各族人民的心哟永远向着党

（片花）

雨 观众朋友，这里是湖南省纪念中国共产党成立80周年的文艺晚会的直播现场。中国共产党自成立至今已经整整80年了，那么究竟该如何评价中国共产党这

80年的历史呢？最近就这个问题，我们专门请教了一些专家，专家们给我们提供了一个思考问题的角度。

司 如果以1921年作为一个界碑，可以分作前80年和后80年。中国共产党成立之前的80年是中华民族历史上最黑暗、最腐败、最屈辱的80年。

（插入字幕：1840－1900年，帝国主义的5次侵华战争，均以中国战败为结局，中国被迫签订不平等条约1100多个，赔偿白银20亿两以上，割让土地150万平方公里）

事实上，中华民族在那个时候已经到了亡国灭种的边缘，是中国共产党拯救了危亡的民族。

雨 中国共产党成立的80年，党带领人民经历了5次奋起。

（插入字幕：1. 五四、北伐、大革命、创建人民军队。2. 抗日战争胜利。3. 解放战争胜利。4. 建国初期社会主义革命与建设。5. 改革开放、现代化腾飞）

第一次取得了反抗外来侵略的胜利，推翻了三座大山，建立了新中国。通过改革开放，使人民富了起来。所以对比两个80年，不难得出一个客观的结论：没有中国共产党就没有今天中国人的扬眉吐气，没有中国共产党就没有今天中国的繁荣富强。

司 所以在今天这个晚会上，我们怀着崇敬的心情选取不同的角度向观众朋友们讲述我们党三代领导人的故事，讲述我们中国共产党人80年的辉煌！

歌舞组合

编配：周秀松

编舞：杨允金　李小勇　王芳　徐铁成

舞蹈：杭州市舞蹈团
　　湖南省歌舞剧院
　　长沙世界之窗五洲艺术团
　　武警湖南省总队政治部文工团
　　长沙市歌舞剧院
　　湖南省艺术学校音乐剧科

《浏阳河》

作词：徐叔华　作曲：唐碧光

演唱：火龙中国力量　东方秀

领舞：杨霞　朱琳　蒋成琳　廖颖

东方秀

浏阳河弯过了几道弯
几十里水路到湘江
江边有个什么县哪
出了个什么人
领导人民得解放啊咿呀咿子哟

中国力量

浏阳河弯过了九道弯
五十里水路到湘江
江边有个湘潭县哪
出了个毛主席
领导人民得解放啊咿呀咿子哟

合

毛主席像太阳
他指引着人民前进的方向
我们永远跟着毛主席呀
人民的江山万年长咿呀咿子哟

（灯光转黄）

《金瓶似的小山》

作曲：冰河　演唱：黑鸭子

领舞：林辰

金瓶似的小山
山上虽然没有寺
美丽的风景已够我留恋
明镜似的西海
海中虽然没有龙
碧绿的海水已够我喜欢

东方那边的金太阳
虽然闪闪又下山
你给我的温暖却永在我身边
北京城里的毛主席
从来没有见过你
你给我的幸福却永远在我心里

（灯光转蓝）

《红军想念毛主席》

作词：任红举　作曲：时乐蒙　彦克
演唱：八只眼　领舞：肖琦　田容

抬头望见北斗星
心中想念毛泽东想念毛泽东
迷路时想您有方向
黑夜里想您照路程
黑夜里想您照路程
抬头望见北斗星
心中想念毛泽东想念毛泽东
困难时想您有力量
胜利时想您心里明
胜利时想您心里明
湘江畔您燃起火炬农运燎
号召工农闹革命
井冈山您率领我们打天下
红旗一展满地红
瑞金城您建立革命根据地
工农掌权好威风
赣江边您率领我们反围剿
杀败蒋匪百万兵
红军是你亲手创
战略是你亲手定
革命战士怀念您
伟大的领袖毛泽东
革命战士怀念您
伟大的领袖毛泽东
红军是你亲手创
战略是你亲手定
革命战士怀念您
伟大的领袖毛泽东
革命战士怀念您
伟大的领袖毛泽东

（灯光转红）

《太阳最红毛主席最亲》

作词：付林
作曲：王锡仁
演唱：黑鸭子组合

太阳最红毛主席最亲
您的光辉思想永远照我心
春风最暖毛主席最亲
您的光辉思想永远指航程
太阳最红毛主席最亲
您的光辉思想永远照我心
春风最暖毛主席最亲
您的光辉思想永远指航程

梅　刚才我们两个站在这里，和所有的观众朋友们一起用心来聆听这些优美的旋律。我想我们此时和大家的心情是一样的，都非常想念毛主席。

柴　尤其是那些曾经跟主席有过面对面、心贴心交流的人。在今天这个特别的日子里，听到这些熟悉的歌声，让我们更加的想念主席。

梅　下面我们让大家看一张，大家都非常熟悉、而且又非常亲切的照片。

柴　请看大屏幕。

（大屏幕：毛主席和少先队员的照片）

梅　这是1959年，毛主席回到了他阔别32年的故乡韶山的时候和韶山学校师生们的一张合影。毛主席满脸笑容，他的脖子上系着一根鲜艳的红领巾。那条红领巾呢，是站立在他左手边的那个小男孩给他系上的。他叫蒋含宇。

柴 站在主席右手边的，满面笑容，特别幸福的那个，扎着小辫的小姑娘的名字叫做彭淑清。

梅 一晃42年过去了，那么他们的情况怎么样呢？他们还好吗？

柴 今天节目中我们请到了蒋含宇、彭淑清

（两位嘉宾上台）

梅 您做个自我介绍好吗？

彭淑清 大家好！

蒋含宇 大家好，我是蒋含宇。

彭淑清 我是彭淑清。

蒋含宇 毛主席接见12年以后，我们俩幸福的结为夫妻。

柴 这么多年过去了，这张照片还会留在你们身边吗？

蒋含宇 这张照片长期的放在我们身边。不仅我们俩，还有我们的两个孩子经常在一起回忆那个激动和难忘的时刻。

柴 这张照片所带来的幸福回忆，就跟他们脸上的笑容一样，一点都没有褪色。而这张照片也见证了党的领袖和人民心连心的血肉感情。

梅 每当我们看到这些照片的时候，我就能想起毛主席站在天安门城楼上，庄严的宣告：中华人民共和国成立了，中国人民从此站起来了。我们也能想到，毛主席、党中央当年率领红军进行的两万五千里长征。我们今天幸福的生活，是无数的烈士用鲜血换回来的。所以不能够忘记那段悲壮的历史。

（灯光转蓝）

《血染湘江》

撰稿：山水　作曲：杨歌阳

朗诵：鲍国安　李娜

编舞：王小元　杨允金　王芳　李小勇
　　　符超　徐轶成

领舞：王水林　张文潇　孙延泽　林辰
　　　张翼翀　徐轶成　肖琦　周江昱
　　　杨霞

舞蹈：杭州市歌舞团
　　　湖南省歌舞剧院
　　　武警湖南省总队政治部文工团
　　　湖南省艺术学校音乐剧科
　　　中国人民解放军国防科技大学
　　　武警湖南省总队第三支队
　　　长沙市麓山国际实验学校

李　娜 在祖国广袤的土地上，有一条富饶而美丽的大江，它的两岸绿柳成荫、芙蓉遍地那里的人们安居乐业，幸福的生活着。

鲍国安 可是，你知道吗？这里曾经是一个战场，枪炮声主宰过这里的田径。这里千军万马、奔腾厮杀。无数的红军战士在这里永远地倒下。清凌凌的江水被红军战士的鲜血染红。这条江叫湘江。

（舞蹈演员伴舞：红军战斗场面）

李　娜 1934年11月，国民党反动派为了围剿长征途中的党中央和红军主力，在湘江沿线调集了中央军、湘军、贵军共40万人设置了第四道封锁线。11月27日，红五军团三十四师的五千余名官兵，奉命掩护红军主力突围湘江。在陈树湘的率领下，五千官兵在湘江岸边与敌人展开了殊死的战斗。

鲍国安 那是一种何等的惨烈：头顶上十几架敌机狂轰滥炸，地面上几十倍的敌人疯狂围剿。而我们的红军战士冒着枪林弹雨毫不畏惧、前仆后继。他们只有一个信念：用自己的血肉之躯保卫党中央，保卫红军主力。

（舞蹈演员伴舞：红军突围场面）

鲍国安　激烈的战斗持续了三天，当最后一个夜晚来临，湘江两岸显得出奇的宁静。这时候，师长重整队伍，发现所剩红军已不足两百人。

李　娜　师长的心里非常明白，所有的红军战士心里也都非常明白。自从他们经受了掩护红军主力突围湘江的任务后，他们就都知道自己将要面临的是什么。

（双人舞：一男一女表演）

李　娜　痛吗？

鲍国安　噢，没事。

李　娜　还记得今天是什么日子吗？

鲍国安　今天是……11 月 29 日。啊，是我们结婚一周年的日子。

李　娜　等革命胜利了，咱们再要个孩子。

鲍国安　嗯。

李　娜　给孩子取个名吧。

鲍国安　就叫他，叫他“长征”

李　娜　长——征——

（群舞：激战）

李　娜　最后一仗开始了。

鲍国安　共产党员站到前排来

李　娜　师长，我不是共产党员，但我已经交了申请书。

鲍国安　师长，我们家受尽了压迫，给我一次机会吧。

李　娜　师长，俺娘说了，不入党就别回去见她。

鲍国安　师长——

李　娜　师长——

（群舞：伤亡惨重）

鲍国安　山伢子——

李　娜　师长，我看不见了。

鲍国安　山伢子，你听啊，我们的红军主力通过去了。我们的任务胜利了。

李　娜　师长，我能……入党吗？

鲍国安　山伢子——山伢子——山伢子——

（独舞）

李　娜　担任湘江战役总掩护任务的红五军团三十四师的最后一名战士，倒在了湘江边上。他的名字叫陈树湘，出生于湖南长沙小吴门，时任三十四师师长，年仅 27 岁。

鲍国安　朋友们，苍天可以作证，五千英雄儿女血洒湘江，他们以自己年轻的生命，保卫了党中央、保卫了红军主力、保卫了革命。他们的死，重于泰山。

李　娜　苍天啊，你能不能告诉我，我们的师长，我们的小战士，我们的五千英雄儿女的英灵，今在何方？求求你让他们看一眼，看一眼他们的孩子，看一眼他们的亲人，看一眼繁荣昌盛的祖国，看一眼——

合　美丽的湘江。

李　看完《血染湘江》这个舞蹈以后，心情真的是很难平静，长征途中无数党的好儿女血洒征途，用生命换来了革命的成功，我们将永远记住他们。

仇　为了纪念长征这一伟大的壮举，我们组织了一次重走长征路的活动。活动要求预备党员自愿报名，没想到短短三天的时间，报名者就多达 1700 多人。

李　我们从这 1700 多人当中挑选了 18 人参加这次活动。他们当中年龄最大的是 41 岁，年龄最小的是 20 岁。

仇　他们当中有红军的后代，有安源煤矿党支部的预备党员，有工人、农民、学生和军人。

李　这 18 名志愿者在长沙经过一个星期的集训之后，于 6 月 6 日踏上了重走长征路的征程。

仇　观众朋友们，我们现在就一起来看一段录像。

（大屏幕：VCR 重走长征路（一））

【画外音】重走长征路的活动是从四川境内的马尔康县开始的。

外景主持人李维嘉 观众朋友大家好，经过一夜的休整，现在我们的志愿者们个个是精神抖擞，现在我们所在的地方是海拔两千五百八十米的马尔康县。那当年的红军第一方面军和第四方面军都从这里经过。今天我们将从这里出发，沿着当年红军走过的足迹，用两天的时间徒步行走至我们的目的地刷经寺。真正意义上的红色之旅开始了。

【画外音】我们第一天要走 31 公里的路程，目的地是梭磨乡。沧海桑田，当年红军走过的崎岖山路如今已是宽敞的柏油马路。两个小时后，队伍到达了卓克基，当年红军曾在此驻扎过一周，红军树的故事至今仍在流传。

同期声（村民） 这棵红军树势 1935 年，红军长征到桌克基的时候，当时毛主席插下的拐杖，长成了参天大树。

【画外音】由于缺氧，在高原徒步行走，其艰苦远远超过了大家的想象。

李维嘉 刘洪，现在应该感触特别多吧。因为这条路曾经是你老爷爷走过的路，那么现在走在这条长征路上，心里感想怎么样？

刘　洪 现在走的比较累，但是也挺激动的，不走这条路是真不能体会到他们当年的艰辛。

【画外音】经过十个小时的艰苦行走，队伍终于到达了梭磨乡。我们借住在藏族老乡的家里。当年乡亲们曾经热情的迎接过红军，而如今他们又热情的接待了我们。队员们感到了无比亲切。

【画外音】清早起来，队员们争着干活，离开时还像红军一样留下了人民币。虽然只有短暂的一晚，但当年红军与百姓的情谊，却在这里得到了延续。

李维嘉 今天是徒步行走的第二天，虽然我们的队员们昨天行走的时候感觉到非常的疲倦，但是今天早上起来他们就开始操练，希望今天有更好的发挥，接下来我们就直奔我们的目的地刷经寺。

【画外音】从梭磨到刷经寺有 42 公里的路程，经过当年红军曾经走过的河滩时，我们停下来合影留念。越走海拔就越高，队员们行走的同时还要和高山反应作斗争，大家互相鼓励。

同期声（队员） 汤卫红，加油！

汤卫红 请放心，我一定会走到终点。

【画外音】到了一点钟，我们拿出了乡亲们准备的干粮，在路边午餐。大家还互相按摩疲劳的双腿，挑破脚上的水泡，再继续前进。艰难的道路、严重的高山反应，一起考验队员们的意志。两位年长的队员，身体实在支撑不住了，大家劝他们上车休息。遥想着当年红军前有阻截，后有追兵的艰难行军，大家都咬紧牙关，默默坚持着。主持人维嘉双腿都伸不直了，可他依然带头走在队伍里，给了队员们极大的鼓舞。山里的天气说变就变，好在我们事先准备好了雨衣。磅礴的大雨为最后 4 公里的行走增加意想不到的难度，可再苦再累都要坚持。重走长征路的队员们明白自己肩上的责任。

同期声（钟晶晶） 我觉得已经超越一个

极限了，以后什么事都能做了。

【画外音】刷经寺就在前方，队员们，加油啊！

同期声（李维嘉） 同志们，我们的目的地在哪儿？

队员 刷经寺

郎君 我很自豪，终于走完了这一段，证明我们是能够继承中国红军的光荣传统的。

队员 中国共产党是不可战胜的！

（片花）

雨 观众朋友，这里是湖南省纪念中国共产党成立 80 周年文艺晚会的直播现场，刚才我们已经通过画面看到了《重走长征路》的片段，我相信，每一位观众都会被队员们的热情和昂扬的精神所感动。红军长征精神是我们中华民族的宝贵的精神财富。

司 今天，我们要继承红军长征的精神，要高举邓小平理论的伟大旗帜。我们之所以这样说，因为是邓小平理论做出来符合中国国情的理论创新，正是这种伟大的理论创新才使咱们中国人改革开放，富了起来。

雨 短短 20 年间，中国人的衣食住行、生产方式、生活方式还有思维方式都发生了非常大的变化。

司 改革开放 20 年，我们中国的国民生产总值从 1978 年的 3000 多亿人民币增加到了 2000 年的 8.6 万亿人民币，首次突破了 1 万亿美元的大关。中国的钢材、水泥、化肥，中国的棉花、水产品、电视机等等，这些重要的国民经济总量的指标，在全世界都排到了第一的位置。

雨 这些事实又一次证明：没有共产党就没有新中国。

（灯光转绿）

歌曲《秋天的诉说》

作词：郑南　作曲：王佑贵

演唱：王丽达　肖玲　编舞：杨允金　王芳

领舞：张倩　彭勃　周江昱

舞蹈：长沙世界之窗五洲艺术团
武警湖南省总队政治部文工团
湖南省艺术学校音乐剧科

王丽达 南方热土热天下谁不说
春天的故事说到秋天
故事里面荡漾着歌

肖　玲 老街的故事新城说呀
小河的故事大海说
渔灯的故事霓虹灯在说

合 男儿的故事女儿说
奶奶的故事儿孙说
幸福泉的故事老百姓在说呀
新时代的故事甜如歌甜如歌
日子越过越红火

肖　玲 北方风情多天下谁不说
昨天的故事说到今天
故事里有明天的歌

王丽达 东边的故事西边说呀
早朝的故事晚霞说
华夏的故事外国人在说

合 男儿的故事女儿说
奶奶的故事儿孙说
幸福泉的故事老百姓在说呀
新时代的故事甜如歌甜如歌
日子越过越红火
男儿的故事女儿说
奶奶的故事儿孙说
幸福泉的故事老百姓在说呀
新时代的故事甜如歌甜如歌
日子越过越红火
日子越过越红火

柴 春天的故事说到了秋天是一个收获的季节，在邓小平建设有中国特色社会主义的理论指引下，我们的国家真的是富起来了。

梅 在中国共产党八十华诞的日子里，人民感谢小平同志，想念小平同志。下面我们请大家来看一样东西。

柴 请看大屏幕。

（大屏幕：捐款单）

梅 这是两张捐款单，总计 5000 元。这是捐给中国青少年发展基金会的。

柴 基金会的工作人员记得很清楚，那天是 1996 年的 6 月 10 号，有两位军人来到了他们的捐款接待室，拿出了 5000 元的现金，给希望工程捐款，可是却不肯留下姓名。工作人员只好说，捐款人的姓名是我们的规定，同时也是给子孙后代留下一份爱心和责任的清单。再三劝说，这两位军人才留下了名字，可是署名却是“一位老党员”。

梅 那么，为什么不留下这个姓名？当时这个基金会的工作人员觉得这件事情不同寻常，于是就尾随这两名军人走了出来，而且抄下了他们汽车的车牌号码。后来经过几经周折，几经证实以后，才终于弄清楚了，原来这个捐款的老党员就是我们敬爱的邓小平同志。

柴 后来基金会的工作人员决定把这笔捐款捐给小平同志曾经战斗过的广西百色地区，那里的 25 位失学儿童。我们再来看一张照片。

（大屏幕：儿童照片）

柴 这张照片就是当年接受资助的一部分儿童的合影，当中那个正在低头写字的小姑娘叫做周标亮，那一年她才 11 岁，读四年级。

梅 那么现在呢，我们就把周标亮作为当时受到资助的 25 位学生的代表请到了我们的晚会现场。

柴 现在的标亮已经是一名优秀的乡村语文老师，掌声请出周标亮。

（嘉宾上台）

梅 准确的说应该叫周老师了。

柴 标亮现在已经是个大姑娘了。

梅 那当时你们知不知道，是谁资资助了你，才使你重返校园呢？

周标亮 当时我不知道。那一天，我在家里干活，然后我的班主任李老师就很高兴的跑到我家里来朝着我喊，说，标亮，你明天可以去上学了。我当时还不相信这是真的。直到李老师连续说了好几遍：你明天可以去读书了。我才激动的扔下手中的活，抱着李老师就哇哇的大哭了起来。

柴 后来你知道这笔钱是邓小平爷爷捐给你的时候，家里人高兴吗？

周标亮 我家里非常的高兴，而且我妈妈和奶奶很激动。而且我奶奶还按照我们壮族的风俗习惯，在家里点了三炷香，然后跪在地上，很虔诚的说：祝贵人邓小平平安。

柴 平安，这两个字是普普通通的老百姓对领袖最朴素也是最深情的祝福。

梅 邓小平同志曾经说过这样一句话：我是中国人民的儿子，我深情的爱着我的祖国和人民。这位老共产党员，用自己的工资资助了 25 名失学的儿童。当这些失学的儿童学有所成之后，他们会帮助更多的儿童。这不就是这位老共产党员的心愿吗？因为他深深的知道，他们是祖国的未来，他们都是共产主义的接班人。

合唱《我们是共产主义接班人》

作词：周郁辉　作曲：寄明

编配：周秀松　编排：王芳　符超

演出：长沙市麓山国际实验学校

（少先队号鼓队）

我们是共产主义接班人，
继承革命先辈的光荣传统，
爱祖国，爱人民，
鲜艳的红领巾飘扬在前胸.
不怕困难，不怕敌人，
顽强学习，坚决斗争，
向着胜利勇敢前进，
向着胜利勇敢前进，前进！
向着胜利勇敢前进，
我们是共产主义接班人.
我们是共产主义接班人，
沿着革命先辈的光荣路程，
爱国家，爱人民，
少先队员是我们骄傲的名称.
时刻准备，建立功勋，
要把敌人，消灭干净，
为着理想勇敢前进，
为着理想勇敢前进，前进！
为着理想勇敢前进，
我们是共产主义接班人

仇　观众朋友，刚才这一首《我们是共产主义接班人》仿佛又把我带到了少年时代。

李　我们都是唱着这首歌长大的，小的时候老师告诉我们要：好好学习，天天向上。长大了要全心全意为人民服务。

仇　说到“为人民服务”，使我想起了江泽民总书记关于“三个代表”的论述，其中提到：我们党代表最广大人民群众的根本利益。

李　“全心全意为人民服务”也是我们党的根本宗旨是“三个代表”的出发点和落脚点。

仇　因为历史是人民创造的，人民养育了天，养育了地，养育了人间万物。

李　人民永远是我们的衣食父母。

歌曲《衣食父母》

作词：石顺义　作曲：杜鸣
编配：杜鸣　演唱：陈思思
编舞：王小元　杨允金　王芳　杨小勇
舞蹈：杭州市歌舞团
湖南省歌舞剧院
长沙世界之窗五洲艺术团
武警湖南省总队政治部文工团
长沙市歌舞剧院
湖南省艺术学校音乐剧科

我也有慈父
我也有慈母
可我还要喊你一声我的衣食父母
春夏秋冬穿的都是你做的衣
一日三餐吃的都是你种的谷
你养育了花　养育了果
养育了参天大树
自己去平凡似一捧泥土
啊——雏鸟尚知反哺
羊羔还懂跪乳
老百姓养育的儿郎哟
到什么时候也别忘了咱的衣食父母.
我也爱我父哟
我也爱我母
可我也深深爱你我的衣食父母
风里雨里是你菇苦含辛劳作
一年到头是你总在默默付出
你养育了天　养育了地
养育了人间万物
自己却甘愿做一捧泥土.
啊——雏鸟尚知反哺
羊羔还懂跪乳
老百姓养育的儿郎哟
到什么时候也别忘了咱的衣食父母.

衣食父母
阿——衣食父母

（片花）

梅 在广西的石湾大山里面，有一个小村庄，叫“永常村”。那里的石头特别多，耕地少。在九零年的时候，当地的农民年人均收入还不到150块钱。是江泽民总书记6年当中两次到那里视察才彻底改变了那里的面貌。

柴 江总书记第一次到“永常村”是1990年的11月21号，这是一个村里人永远也忘不了的日子。

梅 九零年江总书记到那里的时候呢，拒绝了县里的一切安排，他执意要到村里最贫困的一家农民家中去看一看，到底这些农民的生活过的怎么样。我们可以看看当时的一段录像。

（大屏幕：VCR）

梅 画面就是当时江泽民总书记一行风尘仆仆的赶往“永常村”。

柴 在“永常村”，江总书记去视察了村里有名的特困户苏其权一家。这就是苏其权当时住的房子。当时是11月份，广西的天气还是比较寒冷的，但是大家看他们的房子的墙壁是四面透风的茅草墙。而且我们有一个镜头没有拍到，就是江总书记掀开他们的饭锅的时候，里面是煮的发黑的野菜。当时的江总书记流泪了。

梅 所以总书记看到这个情景以后，心里非常沉重，马上就召开了一个从中央到村委的六级会议。一再的叮嘱当地的党政领导说，你们一定要千方百计的想办法来帮助他们脱贫，以后他们的事情就是我的事情。而且走的时候，总书记还留下这样一句话，六年以后我一定还要到这里来看一看。

柴 永常村的人都想着，国家的领导又是党的总书记，工作那么忙，哪有时间再来呢。可是谁也没有想到，六年后的11月，江总书记真的又一次来到了永常村。

梅 这个时候正好是1996年的11月，整整六年的时间。

柴 还是一年的冬天。江总书记还是选择了当年去过的苏其权家里。可是我们看，当年四面透风的茅草房已经变成了坚实的红瓦房。

梅 总书记的身旁是苏其权的妻子，他久久的握着总书记的手。

柴 这种心里的感激是难以言表的。

梅 刚才大家看到这个定格画面上，一个穿着黄衣服的小男孩，他正好对着江爷爷，他就是苏其权的大儿子苏周泽。

柴 如果大家注意到了第一段录像的话，会想到那个偎在爸爸怀里的小毛头，在六年后已经长大了。

梅 这六年的变化，我们看到的不仅仅是永常村的变化。我们看到的是我们党和国家领导人和咱老百姓心贴着心。心心相印的那份情怀。

柴 江总书记第二次视察之后，又过去了五年。永常村的人每天都在惦记着江总书记。今年他们就将苏周泽送出了大山，来到电视台，他跟我们说，就让小周泽代表他们跟江总书记说几句贴心话。掌声请出，苏周泽。

梅 欢迎你。你看转眼你都已经这么大了。

柴 周泽，今天你面对着镜头可以跟江爷爷说话了。

苏周泽 我们全家都很想念江爷爷，我给他写了一封信，可是我普通话说的不太好。梅冬哥哥，我想请您帮我读这封信，可以吗？

梅 好，好，我愿意帮你这个忙。我们来看看，这是你写给江爷爷的一封信。尽管小周泽的普通话说不好，但是他的字写的非常工整。这封信这样写道：敬爱的江爷爷，您好。7月1日，党的生日快到了，我想给您写封信。您两次到了我家，抚摸过我的头。您对爸爸妈妈讲的那些亲切的话，我们全家心里都记得清清楚楚。现在我们村的山变得更绿了，我们的学习成绩也好了，我们每天都看新闻联播，每次我们看到您，我和我的弟弟就会高兴的大喊：你看，江爷爷。知道您很忙，我祝江爷爷身体健康。苏周泽。

柴　小周泽只是千千万万个在江总书记的爱护下成长起来的孩子；永常村也只是千千万万在党的关怀下富裕起来的村庄。

梅　是的，我们的祖国正在日益的强大。山变绿了，水变清了，我们人民的生活变得越来越幸福了，我们的祖国越来越强大了。

歌舞《中国的月亮》

作词：石顺义　作曲：王锡仁

演唱：叶毛　廖莎　编舞：杨允金　王芳

舞蹈：长沙世界之窗五洲艺术团

武警湖南省总队政治部文工团

长沙市歌舞剧院

湖南省艺术学校音乐剧科

二重唱

哪里月不圆何处月无光
我却深深地爱着你中国的月亮
你传说美丽的嫦娥
你讲述勤劳的吴刚
你那母亲的微笑
洒给炎黄儿女多少慈祥
啊月亮中国的月亮
啊月亮自己的月亮
无论别国月多好
也比不上你
总珍藏在我心上

歌舞《共和国之恋》

作词：刘毅然　作曲：刘为光

配器：杜鸣　演唱：刘维维　王静

编舞：杨允金　李小勇　徐轶成

舞蹈：长沙世界之窗五洲艺术团

武警湖南省总队政治部文工团

长沙市歌舞剧院

湖南省艺术学校音乐剧科

湖南省体工委体操队

湖南省模特队

王　静　在爱里在情里
痛苦幸福我呼唤着你

刘维维　在歌里在梦里
生死相依我苦恋着你

合　纵然是凄风苦雨
我也不会离你而去
当世界向你微笑
我就在你的泪光里

刘维维　你恋着我我恋着你
是山是海我拥抱着你

王　静　你就是我我就是你
是血是肉我凝聚着你

合　纵然是仆倒在地
一颗心依然举着你
晨曦中你拔地而起
我就在你的形象里
纵然是仆倒在地
一颗心依然举着你
晨曦中你拔地而起
我就在你的形象里

李　你就是我，我就是你，是血是肉我凝聚着你，纵然是仆倒在地，一颗心依然举着你。

这就是我们对党、对祖国、对人民深深

的情怀。

仇 相信大家还记的1998年那场抗洪斗争，在那最危险的日日夜夜里，是中国共产党带领广大军民团结奋战，最终取得了抗洪斗争的伟大胜利，谱写了一曲爱国爱民的伟大颂歌。

李 在这场斗争中，江泽民总书记亲临前线指挥，留下了许多令人难忘的动人故事。

（大屏幕：VCR 江泽民亲临抗洪抢险一线画面）

【画外音】江总书记来了，带着对三湘儿女的挚爱，带着对湖湘热土的深情，冒着急雨，踏着泥泞，健步走上了按造园书院周大堤，数十面战旗在风雨中烈焰招展，八百多名官兵巍然屹立在曾经决堤的地段等待着总书记的检阅。当走到抗洪英雄李长志的面前时，总书记紧紧握着他的手。

同期声（江泽民） 向你学习，我们都要向你学习。不怕疲劳，而且大禹治水三国家门而不入。他的事迹我全部记在脑子里。

【画外音】风雨中，江总书记把党的温暖播撒在绵延千里的长堤上，播撒在三湘儿女的心坎儿里。总书记气盖云天的讲话也一直激励着抗洪一线的广大军民：再接再厉、顽强拼搏。去夺取抗洪抢险斗争的最后胜利。

同期声（江泽民） 这个胜利的事实，充分地说明，我们中华民族具有着很强的凝聚力，任何的困难都压不倒我们，中国人民是不可战胜的。

歌舞《凝聚》

作词：阮晓星　陈亦兵　作曲：印青

编配：周秀松　演唱：黄卓　潘军

编舞：杨允金　李小勇　领舞：张文潇　林辰　张翼翀

舞蹈：杭州市歌舞团

长沙世界之窗五洲艺术团

武警湖南省总队政治部文工团

湖南省艺术学校音乐剧科

你牵挂百姓
走遍大江南北
运筹帷幄又把胜利奠定
你挺起一个民族的脊梁
凝聚起亿万颗中国心
歌是这样亮
旗是这样红
还有什么风浪能阻挡我们
你的宣言就是我们的心声
中华民族永远不可战胜
不可战胜

（片花）

司 观众朋友，这里是湖南省纪念中国共产党成立80周年的大型文艺晚会《岁月如歌》的直播现场。把人民当做衣食父母，全心全意为人民服务，始终代表广大人民的根本利益，这就是中国共产党。

雨 正是因为有了中国共产党，中华民族的命运才从此得以改变。说到“命运”，就让我们想起了香港回归以前，记得美国《财富》杂志曾在封面做了这样一个预测：香港已经走到了尽头。但是仅仅过了4年，还是这家杂志却在香港举办了“财富论坛”，并以“亚洲新一代”为题对中国经济的发展做了大篇幅的论述。

司 他们举了很多数字，我印象最深刻的一组数字是，当年的英国，实现人均收入增加一倍半的目标用了差不多100年的时间，美国用了50年，共产党的中国只用了20年的时间就实现了人均收入增加七倍的目标。

雨　事实再一次证明：没有共产党就没有新中国。

歌舞《西部放歌》

作词：屈原　作曲：印青
演唱：汪正正
编舞：杨允金　李小勇　王芳　徐轶成
舞蹈：武警湖南省总队政治部文工团
　　长沙市歌舞剧院
　　湖南省艺术学校音乐剧科

哗啦啦的黄河水
哟——日夜向东流
黄土地的儿女
哟——跟着那太阳走
冰河化春水荒漠变绿洲
一场场及时雨就像一杯杯醉人的酒
八方来支援兄弟手挽手
甩开臂膀创大业咱奋发争上游
赛江南的美景在新世纪造就
古老的山川明天到处披锦绣
哗啦啦的黄河水日夜向东流
黄土地的儿女跟着那太阳走

歌舞《走进新时代》

作词：蒋开儒　作曲：印青
编配：杜鸣　演唱：韦唯
编舞：王小元　王芳　李小勇
舞蹈：杭州市歌舞团
　　湖南省歌舞剧院
　　长沙世界之窗五洲艺术团
　　武警湖南省总队政治部文工团

总想对你表白
我的心情是多么豪迈
总想对你倾诉
我对生活是多么热爱
勤劳勇敢的中国人意气风发走进新时代
啊——我们意气风发走进新时代
我们唱着东方红当家做主站起来
我们讲着春天的故事改革开放富起来
继往开来的领路人带领我们走进新时代
高举旗帜开创未来
让我告诉世界
中国命运自己主宰
让我告诉未来
中国进行着接力赛
承前启后的领路人
带领我们走进新时代
啊——带领我们走进新时代
我们唱着东方红当家做主站起来
我们讲着春天的故事改革开放富起来
继往开来的领路人带领我们走进新时代
高举旗帜开创未来

仇　观众朋友，从《走进新时代》的歌词中我们可以读到，以江泽民同志为核心的党中央，已经带领着全国各族人民跨入到了一个崭新的时代。

李　中国共产党80年的历史，就是这样一步一个脚印走过来的。

仇　下面，我们就把《重走长征路》的最后一个片段呈现给大家，我们长征宣传队的这些年轻的预备党员们，他们就像当年的红军战士一样，不畏艰难险阻，这充分说明了我们党的事业后继有人。

李　通过“重走长征路”活动，我们想告诉所有的观众朋友们，永远都不要忘记67年前中国共产党领导的伟大的长征。

（大屏幕：VCR 重走长征路（二））

李维嘉　重走长征路，今天是最后一天，也

是最关键性的一天，那我们的志愿者将登上当年中央红军翻越过的第三座雪山——亚克夏雪山。在这座雪山的山顶上，有一座当年修建的红军墓，我们的志愿者将登上山顶，前去扫墓。

【画外音】从刷经寺到亚克夏雪山要翻过几个山头，有十几公里的山路，我们面对的第一道难题便是，这座又高又陡的山，在高原的平地上走路都很困难，更何况是爬山。可当年红军只用了半天时间就爬了上去。队员们，加油啊！

【画外音】两小时后，队伍终于登上了第一个山头。越往上爬天气越寒冷，大家穿上事先准备好的棉袄继续前进。前面的山路变得越来越难走了，一面是山，另外一面是悬崖。大家发扬着团结精神，互相搀扶着，共同克服一个又一个难关。

【画外音】因为下雨，天气变得更冷了。想起当年红军过雪山穿的只是草鞋，是多么的不容易。经过5个小时的艰苦跋涉，我们终于到达了雪线，队员们都很激动。

同期声（李维嘉） 我觉得需要坚持。

（队员） 我好高兴能够上来。

【画外音】亚克夏雪山是红军翻越过的五座雪山中海拔最高的一座，有5000多米。在厚厚的积雪里攀爬着非常吃力，再加上空气稀薄，大家想到要去瞻仰祭奠前方的红军墓，大家都竭尽全力努力攀登。

【画外音】山顶就快到了，队员们做着最后的冲刺。

同期声（全体队员） 共产党万岁！红军万岁！

【画外音】雪山哪，还是那座雪山，可长征路上的勇士却已经长埋于此。红军战士们，我们来看你们来了。在中国海波最高的烈士墓前，“重走长征路”的队员们长跪不起，深情痛哭。这座红军烈士墓是1935年红军长征经过此地时，由红军总政治部修葺的。红军战士长埋在这儿，66年后，我们万里跋涉来到这里，寄托哀思。

同期声（李维嘉） 愿红军的精神世代相传。

【画外音】国防科大的熊敏红献上了一面有100名军人签名的党旗。

同期声（熊敏红） 红军老爷爷，我来看你了。

【画外音】看到此时此景，红军烈士们若泉下有知的话，应该会相信长征路上后继有人，应该含笑九泉。队员们在心中默默的呼唤：红军烈士永垂不朽！长征精神代代相传！

同期声（李维嘉） 下面我们的预备党员将在红军墓前庄严宣誓。

同期声（队员） 我宣誓，我志愿加入中国共产党，拥护党的纲领，遵守党的章程。

（晚会现场：各行业预备党员与大屏幕同步宣誓）

预备党员 履行党员义务，执行党的决定，严守党的纪律，保守党的秘密，对党忠诚，积极工作，为共产主义事业奋斗终生，随时准备为党和人民牺牲一切，永不叛党。

（现场灯光明亮）

歌舞《没有共产党就没有新中国》

（全体演员）

合唱 没有共产党就没有新中国
没有共产党就没有新中国

共产党辛劳为民族
共产党他一心救中国
他指给了人民解放的道路
他领导中国走向光明
他坚持了抗战八年多
他改善了人民的生活
他建设了敌后根据地
他实行了民主好处多
没有共产党就没有新中国
没有共产党就没有新中国
没有共产党就没有新中国
没有共产党就没有新中国
共产党辛劳为民族
共产党他一心救中国
他指给了人民解放的道路
他领导中国走向光明
他坚持了抗战八年多
他改善了人民的生活
他建设了敌后根据地
他实行了民主好处多
没有共产党就没有新中国
没有共产党就没有新中国

李 回顾党的80年，有多少革命先驱为了革命的命运慷慨捐躯。

仇 回顾党的80年，有多少共产党人为了民族的前途、人民的利益奉献了自己的一切。

柴 80年来，党的三代集体领导带领全党全国人民开拓了民族的历史、光大了民族的精神。

司 今天我们要紧密团结在以江泽民同志为核心的党中央的周围，共同走进新的时代。

梅 21世纪的曙光已经在天际闪耀，我们中华民族的繁荣昌盛一定会像东升的旭日一样很快到来。

雨 让我们张开双臂，热烈拥抱中华民族发展史上又一个明媚的春天！

李 观众朋友们，湖南省纪念中国共产党成立80周年文艺晚会，到此结束！

全体主持人 再见！

（李小贝　整理）

“飘动的红丝带”
预防艾滋病大型公益文艺晚会

播出台：中央电视台
播出时间：2001年12月1日（世界艾滋病日）
总导演：邹友开

序

片头

（字幕：飘动的红丝带——预防艾滋病大型公益文艺晚会；主办：中宣部　卫生部　文化部教育部　国家广电总局）

双人、集体现代舞《网》

编舞：刘露　刘晓栋　表演：北京舞蹈学院

（舞台灯光以蓝色调为主，群舞演员身穿白色的紧身背心和短裤）

赵忠祥画外音 什么时候心情不再苍白，什么时候叹息从这里走开，什么时候生命之舟停留在爱的港湾，什么时候渴望的目光能迎来久久的等待？

视频：艾滋病患者的多张照片

赵忠祥画外音 20年前，一片阴影像恐怖的乌云悄悄地笼罩在人类的头上，一个令人不寒而栗的医学名词“艾滋病”不胫而走，让人们谈虎色变。从1981年首次发现这个病魔到现在，艾滋病已经给人类带来了深重的灾难。20年间，大约五千万人感染上艾滋病病毒，两千万人已经痛苦地离开了人世。现在，感染艾滋病病毒的人数以每年五百万的速度迅速增长。20年间，艾滋病横行一世；20年间，人类与艾滋病不屈搏斗；20年间，无奈与希望并存。

歌曲《天使》
演唱：比华莉（加拿大）（钢琴伴奏）
歌词大意

你无时无刻不在等待再一次的机会
等待突然好转的一刻
总有一些原因让我感觉不那么好
感觉一天是那么漫长难熬
记忆随着我的血液流走
让我什么也不想
让我没有任何压力
也许今晚在天使的怀抱里
我能寻找到一丝安慰和关照
在天使的怀里
也许能感觉到温馨美好
在天使的怀抱里
我们为你祈祷

视频：戴安娜王妃以及联合国安理会秘书长安南关心艾滋病的相关内容等

赵忠祥画外音 人类的良知是永恒的，人类的爱心是无限的，这种至善至纯的情感像一股股暖流抚摸了他们被病魔侵袭的身躯，又像一股股清泉滋润了他们的心田，唤起了他们活的勇气，点燃了他们生的希望。

歌曲《微笑》
作词：许常德 作曲：林隆璇
演唱：杨千嬅（联合国艾滋病规划署香港大使）

这是一个游戏
它规定不能哭泣
找到快乐后谁都不必
为谁负责到底
所以我始终微笑
当朋友说你离去
深深呼吸是种诀窍
不让泪往下掉
smile 我深爱你
我不哭你的回忆
不能强迫你给结局
眼泪更不该死心塌地
smile 我还爱你
我有失去的勇气
我走到哪里都下雨
不懂上天欺负人如此彻底

视频：小艾滋病患者恩科西

赵忠祥画外音 现在展示在大家面前的就是一种真实的爱心体现，在艾滋病蔓延南非时，有一个叫恩科西的小男孩不幸从母体感染了艾滋病病毒。医生无奈地宣布，他的生命不会超过九个月，后来他的母亲去世了，而这位善良的白人妇女向恩科西伸出了关爱的手，收养了他。这位可敬的白人妈妈却为此付出了沉重的代价，她与丈夫分手了。她为延长小恩科西的生命几乎耗尽了自己的精力，崇高的爱心创造了人间的奇迹。小恩科西在这位不是亲人甚似亲人的母亲照料下，和其他小朋友一起学习、游戏，竟然生活了12个春秋。12年间，他与病魔顽强斗争；12年间，他走遍世界许多国家，走上联合国讲坛，用自己微弱颤抖的声音，唤起了许多人的良知，唤起了人类战胜艾滋病的坚强信心。

恩科西："我们也是人，我们可以走路，也可以说话，我们也像其他人一样有需求，我们是平等的，谢谢"。

赵忠祥画外音　虽然2001年6月2日，小恩科西离我们而去了，但他的精神永存，被我们誉为艾滋病小斗士。

歌曲《风》

作词：张俊以　作曲：李杰

演唱：成方圆

【成方圆手捧红色蜡烛从台右上场，将蜡烛置于烛台上】

风啊　吹着我的泪
鲜花　靠着我的背
我的心啊　像一碗水
你睡吧　我的宝贝
风啊　吹着我的泪
雪花　在纷飞
我的心啊　如痴如醉
你睡吧　我的宝贝
风啊　吹着我的泪
鲜花　靠着我的背
我的心啊　像一碗水
你睡吧　我的宝贝
你睡吧　我的宝贝

舞蹈《鲜花与红丝带》

编舞：南南　表演：北京舞蹈学院

（舞台中间挂着的是前一个节目出现的摇篮，整个舞台以蓝色和紫色的灯光为主，群舞演员手捧白色花束）

视频：内容为多位名人对艾滋病患者的鼓励（联合国艾滋病规划署宣传大使罗纳尔多："在赛场上我努力拼搏，不怕一切冒险去赢得每一分，但是在谈情说爱时保护自己非常重要。把艾滋病的信息告诉你的朋友，保护你爱的人和你自己。"中国预防性病艾滋病基金会高级顾问费翔："艾滋病的患者朋友，希望能够给予你们一切我的力量和爱，希望你们能够勇敢地向前走。你们绝对不是孤独的，绝对是有很多很多朋友在关心你。"）

组合表演唱《心会跟爱一起走》

编曲：刘钢宝

《知心爱人》

作词：付笛声　甲丁　作曲：付笛声

演唱：付笛声　任静

【付笛声与任静手推婴儿车从右侧上台】

二人对白

付　彼此知心，相濡以沫，这是爱情的升华。

任　愿我们共同追求这样一种美妙的境界。
让我的爱伴着你直到永远
你有没有感觉到我为你担心
在相对的视线里才发现什么是缘
你是否也在等待有一个知心爱人

付　把你的情记在心里直到永远
漫漫长路拥有着不变的心
在风起的时候让你感受什么是暖

一生之中最难得有一个知心爱人

付　不管是现在

任　还是在遥远的未来

合　我们彼此都保护好今天的爱

不管风雨再不再来

任　从此不再受伤害

付　我的梦不再徘徊

合　我们彼此都保存着那份爱

不管风雨再不再来

《小草》

作词：向彤　何兆华

作曲：王祖皆　张卓亚

演唱：朱力清　欧阳启钧

【朱，欧阳从舞台左后侧上】

二人对白

欧阳　草青青，岁岁枯荣，显示了无限的生命力。

朱　让我们的病友从中悟出生命的真谛，让自己更加乐观。

合　更加坚强

演唱

欧阳　没有花香没有树高

我是一棵无人知道的小草

朱　从不寂寞从不烦恼

你看我的伙伴遍及天涯海角

合　春风啊春风你把我吹绿

阳光啊阳光你把我照耀

河流啊山川你哺育了我

大地啊母亲把我紧紧拥抱

春风啊春风你把我吹绿

阳光啊阳光你把我照耀

河流啊山川你哺育了我

大地啊母亲把我紧紧拥抱

（舞台右侧下，坐在舞台右上台阶上）

《姐妹情深》

作词：三丫　凯玥　作曲：凯玥

演唱：凯璐　凯玥

二人对白。

凯璐　手足情长，姐妹情深，无论你遭遇怎样的挫折，

凯玥　无论你承受怎样的病痛，亲情是你永远的力量，人间最美是亲情。

唱　春风飘起你的衣裙

阳光下的姐妹

像两朵彩云

任凭岁月转动多少年轮

那世上无价的美丽

是姐妹情深

秋风吹乱你的长发

夕阳下的姐妹

像并蒂莲花

真情决定了你我的命运

那命运的双桨不能离分

啊　姐妹情深

姐姐的泪光

闪烁着妹妹的思念

妹妹的快乐

是姐姐一生的心愿

那世上无价的美丽

是姐妹情深

《同桌的你》

词曲：高晓松　演唱：伊扬　李慧珍

【演唱者左侧上，各捧一本书。】

二人对白

李　还记得我给你削的铅笔还有半块橡皮吗。

伊　记得啊，当然记得了，最难忘的就是同桌的你啊。

演唱

李　明天你是否会想起　昨天你写的日记
　　明天你是否还惦记　曾经最爱哭的你
伊　老师们都已想不起　猜不出问题的你
　　我也是偶然翻相片　才想起同桌的你
合　谁遇到多愁善感的你　谁安慰爱哭的你
　　谁看了我给你写的信　谁把它丢在风里啦……

(右侧下，坐在舞台右侧台阶上)

《在水一方》

作词：琼瑶　作曲：林家庆

演唱：周艳泓　王子鸣

(舞台效果：泡泡机)

【王子鸣左侧上，周艳泓右侧上，各拿一支玫瑰花】

二人对白

王　鲜艳的红丝带随风飘动在水的一方。

周　只要你伸出双手就能触摸到它的力量

演唱

周　绿草苍苍
　　白雾茫茫
　　有位佳人
　　在水一方
王　绿草萋萋
　　白雾迷离
　　有位佳人
　　靠水而居
合　我愿逆流而上
　　依偎在她身旁
　　无奈前有险滩
　　道路又远又长

【演员侧后方下，坐在台阶上】

《牵手》

词曲：李子恒　演唱：谢丽斯　王洁实

二人对白

谢　用力牵着你的手，传给你的是我心中的暖流。

王　让我们昂首阔步，共同走过漫长的路。

演唱

谢　因为爱着你的爱
　　因为梦着你的梦
王　所以悲伤着你的悲伤
　　幸福着你的幸福
谢　因为路过你的路
　　因为苦过你的苦
王　所以快乐着你的快乐
　　追逐着你的追逐
合　也许牵了手的手
　　前生不一定好走
　　也许有了伴的路
　　今生还要更忙碌
　　所以牵了手的手
　　来生还要一起走
　　所以有了伴的路
　　没有岁月可回头

【左侧下与凯璐、凯玥站在一起】

《心会跟爱一起走》

作词：邢增华　作曲：郭峰

演唱：众星合唱

【演唱者四个一组站在舞台三角上】

从来没有人如此贴近我的心
总有许多许多话想说给人听
从来没有人如此打动我的心
偶尔无心的伤害全都为了爱

【12位演唱者汇聚在舞台中央】

心会跟爱一起走说好不回头
桑田都变成沧海谁来成全爱
心会跟爱一起走说好不分手
春风都化成秋雨爱就爱到底
啦啦啦……
心会跟爱一起走说好不分手
春风都化成秋雨爱就爱到底

春风都化成秋雨爱就爱到底

视频

倪萍画外音 对艾滋病的认识，世界在进步，中国也在进步。我们相信大家在看了以下几个画面，心情一定是沉重的。（照片一）这是1987年香港的一家医院的医务人员身穿防毒服，口袋防毒面具，护送艾滋患者的恐怖情景。（照片二）这是1990年，中国的一名艾滋病患者去世以后，人们心里因为充满了恐惧，而把死者身前的所有生活用品全都烧掉了。

视频配音 这个小院里的住户是农民李子亮，不幸他也被感染了艾滋病毒，他说得病以后，平日里跟他和睦相处的乡亲们一下子把他当成了恐怖的天神，人们总是站在远远的地方恐惧地望着他。当他出现在市场上的时候，警惕的目光一下子就集中在了他身上。他买东西，没有人敢接他的钱，他把香烟递给人家也都被悄悄地扔掉了。李子亮的家庭痛苦彷徨，他的家庭因为艾滋病已经到了破碎的边缘了——

视频中李子亮妻子（手抱孩子的画面）

我心里话从来没对谁说过，也没人说，我后悔，我想跟他离婚，我从来都没跟谁说过，我在心里憋着呢，我都没法走亲戚，走亲戚没法去。

歌曲《飘动的红丝带》

作词：邹友开　作曲：郭峰

演唱：古巨基（香港）　祖海

【演员从左右两侧上】

祖　什么时候　心情不再苍白
　　什么时候　叹息从这里走开
古　什么时候　生命停泊在爱的港湾
　　让生活活充满　充满各种的色彩
祖　是谁送来　一片真心真爱
　　是谁让命运有了重新的安排
古　是谁牵起　人间真情走过风雨
　　让梦想走向　走向明天的精彩
合　红丝带　飘动的红丝带
　　红丝带　爱的呼唤
　　红丝带　飘动的红丝带
　　红丝带　爱的期待
　　飘过高山　飘过大海
　　飘在蓝天　飘在心海
　　飘过高山　飘过大海
　　飘在岁月　飘在未来
　　红丝带　飘动的红丝带
　　红丝带　爱的呼唤
　　红丝带　飘动的红丝带
　　红丝带　爱的期待
　　红丝带　爱的期待

视频

视频配音 有这样一位风华正茂的艾滋病病者，他把自己感染艾滋病病毒的始末通过互联网公布于世，他以这种方式与病魔抗争。他的抗争不仅仅是努力延长了自己的生命，而是警示后人应该如何对待自己的生活。（视频文字：预防艾滋病，你我同参与。洁身自律，自尊自爱）著名演员濮存昕是一位预防艾滋病的宣传员，当他看到黎家明写的艾滋手记以后，他被黎家明那坦率真实的自白打动了，于是濮存昕主动写信给黎家明，表示对他的敬佩和支持。

配乐散文《我们是朋友》

作者：杜来

表演：濮存昕（预防艾滋病宣传员）

【濮存昕左侧上，站在舞台中央】

朋友，我看过你的《艾滋手记》
在这个初冬的夜晚，我又情不自禁地想起了你
说是朋友，其实你感染上艾滋病病毒之前我们并不相识
我只是读了关于你的《艾滋手记》的相关报道后，才记住你的名字的
我是被你的善良、真诚和勇气所感动
伸出双，以同样真诚的心写信告诉你
我愿意做你的朋友
也许有人会问我
你为什么要和一位因过失染上艾滋病病毒的陌生人做朋友，难道你就不怕
不，我相信很多有良知有爱心的人
读了你的《艾滋手记》
会和我一样，握着你的手与你做朋友的
我愿意和你做朋友
是我敬佩你能以你独特的方式
你把自己当作一块警示牌立在世人面前
我分明在听到
你大声地在向我们呼喊
别过来，这里是深坑，这里有陷阱
你勇敢地把自己难以启齿的隐私和切身之痛的教训讲述给社会
这无疑是把自己绑在耻辱柱上
以自己那颗善良坦诚的灵魂
伴着那颗破碎的心
唱出了一曲悲歌，从而如同发出的警报昭示社会，预防艾滋这个病魔
你的这种特殊的方式，不是每个犯过错误的人都能做得到的
这种悔过生成的责任感是崇高的

朋友，我要替社会谢谢你
我和你交朋友，是想问那些责怪你的人
谁敢说自己一辈子从不犯错误
古人云：人无疵不可交，
我们难道忍心向一位背负着罪孽感的落井再投下一块石头吗？
我们难道不应该鼓励他爬起来　扶他一把
并轻轻地问一声：你疼吗
我和你交朋友
是我真切地感到在当前整个社会，还有相当多的人
在对艾滋病漠然无知的事实面前，让大家听听你的事例
这比其他的一些宣传教育的方式要有效的多
从这个意义上说，朋友啊
你也是在为预防艾滋病的事业做贡献

我们是朋友
为了朋友，我愿和你一起敲响警钟
预防艾滋，善待生命
我们是朋友
为了朋友，我愿尽我所能
呼唤社会对艾滋病患者给予理解宽容，同情和帮助
让所有被艾滋病魔折磨的病人们能站在阳光下
和我们一起享受那份应有的温暖

人生不要有污点
有了污点，就在那里画上一颗太阳吧
电视机前的朋友们
对艾滋病人
别歧视他们，别厌恶他们。
让我们携起手来
用人类的友善、乐观、智慧和坚强战胜艾滋病
让明天的生活更美好、更辉煌

（画面字幕：热爱生活珍惜生命）

歌曲《伸出友爱的手》

作词：晓光　作曲：臧云飞

演唱：佟铁鑫　刘小娜

【演唱者分别从两侧上，站在舞台中央】

佟　你伸出手　我伸出手
我们大家伸出友爱的手
你伸出手　他伸出手
我们大家伸出手可以举起太阳

刘　让阳光照耀被遗忘的角落
让阳光去温暖每一个心房
让阳光照耀被遗忘的角落

合　去温暖每一个心房
你伸出手　我伸出手
我们大家伸出友爱的手
你伸出手　他伸出手
我们大家伸出手可以举起太阳

刘　让阳光照耀被遗忘的角落
让阳光去温暖每一个心房

合　让阳光照耀被遗忘的角落
去温暖每一个心房

赵忠祥　当一位艾滋病人在他临终的弥留之际，在他的意识当中，最大的痛苦并不是面对死亡的恐惧，因为对了死亡他早就有了准备；那么，他最大的痛苦是什么呢——

小品《雨夜》

作者：沈永年　石林

导演：娄乃鸣　表演：张玉玉　赵卫东

（电闪雷鸣，灯光暗起）

【演员趴在舞台中间的病床边】

男　这个世界，（嘶吼）太冰冷了。自从，我被艾滋病病毒感染以后，就失去了一切的朋友和亲人，他们远离我而去，我活在这个世上还有什么意思？（起身）我成了一个多余的人。（将柜子挪至中央堵着病房门）看来，我只有结束生命才能摆脱痛苦和折磨，才能活的心灵上永久的安宁。（从衣服里掏出一把小匕首）

女　李明，开门呢（敲门声）

男　是张大夫？（敲门声）真想最后再看她一眼。

女　李明，你关着灯，关着门，在干什么呢？李明！李明！（推门进去，把灯打开）你，在干什么呢？

男　没什么，一个人待着舒服

女　你喝了一瓶白酒？脸色也不对呀！

男　张大夫，你去忙吧，我想一个人待着。

女　李明，最近你的病情很稳定，你的情绪也很好。怎么突然……

男　别说了！

女　不，我要说！你胳膊怎么了？

男　没事儿，上点儿药。

女　上的么药？

男　我……我……

女　李明，如果你相信张大夫你就实话实说，你到底想要干什么？

男　我想要获得解放，彻底解放！

女　什么？你要想走绝路？

男　我活着才是绝路！

女　李明！你要相信我，你的病情会得到控制的，你的生命……

男　张大夫，你认为我会怕死吗？自从我知道了感染病毒以后，我早就把死扔到九霄云外了。

女　那好啊，那世上还有什么好怕的呢？

男　我怕活着，我现在生不如死！除了你们大夫，没人看得起我们，都远离我们！张大夫，我……我现在多希望自己是一位癌症病人啊，晚期啊、扩散啊、没救的那种！那样，我可以静静地躺在病床上，看着朋友们送来的一束又一束鲜花，然后握着每一位亲人的手。或者……或者靠在他们的怀里，安安静静地死去，多幸福啊！从活着到死都享受到人的尊严。

（李大夫握着李明的手，被李明拿开）

女 李明，我懂你的心，但是你要坚定信心。你的病早……

男 张大夫，用药您能控制我的病情，可您能治的了人们对我们的歧视吗？你能治的了我的孤独和寂寞吗？你能吗？

女 你怀里揣的什么？

男 没什么！酒瓶子！

女 （大夫努力扒开李明的上衣，喊）刀子！李明，李明！来来，把刀子交给我，交给我！

（李明跑开，张大夫转身哭了）

男 张大夫……（李明把刀子放在柜子上）张大夫……您能看着我这次不死，可您看的住我下次吗？

女 你太让我失望了。

男 张大夫，在医院里遇见了您这样的好大夫，才支撑着我活着。您不光为我治病，还带来了温暖，亲人一样的温暖呀！（从床边拿起围巾和录音笔）这是您冬天为我织的围巾，这是您为了安慰我为我录的音。我每天都是搂着它们睡觉的呀，要不，我早就死八回了！

女 那你就应该继续好好地活下去啊！

男 可活着还有什么意思啊？我妻子终于提出跟我离婚了。

女 你想轻生应该就是受了这个的刺激吧？

男 谈不上刺激，我得了病她没有马上跟我离婚，一直等到现在，她也难啊！受了我的牵连，在哪哪都抬不起头让人看不起！最让人受不了的是，我的孩子找了十几家幼儿园最后都被人挡在了门外。张大夫，我……我得了病，我妻子，我儿子，不应该受这种不公的待遇啊！（拿起酒瓶子，准备往地上砸，被张大夫阻止）我……我……张大夫，我求求你，还是让我死了吧！

女 李明！李明！（从李明手中夺走酒瓶）你不要激动，你听我说呀！李明，你要看到变化和希望啊！唉……你哥哥姐姐给我打来电话了。

男 啊？

女 他们询问了你最近的病情，还给你寄来了钱。

男 这都是您做的工作吧！

女 不不，全社会都在关注了。你看啊，下个礼拜啊，社会名人，演艺界名人还有很多志愿者都要来咱们医院跟你们开座谈会呢！

男 他们专门为我们来的？

女 对啊！哦，对了，咱们医院啊为了照顾经济困难的患者，还免费提供了治疗控制病毒的中草药。

男 听了这些，就是明天我死了，心里都踏实了。

女 明天还会更好的。（把柜子移到床头，整理好被子，帮李明整理衣服，梳头）

男 张大夫

女 嗯？

男 您能送我一张照片吗？

女 咱们天天见面要照片干什么？

男 （握着大夫的手）除了我过世的母亲，您就是我最亲的人了（音乐起）万一哪天，我不在这个世上，您不在身边，我好把照片放在我的胸前，微笑地闭上眼。（张大夫背过声擦眼泪）张大夫，我能叫您一声妈妈吗？（张大夫转过身，点点头）

男 （跪在张大夫面前，张开双臂大喊）妈——妈——

【主持人上场】

倪萍 刚才我看到很多朋友，看这个小品的时候都在流泪，这其实是一个纪实小品，剧中的这个可亲可敬的大夫就是咱们北京佑安医院的一位著名的大夫，她叫徐莲芝。今天晚上我们非常荣幸地把徐大夫也请到我们现场了，朋友们，让我们用热烈的掌声欢迎这位人民的好医生。

【徐莲芝从舞台左侧上场】

倪 徐大夫，你听，大家对您的掌声这么热烈，就是对您表达我们深深的感谢。徐大夫，你告诉大家，你从事医务工作有多少年了？

徐 42 年。

倪 42 年？这么长时间？那您从事研究和预防艾滋病的工作有多少年了？

徐 11 个年头。

倪 也挺长的啦，作为一个大夫，您觉得是不是艾滋病病人和普通病人还是很不一样的？

徐 是。他们除掉要忍受疾病的痛苦以外，我觉得他们有的更是心理的压力和孤独。

倪 给他们精神鼓励非常重要，是不是？

徐 是。

倪 好，我们要向您学习。徐大夫我们今天晚上特意准备了一束鲜花代表那些病人和所有的观众朋友向您表达我们深深的敬意。

【一个小姑娘手捧鲜花从舞台左侧上场将花送给徐莲芝】

歌曲《最亲的人》

作词：张俊以　作曲：张宏光

演唱：齐秦（台湾）　苏芮（台湾）

苏 悠悠岁月不留痕
走过层层风雨　终于看清
越是夜黑夜越深
才知你是世上　最亲的人

齐 今生有你贴着心
不怕还有多艰辛

合 牵手走出困境
才懂得你是世上　最好的人

苏 悠悠岁月不留痕
走过层层风雨　终于看清
越是夜黑夜越深
才知你是世上　最亲的人

齐 今生有你贴着心
不怕还有多艰辛

合 牵手走出困境
才懂得你是世上　最好的人

齐 我的爱握在手心
一千年也不变心

苏 就算风雨不停
有了你今生不会走错家门

齐 你的情睁开眼睛
一万年谁又能分

苏 就算人间再冷
有了你生命永远　温暖如春

齐 我的爱握在手心
一千年也不变心

苏 就算风雨不停
有了你今生不会走错家门

齐 你的情睁开眼睛
一万年谁又能分

苏 就算人间再冷
有了你生命永远　温暖如春

合 就算人间再冷
有了你生命永远　温暖如春

视频

配音 农民李子亮感染艾滋病病毒以后，全家笼罩在巨大的不幸之中，而他的妻子此时不但没有人安慰、同情，反而到处遭人白眼。是这个无辜善良的女人，在精神上已经接近崩溃的边缘，最后，他的妻子便离他而去了。此时的李子亮说他对死亡已经不再惧怕了，使他最不能承受的是妻子离去以后的孤独，于是他拖着病重的身子走了一村又一村，翻山越岭地去寻找他的妻子。李子亮找得很辛苦啊，甚至别人娶媳妇的时候，他也要去看一看，看看他的妻子是不是已经成为别人的新娘了。他历经磨难，耗尽了心血，他要寻回的不仅仅是妻子，而是得病之后最最需要的情感归宿，在这漫漫的黑夜中，他将孤独地行走着，行走着……

舞蹈《黑与白》

编舞：刘晓栋　刘露

表演：北京舞蹈学院　刘潇　王磊等

（灯光为蓝调，烟机起，群舞演员身穿白色紧身背心和短裤）

底部滚动字幕：舞蹈以单纯而鲜明的色彩对比，强烈的情节性和现代感，表现出艾滋病患者所面对的社会偏见和歧视，以及他们在巨大的压力之下是如何的痛苦，从而呼吁人们对艾滋病患者给予理解和关爱。

视频

【画外音】虽然隔着毛玻璃，但我们可以想象她是一位什么样的女孩。

女患者　是社会上的压力，家庭的压力，九五年生孩子输血，后来才知道，他们医院刚开始工作做得很不负责任。他们首先通知我单位的领导，到处乱说，说我不知道是怎么得的，后来一传十，十传百，就传开了。

【画外音】应该说，她是很无辜的，而像她这样的人，在艾滋病患者和病毒感染者中还有很多。

歌曲《夕阳姑娘》

作词：佚名　作曲：吴滨　崔晓

演唱：周鹏

（演员坐在舞台中央台阶上，一束追光）

唱　当落日的余晖　洒在你的脸颊
好像盛开在天边的花
粉红的花　纯洁的花
我抬头仰望着她
当慌乱的目光相碰触的刹那
你却把头深深地埋下
你不说话　你不说话
默默地撑动竹筏
夕阳姑娘　夕阳姑娘
你何时再来
让风告诉我好吗
夕阳姑娘　夕阳姑娘
我迷失在山脚下
等你回答
夕阳姑娘　夕阳姑娘
我迷失在山脚下
等你回答
你说天色已晚你该回家
趁着夕阳西下

视频

【画外音】这是一条特殊的广告，这是一条宣传防治艾滋病的公益广告，这是一条艾滋病患者亲身参与拍摄的一条广告。

濮存昕　一谈到艾滋病大家都会恐慌，害怕被传染。

医学专家　一般的在一起生活是绝不会传播的，这点大家可以放心。

濮存昕　听了医学专家的讲解使我了解到，他们面对病魔，更需要关心。少一些冷漠，多一些关爱，让我们和艾滋病人一起生活在一个没有歧视的环境里。

【画外音】参与拍摄的这位年轻人，在朝气蓬勃风华正茂的年龄不幸感染了艾滋病毒，他也曾经有过五彩的梦，他也曾经憧憬过美好的明天，可这一切都被无情的病魔夺去了。在他去世后的今天，我们许多人谈起当初应该善待他的时候，心情都非常复杂，而在其中，可以和他进行心灵对话的却只有他的亲人们。

微型诗剧《心声》

作者：沈永年　石林　导演：由二群

表演：王丽云　宋宁　郭帅

（舞台背景降下一副人物的背影照片，两女演员分别从舞台左右上，两束追光跟着演员）

母亲　儿子，花开花落，又迎来了一个秋天，其实我们分别刚刚一年，可我总觉得你走得那么久，那么遥远。

【画外音】妈妈，病魔能夺去我的生命，可夺不去我对您的无限思念。

兰兰　亲爱的，多少次梦里将你呼唤，悔恨和愧疚折磨得我长夜无眠。

【画外音】兰兰，你应该快快乐乐地去生活，忘掉我，是我最大的心愿。

母亲　记得那是一个下雨天，阵阵狂风都没把乌云吹散。儿子，妈知道这一天早晚要来的，可让我难受的是你走得那么孤单。兰兰，你太应该在那个时候去看他一眼，因为他手里一直握着你的照片。

兰兰　其实那天我离得并不远，只是我没有勇气在人前露面。

母亲　为什么？这到底是为什么呀？

【画外音】妈妈，妈妈，您就别问了，兰兰她也是有苦难言。

兰兰　我不怕苦，我也不怕磨难，我最怕的是讥笑的话和冷嘲的脸，在他们面前，我也像瘟神一样可怕，可我毕竟还要生活几十年，我——

母亲　别怪我，设身处地的想想，你确实也难。

兰兰　亲爱的，在你面前我有诉不尽的悔和恨，还有一件往事深深埋在我心间。在你下葬的那一天，我偷偷地去了陵园，在人们散去以后，我一下子扑到你的墓碑前，感情的闸门瞬间打开，我的喉咙哭哑，眼泪流干。

母亲　我没想到兰兰这么情意绵绵，谁说现代女孩都不重感情，游戏人间。

兰兰　连树上的鸟儿都为我悲痛落泪，一位好心的大爷把手绢递到我的面前，孩子，您哭的是谁呀。千不该，万不该，我不该狠心地说一句谎言，我说这里埋的是……是……是我表哥，就因为这样一句谎话，我会一生悔恨，忐忑不安。亲爱的，让我在这儿给你深深地鞠一个躬，恳求你的原谅，宽恕我的从前。

【画外音】兰兰，最懂你心的人是我，我是你最爱的人，可艾滋病却使你离我很远很远，因为你对它恐惧对它害怕，可一个女孩又怎能摆脱这世俗偏见。

母亲　我好像听见了情感的撞击，这是一次跨越时空的心与心的交谈。

【画外音】亲人们哪，我身后有你们这样的惦记和思念，我虽匆匆地离去，也就没有什么遗憾。

兰兰　亲爱的，你的事会让我们忘掉冷漠与偏见，让爱心与科学为伴。

母亲　儿子，安息吧，明年春暖花开的时候，我们再来和你相见。

兰兰　明年。

母亲　明年。

合　明年的春天会更温暖。

歌曲《天荒地老》

作词：张俊以　作曲：孟庆云

演唱：殷秀梅

（灯光蓝调）

唱 爱一个人要付出多少情感 多少情感
两颗心距离究竟有多远 究竟有多远
从陌生到知己
要走多少路
从冷漠到笑脸
要等待多少天
人生知己难寻觅
人间真情最温暖
莫道沧桑在变幻
真诚伴友谊到永远

视频

【画外音】人间真情无限，真情无价，它的炽热能溶解凝固的情感，能温暖冰冷的心田。对艾滋病人的关爱折射出人类最真挚最美好的感情。

张福杰（北京地坛医院医生） 我希望每个人都能够很好的生活在这个社会里，这是我最衷心的一种感受，这些人能够得到治疗，能够很好的活下去，来享受这个生活，能够为这个社会做一些贡献。

歌曲《牵你的手 牵我的心》

演唱：林依轮 孙悦

（灯光蓝调）

孙 因为我们彼此相近
用心来护着心
就算有再多风雨
能看到雨过天晴

林 因为我们彼此相信
用情来牵着情
才会有相依相伴
温暖的家门

孙 让生命靠得更近
有困难一起来分

林 是朋友又是爱人
让缘分越来越深

合 牵你的手
就像牵我的心
辛苦你的辛苦
我爱得更真
牵你的手
就像牵我的心
所以盼来生的旅途
还能够同行
一路同行

视频：北京佑安医院病房中医生照顾病人

【画外音】拉着你的手，我们每个人给艾滋病患者关爱的同时，也要注意公共卫生，洁身自律，规范道德行为，我们希望艾滋病人和病毒感染者像正常人一样的工作，一样的学习，得到理解，得到关爱，不被歧视。朋友们，请坚强起来，快乐起来。

歌曲《快乐起来》

作词：佚名 作曲：浮克 编舞：刘晓栋

演唱：温婧 巨姗姗 迟霜霜 胡嘉伦

表演：北京舞蹈学院

（灯光以黄色和绿色色调为主）

合 坚强起来 快乐起来

女一 把脚步甩开
让心情自在
人生本是一个快乐舞台

女二 谁能够让你走开 让你走开
谁能够让你此刻心情变坏

女三 冬天的阳光
已随风而来
春天的鲜花全都为你盛开

女四 你的面前是一片海 是一片海
忘记吧 沉船的悲哀

合 你要坚强起来
你要快乐起来

为了每天新鲜的太阳
和爱情的期待
如果生命是一条长长的路
就让每段都有不同色彩
你要坚强起来
你要快乐起来
为了所有亲人
和朋友的深情的期待
如果生命是一片蓝蓝的天
就让快乐它飞着进来
快乐起来

（主持人上场）

倪萍 我们对艾滋病了解的实在是太少了，有的时候生活当中会出现一些笑话，所以在这里呢我们以喜剧的形式呢为大家上一堂特殊的课，我们特别请来了大家所喜欢的喜剧明星——巩汉林和金珠为大家上这特殊的一课。

小品《特殊的一课》

作者：沈永年　石林　导演：由二群

表演：巩汉林　金珠

（舞台中央放一张沙发和一个小茶桌）

【巩汉林从舞台右侧上场】

巩 天哪，活不了了，我们家出了大事喽。哎呦，我听一位朋友告诉我，我的爱妻也就是孩子他妈，居然和艾滋病患者在一起。别人一提艾滋病就魂儿都吓飞了，她居然和艾滋病患者还握了手，说了话，我现在怀疑她脑子有病，可能小时候让门挤了，要不就是让驴给踢了，再不得了炭疽热了，她还是吃了疯牛肉了，我就搞不懂了，她现在已经不是我的爱妻了，她就是我身边的一枚炸弹，而且还是定时的。

金 孩子他爸，我回来了。

巩 哎呦，我们家的恐怖分子回来了。（巩说完躲到沙发后面）

金 孩子他爸，孩子他爸，我回来了。（金捧鲜花上，找巩）孩子他爸，哎？在这呢。孩子他爸。

巩 别动！

金 吓死我了，干嘛呢你这是？

巩 我现在要给你消消毒。（喷消毒液，金手中的花掉地）

金 停！消什么毒啊？

巩 消什么毒你不清楚？你现在就等于是我们家的恐怖分子——本拉登啊。

金 胡说，有你这么开玩笑的吗？

巩 这怎么是开玩笑？同志们，她已经把艾滋病毒带到我们家了，现在是关系到我们家生死存亡的时刻啊。（说完继续喷，被金抢去反喷）

巩 站住！现在不准你靠近我一步，我们俩必须保持在一米的范围之内。

金 那可就不好办了，咱们家那双人床还不到一米五，那咱们可怎么睡呢？

巩 啊哈，做梦吧！双人床已经被我一锯两半，从今天开始，咱们俩各奔东西，到此分居。哼，我就是搂着我们家那只波斯猫睡，虽然是公的，也比你安全。

金 孩子他爸，你不是受了什么刺激吧？

巩 我受的刺激太大了，说，你背着我都干了什么事了？

金 嗨，我不就是趁你睡着了，拿了五十块钱。

巩 五十？

金 给我妈买了十个大猪蹄。

巩 嗨呦，猪蹄？

金 瞧把你给心疼的。

巩 十个猪蹄我至于吗？我是问你，背着我干了什么恐怖可怕的事情。

金 坏了，这下泄密了，有什么可怕的。我不就是——

巩 怎么着？

金 最近交了一位年轻的男朋友。

巩 哈哈，着了吧……啊！原来你不单单是本拉登啊，你还有莱温斯基的毛病啊，喜欢漂亮的酷男？

金 漂亮酷男谁不喜欢啊？（说完往沙发上坐）

巩 起来！（喷消毒液）坐吧！喜欢倒是喜欢，问题我弄不明白，你为什么偏和艾滋病患者混在一起呢？

金 你别把话说得那么难听好不好？那是我自愿去的。

巩 自愿？

金 而且还填了表。

巩 还填表？

金 对呀，填了表我们就成为一名真正的志愿者了。

巩 哎呦，大家听见了吧，她一定吃了疯牛肉了，有自愿去得艾滋病的吗？

金 我看你有神经病哪，什么都不懂，这志愿者呀，就是在艾滋病患者、家属和社会之间架起的一座桥梁。

巩 呦呦呦呦，还桥梁呢，你是钢筋的还是水泥的？

金 这座桥梁呀，是用爱心架起来的。

巩 哈哈，说到这我明白了。（坐在沙发上，跳起，给自己喷消毒液）你也坐。

金 你明白就好了。

巩 我明白了，你是想学人家濮存昕哪。

金 对了。

巩 也想当一回关注艾滋病的爱心大使。

金 没错。

巩 哼，可你别忘了，人家濮存昕那是大腕明星，你算是哪一根小葱？

金 你?!

巩 人家濮存昕那是年轻少妇们的偶像。

金 那我呢？

巩 你？顶多是老头们的保姆。

金 你要再胡说呀，我就真动手了！

巩 干什么？要动手也可以，要打要骂任你拍。（递给金一把苍蝇拍）绝对不能用手摸我。

金 为什么？

巩 免得你把我给传染了。

金 传染？

巩 当然了。

金 传染艾滋病？

巩 有这可能啊。（金冲上前）你可别碰我啊。

金 你认为艾滋病一接触就能传上啊。

巩 千真万确呀。

金 那好，我今天就给你传上。

巩 我说孩子他妈，不，二姨，祖奶奶，你可不能下此毒手……

金（捧起鲜花） 亲爱的，你知道我今天为什么买花吗？

巩 完了，我算是明白了，这是为我临终送别呀。

金 不，你忘了？今天是咱们结婚十六周年纪念日啊。

巩 啊？

金 我送给你的花。

巩 十六周年纪念……我拿哪合适呢？（给花喷消毒液，接过花）

金 那你说。

巩 十六年了，朋友们，我们俩就要走到头了。

金 老公啊。

巩 啊？

金 那咱们今天是不是应该有一个甜蜜的吻啊？

巩 是，临别的吻也是应该的，哦不！不能吻！（金强拽巩，吻）

金 来吧。

巩 啊，啊，完喽，完喽，我已经是艾滋病患者喽，哎呦，我今天才弄明白，女人比男人更凶残！（对自己喷消毒液）我还有多少美好的愿望没有实现哪。

金 那你说说，你还有什么愿望哪？

巩 足球彩票下个月开奖啊，我怕是赶不上了。

金 碍你什么事啊？

巩 我万一得了大奖那可多后悔啊。

金 都这份上了，还想着没事呢。

巩 怎么能不想呢？

金 你尽做梦吧。

巩 对，我就是在做梦。（拿起金的手狂吻）

金 你现在就不怕传染上吗？

巩 我已经被你传上了，临走我要拉个垫背的。

金 孩子他爸，我现在呀就给你个药方，保证你平安无事。

巩 什么啊？哎呦，孩子他妈，只要你能让我活着，就是喝敌敌畏我也心甘情愿，快说什么药方？

金 我现在就带你见一位专家。

巩 见专家？

金 让他给你讲清楚。

巩 他能治我的病？

金 对呀。

巩 走。

金 走吧。（专家上）专家来了，这就是专家。我来给你介绍一下啊，这位就是曾院士。（专家伸手要和巩握手）

巩 不不不。（巩向后退）

专 这不会传染的。

巩 不会传染？

专 不会不会不会！我现在告诉你，艾滋病怎么样才会传染。第一，通过血液才能传播。

巩 血液。

专 第二个呢通过性生活。第三呢，就是母婴的传播，一般的接触是不会传染的。

巩 一般的接触不能传染？

专 不会，你放心。你看这里。

视频动画配解说 艾滋病是一种严重的传染病，但是下列途径不会被传染，握手，拥抱，共同进餐，共用餐饮具，共用办公用具，工具，共用卫生洁具，卧具，共用游泳池，公共浴池，咳嗽，打喷嚏，蚊虫叮咬，因此与艾滋病人及病毒感染着的日常接触是不会被传染的。

巩 这么一介绍我就明白了，你不单要给我介绍，还要给我的朋友也介绍介绍。

（主持人上场）

倪萍 大家还记得我在前面的节目中向您介绍的这位不幸感染艾滋病病毒的农民兄弟李子亮吗，我不是说他一直在走乡串户地寻找他的妻子吗，大家猜猜看他后来找到了吗？对，在社会各界的感召之下，在李子亮兄弟的努力之下，他的妻子终于回到了他的身边。今天晚上我们也非常荣幸地把他们夫妇俩全都请到了我们晚会的现场，让我们用最热烈的掌声欢迎这两位朋友。

（李子亮从舞台左侧上场）

倪 给大家说说，刚才在后台来回地走啊，哎，你妻子呢？

李 在后面。

倪 为什么不领她上来？去领她。

【李妻从舞台左侧上场】

倪 说好不准哭的啊，你们俩拉着手，在后台不是一直拉着手吗。在后台的时候，子亮心里一定特别激动吧，来回地走，来回地走，是不是这样？

李 是的。

倪 那你和大家说几句话吧。

李 我看着这么多观众，我心里好激动，有这么多人关心我，理解我，我心里实在是太感谢了。

倪 我们由衷地祝福你，兄弟，希望你好好待你妻子。

（郭峰捧两束鲜花从舞台右侧上场）

倪 观众朋友们，这是我们今天晚会“飘动的红丝带”的音乐创作人——郭峰，他曾经写过《让世界充满爱》，他把鲜花送给你们夫妇俩。（郭峰送花）好，祝福你们，我们一起来听听他今天晚上的歌《全部》

歌曲《全部》

词曲：郭峰

演唱：郭峰（预防艾滋病宣传员）

（灯光蓝调）

唱 只有经历才会成熟
只有坎坷才会领悟
你是我今生的依护
伴随走完无尽的路
只有真心才会永久
只有付出才会拥有
你是我今生的归宿
伴随走完无尽的路
走过这条长路
相互留下最深的祝福
天涯海角无法分隔
狂风暴雨无法挡住
你是我全部的全部
你是我全部的追逐
白头到老相偎相助
海枯石烂朝朝暮暮

视频：

殷大奎（卫生部副部长） 党和政府非常重视我国的艾滋病预防工作，今年已经正式出台，就是艾滋病预防控制的中长期规划和今年进一步实施了五年遏制和防治艾滋病的计划，这里面基本上把艾滋病的预防控制、干预、经费投入、政府重视、部门协调等等都把他包括在这里面了。

彼得·皮奥特（联合国艾滋病规划署执行主任） 艾滋病开始流行已经二十年了，在这二十年里，我们得到的最重要的经验是，对于艾滋病我们并非无能为力。我们有两个目标：第一是使更少的人甚至是没有人感染 HIV；第二是使 HIV 感染着得到全世界的关爱支持治疗和理解。

歌曲《最真的笑脸》

作词：雪村　武海虹　作曲：解晓东

演唱：解晓东

编舞：向前　伴舞：王晓红等

唱 播下一亩田
耕种每日碧绿
走一程山水
沿途满载惊喜
对路上所有人微笑
也喜欢你自己
爱别人　用最真的笑脸
让欢乐能永远伴随你
我愿意和你分享一切
让幸福荡漾在你的心里

歌曲《让世界充满爱》

表演：全体演员　北京舞蹈学院
　　　中央电视台银河少年电视艺术团

（舞台灯光为红色调，众演员捧着蜡烛出场）

倪 是谁为我们献出了一片真情真爱

赵 是谁把生命重新安排

倪 是谁为我们扯起了遮挡风雨的红丝带

赵 是谁穿越时间的隧道　深深地期盼着明天的精彩

倪 红丝带　爱的使者

赵 爱的使者飘扬的红丝带

（舞台上方降下红丝带的标志，众演员展开红丝带）

（田宇　叶璐　整理）

2002年

2002年春节联欢晚会

播出台：中央电视台 CCTV－1
播出日期：2002年2月11日播出
总导演：陈雨露
主持人：倪萍、朱军、周涛、李咏、曹颖、王小丫、张政、文清

（开场视频天马飞翔）

歌曲《和春天一起来》

作词：甲丁　作曲：陈彤
编舞：姜钢　顾磊　领唱：郭金　周鹏
表演：湖北省歌剧舞剧院
　　武汉电信艺术团武汉邮政艺术团

来吧　来吧　和春天一起来吧
来吧　来吧　大家站起来吧
来吧　来吧　和快乐一起来吧
来吧　来吧　大家跳起来吧
来吧　来吧　让掌声响起来吧
来吧　来吧　把手拍起来吧
来吧　来吧　让心声飞起来吧
来吧　来吧　把歌唱起来吧

（主持人上场）

合　观众朋友大家好！
朱　2002年春节联欢晚会和您见面了，除夕之夜，我们欢聚一堂，说什么？
观众　过年好！
文　过年了高兴不高兴？
观众　高兴！
王　过年见面头一句话说什么？
观众　拜年！
朱　我们向电视机前所有的观众朋友们说一声——
众主持　拜年了！
李　观众朋友们春节好！
周　大家说去年我们好不好？
观众　好！
李　告诉我大事喜事多不多？
观众　多！
文　大家开心不开心？
观众　开心！
李　一起来，今年是什么年？
观众　马年！
周　我们送大家一句马年的吉祥话。
众主持　马到成功！
倪　亲爱的观众朋友，春节好，我们首先向出门在外的、节日值班的、凡是过年不能回家团圆的、男男女女老老少少们，说一声——

众主持 拜年了！

倪 亲爱的观众朋友，我们今年的春节晚会，我们的主会场是设在这里，我们还有一个分会场设在美丽的南国——深圳。

（深圳分会场）

领唱：梦幻想 风组合

表演：深圳世界之窗有限公司五洲艺术团
新丝路模特经纪有限公司
深圳锦绣中华民族艺术团

张 亲爱的观众朋友，你们好！

曹 我们在深圳世界之窗给您拜年了！

张 我们祝全国的观众朋友们——

曹 新春愉快！

张、曹 马年吉祥！

张 朋友们，刚才我们看到主会场那边热不热闹？

观众 热闹！

曹 那我们这边怎么办呢？

观众 更热闹！

张 是啊，在我们这里聚集了几千人，这就是几千颗喜悦的心啊。

曹 让我们同欢同乐，共庆新春！

唱 一起来拍拍手吧
一起来张开嘴吧
春节好！

倪 亲爱的观众朋友们，今年的春节联欢晚会我们特别强调“联欢”两个字，所以我们希望观众朋友踊跃地参加我们的节目，为此我们设立了央视网站，在线值班。

周 是的，我们有三种方式可以和您沟通——

李 一是上网，二是发手机短信息，三是168的声讯服务热线。

王 亲爱的朋友们，一会我们网上见。

文 亲爱的朋友们，年年都有除夕夜，五湖四海总关情。

朱 在这辞旧迎新的喜庆时刻，回顾过去的一年我想我们每一个中国人，都可以面对世界痛痛快快地说一句——

众主持 风景这边独好！

歌曲《风景这边独好》

作词：刘波涛 作曲：徐沛东

编舞：姜钢 阿朵

演唱：宋祖英

表演：河北省歌舞剧院

也许你也听得多看得少
很多事情还不知道
只要你踏上这片土地
就会说风景这边独好
这里的人们热爱和平
这里的人们智慧勤劳
守好建好自己的家园
心平气和把幸福创造
（呀咦～呀咦～）
风景这边独好
（呀咦～呀咦～）
江山如此多娇
（呀咦～呀咦～）
风景这边独好
（呀咦～呀咦～）
神州欢歌如潮
也许你远到来才看到
这里的变化真奇妙
盛世里展示着东方的美丽
风雨中走出了阳光大道
幸福的人们面带微笑
亲朋和好友也喜上眉梢
好戏连台年年都红火
所有的目光向这里聚焦
（呀咦～呀咦～）
哎～风景这边独好

（呀咦～呀咦～）
哎～江山如此多娇
（呀咦～呀咦～）
哎～风景这边独好
（呀咦～呀咦～）
哎～神州欢歌如潮

（周涛、李咏、王小丫在互动平台前）

周 亲爱的朋友们，用“风景这边独好”来形容我们网络的在线值班一样非常的确切，因为我们准备了很多让您参与的内容。

李 没错，除了随时能够听取观众朋友对我们晚会的意见之外，我们还要邀请大家伙来参加我们晚会进行的“马年吉祥物”的竞猜活动。

周 是的，您可以有三种方式参加竞猜，第一是登陆我们央视的国际网络，网址是：www. cctv. com，您可以通过中国电信163和169来登录我们的国际网站。

李 第二是中国移动通信全球通的用户，当你把手机的短信发往2002就可以回答我们的问题了。

王 第三是打电话，电话号码是中国电信16899999，我们知道今年是2002年，所以在拨打这个电话凡是尾数是2002的人，都可以得到我们的幸运礼包，而且在一百万人当中，我们还有一位获得特别的幸运大礼包，千万不要错过好运气。

周 好，我们欢迎您的参加。

李 别着急，有关竞猜的题目我们等一会就会出示给你们。

王 现在我们接着往下看节目。

小品《台上台下》

作者：崔砚君　冯巩　李艺
表演：冯巩　郭冬临　陆鸣

合唱 永远是朋友。

郭 千里难寻是朋友。

陆 亲爱的观众朋友们，给大家拜年了。

冯 马年到了，祝大家马年大吉，身体健康，马到成功！

合唱 让我们永远是朋友，永远是朋友。

陆 谢谢！

郭 谢谢！

冯 谢谢！

合 YEAH！

陆 成功了！

郭 我们终于——

合 成功了！YEAH！

郭 我们今天的成功主要是靠各级领导的关怀。

陆 我们今天的成功主要是靠观众朋友的支持。

冯 我们今天的成功是与我们个人的努力——

郭、陆 啊——

冯 是没有任何关系的！

陆 对，要说有一点关系，那也是郭冬临的功劳。

冯 没错！

郭 我？

陆 他这个男高音的音色，有一种大灰狼嚎叫般的穿透力。

郭 要说有一点功劳全是冯巩的。

冯 不行。

郭 冯巩这个男低音，有一种北极熊怒吼般的厚重性。

冯 不行，要说功劳全是陆鸣的。

郭 怎么了？

冯 人家这个手风琴的忙活劲有一种大灰狼让北极熊追得没处跑的紧迫感。

陆 人家郭冬临，不仅嗓子好，形象也好啊。

冯 没错！

陆 他粘上胡子，就是帕瓦罗蒂。

郭 不行，要说形象好，他——

冯 不行。

郭 冯巩这个鼻子，垫上块骨头就是多明戈。

冯 不行，要说形象就陆鸣的，这双眼睛，粘点蓝墨水，再薅下点头发就是卡雷拉斯。

冯 我们仨往这一站，就是世界三大——

合 男高音。谢谢，谢谢，谢谢，YEAH!

陆 刚刚领导说了，今天的演出，要在我们三个人，不，准确的说是在你们两个人当中，选出一个参加奥运会开幕式的演唱，今天在座的各位全是评委，你们谁上得他们说了算。你们俩谁合适?

（冯巩与郭冬临互相推让）

郭 别争了，在团里的演唱水平，大家都知道，我永远排第二啊。

冯 哪里哪里。

郭 至今没发现第一。

冯 没错，朋友们，在团里我永远是第三，因为头两个为争第一打起来，现在还在医院抢救呢。

陆 我认为，你们俩水平全团并列第一。

冯、郭 真的?

陆 那是不可能的。你们到底谁先唱?

冯 那还是没粘胡子的帕瓦罗蒂先唱，人家没粘胡子都这么漂亮，粘上胡子远处一看，那就像叼俩炕笤帚，还是请炕笤同志先唱。

郭 咱俩是哥们儿，你在前面唱不算垫场。他在前面唱，不算垫场。他不垫场谁垫场?

陆 他到后台干什么去了?

冯 他能干吗呀，给评委送礼。

陆 今年评委不收礼呀。

冯 收礼只收——搓澡巾。

陆 收搓澡巾干吗呀?

冯 他爱人是毛巾厂的。

陆 他过去不就是是个唱天津快板的嘛。

冯 但是，人家在快板界歌唱得最好，在歌唱界快板打得最棒，在歌唱快板俩界，人家毛巾送得最多呀。而且他那天津快板，我让他什么时候唱他就得唱，你不信，现在就让他给咱唱一段。

陆 行啊。

郭（台下） 亲爱的观众朋友们，过年好。

陆 他没唱天津快板呀?

冯 你说什么?

陆 他没唱天津快板。

冯 没给过门呢，走——

郭（台下） 大家谁不知道我是搞高雅艺术的歌唱家呀，可有些人偏偏说我是唱天津快板的，我冤不冤哪？我什么时候唱过?

（快板）

竹板那个一打呀

别的咱不夸

夸一夸那个中国足球终于出线了

中国足球队啊

亿万人牵挂

几代人前仆后继青丝变白发

哎！进入世界杯

我看谁都不可怕

甭管巴西土耳其，还有哥斯达黎加，

咱们都不服它

常常踢他们3:0，大伙说好吗?

观众 好!

那就这么定了

我本来想和你说说话

怎么变成快板了

冯巩跟我比呀

是天上地下

你们大伙儿谁不知道我是歌唱家

他音也唱不准哪

声音还沙哑

就好像那个北极熊
吞了个冰疙瘩
吐也吐不出
咽还咽不下
急的他是抓耳挠腮只好弹吉他
就像弹棉花
不信您听着，他这就来了
谁家有棉花，赶快送给他

冯、陆 啊，朋友再见，啊，朋友再见，啊，朋友再见吧再见吧再见吧；如果我在战斗中胜利，请送我一枝美丽的花。

冯 朋友们，我们唱得好不好？

观众 好！

冯 好什么呀，一个送花的都没有。哪怕送点棉花呢。

郭 巩哥，棉花弹得真不错，不是，歌唱得真不错。

冯 你真听话。

郭 我是带着观众为你鼓掌去了。

冯 真的？

郭 你干嘛去？

冯 我到下面我为你去——（鼓掌的动作）鼓掌。

陆 冬临，他干什么去了？

郭 拉选票，抱着个吉他到处乱唱，跟卖唱似的，见着观众第一句话就是“亲爱的观众朋友们，我想死你们了”，其实一点都不想，不信你听着。

（冯巩弹着吉他走下台，边弹边唱）

冯 亲爱的观众朋友，你们好吗？大家好吗？

陆 人家没说想死你们了。

冯 这一年工作很忙吧
我想死你们了
这一年您没白辛苦
我们的生活变化很大
您的住房会越来越宽
明年的收入还得增加
人人都为奥运添彩
但个别的人却表现很差
他圆圆的大头没多少头发
再去了耳朵那就是冬瓜
虽然他也长得很丑
但责任并不在他
但春节晚会还出来吓唬人
那就是他不对的啦
我们奉劝冬瓜早点回家
谢谢

郭 朋友们，刚才让大家听了一段噪音，让您的耳朵备受煎熬，下面我为大家真情演唱。

冯（台下） 好，朋友们，现在是剧场休息，想方便的朋友可以走旁门，留下的就请继续欣赏由我国著名野兽派歌星为您真情嚎叫。

郭 朋友啊朋友

冯 有孩子的抱稳了

郭 你可曾想起了我

冯 大灰狼来了

郭 如果你正承受不幸，请你告诉我，朋友啊朋友，你可曾记起了我。（冯巩在旁学狼叫）如果你有新的，你有新的彼岸，请你离开我，我请你离开，你快点离开，说你呢，还不离开，离开我。谢谢。

冯 不用谢。

郭 谢谢。

冯 不用谢，我们在洗手间经常听到这种声音。

郭（推冯巩） 我请你离开！

冯 我就不离开。

郭 快点离开！

冯 我就不离开。

陆 行了，干什么呢你？

郭 他不离开。

冯 我就不离开。

陆 你们还没完了是不是？就你们这种表现那能到奥运会上去演唱吗？台上台下表里不一，人前背后相互拆台，我告诉你们，这次选演员最重要的是艺德，就你这样，能选上吗？

郭 选不上。

陆 选不上还争？

冯 这不都习惯了嘛。

陆 那你们打算怎么办呢？

冯 改。

陆 怎么改？

冯 我们俩今后一定真像一对亲兄弟一样。

郭 咱们下面向大家汇报的歌曲名字就叫《真像一对亲兄弟》。

冯 我叫王小义

郭 我叫买买提

冯、郭 今年都是十八岁呀
个头差不离
哎个头差不离
朋友们都说我俩真像一对亲兄弟
亲呀亲兄弟
一对亲兄弟

郭 反了。

（冯巩转身亮相）

冯 怎么样，我们团结一致吧？

陆 对。

郭 我们亲如一家吧？

陆 对。

冯 我们异口同声吧？

陆 好，朋友们，为了祝贺他们的精诚团结，下面由我为大家演奏一曲《友谊地久天长》

冯 朋友们，人家那手风琴拉的，哎呦喂——

冯、郭 什么玩意儿呀。

陆 恩？

冯 其实我们是想说您这手风琴拉的，哎呦喂——

冯、郭 真不是玩意儿。我们老毛病又犯了。

（周涛、李咏、王小丫在互动平台前）

周 亲爱的观众朋友们，明年是马年，在十二属相当中关于马的成语和吉祥话特别的多，一不留神就秃噜出一串，你比如说：一马当先、万马奔腾、青梅竹马、老马识途、快马加鞭、马到成功、天马行空、马年吉祥、宝马献瑞、千军万马、龙马精神。

李 你快喘口气吧，这么灌下去，周涛啊要该学说相声去了。

周 不是说相声，我们该给大家出今晚的第一道题，请您选出四句您最喜欢的有关马的成语或者是吉祥话。

李 提起和马有关的成语和吉祥话非常的多，但是为了大家伙方便，我们特意选出了十个跟马有关的成语和吉祥话，供大家伙从中选择。这十个成语和吉祥话分别是：一马当先、万马奔腾、龙马精神、马到成功、人欢马叫、宝马献瑞、快马加鞭、天马行空、扬鞭催马、马不停蹄。

王 朋友们，在接下来一个小时的时间当中，您就得马不停蹄了，要在这十句话当中自由选择，大约是在一个小时以后，我们就会公布中选率最高的是哪四句话。

周 是的，如果您选的正好是那四句，您就有可能参加我们零点钟声之后的马年吉祥物的抽奖，这个吉祥物是由金丝猴集团上海金丝猴食品有限公司给我们提供的吉祥金飞马。

《名曲颂春》

创意：栾峰　编曲：刘钢宝

编舞：梅昌胜　蔡丽雯

（1）《盼春》（选自柴可夫斯基《第一钢琴

协奏曲》)
填词：栾峰
演唱：满文军
表演：河北省歌剧舞剧院

让那春风带着我的歌声飞翔
飞过那辽阔的田野山岗和海洋
我要为春风春雨放声唱
歌唱那森林无边江河澎湃
白云蓝天鸟语花香
天地万物披霞光
让那春风带着我的歌声飞翔
飞过那辽阔的田野山岗和海洋
我要为春风春雨放声唱
歌唱那故乡亲人友爱真情
美丽村庄祥和太平
阳光灿烂更辉煌

(2)《嬉春》(选自《闲聊波尔卡》)
作曲：约翰·斯特劳斯　填词：甲丁
演唱：中央电视台银河少年合唱团
表演：空军蓝天幼儿艺术团
内蒙古小鸿雁艺术团

你听　歌唱的是夜莺
你看　喧闹的是百灵
你听　那鸽子的哨音
你看　这孔雀正开屏
春天是开心的大本营
百花开　百鸟鸣
春天是快乐的好心情
云雀的歌儿像风铃
叽叽喳喳　嘻嘻哈哈
蹦蹦跳跳　热热闹闹
高高兴兴　开开心心
把耳朵叫醒
画眉唱　山雀吵
布谷叫　黄鹂鸣
连沉默的猫头鹰
也亮一亮嗓音
你听　歌唱的是夜莺
你看　喧闹的是百灵
你听　那鸽子的哨音
你看　这孔雀正开屏

(3)《咏春》(选自交响组曲《我的祖国》)
作曲：斯美塔纳
填词：阎肃
演唱：王燕　王丽　翟惠娟

春姑娘摘下五彩云　做衣裙
轻轻走进了少女的心
春姑娘拨动七弦琴　喜盈盈
深深陶醉了少女的心
羡杨柳绿韵　桃花红唇
听泉水淙淙流送佳音
多幽静　多清新
多优美动听
春姑娘引来百鸟鸣　笑吟吟
悄悄迷乱了少女的心
羡杨柳绿韵　桃花红唇
听泉水淙淙流送佳音
多幽静　多清新
多优美动听

(4)《报春》(选自《拉德斯基进行曲》)
作曲：约翰·斯特劳斯
填词：甲丁
演唱：杨洪基　中央电视台银河少年合唱团

草绿了　花开了　天暖了
大雁飞来了　冰消了　雪化了
窗儿敞开了
心儿苏醒了
风筝飘呀飘起来了
草绿了　花开了　天暖了

大雁飞来了　冰消了　雪化了
心情舒展了
春来了
河水哗啦啦地复活了
蝴蝶跳起了舞蹈　春来了
蜜蜂唱起了歌谣　春来了
月亮累了
睡得长了
太阳醒了
一天比一天
出来得早了
冬天走了　春又来了
飞过枝头的小鸟
把春的消息挂在了树梢
草绿了　花开了　天暖了
大雁飞来了　冰消了　雪化了
窗儿敞开了
心儿苏醒了
风筝飘呀飘起来了
草绿了　花开了　天暖了
大雁飞来了　冰消了　雪化了
心情舒展了
春来了
河水哗啦啦地复活了

(5)《踏春》(选自芭蕾舞剧《天鹅湖》)
作曲：柴可夫斯基　填词：赵大鸣
演唱：张嫒嫒　葛晓璐　王锋

唱　踏着春天里的脚步
走在回家去的路上
风儿吹动路边白杨
树叶沙啦啦地歌唱
举起手中金色酒杯
那是田野里的芬芳
天边一片灿烂云霞
就像心中无限向往
感谢春天
播下美丽的希望
在那收获的季节
才有金色的欢畅
感谢春天
带来万物的生长
给了年轻的生命
阳光和力量
又见河水泛起来清粼粼的波光
哗啦啦地跑向大海洋
又听黄鹂唱起来滴哩哩的歌儿
兴冲冲地
放飞春天的向往

(6)《迎春》(选自歌曲《阿依达》)(深圳分会场)
作曲：威尔第　填词：阎肃
编导：廖翔　刘莎莎
演唱：丁毅
马队指导：徐海滨
表演：深圳世界之窗有限公司五洲艺术团

我们快乐地走在这春天的大路上
沐浴阳光
青春的旗帜在飘扬
我们幸福地走在这春天的大路上
无限欢畅
去实现心中的远大理想
看花儿正开放
听泉水在歌唱
像鸟儿在飞翔
我们骄傲地走在这春天的大路上
神采飞扬
迎着风迎着雨直向前方

(朱军和文清出现在观众席)

朱　我们的晚会进行到这，我想问一下今天现场的观众朋友们，大家觉得刚才的节目好看吗?

观众　好看。

朱 真好看呀?

观众 好。

朱 谢谢大家。

文 我们要提醒电视机前的观众朋友，看电视的时候也别忘了填选票，因为和往年一样，我们举办“森达杯我最喜爱的春节晚会节目的评选”的活动，选票就刊登在中国电视报第三、四、五三期上，我们热烈欢迎大家参加评选，不过由于要在元宵晚会上宣布评选结果，所以在这提醒大家一定要在正月初二之前把选票寄出来。

朱 当然了，您还可以通过电脑上网，也可以通过中国移动通讯全球通的手机短信息，还可以通过中国电信 16899999 的声讯热线参加评选，我们的截止日期是正月十四零点整。

文 对，但朱军，有一个问题，你想啊，一家人在一起看电视，老人小孩都有所爱，那弄不好到底把这选票投给哪一个节目，大家伙意见不一致怎么办?

朱 这个问题太简单了，我给你出个主意，要是您家里有八个不同的答案，您就买八张中国电视报一填寄出来，完事了。

文 这主意不错，那这么办吧。亲爱的朋友们，我们继续看节目，请欣赏小品《花盆儿》

小品《花盆儿》

编剧：黄宏　张振彬　王承友　尚敬

导演：尚敬

表演：黄宏　巩汉林　凯丽

黄、凯 （上台）卖——花——盆——

凯 今年国家喜事多，

黄 我们花盆卖了几十车，

凯 申奥成功了，花盆卖疯了，

黄 足球踢赢了，花盆走红了，

凯 入世胜利了，花盆提气了，

黄 APEC 会在咱上海召开了，咱这鲜花就摆成一大街了。

凯 来，把今天卖盆的钱拿来。

黄 你放我这放会儿呗。

凯 快点!

黄 就这些。

凯 那个兜!

黄 还有点。

凯 上面呢?

黄 （摘下帽子）没了。

凯 下面呢?

黄 （脱掉鞋）没了呢。

凯 真没了?（凯丽上前去检查）

黄 比美国飞机场查得都严。

凯 哎呀妈啊，快穿上吧，脚趾头都露出来了。

黄 是是是。

凯 你呀在这看会儿摊，我去给你买双袜子。

黄 好，还给我买袜……哎呀我的妈啊，太玄了!（见老伴一走马上从左脚袜子里抽出钱来）六十五块!我这老伴儿心里太有数，天天给你查收入，从外衣到内裤最保密的地方都藏不住。家庭生活要和睦，老爷们儿必须要有个小金库，对不对?（观众：对!）看来都有体会。我呀化整为零，把它藏花盆里。这个盆藏上 5 块，留着抽烟的；这个盆藏上 10 块，留着喝酒的；这桶里啊我藏上它 50 块，预防后手的。

巩 哎——老同志啊——（巩汉林手捧鲜花上台）

黄 来生意啦!

巩 花盆多少钱一个?

黄 春节特价，5 毛钱一个。

巩 唉呀真便宜啊，哦还带土的啊?

黄 这叫方便服务嘛。

巩 你看看，农民朋友做生意就是实惠!

黄　哎呀这花不错啊。
巩　别动啊，你知道这是什么花你就摸？
黄　不就是红玫瑰么！
巩　你认识啊？
黄　还我认识，红玫瑰就是对自己爱人表白的，
巩　对。
黄　野玫瑰就是为了外面胡来的。
黄、巩　哈哈哈哈
巩　这里还有两个盆啊？（巩在摊旁边发现了刚才黄藏钱的两个花盆）
黄　等会儿大兄弟，对不起，这俩盆可不能卖。
巩　摆着为什么不买啊？
黄　我实话跟你说你可别笑话我，我呀，是怕我老伴儿——
凯　啥事怕我呀？（凯回来了）
黄　坏了。（转过身来对凯说）不是，我是怕这小伙儿啊挑不中这盆。
巩　啊我挑中了，就要这盆。（说着就捧起那个藏了钱的花盆）
黄　小伙子，那么多盆你干啥非要这个呢？
巩　哎呀，既然那么多盆我怎么就不能要这个呢？
黄　你要要这个，最低5块！（一把抢过花盆）
巩　你刚刚讲的5毛钱现在怎么快就变5块了？
黄　价格放开了自由浮动嘛！
凯　干啥呀老头子？
黄　干啥呀？
凯　小伙子，我说了算，5毛！
巩　5毛嘛。
黄　啥5毛啊?!
凯　5毛！
黄　5块！
凯　5毛！
黄　5块！
（黄凯在争花盆，巩上前去劝驾，结果凯一放手，巩摔倒在地上）
黄　（黄抱着藏了5块钱的花盆）你看看把人家捂下了吧？
凯　哎呀小伙子真对不起啊。
巩　没关系，没关系，就当给大家拜年了啊。哎呀你看看大过年的不要为了几块钱搞到不愉快，算了，5块就5块。
黄　哎！这不白折腾了嘛！（巩说着把钱给了凯，凯很不好意思。）
巩　这个买东西啊就是一个心理作用嘛。
黄　就是心理作用么！
巩　其实这些花盆对我来讲都一样！
黄　都一样！
巩　随便拿一个就完了么。
黄　哎！
（巩拿起另一只藏了10块钱的花盆准备走）
黄　等会儿!!! 大兄弟，这盆10块。
巩　你什么意思啊?!
凯　干啥啊老头子?! 你也太黑了！
黄　黑啥啊？你不了解这里面什么情况。大兄弟，这盆确实10块，这盆5块，俩盆不一样。你要这盆吧，这盆便宜。（说着把手上的那个藏了5块钱花盆捧给巩）
巩　不！便宜没好货，好货不便宜！10块就10块！现在你拿去。（掏出10块，拿回5块钱）
黄　哎呀大兄弟啊，实在对不起啊。
巩　哎呀算啦算啦
黄　你再给5毛钱盆钱——
（巩和凯都一怔）
巩　奸商，十足的奸商！
凯　大兄弟你就拿这盆！
巩　不！你肯定是他的同伙！干什么？由5毛变5块由5块涨10块你还要涨，你买的是什么？
黄　花盆。

巩　它是金的吗？

黄　那不是。

巩　是银的吗？

凯　不是。

巩　你的花盆能长出钱来吗？

黄　那倒是——不不不——

（大家都大惊失色）

巩　他的花盆能长出钱？!!

黄　大兄弟你别喊啊。

凯　他这是吓憋的。

黄　吓憋的。

巩　我不管！你现在让它给我长，不然的话我带你们到工商管理所去，吊销你们的营业执照！（说着拿走了他们的车钥匙）

黄　大兄弟你别——

凯　（对黄说）憋了吧，吓憋了吧？我看你怎么给人长出钱来!!!

黄　哎呀大兄弟你这不是难为人么？你说种庄稼还得有各种呢我这兜里一分钱也没有我怎么能给你——

巩　我有！5块，这就是给你的种，你种啊，我看它怎么长钱？来啊？

黄　（一脸无奈，硬着头皮）那，我要种出来你让我走？

巩　种不出来你跟我走！

黄　那我试试。

巩　胡说八道，它怎么能够长钱呢？

黄　（把5块钱种下去）挖个坑，埋点土，数个一二三四五。种5块，翻一番，其实这事也简单。（然后从盆里掏出两张5块，巩和凯惊奇得差点儿趴在地上）

黄　这是你的种。（递回5块给巩）这是咱的收成。（把另外5块递给凯）

巩　别动！（走过去翻查花盆看看里面是不是真的有钱）

凯小声对黄说　老头子你是咋整出来的？

黄小声对凯说　快走！

巩　站住！哈哈，哈哈！你兜里有钱?!!

黄　没有，她刚翻过。

凯　对，我证明。

巩　慢着，把刚才10块钱还给我！

（黄乘巩转过身子的时候马上把刚才藏5块钱的花盆换成了藏10块钱的花盆）

巩　你再给我种10块的！

黄　哎呀大兄弟！你这不是难为人吗？你说过种出来让我走——

巩　唉呀种出来这10块钱我就放你走！我就不信，你种!!

黄　我试试。注意看：（把10块钱种下去）挖个坑，埋点土，数个一二三四五。种10块，翻一倍，其实这事挺惭愧。（然后又从盆里掏出两张10块钱）

巩　（诧异）咳呀——咳呀——

黄　哎呀啥呀？这是你的种。这是咱的收成。

巩　（接过10块钱）大爷。

黄　咋的？看到钱叫大爷啦？

巩　哦不，你就是大爷！

黄　小伙子以后别这样，哪能逮理不让人呢？

巩　是！

黄　社会在发展，科学在进步，土里能长出啥谁也保不住。生活都克隆了，庄稼都基因了，土里面它就长出现金了。我们农民兄弟多年还向土地要钱向土地要钱，这么多年理想实现了!!!

凯　不对，这里面肯定有鬼！（说着偷偷查看桶里面的情况）

巩　但是大爷啊我没有搞懂啊，真是不可思议啊。它这个到底是化学反应还是物理反应啊？

黄　它——

凯　人为反应！（说着已经把黄原来藏在桶里面的50块钱抽了出来）

黄　你别管啥反应反正我种出来了你还不服

气啊？
巩 我服气啊！
黄 你服气你坐。
巩 大爷，能不能给我种一张面值更大的?!
黄 啥叫能不能啊？只要有面值就一定能种。我不是跟你吹，你刚才拿出5块和10块的，你要拿出50我照种！
巩 真的??
黄 你拿啊！
巩 那你给我种50——
黄 没问题！
巩 美元！
黄 美……（一下跌倒在地上）
凯 哈哈哈哈。
黄 这不是没事找事吗，把他美元还勾出来了。小伙子，那个，你是人民不？
巩 我当然是人民。
黄 你看你各方面长得多像人民啊，是人民，咱就种人民币，这样更亲切些啊。
凯 顾客让种啥就种啥呗！
黄 你瞎掺和啥呀?！自己的土地上种个外国玩意儿说不定长出啥来。
巩 长出英镑那就更好啦！
黄 那万一长出日元来你不就跌了吗？
凯 别管长啥都是钱啊。
巩 对！你先给我试一试么。
凯 试一试！
巩 试试？
黄 有你俩这句话，我就试试。常言说得好，人有多大胆，地有多大产。
凯 盆有多大号就能种多大票！
黄 看着没有？这都快学会了。注意看：（把50美元种下去）挖个坑，埋点土，数个一二三四五。自己的土，自己的地，种啥都长人民币——
（巩满怀着冲动，黄望着巩，只有"笑"）
凯 长啊？
黄 别着急，自己的土，自己的地，就是摸不着人民币！（一个劲儿地往桶里挖）
凯 长出来了没有啊？
黄 你催啥啊？她性子可急了！
巩 不能拔苗助长！我来给你浇点水。
黄 等会儿！那不更摸不着了么！自己的土，自己的地——
凯 （高举她手中的50块人民币）种啥都长人民币，自己窜出来了！
巩 哎呀?!
黄 看没看见？小伙子，这说明人民币还是坚挺的。亚洲经济没萧条全是靠它带领的！
巩 但是大爷有一点我没有弄懂的，
黄 你说！
巩 你种的钞票怎么跑她那里去了？
黄 你想知道吗？把车钥匙给我。小伙子你刚刚结婚感受不深，你要是结婚几年后你就学会跟老婆藏钱了。
巩 藏的啊?!!
黄 藏的!!!
黄、巩 哈哈哈哈
（黄回过头望着自己的老伴儿，这时凯的表情又好笑又好气）
黄 老伴儿，别生气。我跟你藏着玩儿的！
凯 老头子啊，也怪我，可能把钱把得太紧了。
黄 是紧点儿。
凯 可那不都是为了你的身体啊？
黄 我知道。
凯 你说，你平时要是多吃点营养品啥的不比那抽烟喝酒强呀？给，蜂蜜。
黄 （接过蜂蜜，心理美滋滋的）小伙子，看见没有？人这一辈子，吃在肚子里的才叫饭，穿在身上的才是衣；送给爱人的才是花，真心疼你的才是妻啊！
巩 哎哟！好浪漫，好可爱哟!! 来，这束红玫瑰，送给你们作新春贺礼！
黄 等会儿，我呀，送给你一个盆，你呢，

送给我一朵花。过年了，等于给老伴儿买个发卡！来来来，老伴儿啊，我给你带上。（把一朵红玫瑰带到凯的头上）

黄 再见！

巩 谢谢！

黄 好盆配好花！

凯 好人配好家！

巩 生活一定比蜜甜！

黄 和老婆千万别藏钱！等会儿，老伴儿，等会等会儿，我这还有5块呢！

凯 啊，还有啊?!

（深圳分会场）

张 亲爱的观众朋友们，看看我们这深圳分会场是别有一番风韵呀，刚才黄宏他卖那花盆很多都摆到这了。

曹 因为深圳到处都是鲜花。

张 到处透着浓浓的春节的喜庆气息，有的观众朋友说了，这叫春风得意马蹄疾。

曹 也叫做踏花归去马蹄香。

张 我们这里人山人海，歌涌花潮，许多观众朋友是来自港澳台和全世界各地的华人同胞，他们有的人刚刚通过罗湖口岸赶到这里，专门来观看中央电视台的春节联欢晚会。

曹 他们说春节联欢晚会是全世界华人同欢同乐的一个大的盛会，在这里，我们也要向香港同胞、澳门同胞、台湾同胞以及全世界的中华儿女拜个年，祝大家新春愉快，马年行大运！

曹　张 五福齐临门。

歌曲《与世界联网》

作词：车行　作曲：戚建波

编曲：仲衡　编舞：姜钢

编导：王虎　顾磊

彩车指导：赵西伟

演唱：解晓东　孙燕姿

表演：河北省歌舞剧院
吉林市歌舞团
深圳世界之窗有限公司五洲艺术团
深圳欢乐谷艺术团

（解晓东在北京主会场，孙燕姿在深圳分会场）

解 想用泰山的朝霞装饰富士山的仲夏
想用黄河的木桨溅起多瑙河的浪花
想用海南岛的椰风抚摩西伯利亚
想用丝绸之路的驼铃带走我的哈达

孙 想用长城的青砖连接埃菲尔的铁塔
想用长江的波浪亲吻撒哈拉的流沙
想用鼓浪屿的琴石动听维也纳
想用尼亚加拉瀑布冲开我的香茶

合 与世界联网西方有人造的神话
与世界联网东方有天成的风华
与世界联网让鸽子飞翔波斯湾
与世界联网让童心飘过百慕大
哦啦啦　哦啦啦　哦啦啦
想用长城的青砖连接埃菲尔的铁塔
想用长江的波浪亲吻撒哈拉的流沙
想用鼓浪屿的琴石动听维也纳
想用尼亚加拉瀑布冲开我的香茶
与世界联网西方有似神的油画
与世界联网东方有如梦的书法
与世界联网让老人常去夏威夷
与世界联网让孩子读懂金字塔
与世界联网西方有似神的油画
与世界联网东方有如梦的书法
与世界联网让老人常去夏威夷
与世界联网让孩子读懂金字塔
哦啦啦　哦啦啦　哦啦啦

（倪萍出现在观众席）

倪 观众朋友们，北京深圳同唱一首歌，这个世界还真是越来越精彩了。不过我们今天的演播现场，过年的味特别的浓，我看很多男同志都穿上大红棉袄了，特别好看，特别喜庆，我看每个人的神情都特别高兴，不是因为我们的节目精彩吧？是吗？

观众 是！

倪 那大家告诉我，谁的节目好啊？冯巩？这一圈是冯巩家的亲戚吧？是不是？后头还有喊黄宏好的，黄宏二叔来了。有观众朋友这么热情的鼓励，我们要马不停蹄，接着往下演，观众朋友，接下来这个节目时难得一见，我提议网上的朋友赶紧回头看电视，不过这个节目的演员我要告诉大家，他们的谱摆得太大了，从上海来的时候他们是坐专列来的，一路火车上恒温，到了北京他们说“呀，北京的天太冷了”，而且吃不惯北京饭，专门要吃上海本帮菜，到了晚上他们的事更多了，提前上台他们都不行，没精神，等一会吧，他们又说困了，这到底是什么演员谱摆得这么大呢，原来它们是一群美丽吉祥的鸟。

魔术《百鸟朝凤》

表演：周良铁　王月双　王月莲

（表演者身穿镶有羽毛的服装，舞台灯光为蓝色，表演者在音乐声中不断变出各种鸟）

（大屏幕滚动播放为全国人民带去新年问候的单位名单）

小品《马年赛马》

作者：孙晨　侯耀文

导演：由二群

表演：侯耀文　石富宽　石胜杰
王平　刘流

侯 观众朋友们，春节好！今天我借春节晚会这块宝地，来一次别开生面的马术表演，看看哪匹马能够技高一筹，出类拔萃，是骡子是马，拉出来遛遛。（侯甩马鞭）有请马儿们。

（四位驯马师带着颜色不同的四匹马出场）

侯 你们这几匹马还真够漂亮的。

众人 给大家拜年了！

石 注意啊，我这马亮绝活了。

马 春节好。

侯 哎，这马说人话呀这是。

石 这不新鲜，现在谁还不会一门外语呀。

师 马儿们，亲亲侯哥。

（其中三匹马跑去亲侯耀文）

侯 这都是神马。（看那匹没亲自己的马）它怎么不亲我呀？我说，哎呦，这是一匹马小姐，她一定是不好意思，她不亲我我亲她，让我亲亲——

（马躲让）

侯 怎么回事这是？她嘴里说什么呢？

王 她说不能让您亲。

侯 为什么？

王 因为驴唇不对马嘴。

侯 有这么说话的吗？

王 你招她。

侯 我招她什么了？

王 你夸他们那三匹马是神马，她不高兴。

侯 怎么了？

王 你好好睁眼瞧瞧，你瞧我跟这马往一块一站，这叫人强马壮。

侯 你这马能壮到什么地步？

王 您问这马壮到什么地步？

侯 对。

王 一块驮着四个人连跑一个礼拜不带歇脚的。

侯 啊？真的假的？

王 真的。

侯 观众朋友们，来四个人，骑着它转两圈好不好？

王 没问题啊，来宝贝，让他们骑骑。

（马一脚将王平踢倒）

侯 怎么了，怎么了这是？

王 你怎么踢我呀你?
马 谁让你胡说八道了?
王 我这不夸你呢吗?
马 夸我也得实事求是，呸，讨厌!
侯 哈哈哈哈，完了完了。
刘 侯哥，我跟您说，挨踢了吧?
侯 挨踢了。
刘 不行。
侯 什么不行?
刘 我这匹马往这一站，我这叫龙马精神。
侯 这马有了，这龙在哪呢?
刘 我属龙的呀，跟马这不是龙马精神吗?
侯 你属龙?
石 千万别信他，他根本不属龙。
侯 那他属?
石 属虎。
侯 你是不是属虎?
刘 是属虎!
侯 那你跟马站一块儿是什么?
刘 马马虎虎。
侯 就这样吧你。
师 我跟他们三个一比，我就是咱们这节目的亮点。
侯 亮点?
师 尤其是年轻的女观众，对我特别关注，我发现好多人都用含情脉脉的眼光在注视着我。
侯 为什么?
师 我知道她们心里想的是什么。
侯 什么呢?
师 这你还看不出来吗?我跟我这匹马站在一起，我就是今天晚会的白马王子!
侯 啊?等会等会，观众朋友们，他是白马吗?
众人 不是!
侯 他是王子吗?
众人 不是!
侯 人家说你不是白马王子。
师 那我是?
侯 你是白马傻子。连马都不愿意。
石 侯哥，你看我这匹马往这一站，是咱们联欢会现场四位演员的名字。
侯 在哪呢?
石 你看，长得一双水汪汪的“谭晶”，马背上拖得叫“魏积安”，后头是长长的“刘仪伟”，还有四只清秀白嫩的“王小丫”呀。
侯 都这么大个了，这是小丫呀?
石 跟你比是个大了点。
侯 说半天没有你呀?
石 对啊，我姓石啊，我跟马往这一站，我甘当人梯，我是上马石。
侯 哎，我姓侯啊，我要跟这马站在一块，那我是——
众人 大马猴!
侯 谁是大马猴呀，我跟你说，我跟马站在一块最吉祥，我这叫马上封侯，好不好?
观众 好!
王 等会吧，侯先生，你什么我们都不比您差，您瞧我这匹马，不仅漂亮，而且这马鞍子有特殊的寓意。
侯 什么寓意?
王 我祝咱们全国的电视观众在新的一年里，平平安安，发扬龙马精神，一马当先，马不停蹄，快马加鞭，马年咱们再立汗马功劳。
侯 好，说得好，一口气说得好。
刘 他什么好?
侯 他说了五个马呀。
刘 说了五个马呀，一口气说出来五十个马来也不如我这一个动作。
侯 什么动作?
刘 您看我这造型啊，这是骏马一日千里的速度。
侯 什么造型?

刘　给为请看。

侯　走！这叫？

刘　马踏飞燕。

侯　这个飞燕有了，这个马踏在哪呢？

（马踏到了刘流身上）

侯　得，完了完了，不叫马踏飞燕了。

刘　我这是？

侯　马踩蛤蟆了。

刘　你才是蛤蟆呢。

师　侯哥侯哥，看看我这匹马的臀部。

侯　没有什么特别。

师　简洁明快，意味深长，不信你摸摸。

侯　这有什么了不起的。

师　摸摸。

（侯耀文刚要摸，马尥起了蹶子）

侯　它怎么踢我呀？

师　这你都不懂？

侯　嗯？

师　这就是告诉您，在新的一年里，谢绝拍马屁。

侯　不许拍马屁好。

石　侯哥，他们说的好坏，我不妄加评论，从观众的掌声当中，你马上就会得出结论，你们看，马脖子上挂着这叫中国结，大家看着上面——

众人　都是喜字。

石　这叫喜马驮着喜字来，今年喜讯频传，喜上加喜，我给大家道喜来了。

侯　好，看来你们都是有备而来啊。

众人　马儿们。

侯　怎么样？

众人　操练起来！

侯　练起来。

（马儿都不听命令）

侯　我跟您说呀，这马都是他们带来的，但是都不听他们话，驯马得看咱们的。

（侯耀文一声口哨后，四匹马都奔跑到了他身边）

侯　怎么样？

众人　咱这马归他了？!

侯　快马加鞭，练起来。

（四匹马在音乐声中跳《天鹅湖》）

侯　停，这叫骏马雄飞报太平。这叫万马奔腾，恭贺大家大吉大利，马到成功！

（周涛、李咏、王小丫在互动平台前）

周　亲爱的观众朋友，谢谢大家热情的掌声，那么经过统计呢，截止到现在，点击央视网站的网友一共有六百零三万零一百二十五人，发送中国移动2002手机短信息的有一百五十万两千八百六十一人，拨打中国电信16899999热线电话的有四十一万五千七百八十九人，大家非常踊跃啊。

王　对，参加的人很多，谢谢您的参与。现在呢，我们来揭晓第一个问题的答案。

李　我们来看看结果怎么样，看看排在最前面的是哪些成语和吉祥话。请看大屏幕。

王　我们来看一下大屏幕，排在前面的四句是马到成功、一马当先、万马奔腾、龙马精神。

李　参加这次评选竞猜的朋友，如果您选择的四句和刚才看到的结果完全一样的话，恭喜，您就有机会参加零点钟声之后的吉祥物的抽奖活动。

王　对，就是这个吉祥物，这个吉祥物呢，是由金丝猴集团上海金丝猴食品有限公司提供的吉祥金飞马。

周　很漂亮，大家不要错过了机会。现在呢，我们为您出今晚的第二道题了，我们有四匹马，分别放在了东西南北四个不同的城市。

李　那这是第二次机会，究竟是哪四匹马呢？先看第一匹。

（大屏幕放第一匹马的视频）

李　第一匹是一匹冰雕的马，它先后用了八十多吨的冰，是目前在中国最大的一匹冰雕的马，它披着北国的风雪，裹着塞外的雄风。

（大屏幕放第二匹马的视频）

周　好，来看第二匹马。这是闪着金色光泽的现代雕塑马，它昂首向天，雄姿英发，把江南春意尽揽怀中。

（大屏幕放第三匹马的视频）

王　好，来看第三匹马。这是一匹飞马，是一匹帅马，威武彪悍，英俊潇洒，振翅欲飞，驮着西北人民开发的气概和吉祥的祝福。

（大屏幕放第四匹马的视频）

李　第四匹马是最漂亮了，它是一匹花马，因为它是用 2002 枝金桔扎成的，它象征了南疆儿女火热的激情，焕发着青春，正在向着世界扬风飞驰。

（回到北京主会场）

周　好，那我们的问题是这样的：以上这四匹马分别放在了哪四个城市呢？

王　我们现在有八个城市供您选择，这八个城市已经打在大屏幕上，您仔细的看清楚，是：南京、上海、西安、兰州、广州、深圳、沈阳，还有大连。

李　从中只能选出四个城市，各位，我们在这里等待着你们的答案。

周　好，这就叫除夕风光无限——

合　今年如此精彩。

歌曲《今年如此精彩》

作词：小柯　赵大鸣　作曲：小柯

编舞：蔡丽雯

演唱：周迅　陆毅　布丁果果组合

表演：河北省歌舞剧院

　　　吉林市歌舞团

周　春天开始啦
在这个百花灿烂的季节
我们欢笑我们意气风发

陆　像每个心灵一样
用青春的火热融化冰雪
放声歌唱梦在飞翔

合　今年是如此的精彩
让每个人都能快乐起来
张开第一次飞翔的翅膀
风雨后的世界是如此的可爱
今年是如此的精彩
让每一天都有快乐到来
一路阳光与喝彩是因为我们存在

周　我们出发吧
去那个曾经向往的地方
采一束花送给妈妈

陆　为每个心中的理想
用斟满的酒杯向着明天灿烂地笑
我们歌唱

合　今年是如此的精彩
让每个人都能快乐起来
张开第一次飞翔的翅膀
风雨后的世界是如此的可爱
今年是如此的精彩
让每一天都有快乐到来
一路阳光与喝彩是因为我们存在

《温馨时刻》

创意：从众　编曲：王月明

(1) 歌曲《记得当时年纪小》

（在上海外滩的游轮上表演）

作词：卢冀野　作曲：黄自

演唱：孙道临　张瑞芳　秦怡　舒适等

记得当时年纪小
我爱谈天你爱笑
有一回并肩坐在桃树下
风在林梢鸟在叫

我们不知怎样睡着了
梦里花儿落多少
记得当时年纪小
我爱谈天你爱笑
有一回并肩坐在桃树下
风在林梢鸟在叫
我们不知怎样睡着了
梦里花儿落多少
我们不知怎样睡着了
梦里花儿落多少

(2) 歌曲《踏雪寻梅》(深圳分会场)
作词：刘雪梅　作曲：黄自
编舞：詹晓楠
演唱：陈慧琳
表演：深圳世界之窗有限公司五洲艺术团

雪霁天晴朗
腊梅处处香
骑驴灞桥过
铃儿响叮当
响叮当　响叮当
响叮当　响叮当
好花采得瓶供养
伴我书声琴韵
共度好时光
雪霁天晴朗
腊梅处处香
骑驴灞桥过
铃儿响叮当
响叮当　响叮当
响叮当　响叮当
好花采得瓶供养
伴我书声琴韵
共度好时光
响叮当　响叮当
响叮当　响叮当
好花采得瓶供养
伴我书声琴韵
共度好时光
伴我书声琴韵
共度好时光

(3) 歌曲《草原之夜》
(北京主会场，舞台灯光为蓝色)
作词：张加毅　作曲：田歌　编曲：洪兵
演唱：田震

美丽的夜色多沉静
草原上只留下我的琴声
想给远方的姑娘写封信
可是没有邮递员来传情
等到千里雪消融
等到那草原上送来春风
可克达拉改变了模样
姑娘就会来伴我的琴声
来，来，来，来，来，来
姑娘就会来伴我的琴声
来，来，来，来，来，来
姑娘就会来伴我的琴声

(朱军和文清出现在观众席)

文　朱军啊，刚才我去看了下网上那边的情况。

朱　怎么样?

文　你别说，现在还真是挺热闹的，出的那些题目吸引了不少观众呢，你就看他们几个值班的在那紧忙活呢。

朱　一点都不奇怪，网络时代嘛。一边看电视，一边上网，本来就是咱们春节晚会今年出新的一招。说实在，他们几个挺辛苦的。我说你们辛苦……哎周涛啊……

文　怎么就一人了?

(周涛在互动平台前)

周 啊？

朱 怎么就剩你一个人了？

周 你问他们俩呀？

朱 对呀。

周 刚刚我们接到一个电话，有三个省的省长点名让他们俩给表演个节目，这不一早跑到舞台那边去了，还说他们这个节目要参加“我最喜爱的春节晚会节目评选”活动，今年是“森达杯”，说实话，我替他们捏把汗，看他们怎么演吧。

小品《智力闯关》

作者：阎肃　宫凯波　程东海

导演：程东海

音效：洪兵　小慈

表演：鞠萍　李咏　王小丫　秦梦瑶
　　　王子腾　刘小源

李 新春到，过大年，小丫李咏上台来。先鞠躬，再拜年，怎么掌声音乐还不响起来？我真没想到呀，三位省长能够电话打到我们现……

王 哎哎哎，李咏，电话的后半部分你没听清。

李 我这不正给大伙解释呢吗，三个省长要来现场参加我们的这个……

王 哎哎哎，是要来和我们同台比赛。

李 那不就更好了吗，我这人平时就特别喜欢……你再说一遍？

王 三位省长要和我们同台比赛。

李 那你怎么不早说呀？那怎么办？

王 先听题看。

李 听你的，现在大家伙掌声请上三位省长。

（鞠萍带着三个孩子上台）

孩子们 大家好！

李 哎哎哎，别别别，别拍了，有没有搞错，不是说三位省长吗？

鞠 我来介绍吧，这是天津市、河南省、河北省的省长市长。

李 啊？

鞠 派来的。

李 有这么大喘气的吗？哎哎哎，小朋友，打架呢是吗？同台考试，听题！

女孩 等等李叔叔，平时啊你们总是考别人，今天我们仨想考考你们两个怎么样？

李 这谁家孩子，没大没小，就问这个问题。

王 就是。

女孩 这样吧，我们也不欺负你们。

李 怎么说话呢？

女孩 咱们请鞠萍姐姐作裁判，咱们一起赛赛你敢吗？

李 哎哟，问问大家伙，平时谁怕我们呀？不不不，平时我们怕过谁呀？

王 裁判有请。

李 来！鞠大裁判。

鞠 大家都准备好了？

众人 准备好了！

鞠 比赛现在开始。幸运第一关——

众人（除李咏） YEAH！

李 都会了啊。

鞠 你方出题。

李 上！

王 请听题——有一位老爷爷过独木桥，忽然前面一只虎后面一只狼，请问老爷爷怎么过去？

李 怎么过去？

王 对。

李 想想，来想想，现场的各位朋友，老爷爷怎么过去？给孩子们一些参考，如果孩子答对，孩子会加分的，想想，老爷爷怎么过去。

王 现场求助。

李　五、四、三、二、一！看看看看，答不出来了吧？

王　正确答案是——

李　昏过去。

鞠　正确，加一百分。

李　这刚上来呀，一百比零，你看大过节的，孩子们年龄太小，别比了。

王　别比了。

鞠　唉，这才到哪呀，谁赢谁输还不一定呢。

李　这不明……

鞠　再说，该小朋友出题了。

王　对对对。

李　还要考我们，行。

鞠　请听题。

男孩　树上落了十只鸟，李咏叔叔拿枪“啪”打掉一只，请问树上还剩几只鸟？

李　哎，别的鸟又不耳背，这一枪下去还等着挨枪子呀，正确答案，说——

王　全没了。

李　全没了。

男孩　错！小源说。

小源　老师说了，不让打鸟。

李　大声点，我不懂啊。

小源　老师说了，不让打鸟。

女孩　对，你打鸟破坏环保。

鞠　正确，加一百分。

李　哎哎哎哎哎——

王　鞠萍姐姐。

李　还拍手，还拍手？

鞠　怎么了？

李　我们问过二百多口人了，正确答案就是一只都没了。

鞠　可是小朋友说的一点都没错呀。

李　不公平。

王　对。

李　不公平。

王　偏袒，鞠萍姐姐。

鞠　好好好，这样，接下来，我出题，你们抢答行了吧？

众人　行。

鞠　幸运第二关——

众人（除李咏）　YEAH！

王　你怎么还慢呀？

鞠　请看这是一尊雕塑。

李　我知道，这是著名雕塑大师罗丹的作品《思想者》。

鞠　没错。等会，我的问题是：他为什么没穿衣服？

李　哎哟，你说说这大冬天他为什么不穿衣服呢？

王　就是，挺冷的，我怎么知道。

李　裁判，可能是他们家生活困难。

王　对对对。

鞠　什么乱七八糟的，听听小朋友怎么说。

女孩　鞠萍姐姐，这不是叫“思想者”吗？

鞠　对呀。

女孩　依我看，他正在思考问题。

鞠　思考什么问题？

女孩　他在想他今天应该穿什么。

鞠　正确，加五百分。

李　哎哎哎哎哎。

王　姐姐。

李　裁判，您是裁判，大家都是明眼人，刚才是一百一百的加，这突然就加到五百分了？

鞠　我就是不明白为什么这么简单的问题你们大人总是想得很复杂？

李　他就是没穿衣服呀。

王　对呀。

李　对不起啊，失陪了。

王　哎，李咏李咏。

李　我不玩了，不玩了，这没法玩，这不公平呀，没见过你这号裁判。

鞠　听我说，还有机会，而且是你们俩最擅

长的。
王 是什么？
李 说来听听。
鞠 请听题，一会大屏幕上将出现几位演员，你们俩呀一个比划一个猜，猜对了就加分，怎么样，谁先猜？
李咏和王小丫（互相指） 他！她！
鞠 好，上麦克。
（两个小朋友跑到李咏和王小丫面前举起拳头）
李 这什么意思？
鞠 麦克风呀。
李 哦，这是麦克风啊。
王 喂——
李 喂喂——
女孩 他咬我！
李 没咬你，我试试麦克怎么样。现场的观众朋友，这个环节有相当的难度，如果我们答对的话给我们鼓掌加油，谁拍巴掌我请谁吃年夜饭。
王 我请他吃饺子。
李 大裁判，来吧。
鞠 好，大屏幕准备，开始。
（大屏幕出现宋祖英照片）
王 特别漂亮，漂亮极了，唱歌的。
李 唱歌的都挺漂亮的。
王 特别漂亮，湖南的，三个字。
李 李谷一。
王 不对，比她年轻。
李 宋祖英。
王 对。
鞠 正确，继续。
（李咏和王小丫互换位置）
（大屏幕出现杨丽萍照片）
李 哎呀，这个这样——（李咏学孔雀舞）
王 金丝猴。
李 鸟——鸟——
王 蝴蝶，不对，不是鸟，孔雀。
李 我没说孔雀，是那个人。
王 杨丽萍。
鞠 正确！
（李咏和王小丫互换位置）
（大屏幕出现朱明瑛照片）
王 谢谢大家的掌声。那个左手一只鸡。
李 吃鸡的。
王 不对不对，右手还一只鸭。
李 池塘的吧？
王 不对，背了个孩子，唱歌的。
李 我还真没见过背着孩子唱歌，过！
鞠 呦，怎么过了，继续。
（李咏和王小丫互换位置）
（大屏幕出现赵本山照片）
李 哎呀，东北那嘎达的，满肚子坏水，戴一个破帽子。
王 赵本山。
鞠 停！
李 谢谢谢谢谢谢，我呢大概初步估算了一下，有八十多次掌声。
王 好几次呢。
鞠 有那么多吗？
李 加分吧。
鞠 可惜呀，不能加分，因为你们严重超时。
李 一开始没这规定呀。
王 对呀。
李 而且从大伙的掌声当中，我们今天赢定了。
王 掌声多热烈呀。
鞠 比赛总得有时间限制，要掌声还不容易呀。孩子们，你们怎么样呀？
孩子 没问题，YEAH！
鞠 听听。
李 这招都是我教的。仨小孩能干什么呀。
女孩(唱) 亲家母，你坐下，咱俩说说知心话，亲家母咱都坐下啊，咱俩随便拉一拉，老嫂子你到俺家尝尝俺山沟的大西瓜。

李 不错。

（男孩表演快板）

鞠 瞧着啊。

李 打得还挺溜。

鞠 花板。

男孩（快板） 子鼠、丑牛、寅虎、卯兔、辰龙、巳蛇、午马、未羊、申猴、酉鸡、戌狗、亥猪。十二生肖十二年，十二年就是一个大循环，到春节，全国上下齐欢乐，欢欢喜喜过大年，在这里，我给全国爷爷奶奶叔叔阿姨们拜个年，我不要你们的压岁钱，你们千万别给我压岁钱。

李 好。看着没，这是看家的，四岁，刚断奶。

小源（唱京剧） 这个女人那，不寻常。刁德一有什么鬼心肠？这小刁，一点面子也不讲。这草包，倒是一堵挡风的墙。

鞠 好。

（男孩吹唢呐，女孩拉二胡，合奏《九妹》）

李 都别鼓掌。

鞠 好，我宣布孩子获得今天比赛的胜利。

李 大过节的要恭喜你们。

鞠 祝全国的爸爸妈妈们——

王 祝全国的老师和同学们——

李 祝所有的小朋友们——

合 新年快乐！YEAH！

（周涛在互动平台前）

周 亲爱的朋友们，我想问问大家我们两位网络主持他们演得好不好，大家掌声告诉我好吗？挺棒的是吗？谢谢大家。其实我们的春节晚会包括我们一切的努力呢，都是为您服务，希望为您的生活增添一份欢乐，所以我说咱们在这也别我演你看，就让我们互动起来，其实我们提的问题也不是为了难为大家，而是想把这几匹金光灿灿的漂亮的小马送给您。好，下面继续进行我们的节目。倪萍，有请。

（倪萍在观众席）

倪 谢谢，其实我们的节目已经开始互动起来了，刚刚这个节目刚刚结束就有观众朋友问我说：这是谁家的三个孩子这么棒啊，现在我把正确答案告诉您，反正不是咱家的孩子。哎，别笑，现场的朋友，咱孩子其实也挺不错的，对不对，咱爹咱妈都还觉得咱还不错呢，是不是。说到咱爹咱妈，今天我想到现场的朋友差不多有一大半的父母都在外地，凡是父母不在北京的观众请把手举起来，没事，大胆的举，我们数一下，中央台想看一下有多少同志准备在过年的时候给咱爹咱妈寄点过年的钱，这么多呀，那算了，放下手吧，钱太多了，不寄了。刚刚这个朋友不光在这举手，还一个劲地在这说“给我给我”，什么意思呀？您家在哪呀？

观众 我家在东北。

倪 爹妈都在东北吗？

观众 对，爹妈都在东北。

倪 那你怎么过年不回家呀？

观众 加班，明天还有值班。

倪 加班怎么有空来看我们春节晚会呀？

观众 忙里偷闲。

倪 是吗？你说实话，你过年是愿意在这过呢，还是愿意守着父母过呀？

观众 说真心话，当然还是在家呀。像我这个岁数吧，上有老下有小，举家团聚那是最高兴不过的事了。

倪 那你说实话，平时咱们的工作有顺利的时候也有不顺利的时候，您一般跟父母都说好事还是坏事呀？

观众 当然说好事呀。

倪 光报喜不报忧是吧？

观众 对。伤心事不能说。

倪 这也算是一种孝顺。给你个机会吧，给你的父亲母亲拜个年。

观众 好，谢谢。我给我的长辈们，亲戚朋友们，给我的老婆孩子，给你们拜年了。谢谢。

倪 也谢谢你，大伙说怎么会单单给他这个机会，他其实代表咱了，咱给所有的父亲母亲拜年。过去我们老说，说父母在不远游，现在世界变了，只要你有出息，你走得多远，父母都愿意，但说实在的，父母对你还是特别特别的牵挂，反过来说呢，那我们这些做儿女的，就像刚才这位朋友说的那样，经常心里的酸甜苦辣，不大愿意告诉家里，接下来我们请雪村帮我们把出门在外的酸甜苦辣告诉大家。

歌曲《出门在外》

作词：甲丁　作曲：苏越　编曲：捞仔

演唱：雪村

看惯了陌生的脸和陌生的路牌
沉甸甸的行李它告诉我
你出门在外
总以为有一些奇迹在把我等待
才会奔波在风中雨中
一次次从头再来
追着赶着忙碌着
只为对得起那份期待
苦过笑过茫然过
一个人扛起来
出门在外是离家越远
心和它越近
出门在外是寄钱回家的舒心和愉快
出门在外是老乡见老乡
干不完的酒呀
出门在外是那句老话
路边的野花
你不要采　不要采
习惯了守着孤独漂泊在茫茫人海
电话那头的牵挂它告诉我你出门在外
一想起该有个衣食无忧的将来
才会无所谓饿了累了
不停打拼到现在
追着赶着忙碌着
只为对得起那份期待
苦过笑过茫然过
一个人扛起来
出门在外是多了个朋友多了一条路
出门在外是少了些脾气学会了忍耐
出门在外是常回家看看的叮咛和渴望
出门在外是那句老话
外面的世界它真精彩真精彩
翠花我马上就回去
客人都来齐了吗
上啥上酸菜
翠花上酸菜

（朱军和文清出现在观众席）

朱 翠花，上酸菜。

文 你怎么对我说这句话。这里呢，我们也向出门在外的朋友们说一声：过年好。

朱 对了，出门在外一定要注意安全。

文 朱军啊，你说到注意安全，我想起来了，去年你主持的春节联欢晚会上赵本上有一个小品叫《卖拐》对不对？

朱 对啊，要用东北话说呀，赵本上可真是一个大忽悠。

文 太能忽悠了。

朱 他云里雾里的，这通忽悠呀，生是把一副残疾人用的拐杖高价卖给了健康人，临了吧还把自行车给推走了。

文 你说这买走这副拐的人回到家也不知道他该怎么想。

朱 就是。

文　这都一年了，也不知道他怎么样了。

朱　你问我呀？

文　啊。

朱　我还想知道呢。我想问问咱们现场的观众，大家想不想知道？

观众　想！

朱　那太好了，哎你看，他来了——

文　来了——

小品《卖车》

作者：何庆魁　宫凯波

导演：马丽娟

表演：赵本山　高秀敏　范伟

范　自从买拐，窝囊够戗，丢了工作跑了对象，我就不信这个劲，别人能让我吃亏，我就不能让别人上一次当，我也卖拐。南来的北往的注意了噢！注意自己的腿噢！看看有没有毛病噢！没病走两步噢！走瘸了我把拐卖给你噢！拐了！拐了！

高　发家致富道道多，去年卖拐今年卖车？卖车嘞？谁卖车？

范　拐了？卖拐了？

高　嗨，这不那脑大脖子粗么？

赵　别着急，这回咱这轮椅有销路了。

高　人家腿都好啦！

赵　去年腿还好不给他忽悠瘸了吗，今年你看我怎么忽悠他上车的。

高　快走吧！

范　站住！

赵　Hello！

高　兄弟，兄弟你干啥呢你？

范　我是天天找，月月找，足足找了你一年呐！

赵　别激动，我们做好事儿从来是不留名的。

范　我激动个屁我激动，你把我坑苦了知道不知道，啊？我老婆也跑了，工作也炒了，走，找个地方说理去！走！

高　哎呀，那兄弟，你把拐给我，我把钱给你，咱回家吧。

赵　你别跟他掺和，你过来。请问这副拐回去拄多长时间？

范　我拄什么拄！我压根没病！

赵　完了，完了，我最担心的事发生了！

高　当时我说不让你卖拐，你不听话，你说这咋整？

赵　媳妇，他完了！你看看，变化多大这一年，往上看。

高　要说有变化好像脑袋比去年更大了。

赵　看看，就连我媳妇都能看出来，你知道因为啥吗？由于你一年没有坚持拄拐，你的病毒往上转移到了大脑，你两条腿有两根大筋，就好比两条高速公路，病毒以每小时一百八十公里的速度向前飞速前进，现在你完了，无情的病魔正在吞噬着你的大脑健康细胞，一个崭新的植物人即将诞生！

范　忽悠，接着忽悠！是不是还想让我走两步呀？

赵　去年走两步瘸没？

范　瘸了。

赵　跺两脚麻没？

范　麻了。

赵　请问为什么？

范　你忽悠地，今天不用你忽悠了，我给你走两步，你不是爱看么，我给你走两步，走两步，走两步，可是我今年好了，我能小跑了，我还能垫步，哎，我还能大跳，哎，大跳，大跳——

赵　停！看见没，不但脑袋不好而且精神还有问题。

高　他比去年欢扯多了啊。

赵　朋友，能不能接受一下治疗？

范　没问题！

赵　现在我请问你几个事，如实地答。
范　你说。
赵　你脑袋现在大声说话是否迷糊？
范　不迷糊。
赵　眼睛冒不冒金星？
范　不冒金星。
赵　好，我试一下就可以了。
范　今天我配合你，我完全配合你，我目的就是当众戳穿你！
赵　好，这样，深吸一口气，大嚎一声。吸气，吸满，吸，吸，嚎——
范　啊————
赵　别停，看你气有多长，我判断判断，别停——停！迷糊没？
范　没迷糊！
赵　没迷糊咋晃了呢？
高　他咋迷糊了呢？
赵　他咋迷糊了，缺氧了呗，我告诉你媳妇，这是身体好的，是你就上医院了知道不。迷糊没？
范　没有！
赵　没有你在那划拉啥呢？
范　有点冒金星。
赵　冒金星，你现在明显智商有问题。
范　你别整那个事儿，就咱这个智商抠出来上秤约，比你多二斤！
赵　那好，能不能接受一下测试？
范　你来！
赵　这样吧，我给你出几道简单的数学测验题。
范　没问题！
赵　看看你的脑子是否好使。
范　好。
赵　学话会不？
范　没问题！
赵　我说开始，我媳妇儿说啥你说啥，明白不？
范　来者不拒。
赵　开始！就平时咱俩玩的玩意儿。
高　准备好了吗？
范　好了。
赵　错！我媳妇儿说“准备好了么”，你也说“准备好了么”。
范　就这句就开始了呀？
赵　什么叫学话？
范　行明白了，重来。
高　准备好了吗？
范　准备好了吗？
高　老头子他又错了？
范　没有，
赵　错！我媳妇说“老头子他又错了”你也得说“老头子他又错了”。
范　这就开始学呀？
赵　对！
范　行行，我跟你说，你别整这个，你这是蒙人的！你这么地，你要来咱就来智力测验，咱来正规的，来电视台李咏那个“Yeah！”来这个。
高　兄弟呀，你快回家吧。
赵　好，我给你出三岁小孩的脑筋急转弯。
范　你别整三岁地，有能耐你整四岁地。
赵　四岁的你行啊？
范　五岁都不在乎。
赵　你看看，他只能在这个年龄段混了，咱还怕他干啥。准备，请听第一题——
范　说。
赵　NO.1：说一加一在什么情况下等于三？
范　一加一在什么情况下都不等于三！
赵　错！媳妇儿你答，
高　在算错的情况下等于三。
赵　正确！
范　你算错——你算错那还等于六呢那还！
赵　等于好儿亿呢你没答上！
范　你再来一个，我掌握着窍门了。
赵　请听第二题，说你们家的小狗为什么不生跳蚤？

范　因为我们家的小狗讲究卫生！
赵　错！媳妇答。
高　因为狗只能生狗，生不出别的玩意儿来。
赵　正确。
范　你是出生那个生啊，那……？
赵　请听题：树上骑个猴，地上一个猴，加一起几个猴？
范　八个猴！
赵　错！
高　俩猴。
赵　树上骑个猴，地下一个猴，加一起俩猴。
范　骑着呀？
高　骑马那个骑。
范　你这叫谐音，你再来一个。
赵　我咋没说蹲一个猴呢。
高　你别答了。
赵　请听题：树上骑七个猴，地下一个猴，几个猴？
范　俩猴！
赵　错！八个猴。
范　怎么的呢？
赵　树上骑七个猴，地上一个猴，八个猴，
范　这回骑七个了？那树受得了吗？
赵　你别管树受不了，它掉下来也是八个猴。
高　你别答了，你答不上。
范　你别，我要为我的智商讨个说法，来！
赵　请听题：青春痘长在什么地方不让你担心？
范　长在腰上不让我担心！
赵　错！媳妇。
高　长在别人的脸上不让你担心。
赵　就你那样还长腰上，长腰上那叫闷头，屁股上那叫火疖子。
范　哎呀，怎么回事？
赵　你这脑袋承认不承认有病？
范　我不承认。
赵　现在有法调理，我马上就给你治好！
范　怎么治？
赵　你把脚离地，你脚不离地，他永远不行，一离地你指定能答上来。
范　我怎么离地呀？
赵　你试一试，你找个地方，看着没，自己就找去了。别着急，坐好了，脚抬起来。请听题：
范　说。
赵　说一加一在什么情况下等于三？
范　在算错的情况下等于三。
赵　Yeah！恭喜你，答对了！
范　哎呀？
赵　发现没？因为你两脚离地了，病毒就关闭了，所以说啥都上不去了，聪敏的智商又占领高地了。
范　我站起来来一个。
赵　说一位醉汉，喝醉酒之后拿起这么大一块石头朝电视砸去，只听“咵嚓”，电视一点没坏，为什么？
范　因为电视质量好。
赵　错！
高　因为没砸着。
赵　正确！
范　没砸着怎么“咵嚓”一下呢？
高　咵嚓一下砸地板上了嘛！
赵　就你这智商。
高　你快回家吧。
范　你别——
赵　请听题！一个醉汉喝醉酒以后拿起这么大？
范　咵嚓砸地板上了！
赵　恭喜你！都会抢答啦！
高　你别答啦！
范　你别，再来一个——
赵　请听题：一个司机，开着一个公交车，看对面的树上蹲个猴，“哐”刹车了，为什么？

范　因为这个司机爱护动物，

赵　错！

高　他把猴屁股当红灯了！

赵　正确！

范　哎呀——哎呀——我脑袋怎么地了，那猴屁股，红的，圆的，眼神咋还不好使了呢？

赵　你再试一下吧。

范　你说！

赵　注意，树上蹲个猴！

范　猴屁股当红灯了！

赵　恭喜你！

范　哎，不对，不对呀大哥，你看，是不是这么个事，我一坐着，你问的往往都是都是答过的问题，我一站起来你问我的都是新问题啊！是不是，你这不对呀你这个。

赵　你这样，站起来试一道老题。

范　来！

赵　也是一加一等于几的问题，这个问题你是答过的。

范　你说！

赵　请听题：一加一在什么情况下等于二？

范　在算错的情况下等于二！

赵　错！等于二！

高　你说这可咋整呀，人家是二。

范　二啊？你刚才不是说三吗？

赵　你说你连二三都不分了你都二到啥程度了？

范　哎呀，我最后——？

赵　一加一在——

范　对了等于二，错了等于三！

赵　恭喜你已经答俩答案了！我说，病的毛病你也找到了，你赶紧下车回家，我们得回去。

高　你快回去吧，我们还有事呢。

范　你别——大哥，大哥，多少钱，我买！我明白了大哥，从今以后我下半辈子就离不开这个东西了，我买！

赵　我跟你说啊，我跟你说明白，这个轮椅就是去年那个自行车改的，我就知道你犯这个毛病在这等你半年，你要给钱，千万别多给，你给个改装费，也就四百块钱，多给我就不跟你处，啥都不卖你！

范　大哥呀，就带了三百。

高　拿着吧，那就不少啦！

赵　戴手表了？戴啥手表了！戴什么手表了！

高　谁说戴手表了?！你又赖我！去年你就赖我。

赵　我跟你说她咋这样呢？

高　我没说！

范　大哥，大哥，你听我说，像我这种智商，以后也就看不懂手表了。你拿着啊。

赵　回去好好养病。

高　你咋就可一个人坑呢？能不能换个人呀你？兄弟你要听我话赶紧走，把车给我，他还是坑你呢！

范　你还是坑我！你怎么这样呢，我脑袋都这样了，你怎么还跟我过不去呢你？去年我大哥给我瞧病，你就横帮竖挡不让，今天我要是再相信你的，我就是第二次上当！

高　没人管你！这种人太可气了！

范　大哥，临走前我送给你一句话：你摊上这样一个媳妇，白瞎你这个人了！

高　太可气了这个人！

赵　不用气，别恨他，咱指这种人养活咱们呢。

范　谢谢啊！

赵　你看还谢谢呢！走，回家！

高　那这玩意儿你还要它有啥用啊？这破拐杖——

赵　回去改一副担架来年还卖他！

（大屏幕滚动播放为全国人民带去新年问候的单位名单）

（深圳分会场）

歌曲《美丽新世界》

作词：张俊以　作曲：浮克

编导：顾磊

演唱：王力宏　羽·泉　彝人制造
阿里郎组合

表演：深圳世界之窗有限公司五洲艺术团
广东省木偶剧团

王　水不孤独山孤独
所以水把那山围住
树不孤独鸟孤独
所以鸟在那树上住

泉　梦不孤独心孤独
所以梦把那心牵住

羽　路不孤独人孤独
所以人在那天涯哭

合　一只大雁寻一万只大雁的归处
一朵花开一万朵花都祝福

王　人人都需要搀扶
彼此都需要帮助

泉　亲情是守护友情是支柱

合　请你伸出你的手
把那美丽新世界抱住

阿　阿里郎——

彝　嘿咿呀——

羽　梦不孤独心孤独

泉　所以梦把那心牵住

王　路不孤独人孤独
所以人在那天涯哭

合　一只大雁寻一万只大雁的归处
一朵花开一万朵花都祝福
人人都需要搀扶
彼此都需要帮助
亲情是守护友情是支柱
请你伸出你的手
把那美丽新世界抱住
人人都需要搀扶
彼此都需要帮助
亲情是守护友情是支柱
请你伸出你的手
把那美丽新世界抱住

张　谢谢谢谢，这真是美丽新世界呀，今天我们的祖国人人喜笑颜开，处处绽放新颜，就连我们的春节联欢晚会那也透着一个“新”字。

曹　我们今天的节目有个特点，刚才我们就看到了花车，那都是全世界各地大家特别熟悉的景物，我觉得很好看，气氛很热闹。

张　这样吧，咱们用八个字来形容一下眼前的所见，那真是“花团锦簇”。

曹　五彩缤纷。

张　我就在想，你说我们深圳分会场这么大的场面，这么多的绝活，你说北京主会场还能有什么绝活跟咱们比呀？

曹　我帮你问问好吧？

张　好。

曹　朱军你说呢？

（北京主会场）

朱　我说二位呀，说话口气可真够大的，要说到绝活呀，我们这还正有绝活等着你们呢。

文　对，这个节目是叫得响的，演员在国际上获大奖的，俩小伙往这一站肯定你得使劲鼓掌的，节目的名字叫《力量》。

杂技《力量》

作曲：刘琦　编导：张守和

教练：周品其

表演：章功力　姚登波

（舞台灯光为蓝色，两名表演者在周围喷水的升降台上表演力量型杂技）

（倪萍在舞台左侧）

倪 短短几分钟的节目，观众无数次的掌声，我确实觉得这两位杂技英豪值得我们为他们喝彩，我在这里非常荣幸地向大家介绍一下这二位，他们是来自沈阳杂技团的两位年轻的演员，个字稍稍矮一点的叫姚登波，今年二十四岁，大家为你鼓掌。小姚说他今年是第一次参加中央电视台的春节联欢晚会，他最高兴的是他远在安徽老家他八十多岁的老奶奶今天能够通过电视看到他的节目了，过去每次回家奶奶都说，说我年年通过电视看春节晚会，怎么从来没有看见你在上面演呢？今年姚奶奶愿望实现了，小姚就特别高兴是吧，我替你向奶奶拜年了。姚奶奶我们通过电视给您拜年了，祝您老多福多寿，好吗？那边那位个字稍微高一点的小伙子叫章功力，今年才二十岁，是国家一级演员。前两天我和小章一块儿闲聊的时候我就问他，说三十晚上是不是你们全家得早早地聚在电视机前看你什么时候出场啊，他半天没说话，我说怎么了，他说倪萍阿姨你还不知道我，我是个孤儿，我家里没有什么人了，我当时马上就说对不起，小兄弟，他说没事，去年他在法国获国际杂技金奖的时候，有一个法国记者曾经采访他，说像你这么高超的技艺，该定居在法国，你是可以赚大钱的，小章笑了笑，他说，我是一个孤儿，我是吃百家饭穿百家衣长大的，我虽然没有父母，但是我有爱我的教练和老师，我有个特别温暖的集体，有那么多素不相识的叔叔阿姨都爱我，他说我小的时候就盼得我早点有本事，如今如果说我真的有了点本事，我愿意用我这点本事报效我的祖国和人民，我告诉你们，我的家永远在中国。

歌曲《我家在中国》

作词：邹友开　作曲：孟庆云

编舞：王家朋

演唱：祖海

唱 问我家在哪里
家在中国
从前我总在心里默默说
问我家在哪里
家在中国
今天我总是这样自豪地说
我家有万里长城
我家有长江黄河
我家的地方很大很大
我家兄弟姐妹很多很多
问我家在哪里
家在中国
从前我总在心里默默说
问我家在哪里
家在中国
今天我总是这样自豪地说
问我家在哪里
家在中国
从前我总在心里默默说
问我家在哪里
家在中国
今天我总是这样自豪地说
我家人勤劳淳朴
我家里欢乐祥和
我家的历史很长很长
我家今天的故事很多很多
我家人勤劳淳朴
我家里欢乐祥和
我家的历史很长很长
我家今天的故事很多很多
问我家在哪里
家在中国
从前我总在心里默默说
问我家在哪里

家在中国
今天我总是这样自豪地说
今天我总是这样自豪地说

（朱军和文清出现在观众席）

朱　申奥成功对全世界的每一位华人来说都是一件大事，也是一件喜事，因为他让华夏儿女感到自豪、自信和自强。在这里，我们要说今天的中国要走向世界，今天的世界要了解中国。

文　让我们张开双臂迎接八方来客，Welcome to China！Welcome to Beijing！

歌曲《英语大家说》
创意：田歌　王滨
作词：从众　作曲：卞留念
编曲：卞留念　褚小帅
导演：王群　编舞：孟燕
表演：李阳　总政老干部艺术团
北京市公安交通管理局特勤处
北京二中
武汉邮政艺术团
武汉电信艺术团

李　语言是讲出来的
众人　叽叽喳喳叽叽喳喳
李　歌曲是唱出来的
众人　咪咪咪咪吗吗吗吗
李　恋爱是谈出来的
众人　腻腻歪歪腻腻歪歪
李　英语是说出来的
众人　叽里呱啦叽里呱啦
李　本事是练出来的
众人　Follow me Follow me
李　成绩是拼出来的
众人　No. one No. one
李　日子是过出来的
众人　Hello Goog morning
李　过大年送大家一句吉利话
众人　马到成功
马 Horse 成功 Success
说说说　说句马到成功
说句英语祝大家马到成功
说说说　说句马到成功
说句英语愿祖国马到成功
李　大爷大妈说
众人　Howare you Howare you
李　小朋友们说
众人　I speak English
李　空姐空嫂亲切的说
众人　Welcome to China
李　小夫小妻说
众人　I love you
李　的哥的姐说
众人　What's your name
李　民警同志说
众人　Can I help you
李　商店里售货员温柔的说
众人　Please come in
李　我们大家都在说
众人　中国 China 世界 World
China gose to the World
说说说让我们大声地说
让 ABCD 走进我们今天的生活
用那语言为你我架起一座桥
让我们不用翻译心灵的诉说
说说说让我们尽情地说
说出来才能感受交流的快乐
用来自中国的声音告诉世界
开放的中国正朝气蓬勃
李　游泳时游出来的
众人　哗哗啦啦　哗哗啦啦
李　汽车是开出来的
众人　嘀嘀嗒嗒　嘀嘀嗒嗒
李　道路是走出来的
众人　劈里啪啦　劈里啪啦

李　太多的好事是我们努力得来的
　　奥运是争出来的
众人　Beijing China
李　足球是踢出来的
众人　Go Go China Football
李　WTO是谈出来的
众人　Cool Cool Very Good
李　新的一年祝祖国祝大家
众人　马到成功
　　马 Horse 成功 Success
众人　想对老人说什么
李　Father Mother Happy New Year
众人　想对小朋友说什么
李　Study hard Study hard
众人　表达感谢怎么说
李　Thank you Thank you
众人　表示歉意怎么说
李　I' m sorry I' m sorry
众人　想叫出租你怎么说
李　Hello taxi taxi
众人　想买东西怎么说
李　How much How much
众人　遇到麻烦你跟我来
李　Let' s go Let' s go
众人　我们大家都在说
　　中国 China 世界 World
　　China gose to the World
　　说说说让我们大声地说
　　让 ABCD 走进我们今天的生活
　　用那语言为你我架起一座桥
　　让我们不用翻译心灵的诉说
　　说说说让我们尽情地说
　　说出来才能感受交流的快乐
　　用来自中国的声音告诉世界
　　开放的中国
　　China China
　　正朝气蓬勃

相声《妙趣网生》
素材：昆鹏网友提供
改编：姜昆　戴志诚
表演：姜昆　戴志诚

姜　朋友们，我给现场的观众提个问题啊。
戴　问吧。
姜　我这个找个人，哎，那边，就找您，别回头就是您。
戴　谁呀？
姜　梳小辫的那老大爷。
戴　啊？梳小辫的老大爷？
姜　不，梳小辫旁边那个老大爷。
戴　姜昆你想问什么呀？
姜　我想问问他上网了没有？
戴　姜昆，知道你搞了个中国相声网，你也别得哪哪说啊！
姜　哎呀，这网络可太好了，
戴　是吗？
姜　学好些东西啊？
戴　都能学点什么啊？
姜　有的词，你不学不知道什么意思。
戴　什么词不明白啊？
姜　我问问你，搞网络搞电脑得学一个词叫当漏。当漏知道是什么意思么？
戴　当漏？
姜　嗯。
戴　当漏——那是裤子破了。
姜　你理解成什么了你？Download 是英语
戴　你别说英语呀，你说中文什么意思？
姜　中文的意思是：下子儿。
戴　哼，你蒙谁呢？朋友们都知道，那叫下载。
姜　下载就是 Download，这不是学习吗？
戴　这还真能学。
姜　你看那个网络总经理不叫总经理。
戴　那叫？
姜　三个字母：CEO。

戴　哦，首席执行官。
姜　管财务的叫 CFO。
戴　哦。
姜　搞技术的叫 CTO。
戴　那您是什么 O?
姜　我是 UFO。
戴　啊？不明飞行物？姜昆——
姜　啊?
戴　我看你像 XO。
姜　像话吗?
戴　什么叫 UFO 啊?
姜　开个玩笑，我们那个相声网太好了。
戴　能丰富咱们的相声创作?
姜　每天接好多素材，昨天早上还接一个。
戴　接什么了呀?
姜　有个网友给我发了一个 Email。
戴　哦，电子邮件。
姜　告诉他身边发生的笑话。
戴　什么笑话啊?
姜　到商店里看熙熙攘攘的人挺多的，那边手机在响。
戴　哦，电话响。
姜　一个男同志在接：“喂?”
戴　哦。
姜　对方在说：“老公，我想买。”
戴　找老公的。
姜　“买什么呀?”“我想买项链!”“多少钱哪?”“才八千。”
戴　“才八千呢。”
姜　“买四条，春夏秋冬各戴一条。”
戴　嗯，有钱。
姜　“那我还想买。”“还买什么呀?”“我还买钻戒!”“多少钱哪?”“才一万二。”
戴　“才一万二。”
姜　“买三，左手戴一个，右手戴两。”“那我还想买。”“还买什么呀?”“我买汽车!”“多少钱哪?”“才二十万。”“买。”
戴　赶紧交钱去。
姜　一关，“谁丢的手机啊?”
戴　啊?
姜　谁丢的手机啊?
戴　哎，等等，这不是他的手机啊?
姜　刚捡的。
戴　呵。
姜　还数落人家呢：“你们老婆不好好教育，怎么见什么买什么呀?”
戴　哦，这位也够损的，你搭什么茬呀?
姜　是不是个笑料?
戴　你别说符合我们相声的特点，出乎意料。
姜　国外的网友，都给我发邮件。
戴　外国的朋友也有。
姜　告诉他身边发生的事。
戴　什么事啊?
姜　在美国，一条高速公路上，小伙子开车。
戴　呃。
姜　嗯嗯嗯嗯
戴　公路上开车呢。
姜　旁边坐着太太，后边坐着妈。
戴　哦，全家人。
姜　突然出现个警察：“停车!”
戴　哟，怎么回事啊?
姜　不知道呀，赶紧停边上。
戴　哦。
姜　这时候警察走过来：“司机先生，祝贺你，你是第一百万个通过我们这个路口的司机。奖给您五千块钱奖金，这是钱!”
戴　嘿哟，这个司机好运气啊!
姜　喜从天降啊!
戴　五千块钱啊!
姜　旁边的记者还采访呢：“司机先生，您拿了五千块钱，准备干什么呀?”
戴　您准备干什么呀?

姜　“我先准备考一个驾驶执照。”

戴　啊？这位还没有驾照呢？

姜　警察说：“把钱拿回来，把手放在方向盘上！”

戴　放好了吧。

姜　“你无证驾驶。”

戴　就是啊。

姜　旁边的太太赶紧解释：“警察先生，你可千万别听他的。他这个人哪，喝了点酒就胡说八道。”

戴　这还是酒后驾车呀！

姜　“你这叫数罪并罚。下来！下来！下来！”

戴　俩人都下来吧。

姜　这一嚷嚷不要紧，把后面昏昏欲睡的妈妈给吵醒了。

戴　哦。

姜　一看儿子让警察给带出去了，推门就哭：“嘿哟儿子，我说什么来着，偷来的车不能跑这么快啊！”

戴　这还是偷来的车啊！

姜　一个笑话三个笑料。

戴　这属于三罪归一哪。

姜　就是。

戴　这也是告诉人们，什么是违法的，什么是不应该干的。

姜　连台湾的网友都给我发来 Email。

戴　咱们自己的朋友。

姜　说，姜昆，给你写一段相声。

戴　那欢迎。

姜　保证让你乐。

戴　是么？

姜　如果不乐的话，

戴　啊。

姜　赔你一千块，括弧，欧元。

戴　哦哟！这位朋友什么新鲜赔什么呀。

姜　我一看写的不错。

戴　这相声怎么写的啊？

姜　说一个孩子问自己的爸爸。

戴　问什么呀？

姜　说：爸爸，能给我解释几个名词吗？

戴　什么词啊？

姜　什么叫做生气，什么叫做愤怒，什么叫做发疯，什么叫做哭笑不得？

戴　哦，让当爸爸的解释这四个词。

姜　他爸爸说：我，解释不了，这么着，我给你演示一下。

戴　还能表演么？

姜　你看啊，在家里把电话拿起来，随便拨了一个电话号码。

戴　瞎按了一个。

姜　就听对方说：“这里是林公馆，请问您找谁？”

戴　您找谁？

姜　他爸爸说：“我想找周润发。”

戴　找周润发？

姜　对方一愣。

戴　啊。

姜　“您没听清楚吗？我们这里是林公馆。”“您无论如何帮我找一下周润发。”“哎，您，您懂中国话吗，我们这里是林公馆。”

戴　对。

姜　“我就是想找周润发。”

戴　够执着的。

姜　这位用天津话回答了他一句：

戴　怎么说的？

姜　“你嘛有病吧你呀！”

戴　耶，这怎么地方方言都说出来了？

姜　这时候，爸爸对孩子说——

戴　啊。

姜　知道对方现在在干什么吗？

戴　在干什么呀。

姜　对方在生气。

戴　哦——他用这种方式解释那个生气。

姜　对！

戴 那我问问什么叫愤怒呢？

姜 儿子一问什么叫愤怒，当爸爸的又把电话拿起来，还拨这个电话号码。

戴 还是刚才那个。

姜 对方说："这里是林公馆，请问您找谁？"

戴 您找谁？

姜 "我想找周润发！"

戴 又来了。

姜 "哎，你这人是不是有病啊，你要找什么，你要找什么呀？""我就是想找周润发！""找你大姨妈！"哐！

戴 哎，这个说话可不太文明啊。

姜 然后告诉孩子。

戴 啊。

姜 对方现在就在愤怒！

戴 是在愤怒。哎，那什么又叫发疯呢？

姜 孩子又问什么叫发疯，当爸爸的又把电话拿起来了，还拨这个电话号码。

戴 还是那个啊？

姜 对方一接就急了："你怎么回事啊？你捣什么乱呀？你要干什么？你要干什么？"

戴 坏了，急了。

姜 这时候，他爸爸平静地说："请问这里是林公馆吗？"对方一愣："啊，对不起，对不起，你看总有人打骚扰电话，我对您态度不好，请问您找谁？""我找周润发！"

戴 哇！

姜 哐的一下，就把电话摔了。

戴 感觉得到，对方是在发疯。

姜 发疯。

戴 那什么又叫哭笑不得呢？

姜 孩子又问什么叫哭笑不得，

戴 呃。

姜 当爸爸的又把电话拿起来了，还拨刚才这个电话号码。

戴 还打这个？

姜 对方是怒不可遏："你要干什么，你这是骚扰正常人的家庭生活，我要报警！"

戴 这回坏了，人家要报警。

姜 这时候他爸爸稍沉了一会说："嗯，我就是周润发，请问刚才有人找我吗？"

戴 呀？我问问，对方怎么回答？

姜 对方说："你别装蒜，当我不知道呢，我们这是来电显示电话，你的号码都在上面，等着警察找你吧！"

戴 看看你这回说什么？

姜 "哎，我说，你——嘿嘿嘿嘿——"

戴 怎么这模样了？

姜 "孩子啊，爸爸这个惨相就叫做——"

姜和戴 哭笑不得！

歌曲《知足常乐》

作词：郁钧剑 作曲：刘青

演唱：郁钧剑 张也

郁 人生的课堂谁都有对错
有时满分 有时及格

张 美好的梦想大家都爱做
有的成功 有的失落

郁 无论是哪行哪业哪一个
平凡岗位也能有高尚品德

张 人生的课堂全靠自己把握
我们要无愧朋友和工作

合 说来说去是知足者常乐
知足的人儿会善待生活
谦让是福 奢望是祸
平安的日子大家一起过
大家一起过

郁（说） 祝福大家在新的一年里每一天都平心静气

张（说） 开开心心

合（说） 知足常乐

郁　生命的旅途谁都是过客
　　有时顺利有时坎坷
张　每天在忙碌谁都盼收获
　　有的甜蜜有的苦涩
郁　无论是官是民是富是贫
　　千金难买健康的体格
张　人生的旅途总有起点终点
　　我们要无愧父母和祖国
合　说来说去是知足者常乐
　　常乐的人儿会好好生活。
　　谦让是福　奢望是祸
　　幸福的明天大家一样过
　　大家一样过

（周涛、李咏、王小丫在互动平台前）

周　亲爱的观众朋友，截止到现在点击央视网站的网友，已经达到了八百四十万四千八百九十七人。

李　发送中国移动通信全球通 2002 手机短信息的有多少人呢，是三百八十二万九千九百四十二人。

王　拨打中国电信 168 热线电话的有多少人呢，有一百四十五万四千七百八十三人。

周　谢谢大家的参与，也希望通过以上三种方式和我们沟通，现在我们隆重地揭晓第二个问题的答案。

李　那四匹马到底是在哪四座城市呢？请看大屏幕。

（大屏幕依次播放四匹马所在城市的视频）

解说（男）　豪情飞扬的冰马，凝结着这座城市的奔放与刚毅，国足圆梦五里河，续写着这座城市的光荣与神奇，圣经古韵，关东风情，北方重镇工业名城，七十二万人民正以万马奔腾的豪迈踏雪而歌，与时俱进，这就是沈阳。

解说（女）　上海，祖国东海岸上的一颗明珠，改革开放以来，上海的综合实力显著增强，城市面貌日新月异，已成为我国最大的经济中心和国家历史文化名城，并逐步建成国际经济、金融、贸易和航运中心之一，黄浦江两岸的综合开发已全面展开，开放、进取、璀璨、迷人，这就是东方大都市——上海。

解说（女）　这里是十三朝古都，这里是西部大开发的最前沿，火树银花，欢歌劲舞，这里是三秦大地红红火火的除夕夜，城门洞开，春风八面，曾经的辉煌，腾飞的来年，这里就是陕西西安。

解说（男）　一座春天里诞生的城市，它是中国改革开放的精彩缩影，今天，窗口的春意更浓，绿色家园谱写人与自然的和谐篇章，高新科技的火炬将明天的希望照亮，创新的精神铸造灵魂，开拓的脚步永不停息，这就是你——深圳。

（回现场，周涛、李咏、王小丫在互动平台前）

王　我们已经看到了，这四个城市就是：沈阳、上海、西安还有深圳。

周　是啊，亲爱的朋友您答对了吗？现在让我们看晚会的最后一个竞猜题目了，我们已经有四匹马放在了以上四个城市，又向大家征集了四句关于马的成语，现在请您选出其中的一句作为新春的吉祥话，我们要挂在那四匹马的身上。

李　这可是最后一道题了，值得注意的是只能是这四句成语中其中的一句，也就是说只有那么一句到时候能同时出现在四匹马的身上。

王　零点的时候愿好运和新春一起到来。

（朱军和文清出现在观众席）

朱　好，亲爱的朋友们，看了刚才东西南北四座城市的风采我真的非常激动，因为它正是我们伟大祖国的一个缩影。

文　是啊，我们伟大的祖国幅员辽阔，地大

物博，而且各民族兄弟姐妹们在一起共同创造着美好的生活。

朱 说到这，我要告诉大家，接下来这个节目当中有四十位从青藏高原赶来的特殊的演员，说他们是演员呢，是因为他们参加了春节联欢晚会，其实他们真正的身份都是草原上的农牧民。

文 是的。

朱 别的不说，就说他们当中最远的就从自己的家乡赶到北京就颇费了一番周折，因为他要从家乡骑六百多公里的马赶到州上，从州上坐两百多公里的汽车赶到西宁，又从西宁坐了两千多公里的火车，这才到了北京。

文 真是太不容易了。

朱 对。

文 你说的这四十个藏族同胞，我认识，去年“心连心”到青海湖演出的时候我就见过他们，他们虽然在这个节目里没有什么语言，可是呢，往您身边这么一站，那股劲头，那个神态，就让我们能够感受到来自青藏高原的雄伟厚重质朴的气息，他们洒出的每一粒青稞，都是对我们大家最最吉祥，最最神圣的祝福。

《民族新歌接力唱》

(1) 歌曲《在那东山顶上》（藏族）

作词：仓央嘉措　作曲：张千一

编曲：张宏光　编舞：杰克应莉

演唱：谭晶　表演：青海省海南藏族自治州群众服饰表演队

在那东山顶上
升起白白的月亮
年轻姑娘的面容
浮现在我的心上
年轻姑娘的面容
浮现在我的心上
啊依呀依呀拉呢
玛杰阿玛
啊依呀依呀拉呢
玛杰阿玛
如果不曾相见
人们就不会相恋
如果不曾相知
怎会受这相思的熬煎
啊依呀依呀拉呢
玛杰阿玛
啊依呀依呀拉呢
玛杰阿玛
呀拉依拉呀呢玛依拉嗦
玛杰阿玛

(2) 歌曲《美丽》（维吾尔族）

（深圳分会场）

作词：艾斯卡尔　作曲：艾斯卡尔

编导：阿朵　曹向东

演唱：艾斯卡尔　康巴尔汗　古丽夏缇

表演：深圳世界之窗有限公司五洲艺术团
深圳锦绣中华民族艺术团
深圳欢乐谷艺术团
深圳锦绣中华村寨艺术团

男唱 哪里姑娘最美丽
哪里花朵最美丽
哪里歌声最美丽
哪里树木最美丽
哪里山峰最美丽
哪里湖水最美丽

女唱 这里姑娘最美丽
这里雪莲最美丽
这里木卡姆最美丽
这里胡杨林最美丽
这里天山最美丽
这里天池最美丽

男唱 这里姑娘最美丽

是好男人她嫁给你
长长睫毛罩住你
多多辫子缠住你
带着嫁妆带着琴
但她不带着她妹妹

女唱 这里小伙最英俊
是好姑娘他娶了你
手鼓打得乱了心
麦西来普叫人迷
男人跑　女人追
挨上两鞭也痛快

(3) 舞蹈《欢腾的小马驹》(蒙古族)
(北京主会场)
作曲：黄海怀　编曲：卞留念
编舞：王为念　领舞：巴图朝鲁
表演：小香玉艺术学校
(穿着蒙古族服装的儿童手中拿着马头琴)

(4) 歌曲《娜鲁湾情歌》(高山族)
(深圳分会场)
作词：田雨　作曲：古月
编导：阿朵
演唱：陈思思　刘媛媛

合 娜鲁湾娜鲁湾

陈 高高的山有我的爱
熊熊的火是我的情
天上星是爱人的心
我要去追寻

刘 相爱的手要拉得紧
不变的情像旭日升
爱人的心是天上的星
陪伴小浮萍

合 娜鲁湾　娜鲁湾

(5) 歌曲《心想事成》(锦绣中华《东方霓裳》选段)
作词：车行　作曲：李昕
编曲：刘钢宝
编导：阿朵　曹向东　祝慧洳
演唱：刘斌　汤灿　吕薇

汤 吉祥鸟衔来了幸运星
喜讯生了翅膀都心想事成

刘 望千里城镇流行的是笑容
女儿成凤

合 男儿成龙

吕 五色土捧出了花信风
蓝图开了彩屏都心想事成

刘 走万里乡村收割的是喜庆
家道昌盛

合 民族复兴

汤、吕 勤劳的人民心想事成
顺心的事业顺了前程

刘 飞腾的中国心想事成

合 通达的道路一通
一通百通
勤劳的人民心想事成
顺心的事业顺了前程
飞腾的中国心想事成
通达的道路一通
一通百通

张 朋友们，一首《心想事成》唱出了我们对全世界华人的真诚祝福，也唱出了演员的心声，我们的演员说了能够在深圳表演春节晚会节目，这就是心想事成。

曹 不光我们这里气候好，而且节目有特点，除了刚才我说的有花车，有骑马，刚才大家也看到了还有烟花，所以说这些东西如果挪到演播室里恐怕很难表现的。

张 我们相信观众朋友已经看在眼里了，所以我们更加相信观众朋友会在今年的“森达杯”我最喜爱的春节晚会节目评选过程中多多给我们深圳的节目加油鼓劲。

曹　你这么有自信啊?

张　当然!

曹　那我就和大家再提醒一下，我们的选票刊登在中国电视报的第六、七、八三期上，请大家多多支持，也多多投票。

张　接下来请大家欣赏主会场的小品《邻里之间》

(北京主会场)

小品《邻里之间》

作者：赵福玉

导演：由二群

表演：牛群　郭达　蔡明

蔡　过年好，过年好，我是楼长蔡大妈，今年芳龄六十八，有人说我像蔡明，其实我是蔡明的妈。

(牛群愤怒地上台，郭达紧随其后)

郭　牛子，你给我。

蔡　哎哟，怎么了，牛子，郭子?

郭　给我，牛子。

蔡　怎么回事，大过年的嚷嚷什么?

郭　他把我的三轮车车座给我拔了。

蔡　为什么呀?

牛　他骂我!

郭　我没骂呀。

牛　他用手机发信息骂我。

蔡　什么时候?

牛　昨天晚上十一点，我都躺下了，他给我发一条信息，你看——

蔡　哦。

牛　"老牛过年好。"

蔡　这是拜年。

牛　您听着呀，"你现在马上从一楼到六楼来回跑十趟，你将会得到一份意外的惊喜。"我一琢磨有惊喜，咱就跑吧。赶紧穿上衣裳，我是从一楼到六楼，从六楼到一楼，我这通跑，一直跑到后半夜，给我累的呀，我这正喘着呢，他又给我发一条信息。

蔡　惊喜来了?

牛　来了。

蔡　哎呦，"让你跑你就跑，你缺心眼啊!"嘿嘿嘿——

郭　您瞧瞧，蔡大妈都乐了。

牛　蔡大妈，他骂我缺心眼，您怎么还乐呀?

蔡　这不是骂你，跟你逗着玩。

郭　就是，跟你逗着玩嘛，你看我这还有呢。"我把你的名字写在云彩里，被风带走了；我把你的名字写在沙滩上，被浪带走了；我把你的名字写满大街小巷，哇塞，我被警察带走了。"这不都是逗着玩的，对不对?

牛　哦，逗着玩，逗着玩谁不会呀。这是你的车座子吧?

蔡　哎哎——

牛　我用这个扳子把上面这个弹簧给扳直了，逗着玩!

(蔡明和郭达急忙上前阻拦)

郭　老牛老牛。

蔡　有事说事，咱不能毁人东西。

牛　你凭什么骂我缺心眼?

郭　我这不是骂你——

蔡　他不是——郭子郭子，这大过年的找他修车的人不多，找你三轮旅游的人可多啊。

郭　就是嘛。

蔡　我这盯着，你赶紧出车走。

郭　蔡大妈，我的车座子他还拿着呢，我总不能骑着棍儿出去吧?

蔡　瞅我这记性，牛子，把座子还人家。

牛　那他骂我缺心眼就白骂了?

郭　哎呀，我这真不是骂你。

牛 你要承认了，座子拿走，你要不承认，你给我一个惊喜，我也还你一个惊喜，我让你天天找车座子。

蔡 我说他啊我说他，郭子，咱们现在是人人争当文明北京人，你把牛子气成这样，你说你是团结了还是谦让了。

郭 不是我这——

蔡 想办法给他逗乐了。

郭 不是，他这个怎么逗啊？

蔡 你不是喜欢相声吗，你给说一段，他一乐车座子还你了。牛子，郭子非要给咱说段相声，你一乐座子还他了啊，郭子，说。

郭 相声啊——

（蔡明笑的前仰后合）

郭 相声啊——

（蔡明又笑的前仰后合）

蔡 说得多逗啊。

牛 蔡大妈，您听见什么了就乐成这样？

蔡 接着说。

郭 今儿呀，我给大家来段反正话，这反正话呀——

（蔡明再次笑的前仰后合）

郭 蔡大妈，我还没说呢。

蔡 我还以为说完了呢。

牛 乐早了。

郭 蔡大妈，您得帮帮我，这一个人说不了呀。

蔡 我不会说。

郭 求你了，蔡大妈，这简单，比方我说“蔡大妈是好人。”

蔡 那我说——

郭 您就说“好人是蔡大妈。”

蔡 哦，我就把你的话我翻过来说。

郭 对对对。

蔡 别夸我啊，夸他，夸牛子，一高兴车座子还你了。

郭 好。今儿呀，我们给大伙说一段夸夸咱们的好老牛。

蔡 牛——

郭 老牛是好人。

蔡 好人是老牛。

郭 我对不起老牛。

蔡 老牛对不起我。

郭 我请老牛吃饭。

蔡 老牛请我吃饭。

郭 老牛爱吃盒饭。

蔡 老牛爱吃饭盒。

郭 老牛爱吃铁板烧。

蔡 老牛爱吃烧铁板。

牛 你打算烫死我呀你。

蔡 别烫着，夸他，夸他。

郭 老牛是刀子嘴，豆腐心。

蔡 老牛是豆腐嘴，刀子心。

郭 老牛修车一丝不苟。

蔡 老牛修车不够意思。

郭 老牛修车不要钱。

蔡 老牛要钱不修车。

郭 老牛吃的是草，挤得是奶啊。

蔡 老牛吃的是奶，挤得是草啊，这什么牛啊这是。

郭 老牛是真可爱。

蔡 老牛是真爱渴。

郭 老牛是真大度。

蔡 老牛是肚真大。

郭 老牛是真精神。

蔡 老牛是真神经。

郭 老牛是真坚强。

蔡 老牛是真强——

（蔡明和郭达不知所措）

牛 说，接着说——

郭 你挑着担，我牵着马。

蔡 担挑着我，马牵着你。

郭 蔡大妈！

蔡 妈大蔡！

郭 这句不翻。

蔡　不翻这句。

郭　哎呦，牛子，我绝对不是骂你，我就是想夸你啊。

蔡　他绝对不是夸你，他就是在骂你。

郭　哎呀——

蔡　大妈没说好，他是想夸你。

牛　我这我都听不出来，我缺心眼啊我。

（牛群说完又用扳子拧车座）

郭　蔡大妈，我这车座子算是要不得了。

蔡　牛子，我说这么点事，你至于的吗？这么不依不饶的？

牛　点事？我憋了一年了。

蔡　什么事啊？

郭　我不知道啊。

牛　你不知道？去年春节，我们全家出去旅游去，我那个鹦鹉是不是放你家了？

郭　没错！是啊。

牛　你教它说什么了？

郭　我教它——不是，我还受它影响呢，我自己都快成鹦鹉了，现在客人一上车我就说“你好！”下车我说“别落东西您哪。”我教它我。

牛　那鹦鹉从你们家回来，天天冲我喊“你缺心眼啊，你缺心眼啊！”没别人，肯定你教的。弄得我的老婆孩子亲戚朋友全管我叫缺心眼，就连修车，人家说上哪修去，上缺心眼那修去。修完了人家还挺客气，说“谢谢您，缺师傅。”我改姓缺了我。

郭　蔡大妈，天地良心哪，这要是我教的，让我出门就掉链子，一路遇红灯，客人拉不着，我收的钱全是假币。

蔡　我知道谁教的了。

牛、郭　谁？

蔡　谁也没教，你那鹦鹉呀自学成才。

牛、郭　啊？

蔡　去年过节你拉活，收了张假币。

郭　啊。

蔡　为这事，你媳妇从初一到十五没少数落你，你缺心眼呀，你缺心眼呀。

郭　对呀。

蔡　后来两口子吵起来了，还是我这个楼长给你们调解的，那鹦鹉没准儿跟他那媳妇学的。

郭　哎呀，这绝对是跟我媳妇学的。

蔡　你看，牛子，上你们家去，我非把那鹦鹉我给它扳过来，我让它改邪归正，重新做鸟。走——

牛　不不。

郭　蔡大妈，蔡大妈，牛子，牛子，你等着，我把我媳妇叫下来，让她当面给你赔礼道歉。

（郭达说完就要走）

牛　老郭，老郭，过来，过来。骑这么多日子，你不觉得咯得慌？

郭　挺咯的。

牛　拿着，不咯了。

郭　修好了。

蔡　不生气了？

牛　谁生气了，这么点小事，我还——我缺心眼呀我！

郭　蔡大妈，您瞧，今天这事呀，全是我这条信息给闹的。

蔡　要没这条信息呀，这疙瘩还不知道从哪解呢。这邻里之间磕磕碰碰的那都备不住，没什么大不了的，一谦让就过去了，远亲不如近邻。

郭　真是对不起啊，让你爬了那么多趟楼。

牛　我缺心眼。

蔡　以后啊，多发点好信息，听见没？咱们呀代表咱们这个楼代表大家一块给全国的老邻居、老街坊、有联系的、断了联系还想再联系的，发个信息。

牛　给全国的新街坊、新邻居、认识的、不认识的想认识的发个信息。

郭　给那些红过脸已经和好了的、想和好还

不好意思开口的发个信息。

蔡　我们在这给您——

三人　拜年了！

歌曲《左邻右舍》

作词：张俊以　作曲：胡旭东

编曲：张宏光

编舞：高山　杰克

演唱：吕继宏　张燕

表演：湖北省歌剧舞剧院
武汉邮政艺术团
武汉电信艺术团
内蒙古小鸿雁艺术团

吕　城市里的高楼越来越多
人们之间越来越缺少联络
是周围的环境改变了你我
还是我们自己相互封锁

张　功名利禄虽然让人诱惑
但是人间真情更能暖心窝
远亲不如近邻这句话没错
别让道道围墙把你我阻隔

合　我的那个左邻右舍
吃过晚饭来我这儿坐坐
大家整天忙着工作
很少把家常话儿说
我的那个左邻右舍
有什么困难尽管对我说
大家都在一起住着
相处好了都快乐

张　功名利禄虽然让人诱惑
但是人间真情更能暖心窝

吕　远亲不如近邻这句话没错
别让道道围墙把你我阻隔

合　我的那个左邻右舍
吃过晚饭来我这儿坐坐
大家整天忙着工作
很少把家常话儿说
我的那个左邻右舍
有什么困难尽管对我说
大家都在一起住着
相处好了都快乐
我的那个左邻右舍
有什么困难尽管对我说
大家都在一起住着
相处好了都快乐

（朱军和倪萍出现在观众席）

倪　我说，小朱，小朱同志！

朱　你在叫我吗？

倪　你不姓朱吗？

朱　姓朱啊。

倪　你不是比我年轻吗？小朱，有什么错？

朱　我听着别扭，这么叫。

倪　小朱啊，你知道为什么让我今年来主持春节晚会吗？

朱　为什么？

倪　主要是代表我们老年朋友的利益，到现在我还没发挥作用呢，我们老年朋友都打来电话了，说“你看，歌舞相声小品全都演了，我们的戏曲怎么到现在不见影啊？”干吗，打算让我们后半夜再看啊？

朱　不是，谁说没有戏曲。

倪　你看，马上就十一点了。

朱　你看刚才那个《智力闯关》里那个四岁的小朋友刘晓源唱得那个好啊，一句一个彩，是不是朋友们？

倪　对，好是好，同志们，同志们，你看都不懂戏曲了吧，对戏迷来说这根本就不过瘾啊。

朱　他们的意思是？

倪　名家名段。

朱　还要听名角儿的？

倪　那当然了。小朱，给我们反应一下。

朱　我知道了，我这就去，老倪。

倪　小朱还不错。

（朱军边说边走上舞台）

《马字令》

创意：阎肃　编导：孙桂元

朱　我说诸位呀，该你们了，有请有请，朋友们，给点掌声，有请。

（戏曲名家们走上舞台）

朱　我想对戏迷朋友来讲，这几位就不用介绍了吧？应该都是响当当的名家，名家归名家，好像今天来得几位当中有一位稍微差一点。

众　谁呀？

朱　就差那么一点点，不太多。

众　谁呀？

朱　大过年的，算了，不说了。

众　说嘛。

朱　非得逼着我说，我呀。

众　嗨——

朱　开玩笑，你看马年就要到了，你看这样好不好，今天咱们不那么唱了，咱们今天来一个马字令。

众　什么叫马字令？

朱　就是在你们的唱段当中，得带一个马字。

众　没问题。

朱　每人的唱段里都得带马。

于魁智　那很容易。

朱　容易呀，那你先来。

于　那好，我先来。

于魁智唱（选自《武家坡》）　一马离了西凉界。

朱　好，有马。该你了，老禄。

孟广禄唱（选自《铡美案》）　包龙图打座在开封府。

朱　好什么呀，到现在没马呀。

孟　尊一声驸马爷细听端的，有马吧？

朱　我说这驸马也算呀？

孟　有马就算。

朱　有马就算，行行。

李胜素唱（选自《银空山》）　将人马扎至在银空山。

刘桂娟唱（选自《文姬归汉》）　又听得马萧萧悲风动地。

赵葆秀唱（选自《打龙袍》）　龙车凤辇进皇城。

朱　好，不过这回，我听得真真切切，确实没马。

赵　有马。

朱　哪有马呀？

赵　龙驹凤辇是什么拉？

朱　马。我说这干吗呀。

杨赤唱（选自《华容道》）　整顿人马我再下江南。

李军唱（选自《打登州》）　鹞子翻身上黄骠。

朱　这回我也不问了，那黄骠就是马。

邓敏唱（选自《穆柯寨》）　穆桂英跨战马忙传一令。

袁慧琴唱（选自《对花枪》）　空盼望实难忍我好心伤。

朱　这唱了半天，真没马。

袁　跨战马　提银枪　足穿战靴换戎装

今日里我上战场　来寻忘恩负义郎

这苦衷　对谁讲　倒叫我又悲又恨又羞又恼

怒火满腔

朱　我问问朋友们，好不好？

观众　好！

朱　好是真好啊，真是名家名段，但我也替戏迷朋友说点实话啊，听了这么久，我觉得没有一段那种特过瘾的。叫什么嘎调？

于魁智唱（选自《坐官》）　公主去盗金鈚箭本官才把心放宽　扭转头来叫小番。

朱 好，就是没马。

于 备爷的战马　扣连环　爷好过关。

朱 好，真是段段带马，句句带马，真是名段名家送马年，我们衷心的祝愿大家马到成功。

（周涛、李咏、王小丫在互动平台前）

周 节目看到这份呢，还是要提醒您，别忘了参加我们的“森达杯我最喜爱的春节晚会节目评选活动”，我们的选票时刊登在中国电视报的第三、四、五三期上，记住是三、四、五这三期，我们欢迎您参加评选，由于要在正月十五的元宵晚会上来公布评选结果，所以提醒您要在正月初二，也就是后天以前把选票寄给我们。

李 今年与往年有很大的不一样就是多了很多的互动环节，像您可以登录央视国际网站，而且可以编辑中国移动通信全球通的2002手机短信息，另外还有中国电信16899999的声讯热线，来参与我们的节目和参加评选竞猜，千万不要错过这个机会。刚才我们不是说过在四个与马有关的成语当中选择一句嘛，那一句会同时出现在四匹马的身上，那四句是马到成功、一马当先、万马奔腾和龙马精神，现在大伙还可以继续选，现在时十一点零三分，如果在零点钟声敲响之前，谁的入选率最高，谁就真能够得到一樽由金丝猴集团提供的吉祥金飞马。

歌曲《谢谢你朋友》

作词：陈涛　作曲：苏越　编曲：张宏光

演唱：彭丽媛

演奏：女子十二乐坊

大雪压低枝头
想起远方的朋友
过年了道一声问候
忙碌中许多照顾不周
是在欢聚之后
告别黄昏的路口
你那句临别的赠言
至今还围绕我心头
谢谢你们我的朋友
爱我让我时时刻刻拥有
感情越是年深日久
我越能感受你们的宽厚
我亲爱的朋友

说 在这里，我给近在眼前和远在天边的所有朋友们拜个年，并祝大家新春万福，事事如意，岁岁平安。

举起杯中美酒
想起远方的朋友
那一次相争不相让
平添了多少无端烦忧
岁月可曾抚平
心灵那道伤口
如今我说声道歉
相逢一笑情意长留
谢谢你们我的朋友
爱我让我时时刻刻拥有
感情越是年深日久
我越能感受你们的宽厚
我亲爱的朋友

（大屏幕滚动播放为全国人民带去新年问候的单位名单）

歌曲《连队里过大年》

作词：阎肃　作曲：赵季平

编曲：卞留念　孟可

编舞：高山　杰克

演唱：王宏伟

表演：河北省歌舞剧院
湖北省歌剧舞剧院
武汉邮政艺术团

过大年（过年喽）
连队里那个过大年
别是一番好景象
五彩练　挂灯笼
映红了咱的绿军装
映红了咱的绿军装
山坡上噼里啪啦
不是打靶　是在放炮仗
营房里噼里啪啦
不是讲课　是晚会开了场
副连长唱京戏　洪亮高亢
小文书低回宛转
来了段梆子腔
（最妙还是指导员　样样活儿都在行）
（学大腕　演小品　耍杂技还变魔方）
逗得大伙嘻嘻哈哈笑满堂
过大年
连队里年夜饭
别是一番美花样
聚五湖通四海
各样名菜连八方
才端上吸吸溜溜
四川风味典型麻辣烫啊
又送来咕咕嘟嘟
福建特产一品佛跳墙嘞
东北的酸菜粉儿　解馋开胃
再加上驻马店糊辣汤
（最后还是司务长带领伙房一大帮）
（又是吹又是唱插着蜡烛闪着光）
（抬出一只叽哩咯喳叽里吠当零乒啷）
烤全羊
（咦为啥不见咱连长）
（原来他替咱们去站岗一身风雪两肩霜）
（不由得滚烫烫　一腔热火暖热了咱胸膛）
连队里过大年
别是一番好景象
爹娘请把宽心放
孩儿快快乐乐守边疆
连队里过大年
别是一番好景象
祝福咱的爹和娘
幸福美满又安康
过大年

（朱军和文清出现在观众席）

朱　连队里过大年，真的是非常的热闹。

文　是啊。

朱　你看这点我知道，因为我当过兵，他跟咱们老百姓家过年一点都不一样。

文　但其实，各家也有各家的精彩。尤其是现在，过年的方式是越来越多，在家团聚，出外聚餐，要是多年不见的朋友突然给您发了一个问候的消息，说不定还能给您带来一份意想不到的惊喜呢。

朱　没错，不过也说不定给您来个措手不及的，不信让我们一起来看小品《圆梦》。

小品《圆梦》

作者：段连民　导演：尚敬
表演：魏积安　杨蕾　刘敏

杨　这考大学的政策改革了，我们家老魏五十多岁又背起书包上学了，他的理想就是要当一名治理环境的污水处理工程师，简称“巫师”。

魏　我放学了，哎呀，这人上了岁数呀，记忆力就减弱，老师讲了一天我就座着傻乐，总共记住俩字——下课。

杨　回来了？

魏　回来了。

杨　你们补习班咋回来这么晚？

魏　今天考试。

杨　我知道你今天考试，这不，给你准备了俩鸭蛋。

魏　给我准备俩——你什么意思你？

杨　我这不是给你补补脑子嘛。

魏　你还别说，这多少年不念书了，冷不丁拾起来还真有点吃力。

杨　要我说呀，你天生就没上大学的命。

魏　谁说的，当年我爹妈又是掐又是算，研究了半天才生了我，所以我一落地就是“研究生”。将来我怎么也当个博士啥的。

杨　对，一定要当博士，你想啊，皇上他妈叫太后，皇上的媳妇叫皇后，你要当了博士，那我就是博士后。

魏　我看你是脸皮厚，你还博士后，我查点资料。谁给我发了个伊妹儿。

杨　发了个啥？

魏　就是一封信，我打出来看看。

杨　哪来的？

魏　法国刘彩云。

魏、杨　刘彩云？

杨　这不是当年和你相好的那个女同学吗？我说他怎么哭着喊着要考大学，怎么着，想借着考大学你跟着彩云飞呀？

魏　我说你怎么老拿我这女同学说事呀？那当初你嫁给我之前你爹不是也把你许给别人了吗？

杨　那是我爹，我也没同意呀。

魏　那这么些年就没点啥小秘密？你一直锁的那箱子里放的不是情书啥的？

杨　不是。

魏　能打开让咱看看吗？

杨　不能。

魏　这不完了嘛，你还——出来了。

杨　你给我看看。

魏　这隐私能随便看吗？

杨　你给我看看。

魏　你看不明白。

（二人争夺）

杨　你给我。

魏　弄坏了。完了，彩云两半了。

刘　爸妈，我回来了。

杨　小芳，你回来的正好，听我给你说啊。

魏　小芳，你听我给你说。你爸当年有个女同学，现在在法国。

刘　女同学？爸，那女同学长啥样呀？

魏　那女同学要说长得那可是——

杨　咳咳——

魏　比你妈可差远了。你妈那长得好歹有个人样。

杨　去，说她！

魏　当年我们中学毕业支援农村建设就到了你妈他们村，那时候经常组织学习就让我读报。

杨　还有她读报。

魏　还有她读报。

杨　不是一个人。

魏　不是一个人。

杨　后来读报你俩在一起。

魏　后来我俩就抱在一起。嗨，都是让你妈搅和的。我跟你们说白了吧，当年那女同学学习特别好，我就是想让她帮着我一块考大学。

杨　别解释了，小芳，妈眼神不好，把信给妈念念。

魏　小芳，别念。

刘　爸，不让念就说明你有鬼。

魏　念念念，你念那半，我念这半。

魏　有那关键的词我就把它掐了。

刘　傻大个。

魏　哎。

杨　你看。

刘　傻大个？

杨　你爸外号。

魏 念信念信。
刘 从同学那知道了你的伊妹儿地址——
魏 从同学那知道的。哦对，逗号。
刘 一晃三十多年过去了——
魏 句号。
刘 当年咱们住的那个村子变样了吧——
魏 问号。
刘 真想回去看看呀——
杨 这回没有了吧？
魏 省略号。
杨 咋标点符号都在你那了？
魏 确实都是符号，你看——
刘 我特别特别地想念——
杨 想念谁？快念，想念谁？
魏 我曾经喂过的那头老黄牛。人家想牛，跟我没关系。
杨 蒙谁呀，以为我听不出来，她想牛，那就是想你。
魏 人家明明就是想牛，怎么能是想我呢？
杨 我问问你，牛吃啥？
魏 草啊。
杨 它咋吃？
魏 喂啊。
杨 你姓啥？
魏 魏呀。
杨 不是想你是想谁？
魏 你这胡搅蛮缠嘛你这。
杨 你说啥？
魏 我说你胡搅蛮缠。
杨 你——小芳，你听你爸说得这话。
刘 爸，你咋这样说我妈呢？道歉去。
魏 道歉道歉，我最会哄你吗了。老伴——
刘 老伴——妈——
魏 妈——孩儿他妈，你千万别生气，你说我真能考上大学，真能学出点成绩，真能当了这治理污水的工程师，用你的话说，我就是"巫师"，你是我老婆，那你就是巫婆呀。我说老伴，你不就惦记着这点事吗，行行行，今天当着闺女的面咱把这个事说清楚，是是是，当年我对那女同学是有些想法，可人家没同意呀。
杨 别解释，把信给我念完。
魏 小芳，给，和一块念。
刘 如今国内出台了新的高考政策，不再限制年龄，我打算回国从事老年大学教育，帮助更多失去上大学机会的人把梦圆了。
魏 请问有问题吗？
杨 念完了。
魏 念念，念完了它。
刘 最后，我想把埋在心里几十年的一句话告诉你，我一直深深地爱着你！
杨 请问这是什么问题？
魏 这可能是电脑的问题，呀，这还有一张呢。我一直深深地爱着你门口那棵歪脖子树。
杨 还歪脖子树，谁不知道是你们当年的约会地点呢。
魏 小芳，你看你妈这人。
刘 妈，你太多心了。
魏 那我这信念完了，你那箱子是不是该打开了？
杨 我不打。
刘 不打就说明你有鬼。
杨 那箱子你爸又不是没打开过。
魏 你怎么知道我打开过？
杨 那锁动过，我有记号。
魏 那箱子我是打开过，里面东西我没看。
刘 爸，箱子都打开了，你咋不看呢？
魏 上边盖着一层布呢。
刘 揭开呀。
魏 布上面写着字。
刘 啥字？
杨 谁偷看谁是小狗。
魏 你说我能看吗？我看完多出两条腿来，

你说你妈有没有鬼。

杨 好，我今天非把这箱子打开给你看看。

魏 别别别，咱不像有些人就爱窥探别人的隐私。

杨 不行，你不看我也打开。

魏 你打开我也不看。

杨 看吧。

魏 不看，说不看就不看。

刘 你不看我看。这都是些书啊，爸，你看——

魏 哎，这不是我当年复习高考那些课本吗？

杨 嗯。

魏 我记得当年取消高考，我一气之下，把他们都卖给一个收破烂的了。

杨 对，没错，后来那收破烂的上我们家了。

魏 上你们家收破烂去了？

杨 上我们家见我爹去了。

魏 见你爹干吗？

杨 他就是当年我爹要把我许给的那个人。

魏 当年你爹把你许给一个收破烂的了？

杨 啊。

魏 我说怎么这些年你一见了收破烂的就那么亲呀？

杨 老头子你。

魏 哎呀，我这个破烂呀。不是，老伴呀，你说你把这些课本珍藏了这么些年，咋不告诉我呢？

杨 我知道这些课本里啊，有你的梦，我怕你看了以后，心里难受。

魏 小芳啊，这可不是些破烂啊，这是知识，知识就是财富啊。老伴啊，看来当年我没看走眼，那时候一个高中毕业生娶了一个农村姑娘，在村里是传出了佳话呀。

杨 那乡亲们都说我们俩的结合，是当代的唐伯虎——点蚊香。

魏 老伴啊。

杨 哎。

魏 咱们也给刘彩云发一个伊妹儿，告诉她我一定要圆大学梦。

杨 对，你看这一年，奥运的梦圆了，足球的梦圆了，入世的梦圆了，我们愿天下所有的中国人在新的一年里都能——

合 圆梦！

歌曲《相会在北京时间》

作词：赵大鸣　作曲：肖白

演唱：戴玉强　孙楠

戴 时钟敲响天空的灿烂
脚步穿越光阴的片段
心中的美景风光正无限
冬天与春天相会在北京时间

孙 暮鼓晨钟敲醒千年的梦幻
红墙白塔遥看霓虹正璀璨
新世纪的舞蹈在明日里飞旋
古老与年轻相会在北京时间

合 抚摸着层层白玉栏杆
我想和你一起走过从前
用我所有的真诚
倾听紫气东来的寓言
再把天边的晨曦点燃
照亮金黄的琉璃
去开始一个民族的盛典
金色时刻在歌声中流动着浪漫
辉煌时刻在欢笑中迎接东方的灿烂
心中的美景风光正无限
古老与年轻相会在北京时间
金色时刻在歌声中流动着浪漫
辉煌时刻在欢笑中迎接东方的灿烂
心中的美景风光正无限
古老与年轻相会在北京时间
相会在北京时间

（朱军在舞台左侧）

朱 亲爱的观众朋友们，接下来我们为大家安排了一个小魔术，也就是他们说的手彩魔术，我希望现场的观众和电视机前的观众朋友，您都伸出双手跟着一起变，咱们活动一下筋骨，在这我要说魔术都是假的，您一定要认真的看，说不定您还真能看出点门道，学上一两手呢，有请我们的魔术师秦明晓、姚金芬。

《互动魔术》

表演：秦明晓　姚金芬

姚 大家过年好，今天过节我看你们特别高兴，干脆我教一套魔术你们说好不好啊？

观众 好。

姚 好，我就教大家一套徒手魔术，徒手魔术就是两手空空，不要任何道具，“唰”，瞬间就能产生神奇的变化，现在我就教，你们大家跟着我一起做。在家里看电视的朋友你们也一起活动活动。

姚 准备好了吗？

观众 准备好了。

姚 挺直腰板，打起精神，伸出双手，五指张开，握住，向前翻，向左晃，一、二，向右晃，一、二，翻回来，打开，很好，这是第一节，还有第二节，稍微难点，双手交叉，手心对手心，拍拍手，握住，大拇指动一下，我说预备起，大家用力把手腕拧过来，预备起，咿呀——这就是徒手魔术，谢谢大家。

文 姚大姐，等会，大家学会了吗？

观众 没有。

文 想不想学会？

观众 想。

文 你看看，要求多强烈呀，跟您学呀手都扭疼了都没扭过来，你得把谜底告诉我们呀。

姚 刚刚我一看这么多人学呀，我一高兴把最关键的一段我忘了说了，这最关键的一段秘密就都在左手上呢，翻手的时候可能我动作快点你们没看见，这次咱们再做一次啊，把左手举起来，坐在家里看电视的朋友一起来啊，咱们稍微做慢点，握拳，左右，向左翻，再向左翻，再向左翻，手掌张开，您那手掌没张开，这成风爪了，手掌要张开，肩膀不能拧，肩膀正，最好别使劲，只要你不抽筋，还得面带微笑，举起右手，拍两下，握住，我说预备起，大家齐声喊咿呀，预备起，喊，咿呀，这回会了吧，太好了。

秦 我也教您一套，也是两手空空，但是要出点彩，变点东西，什么，东西装袖口里了，您看，这个袖口有吗？左袖口有吗？怎么变呢，一吹，变变变变，就来了。

（秦手中变出两张人民币）

秦 我们家过日子就这么好过，我就把这套魔术交给你们好不好？

观众 好。

秦 不过我遗憾地告诉您，这个道具你们得自己拿着，请大家从兜里把道具拿出来，电视机前的朋友，赶快，准备道具，真没想到，都带道具了，魔术师啊，道具随身带，说变变起来。将它卷成一个卷，注意，把道具放在左手的这，用衣服盖上，夹住。现在跟我一起说“两手空空，右手没有问题，左手抓道具。”这句话不能说啊，抓完道具再说“左手空空，张开手，吹口气，变变变变变”，会了吧？

文 观众朋友们，学变魔术好不好玩啊，好玩吧，大家伙觉得特别有意思，你看又看了精彩的节目，又学会了魔术，多好啊。但是大伙觉得要学就学点绝活，您能不能再教大伙一个绝活？

秦 行。

文 掌声表示一下。

秦 这次变一个大的，这次我们大家集体做一个互动魔术，电视机前的朋友一定要参加啊，这套魔术叫“捉红桃”，两张黑的，一张红的，捉的就是它。

（秦和姚把三张扑克牌背过去，换顺序，让观众猜哪张是红桃）

秦 谁猜？第一个？错！扣十分！现在我们大家一起猜，分三块。

（秦和姚把三张扑克牌背过去，换顺序，让观众猜哪张是红桃）

秦 哪个？第一个？错！扣十分！就剩这两张了，这边，翻，错！剩下的就是你们，祝贺你们，也错！没红桃，谁说的？

（秦给大家揭谜底）

（朱军和文清出现在观众席）

朱 谢谢，一反一正把魔术全给漏了，不过摇身一变我们也变出一盆鲜花来。

文 你可真厉害。

朱 大家看到在我们现场也摆满了鲜花，这都是专程从云南昆明世博园运来的。

文 这些鲜花给我们高朋满座的现场带来了浓浓的春意。

朱 说得一点都不错，刚才从网络那边传来消息，说到目前为止，观众投票非常的踊跃，说实在的，这一张张选票都透着大家对春节晚会浓浓的情意。

文 是的，非常感谢大家对我们的支持，也有一些观众是通过填写中国电视报的选票来参加评选，在这里还是要提醒您一定要记得在正月初二之前把选票寄出来。

朱 在这里我们也要再一次地祝福大家。

合 新年好！

歌曲《新年好》

词曲：臧天朔　编曲：臧天朔

演唱：臧天朔　斯琴格日乐

演奏：臧天朔乐队

臧 今天是崭新的一天
是中国人的新年

斯 不管你离家有多远
都会得到亲人的祝愿

臧 让来自内心的欢颜
融化着一年的疲倦

斯 不管你有什么心愿

合 让我们一起交给
那美好的明天
老人们　孩子们　新年好
吉祥　如意　齐欢笑
四海同胞　新年好
美好的明天　齐拥抱
老人们　孩子们　新年好
吉祥　如意　齐欢笑
四海同胞　新年好
美好的明天　齐拥抱

臧 今天是崭新的一天
是中国人的新年

斯 不管你离家有多远
都会得到亲人的祝愿

臧 让来自内心的欢颜
融化着一年的疲倦

合 不管你有什么心愿
让我们一起交给
那美好的明天
老人们　孩子们　新年好
吉祥　如意　齐欢笑
四海同胞　新年好
美好的明天　齐拥抱
老人们　孩子们　新年好
吉祥　如意　齐欢笑

四海同胞　新年好
美好的明天　齐拥抱

（倪萍出现在观众席）

倪　观众朋友，在新年好的祝福声中，我非常高兴的告诉大家，接下来将要上场的是来自台湾的四位演员，他们今晚要给大家表演一个相声短剧，叫《谁怕贝勒爷》，说得是光绪年间贝勒爷和两个相声艺人之间的故事，贝勒爷是个什么样的人物呢，知道历史的朋友都应该知道，他按照现在的说法就是皇上的一个亲戚，观众朋友，大家也都知道，台湾的大型相声剧《千禧年我们说相声》前段时间在北京和上海轰轰烈烈的演着，凡是看过的观众朋友都说挺棒的，挺有意思的，那今天晚上他们演的这个是相声剧里的一个片段，可以这样说，是专门为咱们这一年的春节晚会打造的，就是有一点，他们四个台湾同胞上台之前反复问我说，今天的现场朋友，北京的朋友是不是喜欢听他们的相声，我可已经打包票了，朋友们，我说今天来的观众是全北京最热情的观众了，朋友们，让我们用最热烈的掌声欢迎远道来的四位台湾同胞。

相声剧《谁怕贝勒爷》

作者：赖声川
导演：赖声川
表演：金世杰　赵自强　倪敏然　李建常

逗　恭喜恭喜！
捧　新年好！
逗　报个名。
捧　于不笑。
逗　乐翻天。
合　上台鞠躬。
捧　说起这过年哪。
逗　是啊——
捧　您干什么打哆嗦呀？
逗　您看出来了？
捧　这么明白还看不出来？
逗　我怕呀。
捧　怕什么？
逗　恭王府的贝勒爷今晚要听咱俩说相声。
捧　别怕，待会他来你看我怎么对付他，谁怕贝勒爷呢？
逗　你小心点，咱俩在台上说错那么一句话小命就不保了。
捧　没事，没事，说这过年呀——
逗　完了，来了——
捧　谁来了？
逗　贝勒爷来了，我先走了啊。
捧　别走别走，说吉祥话。
捧逗　贝勒爷吉祥，恭祝贝勒爷福如东海，新年大吉大利。
贝　怎么着，上台没人拍手啊？
（观众鼓掌）
贝　你们俩也别那么多礼数，起来吧，别跪那了。
逗　贝勒爷要坐麻烦第一排给让个位置。
捧　麻烦那位爷暂时给挪一下位置。
贝　别麻烦了，我看这挺好。那个什么——
玩　玩意——
贝　把我凳给搬上来。那个什么——
玩　玩意——
贝　茶给沏上。你们俩干吗呀，杵那，说相声吧，甭管我。
逗　贝勒爷，您坐那不对。
贝　不对？
逗　我是说您换个位置比较好。
贝　换个位置好？
捧　贝勒爷，您请上座——
贝　我上座，我知道，我上座。
（贝勒爷坐到了桌子上）
贝　你们俩干吗呢这是，跟二愣子似的，说相声——

逗 来说来说。

捧 说什么说呀，他往那一杵，旁边站着个什么玩意。

玩 嗻！

贝 你嗻个屁呀，他在跟他说话干你什么事呀，搞个什么——

玩 玩意。

贝 好了，我跟你说吧，他的名字就叫玩意。

玩 嗻！

贝 好了。

捧 明白了，那位爷的名字叫玩意。

逗 会不会说话呀，是玩意大爷。

贝 什么，大爷？

逗 哎。

贝 呸。

（玩意拿痰盂接着）

逗 真准啊。

贝 他够什么资格叫大爷，他是底下人，现在底下人呀都不来劲，冬天给我扇扇子，夏天给我盖大棉被，这屋里头没太阳给我打伞，搞什么——

玩 玩意。

贝 好了，瞧你们俩，怎么着，杵那，光搂着我。那你们就得说清楚了，我问你，后边几个人呢？

逗 您后头？一个！

贝 一个？八个！

逗 八个？是八个大爷由他一个人伺候啊？

贝 错！原来是八个，现在成一个了。

逗 啊？

贝 苦啊，什么年月了，咱们大清国从顺治爷到现在，一个堂堂的贝勒爷出门，哪个不是带上八个，一脚出，八脚迈，两脚前，十六脚后，提灯笼的，撑洋伞的，拿茶壶的，抱痰盂的，烧火锅，拣木炭，下血肠，涮白肉，外带文房四宝，琴棋书画，梅竹菊兰，锅碗瓢盘，用的吃的穿的带的睡的枕的，外加一个小蛐蛐罐，大风筝，就凭八个熟手，都不一定忙活过来，何况现在给我缩编只剩下一个，还是这么一个，你说他到底算是个什么——

众 玩意！

贝 你们俩给我听着，这天底下还有谁比我过得更不好的？啊？

逗 您最不好。

贝 啊？

逗 您最好。

贝 啊？

逗 您最不好。

贝 啊？

逗 我最不好。

贝 啊？说了半天你说个什么——呀——

玩 玩意。

贝 连这个都给我落拍这个，气死我了，气死我了，气死我了——你们俩别光听我一个人在这嘟囔呀，你们继续说相声，继续说，给我说点美的，说点雅的，来吧，说——

逗 我说这什么叫做美呢？

捧 什么叫雅呢？

贝 待会待会，这我纳闷，大家伙坐在那，你们俩站这，你们说相声他们怎么瞧得见呀？

逗 是瞧不见呀。

（玩意上前拍桌子）

贝 上桌不得了吗。

逗 上桌上桌。

贝 叫好叫好。

逗 我说，这什么叫做美呢？

捧 什么叫美呢？

逗 最美的莫过于冬天能吃到大火锅。

（玩意端着火锅烫了贝勒爷）

贝 下来下来，别说了别说了，你们俩怎么了怎么了，叫你们说相声说成这样？好，我贝勒爷说，你过来站这。

（玩意给捧哏的换了把小扇子）

贝　我说呀，昨个——

捧　嗯。

贝　下午——

捧　哎。

贝　晚饭的时候——

捧　嗯。

贝　还有呢？

捧　哦。

贝　你日本人啊？

捧　那我要怎么说嘛？

贝　你这奴才，你顺着我的话往下接不就得了。

捧　明白了。

贝　再来一遍啊。昨个——

捧　天气很好。

贝　下午——

捧　打雷了。

贝　老佛爷传旨召见我——

捧　我在家跷腿喝茶。

贝　那像话吗？老佛爷招人那是不得了的事。

捧　下雨天喝茶很舒服嘛。

贝　嗨，这下刀你也得赶紧去呀。再来一遍，别害我呀。

捧　明白。

贝　再来一遍啊。昨个——

捧　天气很好。

贝　下午——

捧　打雷了。

贝　老佛爷传旨召见我——

捧　下刀也得去。

贝　我直奔紫禁城而去。

捧　上了东暖阁。

贝　瞧见老佛爷。

捧　好，瞧见瞧见了，可以回家喝茶了。

贝　回来回来，那还得了嘛，瞧见老佛爷你得下跪呀。

捧　参见老佛爷。

贝　看你跪着跟麻花似的，像话吗？你这朝廷礼仪你得顾吧，咱大清国几百年的宫廷礼仪一定得做，不然欺君之罪。

捧　打小没进过宫不明白。

贝　所以你这小老百姓，我看你永世都不得翻生。我告诉你。

捧　怎么个跪法呀？

贝　我跟你说。

捧　您慢着，来听听宫廷礼仪。

贝　一块来听，听着听着，瞧见老佛爷那不得了的事，马蹄袖往上一拍，双膝跪倒在地，头要碰到地上还要有声音。

捧　原来是这样呀？

贝　不止呀，你呀，还不能抬头，一抬头那麻烦就大了。

逗　这么可怕呀？

贝　非常可怕。

逗　都发抖呀？

贝　哆嗦得厉害呀。

逗　那进到里头怎么说呢？

贝　奴才叩见老佛爷，万岁万岁万万岁。

逗　这时候老佛爷说话了。

捧　你知道我今天叫你来什么事吗？

贝　宣奴才跟您一块说相声。喳！

捧　喳喳喳，全是人渣。你在我眼前害我心烦，害我今儿下午一杯热茶都没喝成。

贝　知罪知罪。

捧　小李子——

逗　在。

捧　告诉我眼前跪着什么东西呀？

逗　我看看。好小呀，好像是个人哪。

捧　是个人吗？

逗　我问问。你是谁？

贝　我是奴才！

逗　启禀老佛爷，他说他是奴才。

捧　他是奴才吗？

贝　我是老佛爷永远的奴才。

逗　真好听，再说一次啊，你是他的——

贝　奴才！

逗　你是我的——

贝　奴才！

逗　你是大家伙的——

贝　奴才！

逗　哎呦，真好听。

捧　不，我看他不像奴才。

逗　对，他不是奴才，他瞧不起咱们说相声的，瞧不起老百姓，他连奴才都不如。

捧　你让他自个说。

逗　你到底算是个什么——

众　玩意？

玩　嘛！

贝　你就别挨骂了。

逗　报名。

捧　金世杰。

逗　赵自强。

贝　倪敏然。

玩　李建常。

众　下台鞠躬！

（深圳分会场）

张　亲爱的观众朋友，现在这个镜头又切到我们深圳分会场来了。

曹　张震，其实以前我们也在深圳主持过节目，不过主持春节联欢晚会绝对是第一次。

张　所以我们俩认真品味了一下，这跟主会场比起来有一样的地方，也有不一样的地方。

曹　先跟大家说说哪不一样。

张　比如说吧，主会场那里屋里热气腾腾，外面冰天雪地，银装素裹，对比分明啊。

曹　这点呢，和我们是绝对不一样的，我们这是满目的郁郁葱葱，姹紫嫣红，不分里外。

张　更重要的，我们要说说一样的，那就是春节联欢晚会的喜庆气氛是一样的，观众朋友们的欢乐情绪是一样的。

曹　你说得太对了。再过一会马年的春天就要到来了，那个时候不光是我们四季如春的南国，即使是北京的主会场，人们也会脱去臃肿的冬装，然后换上轻便的春装，你说这是什么感觉？

张　那还用说——

张、曹　春天又来了。

大型时装表演《春又来》

词曲：仲衡　编曲：陈彤

编导：詹晓南　服装设计：张肇达

演唱：张咪　胡兵　胡东

模特领衔：朱慧珊　李冰　谢东娜　王敏　甄妮

表演：新丝路模特经纪有限公司
深圳锦绣中华村寨艺术团

张　在冬季的最后几天里
我感觉到春天的气息
就像是久别重逢的亲人
就像是温馨浪漫的你

胡兵　我知道窗外的桃花就要开了

胡东　我知道门前的草地就要绿了

胡兵　我知道寒冷的日子就要过去了

胡东　我知道心儿啊心儿啊换回了你的爱

合　春又来
把门窗打开
春又来
看繁花盛开

张　不再问
我仰起脸

合　自然地
让风儿吹

（大屏幕滚动播放为全国人民带去新年问候的单位名单）

（朱军出现在舞台左侧）

朱 亲爱的观众朋友们，在我们晚会进行的过程中，我们刚刚收到了一则来自美国盐湖城冬奥会的消息，朋友们，让我们一起来看大屏幕。

（大屏幕播放视频，孙晓梅当外景记者）

孙 亲爱的朋友们，大家好，现在我是在美国的盐湖城，这里正在举行2002年的冬季奥运会，今天是大年三十，我们在这向祖国的亲人和海内外的华人朋友们拜年了。今天在这个大喜的日子里，我们非常高兴地请来了大家非常熟悉的两位老朋友，一位是国际奥委会的名誉主席萨马兰奇先生，另外一位是我们中国奥委会的名誉主席何振梁先生。萨马兰奇先生，您的名字为中国人民所熟知，中国人民非常的尊敬您，您可能想象不到，当您宣布北京获得2008年奥运会主办权的时候，中国人民是多么的兴奋，现在让我们来一起回顾一下这个令人激动地时刻吧。

（视频播放北京申奥成功的片段）

萨 看到这些我非常高兴。

何 去年一年，我们祖国喜事不断，其中就有北京申办2008年奥运会获得成功，这个之所以获得成功，得益于国家越来越兴旺发达，另外就是我们全国人民的热切支持。

（北京主会场）

歌曲《有人曾问我》

作词：石飞　作曲：谷建芬

编舞：应莉

演唱：廖昌永　张迈　李琼

表演：河北省歌舞剧院

吉林市歌舞团

深圳世界之窗有限公司五洲艺术团

中国民俗文化村艺术团

深圳欢乐谷艺术团

廖 有人曾问我

你是哪里人

蓝天大海曾问我

哪是你的根

站在广场上

我大声告诉世界

我是中国人

我是中国人

我是中国人

（深圳分会场）

李 中国人真诚

中国人精神

滔滔的黄河长江

是五千年的根

张 中国人勤奋

中国人智慧

无论在哪里

我要告诉你

我是中国人

廖 有人曾问我

你是哪里人

蓝天大海曾问我

哪是你的根

张、李 站在广场上

我大声告诉世界

我是中国人

我是中国人

我是中国人

李 中国人最真诚

中国人精神

张 滔滔的黄河长江

是五千年的根

廖 中国人勤奋

中国人智慧

合 无论在哪里

我要告诉你
我是中国人
无论在哪里
我要告诉你
我是中国人
无论在哪里
我要告诉你
我是中国人

（众主持人上场）

倪 亲爱的朋友们，即将过去的一年是中国人民难以忘怀的一年。

李 许多的大事、好事、喜事，都是在这一年发生的。

周 许多美好的愿望都是在这一年实现的。

朱 东风夜傍花千树，宝马雕驹香满路，您要到处走一走看一看，就会发现我们的祖国发生了多大的变化。

王 你也会真切的感受到这些大事喜事让我们中国人真的扬眉吐气。

文 亲爱的观众朋友们，零点的钟声马上就要敲响了。

朱 让我们一起来倒计时——

众 十九八七六五四三二一！

（现场钟声响起，舞台上方飘下彩带和气球，视频播放祖国各地人民庆祝春节的场面）

李 在充满喜悦的冬季，蛇年满载着累累硕果，说话间就跟我们挥手告别了。

周 马年热情洋溢的春天踏着轻盈的舞步向我们走来。

文 春天来了，满载着二十一世纪第二个春天的希望和憧憬。

王 春天来了，激发着我们向春天迈进的坚实脚步。

朱 让我们满怀喜悦和激动的道一声——

合 中华全家福！

歌曲《中华全家福》

作词：曲波　刘敬昌　作曲：戚建波
编舞：梅昌盛
编导：阿朵　曹向东　汪寻芳
演唱：李晖　吴春燕　梁音　鲍蓉　李倩倩
表演：湖北省歌剧舞剧院
　　武汉电信艺术团
　　武汉邮政艺术团
　　新丝路模特经纪有限公司
　　深圳锦绣中华民族艺术团
　　深圳欢乐谷艺术团
　　深圳锦绣中华村寨艺术团

长江黄河贴门对
万里长城挂横批
三山五岳扭着秧歌
五湖四海端起酒杯
五十六个民族排成了队
港澳台的同胞也靠在身边
大团圆的场面今天最红火
大中华的全家福早就该按快门
照一张大中华的全家福
让祖先看看她的后代最争气
照一张大中华的全家福
让世界看看中华儿女心使一股劲
中华儿女心使一股劲
长江黄河贴门对
万里长城挂横批
三山五岳扭着秧歌
五湖四海端起酒杯
龙的传人情系个同心结
中华儿女抖出个精神劲
大团圆的场面今天最红火
大中华的全家福早就该按快门
照一张大中华的全家福
让祖先看看她的后代最争气
照一张大中华的全家福
让世界看看中华儿女心使一股劲

照一张大中华的全家福
让祖先看看她的后代最争气
照一张大中华的全家福
让世界看看中华儿女心使一股劲
中华儿女心使一股劲

（周涛、李咏、王小丫在舞台上）

周　亲爱的观众朋友，截止到现在，通过点击网站发送手机短信息并且拨打168热线的观众人数一共是一千九百一十六万零八百零九人，其中答对我们三题答案的观众人数是三百七十六万七千四百四十三人。

李　大家又是看电视看节目，又是紧个劲的忙题，答题很忙活，现在我们就来为答对所有问题的观众进行现场抽奖。

周　答对第一题的观众有七万五千八百七十三人。

李　答对第二题的观众有六十六万五千三百四十七人。

王　答对第三题的观众朋友非常的多，有三百零二万六千二百二十三人。

李　我们将从这三组观众当中，分别抽取三等奖三位，二等奖两位，一等奖一位。

王　我们所有的奖品都是由金丝猴集团上海食品有限公司提供的吉祥金飞马。

周　现在有请我们的抽奖嘉宾。

王　抽奖嘉宾两位都是我们剧组的演职人员。

周　其中一位是我们剧组里年龄最长的一位长者，他是年逾古稀的阎肃同志，另外一位是我们俩的搭档，也是春节晚会剧组里年纪最小的，年仅四岁的刘晓源同志。

周　有请两位。

【阎肃抱着刘晓源上场】

阎　我很荣幸。

刘　我很高兴。

李　小源给大家来个飞吻。让我们在马到成功的音乐声中进行抽奖。

抽奖嘉宾现场抽奖

（深圳分会场）

戏曲《马到成功》

作词：李华蕾　作曲：孟庆华
编导：曹向东　祝慧洳
演唱：李洁　李海燕　耿巧云　赵秀君
表演：新丝路模特经纪有限公司
　　　深圳锦绣中华民族艺术团

踏花归去马蹄香
金马献瑞出东方
天马行空胸怀广
宝马银鞍征路长
烈马红鬃声威壮
骏马飞驰意气扬
一马当先精力旺
万马奔腾国运昌
马到成功喜从天降
龙马精神傲穹苍
千军万马留佳话
万户千家马年吉祥

（北京主会场）

李　在马到成功的祝福声中，现在请允许我荣幸的宣布我们现场的抽奖结果已经出来了。

周　现在我们来宣布抽奖结果，一起来看大屏幕。

王　为了节省时间，我们现在只宣布一等奖，二等奖和三等奖请您详细的看一看中国电视报以及央视国际网站。

周　现在我荣幸的宣布第一道题马年吉祥话竞猜的抽奖结果，一等奖的得主是一位中国移动的用户，他的手机号码是13803828659。

李　恭喜你，第二道题城市与马竞猜的结果一等奖的获得者，他的身份证号码是210222650221450，恭喜你。

王　恭喜，第三道题也就是竞猜马身上是挂着哪一句吉祥成语的这道题，他的一等奖获得者的身份证号码是412321480614001。

周　我们向所有获奖的朋友表示热烈的祝贺。

李　让我们举起酒杯为春天的到来纵情歌唱吧。

歌曲《饮酒歌》

作词：皮阿威　作曲：威尔第

编舞：蔡丽雯　詹晓南

演唱：魏松　莫华伦　王震　幺红

表演：河北省歌剧舞剧院

吉林市歌舞团

内蒙古小鸿雁艺术团

深圳世界之窗有限公司五洲艺术团

深圳锦绣中华民族艺术团

广东省木偶剧团

男　让我们高举起欢乐的酒杯
杯中的美酒使人心醉
这样欢乐的时刻虽然美好
但忠实的爱情更可贵
当前的幸福莫错过
大家为爱情干杯
青春好像一只小鸟
飞去不再飞回
请看那香槟酒在酒杯里翻腾
像人们心中的爱情

女　在他的歌声里充满了真情
它深深地感动了我的心
在世界上最重要的是快乐
我为快乐生活
好花凋谢不再开
青春逝去不再来
人们心中的爱情
它不会永远存在
今夜的时光请大家不要错过
大家尽情欢乐

女　快乐使生活美满

男　美满生活要爱情

女　世界上知情者有谁

男　知情者唯有我

合　啊
今夜在一起使我们多么欢畅
一切使我们流连难忘
让东方美丽的朝霞透过花窗
照在狂欢的宴席上
啊啊
照在宴会席上
啊啊
照在宴会席上

（众主持人和演员上场）

倪　亲爱的朋友们，2002的春节晚会马上就要结束了，我们希望大家继续关注我们的元宵晚会。

周　亲爱的朋友们，夜已深了，兴犹未尽。

朱　马年到了，带来好运。

文　家庭幸福，身体健康。

李　出门在外，一帆风顺。

王　喜迎新春，五福临门。

（深圳分会场）

张　一马当先，万马奔腾。

曹　龙马精神，马到成功。

（北京主会场）

倪　大家携手，团结奋进。

众　瞩望明朝，霞彩祥云。

众人合唱歌曲《难忘今宵》

难忘今宵难忘今宵
无论天涯与海角
神州万里同怀抱

共祝愿祖国好祖国好
共祝愿祖国好
共祝愿祖国好
难忘今宵难忘今宵
无论天涯与海角
神州万里同怀抱
共祝愿祖国好祖国好
共祝愿祖国好
共祝愿祖国好
告别今宵告别今宵
无论新友与故交
明年春来再相邀
青山在人未老人未老
青山在人未老
青山在人未老

（田宇　整理）

2003年

《激情九九》第220期特别节目

播出时间：2003年8月3日
总导演：冯新明
总制片人：冯新明

片头

视频小片（导播在切换台前倒计时）

《PARA PARA》开场舞

演员：曾参加过《激情九九》的选手

【主持人方琼与诚诚一起从幕后跑到台上】

方 释放激情点燃梦想，电视机前的观众朋友，大家好，您现在收看的是第220期的《激情九九》，我是方琼。

诚 我是诚诚。大家好。

方 （鼓掌）大家好

诚 方琼啊，我们还是老规矩，让我们一起来认识一下我们现场的观众朋友们。

方 今天呢，是公元2003年的8月3号，我们的宣传片一直也在跟大家说，我们这是一期特别节目。

诚 那今天呢，可能和往常一样，很多观众朋友吃完饭之后呢，就会坐在电视机前准时收看我们的节目。

方 （点头）哎。

诚 等着宝宝们精彩的表演。

方 也许会期待当中会看到自己的亲戚朋友的亮相。

诚 那可能呢，什么原因都没有，就已经是习惯了。那这个时候呢，就会自然的打开电视机，等着我们的节目播出。

方 （点头）没错，那从我们节目开播到现在呢，已经有四年多的时间了，可以说《激情九九》是我们河北观众生活当中不可缺少的一部分。还是让我们来听一听大家是怎么说的吧。

外景小片（石家庄街头；红绿灯特写，镜头推至“数字9”的特写；钟表店陈列的各种表盘，镜头推至“数字9”的特写。）

街头部分：

退休大妈56岁 我特别喜欢《激情九九》，我们全家啊，老少都爱看。

丫丫4岁 我喜欢《激情九九》，我长大了也要上《超级宝宝秀》。

退休干部49岁 我喜欢《激情九九》，因为有时候跟着小孙女一块儿看，哎，我就跟着看了。

小学生11岁（脚下踩一足球） 我喜欢《激情九九》，我还去过现场呢。

宾馆保安 25 岁 我喜欢《激情九九》，因为里边的方琼和诚诚挺可爱的。

牛牛6 岁（曾是《激情九九》中《超级宝宝秀》板块的超级宝宝获得者） 我喜欢《激情九九》，因为我是牛牛，哈哈。（冲镜头探脑袋，大笑）

退休大妈 72 岁 我当然喜欢《激情九九》《超级宝宝秀》了，小孩儿们挺有意思的。

看门大爷 61 岁 我喜欢《激情九九》，那里边有个摩登老妈，挺有意思的。

出租车司机 35 岁（在出租车驾驶座上） 我喜欢《激情九九》，因为我们整天跑车特别累，回家就爱看一些轻松的节目。

演职人员部分：

编导24 岁（办公桌电脑前） 我喜欢《激情九九》，因为我在这里工作。

参赛选手 20 岁（特写） 我喜欢《激情九九》，因为他能让我认识这么多的好朋友。（镜头拉出，6 位年龄相仿的小伙子肩并肩，齐向镜头挥手“耶”）

（现场）

诚 我也喜欢《激情九九》，其实呢，不仅可以看到快乐，同时呢也可以感受到快乐。那正应了那句话，只要观众朋友们快乐，我们也会快乐。

方 哎，那我们刚才在看片断的时候呢，有些观众朋友们也在问我。说，“方琼，你们老说你们这一期是特别节目，特别特别，到底特别在哪？”

诚 哎。

方 大家慢慢看就知道我们这期节目特别在哪了。

诚 接下来咱们闲话少叙，赶紧进入我们今天的第一个节目单元《校园之声天地高校男生篇》。

（方琼泄气的低头，诚诚惊慌的看方琼。）

（字幕：黄色、蓝色幼圆体飞出“错了错了”）

诚 怎么了？好了，接下来呢，进入我们第一个节目单元。

方琼、诚诚 成长的梦想。

（字幕出：第一章成长的梦想）

方 其实我们在说到成长呢，主要是指我们的第一板块，因为我们第一板块主要是一些中学生啊，大学生来参加，前两天我们还说我们是眼睁睁的看着我们选手一天天的长大，他们是看着我们一天天的变老。（一手叉腰，弯下）

诚 是啊，像我们这样的现在都没法要了啊？

方 对，看你那褶子。

诚 不带这么挖苦人的啊，不过说正经的，其实方琼从第一期主持到现在，可以说是《激情九九》的一个见证人。

方（深深的点头） 没错。

诚 那我特别想问你一个问题，就是第一期录像的时候你是怎么把这个节目鼓镫出来的？

视频资料回放：《激情九九》第一期开场

方琼、杨柯（时任节目主持人）从幕后跑出 来来来，大家一起来。激情九九（把话筒伸向观众）

观众 幸运常有。

方琼、杨柯（一手握拳） 耶！

方 大家好，非常高兴您能关注我们第一期的《激情九九》节目，我是方琼。

杨 大家好，我是杨柯。很高兴两张新的面孔在一档新的节目中和大家见面。同时呢也希望你能够更加的支持和关注我们的《激情九九》。

（回到现场）

方 其实说到第一期，我现在看我以前做的节目，就觉得，一个字儿“傻”。

诚 嗯。

方 俩字儿“特傻”

诚 啊。

方 三个字儿

诚 傻极啦！

方 你才傻极了呢！（诚诚大笑）

方 三个字儿是心里话，“不容易”。因为我现在回想起我们的第一期节目，我想很多朋友已经记不清当时的内容是什么了，但是我想有一个人，他不是我们剧组的人，他应该清清楚记得我们这一期节目。一起来认识袁林。

视频资料回放：第一期《激情九九》袁林挡面具出场

方 让我们一起来看一看袁林同学的庐山真面目。

袁林摘掉面具，笑对观众

（镜头由远及近，推至舞台全景，伴舞者的翩翩起舞、环绕簇拥下）

《月亮惹的祸》

演唱：袁林

都是你的错
轻易爱上我
让我不知不觉满足被爱的虚荣
都是你的错
你对人的宠
是一种诱惑

（回到现场）

《月亮惹的祸》

演唱：袁林（歌词紧接回放断点）

都是你的错
在你的眼中
总是藏着让人又爱又怜的朦胧
都是你的错
你的痴情梦
像一个魔咒
被你爱过还能为谁蠢动
我承认都是月亮惹的祸
那样的月色太美你太温柔
才会在刹那之间只想和你一起到白头
我承认都是誓言惹的祸
偏偏似糖如蜜说来最温柔
再怎么心如钢铁也成绕指柔

【方琼、诚诚走上台，分别站在袁林两侧。】

诚 欢迎你，袁林，来握一下手。（诚诚与袁林握手）

方 那我记得四年前，那时候袁林在石家庄市第六中学上高二，是不是？（袁林点头）当时他的一首《月亮惹的祸》给我们剧组人留下特别深的印象。包括在现在我们组里提起袁林还都（向侧上方昂头，撇着嘴说）没听见说再比袁林唱得好的了。

诚 没错啊，不过其实我们今天再见到袁林，感觉和之前没有太多的变化。好像成熟了一点，是吧？

方 基本上没变。

诚 我们特别关心你现在在干什么，跟我们说说。

袁 现在还是，我在继续上大学。大二年级。

方 在哪？

袁 在天津音乐学院。

方 天津音乐学院？

诚 学什么专业啊？

袁 钢琴，我还是继续，想……

方 那时候，好像你钢琴已经是过了十级了，是吧？

袁 啊，对。

方 那你这样，能不能跟我们说说你还记不记得你第一次登台表演的时候，那个情景。

诚 嗯。

袁 那，肯定很紧张。

方 比现在还紧张？

袁 对嘛，因为第一次上电视，我心里都没有准备，然后，不过呢，我在大屏幕拉开的一瞬间，一下就释放出来了。

方 啊，确实是啊。袁林是我们第一期节目当中第一个上台表演的选手。

袁 我今天呢，带来一个特别的东西（从兜里向外掏出一张纸，慢慢打开）

诚 这一来还有见面礼啊？

方琼与诚诚凑过去看。

袁（将纸展开） 摄像师请给一个特写。

诚 请摄像师给一个特写。

诚 哦，这是我们《燕赵美少年》的报名表。我记得好像应该都收起来了，怎么你还有一份儿啊？

方 怎么你还有？

袁 当初吧，我就多拿了一份儿，我就怕当时报名的人特别多，万一没选上，下次再报就省的再排队了。

方（拿起报名表，细细端详） 你这个可是限量收藏版啊，留起来一定很有价值，一定好好保留着。看来，用心良苦。好再次感谢袁林，谢谢你。

诚 哎，不过看到这个报名表啊，我倒想起一件事情，就是我刚来节目组的时候，我一下看见两个柜子里整整齐齐码的全是报名表。

方 没错。

诚（掰着手指数） 有家庭的，有宝宝的，还有中学生的。我就觉得这个剧组对所有来参与节目的人，真的是非常的重视。

方 没错，那可以这么说因为我们节目呢，是一个普通人参与的一个节目。来我们这报名的选手很多，那当然呢也有很多不能走到舞台上表演。但是我想跟大家说，只要您到我们这报过名，你的登记表我们都完好无损的保存着。（向斜上方调皮的瞟）如果要是说“我没参加过《九九》”，您想赖是赖不掉的。

诚 没错，那其实参加我们《九九》报名的除了宝宝最多之外，其实学生也非常多。

方 没错，特别是中学生，因为我们节目在开办的时候，我们的第一个环节，最开始做的是（掰着手指数）《燕赵美少年》接下来是《漂亮女生》。可以说那时候在河北呢，对于一个能够全方位展示中学生的节目可以说是很少，所以我们节目一经推出呢，报名的选手络绎不绝。而且那时候也出现了许多非常优秀的选手，相信大家没有忘记他们。

歌伴舞《热情的沙漠》

演唱：王伟（《燕赵美少年》擂主）

王大千（《燕赵美少年》选手）

我的热情好像一把火
燃烧了整个沙漠
太阳见了我
也会躲着我
他也会怕我这把爱情的火
沙漠有了我
永远不寂寞
开满了青春的花朵
我在高声唱
你在轻声和
陶醉在沙漠里的小爱河
你给我小雨点滋润我心窝
我给你小微风吹开你花朵
爱情的小花朵属于你和我
我们俩的爱情就像热情的沙漠
我的热情好像一把火
燃烧了整个沙漠

太阳见了我
也会躲着我
他也会怕我这把爱情的火。

歌曲《至少还有你》

演唱：张嫚（《漂亮女生》冠军）
王雪（《漂亮女生》选手）

张嫚 我怕来不及
我要抱着你
直到感觉你的皱纹
有了岁月的痕迹
直到肯定你是真的
直到失去力气
为了你我愿意

【张嫚走到台一侧，伸手请出王雪】

王雪 动也不能动
也要看着你
直到感觉你的皱纹有了白雪的痕迹
直到视线变的模糊
直到不能呼吸
让我们形影不离。

合唱 如果全世界我也可以忘记
至少还有你
值得我去珍惜
而你在这里
就是生命的奇迹
也许全世界我也可以放弃
只是不愿意失去你的消息
你掌心的痣我总记得在哪里
在哪里

（亲友团鼓掌）

歌伴舞《颜色》

演唱：闫丽娟（《漂亮女生》选手）
廉洁（《漂亮女生》冠军）

闫丽娟 让爱能扩散到四面八方
不被千山万水阻挡
双手把世界围成个相框
记录来往的时光。

廉洁 相聚的地方就叫天堂
用爱连接整个世界感情无限延长
感动随时都余波荡漾
让心比昨天更开朗
喔——耶

闫丽娟、廉洁合唱（伴随舞蹈）
不管你的脸是哪种颜色
黑白或泛黄像亲人一样
不管你的妆是什么颜色
只要心够真就值得被欣赏

歌曲《爱我久久》

演唱：康欢（《燕赵美少年》擂主）
武非（《燕赵美少年》擂主）
王晋（《燕赵美少年》擂主）
金鑫（《燕赵美少年》选手）

康欢 喜欢你在乎的表情，尤其是吃醋的样子

武非 你说会爱我很久很久，那是最温柔的事

王晋 喜欢坐摩托的时候
轻轻靠在你的背后

金鑫 让风吹乱你的秀发
拂去我所有哀愁

合唱 你是我最简单的快乐
也让我最彻底的哭泣
我要用什么来说爱你
只怕我会让你更伤心
你是我最简单的快乐
也让我最彻底的哭泣
我要用什么来说爱你
只怕我会让你更伤心

合唱《真心英雄》

演唱：此单元全部演员

王伟 在我心中
曾经有一个梦

要用歌声让你忘了所有的痛

王大千、康欢 灿烂星空
谁是真的英雄
平凡的人们给我最多感动

武非 再没有恨
也没有了痛
但愿人间处处都有爱的影踪

袁林、王晋 用我们的歌
换你真心笑容
祝福你的人生从此与众不同

所有男生 把握生命里每一次感动
和亲爱的朋友热情相拥
让真心的话和开心的泪
在你我的心里流动
把握生命里每一次感动
和亲爱的朋友热情相拥
让真心的话和开心的泪
在你我的心里流动
让真心的话和开心的泪
在你我的心里流动

方 好了，我们刚刚看到的呢，都是曾经在我们《燕赵美少年》和《漂亮女生》中出现过的选手。相信大家对他们还应该是记忆犹新的，台上这几位您还记得吗？我们现在让他们各自自报家门。

王晋 嗨，大家好。我是王晋，现在就读于东北大学，马上要上四年级了。

王大千 大家好，我叫王大千。我现在在天津音乐学院，学的是声乐专业。

张嫚 大家好，我叫张嫚，现在在天津南开大学国际经济贸易系，马上也是大四的学生了。

武非 大家好，我叫武非，我现在高中毕业，马上要去上大学了。

王鸣 大家好，我是王鸣，我现在在北京广播学院，学的是电视节目制作专业。马上该上大三了。

诚 哎，我们这些学生现在都非常有前途啊。我现在特别想问一下王晋啊。

王晋 问我？

诚 王晋现在基本上跟我们是半个同行，那天我无意中在家里打开电视，我一看，哎，这不是王晋吗？做主持人了！开始跟我们抢上饭碗了?!（一手叉腰，抬头问王晋）

王晋 没有，这倒不少，其实呢，我现在在辽宁电视台主持一档时尚节目和一档体育节目。虽然每天的工作也是面对摄像机，面对观众，但是我觉得我今天再回到《九九》的舞台上，两种感觉，第一种呢，依然是这种老朋友一见如故的感觉，另一种也是对这种节目的一种眷恋，马上要离开校园了，依依不舍。但是我觉得无论怎么样呢，在这一生当中《九九》给了我很大的影响，让我发现了是这种激情给了我自信，勇气。发现了我现在对电视的一种潜力，给了我现在非常充实快乐的生活。

诚 一看就是主持人啊。这连插话都插不进去啊。

方 哎，那我问张嫚啊，我听说你这几年学没白上，这世界已经基本上都快被你转个遍了。

张嫚 因为我进入大学后，由于我有这个特长嘛，所以经常跟着学校的合唱团出去到各个国家参加比赛啊，演出啊，所以走了很多地方，长了很多见识。但是我觉得呢，回到我们《九九》这边，这个舞台还是我最眷恋的地方，正是这个舞台成为我的一个起点，让我走遍了世界的舞台。

方 而且马上要去留学啊，要去英国？

张嫚 啊，对我想学无止境嘛，还想继续的学。

诚　祝愿你学业有成，好不好？

方　王鸣啊，也可以说基本上成为半个我们的电视同行了。在北广上学，是不是？

王鸣　对，我现在学的是电视节目制作专业。

诚　也在北广上学啊？

王鸣　对。

诚　那我问一下，你为什么选择北广啊？

王鸣　那我最大的梦想就是成为音乐制作人嘛，所以我学的是电视节目制作专业。

方　那你当初为什么想起来要参加我们节目呢？

王鸣　因为大家都知道，当时有个板块是《圆梦》嘛，我觉得特别神奇，想实现自己的梦想，所以就来参加了。

方　对对对，那时候《圆梦》这个环节吸引了很多女孩子，张嫚你那时候是要见宋祖英？

张嫚　对

方（面向王鸣）　你是？

王鸣　要见赵薇。不过特别特别遗憾，因为我考试嘛，所以没能去成北京长城饭店，没能见到赵薇姐姐。

方　这不能怪我们，我们给她安排的好好的，结果她说，对不起我要考试。那时候已经上高三了？

王鸣　对，学习特别紧张。不过，还挺好的，因为我跟赵薇姐姐通了电话嘛，而且她送给我CD，还有签名的照片，我都收到了，特别的高兴。我觉得对我是一种鼓励。

方　其实我知道，那时候《圆梦》特派员有一阵都比我跟杨柯要火。我记得有一次，我跟杨柯刚从外面剧组出来，往前走了没一会儿，我就看见几个小孩唧唧唧，我就跟杨柯说，我说，“看，又来找咱们签名了。”我正从书包里掏笔呢，我一看那几个小孩儿丁丁丁跑过去，越过我们之后，因为还有邓军——圆梦特派员在我们后边，跑到邓军面前，“圆梦特派员，我们特别喜欢你，给我们签个名吧”弄的我跟杨柯特别没面子。

王鸣　不过方琼姐姐，我们现在还有许多梦想，让圆梦特派员帮我们圆这个梦。

方　这个，那说到这我也想告诉观众朋友们，在我们今天节目当中呢，我们也把我们的圆梦特派员请回来了。但是具体能不能帮你们圆梦，我们还要听听他怎么说。（一手伸向前）

《圆梦》环节小片，室外短片

邓军（圆梦特派员），在广场上，面对摄像机独白　很抱歉，我不能帮你们圆梦了，因为我今天还有特别的任务。不过我早已经说过了，根本不需要什么圆梦特派员，只要你有勇气，有信心，有努力，美梦自然会成真。

字幕　激情九九之漂亮女生圆梦特派员邓军。

【画外音】邓军，1999年至2000年之间，在激情九九担任圆梦特派员，给所有漂亮女生圆梦，如果失败，纯属偶然。

没有想到三年之后还能来到节目中间，和大家见面。真的是很意外，不过我刚才已经说了，因为我是接到一个特别的任务，剧组要有一封鸡毛信交给我。（四处看）哎，信呢？

从画外飞入一只火公鸡，邓军在广场上捉鸡。“别跑，别跑”

捉到鸡，一手按住鸡脖子，“没想到还是一只火的鸡毛信啊，赶紧看一下，鸡大哥别跑。”

解下一张缠绕鸡腿上的白色纸片，展开，果然是有《激情九九》的风格。

（信封上注有圆梦特派员收）“我的任务是什么呢？”

（信纸上写：18：00 淮北路 99 号）

18：00 淮北路 99 号，会有什么任务呢？现在几点了？

（画外音：5 点半）只有半个小时了，我得赶紧去找淮北路 99 号，走吧。

邓军奔跑在街头（罗拉快跑原声音乐做背景音乐），路过一街舞青年在秀太空步，并有群众围观，邓军未驻足停留，继续前行。（舞者为曾经的《燕赵美少年选手》，交叉回放其在节目中的片段）

邓军（边跑边说） 淮北路 99 号，你知道在哪吗？我得赶紧去找。（路过淮北路 84 号的路标）（继续向前跑）没想到，在路上还能碰见同行。（镜头中出现曾经的《男生女生》参赛选手在路边做访谈，并回放其在节目中的片段）

邓军继续向前跑，过马路（一位男青年搀扶一老者过马路，此男青年为《燕赵美少年》曾经的选手，回放其在节目中的片段）

邓军继续向前跑，路过一校门，从中走出一男生一女生，为曾经参加过《男生女生》的两位选手，并回放其在节目中片段

邓军继续向前跑，在淮北路 95 号的门牌下驻足停留，自言自语道：“淮北路 95 号，那 99 应该不远了，赶紧找。”

淮北路的街道标示出现，邓军摸摸脑门：“在哪呢，99 号？”说完继续向前跑。

邓军路过一小朋友，手举一张字牌，邓军未留意，继续向前跑。小朋友说：“瞎跑个啥呢，戴个眼镜，这么大个字都看不见。”字牌上写：淮北路 99 号。

邓军跑回，自言自语道：“这可怎么办，99 号怎么找不着。”邓军走到小朋友面前，累的低下了头，小朋友咯咯的笑。邓军抬头，说：“这哪里有 99 号啊，跑了半天，累死我了。”蹲下。

小朋友放下字牌，跑到邓军旁边，伸出戴手表的一只胳膊，对邓军说：“你看我现在几点了？”邓军看表后，言：“6 点半。”小朋友走回到字牌旁，坐在字牌上，距邓军不远处。

小朋友站起，再次跑到邓军旁边，伸出戴手表的一只胳膊，对邓军说：“你看我现在几点了？”邓军看表后，言：“6 点三十二。”小朋友走回到字牌旁，坐在字牌上。

（快放三次，小朋友跑到邓军面前，让邓军看表后回到原处。）

小朋友站起，再次跑到邓军旁边，伸出戴手表的一只胳膊，对邓军说：“你看我现在几点了？”邓军看表后，言：“6 点三十五。哎，你自己不会看表啊。”

小朋友说：“我还小。”

邓军喘气：“你还小啊？”

小朋友生气的说：“你以为我真不认识表啊！我就是看看你有没有时间观念。让你六点来，你六点半才来，你们年轻人早晨不锻炼身体，你是爬的还是跑的啊？”

邓军说：“六点钟到，你怎么知道我要六点钟来呀？”（拿起放在地上的路牌）哦，搞了半天，淮北路 99 号就在这里啊。

小朋友指着路牌：“对，我就是淮北路 99 号。”

邓军：“对不起，我错了，我错了，我迟到了，我实在是没找到你。你赶紧告诉我，下一个任务是去干吗吧。”

小朋友：“那就算了。你到这条路上直着走，左拐右拐，左拐右拐，左拐再右拐（邓军的头随其左右摇摆），然后去找最摩登的老妈。”（话毕，小朋友手指向前方。）

小朋友一条腿跪在滑板上，一条腿在地上推着滑板前行：“看你慢的，我送你一个现代武器。”

邓军摸着小朋友的头：“谢谢你，谢谢你，小家伙，再见。”

邓军滑上滑板，没站稳，狼狈的摔在地上。

（回到现场）

方 刚刚我们圆梦特派员呢去完成一个特别的任务，沿途当中大家可能注意到了，很多跟他擦肩而过的呢，都是在我们节目中曾经出现的。

诚 其实参加我们节目的观众朋友呢，都是普通人。您身边有，我们身边也有。现在看到参加我们节目的选手生活的非常精彩，让我们觉得非常欣慰。不过，我觉得我们的快乐宝宝贾云哲，几年没见长本事了，改训人了。

方 那当然，把我们圆梦特派员训的一愣一愣的。其实说到宝宝秀呢，一直是我们节目的一个重头环节。超级宝宝秀，精彩没折扣。这句话呢，不仅我们河北的宝宝能说出来，而且外地的小宝宝也能比画比画。

诚 马上进入我们第二个节目单元，超级宝宝秀的故事。在这里呢，我想说一句话：“外行看热闹，内行看门道。”其实看起来很简单的节目，凝聚了很多人的心血。

方 没错，那每个笑容背后呢，都有一段令人难忘的故事。让我们一起来看一看，超级宝宝秀背后的故事。

预告短片（慢镜头组接）

（字幕：超级宝宝秀第一任编导熊伟龄

熊伟龄坐在一面满是照片的墙前，侃侃而谈。

字幕：超级宝宝秀第二任编导姚萱

姚萱抱着宝宝坐在阳台

字幕：超级宝宝秀第三任编导许蕾

许蕾特写

字幕：超级宝宝秀第三任编导王璐

王璐在舞台上规划

字幕：超级宝宝秀第四任编导刘洋

刘洋坐在电脑前，屏幕保护为“激情九九”面对镜头，微笑

超级宝宝秀，彩排现场。

字幕：超级宝宝秀背后的故事）

小片（对每个幕后主创人员的采访）

字幕：超级宝宝秀第一任编导熊伟龄

（独白）第一期是在大家的帮助下一起做完的，当时也没有一个特别清晰的思路，不过好在比较顺。我们做了半年，一直都没有特别多的宝宝来报名，因为可能很多观众还不知道有这个节目。一直就是我去各个幼儿园，跟老师谈，来挑。几乎所有的幼儿园我都去过，然后突然有一天，那是一个星期天的下午，那一天来了得有一百多个宝宝。每个宝宝，再由自己的爸爸妈妈爷爷奶奶领着，这是100乘4，就有四五百个人吧，突然一下就全来到剧组。

资料回顾（在电视台的门口，很多宝宝由家长带领填写报名表）

熊伟龄 我当时就快哭出来了，那些人又吵，他们每个人又都特别想让自己的孩子上节目。我呢，一下又面对那么多人，不知道怎么能在这种非常嘈杂的环境里，把自己需要上节目的宝宝选出来。我当时就是说（十分夸张的殷勤笑容

挂在脸上）：“你好，你几岁了？”（回头愤怒的）“对不起，你能安静一下吗？”（十分夸张的殷勤笑容挂在脸上）你能给我唱个歌吗？（回头愤怒的）对不起，请安静。

资料回放

（面试现场小朋友在镜头前画外音：“那我问你，小花猫有几条腿呀？”小朋友高高的抬头回答：“两条。”

编导对家长 “回去有意识的给孩子准备一些节目，包括我们上台需要孩子表演唱歌呀，跳舞呀，儿歌呀，或者是模仿小动物呀。”）

熊伟龄 我基本上是把这些人都面试完了之后，剧组的其他同事就过来了。他们说：“小熊呀，上午面试情况怎么样呀？”我说，咱们节目一下子火了。说完以后我就跑到卫生间，（哽咽）关上门。

资料回放

（小朋友们一起面对镜头大喊：表现自己）

独白 印象最深刻的，除了第一期，因为是我第一次做宝宝的节目吧，应该就算是牛牛那一期吧。我觉得牛牛是一个非常非常可爱的宝宝，而且当时他只有两岁多。他上台以后，一开始我还特别担心，我说哎呀，他会不会上台就像平时一样，在台下没准哭啊，闹啊，死活不肯表演啊。但是这个孩子，在镜头前面表现欲望非常强烈，而且他在镜头前面表现的也相当的好，可以说他那一期全场的笑声、掌声就一直没停过。

资料回放超级宝宝秀现场

方琼 告诉大家牛牛属什么啊？

牛牛 属牛

方琼 牛牛属牛，爸爸属什么呀？

牛牛 属爸

杨柯 姥爷属什么？

牛牛 属姥爷。

杨柯 方琼属什么呀？

牛牛 属方琼

杨柯 真聪明！

方琼 金龙鱼

牛牛（放声、跺脚、含糊不清的唱） 亲爱的爸爸妈妈在等我，等我快回家。￥#%￥%金龙鱼大家庭！

（回到现场）

《姐姐妹妹站起来》

演唱：牛牛

音乐响起，牛牛跑上台

牛牛 大家好，我是牛牛，还记得我吗？

【用手指勾向台边，四位伴舞者上场】

字幕：牛牛　第31期　超级宝宝

牛牛 那就等着沦陷吧

如果爱情真伟大

我有什么好挣扎

难道我比别人差

谁要这么待在家

对着电视爆米花

想起你说的情话

哭的眼泪哗啦啦

十个男人　七个傻　八个呆　九个坏

还有一个人人爱

姐妹们　跳出来

就算甜言蜜语把他骗过来

好好爱　不再让他离开

间奏

【牛牛跑到每个伴舞者身边扭两下】

找个人来恋爱吧

才能把你忘了呀
像枯萎的玫瑰花
心里的雨拼命下
从今以后别害怕
外面太阳那么大
如果相爱要代价
那就勇敢接受它
十个男人　七个傻　八个呆　九个坏
还有一个人人爱
姐妹们　跳出来
就算甜言蜜语把他骗过来
好好爱　不再让他离开
十个男人七个傻八个呆九个坏
还有一个人人爱
姐妹们　跳出来
就算甜言蜜语把他骗过来
好好爱不再让他离开

【方琼、诚诚上台，分别站在牛牛两旁】

诚　我终于见到你了，你知道吗？我当初一看《激情九九》你的那一期，哎呀，我崇拜死你了

方　牛牛，先跟大家打个招呼

牛　嗨。

方　嗨之后？

诚　说完

牛牛　嗨，大家好。我是牛牛，今年六岁。

方　刚才我们看到的那段录像呢，牛牛是两岁多一点，那四年以后牛牛已经成了大小伙子了，九月份马上就要上学了。已经是小学生了，是吧？

牛牛　（憨憨的，微笑着，看着方琼点点头）

诚　说到马上上小学了，我要跟大家说一下。我们牛牛特别爱国。

方　爱国

诚　到幼儿园就是不学外语

方　对，就学拼音。

诚　没错。

方　听说你拼音学的特好

诚　很厉害，是不是？

方　随便指几个字，你都能给我们拼出来，是不是？

诚　那你给我们拼拼，好不好？

方　先拼个《激情九九》。

牛　ji 激 qing 情 jiu 九 jiu 九，激情九九。

诚　好，那拼个牛牛。

牛　niu 牛 niu 牛。

方　你看你马上要上学了，你有没有参加过什么考试呀？报名的时候去考试没有？

牛　嗯。

方　考了，那除了考拼音还考什么呀？

牛　考算术题。

方　你算术怎么样？

牛　挺好的。

（字幕：毫不谦虚）

方　20 加 20 等于多少？

牛　等于 40

方　奥，这么厉害！

（字幕：厉害）

方　15 加 16？

牛　15 加 16……

诚　15 加 16，很简单啊，这道题。

（字幕：考住了吧）

方　太难?！30 加 30 等于多少？

牛　30 加 30 等于 60。

方　你看，这个这么难，60 加 60

牛　等于二六十，两个 60

（字幕：牛式算法）

方　行，今儿还跟我夸呢。说："我这种智商，直接上二年级都行。"（手指伸出二）你这还得从一年级开始。

诚　还要从头开始，好不好？

方　牛牛，我们谢谢你，祝你学习进步

方琼、诚诚送牛牛下台

方　谢谢牛牛。第一代导演的苦诉完了，让

我们听听二代导演说什么。

采访短片

字幕：超级宝宝第二任编导姚萱

独白：算起来我离开《超级宝宝秀》已经有两年时间了，可是回想起来好像昨天才刚做完一期节目似的，那段日子好像就在眼前一样。

资料回放

超级宝宝现场

字幕：姚萱导演的第117期超级宝宝秀

超级宝宝教方琼表演京剧

超级宝宝（表演京剧走台步） 会了吗？

方琼 我就推着一自行车上来了。（表演）对吧？

超级宝宝 对了。

方琼 你能不能找一个适合我的，我下回穿着裙子我怎么……

超级宝宝（表演京剧云手、走台步） 会了吗？

姚萱 我以前对孩子没什么感觉，接手《超级宝宝秀》以后呢，简直变成了一个孩子狂。不管在什么地方，只要看到小孩，就两眼放光，盯着人家不放。我想那时候在商场、公园、公共汽车上，肯定很多家长都还记得我呢。我要一看见长的漂亮的、性格好的、能说会道的小孩，就跟见了宝似的。就跟人家一个劲儿的聊，不让人家走，还非要人家跟我去报名不可。

资料回放

超级宝宝现场

字幕：姚萱导演的第117期超级宝宝秀

方琼（摆一个姿势） 看我。

诚诚 看方琼姐姐适合唱什么？

超级宝宝 适合唱宝莲灯。

字幕 宝莲灯。

方琼 真适合我。

诚诚 这可是戏曲名剧。

方琼 宝莲灯里，你让我演谁？

超级宝宝 演灯。

字幕：好大一个灯

姚萱抱着一个宝宝：

我一直把《超级宝宝秀》当作自己的孩子一样，现在呢，我也有了自己的小宝宝了，叫陈爻爻。爻爻，给大家打个招呼好不好？嗨……我就希望自己的孩子呢，能像《超级宝宝秀》上的小朋友一样，又健康又活泼，也希望他将来呢，也能上宝宝秀。让九九熊（一个人扮演的大型毛绒玩偶）亲亲我的宝宝，让方琼姐姐抱抱我的宝宝，我们表演的节目大家给我们鼓鼓掌，多好啊。

（陈爻爻趴在地上玩耍的慢镜头）

特别节目现场

舞蹈《魅力无限》

表演：超级宝宝以及四位伴舞者

采访短片

字幕：超级宝宝秀 第三任编导 许蕾

独白：大家在电视上看到的，都是小宝宝们最天真、最烂漫的一面。可是要把他们这些最可爱的东西都发掘出来，难度真的是挺大的。因为孩子们的思维方式跟大人是不一样的。他根本就不会去管你在说什么。

资料回放

超级宝宝秀剧组报名现场

许蕾特写 表演一个，预备……起……门前大桥下（镜头拉开至办公室全景，

许蕾坐在椅子上面试由家长陪同的小女孩）

小女孩 哭闹。

许　蕾 哎，不好意思啦。

许　蕾 虽然我们做宝宝秀的几个编导，做节目的方式、风格可能都不一样。但是我们有一个共同的特点那就是我们都有一个相当好的心理素质。为什么呀？因为宝宝的突发情况实在是太多了。

资料回放

超级宝宝秀现场

（一个小男孩上台后，不表演哭闹着下台，一个小女孩，说了两句话就哭了："我要找妈妈。"方琼委屈而无奈的说："我怎么你了？我没怎么你吧？"一个小男孩回答完问题后，大声喊："我困了。"方琼说："啊？困了！你几点睡觉啊？"小男孩自顾自的把双手手臂架起来睡觉，方琼和杨柯都很无奈。）

采访短片

字幕：《超级宝宝秀》第四任编导　刘洋

独白：宝宝秀做了这么长时间了，我是唯一的一个男编导。刚开始介入工作的时候，感觉特别不适应。女编导哄孩子特别自然："来，宝贝儿，你给唱个歌。"小孩就唱歌，我一说呢，孩子哇哇就哭，家长还以为我欺负孩子了。

资料回放

（超级宝宝秀节目现场刘洋与宝宝沟通）

采访短片

字幕：《超级宝宝秀》第三任编导　王璐

独白：其实我们都知道，宝宝并没有好坏之分，只分适合还是不适合我们节目。但是，在每个家长的心中，他自己的孩子肯定是最好的，所以就因此产生了很多误会。

资料回放

偷拍

（一位女家长一手叉腰一手指着愤怒的说："怎么回事？为什么不让我们孩子参加宝宝秀。我们孩子会唱歌，会跳舞，会背好几首唐诗。电视上孩子会的，我们孩子都会；电视上孩子不会的，我们孩子也会。为什么不让我们上宝宝秀?！是不是非得给你们送点礼，给走走后门才行啊？你们什么意思?"）

王璐独白：当我们节目在卫星频道播出的时候，有来自全国各地，甚至是世界各地的宝宝。

资料回放

超级宝宝秀节目现场

一位小女孩用粤语说："我叫江依婷，我来自广东。"

一位小男孩说："我是从桂林来的。"

一位小女孩扎的满头小辫子，穿着唐装（陕西腔）："我这上半拉是陕北娃娃，我这下半拉是土家族的囡儿。"

一位蓝眼睛黄头发的外国小男孩（用法语）：大家好，我叫让·马约。

一位黑黑皮肤，扎得满头小椎椎的小女孩："我爸爸是中国人。"诚诚："你妈妈呢？"女孩："妈妈是刚果人。"方琼："你呢？"女孩："我是刚中人！"

字幕：缸中人

王璐 "但是当我们的节目从卫星频道，转到地面播出的时候，宝宝的生源问题就成为我们最大的一个问题了。我们为此做出了很多的努力，比如说去秦皇岛、邯郸、保定等很多地方去招募宝宝，我们就想让省内最优秀的宝宝，都可以最大限度的走到我们节目中来。”

特别节目现场

歌伴舞《心恋》

演唱：王*文（超级宝宝）

我想偷偷望呀望一望她
假装欣赏欣赏一朵花
只能偷偷看呀看一看她
就好像要浏览一幅画
只怕给她知道笑我傻
我的眼光只好回望她
虽然也想和她说一句话
怎奈她的身旁有个他

歌曲《好汉歌》

演唱：戴广哲（超级宝宝）

大河向东流
天上的星星参北斗
（嘿嘿参北斗
生死之交一碗酒）
说走咱就走啊
你有我有全都有
（嘿嘿全都有
一路看天不低头啊）
路见不平一声吼
该出手时就出手
风风火风闯九州啊
（该出手时就出手啊
风风火火闯九州啊）
哎呀一儿呀
哎呀一儿呀
（哎呀一儿呀
哎呀哎呀一儿呀）
路见不平一声吼啊
该出手时就出手啊
风风火火闯九州啊

歌曲《你快回来》

演唱：陆昆（校园之星周冠军）、孙得慧（第153期超级宝宝）

陆　昆　没有你
世界寸步难行
我困在原地
任回忆凝集
黑夜里
祈求黎明快来临
只有你给我温暖晨曦

孙得慧　走到思念的尽头我终于相信
没有你的世界
爱都无法给予
忧伤反复纠缠
我无法躲闪
心中有个声音
总在呼喊
你快回来
我一人承受不来
你快回来
生命因你而精彩
你快回来
把我的思念带回来
别让我的心空如大海

合　唱　你快回来
我一人承受不来
你快回来
生命因你而精彩
你快回来
把我的思念带回来

别让我的心空如大海
别让我的心空如大海

方 好了，那我们刚刚看到的是超级宝宝秀的故事，其实不光宝宝，我们《九九》有许多板块呢，都为许多人提供了一个展示自我、展示亲情、展示友情的舞台。

诚 比如像我们曾经作过的《欢乐家庭秀》，还有《宝贝智多星》，还有就是风靡一时的《摩登老妈》。

方 没错，我们俩光在这高兴了，还忘了一个人，一个在炎炎夏日里跑不停的人。我们的特派员在去完成一个特别的任务。

诚 对，想起来了，就是我们的圆梦特派员。到底任务完成的怎么样，让我们一起来看看他。

（两人伸手向前）

外景小片

圆梦特派员抱着滑板，在广场上粗喘着气奔跑：“左拐右拐，左拐右拐。”

路过一群游客在拍合影，其中一位游客对跑来的邓军：“哎，先生，帮我们照张全家福吧。”

邓军：“好的。”

游客：“谢谢。”

邓军放下滑板，接过相机：“笑一下噢，看镜头。准备，一、二。”）

资料回放

（游客中的许多人曾经是《摩登老妈》的选手，回放其参赛场景剧照）

外景小片

（游客们：“茄子。”

邓军背起滑板，继续向前跑：“左拐右拐，左拐右拐。”

几位老太太在石椅上围坐着下棋）

资料回放

（下棋的老太太为摩登老妈的选手，回放其参赛场景剧照）

外景小片

邓军路过几位老太太，停住脚步（自言自语）：“国际象棋下出摩登的风格，绝对是最时尚的老妈。”

邓军走到其周围，蹲下：“哎呀，可找到你们了。阿姨，请问我的下一个任务是什么呀。”

其中一位老人：“你小子来的还挺准时，那我就告诉你下一个任务。你下一个任务啊，是去接一个神秘的人。”

邓军：“神秘的人？他怎么来啊?”

老妈：“他是坐 T519 次火车，八点二十到站。千万别迟到啊。”

邓军点头：“好”（擦汗）“谢谢几位阿姨，那我得赶紧去车站接人了，再见啊，谢谢。”

老妈：“小伙子，先别走，把这滑板借我们玩玩好吗？我们没见过。”

邓军（把滑板给老妈们）：“我都扛了一路，累死了，再见啊。”

老妈们玩滑板。

火车站（石家庄三个字特写）

邓军走进出站口，邓军站在出站口等待，来往的旅客匆匆而过。

邓军面对镜头：“车已经到了，会是谁呢？我也不知道，应该会是我认识的。要不然怎么会让我来接呢，我们一起来看看他是谁吧。……来了，来了，就是他”（指着远处）

两个人握手特写，邓军：“可把你盼

来了。”

特别节目现场

方 “好了，我们的圆梦特派员接到一个神秘来宾。”

诚（点头） “嗯，到底这位神秘来宾，他是谁?”

方 “让我们把他请出来，好不好？来压一下光，我们一起来倒计时（场灯渐暗），五、四、三、二、一。”

舞台一侧的校门打开

杨柯 （激情九九第一任男主持）走上舞台，（灯光渐亮）

杨柯 （向观众挥手，音乐声响起）

歌曲《体贴》

杨柯走到舞台中间，向观众鞠躬。

（字幕：《激情九九》第一任嘉宾主持）

只想把你放在手中
任我的自私变成一种冲动
因为害怕太多痛
天真的你是否全能懂
午夜时对你的放纵
抓不住你，只因为心不由衷
思念变成一个梦
你不在我的身边
一切神秘
回来后你又成一切
只要懂我的体验
体贴多一点，痛就会少一点
体贴让你忘了过去的一切
让手上的花开在你身边
我对你的爱永不变
体贴多一点，痛就会少一点
体贴让你忘了过去的一切
让阳光伴着爱荡漾在你身边
我对你的爱永不会变
到永远
真心的体贴
每一个白天
每一个黑夜

方 掌声欢迎。

诚 杨柯。

杨 其实我们今天还有一个非常重要的访问环节。

诚 对啊，有一个人还没有受罪呢。就是我身边这位。婀娜多姿的、美丽纯洁的（方琼摆出妩媚造型）方琼老师，是不是该在这（指舞台上的小沙发）体会一下？观众朋友要不要？

诚 好啊，众望所归。来吧，请坐。

方 这反正也跑不了，问就问呗。

方琼坐在沙发上，杨柯和诚诚坐在方琼对面的桌子前，面对方琼

诚 （一拍桌子）哼，我跟杨柯受了这么多年的委屈，今天终于扬眉吐气了！（一拍桌子，对方琼）坐好！

现场观众向方琼提问

观众 他们说你要离开《激情九九》了?

诚 这是一个非常实际的问题，很敏感的问题。

方 对，其实现在网上很多朋友都说，方琼要离开《激情九九》了，而且还有人说，她说过她不会离开的。其实这个呢，也是我今天要向现场以及电视机前的观众们要宣布的一件事情。

诚 嘘，要宣布什么呢?

方 因为我做《激情九九》从九九年到现在已经有四年的时间了。我觉得一个人的知识是有限的，四年的时间你在不断的被掏空掏空掏空，你会在做节目的时候越来越吃力。

（观众惊愕的表情特写）

方 所以，那今天呢，也是我主持《激情

九九》的最后一期节目。在下一期节目中呢，我可能会暂时离开这个舞台，我要休息一段时间去进修、去学习。

观众 谢谢。

方 所以说到这里我特别想感谢所有河北的朋友，感谢现场的观众朋友、感谢我们剧组所有的同事。（对台下鞠躬）谢谢大家四年来给我的关心和支持，谢谢你们。（抽泣、哽咽）

（一观众擦眼泪特写）

杨 这个舞台成就了很多人，包括我们三位。我想在这一刻许多观众朋友可能会有一份留恋，也有一份感激，同时还会有一份期待。

方 所以呢，我觉得我唱歌不是特别好，而且我们制片人老打击我，说我唱歌跑调，而且我今天感冒很严重，但是我今天我想为大家献上一首歌，作为最后送给大家的礼物。

《我只在乎你》伴奏起

如果没有遇见你
我将会是在哪里
日子过的怎么样
人生是否要珍惜
也许遇见某个人
过着平凡的日子
不知道会不会
也有爱情甜如蜜
任时光匆匆流去
我只在乎你
心甘情愿感染你的气息
人生几何能够得到知己
失去生命的力量也不可惜
所以我在这里
衷心的谢谢你
让我们一起拥有这甜蜜的回忆

方琼 （鞠躬）谢谢。非常感谢我们剧组所有同事对我的帮助和支持，谢谢你们。同时也感谢现场的观众朋友，今天能看我最后一场演出，谢谢。

如果没有遇见你
我将会是在哪里
日子过的怎么样
人生是否要珍惜
也许遇见某个人
过着平凡的日子
不知道会不会
也有爱情甜如蜜
任时光匆匆流去
我只在乎你
心甘情愿感染你的气息
人生几何能够得到知己
失去生命的力量也不可惜
所以我在这里
衷心的谢谢你
让我们一起拥有这甜蜜的回忆

诚诚走到台前与方琼拥抱（镜头放慢）

方 那其实我觉得节目到这也不是我们这期节目的结束，我们大家还一直说等着圆梦特派员。

诚 对啊，咱们的圆梦特派员到哪去了？

邓军从舞台一侧跑出，怀里抱着一个被白纸封好的盒子

方琼、诚诚 （走到舞台一侧迎接）邓军你好。

邓军 那么我已经按照冯老师的吩咐，把这件神秘的礼物完好无损的带到了现场。

诚 那这件礼物是不是应该由我来打开呢？

邓军 我觉得你毛手毛脚的，非常的不适合。我们有请他上场，那么我的任务也应该完成了。

诚诚、方琼（伸手示意） 有请。

制片人冯新明从舞台一侧上场，邓军把盒子交给冯新明，邓军下场

（字幕：冯新明《激情九九》制片人）

诚　先介绍一下，这位就是我们《激情九九》的制片人，是我们的老大，冯新明。

方　我们两个的直接领导。

冯　大家好。我们这次圆梦特派员的任务呢，就是为方琼一份告别《激情九九》的礼物，选择什么好呢。我们最后还是决定把它（盒子）送给方琼。（打开盒子）我们看一下。

（音乐——方琼演唱的《我只在乎你》起）

冯　这是一本相册，（相册由第一页翻开，依次展示每一张照片，慢镜头组接。《我只在乎你》为衬底音乐，冯新明解说为画外音）就像我们的圆梦特派员说的一样，我们的老主任用照相机记录了我们《激情九九》走过的每一步，也记录了方琼成长的每一步。所以我们想把这件礼物送给方琼。（方琼哭）希望在激情九九的每一天，都能成为你难忘的记忆。好吗？（观众镜头）而且我们希望你能够早一点回来，我们一起再为观众献上好的节目。好不好？

方琼接过大相册。

冯　那么还有一个消息呢，要告诉大家。可能细心的观众朋友已经注意到了，这一期的《激情九九》呢，是我们的最后一期节目。也就是说今后呢，《激情九九》将会从河北电视台的屏幕上消失，可能很多观众表示不理解。原因非常简单，第一，我们觉得如果方琼不能再主持这个节目的话，可能《激情九九》就不能再叫做《激情九九》了。因为在观众心目中，方琼一直代表着《激情九九》；第二，从1999年的5月1号，在观众朋友的支持和关注下，我们的《激情九九》走过了四年的路程。在四年间，我们突出了二十多个节目单元，进行了不断的改版。但我们现在不得不承认的一个现实就是，作为一种节目形态，《激情九九》确实老了。第三点，正因为观众朋友支持我们，关心我们，我们应该拿出更好的节目来回报大家。所以我们《激情九九》的原班人马正在打造一档全新的节目，节目暂定的名称叫做《逃学小顽童》，预计在8月31号播出。《激情九九》走到今天，确实离不开大家的帮助和支持，我要感谢所有的观众朋友的关心和支持，谢谢。（鞠躬）谢谢方琼四年来的全心投入，谢谢诚诚带来这么多的惊喜，谢谢所有的人们，谢谢大家。

（《相亲相爱一家人音乐起》，主创人员陆续上场）

冯　接下来上来的都是我的同事。

歌曲《相亲相爱一家人》

演唱：《激情九九》主创人员

所有主创人员陆续上台

诚　我喜欢一回家，就有暖洋洋的灯光在等待

方　我喜欢一起床，就看到大家微笑的脸庞

其余主创分别演唱

我喜欢一出门，就为了家人和自己的理想打拼

我喜欢一家人，心朝着同一个方向眺望，哦

我喜欢快乐时，马上就想要和你一起分享

我喜欢受伤时，就想起你们温暖的怀抱

我喜欢生气时，就想到你们永远包容多么伟大

我喜欢旅行时，为你把美好记忆带回家

合唱　因为我们是一家人

相亲相爱的一家人
有缘才能相聚
有心才会珍惜
何必让满天乌云遮住眼睛
（音乐继续铺底，采访小片播放。）
因为我们是一家人
（老太太：“有一天没有了《九九》，都不知道要看什么了”）
相亲相爱的一家人
（女大学生：不过我相信肯定会有别的节目取代它。）
有福就该同享
（市民：我感觉吧，旧的不去，新的不来。搞了那么长时间了，也该换换了。）
有难必然同当
（音乐继续铺底，回放《激情九九》精彩片断，字幕出）
用相知相守换地久天长
（观众一拥而上，到台前同庆、签名留念）
我喜欢一回家
就把乱糟糟的心情都忘掉
我喜欢一起床
就带给大家微笑的脸庞
我喜欢一出门
就为了个人和世界的美好打拼
我喜欢一家人
梦朝着同一个方向创造
哦！
当别人快乐时
好像是自己获得幸福一样
当别人受伤时
我愿意敞开最真的怀抱
当别人生气时
告诉他就算观念不同不必激动
当别人需要时
我一定卷起袖子帮助他
因为我们是一家人
相亲相爱的一家人
有缘才能相聚
有心才会珍惜
何必让满天乌云遮住眼睛
因为我们是一家人
相亲相爱的一家人
有福就该同享
有难必然同当
用相知相守换地久天长
处处为你用心
一直最有默契
请你相信这份感情值得感激
因为我们是一家人
相亲相爱的一家人
有缘才能相聚
有心才会珍惜
何必让满天乌云遮住眼睛
因为我们是一家人
相亲相爱的一家人
有福就该同享
有难必然同当
用相知相守换地久天长

（张姗　整理）

2004 年

"《红楼梦》再聚首"艺术人生主题策划特别节目

播出平台：中央电视台
播出日期：2004 年 1 月 15 日
总导演：马宁
制片人：王峥

片头

出字幕"二十年前的命运改变"，《红楼梦》主角生活照和剧照依次淡入，配有演员姓名和当时年龄，背景音乐为《红楼梦》主题曲《枉凝眉》。

出字幕"二十年后他们身在何处，欢迎收看《红楼梦再聚首》"

（画面分别展示 2003 年 12 月 6 日中央电视台候播现场中《红楼梦》演员再聚首时彼此的相认、握手、拥抱、寒暄、欢笑的热闹场景。背景音乐为流畅的钢琴。）

（演播厅）

演播现场观众鼓掌，主持人朱军出场。

朱 首先让我们请出剧中的导演王扶林先生，有请。

王扶林从观众席走上舞台，和朱军握手。

朱 请您为我们逐一清楚，我们今天到场的嘉宾。

王扶林 好啊。

朱 那咱们找一个序列吧，咱们先请上宁国府的人，怎么样？

王扶林 好啊，那应该是贾珍、尤氏、贾蓉。（画面分别为三者的剧中片段）

朱 好，那我们有请！

三位演员分别走上舞台，相互和导演寒暄问好。（现场音乐欢快）

朱 那下面该请出荣国府的人了。

王扶林 贾赦、邢夫人。（画面分别为两人剧中片段）

朱 来，有请！

【李劼和夏明辉走上舞台，和导演握手问好。】

王扶林 给大家介绍一下，这是银幕的"老坏蛋"了。（观众笑）这个邢夫人呢，是选演员组的重要成员之一。我们的几位主要角色，邓婕、薛宝钗，第二个迎春，都是邢夫人在四川帮我找来的。特别不容易的，我们的第一个迎春呢，她因为考取了中央戏剧学院，不能继续拍下去了。她在马路上给我找到了第二个迎春，那可是煞费苦心。（提到各位演员时分别展示他们的剧中照片）

夏明辉 王导演限我三天，就要把迎春给他找来。我简直没办法，把成都又扒了一遍，都找不着合适的。那天我在街上，一下看见一个开自行车的女孩子（画面为迎春照片），看她很像，侧面，我就过去问她，我说你是哪儿的，她说我是汽车修配厂的一个工人，我就问她，她说我喜欢演戏，但是我不会演戏。我就看她不爱说话，特别像二木头。带去给王导看，王导一下就看上了。

李　劼 我哭过一次，在《红楼梦》。王导演命令说迎春交给你，三天拍她的重点戏。我说三天，她老百姓啊，她艺术不懂啊（画面配迎春剧中画面）。几乎是日日夜夜，演完之后，导演第一次说好。外跑当时就哭了，太激动了。觉得是日日夜夜这三天，没白费汗水。

朱 谢谢两位老师！有请！

【两位演员走下观众席就座就座。】

王扶林 该谁了？贾琏、王熙凤、平儿、秋桐（画面分别为演员剧中情节）

朱 好，那我们有请！

演员上场，和导演拥抱问好，相互寒暄。

（画面为平儿剧中情节）

朱 咱们先从平儿开始吧。

王扶林 好，演这个平儿也很曲折，因为他们家好像对她演这个平儿有点意见，不知道是什么意见，她父母也曾经找过我，但是我做了很多工作，她还是坚持下来了。而且当时她的婚姻也很不幸，我在拍摄过程当中给演员解决家庭问题的就是唯一的一个平儿。可惜这个平儿啊，十几年我都没见着她，她都没理我。你说你怎么办？

沈玲（笑） 这几年都跑广州去了嘛，也离得比较远，所以呢，就没时间跟您见面。跑到广州军区战士歌舞团去了。

王扶林 噢，现在幸福吗？

沈玲（问抱着的女儿） 幸福吗？幸福，是吧。

王扶林 这个戏啊对于平儿来讲，也是人生的一个很大的改变，她原来是扬剧团的，后来又当过主持人，也唱过歌，现在呢还在拍戏，现在还在呢带孩子。（笑）

沈　玲 现在最主要的还是带孩子。

（画面为剧中贾琏画面）

王扶林 贾琏原来是跳舞的，红楼梦完了之后，考上了上海戏剧学院，现在在上海人民艺术剧院。这个王熙凤我就不用说了，现在她是了不起的制片人了，也是响当当的明星腕儿。这位沈璐，贾琏的小老婆，到现在为止她在剧中做的那个动作我还是印象很深（画面为沈璐剧中剔牙动作），吃完饭之后她倚在那个门框剔牙，那个姿态，你能不能再做一下？（全场笑）

朱 没错，我就是那门框！（全场笑）

邓　婕 王导，我记得沈璐第一轮的时候是林黛玉的候选人对不对？

王扶林 对对对。

邓　婕　她怎么最后成了秋桐的了？

王扶林　就是因为那个剔牙。

邓　婕　不是，不是，我来说。是我们联欢，周末联欢，完了后大家就狂欢了，沈璐就放开了，跳了个什么，迪斯科，就那以后决定了她的命运。（disco音乐起，大家鼓励沈璐来一个）

沈　璐　别别别，这个吧，大家欲盖弥彰，我演这个秋桐啊，首先得归功于谁呢？邓婕。知道为什么吗？我们在小品联系的时候，她刚开始啊给我设套，说沈璐这段台词，秋桐的台词，帮我念一下。念了之后首先我们一个编剧，和我们导演就说，这就是秋桐的感觉，很对嘛！结果下回再来的时候，邓婕又来了，结果这一演完了，不得了了，一到放我那段录像的时候（沈璐剧中片段），全组的人到沈璐的秋桐了，快来看啊！一下子就火了，我没办法再演别的了。

朱　在这里感谢几位来啊！

（演员走向观众席就座）

王扶林　接下来，贾蔷，贾芸。（两位演员上台，和导演握手）

王扶林　这位就是刚才那个小妹妹的爸爸，平儿的丈夫，这个他是演贾芸，他叫贾宝玉叫叔叔。

朱　这个是红楼梦的又一大功劳啊。待会我们会谈到，成就了很多夫妻。

王扶林　这个贾芸啊，吴晓东啊，在剧组里头，干了三件事情。第一件事情就是演贾芸，第二件事情，曾经给我当过场记，因为他很敬业，第三件事情就是追求平儿。但是这个第三件事情就是经常被我刺儿，因为这个剧组里头不许谈恋爱，他就偷偷摸摸地，变着法儿地去追。追到现在，你看，小妹妹都出来了。（全场笑，观众鼓掌）

王扶林　这位呢，贾蔷，他是管那小戏子的，那么由于他有管理戏班子的经验，这戏完了之后啊，他就开始搞制片了。原来他是舞蹈演员。

朱（打趣地）　你是舞蹈演员呀？（现场响起诙谐音乐）音乐响起了，来一段吧！

罗立平　我这个不行了不行了，非常感谢《艺术人生》，能做《红楼梦》，把我们大家聚到这儿。

朱　今天见到大家觉得有变化吗？

罗立平　变化……还能认识。

朱　对，只是大家都不认识你了。（全场笑）

罗立平　比较突然，对，比较突然，都不知道大家谁能来。

朱　待会儿啊会有不断的惊喜向你扑来。来，有请！

【两位演员到台下观众席就座】

王扶林　尤三姐、柳湘莲（两位演员周月、侯长荣上台与导演拥抱寒暄）

朱　军　在剧中你好像一直想娶尤三姐，后来没娶成。但是后来你在剧组里娶了另外一个人。

侯长荣　对。

朱　有这事吧？

侯长荣　对对对，违反当时的纪律。娶了陈剑月，演香菱的。并且生了一个孩子。

王扶林　不能容忍的是当时他在剧组里竟然谈了恋爱，而且还生了孩子我都不知道。（全场笑）

朱　不不不。这个在剧组里谈了恋爱是真的，是离开剧组以后生了孩子。

在观众席的演员们齐说不是不是。

朱　就在剧组里生了孩子？

邓　婕　对！拍完就生了孩子！

朱　速度够快的啊！

周　月　够快的吧：

朱　这个待会儿得好好说说。

王扶林　尤三姐呢，她是王熙凤的候选人。但是我认为她演尤三姐更合适，你看她这个个头，这个形象，我觉得演尤三姐那种叛逆那种刚烈她能出得来（尤三姐剧中画面），所以定了她演尤三姐。

周　月　也不是，其实吧一开始都定的不是这个尤三姐，是李纨，我自己申请的尤三姐。

朱　好的，谢谢！

（两位演员到观众席就座）

王扶林　丫鬟丫鬟。

朱　该丫鬟了？来，我们有请丫鬟辈儿的！（演员们上台与导演问好，相互寒暄）

朱　哎，不是不是，王导啊，这丫鬟里怎么混进一个仆人啊？

王扶林　哎，他怎么过来的这是？

朱　是啊，我就说请丫鬟。

王扶林　不不不，他是他媳妇儿把他带来的。

朱　噢，媳妇儿把你带来的。

王扶林　因为这儿有旺儿媳妇。

王扶林　我还是先介绍这个吧。袭人呢，《红楼梦》剧组完了之后，她就到了广东电视台，拍了很多戏，最近又在当制片人是吧？

袁　枚　马上准备开机的一部戏，当制片人。我非常高兴能借今天这个栏目跟观众朋友们见面，离开剧组二十年（现场电子琴奏舒扬音乐），这二十年吧，应该说是酸甜人生吧，不算苦，有酸，但更多的是甜。我非常感谢红楼剧组给我带来这么好的机会，它使我的人生，影视的起点非常高，为我以后的影视生涯呢打下了扎实的基础。在此我感谢所有关心过，爱护过我的所有的红楼的老师。特别要感谢我们的导演，王导，给了我这么好的机会，和观众朋友们，谢谢朋友们！

王扶林　这个郑铮变化太大了。我在戏里头每看她一次她都变样子（鸳鸯剧中画面），刚才我确实是不认识她了。我说你演什么，你谁呀，她说我郑铮呀，鸳鸯，我才知道她是鸳鸯。

王扶林　啊，香菱！

陈剑月　王导把我给忘了。

王扶林　没忘！香菱跟那个柳湘莲是一对真正的夫妻。她现在最高兴的一件事情啊，就是她的女儿，考上了英国的一个什么学校，是吧？

陈剑月　对对，她出国以后我准备就是要拍戏挣钱。

朱　继续供她在英国读书。

陈剑月　对。因为一年要十多万。

朱　好，谢谢！

【演员们下台走向观众席就座】

朱　有请这个金陵十二钗，今天来到我们现场的，有请！（画面为演员照片，配红楼梦主题曲）演员上台与导演问好寒暄。

王扶林　金莉莉啊，她是杭州人。有一天我在一个招待所，去看他们选定的演员，正好我去的时候呢，一批演员已经走了，其中我从窗口就看见了她。李志新，你记不记得这个事，对不对？

李志新 对对。

王扶林 我在窗口看见她，我说这个人叫什么，你请她留一下，我跟她说几句话，结果她就来了。我们一谈话呢，她告诉我她是杭州郊区人民公社的接线员。怎么样？揭你老底啊。

金莉莉 哈哈哈，没关系。

王扶林 为什么我选她呢？因为当时她比较瘦，本身比较木，像个木头一样。没想到，在四川平湖拍戏的时候，有一天她哭丧着脸找我了，半天不吭声。她说我考上了中央戏剧学院，我说坏了，你怎么考上中央戏剧学院了，我这戏怎么办呀。我把她骂了一顿，我说我在你身上花的功夫可不小啊。我到她家也去过，跟她的姨也见过，来来往往很多。怎么你不顾这些，你就要走呢？她说，你要实在不让我走呢，我就不走了。眼泪快掉下来了，当时我想什么问题呢，我这个《红楼梦》剧组解决不了她的农村户口问题，她进了中央戏剧学院，她就可以改户口，而且可能今后有更大的发展。我最后下狠心，走吧！是不是感谢我一辈子，是不是？但是接下来的问题就来了，这迎春接下来的戏谁拍呢？这就是第二位迎春了，这个待会儿再说，你说说你现在在干吗吧。

金莉莉（哽咽） 我从中央戏剧学院毕业后到了中央实验话剧院，现在还在拍戏。非常感谢王导，还有一些老师对我的帮助吧。

朱 好，谢谢，谢谢。那刚才我们已经说到了第二位迎春呢是从街上捡回来的。

王扶林 你当时是公交公司的什么？

牟 一 汽车运输公司的，劳资科。

王扶林 这个一个呢我们要感谢夏老师把你请到剧组，另外还不可以忘记李勍老师对你的辅导，这是不可分的。而这两位改变了你的命运，是不是？

牟 一 是的。

王扶林 你现在已经不是运输公司的人了。

牟 一 我以前没有拍过戏嘛。这是第一部，我记得我们在新都拍戏，刚开始来就是一场重场戏，不会拍。李勍老师辅导了我三天，真是手把手地教。

朱 你知道你第一场戏拍完，王导竖起大拇指的时候，李勍老师干吗了吗？

牟 一 哭了？

朱 你看见了吗？

牟 一 我听说的。

朱 那你听说李勍老师哭的时候，你心里是一个什么样的滋味？

牟 一 我挺感谢李勍老师的，真的，当时真是手把手教我（画面为牟一和李勍老师合影）。我们当时在他住的那个屋里，我一点都没接触过这个，就是表演这方面，真的，特别特别，哪怕特别细小的一个事情，比方说你看那个眼神，你不能上面跳到下面，你得顺着这么看下来。这么简单的，我都不会，真的是李勍老师辅导我。

王扶林 这里呢，我得插一句。我们这个戏里头，因为《红楼梦》写的人物，年龄都比较小，特别强调这个演员的素质。要求他纯，要求他真，要求他善，要求他美。因此呢我是不把演技放在第一位，我把这个人的素质，以及他的表演的潜力当作第一位。那么在这样一个情况底下呢，进剧组的这些包括主要演员、次要演员，他们都是基本上没有上过镜头，或者是没有演过戏的，或者是不是文艺这个圈子里的。为什么他们呢现在能演成这么一部《红楼梦》呢？我想与李劼老师，还有他们选演员组的各位帮助是分不开的，感谢这些幕后的人物。（观众鼓掌）

朱 现在在做什么？

牟 一 在公司里做。

朱 探春，探春。我们是一个单位的，她现在是中央电视台电视剧制作中心，制片人。《省委书记》是她的制片人，多了，现在还正在拍戏。

朱 我知道在剧组的时候，探春是性格比较冲的一个。也是唯一一个敢跟导演吵架的，是吧？为什么吵架？

东方闻樱 因为我那个时候太冲了，真的，太冲了。那天吧正好是一个一百多人的一个场面，我又在那儿哇哇哇嚷嚷地批评这个批评那个去。导演在离我们距离比较远的地方，一摔剧本，东方闻樱，你又在那儿嚷嚷什么呢！一百多人啊，我想他那么老远，怎么就知道是我在这儿嚷嚷呢，别人在那儿嚷嚷半天他都没有听见怎么光说我呢？结果我说你不调查研究，你不分青红皂白地你就批评我，我们俩就哇哇哇。

朱 你瞧瞧。

王扶林 我不计较不计较不计较。

朱 湘云！现在在做什么？（画面为湘云在剧中情节）

郭宵珍 在拍《红楼梦》之前，我是安庆市黄梅戏剧团的成员，现在依然是黄梅戏剧团的成员，安庆市的。

朱 你为什么又回去了？

郭宵珍 当时也想过重新借助《红楼梦》这个机遇开拓事业，但是后来经过坎坎坷坷的吧，后来还是回去了。但是我当时就是不想当北漂，所以我就考了北京电影学院，也考过戏剧学院，但是都是因为文化课的分数，没有考成，所以我当时一咬牙，我不成为正式的戏剧院校的学生，一员，我就不到北京，当时是这样想的，所以……

朱 军 而且当时两次考试，好像分数都差得不多。考中央戏剧学院差了12分，考中央戏曲学院差了16分。

郭宵珍 对对。

朱 遗憾吗，现在？

郭宵珍 现在想想，觉得人生很多事情吧，有遗憾的地方，也有……过去就过去了，是这样的。

朱 谢谢你，好的。

王扶林 姬玉。（画面为妙玉在剧中情节）

朱 姬玉脖子热吧？现在。

姬 玉 现在特别热，出汗了现在。

王扶林 今天我大出意料之外，这个栊翠庵的尼姑怎么这么会打扮。（全场笑）太让人惊奇了，我简直没想到。

姬 玉 我就是想让大家出乎意料。因为在《红楼梦》里面吧，妙玉的着装永远是那种很素雅的，所以我今天就是希望大家耳目一新。

朱 在演这个妙玉之前是做什么工作的？

姬 玉 在这之前我在北京市皮鞋厂当了几个月的临时工。

朱 是做什么的？纳鞋底儿？

姬 玉 不是不是，就剪那个皮子吧，我现在已经忘了，反正在那儿没待多长时间。然后我就到中戏去进修表演了。

朱　谢谢。

朱　惜春。(画面为惜春在剧中情节)

王扶林　惜春，越剧演员，现在体型有点变了。

胡泽红　那当然不一样了！

朱　做妈妈了吗？

胡泽红　是啊！

朱　就是，做妈妈了嘛，那还……

胡泽红　是啊，少女啊那时候还是，现在是少妇。那怎么会一样啊？您还以为是二十年前呢？

王扶林　她演惜春呢，她这个性格跟这个惜春的性格不太一致。(画面为惜春剧中画面) 她比较开朗，心直口快。喜欢交际，喜欢公关，是这么一个人物。她还做过饭店老板娘，你相信不相信？现在也不得了，哎，干什么呢你现在？

胡泽红　嘿嘿，现在自己做了一个广告公司。养家糊口。

朱　好，谢谢，来，有请。

【演员们下台入观众席就座】

朱　我一看到这个十二钗啊，我就想起一事儿来，就是她们在大观园里戏弄刘姥姥那一段儿。我们《艺术人生》如果是一个大观园的话，不能少了刘姥姥这个人，是吧？来，我们有请刘姥姥！

(演员上台，激动看台前照片，和导演拥抱寒暄)

沙玉华　哎哟，你这么好啊？

王扶林　我怎么着？

沙玉华　你这么漂亮，哎呀！(和王扶林拥抱)

王扶林　哎哟，您还够靓丽的您！你也不减当年！

沙玉华　就是！

王扶林　您看看大观园那些丫鬟、小姐、婆子、贵妇人，都在！你看看认识不认识？

沙玉华　认识啊认识啊！

王扶林　我问你，你的板儿，哪去了？

沙玉华　哎哟，我的板儿啊，在国外呢！(画面为剧中板儿情节) 哎呀！

王扶林　喔，怎么了？是要饭啊还是怎么了？

沙玉华　不是！上大学呢！哎呀，我可想他了！

朱　板儿都上大学了。

王扶林　我告诉你，我告诉你，我刚才偶尔这么一扫啊，板儿的妈在这儿呢，你想见不见？

沙玉华　哎哟，我想见。

王扶林 (指观众席)　就在那儿！板儿的妈，李玥的妈。

沙玉华　你好！板儿啊，姥姥很想你！

朱　军　姥姥啊，我听说您在戏里面的时候跟这个板儿有一段戏，板儿哭得特别的真实。那好象不是板儿演出来的，而是您给弄差了以后，人家真哭的。

沙玉华　这个事儿啊，您想知道啊？

朱　我想知道啊！

沙玉华　导演，那我说说啊？

王扶林　你说吧！

沙玉华　那段戏你最满意，可是下来以后我听说啊，当时到二奶奶屋里去，他呀看什么都想吃看什么都要，(画面为剧中相应情节) 我就拽他，我说走走，拍他两下，他要哭但哭不出来，可是您的要求还是要求他哭。这个时候我就拽着他后脑勺啊，后脑勺他有一个长命的小辫儿，我就拽着了，我无意识的，我就狠狠地拽了一下，当时他就呜呜哭起来了。我听妈妈跟我讲啊，说板儿晚间跟她讲啊，说妈啊我告诉你个事儿，今天姥姥拽我后边儿吧我哭得特别厉害，姥姥拽我那长命的头发，就像你一样。我淘气的时候你把皮带拿出来，就抡我的时候，比那个还疼呢！哈哈哈……

朱 哈哈，所以把人给拽疼了，人真哭了。你看姥姥说起板儿的时候，还是那么兴奋，想他吗？

沙玉华 想他！我今天来啊，我就想看看我那个孙子。

朱 不过啊，听说姥姥要来了，她还是越洋过海，还真来了。来，我们有请板儿！

沙玉华 啊，在哪儿呢？在哪儿呢？

（李玥上台）

王扶林 是你啊！哎哟。

（沙玉华抱住李玥激动地流泪）

沙玉华 孩子啊，今天……别哭，别哭了。告诉大家，你在那儿学习的成绩。

李玥 我在那个英国，已经去了两年了。准备读硕士的最后的课程。我这一次听说大家都会回来，我们因为是十三号才会放圣诞假期，所以我就请了一个礼拜的假，然后过来，专程来见大家和姥姥，还有所有当年在《红楼梦》剧组的人员，这些我都可以叫叔叔阿姨的这些剧组里的演员，还有王导，非常非常感谢王导能当初给我这个机会，让我来演这个角色，我真的真的，非常觉得有纪念意义，就是这段回忆了。

王扶林 好好好。

朱 那姥姥，来，板儿，你们现在重逢了。其实你们在戏里头还有一场戏呀，就是你带着板儿，去找到了，在妓院里，救出了您的儿媳妇儿（画面展示剧中相应情节），巧儿，是吧？那今天应该说巧姐呀也在我们现场，你找找看，你还认识她吗？

王扶林 麻烦了这事，恐怕很难。

沙玉华 巧姐！

【演员从观众席走上舞台】

朱 这个巧姐上来，妈妈不能不上来。来来，这就团圆了嘛！

（王暄、高亮和邓婕上台和沙玉华拥抱问好）

王扶林 根本不认识了。你现在在哪儿？

王　暄 我在一个公司。

王扶林 搞什么？

邓　婕 他们呢当时演《红楼梦》的时候都太小了，板儿当时只有五岁，巧姐儿更小，我抱着她还那么点儿。

王　暄 对不起我不是那个。

邓　婕 噢，这是大巧姐儿是吧？

王扶林 你搞错了。

邓　婕 那我们那个小的呢？

朱 小的恐怕找不着了。应该说我们找到大家，真的费了很大的劲儿，除了在全国发了寻人启事之外，我们连派出所都去了。巧姐儿就是我们从派出所找来的，真的。

王扶林 她犯什么错了她？

朱 不是犯什么错儿了，我们是通过派出所查到了当时她居住的一点点信息，然后一点点去找，找到的。

王扶林 我觉得应该为《艺术人生》这个栏目鼓掌，感谢感谢！

朱 姥姥，见着这一家人高兴吗？

沙玉华 我太高兴了。我告诉大家，我结婚哪我都没穿一件红衣服，今天和大家见面，我到了长安商场，现买了一件红衣服。我今天，带上了这个花以后，我有时候低头瞅一瞅，我说这不是结婚一样吗？确实我很兴奋，二十年没看见大家了，我谁我都想，但最后我想，我的孙子他不来，那我太没意思了，他在国外他来不了，我就根本没想到你能来。我太兴奋了，所以这样呢，我最后还得说一句呢，确实这个剧组啊，不是一个剧组，是一个大家庭。大家不是金钱的关系，当时伙食补助，大家可以想，我们就补助两毛五分钱，所以我的感受我觉得这个精神使我在这个剧组以后这都二十年了，使我懂得了什么叫拍电视剧，拍戏的演员怎么去做人。

朱 谢谢，谢谢姥姥！

【演员们下台入观众席就座】

朱 那接下来呢大家一定很想见宝玉、黛玉、宝钗，是这样吗？来，我们先请上宝玉、黛玉。来，有请！

（画面为剧中宝玉黛玉相遇情节）。

陈晓旭和欧阳奋强分别上台。

欧阳奋强 大家好！

王扶林 你见你的林妹妹了吗？看见她了吗？

欧阳奋强 我们经常联系，有时候电话联系。

朱 那么二位的情况我们待会有个时间慢慢聊。看上去还是那样呀，二十年过来了，依然把胡子剃掉的话，还是宝玉那个样子。

欧阳奋强 不行，老了。白头发是越来越多了。

朱 黛玉呢，依然还是那样的婀娜，依然还是那样的……

王扶林 矜持。

朱 矜持，对。

王扶林 看见我还拿着一点。

朱 对。请黛玉先场下就座，好吗？待会儿咱们慢慢聊。

【陈晓旭入观众席就座】

朱 你知道我留下你干吗吗？

欧阳奋强 猜不着。

朱 我要把你妈妈请上来，就是这部剧中宝玉的妈妈，王夫人。来，有请王夫人！

【周贤珍上台】。

和欧阳奋强拥抱问好。

欧阳奋强 我记得有一年我拍一个戏，我给周老师打过一个电话，想请她到成都来演一个角色，后来阴错阳差又错过了。

朱 这个，二十年后见到剧中的儿子，最想给他说什么？

周贤珍 最勤奋的人，他是一个最勤奋最好学的人。他在那个现场，乱哄哄的，那么大的场面，拍戏的时候，他还要再继续看书，所以我觉得这是我印象最深的，他是最勤奋的。儿子，最好再合作，找机会。

欧阳奋强 一定找机会再合作一次！

朱 好，也请你们母子场下就座。

【两位演员入观众席就座】

朱 我想这个时候我们应该需要认识一些人，这些人就是当年为了《红楼梦》这部电视剧呕心沥血的著名的红学家，以及我们剧组各个部门的工作人员。来，我们掌声有请这些幕后英雄和大家见面！

《红楼梦》幕后工作人员走出，和演员们相互寒暄问好，气氛轻松活跃。

“二十年前你把我带到红楼剧组，你还记得吗？”

“哎哟哎哟，好久不见，我的天哪！”

配字幕介绍到场的工作人员：
作曲：王立平
化妆：胡焰
林黛玉配音：张海玲
摄像：李耀宗
配音导演：吴珊
制片主任：任大惠、郑燕昌
编剧：周岭　周雷　刘耕路
监制：胡文彬
副导演：孙桂珍
（片尾）
（字幕）
1983 年初剧组成立
1983 年底全国范围招演员，从此他们的命运被改变。

依次出现以下演员的照片和信息：
贾宝玉　欧阳奋强
林黛玉　陈晓旭
薛宝钗　张莉
王熙凤　邓婕

展现二十年前的视频和照片：
1984 年 4 月举办《红楼梦》学习班
三个月的形体小品训练
学习琴棋书画陶冶情操
三年的集体生活

字幕：
1984 年 9 月 10 日正式开机，为期三年。

弹指间
沧海
桑田
……　……
画面回到现场
王扶林画外音　我们这些人，在中国电视历史和影视历史上第一次拍《红楼梦》，每个人的贡献是微薄的，但是我们全体对我们的国家民族应该是做了一件有益的事情。

（林浠　整理）

2005年

湖南卫视2005年春节联欢晚会

播出台：湖南卫视
播出日期：2005年2月
总导演：马昊

（舞美：舞台半圆形，分两层，两层间是蓝色的楼梯。整体背景采用红色和黄色，分为三个彩虹拱状。左侧拱状下为主持人区。）

（片头：红色、黄色为主。以写着“福”的灯笼和鸡的剪纸图案分别显现，最后引出“湖南卫视2005年春节联欢晚会”几个字）

（开场：冷焰火）

主持人（魏哲浩，舒高，曹颖，何炅） 过年好！

曹 亲爱的观众朋友们。

何 各位父老乡亲各位亲爱的兄弟姐妹们。

舒 各位亲爱的解放军战士武警官兵公安民警同志们。

魏 全国的工人农民兄弟和各行各业的朋友们给大家。

主持人（齐） 拜年啦！

何 在这里呢，我要祝福所有的爷爷奶奶，爸爸妈妈，还有所有的长辈们，在新的一年里面，身体健康，吃嘛嘛香。

曹 嘴多甜那，那我就祝所有的女同胞们越来越年轻，越来越漂亮。

魏 那我在这里要祝愿天下所有的男同胞事业发达，大展宏图。

舒 那我要在这里祝愿小朋友们身体健康，学业进步！

（舒高，曹颖，魏哲浩）齐 就像何炅那样！

何 在一开始呢，一口气说了这么多的祝福，其实呢是我们想把最美好的祝愿送给电视机前的您！

曹 因为今天是小年夜，是个喜庆而且团圆的日子，我们要祝愿天下所有的人

主持人（齐） 大团圆！

歌舞《大团圆》
演唱：冯霞　李炜
词：樊孝斌　曲：戚建波
【歌唱演员坐在花轿上出现。伴舞演员分为三个层次，分别身着红色和白色。身着白色的伴舞演员手里有焰火。】

忙完了这一年
再忙新一年
长长的岁月路

谁又忙得完
平日大家都在忙
难得见个面
今儿个阖家欢聚
问长又问短
辛苦了这一年
就为这一天
生活中一些酸
通通放一边
大红灯笼挂起来
一片艳阳天
你的我的快乐
连成一串串哎
万水千山多么遥远
谁能阻挡回家的心愿
兄弟和姐妹相互抱成团
浓浓的亲情热火朝天
生命最贵是平平安安
大雪飘飘天冻地寒
谁能切断回家的路线
亲朋和好友相互拜个年
千年的祝福温暖心田
人间最美是团团圆圆

忙完了这一年
再忙新一年
长长的岁月路
谁又忙得完
平日大家都在忙
难得见个面
今儿个阖家欢聚
问长又问短
辛苦了这一年
就为这一天
生活中一些酸
通通放一边
大红灯笼挂起来
一片艳阳天
你的我的快乐
连成一串串哎
万水千山多么遥远
谁能阻挡回家的心愿
兄弟和姐妹相互抱成团
浓浓的亲情热火朝天
生命最贵是平平安安
大雪飘飘天冻地寒
谁能切断回家的路线
亲朋和好友相互拜个年
千年的祝福温暖心田
人间最美是团团圆圆
团团圆圆

【主持人从台中间后方上场，演员从两边下场】

曹　颖　今天是个喜庆的日子，今天是小年夜。

何　炅　说到这个喜庆啊，我也要向大家汇报一下，过去的一年，我遇到了非常多的喜事。其中最重大的一件呢，就是在过去的一年，我又长高了。

曹　颖　真的？没看出来。

何　炅　你看啊，我原来是一米八，在过去的一年中我长到了一米八五，我本人也觉得这是一件非常不容易的事情。

魏哲浩　男长三十嘛。

舒　高　说到喜事我也觉得过去的一年对我来说喜事特别多，比如说我又重回校园了，校园的生活对我来说既熟悉又亲切。

何　炅　我觉得舒高是通过了自己的努力最终又获得了更高的学历。你要请客啊！

舒　高　没问题没问题啊！

魏哲浩　说到喜事我觉得今年最大的喜事应

该是我们的国家风调雨顺，国泰民安！老百姓的日子是芝麻开花节节高啊！

曹　颖　那我就要说说2004年湖南的喜事了。2004年湖南也是喜事不断啊，农业和工业都增产增收，可以说各行各业都有了大发展。

何　炅　今年也有一件很重大也很重要的事情要宣布，在华林湘潭钢铁集团有限公司，在那里呢，有一对年轻人现在要办喜事。

舒　高　我觉得两个志趣相投的人能在今年这个小年夜，这么难忘的日子当中走到一起，想想都替他们感到开心。

何　炅　那说到这个华林湘潭钢铁集团有限公司大家可能都不是特别了解他们的情况，接下来就听我来为大家介绍一下，来，魏哲浩。

魏哲浩　这个公司告诉大家，了不得哦，产量达到一百万吨用了三十九年，从一百万吨到两百万吨用了四年，从两百万吨到四百万吨，湘钢人只用了两年的时间。

曹　颖　所以说这是历史性的突破。而且今天在湘钢也有一个特别盛大的活动。并且我们也派出了主持人，你的老搭档维嘉，正在那边的现场等着跟我们连线。先看看那边的情况好不好，来一起来看一看。

（双屏幕，现场画面和湘钢画面。湘钢画面锣鼓喧天。）

现场画面：

曹　颖　维嘉你在哪？维嘉你好。

何　炅　可以听到那边非常的热闹。

魏哲浩　锣鼓喧天哦。

主持人（齐）　维嘉！

（湘钢画面）维嘉　各位主持人你们好，新年好！给你们拜年了！全国的观众朋友，祝你们新年好！那现在维嘉所在的位置就是在湘钢的第二炼钢厂。

（转到湘钢单画面，工人们打鼓欢闹）

维　嘉　那么现在几百名热情的工人兄弟，他们都是来自湘钢一线的工人们。在小年这个特殊的时刻，他们要用最热情的声音，向全国的观众朋友们说：

全场工人们　拜年了！

维　嘉　拜年拜年。今天有一对新人将在这个明亮的厂房里举行他们的婚礼。大家看到我们的厂房里面张灯结彩非常热闹。接下来有请我们湘钢的总经理曹慧泉先生也是我们婚礼策划人之一介绍一下婚礼的筹备情况。曹先生您好，新年好。

（曹先生入画）

曹先生　这里是我们举行的一场特别的婚礼。新郎新娘都是我们湘钢的普通员工。新郎郭伟红还是我们湘钢2004年的劳模。举办这场婚礼一是为了感谢我们的员工过去一年来为公司的发展做出的贡献。二是进一步发扬员工们的士气。2005年继续实现突破产量400万吨。弟兄们，有没有信心？

工人们（全景）　有！

曹先生　好，我现在宣布婚礼正式开始。有请新郎新娘入场。

维　嘉　等一下等一下兄弟们，今天这个大喜的日子，就这么轻易地过这个桥，是不是太容易啦？

工人们　是。

维　嘉　要不要加大一点难度？

工人们　要！

维　嘉　怎么办？

工人们　抱起来！

维　嘉　抱起来！抱起来！

工人们　抱起来！抱起来！

维　嘉　那么他们走过了这个钢铁的传送带呢，被人称为是红火的康庄大道。在这里我们也祝福这对新人在来年的生活里面生活更加红火！再次欢迎新郎新娘入场！

维　嘉　郭伟红，刚才抱过来辛苦不辛苦？

郭伟红　辛苦。

维　嘉　你在抱过来的时候我就特别想唱一首歌。咱们工人有力量。今天我们的新郎，你们的同事郭伟红帅不帅？新娘漂不漂亮？维嘉要实行一下主持人的职责，偷偷地看一下。哇，大家想不想看？郭伟红想不想看？

郭伟红　想看。

维　嘉　多想看？

郭伟红　很想看。

维　嘉　想看没问题。但是要回答对几个问题。也是新娘子交代维嘉要问的几个问题。以前你的年薪是多少啊？

郭伟红　八千多块钱。

维　嘉　现在的呢？

郭伟红　达到四万多了。

维　嘉　哇！湘钢发展真是越来越快。那么新娘子有话要问了，四万块的年薪，要交多少给新娘子呀？

郭伟红　百分之五十九点九。

维　嘉　百分之五十九点九？大家说同意吗？

工人们　不同意。

维　嘉　你们不同意没用啊。我们问问新娘子同意不同意。她同意就可以了。新娘子同意吗？不同意？新娘摇头。那大家说怎么办？

工人们　全部上交！

维　嘉　哟你的声音够响的。全部上交跟交给你似的。大家说全交你同意吗？

郭伟红　可以百分之百的上交。

维　嘉　大家满意了吧？

工人们　同意！

维　嘉　好了！不为难两位新人了。在这个时候呢，相信每一位朋友，包括全国的观众朋友都会想看新娘究竟什么样子。接下来就让我们来倒数。让新郎来接盖头好不好？各位朋友准备好了吗？五四三二一！

（揭开新娘盖头）

维　嘉　再次衷心的祝福这对新人！祝福有情人终成眷属！接下来我们要进行一个特别隆重的仪式了。是我们的证婚仪式。非常荣幸地请到了湘钢的党委书记赵振营先生作为证婚人！有请赵先生！

赵振营　新郎郭伟红，你愿意迎娶新娘郭晓军为妻，并且把你所有的工资奖金都交给她，死心塌地爱着她，并且与她相伴一生吗？

郭伟红　我愿意！

赵振营　新娘郭晓军，你愿意嫁给新郎郭伟红为妻，并且无论他工作再忙，都始终如一地帮他，保管好工资和奖金，陪伴他白头偕老吗？

郭晓军　我愿意！

赵振营　一个有情一个有意，现在我宣布，新郎郭伟红和新娘郭晓军正式结为夫妇！

维　嘉　让我们再一次衷心祝愿这一对新人以后的日子更加红火！好了！现场的观众朋友，还有一个好消息要告诉大家，今天我们也为各位请来一位贵宾，也是今天的特殊嘉宾，请这边的朋友让开一个通道，因为他在后面也是恭候多时了。让我们用最热烈的掌声请出我们的特别来宾，有请！好，这位特别的来宾就是我们湖南省人民政府副省长郭茂清。省长今天这样一个特殊的日子里来到湘钢，我想对于这对新人，对于湘钢的人们，对于全国人民都有祝福的话想说。请您说两句好吗？

郭茂清 在这样一个喜庆的日子里，我又一次来到了湘钢公司，感到非常高兴。首先我祝愿新郎新娘爱情甜蜜，生活幸福。祝福湘潭公司朝气蓬勃蒸蒸日上。在这里我给新郎新娘带来一份特殊的礼物。（拿出礼物）这边是一个大胖小子，我希望新郎新娘早得贵子，这边是一个漂亮女娃，我衷心祝福新郎新娘早得贵女！如果两个都想要，最好是一个龙凤胎。在这里借这个机会，我受省长的委托，代表湖南人民政府向全省人民和湖南卫视的观众拜年！祝大家新年快乐万事如意平安幸福！

维　嘉 谢谢省长的光临！那让我们衷心祝福这对新人在今后的日子里生活更加甜蜜生活永远充满幸福的阳光！谢谢！

歌舞《生活的阳光》

作词：谭仲池　作曲：张伯序

演唱：湘钢歌手

洒满阳光的日子
生活是这么美好
家是你停靠在港湾的船
燃烧激情的时代
生活是这样美好
家是你升起在海上的帆
绿色的风
彩色的花
美妙的琴声依依在说话
银色的浪
金色的沙
还有明月朗朗天上挂
心之恋　爱之巢
流金的岁月充满欢笑
心之曲　梦之花
人生的舞台精彩美好
心之恋　爱之巢
我们的创业值得骄傲
心之曲　梦之花
事业的腾飞无限自豪
心之恋　爱之巢
流金的岁月充满欢笑
心之曲　梦之花
人生的舞台精彩美好
心之恋　爱之巢
我们的创业值得骄傲
心之曲　梦之花
事业的腾飞无限自豪
事业的腾飞无限自豪

维　嘉 好了观众们，让我们在甜美的歌声中再一次祝福全国的朋友们万事顺利，工作顺利！

（画面回到现场）

曹 真是很热闹的婚礼啊。

何 我本以为我们这里已经够热闹了。但是湘钢那边还要热闹啊！

曹 但是我有一个问题想要特别问你。何炅先生，请问你愿意在结婚后把工资和奖金全部交给爱人保管吗？

何 啥钱不钱的多伤感情啊。当然愿意了！我是觉得这个婚礼的现场是我见过的最气派的一个婚礼现场。而且我觉得整个的方式特别的让人感动。就是让全国观众们见证他们的爱，也见证他们工资的归属。

曹 既然今天是小年夜，我们也应该祝愿天下所有的有情人最后能终成眷属。

何 对。没有谈恋爱的早点谈恋爱，谈了恋爱的早点结婚，已经结婚的早生贵子，已经有孩子的就祝福所有的有情人。

曹 你说了这么多是不是现在就想自己的终身大事？

何 现在都没有什么太多时间来考虑这件事情。因为最近我在忙于刻苦的钻研技艺。

曹 我觉得你应该是为了超越我才去钻研这个的。

何 对，去年春节晚会后我就觉得自己在某个方面输给你了，所以今年要扳回来。

曹 去年我们每个主持人一人变了一个小魔术，我对自己能变出花来感到特别的得意。但是今年何炅苦练了一年，听说要变一个很大型的魔术。

何 我给你说我今年真的是拜了一个名师，我自己都觉得站在这里说话都特别有底气。我的师傅就是中国最最有名气最最有实力的一个魔术表演家付腾龙先生。说出这个名字大家都觉得很响亮。

曹 那我们就欢迎付腾龙先生和我们的魔术表演大师何炅先生为我们表演好不好？

何 不不，我基本上是被变的那种。

颖 对，听说是大变活人。他就是那个被变的活人。来掌声欢迎两位，欢迎。

【曹颖下场，何炅走到台中央】

魔术《魔术背后》

表演：付腾龙　何炅

（使用了大量蓝色灯光）

何 欢迎我的师父！师父你今天好漂亮，前面还穿了一条裙子。不不，开玩笑。师父，我跟您学了那么些魔术，我本身觉得魔术是一门非常迷人的艺术。但是我觉得观众在看魔术的时候通常都有一种探究的心理。就是说这到底是怎么回事啊？

付腾龙 想知道它的秘密吗？

何 非常想知道。而且我觉得我们看魔术都是在前面看，我经常想那些魔术师门在表演的时候的机关啊秘密啊肯定都放在背后了。今天我想问问现场的观众，想不想到背后来看这个魔术？

付腾龙 那么多观众，我请谁到后面来看呢？

何 师父想卖关子。我告诉您，虽然我是您徒弟，但是我为了这么多观众，为了电视机前的观众，我也要为难为难您。您不是说他们人太多到不了后面来？

付腾龙 挤不下。

何 那挤不下咱就朝那边演，这样大家就看到了。

付腾龙 那要把这些道具都要反转来？

何 对啊，

付腾龙 那么就只此一次好吗

何 我们付大师终于答应了。咱们应该掌声给付大师一些鼓励好不好？

付腾龙 为了增加今天春节晚会欢乐的气氛，我们就牺牲一下，把这个秘密表演给大家看。

何 还有一个更过分的要求。虽然我是您的徒弟。但是由于我本人资质不够，所以到现在您也没教我什么实在的本领。我也就被变的资格。我今天要求这个魔术您不能请别的助手，您就请我来变。就变我。这样的话我知道了什么秘密再回头告诉大家。锁定快乐大本营。

付腾龙 这样：今天我就把你从这里变到那里去。

何　可能吗？当着大家的面？

付腾龙　对啊，你试试看让大家看看何炅是怎么从这边变到那边去的。

何　那可是大家都看得见啊如果你在背后做手脚的话。

付腾龙　那就是看你的本领了。

何　好，那我们就试试看这个大变活人的魔术。由付老师表演！

付腾龙　我们就都转过来。我们人也朝这边。来音乐！何炅赶快进去！

（何炅进入台右的笼子里，然后魔术师让助手往笼子里插刀。助手拿出布挡着笼子的时候何炅从笼子里出来，在布的掩护下到了台左的小笼子里。助手再把刀抽掉。魔术师让助手把台左的笼子上面的布抽掉，出来的却是一个女孩。把台右的门打开，何炅出来。）

何　谢谢大家！

（镜头切到主持人魏哲浩和舒高）

舒　谢谢谢谢。真是一个精彩的魔术啊。魏哲浩你还记得吗，我们当年也拜师学过魔术。当时我就觉得这个魔术师真的了不起。在舞台上可以把舞台变得那么神奇。

魏　对十分精彩。其实我们生活里也有很多生活的魔术师，他们可以把乡村变得更加的富裕，把城市变得更加的美丽。

舒　你说的没错，我有很多外地的朋友来到湖南，给我说哎呀湖南的变化真的特别的大，说到湖南的发展呢我觉得首先离不开湖南人民的齐心协力，当然也离不开政府坚持不懈的努力。

魏　说到这里我就想到2004年年初的时候周伯华省长就代表省政府向全省人民郑重承诺要办好八件实事。一年过去了八件实事件件都得到了落实，湖南的老百姓心里头甭提有多高兴了。

舒　没错。那么今年周伯华省长再次承诺要做八件让老百姓看得见摸得着的实惠的实事，他们都有了新年的计划哦。

魏　那我们的摄制组也去采访了十四个地市的市州长，面对湖南6600万人民许下的诺言，是那么的朴实无华。

舒　那今天的晚会我们将会将这14个地州市市长的新年心愿分三个段落呈现给大家，我们首先来看看第一段。

（小片：湖南发展篇·市州长的新年心愿——湘西）

（画面）湘西美景

【解说】湘西是一幅宋代话本的传奇，更是一部藏满故事的线装书，开发大湘西的冲击波，已经打开崭新的一夜，奔向小康的路。从关心孩子，关注教育起步。

（同期声）湘西自治州州委副书记，州长杜崇烟：大力加强寄宿制学校的建设，我们想出资三个亿，新建和改造三百多所寄宿制学校。

（画面）张家界美景

解说张家界，湖南最美丽的注脚，天地之间珍藏一幅中国山水画的原本。她的魔力，早已穿越五大洲四大洋，这座城市因旅游而生。无论幸福还是梦想，都与旅游息息相关。

（同期声）张家界市市委副书记副市长　杨次伟：在新的一年，我们努力实现，接待中外旅客1400万人次，这样将创造更多的就业岗位。使全市人民享受更多就业实惠。

怀化

【解说】站在湖南地图看怀化，这里是最偏最远的山区。站在全国版图看怀化，这里是大西南通往沿海的桥头堡。在怀化，有人说罗马不是一天建成的，燕子垒窝靠一口口衔泥。

（同期声）怀化市市委副书记　市长　陈志强：新修和改造乡村公路1000公里，为边远贫困地区建好路修好楼。

永州

【解说】潇湘合流，永州是潇湘之源。它向我们打开的是中华文明的超级博物馆。有永连公路通江达海，有零陵机场铺就空中走廊，毗邻两广的永州，欲后发赶超。

（同期声）永州市市委副书记　市长：刘爱才：突出解决道路破烂，污水外流路灯残缺等问题为市民营造一个良好的人际环境。

（同期声）湘西自治州州委副书记州长：杜崇烟：向全省人民拜年。

张家界市市委副书记副市长　杨次伟：祝全省人民

怀化市市委副书记　市长　陈志强：幸福快乐

永州市市委副书记　市长：刘爱才：吉祥如意

湘西自治州州委副书记，州长：杜崇烟：幸福安康

歌舞《今年是丰收》

作词：石顺义　作曲：孟庆云

演唱：哈辉

（舞台以蓝色灯光为主。舞蹈演员全部上场后以金光、蓝光为主。舞蹈演员身着金色衣服。）

高粱仰着笑脸说
今年是丰收
甘蔗拍着巴掌说说
今年是丰收
稻谷扭着秧歌说
今年是丰收
棉花满怀喜悦说
今年是丰收
丰收
丰收是一幅画
装点大地铺锦绣
丰收
丰收是一首歌
唱遍大地尽风流
南方大丰收
北方大丰收
东部大丰收
西部大丰收
要问丰收哪里来
全凭好风伴好雨
如今的好年头

亮开嗓门说
今年是丰收
锣鼓累着胸膛说
金年是丰收
春联满面红光说
今年是丰收
灯笼迎门贺喜说
今年是丰收
丰收
丰收是一幅画
装点大地铺锦绣
丰收
丰收是一首歌
唱遍大地尽风流
南方大丰收
北方大丰收
东部大丰收
西部大丰收
要问丰收哪里来
全凭好风伴好雨
如今的好年头

丰收
丰收是一幅画
装点大地铺锦绣
丰收
丰收是一首歌
唱遍大地尽风流
南方大丰收
北方大丰收
东部大丰收
西部大丰收
要问丰收哪里来
全凭好风伴好雨
如今的好年头
如今的好年头

（视频：金六福2005年湖南卫视春节联欢晚会）

曹　观众朋友，欢迎回到金六福2005年湖南卫视春节联欢晚会的直播现场。

何　在这里我们要向对我们晚会做出很大贡献给予很多支持的金六福企业做出感谢，同时我们要代表金六福企业向全国电视观众拜年。

曹　在我身边站了一位特别可爱的小妹妹，她就是这次特别活动“相见2005”上万个报名者第一位幸运儿。她的名字叫侯霜，今天正好是她十八岁的生日。生日快乐！

何　生日快乐！

曹　她的生日愿望特简单，就是她的哥哥在西藏当兵，两年没有回家了。所以她说，她特别希望生日那天哥哥在电视里面看到我，她觉得哥哥会很开心。

何　先跟观众们问声好。

侯霜　大家好，我叫侯霜。

何　那咱家哥哥，咱侯哥叫什么名字？

曹　别攀关系好吗？

侯霜　我哥叫侯树钦。

何　那今天来到我们现场我知道很不容易，因为好长时间没见到哥哥了。我也知道你跟哥哥感情特别深。今天使个很特殊的手段，通过电视镜头让哥哥在电视机那边看到你，想对他说什么？

侯霜　哥，你在部队还好吗？我答应你，我一定会考上大学的。家里一切都好，你在那边好好照顾自己。我会努力的。

何　必须笑一个。不准哭。过年过年。

侯霜　哥，我长大了，我会努力考上大学的，你放心。

曹　我相信你的哥哥会好好保重身体的。在你考上大学那一天，我相信他一定会给你一个惊喜，回来参加你的升学仪式。

何　对，在你面前出现。而且我觉得女大十八变，两年没有见到侯霜，瞧人家长多高。你看我一米八五，你看侯霜……

曹　一米八三吧。

何　所以哥哥一定要放心。还有就是侯霜也很用心，报名参加我们的活动，待会下去以后给哥哥打一个电话。你一定要多多加油，你在全国观众面前许下的诺言。

曹　一定要考上大学。

侯霜　我一定会努力地。

何　我们也等你的好消息。加油!!

曹　加油加油！

何　在这里我们也要特别向侯霜的哥哥表示问候，向所有解放军指战员送出问候，祝你们和你们的家人阖家欢乐。

曹　没错，接下来我们一起再看节目好不好。我给你推荐一个特别好看的节目，因为充满了少数民族的异域风情。我们有请是来自内蒙古的黑骏马组合还有阿朵！

何　有请。

歌曲《嘎达梅林》

演唱：黑骏马组合

【黑骏马组合从右台口上】

（蓝色灯光）

南方飞来的小鸿雁啊
不落长江不呀不起飞
要说造反的嘎达梅林
是为了蒙古人民的土地
北方飞来的大鸿雁啊
不落长江不呀不起飞
要说造反的嘎达梅林
是为了蒙古人民的土地
天上的鸿雁从南往北飞
是为了追求太阳的温暖
反抗王爷的嘎达梅林
是为了蒙古人民的利益
天上的鸿雁从北往南飞
是为了躲避北海的寒冷
造反起义的嘎达梅林
是为了蒙古人民的利益

【演员从左台口下，舞蹈演员从台后中间上场】

（舞台光以蓝光和绿光交替为主。歌手阿朵有追光）

歌曲《阿朵》

作词：高晓松　作曲：EVAN 阿朵

演唱：阿朵

阿朵阿朵你在叫我
阿朵阿朵阿朵开开锁
月落杜鹃开始唱歌
你总算来了么
天咯地咯你乘着来咯…
天要亮啦我想走啦
天亮啦
山啦
水啦
你啦
快走啦天快亮啦
阿爹阿娘阿朵走了
留下你们守着吊脚楼
妹妹明天不要找我
我跟着哥走啦
天咯地咯他乘着好咯…
天要亮啦我想走啦
凤凰凤凰我回来啦
我的青青山呀绿绿茶
月落杜鹃开始唱歌
爹娘抱着我哭了
天要亮啦我回来啦

舒　谢谢阿朵！

魏　舒高，我知道这样一组数字。在每年春运期间，有上亿人次通过各种交通工具赶着回家过年，大家都希望能在除夕前赶着回到那个充满温馨，温暖和幸福的家。

舒　的确，家是我们心中永远的牵挂。家中有疼爱我们父母，也有关心我们的兄弟姐妹，家是那种让我们心中充满幸福和温馨的港湾。

魏　但是在这个港湾里面，难免有时会有一些小磕小碰，舒高我问你，你知道家里面什么关系最难处吗？

舒　不是说家家有本难念的经吗，我觉得有句话说的好叫家和万事兴，我相信大家看了下面这一家子的故事以后会有更加深切的感受。

魏　一起来看看。

小品《家和万事兴》

表演：黄鹤　王湘平　李俊学　杨槿瑾

（道具：沙发，桌子，一把椅子）

（老太太一人在家收拾洗衣服）

孙子　奶奶，我帮您洗！

奶奶　不要啦，待会你妈妈回来看到，又要骂人了。

孙子　哼！我才不怕她呢！奶奶您坐，我来帮您洗。

奶奶　来，帮奶奶！个子矮够不到。乖孙子长大了，知道疼奶奶了，知道给奶奶洗衣服了。乖孙子，今天都到了些什么地方玩啊？

孙子　今天啊，我们去鸟语林万了。我们看到了好多好多鸟了。有一只鸟还会说话呢。

奶奶　那一定是八哥吧。

孙子　是的。还有一只八哥呢好像老了。那只小八哥在给它喂虫吃呢。

奶奶　这小八哥真是孝顺，来奶奶帮你洗。

妈妈　哎呀我的小祖宗啊，你怎么一回来就给妈洗衣服呢。赶紧给我回屋做作业去。赶紧的。

孙子　不！我要给奶奶洗衣服。

妈妈　你去不去？再不去妈妈揍你了啊

（孩子下场）

妈妈　我说妈呀，您都这么大的人，您怎么叫个小孩给您洗衣服呢，他那小手能洗吗？

奶奶　唉。（坐到沙发上）

妈妈　妈，这沙发可是我昨天新买的，这弄脏了可不好洗。

奶奶起身　哎。

妈妈　我说妈啊，您这衣服怎么弄的一地都是水啊，这可都是木地板，要是弄坏了，可就变形了。

奶奶　我马上擦。

妈妈　我说妈啊，您洗衣服一袋子洗衣粉都用完了。

奶奶　妈年纪大了，眼神不好，多放了一点。

妈妈　您这叫多放了一点啊？啊？这一袋子都没了。这两块八一包呢！

（爸爸去拉妈妈）

妈妈　干吗啊！做饭了没有啊。

奶奶　我马上做去。

妈妈　回来回来，赶紧把这衣服洗了。拖到最后还不得自己洗啊。

爸爸　妈，您坐。老婆，咱是不是买台洗衣机啊，这年头谁家没有台洗衣机呢？

妈妈　买洗衣机？你说的倒轻巧。这哪来的钱啊？再说了，咱妈又不是不能洗，这不挺好。既省钱又省电，咱妈还能锻炼身子骨。您看咱妈这身子骨不比以前硬朗多了吗，这都是洗衣服锻炼出来的。

爸爸　你不买就不买，说那么多干嘛呢

妈妈　我就说就说怎么了。

爸爸　你……妈，你歇着，我帮你洗。

妈妈　哎，我说这都几点了，你还不下楼给我买菜去。

奶奶（小声）　去吧，妈不累。

爸爸　买菜？钱呢？

妈妈　钱钱钱，你就知道钱。给。

爸爸　五块钱？五块钱能买到啥啊？

妈妈　五块钱怎么啦？五块钱不算钱啊？这五块钱你可以去买青菜豆腐啊。

爸爸　我不是给你说了吗，妈最近身体不好，你又不是不知道，就不能给妈买点好吃的啊？

妈妈　好吃的？哈。你以为自己是谁啊，你现在下岗了，不挣钱了，这家里大大小小哪一摊子不是我担着啊。我给你算算啊，这家里的水电费，煤气费，房子的按揭费，孩子的学费哪一样不靠我啊。她吃好的，那我们吃西北风去啊？再说了，她吃又吃的多，事又做的少，还长得那么胖？

爸爸　妈胖，她是有病啊

妈妈　什么病啊？我还想得呢。去去去，买

菜去！看什么看，去啊你。没用的东西。吃闲饭的。

奶奶 老头子，你听见了吗，她说我是吃闲饭的。我每天起早贪黑，忙里忙外啊，包了所有的家务，她还说我是吃闲饭的。好像我是个多余的人啊。老头子，你倒好，你干干净净就走了，剩下我一个人，叫我怎么活啊。

爸爸 妈，您怎么哭了。

奶奶 妈没哭。妈是肥皂水到眼里去了。

爸爸 妈，我知道，肯定又是那个不孝顺的东西惹您生气了吧。

奶奶 不关她事，孩子，你老婆在外头挺累的，赚点钱不容易，发发牢骚没什么的，孩子。

爸爸 妈，可是她那样对您，我这个当儿子的实在看不下去啊，妈

奶奶 没事。

爸爸 我都想好了，明天就跟她离婚！

奶奶 你说啥？

爸爸 明天就跟她离婚！

奶奶 你这个畜生！你好不容易才成个家，你要说离婚？啊？你下岗了孩子，你没有经济来源了，你离了婚谁来养你啊？你离了婚，谁来养你的孩子？你有什么本事离婚啊？你离了婚，让妈这张老脸往哪搁啊？

爸爸 妈。

奶奶 孩子为人做事，要宽宏一点，大度一些。你媳妇她也不容易。你看看，一家人就靠她一人赚钱吃饭。她在外面累了，苦了，回家发发牢骚，有什么关系啊。孩子，妈受得了。

爸爸 妈，可是她对您……

奶奶 她对我好啊。还记得去年这个时候妈到菜市场买肉，那个肉贩子看到我年纪大了，就多拉了我几块钱。后来她知道了，硬是跑到菜市场把钱要回来了，你还记得吗，她还跟人打了架。后来我医药费花了那么多，她唠叨过一句吗？她说了些什么？我有这样贴心的媳妇，我心满意足了。孩子。

爸爸 妈，您不知道，她就是太凶了，不光对您，对我也是一样。

奶奶 对你凶？你在家，哪碗饭不是她递给你的，哪碗水不是她倒的，哪根烟不是她点的？孩子，她对你凶，是她心里不痛快，有事啊，咱们这个家不宽裕，她心里急啊孩子。

爸爸 妈，您怎么老是替她说话啊。

奶奶 我老是替她说话。我不替她说话替你说话，你有什么好的你自己想想。

爸爸 你说我哪点不好？

奶奶 你孩子学校开家长会为什么不让你去让你媳妇去啊？我给你说，他晚上睡觉让妈妈哄着，为什么你哄不着啊？你孩子生病了你知道他要吃什么药吗？天冷了加衣服你知道吗？你都不知道你怎么当的爸爸啊？她呢？全是她照顾孩子的啊。儿啊，我跟你说，这样的媳妇不好找你要珍惜她，你不能没有这个媳妇啊，不能没有这个孩子的娘啊，你还说离婚，你让妈怎么替你想啊。妈老了，年纪大了身体差了，是你们的累赘了。妈只要看到你们一家人快快乐乐幸福的在一起，妈就心满意足了。妈不给你添加负担，妈今天下午给养老院打了个电话，妈就住那儿去了啊。

爸爸 妈，你千万别去。

奶奶 孩子听我说，没关系的，我一走这个家就幸福了。

爸爸 你这么做，我这个当儿子的不孝顺啊。

奶奶 你要这个名分干什么啊。孩子，来，看我给你爸以前还存了一点钱，你爸

走了以后还用了一些。妈到了养老院以后吃住他们都管了，用不了什么钱。这钱啊，你就帮我好好保管着。万一妈要是哪一天有个三长两短，孩子，你就不用再替妈操心，也不用替妈去筹钱了。

爸爸 妈都是我这个当儿子的……妈，在这里我替那不孝顺的东西给您磕头了。

奶奶 快起来。

爸爸 妈。

奶奶 让妈看看，疼不？是妈不好啊，让你两头为难啊。妈这就走。记住，一定要好好对待你的媳妇和孩子。家和才能万事兴啊。

爸爸 您别走啊。

奶奶 妈走，妈走了就幸福了。

爸爸 走了这家还叫什么家啊。

妈妈 妈……您别走。妈，您别走了。

爸爸 你还有脸叫妈，她不是你妈。

妈妈 妈……是我对不起您啊。

奶奶 没事孩子

妈妈 想不到我平常那样对您，您还对我这么宽宏大量，我真不是人。妈，我也为人之母，我也有老的那一天，人的心是肉长的，我上哪找那么好的妈去啊。妈我错了，您就原谅我吧。妈，您就是我的亲妈啊。

奶奶 快起来，这是干啥啊。委屈你了孩子。孩子是妈不对，你辛苦了。你就是我的亲闺女啊。

孙子 妈……

奶奶 你看看这一家子开开心心团团圆圆的我哭个啥啊。光顾说话了，还没吃晚饭呢，我给你们做饭去。

妈妈 妈，您看您就歇着。您都为我们操劳一辈子了。这回也是您该享清福的时候了。打今儿起，我给您做饭。

奶奶 好，好女儿啊。

孙子 好妈妈！世上只有妈妈好，有妈的孩子像块宝。躲进妈妈的怀抱，幸福享不了。

魏 的确在我们生活中多一份宽容多一份理解，会让我们变得更加快乐和幸福。

舒 我觉得多一份宽容多一份理解世界会更加美好。在这样一个万家团圆的日子里，是时候对您家人说出心里话了，是时候将您心中的爱表达出来了。接下来让我们欣赏由罗中旭为大家带来的这首《是时候》。

歌曲《是时候》

（黄蓝光交替出现）

作词：文静　作曲：董赫男

演唱：罗中旭

是时候就呼朋唤友
哪怕只是问候
心不用也会长满铁锈
是时候就摆脱陈旧
早该力争上游
谁都会比想象中优秀
Come on it’s time to show
It’s my right time to show
快乐永远都不够
快乐在不需要理由
Come on it’s time to show
It’s my right time to show
成败都坦然接受
成败永远不落在人后
尽情超越正是时候
(music)
是时候就揭开伤口
和它勇敢决斗
这次连我眉头都不皱
是时候就痛快出手

像雷电般嘶吼
说不定能够震撼宇宙
Come on it's time to show
It's my right time to show
快乐永远都不够
快乐不需要理由
Come on it's time to show
It's my right time to show
成败都坦然接受
成败永远不落在人后
尽情超越正是时候
(music)
拉……拉……
尽情超越正是时候

(视频：金六福2005年湖南卫视春节联欢晚会。)

(曹颖何炅和观众代表站在主持人区)

曹 观众朋友，欢迎回到金六福2005年湖南卫视春节联欢晚会的直播现场。

何 接下来请允许我为大家介绍我身边这两位特别来宾，也是我们“相见2005”活动请来的两位特别观众。这位呢，是黄利军，她是一位准妈妈，还有她的小宝宝。他们俩这次到来呢是为了他们远在坦桑尼亚的丈夫和爸爸，通过电视节目见个面。

曹 没错，她丈夫许超军是湖南建设集团总公司派到坦桑尼亚的工程人员。虽然今年过年不能回来，但是没关系，此时此刻呢，他正通过湖南卫视的网站，还有新浪娱乐的网上直播收看我们的晚会。也为了见一见他心爱的妻子。

何 哎呀这个距离就远了。超军哥，老婆在这里，赶快做好啊。老婆现在有话要说。来，利军。

曹 有什么要给丈夫讲的？

黄利军 你还好吗？我很想你。再过三个月你就要做爸爸了。我特别希望到时候你能回来陪在我身边。这就是我最大的心愿，真的。

曹 一定会的一定会的。你知道吗，你的心愿一定能实现因为他们单位觉得孩子到世界上来，爸爸一定要见证这个

何 重要的时刻。

曹 所以到时他一定会回来陪你的，请放心。

何 所以决定4月份的时候让他回来而且机票要公司负责。这是我自己说的啊。等一下我问问小宝宝有什么话要对爸爸说。

曹 爸爸我好想你。

何 听见没，到时记得回来。在这里要祝福你们两个好好保重身体，因为我也知道超军不是不惦记你们，而是他在外面也有工作。他也在加油努力挣钱养家，那你呢，好好保重好身体。

曹 你也要加油努力，生一个特别健康的宝宝。

何 现在是喜欢吃酸的还是喜欢吃辣的？

黄利军 什么都喜欢。

曹 那就是龙凤胎了。

何 你会很辛苦的，但是超军哥一定会很高兴地。在这里我们也要借这个机会向所有的驻外人员道一声辛苦。其实家里人都想念你们，希望你们在辛苦工作的同时要注意保重好自己的身体，要多和家里人联络。因为真的，家是一个永远的牵挂。

曹 那么今天过年嘛，小年夜，我们就看一些比较开心的节目吧。

何 对。

曹 让大家能够笑口常开，也让你能够笑一笑。让我们来看很好看的相声。我们要请出的是奇志和张伟为我们带来的《挑战主持人》。有请。

何　有请他们两位。

相声《挑战主持人》

表演者：奇志　张伟

奇志　我就是著名的主持人，哈利油！

张伟　电视机前的老少爷们儿，请大家换一个频道。请大家收看由我为您带来的一窝蜂电视节目……

奇志　一窝蜂？各位观众，各位朋友，请大家收看由我主持的电视节目，谁收看由我主持的电视节目，我将跟谁共进晚餐，然后由你买单，哇噻，好好玩哦。

张伟　大家不要上当啊，收看我为你主持的电视节目，你就成为明星啦！三天，把你训练成星星，四天，就是流星，五天以后就把你搞成彗星。用英语讲啊，就是扫把星！

奇志　灾星！

张伟　下面请欣赏我为带来的《百鸟朝凤》（表演口技《百鸟朝凤》）

奇志　叫我跳舞呢。

张伟　你看看我这个主持人，什么事都是我一个人干了。我是一枝独秀啊。

奇志　我觉得是一直生锈啊。一直作秀啊，全让你一个人干啦！观众朋友啊，各位观众，各位朋友，请您收看我们台著名节目主持人李铁嘴为您主持的体育节目。

张伟　李铁嘴？

奇志　（大舌头）观众朋友们，观众朋友们，我们现在是日本大阪向您现场直播世界杯足球赛亚洲小组赛中国队对哈萨克斯坦队。谢谢，谢谢

张伟　中国队对哪里？

奇志　哈萨克斯坦队。

张伟　舌头抽筋吧你。

奇志　首先有哈萨克斯坦队进前场球，好球，一个长传，传个18号，18号传给14号，14号传给4号，4号传给10号，10号又传给14号，14号又传给14号又传给四是四，十是十，四十是四十，十四是十四，十四。

张伟　你舌头起水肿了吧？球呢？

奇志　球找不着了。不好，一个冷射，球冲着中国的球门飞过来。就在这关键的时候，中国守门员怎么办？接？还是不接？请回答。

张伟　接呀！

奇志　对，接。中国守门员一个鱼跃轻轻的将球揽在了自己的怀里，好球，现在足球在中国队脚下。

奇志　李伟峰一技长传，把球传给了李铁，李铁又一个妙传，传给孙继海，好球，孙继海左晃右晃，晃过了两个后卫，又晃过了守门员，是个空门。

张伟　射门。

奇志　就在这关键的时刻，孙继海想起了他的爷爷。

张伟　他为什么这个时候想爷爷？

奇志　因为孙继海的爷爷是铁道游击队队长。

张伟　等等，等等，说清楚，他爷爷是干什么的？

奇志　铁道游击队队长。

张伟　大家不要误会啊，我比较了解他，可能大家没听清楚，他说孙继海的爷爷是铁道游击队的队长。你让他再说一遍。

奇志　铁道游击队的队长。爬火车，炸桥梁，就像一把尖刀插进了敌人的心脏，想到这里孙继海浑身充满了力量。

张伟　射门！

奇志　他又想起他爷爷的爷爷。孙继海爷爷

的爷爷是义和团的团长。

张伟 为什么想到爷爷的爷爷呢?

奇志 因为他爷爷的爷爷是义和团就有团长了，您听啊飞檐走壁，刀枪不入，杀的洋鬼子屁滚尿流，想到这里浑身充满了力量。

张伟 射门!

奇志 他又想起了——

张伟 他爷爷的爷爷的爷爷。

张伟 你让他爷爷一起来射门吧。

奇志 孙继海想完了所有的爷爷，射门!

张伟 球进了。

奇志 欲知后事如何，吃完了晚饭我们接着继续解说。这么好的主持人给我推下来了，怎么回事?

张伟 你这主持人舌头还没直呢。观众朋友们，下面请您欣赏我们最火的节目，男女歌星大反串。

奇志 就是男的变女的，女的变男的。

张伟 首先，由我这个主持人为您献上一首女声独唱。

奇志 你唱女的?

张伟 (用女声唱《春天的故事》) 我们唱着东方红，当家做主站起来。我们唱着春天的故事，改革开放富起来。继往开来的领路人，带领我们走进那新时代。高举旗帜开创未来。开创未来。你看我像张也吗?

奇志 我看你像张飞。你有没有别的节目了?

张伟 当然有了。我这个节目主持人最大的特点就是善于煽情。

奇志 煽情的节目主持人。

张伟 任何节目只要我一主持，观众就想哭。

奇志 那不可能，我们相声节目就哭不了。

张伟 只要我给你主持观众照样哭。

奇志 那我就不信，你给我们主持个相声节目。

张伟 来吧。

奇志 今儿晚上我给大家说段相声。这相声呢，笑一笑十年少。

张伟 观众朋友。

奇志 大伙。

张伟 此时此刻为您表演相声的是我国著名的相声表演艺术家。

奇志 给我报幕呢。

张伟 奇志，男，48 岁。

奇志 他这给我致悼词呢这是。

张伟 奇志出身贫寒。在一个风雨交加的夜晚……

奇志 怎么了?

张伟 只见着一道闪电紧跟着一声巨雷“啪”。(口技)

奇志 (评书腔调) 可了不得了。好家伙，我奇志这就诞生了。

张伟 (学婴儿哭)

奇志 别哭了别哭了……饿? 那怎么办呢?

张伟 奶……

奇志 我没这设备呢。这还不好哄呢，他妈还不在，怎么办吧。哎，给点钱打发打发。10 块钱行吧，别哭了。

(张伟把钱扔掉)

奇志 10 块钱嫌少了? 那给 50 块钱。50 还嫌少啊? 一百! 还哭什么呢你? 完了，过去了。一百块钱还少啊?

张伟 那是假的。

奇志 我小时候真假都看的出来你看见没有。

张伟 奇志啊，从小他就是一个孤儿。

奇志 又是孤儿。

张伟 是左右邻居一把屎一把尿把他喂养大。

奇志 对，这个东西他小时候最爱吃了。

张伟 (口技《二泉映月》)

奇志 我饿啊，谁给我点生猛海鲜吧。实在不行，给我个金戒指也行啊。

张伟 你这是要钱吗。

奇志 我这抢钱差不多。

张伟 后来他改行学的相声，

奇志 学相声了。

张伟 终于成为了一代相声名家！

奇志 不容易。

张伟 他的足迹遍布全世界。

奇志 走出去了。

张伟 他到过亚洲，非洲，欧洲，八宝粥……

奇志 我喝稀饭去了我。

张伟 有一次他在法国演出获得了空前的成功。

奇志 到法国了。

张伟 法国总统极力挽留他留在法国，而奇志坚定的说，不，我是中国人。我的祖国在长沙。哈哈哈。

奇志 （学哭）

张伟 每次我煽情就有人哭的。

奇志 我不能不哭，我什么文化，我的祖国在长沙。

舒 谢谢！

魏 刚才两位冒牌主持人啊我就想，真有他这本事，别干主持了，干笑星得了。

舒 其实你说的也不完全正确。我觉得主持人就应该多才多艺嘛。像我的新年愿望就是在做好主持这个本职工作外，再多学两门本事。

魏 比如说说学逗唱？

舒 那不还是学相声吗？好了好了开个玩笑。接下来我们还是要看看市州长的新年心愿。来看看第二段。

（视频）

湖南发展篇——市州长的新年心愿

娄底

【解说】十里钢城风呼火啸，百里煤海乌金滚滚。娄底被人们称为太阳的故乡，当洛湛铁路，潭邵高速称为娄底两根强健的血管，今日的娄底以一种喷涌式的绚丽姿态一夜之间擦亮了所有人的眼睛。

（同期声）娄底市市委副书记　市长　刘云柱：2005 年，市政府承诺，要把娄底城区主要的大街小巷全部整修完毕。为娄底市民创造一个美观、舒适安定的生产生活环境。

邵阳

【解说】30 万邵东人走天下，将宝庆商人 600 年的荣光发挥得淋漓尽致，邵阳人或许从来就不缺乏睁眼看世界的魏源精神。地处干旱区的邵阳，在新的一年打算打一场攻坚仗。

（同期声）邵阳市市委副书记　市长　黄天锡：2005 年，我们将把这 22 个村 2 万多老百姓饮水问题解决好，保证让老百姓饮清洁干净的水。

岳阳

【解说】在岳阳的岁月中，一湖水，一座楼，一种心忧天下的文化早已打下永恒的烙印。而今天，大湖之城的人们，一直在丈量着，从洞庭湖到长江到大海到太平洋的距离有多远。

（同期声）岳阳市市委副书记　市长　罗碧升：为 500 名行走不便的残疾人配置假肢或代步轮椅。为 1000 名白内障患者免费做复明手术，让他们享受反和谐社会的温馨。

益阳

【解说】黑耳朵是一句典型的益阳话。意思是说一个人只知道埋头做事而从不张扬。仿佛一夜之间，益阳绽放出流光溢彩的现代魅力。而喝着洞庭水的益阳人心底里还有更大的梦想。

（同期声）益阳市市委副书记　市长　刘国湘：在新的一年里，我们要建设好资江和洞庭湖之间的五座大桥，方便湖区人民生产生活，进一步改善益阳的交通条件。

常德

【解说】从常德先民播下第一粒稻种开始，这片湖南最大的平原一直演绎着天下粮仓的传奇。现在常德人又搬出了常德德山山有德的古训，打造信用常德，这是对德文化的现代注解。

（同期声）常德市市委副书记　市长　陈君文：新的一年里，我们将进一步的抓好与群众生活息息相关的食品放心工程，让全市人民和喜爱常德口味的朋友们都能够吃上放心米粉，放心蔬菜。放心猪肉。

（同期声）市长们：衷心祝愿六千六百万湖南人民新春愉快安居乐业万事如意幸福美满！向全省人民拜年！

歌舞《洞庭鱼米乡》

作词：叶蔚林　作曲：白诚人　演唱：春雷

（蓝色舞台光。放干冰。圆台用绿色光）

【伴舞身着绿色服装在舞台后半部分圆台上】

洞庭啊湖上呦好风呀光哎
八月呦风吹呀稻花呦香哎
千张啊白帆呦在湖呦面哎
金丝呦鲤鱼呀装满呦仓哎

洞庭阿湖上呦吆吆喂吆呵耶
洞庭湖上呀好哎风光
八月呀风吹呦吆吆喂吆呵耶
八月风吹呀稻哎花香
千张啊白帆呦吆吆喂吆呵耶
千张白帆呀在哎湖面
金丝呀鲤鱼呦吆吆喂吆呵耶
金丝鲤鱼呀装哎满仓

红太阳光辉呦照洞呀庭哎
轮船呦结队呀下长呦江哎

（舞台左侧主持台以李小鹏的一些合影为背景）

曹　何炅啊，我想听了这首《洞庭鱼米乡》之后，很多在异乡的湖南老乡肯定会觉得特别亲切。

何　有一种自豪的感觉，因为真的是太美了。

曹　没错。

何　所以接下来，我们要为大家介绍的这位非常特别的朋友也是我们相见2005的这个活动的一位主角，其实呢说到她啊，她是想弥补一个遗憾，她十年以来都没有和她的宝贝儿子吃上一顿团圆的年夜饭。

曹　对。

何　这位妈妈呢，她很想通过相见2005这个活动来弥补心中的这个非常大的遗憾。

曹　那提起她的这个儿子呢，大家一定都不会觉得陌生，因为他就是湖南籍的体操选手，我们的奥运冠军。

何、曹　李小鹏！

曹　他雅典奥运会之后呢也是一直忙于训练，所以今年的春节又不能回家了。

何　对啊，其实，我想每个人其实都知道运动员的辛苦，但是十年一家人不能团圆吃年夜饭，我想这是普通的家庭很难以想象的。

曹　对。

何　这也是李小鹏的父母心里非常大的一个疙瘩，为了解开这个疙瘩，我们春节晚会的剧组也特别派出当然是著名的外景节目主持人维嘉前赴北京去看望李小鹏就是为了解开这个小小的疙瘩。

曹　没错，也是为了带去家乡人的问候，同时呢也算为了带去李妈妈亲手做的一餐热腾腾的饭菜，实现李妈妈多年的心愿，其是维嘉这一趟旅途其实并不顺利啊！

何　唉，不容易啊！

曹　经过重重的，额，怎么说呢，一会儿是天气的原因，一会儿是时间的原因，有很多很多的阻碍，阻难。

何　中间还要找地方去热饭，到底是怎么回事呢！

曹　看看我们这次相见 2005 活动的特别外拍。

（2005 年 1 月 15 日凌晨 5：30 李小鹏家的楼下）

维　嘉　观众朋友们，大家好！

郑慧琳　我是主持人慧琳。

维　嘉　现在是早上的时间五点半左右。

郑慧琳　我们现在是在李小鹏家的楼下。

维　嘉　接下来我们带大家去看一看李小鹏的父母为他准备的便当究竟准备的怎么样了呢，一起去看一看吧！

（李小鹏家）

画外音：四点钟就起床的爸爸妈妈热情的接待了我们，为了这顿饭，爸爸妈妈做了充分的准备。

妈妈　他特别喜欢吃我炒的腰花，他小时候特别的馋。

维嘉　特别馋啊？

妈妈　到了搞饭的时候啊，他站在厨房门口，就等着我，闻着那股香味吧，就等着我，“哎，搞好了没有”。

画外音：妈妈告诉我们，小鹏已经有十年没有在家吃过年夜饭了，这已经是太美心中最大的遗憾，妈妈亲手打包不仅仅是热腾腾的饭菜，更是融融的母爱。

维嘉　两位放心，我一定会把这个热腾腾的饭菜包括这个礼物送到李小鹏手里面。

维嘉　马上就出发。

画外音：刚出发的维嘉就遇上了湖南开年以来的第一场大雾，机场的所有航班全部延误，下午两点半我们终于接到了登机的通知，为了让小鹏吃上依然是热腾腾的饭菜维嘉居然说服的空姐给饭菜加热与此同时，慧琳在家中与母亲聊起了小鹏的点点滴滴。

（李小鹏家）

郑慧琳　这个是训练的时候吗？

父　母　对，这是小孩的鞍马。

郑慧琳　小时候你们看他这样练觉得心疼吗？

（开始播放李小鹏小时候训练的照片）

母　亲　肯定心疼吧，但是他自己特别爱好。

郑慧琳　小鹏现在身上的伤病多吗？

母　亲　也比较多，他那个手腕啊，都是伤，正常人这个手可以直接到头顶，他就不可能，他就只能到这里。

母　亲　从那个双杠上下来以后，（画中画：李小鹏将手举起的画面）他把手一举，那一刻的时候，那个血从手臂往下淌的时候（随着母亲的眼泪，背景音乐响起）我的眼泪就流下来，当时激动的心情特别激动，练了十几年，也是没有白练。

（飞机从长沙飞往北京的画面）

画外音：到达北京已经是夕阳西下了，维嘉直奔小鹏所在的训练馆，争取在晚饭前把便当送到。

（国家体育总局训练馆）

维　嘉　教练吧？您好！您好！

【画外音】教练告诉我们小鹏在下午的训练中拉伤了韧带，现在正在治疗，带好便当盒，维嘉直奔治疗室。

维　嘉　好，拍张照，拍得到我们小鹏吗？

李小鹏　我睡着了已经，别拍了。

维　嘉　还有点害羞啊。

【画外音】维嘉告诉小鹏，我们春节晚会剧组从长沙带来了一份特别的礼物，毫不知情的小鹏看到礼物以后会有怎样的反应呢？

维　嘉　你亲手把它打开吧。

李小鹏　怕有机关。

维　嘉　怎么看到我就觉得好像心里很没底的样子。

维　嘉　闻到什么？

李小鹏　腊肉吧？不会吧？还是热的。

维　嘉　香吧？

李小鹏　口水出来了，诶？腰花，这都是我爱吃的东西。

维　嘉　是吗？赶紧尝一口，还等什么呢？

李小鹏　我最爱吃这个。

维　嘉　是吗？

李小鹏　我妈做的这个做的最好吃了。

维　嘉　是吗？觉得是谁做的？

李小鹏　不要告诉我是我妈做的，真是吗？

维　嘉　就是你妈做的。

李小鹏　真的？真是太好吃了

维　嘉　好吃吗你没吃出来吗？就觉得似曾相识是吗？你妈妈告诉我你最喜欢吃这个菜了，你知道今天早上，你爸爸妈妈几点起来准备吗？

李小鹏　几点钟？

维　嘉　四点半。

【画外音】：随后维嘉又拿出了妈妈精心准备的另一份礼物。

维　嘉　给大家讲哦，今年是小鹏的本命年，所以妈妈就特别准备了他爱吃的巧克力还有一条红色的围巾，你要不要仔细看一下这条围巾上有一个细节你有没有发现，这是你妈妈一针一线绣上去的，对你本命年的一个最真诚的祝福。

【画外音】妈妈的爱和祝福对于小鹏来说是最好不过的新年礼物了万分激动的小鹏赶紧接通了妈妈的电话。

（半屏幕，两边都可见）

妈　妈　喂！

李小鹏　妈妈。

妈　妈　今天过得开心吗？

李小鹏　开心啊！

妈　妈　非常开心吧？给你一个惊喜。

李小鹏　我知道，下次我会给你们一个惊喜的。

妈　妈　你下次要给我一个惊喜啊！你过年不能够回来，爸爸妈妈好想你的。

李小鹏　没事，我已经吃到妈妈做的菜了。

妈　妈　喜欢吃吗？

李小鹏　当然喜欢吃了，招牌菜。祝爸爸妈妈新年快乐，万事如意，最主要是身体健康。

【鼓掌声中音乐起，徐子崴缓慢向前走】

（灯光蓝色调，舞台中央追光，十个舞者手捧国旗）

歌舞《好久没回家》

作词：徐子崴　作曲：徐子崴

演唱：徐子崴

编舞：王小元　杨允金　王永林
伴舞：湖南省武警总队文工团
　　湖南省路桥艺术团
　　北京体育大学附中舞蹈学校

又一次给家里打电话
接电话的是妈妈
好久没回家
家里挺忙吧
妈妈说忙点没什么
就是你在外风吹雨打
可难为了你爸
他常常听见你叫他
还以为是你回来了
oh 妈妈
好久没回家
不是不想家
只想让爸爸看看都市的繁华
好久没回家
只想让爸妈
早点享享清福啊
只想让爸妈
早点享享清福啊

（舞台左侧主持台）

魏　观众朋友们，欢迎回到金六福湖南卫视2005年春节联欢晚会的直播现场。

舒　全家团圆呢是每一个人的心愿，在这里金六福企业也要将春节回家的美好祝愿带给在电视机前的每一位观众朋友。

魏　没错，在这里呢，将介绍在我身边的这一位小妹妹她叫顾先贵（音），是一位家境贫寒的江西姑娘，因为假期要在学校勤工俭学，她已经有两年的时间没有回家。过年了，她告诉我们她非常想通过电视让家中的爸爸妈妈好好的看上她一眼。

舒　我想现在这个时候，顾先贵的爸爸妈妈肯定在电视机前，顾爸爸顾妈妈啊，顾先贵现在在长沙过的挺好的，她现在在我们俩的身边，您就放心吧。顾先贵，我知道你想做肯定有很多很多话想要透过镜头告诉你的爸爸妈妈，我们先来拜个年好不好？

顾先贵　爸爸妈妈，好快啊都这个长时间了，我想你们。（方言……）

舒　听到了吗？顾爸爸，顾妈妈。

魏　我想此时在电视机前的顾爸爸，顾妈妈听到了女儿的这一番祝福，一定会感到非常的欣慰。当然在这里，我们要祝愿所有的学生朋友学业进步，心想事成。

舒　我记得有一首歌的歌词我这么唱的：人在外的时候，家在心里头，那么下面呢，我们就要有请于文华为我们带来这一首温暖人心的歌曲《家》。

歌舞《家》

作词：化方　作曲：尹铁良　演唱：于文华
编舞：王小元　杨允金
伴舞：湖南省武警总队文工团
　　湖南省路桥艺术团
　　北京体育大学附中舞蹈学校
　　中国铁路文工团舞蹈团

（灯光暗，蓝调，舞台中间摆一棵树，黄、绿、红衣舞者各四名，
【白衣舞者十二名，于文华从舞台右出】
女右站定，给追光）

小时候
家是妈妈的手
起早贪黑　点灯熬油
小时候　家是爸爸的酒
汗水酿就　香飘街口
长大后　家是家人的等候
海角天涯　一个人走
长大后　家是奋斗的理由
天长地久　两人厮守

人在家的时候　心在外头
人在外的时候　家在心里头
老的时候　家是唯一的成就
蓦然回首　有泪不轻流
人在家的时候　心在外头
人在外的时候　家在心里头
夕阳红透　青丝换了那白头
又去守望　儿女的春秋

（舞台左侧主持台）

曹　谢谢，在年夜听到这首歌就更有一种每逢佳节倍思亲的感觉，那在我们这次特别活动相见2005中有一封妻子的来信就打动了我们很多编导，她叫曹群华，她和她丈夫结婚已经有十四年了，两个人特别的恩爱，每年到了她生日的时候，丈夫都会陪着她吃顿饭，不过今年却不行了，因为她的丈夫在青藏铁路建设的第一线，她现在说很希望去西藏看看自己的丈夫。

何　我们本来也是想把她请到直播的现场的，通过电视机的镜头向她的丈夫问一声好，让丈夫看看过生日的老婆，可是这样一起过生日的愿望还是没有办法实现，所以呢我们的节目组也是被曹群华的真情感动，也是怀着对青藏铁路建设者的敬意我们决定破一个例，于是我们请出了主持人万欣，陪着曹群华去了青藏铁路建设第一线，让我们看看她的这次生日是怎么过的。

（中铁十一局株洲桥梁公司）

万欣　观众朋友们大家好，我是湖南卫视的主持人万欣，我身后的这些和善可亲的人都是中铁株洲桥梁有限公司的职工家属他们的亲人都工作在青藏铁路修建的最前线我身边这位幸运的人就是曹群华，她即将和我们一起去到条件非常艰苦海拔达到4700米的西藏安多去实现她在生日那天见到丈夫的愿望。那曹大姐准备好了吗？

曹群华　准备好了！

万欣　好，那我们就出发。

【画外音】我们将途经成都拉萨，前往位于青藏高原的安多，而此行曹群华还将为丈夫带去特别的礼物，那就是十二岁的儿子刁文，他们分开又整整一年了，相信儿子出现一定会给爸爸一个巨大的惊喜。

（拉萨市机场）

男　现在隔安多只有500公里了现在心情怎么样了？

曹群华　特别特别的激动，特别特别的想，越来越想他了！

【画外音】为了让身体适应高原气候，我们不得不在拉萨做短暂的停留从未出过远门的刁文头一个出现了高原反应，大家不禁担心孩子能否坚持和我们一起前往环境更为恶劣的安多。

男　一定要坚持对不对，有没有信心上去？

刁文　有！

男　好，继续加油。

【画外音】经过两天的修整，在曹群华生日的当天我们从拉萨出发沿青藏公路北上前往500公里外的安多。

（前往安多的车上）

男　有没有自己设想一下跟他会面会是怎么样的状况？

曹群华　这个讲不出了！

男　应该说是第一次离你这么远吧。

曹群华　确实，第一次离我这么远，我送他上车的时候那天他拉着我的手，真的不想和他分开！

【画外音】随着海拔不断升高车外温度降到了零下20多度，空气中的氧气含量也只有平原地带的百分之四十，虽然高原反应严重，但即将见到亲人的喜悦却支持者母子俩坚持到达的信念，经过六个多小时的颠簸，安多终于到了，我们直奔中铁十一局株洲桥梁公司的驻地，湖南老乡们早已在等候，而我们也按照计划将孩子留在了车里，出乎我们意料的是，在迎接我们的队伍里并没有曹群华的丈夫席晓鹏。

（中铁十一局株洲桥梁公司的驻地）

万欣　您看是不是带我们去看一看席晓鹏

男1　没问题！没问题！

万欣　工地在哪边？

男1　工地在那边。

万欣　我们去看看好吧。

【画外音】在工地上工人们正在露天作业，常年的这样寒冷和缺氧的环境中工作其艰苦是常人难以想象的。素来心疼丈夫的曹群华想到这些禁不住流泪了！

男1　那个，席晓鹏在哪？

男2　在会议室

男1　在会议室是吧？那我们去会议室去找他们吧！

【画外音】接下来，等待曹群华的将是什么呢？

男1　有人吗？哎，有人！

屋内一群人　祝你生日快乐！

席晓鹏　我们终于见面了！华子，生日快乐！我爱你！

【画外音】这一切都是丈夫精心准备的生日惊喜而且他还亲手用糯米做了一个高原特色的生日蛋糕送给妻子。

曹群华　我觉得我是世界上最幸福最幸运的人了，谢谢你们！

万　欣　小鹏，你现在的心情呢？

席晓鹏　我说不出，不知道说什么好了，太激动了！

【画外音】曹群华按原计划把事先准备好的儿子的录像作为礼物送给了丈夫！

（录像）

习　文　我现在已经成了家里的男子汉了，妈妈每次想你哭了的时候，我都可以安慰她。我在家里自己也可以做饭吃，妈妈现在的手艺也越来越好了，但是我还是吃你做的菜，特别是那道炒鸡肉，我真的很想让你快点回来，爸爸快点回来吧！

万　欣　跟儿子有什么话说吗？我们也可以给你带回去！

席晓鹏　我儿子很乖，我希望他能够健康茁壮的成长，学习更上一层楼。

万　欣　爸爸也想儿子，儿子也想爸爸，其实儿子还带来一样礼物，托我们带过来，我拿给你看看好吧！

席晓鹏　好的！

【画外音】此刻，席晓鹏万万没有想到一个更大的惊喜正在等着他。

席晓鹏　我儿子过来了，太高兴了！

男　有没有叫爸爸，有没有想爸爸，叫爸爸！

习文　爸爸！

席晓鹏　乖！

【画外音】思念的泪水化作了幸福的笑容彼此思念的一家人终于在这遥远的雪域高原上团聚了，而我们也为其他的湖南老乡带来了亲人的问候。

（视频）

女1　有一句话叫做“每逢佳节倍思亲”，每到这时候，我跟女儿非常的想念你！

女2　你一定要注意身体在那里，因为那里的环境很不好我知道，我希望你早点回来！

男1　喊妈妈，你喊声妈妈她看得到。你喊声妈妈。

女3　叫声爸爸妈妈！

小朋友1　爸爸！

女3　在叫一声爸爸，想爸爸不？

女4　电话好贵，你不用打，我打给你，因为你的钱都给了我，保重身体，好好的回来！

女5　有的时候真的是想的好晚，坐在电话机旁边，等着你的电话，有时候想的哭，真的想的哭，回个电话，妈妈才睡的好觉，你保重身体，妈妈想你！

女6　在家里，你经常对我们唱的一首歌叫《唯一》，你说你女儿跟我就是你这一生的唯一，也是我们爱情的见证，我跟女儿都想听你再唱一遍，你能唱一遍给我们听吗？

万欣　来小哥，老婆都提出要求了，来唱一句！

小哥　你就是我的唯一，独自对着电话说爱你。（音乐响起）

（舞台左侧主持台，两位主持人泪流满面）

曹　这真的是非常让人感动，其实我看了之后特别有感触，因为我去过西藏，我知道那边冬天含氧量特别低，而且那边的气候也特别恶劣，上一层楼梯都很难，更何况那么重的体力工作，所以真的很需要毅力，听说他们每天要吸氧保证两个小时以上才能保证第二天有体力去工作。

何　其实我们都说生活变化挺大的，我们国家进步特别快，桥宽了，路宽了，觉得特别幸福，可以我今天看了这个片子，然后就感觉其实我们的生活的每一点改善都是由很多普普通通的建设者来支持的，他们和亲人分隔两地，饱尝思念之苦他们就是这样一点一点用自己的努力来给我们带来这么多生活的惊喜和色彩。

曹　所以我们应该珍惜我们的时候也珍惜身边的人，那现在安多也已经进入冬季了，今年的这个气候也不是特别的好，而且越来越恶劣，但让我们觉得安慰的一个消息就是，铁道部本着以人为本的精神让我们的这些工人朋友可以在春节可以回家过年，所以现在的这些湖南老乡们真的可以回家和分开一年多的家人团聚了。

何　而且我们要非常高兴的告诉大家，他们和他们的亲人就座在晚会的现场用热烈的掌声向他们表达崇高的敬意，欢迎你们！

曹　也祝愿你们新春快乐合家团聚，时隔这么久你们终于可以和亲人们说出你们心里的爱！

歌舞《爱你到底》

作词：文雅　作曲：郑伟　演唱：林依轮

编舞：王永林　杨允金
领舞：王永林　吴小岑
伴舞：长沙师范学校
（灯光暗，蓝调，舞者数十名，路灯两排，林依轮从舞台中出。站定，给追光）

记忆中那一夜好像特别冷
呼吸犹刀割般冷冷的疼
全世界仿佛在刹那间停顿
只剩长安街的两排路灯
没准备鲜花和戒指的求婚
到现在遗憾还是那么深
你却用冻僵的冰冷的嘴唇
给了我一生中最温暖的吻
把我抱紧　把我抱紧
紧得就像是一句誓言
说多少次我爱你
还不及万分之一
你是我活着的全部意义
从情人慢慢的变成了亲人
我们已越来越像一个人
这份爱总有天岁月会作证
用我的白发和你的皱纹
关于爱人们有太多的理论
每一种都说得那么高深
我们还保留着最初的单纯
只要是你要　只要是我能
把我抱紧　把我抱紧
紧得就像是一句誓言
说多少次我爱你
还不及万分之一
你是我活着的全部意义
在这浩瀚天地
我们合而为一
谁敢说这不是一个奇迹
把我抱紧　把我抱紧
紧得就像是一句誓言
把我生命燃尽吧
你是我的永远
愿意我在守的最后意义
我用这生命爱你到底

【大兵从舞台左侧走出】

小品《都是彩票惹的祸》

编剧：大兵　赵卫国
表演：大兵　赵卫国　龚谷音

（道具：彩票两张，洗衣粉一袋）
儿子出场（唱好汉歌）。

儿子　最近有点背呀，有点背呀，是特别的背呀！唉咳，唉咳，特别的背呀！好像是白天碰到了鬼呀（停一停）……路见彩票一声吼呀，五百块钱摸一回，摸着了一瓶矿泉水呀！

儿子　手气太差了，还是回家吃饭去吧。到家了。（用口发出敲门的声音）邦邦邦！老娘唉，你的背斯儿子回来了。

母亲　来了来了。

儿子　快点开门。

母亲　哎呀，这么早你就回来干什么？

儿子　这么早我就……

母亲　嗯。

儿子　我回来吃饭来了，老娘呀。

母亲　吃饭？

儿子　啊。

母亲　哎哟，家里没有菜了。你到菜市场，去买点菜啊。

儿子　噢，去买点菜是吧？好，去买点菜。（母亲关门，儿子转身要走）最近我买点……唉，不对呀！我爸爸去世得早哇，我老娘天天嫌我回来晚，怎么今天突然嫌我回早了呢？难道这里头有鬼？不行，我不能让她和陌生人讲话。我先把门搞开再说。（转身回去），老娘唉，开门。老娘唉，再不开门，那我就……我真的会……（做出要踢门的动作）我自己拿钥匙开门。（发出开门的声音）嘎叽嘎叽开。

母亲　哎哟，没买菜呀？

儿子　老娘啊，我不用买菜吧？

母亲　我说了家里没菜了。

儿子　这个家里有颗花菜吧？

母亲　花菜？

儿子　我看看你藏的，我看看你藏的，我……

母亲　哎哎哎！

儿子　走开（抬脚作势要踢母亲）。

母亲　哎哟！这这这……

儿子　屋里有人没有？给我滚出来，你要再不出来，我就放条疯狗把你咬出来。

赵大叔　哎哎哎，别放狗，别放狗！我出来，我出来！

儿子　原来是在我们这个巷子里炸了一辈子油条的老光棍，江湖人称“赵油条”！

赵大叔　少爷！

儿子　你胆大包天哪，你呀！

赵大叔　我胆小如鼠。

儿子　我一直以为你胆小哇，没想到你的胆子就跟你的油条一样，越炸越粗了！你光天化日之下，就敢到我家来调戏我老娘了！

赵大叔　哎，这可不能瞎说。

母亲　哎哟，这个事情呢，我要解释一下了。

儿子　你解释什么，解释？你……你……（转向母亲）哎哟我的老娘哎，我爸爸英年早逝，尸骨未寒呐！

赵大叔　十几年还没寒？

儿子　没寒！我早就看出你对我老娘心怀叵测，你蠢蠢欲动，要不是我今天及时赶到，万一你们两个……做出什么不可挽回的事情，你们怎么对得起我爸爸在天之灵啊？你们怎么对得起我这颗脆弱的心灵啊？

赵大叔　哎哎哎哎，你也太脆弱了！你的娘没有什么对不住你的，为了不让你的心灵受到伤害，她一直是对我若即若离呀，十几年来，我一直在痛苦中煎熬啊！

儿子　你应该跳到油锅里去煎熬。

赵大叔　好，你对我怎样无所谓，对你的娘还是应该孝顺一点的。

儿子　这用你说吗？我不会孝顺自己的娘吗？（走向母亲）我这个不争气的老娘啊，我不是不让你嫁人，以你老人家现有的条件，至少你嫁个大学教授、厅级干部啦，最差也应该是李嘉诚的弟弟啦，比尔·盖茨的叔叔啦，贝克汉姆的外公啦……

赵大叔　你嫁娘还是卖娘呀？

母亲　那你赵大叔身上还是有蛮多优点嘞！（赵大叔做得意状）

儿子　我看他身上，倒是有蛮多油点。

母亲　第一呀，他老实。

儿子　您不是废话吗？他一个炸油条的，他要不老实，他那个炸油条的摊子早就被别人端了。

母亲　第二呀，他勤快。

儿子　那当然了，他老光棍一个，他不勤快，谁养活他呀？

母亲　再说，他有门技术嘞（做炸油条状）。

儿子　哎哟喂，老娘呀，这难道也叫技术呀？这家伙唯一的技术就是，他这一辈子从来没有被城管的抓住过！

赵大叔　（用手指着儿子）你……

母亲　不管怎样说，这么多年来呀，还只有他最疼我嘞！

儿子　哎哟，无非是每天两根免费油条的啦！

赵大叔 嗯，还有一碗豆浆。
儿子 加在一起也没有五毛钱。
母亲 哎呀，他只有这么大的能力了。
儿子 哎哟，老娘呀，你要是非嫁给他，我就死给你看！
母亲 哎哟，那可死不得，死不得！
赵大叔 行行行行，用不着说那傻话吓唬我，我也再也不讨你这个邋遢嫌。我走。
儿子 嗯，好，走了永远也不要再踏进我们家门。
赵大叔 老妹子。
母亲 唉！
赵大叔 那我就走了啊！
母亲 他大叔啊，看来我们今生无缘，只有等来世嘞！
儿子 啊呀老娘耶，几十岁的人了，注意一下影响。
母亲 那个定情物嘞，你就送给别人算了啊。
赵大叔 好。
儿子 呵呵赵油条，越搞越洋气了啊，还搞出个定情物出来，啊？什么定情物？拿出让我开开眼啊。
赵大叔 一张彩票。
儿子 哎哟，我还当……你中奖了吗？
赵大叔 中了。
儿子 中了什么？
母亲 （抢着说）啊，一袋洗衣粉！
儿子 哎哟，我的老娘耶，你老人家一开口就显得没有档次，一袋洗衣粉你就以身相许啊？
赵大叔 嗯，第一张中了一袋洗衣粉……
儿子 （急忙问）那第二张嘞？
赵大叔 中了一百万。
儿子 哎嘿，你听听……中了什么？
赵大叔 一百万。
儿子 一百万，一百万！！！！！！（兴奋倒地）
母亲 哎呀，救人哪，救人哪！（赵大叔过去搀扶儿子）
母亲 哎哟，我说了叫你别告诉他，他就是听不得这个，当年他爸爸就是这么死的嘞！
赵大叔 还有遗传啊？
母亲 不得了了，快掐人中，掐人中！
赵大叔 好，掐人中，掐人中。（使劲掐儿子的人中）
儿子 （坐起来）爸爸。（赵大叔大惊，儿子站起来直奔赵大叔而去，赵大叔被吓到）
赵大叔 哎哎哎哎，别过来，别过来。你喊谁爸爸呀？
儿子 谁有一百万，谁就是我爸爸。
赵大叔 咳，你也太现实了。
儿子 老娘耶，你赶快嫁人嘞。
母亲 哎哟，你气死我了。
儿子 你可以跟我生气，不要跟那个一百万生气！我不是不让你们俩结婚，我刚才是想看看你们俩爱得有多深。
赵大叔 哎哟，我爱得那么深管什么用啊？我又不是大学教授！
儿子 哎呀，大学教授没有您老人家这个手艺啦。
母亲 啊哈，他又不是厅级干部。
儿子 （捻手指，做点钞票状）厅级干部没他这个手气啦。
赵大叔 我更不是李嘉诚的弟弟、比尔·盖茨的叔叔、贝克汉姆的外公……
儿子 你是我的祖宗。
赵大叔 哎哟！（指着儿子说不出话来）
母亲 你说他呀，唯一的技术，就是从来没有被城管的抓住过。
儿子 哎哟，我的老娘唉，今天你要是不嫁给他，你怎么对得起我爸爸在天之灵啊。你要是不嫁给他，我就死给你看。

母亲 又要死呀。

儿子 我都快要急死了。

赵大叔 哎哎哎哎，算了，算了。用不着这样，嗯，既然这个事呢，你没有什么意见，（儿子：对呀）那我跟你娘……

儿子 赶快结婚啊。

赵大叔 哎呀，老妹子，看来是钱的面子大呀。

母亲 哎哟，什么钱不钱呀，我儿子呀，有时候还是通情达理嘞，嗯，他大叔啊，（赵大叔：哎！）我看那张彩票既然丢了嘞，也就丢了算了！（赵大叔：是是是。）这一百万算什么啰，（赵大叔：就是嘛！）哪有我们一家人……（赵大叔赞同，这时儿子走过去阻拦母亲）团团圆圆，平平安安，和和美美。（赵大叔赞同）

儿子 哎哎哎，等……等一下嘞！（打断母亲，大声说）等一下！哎，我怎么越听越糊涂了啊。老娘，什么叫既然丢了就丢了算了？

母亲 呵，儿子，你大叔不是中了一百万吗？

儿子 一百万呢。

母亲 他一高兴啊，就在原地蹦了三蹦，那张彩票，（儿子：怎么样？）丢喽!!!（儿子用一种受打击到极点的表情，向赵大叔询问，赵大叔也无奈地向他摊摊手）

儿子 （指着赵大叔）你给我滚出去！回去炸你的油条去！

赵大叔 那我跟你的娘？

儿子 你做梦！你癞蛤蟆想吃天鹅肉吧，马上从我的面前消失。

赵大叔 好，我消失，在消失之前我对你娘说最后一句话。（把儿子推开，走向母亲）老妹子啊，虽然我那个彩票蹦丢了，（母亲：嗯），但没丢多远，我一弯腰，又把它捡起来了。

母亲 哎哟，啊哈，又捡起来了！

儿子 （赶紧过来抱住赵大叔的胳膊大喊）爸爸！

赵大叔 （大惊，赶紧躲开，怎料儿子抱得太紧没有躲开）别喊我爸爸！

儿子 你就是我爸爸！

赵大叔 我要消失！（儿子：你不能消失！）我要消失！（儿子：你不能消失！）我消失，我消失！（一边说一边拖着儿子走）

儿子 （站住）等一下，你们俩在这拿我开心吧？

赵大叔 谁拿你开心了？

儿子 什么一百万的彩票？我活几十岁了，只听说过，没见过。

赵大叔 呵呵，还不相信了！你看。（从裤兜里拿出彩票递过去，母亲阻止，但差了一步，儿子把彩票抢到了手。）

儿子 （看着彩票）这才是我的亲爹呀！哎呀，这是天意呀。（说着就往外走。）

母亲 哎哎，你上哪去呀？

赵大叔 你干什么？

儿子 我出去一下马上就回来。

赵大叔 哎，别别别别……

儿子 你们两个抓紧时间结婚！啊，对呀，我回来之后，还没有结婚，我就发脾气啊！（说着跑远了）

赵大叔 哎呀，你这孩子没救了！

母亲 我有什么办法啦，我也是有口难言的。

赵大叔 难言之隐，一走了之。

母亲 那你的意思是……

赵大叔 私奔！

母亲 哎呀，我的妈呀，私奔哪！哎哟，奔倒是奔哪，问题是天天吃油条，也怕奔不了好远嘞！

赵大叔 没事，我们以后用不着炸油条了，我还有一张彩票！

母亲 彩票？你没有给他？那他的……

赵大叔 一袋洗衣粉！

母亲 啊，可是我们走了，我儿子怎么办？

赵大叔 他都已经无药可救，你还想他做什么？

母亲 这……这样的儿子也没办法，那他大叔，我们走？

赵大叔 哎，我们走！（二人高兴下）。

母亲 炸油条，快点来呦！

儿子 爸爸，爸爸，我兑的一百万，他们只给我一袋洗衣粉呐爸爸，我想跟他们讲道理，他们就把我腿打瘸了。怎么啊？已经拐着我娘跑啦？我的老娘诶，你就千万莫跟我生个弟弟出来分财产呐！

（舞台中央）

舒 谢谢，谢谢他们的表演，大家说他们表演的怎么样？

魏 大家说他们表演的好不好？

舒 你们还要不要？大兵其实也是我们的同事，你看又是主持节目，又说相声，真的非常棒接下来满足大家的愿望。

魏 再来一个？

大兵 过年了嘛，我们其实根本就不想下去，我们想在这里演一晚上！

舒 一晚上？那好啊！

魏 一晚上够不够？

大兵 谢谢，谢谢，谢谢大家，我们再给大家表演一个双簧好不好？

舒魏（一起） 掌声欢迎！

双簧《并非讽刺医生》

表演：大兵　赵卫国

（道具：椅子一把）

赵卫国 双簧呢大家也非常熟悉了，两个人表演，前面一个人做动作，后面一个人配音。

大兵 这个呢，是我们的一个新作，叫做《并非讽刺医生》。

赵卫国 赵卫国我身体好得不得了，一辈子从来没有进过医院，昨天我一口气我连吃了 50 个咸鸭蛋，刚吃到一半，就惹发了阑尾炎。哎哟，医生啊，割阑尾呀好多钱哦。

大兵 两千。

赵卫国 两千啊，医生，两千你这个刀子就不要往阑尾上割了，你直接往这里来吧。我把这条命送给你算了。

大兵 那你说多少钱合适啊？

赵卫国 最多，八十。

大兵 八十啊？好，八十就八十。

赵卫国 哎呀，便宜啦，两千被我还到八十，要不说买什么都得还个价呢。八十块钱就割阑尾，我吃个剁辣椒鱼头都不止八十。明天我要把全家喊来集体割阑尾。八十块，医生啊，快点快点，趁热啦。

大兵 趁什么热，我又不是打铁，这是手术，你严肃点啊。你要打麻药吧？

赵卫国 哟，医生你是杀猪的还是干什么的，如今杀猪还要打麻药咧，你怎么不把我做人搞呢？

大兵 你不是说八十块钱嘛，那里有麻药打呢？

赵卫国 哎哟打麻药咧，怎么不打麻药呢？不打麻药我叫都会叫死的。

大兵 打麻药啊，那就八百块钱一针。

赵卫国 八百啊？医生啊，你打的是麻药呢，还是 xo 呢？

赵卫国 进口麻药，局部麻醉！

大兵 你有便宜点的没有。

大兵 便宜有倒是有，效果就不敢保证了，说醒就醒过来了。

赵卫国 哎，打进口的，医生，打进口的，那副作用太大了，我背不起。

大兵 打一针，还疼吧？

赵卫国 哎呀，到底钱是钱，货是货呢？说麻就麻了啊。

大兵 下面开膛，你这个手术刀还要消毒不拉？

赵卫国 哎呀，医生呐，刀子都没有消毒啊？

大兵 消毒费要五百块钱啊。

赵卫国 啊，那就不用了，我带了打火机来了，你把那个刀子在火上面烧两下子，一样的。

大兵 你这个病人蛮灵活咧。

赵卫国 那没办法，碰到你这样的医生不灵活点不行。

大兵 下面，开膛，呀呀呀，出血了出血了，你这家伙血好足呢啊。飙好高啊。哎，你要不要止血呢？

赵卫国 哎，怎么不止血呢，当然止血啦，医生啊？

大兵 你是用止血纱布呢还是抹布呢？

赵卫国 你还有抹布止血的？

大兵 我止血纱布要五百块钱呢。

赵卫国 哎哟，不管多少钱咯，赶快把血止住咯，不然会丢了这条老命呢。

大兵 对，你早有这个态度我就好办了。现在先把你血止住，伤口打开，阑尾找出来，一刀割掉。祝贺你，手术圆满成功了。最后问一句，你还要缝起来吧。

赵卫国 医生，你打算让我肠子出来，这又吓人又招苍蝇，一会儿生蛆了。

（舞台左侧主持台）

舒 谢谢，非常谢谢二位笑星为我们带来的欢乐！

魏 那下面的时间，我们请出的绝对是一位重量级的嘉宾，哎呀，真是了不得，也是大家熟悉的老朋友了！

舒 他呢不仅歌唱得好，而且也是一位非常优秀的主持人哦，让我们掌声欢迎来着台湾的歌手庾澄庆！

魏、舒 有请！

（舞台左侧主持台）

庾澄庆 大家好！

魏、舒 欢迎！

庾澄庆 这里真的好暖和。

舒 湖南一直都很温暖。

魏 请问庾澄庆大哥春节准备怎么过？

庾澄庆 春节啊，其实我过春节觉得最简单，可是觉得意义也最大，就是在过年这一天要团圆嘛，团圆就是团聚圆满的感觉，和家人一起吃个年夜饭，这就是象征着未来一年风调雨顺，大家同心协力！

舒 今天是小年夜，我们的这个晚会也在同步的直播，那我相信坐在电视机前的那一头也有你的家人在观看！

庾澄庆（对镜头） 嗨！

舒 是不是要通过我们的镜头对你的哈宝宝，伊能静说些什么？

庾澄庆 其实我觉得这几年下来，我觉得我身边的家人朋友健康平安，才有了一切！

舒 太好了，那今天来不能空手来是吧，是不是？

魏 是不是给我们带来一首怎么样好听的歌曲？

庾澄庆 要怎么样健康，就要听我这一首《快乐颂》。

魏、舒 好，快乐颂，欢迎！

歌舞《快乐颂》

作词：庾澄庆　周秀　祝丽雯

作曲：李正帆　演唱：庾澄庆

编舞：王永林　唐洪　蓝顾

伴舞：湖南省武警总队文工团

湖南省路桥艺术团

湖南省国际标准舞总会

（灯光暗，红色调加紫色调）

【庾澄庆从舞台左侧出】

（站定，给追光，舞台前方喷出火花）

你快乐吗我很快乐第一步就是向后退一步

你快乐吗我很快乐只要大家和我们一起唱

快乐其实也没有什么道理告诉你

快乐就是这么容易的东西

Don't worry be happy

你快乐吗我很快乐年轻的心能重复用到老

你快乐吗我很快乐一群人和我同样的调调

（中间与观众互动）

快乐其实也没有什么道理告诉你

快乐就是这么容易的东西

Don't worry be happy

你快乐吗我很快乐常常觉得我自己很重要

你快乐吗我很快乐爱一个人让全世界知道

快乐其实也没有什么道理告诉你

快乐就是这么容易的东西

Don't worry be happy

你快乐吗我想一下快乐它到底是个什么东西

你快乐吗我要你管那就让你自己去想办法

快乐其实也没有什么道理告诉你

快乐就是这么容易的东西

Don't worry be happy

快乐其实也没有什么道理告诉你

快乐就是这么容易的东西

Don't worry be happy

（插播广告）

（舞台左侧主持台）

魏　观众朋友们，欢迎回到金六福湖南卫视2005年春节联欢晚会的直播现场。

舒　在这里要特别感谢金六福企业对春节晚会的支持，并且代表金六福企业向全国的电视观众朋友拜年！

魏　没错，那每一年呢，我们湖南卫视春晚都会非大家带来异常惊险刺激的杂技节目。

舒　对，每一次在现场看，我的心都会到嗓子眼。

魏　看的时候相信每一位观众都是想看又怕受伤害。

舒　那接下来是不是又到了这个时刻了！

魏　大家坐稳了，一起来看由上海杂技团给我们带来的大跳板。

舒　请看！

杂技《大跳板》

表演：上海杂技团

（舞台中央，红、黄色背景灯）

（舞台左侧主持台）

何　哇！

曹　真的是非常惊险啊

何　真的太厉害了，我觉得全场的观众都在发自内心的为他们鼓掌！

曹　没错！

何　看的我一阵阵的发冷又一阵阵的发热！

曹　我们这位特邀观众也是一样！

何　对，这位一直在旁边“哇，哦”，来，让我们来介绍一下他！

曹 这一位是我们相见2005的特邀观众，他是来自成都的许士福，52岁，30年前是云南生产建设工团的知青，虽然说回到自己的故乡很多年了不过他时常回想起当年的那些和他一起撒下过青春热血一起同甘共苦过的战友们！

何 虽然战友们是彼此思念，但是大家分隔在全国各地，彼此没有机会来见面，所以今天许士福师傅想要通过2005年湖南卫视的春晚能够表达他的思念之情

曹 有什么要和你的战友说的么？

许士福 三十多年了，当年的知青战友们你们好吗？我非常想念你们但多年来苦于无法联系特别是上海的。

曹 他们也一定会把你记在心里！

何 真的是三十年的情感真的让人非常感动，我们也非常希望电视机前的观众朋友们，许士福师傅的战友们终于通过我们的这个节目可以感受到他的这份真情，能够真的和我们联系上！

曹 没错，如果你们认识我身边的许士福，赶快和我们湖南卫视联系让他也让你们圆这个相聚的美梦！

何 我们真的很希望这个相见2005能够圆了许士福的这个美梦，也真的希望能够和他们不见不散！

曹 没错，让我们一起说不见不散！

（歌舞《不见不散》）

作词：张和平　作曲：三宝　演唱：孙楠

编舞：杨允金　伴舞：王永林　武佳

（灯光暗，蓝色调）

【孙楠从舞台左边走出来】

（站定，给追光）

不必烦恼是你的想跑也跑不了
不必苦恼不是你的想得也得不到
这世界说大就大说小就小
就算你我有前生的约定
也还要用心去寻找
不见不散 be there or be square
不见不散
be there or be square
不见不散 be there or be square
不见不散
be there or be square
（舞台外圈给火焰）
噢不见不散
不必烦恼是你的想跑也跑不了
不必苦恼不是你的想得也得不到
这世界说大就大说小就小
就算你我有前生的约定
也还要用心去寻找
不见不散 be there or be square
不见不散
be there or be square
不见不散 be there or be square
不见不散
be there or be square
噢不见不散
be there or be square
不见不散
be there or be square
不见不散
（给金色烟火）
be there or be square
不见不散
不见不散

（舞台左侧主持台）

舒 谢谢孙楠，谢谢！

魏 谢谢，在这里还要告诉我们所有的朋友们一个好消息那就是再过二十天我们湖南卫视的元宵喜乐会就会和你们见面了从现在开始呢，你们就可以参与到我们

的这个活动当中来！移动用户可以编辑短信……

舒　前边的时间中，我们看到了九位市州长的新年心愿，相信电视机前的观众朋友们一定会非常关注，接下来的五位市州长的心愿是什么呢？赶快来听听他们的心愿是什么？

（背景音乐起）

株洲

【画外音】这是一座有电力机车驶出，有醴陵陶瓷名扬海内外的工业重镇，将乡村的盲肠打通把旅游者的脚步吸引到华夏始祖安寝之地的炎帝陵，株洲正在用大交通撑起一个再造辉煌的梦想。

（同期声）颜石生（株洲市市委副书记　市长）：在新的一年里，我们将解决人民群众的出行问题，力争完成32公里快速环岛路基工程。

湘潭

【画外音】湘潭市的陈梦如大姐在2004年初创办了第一家下岗工人俱乐部，为下岗工人搭建一个温暖的家，不光陈梦如大姐在行动，湘潭作为湖南最早的工业基地，市政府也把它当成执政为民的第一件实事。

（同期声）朱明华（湘潭市市委常委　副市长）：新的一年，我们计划创造新的就业岗位三万个，其中安排再就业八千人以上。

衡阳

【画外音】一江碧水北流，一山海内仰止，领略过衡阳山水的人们，今天开始陶醉于衡阳城市里的美景，衡阳别名“雁城”，今天这只大雁正脱胎换骨，展翅高飞。

（同期声）贺仁雨（衡阳市市委副书记　市长）：2005年我们将继续修建通乡通村公路400公里，为城市的老百姓再改造50条背街小巷

郴州

【画外音】习惯了边喝早茶边看广东的报纸，习惯了“粤”字牌的新款跑车在眼前穿梭，“湘南山区”这个郴州的代名词曾经被人淡忘，新的一年，阳光是那么温暖那么强烈的打在山区人民的脸上。

（同期声）戴道晋：我们市委市政府下决心每年解决12000人的脱贫致富问题，力争用三年时间解决贫困人口的脱贫致富问题。

长沙

【画外音】在来自27个国家的外宾面前，长沙完成了一次国际视野下的完美亮相，商业要塞，投资要地，长沙正一次次刷新自己的坐标，当我们的目光掠过城市的流光溢彩，田野的村庄和我们一道聆听着春天的脚步。

（同期声）谭仲池（长沙市市委副书记市长）：从元月开始，在我们长沙农村实行最低生活保障制度，按照这个标准，全市将近16万农民享受最低生活保障。祝全省人民新春万福。鸡年抱金鸡，吉祥如意，向全省人民，拜年。生活越来越好。

（舞台左侧主持台）

曹　其实能市长们和州长们心愿还有很多，

不过在今天这些心愿都融缩成一句承诺！

何　他们真心希望接受老百姓的检验和考核，实实在在的为老百姓办实事！

曹　我们也相信2005年的湖南会有更加令人瞩目的发展。

何　我们相信2005年我们的祖国会更加的！

曹、何　繁荣昌盛！

（歌舞《祖国颂》）

演唱：张也

作词：樊孝斌　作曲：印青

编舞：杨允金　王永林

伴舞：湖南省武警总队文工团
　　湖南省路桥艺术团
　　长沙师范学校
　　北京体育大学附中舞蹈学校
　　中国铁路文工团舞蹈团
　　长沙世界之窗五洲艺术团

（灯光暗，白色调，蓝色调，黄色调加红色调，追光）

你是无边原野醉人的花香
你是月亮树下动人的歌唱
你是美丽的家园祥和的目光
你是满目斜阳，平安的广场
我祝福你的麦穗永远金黄
我歌唱你的门窗永远吉祥
在每束灯光相聚的地方
都有幸福的生活，炉火兴旺
你是无边原野醉人的花香
你是月亮树下动人的歌唱
你是美丽的家园，祥和的目光
你是满目斜阳，平安的广场
我赞美你的大地永远安康
我热恋你的怀抱永远滚烫
在每条路上所有的希望
看见人们的脸上洒满阳光
我赞美你的大地永远安康
我热恋你的怀抱永远滚烫
在每条路上所有的希望
看见人们的脸上洒满阳光
洒满阳光

【主持人从左侧上台，伴舞继续留在台上】

魏　观众朋友们，我们的晚会到这里就要和各位说再见了！

曹　这是一个充满了激情的夜晚，我们看到了祖国日新月异，飞速的发展。

何　这是一个充满了温情的夜晚，因为有爱，我们的世界变得更加的甜蜜！

舒　这是一个相见的夜晚，这是我们身在海角天涯思念让我们紧紧相连！

魏　在这里，我们要把最真心的祝愿送给大家！

曹　祝愿每一个家庭都和睦美满！

何　祝福每一对情侣都携手永伴！

舒　祝每一个梦想都能够早日实现！

魏　祝福每一寸土地都和平安康！

四人（一起）　祝大家新年行大运，天天好心情！

歌舞《深深的祝福》

演唱：晓叶　王平　何玲玲　潘玲
　　李思　左智娜　涂昊　袁双

编舞：王小元　杨允金　作词：夏劲风

作曲：杨歌阳　编曲：杨歌阳

伴舞：湖南省武警总队文工团
　　湖南省路桥艺术团
　　长沙师范学校
　　北京体育大学附中舞蹈学校
　　中国铁路文工团舞蹈团
　　长沙世界之窗五洲艺术团

（白色调，蓝色调，黄色调加红色调）

【晓叶，王平，何玲玲，潘玲，李思，左智娜，涂昊，袁双从舞台中出】

（演员站定，给追光，前方喷出烟花）

夜已深　灯依旧
心儿已经许诺
情相拥　话相投
人儿依然相守
夜已深　灯依旧
钟声虽然响过
情相拥　话相投
彼此还在倾诉
这是朝思暮想
朝思暮想的聚首
这是百年相约
相约的开头
让我们深深地祝福吧
深深地祝福吧
祝福这花常好月常圆
山常青水常秀
天长共地久
这是朝思暮想
朝思暮想的聚首
这是百年相约
相约的开头
让我们深深地祝福吧
深深地祝福吧
祝福这花常好月常圆
山常青　水常秀
天长共地久

（吴若琳　熊颖　整理）

“江城月·中华情”
2005 中央电视台中秋双语晚会

播出台：中央电视台
播出日期：2005 年 9 月 18 日
总导演：郭霁红
主持人：侯佩岑（台湾中天电视台）　鲁健（CCTV－4）　曹众（香港无线电视台）
季小军（CCTV－9）　汪秋娟（武汉电视台）

（表演区分为离观众席最远的也是最高的 1 号表演区，从 1 号表演区下来有“工”字型的 2 号表演区，2 号表演区“工”形舞台左右两边铺设钢化玻璃，2 号表演区下三级台阶就是半圆形的 3 号表演区。）

（VTR，30 秒帆宣传片＋广告＋30 秒黄鹤楼宣传片）

音乐起，《礼花舞》舞蹈演员进场手捧烛台，领舞放飞白色气球，女演员白色长裙，灯光蓝色。

【主持人步下台阶，一齐出场，从左到右：侯佩岑、鲁健、曹众、季小军、留扬】

侯佩岑　现场的观众朋友们！

鲁　健　电视机前的观众朋友们！

曹　众　全世界的华人华侨朋友们！

季小军 （英语）现场的观众朋友们，电视机前的观众朋友们，世界各地的华人华侨同胞们！

留　扬 大家——

合 晚上好！

鲁　健 今夜，我们在中国武汉长江边黄鹤楼脚下，为您现场直播《江城月·中华情——2005中央电视台中秋双语晚会》。我是中央电视台国际频道的主持人鲁健。

侯佩岑 （台语）大家好！（普通话）我是来自台湾的主持人侯佩岑。

曹　众 我是香港无线电视台的主持人曹众。

季小军 我是中央电视台英语国际频道的主持人季小军。（英语）

留　扬 我是武汉电视台的主持人留扬。（家乡话）大家好，欢迎大家来武汉共度中秋夜。

季小军 （英语）介绍主持人

侯佩岑 中秋节，这是中国人祖祖辈辈的一个古老约定。八月十五，天上月圆，地上人圆，我们合家团聚在一起共享天伦之乐，同时怀念梦中的故乡和远方的家人。

季小军 如果今夜你能和亲人团聚，那么让我们为了今宵的幸福干杯吧！如果今夜你仍独自漂流在外，那么就让江城的明月为您送去故乡的消息。

留　扬 所以我们更加要珍惜今夜在江城的相聚，把祝福送给世界各地团聚或者企盼团聚的朋友们！

鲁　健 祝福大家阖家团圆——

合 中秋快乐！

（轨道焰火）

开场舞：礼花舞

（女演员白色长裙，男演员金色上衣，红色裤子）

一、皓皓中秋月，悠悠华人心

中秋满月全景（画外舞蹈演员下场，主持人出场）

（主持人在3号区）

鲁　健 今天我们的分会场特别设在江面的一艘游轮上。

侯佩岑 长江、黄河，在我们中国人的心中它们都占据着很重的分量，鲁健，赶快去看看长江上的盛况。

歌曲《珍惜》（游轮分会场）

作词：李子恒　作曲：黄雅莉

演唱：苏有朋

昨日离别的码头
好多梦层层叠叠又斑驳
人在夕阳黄昏后　陪着明月等寂寞
年少痴狂有时难御晚秋风
经过你　快乐时少　烦恼多
经过我　情深意浓　缘分薄
谁说青春不能错　情愿热泪不低头
珍惜曾经拥有　曾经牵过手
珍惜青春梦一场　珍惜相聚的时光
谁能年少不痴狂　独自闯荡
就算月有阴和缺　就算人有悲和欢
谁能够不扬梦想这张帆
珍惜为我流的泪　珍惜为你的岁月
谁能无动又无衷这段珍贵
明天还有云要飞　留着天空陪我追
无怨无悔也是人生一种美
珍惜为我流的泪珍惜为你的岁月
无怨无悔也是人生一种美

（主持人在2号区左侧）

季小军 咱们站在这个地方上，背靠巍巍黄鹤楼，面对滔滔长江水，头顶皓皓江城月，再品上一口黄酒，又有笙歌阵阵，真是飘飘若仙了。

留 扬 那小军你这个感觉算是找对了。在武汉有个很古来的传说，有一位名叫费祎的人，就是在蛇山得道成仙的。后来武汉老百姓为了纪念他，便在这建造了一座黄鹤楼。

季小军 黄鹤楼就是这样来的。（英语翻译一遍大意）。

歌曲《Angel》

作词：余光中　作曲：顺子

演唱：顺子　编舞：詹晓南

（伴舞3男，黑衣。顺子白外衣）

（1号表演区）

天使在你肩上飞
不必谁来安慰谁
天使在你肩上飞
转眼一天过去　期待又再落空
静下来算算你的呼吸有多少个带着自信
怪谁辜负你那些不兑现的承诺
只好跟着不愉快走总是忘了取悦自己
你不该继续用他的镜子看自己
（顺子及伴舞走到3号表演区）
你的爱你的手你能给的太多
别再迷惑　NO别迷惑
爱情里没有丑的女人
每个灵魂都是一万分
何必为谁失去了天真
不懂你的眼睛没缘分
我看不到一个丑女人
不要笨到被伤害自尊
为了爱你付出的灵魂
不懂你的眼睛没缘分
我也曾经历过那些乌云时刻
我早决定不想那么多就不再迷惑
就不再迷惑

（主持人在2号区左侧）

鲁健 非常好的一首歌。曹众不知道你是不是有这样的感触，其实中秋节一个人过的时候还是挺多的，每到中秋这一天，大家赏月、话月、吃月饼，往往是借月亮寄托情感。

曹众 没错，所以我们常用花好月圆来表达对中秋这个节日的祝福，希望在这个节日里每个家庭都阖家欢乐。不过像我们从事这份工作，每逢这样的节日反而更加忙碌了。而且现在的通讯非常方便，不用像古人那样只能“举头望明月，低头思故乡”，我们可以随时打个电话、发个短信给家人带去祝福。

鲁健 对，想必在这样一个美好的中秋夜里，如此宁静的夜空，载着多少熙熙攘攘的电波，喜气洋洋的信号，载着我们祝福，飞向我们的至爱亲朋。

歌曲《好想你》

作词：陈达伟　陈天佑

作曲：陈达伟　演唱：徐若瑄

（蓝光，徐若瑄穿白长裙）

【在1号表演区出现，往下走】

还没忘了你　这么多天没见
可是我总想起你的声音在我耳边
今天心情好吗
是否不愉快
要一切都看得开
世界没有太坏
虽然不在你身边
我的心有一条线
连着你　牵着你

好想你　想到愿意相信
【到3号表演区】
就闭上了眼睛　你在这里
别忘记我们的约定
一直都在我心里
不管你在哪里
不要忘了我有多么爱你

不要忘了吃饭不管有多忙
不要忘了开车时候一定要往前看
其实我真的很快乐
有你一直守候
一直走到了以后都挽着你的手
虽然不在你身边
但我在你心里面
我愿意等着你
我好想你　想到不能呼吸
想到全身没力气　没有关系
你别忘记我们的约定
一直都在我心里
不管你在哪里
不要忘了我有多么爱你

歌曲《呼唤》
作词：李文君　作曲：林世贤　演唱：汤灿
（紫色光，汤穿黑色裙）
【区中部开始往下走】

天多高　路多长　心有多大
千江水　千江月　何处是家
朝为露　暮为雨　若即若离
冷的风　暖的风　付之潮汐
伊人不相见　明月空流连　长相守长相思
伊人不在时　春光为谁痴　姗姗来迟
天多高　路多长　心有多大
（走到3号表演区）
千江水　千江月　何处是家
朝为露　暮为雨　若即若离
冷的风　暖的风　付之潮汐
天多高　路多长　心就多大
天之涯　海之角　处处是家
朝为思　暮为雪　聚散依依
喜的泪　悲的泪　呼唤晨曦
伊人不相见　明月空流连　长相守长相思
伊人不在时　春光为谁痴　姗姗来迟

二、大江映名楼，两岸踏歌声
30秒片头

林栋甫　他们说曾有一个人在这山上修炼成仙，乘鹤而去，于是有了这黄鹤楼，楼建成了，那故事也就存在了。你身在其中，那故事就在你眼前，你甚至觉得可以触摸到它，可你一伸手会发现它是那么古远。无论怎样，你还是感受到了那仙与人、古与今相连的气息。历史是有生命的，历史是会呼吸的。唯有呼吸才能吸进，所以历史就是在得失中延续下来，所以历史让你感到宏大的心胸。这心胸中有一首古老并不老去的歌在回荡。

歌曲《当你听见这首歌》
曲：童安格　词：李宗盛
演唱：童安格　合声：汪佩蓉
（在3号表演区）
爱情是个动人的假设
移情别恋乃必要之恶
趁还有选择
不去试试怎会晓得
你还等什么呢
如果爱我不快乐
遇着雨　遇着风

那幸福竟未必可得
多迂回　多忐忑
也会去让你的心是暖的
旁人没能窥探的转折
要为我们好好地藏着
遇着雨　遇着风
眼看幸福已不可得
再迂回　再忐忑
都要确定你的心是暖的　且清澈
不必不舍得　已经那么深刻
爱过就值得　当你听见这首歌
遇着雨　遇着风
那幸福的确是远的
太迂回　太忐忑
还好知道你的心是暖的　更清澈

（主持人在2号左侧表演区）

鲁　健　今晚的江城月亮静谧，黄鹤楼身着节日的盛装。这让我想起一个传说，传说中有个四川人和武汉人互有服气。一个说："四川有个峨眉山，离天只有三尺三。"另一个说："武汉有个黄鹤楼，半截都在云里头。"看来我们把黄鹤楼选为主会场，也许是和蟾宫月殿最接近的地方了。

侯佩岑　无数英雄豪杰都把这里当作和历史、祖国对话的地方，一代代诗人墨客都在这里留下了无数名篇秀句。黄鹤楼不仅是武汉名胜的群芳宗主，也是凝聚着民族精神，今天让我们一起好好的来欣赏黄鹤楼。（伴舞上场）

歌曲《黄鹤楼》

作词：一丁　作曲：王原平　编舞：詹晓南
演唱：徐千惠、黄格选
伴舞：广西柳州市歌舞团　武汉市邮政艺术团

（伴舞绿衣席地而坐，手举道具塑胶甘蔗，有树林感）

【徐千惠、黄格选2号表演区左侧上台】

徐千惠　三楚一楼黄鹄矶上
江天雄峙千载　雄峙千载
黄格选　飞檐翘角层层　一片琉璃云霭
合　鹦鹉洲绿　晴川靓　春风巧裁
放眼去　揽云瞰川　占尽山河风采
烟雨细　白云阁在
林郁郁　钟鸣天籁
梅花落处闻笛
搁笔亭中感慨
雨新柳翠　扮鹤池　波清鹅黛
再回首　半现林中
徐千惠　入画骄楼天外

（主持人在2号区左侧）

留　扬　小军你知道在武汉哪里赏月最好吗？

季小军　我看黄鹤楼就很好，抬头可以"举杯邀明月"，低头可以"一樽还酹江月"。

留　扬　其实我们可以赏月亮的地方还多着，汉阳的月湖啊，武昌的东湖，还有汉口的江滩可以看江天一色。

季小军　对啊，武汉依水而生，傍水而居嘛，长江和汉水交汇于此，将武汉划分为三镇，这里聚藏了天地间多少灵秀之气。我们把武汉叫做江城，因为她是大江之不浇灌出来的都市之花。李白游览武汉的时候曾写下"黄鹤楼上吹玉笛，江城五月落梅花"的诗句。

季小军　（英语）那就让我们用歌声歌唱一下武汉的美景吧。

歌曲《我家住在长江边》

作词：唐跃生　作曲：方石

编舞：叶苗壮　杨世萍
演唱：隋一宁
伴舞：广西柳州歌舞团
（伴舞白绿裙子）
【隋一宁2号表演区】

我家就在长江边，
风和日丽白云绕青山。
这里的人们勤劳又勇敢，
她的梦里天地宽。
我家就在长江边，
山高水长任你去望远，
这里的人们同心又同合，
再多风雨也平淡。
我的家就在长江边。
日落月上长江水流转，
经过多少春秋和冬夏。
她的故事随风传。

【隋一宁开始往前走】

我的家就在长江边，
太阳月亮照在我窗前。
我的心和她永相连，

【走到2号表演区与3号表演区相接处】

一生一世直到海那边。

（主持人在2号区左侧）

鲁　健　观众朋友，今天我们的晚会现场请来了一位贵宾，这位贵宾前不久曾同宋楚瑜先生一同访问大陆。

侯佩岑　她就是从台湾来的李庆安女士。有请。

【李庆安从2号表演区左侧入场，主持人向台中方向移动，未到台中央】

李庆安　观众朋友们好，大家中秋节快乐。

鲁　健　李女士，您好，我们又见面了。上次采访您时，您说陪同宋楚瑜先生回乡祭祖的时候心中也在想念自己的家乡，您的家乡在哪里？

李庆安　湖北武汉！

鲁　健　湖北的老乡啊。上次您也谈到其实家乡是近在咫尺，但是没能有机会回来，当时觉得很遗憾。

李庆安　上次是和宋楚瑜先生回到大陆，回到湖南去祭祖，祭祖的时候我就在想湖南湖北这么近，都没有办法回来，真的非常可惜。不过今天我能够在中秋节回来，我觉得是更有意义的。

侯佩岑　那没事一定要多回来走走。

李庆安　好，谢谢。

侯佩岑　大家都知道李庆安女士和武汉有很深厚的感情，不过大家可能不知道的是李女士曾经是台湾非常知名的新闻主播？

鲁　健　对啊，我还知道李女士非常的多才多艺了。那今天既然是回到了家乡，那是不是要给我们带来一个节目呢。

李庆安　我想唱歌，我当然是很外行。不过今天呢，这首歌一定要唱，因为这首歌意境非常的美，我要用他的歌词送给我亲爱的乡亲们，祝大家中秋节快乐。

歌曲《月满西楼》

作曲：刘家昌　作词：琼瑶　演唱：李庆安
（2号区内，快与3号区交接处）

这正是花开时候
露湿胭脂初透
爱花且殷勤相守
莫让花儿消瘦
这正是月圆时候
明月照满西楼
惜月且殷勤相守
莫让月儿溜走
似这般良辰美景

似这般蜜意绸缪
但愿花长好　月长圆人长久

（主持人在2号区左侧）

鲁　健　今天我们的现场又何尝不是一幅月满西楼的景象呢。

侯佩岑　是啊，今天还有很多很多台湾知名的艺人来到了我们中秋晚会的现场，接下来这一位就是歌坛重量级人物，她是以一首《苹果花》成名的杨燕女士。

鲁　健　她今天是远道赶来，真水相聚不容易。

歌曲《相聚不容易》

演唱：杨燕　词曲：杨燕
（灯光：蓝色）
【杨燕2号区右侧入场，到2号区台中稍前】

人生哪有不散的宴席
相聚总是那么不容易
你我相遇就在这里
你我分离也在这里
我对你有无限的真情
说出来你不相信
我对你有无尽的感激
千言万语也道不尽
哦舍不得你　舍不得你
没有你知音何处寻
哦忘不了你　忘不了你
没有你知己何处觅
把满怀的离愁
（喷烟火）
化作暖暖的深情
永远常在你我的心底

（主持人在2号区左侧）

季小军　谢谢杨燕女士，这真是两岸同胞欢聚的一年。曹众，你知道今年的中秋晚会为什么要在武汉举行吗？

曹　众　我想因为这里有位居江南四大名楼之首的千古名楼黄鹤楼。

季小军　我们有名楼。

曹　众　有雄伟壮阔的长江。

季小军　我们有大江。

曹　众　此外武汉这座城市还是辛亥革命的首义地。

季小军　你说的没错，武汉不仅是历史名城，也是文化名城。不过在很多人的印象中总觉得武汉，特别是黄鹤楼，就是一个送别朋友的地方

曹　众　是的，很多的诗词也有这样的描写

季小军　是啊，比如“故人西辞黄鹤楼，烟花三月下扬州”。

曹　众　意境非常优美，但今天在这座千古名城不是送别朋友，而是迎来这么多华人朋友的重逢。

季小军　（英语）

曹　众　老友重逢，就让我们好好叙叙旧吧。

季小军　we are good friends

【主持人自2号区左侧下场】

歌曲《重逢》

作曲：壮宏　作词：严宽
演唱：谢雷　编舞：赵伯乾

人生何处不相逢　相逢犹如在梦中
连年为你呀　留下春的诗
偏偏今宵　皆成空
人生何处不相逢　相逢犹如在梦中
【下台阶，进入2号表演区】
你在另个梦中　把我忘记
偏偏今宵　又相逢
【走到3号表演区】
相逢又相逢　莫非是梦中梦

以往算是梦　人生本是个梦
人生何处不相逢　相逢犹如在梦中
你在另个梦中　把我忘记
偏偏今宵　又相逢
相逢又相逢　莫非是梦中梦
以往算是梦　人生本是个梦
人生何处不相逢　相逢犹如在梦中
你在另个梦中　把我忘记
偏偏今宵　又相逢

（主持人在2号区左侧）

鲁　健　我们“江城月·中华情”中秋晚会的短信平台开通以后，已经接受到了许多海内外华人朋友发来的短信，在这里我们两个就给大家念一下其中的短信。

侯佩岑　也特别要在中秋夜给自己的爱人朋友借由短信来送上思念，首先我们来看看这一位，是从130＊＊＊＊0562说得，他说：在这中秋月圆夜，我祝愿我的妈妈中秋快乐！身体健康，借此机会说声妈妈您为我们操碎了心，辛苦了，我永远爱你。这个短信写的也代表很多人对于自己家人的感念还有感恩。

鲁健　妈妈辛苦了，这里面有一个手机132＊＊＊＊1915的观众发来短信说：亲爱的雯雯，借中央电视台传递我的爱意，希望明年我们不会再像今晚近在眼前却远在天边。今晚的月亮就是我爱你的心。希望今天晚上的月亮能够传递你的真心，希望今天晚上的月亮能满足你的心愿。同样那些身在远方的游子们，今天晚上也不要感慨天涯孤旅、萍踪不定。在今晚的月光下，您是我们晚会最珍贵的嘉宾。来听龙飘飘送给您一首《月儿像柠檬》。

歌曲《月儿像柠檬》

作词：慎芝　作曲：红叶
编舞：詹晓南　演唱：龙飘飘
伴舞：武汉邮政艺术团

月儿像柠檬
淡淡的挂天空
我俩摇摇荡荡
散步在月色中
今夜的花儿也飘落纷飞
陪伴着柠檬月色迷迷蒙蒙
多亲爱　蜜语重重
轻轻耳边送
我俩摇摇荡荡

【龙飘飘和伴舞从1号表演区下楼梯到2号表演区，龙飘飘继续走，伴舞留在2号区】

散步在柠檬一般月色中
月儿像柠檬
高高的挂天空
我俩摇摇荡荡
散步在月色中

【龙飘飘走到3号区】

就像那鱼儿也双游海中
两旁的椰子树是海浪重重
多逍遥　其乐融融
脉脉情意通
我俩摇摇荡荡
散步在柠檬一般月色中

月儿像柠檬
淡淡的挂天空
我俩摇摇荡荡

【伴舞向3号区走】

散步在柠檬一般的月色中
今夜的风儿也撩人心胸
我和你不是在那虚幻梦中
多幽静　夜已深沉

深情比酒浓
我俩摇摇荡荡
散步在柠檬一般月色中

歌曲《月亮代表我的心》
作词：杨坤、方文山　作曲：杨坤
演唱：萧蔷、杨坤
杨　到底多爱你
【从1号区台口出，下台阶来到2号表演区】
到底多想你
窗外的人行道下过雨
【萧蔷从2号右侧台口出，正好杨坤走到2号台中，右手正对右侧台口，伸手迎萧蔷】
萧　蓝色热带鱼它没有说明
【伸手回应杨坤，走到2号台中，转到杨坤左侧】
在玻璃后对我叹着气
杨　心会不会痛
脚步重不重
什么是爱我不会形容
萧　反正想你就像黑咖啡那么浓
没有喝过的人不会懂
杨　你问我爱你到底有多深
月亮它可以代表我的心
没有人能告诉你
只是他们还不够单纯
萧　你问我爱你到底有多深
月亮它可以替我作证
继续的问或放弃
不是一个吻能够说明
杨　关于我的难过
像月亮一样沉默
萧　你什么都不说
总是用温柔看我
杨　你问我爱你到底有多深
月亮它可以代表我的心
没有人能告诉你
只是他们还不够单纯
萧　你问我爱你到底有多深
月亮它可以替我作证
继续的问或放弃
不是一个吻能够说明

三、祖国百业兴，民族一家亲
30秒片头

林栋甫　“Moonlight and love song never out of date”月光本身就是一首最动人的情歌。你抬头看看，月亮只有一轮，你数数星星有多少，你数不过来。可你看见每一颗星星都在闪着爱的光亮。天上如人间。月亮下的中国人是那么多，不同的口音，不同的旋律。Whatever、Whenever、Whoever……月光下的中国人心中有唱不尽的情歌。

哈萨克族民歌《在那遥远的地方》
王洛宾整理
演唱：朱哲琴

在那遥远的地方
在那遥远的地方有位好姑娘
人们走过她的帐篷都要留恋的张望
她那粉红的小脸好像红太阳
她那美丽动人的眼睛好象晚上明媚的月亮
我愿流浪在草原根她去放羊
每天看着那粉红的小脸和那美丽金边的衣裳
我愿做一只小羊跟在她身旁
我愿每天她拿着皮鞭不断轻轻打在我身上

舞蹈《摆呀摆》
编导：张继刚　何晓彬　赵叶叶

杨世萍　叶苗壮
作曲：杜鸣　作词：麦展穗
演出：广州柳州歌舞团

摆呀摆　摆呀摆
手上的银镯摆呀摆
头上的银饰摆呀摆
胸前的项圈摆呀摆
苗条的身子摆呀摆

摆呀摆　摆呀摆
田里的秧苗摆呀摆
山后的芭蕉摆呀摆
挑着的担子摆呀摆
苗家的女人摆呀摆

摆呀摆　摆呀摆
摆得寨里的男人丢了魂哟
只等月亮爬上来
摆得寨里的男人看不够哟
吹起木叶踏歌来
摆呀摆　摆呀摆

（主持人在2号区左侧）

季小军　打从文明的曙光初照神州，我们的祖先便繁衍生息在这片古老而辽阔的土地上。历经三皇五帝，远古的图腾和美丽的神话，从历史深处走来，几千年的迁徙、演化、融合，今天形成了多元一体、不可分割的中华民族。

留　扬　中华民族是一个拥有56个民族的大家庭，各个民族都有自己独特的庆祝方式。

季小军　（英语）中华民族是一个拥有56个民族的大家庭，各个民族都有自己独特的庆祝方式。今晚来自五湖四海少数民族的朋友也赶来参加我们的华人大聚会了。

歌曲联唱

《我们在一起》

词曲：陈川
演唱：哈拉玛组合（藏）
【2号区右侧台口出，上台阶演唱】

我们在一起　在一起（藏语）
我们在一起　在一起（汉语）
我们共同举起杯
祝愿幸福　祝愿大家幸福
我们歌唱
我们跳起了锅庄
弹起了龙头琴
心儿欢畅

《月亮——姑娘》

词曲：135音乐制作室
演唱：山鹰组合（彝）
【2号区右侧台口出】

姑娘姑娘你是月亮
有时缺啊有时圆
缺时让人忧圆时让人爱
哦姑娘姑娘啊
月儿圆圆的夜晚
就像你灿烂的笑脸
哦姑娘姑娘啊
姑娘姑娘你是月亮
我心中的月亮
我要一生伴着你
给你幸福给你快乐
哦姑娘姑娘啊

《土家情歌》

词：贺沛轩　曲：方石
演唱：西兰卡普（土家）
【3号表演区】

土家人的情歌咋那么多呀

今个不唱明个就不快活
唱的那个巴山滋滋的痒
唱的那个清江一弯弯乐
哭嫁的妹娃唱情歌
唱醉了花轿跌破了脚
女儿会上唱情歌
唱醉了花背篓把头挤破
喊一声喊一声黄四姐上了坡
丝帕子缠住了情哥哥
唱一声那个龙船调妹娃就过了河
艄公艄公
为啥子一下子
为啥子一下子
出来的那么多
那么多

《铜鼓羽毛舞》彝族
编导：张继刚　谢克　张瑞静
作曲：杜鸣
演出：广州柳州歌舞团

（主持人在2号区左侧）

鲁　健　真是热闹，佩岑，台湾的中秋节是怎么过的？

侯佩岑　我们会吃月饼、赏月，最特别的就是全家会聚在一起吃烤肉了。

鲁　健　虽然今夜我们在这里是吃不上台湾的烤肉，可来自台湾的水果也摆上了我们中秋晚会的桌子上。这些诱人的果中珍品散发着宝岛泥土的芳香，带来了台湾同胞的问候。

侯佩岑　对，台湾的水果非常好吃的，尤其是柚子、连乌啊现在大陆朋友们都可以吃到。

鲁　健　吃着来自湾的水果，让我们听首好听的歌曲吧。

歌曲《中华是我家》
作词：吴善翎
作曲：王猛
编舞：詹晓南
伴舞：武汉邮政艺术团
　　　台湾原声艺术团
　　　广州柳州歌舞团
演唱：刘媛媛

东海日出西岳霞
北国的冰灯南疆的花
祖传的屏风是万里长城
顶梁的立柱是珠穆朗玛
好一个大中华
是咱们美丽的家
兄弟姐妹相亲相爱
自古有佳话
好一个大中华
是咱们温暖的家
兄弟姐妹齐心合力
振兴我中华
紫荆白莲展芳华
漂泊的亲人回到了家
举杯共庆花好月圆
欢聚的喜悦传遍天涯
振　兴　我　中　华

四、不眠江城夜，无尽中华情
30秒片头

林栋甫　置身于此时此地，我不知道自己有多大，有多少，我也不知道自己有多老，有多少，因为我把自己交给了历史的长江。这浩瀚的江水里哪一滴是我？我似乎丢失了自己。可你们把“我”还给了我，因为我就在你们当中。我是你们，你们就是我，我把我自己融入了你们，我才不会干枯，永远年少！历史的长江就是时光，它永不停滞，那就奔流吧。Let good time roll！

歌曲《尽在不言中》
作词：何秀萍　作曲：Robert Lay
演唱：田震
（蓝光，歌手定点光）

过去了的风风雨雨
黑夜与白天之间
每一次我从沮丧站起来
总会看到你
原来无声无息的力量你带来
教我不甘心被寂寞伤害
被暴风雨打败
我的坚强我的执著都由你而来
有悲伤两个人分摊开
快乐就双倍开怀
你的烦恼你的软弱我做你的挡箭牌
这种感觉尤胜于谈情说爱
【走到3号表演区】
一路上的曲曲折折
放纵与收敛之间
每一次眼泪快掉下来
就想看到你
从来你无怨无悔微笑着走
让我不轻易自怨自艾
让自信心腐败
我的坚强是我的执著都由你而来
有悲伤两个人分摊开
快乐就双倍开怀
你的烦恼你的软弱我做你的挡箭牌
这种感觉尤胜于谈情说爱

（主持人在2号区左侧）
季小军　曹众啊，你是从香港来这主持节目的，能不能给我们说一下在香港朋友们都是怎么过中秋啊？
曹　众　在香港中秋夜，可以和朋友们去尖沙咀星光大道看灯会，可以去太平山顶上赏月，维多利亚港的景色和今天的长江一样多姿多彩。
季小军　那我们就去江面分会场看一下那精彩的节目。
曹　众　让我们一起吹吹江风，听听《秋思》。

歌曲《秋思》（游轮分会场）
作词：文雅
作曲：Henry Mancini
编曲：洪凯　方石
演唱：柏文
（女子四人提琴伴奏）

白月光
照绿瓦红墙
叶落秋菊香　金黄
海上舟摇
楼上帘飘
举杯向月亮
何处是故乡
千万里月光
照在谁的心上
【一个小女孩走过来给柏文一个烛台】
白月光
照情人脸庞
相思如梦长　芬芳
雨里路遥
梦里风潇
离人泪千行
别来可无恙
千万里月光
照在我的心上

（主持人在2号区左侧）
鲁　健　感觉浓浓的相思已经笼罩了整个江面。
侯佩岑　真的，相思之情已经按捺不住了，台湾的原住民组合动力火车也来到了武汉。

歌曲《彩虹》
作词：颜玺轩　作曲：陈峰
演唱：动力火车
【歌手在2号表演区】

身为一道彩虹
雨过了就该闪亮整片天空
让我深爱的你感到光荣
身为一道彩虹
尽全力也要还你一段笑容
够了　我爱你　不必人懂
亲爱的你　我有感动
请牢记在心中
下一次下雨
你能看见的
那道彩虹
不再可能是我
身为一道彩虹
雨过了就该闪亮整片天空
让我深爱的你感到光荣
身为一道彩虹

《Tequila的爱》
作词：三文鱼　作曲：Jewel Kilcher
演唱：倪睿思　编舞：王安
（三个男伴舞：米色休闲西服、仔裤、黑衬衣）
（歌手在2号表演区，伴舞在1号区）

偷了一夜去狂欢
跟我来　别走开
放纵热力地摇摆
大声喊　我喜欢
Tequila Boom 全身都放松
哪怕周围都是闹哄哄
对面男孩　眼神奇怪
【伴舞开始走向2号区】
装做看错转头不理睬
爱情是酒　喝一口就上头
【歌手及伴舞慢慢往前走】
帮我忘了那些旧伤口
说好放手　就不要再牵手
不要给我回头的理由
【歌手及伴舞来到3号区】
偷了一夜去狂欢
跟我来　别走开
【歌手走向3号区右侧，又走回来】
放纵热力地摇摆
大声喊　我喜欢
音乐世界真精彩
【走向3号区边缘】
要放开　别怕晚
梦见自己飞起来
离开你　也忘了爱
【歌手走回3号区中央和伴舞摆最后造型】

歌曲《中国印象》
作词：郭霁红　作曲：李小兵
编曲：李小兵　编舞：詹晓南
演唱：周娜　吴彤
伴舞：武汉邮政艺术团　广西柳州歌舞团
【歌手3号区，伴舞1、2、3号区】
周娜　无垠的边塞倾诉着汉唐
雁塔的风铃瞩望着远行的玄奘
吴彤　飞天反弹着千万个传说
羌笛吹红了长河的斜阳
合　人面桃花　明月故乡
挥手告别只为了心中的梦想
人面桃花　明月故乡
灯火阑珊的家园温暖四方
周娜　长江赤壁有橘颂的芬芳
编钟在回荡圣人那朴素的思想
吴彤　驿站呼吸在晚秋的江畔
风帆把远方写成了沧桑
合　人面桃花　明月故乡
挥手告别只为了心中的梦想

人面桃花　明月故乡
你是我心中永远　永远的东方
人面桃花　明月故乡
挥手告别只为了心中的梦想
人面桃花　明月故乡
你是我心中永远　永远的东方
周娜　你是我心中永远
合　永远的东方

（主持人在2号区左侧）

曹　众　这次真的让我体会到武汉之大气之广博。

季小军　大武汉嘛！凭江远眺，这里天大，地大，循江望去，母亲河的胸怀博大。

留　扬　那让长江也来聆听回荡在海峡两岸欢声笑语。

合唱《海峡欢歌》（《娜鲁湾情歌》）

作词：上官月　作曲：司马亮
编曲：方石、洪凯
伴舞：台湾原声艺术团
演唱：程娜　林照玉　高胜美

【程娜、林照玉在3号区，伴舞覆盖1—3号区】

娜鲁湾伊呀娜鲁湾
娜鲁湾伊呀娜鲁湾
程　高高的山有我的爱
熊熊的火是我的情
天上的星是爱人的心
我要去追寻
林　相爱的手要拉的紧
不变的情像旭日升
爱人的心是天上的星
陪伴你小浮萍
娜鲁湾伊呀娜鲁湾
娜鲁湾伊呀娜鲁湾

【林和程走到2号区和3号区相接的阶梯上，高从2号区右台口出（接近3号区），走到林和程前面】

高　高高的山有我的爱
熊熊的火是我的情
天上的星是爱人的心
我要去追寻
相爱的手要拉的紧
不变的情像旭日升
爱人的心是天上的星
陪伴你小浮萍
娜鲁湾伊呀娜鲁湾
娜鲁湾伊呀娜鲁湾

【林和程下阶梯，三个人向前走几步来到3号区，一个平面，从左到右依次是：林、高、程】

合　高高的山有我的爱
熊熊的火是我的情
天上的星是爱人的心
我要去追寻
相爱的手要拉的紧
不变的情像旭日升
爱人的心是天上的星
陪伴你小浮萍
娜鲁湾伊呀娜鲁湾
娜鲁湾伊呀娜鲁湾

（主持人在3号区）

侯佩岑　感谢祖先，留给我们这个相聚的理由。

鲁　健　感谢江城，让我们有了黄鹤楼脚下的团聚。

曹　众　记住江城月，不忘中华情。

季小军　《江城月·中华情——2005中央电视台中秋双语晚会》的直播到这里就圆满结束了。（英语重复一遍）

留　扬　让我们再次祝福全球华人。

合　中秋快乐，阖家团圆！再见！

（焰火）

（初婕　整理）

“爱我中华——56朵金花浦江欢庆建国五十六周年”大型文艺晚会

节目名称：暨广西电视台、上海文广集团传媒公司2005年国庆晚会
播出台：广西电视台、东方卫视
播出日期：2005年10月1—4日

片头字幕：爱我中华——56朵金花浦江欢庆建国五十六周年大型文艺晚会

开场舞蹈《相聚》
编舞：李建平　孙鹏
表演：56个民族代表　上海歌剧院舞蹈团
（舞台灯光以蓝色调为主，舞台以鲜花装饰，群舞演员身穿彩色裙摆长裙及少数民族服装。舞蹈结束后舞台、江面烟火）

倪琳　尊敬的各位领导、各位来宾。
阿元　电视机前的观众朋友。
合　大家晚上好。
倪琳　今天是一个盛大的日子，迎来了共和国第五十六个华诞。
阿元　五十六个兄弟民族，五十六朵娇艳的金花，相聚在上海，祝福共和国母亲永远繁荣昌盛。
倪琳　今夜的浦江格外美丽，我们相聚在这里共同举行“爱我中华——56朵金花浦江欢庆建国五十六周年大型文艺晚会”，我是上海文广新闻传媒集团东视文艺频道的节目主持人倪琳。
阿元　我是广西电视台节目主持人阿元。祝大家节日快乐。今夜这里有最美的语言。五十六个祝福、五十六个心愿，让我们奏响同一首优美的乐章。
倪琳　让我们祝愿中华人民共和国永远万紫千红——
合　花好月圆。

歌曲《海上花》
演唱：朱虹　王予嘉（壮族）
吴婧（侗族）　银捷（仫佬族）
郭珍妮（仡佬族）　吴璇（布依族）
谭莉静（毛南族）
（歌手身穿彩色长裙）

五十六朵金花
秋风里开子哪呵嗨
姹紫嫣红五颜六色
让你看不过来
绣衣连彩裙
金镯达玉环哪呵嗨
各族姐妹花好月圆
相约在上海
咿子哪呵了嗨
五十六支民歌
秋风里唱子哪呵嗨
欢天喜地红红火火
歌声传四海
愿那天更蓝

愿那水更清哪呵嗨
各族姐妹踏歌起舞
欢聚在上海
咿子哪呵了嗨
咿子哪呵了嗨
五十六朵金花
秋风里开子哪呵嗨
姹紫嫣红五颜六色
让你看不过来
绣衣连彩裙
金镯达玉环哪呵嗨
各族姐妹花好月圆
相约在上海
咿子哪呵了嗨
五十六个心愿
秋风里写子哪呵嗨
各族节目欢欢喜喜
携手唱起来
愿那天更蓝
愿那水更清哪呵嗨
祝愿大家幸福安康
生活比蜜甜
咿子哪呵了嗨
咿子哪呵了嗨
咿子哪呵了嗨

繁花似锦海上好风景
浦江金秋结彩又挂灯
客从远方来
爱从心中生
天南地北姐妹情
笑声托起上海城
亲不亲　姐妹情
相逢十里霓虹中
面对面来真热情
相知两岸风光里
手拉手来真深情
有说有笑喜洋洋
心贴心来真感情
借得海风来欢迎
多少笑脸多少情
美不美上海城
亲不亲　姐妹情
大路入云望不尽
心中有劲添豪情
和谐生活说不完
姐妹一起来欢庆
辉煌盛世中华情

倪琳　天山吹来的金风敲响了铜鼓平锣，竹楼传来的琴声引领着快乐的舞步。

阿元　高原盛开的雪莲，露出甜甜笑脸，水乡飞扬的歌声，点亮花灯红烛。

倪琳　接下来请欣赏一组来自祖国大西南的歌声。

阿元　听一听五十六朵金花唱不完的幸福。

歌舞《甩啊甩》

编舞：温海夫

表演：刘江红（佤族）　罗秀莲（羌族）
刘山梅（彝族）

演唱：潘颖（壮族）

（伴舞身穿民族服装）

字幕：（歌词大意）
嘟嘟嘟嘟呃
拖拉机下地咧
哒哒哒哒哎
水开花
一天爬田几十亩
老人笑哈哈
牛也高兴跳起来咧

倪琳　今年是西藏自治区成立四十周年，是新疆维吾尔自治区成立五十周年。在这样一个大喜的日子里，各族同胞有一个共同的心愿，那就是祝愿祖国母亲永远吉祥如意。

阿元　好，那接下来呢，让我们一起来欣赏来自世界屋脊的阿佳高原红组合为我们带来一首非常好听的《喜马拉雅》，掌声有请。

歌曲《喜马拉雅》
演唱：阿佳高原红组合

天空有白云守候
任阳光穿过落在肩头
流水从脚下面走过
轻轻的唱着歌悠悠
格桑花　开在那雪山下
云深处　我的梦插上翅膀
酥油灯　点在我心坎上
高原红　映在那姑娘脸庞
哦
高高耸立喜玛拉雅
这是我的家乡呀
雅鲁藏布日夜流淌
带着祝福啊去远方
让我献上一条哈达
说声扎西德勒呀
唱起歌儿跳起舞吧
不要停下来哦呀哩啰
天空有白云守候
任阳光穿过落在肩头
流水从脚下面走过
轻轻的唱着歌悠悠
格桑花　开在那雪山下
云深处　我的梦插上翅膀
酥油灯　点在我心坎上
高原红　映在那姑娘脸庞
哦
高高耸立喜玛拉雅
这是我的家乡呀
雅鲁藏布日夜流淌
带着祝福啊去远方
让我献上一条哈达
说声扎西德勒呀
唱起歌儿跳起舞吧
不要停下来哦呀哩啰
这是我的喜玛拉雅
美丽富饶家乡啊
青青草场歌声飘摇
有人守候那马背上
拉起手儿点起火把
舞动舞动长发呀
阿哥阿妹跳起锅庄
不要停下来　哎呀呀
高高耸立喜玛拉雅
这是我的家乡呀
雅鲁藏布日夜流淌
带着祝福啊去远方
让我献上一条哈达
说声扎西德勒呀
唱起歌儿跳起舞吧
不要停下来哦呀哩啰
这是我的喜玛拉雅

阿元　四百六十万平方公里长卷，写下最美的祝福。
倪琳　每一笔都用最纯最纯的黄金镌刻。
阿元　每一声都从五十六朵金花的心头流过。
倪琳　因为我们是您的儿女，我的母亲。
阿元　因为，今天是你的生日。我的中国。

歌舞《今天是你的生日》
编舞：方靓　领唱：沈望尘　刘天宏
伴舞：56个民族代表　上海市少年宫艺术团
（伴舞身穿民族服装，伴舞儿童身穿红色连衣裙，手捧红烛，芭蕾舞群，手捧向日葵，结尾舞台冷焰火）

今天是你的生日　我的中国
清晨我放飞一群白鸽
为你衔来一枚橄榄叶

鸽子在崇山峻岭飞过
我们祝福你的生日　我的中国
愿你永远没有忧患　永远宁静
我们祝福你的生日　我的中国
这是儿女们心中期望的歌
今天是你的生日　我的中国
清晨我放飞一群白鸽
为你衔来一棵金色麦穗
鸽子在风风雨雨中飞过
我们祝福你的生日　我的中国
愿你逆风起飞　雨中获得收获
我们祝福你的生日　我的中国
这是儿女们心中期望的歌
我们祝福你的生日　我的中国
愿你逆风起飞　雨中获得收获
我们祝福你的生日　我的中国
这是儿女们心中期望的歌
这是儿女们心中期望的歌

阿元　刚才我们大家看到了，金花从他们的家乡带来了他们本民族的礼物，每一份礼物就是一份深情厚谊。

倪琳　金花们的这些礼物将由上海市慈善基金会组织拍卖，拍卖所得的款项将全部捐献给那些需要帮助的人们，这是节日里最好的礼物，最好的礼物当然要献给最隆重的节日。

视频：金花心声（1）
（各族金花的心声：内容为身着民族服装的各族金花的采访片段）

【画外音】（少数民族语言）我家后面有一座彩云缭绕的大山，屋前屋后开着一大片一大片有着许多好听名字的花儿，阿爸说开花的日子是女孩子的节日，我们天天都在不停的过节，因为一年四季都有不同的花朵开放，我终于明白了，阿妈常挂在嘴边的那句话，女孩子是花儿做的，男孩子是泥巴捏的，所以我们那里的女孩子像花，都很漂亮，男孩子都很有力量，像山。邻居乡亲们都很亲切，就像一家人。

倪琳：接下来请欣赏舞蹈《节日》

舞蹈组合《节日》
编舞：温海夫
表演：阿色亚（维吾尔族）
　　　热娜（哈萨克族）
　　　祖母来提（塔吉克族）
　　　娜迪拉海拉提（塔塔尔族）
　　　关丽娜（锡伯族）
（舞蹈演员身穿各组民族服装）

歌曲《山歌牵出月亮来》
编舞：（王亦群）
表演：上海东华大学时装模特表演队
演唱：严当当（壮族）

吹木叶的阿哥
你卖什么乖
丢给你个眼神你发什么呆
妹妹的花彩裙已经翻过坡
你还站在原地傻傻地猜
红红的太阳掉进山那边的河里
阿哥的山歌哟牵出了月亮来
唱歌人的脚步听不见的　啰喂
听歌人的小手还在窗后摆呀摆
塞罗　哎　歌声牵出月亮来
塞罗　哎　歌声牵出月亮来
吹木叶的阿哥你卖什么乖
丢给你个眼神你发什么呆
妹妹的花彩裙已经翻过坡
你还站在原地傻傻地猜
红红的太阳掉进山那边的河里
阿哥的山歌哟牵出了月亮来

唱歌人的脚步听不见的　啰喂
听歌人的小手还在窗后摆呀摆
塞罗　哎　歌声牵出月亮来
塞罗　哎　歌声牵出月亮来

倪琳　每当举国欢庆，全家欢聚的时刻，我们就格外思念海峡对岸的同胞兄弟。
阿元　每个中国人都有个共同的心愿，那就是九九归一，合家团圆。
倪琳　接下来请大家欣赏，香港歌手为我们演唱《回家》。

歌曲《回家》
演唱：王杰（香港）

我走在清晨六点无人的街带着一身疲倦
昨夜的沧桑匆忙早已麻木在不知名的世界
微凉的风吹着我凌乱的头发
手中行囊折磨我沉重的步伐
突然看见车站里熟悉的画面
装满游子的梦想还有莫名的忧伤
回家的渴望又让我热泪满眶
古老的歌曲有多久不曾大声唱
我在岁月里改变了模样
心中的思念还是相同的地方
那刻着我的名字年老的树是否依然茁壮
又会是什么颜色涂满那片窗外的红砖墙
谁还记得当年我眼中的希望
谁又知道这段路是如此漫长
我不在乎有没有梦里的天堂
握在手中的票根是我唯一的方向
回家的感觉就在那不远的前方
古老的歌曲在唱着童年的梦想
走过的世界不管多辽阔
心中的思念还是相同的地方
回家的渴望又让我热泪满眶
古老的歌曲有多久不曾大声唱
我在岁月里改变了模样
心中的思念还是相同的地方
心中的思念还是相同的地方

倪琳　谢谢，王杰，谢谢。有一首歌，每当我们唱起它，听到它的时候，心中总有说不完的话语。
阿元　如果每一个音符都化为一片花瓣，那我们的神州大地就将铺满了迎春花。
倪琳　这首歌，有一个亲切的名字——
合　《我和我的祖国》。

歌舞《我和我的祖国》
编舞：朱旭　上海歌剧院舞蹈团等
演唱：于丽红

我和我的祖国一刻也不能分割
无论我走到哪里都流出一首赞歌
我歌唱每一座高山
我歌唱每一条河
袅袅炊烟　小小村落　路上一道辙
我亲爱的祖国　我永远紧依着你的心窝
你用你那母亲的脉搏和我诉说
我的祖国和我像海和浪花一朵
浪是那海的赤子海是浪的依托
每当大海在微笑我就是笑的旋涡
我分担着海的忧愁分享着海的欢乐
我亲爱的祖国，你是大海永不干涸
永远给我　碧浪轻波　心中的歌
我亲爱的祖国　我永远紧依着你的心窝
你用你那母亲的脉搏和我诉说
我亲爱的祖国　你是大海永不干涸
永远给我　碧浪轻波　心中的歌
心中的歌

金花心声（2）
（视频：各族金花的心声：内容为身着民族服装的各族金花快乐游上海片段及采访）
【画外音】（少数民族语言）我第一次来到上海，这里的路好宽，房子好高，车好多，像我们家门前总也流不尽的江水，景色美、人更好，像看着我长大的父老乡亲。虽然家乡景色跟过去一样美，但她的变化还是时时发生，河上建起了一座彩虹一样的大桥。一夜之间公路修到了小山村，乡里也建起了电视台，让我们看到世界各地发生的事情，许多大学生来到我们希望小学，使孩子们看到了山外面的世界。村里人最大的希望，就是让孩子都有机会读书识字，争取考上大学，毕业后我一定回到家乡，努力把家乡变得更美丽，人人脸上挂满幸福的笑容，共同走进灿烂的明天。

倪琳 五十六年来，我们用民族团结的臂膀让神舟凯歌嘹亮。

阿元 五十六年来，我们用儿女炙热的情感让母亲神采飞扬。

倪琳 五十六族人民携手让祖国母亲发生了翻天覆地的巨变。

阿元 请听苗族金花阿幼朵为大家带来的歌曲《太阳鼓》。

歌曲《太阳鼓》

演唱：阿幼朵（苗族）

太阳　亮光光的太阳
鼓乐震山岗
回望　金灿灿的故乡
芦笙声悠扬
祖先的梦想漂在河面上
清江清流水长
歌一唱喜洋洋
生活充满了阳光
风一吹日子漂满了酒香
望一望满山梁天空洒下的希望
闻一闻满世界的百花香

太阳　亮光光的太阳
鼓乐震山岗
回望
金灿灿的故乡
芦笙声悠扬
祖先的梦想漂在河面上
清江清流水长
歌一唱喜洋洋
生活充满了阳光
风一吹日子漂满了酒香
望一望满山梁天空洒下的希望
闻一闻满世界的百花香
呀哎
呀哎

歌舞《卓玛》

编舞：温海夫

表演：康珠（藏族）　泽翁巴姆（藏族）
　　央金拉姆（藏族）

（伴舞身穿黄色藏族服装）

草原的风　草原的雨
草原的羊群
草原的花　草原的水
草原的姑娘
啊　卓玛
草原上的姑娘卓玛拉
你有一个花的名字
美丽姑娘卓玛拉
你有一个花的笑容
美丽姑娘卓玛拉
你像一只自由的小鸟歌唱在那草原上
你像春天飞舞的彩蝶闪烁在那花丛中
啊　卓玛
草原上的格桑花
你把歌声献给雪山
养育你的雪山

你把美丽献给草原
养育你的草原
啊　卓玛
草原上的姑娘卓玛拉
你有一个花的名字
美丽姑娘卓玛拉
你有一个花的笑容
美丽姑娘卓玛拉
你像一杯甘甜的美酒
醉了太阳醉了月亮
你像一只悠扬的牧歌
美了雪山美了草原
啊　卓玛
草原上的格桑花
你把歌声献给雪山
养育你的雪山
你把美丽献给草原
养育你的草原
你把美丽献给雪山
养育你的雪山
你把美丽献给草原
养育你的草原
啊　卓玛

倪琳　金花的情，像河水一样清，像河水一样深。

阿元　金花的爱，像山峰一样厚实，一样连绵不绝。

倪琳　接下来请大家欣赏歌曲《小河淌水》

歌曲《小河淌水》

演唱：朱婧（傣族）

月亮出来亮汪汪亮汪汪
想起我的阿哥在深山
哥如月亮天上走天上走
哥　呀　哥呀啊　哥呀啊
山下小河淌水　清悠悠
月亮出来照半坡照半坡
望见月亮想起我的哥
一阵清风吹上坡吹上坡
哥　呀　哥呀啊　哥呀啊
可曾听见阿妹叫阿哥
月亮出来亮汪汪亮汪汪
想起我的阿哥在深山
哥如月亮天上走天上走
哥　呀　哥呀啊　哥呀啊
山下　小河淌水　清悠悠

阿元　今天我们的舞台上不仅有美丽的少数民族金花，还有帅气的少数民族小伙子。他们的歌声呢，深受广大观众喜欢，接下来，就由彝人制造为我们带来一首《看见了》。

歌曲《看见了》

演唱：彝人制造

看见那红红太阳
温暖着大地
看见那闪烁星星
点缀着夜色
感觉到空气清新
绿色的清香
看见那海洋森林
听小鸟歌唱
看见那绿色草原
万马在奔跑
看见那蓝天白云
白鸽在飞翔
看见那蝴蝶在飞舞
鲜花在盛开
看见那温柔的眼神
亲切的笑容
看见那美丽的世界
幸福的人们
看见那美丽的世界
幸福的人们

金花心声（3）
（现场采访）

倪　琳　谢谢。长江和黄河就像两条绚烂的哈达，将我们连接在了祖国这个和谐的大家园中。

阿　元　我们手挽手，肩并肩，拍一张喜气洋洋的合家欢。

倪　琳　接下来我们来听一听几位金花对未来的向往。

倪　琳　你好，美丽的金花。

绽素雅　大家好，我来自青海高原的撒拉族金花——绽素雅。是三江水养育了我，我爱我的家乡，我愿我的家乡越来越富饶，谢谢。

倪　琳　谢谢撒拉族金花，谢谢。

潘　颖　大家好，我是壮族金花潘颖。我来自美丽的广西，刘三姐的故乡，今天我带来了最动听的山歌。我将用这山歌，歌唱我的家乡，祝福我的祖国，谢谢。

倪　琳　谢谢壮族金花。

和漾水　大家好，我是纳西族金花和漾水。我来自云南丽江，我们那里有令人向往的玉龙雪，有宁静和谐的世界文化遗产丽江古城。还有很多很多美丽的地方。欢迎世界各国的朋友到丽江做客。

倪　琳　谢谢我们纳西族的美丽金花。谢谢。

魏丽丝　大家好，我来自美丽的草原内蒙古，我是蒙古族金花威丽丝。我们是驰骋在草原上的骏马，骏马是离不开草原的。我们会将草原建设的更加美丽富强。

阿　元　好的，谢谢，感谢我们草原上的金花。大家已经看出来了，这位是我们的汉族金花。

卢　琤　对，我是来自上海的汉族金花，我的名字叫卢琤。我今天非常兴奋，因为我们56个民族的兄弟姐妹们手牵手、心连心，因为我们血脉相连。

阿　元　说的太好了。

倪　琳　是啊，我想我们都坚信，五十六族的兄弟姐妹，永远都会心连心。

歌曲《我们是朋友》
演唱：郭峰

点燃心中不灭的火
照亮每个世界
充满无限感慨
无限的光彩
怀着心中不停的梦
实现每个心愿
充满无限幻想
无限的希望
we are friends
we are the future
we are ahappy family
手拉手心相依
我们永远是朋友
every one
every heart
everyday is wonderful
肩并肩向前走
未来明天到永久
点燃心中不灭的火
照亮每个世界
充满无限感慨
无限的光彩
怀着心中不停的梦
实现每个心愿
充满无限幻想
无限的希望
we are friends
we are the future

we are ahappy family
手拉手心相依
我们永远是朋友
every one
every heart
everyday is wonderful
肩并肩向前走
未来明天到永久
到永久
相互拥有没有界限
相互拥有在每一天
相互拥有没有遗憾
相互拥有辉煌起点
we are friends
we are the future
we are ahappy family
手拉手心相依
我们永远是朋友
every one
every heart
everyday is wonderful
肩并肩向前走
未来明天到永久
到永久
we are friends
we are the future
we are ahappy family
手拉手心相依
我们永远是朋友
every one
every heart
everyday is wonderful
肩并肩向前走
未来明天到永久
到永久
未来明天到永久
到永久

倪琳　五十六朵金花、五十六种语言，今天汇成一句话，一句儿女对母亲说的话，爱我中华。

阿元　五十六个星座，五十六个姐妹，永远爱说一句话，一句铭刻在心里的话，爱我中华。

歌舞《爱我中华》
编舞：李建平　孙鹏
伴舞：上海歌剧院舞蹈团
　　　上海市少年宫艺术团
演唱：韦唯
（伴舞身穿黄色连衣裙或白色礼服，结束舞台、江面烟火）

五十六个星座
五十六枝花
五十六族兄弟姐妹是一家
五十六种语言汇成一句话
爱我中华
爱我中华
爱我中华
爱我中华
五十六个星座五十六枝花
五十六族兄弟姐妹是一家
五十六种语言汇成一句话
爱我中华
爱我中华
爱我中华
爱我中华
健儿奋起步伐
爱我中华
建设我们的国家
爱我中华
中华雄姿英发
爱我中华
五十六族兄弟姐妹
五十六种语言汇成一句话
爱我中华
爱我中华

五十六个星座五十六枝花
五十六族兄弟姐妹是一家
五十六种语言汇成一句话
爱我中华
爱我中华
爱我中华
爱我中华
健儿奋起步伐
爱我中华
建设我们的国家
爱我中华
中华雄姿英发
爱我中华
五十六族兄弟姐妹
五十六种语言汇成一句话
爱我中华
（重复）

倪琳 爱我中华这是五十六族人民共同的心愿。

阿元 托起明天，这是五十六个民族共同的期盼。

倪琳 让我们紧密的团结在以胡锦涛同志为总书记的党中央周围，高举邓小平理论和三个代表重要思想的伟大旗帜。

阿元 树立和落实科学的发展观，为了构建我们美好的明天，让我们继续努力吧。

倪琳 来宾们，朋友们，“爱我中华——56朵金花浦江欢庆建国五十六周年大型文艺晚会”到此结束。

阿元 观众朋友再见。

（烟火、彩带）

（杨宁　整理）

“梦想未来”
北京亚太青少年电视节颁奖晚会

播出台：中央电视台
播出时间：2005 年 10 月 13 日
总导演：陆地
总制片人：李央

歌舞《来吧》
演唱：王皓　何子然
演出单位：银河童声合唱团
　　　　　蓝天幼儿艺术团
　　　　　北京海豹艺术学校
　　　　　贵州省遵义市杂技团
（舞台灯光以蓝色调为主　伴舞小朋友身着动物服装）

来吧　来吧　来吧　每张笑脸都绽放鲜花
来吧　来吧　来吧　每种语言都变成童话
来吧　来吧　来吧　每个梦想都绽放鲜花
来吧　来吧　来吧　每种文字都创意动画
来吧　来吧　来吧　大家一起来吧
你我他是一家　童心写成一个爱　爱心合成一个家
你我他是一家　一家不分你我他　童心写成一个爱　爱心合成一个家
来吧　来吧　来吧　大家一起来吧

来吧　来吧　来吧　每张笑脸都绽放鲜花
来吧　来吧　来吧　每种语言都变成童话
来吧　来吧　来吧　每个梦想都绽放鲜花
来吧　来吧　来吧　每种文字都创意动画
你我他是一家　一家不分你我他　童心写成一个爱　爱心合成一个家
你我他是一家　一家不分你我他　童心写成一个爱　爱心合成一个家
你我他是一家　一家不分你我他　童心写成一个爱　爱心合成一个家
你我他是一家　一家不分你我他　童心写成一个爱　爱心合成一个家
爱心合成一个家

【主持人上场：鞠、董、朱、季】

鞠　尊敬的女士们，先生们，来自亚太地区的电视界朋友和国际专家，以及现场和电视机前的青少年朋友们！大家晚上好！

季　（英文翻译）

董　这里是中央电视台的演播大厅。北京亚太青少年电视节的颁奖典礼，今晚将在这里隆重举行。

朱　（英文翻译）

鞠　怀着同一颗童心，为了同一个梦想。这是亚太地区青少年工作者一个具有重要历史意义的节日和盛会。

季　（英文翻译）

董　关注未来，梦想未来。思想的沟通，国际的盛会，让我们一同锁定亚太青少年电视节这一难忘时刻。

朱　（英文翻译）

（视频：北京亚太青少年电视节形象宣传片）

鞠　观众朋友们，您现在收看的是北京亚太青少年电视节颁奖典礼。

季　（英文翻译）

鞠　据资料的统计，在亚太地区的大部分国家里，15 岁以下的青少年电视观众，占整体电视观众的 40%。因此，在亚太地区举办青少年电视节，通过评选优秀的节目来加强青少年电视工作者之间的交流与提高，是具有非常重要的意义的。北京亚太青少年电视节共设立 10 个奖项，首先我们为最佳儿童故事类节目开奖和颁奖。

季　（英文翻译）

（视频：故事类节目总论资料）

【鞠萍画外音】特别鸣谢北京亚太青少年电视节得到海尔集团的大力支持。本届电视节共收到来自总共收到来自蒙古、巴基斯坦、俄罗斯、伊朗、韩国、日本、中国大陆以及中国香港，中国台湾选送的儿童故事类电视节目五十一件。按照青少年的收视特点，这些作品分为六岁以下、七岁至十二岁、十三岁至十八岁三个不同年龄段。作品都以不同的民族特色和审美需求，展示了亚太地区青少年不同的风采。

鞠萍　最佳儿童故事类节目按照三个年龄组，共有九部作品获得了入围奖。

季　（英文翻译）

鞠萍　请看大屏幕。

季　（英文翻译）

（视频：九个最佳儿童故事类节目入围作品精彩片断）

【董画外音】在很久很久以前，有一对夫妇生了一个怪娃娃，这个娃娃怪在哪呢？这是中央电视台选送的《哪吒传奇》。有一次，调皮聪明的哪吒惹怒了东海龙王。巴基斯坦选送的故事类节目《流浪狗的一天》采用第一人称自述的表现手法，展现了一只流浪狗的心理状态。来自日本的故事片《五重奏》告诉孩子们音乐无处不在。真人钢琴演奏与四个木偶的完美结合。来自于澳大利亚的《哈利的英雄》讲述了一群中学生的故事。村里来了摄制组，梅香和小伙伴们去看热闹。梅香该怎么办呢？这是中央电视台选送的《梅香的承诺》。小马波尔多是蒙古小男孩博古的好伙伴。小马能获救吗？《我和小马》由蒙古选送。年轻人取得一点成绩就有资格骄傲了，打遍天下无敌手，真的这么容易吗？来自伊朗的《古老的传说》告诉你一个简单的道理。奥克林和莎瑞是一对好朋友，当她们同时喜欢上一个男孩子的时候，她们该怎么办呢？《莎瑞的初恋》，来自韩国。叶家三姐妹在儿时获得了一个关于爱情的预言。她们渐渐长大，曾经的预言真的实现了么？《赤沙印记——四叶草2》来自中国香港。

鞠 那么究竟哪三部作品将获得最佳儿童故事类节目奖呢？有请开奖嘉宾，中央电视台的节目支持人朱军。

季 （英文翻译）

鞠 有请朱军。看见孩子们这么热情的欢迎你，是不是觉得心里特别高兴？

朱 我特别开心。

鞠 应该说，小朋友，朱军叔叔讲故事讲的不错，是不是？

台下小朋友齐声 是。

鞠 不过他平常都是讲大人的故事，而今天你来为我们做第一位开奖嘉宾，是为最佳故事类节目开奖，有什么样的感言？

朱 我想如果故事讲给大人，大人可以在故事中体味生活的酸甜苦辣的话，那么讲给孩子的故事就应该是启迪孩子心灵的一把钥匙。我是一个孩子的父亲，同时我也想认认真真地给孩子讲一些故事，但是无奈，有很多年轻的父亲可能跟我一样，方方面面的原因都很少能有机会坐下来，认认真真地给孩子讲故事。所以在这我最想说的就是，谢谢那些给孩子讲故事的人，谢谢那些给孩子讲好故事的人，谢谢你们！

鞠 谢谢朱军，接下来我们将进行一个与众不同的开奖仪式，你看名单没有啊，到底在哪呢？好，一起来看开奖仪式。

季 （英文翻译）

（一排小朋友身着小鸡玩偶的服装站在舞台前排，舞台中央是两只由成人装扮的黑白母鸡，在裁判的指挥下相互决斗。白色母鸡下蛋，通过开蛋仪式，一位身着红色小鸡服装的小朋友，将信封交给朱军。）

鞠 不过现在还不能打开，因为入围作品的制作人，导演也在等待着这个激动人心而又充满悬念的时刻，我们有请他们上台，和大家见面。

（舞台中央的一扇门打开，制作人和导演与观众挥手）

鞠 好，可以打开了。

朱军 获得北京亚太青少年电视节最佳儿童故事类节目奖六岁以下组的是——

季 （英文翻译）

朱军 中国中央电视台选送的《哪吒传奇》。

季 （英文翻译）

朱军 获得七至十二岁组的是中国中央电视台选送的《梅香的承诺》。

季 （英文翻译）

朱军 获得十三至十八岁组的是韩国选送的《莎瑞的初恋》。

季 （英文翻译）

鞠 好，谢谢朱军，让我们向获奖者表示热烈的祝贺！

季 （英文翻译）

鞠 有请中央电视台副总编辑：李挺，亚广联儿童节目交换会主席：郑贤淑上台，为获得北京亚太青少年电视节最佳儿童故事类节目奖的获奖者颁奖！

季 恭喜你们！

鞠 好，请三位留步。

季 我们的中央台的小记者要对获奖的嘉宾

提一个问题。

小记者 你好，我叫陈彦宏，我今年11岁，是中央电视台少儿频道的小记者，我的问题是，您的年龄和我的年龄之间的差距是很大的，您算是我爸爸那一辈的人了吧，有的时候我爸爸都不知道我心里到底会想些什么，会想要些什么，那您是怎样来知道我们这个年龄段的人心里会想些什么，会想要什么的呢，谢谢。

陈家奇（《哪吒传奇》总导演） 这个年龄段的学生，小孩比较喜欢历险或者故事性很强的连续剧。

屠化（小记者） （英语）你好，我叫屠化，今年14岁，我的问题是，你认为像我这样的未成年人最喜欢什么类型的故事，请告诉我为什么，谢谢。

朴仁植（韩国KBS代表） 非常感谢你。

贾云哲（小记者） （英语）你好，我叫贾云哲，今年8岁，和高兴认识你。（中文）我想问您一个问题，为什么爸爸妈妈一给我讲故事就是安徒生童话和格林童话故事呢，今天的童话故事为什么比不过它们？我问完了，谢谢。

李蕾（《梅香的承诺》制片人） 因为格林童话它们都是世界文学史上的精品，它们应该是非常美的，你的爸爸妈妈希望你能经常听到这么美的童话，这样你的心灵也一定是非常美的，谢谢。

鞠 好，接下来就请大家欣赏中国卡通动画片的歌曲联唱。

季 （英文翻译）

《卡通动画片歌曲联唱》

演出单位：蓝天幼儿艺术团

舒克舒克开飞机的舒克
贝塔贝塔开坦克的贝塔
舒克舒克勇敢的舒克　聪明的舒克　贝塔贝塔勇敢的贝塔　聪明的贝塔
自己的路自己走　谁需要我们帮助
只要喊一声舒克贝塔
聪明的舒克　勇敢的舒克
聪明的贝塔　勇敢的贝塔
这个就是榜样　舒克贝塔

白龙马　蹄朝西　驮着唐三藏　跟着三徒弟
西天取经上大路　一走就是几万里
什么妖魔鬼怪　什么美女画皮
什么刀山火海　什么陷阱诡计
什么妖魔鬼怪　什么美女画皮
什么刀山火海　什么陷阱诡计
都挡不住　火眼金睛　如意棒
护送师徒朝西去
你有魔法狠毒　我有招数神奇
八十一难拦路　七十二变制敌
你有魔法狠毒　我有招数神奇
八十一难拦路　七十二变制敌
师徒四人　斩妖斗魔　同心合力
邪恶打不过正义

是他　是他　就是他　我们的朋友　小哪吒
是他　就是他　少年英雄小哪吒
上天他比天要高　下海他比海更大
智斗妖魔　勇降鬼怪　少年英雄就是小哪吒
有时他很聪明　有时他也犯傻
他的个头跟我一般高
有时他跟努力　有时他也贪玩
他的年纪跟我一般大
上天他比天要高　下海他比海更大
智斗妖魔　勇降鬼怪　少年英雄就是小哪吒

眼睛瞪得像铜铃　射出闪电般的精灵
耳朵竖得像天线　听着一切可疑的声音
你磨快了尖齿利爪到处巡行

你给我们带来了生活安宁　啊……黑猫警长
森林公民向你致敬　向你致敬　向你致敬
你磨快了尖齿利爪到处巡行
你给我们带来了生活安宁　啊……黑猫警长
森林公民向你致敬　向你致敬　向你致敬

董　观众朋友，这里是北京亚太青少年电视节的颁奖典礼。

朱　（英文翻译）

董　我们本次电视节是由中央电视台，慕尼黑国际青少年电视节组委会联合主办，由亚太广播联盟，亚太广播发展机构，联合国儿童基金会驻中国代表处，中国少年儿童基金会协办的。

朱　（英文翻译）

董　我们本次电视节一共设立了十个奖项，现在即将开奖和颁奖的是：最佳儿童纪实类节目奖。

朱　（英文翻译）

大屏幕展示参赛作品

【董画外音】我们本次电视节一共收到了来自蒙古、韩国、泰国、马来西亚、布丹、中国大陆以及中国香港和中国台湾地区选送的儿童纪实类电视节目，一共是67个。这67个电视节目我们也是按照6岁以下组，7岁至12岁组以及13岁到18岁三个组来进行评选。下面有请我们的颁奖嘉宾，中央电视台主持人水均益。

朱　（英文翻译）

董　首先我们先看一下入围的9部作品。

大屏幕插播九个最佳儿童纪实类节目入围作品精彩片断。

【董画外音】几乎家家的孩子都上幼儿园，父母转身离开后，孩子们在幼儿园是怎样生活的呢？《幼儿园》，由中国湖北电视台，湖北天空文化传播有限公司选送。动物会说话么？运用了演播室与外景拍摄相结合的手法，本片来自韩国。在各种各样的怪物盒里，小朋友们将在这里找什么？来自于中国香港的《打开怪怪盒》将告诉你盒子里的秘密。九岁的美芳是个充满灵性的畲族小姑娘，生活在离省城不算太远的畲家山寨。《美芳》，由中国福州电视台选送。由中央电视台选送的《我看见》是由若干个儿童自拍片组成的。这是一档儿童自己拍自己看的DV节目。由中国云南电视台选送的《学生村》拍摄了云南山区的一群孩子们的学习和生活的状况。在布丹，山里的孩子上学要走很长时间的路。来自布丹的《漫漫求学路》展示山里孩子生活状态。台湾少年陈伟霆和同学以纪实的手法拍摄了一些鸟事的DV。《少年鸟人》由中国台湾选送。来自布丹的《小商贩》记录的是两个迫于生活压力的孩子的故事。

董　看到这些纪实片以后，小朋友和我们的观众朋友都很高兴，可以说纪实片还是相当有生命力的，小水饶有兴致地和我们一同观看了。你有很多机会采访很多国际政要，那么在你的采访生涯当中有没有关注过我们亚太地区的青少年问题。

水均益　亚太地区青少年问题关注过，不仅关注过亚太地区，而且关注过全球的儿童状况。我今天开参加这样一个青少年电视节，知道是这样一个内容，所以我提前专门系了一条非常漂亮的领带。这个领带很有意义。这个领带是我前不久在北京采访国际SOS儿童村的主席的时候，这个为主席在采访之后送给我的。国际SOS儿童村实际上是为那些孤儿，没有家人可以照顾的这些小孩来提供一个像家一样感觉的儿童村的环境。所以我觉得刚才看了这些片子，对我有很多启发。

董 谢谢水均益。下面就开始我们的开奖仪式。

朱 （英文翻译）

【一群小朋友装扮成机器人，从舞台中央进行表演的巨大充气机器人中取出信封，交给水均益。】

董 又到了一个激动人心又充满悬念的时刻了，我想我们也是很激动，比我们还要激动的还有我们入围奖获得者的代表，他们的心情也充满了期待。

朱 （英文翻译）

【舞台中央的大门打开，入围奖获得者的代表与观众挥手】

董 掌声欢迎他们！还是由水均益来隆重开奖。

水均益 我觉得我非常的激动，我也觉得这个任务是非常神圣的，因为不仅是有他们几位制作人，还有千千万万的小朋友们也在关注着。

获得北京亚太青少年电视节最佳儿童纪实类节目奖：六岁以下组的是：中国湖北电视台，湖北天空文化传播有限公司选送的《幼儿园》。

朱 （英文翻译）

水均益 七岁至十二岁组的是：中国中央电视台选送的《我看见》。

朱 （英文翻译）

水均益 十三至十八岁组的是：中国台湾选送的《别小看我，少年鸟人》。

朱 （英文翻译）

董 下面我们有请《幼儿园》的导演张以庆，《我看见》的制片人曹宁，《别小看我，少年鸟人》的制片人邓洁上场。祝贺你们！

朱 （英文翻译）

董 再一次掌声祝贺，现在我们有请慕尼黑国际青少年电视节秘书长：赛林格、欧广联儿童节目交换会主席：普瑞本·富德索夫特上场。

朱 （英文翻译）

董 祝贺你们！

【三位获奖者上场，领导为获奖者颁奖，退场，三位获奖者留在台上】

朱 让我们再一次祝贺他们，同时也请三位留步，因为我们有很重要的一个小环节就是要请我们的小记者向你们提问并且请你们回答。

任艺（小记者） 你好，我叫任艺，今年12岁了，我要问您的问题是，如果两年前您就知道有亚太电视节这么一个比赛，您是为了获奖来拍这个节目的呢，还是为了让我们少年儿童喜欢看来拍这个节目的呢？谢谢。

曹宁（《我看见》制片人） 当然是为了让你们喜欢看才拍摄节目了。

田雁南（小记者） （英语）你好，很高兴认识你！祝贺你！我叫田雁南，今年15岁，我也是中央电视台少儿频道的小记者。我喜欢纪实类的节目，因为我觉得它们都是真实的故事，离我们很近。但是我非常好奇地想问你，作为一个导演，或者制片人，你有没有把你个人的观点入这些纪实类节目中，还是说你所有的作品，表现的都是真实的故事，你怎样使这些纪实类的故事看起来很真实？

张以庆（幼儿园导演） 我们七八个人每天都上幼儿园上了十四个月，我们希望能够保证真实，谢谢。

蒋焕（小记者） 你好，我叫蒋焕，今年我14岁了。我想问您的问题是：您觉得是做成人的节目难还是做我们孩子的节目难呢，为什么呢？另外还有，如果我们孩子不同意你们成人来参与我们的节目，而自己策划，您会放心吗？谢谢。

邓洁（《别小看我——少年鸟人》制片人） 我认为孩子的节目可能比较苦难些，因为我们都是大人了，我们可能比较远离儿少的思考，但是我们尽量能够跟他们相处在一起，希望能够做出他们喜欢的节目。那第二个问题就是说，如果孩子要策划一个节目的话，我们是求之不得，因为这是现在的一个趋势，能够赋予儿少传播权也是一个世界的潮流。像这部，台湾的公共电视《别小看我——少年鸟人》这个节目，就是一个十四岁小朋友陈伟霆他的提案，我们协助他完成这个梦想。这部片十五分钟里头有三分之一以上的素材是他们自己去拍摄的，我们会非常喜欢有这样的青少年参与电视节目的制作，发表他们的意见。至于大人要不要参与我想我们是站在协助的立场，谢谢。

董 那么下面这个节目很有意思，是一个模仿我们中国传统的民间皮影戏的集体舞。跳舞的最小的58岁，最大的已经70多岁了，都是老人家。但是他们非常具有童心，他们的节目叫做《大大世界》。

朱 （英文翻译）

《大大世界》

演出单位：中国老年艺术团

河北唐山俏夕阳舞蹈队

（蓝光和黄光交替，演员身着粉红色皮影戏服装）

鞠 观众朋友们，您现在收看的是北京亚太青少年电视节的颁奖典礼。

季 （英文翻译）

鞠 加强亚太地区青少年电视工作者面对面的交流，提高亚太地区少年儿童电视节目的整体水平，促进亚太地区电视事业的共同发展，这是北京亚太青少年电视节的宗旨，接下来我们将继续颁奖。颁发的是，最佳儿童综艺类节目奖。

季 （英文翻译）

鞠 特别鸣谢海尔集团给予本次电视节大力支持。接下来我们一起看一看本次亚太电视节的综艺类节目的情况。

（大屏幕插播九个最佳儿童综艺类节目入围作品精彩片断）

【鞠画外音】北京亚太青少年电视节共收到来自蒙古、韩国、斯里兰卡、中国大陆以及中国香港选送的儿童综艺类电视节目50个。需要特别说明的是，综艺类电视节目在评选中不分三个不同的年龄段。这些综艺类的电视节目以不同民族的特色和风情，展示了各个国家和地区的少年儿童丰富多彩的精神生活。有三部作品获得了入围提名。

季 （英文翻译）

【董画外音】有一群快乐的中学生，他们为什么这样走路。来自香港的《小伙子大节奏》让普通孩子感受残障人生活的点点滴滴。每周一百位参赛者回答五十道问题，胜利者最终敲响象征胜利与荣誉的金铃。幸运者节目还可以帮助他当场实现自己的愿望。《金铃响叮当》来自韩国。中国上海东方少儿频道选送的《欢乐蹦蹦跳》让学龄前的孩子在虚拟课堂里感受学校的氛围。

鞠 好，究竟哪一部作品获得最佳综艺类节目奖，有请开奖嘉宾，中央电视台节目主持人李勇。

季 （英文翻译）

鞠 有没有发现李咏叔叔和平常主持成人的

综艺节目有所不同？

李咏 没有吧。

鞠 你也是一个孩子的爸爸。那平常有没有陪着孩子看儿童综艺节目？

李勇 有啊。只要电视打开之后少儿频道一直是他垄断的一个频道，我们没有办法，而且他喜欢看少儿节目，而且从中他能学到很多东西，我觉得非常好。

鞠 接下来我们将以一种特殊的方式把那个获奖名单给你送上来。

季 给你一个大大的红信封。

季 （英文翻译）

（一排小朋友装扮成小青蛙把红信封交到李勇手上。）

鞠 好，稍等，那么入围作品的制作人和导演也在期待着这个激动人心的时刻。好，有请他们上场和大家见面。

季 （英文翻译）

李咏 我现在要宣布获奖作品了。获得北京亚太青少年电视节最佳儿童综艺类节目奖的是——

季 （英文翻译）

李咏 你刚才说什么意思？英文讲的太好了。

季 大家都关心后面的。

李咏 （笑）最佳儿童综艺类节目奖的是——

季 来吧。

李咏 是——

季 大家都会了。

李勇 韩国选送的《金铃响叮当》。

季 （英文翻译）

鞠 好，向入围作品表示祝贺，同时请出韩国KBS的代表朴仁直先生来代表《金铃响叮当》节目领奖。我们有请美国儿童传媒中心执行主任大卫科里曼先生上台颁奖。同样你也要接受我们中央电视台少儿频道小记者的一个提问。

曲直（小记者） 你好，我叫曲直，我今年13岁，我喜欢看综艺类的节目，但是我的父母不愿意让我看综艺类节目，因为他们认为综艺类节目是给大人看的，不是给我这个年龄的人看的，所以我的问题是，你认为给我们看的综艺类节目应该是什么样的？谢谢！

朴仁植 KBS制作的少儿综艺节目主要是为了帮助小朋友们更好的相处，并让小朋友更好地跟老师和家长之间进行交流。非常感谢。

田雁南（小记者） 还有一个问题，再次祝贺你，再向你提一个问题。我叫田雁南，我的问题是，您认为给孩子们制作综艺类节目，最重要的是什么，而什么又是您认为不可以去做的，为什么？

朴仁植 KBS做儿童节目不仅是为了娱乐，而是为了更好地培养孩子们一些健康的精神，谢谢。

鞠 感谢小记者的精彩提问，也感谢获奖者的精彩回答。

季 （英文翻译）

鞠 接下来请大家欣赏一个在国际上获得金奖、由中国的少年杂技演员表演的《转台高椅》。

季 （英文翻译）

杂技《转台高椅》

演出单位：山东省济南市杂技团

（以蓝光为主，演员身着白色装饰有彩条的服装）

董 观众朋友们，这里是北京亚太青少年电视节的颁奖典礼。我们本次电视节得到了海尔集团的大力支持，在此表示感谢。

朱 谢谢。

董 观众朋友们，我们这次电视节一共收到了17个国家和地区送来的168部作品，经过初评之后，这些作品已经先后在中央电视台少儿频道进行了展播。本次电视节最终的获奖作品，是在初评之后，由国际知名电视专家组成终评评委评选出的。下面我们进行颁奖典礼的最后一轮，开奖和颁奖。一共是三项，那就是由联合国儿童基金会颁发的通过电视展播投票产生的得票最多的节目，最受儿童喜爱的节目奖一名；由中国儿童少年基金会奖励给发展中国家用最低费用拍摄制作优秀节目的春蕾奖一名；还有一个最引人注目的奖项，那就是我们本次电视节所有节目产生的最佳创意奖一名。在168部作品中，哪三部作品获此殊荣呢？

我们还是有请我们的开奖嘉宾，首先请中央电视台主持人朱迅上场。有请

董 朱迅今天很漂亮，

朱迅 谢谢，为了孩子打扮了一下自己。

董 下面我们有请中央电视台主持人刘纯燕上场。下面我们有请中央电视台主持人敬一丹上场。一丹穿得更加正式。你们三位介绍一下今天分别为哪个奖项开奖。好不好？

朱迅 好的，作为电视文艺类的主持人，我特别荣幸为这个奖项开奖。因为这个奖项是跨类别的，叫最佳创意奖。而且我觉得，创意啊，它需要智慧，更需要勇气。因为一个新点子出来的时候，它往往会遭到很多人的议论。这个时候你要学会面对，学会坚持，才能站在今天这个舞台上。所以我觉得我今天要开启的这个奖项，获此殊荣的人一定是一个充满智慧又很勇敢的人。

董 而且我看今天开奖嘉宾朱迅今天的衣服也很有创意。

朱迅 （笑）专门为这个准备一下。

朱 那么纯燕。

刘纯燕 我是一名少儿电视节目主持人，在我们少儿频道展播的，由小朋友看完之后他们投票的，最受孩子们喜欢的儿童电视节目来开奖。

董 我觉得小燕开这个奖是当之无愧的。

刘纯燕 对呀，我觉得这对同行来讲是一个最高荣誉，因为这个荣誉是我们的小观众颁给他们的。

董 谢谢小燕，敬老师。

敬一丹 我颁这个奖，你看，我们的观众都是金龟子的观众。小观众不怎么看我们《焦点访谈》。

董 怎么会呢。不要小看我们的孩子，特别十几岁的孩子很厉害的。

敬一丹 我今天在这里和一个奖发生这样的联系我觉得特高兴。这个奖的名字叫春蕾奖。春蕾奖换句话说就是春天里的小花骨朵。设这个奖就是为了鼓励发展中国家用最低的成本拍出优秀的影片。我想这个奖会鼓励更多的作者。

董 不愧是央视名嘴，各个都说得头头是道，下面我们赶紧进入我们的开奖仪式。

【小观众上场。空中飞下一个拿着证书的小观众，把证书交给主持人。】

董 来来来，这边来，三个信封，谢谢。

朱迅 我觉得送信封这个仪式也很有创意，所以接下来我为大家颁发的是最佳创意奖。

董 隆重开奖！朱迅。

朱迅 请听好，获得北京亚太青少年电视节最佳创意奖的是：是谁呢？韩国选送的《金玲响叮当》。

董 祝贺祝贺。

董 小燕，来、

刘纯燕 接下来就是我这个最受儿童喜爱

的。获得北京亚太青少年电视节最受儿童喜爱奖的是：蒙古选送的《我和小马》。

董 来，一丹。悬读一下这个奖项

敬一丹 获得北京亚太青少年电视节春蕾奖的是：巴基斯坦选送的《流浪狗的一天》。

董 下面我们欣赏一下这三部获奖作品的精彩片段。请看大屏幕。

（大屏幕播放三部获奖作品片段）

【董画外音】每周一百位参赛者回答50道问题。胜利者最终敲响象征胜利和荣誉的金铃。幸运者揭幕还可以帮助他当场实现他的一个愿望。《金铃响叮当》来自韩国。小马波尔德是蒙古小男孩博古的好伙伴。（小马掉进了沼泽）小马能获救吗？我和小马由蒙古选送。巴基斯坦选送的流浪狗的一天，采用第一人称自诉的手法展现了一只流浪狗的心理状态。

董浩 下面我们有请金铃响叮当的代表朴仁直先生，我和小马的制片人阿鲁女士，流浪狗的一天的代表穆罕默德，依托卡哈拉加先生上台。祝贺你们。下面我们有请国家广电总局副总编兼总编室主任金德龙，联合国儿童基金会驻华代表伍德亲中国儿童少年基金会秘书长程书琴。再一次的掌声祝贺。下面我们有请本届北京亚太青少年电视节评委会终评委主席，普瑞本索芙特先生，慕尼黑国际青少年电影节组委会秘书长塞林格女士接受中央电视台小记者的现场采访。

朱 欢迎你，请回答小记者的提问。

朱嘉曦（英语） 我叫朱嘉曦，我是中央电视台的小记者，我的问题是怎么样做出来的少儿电视节目我们才会乐意去看，谢谢。

塞林格 不是所有的电视节目的目的是为了让你高兴，但是我们尽力给你们带来一些乐趣，一些快乐，一些信息，一些任何你所需要的东西。也想很平静地引领着你们一步步走向成熟。

周冠一 普瑞本先生你好，我的中文名字叫周冠一。我想问的是，您作为北京亚太青少年电视节的评委，您一定看过所有的节目，当然我们也看过一些参赛作品。那你觉得，他们的作品我们会喜欢吗？

普瑞本 我绝对相信你们会喜欢。因为这些节目都很优秀，很难选择。我们看了那么多的电视节目，感觉在场的所有观众，这些电视节目都非常优秀，水平很高。我认为这些节目都是在孩子们的心灵和头脑对话。

赵依达 赛琳德女士你好，我叫赵依达，今天16岁。我今天晚上非常高兴，因为从现在起，我们有了自己的青少年电视节。所以我特别想知道，您此时此刻的心情是怎么样的。

赛格林 我感到非常自豪，因为我看到了在国际电视节这个大家庭中，又有一个新生的婴儿。已经很强壮，而且我感到他会越来越强壮。这个电视节会为你们尤其是在座的小观众，制作出更多非常优秀的节目，而且也会为亚太地区的所有制作人提供了非常重要的相互交流的机会。

贾云哲 你好，塞林格女士，我叫贾云哲。我想问您一个问题。您觉得这次北京亚太青少年电视节给您留下了什么印象？全中国的小朋友给你留下了什么印象？我们小记者又给你留下了什么印象呢？谢谢

塞林格 你好，这位年轻的小朋友。我觉得你们这些小朋友，尤其是你给我留

下很深的印象。因为你们问了这么多聪明而且有趣的问题。但是我非常高兴看到在座有这么多小朋友，很高兴看到中国的小朋友们拥有很重要的地位。社会上所有的人也都在热衷于为孩子们创造一个良好的生长环境。

朱 我也想知道普瑞本先生对本届电视节的感想是什么？

普瑞本 首先我也想祝贺中国的小记者们，你们问了很多非常聪明的问题，你们的英语是那么的令人叹服。谢谢你们。我觉得本届亚太青少年电视节非常出色，我也相信亚太青少年电视节会将成为世界上最重要的电视节之一。这是我感到高兴的。对于孩子们我想说的是，你们是世界上最重要的，你们将会统领世界，肩负重任，你们会成为最棒的。

鞠 尊敬的女士们 先生们，来自亚太地区的青少年电视同行和国际专家以及电视机前的青年朋友们。

董 北京亚太青少年电视节颁奖典礼到这里即将落下帷幕，让我们永远记住这个难忘的夜晚。

鞠 无论您从哪里来，是亚太地区的电视事业将我们凝结在一起。

董 让我们一起来吧，永远做好朋友。让我们一起来吧，永远做孩子们的好朋友。

歌曲《好朋友》

演唱：段丽阳 菲利普

演出单位：菲利普少儿艺术表演队
银河童声演唱团
蓝天幼儿艺术团
北京海韵艺术学校
贵州省遵义市杂技团

段丽阳

找啊找 我要找个好朋友
找呀找 找呀找 我要找个好朋友
好朋友啊好朋友 我们都是好朋友
点点头呀 握握手 我们永做好朋友

菲利普(英文)

好朋友啊好朋友 我们都是好朋友
点点头呀 握握手 我们永做好朋友
好朋友啊好朋友 我们都是好朋友
微微笑 握握手 我们永做好朋友

合 好呀好 我们都是好朋友
点点头呀 握握手 我们永做好朋友

【全体演员嘉宾上台】

鞠 朋友们，北京亚太青少年电视节到这里就圆满结束了。

季 （英文翻译）

董 让我们为了共同的理想放飞童心，梦想未来！

朱 （英文翻译）

合 再见！

（王宇鹏 整理）

2006年

2006年中央电视台春节联欢晚会

播出台：中国中央电视台
播出日期：2006年1月28日
总导演：郎昆
主持人：朱军　周涛　董卿　李咏　张泽群　刘芳菲

（片头：漫天礼花，特效“过年好”字和狗的图样，然后一本春晚的年历从1983年翻到2006年，接着是明星及演员拜年的镜头，包括宋祖英，戴玉强，姜昆等的抠像，放在红色背景上，其他背景内容包括灯笼、繁花等。最后繁花盛开，花蕊中迸出一只狗，最后出字幕“2006年春节联欢晚会　现场直播”）

（大幕从下至上拉开）

开场歌舞《礼赞春天》

作词：甲丁　作曲：卞留念
编舞：薛刚　小船　柳宁　蔡丽雯
表演：吉林市歌舞团　吉林省歌舞剧院
　　内蒙古军区文工团　武汉电信艺术团
　　成都文化艺术学校
　　北京舞蹈学院附中
　　广州军区战士杂技团
　　河南少林塔沟武术学校
　　吉川天尚艺术团校　桦甸市歌舞团

（灯光：黄光为主）

（道具：舞台中央巨大的中国结，独轮车和杂技铁轮等）

（大屏幕：中国结，春的字样，礼花，窗花）（彩幕：福字红灯笼）

（舞蹈编排简述：舞蹈的第一部分是舞台中央巨大的中国结，在中国结间隙中，舞蹈演员穿金色和银色的衣服起舞，外围的群舞演员身着红衣，部分拿中国结的道具，舞蹈的中段跳出一群扮狗的武术舞蹈演员，和骑独轮车扮演狗的演员，进行一段杂技的表演，然后是一小段拉丁的展示和街舞技巧动作展示，最后回到中国结的造型，集体亮相后将红绸抛入空中）

大欢聚　大团圆　大拜年　大联欢
用快乐约会春天
新年景　新宏愿　新希望　新起点
用梦想写春天
北国雪　染万树　南疆潮　扬千帆
用盛景打扮春天
东海龙　舞豪迈　西域鼓　唱美满

欢乐赞春天
春风吹　神州春满园
春光暖　中国是春天
春风吹　神州春满园
春光暖　中国是春天
春风吹　神州春满园
春光暖　中国是春天
甜美的祝福　甜蜜的祝愿　甜滋滋的每一天
喜庆的锣鼓　喜悦的笑脸　喜洋洋的中国年
我们一起唱　我们一起跳
我们一起唱　一起跳　一起说　一起笑
一起唱　一起跳　一起说　一起笑
春风吹　神州春满园
春光暖　江山春花艳
春风吹　神州春满园
春光暖　和谐中国是春天
过年啦

【主持人上场】

朱　中国中央电视台

李　中国中央电视台

周　亲爱的观众朋友们

合　春节好！

朱　盛世迎春，万象更新，这里是中国中央电视台2006年春节联欢晚会的直播现场。

李　送走金鸡，迎来瑞犬，伴随着普天同庆，一年一度的春节联欢晚会又和你们见面啦！

董　国泰民安乾坤颂，张灯结彩大拜年。

张　在这辞旧迎新的时刻，首先我们向全国各族人民。

刘　向香港特别行政区同胞，向澳门特别行政区同胞。

朱　向台湾同胞，海外侨胞，向全世界各国的朋友们道一声——

合　拜年啦！

朱　在这里我们恭祝大家——

合　新春快乐，万事如意！

朱　亲爱的观众朋友们，今年的春节联欢晚会呢，我们将继续发扬开门办春晚的优势，在这个美好的夜晚，将有诸多的亮点一一和你见面。

朱　今晚全国各省市电视台的主持人作为新春使者将跟我们一起，张灯结彩大拜年，有请！

李　有请他们！

（全国三十五家电视台新春使者上台联合大拜年：我来自黑龙江电视台，吉林电视台，辽宁电视台，内蒙古电视台，新疆电视台，新疆生产建设兵团电视台，西藏电视台，云南电视台，广西电视台，我们祝大家团团圆圆。我来自青海电视台，甘肃电视台，宁夏电视台，陕西电视台，山西电视台，河南电视台，河北电视台，山东电视台，北京电视台，我们祝大家健健康康。我来自四川电视台，重庆电视台，贵州电视台，湖南电视台，湖北电视台，安徽电视台，江西电视台，江苏电视台，上海电视台，我们祝大家和和美美。我来自天津电视台，浙江电视台，福建电视台，广东电视台，海南电视台，我们祝大家平平安安。）

朱　好，亲爱的朋友们，这可真是，国正天心顺，丰年盛世情！

周　一曲祥瑞乾坤颂，天地人和

合　万事兴！

歌曲《百家姓》

作词：任卫新　作曲：张全复
编曲：卞留念　孟可
编舞：赵小津　薛刚　武术指导：解福印
表演：河南少林塔沟武术学校
演唱：满文军　谢霆锋（中国香港）
　　　庾澄庆（中国台湾）

武术表演：李菲（中国澳门）
（灯光：黄光为主）（道具：板凳）
（大屏幕：各种姓氏，红底黑字）
（彩幕：各种姓氏，皇帝）

同祖同宗是炎黄，同根同脉是汉唐
横平竖直方方正正的中国字
爹娘生养我华夏之邦
天地君亲堂堂正正的中国心
香火鼎盛我华夏之邦
百家姓里你姓李我姓张
骨血里淌的都是黄河长江
百家姓里你姓赵他姓王
心脏里装的都是龙族的荣光
百家姓里你姓李我姓张
骨血里淌的都是黄河长江
百家姓里你姓赵他姓王
心脏里装的都是龙族的荣光

同祖同宗是炎黄，同根同脉是汉唐
横平竖直方方正正的中国字
爹娘生养我华夏之邦
天地君亲堂堂正正的中国心
香火鼎盛我华夏之邦
百家姓里你姓李我姓张
骨血里淌着都是黄河长江
百家姓里你姓赵他姓王
心脏里装的都是龙族荣光
百家姓里你姓李我姓张
骨血里淌着都是黄河长江
百家姓里你姓赵他姓王
心脏里装的都是龙族的荣光

百家姓里你姓李我姓张
骨血里淌着都是黄河长江
百家姓里你姓赵他姓王
心脏里装的都是龙族荣光
百家姓里你姓李我姓张
骨血里淌着都是黄河长江
百家姓里你姓赵他姓王
心脏里装的都是龙族的荣光

化妆相声《跟着媳妇当保姆》

作者：崔砚君　王振华　冯巩　李艺　邹僧
导演：由二群
表演：冯巩　朱军　牛莉

牛　城里的父老乡亲们，大家过年好，我是从乡下来的，婆婆治病需要钱，着急，我当保姆来考试，答题，老公不让我见面，怀疑，把脸一拉这么长，像驴。你们看，我没牵着，我们家那驴就来了。

冯　我还用牵着啊朋友们，我是不用扬鞭自奋蹄，咚得了咚得了，今儿来这么多的朋友啊？尊敬的各位领导各位来宾，城里的父老兄弟姐妹们，（观众：我想死你们了）我说了吗，我没说不等于不想啊？你说这叫什么老婆！竟敢说我是驴脸。有这么漂亮的驴呀？准确的说我这是正宗的马脸，驴脸那个称号你敢说随便要啊？那个光荣永远属于人家主持人李咏，人家那个脸那个长度啊，非常6+1。

牛　你不在工地好好干活，你跟着我干什么呀？

冯　我跟着谁不是喜欢谁呀？我怎么不跟王小丫呢。

牛　你不喜欢。

冯　她来了吗？

牛　让大伙评评理我来这儿当保姆，他跟着合适吗？

冯　谢谢。（观众：不合适）

冯　谁说的不合适？你说的呀？你站着说话不腰疼，你要是有个老婆漂亮的跟潘金莲似的你放心哪你呀？

牛　去。

朱　哎哟大家都在这里呀？太好了太好了。

我是来干什么的？我是来招保姆的！既然大家都在这里，那我就给大家拜个早年好了，我衷心的祝愿我们在座的各位，务农的五谷丰登，做工的提级加薪，求学的金榜题名，做生意的日进斗金，什么都不干的，好人一生平安。

冯 是他呗？

牛 差不多。

冯 这小子长的色儿挺重，赶紧走。

牛 为什么？

冯 你看他的面相，罗圈腿，水蛇腰，装腔作势肿眼泡。难怪高尔基同志说，他就是屎壳郎上电脑桌——愣充小鼠标。

朱 那个高尔基说的？

冯 就是俺们村那老高修理耳机的。

朱 那要是你们村里修理自行车轱辘的呢？

冯 那叫拿破仑。

朱 我是来招人的。

冯 你看我行不？你招我行不？

朱 我们家不要擦油烟机的。

冯 怎么这么以貌取人呢？就我这个派头我像差油烟机的？你闻闻，我是修理马桶的。

朱 我是来招保姆的。

牛 我是来应聘的。

朱 噢 你想当保姆啊？

牛 对。

朱 那他呢？

冯 我是她秘书。

朱 当保姆还带秘书。

冯 门口那要饭的还带会计呢！

朱 唉，那我还是问你吧，你贵姓啊？

牛 我免贵姓潘，叫潘枝花。

朱 哎哟，好名字耶。

冯 请问您免贵姓什么啊？

朱 我免。

冯 姓什么。

朱 他把我给免掉了，我姓东方。

冯 咱俩差不多，我姓西门。

朱 东方朔是我的祖先。

冯 西门庆是我的前辈。

朱 我问你了嘛，真是的。

冯 你不问，我也是名门之后。

朱 哎呀 我还是问你吧，你会做饭吗？

牛 会做呀，煮饺子儿、蒸包子儿。

冯 对 包子蒸的忒好了 第一口没咬着馅儿第二口就咬着肉了。

朱 好啊。

冯 跟着手指头就出血啦。

朱 咬手啦。

冯 馅小点当馒头吃吧。

朱 那我还是接着问你啊 你还有什么特长没有啊？

冯 这个，打呼噜算不？

朱 打呼噜。

冯 算不？

朱 声音大吗？

冯 声音倒是不大，反正她一开打，我们全村的狗就都跟着叫啦！把那够累的啊，大白天集体站着就睡着了。

朱 我看你比狗还累。

牛 你瞎搅和什么呀，给我那边待着去。

冯 我不去，去就去，这年头哪听不到鸟叫唤嘞，春眠不觉晓，它处处闻啼鸟，夜来它个风雨声，它花落知多少。

朱 还会唐诗。

冯 跟你们城里人就得拼点儿文化，耶！

朱 那我说呀，他以前是不是被狗咬过啊？

牛 没有，他就这样。

朱 那你在家里务农铲过地吗？

冯 那叫锄禾，还铲地。锄禾日当午，它汗滴禾下土，谁知它个盘中餐，它粒粒皆辛苦，敢情城里人也有文盲啊，耶！

朱 哎呀 我说呀 你还是应该带他去打打疫苗啊。

牛 甭理他，这诗他就会背两首。

朱 就会两首啊？

冯 春眠不觉晓。

朱 等会儿，这句刚刚听过。

冯 春眠不觉晓 它汗滴禾下土 听过没？夜来那个风雨声，它粒粒皆辛苦 我就不信我不会三首，耶！

朱 这回我算是明白了，他没有被狗咬过，他肯定咬过狗！

冯 你瞎说 我什么时候咬过你。

牛 你瞎搅合什么呀，你把嘴给我闭上，给我关机。

冯 我关什么机呀，我这嘴根本就没在服务区。

牛 你这么瞎搅合 我还挡得了保姆吗？

冯 不当咱就回家吧。

牛 你说不当就不当啊？这个保姆我当定了，（对朱）你还有什么问题啊？

朱 你应该有老公吧。

牛 我没有，我连对象都没搞过。

冯 对对对 没搞过对象 当年那高粱地也不知谁跟我一块儿钻的。

朱 按理说你这个年龄应该是在老家找过的。

牛 老家我才不找呢要 找就在城里找。

冯 对 城里一个 农村一个 下次我在进城我还多了个一单挑呢。

牛 你给我介绍一个呗。

朱 好呀 你想要个什么样儿的。

牛 电视台你有个熟人吗 有的你问问李咏乐意不，我就喜欢他的下巴。

冯 对，李咏那个下巴，用牛拽着能耕地。

牛 对 以后我们家拖拉机都省了 我现在就找他去。

冯 你敢去。

牛 我就去。

冯 回来。

牛 我就去。

朱 唉 我说 我说人家去找李咏 你着什么急呀？

冯 我是她老公 能不着急吗？

朱 你不是她秘书吗 有本事你再装一会儿呀。

冯 别装了 再装就来不及了，李咏那小子出手忒快呀，耶！就没我什么事儿了就。

朱 你是她老公，你怎么不直说呀？

冯 我敢说吗？你们城里人都是数蜂窝煤的，浑身上下都是心眼儿，我们农村人啊，数大萝卜的，有几个眼儿了也是让你们整糠了。她第一次进城了，你就是送个猫送个狗还得找个好人家嘞是呗？我送的是老婆啊，我们农村人让你见笑了，对不起了，蜂窝煤同志。

朱 农村人，农村人怎么了？没有你们农村人，我们城里人连年都过不好啊！谁给我们来送报，谁给我们去送奶，谁在午夜运垃圾，谁在黎明扫街道。

冯 谁迎着朝阳卖早点？谁趁着夜幕贴广告？有贴的也是你们花钱雇的。

朱 的确，有个别的城里人瞧不起农村人，可你翻开他们家户口本，往上倒三代他也是农村人。是的，我们应该珍爱城市，可我们更应该感激农村啊！因为城里是乡下人的梦想，可在乡下，有城里人的爹娘。

冯 真的，这么会我就长辈儿啦？我就是爹娘了我？哎呀，这话听的忒舒坦哪。

朱 我实话告诉你吧，我早就了解到，你的媳妇是为了给婆婆看病，为了替你分忧，才甘愿出来打工受累。这是多么贤惠的妻子，多么善良的儿媳啊！是的。百善孝为先呐！这样的女人不正是我所需要的吗？

冯 谁不需要啊！

朱 这话是我老婆说的。

冯 哦 你结婚啦。

朱　我早就结婚了。

冯　打算什么时候离啊。

朱　明年就离。

牛　你说什么呢你。

冯　城里人都不好这口吗，其实我早就同意给他当保姆，一看就是厚道人，别说你结婚了，你就是光了个棍儿，保姆也给你当定了，从今以后咱们就是哥们儿，一会回家，给你媳妇我弟妹问个好，行不行？

朱　好的　我一会儿就给她打长途。

冯　她出差了？

朱　不，她去国外读博士，明年就回来。

冯　明年才回来啊。

朱　我挺的住？

冯　我够呛。

朱　咱们是哥们儿啊。

冯　干这种事情的有几个不是哥们儿的呀。

朱　你说什么？

冯　开句玩笑。

朱　这话怨我没说清楚啊，我之所以这样着急找保姆，主要为了照顾我年迈的母亲，因为明天我也要出国了，机票都买好了，如果你们二位愿意的话，照顾我母亲的重任就拜托你们啦。来，这是我预付你一年的工资，拿着，先给老人家看病好吗？

冯　你怎么这么看不起人呢？咱们这个感情还拿钱，这是多少呀？

牛　瞧，你那出息。

朱　来，来，拿着。

牛　我一定像对待我妈一样对待你妈。

朱　听你这么一说呀　我还真不想走了。

冯　别别　还是走了好　我怕那个机票它不好退

朱　其实我的心呀　早已经飞到了大洋彼岸国外的环境那么复杂　把那么漂亮一个媳妇放在那里，我能放心吗我？

冯　他比我还厉害呢！

牛　你们男人怎么都这么小心眼儿啊。

冯　这叫小心眼儿呀　这叫爱的牵挂。

朱　对　妻子牵着丈夫的心。

冯　城里牵扯农村的心。

牛　只要人人有爱心。

合　你我大家都放心。

牛　（牵错朱军、牵回冯巩）心！

朱　走，我们现在就去我们家。

冯　走，去看咱妈！朋友们，神六都收回来了，我就不信，我收不回老婆，耶！

（张泽群和刘芳菲在互动平台前）

张　朋友们！这里是中央电视台2006年春节联欢晚会的直播现场，随着我们晚会大幕拉开，由中央电视台主办的“民生21金维他”杯“我最喜爱的春节晚会节目评选活动”已经开始。欢迎电视机前的观众朋友，为您最喜爱的节目和演员进行投上一票。

刘　具体的参与办法是这样的：编写您最喜欢的春节联欢晚会的节目名称或者演员名字，在正月十五之前发送手机短信，中国移动、联通用户，请您发送手机短信至2006，小灵通用户请您发送手机短信至9999。另外你也可以在正月初五之前寄出您的选票，选票刊登在2006年第一期至第四期的中国电视报上。

张　您还可以登录我们的央视国际网站进行投票，或者拨打热线电话16899999和11696996。

刘　幸运观众将获得由“湖南太子奶集团生物科技股份有限公司”提供的吉祥物金狗旺春。

（在口播热线的同时字幕：编写节目名称或演员名字，中国移动用户发短信（彩信）至2006、中国联通用户发短信至2006、小灵通用户发短信至9999。1元/条。春晚热

线：16899999、116996996）

张　观众朋友们，我们今天的联欢晚会，中央电视台有四套节目并机向全世界直播。

刘　除第一套综合频道、第四套的中文国际频道、第九套的英文频道之外，还有西班牙语和法语频道都将进行全球现场同步直播。

张　同时，还有中央人民广播电台、中国国际广播电台，也在同步直播。

刘　好，请您继续关注我们的节目。

（回到主舞台）

李咏　同志们都听到了吗？冯巩可真会夸人啊！董卿你说我冤不冤？

董　夸得挺好的，非常“6+1”。

李　我招你了我！

董　哎，别着急别着急！这不就是过年图个乐吗？是不是啊？你看咱们今天现场多热闹啊？我发现啊还来了不少老人和孩子，那咱们接下来这个节目啊就是一个老少同乐的节目，由老人和孩子共同为我们表演的具有典型的皮影戏风格的舞蹈。

李　即将表演的老人和孩子呢都是来自基层的普通社区。有的老年朋友啊曾经是机关干部，有的是会计，也有呢一直是家庭主妇。好，赶紧来欣赏一下这个精彩的舞蹈：《俏夕阳》。

舞蹈《俏夕阳》

编导：范锦才　赵明

作曲：卞留念　孟可

表演：唐山市社区表演队

（灯光：红光为主，还有剪影时候的定点光）（道具：小孩用的板凳）

周　谢谢！

朱　真是非常非常的精彩。

周　真是老少和谐，其乐融融啊。

朱　对对对。

周　现在我为大家请上两位，这两位分别是今年春节晚会上年龄最长和年龄最小的两位演员。

朱　来，有请二位。

周　你们好！大妈，有点累哈，喘喘气，您告诉大家今年多大年纪了？

老人　七十四岁。

朱　七十四岁高龄了，来咱们问问小朋友，小朋友，你今年几岁？

孩子　四岁。

朱　才四岁，中间隔了七十岁，差不多可以吧咱俩的年龄放在中间了。

周　可不是吗？我们请两位向全国的电视观众朋友拜个年，大妈你先请

老人　祝全国的宝宝快快乐乐！

孩子　祝全国的爷爷奶奶们健康长寿！

朱　哎呀！太可爱了！健康长寿！

周　谢谢两位，我们也代表春节晚会祝两位新春快乐！谢谢！宝贝儿扶奶奶下台休息了！谢谢两位，谢谢你们！

朱　好！谢谢你们！

周　观众朋友们！现在社会上大家都在关注的一个热门儿话题，那就是为大陆同胞向台湾同胞赠送的一对大熊猫来起乳名，最终的结果呢，将在今晚揭晓。

朱　是啊，向台湾同胞赠送熊猫啊，可以使两岸同胞的亲情更近。那么这对大熊猫的选择可真不容易，前不久啊有关的专家从23只大熊猫当中精心筛选，最终确定为16号和19号。这真是一对俊男美女哦！来，让我们一起通过大屏幕认识下他们。

短片《熊猫趣话》

【画外音】大家好，我们就是要去台湾的熊猫宝宝，嘿嘿！我们可爱吧！好

玩好玩，过年真好玩！别玩了，就要去台湾了，要准备点节目才行，看我的，梅花桩，看我的，呼呼哈嘿，快使用双节棍，呼呼哈嘿，不知道台湾的小朋友喜不喜欢我们的节目，听说台湾的小朋友都等不及了，我都激动得好几天都没睡好觉了，你看，咱俩的眼圈都黑了，你爬那么高干什么？过年了，我要挂灯笼，咱俩今天就要有乳名了，多谢多谢！你们要把最好听的名字给我们哟！咱俩给大家拜个年吧，好呀，恭喜恭喜，大吉大利。

周 真的是好可爱哈！

朱 没错，一对非常可爱的宝宝。自从给台湾赠送大熊猫以及为它们起乳名的消息公布以后啊，引发了海峡两岸同胞，以及全球华人的广泛关注，到目前为止呢，我们已经收到了七万多对儿乳名。周涛你琢磨琢磨，几百万人为一对大熊猫起名。

周 前所未有了吧。

朱 前所未有，嗯，那现在屏幕上为大家显示的是认同率最高的前10对乳名。它们分别是团团圆圆、和和美美、欢欢乐乐，宝宝贝贝，亲亲情情，健健康康，龙龙凤凤，聪聪慧慧，壮壮娇娇，志明春娇。

朱 电视机前的您觉得哪对乳名起的最好，就请您编辑乳名、发送短信，中国移动、联通用户发送至2006，小灵通用户发送至9999。您也可以拨打现场的热线电话：16899999、116996996。如果您的选择与最终结果相同，您将有幸参加我们的幸运抽奖，一旦被抽中，将有一份非常珍贵的礼品送给您。

周 我们的奖品一共2006份，一等奖10名，奖品是2008北京奥运会开幕式入场券，很棒吧；二等奖100名，礼品是2006年春节晚会的吉祥物金狗旺春；三等奖是1896名，奖品是中国集邮总公司主办的2006年春节联欢晚会拜年封。祝大家好运气！

（在主持的同时字幕：编写喜爱的熊猫的乳名，中国移动、联通用户发送至2006，小灵通用户发送至9999。1元/条。春晚热线：16899999、116996996）

朱 真是非常诱人的奖品哈！好的，继续欣赏节目，请大家欣赏小品《马大姐外传》。

小品《马大姐外传》

编剧：萧峰　白志龙　成钢

导演：娄乃鸣

表演：蔡明　郭达　岳秀清

马 过年好过年好，马大姐给您拜年了！哎呀，管了一年的闲事儿，可把我给累坏了，大年三十儿，踏踏实实吃顿饺子。

郭 马大姐，马大姐。

马 郭大宝来啦。

郭 哎哟马大姐，都什么时候了，您还和面，快别和了。

马 呸，呸，呸，你才别活了。大过年的，不知道说点吉利话，真是。

郭 还吉利呢，我都快急死了。

马 哎哟，有什么可着急的呀！不就跟你那前媳妇要复婚吗？

郭 是呀。

马 恭喜，恭喜。

郭 您听我说马大姐。

马 我说这夫妻呀就像打麻将，还是原配搭子好。何况你们俩还有一骰子呢？

郭 啊？

马 还有一孩子呢。对孩子来说呀，这亲爹再不是东西，也比没有强。

郭 那倒是，不是，马大姐，谁不是东西呀。马大姐呀，我这婚都快复不成了。

马 怎么了？

郭 我这前些日子不是新交了一个女朋友嘛，刚认识没几天，突然我那前妻又同意我们复婚了，您说这不是急死人吗？

马 哟，哟，那赶快跟你女朋友说清楚呀。

郭 是呀，我是想跟她说清楚，所以，我才把她约到您家里来。

马 哦……约我们来干吗呀。

郭 您跟她说清楚。

马 我说，你自己怎么不说。

郭 我可干不了那缺德事儿。

马 这……

郭 来了……来了……我可一直把你当亲姐姐呀，你一定要劝说她把我甩了，甩了。

马 甩了……甩了……哎来了，来了。

芳 马大姐，（拍了一下马大姐，马大姐退好远外）哟我没使劲呀，我是郭大宝的女朋友，他有事出去了，叫我在这里等他。

马 哦，坐吧坐吧，姑娘贵姓呀？

芳 你叫我小芳吧

马 小芳姑娘，你看你，来就来，还带什么……哦，没带什么啊，甩了……小芳姑娘，我有句话我不知道该甩不该甩，该说不该说。

芳 有什么话，你就说吧

马 豁出去了，父母挺好的？

芳 哎，挺好的。

马 你爱人也挺好的。

芳 我单身。

马 哦，爱人也是单身的。

芳 您说呢？

郭 净说废话，说正事。

芳 什么动静。

马 郭大宝，郭大宝送我一只鸟．鹦鹉，正学说话呢，所以我说什么他说什么时候，真讨厌。

郭 讨厌……讨厌。

芳 哎哟，这鸟可真够聪明的，我看看去。

马 不……没什么好看的，哎呀，再说也不是什么好鸟……

郭 马大姐……马大姐……

马 呵，这鸟还学会叫人了，我瞅瞅去，我瞅瞅就来——说人话。

郭 马大姐，没让你在这说闲扯淡，你得赶紧劝她把我甩了……我都是把人往好里劝，这甩了怎么劝呀。

郭 你怎么连这个也不会呀，你就说我坏话。

马 坏话……

郭 对呀，你把我说得越坏越好，你快去啊。

马 哟……鹦鹉把我给扔出来了。

芳 啊！

马 小芳姑娘，这长痛不如短痛，你跟郭大宝结婚的私房钱攒够吗？

芳 哎，攒私房钱干什么呀？

马 还干什么，你想花他的钱，门儿没有。

芳 啊……。

马 你知道他抠门抠到什么份上吗？他为了省点水钱，他早上带上牙刷到单位上刷牙去。

芳 啊，他也太抠了吧。

马 还有呢，他寄信从来不贴邮票。

芳 那能寄到吗？

马 能呀，他把那收信人跟寄信人的地址倒过来写。邮局一看，邮资不足退回去，正好退给那收信人了。

芳 啊，郭大宝他这点儿聪明全都用在这上面了。

马 哎，聪明明，打小就聪明……五岁会哭

了，七岁会爬啦，十二岁就上小学一年级了，而且上到小学四年级，学校说什么不让念了。

芳 为什么呀？

马 他都20了。

郭 喂……什么又不同意复婚啦……昨天不是说的好好的吗？女儿不同意，她凭什么不同意呀，昨天……喂……喂……这叫什么事，说变卦就变卦……这不是弄得我鸡飞蛋打呀，这不成。

芳 哎呀，马大姐，闹了半天他是这样的人呐。

马 可不……

芳 我听你的，长痛不如短痛。

马 哎，这就对啦……

郭 马大姐……马大姐……

芳 你们家鹦鹉又说人话了。

马 他光会说人话，不会办人事。

郭 办人事……办人事……

马 哎……学会顶嘴了，看我怎么收拾你，等会呀，等会呀……

芳 哎，这什么鸟呀？

马 你瞎叫唤什么呀，我已经给你说散了。

郭 哎哟，马大姐，你嘴怎么那么快呀。

马 啊！

郭 马大姐，这不能散呀。

马 不是，为什么呀？

郭 不是，刚才我前妻来电话说，说我女儿不同意我们复婚，你说这叫什么事……你还得把小芳给我说回来啊。

马 什么，这……哦，你想和就和，想散就散，不管你这破事了。

郭 你……你不管哪成呀，哦，大过节的，你把我女朋友说吹了，你说你缺德不缺德。

马 这怎么叫我缺德……

郭 这不叫缺德，你大过节的。

马 好好，不急啊，不急，等过了年呐，大姐再给你介绍一个……

郭 我不要，这屋里不是现成的有一个吗？你给我说回来不就完了。

芳 哎呀，马大姐……马大姐……

马 哎哎哎，咱们把话说明了呀，我把她说回来，你可要好好待人家，你不许变来变去。

郭 你别啰唆了，你快去吧。

芳 鹦鹉又给你扔出来啦……行了，那我走了。

马 哦，这就走了，别走，哎小芳姑娘，这短痛不如长痛，要说你跟郭大宝，那真是豺狼配虎豹。

芳 什么？

马 不……郎才配女貌，像他这么大度的男人现在不好找了。

芳 等会，他揣着牙刷到单位刷牙他怎么还大方了。

马 他……他……他到单位刷牙是有原因的，他这原因是，原因是就是他把牙落在单位里了。

芳 啊。

马 假牙……头天晚上把牙落单位了，第二天，到单位去刷牙呀……洗刷刷洗刷刷哦哦……洗刷刷洗刷刷哦哦。

芳 行行行……你别哦了，那他寄信不贴票怎么回事……

马 他不贴，他有原因啦，这个原因就是……你猜猜……还是我猜吧……他是……他是……电子邮件，他就不用贴邮票啦。

芳 那是不用贴邮票，可是，他这学历……

马 学历可不低呀，大学本科。

芳 哎，不对，刚才你说的小学四年级的时候，学校就不让他上了。

马 俺说的，俺说的，学校不让上是有原因是不，他这原因就是，你再猜猜……还是我编吧……他这个……他太聪明了，聪明的哦……老师会的他全会了，老师不会的他也全会了，老师教不了他，只要直接保送他上大学去了……我可算说圆了……（一口气）

芳 哦，是这样呀，那说明他是个天才。

马 是啊，我跟你说啊，我跟你说。

郭 喂，什么，又同意复婚了，不是，你这，这，这是怎么回事儿啊你这是，啊，女儿考验我呢，哪有这么考验的呢，哦……对对对，考验的好，哎呀，真是太好了……

芳 那真是太好了，马大姐，那我听你的，短痛不如长痛。

马 哎呀，这就对了，婚礼的时候，大姐帮你张罗。

郭 坏了，马大姐……马大姐……

马 哎，看把这鹦鹉高兴的哦……我告诉他一声，我瞧瞧它去……这就来……这就来……哎哟，真不容易呀，我已经把她给你说回来了。

郭 太好了，我还得麻烦你再把她说回去，马大姐，马大姐，刚才我前妻来电话，啊，说，刚才那是女儿考验我了——马大姐，我们可得经得起考验呀。

马 你见过两口子复婚考验街坊的吗？

郭 马大姐，你好人做到底，送佛送到西……你不看僧面看佛面……我们一大家人。

芳 哎……马大姐，这就是你们家的鹦鹉呀……

郭 对，我是鹦鹉……你先聊吧，我回笼子去了……

马 对，我先把它提溜进去

芳 哎……回来……马大姐……这到底是怎么回事？

郭 问你呢，怎么回事，这是？

马 我……我……这……哎，小芳姑娘，听大姐给你说啊……

芳 这回是长痛还是短痛。

马 长……短……各有各的长法……那个，还是那名老话……夫妻呀，就像打麻将，还是原配搭子好……他有一个原配搭子，你知道吗……

芳 知道啊……

马 他俩还有一骰子，你知道不……

芳 知道呀……

马 这不就结了吗？心里想着搭子，脑子惦着那骰子，这牌你还和的了不？

芳 这马大姐，您的意思我明白，但我是得听他一句……郭大宝，你是不是心里头老是放不下你那前妻和你的女儿呀？

郭 是……是。

芳 行，郭大宝，没想到你还是个有情有义有责任的好男人，我祝你们快乐幸福。

郭 谢谢。

芳 哎，没使劲呐。

马 可……小芳姑娘……那你？

芳 你放心，就我这朵鲜花……还愁找不到牛粪。

马 太好了，小芳姑娘你的事儿，就包大姐身上，我一定给你介绍个更好的，对了，我有个外甥叫朱军。人长得特白：

芳 哎哟，马大姐，您看您，什么时候见面？

马 一会儿就来，一会儿就来，不早了啊，大宝，把那娘俩给接来，一块儿的在大姐家吃饺子。

郭 谢谢马大姐，马大姐啊，您家牙膏搁哪儿了，先把牙刷了。

马 嘿，抠门抠我家来了。

郭 不是，这过节当放假嘛，您别抠门啊。

董卿 谢谢三位。

李咏 大过节的这马大姐忙得哈。好，亲爱的朋友们，正在直播的是中央电视台2006年春节联欢晚会，欢迎继续收看。

董　哎李咏，问你个事儿哈，平时喜欢听歌吗？

李　喜欢。

董　民族唱法演唱的歌曲。

李　喜欢。

董　美声唱法？

李　喜欢。

董　原生态唱法？

李　喜欢。

董　那要是把这三种唱法融汇在一起？

李　喜欢……没听过。

董　期待吗？

李　我相信大家都想见识见识，对不对？

董　好，那接下来啊，我们就为观众朋友呈现这样一个独特的组合，这也是这三种唱法第一次联手演出。让我们欢迎歌唱家吴雁泽、戴玉强和从星光大道走上春晚舞台的农民歌手阿宝。

李　请欣赏《草原上升起不落的太阳》！

歌曲《草原上升起不落的太阳》

词曲：美丽其格　编曲：董乐旋

演唱：戴玉强　吴雁泽　阿宝

（灯光：绿光蓝光为主）

（大屏幕：白云、草原、骏马群）

（彩幕：草原）

戴　蓝蓝的天

吴　蓝蓝的天

宝　蓝蓝的天

吴　蓝蓝的天上白云飘
　　白云下面马儿跑
　　挥动鞭儿响四方
　　赞歌更嘹亮

戴　要是有人来问我
　　这是什么地方

合　我就骄傲地告诉他
　　这是我们的家乡

宝　这里的人们爱和平
　　也热爱家乡
　　歌唱自己的新生活
　　歌唱共产党
　　歌唱自己的新生活
　　歌唱共产党

合　毛主席啊共产党
　　抚育我们成长
　　草原上升起不落的太阳
　　草原上升起不落的太阳

周　谢谢谢谢。真的是太精彩了哈！我想他们三位的表现可以用这八个字来形容，那就是响遏行云、胜似天籁啊！

朱　其实有一种完全不同的感受哈！下面呢我们可以在一个多民族联合演出的舞蹈当中，感受到2006的春潮滚滚而来！

周　请欣赏：响亮节拍。

舞蹈《响亮节拍》

编导：田劲　柳宁　顾佩英　薛刚　袁媛

作曲：卞留念　孟可　陈创远

表演：吉林市歌舞团　吉林省歌舞剧院　内蒙古军区文工团　武汉电信艺术团

（灯光：根据不同民族舞蹈氛围而变化）

（特效：干冰，绿色激光）

（大屏幕：民族图腾的横向运动）

（彩幕：草原）

（简述：不同少数民族舞蹈的汇编，主要以一些节奏性动作和呼号为主要创作素材）

李　好，谢谢这些热情奔放的姑娘们，小伙子们。

董　观众朋友们，自从我们提出了开门办春晚的倡议之后啊，也得到了全国各地方电视台的大力支持，可以说，他们为我们春节晚会的年夜大餐送来了风味不同的特色菜。在这里要向他们表示衷心的感谢！

李 好，那接下来各位将欣赏到的这个作品呢就是由湖北电视台选送的，这也是他们第一次登上中央电视台春节联欢晚会的舞台。拜托现场的朋友多多捧场好不好？好，来看一看小品：《招聘》！

小品《招聘》湖北电视台推荐

编剧：陈道久　改编　同心堂

导演：娄乃鸣　阮喜生

表演：周锦堂　余信杰　尹北琛　田克兢

（主要道具：一面黑板，黑板上有一个字：门里一个犬；一张桌子）

经理 洪湖水啊浪打浪，一浪把我打到春节晚会的舞台上。站在这里有点慌，大家能不能再给我鼓个掌。哈哈哈，谢谢！啊？我是干什么的？本人靠炸臭豆腐干发了家，现在准备兼并这个摩托罗拉，没有人才不好办，我得搞一个特殊的招聘来想办法。大家看一看啊，看见没有，这个字是我自己造的个字，其实不是个字. 为什么要造这个字，我就是想考考他们，看看今天来应聘的人对我老实不老实。一号！

男甲 啊。（在老板身上闻了一圈）

经理 咿呀，伙计，打个招呼撒，伙计！

男甲 老板我就是一号。

经理 你怎么进来的？

男甲 我是闻着味道进来的。

经理 什么味道？

男甲 一股我非常熟悉的味道。

经理 哎呀，这么说你以前也是炸臭豆腐干的。

男甲 我是足疗中心揉脚的。

经理 这是一个味道吗，啊？

男甲 老板。

经理 叫什么名字啊？

男甲 和园。

经理 姓什么？

男甲 姓颐。

经理 颐和园，你这个名字好像在哪里听到过咧，哎呀伙计，你还是个名人咧。

男甲 噫吖，老板，不敢。

经理 其实今天考试很简单，我们就是考一个字。

男甲 噢，就考一个字啊！

经理 请你看看背后那个字。

男甲 呃。

经理 看见没有？

男甲 看见拉。

经理 那么首先请你回答我第一个问题。这个字从书法的角度来说，它是一个什么体？

男甲 这一看就知道是个黑体。老板不可能出这么简单的问题。嘿嘿，老板，您喜欢一个什么体啊。

经理 我喜欢……你管我喜欢什么体啊！我是问你这个字他是个什么体？

男甲 那请问老板贵姓？

经理 我姓刘。

男甲 那就是刘体。

经理 那我要是姓马咧。

男甲 马体。

经理 我姓罗。

男甲 罗体。

经理 这个家伙有点顺竿爬咧，我知道了，你再回答我第二个问题。这个字他是个什么字？

男甲 这哪是个字咧，关键看老板是什么意思？老板，这是个会意字。

经理 他怎么会意咧。

男甲 你看那，这是个门，门里面有犬，门是户，犬是狗，门犬相加看门狗，哟老板，你是想找一个看家的总管。

经理 那你说这个字他念什么？

男甲　它念……看。
经理　什么什么什么？嘿，你再说一遍，他念什么？
男甲　哎哟老板，他念看——
经理　哎呀，看不出来阿，你还是个发明家咧，阿！
男甲　老板敢写，我就敢念，老板给我一杯水，我就敢发电。
经理　那你这叫“人有多大胆，地有多大产”。
男甲　思想有多远，我就能走多远。
经理　你现在就可以走远。
男甲　诶，老板往哪里走？
经理　好，你就往前走，别往两边看，回到家里就是终点站啊。
男甲　老板我还有话说。
经理　阿，说。（揪了老板一下）
经理　哎哟，这么大个包。
男甲　这就叫送红包。
经理　阿（男甲下）这种人是坚决不能要，没准拿我的钱去炒股票。二号！
女乙　来啦，（唱）有一个姑娘她有一点美丽，她还有一些漂亮，亮，亮……
经理　这是什么？
女乙　老板，这是回音。
经理　把回音关掉。
女乙　哦！
经理　干什么的？
女乙　应聘的。
经理　贵姓？
女乙　免朱姓贵
经理　啊？
女乙　错了，免贵姓朱，呵呵。
经理　叫什么名字啊？
女乙　还珠格格。
经理　哟嗬，你还是个复姓咧！身高？
女乙　保密。
经理　体重？
女乙　保密。
经理　年龄？
女乙　保密。
经理　你是保密局的？
女乙　呵呵。
经理　告诉我你到底有多大？
女乙　小女今年一十八，至今还未谈婚嫁。
经理　哎呀，我管你婚嫁不婚嫁啊，告诉我学历。
女乙　啊！
经理　就是你在哪里读的书？
女乙　噢，我是教大的。
经理　什么什么什么，交大的？哎呀，那你是上海交大还是西安交大？
女乙　都不是的，我是外婆教大的。
经理　那还是个民办大学咧。那你今天来是？
女乙　我听说老板在招工，我就特意来讨个女秘书兼关公。
经理　关公？
女乙　不对，是公关，我又念倒了
经理　我跟你说，我这里既不招秘书，也不招公关，我这里是要招一个总管。
女乙　秘书加公关就是总管。
经理　那是个什么总管咧？
女乙　时间一长，我什么都要管。
经理　干什么干什么。
女乙　我蛮勤快的。
经理　我说小姐。
女乙　呃，你怎么不叫我格格咧？
经理　格格小姐。
女乙　还有还珠呢？
经理　哎呀，你真是要命咧，你。我们言归正传，好不好？
女乙　噢。
经理　你回答我，这个字从书法的角度来说，它是一个什么体？
女乙　哟，我说老板呐，那你说这个字都有

些什么体呢?

经理 这个体就太多啦!

女乙 那这个字就是多媒体。

经理 怎么是多媒体呢?

女乙 哎哟，你看撒，我每天多体贴你一下，简称就是多——媒——体。（拍了经理屁股一下）

经理 哎哟啊，你赶紧回答我这个字到底是个什么字。

女乙 这字是谁写的啊?

经理 我写的，我写的。

女乙 你自己写的字你都不认得哦!

经理 我……今天是我考你。

女乙 哦，那这个字它就念汪。

经理 怎么念汪咧?

女乙 你看撒，这里面有一个门，门里面有个狗，见到人就吼，吼的那个声音就是汪汪汪……

经理 你莫汪，你一汪，我心里就直发慌。

女乙 他如果心里真发慌，我的工作才会有希望。

经理 你走，你走。

女乙 你不聘我啦?

经理 我不敢聘!

女乙 你不聘我算了，我见过老板千千万，就没有见到像你这样的傻蛋。我看你是属黄瓜的。

经理 什么意思啊?

女乙 欠拍！他欠拍啊！……欠拍啊，哼!

经理 哎呀，这个家伙太轻狂，用不了两三天她就要当我的老亲娘啊！三号!

男丙 到，红旗迎风飘，嘿，凯歌冲云霄，工人叔叔扛铁锤，农民拿镰刀，嘿，拿镰刀，刀。

经理 这是什么?

男甲 才艺展示。

经理 噢哟，你是干什么的?

男丙 考试的。

经理 哦，贵姓?

男丙 姓实。

经理 叫什么名字?

男丙 人称老实，因为我的性格比较直，遇到么事说么事?

经理 哎呀，那好啊！首先请你先看看背后这个字?

男丙 哎呀！点横撇捺一样粗，方方正正像个屋，门的上面有两个坝，里面关的不是猪。

经理 耶，有点意思。

男丙 谢谢夸奖。

经理 请你回答我地一个问题，这个字从书法的角度来说，它是个什么体。

男丙 黑体。

经理 你怎么这么快就知道是黑体咧。

男丙 一看就知道了。

经理 哎呀，真是老实啊，大家不看他长的胖，说不定他最有希望啊。

男丙 出这么简单的题，谁都知道。用黑笔写的是黑体，用红笔写的是红体，用彩笔写的就是花体撒。

经理 老实啊，你再回答我第二个问题：这个字，它是一个什么字?

男丙 老板，这个字有个门。

经理 有门怎么啦?

男丙 它是个防盗门。

经理 你管它什么门咧。

男丙 关键里有条狗。

经理 有狗怎么啦。

男丙 有防盗门还要狗干什么咧。

经理 你操那份心干什么咧。你赶紧回答我，这个字它是个什么字?

男丙 它不是个字。

经理 你怎么知道它不是个字?

男丙 我不认得哩。

经理 哎呀，老实老实真老实啊，好，马上给你拿表。

男丙 只要是我不认识的字，都不是字。

经理 老实啊！这真是人才难得啊。有一首诗写得好啊。穿着铁鞋子到处找，找不到，这个人才说来，他就来了。

男丙 老板，我有两句话，不知道当讲不当讲？

经理 讲。

男丙 这真是高山流水遇知音，稀里糊涂乱弹琴啊。

经理 哈哈哈！老实，你就是我要找的人。定啦，月薪一千。

男丙 一千。

经理 嫌少啦，啊

男丙 八百。

经理 呵，好！家住何方？

男丙 汉口。

经理 汉口何处？

男丙 六角亭。

经理 六角亭什么地方？

男丙 神精病院16床。

贺年榜（滚动字幕）

刘 观众朋友，联通贺年榜给全国人民带来新春的祝福。您现在正在收看的是中央电视台2006年春节联欢晚会，我们的晚会从开播到现在，陆陆续续收到了来自全国各地的以及中国驻各国使领馆和各海外团体发来的新春贺岁的电报。

张 （宣读电报）

刘 在这里我们也祝愿他们新春快乐，万事如意，请您继续欣赏晚会的节目。

歌曲《五福临门》

作词：任卫新　作曲：张全复

编舞：靳苗苗　张强

舞蹈：吉林市歌舞团　吉林省歌舞剧院

演唱：宋祖英

（灯光：红灯黄灯为主）（舞蹈演员道具：金色扇子）

（大屏幕彩幕：福字红灯笼，曲中大幕拉开，出现中央电视台的巨大Logo）

（天把～福门打开）

（福～门～矮）

天把福门打开
太阳出
地把福门打开
五谷熟
国把福门打开
万事兴
家把福门打开
喜气足
天把福门打开
祥云出
地把福门打开
五彩路
国把福门打开
美景图
家把福门打开
龙凤舞
人把福门打开
心中都是福～
五福临门
举手同接福
好年好运降大福
五福临门
握手共祝福
天地人和万事福
天把福门打开
太阳出
地把福门打开
五谷熟
国把福门打开
万事兴
家把福门打开
喜气足

人把福门打开
天下都是福
五福临门
举手同接福
好年好运降大福
五福临门
握手共祝福
天地人和万事福
天地人和万~事~福~
啊~

李 谢谢五福临门，欢迎观众朋友继续欣赏中央电视台2006年春节联欢晚会，那今天的春节联欢晚会呢，全国各地方电视台以及港澳台电视机构，都派送了新春使者，要张灯结彩为观众朋友们大拜年。

董 去年啊，各地的新春使者是为我们喜送春联给大家留下了深刻的印象，那今年呢，他们又特地赶到了我们的现场，要为我们送灯谜。今年的灯谜可以说是丰富多彩，咱们现场的观众朋友都一块儿参与，猜一猜好不好？

李 电视机前的观众朋友也要参与，重在参和嘛，来！我们有请第一组新春使者来为大家敬献灯谜！

张灯结彩大拜年。第一组新春使者喜送灯谜

一男 观众朋友们。我们新春使者给大家

齐 拜年啦，

一男 我们这组新春使者先请大家

齐 猜灯谜。

河南电视台吴鹏 哦！发红包了发红包咯，河南人民给大家发红包咯，诶，想要红包，先猜灯谜，听好了，河南送出的谜面是“过年了，拆红包”打一河南的历史文化名城，大伙想想这拆红包，（是拆吗？）诶，已经朋友知道了，来一起喊出来，我的谜底就是（开封，中！）

浙江电视台朱丹 他送红包我们浙江给大家送金元宝来了（哪呢？）在谜面里呢，浙江的谜面就是大河送来金元宝，打浙江一著名景观，（哎，这金元宝不就是钱吗？）对啊，大家说，是什么啊（钱江潮）潮来咯！

广东电视台（罗洁） 钱江潮来了咱们就发财了，大家高不高兴啊？（高兴）广东话：恭喜发财心定好，诶，现在呢轮到咱们广东出灯谜了，咱们的谜面呢就是：北斗落在山石上，我们猜猜广东的一个著名景点（这北斗不就是七颗星吗？）对啊（观众朋友，这山石不就是岩吗？）七颗星星落到了岩石上，那是什么呢？（七星岩）对了，七星岩，七星岩怎么样？（好玩！）

贵州电视台刘军 哎，好玩的还在后头呢！接下来大家和我一起去贵州，好不好？（好）我们贵州给大家带来的灯谜，猜的是贵州最著名的风景，谜面是，您听好了，枇杷满枝头，大家说，这是哪啊？看我的动静儿啊！哪？（黄果树）欢迎大家常来贵州。

河北电视台（孟晓铮） 看完了贵州的黄果树，欢迎大家到河北来旅游（gogogo，aleale ale）累，谁说累啊，我是请大家来休息的，听好了我们河北的谜面，热河边上好乘凉，大家猜猜这是哪个旅游名胜啊？（诶，这热河不就在承德吗？）没错，那我的谜底就是（避暑山庄）

黑龙江电视台周巍 诶，要说这避暑山庄啊，是贼啦凉快，到我们那可有比这儿还凉的，我们黑龙江那冷得可是（刚刚的）看我这谜面叫做透心凉，透心亮，打我们黑龙江一个民俗景观，大伙

说，什么凉（冰凉）什么亮（灯亮）和在一块就是（冰灯，刚刚的）

云南电视台张齐 哎呀这黑龙江是冰天雪地，我们云南啊，四季如春，还是歌舞的海洋，我今天给大家送来的灯谜打的就是我们云南一个少数民族的舞蹈，大家听好了我的谜面是一蹦三十天（诶，这蹦不就是跳吗）（这三十天就是一个月啊）没错，他们俩啊把我的谜底都说出来了，那就是阿细跳月的（跳月）朋友们跳起来吧（嘿嘿）

内蒙古电视台娜格娅 嘿，你们一跳就跳到我们内蒙古大草原啦（够远）春节好，我们内蒙古的灯谜啊是，你追我赶草上飞，什么呀？（诶，我知道，蚂蚱）（切）我这儿打的是那达木的一项体育运动，大家说，你追我赶是什么？（比赛）什么又能草上飞？（马）对，我的谜底就是（赛马）

青海电视台黄晓滨 你们赛马，我们牵牛，青海的谜面啊贼简单，只有三个字，牵牛郎，打一种音乐的形式，尕妹妹的个大门上浪呀三浪，心儿跳得慌呀，大家说我这儿唱得是什么啊？（花儿，那郎呢？）郎啊，在这呢，花儿与少年（好）

陕西电视台赵冬安 哎，你晓得，（诶，陕西的）在这万家团圆的时候，我们陕西的迷要用手机短消息向全国人民，送上我们新春的问候（好，陕西大哥啊，别忘了送灯谜）我这儿谜面就是手机发送短消息，打一我们陕西的民间艺术形式（我知道了，大家想一想啊，这短信满天飞，这不就是）（信天游）

西藏电视台加央顿珠 哎，收到了收到了，你们陕西短信传到我们拉萨了，我们西藏给大家带来的灯谜是笑声进万家（哦）平时大家是怎么笑的呀（哈哈哈）进万家又是什么呢？就是到达呀，那合在一块儿呢？（哈达）没错，是哈达（扎西德勒）

上海电视台陈蓉 大家笑也笑了，唱也唱了饿不饿呀（饿）那我们上海啊给大家送好吃的了，是小笼包吗？诶，今天我不送上海小笼，改送煎饼（煎饼？）大家瞧我这谜面，煎饼不在店里做，打我们上海的著名景观（煎饼不是摊的吗？）那煎饼不在店里摊，这谜底就是（外滩）

天津电视台侯力 上海给大家送吃的，我们天津给大家送欢乐（好）我给大家猜一个著名的相声小段，（谁说的呀）马三立啊，请听我的谜面，马三立说相声，大伙说，这是嘛？（逗你玩）对，逗你玩。

宁夏电视台吴佳瑞 ABCD 甲乙丙丁（还给我们大红包呢？）这是我们宁夏的谜面，打咱们中国的一种古老文字，（ABCD）西洋文字（甲乙丙丁）华夏文字，这放到一块儿是什么呀？（西夏文字）没错。

江西电视台黄海 China to the world，（中国走向世界）对了，这就是我们江西给大家出的灯谜，谜面就是中国走向世界，谜底就在谜面里，同时还是我们江西一件响当当的宝贝，大家说是什么呀？（china，瓷器）对啦，瓷器。

广西电视台李朝珍 你给大家送瓷器，我给大家抛绣球咯（哦，广西的）朋友们，新年好，我请大家到广西过年好不好啊（好）（那我们过年吃什么呀）诶，刘三姐请客不吃饭，这就是我的谜面，打我们广西的民俗，（诶，这大过年不吃饭就只能干唠嗑了）不是（那跳舞吗）不是（赛马吗）也不是，大家想想啊，刘三姐最擅长什么呀（什么呀？）哎，

大家一起唱出我的谜底好不好？（好）唱山歌嘞（这边常来那边和）

董　谢谢我们来自天南地北的新春使者。他们送的这组灯谜啊也让我们感受到：东西南北中，风味儿各不同啊。

李　唉，刚才我们看了湖北的小品，接下来呢，我们来听一听湖南的相声。来，大兵、赵卫国！

董　有请。

相声《谁让你是优秀》

作者：原建邦　大兵　赵卫国

表演：大兵　赵卫国

大　兵　大家过年好。

赵卫国　过年好。

大　兵　电视机前亲爱的观众朋友们，相声演员大兵。

赵卫国　赵卫国。

齐　给您拜年啦。

大　兵　诶呀，谢谢大家的鼓励。

赵卫国　对。

大　兵　没有您的鼓励，就没有我大兵的今天。

赵卫国　没错。

大　兵　电视机前每一位朋友，都是我大兵的再生父母。

赵卫国　哗，这话说的好。大家知道到大兵今天为什么这么客气？因为我们文化局今年唯一的一个优秀演员评选，初评，大兵获得了第一名！我们表示祝贺好不好？

大　兵　谢谢谢谢，最后能不能当上还得领导批呦。

赵卫国　这就八九不离十了。

大　兵　其实大家非常了解我，我这个人淡泊名利。

赵卫国　没错。

大　兵　我反复跟领导表态。

赵卫国　你怎么说呀？

大　兵　金杯银杯不如老百姓的口碑，一等奖二等奖不如老百姓的夸奖，猪手鸡手不如老百姓拍手，熊掌鹅掌不如老百姓鼓掌，谢谢！

赵卫国　话粗理不粗。有道理。

场外音　优秀演员嘉奖领来了！优秀演员嘉奖领来了！

赵卫国　说来就来了。我给你念念。

大　兵　不好意思嗷。

赵卫国　优秀演员嘉奖令！

大　兵　让大家见笑了。

赵卫国　该演员处处发挥模范带头作用。

大　兵　这是我应该的。

赵卫国　善于团结同志，助人为乐。

大　兵　我都习惯了。

赵卫国　一贯任劳任怨，工作不分分内分外。

大　兵　都被领导掌握了。

赵卫国　今年出决定，特将优秀演员光荣称号授予赵卫国同志。喂喂喂，大兵，大兵，醒醒啊！我可什么都没干啊！喂，救护车，快来救护车！快，救人啊！

大　兵　喊救护车干什么？

赵卫国　救人啊！

大　兵　救谁？

赵卫国　喂，你刚才不是晕过去了么？

大　兵　你恨不得我死过去吧你。

赵卫国　没这意思，没这意思。

大　兵　赵卫国。

赵卫国　哎。

大　兵　看不出来呀！

赵卫国　哦，大兵，你可能有点误会。

大　兵　我没有误会，恭喜你。

赵卫国　诶。

大　兵　祝贺你。

赵卫国　谢谢。

大　兵　一砖头拍死你。在座的亲爱的朋友们，我今天的表演到此结束。再见。

赵卫国　喂喂喂……大兵。

大　兵　别碰我，碰我干什么？大家快看优秀演员在台上打人了啊！

赵卫国　我什么时候打人了我？

大　兵　那你碰我干什么？

赵卫国　咱俩总得把相声说完吧！

大　兵　对不起，您是优秀演员，请您跟大家说吧。

赵卫国　那你呢？

大　兵　我现在是落后演员。

赵卫国　啊？

大　兵　不但我要下去，主持人、灯挂音响师傅，我们一起下班吧！

赵卫国　什么叫下班呀！

大　兵　现在开始我们让赵卫国一个人在台上要一个通宵，好不好？谢谢大家的理解。再见。

赵卫国　站住。

大　兵　站不住。

赵卫国　你敢。不就是没评上优秀演员吗？刚才还口口声声说观众是你再生父母，噢，没评上优秀演员，你就不认你的爹妈了。你这孩子也太不孝顺了。过来！给你爹妈赔礼，快点呀。

大　兵　对不起各位爹妈。

赵卫国　这就对啦。

大　兵　刚才我变态了。

赵卫国　嗯？

大　兵　我失态了。

赵卫国　吓我一跳。

大　兵　好吧，看在各位爹妈的面子上，我就陪你赵卫国说完这段相声。

赵卫国　这就对啦。

大　兵　说完以后，我们各奔东西。

赵卫国　好好好没问题。

大　兵　可以吧？

赵卫国　可以。

大　兵　你说吧。

赵卫国　恩。什么叫我说吧，咱们这段相声你先说，

大　兵　对，原来是我先说，现在你是优秀演员了，请你先说吧。

赵卫国　这跟优秀演员挨得上吗？

大　兵　当然，你这个嘉奖令上写得清清楚楚，该演员处处发挥模范带头作用吗？你不先说我先说呀！说！

赵卫国　我先说就我先说亲爱的观众朋友们，大家晚上好。今天我们给大家说段相声。喂喂，哦，这相声讲的是一段笑话，这笑话得俩人说，他不能老一个人说，你抽羊角风啊你！

大　兵　又怎么了嘛！

赵卫国　又，什么？

大　兵　不让你发挥模范带头作用嘛！

赵卫国　我带了头了，该你说了。

大　兵　哦，你带完头啦。那对不起，我的词也由你说吧。

赵卫国　你的词凭什么我说呀！

大　兵　你那嘉奖令上写的清清楚楚，该演员一贯任劳任怨工作不分分内分外，不管谁的词都由你一个人说。来朋友们我们掌声鼓励他一个人给大家说一段对口相声好不好！好，谢谢谢谢。

赵卫国　这没法说呀。

大　兵　这边的朋友掌声不够热烈呀，那边的朋友给他起个哄呀！哈哈哈哈

赵卫国　停，行了。你给我下去，啊，你趁早给我下去。

大　兵　嗯？你什么意思？

赵卫国 这有你还不如没你呢。你什么人呢。这是？

大　兵 这是你让我下去？

赵卫国 你趁早走。

大　兵 你可别后悔。

赵卫国 我不会后悔。

大　兵 下去就下去。

赵卫国 这样还评优秀演员。

大　兵 有什么大不了的，下去就下去。

赵卫国 嗯？

大　兵 下去就下去，我坐在这里。

赵卫国 恩，好！那我就踏踏实实给您说这段相声，说我们那有一位老大爷。

大　兵 （坐在台阶上捣乱）刘姐，刘姐，刘姐，你也来了，刘姐。哈哈哈。旁边的那是你老公吧？啊，是你男朋友。哈哈，难怪你每次带的人都不一样。哈哈哈……说呀？来我们掌声鼓励他往下说呀。

赵卫国 谢谢，谢谢。那我就往下说拉。说我们那儿有一位……

大　兵 赵姐，赵姐，赵姐，你找你的赵姐去吧，我认错拉。

赵卫国 你缺不缺德呀你，我接着往下说啊，说我们。

大　兵 王老太太，王老太太，哈哈……

赵卫国 你哪那么多熟人啊！

大　兵 这有什么嘛！你说你的相声，我打我的招呼，井水不犯河水。

赵卫国 不，你老打招呼，我没法说呀？

大　兵 这管我什么事，谁让你是优秀，不要你要谁呀！王老太太。

赵卫国 我求求你了，您还是上来行吗？

大　兵 你让我下去我就下去。

赵卫国 啊。

大　兵 你让我上来我又上来。

赵卫国 对呀。

大　兵 我是电梯呀！

赵卫国 电梯干吗呀？

大　兵 我今天才发现坐在这里比站在上面舒服多了。在座的各位希望我继续坐在这里的请掌声鼓励一下，谢谢，看见没有我的爹妈让我坐在这里。我就是孝顺。

赵卫国 好好好，行行行。可是有一条，不能和你熟人打招呼。好不好。

大　兵 好好，不打了。

赵卫国 行，这我就正式开说啦。说我们那儿有一位老大爷，他喜欢和别人打赌，说自己有那个特异功能，怎么的，他说自己能咬自己左眼睛一下，您说这有意思吧。

大　兵 这没意思，这个老大爷左眼是个假眼，他把它抠出来咬一下再把它放回去，这也叫相声。

赵卫国 他还有更绝的，还可以咬自己右眼睛一下，总不能两只眼睛都是假的吧，这就好玩了是不是？

大　兵 这更不好玩了，这个老大爷还有一副假牙，他给取下来咬一下又安上去，这种人怎么能评上优秀演员，我就奇怪了。

赵卫国 这么着，这么着，我给大伙猜段谜语，说远看是条狗，近看是条狗，打它它不动，骂它它不走，过去一拉它就走。

大　兵 死狗，谁不知道啊。

赵卫国 说远看是电扇，近看是电扇，电扇是电扇，可它就是不转。

大　兵 没电。

赵卫国 说远看是汽车，近看是汽车。

大　兵 没汽油。

赵卫国 说远看是汽车。

大　兵 没司机。

赵卫国 说远看是汽车。

大　兵 司机上厕所去啦。

赵卫国 这我没法说啦。
大 兵 你没法说，谁让你是优秀，你活该。
赵卫国 我告诉你大兵，我再说一个，你要还能猜上来。
大 兵 怎么样！
赵卫国 我把优秀演员让给你。
大 兵 你说什么？
赵卫国 你要还能猜上来，我把优秀演员让给你。
大 兵 这是你说的？
赵卫国 我说的。
大 兵 大家给我作证。
赵卫国 大家一起作证好不好。
大 兵 你出题吧。
赵卫国 听好啦。
大 兵 嗯。
赵卫国 说大兵加个点念犬兵。
大 兵 那我不成狗了吗？
赵卫国 犬兵缺一点念大兵。
大 兵 你把那一点给我拿掉。
赵卫国 大兵你要做选择。
大 兵 嗯。
赵卫国 你说你这一点是“缺德”还是“缺不得”？
大 兵 我缺德。
赵卫国 缺得你就是大兵。
大 兵 嗯？等一下，我缺不得。
赵卫国 缺不得你就是犬兵，想好了，你到底缺不缺德。说——
大 兵 你缺德。

歌曲《吉祥三宝》
词曲：布仁巴雅尔
演唱：布仁巴雅尔 乌日娜 英格玛
编舞：杨华 赵飞 舞蹈：蓝天艺术团
（灯光：绿光、黄光为主）（道具：带马头的长凳，羊车）
（大屏幕：草原动画）（彩幕：同大屏幕）
（伴舞：一群小朋友穿着蒙古族羊式头饰的衣服）

爸爸，哎！太阳出来月亮回家了吗？
对啦！
星星出来月亮去哪里啦？
在天上！
我怎么找也找不到它？
它回家啦！
太阳月亮星星就是吉祥的一家！
妈妈，哎！叶子绿了什么时候开花？
等夏天来了！
花儿红了果实能去摘吗？
等秋天到啦！
果实种在土里能发芽吗？
她会长大的！
花儿叶子果实就是吉祥的一家！
宝贝，啊？爸爸像太阳照着妈妈！
那妈妈呢？
妈妈像绿叶托着红花！
我呢？
你像种子一样正在发芽！
噢！明白啦！
我们三个就是吉祥如意的一家！
（第二段蒙语）

朱 好，谢谢。
周 谢谢演唱。
朱 亲爱的观众朋友！在这美好的除夕之夜，我们非常高兴地告诉大家：今天有两位特殊嘉宾，特意赶到我们的直播现场，为所有的电视观众带来了一份非同寻常的新春贺礼。
周 这两位特殊的嘉宾就是神舟六号英雄航天员：费俊龙、聂海胜！
朱 有请二位！
（仪式音乐响起，费俊龙和聂海胜两位宇航

员从舞台中间升起，走上前台）

周 现场的各位朋友，我提议我们再次响起热情的掌声，向两位英雄航天员表达我们由衷的敬意！

朱 同时呢，在这个美好的夜晚，我也想请你们两位，向所有的电视观众送去你们的新春祝福。

俊龙 在这辞旧迎新之际，我们代表祖国所有的航天工作者，带来了一件特别的新春礼品，给全国人民和海外同胞拜年！

海胜 这件航天新春礼物礼品，是我和费俊龙在神舟六号飞船上专门拍摄的，从遥远的太空向全国人民，港澳台，以及海外同胞致以崇高问候的录像。今天，在春节晚会上，专门来献给大家。

周 谢谢，我们春节晚会举办24届了，收到过无以数计的来自国内以及世界各地的珍贵礼物，这是第一次收到来自遥远太空的问候。应该说真是一份最最珍贵的新春礼品！

朱 好的，现在我们就向全世界，首次播放这录自遥远太空的新春问候！

（我是执行神舟六号飞行任务的航天员费俊龙，我是航天员聂海胜，我们在遥远的太空，代表全国全体航天工作者，向全国人民港澳同胞，台湾同胞，海外华人华侨，以及世界各国的朋友们，致以亲切的问候。我国载人航天的迅猛发展，离不开全国各族人民的大力支持和关怀，借此机会，我们向全国人民，表示衷心的感谢，我们祝愿祖国繁荣富强，人民和谐幸福，祝愿世界共同发展，人类和平友好）

周 谢谢，谢谢两位的珍贵礼物。

朱 亲爱的朋友们，看着这录制于遥远星空的新春问候，让我们体会着一种感动，让我们再次感谢两位英雄航天员和所有的航天工作者，送去我们崇高的敬意。在这里我还要告诉大家，今天出席我们晚会的还有两位日常生活中感动我们心灵的人物，一位是：带着妹妹上学的大学生洪战辉；一位是台风中入水救人的河南农民工魏青刚。

周 就在我们的观众席就座，欢迎两位。观众朋友，在新春这样一个我们向亲人和朋友拜年的时刻，也让我们向日常生活在我们中间，却时刻感动着我们心灵的人们拜年！

朱 让我们以歌声和鲜花，向他们致意！也向全国各行各业的劳动者送去我们由衷的新春的祝福！

2005 流行风

《你是我的玫瑰花》

词曲：大鹏　演唱：庞龙

编导：张强　靳苗苗

舞蹈：吉林市歌舞团　吉林省歌舞剧院

（灯光：紫红光为主　电脑灯：花　绿色激光）

（大屏幕：炫目的视频素材）

（伴舞：红衣女舞者的舞蹈）

一朵花儿开
就有一朵花儿败
满山的鲜花
只有你是我的珍爱
好好的等待
等你这朵玫瑰开
满山的鲜花
只有你　最可爱
你是我的玫瑰
你是我的花
你是我的爱人
是我的牵挂
你是我的玫瑰

你是我的花
你是我的爱人
是我一生永远爱着的玫瑰花
你是我的玫瑰
你是我的花
你是我的爱人
是我的牵挂
你是我的玫瑰
你是我的花
你是我的爱人
是我一生永远爱着的玫瑰花

《一千年以后》
演唱：林俊杰
（灯光：蓝光为主）（电脑灯：花纹）
（特效：水帘）
（舞台右上）

心　跳乱了节奏
梦也不自由
爱　是个绝对承诺　不说
撑到一千年以后
放任无奈　淹没尘埃
我在废墟之中守着你走来　喔
我的泪光　承载不了　喔
所有一切你要的爱
因为在　一千年以后
世界早已没有我
无法深情挽着你的手
浅吻着你额头
别等到　一千年以后
所有人都遗忘了我
那时红色黄昏的沙漠
能有谁解开缠绕千年的寂寞
OH～～YE～～YE～～～OH～～
无法深情挽着你的手
浅吻着你额头
别等到　一千年以后
所有人都遗忘了我
那时红色黄昏的沙漠
能有谁　解开缠绕千年的寂寞
HO～～缠绕千年的寂寞

《完美世界》
演唱：水木年华
（灯光：蓝色为主）（特效：绿色激光）
【两人由升降器升起来　舞蹈演员着红衣在水池中起舞】
（大屏幕：蓝天白云）（彩幕：蓝天白云）

飞向你　在完美世界里
去寻觅　那生命的奇迹
没什么能阻拦自由的天地
不知日落月升多少个夏秋
不知我已这样奔跑了多久
我从出生就注定一生的寻求
远方那完美世界的爱和自由
飞向你　在完美世界里
去寻觅　那生命的奇迹
没什么能阻拦我们在一起
飞向你

《见习爱神》
演唱：Twins（中国香港）
编舞：小船　舞蹈：武汉电信艺术团
（灯光：各种颜色变换）（特效：激光）（大屏幕：五颜六色的闪烁圆圈）
（伴舞：着五颜六色服装的舞蹈演员数名）

到哪找会法术的外套
从此他怀抱只有我可以依靠
他很好像蛋糕谁都想咬
迷糊爱神在发烧
地球每一分每一秒
都有恋情要报销
骄傲在鼓噪要咆哮

快出招姐妹打不倒
我想问见习爱神如何养成
除了要美得过分靠不靠可爱眼神
我想问见习的爱人如何升等
甜美的我们怎样得分
教我们不再坐冷板凳
我想问见习爱神如何养成
我爱的他要怎样才不会再慢吞吞
我想问见习的爱人如何升等
爱情的课程怎样得分
这学问是否我没天分
爱情是否感冒
我的心也发烧
感觉真好好奇妙
爱神别感冒
替我祈祷 give me love

李 谢谢，欢迎大家继续收看多个频道同步直播的2006年中央电视台的春节联欢晚会。

董 李咏，你发现没有，对于城市里的人来说啊，当孩子长大一点儿之后，那父母最关心的一件事情就是给孩子找一个好的幼儿园。

李 这一点我是深有体会。对于一个家庭来说，给孩子找一个好的幼儿园，对于家长来说是一件特别特别上心的事。

董 嗯！真是可怜天下父母心啊！对于农村进城务工人员来说，他们在城里有了孩子之后，这个问题也一样存在的。

李 因为他们融入了我们这个城市，而且我们这个城市也离不开他们。应该尊重他们和关心他们，更要关心他们的子孙后代。

董 接下来，就让我们一起走进这样一家打工幼儿园。

小品《“打工”幼儿园》
编剧：崔砚君　刘小梅
导演：乔杰
表演：牛群　刘小梅　闫学晶　二宝
陈隆赫　张瑞
蓝天艺术团　北京少林武术学校

园长 唉吆！孩子们！孩子们！别着急，先到自己的座位上去，唉！坐好！坐好！老师呀，接着给你们讲故事。

教师 荷花姐！哎！荷花姐！出事了！出事了！这回啊，可是出大事了！

园长 （慌忙拉住女教师）出什么大事了？

教师 街道主任要来检查咱们幼儿园。

园长 哎呀！娘唉，你说咱们这个幼儿园办得这么好，还怕人家查啊？别说了！

教师 我听说啊！有两家不合格的幼儿园全部给封了，万一人一来，拿出封条“啪”就把咱们给封了该咋办呐！

园长 不可能，你看（手指着孩子们，表示出赞赏状）……

主任 好啊！你们好啊！

园长 你是？（与女教师都作奇怪状）

主任 我是街道主任，我姓马，马尚风。

教师 （双手举起，作惊吓状）啊？（定住一个双手举起的动作，不知所措的样子）马！马！马！马上封！（手指着主任）他马上封！

园长 （指着主任）你刚进门就马上封啊？

主任 （诧异状）我没进门也马尚风啊！

园长 （女教师立于园长后侧）你！你真的马上封啊？

主任 是啊！我街道主任，马尚风。

园长 （与女教师欣喜地拍膝盖，领悟自己是误会了）明白了吧！街道主任马尚风！（作示意状呼唤孩子们欢迎）欢迎主任马尚风！

教师 （推开园长）你有病啊，你怎么能欢迎马上封啊？

园长 必须欢迎马尚风。

教师 我坚决反对马上封！

孩子们看到女教师反对马上封，一起把主任推倒在地上。

园长 （马上去拉起主任）对不起！对不起！

主任 我刚来怎么就反对我啊？

园长 她不是反对你啊，她是反对那马上封啊！

主任 我就是马尚风啊！

教师 你看看！他说他叫马上封！

园长 （劝住女教师）人家的名字叫马尚风！（一脸的抱歉）唉！主任！主任！

主任 （朝女教师）我姓马，高尚的尚，风格的风！

教师 哎呀妈呀！你的名叫马尚风啊，这哪是人的名呐！

园长 （立即推了女教师一下）你说什么呢你？

教师 不！不是！我是说呀！人哪能叫这名呐？

园长 你是怎么回事这是？对不起！她是见着你呀，她紧张，不知道说什么好啦？

主任 不用紧张！紧张什么啊？我听说呀，你们进城的务工人员自己呀成立了个幼儿园，我就是来查这个事的，一会儿检查要是不合格我还真就得马上封！（两人已经惊慌无措了）你们从事幼教工作，身体检查了没有？

园长 哎呀！主任呐！你看就咱这体格还用检查呀！多铸石啊！唉！没来这当老师这会儿，我在一座大楼里干活，嘿！30多层大楼啊！我从那1层一下上到38层，我连口大气都不喘！

主任 你干什么活的？

园长 开电梯！

主任 那你是不喘！为了孩子们的健康，不检查身体绝对不行！

教师 是！明天呐！我就上医院去看看X光，看VCD，MP3。（手指着数着这几个项目，话被主任打断）

主任 你再去看看DVD！你那是体检吗？

园长 豁出去了，我俩上医院做个解剖。

主任 哎！对！啊？你就正常体检就行！啊！关键是你们的这个设备呀！太简陋了！

教师 这设备是挺简陋的，但是教学水平可不简陋！

园长 是！我们的硬件是实在不硬，我们软件可是真软！

主任 哦！啊？

教师 唉！不不！软件不软！

主任 你们俩都能教孩子什么呀？

园长 我用普通话教给孩子们背诵诗歌，你要是闭上眼睛一听啊，我就是电视台的节目主持人呐！

主任 哦！那我得听听！

女教师 主任你请啊！

园长 你闭上眼睛听着！

教师 （主任转过身来看，后被女教师又捂住了眼睛）你闭上眼睛。

园长 孩子们！咱们现在用普通话背诵诗歌，（指着黑板上的唐诗）鹅！鹅！鹅！（孩子们一起读）曲脖向天歌！

主任 不不不！行了！行了！曲什么向天歌？

园长 曲脖呀！

主任 曲项向天歌，连这个字都不认识，你这不是瞎教嘛你？

教师 唉！这项不就是脖子吗？

主任 啊！那你这掌还是爪子呢！这还像主持人，哪个主持人说话是你这味啊？

园长 我觉得我这口音特别像周涛。（得意洋洋地）

主任 你可拉倒吧你，人周涛打呼噜都比你

好听了！（慌忙从皮包里掏纸张类东西出来，欲开什么单子状）

教师 唉！唉！唉！主任呐！主任！她普通话教得吧是不标准，可是吧，我数学教得那是贼啦好！呵呵呵！呵呵呵！（一脸堆笑，欲讨好主任）

主任 哦！你数学教得好！

园长 是！她教理科，我教文科！

教师 是！

主任 哦！你们分工还挺细的。

园长 我们是按清华大学来的。

主任 你别糟践清华大学了！（手指着园长）你教数学教得好，那我给你出道难题！听着！买白菜，一斤白菜三毛六分钱，买三斤半白菜多少钱？

教师 哎呀妈呀！你这题出的也太简单了，它一斤白菜三毛六，三斤半白菜，你给人三毛六人肯定不卖！

主任 那还用你说！

小朋友甲上 叔叔，我会算！

主任 啊！你会算？那你说说！

小朋友甲 一斤白菜卖三毛六分钱，三斤半白菜卖一块两毛六分钱！

主任 吆！太对了，那要是五斤白菜呢？

小朋友甲 一块八毛钱，六斤白菜卖两块一毛六分钱，七斤白菜卖……（被主任打住）

主任 行了！行了！行了！算得太对了，太准了，你是跟谁学的呀？

小朋友甲 我妈妈是卖白菜的！

主任 太聪明了，以后叔叔买白菜就找你妈妈去买！

小朋友乙上 叔叔，我比他还聪明呢！

主任 哦！比他还聪明，你哪聪明了？

小朋友乙 我哪都知道！

主任 哗！哪都知道！你都知道哪啊？

小朋友乙 我知道！×路×路×路×路×路×路×路×路连你们家我都常去。

主任 哦！连我们家三道河小区你都知道啊？

小朋友乙 我跟我爸爸给你们家送过牛奶！

主任 哎呀！太聪明了！太聪明了！这么聪明的孩子要是没个明白人教啊可就全耽误了。

园长 谁说没有明白人啊？我就是明白人啊！你看我不单教他们文化课，我还负责他们艺术课！

主任 哦！你还懂艺术啊！

园长 瞧你说的这！不是艺术大师梅兰芳说过呀！没这三把刀子两把剪子敢吆喝劁猪啊？

主任 梅兰芳什么时候说过这话呀？

园长 反正是吧，在村儿里唱戏的时候我就唱红了！主任！这么得了，你呐！坐这边，我这给你唱一回听听！

教师 （慌忙叫主任请坐）您请坐！您请坐！

园长 （大声地）戴鸽砂啊……

主任被吓摔倒！

教师 （慌忙走到园长身边，小声地，手指主任）他摔了！

主任 你刚才唱得什么？

园长 河北梆子，《辕门斩子》杨六郎的一段唱。

主任 这孩子们都能听得懂吗？

园长 都鼓了掌了。（示意孩子们鼓掌）

主任 唉！小朋友们啊！你们知道杨六郎吗？

小朋友丙举手回答 叔叔我知道。

主任 哦！

小朋友丙 杨六郎就是一只羊和六只狼。

小朋友丁上 叔叔，叔叔！她说得不对，杨六郎是杨家将的故事。

主任 哦！你还知道啊！

小朋友丁 我不但知道，我还会唱呢！

园长 给叔叔唱段河南梆子。

小朋友丁 （带表演）辕门外呐三声炮，如同雷震，天波府里走出来我保国臣！

主任 啊！行了行了！

这时孩子们在教室里乱成一团！

主任 （慌忙维持秩序）行了！行了！停！这什么幼儿园呐！又打把戏又唱戏的，这太不正规了这！

小朋友甲乙丙丁上 （拉住主任手）叔叔，叔叔！

小朋友丁 叔叔！叔叔！我唱得不好吗？我唱得不好吗？

主任 叔叔没说你们唱得不好啊，唱得好，唱地好！可这幼儿园不能这么办呐！叔叔听说你们天天就吃馒头咸菜，那孩子们的营养哪跟得上呐？

小朋友丁 叔叔！你说的不对，俺不吃馒头咸菜，俺吃包子、炒菜还有鱼咪！

主任 那馒头咸菜给谁吃啊？

小朋友丁 那是俺老师吃咪！

众小朋友 对！老师吃的！

主任 （朝老师会心地笑了）那！那我明白了，叔叔就是希望你们能够健康地成长，你们都是天才呀！

园长 主任呐！你别看这些都是农村来的孩子，这将来呀！都是对社会上有用的人才呀！

教师 （指着小朋友丁）这是未来的常香玉。

园长 主任，她要成不了常香玉呀，这就是你的事！

教师 这是未来的宇航员，那将来能在月球上翻跟头！

园长 他要上不了月球哇，你得负责把他背上去！

教师 这是未来中国的银行家呀！

园长 他要成不了银行家，银行有多少钱你赔他多少钱！

主任 我！我赔得起嘛我？你们这么都冲着我来了？

园长教师齐 谁让你封我们幼儿园呐！我们不找你找谁呀？

众小朋友齐 叔叔！叔叔！

主任 我没说封你们幼儿园呐！我们要封的呀是那些打着办园的旗号，骗钱，坑孩子的幼儿园，我看明白了，你们是真心实意地为了孩子，这些孩子就是咱们这个城市未来的主人，应该接受良好的教育，这是咱们共同的责任呐！

园长 哎呀！主任呐！你要是不封我们就好了。

主任 不但不封啊！我得帮你们把这幼儿园办好，我负责先给你们调来两名幼儿教师，再配备一些硬件设施，另外还有什么困难，有什么问题，有什么需要只管提出来！

园长教师齐 谢谢主任！

音乐《娃哈哈》起

众小朋友齐 谢谢！（一拥而上，把主任簇拥在中间，最后全部转身谢幕）

朱 娃哈哈，娃哈哈，每个人脸上都笑开颜

周 朱军小朋友，朱军小朋友，您唱得比孩子们差远了。

朱军 对不起，我知道我唱得比孩子们差，但这些孩子实在是太可爱了，忍不住呀，看到这些可爱的孩子，我在琢磨啊，像给台湾同胞赠送大熊猫这事儿啊，你说谁最高兴啊？

周 孩子嘛。

朱 没错，大陆的小朋友盼望可爱的熊猫宝宝能够早日抵达宝岛台湾，台湾儿童更是盼望着可爱的熊猫宝宝能够早日到来。来，让我们一起看一段录像。

北京

【画外音】A 你给熊猫起名字了没有？B：起了 A：起的什么名字？B：起的是团团和圆圆。C：你给熊猫起的什么名字 D：妮妮和美美。C：我昨天晚上做梦了。D：做梦了，怎么梦的？C：梦见有两只熊猫已经去台湾了。（ABCD 均为小朋友）

台北

【画外音】A：猫熊如果来你们要给他们起什么名字？B：男的是花花，然后女的是大大。A：哈哈啊，然后女生取嘻嘻。C：哈哈跟嘻嘻是不是 D：还有谁来，告诉我来，好你说你说。C：男的叫幸幸，女的叫福福。

【画外音】喜欢猫熊吗？

合　喜欢。

周　好亲爱的朋友们，自从赠台大熊猫的消息一传开，台北市、新竹市和台中市三家动物园都争着为这一对熊猫宝宝盖新居，并且争相邀请前来落户。

朱　观众朋友，到目前为止，已经收到海内外各界为赠台大熊猫征集乳名的总投票数万张，现在屏幕上出现的是这十对乳名中前五对得票率最高的乳名。它们分别是：团团圆圆，和和美美，欢欢乐乐，壮壮娇娇和聪聪慧慧。

周　欢迎大家继续踊跃投票，参与方式会在屏幕下方打出，如果您的选择与最终结果相同，将可能参加我们的抽奖活动，成为我们的幸运观众，我们的奖品一共是 2006 份，一等奖 10 名，奖品是 2008 北京奥运会开幕式入场券；二等奖 100 名，礼品是 2006 年春节晚会的吉祥物金狗旺春；三等奖一共是 1896 名，奖品是中国集邮总公司主办的 2006 年春节联欢晚会拜年封。祝大家好运气！

朱　好的，亲爱的朋友们，让我们继续欣赏节目，《我爱歌唱》。

歌曲《我爱歌唱》

作词：车行　作曲：李昕

演唱：佟铁鑫　王莉　胡雁　霍勇　冯瑞丽

编舞：小船

舞蹈：内蒙古军区文工团　武汉电信艺术团

（灯光：橙光为主）

（大屏幕：一些乐器和五线谱的 3D 动画）

把太阳刻成光盘
拷贝在每一个人心上
让阳光通过 CD
将温暖纵情播放
我聆听阳光的歌声音
一边学唱一边成长
不知你有没有
发现燕子唱通俗百灵唱花腔
听无伴奏的时光
看谁指挥生命的合唱
看五线谱的生活
听谁弹奏人生的交响
坐在观众席上
你真诚为我鼓掌
站在麦克风前
我就爱为你歌唱
我爱歌唱爱歌唱
我爱歌唱爱歌唱
我爱歌唱爱歌唱
我爱歌唱爱歌唱
我爱歌唱爱歌唱
我爱歌唱爱歌唱
我爱歌唱爱歌唱
我爱歌唱爱歌唱
把月亮刻成光盘
拷贝在每个人心上

让月光通过 CD
将安宁悄悄播放
我享受月光的哼鸣音
一边陶醉一边向往
不知你爱不爱
幻想伴舞请嫦娥领唱请吴刚
听无伴奏的时光
看谁指挥生命的合唱
看五线谱的生活
听谁弹奏人生的交响
坐在观众席上
你真诚为我鼓掌
站在麦克风前
我就爱为你歌唱
我爱歌唱爱歌唱
我爱歌唱爱歌唱
我爱歌唱爱歌唱
我爱歌唱爱歌唱
我爱歌唱爱歌唱
我爱歌唱爱歌唱
我爱歌唱爱歌唱
我爱歌唱爱歌唱
我爱歌唱爱歌唱
我爱歌唱爱歌唱
我爱歌唱爱歌唱
我爱歌唱爱歌唱
我爱歌唱爱歌唱
我爱歌唱爱歌唱
我爱歌唱爱歌唱
爱歌唱
爱歌唱

企业、大使馆贺年榜

张 朋友们这里是中央电视台 2006 年春节联欢晚会的直播现场，我们的节目已经进行两个小时了，我们提醒您在欣赏精彩节目的同时别忘了参加由中央电视台主办的“民生 21 金维他”杯“我最喜爱的春节晚会节目评选活动”，为您喜爱的节目和演员投上一票。

刘 具体的参与办法是这样的：编写您最喜欢的春节联欢晚会的节目名称或者是演员的名字，在正月十五之前发送手机短信，中国移动、联通用户，请您发送手机短信至 2006，小灵通用户请您发送手机短信至 9999。另外你也可以在正月初五之前寄出您的选票，选票刊登在 2006 年第一期至第四期的中国电视报上。

张 您还可以在正月十五之前，登录我们的央视国际网站投票，或者拨打热线电话 16899999 和 116996996。幸运观众将获得由“湖南太子奶集团生物科技股份有限公司”提供的吉祥物金狗旺春。

（在口播热线的同时字幕：编写节目名称或演员名字，中国移动用户发短信（彩信）至 2006、中国联通用户发短信至 2006、小灵通用户发短信至 9999。1 元/条。春晚热线：16899999、116996996）

刘 欢迎你继续关注中央电视台 2006 年春节联欢晚会，在下面的这个舞蹈当中，一群活泼可爱的剪纸姑娘，将为您带来美好的祝福。

舞蹈《剪纸姑娘》

编导：张伟东　许谨　作曲：卞留念　孟可
领舞：王晓园　表演：北京军区战友文工团
（灯光：黄、绿光为主）（道具：可变化窗花的窗花板 3 面）
（大屏幕：剪纸）

李 好，春节联欢晚会的直播还在继续，各位观众朋友不要走开，马上呢，我要请各位来猜一句春晚晚会中的一句经典的台词，董卿，你也猜一下。

董 这个，小品中的台词？

李　对。

董　小品中的经典台词太多了，你说哪一句啊？

李　哎呀，就是这句：干吗！干吗！都被你破了相了（模仿小品《装修》的台词）猜到了吗？

董　记得记得。我相信观众朋友也一定都还记得。去年春节晚会上小品装修，里面的人物啊给人留下了深刻的印象。

李　诶，去年的黄大锤啊闹出了不少笑话。今年的黄大锤又在一所新居当中又惹出了不少新的麻烦。

董　一起来看小品，邻居。

小品《邻居》

编剧：黄宏　张振斌　王宏　导演：由二群

表演：黄宏　巩汉林　刘亚津　林永健

黄　宏　观众朋友们好！过年好啊！哎呀！去年给人家砸墙，今年给人家看房，房主大姐把钥匙亲手交给我，让我一人儿睡她的双人床，照这样下去很危险，弄不好她有意让我当新郎。没门儿，她实在要强迫我，我俩字儿，投降。上了二楼，大姐说了，进屋打开推拉窗，把屋里的甲醛都放光，这一年呐，城里人竟整新名词，给我们村里出难题。我大嫂名叫苏丹红，想开饭店没开成。我大舅，姓秦名叫秦流敢，整了个鸡场破了产。最可气，我们装修工头叫贾全，给谁装修谁都烦，现在城里人真讲究，不怕假货怕甲醛了。你说这玩意儿。哎呀，大过年的一个人喝酒有点孤单啊，摆上几个杯子，就等于有了伴了。举杯邀明月，我就对影成三人。

（从外面的窗户里扔进一个扳子）

黄　宏　来人了，小偷。（拿起地上的扳子，黄宏躲起来，巩汉林从窗户跳进来）。

巩汉林　哎哟，我敲他家六遍门，屋里果然没有人。朋友们呐，买房子千万要注意，我买了一楼真受气，他二楼装修一漏水，我家天天洗淋浴，可开发商还说买一楼接地气，呸，纯属他狗年放狗屁，我扳子呢？

黄　宏　你是小偷？

巩汉林　我是邻居我住楼下的110。

黄　宏　小偷还敢住警察的地方。动作熟练，一看是个惯犯。

黄　宏　有什么东西。

巩汉林　红腰带。

黄　宏　本命年呐？

巩汉林　对，三十六，属狗的。

黄　宏　一看就像，就是一个腊肠。

巩汉林　过奖了，我没你那么纯，他们说我“串”。

黄　宏　串儿家了，挨家串？说！有同伙吗？

巩汉林　没有。（外面又有一个扳子扔进来）

黄　宏　没同伙就好办，又来一个。

黄　宏　同伙。（把巩汉林推进窗帘后）

巩汉林　啊不不不不不

刘亚津　我敲了他家八次门，家里果然没有人。冷啊，这家装修乱盖乱砌，我们家三楼暖气“咣”一下就断气了，我老婆生完孩子刚出院，本来身子就不行，回到家暖气全都停，孩子吃奶裹不住，奶水都变成冰激凌，邦邦的！

刘亚津　我扳子呢？

黄　宏　小偷。

刘亚津　大哥你误会了，我是楼上的邻居，我就住在你家楼上315。

黄　宏　骗子还敢住打假的地方？举起手来。（刘亚津露出红腰带）

黄　宏　今年也本命年吗？

刘亚津　36了，属狗的。

黄　宏　看你这一脸褶子，沙皮啊？

刘亚津　来到北京以后他们叫我是京巴。

黄　宏　经常爬别人窗户是不是？站好了。

巩汉林和刘亚津　站好了。

黄　宏　大过年的没啥事儿，审俩小偷解解闷。

巩汉林　大哥您别误会，咱们是邻居。

黄　宏　是邻居你认识他吗？是邻居你认识他吗？

巩汉林　不认识。

刘亚津　不认识。

黄　宏　邻居有不认识的吗？

巩汉林　现在这个邻居楼上楼下都不认识。

刘亚津　我们之间都不来往，都是通过门镜观察对方。

黄　宏　看你这俩造型呗，过去门缝看人把人看扁了，你们这不是门镜看人把人看远了吗？

刘亚津　大哥，我真的住在你家楼上，我姓尚。

巩汉林　大哥，我真的住在你家楼下，我姓夏。

黄　宏　编，继续编，住在楼上就姓上啊，住在楼下就姓下啊，我在当中我姓当啊？

巩汉林　我说当大哥啊。

黄　宏　谁当大哥啊？

刘亚津　就是啊，什么叫当大哥啊，人家是哥大当。

黄　宏　你大当呢，那说话那么不干净呢？

刘亚津　大哥，我真住在你家楼上，我真姓尚。

黄　宏　啥玩意儿啊。

刘亚津　上不去。

黄　宏　啥玩意儿啊。

刘亚津　上不去。

黄　宏　他姓上他叫上不去。

巩汉林　这个名字太俗气啊。

黄　宏　你姓夏你叫啥玩意儿啊。

巩汉林　下不来。

黄　宏　告诉你们，今天把话说清楚，为什么到这儿来？要不然我让你上不去，我让你下不来。

巩汉林　哎呀，大哥我真住这儿，我知道这里的物业费交多少。

刘亚津　哎呀，大哥我也真住这儿，这物业费我也知道。

黄　宏　多少？

巩汉林和刘亚津　今年两块七，明年三块七，后年四块七，明年就五块七，六块七，八块七，九块七。

黄　宏　你们划拳来了是不是？哪有自己给自己抬价的？

巩汉林和刘亚津　物业说高档，让我们这样交钱。

刘亚津　他们说我们这是高档社区。

黄　宏　高档高档说白了就是让你高高兴兴上当。

巩汉林　他们说我们这里是豪宅。

黄　宏　拉倒吧，卖房子的都那么忽悠，有个包就说是山，有个坑就说是水，撒泼尿都说有温泉，真的，只要一入住，所有的好事都玩儿完。有些就是骗咱兜里这些钱，对不对啊？都上过当。我跟你说啊，现在有很多物业啊，就跟你俩这名儿似的，服务上不去，价钱下不来。

巩汉林和刘亚津　大哥，那你说我们交多少合适？

黄　宏　我哪知道，我又不住这。

巩汉林和刘亚津　你不住这？

黄　宏　不住这。

巩汉林和刘亚津　那你住哪？

黄　宏　这哪准哪，谁家没人到谁家。

巩汉林和刘亚津　大哥，你不回家？

黄　宏　干我们这一行钱没到手，决不走空。（露出了红腰带）

巩汉林和刘亚津　看来咱俩是邻居，他是袖头。

黄　宏　看来这么审不行，上手段。喝点酒就说实话了，我说啊，大过年的，碰在一起不容易，喝两杯啊。

巩汉林　东北大哥过年的时候贼能喝啊。

黄　宏　今年过年和贼喝了。

刘亚津　大哥一看这样就是海量啊。

巩汉林　绝对海量。

黄　宏　我不是跟你吹，没放开呢，我解开腰带喝死你信不信？

巩汉林　哎呀，大哥，你也属狗啊？

黄　宏　废话，要不然能给人看门吗？

刘亚津　大哥给人家看门也是条好狗啊！

巩汉林　绝对的好狗，你看这身材，像藏獒啊。

黄　宏　藏不藏獒我不敢说，门儿我得给人家看好。

刘亚津　大哥，你这个狗也36啊？

黄　宏　怎么说话呢？怎么说话呢？那么不文明呢？什么叫我这个狗诶。

巩汉林　对，他这只狗。

黄　宏　去。你还不如他呢。我这条狗啊今年48。

巩汉林　本命年啊。

黄　宏　本命年。

巩汉林　这么扎腰带可不吉利哦。

刘亚津　不吉利啊。

黄　宏　那应该怎样扎？

刘亚津　你看网上都说了嘛。

巩汉林　12岁往前搭。

黄　宏　跟呼啦小孩似的。

巩汉林　24岁挽个花。

黄　宏　臭美的年龄。

巩汉林　36岁打个叉。

黄　宏　打个叉。

巩汉林　48岁你这么一拉。

黄　宏　什么网说的。

巩汉林和刘亚津　法网。走！

（黄宏发现自己被绑了）

黄　宏　干什么玩意儿这是，干什么玩意儿，干什么？

巩汉林　干什么？我们俩是邻居。

刘亚津　你是小偷！

黄　宏　谁小偷啊？

巩汉林和刘亚津　你。（重复来两次，最后一次黄宏跪下了）

黄　宏　大哥，我是看房的。

巩汉林　房主呢？

黄　宏　出国了。真的，真出国了。

林永健　诶诶诶，干吗呢，干吗呢，干吗呢？

巩汉林和刘亚津　你是？

林永健　房主。大长今。

巩汉林和刘亚津　大长脸嘛。

林永健　说嘛呢？

黄　宏　大姐你不是出国上飞机了吗？

林永健　甭提了，去年砸墙不是破了相了吗，我啊做了个整容手术，没想到过海关的时候啊，他们说我太漂亮，与护照照片不符，拒签。

黄　宏　原来得啥模样啊。

巩汉林　大姐，他是小偷啊。

林永健　嘛小偷啊，都是朋友啊，这是兄弟黄大锤，这是邻居老上，邻居老下

黄　宏　大姐你认识吗？

林永健　认识，门镜里见过，每次来啊都提着个棒子，我没敢开门，害怕怕。

巩汉林　大姐，你们家装修漏水了，我们不拿扳子怎么修啊？

刘亚津　我修暖气不拿扳子行吗？

林永健 大锤给人修修啊。

黄　宏 窗帘后面俩管，一个水管一个气管。拧一下就行了嘛。

巩汉林和刘亚津 早点说嘛。

黄　宏 哎哟我发现这城里面邻居可真怪啊，不漏水不交流，不断气不通气啊。

巩汉林 我们家已经不漏水了。

刘亚津 我这个气也通了。

林永健 二位兄弟真是对不起啦，I' m sorry.

黄　宏 你看英语都会。

巩汉林 大姐也带一条红围巾啊。

林永健 嗨，这不属狗吗。

刘亚津 瞧呢，我们都是属狗的。

巩汉林 我是腊肠。

刘亚津 我是京巴。

黄　宏 我是藏獒。

林永健 我是贵夫人。

黄　宏 这是典型的——

巩汉林和刘亚津 牧羊犬啊。

林永健 缺德。

刘亚津 邻居之间，今后有啥事儿说话啊。

巩汉林 哪天跟你拜年来哈。

黄　宏 我说拜年串门别走窗户啊，省得你上不去下不来。

巩汉林和刘亚津 再见。

林永健 大锤，时候不早了，洗洗睡吧啊。

黄　宏 大姐，那你回来了就一张双人床，我睡哪儿啊。

黄　宏 睡屋里啊。

黄　宏 姐，你给我解开啊！

林永健 解嘛解啊，我未婚女子正青春，给你解开了我睡在屋里不放心啊，绑着。

黄　宏 哎呀，姐啊，你还是给我解开吧，你半夜起来我不放心啊，我呀！真的，我得保持青春呐我。

朱 好，谢谢，谢谢各位精彩的表演，亲爱的观众朋友们，到目前为止啊，为熊猫宝宝起乳名的活动啊得到了海内外各界的积极响应。

周 是参与的方式呢我们会为你在屏幕下方为您显示，请您注意看一下，欢迎大家继续投票，诶，朱军啊，你看刚才来自全国各地的新春使者给大家送去了那么多好玩的灯谜，咱俩也来猜几个怎么样？

朱 那没问题啊，那我出一个你来猜。你先出，好，你出，一群胖丫头，锅里翻跟头。

周 饺子！听我的，水煮银元宝，过年少不了。

朱 饺子！真难，我有更难的啊，北方飞来小白鹅，三十晚上跳下河。

朱 来来来，我们现场的观众朋友，告诉她，这是什么？

观众 饺——子！

朱 听到了吗？饺子。

周 看来咱俩出迷的水平不怎么样。还是有请我们的新春使者为大家喜送灯谜！

朱 有请。

张灯结彩大拜年·第二组新春使者喜送灯谜

一男 灯谜擂台赛现在开始！

齐 我先来我先来！

一男 你先来！

安徽电视台周群 我先来，我这可有一件大喜事，听好了，我们安徽的谜面就是：玉皇大帝招女婿咯！（玉皇大帝招女婿？）打一出戏名，（诶？这安徽不就是黄梅戏吗？）对呀。唱：树上的鸟儿成双对。大家伙说，这是哪出戏呀。（天仙配！）对，天仙配，怎么样！

重庆电视台程晨 好！我们重庆啊，锦上添花再加一喜（好！）您听好了，我们的灯谜是，又娶媳妇儿又过年，打一个城市。（周群：这不就是双重喜庆吗，大家说这是哪儿啊！）（重庆！）重庆话：对头，我请你们吃火锅！（要得！）

湖南电视台舒高 这安徽都给大家唱黄梅戏了，接下来我也给大家唱唱我们湖南的花鼓戏，好不好！（好！）听好了，唱：我这里，有灯谜，一杆大秤称群峰。（那你让我们猜什么？）我请大家猜的呀，是我们湖南的一座名山，这谜面就是，一杆大秤称群峰。（这一杆大秤不是用来秤东西的吗？）没错，那你想想，这称群峰，谜底就是（衡山！）对！衡山，看你的啦。

四川电视台刘倩 好，你那有一杆大秤我这有一尊大佛，你那是称群峰，我们这是笑群峰，我们四川给大家出的灯谜，这谜面就是：一尊大佛笑群峰。打一个我们四川的地名。四川话：大家晓不晓得，这谜底是撒子勒！（听大家都已经猜出来了，我们告诉她，这谜底就是：乐山！）对！

甘肃电视台牟婕 好灯谜听我们甘肃的，我们借2005年发生在神舟大地上一件令国人骄傲，世人瞩目的大事做一谜面，（好啊）神舟六号游太空！（神舟六号！）对，打的是我们甘肃独有的世界文化遗产当中的艺术瑰宝，大家都来猜一猜，这是什么呀？（大家都知道，飞天！）对啦，飞天！

北京电视台向真 “神舟六号”上天确实是件大事，我们北京也有一件大喜事，北京的谜面，五子降生喜临门，打一个吉祥物，（诶！这谜面喜庆又简单，观众朋友们肯定都知道。）那今天是这样，我们就一起喊出这五个娃娃共同的名字。（福娃！）福娃是2008年北京奥运会的吉祥物，2008北京，欢迎你！

一男 继续比赛！

山西电视台李丽萍 北京欢迎你，我们山西（我们湖北），齐：也欢迎大家！我们山西啊，是历史文化大省，所以呢我要请大家猜一个，历史人物！（好！）听好了我这谜面啊，是，孔雀，（开屏！）诶，不对，是孔雀收屏。（收屏，你考我，这谜底是一个三国人物，大家说是谁啊。）（关羽！）怎么样！关羽，该你的啦！

湖北电视台官琳 好，三国故事湖北多，我们湖北的谜面就是：大江东去留红墙，这猜的啊是一个历史文化名胜，是哪，快猜！（红墙？）（大江东去浪，）（哦，我知道了，你这谜底啊，它就是，赤壁！）没错，赤壁！

辽宁电视台王旭 哎呀妈呀，上你们赤壁玩一圈大家老累了，可俺们辽宁有比你们更累的，（啥呀）大伙说说，陪媳妇逛街累不累呀，（累！）诶，这就是我们辽宁的灯谜，陪媳妇逛街打我们东北一地方戏，（哈哈，你和你媳妇，）俩人！（这么简单，观众朋友告诉他，什么呀！）（二人转！）对！（闲言碎语不多讲，浪里格朗。）

山东电视台王乐斌 哎，你是陪媳妇逛街是吧，我们山东带来的谜面是：小两口唱戏，打我们山东的一个地方剧种，（小两口？）你想啊，俩口搁一块什么字啊，（吕！）对呀，（吕剧！）唱：正月十五唱大戏

福建电视台赵娜 你们山东有八仙啊，我们福建更厉害，我们福建有王母娘娘，听好，我们的谜面是：王母娘娘降瑶池，打一种花，（怎么讲呢）王母娘娘是神仙是不是？（是！）这瑶池中有水对不对！（对！）那水中之仙，大家说是什么花！（水仙！）不错，我们福建的谜

面是不是香气袭人呀！

江苏电视台陈怡 没错，你们的谜面确实是香气袭人，可是我们江苏是香上加香，来看看我们的谜面，茶里香，歌里香，打一首享誉世界的中国民歌，（我知道你的谜底啦。）我相信大家都已经知道了，那就一块儿把我们这首江苏民歌唱出来吧。（好啊）唱：好一朵茉莉花啊，好一朵茉莉花。

新疆电视台娜地拉 好一朵茉莉花，你们的香味啊都传到新疆啦，我们新疆请你们吃又香又甜的水果好不好！（好！）别急，猜对了再说，我的谜面就是：笑声甜甜结硕果。告诉他们，高兴会怎样，（哈哈大笑！）那甜又是什么呀，（甜甜蜜蜜！）我的谜底就是（哈密瓜！）对啦！

新疆生产建设兵团申健 掌声响起来，朋友们，掌声掌声，（快出灯谜！）你们的掌声就是我们新疆建设兵团的谜面，打一个新疆少数民族的乐器，（乐器？）鼓掌的时候用什么？（手啊，哦，手鼓！）亚克西！唱：亚克西亚克西，生活亚克西呀，我们的新疆亚克西！

吉林电视台董健 新疆是个好地方，我们吉林也有好风光，（对！）你们的灯谜是掌声响起来，我们吉林的灯谜是，掌声响不停，也是打一个少数民族的乐器，（又是鼓掌）（这不还是鼓啊）长久地鼓哦，（长鼓）对！

海南电视台那威 长时间的鼓掌！两组比赛不分胜负。（你呢？）好，我来出灯谜，朋友们，去过海南的，请举手！注意啦，谜面就在你们手上，仔细看好啦，谜底是海南岛一个著名的地方，看我这只手，有几根胖手指头啊，（五个）所以谜底就是（五指山！）我们所有的新春使者祝全国人民过年！倍儿棒！拜年去了！

组曲《燃情金曲》

编曲：卞留念

编舞：纪家萱　蔡丽雯　苏琳　柳宁

舞蹈：沈阳音乐学院舞蹈学院
武汉电信艺术团
成都市文化艺术学校
内蒙古军区文工团

《在那桃花盛开的地方》

演唱：蒋大为　刘和刚

（灯光：粉光为主）（大屏幕：桃花）

（特效：绿色激光）

（伴舞：粉色裙子和头饰的女群舞）

在那桃花盛开的地方，
有我可爱的故乡，
桃树倒映在明净的水面，
桃林环抱着秀丽的村庄。
啊！故乡！终生难忘的地方
无论我在哪里放哨站岗，
总是把你深情地向往。
啊！故乡！终生难忘的地方，
为了你的景色更加美好，
我愿驻守在风雪的边疆。

《映山红》

演唱：邓玉华　蔡国庆　刘媛媛

（灯光：红光为主）（大屏幕：红花）

（特效：绿色激光）

（伴舞：蓝色绣花裙子的女群舞）

邓玉华 夜半三更哟盼天明
寒冬腊月哟盼春风

蔡国庆 若要盼得哟红军来
岭上开遍哟映山红

刘媛媛 若要盼得哟红军来

岭上开遍哟映山红

合　岭上开遍哟映山红
岭上开遍哟映山红
若要盼得哟红军来
岭上开遍哟映山红
岭上开遍哟映山红
岭上开遍哟映山红
映山红哟

《花儿为什么这样红》

演唱：克里木　吕薇

（灯光：红光为主）（大屏幕：很大的红花）

（特效：绿色激光）

（伴舞：红色亮片裙子的女群舞，从升降台升起来）

花儿为什么这样红
为什么这样红
哎红得好像
红得好像燃烧的火
它象征着纯洁的友谊和爱情
哎红得好像
红得好像燃烧的火
它象征着纯洁的友谊和爱情

《山歌好比春江水》

演唱：黄婉秋　麦穗　陈莉莉　谌容

（灯光：蓝光为主）（道具：很长的竹篙）

（大屏幕：山川）（特效：绿色激光）

（伴舞：男女群舞）

唱山歌来
这边唱来那边合
那边合
山歌好比春江水也
不怕滩险弯又多喽弯又多
不怕滩险弯又多喽弯又多
不怕滩险弯又多喽弯又多

董　谢谢，接到这个荷包，可是会有一年的好运气。

李　有福气啊，我觉得我们的老艺术家还有我们的青年演员一起联袂演唱这些老歌金曲，听起来，另有一番韵味对不对？

董　对啊，这种全新的组合也给我们带来全新的艺术感受。

李　如果把春节晚会比作视觉盛宴，应该说毫不夸张。你看两个多钟头了，快三个钟头了，有好看的，也有好玩的，有好听的，逗人的，当然也有感人的。接下来呢我想现场和电视机前的观众朋友和我一样一直期待这一个惊险刺激，至少把我吓出一身冷汗的节目，有没有？

董　想看有难度的，惊险的？没问题啊，接下来我们就给观众朋友献上一个杂技节目，这个节目可是曾在国际上获过大奖，其中的一些惊险绝技，一定让大家一饱眼福。

李　叫……叫什么名字？

董　请欣赏杂技，追炫。

李　看一眼。

杂技《追－炫》

编导：董争臻　田甜

教练：邱清云　王春华

作曲：卞留念　孟可

主演：郑茜　邱健　赵志等

表演：沈阳军区前进杂技团

（灯光：蓝色为主）（道具：辅助杂技表演的几条巨型红布等）

（大屏幕：星空）

周　在看刚才这个杂技节目，我一直在想一个问题，如果把朱军吊到那根绸子上，那结局又待怎样呢？

朱　周涛你真是这么想的？

周　嗯。

朱 我上去试试。

周 哎，回来回来，你可真够实诚的，对，这是你的优点嘛。

朱 做人嘛要厚道。

周 你还有一个优点：爱面子。

朱 人活脸树活皮嘛！

周 要说这最大的优点啊就是，给根杆你就往上爬啊。

朱 当然了，咱都是属猴的吗？说谁呢你这是？

周 你想啊，假如生活当中一个比你更实诚的人，和一个比你更爱面子的人碰在了一起，那又怎么样呢？

朱 诶，今儿啊，来着了，咱们就一起来见识见识。

周 请看小品，实诚人。

小品《实诚人》

编剧：王承友　导演：程东海

表演：郭冬临　魏积安　黄晓娟

黄晓娟 观众朋友们，大家过年好，诶，看见我们家小宝子了吗？小宝子，小宝子。

魏积安 诶呀诶呀，行了行了，什么小宝子小宝子的，多难听啊，我现在都老啦。

黄晓娟 好，你老了，老宝子。

魏积安 哎呀，你还是管我叫小宝子吧，这老宝子更难听，什么事。

黄晓娟 看，都几点了，新春音乐会500块钱一张票，咱不能迟到啊。

魏积安 你放心，音乐会是7点一刻开演，饺子已经下锅了，10分钟吃饭，10分钟激动20分钟赶到剧场，绝对没有问题。

黄晓娟 20分钟？你有专车啊！路上塞车怎么办，哎，啥味啊？

魏积安 哎呀。

黄晓娟 什么味儿啊？

魏积安 我的饺子。

黄晓娟 唉哎～～～先把煤气关掉，我们家这个人啊，性格就是肉，快把饺子盛出来吃完快点走。

魏积安 哎，饺子来啦，嘿嘿。

黄晓娟 快点啊，快吃，抓紧时间。

魏积安 我给你讲，没有特殊情况，绝对不会耽误了看演出。

黄晓娟 吃吧吃吧。

（敲门声）

魏积安 特殊情况……来啦，嗯呵呵，来来来。

魏积安 哎呀，小实。

郭冬临 啊哈哈。

（两人抱作一团）

魏积安 来来来，我给你们介绍，这是我们单位的小实，名诚人，全称实诚人，这人跟名字一样，特别的实在。

黄晓娟 嗯呵，小实你好。

魏积安 这是你嫂子小鱼。

郭冬临 小鱼姐姐，哎呀，这好漂亮啊。（魏积安呵呵）这你爱人啊，这长的咋这像我媳妇咧？

魏积安 耶？

郭冬临 真的？

郭冬临 小鱼姐姐好漂亮啊，哎呀？这皮肤咋这么嫩呢？用啥化妆品啊？

黄晓娟 嗯？

郭冬临 哎呀，真漂亮啊，这么漂亮咋嫁给他了呢？他这么磕碜。

黄晓娟 啊？

魏积安 你看够实在吧。

黄晓娟 也太实在了。

魏积安 呵，小实坐，呵呵。

郭冬临 嗯，呵呵，呀，你们吃饭啊？

魏积安 你吃过了吧？

郭冬临 吃啥啊，咱们单位不是说搞体检吗？一大早不让吃饭，化验肝功，我一大早骑着自行车就出去了，哎呀，这骑着车子啊，我骑着骑着，吃饺子啊？

魏积安黄晓娟 嗯嗯嗯，吃饺子。

郭冬临 我骑着饺子啊。

黄晓娟 啊？

郭冬临 我骑饺子干啥啊？饺子又不能骑骑，上也不走啊，呵呵。

魏积安黄晓娟 呵呵呵。

郭冬临 我骑着车子，我骑着骑着，哎骑不动了，（魏积安嗯）我低头一看，车胎瘪了没办法，打气啊，一下两下三下，韭菜韭菜馅的啊？

郭冬临 我刚才说哪了儿？

黄晓娟 韭菜馅。

魏积安 你说韭菜馅。

郭冬临 韭菜馅不好，没有芹菜馅的好，那放点肥肉，再放点豆腐。

魏积安 嗯，那不是你刚才说给自行车打气。

黄晓娟 一下两下。

郭冬临 一下两下，打不进去，我一看，车胎放炮了，没办法，把车胎扒出来一看，我的妈啊，这车胎啊，这么大的饺子。

魏积安黄晓娟 啊啊？

郭冬临 这么大的口子，补吧，补完以后我就奔医院去了，哎，你们快吃一会该凉了。

黄晓娟 对啊，小实不是外人，咱们吃吧。

郭冬临 （也坐在了饭桌上）我到了医院以后啊，哎呀妈呀，人太多了，这边验血这边验尿，哎呀。

郭冬临 全是人啊，等忙活完了以后，我低头一看，你猜我看见啥了，嫂子？

黄晓娟 啥饺子，医院哪有饺子，我看见我大哥的化验单了，（黄晓娟伸手要拿）不给你看，来，大哥。

郭冬临 哎呀，我大哥这身体啊，老好了，杠杠的，嫂子你算捞着了。

魏积安 你看，一切正常，一点问题都没有，小实谢谢啊。

郭冬临 啊，不客气啊，嫂子走了。

黄晓娟 走啊，有事来啊，再见。

魏积安 要不一块儿吃点？

郭冬临 好!!

郭冬临 我就说我大哥不会让我走的嘛，哎呀，嫂子，你太，哎呀，嫂子，你咋不知道让我呢？（郭冬临大口大口的吃）

黄晓娟 嗯呵，好吃吗？（郭冬临满嘴塞得满满的）

郭冬临 韭菜馅的。

黄晓娟 嗯呵呵。

郭冬临 有点咸。

黄晓娟 嗯，呵。

郭冬临 有醋没？

黄晓娟魏积安 有有。

郭冬临 蒜瓣。

郭冬临 光说有，拿啊。

黄晓娟 哎哎。

魏积安 拿点醋，拿点蒜。

黄晓娟 小宝子你来，你咋留他吃饭了呢？

魏积安 我就是客气客气。谁想到他坐下就吃啊。

黄晓娟 你这不是没事找事吗？

魏积安 我明明看到他腿都迈出去了，谁想他又退回来了。

黄晓娟 你看都几点了。

魏积安 我给你说……

郭冬临 哎，你们俩叨咕啥呢？

魏积安黄晓娟 嗯那。

郭冬临 非得整几个菜啊，不用这，吃点饺子挺好，饺子酒饺子酒，越喝越有嘛，哎，拿酒啊。

黄晓娟 完了，还要喝酒，你这人啊，死要面子活受罪，你看我干啥啊，快给拿酒啊。

郭冬临 不用拿了。

黄晓娟 谢天谢地。

郭冬临 这不在这呢吗？（黄晓娟啊？）

魏积安 你看这都喝上了，咋整吧，啊？

黄晓娟 哎，小宝子，来啊来，来不及了。

魏积安 这都是一个单位的，你不好太生硬嘛。

黄晓娟 新春音乐会500块一张票，咱俩加起来1000块，那这咋办啊。

魏积安 要不，你先走吧。

黄晓娟 哎呀，我一个饺子也没吃，看他吃的那么香我更饿了。

魏积安 你看这盘饺子，他一个人还不定够呢。

黄晓娟 这人也太实在了，脸皮也太厚了，你说这人坐下就不起来了。

魏积安 哎呀，你小点声。

黄晓娟 你看。

郭冬临 唉唉哎……说我呢？

黄晓娟魏积安 哎，没有。

郭冬临 哎哎，嫂子拿衣服干啥，不许出去买菜，你看，谁出去买菜，我跟谁急。

魏积安 不是，这，你嫂子，是说，怎么能让客人拿饺子下酒呢？（回头对黄晓娟说你吃啊）

黄晓娟 （坐下）你大哥说不能叫你吃凉饺子。

魏积安 你嫂子啊。

（三人争夺中，郭冬临阿嚏打了个喷嚏）

魏积安 哎呀哎呀，你看。

郭冬临 行行行，那你俩先吃。

黄晓娟 你吃吧。

郭冬临 你看，你又不吃了，我告诉你，我吃凉的，下热的，你们吃。

魏积安 这小鱼啊。

郭冬临 整啥鱼？有酒不挺好的啊。

魏积安 她说我这人肉。

郭冬临 肉啥肉，这饺子里不有肉啊，不用管那些，来，嫂子快坐下。

郭冬临 哎呀，大嫂啊，第一次见面啊，谢谢兄嫂的盛情款待，我干了，哎别动，嫂子冰箱里的东西不许动，你看你啊，太实在了干啥，这不喝点酒挺好。

黄晓娟 小实，你少喝点酒，天太晚了，还得骑着自行车，得几点到家啊。

魏积安 哎没关系，待会我陪小实喝两杯，要是晚了就住这。

黄晓娟 啊？

郭冬临 就是。

魏积安 你快吃啊。

黄晓娟 哪还能吃啊。

郭冬临 啥意思啊，嫂子你嫌我。

黄晓娟 没有。

郭冬临 我啥毛病没有，我刚化验完肝功。

黄晓娟 小实，你误会了，你快吃吧，我不饿。

郭冬临 真的假的，行行行，那你喝酒。

黄晓娟 我不会喝酒。

郭冬临 真的假的。

魏积安 你嫂子真不会喝酒。

黄晓娟 对啊，你看你大哥知道我不会喝酒。

郭冬临 拉倒吧，不有这么一句嘛，说感情有没有，啥玩意儿，说感情铁不铁，哎不对，说感情好不好，完了，我老跟我嫂子整感情的事，对不起，大哥，我干了啊。

黄晓娟 对了，小实我有事，我有急事。

魏积安 嗯，对，你嫂子有急事。

黄晓娟 是啊。

魏积安 音乐会7点一刻开演，马上到点了，赶不上了啊。

魏积安 我没表，给我看看，我的妈啊，这都来不及了啊，你咋这么不实在呢？早说啊，哎呀快走快走，赶紧着。

魏积安 哎呀，快赶快抓紧时间，票拿上看见什么车打什么车。

黄晓娟 你呢？

魏积安 我随后就到。

黄晓娟 咱们俩一块儿走得了。

郭冬临 回来喝酒了。

魏积安 这不走不开吗。

黄晓娟 哎呀，那我走了。

魏积安 你先走，路上慢点啊。

郭冬临 咋啦，嫂子生气啦，（魏积安 没没）来来大哥。

郭冬临 你刚才说有事走不开。

魏积安 对。

郭冬临 你说你有两张票。

魏积安 啊。

郭冬临 你走不开我去呗，你看票挺贵500块钱一张呢，别浪费了，票呢？

魏积安 这呢。

郭冬临 你看，浪费是极大的犯罪。

魏积安 哎，这是我的。

郭冬临 你的，你不有事走不开吗？

魏积安 啊，不是你嫂子。

郭冬临 我嫂子坐做我旁边，你还不放心啊。

魏积安 那不是。

郭冬临 没问题，对吧？晚了，我们就不回来了，我把她带我家，正好你弟妹不在。

魏积安 哎，小实小实啊。

郭冬临 我和你吻别……

魏积安 我说小实。

郭冬临 （打酒嗝）明明是芹菜偏说韭菜的，一点都不实在。

魏积安 是是。

郭冬临 我走了大哥。

魏积安 哎，小实小实，不是这，不是这，这小实也太实在了，也怪我，死要面子活受罪，不行，我得把这票追回来，小实……

郭冬临 啥玩意儿。

魏积安 你咋回来了。

郭冬临 不去了，这蹬自行车根本来不及啊。

魏积安 那你打车啊。

郭冬临 我没带钱啊。

魏积安 我这儿有啊。

郭冬临 你不早说你看，哎呀，再见啊。

魏积安 哎呀，我这儿，小实……小实……

贺年榜（由下到上的滚动字幕）

张 朋友们这里是中央电视台2006年春节联欢晚会的直播现场，观众朋友们，您对你喜爱的节目和演员投票了吗？欢迎您参加由中央电视台主办的“民生21金维他”杯“我最喜爱的春节晚会节目的评选活动”。

刘 具体的参与办法是这样的：编写您最喜欢的春节联欢晚会的节目名称或者是演员的名字，在正月十五之前发送手机短信，中国移动、联通用户，请您发送手机短信至2006，小灵通用户请您发送手机短信至9999。另外你也可以在正月初五之前寄出您的选票，选票刊登在2006年第一期至第四期的《中国电视报》上。

张 您还可以登录我们的央视国际网站投票，或者拨打热线电话16899999和116996996。幸运观众将获得由“湖南太子奶集团生物科技股份有限公司”

提供的吉祥物金狗旺春。

（在口播热线的同时字幕：编写节目名称或演员名字，中国移动用户发短信（彩信）至2006、中国联通用户发短信至2006、小灵通用户发短信至9999。1元/条。春晚热线：16899999、116996996）

刘　朋友们，现在正是隆冬时节，接下来芭蕾、古典舞和民间舞三位优秀的艺术家将为你展示一幅别具特色的岁寒三友图。请欣赏。

舞蹈《岁寒三友——松－竹－梅》

编导：赵明　顾佩英　作曲：杜鸣

领舞：谭元元　刘岩　杨丽萍

表演：天津歌舞剧院芭蕾舞团

沈阳音乐学院舞蹈学院　吉林市歌舞团

（灯光：蓝光为主）（特效：干冰，激光，雪花）

（大屏幕：雪花、月亮）（道具：梅花树，松树，月亮灯箱，竹林）

周　好，谢谢，谢谢艺术家的表演。

朱　周涛你知道吗？为熊猫宝宝起乳名的活动大家的参与度非常之高，你看在第一个时段之后我们向大家公布后，我们收到的有效选票是数百万张，你知道到目前为止是多少吗？

周　猜不出。

朱　告诉你哈，经过计算，到目前为止是我们收到的有效选票是七千六百多万张。

周　哇，好厉害啊！

朱　这其中包括手机短信发送的，也包括网络点击，还包括打进现场热线电话的有效票数的总和，那其中呢，一下两对乳名顺利地进入了二进一的评选，这两对乳名是，团团圆圆，和和美美，那么在这里呢，我们欢迎大家继续踊跃投票，让我们一起为熊猫宝宝起一个美好的名字，投票的办法呢我们显示在屏幕的下方。

周　那假如您的选择与最终结果相同，将可能参加我们的抽奖活动，成为我们的幸运观众，我们的奖品一共是2006份，一等奖10名，奖品是2008北京奥运会开幕式入场券；二等奖是100名，礼品是2006年春节晚会的吉祥物金狗旺春；三等奖一共是1896名，奖品是由中国集邮总公司主办的2006年春节联欢晚会拜年封。祝大家好运呐！

朱　亲爱的朋友们，让我们继续欣赏节目《飞雪迎春》。

周　有请彭丽媛。

歌曲《飞雪迎春》

作词：陈小奇　作曲：捞仔

演唱：彭丽媛

编舞：赵小津　薛刚

舞蹈：吉林市歌舞团吉林省歌舞剧院

（灯光：蓝光为主）（特效：干冰，雪花，激光）

（大屏幕：雪花）（道具：红色的树）

（伴舞：身着白色纱裙女群舞）

飘飘飞雪迎春到
银装素裹花正俏
踏雪寻梅的人儿啊
赶春需趁早
飘飘飞雪迎春到
天地人和乐逍遥
踏歌起舞的祖国啊
处处春意闹
啊岁岁年年的祈祷
只为这一刻的拥抱
让雪花飘飘如约相邀
就让这片春色在我所有梦里萦绕

飘飘飞雪迎春到
天地人和乐逍遥
踏歌起舞的祖国啊
处处春意闹
啊岁岁年年的祈祷
只为这一刻的拥抱
让雪花飘飘如约相邀
就让这片春色在我所有梦里萦绕
啊岁岁年年的祈祷
只为这一刻的拥抱
让雪花飘飘如约相邀
就让这片春色在我所有梦里萦绕
飘飘飞雪为我把春报

李　不知道观众朋友还记得不记得，六年前，有一对儿名叫白云和黑土的农民老两口儿走进了由崔永元主持的“昨天、今天、明天”的演播室。

董　是啊，这时间过得可太快了，转眼已经是六年过去了。那白云黑土老两口儿日子过得好吗？舒心吗？恩爱吗？这不，今天啊，小崔又把他们请到了演播室。

李　他们三个人要给大家说点儿什么事儿呢？

小品《说事儿》

编剧：张猛　崔凯

导演：张惠中

表演：赵本山　宋丹丹　崔永元

舞蹈：辽宁民间艺术团

白　云　你别吃了。你说你这么会儿工夫你吃三盒儿了，你整得人家演播大厅到处都韭菜味儿，不爱跟你出来，你说，你这档次太低了。唉！你记住啊，待会儿录节目的时候，你少说话，听着没？你别像搁铁岭台似的，啥实话都往外嘞，那多丢人哪，啊。你就看我对付他，行不？别吱声，行不？乖，啊。唉！你说这小崔咋还不来呢？太不拿人当腕儿了！搁铁岭台人家等咱两小时，这中央台得瑟的你说，这玩意儿……

崔永元　哎呀！对不起大家，对不起啊，来晚了，对不起。昨天晚上，没睡好觉，你知道吗。哎哟！大妈大叔都来了！

白　云　来了。

崔永元　您好啊，大妈。

白　云　啊，你好。

崔永元　您好，大叔……

白　云　哎呀，你赶紧开始吧，啊，俺们底下还俩栏目儿呢，啊，这都，出来一趟，这北京台、天津台，这都得给点儿面子。赶紧说你那开场白吧。快开始吧，啊。

崔永元　比我还熟呢。各位朋友，欢迎收看“小崔说事”……

黑　土　嗝！

崔永元　六年前，我采访过一对儿来自东北的老夫老妻，那……

黑　土　嗝！

崔永元　六年过去了，他们有什么变化呢？今……

黑　土　嗝！

崔永元　我今……我

黑　土　好了。

白　云　戗风了，你接着吧，说你的。

崔永元　哎，我都不知道我说什么好了我都。

白　云　你说你这主持人当得，你这应变能力太差了，几个嗝儿就把你给打蒙了。这么的吧，你坐下，我先采访你几句儿。

崔永元　行。

白　云　怎么的小崔，六年没见，听说你抑

郁了？

崔永元　这事儿都传铁岭去了？

白　云　好点儿没？

崔永元　好多了！

白　云　你就别装了，你搁你大叔大妈这你装啥玩意儿你这？都写你脸上了。

黑　土　是啊，过去你那张脸就哭笑不得的，现在跟紧急集合的似的。

崔永元　他们铁岭还这么夸人呢。

白　云　拿礼物，过节了，给你带个纪念品，你这小辈儿的你说……（黑土拿出饭盒）啥玩意儿这是，真是的你这人儿……（黑土拿出书）相当有纪念意义。

崔永元　哎哟，大妈这《月子》都出版了。

白　云　看扉页。

崔永元　哎。

白　云　扉页。

崔永元　"谨以此书送给闹心的小崔，愿你看完此书……一觉不醒，白云大妈雅正。"谢谢！

白　云　还有呢！还有呢！你拿……你给。（黑土拿出手绢）

崔永元　哎哟，大叔！这不是那二人转的手绢吗？

黑　土　看扉面儿。

崔永元　"转一转，摇一摇，天天锻炼准睡着，黑土雅正。"谢谢大叔大妈，你看还给我带礼物，谢谢您。

黑　土　好几年没见了，你大妈就合计你说带点啥好给孩子……（看白云，回自己座位）

白　云　哎呀，俺们呀，就是揪心你这没有觉啊。

崔永元　哎呀，大叔大妈还关心我这睡觉问题哈。你们二老睡眠质量怎么样？

黑土　我沾枕头就着，呼呼的。

白　云　没心没肺的人睡眠质量都高。

崔永元　是啊，像我这小心眼儿的才睡不着呢。

白　云　没说你。

崔永元　啊，大叔啊，您这六年快乐吗？

黑　土　快乐！我天天唱二人转，跟十来个老娘们儿……（白云瞪黑土）

白　云　他搞他的民间艺术，我整我的出版物。生活上俺们互相关心，事业上互相帮助，怎么你形容呢……

黑　土　凑合过呗，还能离咋的？

崔永元　其实啊，我都听说了，大叔大妈感情上出了些问题。

白　云　绯闻，绝对的绯闻，没有新闻的领导不叫领导，没有绯闻的名人那算不得名人，做人，做女人难……

黑　土　做一个名老女人……难。

崔永元　大家都看到了吧，这大叔是一肚子实话说不出来啊，幸亏我还准备了一招。哎，咱换个方式，大叔大妈。我问大叔的时候大妈把这耳机戴上，问大妈的时候呢，大叔把这耳机戴上。好不好？听听音乐，放松放松。

白　云　给他扣上。

崔永元　来，戴上。

黑　土　（戴上）哎呀呀（摘下），这声儿太大了！

白　云　叫你扣上你扣上，你咋那么多话呢？嘿嘿，问吧，崔。

崔永元　哎，大妈，你们这次到北京时怎么来的？

白　云　俺们……搭专机来的。

崔永元　那太贵了，那我们报不起。

白　云　不用报，都小钱儿，现在，有钱，瞅这穿的，相当有钱，嘿，太有钱了，哎呀，这都是挺贵呀……

崔永元　您这是貂皮！

白　云　错！貂绒。

崔永元　特别贵吧？

白　云　不贵，四万。

崔永元　四万还不贵啊？大妈真舍得给自己花钱！

白　云　女人嘛，对自己下手就要狠一点儿。

崔永元　那我再问问大叔？

白　云　行。

崔永元　您听听音乐。

（摘下黑土耳机）

白　云　问你了，该你了。

黑　土　这声儿挺大的。

崔永元　大叔啊，听说你们这次到北京是搭专机来的？

黑　土　啊，是搭拉砖拖拉机过来的。

崔永元　那得多冷啊。

黑　土　穿得多啊，这都扛风，你看她这衣服。

崔永元　大妈这衣服挺贵的吧？

黑　土　老贵了！四十一天租的。

崔永元　租的？怎么样？有效果吧？还得这么问。啊，我再问问大妈。您听听音乐。

白　云　这底下咋都笑呢？我看这里有事儿，你看我点儿手势。

黑　土　明白。

白　云　你问吧，崔。

崔永元　大妈，咱说说您这书吧。

白　云　书啊？

崔永元　嗯。

白　云　说书那可有的说了。那，从哪儿说起呢？

崔永元　就从，签字售书说起吧。

白　云　签字售书啊？

崔永元　啊。

白　云　签字售书那天那家伙那场面那是相当大呀！那真是：锣鼓喧天，鞭炮齐鸣，红旗招展，山人海呀。那把我挤桌子底下去了，那一摞儿书都倒了。

崔永元　噢。那我再问问大叔？

白　云　行。问你，我那书、书。

崔永元　啊，大叔啊，大叔啊，大妈签字售书那天，您也在现场吧？

黑　土　没签字售书啊。

崔永元　没有吗？

黑　土　全白送的么！

崔永元　那，大妈刚才说“人山人海”？

黑　土　哎呀妈，一听说白送的全乡都去取书去了，回去全糊墙了，那家，是左一层右一层，左一层右一层，后来，上厕所一看，还有这么厚一摞儿书呢。（二老击掌）

崔永元　大妈，把耳机给我吧。

白　云　智商相当高。

黑　土　对。

崔永元　是这么回事啊，刚才呀，我问大叔大妈问的是同样的问题。

白　云　是！

崔永元　可是你们俩回答呀……

白　云　嗯。

崔永元　一点儿不一样。啊，我戴上耳机听听音乐，你们自己对一对啊。

白　云　不，怎么的，你怎么说的？咱怎么来的？

黑　土　坐拖拉机过来的。

白　云　我这衣服呢？

黑　土　四十一天租的。

白　云　我那书呢？

黑　土　我都按你那比画的，你不说全糊墙了吗，最后厕所还有看书啥的。

白　云　说了不让你啥实话都往外嘞，你咋记不住呢？

黑　土　那你没办法，他那玩意儿给扣住了。这孩子学坏了呢！我说他两句儿去。小崔呀。

（崔永元摘耳机）

黑　土　你戴上。（竖拇指）你学坏了你呀，你这招儿太阴了！你不怪睡不着觉，心眼儿太多了你，该，啊！

崔永元　啊，谢谢啊！

白　云　他们主持人都这样儿！这么的吧，从现在开始你一声儿不许吱，一声儿都不吭，听见没，记住没？说话呀！

黑　土　你不不让说话吗?!

白　云　跟你合作太难了，你说，这辈子没有过默契！崔呀，摘了吧。

崔永元　哎（摘耳机）。

白　云　咱接着唠。

崔永元　好！那我就，再问大叔一个问题。

（黑土向崔永元示意不能说话）

崔永元　啊？

白　云　嗯？

崔永元　啊，怎么了大叔啊？（黑土捂着嘴）

白　云　啊，他胃疼。说你胃疼呢。

（黑土捂肚子）

白　云　这咋还下垂了呢？

黑　土　（捂着胃）胃在哪儿呢？

崔永元　啊呀，大妈您家教真严哪！您让大叔哪疼他就哪疼啊。

白　云　没有，他，身体不舒服，你问我呗。

崔永元　我刚才看了您这书啊，第一章，就叫《回家》。说的就是上次做完节目回铁岭的时候，那场面，特别壮观吧？

白　云　那怎么叫“特别”壮观呢？那是“相当”壮观哪！那家伙，那场面大的，那真是：锣鼓喧天，鞭炮齐鸣，红旗招展，人山人海，那……

黑　土　小崔我求求你，我把这玩意儿戴上吧！

白　云　（摘下耳机）我说的都是假的是不？

黑　土　真的。

白　云　你听不下去是不？

黑　土　能。

白　云　那你扣它干啥呀?!

黑　土　胃疼。

白　云　咋这么烦人呢你说？崔，你接着问，啊。甭理他，没见过世面。

崔永元　我知道，其实大妈成了名人以后见世面挺多的，参加的活动很多吧？

白　云　那是“相当”多。一天到晚，俺们就是到处演出，四处演讲，还给人剪彩。

崔永元　出场费也不少吧？

黑　土　她八十，我四十。

白　云　都税后。

崔永元　那都给哪儿剪彩呀？

白　云　都是，大中型企业。

黑　土　大煎饼铺子、铁匠炉啥的。

白　云　啊……俺们那圪垯有个挺老大个养鸡场，那都是我剪的。

黑　土　是，她剪完就禽流感了，第二天。当时，死了一万多只鸡，最后送她个外号，叫“一剪没”。

白　云　那不说话能憋死你不？能憋死你不?!

黑　土　我能憋疯。

白　云　怎么那么烦人呢你说你这人……

黑　土　说点儿实话……

白　云　我不稀得说你那些事儿就拉倒了你，给你留着面子。（向崔永元）我不稀得说他！你说就他吧，就好给人出去唱歌，你这嗓子能唱吗？那天呢，就上俺们敬老院给人家唱去，拢共底下坐着七个老头儿，他“嗷”一嗓子喊出来，昏过去六个。

崔永元　那不还有一个呢吗？

白　云　还有一个是院长，拉着我手就不松开，那家伙可劲儿摇啊，“大姐呀，大哥这一嗓子太突然了，受不了哇，快让大哥回家吧，人家唱歌要钱，他唱歌要命啊！”

黑　土　你好！你得得瑟瑟还上精神病院给人讲演去了。

白　云　嗯。

黑　土　讲一天一宿。

白　云　怎么的，精神病都出院了。

崔永元　有效果。

黑　土　大夫疯了。

白　云　哪大夫疯了，我问你？

黑　土　崔大夫就疯了。

白　云　哪崔大夫?!

黑　土　就小崔大夫。

白　云　怎么说话那么不负责任呢你说你……崔啊，千万别痴心，他没说你。说话这么……这老年痴呆呢，出门儿忘吃药了你。崔，咱接着唠，唠文学方面的，省着他插嘴。怎么那么烦人呢你说你……

崔永元　那，那大妈，咱就还说说您这书？

白　云　嗯。

崔永元　我听说您那个《月子Ⅱ》正在创作当中。

白　云　还有十万多字就截稿儿了。

黑　土　哎呀妈呀。

白　云　怎么的?!

黑　土　胃疼。

白　云　忍着!!（向崔永元）你问!!

崔永元　哎哟！（书掉地上）

白　云　问吧，崔。你接着问。

崔永元　我听说，那个，读者特别期待？

白　云　怎么说“特别”期待呢？那是“相当”期待呀！那家伙，那，看完《月子Ⅰ》就想看《月子Ⅱ》，都搁那憋着呢。

黑　土　那，这话是真的。那憋得是“相当”难受啊！那村长啊，就上俺家就堵着门儿就告诉我：“别让你媳妇儿遥哪乱走了，赶紧写《月子Ⅱ》吧，村头厕所可没纸了。”

白　云　小崔，我恳请你们中央电视台封杀我，走了，不录了。

崔永元　哎，大妈怎么又走了？

黑　土　干啥呢？

崔永元　别吵，别吵，又走了？

白　云　你说干啥呀？你说我本来还想指着这节目再火一把呢，这家伙让你给扒得……都直播出去了，都看着呢！

崔永元　没事儿，这节目收视率低。

白　云　低也不行啊，我白云大小也是个名人儿，走了。

黑　土　走吧！得瑟什么玩意儿你?！你白云什么名人儿，那就是个人名儿！你说你咋这样儿呢?！你这就，录完一回“实话实说”，你咋这就把你祸害成这样呢，啊？咱就是农村小老头儿小老太太，咱写啥书啊？小学还没毕业呢就写书啊！你看这家七天憋出六个字儿。

白　云　怎的？

黑　土　都不爱说你，你就老老实实儿就得了呗。你这活得多累，你这样儿啊？你飘吧，你说不上哪天风大，把你这块儿云彩飘走了。

白　云　怎么的？你黑土有能耐也飘啊。

黑　土　我飘起来是沙尘暴。你走吧，啊。崔啊，对不起噢。

崔永元　没事儿。

黑　土　你大妈已经不是你六年前那大妈

了，你大爷永远是你大爷。

崔永元　怎么听着那么别扭？

黑　土　你别别扭。不剩最后一句了么，大爷给你录，好不好？你坐着吧，我说。

白　云　最后一句话我还想好了呢，还没说呢，我也说，怎么的？

黑　土　你不走吗？

崔永元　哎呀，你看哪，本来这节目收视率就低，你说要把这播出去，那收视率“相当”高了就。哎，大叔大妈呀，我们这节目改了，结尾它不是每人一句话了，它是才艺表演。你看，二人转这扇子我都给你们准备好了，一人一把，这是您的。

白　云　我不要，都给他！

黑　土　“作家”，不能要这玩意儿。

崔永元　才艺表演吗，您……您看我给你带个头儿，二人转的手绢儿。（鼓弄手绢）

黑　土　你这才艺表演擦玻璃呢？这玩意儿它也不应该是那么个事儿。它应该是这么回事儿，这就接住，你看。（表演手绢）

崔永元　嘿！

黑　土　你看看，看看。这玩意儿吧，撇出去，接回来。

崔永元　嘿，好。哎，咱欢迎大叔给咱来一段二人转好不好啊？

黑　土　我没带人儿。

崔永元　大妈在呢么。

黑　土　她不能唱。

白　云　也没人请我呀。

崔永元　请请。

黑　土　老蒯。（递扇子）

白　云　小样儿。

黑　土　你干啥去啊？

白　云　换衣服。（表演二人转）

黑　土　老伴儿啊！

白　云　干啥？

黑　土　快来呀！

崔永元　来，给大叔大妈加加油！

黑　土　快来，好些年没唱了！

白　云　唱好喽，走着。

（唱）

白　云　正月里来迎春花儿开啊。

黑　土　白云黑土来到了电视台呀。

白　云　说起了以往的事儿，

黑　土　唠不到一块儿。

白　云　他说黑我说白，

黑　土　她装相我拆台呀。

白　云　当着小崔抹不开啊。

黑　土　实话不敢说出来呀。

白云、黑土　嘚儿啦喂哟咿儿哟啊。

崔永元　本来都挺实在的。

黑　土　为啥你出点小名儿。

白云、黑土　人就飘起来啊，嗯哎哎哎哟。

白　云　开水它不响。

黑　土　响水它没开呀。

崔永元　捅破了窗户纸把嗑儿唠明白。

白　云　本本分分。

黑　土　实实在在。

白　云　黑就是黑。

黑　土　白就是白。

崔永元　黑白不能倒过来呀。

白云、黑土　困了你就赶紧睡，睡好了你就醒过来吧。嘚儿啦喂哟咿儿哟啊，嘚儿啦喂哟咿儿哟啊。

白　云　祝愿大家。

白云、黑土　轻轻松松乐乐呵呵健健康康痛痛快快，奔向人生大舞台呀。嗯哎哎哎哟。

刘　斌　观众朋友们，在这新春佳节之际，让我们以一首军歌

吕继宏　向中国人民解放军指战员，武警部

队官兵，公安民警。

吕继宏　刘斌　李晖　王丽达　雷佳齐　拜年了！（齐敬礼）

歌曲《班长告诉我》

作词：刘世新　作曲：雷远生

演唱：吕继宏　刘斌　李晖　王丽达　雷佳

编舞：吴婷　舞蹈：吉林市歌舞团

（灯光：蓝光为主）（大屏幕：老家的房子、雪地、边疆等）

（伴舞：身着军装的舞蹈演员）

吕继宏　不要把太多的苦累讲给妈妈听
不要让想家的书信惊动她好心情

刘　斌　我们走的路和先辈们都一样
大漠边关长河落日说起来也普通

李晖、王丽达、雷佳
你是一颗星我是一颗星
星座牵万家父母是老百姓

吕继宏　戴上这个红星与民就同甘苦

合　亲爱的士兵兄弟啊
我们是子弟兵

刘　斌　你是一颗星我是一颗星

吕继宏　星座牵万家同为军旗红

李晖、王丽达、雷佳
戴上这个红星与民就同甘苦

合　亲爱的士兵兄弟啊
我们是子弟兵

合　你是一颗星我是一颗星
星座连万家同为军旗红

刘　斌　穿上这身军装山河就染春色

合　亲爱的士兵兄弟啊
我们是子弟兵
我们是子弟兵

李　好正在直播的呢是2006年中央电视台的春节联欢晚会，欢迎继续收看，接下来就是来自香港澳门台湾的新春使者为大家敬献灯谜了。

董　掌声欢迎他们，向大家介绍一下，这位是来自香港TVB的主持人曹众，来自澳亚卫视的主持人刘忠志，和来自台湾TVBS的主持人蓝心湄，你们好。

李　欢迎！欢迎三位！

曹众　我带来的这个灯谜是叫满河芬芳，打一个地方的名字。

蓝　最香的那就是叉烧包。

曹　没错，有很香的叉烧包，但这个地方还出产香料。

董　啊，提示一下嘛。

曹　一首非常熟悉的歌里面，不如我唱一下好吗？小河弯弯向南流，流到香江去看一看。

李　来，大家一起说，谜底是（香江！）

澳亚卫视刘中志　该到我们澳门给大家出灯谜了，谜面呢就是，出水芙蓉。

李　谜底我都猜到了，就是她们三位嘛，出水芙蓉，漂亮嘛。（谢谢）

刘　李咏说的的确没错啊，确实是这样，但是我今天让大家猜的这个出水芙蓉呢，打的是一种花。（三位都很漂亮是哪一位啊）请猜猜这出水芙蓉是什么花呢，（水仙？）有人已经猜到了，就是澳门的区花，莲花。（莲花！）

台湾无线卫星电视台　好的，我出的是金玉湖中结良缘，（金玉湖中结良缘）是猜个经典哦。（大陆啊，是这样，有年轻人在春节期间结婚，讨个吉利啊，台湾呢？）台湾也是啊（是在金玉湖那结婚吗？）没有这个湖诶。（那谜底是什么呢）金嘛，什么东西圆圆的，亮晶晶的，耀眼哪，（你直说好不好啦）太阳，玉呢，什么东西啊，洁白的很像一个宝。（月亮）对啊，（日月，大家一起猜，谜底是，日月潭！）

李　好了，我们四地的主持人呢，要向全国的观众朋友呢拜大年了，在狗年来临之际呢，祝全国的观众朋友还有海外的侨胞呢，旺！（旺，旺，旺，旺！）

董 谢谢三位，谢谢，李咏你看，这灯谜虽小啊，从中我们也可以感受到浓浓的中华情，感受到华夏儿女恭贺新春的一片喜悦之情。

李 今天的春节晚会我们特别请到了一位享誉全球的钢琴演奏家，他非常的年轻，他用他精湛的演奏技法呢，来抒发海外华人的浓浓的乡情。来有请，钢琴王子，郎朗！

【郎朗由左台口上台，给全场敬礼后坐下】

钢琴演奏《翻身的日子》

钢琴演奏：郎朗

（灯光：蓝光为主）（特效：激光）

（大屏幕：实景景片拉开，大屏幕呈现金黄的动态图案）

朱 谢谢郎朗，亲爱的朋友们，在今的晚会当中呢，我们还为大家请到了一对来自祖国宝岛台湾的相声演员。

周 从他们表演的相声《新说绕口令》中，可以感受到他们对中华传统文化良好的继承与发扬。亲爱的朋友们，掌声响起，让我们有请：刘增铠、朱德刚！

相声《新说绕口令》

作者：刘增锴（中国台湾）

表演：刘增锴　朱德刚（中国台湾）

刘 有这机会上春晚的舞台啊，感觉是太兴奋了。

朱 太高兴了，忍不住我要说：乃后，肉噶送，玛丽玛丽！

刘 这说什么呢?

朱 这个叫山地话，跟大家问好啦。

刘 哦，台湾高山族语言。

朱 我只要一高兴，我就想讲山地话。

刘 为什么呢?

朱 你不知道山地人很乐观很老实，跟他们在一起很快乐，所以我一高兴就变成山地人了。

刘 你这意思我明白了，可你现在不能变。

朱 为什么?

刘 说声讲究字正腔圆，你这可怎么说呀。

朱 没有关系啦，大家都是中国人，你们说对不对啦。（对！）看到没有。

刘 这道理就是硬道理，说相声就得用普通话。

朱 为什么。

刘 以我来说吧，每天早生对着大树就得练。

朱 练什么。

刘 练嘴。

朱 哦，啃树皮啊。

刘 我啃树皮干吗。

朱 你不是讲练嘴?

刘 连绕口令。

朱 绕口令，那个我比你厉害。

刘 你?

朱 对啊，你不信我们来比比看啦。

刘 我随便说一个你都不会。

朱 不可能啦。

刘 你听这个。

朱 好你讲。

刘 说吃葡萄不吐葡萄皮，不吃葡萄倒吐葡萄皮。

朱 像这个，哈哈哈哈哈哈。

刘 笑什么呀?

朱 我不会。

刘 废话，说了你不会。

朱 不是我不会，是你讲的不对。

刘 我怎么错了。

朱 本来你那个在骗人呀，你呀。

刘 什么叫骗人哪。
朱 你不信你再讲一遍看看。
刘 吃葡萄不吐葡萄皮，不吃葡萄倒吐葡萄皮。
朱 好，你现在有吃葡萄吗？
刘 没有。
朱 好你吐一个皮我看看。
刘 嗨，这么说他不是好玩吗。
朱 你看看，你为了自己好玩，你在骗人。
刘 你说的那么难听，你的意思我懂了，这绕口令好笑但是不大合理。
朱 对，不合理我们不讲啦。
刘 合理的呢？
朱 那我就讲出来。
刘 行，今天为了你啊，改一改。
朱 怎么改？
刘 照这么说，吃葡萄吐葡萄皮，不吃葡萄不吐葡萄皮。
朱 哦，这样讲就对了嘛。
刘 你能说了吗？
朱 当然可以讲啦看我的。
刘 看你的。
朱 吃、葡、萄、吐、葡……
刘 嗨，绕口令得快。
朱 快更简单。
刘 快的你说不了。
朱 吃葡萄吐葡萄皮，不吃葡萄不吐葡萄皮。
刘 有点意思。
朱 简单啦，谁想你们也一样要去啃树皮哟。
刘 你要这态度，我给你来个难的。
朱 男的？你来个女的我也不怕。
刘 来个女的干吗呀？
朱 不是讲来个男的。
刘 嗨，困难的。
朱 那你要讲困难的呀。
刘 行，行，困难的。
朱 对对，困难的。
刘 我们不跟他废话，来个困难的让他知难而退。
朱 不可能啦。
刘 且南来了个哑巴，腰里别着个喇叭。且北来了个喇嘛，手里提拉着五斤鳎目。南边别着喇叭的哑巴要拿喇叭换北边喇嘛的鳎目。喇嘛不愿意拿鳎目换哑巴的喇叭，哑巴非要换拎鳎目喇嘛的鳎目。哑巴摘下喇叭打了提拉着鳎目的喇嘛一喇叭。喇嘛抡起鳎目抽了别喇叭哑巴一鳎目，也不知是别喇叭哑巴打了提拉着鳎目的喇嘛一喇叭。还是提拉着鳎目的喇嘛抽了别喇叭哑巴一鳎目喇嘛炖鳎目。
朱 诶，他真的每天有在啃树皮诶。
刘 你就别提这树皮了。
朱 嘴巴很快诶。
刘 该你说了。
朱 讲什么，听不懂啦，你叫我讲。
刘 他们在家可能不说普通话。
朱 你要解释一下。
刘 我给你说说。
朱 要合理哦。
刘 当然啦，头一句啊，且南……
朱 等一下，什么叫且南，他跟柯南有什么关系。
刘 柯南干吗呀。
朱 什么叫且南。
刘 且南就是打南。
朱 什么？
刘 就是从南边。
朱 那你就讲从南边就好了。
刘 行，行，从南边来了一个哑巴。
朱 哦，你们讲话没有礼貌看到哑巴说，诶，哑巴。
刘 不好听。
朱 不好听那。

刘 要不然呢?

朱 你想我们山地人看到哑巴都叫，诶，阿巴阿巴那那个哑巴听到会跟你回话。

刘 哦，有沟通语言了。

朱 聊天啦。

刘 行，那就是从那边来了一个阿巴阿巴，腰里别着个喇叭。

朱 等一下，喇叭那么多，什么喇叭你要讲清楚啊。

刘 你会吹什么喇叭。

朱 我，我会那个萨克斯风。

刘 萨克斯风可不行。

朱 为什么。

刘 绕口令讲究押韵。

朱 什么！讲绕口令还要让鸭子怀孕哦。

刘 还要让公鸡下蛋那。

朱 那我就不知道了。

刘 什么乱七八糟，押韵！你看我这个，且南来了个哑巴，腰里别着个喇叭，啊，押韵你那好，且南边来了哑巴，腰里别了个萨克斯风。

朱 哦，不好听那。

刘 没法说。

朱 那我会那个伸缩喇叭。

刘 诶，这押韵。

朱 可以哦。

刘 可以那就是从南边来了一个阿巴阿巴腰里别着一个伸缩喇叭。

朱 你有毛病哟。

刘 又怎么了?

朱 伸缩喇叭那么长，你别在腰里怎么走路啊。

刘 照你说那。

朱 你要背在后面这才对呀。

刘 行，背着个伸缩喇叭。

朱 这样才合理呀。

刘 且……（朱：什么?）从北边来了喇嘛。

朱 哦，喇嘛，长什么样子?

刘 你管他长什么样子。

朱 你讲话要让人家有画面那。

刘 就跟你长得一样。

朱 那就是一个高高大大的喇嘛。

刘 就这么说，他手里提溜……

朱 什么叫提溜呀。

刘 就是提着。

朱 你就讲提着。

刘 行，提着，提着，我跟你说话我得累死。

朱 我也不轻松啊我。

刘 那就是手里提着五斤鳎目。

朱 什么叫鳎目。

刘 鳎目就是鳎目鱼，在台湾叫比目鱼。

朱 你就直接讲比目鱼。

刘 你看又不押韵。

朱 押什么?

刘 啊。

朱 那山地人讲就有押韵啊。

刘 怎么讲?

朱 比目鱼的啦。

刘 的啦。

朱 对啦，这样讲就没问题啦。

刘 是，改的挺过瘾的，可这怎么说。

朱 用嘴巴讲啦。

刘 就刚才这词。

朱 对呀。

刘 说上来我就服了你了。

朱 很简单，你听好啦从南边来了一个阿巴阿巴，背上背着一个伸缩喇叭，从北边来了一个高高大大的喇嘛，手里提着五斤比目鱼的啦。后面背着一个伸缩喇叭的阿巴阿巴，要拿伸缩喇叭去换手里提着五斤比目鱼的啦高高大大的喇嘛的五斤比目鱼的啦，手里提着五斤比目鱼的啦高高大大的喇嘛就不拿五斤比目鱼的啦换后面背着一个伸缩喇叭的阿巴阿巴的伸缩喇叭。后面背着一个伸缩喇叭的阿巴阿巴就要拿伸缩喇叭去打手里提着五斤比目鱼的啦高高大大的喇嘛—伸缩喇叭。手里提着五斤比目鱼的啦高高大大的喇嘛也要去打背伸缩喇叭的阿巴阿巴一比目鱼的啦，也不知是提着比目鱼的啦的高高大大的喇嘛抽了背伸缩喇叭的阿巴阿巴一比目鱼的啦，还是后面背这一个伸缩喇叭的阿巴阿巴打了提比目鱼的啦的高高大大的喇嘛一伸缩喇叭。后面背着一个伸缩喇叭的阿巴阿巴滴滴答答吹伸缩喇叭。高高大大的喇叭回家煮比目鱼的啦。

刘　嗨！

贺年榜（滚动字幕，驻外大使馆类）

张　朋友们这里是中央电视台2006年春节联欢晚会的直播现场，朋友们，新年的钟声即将敲响，我们提醒您赶快参加由中央电视台主办的“民生21金维他”杯“我最喜爱的春节联欢晚会节目评选活动”，为您喜爱的节目和演员进行投上一票。

刘　具体的参与办法是这样的：编写您最喜欢的春节联欢晚会的节目名称或者是演员的名字，在正月十五之前发送手机短信，中国移动、联通用户，请您发送手机短信至2006，小灵通用户请您发送手机短信至9999。另外你也可以在正月初五之前寄出您的选票，选票刊登在2006年第一期至第四期的中国电视报上。

张　您还可以登录我们的央视国际网站投票，或者拨打热线电话16899999和116996996。幸运观众将获得由“湖南太子奶集团生物科技股份有限公司”提供的吉祥物金狗旺春。

（在口播热线的同时字幕：编写节目名称或演员名字，中国移动用户发短信（彩信）至2006、中国联通用户发短信至2006、小灵通用户发短信至9999。1元/条。春晚热线：16899999、116996996）

刘　幸运观众的名单我们将在正月十五元宵晚会上揭晓。接下来请您继续欣赏2006年中央电视台春节联欢晚会。

李　观众朋友，春节就是春天的节日。春天给我们以生机，春天给我们带来激情，春天更能给我们带来希望。

董　愿我们迎来的是一个充满爱与和谐的春天。就让我们在这万家欢乐中，去迎接2006年新春的到来！

李　请欣赏《万家欢乐》

歌曲《万家欢乐》

作词：朱海　陈道斌　作曲：杜鸣
编舞：马涛　纪家萱
舞蹈：内蒙古军区文工团
演唱：阎维文　殷秀梅
（灯光：黄）（道具：歌曲尾声四个巨大的灯笼出现在舞台中间）
（歌曲中穿插视频，各民族团结，祖国山川，礼花满天，四代领导人的镜头，和这届政治局常委几人镜头）

爱是春天的歌　芬芳大地流淌爱的长河
多少冰封消融　多少花香飘过
你的爱给了我无尽春色
你的爱给了我无尽春色
看万家欢乐　汇成春天的祖国
爱在春风里荡漾　万里神州美丽祥和
看万家欢乐　汇成春天的祖国
爱在春风里荡漾　万里神州美丽祥和
爱是春天的歌　你的爱牵挂我的喜怒哀乐
不论走到哪里　你都能看见我

我的欢乐养育着你　爱的承诺
我的快乐传说着你深情嘱托
看万家欢乐　汇成春天的祖国
爱在春风里荡漾　万里神州美丽祥和
看万家欢乐　中国相邀你和我
爱在春风里荡漾　中国　中国　平安欢乐时刻
看万家欢乐　中国相邀你和我
爱在春风里荡漾　中国　中国　平安欢乐时刻

朱　好，谢谢！亲爱的朋友们，在丙戌狗年新春钟声即将敲响的时候，向台湾同胞赠送的大熊猫的乳名已经诞生了，现在，就让我们一起来隆重揭晓。

周　各位亲爱的同胞，各位亲爱的朋友，现在我郑重地宣布，通过手机短信，网络点击，及现场热线电话的综合统计，大陆同胞向台湾同胞赠送大熊猫，最后选中的乳名得票是一亿零七百五十一万三千五百六十八张选票的团团圆圆。

朱　恭喜这对大熊猫有了自己的乳名，团团圆圆。

（歌声与微笑音乐响，舞台中央升起了一对穿着熊猫服装的人偶，胸前挂了两个中国结，一群小朋友和舞蹈演员上台）

周　这对乳名也包含了两岸同胞的真情厚意。

朱　亲爱的朋友们，请看，一对儿可爱的熊猫在向大家招手祝福。

周　你看孩子们有多高兴啊。

朱　亲爱的朋友们，在这里呢，我还要高兴地告诉大家，在这些可爱的孩子当中，还有一些专程从台湾赶来的小朋友，在这欢乐的海洋里，愿我们的熊猫宝宝团团圆圆，带去大陆同胞对台湾同胞真挚的祝福。

周　也希望这对熊猫宝宝能够在台湾生活得幸福，生活得愉快，我们祝福他们。

朱　祝福他们，也要再次地感谢这些可爱的小朋友，谢谢你们。

周　更要感谢电视机前的您为我们的熊猫宝宝来投票，取了这样一对好听的名字，谢谢大家。

朱　那么和我们的结果一样的投了票的观众朋友啊，您将参加我们的幸运抽奖，那我们的幸运抽奖能将在正月十五的颁奖晚会当中现场进行。

周　我们获奖的名单呢将会刊登在中国电视报和央视国际网站上，请您注意查询，我们的奖品一共 2006 份，一等奖 10 名，奖品是 2008 北京奥运会开幕式入场券；二等奖一共是 100 名，礼品是今年春节联欢晚会的吉祥物金狗旺春；三等奖是 1896 名，奖品是由中国集邮总公司主办的今年春节联欢晚会拜年封。衷心地感谢大家，谢谢！

朱　再次地，感谢您的参与，亲爱的朋友们。

（周、朱移步到舞台中央）

李　向所有为大陆向台湾赠送熊猫的起乳名的观众朋友呢，海内外的各界人士，表示衷心地感谢，谢谢你们。

朱　谢谢，亲爱的朋友们，新春的钟声，马上就要敲响了，多少年了，我们总是在期待着这一美好时刻的到来，用沿袭了数千年的过年这一隆重的方式来隆重地开启对来年的期待和对来年的祝福。

周　在这最令人激动人心的时候，春风已经在吹拂每个人的心。

李　让我们带着爱与和谐去赢得生活的从容和自信吧。

董　让我们带着爱与祝福去赢得生活的希望与收获。

张　一个崭新的春天即将属于我们，我们正在一步一步走向一个新的春天。

刘 随着春天钟声的敲响，让我们把对新春最美好的祝愿。

李 播撒在神州大地的每一寸土地上，播撒在每一位中华儿女的心中。

周 其实，更应该祝愿我们伟大的祖国在来年风调雨顺，国运兴旺。

张 也祝愿我们每一位朋友像老话说的那样春风岁月人增寿，福满乾坤喜满门啊。

董 是啊，也祝愿每一位家庭和和美美，就跟大熊猫的名字一样，团团圆圆。

朱 来亲爱的朋友们，倒计时。

（大屏幕跳出倒数的钟盘）

齐 十九八七六五四三二一，过年好！

李 新年好！

朱 新年好！

（观众席上方的红灯笼打开，空中落下很多红色的气球）

朱 亲爱的朋友们，在这美好的时刻，让我们共祝我们伟大的祖国，天地人和万事兴。

歌曲《年夜饭》

作词：廖勇　作曲：赵季平

演唱：张也　王宏伟

编舞：吕联　马涛

舞蹈：内蒙古军区文工团

（灯光：黄、暖）（道具：唱到中段，两位舞蹈演员端上一大盘年夜饭道具）

（大屏幕：过年的各种福字，春联，灯笼等实景）

喜字那个手拉手把门推
剪彩的筷子也成双成对
别看那饺子总是闭着嘴
却包含着一肚子的人情味
来呀来那个来呀来
咱们先敬咱父母一杯
来呀来那个来呀来
咱们再敬咱祖国一杯
没回来的亲人实在是走不开
咱们就在心里为他留个座位
留个座位，心里为他留个座位
来呀来那个来呀来
咱们先敬咱父母一杯
来呀来那个来呀来
咱们再敬咱祖国一杯
该回来的亲人迟早要赶回来
咱们就在家里等他一夜不睡
一夜不睡、等他一夜都不睡
福字那个翻着跟头来贺岁
忙碌的你也该伸伸腰背
这一桌千年不散的宴会
开个好头又结了个好尾
结了个好尾

董 亲爱的观众朋友新年的钟声已经敲响，新的一年来到了我们的身边，在此，要恭祝每一个家庭和和睦睦，团团圆圆。

李 吃完了年夜饭，放完了鞭炮，欢迎大家继续收看2006年中央电视台的春节联欢晚会。

董 李咏，说到这个家庭和睦啊，我得问你一个问题：你平时是不是一个“炬耳朵”？

李 “炬耳朵”你以为我听不懂啊，“炬耳朵”呢是一句四川方言，意思就是怕老婆，我们北方人不这么讲，我们北方人叫“妻管严”。

董 看看，了解得多清楚啊，看来就是了。

李 不不不，我还不算严重的，台上有两位啊比我更加严重。

董 下面呢，就让我们一起来品一品春晚当中这道川味儿小品：炬耳朵。

李 请欣赏。

小品《炬耳朵》

编剧：严西秀　张德高

导演：王群　关大心
表演：张德高　赵亮　张玺
（视频：竹林）

妻　张三。
夫　哎、哎、哎。
妻　站住。不准动！
夫　我没动！
妻　你给大家讲一下，昨天晚上喝酒的事情！
夫　老婆，我就喝了一点点。
妻　朋友们，别听他的，昨天晚上他喝个烂醉！朋友拉他上出租车，他说一块六的太贵，不坐，自己堵着一辆车说，我就座这一块一的，那有什么一块一的，哪有什么一块一的，他拦的是110。
夫　坐110挺好呀！我没给钱。
妻　啊！你还好意思说，你哩！张三！回来！你听见没有？
夫　对不起！你呼叫的用户暂时无法接通，请稍后再拨！
妻　你，你气我，你看我咋个收拾你！你！
夫　哦，你收拾我，你来，你来，你来……又不是没有被你收拾过！喔喔！大家说我回不回去（不回去）就听你的，打死我，我也不回去，哈哈!!
妻　好嘛，那你就等到吃又肥又大的炽耳朵
夫　哎、哎、哎老婆老婆老婆
友　咳、咳、咳。张三
夫　哈哈。
友　哈哈。
夫　亮哥。哎呀！
友　刚才又被老婆收拾了嘛！
夫　唉呀，对头！
友　哦。
夫　笑话，她敢！
友　吹牛，谁不知道你是怕老婆的炽耳朵哟
夫　我是炽耳朵……
友　还不承认，敢不敢打赌。
夫　打赌就打赌。
友　赌好多。
夫　赌五分。
友　五十。
夫　五毛。
友　有本事赌一百。
夫　一百就一百。
友　好，马上我就到你家里去参观，哎呀各位，今天我白捡了一百块钱啦！咳咳，等到！马上来！
夫　啊，我赌了一百块，我闯祸了，我闯祸了，赶快回家给我老婆汇报。唉呀，老婆！
妻　你不是打死都不回来的嘛！
夫　没有打死我，我就是要回来！老婆，刚才是他不准我回来的。
妻　你听他的！他就是个炽耳朵。
夫　你还笑。你小心今天晚上回去跪搓衣板。
妻　张三。
夫　哎。
妻　你不能再喝醉了。
夫　哎。
妻　这个样子对身体不好。
夫　我晓得，我知道了，老婆，刚才我碰见亮哥，他说我是炽耳朵。
妻　哎。你承认了。
夫　没有，老婆，我是严格按照你老人家的指示，上刀山，下油锅，决不承认自己是炽耳朵，嘿嘿。
妻　对头，哎呀，乖乖。
夫　他非要说我是个炽耳朵。还跟我打了一百块钱的赌。
妻　你赌了。
夫　赌了。
妻　来，张三，你居然敢在外面赌钱了。
夫　放手。

妻　不放。
夫　放手。
妻　不放。
夫　放不放。
妻　就不放。
夫　不放就不放，哎哟。
妻　张三呀张三，你、你、你是越来越不像话了，你，哼。
夫　老婆。喵、喵、喵。老婆，我错了，笑什么笑，大家都差不多。
妻　起来，我不想看到你这个样子。
夫　嗯。
妻　我只想你在乎我。
夫　嗯。
妻　在乎我们这个家。
夫　老婆，我错了，我错了。
友　唉，张三，你在干啥子。
夫　我在练习划船。锻炼身体呀。
友　锻炼身体。
妻　亮哥。
友　哎。
妻　来了。
友　嗯。
妻　请坐哈。
友　好，坐。哎呀！
夫　我去泡茶。
友　哎，张三啦，这要是在我们家头，那是我老婆泡茶的！在你们家咋个……
妻　哦。
友　唉呀，唉呀……
妻　老公，端茶倒水是女人的事，唉，你是一家之主，我去泡茶。
夫　泡茶。
妻　哎。
夫　泡好茶。
妻　哎。
夫　开水泡茶。
妻　开水泡茶。
夫　哎呀，哈哈，哎呀，从来没有这种感觉呀，哈哈哈……
友　这是什么感觉？
夫　这是飞起来的感觉，坐，哎呀。
妻　茶来啰！亮哥，请喝茶。
友　好，谢谢。
妻　老公，喝茶。
夫　嗯，太烫。
友　不烫嘛。
妻　哦，老公。
夫　嗯，太凉。
友　不凉啥。
妻　哦，呵呵，老公，请。
夫　太……不烫不凉。
友　哎呀，张三，这个温度还是合适的，你也不要太挑剔了。
夫　对，女人啦，就是要多调教。
友　对对对，抽烟。
夫　抽我的。
友　抽我的。
夫　抽我的。
友　抽我的。
夫　抽我的。
友　抽我的。
夫　抽我的。
一、二　抽你的。
友　嘿嘿。我的烟没带，在家里面，你看……
夫　拿烟。
妻　烟。
夫　老地方。
妻　你不是早就戒烟了吗！
夫　拖鞋里边。
二、女　啊，拖鞋里边。
夫　哎呀。
妻　这……
夫　打火机。
妻　哦，打火机，打火机。

夫 哎呀，哎呀，哎呀哈哈。我张三也有今天，耶……哎呀，雄起的呀，哈哈哈，雄起了。

友 你在做啥子。

夫 你不懂，坐，哎呀。

友 我不懂。

妻 亮哥，请抽烟。

友 好，谢谢。

夫 还有我。

妻 还有你，还有你。

夫 老地方。

妻 老地方，哦，老公，咳咳……

夫 哎哎哎，老婆……

友 哎，这个……

夫 没有烟灰抽缸。

友 哎呀，张三，这要在我们家，我老婆早就把烟灰缸放在这里啦。

夫 听见没有，烟灰缸。

妻 老公，你忘了，前两天，我们两个开玩笑的时候，一不小心，那个烟灰缸啪的一声，就碎了。

夫 唉，明明是……我摔坏的，不赔了。

妻 好。

夫 没有烟灰缸。

妻 哦，那我用手给你做烟灰缸嘛。

一、二 啊。

夫 这就是烟灰缸。

妻 就是。

友 唉唉唉，张三，要不得。

夫 啥子要不得。

友 真的，真的要不得。

夫 啥子要不得。

友 确实要不得。

夫 要不得。

妻 哦哦哦。

夫 要不要得。

妻 老公说要得就要得。

友 贤惠呀！贤惠呀！

妻 还不够，还不够。呵呵。

友 同志们，如果天底下的夫妻都能像他们一样的恩爱，幸福呀！幸福。你们说是不是（是）对不对，好哇 好。

夫 为了我们男人的胜利去喝酒。

友 好。男人不就要这样，老公老公在家最凶，老婆是老虎，我们就得是武松。

夫 武松要喝酒，说走咱就走。

友 走。

夫 走。

妻 你敢。

一、二 老婆我错了，老婆我错了……

妻 亮哥，你在干啥子。

友 不是在叫我呀！

妻 我在喊我们家张三。

友 哎呀。我以为是我老婆在叫我哟……吓死我了，唉呀，不好了，不好了，刚才出门的时候请了假，已经超过三分钟了，那我是讲不清楚的哟，你们两个陪我回去解释一下。

男、女 啊！亮哥，你也个耙耳朵呀！

友 哎呀，爱老婆才会是耙耳朵嘛，我爱人讲耙耳朵是男同胞的美德，是爱情的最高境界。

妻 对头。

夫 我老婆也说每家每户有一个耙耳朵，硬是家庭幸福！

妻 哎呀，乖乖，走，我们陪亮哥回家。

友 哎……等一下，等一下，咋个一说到回家我这个腿就走不动了嘛，帮帮忙嘛！

夫 你们看，这才是真正的耙耳朵。

友 你快走嘛。

夫 我背你。

友 快走嘛，唉呀，三分半钟了，快点……

妻 不要打我老公，不要打我老公……

朱 嗨哟，这脑袋也得经得住拍啊。

周 朱军啊，你在家是不是个耙耳朵呢？

朱　周涛你看你看，这大过年的，你问这个问题，我一个在西北长大的西北汉子，咱们接触这么多年了。

周　对不起，对不起。

朱　我不耙谁耙啊。

周　啊！哈哈哈！

朱　不是，他这个耙耳朵他不是一件坏事啊，他是一种爱的表现，我们都说嘛，有了爱和和谐才有了吉祥。

周　嗯，爱和和谐还是我们社会的主题，如果每个家庭都圆满了，我们的社会也就和谐了。

朱　说得好，下面呢，就让我们继续欣赏节目，接下来您要看到的是一个戏曲节目，新五女拜寿。

周　请欣赏。

戏曲《新五女拜寿》

编剧：张志高

导演：王群　孙桂元

编曲：孙宝全　编舞：肖向荣

伴舞：成都市文化艺术学校

（灯光：黄光）（道具：三个戏剧的屏风）

（潘长江饰大管家　李长春饰老太公）

潘长江画外音　拜寿啦。

潘　各位各位过年好，老爷七十大寿，女儿们纷纷回来庆祝，老爷命我负责接待服务，我以为是不是看我形象长得较酷，后来一打听才知道，老爷说我像今年的吉祥物，今年吉祥物啥玩意儿啊，（狗）是狗我也是小京巴。

李　管家管家管家，他还没来吗？

潘　堵车，肯定堵车了。老爷，你今儿个五个闺女可都回来了，他们都合计好了，今年要以梨园名段演唱的形式给您老人家拜寿。

李　好啊。

潘　老爷，别忘了，以前你曾经答应过我，说我这个人心地善良，忠心耿耿，要招我做个养老女婿吗？

李　那今儿个看你小子的福气了。

潘　多谢老爷，大姑娘大姑爷赶紧给老爷唱起来。

韩、张　爹，我们给你唱一段《天仙配》。

黄梅戏《天仙配》选段

（韩再芬饰七仙女　张辉饰董永）

词

树上的鸟儿成双对
绿水青山带笑颜
随手摘下花一朵
我与娘子带发间
寒窑虽破能避风雨
夫妻恩爱苦也甜
你我好比鸳鸯鸟
比翼双飞在人间

潘　老爷听，这黄梅戏唱得多地道啊！

李　不错，不错，可是我还想听越剧，哦，二姑娘，二姑爷。

陈、吴　爹，我们给你唱一个梁祝好吗？

李　唱起来唱起来。

越剧《梁山伯与祝英台》选段

（陈飞饰祝英台　吴凤花饰梁山伯）

词　（念白）梁兄

祝　书房门前一枝梅，树上鸟儿对打对
喜鹊满树喳喳叫，向你梁兄报喜来！

梁　弟兄二人出门来，门前喜鹊成双对
从来喜鹊报喜讯，恭喜贤弟一路平安把家归！

李　听听，这越剧唱得多好啊！

潘　就是，诶，老爷，您最疼爱的三女儿回

来了。

沈 爹。

潘 三姑娘好。

沈 管家你好。

潘 三姑娘，在四川打拼这么多年，结婚了吗？快说啊，急死我了。

沈 我儿子都比你高一头呢，这是我老公，许仙。

潘 啥眼光呢，长的还没我阳刚呢。

沈 你说啥。

潘 没事没事没事，三姑娘送的贺礼是灵芝仙草一大筐。

沈 爹。

川剧《白蛇传》选段

沈铁梅饰白素贞　孙群饰许仙

爱君家人品出众，
况同是寡鹄孤鸾
因妄想丝萝有托成连理
若不弃愿同厮守到百年
到百年

李 瞧瞧，这成双成对的多好啊，那将一要是。

潘 将一要是在这儿能帮我找个媳妇吗？

李 又有你。

潘 来了，你听，四姑娘回来了，四姑娘一路劳累辛苦了，赶紧跟你老爹拜寿吧，四姑娘送的贺礼是，人参貂皮乌拉草，铁球面酱春不老。

李 你俩从塞外而归，一路风霜不容易啊。

韩 四妹，我们都在等着听你们唱《坐宫》呢，赶紧着，给大家唱起来。（对，唱起来）

京剧《四郎探母》选段

（于魁智饰杨延辉　李胜素饰铁镜公主）

词

杨 我和你好夫妻恩德不浅，
贤公主又何必礼太谦。
杨延辉有一日愁眉得展，
忘不了贤公主恩重如山。

铁 讲什么夫妻情恩德不浅，
咱与你隔南北千里姻缘。
因何故终日里愁眉不展，
有什么心腹事你只管明言。

杨 非是我这几日愁眉不展，
有一桩心腹事不敢明言。
萧天佐摆天门两国交战，
老娘亲押粮草来到北番。
贤公主若得我母子相见
到来生变犬马结草衔环

铁 你那里休得要巧言来辩，
你要拜高堂母我不阻拦。

杨 公主虽然不阻拦，
无有令箭怎过关。

铁 有心赠你金钺箭，
怕你一去就不回还。

杨 公主赐我金钺箭，
见母一面即刻还。

铁 宋营离此路途远，
这一夜之间你怎能还。

杨 宋营虽然路途远，
快马加鞭一夜还。

铁 适才叫我盟誓愿，
你也对天就表一番。

红画外音 爹，我给你拜寿来啦

李 小女儿红娘回来啦

潘 天哪，这可是我最后的机会了

豫剧《拷红》选段

（李金枝饰红娘）

在绣楼我奉了（哪哈呀哈嗯啊嗨），
我那小姐严命（哪嗨呀），

到书院去探那先生的病情。
上绣楼我要把小姐吓哄，
（白）我就说呀，
张先生的病疾不轻（啊）{笑声}，

李　孩子孩子，给爹说说，你个人的问题。
红　我，我还小呢。
潘　还小，你不小了，我更不小了。
红　爹还没找呢。
李　那我要是找着了呢？
红　我就嫁人了呗。
潘　红娘，你看我合适吗？
红　你，太突然了吧，来我家之前，你是做什么的。
潘　我在来你家之前，当过状元。
红　他还当过状元。

评剧《屠夫状元》选段
潘长江饰胡山

我出门三天又两晌
挣个三副猪大肠
扣的下水心肝肺
连毛带草两大筐
虽然劳累我心欢畅啊，杀猪的赛过状元郎

红　你是干这个的？（动作暗示是屠夫）
潘　干这个不行吗？老爷，干这个的可以吧（老爷给他耳语）多谢老爷。红娘，你爹说，你爹说让咱俩，你爹说让咱俩结婚你干不干？看来不给你玩点浪漫是不行的（变出一朵花）老爷在上，女婿给你磕头了。
李　你可是名花有主了。
潘　老爷，我的问题解决了，您呢？
李　我（齐：是啊）我不想找。
红　爹，我都嫁给他了，你还不想找啊。
李　那找着了你们不嫌弃？（齐：不嫌弃）不笑话？（齐：不笑话）嘿，我告诉你们，我早就找好啦（齐：谁）你们瞧
袁　是我呀（齐：姜姨妈）

京剧《对花枪》选段
袁慧琴饰姜桂枝

未曾开言好心欢
点点喜泪洒胸间
自你走后四十载
我朝也盼暮也盼
盼到今日
举家大小得团员
你我老来重相见
一家大小笑开颜

潘　老爷，姜姨妈怎么乐得直哭啊。
李　今天啊，咱们是一家老少皆大欢喜，图的就是个乐。

京剧《牧虎关》选段
李长春饰高旺

高老爷来在牧虎关
偶遇娃娃将某盘
松林内本是那杨贤妹
娃娃当作了押表官
不叫尔看尔要看
不叫尔观尔要观
哗啦啦打开了咱们大家看

潘　今天是个大喜的日子，祝老爹——
齐　福如东海寿比南山。
（最后集体亮相）

董　观众朋友您看，多么幸福的一家子啊！五女齐来拜寿，老老少少成双成对，那

接下来呢，我们要把一曲暖融融的春之声呢，献给电视机前的千家万户。

歌曲组合《春之声》

编曲：卞留念　编舞：蔡丽雯　柳宁

舞蹈：沈阳音乐学院舞蹈学院

　　武汉电信艺术团

　　内蒙古军区文工团

（道具：舞台中间一个梯形台阶，供舞台表现）

①《春天在哪里》

演唱：邓容　曾小燕　皓天

（灯光：蓝、绿光为主）

（大屏幕：绿树、蓝天）

春天在哪里呀
春天在哪里
春天在那青翠的山林里
这里有红花呀
这里有绿草
还有那会唱歌的小黄鹂
嘀哩哩嘀哩嘀哩哩嘀哩哩嘀哩哩
嘀哩哩嘀哩嘀哩哩嘀哩哩嘀哩哩
春天在青翠的山林里
还有那会唱歌的小黄鹂
春天在哪里呀
春天在哪里
春天在那小朋友眼睛里
看见红的花呀
看见绿的草
还有那会唱歌的小黄鹂
嘀哩哩嘀哩嘀哩哩嘀哩哩嘀哩哩
嘀哩哩嘀哩嘀哩哩嘀哩哩嘀哩哩
春天在小朋友眼睛里
还有那会唱歌的小黄鹂
嘀哩哩嘀哩嘀哩哩嘀哩哩嘀哩哩
嘀哩哩嘀哩嘀哩哩嘀哩哩嘀哩哩
春天在小朋友眼睛里
还有那会唱歌的小黄鹂

②《春之歌》

演唱：吴春燕　马晓晨　严当当

（灯光：绿光为主）

（大屏幕：春光、大地）

春天春天你在哪里
欢乐的鸟儿在歌唱你
盛开的鲜花在迎接着你
忙碌的蜜蜂在追逐着你
春天春天你多美丽
年轻的小伙子爱上你
美丽的姑娘也迷上了你
火热的心儿献给了你
青春的大地在拥抱你
春天啊春天你和我在一起
青春的大地在拥抱你
春天啊春天你和我在一起
青春的大地在拥抱你
春天啊春天你和我在一起

③《野百合也有春天》

演唱：王庆爽　魏英侠　游晴

（灯光：白光为主、频闪）

（大屏幕：春光、大地）

仿佛如同一场梦
我们如此短暂的相逢
你像一阵春风轻轻柔柔吹进我心中
而今何处是你往日的笑容
记忆中那样熟悉的笑容
你可知道我爱你想你怨你念你深情永不变
难道你不曾回头想想昨日的誓言
就算你留恋开放在水中娇艳的水仙
别忘了山谷里寂寞的角落里野百合也有春天

你可知道我爱你想你怨你念你深情永不变
难道你不曾回头想想昨日的誓言
就算你留恋开放在水中娇艳的水仙
别忘了山谷里寂寞的角落里野百合也有春天

④《春天的花园里花儿最美》
演唱：李涵　子祺　晏菲　吴文璟
（灯光：红光为主）
（大屏幕：繁花）

春天里的花园花儿美丽
春天里的姑娘更美丽
傍晚在花园里
遇见亲爱的姑娘
我的生活立刻变了样
我的幸福就在我的眼里
走上前我轻轻敲窗户
姑娘你快出来
我最亲爱的人
没有你我没有幸福
我们大家生活都很美好
有时也会遇到风暴
不久乌云消散
春风微微吹来
天空一片蔚蓝晴朗
不久乌云消散
春风微微吹来
天空一片蔚蓝晴朗
春天里的花园花儿美丽
春天里的姑娘更美丽
傍晚在花园里
遇见亲爱的姑娘
我的生活立刻变了样
傍晚在花园里
遇见亲爱的姑娘
我的生活立刻变了样

⑤《春之声圆舞曲》
演唱：王铁刚　尤泓斐
（灯光：蓝光为主）
（大屏幕：春光、风景、繁花）

春天来到人间
小鸟都在欢乐歌唱
微风吹遍草原
山谷传来阵阵回响
美丽的春天带来了
幸福生活和一切希望
明媚春光一片芬芳
多幸福多欢畅
小鸟在阳光下自由飞翔

（主持人、所有演员上台）

朱　亲爱的观众朋友们，2006 年的春节联欢晚会到这里就要和你说再见。

周　难忘今宵，让我们记住这个祖国大家庭集体守岁的除夕之夜！

李　难忘今宵，让我们记住这个全球华人大家庭共度的新春之夜！

董　难忘今宵，让我们记住这个天地人和、迎祥纳福的欢乐之夜！

张　难忘今宵，让我们记住这个繁荣盛世普天同庆的吉祥之夜！

刘　难忘今宵，让我们记住这个锦绣中华更添璀璨的辉煌之夜！

朱　难忘今宵，让我们相约来年的除夕！拥抱一个更加明媚的——

合　大好春光！

结束曲《难忘今宵》
作词：乔羽　作曲：王酩
编曲：孟庆华
演唱：关牧村　廖昌永　王莹　莫华伦
（灯光：黄光为主）
（大屏幕：礼花满天）

难忘今宵　难忘今宵
无论天涯与海角
神州万里同怀抱
共祝愿　祖国好
共祝愿　祖国好
共祝愿　祖国好
告别今宵　告别今宵
无论新友与故交
明年春来再相邀
青山在　人未老　人未老
（放礼花炮）
青山在　人未老
青山在　人未老
难忘今宵　难忘今宵
无论天涯与海角
神州万里同怀抱
（上字幕）
共祝愿　祖国好
共祝愿　祖国好
共祝愿　祖国好
告别今宵　告别今宵
无论新友与故交
明年春来再相邀
青山在　人未老　人未老
青山在　人未老
青山在　人未老

（黄博　整理）

“和谐礼赞——庆祝上海合作组织成立5周年”文艺晚会暨成员国艺术节开幕式

播出台：中央电视台
播出时：2006年6月16日
总导演：滕俊杰　何利山
制片人：周古春

【主持人曹可凡、杨桦从舞台幕布中间走出】

曹　尊敬的各国贵宾，女士们先生们，亲爱的朋友们，大家晚上好！

杨　（翻译）

曹　在这初夏迷人的夜晚，在这充满着喜庆气氛的舞台上，上海合作组织的各成员国和观察员国的艺术家们将要联袂演出，他们要用动人的歌声和曼妙的舞姿对各位贵宾的光临表示诚挚的祝福和热烈的欢迎。

杨　（翻译）

曹　现在，我们请上海合作组织各成员国和观察员国艺术团的代表来启动象征着和平友谊的玉如意，来开启我们今天晚上演出的大幕。

（下舞台正中摆放玉如意，后面十位身穿民族服装的歌成员国和观察员国艺术团代表一字排开，挥手致意，十位代表手拉手鞠躬，

然后携手走向如意，舞台灯暗，给演员梦幻感的蓝色光，如意在代表的触摸后渐渐发光，舞台出现群舞演员）

（舞美：舞台被三个由无数金色叶子簇拥堆砌的框分成远中近三层次。金色框可以随着灯光颜色的改变而改变其颜色。舞台正后方立面有一面灯光墙，可以与顶部灯光配合烘托气氛）

大型歌舞杂技《和平飞翔》

吊绸表演：王怀甫　沈思思

表演：中国东方歌舞团　上海杂技团　上海戏剧学院舞蹈学院　上海体育学校

（舞台灯光不断变换，身穿黄色裙子的众舞蹈演员在上舞台区，随着上舞台升降台阶的升起，演员分成上下三行，身穿粉色花朵裙子的演员在上舞台区跳舞。灯光闪烁变换配合舞蹈演员手中的旋转的花朵，两位身着白衣的杂技演员在《梁祝》的音乐声中，吊着白绸，缓缓飞上空中旋转。舞蹈演员在第三层次的上舞台转动着巨大的花朵作为背景，舞台的正后方，激光表演变换各种图形。舞台灯光蓝色。高潮处灯光转为红色）

合唱　真诚的笑容
捧出锦绣花海
快乐的双手
牵来这祥和的云彩
共同的天空
家园连着那家园
共同的心愿
拥抱着和平的未来
和平的未来
和平的未来

（画面：上海外滩夜色）

【画外音】

男　丝绸古路，驼铃悠扬，它经历了千年的岁月风霜，它见证了中国人民和各国人民友谊的源远流长。

女　翻译

男　请欣赏情景独舞、群舞，《月光丝路》。

女　（翻译）

（随着音乐声起，镜头从黄浦江夜景摇至上海大剧院外部，切入会场内舞台）

情景独舞、群舞：《月光丝路》

（舞美：舞台最前端有一个薄纱的屏幕遮挡，舞台显得朦胧飘渺，如梦如幻。舞台灯暗，只见舞台背景一轮皎洁的明月，演员在月亮前形成剪影。）

领舞：殷荷

表演：上海歌舞团　上海东方清纯舞蹈团　上海歌剧院舞剧团

（舞美：有激光配合。群舞演员在舞台定点准备，身上发光的演员吊着威亚从两侧空中上场，舞台干冰释放，舞台前段的薄纱屏幕升起，整个舞台逐渐显现。舞台灯渐亮，开始群舞，演员头戴皇冠，手拿白色琵琶，服装模仿敦煌飞天，颜色有黄、蓝、粉，灯光颜色配合服装）

（画面：外滩、会场夜景）

【画外音】

曹　一千三百年前，中国古代伟大的诗人李白，曾为黄河写下了千古传颂的诗句，君不见黄河之水天上来，奔流到海不复回。

杨　（翻译）

曹　黄河是中华民族的母亲河，它哺育了五千年的中华文明，今晚享誉世界的中国青年钢琴家郎朗将带给我们钢琴协奏曲第四乐章，以表达我们对母亲的热爱，对和平的珍惜，对幸福的向往，协奏上海交响乐团，指挥陈燮阳。

杨 （翻译）

钢琴协奏曲《黄河》第四乐章

演奏独奏：郎朗　协奏：上海交响乐团

指挥：陈燮阳

（舞美：钢琴位于中央舞台，交响乐团在其后侧，定点光打郎朗，乐队灯光蓝色，高潮时灯光变红）

（节目结束后，大幕落下。画面：外滩夜景）

曹 在上海合作组织成立五周年之际，各成员国和观察员国都送来了精湛的节目，来表达对上海合作组织成立五周年最诚挚的祝福，来表达对彼此和睦相处，和谐发展的共同愿望。

杨 （翻译）

曹 现在我们就请各位尽情的欣赏各国艺术使者的精彩表演。

杨 （翻译）

各国艺术使者的精彩表演

（舞台灯暗，有两个半圆形帷幔，五个光柱，背景灯光模拟繁星满天，表演区暗，通过灯光的亮暗控制各国舞蹈家的亮相和退场，演员配合本国特色音乐做15秒的短暂表演，屏幕右侧白色字蓝色边框竖排字幕介绍演员所代表的国家）

各国艺术家独舞：

哈萨克斯坦共和国

吉尔吉斯共和国

俄罗斯联邦

塔吉克斯坦共和国

乌兹别克斯坦共和国

印度共和国

伊朗伊斯兰共和国

蒙古国

巴基斯坦伊斯兰共和国

中华人民共和国

（画面：上海大剧院外景）

【画外音】

曹 一声弹奏，一个身段，一句歌吟，就使浓郁的民族风情扑面而来，艺术家们用自己的艺术语言向今晚的贵宾们深深致敬。

杨 （翻译）

曹 现在哈萨克斯坦的艺术家将为大家表演。

杨 （翻译）。

曹 请欣赏《美丽的阿斯塔纳》。

歌舞传情《美丽的阿斯塔纳》

表演国：哈萨克斯坦共和国

（舞美：白色半圆帷幔，五个柱子，随灯光颜色而相应改变颜色）

（画面：外滩）

【画外音】

曹 现在吉尔吉斯艺术家将为大家表演，请欣赏《梦幻》。

杨 （翻译）

歌舞传情《梦幻》

表演国家：吉尔吉斯共和国

（舞美：帷幔紫色　背景绿色，群舞，八人民族器乐合奏，独唱歌伴舞）

（画面：外滩夜景）

【画外音】

女 （外文）

男 现在俄罗斯艺术家将为大家表演。

女 （外文）

男 请欣赏《俄罗斯之魂》。

歌舞传情《俄罗斯之魂》
表演国家：俄罗斯联邦
（舞美：帷幔紫色，背景绿色光。群舞。）

（画面：外滩夜景）
【画外音】
女　（外文）
男　现在塔吉克斯坦艺术家将为大家表演请欣赏《阳光国度》。

歌舞传情《阳光国度》
表演国家：塔基斯坦共和国
（舞美，帷幕紫色，别经蓝色光，柱子从底部大粉色光。歌伴舞）

（画面：外滩夜景）
【画外音】
女　现在乌兹别克斯坦的艺术家们将为大家表演。
男　现在乌兹别克斯坦的艺术家们将为大家表演。
女　请大家欣赏《丝绸之歌》。
男　请大家欣赏《丝绸之歌》。

歌舞传情《丝绸之歌》
表演国家：乌兹别克斯坦共和国
（舞美，帷幕蓝色，背景光上黄下绿，演员服装黄色、绿色）
六人民族乐器弹唱，歌伴舞，独唱歌伴舞

（画面：外滩夜景）
【画外音】
女　（外文）
男　现在印度艺术家将为大家表演。
女　请欣赏《天籁之声》。

歌舞传情《天籁之声》
表演国家：印度共和国
（舞美，场灯暗，追光打两位舞者，帷幕蓝色，顶灯黄色）

（画面：上海大剧院夜景）
【画外音】
女　（外文）
男　现在伊朗艺术家将为大家表演。
女　（外文）
男　伊朗传统音《乐纳瓦》。

歌舞传情《纳瓦》
表演国家：伊朗伊斯兰共和国
（舞美：帷幕蓝色，舞台灯光蓝色，后台释放干冰，演员服装白色。乐器演奏）

（画面：上海大剧院夜景）
【画外音】
女　现在蒙古艺术家将为大家表演。
男　《来自蒙古草原的旋律》。

歌舞传情《来自蒙古草原的旋律》
表演国家：蒙古国
（舞美：帷幕蓝色，背景光蓝色，柱子白色。歌伴舞，舞台中央杂技）

（画面：外滩夜景）
【画外音】
女　（外文）
男　现在巴基斯坦艺术家将为大家表演。
女　（外文）
男　请欣赏《祝福》。

歌舞传情《祝福》
表演国家：巴基斯坦伊斯兰共和国
（舞美：帷幕蓝色，背景光蓝色，地面投影白色图案，演员服装白色）

各国艺术家在《好一朵茉莉花》的音乐中再次上台表演谢幕，演员到定点光区表演。

视频转场：2006 上海合作组织峰会——和谐礼赞

男　乐音悠扬处，情意无限长。接下来请欣赏大型多媒体女子民乐《知音妙韵》——与会各国名曲连奏。数十位美丽的中国少女用中国民族乐器连奏与会各国的名曲献给在座的各位嘉宾。

女　（翻译）

大型多媒体女子民乐《知音妙韵》——与会各国名曲联奏

演奏：中央音乐学院　中国音乐学院
　　上海音乐学院

指挥：王甫建

（舞美，民乐队分布在台阶上，背景大屏幕播放相应国家的自然风光，人文景观，特色建筑）

《我的祖国》哈萨克斯坦共和国
《自然公园》吉尔吉斯共和国
《卡玛琳斯卡亚》俄罗斯联邦
《塞多利》塔吉克斯坦共和国
《春天的华尔兹》乌兹别克斯坦共和国
《眼睛》印度共和国
《幸福》伊朗伊斯兰共和国
《民歌变奏曲》蒙古国
《月光照耀夜晚》巴基斯坦伊斯兰共和国
《天仙配》中华人民共和国

（画面：外滩夜景　配乐：同一首歌）

男　贵宾们朋友们，中国的杂技既古老又年轻。现在要请大家欣赏的是曾经在国际上获得过金奖的杂技《比翼展翅》。

女　（翻译）

金奖杂技《比翼展翅》

表演：上海杂技团　大连杂技团
　　河北杂技团

（舞美：舞台灯光蓝色，两侧背景模拟夜空星光，整个舞台梦幻空灵，随着演员上场表演，舞台灯光变彩色，闪烁配合）

（画面：外滩夜景）

【画外音】

男　我们生活在同一片蓝天下，我们分享着和平和谐的喜悦，我们追求着繁荣发展的理想。现在与会的十国歌唱家将用各自的语言演唱《同一首歌》，唱出他们对和平的赞美，唱出对美好生活的渴望。

女　（翻译）

大型歌舞《和谐礼赞》

领唱：廖昌永　演唱：与会各国艺术家

表演：中国东方歌舞团
　　中福会少年宫艺术团　与会各国艺术团

（舞美：舞台灯光蓝色，合唱团穿白色连衣裙，手捧蜡烛，小朋友穿各民族衣服）

鲜花曾告诉我你怎样走过
大地知道你心中的每一个角落
甜蜜的梦啊谁都不会错过
终于迎来今天这欢聚时刻

（中国歌唱家用中文演唱）
鲜花曾告诉我你怎样走过
大地知道你心中的每一个角落
甜蜜的梦啊谁都不会错过
终于迎来今天这欢聚时刻

（各国歌手牵着穿着民族服装的中国小朋友上场）

（哈萨克斯坦歌手用哈萨克语演唱）
星光洒满了所有的角落
（吉尔吉斯斯坦歌手用吉尔吉斯语演唱）
风雨走遍了世界的角落
（俄罗斯选手用俄语演唱）
同样的感受给了我们同样的渴望
（塔吉克斯坦歌手用塔吉克语演唱）
同样的欢乐给了我们同一首歌
（乌兹别克斯坦歌手用乌兹别克语演唱）
阳光想渗透所有的语言
（印度歌手用印地语演唱）
春天把友好的故事传说
（伊朗歌手用波斯语演唱）
同样的感受给了我们同样的渴望
（蒙古国歌手用蒙古语演唱）
同样的欢乐给了我们同一首歌
（巴基斯坦歌手用乌尔都语演唱）
同一首歌
（合唱）
同一首歌

（歌舞结束，舞美三层花团锦簇的景况粉色，舞台灯光黄色，演员服装红色，手拿长绸）

【在东北二人转音乐中，身穿民族服装的小朋友到舞台前方，全部演员上台谢幕。各国艺术家身披红绸，上台联欢】

男 今晚我们携手歌唱，献给圆满成功的上海合作组织五周年峰会，今晚我们并肩舞蹈，期盼上海合作组织的明天会更加美好，我们衷心祝愿各国繁荣昌盛，人民安康幸福。

女 （翻译）

男 朋友们，来宾们，和谐礼赞——上海合作组织成立五周年庆典晚会暨成员国艺术演出到此结束，祝贵宾们晚安。

女 （翻译）

（张妮 整理）

“海峡月·中华情”
2006年中央电视台中秋晚会

播出台：中央电视台
播出日期：2006年10月6日
总导演：郭霁红
制片人：郭霁红

（舞美：厦门国际会展中心主会场：舞台前有大片水景，水中坐落着红色花瓣绿色底座的莲花灯，舞台后方LED大屏幕，左右两边各有数块小LED。晚会进行中，清秋明月和辉煌灯火倒映在水景中，唯美而大气。游轮分会场以游轮为舞台，饰以蓝色调为主的灯光。鼓浪屿分会场搭建在沙滩上，透明的舞台上摆着一架白色钢琴，突出其“钢琴之岛”的特点，也突出了“海峡”和“月”的完美结合。台湾分会场，设在台湾101大厦前广场，露天的舞台表演，可以营造全民中秋的氛围）

（灯光：整场晚会的灯光运用以蓝色为主要基调，用蓝色突出表达“海峡”的主题，表现海峡两岸中秋佳节静谧温情的氛围）

片头视频：海峡两岸及全国各地的华人在中秋之际表达思念之情

画外音：中秋，思念，溶解时空的距离。明月，凝聚全球华人的团圆。当月光铺满海峡，让我们倾情期待中国厦门2006中央电视台中秋双语晚会。

林栋甫　朗诵

（灯光色调变化：舞台光线以蓝色调为主，舞台和水景给光较暗，朗诵者给四束追光以突出其主体，整体灯光色调突出夜晚的氛围）

（LED视频背景为一轮圆月，这一段朗诵既是晚会引入语，也引出了开场歌舞，由静及动，铺垫出中秋夜安谧的氛围）

垫乐：《鼓浪屿之波》

朗诵词　（垫乐先起）

到底是月亮跟着我走还是我跟着月亮走？我在黄浦江边看月亮，浦江水在阳光下波动出一首深情而时髦的歌；我在黄鹤楼下看月亮，这座琼楼玉宇在月光下洒落一片古远的深意，我在光与影之间听到一首唱不老的情歌。今晚，我在厦门的海边看月亮，我面前是一条两岸清晰相闻的海峡。这海峡的水通往更浩瀚的大海，连接着更广袤的大地。你看，这一张张白帆都扬起来了，他们是要去把远方的亲人都接过来吗？月亮下全球的华人都没有了距离，月光已经把我们都笼罩在一起。（垫乐拉低）

开场歌舞《爱拼才会赢》

作曲：陈百潭　填词：王怀钦

编曲：安栋音乐工作室

编舞：伏欢

舞蹈：上海梦工厂舞蹈团　演唱：扬扬

（灯光色调变化：蓝色舞美灯光渐变为紫色，电脑灯以绿色V形光束旋转交替）

（舞台效果：音乐起时燃红色焰火，歌曲中间及结尾燃焰火，干冰在舞台左右靠近台口处制造烟雾效果。大屏幕播放具有频闪效果的视频以配合舞曲的动感）

（上下场调度：演员由舞台后方上场）

海天茫茫漫漫征程
长风浩荡吹我梦醒
又见万顷波浪，点点月明
寥廓天地我心憧憬
虽说是桑田沧海变无形
要创造崭新黎明
皓月　群星　随潮汐伴我去远行
破浪乘长风　奋力向前冲
爱拼才会赢

【主持人由舞台左边上场】

（舞台效果：燃焰火爆竹，灯光仍以蓝色为主，舞台后方大屏幕直播焰火燃放视频）

鲁　健　各位现场的亲爱的朋友们。

侯佩岑　各位电视机前的观众朋友们。

薛晗喆　全世界的华人华侨朋友们。

曹　众　亲爱的观众朋友。

季小军　Ladies and gentlemen, my fellow Chinese around the world.

合　大家晚上好。（good evening）

鲁　健　大家好，我是中央电视台主持人鲁健。

侯佩岑　我是台湾的主持人侯佩岑。

薛晗喆　我是福建电视台的主持人薛晗喆。

曹　众　我是香港无线电视台TVB的曹众。

季小军　我是中央电视台主持人季小军。

陈　玲　我是厦门电视台主持人陈玲。

鲁　健　亲爱的朋友们，我们现在是在中国厦门，美丽的鹭岛，离台湾最近的地方，今天在这里，我们向全世界现场直播“海峡月　中华情”2006年中央电视台中秋文艺晚会。

侯佩岑　此刻，我们所在的地方就是今天晚会的主会场——厦门国际会展中心，而我们左手边就是和我们隔海相望的荆门岛。

薛晗喆　是的，我们今天的观众朋友们也非常有口福，因为我们有厦门台湾水果销售集散中心为我们提供的来自我们祖国宝岛台湾的优质水果。

曹　众　太好了，听着涛声，品着月饼，吃着水果，还有电视机前的观众朋友，如果此刻您是合家团圆，那么今夜的月亮就是一盏明灯，照亮着您的幸福。

季小军　是啊，如果此刻您仍漂泊异乡，那今宵的月光就是亲人的目光。（英文串词略）

陈　玲　头顶一轮圆月，脚下跨海连天，今晚就让我们借着涛声，向全世界的华人们，全球的同胞们衷心的道一声。

全　中秋快乐。

掌声有请　Twins.

第一篇章　海上明月　逐波欢歌

歌曲《森巴》

作曲：Edward Chan

作词：Charles Lee Novasonic

编舞：王安　伴舞：A派

演唱：twins

（灯光色调变化：电脑灯蓝色为主，绿色电脑射灯）

（道具：台前焰火机喷燃焰火）

（所有大屏幕播放有动感的视频，视频以蓝色为主调。伴舞身着白色服装，演员着黑色和灰色服装）

【演员上下场调度：由右后台走上场，右下】

阿sa　一开始跳舞就要得到崇拜
顺着歌舞的节拍将奇经八脉都打开

阿娇　不参加舞蹈的人怎能明白
将裙子如何地舞摆都需要天才

合　森巴的秘密一点也不奇怪

阿sa　让那身体跟那节奏二为合一就会很帅

阿娇　每个人的舞步当然自动自成一派

合　我懂得跳舞所以我存在

合　所以说跳舞人像动物本能跳过来
通宵达旦通了血脉死性不改
所以说跳舞人跳得来无限慷慨
让人们眼界大开
每一步都带来气势澎湃

阿娇　森巴的秘密一点也不奇怪

合　让那身体跟那节奏二为合一就会很帅
每个人的舞步当然自动自成一派
我懂得跳舞所以我存在

歌曲《踏浪》

作词：庄奴　作曲：古月　编曲：高翔

编舞：王岳　胡爱莲

伴舞：厦门市青少年宫

演唱：李星

（灯光色调变化：蓝色电脑灯）

（大屏幕播放海滨画面的视频，伴舞也贴合

踏浪的主题。这首歌密切结合“海峡”的主题。）

【演员上下场调度：左上左下】

啦…啦…啦…啦…
小小的一片云呀
慢慢地走过来
请你们歇歇脚呀
暂时停下来
山上的山花儿开呀
我才到山上来
原来嘛你也是上山
看那山花开
小小的一阵风呀
慢慢地走过来
请你们歇歇脚呀
暂时停下来
海上的浪花开呀
我才到海边来
原来嘛你也爱浪花
才到海边来
啦…啦…啦…啦…

歌曲《外婆的澎湖湾》

词曲：叶佳修　编曲：高翔

编舞：卢秋耀　陈国雄

伴舞：厦门城市现代舞团
　　　厦门演艺职业学院

演唱：栗锦　元气组合

（灯光色调变化：蓝色主调的舞台光，绿色电脑V形光）（视频播放海底风光，切合歌曲意境）

【演员上下场调度：栗锦左上，元气组合右上，所有人右下】

晚风轻拂澎湖湾
白浪逐沙滩
没有椰林缀斜阳
只是一片海蓝蓝
坐在门前的矮墙上
一遍遍怀想
也是黄昏的沙滩上
有着脚印两对半
那是外婆拄着杖
将我手轻轻挽
踩着薄暮走向余晖
暖暖的澎湖湾
一个脚印是笑语一串
消磨许多时光
直到夜色吞没我俩
在回家的路上
澎湖湾澎湖湾
外婆的澎湖湾
有我许多的童年幻想
阳光沙滩海浪仙人掌
还有一位老船长

晚风轻拂澎湖湾
白浪逐沙滩
没有椰林缀斜阳
只是一片海蓝蓝
坐在门前的矮墙上
一遍遍怀想
也是黄昏的沙滩上
有着脚印两对半
那是外婆拄着杖
将我手轻轻挽
踩着薄暮走向余晖
暖暖的澎湖湾
一个脚印是笑语一串
消磨许多时光
直到夜色吞没我俩
在回家的路上
澎湖湾澎湖湾
外婆的澎湖湾
有我许多的童年幻想
阳光沙滩海浪仙人掌

还有一位老船长
澎湖湾澎湖湾
外婆的澎湖湾
有我许多的童年幻想
阳光沙滩海浪仙人掌
还有一位老船长

歌曲《彩云伴海鸥》

作词：琼瑶　作曲：古月

编舞：卢秋耀　陈国雄

伴舞：厦门城市现代舞团　厦门演艺职业学院

演唱：高胜美

（灯光色调变化：蓝色灯光为主色，舞台两侧变换绿色灯，舞台顶部紫色射灯）

（舞台效果：歌曲开始，歌曲中间燃放红色焰火）

【演员上下场调度：左上左下】

问一声那海鸥
问一声那海鸥
问一声那海鸥
你飞来飞去有何求
问一声那彩云
你飘来飘去多烦忧
看看看潮来　又又又潮往
那那那波涛滚滚永无休
让彩云　伴海鸥
一起翩翩飞飞飞
飞向　天尽头
问一声那海鸥
问一声那海鸥
问一声那海鸥
你千种相思为谁愁
问一声那彩云
你万丈柔情为谁留
看看看春去　又又又春来
那那那爱恨绵绵永无休
让彩云　伴海鸥
一起翩翩飞飞飞
飞向　天尽头
看看看潮来　又又又潮往
那那那波涛滚滚永无休
让彩云　伴海鸥
一起翩翩飞飞飞
飞向　天尽头
问一声那海鸥
问一声那海鸥
问一声那海鸥
哈……啊……

主持人（左上，两束追光，烘托气氛的垫乐起）

鲁　健　那么今年我们的中秋晚会为全球华人献上一份特别的心意，首次推出了中秋晚会的吉祥物，由中国民生银行特别奉献的团圆图。

侯佩岑　好可爱的兔子。（英文串词略，两只兔子由左上台）

鲁　健　我们的团圆图兔会给每一位全球华人送去一份团圆一份健康一份欢乐。那么这一次中秋晚会除了首次推出了吉祥物，还首次在台北开设了室外的分会场。分会场呢设在台北的 101 大厦前的广场。

侯佩岑　之所以会叫 101，是因为它有 101 层楼，非常的高，而且附近很热闹。我家也住在旁边。

鲁　健　我也曾经登上过 101 大厦。那里面是一个登高望月的好地方。那么马上让我们进入到中国移动全球通连线台北，到台北的分会场去看一看。

连线台北

（片头：台北101大厦外景）

（舞美：室外舞台，舞台左侧有大屏幕实时转播舞台表演和播放视频，灯光以红色，暖色调为主，突出整个台北分会场建在室外所带来的轻松、欢乐的气氛）

主持人上台

吴宗宪 各位亲爱的现场观众朋友们大家好！

合 欢迎收看海峡月·中华情。

吴宗宪 真是开心，在这个中秋佳节，和我们的小娴还有爱丽丝共同为大家来主持。

小娴、爱丽丝 很荣幸。

吴宗宪 哪里啊，不要这么说，两位加油啊。有几个地方啊到处都看得到我们的节目。除了我们台北的朋友，还有厦门的朋友。

合 HI（闽南语串词略）

吴宗宪 大家有没有看到这边，有哪一个地方的建筑物可以高过我们啊？台北。

合 101。

吴宗宪 有没有看到？哎哟！

爱丽丝 世界最高的大楼。

吴宗宪 今天呢算是中秋佳节了。

小　娴 没错。

吴宗宪 很多人哪今天能够月圆人团圆了。

女　合 对。

吴宗宪 千里共婵娟。

女　合 没错。

吴宗宪 这是让人家觉得非常羡慕的。

爱丽丝 你知道吗？在这个月圆的时候啊，听说许愿是特别灵的。所以呢大家通常都会对着月亮许愿说，一愿大家的口袋满满就像月儿圆。

吴宗宪 大家都有钱。

爱丽丝 对，希望大家呢情缘恩爱就像月饼一样甜。

吴宗宪 爱情也有了，那么第三愿望希望大家身体健康，万事也如意。（观众掌声）现在为大家介绍第一位不得了的巨星，欢迎我们的——

合 徐若瑄。

【主持人从右下台】

歌曲《爱笑的眼睛》

作词：瑞业　作曲：林俊杰　演唱：徐若瑄

（灯光色调变化：蓝色背景光随演员上场渐变为紫红色灯光为主，舞台顶上方蓝色射灯交错纵横制造星光四射的效果）

（舞台效果：干冰加灯光制造紫红色烟雾效果）（视频：明月和夜空，蓝色调视频，突出中秋明月夜的主题）

如果不是那镜子
不像你　不藏秘密
我还不肯相信
没有你　我的笑更美丽
那天听你在电话里略带抱歉的关心
我哪的一声切的　比你说分手彻底
泪湿的衣洗干净　阳光里晒干回忆
折好了伤心　明天起只和快乐出去
这爱的城市虽然拥挤
如果真的遇见你
你不必讶异我的笑她无法代替
离开你　我才发现自己
那爱笑的眼睛　流过泪
像躲不过的暴风雨
淋湿的昨天删去（忘记）
离开你我才找回自己
那爱笑的眼睛再见爱情
我一定让自己　让自己决定
泪湿的衣洗干净　阳光里晒干回忆
折好了伤心　明天只和快乐出去
这爱的城市虽然拥挤
如果真的遇见你

你不必诧异我的笑她无法代替
离开你　我才发现自己
那爱笑的眼睛　流了泪
当一个人看旧电影
是我不小心而已
离开你我才找回我自己
那爱笑的眼睛　再见到你
我一定让自己　让自己坚定

（主会场）观众鼓掌
【主持人由左边上台】
（舞台、灯光蓝调，垫乐起）

季小军　好，谢谢！台湾那边的分会场还真是非常的热闹。我要告诉大家的是，我们除了在台北设了分会场以外，另外一个分会场就设在从厦门到荆门航线上的全球通号游轮上，而此刻，这艘游轮正向我们驶来。

陈　玲　是啊，真的很羡慕这些船上的观众朋友们，一方面可以沐浴着海风，一方面还可以欣赏沿途的风景。而此时此刻海峡荡漾的不仅仅是海水，更是浓浓的情谊。

季小军　（英文串词略）

（游船分会场）（舞美：游轮上，茶座式的观众席环绕在演员周围。游轮周身灯火环绕焰火燃放）

歌曲《梦想的开始》
作词：徐世珍　雪伦　小庄
作曲：侯志坚　演唱：何润东
（灯光色调变化：表演区无特别的灯光变化，游轮上变换射灯颜色并以蓝色为主
演员上下场调度）
（茶座式的表演现场，更具有亲民性和中秋团圆的温馨气氛，冷焰火的使用在灯火绚烂的游轮上和浮影纷纷的海面上渲染出热烈的欢乐的气氛）

梦在激荡
心向着远方
起跑线上没有时间迷惘
为我最炙热的向往
骄傲出发
绝不计代价
别让孤独
驯服了梦想
张开翅膀冲破所有风浪
飞向天空的另一端
汗水背后
终究是阳光
迎着风放手向前闯
我谁也不怕
只要赢过自己一定会到达
阳光把汗水都蒸发
就看着我吧
没有痛就不会成长面对它
冲吧　就迎向希望
行动是梦想的开始行动是梦想的开始
别让孤独
驯服了梦想
张开翅膀冲破所有风浪
飞向天空的另一端
汗水背后
终究是阳光
迎着风放手向前闯
我谁也不怕
只要赢过自己一定会到达
阳光把汗水都蒸发
就看着我吧
没有痛就不会成长面对它
冲吧　就迎向希望
行动是梦想的开始
行动是梦想的开始迎着风放手向前闯

我谁也不怕
只要赢过自己一定会到达
阳光把汗水都蒸发
就看着我吧
没有痛就不会成长面对它
冲吧　就迎向希望
行动是梦想的开始行动是梦想的开始

（视频：海峡两岸的夜景图片）

主会场

（蓝光，垫乐起）

鲁健　亲爱的朋友们，刚才呢我们看到在游船上赏月是多么的令人羡慕。不过我还有一个更大的愿望，就是登月。所以今天呢我们请到了国防科工委月球探测工程中心的胡浩主任。胡主任，我们知道嫦娥当年是吃了仙丹才飞到月球上去的。那如果我不吃仙丹，有什么办法能到月亮上去？

胡浩　我们的航天技术完全能帮助你上到月球上去。我们国家已经启动了月球探测计划。我们为它取了一个很好听的名字，叫做“嫦娥工程”。我们“嫦娥工程”目前规划了三步，在2020年前将要完成。首先我们在明年要实现首颗绕月探测卫星的发射任务。这一突破将使我们国家几千年的奔月梦想得以实现。后续我们不断地规划我们的发展，第二步我们要实现到月球上实现软着陆并且自动实行探查，第三步，我们要在月球上采样返回。

鲁健　看来我这辈子还是有希望到月球上看一看。

胡浩　完全有希望。

鲁健　我听说明年到月球去的这个“嫦娥一号”卫星呢会搭载30首歌曲去唱给嫦娥听，是这样吗？

胡浩　是的。由我们国防科工委和中央电视台、全国音协一起举办了歌曲的甄选活动，我们希望通过全国人民的广泛参与选出我们最喜欢的歌曲，把它带到月球，今天这个结果即将揭晓。

鲁健　太好了，我们可以赶在嫦娥之前先听为快，我们今天的晚会呢就选取了这30首歌曲中间的一首——《但愿人长久》

《但愿人长久》

作词：苏轼　作曲：梁弘志　演唱：陈思思
编舞：卢秋耀
伴舞：厦门城市现代舞团
　　　厦门演艺职业学院

（灯光色调变化：蓝色舞台灯光渐变为浅蓝浅紫，比伴舞人员的蓝色服装颜色浅，以突出演员。绿色V形电脑光穿插其中。）

明月几时有
把酒问青天
不知天上宫阙
今夕是何年
我欲乘风归去
唯恐琼楼玉宇
高处不胜寒起舞弄清影
何似在人间
转朱阁低绮户照无眠
不应有恨何事长向别时圆
人有悲欢离合
月有阴晴圆缺
此事古难全
但愿人长久
千里共婵娟
我欲乘风归去
唯恐琼楼玉宇
高处不胜寒起舞弄清影
何似在人间

转朱阁低绮户照无眠
不应有恨何事长向别时圆
（月）时圆
人有悲欢离合
月有阴晴圆缺
此事古难全
但愿人长久
千里共婵娟

薛晗喆 观众朋友，晚会进行到现在呢，我们已经收到了来自世界各地的华人华侨给我们发来的祝福短信。那么下面是平安保险的祝福时刻。中国平安保险股份有限公司祝全球华人幸福快乐平安如意。（闽南语，祝您中秋快乐）

鲁　健 （闽南语，祝您中秋快乐）这是闽南话。这次来厦门我们发现闽南话确实好听，温柔。而且佩岑应该会说。

侯佩岑 是啊，闽南话其实是全球华人的家乡话。在这里也要用闽南语祝福大家身体健康。继续我们来听一听这首非常好听的闽南歌曲《望春风》。

主持人下台（左下）

歌曲《望春风》

作词：李临秋　娃娃　作曲：邓雨贤
改编：吴玉群　演唱：陈心骐　Classical

（灯光色调变化：舞台上方黄色聚光灯，白色射灯，舞台光主色调为浅红色，左右两边的排灯红色渐变，衬出歌曲中春风的感觉，同时也和演员粉红色、白色的服装相称。）

（视频在蓝色调中穿插春天的绚丽缤纷的色彩，突出歌曲《望春风》的春意）

【演员上下场调度：女演员左上，男演员右上】

陈心骐 独夜无伴守灯下　春风对面吹
十七八岁未出嫁　看着少年家
果然标致面肉白　谁家人子弟
想要问伊惊歹势　心内弹琵琶

Classical 谁说女人心难猜　欠个人来爱
花开当折直须折　青春最可爱
自己买花自己戴　何不放开怀
谁说女人心难猜　欠个人来爱

合 花开当折直须折　青春最可爱
花开当折直须折　青春最可爱

歌曲《浪子的心情》

演唱：叶启田　作词：蒋锦鸿
作曲：陈二郎

（灯光色调变化：追光追随演员出场，舞台灯光台左向台右渐变至深蓝，舞台顶部蓝色射灯交织）

（大屏幕黄色调视频为主，大量简单抽象的色块制造出怀旧感，也与这首歌的意境相符。这首歌的选取既表达了中秋佳节游子在外不能团圆的心情，也通过这首老歌的经典演绎对老歌逝去的时代作一种怀念，容易引起海外侨胞的共鸣）

【演员上下场调度：在主舞台上亮相并由楼梯走下，自右下场】

浪子的心情
亲像天顶闪烁的流星
浪子的命运
亲像天顶蚂蚁的心理
我嘛是了解　生命的意义
我嘛是了解　周围无了时
我嘛是想要　好好来过日子
我嘛是想要　我嘛是想要
重新来做起
谁人来了解
谁人来安慰
我心内的细微

浪子的心情
亲像天顶闪烁的流星
浪子的命运
亲像天顶蚂蚁的心理
我嘛是了解　生命的意义
我嘛是了解　周围无了时
我嘛是想要　好好来过日子
我嘛是想要　我嘛是想要
重新来做起
谁人来了解
谁人来安慰
我心内的细微
（浪子的心情）
（亲像天顶闪烁的流星）
（浪子的命运）
（亲像天顶蚂蚁的心理）
我嘛是了解　生命的意义
我嘛是了解　周围无了时
我嘛是想要　好好来过日子
我嘛是想要　我嘛是想要
重新来做起
谁人来了解
谁人来安慰
我心内的细微

【主持人左上】
（垫乐起）

陈　玲　刚才的歌曲传唱了很多年，可以说是很多流浪在外的华人刻骨铭心的记忆。

季小军　是，我相信很多华人对刚才的这些歌曲都是深有感触。那么在这个特别的日子里我们也祝愿所有的游子中秋佳节快乐，合家团圆。那么寄托游子思乡之情的除了老歌，还有姑嫂塔的传说。

薛晗喆　我们福建的姑嫂塔说传递的就是无尽的思念和盼归的呼唤。

三人舞《守望》

作词：华晓春　作曲：董月璇　朗诵：赵彬
编舞：张国良　舞蹈：余颢　梁茜　杨秋
（灯光色调变化：蓝光）
【演员上下场调度：男舞蹈演员持箫台右站定　追光　音乐起　解说起。女舞蹈演员左台站定追光。舞蹈结束时，女演员定在舞台楼梯下左边，给追光，男演员定于楼梯上，给追光】

解说　在闽南，在宝盖山，在相思的高度，隔着800多年的南音幽幽，穿越苍茫大海，至今，人们还能清晰地看见一座塔，唤作姑嫂塔，她的姓氏是坚忍，她的模样是眺望。不是每一座高山都够得上期盼。闽南姑嫂就一次次将石块怀抱肩扛，至于山巅，堆砌长台，望断秋水。她们又剪下秀发揉搓成线，踮起脚尖举高风筝，放飞思念。于是，千山听见了呼唤，绵延不绝匍匐而至，期待相拥。于是，百川都看见了泪光，潮起潮落，动地撼天。于是等待就瘦成了塔，年年岁岁耸立在时间之上，于是塔就有了光芒，从此照亮回家的方向。风雨里的姑嫂塔啊，其实就是一个唤归的手势，船行万里都能看见。黎明里的姑嫂塔，恍若一块灿烂的玉，闪烁着人世间最朴实的光华。而此刻，月光开道，秋风浩荡，夜色中的姑嫂塔，又独上山岗，在帆的上面踮起脚尖，守望万顷波光。

歌曲《感恩的心》

作词：陆坚　作曲：印青　编舞：卢秋耀
伴奏：厦门城市现代舞团　厦门演艺职业学院
演唱：刘媛媛
（灯光色调变化：舞台灯光蓝色调，舞台上

方蓝色排灯、射灯，星形电脑灯）
（舞台效果：会场上空冷焰火）
（舞台后面大屏幕红色调视频　对切歌手画面，左右两边视频蓝色调）
【演员上下场调度：音乐起　演员左上　追光】

当年离家的时候
天上挂满星星
我要去远方把梦想
把梦想追寻
含泪的父亲忙着装点行囊
最难忘的是母亲嘱咐叮咛
感恩的心　献给父亲母亲
你们的辛勤哺育才有我成长的生命
感恩的心　献给父亲母亲
你们的健康是儿女最大的荣幸
窗外霓虹化作夜空的寂静
我看见爱人操劳
操劳的背影
疲惫的你啊承受生活的风雨
最理解的是你忠贞的爱情
感恩的心　献给我的爱人
你的呵护关爱才有我美丽的生命
感恩的心　献给我的爱人
你的笑容是我最美的风景
感恩的心　献给父亲母亲
你们的辛勤哺育才有我成长的生命
感恩的心　献给我的爱人
你的笑容是我最美的风景
啊　啊　感恩的心

（片头视频：海峡两岸及全国各地的华人在中秋之际表达思念之情）
【画外音】　中秋，思念，溶解时空的距离。明月，凝聚全球华人的团圆。当月光铺满海峡，让我们倾情期待中国厦门2006中央电视台中秋双语晚会。

主持人上场（站定　追光　音乐起　垫乐《鼓浪屿之波》蓝光）
林栋甫　江河的水一直在流淌，他们知道要去哪儿，他们汇到了大海里继续奔流，就如同我们生命旋旋律。去了一天又来一天，过了一年又是一年，时间它总是如期而至。今晚，你在那儿，我在这儿，我们知道，我们的心跳在同一个节拍上，我们感受生命的节奏，我们的双手在一起，在同一架钢琴上。
（垫乐减弱）

鼓浪屿分会场
（舞美：港仔后沙滩　透明舞台搭在水中白色钢琴）

四手联弹《秋月》廖隽嘉　陈冠宇
（灯光色调变化：追光）
（舞台和钢琴在海边，琴声伴着涛声，展现“钢琴之岛”的优雅气质和音乐底蕴。）
【演员上下场调度：坐定追光】

主会场
《月圆花好》
作词：范烟桥　作曲：严华
编曲：陈柔睁　演唱：伊能静
编舞：卢秋耀　伴舞：厦门城市现代舞团
（灯光色调变化：紫色调追光自舞台后方追自舞台楼梯下　舞台上方及左右两边红色排灯蓝色射灯）
（道具：扇子）（舞台效果：舞台顶上冷焰火）（大屏幕蓝紫色调视频）
（演员上下场调度：音乐起　由舞台后方升降台升起）

浮云散　明月照人来
团圆美满　今朝醉
清浅池塘　鸳鸯戏水
红裳翠盖　并蒂莲开
双双对对　恩恩爱爱
这园风儿向着好花吹
柔情蜜意满人间
（清浅池塘　鸳鸯戏水）
（红裳翠盖　并蒂莲开）
双双对对　恩恩爱爱
这园风儿向着好花吹
柔情蜜意满人间

歌曲《天涯歌女》
作词：田汉　作曲：贺绿汀　演唱：张燕
编舞：卢秋耀
伴舞：厦门城市现代舞团
　　　厦门演艺职业学院
（灯光色调变化：追光　蓝色调舞台灯光，蓝色排灯、射灯）（大屏幕蓝色调视频，左右两边屏幕红色黄色视频。民歌唱法演绎老歌，同样是烘托团圆的主题。）
（演员上下场调度：左上　右下　追光）

天涯呀海角
觅呀觅知音
小妹妹唱歌郎奏琴
郎呀咱们俩是一条心
哎呀哎哎呀郎呀
咱们俩是一条心
家山呀北望
泪呀泪沾襟
小妹妹想郎直到今
郎呀患难之交恩爱深
哎呀哎哎呀郎呀
患难之交恩爱深
人生呀谁不
系呀系青春
小妹妹似线郎似针
郎呀穿在一起不离分
哎呀哎哎呀郎呀
穿在一起不离分

【主持人左上，追光，站定垫乐起，左下】

季小军　谢谢，非常好听的一组老歌。那么我们听到这些歌曲的时候脑海里就会浮现出一幅幅熟悉的画面，因为在我们记忆深处有的不仅仅是老歌，更多的是我们自己的故事。

曹　众　是啊，这些歌就像陈年的佳酿，日久弥新，又像记忆中的支点，把全球华人都连系起来了。

季小军　那就这样吧，我们继续去听歌，去记住曾经的激动，去记住曾经的思念。（英文串词略）

曹　众　在我们的记忆中一定有一首费玉清的歌。掌声有请。

季小军　费玉清，有请。

《凤凰于飞》
作词：黎锦光　作曲：黎锦光
演唱：费玉清（台湾）
（灯光色调变化：蓝光，排灯、射灯，追光跟演员上场下场）（多颜色视频，大屏幕对切观众画面）
【演员上下场调度：音乐起，由舞台后方升降台出场，追光跟至楼梯下】

柳媚花妍　莺声儿娇
春色又向人间报晓
山眉水眼　盈盈的笑
我又投入了爱的怀抱
像凤凰于飞在云霄
一样的逍遥
像凤凰于飞在云霄
一样的轻飘

分离不如双栖的好
珍重这花月良宵
分离不如双栖的好
且珍重这青春年少
莫把流光辜负了
莫把流光辜负了
要学那凤凰于飞
凤凰于飞在云霄
凤凰于飞在云霄

季小军画外音 有请来自香港的赵雅芝演唱《万水千山总是情》。

歌曲《万水千山总是情》
作词：邓伟雄 作曲：顾嘉辉 编曲：王华
演唱：赵雅芝 编舞：卢秋耀
伴舞：厦门城市现代舞团
厦门演艺职业学院
（灯光色调变化：主舞台周边区域、大屏幕周边蓝光，舞台左右、台前红光渐变紫光、蓝光）
（道具：手杖）（大屏幕对切游轮分会场外景，歌曲中会场上空、台前冷焰火。焰火效果突出老歌的经典华丽效果）
【演员上下场调度：音乐起，由舞台后方升降台出场，追光跟至楼梯下，右下】

莫说青山多障碍
风也急风也劲
白云过山峰也可传情
莫说水中多变幻
水也清水也静
柔情似水爱共永
未怕罡风吹散了热爱
万水千山总是情
聚散也有天注定
不怨天不怨命
但求有山水共作证
莫说青山多障碍
风也急风也劲
白云过山峰也可传情
莫说水中多变幻
水也清水也静
柔情似水爱共永
未怕罡风吹散了热爱
万水千山总是情
聚散也有天注定
不怨天不怨命
但求有山水共作证
但求有山水共作证

鲁健画外音 有请著名歌手朱桦演唱《船歌》。

《船歌》
演唱：朱桦 词曲：罗大佑 编曲：高翔
编舞：卢秋耀 陈国雄
伴舞：厦门城市现代舞团
厦门演艺职业学院
（灯光色调变化：追光蓝光）（道具：小船）
（大屏幕对切游轮分会场。让演员乘小船在水景中泛舟并演唱，歌曲本身迎合了“海峡月”的主题，情境式的表演更具有美感，也稍稍区别开之前的上场方式，这个节目的编排变得具有亮点。）
【演员上下场调度：乘小船自水景右边出】

姐儿头上戴着杜鹃花呀
迎着风儿随浪逐彩霞
船儿摇过春水不说话呀
水乡温柔何处是我家
船儿摇过春水不说话呀
随着歌儿划向梦里的他
嘴儿轻轻唱呀不说话呀
水乡温柔像那梦里的画
嘴儿轻轻唱呀唱不休呀

莲花飘过歌声似水流
船儿摇过春水不停留呀
摇到风儿吹波天凉的秋
船儿摇过春水不停留呀
鱼儿双双结伴水底游
谁的船歌唱得声悠悠
水乡温柔来到天凉的秋

季小军画外音 接下来有请来自香港的郑希怡。

《舞吧舞吧》
作词：李峻一 作曲：陈辉阳 圣桑
演唱：郑希怡 编舞：陈国雄
（灯光色调变化：紫光主色调，排灯红光，频闪，绿色V形电脑光）（舞台效果：焰火）（视频为频闪画面，绿色调）
【演员上下场调度：左上】

没法跟上这节奏
你也会汗叠汗不停舞动吧
没法跟上相爱那节拍却会被就地正法
谁人热恋都总会害怕
和坏人行错了吧
犹如是探戈那脚步全无踏错
怕跟你步伐未够夹
你胆色不够好所以躲于威化中
你与影子起跳怎么可满足
你身高不够高有我弯低身抱拥
与你高低起跌引导着跳舞
而相恋就等于连场热舞
跳舞吧你别停步无论谁自夸比你好
要火花能继续要优雅去踏步
落力跳得越好厚爱你的随处也做到

【主持人上场（垫乐起《鼓浪屿之波》追光左上 站定 大屏幕对切海峡夜景）】
鲁 健 这些年来有越来越多的台湾的朋友呢来大陆投资。那我认识的几位好朋友，他们几乎可以当年说是白手起家，但是呢，经过多年的经营，现在呢，在大陆的生意可以说非常的好，取得了巨大的成功。
侯佩岑 是，以康师傅闻名的鼎新集团就有相当优越的表现，在大陆投资了18年时间，产品也遍及了两岸各个角落，今天晚间他们也为我们捎来了祝福。
鲁 健 嗯，但是呢在这样一个夜晚呢可能很多的台商朋友们在大陆工作，可能没有办法和他们的家人们团聚了，那么通过我们的节目，也向你们发去一份祝福。
侯佩岑 同时我们也代表这些在外面拼命辛苦工作的子女们向家中父母问安，也献上这首歌曲《母亲》。

歌曲《母亲》
作词：车行 作曲：戚建波 演唱：阎维文
（灯光色调变化：追光，舞台红色调，红色排灯）
（舞台效果：歌曲中间及结尾焰火）
【演员上下场调度：由舞台后方升降台上场，追光，右下】

你入学的新书包有人给你拿
你雨中的花折伞有人给你打
你爱吃的（那）三鲜馅有人（他）给你包
你委屈的泪花有人给你擦
啊，这个人就是娘
啊，这个人就是妈
这个人给了我生命
给我一个家
啊，不管你走多远
无论你在干啥

到什么时候也离不开
咱的妈
你身在（那）他乡住有人在牵挂
你回到（那）家里边有人沏热茶
你躺在（那）病床上有人（他）掉眼泪
你露出（那）笑容时有人乐开花
啊，这个人就是娘
啊，这个人就是妈
这个人给了我生命
给我一个家
啊，不管你多富有
无论你官多大
到什么时候也不能忘
咱的妈

《大地之歌》
作词：国风　作曲：张千一　演唱：王丽达
编舞：阿秋
伴舞：厦门城市现代舞团
　　厦门演艺职业学院
（灯光色调变化：蓝光，舞台左右上方绿色排灯（衬托绿衣伴舞））
（大屏幕蓝色调视频，左右各有一块视频红色调，既保持了贴合晚会主题的蓝色调，也有表现歌曲大地之春的红色调带出春天的景象。选择这首歌曲，其实是代替全球华人一起感谢祖国母亲，在中秋佳节用这首歌曲把所有中国人的心联系在一起）
【演员上下场调度：右上】

虽与你相伴终生
仍觉得聚散匆匆
虽沐浴你的恩惠
却仍愿和你依偎
啊　大地　我无比热爱的大地
你用乳汁汇成江河
血流织成绿色的原野
你把骨肉耕成良田
泥土长出芳香的花朵
当生命在欢快的歌唱
而你却默默无语
这就是真正的爱
养育了万物却燃尽了自己
人都说太阳温暖
比不上你的挚爱
人都说大海辽阔
比不上你的胸怀
啊　大地　我无比眷念的大地
你用父亲般的坚强
教给我做人的勇气
你用母亲般的善良
赋予我朴实的品德
当万物在幸福中陶醉
而你却一无所得
这就是真正的爱
承受了苦难却无怨无悔

【主持人左上　垫乐起　追光　站定】
薛晗喆　中秋是个团圆的日子，也是人们期待重逢的日子，在外的人渴望回家，分别的人渴望重逢。
季小军　（英文串词略）今天在现场我们也请到了两位老朋友和大家重逢。
薛晗喆　是的。
季小军　他们很多的歌曲都是我们过去曾经的青春记忆。马上热情的掌声有请吴奇隆。
薛晗喆　陈志朋。
季小军　有请。

小虎队歌曲联唱　《祝你一路顺风》
作词：吴奇隆　作曲：李子恒
演唱：吴奇隆（台湾）
（灯光色调变化：蓝光）（舞台效果：第三首歌副歌起台前焰火）

【演员上下场调度：吴左上，陈右上。第三首歌音乐起，吴、陈走到舞台中央】

那一天知道你要走
我们一句话也没有说
当午夜的钟声敲痛离别的心门
却打不开你深深的沉默
那一天送你送到最后
我们一句话也没有留
当拥挤的月台挤痛送别的人们
却挤不掉我深深的离愁
我知道你有千言你有万语
却不肯说出口
你知道我好担心我好难过
却不敢说出口
当你背上行囊卸下那份荣耀
我只能让眼泪留在心底
面带着微微笑用力的挥挥手
祝你一路顺风
当你踏上月台从此一个人走
我只能深深的祝福你
深深的祝福你最亲爱的朋友
祝你一路顺风

《爱》

作词：陈大力　李子恒

作曲：陈大力　演唱：陈志朋

把你的心、我的心串一串
串一株幸运草、串一个同心圆
让所有期待未来的呼唤
趁青春做个伴
别让年轻越长大越孤单
把我的幸运草种在你的梦田
让地球随我们的同心圆
永远的不停转
向天空大声的呼唤说声我爱你
向那流浪的白云说声我想你
让那天空听得见、让那白云看得见
谁也擦不掉我們许下的诺言
想带你一起看大海说聲我爱你
给你最亮的星星说声我想你
听听大海的誓言、看看执著的蓝天
让我们自由自在的恋爱

《叫你一声 MY LOVE》

作词：陈乐融　作曲：李子恒

演唱：吴奇隆　陈志朋

从前有个传说
传说里有你有我
我们在阳光海岸生活
从日出尽情的享受
每一刻，让世界为了希望在转动
有些梦不做不可
有些话一定要说
我的心你该知道很久
有一天我要大声宣布我的骄傲
那是我太在乎你的结果
叫你一声 My love
亲爱的是否你也关心着我
能不能叫你一声 My love
该不该把眼泪聚成弯弯的
小河流把爱情唱做歌
能不能叫你一声 My love
亲爱的是否你在思念着我
能不能叫你一声 My love
是不是不相信童话太美好的结果
不敢来找我

【主持人左上】

（追光　站定　垫乐起《鼓浪屿之波》）

鲁　健　听着小虎队的歌真的是让我心潮澎湃啊，佩岑，真的可以说是我是听着小虎队的歌长大的。

侯佩岑　健哥，不可能吧，我想你听小虎队的时候都应该念大学了，我才是小学生。

鲁　健　哎呀，我有点装嫩，（侯佩岑：呵呵）应该这么说，我是听着小虎队的歌和他们一起长大的。

侯佩岑　那可以这么说，其实有很多人的记忆深处也许是一首歌曲，但也许是小的时候唱的童谣。

鲁　健　对，还有更多的好歌，那么接下来让我们进入中国移动全球通连线台北，再到台北的分会场去看一看。

台北分会场

【主持在台下观众中间】

（追光）

吴宗宪　我们现场啊来到底下给我们所有厦门群艺馆的少儿艺术表演团的小朋友大家SAY HI，你们好。

小朋友　好。

吴宗宪　哎呀，（小娴：好可爱。）小朋友你们今天要给大家带来什么样的歌啊？

小朋友　天黑黑。（小娴：好可爱。）

吴宗宪　天哪，这个我们都会唱，那我们一起来唱好不好？（小娴：我们也会，好。）那我们台湾的好朋友大家如果会唱一起唱。来，来，来，来，来，来。天黑黑。

我们厦门群艺馆少儿艺术表演团，嘿，欢迎他们的表演。

（灯光色调变化：聚光灯　追光）

【演员上下场调度：站定】

天黑黑欲落雨
阿公仔拿锄头欲掘芋
掘啊掘掘啊掘
掘到一尾旋流鼓
（依呀哎都）真正趣味
天黑黑欲落雨
阿公仔拿锄头欲掘芋
掘啊掘掘啊掘
掘到一尾旋流鼓
（依呀哎都）真正趣味
阿公仔欲煮咸
阿妈欲煮淡
二个相打弄破鼎
（依呀哎都呛锵齐呛）
（娃哈哈）
阿公欲煮咸
阿妈欲煮淡
阿公欲煮咸
阿妈欲煮淡
二个相打弄破鼎
（依呀哎都呛锵齐呛）
（娃哈哈）

爱丽丝：哇。

吴宗宪：掌声鼓励。

主会场

（蓝光紫光交替变换　焰火　电脑V形光束频闪）

鲁健解画外音　现场的朋友们，以最热烈的掌声有请来自新疆的小朋友阿尔法送上《青春舞曲》。

歌曲《青春之歌》

改编：王洛宾　演唱：阿尔法

（灯光色调变化：紫光，蓝色V形光束运动，追光，歌曲结尾变换红光）

（道具：吉他）（舞台效果：焰火）

（视频颜色绚丽。这首歌曲的选择和演员选择既代表少数民族，也代表少年儿童，也是为中秋团圆的主题而服务）

【演员上下场调度：左上右下】

太阳下山明早依旧爬上来
花儿谢了明年还是一样的开
美丽小鸟飞去无踪影
我的青春小鸟一样不回来
我的青春小鸟一样不回来
别的那哟哟
别的那哟哟
我的青春小鸟一样不回来

【主持人左上】
（追光　站定　垫乐起《鼓浪屿之波》）

曹　众　哇，两岸的小朋友的表演真的是太精彩了，好像一下子把我们带回了童年。

季小军　是啊，刚才我们也看到来自厦门的很多的小朋友在台湾的分会上也是玩的非常的开心。那么这两年来我们两岸的交流可以说是日益地频繁，啊，我们非常高兴地看到今年的中秋包机对飞已经成功的实现，而且厦门到金门的航线已经成为了一条情缘线，商贸线和生命线。也看到包括极马号在内的很多游船是往来两岸中间，啊，我们这条海峡是呈现出更加迷人的风情了。

侯佩岑　（英文串词略）希望我们身旁的这条海峡能够永远承载着两岸孩子们的欢声笑语。

歌曲《海峡风情》
作词：郑兴文　作曲：龙伟华
演唱：祖海　编舞：卢秋耀
伴舞：厦门城市现代舞团
　　　厦门演艺职业学院
（灯光色调变化：蓝光）（道具：蓝色长条绸布）
（舞台效果：蓝绿色焰火）
【演员上下场调度：左上】

海峡吹来一阵阵风　欢声笑语像浪花在涌动
亲亲切切握住双手　热热闹闹故乡情浓
海峡亮起一盏盏灯　香火渔火像鱼儿在游动
甜甜蜜蜜敞开心扉　圆圆满满不再是梦
常来常往不会孤独　陆路不通水路通
只要心中有了爱　日月也相拥
乡音乡情连接两岸　桥梁不通妈祖通
只要心中有了爱　山水也相逢
海峡亮起一盏盏灯　香火渔火像鱼儿在游动
甜甜蜜蜜敞开心扉　圆圆满满不再是梦
常来常往不会孤独　陆路不通水路通
只要心中有了爱　日月也相拥
乡音乡情连接两岸　桥梁不通妈祖通
只要心中有了爱　山水也相逢
山水也相逢

【主持人左上】
（追光　站定　垫乐起　焰火）

侯佩岑　各位观众朋友目前我们另外一个分会场，也就是全球通号油轮已经行驶过鼓浪屿慢慢离我们越来越近了。

鲁　健　我们的油轮呢，在伴随着月光行径的过程当中，可以领略整个海峡两岸经济区建设的气势如虹，厦门现在确实是一个国际性的都市，水美，月色美，人更美。

陈　玲　厦门呢是一个充满着温馨，充满着活力、文明、和谐的城市。我们也欢迎世界各国的人们常回厦门，常回家来看看，我们在世界这头等着你。

侯佩岑　（英文串词略）欢迎到厦门来玩。

歌曲《我在世界这头等着你》

演唱：陈好　改编：姚谦　作词：姚谦

（灯光色调变化：普通舞台照明）

（来回对切游轮全景、外景、海峡夜景、焰火燃放场景）

【演员上下场调度：站定于观众茶座中间】

Hi，do you remember
我们做过的梦
转眼之间
有多少已证实不可能了
但我们都记得
那段编织梦的过程
从此后
谁都取代不了的一种感受
我们都为了不同理由
分飞世界尽头
心中却难舍曾有过同个梦的心动
Yes I will remember
在你短短问候中
能感受你远在千里以外的温柔
在世界的两头
因为知道被爱着
我们不再觉得孤单
仿佛一双温柔的手还紧紧地握着
在彼此的心头这一秒都感受
再见面时我要拥抱你
让满天的星星
折射出因想念盛开的花朵

主会场

鲁健画外音　有请来自台湾的信乐团带来《天高地厚》。

歌曲《天高地厚》

演唱：信乐团　作词：武雄

作曲：詹凌驾　Keith Stuart

（灯光色调变化：演员定点光　追光　舞台红光紫光　黄光　蓝光）

（道具：贝斯　键盘　吉他　鼓）

（舞台效果：副歌处　焰火燃放）

（视频变换暖色，黄色橙色等）

【演员上下场调度：站定追光】

你累了没有　可否伸出双手
想拥抱　怎能握着拳头
我们还有很多梦没做
还有很多明天要走
要让世界听见我们的歌
准备好没有　时间不再回头
想要飞　不必任何理由
不管世界尽头多寂寞
你的身边一定有我
我们说过不管天高地厚
想飞到　那最高最远最洒脱
想拥抱　在最美丽的那一刻
想看见　陪我到最后谁是朋友
你是我最期待的那一个
你累了没有　可否伸出双手
想拥抱　怎能握着拳头
我们还有很多梦没做
还有很多明天要走
要让世界听见我们的歌
准备好没有　时间不再回头
想要飞　不必任何理由
不管世界尽头多寂寞
你的身边一定有我
我们说过不管天高地厚
想飞到　那最高最远最洒脱
想拥抱　在最美丽的那一刻
想看见　陪我到最后谁是朋友
你是我最期待的那一个
可以一起闯祸一起沉默一起走
可以一起飞翔一起沦落
不管天高地厚陪着我
陪我一起大声狂吼

想飙到　那最高最远最辽阔
想唱完　那最感动的一首歌
没看见　那天高地厚不肯放手
因为我有我想要的朋友
你是我最想要的朋友

【主持人左上左下】
（追光　站定　垫乐起）

季小军　好，谢谢信乐团带来的激情。

薛晗喆　谢谢，观众朋友，我们现在“全球通号”油轮已经满载着月光和星辉抵达了我们晚会的主场。

季小军　是啊，我们看见船上的灯火和现场的灯光是交相辉映，映照着每一张笑脸，笑脸上分明写着“我回家了”。

曹　众　是的，亲爱的朋友们让我们尽情享受这欢聚的时刻，让我们尽情感受永恒的中华情。

歌曲《黄种人》
演唱：谢霆锋　作词：周耀辉
作曲：谢霆锋
（灯光色调变化：追光　蓝光　绿光　黄光）
（舞台效果：焰火）
（大屏幕视频为中国书法和石狮，演员着中山装，伴舞穿着时装）
【演员上下场调度：由舞台后方升降台上场，追光】

来自翻过五千里的浪
还是在从前的城墙
所有历史退色后的黄
漆成夕阳染在我身上
来自流过五千岁的汗
还是传说中的城堡
所有倒在江湖里的黄
只等我来给他名状
黄种人来到地上
挺起新的胸膛
黄种人走在路上
天下知我不一样
越动荡越勇敢
世界变更要让我闯
一身坦荡荡到四方
五千年终于轮到我上场
从来没有医不好的伤
只有最古老的力量
所有散在土地里的黄
载着顽强背上东方
黄种人来到地上
挺起新的胸膛
黄种人走在路上
天下知我不一样
越动荡越勇敢
世界变更要让我闯
一身坦荡荡到四方
五千年终于轮到我上场
一直能用异光看我的黄色的脸
鲜红色的血
留在深山里的人
你说这是我的愤怒
我说这是我的态度
奋不顾身勇往直前
只有我们中国人
从来没有医不好的伤
只有最古老的力量
所有散在土地里的黄
载着顽强背上东方
越动荡越勇敢
流下属于我的黄
一身坦荡荡皇天在上
看我如何做好汉
一身坦荡荡皇天在上
看我如何做好汉

【主持人左上左下】
（追光　站定　垫乐起）

季小军　好，谢谢谢霆锋，再次热情的掌声送给他。

侯佩岑　就像刚刚谢霆锋所唱的一样，我们都是一家人，我们之间没有距离，而我们之间的亲情也会永远相连。

鲁　健　对，对于海峡两岸的亲人们来说，他们多么盼望有一天在海峡两岸搭起一座大桥，这样的话，两岸的亲人就可以在桥上自由地往来了。那么今天晚上我们将通过一种特殊的方式帮助您完成这样一个愿望。

季小军　对，我们今天就要用先进的电视技术，来帮您实现这个愿望。去搭建这个金厦大桥。好了，电视机前的观众朋友们，您现在就可以通过电视屏幕来领略一下我们这座亲情桥梁的风采。

曹　众　好的，亲爱的观众朋友们，现在就让我们通过电视，通过我们的心的搭建这座金厦大桥和海那边的朋友们团聚。

鲁　健　这是一次心灵的相聚。是，这是一座心灵之桥。

季小军　英文串词略

歌词《台湾同胞》

作词：于宗信　作曲：钊邦　演唱：刘欢
（灯光色调变化：追光　红光　红光排灯　舞台上方造型灯蓝光）
（舞台效果：焰火）
（大屏幕蓝色调。对切海峡两岸的外景。这首歌作为最后一个节目揭示了整个晚会的最终主题，表达出对祖国统一的盼望和对台湾同胞的友情及思念之情。无伴舞形式，用歌声和歌曲表达的情感来镇住舞台）

【演员上下场调度：音乐起由舞台后方升降台出场。第二段副歌，所有演员自左右台口交替上场】

我站在海岸上
把祖国的台湾省遥望
日月潭碧波在心中荡漾
阿里山林涛在耳边震响
台湾同胞我骨肉兄弟
我们日日夜夜把你们挂在心上
台湾同胞
我站在海岸上
把祖国的台湾省遥望
日月潭碧波在心中荡漾
阿里山林涛在耳边震响
台湾同胞我骨肉兄弟
我们日日夜夜把你们挂在心上
台湾同胞我骨肉兄弟（所有演员上场谢幕）
我们日日夜夜把你们挂在心上
我们日日夜夜把你们挂在心上
挂在心上
挂在心上

【主持人左上】
（追光　蓝光　垫乐《鼓浪屿之波》站定，焰火）

鲁　健　这是一个团圆的夜晚，这是一个欢腾的夜晚，今宵月光如水，万里江山同沐浴。

侯佩岑　今夜我们能够和大家一起共度，让中秋节变得十分的有意义。今夜花好月圆，华夏儿女心相连。

薛晗喆　明月见证，今宵亲人相拥，歌声浩荡。

曹　众　大海见证，今宵海峡欢歌，亲情无限。

季小军　但愿人长久。

陈　玲　千里共婵娟。

季小军　英文串词略。

鲁　健　亲爱的朋友们，中央电视台 2006 海峡月中华情中秋晚会到此结束，明年中秋再见。

所有主持人　再见！明年再见！

（聂夏敏　整理）

2007年

“祝福河北”
河北电视台2007年春节联欢晚会

播出台：河北电视台
播出时间：2007年
总导演：卢敬爱　王建平

开场舞：《擂年》
作曲：卞留念、丁继
编舞：王家朋、肖畅、杜燕峰、王国辉
表演：河北艺术职业学院武警
河北总队政治文工团
河北省深泽县育才学校
中国人民解放军军械工程学院政治部文艺队
吴桥杂技大世界红牡丹演出团
河北梆子剧院小百灵演出团
（灯光：舞台灯光以喜庆、祥和的黄光为主，电脑灯频闪营造热烈气氛）
（服装：红色、金色为主的裤装和粉色裙装）（舞台特效：烟花）
【舞台调度：舞台中间站定开场，群舞演员围绕着一尊大鼓表演，大鼓上站领舞演员，鼓前排有4排小鼓】

【晓伟、王颖、大纲、李迎、于辉、佟凯走到舞台中间】
于辉　尊敬的各位领导、各位来宾。
佟凯　河北的父老乡亲们。
王颖　我们给大家——
合　拜年啦！
王颖　爆竹声中辞旧岁。
晓伟　千家万户迎春归！
大纲　亲爱的观众朋友们，这里是“祝福河北”——2007年河北台春节联欢晚会的现场。谢谢朋友们的收看！
于辉　今年的春节联欢晚会，我们在民间还进行了广泛的征集活动，其中包括“魅力河北”节目征集和“祝福河北”春联征集。
佟凯　仅仅“祝福河北”春联征集，我们就收到了来自全国各地的优秀春联3000多幅。
李迎　今天，在晚会的开始呢，我们就把其中几幅作品先送给大家。
大纲　这春联和我们一起，为全省的观众朋友送去祝福、送去吉祥、送去欢乐。
王颖　好，首先来看我们送出的这幅春联。上联是：渤海起春潮，声声若鼓催强省。

晓伟 下联是：荧屏传笑语，事事随心送祝福。（作者：河北涞水，苗云泽）在这里，我们要祝福我们亲爱的家乡燕燕日上、繁荣富强！

于辉 好，再来看一看，我们为大家送出的春联，上联是：新农村、新景象，新地新天新世界。

佟凯 下联是：好政策、好和谐，好山好水好生活。（作者：江西新建，卢炜）我们把它送给大家，祝所有的朋友生活幸福、万事如意！

李迎 好，下面来看我们给大家送出的春联：欢乐起荧屏、一曲和谐传万里。

大纲 下联是：吉祥呈晚会、三春绚丽绽千家。我们把这幅春联特别送给现场及电视机前的观众朋友们，祝福大家新年吉祥，新春如意！

晓伟 好，我们的横批有了，它就是——

于辉 等一等，因为今天还有三位朋友和我们一起为大家送上横批，我们现在就请他们上场！

【舞台调度：三位幸福传递者从舞台中央的升降台出场】

于辉 大家都看到了，这三位呢就是在片头和宣传片里面跟随我们春晚剧组跑遍了河北各地的幸福传递者。

佟凯 他们在把祝福送遍了燕赵大地的同时，也把来自全省各地的祝福汇集到了今天的晚会现场，并通过我们的荧屏送到千家万户。

幸福传递者 王松、赵荣博、王柏。

合 大家好，我们给大家拜年了。

大纲 相信所有的朋友们已经明白了，我们的横批就是：

合 祝福河北。

（特效：烟花）

歌舞《燕赵春来》

作词：建忠 作曲：刘礼民

编舞：王巨龙 演奏：中国乐秀

伴舞：河北艺术职业学院

演唱：李佳、韩蕾、刘玥

（灯光：蓝光为主光）（道具：6个雪人，16片大树叶）

（“魅力河北”征集歌手们从道具树叶后面走到台前演唱）

【舞台调度：领舞演员从上台口到舞台中间，其余在道具后面站定】

你乘着雪花轻盈而来
你迎着细雨悄悄而来
你舞动着海风破浪而来
你越过山岗踏歌而来
你来 天地就开
你来 大潮澎湃
你来 冰凌融化
你来 花儿才开
季节的心灵打开

【中国乐秀成员从两侧台口上台，走到舞台中央演奏，演奏完毕后退到舞台两侧，歌手站在舞台后方台阶上演唱】

【第七届CCTV电视模特大赛参赛选手褚楚及十位模特从舞台后方台阶上走下】

你奔向燕山欢笑而来
你穿过太行祝福而来
你播种吉祥穿山而来
你放飞好运高歌而来
你来 希望绽开
你来 和气常在
你来 天地精彩
你来 燕赵开怀
所有的梦想打开

【主持人串场在舞台左侧主持人区域站定】

佟凯 一首《燕赵春来》把春天的温暖带到了我们的面前，也带给了现场的所有观众朋友。

于辉 今天我们的晚会现场还请来了来自社会各界的朋友，让我们再一次响起热烈的掌声欢迎大家的光临。

佟凯 近年来，我省的电视剧创作取得了丰硕的成果，像《光辉岁月》、《当家的女人》等，这些电视剧一经播出，就在全国赢得了一片好评。这要过年了，我听说《当家的女人》中的主人公菊香和二柱也坐不住了，他们非要张罗着给乡里乡亲们办一台自己的春晚，而且，据说呢，还要跟我们这台晚会一比高下。那效果怎么样，您别着急，不妨跟着我一起去看一看。

小品《男人要当家》

作者：马云路　导演：周彪、王巨龙

编曲：尹铁良　表演：孙涛、王茜华、李建民、郝俊臣、周中房、张计堂

伴舞：河北艺术职业学院

【孙涛、王茜华列队上场】

孙 大水缸乡、大水桶镇、大水瓢村，迎新春文艺晚会现在正式开始。第一个节目：诗朗诵《啊，农民之歌》，作者李二柱、张菊香。

王 停！把张菊香放在前面。

孙 为什么？

王 什么为什么，咱家我当家，让你说你就说呗。

孙 作者张菊香、李二柱。

王 停！你说张菊香的时候声音能不能大点啊。

孙 作者张菊香、李二柱，导演——

王 张菊香。

孙 表演张菊香，张菊香丈夫李二柱。

王 对嘛，这才对，你记住，我才是主演。开始！

孙 啊，主演呐？

王 说什么呢？

孙 啊，山峰啊，咋就峰连着峰山连着山呐？

王 因为那是燕山连着太行山。

孙 田野啊，咋就那么平啊。

王 因为那是咱们的华北大平原。

孙 啊，啊……起不来。

王 新春佳节到眼前。

孙 文明时尚过大年。

王 喝酒举杯可别总干。

孙 别学我，喝了一顿醉了三天。

王 放花放炮要安全。

孙 别学我，差点就把眼炸瞎。

王 健康娱乐不要钱。

孙 别学我，连上一代裤子都输干。

王 守法纪，不赌不嫖不坑骗。

孙 别学我，又赌又嫖又坑骗。

王 哈哈。

孙 瞧把你美的，我说张菊香，怎么什么好事都是你的，什么坏事都是我李二柱的。

王 哎呀这不排节目为了搞宣传吗。

孙 不行，这节目都三年了，年年都是这个节目！村里人见了我都是："李二柱，别学我！"来的时候，羊见了我都是："咩，李二柱，别学我！"不演！

王 我说李二柱，你今天不听我的话了？

孙 我为什么要听你的话啊？啊？我变了！现在我好了，我进步青年了。

王 晚了，那《当家的女人》电视剧它早就放了，全国人民都知道你李二柱以前是啥样。

孙 我倒霉就倒霉在这《当家的女人》身上了。我告诉你，今天这节目得我说了

算，我要当家！

王 你当家？你怎么当家？你当得了家吗？

孙 当得了。

王 家里钱让你输光了，好好的一个养殖场让你办砸了！你这个人的心眼就这么一点点，我不能跟男人说话，一说话就……观众朋友们，这李二柱说他想当家，你们大伙说说他能当这个家吗？

观众 能！

王 什么？我看出来了，你们在座的都是李二柱的亲戚。

孙 呵呵，谢谢大家啊！谢谢大家支持，我已经决定了，明年投拍一部50集电视连续剧《当家的男人》！

王 吹吧！

孙 吹吧？今年中央电视台第一部大戏《镇长》，就是咱河北拍的，拍得非常好，收视率非常高，知道吗？

王 我当然知道，我不比你清楚。

孙 还有，咱隔壁高家庄，已经开始自己拍电视剧了。

王 真的？

孙 当然了。

王 二柱，咱们村可不能落后，咱们也得拍一个电视剧。

孙 别着急，咱们首先的问题是要解决春晚的问题，今年春晚，我们已经决定了，要排一部大型的音乐剧。

王 大型音乐剧？那怎么拍啊？

孙 要搞好的话，首先要把剧组建好。

王 那就赶紧建啊。

孙 同志们，上！

（演员从舞台左侧跑上）

孙 同志们好。

演员 领导好。

孙 同志们辛苦了。

演员 为了千家万户。

孙 张菊香，我给你介绍一下，这些可都是真人啊，介绍一下。

男演员1 张总好，我是农民导演，我的代表作是《石门东郊收藏队》，谢谢大家。

女演员1 张总好，我是副导演，我的代表作是《真爱一生，欢天喜地过大年》。

男演员2 俺是摄像师，俺的代表作是《真爱一生，欢天喜地过大年》，俺说话有点不太清，但是俺拍的作品一级棒！

男演员3 我是灯光师，谢谢大家。

男演员4 我是音响师，谢谢。

王 哎，二柱，我说大家都分配职务了，你是什么呀。

孙 我是总导演、总策划、总制片人。

王 那我呢？

孙 你是总负责送盒饭的。

王 我不，我要当演员。

孙 你嚷嚷什么？什么场合什么地点？春晚！对总导演这个样子说话，你还想不想混了。

王 李二柱，二柱。

孙 导演组同意了，撤掉一个女演员，换上张菊香。

王 二柱，你真好。

孙 注意影响，别拉拉扯扯的。

王 演员同志们准备好了吗？导演准备好了吗？摄影、灯光、音响？好！5、4、3、2、1，开始。

（秧歌演员从舞台两侧上场表演秧歌舞蹈）

庄稼汉，庄稼汉
燕赵农民千百万
千里大平原
旧貌换新颜
生态村　文明户
文明连成片
站的高　看的远
干他个地覆天也翻

站得高　看得远
干他个地覆天也翻
科技兴农　科技种田
咱新农民建设新家园

舞蹈《俏妞画年》2分40秒

作曲：尹铁良

编舞：王家朋　肖畅　杜燕峰

表演：河北艺术职业学院

（舞台调度：舞蹈演员站定开场）

（灯光：春光明媚的绿色调）

佟凯　今晚，通过“魅力河北”的征集，入选春晚的所有来自基层的演员们都将有幸同他们心中的明星，我们的艺术家们同台演出。那在这呢，我们也向所有的观众朋友们发出真诚的邀请，希望你们踊跃投票。

于辉　是呀，所以说，支持他们也是在支持你们自己，因为这是我们共同打造的晚会，也是我们河北的父老乡亲，在春天发出的第一声问候。

歌舞《太行山歌》

编曲：刘礼民　编舞：王巨龙

伴舞：河北艺术职业学院

演唱：梁增斌（美丽河北征集歌手）
　　　罗琳（美丽河北征集歌手）
　　　田毅

哥走那个山梁
妹走那个沟
咱二人定计摆摆手
梁梁上的草来
沟沟里的水
咱二人咋好没亲过嘴
哥走那个山梁
望不到头
房低呀房高呦长荒蒿
因为呀盼你呦踩成一条道
阳坡里的糜子
北坡里的谷
因为想你呦背地里哭

相声《小童星和老顽童》7分23秒

作者：孙晨

表演：侯耀华、贾云哲

侯耀华　本来我们爷俩准备演个节目，结果碰上贾云哲了，非说让我们跟他一块儿演个节目。结果呢，你人都哪去了？让我说扮演一个老爷爷，你呢？

贾云哲　您先扮好了再说，而且您也没胡子啊。

侯耀华　有胡子你就能把他们都叫来？哼，你以为呢，胡子来了。（把道具胡子拿出来戴上）

贾云哲　好，那我就叫去啊。来，大家都上来。

（一群小演员从左侧上台）

侯耀华　他们都会演节目？

贾云哲　那是。

侯耀华　真的吗？那我得考考他们，你们谁会演节目就给咱们演一个，怎么样？大伙给鼓鼓掌。

（小演员分别表演绕口令和彩铃片段）

贾云哲　不错吧？

侯耀华　嗯，不错，不过我告诉你，你们这些小朋友大侠算是最小的了吧？你看我旁边，我们这姑娘比你们都小，但是她的本事可不小，你不信让她来一段？

（崔曦元站起来，表演山东快板）

侯耀华　太好了，我说贾少爷，人家都演了，你露一手吧？

贾云哲　我我我，我啊，那行，我就唱一首歌，现在最流行的《月亮之上》，送给大家。

侯耀华　好好好，欢迎欢迎。

（贾云哲表演清唱）

侯耀华　唱得不错，虽然没有伴奏带着，但也有缺点，这次唱的不太清楚，以后得注意，知道吗？

贾云哲　是呀，我已经唱的够清楚了。

侯耀华　不过啊，说心里话，刚才我还埋怨你蒙了我呢，我才发现你没骗我，但是有一样啊，我也给你们准备了一个礼物，咱得让大伙说，给你们还是不给。

贾云哲　大伙说，给不给啊？

场下观众　给！

侯耀华　好嘞，宝贝儿，把这礼物给他们点着了瞧瞧。

（道具冷烟花现场喷放）

侯耀华　在这里，我就给河北的父老乡亲们拜年了。

小演员们　也祝所有的爷爷奶奶像我们一样，童心无限！

（串场视频）

歌舞《美美生活好滋味》

作曲：印铁良　编舞：王巨龙

表演：石家庄艺术学校

　　　卢龙县文化馆业余舞蹈队

（舞蹈演员舞台中央站定开场。红色、喜气洋洋的灯光为主色调）

晓伟　哎呀，太精彩了，大妈请您留步。您先喘口气，这么精彩的节目我认为可以再鼓一次掌！大妈我想问您一下，今年高寿啊？

舞蹈演员　今年我快70岁了。

晓伟　当奶奶的年龄了啊，但是看精神头啊，很多年轻人都未必比得上您。

舞蹈演员　在这次和年轻人的PK中，我们也都赢了小伙子们。

晓伟　大妈够时髦的啊，PK这词都用上了。大妈是这次美丽河北演员征集中年龄最大的一位。这样大妈，您代表老年朋友们给我们说几句吉祥话吧。

舞蹈演员　我代表老年朋友们给电视机前的朋友们拜年了，祝大家在新的一年里心情愉快，在猪年滚滚发财。

（串场视频30秒）

舞蹈《踏古嘻春》

作曲：卞留念　编舞：王家鹏、肖畅

表演：河北艺术职业学院

【演员站在道具鼓上开场】

（干冰特效）

歌曲《留下你的爱》

作词：晚笛　作曲：刘军科

演唱：郭玉红

编舞：王巨龙　伴舞：河北艺术职业学院

【舞蹈演员手持晚会吉祥物风筝从左侧走上舞台，歌唱演员站定开场】

你从天外来
乘着风雨来
风吹吹雨飘飘
带着浪花来
这里有你的情
你的胸怀最豪迈
留下的传说不会老
浪花含笑为你开
留下你的爱
真情深似海

留下你的爱
一片冰心君再来

你从远方来
叫着云而来
心丹丹云飘飘
乘着红霞来
这里有你的爱
你的声音最精彩
留下的故事这样美
云儿为你总徘徊
留下你的爱
海潮滚滚来
留下你的爱
一片豪情君慷慨

小品《喜宴》

作者：建忠　导演：周彪、岳有才、王巨龙
表演：李嘉存、韩剑光、徐迎
伴舞：河北艺术职业学院
　　　石家庄艺术学校
伴奏：河北省京剧院

李嘉存　今天我老李在这要娶媳妇！什么，身体怎么样？身体没问题，还那样，牙好胃口就好，身体倍儿棒，吃嘛嘛香！派人接媳妇去了，马上就到。待会人多，有照顾不到的，各位千万别挑我的眼啊。

韩剑光　哎呦，东家。

李嘉存　怎么了？

韩剑光　出了大事了！今天起得早出门迎花轿，跑出十里道愣是没接着。急得我呀脖子望断了鞋也被甩掉，回来找东家，您得给报销。

李嘉存　报销报销，你就是财迷。我告诉你啊媒婆，只要你把新娘给接来，别说一双鞋了，一百双鞋我都给你买。

韩剑光　真的。

李嘉存　那当然了。

韩剑光　好，徐媒婆。

徐　迎　来了，大家新年好。新娘啊，人来了。

（12个身穿黄色长袍的轿夫抬着三个轿子走上台）

　　嘿　接亲来
　　嘿　颠轿来
　　脱了鞋子上炕来

李嘉存　这下好了，一下来了仨。

韩剑光　来，小妹妹们下轿给爷爷看看。

李嘉存　爷爷？

（三个小女孩身着青衣戏装下轿）

三个女孩　爷爷过年好。

李嘉存　好好好，过年好。诶，这怎么回事。

徐　迎　李大爷我告诉你啊，她们这是去参加全省戏迷大赛的，半道上来您这歇歇脚。

李嘉存　上我这歇脚来了？欢迎！

（三个小女孩唱戏）

戏　词　唢呐高腔唤我来
大花轿迎我这小小茉莉开
村庄外　用目望
果然是新村新貌好精彩
千家笑　万户开
红灯高挂早春来
门神纳福
窗棂接财
大道好宽
脚步飞快
都把那致富路上大步迈
何愁凤凰不飞来

李嘉存　好，唱得太好了。可说出我们的心里话了，现如今啊，我们农村就是比城市好。

徐　迎　对啊，瞧！这话说的多好啊。俗话说，栽得梧桐树，迎来金凤凰。李大爷，您别着急，你的凤凰啊，说到就到。

李嘉存 对对对。

徐　迎 来，孩子们入席了。

韩剑光 东家，您别生气啊，要不您再等两年，等她们长大点我再给您说去啊。

李嘉存 呸，都学会这套了，媒婆靠得住，狗都能上树。

韩剑光 你放心，今天啊，我要是不把新娘子给你弄过来，这花轿啊，我上！

李嘉存 哎？怎么回事？怎么还带衔差呢？太好了，带我亲自……哎？这谁的孩子啊？

南街差 闪开了。

【四个南街差绕舞台一周，放下一位身着戏服的小演员谢春林】

表演京剧《野猪林》片段

俺林冲自被奸佞陷害
流困沧州
在这牢营城中充当一名军卒
看守大军草料
唉。思想往事
怎不叫人痛恨

徐　迎 唱得太好了，你给叔叔阿姨们拜个年吧。

谢春林 祝叔叔阿姨爷爷奶奶万事如意，新年快乐。

韩剑光 这谁家的孩子这么招人待见。

谢春林 奶奶，撒尿。

韩剑光 让你徐阿姨带你去吧。

李嘉存 跑？你再跑？我告你说，这回新娘子再不到，我把你红烧了给各位当下酒菜。

韩剑光 您别急啊，消消火，我说小子们，待会要再看见花轿啊，你们就给我抢。

【花轿再次上台】

李嘉存 赶紧入洞房。

徐　迎 哎，怎么着？还敢大白天抢民女啊。

韩剑光 徐媒婆，在不开饭啊，客人们都该要求退份子钱啦。

（花轿上下来一女子，表演京剧《锁麟囊》片段）

李海燕戏词

耳听得悲声惨心中如捣
同遇人为什么这样嚎啕
莫不是夫郎丑难谐女貌
莫不是强婚配鸦占鸠巢
叫梅香你把那好言相告
问那厢因何故痛哭无聊
梅香说话好颠倒
蠢才只会乱解嘲
怜贫济困是人道
哪有个袖手旁观在壁上瞧
蠢才问话太潦草
难免怀疑在心梢
你不该人前逞骄傲
不该费词又滔滔
休要噪　且站了
薛良与我去问一遭
听薛良一语来相告
满腹骄种顿雪消
人情冷暖凭天造
谁能移动他半分毫
我正富足她正少
她为饥寒我为娇
分我一枝珊瑚宝
安她半世凤凰巢
忙把梅香低声叫
莫把姓名信口晓
这都是神话凭空造
自把珠玉夸富豪

麟儿哪有神送到
积德才生玉树苗
小小囊儿何足道
救她饥渴胜琼瑶

李嘉存　唱得太好了，我长这么大就没听过这么好听的歌。

徐　迎　这是我们河北的著名程派青衣，李海燕。

李嘉存　去，我能不知道嘛。海燕，怎么也没想到，把你给请来了。诶？你不知道你这是干吗来了？

李海燕　什么事啊？

李嘉存　花轿给您接来，我这是光棍，领导也来了，乡亲们都来了，这不是给咱俩见证吗。

李海燕　呸。

【众演员下台】

李嘉存　海燕，咱们再商量商量……
好你个韩媒婆，有你这样的吗？

徐　迎　李大爷您消消气，别着急。我有主意了！你看韩媒婆怎么样啊。

李嘉存　成吗？那我主动点。

徐　迎　韩媒婆，我走了啊，就看你的了。

李嘉存　韩大妹，对不起啦，我看您和我多合适啊，就如同天上的牛郎配织女。

韩剑光　我看啊，就如同地上的瘸驴配戳磨。

李嘉存　您怎么这么说啊，咱们这是缘分。

【众演员欢喜上台，谢幕】

王颖　那在这里呢，我还想特别给大家介绍一下刚才戏中小林冲的扮演者谢春林，也是我们这次美丽河北的演员征集者，同时他也是这次春晚演员征集中年龄最小的一位，今年呢，只有3岁。

晓伟　真的是人小艺高啊。我建议呢，再次把掌声送给他。

王颖　我们也祝所有的戏迷朋友们在新的一年里活的精彩唱的响亮。

歌曲《长城情》

作词：李建华　作曲：赵连第
演唱：吕继宏
编舞：肖畅、杜燕峰
伴舞：河北艺术职业学院

天上看长城
那是条昂首摆尾的龙
地上看长城
那是条永不消失的虹
心中有长城
咱都是一个祖先
情深意更浓

长城蜿蜒千万里
牵着华夏儿女的心
长城屹立千万年
守着中华民族的根
长城内外各族亲人
和谐家园乐融融
长城美酒迎接朋友
祝福人人幸福
祖国欣欣向荣

（串场视频20秒）

相声《我要出名》

表演：李金斗　李建华

李金斗　来参加这次春节晚会好啊，碰见他了。各位，给他鼓鼓掌吧。

李建华　给我鼓掌干什么，说这么热闹，你是干什么的？

李金斗　广告代理商，在广告界，你打听打

听。李大设计、李大策划。

李建华 李大鼻子、李大肚子。

李金斗 哎，你还不相信我了是不是？

李建华 那你怎么着，能让我相信你呢？

李金斗 你看，当着大家的面，你说过相声吧，你演过小品吧，你拍过电视剧吧？但是你没出名啊，观众没记住李建华这仨字。

李建华 我最苦恼的就是这个。

李金斗 你跟我拍一个广告，这些问题迎刃而解，帮你出名。

李建华 怎么一拍广告就能解决这个问题啊？

李金斗 你看呐，我拍一广告，把李建华跟这仨字联系在一起。大家去超市买东西去了，先叫你名字，“诶，我买李建华的那个……”“我要李建华的这个”……李建华李建华，出名啦！

李建华 肯定能出名？

李金斗 当然了，你跟我拍这个就出名，今天拍今天就出名。

李建华 光出名可不成，您得来点这个。（数钞票的动作）

李金斗 这是什么啊。

李建华 这个你不懂啊？非得挤兑我说白了，您得给钱！

李金斗 您让大伙看看，什么形象？您得给钱，能不给钱么？现在是市场经济，得给你劳务费，给你这数。（伸出5个手指）

李建华 五毛？

李金斗 你也就知道五毛，一块钱俩你不卖你，狠着点猜。

李建华 狠着点猜我可就不开玩笑了。

李金斗 谁跟你逗着玩呢？

李建华 五万！

李金斗 费那么大劲，五万算什么呀，五百万。

李建华 越南盾？

李金斗 越南盾什么玩意儿啊。

李建华 人民币？

李金斗 五百万欧元呐。

李建华 欧欧、欧元。

李金斗 唉呀妈呀，可算呕出来了，吓着我了。五百万欧元，请你给我们拍一个广告，你说，拍不拍？

李建华 拍不拍啊？你把这“不”字去了，我拍！伍百万欧元我再不拍，我真成五毛钱俩了。

李金斗 好的，伍百万欧元你拍了啊，给我们拍一个广告。

李建华 咱们拍什么广告？

李金斗 牙膏的广告。

李建华 太好了，生活必需用品！每天都用，那剧本给我。

李金斗 没有剧本，我们这个拍广告用不着剧本，把意思告诉你让你即兴发挥，只要观众能记住了，记住这牌子和你的名字就可以了。

李建华 现编词你可找对了人了，这我最拿手。

李金斗 行啊，那什么时候拍？

李建华 随叫随到，随到随拍。

李金斗 那多长时间拍出来？

李建华 像你说的这种广告，我平均每分钟创作62个。

李金斗 那行，广告，开拍！咚儿咚个哩哏嚨。

李建华 咱们两个一起来刷牙啊，请用李建华牌牙膏，它好用极了，它好使极了，您要是不信的话，请看我的小白牙，瞧。

李金斗 停！

李建华 咱的会计呢？

李金斗 你还找会计？你这是男的还是

女的？

李建华 那我没想那么多。

李金斗 那我得想到啊，用你这牙膏都变得男不男女不女了，谁还敢买啊？男人嘛，男人之美是阳刚之美啊，你怎么女里女气的？

李建华 这个不怨我，你起得什么音乐啊？《天涯歌女》，歌女我能阳刚得了吗。

李金斗 你这人事太多，这样吧，歌曲音乐什么都没有了，咱们光打节拍，要求就是男人的阳刚之美。准备好了啊，别学女的。我们打一下节拍啊，阳刚之美。您们看一下，有没有阳刚之美，咚呛咚呛。

（李建华在舞台一侧表演健美姿势）

李金斗 好，阳刚之美。停！你这是干嘛呢，你这是什么意思？

李建华 （扯开衣服）这是肌肉。

李金斗 肌肉怎么能做动作，这是什么动作？

李建华 你说这个啊？这是露肉。跟你这么说吧，这一露，就得加钱。

李金斗 你露这个凭什么给你加钱啊？

李建华 你看见了。

李金斗 我看见什么了，我看见你没穿背心！这什么晚会，春节晚会，你露这个干吗？一个小孩在下头，再说你这有什么看头，穿上！你说你来得了来不了，来不了，我们请李嘉存。

李建华 别请他，他这还没我这好看呢。这么着吧，您别换人，咱们换一种方式。这回您带着我，您说什么我跟着说什么，咱们肯定错不了。

李金斗 这还可以嘛，你帮着我们宣传嘛，给你这么多钱，得会说话。跟着我走啊，我让你干嘛你干嘛。

李建华 行，没问题。

李金斗 李建华牌牙膏，你说它有多奇妙？它能使大舌头变成小舌头。如果您不相信的话，请听这位大舌头……

李建华 系，我系一个大舌头。

李金斗 你听这位大舌头，舌头有多大，2你不会说二，你说多少？

李建华 啊。

李金斗 220你说多少？

李建华 啊百啊。

李金斗 这么大的舌头，你说怎么办呢？一次偶然的机会，他使用了李建华牌牙膏，没刷三下，立刻变成了小舌头。

李建华 请听我的小舌头。

李金斗 好，好，就这么来。

李建华 这行是吧？

李金斗 没问题，完美！接着来！一个男人常年找不到对象，又想结婚，他是多么的痛苦啊。

李建华 是呀，打四十年前我就想搞对象，可是一直到今天我也没找到一个漂亮的美眉，我好好着急哦。

李金斗 你不用着急，一次偶然的机会，他使用了李建华牌牙膏，没刷三下，立刻找到了一个称心如意的新娘。

李建华 李建华牌牙膏功效强，我一用它刷牙，就娶到了新娘，您要是不信啊，请看我的大洞房。

歌舞《东方美》

词曲：阿朵　演唱：阿朵

编舞：肖畅　伴舞：河北艺术职业学院

（开场焰火特效）

【阿朵在舞台中央背对观众坐在沙发上，随着节拍转向观众，舞蹈演员身着长裙，手拿扇子呈扇形在阿朵身后表演】

你爱东方美

还是西方美
你爱什么妹
我都可以做可以给
你爱心里美
还是身体美
你爱什么鬼
我都可以做可以都可以给
我们来个新的游戏
不要交易只要爱情
美貌就是我的道具
爱让我有不可思意魔力
放眼看去从南到西
将我今生妩媚用尽
留住爱情里的激情
激发我得千变万化潜力
猜猜今天什么惊喜
猜猜今夜我变做谁
猜猜天使还是魔鬼
温暖你的心肝肾胃
风干你送来的玫瑰
每次亲吻都像初吻
闭上眼吧
我们开始旅行

不要爱上我
我的心似佛
前世的因果
解今生的渴
你要爱上我
我的心似佛
你要爱玩火
我成为你心底的魔
穿上朝鲜的不拉布
瑜伽沐浴还有香熏
东洋美眉哦卡哇依
东方好神秘
金发绿眼叫我 marry
长尾巴的我叫 kiti
晒出古铜穿 bikini
风吹起梦露裙
猜猜今天什么惊喜
猜猜今夜我变做谁
猜猜天使还是魔鬼
披上金丝尤莎丽
哪国哪朝哪族哪里
怎样让你 crazy for me
我的身体已经开始拉丁

你爱东方美
还是西方美
你爱什么妹
我都可以做可以给
你爱心里美
还是身体美
你爱什么鬼
我都可以做可以都可以给
猜猜今天什么惊喜
猜猜今夜我变做谁
猜猜天使还是魔鬼
温暖你的心肝肾胃
风干你送来的玫瑰
每次亲吻都像初吻
闭上眼吧
我们开始旅行
猜猜今天什么惊喜
猜猜今夜我变做谁
猜猜天使还是魔鬼
温暖你的心肝肾胃
风干你送来的玫瑰
每次亲吻都像初吻
闭上眼吧
我们开始旅行

（串场视频30秒）

歌舞《可爱的中国》

词曲：王刚　编舞：王巨龙

演唱：雷佳
伴舞：石家庄市琳达少儿特长班
【舞蹈演员手持灯笼分列舞台三侧，中间的舞蹈演员从台阶上跑下】

一片黄土地
万里好山河
养育你养育我
可爱的中国
上下五千年
辉煌有坎坷
告诉你告诉我
可爱的中国
【歌唱演员从台阶走下至舞台中央】
和谐大家庭
兄弟姐妹多
捧着你捧着我
可爱的中国
自古多豪杰
英雄流传说
激励你激励我
可爱的中国

东方一条龙
心中一首歌
中国走进了最美的景色
东方一条龙
心中一首歌
属于你属于我
可爱的中国
（烟花特效）

于辉 观众朋友，这里是《祝福河北》——2007年河北电视台春节晚会的演出现场，欢迎您继续收看，也希望大家为您喜欢的节目投上宝贵的一票。

佟凯 哎，于辉啊，我想问你个问题，你说什么人最怕过年？当然这里不算孩子。

于辉 如果说不算孩子的话，我想应该是那些身在外地的人们吧。

佟凯 没错，对于这些在外漂泊的人来讲，过年意味着欢聚，意味着团圆。一年的思乡之情在这暖乎乎的年夜饭之中，在这乡里乡亲的举杯畅饮中全部得到了补偿。

于辉 是啊，尤其是那些常年在外打工的农民工朋友们，年对于他们来说更是意义非凡。工钱领了，家乡近了，连挂在家门口的灯笼都能看见了。此情此景，真让我们由衷的为他们感到高兴。

佟凯 所以在这里呢，我们也把最真诚的祝福送给农民工兄弟们，祝你们新年大吉大利，阖家幸福团圆。

小品《团圆日》
作者：崔砚君　刘小梅
导演：尤二群
表演：刘小梅　刘佳娟　武利平

刘小梅 喂？你找谁？啊，大壮，哎呀大壮，半年多没见了，可想死我了，么啊！哎呀，就是啊，你说七月七了，牛郎织女都见面了，咱俩怎么还没见着呢。不行，人家这些天啊，不让保姆在家里接待亲属，更不让见男人。什么？你修下水道来？可我们家下水道没堵啊。啊？让我给堵上？哦，我明白了，你啊快来吧，我堵下水道去了。
（音频配叮咚门铃声）

刘佳娟 桂兰，桂兰，干吗去了，叫你半天都没听见啊？

刘小梅　这不是正堵下水道呢么。
刘佳娟　堵下水道？
刘小梅　我是说下水道堵了，我那正捅下水道呢。
刘佳娟　通了吗？
刘小梅　没有，怎么弄都不下去。
刘佳娟　那好好的下水道怎么堵了？哎，你是不是把脏东西弄进去了？
刘小梅　没有，我绝对没弄进脏东西，也就是一条毛巾。
刘佳娟　毛巾？
刘小梅　毛毛毛线，茅草，毛刷。
刘佳娟　什么茅草啊，当你们家呢！你修不好赶紧叫人来修啊！
刘小梅　我都叫了，他马上就来。
（音频配叮咚门铃声）
武利平　我来了！
刘小梅　严肃点，我告诉你说啊，我可不认识你！
武利平　我也不认识你。
刘小梅　我一见你我就有火。
武利平　我碰见你就生气。
刘小梅　站住，进来，我叫你进来呀！
武利平　你喊啥呀，进来就进来。
刘小梅　我叫你来你就来吧，你看你这个磨叽劲。
刘佳娟　唉唉唉唉，怎么回事，你怎么一进那就跟人吵起来了。
刘小梅　我一看你这样我就邪火，火不打一处来。
武利平　我的气还不打一处来呢！保姆，带我干活去。
刘小梅　哎，行。
刘佳娟　哎呦，这师傅还急脾气。
武利平　我能不急吗，一分一秒都很宝贵呀。
刘佳娟　瞧人家这服务态度。
刘小梅　我比他还急呢，快走啊。
武利平　干活去。
刘小梅　诶，这边。
武利平　诶。
刘小梅　这边。
刘佳娟　这桂兰今天有点反常啊，跟人家这么亲热，桂兰！
刘小梅　这刚到一块。有事啊？
刘佳娟　你啊，陪我坐会。
刘小梅　我这可不能陪着你，我得去陪着他。
刘佳娟　陪他？
刘小梅　我盯着他。
刘佳娟　盯他干嘛啊。
刘小梅　我这要不盯他啊，他肯定不好好干活。
刘佳娟　用不着盯人家，他修好了下水道我再给他钱，你坐。
刘小梅　哎呀我……
刘佳娟　你坐下。
刘小梅　行，我坐下，诶，玫瑰花，谁送你的？
刘佳娟　没人送，自己买的，实话说吧，这老公不在身边，心里空落落的。
刘小梅　哈哈哈，你说你怎么了。
刘佳娟　空落落的啊。
刘小梅　真没出息，哈哈哈。
刘佳娟　你呢？
刘小梅　我不空落落的。
刘佳娟　那还好。
刘小梅　我心急火燎的。
刘佳娟　还不如我呢，唉唉唉，你想干嘛。
武利平　嘿嘿，我想她。
刘佳娟　你想她？
武利平　我想让她帮帮我，不是有那么句话吗？叫俩人搭配干活不累。
刘佳娟　别再是男女搭配干活不累吧。
武利平　不不不，我可没往那想，我可没往那想，我都没发现她是个女的。

刘佳娟 你还挺单纯的呀。

武利平 单纯，单纯，我们村里的人都说我单纯得像个孩子。

刘小梅 哎呦，他单纯得就像个孩子，刚才我们在卫生间的时候啊，他绝对没有动手动脚的。

刘佳娟 他敢！动手动脚，我就报警。

武利平 千万别报警啊，我没有别的想法，就是想让她帮帮我。

刘佳娟 快去吧，快去。

武利平 诶，我修下水道去了。我可修下水道去了。

刘佳娟 我呀，今天闷得慌，想喝两杯酒，你呀，准备点菜去。

刘小梅 诶，行，我准备菜去啊，我准备菜去啦。

刘佳娟 我让他们酒后吐真言。

刘小梅 菜来了。

刘佳娟 这就是你准备的俩菜呀。

刘小梅 一个黄瓜一个西红柿，都是素菜，呵呵呵呵。

刘佳娟 你呀把修下水道的师傅叫来。

刘小梅 你说什么？让我叫他？喝酒？

刘佳娟 不愿意呀？

刘小梅 那……我能不愿意吗，哈哈哈哈，我说，大哥，快来快来。

武利平 来了，来了，唉，她走了。

刘小梅 大妹子闷得慌，让咱俩陪她喝点酒，哈哈哈哈哈。

武利平 真的呀，诶呀，大妹子，你真是跟我们群众打成一片啊。

刘佳娟 这过节了热闹热闹还不寻个酒联。

武利平 我们不会啊。

刘佳娟 容易极了，你对上联，我说下联，我说上联，你对下联，诶，大白话也行。

武利平 那试试吧。

刘佳娟 我来了啊。劝君更饮一杯酒。

武利平 我对！夫妻小别胜新婚。

刘佳娟 这什么啊，哪都不挨哪，罚酒罚酒。

刘小梅 还不如我呢，我来得了。

刘佳娟 酒逢知己千杯少。

刘小梅 寡妇门前是非多。

刘佳娟 罚酒罚酒，还不如他呢。再来啊，举头邀明月。

武利平 低头想媳妇。

刘佳娟 哈哈，把心里话说出来了吧，这人呐，一高兴就想喝酒。

刘小梅 是呀，我们一高兴呢，他也想喝酒。

刘佳娟 我结婚的时候啊，我爱人就喝多了。

刘小梅 我们结婚的时候啊，他也喝多了。

刘佳娟 真的啊。

武利平 啊，你想啊，那么多的人一块都灌我，灌的我啊连东南西北都不知道了。

刘佳娟 你没管他啊。

刘小梅 他没出息啊，他进了洞房还吐呢。

刘佳娟 哎呀，你们俩是两口子吧。

武利平 可不是么。

合 是两口子。

刘小梅 那是不可能地，哎，你说吧，他喝多了，他什么都不管不顾了。

武利平 是呀，要不说司机开车他不让喝酒呢，他容易出事。

刘小梅 他也不管是不是两口子，就上洞房里面去了。

刘佳娟 桂兰！你今天跟我说实话，不然的话，我就辞退你。

刘小梅 大妹子，我跟你说实话吧，我们俩确实是两口子，这是两口子也得辞退啊。

武利平 大妹子，我求求你，你千万不要辞退她啊。我发誓，从今以后我再也

不到你们家来见她了。（转身要走）

刘佳娟 站住，坐下。过去啊，我跟丈夫没分开过，不知道这夫妻离别的苦处。今天啊，我丈夫出国了，我才知道这样的相思有多深。桂兰姐，你是保姆，我是主人，可咱们都是人呐，是人都一样，是人都一样，将心比心，我能理解你们。

刘小梅 大妹子，你真好。

武利平 好人呐。

刘佳娟 今天是七月七，这束玫瑰花就送给你们，祝你们情人节快乐。

武利平 谢谢谢谢。亲爱的，花。

刘小梅 德性！哎呀，你看，我跟我老公见到面了，可你跟你老公见不到啊。

刘佳娟 我们能见，我们啊，在网上见。

刘小梅 走，咱一块儿上网去。

武利平 哎呦，你就不要给人家添乱了，快去吧。

刘佳娟 你们俩在这好好聊，慢慢聊啊。

武利平 哎，走吧。

歌舞《兄弟》

作词：杨劳模　作曲：曹贤邦、李一川

演唱：周强　编舞：王巨龙

伴舞：河北艺术职业学院、河北省军区

走出泥土地的一群好后生
刮进城市里的一股龙卷风
家乡因为你多了一份期待
城市因为你添了一份繁荣
城市的喧闹　家乡的宁静
哪一个更让你留恋
城市的灯火　家乡的星空
哪一个更让你多梦
太阳还在照着你
虽然背景变得不同
月亮依然照着你
告诉我现在你的心情

歌曲《那就是我》

作词：晓光　作曲：谷建芬

演唱：郑咏　伴舞：河北艺术职业学院

我思恋故乡的小河
还有河边吱吱唱歌的水磨
如果有一朵浪花向你微笑
那就是我
我思念故乡的炊烟
还有小路上赶集的牛羊
我思念故乡的渔火
还有海滩上美丽的海螺
哦　妈妈
如果又一叶风帆向你驶来
那就是我
我思念故乡的明月
还有青山映在水中的倒影
哦　妈妈
如果你听到远方飘来的山歌
那就是我

（串场视频　30 秒）

歌舞《靠近你，温暖我》

作词：韩葆　作曲：王晓峰

演唱：林依轮　伴舞：河北艺术职业学院

爱过的人黑夜比白天多
爱着的人一句爱你都不敢说
这城市寂寞得像座城堡
仿佛谁都挣扎后逃不脱
可是我不想这样的生活
直到眼角的泪将视线淹没
直到感觉幸福就快要错过
才明白我们的日子

快乐曾那么多
靠近你温暖我
尽管连一句爱你都不敢说
但这一刻我只想牵你的手
让星光在你眼中闪烁
靠近你温暖我
尽管连一句永远都不敢承诺
但这一刻我宁愿化作飞蛾
扑向那灿烂夺目的火
我不后悔只想对你说

大　纲　喜天喜地喜日子。

王　迎　新婚新人新房子。

大　纲　大家看到了，刚刚走上舞台的这九对新人啊，除了我们这一对之外，都是刚刚结婚的小两口。

王　迎　没错。

大　纲　在这八对新人当中呢，还有一个是洋小伙，来我们河北结婚，真正成为我们河北的女婿了，所以我们要现场采访一下。What's your name?

洋女婿　My name is Nicolas.

大　纲　这个名字听起来不太像美国人啊，你从哪里来？

洋女婿　法国。

大　纲　请问倪先生的夫人贵姓呢？

女新人　我姓迟。

大　纲　能不能让您的先生给河北的观众问一声好。

王　迎　但是有个要求，要用我们地道的河北话。

洋女婿　沾，新年快乐，恭喜发财。

大　纲　谢谢，我们也祝福你们在河北生活的快乐幸福，也祝我们所有的八对新人幸福美满。

歌舞《潮》
作曲：尹铁良　编舞：王家朋、杜其峰
领舞：安曼　钢琴伴奏：田野
表演：河北艺术职业学院
　　　河北深泽育才学校
（舞蹈演员以大三角队形在舞台中央站定，巨大的蓝色布象征着海洋在舞台平铺）
（钢琴伴奏在舞台右侧，三个舞蹈演员用威亚从天而降，领舞在升降台上开始舞蹈）

海从天上降
云是鹤家乡
自古盘古开天地
燕赵慷慨当自强
海从天上降
云是鹤家乡
如今再创新天地
燕赵抖擞更豪强

（河北台新闻主播）

张敏霞　电视机前的观众朋友们，新年好。您现在收看的是河北电视台2007年春节联欢晚会——《祝福河北》。这台精彩的节目也将在河北台其他频道陆续为大家播出，敬请您的关注。

于　辉　敏霞，你怎么在我们的演播现场播报起新闻来了？

张敏霞　其实我今天来的主要目的啊是为大家送春联来了。请大家看，我送出的春联上联是：共建和谐，九天风舞燕山韵。下联是：同谋发展，百业发展龙腾春。

李海燕　我的上联是：绕京城以护中枢，领唱和谐主旋律。

李嘉存　我的下联是：临渤海而兴古冀，峥嵘发展大潮流。

孙　涛　我们的对联是：和谐韵起奏强音，祝福河北。

王茜华　锦绣春回兴大业，共乐人间。

于　辉　好，在这里让我们共同祝福河北人民幸福安康。

歌舞《播春》

作曲：卞留念　编舞：王家朋

演唱：尤国通、邓胜利

表演：河北艺术职业学院

吴桥杂技大世界红牡丹演出团

【舞蹈演员分别在舞台前、中、后部分三队站定】

迎春的锣鼓咚啊咚地仓咚仓
迎春的歌舞跳得心欢畅
舞动的春潮在渤海边荡漾
醉人的春汛在燕山和太行
播春播得山和海都回响
播春播得城和乡都喜洋洋
迎春的锣鼓咚啊咚地仓咚仓
迎春的歌舞跳得心欢畅
舞动的春潮在渤海边荡漾
醉人的春汛在燕山和太行
播春播得山和海都回响
播春播得城和乡都喜洋洋

（舞台烟花特效）

【音乐声中，主持人走至台中】

佟凯　观众朋友，击鼓播动春潮

于辉　欢歌传递祝福

晓伟　同唱和谐旋律

王颖　共舞魅力春天

大纲　观众朋友们，让我们在喜庆的锣鼓声中迎接春天

李迎　让我们在丰收的锣鼓声中

合　祝福河北

（陈婧薇　整理）

“快乐回家”湖南卫视2007年春节晚会

播出平台：湖南卫视

播出时间：2007年2月11日

总导演：马昊

总监制：欧阳常林

序

（片头字幕：湖南卫视道2007年春节联欢晚会吉祥如意·快乐回家）

开场舞《东西南北贺新春》

编配：杨歌阳　周阳亮

编舞：王小元　杨允金　杨梅　胡雅莉

杨涛

伴舞：河北省歌舞剧院

石家庄市艺术学校

湖南省武警总队文工团

长沙世界之窗五洲艺术团

长沙四方坪少儿舞蹈培训中心

（舞台灯光以红色、黄色、蓝色调为主，热闹欢快氛围。群舞演员穿着红色、蓝色、黄色、白色多种颜色的服装穿插进行伴舞）

湖南歌曲《正月正闹新年》

演唱：唐笑　张亚飞　朱江

正月里　正月正
家家户户过新年
龙在前面走　狮子后面跟
几代的故事　真可爱人啦
正月里　正月正
家家户户过新年
龙在前面走　狮子后面跟
几代的故事　真可爱人啦
龙在前面走　狮子后面跟
几代的故事　真可爱人啦

曹颖　各位亲爱的观众朋友们，新年好！我是主持人曹颖，在我身边的是费玉清大哥，还有我们的超级女声。今天呢是小年夜，在这里要祝所有观众朋友们，合家欢乐、吉祥如意。

新疆民歌《欢乐的跳吧》

演唱者：吉力果粒

（歌词大意）

一起欢乐地跳舞吧
快乐属于你和我
彼此有爱的人们
就一起尽情的跳舞吧
任长发飘飘在她的身后
在她肩头欢快的跳舞吧

主持人李维嘉画外音　观众朋友们，站在我身边的呢是我们湘籍的歌手们，在这我们衷心的祝福大家，新年大发，事业红火，拜年啦！

江苏民歌《拔根芦柴花》

演唱：阳蕾　陈西贝　丁叮

叫啊我这么里来
我啊就来了
拔根的芦柴花花
清香那个玫瑰玉兰花儿开
蝴蝶那个恋花啊
牵姐那个看呀
鸳鸯那个戏水要郎猜
小小的郎儿呐
月下芙蓉牡丹花儿开了
小小的郎儿呐
月下芙蓉牡丹花儿开了

谢娜画外音　电视机前的观众朋友们大家好，我是谢娜。那在我身边的呢是华谊兄弟群星们。你好，在这里呢我们要祝电视机前的每一个朋友，身体健康，吃嘛嘛香。

东北二人转《小拜年》

演唱：蜡笔小新、晓雪

正月里来是新年儿呀啊
大年初一头一天呀啊
家家团圆会呀啊
少地给老地拜年呀啊
也不论男和女呀啊唉呦呦呦呦唉呦呦啊
都把那新衣服穿呀啊诶呦呦呦呦
都把那个新衣服穿呐啊唉呀啊
打春到初八呀啊
新媳妇回娘家呀啊
带领我那小女婿呀啊
果子拿两匣呀啊
丈母娘啊一见面呀啊唉呦呦呦呦唉呦呦啊
开嘴笑哈哈呀啊诶呦呦呦呦
拍手笑哈哈呀啊诶呀啊

何炅画外音 大家好，我是何炅。我身边的朋友呢在过去的一年呢给大家带去了很多笑声和歌声，那接下来我们要送出祝福，祝我们伟大的中华民族繁荣昌盛。

合唱《东西南北齐拜年》

演唱：唐笑　张亚飞　朱江　吉力果粒
阳蕾　陈西贝　丁叮　蜡笔小新
晓雪

日子红红火火
岁岁平平安安
日子美日子甜
千家万户大团圆
年年红红火火
岁岁平平安安
日子美日子甜
东西南北齐拜年
日子红红火火
岁岁平平安安
日子美日子甜
千家万户大团圆
年年红红火火
岁岁平平安安
日子美日子甜
东西南北齐拜年

曹颖 各位观众朋友们

李维嘉、谢娜、曹颖、何炅画外音 新年好！

曹 快乐回家、吉祥如意，您现在看到的是道道全2007年湖南卫视春节晚会的直播现场。今天是小年夜，也是合家团圆的好日子。

何 我觉得我们今天现场的观众格外的多，大家说是不是？

谢 是。

何 是啊，今天有很多在外打拼的朋友回来了，还有很多海外的游子也回来了。

维 是，我们湖南的明星们回来了，湖南人引以为豪的体育健儿们也回来了，欢迎大家回家。

谢 还有还有我们湖南的媳妇、我们湖南的女婿们都回来了，欢迎大家。

曹 今天是海内外的湖南人一次大的聚会，大家从四面八方回到湖南，来到我们的晚会现场，今天大家的笑容就特别的开心。

何 当然了，因为看到家乡发展的这么好，而且每个人的生活也这么的幸福。所以呢，肯定每个人都笑得特别的开心。

维 在过去的一年里面呢，我们的湖南踏上了富民强省的新征途，正在又好又快的发展着。

谢 还有在过去的一年呢，我们的国家国泰民安，老百姓的日子也是一天比一天好。

曹 新的一年马上就要到了，每个人心中都有一份新的期待和希望。我们期待着来年的新气象，也期待着万马奔腾的新时代。

二胡《赛马》

领奏：邓建栋　眉佳　凌晨　作曲：黄海怀
改编：沈利群　编配：杜鸣　杜松

（灯光色调以蓝色调为主）（所有演员手持二胡，女伴奏演员们穿着玫红和白色渐变的长裙、男伴奏演员们穿着白色上衣和深红色长裤）

【领奏人邓建栋坐定在舞台中央，眉佳和凌晨分别站在其两旁，其他伴奏演员呈弧形坐定在两旁】

曹 在这样催人奋进的乐曲当中，我们真的感受到了新春的气息和新春的气象。

维 是，其实过年都是好事，但是我觉得也有些事情让人发愁。

曹 什么事情让你发愁啊？

维 比如说送礼物啊？送朋友什么礼物我觉

得挺难的。

曹 对对对，送礼物一定要送好。像我们关系这么好，你准备送我什么？

维 我想送你一双平底鞋，缩短我俩的身高距离。

曹 没关系，下次我尽量把发型梳得低一点。

维 我们其实呢，今天为大家准备了非常丰厚的礼品。

曹 没错，准备了四项大礼，那前三项可谓是非常珍贵且独一无二的。准备好听礼物了没有？第一项是由冯小刚导演送出的；第二项是我们多哈亚运会上所有获得冠军的湖南籍选手送出的礼物；第三项呢，是我们电视剧《大明王朝》剧组送出的礼物。最后一个大礼就是我们为您准备的超大超炫的液晶彩电。

维 哇，我是觉得这位观众如果是得到礼物的话就很幸运了，这样就可以通过超大超炫的液晶电视看我们湖南卫视看的更加的清楚。

曹 哎，你很会讲话哎。

维 告诉大家怎么赢取这些礼物呢？手机用户编辑短信 A + 任意的正整数发送到 9588200，如果你发送过来的正整数是所有的用户当中唯一且最小的话，您就可以获奖了。

曹 那什么叫唯一且最小？那比如我发 1，那我肯定是最小的。

维 那可是很多人都在发 1 的话，你就不是唯一的。所以要具备两个必要条件是唯一且最小。

曹 那也许我发 999，可能我反而是最小的。那手机用户都可以参加，您现在就可以赶快发送短信来参与我们的活动，希望您有好运气。好了，接下来要请我们的湘妹子带来的一首非常欢乐的歌曲《给心放个假》。

维 掌声欢迎。

歌舞《给心放个假》

作词：清风　作曲：印青

演唱：刘元元、闻杜

伴舞：河北省歌舞剧院

　　　石家庄市艺术学校

（灯光以黄色、紫色调为主）（女伴舞演员身穿白色、绿色相间裙子、男伴舞演员身穿白色舞蹈服）

【两个演唱者在舞台中央站定】

刘 天地那么大　走出小屋吧
闻得草儿香　爽在阳光下

闻 好人那么多　敞开心扉吧
莫道世态凉　真情会说话

合 哒啦哒啦哒啦　哒啦　哒啦啦
哒啦哒啦哒啦　哒啦　哒啦啦
开心吧　笑一笑　烦恼忧愁全没啦
开心吧　唱一唱　享受生活伊呀呀
开心吧　笑一笑　烦恼忧愁全没啦
开心吧　跳一跳　快乐节奏嘣恰恰

刘 青春那么美　努力创造吧
过好每一天　能尝苦和辣

闻 人生那么短　善待自己吧
不为名利累　给心放个假

合 哒啦哒啦哒啦　哒啦　哒啦啦
哒啦哒啦哒啦　哒啦　哒啦啦
开心吧　笑一笑　烦恼忧愁全没啦
开心吧　唱一唱　享受生活伊呀呀
开心吧　笑一笑　烦恼忧愁全没啦
跳一跳　快乐节奏嘣恰恰
开心吧　给心放个假

曹 没错，的确应该给心放个假，尤其是在过年的时候。我觉得大家可能提得最多的两个字就是“回家”，都想跟家里人一起团圆。

维　快乐回家、吉祥如意嘛。接下来呢我们要为大家呈现一个小品，这个小品讲的就是快乐回家的故事，掌声有请。

小品《快乐回家》

作者：何晶晶

表演：何晶晶　周卫星　刘晓洁

【演员从舞台左侧走上边走边说到台中央，男演员手推卖报小车】

合　大家好，大家好！

周　新春到，真热闹，今天的人都欢笑。

何　我们夫妻来卖报，先祝大家新年好！

周　啦啦啦，啦啦啦，我是卖报的老行家。（手拿报纸）国家大事早知道，先是飞机中国造，和谐的社会人人笑，大家说我唱的好不好。

何　好！他唱的好啊，我唱的更好。我再来一个摇滚版的《卖报歌》要不要？

周　要要要。

何　来，咱们过小年热闹一点给我打个节奏，123、223你到底要怎样（长沙方言），你到底要怎样，we will we will tell you，快来买报。先说周卫星昨天掉进下水道，再说何晶晶要嫁给罗马尼奥。一切生活真奥妙，没啥事我不知道。we will we will tell you，快来买报。123、123节奏不要停，《卖报歌》我唱得好，最后是造型。

周　哈哈哈，我说那位啊，你别光叫，你不买报啊（手指向观众），只要你买我一张报，我送你大兵的艺术签名照。（大兵卡通画报展开）

何　朋友们哪，这张照片是我看到大兵最漂亮的一张照片啊！我终于发现他的眼睛睁开了啊！（周看着画报）快买我们的报纸吧，今天我们两口子等着收工，告诉大家一个特好消息，我们家女儿从家乡捎话了说今天上电视，她自己上电视我们就是星爸星妈了。看我今天新做的发型，这个发型叫桃花朵朵开。（周弄何的头发）

周　这是哪里烫的啊？

何　微波炉。

周　微波炉啊？

何　哎呦，阿牛开的那个微波炉理发店。

周　吓我一跳。老婆特意给我买了一套名牌服装，贵着呢，1800。

何　被我砍价砍成了18。（长沙普通话）那个老板啊现在还在医院里面抢救心脏，心脏受不了啊。

周　见笑了，老婆呢是为了省点钱给孩子读书留着的啊，不好意思。

何　是啊，现在挣钱不容易啊！我们都好几年没回家了，也不是不想回家，太多的苦衷了。你想啊，本身工作就忙家乡又远，来去折腾好几天，再说这人情南北也难对付，听说今年过年老王家四个儿子要结婚，这人情钱都搞得我发黑眼晕，能躲就躲撒。（长沙方言）

周　老婆，还是回去一下吧。花花都写了好几封信催我们回去了。

何　我看啊今年就算了，咱们明年再回去好不好？

周　那也行啊，回头我们在电视里能看到她也可以啊。

何　是啊，说到这个上电视啊，老公啊，今天开心，咱们又是过小年，咱们一起喝点酒也算是给孩子团个年，来，我们把我们的杯子拿出来。（边说边从卖报小车里取出杯子）来，这个给你，（超大瓷杯）这个给我（小酒杯）。

周　老婆，今儿的杯子好像和我们体型不太相称哎。

何　你管呢，我这是把好东西留着你（边说边往男的杯子里倒酒），来（往自己杯中倒酒）老公，今天大过年的，过小年，我们夫妻俩在外打工也不容易，首先这杯酒我敬你。我豪爽点（长沙方言），我先干。该你了。

周 我也豪爽点（长沙方言）。（女演员竖大拇指）

何 我就说我老公厉害嘛，哎，老公（倒酒）再来。这第二杯酒啊敬在座所有的朋友啊，又是过小年，祝大家新年快乐。我豪爽点（长沙方言），我再干。掌声鼓励，该他了。

周 你真豪爽啊（长沙方言），那我也干了。

何 哎呦，这一喝这酒啊我就想起了家乡的山歌，记得我跟我老公那时候谈恋爱，我们在两个小山坡，那会儿啊，他在这个山坡，我在那个山坡。

周 那天我远远望去，一个庞大的目标占领了我整个眼球。

何 我也看见在对面的山坡上迎风飘扬着一支长长的干豆角（长沙方言）。

周 我用山歌向她发起了强烈的攻势。唱：对面的姑娘哟你看过来哟哦，我想和你叻搞对象，咯哦，哦咻。

何 跟大家解释下这个"哦咻"啊，在我们家乡是个语气词表示热烈的爱，当场我就给他汇过去了。唱：对面的满哥哎（长沙方言）你休想哦，我配你那不是一朵鲜花插在牛粪上哦。

哦咻……

周 对面的姑娘哎你想开点叻，你果么大一朵花有地方插就不错哒叻（长沙方言）。哦咻……

何 哈哈，还有人帮忙叻。就这么哦咻来哦咻去，他就把我哦咻到手了。再过两年呐，我们的女儿小花就哦咻出来了。提到我们的女儿小花我就，算了，想家了不提了。（挥手）说心里话啊，这想到女儿我心里就难过，你说我平时唱什么《卖报歌》，我压根就不喜欢唱那个，还是家乡的山歌亲切啊！

周 就是啊，我知道你天天在外面卖报纸，多攒一个钱不是就为她给留着嘛。

何 是啊，想想咱们小时候父母亲没钱，咱们读不起书，咱们这一代可不能让咱们的孩子吃这种苦，我们再苦再难我们也忍着。哪怕是我们心里难受，我也笑着唱《卖报歌》，可怜天下父母心啊！

周 行（倒酒），这杯酒我要祝敬天下的父母亲健康平安，这杯酒我也豪爽点，（喝酒）我先干了。

何 那我也也豪爽点，我再干。（喝酒）今天开心啊，老公啊你想，每当夜深人静的时候，我就想着孩子，我估计今天孩子上电视啊一定是穿我这身一模一样的衣服，是我上次托老王捎回家乡的。那个衣服啊是我自己亲手一针一线缝的，一边缝啊我就一边唱：多希望有一双翅膀，让我回到我家乡，抚摸那孩子的脸庞。（唱）

周 哪一天我要真的能够飞回去了，我要背着你在这走一大圈。

何 行了，你哪背得动啊！别做梦梦到天上去了。快看，电视要开始了，东西赶紧收起来。

（视频内容：女儿小花穿着和妈妈一样的衣服在跟爸爸妈妈打招呼说话）

周晓洁画外音 爸爸妈妈，我是小花。

周 哎呦，我的女儿。大家瞧，长得是不是像我啊，像我们的晶晶啊。

何 大家说像不像？

周晓洁画外音 妈妈。

何 小花。

合 我想你。（同时哭，表情动作一样）

周 这一个模子出来的。

周晓洁画外音 爸爸妈妈，告诉你们一个好消息。现在有个活动啊叫做"快乐回家"，我给那些好心的叔叔阿姨写了一封信，没想到他们居然回信了。还说过年呐要把你们送回来，而且还是坐飞机叻。爸爸妈妈快回来，哦，对了，我还要祝爸爸妈妈还有所有的叔叔阿姨们新年快乐。

周 哎呦，天呐。这不是做梦吧！

何 瞧我的女儿多懂事啊。

周 就是啊。

何 还让我们飞回去，哎，对了。朋友们，我记得刚才我老公说如果有一天我们能够飞回家乡，他就背着我在这里绕一大圈。大家说对不对？朋友们背不背？

周 我这腰椎间盘有毛病，行行行，今儿个高兴我们回去吧，来吧。（把何背在背上离场）就当我是媳妇背猪八戒吧！拜拜，再见咯。

曹 我想这个小品呢其实说出了很多人的心声，每到过年的时候呢父母就盼望在外求学的孩子能够回家，那孩子呢也盼望在外务工的父母能够早点回来，这样一家可以热热闹闹、团团圆圆吃顿团圆饭，过个好年。

维 是，在今年遭受了洪灾的湘南地区呢，人们这种回家的渴望显得尤为的迫切。在洪灾过后呢，他们其中当中有很多人还没有看到过灾后自救重建的家园，同时呢也没有看到过拔地而起的新房，更没有看到过恢复了生机勃勃的土地。

曹 所以为了让湘南灾区在外务工的农民还有在外求学的贫困学子能够顺利的回家过年，我们湖南卫视呢就特别携手共青团、湖南省委、南方航空公司一起打造了“快乐回家·爱心直航”的大型公益活动，让我们一起来关注一下我们的爱心直航。

（VCR 快乐回家·爱心直航）

［视频内容：湘南受灾地区重建后的房屋面貌，字幕：（郴州市永新县城关镇彦林新村的画面，郴州市资兴市何家山乡）湘南老乡从北京、深圳两地登机，并坐在飞机里的画面］

解说 有了全社会的爱心关注，大湘南的春天来的格外早。湘南所有的受灾户们在春节前都搬进了政府为他们统一筹建的新家，乡亲们都在张罗着过一个热闹团圆年，此刻他们最期盼的就是在外务工求学的亲人们，能够早日回家团聚。

被采访的民众1 快过年了，我希望你们能早点回家。

被采访的民众2 妈妈，我想吃你烧的茄子。

被采访的民众3 我想你们，快回来吧。

2月9日上午，北京、深圳两地搭乘免费直航的湘南老乡在志愿者的帮助下顺利踏上了回家之路。

（字幕）：北京——长沙

李锐 大家好，我们现在已经是在万米蓝天之上了，我就是快乐领航员李锐。那乘本次航班快乐回家过年的呢就是我们在北京的湖南老乡们。朋友们，我们这回坐飞机回家过年了，大家高兴不高兴啊？韵味不韵味啊？（长沙方言）

李 是第一次坐飞机吗？

湘籍学子 第一次坐飞机。

李 感觉如何？

湘籍学子 超爽。

湘籍务工人员1 很开心。

湘籍务工人员2 我心里很激动。

湘籍务工人员3 头有一点点的晕。

李 你坐飞机还抱着鞋干吗？

湘籍学子 这个是礼物。

李 给谁的礼物？

湘籍学子 给爸爸的。

李 还是疼爸爸一些吧，女儿疼爸爸，真的是。马上就要到家了，准备跟爸爸妈妈说点什么？

湘籍学子 爸爸妈妈，我很快就会回家跟你们团聚了。

（字幕）深圳——长沙

吴昕 大家好，我是吴昕。那我现在正在和湘南的老乡们，在深圳飞往长沙的快乐航班上，大家好！

吴 你是第一次坐飞机吗？

湘籍务工人员1 第一次。

湘籍务工人员2 感觉很高兴。

湘籍务工人员3 非常开心。

湘籍务工人员4 我们两夫妻昨天一个通宵都没有睡。

吴 有多久没回家了？

湘籍务工人员5 我一年时间。

湘籍务工人员6 三年吧。

湘籍务工人员7 我随时都把我小孩的相片带在我身边，这是我儿子，（拿出照片）这个是我们一家的全家相。背井离乡也是出于无奈，宁愿苦了自己也不要苦了孩子。

北京——长沙航班上

李 各位老乡，大家在北京都很辛苦，大家想不想吃家乡菜啊。

李 感觉好不好吃。

被采访者1 非常好吃。

李 过不过瘾？

被采访者1 过瘾。

李 有什么味道？

被采访者2 家乡的味道。

深圳——长沙

吴昕 那今天我们“爱心直航”还为各位乡亲们准备了新年礼物。这里有春联、有飞机模型，我们要送给大家。来，送给你，祝你新年快乐。门庭昌盛年年好，家业兴隆步步高。

北京——长沙

李　锐 朋友们，我们今天真的是喜事不断啊，那接下来呢，我们就特别荣幸地有请到全国人大常委会的副委员长成思危先生。他今天也来看望我们了，大家热情的掌声欢迎。

成思危 老乡们大家好！我是湘乡人。我想借此机会向各位老乡拜个年，祝大家身体健康、事业顺利、合家幸福，回家过一个团团圆圆的年。

吴　昕 快乐回家！

李　锐 新年好！

（回到现场）

【主持人曹颖、李维嘉站在观众席中】

曹颖 好了。位观众朋友，现在在我们身边的呢就是这一次能够搭乘爱心直航回家过年的各位朋友们的代表。那我身边的这对姐弟呢他们是来自郴州的永兴，爸爸妈妈好像是从广东回来的。那这次爸妈能回家过年，怎么样，开不开心？

姐姐 非常的开心。

曹 你开不开心？

弟弟 开心。

曹 那爸爸妈妈呢？

李 爸爸心情怎么样？

爸爸 非常的高兴，能够见到我自己的孩子。

曹 其实爸爸笑的很朴实。

李 这样，既然在我们春晚的舞台上面，我们全家人拥抱一下，好不好？来来来，一起。掌声送给这和睦的一家人。

曹 我们欢迎他们回家好不好。

李 对啊，团聚这种感觉真是太好了。

曹 我觉得呢，其实还是有很多朋友可能因为工作或者学业不能够回家过年，那在这里呢，也要把祝福送给你们，家乡人民呢，永远牵挂着你们。希望新的一年里，你们身体健康、一切顺利，早日回家跟家人团聚。

李 是，那在这一次活动当中呢有很多的志愿者来参与了这一次活动，这个活动呢我觉得办得很有意义也很温馨，这让我们感觉到我们跟大家是一家人，是相亲相爱的一家人。

歌曲《相亲相爱一家人》

作词：陈乐融　作曲：陈耀川

演唱：华谊群星

海　泉 我喜欢一回家　就有暖洋洋的灯光在等待

谢　娜 我喜欢一起床　就看到大家微笑的脸庞

杨　坤 我喜欢一出门　就为了家人和自己的理想打拼

朱雅琼 我喜欢一家人　心朝着同一个方向眺望。哦~

苏有朋 我喜欢快乐时　马上就想要和你一起分享

何琢言 我喜欢受伤时　就想起你们温暖的怀抱

羽　凡 我喜欢生气时　就想到你们永远包容多么伟大

李慧珍 我喜欢旅行时　为你把美好记忆带回家

朱雅琼 因为我们是一家人　相亲相爱的一家人

黄　征 有缘才能相聚　有心才会珍惜

李慧珍 何必让满天乌云遮住眼睛

女生合 因为我们是一家人

男生合 相亲相爱的一家人

合 有福就该同享　有难必然同当　用相知相守还地久天长

黄　征 我喜欢一回家　就把乱遭遭的心情都忘掉

谢　娜 我喜欢一起床　就带给大家微笑的脸庞

我喜欢一出门　就为了个人和世界的美好打拼

苏有朋 我喜欢一家人　梦朝着同一个方向创造。哦~

杨　坤 当别人快乐时　好像是自己获得幸福一样

何琢言 当别人受伤时　我愿意敞开最真的怀抱

羽　凡 当别人生气时　告诉他就算观念不同不必激动

海　泉 当别人需要时　我一定卷起袖子帮助他

女生合 因为我们是一家人

男生合 相亲相爱的一家人

合 有缘才能相聚　有心才会珍惜　何必让满天乌云遮住眼睛

女生合 因为我们是一家人

男生合 相亲相爱的一家人

合 有福就该同享　有难必然同当　用相知相守还地久天长

因为我们是一家人　相亲相爱的一家人

有缘才能相聚　有心才会珍惜　何必让满天乌云遮住眼睛

因为我们是一家人　相亲相爱的一家人

有福就该同享　有难必然同当　用相知相守还地久天长

【何炅从舞台左侧上场】

谢 谢谢！相亲相爱献给大家，代表我们华谊兄弟是相亲相爱，也希望全国大家庭也能够相亲相爱。谢谢。

何　谢谢，谢谢这相亲相爱的一家人。那今天我们华谊兄弟公司来了这么多的巨星，有没有什么特别的礼物要送给大家。

谢　当然了，我们有特别神秘的礼物，那这个礼物呢我不能轻易说出来，所以呢我们要看一段VCR。

何　一起来看。

（视频内容：冯小刚在拍摄地为电视机前观众朋友送祝福）

（冯小刚画外音：湖南卫视的观众朋友大家过年好，非常高兴有这么一个机会给大家恭祝新年。我是湖南人，因为我的父亲是湖南湘潭人，所以我是湖南人的儿子。我现在正在拍摄电影《集结号》，这是外景地。非常喜欢看湖南卫视，这个湖南卫视是想观众所想，非常有创意的一个电视台。在这给湖南卫视的观众呢准备了一份礼物，这个礼物呢肯定源自我现在新拍的这部战争片叫《集结号》，是这里头的一个主要道具。希望有一位幸运的观众，你能拿到这个礼物，也希望这个礼物给你带来很好的猪年运气。祝大家万事吉祥。）

何　谢谢，谢谢导演在那么冰天雪地的外景地还给我们送来特别的新春祝福。娜娜，那这份特别的礼物到底是什么呢？

谢　嗯，那这个神秘的礼物是什么呢？马上请出我们的老板王中磊来揭晓答案。有请。

何　欢迎他，请站到中间来。中磊哥，辛苦你专门跑一趟，这个是什么，你要告诉我们一下？

王中磊　因为刚才导演已经在里边说了，是我们这个电影的主要道具，那跟那个电影名字一样是集结号，就是一个军号。

何　是这个电影真正的道具还是为了我们这个晚会就仿造了一个？

王中磊　是真正的道具，然后我们剧组也签上了这个证明书，因为是唯一的一个。

何　那能拿到这个真是太珍贵了，我们给大家看一下。

谢　这就是集结号。

何　好，刚才我还得到一个好消息，就是王中磊还特别表示将要在我们《集结号》这个电影首映的时候，邀请这位得到集结号的幸运观众亲临首映礼的现场。

谢　太幸运了吧！

王中磊　而且千万别忘记把这个带过去。

何　就必须吹着号入场，（做吹号动作）谢谢王中磊先生，谢谢您！好，那在这里呢我们马上来看看究竟是哪一位幸运的观众朋友，在刚才发送短信当中他的正整数是唯一的而且是最小的唯一正整数。

谢　好，我们一起来看大屏幕。

何　好，这位唯一正整数的观众朋友他发送的号码是290，这是这一轮当中最小的一个唯一的数字。他的手机号码是135快乐回家0939，是北京的一位朋友，恭喜您。

谢　恭喜你北京的朋友。哎，那电视机前的你赶紧拿起你的手机发送这个快乐密码来赢取你的大奖，说不定下个礼物就是你的。

何　没错，我们的精彩节目仍然在继续，各位千万不要错过我们湖南卫视非常精彩的春节晚会。

谢　好，接下来有请湘妹子汤灿用歌声为大家带来春天的气息。

何　欢迎灿灿。

歌舞《太阳花》

作词：浮克　作曲：浮克

演唱：汤灿　伴舞：河北省歌舞剧院

（灯光以紫色、蓝色调为主）

【演唱者中间站定，舞蹈演员穿着红色分节裙子从舞台右侧排队形上台】

小燕子衔泥巴
飞去又飞来啦
春暖了花开了
孩子你开心吗
雨水浇灌着愿望长大
那满山的太阳花
阳光像母亲暖暖的抱着
在宁静的天空下
云慢慢地飘呀飘呀
唱歌的太阳花
梦里的群山高高
希望的太阳花
风在暖暖地吹呀
美丽的太阳花
爱是那永恒的阳光　照着那太阳花
小燕子衔泥巴
飞去又飞来啦
春暖了花开了
孩子你开心吗
雨水浇灌着愿望长大
那满山的太阳花
阳光像母亲暖暖的抱着
在宁静的天空下
云慢慢地飘呀飘呀
唱歌的太阳花
梦里的群山高高
希望的太阳花
风在暖暖的吹呀
美丽的太阳花
爱是永恒的阳光
照着那太阳花
梦里的群山高高
希望的太阳花
风在暖暖的吹呀
美丽的太阳花
爱是永恒的阳光
照着那太阳花

舞蹈《凤阳花鼓》

领舞：扬扬　编舞：徐滨

伴舞：湖南省武警总队文工团

（灯光以黄色调为主，喷火机喷出火焰，伴舞演员身穿黄色舞蹈服装）

扬扬　哈罗，大家好，我是扬扬。今晚你们要跟我一起跳最火爆的舞蹈，拿起手中的火棒，一起来凤阳花鼓。

何　快乐回家、吉祥如意，各位亲爱的观众朋友，欢迎您继续收看正在现场直播的道道全湖南卫视 2007 春节联欢晚会。我们要感谢道道全食用油对我们晚会的大力支持。

谢　那道道全食用油呢也为我们的晚会送来了对联，上联是：迎新春吉祥如意道道全。

何　下联是：辞旧岁幸福安康年年有。同时还要提醒大家金鹰网正在对我们的晚会进行全程的网络同步直播。

谢　对，那我们刚刚看到扬扬老师带领全场舞动起来，我觉得全场都沸腾起来了。我觉得我要不是时刻提醒自己是本次湖南卫视一年一度的大型晚会的女主持，我也冲上去跳起来了。

何　娜娜，你主要提醒的是自己是女主持，对不对？

谢　不，我提醒的是一年一度大型晚会。

何　娜娜，你会不会觉得今晚是你主持的一个巅峰的时刻？

谢　我觉得当然算啦，但是人生还有很多巅峰等着我去攀登。

何　可是你知道等一下我们两个要分别介绍节目，我觉得我要把节目介绍出来，你肯定会觉得很没面子？

谢　我觉得不可能。

何　哎，我介绍的节目都是快乐宝贝带来的很精彩的节目。

谢　可是我想问你，有没有见过把武术和芭蕾融合在一起的？

何　不是，娜娜，我知道你很想赢我，但是你不能这样瞎搭配啊！

谢　我接下来介绍的节目就是武术和芭蕾融合在一起，接下来要有请下面的表演团队。掌声有请湖南武无极限功夫团带来的《Q版天鹅湖》。

舞蹈《Q版天鹅湖》

表演：湖南武无极限功夫团　编舞：盛斌杰

（灯光以蓝色调为主，演员穿着白色天鹅湖服装，此舞蹈全由男生完成，把武术动作与舞蹈的柔美融合在一起，产生新意的碰撞，有一种刚柔并济的质感，也让人耳目一新）

何　精彩，真的很精彩。

谢　我要问问现场的观众朋友，精不精彩？

何　确实是功夫很了得，但是光头上面戴花边我还是不能接受。接下来我们的快乐宝贝要出场了。我要给大家介绍的是全亚洲年纪最小的街舞男孩。

谢　哇，年纪最小？

何　看到他的表演我们肯定会叹为观止，我们欢迎侯高俊杰小朋友。

《街舞秀》

表演：侯高俊杰

（灯光以黄色调为主，表演者身穿红色运动服，戴白色头巾）

何　大家请注意我们的侯高俊杰小朋友呢不但舞蹈的技巧非常高明，最重要的是他的舞台感觉非常的潇洒。

谢　哇！

何　马上要为大家带来特别高难度的旋转技巧，请大家注意看仔细了。

谢　欢呼声和掌声给我们的侯高俊杰！

何　今年他才5岁。

谢　哇！

何　力量和平衡感都是第一流的。谢谢侯高俊杰。

谢　再问大家精不精彩？

观众　精彩。

何　厉害了。

谢　真的很棒。我想问一下何老师，就是在你主持生涯这几十年来，你有没有……

何　哎，等一下，几十年？

谢　哦，十几年来，或者几年来，你有没有试过又当男主持又当女主持？

何　我不想做这样的尝试，因为我们台里有女主持，你想说什么？

谢　可是我想介绍的是下面是一个反串表演，他的反串真的是出神入化。

何　反串没有什么了不起，现在有很多反串啊？

谢　你看了以后真的会合不拢嘴了。有请？张鹰先生带来的《铁血丹心》，掌声给他。

反串表演歌曲《铁血丹心》

表演：张鹰

（灯光以蓝色调为主，演员穿着古代粉色纱衣从舞台左侧登台）

依稀往梦似曾见
心内波澜现
抛开世事断愁怨
相伴到天边
逐草四方沙漠苍茫
哪惧雪霜扑面

射雕引弓塞外奔驰
笑傲此生无厌倦

【主持人在舞台偏左侧进行嘉宾采访】

何　这个确实是很厉害，因为他除了有反串之外，他还有回到这个男生演唱的部分。

谢　对，我不知道我们现在的镜头是怎么打的，如果光是我们上半身的话应该看不到我们的嘉宾。

何　我为大家介绍我的这位特别来宾，他是在《还珠格格3》当中扮演东儿的贾云哲。欢迎你

贾云哲　大家好。

何　快告诉大家我们除了会演戏还会别的什么？

贾云哲　我呀，会的也不多，也就是上知天文地理，下知大象蚂蚁。什么天上飞的、地下跑的、水里游的、树上爬的，都能样样给他来两下。也就是吹拉弹唱样样行。

谢　谢谢谢谢，你说的很好，没错，可是我不喜欢你那种很无所谓的表情，你知道吗？

何　那我想问一下今天你到底要给大家带来什么表演呢？

贾云哲　这个这个吧，我今天呢要给大家唱一首歌。

何　什么歌？

贾云哲　非常流行的歌。

何　什么非常流行的歌？

贾云哲　《月亮之上》

何　喔。

谢　掌声给他。

何　加油，云哲。

歌曲《月亮之上》

词曲：何沐阳　演唱：贾云哲

（灯光以蓝色调为主）

【演唱者从舞台左侧登台至中央】

我在仰望月亮之上
有多少梦想在自由的飞翔
在日月沧桑后你在谁身旁
用温柔眼光让黑夜绚烂
我等待我想象我的灵魂早已脱僵
马蹄声起马蹄声落 oh. yeah
看见的看不见的瞬间的永恒的
青草长啊大雪飘扬 oh. yeah
节奏响起煽动了想象
让摇曳的身体开始开始思想
马头琴悠扬马奶酒穿肠
我的爱情奔跑在呼伦贝尔草原上
你的善良我不能不抵抗
你的纯洁将我的心紧紧捆绑
oh 你的笑容让我找到了最后信仰
美丽的月亮你让霓虹黯淡无光

何　谢谢云哲，你会看到全场的观众都陪着他 oh year～，那个互动真的太棒了。

谢　很会带动气氛哦。

何　是是是。

谢　那我想问一下，我这边的节目有四个字可以形容“出神入化”、“出其不意”八个字。好了，我想问一下你有看过正着拉乐器的，你有看过倒着拉乐器的吗？

何　我不想再回答你的问题了，请你直接介绍节目好不好？

谢　好，我直接介绍节目，这个节目就是《功夫演奏》，有请谁是英雄带来的《功夫演奏》。

《功夫演奏》

表演：刘弛、霍成伟

（灯光以蓝色调为主，道具分别是小提琴与吉他）

【演员边打招呼边从台左上台至中央】

何　我比较佩服下面那个，明明是很沉的重量还假装笑。

谢　哈哈，而且一直在抖，因为需要很棒的那个固定能力。

何　而且还要分心来弹奏，不过我觉得大人会功夫，见到很多，小朋友会功夫的就不多见了。接下来介绍的这位呢他其实曾经拿过五块国际大赛的金牌。

谢　五块国际大赛的金牌？

何　是是是，而且他带来的这个表演呢充满了阳刚之气，我们欢迎金枭小朋友带来他的表演。

谢　有请。

《武术双截棍》

表演：金枭

（灯光以黄色调为主，演员身穿跆拳道服装，挥舞着双截棍，另外有6位身穿天鹅湖衣服的男伴舞演员手持木板为演员待会儿踢板做准备）

何　帅气的金枭小朋友马上为我们表演的是双截棍。他的表演充满了精、气、神，而且每一个动作力道都非常的到位。

谢　帅气。

何　在2008年奥运会即将到来的时候，看到我们的小朋友有这么精彩的表演，让我们对我们国家体育的未来充满了信心，大家掌声再给金枭鼓励。

谢　哇！

何　接下来是难度非常高的跆拳道踢板表演，金枭小朋友曾经受邀到韩国跆拳道最神圣的国际苑表演过。他现在正在指挥我们的天鹅们摆好位置，马上开始了。哎，现在调整角度。

谢　来，我们全场给他加油的声音好不好？来，听我的口令，1、2加油！1、2加油！1、2加油！1、2加油！

何　见过踢板，没见过这么小的小朋友踢板，最后一块难度最大。再次掌声送给金枭！

谢　厉害啊！

何　哇，我觉得我们两个在台上轮流介绍节目，最最受益的就是我们的观众朋友，刚才六个节目看得过瘾不过瘾？

观　过瘾。

谢　哎呀，真的很棒。那接下来呢，我们要稍微舒缓一下。来一个非常有湖南风味的。为什么湖南味十足呢，是因为我要用湖南话来介绍。

何　这个节目名字叫放风筝，用湖南话怎么说？

谢　接下来请看湖南风味十足的《放风筝》（长沙方言）。

歌舞《放风筝》

作曲：沈丹　演唱：李炜

伴舞：河北省歌舞剧院

　　　湖南省武警总队文工团

（灯光在玫红色调、蓝色调、黄色调中交互变换，女伴舞演员身穿女色纱裙、男伴舞演员身穿黑色套衣，头戴桃花树枝装扮成桃花树，另外单独一个舞蹈演员吊威亚在空中装扮成风筝样子飘扬）

姐儿们闲无事去放风筝
手拿一只蔑织的纸糊的花蝴蝶
飞蝴蝶　蝴蝶儿
阴阳相合美人图
我放　我放　我放风筝去散心
我放　我放　我放风筝去散心

妈妈娘问女儿你往何方去
女儿回言到五里墩
五里墩前放风筝
家乡铃音响叮咚
上面画个清风屏
我放　我放　我放置在半霄云

我放　我放　我放置在半霄云

曹　很优美的舞蹈还有悠扬的歌声。那今天我们一直在说快乐回家，其实湖南对于很多人来讲呢不仅仅是湖南人的家，比如说有很多外地人或者外国友人都在湖南安了家。

维　是，今天也不光是湖南人回了家，而且跟湖南有渊源的一些人呢今天也来到了湖南。接下来啊请来的这位朋友，只要提他的名字大家都觉得就他是湖南人。

曹　没有，我以前真的以为他是湖南人。因为他的湖南话啊包括他的一切都特别的地道他的名字就叫做奇志。

维　今天不光他一个人来了，还带来了他的老师——侯耀华老师来了，他们今天不说相声演小品，小品的名字叫做《幸福在哪里》，有请。

曹　来，掌声有请。

小品《幸福在哪里》

作者：廉春明

表演：侯耀华、奇志、刘桂娟

（舞台上呈客厅样，门的背景板、一张四方桌、两把高木椅，还有一张长沙发）

【侯耀华从舞台左侧走上边说边走上舞台中央】

侯　湖南的父老乡亲过年好！都挺好的吧！

观众　好。

侯　你们也挺好的吧。

观众　好。

侯　就我不好。离婚了。离婚了她还搬不走，没房，这不跟她一块儿凑合着呢。她住一间我住一间，你看人家超女专用，您看我这男儿有泪不轻弹。一块儿住着，难受着呢。没办法，我还得伺候她，比我跟她结婚那时候还麻烦。这人啊今儿还好，说有事晚点回来，（门外传出喊叫声）坏了，回来了。

刘　（唱着歌从舞台左侧走至沙发上落座，手拿衣服和背包）

侯　你不是说今儿有事吗？怎么？哎，我刚做的熬带鱼，你要没吃呢咱就一块儿吃，今天我这买的带鱼可便宜了。人家？（边说边走近刘坐的沙发）

刘　你怎么这么烦人呐？结婚这么多年了，天天嚷嚷，大嗓门成心跟我过不去啊！

侯　对不起，（鞠躬）我给您道歉。（鞠躬并后退）

刘　哎呦，对不起啊！从来没这么客气过。（手指向侯）

侯　咱俩不是离婚了吗？

刘　对，（拉长声音）离婚了、陌生了也客气了。早知今天我还不如嫁给魔鬼呢。

侯　你说这话就不对，婚姻法有规定近亲不能结婚。

刘　呵呵，你是不是觉得自己特幽默啊？

侯　我现在对你啊就是敬鬼神而远之。

刘　我有这么可怕？

侯　咱俩已经离婚了就别再互相伤害了。

刘　我就不，就不就不就不就不。你以为离婚就完了，（起身）没完没完就没完。

侯　我跟你说呀，你说咱们俩从打结婚到现在多长时间了？

刘　哎呀我算算呐，到离婚那一天六年九个月三天俩小时零二十五秒。

侯　行了，咱把零去了吧。咱俩结婚都快七年了，你说你消停过一天没有？该买的我给你买了，该花的我花了，该忍的忍了，该让的我让了，到今儿最后我落一这结果。你睡这房子十四米多，我睡这屋两米半。

刘　说、说、说，都说出来了。今儿胆大了都说出来了，说啊，都说出来。

侯　行了，既然到现在咱俩就别互相伤害了。

刘 哼，就不。

侯 你说你从打离婚以后，哎我照样还得对待你那样，你现在可自由了。你想吃想喝想玩想唱随你的便，你自由了。

刘 对，没错。我自由了，你看了吗？超级女声我想唱就唱。（唱：啊～～咦～～）我气死你。

侯 你还气死我？你知道你每回唱我都站在阳台上，为什么？我怕人街坊说我打你。

刘 我跟你说我有自尊心，我爱玩爱热闹，可是女人不是水，（哭）男人也不是钢。

侯 别别别，你别哭成不成？我这辈子倒霉就倒霉在女人的眼泪上了。擦擦，快擦擦。（给刘擦眼泪）

刘 你很丑，可是一点也不温柔。（用纸巾擦眼泪）

侯 （递纸巾）现在呢？

刘 好点了。

侯 行了行了行了，别闹了。吃饭吧！

刘 我不吃。我跟你说我把人约家来了。

侯 把谁约家来了？

刘 别人给我介绍的男朋友。

侯 你不觉得这太残忍点了吗？这太富有戏剧性了。

刘 你不早盼着这一天了吗？好把我嫁出去，你自己住这儿啊！

侯 我可没逼你啊。

刘 你不总唱：亲爱的，你慢慢飞……（唱）

侯 我为什么让你慢慢飞啊，我怕你前头碰见双截棍。

刘 我就这样，我就这样。哎，好像来了，好像。

侯 我出去，我出去。

奇 有人吗？（手捧鲜花按门铃）

刘 去去去，开门去。

奇 有人吗？（门铃声响）

侯 我跟他说什么呀？

刘 你跟他实话实说，开门去开门去。（手推侯去开门）

奇 哎呦，请问刘小姐在家吗？

侯 在在在在，您是？

奇 我叫韩流。

侯 还大长今呢，找你的。

奇 哎，刘小姐。（把手中鲜花递给她）

刘 哎呦，这花真漂亮呀！回头我把你叫给买的花换下来。韩先生请进啊。

奇 这位是？

刘 这位啊，是我先生。

奇 哎，啊！

刘 也有叫老师的。

奇 哦，刘老师是您的学生。（手指向侯）

侯 对对对对，您听她说的客气，我跟她也没少学本事，青出于蓝胜于蓝。

奇 名师出高徒。

刘 告诉你啊，别当人面寒碜我，人走了看我怎么给你算账。

奇 哎，刘小姐。

刘 啊。

奇 你先生？这话怎么这么别扭呢？你老师有事他先忙着，咱们两个是不是出去走一走？

刘 别啊，你刚进门怎么就走啊！哎，你们俩先聊着，我呀，我给煮咖啡去。（把花放桌上）

侯 我跟人说什么呀？

刘 说什么，实话实话，给人好好伺候人家啊！跟人说。（两人走进笑着，尴尬表情）

侯 韩先生满面春风这样，这辈子没受过什么委屈吧？

奇 您不愧是当老师的，眼睛真毒。我从小就是蜜罐里泡大的，煎饼果子不离嘴、整天喝的白糖水。

侯 看得出来，吃的有点甜得发腻了吧。

坐吧！

奇 谁让咱赶上好时候了呢。

侯 韩先生是做什么工作的？

奇 说出来怕吓着你。

侯 没关系我扛得住。

奇 文盲诗人。

侯 文盲还能写诗呢？

奇 从小认字少点，长大了以后写长篇小说。这字呢，老是凑不齐，改写少的了。写诗。

侯 喜欢谁的诗呢？

奇 岳飞的。

侯 《满江红》

奇 对。

侯 头一句是？

奇 怒发冲冠。

侯 好。

奇 拦不住。

侯 啊？等会等会，是拦不住，拦住你就进不来了。行了，坐下吧坐下吧。跟您请教个事？

奇 哪敢谈请教？

侯 有这么两句诗说：一把钥匙打不开两把锁，说不清是你错还是我错。（刘端着两杯咖啡上来）

奇 白居易写的。

侯 您真抬举我。

奇 你写的？太好了，最后一句写得好。说不清是你的错还是我的错，绝了。

刘 哎呦，两个人聊得够热闹啊。来，喝咖啡。

侯 嗯？没搁糖。

刘 你买完放哪儿了？

侯 就在那头一个抽屉里。

刘 头一个抽屉？（跑过去看）头一个抽屉？

侯 喝、喝！（碰杯）

刘 不对啊！头一个抽屉锁着呢。

侯 钥匙在第三个抽屉里呢。

刘 钥匙在第三个抽屉，哎，有了有了有了。

奇 你们俩这是什么关系这么门儿清啊这个。

刘 哈哈，实话跟您说吧！他是我先生。

奇 啊！

侯 原来是，后来把结婚证就变成离婚证了。

奇 完了。原装的是没戏了。

侯 是，发现了一个不要紧，替补队员来了。行了。

奇 我成了替补队员。

侯 你们俩在家聊着，我出去转个弯。（拎着沙发上那衣服，出门）

奇 别介。

侯 嗯？

奇 要不你再坐会儿？

侯 哎，您别这么客气，过来。我看出来了你倒是个老实人，有几句话我想嘱咐你。

奇 哎，您说。

侯 其实要说啊，娟子是个好人，心眼好，就是嘴啊不饶人。

奇 是是是。

侯 从小这胳膊肘啊受过外伤，重活累活你可别让她干。

奇 你放心，洗碗、换煤气罐这事我都包了。

侯 行，她爱吃点甜的啊、黏的啊什么的。买的时候注意点那出产日期，吃了过期的她胃不好。

奇 我拿放大镜看。

侯 生日好记，八月十五跟兔爷一天。

奇 吃月饼那天是她生日。我记住了。

侯 哎，买鞋的时候 37 号，买那坡跟的，高跟的她怕崴脚。

奇 我听说她练功脚上有伤。

侯 对对对对对，还有，突然冷不丁就“啊”一声，你得有个思想准备。

奇 你放心，我是她的粉丝。哈哈……

侯 哈哈，这就好办了。

奇 我就爱听她那“啊～～～咦～～～”

侯 行了行了行了，怎么了？（刘转身拉扯侯）

刘 干吗去啊？

侯 哎，怎么了？又哭了又哭了，（刘哭）哎，我告诉你啊特别的爱哭，你手里得预备点卫生纸什么的，来，给你，这都是，你拿着。（边说边掏出口袋里的卫生纸）这事就交给你了？哎你别哭了，这不是来客人了吗？你这是怎么了？

奇 那什么吧，那什么吧，还是我走吧。我走，我走。

刘 哎，嗯，您慢点走啊。

奇 哎，哎。

刘 有空常来玩。（哭着说）

奇 一定。

刘 把那花带着。

奇 花也得带着，带着。（走出门）哎，你说她这是什么意思？你说幸福究竟在哪里啊？

曹 幸福究竟在哪里？其实我觉得可能每个人对幸福的定义都不一样吧！有的时候可能简简单单的一份快乐就会是幸福的，哪像我们这次湖南卫视我们一直在强调快乐回家，是真的，可能平时大家工作很忙，像我们也一样。每年可能过年过节的时候不能陪爸爸妈妈一起，但如果，比如今年有时间了能陪爸爸妈妈和家人一起吃顿团圆饭，好好的过个好年就是特别幸福的一件事。

维 是的，我觉得无论是家人之间、朋友之间，还是爱人之间，只要多一份理解跟包容的话，我相信会过得更加的和谐和美满。

曹 没错，好了，接下来呢我们要送上一连串快乐的歌曲。其实这些歌呢以前大家都非常的熟悉，今天用串烧的方式再次带给大家，那为我们演唱的呢，哎怎么介绍他。

维 我觉得先把他的特征说出来吧。

曹 比如说歌手，他歌唱的很好。

维 比如说演员，戏演得也很好。

曹 而且人长的很帅。

维 最近呢他的舞技又见长，跳舞真是了得啊。

曹 底下女孩子笑那么开心，他是谁？

维 掌声欢迎苏有朋。

歌曲联唱《我只要你爱我组曲》

演唱：苏有朋　编曲：严峻

（灯光以黄色调为主，演员从舞台左侧登台，伴舞演员穿着黑色紧身服装，舞台前方特效喷火机、冷焰火）

我那穿过风花雪月的年少
我那驮着岁月的背包
我的青春梦里落花知多少
寂寞旅途谁明了
曾经为你痴狂多少泪和笑
曾经无怨无悔的浪潮
我的流浪路上几多云和树
只有背包陪着我奔跑

我只想知道你快不快乐
有没有遇见更懂你的人
闭上眼风在吹
我只想知道你快不快乐
有没有遇见更懂你的人
阳光下好想念你微笑的眼神

啦啦啦啦　尽情摇摆
不管他们怎么说
我只要你爱我

当阳光照耀大地
好朋友那么多
不管他们怎么说
我只要你爱我
痛苦快乐和伤心我们一起度过
不管他们怎么说
我只要你爱我
当阳光照耀大地
好朋友那么多
不管他们怎么说
我只要你爱我
痛苦快乐和伤心我们一起度过

珍惜为我流的泪珍惜为你的岁月
谁能无动又无衷这段珍贵
明天还有云要飞留着天空陪我追
无怨无悔也是人生一种美

【曹颖、何炅一起从台左走向舞台】

采访《大明王朝》剧组重要成员并表演节目

曹 谢谢，谢谢苏有朋。

何 哦，厉害。

曹 现场的气氛一下变得好 High 啊。

何 对对对，在这里还要提醒我们电视机前的观众朋友，千万不要忘记用手机编写 A 加上任意的正整数发到 9588200 的游戏还在进行当中，千万不要忘记了。

曹 我们还有三份大奖没有送出去。

何 马上这份大奖由我们一个大家庭来送出，这就是我们湖南卫视开春大戏《大明王朝》的主创人员，欢迎他们。

曹 掌声有请。

【《大明王朝》剧组人员从舞台左侧登台至台中央】

何 哎呦哎呦

曹 最有气派的就是小世子。

何 世子爷吉祥！

世子 众卿家平身！

何 哎呦，还平身呢。真好。

曹 来介绍一下自己吧？

世子 湖南的观众朋友们，大家好！我叫穆鸿屹，今年五岁半，我在这给大家拜年了。

何 要祝什么？

世子 祝大家身体健康！

何 还有叻？

世子 财源广进！

何 还有叻？

世子 万事如意！

何 没了，掌声。这就是我们《大明王朝》当中小世子的扮演者穆鸿屹。

曹 他说了今年只有五岁半。而且我还是第一次看到这么面无表情的祝贺词。

何 但是他能把这些背下来真是很不容易，因为我们才五岁半嘛。那后面的我们的演员大家都非常熟悉，但是因为今天大过年的应该请他们给大家问候一下，介绍一下自己。从王老师开始好不好？

王庆祥 观众朋友们大家好！我在《大明王朝》中扮演胡宗宪。

闫　妮 大家好，我是闫妮。我在《大明王朝》中扮演李菲。

黄志忠 大家好，我是黄志忠。在《大明王朝》里扮演海瑞。

何　炅 这都是《大明王朝》中我们非常熟悉的演员了。

黄志忠 在这里呢代表我们《大明王朝》的全体演职人员祝全国的电视观众朋友们——

合 春节快乐、身体健康、万事如意！

何 他们在戏中的扮相大家都非常熟悉，那今天穿上这个时尚的衣服确实又给人眼前一亮的感觉，而且今天他们都有好礼物要送给大家。

曹 没错，我们首先，王老师知道他是特别有名的票友。

何　对。

曹　因为唱戏唱得那么的好，今天到现场是不是给我们票上一段？

何　今天是很专业的票上一段，因为今天有专业的伴奏老师。来哪一段？

王庆祥　来三家店里秦琼的一段唱腔。

何　好听，我们欢迎王老师。

曹　掌声欢迎。

京剧《三家店》选段

演唱：王庆祥　伴奏：范春宜胡　越李尹

（灯光以蓝色调为主，由现场的京剧伴奏人员演奏）

将身儿来至在大街口
尊一声过往宾朋听从头
一不是响马并贼寇
二不是歹人把城偷
杨林与我来争斗
因此上发配到登州
舍不得太爷的恩情厚
舍不得衙役们众班头
实难舍街坊四邻与我的好朋友
舍不得老娘白了头
娘生儿连心肉
儿行千里母担忧
儿想娘身难叩首
娘想儿来泪双流
眼见得红日坠落在西山后
叫一声解差把店投

何　哎，曹颖，你是懂戏的人，你觉得刚才王老师唱的怎么样？

曹　唱的相当的好。

何　哇！

曹　而且你发现我们小世子刚刚突然变得好活泼，京剧的唱腔他可以做成这样的舞蹈动作。（学其刚才的动作表演）

何　我觉得其实我们今天《大明王朝》的剧组的成员来到我们现场，除了给大家送节目送祝福之外，真的带来特别的礼物啦！

曹　对，让他们来讲一讲这份礼物是什么好不好？

何　好，我们先把礼物请上来。

曹　连礼物都那么有厚重的感觉。

【礼仪小姐手推车上舞台】车上摆放了一个古代的乐器——磬

何　特别有分量。

曹　我们请海瑞大人来为我们来介绍一下好不好？

黄志忠　这个呢它叫磬，最早是一件乐器。然后在《大明王朝》这个戏里呢是嘉靖皇帝修道炼丹时的一件法器，那么我想以道为题呢或许能传递这么两层意思。君子好财取之有道；君子为官正道而行。在节庆之时敲响它，那么传达的是平安、顺利的吉祥之意。

闫　妮　送它呢还因为磬和庆祝的“庆”是谐音，好兆头。中国民间有一副很有名的对联，上联是：向阳门第春常在，下联是：积善之家庆有余，这横批就是：和谐之音。在这里呢我们用这件礼物“磬”祝愿所有的观众朋友们新年有新福，有幸福。

何　哇，这个厉害了。这个谁要是拿到了真是吉祥一整年、一辈子的事情哦！

曹　那既然这个“磬”这么吉祥，我们先来听一听它的声音好不好？

何　好。

曹　你准备好了没有？

何　我准备好了。

曹　好，来了哦。（曹颖敲打“磬”一下）

何　快乐回家了！

曹　（再次敲打）

何　吉祥如意了！

曹　接着要送礼了！

何　哦，对对对。赶快来看看我们第二轮快乐密码是哪一位观众发送的号码成为我们的唯一最小正整数。我们来看一下1138，这是我们这一轮的唯一最小正整数。发送这个号码的朋友是130快乐回家4221这位广东的朋友，恭喜你拿到了这个“罄”。

曹　恭喜您，非常有吉祥意义的这样一个礼物。当然也要提醒观众朋友别忘了我们还有两项大礼没有送，所以手机用户赶快发送短信来参与我们的节目。

何　就是用A加上任意一个正整数发送到9588200，那么我们今天送出的礼物是独一无二的，祝贺也是独一无二的，节目也是独一无二的。那接下来我们的海瑞黄志忠先生就要首度在我们春晚现场要献声了。

曹　而且合作的可是我们的超级女声哦。

何　我们喜爱的超女刘力扬，要带来《大明王朝》的片头曲《治世民为天》。欢迎两位。

曹　有请。

歌曲《治世民为天》

作词：欧阳常林　作曲：刘健　韩伟

演唱：刘力扬　黄志忠

（灯光以黄色、蓝色调为主，伴舞演员盛传红色斗篷披风、台上摆放着金色与红色融合的宫殿模型、雪花机飘洒雪花）

长河万里
看风流倾江山
千帆竞往
叹恩怨付笑谈
欲壑总难填
是明辨忠与奸
世道人心悬利剑
盛衰只在弹指间
先忧后乐清风愿
从来治世民为天
先忧后乐清风愿
从来治世民为天

舞蹈《印度舞》

领舞：扬扬　伴舞：湖南省武警总队文工团

（灯光以黄色调为主，ling伴舞女演员身穿蓝红相间的裙装、伴舞男演员身穿蓝红相间的上衣和裤子，特效火焰喷出）

扬扬　嗨，扬扬又回来了，带来了激昂的舞步。让我们动起来吧！Let’s go ~ 全场的观众朋友，你们的手在哪里，一起动！

何　谢谢，谢谢扬扬老师，谢谢我们的舞蹈者。快乐回家、吉祥如意，欢迎各位亲爱的观众朋友继续收看现在正在现场直播的道道全湖南卫视2007春节联欢晚会。

谢　在这里我们要代表道道全食用油向全国观众拜年了。

何　哎，娜娜，你今天有一种难得的端庄。

谢　是，那我就是那种能动能静的。

何　那我想问你道道全这三个字分别代表的含义，你都清楚吗？我先来说。第一个“道”代表每一道工序都做好，第二个“道”代表每一道菜肴都可口，那“全”你说？

谢　考我啊。

何　你说。

谢　“全”的意思就是全心全意的为人民服务，谢谢。

何　对了，其实晚会进行到现在有很多的朋友通过网络和短信呢发来他们的心理话还有一些祝福。比如说这一位0826浙江的朋友他说：“很想很想很想很想很想很想回家，但是亲爱的老爸老妈，儿子工作太忙，今年又不能陪你们过年了。但是儿子的心永远跟你们在一起。”

谢　那我这里呢有一封非常感人的短信，手机尾数是6371的湖南观众发来短信说：“我是一位癌症患者，在经历了许多磨难之后才和今天的妻子走到了一起。她的宽容和理解让我知道只要一直勇敢向前，幸福就会永远跟随。”这里要谢谢他的妻子，我提议我们全场用热烈的掌声祝福他们永远幸福。

何　祝福我们所有的观众朋友。那各位亲爱的朋友不要忘记金鹰网正在对我们的晚会进行网络同步直播，接下来要给大家介绍的这个节目呢真的是高、奇、险，而且呢它是世界之最。因为世界上没有第二个团队可以做出这么高难度的表演，他们也获得了中国杂技的最高奖金狮奖。您将会看到我们的杂技演员呢是在没有任何安全保险措施的情况下进行一番高空的高难度的技巧表现。

谢　那就是非常的危险了。

何　但是又非常的精彩。

谢　我们会一直为它悬着心。那我们现在用热烈的掌声和欢呼声欢迎由云南省杂技团带来的《浪桥飞人》。

何　掌声。

杂技《浪桥飞人》

编导：陈庆云　表演：云南省杂技团

何　各位亲爱的朋友们，我们用掌声感谢他们带来的精彩表演。谢谢。

谢　谢谢。哇！

何　太炫了。

谢　对啊~我觉得看了他们表演以后一直悬着心不说，我也想起了一句话就是“台上十分钟、台下十年功”。

何　那如果台上一刻钟呢？

谢　那就是台下好多功。

何　不错不错，那么在这里还要提醒大家不要忘记发送手机短信来赢取超大礼包的活动还在进行当中。那还有些什么礼品？

谢　这个礼品呢，我们刚才也看到了几个神秘的礼品，接下来还有我们在多哈亚运会，我们的湘籍冠军带来的这个神秘大礼，还有超大液晶电视。赶紧等着你拿哦。

何　就是用手机编辑A加上任意的正整数发送到9588200，如果您的数字是唯一且最小正整数，您就能拿到我们的大奖啦。

谢　对，好。在新的一年呢希望每一位朋友都可以插上理想的翅膀飞向自己幸福的这个……

何　讲的好硬哦！你是要介绍下面的歌了对不对？

谢　因为接下来这首歌跟我说的话息息相关呐。

何　因为这首歌的名字就叫做——

谢　翅膀。

何　那究竟演唱这首歌的是谁呢？

谢　就是大家最喜欢的组合羽·泉。

何　哇，掌声送给羽·泉，最厉害的组合。

歌曲《翅膀》

作词：羽·泉　金放　作曲：羽·泉

演唱：羽·泉　伴舞：河北省歌舞剧院

（灯光以蓝色调为主，演唱者从舞台左侧至台中央，伴舞演员身穿红色工字背心、白色长裤，部分伴舞身上还穿着白色翅膀道具，歌曲结尾时在空中飘舞）

曾有过的迷惘
被结局也已看破
总想为自己找个快乐

反而不快乐
曾经一再失落
我依然选择执著
没有我挣不开的枷锁
对自己许下承诺
合天赐我一双翅膀
就应该展翅翱翔
梦和现实有多遥远
等待穿越的瞬间
天赐我一双翅膀
就应该展翅翱翔
满天乌云又能怎样
穿越过就是阳光
曾经一再失落
我依然选择执著
没有我挣不开的枷锁
对自己许下承诺
合天赐我一双翅膀
就应该展翅翱翔
梦和现实有多遥远
等待穿越的瞬间
天赐我一双翅膀
就应该展翅翱翔
满天乌云又能怎样
穿越过就是阳光

何 谢谢羽·泉，掌声再一次送给他们。谢谢羽·泉用歌声为我们送来祝福，同时也请大家多多支持羽·泉的最新专辑《朋友难当》。

谢 同时这个热情的支持何炅的最新专辑《自己》。

何 那也支持谢娜的最新专辑《菠萝菠萝蜜》。（用手掐何炅动作）好了，私事忙完了来忙公事，如果用歌声来送新年的祝福你会唱什么歌？

谢 我现在是歌手了，我会唱“新年好呀，新年好呀，祝贺大家新年好”。（唱）

何 如果要用一首歌带大家进入大自然的氛围，你会唱那首歌？

谢 那是我的成名曲，（唱）“蓝蓝的天空，哎”。

何 这就是所谓的抛砖引玉，接下来我要为大家介绍的是真正好听的来自内蒙古大草原的天籁之音，这位歌手的名字呢您之前不是特别熟悉，但今晚听过她的演唱之后相信大家会深深地记住她。这位歌手名字叫做阿丽玛，带来的歌曲是《送亲歌》。

谢 有请。

歌曲《送亲歌》

编曲：阿毛　演唱：阿丽玛

伴舞：河北省歌舞剧院石家庄市艺术学校

（灯光以黄色调为主，女伴舞演员身穿黄色蒙古族服装、男伴舞演员身穿白色裤子）

沙梁弯弯沙梁高
黄膘马儿在奔跑
身穿蟒缎　头戴珊瑚
我的女儿多俊俏
跨上宝马紫檀红
向着旗壇启程
金色世界多美好
祝愿众生幸福安宁
鸿雁展翅飞向南方
芳草低头躲秋凉
含泪告别阿爸阿妈
孩儿出嫁到远方
沙梁弯弯沙梁高
黄膘马儿在奔跑
身穿蟒缎　头戴珊瑚
我的女儿多俊俏

何 谢谢，谢谢阿丽玛。那接下来呢又有小朋友要登台了。大家知道呢有一种说法呢说小年夜是小朋友过的年，所以今天拜年的呢当然不能缺少我们可爱的小朋友。

曹　不过今天这位小朋友他比较特别，他是来自遥远的大山。因为湖南卫视的晚间“洞穴之光”节目而让很多人记住了他也惦念着他。

何　那接下来我们就一起来回顾“洞穴之光”让我们难忘的片段。

（VCR播放）

（视频内容：“洞穴之光”节目的片段，城里孩子在山里体验生活的画面，采访王朝全以及两个城里孩子的镜头，采访观看节目后观众的感受）

【画外音】“洞穴之光”以孩子影响孩子的行动，记录了六个城里孩子来到偏远的山区和山里孩子结成对子一起生活一起上学。城里孩子李万龙和谢楠山被分到了山里孩子王朝全家。

王朝全　起床了，起床了。我先去做饭，你们先睡吧，你们先睡。

城里孩子1　我们不来你们平常也拿这个米做饭吃不？

王朝全　平常我们不吃这个。（白米）

记者采访王　没有什么吃的给他们，我也挺难过的。

【画外音】王朝全的淳朴和真诚深深震撼了两个城里孩子，十天的山里生活洗涤着城里孩子的心灵，曾经的问题少年们仿佛一夜间懂事了。

城里孩子2【画外音】　原来他们（父母）的话才是最宝贵的，我爱我的妈妈。这样一个以孩子影响孩子的故事打动了无数观众的心。（电话铃响）

来电者画外音　“我是上海的，我觉得他们（山洞小孩）好辛苦，我们商量想资助两个小孩子。”“我是沅陵的，我看了哭了好久，我觉得好感人。”“我是云南的，哎呀，太棒了，太好了。”“我是山东淄博的”、“我是广东的”、“我是甘肃的”、“我现在在海南”、“我是新疆的”、“我是浙江义乌的”……

【画外音】“洞穴之光”更在同龄的孩子中引起了强烈的反响。

被采访者　“他们非常值得我们学习”、“他们吃的都是玉米饭，而我们餐餐都可以吃到米饭，我们还向父母唠叨饭菜不好吃”、“我觉得我很对不起他们（父母），我想对他们说我爱他们。”

何　这个节目播出已经有一段时间了，到现在还有很多的家长打电话到台里说可不可以把他们的孩子也送到那个地方去锻炼锻炼。

曹　其实确实我们好像平时看过很多感动的事和感动的人，但我们在看这个节目的时候，我们主持人自己也特别的感动，而且有很多片段印象特别的深刻。

何　我印象最深刻的就是王朝全其实是一个很乐观的孩子，他没说话之前都是笑容先浮现在脸上，但是他平时家里吃什么他都很习惯，然后也非常乐观地去面对。可是当他城里的朋友吃不惯他们家的饭菜的时候，他就在记者面前流泪了。他说，我好难过家里没有别的东西给他们吃。

曹　那我觉得印象最深刻的是，你看刚才也有那个镜头就是这几个孩子本身也是问题少年，所以才会把他们送到山里去。那平时跟父母的关系可能有一点点淡漠，那当他们在山里生活了一段时间，真的要回家的时候，他们父母就来接他，他根本就没想到他妈妈就突然出现，然后就那一瞬间他突然看到他妈妈以后，他就一下子冲过去抱住他妈妈，在那边喊说“我爱我妈妈”，觉得那一瞬间就特别的震撼人。

何　我觉得其实心与心的沟通是最重要的，而且全国的观众也在“洞穴之光”播出之后也非常的惦记王朝全，那我们的春晚晚会当然要把他请到节目的现场。我们掌声欢迎这个可爱的少年王朝全。

曹　掌声欢迎他。

【曹颖、何炅走到台中央对王朝全进行采访】

何　我说的没错吧，特别爱笑。

曹　特别的乐观，很阳光。

何　他呢这次学乖了，上次上我们元旦晚会的时候穿了一个大棉袄，在台上热得一句话都说不出来，今天不是那么热哈。

王朝全　不是。

何　今天要跟大家说什么，今天过小年是你们小朋友过的年啦？那你要跟大家说什么？

王朝全　祝福关心我们的叔叔阿姨们，新年快乐！

何　哈哈，新年快乐，那要祝小朋友什么？就跟你一样的小朋友们。

王朝全　祝——（没讲出来话）

何　这样，我先帮你拟个稿。祝小朋友学习进步好不好？

王朝全　祝小朋友学习进步。（掌声）

何　他特别特别的淳朴，又特别特别的讨人喜爱。

曹　尾音就很有力度的。

何　是，今天也有很多人要送给你礼物，其中有一份很特别，想当场送给你，想不想知道是什么礼物？

王朝全　想。

何　好，我以为你会说“想知道”。（模仿王朝全的语气说话）好，马上就把礼物请出来。我们来看。

【湖北恩施的三个师生代表手推礼品车从舞台左侧上台】

何　哇，好大一箱。我来给大家介绍，这一箱不是别的，这是湖北恩施实验小学的老师、同学、家长们写给王朝全的信。寄到我们台里一共多少封呢？一千四百五十封。

曹　而且当时其实收到这些信的时候，我们电视台的工作人员也觉得特别的感动，因为来自同一个地方居然有这么多人写信，这么多人来关心他。

何　每一封信都是来自内心的感动，那这三位呢是来自湖北学校的代表。我们来看看他们有什么话要说。先第一位帅气的小朋友。

曹　你有什么话要跟王朝全讲？

代表姜竑宇　要过年了，希望他好好学习。但是在学习的同时也要保护好眼睛，所以我送他一盏护眼灯，希望不要像我一样成为“四眼人”。那滋味是相当的难受啊！

何　哈哈，好，你还负责上台搞笑一下是不是？好，谢谢。（把礼物递给王朝全）那接下来那位女同学有什么礼物？来，我们看一下。

曹　你的礼物是什么？

代表王章　过年了，我真的很高兴能来到湖南卫视，首先我要祝全国所有同学春节快乐！接着我准备了两份礼物。

何　一份是什么？

王章　一份是送给中洞所有同学一套百科全书。

何　好，接过来。（王把礼物给王朝全）

王章　另外一份礼物是我亲手为王朝全画的一幅画。

曹　上面画的是什么？

何 哎呀，大家手挽手好亲密啊。

王章 上面就是我们和王朝全，我们大家一起庆祝金猪年的到来，最后还用相机留下这美好的一瞬间。

何 哎呀，还合影了，在画面里面。

曹 那你亲手把礼物交给他好不好？（王把礼物给王朝全）

何 那位同学看上去年纪比较大，（笑）请站到中间来。

曹 这位是我们的家长代表，请到这边来。其实很多家长当时看完这个节目就特别的感动，也很震撼，您有什么话要跟他讲吗？

代表黄键 我今天看到王朝全我觉得我想对他说，你太可爱了。不仅孩子们喜欢你敬佩你，而且我们所有的大人们都喜欢你。而且看到这么优秀的农村孩子，作为家长我特别想说“洞穴之光”的确给了我们很多启示。看完这个片子以后，我就和，这是我的孩子（现场的其中之一姜竑宇）

曹 这是您的儿子？

黄键 对对对，就和他的爸爸呢在当地农村找了一个跟他年龄相仿的小伙伴，寒假里他们就相处了一段时间。而且我发现孩子们的进步都很大，对他帮助很大。并且在我的周围，已经有很多的家长在举行类似的一些行动。所以最后呢，我想说“洞穴之光”不仅给片中的六个孩子带来了深远的影响，同时它给我们众多的家长以深厚的鼓励和启示。谢谢。

何 谢谢。妈妈讲的太好了。那这个左手礼物右手礼物好像已经腾不出手了。这样何炅哥哥先帮你拿书，因为我觉得难得今天大家遇见了哈，我们是不是应该好朋友们握握手，好不好？友谊天长地久。（孩子们握手，相互抱在一起）

曹 我们也祝愿所有的孩子，不管是山里孩子还是城里孩子，大家都可以健康快乐的成长。好了，送给他们一首歌好不好？

何 好，看在朝全今天这么开心，一直笑得合不拢嘴的分上。

曹 我们叫他来说这个歌的名字吧？

何 来告诉我们这首歌的名字叫什么？

王朝全 握握手。

何 《握手》，（学王朝全语气）欢迎易秒英。

歌曲《握手》

作词：孔介夫　作曲：张伯序

演唱：易秒英　伴舞：河北省歌舞剧院

（灯光以黄色、蓝色调为主，女伴舞演员穿着红白相间裙子，头戴白色帽子，男伴舞演员穿着整套水蓝色服装，特效冷焰火）

太阳握着月亮的手　日月同辉照千秋
高山握着大海的手　地久天长歌悠悠
兄弟握着姐妹的手　知心话儿说不够
父母握着儿女的手　情似江河水长流
哎呀咦嗨　春风握着春雨的手
哎呀咦嗨　大地春色满神州
不废江河万古流　万众一心铺锦绣
政通人和江山美　中华民族手握手
不废江河万古流　万众一心铺锦绣
政通人和江山美　中华民族手握手
太阳握着月亮的手　日月同辉照千秋
高山握着大海的手　地久天长歌悠悠
兄弟握着姐妹的手　知心话儿说不够
父母握着儿女的手　情似江河水长流
哎呀咦嗨　公仆握着百姓的手
哎呀咦嗨　水乳交融暖心头
不废江河万古流　万众一心铺锦绣
政通人和江山美　中华民族手握手
不废江河万古流　万众一心铺锦绣
政通人和江山美　中华民族手握手

中华民族手握手　　握手

谢　谢谢。

维　谢谢易秒英带来精彩的歌声。

谢　维嘉你知道吗？此时此刻全国亿万观众都在收看我们的春节联欢晚会。

维　是啊，在这我们要特别衷心地祝福电视机前的观众朋友，在此祝福您新年快乐！

谢　事事顺心，笑口常开。

维　是的，希望在这看湖南卫视呢能够找到快乐回家的感觉，说到回家，今天有一个人我觉得回到湖南意义是特别重要的。而且她今天能够来到我们这个舞台，我觉得更多的是一种期盼和感动。

谢　是，那她呢有一个可爱的外号。很多人喜欢叫她机器猫。

维　全场的笔迷们已经沸腾了。

谢　我想问一下她是谁？

观众　周笔畅。

维　掌声欢迎笔笔，周笔畅。

谢　好久没有回到湖南了，来问候一下我们湖南的观众朋友。

周笔畅　当然回到老家当然要用家乡话来问候。

谢　对，家乡话。

周笔畅　湖南的各位父老乡亲，我回来哒。（长沙方言）

维　我们祝你开心、祝你快乐，以后多回家。（长沙方言）今天带来什么样的歌曲？

周笔畅　今天热闹一点吧，也是比较动感一点的。

谢　比较动感的歌，想不想听笔笔唱动感的歌？

观众　想。

维　掌声欢迎周笔畅带来这首很好听的歌曲《无人岛》。

歌舞《无人岛》

作词：崔惟楷　作曲：孔令奇

演唱：周笔畅

（灯光以黄色、蓝色调为主，演唱者站定于台上，伴舞演员穿着黑色西服，特效喷火焰）

喜欢逗你笑消除你的烦恼
因为有我你心情就好
幸福的征兆我会帮你找到
你的心事我全都明了
我让你依靠
只要我们快乐其他都不重要
我让你依靠
当你需要我的时候我一定立刻就赶到
可以大声笑　不用怕太吵
带你到属于我的无人岛
你和我快乐就好
听你的心跳跟我一起跳跃
我用全心当爱的回报
我们能遇到时机是刚刚好
从今以后我们都会笑
我让你依靠
只要我们快乐其他都不重要
我让你依靠
当你需要我的时候我一定立刻就赶到
带你到属于我的无人岛
可以大声笑　不用怕太吵
带你到属于我的无人岛

舞蹈《we’ll rock you》

领舞：扬扬　编舞：徐滨

伴舞：湖南省武警总队文工团

（灯光以黄色、紫色调为主，女伴舞演员身穿银色背心和蓝色长裙，男伴舞演员身穿蓝色背心、银色西装外套跟银色裤子，特效火焰喷出）

扬扬　观众朋友们，今晚你们开心吗？让我听到你们的掌声好吗？一起来。尖叫声在哪里？一起跳好不好？后面的观众一起来，你们的手呢？

维 快乐回家、吉祥如意，这里是道道全湖南卫视2007春节联欢晚会的直播现场。

谢 好，希望所有的朋友跟着我们湖南卫视一起快乐、一起舞动。那维嘉你知道吗？道道全食用油呢是非常健康的油，所以它希望我们所有的观众朋友都可以生活健康，身体健康。

维 是，明年我就认准了道道全了。

谢 就喝它了。

维 好了，接下来我们就要为大家送出意义非常深远跟特别的一份大礼包了。

谢 对，说到刚才的神秘礼物，那接下来的神秘礼物就要揭晓了。就是我们知道我们2006年我们湘籍运动员在亚运会上获得了非常振奋人心的消息，也有非常好的成绩。所以呢，马上要有请他们送来神秘大礼，有请。

维 哎，等一下，在请出他们之前呢，我们首先还是来看一下回顾一下我们的湘籍运动员在多哈亚运会上面的精彩表现。

谢 一起来看。

（视频内容）湘籍运动员在多哈亚运会上的比赛的画面跟照片

（字幕）

鲍春来——羽毛球男子团体金牌

朱美——女子多项飞碟团体金牌

黄穗——羽毛球女子团体、女子双打两枚金牌

王明娟——女子举重48公斤级金牌

韩冰——女子体操团体金牌

谭飞虎、李俊——亚运会水球金牌

李萍——女子举重53公斤级金牌

郑波——羽毛球男子团体、混双两枚金牌

在多哈举行的第十五届亚运会上、我省有十名运动员参赛、获得金牌十一枚、银牌四枚

（主持人进行采访，在舞台左侧靠前区域）

维 观众朋友们，用最热烈的掌声请出我们的湘籍运动员们。有请。

谢 再一次给他们掌声和欢呼声。哇，带来荣誉的健儿们。来，再一次掌声和欢呼声给他们。

维 好了，为大家介绍一下我们夺得亚运会冠军的湘籍运动员们的代表。首先为大家介绍的这两位呢是女子举重冠军的运动员王明娟、李萍，欢迎你们。（同时上被采访者字幕）

谢 第二位为大家介绍的是女子体操冠军韩冰，掌声给她。（同时上被采访者字幕）

维 旁边那两位帅哥就是水球冠军的谭飞虎和李俊两位运动员。（同时上被采访者字幕）想问一下今天你们五位带来什么冠军大礼包送给我们？

谢 分别介绍一下。

王明娟 我带来的是我和李萍在多哈亚运会上比赛的T恤，上面还有我和李萍的签名。

维 展示一下。想不想要？

谢 谁想要？

维 赶紧发送手机短信啊。

谢 我们要问体操冠军韩冰给大家带来了什么？

韩冰 我带来的是中国体操队的队旗和多哈亚运会的吉祥物奥利。

谢 好可爱。这个吉祥物是不是一直陪伴着你？

韩冰 对。

谢 好，谁想要啊？

维 问一下谭飞虎和李俊两位，带来的是什么？

李俊 我带的是由我和谭飞虎亲笔、亲手签名的名誉水球，谢谢。

维 这些礼物呢都非常精彩，当然不仅仅只是这些，其实呢还有四位亚运冠军呢因为有任务、训练任务在身不能来到现场，他们也带来了非常精彩的礼物。

谢 对，这里有封信说射击冠军朱美在信中说：我现在正在贵阳参加2007韩国意大利世界杯选拔赛，所以不能来到晚会现场，请湖南卫视代表我向家乡拜年，祝大家幸福安康。

维 好，大家看到我手里面就是朱美亲笔签名的这个射击的飞碟，然后呢还有纪念的徽章以及她亲笔签名的T恤。非常精彩。好了，其实还有我们羽毛球运动员，他们在多哈亚运会上获得了非常好的成绩。今天虽然人不能来，但是录了贺词给我们，我们一起来接受一下他们的祝福吧。

（视频内容）

湘籍运动员郑波、鲍春来、黄穗祝贺词——

鲍春来 湖南的父老乡亲大家好，我是中国羽毛球队湖南籍运动员鲍春来。

郑　波 我是郑波。

黄　穗 我是黄穗。

鲍春来 因为在过年期间，我们还要在北京集训，所以没有时间回家过年。所以在此送上小小的礼物给大家，就是我们签名的球拍，还有我们签名的球衣。最后祝大家新年快乐！

郑　波 身体健康！（长沙话）

黄　穗 万事如意！（长沙话）

合 猪年行大运！（长沙话）

（返回现场）

谢 谢谢！

维 签名的球拍就在我手里面，我觉得冠军的这个大礼包真的是非常的有吸引力，我们来看看这一轮是哪一位观众这么幸运，可以获得这个冠军大礼包呢？我们来看看大屏幕，请看。

谢 是谁呢？

维 好，他发送的这个唯一正整数呢是2297，我们恭喜是一位来自广西的手机尾号为2265的朋友，恭喜他。

谢 来，恭喜这位朋友。那电视机前的你呢也要赶紧拿起你的手机发送快乐密码，也许下一个获奖的就是你哦！还有超大的液晶电视等着你们。

维 是，在这呢，我们也非常感谢我们的多哈亚运冠军来到我们的晚会现场，谢谢你们。祝福你们在2008年北京奥运会上面能够取得更好的成绩。

谢 再创辉煌。

维 来，我们全场的观众朋友一起，我数1、2、3，你们说加油好不好？

谢 1、2、3。

观众 加油！

维 谢谢、谢谢你们。

谢 谢谢。

维 好了，既然说到2008，我们就请出杨坤带来这首精彩的歌曲吧。

谢 让我们一起期待2008，期待我们2008的辉煌。

维 有请杨坤。

歌舞《2008》

作词：杨坤　秋野　梁芒　作曲：杨坤

演唱：杨坤　伴舞：河北省歌舞剧院

（灯光以黄色、紫色调为主，演唱者台左上台站定于舞台中间，三个女伴舞演员穿着橙色长裙，中间一人手捧火炬从台右左至舞台中央，其他女伴舞演员穿着白色上衣、红色短裙的运动服装，男伴舞演员穿着一身白色运动服装分别从台左台右上台，儿童伴舞演

员穿着福娃服装站在舞台前端）

爱在路上　看前方云飞扬
忍不住回望　梦开始的地方
爱像翅膀　也柔软也坚强
心无法抵挡　向更高处飞翔
每个人都是都是这么想
那一天多么多么不寻常
为你惆怅为你疯狂
为你拼命往前闯
每个人都是都是这么想
等待是那么那么的漫长
你想点亮我也想点亮
2008 的辉煌
爱在路上　看前方云飞扬
忍不住回望　梦开始的地方
他们说生活是这样
有变化才能够成长
每个人都是都是这么想
那一天多么多么不寻常
为你惆怅为你疯狂
你拼命往前闯
每个人都是都是这么想
等待是那么那么的漫长
你想点亮我也想点亮
2008 的辉煌

谢　谢谢杨坤，谢谢。

维　谢谢杨坤，带来精彩的歌曲《2008》。真是热血沸腾呀。

谢　真的每次听到 2008 的歌还有看到这个福娃，我都觉得非常的振奋人心。就希望 2008 可以快点到来。

维　对啊，希望我们的运动健儿在自个的家门口可以多拿金牌。

谢　加油加油！

维　是的，接下来请出来两位表演嘉宾，他们一出场全场观众呢就会哈哈大笑。因为他们的名字是大兵、赵卫国。

合　有请两位。

相声《请你相信我》

编剧：史东方　原建邦　曹曙光　大兵

表演：大兵　赵卫国　黄涓涓

【大兵从台右侧边走边说至舞台中间、赵卫国从舞台左侧走至舞台中间】

大兵　亲爱的观众朋友们，电视机前亲爱的观众朋友们，大家新年好！提前给您拜年了，祝所有的朋友都像我一样人人发大财，发财发的脑壳晕，点钱点得手抽筋。（长沙话）我发什么财？（笑）跟大家汇报一下，最近我的推销亲子鉴定，请大家严肃一点，这是一门高科技产品，而且是朝阳产业。在座的任何一位朋友，如果您对自己的子女产生了怀疑，请你相信我。把他带到我那里来，我一定给您一个满意的、科学的答复。有没有人愿意的？有啊，你这么年轻就算了。（笑）老大爷您来一个吧！碰碰手气嘛。都不来，都不来有人来。我找赵卫国来。（笑）赵卫国。

卫国　来了来了。（台左侧边说边走上台）新年好！哎呀大兵，跑我们家门口干什么呀？

大兵　给你拜年嘛。（对着赵鞠躬）

卫国　哎呦，不敢当，您新年好。（鞠躬状）

大兵　您新年好！顺便跟街坊邻居推销一下亲子鉴定。

卫国　你疯了吧你？大过年推什么亲子鉴定啊？

大兵　你看这个，你跟不上形势了？

卫国　是跟不上形势。

大兵　亲子鉴定太重要了。

卫国 怎么重要啊？

大兵 你想我们国家每天要出生那么的人口，那个产房里你就保证没有一两个抱错的。

卫国 那是极个别现象。

大兵 再说啦，我们国家有几亿个家庭。

卫国 对啊！

大兵 你就能担保里头没有红杏出墙的？

卫国 那我可保证不了。

大兵 对不对！去年有两口子带着他八岁的儿子到我那里做亲子鉴定。

卫国 哦。

大兵 一查，果然不是他的亲生儿子。

卫国 谁的呀？

大兵 欧阳胖子的。

卫国 欧阳胖子的？

大兵 你认识啊？

卫国 我太认识了，住我们家隔壁啊。

大兵 这么近啊，哈哈哈哈。不过跟你没关系啊，没关系。

卫国 那跟我有什么关系啊。

大兵 上个月又有两口子带着八岁的儿子到我那里做亲子鉴定。

卫国 啊。

大兵 一查，又不是他们亲生的。

卫国 谁的呀？

大兵 你猜猜？

卫国 欧阳胖子的？（惊讶状）

大兵 你怎么知道的？（卫国做痛苦状）

卫国 我太了解他了，这女朋友没断过。这人不怎么样，这人。

大兵 当然了，这都跟你没什么关系。

卫国 废话，跟我有什么关系啊！

大兵 对不对，再说你跟他隔壁嘛。

卫国 是。

大兵 俗话说的好，兔子还不吃窝边草呢。

卫国 就是啊。

大兵 胖子那就不一定了？哈哈哈哈。

卫国 说什么呀你这是？

大兵 开玩笑开玩笑。你不用做亲子鉴定。

卫国 我当然用不着了。

大兵 你的儿子肯定是你自己亲生的。

卫国 对。

大兵 你儿子长的像你吗？

卫国 当然像我啦！

大兵 百分之百的像？

卫国 哎呀，也不能说百分之百的像？

大兵 那不像你的地方都像谁啊？

卫国 像谁啊？

大兵 不会也像？

卫国 想哪去了你。

大兵 不不不。

卫国 不可能。

大兵 不可能的事情。对不对？你看你是个方脸嘛。

卫国 对啊！

大兵 你儿子呢？

卫国 圆脸。

大兵 欧阳胖子呢？

卫国 也圆脸。

大兵 这是巧合啊，巧合。你看，你是单眼皮吧？

卫国 是。

大兵 你儿子呢？

卫国 双眼皮。

大兵 欧阳胖子呢？

卫国 也双眼皮。（摸脑袋）

大兵 这个难免啊，难免。你看你这里有颗痣吧？（手指其脸上）

卫国 对啊！

大兵 你儿子呢？

卫国 没痣啊！

大兵 欧阳胖子呢？

卫国 也没痣啊。

大兵 我们总能找出一个不像欧阳胖子的地方？你看你儿子是两只手吧？

卫国　对啊！
大兵　欧阳胖子呢？
卫国　也两只手啊！
大兵　你呢？
卫国　三只手啊！
大兵　哎呀，你还是要冷静一点，要冷静一点。
卫国　这事跟你没关系。
大兵　不要急于下结论。
卫国　老婆，出来！（朝台左喊话）
涓涓　叫什么叫呀？没见我在做美容啊！（穿着粉色睡衣从台左边说边上台中央）
卫国　你还做的下去啊？你说，我长的像谁？
涓涓　你长的像谁？（摸卫国的额头）
卫国　我儿子长的像谁？
涓涓　有病吧你！你的儿子长的像你啦！
卫国　像我？不像！
涓涓　不像？（疑问句）那像谁啊？
卫国　像谁你心里清楚？
涓涓　我怎么清楚，我当然不清楚了。
卫国　你当然清楚。（双方争执）
涓涓　我怎么就该清楚。什么意思呀赵卫国。（大兵从中将其隔开）
大兵　哎哎哎哎哎，等一下等一下，不要吵嘛，吵出去不好听嘛。俗话说的好，家丑不可外扬啊！
涓涓　谁丑啊谁丑啊？（转身对大兵说）
大兵　来来来，（把涓涓拉到一边）嫂子我跟你解释一下。刚才我跟赵卫国在门口扯淡，扯起扯起就觉得你这个儿子长得有点像……
涓涓　像谁？
大兵　欧阳胖子？
涓涓　什么？你的意思我们家孩子是欧阳胖子的？
大兵　不是我的意思，是他的意思。
涓涓　赵卫国，我告诉你。（走到卫国身边）我这辈子行的端坐的正，我大门不出二门不迈，一颗红心，都快憋成黑心了。我要做出这种伤风败俗的事情我天打雷劈。
卫国　你有把握吗？
涓涓　废话，赵卫国，这么多年的夫妻了，你得相信我。
大兵　（从旁走到两人中间）对对对，赵卫国，这我就应该说你了。你应该相信嫂子，嫂子是什么人，街坊邻居都知道啊？那是贤妻良母的形象代言人呐。这么多年来为了你这个家风里来雨里去，她吃了多少苦受了多少罪啊！偶尔有几天糊涂的你也应该理解她呀。
涓涓　（急速跑到大兵身边）谁糊涂谁糊涂啊？
大兵　我糊涂我糊涂我糊涂。
卫国　你糊涂我不能糊涂，走，做亲子鉴定。
涓涓　什么？亲子鉴定。
卫国　我得知道我孩子是谁的？
涓涓　赵卫国，你吃了豹子胆了你？
卫国　我吃了豹子胆？
大兵　（到两人中间将其分开）算了算了赵卫国，既然嫂子不愿意，咱们就不要去做了。七八年都过来了，这儿子是不是你亲生的已经不重要了。
卫国　什么叫不重要了？什么叫不重要了？我不能在错误的路线上走到底。
涓涓　赵卫国，你要我去做亲子鉴定，你是在侮辱我？
卫国　哎呦，我侮辱你？这么多年你扣在我头上这绿帽子都成了绿毛龟了都。
涓涓　好好好，你要我去做亲子鉴定，做完了我们就离婚。
卫国　行，离就离。

涓涓 好啊，你是铁了心要离是吗？

卫国 离。

涓涓 行，我看这鉴定也别做了，咱们直接离。咱们现在走啊，谁怕谁啊？

大兵 哎，怎么说着说着就离婚了呀？

涓涓 他都要我去做亲子鉴定了，我还不离婚呀。

大兵 哎哟，嫂子，你得理解他呀。他让你做亲子鉴定那是要还你一个清白呀。

涓涓 哦，他是还我的清白。

大兵 对啊。

涓涓 那谁又能够证明他的清白？（涓和卫国互相对视）

大兵 嫂子，他有什么不清白的？

涓涓 他有个女同学的儿子跟他长的一模一样？

卫国 这个别听她的，贼喊捉贼这。你听我说。

大兵 不不不，（做出停的手势）暂停。这个事我要听嫂子的。嫂子，你说，到底怎么回事？

涓涓 他有个女同学离婚八年了一直单身，小孩五岁，你不知道那个小孩……

大兵 不不不，等一下等一下。嫂子我先算一下啊。她离婚八年了，一直单身？

涓涓 对。

大兵 小孩五岁？（掐指算）哎呀，这个账我怎么算不过来呀。

涓涓 是啊，赵卫国，为什么他离婚八年了，小孩五岁。

卫国 那是因为？我哪知道啊我？老婆，请你相信我。

大兵 对啊嫂子，赵卫国这话说得对，你应该相信他。赵卫国我们太了解他了，模范丈夫啊！

卫国 就是。

大兵 那号称是一米八的武大郎啊！没有任何不良嗜好。无非是我们每天喝点小酒，偶尔的酒后乱性，那可以理解。

卫国 谁乱性啊？说什么呀你这是？

大兵 我乱我乱。

涓涓 （走到赵卫国旁边）你乱性，她不能乱来。说，赵卫国，为什么你对这个女同学那么好？

大兵 （走到赵卫国旁边）你得说清楚，为什么你对女同学那么好？

卫国 那是老同学我关心她呀。

大兵 他说他关心老同学？

涓涓 那也不能关心出个儿子呀。

大兵 你怎么关心出个儿子了？

卫国 这跟儿子没关系。

大兵 他说他跟儿子没关系。

涓涓 那他为什么对她儿子那么亲？

大兵 为什么你对那个儿子那么亲啊？

卫国 我是他干爹呀。

大兵 他说他是那儿子干爹。

涓涓 干爹？我看明明就是亲爹。

大兵 你怎么是他亲爹叻？

卫国 我抽你我？（打大兵）

涓涓 赵卫国，你还要我去做亲子鉴定。行，我看咱俩一起做。

卫国 那行，一起做就一起做。

涓涓 走，谁怕谁啊！

大兵 好，二位，好，要做一起做。

卫国 对。

大兵 不做亏心事，不怕鬼敲门。身正不怕影子斜。

涓涓 对。

大兵 你们都到我那里做，我给你们打八折。

卫国 哎哟，谢谢谢谢。（与大兵握手）

涓涓 太客气了。

大兵 应该的嘛。朋友嘛。

卫国 是是是。

大兵 哈哈哈哈。哎，等一下，我电话来了，对不起啊。喂，爸爸，我生意火的时候你不要给我打电话，啊？亲子鉴定啊？我不是你的崽啊！哎呦，我的爸爸你都七十几岁了还信别个撮什么咯？（长沙话）什么？你跟我老娘打起来了，都到医院了？好咯，你们等一下咯，我马上就来做亲子鉴定，等一下啊等一下。（往台左跑去）

卫国 哎，大兵，我儿子事还没说清楚呢。你儿子的事以后再说吧！

涓涓 哎，你上哪去啊？

大兵 我到现在都不知道我是谁的儿子啊？

涓涓 哎，你别走啊大兵。（往台左跑去，离场）

卫国 大兵——（往台左跑去，离场）

维 谢谢三位老师精彩的表演。

谢 我觉得多笑可让你更加年轻、更加快乐。

维 嗯，接下来呢我们要请出一位女嘉宾出场了，我个人觉得她的出场会给谢娜你造成很大的压力？

谢 为什么？

维 因为我觉得同样都是女人，为什么差别会那么大？

谢 有什么差别呢？

维 因为她在去年的各大影展当中拿奖拿到手软。

谢 哦，我在替她感到高兴的同时，我也觉得像三十六行呀行行出状元。

维 七十二行。

谢 我是说的七十二行呀，七十二行行出状元。所以我觉得在自己的领域要多多加油！

维 我觉得你已经很不错了。

谢 对对，我也觉得。

维 还要不要请嘉宾啊，掌声欢迎影后周迅。

【周迅上台】

维 你好，新年快乐！

周迅 新年快乐！

谢 新年快乐！新年快乐！

周迅 大家好！

维 赶紧跟我们拜个年，和湖南的观众朋友。

周迅 这是我第一次参加湖南的春节晚会，那很开心也很高兴的是在就是快过年的时候能够跟大家有那个一个聚会，祝大家新年快乐！

谢 新年快乐！

维 好，在这我们也衷心祝福周迅在新的一年当中成绩能够更加的好，好不好？请到那边准备一下，谢谢。让我们掌声欢迎周迅带来一首非常好听的歌曲《伴侣》。

合 有请。

歌舞《伴侣》

作词：林夕　作曲：周渔

演唱：周迅　编舞：杨允金　胡雅莉

（灯光以蓝色、紫色为主，男伴舞演员身穿白色衬衫与黑色西装裤，女伴舞演员身穿黑色短袖与粉色长裙，头戴粉色花饰品，台上有九个移动的红色花纹圆柱）

你的伴侣是和谁交换
他曾经让谁弄得伤感
结果这笔账要你偿还
轮流转　爱不完
一个来　一个往
经历过捆绑然后释放
泪飘荡　爱补偿
别人的终站你的开端
他姓张　他姓黄
一直想一直遗忘

你的伴侣是和谁交换
也许你们曾相识一场
得到失去可以很好玩
别心酸
每个爱人都是要交换
人弃你取再无关痛痒
直到拐了一个一个弯
做新娘找伴娘

你的伴侣是和谁交换
也许你们曾相识一场
得到失去可以很好玩
别心酸
每个爱人都是要交换
人弃你取再无关痛痒
直到拐了一个一个弯
做新娘找伴娘
他姓张　他姓黄
一直想一直遗忘
他姓张　他姓黄
一直想一直遗忘
啦啦啦啦啦　啦啦啦啦啦
啦啦啦啦啦　啦啦啦啦啦
你坐在谁的身旁

何　谢谢，谢谢周迅。那在今天晚上快乐回家的热潮是一波接着一波，接下来又是一个非常特别的回家故事。

曹　那么在万里之外的东非国家埃塞俄比亚，有三十四位湖南的建设者，他们正在非洲人迹罕至的高原上面修路，这个春节呢就不能回家过年了。

何　非洲的工地条件非常的艰苦，没有水没有电，电呢得自己发，水要从几百公里以外的地方买回来。唯一的一个通讯工具是一部卫星电话，大家知道卫星通话的通话费非常的昂贵，所以每个人每个月只能跟家里通一次的电话。那如果是国内的亲人想跟他们联系，只能通过书信往来。

曹　就是在这么艰苦的条件下呢，我们这三十四位湖南的建设者他们在东非的高原上就修建了一条又一条通畅又宽敞的中国路，可以说让当地人对他们也对中国竖起了大拇指。

何　我们春晚也派出了摄制组前往埃塞俄比亚带去了家人的问候，尽管他们的工期真的是非常非常的紧张，我们还是和湖南环达路桥公司呢努力的去争取，最后争取到了一个非常非常宝贵的唯一的一个回家的名额，接一位幸运者回家过年。

曹　那到底这三十四个人当中谁可以成为快乐回家的幸运者，我们跟随主持人李兵到非洲去看一看。

（视频内容：李兵到达埃塞俄比亚去往环达路桥118工地的路途上的画面，采访路桥工人，投票回家名额、职工们对家人的祝福）

李兵　观众朋友们大家好，我现在是在埃塞俄比亚的首都亚的斯亚贝巴。第一次踏上非洲的土地呢心情格外的激动，阳光很灿烂，天空很蓝，非洲人民也很友好。你们好。（用的当地语言问候）

【画外音】从埃塞俄比亚首都到湖南环达路桥118工地有着整整一千公里的路程，湖南路桥人正在这片古老的土地上衍生着它崭新的命脉。

李兵　现在我们行驶的这条路就是湖南环达公司在埃塞俄比亚修建的公路之一，这条路被当地的老百姓称为“中埃友谊之路”。行驶在我们湖南人在异国他乡修建的这条公路上，心情额外的自豪。

【画外音】经过这段令我们骄傲路段后，路面陡然崎岖不平。当地司机告诉我们还有将近300公里这样的路在等着我们。

李兵 经过七八个小时的颠簸呢，我们下车做短暂的休整。在我身后就是著名的东非大裂谷，我们在感叹大自然神奇的同时，我们更感叹湖南人的脚步。居然迈到了万里之外的异国土地上。

【画外音】越往118工地上方向走，日照越强烈，地区也越发的落后贫穷。

李兵 大家看我周围这些房子就是埃塞俄比亚当地老百姓居住的房子，非常非常简陋，都是用小树条搭成的。湖南环达路桥在这里修路，就是为了帮助他们摆脱这里的贫困。

【画外音】正值旱季的埃塞俄比亚为艰苦跋涉了两天的我们送上了一场罕见的大雨，雨后的彩虹告诉我们118工地已经不远了。

李兵 大家好。

（字幕：湖南环达路桥118工地宿舍）我们代表家乡的人民看望你们来了。多久没回家了？

员工1 五年没回去过年了。

员工2 六年中间只回去过了一次年。

员工3 来了这么多年都习惯了。

李兵 最想家里的谁？

员工4 说实在的还是老婆，还有娘。

【画外音】湖南路桥人早已经习惯了非洲大地恶劣的生活和工作环境，也不得不习惯一个月一次的电话和家人联系，这份思念时刻煎熬着他们。

李兵 此刻我是带着沉甸甸的嘱托站在这儿的，因为你们的家人拖我带来了思念和礼物，咱们先看看录像，好不好。

（短片分屏——一侧是亲人祝福的画面，一侧是听者观看录像时的画面）

（字幕：亲人祝福 环达路桥职工 周明霞）

亲人1 这是你那没见过面的女朋友，这是初次见面。女孩子还是不错，挺漂亮的。看你们两个人以后发展得怎么样？

（字幕：亲人祝福 环达路桥职工 邓志勇）

亲人2 想爸爸吗？要过去，过去看爸爸好不好？看见别人叫爸爸，他就会跟在后面一直叫爸爸爸爸。想不想爸爸，想爸爸。在家里挂着的那些照片，他看着就会叫，有时候听着心里真的是酸酸的。爸爸病逝的事情，家里已经给你处理完毕，你也不要想得太多了。爸爸在走以前也要我转告你，要你安心工作，一定要为爸爸妈妈争气。

（字幕：亲人祝福 环达路桥职工 周海亮）

亲人3 今年我自己亲手为他做了一张贺卡，我所想的我想和他说的全部都在贺卡上面。

李 兵 老婆说以前从没有给你写过贺卡？

周海亮 没有，这是第一次。

李兵画外音 看看是什么样？是她自己亲手做的好像。

周海亮 我老婆说：老公，我们等你回家。风儿卷起的铃声，回荡在温馨的小屋，几多熟悉，几多眷顾。床头的小桌……别念了吧，念不下去了。

【画外音】这一刻每个人都陷入了对家人的想念，这时李兵宣布春晚剧组将送出一个回家过年的名额，这个喜讯让大家异常兴奋，这个珍贵的名额将在第二天由大家投票产生。到底是把机会让给别人还是留给自己呢？第二天清晨我们赶往工地听到了大家的心里话。

（字幕：湖南环达路桥职工　周明霞）

李　兵　今天就要投票了，你准备把票投给谁啊？

周明霞　我准备把票投给我们一位德高望重的老同志。

（字幕：湖南环达路桥职工　李涛）

李　涛　昨天晚上想了一下，投给我玩得最好的朋友邓志勇。

李　兵　怎么不投给你啊？

李　涛　我习惯了吧，再说找媳妇也不急，不差这一年两年。

（字幕：湖南环达路桥职工　邓志勇）

邓志勇　我准备把这一票投给我的同事易本葵。

李　兵　为什么？

邓志勇　从内心说呢我很想把票投给自己，但这确实是一个实际情况，因为他妈妈已经八十多岁了。

（字幕：湖南环达路桥职工　黄骏山）

黄骏山　我会把票投给裘名恺，按他的话说他和他的老母亲现在是见一面少一面，我觉得应该让他回去。

【画外音】投票终于开始了，三十四张投票卡就是三十四份思念和祝福，三十四份理解和谦让。这一刻是谁回去已经不重要，无论是谁，他代表的都是这个团结拼搏的精神，带回去的都是大家共同的思念。

李　兵　好，现在有请石经理宣布投票结果。

石经理　最高票数，邓志勇八票。

李　兵　把机票郑重的送给你，来说几句。

邓志勇　我觉得第一个很激动，第二个呢确实相当意外，只有一个人是幸运者，这个人有资格对其他人说对不起。回家我一定把项目上所有同事们的祝福带给他们所有在家的家人，也带给湖南所有关心我们的人。

职　工　快乐回家咯。

【画外音】八千里路云和月，跨越两大洲的遥远，我们满载着海外工作人员的嘱托和祝愿快乐返航了。三天精心跋涉后，我们的航班终于抵达长沙。

李　兵　终于到长沙了？现在心情怎么样？

邓志勇　特别激动，比到广州还激动一些。离家又近了一步。

李　兵　准备怎么给老婆和家人带来惊喜？

邓志勇　紧紧的抱住她们吧……

【画外音】邓志勇不会想到他的妻儿已在机场内厅等候，这是我们送给他的一份礼物。可是当又瘦了很多又黑了很多的他，从妻子面前走过，妻子完全认不出自己久别的丈夫。

邓　妻　哪里？在哪里啊？老公，我看半天，你怎么不认得我了？他们说送给礼物给我，我没想到是这么大的礼物。

邓　儿　爸爸。

（字幕：来自海外的心声）

爸爸妈妈，请你们保重身体，儿子在外面很好，请你们不要担心。

老婆请帮我照顾好孩子、照顾好家里。

爸爸妈妈、老婆孩子，明年春节我一定陪你们一起过。

作为一名湖南人，能够投身到非洲的建设，我感到非常的自豪。

职工集体合　湖南环达路桥祝家乡父老新年快乐、祝祖国繁荣昌盛。

何　先不要拍我们这些建设者的家人来到我

们现场，我们先把镜头给这些了不起的人。其实他们真的也很不容易，我们用掌声给他们带来新年的祝福好不好？谢谢你们来到节目的现场。

曹 欢迎你们，就是我们本来说好了哈，我说我们看别哭在这边。因为主持人嘛要冷静一点，但是刚才还是有点不能够忍得住。因为我觉得他虽然就是一个人回来了，他带回来的其实是三十四个人的思念，三十四个人对家人的一种新春的嘱咐和祝福。

何 而且最长的人有五年都没有见到自己的家里人，真的很不容易。而且观众其实现在肯定可能和我一样很想知道刚才一位男子汉，铮铮铁骨他都没有办法去念完妻子给他的第一封贺卡，写的那一首诗。

曹 我手里有拿着，我念给大家听吧。刚才他念到床头的小桌就声音哽咽，其实我觉得我特别能理解。因为接下来的呢写着是：床头的小桌摆着我们的全家福，几多欢笑几多温馨，新年的钟声响起，我静立在房中，每一串门外的脚步声都紧牵着我的神经，是你回来了吗？这是他的妻子写给老公的诗。

何 我们的观众也都在很奇怪为什么好不容易有一个人快乐回家了，我们却没有把这位邓志勇先生请到我们的节目现场，在这里我们要告诉大家因为工程真的是太紧张了，所以他的快乐回家只是短短几天的时间，他没有能够在家里过春节，又紧赶慢赶的回到了非洲埃塞俄比亚的工地上，他现在依然在工地上忙碌着。

曹 他已经又去了万里之外。

何 对啊。

曹 我觉得就是看了之后我们都特别有感触，你像平时我们自己也因为工作的关系，有的时候比如说不能回家过年，有的时候半年的时候见不到家人，然后有的时候突然一回家就发现那个爸爸妈妈头发又变白了，然后脸上也两条皱纹的时候就特别心酸。然后我看到他们有人居然父亲去世的时候就没有陪在身边，我觉得特别难受我觉得。

何 而且我觉得可能普通人真的很难想象连自己老公都不认识自己的这种事情。我其实想在这里告诉大家因为他们心里有一个非常非常坚定的信念，就是他们所从事的工作、他们所建设的项目是以我们的国家命名的，因为他们修的路都叫中国路，所以他们知道如果这个路的工程不过关、质量不过关的话，人家会说中国人修的路不过关。所以他们把工程的质量比自己的生命、比自己的家庭还重要。

曹 那其实此时此刻，我们这三十四位非常可爱的湖南的建设者就在万里之外的东非同时收看我们的春节晚会，我们今天现场这么多朋友，我们一起用掌声把你们的祝福送到东非好不好？我们也祝他们新春快乐！一定要保重身体，要健健康康，快快乐乐的。希望你们早日回家和你们的家人、亲人们团聚。

何 虽然很长时间不能回家，但是不要忘记你们的家永远在这里，下面这首温馨的歌曲是我们为你准备的，《你是我家》，一起来听。

歌舞《你是我家》

作词：阿同　作曲：叶凡　朱宇飞

演唱：叶凡　伴舞：河北省歌舞剧院

（灯光以蓝色、黄色为主，女伴舞演员身穿白色上衣、粉色长裙，手拿绿色扇子；男伴舞演员身穿蓝黄色套装，手拿红色绸缎；小朋友伴舞声穿五颜六色的裙装，手拿纸质蝴

蝶道具）

经过多少年　柔软的心
依然记得你
春风中芦花
飞过盛开的笑脸
想你想你常在心间
走过多少路　重回到最初
甜甜的记忆中
有寒冬的深夜里
篝火红红的暖意
因为心中有你有你
天南地北过多少来回
春秋冬夏了多少岁月
越过千山　越过万水
越过日月星辰
最想依靠　温暖怀抱　是你
天南地北过多少来回
春秋冬夏了多少岁月
越过千山　越过万水
越过日月星辰
最想依靠　温暖怀抱　是你
你是　我家

场舞《辣妹子》

领舞：扬扬　编舞：徐滨

伴舞：湖南省武警总队文工团

（灯光以黄色为主，伴舞演员身穿红色裙子，其余伴舞演员身穿黑色背心及长裤，均站定台上）

扬扬　欢迎回来，我是扬扬。台下的女生你们是辣妹子吗？是，一起来唱吧！嗨，观众朋友，祝你们新的一年红红火火，平平安安的。

曹　快乐回家、吉祥如意，您现在看到的是道道全2007年湖南卫视春节晚会的直播现场。那再次也要感谢道道全食用油对我们这次春节晚会的大力支持。

维　是，在这要提醒各位网名朋友金鹰网对于我们今天的晚会也是正在进行视频同步的直播，请大家点击我们的金鹰网就可以收看了。

曹　那接下来我们要请出的这位歌者，其实他可以说被誉为我们华语歌坛的瑰宝。

维　真的啊？

曹　他的歌声是伴着着一代人成长。

维　是，可以用一句俗语来形容，就是余音绕梁、三日不绝于耳。

曹　不是，你突然这么文绉绉，我不太适应。

维　不是，因为你知道吗他的歌声真的能触动人最柔软的心房。

曹　那倒是没错，我们接下来就用最热烈的掌声请出这位传奇歌者，有请费玉清。

维　掌声欢迎。

歌舞《一剪梅》

作词：娃娃　作曲：陈楠

演唱：费玉清　伴舞：丝宝・仙桃歌舞团

（灯光以蓝色为主，男领舞身穿白色衣服裤子、女领舞身穿粉色长裙，手持绿色油纸伞；男伴舞演员身穿淡黄色连身服）

层层风雨不能阻隔
总有云开日出时候
万丈阳光照亮你我
真情像梅花开遍
冷冷冰雪不能掩没
就在最冷枝头绽放
看见春天走向你我
雪花飘飘北风啸啸
天地一片苍茫
一剪寒梅傲立雪中
只为伊人飘香

爱我所爱无怨无悔
此情长留心间
雪花飘飘北风啸啸
天地一片苍茫
一剪寒梅傲立雪中
只为伊人飘香
爱我所爱无怨无悔
此情长留心间

曹 谢谢。

维 谢谢，谢谢小哥，好听吗？

曹 那欢迎小哥在湖南过年。

维 是啊，觉得今天过年的气氛浓不浓？

曹 湖南的气氛怎么样？

费玉清 两位主持人好，各位湖南的朋友大家好！看了这个演出，这么盛大的场面我真还没看过几次。观众朋友又这么热情，今天的这个年味非常的浓厚。

维 是吗？

曹 我们的热情还有更高涨的，来给费玉清看一下好不好？

维 我觉得你要用一种特别的方式问候一下我们的观众朋友。

费玉清 要说几句湖南话。

曹 好啊小哥，看你湖南话准不准？

费玉清 恭喜发财！新年快乐！（长沙语调）

曹 反正我不知道准不准？（笑）

维 小哥讲湖南话好像他踩着什么似的感觉。其实小哥啊学我们湖南……

曹 讲的怎么样？

维 我觉得还不错啊。

曹 真的啊？

维 对对对，小哥跟我们湖南特别特别的有渊源。来讲一下为什么？

费玉清 是，我母亲是湖南人。

维 哇，湖南老乡啊。

曹 湖南的孩子哎。

费玉清 小的时候我这个带便当啊，我说妈你这个菜炒得好辣啊，快受不了了。我妈妈说：哎呀，椒辣嘴，蒜辣心，辣椒辣得个冒良心啊！（湖南话语气）这是湖南人啊，我说哦哦哦，我是湖南人。

维 这样好了，小哥既然从台湾来啊，我们就叫小哥一句现在长沙最流行的湖南话，好不好？

费玉清 好的好的。

维 喝杯白酒，交个朋友。（长沙调）来试一下。

费玉清 喝杯白酒

维 喝杯白酒（长沙调）

费玉清 喝杯白酒（长沙调）

维 交个朋友（长沙调）

费玉清 交个朋友（长沙调）

维 哈哈，掌声鼓励，谢谢。

曹 我觉得和自己很较劲。

维 就是喝杯白酒，交个朋友的意思。

费玉清 哦哦哦。

维 希望你跟我们湖南就结下不解之缘了，成为我们的好朋友。

费玉清 是是是。

曹 以后要常回家、常回湖南好不好？

费玉清 是是是。

曹 那我们最后还有最后一份大奖送给观众朋友的超大超炫的液晶电视。

维 好，我们请小哥来为我们揭晓。

费玉清 好，我们来看。

曹 揭晓很简单，来，开始。

维 请看。

费玉清 我们看屏幕。

维 这位朋友发送的唯一最小正整数是3873，手机尾数是0383，恭喜这位来自湖南的朋友。

曹 恭喜！

维 恭喜！

曹 我以为小哥会很有力度的说“请看大屏幕”，结果他就说请看，哦，大屏幕。就过去了。

维 小哥是那种声音都会让我们感到很温暖，很感动的人。

曹 但是你知道吗？在2006年有一首歌我特别的喜欢。那首歌真的非常的火爆，很好听什么歌？

维 不仅是你，观众朋友都喜欢。

曹 太好听了，要不要听这首歌？

维 掌声欢迎小哥带来这首《千里之外》。

曹 欢迎费玉清。

歌舞《千里之外》

作词：方文山　作曲：周杰伦

演唱：费玉清

（灯光以紫色、蓝色调为主，演唱者站定于舞台开场）

屋檐如悬崖风铃如沧海
我等燕归来
时间被安排演一场意外
你悄然走开
故事在城外浓雾散不开
看不清对白
你听不出来风声不存在
是我在感慨
梦醒来是谁在窗台把结局打开
那薄如蝉翼的未来
经不起谁来拆
我送你离开千里之外你无声黑白
沉默年代或许不该
太遥远的相爱
我送你离开天涯之外你是否还在
琴声何来生死难猜
用一生去等待

一身琉璃白透明着尘埃
你无瑕的爱
你从雨中来诗化了悲哀
我淋湿现在
芙蓉水面采船行影犹在
你却不回来
被岁月覆盖你说的花开
过去成空白
梦醒来是谁在窗台把结局打开
那薄如蝉翼的未来
经不起谁来拆

我送你离开千里之外你无声黑白
沉默年代或许不该
太遥远的相爱
我送你离开天涯之外你是否还在
琴声何来生死难猜
用一生……
（冷焰火喷出）

我送你离开　千里之外你无声黑白
沉默年代或许不该
太遥远的相爱
我送你离开天涯之外你是否还在
琴声何来生死难猜
用一生去等待

（VCR海外湖南人贺新春）

（视频内容：海外的湖南人用方言向家乡表达祝福以及祝愿画面）

法国湖南同乡会、纽约旅美湖南同乡会、休斯顿湖南同乡会：

祝家乡人民新新春快乐！

美国华盛顿湖南同乡会　湖南好家乡好。我们在法国巴黎、在纽约地区、在美国的华盛顿，来美国已经三十五年了。

加拿大温哥华湖南诗人洛夫　我叫洛夫，我是湖南的一位诗人。每次回去以后都希望有机会跟湖南年轻的作家接触。

联合国工作人员彭启洪 我叫彭启洪，湘潭人。在联合国工作，工作太忙了没有时间回去探望。在此新年之际，祝愿老人家健康再健康。

旅美画家李自健 在家乡在国内，还有我们一个很美好的和谐的幸福的大家庭。很多的兄弟姐妹，尤其是九十岁高龄的老母亲，我非常的思念她。在这里我要跟母亲讲一句话：妈妈，我今年春节再忙，也一定会来陪您老过年。

众人说 来罗马尼亚已经有四五年了，非常想念家乡。特别是想念四娭毑的臭豆腐。出来这么多年，最想的就是湖南的辣椒、麻辣干子、臭豆腐、湖南老虎酱，好吃，就是好吃。浏阳河，弯过了九道弯，五十里水路到湘江。江边有个湘潭县呐……（唱）

罗马尼亚湖南商会 我们在罗马尼亚布勒斯特议会宫前向湖南人民拜年。

法国湖南同乡会 向家乡人民拜年。

加拿大温哥华湖南同乡会 祝愿家乡人民。

加拿大多伦多湖南同乡会 新年快乐。

爱尔兰湖南同乡会 万事如意。

美国纽约旅美湖南同乡会 恭喜发财。

美国华盛顿湖南同乡会 湖南乡亲新年好，拜年咯！

曹 我觉得我们看完这个短片才知道什么叫做乡音难改，什么叫做故土难忘。

何 是，今天有很多乡音难改的游子们回来过年了。他就在我们的左手边。有来自法国、美国、加拿大、罗马尼亚、爱尔兰的游子们。

曹 欢迎你们回家。

何 湖南老乡，欢迎你们回来过年，新年好！（长沙方言）

曹 其实今天呢可能来了很多像这样子的大家庭，很多人都回家了。但是我们有一个大家庭真的可以用和和美美来形容。

何 对哦。

曹 他们一家四世同堂，有五十几口人叻。

何 今天全来了。

曹 今天全部都来了，他们的子孙你知道有的在海外，有的在全国各地，但是过年的时候全部回到湖南一起来过年。

何 哎，领军的是一位九十多岁的老奶奶，从晚会开始到现在一直这乐呵呵地坐在这看，而且精气神还特别好，可以说是我们今天全场年纪最大的一位观众。掌声欢迎老奶奶。

曹 欢迎您！

何 来，我们幸福的一家。辛苦了奶奶。刚才看我们晚会您觉得心情怎么样？

曾铭奶奶 很高兴很高兴。

何 过年最大的心愿是什么？

曾铭奶奶 心愿是儿女都赶到回来了，很高兴。

何 儿女赶回来过年就好了？

曾铭奶奶 非常的高兴，非常的高兴。

何 非常高兴，看到您这么健康我们也非常的高兴。来，掌声再祝福一下我们的奶奶。

曹 祝福您身体健康，新年快乐。

何 好，奶奶坐。

曹 来，您可以起立了。

何 这位刚才见过，好像很眼熟。

曹 对，刚才在 VCR 当中大家有看到，就是老奶奶的子孙之一。

何 哦。

曹 也是我们旅美的著名画家李自健，欢迎您。

何 哇，李先生那是厉害，国际享誉啊！他的那个《南京大屠杀》是全世界的这个画画的爱好者都非常欣赏的作品。而且他在去年还获得了国际和平特别贡献奖章，所以是我们湖南人的骄傲。好，自健哥，来到我们今天晚会现场有什么想对大家说的？

李自健 我今天非常快乐，是名副其实的快乐回家。

何 那其实家里还有很多。

曹 他们兄弟姐妹其实一共有九个，而且个个都那么有出息，有著名的这个像画家，然后还有音乐家、有诗人、有高级工程师、高级教师，真是出类拔萃都是。

何 接下来给大家介绍坐在自健哥旁边的这位是老七李自康，跟大家汇报一下，湖南非常著名的“大蓉和”就是他开的。

曹 你在那吃了多少顿饭，做这么大广告。

何 我跟你说，这么大的广告我们今天全场的观众年夜饭就免费上大蓉和去吃好不好？

曹 大家待会一块儿去吃啊~凭春节晚会的票可以免单。哈哈。

李自康 谢谢谢谢。

何 再来介绍一下我们的五姐。

曹 来，我们来介绍一下五姐。来，五姐。我们的五姐其实一直留在他们的家乡邵阳，陪在老奶奶的身边。现在是我们邵阳市的副市长，欢迎副市长。

李兰君 谢谢谢谢。

曹 跟我们说一下为什么这么多年没有离开家乡呢？是什么样的一种感情？

李兰君 作为女儿，留在家乡照顾母亲是为了尽孝道。作为一个湖南人扎根故土，奉献心力，无怨无悔。

何 谢谢！那其实我们刚才介绍的是二代，那其实第三代第四代也是人才辈出。有在耶鲁大学读书的高材生，有在国内从事新闻、法律、音乐、管理等行业的高级人才。那今天呢全家欢聚一堂给我们全国的观众带来了一副对联。

曹 来，我们一起展示一下好不好。

何 好，我们来看上联是：父老乡亲有情有义有德有才，协力助湖南更上层楼；

曹 下联是：兄弟姐妹自安自强自健自康，齐心为祖国再立新功。

何 横批是：热土潇湘。

曹 没错，热土潇湘。

何 是的，相信每一个湖南人都从心里热爱这一片潇湘热土。

歌舞《热土潇湘》

作词：吴娈　作曲：张伟　演唱：张冬玲

伴舞：河北省歌舞剧院

（灯光以蓝色、黄色调为主，男伴舞演员身穿红色上衣、白色裤子从舞台左右两边上台，女伴舞演员身穿金色长裙、手拿红色绸子从舞台右侧上台，两队舞龙、两队舞狮）

热土潇湘　是三湘四水奔腾的波浪
热土潇湘　是火辣辣的情怀
是火辣辣的胆量
热土潇湘　编织着辉煌的梦想
热土潇湘　拥抱那新时代的太阳
热土潇湘　热土啊潇湘
拥抱那新时代的太阳
热土潇湘　编织着辉煌的梦想
热土潇湘　拥抱那新时代的太阳

说起那湖南好地方　好山好水好风光
五岳独秀衡山看不够　洞庭湖边的鱼米香
岳阳楼的名声大　岳麓书院的翰墨香
马王堆让世界开了眼　张家界是天然的

大奇观
现代化大步奔向前　湖南的一年胜一年
天下粮仓的名声响　民族工业产业是样板
财政金融都兴旺　高速公路通四方
教育科技是千秋业　湘资沅澧碧如天
热土潇湘　编织着辉煌的梦想
热土潇湘　拥抱那新时代的太阳
推进三化脚步稳　和谐社会奔小康
看那芙蓉四季花常在　幸福的日子万万年
中部崛起　欢歌唱不完
遍地英雄下夕烟　让湖南走向全世界
让全世界的目光看湖南
热土潇湘　是三湘四水奔腾的波浪
热土潇湘　是火辣辣的情怀
是火辣辣的胆量
热土潇湘　编织着辉煌的梦想
热土潇湘　拥抱那新时代的太阳
热土潇湘　热土啊潇湘
热土潇湘　拥抱那新时代的太阳
（冷焰火喷出）

何　是的，每一个湖南人都对这片潇湘热土心怀感恩，对这个有着6700万成员大家庭有着道不尽祝福！

曹　我们祝福在新的一年里，社会主义新农村的歌谣可以唱得三湘父老笑开怀！

维　我们祝福新型工业化的加速步伐，能够把湖南带上又好又快的发展轨道！

谢　我们祝福每个人的日子更加富裕，祝福热土潇湘在富民强省的征程上更加红红火火！

何　祝福声声，道不尽我们对这个时代的感怀，道不尽我们对未来的希望！

曹　我们感恩自己生活的这个伟大的时代，因为这个时代把你我一样的普通人看作执政者心中的罗盘！

维　我们感恩我们生活的这个伟大祖国，和谐社会的理念，让我们的人民更加幸福，让我们的祖国更加的繁荣昌盛！

何　让我们共同祝福这个伟大的国度，这个伟大的时代。

歌舞《民族舞会》
作词：古品　作曲：袁超
演唱：于文华
伴舞：长沙世界之窗五洲艺术团
（灯光以黄色、蓝色调为主，女伴舞演员身穿五十六个民族服装，男伴舞演员身穿红色上衣、白色裤子，舞蹈演员均手捧鲜花）

拉起了马头琴　弹起冬不拉
敲起了象角鼓　拨起达比亚
献上了一条条洁白的哈达哟
兄弟姐妹欢聚一堂笑颜如花
唱起了信天游　吹起金唢呐
跳起了竹竿舞　奏起土琵琶
斟满了一杯杯飘香的热茶哟
兄弟姐妹欢声笑语飞过天涯
情在咱中华　爱在咱中华
踏歌起舞哟把真情抒发
五十六个民族五十六片霞
同描绘祖国　江山如画

拉起了马头琴　弹起冬不拉
敲起了象角鼓　拨起达比亚
献上了一条条洁白的哈达哟
兄弟姐妹欢聚一堂笑颜如花
唱起了信天游　吹起金唢呐
斟满了一杯杯飘香的热茶哟
兄弟姐妹欢声笑语飞过天涯
兄弟姐妹欢声笑语飞过天涯
踏歌起舞哟把真情抒发

五十六个民族五十六片霞
同描绘祖国江山如画
根在咱中华　魂在咱中华
踏歌起舞哟把友情播洒
五十六个民族五十六朵花
同祝愿祖国江山如画　如画

（主持人画外音，走上舞台中央）

曹　亲爱的观众朋友，到这里呢，2007 年湖南卫视春节联欢晚会就要和您说再见了！

维　我们终于要向带给我们太多感动、太多爱和太多复杂心情的 2006 年道一声再见了！

何　携着梦想和期盼，又一个生机勃勃的春天向我们走来！

谢　怀着希望和感动，我们用崭新的心情去感受春天，拥抱春天！

曹　这是一个充满激情的夜晚，我们看到了祖国和家乡的日新月异！

维　这是一个充满温情的夜晚，因为爱让这个世界变得更加温暖！

何　这是一个团圆的夜晚，无论天涯海角，我们的心紧紧相连。

谢　这是一个真诚的夜晚，我们用最真心的祝福，送给所有的朋友！

曹　我们祝福所有的家庭和和美美，新年有新福！

维　我们祝福全天下的军人军嫂一生幸福平安！

何　我们祝福亲爱的爷爷奶奶、爸爸妈妈、兄弟姐妹身体健康，幸福快乐！

谢　我们祝福我们伟大的祖国，蒸蒸日上，繁荣富强。

合　一天更比一天好！

歌舞《深深祝福》

作词：夏劲风　作曲：杨歌阳
演唱：武力　朱少宇　刘雪梅　晓叶
伴舞：湖南省武警总队文工团
　　　丝宝·仙桃歌舞图

（灯光以黄色调为主，所有伴舞演员共同上台）

夜已深　灯依旧
心儿已经许诺
情相同　话相投
人儿依然相守
夜已深　灯依旧
钟声虽然响过
情相同　话相投
彼此还在倾诉

这是朝思暮想
朝思暮想的聚首
这是百年相约
相约的开头
让我们深深地祝福吧
深深地祝福吧
祝福这花常好月常圆
山常青　水常秀
天长共地久

这是朝思暮想
朝思暮想的聚首
这是百年相约
相约的开头
让我们深深地祝福吧
深深地祝福吧
祝福这花常好月常圆
山常青　水常秀
天长共地久

这是朝思暮想（冷焰火喷出）
朝思暮想的聚首
这是百年相约
相约的开头

让我们深深地祝福吧
深深地祝福吧
祝福这花常好月常圆
山常青水常秀
天长共地久
天长共地久

（游微　整理）

“中流击水”第四届泛珠三角区域合作与发展论坛暨经贸洽谈会开幕式

播出台：湖南电视台
播出时间：2007年6月8日
总导演：周雄

序

片头
字幕：第四届泛珠江三角区域合作与发展论坛暨经贸洽谈会　开幕式文艺晚会·中流击水
主办：长沙市委、市政府

（烟花鸣放、奏乐、舞台全景、晚会现场全景　大型看版：合作发展　共创未来）

电视墙播放（不同景色画面：烟花、城市、海边、人……）
配合字幕：面朝大海、加力中国、湘水之约、更上层楼
电视墙播放动画（现代感、华丽；配合地名凸显繁荣、高科技感）

大型歌舞《众人划桨开大船》
领唱：张伟进
（部分演员穿着金色的服装敲打大鼓，舞蹈演员穿着黄色、红色、白色的服装，演员人数众多，现场激光闪烁，演唱者声音洪亮，整体气势恢弘）

一支竹篙呀，难渡汪洋海
众人划桨哟，开动大帆船
一棵小树呀，弱不禁风雨
百里森林哟，并肩耐岁寒，耐岁寒
一加十，十加百，百加千千万
你加我，我加你，大家心相连
同舟嘛共济海让路
号子嘛一喊，浪靠边
百舸嘛争流，千帆进
波涛在后，岸在前
一根筷子呀，轻轻被折断
十双筷子牢牢抱成团
一个巴掌呀，拍也拍不响
万人鼓掌哟，声呀声震天，声震天
同舟嘛共济，海让路
号子嘛一喊，浪靠边
百舸嘛争流，千帆进
波涛在后，岸在前

（主持人：杨澜、汪涵、仇晓、李兵）

杨 这是一个流彩的夜晚。

汪 这是一篇幸福的华章。

仇 夜空里绽放的是湘山似水奔涌的热情。

李 鼓底中催发的是四亿五千万泛珠人民共赴约定的激昂。

杨 只有最勇敢的水手才会到中流击水。

汪 面对真诚的兄弟，大海也会让路。

仇 今夜 我们相聚在长沙，九嘉二的航灯带着珠江的晨曦，都江堰的浪花，颠踬的云彩，深情款款地走来。

李 让我们再一次用最热烈的掌声欢迎持续关心泛珠发展的各位领导、各位嘉宾，欢迎来自东盟和欧盟的各位尊贵的客人，欢迎来自泛珠大家庭的各省区的兄弟。

仇 八百里洞庭如絮的画卷，正在为您展开。

杨 （英语介绍节目）

实景歌舞《八百里洞庭美如画》

演唱：红叶组合

（电视墙的蓝色水波背景映衬着晚会现场的水波，时刻变化着配合演员们身穿华丽的、绿色的、有意味的服饰，帆船驶入舞台内侧，使人惊艳，灯光时而朦胧时而绚烂，配合演唱的歌声，整体感觉意境幽远）

洞庭啦 湖上呦 好风呦 光哎
八月呦 风吹呀 稻花呦 香哎
八百里洞庭美如画罗哎
八百里洞庭美如画罗哎
八百里洞庭美如画罗哎
我们生活在画里边
我们生活在画里边 哎罗哎
千里金堤柳如烟罗哎
芦苇荡里落大雁罗
渔歌催开千张网
荷花映红水底天
哎罗哎 哎罗哎
八百里洞庭美如画罗哎
八百里洞庭美如画罗哎
八百里洞庭美如画罗哎
我们生活在画里边
我们生活在画里边 哎罗哎

朗诵

烟波浩森八百里
螺女奉清茶 尽赏洞庭真韵
水仙梳洗处 看尽人间光阴
屈子荷风 感楚魂刚烈
湘妃竹篱 叹湖湘多情
长风呼啸 云涛拍岸
氤氲之气摇瀚宇 巍然水云动乾坤
白帆点点渔歌唱 八百画卷最销魂

仇 洞庭天下水，岳阳天下路，在湖南人的字典里，天下总是审视自我的精神坐标。

李 所以，天下的眼光，无际的视野，开放的热度，开发的气度，还有我们开放的视野，这届省委的全新语境，践诺强盛，刷新潇湘容颜。

仇 芙蓉国里正通仁和，山乡似水，好一片艳阳天。

歌曲：《好一片艳阳天》

演唱：阎维文

（花团锦簇的舞台设计，儿童与演唱者阎维文的相互歌唱，配合着舞蹈演员的曼妙舞动，整体色调从绿到黄到红）

好一片绿草地
好一片艳阳天
好一片欢腾锣鼓响在天地间
好一片绿草地
好一片艳阳天

好一片欢腾锣鼓响在天地间
好一片绿草地
好一片艳阳天
好一片欢腾锣鼓响在天地间
好一片绿草地
好一片艳阳天
好一片欢腾锣鼓响在天呀么天地间
你看那江南柳丝长
花开真鲜艳　真鲜艳
你看那塞北大雁飞
春雨飘天边　飘天边
哎　手捧美酒的小伙子　追着那春光跑
心头发热的大姑娘　围着春光转　围着春光转
好一片桃花林
好一片艳阳天
好一片欢腾锣鼓响在人心间
好一片桃花林
好一片艳阳天
好一片欢腾锣鼓响在人呀么人心间
你看那黄河波涛涌
亲吻丰收年　丰收年
你看那长江水滔滔
日夜流得欢　流得欢
哎　万紫千红的新生活　一年好一年
意气风发的中国人走在艳阳天
走在艳阳天　嘿
好一片绿草地
好一片艳阳天
好一片欢腾的锣鼓响在天地间
好一片绿草地
好一片艳阳天
好一片欢腾的锣鼓响在天地间　天地间
嗨

汪　谢谢，谢谢维文的精彩演唱。杨澜你知道吗？其实啊，这个珠江水系啊应该是一个非常非常奇特的水系，它的来水分布非常广，而且呢，流经了六个省区，但是呢又没有一个统一的出海口，这种八门夺海之势就像一张网一样，撒向了南海。

杨　的确是这样，四千里水路并没有一个一以贯之的名字，只有当它们奔腾入海的时候，才有了一个响亮而美丽的名字——珠江。

汪　是的，一方山水养育一方人，任何地理环境呢都有它特殊的性格，像珠江这种不问出处但又兼容并蓄的性格呢，就暗合了当今区域经济大融合、大组团的发展趋势。

杨　我们都知道这个世界充满了竞争，所谓鹰击长空，百舸争流，要想获得当今经济的话语权，区域合作，已经成为一条必游之路。

汪　是的，您看像欧盟还有北美贸易区，他们已经为我们打开了一个大共享时代的财富画卷。

杨　可以说在当今的世界上，不缺信息，不缺机会，不缺人才，甚至不缺资金，缺少的是对大趋势的前瞻力，对机遇的把握力，以及在不同的利益诉求下的协作能力。

汪　其实，机遇就是这样，稍纵即逝，我们不做中心化的话就必然会被边缘化。

杨　可以说三年前启动的泛珠江三角区合作的，这样的一种协作体呢，有了一个先声夺人的一个漂亮的开始，协作就意味着机会，联合就能够突出优势，今天我们在江西的红土地上能够看到一浪高过一浪的创业热潮。

汪　嗯，我们看到的就是建设，海峡西岸经济区的阵阵涛声。

杨　而在海南重铸特区雄浑的激情已经被点燃。

汪　一曲联唱，飘来的是井冈的翠竹清韵，是武夷的如风画卷，是海南的阵阵椰风。

歌曲联唱

《请茶歌》

演唱：武力、傅莉珊

同志哥（妹）哎同志妹（哥）哎
请喝一杯茶呀请喝一杯茶　井冈山的茶叶甜又香
当年领袖毛委员啊　带领红军上井冈啊
茶树本是红军种　风里生来雨里长
茶树林中战歌响　军民同心打豺狼打豺狼啰
喝了红色故乡的茶（喝了红色故乡的茶）

《丢丢铜仔》

演唱：陈鹭鹭、张无砚、黄绿

（主要演唱者为可爱的小女孩，旁边两位分别担任爸爸和妈妈的角色，以一家人的形式在舞台上唱这首著名的、节奏轻快的民谣）

歌词大意

火车行到山洞（隧道）里　山洞（隧道）的水发出“丢丢”声响滴下来
双脚走到山洞（隧道）里　山洞（隧道）的水发出“丢丢”声响滴下来
丢啦啦乌　丢啦啦乌　丢啦啦乌啊
火车行道山洞（隧道）里　山洞（隧道）的水发出“丢丢”声响滴下来
双脚走到山洞（隧道）里　山洞（隧道）的水发出“丢丢”声响滴下来

《请到天涯海角来》

演唱：齐舞空间、爱喜电音组合

请到天涯海角来，这里四季春常在
海南岛上春风暖，好花叫你喜心怀
三月来了花正红，五月来了花正开
八月来了花正香，十月来了花不败
来呀　来呀　来呀　来呀　来呀　来呀
来呀　来呀　来呀　来呀　来呀　来呀

（每首歌曲所配合的舞蹈都有民族特色）

仇　观众朋友，这里是第四届泛珠三角区域合作与发展论坛暨经贸洽谈会，开幕式直播晚会的现场。

李　泛珠的土地，鲜血祭染过，那是从屈辱中奋起的壮歌。

仇　泛珠的土地，汗水湿透过，那是改革拓荒者的劈荆斩棘。

李　今天我们选择前行，因为在奔向未来的行囊里，装着胡锦涛总书记的深情寄语，积极推动泛珠三角区合作与发展，对各方都有利，要搭建并利用好这个平台，注意搞好战略规划，务求实实在在的成效。

仇　这一次，我们的步履更加的坚定，因为在探索的路径上，回想着温家宝总理的殷殷寄语，推进泛珠三角区域合作，努力探索粤港澳地区，同中西部地区联动发展的新路子。

李　泛珠有幸，因为我们有个霞光万丈的启航，国家有幸，因为我们有一个伟大复兴的航向。

主题朗诵《春风不忘》

创意、撰稿：魏文彬

朗诵：乔臻、丁建华

（开始电视墙是恢弘的风光景色，接着随着朗诵的内容配合珍贵的历史画面）

男　当大海上的温润开始凝聚成风
吹开笼罩在大地上的寒气，春天就到了

女　一年一度风从南来

地处南中国的“泛珠”区域
总是最早感受到春的气息
男 历史的中华从这里翻开了近现代的风云激越
吹拂了一个多世纪的南风
在泛珠大地上垒起了一部恢弘的百年家谱
女 在春风的脚印里
我们读着伟大的灵魂
仰望着不朽的先哲
涌动着泛珠人民今日之豪情
明日之责任
男 这里是中山故里——翠亨
海很近，世界不远
中华民族的觉醒之路？起步于一个叫孙文的少年
女 风一路北上
拍打着伫立在湘江边上的青年——毛泽东
一句“谁主沉浮”的天问
一个“鹰击长空”的预言
谱就了二十四年后一部震惊世界的红色经典
合 中国人民站起来了
男 为了这次民族的站起
“泛珠”倒下了多少儿女
女 黄花岗前他们倒在了刺向封建的最后一段血路上
男 南昌城下他们冲杀在武装反抗的第一声枪响里
女 秋收暴动的悲风中他们把照亮前路的火把带上了井冈山
男 江西兴国县就在井冈山下
二十三万人口中
就冲出了八万红军战士
其中一万二千多人倒在了万里长征路上
平均每一公里就要躺下一个兴国籍的战士
就这样
泛珠大地上留下了太多太多的重托
用生命写给今天的重托
女 风折向西南
民族的悲愤中
挺立起了两位伟大的歌者
云南人聂耳和湖南人田汉
两位手无寸铁的艺术家用一种方向的力量
缔造了民族心灵的百万雄兵
从此前进
成了杀向敌人重整旧山河的国之利器
男 八十六年前的风
也曾扬起一个四川广安青年远洋法国的船帆
一九七九年第三次复出的邓小平
在美国充满激情地告诉世界：
大海再也不是阻隔我们的屏障
而是联系我们的纽带
女 这无疑是一次用海洋动力来推进国家发展的历史转向
此后的日子里
海边的深圳、珠海、厦门
和小平的名字紧紧地联系在一起
成了测量中国改革温度的地标
男 隔着一条浅浅的河
小平对着香港说：
我愿意活到一九九七
到自己的国土上，走一走，看一看
女 热爱大海，找到海洋力量的邓小平
最终没有能够跨过那条浅浅的深圳河
但是他把一部注定载入史册的中国的红色经典留在了海边
留给了祖国也把奔腾不息的改革芯片植入了泛珠大地
男 珠江入海口东莞市所辖的虎门
林则徐的炮台依然守候着一百六十七年前和世界那场屈辱的对话

今天已经演变成一个代言“中国制造”的东莞神话
美国哥伦比亚大学的曼德尔教授惊呼：
东莞的一次赛车都会影响到全球电子业的供货与价格

女 春风不会有停歇的驿站
春风又在凝聚成新的鼓点
新世纪的开启之年
“三个代表”重要思想第一次向全党郑重提出
就是在“泛珠”大地上南中国的海
总是和北京的中南海连得那样近
在每一个中国人的心中
北京的那片海是一片澎湃不息的信念之海
今天这片深深的海洋
汇聚了人民的信任
承载着国运的昌盛
寄托着历史的未来

男 在和谐的号令下
在科学发展的征途上
让我们以“泛珠”的名义庄严集结

女 “9+2”加起来的
加起来的是新中国五分之一的国土
三分之一的人口，百分之四十的财富

男 “9+2”是和谐前行的南方航母
是把舵未来的经济自信

女 “9+2”是对南方改革精神经久不息的礼赞

男 “9+2”是又一次给中国的伟大探索

女 没有先例这是一次市场力穿越行政区划的握手

男 不曾等待这是一场破题科学发展的宏大序事

女 毋庸置疑这是一次洞悉国际经济前沿路线的

合 集体出行

女 深邃的大海告诉我们
冲向改革冲向复兴的航线上
我们和长三角环渤海等兄弟
并肩进发
呈现给世界的必将是一场浩浩荡荡的民族复兴
一次惊心动魄的国之再起

男 春风有幸它延续着一场百年惊变的诉说

女 春风不忘它扬起了和谐花开的东方力量

男 不信春风唤不回会当水击三千里

女 不信汉唐俱往矣乘风破浪

合 会有时

歌舞《春风不忘》

词：蔡育川　曲：李需民

演唱：雷佳

啊　春风不忘　百姓不忘
啊　春风不忘　百姓不忘
春天的故事讲述了几十年
好梦成真拂绿了中国南海边
春风不忘
一位圈点江山的人
您把渔村圈成都市
叫沧海变桑田
啊，春风不忘
百姓不忘
啊，故事不老
江山又在圈点
啊，幸运的中国
春潮漫天　春潮漫天

杂技《高车踢碗》

表演：沈阳军区杂技团

杨 这些小姑娘表现的真是太精彩了，我估计今天晚上在座的嘉宾们回家都会拿碗去练一练，然后就……

汪 提醒小朋友……

杨　这个碗噼里啪啦，那个碗噼里啪啦，都碎了。

汪　我们提醒小朋友，人家这些姐姐们都是经过专业训练的，不要拿着家里的盘子在家里乱踢。

杨　汪涵，你看啊，一个团队的合作能够如此的精准，能够如此的精彩，真的是让人叹为观止。

汪　是。

杨　他们也不用语言，就是一个眼神，就能够领会对方的意思，这使得我们，这个平时靠说话来沟通的时候，好像反而有点障碍。

汪　为什么？

杨　因为你知道，在泛珠地区，方言特别的丰富。

汪　对对对。

杨　出了一个县城啊，过了一道山梁啊，那语言就听不懂了。

汪　我们这个地方啊，叫做十里不同音，五里就不同调。

杨　还真是这样，所以这沟通起来有困难怎么办呢？

汪　所以就应该向我学习了。

杨　为什么啊？

汪　学习各地的方言，这样呢，彼此沟通起来就比较方便。

杨　你会说那些地方的方言，说说看。

汪　OOXX……

杨　（粤语）广东话啦？

汪　（粤语）广东话都没问题啦，因为我有好多朋友都是香港人啊。

杨　（粤语）都是那些啊。

汪　你说我的朋友都是哪些啊？（粤语）我的朋友都是 OOXX……（一些香港艺人）

杨　（粤语）吹牛皮啊？

汪　吹吹……

杨　吹牛皮啊？

汪　对对……吹吹牛皮。

杨　四川话会不会说，他算北方语系哦。

汪　（四川口语）四川话我就更没有问题啦，我首先想代表我们所有湖南人哦，因为云贵川不分家，所以我在这里用四川话问候所有云贵川的朋友，希望你们在湖南能够玩得相当开心，也希望我们的关系能够非常非常的“把瓷”。

杨　汪涵的意思是说，晚会之后他请你们去吃拔丝香蕉。

汪　什么啊，你老是惦记着吃。

杨　拔丝嘛。

汪　“把瓷”的意思，我们云贵川的朋友都晓得，就是彼此的关系非常的铁。

杨　非常瓷。

汪　很瓷实。

杨　其实我知道，故意这么说的。

汪　咳！

杨　但是我觉得泛珠地区最难学的方言，肯定是闽南话，要不你也来两句，大家掌声鼓励。

汪　闽南话，我就不用说的了。

杨　那怎么？

汪　我直接唱出来了，表示我对这个语系非常熟悉。

杨　哦。

汪　（闽南语歌曲《爱拼才会赢》段落）怎么样，唱的！

杨　那我听出来了，除了闽南的朋友，大家都鼓掌了，大家都觉得像啊。

汪　不是你就当闽南话听呗。

杨　其实今天语言不再成为一个沟通重要的障碍了，因为大家都说普通话了。

汪　哪都说普通话。

杨　比如说接下来要上台来表演的艺人，他生活在澳门，但是他将用普通话来演唱他自己创作的一首歌曲，叫做《澳门我家》，而这位艺人的名字就是——

汪涵、杨澜（合） 黄伟麟。

汪涵、杨澜（合） 掌声有请。

歌舞：《澳门我家》

演唱：黄伟麟（澳）

作词/作曲：黄伟麟（澳）

编曲：郭亮/李小亮

今天我要　告诉大家　澳门就是　我的老家
珠江河畔　原是几户人家　渔舟唱晚落日红霞
回归以后　很大变化　小小地方　到处高楼大厦
以前只有　一个大三巴　今天变得　灯火千万家
来吧来吧来吧　来吧来吧来吧　来吧来吧
来吧来吧来吧　快快快　来看看她
看看这东方的小城　这些年的变化
愿每个人能好好感受她
来吧来吧来吧　来吧来吧来吧　来吧来吧
来吧来吧来吧　快快快　来看看她
看看咱们东方拉城　有多么的繁华
澳门每天都欢迎　大家

很高兴能够代表澳门，来到现场参加这次的活动，回归以后呢，在中央政府的大力支持下，还有我们的带领下，澳门进入了快速的发展，送上这首新歌给大家，唱出澳门的新面貌，澳门每天都欢迎大家！谢谢！

中西文化　多少年来　在这里不停碰撞交叉
说到吃喝　闻名天下　奶茶一杯　蛋挞半打
有祖国当我老大　澳门没什么好害怕
最是有名　要数博采文化　左有葡京右有金沙
（金光大道　更叫世人惊讶）
来吧来吧来吧　来吧来吧来吧　来吧来吧
来吧来吧来吧　快快快　来看看她
看看这东方的小城　这些年的变化
愿每个人能好好感受她
来吧来吧来吧　来吧来吧来吧　来吧来吧
来吧来吧来吧　快快快　来看看她
看看咱们东方拉城　有多么的繁华
澳门每天都欢迎　大家
来吧来吧来吧　来吧来吧来吧　来吧来吧
来吧来吧来吧　快快快　来看看她
看看这东方的小城　这些年的变化
愿每个人能好好感受她
来吧来吧来吧　来吧来吧来吧　来吧来吧
来吧来吧来吧　快快快　来看看她
看看咱们东方拉城　有多么的繁华
澳门每天都欢迎　大家
澳门每天都欢迎　大家
MACAU　WELCOMES　YOU

李　走过澳门的桑巴狂欢呢，接下来我们要去的是刘三姐的故乡——广西。

仇　是的，广西的北部湾呢，在孙中山先生的建国纲略里，就是大西南的出海口，今天啊，这里的海浪，要把我们带到一个更富想象力的全新视野。

李　在东盟的大背景下，富裕文明和谐的新广西，把刘三姐的情歌，唱的是那么时尚，那么甜美。

仇　是啊，烟雨漓江，梦幻般的仙境里，传颂了一代又一代的爱情故事，是那么美丽而又动人。

李 那份结交百年的缠绵，总会把我们带到那清纯的美，山水的韵，人文的秀。

歌曲《世上哪有树缠藤》

音乐编配：三宝

演出：沙宝亮、宁静

（整体舞台为蓝色调，配合绿色激光，使用荧光素材，与舞蹈演员的演出相互呼应，整个舞台的设计都相对简单典雅）

【分别从舞台两侧乘坐树造型的移动道具进场】

女 山中只见藤缠树
世上哪有树缠藤
青藤若是不缠树
枉过一春又一春

竹子当收你不收
笋子当留你不留
绣球当捡你不捡
空留两手捡忧愁

男 连就连，我俩结交订百年
哪个九十七岁死，奈何桥上等三年

合 连就连，我俩结交订百年
哪个九十七岁死，奈何桥上等三年

合 连就连，我俩结交订百年
哪个九十七岁死，奈何桥上等三年

男 哪个九十七岁死

合 奈何桥上等三年
等三年

实景歌舞《彩云之南》

编曲：柯沐阳

云月编配：刘昂

演唱：徐千雅

（电视墙上为雪山景观，配合小孩的歌声及真实的牵着牛走入舞台的小孩，少数民族围住舞台一圈，与观众距离贴近，接着渐渐走入舞台，同时继续唱着民族歌曲，配合动感民族舞蹈，歌曲开始，大型的船道具驶入舞台中间）

彩云之南　我心的方向
孔雀飞去　回忆悠长
玉龙雪山　闪耀着银光
秀色丽江　人在路上
彩云之南　归去的地方
往事芬芳　随风飘扬
蝴蝶泉边　歌声在流淌
泸沽湖畔　心仍荡漾
记得那时那里的天多湛蓝
你的眼里闪着温柔的阳光
这世界变幻无常　如今你又在何方
原谅我无法陪你走那么长
别人的天堂不是我们的远方
不虚此行别遗憾
彩云之南　我心的方向
孔雀飞去　回忆悠长
玉龙雪山　闪耀着银光
秀色丽江　人在路上
彩云之南　归去的地方
往事芬芳　随风飘扬
蝴蝶泉边　歌声在流淌
泸沽湖畔　心仍荡漾
记得那时那里的天多湛蓝
你的眼里闪着温柔的阳光
这世界变幻无常　如今你又在何方
原谅我无法陪你走那么长
别人的天堂不是我们的远方
不虚此行别遗憾
记得那时那里的天多湛蓝
你的眼里闪着温柔的阳光
这世界变幻无常　如今你又在何方……

汪 谢谢，杨澜你发现没有，我们这个泛珠大地真的是处处飞鸽，处处激情。

杨 没错，在国人的记忆当中，在泛珠的土地上诞生了一次又一次推动历史的力量。

汪 前一段时间啊，有一部电视剧在全国热播，在全国是引起了非常大的反响，特别是在青少年的心目当中，那是掀起了一股巨浪，这个呢，就是由中央电视台、湖南电视台还有长沙电视台联合拍摄的《恰同学少年》。

杨 对，我看过，那群青少年的意气风发，他们为国家担当的宏大的志向和为民族探索的燃烧的激情，非常能够震撼和感动我们。

汪 是的，接下来我们就向我们现场的观众包括我们电视机前的观众介绍一下这部剧当中的主要演员们，来，有请！

特别节目《恰同学少年》

（视频播放电视剧《恰同学少年》精彩片段，彩幕为《恰同学少年》剧照）

汪 好，接下来我给大家介绍一下《恰同学少年》当中这些主要演员。站在我旁边的是青年毛泽东的扮演者——谷智鑫，这位是蔡和森的扮演者——徐亮，旁边的是萧子升的扮演者——钱枫，那旁边这位呢是杨开慧的扮演者——钱芳，最后一位呢是陶斯咏的扮演者——练束梅，欢迎你们！再问其他问题前我首先问一下智鑫，智鑫你是哪里人？

谷智鑫 嗯，我是辽宁人，辽宁丹东人。

汪 丹东人，那你演我们湖南的伟人，你会说我们湖南话吗？

谷智鑫 一点点，然后在拍戏的过程当中，大概能听得懂一些。

汪 那今天啊，我就在这个现场，教你说几句非常纯正的湖南话好不好？

谷智鑫 好，我试一下。

杨 别太难啊。

汪 绝对非常容易，第一句就是带着伟人的那种感觉，（湖南话）同志们好！您来一个，要带着这种（手势）预备，开始。

谷智鑫 （湖南话）同志们好！

杨 我觉得比你那强耶。

汪 那我再来个难一点的。

杨 这个学生都超过老师。

汪 那难点的，句子稍微长点的。

谷智鑫 不要太难了，我觉得已经很难了。

汪 再来一个再来一个，那不能让学生超过老师啊。

杨 好好。

汪 （湖南话）湖南人民欢迎你们！这稍微难点。

谷智鑫 （湖南话）湖南人民欢迎你们！

汪 还行吧。

杨 真不错，得到湖南观众的认可，但是我觉得除了语言以外啊，在表演一个人物的时候最重要的是要体现他的精神气质。

汪 对对。

杨 像你演绎的这个我们可以叫青春版的毛泽东吧，你希望给观众留下一个什么样的特色和印象。

谷智鑫 我觉得……我觉得这样说吧，我们这一部戏，最大的特色，就是还原了毛泽东自身的精彩，你想，一个从韶山冲走出来的一个普通的不能再普通的农村青年，他哪里来的那么一个伟大的理想，那么纯粹的高尚，他能把一个民族的命运时时刻刻地牢记在心，跟自己紧密联系在一起，我想这些，究竟是为什么，在我们这部戏里都有很好的演绎，我想也正是因为这一点，观众们才喜欢看，喜欢看到那代年轻人的朝气，同时也给我们当下的青年人一个很好的思考的机会，就是，我们这一代年轻人，包括我们所有的演员，需要的，究竟是一种什么样的教育，是一种什么样的精神和一种什么样的成长。

汪 是的，其实我觉得啊，就是，虽然说，这个湖南话没有学会太多，但是在这样的剧组待了那么长时间，一定有很多很多让你们难忘的事情，最难忘的一场戏是什么。

谷智鑫 最难忘的一场戏，我想应该是……应该是……毛泽东、蔡和森、萧子升还有所有的同学在湖南第一师范上齐声朗诵《少年中国说》的一场戏，我觉得这场戏可以说是我们整个戏的一个核心，尤其是这场戏，是最能体现那一代年轻人的朝气、昂扬，和对自己民族自信、自强的那种信念感，所以，现在站在这个舞台上，尤其是站在了湖南长沙，我的心里现在都是很激动的。

杨 还有这样的一种激情，其实岁月的流逝，并没有减少梁启超这些著名的词句给我们带来的震撼，很多中国人都能够咏颂其中的那几句著名的词句，那就是故今日之责任，不在他人，而全在我少年。

谷智鑫、徐亮、钱枫、钱芳、练束梅合声

少年富则国富，少年强则国强，少年独立则国独立，少年自由则国自由，少年进步则国进步，少年胜于欧洲，则国胜于欧洲，少年雄于地球，则国雄于地球。（配合电视墙播放电视剧片段）红日初升，其道大光；河出伏流，一泻汪洋；潜龙腾渊，鳞爪飞扬；如虎啸谷，百兽震惶；鹰隼试翼，风尘吸张；奇花初胎，矞矞皇皇；干将发硎，有作其芒；天戴其苍，地履其黄；纵有千古，横有八荒；前途似海，来日方长。美哉，我少年中国，与天不老；状哉，我中国少年，与国无疆，与国无疆！

（电视墙播放电视剧片段）

歌曲《锦绣潇湘》

作词：谭仲池　作曲：王佑贵

配器：龙伟华　演唱：王丽达

（中国元素特别丰富，演唱者身穿中国旗袍式的服饰，配合舞台中间的中式建筑道具，舞蹈表演者也都身穿中式华服，金色、红色，呼应着背景）

湘江浪　岳麓枫　千古潇湘有雄风
心忧天下敢为先　韶山日出东方红
壮志换新天
山河展笑容　盛世和谐唱繁荣
朝辉万里芙蓉红　芙蓉红　芙蓉红
洞庭波衡山松　千古潇湘披彩虹
四水扬帆奔小康　崛起中部唱大风
朋友五洲来　友谊比酒浓　盛世和谐唱繁荣
朝辉万里芙蓉红　芙蓉红
朋友五洲来　友谊比酒浓　盛世和谐唱繁荣
朝辉万里芙蓉红　芙蓉红　芙蓉红

片头动画

杨 各位观众大家好，您正在收看的是第四届泛珠三角区域合作与发展论坛暨经贸洽谈会的开幕式的晚会的直播现场。

汪 是的，其实呢因为最近我们这个洽谈会呢，往来的人员特别特别多，好像最近有两万多人来到我们湖南长沙。

杨 对，这么多的人员的流动，不仅带来经济的活力，同时也带来思想和文化的碰撞。

汪 是的，说到这个呢，我和您说一个小小的数据，我们远的不说，就说离我们这里只有十分钟车程的黄花机场，您知道从一月份到五月份，黄花机场进出场的人数的数量达到了二十多万，这个数量呢几乎是中国五省所有加起来人口数量的进出场的人口数量1.7倍。

杨 所以湖南真的是发展的很快哦，很多人都到湖南来找朋友、做生意嘛。

汪 是。

杨 但如果我们把眼光放到了泛珠地区，要说到国际的人员的流动，我想香港是首屈一指的。

汪 那当然，香港本身就是一个自由贸易港，而且呢我相信，这些人员的往来和交流，对香港的过去、现在和将来都提供了非常大的发展机遇。

杨 其实香港的优势不仅仅在于地理优势，那前不久我有几乎采访香港特首曾荫权先生，也是你的好朋友啊。（拍汪涵背）

两人笑

杨 他就提到香港能够有今天，一定靠的是香港的精神，那就是奋斗向上，自强不息。

汪 接下来就让我们用掌声有请来自我们香港的著名歌手——钟镇涛先生，带来《男儿当自强》。

两人手势：有请。

歌舞《男儿当自强》

演唱：钟镇涛（港）、快乐男声九强

（整体色调为红色、白色，灯光为金色的激光，背景为蓝色、黄色调，主唱身穿红色长袍）

傲气面对万重浪
热血像那红日光
胆似铁打骨如精钢
胸襟百千丈眼光万里长
我发奋图强做好汉
做个好汉子每天要自强
热血男儿汉比太阳更光

让海天为我聚能量
去开天辟地为我理想去闯
看碧波高壮
又看碧空广阔浩气扬
我是男儿当自强
强步挺胸大家做栋梁做好汉
用我百点热耀出千分光
做个好汉子
热血热肠热
比太阳更光
让海天为我聚能量
去开天辟地为我理想去闯
看碧波高壮
又看碧空广阔浩气扬
我是男儿当自强
强步挺胸大家做栋梁做好汉
用我百点热耀出千分光
做个好汉子
热血热肠热
比太阳更光
做个好汉子
热血热肠热
比太阳更光

仇 豪情万丈的自强，展现的是一种不断进取的信心。

李 三千九百万贵州儿女，正探出一条后发之路，以赶超的步态，迈出历史性的跨越。

仇 是的，下面就让我们在天籁般的飞歌中，徜徉在贵州山水人文的秀美中，去感受一下，那如美酒般的醇香吧。

实景歌舞《飞歌》
表演者：多彩贵州文化艺术有限公司

歌曲《康定溜溜的城》
音乐编配：陈川
演唱：高原红组合　高原风组合
舞蹈编导：杨梅　陈荣
表演：湖南艺术职业学校

男声　康定
溜溜溜溜溜溜溜溜

女声　溜溜溜溜溜溜
跑马溜溜的山上
一朵溜溜的云哟
端端溜溜的照在
康定溜溜的城哟

男女合声　月亮弯弯　康定溜溜的城哟

男声　跑马那个溜溜的山上
一朵那个溜溜的云哟
端端那个溜溜的照在
康定那个溜溜的城哟

女声　月亮那个弯弯

男声　康定那个溜溜的城哟

男声　李家那个溜溜的大姐
人才那个溜溜的好哟
看上那个溜溜的大哥　哟
看上那个溜溜的他哟

女声　月亮弯……弯看上那个溜溜的他哟

男声　一来嘿看上　人才好哟
二来嘿看上　会当家哟
月亮……月亮

女声和音　月亮那个弯弯　月亮那个弯弯
会当那个溜溜的家喽

男声　世间的女子任我爱哟（女声和音：任我爱哟　任我爱哟）

女声　世间的男子任我求哟（男声和音：任我求哟　任我求哟）

男声　月亮弯弯　任我爱哟（女声和音：任你爱哟）
月亮弯弯任你求哟（女声和音：任我求哟）

男女合声　藏语

女声　折多河流里溜溜的河哟
雅拉河浪卷溜溜的情哟
一曲哟新的溜溜的歌哟喂
送我哟溜溜向西行哟
一曲哟新的溜溜的歌哟喂

男女合声　送我哟溜溜向西行哟

女声　一曲哟新的溜溜的歌哟喂
送我哟溜溜向西行哟

男女合声　送我哟溜溜向西行哟
跑马溜溜的山上
一朵溜溜的云哟
端端溜溜的照在
康定溜溜的城哟
月亮弯……弯康定溜溜的城哟

男声　康定
溜溜溜溜溜溜溜溜

女声　溜溜溜溜溜溜

李　九嘉二最西面的四川，是历史上的天府之国，也是今天西部省区的首富之地，历史的富饶和今天的繁荣呢并不让四川放缓富民强国的脚步，它一边引领西部，一边手挽大海的力量。

仇　是的，在九嘉二的版图上，靠近大海的广东，无疑就是核心引擎。

李　在这片给中国贡献的第一个改革开放的经典样板的南方芭蕉林里，飞速奔涌了二十八年的珠江潮，又再被配给一个关于发展、关于未来的全新命题，而再一次勇当先锋。

仇　今天的珠江水承载着八千三百万南苑儿女追求富裕型小康的意气风发，同时，也在努力回报着滋养他的崇山峻岭和原野大地。

李 珠江，一条温暖的南方的河流，把绿色的春天，唱到永远。

歌舞《珠江颂》

作词：陈小奇

作曲：龙伟华

演唱：汤灿

舞蹈编导：王小元、杨允金、杨梅

千万年的云烟　千万年的回旋
南方不老的天空　给了你不息的源泉
北回归线的阳光　生长希望的家园
一条最温暖的河流
把几十个民族紧紧相连
啊　珠江　啊　珠江
你把波涛带给大海
地球因为你而更加蔚蓝
啊　珠江　啊　珠江
你把中国带给世界
未来在这里起锚扬帆
千万次的变迁　千万次的期盼
南方多梦的岁月　给了你多情的容颜
人类创造的奇迹　自然馈赠的奇观
一条最美丽的河流
把绿色的春天唱到永远
啊　珠江　你把波涛带给大海
地球因为你而更加蔚蓝
啊　珠江　你把中国带给世界
未来在这里起锚扬帆
未来在这里起锚扬帆

短片《和合．航向复兴新舰队》

字幕+解说词 自然和则美，生命和则康，区域和则盛，国家和则强。2221 年前，一段风和日丽的岁月，短短 37 公里的灵渠，打通长江与珠江。地理上的和合，成就了秦王朝的统一大业，推动了中国历史的扬帆远航。1405 年，一个春和景明的季节，出生于云南的郑和，从南中国出发，纵横七海，促进了中华文明于海洋沿岸各民族的和合。2004 年，盛世中国的黄金年代，9+2，一支勇往直前的现代舰队，应运而生，扬帆起航。2007 年，四岁的 9+2 合作体带着放飞的憧憬，相约潇湘，冀望着远大的前程，更上层楼。（歌唱）“海上生明月，天涯共此时”，岭南诗人张九龄收录在《唐诗三百首》的这首开篇之作，在展露古人胸襟的同时，也给人们留下了泱泱盛唐的辉煌影像。因为面朝大海，因为万众同心，9+2，必将成为一部气度恢弘的黄金史诗，迸发出一个伟大民族的孜孜以求的理想光芒，烘托出一个伟大民族奔向复兴的宏大叙事。

歌曲《踏歌起舞》

演唱：宋祖英

（视频以红蓝黄不断移动的色彩作为背景，舞蹈演员充满整个舞台，整体气势恢弘）

长风敲响　银锣铜鼓
歌声飘飘　催动着快乐舞步
在这欢腾的节日里
我们踏歌　我们起舞
踏歌哟　起舞哟　踏歌哟　起舞哟
踏歌哟　起舞哟　踏歌　起舞

北国的雪花　南疆的翠竹
高原的星辰　海滨的蓝图
一年的心血和汗水
汇入着欢乐的踏歌起舞
喜洋洋　情真真　意浓浓　乐陶陶　笑融融
步步高　你自豪　我自豪
携手共创那美好幸福
歌声萦绕　花灯红竹

春潮滚滚　唤醒了莽原山鹿
在这不眠的节日里
我们踏歌　我们起舞
踏歌呦　起舞呦　踏歌呦　起舞呦
踏歌呦　起舞呦　踏歌　起舞
山民的纯朴　牧人的风骨
企业的艰辛　生活的甘苦
八方的兄弟和姐妹
汇入着火热的踏歌起舞
喜洋洋　情真真　意浓浓　乐陶陶　笑融融
步步高　你自豪　我自豪
携手共创那美好幸福
喜洋洋（合声）（宋祖英）：情真真
意浓浓　乐陶陶　笑融融
步步高（合声）（宋祖英）：你自豪
我自豪　携手共创那美好幸福
烟花燃放

【主持人在舞台上一字排开，后方为舞蹈演员】

杨　今夜湘江不眠，我们再一次以泛珠的名义呼唤这个大家庭的十一位兄弟。

李　福建、江西、湖南、广东。

仇　广西、海南、四川、贵州。

汪　云南、香港、澳门。

杨　今夜，我们回首历史，今夜，我们遥望未来。

李　十一年后，当我们再一次以泛珠的名义相聚长沙，那时的潇湘大地，将是怎样一番春和景林、花团锦簇。

仇　那是的泛珠大地，将是怎样一派波澜壮阔，繁荣安康。

汪　那时的神州大地，将是怎样一个其乐融融，生机勃勃的泱泱大国。

杨　在这样的愿景下，我们再次预祝本次论坛，和经贸洽谈会获得圆满的成功。

李　让我们高举邓小平理论和“三个代表”重要思想的伟大旗帜，紧密地团结在以胡锦涛同志为总书记的党中央周围，坚持科学发展观，共建和谐社会，为实现中华民族的伟大复兴，谱起新的壮丽篇章。

仇　再次感谢莅临我们晚会的各位领导、各位贵宾，同时也感谢电视机前收看我们节目的观众朋友们。

杨　ladies and gentletmen，we hope you have had a wonderful evening，we should very pleasant stay in ChangSha，and very fruitful trip，thank you and good night.

李　各位领导、各位贵宾、各位朋友再见。

仇　再见！

（林耘安　整理）

超级少年

播出平台：山西卫视
播出日期：2007 年 6 月 16 日
导演：陈浩　任永丰　李少平
制片人：李少平　朱千夫　王坚平

全体观众齐喊口号　一二三四五，超级少年，快乐向前！

主持人画外音　超级少年第三季总决赛第一场正式开始。

所有选手站立在舞台上　哥哥等等我，过夏天喽！

（现场音乐伴奏响起）

边唱边跳

我　我爱夏天
看超级少年
我　我爱夏天
因为是美丽的季节
每到夏天我要去海边
海边都是快乐的画面
这里就是梦幻般的童话世界
超级少年永远快乐无限
我　我爱夏天
看超级少年
我　我爱夏天
因为是美丽的季节
每到夏天我要去海边
海边都是快乐的画面
这里就是梦幻般的童话世界
超级少年永远快乐无限

（音乐转变成舞曲节奏，所有选手开始自由舞蹈）

【主持人由舞台后方走出】

彭宇　亲爱的观众朋友们，我们的口号起来，《超级少年》。

全　我爱夏天！

彭宇　一说到夏天就好清凉的感觉。

YOYO　对对对，而且我们今天穿的也非常的清凉，夏天呢，应该是女孩子们最爱的季节了。可以穿上漂亮的裙子，然后是很飘逸，很舒服。其实我们的《超级少年》呢，已经经过了一年多的时间了，经历了春夏秋冬，都说啊，春有百花，秋有月，夏有凉风，冬有雪。

彭宇　哟哟哟，没看出来，你还会作诗呀。

YOYO　对呀，夏天是一个非常非常美丽的季节，在这个季节有许多美丽的鲜花可以盛开，而且呢，小朋友们都可以穿得非常非常的漂亮，对不对？

彭宇　好了，那除了我们有这个夏天的快乐之外，我们这个夏季，还有更快乐的一件事情，就是我们超级少处第三赛季总决赛十一进六的比赛，各位小朋友，你们准备好了没有？

准备好了！

YOYO 希望你们可以取得好的成绩，好不好？

全 好！

彭宇 好了，全部都有，听我口令，向后转，齐步走！

YOYO 刚才我们这十一位朋友都是我们每一期的这个周冠军。

彭宇 是的。

YOYO 他们才艺非凡，而且都是能说会道，所以今天一定会有一场非常非常激烈的斗争。

彭宇 龙争虎斗 就对了。那我们既然有龙争虎斗的话，我们一定要请出一批比这些龙啊，这些凤啊，更厉害的评委老师。何小彬——著名舞蹈编导；许飞——青年歌手；何漫——资深媒体策划人。

YOYO 嘉宾的阵容也可以说是非常非常的强大，他们是为我们的选手作为坚强的后盾哦。

彭宇 对。

YOYO 那我们就话不多说，马上请出我们今天的第一位参赛选手。

彭宇 他的名字啊，大声喊出来。

全 三二一！

观众 子慧子慧，戏曲之最。

全 好的，掌声有请子慧。

（视频：介绍选手刘子慧）

【画外音】我们的戏曲小神童，刘子慧，年仅三岁，就在第一次的比赛中凭借他可爱的扮相呢，十足的唱腔，赢得了全场的最高人气，不过确没能抵挡住的挑战，以“黑马”身份进入下一场比赛，并最终成为了超级少年，今天我们的小可爱刘子慧，能否顺利晋级呢，让我们拭目以待。

（场外采访）

刘子慧 亲家母对唱。

主持人 几个字你认识吗？

刘子慧 知道。

主持人 什么？

刘子慧 刘子慧。刘子慧加油！

《朝阳沟》选段：“亲家母对唱”

亲家母你坐下
咱们说说心里话
亲家母咱都坐下
咱们随便拉一拉
老嫂子你到俺家
尝尝俺山沟里大西瓜
自从银环离开家
知道你心里常牵挂
出门没有带被子
她失急慌忙离开家
你到家里看一看
铺的什么盖的什么
做了一套新铺盖
新里新面新棉花
在家没有种过地
她一次锄把也没有拿
家里地里都能干
十人见了九人夸
又肯下力有文化
不愁当一个哪啥？啥？啥——
当一个农业科学家
对，当一个农业科学家呀

YOYO 好可爱哦，我第一次见演这个老婆婆亲家母，还戴这么可爱的小花。

彭宇 我第一次要蹲着和一个老婆婆说话。

YOYO 而且呢，我们的子慧呢是我们选手中年龄最小的，只有三岁。非常非常聪巧，知道吗？她第一次来到我们这个舞台上也是第一个出场拿了这个周冠军，现在又是第一个出场哦。

彭宇 是是是，三个第一耶。

YOYO 是哦。

彭宇 好了不起哦。

YOYO 怎么样，你紧不紧张？

刘子慧 紧张。

YOYO 她也知道紧张。

彭宇 非常非常坦白，我的小朋友就是这样的。

YOYO 子慧，我问你，你今天会不会拿到我们这个十一进六的资格呢？

彭宇 会不会？

YOYO 你知不知道你现在参加什么节目吗？

彭宇 你知不知道这是什么地方？

YOYO 你知不知道我是谁？

刘子慧 优优姐姐。

YOYO 这个还知道，心理平衡一点。

彭宇 你知不知道我是谁？

刘子慧 彭宇哥哥。

彭宇 你知不知道我妈妈是谁？

YOYO 这个估计不清楚。

彭宇 是，子慧有个特点。我跟她说话的时候，因为年纪比较小，所以有时候是搞不清状况，你要她唱戏的话就活灵活现。

YOYO 好了，那因为我们这个是十一进六的比赛，我们的这个评委老师都不会给我们每个选手打分。

彭宇 是的。

YOYO 最后呢我们就会直接选出哪六位会直接晋级到我们的总决赛当中。好的，谢谢。谢谢子慧。可以稍微休息一下了。

彭宇 拜拜。

YOYO 看走路，和小老太太似的走路。

彭宇 对的，小朋友和小老太太是差不多的。

YOYO 非常可爱，好的，我们送走了第一位只有三岁的子慧。现在马上迎来我们的第二位选手。他是谁呢？大声地告诉我们。

彭宇 三二一。

观众 李毛央宗，样样精通！

YOYO 好的，马上有请，李毛央宗。

（视频：介绍选手李毛央宗）

李毛央宗这个来自青海的藏族小美女，在第一场的比赛中凭借她清脆的嗓音和富有感染力的藏族舞蹈，赢得了全场观众的喝彩。虽然没有赢得当场冠军，却以黑马的身份进入了下一场的比赛，赢得超少桂冠。今天我们的小歌星，还会给我们带来哪样的民族风情呢。让我们共同期待吧！

（场外采访）

李毛央宗 这次我不紧张，因为我准备的很充分。爸爸妈妈都来，加油哦！而且我还准备了特殊的礼物。

主持人 是什么礼物呀？

李毛央宗 还不能告诉你。

主持人 那我们什么时候能知道啊？

李毛央宗 在舞台上才能知道！

歌曲《索那啦卓啦》

（藏语歌曲）

彭宇 谢谢。

YOYO 李毛央宗，我觉得好像没多长时间又见面了。李毛央宗是我们超级少年第一位真正的藏族小孩。

彭宇 是的。

YOYO 但是我们今天的主题是我爱夏天，但是我觉得藏族小孩真是难为她了，夏天还穿这么厚。

彭宇 对呀。

YOYO 热不热？

李毛央宗 不热。

彭宇 对啊，藏族小朋友真的是好吃亏，过夏天还要穿棉袄。

YOYO 上一期节目啊，是我们李毛央宗全家给我们送来了藏族的藏粑，那么这次呢，因为特别感谢我们节目组，给李毛央宗一个最好的机会。

彭宇 有些时候啊，我们都不好意思，因为我们的藏族同胞啊，太热情了，太好客了。

YOYO 要有更大的礼物送给我们节目组，那送什么东西呢？

彭宇 每次来都带东西来。

李毛央宗 这次我们带来了藏族的热贡艺术精品，《唐卡白松母》画像和对绣六长寿唐卡画像。因为这两幅画会给《超级少年》栏目组带来吉祥如意。并热忱欢迎各位叔叔阿姨到我家乡来作客。祝愿各位幸福安康，扎西得勒。

彭宇 好棒好棒好棒！

YOYO 我们抬上来展示一下。这个还被列入了吉尼斯。

彭宇 世界纪录，非常非常珍贵。

YOYO 可以给我们解释一下吗？

彭宇 对，这幅画是象征什么？

爸爸 这幅画是白丹，是解救苦难、消除灾难的菩萨。

彭宇 它象征什么意思呢？是吉祥如意。

爸爸 意思是吉祥　安康。

彭宇 那幅画呢就是我们传统中的寿星公了，那肯定代表的就是健康长寿。那这呢，也寄托了李毛央宗一家人对我们超级少年的希望，希望呢我们的《超级少年》可以长寿。一直办下去，办他个一两百年。了不起了不起。

YOYO 好的，谢谢！

彭宇 那我们质朴的李毛央宗待会儿会不会成功地晋级呢，我们要拭目以待了。首先呢还是下去休息一下。

YOYO 好的，谢谢！那接下来呢，我们马上请出我们的第三位选手。

彭宇 在请我们第三位选手呢，我们先看一段广告。我们不要急，广告之后，继续精彩。

（广告）

彭宇 欢迎回来。您现在收看的是山西卫视重磅打造的小洋人《超级少年》。第三赛季总决赛十一进六的总决赛。那刚才呢，我们的两位小朋友已经展示了他们的才华，并且也请他们的爸爸妈妈来到了舞台上，非常非常的了不起。

YOYO 对。那他们到底能不能顺利地晋级呢，我们还是留个悬念。马上请出我们今天的第三位选手。来，大声地告诉我们他们谁。三二一。

观众 柯凡柯凡，出手不凡。

YOYO 好的，掌声有请柯凡。

（视频：介绍选手　曹柯凡）

说起曹柯凡，他可是《超级少年》的老朋友了，虽然未能在第一赛季中取得较好的成绩，但是历经失败的他再次来到《超级少年》，最终凭借拿手绝活“变脸”，酷旋的街舞，当上了超级少年。今天我们的变脸小子，曹柯凡能否再次征服观众，顺利晋级，敬请期待。

（场外采访）

曹柯凡 我叫曹柯凡，我是三号。

主持人 你今天有没有自信，进六强啊？

曹柯凡 能！

主持人 能进六强？为什么啊？

曹柯凡 因为我有最大的信心。我还准备了一个小绝活。我不告诉你们，上台你们就知道了。

歌曲《变脸王》

我叫曹柯凡
我的名字不一般
上天入地这都不是困难
因为我会变变变变
最小的变脸王
就是我的头衔
我叫曹柯凡
这个孩子不一般
饶舌　变脸　都是小菜一碟
因为我很炫炫炫炫
最强的 DANCER
开始　我的 HIP－HOP 亮剑
变脸王的争霸
我从来不会害怕
刘德华那个不在话下
因为除了变脸我还会 HIP－HOP
你想学的话
那么我来教你把
跟我玩玩 HIP－HOP
你是不是会害怕
B－BOY DANCER
饶舌还有涂鸦
统统给我拿下
玩的就是嘻哈
你不会的话
麻烦快快回家吧
变脸我最强
因为我是最可爱的变脸王
说唱我最棒
因为我的舌头可以让你投降
变脸我最强
因为我是最可爱的变脸王
说唱我最棒
因为我的舌头可以让你投降

YOYO 我们的柯凡每次来都特别的有气势。刚开始那个音乐特别的神秘，特别的鬼异，突然一下子就很街舞，很 HIPPOP 的感觉了。

彭宇 对啊，这四位也非常的神秘，每位都穿着黑色的衣服，黑色的唐装。

YOYO 这四位是谁啊？给我们介绍一下好不好？

曹柯凡 是我的老师。

YOYO 是你的老师啊，特意带了四个保镖过来，那既然四位老师来了，都是教我们柯凡不同的街舞动作，要不我们老师一起来给我们柯凡拉拉票。

彭宇 每个展示一段自己的绝活。

YOYO 好的，事不宜迟，现在我们马上请上我们的第四位选手，他有什么样的绝活呢？来大声告诉我们，他的名字。

全 三二一。

观众 钰豪钰豪，为你自豪。

YOYO 好的掌声有请钰豪。

（视频：介绍选手麻钰豪）

来自山西的麻钰豪，今年六岁，别看他年纪小，杂技功底可是相当了得。在当期的比赛中，凭借娴熟的技巧和不怕苦的精神，令全场的观众和专业的评委折服。今天小麻能否凭借他的精湛杂技征服评委，顺利晋级呢，让我们共同期待。

（场外采访）

麻钰豪　我来到《超级少年》非常高兴，因为我能见到妈妈了。妈妈我好想你，我为了你，我会好好表演的。

《杂技》

YOYO　好好钰豪，来跟大家介绍一下，身边这位刚才跟钰豪配合杂技的呢，是钰豪的亲哥哥。你叫什么名字？

麻钰升　麻钰升。

YOYO　现在呢，他们两个孩子都在铁路文工团里，我觉得一家人都不在身边，我觉得妈妈一定会很挂念。但是，练杂技这么艰苦，这么艰难的一个绝活。

彭宇　这个俗话说的都这么好，儿行千里母担忧。何况儿子在千里之外还在练这么这么艰苦的杂技。

YOYO　对啊，来问一下钰豪，你平时练杂技苦不苦啊？

麻钰豪　不苦。

YOYO　那你平常一天时间，最长要练多少啊？

麻钰豪　10个小时吧。

YOYO　一天10个小时。给大家介绍一下，刚才钰豪这样做呢叫做顶。这个顶特别难，有些时候，用手一顶就要一个小时，两个小时，一动不动的，非常的难。现在呢，因为妈妈不在身边，钰豪的哥哥呢照顾他，我们问一下哥哥，钰豪有没有在平时练杂技的过程中，特别的想妈妈，然后哭了，不想去练了。

麻钰升　没有。

YOYO　很坚强，是不是？

麻钰升　是。

YOYO　钰豪呢跟妈妈已经有三四个月没有见过一面了。一个四五岁的小孩，这么长时间离开妈妈身边，我觉得心里边肯定会觉得非常的苦。

彭宇　是，我们非常想问一下这位伟大的母亲，在一百多天见不到儿子，她是怎么样度过的。

YOYO　问一下妈妈，平时在家想到钰豪，会不会在家偷偷地流泪。

妈妈　会，特别的难过。因为他毕竟还小嘛，本来学杂技就挺苦挺累。

彭宇　有没有去看过儿子的演出？

妈妈　有，没事的时候，经常看他那个放碟子，看看他。

彭宇　其实呢，很多时候，我们的观众朋友在屏幕上看到的可能是精彩，看到的可能是惊叹，但是作为妈妈来讲，看到儿子在那个电视里表演，看到的是心痛。

YOYO　那我问一下妈妈，家里面两个小孩，为什么就能够下得了决心，把两个小孩都送出去练杂技呢。

妈妈　因为我想让孩子多学点东西，再一个，他们俩学这个也有天分，我不想让他这个天分白白浪费了。

YOYO　就是小孩有天分，自已也非常地喜爱。

妈妈　嗯，自已非常喜欢这个。练功，自已练功特别刻苦，我就想让他多学点本事吧。

YOYO　应该没有让你失望，对不对？

妈妈　对。没有失望。

彭宇　来，两兄弟，现在最想对妈妈说的是什么。

YOYO　来，首先是钰豪，那么长时间没有见妈妈，想说什么呢？

麻钰豪　妈妈我爱你！

YOYO　来钰升呢。

麻钰升　妈妈，你是世界上最好的妈妈。

YOYO　都是几句简单的话也体现了……

彭宇　突然一下，我非常非常羡慕钰豪的妈

妈，我觉得她是世界上天底下最幸福的妈妈，有两个这么乖巧，这么懂事，这么坚强的儿子。

YOYO 对啊，我觉得每位儿子用两句非常简单的话语就体现了对母亲的一份挂念，对母亲的一份喜爱。我觉得妈妈看着这两位儿子，看着他们出色的表演，应该会非常地安慰，会不会？

彭宇 钰豪的妈妈，此时此刻，我也很想对你说一句话，当妈就要当你这样的妈！掌声再次送给非常坚强非常可爱的两兄弟。

YOYO 我觉得我们的“超少”呢，随时随地都可以带来欢笑，随时随地呢也可以带来感动。那接下来，这一位会给我们带来什么呢？

彭宇 带来激情。来，三二一。

观从 尹陆尹陆，引人注目！

YOYO 来掌声有请尹陆。

（视频：介绍选手尹陆）

尹陆可是超级少年舞台上最有个性的小选手，鸡冠头，朋克族，他的惊异的造型，但是最具代表性的还是他激情四射的摇滚表演，并以此夺得当期的超级少年。今天能否战胜对手，顺利晋级。那我们拭目以待。

（场外采访）

尹陆 在11个小朋友里面，我是很有个性的。观众朋友们，看我的表现，我上台一定不啰唆了。

歌曲《无地自容》

人潮人海中　有你有我
相遇相识相互琢磨
人潮人海中　是你是我
装作正派面带笑容
不必过分多说　自己清楚
你我到底想要做些什么
不必在乎许多　更不必难过
终究有一天你会明白我
人潮人海中　又看到你
一样迷人一样美丽
慢慢地放松　慢慢地抛弃
同样仍是并不在意
不再相信　相信什么道理
人们已是如此冷漠
不再回忆　回忆什么过去
现在不是从前的我
会感到过寂寞　也会被人冷落
却从未有感觉　我无地自容
我不再相信 WO
不再回忆回忆什么过去
现在不是从前的我 WO
不再相信相信什么道理
我不再相信 WO
不再回忆回忆什么过去
现在不是从前的我 WO
依唷依唷 HEI

YOYO 尹陆累不累啊？我觉得他是最有个性的一个，他一讲话就是独树一帜的。

彭宇 而且他也是比较有力气的小孩。

YOYO 对啊，又敲，又打，又蹦，又喊。

彭宇 别人唱歌呢，是一种美的享受，他唱歌是一个体力活啊。

YOYO 而且他唱歌，我们不是担心他的身体，我们担心这个地板，别给他敲坏了。不停地打，你手痛吗？

尹陆 不痛。

YOYO 你是很喜欢唱摇滚，是不是？

尹陆 是。

彭宇 那你知道什么是摇滚吗？

尹陆 知道。给你做动作就知道。

YOYO 你这叫摇滚啊？

彭宇 摇滚就是在地上滚。

YOYO 就是摇着摇着就滚起来。

尹陆 摇滚不是摇摇滚滚吗？

YOYO 你妈妈正好可以省很多拖布的钱了，直接派你在地上摇滚一下就行了。

你刚才给我们唱了这个摇滚的歌，非常的好听，那我想问一下你平时的话，在学校会不会有同学一起来唱摇滚的歌？

尹陆 不会。

彭宇 在学校为什么不唱摇滚？

尹陆 老师不让唱，“上课呢，唱唱唱。”老师又训我一下。

彭宇 对啊，老师不让你唱，保卫部的干部也不让你唱，那你这样好不好，你现场，现在这个舞台呢，老师不在，其他校长也不在，给我们摆几个摇滚的造型，给我们看看好不好？好，第一个造型，预备，开始。

YOYO 好，还加上一个这个武打的动作。第二个造型。

YOYO 这这这个唱摇滚的人可真累啊，好，第三个造型。

尹陆 第三个是最后一个吗？

YOYO 最后一个的。

彭宇 最后一个是什么样的？

彭宇 回来回来回来，各位亲爱的家长朋友，宁愿让自己的孩子学杂技，也不要学摇滚，更累。

YOYO 而且我感觉我们的尹陆会有一点多动症感觉，从头，这个手，就没有站好。来，站好！

尹陆 我有话要讲。

YOYO 你讲。

尹陆 让大家看看我的书可以吗？

YOYO 是这样子，我们知道平常呢，尹陆呢，可以边读书，边用摇滚的方式把书给念出来。对啊，读书破万卷，下笔如有神。他是读起来读起来，就滚起来了。而且他的书特别有个性，可以看一下。

彭宇 来我们有展示一下，我们尹陆的课本啊。

YOYO 来，这是他的书，而且，这是换过三次的了。换过三次还是这样子，我想请问你，平常你爸爸妈妈给你吃饭吗？

彭宇 这个书是怎么破的？

YOYO 对啊，他给你吃饭吗？

尹陆 吃啊。

YOYO 给你吃饭你还饿啊，这书啃了这么多。

尹陆 学习一会，我学习累了就吃了呗。

YOYO 学习累了还可以吃书。

彭宇 我看爸爸妈妈好划得来，花一本书的钱，可以变两本。

YOYO 那给我们大家展示一下好不好。

彭宇 对，随便挑一篇文章，把它摇滚一下，好不好。

尹陆 爸爸，你知道吗？
当我亲眼看见，
你击伤了一只美丽的翅膀，
我的梦，
就再也不能飞翔。
从那时起，
我恨死了你的猎枪！
爸爸，你知道吗？
当我看到你那扛枪的肩膀，
我多么希望它不在你那结实的肩上，
让我眼中的小鹿，变成快乐的我。
你心里就会永远充满了善良。

YOYO 感觉你和你爸有愁，又踩，又打。

彭宇 爸爸可以回答你，他不知道到底是上辈子做了什么。

YOYO 刚才你这些动作的话，平常你都是这样子背书的吗?

尹陆 啊，对啊。

彭宇 那你们家肯定很大。

彭宇 尹陆，你觉得你今天可以成功晋级吗?

尹陆 可以!

彭宇 好，那掌声送给我们的尹陆。

YOYO 好，现在呢，已经有5位小朋友在我们的舞台上展示了他们的才艺了，而且他们每个人都是非常的精彩，也令我们评委老师呢，为之心动。我觉得小朋友太可爱了。

彭宇 接下来呢，我们先看一段广告，广告过后呢，精彩继续。

YOYO

彭宇 好的，刚才呢，有5位超级少年向我们展示了他们不同的个性，那接下来呢请出我们今天的六小龄童啊，第六个小朋友，马上喊出他的名字上，三二一。

观众 高文高文，一鸣惊人。

YOYO 好，掌声请出我们帅帅的高文。

(视频：介绍选手高文)

高文，这位有着一副干净外表和纯净嗓音的帅小伙，在第一场比赛中，凭借一曲感人的《雪候鸟》赢得了全场最高分，但是却没有抵挡住当场的黑马挑战。以黑马身份的他进入第二场比赛。今天，我们的情歌王子，会有哪些超长发挥呢，喜欢他就多多支持他吧!

(场外采访)

高文 我连词都没背过，我现在还在背词呢。我觉得对我威胁最大的就是张宇旋了，我是唱很低沉的歌曲，而他是唱很高昂的。高文加油！耶!

歌曲《火柴天堂》

卖着火柴温饱我的梦
一步步冰冻一步步寂寞
人情寒冷冰冻我的手
一包火柴燃烧我的心
寒冷夜里挡不住前行
风刺我的脸雪割我的口
拖着脚步还能走多久
有谁来埋我的火柴
有谁将一根根希望全部点燃
有谁来买我的孤单
有谁来实现我想家的呼唤
每次点燃火柴微微光芒
看到希望看到梦想
看见天上的妈妈说话
她说你要勇敢你要坚强
不要害怕不要慌张
让你从此不必再流浪
每次点燃火柴微微光芒
看到希望看到梦想
看见天上的妈妈说话
她说你要勇敢你要坚强
不要害怕不要慌张
让你从此不必再流浪
妈妈牵着你的手回家
睡在温暖花开的天堂
天堂

彭宇 好好听。

YOYO 对啊，上一次他唱《雪候鸟》还萦绕在我的耳边。

彭宇 小朋友，这么小，唱歌唱得和我一样好，真是太难得了。

YOYO 今天我们台上有三位评委老师，有没有一位是你特别喜欢的？

高文 有。

YOYO 你唱歌唱得这么好听，相信你喜欢的也是一位歌手，是不是？

高文 是许飞姐姐。

彭宇 你最喜欢听许飞姐姐的哪首歌？

高文 我最喜欢听许飞姐姐的《那年夏天》。

YOYO 那想不想听我们许飞和高文一起全唱这首《那年夏天》。

彭宇 来，有请许飞。

《那年夏天》

作曲：陈超　作词：刘铭洋

唱 长大以后
现在的我常常会寂寞
偶尔缱绻
星星闪烁
剩最亮一颗
往事如风
划过夜空
你的歌
跳动音符
熟悉旋律谁来和
长大以后
现在的我忘记了快乐
人来人去
留在身边的朋友不多
那些天真
纯纯的笑哪去了
洁白翅膀
美丽天使不见了
曾经以为
世界很美
没人流眼泪
吹熄蜡烛
许的心愿
全都会实现
原来的我
怀念从前
是因为太留恋
懵懂的岁月中
只收藏了简单的想念

YOYO 唱得好好哦。

彭宇 我真的不想打断他们。

YOYO 来问一下许飞，刚才听高文唱歌，像他这样一个，只有十岁的小孩，如果你打的话，给打多少分呢？

许飞 我刚才已经打过了，其实打得挺高的，他那个天然的条件特别好，刚才我和张蔓老师还在窃窃私语，我们俩还在说呢，他那个音色，很甜美，那属于自然条件非常好，那如果爸爸稍微加工一下，可以做一个很好非常的歌手。

彭宇 爸爸也不是加工厂的，拿去加工一下。但是许飞的意思呢是，这是一非常非常好的美玉，经过细致地打磨以后，一定会光彩夺目的。谢谢许飞。

YOYO 在这里也谢谢高文带给我们这么美的歌曲，我们也期待你能顺利晋级。那接下来呢，我们马上要请出我们的第七位选手。

彭宇 那同样，也请我们大声地喊出他的名字，三二一。

观众 鑫名鑫名，一举成名。

（视频：介绍选手张鑫名）

这位来自大连的帅小伙，唱歌跳舞、戏曲表演样样都在行，虽然在《超级少年》的舞台上，多次与超少宝座失之交臂，但凭借他出色的表演打动了评委与全场的观众。成为当期的超级少年。今天，张鑫名能否用他出色的表演，打动评委，顺利晋级，让我们共同期待吧。

（场外采访）

这是我妈妈自己构思的，因为她每次买的都是一些碟，她照着碟里的服装做的。不紧张，反正我他来《超级少年》那么多次了，因为我的强项是表演吧。鑫名鑫名你最棒，耶！

歌曲《重爱轻友》
作词：十方　作曲：雷颂德

打过球的朋友喝过酒的朋友
当我恋爱他们全部失踪
只有一个理由爱情魔力太猛
让我甘愿扁嘴点头
骨气有什么用身心被遥控
手机掌握早晚各种行动
朋友不敢联络哦
任你挥霍每一个周末
让一让我爱你有请假的自由
牙膏牙刷不相容麻烦多
爱情有情难沟通
男人女人要的不同
你要我说说我重爱轻友
每句话每分钟每个吻要你依我依
你哭了我得借眼泪给你用陪着你难过
你要我说说我重爱轻友
想想你想想我想想爱抗议罪更多
我举起指头一脸言不由衷
说遵命服从朋友请原谅我

YOYO　谢谢。

彭宇　又唱又跳，动感十足啊。

YOYO　对啊，你知道吗？而且服装很有特色。鑫名的名字，的确是名副其实，你知道吗？他现在片约不断，三个金嘛，而且呢，特别的有名。自从参加完们《超级少年》之后呢，又大概参加了多少部戏啊？

张鑫名　嗯，排了两部戏。

YOYO　短短的两周时间，排了两部戏。

彭宇　那排的什么戏啊？

张鑫名　排一个叫《守望爱情》，还有《再婚戒》。

彭宇　请问爱情关你什么事？

YOYO　你知道什么叫爱情吗？你在里面饰演什么角色呢？

张鑫名　《守望爱情》里面，我演一个非常就是自闭的，就是不愿意说话的。

YOYO　就是很封闭自己思想的一个小朋友，那给我们大家展示一下，是怎样的自闭的小孩儿。

张鑫名　我—要—回—家。就是这样的。

YOYO　好有感情啊。

彭宇　而且收的好快啊。

YOYO　鑫名呢，还有一个特点就是特别会演哭戏，三秒钟就能落泪。这边哭，这边还脚下踢，对不对？他演得哭戏不仅能看到眼泪，而且情深意切。对。而且很澎湃情绪。

彭宇　但是我们知道，他的演戏非常棒，可是我们这个舞台，除了要考验我们小朋友以外，还要考验我们的家长，让他妈妈跟他一块儿来，搭一戏，好不好。

那就是非常经典的一部戏《妈妈再爱我一次》。好，让我们先欣赏一下片段。

（插播《妈妈再爱我一次》片段）

妈妈　举起手来，你还敢不敢跟人家吵架啦？

孩子　不敢了。

妈妈 你还敢不敢跟人家打架了？

孩子 不敢了。

妈妈 还敢不敢跟人家吵架了？

孩子 不敢了，可是他们先骂的我，他们骂我是没有爸爸是野孩子。我不是野孩子，我不是野孩子。妈妈，妈妈，我倒底有没有爸爸。

妈妈 有，当然有。

孩子 那我爸爸到底在哪里？你为什么从来不告诉我，不告诉我。

彭宇 事到如今，我不得不承认了，其实你的爸爸就是我们的总导演。我建议一下啊，我们的游机，那边有个小女孩，她在下面哭得稀哩哗啦的。好，现在你可以稍微休息一下。好，我们下面这位选手呢，也非常厉害，我们大声喊出他的名字。三二一。

观众 梦茹一出 全场折服。

YOYO 好，掌声有请梦茹。

（视频：介绍选手马梦茹）

马梦茹，来自河南的小美女，别看她外表柔弱，跳起街舞来可是辣味十足。在当期的比赛中，凭借动感的一支街舞，震撼全场，赢得全场最高人气，一举夺魁。今天，马梦茹还能否顺利晋级，让我们拭目以待吧。

（场外采访）

稍微有一点点遗憾，爸爸没有赶过来，爸爸没有赶过来看我的节目。爸爸虽然这次没有来，我会为了你，好好表演的。我今天觉得我最有可能进六强。

街舞表演

（NEWJAZZ 风格的表演，外加三位成人的共同演绎）

彭宇 好，谢谢又唱又跳的梦茹，今天一袭白色非常的可爱，像一个天使一样。

YOYO 对啊，而且，这个梦茹的街舞跳得也是非常的棒。我记得梦茹上一次来参加我们比赛的时候，就是妈妈陪你过来的，爸爸呢？

梦茹 爸爸在深圳开车呢。

YOYO 那你多久没见到爸爸了？

梦茹 一年不能见到爸爸。

彭宇 三百六十五个日子都见不到爸爸。

YOYO 对啊，一年见不到爸爸，那你想不想爸爸啊？

梦茹 想。

YOYO 那你来参加节目的时候，你希不希望爸爸来看你的节目啊，来到现场给你加油打气。

梦茹 想。

彭宇 妈妈，我想问一下，上一次我们的梦茹比完赛，爸爸有没有看到。

妈妈 爸爸有看到了。

YOYO 爸爸有说什么吗？

妈妈 她爸爸也很感动。今年过年的时候就是专门赶回来陪梦茹陪了好长时间，才走的。

彭宇 对，因为父亲呢，在外长期的工作，在忙事业，也是为了这个家庭，也是可以生活得更好，能跟自己心爱的女儿在一起。但在过年的时候呢，也特地拿出一段时间，把自己完完全全地交给心爱的女儿，希望可以让女儿开心一点，快乐一点。那现在呢，你想爸爸，就对着镜头对爸爸说几句话，好不好？

梦茹 爸爸，我祝你一路顺风，天天开心。我和妈妈在家等着你。

YOYO 在家等着爸爸早日回来。你一年多没有见到爸爸了，好久没有听到爸爸的声音了。平时经常给爸爸打电话吗？

梦茹 是。

彭宇 那你此时此刻想不想听听爸爸的声音？

梦茹 想。

彭宇 那我们就满足你这个小小的愿望。好不好？

YOYO 因为你今天舞跳的非常地好，我们作为一个奖励，看一下我们现场到底会不会出现爸爸的声音呢。

爸爸 梦茹，你好吗？想没想爸爸啊？爸爸很想你啊。现在在北京参加《超级少年》，是吧？爸爸工作忙，不能陪你到节目现场了，自己要加油啊。爸爸知道梦茹是最棒的。等春节放假，爸爸回去，再请你到广场放风筝，好不好。要听妈妈的话，好好学习，加油。

YOYO 来，想问一下，爸爸刚才在电话里和你说了什么呢？

梦茹 爸爸说他回家了领我去放风筝。

彭宇 好了好了，不哭不哭，这样，你知道的，今天比赛，爸爸也一定要在电视机前看，我们给爸爸一个最美丽的笑容，好不好？我们多笑笑，不要爸爸在远方担心，好不好？

YOYO 因为这个节目呢，也是看你能不能进十一进六的这个晋级赛。爸爸一定会在远方祝福你，给你鼓励的。要开心一点，好不好？而且妈妈也在现场哦，不要让你的情绪带动妈妈，妈妈也会很难受，也会哭起来的，来，去拥抱一下妈妈，好不好？

彭宇 帮妈妈把眼泪擦干，然后再告诉妈妈，妈妈不哭。

YOYO 我相信呢，爸爸现在在远方工作呢，爸爸也会把他这个最好的祝福带给你。

彭宇 我觉得呢，梦茹的爸爸是世界是最幸福的男人，为什么呢？因为有两个天底下最爱他最爱他的女人在为他祝福。并且呢，在家中等着他。好，我们掌声送给我们的梦茹。

YOYO 好，谢谢梦茹，希望你能够晋级成功。到目前为止呢，我们选手已经过大半了。那么，倒底哪些人可以晋级呢，我们现在也不知道。还是看一段广告，广告回来后，更加精彩。

（广告）

彭宇 欢迎回来，现在您收看的是小洋人《超级少年》的第三季决赛的第一场十一进六的晋级赛。刚才呢，小朋友在台上表演，我就为接下来的小朋友捏一把汗，因为其实呢，这些小朋友表现得非常非常出色。

YOYO 每个人都有自己不同的个性，每个人都有自己不同的才艺，让我们看一下接下来这一位更加的特别啊，好，三二一。

观众 吉航吉航，神采飞扬。

YOYO 好的，掌声有请吉航。

（视频：介绍选手吉航）

有着武打才艺的小选手吉航是《超级少年》舞台上有着武侠气质的小选手，少言寡语的他凭借着潇洒帅气的动作，赢得了当期评委和观众们的一致认可。但是却已微分之差，未能登上超少宝座，以黑马身份进入下一场比赛，最终夺得“超少”头衔。今天，我们的大侠能否顺利晋级，让我们共同期待。

（场外采访）

后面这几位都是我的师兄，他们是过来为我加油的。我今天一定能进六强，大家就看我下一场的表现吧。
希望吉航进六强，加油！

（吉航武术表演）

YOYO 哇，徐大侠，厉害厉害，一比四。
彭宇 你可以先把刀放下说话吗？啊，是，这样我们就舒服多了。
YOYO 对啊，他给我们的感觉，一直就是大侠的，长得呢：也是非常的英气，动作举止啊，也是蛮潇洒、蛮洒脱的。
彭宇 对啊，我从来没有见过，一个不到十岁的小朋友，长得这么正气，像包青天一样。那告诉我，你长得这么像大侠的感觉，那平时会不会有人向你挑战呢？
吉航 有。
YOYO 你会接受他们的挑战吗？
吉航 没。
彭宇 那怎么办？
吉航 我跑啦。
YOYO 人家向你挑战，你就跑，你是因为打不过他们呢？还是不想伤害他们呢？
吉航 是不想伤害他们。妈妈说了，练武不是为了打人，是为了强身健体。
YOYO 那从内心说，你武艺的造诣比他们还是要高一些的。
彭宇 好了不起，刚才我们吉航也说了，武术是用来强身健体的，那既然这样呢，我们台上的几个大人也非常想强身健体，那现在呢，就由我们的吉航教我们几个强身健体的动作。
YOYO 作为我们女孩子呢，也可以作为防身术。
（现场三位评委老师与两位主持向选手学习武术动作）
YOYO 好，谢谢。
彭宇 看来这武术也不是好学的。这是一套什么拳？
吉航 五步拳。
彭宇 我们回去呀，要把五步拳勤加练习，我们明年华山再见。好了，掌声送给我们的大侠吉航。
YOYO 好的，谢谢。接下来呢，我们要请出我们今天的第十位选手。三二一
观众 宇璇宇璇，人美歌甜。
YOYO 好，掌声请出我们的宇璇。

（视频：介绍选手张宇璇）
来自山西的张宇璇，今年十岁，天生拥有一副好嗓子，在第一期的比赛中，凭借一曲《天路》征服了全场观众和评委的耳朵，但是确未能抵挡住当期黑马的表演，以黑马身份进入第二场比赛的她，一举夺冠，张宇璇能与否顺利晋级，让我们共同期待。

（场外采访）
张宇璇 有点紧张，选手都太厉害了，我怕我会淘汰。
主持人 高文唱歌那种很清澈的声音，你看过没有，那你觉得你们俩各自的特长应该在哪里呢？
张宇璇 我们两个的声音都非常的亮。然后表情都非常得好，我希望我和高文一起进六强，一起加油吧。

歌曲《暖暖》
作曲：人工卫星　填词：李焯雄
编曲：洪敬尧　监制：钟成虎

都可以随便的
你说的我都愿意去
小火车摆动的旋律
都可以是真的

你说的我都会相信
因为我完全信任你
细腻的喜欢
毛毯般的厚重感
晒过太阳熟悉的安全感
分享热汤
我们两只汤匙一个碗
左心房暖暖地好饱满
我想说其实你很好
你自己却不知道
真心的对我好
不要求回报
爱一个人希望他过得更好
打从心里暖暖的
你比自己更重要
回忆里满足的旋律
你手掌的厚实感
什么困难都觉得有希望
我哼着歌
你自然的就接下一段
我知道暖暖就在胸膛
从来都很低调
自信心不高
你比自己更重要
我也希望变更好

YOYO 谢谢宇璇。我觉得你是一个非常漂亮、非常乖巧的女孩，那你这次参加《超级少年》，觉得自己有没有信心可以成功晋级。

张宇璇 有。

彭宇 据说，现在有许多的粉丝，是吗？而且这个粉丝团还取了个名字，叫“宇丝”。

YOYO 你的这个粉丝有没有上网给你留言什么的。

张宇璇 有啊，还跟我上网聊过天呢。

YOYO 那一般是怎么说你，怎么评价你的呢？

张宇璇 他们就说我唱得非常好，希望我以后多多努力。

彭宇 那你告诉我，坐在那边，红衣服，戴着眼镜的是“宇丝”吗？

张宇璇 他是我爸爸。

YOYO 你爸爸是不是超级大宇丝？

张宇璇 是。

彭宇 他是最爱你的，是不是？

张宇璇 是！

YOYO 问一下爸爸，那看到女儿唱歌唱得这么好听，而且网上有这么多的“宇丝”，你会不会由衷地感到很开心？

爸爸 会的。

彭宇 开心之余会不会有些激动的心情。

爸爸 激动之余，这么多年还是很惊讶。参与了《超级少年》后，张宇璇都有了北京的朋友，姐姐，我从心里感到非常的高兴。在这里我也感谢《超级少年》，也祝愿《超级少年》办得越来越好。

彭宇 今天呢，宇璇的“宇丝”呢也来到了现场。

YOYO 我们看看“宇丝”到底是谁，送上什么样的礼物。有请我们的“宇丝”上场。

（两名“宇丝”走上台）

YOYO 送了一束鲜花还有一个非常可爱的小熊。来问一下我们这位“宇丝”，平时你会不会上网和她聊天？

宇丝 会。

YOYO 那既然今天是一个十一进六的比赛，“宇丝”要给我们的宇璇加油打气了，不好？

宇丝 宇璇宇璇，人美歌甜！宇璇宇璇，你是最棒的！加油吧！

张宇璇 谢谢！

彭宇 哎哟，口号！谢谢，谢谢两位“宇丝”。

YOYO 接下来，你可以带着“宇丝”送给你的礼物可以下场稍微休息一下。也希望你带着他们祝福能够成功晋级。

彭宇 好，接下来，就是本场的——

YOYO 最后一位选手了，这位选手真的是非常非常特别，我们大家也是非常非常喜欢他。来大声地告诉我们他是谁，三二一。

观众 荣星荣星，明日之星。

YOYO 好了，掌声有请荣星。

（视频：介绍选手迟荣星）

迟荣星，这位来自新疆的小女孩，是《超级少年》舞台上一位特殊的选手，因为小时候的一次医疗事故，造成了双耳失聪，却未能阻挡住她对舞蹈的热爱，也是凭借着她这种行动，感动了所有的评委，今天我们的小荣星，同样将用她的舞蹈打动你，喜欢她就为她加油吧。

（场外采访）

主持人 表演什么节目？

荣星 印度舞。

主持人 有没有信心能够表现好？她的特长我觉得就是在舞台表演的时候呢，表情特别好，而且呢，始终给人以微笑的感觉。

迟荣星 荣星，加油！

《印度舞》

（服装：红色印度传统服装）

YOYO 真的是可爱的荣星，漂亮的荣星，非常乖巧的荣星。荣星你好。她刚才说YOYO姐姐好。

迟荣星 （点头）

彭宇 我们荣星呢，刚才我们听到那么欢快的音乐，可是以她的世界里呢是完全听不到的。在她的生命之中，只有画面，没有声音。

YOYO 所以呢，刚才在表演的过程中，也是一直看着妈妈的手势在跳，跳得呢，也可以说是非常完美的。

彭宇 上一次来节目的时候呢，她还只会几个短短的字节，刚才她都能主动地说“YOYO姐姐你好”。我觉得太了不起了，我们应该把掌声送给她。

YOYO 我们想问一下荣星的妈妈，来，妈妈。有请荣星的妈妈上场。

那我们刚才呢，看到荣星的舞蹈，还有荣星说的一些话呢，她进步非常得大，那在这段时间里，你是不是给她一些特别的训练呢？

妈妈 对，我们是跟老师进行沟通，然后对她进行口型的训练，有些时候呢，是需要借助一些辅助的工具，比如筷子啊，在发G的音的时候，就要用筷子伸到她的舌根部，告诉她是这个部分在振动，还有气流的声音是怎么发，都是跟老师沟通以后，每天训练。

YOYO 我觉得这样训练起来的话，荣星也要付出很大的代价，筷子放在嘴里呢，一不小心就会特别难受。

妈妈 有时候，会有呕吐的现象。

彭宇 其实我觉得真的是非常不容易，为什么呢，就是我们生活中一个很细小的一个动作，我们都不会注意的一个动作，但是对于荣星来讲呢，就是要必须付出很大很大的努力才能完成。

YOYO 对啊。因为我们知道，荣星呢，是因为小时候一个交通意外医疗事故，不小心丧失了听觉。因为听觉丧失之后呢，就影响她的说话听力了。那妈妈呢也是经过很长时间来教育她，那妈妈也是说让荣星摆脱手语，是不是？

妈妈 我想让她摆脱手语，摆脱手语的目的呢就是让她今后能和正常孩子一样，我们现在正想为她装一部电子耳蜗。装了电子耳蜗之后呢，她就能像正常孩子一样。我们现在让她练口语就是为了以后打基础。

YOYO 电子耳蜗装上之后，会有多大的成功率，就是能听到正常的声音吗？

妈妈 对，电子耳蜗装上呢，它的成功率是100%的，听力是完全解决了，然后我们就是需要进行语言训练，就能像正常孩子是一样的。

彭宇 贵吗？

妈妈 贵。

YOYO 大概要多少钱呢？

妈妈 一部电子耳蜗的价位在20万以上。

YOYO 在20多万以上，那现在我想问问荣星的妈妈，给荣星装这样一部电子耳蜗的话，会不会觉得压力很大，负担很重呢？

妈妈 目前我们还没有这个能力来给她装这个电子耳蜗，但是不管任何苦、任何难，我们都能承受，我们一定要给荣星装这部电子耳蜗，让她像正常孩子一样，去接受这个世界。

YOYO 真的是伟大的妈妈。

彭宇 我现在越来越觉得可以说是生在了一个可以说是创造奇迹的家庭里面。那接下来呢，我们让荣星再次创造奇迹。让她开口唱歌。

YOYO 荣星呢，因为妈妈为你付出这么多，相信你心里也一定会感激她。要给妈妈带来一个什么节目呢？请妈妈翻译一下。

荣星 《世上只有妈妈好》。

彭宇 让我们安安静静地去聆听荣星用心唱出来的歌曲。

世上只有妈妈好。
有妈的孩子像个宝，
投入妈妈的怀胞
幸福享不了。

YOYO 我觉得真的是太棒了。这首歌的歌词也非常的长。荣星要打这首歌的歌词记不来，还要掌握它的节奏，我觉得算是送给她妈妈最好、最精致的礼物。

彭宇 其实我觉得，有没有这种感觉，台下的观众还有台上的评委老师，虽然刚才荣星的发音有问题，吐字有问题，包括节奏和它的曲调都有问题，但是我觉得刚才听到的那首歌，是我听过的最美丽的声音。大家有没有这样的感觉。

观众 有。

YOYO 掌声再次送给她。这首歌呢，在妈妈的心里，在妈妈的耳边，绝对算得上是天籁之音了。这样子吧，刚才呢，荣星送了一首《世上只有妈妈好》，现在呢，我希望我们全场的观众和妈妈送给荣星一句祝福，也祝她能够十一进六成功。那送上一句什么样的话呢？

妈妈 祝你早日康复，快乐成长。

YOYO 现场所有的观众和荣星的妈妈一起来举起我们的双手。

全体 祝你早日康复，快乐成长。（加手语）

彭宇 好的，谢谢，谢谢我们荣星。谢谢我们的妈妈，真的是有妈妈的关心，有我们所有所有人的关注，我们荣星一定会健康地茁壮成长。并且，她会在她的人生道路之中，享受到那份快乐开心的。

YOYO 我觉得在这一片纯净的世界里，我们的荣星会用心去感受，真的是非常纯净的一个女孩。我相信，她以后会比一个普通的小朋友更加出色。以后的路也会更加精彩。

彭宇 好，那我们再次感谢荣星的妈妈、感谢我们的荣星的到来。

谢谢你们。谢谢。接下来呢，要进一段广告，广告过后呢，我们就要宣布十一进六晋级的六位选手。

YOYO 对哦，好紧张哦。

YOYO 欢迎回来。

彭宇 是的，在今天呢，十一强已经尽情地展示了他们的才华，你相信呢，不管是谁晋级，谁不晋级，今天呢，他们都是最开心最快乐的。

（广告）

YOYO 欢迎回来。相信我们的评委老师呢，已经有了一杆称，倒底谁可以成功晋级呢？让我们把话筒交给评委老师。

张漫 让我们来宣布一下本期晋级的六名小朋友，首先呢，第一位是歌舞俱佳，舞台表演力极强的李毛央宗小朋友。

【画外音】355 号选手，李毛央宗，最后得分：97.33 分。

YOYO 恭喜，李毛央宗。

张漫 第二位晋级的小朋友是，英气逼人的功夫少年，徐吉航。

【画外音】328 号选手，徐吉航的最后得分：98 分。

张漫 第三位晋级的小朋友是给了我们纯净双眼和纯净心灵的迟荣星小朋友。

【画外音】326 号选手，迟荣星最后得分：98 分。

YOYO 恭喜荣星。

张漫 接下来晋级的小朋友是拥有坚强的毅力与表演力的马钰豪小朋友。

【画外音】263 选手，马钰豪最后得分，98 分。

张漫 还有最后两个名额，其中一个名额是拥有无限潜能的未来之星，她的名字叫做张鑫名。

【画外音】309 号选手张鑫名，最后得分：98.33 分。

张漫 还有最后一个名额了，让我们来看看是谁呢，他就是评委一致看好、可以昂首阔步走进歌者道路的高文小朋友。

【画外音】252 号高文，最后得分 98.33 分。

彭宇 好，恭喜所有晋级的小朋友。

YOYO 好，那其他的 5 位小朋友也有请到我们的台上来，有请。其实呢，今天我们 11 位小朋友表现的也非常的出色，今天只有六个名额，我们也是于心不忍，不过没有关系，以后你们的道路还非常的长，在这晋级的六名小朋友呢要和我们下一期晋级的六名小朋友进行最后的总决选啊。

彭宇 对，那我们下期呢，依然会有非常精彩的，那就是我们的第三季总绝决赛第二场十一进六的比赛，各位一定要关注了。

YOYO 好的，下一星期同一时间我们不见不散。口号再来一遍：

全体 超级少年，我爱夏天。

（冯成琳　整理）

庆祝香港回归祖国十周年文艺晚会

播出台：中央电视台

播出日期：2007年6月30日

（舞美：横跨舞台两侧，长30多米的显示屏）

（胡锦涛主席等领导入场，全场嘉宾起立欢迎）

（大幕升起，露出显示屏）

动画视频《渡轮兜兜麦兜兜》

监制：谢立交

美术总监：麦家碧

（讲述了麦兜和妈妈坐渡轮来看文艺晚会的经历）

麦兜 妈妈，我的签名簿带来了没有？

妈妈 带来了。

麦兜 那么橡皮膏呢？

妈妈 什么橡皮膏？哪像你，写自己名字都写的错。

麦兜 妈妈，我们今天是否真的会见到国家主席呀？

妈妈 是的。

麦兜 那我给胡主席签名的那本簿子带来了没有？

妈妈 带着了。

麦兜 那么橡皮膏呢？

妈妈 什么橡皮膏？

妈妈 既然有空，不如我和你练好普通话，等一下要说的。小朋友，你告诉我明天是什么重要的日子？

麦兜 明天不用上课。

妈妈 那为什么不用上课啊？

麦兜 哦，是7月1日，香港回归纪念日。每个小朋友都知道了。

妈妈 这就对了。那我们今天去看什么晚会？

麦兜 香港回归纪念的晚会。

妈妈 是香港回归十周年文艺晚会。记住了没有？

麦兜 记住了，妈妈。

麦兜 晚会是不是有很多的明星来啊？

妈妈 是啊。等一下你就会见到四个明星主持叔叔、阿姨，记得找他们要签名啊。你幼稚园的小朋友和妈妈的同事也要看啊。

麦兜 签名簿？

妈妈 带着了。

麦兜 那我的橡皮膏呢？

妈妈 哪有人用橡皮膏啊？

【四位主持人：杨澜、吴小莉、汪明荃、曾志伟站在一个油轮形的台子后面，从舞台右侧出场，几人走出台子，下楼梯来到舞台正前侧】

汪 大家好！

杨、吴 晚上好！

曾 大家好！

汪 各位尊敬的领导和来宾。

曾 各位亲爱的香港市民。

吴　各位海内外的华人观众朋友们。

杨　Distinguish guests friends all over the world, ladies and gentlemen, Good evening!

合　大家晚上好!

汪　我是汪明荃。

曾　曾志伟。

吴　我是吴小莉。

杨　我是杨澜。

汪　今天晚上对香港来讲非常特别，因为再过三个多小时，香港就要迎来回归祖国十年的大日子了。

曾　今天晚上的晚会将通过卫星向全球不间断地直播。

吴　为了这个隆重的庆典，来自香港和内地最顶级的艺术团体和演艺人员都做好了充分的准备。

杨　十年的光阴仿佛弹指一挥间。今晚旧友新朋欢聚一堂可谓星光熠熠，其乐融融。

曾　不晓得各位同不同意，我觉得今晚最闪亮最闪亮的星应该是我们香港。

汪　绝对同意，香港一直就是我心中的明星。身为一个香港人，我是感到非常的骄傲。

杨　其实不仅香港人，也有更多的中国人为香港感到骄傲。这里繁荣安定充满活力，更在实践着一种举世震惊的历史智慧。

吴　这种历史智慧叫做“一国两制”，如果说1997年的香港用它解开了一个百年的心结，那么2007年的香港已经用它度过了十年的时光并且“东方之珠”依然绽放着它的光泽。

曾　这十年全世界在发展，而我们中国的发展是有目共睹的。香港在这种情况下依然能够保持它的光泽，我们是不是了不起?

汪　我们是不是要谦虚一点?不过我又觉得我们今天晚上应该尽情展现我们的骄傲，因为香港实在值得骄傲。

（大屏幕出现本章节主题LOGO：傲香港）

第一部分：傲香港

（指挥从舞台下升上来，走上指挥台，音乐起，指挥有一束追光）

管弦乐《东方之珠》

演奏：香港管弦乐团

艺术总监兼指挥：艾度·迪华特

指挥：郎翔

作曲：罗大佑

作词：赵增喜

（大屏幕为紫荆花、香港特别行政区旗和中华人民共和国国旗等）

（舞台后部，交响乐队灯光暗下，舞蹈演员从舞台两侧跑到台前明亮区域，灯光：玫红、蓝色、黄色光线变幻）

音乐剧《酸酸甜甜香港地》选段

演出：香港话剧团，香港舞蹈团

编剧：何翼平　导演：毛俊辉

编曲：顾嘉辉　填词：黄沾

编舞：张华轩　音乐：香港中乐团

男1　送外卖吗?

女　送外卖。

男1　看我们的原汁原味人工手打、正宗龙须面。

女　馅靓皮薄，双倍芝士，意大利披萨。

男1　中国人当然吃拉面，吃面吃了几千年。

女　Pizza意粉味道正。

男2　用料新鲜价钱平。

男1　小笼包味道甜又鲜。

女　新的Pizza一定赢。

女2　无谓争论，送过就知谁是王。（吹哨）

众　送外卖!

（唱）叫外卖　送外卖　要外卖　有外卖
香港地　最多外卖
看外卖就知香港有多勤快
为赚一毛几分蝇头利
香港人心甘情愿　拼命干
（唱）我叫外卖　我说了算　几元的饺子　有专差
香港够运　居然有人
一杯饮料　跑八条街
去健体　跑几里路
送外卖　我有工作
自行车　踏一个月就 Fit
十八区　街卖串
我做买　你做送　绝配
便宜又好　兼送的快
好的服务精神　怎会淘汰
笑口常开新姿态
小费　山大斩下就是柴
你想啥　中欧美日
不嫌弃　你叫就来
来外卖　香港美食全有
你要送　他就来
他特快　叫他吧　超快
想叫就叫　荤与素一概都有卖
一个电话　他就会　去为我专卖

师　傅　中国人打面。

徒　弟　要用手力。

（灯光停止变幻，变为蓝色）

师　傅　错！要用心力。深吸一口气，气运丹田，再转吐出来，运气到手心，使气化为力，游荡在手指之间，然后打下去。

（面光暗，黄色逆光起，几个功夫演员从舞台两侧登场，表演功夫舞蹈）

（舞毕，玫瑰红色灯光起，话剧演员登场）

徒　弟　师傅！

师　傅　打面和做人一样，不经几番揉搓，哪来又白又滑，又细又长，有滋有味的正宗百年拉面呢？

女客户　是啊，食物是有灵性的，所以我们吃的时候心要静，神要专。

徒　弟　就如食小笼包的时候要抛开杂念，才能体会到笼中五味俱全的滋味。

男客户　做人和做菜是一样的，就好像是凉瓜煲排骨，有苦才有甘。

女店员　菠萝古老肉，有酸又有甜。

女店员　这就是人生，只要我们同甘共苦、群策群力，明天会更好！

（舞蹈演员从两侧登场）

（唱） 酸酸甜甜香港地　甜甜地
不管如何都爱你　环境美
种种事都让我笑着回味　是我家
真心的珍惜　我的老家
懂得珍惜你　是我造化
不知几多趟　大笑大唱
外港的点点光辉　一点是我家
（一群话剧演员从台后方走上前）
空调豪华巴士　名人座驾
车程同样花时间
富翁穷人　同方向
红隧大家一起堵车过海
香港最爱爽快
各个也要抢块
世界最快都觉耐
最好一步就立刻到
全部特快　一年如几世代
嗜好　三日内换一次
然后觉得　这才算精彩
不管应不应该
算我有感慨
爱你　我爱了两代
美丽东方之珠　强光七彩
原来人人　同心关爱
世界对你从开始已在喝彩
是我的　香港香江　共你一起

看你见你　已经欢喜
对你送上我全新的爱
美丽东方之珠　强光七彩
原来人人　同心关爱
世界对你从开始已在喝彩
是我的　香港香江　共你一起
看你见你　已经欢喜
对你送上我全心的爱

（暗场，舞蹈演员就位，交响乐起，徐小凤从升降台登场，舞台灯光变为紫红色侧光和橙色面光）

《狮子山下》

演出：徐小凤，叶丽仪，谭咏麟
作曲：顾嘉辉　作词：黄露
演奏：香港管弦乐团　编曲：赵增喜

人生中有欢喜　难免亦常有泪
我地大家　在狮子山下相遇上
总算是欢笑多于唏嘘
（叶丽仪从升降台登场）
人生不免崎岖　难以绝无挂虑
既是同舟在狮子山下
且共济　抛弃区分　求共对
（谭咏麟从升降台登场）
放开彼此心中矛盾
理想一起去追同舟人
世相随无畏更无惧
同处海角天涯　携手踏平崎岖
我地大家
用艰辛努力写下那不朽香江名句

（舞蹈演员换场，舞台后侧蓝光起，三位歌手站在紫荆花移动台上从舞台左侧出场）

《东方之珠》

演唱：孙楠，沙宝亮，韩红
作词：罗大佑　作曲：罗大佑　演奏：香港管弦乐团　编曲：赵增喜

小河弯弯向南流　流到香江去看一看
东方之珠我的爱人　你的风采是否浪漫依然
月儿弯弯的海港夜　夜色深深灯火闪亮
东方之珠整夜未眠
守着沧海　桑田变幻的诺言
【三个歌手走到台前】
让海风吹拂了五千年
每一滴泪珠　仿佛都说出你的尊严
让海潮伴我来保佑你
请别忘记我永远不变黄色的脸
（徐小凤、叶丽仪、谭咏麟三人的升降台升起）
小河弯弯向南流　流到香江去看一看
东方之珠我的爱人　你的风采是否浪漫依然
月儿弯弯的海港　夜色深深灯火闪亮
东方之珠整夜未眠
守着沧海　桑田变幻的诺言
让海风吹拂了五千年
每一滴泪珠　仿佛都说出你的尊严
让海潮伴我来保佑你
请别忘记我永远不变黄色的脸
【孙楠、沙宝亮、韩红三人的升降台升起】
小河弯弯向南流　流到香江去看一看
东方之珠我的爱人　你的风采是否浪漫依然
月儿弯弯的海港　夜色深深灯火闪亮
东方之珠整夜未眠
守着沧海　桑田变幻的诺言
让海风吹拂了五千年
每一滴泪珠　仿佛都说出你的尊严
让海潮伴我来保佑你
请别忘记我永远不变黄色的脸
（所有歌手合唱，走上台前）
让海风吹拂了五千年
每一滴泪珠　仿佛都说出你的尊严
让海潮伴我来保佑你

请别忘记我永远不变黄色的脸
我们大家
用艰辛努力写下那不朽香江名句

【杨澜、曾志伟在以紫荆花为背景的侧台站定】

杨 志伟啊，他们都说你很聪明，所以我今天一定要请教你一个问题。

曾 从哪看出来的？

杨 就是香港成功的秘密是什么呢？为什么可以一直这么有魅力？这么有活力，让世界不同地方的人都为她着迷？

曾 问我呀，我觉得香港的秘诀就是两个字，勤力就是勤奋。

杨 但我觉得还应该加两个字，就是进取。

曾 那我还加两个字，就是自信。

杨 那我也还有两个字，包容。

曾 那加起来就是八个字，我们这就批了香港的“八字”，不过这八个字真好，没有这八字，香港不可能从一个小渔港变成今天的国际大都市，也正是靠这八个字，香港走过了不平凡的历程，有报告说，香港的整体竞争力在过去的五年当中连续成为两岸四地289个城市之首，称它为“世界活力之都”也是当之无愧的。“中国十大品牌之都”。

曾 香港真的是一个充满活力的动感都市，所以我希望大家用最兴奋地心情来看看香港是怎样变成现在这样的，大家一起来收看吧。

第二部分：炫－都市

（交响乐起，视频：香港从一个平凡的渔港崛起，一夜成为一个国际化的大都市，高楼林立。视频播放中面光暗下，背景蓝光起，视频结束后面光重新亮起，舞蹈演员登场，音乐起）

舞蹈《舞跃香江》

演出：香港舞蹈团、
　　香港演艺学院舞蹈学院学生
舞蹈统筹：梁国成
编舞：黄磊、华琪钰
音乐：伍卓贤
服装设计：李峰

（这个舞蹈通过男女演员蓝色与红色的撞色着装赞扬了香港的繁荣与和谐）

（大屏幕画面变为蓝色星空，全场灯暗，红色、蓝色光起）

【杨千嬅和舞蹈演员从升降台升起】

《小城大事》

演唱：杨千嬅　作曲：雷颂德　作词：林夕

青春仿佛因我爱你开始
但却令我看破“爱”这个字
自你患上失忆
便是我扭转命数的事只因当失忆症发作加深
没记住我但却另有更新命运
像狐狸精般
并未允许我步近无回忆的余生
忘掉往日情人
却又记住移情别爱的命运
无回忆的男人
就当偷厄与瞒骗
抱抱我不过分吻下来豁出去
这吻别似覆水
再来也许要天上团聚
再回头你不许
如曾经不登对
你何以双眼好像流泪彼此追忆不怕爱要终止
但我大概上世做过太多坏事
能从头开始
跪在教堂说愿意娱乐行的人影

还在继续繁荣
我在算着甜言蜜语的寿命
人造的蠢卫星
没探测出我们自己
已再见不再认我下来你出去
讲再会也心虚
我还记得到天上团聚
吻下来豁出去
从前多么登对每年这天记得再流泪

（背景灯紫红色起，新的舞蹈演员登场，绿色灯光闪烁）

【杨千烨走到台前黑暗区，Twins从舞台两侧登场】

《八十块环游世界》

作曲监制：陈伟

作词：李焯雄

演唱：Twins

摊开手掌八十个铜板
头相忽然射出强光
商场切换恒河岸
我是无壳的蛋黄
自由的流荡
米兰花瓣泰姬陵飘香
伦敦急降溅起红海浪
靠在你肩膀更紧张
爱在飞翔没有围墙
像电影一样场景随意换
宝莱坞现场豪华又浪漫
快给我波斯飞毯
不着地的幸福感
弄蛇人笛子在响
地球骨头都变软
爱不是天方夜谭
神灯般越擦越亮
我想好有成就感
什么都得到后冠
不管不管想怎样就怎样
想玩就玩功课都不用赶
不管不管想怎样就怎样
杀价最在行
八十块买到水钻
长城拉长阿姆斯特丹
首尔下站塞维尔广场
在你臂弯更紧张
想逛哪里就去逛
没有围墙
像电影一样场景随意换
宝莱坞现场豪华又浪漫
快给我波斯飞毯
不着地的幸福感
弄蛇人笛子在响
地球骨头都变软
爱不是天方夜谭
神灯般越擦越亮
我想好有成就感
什么都得到后冠
快给我波斯飞毯
不着地的幸福感
弄蛇人笛子在响
地球骨头都变软
爱不是天方夜谭
神灯般越擦越亮
我想好有成就感
什么都得到后冠
Hey Yeah 我抓不牢
Oh Hey Yeah 我往下掉
Hey Yeah 怎样才好
Oh Hey Yeah 梦醒得早
快给我波斯飞毯
不着地的幸福感
我困在三年二班
课文只认得一半
爱是否天方夜谭
你永远高不可攀

还是得回家吃饭
我要存钱买耳环
不管不管想怎样就怎样
想玩就玩功课都不用赶
不管不管想怎样就怎样
杀价最在行
八十块买到水钻

【Twins走入台前黑暗区，容祖儿从左侧走出，有一束追光，舞蹈演员换场】

《心花怒放》
演唱：容祖儿　作曲：陈真人
作词：周耀辉

平日我唱K歌　平日我有把锁
还是我习惯独个生活太难　想你来释放
一直等一种感觉　今天终于有点狂
不想正常　心花正怒放
春风给我按摩　仿佛有满天樱花抱起我
街灯使我发光　仿佛千百串烟花庆祝我
喜欢你喜欢我
差些遗忘了快乐　差些从此专心工作
然后似疯也像狂的拍拖
春风给我按摩　仿佛有满天樱花抱起我
街灯使我发光　仿佛千百串烟花庆祝我
不必想到太多　只知道你的天花也亲我
不必给我太多　请将千百扎心花送给我
喜欢你喜欢我
春风给我按摩　仿佛有满天樱花抱起我
街灯使我发光　仿佛千百串烟花庆祝我
不必想到太多　只知道你的天花也亲我
不必给我太多　请将千百扎心花送给我
喜欢你喜欢我

【后侧聚光灯中陈慧琳从升降台上升起，前侧灯光暗下，容祖儿走向台前黑暗区，舞蹈演员从台两侧登场】
（大屏幕变为飞速运转的香港夜景）

《歌舞升平》
演唱：陈慧琳
作曲：雷颂德　作词：姚谦

Just open your eyes
Just open your mind
Tonight we gonna lost in paradise
只有歌声舞蹈　把今夜推向高潮
聚光对焦　星光灿烂美好
每一个动作都是符号　都要带着微笑
想把真实欢乐传递到
转身摆首多巧妙　谁能比我们更好
舞台魔幻的通道　让人神昏又颠倒
要你一边眼花　又一边叫好
世界是一条康庄的大道
眼一转　自信让自己更好
谁比我更风骚
一波一波歌舞的浪潮
全体康康舞蹈
发亮鞋尖踢到两尺高
眉来眼去四处抛
今晚要把众生都迷倒
黑夜　一切都变得美好
歌舞升平今宵
歌舞是最闪耀的珠宝
灵魂升半天高
别问月亮跑到哪里去了
男士看了脱了帽
跑到星空中叫好
Just open your eyes
Just open your mind
Tonight we gonna lost inparadise
生活原本枯燥　趁此刻快打扮好
不要高傲　转身放开烦恼
还有想不到的嘉宾到　灰姑娘的故事
你南瓜时刻也许就到
星光灿烂的一夜　就算谁都想不到
今夕又是何夕　一切已都不重要

陪我一起倒数　你将会看到
人生苦短什么才是好

（大屏幕变为马赛克格子，随后变为香港的各种景观。音乐转换）

【舞蹈演员换场，杨千嬅、Twins、容祖儿从后面的升降台升起】

《无敌是爱》

演唱：杨千嬅、Twins、容祖儿、陈慧琳

曲：顾嘉辉　词：许冠杰

原来从前我困扰孤寂
是因心中找不出爱
原来从前我痛苦消极
因心结未解开
现在有你以爱心相待
但觉力量　满心中载
现在有你寄托于心内
漆黑化作光彩
联系着爱心
面对世界每个挑战
协力永不分开
遇上引诱与波折　都不改变
用爱去战胜一切
哪惧途上障碍
共你永远也相信无敌是爱
若是人人储爱于心内
世间将会更加可爱
若是人人储爱于心内
天天会更具姿采
但愿人人以爱心相待
一生匆匆　光阴不再
但愿人人以爱心相待
驱走怨恨悲哀
啦啦啦……
愿你永远也相信无敌是爱

【汪明荃、吴小莉在以紫荆花为背景的右侧台站定】

汪　小莉，刚才我在后面看他们表演，他们在前面跳，我也在后面跳。

吴　我看到了，跳的非常好。

汪　香港这个舞照跳的口碑可不是假的。

吴　对，其实除了舞照跳，香港还有马照跑，香港赛马已经有一百多年的历史。可以说是香港的另一个城市的标志。

汪　大家都知道2008北京奥运会的马术比赛将会在香港举行。到那个时候将会有六枚奥运会金牌在香港产生。

吴　这是我们香港一个莫大的荣幸，也是香港的一个好机会，让全世界看看我们的奥运精神！

第三部分：奔奥运

（大幕拉起，露出屏幕LOGO：奔奥运，播放赛马运动的视频，一束聚光灯亮起，照亮一个敲鼓的人。字幕：香港中乐团助理敲击首席钱国伟，一段大鼓独奏后，背景的紫色灯光亮起，三排敲鼓的舞蹈演员开始表演）

《威风锣鼓》

演出：香港中乐团

（暗场，音乐转换，视频彩色线条变幻，背景蓝光起，可以看到闪烁的杂技表演的碟子，灯光渐亮）

杂技《转碟》

演出：沈阳军区前进杂技团

（暗场，背景蓝光起）

【八个人肩扛大旗从两侧登台，刘翔、曾思敏从舞台后方的升降台上出现】

（大屏幕视频：刘翔和曾思敏的照片

刘翔　人生是一个竞技场，我们需要不断超越，祝福香港。

曾思敏　不断超越对手，不断超越自我。

（暗场，音乐转换，顶手绢的杂技演员登

场，灯光亮起）

杂技《蹬技》

演出：沈阳军区前进杂技团

（暗场，背景蓝光起）

【八个人肩扛大旗从两侧登台，郭晶晶、李静、高礼泽从舞台后方的升降台上出现】

（大屏幕出现郭晶晶、李静、高礼泽的视频）

郭晶晶 到位的动作才是完美的动作，祝福香港。

李静 样样顺利。（粤语）

高礼泽 事事圆满。（粤语）

（暗场，音乐转换，骑高车的杂技演员登场，灯光亮起）

杂技《高车踢碗》

演出：沈阳军区前进杂技团

（暗场，背景蓝光起）

【八个人肩扛大旗从两侧登台，杨威、陈枷彣、施幸会从舞台后方的升降台上出现】

（大屏幕出现杨威、陈枷彣、施幸会的视频）

杨威 优胜者往往带着一颗平常心，祝福香港。

陈枷彣、施幸会 从容不迫，大显身手。（粤语）

【暗场，音乐转换，绸吊顶技的杂技演员登场，灯光亮起】

杂技《绸吊顶技》

演出：沈阳军区前进杂技团

【暗场，背景蓝光起，八个人肩扛大旗从两侧登台。张怡宁、陈润韬从舞台后方的升降台上出现】

（大屏幕出现张怡宁，陈润韬的视频）

张怡宁 最强的竞争对手就是最好的朋友，祝福香港。

陈润韬 广结善缘，勇创高峰。（粤语）

【暗场，音乐转换，抢包山的杂技演员登场】

（红色和黄色的灯光亮起）

《抢包山》

演出：沈阳军区前进杂技团

（演员列阵走向舞台后侧，舞台两侧，众人推着六辆小推车相向而来，横穿舞台。车上站着身着马术服装的儿童、身着运动装的儿童、身着皇帝服装的儿童、身着哪吒服装的儿童、身着花旦服装的儿童、身着武生服装的儿童。字幕：飘色队——长州北社街坊会）

【前面出现过的所有运动员从舞台两侧出场】

合 同一个世界，同一个梦想，零八奥运，京港同心。

（暗场，侧台亮起，吴小莉、曾志伟站定）

吴 诸位，我们刚才欣赏的杂技《抢包山》是根据香港的一个传统节日的比赛项目所改编的。

曾 《抢包山》是最能代表我们香港拼搏向上的精神。

吴 说的没错，很多人都公认香港是一块宝地，因为它有山有水，坐北朝南，东西通透，天生丽质。

曾 刚才杨澜讲八字，你就讲风水，我告诉你从风水来讲香港确实是一块福地，但是最重要是因为每一个香港人都非常努力，所以面对任何挑战都不能把它拖垮。

吴 回头一看，香港真的要感谢国家，因为这一路上都有一个迅速发展的中国在背后支持者，一路陪伴着香港继续繁荣下去。

曾　这是一定的，香港在全世界的竞争能力一直名列前茅，从外界的条件来看是因为中国的发展是他最大的推动因素，所以全世界对中国有信心，对香港更有信心，香港对祖国也就更有信心了。

吴　如果说香港回归祖国十年之后我们该庆贺的是什么，最重要的一点就是香港更加繁荣安宁。

曾　香港越来越好，我们祖国人民越来越好，这是一个简单而开心的理由，所以我们希望这种红红火火进行到底。

第四部分：庆回归

（视频播放 LOGO 庆回归，一条金龙穿越香港上空，迎面而来，伴随着视频结束，武狮的演员从舞台两侧登场，黄色灯光起）

《龙狮舞》

演出：周汉与龙狮总会　姜伟忠龙狮总会

（舞台灯光变为橙色）

【舞龙舞狮演员从两侧退场，张学友从舞台后侧升降台升起】

《爱是永恒》

演唱：张学友

作曲：Dick Lee

作词：林振强

爱点亮心灵，永远不灰心
燃烧着真心情意，诺言已不必
（舞蹈演员成列登场）
这一生只要有你什么都愿意
有欢喜有哭泣一切变成甜蜜
黑夜和晨曦，狂风和四季
我像温暖的摇椅永远抱紧你
我的心从未曾犹豫
最真的爱，全都献给你～
我和你相守相依真爱生死不移
穿过悲和喜跨过天和地
我和你永不分离千千万万世纪
无边无际
爱是永恒因为爱是你

【舞蹈演员换场，黎明走进舞台前黑暗区，黎明从舞台后侧升降台升起】

（视频为香港老城区的景观，白色灯光闪烁）

《哪有一天不想你》

演唱：黎明

曲：林慕德　词：向雪怀

抬头望雨丝　夜风翻开信纸
你的笔迹转处　谈论昨日往事
（灯光转变为橙色、紫色和粉色组合的绚丽色彩）
如何让你知　活在分开不写意
最寂寞夜深人静倍念挂时
没有你暖暖声音　沥沥雨夜不再似首歌
别了你那个春天　谁在痛苦　两心难安
我带着情意　一丝丝凄怆
纵隔别遥远　怀念对方
悲伤盼换上再会祈望
我带着情意　一丝丝凄怆
许多说话都仍然未讲
盼你未忘记　如梦眼光
只须看着我再不迷惘
重投梦里乡　在孤单的那方
见到今天的你　仍像昨日漂亮
柔情望对方　望着一生都不想放
怕日后梦醒时候印象淡忘
没有你暖暖声音　沥沥雨夜不再似首歌
别了你那个春天　谁在痛苦　两心难安
我带着情意　一丝丝凄怆
许多说话都仍然未讲
纵隔别遥远　怀念对方

悲伤盼换上再会祈望
我带着情意　一丝丝凄怆
许多说话都仍然未讲
盼你未忘记　如梦眼光
只须看着我再不迷惘
我带着情意　一丝丝凄怆
许多说话都仍然未讲
纵隔别遥远　怀念对方
悲伤盼换上再会祈望
我带着情意　一丝丝凄怆
许多说话都仍然未讲
盼你未忘记　如梦眼光
只须看着我再不迷惘

（暗场，蓝色灯光起，视频为人潮涌动的现代香港都市景观）

【舞蹈演员推着一个白色的铁丝球从舞台左侧登场，走动舞台中央，铁丝球转过来，郭富城站在上面开始表演】

《动起来》

词：小美　曲：伍乐城

唱：郭富城

鼓声隆隆
掌声雷动
热热烈烈
划破长空
只因你我
心灵早相通
永不言倦
士气如虹
（郭富城跳下铁丝球，走到台前）
我的灵魂在笑
血在烧
热的不得了
只因你我之间
有渴望
无限量炫耀
（炫耀）动起来
为新的力量喝彩
动起来
每一秒都期待
动起来
为新的纪录喝彩
动起来
就拥有精彩未来
（郭富城与舞蹈演员共舞）
掌声哄哄
心情悸动
每个欢呼
无法形容
每一滴汗滴下都有用
活学活用
与众不同
动起来 gogogogo for lt 动起来
心花会为你开
动起来
这世界充满期待
动起来
做最精彩的一代

【舞蹈演员换场，刘德华从舞台后方升降台升起】

（视频变为长城景观）

《中国人》

曲：陈耀川　词：李安修

编：涂惠元/江港生

歌手：刘德华

五千年的风和雨啊藏了多少梦
黄色的脸黑色的眼不变是笑容
八千里山川河岳像是一首歌
不论你来自何方将去向何处
一样的泪，一样的痛

曾经的苦难我们留在心中
一样的血，一样的种
未来还有梦我们一起开拓
手牵着手不分你我昂首向前走
让世界知道我们都是中国人

（灯光变为粉色和紫色的组合）

【学生们从舞台两侧走出】

庆祝香港特别行政区成立五十周年主题曲《始终有你》

作曲：金培达
填词：陈少琪
监制：金培达　陈少琪
演唱：刘德华　郭富城　黎明　张学友

点点灯火仿佛流萤　照亮百家姓
成全这小岛变巨星
东方跟西方的文明　邂逅了冲劲
繁荣这里　遇上安定

【刘德华、郭富城、黎明、张学友从舞台后侧升降台升上地面合唱】

明艳紫荆风中争胜　找对了路径
花瓣开得繁盛
人人能力大小也力拼
任谁留下血汗　就是个精英
香港始终有你
让万众掌声响一世纪
香港始终有我
十万个惊喜多一世纪
感谢你　小天地　创天地
盛夏冷冬各种天气　不舍不弃
才会了不起　香港始终有你

（暗场，大屏幕视频，各地儿童用各种语言说 I love hongkong）

【侧台光起，杨澜和汪明荃在紫荆花背景前站定】

汪　刚才我们在视频中看到的小朋友，他们都是居住在香港不同族群的居民，他们都同样的爱香港，不过我相信和我一样的每一个香港人，在这十年里不但爱香港，同时更爱中国。

杨　现在香港和内地不仅有更加紧密的经贸往来，同时也有更多的文化和人才交流。就像每年有那么多的游客从内地到香港来旅游，大家真的感觉像是亲密的一家人。

汪　身为中华民族的一份子，我们的根都是深深地扎在中华民族这片土壤里面，虽然大家成长的方式不一样，但是大家都是一样的同声同气。

杨　而且啊这些年内地的发展真的取得很大的成就，所以我看香港人这十年来最大的变化就是对中国人身份的认同感和自豪感。

汪　假如你爱中华，你就爱上了香港，如果你爱香港，你也就是爱国家。香港和祖国已经连成了一体，朝夕相处，同舟共济。

第五部分：分爱－中华

（全场灯光暗下，大屏幕打出 LOGO 爱中华，随后变成香港夜景，台上蓝色光起，演员已经就位）

《香江明月夜》

词：阎肃　曲：印青
演唱：彭丽媛

拂去残云几片
捧出一抹蓝天
招两三个星儿来做伴
并肩看香江月儿圆
都说血浓于水
珍重相聚甘甜
饮七八盏美酒不觉醉
轻声赞香江月儿圆

香江月儿圆
今宵须尽欢
明朝花影里
携手铸河山
香江月儿圆
四海同欢颜
金风剪雨露
情暖不夜天

杨　有一首来自香港的歌曲在上个世纪80年代感动了所有的人，那首歌的前两句，万里长城永不倒，千里黄河水滔滔。长城与黄河不仅是中华民族的象征，也是香港人对于故土的记忆。

曾　后来，越来越多的香港人登了长城，见了黄河，圆了自己的梦，我们现在和大家共同分享一部完整的经典之作气壮山河属于我们中国人的，我们一起来欣赏一下。

杨　好大家一起来欣赏。

（全场暗，大屏幕Logo庆祝香港回归祖国十周年文艺晚会，追光给钢琴演奏家郎朗和指挥家张艺，他们一起走上台来和大家行礼，大屏幕变为黄河景观视频，郎朗有聚光灯，随着音乐开始，舞台蓝色光起，舞蹈演员登场，随后光线变为土黄色）

舞蹈《黄河》

舞蹈：中国国家芭蕾舞团
编舞：陈泽美
钢琴演奏：郎朗
作曲：殷承宗　储望华　刘庄　盛礼洪
指挥：张艺
演奏：芭蕾舞管弦乐团

【全部演员登场，侧台灯光亮起，杨澜、吴小莉、汪明荃、曾志伟在紫荆花背景前站定】

吴　今晚的演出，即将结束了，但我们都觉得现在舞台上应该出现一个人才够完美。

汪　我知道你讲的是谁，就是亲临今晚晚会的国家领导人胡锦涛主席。胡主席，可不可以请您上台和我们一起唱首歌，与民同乐呢？

（主题曲作为背景音乐响起，大屏幕LOGO：庆祝香港回归祖国十周年文艺晚会）

吴　让我们以热烈的掌声欢迎胡锦涛主席！

汪　同时我们也有请香港特别行政区行政长官曾荫权先生及各位领导上台。

（胡锦涛、曾荫权等领导人上台同各位演员握手，国家领导人同所有演员合唱《歌唱祖国》）

大合唱《歌唱祖国》

词曲：王莘

五星红旗迎风飘扬
胜利歌声多么响亮
歌唱我们亲爱的祖国
从今走向繁荣富强
歌唱我们亲爱的祖国
从今走向繁荣富强
越过高山，越过平原
跨过奔腾的黄河长江
宽广美丽的土地
是我们亲爱的家乡
英雄的人民站起来了
我们团结友爱坚强如钢
五星红旗迎风飘扬
胜利歌声多么响亮
歌唱我们亲爱的祖国
从今走向繁荣富强
歌唱我们亲爱的祖国
从今走向繁荣富强

（杜佳　整理）

“繁花似锦”第十届精神文明建设“五个一工程”颁奖晚会

播出台：中央电视台
播出日期：2007年10月
总导演：夏岛　芙英
主持人：朱军　董卿

（舞美：横跨舞台两侧，长30多米的显示屏、舞台后方可以自由组合的视频、彩链）

（片头：中央电视台外景，参加颁奖晚会的艺术家们分别从星光大道入场）

画外音：一个群星璀璨的夜晚，一个崇高神圣的时刻。看，千朵万朵鲜花，在文艺百花园一起绽放；听，使命、责任和奉献，把时代主旋律一同奏响。第十届精神文明建设“五个一工程”颁奖晚会——《繁花似锦》盛典辉煌。

朱　电视机前的观众朋友们，大家晚上好。这里是中央电视台。

董　今晚，第十届精神文明建设“五个一工程”颁奖晚会将在这里隆重举行。

朱　大家看到的是绚丽多彩的星光大道。此刻，参加颁奖晚会的艺术家们正从星光大道上走过。他们笑容洋溢、神采飞扬，将从这里走进颁奖晚会的现场。

董　他们当中有著名影视、戏剧、歌唱艺术家，也有著名作家、编剧、导演、制片人，还有参演嘉宾、观礼嘉宾、评委代表和组织工作代表，共五百余人，可谓星光灿烂。

朱　精神文明建设“五个一工程”奖是由中共中央倡导，中央宣传部组织实施的国家级综合艺术大奖。从1991年起，已经连续评选了10届。

董　“五个一工程”奖包含的艺术门类最多，产生了广泛和深远的社会影响。

朱　一部好的戏剧、电视剧、电影、歌曲、广播剧、文艺类图书以及优秀组织单位都是“五个一工程”奖的评选范围。他对全国各单位精神文明产品的发展和提高，产生了积极的促进作用。辉煌的星光大道记录着闪光的足迹，回响着时代的强音。

董　第十届精神文明建设“五个一工程”奖是对党的“十六大”以来，全国文艺战线的一次全面巡礼，是对党的“十七大”献上的一份硕果累累的文艺厚礼。

朱　本届“五个一工程”奖经过预评、初评和公示三个阶段，共评选出特等奖8部，优秀作品奖122部，入选作品奖138部，总计有268部作品以及15个一等组织工作奖和10个组织工作奖受到表彰奖励。

董　“五个一工程”奖的评选，贯彻了文艺

为人民服务，为社会主义服务的方向和百花齐放、百家争鸣的方针，他坚持正确导向，树立崇高品格，弘扬主旋律，提倡多样化。星光大道上群星闪烁，灿烂星空下精品纷呈。题材广泛，讴歌社会进步，创新求变，适应大众审美。获奖作品堪称众望所归。

朱　在这个金秋收获的季节，星光大道上走来了幸福喜悦，走来了光荣自豪，走来了亮丽的风采和澎湃的激情。让我们一起走进这辉煌的时刻，让时代见证这次星光灿烂，繁花似锦的“五个一工程”(合）颁奖盛典。

（视频）

【画外音】一个群星璀璨的夜晚，一个崇高神圣的时刻。看，千朵万朵鲜花，在文艺百花园一起绽放；听，使命、责任和奉献，把时代主旋律一同奏响。第十届精神文明建设“五个一工程”颁奖晚会——《繁花似锦》盛典辉煌。

（现场）

（在整台晚会中，鲜花少女作为一个整体的形象，一直贯穿在8次不同奖项的颁奖典礼里，分别用了八种色彩，换了八种鲜花。在鲜花少女的服饰上，能看出整场晚会无所不在的表现出繁花似锦的元素）

（主幕在音乐声中打开，一排鲜花少女手持奖杯，身穿红色服装站在台上，展示奖杯后从两侧下场）

交响音诗《星光灿烂》

作词：韩静霞　作曲：关峡

编导：查明哲　张平　苏冬梅

指挥：石叔诚　演奏：中国爱乐乐团

表演：成都二十一女子舞团

西南民族大学艺术学院

唐国强　今夜星辰，将千朵万朵鲜花一起绽放

濮存昕　天涯海角，身前身后都是绚丽星光

陈建斌　我听见星星们激动呼吸的声音

侯　勇　我看见星星们闪烁的指尖

胡　军　正把2007根琴弦拨响

潘　虹　问一问，星光大道上行走的星族

宋春丽　为奉献那个震撼的题材，你是不是又重活了一回

陈小艺　为遭遇那个难忘的那个细节，你是不是热泪盈眶

剧　雪　到底是谁，到底是谁

梅　婷　把你生命的星光点亮？是香巴拉的邮递铃声，叩开了你的梦中之门

胡　军　是《立秋》的一片叶子，滑过眉宇飘在你日记的扉页上

剧　雪　还是拂过钢枪的秀发，拂动你冷峻边陲的智商和情商

侯　勇　我敢肯定是民族的精魂，在《太行山上》吟唱。让你忽然就壮怀激烈

陈小艺　是《恰同学少年》，指点江山中流击水，让你禁不住心潮铿锵

陈建斌　还有那革命的《亮剑》，在战地把曙光挑亮。挑开了你敏感的闸门，激情奔腾如江

宋春丽　看看你眸子里含泪带笑的星光，我就知道，沸腾生活的馈赠山高水长

濮存昕　千百回艰辛的追寻、探索、锻打和淬炼，血管里呼啸而出的是世纪船夫曲，心房里奔腾着的是今日的华彩交响

潘　虹　是啊，是啊。没有天空，哪有星团的博大和星际的豪唱

唐国强　没有国家的繁荣，哪有星光大道群

星璀璨的盛典辉煌

（众女） 来吧

（众男） 来吧

宋春丽 让我们牵手今日星辰

濮存昕 明日星辰，未来星辰

（众女） 一同走过

（众男） 一同歌唱

（众女） 一同奉献

（众男） 一同发光

潘 虹 广阔的中国天空啊

唐国强 让我们飞扬青春的翅膀

众 人 翱翔，翱翔，翱翔

【画外音】有请主持人朱军、董卿

朱 尊敬的各位领导、各位来宾。

董 来自全国各个文化战线的代表们、朋友们——

（合） 晚上好。

朱 这是一个星光璀璨的夜晚，这是一个庄严辉煌的时刻。今天我们欢聚一堂隆重举行第十届精神文明建设“五个一工程”奖颁奖典礼。

董 星光大道见证着无上光荣，神圣殿堂洋溢着无限豪情。由党中央倡导、中央宣传部组织实施的“五个一工程”评选活动至今已连续成功举办了十届。它已经成为一个崇高的文化品牌，成为建设先进文化的龙头工程。

朱 是啊，每一部优秀的电影、电视剧、戏剧、歌曲、广播剧和文艺类图书，都凝聚着各级宣传文化部门以及广大文艺工作者的心血。同时，也为广大的人民群众送去了丰盛的精神食粮。

董 集中检阅精神文明建设的文艺大军，展示“五个一工程”的丰硕成果，让我们携手共同开创中国文艺大团结、大繁荣、大发展的崭新局面。

朱 接下来我们将要进行今晚的第一次颁奖。首先我们将要颁发的是“五个一工程”戏剧奖。（音乐起，少女们手捧鲜花上，随音乐走队形到舞台正中偏后，反“人”字形蹲下，开奖嘉宾从鲜花少女正中升降台出。灯光蓝色调加桃红色调，嘉宾出给追光）

董 有请开奖嘉宾表演艺术家焦晃和青年演员孙俪。

（嘉宾走到颁奖台前）

焦晃 我来自舞台，每逢什么地方涌现了什么好戏，我总是感到很振奋。我想，今天在全国各地热心于舞台创作的同志们心情都是一样的，都会为今天获奖的同志们取得的创作成果感到由衷的高兴。孙俪，你也是从舞台开始学习表演的吗？

孙俪 是，我之前是学习舞蹈的，我从小到大对舞台艺术都充满着向往与热情。我觉得剧场演出确实是一个城市文化品质的窗口。

焦晃 是的，舞台也是最能提高演员技艺的地方。成功的演出，演员和观众在情感上直接的互动，他总会产生一种格外强烈的感召力量。

孙俪 是，所以我相信今天晚上全国各地的戏剧工作者一定能从今天晚上隆重的颁奖典礼中得到鼓舞。

焦晃 让我们向今天获得戏剧奖项的同志们致敬。

（两人将手中的花插入颁奖台上的花丛中）

（音乐起，嘉宾从左退场，幕布起，露出大屏幕和获奖嘉宾）

【画外音】获得第十届精神文明建设“五个一工程”优秀戏剧奖的是：话剧《黄土谣》由解放军总政治部选送；话剧《郭双印连他乡党》由陕西省委宣传部选送；话剧《马蹄声脆》由解放军

总政治部选送；话剧《凌河影人》由辽宁省委宣传部选送；儿童剧《小蝌蚪找妈妈》由文化部选送；话剧《独生子当兵》由武警总部政治部选送；话剧《移民金大花》由重庆市委宣传部选送；话剧《北街南院》由北京市委宣传部选送；豫剧《程婴救孤》由河南省委宣传部选送；歌仔戏《邵江海》由福建省委宣传部选送；京剧《廉吏于成龙》由上海市委宣传部选送；花鼓戏《老表轶事》由湖南省委宣传部选送；花鼓戏《十二月等郎》由湖北省委宣传部选送；川剧《巴山秀才》四川省委宣传部选送；桂剧《大儒还乡》由广西壮族自治区党委宣传部选送；京剧《妈祖》由天津市委宣传部选送；陇剧《官鹅情歌》由甘肃省委宣传部选送；京剧藏戏《文成公主》由西藏自治区党委宣传部选送；舞剧《红河谷》由江苏省委宣传部选送；舞剧《一把酸枣》由山西省委宣传部选送；歌剧《野火春风斗古城》由解放军总政治部选送；舞剧《风中少林》由河南省委宣传部、中国文学艺术界联合会选送；杂技剧《天鹅湖》由解放军总政治部、上海市委宣传部选送；舞剧《南京 1937》由文化部选送；音乐剧《冰山上的来客》由新疆维吾尔自治区党委宣传部选送。

朱　有请颁奖词宣读人罗京宣读颁奖词。（音乐渐消）

罗京　第十届精神文明建设“五个一工程”戏剧奖颁奖词：以深谙人心的洞察力和丰富多彩的艺术呈现，弘扬民族精神，传承优秀文化，赞美诗意生活。现实主义的回归与理想境界的升华相映生辉，成了当代戏剧的崇高品格。收获着舞台天地的丰硕成果。

董　朋友们，让我们把鲜花和掌声献给获奖者，向他们表达我们由衷的祝贺。

朱　祝贺你们。

（音乐起，大屏幕出“五个一工程”颁奖晚会图标。舞台前排鲜花少女转身向后排获奖者献花）

朱　一束束鲜花表达了我们由衷的敬意，再一次向我们的获奖者表示祝贺。接下来，我们有请获奖者表演艺术家朱旭发表获奖感言。

朱旭　获得这个奖很激动，我是舞台演员，我爱舞台。舞台演员可以和观众直接交流，有时候台上台下的感情融合在一起的时候，整个剧场里边连脉搏的跳动都是同步的。这种感受，大概是没有什么能够替代他的。我想这个奖应该是奖给我们每一位戏剧工作者的，他鼓舞我们决不辜负现在这个前所未有的大好时代。他激励我们为盛世中华打造出精品来。

董　谢谢，谢谢朱旭老师。再次祝贺我们所有的获奖者。

朱　祝贺你们。

董　好，观众朋友，接下来让我们一起来欣赏歌曲情境表演《北街南院》。

情景表演歌曲《北街南院》

作词：王检　作曲：冯晓泉

编配：程远　编导：张平

表演：雪瑞琴　冯福生　四川大学艺术学院

（舞台前区为歌唱演员区域，红光，中部台阶上为情景表演区域）

邵　兵　坐北的老街朝南的院
香香的槐花甜甜的榆钱
院墙紧挨着皇城的根

苗　圃　街心正对着那中轴的线

邵　兵　你种的青藤爬上我屋檐
　　　　我写的春联贴在他门脸
苗　圃　放飞的风筝追着彩云跑
　　　　回家的鸽子漫步在窗前
合　你有了困难我们来分担
　　共渡的难关大家笑开颜
　　小胡同曲曲弯弯走过一年年
　　大背景堂堂正正矗立在天地间
印小天　坐北的老街朝南的院
刘　涛　香香的槐花甜甜的榆钱
印小天　院墙紧挨着皇城的根
刘　涛　街心正对着那中轴的线
合　你种的青藤爬上我屋檐
　　我写的春联贴在他门脸
　　放飞的风筝追着彩云跑
　　回家的鸽子漫步在窗前
　　你有了困难我们来分担
　　共渡的难关大家笑开颜
　　小胡同曲曲弯弯走过一年年
　　大背景堂堂正正矗立在天地间
　　你有了困难我们来分担
　　共渡的难关大家笑开颜
　　小胡同曲曲弯弯走过一年年
　　大背景堂堂正正矗立在天地间
　　你有了困难我们来分担
　　共渡的难关大家笑开颜
　　小胡同曲曲弯弯走过一年年
　　大背景堂堂正正矗立在天地间
　　你有了困难我们来分担
　　共渡的难关大家笑开颜
　　小胡同曲曲弯弯走过一年年
　　大背景堂堂正正矗立在天地间

朱　亲爱的朋友们，我们欣喜的看到有许多家喻户晓、耳熟能详的优秀作品都曾有过一个共同的荣耀，那就是他们曾经都是“五个一工程”的获奖作品。

董　这些作品将思想性、艺术性、观赏性高度统一。无论是题材、样式、风格，都称得上是百花齐放，深得群众的喜爱，深入心，广泛流传。

朱　是啊，一部部的好戏连台火爆了剧场，热播了荧幕、屏幕。一曲曲的好歌联袂，唱遍了城乡，飞进了千家万户。

董　“五个一工程”自实施之日起就以极高的品位和鲜明的导向，唱响了时代主旋律，也为社会主义核心价值体系的建设添砖加瓦、贡献力量。

朱　接下来我们将要进行今晚的第二次颁奖。将要颁发的是“五个一工程”歌曲奖。

（音乐起，舞蹈演员手捧鲜花上，开奖嘉宾从升降台出。灯光蓝色调加桃红色调，嘉宾出给追光）

董　有请开奖嘉宾中国音乐家协会主席傅庚辰、青年演员陈好。

陈　好　此时此刻我特别的高兴，也特别的荣幸。特别是跟缚老师您来颁这个歌曲奖，我也觉得特别的激动。因为我知道您创作的歌曲可以说是影响了几代人。我小学的时候还在合唱团里唱过、也跳过您创作的《映山红》。

缚庚辰　谢谢，从你的话里可以听到歌曲和人民有这多么密切的联系。常言道歌为心声，我们的词曲作者要为人民写歌，写人民的歌，唱出人民的心声。

陈　好　所以在这里我们也祝愿这些获奖的歌曲能够好听、好唱、好流行。

缚庚辰　是的，我们的国家改革开放将近30年了，一个文化建设的高潮正在兴起，第十届精神文明建设“五个一工程”奖的成功举办，就是一个有力的证明。让我们共同向获得“五个一工程”奖的词曲作者表示祝贺。

（两人将手中的花插入颁奖台上的花丛中）

（音乐起，幕布起，获奖者并排站在舞台中央，大屏幕）

【画外音】获得第十届精神文明建设“五个一工程”优秀歌曲奖的是：《吉祥三宝》由北京市委宣传部选送；《快乐的风》由铁道部选送；《盖楼的哥们儿》由河北省委宣传部选送；《一窝雀》由云南省委宣传部选送；《变脸》由四川省委宣传部选送；《吃苦就是吃补》由福建省委宣传部选送；《天边》由内蒙古自治区党委宣传部选送；《宇宙的种子》由中国文学艺术界联合会选送；《永远的小平》由广东省委宣传部选送；《战斗精神歌曲系列》由解放军总政治部选送；《望月》由北京市委宣传部选送；《父亲》由黑龙江省委宣传部选送；《故土情》由陕西省委宣传部选送；《读唐诗》由福建省委宣传部选送；《感恩》由上海市委宣传部选送；《藏族人家》由西藏自治区党委宣传部选送；《峡江情歌》由湖北省委宣传部选送；《口碑》由山东省委宣传部选送；《光荣的士兵》由解放军总政治部选送；《把城里的哥哥娶回家》由江西省委宣传部选送。

（大屏幕打出每个获奖作品字幕）

（舞台左主持台）

朱 有请宣读人李瑞英宣读颁奖词。

（舞台右主持台）

李瑞英 第十届精神文明建设“五个一工程”歌曲奖颁奖词是：用旋律记录历史的脚步，让节奏鼓荡时代的脉搏。一粒粒音符融进了心灵情思，以深刻的抒情性和感召力在记忆的长河中流淌和谐的生命律动，成为我们这个崭新年代的鲜活见证。

（音乐起，大屏幕出“五个一工程”颁奖晚会图标。舞台前排鲜花少女转身向后排获奖者献花）

董 同样，我们还是要把鲜花和掌声献给所有的获奖者。

朱 向他们表示由衷的祝贺，祝贺你们。现在我们有请歌唱家宋祖英代表获奖者发表获奖感言。

宋祖英 作为获奖代表，我和所有获奖者的心情都是一样的，那就是高兴和激动。感谢这个伟大的时代给我们提供了好的创作舞台和激情。感谢生活给我们提供了好的创作灵感。我是第六次获得“五个一工程”奖。这个奖项在我的心中永远是最重要的。谢谢大家。

董 谢谢，也谢谢宋祖英的感言。再次祝贺所有的获奖者。

朱 祝贺你们。

董 好，观众朋友，接下来让我们一起来欣赏一首歌曲《望月·当你的秀发拂过我的钢枪》

歌曲《望月·当你的秀发拂过我的钢枪》

歌曲《望月》

作词：国风　作曲：印青

编配：印青　刘琦

演唱：黑鸭子组合

演奏：中国爱乐乐团

（蓝光，幕后正中小提琴手给追光，剪影）

【黑鸭子组合从左边楼梯走入舞台，给追光】

望着月亮的时候
常常想起你

望着你的时候
就想起月亮
世界上最美
最美的是月亮
比月亮更美
更美的是你
月亮在天上我在地上
就像你在海角我在天涯
月亮升的再高
也高不过天
你走的多么远
也走不出我的思念

《当你的秀发拂过我的钢枪》
作词：王磊　作曲：印青
编配：印青　刘琦　演唱：阎维文
演奏：中国爱乐乐团
【幕起，露出乐队、大屏幕雪山，阎维文从侧幕条右出】

当你的秀发拂过我的钢枪
别怪我保持着冷峻的脸庞
其实我有铁骨也有柔肠
只是那青春之火需要暂时冷藏
当兵的日子短暂又漫长
别说我不懂情只重阳刚
这世界虽有战火也有花香
我的明天也会浪漫的和你一样
当你的纤手离开我的肩膀
我不会低下头泪流两行
也许我们走的路不是一个方向
我衷心祝福你亲爱的姑娘
如果有一天脱下这身军装
不怨你没多等我些时光
虽然那时你我天各一方
你会看到我的爱在旗帜上飞扬
你会看到我的爱在旗帜上飞扬

黑鸭子组合　你走得多么远也走不出我的思念

朱　亲爱的朋友们，人民是文艺工作者的母亲，生活是艺术作品创作的不竭源泉。历史的大潮，时代的风雨，百姓的口碑，才是检验艺术作品终极价值的试金石。

董　在文艺的百花园里，那些贴近实际贴近生活贴近群众的作品，那些深度去挖掘人物内心世界真善美的作品，就像是开得最美的花朵，格外芬芳艳丽。

朱　是啊，走进火热的工地，感受时代的节拍，踏上百花齐放的田野，呼吸沃土的芬芳，我们的艺术作品才会呈现出蓬勃的生机与活力。

董　无论是放眼流光溢彩的城市，还是走进欢乐祥和的社会主义新农村，我们都可以深切的感受到艺术一旦选择了人民，人民也必定会选择艺术。

朱　接下来我们将要进行今晚的第三次颁奖。颁发的是“五个一工程”广播剧奖。（音乐起，鲜花少女手捧鲜花上，随音乐走队形到舞台正中偏后，反“人”字形蹲下，开奖嘉宾从鲜花少女正中升降台出。灯光蓝色调加桃红色调，嘉宾出给追光）

董　有请开奖嘉宾播音艺术家方明和青年演员陶虹。

方明　我作为一个参加广播工作50年的老新闻工作者，今天和年轻的影视剧演员陶虹一起为“五个一工程”广播剧奖开奖。陶虹，你看这是件非常有意思的事情。

陶虹　对，我觉得我们的组合真的是非常的有意思。您看您是造诣深厚的广播艺术家，我是影视剧演员。两个工作加在一起正好就是广播剧。

方明 是的，今天我觉得不仅仅是给广播剧的创作人员开奖，同时也是为所有的广播工作者开奖，也是为所有关心广播工作的同志们开奖。

陶虹 您说的太好了。方明老师，你知道吗，您的声音对于我们这代人来说是心中抹不去的记忆。所以也希望在今后的广播剧中，更多的听到您的声音。

方明 谢谢。我也希望我们的广播剧今后能有更多的年轻的演员来参加。

陶虹 那么就让我们祝愿广播剧的明天（合）更加美好！（两人将手中的花插入颁奖台上的花丛中）

（音乐起，嘉宾从左退场，幕布起，露出大屏幕和获奖嘉宾）

【画外音】获得第十届精神文明建设“五个一工程”优秀广播剧奖的是：《代表中国》，由北京市委宣传部选送；《小敏》由广东省委宣传部选送；《秋日里的野芒花》由福建省委宣传部选送；《凄凄的城堡》由黑龙江省委宣传部选送；《三个人的学校》由江西省委宣传部选送；《你好，我是向菲》由广电总局选送；《静静的胡杨》由浙江省委宣传部选送；《生死大营救》由湖南省委宣传部选送；《走过冬天》由上海市委宣传部选送；《“小巷总理”谭竹青》由吉林省委宣传部选送；《淘气包马小跳》由浙江省委宣传部选送；《月亮走，我也走》由黑龙江省委宣传部选送；《深情》由北京市委宣传部选送；《农民的好支书李元龙》由江苏省委宣传部选送；《月照天山》由山东省委宣传部选送；《深山信使》由广电总局选送；《母亲的童谣》由安徽省委宣传部选送。（大屏幕打出每个获奖作品字幕）

朱 有请罗京宣读颁奖词。（音乐渐消）

罗京 第十届精神文明建设“五个一工程”广播剧奖颁奖词是：作为一个独特的艺术品种，广播剧在受众群体中发挥了独特优势。在这个用声音缔造的艺术世界里，我们一次次与某个时间和空间的人们相遇。既是心灵的感知，也是想象的畅游。无数动人的故事就这样相伴在我们耳畔。

（音乐起，大屏幕出“五个一工程”颁奖晚会图标。舞台前排17位鲜花少女转身向后排17位获奖者献花，分两侧下）

董 我们还是要把鲜花和掌声献给所有的获奖者，祝贺你们。（鲜花少女从两侧下）

朱 再次向各位表示由衷的祝贺。接下来，我们有请演员韩童生代表获奖者发表获奖感言。

【韩童生从17位获奖者中走出】

韩童生 当今这个社会，有谁能一年365天走在深山老林中？然而，真有这样一个人。他就是四川大凉山中的一位邮递员，他叫王顺友。他在马班邮路上往返了23个年头，平均每年有330天在路上。23年来他走过了26万公里，相当于21次红军长征的距离。他没有丢失过一次邮件，投递准确率100%，他的事迹感动了无数人，也为我们文学工作者提供了丰富的生活源泉。

董 那我们今天也特地把深山信使王顺友请到了我们的晚会现场，让我们掌声欢迎他。

朱 有请。

（王顺友从舞台左观众席上台，韩童生上前与他握手，并引到舞台正中央）

韩童生 见到你很高兴！

王顺友 我感谢这个伟大的时代，感谢所有

的文艺家们。我会在这条邮路上一直走下去，走到我走不动的一天为止，谢谢！（王顺友着装为邮递人员服装，胸前佩戴奖章）

韩童生 我在广播剧《深山信使》中扮演了王顺友，今天我站在这个台上领奖，我觉得这个奖真正的荣誉应该属于他——王顺友！（转身将手中花献给王顺友）向你学习！

朱 生活中的王顺友和广播剧里的“王顺友”两双大手紧紧地握在了一起，这是艺术家与生活深情的拥抱。我们看到它的力量是巨大的，它震撼着我们每个人的心灵。再一次的向获奖者表示由衷的祝贺，祝贺你们！接下来让我们一起欣赏根据王顺友的真实故事创作的广播情景剧《深山信使》的片段。

广播情景剧《深山信使》（根据同名广播剧改编）

编导：郝凌云

（灯光暗，蓝调）

【朗诵者从舞台右出。男左女右站定，给追光】

（大屏幕字幕：安静，5、4、3、2、1，正在录音，画面为蓝天白云。背景音乐为鸟语花香）

温玉娟 我们家住在大山里，抬头见山，低头是河，去县城没有公路。这山里人想知道山外的事，只有靠马班邮路上的乡邮员。今天这是怎么啦？心里一直是慌慌的，总觉得不踏实。哎哟，我估摸着娃他爸今天得走查尔瓦梁子那个老鬼头了。（背景乐出马蹄铜铃声，一男子赶马声音。画面为一男牵马背影）哎哟，真让人揪心啊。

韩童生 大青，咱们又到了老鬼头了。这条路可是险啊，要是稍不留神从这掉到山涧底下去，那咱们两个就全都得粉身碎骨了。大青，还是我在前头走，你在后面跟着。咱俩慢点走，不急。

温玉娟 嗳，这都是当年娃他爷爷当乡邮员的时候立下的规矩，说乡邮员不能骑马，只能跟着走。这不，娃他爸一个月起码得穿烂两双鞋。

（背景乐为《马叫铜铃响》）

韩童生 好样的！大青，大青，哎呀，山鸡，是山鸡。不怕，咱不……哎哟。

温玉娟 他爸，你这是咋啦？又出啥事啦？

韩童生（痛苦喘气呼吸） 大青啊大青，你咋就惊着了呢？你这一脚，正踹在我肚子上，疼死我了！大青，我怕是挺不过去了。

温玉娟 娃他爸，我就在你身边。你，你一定能挺过去的。（大屏幕一张人跌滚山涧的照片）老天爷呀，我求你帮帮他，帮帮他！

韩童生 娃他娘，我真是想你啊，我现在只想咱们的家，想闺女，想儿子……

温玉娟 他爸，他爸，你能挺过去的。你的命大着呢，二十多年了，你爬过多少山，遇过多少险，你都挺过来了！这回你一定能挺过去的啊，我和娃们都等着你！我等着你！（大屏幕打出朗诵者，温玉娟正眼噙泪水）

韩童生 哎，娃他娘，我信你的，我的命大着呢（大屏幕给泪流满面的韩童生），免费给小尼次的奶奶做白内障手术的消息，我得告诉她。县里的文件得送到，还有，还有这些优良稻种。（马鸣）大青，咱就是爬，也得爬过这道梁子，对不住了老伙计，我得揪住你的尾巴！（马鸣）大青，你咋跪下啦？（马鸣，大屏幕出一头马的头相）你是要驮着我？大青啊，我的好伙计！（背景乐起，大凉山民歌调子起）

温玉娟 娃他爸捧着肚子，一路爬一路走一路哭一路吼啊！三天后他终于爬到了上步村，（大屏幕为众人抬着担架往卫生院走）乡亲们把他送进乡卫生院时，人已经奄奄一息了，打开肚子都是脓血呀！医生说再晚来两个小时，那命就保不住了！小尼次奶奶的眼睛已经治好了，她拉着孙子小尼次的手说："长大了一定要做一个马帮邮路上的乡邮员！"（马蹄铜铃声再次响起，笛声悠扬）娃他爸的命就是大，运气好，这不，又上路了！（全场灯亮）

朱 看了今天信使的这个片段，让我们更加地深信：每一部优秀的艺术作品都是创作者心血和智慧的结晶。它需要我们的艺术家静下心来，耐住寂寞，排除干扰，拒绝诱惑。

董 有时候也需要面对浩如烟海的资料，有时候可能还要走进人迹罕至的不毛之地。在现实与艺术交织的世界里与主人公同呼吸共命运。

朱 伟大的时代呼唤着与时代相称的艺术作品，也呼唤着艺术家的勇气、智慧和良知。

董 崭新的时代催生着与时代同步的传奇故事，也催生着感天动地、光耀日月的华美篇章。

朱 接下来，我们将要进行今晚的第四次颁奖。颁发的是"五个一工程"文艺类图书奖。

（音乐起，少女们手持鲜花左上，在舞台正中央造型。颁奖台、颁奖嘉宾从升降台出）

董 有请开奖嘉宾作家于丹和影视演员陈道明。

陈道明 很高兴今天能给"五个一工程"图书类的颁奖。作为我本人来讲，因为读书不多，所以给图书类的颁奖也是对我的一次提高和促进。

于　丹 大家晚上好。在我看来，读书就是一种生活方式。读书不光让人积累知识，更重要的是能酝酿智慧，也不仅仅是向外去了解世界，更重要的是向内了解内心。我想人一生都是跟阅读伴随的，所以我们就希望年年有好书。今天在这里有这么多的图书获奖，我想这不光标志着是一种思想的繁荣，文化的繁盛，同时也是我们生活方式的更加丰富。

陈道明 好，那我们现在就来开奖。

于　丹 好。（两人将手中的花插入颁奖台上的花丛中）

（音乐起，幕布起，获奖者并排站在舞台中央，大屏幕）

【画外音】 获得第十届精神文明建设"五个一工程"优秀文艺类图书奖的是：《笨花》由中国出版集团选送；《张居正》由湖北省委宣传部选送；《长征》由中国出版集团选送；《青铜葵花》由江苏省委宣传部选送；《山高水长——回忆父亲聂荣铮》由上海市委宣传部选送；《国家干部》由中国作协选送；《护士长日记——写在抗"非典"的日子里》由广东省委宣传部选送；《藏獒》由中国出版集团选送。（大屏幕打出每个获奖作品字幕）

朱 有请颁奖词宣读人李瑞英宣读颁奖词。

李瑞英 第十届精神文明建设"五个一工程"文艺类图书奖颁奖词是：笔下

凝聚使命感，心头澎湃赤子情。用文学这种最真切的方式，诠释着人生的价值和生活的意义。于是，我们的悲悯被激活，我们的良知被唤醒，我们的信念被升华，我们的心灵被崇高和理想点燃、照亮。

(8位手持鲜花的少女为获奖者献花。背景光变蓝)

董 祝贺你们！

朱 再次地向各位表示由衷的祝贺。接下来，我们有请作家王树增代表获奖者发表获奖感言。

王树增 （走到台前）长篇纪实文学《长征》出版以后，有人问我长征是什么？我回答说，长征是一次追寻信仰的远征。在这部书的写作的日子里，我就和那些红军官兵一起跋涉着，一起经历着万般磨难与艰辛。同时也和他们一起快乐着，一起享受着，为了美好明天而奋斗生命激情。我认为一部好的文学作品，应该是一盏人生的指路明灯。一个好的作家就是燃烧自己，照亮人生与社会的追寻理想的漫漫征程。我愿意为此而努力写作，永远追寻真理的光芒。谢谢！

董 再次感谢你们。

朱 也再次向你们表示由衷的祝贺，祝贺你们！

董 观众朋友，接下来让我们欣赏获奖舞剧《一把酸枣》和《红河谷》的片段。

歌舞组合《一把酸枣·红河谷》

编导：张继刚　作曲：方鸣

表演：山西艺术职业学院华晋舞剧团

（幕起，灯主光蓝、桃红，大屏幕两座石狮子）

（舞蹈阐述：舞剧《一把酸枣》讲述了清末民初一个凄美动人的爱情悲剧：美丽善良的地主家丫头酸枣爱上了勤劳聪明的小伙计，一把酸枣私定终身，之后被逼嫁给地主傻儿子做童养媳，因受刺激变疯的酸枣在古道西口等待归人，终于等到小伙计时，这把象征爱情的酸枣却因早已被大伙计投了毒，酿就了西口古道上一对恋人的生死绝唱……）

《红河谷》

编导：门文元　作曲：刘廷禹

领舞：刘岩　万马尖措　孙晓娟

表演：江苏省无锡市歌舞团

（灯蓝，大屏幕为山水背景，刘岩独舞）

（音乐从悠扬变为激荡，众人左上，灯红、黄，镭射灯闪。大屏幕为藏族图腾。舞蹈主要表现了头人之女丹珠、藏奴格桑、汉族姑娘山妹、英国远征军指挥官罗克曼及藏地头人这五个主要人物扣人心弦的情感纠葛与矛盾，演绎了1904年英军进犯西藏时，藏汉人民团结一心，在血与火，生与死的拼杀中，抵御外敌入侵的英雄故事）

董 谢谢各位舞蹈演员。

朱 好，谢谢，谢谢他们精彩的表演。亲爱的观众朋友们，我们都知道创新是一切艺术作品的生命所在；创新，也是每个艺术家为之付出一生的追求；创新，也让“五个一工程”在艺术上呈现出了蓬勃的生机与活力。

董 我们发现在“五个一工程”许多直接反映重大革命历史题材的作品当中，注重去发掘伟人和人民群众的血肉关系，将英雄与常人融于一身，也给观众带来了全新的艺术感受。

朱 当然，还有许多艺术作品聚焦普通人的生活，以全新的视角和表现方式展现当代人内涵丰富的情感世界和生存状况，让人看了以后倍感亲切、回味悠长。

董　是啊，每一天都有新的太阳在升起，每一刻都有新的花朵在开放。用新的眼光去发现它们、捕捉它们。新时代的文艺工作者也在描绘新的画卷，创造新的荣光。

朱　接下来我们要进行今晚的第五次颁奖。颁发的是“五个一工程”电视剧奖。

（天幕灯暗，蓝光，音乐起，鲜花少女从舞台两侧上，到舞台正中造型后，分两侧站队，追光打正中升降台，颁奖嘉宾和颁奖台升起）

董　有请开奖嘉宾影视导演陈家林和青年演员蒋勤勤。（追光跟嘉宾）

蒋勤勤　陈导您好。

陈家林　您好。

蒋勤勤　今天特别开心能跟您一起为咱们的电视剧奖开奖。

陈家林　我和你的心情是完全一样的，因为我们中国已经是一个电视剧生产的大国。一部电视剧就能够万人空巷，这说明我们中国电视剧有着庞大的群众收视群体。

蒋勤勤　陈导，那你知道我们的电视剧一年得播出多少集吗？

陈家林　我们的电视剧发展的越来越快，仅全国各电视台播出，每年就能达到一万部集左右。

蒋勤勤　这么多？

陈家林　这简直是不可思议的！说明了电视剧有着广泛的群众性。它是我们每个家庭不可缺少的精神和文化的食粮。

蒋勤勤　那您作为导演，我作为演员，那咱们要为电视剧今天的繁荣而高兴，也要为电视剧明天更加繁荣而高兴。

陈家林　是的，我从1985年开始拍第一部电视剧《努尔哈赤》，至今已经二十多年。30年的影视生活使我深深的懂得：群众的需要就是我们的责任；群众的需要就是我们的动力和未来。好，那么我们今天就给电视剧奖。

（合）开奖。

（两人将手中的花插入颁奖台上的花丛中）

（音乐起，幕布起，获奖者并排站在舞台中央，大屏幕）

【画外音】获得第十届精神文明建设“五个一工程”优秀电视剧奖的是：《八路军》由山西省委宣传部选送；《西圣地》由重庆市委宣传部选送；《雄关漫道》由贵州省委宣传部选送；《诺尔曼·白求恩》由上海市委宣传部选送；《亲情树》由广东省委宣传部选送；《乡村爱情》由中国人口和计划生育委员会选送；《都市外乡人》由吉林省委宣传部选送；《香樟树》由江苏省委宣传部选送；《赵树理》由山西省委宣传部选送；《红领章》由江西省委宣传部选送；《守望幸福》由辽宁省委宣传部选送；《大姐》由安徽省委宣传部选送；《上将许世友》由江苏省委宣传部、解放军总政治部选送；《当家的女人》由河北省委宣传部选送；《江塘集中营》由江苏省委宣传部选送；《历史的天空》由北京市委宣传部、上海市委宣传部、安徽省委宣传部选送；《大染坊》由山东省委宣传部选送；《茶马古道》由西藏自治区党委宣传部选送；《沙场点兵》由江西省委宣传部选送；《康定情歌》由四川省委宣传部选送；《国家使命》由解放军总政治部选送；《铁道游击队》由山东省委宣传部选送；《热带风暴》由武警总部政治部选送；《无愧苍生》由公安部选送；《破天荒》由黑龙江省委宣传部选送；《孝子》由人民日报社选送；《无国界行动》由公安部选送；《海之门》由浙江省委宣传部选送；《圣水湖畔》由吉林省委宣传部选送；《乔家大院》由广电总局选送；《快乐星球》由河南省委宣传部选送；《家有儿女》由中国文学艺术界联合会选送；《石破天惊》由解放军总政治部选送。

（鲜花少女走到前排正对获奖嘉宾，蓝光，镭射灯闪，后幕桃红色灯亮）

朱 有请颁奖词宣读人罗京宣读颁奖词。

罗京 第十届精神文明建设“五个一工程”电视剧奖颁奖词是：方寸荧屏，大千世界，展开了一幅幅起伏跌宕的瑰丽长卷。以扣人心弦的故事情节和贴近百姓的亲和力，让我们在街头巷尾的传送中看到了一个神圣疆域的沧桑巨变和人们心中的真善美情怀。

（音乐起，大屏幕出“五个一工程”颁奖晚会图标。舞台前两排鲜花少女转身分别向后两排获奖者献花，光加入桃红色）

董 同样还是要把我们的鲜花和掌声献给我们的获奖者。向你们表达我们由衷的祝贺。

朱 祝贺各位！亲爱的朋友们，本届“五个一工程”的评选和以往一样，都十分重视听取群众的意见。各门类都有一个共同的举措，那就是邀请普通群众作为群众评委，和专家评委共同进行评选。下面，我就请大家通过大屏幕一起来听一听群众评委和普通观众的心声。请看大屏幕。

视频：

社会评委王秀红 这一届“五个一工程”的评奖作品，很多我都在电视上看过，都给我留下了很深刻的映象。好作品实在太多了。

社会评委黄书琴 你比如说《亮剑》，比如说《恰同学少年》，比如说《家有儿女》，这些好的电视剧，我们看的时候它就很吸引我们。

街边随机采访 《恰同学少年》这部电视剧我觉得对于我们现在的年轻人来说特别有教育意义。

街边随机采访一出租车司机 我喜欢唐国强。

街边随机采访工地工人 那个《亮剑》和《乔家大院》这两部电视剧确实演的也挺好。

街边随机采访 特别喜欢侯勇这个演员。

街边随机采访 比较喜欢李雪健这个演员。

社会评委赵艳芬 从群众角度讲，他希望这个“五个一工程”不仅仅是军事题材、革命史题材，特别是关注民生的，反映普通群众的喜怒哀乐的。

街边随机采访 比如有关农村题材的，像《插树岭》、《都市外乡人》。

（音乐起，灯亮，红蓝调）

董 在这里，我想我们也要感谢这些普普通通但是非常热情认真的观众。作为群众评委，他们也是全身心的投入到了我们“五个一工程”的评选当中。那接下来，我们有请青年演员侯勇代表获奖者发表获奖感言。

侯勇 作为获奖代表，我们感谢这个伟大的时代，感谢这个伟大的国家和伟大的人民。因为只有他们才是我们创作的真正的源泉。在此，我们也想感谢全国广大的电视观众。因为，只有他们才是我们的衣食父母。在这里我好有一比，那就是把观众和我们文艺工作者比作水和舟的关系。水既可以载舟，也可以覆舟。

从此以后我们将再接再厉、百尺竿头，拍摄出更多更好的文艺作品，奉献给全国的电视观众。

朱　谢谢，感谢侯勇热情洋溢的获奖感言，也要再次向所有的获奖者表示由衷的祝贺。祝贺你们！接下来让我们一起欣赏一首获奖歌曲《盖楼的哥们儿》。

歌曲《盖楼的哥们儿》

作词：蓝羽　作曲：李正

编配：孟可　丁纪

演唱：刘斌　风雨组合

编导：吴成涛

表演：中国人民解放军66284部队

（灯蓝，一幕反打观众黄，中间和两侧大屏幕为林立的高楼。道具：安全帽）

领　哥们儿们（左后侧幕条跑出）

众　哎（分两边侧幕条跑出）

领　咱们的大楼盖好了，一起来合影吧。

众　好。（舞台中央造型，背对观众看大屏幕山的大楼林立）

（音乐起，歌词）

安全帽那一戴
感觉很帅
脚手架那一登
劲头就来
汗珠子挂着三九三伏
脸膛上涂着风吹日晒
盖楼的哥们儿　哥们儿
盖楼的哥们儿　哥们儿
搅拌机飞旋着咱美好的憧憬
塔吊的臂膀高扬着咱的豪迈
盖楼的哥们儿
盖楼的哥们儿
听哨子一吹
看小旗一摆
那个马达声声隆隆的在唱
焊花朵朵
绽放着光彩
一座大楼
咋就盖起来
安全帽那么一戴
感觉那个很帅
脚手架那个一登
劲头那个就来
汗珠子挂着三九三伏
脸膛上涂着那个风吹日晒
走南那个创北
咱出门在外
长了那个见识
也长了能耐
心里头装着爹娘的叮嘱
睡梦里枕着老婆的疼爱
盖楼的哥们儿　哥们儿
盖楼的哥们儿　哥们儿
眼看着城市越变越精彩
也盼着家乡漂亮的楼房一排排
盖楼的哥们儿
盖楼的哥们儿
听哨子一吹
看小旗一摆
那个马达声声隆隆的在唱
焊花朵朵
绽放着光彩
一座大楼
咋就盖起来
盖楼的哥们儿
盖楼的哥们儿
听哨子一吹
看小旗一摆
那个马达声声隆隆的在唱
焊花朵朵
绽放着光彩
一座大楼
咋就盖起来

咋就盖起来

朱 强调思想性、艺术性与观赏性的完美结合，历来都是“五个一工程”的基本评选要求和重要目标。

董 既坚持社会效益第一，也注重经济效益。这也是近年来艺术管理者和创作者之间达成的共识。

朱 是啊，演出场次、票房收入、观众人数、传唱率、收视率等等，都已经成为“五个一工程”评选的重要标准。许多获奖作品不断地创造着收听、收视、收看的新高。

董 这些作品得到了群众的认可，也经受住了市场的检验。以实实在在的业绩告诉我们，“五个一工程”推出的反映时代主旋律的作品越来越好看，越来越耐看，越来越受到人们的欢迎和喜爱。

朱 接下来我们要进行今晚的第六次颁奖。颁发的是“五个一工程”电影奖。

（天幕灯暗，蓝光，音乐起，鲜花少女从舞台两侧上，到舞台正中造型后，分两侧站队，追光打正中升降台，颁奖嘉宾和颁奖台升起）

董 有请开奖嘉宾电影表演艺术家于洋和演员潘虹。（追光跟嘉宾）

于洋 我这一生因为电影而自豪。是电影让我净化了灵魂，学习着一辈子像英雄一样的活着。今天，我要为中国电影而自豪。因为国家的富强和繁荣，让我们的电影人面对着世界而立。

潘虹 作为一个电影人能参加今天的颁奖晚会，我多的是一份甜蜜。感谢观众，因为他认同了我们的角色而喜欢我们的电影。

于洋 我们的生活今天比昨天丰富，明天会比今天更丰富。我们中国的电影，今天比昨天丰富，明天会比今天更丰富。

潘虹 于洋老师，您说出了我们电影人的心里话。无论是过去、现在还是将来，我们会为中国观众努力，我们会为中国电影努力。

于洋 我手中的花是献给中国电影的英雄花。

潘虹 我手中的花事献给中国电影的幸福花。

于洋 让我们在中国电影的百花园里，有幸福，有英雄。

潘虹 有甜蜜，更有浪漫。

于洋 好，开始。

（两人将手中的花插入颁奖台上的花丛中，颁奖嘉宾从舞台左下，颁奖台降）

（音乐起，幕布起，获奖者并排站在舞台中央，大屏幕）

【画外音】获得第十届精神文明建设“五个一工程”优秀电影奖的是：《我的长征》由解放军总政治部选送；《东京审判》由上海市委宣传部、江西省委宣传部选送；《我的法兰西岁月》由广东省委宣传部选送；《风起云涌》由广电总局选送；《小巷总理》由吉林省委宣传部选送；《我的母亲赵一曼》由福建省委宣传部选送；《沉默的远山》由湖北省委宣传部选送；《情暖万家》由江苏省委宣传部选送；《邓小平·1928》由上海市委宣传部选送；《郑培民》由湖南省委宣传部选送；《花腰新娘》由云南省委宣传部选送；《两个人的芭蕾》由天津市委宣传部选送；《美丽家园》由新疆维吾尔自治区党委宣传部选送；《江孜·1904》由西藏自治区党委宣传部选送；《大山深处的保尔》由中国残疾人联合会选送；《快乐时光》由人民日报选送；《村官过大年》由黑龙江省委宣传部选送；《村官李天成》由河南省委宣传部选送；《小康路上》由辽宁省委宣传部选送。

（鲜花少女走到前排正对获奖嘉宾，蓝光，镭射灯闪，后幕桃红色灯亮）

朱 有请颁奖词宣读人李瑞英宣读颁奖词。（音乐渐消）

李瑞英 第十届精神文明建设“五个一工程”电影奖颁奖词的是：创造历史的是民众，点亮历史的是英雄，定格历史的是艺术家的蒙太奇语言。游刃有余的镜头，穿越着苍茫时空，捕捉着时代之魂和人性之美，使我们在影像背后发现了平凡生活中的审美趣味和思想光芒。

（音乐起，大屏幕出“五个一工程”颁奖晚会图标。舞台前排鲜花少女转身向后排获奖者献花，光加入桃红色）

董 祝贺你们。

朱 再次的祝贺各位。接下来我们有请电影导演翟俊杰代表获奖者发表获奖感言。

翟俊杰 我想说，爱国主义和英雄主义是我们这一代人永远的情结。高扬主旋律，增强民族的自信心和自豪感，在每一个时代，都因为它富于探索的文本和富于时代意蕴的人物形象，呈现着特殊的分量和魅力。一个国家，一个民族，如果不呼唤英雄，那么她的民族精神将会有很大的缺失。13 年前，我曾经拍摄了《金沙水拍》；11 年前，我拍摄了全景式的表现铁流二万五千里的《长征》；去年我们八一厂又拍摄了《我的长征》。我们已经是三拍长征，在长征精神的激励下，老兵我正年轻。我将在今后的影视创作中，不断地创新、突破、超越，跨向新的历史和艺术的高度。谢谢！

董 我们也再次祝贺所有的获奖者，祝贺你们。

朱 祝贺各位。

董 好，观众朋友，接下来让我们来欣赏一首获奖歌曲《你是一棵树》。

歌曲《你是一棵树》

作词：谭仲池　作曲：徐沛东

演唱：殷秀梅　戴玉强

演奏：中国爱乐乐团

（音乐起，一幕起，彩链打绿光。舞台中后区阶梯为演奏乐团，歌唱演员右上，舞台两侧楼梯站合唱演员，大屏幕播放获奖电影的片段）

都说你是一棵树
春夏秋冬总是神采飞扬
满怀绿叶对阳光的思念
你把根扎进眷恋的土壤
枝为大地生　干为大地长
风霜雨雪来临时是你在遮挡
枝为大地生　干为大地长
风霜雨雪来临时是你在遮挡
都说你是一棵树
斗转星移总是充满向往
满怀儿女对母亲的热爱
你用生命书写人间的华章
日为百姓忙　夜为百姓想
待到春风暖万家
你在我心上
日为百姓忙　夜为百姓想
待到春风暖万家
你在我心上

朱 亲爱的朋友们，国家的发展强大，民族的独立振兴，人民的尊严幸福，都离不开强大文化的支撑。在建设有中国特色的社会主义道路上，文艺事业承担着光荣的责任。

董 “五个一工程”自创立实施之日起，就对各地、各单位的精神文化产品的发展与提高起到了积极的推动作用，也产生了日益深远的影响。

朱 是啊，各地普遍将组织实施“五个一工程”纳入当地文化发展的总体规划，极大地调动了文艺工作者的创作热情，以卓有成效的工作取得了突出的成绩。

董 接下来我们要进行的是今晚的第七次颁奖。我们要颁发的是一等组织工作奖。

（天幕灯暗，蓝光，音乐起，鲜花少女从舞台两侧上，到舞台正中造型）

【画外音】获得第十届精神文明建设“五个一工程”一等组织工作奖的是：解放军总政治部、北京市委宣传部、江苏省委宣传部、上海市委宣传部、吉林省委宣传部、广东省委宣传部、福建省委宣传部、江西省委宣传部、湖南省委宣传部、河南省委宣传部、天津市委宣传部、黑龙江省委宣传部、山东省委宣传部、浙江省委宣传部、河北省委宣传部。

朱 有请颁奖词宣读人罗京宣读颁奖词。

（音乐渐消）

罗京 第十届精神文明建设“五个一工程”组织奖颁奖词是：高举先进文化的旗帜，正确把握舆论导向，坚持贴近实际、贴近生活、贴近群众的原则，弘扬主旋律，提倡多样化，把强有力的组织工作贯彻到打造文艺精品的全过程，为社会主义文艺事业的繁荣和发展做出了卓越贡献。

董 现在，让我们有请中共中央政治局委员、书记处书记、中宣部部长刘云山同志，全国政协副主席、中国社会科学院院长陈培源同志，为获得“五个一工程”一等组织工作奖的单位颁奖。

（音乐起，刘云山、陈培源与获奖单位代表一一握手，颁发奖杯）

朱 谢谢，谢谢。亲爱的朋友们，也让我们再次用掌声向获得“五个一工程”组织工作奖的单位表示由衷的祝贺。亲爱的朋友们，“五个一工程”奖从一开始设立，就十分强调精品意识，强调质量是文化产品的生命所系，希望我们的艺术家创作出更多思想精深、艺术精湛、制作精良的精品力作。

董 时间记住精品，艺术承认杰出。只有辛勤耕耘才能喜获丰收，也只有经历风雨，才能见到彩虹。

朱 是啊，许多入选“五个一工程”作品都是经过精心打磨。他们以高标准、严要求、精益求精的精神，为中华民族源远流长的艺术宝库输送着新鲜的艺术瑰宝。

董 获得“五个一工程”特等奖的作品就是其中的优秀代表。接下来我们要迎来今晚最激动人心的时刻。我们要颁发第十届精神文明“五个一工程”特等奖。

（音乐起，鲜花少女手持鲜花左上，在舞台正中央造型。暮起）

【画外音】获得第十届精神文明建设“五个一工程”特等奖的是：电影《张思德》由北京市委宣传部选送；电影《云水谣》由广电总局选送；电影《太行山上》由解放军总政治部选送；电视剧《恰同学少年》由湖南省委宣传部选送；电视剧《延安颂》由广电总局选送；电视剧《插树岭》由吉林省委宣传部选送；电视剧《亮剑》由北京市委宣传部、上海市委宣传部、解放军总政治部选送；话剧《立秋》由山西省委宣传部选送。

（全场灯蓝、桃红，镭射灯）

朱 有请颁奖词宣读人李瑞英宣读颁奖词。

李瑞英 第十届精神文明建设“五个一工程”特等奖颁奖词的是：站在历史的至高点，俯身时代的最前沿，用深刻的思想启迪心智，用高尚的情感抚慰心灵。铺开了从革命历史时期到当今改革开放年代的宏伟画卷。为共和国撑起了一片晴朗的天空，为中华民族的前行留下了坚实而闪光的足迹。

董 现在，让我们有请中共中央政治局常委李长春同志为获得第十届精神文明建设“五个一工程”特等奖作品的代表颁奖。

朱 有请。

（音乐起，李长春上台和获奖代表握手，并颁发奖杯）

朱 谢谢，让我们再一次用掌声向获得“五个一工程”特等奖的各位表示最热烈的祝贺。祝贺他们！

董 好，接下来我们也请获得特等奖的各位代表发表获奖感言。有请各位。

获奖嘉宾

吴　军 张思德，一个普通的战士，做的全是些个平凡细小的事情，可是他为我们后人留下了一个崇高的精神境界——为人民服务！

尹　力 影片《云水谣》通过一生的守候，跨越半个世纪的海峡，表达了忠贞不渝的爱情和血浓于水的这种情怀。“五个一工程”奖，是对所有这部影片创作人员最大的鼓励和鞭策。谢谢。

王伍福 《太行山上》我党领导的抗日武装砥柱中流、浴血奋战，上演了一场人民战争的活剧。

查明哲 《立秋》里“丝毫必偿，诚信为本”。当年晋商们在艰难时局中的选择和人格，给我们的今天和今天的我们都有宝贵的启示。

程　煜 我叫程煜，在《插树岭》这部电视剧中扮演一个角色，这部戏让我们大家看到建设社会主义新农村的美好景象。

唐国强 《延安颂》是一首生命的赞歌，信仰的赞歌。延安精神把自力更生、艰苦奋斗铭刻在中华民族的丰碑上，与日月同辉。

李幼斌 《亮剑》精神闪耀着爱国主义和英雄主义的光芒。

谷智鑫 我是《恰同学少年》中扮演少年毛泽东的演员谷智鑫。我的感言词请看大屏幕。

（视频为湖南省第一师范学校同学）

【画外音】（男）《恰同学少年》的播出，让我们发现世间有感动。（女）前辈的故事像火种，点燃了同学们内心的激情。（男）我们会深深思考，也必将身体力行。（众学生合）今日之责任，不在他人，而全在我少年；少年独立则国独立，少年自由则国自由，少年进步则国进步，少年胜于欧洲则国胜于欧洲，少年雄于地球则国雄于地球。

（音乐起）

朱 谢谢，谢谢各位热情洋溢的感言。再次的向你们表示最热烈的祝贺。祝贺你们！

董 亲爱的观众朋友们，一部部艺术精品就像是一朵朵绚丽的花朵，开放在神州舞台，更把芬芳的花香洒遍了城乡村寨。

朱 “五个一工程”激励着广大文艺工作者的使命和责任，传送着构建和谐文化的时代强音。

董 放眼时代，望不尽春华秋实的美景。

朱 展望未来，必定是繁花似锦的前程。

董 让我们紧密团结在以胡锦涛同志为总书记的党中央周围，以邓小平理论、“三个代表”重要思想为指导，全面贯彻落实科学发展观，为构建社会主义和谐社会而努力奋斗。

朱 让我们共同努力，为开创文艺事业大团结、大繁荣、大发展的生动局面而努力，来迎接党的十七大的胜利召开。

董 最后，让我们一起来欣赏歌舞《繁花似锦》。

歌舞《繁花似锦》

作词：王晓岭　作曲、编配：孟勇
指挥：石叔
演唱：宋祖英　编导：苏冬梅　谢南
表演：成都二十一女子舞团
　　　西南民族大学艺术学院
（蓝光、桃红，所有大屏幕为花朵盛开）

我深情望着你
你越来越美丽
新城村寨都是和美图画
我真情唱着你
爱在我心里
欢歌笑语都是和谐表达
【舞蹈演员从两边侧幕条出】
花开的祖国
流光溢彩
欢乐的儿女
青春焕发
繁花似锦
共享盛世阳光
四季繁花
铺开锦绣中华
铺开锦绣中华
（天幕灯打桃红色，舞蹈演员手持小提琴从两侧楼梯上）
我精心描绘你
你越来越神奇
小康大道通向万户千家
我衷心祝福你
情在我梦里
云霞霓虹引亮火树银花
花开的祖国
流光溢彩
花样的儿女
青春焕发
繁花似锦
共享盛世阳光
四季繁花
铺开锦绣中华
铺开锦绣中华
繁花似锦
铺开锦绣中华
铺开锦绣中华

（大屏幕为五彩缤纷飘落的花瓣，前排鲜花少女手持花篮将鲜花撒出）

（刘国冬　整理）

"阳光生命"2007年世界夏季特殊奥林匹克运动会闭幕式

播出台：中国中央电视台、中国上海东方卫视
播出日期：2007年10月12日
总导演：滕俊杰
制片人：黎瑞刚

片头：2007年世界夏季特殊奥林匹克运动会闭幕式

画面：会场全景，观众席，领导嘉宾

主持人：曹可凡、陈辰

【画外音】

男 中国中央电视台中国上海东方卫视中国上海东方卫视中国中央电视台

女 （英文翻译）

男 现在我们在上海江湾体育场，向您现场直播《阳光生命》2007年世界夏季特殊奥林匹克运动会闭幕式的盛况。

女 （英文翻译）

男 朋友们，来宾们，现在让我们以热烈的掌声向出席今晚闭幕式的领导和嘉宾表示欢迎

女 （英文翻译）

（视频：现代北京）

【画外音】金秋十月，嘉宾云集，2007年世界夏季奥林匹克特殊奥运会于10月2日在上海体育场隆重开幕，国家出席胡锦涛出席开幕式，并宣布运动会开幕。"平等、接受、包容"的特奥理念在这届成功的特奥会中得到了充分实现，在这激动人心，令人难忘的九天中，来自世界各国和地区的7500多名特奥选手，在21个比赛项目、4个表演项目中积极参与，勇敢表现，聚焦了世界的目光，赢得了世界的喝彩。包括上海在内的全国12座城市出色地完成了特奥社区接待计划。来自世界各国的特奥代表与市民们共同分享快乐，共同祝福未来。金秋的阳光拥抱着快乐的生命，快乐的生命沐浴着温暖的阳光。

（会场燃放烟火，大屏幕显示沙画创作）

男 这是一个新颖的创意，这是对国际特奥理念的生动演绎，我们健全人和智障朋友，不仅同唱共演，我们的舞台也在现场一起携手搭建。

序　大型互动行为艺术《我们的舞台》

作词：陈念祖　作曲：彭程

领衔表演：乔美丽　姜毅等

演唱：羽·泉　中外特奥人士　兄弟联　明骏女孩　中国辣妹OP组合

参演团队：海军上海基地　上海杨帆学校

上海闸北区启慧学校　上海思博学院　上海财经大学　上海中医药大学　上海南湖职校

童声　你行我也行！I know I can.

（现场燃放烟火）

【演员拿着搭建现场舞台的材料，从四面八方跑向舞台】

今夜 把所有的窗户打开
因为满天的星光就要洒进来
今夜 让所有眼神都期待
期待着一座我们共同的舞台
今夜 把所有心灵都打开
因为所有的灯光都会亮起来
今夜 让所有双手挥起来
铸成我们共同的舞台
我们的舞台
没有分界的精彩
像当初的风雨里
我们曾有的期待
我们的舞台
所有真心都打开
像今晚的烟火里
我们放飞的挚爱
今夜 把所有的窗户都打开
因为满天的星光就要洒进来
今夜 让所有眼神都期待
期待这一座我们共同的舞台
今夜 把所有的心灵都打开
因为所有的灯光都会亮起来
今夜 让所有双手都携起来
铸成我们共同的舞台
我们的舞台
没有分界的精彩
像当初的风雨里
我们曾有的期待
我们的舞台
所有真心都打开
像今晚的烟火里
我们放飞的挚爱

男　朋友们，现在在舞台的左侧搭起了阳光之家小木屋，上面密密麻麻的签满了来自世界各国和各地区特奥运动员的姓名，也留下了特奥运动员们对阳光之家的深厚情谊。

（体育场现场，特奥运动员、志愿者上台，手拉手转圈）

军乐队合奏

演奏：上海武警管乐队　上海演艺管乐团

（在军乐队的演奏中，各国特奥运动员入场）

男　朋友们来宾们，现在代表各国和各地区的特奥运动员，在中国执法人员的陪同下，正携手步入会场。

女　（翻译）

男　欢迎中国残联主席、组委会执行主席邓朴方致闭幕词。

女　（翻译）

邓朴方致辞

尊敬的回良玉副总理，尊敬的各位来宾，全体特奥运动员、教练员，志愿者们、女士们、先生们，大家好！

2007 年上海世界夏季特殊奥林匹克运动会，将于今晚落下帷幕。连日来，我们同来自世界各国的特奥运动员一起，收获特奥的丰硕果实，分享特奥的无限欢乐。在此，我代表组委会，衷心感谢所有的特奥运动员、教练员、志愿工作者，以及为本届盛会付出辛勤劳动的所有的人们，我还要感谢上海市领导和友善的上海市市民。你们所做的一切，使特奥以崭新的面貌展现于世人面前，使今天的上海在人们心中留下美好而难忘的记忆。特奥崇尚勇敢尝试，争取胜利的精神，倡导平等融合的理念，鼓励智障人士挑战自我，实现生命价值，帮助智障人士享受人类文明成果，特奥运动促进残疾人运动的发展，增进各国人民的友谊，推动世界和谐。熊熊燃烧的特奥圣火，将在人们无比眷恋中缓缓熄灭，但是我们相信那辉煌灿烂的光焰，将永远燃烧在我们心中。谢谢大家。

男　现在让我们以热烈的掌声，欢迎国际特奥会主席蒂姆·施莱佛致闭幕词。

女　（英文翻译）

男　现在让我们以热烈的掌声，欢迎特奥运动员代表美国特奥运动员杰西卡·克鲁克致答谢词。

致辞大意　我在上海度过了非常美妙的时光，从一开始我就深深感受到了中国人民的热情和友谊，感谢你，中国感谢你的盛情招待。无论是在看台上，在集结区，无论是在比赛中听着广播报出各个国家的名字，还是和认识的新朋友交换徽章，感觉都是那么棒。无论是否赢得奖牌，参加本届特奥会的运动员都实现了他们的梦想，这是他们生命中的巅峰时刻，我希望能有更多的特奥运动员，分享我在上海的绝妙体验。我将戴着一枚金牌离开中国，这真是让人难以置信，但更重要的是本届特奥会给我留下一段美好回忆，我也希望全世界的人们都被特奥运动所震撼。谢谢。

（沙画：外滩、特奥主题）

【画外音】我们从世界各个角落汇聚到上海，我们从素不相识到亲密无间，是特奥这一惊动世界各种语言的音把我们连在一起，我们是生命的强者，我们展示着风采，我们心手相连。

心手相连

大型立体歌舞《梦幻星空》

编配：王猛　领衔表演：高清瑜

萨克斯演奏：世界著名萨克斯演奏家
肯尼·基

演唱：原生态歌手　李怀秀　李怀福

编导：张浩　李冬子　赵文静

原生态歌手男女对唱

（画外音：现在，世界著名萨克斯演奏家肯尼·基将为大家深情演奏中国名曲《梁祝》萨克斯演奏　舞蹈演员飞入演出场地上空）

【画外音】

女　此刻智障女孩儿高青云正站在台上仰望，她也渴望着像仙女一样能够飞向美丽的星空。

（身穿华服的舞蹈演员吊威亚从天而降）

男　看智障女孩儿高清云飞起来了，在全场的注视下，带着全场智障朋友的梦想，飞起来啦，让我们把最热烈的掌声和欢呼送给她。让我们为所有的智障朋友祝福吧。

来宾们朋友们，现在享誉全球的世界三大男高音之一的卡雷拉斯专程赶来，他将与中国上海音乐学院的青年女高音歌唱家刘恋，一起为我们演唱经典艺术作品《永恒的朋友》。

男女声二重唱《永恒的朋友》

演唱：世界著名男高音歌唱家　卡雷拉斯
中国女高音歌唱家　刘恋

编导：张浩　李冬子　纪家萱　易杰

我不需要对你说什么
你就已经明白我现在的心情

仿佛我们已彼此了解
You can look into my eyes and see
The way I feel
And how
The world is treating me
Maybe I have known you forever
Amigos para siempre
Means you' ll always be my friend
Amics per sempre
Means a love that cannot end
Friends for life
Not just a summer or a spring
Amigos para siempre
I feel you near me
Even when we are apart
Just knowing you are in this word
Can warm my heart
Friends for life
Not just a summer or a spring
Amigos para siempre
我怎能忘掉我们过去
分享更多
朋友不需要做什么
有些事情就已经发生
When I look at you I wonder why
There has to come a time
When we must say good - bye
I am alive when we are together
Amigos para siempre
Means you' ll always be my friend
Amics per sempre
Means a love that cannot end
Friends for life
Not just a summer or a spring
Amigos para siempre
I feel you near me
Even when we are apart
Just knowing you are in this word
Can warm my heart
Friends for life
Not just a summer or a spring
Amigos para siempre
When I look at you I wonder why
There has to come a time
When we must say good - bye
I am alive when we are together
Amigos para siempre
Means you' ll always be my friend
Amics per sempre
Means a love that cannot end
Friends for life
Not just a summer or a spring
Amigos para siempre
I feel you near me
Even when we are apart
Just knowing you are in this word
Can warm my heart
Friends for life
Not just a summer or a spring
Amigos para siempre
Amigos para siempre
Means you' ll always be my friend
Amics per sempre
Means a love that cannot end
Friends for life
Not just a summer or a spring
Amigos para siempre

画面：沙画

快乐是生命的理由，快乐是人生的境界，我们在快乐中享受着尊严，我们在快乐中找到了朋友。

第二章：快乐你我

《欢乐嘉年华》

作曲：彭程

编导：刘德利　王美意　马栋　扬杨　陈庆

（中国传统戏曲锣鼓点，舞台上出现孙悟空扮相的武生和假山的道具）

【画外音】

男　朋友们，来宾们，中国的神话英雄孙悟空孙行者来也。

（背景大屏幕几位迪斯尼卡通形象在长城上，接着他们从大屏幕走到舞台中央，歌伴舞）

眼光遇上了阳光
远方其实在前方
梦想敢作敢当
生命终会辉煌
赛场就是个战场
坚强的心最强壮
看我逆流而上
去赢得勋章
大胆地想象去缔造
勇气做翅膀
人人都能翱翔
无尽的能量
随着心跳激昂
梦飞扬
前路无尽的延伸
每个美梦都能成真
回望奋斗的过程
勇于梦想是最初的曙光

男　现在三十位女孩儿正在表演群体《变脸》，这是中华戏曲艺术的灿烂瑰宝。

《特奥风采》

智障朋友仔台上挥舞体操绸缎，骑独轮车，转呼啦圈，做体操动作，轮滑，跳啦啦操。

男　此刻280位智障朋友和20多位特殊教育的老师正在尽情的展示自己精彩的技艺，展现着特奥的风采。

大型互动欢乐操《阳光三毛》

作词：陈念祖　作曲：彭程　演唱：阿尔法

爱同在　心同唱
阳光播撒的真情
心同在　爱同唱
你我激扬的生命笑着面对
参与就会赢
哪怕折断翅膀我照样飞
来吧　来吧　来吧　来吧
山再高我攀登
为自己鼓劲
唱吧　跳吧　唱吧　跳吧
路再远　我们牵手与快乐同行
（重复一遍）

男　我们拥有快乐，生命便充满激情，我们分享快乐，未来将更加美丽。现在我们有请世界五大洲的歌手，为我们唱响一曲颂歌，共享生命。

女　（英语翻译）

男　现在我们有请世界五大洲的歌手为我们唱响一曲颂歌《共享生命》。

女　（英语翻译）

大型歌舞：共享生命

作词：张海宁　甘世佳　作曲：彭程

演唱：五大洲歌手

五大洲

当星光洒下的时候，我看见你的微笑

I can see all pleasure of life from this moment we will share forever.

Because love can make miracle, we' ll try. We feel each other.

And I can make all the dreams come true. I can feel your heart never leave.

演唱

当星光闪耀时我看到你的微笑
从此刻开始我们永不分离
我终于明白生活中最珍贵的部分
从此此刻开始
我们将共享生命
因为爱能创造奇迹
我们要尝试
我们要感受彼此
梦想就会成真
我能感觉到你的心
从未离开
我们并肩在一起共享着生命
心手相连
世界多美丽
我们并肩在一起共享着生命
真情难忘
人间多美好
我们并肩在一起共享着生命
世界在我们的心中激荡
我们并肩在一起共享着生命
爱是一切
（重复一遍）

男 现在有请中共中央政治局委员、国务院副总理、组委会名誉主席回良玉宣布运动会闭幕。

女 （英文翻译）

现在我宣布2007年世界夏季特殊奥林匹克运动会闭幕。

（舞台后燃放礼花，会旗缓缓降下，点火台缓缓降下，火焰熄灭）

男 现在请中共上海市委副书记、市长、组委会主席韩正，向下一届世界夏季和冬季特殊奥运会举办城市移交会旗，陪伴的特奥会运动员为赵增增。

女 （英文翻译）

男 请2011年世界夏季特殊奥运会举办地，希腊雅典的代表、希腊特奥会主席德斯波托柏鲁和希腊驻中国大使米哈伊勒·堪巴尼斯接受会旗，陪伴的特奥运动员为玛利亚·卡地。

女 （英文翻译）

2011年世界夏季特奥会主席德斯波托柏鲁致辞：

尊敬的韩正市长，谢谢上海人民，感谢中国。我在此代表希腊人民，代表运动员、家属、教练、志愿者，自豪的接过这面连接我们心灵的旗帜。我们邀请世界人民到雅典来，到体育运动和奥林匹克理念的发源地，参加2011年世界夏季特殊奥林匹克运动会。在尊崇和接受的氛围中，互相交流、增进友谊。谢谢。

雅典宣传片

男 现在请2009年世界冬季特殊奥运会举办地美国爱达荷州的代表，2009年世界冬季特殊奥运会组委会联合主席，接受会旗。陪伴的特奥运动员为罗根。

女 （英文翻译）

2009年世界冬季特殊奥林匹克运动会联合主席帕瑞·基姆致辞：

韩正市长、上海人民、伟大的中国人民，我们非常荣幸目睹中国人的灵感激情和爱交织在一起，向特奥运动展示中国和世界有多美妙，上海，谢谢你。我们代表爱达荷州所有特奥运动员和他们的支持者，自豪的接过这面旗，并在此盛情邀请大家来参加2009年世界冬季特殊奥运会。谢谢你们。

美国宣传片

美国爱达荷州州长奥特先生及夫人致辞：

“你好，谢谢。这里是来自美国爱达荷州人民的问候，今晚是本届夏季特奥会的闭幕之夜，在这里我们要恭喜上海人民，在本届运动会上取得的骄人成绩，恭喜。但是对于爱达荷州的人民来说，今晚不是终点，更是起点。从今晚起，我们将踏上缔造下一届难忘的特殊奥林匹克运动会的征程。爱达荷州的宜人景色、精彩绝伦的娱乐设施以及热情好客的居民都欢迎你们。无论你是溜冰选手，花样滑冰运动员，滑雪选手或是自豪的选手家属，抑或只是一个运动迷，我们都将充满骄傲地邀请你来到我们冬天仙境。”

大家好，我是黛米·摩尔，我是艾什顿·库奇，我正在纽约拍摄电影所以很遗憾不能到现场，但我们的精神和你们同在，我们要向来自世界各地的特奥会运动员们表示衷心的祝贺。你们在中国的比赛以及平时生活中，表现出来的勇气让我们充满了喜悦，我将自豪的说你们是我的偶像。接下来，下一届特殊奥林匹克运动会，将在我们的后花园——爱达荷州举办，我们借此邀请你们和我们一起，共同清楚和感受冬季特奥会的魅力。

大家好，我是宝拉·阿巴杜，2009年冬季特殊奥林匹克运动会，将在爱达荷州首府博伊西举行。各位，振奋起来吧，加入其中吧。现在就加入我们。

女士们先生们，欢迎吉米·戴默和唐尼·戴默兄弟。

歌曲《祝福》

演唱：吉米·戴默

键盘：唐尼·戴默（美国爱达荷州）

歌词大意 让梦想带你前进，携手陌生人同行，为未来努力，它属于我也属于你，挥别昨日，让脚下的石径指引我们前行；展望未来，让付出的努力超越最初的梦想。挥洒你的才情，为未来奋斗。

男 在这欢庆的时刻，我们不能忘记那些默默无闻无私奉献的教练员、裁判员、志愿者和工作人员，是他们用爱心和汗水换来了本届运动会的圆满成功，是他们用激情和智慧书写了特殊奥林匹新的篇章。接下来请组委会领导为他们的代表颁发荣誉证书。

女 （英文翻译）

组委会领导为工作人员代表颁发荣誉证书。

男 现在请国家体育总局局长、组委会执行主席刘鹏为教练员和裁判员代表颁发荣誉证书。

女 （英文翻译）

男 现在请中共上海市委书记、组委会名誉副主席习近平为志愿者和工作人员代表颁发荣誉证书。

女 （英文翻译）

（沙画表演）

【画外音】在生命的长河里，今天的相聚是短短的瞬间，但在我们的记忆中，它将是永远，永远的欢乐，永远的依恋。

第三篇章：依恋永恒

【画外音】

男 现在舞台中央出现了一棵晶莹剔透的祝愿树，树上挂满了各国各地区特奥运动员和他们的家人对未来的期盼，对世界的祝福，它装点着这依依惜别的难舍时分。现在就让我们聆听意大利著名女高音歌唱家玛利亚·鲁伊基亚为我们演唱的《告别时光》。

歌曲《告别时光》

演唱：玛利亚·鲁伊基亚

歌词大意

当我独处时
我会梦到地平线
世界在我面前坠落
在幽暗无光的房间里
如果你没有和我在一起
就一直暗无天日
每个窗口都映射着我的心
没束阳光都是你带来的
离别的时间来临了
可我想和你跨越海洋去远航
当你远离我时
我会梦到地平线
世界在我面前坠落
但我知道你与我在一起
这一点我是如此的肯定
你是我的太阳　月亮
我们永不分离
我将与你同去
将和你跨越海洋去远行

男　告别的时光隔不断浓浓的依恋，永恒的微笑传递着阳光和生命。现在中国著名歌唱家廖昌永、谭晶将为大家演唱特奥会闭幕式主题歌《阳光·生命》。

歌曲《阳光·生命》
作词：张海宁　作曲：印青
演唱：廖昌永　谭晶

当星光闪烁
微笑温暖人间
相信你就会出现在眼前
生命中许多动人的故事
此刻我们要一起分享
（重复一遍）
因为爱一切都会变得可能
我们在勇敢　勇敢努力向前
梦想成真　人生如此灿烂
快乐在心中　久久歌唱
生命你和我　永远在一起
心手相连　世界多美丽
生命你和我　永远不分离
心手相连　世界多美丽
（重复多遍）
多美丽

男　朋友们，来宾们，我们今天的闭幕式高潮迭起，精彩纷呈，它就像是一个充满着快乐和谐的阳光大家庭，温暖激动着我们每一个人。

女　（英文翻译）
各国运动员、教练员、工作人员、演职人员，台上台下联欢。

（舞台后方几组烟花腾空而起）

男　亲爱的朋友们，大家看到，在我们的身边是朋友们非常熟悉的智障指挥家舟舟，现在让我们在他的指挥下，在《欢乐颂》的旋律下，舞动起来吧。

尾声：《阳光大家庭》欢乐颂·节日序曲
编导：陈兆斌　高志毅　杨红宇
　　　王美意　张泉君
特邀指挥：舟舟

男　朋友们，来宾们，阳光生命，2007 年世界夏季特殊奥林匹克运动会的闭幕式就到这里结束了。

女　（英文翻译）

（舞台后方礼花燃放）

（张妮　整理）

《欢乐中国行》魅力苏州高新区

播出台：中央电视台 CCTV－3
播出时间：2007 年 10 月 28 日
总导演：孙滨

歌曲《生日礼物》
词曲：杨立发　演唱：江涛

为了十月六号那一天
我走遍了几条热闹的街
只为了寻找一份礼物
你喜欢的生日礼物
就在你生日的那一天
我把礼物送到你家门前
你说不必了
不是说好了已分手了吗
你曾说过分手后还可以做朋友
我送你礼物你却不接收
还叫我忘了你从此不要再联络
让彼此都快乐
你曾说过分手后还可以做朋友
我送你礼物你却不接收
还说我会找到一个比你更好的女人
为了十月六号那一天
我走遍了几条热闹的街
只为了寻找一份礼物
你喜欢的生日礼物
就在你生日的那一天
我把礼物送到你家门前
你说不必了
不是说好了已分手了吗
你曾说过分手后还可以做朋友
我送你礼物你却不接收
还叫我忘了你从此不要再联络
让彼此都快乐
你曾说过分手后还可以做朋友
我送你礼物你却不接收
还说我会找到一个比你更好的女人
此刻再也忍不住
眼泪不竟的滑落
颤抖的双手捧着礼物往回走
你曾说过分手后还可以做朋友
我送你礼物你却不接收
还叫我忘了你从此不要再联络
让彼此都快乐
你曾说过分手后还可以做朋友
我送你礼物你却不接收
还说我会找到另一个比你更好的女人
把礼物留着给她更适合

董卿　欢乐中国行，快乐在进行。我们今天欢乐中国行是来到了一片充满朝气的地方——苏州高新区。从 1992 年到今天，短短 15 年的时间，一座崭新的城市在这里拔地而起。从最初的三个小村落，到如今占地 258 平方公里的崭新的综合性的城区，可以说这片热土也吸引了来自世界各地的朋友们。所以今天，我也带来了我的朋友们以及朋友的朋友们，来到苏州高新区，我们要结识新朋友，共度欢乐时光。

歌曲《爱的天灵灵》

作词：ZION　作曲：璐璐　演唱：王心凌

爱 捉迷藏
掌心上
会冒出谁的脸庞
爱 不说慌
想笔画
谁才是对的他
请扔掉旧铜板
加满爱的力量
红栾星闪闪在发光
爱情很快就要来
用真心看未来幸福铁口直断
我拉着月老的红线
再远也不孤单
爱的天灵灵　爱的地灵灵
赶走所有的坏天气
就让爱闪电降临
上上签好心情
爱的天灵灵　爱的地灵灵
不管所有的好运气
就让爱闪电降临　注定爱上你

董卿　苏州高新区啊，不仅挨着苏州老城区，真的是将历史与现代完美地融合在一起。你看，枫桥边、虎丘山下，寒山寺的钟声没有变，但是唤醒的确是留学生创业园里那些壮志满怀的学子们。太湖水和京杭大运河也是静静的遥望着新建的海港。而苏州高新区一直有着为企业服务的这样一个理念，所以现在有50多家世界500强企业，国内有6000多家企业在这里安家落户。中国人有句老话叫朋友多了路好走，苏州高新区一直就是以这样的心态，敞开心扉，迎接来自世界各地的朋友们，一起唱响发展之歌。

歌曲：《只要有你一起唱》

作词：Kimchang Gwon Minjong　姜忆萱

作曲：Kimchang Gwon Minjong

演唱：孙楠

小时候的梦想
藏在这条走廊
争强好胜不怕伤
鼻青脸肿也无妨
时间带我们往前飞
人生好像命运转盘
梦想会被我们点亮
看见满天星光
如果能有你们和我一起唱
这歌声加倍的嘹亮
我才能找得到勇敢
迎向下个挑战
只要能有你们和我一起唱
梦再难也要用力闯
快乐时光虽然短暂
可是我永远不会忘
舞台就是我的天堂
因为有你们在身旁
伴着我每一次飞翔

董卿　谢谢孙楠！现场跟我们平时录像的现场不一样，很特别，后面很像这个古罗马花园。

孙楠　不错不错！

董卿　感觉那上面应该有个公主等着就好了。罗密欧与朱丽叶。但是你放心，我还真给你准备了一位朱丽叶。因为我们今天这期节目啊，它有个特殊的安排，就是要介绍新朋友，会会老朋友。那我作为这个节目的主持人，首先我就应该先给你介绍一位朋友，怎么样？

孙楠 哦，谢谢！

顾佳琪（当地歌迷） 你好（韩语）

董卿 在苏州的高新区啊，日韩企业特别多，所以我们大学毕业生除了会说英语之外，还有很多人呢选择第二外语，日语啊韩语啊，是不是？

顾佳琪 是！

董卿 那我觉得今天不妨在舞台上除了让你们用韩语对话之外，也可以用韩语一起唱首歌，大家说怎么样？

歌曲：《I BELIEVE》

作词：阿怪　作曲：Mim. Hyung. suk

演唱：孙楠　顾佳琪

I believe 你还在那里等待
爱的路总是充满了祝福
I believe 你还在把爱深埋
我在这里为你整夜在徘徊
看不到未来却挡不住相爱
就算短暂分开也不能把这缘分结束
曾经走过漫漫长路只要有爱
默默的祈祷真心的让彼此更幸福
曾经走过漫漫长路泪水模糊了我和你
那一刻我们俩依偎在一起
从此永远不再分离
I believe 你还在那里等待
爱的路总是充满了祝福
I believe 你还在把爱深埋
我在这里为你整夜在徘徊
看不到未来却挡不住相爱
就算短暂分开也不能把这缘分结束
曾经走过漫漫长路只要有爱
默默的祈祷真心的让彼此更幸福
曾经走过漫漫长路泪水模糊了我和你
那一刻我们俩依偎在一起
从此永远不再分离
我相信那份爱这份感动
只要你拥有这勇气
真心付出自己
一切都为爱人而牵挂
再长的等待也不怕
曾经走过漫漫长路只要有爱
默默的祈祷真心的让彼此更幸福
曾经走过漫漫长路泪水模糊了我和你
那一刻我们俩依偎在一起
从此永远不再分离

歌曲《大小姐》

作词：林秋离　作曲：Brenna

演唱：金莎

还少了一双鞋 跟包包做搭配
眼镜要够黑 明星感觉
做好随时准备 我临时想逛街
就除了你 什么都缺
再六个月 可能会下起雪
到时候我想换马靴
你要疼我宠我因为我是 大小姐
不过这不代表我会爱你 多一些
你说永远不变我是你的 大小姐
所以我想考考你对我有 多坚决
突然不很想睡 去帮我买宵夜
牛肉不要带血 羊肉要肥
在朋友的聚会 不要叫我宝贝
老炫耀我是 你的谁
再六个月 可能会下起雪
到时候我想换马靴
你要疼我宠我因为我是 大小姐
不过这不代表我会爱你 多一些
你说永远不变我是你的 大小姐

所以我想考考你对我有 多坚决
爱情的世界总是不能满足 不到位
所以在现实生活要更完美
看时光匆匆转眼瞬闪而过 一如流水
不能虚耗

董　卿　金莎其实是上海人，上海跟苏州是邻居，所以金莎你今天来到了我们节目现场，你要介绍一位嘉宾，你要给我们介绍一位朋友给我们大家，好不好？

金　莎　好！有请我的师兄，林俊杰！

林俊杰　Hello！大家好！

董　卿　俊杰，你好！欢迎来到苏州高新区！我们中国人讲究礼尚往来啊。金莎呢，是把你作为她的朋友，今天热诚地推荐给我们大家，那朋友的朋友和新朋友见面，是不是应该准备点什么礼物啊？

林俊杰　通常说到礼物的话，比如说有乐器的话，就是现场弹一段，弹一弹，现场写一首歌之类但是今天没有带乐器，所以我觉得特别的就是表演一段特别的口技。

董　卿　啊，真的？现场没有带乐器，但是你可以现场口技表演乐器。

林俊杰　对，对，嘴巴可以是乐器。

董　卿　真的吗？我们大家想不想听呀？

林俊杰表演口技

董　卿　以后在你的音乐里面，也可以加一点二胡的元素在里面啊！

林俊杰　对对对，而且是自己口技的二胡。

董　卿　你知道为什么，人家有专家，音乐专家曾经研究过，二胡和人的声音是最接近的。所以二胡的表现力会非常强。好了，谢谢俊杰给我们带来的这个二胡口技表演，那我想，金莎，今天你们师兄妹既然站在了同一个舞台上，是不是也应该合作带一首歌曲给我们大家？

林俊杰　好啊！

歌曲《发现爱》
作词：林怡凤　作曲：林俊杰
演唱：林俊杰　金莎

叽叽喳喳 路人小孩
撅嘴的你 站在露台
阳光眯着眼看我们
同时也 发现爱
嘀嘀咕咕 我该不该
让你看穿
冰激凌的默契就是爱
努力想藏 这刻曼妙
不觉中悄悄融化了
变成最幸福的味道
忘了烦恼 可爱多好
不需要说什么
呼吸之间 就尝到了你我
心电感应
我看见 loves in the end
~oh~
丘比特胡闹 唠叨的月老
缘分来了他们谁也管不了
就放手去爱
loves in the end
花开得很好 风吹得很好
只要你在什么都好
爱的香味随空气飘

歌曲《江南》
作曲：林俊杰　作词：林俊杰
演唱：林俊杰

风到这里就是粘

粘住过客的思念
雨到了这里缠成线
缠着我们留恋人世间
你在身边就是缘
缘分写在三生石上面
爱有万分之一甜
宁愿我就葬在这一天
圈圈圆　圆圈圈
天天年　年天天的我
深深看你的脸
生气的温柔　埋怨的温柔的脸
不懂爱恨情愁煎熬的我们
都以为相爱就像风云的善变
相信爱一天　抵过永远
在这一刹那冻结了时间
不懂怎么表现温柔的我们
还以为殉情只是古老的传言
离愁能有多痛　痛有多浓
当梦被埋在江南烟雨中
心碎了才懂

董卿　苏州啊，它不仅小吃很有名，它还有着很多的特产，数不胜数，比如说芡实，又叫鸡头米，是苏州特有的一种水中植物的果实，不仅营养价值丰富，也有很高的药用价值。另外，苏州的名茶“碧螺春”是十大名茶之一，茶香奇特，被人们视为是茶中的珍品。还有苏州评弹，那更是咱们苏州特有的艺术形式，悠扬的曲调，自成一派。那这次，咱们欢乐使者来到苏州之后，又会有一个怎样的目标呢？让我们一起来看一看吧！

视频：

张　蕾　究竟要带您去体验什么东西呢？就是这个（从背后拿出一个东西），没见过吧？我也是第一次看见。好像是一个小鸟的嘴巴一样，其实这就是太湖的水八仙之一。当地人呢，把它叫做鸡头米，其实学名叫做芡实。不过我看来看去都像是一个大石榴，一点没有米的样子，还是需要高人来给我指点一下。鲍大姐，你好！好像看这个就有一些米的样子了。好像是像珍珠一样，真的是由这样，变成这些小珍珠粒的吗？那赶快告诉我们，究竟是怎么把它剥开的吧！

鲍大姐　这个就是长在太湖里面，剥开就这样。

张　蕾　哇，还真得要有点力气才行。真的很好看。里面有一粒一粒果实的样子，里面有一粒一粒红色的小果实。

鲍大姐　还要用这个东西戴在手指上，把它（果实）剥出来。（特写剥开过程及里面果实的样子）

张　蕾　这几位都是来我们苏州投资的外商家属，今天她们就要和我一起来体验一下如何来剥芡实。

张蕾画外音　（主持人和外商家属剥芡实）芡实是咱们苏州的特产，具有很高的药用价值，对于身体虚弱者有收敛和镇静的作用，不过苏州的老百姓，更愿意把芡实当做美味。想要尝一尝芡实的味道吗？桂花芡实羹马上登场。

张　蕾　IN ENGLISH IS?

外商家属　It’s delicious!

张　蕾　（用韩语说是?）

外商家属　美味！（韩语）

张　蕾　但是用中国话讲就是好吃，好吃吗？

外商家属　好吃！

歌曲《小手拉大手》

作曲：TSUIAYANO 作词：陈绮贞
演唱：梁静茹

还记得那场音乐会的烟火
还记得那个凉凉的深秋
还记得人潮把你推向了我
游乐园拥挤得正是时候
一个夜晚坚持不睡的等候
一起泡温泉奢侈的享受
有一次日记里愚蠢的困惑
因为你的微笑幻化成风
你大大的勇敢保护着我
我小小的关怀喋喋不休
感谢我们一起走了那么久
又再一次回到凉凉深秋
给你我的手 像温柔野兽
把自己交给草原的辽阔
我们小手拉大手
一起交游 今天别想太多
你是我的梦 像北方的风
却正能帮我悠扬的哀愁
我们小手拉大手
今天加油向昨天挥挥手
啦啦啦啦拉 像北方的风
还记得那场音乐会的烟火
还记得那个凉凉的深秋
还记得人潮把你推向了我
游乐园拥挤得正是时候
一个夜晚坚持不睡的等候
一起泡温泉奢侈的享受
有一次日记里愚蠢的困惑
因为你的微笑幻化成风
你大大的勇敢保护着我
我小小的关怀喋喋不休
感谢我们一起走了那么久
又一起回到凉凉深秋
我们一起就这样向前走

董　卿　静茹也是我们欢乐中国行的老朋友了，我今天给你介绍一位新朋友给你认识好不好？

梁静茹　好！

董卿　是我们苏州高新区的一位男士，介绍给你好嘛？来，我们掌声欢迎宋坚政先生！他今天来，不仅要跟你见一面，而且有一份特别特殊的礼物要送给你，拿上来吧！

梁静茹　这个是那个“蟹八件”是吧？

董　卿　哦，你知道哦？

梁静茹　有听说过！

董　卿　啊，对！这个是那个吃蟹的工具，叫蟹八件。关于这个蟹八件，有一个传说可以告诉你，说是很早以前，苏州有个大户人家嫁女儿，备了99件嫁妆都觉得不是很满意，最后一人建议说，准备一份“蟹八件”吧，这个嫁妆带到婆家之启，没想到大家都觉得工艺很精美，用途非常巧妙，得到婆家的赞赏。所以一直到现在，咱们苏州的朋友都喜欢把蟹八件作为送给亲朋好友一份珍贵的礼物。所以今天，宋先生也特地准备了这份珍贵的礼物，送给静茹！

梁静茹　谢谢你！

董　卿　那赶紧来给我们展示一下好不好？先把这个蟹放在这个小桌子上。

宋先生　四面呢就是沿着四周轻轻给它轻轻敲一下，敲的目的呢也就是让蟹壳和蟹肉把它敲松。松动了以后，把这个斧伸进去，然后一掰，那么就很容易把它掰开了。

梁静茹　对，因经常都只是用手嘛。这样就正好。

董　卿　哎呀，有点垂涎啦。

宋先生　对，然后现在呢，就用指把蟹黄和蟹膏取出来。然后呢，这个刮，这个刮的作用就是把不需要的东西剔出来。这个简单，可以把它（蟹脚）剪下来。这个叉，就是可以把这个里面的肉把它取出来。那么这个呢，就要细心一点。有的肉呢就要用镊子把它夹出来，一个个的夹出来。

梁静茹 非常的方便！

董　卿 其实用这个蟹八件吃螃蟹，最后是可以把这个螃蟹壳很完整的拼凑起来。但是里边的蟹肉可以被剔得干干净净的。

宋先生 这个是其实是吃完的。

董　卿 大家看，这个看上去是一个很完整的蟹壳，其实这个已经是被蟹八件把所有的蟹肉剔除干净了。我们也可以展示一下，这里面就是干干净净，其实是空的，这个就是用蟹八件吃完的蟹壳。包括这个蟹钳里面也是空的。谢谢，谢谢宋师傅！

梁静茹 谢谢！

董　卿 宋先生，我能问你一个小小的问题，这个蟹八件在苏州话里面怎么讲？

宋先生 蟹八件。（苏州话）

董　卿 蟹八件（苏州话），静茹，以后吃蟹（苏州话）的时候就要用蟹八件。（苏州话）

梁静茹 我会告诉他们说，我要蟹八件（苏州话）吃蟹（苏州话）！哈哈，好的好的，谢谢，谢谢宋先生！

董　卿 谢谢！好的，那我们接下来，还是把舞台交还给静茹。

梁静茹 好！

歌曲《宁夏》

词曲：李正帆　演唱：梁静茹

宁静的夏天
天空中繁星点点
心里头有些思念
思念着你的脸
我可以假装看不见
也可以偷偷的想念
直到让我摸到你那温暖的脸
宁静的夏天
天空中繁星点点
心里头有些思念
思念着你的脸
我可以假装看不见
也可以偷偷的想念
直到让我摸到你那温暖的脸
知了也睡了
安心的睡了
在我心里面宁静的夏天
知了也睡了
安心的睡了
在我心里面宁静的夏天
宁静的夏天
天空中繁星点点
心里头有些思念
思念着你的脸
我可以假装看不见
也可以偷偷的想念
直到让我摸到你那温暖的脸
那是个宁静的夏天
你来到宁夏的那一天
知了也睡了
安心的睡了
在我心里面宁静的夏天
知了也睡了
安心的睡了
在我心里面宁静的夏天

董　卿 苏州话一直被称为吴侬软语，这个吴语是汉语七大方言语系里面历史最悠久的，所以它保留了相当多的古音。听上去虽然平和，却不失抑扬顿挫，说起来很有韵律感。特别是苏州话，咱们苏州女孩子说起来，那软是软得，怎么软呢，人们说啊，吵架都像唱歌一样。咱们可能电视机前很多观众朋友不信，不信的话，咱们今天现场就来试试看，好不好？我们掌声欢迎，一位美丽的苏州姑娘。这是我们一位特别可爱的苏州姑娘，当地观众，名字叫任逸佳。

董　卿　任逸佳，刚才我们说，说这个苏州人说话、吵架都像唱歌。咱们在台上吵架是不可能的，要不这样，你跟我试试看，咱们砍价怎么样？

任逸佳　砍价？

董　卿　对啊，比如今天你就遇到，嗯，我，这个女老板，我是卖牛仔裤的，两百八！

任逸佳　两百八十元？太贵了！

董　卿　那你要多少啊？

任逸佳　一百！

董　卿　一百？姑娘啊，你长得还挺漂亮，这也太狠了吧?!

任逸佳　老板娘，你看你长得这么标致，身材又这么苗条，你看你气质又这么好，一百元就卖给我吧！

董　卿　我送给你了！

任逸佳　谢谢你了！

董　卿　不要钱了，我再给你一百，你再把刚才的话再说一遍！

任逸佳　好的呀！

董卿　哦哟，真的说得我都有点软了。这一番好话听得，那这样，咱们接下来啊，就用苏州话把咱们下面这一位请上台好不好？

任逸佳　好！

董　卿　来，让我们掌声欢迎来自韩国的

董卿、任逸佳　安七炫（苏州话）！

歌曲《二十三》

词曲：安七炫　演唱：安七炫

迄今为止
我生活过的这些日子里
应该都忘却的事情和
今天才找寻的我
我会记得
那期间变得与以前截然不同的我
我不害怕我有变化
任何时候再来找我
我会改变你
我站在这个世界的前头
没有什么可顾忌的
没有你我也要活下去
如今我变得坚强起来了
希望你远远望着我
当时无法忍受的痛苦
现在对我来说只是一个回忆
不要错怪我
要记得我
难道你忘记了吗
我是革新这个世界的人
我挣扎的姿态也已消失
我只不过就是我自己
就在这个情况下
我是不会跌倒的
我站在这个世界的前头
没有什么可顾忌的
没有你我也要活下去
如今我变得坚强起来了
希望你远远望着我
当时无法忍受的痛苦
现在对我来说只是一个回忆
不要错怪我

要记得我
难道你忘记了吗
我是革新这个世界的人
当时无法忍耐的孤独
直至今天经历过的磨难
是一个新的开始
我一定做得最好
我不怕这个世界
我迫切地祈愿过
我不会在世界面前成为碎片
在我身边呼吸的
我最坚强的那一部分
一定要注视着我
我心中堆满的痛苦
也已都化为回忆
不要错怪我
要记住我
我是革新这个世界的人

歌曲《The Best》

词曲：安七炫　演唱：安七炫

战胜众多的困难
忍受着众多的苦痛
能站在这个位置
都是你那份爱
不知不觉转变的你
我没有抓住你
如今一切都改变了
我是你的 The best
失去你以泪洗面的日子已经过去
如今我已经有一份完整的爱
想拒绝我已经没有用了
你绝对不能回头
如今你绝对不能放弃
不要担心人生
没有理由旦担心这个
你不要再哭两次
来完整的爱我吧
我会守候着你
在我活着的时候
完善我人生的人只有你
你就是我的 The best
在悲伤中度过的许多日子
我变的更坚强
如今我已经有一份完整的爱
最终能让我勇敢的活下去的人是你
虽然稍晚了点
不过没有关系
我丝毫不能动摇
就算现实再困难
也不能停止我对你的爱
我爱你
我爱你
只有这一句话
接受我完整的爱吧
如今再也没有什么能阻止崭新的爱情

歌曲《面具》

词曲：安七炫　演唱：安七炫

声音突然哽咽
也说不出心意
泪水慢慢堆积
失去行走能力
视线里圈住已走远的你
无力挽留我的呼喊
已经淹没在结局里
心已经被撕碎散在空气里飞
像花朵已枯萎无法再次收回
从没有让你感觉到快乐
原谅我心里疯狂的执著
不要回头看我不要恋恋不舍
跑着离开我吧以后好好过吧
眼前你越来越远
骗自己让你更远一点

这么迟钝的我可能有点懦弱
让你选择逃脱也许这样没错
忘记所有经过
宁愿在痛苦中受折磨
要把回忆慢慢的遗落
请照顾好自己现在说对不起
曾经有过甜蜜为何还要离去
离开前请结束我的生命
失去了你一天也不能继续生存下去
你知道现在我已不能退
走到无法挽回快要崩溃
你却还能从容面对
怎么会是我哪里不对
你为什么一定要离去
不要回头看我不要恋恋不舍
跑着离开我吧以后好好过吧
眼前你越来越远
骗自己让你更远一点
这么迟钝的我可能有点懦弱
让你选择逃脱也许这样没错
忘记所有经过
宁愿在痛苦中受折磨
要把回忆慢慢的遗落
不要回头看我不要恋恋不舍
跑着离开我吧以后好好过吧
眼前你越来越远
骗自己让你更远一点
这么迟钝的我可能有点懦弱
让你选择逃脱也许这样没错
忘记所有经过
宁愿在痛苦中受折磨
要把回忆慢慢的遗落

歌曲《我的祝福记得吗》
词曲：刁寒　演唱：孙悦

掩不住太多的是牵挂
说不完太多是心里话
艰难的时候你别忘了
我的祝福记得吗
绿叶总爱扶最美丽的花
伴着你都是些知心的话
再远的路途你别忘了
我的祝福记得吗
当你离开家乡的那一个瞬间
去寻找你那向往的明天
当你踏上旅途的那一个冬天
送一个祝福伴你明天
亲爱的朋友啊
风雨艰难永远是昨天
亲爱的朋友啊

歌曲《魅力无限》
作词：李小龙　作曲：欧阳永亮
演唱：孙悦

每一次心动因为你在我身边
每一次冲动你给我的能量大到无限
怎能抑制我心燃烧的火焰
不能够停下的感觉
在我转身奔向你的一瞬间
狂热的激情指数早已达到了顶点
把时间放一边
注视着我双眼
摇动这沸腾的世界
别想把我再左右
我要选择现在的自由
让你知道知道我是谁
就在幸运降临的时候
就在就在就在就在就在就在
这一天我要我要我要我要我要我要
你看到骄傲骄傲骄傲骄傲骄傲的心
尽情绽放放放放

董卿　谢谢孙悦！谢谢！当了妈妈之后，劲歌热舞还是如此充满活力，激情四射呀！

孙悦　是！是！

董卿　今天这期节目有特别的安排，就是朋友介绍朋友。

孙悦　对！我知道，我这位朋友是韩国的朋友，让我们用热烈的掌声欢迎从韩国来的，刘承俊！

董卿　这些都是苏州的很有名的很有特色的小吃，你呀，我现在不告诉你这些都是什么，你呢，自己随意地在这里边挑一样，我看你有没有福气，挑中的是哪一样。

孙悦　来！

刘承俊　这个这个！

董卿　这个啊？啊，刘承俊抓上的这是喜膏，你知道喜膏是什么时候吃的吗？

刘承俊　不知道。

董卿　定亲的时候吃的！

刘承俊　啊，是吗？

孙悦　哎哟，定亲的时候吃的是吧？

董卿　要不，孙悦我看啊，这事就这么定了，你就在苏州选一个吧！

孙悦　我看看！

董卿　怎么样？你就在苏州挑一个吧！

刘承俊　我没想到，在苏州有那么多的漂亮的女、女朋，女孩。

董卿　女朋友，差点说漏嘴了。

刘承俊　不是，说错了。

董卿　所以你抓了定喜膏了，嗯，就是这个，你尝一下吧。

孙悦　嗯，替我尝一下。

刘承俊　嗯，好吃！

董卿　嗯，好吃吧？吃在嘴里，甜在心里。每一样东西，不仅好吃，还有着很好的寓意在其中。咱们说这天下没有免费的小吃，吃了就得为我们大家唱歌，大家说是不是啊？

歌曲《热情》

演唱：刘承俊

在20个冬天来的时候，
心情的起伏并不像会再海浪那样，
长大了就该去寻找自己的幸福。
不在害怕失去
你身影 常常印入我的脑海里
那么温暖 那么清晰
仿佛跟我一起穿越无边的天际
有一种冲动感觉带我飞行
按奈不住涛动的心
有句话今天让我来向你表明
我的世界 被你占据 快不能呼吸
澎湃的心 不停止想你
那漫天的思绪飘荡在我的屋顶
炙热的心 再难以平静

勇气告诉我爱你就不要放弃
能不能让我靠近
快忘记那些举棋不定的叹息
让孤单回忆小事的无踪影
让痛苦都只是路过
爱的旅途就让我陪着你一起走
点亮那颗 不变的心 都只是为了你
澎湃的心 不停止想你
那漫天的思绪飘荡在我的屋顶
炙热的心 再难以平静
勇气告诉我爱你就不要放弃
自由天空 流星划过 风雨之后才会有彩虹
唤醒我们 失落了太多的感动
澎湃的心 不停止想你
那漫天的思绪飘荡在我的屋顶
炙热的心 再难以平静
勇气告诉我爱你就不要放弃
澎湃的心
炙热的心

澎湃的心 不停止想你
那漫天的思绪飘荡在我的屋顶
炙热的心 再难以平静
勇气告诉我爱你就不要放弃

董卿　苏州高新区在成立之初，很多人觉得在一片空地上建立一个新的城区，就像一个梦一样，但是如今，这个梦想变成了现实。在这个让人自豪的美梦背后，是15年不懈的努力。每一个人都有属于自己的梦想，那我们今天欢乐中国行的这位欢乐追梦人又怀揣着一份什么样的梦想呢？让我们一起来看一看吧！

视频：

张蕾　今天的欢乐追梦人，是一个从小在太湖边上长大的小女孩，她的名字叫姚珠，今年上小学的六年级。不仅是乖巧懂事，而且是聪明伶俐，品学兼优。这样一个12岁的小姑娘，她会有什么梦想呢？今天我就带您到姚珠家去做客。是姚珠吗？

姚珠　是的。

张蕾　你好，我是中央电视台《欢乐中国行》的主持人张蕾。

姚珠　张蕾姐姐好！

张蕾　在和，这是奶奶是吗？

姚珠　这是奶奶。

张蕾　在刺绣。姚珠很喜欢刺绣是吗？

姚珠　嗯，我很喜欢。

张蕾　那你从几岁就开始学了？

姚珠　我从8岁就开始了。

张蕾　8岁？那从你这么多的刺绣作品当中，你最得意的是哪一幅作品呢？

姚珠　我最得意的就是两只大熊猫，盈盈和乐乐。

张蕾　就是我们送给香港海洋公园的那两只是吗？

姚珠　嗯，是的。

张蕾　为什么会绣它们呢？

姚珠　因为我自己本身就很喜欢大熊猫，大熊猫也很可爱，今年又是香港回归祖国十周年，我们送给香港海洋公园两只大熊猫，所以我想绣两只也亲自送给香港海洋公园。

画面：姚珠熊猫苏绣展示、张蕾和有关部门商讨、张蕾送姚珠去上海火车站

【画外音】和姚珠一起沉浸在欣赏她苏绣作品的喜悦中，看着她热切的眼神，我们决心尽快帮助她完成梦想。经过与当地有关部门的商讨，姚珠的香港之旅已经基本成型。但是她真的能够见到她日思夜想的盈盈和乐乐吗？

张蕾　姚珠，姐姐就只能送你到这里了。

姚珠　好的，姐姐再见！

张蕾　一路小心！

画面：姚珠来到香港，并来到海洋公园熊猫馆

【画外音】我真的来到香港了，真是没有想到，随口说出的梦想，张蕾姐姐和《欢乐中国行》栏目竟然帮我实现了，我现在心里非常激动，因为明天就要见到盈盈和乐乐了。我准备的这份礼物可以亲手交给它们，并且让来自世界各地的朋友都能看到我们苏州高新区的苏绣作品，我会永远记住这个日子。

姚珠　这是我做的刺绣作品盈盈和乐乐。这是一幅双面绣，两面都是盈盈和乐乐。这一只是盈盈，这一只是乐乐。

工作人员　很漂亮，谢谢你！你知道它们几岁吗？

姚珠　不知道，它们几岁了？

工作人员　它们两岁，刚过了它们的生日。

姚珠　哦，很小啊。

工作人员　对啊。

姚珠 它们每天都这个样子趴在上面睡觉吗？

工作人员 每天它们吃完了它们的东西，它们就会去休息了。它们很喜欢吃窝窝头。

姚珠 窝窝头？

工作人员 见过没有？

姚珠 见过！

工作人员 是绿色的。

歌曲《新上海滩》
作词：黄霑 作曲：顾嘉辉
演唱：陈松伶

浪奔 浪流
万里涛涛江水永不休
淘尽了 世间事
混作滔滔一片潮流
是喜 是愁
浪里分不清欢笑悲忧
成功 失败
浪里看不出有未有
爱你恨你 问君知否
似大江一发不收
转千弯 转千滩
亦未平复此中争斗
又有喜 又有愁
就算分不清欢笑悲忧
仍愿翻 百千浪
在我心中起伏够

董卿 接下来让我们掌声欢迎花儿乐队！

歌曲《穷开心》
词曲：大张伟 演唱：花儿乐队

小小的人儿啊 风生水起啊
天天就爱穷开心啊
逍遥的魂儿啊 假不正经啊
嘻嘻哈哈我们穷开心
小小的人儿啊 风生水起啊
天天就爱穷开心啊
逍遥的魂儿啊 假不正经啊
嘻嘻哈哈我们穷开心
她是谁家那小谁 身材赛过杨贵妃
貌美赛过七仙妹 婀娜多姿如翡翠
是红男绿女配 都是二十锒铛岁
纯洁幸福勇敢追 挨打挨捶绝不气馁
可她很自卑 是满脸的认倒霉
您是白天抹过黑 还是夜里做过贼
这人生苦短累 今朝有酒今朝醉

董卿画外音：接下来让我们掌声欢迎黄征！

歌曲《绝不放手》
词曲：黄征 演唱：黄征

我的心除了你还有谁
可为何却在半路出了轨
我们的爱像潮水
放纵之后化成灰
面对面又如何去面对
我的心除了你不再有谁
却背叛了开在心里的玫瑰
我们的爱像潮水
放纵之后收不回
这辈子来不及向你忏悔
请不要离开我
在这下雨的时候
请不要离开我
当我独自喝醉在街头
请不要离开我
绝不放开你的手
哭的时候让泪往心里流
请不要离开我
在这下雨的时候
请不要离开我

当我独自喝醉在街头
请不要离开我
绝不放开你的手
哭的时候让泪往心里流
我的心除了你不再有谁
却背叛了开在心里的玫瑰
我们的爱像潮水
放纵之后收不回
这辈子来不及向你忏悔
请不要离开我
在这下雨的时候
请不要离开我
当我独自喝醉在街头
请不要离开我
绝不放开你的手
哭的时候让泪往心里流
请不要离开我
在这下雨的时候
请不要离开我
当我独自喝醉在街头
请不要离开我
绝不放开你的手
哭的时候让泪往心里流
哭的时候让泪往心里流

董卿画外音：接下来让我们掌声欢迎王蓉！

歌曲《哎呀》
作词：李敏　王蓉　作曲：王蓉
演唱：王蓉

哎呀哎呀哎呀
嘿相爱一次让我练成百毒不侵
有心中定海神针
有金刚不坏之身
可你的出现彻底打乱我的方阵
连原本想单身的我也想结婚
突然失去平衡我已跌倒在梅花阵
我没有特异功能
不能让爱情永恒
可你的出现改变我的一贯口吻
一瞬间脑子乱得是哇拉里拉隆
爱你的心啊慌慌慌
得不到你的回应要发疯
猜你的心啊烦烦烦
被自己吓了一跳哎呀
爱你的心啊慌慌慌
没什么大不了我放放放
猜你的心啊烦烦烦
被爱情绊了一跤哎呀
你到底爱不爱我
哎耶耶
要么失恋失恋
要么失眠失眠
告诉我你的消息
哎耶耶
要么思念思念
要么锻炼锻炼
别让我主动约你
哎耶耶
要么习惯习惯
要么改变改变
我不想猜来猜去
哎耶耶
别让我的爱情
永远藏在心里
多少爱情有始无终
一次两次就诚惶诚恐
我用恋爱练就绝世武功
让爱情决定后半生的繁荣
没有道理啊啊
只有行动哦哦
I need you
I love you
这让我很快乐很享受
我姐妹失恋眼泪流成一碗汤

我邻居夫妻半夜吵破一面墙
我偶像制造绯闻女友一大筐
我自己歇斯底里更加不像样
你到底爱不爱我
哎耶耶
要么失恋失恋
要么失眠失告诉我你的消息
哎耶耶

要么思念思念
要么锻炼锻炼
别让我主动约你
哎耶耶
要么习惯习惯
要么改变改变
我不想猜来猜去
哎耶耶
别让我的爱情
永远藏在心里
爱你的心啊慌慌慌
得不到你的回应要发疯
猜你的心啊烦烦烦
被自己吓了一跳哎呀
爱你的心啊慌慌慌
没什么大不了我放放放
猜你的心啊烦烦烦
被爱情绊了一跤哎呀
爱你的心啊慌慌慌
得不到你的回应要发疯
猜你的心啊烦烦烦
被自己吓了一跳哎呀
爱你的心啊慌慌慌
没什么大不了我放放放
猜你的心啊烦烦烦
被爱情绊了一跤哎呀

董卿 来到苏州，我们很容易就会想到苏绣。因为苏绣作为中国的四大名绣之一，它的特点也非常显著，色彩明暗对比强烈，富有立体感。那说到苏绣呢，我们就不得不提到一个地方，那就是我们苏州高新区的镇湖。镇湖也是传统苏绣之乡，镇湖和苏绣之间到底又怎么样的密切的关联呢？我们赶紧去看一看。

视频：

张蕾 镇湖和苏绣有什么关系，这里面可真是大有玄机。其实镇湖就是苏绣的发源地，不相信？可不是吹的，在这个人口不足两万人的小镇上，光绣娘就有八千人。今天恰好是中国刺绣馆在镇湖开馆的日子，看到了吗？我身旁有前来助阵的一千名绣娘，场面是不是很壮观呢？号称是千女绣金秋。

画面 千人刺绣

【画外音】在这上千位绣娘当中，最小的才刚刚上小学，而年纪最大的老婆婆，今年已经将近80岁了，这里不光有绣娘，还有修郎，可别小看这些男同胞们的手艺哦。在镇湖，苏绣的传统已经深入每一个人的心里了，今天这里是高手云集，姚建萍就是其中的一位。

张　蕾 姚老师，您好！

姚建萍 您好！

张　蕾 我今天带着我们电视机前的观众要来见识一下正宗的苏绣。那我就想问您了，苏绣有什么特别的地方吗？

姚建萍 我们苏绣的特点用四个字来概括：精、细、雅、洁。

张　蕾 有这四大特点，那姚老师我能不能亲自来尝试一下我们这苏绣呢？

姚建萍 那好啊！

张　蕾 可以吗？

姚建萍 可以啊，你来绣我来教你。

张　蕾 现场就可以现学。

姚建萍 感受一下我们这个苏绣的魅力。

张　蕾 也很难得有大师来教我。

姚建萍 欢迎！

张　蕾 好，这两个手指，是吗？

姚建萍 对对。

张　蕾 直接往下走啊。

姚建萍 对，往下走，往这边拉。

张　蕾 往这边拉，然后上针上在哪个位置？

姚建萍 这个位置。

张　蕾 这个太难了这个。

姚建萍 其实这个一点都不难。

张　蕾 还有更难的吗？

姚建萍 对啊，我们光是一个劈丝就很有讲究，我们可以把一根丝线分成六十四分之一。

张　蕾 这么一根细细的丝线，要劈成六十四份。

姚建萍 对啊！

张　蕾 那还不比头发丝都细。能看见吗？我不信，姚老师。

姚建萍 那我来给你展示一下。

张　蕾 这一根是最细的吗？天呐，可能观众朋友透过镜头就无法看到了，它简直是比蚕吐出来的丝还要细上很多倍。使用它来刺绣吗？

姚建萍 是啊！

张　蕾 姚老师，我信了！但是我看到您绣的这幅图案，我很熟悉，是我们《欢乐中国行》的标志。

姚建萍 是啊，我正好在精工细作呢。完成之后代表我们苏州高新区送给你们欢乐中国行的。

张　蕾 是送给我们的礼物是吗？谢谢姚老师！平常都是我送给观众朋友们礼物，这收礼物我还是头一遭。这珍贵的礼物是收下了，但是我派送礼物的任务还没有完成，怎么办呢？还是交给现场的董卿吧，她要送出一样什么样的礼物，又要送给谁呢？我们到现场去看一看吧！

歌曲《星语心愿》

作词：高雪岚　作曲：金培达

演唱：张柏芝

我要控制我自己
不会让谁看见我哭泣
装作漠不关心你
不愿想起你
怪自己没有勇气
心痛得无法呼吸
找不到你留下的痕迹
眼睁睁的看见你
却无能为力
任你消失在世界的尽头
找不到坚强的理由
再也感觉不到你的温柔
告诉我星空在那头
那里是否有尽头
心痛得无法呼吸
找不到昨天留下的痕迹
眼睁睁的看见你
却无能为力
任你消失在世界的尽头
找不到坚强的理由
再也感觉不到你的温柔
告诉我星空在那头
那里是否有尽头
就向流星许个心愿
让你知道我爱你

董　卿 复出以后的第一场演出就来到了我们苏州高新区为大家演唱，我觉得这也很有意义。所以，大家是用掌声、欢呼声在欢迎柏芝。

张柏芝 谢谢！谢谢！

董　卿 离开大家很久了，这是第一次，又重新回到舞台上，有没有想念大家的感觉？

张柏芝 真的很想！好像想我的宝宝一样。但是今天特别紧张，因为我差不多一年没有工作，那今天第一次来表演，还在很害羞，害怕，害怕自己唱得不好啊，但是现在，看到那么多人支持我，我所有的歌迷都在这里。

董　卿 我们再苏州高新区也准备了份礼物给你，来完成欢乐使者的任务。我要把苏州，苏绣当中的顶级作品双面绣送给你。

张柏芝 哦，谢谢！

董　卿 来，有请礼仪小姐！

张柏芝 好美哦！谢谢！

董　卿 这是双面绣，它的特点就是双面绣，你看，正面，翻过来，反面，是一样的。一样完美的画面。我们特地选了两只鸟的图案，也希望你跟霆锋能够比翼双飞，幸福长久！把这份礼物送给柏芝，也代表着我们所有苏州高新区的观众对你们的祝福。好，谢谢你！问一下，问问柏芝，可能我们所有的观众现在都很关心，小宝宝怎么样？

张柏芝 真的很感谢上天，他很健康，很活泼，很完美。

董　卿 漂亮吗？

张柏芝 他最让我感动的就是，他跟谢霆锋是一模一样。那个是我觉得，上天送给我最好的礼物。

董　卿 我们看到现场也有很多朋友举着霆锋的牌子，说到霆锋，我也想问问柏芝，你觉得，作为爸爸，他怎么样？

张柏芝 没话说，两个字：完美！

董　卿 再次祝福你！

歌曲《忘了忘不了》

作词：陈少琪　作曲：金培达

演唱：张柏芝

你离开了我 我把心留给寂寞
我以为这样是种解脱
我在等什么 没有过新的生活
想念你是最大沉默
闭上眼睛听见你呼吸
我一个人孤独住在对你的回忆
因为我忘不了 忘记你比爱你更残忍
当我勇敢的去看别人的眼神
竟然看到自己伤痕
忘不了
失去比得不到更残忍
我不能不承认是你的拥抱更深
我失去了你才为别人奋不顾身
忘了想起你
在没有你的天地
才能了解这场分离
闭上眼睛听见你呼吸
我为什么还是住在对你的回忆
因为我忘不了
忘记你的爱意更残忍
当我勇敢的去看别人的眼神
竟然看到自己伤痕
忘不了
失去比得不到更残忍
我不能不承认是你的拥抱更深
我失去了你才为别人奋不顾身
因为我忘不了 忘记你比爱你更残忍
当我勇敢的去看别人的眼神
竟然看到自己伤痕
忘不了

失去比得不到更残忍
我不能不承认是你的拥抱更深
我失去了你才为别人奋不顾身
你到底是感激我还是喜欢我
是我把你当他还是你把他当我
忘了想起你
在没有你的天地
才能了解这场分离

董卿 人们说苏州高新区每天都在创造奇迹，它曾经在一百天的时间里建立起了一座出口加工区，在那段日子里，每天投资一百五十万，每三天建成一层楼，一百天，一百天在一片农田上建立起了一座国际化的出口加工区。更让人惊讶的是，北京八部委在验收的时候，给这个工程打了一个满分。这样的奇迹在苏州高新区不止一个，我想这一切都体现了一种魄力，这种魄力也是王者的成功之道。

歌曲《成者为王》
词曲：谢霆锋　演唱：谢霆锋

不到前方 怎会看到哪一点最雄壮
不上战场 怎会觉得哪一仗最漂亮
拿出胆量从来就是我和你的强项
嗨嗨　成者为王
四面八方在等着我做王
铁壁铜墙在等着你去闯
没有退让只有去抢
吼喂呦喂
突破渴望只有力量
嗨呦喂呦
所有太阳都在看我敢不敢去仰望
所有偶像都在问你敢不敢去接班
活得风光从来就是我和你的强项
嗨嗨成者为王
四面八方在等着我做王
铁壁铜墙在等着你去闯
没有退让只有去抢
吼喂呦喂
突破渴望就有力量
嗨呦喂呦
没有谁不懂呼喊不拍掌
却有谁能站在强赛场
生命重来的一场 不到极限不离场
胜负到底不一样 渴望就像力量
四面八方在等着我做王
铁壁铜墙在等着你去闯
没有退让只有去抢
吼喂呦喂
突破渴望就有力量
嗨呦喂呦
四面八方在等着我做王
神采飞扬就写在你脸上
没有退让只有去抢
吼喂呦喂
突破渴望就有力量
嗨呦喂呦

董　卿 谢谢霆锋给我们带来这首《成者为王》。我想成者为王，当了爸爸是不是也很有成就感？

谢霆锋 那个怎么说，成就感也不敢说，只不过是觉得很幸运，很难得，但是，当然那个功劳不只是我一个，还有我太太，成就感应该来自她。

董　卿 两个人一起的，一起努力的结果。

谢霆锋 对，两个人一起的。而且是上天赐给我们的一个人生最大的礼物。

董　卿 你们俩居然不约而同地说了同一句话，是啊，“这是上天赐给的最好的礼物。”当然，刚才我们问了柏芝你作为爸爸，她觉得你怎么样，她给了你两个字。

谢霆锋　嗯。

董　卿　完美！

谢霆锋　（笑）

董　卿　我觉得对小 Baby 最需要的就是一份耐心，对吗？我们现在现场就来考验一下霆锋是不是一个有耐心的人，你敢接受我们的考验吗？

谢霆锋　那我现在既然已经站在这里，我也没法选择。

董　卿　哈哈，而且，考你的肯定不是我，而是孩子们。

谢霆锋　是吗？

董　卿　真的，来，孩子们，上！你们想做什么？

小朋友　想在叔叔身上画画！

董　卿　他们要在叔叔身上画画。他们每一个人都带了笔。

小朋友 1　我想画个星星。

董　卿　哦，想画个星星。那你呢？你想画什么？

小朋友 2　我想画个小猪。

董　卿　你呢？

小朋友 3　我画苏州的大闸蟹。

董　卿　好，你们想画什么就画什么，想怎么画就怎么画，怎么样？

谢霆锋　好，来，就让你们画呗！

董　卿　来！

谢霆锋　我助养的四十几个五十个小孩，有超过一半，我昨天才收到消息，都是十优生。

董　卿　都是非常优秀的学生。

谢霆锋　对，对！

董　卿　你可以多画几个，你画星星，可以画满天的星星。

谢霆锋　哦，这个就是大闸蟹啊。

董　卿　这是星星，怎么是大闸蟹呢。来，在这里还可以画。哦，那只小猪是吗？好可爱！已经完成啦？这是一只小猪，这是一颗星星，还有后背的大闸蟹。我觉得，你在整个的过程当中都表现的真的很温柔，而且很关爱这些孩子，还是显得非常有耐心的。你应该说是通过了我们的考验了，真的。

谢霆锋　就这样啊？

董　卿　对啊，大家说呢？

谢霆锋　谢谢，谢谢！我就是想说，其实一个小孩的，就是一个人的笑容是很难的，那三幅小小的画能换到他们的笑容，我觉得无所谓。

董　卿　好，那我们也谢谢孩子们的杰作好不好？谢谢你们的杰作，谢谢你们来。

谢霆锋　谢谢！（亲吻孩子面颊）

董　卿　其实霆锋，这些彩色的色笔画的画是可以消除掉的，如果雨再大点话，它一会儿就没了，但是因为现在雨不够大，我可以来帮你实验一下。我不会对着你的脸喷的。注意啊。

谢霆锋　你没有对着我的脸喷，但是我发现我的裤子都湿了来着。

董　卿　（大笑）我刚才也注意到，虽然没有对着你的脸喷，但是你的……（转向身旁的孩子们）叔叔怎么了？

小朋友　叔叔尿裤子了！

董　卿　对不起。其实，叔叔不会尿裤子，叔叔的……

谢霆锋　真的不见了。

董　卿　真的不见了吧？很奇特。

谢霆锋　除了都湿了以外……

董　卿　其实这也是我们苏州高新区研发的一种非常高科技的产品，这种色笔对孩子来讲很安全，他们就算咬在嘴里，这颜料，也不会有任何的危险，而且衣服清洗起来也非常方便。为了表示对你刚才这个表现的嘉奖，我们准备送一箱这样的笔给你，然后带回去，可以以备小霆锋长大以后可以画画的时候可以用，无论画在哪里，都可以轻而易举地消除掉，好不好？

谢霆锋 好，谢谢！

董　卿 谢谢，我们也谢谢孩子们，谢谢叔叔吗？

谢霆锋 谢谢三位！

歌曲《谢谢你的爱1999》

作词：林立南　作曲：陈俊延

演唱：谢霆锋

说再见 别说永远
再见不会是永远
说爱我 别说承诺
爱我不需要承诺
不后退就让他心碎
宁愿孤独的滋味
不被了解的人最可悲
反正爱不爱都有罪
要走也要擦干眼泪
别问爱过多少人
在一起的人
只问爱你有几分
别问太多的伤痕
如果不懂伤有多深
别问最爱我的人
伤我有多深
现实总是太残忍
我早已付出了灵魂
说再见别说永远
再见不会是永远
说爱我别说承诺
爱我不需要承诺
不后退就让他心碎
宁愿孤独的滋味
不被了解的人最可悲
反正爱不爱都有罪
要走也要擦干眼泪
别问爱过多少人
在一起的人
只问爱你有几分
别问太多的伤痕
如果不懂伤有多深
别问最爱我的人
伤我有多深
现实总是太残忍
我早已付出了灵魂
别问爱过多少人
在一起的人
只问爱你有几分
别问太多的伤痕
如果不懂伤有多深
最爱我的人
伤我有多深
现实总是太残忍
我早已付出了灵魂

董卿 任何成功的背后其实都是以失败作为经历来支撑的，就像是咱们苏州高新区，也曾经有过面对一望无际的田野，没有资金，没有项目，没有人才，但是所有的这些苦难，都被我们高新区人一一地克服了。十五年的成长，就仿佛从一个男孩长到了青年，苏州高新区也步入了自己的成熟年代。

歌曲《寂寞沙洲冷》

作词：陈信荣　作曲：周传雄

演唱：周传雄

等你走后心憔悴
白色油桐风中纷飞
落花随人幽情这个季节
河畔的风放肆拼命的吹
不断拨弄女人的眼泪
那样浓烈的爱再也无法给
伤感一夜一夜
当记忆的线穿杨过往支离破碎
是黄昏占据了心扉
有花儿伴着蝴碟
孤燕可以双飞
夜深人静独徘徊
当幸福恋人寄来红色分享喜悦
闭上双眼难过头也不敢回
仍然渐渐恨之不肯安歇微带着后悔
寂寞沙洲我该思念谁
等你走后心憔悴
白色油桐风中纷飞
落花随人幽情这个季节
河畔的风放肆拼命的吹
不断拨弄女人的眼泪
那样浓烈的爱再也无法给
伤感一夜一夜
当记忆的线穿杨过往支离破碎
是黄昏占据了心扉
有花儿伴着蝴蝶
孤燕可以双飞
夜深人静独徘徊
当幸福恋人寄来红色分享喜悦
闭上双眼难过头也不敢回
仍然渐渐恨之不肯安歇微带着后悔
寂寞沙洲我该思念谁
当记忆的线缠绕过往支离破碎
是黄昏占据了心扉
有花儿伴着蝴蝶
孤燕可以双飞
夜深人静独徘徊
当幸福恋人寄来红色分享喜悦
闭上双眼难过头也不敢回
仍然渐渐恨之不肯安歇微带着后悔
寂寞沙洲我该思念谁
仍然渐渐恨之不肯安歇微带着后悔
寂寞沙洲我该思念谁

董卿 苏州高新区自创立以来，可以说是一直追求着自己的速度和高度。从国家第一个留学生创业园，到第一个ISO14000国家级示范区，再到第一个也是唯一的一个实施循环经济的国家级高新区。苏州高新区已经创下了11个全国第一，8个世界第一的奇迹。这些成绩真的是让人赞叹，也让人钦佩，就仿佛是神话一般，但是我相信，这样的神话还会延续，更多的神话还在孕育。

歌曲《神话》
作词：王中言　作曲：崔浚荣
演唱：韩红

隔世缠绵今世难续缘
心依然梦里的诺言未改变
人间凄然
不如一笑去了烛花散
尘花醉酒
轮回前尘成云烟
霓红点点凡间迷乱情浅
如当年幻梦间牵手
心依然
因果皆缘
不如一醉罢了浮花散
情语醉人轮回前尘成誓言
剑如飞心如水
也隔不断相思泪
歌不悔心还醉
究竟是为谁

剑如飞心如水
也隔不断相思泪
歌不悔心还醉
究竟是为谁
爱若苦心无顾
谁拿爱情一生赌
翅断了碟儿飞了
化作一世深缘故
隔世缠绵今世难续缘
心依然梦里的诺言未改变
人间凄然
不如一笑去了烛花散
尘花醉酒
轮回前尘成云烟

董卿 苏州高新区用十五年的时间，创造了一个又一个神话，在未来的日子里，它还会提供更良好的投资环境和居住环境，让苏州高新区成为名副其实的更高更新的城区。我们即将要告别这片充满活力的土地，但是今晚，我们与大家结下的友情才刚刚开始，朋友们，记住，下周同一时间带上你的好心情，跟我出发，再见！

歌曲《跟我出发》
作词：孙滨　作曲：董赫男
演唱：董卿　黄征

啊咿呀咿呀　啊咿呀咿呀
和我一起尽情欢乐准备好了吗
啊咿呀咿呀　啊咿呀咿呀
和我一起尽情欢乐准备好了吗
听着太平鼓再点击冬不拉
看红绸带妩媚多情的哈达
融一份真情泼一幅山水画
唱一份骄傲来把欢乐挥洒
雪山给雄鹰发送一封彩信
江水给白帆打一通电话
别说路太远
只要心心相连
越过沙漠就能把绿洲到达
跟着我脚步向沉默出发
从此什么都不怕
跟着我背起音乐的行囊
现在就出发
啊咿呀咿呀　啊咿呀咿呀
和我一起尽情欢乐准备好了吗
啊咿呀咿呀　啊咿呀咿呀
和我一起尽情欢乐准备好了吗
啦啦啦啦啦　啦啦啦啦啦
就让我再朝欢乐飞呀飞呀飞呀
啦啦啦啦啦　啦啦啦啦啦
就让我再朝欢乐飞呀飞呀飞呀
就让我再朝欢乐飞呀飞呀飞呀

（出字幕，大全景，焰火，出现“中国中央电视台”字幕）

（涂婳　整理）

2008 年

2008 年中央电视台春节联欢晚会

播出台：中央电视台
播出日期：2008 年 2 月 6 日
总导演：陈临春
主持人：朱军　董卿　李咏　周涛　张泽群　刘芳菲

片头：**开场歌舞《飞向春天》**
作词：任卫新　作曲：李沧桑
编导：何艳敏　领舞：王亚彬
演唱：雷佳　李晖　哈辉　王丽达
舞蹈：广州军区政治部战士文工团
中国邮政艺术团
中国电信武汉艺术团
珠海汉胜艺术团
山西艺术职业学院“一把酸枣”舞剧团
山东青年管理干部学院舞蹈系舞之轩工作室
（灯光：舞台灯光以蓝色为主光，绿色和紫色侧光，加电脑灯花朵图样飞舞）
（服装：舞蹈前半部分演员是紫粉色大长花摆裙，后一部分是金色长裙，领舞大红色花朵裙【调度】：幕布拉开，舞蹈演员在舞台前区长方形阵，舞动裙摆，队形流动布满舞台，之后变化成散圆、立圆等，金色长裙舞蹈演员以三角走出，最后领舞演员在金色花簇中升台起舞）

【空中吊板落下，六位主持人走到舞台前区】
朱　飞向春天 春潮澎湃 天地新。
董　飞向春天 春风浩荡 山河美。
李　飞向春天 春光无限 祖国好。
周　飞向春天 春意盎然 万家乐。
朱　中国中共电视台。
董　中国中共电视台。
李　亲爱的现场还有电视机前的观众朋友们。
周　这里是由中国中　电视台综合频道　中文国际，英语国际，西班牙语国际频道，法语国际频道并机为您现场直播的 2008 年春节联欢晚会。
张　在这万家团圆，辞旧迎新的时刻，我们要向全国各族人民。
刘　向香港特别行政区同胞，向澳门特别行政区同胞。
朱　向台湾同胞，海外侨胞，向全世界的中华儿女道一声——
合　春节好！

董　祝大家——
合　新春快乐，万事如意！

绽开那春字的笑脸
迎接春天的盛典
春潮汹涌的天地间
无限春光盎然
绽开那春花的笑脸
祝贺春天的盛典
花海蓬勃的天地间
无限江山福田
雷　雪迎春 雨送春 春到人间
李　花报春 鸟鸣春 春到心间
哈　开福门 迎福运 福到人间
王　祝福你 祝福我 福到心间
全　每一家 每一户 每一幅欢颜
都是一张新春的贺年片
每一城 每一乡 每一副春联
都是一部幸福的贺岁片
绽开那春字的笑脸
迎接春天的盛典
春潮汹涌的天地间
无限春光盎然
绽开那春花的笑脸
祝贺春天的盛典
花海蓬勃的天地间
无限江山福田
飞向春天　飞向春天
一个春暖花开的中国年
飞向春天　飞向春天
一个春潮花海的中国年
春潮花海的中国年

朱　好，谢谢，谢谢合位。亲爱的观众朋友们，今年的春节与以往不同，南方的大雪牵动着全体中国人的心。在这里，我们首先要向灾区人民，向连日来在抗击冰雪第一线的英雄们送去我们由衷的祝福和真心的感谢，谢谢你们！
董　也许经过连日的劳动，现在你已经回到了家中，也许此刻你还在回家的路上，也许你正匆忙着，无论你在哪里，我们春节晚会都要把最美好的祝福送给您，祝您——
合　新春快乐！
朱　董卿啊，你看，过年了，我们中华民族呢有一个习俗，贴春联对吧。
董　没错！
朱　那你对着大家送我一副春联，怎么样啊？
董　我先送上一副。
朱　没错。
董　好，你听着——
笑看冰雪正消融；
喜迎大地又回春。
朱　好联。不过呀，我觉得稍微短了一点。
董　那你来副长的。
朱　你听好了——
上上下下 男男女女 老老少少 都添一岁
家家户户 欢欢喜喜 热热闹闹 共过新年
董　那这横批呢？
朱　中华全家福。

歌舞《中华全家福》
作词：曲波　作曲：戚建波
编曲：张宏光
演唱：林依伦　江涛　汤灿　吕薇
编导：吴婷　高燕　张卫东　于春仪
舞蹈：吉林市歌舞团
　　　中国电信汉艺术团
　　　空军蓝天幼儿艺术团
（灯光：黄色和紫色主调）
（视频：两个娃娃年画加春字）
（服装：林依伦－白衬衣 黑马夹 黑西裤
　　　　江涛－白衬衣 红西服 白西裤
　　　　汤灿－宝石绿泡袖中长礼裙

吕薇－蓝白色长礼裙
舞蹈儿童－黄色裤子 白底红色的剪纸图案上衣 同色系的小头巾
舞蹈男演员－红色底 白色剪纸图案硬摆长裙件 同色头巾
舞蹈女演员－同色系吊带短裙 红色紧腿裤
木偶人－民族风格的红色上衣 绑腿裤 带着老头、老太太面具)

林 长江黄河那个贴门对儿
万里长城那个挂横批儿
江 三山五岳扭着秧歌儿
五湖四海端起那个酒杯儿
汤 五十六个民族排成了对儿
港澳台的同胞也靠在身边儿
吕 大团圆的场面今天最红火
大中华的全家福早就该按快门儿
男 照一张大中华的全家福
女 让祖先看看她的后代最争气
男 照一张大中华的全家福
女 让世界看看中华儿女心使一股劲儿
女 呀依呀儿哟
男 依儿呀儿哟
全 中华儿女心使一股劲儿
林 长江黄河那个贴门对儿
万里长城那个挂横批儿
江 三山五岳扭着秧歌儿
五湖四海端起那个酒杯儿
吕 龙的传人情系个同心结儿
中华儿女抖出个精神劲儿
汤 大团圆的场面今天最红火
大中华的全家福早就该按快门儿
男 照一张大中华的全家福
女 让祖先看看她的后代最争气
男 照一张大中华的全家福
女 让世界看看中华儿女心使一股劲儿
女 呀依呀儿哟
男 依儿呀儿哟
全 中华儿女心使一股劲儿
男 照一张大中华的全家福
女 让祖先看看她的后代最争气
男 照一张大中华的全家福
女 让世界看看中华儿女心使一股劲儿
女 呀依呀儿哟
男 依儿呀儿哟
全 中华儿女心使一股劲儿

李 好，谢谢小朋友们，中华儿女全家福。
周 今天呢是大年三十，一家人亲亲热热围在一起吃一顿团圆饭是咱中华民族的传统。
李 那应该喝点小酒祝祝兴才行！
周 我就知道你特别爱喝酒，所以李咏我要特别提醒你，喝了酒，千万不许开车。
李 谢谢您的提醒。那电视机前所有开车的朋友，酒后千万不要碰车，那一是为自己，二是为家人。说句良心话，平平安安才是最大的福。
周 好！请看小品《街头卫士》。

小品《街头卫士》
作者：韩翔　王振华
导演：由二群　张仁里
表演：句号　周炜　韩雪
周 朋友们大家好！新春佳节庆团圆，交警上岗保安全。车来人往好热闹，咱见面就算拜大年。过年好！大爷，您过年好啊，谢谢您送给我的热茶。小朋友，糖葫芦叔叔不吃，别跑别跑，注意安全。大妈，您买年货去了，啊呀，您给我还送什么花呀，哦，芹菜啊，呵呵，跟您开个玩笑！啊，同志，同志，您过来一下！
(句号上场)
句 嘻唰唰，嘻唰唰，嘻唰唰……
周 有点跑偏了。同志，过年好！

周　喝酒了吧？
句　没有，我压根就不会喝酒。
周　真没喝？多少度啊？
句　60度。
周　行了，哥们儿！
句　内行啊，喝酒就得喝高度酒别的度数就跟那猫尿似的。冲这口，我养了七只流浪猫（险些摔倒）这滑……
周　你喝这么多酒还敢开车？这车流量这么大你没看见啊？
句　看见啦！
周　看见还敢开？
句　我这不是没看见警察吗？
周　哎呀，你还真说实话？
句　我就这点好，我喝点就爱说实话！在我家，我媳妇要想知道我点什么事，就要把我灌醉了再拷打我。
周　啊？
句　拷问！你说吧，今天打算问我点什么事？
周　哎呀，我是真没见过你这么喝酒的。
句　我还没见过你这样当警察的呢。
周　我怎么啦？
句　我刚把车打着火，你就把我给叫过来了。那还能罚着钱吗？外行啊，你是。
周　不不不，那我要是内行呢？
句　你等我挂上挡，轻踩离合，慢给油，车轱辘一转，停！这叫什么？
周　叫什么呀？
句　这叫酒后驾车！
周　哦！
句　扣本子带罚款，弄不好还能给我拘几天，你说像我这样能拘几天啊？
周　照你的意思说，今儿我还有点性急了！
句　太急了，车没挪地方，你就把我叫过来了，罚不着了？扣不成了，白忙和了，我说。
周　这儿这儿这儿。
句　我说你外行你还不乐意？你知道你这叫什么吗？
周　叫什么呀？
句　你这叫甩掉傻鞋，丢掉傻袜，脱下傻裤，拉下傻瓜。
周　这怎么讲呢？
句　就剩一傻帽儿了！
周　啊？
句　一秒钟，你就等我一秒钟，我车开出来，敞开了罚呀！
句　嘻唰唰，嘻唰唰，嘻唰唰……
周　再等一秒钟，这一秒钟发生事故呢？酒后驾车，出了事都小不了。
句　你吓唬我！
周　我不是吓唬您，同志，这个交通事故往往就发生在一瞬间。我们的目的也不是为了记分、罚款、扣本子，是为了保护广大人民群众的财产安全。把交通事故消灭在萌芽之中。
句　好，回答正确，加10分。都靠你们警察了。
周　光警察也不行啊，得我们大伙儿一块儿努力。这里面也包括你！来来来，把车钥匙给我！
句　别扣车！
周　不是扣车，你听我说啊！你待在边上呀先醒醒酒，再有几分钟我就下班了，一会儿我替你开车，把你送回家，好不好？
句　你要送我回家？
周　哎！
句　你是我哥。
周　你比我大！
句　大哥！
周　好好好！咱们慢一点！
咱们回家！（车喇叭鸣）
同　停停停，停车！
句　哥，这车你都敢拦？没我护你就瞎了！

周　同志，你请过来一下！
韩　怎么了怎么了怎么了？你们怎么啦？
周　什么叫我们怎么啦？对不起请您出示驾照。
韩　我怎么啦？
周　您超速行驶啦！
韩　我超速，您的意思是我开得太快？
周　对啊。
韩　我开得太快？
周　对啊。
韩　我开得太快？我开得太快？
句　好啦，我纠正一下，你不是开得太快。
韩　就是嘛！
句　你是飞得太低。姐们儿，你要不是绑着，得赶上波音747了！
韩　你什么747？你看好了，我这可是奥拓。
句　我还以为奥迪呢！
韩　过分，不许歧视小排量，我们早都解禁了，就这条道，搁过去，我还不稀罕开呢！你得敢开啊！啊，我今儿还就开了，我们的春天来了！
周　停停停。少说两句好不好？同志请出示驾照！
韩　干嘛干嘛干嘛，跟我玩严肃！警察叔叔。
周　我有这么老吗？
韩　警察。
周　叫同志！
韩　帅哥！我可认识你们大队长！
周　我们大队长，我也认识啊。出示驾照。
句　不会无照驾驶吧！
韩　你才无照驾驶呢！警察同志，我是有急事！
周　那有急事更不能开这么快啦，你说这大过年的，真出点事故，家里人得多着急啊?!
韩　我这不是着急要去看我老公吗？他也是你们大队的！叫庄严。庄重的庄，严肃的严！
周　那你是……
韩　我叫马露莎！
句　小名叫手吧，马路杀手嘛！
你才杀手呢！我的小名叫莎莎，警察同志，请看这是我的驾照！您看，是我吧？
句　你别摆了，再摆赶上我家猫了。
韩　讨厌！警察同志，庄严您熟吧？
周　嗯，太熟了！不过他好像还没结婚呢吧？
韩　结不结婚其实不就是那么一回事嘛？
句　啊？这你也敢无照驾驶啊？
韩　讨厌！警察同志，你说他有多讨厌啊？太讨厌了你！
周　好了，你这是超速行驶了，而且还闯红灯，积分已满12分，根据道路安全法的规定，暂扣你的驾驶执照，三天之内，到执法站接受处罚。
韩　我不是都跟您说了，我是庄严的未婚妻。
周　对啊，我开的也不是结婚证！
韩　别撕别撕别撕！您还真撕啊！
句　那可不真撕嘛。你还以为纯棉的呢？
韩　站住！
句　有事啊？
周　同志，你还有什么事吗？
韩　把驾照还我！
周　我不说了嘛，接受完处罚，这本自然就还给你了！
韩　不行，现在就把驾照还我！
周　那对不起，我没这权利。
韩　那你有什么权利酒后上岗啊？
周　我没喝酒啊？
韩　这么大的酒味还说没喝啊？
句　那个酒是我喝的！不信你闻闻！
韩　讨厌！
周　好好，怎么样，这酒还是我喝的吗？

韩　就算不是你，你也不能带着酒鬼上岗啊？
句　我根本就不认识他。是不哥？
韩　哈哈哈，都哥长哥短的了还说不认识。
句　他真的不是我哥。对不哥？
周　哎！
句　你不是我哥。我不认识你！
韩　行啦行啦行啦。现在就把驾照还我，否则我就告你违反禁令，把你身上这身警服给你扒了。
句　你拿警察当香蕉呢？说扒皮就扒皮啊。
韩　我现在就去打电话。
句　玩儿真的！
韩　喂，维尼熊吗？
句　还加菲猫呢。
韩　加菲猫，谁是加菲猫啊，我是杀手，啊。
句　你是莎莎。
韩　我是莎莎。维尼熊你给我介绍的那个男朋友是叫庄严吗？
句　啊，喊了半天老公都不知道自己老公叫什么，这女孩也太超前了。你你你，你掏钱吧！
韩　讨厌，关你什么事？我不是说你，我是说这儿的一个警察。齁儿不是东西。
句　齁本来就不是东西嘛。
韩　你等着，我现在就给庄严打电话。哼。
周　不用打了。我就是庄严。
韩　你就是庄严？
周　对，我就是那齁儿。
韩　啊。
句　她是你未婚妻呐。他就是你老公啊。
周　真没想到哈，咱们在这个地方见面了。不过我首先要感谢您能选择交警作您的男朋友，但是我决定还要考虑考虑，作为交警的家人，不但要理解交警的辛苦，可能有时候还要承受点委屈，好啦，咱们有机会再见吧！
句　再见，嫂子。再见杀手！
句　这两口了，一致对外啊！
周　说什么呢？
韩　讨厌！
句　追尾啦！
韩　庄严同志，今天真是对不起。
周　没关系！
韩　庄严同志您听我说！
句　哎哎哎……那是我的车，杀手嫂子，你那小排量飞机在那儿呢！再见！

董　小心点儿！
朱　好，谢谢谢谢！谢谢三位精彩的表演。亲爱的观众朋友们，时间过得真快，一转眼，2008 年的春天已经来到了我们的眼前。在这美好的除夕之夜，我们要向过去的一年里，为祖国的现代化建设作出卓越贡献的劳动模范，向在节日期间依然坚守在工作岗位上的广大劳动者，向中国人民解放军全体指战员、武警部队官兵和公安民警，真诚地说一声
合　过年好！
董　春天的脚步是离我们越来越近了，接下来就让我们跟随宋祖英的歌声，走进广袤的田野，张开双臂，拥抱又一个如歌的春天。

歌舞《田野的春天》

作词：曹勇　作曲：徐沛东
演唱：宋祖英　编导：官美华
舞蹈：广州军区政治部战士文工团
　　　珠海汉胜艺术团
（灯光：黄色、紫色主调）（视频：田野鲜花录制视频播放）（彩屏：蓝天绿野）
（服装：宋祖英－紫色粉色渐变色长裙
舞蹈女孩－白色羽毛中硬裙 白色紧腿裤
舞蹈男孩－白色裤子 粉色褶皱上衣 红色丝绸片道具）
（道具：白色小提琴 彩色蝴蝶）

【舞台调度：宋祖英从舞台后区左侧走上舞台，边唱边走下台阶】

春天春天春天
终于来到田野上
红的黄的蓝的紫的
无数花儿吐芬芳
燕子燕子燕子
回来飞进新楼房
田野的春天和我们春天的心情一个样
田野的春天和我们春天的心情一个样
伴唱：（心情都是一样啦……）
你看那江河春潮涨
你看那天空春雨洒
你看那田野春风吹
你看那你看那山岗春花放
田野上的春天里
伴唱：（田野上的春天里啊）
春意盎然比酒香
春天春天春天
终于来到田野上
红的黄的蓝的紫的
无数花儿吐芬芳
播种和谐播种富裕
播下我们的希望
田野的春天会换来金色的秋天硕果香
田野的春天会换来金色的秋天硕果香
伴唱：（啦……）
你听那孩子书声琅
你听那笑声多欢畅
你听那禾苗拔节长
你听那你听那歌声更悠扬
田野上的新农村
伴唱：田野上的新农村啊
春天改变了旧模样

李　好，谢谢！人长得漂亮，歌儿唱得也好！

周　是！歌如潮，花如海，红红火火过大年，这儿呀，家家户户，煮饺子，贴春联，放鞭炮，打年糕，年味儿四处飘香。

李　行，一套一套的。周涛，咱们中国人过大年啊，有一套非常讲究的老礼儿，能不能跟大家伙儿念叨念叨。

周　听着。二十三糖花粘，二十四写大字，二十五扫尘土，二十六炖炖肉，二十七宰公鸡。

李　别别别，为什么只宰公鸡？

周　成心，是不是，老礼儿就那么说的，你会不会啊？二十八了，该二十八了。

李　二十八、二十八拧麻花。

周　错。二十八是把面发。

李　发了面拧麻花，二十九蒸馒头，三十儿晚上要熬一宿，你知道这是为什么吗？

周　还用问吗？守岁呗。天一亮就拜年去了。

李　行，对民俗够有了解啊。

周　考这个咱俩都能合格。

李　我总结了一下，咱们老百姓过节啊，其实也就一个字儿，两个字儿，三个字儿。

周　有这一说？

李　有！

周　一个字

李　乐！

周　两个字

李　祥和！

周　三个字

李　节节高！

周　好，我们祝愿大家伙儿的日子就是芝麻开花一样——

合　节节高！

李　好，接下来请各位欣赏《激情爬杆》。

杂技《激情爬杆》

作曲：孟可　丁纪　大卫

编导：罗伟
教师：赵玉贵　张琬　周增华
表演：北京市宣武区北京杂技团
（灯光：蓝色主调）（视频：祥云图案）
（服装：银色半袖上衣 白色紧身裤 黄绿橙色彩条图案）
（舞台中央树立两根长杆，演员随音乐，跳跃翻转，在杆上完成空中高难度动作）

（大屏幕滚动贺电字幕）

张　广州本田给全国人民带来新春的祝福！美的集团祝全国人民鼠年吉祥如意！中国驻美国　俄罗斯　西班牙　日本　英国　法国　德国　奥地利　马来西亚　巴西　意大利　比利时　荷兰　挪威　澳大利亚　卢森堡　喀麦隆　阿曼哥斯达黎加　瓦努阿图　蒙古　柬埔寨　斯里兰卡　塞内加尔等国大使馆，以及中国驻欧盟使团，中国第六支赴海地维和警察防暴队与全国人民共贺春节！招商银行向全国人民致以新春的祝福！江苏洋酒酒厂股份有限公司向全国人民拜年！

（第二现场）

张　观众朋友们，随着春节晚会大幕的拉开，由中央电视台主办的“中国人寿杯”我最喜爱的春晚节目评选活动也已经开始，欢迎您为您喜爱的演员和节目投票。

刘　具体的投票方式有几种，在正月初十之前，全国的手机用户可以免费参加“中国人寿杯”我最喜爱的春晚节目评选，将您最喜欢的节目名称或者是演员的名字，发送手机短信至10669999。您也可以在正月初五之前递出选票，我们的选票刊登在2008年第二期至第五期的《中国电视报》上，另外您还可以在正月十五之前登录央视国际网站进行投票。

张　用手机进行投票的观众朋友们就有机会抽取我们的幸运观众奖，我们的奖品是由湖南太子奶生物技术有限责任公司提供的春节晚会的吉祥物，金鼠银福。抽出的结果将在正月十五播出的元宵晚会，也就是“我最喜爱的春节联欢晚会”的颁奖晚会中公布。

刘　如果您还想了解更多关于春晚节目的信息，欢迎您拨打中国电信号码百事通118114。接下来让我们共同欣赏小品《梦幻家园》。

小品《梦幻家园》

作者：陈家陡　王平
导演：娄乃鸣　刘鉴
表演：郭达　蔡明　王平
（舞台布置背景梦幻家园广告背景墙　两边挂着对联）
（铃声响）

蔡　你好！这里是梦幻家园售楼处，我是蔡小姐。

（我是张总，我严重警告你）

蔡　为什么呢？

（试用期俩月了，你有业绩吗？你卖出去过一套房子吗？）

蔡　为什么呢？

（问你自己。）

蔡　为什么呢？

（今天下班之前你要是再卖不出去一套房子，你就给我卷铺盖走人！）

蔡　为什么呢？

郭　有人吗？

蔡　你好！我是蔡小姐。

郭　你少来这一套。我是这儿的业主，你们的房子有严重的质量问题。

蔡　这事儿应该去找物业啊。

郭　物业让我找你们！

蔡 为什么呢？

郭 我哪儿知道为什么呀？我告诉你，我知道你们是一个公司的，你们少给我来回踢皮球！我们家所有的水管子都在漏水，你们到底什么时候给我修！

蔡 对不起，施工队回家收麦子去了。

郭 六月份你说他们回去收麦子去了，这都快过年了怎么还收麦子啊？

蔡 他们又回去种麦子去了！

郭 他们能快点回来吗？我们家满屋子都是水，我妈这会儿还在大衣柜上坐着呢。

蔡 为什么呢？

郭 你十万个为什么呀？你能行行好，按照合同上的规定给我们家修房子吗？

蔡 为什么……你看合同吧！翻到第五页第55条。

郭 这哪儿有第55条。

蔡 给你。

郭 干嘛呀？

蔡 在缝里。

郭 如果业主单方面认为房子质量有问题，开发商将在他们认为方便的时候维修。你这是什么意思啊？

蔡 意思就是说，开发商现在不方便。

郭 那开发商要是一百年都不方便呢？

蔡 不会的，您的产权只有七十年。

郭 别着急别着急，施工队马上就回来了。行了，你说这些话谁信呀？我买房子的时候，你们说这院子里有一百多棵参天大树。

蔡 在院子里呢。

郭 就那么几棵小树苗啊。这不仔细看还以为种了一排葱呢。

蔡 您别着急啊，一百年以后它们就长成参天大葱了。

郭 什么？

蔡 大树了。

郭 还有啊，你们广告上画的，小区的天空中飞着天鹅，池塘里面游着鱼，鱼呢？

蔡 被天鹅吃了。

郭 那天鹅呢？

蔡 吃饱了飞了。

郭 怎么全让我们赶上了这。

蔡 巧了！

郭 对了，你们这个上面写着，买房子送家具，你们送了吗？

蔡 您买了吗？

郭 什么叫我买了吗？

蔡 您没买，我们怎么个送啊？

郭 你们怎么个送啊？

蔡 就是你们在家具店买了，我们给您送家去。

郭 这么个送法儿。你们这是欺骗。

蔡 为什么呢？

郭 你知道我们顾客就是上帝呀。

蔡 上帝你好！

郭 我们业主就是你们的衣食父母。

蔡 爸爸你好！爸爸你疲惫了吗？

郭 你叫祖宗也没用，我告诉你，你信不信，今天你要是不给我解决问题，我要你一套房子也卖不出去！

蔡 反正我也卖不出去。您喝水吗？

郭 我不喝！

蔡 为什么呢？

郭 又来了你。

蔡 您好！

王 您好！

蔡 我是蔡小姐。

王 我是想在这儿给我爸爸选套房子。这不刚看了广告吗？

郭 家具是送不是赠送。鱼让天鹅吃了，天鹅吃饱了飞了。我妈现在还在大衣柜上坐着呢。

王 有病吧？

蔡 他那个？

王 天上一脚地上一脚说什么呢？

郭 行了行了行了，我告诉你。买房子的时候她把你当亲爸爸呀，房子一出手，她

蔡 爸爸。女儿都没法儿工作了，爸！

郭 爸爸，谁是你爸爸呀？

蔡 我爸爸有老年痴呆症。

王 哦！

郭 你才老年痴呆呢。

蔡 又糊涂了他！

王 没事没事！

郭 我告诉你，你们这一套在我这儿。

王 报纸。

郭 什么？

王 啊！我爸爸也是老年痴呆。

蔡 哦！我呢，想在这个楼盘给他买一套房子，他嫌太贵了。

王 是不是他现在对着谁也跟人家说，千万不能买房子！

蔡 对对对对对！

王 跟我爸爸的症状一模一样。

蔡 哦！巧了！

王 多好的老人啊，老人越是这样我们当儿女的越应该尽孝心！

郭 你让我看什么呀，这上面。

王 是让您撕着玩解闷儿的。

郭 您早说啊，我还以为这上面有什么新闻呢。我不是老年痴呆。

蔡 爸爸……

王 记住，这样的老人不能给呛着，得顺着，瞧我的。

您放心，这房子我肯定不买。

郭 这就对啦！

王 是不是后面签合同？

蔡 对！

郭 你干什么去？

王 我到后面瞅瞅去！

郭 你千万别上当啊！

蔡 爸爸！

郭 大兄弟，我真不是她爸爸。

大哥，您是我爸爸。

郭 大兄弟大兄弟。

蔡 咦，房子这就卖出去了。谢谢您的帮忙，您简直就是我的吉祥物啊！

郭 戏演得不错啊。我是你爸爸，你怎么不说我是你男朋友啊？

蔡 咦，太老了！

郭 行，你演戏是不是，你演我也演！我今天就不信还治不了你了，我今天……

蔡 您热吗？我给您扇扇吧！您别生气，吉祥物。

王 是售楼处不？

蔡 您好，我是蔡小姐。

王 打折不？

蔡 不能。

王 没问你，你是经理吧？

蔡 他不是。

王 看见你给他拍马屁了。那家伙扇得。

郭 小蔡，这个客人由我来亲自接待，你被解雇啦！

蔡 为什么呢？

王 拍马蹄子上了。

郭 从现在开始你和本公司一点关系也没有了。

王 眼光不错啊。

郭 我是这儿的经理。我们的房子不卖了，不卖了？

郭 哦

王 不卖了你呜呜咋咋打啥广告啊？老年痴呆啊？吃饱了撑的你！

蔡 先生留步！既然我跟这个公司一点关系也没有了，我就可以跟您说实话了，您知道吗？他为什么不卖您这套房子吗？

咋样？

蔡 因为他要涨价。

郭 我没想涨价。

蔡 那你卖给人家呀？

郭　我不卖。
蔡　为什么呢？
郭　不为什么，不想卖。
蔡　还是要涨价。
郭　我没想涨价。
蔡　那你卖给人家啊？
郭　我不卖
蔡　为什么呢？
郭　我想涨价。
　　说实话了。
郭　我我我我没想涨价……
王　别吵吵啦！奸商！我这辈子最恨的就是奸商了。看准啦。就那价，两套，全款敢涨一分钱告你去！在后边交款，签合同？
蔡　对！
郭　大兄弟
王　奸商！闭嘴！
蔡　（唱）这里的山路十八弯，这里的房子要卖完！这里的这里的这里的。售楼处漏水啦！
郭　哈哈哈，真是老天爷开眼啦！售楼处都漏水啦，我看你这房子还怎么卖！（音乐起）
王　哎呀呀呀，真是踏破铁鞋无觅处，得来全不费功夫。
　　可找到啦！这房子可太好啦！
蔡　漏成这样还好啊。
王　当然好啦
郭　漏成这样你还怎么住人啊？
王　漏成这样住人？你老年痴呆呀？
　　我当库房！
郭　漏成这样你怎么当库房啊？
王　你知道我是干嘛的？
郭　干嘛的？
王　倒腾海鲜的。全是活的，离得开水吗？漏下来的水不收水费吧？
蔡　绝对不收。
王　四套。
蔡　老天爷真是开眼了。（音乐起，蔡跳）
蔡　吉祥物你明天还来不？
郭　来！
蔡　为什么呢？
郭　我老年痴呆呀！
蔡　吉祥物，要不然我自己掏钱给你修房子吧？
郭　不要，要是真想帮我，就把我那个房子卖给那个卖海鲜的去！
王　好啊，有多少来多少，多多益善，全归我！
蔡　为什么呢？
王　你看这是什么？
蔡　合同。
王　这是什么？
蔡　收据。
王　加到一起是证据。
　　知道我是干嘛的？
蔡　不是倒腾海鲜的？
王　那是业余爱好。
蔡　专业呢？
王　专业打假的！
郭　大哥，我得说你两句。辛辛苦苦攒了大半辈子钱就买了这俩水帘洞？你还找她理论？他说的有一句实话吗？
蔡　有！
王　哪里有啊？
蔡　我真的姓蔡。
蔡　废话！咱得学会用法律的武器，保护自己的合法权益。看嘛？法庭上见！
郭　看嘛？法庭上见！
蔡　为什么呢？

朱　谢谢！谢谢三位精彩的表演。
　　董卿啊，每年的春节晚会啊，都会有那么几句流行语在社会上广为流传。
　　我看今年这个“为什么呢？”可能又要

流行起来。

董 嗯。那这是为什么呢？

朱 对啊，为什么呢？

董 为什么呢？

朱 不是，咱们俩站这儿是为什么呢？

董 为主持呗！

朱 别为什么了。你看，你是南方人，我是西北人，虽然南北两地啊风俗各有不同，但习俗都差不多。

董 没错。比如西北有

朱 过年的时候要贴春联、贴窗花儿、放鞭炮、给压岁钱。

董 这些习俗到哪儿都有。

朱 说得一点都不错。其实所有的习俗都是为了把烦恼留给旧年，期盼来年福星高照。

董 是啊，咱中国老百姓过年不论在哪里，不论是哪里人，图的就是一个人寿年丰，吉祥如意。

朱 说得非常好。接下来呢，我们就把一首非常好听的歌曲送给大家，祝愿大家的生活，和和美美，花香满天。

董 一起来欣赏章子怡给我们带来的《天女散花》。

歌舞《天女散花》

词曲：季忠平

编曲：季忠平　史扬

演唱：章子怡

（灯光：紫色调为主）

（彩幕：彩绘花盛开图案）

（服装：粉色高腰落地硬纱裙）

【舞台调度：章子怡在升降台从地下升起，第二段升起高平台，舞台前喷水，尾声平台落下】

花恋花花非花
纤云流转花颠花儿花迷花
花暖人间七彩连华
花满世界九州绽如画
花仙花儿花醉花儿
紫霞万丈丰润泽满庆天下
吉祥迎风福满枝桠
太平日月花笑开了花
花愿幸福满人间
花祈鸿福兆瑞年
撒花红万千舞花蕊翩翩
花柔花曳花香花满天
花吟龙飞庆祥年
花开凤舞盛世连
撒花红万千舞花蕊翩翩
花意花愿花羡人间
花飞花满天
花恋花儿花非花儿
花颠花儿花迷花儿
花暖人间花满世界
花仙花儿花醉花儿
太平日月花笑开了花儿
丰润泽满庆天下
花柔花曳花儿花意花愿花儿
花吟花开花飞满天
花鲜花儿花醉花儿
紫霞万丈丰润泽满庆天下
吉祥迎风福满枝桠
太平日月花笑开了花儿
花愿幸福满人间
花祈鸿福兆瑞年
撒花红万千舞花蕊翩翩
花柔花曳花香花满天
花吟龙飞庆祥年
花开凤舞盛世连
撒花红万千舞花蕊翩翩
花意花愿花羡人间
花飞花满天
花愿幸福满人间
花祈鸿福兆瑞年

撒花红万千舞花蕊翩翩
花柔花曳花香花满天
花吟龙飞庆祥年
花开凤舞盛世连
撒花红万千舞花蕊翩翩
花意花愿花羡人间
花飞花满天

相声《疯狂股迷》

作者：大饼

表演：李伟建　武宾

观众朋友们过年好！

武　感谢大伙儿把这么热烈的掌声给了我一个人，因为我这搭档李伟建正炒股呢，一天到晚就知道股票，该演出了，也不知道跑哪儿去了。愣说自己呀是股神，要我看，整个儿一股神经。神经在那儿呢！您大伙儿瞧。

李　哎哟，今儿这交易大厅人不少啊，

武　这是交易大厅啊。

李　散户朋友们大家好！

武　我说你该收敛收敛了啊，你把股票都带到台上来了。

李　现在炒股是一种时尚，你看我刚一提股票，底下就有人拍巴掌。

武　谁给你拍巴掌。

李　你看你看你看，这都是挣了钱的。

武　人家是鼓掌笑话你呢。

李　谁股了？

武　人家是鼓掌笑话你呢。

李　哪股涨了？

人家是鼓掌笑话你呢。

李　啊？

李　嘿，哪股涨了？

武　我可不懂这个。

李　嘿，你这人怎么这么保守。

武　什么叫保守。

李　不说是不，我跟大伙儿说说。

武　问人家干什么呀？

李　今儿来了好多高手，全都挣了钱了。

武　你怎么看出来的？

李　你看你不炒股你不知道吧？

武　嗯。

李　炒股挣钱的人有一个特点。

武　什么特点？

李　嘴唇都发干。

武　发干？

李　哎，你看我这刚说完，这不那大姐直舔。来吧，大姐咱聊聊吧，你那股票号多少？

武　行了你，你干嘛呢？你演出呢，你知道不知道，再提股票你出去啊，捣什么乱呢。

李　装装，我就烦这个啊，打我一炒股我就烦这个啊。

武　怎么啦？

李　阴损没人性！对这装就得来一套组合拳，再来一扫堂腿然后唾，冲他脸上吐口唾沫。

武　行了行了，多大仇啊，就你这心态你还炒股呢？你忘了那句话了，“股市有风险，入市须谨慎。”

李　瞎拜，听葫芦传别种庄稼了，听涨价别吃猪肉了，就冲单双号别买汽车了，听艾滋病别娶媳妇了。

武　什么乱七八糟的呀这是。你这不信那不信你早晚得吃亏。

李　你别诓我，我谁呀？大棒股。

武　等会儿等会儿你大棒股什么意思啊。

李　我买的都是大牌的最棒的一只股，所以大伙都叫我大棒股。

武　这哪儿大棒股，整个儿一小脆骨。你怎么肯定你买的就是最棒的股票呢？

李　我有业绩呀，我来到股市，拿过来一看，6688 呵，顺！来 10 万块钱的。

武　你可真下本呀。
李　舍不得孩子，套不着狼。
武　早晚得套里面。
李　就这支大牌，这只股涨停。
武　瞎猫碰上死耗子了。
李　你这叫什么话，你碰一个我瞧瞧。
武　我没这本事。
武　一看涨停，我当时就哭了。
武　涨停了你哭什么呀，我说你神经吧。
李　我后悔呀，同志们，我投少了，你想啊，一个涨停这就是百分之十啊，一天我就挣一万呢。现在干什么一天挣一万块钱呢，我太没魄力了，我当时为什么不多投呢，我这要是投一个亿。
武　哎哟，慢点，呵。我说你得想好喽。
李　我想好干嘛呀，人家大盘在那儿停着干嘛呢？
李　干嘛？
武　那就是等我呢。
李　等你干什么呀？
武　等我投入更多的钱啊。
李　我说你还拿什么往里投啊？
武　变卖家产。
李　卖家产。
武　我的房子抵押贷款，我的汽车马上转让，养老保险全部取出，我的媳妇就地处理。
武　卖啦？
李　不，帮我料理。等我把所有的钱投到股市上，看着那大盘我是一个高兴啊。
武　美啦。
李　我在遥望，大盘之上，有多少股票在尽情的疯涨，昨天买进，今天上扬，我走在股市赚钱的道路上，噘耶……我的娘我的娘，我的灵魂快要脱窍。
武　什么意思？
李　股票开始下跌，看得见的看不见的，我的车我的房，噘耶……
武　你就别噘耶了，什么意思啊？
李　我的股票冒了一个色儿。
武　什么色儿？
李　绿了。
武　你才戴绿帽子呢，都这会儿了还拿人开心呢。
李　我就想不通了，我买的股票怎么会赔钱呢？
武　太盲目了。
李　不会，我是大棒股，我的股票肯定不会有问题。
武　还嘴硬呢。
李　你说什么原因？
武　你说怎么回事？
李　哎哟。我住的地方太缺德了。
武　住哪儿呀？
李　黑庄户。
武　这怎么了？
李　这不明显的要把庄家黑了吗？
武　胡扯。
李　马上搬家。
武　你搬哪儿去呀？
李　管庄！
武　管庄。
李　我得管着庄家。
武　这开始找斜茬了。
李　什么叫找斜茬？
武　我告诉你，炒股的人图的就是一个吉利。在我面前不吉利的话别说。不吉利的事别做，不吉利的色儿就别让我看见。
武　什么色儿不吉利？
李　绿色儿。
武　绿色儿怎么不吉利了？
李　炒股的人都知道，绿色儿代表下跌，红色儿代表上涨，所以在我们家都得是红的。连穿衣服都得是红的。
武　那怎么穿呢？

李　我儿子小红帽，我看见了吗？红夹克，我媳妇红裙子，我妈红裤子，我爸红皮鞋，往出走太好看了。
武　怎么了？
李　一家子本命年。
武　出来一窝小耗子。
李　煞费苦心。
武　你够费心思的。
李　有些事让你防不胜防。
武　什么事啊？
李　那天早上刚起床，我先来了个鲤鱼打挺。
武　这是干吗？
李　这叫反弹。
武　这叫反弹啊？
李　紧接着，刷牙漱口。
武　咽啦？
李　资金回流。
武　好嘛，全带响。
李　就这儿工夫我儿子过来了，爹的，吃早饭了。
武　这孩子还真有礼貌。
李　啪！
武　你打孩子干嘛呀？
李　叫我什么呀？
武　叫你爹的呀？
李　还嫌我跌的不够啊？不许叫我爹的。
武　那叫你什么呀？
李　FATHER！
武　我看你是疯子。
李　我这一打孩子不乐意了，哥，你拿孩子出什么气啊？
武　就是！
李　啪，你叫我什么？
武　哥呀。
李　这两天我净割肉了。不许叫我哥。
武　那叫你什么？
李　兄长。
武　你是够凶的。
李　刚要出家门，我妈追出来了。儿子，这两天大风降温，把这件外衣套上。
武　还是你妈疼你！
李　这是我亲妈吗？
武　啊？
李　还嫌我套的不够深啊还。
武　这人可是彻底疯了。
李　出家门打一红的，人就是倒霉喝凉水都塞牙，快到证券交易市场，那司机问我。大哥，您停哪儿啊？我停不了，我还得涨！开发票。
武　哦，你要报销。
李　什么报销，我要给他添麻烦。下了车，我当着司机的面我就把车票扔在地上。
武　纯属乱撒气儿。
李　扫马路的冲我嚷。手里垃圾别乱扔，嘿。
武　人家说得对。
李　你手里才垃圾股呢！
武　这怎么逮谁咬谁啊。
李　扭头就走，刚要过马路，警察追过来了。同志，现在是红灯，绿了，绿了再走。
武　怕什么来什么啊！我看你怎么办？
李　我冲警察一瞪眼。
武　你跟警察还敢瞪眼呢？
李　绿了，绿了就晚了，我现在就得冲！
武　玩命来了！
李　蹭蹭蹭蹭，啪！
武　过去了？
李　跟汽车撞上了！
武　你看怎么样？
李　腾一下我就弹出去了，弹出去一瞬间我就在想啊。
武　想什么？
李　我这只股票要照我这速度反弹得多好啊！

武　还想好事呢？

李　我媳妇在边上直哭啊。我说媳妇别哭，今儿大盘什么点啊？

武　你还惦记大盘呢？

李　我说你有毛病是吧？都这样了，还什么点？我看你十三点。

武　我看也是。

李　早就和你说了，要理性投资，股市有风险，可是你就是不听。

武　当耳旁风了？

李　你看自从你炒股咱家都乱成什么样了？

武　你都怎么啦？

李　每天炒完菜，你都让拿这么大的盘子盛。你说这叫大盘在手，吃喝不愁。

武　还真能拽词儿。

李　那天我不小心把盘子摔了，你上来就给我一巴掌。

武　你干嘛打人啊？

李　你说这叫崩盘。

武　这都挨不上。

李　我最不能容忍你的就是你不让一家人吃绿叶菜。

武　主要因为这颜色。

李　你别忘了，我爸爸妈妈都是南方人。口味很清淡的，可你顿顿都让他们吃红辣椒。

武　就因为那色儿啊？

李　吃得我爸满嘴都起大泡！

武　这玩意儿上火。

李　一个星期没上厕所。脸憋的通红通红的呀。老人家都那样了，你看你说的什么话嘛。

武　说什么啦？

李　爸爸，就这个红你坚持住，等炒股挣了钱我给你买一箱开塞露。

武　你缺德不缺德啊。

李　你是折腾完老的折腾小的呀，到了周末，别的爸爸妈妈都带着孩子游山玩水，可你呢？

武　他怎么啦？

李　一到礼拜天就带儿子到动物园，哪都不逛，在猴山一耗就是一天，专门看猴子翻跟头。

武　这是干什么呀？

李　你说这是翻着番儿的见红。

武　你说你都怎么琢磨出来的？

李　我最生气的就是你非得让我调动工作。

武　等会儿，他炒股跟你工作有什么关系？

李　你不知道，我在邮局上班，他说我们单位的颜色不利于他炒股。

武　哪儿的事啊？

李　他非要托关系走后门把我调到消防队。

武　那儿倒是红火。

李　倒是红火，可是你没想我这么大岁数我到消防队干什么去呀？

武　是呀？

李　炒股炒股，你都炒疯了，你都忘了身体是第一位的呀。

武　这话说得对。

李　你不想想，你要是有个三长两短，我们这一家子可怎么过啊？

武　你这大棒股是得好好反思反思了。

李　我们这儿正说着呢，护士一推门进来了。

武　干嘛呢。

李　她非要给我打针。

武　这是人家的工作。

李　打针啊，打什么针啊？

武　护士说什么呀？

李　氯酶素。

武　这个得，又赶上了。

李　出去！换药！

武　换什么药啊？

李　红酶素。

武　我一猜就是这个。

李　你打也不行。

武 那让谁打啊。

李 你们护士长。

武 干嘛非得叫护士长啊?

李 吉利啊，护士长护士长，说明沪市的股票老得涨啊!

武 还惦记这茬儿呢?

李 好，谢谢二位给我们带来的一个非常好的提醒啊！这是股市有风险，投资需谨慎。

周 是啊，不过我们还是希望大家在新的一年当中能够大吉大利！那说起来呢，2008 年呢是我们国家改革开放实行的整整第三十个年头了，越来越多的中国人愿意学习外国的语言和文化，其实呢，也有很多的外国人迷上了我们中国话。

李 很多外国游客来到中国，比如说来到北京必须要做三件事。一个呢是爬长城，一个呢是吃烤鸭，一个呢就是学说中国话。

周 哟，这三件事数学说中国话最难了。

李 我小时候结巴，我奶奶说你唱着说，唱着说学得快!

周 真的假的?

李 真的真的，你不信啊，有人唱着说就把中国话学了。

周 赶紧来听!

歌舞《中国话》

作词：郑楠　施人诚

作曲：郑楠　编导：顾磊

演唱：S. H. E

舞蹈：吉林市歌舞团

（灯光：主调为紫色）（视频和彩幕：流动的红底金色汉字）

（服装：舞蹈演员 蓝色主底旗袍半裙镶金色图案 粉色头饰 腕套 靴子）

（舞台布置：S. H. E 随平台升起 喷泉开洒水台出现）

【舞台调度：三位歌唱舞台中起舞蹈演员从舞蹈后侧入台 向前台流动 SHE 在升降台表演时 舞蹈演员一部分在升降台 一部分在舞蹈主区】

扁担宽板凳长
扁担想绑在板凳上
扁担宽板凳长
扁担想绑在板凳上
伦敦玛莉莲买了件旗袍送妈妈
莫斯科的夫司基爱上牛肉面疙瘩
各种颜色的皮肤各种颜色的头发
嘴里念的说的开始流行中国话
多少年我们苦练英文发音和文法
这几年换他们卷着舌头学平上去入的变化
平平仄仄平平仄
好聪明的中国人好优美的中国话
扁担宽板凳长
扁担想绑在板凳上
板凳不让扁担绑在板凳上
扁担偏要绑在板凳上
板凳偏偏不让扁担绑在那板凳上
到底扁担宽还是板凳长
哥哥弟弟坡前坐
坡上卧着一只鹅
坡下流着一条河
哥哥说宽宽的河
弟弟说白白的鹅
鹅要过河河要渡鹅
不知是那鹅过河
还是河渡鹅
全世界都在学中国话
孔夫子的话越来越国际化
全世界都在讲中国话
我们说的话让世界期待 2008
纽约苏珊娜开了间禅风 lounge bar

柏林来的沃夫冈拿胡琴配着电吉他
各种颜色的皮肤各种颜色的头发
嘴里念的说的开始流行中国话
多少年我们苦练英文发音和文法
这几年换他们卷着舌头学平上去入的变化
仄仄平平仄仄平
好聪明的中国人好优美的中国话
有个小孩叫小杜
上街打醋又买布
买了布打了醋
回头看见鹰抓兔
放下布搁下醋
上前去追鹰和兔
飞了鹰跑了兔
洒了醋湿了布
嘴说腿腿说嘴
嘴说腿爱跑腿
腿说嘴爱卖嘴
光动嘴不动腿
光动腿不动嘴
不如不长腿和嘴
到底是那嘴说腿还是腿说嘴
好多外国人都说中国话
孔夫子的话越来越国际化
好多外国人在讲中国话
我们说的话让世界期待2008
好多外国人讲中国话
孔夫子的话越来越国际化
好多外国人在讲中国话
我们说的话让世界期待2008

朱 好，谢谢，谢谢各位。观众朋友们，接下来我们要看到的这个小品，啊反映的是三位军嫂到海岛探亲的特殊经历。

董 丈夫当兵，远在天涯海角，让我们的军属生活聚少离多，让我们的军嫂对一年一次的探亲充满了急切的盼望。

朱 是啊，作为军人的丈夫，驻守在海岛也同样盼望着与亲人的团聚，盼望着家人早日到来。

董 结果会怎么样呢？让我们一起来看《军嫂上岛》。

小品《军嫂上岛》

作者：黄光春　改编：周振天
导演：张仁里　旗语指导：高山
表演：孙涛　黄晓娟　金玉婷　尹北琛
（大屏幕：海上视频）

尹 看这小宝贝长得多结实啊。嫂子，这浪花岛是不是快到了？

黄 这天儿不好，我也看不清楚啊。我得给孩子喂点水了。

尹 来，嫂子，我给你抱。

黄 谢谢！

尹 小宝贝。你马上就见到你爸爸了。

金 这孩子长得挺胖的哈。（孙舞台左侧走上台）

孙 嫂子们。

全 你好。

孙 嫂子们好，我是这个团上司机班的班长，今天是大年三十，能够送营长嫂子、连长嫂子、军医嫂子到岛上探亲，感到万分的荣幸。嫂子们，今天海上有浪，容易晕船，喝点水吧。
军医嫂子，晕船了吧？

金 晕船了。谢谢！

孙 连长嫂子你喝水。

尹 谢谢。

孙 营长嫂子你喝水。

黄 谢谢。

孙 不客气。报告。连长嫂子要不我替你抱孩子，你好喝水啊。

尹 啊，那你可得小心点啊。

孙　没问题。

尹　慢点慢点。我的娘啊，这个孩子可真好，怎么喂的呀，真肥啊。怎么这么可爱啊，长得太像我们连长了吧。

黄　说什么呢？

金　这不是连长的孩子。

孙　是军医的孩子啊，这孩子长得真像军医的孩子啊。

黄　这是我的孩子。

孙　这是营长的孩子。嫂子，这孩子猛的一看像连长，仔细一看还是像营长。嫂子，我先下去了，我今天怎么有点晕船呢。

金　嫂子，坐。

黄　好点了吗？

金　好多了。妹子坐。

黄　我跟你们说，我们来岛上一次不容易，我可是过来人，我们得抓紧时间办点正事。

尹　啥是正事？

金　嫂子你说啥是正事？

黄　就是该办的事呗，就是，哎呀，就是抱个福娃。

金　有啦。

黄　有啦？多长时间了？我说你怎么晕船呢。

金　嫂子，你说啥呢，我说的是这个奥运福娃。我们还没有结婚呢。

黄　谁说你结婚不结婚了，我们这两口子这一年到头就见一回面，不抓紧时间怎么行呢？我们这是多少年才怀上这么一个。你年轻没结婚，啊？

金　没结婚！

黄　你结婚了吗？

尹　两年了。

黄　有孩子了吗？

尹　没有！

黄　跟嫂子说，想要男孩还是女孩？

尹　男孩女孩都一样！

金　嫂子，是不是快到了。

尹　是不是浪花岛啊？是不是到了？（船摇摆）

孙　嫂子们，6号台风提前到达了，为了保证嫂子们的安全，决定立即返航。

黄　不行啊，我们这一年就这一次，掐着指头算过来的呀。

尹　我们的招待所都。

金　我们。

孙　军医嫂子我知道，我们已经和岛上取得联系了。看，连长、营长和王军医在岛上看着我们呢，看到了吗？

黄　快靠上去啊。快套上去啊。

孙　现在的风浪是越来越大啊，现在我们的船要是强行靠上去的话那是要出危险的呀。

尹　可是今天是大年三十也不能让我们回去呀。

孙　这样吧，给两分钟，你们和自己的丈夫喊上几句话，但是必须马上返航。

全　两分钟？

孙　营长，我把嫂子们带来了，他们和你们喊上几句话，必须马上返航！

全　（互相推让）你先说，你先说，你先说……

孙　好了，我决定，按级别来，营长嫂子你先来。

黄　好，我先来。

（站到坐台上）

孙　连长嫂子作好准备。

黄　哎！老隋，（欲哭）我想你！

孙　嫂子，你这样可不行啊，这是在大海上，你得使劲喊。

黄　……

孙　嫂子你这样，两只手攥拳，往下使劲，声音就从上面出来了。

黄　（攥拳蹲下）我想死你了！

孙　哎呀，你还没有我使劲呢，老隋呀，我可想死你了。嫂子你打得我太疼了。

尹　嫂子，说说家里的事情吧。

黄　家里都好。

孙　家里都好！

黄　你爹好，你娘也好。

孙　爹娘都好。

黄　鸡好。

孙　鸡好。

黄　鸭也好。

孙　鸭好。

黄　反正猪啊，羊啊，马啊的，都好。

孙　嫂子，咱别老说动物，咱说说人的事。

黄　对。上次你走之后咱家驴就怀上了。

孙　你走了之后驴就怀上了。

黄　你走了以后我就怀上啦。

孙　你走了以后我就怀上啦！

黄　你看，这是我给你生的孩子。

孙　我的娘啊。老隋啊，这是我给你生的孩子。

黄　给孩子起个名儿吧。

孙　给孩子起个名儿吧。什么？哦，老隋说了，孩子名字叫隋便。

尹　隋便好。

黄　隋便好。老隋啊，你太有才了，你起的名儿地球人都能听明白。

孙　时间紧。

（金准备上去，手里拿着纸）

孙　没时间了，你还念什么稿子。

金　没时间没时间，我不念了，你说。（下来，推尹上去）

尹　哎！他能看到我吗？

孙　能！（转头换衣服）

黄　这能听到吗？

孙　连长媳妇我们必须抓紧时间。（回头见尹穿的裙子）

尹　我是宝宝。

孙　连长，我是宝宝。

尹　你回来时说，你每次回来都是冬天，你都忘了我夏天穿裙子是什么样儿了。所以我今天特意穿上了这条裙子。可是我，过不去！你就好好地看看我。你看见了吗？我好看吗？

孙　连长，嫂子在大海里给你穿裙子看，你看见了吗？

尹　对了，老公。政府对我们军嫂可好了，你放心。我的工作解决了，在镇上领工资！

孙　连长，嫂子在镇上工作了，他们单位可有钱了。

尹　我是在幼儿园当老师，快说快说。

孙　连长，嫂子是在幼儿园当老师，老师也好。一日为师，终生为父-母。

尹　还有，我们家门口通地铁啦。

孙　你们家门口通地铁啦。

尹　票价可便宜啦，两块钱随便坐。

孙　嫂子，没有时间了，咱说最重要的。

尹　老公。

孙　老公。

尹　我爱你。

孙　我，嫂子，这句话我说不合适。

黄　班长，有什么不合适的，快点大声说吧。

孙　老公，（小声地）我爱你。

黄　班长，有什么不敢说的，使劲吧。

孙　老公，（小声地）我爱你。

黄　班长，坐着，声音就从上边出来了。

孙、尹　老公，我爱你！

黄　班长，我也会。我还叫一声（上去台子）老隋，我爱你！

尹　大妹子，你还犹豫啥，快点念啊。

孙　别念别念。我不想念了。（尹拿过纸，过上台）

尹　经过慎重的考虑，我决定啦。

孙　我决定啦。

尹　和你分手！

孙　和你分手！

黄　啊？咋分手了？（黄尹走到金面前）

尹　怎么分手了？

黄　为什么啊，他得多伤心？（两人寻问，金走上坐台）

金　王凯，你看好了，这是你写给我的分手信，我凭啥要跟我分手啊，我跟了你那么多年，就因为我妈不同意我跟你结婚？我告诉你，是我要嫁给你，不是我妈要嫁给你。

孙　对！我告诉你，不是我要嫁给你，是我妈要嫁给你。

金　反了。

孙　对，反了你了。

金　说反了。

孙　哦，不是我妈要嫁给你，是我要嫁给你！

金　亮亮，我都想好了，你在海上守海岛，我在家里守着你。

孙　我在家里守着你。

金　我告诉你，像我这么好的姑娘，你到哪里找去，你要是不娶我，后悔一辈子。

孙　你要是不娶我，后悔一辈子。

金　你知道吗？追我的人，可多了，你知道吗？你赶紧的。

孙　想追我的人可多了，你赶紧的。

金　想娶我的人也可多了，你抓紧时间。

孙　想娶我的人也可多了，你抓紧时间。（看看金）他不娶我，他娶你。

金　亮亮，你看了这封信，你看清楚了。（将信撕掉，音乐响起）

黄走上坐台

黄　班长，那是不是给我们打的旗语啊？

孙　海岛官兵，在大年三十给军嫂们致以崇高的致敬。

海岛官兵，在大年三十给军嫂们致以崇高的致敬。（官兵敬礼，下起雨，金黄尹三人站在坐台上招手）

全　过年好，过年好，过年好！

歌舞《亲爱的人》

作词：予子　作曲：刘青

演唱：阎维文　张燕

编导：王迪　闫兵

舞蹈：广州军区政治部战士文工团

吉林市歌舞团

（灯光：以蓝色为主调）（视频与彩幕：蓝色繁星点点图案）

（服装：张燕－蓝色吊带长裙；阎维文－绿绿色军装；舞蹈演员－紧身迷彩装打背包）

【舞台调度：张燕坐在月亮造型上缓缓降下，第二段走下来，到舞台中间阎维文从舞蹈演员中走出来，舞蹈演员曲始方块集中后散开，最后蜿蜒之字线到舞蹈台后区】

张　也许是你我有缘
也许是天地有意
你走进我的心中
我走进你的梦里

闫　两颗火热的心
心心相印在一起
虽然没有花前月下
却有守望爱情的甜蜜

全　亲爱的人
亲爱的人
亲爱的人

张　你是我的太阳
天天在我的心头升起

全　亲爱的人
亲爱的人
亲爱的人

阎　我是你的月亮
夜夜飘落在我的怀里

张　也许是你我有缘
也许是天地有意
你成了我的丈夫

我做了你的娇妻

阎 你是我的春光
我是你的大地
虽然少有团聚时刻
却有守望爱情的甜蜜

全 亲爱的人
亲爱的人
亲爱的人

张 你守卫边关负重任
你为人民挡风雨

全 亲爱的人
亲爱的人
亲爱的人

阎 你孝敬父母育儿女
我热爱祖国热爱军旗

全 亲爱的人
亲爱的人
亲爱的人
为你守望我不悔
啊身在天涯永相依

董 谢谢两位，为我们带来这么优美的演唱。观众朋友们，今晚我也为你们带来了一位特殊的年轻人他叫杨光，八个月大的时候，因为患有眼疾导致双眼失明，但是这并不妨碍杨光健康成长，他是那么乐观，那么开朗，那么热爱生活，热爱艺术，以前每次春节晚会他都会守在电视机旁，仔细地听，认真地听，所以他也记住了很多艺术家的声音，现在我们就请杨光为我们做一个展示，来，掌声欢迎！

杨 谢谢，那首先我要为大家展示的是，曾经登上过春晚舞台的，并且为大家带来了欢乐的，曾经在《我爱我家》中伴演傅明老人的文兴宇老师。

今天晚上啊，大家都来了？都走出家门到这地方来过年来了，啊，这种感觉很好嘛，往年呐，我和大家都一样，和我们家里人呐，就在这电视机前等着盼着看这春晚呐，终于今天，我也走上了春晚的舞台，所以我心里特别高兴，我要代表我们全家人呐祝所有的电视观众们鼠年大吉，永远快乐，永远和睦，永远跟我这么年轻嘛。啊，哈哈哈哈哈，太好了！今天我还给在座领来了一位好朋友嘛，香港的，演电影的，还能当主持人，叫曾志伟，来了！

各位朋友们大家好，我曾志伟，非常高兴今天能来到这里为你们表演，今天大过年的，大家来到这里不容易，所以我给大家表演一个节目，祝大家新年快乐，什么节目呢，曾志伟平时勤学苦练，最喜欢说相声，我今天要给大家说一段马三利，马老爷子的相声。

说这今天晚上啊，大家都来到这儿，大家脸上都带着笑容，太好了。你看这边的掌声这么的热烈，太好了，这边也挺热烈，谢谢大家啊，我是马三利，相声讲究说学斗唱，今天没有那么多时间，我给大家展示相声小段，祝大家笑口常开，逗你玩逗你玩，没啦！

董 学得像不像啊？

观众 像！

董 杨光啊，还可以，模仿好多人的声音，杨光啊，让我感觉到，虽然他的眼前是黑暗的，但是内心世界是充满阳光的，就像他的名字一样，为我们带来了阳光也为我们带来了快乐。新的一年马上就要到了，杨光，你的新年愿望是什么？

杨 我的新年愿望是能为北京 2008 年残奥会尽自己的一份微薄之力。谢谢大家！

董 就让我们祝福杨光梦想成真。其实啊，杨光不仅说得好，唱得也非常好。就让杨光为我们唱上一段，好不好。

杨 感谢大家对我们残疾人的关心和帮助，

在新春佳节来临之际，我要把这首等待送给大家，希望大家梦想成真。

《等待》
作词：葛根塔娜 作曲：张宏光
演唱：杨光
（灯光：紫色蓝色交叉主调）（大屏幕：福字）

我为什么还在等待
我们不知道为何人这样痴情
明知辉煌
过后是暗淡
仍期待着
把一切从头来过
我们既然曾经拥有
我的爱就不想停顿
每个梦里都有你的梦
共同期待一个永恒的春天
春天

董 谢谢杨光，再一次谢谢杨光为我们带来的精彩表演。

白岩松 谢谢杨光，谢谢你在黑暗中寻找光明的乐观，同样的，在过去的这段日子里，我们不也正在用内心的温暖来融化心中的冰雪吗？从一月开始，一轮又一轮的冰雪袭击了南方的大部分地区，范围之广，程度之重为五十多年所未见。人们的生产、生活和回家过年的路，遭遇了严峻的挑战。面对突如其来的灾难，党中央，国务院，人民子弟兵，社会各界人士都高度的重视，全力投入，而我们每一个人相互温暖，不抛弃，不放弃，相互扶持，共同走过难关。过这样一个年也好，让我们把小家变成了大家，让你我触摸得到你我心灵中的温度，接下来，演艺界的朋友和我的同事将汇聚到这个舞台，用春节联欢晚会刚刚排练出来的一首诗和一支歌，来表达我们共同的心声，来吧！我们是一家人，来吧，一起我们加油！

朗诵《温暖2008》
撰稿：朱海 编导：刑时苗
表演：中国邮政艺术团
山西艺术职业学院“一把酸枣”舞剧团
（灯光：蓝色主调）（大视频：雪景视频）
（彩幕：雪花飘落）

李瑞英 雪在下，雪在下，雪在下……
从三九过后，一直下到腊月二十八

康　辉 从北向南，不分昼夜，垂直倾洒，
冰临黄河，雨雪长江，冻颤三湘大地
直扑珠三角，不见了花城那含苞欲放的迎春花

于　洋 低温严寒，冻雨冰广，突如其来
突如其来，逼近年关

王　刚 逼近年关呐，我那郁郁葱葱的南国家园
在漫天冰雪的笼罩下，迎来了2008

宋春丽 到处都是皑皑白雪，白雪皑皑
高速公路封道，车站旅客滞留，空港被迫关闭
贯穿南北的电气化大动脉因断电而瘫痪

陈道明 华东、华中、华南、湘鄂粤、苏浙皖、云贵川
电力告急，煤炭告急，食品告急
灾区的老百姓的生活，遭受了前所未有的挑战

徐　俐 还有成千上万的父老乡亲兄弟姐妹
被这场突如其来的天灾，挡在了回家过年的路上

鲁　健　寒风冻僵了他们登车返乡的笑脸
雨雪冰封了他们渴望团圆的喜悦

鞠　萍　那一刻，整个中国都在牵挂，都在牵挂
从党和国家领导人，到普通的百姓人家

侯　勇　牵挂着寒风中的你
牵挂着成千上万个在路上的他

张国立　一方有难，八方支援
迎战暴风雪，让灾区人民过上一个欢乐祥和的春节

濮存晰　党中央国务院一声令下，
一场前所未有的抗灾救灾行动，
与2008年春运齐头并发

徐静蕾　看那千里冰封的京广线上，
真情融化冰雪，温暖把爱心送达

陈建斌　看那万里雪压的受灾城乡，
党旗在飘扬，振奋民心，凝聚力量

撒贝宁　党和国家领导人亲临第一线，坐镇指挥，运筹帷幄
各级领导身先士卒，与人民群众和衷共济，共渡难关

姜　文　我们看到了大雪纷飞的野战帐篷里，
子弟兵端上了那一碗碗热腾腾的面，
那一杯杯暖彻心扉的茶

黄晓明　我们看到了，因断电而黑暗的城市街道，
人民警察用车灯，照亮了行人的归路

王小丫　我们看到了志愿者为孤寡老人，点亮的那一根根蜡烛，
无数的自发的绿丝带行动，
用平凡的感动诠释了什么叫爱心大联盟

李瑞英　我们听到了一个又一个的城市对滞留的旅客说
留下来吧，这里就是你的家

于　洋　来吧，和我们一起过年吧，
让我们彼此温暖，紧紧相依

姜　文　天灾终将过去，
中华儿女在风雪中傲然挺立

濮存晰　大雪可以冰封天地，却永远无法阻挡爱的春天，
无法阻挡破冰化雪，那蓬勃而起的春潮讯息

宋春丽　今晚是除夕，真的过年了。
也许此刻的你已经回家，
如果你还在归途中赶路

张国立　那就请放心地前行吧，
前方的冰雪已经被亲人的祝福融化

陈道明　这场大风雪，我们相信许多人都难以忘记，
要感谢的人有许多，其中包括你自己

全　体　因为众志成城，彰显了和谐中国的力量
因为众志成城，我们迎来了温暖2008最美丽的春光

歌舞《大雪无情人有情》

作词：西南　作曲：印青
演唱：韦唯　白雪　廖昌永　韩磊
编导：姜钢

（彩幕：白色雪花飘落）（视频：国家领导人视察雪情）（灯光：紫色主调　黄色和白色射灯）

韦　当春天正向我们走来
暴雪把南方的一片土地覆盖

白　多少回乡的人们归心似箭
多少抢险的人们热血澎湃

廖　风雪中党的声音传来
千百万人牵着手抗雪灾

韩　冰雨中党的温暖送来
心贴心传递着爱

全　大雪无情人有情
　　万众一心连着那中南海
　　天寒地冻民心暖
　　风雪过后又是艳阳百花开
白　当春天正向我们走来
　　暴雪把南方的一片土地覆盖
韦　多少回乡的人们归心似箭
　　多少抢险的人们热血澎湃
韩　风雪中党的声音传来
　　千百万人牵着手抗雪灾
寥　冰雨中党的温暖送来
　　心贴心传递着爱
全　大雪无情人有情
　　万众一心连着那中南海
　　天寒地冻民心暖
　　风雪过后又是艳阳百花开
　　艳阳百花开
　　大雪无情人有情
　　万众一心连着那中南海
　　天寒地冻民心暖
　　风雪过后又是艳阳百花开
　　艳阳百花开

（话外音，大屏幕滚动贺电字幕）

张　中国平安给全国人民带来新春的祝福！内蒙古伊利实业集团股份有限公司祝全国人民万事大吉！中国驻朝鲜　韩国　丹麦　阿富汗　斐济　玻利维亚　希腊　埃及　中非　津巴布韦　亚美尼亚　新西兰　乌克兰　坦桑尼亚等国大使馆　中国驻纽约　彼得堡　多伦多　伊斯坦布尔　札幌总领事馆　祝全国人民春节快乐！西藏军区乃堆拉和查果拉哨所新疆喀纳斯边防派出所等官兵　祝父老乡亲身体健康，阖家欢乐！华泽集团金六福企业向全国人民拜年！中国人寿祝全国人民身体健康！

（第二现场主持人　刘芳菲　张泽群）

张　观众朋友们，您在收看我们晚会的同时，也不要忘记由中央电视台主办的“中国人寿杯”我最喜爱的春晚节目评选活动为您喜爱的演员和节目投票

刘　具体的投票方式几种，在正月初十以前，全国的手机用户可以免费参加“中国人寿杯”我最喜爱的春节联欢晚会节目评选，将您最喜欢的节目名称或者是演员的名字，发送手机短信至10669999。另外，您也可以在正月初五之前递出选票，我们的选票刊登在2008年第二期至第五期的《中国电视报》上，另外您还可以在正月十五之前登录央视国际网站进行投票。

张　用手机进行投票的观众朋友们就有机会抽取我们的幸运观众奖，我们的奖品是由湖南太子奶生物技术有限责任公司提供的春节晚会的吉祥物，金鼠银福。抽奖的结果将在正月十五播出的元宵晚会也就是我最喜爱的春节联欢晚会的颁奖晚会中公布。

刘　如果您还想了解更多关于春晚节目的其他信息，欢迎您拨打中国电信号码百事通118114。接下来，让我们一同欣赏相声剧《公交谐奏曲》。

相声剧《公交谐奏曲》

根据薛晶网络小小说《多投了四块钱》改编

作者：冯巩　李艺　邹僧　李鸣宇　王振华

导演：由二群　编曲：刘牧

表演：冯巩　阎学晶　王宝强　潘斌龙

（大屏幕：仿公交车窗户外风景视频）

（灯光：蓝色灯光主调）

（道具：公交车椅子、投币箱）

阎　（上）亲爱的乘客朋友们，大家好！（指向投币箱）如今实行刷卡、投币

了，我这售票员更加神气了，当上督导不用再数人民币了，热情服务，我就像打了兴奋剂了！哟，今儿上车人真多！啊？刚下车的，我说怎么看着眼熟呢？还有人上吗？没人我们可要开车了！关门儿！（乘客冯巩眼看车就要走了，从后面跑来，要上车。）

冯　（从后台急上）等会儿！我不是人哪？（上）哎呀，您瞧我这人缘混的，我都赶不上车了，这哥儿几个还鼓掌呢！朋友们，我是一步赶不上，步步赶不上！以前我挤公交的时候，人骑自行车，我刚骑自行车，人又骑摩托了，我刚骑摩托，人又开汽车了，我刚开汽车，人又改无车日了，我还得坐公交，合着这是屎壳郎上环岛，我又转回来了，鳄鱼变壁虎，我越活越抽抽了！

阎　嗨！那大脑袋！你还上不上哪？

冯　（环视四周）叫谁哪？

阎　叫你呢！

冯　（轻蔑地）一点层次都没有，都什么年代了，还叫大脑袋？

阎　那应该叫……？

冯　巨头！

阎　（笑）还巨头呢？哎，哥们儿……

冯　谁是你哥们儿？离远点！怎么称呼的？初恋情儿！记得第一次见面吗？

阎　嗯？

冯　你为了追逃票把脚崴了，骨折！是我把你背到医院又背回家！后来每次到医院你都让我背着！朋友们，她们家住六楼啊！我送她二十多回，她也没反应！二楼有一哥们儿，长的跟李咏似的，送她一回就归他了！（李咏表情怪异地看着他。）为什么？我傻呀！我送她我是背着，这李咏是抱着！（李咏也笑了。）我犯了方向性的错误！

阎　（拉冯上车）你给我上来嘛！（冯退了几步。）

冯　人家小时候是扔链球的！

阎　关门！

（响起“嘀嘀”声，车开始行驶，冯握住扶手。）上车的乘客请自觉刷卡啊！

冯　一定要刷卡啊！千万别拿名片、扑克牌瞎蹭！

阎　没卡的请主动掏钱投币啊！

冯　掏钱一定掏自己的兜啊！

阎　（对冯）说你呢，投币！

冯　哟，家属也投币啊？

阎　哎，你谁家家属啊？

冯　哎哟，就为咱俩的事没成，你爸觉得特对不起我！那天他一激动，不认我做干爹吗？这……啊不，我认他做干爹吗？当天晚上带着你爸妈香山赏月！

阎　嘿哟，还好意思说呢？从香山下来，就为一公里省一块钱，不坐出租打摩的！半路上车就坏了，率领我爸妈集体推车！等把车推到天安门，天都亮了！

冯　那二老还赶上升旗了呢。

阎　嘿哟，幸亏当年我这朵鲜花没插在这牛粪上！

冯　就你这模样有地儿插就不错了！（思索自己的长相）越长越像冯巩！（阎走到他背后。冯不满地）李咏啊李咏，砸手里了！

阎　（吐口水）

冯　哎呀！要想皮肤好，还得使太太口服液啊！

阎　投币！没带钱吗？

冯　骨子里就不是我们北京人！（阎坐下）我们北京人，兜里不揣个三千五千的，都不敢出门！掏的就大票儿，认识吗？五块的！这兜还有！一块的！五块的！一块的！投币要投一块的！（但他把五块的放投币箱里了。）这样的动作是很帅的！

阎　（笑）
冯　我这儿它，投的是五块的！（拍投币箱）
阎　干嘛，干嘛，干嘛呀？
冯　我把它拍出来。
阎　哎呦诶！您还在乎这个？您北京人，兜里不揣个三千五千的，都不敢出门！
冯　你少啰唆！你赶紧把这打开！
阎　对不起，我们督导员不允许带钥匙！
冯　为什么？
阎　这是甲鱼的臀部，规定（龟腚）！
冯　规定就规定吧，你老看我脸干嘛呀？那一会儿谁上车把钱直接给我！
阎　乘客不能收乘客钱，这是规定！
冯　那谁给我四块钱？到站上我管他们再要！
阎　我？
冯　哎！
阎　哈哈哈哈哈哈，我兜里钱是私人的，那箱子里是公家的，公私不能混了，这是规定！（又坐下）
冯　合着你们公司那点儿规全是为我一个人定的？行，一会儿谁上车了，甭投币，我请客！
阎　有这必要吗？
冯　太有必要了！这是小甲鱼的臀部，新规定（龟腚）！
（响起“嘀嘀”声，车停下，车门打开。）
阎　车到站了，注意安全！有卡刷卡，投币一元！
冯　（凑到阎身边）这儿请客，不要钱！
（潘斌龙，反串一位老奶奶，上。）
潘　俗话说，人逢喜事精神爽，我是越活越年轻！朋友们，你们看看我长的，像不像刘德华的妹妹？
冯　（指潘）我看你像赵本山的姑姑！
潘　我说德华呀！
冯　德华？我有这么靓仔吗？
潘　忒有啊！你的猪八戒演得是太好了！马德华呀？这趟车是从电视台来的不？
冯　就是那个方向！上车吧您那！（把潘提溜到座位上）
（响起“嘀嘀”声，车开始行驶。）
潘　啊？我说司机呀，这车咋会开了呢？
冯　不开能到站吗？今儿个您算来着了！
潘　我来着啥？我来着啥？我来车站接孙子，你把我拉车上干啥？
冯　哎哟！奶奶，您不是坐车的？
潘　奶奶？我都没你这么个孙子！这倒好，亲孙子没接成，碰了个装孙子的！
冯　这事是不赖我，咱奶奶没说清楚，是不是啊？
潘　我说清楚？你说我跟你说清楚吗？（被冯往后推了一把，阎在后面推着）我凭啥跟你说清楚啊？我认识你是谁啊，我就跟你说清楚？我现在在哪儿都不清楚，我跟你说清楚，你还不是我大孙子呢你啊！（被阎阻止住）
冯　坏了，这奶奶是跳街舞的！
阎　行了！
冯　哎哟，奶奶，您甭着急，我再给您一块钱，您再坐回去不就完了吗？
阎　到站了。（车停住，车门打开）
潘　这不瞎耽误工夫吗？
冯　再见了奶奶！
潘　再见了！我再也不想见到你了！（往后退了几步。下）
冯　慢点！哎，停，这还回不来了还！
阎　嗨！你捅娄子呢吧？
冯　这叫捅娄子？这叫做好事未遂！哎哟，这……我说，我总是习惯性助人！你要是爱喜剧，我就（是）陈佩斯。
阎　开车！
冯　你要看电影，我就是张柏芝。你要腰腿疼，我就是按摩师，你要爱美食，我就是名小吃。
阎　我儿子爱尿床。

冯 我就是尿不湿！
阎 （笑）像！
冯 哟，外国朋友？（说起极不标准的英语）微儿康姆－凸儿北京！嘿，哥们儿，凸儿北京，凸儿北……（阎往后看）那是法国人。
阎 嗯！
冯 知道刚才我说的什么吗？正宗的英语，微儿康姆－凸儿北京！
阎 哎，就会这一句吧？
冯 到天津我也会了。（学起天津话）微儿康姆－凸儿－啊天津！到上海怎么办？（学上海话）微儿康姆－凸儿上海！好不啦！
阎 你要到内蒙呢？
冯 到内蒙那就得，（学起《吉祥三宝》的调子，跳起蒙古舞）微儿康姆－凸儿内蒙哟……（踢到椅子了）
阎 那要是到大不列颠及北爱尔兰联合王国呢？
冯 那就得，微儿康姆－凸儿大不列颠及北爱尔兰联合王国，那地儿冷吗，那地儿？
阎 我看你更冷！车到站了！（车停下，车门打开）有卡刷卡，投币一元！
冯 我今儿请客不要钱！
（王宝强，扮演一名农民工，齐步走来。）
王 农民工前进了，一，二，一，二，一，二，一，二……
冯 向左转，走！
王 一，二，一……（碰到投币箱，停下。）
冯 哎？哎？
王 （觉得转向）俺咋就转向了？
冯 啊，朋友们，这哥们儿长得跟傻根儿似的！哎，我说兄弟，你们一共几位啊？
王 五位。
冯 嘿哟，这个福娃宝贝，哈哈哈，上车！
王 俺不认识你呀？
冯 上来不就认识了吗？我请客！
王 真的？
冯 对！
王 那多不好意思啊！
冯 上。
王 上。
（响起“嘀嘀”声，车开始行驶。）
王 大哥，你为啥要请俺们哪？
冯 为什么要请你们？就因为你们是北京人！你们为北京做了多大的贡献啊？水立方，鸟巢，国家大剧院，你说，一共盖多少了？
王 大哥，你认错人了，俺们不是盖楼的。
冯 你们是……
王 拆楼的！
阎 （笑）
冯 不拆能盖吗？就这钱甭找喽！
阎 谁找谁呢？您还差我一块呢！
冯 你不识数啊，我这……五块钱！
阎 你不是人哪？
冯 我……也算，哎，我说，农民工可不容易，你给打个八折！
阎 农民工坐车没钱？我都可以给！关键是，今儿有人请客呀！（也学起《吉祥三宝》的调子）威儿康姆－凸儿北京哟喂……
冯 这跟老太太跳街舞是一组合。（转向王）哎兄弟，商量商量您能不能给我凑一块钱，算是请我行吧？
王 不成！俺没钱！
冯 没钱你们上车啊？
王 谁上车了？你要不说请客，俺们顺着车站，走着就去了！
冯 你们就不能给我凑一块钱？
王 大哥，你不知道，俺们农民工挣钱不容易啊！出钱，更难！
冯 那……给我掏一块钱。

王　不用。
冯　没有你五十那兜啊？
王　俺兜里是空的！
冯　你有钱！
王　没有！
冯　你有钱！
王　大哥！俺为的不是钱，是命！这是兄弟们捐的救命的钱呀！
冯　救命钱？
王　俺工地上有工友，他老婆生孩子，难产大出血，这钱全交了押金，还差一千多了！
冯　那捐一千也不能五人一块去呀？
王　俺们还得献血呢！大夫说了，他老婆那血不是人血呀！不……不是一般人的血呀！俺们这，A，B，C，D，E，F，G的血型，你得凑齐了啊！
阎　你别着急，这票我给你免了！
王　你闭嘴！
冯　拿国家的钱做人情，你丢不丢人啊？你兜里真没钱啊？
王　真没钱！我这……我这兜比脸都干净！
阎　（堵投币口）
冯　你过来！你把这拿着。（拿出信用卡）
王　这是啥？
冯　这是我那工资卡，你交押金去。
王　我不要。
冯　你拿着。
王　不要。
冯　你拿着，你拿着！（把信用卡拍到王手中）我这点钱对我北京人，它真难攒！
王　真难攒！
冯　真难攒就拿着！我媳妇生孩子的时候，也难产。那天正巧儿它下大雪！我送她去医院的路上，那车堵的，跟停车场似的！还就是几个农民工兄弟，把我媳妇抬到医院，还给她输了血。大夫说晚来一步，嘿你还别说，以前我媳妇不爱干活，自从输了血之后嘿，两袋大米、10棵白菜，扛着上八楼了！后来一打听啊，输血的那几个农民工哥们儿啊，是搬家公司的！我媳妇的命啊，是农民工给的。那农民工的媳妇就是我媳妇，不不，媳妇的妹妹。
王　大哥，我替产妇谢谢你了！（跪下）
冯　你起来！你起来呀！这这，干什么？
王　啥也不说了，今后你老婆再生孩子，难产大出血，俺农民工啥血型都有！
冯　谢谢！不过，没什么机会了。
（响起“嘀嘀”声，车停下，车门打开。）
阎　乘客朋友们注意了，西单到了。
冯　我得下车了。
阎　哎，你等等，你还没到站呢。
冯　那就更得下车了！我请他们客坐车，我自己逃票？你以为我这是自己的脸吗？这是北京！北京！（要下）
阎　哎，哎，你把卡给他了，回家你媳妇能交代吗？
冯　一听你老公就不是我们北京人！我们北京爷们儿在家里，个个都是皇上啊！嗨，一会儿我带着我媳妇到医院去看你们啊！
王　嫂子就不用去啦？
冯　她必须得去！她不知道我钱花哪儿了，她不得抽死我呀？
阎　哎，你刚才不是说在家是皇上吗？
冯　我当然是皇上！但我媳妇在家，人家垂帘听政！（下）
王　大哥！再见了！
（响起“嘀嘀”声，车开始行驶。）
阎　再见！

白　来，我和宝强为大家介绍一个群体，也是三多：人数多，贡献多，这些年全社会对他们的关注多，这就是人数超过了一亿的中国农民工兄弟姐妹，他们像新时代的“游击队”，从一个城市游动到另一个城市，都为我们留下了更适合生活的根据地，在这辞旧迎新的时刻，让我们用杯中酒和掌声对他们道一声：“过年好，辛苦了！”

宝强也曾经是他们中的一员，几年前就是在北京建筑工地上打工的时候，接到了导演的电话，从此走上影视之路。当然，不是每个人都会成为“王宝强”，可王宝强却说明：每个人都有圆梦的路！

王　祝全国的电视观众们身体棒棒棒，挣钱多多多。

白　那宝强，给大家带来了什么新年礼物呢？

王　我和农民工朋友们，为大家献上一首歌，感谢全社会对我们农民工的关爱。

白　祝所有的农民工兄弟姐妹们，在新的一年社会保障多，挣钱多，欢声笑语多，掌声欢迎今年春晚舞台上新的明星们。

歌舞《农民工之歌》

作词：王晓岭　作曲：印青

编曲：刘琦　编导：姜钢

领唱：王宝强

合唱：重庆广厦集团一建农民工艺术团
农民工代表

表演：中国电信武汉艺术团
山西艺术职业学院“一把酸枣”舞剧团

（灯光：白、蓝、黄和红相叉色调）（视频：蓝天白云变幻，钢铁制造）

唱　身上沾泥花　脸上挂汗花
为了一个梦　进城闯天下
昨天我是农民　今天当工人
城市的新主人意气风发
兄弟姐妹把胸膛挺起来
历经艰辛不怕风吹雨打
相信自己的力量　相信未来
我们的人生一样好年华
你也有思念　我也有牵挂
一年忙在外　谁能不想家
为了咱们父母为了咱的娃
也为了更多的高楼大厦
兄弟姐妹把歌儿唱起来
用那汗花擦亮霓虹彩霞
相信自己的力量　相信未来
我们的人生一样好年华
兄弟姐妹把歌儿唱起来
用那汗花擦亮霓虹彩霞
相信自己的力量　相信未来
我们的人生一样好年华
我们的人生一样好年华

朱　好，谢谢王宝强，也要谢谢我的农民工兄弟姐妹们。接下来这个节目呀，大家肯定没有见过，这个节目的主体就是一双手，我们的表演者用一双手惟妙惟肖地模仿出许多人和动物的造型。您不信呀，让我们一起来欣赏，手影戏《逗趣》。

手影《逗趣》

表演：焦建东　石磊

（演员在舞蹈前台口技表演　模仿了一对鸟的声音之后到白幕后，全场灯光暗下，开始表演，表现了鸟、人、人逗狗以及蛇与狗等造型。）

（观众席）

朱　好看吗？我想问我们现场的观众朋友们，想学不想学，真学啊？我刚才上场前啊，跟着两位学了一招。来，现在伸出您的左手，再伸出您的右手，好现在啊，用您的左手使劲拍您的右手。把掌声送给我们的演员。跟大家开个玩笑，不过借这个节目啊，衷心地祝福所有的观众朋友们在新的一年里，都能拥有一双巧妙的手，一双创造的手。把我们的生活啊装点得更加美丽，把我们的祖国建设得更加美好。接下来啊，送给大家的是一段唯美的舞蹈《飞天》。

舞蹈《飞天》

编导：刑时苗　闫红霞

作曲：张千一

舞蹈：广州军政治部战士文工团

（灯光：蓝色灯光主调）

（服装：金黄色　裹胸　喇叭裤　手臂缠绕黄色丝带）

（七位演员固定了右腿，静止流动但上身及肢体的空间加大，用身体自由的倾斜去对抗地球引力，以这种方式表现了中国古典舞蹈的至精至美。）

董　谢谢姑娘们这么美的舞蹈。

朱　好，各位观众，刚才我们晚会中，在播出了我们刚刚赶排的抗击冰雪节目《温暖2008》之后，收到了许许多多观众们朋友们发来短信和打来电话，他们都表达他们对灾区人民的深切问候和祝福。

董　一位灾区的老教师来电说："党的亲切关怀，全国爱的互动，让我们感受到了大灾中的大爱，抗灾中的和谐，鼓舞人心，凝聚人心。"

朱　是啊，还有一位在广东打工的湖南观众在网上说："虽然大雪堵住了他回家的路，但广州的好心人留住了他回家的心。在这里他让我们告诉他的家人，他在广州过年很挺好的，请家人放心。"

董　接下来就让我一起看看前方记者从广州发回的报道。

（广州现场）

刘雪纯　亲爱的观众朋友们，我们特别报道小组在广州给大家拜年了。这里是广州开发区的一间职工食堂，它已经被装扮得红红火火喜气洋洋，我们在这里与因冰雪滞留的几百位务工人员和兄弟姐妹们共同庆祝这个令人难忘的除夕之夜，大家正在看中央电视台的春节联欢晚会，刚才的那个节目格外的令人感动，为了这些不能回家过年的务工人员能过上一个安心温暖的春节，广州省委省政府响应党中央国务院的号召，调动了大量的人力物力，把真情关怀变成了实实在在的，很多单位都像这样组织人员吃年夜饭，娱乐，看春节联欢晚会，特别是开通了免费长途电话，让他们能够和家人电话拜年，其实在全国各地，像这样的场面还有很多很多，大雪阻挡了回家的路，但是每个人心里都充满了亲情和温暖。在这里呢，我也想给大家介绍两位新朋友，来来来，认识一下！这位小伙子是来自宁夏的邱志刚，他刚才跟我说其实此时此刻特别地想家想父母，想念年过七旬的外婆，那你就借这个机会，通过电视屏幕，给他们拜个年吧。

邱志刚　外婆，爸妈，过年好！今年过年回不去了，但是在广州过年也挺好的。广州市政府和开发区对我们都挺照顾的，还请我们吃年夜饭。平安是我今年带给你们最好的祝福。

刘雪纯　这也是我的祝愿。我身边的这位小妹妹黄英，她的家乡就是这次遭遇冰雪灾害的重灾区之一湖南郴州，你已经有多久没和家人通过话了？

黄　英　大概半个多月吧。

刘雪纯 已经很久了，心里非常焦急，而且因为断电他们没法收看我们的节目，但是我坚信他们一定能够感受得到你在这里送给他们的祝福。

黄 英 爸爸妈妈，我很想念你们，也很担心你们，但是我相信你们一定可以平安地渡过这个难关的。女儿祝福你们，祝你们春节快乐！

刘雪纯 我们在这里，和你一起为远方的亲人献上我们的祝福。现在在广州流传着一句话，感动就会有爱，有爱就会有责任。其实每一次留在处地的外来务工人员也是用自己的实际行动，支持抗灾救灾，作出一份贡献。亲爱的观众朋友们，这是一个值得记住的除夕之夜，它使我们深深地体会到，大雪无情，人间有爱！

（切回现场）

朱 好的，谢谢，谢谢我们前方的记者。感动就会有爱，有爱就会有责任，说得多好啊，让人听了非常非常的温暖，虽然还有许许多多的祝福和问候，不能一一地传达，但是在这里我们要向所有关注灾情、关心灾区，关爱灾民的兄弟姐妹们，说一声——

合 谢谢你们！

董 好，观众朋友们，接下来让我们一起观看小品《新闻人物》。

小品《新闻人物》

作者：王承友　导演：娄乃鸣

表演：郭冬临　周涛

郭冬临 亲爱的朋友们，过年好，是欢迎我吗？我这人就爱起哄凑热闹，后面人说就这个地方最热闹，也不热闹啊。还行，看见我媳妇没有，我媳妇？周涛。你别看她在外面叱咤风云，像个人似的。在家里，立即向我跪下。特别怕我，一见我吓得直哭。我跟你说，你别闹。哈哈哈。（哭）

周 涛 别哭，你跟大家说什么了？

郭冬临 我跟大家说，有没有人看见，有没有人曾告诉你，我爱你。

周 涛 往下唱。

郭冬临 有没有人曾告诉你，我很爱你。

周 涛 接着唱。

郭冬临 就会这一句。

周 涛 你说他讨厌不讨厌，哎，这么晚了不回家，又上哪凑热闹去了？

郭冬临 这回我绝对不是凑热闹，我跟你说，我……

周 涛 什么？

郭冬临 我……

周 涛 说清楚。

郭冬临 我见义勇为去了。

周 涛 见义勇为，就你？得了。

郭冬临 你还不相信，你看看，我把东西都带回来了。你看看，鞋，钱包，手机，看没看见？

周 涛 哪来的这些东西？

郭冬临 这些东西，还有这些东西。

周 涛 你到底干嘛去了？

郭冬临 我见义勇为。

周 涛 人家见义勇为都是往外送东西，你怎么往回拿啊？说实话，你到底干什么去了？

郭冬临 我真的见义勇为去了。你不相信，你坐下，我慢慢跟你说。哎呀。

周 涛 你快说，快点。

郭冬临 我从头跟你说啊，这不是咱们邻居王美丽嘛。她啊，托我办件事。

周 涛 你跟王美丽怎么了？

郭冬临 没怎么呀？

周　涛　我早就看出你们俩关系不正常。你今天帮她买大米，明天帮她换煤气，而且一提起王美丽，你就蹦。你们俩到底怎么回事？

郭冬临　什么事也没有，你想哪里去了，我是这种人吗？王美丽，哎呀，王美丽，是是。王美丽确实长得比你好看，我跟王美丽什么关系？你就不相信人。

周　涛　大家看，他蹦没蹦？

郭冬临　我是真没有啊。

周　涛　不是见义勇为嘛，怎么扯上王美丽了？

郭冬临　你起的头。

周　涛　你起的头。

郭冬临　你起的头。

周　涛　我起的头。怎么了？

郭冬临　没事，我随便问问。

周　涛　快说，东西怎么回事？

郭冬临　是这样的，王美丽呢让我帮她接一下孩子。

周　涛　你帮王美丽接一下孩子？

郭冬临　又来了，你不知道，我跟王美丽有个孩子。什么时候？王美丽跟她老公有个孩子，她老公去世的早，孤儿寡母不容易，人家来找你，你不在我去了，你看又不相信。我跟你说实话你都不相信。

周　涛　不许蹦。我跟你说过多少次，我帮她，行，你帮她，不行。啊呀，王美丽王美丽，过来，老公，我不许你提她。行不行

郭冬临　行。绝对不提她我绝对不提她。这不是王美丽，（打嘴）抽你。

周　涛　说。

郭冬临　我把王美丽的孩子给她送出去以后，我就往回走，回的路上特别想你。完了以后呢，路过护城河边。你猜怎么着，一辆中巴车要撞我。我往左躲吧，它往左追，我往右躲吧，它往右拐。我一想我跟司机也没仇啊，干嘛要灭口啊。

周　涛　对啊。

郭冬临　我一想，玩了，我躲不过去了。我往马路中间一躺，我脚一蹬，眼一闭。我一想再也见不到你了。

周　涛　啊呀，往下说。

郭冬临　后来它没轧我，从我身上嗖的一下飞出去了，敢情不是冲我。

周　涛　冲谁？

郭冬临　河。

周　涛　河？

郭冬临　河。

周　涛　河？

郭冬临　河！长江长城，黄山黄河？

周　涛　护城河？

郭冬临　河。

周　涛　后来呢？

郭冬临　掉下去了。

周　涛　后来呢？

郭冬临　后来咕嘟咕嘟冒泡，挺大泡。

周　涛　救人哪。

郭冬临　对啊，这时候有俩解放军都跳下去了。有一个小伙子也跳下去了，这时候很多人就脱了衣服脱了裤子往下跳。我说你跳吧，我给你收着，有的人把手机手表往上一扔，我说我给你收着，你下去吧，他们就下去了。

周　涛　那你是怎么回事啊？

郭冬临　我看他们跳下去一个没影了，跳下去一个没影了，我就跟着跳下去了。

周　涛　啊？你不知道你不会水啊？

郭冬临　我是下去以后才知道的。下去以后

喝了好多水。

周　涛　喝了多少？

郭冬临　有这么两桶。

周　涛　后来呢？

郭冬临　后来我就被送到医院。然后把东西拿着，回家了。

周　涛　后来呢？

郭冬临　完了。

周　涛　完了？完了，你完了。

郭冬临　怎么了？

周　涛　啊呀，原来电视里说的那个人，就是你啊。

郭冬临　我上电视了。

周　涛　嗬，你都成新闻人物了。电视里一直在演你的事，而且是滚动播出。过来。你自己看。

郭冬临　没我啊？

周　涛　都过去了。我来跟你说吧，见义勇为的人上了岸，找不着衣服，找不着鞋，找不着手机，找不着钱包。敢情都在你这儿啊。

郭冬临　对，在我这，怎么了？

周　涛　怎么了？人家以为是你偷了。啊呀，人家那是见义勇为，你是见利忘义，遭人唾弃。我没法跟你过了。

郭冬临　干嘛不过啊，我好不容易花那么多钱娶回来的。我说，你别啊，谁呀这是，我是这种人吗？

周　涛　你是不是这种人，咱们说了不算，反正大家以为你就是这种人，对不对啊。

郭冬临　我说，这时候就别互动了。我说，谁啊，我去找他。

周　涛　你去你去，出了门就有人抓你，手铐在门口，就等你伸手。

郭冬临　我说咱把这种事，跟人说清楚行不行？

周　涛　你怎么说的清楚啊？

郭冬临　怎么说不清楚呢？

周　涛　我问你，见义勇为的人上了岸，你人呢？

郭冬临　我跳到河里了。

周　涛　你跳到河里，岸上的东西呢？

郭冬临　岸上的东西我能放在明面上吗？我都放在摩托车的后备厢里了。

周　涛　我能听你解释，公安局它能听你解释吗？对了，电视上还说了，人家见义勇为的人上了岸往自己手机上打电话，关机了。怎么回事？

郭冬临　这可不是我关的。水泡的。

周　涛　水泡了？

郭冬临　我怕这些贵重的东西丢了，我就揣在身上，跳到河里的。这手机都没了，完了我这八块手表，六块都不走了。

周　涛　啊呀，永远都说不清楚了，这可怎么办呢？

郭冬临　这还真的说不清楚了，老婆我该怎么办？

周　涛　自首。

郭冬临　自首，我又没偷没抢，再说，我还准备把这些东西给人送回去呢。

周　涛　我数数到底有多少钱。

郭冬临　你开什么玩笑，咱可不是见利忘义的人？连一分都不能动。

周　涛　你想什么呢？我是看看你够判几年。一年，两年，三年。

郭冬临　老婆我有点害怕。你得帮帮我。

周　涛　你让我怎么帮你啊？

郭冬临　要不这样吧，你把事情的经过啊，从头到尾，你再给我说一遍。

周　涛　快来快来，坐下。

郭冬临　我不坐，我还是跪着吧。

周　涛　说。

郭冬临　那个情况是这样的，我呢我……我

还是坐着吧，跪着疼。

周　涛　快说。

郭冬临　这不是王美丽来找我吗。

周　涛　住口。不许再提王美丽。

郭冬临　不提王美丽不行，她起的头。

周　涛　我是让你说啊，人家把东西送给你之后。

郭冬临　人家把东西送给我，人家谁给咱送东西啊，每年过年过节，都是咱给人送礼，有时候，送不出去，你还骂我是窝囊废。

周　涛　我是让你说这些东西。

郭冬临　这些东西。他们送给我之后，然后都跳到河里了。

周　涛　快说。

郭冬临　他们跳下去以后，我也跟着跳下去了。

周　涛　哎呀。

郭冬临　你别着急。我知道我不会水，但是我能喝水。我喝了好多水，然后人喝了好多水以后，就往下沉，我沉啊，沉，沉啊沉。

周　涛　别沉了。

郭冬临　沉不下去了，我都到底了，你猜我踩着个什么？圆鼓笼冬的东西，当时我脑袋还在想，这是什么地方，护城河啊，肯定有古董，我挑了个大的，我就抱了起来。这时候有人往上拽我。

周　涛　那是好心人在救你吧？

郭冬临　这个东西实在越来越沉，我就把它一扔，肯定摔坏了，没关系过两天我再去。

周　涛　后来呢？

郭冬临　后来你都知道了，我被送到医院。然后把东西拿回来，我说的都是实话。一句假话没有。

周　涛　我知道你说的都是实话，可句句都像瞎编的。我问你，你不在岸上好好给人看东西，你下水干嘛啊，你会水也行阿。你不是没事找事吗？

郭冬临　当时的情况你不知道。大势所趋，所有人都往下跳，四个老太太都跳下去了。你要在旁边，你绝对不会袖手旁观。

周　涛　袖手旁观？我袖手旁观？这些话，你跟公安局的去说，去跟他们去解释。你看，又在演你的事了，啊呀，大点声。

郭冬临　在你这。

周　涛　气死我了。

（电视画外音）

郭冬临　太感人了，这才是真正的英雄，一定要找到他。

周　涛　你站起来。一米八五，圆脸，光头。见义勇为的人啊，原来就是你啊。

郭冬临　开什么玩笑，怎么可能？

周　涛　你当时下水没有？

郭冬临　我下水了，不会游泳，我沉地了。

周　涛　你想救人没有？

郭冬临　想救人但是没救着啊。

周　涛　你抱起大石头没有？

郭冬临　我还抱起大石头。我哪有，大古董？

周　涛　你砸玻璃没有？

郭冬临　砸玻璃！当时那个大古董越来越沉，我实在没有办法了，吧唧一声，砸着玻璃啦？要不要赔啊？

周　涛　赔什么赔啊？你是英雄。你救了他们。

郭冬临　你别动，我回忆一下，当时我不会游泳……我是英雄？我是大英雄。那我这些东西能不能说清楚？

周　涛　说清楚了。

郭冬临　我不是见利忘义的人？

周　涛　不是。

郭冬临 我也不是遭人唾弃，你也不会离我而去？

周　涛 我要好好跟你过一辈子。

郭冬临 老婆。

周　涛 老公。

郭冬临 老婆。

周　涛 你不是我老公。你是我心目中的大英雄。

郭冬临 讨厌，你让我亲一口，你过来。（画外）

郭冬临 谁啊？

画　外 郭哥，是我，小王。

郭冬临 王美丽

周　涛 不许蹦。什么事啊？

画　外 嫂子在家啊。我是给你和郭哥送饺子来了。

郭冬临 这人多好

周　涛 好好，好你个头。来了，站住，不许动。干嘛去

郭冬临 我是把英雄们的东西送回去。另外，你怎么还不给王美丽开门啦？

周　涛 不许蹦。

郭冬临 走着走着就蹦了，来吗，一起蹦吧。

朱 浓浓的乡情、亲切的乡音、难以割舍的乡恋，对于海外华人来说，一到逢年过节就更加强烈。

董 儿女的路不管再远，永远离不开慈母的目光，游子的心不论漂泊何方，永远是一个方向。

朱 下面我们要为大家送上一首《千里之外》，那里有——你思念的和思念你的亲人。

董 除夕之夜，我们要把这份最甜最美的骨肉亲情，送给全世界的华人和两岸三地的同胞们。祝大家新春快乐。

歌舞《千里之外》

作词：方文山　作曲：周杰伦

演唱：费玉清

（灯光：蓝色灯光主调）（视频和彩幕：绿色竹子水墨画　飘移动画）

屋檐如悬崖
风铃如沧海
我等燕归来
时间被安排
演一场意外
你悄然走开
故事在城外
浓雾散不开
看不清对白
你听不出来
风声不存在
是我在感慨
梦醒来是谁在窗台
把结局打开
那薄如蝉翼的未来
经不起谁来拆
我送你离开
千里之外
你无声黑白
沉默年代或许不该
太遥远的相爱
我送你离开
天涯之外
你是否还在
琴声何来生死难猜
用一生去等待

朱 董卿，喜欢看杂技吗？

董 当然！尤其是每年在春晚上表演的杂技节目，都是获得过国际大奖的。真正的高精尖、新奇特。

朱 你能说出几个来吗？

董 你听着，05 年的《十三人顶碗》，06

年的《炫》，07年的《俏花旦》……

朱　如数家珍啊！看来你还是真喜欢！今天，让你再过一把瘾，下面你又将看到一个精彩的杂技……

董　不对吧朱军，（指台上）你看，篮球架都摆上了，而且今天王治郅也在我们的现场，接下来是篮球表演。

朱　你好，大郅！只知其一不知其二啊，她光顾看你了，节目都记不清了，你没看见后面还有跳板吗？我刚才都看到演员了，来自沈阳军区杂技团的演员们，不得了，那可都是在世界大型的国际比赛中获奖的演员。

董　是这么回事了？不过你别说，朱军啊，在篮球比赛中啊，精彩的投篮的确像杂技一样有极高的难度，而且让人眼花缭乱，杂技的舞台上啊也像篮球比赛那样扣人心弦。

董　一起来欣赏。

杂技《花势篮球》

教师：董争臻　越斌　李海涛

杂技表演：沈阳军区前进杂技团

花式篮球表演：李宁花式篮球队

（灯光：蓝色紫色黄色白色　快速交叉闪变）（视频：抽象篮球造型移动）

李　都拿到篮球了，谢谢这些姑娘小伙子们，我有一个假设，如果这些姑娘小伙子们组成一个队去参加奥运会的话，金牌肯定是我们的。

周　就是有创意。

李　过节嘛，为奥运健儿加加油，助助威为祖国多拿几块金牌！其实在每年春晚的舞台上，观众朋友们都能看到许多老中青三代艺术家一起登台亮相，为我们带来春节的快乐。

周　今天，我们又请来了几位不同民族的老艺术家代表，满怀激情地和青年演员一起，将优秀的少数民族歌曲和浓郁的民族风情融为一体，载歌载舞为我们送来新春的问候。借此机会，我们也向全国的老年朋友们，由衷地道一声——

合　春节好！

歌曲联唱《在一起》

编曲：刘刚宝

编导：杰克　刘小丰

《盘歌》（歌舞剧《刘三姐》插曲）

演唱：黄婉秋　祖海

舞蹈：中国电信武汉艺术团

山西艺术职业学院“一把酸枣”舞剧团

黄　嘿　什么水面打跟斗　嘿了了啰
什么水面起高楼　嘿了了啰
什么水面撑阳伞什么水面共白头
嘿　什么水面撑阳伞　什么水面共白头诶

祖　嘿　鸭子水面打跟斗嘿了了啰
大船水面起高楼　嘿了了啰
荷叶水面撑阳伞　鸳鸯水面共白头
嘿。荷叶水面撑阳伞　鸳鸯水面共白头

黄　嘿　什么结果把娘颈　嘿了了啰
什么结果一条心　嘿了了啰
什么结果包梳子　什么结果披鱼鳞
嘿　什么结果包梳子　什么结果披鱼鳞

祖　嘿。木瓜结果把娘颈　嘿了了啰
芭蕉结果一条心　嘿了了啰
柚子结果包梳子　菠萝结果披鱼鳞
嘿。柚子结果包梳子　菠萝结果披鱼鳞

黄　嘿　什么有嘴不讲话　嘿了了啰
什么无嘴闹喳喳　嘿了了啰
什么有脚不走路　什么无脚走千家
嘿　什么有脚不走路　什么无脚走千家

祖　嘿　菩萨有嘴不讲话　嘿了了啰
铜锣无嘴闹喳喳　嘿了了啰

财主有脚不走路　铜钱无脚走千家
嘿　财主有脚不走路　铜钱无脚走千家
嘿　心想唱歌就唱歌

《送我一枝玫瑰花》
演员：克里木　陈思思
舞蹈：山东青年管理干部学院舞蹈系
（灯光：黄色主调）
唱：
克　我送你一枝玫瑰花
　　我要诚恳的谢谢你
　　花儿一样美丽的可爱鸟儿
　　我将衷心的爱着你
陈　百灵鸟儿从手中飞去
　　落到美丽的花园里
　　哪怕你自己看得像个傻子
　　我还是能够看的上你
克　我送你一枝玫瑰花
　　我要诚恳的谢谢你
　　花儿一样美丽的可爱鸟儿
　　我将衷心的爱着你
陈　百灵鸟儿从手中飞去
　　落到美丽的花园里
　　哪怕你自己看得像个傻子
　　我还是能够看的上你
全　我们像黄莺和百灵鸟
　　我们相爱如鸳鸯
　　我们的爱情像那燃烧的火焰
　　大风也不能把它吹熄
　　我们的爱情像那燃烧的火焰
　　大风也不能把它吹熄
全　我们像黄莺和百灵鸟
　　我们相爱如鸳鸯
　　我们的爱情像那燃烧的火焰
　　大风也不能把它吹熄
　　我们的爱情像那燃烧的火焰
　　大风也不能把它吹熄

《美丽的草原我的家》
作词：火华　作曲：阿腾奥勒
演唱：德德玛
表演：五彩呼伦贝尔儿童合唱团
（灯光：黄绿灯光交叉）（视频：蒙古包）
唱：美丽的草原我的家
　　风吹绿草遍地花
　　彩蝶纷飞百鸟儿唱
　　一弯碧水映晚霞
　　骏马好似彩云朵
　　牛羊好似珍珠撒
　　啊，牧羊姑娘放声唱
　　愉快的歌声满天涯
（合）牧羊姑娘放声唱
　　　愉快的歌声满天涯

《逛新城》
作词：邓先恺　作曲：李才生
演唱：才旦卓玛　蔡国庆
舞蹈：吉林市歌舞团　桦甸市艺术团
（视频　油菜花开）（舞台调度：演唱者从舞台侧走出　男舞蹈演员满天星藏族舞蹈）
唱：雪山升起了红太阳
　　拉萨城内闪金光
　　翻身农奴巧梳妆
　　和孩子逛新城呀
　　孩子在前面走呀
　　走的忙
　　老汉我赶的汗呀
　　汗直淌
　　一心想看拉萨的新气象
　　迈开大步我紧呀紧跟上呀
　　唉……唉
　　为啥竹竿立在路旁
　　上面布满了蜘蛛网啊
　　电线杆子行对行
　　纳金日夜发电忙
　　接起线来家家亮

拉萨日夜放光芒呀
阿爸耶
（哎）
快快走
（哦）
看看拉萨新面貌
女儿耶
（哎）
等等我
（噢）
看看拉萨新面貌
快快走呀
快快行呀
哦呀呀呀呀呀

《红太阳照边疆》

作词：韩允　作曲：金凤浩
演唱：蒋大为　郁钧剑
舞蹈：桦甸市艺术团
（舞台调度：演唱者在舞台中区演唱　女舞蹈演员表演朝鲜族舞蹈）

唱： 红太阳照边疆，
青山绿水披霞光，
长白山下果树成行，
海南江畔稻花香。
劈开高山，大地献宝藏；
拦河筑坝，引水上山岗。
哎嗨，延边人民斗志昂扬，
军民团结建设家乡。
毛主席领导我们胜利向前方。
红太阳照边疆，
青山绿水披霞光，
长白山下果树成行，
海南江畔稻花香。
劈开高山，大地献宝藏；
拦河筑坝，引水上山岗。
哎嗨，延边人民斗志昂扬，
军民团结建设家乡。
毛主席领导我们胜利向前方。
劈开高山，大地献宝藏；
拦河筑坝，引水上山岗。
哎嗨延边人民斗志昂扬，
军民团结建设家乡。
毛主席领导我们胜利向前方。

《在一起》

作曲：曹美韵
演唱：刘一帧　陈莉莉　严当当
廖忠　亚民　师鹏
舞蹈：山西艺术职业学院“一把酸枣”舞剧团
（大屏幕：火焰燃烧）

星星和月亮在一起
珍珠和玛瑙在一起
庄稼和土地在一起
劳动和幸福在一起
汉彝民族在一起
鱼儿和水哟在一起
针儿和线在一起
高山和白云在一起
太阳和光明在一起
春天和温暖在一起
太阳和光明在一起
春天和温暖在一起
毛主席呀和人民在一起
彝族的心啊
永远和他在一起

李　谢谢各位演员的精彩表演。

周　各位观众，您现在正在收看的是中央电视台综合频道、中文国际频道、英语国际频道、西班牙国际频道、法语国际频道，为您现场并机直播的 2008 年春节联欢晚会的演出现场。

李　周涛，那太多了，随便说几个下面，我想出一个字，看你能说出几个相关成语。这个字就是和谐的“和”字。

周　听着，比如：家和万事兴，生活要和和美美，对人要和蔼可亲和睦相处，做生意要和气生财和气致祥，遇到困难要和衷共济……

李　看来，一个“和”字，你已经烂熟于心了。俗话说的好，没有规矩不成方圆，遵守法制和职业道德，是构建和谐社会人人应该具备的行为准则。

周　下面这个小品，就是通过一件生活中常见的小事儿——开锁，再次说明了这个道理。

小品《开锁》

作者：张振彬　王宏　黄宏

导演：李春明　傅勇凡

表演：黄宏　巩汉林　林永健　董卿

黄　观众朋友们过年好啊，人逢喜事心欢笑，老夫妻不拍新婚照，穿上婚纱燕尾服，就等于新被面裹着老被套。哎呀，现在的这个照相技术真是太高了，你说我媳妇儿那体型长的跟肥肥似的，照出照片愣像董卿。看见没，啊～！这小腰也就一尺八呀，实际情况三尺六，全靠腹带勒的，照完相一解腹带那肚子跟折叠椅似的，夸嚓就出去了。今天是乔迁之喜，加上新婚二十周年纪念，我要来一个惊喜给我媳妇订一桌最好的烛光晚宴，好不好？哎呀，哎呀，订烛光……哎呀，就是兜里没钱那，对了，搬家的时候，媳妇儿把这钱全锁这箱子里头了，就一把钥匙还在她手里呀，一把手，一把手，就是这么来的呀。现在这个女同志呀，是怎么实惠怎么来，婚前婚后两张牌，结婚之前要彩礼，结婚之后要理财呀。有了，楼下就有家开锁公司，我给他来个新鲜玩意儿，我找开锁公司（拨电话）。喂，开锁公司嘛，我是110啊，啊！我是那个对面小区110房间，我要开锁，谢谢，谢谢啊！现在这个社区服务太方便了，想开锁找开锁公司，想搬家找搬家公司，不过小偷也方便了，不用自己动手干了，打俩电话全都办了。

林　朋友们过年好啊！过年好啊！过年好。自从有了防盗门，忙坏了我们开锁人，开了东家开西家，撬门破锁为人民。yeah！（按门铃）

黄　来啦！来啦……

林　大哥。

黄　哎。

林　开锁？

黄　开锁。

林　哎，你这个锁不是开着吗？

黄　我开那个箱子。

林　这把锁啊！

黄　对对……是。

林　没问题！

黄　对！

林　请出示身份证，房产证，户口本等有效证件。

黄　啊～哈，嘿嘿。这个证件都有，全都锁这个箱子里了，这样，你帮我打开箱子，我给你出示证件。

林　你给我出示证件，我就帮你打开箱子。

黄　你要不给我打开箱子，我就没法给你出示证件。

林　你要不给我出示证件，我就没法给你打开箱子。

黄　你先给我打开箱子，我后给你出示证件嘛！

林　你先给我出示证件，我后给你打开箱

子嘛！

黄　我先给你出示证件，你后给我打开箱子嘛！

林　我先给你打开箱子，你后给我出示证件嘛！

黄　对啦！

林　嗯！（弯腰开锁）

林　呀呀呀……程序有点乱，有点乱。你必须是出示证件，我再给你打开箱子。

黄　不是，你这个人怎么这么犟呢？你这个人呢……

林　大哥，这是行规啊，万一你要不是这家的主人，那我不就找麻烦了么？

黄　喊，我怎么不是这家主人呢？啊？你看照片，你看一看，看见没，这是我吧？

林　是的。

黄　这是我老婆吧？

林　不一定。

黄　不一……

黄　不是我老婆我能这么照相嘛？我俩能这么亲密吗？，

林　哎呀大哥，这说明不了什么，现如今科技日益崛起，在网上你的脑袋拼凑给我，我的屁股拼凑给你。比尔·盖茨能和杨贵妃接吻，秦始皇能和布兰妮小甜甜搂在一起。

黄　好好……你可以不给我开锁，我不能让你不信任我，你请坐。

林　谢谢。

黄　我给你找个证明（拿电话）。

黄　带着尿不湿来的（林站起来看黄）？坐坐……（拨电话）。

黄　喂？物业吧？我是110房间，啊！有点事，谢谢，上来一趟，好好……谢谢。哎呀，非常理解，你们有点疑心也是正常的。你们整天撬门压锁的。

林　哎哎，我们是职业的。

黄　对，你们是职业的，非职业那拨那不都进去了吗！

林　不是大哥，我们在公安局是有备案的。

黄　绝对得备案，说实话你这小模样长的就有点犯法，呀呀呀……哎呀，这小眼睛给你长得，今年本命年吧？啊？

林　大哥，我不属鼠。

黄　不可能吗！这不，脸上都写着呢，贼眉鼠眼，贼眉鼠眼嘛！

林　不是……大哥

黄　我跟你开个玩笑，实际上你们也是为我们业主负责嘛！

林　不，准确的说是为这家主人负责。

黄　我就是主人，一会你就知道了嘛。（巩上场）

巩　嗨！亲爱的观众朋友们过年好啊！拜年了啊！哎哟！都说我们物业公司服务差。总和业主来吵架，我和他们不一样，见谁都把招呼打，我是多打招呼少挨骂，嗨！（按门铃）

黄　哎！来啦！来来来……

巩　嗨！

黄！嗨！（巩穿鞋套）哎呀！真是太文明了。过去进门脱鞋，现在进门带套儿。

巩　啊！这是为你们业主着想，穿上鞋套踩不脏。

黄　看看人家，你是尿不湿，他是踩不脏，一个护着脚，一个护着裆。不是，那个……档次不一样。我来介绍一下，这位就是物业公司的。

巩　嗨！

林　yeah！

黄　那位是开锁公司的。

林　yeah！

黄　俩档次嘛！是这么回事，我想给我老婆一个惊喜，但是钱呢！锁在箱子里了。但是我想让他打开箱子，他可能对我有点不信任，证明一下我是这家主人。

巩　没问题。

黄　你听着！

巩　请出示身份证，房产证、户口本等有效证件。（点头）

黄　不是，那个那个证件都有，（巩点头说恩）那不全锁箱子里了吗。

巩　他不是开锁的吗？

黄　开锁的嘛！

巩　很简单嘛！

黄　很简单嘛！

巩　请你把箱子打开，不就完了。

林　你说的太简单了，你不给他证明我怎么给他打开呀？

巩　你不给他打开，我怎么给他证明呀？

黄　不是，没那么复杂，很简单。就是，你证明一下我就是我不就完了！

巩　不可以呀！我们是有制度的，看不到你的证件，我没有办法证明你是你呀！

黄　那我是我自己我还不了解吗？

巩　你要是了解你自己，干吗还找我来证明呢？

黄　你不是认识我吗？

巩　不认识呀！

黄　你不认识我你天天跟我打招呼，嗨嗨的你呀。（巩赔笑）

巩　我们是搞物业的，见谁都要打招呼。这是礼貌，嗨！

巩　嗨！

林　yeah！

巩　嗨！

林　yeah！

巩　嗨！

林　yeah！

黄　好好好……来来来，来你看这个照片，这是我吧？

巩　是的。

黄　这是我老婆吧？

巩　不一定。

黄　不一……

黄　不是我老婆能这么照相吗？不是两口子能住在一起吗？

巩　哎哟！现如今两口子不一定住一起，住一起的不一定是两口子。

黄　你什么意思，你什么意思？这是……

（几人争吵）

林　他的意思就是两口子的关系就好比是钥匙和锁头的关系。

巩　对

林　以前是一把钥匙配一把锁。

巩　原配

黄　原配嘛！

林　现在是一把锁头配好几把钥匙。

巩　乱配

黄　谁乱配呀！（再次陷入争吵）

林　他不认识你是肯定了，那你认识他吗？

黄　物业的。

林　他姓什么？

黄　姓嗨。

林　叫什么？

黄　欠嗨。

巩　哎！你这个先生怎么不会讲话？

黄　我怎么不会说话。（二人又争吵起来）

黄　你不叫欠嗨叫什么？

巩　（掏手绢）我欠扁。

巩　这是我的证件，谦虚的谦，扁鹊的扁，我欠扁。

黄　你要不掏出证件，谁知道你欠扁呢！

巩　好好看一看。

黄　这小模样确实欠扁。（把证件拿到林面前）

林　有了证件就可以开了嘛。

黄　就可以开了。

巩　就可以开了。

巩　停！你不能压着我的证件来开你的箱子！万一他不是这家的主人，我就成同案犯了。

林　这不是团伙么？

巩　是的！

黄　说什么呢，说什么呢！把我当成什么人了？把我当成坏人了是不是？我告诉你我从小到大我任何坏事我都没干过，我孝敬父母，我善待儿女，我爱我老婆，我这么多年我都没有过一次外遇，我冤不冤哪我？

巩　哎呀！这位好同志呀，这只是你的隐私。

林　这证明不了什么。

巩　对

黄　我给你们证明，我马上就给你们证明（拨电话），喂，亲爱的，在哪呢？哎呀，美什么容呢，赶紧回家，家里有事儿。越快越好，好，就这。

黄　二位请坐，我老婆马上就回来。钥匙就在他手里，她要是打开这个箱子，我看看你们怎么说？我让你们看一看我这房子是不是我的房子，箱子是不是我的箱子，我是不是我，我老婆是不是我老婆。（董上场）

董　老公！哎呀！女人有空常美容，老公准像跟屁虫。二十年了，还黏糊，离开一会都不行！烦人！

（董走进门）

董　催，催，催，你催什么催。

黄　哎呀！亲爱的你可回来了。家里有事了。看好了，我是不是我？

合说　是的。

黄　这是不是我老婆？

合说　不一定。

董　啊！

黄　站这边，让大伙说，如果不是两口子敢这么拉手吗？不是两口子敢这么搂吗？我还敢来更亲密的动作你们信不信？信不信？我不上你们的当。我告诉你们中年夫妻亲一口，噩梦能做好几宿啊！

董　你说什么呢你？

黄　亲爱的，不是这意思，亲爱的，你赶紧把箱子的锁头打开。

董　哎呀！开箱子干吗呀？

黄　我让你开你就开嘛！

董　哎！你这人怎么这么多事呀（翻包找钥匙）？

董　哎呀！

黄　怎么了？

董　我把钥匙给丢了！

黄　哎呀呀啊啊……你怎么能把钥匙给丢了呢？你丢钱，丢物，丢人都行啊，你怎么能把钥匙给丢了呢？

董　至于吗？那楼下不就有开锁公司吗？

黄　他们不是不给开嘛！

董　有钱不挣，他傻子呀？

黄　他比傻子还傻子还傻子。

董　找物业公司。

黄　物业比他还傻。

董　哎呀，你把他俩找一块儿嘛！

黄　这不这俩傻子都在这站着呢吗！

（二人向董鞠躬）嗨！yeah！

巩　我是物业公司的。

林　我是开锁公司的。

董　那好呀，你给证明，你给开锁不就完了嘛！

巩　没问题。

合说　请出示身份证，房产证，户口本等有效证件。

董　哎……

黄　够了，我看你们这是成心，我不用你开锁，我也不用你证明，不就是一把锁吗？说破天就是一锤子的事，今天我自己开，我让你们看看箱子里有没有证件！（从箱内取出证件）

黄　我从小到大，所有的证件全在这存着呢！出生证，学生证，毕业证，工作证，结婚证，独生子女证，绝育证，计划生育证光荣证，粮油证，副食证，购油证，购煤证，计划生育证，自行车证，三轮车证，摩托车证，汽车驾驶证，下岗待业证，上岗培训证，公费医疗证，医疗保险证，房产证，股权证，身份证。这辈子怎么这么多的证？我就不相信这么多的证证明不了我的身份。

林 大哥，我可以为你开锁了。

巩 我可以为你证明了。

黄 晚了，汽车撞墙你知道拐了；股票涨起来你知道买了；犯错误判刑了你知道悔改了；大鼻涕流到嘴里你想起来甩了啊？

巩 啊？

黄 你还以为酸奶呢，你呀！

巩 不不不，先生你不要生气，我主要是为了你们业主着想嘛？

黄 那你怎么不为我着想呢？

巩 不要这样讲话，咱们是一个小区的。

董 一个小区的你怎么不替我们证明呢？

巩 哎哟！咱们是一家人呢哎！

黄 一家人你不认识我？

巩 我一直把你们看做是我们的衣食父母哦！

董 我们都父母呢你还气我们。

黄 你看你把你母亲气成啥样了都？

合说 这样的孩子不孝哇！

黄 别和他们一般见识，想想钥匙丢哪了，一把锁就带来这么多麻烦。一串的钥匙全都丢了，咱的家……干什么呢？你干什么呢？物业公司，你看见没有？我要开锁他要证明，没经过我们家允许卸我们家门锁。

董 就是。

林 大哥，你们家门的钥匙不是丢了么，这把锁就不安全了，我给你们换了个锁芯，钥匙。

巩 先生啊，刚才我们是闹了一场小误会，现在我们要祝福你们二位幸福美满。

董 谢谢，谢谢！

黄 一把钥匙打开一把锁，换了个锁芯，打开了心锁。

董 钥匙！

黄 还得交给一把手啊！谢谢谢谢！喜怒哀乐百家事。

董 酸甜哭辣都有趣。

林 过上和谐多美好。

巩 好日子咱要过出——

合 好滋味！

（喷花）

（大屏幕滚动贺电字幕）

张 中国人寿给全国人民带来新春的祝福！湖南太子奶集团生物科技有限责任公司祝全国人民幸福安康！中国驻白俄罗斯　捷克　泰国　土耳其　芬兰　卢森堡　伊拉克　摩洛哥　阿根廷　毛里求斯　尼日利亚　赤道几内亚　阿塞拜疆　叙利亚　塞舌尔　尼泊尔　利比亚利比里亚等国大使馆　祝祖国风调雨顺人寿年丰！世界华人华侨联谊会，希腊华侨华人联合总会，全体旅俄侨胞祝全国华人万事如意！

广州本田汽车有限公司祝北京奥运成功！中国汇源果汁集团有限公司祝全国人民生活美满！

（第二现场）

张 观众朋友，您为您喜爱的观众和演员投票了吗？

欢迎您参加“中国人寿杯”我最喜爱的春节联欢晚会节目评选活动。

刘 具体的参与办法有几种，在正月初十以前，全国的手机用户可以免费参加“中国人寿杯”我最喜爱的春节联欢晚会节目评选，将您最喜欢的节目名称或者是演员的名字，发送手机短信至

10669999。您也可以在正月初五之前寄出选票，我们的选票刊登在2008年第二期至第五期的《中国电视报》上，另外您还可以在正月十五之前登录央视国际网站进行投票。

张　用手机短信进行投票的观众朋友们就有机会抽取我们的幸运观众奖，我们的奖品是由湖南太子奶生物技术有限责任公司提供的春节晚会的吉祥物，金鼠银福。抽奖的结果将在正月十五播出的元宵晚会，也就是我最喜爱的春节联欢晚会节目的颁奖晚会中公布。

刘　如果您还想了解更多关于春晚节目的其他信息，欢迎您拨打中国电信号码百事通118114。

（舞台区）

白　观众朋友们，在喜庆的时刻呢，我们不妨把镜头回放到百年之前，在1908年的《天津青年杂志》上，向当时的国人提出了三个问题：何时我们能有一名运动员参加奥运会？什么时候我们能组织一支队伍参加奥运会？而什么时候我们能举办一届奥运会？沉甸甸的三个问号，没人能够回答，这既是奥运之梦，也是国运昌盛的梦啊！然而似乎是一个巧合，19082008时间完美地回答了这三个问题，这种巧合，是不是对一个民族有梦并追梦的最好回应呢？今天，我们已经走得很远，但是也不该忘了当初我们是如何出发的，如果把回头看去的奥运看作是一个百米跑道的话，那么最初站上去的中国人，当初该是怎样的孤单与感慨呢？让我们一起聆听。

配乐诗朗诵《百年圆梦》

作曲：刘琦　郭鼎立

朗诵：刘澄宇

编导：姜钢

（灯光：蓝色光调　繁星意境）（大屏幕：中国奥运历史人物事件相片的连接视频）

1932年洛杉矶奥运会
作为一个即将毕业的大学生
我，刘长春，渴望代表中国远征奥运
在一望无际的大海上
漂荡了21天之后
已经严重脱水虚弱不堪的我
走进了开幕式的现场
面对一个人的国家队
看台上都是陌生的眼神、异样的眼光
比赛的结果可想而知
一家美国报纸发表了一篇评论说
随着一个运动员的失败
整个中国都失败了
第二次是在1936年柏林奥运会
为了筹集比赛的经费
中国代表团不得不在比赛开幕前两个月就提前乘船出发
途径东南亚各国，沿途比赛卖艺
海上颠簸，一路劳顿的中国运动员
喘息未定就匆忙参加比赛
结果，只有撑竿跳选手符保卢一个人进入了复赛
可怜的符保卢甚至没有一根属于自己的撑竿
每次比赛都向外国运动员借用
最终，他还是被淘汰了
当时的欧洲甚至刊出了一幅题为“东亚病夫”来嘲讽中国人的漫画——
画中一群蓄着长辫，身穿长袍马褂，来形容枯槁的中国人
他们站在五环旗下
肩上扛着一个硕大无比的鸭蛋啊
那一刻，我的心啊，碎了
那一刻我终于明白，没有国家的富强，民族的兴旺
何来我们运动员在奥运赛场上的更高、

更快、更强?!
没有世界的认同，全民的参与，
就算奖牌挂在了胸前。
也难以闪耀奥林匹克梦想的光芒啊!
我憧憬着、期待着、坚信着，
总有一天，我们中国人会在五环旗下扬眉吐气，扬眉吐气，
总有一天，总有一天。

（中国体育健儿上场）（视频：北京现代体育场馆燃烧圣火）

群：这天来了
冀望百年　近在眼前
这天终于来了
就在2008北京的微笑之间
我们的奥运村将奏响同一个世界的精彩华章
我们的鸟巢将腾飞出人类同一个梦想的翅膀
我们继往开来
我们不辱使命
我参与　我奉献　我快乐
我们是新北京　新奥运
五环世界　北京欢迎您

歌舞《同一个梦想》

作词：孙滨　作曲：陈翔宇
编曲：张宏光　编导：姜钢
演唱：韦唯　陈奕迅（香港）
彭永琛（澳门）　梁咏琪（香港）
朱力安（法国）　毛宁
郝歌（利比里亚）　大牛（英国）
梅林（美国）　王菲菲　魏瑛侠
舞蹈：吉林市歌舞团
中国电信武汉艺术团
山西艺术职业学院“一把酸枣”舞剧团
珠海汉胜艺术团

（灯光：黄色、红色柔光交叉）（大屏幕：奥运赛场VCR）
（歌手站一排　后排演员挥动红旗）

韦　你让南极雪亲吻北冰洋
你让旭日温暖昨天的月亮
彭　我们的心窗打开想象
看流星与花儿一起绽放
陈　奥林匹克　我对你讲
你在记忆中把我眼睛点亮
奥林匹克　我对你讲
你是阳光　洒在我身上
合　在同一个世界
有同一个梦想
穿破黑暗和忧伤
让星空见证我成长
在同一个世界
有同一个梦想
握住坚强和希望
无论北京还是那远方
梁　你让快乐成为我的力量
你让彩虹染亮我的家乡
朱　我们的船桨划开惆怅
听春天的细雨打湿衣裳
毛　奥林匹克　我对你讲
你在记忆中把我眼睛点亮
郝　奥林匹克　我对你讲
你是阳光　洒在我身上
合　在同一个世界（威亚赛跑）
有同一个梦想
穿破黑暗和忧伤
让星空见证我成长
在同一个世界
有同一个梦想
握住坚强和希望
无论北京还是那远方
在同一个世界
有同一个梦想
穿破黑暗和忧伤
让星空见证我成长

在同一个世界
有同一个梦想
握住坚强和希望
无论北京还是那远方

（白岩松在观众席）

白　过去的这一年呢，奥运就是让我们这么激动，而平凡的人却给了我们许多的感动，由全国文明办，全国总工会，共青团妇联共同开展的全国道德模范表彰活动经过了群众的推荐，专家和投票的评选，共有53位社会各界人士成为全国道德模范，他们都是在平常的日子里用不平常的行动感动了中国，感动了我们每一个人。他们也是胡锦涛同志关于“荣辱观”的最好践行者。今天我们有幸请到了六位，来让我为您介绍。

这位就是助人为乐模范，赡养了本村六位老人三十多年的老人，林秀贞，欢迎您大娘。

这位是见义勇为模范，在冰冷的湖水中挽救了三位少年的硕士生，来自天津的徐伟，欢迎您。

这位是全国诚实守信模范，捡到了装有一千多万的提包物归原主不求回报的服务员，来自福建的徐丽珍，欢迎您。

这位是全国敬业奉献模范，在自己的岗位上钻研，证明了咱工人有力量的山东青岛的许振超，欢迎您。

这位也是全国敬业奉献模范，一个人行走在孤独的山路上，把邮件送到每家每户的邮递员，来自四川的王顺友，欢迎您！

这位是全国的孝老爱青模范，他的妻子在跟他生活了不到一年就去世了，然而他却赡养了岳父岳母30多年的好女婿，工人，来自河南的谢延信。欢迎您！

跟他们走在一起，都是那么的踏实，你看，大娘能不能在这过大年的时候，代表全国模范说几句贴心的话。

大娘　好，我当了全国道德模范感到非常的光荣，党和政府以及父老乡亲给了我许多的关心和关怀，我会一如既往，把好事一直做下去！

白　谢谢您大娘！在这儿呢，我们再一次给全国的道德模范拜年，我们仅有感动是不够的，还要有行动，春节正好是我们中华传统美德展现的最好的舞台，希望我们每一个家庭尊老爱幼，和谐和美，把我们的家园变成一个和谐的大舞台！

歌舞《中国大舞台》

作词：韩伟　作曲：刘青
编曲：刘琦　演唱：殷秀梅
编导：王迪　闫兵
舞蹈：广州军区政治部战士文工团
　　　吉林市歌舞团

（灯光：梅红为主高）（大屏幕：中国建筑风景及历史领导人视频回放）

（彩幕：大红色花朵变化）（道具：太阳花双手扇）

（服装：殷秀梅－绿色长裙；舞蹈女演员－金黄色长裙；舞蹈男演员－红色民族服）

唱：好一个中国大舞台 大舞台
五千年龙凤虎跃延不衰
好一个中国大舞台 大舞台
亿万人血泪欢歌汇成海
汇集黄河长江金色绸带
舞得那神州如画
好梦成真情满怀
汇集黄河长江金色绸带
舞得那神州如画
好梦成真情满怀
好一个中国大舞台 大舞台
一幕幕沧桑巨变多豪迈
好一个中国大舞台 大舞台

指引那五洲瞩目齐喝彩
登上万里长城万里情态
唱一曲东方神韵人间天堂唱起来
登上万里长城万里情态
唱一曲东方神韵人间天堂唱起来
登上万里长城万里情态
唱一曲东方神韵人间天堂唱起来
登上万里长城万里情态
唱一曲东方神韵人间天堂唱起来
唱一曲东方神韵
人间天堂唱起来

（话外音，大屏幕滚动贺电字幕）

刘　珠海格力电器股份有限公司恭祝全国人民新春快乐！中国驻哥伦比亚　孟加拉　汤加　伊朗　黎巴嫩　突尼斯　委内瑞拉　黑山　塞拉利昂　刚果（金）　刚果（布）　也门冰岛卡塔尔　加蓬　阿联酋　哈萨克斯坦　塔吉克斯坦　巴林　马拉维等国大使馆向全国人民拜年！中国民航总局、国家电网公司、北京奥运会及残奥会志愿者、北京市公安消防总队祝全国人民新春大吉！福建七匹狼实业股份有限公司祝全国人民快乐吉祥！中国平安保险集团祝全国人民幸福平安！

（第二现场）

张　亲爱的观众朋友们，新年的钟声快要敲响了，请您赶快参加由中央电视台主办的“中国人寿杯”我最喜爱的春节联欢晚会节目评选活动。为您喜爱的演员和节目投票！

刘　具体的参与办法有几种，在正月初十以前，全国的手机用户可以免费参加“中国人寿杯”我最喜爱的春节联欢晚会节目评选，将您最喜欢的春晚节目名称或者是演员的名字，发送手机短信至10669999。您也可以在正月初五之前寄出选票，我们的选票刊登在2008年第二期至第五期的《中国电视报》上，另外您还可以在正月十五之前登录央视国际网站进行投票。

张　用手机短信进行投票的观众朋友们就有机会抽取我们的幸运观众奖，我们的奖品是由湖南太子奶生物技术有限责任公司提供的春节晚会的吉祥物，金鼠银福。抽奖的结果将在正月十五播出的元宵晚会，也就是我最喜爱的春节联欢晚会节目的颁奖晚会中公布。

刘　如果您还想了解更多关于春晚节目的其他信息，欢迎您拨打中国电信号码百事通118114。

（舞台区）

朱　好，谢谢，谢谢二位！2008年是中国的奥运年，也是世界的中国年，董卿啊。

董　哎！

朱　我问你，你知不知道，北京奥运会咱老百姓报名最多的是哪个项目？

董　应该是奥运志愿者。

朱　还有吗？

董　奥运火炬手！

朱　说对了。据我所知啊，2008年的火炬全球传递不同于以往的任何一届奥运会，因为本届奥运会的火炬传递呀，将第一次登顶世界第三极、世界最高峰、珠穆朗玛峰彰显奥林匹克精神。

董　嗯，那在我们接下来的节目中呢，就会看到一次特殊的火炬手。

朱　特殊的？是那个登珠峰的火炬手吗？

董　不对，他呀是我们大家伙儿非常熟悉的那对东北老夫妻，白云黑土当中的一位。

朱　弄了半天是山丹丹当中的一位啊。

董　哎，说来就来啦！

小品《火炬手》

作者：徐正超

导演：高大宽

表演：赵本山　宋丹丹　刘流

（大屏幕：奥运仪式选拔背景）

（道具：两把椅子、一个固定话筒架、一个演讲台）

白云　哎哎，你干啥呀，你这着急忙慌的，你跑啥呀？

黑土　你快点吧，马上就要宣布你当奥运会火炬手了，抓紧！

白云　哎呀，跟你有什么关系？你赶紧给我把椅子放下，我赶紧歇一会儿。

黑土　这还摆啥谱啊？

白云　没你事，这玩意儿。你跟着着急忙慌的，我说我不带你出来了。

黑土　干啥又？

白云　你说干啥？伸左手是上水，伸右手是闭嘴，跷左脚是揉腿，跷右脚是亲一口，记住没死鬼？

黑土　嘿嘿，这点业务我都练半辈子了，你就放心吧啊。

白云　你这练啥玩意儿啊，看。

黑土　别介了，一会来人了，看着多不好，亲啥呀？这么大岁数。

白云　你看好了这是哪只脚！

黑土　哦，哎呀（揉腿）老伴啊，一会到现场了好多记者呢，你就别伸这条腿了，你给我留点面子行不？

白云　珍惜机会吧，等跑完奥运火炬手你再想碰这腿都碰不着了。

黑土　嘿呀，这咋腿咋还跑没了呢？

白云　这是什么腿？

黑土　寒腿吗。

白云　错，这不是一般的腿，这是一条奥运火炬手的腿！

黑土　哇，火腿呀！行啊，这一辈子和我老伴混就饿不着了！一会我再给你揉揉肚子。

白云　干啥呀？

黑土　再来盘火腿肠！

白云　你说咋啥话到你嘴里质量就下降呢？带不出手都。

黑土　你慢慢带我。

白云　慢慢能行吗？得抓紧！

黑土　你得抓紧，才跑40米还差160呢！

白云　闭嘴！这说啥呢？这没人知道的事，距奥运会还六个多月呢，能练出来这玩意儿。

黑土　抓紧时间。

白云　别跟我说这个。

黑土　来人了。

刘流　赶紧进会场啊！

白云　你是？

刘流　我是今天这仪式的主持人刘流。

白云　我是白云。

刘流　知道。

白云　这是我助理小黑。

刘流　黑大叔你好。黑大叔啊，我跟你说啊，今天咱这活动啊有点变化。

黑土　什么变化？

刘流　现在通过网上啊，这个网友现在对你当火炬手呼声太高了，而且现在你的支持率已经超过大妈了。

白云　赶紧的，这干啥呢？这磨磨叽叽的，你别让人都等着我，这腕挺大的去晚了不合适！你说你这人，哎呀不爱带你出来！赶紧的，找准自己位置，坐哪呢你？……渴了，咳，渴了！

黑土　你不刚喝完吗？

白云　怎么地，你这是要起义咋地？

黑土　有点变化。

白云　咋地？

黑土　有变化。

刘流　好，女士们先生们大家静一静，现在我宣布2008北京奥运会辽北地区农民火炬手选定仪式现在开始！

黑土　好！（鼓掌）

白云　你这一惊一乍的，挺吓人地，你说你，跟你没关系！

刘流　好，朋友们，我们通过网上的调查啊，现在我们很多网友对大叔当这个奥运火炬手的呼声特别特别高，而且大叔在网上的支持率已经超过了白云大妈！

黑土　呵呵，民意，没办法！

刘流　所以呢，最后我们组委会决定啊，想通过网上啊，让网友来出题让二老在现场作答，最后根据网上的这个支持率决定谁是今天的农民火炬手。好，现在题目已经出来了，这是一道问答题，也是必答题，请听好，奥运火炬手在传递圣火的时候啊，最少要跑两百米。鉴于你们二老已经八十的高龄了，那么请问，你们各自能跑多少米？要实事求是。

黑土　二里地。

刘流　二里地！

黑土　不费劲！

刘流　那是一千米啊，大妈呢？

黑土　实事求是，说实话。

白云　我觉得，这不应该算作一个问题，因为这是可以锻炼出来的玩意儿，谁也不是一生下就跑步出来的，谢谢！

黑土　你也没说跑多少米呀？

刘流　好，请听第二题。第二道题呢，网友出的也是一个必答题，请问大叔大妈你们各自喜欢什么运动？

白云　游泳。

刘流　大妈喜欢游泳。

黑土　就游了三天，我回来问她你咋不游了呢？她说那游泳池里面的水不好喝！

刘流　哎呀，大叔啊您喜欢什么运动？

黑土　我喜欢潜泳！

刘流　哎呦，潜泳，大叔您在水下能潜多长时间？

黑土　这么说吧。

白云　那得看救生员啥时候捞他，你要过一秒钟捞他，他就潜一秒，过一年捞他，那指定他就泡芙了，哪漂到哪！

刘流　哎呀，好了好了好了，大叔大妈回答真风趣啊。我们看看网友又提什么问题了。好，接下来是一组抢答题，二位老人请听好，什么运动让人看着揪心？

白云　足球。

刘流　什么运动更揪心？

白云　中国足球！

刘流　好请二老继续听题，还是一道抢答题。问，奥运会是国际行为，我们每个火炬传递手呢都要多多少少掌握一点外语。请问茶叶的茶英文怎么说？

白云　tea.

刘流　绿茶呢？

黑土　绿tea！

白云　红茶呢？

黑土　红tea！

白云　花茶呢？

黑土　花tea！

白云　我踢了你！

黑土　全tea！

刘流　呵呵，好好好，请继续听题。还是抢答题，有网友问现在奥林匹克之父叫什么？（黑土站起）

白云　你说你，不知道站起来干啥玩意儿？

黑土　我怕被人抢走了！

白云　顾拜旦。

刘流　大妈回答正确，掌声！回答的非常好！

黑土　什么蛋？

白云　滚蛋！那么烦人呢你！

刘流　好，请继续听题，历史上谁跑的最快？

白云　曹操！说曹操曹操就到，跑的比谁都快！

黑土　哪呢，曹操哪是运动员啊？

刘流　对呀。

白云　人家也没说运动员啊？人家说历史上谁跑的最快，那历史人物的！

黑土　那孙悟空比曹操还快呢！这个题问得就有问题！

白云　你换个题吧。

黑土　不算数。

白云　别算了。

刘流　作废了。好好好，继续听题啊。又有网友问了，什么运动是以锣声开始和结束，而且还带有一定的危险性？

黑土　耍猴！

白云　耍猴那也不是体育啊，那是文艺啊！

黑土　文体不分家吗！耍猴有危险性，整不好猴挠他！

白云　什么玩意儿？主持人，能不能不让我和这耍猴的一块儿PK，我受不了了，这素质太低了！

刘流　大妈大妈，你听我跟你说啊，咱们这是比赛，比赛比赛都有权利发言。

黑土　超越梦想吗！

刘流　请二位继续听题，有一位姓齐的网友说啊，他刚刚喜得贵子，想让大叔和大妈在现场给他起一个非常好听的名字？

黑土　齐德龙。

刘流　文雅但不够响亮。

白云　齐东墙。

刘流　响亮但不够文雅。

黑土　齐德龙东墙！洋气！

白云　我再给你整个鼓你敲去！

黑土　洋气。

刘流　哎呀，这个大叔大妈他们的回答真是太风趣，太幽默了。好，请继续听题。这是一道基础知识题，请听好，一点一横一撇念什么字？

黑土　广！

刘流　广里头加个木头的木？

白云　床！

刘流　再加一个木？

黑土　双人床！

白云　再加仨木呢？

黑土　仨人床！

白云　十个木呢？

黑土　十个木那就念炕了！

白云　什么玩意儿？

黑土　你再加二十个木那就叫大车店了！

白云　受不了你，一点文化没有的人还想跑火炬手呢?!

黑土　加呗！

刘流　好好好，这道题出的更好啊！大叔大妈听好，这道题啊，是网友给咱们仨出的一道题。让主持人在现场呢，做一套动作，然后让你们二老猜这是什么运动，注意啊！（打太极）什么运动？

黑土　打麻将！

白云　你咋连这玩意儿都不懂呢？很明显这是太极嘛！

刘流　对啊，这是太极。

黑土　他这做的明显就是打麻将！

刘流　怎么是打麻将呢？

黑土　这不，洗牌，马牌，抓牌、看牌，和了！还是自摸呢！

白云　我受不了了，我受不了了！

刘流　好了，好了，咱们现在还是看看网上的支持率啊！我看看，好，朋友们，现在网上的支持率大妈已经超过大叔了！

白云　瞧瞧我这人气！

黑土　你那就是气人，那我也没少答呀?!

刘流　是没少答。好，亲爱的朋友们，那么我们的这个问答部分就算是结束了。那么接下来这个环节呢，给他们两位选手最后一次陈述，讲一讲自己跟奥运圣火的情缘，为自己最后拉一下选票。谁先来?

白云　坐下！有你啥事你?

刘流　好大妈来。

白云　ThankYou！感谢铁岭TV，辽宁TV，将来还有可能感谢CCTV。今天在这个特殊的场合，我要透露一个深藏多年的秘密。我是一个早产儿，从小与火结缘，三四岁开始玩火，曾经给家里引起一场巨大火灾。六七岁不慎跌入火盆，至今臀部仍有印记。十几岁我踏上火车，来到火家屯，经一个伙夫介绍，认识了这个让我上了一辈子火的黑土。同时我过上了水深火热的生活，我多少时间都在寻思，为啥我火急火燎地来到人间?为啥我与火结下不解之缘?今天我终于明白了，我就是为奥运火炬手而生的！

刘流　谢谢大妈，谢谢谢谢。

白云　等会，还没说完呢，sorry！昨天晚上，我的妈妈叮嘱我，

黑土　嘿，你妈死三十年了，干啥玩意儿?

白云　托梦了，怎么地，不行啊?

黑土　托梦了！

白云　我妈说，小云啊，奥运火炬手非你莫属，因为你是在火堆旁边出生的！

黑土　哎呀妈呀，你妈应该说你坐火箭生的！

白云　我妈还说了，谁要是敢跟你争这个火炬手的位置，我和你爹就把他带走！谢谢我妈，ThankYou！

刘流　呵呵，ThankYou，ThankYou。好，接下来我们用掌声欢迎大叔做最后陈述。

黑土　这都陈啥述啊，这都玩命了，我可不整了，这也太狠了，太吓人了！把她妈都搬出来了！

白云　你去啊?

黑土　没那么大胆量。我弃权了！

刘流　怎么了?

黑土　这样吧，让我老伴当，我当志愿者，给我老伴收拾收拾卫生，干点活就行！

白云　他比较适合收拾卫生！

刘流　大叔弃权了?

黑土　我再不弃权就没命了！

刘流　好好，大叔弃权了，我们还是看一下网上的支持率。看看，好，现在我们的票数已经统计出来了。好，朋友们，现在我宣布2008北京奥运会辽北地区农民火炬手是——黑土！

黑土　哎！老伴，老伴你回家啊?

白云　我出家！我受不了了，不带这么玩的，这半年了，都宣传我呀，我怎么跟老李头说?礼我都收了，你别让我丢人了……

黑土　老伴，老伴，老伴，你冷静！咱两口子谁跑这个火炬手不都是光荣吗?

白云　不行，那我受不了，你火了我怎么整?

黑土　我火啥呀?我火不了，你听话，乖！

白云　你火了以后不得像我欺负你似的欺负我呀?!

黑土　我不能，听话啊，冷静啊，现在播出呢啊。

白云　那你还在意我吗?

黑土　在意你。

白云　含糊我吗?

黑土　含糊你。

白云　伺候我吗?

黑土　伺候你。
白云　还怕我吗？
黑土　我不光怕你，关键现在我怕你妈呀！
白云　那我那些令子还好使不？
黑土　你用一下的。喝水，闭嘴，揉腿，亲一口老鬼！（亲）你咋这样呢？啊，不哭了啊，黑黑在这呢啊！
刘流　哎呀，过来过来
黑土　哎呀，我这一辈子我就怕你呀，我要是不让你欺负了我都活不起了我这。
刘流　来来来，坐坐坐。
黑土　冷静啊，别丢人啊。高兴啊。
白云　高兴不起来。
黑土　我的事，我的事就是你的事，你的事也是我的事啊，宝贝啊。
白云　咱俩一块儿的。
黑土　嗯好，没事。
刘流　没事了？
黑土　冷静下来了。
刘流　呵呵，没事了哈。
黑土　老伴真好。
刘流　好，朋友们，接下来我提议让我们今天所有到场的好朋友伸出您那双可爱的手，欢迎大叔做获选感言！
白云　让你感言了，你敢言不？
黑土　你替我去。
白云　你敢……你去吧。
刘流　来，大叔。
黑土　嘿……（撞到麦克了）好！（鼓掌）感谢TV，感谢所有TV，感……感谢广播，好！（鼓掌）今天，这里蓬荜生辉，人山人海，海枯石烂！我……我做梦都没想到我能成为这个火炬手。其实，我不是火命，我是水货……我是水命。我那……在这里我感谢我的老伴。
白云　在这呢！
黑土　没有我老伴就没有我的今天，因为我是陪她练的，把她练下去了，把我练上来了。我老伴……俗话说，一个成功的男人背后背一个多事的女人。
白云　说啥呢？
黑土　背后……背后必须有一个管事的女的……老管我……我在这里……我……今天感谢政府能给我重新做人的机会！
刘流　哎？我说这话不对啊，这话……
黑土　给我……给我当火炬手的机会，我一定要坦白……坦率做人。
刘流　对对。
黑土　坦诚做事，我……
刘流　好，谢谢大叔，谢谢！谢谢！
黑土　Sorry，我还没完呢。
刘流　啊，好，接着说。
黑土　奥运会，好！在这个时刻，我代表我的老伴，像南方受灾的父老兄弟姐妹们，给你们拜年。你们要开心过年，一切都会过去的。有政府给我们做后台，怕啥呀?!（鼓掌）好！
刘流　好！
黑土　等过年以后，我带着我老伴，去看你们去。
白云　是。
黑土　给你们捐钱。
白云　捐。
黑土　我能定吗？
白云　捐多少钱啊？
黑土　捐……有多少捐多少。
白云　你别也都捐了，咱没钱。
黑土　不是，老伴。2008，好！北京，好！我俩，好！主持人，完了。
刘流　好！来来来来来，大叔，大叔啊，大叔，这是我们这次活动的纪念品，您老拿好！
黑土　伟大的2008，百年的奥运，我们俩八十了，赶上了！（手拿火炬退场，

《超越梦想》音乐起)

黑土 奥运会，好！在这个时刻，我代表我的老伴，向南方受灾的父老兄弟姐妹们，给你们拜年。你们要开心过年，一切都会过去的。有政府给我们做后台，怕啥呀?!（鼓掌）好！

刘流 让我们把掌声再次送给大叔大妈！

周 谢谢，谢谢表演，好！我们晚会进行到现在呢，很多观众通过央视公众以及央视资讯给我们留言他们说在演出现场看到林秀贞、王顺友几位道德模范感到很亲切，越发地感受到榜样的力量是无穷的。

李 这些朋友呢，一定要借春节晚会这样一个直播的平台，向全国道德模范们拜大年，并向他们致以崇高的敬意，在这里祝他们新年快乐。

周 好，接下来让我们一起欣赏戏曲节目《名家名段》。

戏曲《姹紫嫣红梨园春》

编导：孙桂元

音乐编创：张延培

表演：国家京剧院

京剧《对花枪》

演唱：袁慧琴

（灯光：黄色）（视频彩幕：牡丹盛开变化造型）

唱：未曾开言好心欢
　　点点喜泪洒胸前
　　自你走后四十载
　　历尽艰辛苦度时光
　　思念夫君倚门望
　　我朝也盼暮也盼
　　举家大小喜洋洋
　　你我老来重相见
　　一家大小笑开颜
　　笑开颜

京剧《赤桑镇》

演唱：刘大庆　苏帅文　冯铭轩

唱：嫂娘亲她把那真情话讲
　　肺腑言感天地荡气回肠
　　明是非主正义贤良高尚
　　劝包拯爱黎民永做忠良
　　深施礼谢嫂娘恩高义广

京剧《杨门女将》

演唱：王艳

唱：你听说西夏吓破胆
　　我看那王文也等闲
　　你要求和递降表
　　我要杀敌保河山
　　老太君若是挂了帅
　　穆桂英就是先行官
　　抖银枪　出雄关　跃战马　踏狼烟
　　旌旗指处敌丧胆
　　管叫那捷报一日三传

豫剧《大登殿》

演唱：李树建

唱：哎呀　母亲
　　我一见老母亲跪金殿
　　折儿的阳寿有几年
　　开言来叫了一声代公主
　　王宝钏把母亲往上搀
　　王下殿我只得撩袍端带
　　端带撩袍步一足下金銮
　　我把拜见

越剧《红楼梦》

演唱：萧雅　华怡青

唱：天上掉下个林妹妹
　　似一朵轻云刚出岫

只道他腹内草莽人轻浮
却原来骨骼清奇非俗流
娴静犹如花照水
行动好比风扶柳
眉梢眼角藏秀气
声音笑貌露温柔
眼前分明外来客
心底却似旧时友

京剧《四郎探母》
演唱：于魁智　李胜素　陶阳　袁铨
唱：我和你好夫妻恩德不浅
贤公主又何必礼义太谦
杨延辉有一日愁眉得展
誓不忘贤公主恩重如山
说什么夫妻情恩德不浅
咱与你隔南北千里姻缘
因何故终日里愁眉不展
有什么心腹事你只管明言
非是我终日里愁眉难展
有一桩心腹事不敢明言
萧天佐摆天门两国交战
老娘亲押粮草来到北番
贤公主若得我母子相见
待来生做牛马结草衔环
你那里休得要巧语来辩
你要拜高堂母我就不阻拦
公主虽然不阻挡
无有令箭怎过关
有心赠你金枇箭
怕你一去就不回还
有心赠你金枇箭
怕你一去就不回还
公主赐我的金枇箭
见母一面即刻还
宋营离此路途远
一夜之间你怎能够还
宋营间隔路途远
快马加鞭一夜还
适才教咱盟誓言
你也天就表一番
一见公言主盗令箭
不由本宫喜心间
站立宫门叫小番
（所有演员站立谢幕　中心舞台下沉退场）

李　好，谢谢各位艺术家还有可爱的孩子们。接下来好歌送上。周杰伦《青花瓷》。

歌曲《青花瓷》
作词：方文山
作曲：周杰伦
演唱：周杰伦
（灯光：蓝色主调，白色闪光）（大屏幕、彩幕：青花瓷造型）

素胚勾勒出青花笔锋浓转淡
瓶身描绘的牡丹一如你初妆
冉冉檀香透过窗心事我了然
宣纸上走笔至此搁一半
釉色渲染仕女图韵味被私藏
而你嫣然的一笑如含苞待放
你的美一缕飘散
去到我去不了的地方
天青色等烟雨
而我在等你
炊烟袅袅升起
隔江千万里
在瓶底书汉隶仿前朝的飘逸
就当我为遇见你伏笔
天青色等烟雨
而我在等你
月色被打捞起
晕开了结局
如传世的青花瓷自顾自美丽

你眼带笑意
色白花青的锦鲤跃然於碗底
临摹宋体落款时却惦记着你
你隐藏在窑烧里千年的秘密
极细腻犹如绣花针落地
帘外芭蕉惹骤雨
门环惹铜绿
而我路过那江南小镇惹了你
在泼墨山水画里
你从墨色深处被隐去
天青色等烟雨
而我在等你
炊烟袅袅升起
隔江千万里
在瓶底书汉隶仿前朝的飘逸
就当我为遇见你伏笔
天青色等烟雨
而我在等你
月色被打捞起
晕开了结局
如传世的青花瓷自顾自美丽
你眼带笑意
天青色等烟雨
而我在等你
炊烟袅袅升起
隔江千万里
在瓶底书汉隶仿前朝的飘逸
就当我为遇见你伏笔
天青色等烟雨
而我在等你
月色被打捞起
晕开了结局
如传世的青花瓷自顾自美丽
你眼带笑意

仪式《天地交响》

作者：朱海　秦新民

编导：姜钢

（灯光：蓝色主调）（大屏幕：嫦娥一号）

（彩幕：繁星）

白　好，谢谢周杰伦。亲爱的观众朋友们，新年的钟声即将敲响，又该送上祝福了，说起来真的让人感慨，中国人不管有多远，在这辞旧迎新的时刻都会把祝福从远方送回到家里。在过去的这一年里，中国人在太空又多了一份牵挂，“嫦娥一号”走过38万千米的天路来到了月球的旁边，实现了中国人千年奔月的梦想，今天，她要给我们发回来一份最遥远的新年礼物，让我们一起走近航天城的指控中心。

（大屏幕：放映月球相片）

白　现在我们在屏幕上看到的这张相片就是“嫦娥一号”拍摄的月球表面的照片，是第一次通过春节联欢晚会展示在世人的面前，在这里我们也祝福世界上所有爱好和平的人幸福平安！

（《歌唱祖国》音乐响想，演员从台两侧走上呈半圆）

白　这首旋律非常熟悉，不过今天听来还是有些特别，“嫦娥一号”一共搭载三十余首歌曲飞上太空，《歌唱祖国》就是其中的一首，今天通过技术解码传送到春节晚会的现场。在过去的三十七年里我们已经见证了中国航天人太多的第一次，我们的梦想也因此变得更多。在这里要特别告诉大家，今年，2008年，中国将发射“神舟七号”飞船，中国人将第一次实现太空行走。接下来我们将请出为这次发射而紧张工作的航天代表们。有请！

（音乐起，演员从中间断开，亮出七位航天代表走下台，小朋友献花）

（视频：五星红旗）

白　天安门国旗班的旗手将把寄托着中国人民梦想的红旗转交给航天英雄的代表

们。相信在这面鲜艳的五星红旗的护佑下，航天人的任务一定要完成的漂亮完满！有请！

（四位旗手从台后举旗走下）

航天代表 向国旗敬礼！立定！

（旗手叠旗交予杨利伟）

杨利伟 请祖国和人民放心，我们将不辱使命，开拓创新，为我国航天事业再创辉煌！

（六位主持人出场）

朱 亲爱的观众朋友们，在歌唱祖国的歌声当中，新的钟声即将敲响，让我们心怀感恩，与过去的一年告别，让我们满怀希望，迎接新年钟声的敲响！

董 又一个农历新年将来到我们的身边，我们也祝福大家新年到、快乐到、平安到、健康到、团圆到。

朱 好，亲爱的朋友们，让我们准备好，一起倒计时。

全体 10、9、8、7、6、5、4、3、2、1！新年好！

（灯光：黄色灯快闪）（喷紫色彩带）（钟声敲响）

歌舞《和谐大家园》

作词：梁和平　作曲：印青

演唱：谭晶　张也　吕继宏

编导：阿朵

舞蹈：吉林歌舞剧院集团有限公司
中国邮政艺术团
珠海汉胜艺术团

（灯光：黄色闪烁）（大屏幕：中国结转动）

（舞蹈演员在台后区五横排原地表演）

春风亲吻着笑脸
关怀滋润着心田
平等友爱肩并着肩
这是一个和谐的家园
一天好过那一天
一年好过那一年
小康生活的甜蜜
汇成幸福的源泉
这是中华的好诗篇
这是神州的美画卷
这是和谐的大家园
这是你我永远的眷恋
阳光播撒着灿烂
互助传递着温暖
扶贫济困手挽着手
这是一个和谐的家园
一天好过那一天
一年好过那一年
生我养我的土地
到处都是艳阳天
这是中华的好诗篇
这是神州的美画卷
这是和谐的大家园
这是你我永远的眷恋
这是神州的美画卷
这是和谐的大家园
这是你我永远的眷恋

互动魔术《心想事成》

魔术设计：傅琰东　王志伟　郤玮

魔术制作：赵建伟

李 好，谢谢。这一到零点啊，很多家庭啊都出去放炮去了，赶紧都叫回来，别错过了这样一个非常好玩的时刻，接下来该我了哈。我想先问一下大家伙你们现在心里想什么，我都知道，你们信么？不信是吧？那电视机前的观众朋友，如果我能够穿越电视屏幕知道你想什么，你信么？你肯定以为我在说谎话，好！那既然这样，我现在就要向所有观众朋友发起挑战，现在的观众朋友，希望你们踊跃参与，关键是给我作证。我，李咏，现在就要穿越电视屏幕，看穿你的心。我呢，派每个家庭选出一个代表，就是你，别推，走近点，让我感受下你的心。你现在不要说话，什么都不要想。你现要按照我的提示，牢牢地记住你的选择就可以，听清楚了吗？好，我们现在就开始。

（屏幕背景并列排六张扑克牌）

有六张牌，你任意地选择其中的一张，记好它是什么花色，什么点数，3、2、1。

（牌转过去）

现在六张牌已经翻过去了，六张牌可能就意味着六种选择，可能有的观众会琢磨，我怎么就知道你在想什么呢，我怎么就能找到你记住的那张牌呢？好啦，我现在再把牌洗洗，再想想你刚才选的是哪张牌，再回忆一下那张牌是什么花色，什么点数。

现在拿走一张牌。为什么我能知道你的想法，现在我把牌翻过来，看看你刚才记住的那张牌还在不在这儿。

谢谢你似乎已经听到了屏幕前，很多很多的惊叹声，现场的观众朋友们你们如果参与了的话，你们记住的牌如果不在屏幕上的话，请举手。谢谢，谢谢你们为我作的见证！大家可以想象一下屏幕前有多少观众，数以亿计，大家可以想像有多少猜想，哪怕我只猜对一个人的，也可以算我挑战成功，很多朋友想知道这是为什么，这是魔法我轻易不会告诉你们的，如果我轻易告诉你们，以后我还怎么混呢？但是戊子鼠年来了嘛，新的一年开始了，我豁出去，我现在把我蓄谋已久的魔法告诉大家。你们刚才不是看到，有六张牌吗？然后不是你选牌吗，记牌吗，对不对，然后我不是说321，转过去！其实我把牌全都换了，别说是六张牌了，六百张牌我都能换了，好，谢谢大家。就当一个小小的新年礼物，再一次祝现场以及电视机前的观众朋友们戊子纳福，送上歌舞《喜事多》。

《喜事多》

作词：佟文西　作曲：孟勇

演唱：高畅　吴春燕　梁音　马晓晨　鲍蓉

编导：王迪

舞蹈：广州军区政治部战士文工团

珠海汉胜艺术团

中国邮政艺术团

（灯光：紫色主调）（大屏幕：爆炸造型）

（道具：紫色宽绸、长绸扇）

（服装：舞蹈男演员－白色马夹　灯笼裤

舞蹈女演员－白底紫花蓬短裙）

唱：年年喜事多 月月喜事多
家家喜事多 人人喜事多
喜事多多的大中国
喜了你呀喜了我
喜了同喜同乐的好生活
夜空绽放喜庆的花朵
大地飞扬节日的欢乐
喜歌唱盛世
喜舞跳祥和
欢天喜地的大中国
喜事多又多
飞天多了神奇传说
奥运多了北京圣火
农村多了建设新貌
城市多了繁荣蓬勃
喜事多喜事多
喜事多多的大中国
喜日子红似火
喜事多喜事多
喜事多多的大中国

喜日子红似火
喜日子红似火
年年喜事多，月月喜事多（伴唱）
家家喜事多，人人喜事多
喜事多多的大中国
喜了你呀喜了我
喜了同喜同乐的好生活
太阳敲响报喜的金鼓
月亮举起庆贺的银锣
喜酒在祝贺
喜讯在传播
喜上加喜得大中国
喜事多又多
道路多了奋进开拓
事业多了创新拼搏
和谐多了红花绿果
文明多了荣辱新歌
喜事多喜事多
喜事多多的大中国
喜日子红似火
喜事多喜事多
喜事多多的大中国
喜日子红似火
喜日子红似火

朱 好，谢谢，谢谢各位！亲爱的观众朋友们，一转眼我们已经来到了我们中国农历的戊子鼠年。

董 是啊，鼠年也是中国又一个轮回的起始年。

朱 这一年也是党的十七大召开后的开局之年，我国的改革开放将深入经济以及国家的各项事业，将登上一个更高的台阶。

董 这一年，奥运会和残奥会都将在北京举行。世界将把目光聚集在中国，当然也会有更多外国友人来到北京，感受新北京，新奥运。

朱 是啊，美好的一年，预示着吉祥，彰显着复兴，传递着希望，我们也将再次向世界展示中国当代的盛世雄风。

武术《盛世雄风》

作曲：王原平　编导：赵明　阮永洲
顾问：王筱麟
教练：解福印　刘清华
表演：国家武术队
　　河南少林塔沟武术学校
　　北京市会刹海体育运动学校
　　澳门体育发展局
参演单位：郑州歌舞剧院　首都体育学院
（灯光：紫色柔光 白色散光）（大屏幕、彩幕）（初升太阳　蓝色流动波纹上　武术异形造型）
（服装：郭靖－紫白色渐变武术服；韩静－粉白色渐变武术服；李岩－金的色渐变武术服；周斌、张芳、邱慧芳－蓝白色渐变武术服；其他男－金色金属质感上衣　灰色宽腿带白色长纱长裤）
全国表省年武术锦标赛棍术冠军　郭靖
第七届世界武术锦标思剑术冠军　韩静
全国表省年武术锦标赛长拳冠军　李岩
第八届世界武术锦标赛太极拳冠军　周斌
第八届世界武术锦标赛太极拳冠军　张芳
第五届世界武术锦标赛太极拳冠军　邱慧芳

李 谢谢，谢谢各位的精彩演出。

周 亲爱的朋友们，在每年的春节晚会的舞台上，大家都能看到许多青年演员的表演。听到一些近年来广为流传的流行歌曲，他们朝气蓬勃的表演给我们的舞台带来了清新的气息。

李 好啦。电视机前的青年朋友们，好啦，接下来是专门为你们送上的一组好听的青春歌曲。那在新的一年里呢，也祝所有的年轻人们学业有成，工作进步，新年事成，梦想成真。

《唧咯情歌》

作词：萧全　陈曦　作曲：萧全

演唱：庞龙

编导：吴婷　高燕

舞蹈：中国电信武汉艺术团

（灯光：蓝色主调）（大屏幕、彩幕）蓝色背景雪花飘

（服装：白色长袍裙、绿色小马夹、雪人面具、粉色裙、蓝衣白裤滑雪服）

唱：唧咯哩咯唧嘿唧咯哩咯唧
唧咯哩咯唧嘿哦
如果你是山我就是河我绕你
你是咖啡我是开水融化你
你是云儿我是风我追你
美丽的姑娘我爱上了你
睁开眼我的眼里只有你
闭上眼我的眼里只有你
戴上眼镜四个眼里都只有你
你已悄悄地偷走我的心
唧咯哩咯唧嘿唧咯哩咯唧
唧咯哩咯唧嘿唧咯哩咯唧
答应我吧留在我的身旁
做我漂亮的新娘
唧咯哩咯唧嘿唧咯哩咯唧
唧咯哩咯唧嘿唧咯哩咯唧
答应我吧留在我的身旁
做我漂亮的新娘
陪你开心失落把风雨遮挡
你是我的宝贝捧你在手心上
我愿意一辈子守在你的身旁
做你的翅膀我最美丽的梦想
唧咯哩咯唧嘿唧咯哩咯唧
唧咯哩咯唧嘿唧咯哩咯唧
答应我吧留在我的身旁
做我漂亮的新娘

《一家人》

作词：周志昌　作曲：韩星洲

演唱：张澜澜　编导：顾磊

舞蹈：广州军区政治部战士文工团

（灯光：蓝色主调　白光扫射）（大屏幕、彩幕：流动福字、桃心等动画）

（舞台后区垂下，落地粉色珠帘）（服装：黄色层层短裙、白色中靴）

唱：准备好你的心情　为这次相聚
放在行李的一字一句我急着想听
你看看那白鸽　连起飞都像诗句
把整个世界都带往我的家里
欢迎你 oh－yi－yaoh－yi－ya 喔
我欢迎你
我家当成你家　要热闹别见外　喔
oh－yi－yaoh－yi－ya 喔　我欢迎你
每一扇大门　都为了你打开
我们都是一家人　不管你从哪里来唉
快乐就像一种颜色　分什么黑白黄
我们都是一家人哪　大河小溪一家亲唉
地球就像一个圆　分什么南与北
准备好你眼睛　收集那风景
放在行李的每个故事我急着感应
你看看那白鸽　乘着风又踏着云
一整个世界在此刻　牵起手心　欢迎你
oh－yi－ya　oh－yi－ya 喔　我欢迎你
我家当成你家　要热闹别见外　喔
oh－yi－ya　oh－yi－ya 喔　我欢迎你
每一种大门　都为了你打开
我们都是一家人　不管你从哪里来唉
快乐就像一种颜色　分什么黑白黄
我们都是一家人哪　大河小溪一家亲唉
地球就像一个圆　分什么南与北
oh－yi－ya　oh－yi－ya 喔　我欢迎你
我欢迎你
我欢迎你
oh－yi－ya　oh－yi－ya 喔　我欢迎你
我欢迎你
我欢迎你

《月亮之上》

词曲：何沐阳　演唱：凤凰传奇

（大屏幕、彩幕：太空图像）

【双人自行车吊威亚从舞台右则上方出场】

唱：我在仰望月亮之上
　有多少梦想在自由的飞翔
　昨天遗忘啊　风干了忧伤
　我要和你重逢在那苍茫的路上
　生命已被牵引　潮落潮涨
　有你的远方　就是天堂
　谁在呼唤　情深意长
　让我的渴望像白云在飘荡
　东边牧马　西边放羊
　热辣辣的情歌就唱到了天亮
　在日月沧桑后　你在谁身旁
　用温柔眼光　让黑夜绚烂
　我等待我想象　我的灵魂早已脱僵
　马蹄声起马蹄声落　看见的看不见的
　瞬间的永恒的　青草长啊大雪飘扬
　节奏响起　煽动了想象
　让摇曳的身体开始开始思想
　马头琴悠扬　马奶酒穿肠
　我的爱情奔跑在呼伦贝尔草原上

《天天向上》

作词：孙滨　作曲：张连春

演唱：梁咏琪　黄圣依

编导：白龙

舞蹈：舞之轩工作室　中国邮政艺术团

黄　2008 来到我的城堡
　让你体会万里长城的骄傲
　2008 听我讲讲故事
　我就是那只快乐的小鸟

梁　我用梦的甘露灌溉一株幸运草
　等待你呵护它长高
　想问你将用怎样的微笑
　把这一片片爱的叶子倾心打造

全　天天向上天使的翅膀
　天空中飞翔
　天天向上天真的向往
　梦想就在前方
　天天向上天使的翅膀
　天空中飞翔
　天天向上天真的向往
　梦想在你心房

梁　2008 来到我的城堡
　让你扮演太阳系的主角
　2008 听我讲讲故事
　别让神秘的诺亚方舟迟到

黄　我向远方的凤凰借一对翅膀
　等待你擦亮羽毛
　想问你将用怎样的力量
　把那一座座梦的田园拥进怀抱

全　天天向上天使的翅膀
　天空中飞翔
　天天向上天真的向往
　梦想就在前方
　天天向上天使的翅膀
　天空中飞翔
　天天向上天真的向往
　梦想在你心房

周　2008 年在中国举办奥运会，使中国将成为了世界上最受关注的国家。李咏，我考考你，在英语中，咱们中国这个词怎么读呀？

李　这还用问？China。

周　“China”的本意呢？

李　瓷器。中国是瓷器的发源地，很早就风靡欧洲，早先的英国人就用瓷器还指代中国了。

周　回答完全正确！奖你一首歌——周杰伦演唱的《青花瓷》。

歌曲《拉二胡》

词曲：尹建平

演唱：刘和刚　耿为华　陈小涛　乔军
演奏：古典时尚女子乐团
（大屏幕：灯笼动画）（灯光：红、蓝、黄灯光交叉，侧灯闪烁）
【演唱者从空中乘黄色雕龙长板落下，演奏演员在舞蹈前区一字排开定点表演】

拉二胡胡儿嗨哟
人逢喜事乐陶陶
如今天天赛过年
拉起二胡美逍遥
拉二胡胡儿嗨哟
家业兴旺国富饶
如今和谐好事多
拉起二胡开心聊
二胡响起心醉了
二胡响起情未了
拉出了中华世代同根情
拉出了中华儿女壮志豪
拉二胡胡儿嗨哟
碧水蓝天红旗飘
如今民主思安定
拉起二胡报春潮
拉二胡胡儿嗨哟
海阔天空凭人跃
如今山河更壮美
拉起二胡奔明朝
二胡响起心醉了
二胡响起情未了
拉出了中华血脉风雨情
拉出了中华富强不动摇

白　拉二胡胡儿嗨哟
人逢喜事乐陶陶
如今天天赛过年
拉起二胡美逍遥
拉二胡胡儿嗨哟
家业兴旺国富饶
如今和谐好事多
拉起二胡开心聊
拉二胡胡儿嗨哟
碧水蓝天红旗飘
如今民主思安定
拉起二胡报春潮
拉二胡胡儿嗨哟
海阔天空凭人跃
如今山河更壮美
拉起二胡奔明朝
二胡响起心醉了
二胡响起情未了
拉出了中华世代同根情
拉出了中华儿女壮志豪
二胡响起心醉了
二胡响起情未了
拉出了中华血脉风雨情
拉出了中华富强不动摇
拉二胡胡儿嗨哟
海阔天空凭人跃
如今山河更壮美
拉起二胡奔明朝
拉二胡胡儿嗨哟
海阔天空凭人跃
如今山河更壮美
拉起二胡奔明朝
奔明朝　嘿

【舞台区六位主持人从舞台左侧走上台所有演员从舞台　两侧走上舞台】

朱　观众朋友们，中国中央电视台2008年春节联欢晚会在这里就要和您说再见了。

周　朋友们，2008年春节联欢晚会又到了与大家说再见的时候了。

董　难忘今宵，难忘这不眠的除夕之夜！那是心中涌动的亲情与感动。

李　难忘今宵，难忘这万家团圆的时刻，那是心中永存的真诚与祝福。

周　难忘今宵，难忘这欢乐的情景。

张　难忘今宵，难忘这幸福的时光。

刘　让我们在歌声中相约，相约明年的除夕之夜！

朱　让我们在歌声中许下心愿，共同拥抱扑面而来的——

合　美好春天！

《难忘今宵》

作词：乔羽

作曲：王酩

编曲：孟庆华　编导：姜钢

演唱：佟铁鑫　王霞　王莉
　　　王莹　霍勇　钟丽燕

佟　难忘今宵难忘今宵
　　无论天涯与海角

王　神州万里同怀抱
　　共祝愿祖国好祖国好

全　共祝愿祖国好
　　共祝愿祖国好

王　告别今宵告别今宵

王　无论新友与故交

霍　明年春来再相邀

钟　青山在人未老人未老

全　青山在人未老
　　青山在人未老

全　难忘今宵难忘今宵
　　无论天涯与海角
　　神州万里同怀抱
　　共祝愿祖国好祖国好
　　共祝愿祖国好
　　共祝愿祖国好
　　共祝愿祖国好祖国好

（李智　整理）

“爱心总动员之真情相守共渡时艰”湖南卫视赈灾晚会

播出台：湖南卫视

播出时间：2008 年 5 月 16 日

总导演：陈晓冬　易骅　洪涛

总制片人：张勇

序

视频（多位艺人为灾区鼓劲加油）

马　可　湖南广电人都已经团结起来了，我们想要为灾区人民做一点事情。

张亚飞　要用最诚恳的心，最热情的心态来唱出我们的歌，来帮助灾区的朋友。

苏　醒　尽一份力量帮助他们渡过难关。

俞灏明　希望他们的亲人能够平平安安。

李谷一　我觉得我们每一个人都应该出一点

力量。

吕良伟 你们的反应很快！

朱　桦 人定胜天！

李谷一 战胜这次的灾难。

张亚飞 加油。

片　头

（字幕）真情相守　共渡时艰　湖南卫视"爱心总动员"系列节目

视频

（国家领导人慰问灾区　研究部署灾区工作）

【解说】2008年5月16日上午10时30分，在最危急的时刻，中共中央总书记、国家主席、中央军委主席胡锦涛乘飞机赶往四川省地震灾区。这是党的总书记与共和国总理一次特殊的会合，长时间紧紧的握手，分明是一种共同信念的表达和坚强意志的交流。慰问灾区干部群众，看望奋战在抗震救灾第一线的部队官兵、公安民警和医护人员，指导抗震救灾工作。在机场会议室进行简短的研究部署后，胡锦涛立即乘车赶往这次地震中受灾严重的北川县。

这场突如其来的大地震，深深地牵动着中南海。时间回溯到四天前，5月12日四川汶川发生地震后，胡锦涛总书记立即作出重要指示：要求尽快抢救生员，保证灾区人民生命安全。5月12日至14日，胡锦涛总书记两次主持召开中央政治局常委会议，要求灾区各级党委政府和中央各有关部门紧急行动起来，把抗震救灾作为当前的首要任务，全力抢救伤员，切实保证灾区人民群众生命安全，不畏艰难、连续作战、团结协作、全力以赴，坚决打胜抗震救灾这场硬仗。今天下午，胡锦涛总书记又来到北川中学抗震救灾现场，看望救援人员。胡锦涛指出：现在虽然已经过了震后72小时的黄金救援时间，但仍然要把挽救人的生命作为当务之急。当前，抗震救灾斗争已经到了最危急的时刻，我们一定要千方百计、争分夺秒、克服一切艰难险阻，奋力夺取抗震救灾斗争的胜利。

人民不会忘记，温家宝总理在地震发生的几个小时内，就在第一时间，到达抗震救灾第一线。在距离四川汶川大地震发生的72小时中，温家宝总理辗转9次，视察七地灾情，召开6次国务院抗震救灾指挥部会议。高效、迅速、果断的72小时，为中国赢得了强震下拯危救困的宝贵时间。在飞机上、在指挥棚里、在抢救现场、在列车上，温总理反复强调一个工作中心那就是：救人，人民的生命高于一切。这些充满感情而又铿锵有力的话语，不仅给救援人员无穷的力量，更给灾区人民巨大的鼓舞。

主持人上场

（汪涵、曹颖、李湘、何炅站定舞台中央，主持人均身穿白色抗震救灾T恤、牛仔裤，舞台灯光以蓝紫色调为主）

曹 各位观众朋友，这里是湖南卫视为您现场直播的爱心总动员赈灾特别系列节目的第二场《真情相守　共渡时艰》。非常感谢您对我们节目的关注，也感谢您对抗震救灾的关注。

何 这一刻距离汶川大地震已经过去了101

个小时，这一刻还有人在废墟当中等待救援，这一刻也有更多的爱心和力量涌向灾区。就在过去的24小时内，胡锦涛总书记已经亲临灾区，总书记和总理，党和政府的最高领导人同时出现在抗灾的第一线。这在共和国的历史上还是第一次。我们相信这将给灾区的人民带来极大的信心，也将给我们的救灾工作带来极大的推进。

李 是的，我们在此时此刻感受到了这份信心，因为在这一刻，有很多的人还在一线实施救援；在这一刻，有很多的人在跟时间赛跑，希望能够抢救回更多的生命。

汪 是的，在这一刻，虽然我们还不能来到您的身边，但是请您相信，现场的还有电视机前的所有的湖南人民的爱和他们的真心时时刻刻都在你们的身边。

曹 这一刻让我们真情相守，这一刻，让我们共渡时艰，因为我们是一家人。

何 今天是我们湖南卫视爱心总动员节目的第二场。今天晚上，让我们把爱延续，让我们把力量延续。

李 是的，因为我们是一家人。亲爱的朋友们，今天晚上的晚会呢，我们将由金鹰网联合新浪、搜狐、腾讯、红网、湖南经视网、众娱网、PPLIVE、互联星空等同时进行网络直播。此外金鹰955电台也将同时直播我们今天晚上的晚会。

汪 各位亲爱的观众朋友们，今天我们的晚会是一次爱心的总动员，湖南省赈灾募捐办为这次赈灾开通爱心账号。《真情相守　共渡时艰》2008湖南卫视抗震救灾募捐热线，请大家一定要记清楚0731－2871399。我们一共有三种捐款方式：包括现金捐赠、银行汇款、邮政汇款，具体方式请您参看我们屏幕下方的提示。您的每一份善款都将汇聚成一股无形的力量，去支持、去温暖那些需要帮助的兄弟姐妹们。

曹 那现在呢，我手上已经拿到了刚刚送过来的目前捐款的数目。截止到今天下午，也就是5月16日下午16时，我们目前筹集到的捐款总额：资金是22594444.79元，物资实价值2160万元整。非常感谢大家的爱心，谢谢你们。

何 谢谢，谢谢每一个有爱心的人士。在过去让人揪心的101个小时里，每一个中国人总是泪水涟涟，为那些逝去的生命；我们总是泪水涟涟，为那些生死未卜的同胞。

李 我们总是泪水涟涟，我们为那些得以获救的，为那些在余震与雨水中坚守的人们，为那些奔跑不息的双脚和挖掘不止的双手泪水涟涟。

汪 我相信在这几天里，我们现场的每一位观众朋友在收看新闻的时候绝对是泪水涟涟，是的，我们眼中有泪；是的，我们胸口有伤。但是大家千万不要忘记，我们每个人心中都有爱。

曹 而这种爱，我想对于刚刚经历过冰雪灾害的湖南人来说，更有着特殊的情怀和特别的感动。因为当时是全国人民的援手，使我们挺过了那场惊天的冰雪灾害。

何 那么今天晚上就让我们把这一份爱变成一次感恩，变成一次行动，变成一次爱心总动员。

李 和泪水一起流淌的是爱，这种爱是一种无穷的力量，它会让我们更加的团结，更加的凝聚，更加的有力量。

汪 我知道在我们的身边，在电视机前，每一位湖南人都憋足了劲，都特别想为灾区的朋友做些什么。其实从现在开始，我们就从身边的每一件小事做起，汇聚每一份情，汇聚每一份爱。

视频（黄丝带的传播）

【解说】这，是作为国际上，亲人离散后求助标志的黄丝带；这，是一夜飘满了长沙城的黄丝带；这，也是传递爱的黄丝带。黄丝带在风中飘扬，我们的祝福与期待也在风中飘扬。一同为逝者默哀，一同为伤者祈祷，一同为离散者祝福。这一刻，我是湖南人，我还是汶川人，我们都是中国人。千里之外，只能将我们的祈愿，化作根根黄丝带。祈愿我们的孩子啊，你不再哭泣；祈愿我们的母亲啊，你不再恐惧；祈愿我们的老人啊，你不再哀伤。黄丝带还在，希望还在，我们还在，爱还在。听到生命的呼唤，我们能做什么，我们只能这样的爱。

视频（长沙众人排队的献血场面）

（字幕）2008 年 5 月 13 日上午 9:30 湖南长沙

【解说】长长的献血队伍，是我们长长的爱；滴滴沸腾的血液，是我们炙热的爱；长沙血库一夜之间的爆满，是我们蜂拥的爱。我们不在你的身边，唯愿我们的献血，能让多一个人，哪怕多一线的生机。四川，挺住！

（同期声）

女　我觉得无论发生什么事情，我们中国人的心都是在一起的。

男　看到这种场面，谁都不忍心嘛。

男　有同胞在，大家都在。

男　加油吧！

四川女　我这几天，天天跟我爸爸妈妈打电话，到昨天晚上 8 点钟，我才找到我家的亲人。我作为本地的受灾者的家属，我真心的对长沙所有的关心我们的长沙市民，说一声谢谢你们了。

主持人出场

（汪涵、曹颖站定舞台中央，舞台灯光以蓝紫色调为主）

汪　好了，各位亲爱的观众朋友，在电视画面中我们看到那个排了几个小时队的四川姑娘，今天也来到了我们节目的现场，我们给大家介绍一下。

曹　我们先欢迎下田圆圆（川籍在湘工作者），田圆圆是四川哪里人？

田圆圆　我是四川绵阳人。

汪、曹　绵阳人。

汪　这次受灾也挺严重的。

田圆圆　是的，我也不知道该怎么说，心里比较着急就是了。

汪　特别着急，在当时地震发生的时候，你在哪？

田圆圆　我在一栋办公楼还在工作，在 26 楼。

汪、曹　26 楼啊！

曹　颖　那你是不是感觉到震感也挺强烈的？

田圆圆　对对，当时就觉得头晕，根本站不住，然后就感觉整个房子好像都在晃动。

曹　然后你做了什么呢？

田圆圆　然后就跟同事一起，拼命地向楼下跑去，想找一个安全的地方。

汪　那你是什么时候知道家乡遭到地震的呢？

田圆圆　大约是在晚上《新闻联播》的时候。

汪　《新闻联播》的时候你才知道？

田圆圆　对，当时我根本没有意识到，我的家乡会发生地震，我根本没有意识到我有这种事情会发生在自己家乡上面（说到这里田园园情绪非常激动，曹颖上去拥抱了她)。

曹　那知道了之后，后来什么时候和家人联系上的？

田圆圆　《新闻联播》播出的当时我马上第一个反应就是拿起电话跟家人打电话，然后不停地打，一直打不通，还是不停地打，一直到当天晚上大约是一点半左右，才打通，而且打通以后没多久就断了。但是终于听到家人报来“平安”这两个字，我的心里就落下来了，感觉踏实了。

汪　当你通过电话知道家人还平安的时候你最想做的事情是什么？

田圆圆　飞快的奔回我的四川我的家乡，我的亲人朋友还有父老乡亲身边去，为他们做一点事。

汪　但是我们知道那一刻好像交通都特别特别的堵塞。

曹　你的心愿没有达成，那你当时又选择做了什么呢？

田圆圆　我当时是选择捐款，跟着大家一起倡议，然后给红十字会尽自己一点绵薄之力。能捐多少，就尽自己的能力捐款。然后给远方的亲戚朋友发短信，鼓励他们坚强，不要放弃，我们永远在一起。

汪　我们刚才看你排队排了那么久，您现在献血献上了吗？

田圆圆　我还是没有献上，因为不光我排队，还有很多很多的三湘儿女，还有很多朋友都在排队，他们甚至比我排的更久。我只能到最后去了很多次，不下四次，到最后我只能把表格交上去，作为一种预备队员，流动的血库，我随时等待家乡召唤。他们随时急需要这种血，我就会第一个时间站出来，为我的亲人朋友，为我的家乡父老，做一点我自己应该做的事。

汪　你在这一刻，最想对你的家乡父老说什么，或者是帮他们做什么？

曹　来，对着镜头对你的家乡父老们讲几句话。

田圆圆　作为四川人，这次天灾虽然是没法避免，但是我相信，我们四川人会雄起！

(观众鼓掌)

田圆圆　虽然我远在天边，我不能为家乡朋友们再做一点什么事情，但是我此时想做的一件事就是，我谨代表我们四川人，代表那些受灾受苦的家乡亲人和朋友们，我对所有的在场的朋友和所有的三湘朋友们，谢谢你们的帮助！

(观众鼓掌，川籍人士起立鞠躬)

汪　在我们身边给大家深深鞠躬的都是在湖南的川籍人士，他们每个人心中都有很多很多的话想对大家表达，因为他们知道我们现场的包括很多电视机前所有的观众朋友，随着时间的推进，他们的爱不断地向四川汇聚。但是在这一刻，他们只有把所有的爱化做深深的鞠躬，献给我们现场所有的朋友。请大家放心，我们每天都在努力，每天都有爱汇聚到你们家人的身边。

曹　没错。

汪　祝福大家。

曹　也祝愿你们的家人都健康平安，祝福你们大家。

(观众鼓掌)

曹　我觉得，真的此时此刻我们觉得特别感动。我们知道了一个词，那就是什么叫做“血浓于水”，因为我觉得“血浓于水”这个词平时可能在我们心目当中只是四个简简单单的字，可是此时此刻，我们真正的理解了它的含义。不管是湖南人的血，还是四川人的血，我们全中国人民的血汇集到了一起，那就是一条血脉，我们中国人的血脉。这些血脉让我们有理由相信，在灾后的一百多个小时之后，依然会有奇迹发生，依然会有奇迹产生，因为我们心中有爱。那接下来，我们湖南卫视就联合 TVB 一起来为您送上这首歌曲《因为爱》。

歌曲《因为爱》
演唱：舞动奇迹群星
舞蹈：上海梦工厂舞蹈团
（舞台灯光以紫色调为主，舞蹈演员站定在舞台中央）

俞灏明 因为船　才到达彼岸
因为冷　候鸟才飞向南

张峻宁 因为同携手作伴　不会感觉孤单
因为心疼　才要更勇敢

胡杏儿　郑嘉颖 因为你　努力有何难
因为我　将会为你承担

高梓淇　关礼杰 因为面对着风雨　从不袖手旁观
因为我们　共撑一把伞

汤盈盈　杨若兮 就因为爱　希望绽放华彩
就因为爱　能拨云见日
未来永值得期待

李承铉 就因为爱　就因为爱

胡定欣　王君馨 所有的生命才收获了圆满

牛萌萌　伍咏薇 就因为爱　彼此无声依赖
就因为爱　至少还有一个信念不会更改

女合 就因为爱　就因为爱

陈露 奇迹正在赶过来

合 就因为爱　希望绽放华彩
就因为爱　至少还有一个信念不会更改
就因为爱　就因为爱
奇迹正在赶过来
就因为爱　就因为爱
奇迹正在赶过来

【何炅、赵晨两位主持人站定在热线电话前】

赵 灾情牵动着亿万人民的心，大家都在通过各种渠道了解关心，并且表达着自己的心声。

何 我们今天的晚会也开通了爱心热线，大家可以通过我们的晚会第一时间向灾区的人民表达您的支持和关切，我们的热线号码通过屏幕下方的方式已经向您显示，每一个人，每一个有爱心的中国人都可以通过我们这部热线来表达自己的心声。

赵 刚才我们接到了很多热心观众的电话。一位姓唐的先生，电话号码是 135＊＊＊＊5054 的朋友，他说："我非常希望去灾区当志愿者，如果有需要，可以随时跟我联系。"非常谢谢你。另外一位姓张的先生，以湖南湘乡市育塅乡小冲村的名义捐款 5000 元。他说："全体村民祝灾区人民早日重建家园。"

何 现在我们的主持人和我们的工作人员正在后面接听我们的热线电话。刚才我们上台之前，维嘉告诉我他正在接一个很特别的电话，是一位姓袁的女士。他的丈夫呢，现在正在灾区抗灾的第一线，正在参加救援。她现在有一个要求，希望能够通过我们的节目，跟自己的丈夫说一句话。我们先来看看是什么样的情况，我们看电话接通了没有。喂？

赵 你好。

袁女士 喂，你好。

何 您好，袁女士您好。

赵 您好，袁女士。您来自哪里呢？

袁女士 我是郴州的。

何 郴州的，欢迎您打电话进来。刚才维嘉告诉我说您想要跟给自己的先生说一句话，他现在是在做什么工作？

袁女士 他是我们郴州市第一人民医院的一位医务工作者。

赵 是一位医生，那此时此刻你想对他说些什么呢？

袁女士 我想跟他说："老公，我非常想你。你能去前线抗灾，我和儿子都为你感到自豪。儿子说，你是好样的，也是最棒的，我们在家里一起给你加油，希望你在那边多救治一些灾员，我们等着你平安归来。"

何 谢谢，袁女士，我们知道郴州是今年冰雪灾害非常严重的一个灾区，现在也在进行灾后的重建，不知道您这个时候对我们地震灾区的朋友们有什么特别的话想说？

袁女士 我只想说，也就是我们晚会的那句话，我们都是一家人，希望灾区的人民坚强一点，像我们对待冰灾一样，有国家和政府的支持，我们一定会挺过去的。

赵 谢谢您，谢谢袁女士。

何 谢谢，也祝福您的丈夫平安，同时您也保重好自己，谢谢您。

赵 好的，谢谢。

灵 这个时候呢，我们赶快通过一个 VCR 来看看我们的晚会目前为止的一些捐助的情况，一起来看。

视频（为灾区加油）

画外音 一场突如其来的震动。

李　锐 惊慌、恐惧充满了我们的双眼。

张丹丹 我们无法控制天灾，但是我们都选择勇敢面对。

李　兵 在灾难中，我们坚持！

王　燕 在灾难中，我们不放弃！

温家宝画外音 抢救人的生命，是我们这次救灾工作的重中之重！

赵　晨 为了爱坚守，我们相信，会有奇迹。

温家宝画外音 只要有一线希望，我们就尽百倍努力，党和政府会尽最大的努力，把被困的群众救出来。

李维嘉 心手相连。

杨乐乐 守望相助。

画外音 众志成城。

李乐 用爱心凝聚人心！

魏哲 用爱心战胜灾难！

视频（部分爱心人士的捐款项目）

（字幕）旅美画家李自健、丹慧夫妇　捐款 10 万元

李自健 这次的四川大地震震动了世界，但在这次地震中，中国人所展现出来的顽强意志力和坚强的凝聚力也让全世界为之敬佩和感动。我们为自己是一个中国人而感到自豪。

（字幕）湖南拓维信息系统股份有限公司捐款 26.68 万元

公司代表 地震灾害是无情的，但人民是有情的。在这一刻，我们和灾区人民心连心；在这一刻，我们都是四川人。

（字幕）湖南省公安消防总队　捐款 50 万元

消防总队代表 在下一步抗震救灾中，湖南消防官兵决心与灾区人民心连心、手牵手，与灾区人民共渡难关。

（字幕）湖南梦洁家纺股份有限公司　捐款 11 万元　价值 209 万元床丝绵被

公司代表 我们衷心地希望灾区人民和救援人员能够睡好、休息好，以最好的

身体状态来迎接抗震救灾最后胜利。

（字幕）湖南圣得西集团公司　捐款300万元衣物

公司代表　三百多万元的捐款同灾区人民遭受的损失来说是微不足道的，但它却代表了圣得西人对灾区人民的款款深情。

主持人出场（彭宇、李兵站定舞台上）

李　非常非常的感谢大家对四川灾区人民的大力支持，同时还有很多热心的企业来到我们节目现场进行捐款，他们是新航道国际教育集团总裁胡敏个人捐款30万元。

彭　湖南拓维信息系统股份有限公司捐款26.68万元。

李　深圳市金立通讯设备有限公司价值500万元的物资。

彭　湖南圣得西集团公司捐赠300万元衣物。

李　中南大学湘雅二医院捐款50万元现金、80万元药品和器械。

彭　湖南省高速公路系统干部职工捐款1054659元。

李　湖南师大附中全体师生捐款70万元。

彭　湖南南仔乳液公司捐赠68万元物资、全体职工捐款100380元。

李　湖南省公安消防总队捐款50万元。

彭　湖南省地质中学捐款288905.49元。

李　省妇联284470.2元，其中妇联机关24150元、湖南女子大学112220.2元、省妇女儿童活动中心40000元、今日女报社10100元、长沙生殖医学院62000元、益阳市妇联26000元、张家界市妇联10000元还有价值50000元的食品。

彭　长沙市兴汝房地产开发有限公司捐款10万元、董事长邹银辉捐款10万元。

李　湖南梦洁家纺股份有限公司员工捐款11万元，还有5000床丝绵被。

彭　湖南省岳阳市平江县启明中学捐款114320.2元。

李　旅美画家李自健、丹慧夫妇捐款10万元。

彭　我建议我们用热烈掌声感谢这些爱心朋友他们的一片温暖之情，谢谢你们。

李　另外现在您现在也可以直接拨打《真情相守　共渡时艰——2008湖南卫视抗震救灾》的募捐热线是：0731－2871399，0731－2871399，或者通过屏幕下方的三种方式来捐款，表达您的爱心。

彭　我们期待您的电话。

何、李　谢谢！

李　谢谢，谢谢大家的爱心，我想过去的这一百多个小时，对我们来说非常的漫长，因为不断有灾区传来的灾情，同时呢，也会传来很多爱心的故事。

何　我听到这样一个故事，有一个被掩埋在废墟下的初一的女生，她的名字叫邓清清，当她被抢险官兵救出来的时候，官兵吃惊地发现，清清在废墟里打着手电筒在看书，清清说："下面太黑了，我好害怕，我又冷又饿，我怕我睡着了就不会再醒来，所以我就强迫自己一定要看书，自己一定要醒着，千万不能睡过去。"

李　我也听说了一个这样的故事，这个故事发生在北川县曲山小学的废墟里，当所有的救援队伍来到这个废墟的时候，在钢筋混凝土的缝隙里发现了一个男孩，这个男孩浑身都是血，当救援队伍伸出双手的时候，说："孩子我来救你了。"

可这个孩子非常坚强的拒绝了，说："叔叔，我很坚强，你去救他们吧。"果然在这个孩子的隔层，我们的救援队员救出了 12 个孩子，而这个男孩是最后一个被救出废墟的。

何　在我们晚会的现场，有这样一张照片（大屏幕播放敬礼男孩的照片），大家可以看到，这个男孩被救出来的时候，他躺在担架上做的第一个动作就是敬了一个像模像样的少先队队礼，这个可爱的孩子可爱的举动其实温暖了很多人，也给了很多大人力量。

李　我们看到这些孩子们他们年纪很小，可是他们非常的坚强，非常的善良，而我们在这里，我们只能表达的是我们的爱心，我希望所有的人都能用实际的行动表达我们对灾区的祝福，对他们的支援。

何　是的，我们应该坚强起来，勇敢起来，震动也许可以撕破地壳，也许可以把我们的家园变成废墟，但是那些闪耀在废墟里的人性的光芒，足以点破黑暗，也点亮我们的心灵，让我们有勇气去面对灾难、挑战灾难，同时用不渝的真情去创造奇迹。

舞蹈《真情不渝》

表演：高梓淇　汤盈盈

伴舞：上海梦工厂舞蹈团

（舞台灯光为蓝紫色调为主，舞蹈演员身穿白色 T 恤、牛仔裤在舞台中央表演）

（配乐）张惠妹《排山倒海》

主持人出场（何炅、谢娜走上舞台）

何　谢谢梓淇，谢谢汤盈盈！在这一次的地震灾害中，还有很多的四川的朋友，身在他乡，心急如焚，这个时候他们可能不能及时的得到家里的消息，更不能够在第一时间回到他们牵挂的亲人的身边，我想这种心情可能在我身边的娜娜是特别能够体会的。

谢　我的家在德阳的附近，所以在 5 月 12 号，地震的那天下午，我的电话一直打不通，一直联系家里面，我心里特别特别害怕，大概有一个多小时，我终于打通了电话，听到我妈妈的第一声的时候，我就哭了，妈妈他们告诉我，让我不要担心，说他们所有的亲人都很安全，他们都在帐篷里面，直到现在，他们也都在帐篷里面，说他们很安全，让我不要担心他们。

何　我知道我们的晚会是昨天晚上才确定要今天推出，昨天晚上谢娜还在反复的犹豫，今天到底应该是到长沙来，还是搭乘火车回到家乡去到爸爸妈妈的身边，然后是谢娜爸爸的一个电话让谢娜决定今天要出现在这个舞台上，要跟全国的观众见面，当时的情况是怎么样的？

谢　其实家人现在不能回家，或者家已经有了一些损坏，我心里面是最心疼的，可是当看到我留下很多快乐记忆的地方，现在变成那个地方，现在的样子我心里面特别特别的心疼。我想回去看看，我想回去看看我的家人，但是我爸爸跟我说，他说你不要回来，你多买一张机票就少一张机票给那些来救援的人。他说我们很好，你要答应爸爸在外面多做一些有意义的工作，多做一些赈灾的工作，来帮助我们的家乡。我说爸爸，放心好了。

何　我也知道谢娜的妈妈，曾经在谢娜说不然我要姐姐把你接到成都，成都可能会安全一点。妈妈就说，我们现在应该把路让给那些来救援的人，现在很多物资要送到灾区去，有很多政府的人，有很多官兵要来救我们，这个时候我们不应该再给道路增添压力，而且这个时候我们听到太多太多四川的老百姓感天动地的故事。我听到过一个羌族的老大爷，他当时为了能够给路过的徒步要回都江堰的一个旅行团做饭，把家里仅存的一些粮食拿出来，然后还跟他们说，没关系，不用担心我们，你们到了都江堰之后赶快和政府说来救我们就可以了。而且我也知道有很多四川的老百姓，其实他们自己的亲人还掩埋在废墟里，但是顾不得擦干眼泪就已经开始忙碌着去救其他的人，这就是我们伟大的四川的老百姓，这个时候我们来接通娜娜爸爸的电话，看看他有什么话想要对我们说。

何 谢爸爸你在线上吗，谢爸爸？

谢娜爸爸 喂？

谢 爸爸！

谢娜爸爸 娜娜，你好。

谢 我是谢娜。

谢娜爸爸 娜娜你好好好。

何 爸爸，你还好吗？

谢娜爸爸 你是，你是谁？

谢 他是何炅。

何 我是何炅。

谢娜爸爸 炅炅你好！

何 爸爸你怎么样，现在还在帐篷？

谢娜爸爸 在帐篷在帐篷。

何 阿姨好吗？

谢娜爸爸 阿姨都好。

谢 爸爸，你们吃的好不好，还有休息的都可以吗？

谢娜爸爸 我们还可以，住在外面帐篷里还是比较安全，吃的很多东西都能买得上。

何 什么话要对娜娜说？

谢娜爸爸 我想对她说的就是，叫她放心，我们在家里都很安全，让她在外面能够为家乡的抗震救灾做一些事情，我们也很高兴。

谢 我一定会的，爸爸，你放心好了。

谢娜爸爸 我听说你们在演出，临时搞一场募捐的活动，我们感动，为我们家乡的抗震救灾做了一些事情。

何 这是我们应该做的。

谢娜爸爸 我感谢你们，你们做得很好。

谢 爸爸，只要你们都安全，我会在外面做更多的事情，现在我们只是一个开始，我们会持续下去，只要你们都能平平安安的。

谢娜爸爸 嗯，我们平安的，我们自己照顾好自己，娜娜也能为灾区做更多的事情。

何 谢谢，谢谢叔叔，那您注意安全。

谢娜爸爸 好，安全。

何 照顾好阿姨啊。

谢娜爸爸 阿姨也好，阿姨也好。

谢 爸爸拜拜。

何 再见。谢谢谢谢，其实我知道这次娜娜除了是关心自己的家人，她在地震发生之后不能看新闻，一看新闻眼泪就默默往下流，那个时候我们就说你说放心，爸爸妈妈不是一直都在和你通电话吗，他们是安全的。她说："炅炅你不懂那个感受，就是电视里播的那些地方很多是我去过的，有的是我生活过的，那么漂亮的地方现在变成一片废墟，心里特别难受。"所以娜娜也在尽自己的努力为自己的家乡做些什么。今天晚上她就通过我们的晚会捐款20万元，这也是四川的一个小女孩她自己尽其所能为家乡人民做些什么，在这里我们要谢谢娜娜，谢谢。

谢 我其实，这只是一点小小的心意，我想代表所有的四川人，所有的四川在外面工作不能回家的人，要谢谢湖南卫视今

天有这样的机会，要谢谢所有的湖南人对四川的帮助，谢谢全国人民对四川的帮助，我深深的给你们鞠一躬。（谢娜深鞠躬）

何 谢谢，我们也祝福每一位四川的朋友，其实在昨天晚上我们的晚会当中有一位叫肖军的朋友，他的命运其实是让大家非常的关注，因为昨天他在我们的节目中寻找自己的亲人，还是没有下落，我们也在一直关注，包括我们今天的晚会也会继续关注。但是今天我们要带给大家一个好消息，其实在我们现场也有很多来自四川的朋友们，他们有的朋友在昨天的感受还和肖军一样，因为联系不到家里的亲人，但是希望一直在，今天呢，我们就有好消息和大家汇报，我们首先来采访下这个女孩。（两位主持人向四川朋友的座位席走去）

何 你好，你叫什么名字？

四川女孩 我叫××。

何 你是四川人吗？

四川女孩 我是。

何 是四川哪里人？

四川女孩 我是四川资阳人。

谢 资阳咧。

何 那怎么样，在这次地震灾难中，自己的感受怎么样？

四川女孩 我就觉得我为他们真的很痛心，很多地方一下子全没了，我觉得很难受。

何 有机会回去的话一定要多为灾区人民做些什么好不好，谢谢你。加油，来，请坐。我们再来采访下这个女孩。

何 你叫什么名字？

四川女孩 我叫××。

何 你是哪里人？

四川女孩 我是四川绵阳安县的。

何 绵阳安县的，家里遭灾了吗？

四川女孩 是啊，我所有的亲戚都在安县，但是之前我都没跟他们联系上。

何 就是地震之后一直在联系，但是都没联系上是吗？

四川女孩 没联系上，到现在都还没联系上我的爸爸，我的妈妈，我的爷爷奶奶。

何 之前是联络到了其他的亲戚？

四川女孩 没有，没有，但是在今天4点钟左右我联系上我一位亲戚，他们家全塌了，还有我们村也全塌了，但是他们都住在帐篷里面。

何 人是安全的。

四川女孩 人是安全的，现在是猜测可能我妈妈他们应该也没事。

何 就是虽然家里遭灾了，但是情况没有想象中那么严重。

四川女孩 对，只是房子塌了。之前我想的是，这场灾难不可避免，我们家房子垮了，没关系，只要我妈妈他们还活着，我觉得就是老天对我最大最大的一种幸运。我们四川还有很多很多比我们家遭受的灾难还要严重的人，现在在抗震的第一线，已经有许多许多的人在帮助他们，在救助他们，我相信他们一定能够经得住这次的考验，全国人民一条心！

何 说得好，说得好，谢谢。现在有个最好的消息就是爸爸妈妈还是安全的，希望你能够尽快和他们通上话好吗？

四川女孩 好！

何 谢谢谢谢，请坐。

谢 谢谢！

何 我再给大家介绍一个大哥，这位大哥呢，也是四川人，他在湘潭开出租车。是不是？您是四川哪里人？

四川大哥 我是四川内江的。

何、谢 内江的。

何 他有个好消息是关于他女儿的。你女儿是在四川读书是不是？

四川大哥 我女儿就是在就在震中，也就是汶川，在读书，在5月12号的下午3点钟左右，在家读书的儿子就给我电话说：“爸，你知道我们家地震了吗?”我当时心一下子就紧起来，因为我家还有70多岁的父母亲。我说：“你有事吗?”他说：“我和爷爷奶奶都没有事，但是姐姐那个地方是地震中心点。”我当时那个心一下子就紧了起来了。

何 你当时打电话给女儿了吗?

四川大哥 我接到我儿子的这个电话我马上就挂断，问到我父母没事后，我马上就给我女儿手机打电话，但是打不通，打不通的情况下，我就赶紧联系我四川的战友，还有我的朋友，还有我的兄弟姐妹，我让他们赶紧找我女儿。

何 让四川的朋友他们一起来找。

四川大哥 我让他们赶紧给我消息，给我汶川方面的消息，但是汶川那边、成都那边的电话都打不通，那没有办法，我回家以后我就只好抱着电视机看，我没有办法的情况下，我求助那些我身边的一些朋友，我的亲戚，还有我在湘潭工作的那些知情的，熟悉和不熟悉的朋友，包括我们的新闻工作者。

何 就是周围所有的人你能想到的都去求助他们，这几天一直都这样的，那您是什么时候得到好消息的?

四川大哥 我是在今天早上7点20分左右，我女儿打电话来，她说我们都平安，她只告诉我一个大概，可能是学校组织给他们卫星电话，让他们给家人报平安。

何 就是政府去人了，带去了卫星电话。

四川大哥 对对对对对，我听到这个消息，我几天的心终于放下来了。

何 女儿跟你说的第一句话是什么?

四川大哥 “爸爸妈妈，我们平安。”在这里我有好多好多的话，我曾经是一个军人，我这几天看到我们的部队，看到我们的武警，我们的人民子弟兵，我们的消防官兵，为我们灾区人民付出那么多劳动，付出那么多艰辛。我想我以一个退伍十九年的普通战士的身份向我们全国所有的战士，道一声你们辛苦了，感谢你们！我也想借这个平台，向我们湖南所有的好心人，向我们全国的好心人乃至我们全球所有的好心人，我代表我女儿，代表我的家人，代表我家乡所有受灾的人民向你们表示感谢，感谢你们!

何 女儿找到了真是个好消息，那在这里也祝福您，谢谢谢谢!

谢 我想说，有这么多人的支持和帮助，我们在外面工作的四川人一定会放心，也可以在外面做更多的工作，为我们的家乡。

何 这次的地震灾害我觉得把每个中国人都紧紧的联系在了一起，我们好像是一家人，不管是在祖国的哪一个地方，大家都在用自己能够想到的任何方式，在为灾区的朋友做些什么，中华成为一个大家庭，而今天晚上我们也深深地感受到了这种家庭的温暖，接下来让我们有请著名的演唱家李谷一。

歌曲《中华我的家》
演唱：李谷一
（李谷一从台中往台前走，舞台灯光以红紫光为主）

你问我的家　五星红旗下
抬头望塞北　回首是南沙
故国五千年　养育你我他
你问我的家　东方大中华
屋后昆仑高　门前东海大
儿女一条心　巧手绘中华

我的家　我的家　春光与秋月如诗
都市和乡村如画　都市和乡村如画
你问我的家　五星红旗下
抬头望塞北　回头是南沙
故国五千年　养育你我他
你问我的家　东方大中华
屋后昆仑高　门前东海大
儿女一条心　巧手绘中华
我的家　我的家
艰辛与希望同在
汗水伴理想开花
汗水伴理想开花
汗水伴理想开花

李　谢谢，谢谢李谷一老师，其实灾区的每一个情况都牵动着我们大家的心，我想大家都应该听过这样一句话，那就是我们的大屏幕上的这句话：我求你们，让我再救一个，再救一个。（大屏幕播放照片）5月13号，数名消防战士已经在四川绵阳一所坍塌的教学楼废墟中连续作战了十几个小时，余震来袭，废墟突然一动，消防指挥下死命令，所有人必须马上撤离，等情况稳定后再进入。此时，几个刚从废墟中出来的战士大叫，还有活着的孩子，转头就往里头钻，这时一块巨大的混凝土块眼看就要往下陷，其他战士只好死死地拖住它们。一名刚从废墟中带出一个孩子的战士猛然跪在地上，他大哭地说："里面还有活着的孩子，求求你们，求求你们，让我再救一个，再救一个。"听了这个故事，我不知道用什么样的词语来形容我现在的心情，因为我觉得所有的词汇在这里显得那么的苍白，那么的无力，那么的单薄，这就是我们的消防战士，这就是我们的人民子弟兵，只要有一线的希望，只要有一秒钟的时间，只要有人还活着，就请让我们再救一个。

视频
（汶川地震照片、救灾片段）

这里好黑
寂静得只剩下希望的声音
我在哪里　家人在哪里
路途好难　崎岖得只剩下跋涉的声音
你在哪里　你们在哪里
我知道你会来　我知道你在寻找我
你什么时候来　我会坚持到你看到我
路途好难　崎岖得只剩下跋涉的声音
你在哪里　你们在哪里
你什么时候来　我正拼命赶来
我会坚持到你看到我
你要坚持到我看到你
你什么时候来　我正拼命赶来
我会坚持到你看到我
你要坚持到我看到你

主持人出场（曹颖、李锐站定舞台中央）

曹　观众朋友，我想可能大家还不知道，我们湖南省公安消防总队的指战员们，他们是最早赶到灾区的兄弟省援兵，直到现在还在第一线进行着救援的工作，而我们湖南卫视的主持人李锐还有杨乐乐，他们两位是消防代言人，这次为了给灾区的人民打气，也为了给我们的消防战士打气，他们也随队去到了我们灾区的第一线，直到今天下午，确切地说是直到刚刚5分钟以前，李锐才赶回长沙，赶到我们的现场。能跟大家介绍下我们第一线的情况吗？因为大家都真的非常非常的关心。

李　首先我要说的是我们湖南的消防官兵没有给我们湖南的父老乡亲们丢脸，他们非常棒，非常好！我和乐乐是和我们的部队一起到的第一站：都江堰。我们刚刚到达的时候，整个一个特别漂亮的城市就像一个死城一样，楼房都开裂，好多都倒塌了，我们的战士没有喝一口水，没有吃饭，就直接投入抢险，其实这个时候也是非常非常危险的，因为所有的大楼都已经裂缝，马上就要垮塌了。

曹　对，而且余震在不停的发生。

李　对，我们去的很多地方，大型直升机进不去，就只能是靠人进去，然后，当我们在里面，和战士们在一起在抢险的时候，我们其实感受不到余震，突然就觉得上面的砖瓦掉下来的时候，只有在这个时候，我们才感受到，又发生余震了，但是我看我们的战士们根本没有人停下来，一直都在非常努力地作业；我看到，在到了现场的时候，危险时时刻刻都存在，包括挖着挖着，就随时有煤气罐挖出来，大家就喊，说有煤气罐，一个战士奋不顾身抱着一个已经快要爆炸的煤气罐，然后一个人抱着它跑出去。其实我知道我们的消防官兵，他们都知道怎么去操作安全的规程，但是那个时候已经都顾不上了。

曹　他们不顾自己的个人安危就是想多救一些人。

李　对，其实这个还不是最难过的，最难过的是很多时候我们心有余而力不足，即使是我们在那儿那么努力的去抢救，但是很多时候没有办法，尤其是看到很多在外面围着的那些亲人，他们的家里面的孩子，爸爸妈妈们都在里面埋着呢，他们特别想要冲进去，但是没有办法，进不去，战士也在那里急。我今天回来特别仓促，没有办法第一时间把那些资料给大家看，我们有几张图片（大屏幕播放照片），这位大娘的女儿还在里面埋着，我们的官兵特别努力到里面去抢险的时候，这个大娘三天三夜没有吃一口饭，没有喝一口水，她和她的老伴儿就蹲在那，她说："活要见人，死要见尸，我还要再看我的女儿，我还想再看她一眼。"我们给她钱，给她水喝，她不要，她说："女儿不在了，我要这些东西干什么。"还有一张照片，这是一个孩子，我们在重灾区，这可能是从映秀出来的，我们不知道这里面有很多的孩子，有很多没有办法给大家看，截肢了，好多都是孤儿了，然后当我们见到他们的时候，非常非常的疼。我问他："这个时候，你最想什么？"那个孩子在我耳边特别轻声地说，他说："我想回家，虽然不知道爸爸妈妈已经还在不在这个人世上了。"我们真的都不知道怎么去安慰他。然后还有一张照片是一个小伙子，在都江堰市中医院的门口，整个垮塌了，大概有800到1000人埋在下面，然后小伙子也是三天三夜没有吃东西。我跟他说什么，他都只说："我妹妹才21岁，她是个护士，她一直在工作，她还在里头，我想等她出来。"所以我想我们大家这么多天了，我们流了很多很多的眼泪了，我们要捐钱捐物去帮助他们，死了的人我们没有办法，但是活着的人呢，他们的伤痛可能一个月、两个月，我不知道还要过多久，但是像唐山大地震这样的过去这么多年了这些伤痛依然在他们心上，我们大家怎么样，我们能不能够想想办法，我们能不能不仅是给钱给物，我们能从更多的方面去帮助他们，当两个月、三个月、三年五年之后，不要让他们的脸上还有那么多的伤痛，能让他们的脸上能有一点笑。

曹　希望我们所有人都伸出援手，我们再次

谢谢所有帮助他们的人。

李 我们现在的湖南的武警官兵，我们湖南的消防官兵他们现在非常非常的忙，抢救完了第一站都江堰之后，直到现在我估计他们都没有睡觉，然后又紧急开赴到了广源，开赴到了绵阳附近，然后那边好多的泥石流还有许许多多的塌方，他们到现在都没有休息。

曹 所以他们其实也是我们这次抗震救灾中最可爱的人。

李 是的。

曹颖 那今天现场我们也请到了一些这些可爱的人，他们就是我们的消防战士们，他们就座在我们的观众席，欢迎你们。

主持人出场（汪涵在消防官兵座位席前站定）

汪 观众朋友，我在这里要给大家讲一个非常普通的消防战士的故事，他是我们长沙武警消防支队的一名非常普通的合同制的消防员，当部队接到命令要开赴到第一线的时候，他每次都做好了准备，但是第一次第二次他所在的那个班都没有接到首长的指令。第三次，当指令来的时候，他自己打好了背包，然后他整装待发，站在首长的办公室门口，一直就这么站着，当首长把所有的命令都发布完了之后，他对首长说："首长，我要去一线，请给我这个机会。"首长说："你们那个班没有接到指令，你回到班里去，好好的等，一定会有机会。"但是这个叫做李浩的普普通通的我们的合同制的消防员他对首长说："首长我给你三个理由，如果说我不能说服你的话，我就回到我自己的班里去。第一个理由，我是一个合同制的消防员，我在部队待的时间已经不长了，我之所以参加消防部队，就是要来奉献，在这个时候，你不让我奉献，我还有什么时候还能去奉献；第二，我在班上训练，我是尖子，我的成绩都非常非常好；第三，我的身体很棒，再远的路我都可以走，再高的山我都能够爬过去，首长你给我这个机会吧。"首长听完这三个理由之后，什么话都没有说，首长含着眼泪对这个战士说："出发！"然后李浩就向我们的首长敬了个礼，现在李浩正在我们的一线，我在这里要采访下我们湖南武警消防总队的政委，我特别想问下政委，我们在这一刻能不能联系上这个叫李浩的战士。

政委 现在由于通信中断，现在无法联系，我们在场的三个突击大队，现在都在灾区最严重的地方，所以通信不好，联系不上。

汪 那您作为他们的首长，应该是特别特别的担心，其实我们大家都知道我们的湖南消防真的是一直以来，哪里有灾难就会出现在哪里，那么在这一次四川经受到了这么大的灾难，我们是不是一听到有这样的消息就开始准备了？

政委 我们湖南省消防总队，在四川汶川发生灾害之后，根据公安部消防局的命令，第一时间做出了反应，连夜召开党委会进行部署，紧急动员力量，紧接着分别于 13、14、15 号分三批派出 400 名公安消防特警，到达了救灾的第一线。我们官兵非常的辛苦，困难重重，而且交通堵塞，通信中断，我们的官兵要携带救援抢险器材，负重前行，要走几十公里路才能到达救灾的中心，所以我们的官兵非常勇敢，官兵的斗志非常旺盛，在抢险救援现场发挥了特殊的作用，在废墟中抢救疏散遇险群众数百名，受到了指挥部的高度评价。

汪 我们知道有可能在接下来的时间，我们的消防官兵可能还会接到命令，还要奔赴一线，您的战士都准备好了么？

政委 起立，同志们都准备好了没有？

战士们（一起站立） 时刻准备着，四川加油！中国加油！

歌曲《和你一样》

演唱：李宇春

（舞台灯光以紫色为主，李宇春身穿白色赈灾T恤、牛仔裤）

谁在最需要的时候轻轻拍着我肩膀
谁在最快乐的时候愿意和我分享
日子那么长　我在你身旁
见证你成长让我感到充满力量
谁能忘记过去一路走来陪你受的伤
谁能预料未来茫茫漫长你在何方
笑容在脸上　和你一样
大声唱　为自己鼓掌

我和你一样　一样的坚强
一样的全力以赴追逐我的梦想
哪怕会受伤　哪怕有风浪
风雨之后才会有迷人芬芳
我和你一样　一样的善良
一样为需要的人打造一个天堂
歌声是翅膀　唱出了希望
所有的付出只因爱的力量
和你一样

谁能忘记过去一路走来陪你受的伤
谁能预料未来茫茫漫长你在何方
笑容在脸上　和你一样
大声唱　为自己鼓掌

我和你一样　一样的坚强
一样的全力以赴追逐我的梦想
哪怕会受伤　哪怕有风浪
风雨之后才会有迷人芬芳
我们都一样　一样的善良
一样为需要的人打造一个天堂
歌声是翅膀　唱出了希望
所有的付出只因爱的力量
和你一样
我们都一样

谁在最需要的时候轻轻拍着我肩膀
谁在最快乐的时候愿意和我分享
日子那么长　我在你身旁
见证你成长我也为你鼓掌

主持人出场

王燕 谢谢，谢谢李宇春。观众朋友，我是刚刚气喘吁吁赶到节目现场的，因为我代表晚会导演组刚刚去邀请一位既普通又特殊的观众来到我们今天晚会的现场，这位既普通又特殊的观众是谁呢，我们首先来看昨天湖南卫视赈灾义演晚会上的一个小片段，请看VCR。

（视频）之前关于肖军的晚会录影

肖军 现在还没有。

汪 现在还没有联系上。

王 从5月12号开始，这几天怎么过的呢？

肖军 基本上每个晚上都不睡觉吧，都是白天上午睡一会，然后一直和同学联系，通过看新闻，接近打了70多个小时电话，一直没打通。

王 我真的也好希望在电视机的镜头上面，突然能够看到他们，我们现场再尝试给他们，再尝试给你的父母打一次电话好不好，你报下他们的电话号码。

肖军 138＊＊＊＊1709。

王 138＊＊＊＊1709，请我们现场的工作人员尝试接通这个电话，我们来听听电话的回音。我们现场导播能够有信号给我们吗？

（电话忙音）

王　别怕，他们会好的，要有信心，真的，一定要有信心。

王　昨天晚会之后，无数的人在关心肖军，关心肖军的父母他们到底怎么样了。从昨天晚上到今天，又过去了二十四小时，又过去了一天，肖军的家人有消息了吗，我想请大家用掌声请出肖军。

肖军　主持人好，大家好。

王　看了昨天的片段忍不住又哭了，无数的人都在关心你家人的消息，一天过去了，到底有什么新的情况没有，你自己告诉大家好不好。

肖军　昨天晚上坐校车回学校以后，我打开电脑上面就有很多我的同学和一些社会上的好心人对我的一些祝福的话语，然后我一直到一点半把这些东西看完后才睡觉，然后早上很早睡不着就起来了，估计是7点多的样子就起来，在宿舍就接着上网看找一些新闻，然后一直到学校……

王　这样，肖军，你直接告诉我们在网上得到的最新的一个和你家乡，和你的家人有关的一个消息是什么？

肖军　就是说让我不要担心，她说我也是那样过来的，我今天终于和父母联系上了，我相信你的父母和你的家人也一样。

王　有没有和你爸妈身边的，有没有和你的父母直接联系上？

肖军　都没有。

王　还没有，有没有和你父母身边的这些亲戚、同事之类的人，有没有找到他们，发现他们？

肖军　直接联系都没联系上。

王　有发现吗？

肖军　没有，大家都说，只知道里面现在都没有事，直接都没联系上，根本都没看见过，我尽我自己所有的能力，就是我周围所有的同学和朋友都没有。

王　那你现在得到最新的进展，就是稍微好点的情况是谁告诉你的，是什么情况？

肖军　我回来的时候，一个同学打电话告诉我说，她是死里逃生出来的，她现在工作了，因为她的同事是我们那个乡的乡长的妻子，他是通过那里得知的，然后她告诉我。

王　其实肖军得到的消息呢，是肖军的同学和肖军家乡所在的乡，叫做北川的青片乡的乡长有点联系，知道乡长从那边出来了，又回去救人去了，那这位同学我们也已经联系上了，是肖军的一位同学，姓郑，我们来跟这位郑同学联系一下，让她告诉我们那边最新的情况到底是怎样的。你好，是郑同学吗，你好！

郑同学　是。

王　我们是湖南卫视赈灾义演晚会组的，是这样的，我们现在正在晚会直播，我想问下你就是肖军的家乡青片乡那一带，现在北川和那边的道路还没有通是吗？

郑同学　对，还没有通。

王　那你得到的消息，就是他们家乡那片的情况没有怎么样，是你亲耳听说的吗，那个原话是怎么讲的？

郑同学　那里的情况很好，伤亡的人数不是很多。

王　你是听谁讲的，是你自己本人亲耳听人讲的吗？

郑同学　对。

王　是怎么听说的呢，那边伤亡的情况到底……

郑同学 是他们有人，连夜，几天几夜从山里面出来，然后我今天有听到他们说里面伤亡不是很严重。

王 你的家人还在那边吗？

郑同学 在。

王 但是我听你情绪现在好像还比较乐观，能告诉我你乐观的依据是什么吗？

郑同学 因为我知道他们平安，所以我觉得我已经放心了。

王 你不是还没有跟他们联系上吗？

郑同学 没有联系上，但是我知道我们那里的受灾情况不严重，而且有人告诉我，是我爸爸妈妈托人告诉我的，他们现在很好，没有事。

王 那你现在本人在干什么？

郑同学 我现在在绵阳的九州体育馆。

王 你这边本人情况怎么样，开始慢慢恢复接下来的工作了吗？

郑同学 暂时还不会吧，因为这里是绵阳的难民群集中的地方，所以我们还在这里等待亲人的消息。

王 那边的安顿情况怎么样？

郑同学 不是很好吧，因为人数太多，帐篷什么的都不够用，很混乱的。

王 但是吃和住还是没有问题吧，睡觉啊，吃饭啊？

郑同学 吃的问题不大，但是就是缺少帐篷，住的地方。

王 那就是那边出来的人有人告诉你，说那边的情况没有想象的那么严重，伤亡并不是很严重，对吗？

郑同学 我目前只知道，我们从北川到我们那个县的伤亡不是很严重，其他地方损失都很惨重的。

王燕 好的，谢谢这位郑同学，也请你保重自己好吗？我想郑同学的描述非常客观，她所能知道的就是她的家乡，也就是肖军所在的家乡，那一片不是很严重，但是我想，这一次，7.8 级的地震，它对四川带来的损失，的确是我们无法想象和无法估量的，那我想肖军，你现在的心情可能会比昨天要好一点，至少知道家乡并不像预想那么的严重，对吗？

肖军 对。

王 那我也想告诉你，现场我们有很多的这个，看到没有，我们的千纸鹤，我们的千纸鹤都是由我们电视机前普通的观众朋友他们自己亲手折好，送到湖南卫视，要求我们挂在晚会现场，代表给灾区人民祈福的。我们一起向这样普通的观众朋友鞠一个躬，向所有关心四川灾区、支持四川灾区的人民，鞠个躬，表示我们的感谢，好不好？

肖军 好。谢谢你们的关心！

主持人出场（汪涵、吴昕站定在热线电话前）

汪 谢谢，非常非常感谢肖军再次来到我们节目的现场，也祝福他能够早一天和家人取得联系。在这里我要告诉大家，刚才为大家演唱歌曲的李宇春呢，她本身也是一位四川人，那么在这次四川的地震灾害发生后，她也和她的歌迷会，也就是和所有的玉米们为灾区捐款 100 万元，谢谢！

吴 谢谢李宇春，那么晚会进行到现在，我们也接收到了很多爱心人士打来的电话以及短信，说实话，每一个电话都非常的温暖。比如说，一位手机号码是139，尾号是 8836 的朋友他说：“我是一个湖南人，但是我嫁给了一个四川人，同时也就可以说四川也是我的家乡，在这里呢，我特别希望能奉献出我的一份爱心，告诉四川的人民们，早日重建家园，我们一定可以共渡难关！”

那另一位朋友，他的手机号码是138，尾号是2467的朱女士，她捐出了500元人民币，她说："兄弟姐妹们，灾难很快就会过去的，让我们手挽手，心连心。"

汪 是的，其实我们特别特别感谢热线电话那一头传递来饱满深情的这些观众朋友们，正是他们的深情让我们相信完全有能力战胜这场灾难，那么其中还有一位观众他的身份比较特殊，现在呢，我们已经拨通他的电话，让我们来听听他对我们的祝福。

汪 喂，你好！

唐山地震幸存者 你好！

汪 喂，你好！

唐山地震幸存者 你好！

汪 我们这里是湖南卫视抗震救灾的晚会。你好！

唐山地震幸存者 你好你好！

汪 请问您贵姓？

唐山地震幸存者 我姓李。

汪 您这是从哪里打来的电话？

唐山地震幸存者 唐山。

汪 唐山。

唐山地震幸存者 对对对。

汪 我非常冒昧的问下您今年的年纪是多少？

唐山地震幸存者 我今年45岁了。

汪 那当时的唐山大地震您是经历过的？

唐山地震幸存者 对，我是那里的幸存者。

汪 您当时被救上来之前一共在废墟当中待了多长时间？

唐山地震幸存者 大概也有六七十个小时的样子。

汪吴 六七十个小时啊。

唐山地震幸存者 对，因为很久了，印象不是很深了，都三十多年了。

汪 当时您被救的时情况您现在还记得吗？

唐山地震幸存者 记得。

汪 跟我们讲讲好吗？

唐山地震幸存者 当时就听到轰的一声，被压到废墟里了，后来压到里面以后觉得已经很绝望了，想到自己肯定会死掉，那时候还想想，死是什么味道，后来慢慢坚持着挺过了几天，部队开始进去了。

汪 部队开始进来了。

唐山地震幸存者 部队进来以后就把我救出来了。

汪 我们听说您准备这次在四川也领养一个孩子是吗？

唐山地震幸存者 对对对。

吴 能冒昧问下您现在有孩子吗？

唐山地震幸存者 我现在有个小孩，有个女儿，18岁了。

吴 18岁女儿。

汪 那您现在最想对灾区朋友说些什么，您跟他们曾经有一样的经历。

唐山地震幸存者 对对对，我是这样想的，因为我是唐山地震的幸存者。

汪 是。

唐山地震幸存者 对他们的理解，我的感受会更深刻一些，我这几天天天看新闻，每次看，特别是孩子的那种悲惨场面，还有看到部队徒步进入震区的情况，还有总理那种欲哭无泪的表情，每次我的眼泪也都出来了，所以说我想实实在在的做些事，就是说领养和收养孤儿，我想对孩子们最主要的，就是想告诉他们，让他们不要害怕。

汪 不要害怕。

唐山地震幸存者 不要害怕，不要绝望，我们国家现在的实力和以前已经今非昔比。

汪 好的。

唐山地震幸存者 一定要珍惜现在的生命，

虽然你暂时失去了亲人，但是我们大家都是你的亲人，你失去了家，我们随时带给他们一个温暖的家。

汪、吴 好的谢谢你，谢谢。

汪 我们也知道，所有的灾区朋友不会放弃，我们所有的救援人员在第一线也不会抛弃，我们只要众志成城，万众一心，我们就能战胜所有的困难，谢谢您！

唐山地震幸存者 谢谢。

汪 谢谢您，谢谢所有电话那头热心的观众朋友们。

吴 谢谢大家。

视频

（部分捐款项目）

（字幕）湖南省地质中学全体师生捐款288905.5元

老师代表 我代表湖南省地质中学全体师生向灾区人民表达心意。

学生代表 祝灾区学生早日重返课堂，灾区人民尽快重建家园。

（字幕）长沙市亚韩医疗美容医院董事长邹永新捐款10万元

邹永新 希望能帮助他们早日重建家园、早日恢复生活。

（字幕）中南大学湘雅二医院 捐款50万元现金、80万元药品、器械

医院代表 我们已组建一支二十多人组成的医疗队，赶到灾区，希望我们的医疗队员注意好自己的身体，为更多的灾区人民减少痛苦。

（字幕）新航道国际教育集团总裁 胡敏个人捐款30万元

胡敏 这些天最悲痛过的是灾区的孩子们，这些天最让我们感动的是生命的呐喊与拯救，孩子们，我们爱你们，加油！

（字幕）深圳市金立通讯设备有限公司 捐赠价值500万元物资

公司代表 金立集团和全国代理商心系灾区人民，积极参与抗震救灾，帮助灾区人民走出痛苦，重建家园。

（字幕）快乐购物有限责任公司 首批捐款9.1万，今天再次捐赠30万

女 作为湖南卫视旗下新一代的家庭购物企业，5月20号，快乐购物将会联合我们的供应商合作伙伴以及我们的顾客一道来献爱心，推出520我爱你快乐购赈灾大义卖。我们将会从中午的12点到24点进行12小时的连续直播义卖，并将所销售商品的全部收入捐赠给我们的灾区。快乐购希望能将这三笔善款，重点是用于四川都江堰聚源中学的重建，我们知道这也是在我们的四川大地震之后媒体所报道的第一所中学，也是我们的共和国总理视察灾区的第一站。虽然说这所中学坍塌了，但是"人情、人性、人格、人才"的校训却时刻震撼着我们的心灵。聚攒爱心，源在教育，让我们一起加入到行列中来，为我们的孩子来伸出援助之手，一起来祈求中华大地永远平安。

主持人出场

（陆立和维嘉站定观众前）

陆 有爱就有希望，有爱就不会孤单。真的，维嘉，我们在这，我们两个人先鞠一躬吧，代表我们所有的人，对我们这些爱心人士们表示感谢！

陆、维嘉 （鞠躬）谢谢，谢谢你们！

陆　接下来我们来了解一下具体情况。

维　是的，这些有爱心的朋友们来自——

长沙众城机械有限公司　他们捐款是31215元。

长沙上海城的部分业主集体捐款23196.7元。

陆　＊＊＊小朋友是个人捐款2万元。

百度网民＊＊＊是捐款一万元整。

维　农民朋友＊＊＊捐款1000元。

残障人士＊＊＊捐款1000元。

陆　国会娱乐广场的全体员工捐款40090元。

天娱传媒有限公司捐款50万元，天娱传媒将继续为抗震救灾尽绵薄之力，并且向坚强的灾区人民致敬。

维　快乐购物有限责任公司捐赠30万用于重建都江堰聚源中学。

中联重科科技发展股份有限公司捐赠价值2067万元的工程机械设备29台。

陆　克明面条有限公司捐赠价值100万元的面条。

益阳慈善总会转益阳各界的第一批捐款是818000元。

维　武冈市干部和群众一共捐款60万元。要告诉观众朋友们的是，到晚上9点为止呢，湖南省赈灾募捐办公室已经收到善款共计25370558.09元，物资总价值2167万元。

陆　谢谢，谢谢大家，其实今天节目现场也来了非常多的爱心人士，我们一起来看下李好那边的情况。

维　有请李好！

主持人出场（李好站定观众席前）

李　电视机前的各位观众朋友还有现场的朋友们，现在站在我身边的这位呢，是今天现场捐赠金额最大一笔的捐赠者，我们应该怎么称呼您。

梁总　我是新花园国际大酒店总经理梁跃进。

李　哦，梁总，您好，今天您是代表自己来捐赠还是代表企业来捐赠，今天捐赠的金额是多少？

梁总　我是代表我们新花园集团共捐款243.6万元人民币，我希望我们通过这次捐款，能够给灾区人民送去一份关爱，奉出一份爱心，我更相信灾区人民能够跟我们一起共渡难关，重建家园。

李　好，谢谢您，谢谢，谢谢所有有爱心的朋友们。那有人说2008年的5月是一个灾难和荣耀并辉的一个月份，灾难的是我们的土地，是我们的四川同胞，而荣耀的是每一个中国人的内心，感谢所有善良的中国人，也感谢所有善良的湖南人，谢谢，谢谢您。

主持人出场（陆立、维嘉站定观众前）

陆　也谢谢李好，谢谢，千言万语汇成一句话，感谢！那么在这还要提醒电视机前各位亲爱的观众朋友，您可以拨打《真情相守　共渡时艰》2008湖南卫视抗震救灾募捐热线电话：0731－2871399，再报一遍：0731－2871399来奉献爱心，或者通过目前屏幕下方的三种捐款方式表达您的爱心。

维　是，我们相信我们送去的不仅仅是善款，更是一种信心和鼓励，请灾区人民要相信，也一定要坚强起来，因为我们永远和你们在一起。

陆立　加油！

主持人出场（汪涵、曹颖站定舞台右侧）

汪　谢谢所有人的爱心，我想我们在这一刻最需要的就是一颗爱心，这颗爱心汇聚在一起就是一股暖流，它能让所有在灾区等待救援的人，和正在一线抢救别人的人，感觉到他们身后有着无限的力量，感觉到我们和他们在一起。

曹 这次在抗震救灾的过程当中，我们知道了很多很多段感动的故事，我想跟您讲述的是发生在北川县的一个幼儿园的事情，关于一个勇敢的孩子。当时余震还在不断发生，我们的救援队伍，他们拼命的在寻找着生命的迹象，希望能多救出一些人，多救出一些孩子，忽然之间他们听到废墟之中传来一个微弱的孩子的声音，他们就冲过去，然后拼命地用他们的双手扒开那些钢筋和混凝土，终于，他们慢慢地看到了一个孩子稚嫩的面孔，而这个孩子看到来救他的人之后说出的第一句话就让救援的人流下了眼泪，一个幼儿园的孩子，当她看到有人来救她的第一句话竟然是："叔叔我不怕，你们别担心。"慢慢的，砖块被一点一点的移开，我们终于看到了孩子的全身，我们突然间发现原来她的下半身一直被卡在那里，身上全部都是鲜血。一个幼儿园的孩子，她咬紧着牙关，可以看得出来，她忍着多么大的疼痛。当时余震还在不断的发生，而我们的救援队员也特别怕钢筋和压在孩子身上的砖块伤到这个孩子，于是只能用他们的双手一点一点的把压在孩子身上的钢筋和混凝土扒开，他们特别的焦急，生怕时间太久了孩子会坚持不住，而这个时候，他们耳边却响起了一段非常熟悉的儿歌，就是这个孩子唱给大家听的。我想那段儿歌我们现场所有的人都听过，就是那首："两只老虎两只老虎跑得快……"我相信这首歌我们大家都听过，可是在那样的情况下，由这样孩子唱出来，我相信所有的人都会非常的感动。孩子告诉救她的叔叔们说："我没事，唱着歌我就不怕疼了。"我们终于把孩子救了出来，这个时候我们知道了她的名字，她叫任思雨。

汪 我要给大家讲的这份真情，现在我们还没有找到任何的图片，只有这样的一个名字：聂晓燕。我们之所有到目前为止还没有任何的图像，是因为聂晓燕目前在震中汶川县。她是映秀镇幼儿园的一名老师，在救援人员赶到的时候，她一直守候在一个坍塌的教学楼的旁边，她目不转睛地看着武警官兵，用手扒开废墟，直到她看到她遇难的孩子的遗体被挖出来，在这一刻，聂晓燕的泪水终于像山洪暴发一样的流了出来，她在这一刻抱着孩子的遗体大声地说："孩子，对不起，妈妈来不及啊，孩子，对不起。"因为在地震来临的时候，她的孩子和其他幼儿园的孩子都在一间房子里面，聂晓燕毅然决然抱起了另外两个孩子冲出了教学楼，当她再转身的时候，教学楼坍塌了，接下来的这一幕就是刚才大家听到的那个故事。孩子已经呈现在了聂晓燕的面前，在聂晓燕的眼里，孩子仿佛还没有离开，她抱着孩子的遗体对孩子说："孩子，妈妈真的对不起你，妈妈真的来不及回头再把你抱出教室，孩子，你的脸怎么这么脏，上面怎么有这么多灰。"跪在废墟边的聂晓燕手里一直拿着一个崭新的被褥，她想等孩子救出来的时候能包着自己的孩子为他遮风避雨，给他温暖。这个时候聂晓燕轻手轻脚的用被褥把自己的孩子轻轻包起，拿出一条手绢，对孩子说："娃娃，妈妈帮你把脸上的灰擦干净。"故事说到这个地方，我突然想到前两天我看到的一首诗，这首诗是说一个孩子和一个母亲的对话，母亲对孩子说："孩子，天堂的路一定要慢慢的走，不要再碰到了你的头，你一定要记住妈妈和爸爸的样子，因为来生我们还要一起走。”孩子说：“妈妈，我不在了，天堂的路我会很好的走，身边有很多的同学和其他的小朋友，我不在的时候，你就把爱给其他的孩子吧，我一定会记得你和爸爸的样子，记得我们的约定，来世我们还要一起走。”

（观众鼓掌）

曹 我相信这样的一位母亲，她把她的母爱和她的大爱给了更多的人，因为她知道我们是一家人。我觉得故事讲到这里又让我想起了，在前段时间，温总理来到了湖南，指导我们抗冻救灾工作时说过的一段话，他说：“我每当听到人民自发的说感谢党感谢政府的时候，我特别想告诉他们，其实最让我感动的是人民，是人民面对灾难时的那种镇定，那种勇敢和敢于牺牲的精神。”这样的精神每每让我们共和国的总理动容。

汪 是的，这就是一个伟大的民族在面对灾难的时候，所迸发出来的巨大的能量，昨天做晚会的时候是80多个小时，现在已经有100多个小时，但是请灾区的所有的父老乡亲放心，全国的爱心正在向你们身边汇聚。总书记去了，到了你们的身边，我们湖南，我们的消防湘军、我们的医疗湘军、我们的路政湘军、我们的机械湘军全都往你们的身边去了，所以在这一刻，我们要对电视机前我们所有的亲爱的朋友，我们在这一刻唯一能做的就是：行动起来！

曹 没错，我们的全国人民都在行动，我们的湖南人民也一直在行动，其实我觉得这次真的收获到了很多很多让我感动的瞬间，在赶赴这次我们赈灾晚会的现场的时候，我在飞机上也看到了关于赈灾的很多相关报道，其中有篇文章给我的印象特别特别深，当时我在报上看到了那样的图片，就是在长沙的街头，有一个又一个的捐献血液的站点，当时有很多人都排起了长队，要去捐献自己的血液，然后很多人在下班或者放学之后，第一时间不是回家，而是赶去献血，而当我们的工作站跟大家说，你们不要来了，因为现场排起了长队，等他们所有人献完之后，已经是半夜了，人们还是向那里赶着，而且有人还跟我们的医务人员说：“就让我献血吧，我能为灾区人民做的都做了，就差这一项了，让我再多做点事情吧。”

汪 是的，让我们行动起来，让我们每时每秒每分每刻的行动化为对灾区和所有救援者最深的祝福！

歌曲《祝福》

演唱：郑嘉颖　关礼杰　马国明　洪天明
胡杏儿　伍咏薇　王君馨　胡定欣
汤盈盈

（所有演唱者站成一排站在舞台中央）

合 朋友 我永远祝福你
朋友 我永远祝福你
啊 朋友 我永远祝福你

男合 不要问 不要说
一切尽在不言中
这一刻 偎着烛光让我们静静的度过

女合 莫挥手 莫回头 当我唱起这首歌
怕只怕 泪水轻轻的滑落

男合 愿心中 永远留着我的笑容

合 伴你走过每一个春夏秋冬

男合 几许愁 几许忧 人生难免苦与痛
失去过 才能真正懂得去珍惜和拥有

女合 情难舍 人难留 今朝一别各西东
冷和热 点点滴滴在心头

男合 愿心中 永远留着我的笑容
伴你走过每一个春夏秋冬

合　伤离别 离别虽然在眼前
　　说再见 再见不会太遥远

男合　若有缘　有缘就能期待明天

合　你和我重逢在灿烂的季节

合　伤离别 离别虽然在眼前
　　说再见 再见不会太遥远
　　若有缘有缘就能期待明天
　　你和我重逢在灿烂的季节

合　朋友 我永远祝福你
　　朋友 我永远祝福你
　　朋友

主持人出场（何炅、李湘走上舞台，站在所有演唱者旁边）

何　谢谢，谢谢来自香港 TVB 的艺人们，今天来参加我们爱心总动员的晚会。

李　谢谢你们！

何　这一次香港同胞也特别关注我们四川的灾情，同时也伸出了援助之手，我们也请我们的郑嘉颖说说你的感受，好不好？

郑嘉颖　其实地震的时候我们都在香港，看到报道之后我们才知道那么严重，有很多人伤亡，我们都很难过，尤其是我们看到那些小孩子一个个躺在地上，真的很心痛。

伍咏薇　其实我知道我们香港很多朋友都办了很多筹款的活动，而且很多有心人，还有很多热心的人已经在四川那边灾区那边帮手了，我们 TVB 的同事在这里很衷心谢谢各位工作人员，各位帮助灾民的人们，谢谢你们。

李　谢谢你，谢谢伍咏薇，胡杏儿。

胡杏儿　我们都是中国人，香港和中国是血脉相连的，所以在这里我希望所有的灾民都能够振作起来，坚强起来，这个灾难我们一定能够一起度过的。

李　谢谢你们，谢谢你们来自香港的祝福，再次谢谢你们。

何　如果回到香港，也带我们转告对香港朋友们的感谢，谢谢每一个关心灾区朋友伸出援助之手的香港同胞，谢谢你们，谢谢！

李、何　谢谢！

何　在这里要告诉大家，我们这次特别节目正在由金鹰网联合新浪、搜狐、腾讯、网易、红网、PPLIVE、PPSTREAM 等同步进行网络直播。

李　没错，这就是爱，来自你、来自我，来自这个世界上每一个有爱心的人，也许这一刻，我是湖南人，你是北京人，他是上海人，但是此时此刻，我们都是四川人，因为我们都是中国人，我们是一家人。

何　没错。

李　那接下来呢，今天我们的湖南卫视的节目主持人陈鲁豫去到了都江堰，我们来听听看她来自都江堰的报道，有请陈鲁豫。

（电话连线）

陈鲁豫　我是在都江堰，在都江堰这短短的半天的时间，情绪经历了很多的变化，有震惊、伤心，当然也有会温暖和希望，还流了很多的眼泪。一到都江堰以后，我先去了都江堰的中医院，在中医院废墟下面，还有人，还有解放军在废墟里救人，他们还没有完全放弃希望。在中医院门前的时候应该是中午 12 点 1 点左右，那个时候我们感到一丝很强烈的余震，当时我们明显感到地面在晃动，但是那一刻我没有意识到是地震，那个时候当地的很多人特别敏感，很快的从屋檐下就往马路中间跑过去，然后把我也裹着裹到了马路中间，那个时候你才发现那个地震的、余震的震感还是很强烈的。所以之后我又去了都江堰的一所中学，叫聚源中学，在这次地震当中，聚源中学的学生上课的楼完全垮塌了，所以不少的学生被埋在废墟里，就这样，非常年轻的、很多学生就这样非常遗憾的走了。在那我碰到了不少学生的家长，有一个老大爷一直抓着我们的手在痛哭，当时很多人都流下了眼泪，我在废墟中间转了一下，发现在废墟上面挂着一个书包，一个绿色的书包，我打开一看，里面还有学生的留言册，有书本，有笔，你就发现每个名字后面其实是活生生的鲜活的生命，一个很年轻的面孔。当时我就在说，我说我不知道那些书包的主人不知道还在不在，内心那一刻是特别特别难过的。这之后我还到了一个社区，叫幸福社区，那里有很多四五层的小楼倒塌了，我碰到了一些来自济南的解放军战士，他们在那很多人是就戴着手套，用手去扒那些很大的石块，因为他们在其中的一栋楼的废墟里还发现了有生命迹象存在，有人听到有一个男人和一个女人的声音，他们相信在废墟下面还有两个人还活着，他们那一刻非常的兴奋，然后让我们去拍，虽然已经 72 小时过去了，但是希望你们新闻媒体向外传达这样一个声音，那就是我们没有放弃希望，我们还相信有奇迹发生，那一刻我们所有的人内心都充满了希望，但是因为挖掘的过程很长很长，到目前为止，我不知道那两个人是不是能够生还，但是我希望会有奇迹出现。这一路有很多很多感人的事情发生，这儿的人真的是在互相帮助，彼此之间完全素不相识，就是有人送水、送饭、送药品。我们碰到一个年轻人，一个男孩叫王志，他是徒步走了大概三天的时间，想回到茂县老家去找他的父母、兄弟姐妹，因为他跟家人完全失去了联系，但是到了茂县之后他发现那个路根本不通，他没有办法进去，他又返回了都江堰，这一路他救了很多的人，两个脚走得已经完全肿了，我看了他的脚，完全都是血泡，脚底的皮全都皴了都破了，完全走不了路了，他在一个小的药店的门前休息的时候，我们碰到了，然后他说我特别希望你们媒体能帮我找一找我的亲人，希望你们能够帮我念下父母的名字，他的父亲叫王正武，母亲叫于顺秀，正是正确的正，武是武术的武，于顺秀，顺是顺利的顺，秀是秀丽的秀。他的父亲以前是在三龙小学工作，他的弟弟叫王勇，妹妹叫王瑞，都是在茂县生活和工作，这个男孩叫王志，他也给我留了他的电话，所以如果有人找到他的家人，可以跟我们联系。我也特别希望所有的灾民能够尽快恢复他们的生活。从他们的脸上你能够看到希望，也能够相信我们有能力在一起恢复我们的生活，这是我在都江堰短短的一天的时间看到的，感受到的，还有一点，他们现在最需要的物品是口罩、还有手套、还有一些药品，希望我们在外面的人能够尽快给他们以帮助，他们特别希望看到和听到外界的声音，他们特别想知道的是他们不孤独。

何 是的，他们不孤独，那鲁豫也会在湖南卫视继续发回她的报道，也希望大家关注。

李 谢谢鲁豫。

何 那电视机前的朋友如果有王志的家人的消息，也希望和我们湖南卫视联络，我们也可以通过鲁豫来拨通王志的电话，告诉他好消息。

李 对，那么在这里呢，我们也要告诉大家，鲁豫告诉我们灾区现在急需要手套、口罩。

何　还有帐篷。

李　对，希望大家能够踊跃来支援他们，那接来下让我们看看汪涵这边的情况。

主持人出场（汪涵在观众席前站定）

汪　是的，我们的爱无法阻挡，因为我们都是一家人，灾情发生后的第一时间，湖南省委省政府就确定了直接支援、优势支援的方针。我们湖南长沙机械工程居多，而大型机械是我们灾区前线最需要的工具，我们长沙的"三一重工"，响应省委省政府的号召，在第一时间组织了1800万元的设备和现金赶赴灾区，第一时间成立了抗震救灾小组，统一调配全国的工程机械支援来支援我们的灾区。我们现在就想来问下我们"三一"的何总，何总你好，现在在我们的前线的"三一人"现在情况怎么样？

何总　现在我们三一团委组织了一个80多人的志愿队，已经开赴灾区，连续工作将近50个小时，他们几乎每两三个小时就给我们领导发来短信，很高兴地告诉大家，他们刚刚又发来的一条短信，这条信息是这样讲的："三一"志愿者救灾服务队在成功完成一个旅社，一个网吧，一个金库的挖掘后，继续挺进，已成功开辟茶亭镇救援通道，清理被掩埋的车辆，现在我们已开进北川，由于道路异常狭窄，我们的设备是唯一进入的大型工程机械，其余的都被堵在了路口。"三一"救灾服务队队长李标志。

汪　谢谢，谢谢。真的真的非常感谢，第一是感谢我们"三一"人，感谢我们的这些这么好的设备，真的是为我们打通道路实施最好的救援做了一个非常非常好的铺垫，那这一刻您最想对灾区的朋友，特别是在前线的所有的"三一"人说些什么？

何总　灾区的同胞们，希望你们坚定信心，我们相信有党的坚强的领导，有全国人民的众志成城，我们一定能够共渡时艰，我们也希望我们的救援队能够平安返回，现在我们整个"三一"人全部的精力都放在你们身上，希望你们在灾区取得更大的成绩，我们"三一"的口号是（在座的"三一"人集体喊出）："品质改变世界，爱心拯救生命。"

何总　我们"三一"的口号就是：品质改变世界，爱心拯救生命。因为生命是无价的。

汪　谢谢，谢谢。

歌曲《真心英雄》

演唱：李承铉　俞灏明　张峻宁

（三个人站定在舞台中央　身穿白色T恤、牛仔裤）

俞　在我心中曾经有一个梦
　　要用歌声让你忘了所有的痛

张　灿烂星空谁是真的英雄
　　平凡的人们给我最多感动

李　再没有恨也没有了痛
　　但愿人间处处都有爱的影踪

俞　用我们的歌换你真心笑容
　　祝福你的人生从此与众不同

合　把握生命里的每一分钟
　　全力以赴我们心中的梦
　　不经历风雨怎么见彩虹
　　没有人能随随便便成功
　　把握生命里每一次感动
　　和心爱的朋友热情相拥
　　让真心的话和开心的泪
　　在你我的心底流动
　　把握生命里每一次感动
　　和心爱的朋友热情相拥

让真心的话和开心的泪
在你我的心底流动
把握生命里每一次感动
和心爱的朋友热情相拥
让真心的话和开心的泪
在你我的心底流动

讲述《这一刻我们都是汶川人》
讲述人：张丹丹
张丹丹：

大家好，我是张丹丹，今天在晚会上，想请您来跟我一起看一张照片，这张照片定格的是一位妻子和她丈夫最后的牵手。照片上年轻的妻子跪在丈夫的身边放声痛哭。我那天晚上就知道，有位老师救了四个同学，自己却没了，但我哪里想得到那个老师就是你。

印象中，分别的那个早上，阳光特别的好，跟平常一样，你6点就起了床，拿惯了粉笔的手，细心的给孩子洗漱、穿戴，然后自己早早的赶到学校去上班。上课铃准时响起，同学们安安静静的坐在课堂里，听着你的讲解，听着粉笔在黑板上发出的熟悉的唰唰声。你在想，接下来我该提问哪位同学。调皮的男同学心里想的就是，下课铃一响，我要以最快的速度冲到足球场。一切就是我们熟悉的日子的继续，只是在这万分的平静中，你突然感觉到了课桌椅的摇晃，几秒，或者是十几秒，一切便开始天崩地裂，整栋教学楼都开始猛烈地摇晃，求生的本能、理性的敏感，你挥起右手，几乎是用尽全力对着同班同学说："大家赶紧走，什么都不要拿，赶快走，走！"可是7.8级的地震没有给你留够足够的时间，已经来不及了，耳边已经可以清晰地听到物体挤压，听到猛烈撞击的声音，而身边，还站着4个逃不出教学楼的学生，没有时间去想，也许你就是出于本能把他们硬生生的塞到了课桌下，一瞬间，整栋教学楼轰然坍塌。

当救援人员赶到，扒开水泥碎块，发现你的时候，看到的是你留在这个世间最后的姿势：躬下的身躯，张开的双臂，因为突然砸下的楼板，被砸得深深凹下去的后脑勺，还有那课桌下四张清纯的脸。妻子细心的帮你整理着头发，她要看你往常的模样，妻子轻轻的抬起你的手，她要帮你把手上的血迹擦干净，还是这熟悉的手，只是这回不是她再熟悉的温热如常，你僵硬的手指碰触着她脆弱的神经，昨天抬过来的时候，不还是很软很软的吗，怎么这么快你的手就变得僵硬了呢，怎么这么快呢！

多想再牵你的手，老公！还有好多话没讲啊；多想再牵你的手，老师！你要看着我们成为你说的对民族有用的人；多想再牵你的手，爸爸！我还小，前面路还长，我还需要你护着我走。让我们记住这双手，记住在这场抗震救灾的战斗中，和这双手一样，无数双让人尊敬的手：指挥的手、挖掘的手、救助的手、献血的手、捐款的手、祈祷的手，是你的手、是我的手，是十三亿中国人的手，正因为有了这无数双在危难时刻会义无反顾伸出的手，我们这个民族在每每经历磨难和风雨之后，在痛过、伤过、流泪之后，依然选择坚定前行！

歌曲《天亮了》
演唱：王铮亮（自弹自唱）

那是一个秋天风儿那么缠绵
让我想起他们那双无助的眼
就在那美丽风景相伴的地方
我听到一声巨响震彻山谷
就是那个秋天再看不到爸爸的脸
他用他的双肩托起我重生的起点
黑暗中泪水沾满了双眼
不要离开不要伤害

我看到爸爸妈妈就这么走远
留下我在这陌生的人世间
不知道未来还会有什么风险
我想要紧紧抓住他的手
妈妈告诉我希望还会有
看到太阳出来　天亮了

我看到爸爸妈妈就这么走远
留下我在这陌生的人世间
不知道未来还会有什么风险
我想紧紧抓住他的手
妈妈告诉我希望还会有
看到太阳出来
他们笑了　天亮了

主持人出场（曹颖、何炅站定观众席前）

曹　朋友们，我想告诉大家，谭千秋老师，他是一位湖南人，他是湖南到四川的一位支边教师，他用自己的行为让我们明白了什么是一位人民教师。今天他的妻子还有他的家人也来到了我们的现场，让我们用掌声表示我们的欢迎还有我们的敬意。我来介绍一下，这一位就是刚才我们在大屏幕上也看到的，她就是谭老师的妻子，张关蓉，她也是一位人民教师，欢迎你。

何　张老师好。

曹　这是他们的孩子，你好。

何　乖！

曹　那我旁边的这一位是谭老师的母亲，其实老人家今天的身体状况不是太好，因为她直到今天才知道自己儿子去世的消息，然后老人家一下子就昏过去了，我们本来以为她不能够来到现场，但是她还是坚持来到现场。我们也用我们的掌声献给老人，好不好？

何　向老师们表示敬意，因为在这一次的地震灾害当中，有很多的老师做了人民教师应该做的事情，但是也是非常伟大的事情。谭老师的同事告诉我们，谭老师是一个非常非常优秀的老师，他是学校的教导主任，兼两个年级的政治课，他是一个好到什么程度的老师呢？他是一个平时在校园里走啊，如果看到操场上跑道上有石头，谭老师就会去把它捡开，因为他怕他的学生在操场上跑步的时候被石头绊倒，是这样一个好老师。我们张老师也是一个很了不起的老师，刚才丹丹也讲述了，她很早就听说有一个人民教师为了保护四个学生献出了生命，不知道是自己的丈夫，但是张老师知道这个事情之后，她说的第一句话还是，那四个孩子真的救活了吗？这就是一个很普通的人民教师的家庭。

曹　是，而且张老师当时给我印象最深刻的就是我当时看到的那个图片，因为我在报上看到了张老师捧着她的丈夫谭千秋老师的手，然后一点一点把丈夫身上的每一个细微的尘沙都把它擦干净，我觉得那个时候，我们也看到了一种他们夫妻之间的爱，然后今天谭老师和张老师他们的小孩子也来到这儿。他叫什么名字啊，宝宝。

张关蓉　她叫谭仙子，还有一个姐姐，叫谭君子。

曹　仙子和君子。

张关蓉　嗯。

何　宝宝几岁了？

张关蓉　1岁5个月。

曹　1岁5个月了。那我知道这一次呢，张老师也是特别把谭千秋老师的一些遗物带回来，想转交给他的家人，那今天现场呢来到的是有谭千秋老师的岳母，这边是他的弟弟，那这一次呢，其实谭老师的事迹在网上有很多很多人都知道了，大家都非常的感动，所以当他们知道谭老师的遗物来到了我们这个长沙之后，我们湖南大学有三百名学生，还有很多谭老师他的同事啊，还有朋友全部都到机场去迎接他们，就是希望能告诉谭老师，欢迎你回家，你是我们的骄傲。

何　张老师，那个您今天带来的是谭老师的照片还是？

张关蓉　我们家老谭过世了，我想，我只拿出了一张他的照片，因为里面已经进不去了，然后把它交给妈妈，还有我老公的头发和指甲，这个因为当时没有其他的绳子，用鞋带绑的，这样子放在这里。人家说头发是受之于父母，现在我把它交给他妈妈，让他回到湖南，然后他的骨灰，我准备就在四川安葬。另外，我觉得我应该感谢大家，特别是湖南大学的学生，能夹道欢迎，我觉得这是对谭千秋最好的。另外谭千秋也是一个平凡的人，像中学的其他很多老师都是这样子，还有在路上遇到了很多好心人，我谢谢他们。另外我代表我们家谭君子、谭仙子，还有谭千秋的亲属，妈妈，弟弟，妹妹，感谢大家，也代表受灾地方的家属和受害者，感谢社会，感谢大家，谢谢。

何　谢谢。

曹　谢谢张老师，就把谭老师的照片，还有他的头发，作为礼物给了他的妈妈还有弟弟。

张关蓉　这还有一个手机，这个手机是谭老师一直揣在身上的，这个手机他一直，我用它跟外界联系，上面就是他留了很多话费，话费有很多，好像是准备好的。手机是好的，上面只有一点点损伤，但是人已经不在了，多希望他能像这手机一样能够回到我们身边。

曹　我想说的是，张老师，其实谭老师……

何　这是谭老师和宝宝的照片，是吧？这是仙子还是君子？

张关蓉　仙子。另外君子现在也在北大，正是用这部手机，跟君子联系，等君子回到了，我们一起处理谭千秋的后事。

曹　然后张老师，其实谭老师真的，他的举动特别让我们感动，虽然您说他是一个平凡的教师，但是我们认为他一点都不平凡，他在我们的心中真的很伟大，而且他用他的行为告诉我们怎么样去当一位人民教师，也给很多教师作了一个榜样，而且他救出了这些孩子，孩子是我们未来的希望，因为他深深地知道孩子是我们未来的希望，他是为了国家救出了这些孩子，我们也真的应该感谢谭老师。

何　谢谢！

曹　那张老师，您和谭老师两个人都是人民教师，您特别能够理解他的心愿，还有他的一些愿望，我们想，因为我们今天其实真的，特别不想过多地采访您，因为我们知道每问一个问题，就会在您心口留下一道伤疤，但是我们特别希望说，同样作为教师，您觉得谭老师他还有没有什么愿望，是想实现的，或者是您，或是我们大家能够帮他去做的？

张关蓉　我想我一定要坚强，在我们家谭千秋走了之后，我就是家庭的支柱，我会代替他照顾好在北大读书的君子，和一岁半的仙子，还有老母亲，另外我希望能够，那些跟我一样，跟我丈夫一样，受灾者或者是受灾者的家属能够自救，谢谢！

曹　几句朴实的语言，真的很让我们感动，谢谢！

何　谢谢张老师，可能大家也发现，张老师脸上也有在地震当中受的伤，我们现场有很多人都流泪了，但是张老师一滴泪都没有流。一个非常坚强的女性，一个伟大的人民教师，我们用掌声来祝福他们。我其实特别想说的是，我们现在把所有的经历都放在救灾上，但是其实救灾完成之后，我们还有很长的路要走，每一个经历过地震灾害的人，他们将来的幸福，也是我们全国人民，应该去担心，应该去为之奉献的事情。

曹 所以让我们一直努力！

何 一直关注他们！

曹 对！

何 好不好？

曹 请记住我们大家是一家人，请让我们大家一直帮助下去，谢谢大家！

何 请记住这些伟大的英雄，请关爱他们的家人，每个人都伸出自己的手，献出自己的力量，我们是一家人，我们用掌声来祝福我们的家人。

（大家鼓掌）

何炅 中华是一个大的家庭，这个时候有很多很多的爱，有很多很多的力量，正在朝着我们每一个心揪着的方向集结，让我们一起来关注。

视频

（湖南对四川灾区的救援工作）

【解说】灾情就是命令，灾情就是号召。作为“同饮一江水”的兄弟，三湘父老也以最快的速度吹响了抗震救灾的集结号，捐款、捐物、献血、组织志愿者。只要是灾区需要的，我们就义不容辞参与救援。

5月13日一大早，湖南省委省政府即向四川地震灾区发出慰问电，向灾区紧急救助500万元。紧随其后，湖南省公安厅在第一时间捐款100万元及相关物资。湖南省消防总队先后组织了三支总共336人的专业消防地震救援队员，开赴四川地震灾区。这是湖南省消防部队首次跨省参加灾害事故抢险救援。同时，湖南省卫生厅紧急组织了五支救援医疗队和一支防疫工作队奔赴灾区展开救援。湖南省电力系统、交通系统等也派出了数百人的志愿队伍奔赴灾区。

当灾难深深地震撼着每一颗心灵的时候，我们总会感受到一份同等强烈的温暖和爱。阳光总在风雨后，众志成城驱天灾。我们有理由相信，这一份与全国人民同呼吸共命运的赤诚必将感天动地，必将为灾区人民驱散灾难的阴霾，必将鼓舞正在抗震救灾的人们，战胜天灾，重建家园。

主持人出场（何炅站定观众席前）

何 只要有一线的希望，我们的救援就不会停止。现在，再让我们关注一群可爱的人。按照省委省政府和省卫生厅的统一部署安排，中南大学湘雅医院组织了第一批抗震救灾医疗队，组成了湖南省抗震救灾第一分队在5·14的晚上乘专机抵达了四川的重灾区彭州市的抗震救灾的现场。到现在为止，他们在那里已经连续作战了两天两夜。在简陋的野战手术室里面做了数十台的手术，巡诊上千名的病人。现在，我们一起来连线正在前线奋战的医疗队的领队湘雅医院医疗副院长外科博士生导师孙维佳教授。孙教授，您好。

孙维佳 你好。

何 教授您好，我是何炅。我们这里是湖南卫视赈灾节目的现场。

孙维佳 哦，你好，你好。

何 您辛苦了。首先想问一下您那边现在的工作环境怎么样？

孙维佳 我们现在还坚守在帐篷里边，因为地震之后，这个房屋非常陈旧，还不能进入房屋里头工作。我们工作治疗都在帐篷里边进行。

何 你们现在工作多长时间了？

孙维佳 我们过来是14号过来的，14号晚上10点半钟到达彭州地区彭州市中医院我们就开展工作了。

何 一直没有停止过？

孙维佳 对。

何 那教授你们到现在做了多少台的手术了？

孙维佳 我们第一队是由湘雅医院××一医院和××三医院八医院组成的。我们共有20个人，目前分为两个部分。一个部分在昨天紧急调往成都市三医院抢救从震中地区转回来的重病人。

何 汶川转过来的？

孙维佳 嗯。一部分在这边彭州市坚守救助伤员。

何 大概救了多少病人了？

孙维佳 在成都市他们已经做了10台手术和8台麻醉。在我们这边今天刚刚做完一台脾破裂的病人，一共做了11台手术。

何 哦，那我想问一下在您这段救助的时间里边印象最深的病人是什么样的情况？

孙维佳 我印象最深的是今天上午我们碰到的一个病人，大概是30多岁。这个病人在今天上午才救出来。那么这个病人由于被压埋的时间比较长，双下肢截肢了。那么，这个病人呢，他的哥哥是这边某个医院的医务工作者，但是他自己伤成这样子仍然只跟他的亲人通了一个电话，并没有让他的亲人过来。因为他的亲人要坚守在抢救伤员的岗位上。所以，我的印象非常深刻。

何 那孙教授，你们那边现在最大的困难是什么？

孙维佳 我们现在缺少的是在抢救病人的时候一些器械和一些材料，因为骨科的病人比较多，有一些内置材料这边非常缺乏。

何 那教授您先别挂电话，我给大家介绍一下在我身边有一位老人，他是孙教授的父亲。在教授前往抗震救灾的第一线的时候，其实孙教授的父亲已经生病住院了。那因为他要去前线抗震救灾，所以呢我们孙教授的医院的同事是自发地承担了照顾孙老先生的责任。那现在，老先生也在我们的现场。那孙老先生您想对自己的孩子说些什么？

孙老先生 维佳，现在你是在抗震救灾第一线。

孙维佳 爸爸！

孙老先生 现在，党和国家需要你，人民需要你，希望你努力工作，爸爸支持你。我这边一切都好，希望你为湖南人民争光，为医院争光。

孙维佳 好的。我走的时候没告诉你们，怕你们担心。

孙老先生 我们听到你们院里的同志讲，也在报纸上看到湖南派出医疗队。

孙维佳 我们在这里一切都还好，请您放心。

何 我不知道孙教授您的工作环境可能没有办法看我们的直播，那我想跟您说，您爸爸的状况还不错，气色还挺好的，而且呢，您的同事一直在细心地照料他，也请您放心。

孙维佳 好，谢谢，谢谢，谢谢大家。

何 谢谢。那教授您自己注意安全，谢谢，您辛苦了。

孙维佳 好的。我们一定会很好地完成任务的。

何　好的，那我们也请孙老先生自己一定要注意身体。因为，您的健康也是我们孙教授最牵挂的。谢谢您今天到我们的现场，谢谢。接下来我们赶快看一下今天我们晚会现场其实不断有很多热心朋友通过我们的热线来表达他们的心声，我们请李湘和大兵来介绍一下现在的情况。

主持人出场（李湘、大兵站定在热线电话前）

李　谢谢。这就是爱，这个爱让所有的人被震撼着，被感染着。最近呢，我拍了一部电影，这是我人生第一次拍电影，因为地震呢，所有的活动全部停止了，大家都投入到捐血捐钱义演的活动中。今天我被所有的人民子弟兵而深深地震撼，在这里我以《十全九美》的名义捐款100万元，希望能帮助四川的父老乡亲。

大兵　谢谢李湘。

李　今天呢，我还要告诉大家，李宇春和她的玉米基金也为四川的父老乡亲捐款100万元。今天有很多的朋友呢，因为我们的热线非常的忙碌所以打不进来，那我们两位湖南的好朋友也发短信给我。来自湖南漂亮宝贝的××个人捐款50万元，来自美度的莫姐捐款20万元。谢谢你们。在这里呢我还收到了很多的短信，有一条短信让我非常地感动，她说："刚刚在捐款的电话中我和未婚夫准备在下半年结婚，我们为布置新房存了一笔钱，现在呢，我们想把这笔钱捐给四川灾区的人们，你们更需要这些钱，希望每个人都能够合家团圆。"谢谢。那接下来呢我们来连线一个电话，这个电话是来自澳大利亚四川籍的留学生，他的家乡呢也是在这个非常严重的地震重震灾区四川的绵阳，我们来连线一下来自澳大利亚的这位同学的电话。

大兵　喂。

刘同学　喂。

大兵　您好。请问贵姓？

刘同学　哦，我姓刘。

大兵　刘小姐您好。

李　刘同学你好。我想问一下你在什么时间知道家乡发生地震的这个消息呢？

刘同学　我是12号的下午放学回到家里，然后我接到一个也是四川的同学，然后她给我打电话，然后她跟我说我们家乡那边地震了。

大兵　哦，那么你的第一反应是什么呢？

刘同学　我当时第一反应就是我们那里以前也会有一些小的地震，我当时还不是很重视，后来我的朋友跟我讲说是7.8级，跟以前唐山大地震一样。然后我就很紧张，然后马上打电话回家里想知道家里人的情况。

大兵　当时联系上了么？

刘同学　没有联系上，根本电话打不通，然后我也问了其他的四川的同学，问他们有没有连通家里的电话，没有一个人是连通的。

李　那现在跟家人联系上了么？他们现在的情况怎么样呢？

刘同学　现在已经跟家里联系上了，当天很晚的时候我爸爸给我打电话，然后就跟我说他们都很平安。因为我爸是在粮油系统工作，他地震的当天晚上已经从绵阳到了北川，给北川的那些灾民去送粮食、饮水、药品之类的。然后刚才我给我爸打电话，现在都还在绵阳有一个安置灾民的地方叫九州体育馆，现在还在那里帮助灾民。

大兵　对，我们都是幸运的人，但是也有很多不幸的人。我们今天这个晚会就是为了那些需要帮助的人伸出援手。那我想问一下在海外这些华侨啊，留学生啊，海外华人他们为这次帮助地震灾区的人民都做了些什么？据你所知，他们在做什么，你能告诉我们么？

刘同学 海外的华人们这个礼拜天，在悉尼我们有一个华人的青年的组织，会有一个烛光的祈福募捐的活动。那时我们大家会一起拿蜡烛祈福，还会有牧师组织会为死去的那些人默哀。

李 有一些赈灾的活动是吗？

刘同学 对，当场会募捐。我今天在市中心路过很多华人的商家，包括很多慈善团体的办事处，他们都有在自己华商的商铺的门口或者其他地方放有募捐的箱子，就是让路过的人进行捐款。包括我路过很多华商的店铺，如果有电视或者广播的，播的都是有关灾情的报道。

大兵 我知道了，好的，那么您在国外也要注意自己的身体健康。

李 对，而且你一定要在那边好好学习，放心，爸爸妈妈在这里有这么多有爱心的人帮助，他们一定能够平平安安。转告你们四川籍的同学让他们放心，我们都是一家人，我们会把他们照顾好的。好好学习，好么？谢谢你，再见。谢谢。虽然我们远隔千山万水，但是我们都血脉相连，我们都是中国人，我们身上都流的中国人的血，相信大家团结一心，万众一心，一定能够早日地战胜这场自然灾害。

大兵 好，下面我们看一段捐赠的录像。

视频（部分捐赠项目）

【解说】在前线，他的一双手从废墟中拯救生命；在后方，伸出我的手，流淌一份生命的鲜活；在灾区，他的一双手，延续着急迫的希望；在这里，伸出我的手，可以送上一顶遮雨的帐篷，一盒救命的药品，一份温暖的祝福。心手相牵，坚强中国。

（字幕）长沙兴汝房地产开发有限公司董事长邹银辉　个人捐款10万元

邹银辉 这一次，我想向灾区捐送我自己的一份爱心。我们都是一家人，我们永远和你们在一起。

（字幕）湖南南仔乳业　捐赠68万元物资

公司代表 希望公司在灾区的员工，在做好自立自强的同时，也要尽量的帮助灾区人民。公司的全体员工是你们的坚强后盾。

（字幕）湖南师大附中　捐款70万元

学校代表 湖南师大附中的师生始终与灾区人民心连心，手牵手。

（字幕）三一集团通过湖南省青少年基金会捐赠现金300万元、设备1500万元

集团代表 我们相信有我们的共同努力，我们的灾民一定能得到很快的救助。我们的口号是：品质改变世界，爱心拯救生命。

主持人出场（魏哲浩和王燕站定观众席前）

魏 的确，地震可以撕裂坚硬的地壳，但是地震绝不能撕裂我们的血脉亲情。我想无论是什么时候，只要是我们国家的任何一个地方需要我们的援助，我们每个人都会毫不犹豫地伸出自己的双手。

王 是的，有很多人已经在实际行动起来了。他们献血献物资，还有捐款。他们是：任玉琦捐款50万元，湖南省有色地质勘查局及11个二级单位干部职工捐款50万元，湖南省国防科公办捐款

50万元，湖南省国土资源厅捐款391539.8元，湖南省林业厅干部职工捐款328155.3元。

魏 还有景鹏控股集团有限公司及湘域中央部分业主捐款31万元，湖南省劳动和社会保障厅机关干部职工捐款233800元，二十三冶集团有限公司职工捐款226944元，湖南总利集团捐款20万元，大汉物流股份有限公司捐款20万元，还有我们的湖南忘不了服饰有限公司通过长沙市红十字会向四川省地震灾区捐赠了价值300万元的衣物和现金10万元。

王 您还可以继续拨打我们《真情相守　共渡时艰》2008湖南卫视抗震救灾的募捐热线：0731－2871399，或者通过我们屏幕下方滚动的三种捐款方式来表达你的爱心。虽然我们的晚会已经接近尾声，但是我们捐款的热线会一直延续下去。我们搭建的这个平台就是一个爱心的大后方，我们要把爱心从这里传递出去。

魏 当然在这里还要告诉大家的是截止到目前为止湖南省赈灾募捐办公室已经收到了善款28480558.09元，收到的物资价值是2167万元。谢谢所有的好心人，谢谢你们。

王 希望我们这个爱心的平台把所有的爱心汇拢来，又把爱心送到四川。

魏 没错，在今天晚上我们这样一个爱心平台上，在我这样一个赈灾义演的现场，我们的观众当中有很多四川人，在我们舞台上表演也有很多四川籍的一员，像开始的谢娜、李宇春还有王铮亮。接下来我们还要请上一位同样也是一位四川人，让我们有请谭维维。

（谭维维上场，站定在两位主持人中间）

王燕 维维好。地震发生的时候我知道你在成都，当时是什么景象？

谭维维 当时我跟朋友刚刚吃完饭，还在聊天，然后突然就觉得房间在摇动。因为我从来没有经历过地震，然后我们其中一个年长的大哥说地震了，但是他让我们稳住情绪，他说再坐一下。大概10秒钟左右他说赶快往外撤，因为那个时候已经动得有点厉害了，然后我们大概8个人就往院子里面撤。

魏 地震过后你了解到你的家人都还好？

谭维维 一直打不通电话，特别的焦急。到了晚上8点钟才跟家里的人联系上，他们都很平安。

魏 那地震发生这几天以来维维一直都在忙些什么？

谭维维 我是到了晚上大概9点钟看的电视。

魏 当天晚上？

谭维维 对，我看到电视那一刹那我觉得，确实被当时的情形所感动。所有的成都市民全部都出动了，他们知道中央血库缺血，然后大家都到血库去献血。我相信那个时候每个人都坐不住，然后我就跟我身边的朋友我们一起二话没说就去了。到了那个现场，我确实惊呆了，大概有四五百的人排着长队等着在那儿献血。然后我们那一批人都算是比较晚的了。我们又转移到另外一个血库献血，那个血库还是一百多人排着队。

王燕 那最后你献了没有呢？

谭维维 献了。

王 然后呢？

谭维维 然后我就听广播说那个都江堰那边的伤员已经没有办法全部运过来了，然后就发动我们的成都市民还有我们的哥的姐去都江堰运送一些物资，然后运送一些伤员。我们几个人也就跟着出发了。

王燕　你自己开车去的么？

谭维维　对。

魏　献完血后又自己开车往都江堰进发去送灾民需要的物资。

谭维维　对。

王燕　去了几趟？

谭维维　我三天去了三趟。当时的情景特别感动，路上全是绿色的一片，全是私家车，当时下着瓢泼大雨。我确实是被这个场景给震撼了。

王　我们都能够想象当时的那幅场景。从地震发生之后呢，其实像维维这些艺人一直忙在抗震救灾的一线，我们知道你也是今天下午4点钟刚刚在北京参加完一场赈灾义演，然后又坐飞机赶到我们湖南卫视晚会现场。

魏　我在想维维的所有这些付出所有的这些爱心都是为了我们灾区人民早日能够战胜灾难能够重建自己的家园。所以在这里要谢谢所有像维维这样有爱心的四川人湖南人，谢谢所有心中有大爱有情有义的中国人，谢谢大家，谢谢。

谭维维　而且这个时候我也知道乐乐姐还在前线，我希望她能平安，然后我希望她能坚强一点。

王　用你的歌声来代表你的爱心，好不好？你带来的是什么节目？

谭维维　我带来的是一首《无法阻挡》，我相信山挡水挡，我们真情真的是无法阻挡的。

歌曲：《无法阻挡》

演唱：谭维维

快跟着我一起去飞翔
那些高高的山岗
穿上象征荣耀的衣裳
唱着骄傲送给我们的那些激昂
前方的路总有些向往
我要展开梦的翅膀
别在意前进中那一点风浪
我会告诉你我们　无法阻挡
我知道握紧双手就会充满力量
这坚强　你无法想象
火光会在山顶照亮你我的脸庞
跟着我　无法阻挡

快跟着我一起去飞翔
那些高高的山岗
穿上象征荣耀的衣裳
唱着骄傲送给我们的那些激昂
前方的路总有些向往
我要展开梦的翅膀
别在意前进中那一点风浪
我会告诉你我们　无法阻挡
我知道握紧双手就会充满力量
这坚强　你无法想象
火光会在山顶照亮你我的脸庞
跟着我　无法阻挡
我知道握紧双手就会充满力量
这坚强　你无法想象
火光会在山顶照亮你我的脸庞
跟着我　无法阻挡
我们一直在坚持最神圣的愿望
无法阻挡
生命在此时最嘹亮的吹响仰望
无法阻挡

主持人出场（李湘走上舞台中央）

李　谢谢，谢谢谭维维。我们的爱无法阻挡。在地震发生后的第一时间，我们湖南省委省政府就确定了直接支援优势支援的方针。是的，我们都是重情重义的湖南人，我们在行动，我们一直在行动，我们现在在行动。我们把最好的资源，把最有利于四川灾区的资源源源不断地运往四川。

视频（湖南省对四川灾区的紧急救援）

【解说】时间就是生命，灾情在变化，援助更是紧迫。湖南省委书记张春贤紧急指示，要求全省怀着特殊的感情，不惜代价驰援四川灾区。截至晚会播出前，湖南省地震局、省消防总队、省交通厅、省交警总队、省民政厅、省电力公司、省卫生厅、省红十字协会和省药监局多家部门和机构，已派遣532人前往四川灾区，支援抗震救灾。另外有781人已集结待命，时刻准备奔赴救灾前线。此外，湖南省政府及全省人民已筹集了4.8万毫升血液、100吨水、100吨食品、150辆救护车、200万余元的药品等总价值2167万的物资，正火速运往四川灾区。与此同时，还有更多的募捐善款和捐赠物资正在源源不断地送往灾区。我们绝不放弃，我们共渡时艰。

主持人出场（何炅、曹颖站定舞台侧边）

何　有这样一张照片让我印象非常的深刻。有一位战士站在运输车旁，他仰着脖子竭力地想倒出他自己军用水壶里的最后一滴水。在他身边放着很高很高像山一样的堆着的一箱一箱的矿泉水。这位战士说："再渴，也不能喝灾区的水。"川流不息的物资赶着去救援的救援人员，正是这些爱的力量，正在朝四川、朝灾区汇集。

曹　这份爱的力量来自你、来自我，来自我们960万平方公里的每一寸土地，来自全世界每一颗善良的心。

何　这些爱心的涓涓细流一定可以汇成爱的海洋，有爱就有奇迹，让世界充满爱。

歌曲《让世界充满爱》

演唱：何洁　合唱：小明星艺术培训中心

合唱　轻轻地捧起你的脸
为你把眼泪擦干
这颗心永远属于你
告诉我不再孤单

何洁　我们同欢乐　我们同忍受
我们怀着同样的期待
我们同风雨　我们共追求
我们珍存同一样的爱
深深地凝望你的脸
不需要更多的语言
紧紧地握着你的手
这温暖依旧未改变
我们同欢乐　我们同忍受
我们怀着同样的期待
我们同风雨　我们共追求
我们珍存同一样的爱

主持人出场（主持人站定舞台中央）

曹　谢谢，谢谢何洁。各位观众朋友，湖南卫视为你直播的爱心总动员赈灾特别系列节目的第二场"真情相守　共渡时艰"马上就要结束了。

汪　但是请您相信，我们的爱和我们的心一起在和灾区的人民跳动。我们明晚还将继续为您直播2008爱心总动员赈灾特别系列节目的第三场。

李　在这里我们衷心的感谢所有今天能够来到现场参加义演的朋友们。相信有了你们的义举，灾区的人们一定有战胜困难的信心。

何　我们要感谢社会各界人士和千千万万的好心人对灾区人民的慷慨解囊，相信有了您的爱心一定能够帮助我们的同胞渡过难关。

曹 我们更要感谢我们所有勇敢的灾区的父老乡亲，是你们的乐观，你们的坚持，是你们的善良和质朴让我们感受到了精神的伟大。

汪 这伟大的精神流淌在你的心中，也流淌在我的心中，跳动在三湘儿女的心中，和十三亿人的心一起在跳动。

李 让我们心手相牵，让我们用爱行动。

何 我们真情相守，我们共渡时艰。

视频（国家领导人慰问灾区、研究部署灾区工作）

【解说】2008 年 5 月 16 日上午 10 时 30 分，在最危急的时刻，中共中央总书记、国家主席、中央军委主席胡锦涛乘飞机赶往四川省地震灾区。这是党的总书记与共和国总理一次特殊的会合，长时间紧紧的握手，分明是一种共同信念的表达和坚强意志的交流。慰问灾区干部群众、看望奋战在抗震救灾第一线的部队官兵、公安民警和医护人员，指导抗震救灾工作。在机场会议室进行简短的研究部署后，胡锦涛立即乘车赶往这次地震中受灾严重的北川县。

这场突如其来的大地震，深深地牵动着中南海。时间回溯到四天前，5 月 12 日四川汶川发生地震后，胡锦涛总书记立即作出重要指示：要求尽快抢救生源，保证灾区人民生命安全。5 月 12 日和 14 日，胡锦涛总书记两次主持召开中央政治局常委会议，要求灾区各级党委政府和中央各有关部门紧急行动起来，把抗震救灾作为当前的首要任务，全力抢救伤员，切实保证灾区人民群众生命安全，不畏艰难、连续作战、团结协作、全力以赴，坚决打胜抗震救灾这场硬仗。今天下午，胡锦涛总书记又来到北川中学抗震救灾现场，看望救援人员。胡锦涛指出：现在虽然已经过了震后 72 小时的黄金救援时间，但仍然要把挽救人的生命作为当务之急。当前，抗震救灾斗争已经到了最危急的时刻，我们一定要千方百计、争分夺秒、克服一切艰难险阻，奋力夺取抗震救灾斗争的胜利。

人民不会忘记，温家宝总理在地震发生的几个小时内，就在第一时间，到达抗震救灾第一线。在距离四川汶川大地震发生的 72 小时中，温家宝总理辗转九次，视察七地灾情，召开六次国务院抗震救灾指挥部会议。高效、迅速、果断的 72 小时，为中国赢得了强震下拯危救困的宝贵时间。在飞机上、在指挥棚里、在抢救现场、在列车上，温总理反复强调一个工作中心：那就是救人，人民的生命高于一切。这些充满感情而又铿锵有力的话语，不仅给救援人员无穷的力量，更给灾区人民巨大的鼓舞。

尾声《因为爱》

（所有主持人、演员手挽手站在舞台上一起谢幕）

（张蕾　整理）

《爱的奉献》2008 宣传文化系统抗震救灾大型募捐活动

播出台：中央电视台
播出时间：2008 年 5 月 18 日　20：00
总监制：赵化勇
总策划：朱彤　朱海

30 秒片头

视频：汶川地震实况报道

【话外音】2008 年 5 月 12 日 14：28 四川省汶川县发生 7.8 级地震，地震强度之大波及 16 个省市，几十年罕见，人民群众生命财产安全受到了严重的威胁。灾情就是命令，时间就是生命，胡锦涛总书记作出重要指示，中共中央政治局常委会召开专题会议，全面部署抗震救灾工作，立即建立抗震救灾总指挥部。一方有难，八方支援，从中央到地方，各级领导深入灾区，举国上下全体动员，数支抗震救灾队伍第一时间，整装出发，奔赴灾区。

（灯光：蓝色主调）

（电脑灯：白色小光圈布满舞台）

（大屏幕：活动主题 LOGO 视频，红烛爱心）

主持人：罗京　李瑞英　董卿　朱军
　　　　白岩松　周涛　张泽群　朱迅

罗　中央电视台。

李　中央电视台。

朱　中央电视台这里是中央电视台一号演播大厅，您现在看到的是《爱的奉献》2008 宣传文化系统抗震救灾大型募捐活动的直播现场。

董　2008 年 5 月 12 日 14：28 我国四川省汶川县发生 8.0 级地震，地震波及 16 个省、市、自治区，是我国新中国自成立以来我国遭受的最为严重的地震灾害。

白　现在，请全体起立，也希望包括电视机前的您。让我们一起为地震中遇难的同胞们默哀一分钟。（全场观众起立默哀）默哀毕，请坐。

白　灾情就是命令。连日来，胡锦涛总书记主持召开了两次政治局全务委员会会议，全面部署抗震救灾工作，并亲赴灾区，慰问灾区群众。国务院总理温家宝率领抗震救灾总指挥部，第一时间，坐镇灾区，指挥战斗。

周　我们的十万子弟兵和武警公安，在余震不断的情况下深入灾区。目前抢救工作已经有力、有序、有效地进行。

张　与此同时，全国各地，全球华人华侨和国际社会，立即行动起来，自发掀起了为灾区献爱心的援助行动。

朱　正所谓，一方有难，八方支援。亲爱的

观众朋友们，您现在正在收看的是由中央电视台1套、3套、4套和央视网并机直播的《爱的奉献》。在我们今天的现场也专门设立了捐款的热线电话，为您公布一下号码：中文热线：40081-12349；语热线：+86-10-58166600；法语热线：+86-10-58166611；韩语热线：+86-10-58166655；日语热线：+86-10-58166688；粤语热线：+86-10-58166699。灾区的人民期待您的帮助！

罗 此时此刻，伸出你的援手就是握住一个生命，就是支撑一个家庭，就是治愈我们共同的伤痛。因为，我们都是一家人。

李 事实证明，一轮又一轮的磨难，不但没有压垮中华民族的脊梁，相反，万众一心，众志成城，迎难而上，百折不挠，已经成为中华民族伟大的时代精神。

《我们众志成城》

作词：朱海　作曲：张宏光

合唱：中国人民解放军合唱团
北京军区政治部战友文工团合唱队
解放军艺术学院红星合唱队

演唱：李谷一　杨洪基　刘秉义　关牧村
吴雁泽　谢铁骊　于洋　王晓棠
陶玉玲　葛存壮　翟俊杰　田华
李前宽　陈佩斯　朱时茂

【舞台调度：舞台后区、中区和前区的演唱者同时从舞台两侧走上台】

（灯光：白色主调）（大屏幕：《爱的奉献》主题背景）（彩幕：白云流动动态图案）

（服装：合唱男士：白色西装；女士：橘黄色长裙；中区合唱：各少数民族服装；中区志愿者：白T恤）

唱： 有一份凝聚叫力量
有一份自信叫坚强
风雪中伸出我们的双手
让温暖把生命握紧
有一种倒下叫站起
有一种选择叫坚定
风雪中传递我们的心声
让我们向崇高致敬
心灵温暖心灵
真诚辉映真诚
力量传递力量
生命关爱生命
我们众志成城
闪亮新的光荣
我们众志成城
中华民族要在风雪中
风雪中永恒
我们众志成城
闪亮新的光荣
我们众志成城
中华民族要在风雪中
风雪中 永恒

（舞台左区）

董 地震发生到今天，到现在，已经有150多个小时了，我想在这150多个小时里，全国人民的心情是相同的，我们悲痛着，我们牵挂着，我们期待着，但同时，我们又感动着，振奋着，自豪着。所以，虽然我们的募捐活动从筹办到现在只有短短的四天，却得到宣传文化系统和社会各界人士的积极响应，他们不仅捐款，而且还从外地，从国外，有的是从医院赶到了我们的现场。

朱 是啊。这就是中华民族万众一心，众志成城的力量。这力量，来自于我们心底的真爱。说到爱，我想，下面这段话，可以为我们所有人勾勒出一幅大爱的图像。5月13号，救援人员在一片废墟瓦砾当中，发现了一名遇难者，当救援人员确认他已经停止心跳的时候，余震又开始了，救援人员不得不迅速地撤离现场。就在这个时候，救援队的队长以特有的职业敏感，又回到了那片废墟当中。因为他看到，一名妇女双膝跪地，上身呈匍匐状趴在前边。他确认这样的姿势一定有别的含义，于是，又一次的仔细观察。这时候，才发现这名妇女的身下，紧紧地护着一个仅仅三四个月大小的婴儿。经过努力，婴儿得救了，由于母亲的呵护，这名婴儿毫发未损。当医生给孩子检查的时候，发现在他的襁褓当中有一个手机，上面有一封没有发出的短信，信是这样写的：“孩子，如果你能幸免于难的话，你要记住，妈妈爱你。”今天我想告诉我们所有人，也让我们给这位母亲发一封短信，如果天堂能够接到的话，让我们一块儿告诉她，我们所有的人都会像她一样，爱她的孩子。

董　我想所有听了这个故事的人，不无为之动容，潸然泪下。但是我也想到了，许多网友留下的坚强的留言，说：不哭不哭，祖国母亲不哭，灾区同胞不哭，就让我们共同努力吧，让这个因为爱而幸存下来的生命能够在未来的日子里能够健康成长。

朱　好的。请大家听一首歌曲《爱的奉献》。

《爱的奉献》

作词：黄奇石　作曲：刘诗召

合唱：中国人民解放军合唱团

北京军区政治部战友文工团合唱队

演唱：韦唯　王荔　爱戴　孙淳　吕薇

江涛　李琼　于文华　陈红　蔡国庆

张燕　庞敏　马书良　刘佩琦

阎青妤　郑卫莉　王英　张谦

马少华　李强

【调度：合唱演员在舞台后区定点领唱演员从两侧走到舞台前区横排站立】

（灯光：橘红色与白色光交叉）（电脑灯：白色圆圈图案布满舞台）

（大屏幕：灾区图片动态视频）

啊 只要人人都献出一点爱
世界将变成美好的人间
啊 只要人人都献出一点爱
世界将变成美好的人间
这是心的呼唤
这是爱的奉献
这是人间的春风
这是生命的源泉
在没有心的沙漠
在没有爱的荒原
死神也望而却步
幸福之花处处开遍
啊 只要人人都献出一点爱
世界将变成美好的人间
啊 只要人人都献出一点爱
世界将变成美好的人间
这是心的呼唤
这是爱的奉献
这是人间的春风
这是生命的源泉
在没有心的沙漠
在没有爱的荒原
死神也望而却步
幸福之花处处开遍
啊 只要人人都献出一点爱
世界将变成美好的人间
啊 只要人人都献出一点爱
世界将变成美好的人间
啊 只要人人都献出一点爱
世界将变成美好的人间

啊 只要人人都献出一点爱
世界将变成美好的人间

（舞台左区）

罗 好。各位观众，您现在看到的是，由中央电视台1套、3套、4套并机直播的抗震救灾大型募捐活动的直播现场。

李 本次活动是由中宣部，中央外宣办，文化部，国家广电总局，新闻出版总署，解放军总政治部，中国文联，中国作协和中国记协，九家单位组织发起，由中央电视台承办的。

罗 今天来到现首先场捐款的是中共中央政治局长委李长春同志，中共中央政治局委员、书记处书记、中共中央宣传部部长刘云山同志，中共中央政治局委员、国务委员刘岩东同志，中国文联主席，全国政协副主席，中国文联主席，孙家正同志因出差在外，特委托文联的负责同事代为捐款。现在呢，我们也有请中央宣传思想工作领导小组成员和宣传文化系统的领导同志一同上台捐款。有请。

（捐款人员从舞台左侧上台依次捐款，背景音乐《爱的奉献》）

插播片头

《姐妹弟兄》

作词：甲丁　作曲：苏越

合唱：中国人民解放军合唱团
　　北京军区政治部战友文工团合唱队

演唱：魏金栋　金鑫　黄梅莹　廖京生
　　高宝宝　张凯丽　魏积安　解晓东
　　哈辉　羽·泉　翁虹　李小璐　白雪云
　　周彦宏　丁嘉丽　刘超

【调度】合唱演员由舞台后区走向舞台中区从中间分开左右区站立，领唱演员由舞台左右两侧走上场）

（灯光：白色主调）（大屏幕：《爱的奉献》主题）

（四侧彩屏柱子：黄色火焰“心形”图案与蜡烛）

（屏幕右下方小视窗中后台演员捐款实况视频）

唱： 当双眼讲述着真情永恒
告诉我生命的嘱托有多重
爱与被爱中见证你职责的神圣
因为你把我当作姐妹弟兄
当生命在呼唤着你的忠诚
明白了生死边缘谁是真的英雄
无悔无怨中承诺你无畏的选择
因为你把我当作姐妹弟兄
我知道有一种爱无缘无故
我知道有一份情有始无终
我们是十指连着心的姐妹弟兄
一起面对生命中袭来的雨和风
我们是十指连着心的姐妹弟兄
我知道有一种爱无缘无故
我知道有一份情有始无终
我们是十指连着心的姐妹弟兄
一起面对生命中袭来的雨和风
我们是十指连着心的姐妹弟兄
每一分感动都祝福你一路保重
姐妹弟兄

插播片头

视频：前线救灾

配音 近一步，再近一步，我们用两脚丈量与你之间的距离；快一点，再快一点，我们和时间争夺着你的平安。我们知道，对你而言，黑暗中的等待每一秒都长过百年；我们知道，对我们而言，每一秒的流逝，都有可能让你与你的生命错失。生命不能等待，所以就是用手，我们也要一刻不停地为你挖出生命的光芒，生命不能等待，所以就是有扛，我们也要为你扛出生命的希望。

汶川县映秀镇

李瑞英话外音 16号武警某中队经历了10个小时终于将埋在地震废墟中100个小时的映秀小学的10岁女孩——尚婷救出。这也是他们救出的第12名小学生。

北川县

李瑞英话外音 当晚10点，北川县国税局干部周亚君被困102个小时后经第二炮兵某工程部队连续奋战26小时，成功救出。

德阳什坊

李瑞英话外音 在地震发生93个小时之后，来自河南消防总队的救援人员，在德阳什坊一幢居民楼的废墟里发现了一名生还者，他还能讲话，状态不错。

救援人员 现在受伤情况怎么样？没有受伤是吗？11个小时后，救援人员终于把李青松成功救出。此时，距他被困废墟下已经过去了104个小时。（侧过来，趴在我们腿上歇一会儿，不急不急，小心点，小伙子）

德阳什坊

李瑞英话外音 因为大型机械设备无法进入，战士们用铁锹、橇棍等工具，用了整整七个小时，终于在16号下午6点28分把被掩埋了100个小时的运输司机刘德云成功救出。

北川

李瑞英话外音 16号晚上10点，距离地震104个小时，一位压在大楼瓦砾中的银行女职员被救出。

都江堰

记者熊传刚 现在是11号的下午7点05分，经过救援人员紧张的救援，现在被埋在废墟下达129小时的一名幸存者被成功救出。

汶川县映秀镇

（字幕：5月17日18点05分被掩埋123个小时的蒋雨航被成功救出）

蒋雨航的妈妈 我特别地激动，特别幸福的感觉。

医护人员 人如果不喝水的话，存活三天都是很困难的，他现在已经120多个小时，也就是说5天了。他存在本身就是个奇迹。

记者 我们现在呢，和刚刚获救的小女孩，从映秀镇飞往成都，她的妈妈一直在跟她说要坚强孩子，真的是非常的不容易，123个小时长达10个小时的救援，这是生命的奇迹。

记者 我能问她一句话吗？你现在感觉怎么样？

女孩 可以。

记者 想到自己会活下来，是吗？

蒋雨航 嗯。

记者 祝你一生平安，永远都平安。

蒋雨航 谢谢。

都江堰市

李瑞英话外音 17号晚上9点，俄罗斯救援队在都江堰坍塌的家属楼救出了一名中年妇女。该名妇女救出时，神志清楚还能说话。

（字幕：截止到17日14时30分，名支救援队伍共救出受灾群众33434人）

配乐诗朗诵

《我们与你同在》

作者：朱海　作曲：张宏光　郭鼎立

【调度】：演员舞台前区横排定点站立

（灯光：蓝色主调）（电脑灯：蓝白色的小光圈布满舞台）

（大屏幕：《爱的奉献》蜡烛爱心）

陈　这一刻，我们的泪眼朝着一个共同的方向——
　　一个名叫汶川的地方。

宋　一阵大地剧烈的颤抖，
　　撕裂了我们的胸膛，
　　无法抑制的泪流，
　　挂满了中国的脸庞。

王　多少亲人啊，
　　在地动山摇的瞬间，
　　骨肉分离，
　　家毁人亡。

袁　多少孩子，从得救的那一刻起，
　　变成了孤儿失去爹娘。

陶　多少个鲜活的生命，挣扎在废墟下，
　　渴望着生还的最后一线希望。

温　抢救生命，时不我待。
　　党中央国务院，
　　第一时间、第一地点
　　把运筹帷幄的总指挥部，
　　设在了抗震救灾的第一线上。

侯　向前！向前！向前！
　　通路、通电、通讯。
　　我亲爱的十万战友啊！
　　你们从空中、水路、山路，
　　八方突进凿开生存之路，
　　把战旗插下生命最需要的地方。

陈　这一刻，我们要用悲伤呼唤，
　　呼唤灾区最有生命的坚强！
　　你在死亡线上，
　　我们就在你们的身旁。

唐　每一分钟都在发起抢救生命的总攻，
　　每一秒钟都在与死神直面较量。
　　一分一秒的煎熬啊，一分一秒的争夺，
　　为夺回亲人心跳的力量。

濮　挺住！我的父母，
　　挺住！我的孩子，
　　挺住！我们所有在废墟下的亲人。
　　我们有13亿双手伸向你啊，
　　一定要把你拉出死亡的魔掌。

陈　别哭，孩子。
　　当爷爷奶奶告诉你这句话的时候，
　　全中国的父母都在你的身旁。
　　你是我们的孩子，
　　一瞬间的灾难，
　　夺不去你一生的幸福，
　　孩子，学会坚强！

濮　别怕老人家，您的儿女不在了，
　　还有我们在身旁，
　　为您重聚往日的欢乐，
　　为您尽孝为您继续幸福时光。

陈　我灾区的父老乡亲啊，
　　我的姐妹弟兄！
　　来！靠近我们的肩膀。
　　一起向远方眺望。
　　哪怕生命的翅膀再沉重，
　　有我们在一定要让你飞向阳光。

宋　这一刻，亲情的中国，
　　集结起所有爱心的力量。
　　进军巴蜀、进军汶川、进军所有受灾的地方。

王　献出你的爱心吧！我的朋友！
　　为风餐露宿的亲人添一个帐篷，
　　哪怕是一碗方便面、一瓶矿泉水。

袁　献出你的爱心吧！我的同行。
　　为嗷嗷待哺的孤儿，添一个奶瓶，
　　为清理废墟多一双手套、多一把铁锹。

温　献出你的爱心吧！我的战友。
　　为失去校园的孩子添一张课桌，
　　为受伤的生命送去急需的药品吧。

陈　献出你的爱心吧！我的海内外同胞们。

一方有难，八方支援，
支持灾区，就是支持我们自己，
因为我们是离灾区最近、最亲的亲人。

唐 来吧！灾区需要我们，
我们是灾区人民身后的祖国。
今天的中国，是强大的中国。
强就强在民心凝聚、士气高昂。
这是亿万爱心筑起的长城啊。
永远震不垮、推不倒、砸不烂。

侯 来吧！有钱出钱，有力出力，
让爱的暖流，抚平大地的创伤。

陈 来吧！有钱出钱，有力出力，
让爱的真情抹去生命的泪光。

濮 爱，在这一刻现出来，
这不需要理由，也没有理由。
因为我们同在一个春天，
再大的风雨也带不走所有的阳光。

全体 灾难终将过去，迎接我们的一定是抗震救灾的全面胜利。

朱 是啊，我们与你在一起，灾区的伤痛就是我们的伤痛。灾区的冷暖安危就是我们的冷暖安危。我们的心时时刻刻和灾区人民在一起。

董 灾情发生后，全国的新闻工作者在党中央的坚强领导下，第一时间深入灾区源源不断地为我们发回了真实生动的报道，让全国人民可以及时地了解灾区的情况，知道救灾的进展。

朱 我们真诚地希望利用现代的媒体传播手段，拯救每一个家庭，不再为每一个家庭破碎而哭泣。接下来，我们将要进行第二次捐赠。在刚才上台捐赠的领导中，还有全国政协副主席、中国社科院院长陈奎元。

董 接下来上台捐赠的是国家广电系统和宣传系统的各个单位和企业，有请各位。

（捐款人员从舞台左侧依次走上舞台，背景音乐《爱的奉献》）

朱 首先，我们有请第一批企业，他们是广州日报报业集团、深圳报业集团、方报业传媒集团、深圳广播影视集团、解放日报报业集团、浙江广播电视集团、山东广电系统、湖南广播影视集团、江苏省广播电视总台、上海文广新闻传媒集团、南方影视传媒集团、江苏凤凰出版集团、上海宣传文化干部四万干部职工、上海分众传媒全体职工、腾讯公益慈善基金会、上海盛大网络出版有限公司、北广传媒、北京电视台、北京人民广播电台。
谢谢你们，在这里请允许代表灾区的父老乡亲们深深地谢谢你们！

董 我们也听一听每一个捐款单位现在最想说的是什么。有请：

北京人民广播电台 我们相信，只要有爱，人类就能够战胜一切困难，所以让我们每一个人都献出自己的一份爱。

北京电视台 电视人永远作你的坚强后盾。

北广传媒 向灾区人民问好，向英雄官兵致敬！

上海盛大网络出版有限公司 真实世界的灾难同样打动着我们网络世界的心，网络世界一样有爱。

腾讯公益慈善基金会 国难当头，匹夫有责。我们互联网全体从业人员一定尽自己最大的努力帮助灾区人民抗震救灾，重建家园。

上海分众传媒全体职工 汶川的兄弟姐妹，你们一定要顶住，我们的心和你们在一起。

上海宣传文化干部四万干部职工 我们与灾区人民血脉相连，守望相助，心心相印。

江苏凤凰出版集团 我们捐助的不仅是资

金，更是爱心，是一个文化企业的社会责任。

南方影视传媒集团 灾区人民是我们的亲人，灾区的孩子也是我们娃，亲人们，娃儿们，不论现在你们遇到多大的困难，都有全国人民在。

上海文广新闻传媒集团 向抗震救灾前线的英雄们学习，做好自己的工作，像灾区的父老乡亲多捐赠一份我们爱心。

江苏省广播电视总台 我们江苏广电总台的全体干部职工和灾区人民同饮一江水，同是一家人，我们团结在一起，胜利在一起，我们的心永远跳在一起。

湖南广播影视集团 今年的年初，特大的冰冻灾害，所有湖南人，对灾区同胞所受的苦都感同深受，这是我们的一点点心意，希望能够帮上他们忙。

山东广电系统 为灾区加油，为中国加油。

浙江广播电视集团 我们的捐款有限，但我们深情无限，灾区的同胞们，咱们挺住，浙江人民与你们同在。

解放日报报业集团 愿我们的爱心能为灾区人民减轻一点苦难。

深圳广播影视集团 抗震救灾，深圳有爱。

南方报业传媒集团 家园必将重建，中国百折不挠。中国人的精神是打不倒的！

深圳报业集团 为了灾区失去孩子的母亲们，为了灾区失去孩子的母亲们，尽一份我们力量。

广州日报报业集团 广州，灾区人民的家。

董 谢谢。在此再次向你们捐赠的善款、你们的善举表示感谢。谢谢你们！

接下来为大家请出的是，传媒系统的第二批企业名单是：广电总局电影频道节目中心、中国电影集团公司、中国国际广播电台、《求是》杂志社、《光明日报》、《人民日报》、新华社、《经济日报》、中央人民广播电台、《中国日报》、中国出版集团公司、中国大学出版社协会、中央电视台。我想，各位除了捐款也一定有一些心理话想和灾区的同胞说。

广电总局电影频道节目中心 心要在，爱就在。灾后让我们重来。四川加油！

中国电影集团公司 突如其来的特大地震，把电影人的心和灾区人民的心震在一起。电影人把本来准备好的迎奥运活动变成电影人迎奥运抗震救灾捐款活动，所以前天的会议上，电影人掏出了腰包。这仅仅是开始，中国电影人将继续的，以不同形式的表示去灾区人民的一片爱心。

中国电影集团的全体员工 希望能够为灾区人民作为更多的贡献。

中国国际广播电台 陪灾区人民共度难关，为灾区人民祈祷明天。

《求是》杂志社 我们坚信，最后的胜利永远属于中国人民。

《光明日报》 我们和灾区人民心相连，血相通。

《人民日报》 手拉手，心连心，新闻工作者和灾区人民同在。

新华社 我刚从灾区回来，这些天，灾区的所见所闻感动了我们，震撼了我们，使我们又一次清楚地认识了我们的职责与使命。新华社人的心与全国新闻工作的心将永远与灾区人民的心永远在一起。

《经济日报》 团结奋斗，战胜灾害。

中央人民广播电台 爱心汇聚力量，电波传递真情。我们将永远跟灾区人民在一起。

《中国日报》 我们《中国日报》的所有人，我们要竭尽全力建立一座通过世界通向灾区的爱的桥梁。

中国出版集团公司 我们出版工作者，不仅要像灾区人民奉献我们的爱心，还要像抗震救灾重建家园做好我们的出版工作。

中国大学出版社协会 全国大学出版社的全体员工，心系灾区，奉献爱心，众志成城。

中央电视台 地震发生后，中央电视台迅速进行了报到，并且进行了不间断的24小时连续播出，目前已经派出了150名记者，赶赴抗震救灾的第一线，在人民最需要的时候，及时、全面、充分地报道了抗震救灾的情况，是我们媒体人的职责。希望通过我们的报到，把灾区人民的心和全国人民的心紧紧地连在一起，希望大家能够增强战胜困难的勇气和信心。中央电视台全体员工向灾区人民捐款5000万元。

董 谢谢，这一笔笔的善款将帮助我们的灾区人民改善他们的生活，重建他们的家园，但是刚才这一句句振奋人心鼓舞的话语更是能在精神上帮助他们渡过难关。再次感谢大家，谢谢你们！

朱 谢谢大家，谢谢各位！亲爱的朋友们，除了我们现场的捐赠以外，从本次活动开始到现在，我们一定接到了场外热心观众打来的热心电话323次，捐款意向达到了2856642元，我们向各位热心的观众，对您献上的爱心真诚地说一声，谢谢！

记得在灾难发生以后的第一时间，中央电视台的许许多多的工作人员，以的敏感，从各地向台里集结。也就是从那时开始，我们在不同的场合，用不同的方式，表达着我们对灾区人民的爱心。一直到现在，中央电视台依然有150名记者坚守在我们灾区的第一线，另外我们卫星车也是传回了100多个小时的画面，那我们真的很惦念那些在第一线的兄弟姐妹们。他们很辛苦，但是我觉得他们的内心也是觉得很欣慰，觉得能够在这个特殊的时刻尽自己的一份力量。那么今天呢，我们中央电视台的部分主持人，也特地的赶到了现场，要献上自己的一份爱心，有请各位同事。

（捐款人从舞台左右两侧走到台中进行捐款，随后站到后区合唱台上。背景音乐：《爱的奉献》）

合唱

《世界需要热心肠》

作词：乔羽　作曲：谷建芬

演唱：中央电视台主持人

（灯光：蓝色、红色和黄色交替）（大屏幕：全国各个单位的捐款实况）

（屏幕小视窗：后台捐款实况）

一个篱笆三个桩
一个好汉三个帮
为了大家都幸福
世界需要热心肠
人生的道路多曲折
人生道路又漫长
谁也难免碰到险阻
谁也难免遇到忧伤
只要你我热情相拥
懦夫也会变成金刚
只要你我热情相拥
懦夫也会变成金刚
一句知心的话语
也许胜过万钧雷霆
一声亲切的呼唤
能有起死回生的力量
干旱的土地需要泉水

幼小禾苗需要太阳
为了一切都美好
世界需要热心肠
只要你我热情相拥
懦夫也会变成金刚
只要你我热情相拥
懦夫也会变成金刚
一个篱笆三个桩
一个好汉三个帮
为了大家都幸福
世界需要热心肠
为了大家都幸福
世界需要热心肠

白 在地震发生之后，在最快的时间里，电视台电台就开始了直播，而媒体的同仁也迅速地开往了前线。现在在前方，有我这样一位同行，她刚刚在珠峰上进行了火炬接力的报道，下了高原就迅速投入到了生命接力的报道之中，她就是张泉灵，接下来我们接线张泉灵。泉灵你好。

张 岩松你好。

白 现在在哪儿在报道?

张 我现在是在成都军区某一个路航的机场上，现在你可以听到这个飞机的轰鸣声音，对于现在交通堵塞的地区这个飞机就是生命线，今天对于我来说真的是收获了太多的感动。首先有一个好消息要告诉大家，就是在汶川的映秀县也就是在震中，有一位男子在七层楼的废墟中被掩埋了146个小时之后成功的获救了。

白 太好啦!

我不知道他们的名字，他们是中国救援队和江西的消防。这也是到目前为止，在灾区被掩埋的时间最久的一位幸存者了。

白 谢谢他们!

另外我们还得到了确切的消息，在映秀的废墟底下目前还有一名男子和一名女子，他们还活着。现在消防队员正在进行紧急地救助，可以说，只要有一线生还的可能，他们就不会放弃。另外今天我搭乘的飞机，到了与外界失去联系的卧龙镇，在这里，我们特别去了大熊猫的保护基地，本来有63只，除了两只走失之外，其他的都非常的安全，而这个是大熊猫基地的工作人员几乎用生命换来的。在地震的时候，那里发生了严重的山体的坍塌，那些工作人员跑出来之后，本能地想起来大熊猫还在那儿，又赶回去救大熊猫，而现在呢，因为路面交通也并不安全，而且呢，因为大熊猫受了惊吓不愿意进笼子，所以现在呢，没有办法用陆运的方式转移出来，所以这些工作人员全部选择了坚守在工作岗位上。他们有一句话说，要与大熊猫同在。今天对于我来说，就是感动的一天。

白 我们现在呢，是在赈灾活动的现场，能通过你的声音感受到前方所有的记者和我们每一个人都在一起。

张 我现在在这里代表我们中央电视的100多位记者共同祝愿我们这个赈灾募捐的晚会能够圆满成功。

白 有没有什么能够在现场帮你做的?

张 最后我想请岩松帮我一个忙，因为我在灾区，所以我和我的爱人商量，作为一个家庭捐出一万块钱，先替我垫着，谢谢你了。

白 一定，泉灵。保重，不仅你，所有在前方的我的同行们，也给你们加油。泉灵放心，今天一定在新捐款的数字里面有你一笔。在这呢，要给大家通报一个数字，截止到现在，各位观众，自从本月

15号上晚上7点《新闻联播》播出《爱的奉献－2008宣传文化系统抗震救灾大型募捐活动》消息之后，得到了社会各界的热烈反应，收到了各界的纷纷捐款，经民政部确认，捐款数额，已达人民币七亿一千六百八十万元。谢谢所有的人。

周 感谢大家。

百 其实您捐出的钱不管是多还是少，都是对生命的一种敬重。敬重他人也是在敬重自己。

周 在这里，我们也庄严地承诺，您捐出的每一分钱，我们都会在民政部下发灾区用于抗震救灾用于拯救生命。

白 接下来进行捐款的是来自音乐界和舞蹈界的朋友们。

（捐款人员从舞台左侧依次走上舞台，背景音乐《爱的奉献》）

周 好，有请他们上场。在他们行列中我们看到了舞蹈家，贾作光、冯双白、白淑湘、刘敏、陈爱莲、赵青、李云山、左青、冯英、邰丽华、赵明、明文军、罗斌、王小燕。我们的音乐家：傅庚辰、郁军剑、关牧村、徐沛东、张也、谭晶、王宏伟、赵季平、那英、郭兰英、王昆、韩磊、王莹、张燕、唐晁、刘欢。

因为今天捐款的非常踊跃，今天可能因为时间的关系我们没办法一一念出他们的名字，我想灾区人民会记得你们奉献的每一份爱心。现场的观众朋友们，让我们把热烈的掌声献给每一位献出爱心的朋友们。衷心的感谢你们，灾区的父老乡亲，也感谢你们，谢谢刘欢，谢谢。谢谢韩红，谢谢王霞。谢谢所有朋友。

白 首先请舞蹈家协会的党委书记给我们讲几句，来有请，冯双白老师。

冯 这些天来，我们天天看中央电视台的新闻，汶川的大地震震动了我们每一个人，但是更让我们震动的是灾区人民生命不息，抗争不止的奋斗精神，是我们最最亲爱的子弟兵们奋勇向前，不可阻挡的铁军精神，是我们全国人民伸出13亿双手，来支援灾区的民族团结精神。看着电视上那样的景象，我们一次次流下了热泪，但是今天我们要说，汶川别哭，四川不要哭，中国人不哭，我们中华民族曾经经历过无数次的苦难，但我们每一次都擦干了眼泪，抬起头颅，永远向前。我们今天没什么可说的，大家伸出手来，支援一份灾区，献出一份爱心，我们众志成城，抗震救灾，一定能够重建我们共同的家园。

白 谢谢您。

周 好，就让我们擦干眼泪，重新上路。我身边这位是中国音乐协会主席，傅庚辰，您好，请您对灾区的同胞讲几句话。

傅 全国的音乐家们，全力以赴地支持灾区人民，抗震救灾，重建家园。

白 谢谢。王昆老师，平时您用您的歌声给我们加油，今天在这样一个特殊的时刻是不是给我们灾区所有的人，也给我们每一个人再加一加油。

王 汶川大地震以后，我们全家从早晨到深夜不停地在看电视，而且追着各个台，家里没有争论，只有一个愿望就是要看地震的消息。每一个台追着来看，但常常我们全家都流出热泪来，为什么，我们眼睛里充满了热泪。第一，我们非常心疼地震区的我们的同胞，他们受难了；再一个就是为什么我们流下了感动的泪。就是我们的党中央和国务院领导人到各个地方进行指挥救灾；再一个就是我非常感动的我们的子弟兵，我们现在的子弟兵，陆军、工程兵，甚至于散兵，医务兵，都出去进行救灾了。我有一个很明确的感觉，他们是用生命挽救生命的。他们就是我们这个时代的最可爱的人。我有一个愿望，等我们救灾告一段落以后，我们的子弟兵，你们太辛苦了，睡一个觉，休息一下。我知道我们的音乐工作者，有的在写词，有的在谱曲，有的在录带子，都是在准备慰问我们的子弟兵还有我们灾区的人民，到时候，只要说一声，音协会组织大家，一方面去那里慰问大家，一方面去学习，经过这次大地震我自己感觉到，我的心灵非常受震动，我的灵魂受到一次洗礼，我相信很多人都是这样。我感觉是这样，我们中国，我们的人民，成熟了，我们万众一心，我非常非常的感动。祝我们的子弟兵，好好的保护自己。还有我们灾区的人民，保护自己，希望能够很快的重建家园。谢谢大家。

周　谢谢王昆老师。各位朋友，我身边这位美丽的姑娘是来自中国残疾人艺术团的演员邰丽华，这里我还要特别告诉大家一个消息，在我们一般人的概念当中，残疾人朋友是我们弱势群体，是需要我们帮助的，但是这一次中国残疾人艺术也为灾区的人民捐助了他们的爱心善款。我提议现场的每一位朋友把我们的掌声送给所有残疾人艺术团的朋友们。你们给我们做了一个很好的榜样。谢谢你们！

好，那我们也有请邰丽华对灾区的父老乡亲们讲几句话。

邰　（手语）2005年春晚，我说过一段话，爱是我们共同的语言。只要你心中有爱，只要你心地善良，你就会伸出1000次手，去帮助别人。也会有1000只手来帮助你。在地震发生后的第二天，艺术团的全体演职人员一致决定，从我们以往的收入中，拿出100万元捐赠灾区。三天后，我们将赴英国7个城市进行为期21天的商业巡演。今天我们把这次商业巡演的160万元，再次捐给灾区。另外我很高兴地获悉，英国邀请方此次活动的收入方也决定把这次演出的收入捐给灾区。在此，我受中国舞蹈家协会的委托，代表中国所有的舞蹈工作者，献上《千手观音》的祝福，祝愿灾区人民早日重建家园。

白　谢谢。周涛，我这儿也想插一句话，看到残疾人朋友们献出了这么大爱心的时候，我也希望全社会都要关注一个问题，每当一次大的地震结束之后，总会有很多很多的健全人要走进残疾人的队列当中，在他们漫长的人生道路上也要我们每个人给予他们更多的帮助，我们一定不要忘了这一点。

周　是啊，救灾的路还很长很长。刚才邰丽华也提到了参加2005年春节联欢晚会的那样一个表演《千手观音》，她再一次提到了这个舞蹈的真谛就是，只要你心中有爱，你会伸出1000次手去帮助别人；当你遇到困难的时候，也一定会有1000只手来帮助你。相信通过我们今天晚上这样的一个直播活动，灾区的朋友们一定感受到了一千只手，一万只手，一亿只手，十几亿双手带来的关心、抚慰和爱。我们感谢每一位好心人，谢谢大家。接下来，我们把一首《我的祖国》献给我们的祖国，献给我们的父老乡亲。

《我的祖国》

作词：乔羽　作曲：刘炽

合唱：解放军艺术学院红星合唱队
演唱：郭兰英　张也　祖海　麦遂
王庆爽　严当当　吴娜
（灯光：蓝色、红色交替）（大屏幕：长城、黄河、麦穗等动态视频）
（彩屏柱子：红旗飘动）

郭　一条大河波浪宽
风吹稻花香两岸
我家就在岸上住
听惯了艄公的号子
看惯了船上的白帆
张　姑娘好像花儿一样
小伙儿心胸多宽广
为了开辟新天地
唤醒了沉睡的高山
让那河流改变了模样
合　这是英雄的祖国
是我生长的地方
在这片古老的土地上
到处都有青春的力量
领　好山好水好地方
条条大路都宽畅
朋友来了有好酒
若是那豺狼来了
迎接它的有猎枪
合　这是强大的祖国
是我生长的地方
在这片温暖的土地上
到处都有和平的阳光

张　亲爱的观众朋友们，您现在收看的是中央电视台1套、3套、4套和央视网同步直播的《爱的奉献》2008宣传文化系统抗震救灾大型募捐活动的直播现场，朋友们，当灾难袭来，当我们听到地震传来的第一时间，我们想到的就是我们的亲人是否安好，而现在我们想知道是我们能为灾区做点什么。

朱　我相信很多人看直播的时候都会有这样的冲动，就是冲上那片废墟，把我们的同胞，把我们的亲人救出来、拉出来、拖出来、挖出来，可是不是每一个人都能冲上第一线的。

张　但是我相信此时此刻只要你为灾区的父老乡亲献出一份爱，也就意味着你已经站到了救灾的前沿。

朱　在此要再一次对电视机前的观众朋友们公布一下今晚的捐款热线：中文热线：40081－12349；英语热线：+86－10－58166600；法语热线：+86－10－58166611；韩语热线：+86－10－58166655；日语热线：+86－10－58166688；粤语热线：+86－10－58166699。正所谓，送人玫瑰，手有余香。更何况是这样巨大的灾难面前，灾区的朋友期待您更多的帮助，谢谢你们！

张　朋友们，接下来有请新闻界和影视界捐献他们的爱心。有请他们！

朱　有请各位！

（捐款人员从舞台左侧依次走上舞台，背景音乐《爱的奉献》）

张　现在我们看到著名演员于洋向我们走来。

朱　我们看到了许多熟悉人的身影，胡玫、周震天，我们还看到了倪萍倪大姐，还有王建华、徐涛、春妮、田歌、余声、高发、余少华、彭丹、张世。

张泽群　陈道明，我们在捐款的行列当中看到了陈佩斯。

朱迅　朱时茂、张纪中。

张　王刚、唐国强、蔡明、张艺谋。

朱迅　虽然我们不能为大家一一介绍，但是

通过镜头全国朋友们已经看到了你们的善举。

张 好，接下来有请我们的于洋老师还有金涛导演。于阳老师，我们昨天是走台，但是我们发现白发苍苍的您很早就来到现场，走台、彩排，今天到这里来不仅是一种行动，也会有一番心声告诉大家。

于 朋友们，我想人生最大的痛苦，莫过于失去父母和亲人，这些我经历坝了，我知道失去亲人的感觉是什么样的。这次大地震，灾区的人们教育了我，父老乡亲是那么样的坚定，那么样的勇敢，我一定向那里的父老乡亲学习，站的直直，往前走，往前奔。我们那里的孩子，我知道，总理总说孩子们不哭不哭，可是总理总是老泪纵横，看到这时我当然也哭了，我们孩子是孤儿不孤啊，我们的老年人是老年有所养啊！谢谢党和国家！

朱迅 谢谢于洋老师。其实四川遭受的灾难全国人民真的是感同身受，接下来我特别希望，倪大姐给我们说说心里真实的感受，好吗？

倪 一个母亲，从地震中抢出了自己的孩子，但她孩子的双腿已经被楼板砸成了一团肉酱了。但她没哭，一滴眼泪都没掉，人们问她为什么，她说，其实灾难来的时候，你没有别的选择，只能选择面对现实，选择坚强，因为日子还得过下去，这是四川的一位母亲。北京也有一位母亲，她抱着自己的孩子去银行取钱，银行人员问她你取多少钱，她说你把我银行存折里一半的钱都取出来。人家问她干嘛，她说给灾区捐款去。她说地震后呢，对地震受灾的人来说，苦难是长久的，她说灾难不能分担但是苦难可以分担，我寄这些钱呢能帮他们分担一些苦难，她说因为日子还得过下去。我们从这两位母亲身上看到了中华母亲的光辉，所以我在这里非常真心地对普天下所有坚强的母亲和富有爱心的母亲表达我们深深的敬意！

朱迅 金涛导演也多次去过四川，当然那里也有你的朋友和亲人，给我们说说你现在的心里话吧。

金 2000 年，我们中央电视台拍摄长期电视剧《长征》，我和我的摄制组，在藏族阿坝自治州和羌族自治区工作了 51 天，汶川我去了九次。地震发生以后，我不停地打电话，第四天，终于一个藏族姑娘接了我的电话，她当时是我们的翻译，她跟我说，男人们都到第一线去了，我们女人守家，照看孩子们和老人，过两天我们要在帐篷里看中央电视台的赈灾晚会。听了她的声音，我哽咽了，这个藏族姑娘反过来劝我，她说，金涛导演，最近这段时间，我们流了太多的眼泪，现在我们要坚强，我们要用当年红军长征的精神来建设我们的家园。在此，我代表我们中国电视剧委员会的全体导演向中国全国的文艺工作者发出倡议，我们尽早地组建中国文化工作者志愿团，在中央机构的直接指导和协助下，尽早开赴灾区，为重建家园贡献我们的力量。

朱迅 我想大家注意到了这样的细节，三位嘉宾在回答问题的时候，手不停地在颤抖，金导演更是必须用两只手才能够握住话筒。在巨大的灾难面前，也许很多人都会觉得人类是如此的渺小和无力，但我们又真正的看到了生命力是如此的伟大。在这样巨大的灾难面前，让我们共同祈福，死者安息，生者坚强。接下来就让我们，请周涛给大家带来一段真实的地震中的故事。有请。

真实故事

（大屏幕：爱心奉献红烛）（彩屏：红烛爱心）

（电脑灯：白色小光圈布满舞台）

周涛 2008年5月13号，是四川女孩贾正姣20岁的生日。20岁是一个女人一生中最美丽的花样年华，而这个生日，对于贾正姣来说也是具有不同寻常的特殊的意义，因为这一天是她真正的重生之日。此前，贾正姣也无数次的想象，自己20岁的生日会怎么样的度过，男朋友会送来最美丽的玫瑰花吧，宠爱自己的哥哥可能会给我买一条美丽的连衣裙吧。她唯独不能预料到的是在这瓦砾堆里度过难挨的分分秒秒，她年轻的生命里也第一次知道了什么叫作绝望。灾难是怎么来临的她已经不记得了，她只记得当她清醒过来之后发现，房子塌了，预制板压住了左手，一根长长大大的木头，顶在了自己的脸上，双腿蜷在胸前，整个人埋在石头堆里，动弹不得。朦胧中，她听到瓦砾堆的外面有很多很多人的声音，她不知道，那是先期到达的第一批救援队伍，有80多个人，来对她进行营救，当时现场的情况实在是太复杂了。营救队员只要稍微一动，瓦砾堆上的瓦砾就会往下塌，压在下面的贾正姣就会喊疼啊疼。这个时候，一个坚定的声音传进了她的耳朵，孩子，坚强点，不要怕，你不会死，相信我！这个声音来自空军政委邓昌友上将，此后，上将又调积了两名地震力学专家，又调集了80位营救人员，营救了56个小时，在整整160名营救队员的努力下，贾正姣得救了。由于在瓦砾中被埋了太长的时间，当她重见天日的那一刻，她还在昏迷状态之中，一直守在瓦砾堆边的哥哥，大声地喊着妹妹的名字说："妹妹，妹妹快醒醒。哥哥是赶来给你过生日的呀。"这个时候，不知道是谁，轻轻地唱了一句，"祝你生日快乐"，紧接着，现场的160名营救队员同声地轻轻地唱起了这首生日快乐歌。奇迹就是这样发生了，女孩慢慢地睁开了她的眼睛。贾正姣得到了一份最最珍贵的生日礼物，那就是：你不会死！

《人在青山在》

作词：郑鸣　作曲：徐沛东

演唱：刘欢　毛阿敏　那英　孙楠
　　　韩磊　谭晶　韩红

（调度：演员从舞台两侧走出舞台前区横排站立）（灯光：蓝色、白色交替）

（大屏幕：前线救援VCR）

刘 献出我们的爱
风雨同舟是我们
共同的情怀
无数次河浪中
我们抬起了头
无数次废墟里
我们站起来

毛 伸出我们的手
苍天无情人有情
啊 献出我们的爱
人在青山在
伸出我们的手
啊 献出我们的爱
苍天无情人有情
人在青山在

孙 伸出我们的手
献出我们的爱
相依相伴共建设

我们的家园
我们的手能托起
疲惫的生命
我们的爱会感动
伸出我们的手
苍天大海

全体 啊 献出我们的爱

那 苍天无情人有情
人在青山在

全体 伸出我们的手
啊 献出我们的爱

那 苍天无情人有情
人在青山在

韩谭 伸出我们的手　伸出我们的手
为了人间不灭的爱
献出我们的爱　献出我们的爱
为了祖国不沉的船
你会伸出手　你会伸出手
你会献出爱　你会献出爱
我们手挽手
我们肩并肩

韩 伸出我们的手　伸出我们的手
献出我们的爱　献出我们的爱
苍天无情人有情
人在青山在

全体 伸出我们的手　伸出我们的手
啊 献出我们的爱 啊 献出我们的爱
苍天无情人有情
人在青山在

董 观众朋友，在这一次抗震救灾的过程当中，中国人民解放军、武警战士、公安干事作出了重要的贡献。直到现在还有11万救援兵力在第一线，首批到达的2万官兵已经连续抢险120个小时，第二批到达的部队也已经奋战了4天4夜，还有70多位将军也是奋战在我们救灾的第一线。这一切的努力就是为了两个字：生命。

朱 是啊，我们的子弟兵，不仅在第一线用自己的生命与死神赛跑，同时他们还在不同的场合表达着他们对灾区人民深深的爱。

董 接下来要上台捐款的是中国人民解放军驻京文艺单位的人士。有请各位。我们看到田华、严肃、李双江、马玉涛、王铎、陶玉玲、耿莲凤、张继刚、杨洪基、印青，到台上来捐款的还有彭丽媛、阎唯文、熊欣才、黄宏、蔡国庆、白雪、谭晶、雷佳、王丽达、吴娜、刘小娜、梦鸽。

朱军 孟斌、郭达、郭凯琳、翟万存、孙涛、庞定山、王祖节、林达信、张千一、戴玉强、王静、陈贵兰、孙丽英、张海庆。

董 于海、韩之平、刘大为。

朱 王小唐、陶玉玲、宋春丽、侯勇、岳红、唐敏。

董 宋祖英、吕继宏、吕子非、吕薇、王庆祥、陈红、张贝娜、陈欣。

朱军 杨宁、谭静平、殷桃、佟铁鑫、刘和刚、王莉、枭雄、高希希、吴积安、林勇建、牛莉、成小涛、温玉娟。

董 另外还有李丹阳，成思思、庞龙、马玉涛、刘斌、于文华、甲丁、蓝小龙、吴军、张迈、李辉、麦穗、李其、江涛、李琼。
我们也有请李双江、李幼斌和彭丽媛作为驻京文艺单位和文化艺术老前辈老中青的代表来说说此刻心中的感受吧。

李 此时刻，许多我们的亲人我们的孩子还在废墟之中，我们能做什么呢？我们只有倾囊相助，我们有钱的出钱，有力的出力，尽早的把我们的孩子们，把我们的母亲们，把我们的亲人们救出来，我们也时刻等待着我们军区和总政的命令，让我们开赴灾区，贡献我们文艺战士的一片真诚。

朱 谢谢您。

李 每天都在看中央电视台的抗震救灾的实况转播，每天都被感动着。作为军人，作为军队的文艺工作者，我们有责任和义务为灾区的居民们献出我们的爱心，为他们重建家园献出我们的爱心。

朱 谢谢你。来，彭丽媛。

彭 地震摧毁了我们的家园，但绝摧不毁我们的意志，只要我们团结起来就一定能早日重建我们的家园。今天的义务捐款也是我们部队的文艺工作者们应尽的责任，同时呢我们时刻准备着，早一日奔赴前线，慰问灾区的父老乡亲和我的兄弟姐妹们。

董 刚才我们粗略地计算了一下，下台来捐款的82位艺术家善款达到728万多元，也真的让我们感受到了那一份虽然不能靠近你，但是用心温暖你的那一份爱心。再次向你们表示感谢，谢谢你们。谢谢。

空军救援部队短片

战士 时间就是生命，竭尽全力去营救受困难的群众。如果能早一点到达灾区，我们绝不延误半秒。今天我们的空运量又比昨天有了进一步的增加。我们将克服困难，战斗到底。全国人民放心，我们飞机已经凌空。我们的跳伞兵马上从这个机舱跳下机舱。我们有能力有信心完成任务。

朱军 通过这个视频，我们又看到了我们的人民子弟兵在前线是怎样的勇敢，怎样的英勇。刚才从飞机上，我们的伞降兵那奋力地一跳，也许有很多人觉得他们英姿飒爽，很漂亮，甚至于很浪漫，但是我要告诉大家，这15位空降兵都是写下遗书跳下去的。我很想给大家念一念手里刚刚拿到的这一封通讯：5月14日，震中茂县通信中断，道路阻掘。灾区人民的安危牵挂着党中央、中央军委和胡总书记的心，为了快速掌握震情快速展开救援工作，空降部队临危受命，15位官兵写下了遗书，意无反顾地登上了飞机。一路上，高山密布，浓雾翻滚，飞机紧贴着山巅飞行。12时12分在没有地面标识物，没有准确气象资料，高原缺氧，能见度极低，风速较大，地型复杂，环境恶劣的情况下，在空军大校李振波的带领下15名勇士义无反顾地跳出了机舱。在紧紧夹在闽山和崇山峻岭间的狭窄地带，成功地实施了栈架。第一时间，报告了当时的灾情，空投救灾物资，为救灾提供了准确的情报。这是我军成立以来，第一次进行救灾伞降，也是5000米高空缺氧的情况下第一次实行伞降。这在我军的跳伞史上是一个奇迹，在世界的跳伞史上也是绝无仅有的。英勇的空降官兵，以自己的实际行动，践行了人民子弟兵听党指挥，英勇善战的光荣传统。在这里我要告诉大家，这15名勇士，在平常的训练当中，从来没有接受过5000米高空跳伞的训练，因为平常的跳伞训练应该是在800－1000米。在那样高原的恶劣的气候条件下，他们根本不能目视到地面的目标，因为隔着浓浓的白雾，但他们还是那样义无反顾地大胆地迈出了生死一跳。因为我们的子弟兵深深地知道：祖国在召唤。

《祖国在召唤》

作词：任毅　作曲指挥：印青

合唱：驻京部队文艺单位艺术家

中国人民解放军合唱团

北京军区政治部战友文工团合唱队

【调度：合唱演员舞台后区定点】

（灯光：白色主调）（电脑灯：蓝白色光圈）

（大屏幕：部队救援 VCR）

唱：我们头上的红星

是点燃生命的火种

我们勇敢地出征

祖国召唤着我们

我们顽强地战斗

去抚平所有的伤痛

我们坚定的誓言

是民族共同的心声

昂起头

挺起胸

为了人民去冲锋

万众一心

众志成城

胜利属于我们

昂起头

挺起胸

为了军旗的光荣

万众一心

众志成城

胜利属于我们

昂起头

挺起胸

为了人民去冲锋

万众一心

众志成城

胜利属于我们

昂起头

挺起胸

为了军旗的光荣

万众一心

众志成城

胜利属于我们

朱　谢谢，谢谢你们。《祖国在召唤》唱得我们热血沸腾。我们身后有强大的祖国，我们有这样一支英勇的人民子弟兵的护佑，我们就没有战胜不了的灾难。接下来，让我们通过短片，再一次地走近他们。

视频（首支部队进驻地震中心地带）

配音：郑强，四川省部长，在得知北川县46名亲属在地震中下落不明后，他把家人安危放在一边。与区领导一起赶赴有心区油海水库，检查水库受损情况，组织开展抗震救灾工作。5月13号他奉命组织100名官兵迅速奔赴北川县城。到达北川后他不顾回家寻亲人，立即在电话中得知，36名亲人只有7名亲人获救，其余29名亲人全部失踪时，他强忍悲痛，连续四昼夜坚守在抗震救灾的第一线。5月12号汶川地震后，有10万人口的汶川县与外界隔绝，为尽快入汶川，实施救援。参谋长王毅，主动请缨，组织的200官兵，向汶川挺进，由于地震造成的山体滑坡，将通往汶川的山路彻底覆盖，救援人员每前进一步都十分困难。王毅带领官兵们边开路边前进，历经21个小时，徒步强行91公里，成为第一支到达汶川的救援部队。并且第一时间用卫星电话向上级报告了汶川的情况，至此，在震后与外界隔绝了33个小时的汶川与外界有了联系，也为党中央国务院提供抗震救灾的工作提供了重要参考。进入汶川之后，王毅立即分成三支巡逻队对银行、超市进行了巡逻警戒。

同时又把主要军力投入到与震魔进行的生死争夺战。15 号 22 时，王毅通过卫星电话，从倒塌的房屋抢救群众 21 人，抢救伤员 461 人，转移群众 4341 人，运送救灾物资 18.5 吨。

朱 我们通过刚才的短片走进了我们的人民子弟兵。也认识了两位英雄。现在我要告诉大家，现在站在您面前的这两位就是短片当中我们认识的英雄。首先要谢谢你们。给大家介绍一下，站在我身边的这位就是武警 8740 的参谋长王毅同志。王毅，我很想问你，能不能告诉大家，你们接到命令到到达汶川的地震中心，一共是多长时间？

王 我用了 31 个小时。

朱 用了 31 个小时，这其中步行，急行军的有多少公里？

王 由于道路中断，部队强行军 90 公里有了 21 个小时。

朱 90 公里有了 21 个小时。那能不能告诉我们，在这 21 个小时当中，你们都看到了什么？

王 看到了道路两旁，道路倒塌的民房，看到了公路被掩埋的汽车，看到了通讯，电力，交通全部中断。

朱 我还想知道，在这 21 个小时你们放弃汽车，进行了多少次余震？

王 余震太多了，根本无法计数。

朱 根本无法计数。那你们是怎么前进的？

王 当时我们行进当中，冒着狂风暴雨，头上有飞石，脚下有滔滔的江水，根本没有路。战士们在摸索中前进，在躲避飞石中前进。

朱 就是这样，在枪林弹雨中一步一步地往前挪。90 公里仅用了 21 个小时，就到达了地震的中心地带，向外送出了宝贵的第一手资料。我问你一句挺傻的话，你们为什么要这样？

王 因为我们武警部队是党和人民的忠诚卫士。汶川是这次地震的中心，它牵挂着党中央、胡主席和全国人民的心。我们早一分钟到达，老百姓就有早一分生还的希望。所以当时我们什么也没有想，就想快点，再快一点，克服一切困难，不惜付出一切代价，坚决救灾。

朱军 谢谢，谢谢你。我想此时此刻，不论是在现场还是在电视机前的所有的观众朋友们，都会记得这位铁铮铮的汉子说过的话，“我们什么都没有想就想，快点快点，再快一点。”给大家介绍，现在站在我身边的这位：他是四川省绵阳市游仙区人武部的部长，郑强。告诉大家，你是哪个民族？

郑 羌族。

朱 羌族的。我们羌族兄弟。能不能用你们的羌族语言向全国人民问好。

郑 祝全国人民吉祥如意（羌语）。

朱 告诉我们什么意思？

郑 就是吉祥如意的意思。

朱 再说一次好不好？

郑 祝全国人民吉祥如意。

朱 有你们在，相信吉祥如意一定会在我们身边常伴。告诉我们大家，可能在短片中我们都看到了，他的家就在地震的中心地带。地震发生以后，他的亲人中 36 名只有 7 名现在获救，到目前为止还有 29 人失踪，但就是在这种情况下，也就是 5 月 13 号奉命组织了 100 名官兵奔赴到了北川县城进行了抗震救灾的工作。

我真的想知道，你就不牵挂自己的家人吗？

郑 这突如其来的灾情，我虽然失去了部分亲人，但是全国人民都是我的亲人。胡主席、温总理也是我的亲人。我相信在党中央、国务院、中央军委的领导下有全国人民的支持，有广大解放军指战员和民兵，我的家乡一定会重新建设起来。

朱　谢谢，谢谢这感人的话语。朴实而又真挚，全国人民都是他们的亲人。是的，因为他们深深地知道，他们永远是人民的子弟兵。

《永远是人民子弟兵》

作词：贺东久　作曲：印青

演唱：彭丽媛　宋祖英　阎唯文

吕继宏　刘斌　佟铁鑫

合唱：中国人民解放军合唱团

北京军区政治部战友文工团合唱队

【调度：合唱团舞台后区定点领唱舞台前区站立】

（灯光：蓝色、白色灯光交叉）（大屏幕：军旗飘扬、前线救灾视频）

（电脑灯：白色雪花状图案）

彭、阎　我们是人民子弟兵
来自人民爱人民
爹亲娘亲人民亲
为人民服务记在心

全　来来来来来来来来
永远是人民子弟兵

宋、吕　我们是人民子弟兵
来自人民为人民
赴汤蹈火冲在前
危难时刻有我们

全　来来来来来来来来
永远是人民子弟兵

刘、佟　我们是人民子弟兵
来自人民靠人民
神圣使命抗在肩
无坚不摧打得赢

全　来来来来来来来来
我们是人民子弟兵
我们是人民子弟兵
来自人民靠人民
神圣使命扛在肩
无坚不摧打得赢
来来来来来来来来
永远是人民子弟兵
永远是人民子弟兵

插播片头

视频：（前线救灾）

配音：大地被颤动的那一瞬间，你的笑容被粉尘遮盖，你的声音被瓦砾掩埋，你的生命被黑暗凝固。从那一刻开始，我们的心跳便因你而存在，从那一瞬间开始，你的平安便是我日夜祈福的唯一心愿。我想让你知道，黑暗中的分分秒秒，瓦砾中的时时刻刻，都有我在陪你一起度过。这样，当我在废墟中看到了你坚强微笑的脸，听到了你自信勇敢的宣言。（被救小女孩：我知道你们会来救我，我相信你们会来救我。）那么久违的微笑犹如久违的光驱散九州的阴霾，那份自信的坚强就是中国人的脊梁，再巨大的灾难也能从容抵挡。

白　随着我们募捐活动的播出，我们也陆续接到了一些观众朋友的电视提示，说现在的震级已经改成了8级了，你们一开始播出的片段上还是7.8级。是的，我们也是刚刚接到消息不久，我们也是用最快的时间将这个片段改成了8级。谢谢您的提醒。在过去的这漫长的七天里，也许我们说的最多的一句话，其中就包括谢谢，还有就是，不管你在哪里我们都会找到你，不管你在哪里我们都会祝福你，还有不抛弃，不放弃，将来我们一路陪着您走，我们不忘记。

周 这次汶川大地震，受灾最严重的省份是四川，它牵动着全国人民的心。更是四川籍文艺工作者心中永远的痛。

白 对于他们来说，对于每一位中国人民来说，四川的川，汶川的川，北川的川，青川的川。这一个个川字已不再是美丽的大河山川，而变成了因为痛苦而皱紧的眉头，我们能够想象出他们的心情，他们的亲人，朋友，老师，他们太多太多的牵挂都在自己的家乡里。今天他们也将来到这里，为家乡送上一份祝福，为家乡祈福。

周 我们有请他们上场。有请。我们看到走到前面的刘晓庆、张国立。谢谢你们。然后是演员岳红，歌唱演员李丹阳，主持人李佳明，歌唱演员廖昌勇，作曲家刘青，歌唱家曲比阿呜、陈小涛、张迈、陈昆、霍勇、殷桃。感谢你们！

好，国立你好，我知道你其实不是四川籍，你是四川人的女婿，跟大家说几句话。

张 虽然我不是一个四川人，但是我是四川的女婿，这回四川地震我也会把它看作是家乡的地震一样。但是看到全国的同胞，海外的侨胞，全世界的华人都对我们灾区敞开了爱心，伸出了援助双手，所以我要代表四川人向全国的同胞表示深深的感谢。向我们全体的华人表示深深的感谢。

周 我们知道，你和邓婕是出了名的模范恩爱夫妻，那今天为什么我们没有看见她？

张 邓婕她昨天随我们中国妇联的一个工作团队到了汉旺——一个重灾区去看望那些失去父母的孩子们了。我想因为有爱，我们没有放弃，因为有爱，我们会创造更多的奇迹。目前，我们中国人民正在谱写一曲抗震救灾的壮歌。我们四川人在全国人民的关心下，一定要重建我们美丽的家园。

周 谢谢，相信所有的四川人民也会因为拥有你们这样的好儿女而自豪。

白 站在我身边的这位是刘青，如果你愿意的话也可以用四川话对家乡人说，因为今天此时此刻我们都是四川人，不管你说什么我们都听得懂。

刘 我是四川人，出生在泸洲，奉军委和首长的命令。我参加了总政宣传的小分队直赴了抗震救灾的前线，今天刚刚回来参加了这个极有意义的这个活动。在此，我以我亲身看到的和听到的，向我们四川的灾民在大灾面前所表现出的坚强、坚韧、坚守、坚持还有牺牲和扶助表示无限有敬意。向战斗在抗震救灾第一线的不怕牺牲不怕疲劳，英勇顽强争分夺秒的解放军官兵、武警官兵还有广大的公安干警表示无限的敬意。还有我们伟大的民族，在大灾面前所表现出的团结一心，众志成城和表现出的伟大的人性光辉，表现无限的敬意。四川的父老乡亲，我是你们的兵，我明天就回去和你们在一起。

周 谢谢刘青，那我身边的这一位是大家非常熟悉的演员岳红，岳红，你的家在四川的什么地方？

岳 我的家在四川成都。

周 那在这次地震当中不知道你的亲人是否安好？

岳 我的爸爸妈妈年事已高，虽然他们没有像灾民一样，但是也受到了很大的惊吓，我没有回去，我知道我的乡亲们受苦、受灾了。我很心痛。我真的很心痛，我不知道该怎么样去帮助他们，但是我很感动，我每天都在看电视，看到那么多的人向我们四川人民伸出了援助之手，我感觉到了如天的大爱。我看到了中国人在用各种各样的方式在奉献，我们四川人民勤劳勇敢，我相信在全国人民的帮助之下，他们可以用自己勤劳的双手坚强的站起来，团结起来共同建设我们自己美好的家园。我是党员，我是一名军人，我是四川的女儿，我愿意随时奉献我自己。

周 说得好。我不知道怎么安慰你，也不知道怎么安慰你的父母，我拥抱你一下好吗？

白 谢谢。我要告诉观众朋友们，今天在准备这个晚上的活动之中，我一直不敢正视我的同事李佳明的眼睛，他几次想说都被我打断了。因为他们全家都在绵阳。地震了之后呢，他以很快的时间就回到了国内，但是到现在呢，他还不能回家，还是让佳明自己来说吧。也拿回一只同样属于他的话筒。

李 谢谢岩松。我是四川绵阳人。我在海外知道这个消息之后，我告诉自己我要立刻回国。可是我回国之后我不能回家，我妈告诉我，不准回来，你要是回来的话，你吃的那顿饭，喝的那瓶水，也许就可以救另外一个人。妈，我不回去，我会继续留在台里，继续参加报道，但是今天早晨，我姐打电话让我劝你，妈，如果有余震的话你还是要尽快的下楼，因为从昨天开始，我妈就在家里蒸馒头，一笼一笼地蒸，送给当地的解放军。今天晚上，晚会的时间很宝贵，但是最后，我想说，请允许我代表一名四川人向全国人民表白，我们四川人不服输，我们四川人懂感恩。

周 谢谢佳明，在这里，我们也向所有自强不息的四川人表达我们由衷的敬意。那现在站在这里的朋友是大家可以看到的在电视里、电影中大家熟悉的朋友。今天这里其实还来了三位四川籍的小朋友，大家可能不熟悉他们，现在有请主持人董卿代他们上场。跟大家见面，来，我们掌声欢迎他们。

董 各位川籍的艺术家你们好，这几位孩子，来自你们的家乡，来自四川的重灾区，北川县。他们分别是北川中学的几个孩子，这位是高一的孩子，刘一雪，这两位是高三的孩子白琳和陈斌。别哭别哭。

现在在台上站着的这些啊，都是老乡，都是四川的叔叔阿姨、哥哥姐姐。孩子们，我们可以先用四川话、家乡话问候他们。

刘一雪 叔叔阿姨你们还好吗？

刘晓庆 你的爸爸妈妈在不在？

刘一雪 还没有联系上，但是我觉得他们肯定在。

白琳 叔叔阿姨你们好。我相信有你们的支持，我们一定会重建家园。

董 北川中学是在北川的一个山坳里面，地震发生以后，学校中的两幢教学楼塌陷。21 个教室里的 1000 多名师生全部被埋在了废墟里，我们可以想象当下是怎样的一个惊吓和混乱的场面。但是今天来到我们舞台上的三个孩子，劫后余生。

我想问问白琳，当时是怎么样和老师一起逃出来的？

白琳 当时我们在三楼上课，然后发生地震，我们就往外跳，跳出来之后，我们都去看，叔叔阿姨你们知道我们看到什么了吗？五层高的教学楼已经变成两三米高的土砖堆了。里面还有一些血肉模糊的手和脚。虽然我们逃出来的是一只只手和脚，但是我们不会放弃寻找生命的光亮。我们希望我们能救出活的人。因为今后还要他们来建设我们的家乡。

刘晓庆 那你爸爸妈妈还在不在啊？

董 晓庆姐不着急，这也是我们很揪心的一个问题，我可以告诉大家，在孩子们离开家乡，来到北京的时候和家人还没有任何的联系，这是我们现在最揪心的一件事。没有任何的联系，联系不上，是吗？

白琳 对。如果我的父母还活着，我一定要努力学习，以后一定要供养他们，让他们好过。如果我的父母升入天堂，我会重建家园，去纪念他们的亡灵。

董 一雪呢，家里还有些什么亲人？

刘一雪 还有爸爸、妈妈、爷爷、奶奶、弟弟，还有妹妹，大家都没有联系。

董 爸爸、妈妈、爷爷、奶奶、弟弟，还有妹妹到现在还没有任何音信，这是我们最不想面对的，也是我们即将要真的面对的一个现实，就是我们今天台上的三位孩子都有可能成为孤儿。而且对于白琳和陈斌来说今年是高三的学生，如果没有这场意外，他们应该和全国高三的同学一起坐在考场里。我想问，你们还会去参加高考吗？

白琳 会，我们一定会的。地震都经历过了，我们没有死，一切都会有希望的。所以我们一定要高考。

董 陈斌呢？

陈斌 会的。我们要把我们的学业完成好，去建设我们的家园。因为我们的家园需要我们。

董 在这里，我们没有商量过，但是我们一定都会同意这个提议，包括今天在台上我们的几位主持人。一定都会有这样一个愿望。如果今年白琳和陈斌能够考上大学，他们大学的学费由我们来承担。如果一雪接下来三年高中的学费，包括将来如果你能考上大学，你们大家的学费全部由我们叔叔阿姨来承担。我相信有这样愿望的人还有很多很多，只不过我们今天离他们更近一些。还有很多的人愿意帮助你们，愿意为你们做一切。因为我们只有一个愿望就是希望你们能够健康的成长，今后能够正常的生活。明天这些孩子就要回到自己的家乡。一雪，我希望你们是好好的，在走之前，向所有的叔叔阿姨、爷爷奶奶，说句话，让我们放心，好吗？能让我们放心吗？

刘一雪 我们明天就要回四川，先到成都，再坐车到绵阳，然后我们同学老师在一起，希望所有担心我们的叔叔阿姨们放心，不要牵挂，我们会好好的活下去。谢谢你们的帮助。你们帮助了我们受灾的孩子，我们会好好的读书的，至少可以完成我们的学业。既然活着就好好活着，我们陪着你们一起好好的生活。在这里呢，我还想告诉大家，其实在灾情发生的时候，在救援人员到达之前，我们的同学们和老师还是非常勇敢，在积极的展开互救和自救。像陈斌就和他的老师，好多次地返回到已经塌陷的教学楼里抢救其他的同学，救出了50多个孩子。但是李老师的女儿却在另外一座教学楼里被瓦砾埋着，再也没有站起来。而且李老师到现在也是下落不明。在这次灾情发生的时候，像这样的老师还有很多，他们把生留给了孩子，把死留给了自己。让我们再次感受到了他们用爱构筑起的一个世界。

董 接下来有请朱军为大家介绍一位特殊的来宾。有请。

朱 孩子们，来。给你们介绍一位大姐姐。

她是你们的老乡，她现在是北京大学法学院二年级的学生，她叫谭君子。

一雪 姐姐好，姐姐一定要坚强。对，我们四川人最坚强了。

朱军 来，君子，往前一步。你现在告诉大家，你的父亲是做什么工作的？

谭君子 我的爸爸是四川省德阳市绵庆中学的一位老师，他叫谭千秋。

朱 听说过这个名字吗？也许您在电视上看到过，也许您在报纸上看到过，一名普普通通的中学老师，当灾难来临的时候，他用自己的身躯紧紧地护住了四个学生。当救援人员赶到，挖开废墟的时候，他的父亲，紧紧的护着讲台那个缺口，把四个学生塞进了讲台里，当救援人员赶到的时候，他的手紧紧地抱着那个讲台，怎么也掰不开。这就是我们一名普普通通的中学老师。那我想问问君子，在你的心里，你的爸爸是一个什么样的人？

谭君子 其实爸爸是一位很朴实，为人很真诚的人，大家都很爱戴他。在学校里的时候，因为他是政教处的主任，所以常常会对学生很严厉，但是他上课很幽默，很风趣，平时也特别关心学生的生活。在家里就更不用说了，爸爸是一个特别节俭、非常勤劳的人。我从小是由爸爸一手含辛茹苦带大的，爸是一个不善于表达自己情感的人，他从来没有和我说过类似于“我爱你”这样的话，但是他总是默默地尽着他一个父亲的职责。我想是这样的。

朱 如果这个时候，你的爸爸还能听到你说话的话，你最想告诉他什么？

谭君子 其实我跟我说，你就成了一个没有爸的孩子了，但是我希望爸如果真的能在天上看见的话，希望他看到我的坚强。我也希望他看到我的老师，朋友还有很多不知名的好心人，都在关心着我们。再过两年我就大学毕业了，我想我就可以自立自强，我可以赚钱养活这个家了。我也希望，自己能够带着爸爸的血脉好好的活下去。

朱 谢谢你，谢谢你的爸爸。如果此时此刻，你的爸爸能够听到的话，我最想说，谭老师，一路走好。因为我相信，天堂有了您，一定会多一份朗朗的读书声。

那里也一定会充满爱，让世界充满爱。

《让世界充满爱》

作词：陈哲等　作曲：郭峰

合唱：解放军艺术学院红星合唱队

演唱：廖昌永　霍勇　陈坤　李丹阳　张迈
张国立　刘晓庆　曲比阿乌　刘青
陈小涛　李佳明　岳红　殷桃

【调度：合唱演员从舞台两侧走到舞台后区】

（灯光：紫色、白色交叉）（大屏幕：各地捐款视频）

轻轻地捧着你的脸
为你把眼泪擦干
这颗心永远属于你
告诉我不再孤单
深深地凝望你的眼
不需要更多的语言
紧紧地握住你的手
这温暖依旧未改变
我们同欢乐
我们同忍受
我们怀着同样的期待
我们共风雨
我们共追求
我们珍存同一样的爱
无论你我可曾相识

无论在眼前在天边
真心的为你祝愿
祝愿你幸福平安
我们同欢乐
我们同忍受
我们怀着同样的期待
我们共风雨
我们共追求
我们珍存同一样的爱
同一样的爱
同一样的爱

视频　灾后寻找亲人的相片集锦。

配音　你在哪里？你是否平安。突来的灾难，震碎了我们的家园，可是却牵扯不断至亲的骨肉相连。找到你的瞬间，我在不幸中体会到了莫大的幸福。寻找你的过程，我希望所有的奇迹都属于你。我在废墟上哭喊着，我在瓦砾之间寻找着，我在绝望的边缘寻盼着奇迹。不抛弃，不放弃，哪怕希望渺茫，我也决不放弃。相信我，会在这里时刻地祝福你，在这里等着你平安的消息。

《祝你平安》

词曲：刘青
合唱：解放军艺术学院红星合唱团
演唱：梅婷　戴玉强　李扬　刘海波
尹相杰　梦鸽　雷佳　王丽达　郭达
蔡明　孙涛　王姬　吴彤　黑鸭子

【调度：合唱演唱后排定点，领唱演员从舞台两侧走到台中前区横排站立】

（灯光：紫色、白色交叉）（电脑灯：白色花纹）（大屏幕：祝愿卡视频）

唱：你的心情现在好吗
你的脸上还有微笑吗
人生自古就有许多愁和苦
请你多一些开心少一些烦恼
你的所得还那样少吗
你的付出还那样多吗
生活的路总有一些不平事
请你不必太在意
洒脱一些过得好
祝你平安喔祝你平安
让那快乐围绕在你身边
祝你平安喔祝你平安
你永远都幸福是我最大的心愿
你的所得还那样少吗
你的付出还那样多吗
生活的路总有一些不平事
请你不必太在意
洒脱一些过得好
祝你平安喔祝你平安
让那快乐围绕在你身边
祝你平安喔祝你平安
你永远都幸福是我最大的心愿
祝你平安喔祝你平安
让那快乐围绕在你身边
祝你平安喔祝你平安
你永远都幸福是我最大的心愿
祝你平安喔祝你平安
让那快乐围绕在你身边
祝你平安喔祝你平安
你永远都幸福是我最大的心愿

朱　祝你平安，这首歌，听起来现在心里痛痛的。但是，这也是我们最朴实，最真挚的一份问候。我们希望能借助电波的力量，向灾区的朋友们说一声：祝你平安。

张　小的时候，我们的爸爸妈妈，我们的老师，教育我们国家兴亡，匹夫有责。在我们的成长过程中，我们也看到了，每当有灾难发生的时候，总是一方有难，八方支援。从12号开始，我们也感受到了，地震袭来，地动山摇；抗震救灾，全中国感天动地。

朱 再次更需要大家的帮忙。在些，再一次向大家公布我们的捐助热线，分别是：中文热线：40081－12349；英语热线：+86－10－58166600；法语热线：+86－10－58166611；韩语热线：+86－10－58166655；日语热线：+86－10－58166688；粤语热线：+86－10－58166699，第一份捐助都连接着您和灾区人民的生活，孩子继续上学，老人能够安享晚年，大家能够重建家园，我们需要您更多的帮助！

张 谢谢你们。好，朋友们，接下来，我们要请出的是，书画界、杂技界和曲艺界的艺术家们来奉献他们的爱心。有请。

（捐款人员从舞台左侧依次走上舞台，背景音乐《爱的奉献》）

我们现在看到参加今天捐款的书法家有段成贵、张彪、申曼盛、林秀、赵堂青、张旭光、苏志树、胡亢磊、张六一。美术界的朋友有：冯远、常莎娜、章剑俊、王宁宁、钱少五、曾成刚、田黎明、韩美玲、范曾。

朱 另外我们还看到了中国杂技团的各位代表：邹玉华、王钰、王月芬、王建明、李莉、徐凤美、金叶其、杨照莹。

另外我们还看到了非常熟悉的面孔，来自曲艺的各位代表，他们分别是，姜昆、刘兰芳、冯巩、赵本山、巩汉林、李金斗、马曾慧、唐杰忠、石富宽、田贵全、赵研、石小杰、李利山、张宝和、牛群、季威、赵保乐、田学晶、李建华、绉德江、奇志、刘伟、刘全和、刘全利、仲玉杰、崔喜悦、崔齐、李伟建、武宾、王玉兰、冯心瑞、王启君、刁慧香、彭鹏、甄奇以及李宏伟。

各位朋友，谢谢你们。

张 各位朋友，谢谢你们，我想不论熟悉的面孔，我们的心都是一样的火热，谢谢朋友们。

朱 谢谢。接下来我们请出著名的两位艺术家。

张 冯远书记，今天是我们文化宣传系统的大季节，是中国文化艺术界的大季节，此时此刻想告诉我们的是什么？

冯 我想说，灾难可以摧残生命的躯体和家园，但是灾难更可以凝聚关爱的力量、锤炼民族的意志、彰显人性的辉光。此时此刻，我想请转达，向灾区的父老乡亲和救死扶伤的英雄们，中国艺术家的微薄的心愿和我们挚诚的祝福。另外我们刚才书法界的朋友一定要让我转达一句话，他们将筹资新建两所能够抗震的希望小学，表达他们的心意。

朱 谢谢。范曾老生，我知道你是从很远的地方赶来，您从哪里来，为什么一定要亲自来？

范 我正在参加一个联合国文化的世界研讨会，我听到汶川的地震的消息以后我第一个心愿就是赶快回来。

朱 您上台的时候，一直捂着您的胸口，为什么？

朱 我想这次，对中华民族来说，想起郭沫若先生写的那首词：沧海洪流方彰显出英雄本色。我想起了我们战斗在第一线的我们的勇士们。我们的解放军，武警部队，消防部队，等等。他们不愧是国家的脊梁。我也想起了我们的民族英雄林则徐讲的一句话：苟利国家生死以，岂因祸福避趋之。我来到这儿，我很感动。我明天又回去参加那个会，因为后天有那个讲话，我将带着这颗心走向我更辉煌的人生。

朱 好的，谢谢。这颗心上写的就是爱的奉献。

张 谢谢我们所有的艺术家们，谢谢你们。我想这些天，我们的很多朋友都是守在电视机前，在收看我们抗震救灾的直播。想了解我们一线的情况，那一个个身影，那一张张面孔，牵动着全国人民的心。

朱 是啊，这些面孔，有的疲惫，有的悲伤，有的焦虑，有着沾满了灰尘，有着带着鲜血，但是我们也看到了那些面孔，他们那么坚定、那么顽强、那么永不放弃。接下来我们要请曲艺界的各位朋友们，为您带来这些面孔背后的真情实感。

姜 从地震消息传来的那一刻起，我们的心要飞过去了，这几天一直和地震人民的心在一起。我们可能不能为他们解难，但是我们曲艺演员能为他们排忧，我们随时听从召唤，奔赴第一线。现在我们就把我们接到前线成都抗震救灾指挥部一位普通工作人员写的亲眼看到的情景写的一首诗，奉献给大家。

配乐诗朗诵

《有一个强大的祖国》

作者：叶浪　作曲：刘奇

表演：曲艺演员

（服装：黄色T恤）（灯光：蓝白色）（大屏幕：前线救援静态图片）

那是一张熟悉的脸
是我痛失亲人后看到的最真切的笑脸
眼里闪着泪花
话里充满着力量
那一刻
我感到自己有一个强大的祖国
那是一张陌生的脸
是我埋在瓦砾下看见的最勇敢的脸
撬开了残垣
搬走了巨石
一刻
我感到自己有一个强大的祖国
那是一张美丽的脸
是我躺在病床上看见的天使的脸
包扎我的创伤
驱走我的恐惧
那一刻
我感到自己有一个强大的祖国
那是一张慈祥的脸
是我奔离教室前看过的最镇静的脸
为了自己的学生
成就了自己的永恒
那一刻
我感到自己有一个强大的祖国
那是一张年轻的脸
是我在排队长列里看到的最急切的脸
为了灾区的伤员
献出了自己的殷殷鲜血
那一刻
我感到自己有一个强大的祖国
那是一张忙碌的脸
是我在救灾一线上看到的最疲惫的脸
眼里布满血丝
来不及顾及自己的家人
那一刻
我感到有一个强大的祖国
那是世上最可爱的脸
是家乡地震后我不曾面见过的男男女女的脸
虽远在他乡海外
温暖的目光却紧紧地落在了我的身上
那一刻
我感到自己有一个强大的祖国

姜 地动天不塌，

全 大灾有大爱！

姜 这一刻

全 我们都感到了自己有一个强大的祖国！

朱　地动天不塌，大灾有大爱。我感到自己有一个强大的祖国。从我们本次募捐活动开始到现在，我们场外的热线电话，一直响个不停，社会的各界人士都纷纷地向灾区的父老乡亲们慷慨解囊。爱心的接力，一棒接着一棒，温暖着我们每个人的心田。

董　在大灾面前，来自宣传文化的工作者始终和灾区的人民同呼吸，共命运。

接下来要登台捐款的是来自摄影、戏曲和民间文化艺术家。有请各位。

（捐款人从舞台左右两侧走到台中进行捐款　背景音乐：《爱的奉献》）

董　我们看到戏曲界、摄影界和民间的各位艺术家，纷纷来到我们台上，有善长荣、徐小钟、纪国萍、王玉珍、谷文月、刘玉玲、刘斌、谢铁郦、于阳、杨晋、王小唐、葛存壮、李前宽、萧贵云、邓卫丽、阎清予、王英、白雪云、唐敏、阎秉炎、廖京生、张谦、李强、刘超、金鑫、黄梅莹、温红、周彦宏、陶泽如、马舒良、丁嘉丽。

朱　来自戏曲界的还有：尚长荣、刘长瑜、于魁智、李胜素、袁慧琴、赵保秀、邓敏、李佩红、管波、王燕、于兰、杨赤、张建国、张克、陈俊杰、舒童、魏积军、翟墨、李宏图、耿其昌、李唯康、张春华、杜晋芬、刘秀云。

董　来自摄影界的李前光、朱显民、张洪胜、东哈达、高琴、呼立群、孙平平、许志强、曾兴民、中元。

朱　来自民间文艺界的有：冯稷才、罗阳、向云居、冯小平、赵建强、张保林、哈亦赤、孙二林、张俊显。

董　来，有请几位。其实李老师最近一直眼睛不好，医生都说啊，不要看电视，不要老盯着电视屏幕，但是她忍不住，时时刻刻想关心灾区人民的情况，是这样吗？

李　是这样，我的眼睛最近不好，但是我放弃不了屏幕，我就一直看灾区的情况，我们和灾区人民同根同心，我们大家擦干眼泪，挺起胸膛，展望明天，让我们大家给重建美好家园，我相信我们大家一定能做好，因为我们是中国人。

董　尚长荣先生也是，今天特地从上海赶到现场。

尚长荣　汶川地震牵动着我们每一个炎黄子孙的心，我们心急如焚，夜不能寐，热泪淌流，我们戏曲工作者永远跟四川同胞在一起，我们血脉相连，再大的天灾地祸压不垮中国人的脊梁，我们有党中央，人民子弟兵，有 13 亿中华儿女，我们要用爱的温暖和力量抚平伤口，重建家园，战胜天灾，奔向美好的明天！

朱　谢谢，谢谢尚老师。

尚　我总想去前线，去第一线去，但是我的年龄比较大一些，我想要去灾区，我哪怕搬一块石头，搬一块砖尽一份我的心意，但是，我心疼灾区的人民。我心疼解放军，更心疼中央领导同志，我想最后的胜利一定是属于我们的，我们是中国人！

朱　谢谢，谢谢各位老师。正像几位老师说的那样，同胞们，擦干眼泪，挺起胸膛，重建家园，我们身后有一个伟大的祖国，我，是中国人！

《我是中国人》

作词：曹勇　念祖　作曲：张磊　谢振强

演唱：叶少兰　刘长瑜　杨赤　陈俊杰
　　　耿巧云　舒桐　魏积军　赵葆秀
　　　袁慧琴　翟墨　李佩红　管波

邓敏　李胜素　王艳　于兰
张建国　张克　于魁智　李宏国
李海燕
（灯光：黄色）（大屏幕：长城）（彩屏：白运浮动）
（屏幕右下角小视窗：公安干警与各少数民族代表捐款录像）

我是一个中国人
我是中国人
满腔碧血映丹心
家有诗书如沧海
铁打的双肩两昆仑
我是中国人
我是中国人
历经劫难不顾身
生死离别寻常事
百代忠良报国恩
中国人
同是华夏好子孙
中国人
海角天涯一条根
中国人
神州共济千秋业
壮志无愧中国人
神州共济千秋业
壮志无愧中国人
我是中国人
我是中国人
梅花品德日月魂
千红万紫随风去
唯有玉壶照冰心
我是中国人
我是中国人
浩然正气满乾坤
自信生来有傲骨
不在人前矮三分
中国人
同是华夏好子孙
中国人
海角天涯一条根
你和我逢盛世担大任
做一个坦坦荡荡磊磊落落堂堂正正中国人

视频实况　大学生踊跃献血，海外各界人士捐款

学生　一看到这个消息就纷纷赶来，争取能献一份力吧。

配音　血浓于水，这是中国人民用鲜血灌溉的生命之花，华夏儿女用热血激荡了五洲风雷。与祖国母亲同甘苦，与灾区人民共患难，这一声发自肺腑的呐喊，就是中华儿女的拳拳赤子之心、浓浓桑梓情怀。我们都是中国人，灾难面前我们用鲜血、用热情、用全部的力所能及、用鲜活的血肉之躯凝聚、凝聚、凝聚，凝聚中国的力量，点燃生命的希望。

白　我要最快的时候告诉大家一个好消息，还记得刚才在舞台上用泪水讲述感动了我们所有人的小姑娘，白琳吗？她的爸爸找到了，活着！刚刚接到了游仙分局游仙派出所的电话，她爸爸作为被安置的灾民，在派出所里看电视，看到了他的女儿，然后让派出所和我们的现场紧急联系，告诉我们，他很好！而且还要告诉大家，由于白琳她们几们小姑娘已经离开了现场，现在正在火速的往回赶，待会看一下能不能和她爸爸连一下亲情的线。祝福他们！

周　谢谢大家，谢谢大家的掌声。我们今天的募捐活动进行到现在，是我第一次看到现场的朋友们，看到你们的脸上发出的发自内心的轻松的笑容。的确是这样的，在这一次抗震救灾的过程当中，有

太多太多的人让我们感动，让我们动容，比如说奋战在第一线的白衣天使。那这里呢，我们要感谢的人还有很多，我们的白衣天使奋战在一线，我们的人民子弟兵他们奋战在一线，我们的武警，我们的公安干警，等等。那句歌词唱得好，平凡的人给我们太多太多的感动。

白 几乎是每一个有生命信息的地方，我们的救援队都会赶到，我们的救援队后一定有白衣天使在焦急的等待。白颜色在灾区就意味着生命的颜色。在中国人的心里，白色是最温暖的颜色，谢谢你们。

周 各位来宾，亲爱的朋友，接下来我们要上场继续捐款的是我们的作家朋友们，相信在这抗震救灾过程中，点点滴滴感人的事迹会成为他们今后创作重要的素材。我们掌声有请各位作家上场，有请。

（捐款人从舞台左右两侧走到台中进行捐款背景音乐《爱的奉献》）

在他们的队列中有，铁凝、金定华、王蒙、张健、陈建功、高洪波、邓有梅、谭有灵、张炯、张契、李存保、张抗抗、严震、李希凡、崔道怡、李淑燕、张芝露、王宗仁、包明德、冯小宁、王树争、朱铁之、周大星、王传会、王洪甲、王九星、石中山、白宾、布飞延、赵瑜、宫飞、厌厌、孙经炎、郭血波、李尔、金勇明、张蛰、商者君、葛静、沙光、韩作荣、范勇歌、葛孝正、艾沿兵、艾可贝儿、米及提、蒋薇、何建明、张桐如、叶梅、杜卫东、白苗、靳仪。衷心地感谢各位作家，谢谢你们。

白 在我的身边是作者，张抗抗，平常用自己的文字抒发自己的内心，今天是不是用语言和灾区的朋友说一段话。

张抗抗 我觉得在今天这样的场合，语言已经变得是非常的无力啊，这样的苍白。但是我想说的是在这次灾情发生后，政府在第一时间把真实的信息公开，迅速地激起了中国国民自觉地、广泛地、主动地参与救援的行动，这让我非常的感动，因为这展现了我们中华民族正在成长当中的一种公民意识。这种公民意识正在成长成熟，我想它是改革开放30周年巨大进步的重要标志，可以这样说，所以说这个意义是非常重大的。我想面对灾情，我们每一个中国公民都会问自己，我能为救灾做点什么？所以现在呢，灾情还没有完全过去，救灾还在进行，家园呢，即将要重建，所以我特别地想说的是，我们每一个活着的中国公民都要时时地记住，我是公民，我是中华人民共和国的公民。

周 好，谢谢。我身边的这位是大家都非常熟悉的韩美林。

韩美林 我虽然在作家协会，但我不是个作家，我这两天感到心情很沉重的，我感到我们的艺术家都是人民培养的，今天灾区的人民，埋在地下的人民张着手需要帮助的时候，我感到我们是义不容辞的。我们是理所当然地应该伸出这个手来。通过这次灾难，我们看到了我们中华民族国心民心空前的大团结，看到了我们的同事和包括国外的，我们都是同一个中国身，都是中国血，站在那是中国肉，中国的骨头，但是我们现在看到了我们中华民族几千年传统助人为乐的中华魂。这一点，我们感到是兴奋的，我们的国家是非常有希望的。

白岩松 在我的身边是作家协会的主席铁凝，那是不是给我们目前铁一样的凝聚力再加一份力量。

铁凝 这几天我和我的作家同行们想的最多

的一件事，就是人民养育了作家，在国家和人民遭此大难的时候，作家不能缺席。中国作家已经组成了作家赴灾区采访小分队，赶赴灾区和当地的作家一道采访和创作。我想，我们除了解囊相助，更重要的是用文学去鼓舞士气，温暖人心，赞美真情和大爱，讴歌灾难中的中国人勇敢、不屈、团结、自信的民族精神。我们要把最美好的祝福献给灾区同胞，献给所有在灾区救助的救援大军。你们奋不顾身，无私地救命，你们是我们心中最可爱的人。最后我还想说，相信爱，奉献爱，我们的四川一定会雄起！我们的中国肯定能挺住！

周　谢谢。我身边的这位是著名作家王蒙。

王蒙　前天中午，我在首都机场等着上飞机去东北，得到了这个通知，我立即退票赶回来了，参加这个活动。我和我的同行一定还要继续呼唤爱心，呼唤友情，呼唤团结，呼唤团结和责任，呼唤中华民族的伟大精神。

白　谢谢。接下来，有请我的同行罗京播出一份通告。有请。

罗　本台消息，为表达全国各族人民对四川汶川大地震遇难同胞的深切哀悼，国务院今天发布公告。指定2008年5月19号至21号为全国哀悼日。在此期间，全国和各驻外机构下半旗致哀。停止公共娱乐活动。外交部和我国驻外使领馆设立吊唁部。5月19号14时28分起全国人民默哀三分钟。届时汽车、火车、舰船鸣笛，防空警报拉响。

白岩松　接下来让我们认识一位既是母亲又是女儿的民警。

视频

配音　5月17日凌晨3点多钟，又有一户从重灾区来的被抬到了中学，因为教学楼和宿舍楼都已经住满了人。工作人员和公安人员只能临时为他们搭建了一顶帐篷，并且承诺，在天亮以后一定给他们安排住的楼房。而这时我们意外的获知，在帮助搭建帐篷的女民警中有一位女干事她叫蒋敏。在这次灾难中，蒋敏刚刚失去了三位亲人。

记者　像这种值班的工作您从什么时候开始的？

蒋敏　从12号地震就开始了。

记者　每天要工作多少时间？

蒋敏　从12号到现在基本都没有休息，偶尔累了就打个盹。一直在坚持。

记者　我们听说你自己家里也有亲人，在这次灾害中遇难了。

蒋敏　是啊，我的父母和我两岁的女儿都不在了。

记者　在这种情况下，你怎么能够坚持战斗在第一线？

将敏　我相信在那边有很多好心人，那边有很多好心人在帮助他们，其实他们都是我的家人。帮助他们就像帮助我自己家人一样。

记者　现在看到这些你帮助的人，你是一种什么心情？

蒋敏　现在我但愿他们每个人都很好，他们的家人都很平安。

记者　有时候看到救出来的这些老人和小孩，会不会想到自己的家人？

蒋敏　会想起，一切都会想起。每当我看到很小的小孩，跟我女儿差不多大的小孩，我就到她已不在人世。作为一个母亲，我太想她了。但是我也不得不，我没有去看她，因为这个时刻我想到还有很多人需要大家的帮助，我们还面临着许多没有过的困难，如果大家都走掉的话，就根本不会在自己的岗位上。

记者 你觉得为他们做的这项工作，特别有意义吗？

蒋敏 对。但愿我的努力能给他们带去一点点帮助吧。

话外音 当蒋敏把救助的孩子抱进帐篷之后，一件始料未及的事情发生了。也许是小孩甜美的睡态让蒋敏想起了自己两岁的女儿，走出帐篷后，身心俱疲的蒋敏终于坚持不住，晕倒在地上。

当120救护车赶到时已是5月17日凌晨4点30分。作为失去父母的孩子，同时又是失去孩子的母亲，蒋敏始终以一名公安民警的要求来要求自己。

白岩松 在地震发生的前一天5月11号，是母亲节，对于蒋敏来说，那可能是她最不快乐的一个母亲节了。因为她的母亲，和母亲的母亲，还有她的女儿，都走了。我们左思右想要不要请蒋敏来到现场，但最后觉得，她，和她有许多相似经历的人一样，也需要我们所有人的支撑。她也来到了这里。有请蒋敏。

我们俩都属猴，她比我小一轮，是我的妹妹。来，蒋敏，把手给我。最后一次给女儿打电话是什么时候？

蒋敏 5月12日上午10点多，是女儿给我打的电话。

白岩松 她跟你说的什么？

蒋敏 她说，妈妈我想你，你什么时候来看我。

白岩松 蒋敏是在彭州工作，她家人都在北川，是这回的重灾区。回过家吗？

蒋敏 没有回家。没有回家。

白岩松 丈夫有回过家吗？

蒋敏 他回去了，看见那里已经变成了一片废墟。他看见的全是废墟，我希望他回去能够给我带回点什么，可是什么都没有带回来。

白岩松 亲人的遗体找到了吗？

蒋敏 没有。他们深深地被埋在了十几米的泥土下面，不可能再找到了，不可能了。

白岩松 你后来一直拼命的，后来一直就在工作，扛得住吗？

蒋敏 是我的妈妈，爱我的人让我走到了现在，我很感谢他们。但是我想跟妈妈说一句，对不起，妈妈，我没有回来。

白岩松 好了，不说了。我们要重建的不仅仅是家园，还有那么多人的心灵家园。更需要我们凝聚每份爱，在未来非常长的日子里，给像蒋敏这样的人，重建心灵家园提供更多的支持。蒋敏加油。所有的人，加油！

《凝聚每份爱》

作词：徐小帆　郁钧剑　作曲：印青

合唱：中国人民解放军合唱团
　　　北京军区政治部战友文工团合唱队

演唱：郁钧剑　白雪　沙宝亮　吴京安
　　　陈思思　王宏伟　耿为华
　　　斯琴格日乐　海明威　曹芙嘉
　　　王莹　景冈山

【调度：领唱与合唱演员同时从舞台两侧走到舞中】（灯光：紫色与白色交叉）
（大屏幕：救援静态相片视频）

我们一起走过岁月的
风风雨雨
手牵着手
我们一起经历难忘的日日夜夜
共济同舟
这是我们美丽的家园

山河锦绣
再大的困难
我们见过从不低头
凝聚每份爱
点燃颗颗心
真情挽起真情
让天长地久
凝聚每份爱
点燃颗颗心爱心
同在一起朝前走
我们一起走过岁月的风风雨雨
手牵着手
我们一起经历难忘的日日夜夜
共济同舟
这是我们和谐的家园前程锦绣再大的风浪
我们闯过不再忧愁
凝聚每份爱
点燃颗颗心
奉献回应奉献
让天长地久
凝聚每份爱
点燃颗颗心
心心相印
一起朝前走
凝聚每份爱
点燃颗颗心
奉献回应奉献
让天长地久
凝聚每份爱
点燃颗颗心
心心相印
一起朝前走
一起朝前走

白岩松 蒋敏的妈妈和女儿走了，我们替她难过；白琳的爸爸找到了，我们为她高兴。现在我们就为白琳连线她的爸爸。

白琳 爸！爸爸！

爸爸 喂，琳儿啊。不要哭。

白琳 爸，妈呢？

爸爸 别要哭，你妈好好的，不要哭。感谢全国人民对灾区的支持。你要，感谢电视台，感谢武警公安。

白琳 你们也一定要坚强活下去，我一定会回去看你们。

爸爸 都好，你保重哦。

白岩松 老兄。

爸爸 嗯。

白岩松 你在的派出所一定还有很多很多这样从灾区中走出来的同志，你要起点帮助他们的作用。

爸爸 我要对电视台的，公安派出所的表示感谢。

白岩松 我们不说感谢的话了，你们每一个人吃的苦，我们也得和你们说谢谢。谢谢你们。很快你们父女就要团聚啦。祝福你们！

蒋敏 爸，你一定要当志愿者，你一定要帮助其他的人，还有很多人都没有出来。你一定要保重，你一定要保重他们。

白岩松 好，再见！你们很快就要团聚了。女儿跟你说，要当志愿者，我们更多的人都要当志愿者，一起加油。好不好？

爸爸 好！

朱 也许电视机前的爸爸妈妈有点担心，因为小白琳上下台的时候，一瘸一拐的，她是从楼上跳下来的进候，崴到了脚。但是大夫说骨头没事，过两天马上就能好。所以请白琳爸爸妈妈别担心。

张 转瞬之间，让我们感受到了人间悲喜啊。朋友们，让我们祝福所有人，让我们珍爱生命，让我们热爱生活。朋友们，灾难发生之后，我们全球的华人华侨都迅速地行动起来，他们与祖国母亲同命运，与灾区人民共患难。我们港澳台的朋友他们也迅速做出了反应，捐款捐物组织义演，表现了血浓于水的骨肉亲情。

朱 因为我们本是同根生，我们就是一家人。知道我们今天在这里组织这样的大型的募捐活动，许多港澳台亚洲各地的朋友们也来到了我们的现场，让我们欢迎其中的一部分上场。

我们现在看到的是周华健、谢霆锋、容祖儿、林俊杰以及大家都非常熟悉的张明敏。感谢你们奉献的这份爱心。谢谢你们。

张 你好。华健，在台湾发生“9·12”大地震之后，全国人民都曾伸出过援助之手，来帮助我们的台湾同胞。今天，你又从台湾赶来，也表达了台湾人民的一片深情啊。

周华健 大家好，我是华健，我没有资格代表任何人，我也没有资格代表台北，可是我可以作个很好的见证，在过去的几天时间里，台湾地区的反应是很强烈的。尤其是从8点钟开始到现在在台北一样有一个这样的募款活动。一分钟前，最近的消息我知道募款已经过了2亿的台币了。这些捐款很快就会送到灾区，送到有需要的人手上。中国人面对过太多次的灾难了，有更强大的，有更可怕的，一次一次的我们都超越了，我们都过了，这次我很有信心，亲爱的兄弟姐妹们我们加油，谢谢！

张 谢谢华健，谢谢我们台湾的同胞。

朱 是的。如果台湾的朋友如果现在能看到我们的直播厅，我们代表灾区的朋友对您送上崇高的敬意和深深的感谢，谢谢你们。好，霆锋，跟我们说说你现在心里的感受。

谢霆锋 重建家园，应该是我们每一位的责任，因为咱们都是黄皮肤，黑眼睛的中国人。我自己也有十几个领养的小孩，现在在灾区。同胞们继续坚强，加油！我们能做到的一定会做，让明天一定会更好！

朱 好，谢谢！让明天一定会更好。就让我们在废墟上，清扫废墟，重建家园。因为我们都相信，明天会更好。

《明天会更好》

词曲：罗大佑

演唱：周华健　谢霆锋　容祖儿

林俊杰　张明敏

（灯光：蓝色与橘色交叉）（大屏幕：静态图片视频）（彩屏大柱：落叶）

（屏幕右下侧小视窗：明星在后台捐款实况）

容 轻轻敲醒沉睡的心灵慢慢张开你的眼睛

张 看看忙碌的世界是否依然孤独的转个不停

谢 春风不解风情吹动少年的心
让昨日脸上的泪痕随记忆风干了

林 谁能不顾自己的家园抛开记忆中的童年
谁能忍心看那昨日的忧愁带走我们的笑容

周 玉山白雪飘零燃烧少年的心
使真情溶化成音符
倾诉遥远的祝福

全体 唱出你的热情
伸出你的双手
让我拥抱着你的梦
让我拥有你真心的面孔
让我们的笑容充满着青春的骄傲
为明天献出虔诚的祈祷
唱出你的热情
伸出你的双手

让我拥抱着你的梦
让我拥有你真心的面孔
让我们的笑容充满着青春的骄傲
为明天献出虔诚的祈祷
唱出你的热情
伸出你的双手
让我拥抱着你的梦
让我拥有你真心的面孔
让我们的笑容充满着青春的骄傲
让我们期待明天会更好

白　观众朋友们，四川省委书记刘宝通过省委办公厅，给今晚募捐活动打来电话。他现在在抗击现场，手机和电话都不通，当他得知举办这个活动时，请我们转达，他对全体参加捐款的文化界人士和社会各界表示衷心的感谢。他还转达说，如此重大的地震可以使山河改变，道路阻断，房屋摧毁，但是摧毁不了我们抗震救灾的坚强决心、摧毁不了我们救助灾区群众的坚强决心、摧毁不了我们在废墟上重建家园的坚强决心。

在此，对包括刘宝，奋斗在抗战抢险第一线的领导同志们，我们不想对你们说"谢谢"，因为你们一定觉得这是你们应该做的。但是我们要对你们说："加油！加油！"人民期待着你们，人民需要你们。

朱　我们募捐活动进行到这里，内心充满了感动，我们的数字在一路的上升，我们也要感谢做了很多实事的朋友。感谢中国电信为我们本次活动免费铺设了50条专线，也要感谢民政部设立了40部电话，感谢社会各界对灾区的大力支持，谢谢你们！

张　谢谢！朋友们，接下来我们还要请几位演艺界的朋友来奉献他们的爱心。有请。

朱　我们看到了杨乃文、阿牛、陈奕迅、王菲。谢谢你们。

张　表达一下你此时此刻的心情。

陈奕迅　手足同胞，血浓于水，我们一定要继续坚持。然后大家一起好好地继续努力，希望在明天，好好加油！

朱　大家也许会注意到这样的细节。救援人员会给救出来的人蒙上眼睛，也保护他们生命中的一份光亮。我们心中有一个祝愿，那就是《但愿人长久》。

《但愿人长久》

苏轼词　作曲：梁弘志

演唱：王菲　陈奕迅　阿牛　杨乃文

（灯光：蓝色、白色交叉）

（大屏幕：捧烛祈福）

王　明月几时有
把酒问青天
不知天上宫阙
今夕是何年
杨　我欲乘风归去
唯恐琼楼玉宇
高处不胜寒
起舞弄清影
何似在人间
陈　转朱阁　低绮户　照无眠
不应有恨　何事长向　别时圆
阿　人有悲欢离合　月有阴晴圆缺
此事古难全　但愿人长久　千里共婵娟
王杨　我欲乘风归去
唯恐琼楼玉宇
高处不胜寒
起舞弄清影
何似在人间
陈　阿　转朱阁　低绮户　照无眠
不应有恨　何事长向　别时圆
全体　人有悲欢离合　月有阴晴圆缺

此事古难全　但愿人长久　千里共婵娟

朱　亲爱的朋友们，在我们活动进行当中，场外的热线电话始终响个不停，这其中有许许多多是来自海外的越洋电话。在这里，请接受我们最真诚的谢意，谢谢你们，世界各地帮助我们的朋友。谢谢！

董　2008 年是中国奥运年，但是汶川的地震也牵动了正在紧张备战奥运的体育健儿们。所以我们也邀请了一部分体育运动员满足他们的心愿，让他们也献上自己的一份爱心。有请各位。

（今天来到我们现场的体育界的朋友有许海锋、高敏、吉新鹏、冒伟、大杨洋、罗雪娟、黄彪、刘国梁、施之皓、孔令辉、王楠、张怡宁、郭悦、王立勤、马林、王浩）

朱　我们有请雪娟和刘国梁，有请国梁。

董　你们好。我们都知道运动员是特别坚强的人。再艰苦的比赛，再艰苦的训练都不会让他们退缩，但是这几天他们中的好多人，因为地震灾区好多次地流下了眼泪。是吗？

罗雪娟　是的。我觉得我作为中国第一棒的传递火炬的火炬手，我自己也希望倡议所有的华夏儿女能够——

朱　接起这个爱心的接力棒，一棒一棒地接力下去，是吗？

罗雪娟　我是中国第一棒，中国第一棒是属于全民族的，如果有人或者有机构愿意付出，足以匹配火炬的善款，匹配民族荣誉的善款。我愿意拿出我的火炬，所得的钱我一定会把它用作灾区重建的。我倡议华夏儿女把爱心的传递，一直传下去。

董　把爱心的火炬传递延续下去。好。

刘国梁　我们乒乓球队的全体成员是在下行五点半刚刚打完长春从机场拉到节目现场的，能够参加这次活动，所以我们全体教练员运动员决定把所有这次夺得的八万两千八百美金折合人民币五十六万元全部捐给灾区。国家有难，匹夫有责，我相信大家万众一心、众志成城大家一定会渡过难关。

董　好，其实我们现在也是在打一场特殊的比赛，一场残酷的比赛。希望我们能够一起用我们坚定，用我们的勇敢，用我们的团结，让灾难输给我们。一起来做，真心英雄。

《真心英雄》

词曲：李宗盛

演唱：许海峰　钱红　高敏　吉新朋
　　　罗雪娟　邢傲伟　杨扬
　　　中国国家乒乓球队奥运团队

（灯光：蓝色、黄色、粉色交叉）

（大屏幕：救灾现场视频）

在我心中曾经有一个梦
要用歌声让你忘了所有的痛
灿烂星空谁是真的英雄
平凡的人们给我最多感动
再没有了恨也没有了痛
但愿人间处处都有爱的影踪
用我们的歌换你真心笑容
祝福你的人生从此与众不同
把握生命里的每一分钟
全力以赴我们心中的梦
不经历风雨怎么见彩虹
没有人能随随便便成功
把握生命里每一次感动
和心爱的朋友热情相拥
让真心的话和开心的泪
在你我的心里流动
把握生命里每一次感动
和心爱的朋友热情相拥
让真心的话和开心的泪

在你我的心里流动
让真心的话和开心的泪
在你我的心里流动

董 谢谢。谢谢我们的体育健儿，也希望你们在我们的2008年奥运会上都能够取得好成绩。

朱 再次的谢谢你们。朋友们，这次活动不仅得到了文化宣传系统的积极参与，同时呢各行各业的企业界的朋友也找上门来，愿意向灾区的父老乡亲们献上他们的爱心。

董 接下来我们就有请捐赠的各企业。

（捐款人员从舞台左侧上台依次捐款，背景音乐《爱的奉献》）

厦门厦工机械股份有限公司500万元
百思买商业上海分公司500万元
合生创展集团有限公司500万元
合生创展集团有限公司 朱孟依先生500万元
郴洲市委市政府500万元
广州珠江投资有限公司500万元
中国银泰投资公司董事长 沈国军先生500万元
中国铁通集团有限公司521万元
临沂金锣糖尿病康复医院600万元
招商银行600万元
维维饮料食品有限公司630万元
跨国公司力拓集团800万元
中联重科800万元
大长江豪爵摩托1000万元
巨人投资集团董事长史玉柱1000万元
中国医药卫生事业发展基金会1000万元
道远控股有限公司1000万元
北京市国有资产经营有限责任公司1000万元
广州富力地产股份有限公司1000万元
湖北宜化股份有限公司1000万元

朱 现在我想请我们现场的观众朋友们回一下头，看看你们的身后火红的一片，真是令人感动。谢谢你们。再一次地代表灾区的父老乡亲们谢谢大家。

董 我们也来听一听各位企业家的心声吧。

湖北宜化股份有限公司 我们宜化集团全体员公心系灾区人民，爱心回报祖国。

广州富力地产股份有限公司 我中华民族，团结一致，竭尽全力，献出爱心。

北京市国有资产经营有限责任公司 战胜地震灾害，重建美好家园，北京国资公司与灾区人民心连心。

道远控股有限公司 同全国人民并肩抗灾，为灾区学生重建校园。

中国医药卫生事业发展基金会 灾区人民的困难就是我们的困难，我们同灾区人民心连心。

巨人投资集团 家没了，你们还有13亿的亲人，在这一刻我们都是四川人。

大长江豪爵摩托 再大的困难除以13亿就会变得渺小，再小的爱心乘以13亿就会变成爱的海洋。

中联重科 刚刚经历了冰雪灾害的湖南人民，面对四川严重的地震灾害，我们想说八个字表达我们的心情，感同身受，身体力行。

跨国公司力拓集团 作为中国合作的伙伴，还有永久的朋友。我们相信中国一定可以战胜这次灾难，自强不息。

维维饮料食品有限公司 面对这次灾难，每一个有良知的中国人都会伸出援助之手，这次捐助，只是我们维维集团捐助的一部分。我们的爱心之队已经战斗在抗灾的前线，我们下一步还继续捐款捐物，深入灾区，去履行一个民族企业应尽的社会责任。

招商银行 大灾有大爱，招商银行与灾区人民心手相连，与全国人民一道抗震救灾。众志成城。

临沂金锣糖尿病康复医院 灾区的朋友们，这是我们第三次献出爱心，我们的心和灾区人民的心紧紧相连，我们现在能够分担你们的痛苦，就是我们最大的幸福。

中国铁通集团有限公司 汶川的父老乡亲，我们的七万员工和你们同在，让我们向灾难斗争。

中国银泰投资公司 祈祷灾区人民平安健康，愿我们中华民族自强，我们随时准备为灾区人民作更多的事情。

广州珠江投资有限公司 我们衷心地希望灾区人民的生活能够得到妥善安置，受伤的人员能够得到及时的医治，为了救助灾区的孤儿，珠江投资公司现场决定为灾区的孤儿再捐100套住房。

郴洲市委市政府 有情有意的郴州人民与四川灾区人民永远在一起。

朱孟依 灾区的朋友们，灾区的灾民们，我们永远和你们在一起。

合生创展集团有限公司 众志成城，万众一心，灾区的朋友们，灾区的同胞们。你们不孤单，你们身后有我们。

百思买商业上海分公司 共同救灾。

厦门厦工机械股份有限公司 敢为中国，永不言弃，我们的工程机械已经战斗在灾区的第一线。我们是时刻准备将继续地全力支持灾区重建家园。

董 谢谢各位。今天真的是有很多的企业在踊跃的捐款。

那现在呢，我们再有请第二组捐款单位：

安利中国日用品有限公司1000万元

全国工商联会员亿利资源集团1000万元

中国大唐集团公司1000万元

安邦财产保险股份有限公司1000万元

深圳市比亚迪股份有限公司1000万元

中国中铁1000万元

山西朔州煤炭电力企业1000万元

双汇集团1050万元

奇瑞汽车股份有限公司1200万元

神化集团个人捐款1260万元

中国兵器工业集团公司1300万元

宜宾智溢酒业有限公司1311万元

徐州工程机械集团有限公司1372万元

首钢总公司1382万元

广汽集团1500万元

中国光大集团1675万元

首都机场集团2000万元

中国中信集团公司2000万元

中国南方电网公司2026万元

四川郎酒有限责任公司2130万元

泸州老窖股份有限公司2680万元

天津荣程联合钢铁集团有限公司3000万元

朱军 那我们也有请各位企业家用最简短的话表达你们对灾区父老的心意。

天津荣程联合钢铁集团有限公司 我代表天津1100万的亲人们早日取得汶川救灾的最后胜利，刚才决定再继续追加捐款7000万元，帮助他们重建家园，建最好的学校。

泸州老窖股份有限公司 抗震救灾义不容辞。

四川郎酒有限责任公司 心系灾区，为灾区人民做点事。

中国南方电网公司 我今天带来了南方电网全体20万员工的一份真挚的爱心，也是尽我们中央企业的一份社会责任，在这里我想和灾区的同胞们说，我要和你们永远站在一起。

中国中信集团公司 伸出援手，捧出爱心。中信集团现在有12架直升机在现场救助，我们以后还要做出更大的努力，帮助灾区重建美好家园。

首都机场集团 情系灾区人民，祝福灾区人民，中国加油！

中国光大集团 我们坚决贯彻党中央国务院的部署，与灾区人民心连心共患难，重建家园。

广汽集团 血脉相连，爱心奉献，鼎立支持灾区人民重建，与灾区人民心连心。

首钢总公司 首钢职工与灾区人民心连心，共患难。

徐州工程机械集团有限公司 坚强产生力量，有爱就有希望。

宜宾智溢酒业有限公司 情深四海，千言万语，难以表达。

中国兵器工业集团公司 让我们共同努力，战胜灾害，重建家园。

神化集团 我们国有企业要我们深深爱与情化作支持灾区人民战胜困难重建家园的实际行动，我相信我们一定要沐浴着党和政府的阳光雨露幸福生活。

奇瑞汽车股份有限公司 地震无情人有情，灾区的父老乡亲让我们携起手来共建美好的新家园。

双汇集团 支持灾区人民，早日脱离危险，重建家园。

山西朔州煤炭电力企业 山西朔州煤电的职工和灾区人民心连心。

中国中铁 中国中铁全体员工捧着自己滚烫的心向灾区人民致敬，我们与你们同在，我们与灾区人民永远心连心。

深圳市比亚迪股份有限公司 与灾区人民同驰骋，只要有人就有我们美丽的家园。

安邦财产保险股份有限公司 太感动了，所有的人在这次的事件中都让我们感动，所以我们公司决定，所有孤儿的大学学费由我们来承担。

中国大唐集团公司 我们大唐发电企业情系灾区人民，让我们心连心，手挽手，共同建设美好家园。

全国工商联会员亿利资源集团 关爱生命，善待生命，我们责无旁贷。

安利中国日用品有限公司 我们安利公司向所有灾区人民问好，也祝赈灾行动早日成功！

董卿 再次感谢各位，谢谢你们的善举。最后要请出的是捐款在5000万元以上的企业家，各个捐赠人和单位他们是：

张近东苏宁集团董事长全国工商联副主席 捐款5000万元

黄光裕国美集团董事会主席 捐款5000万港币

加多宝集团 捐款1亿元人民币

全国工商联会员日照钢铁 捐款1亿元人民币

全国证券期货业 捐款一亿零一百万零一百元

深圳市慈善会 捐款一亿三千万元人民币

我们也有请我们的企业家对灾区同胞说一句话。

苏宁集团 今天我们能有这个荣幸为灾区人民贡献爱心是我们的福分。

国美集团 我祝灾区的各位领导、救灾人员还志愿者，我祝他们平安。

加多宝集团 此时此刻我想加多宝和王老吉的每一位职员，和我一样，虔诚地为灾区人民祈福，希望他们能够早日离苦得乐。

全国工商联会员 炎黄子孙有钢铁般的脊梁，我们有信心、决心战胜灾难，重建家园。

全国证券期货业 全国证券行业的职工愿与灾区的人民心手相连，血脉相连，重建家园。我们今天捐款的数目说明不管是捐一亿元还是一百万元还是一百元，都是广大干部职工爱的奉献。

深圳市慈善会 灾区人民的心一直牵动着我们深圳人民的心。

董卿 再次深深的鞠躬，谢谢大家。

（主持人与演员从舞台两边走出）

罗 各位观众，截止到今晚 23 点 40 分，《2008 爱的奉献－宣传文化系统抗震救灾大型募捐活动》募捐十五亿四千一百四百万元。

李 电话意向捐款一千八百三十五万。根据这次捐款活动的原则，所有电话意向捐款需经民政部审核，到账后生效。捐款的单位和个人将在央视网近期公布，敬请大家关注。

罗 在此呢，向主办单位，向捐款的单位和个人表示衷心地感谢。

李 再次感谢你们。

白 此时此刻，抗震救灾依然在继续，依然是最关键的时刻。

周 在党中央国务院的坚强领导下，全国人民万众一心，众志成城，再大的困难也阻挡不了我们前进的步伐。

张 朋友们，携起手来，一切为了灾区，全力支援灾区。

朱 只要灾区的干部群众有不屈不挠、顽强拼搏的英雄气概。

罗 只要我们有共渡难关的社会主义协作精神。

李 我们就一定能战胜这场特大地震灾害。

朱 我们一定能够——

全 战胜灾害，重建家园。

（结尾曲：五星红旗）

（大屏幕：国旗飘扬）

（灯光：红色主调）

（冯成琳 整理）

“以生命的名义”四川省抗震救灾大型特别节目

播出台：四川电视台

播出时间：2008 年 5 月 30 日

总导演：曹钢

制片人：祁滨

主持人：濮存昕 宁远（四川电视台） 许戈辉（凤凰卫视主持人）

片头视频（主要内容：绿色中国地图上用黄色勾勒出四川省汶川县——北纬 31°，东经 103.4°，一幅幅地震后凄惨的照片展现在人们面前，引出晚会的主题：以生命的名义——四川省抗震救灾大型特别节目。

视频《当灾难来临》

【画外音】镜头中憨态可掬的大熊猫，让我们看到了汶川——曾经这片土地平静而美丽；被美丽风景所吸引的游客们脸上露出的笑容，让我们感受到了北川、都江堰——曾经这些人们快乐而幸福；孩子们嬉戏玩耍，老人们谈笑风生，青城山上的这条小街曾经那么优雅、安逸；校园里上体育课的孩子们让我们听到了北川中学曾经的欢声笑语。就在映秀中学孩子们朗朗的读书声中，钟楼的时间凝固在 2008 年 5 月 12 日 14:28，那一刻，地裂山摇，我们注定忘不了这个时刻。那一刻，九州齐悲，同此国殇！截至 2008 年 5 月 29 日 12 时，“5·12”汶川大地震受伤 365399 人，失踪 19350 人，遇难 68516 人。

【画外音】请全体起立，为汶川大地震所有遇难者默哀一分钟。

【画外音】默哀完毕，请坐。

宁　四川电视台、凤凰卫视、成都电视台。这里是中国四川成都。

许　以生命的名义——四川省抗震救灾大型特别节目现在正在向您直播。

濮　现在是 2008 年 5 月 30 日，让我们把时间向前推移，退到 18 天前的那一瞬间。5 月 12 日 14 时 28 分，时间在那一刻凝固，历史在那一刻定格。

宁　汶川大地震，顷刻间让世界为之颤抖，让所有的心灵为之震动。这是一场巨大的灾难，这是一次巨大的挑战。

许　汶川告急，四川告急，中国告急。一时间，中华民族发出了同一个声音：灾情就是命令，时间就是生命。

濮　这是一场同死神的赛跑，需要一种前所未有的中国速度。960 万平方公里的土地上，一场惊心动魄、气壮山河的生死大营救就此拉开。

视频《无数个第一》

【画外音】灾情就是命令，时间就是生命。中共中央总书记、国家主席、中央军委主席胡锦涛发出重要指示：尽快抢救伤员，保证灾区人民生命安全。国务院抗震救灾总指挥温家宝总理第一时间登上飞往成都的飞机，在重震灾区建立抗震救灾总指挥部，在第一线指挥全国军民抗震救灾。在中央和地方政府紧急部署下，全党、全军、全国人民火速行动。与此同时，四川省省委书记刘奇葆在灾后半小时就飞驰在前往震中汶川的路上，第一时间在现场成立四川省总指挥部，抗震救灾工作迅速展开，12 日 15 时，汶川当地驻军和武警部队就地开展救援，成为第一批出现在救灾现场的部队。12 日 15 时 20 分，四川省人民医院医疗队出发，成为地震后第一个进入灾区都江堰实施救援的医疗队。12 日 16 时，中国地震局迅速启动一级国家地震应急预案。及时发布消息，吡除谣言，传递权威信息。12 日 16 时，成都市人民政府发布一号公告，同时全面启动地震应急预案。财政部紧急下拨地震救灾资金 8.6 亿元。成都军区 6100 余名官兵和 4 架直升机火速赶赴灾区，成为第一支进入灾区的部队。地震之后，交通阻断、通信中断、余震不断、气候恶劣，救援行动困难重重。13 日 4 时左右，两艘装载有武警战士的冲锋舟，成为进入汶川县映秀镇的第一批冲锋舟。13 日 23 时 15 分，武警某部参谋长王毅带领 200 名先遣队勇士，徒步强行军 90 多公里，成为第一支到达震中汶川的武警救援部队。14日12时20分，某空降特种兵大队15名空降兵从4999米高空成功伞降茂县，这是中国空降兵首次4000米以上的跳伞。时间在一分一秒的过去，一批又一批救援物资在第一时间运往灾区，一批又一批救援战士在一步一步艰难挺进。靠近重灾区，靠近灾难中等待营救的生命。

歌曲《生命时速》

作词：王持久　作曲：段永生

指挥：李西林

演唱：四川大学合唱团

　　　四川音乐学院合唱团

（灯光：蓝、桃红调）

（演员呈圆弧形已在舞台站位，主光区为正中指挥）

（大屏幕晚会节目标）（舞台两侧LED显示金黄色线形图案，急速运动以表达时间的紧迫）

快快快快抢险
快快快飞向前
灾难就是命令
时间就是生命
每一分每一秒
每一分每一秒
都和老百姓紧相连
快快快追狂飙
快快快逐闪电
和灾难赛跑
和死神抢时间
快一分快一秒
快一分快一秒
奔赴救灾最前线
这是生命的时速
疾如风快似箭快似箭
这是生命的时速
我们跨越万水千山
这是生命的时速
拯救生命刻不容缓
这是生命的时速
我们跨越万水千山
这是生命的时速
疾如风快似箭快似箭
这是生命的时速
我们跨越万水千山
这是生命的时速
拯救生命就在第一时间

濮　灾难发生后，四川迅速反应，中国迅速反应。一条清晰的讯息传遍世界，党中央立即召开紧急会议。胡锦涛总书记发表指示："要全力以赴抢救伤员。"温家宝总理立即赶赴灾区，组织指挥抗震抢险工作。这是突发险境的定心丸，是生命迷茫的指路灯。

视频《党和国家行动》

（胡锦涛："灾情就是命令，时间就是生命！"画面内容：胡锦涛赶赴灾区第一现场，指挥灾情、慰问灾民。胡锦涛："我坚信，任何困难都难不倒英雄的中国人民。"武警某部长："有没有信心？"众官兵："有！有！有！"温家宝："摆在我们面前的第一位任务，就是抢救被困人员。"画面内容：温家宝带领干部在余震不断的灾区询问灾情，指挥救灾。最后一个画面为看望孩子，抱着一个惊魂未定的小女孩。）

歌曲《情系人民》

作词：陈道斌　瞿琮　作曲：方天行　杜鸣

演唱：汤灿

（灯光：桃红为主）

千里万里你来到我们身边

贴心话儿说出你的真挚情感
你向我们嘘寒问暖
老百姓的安慰揪紧了你心田
话是那么朴实
情是那么深远
紧握你的双手
我们一起攻克时艰
不管是在过去
还是在明天
党和人民总是同呼吸共命运心心相连
情系人民
你把咱老百姓挂牵
人民的安康都永远重于山
从你目光中看到力量
手足情同志心凝聚起
一道爱的防线
爱是这么真切
心是这么温暖
你的关怀让我们把希望之火点燃
亿万中华儿女众志成城
跟随你开创
跟随你开创
美好的明天

讲述《军人的故事》

张涵予及肖和/空降兵/王毅部队 100 军人

张涵予 上战场，是军人的天职。在战场上，军人用生命和鲜血面对死亡，冲锋陷阵，以夺取胜利。汶川大地震制造了一场灾难，同时也制造了一个战场。各军区、各军兵种、武警部队、消防部队、预备役部队和民兵部队，迅速集结了十几万精兵第一时间赶往救灾现场，向死亡和毁灭宣战。今天我们请到了108 位战士，让这些官兵代表那十几万大军到我们的舞台上，接受我们的敬意。（官兵上，镜头转向观众，全体观众自动起立鼓掌）这些个官兵，他们创造了中国军事史上、中国抢险救灾史上的很多个第一，很多个最短时间的记录。然而这些记录背后意味着什么呢？意味着他们为了灾区可以献出一切，包括他们自己。这位战士，他叫肖和，他来自成都消防部队。肖和当了 16 年的消防兵，流过两次眼泪：一次是为了一个在烈火中被烧得不成样子的小女孩；再一次，就是为了这回在地震中受难的百姓，为了救人，肖和四天四夜没合眼，和他的战友们从废墟中抢救出 364 个人，其中有 54 个人活了下来，而他却因为体力透支累倒在废墟上。后来他的故事传遍了全国，有媒体把他称之为“疯狂的挖掘者”，如果一个人的疯狂可以挽救 54 个人的生命，那肖和的疯狂，值！这些位勇士，他们来自中国空军的精锐部队。5 月 14 号这天，他们写好了遗书，带了 5 部电台和 2 部海事卫星电话，冒着风雨从 5000 米的高空空降到震中茂县。我们不知道从 5000 米的高空到地面，他们都经历了什么，但是我们知道，着陆的那一刻起，他们的使命才刚刚开始。六天六夜，他们每人负重 20 多公斤，强行军 220 公里，先后到达 7 个乡 50 多个村庄侦察灾情，把第一手信息准确的报告给了指挥部。和他们一样，几千个空降兵他们写好了遗书，空降到北川、汶川一线，为了尽快打通空中生命线，他们拿遗书跟死神对阵。这一仗他们胜了；我们也胜了。这位就是带领第一支突击队第一个到达汶川县城的武警某师参谋长王毅。这支 200 人的抢险队是在道路全毁、余震不断、风雨交加的情况下，历时 21 个小时，强行军 90 公里到达汶川。走到半道，王参谋长发现在他的队伍里还有7名女兵。今天，她们中的两位代表来到了我们现场。我想我们的掌声是送给美丽的军中之花的。在这次强行军中，不分男女，每个人都是双脚磨出了血泡，一身泥水一身伤。赶到现场之后，他们手刨肩扛的都是上百斤重的混凝土，还有深埋在地下的尸体。这7个姑娘没有一个人吭一声，她们已经忘记了她们的性别。在这次抢险救灾的战役中，很多战士都忘记了他们自己，他们心中只有受苦的百姓和正在受难的国家。这就是人民的子弟兵！军人为什么而生，为什么而死？一场大地震让我们全看清楚了。我想请王参谋长给我们一个答案。

武警某师参谋长王毅 因为是人民养育了我们，我们的使命就是报效祖国，报效人民！

众士兵 报效祖国报效人民！报效祖国报效人民！

王毅 敬礼！礼毕！

歌曲：《红旗飘飘》

作词：乔方 编曲：张骁 演唱：孙楠

（灯光：桃红、蓝调）（大屏幕：五星红旗飘扬）

那是从旭日上采下的虹
没有人不爱你的色彩
一张天下最美的脸
没有人不留恋你的颜容
你明亮的眼睛牵引着我
让我守在梦乡眺望未来
当我离开家的时候
你满怀深情吹响号角
五星红旗你是我的骄傲
五星红旗我为你自豪
为你欢呼
我为你祝福
你的名字
比我生命更重要
红旗飘呀飘红旗飘呀飘
腾空的志愿像白云越飞越高
红旗飘呀飘红旗飘呀飘
年轻的心不会衰老
你明亮的眼睛牵引着我
让我守在梦乡眺望未来
当我离开家的时候
你满怀深情吹响号角
五星红旗你是我的骄傲
五星红旗我为你自豪
为你欢呼
我为你祝福
你的名字
比我生命更重要
五星红旗你是我的骄傲
五星红旗我为你自豪
为你欢呼
我为你祝福
你的名字
比我生命更重要
五星红旗你是我的骄傲
五星红旗我为你自豪
为你欢呼
我为你祝福
你的名字
比我生命更重要

《教师事迹》

讲述人：窦文涛

（灯光：蓝调）

（大屏幕为红烛）

（背景音乐为紧急的鼓点声）

窦 我想讲一讲教师。在这次大地震当中，有一些老师走了。多好的老师啊，离开了我们。我相信，这些老师，他们一定是带着对学生的爱走的。因为你知道，她们是怎么死的吗？不是没有逃生的机会，不是阿，她们是在生死的关头选择了学生。在房倒屋塌的那一瞬间，没有时间犹豫，没有时间考虑。他们本能的第一个反应，就是扑到孩子身上。（视频播放老师生前照片）谭千秋老师，在最后的时刻张开双臂保护着学生；吴忠红老师，就在逃生的滚滚人群中，唯有他是逆流而上，他要冲回教室，因为那里还有他的学生；瞿万瑞老师，自己用背扛着一大块水泥板，因为他怀里搂着一个学生；还有向倩老师，拿自己的血肉之躯阻挡着那个滚泻而下的沙粒、石块、砖块，他就是为了给她怀里紧紧搂着的三个学生挡出一条生路。还有袁文婷老师、严荣老师、张米娅老师、汤红老师、杜正香老师、苟小超老师、吴忠浩老师，许多许多名字都数不出来的老师。生死关头他们做出了选择，他们把死的危险留给自己，把生的希望交在孩子手里。更多活下来的老师们这些天一直跟学生们在一起不离不弃，照顾他们、安慰他们、鼓励他们。搬开他们身上的瓦砾给救援人员指点学生的位置，帮生还的学生寻找自己的家长，帮忙安置。甚至他们现在已经开始重新上课了。可是，你不要轻易探问他们的家室，因为我知道他们当中的很多人家也没有了，自己的孩子都没了。白天他们跟同学们在一起，表现得很平静很镇定，可到了夜里一个人的时候，他会拿出亲人的照片一个人默默淌眼泪。老师，是干什么的，传道、授业、解惑。本来并不包括救死扶伤，可是这些老师他们在生死一线间，就能把孩子的生命高举在他自己的生命之上。他们用自己几乎是本能的自我牺牲，实践了那句话：师者，父母心啊。他们百分百做到了这一点！阿坝师范专科学校是这次重灾区中唯一的高等学府。今年夏天，又有一批学生即将毕业，而他们当中的许多人都回去做老师。我想在这次大难中，他们耳闻目睹这些恩师们为了学生，舍生忘死、舍己为人，这样的一种特别的言传身教该让他们更加懂得为什么说教师是神圣的职业。这次大地震等于是给了他们一本看不见的毕业纪念册，封面上两个字——大爱！

（视频：震坏的时钟永远的定格在了那个时刻，地震后的阿坝师专操场全貌。聚集在一起哀悼的师生，画面中降下一半的五星红旗，一张张哭泣的面孔，他们一同唱起：轻轻的捧着你的脸，为你把眼泪擦干，这颗心永远属于你，告诉我不再孤单……）

（画外音：在全国哀悼日的第一天，曾经一同感受过地震的全体师生不约而同地回到了学校。整整的一周时间，他们经历了太多太多。他们深深的鞠躬，为那些罹难却永远被人们歌颂的前辈。所有人都相信，天堂有他们也会有朗朗的读书声）

叠化到现场

歌曲《让世界充满爱》

作词：郭峰　编曲：张骁

演唱：郭容　张杰　BOBO　张迈　甘萍

（灯光：蓝光）

（大屏幕：为烛光拼接而成的心型）（彩幕：燃烧的红烛）

我们同欢乐
我们同忍受
我们怀着同样的期待
我们共风雨
我们共追求

我们珍存同一样的爱
无论你我可曾相识
无论在眼前在天边
真心的为你祝愿
祝愿你幸福平安
（真心的祝福汶川，祈福四川）
（我们的心永远在一起）
（手牵手，永远不放弃）
（灾难面前，你我生死相守）
（我们一定会努力重建家园）
（天佑四川，加油吧，我的父老乡亲们）
轻轻地捧着你的脸
为你把眼泪擦干
这颗心永远属于你
告诉我不再孤单
我们同欢乐
我们同忍受
我们怀着同样的期待
我们共风雨
我们共追求
我们珍存同一样的爱
无论你我可曾相识
无论在眼前在天边
真心的为你祝愿
祝愿你幸福平安
祝愿你幸福平安

基层党组织的故事采访

（主持人：宁远左上）

宁 地球上有60亿人，绝大多数人过去并不知道汶川这个地方。就算知道，也不会有人常常想起这个只有11万人的中国小县。这里的每一个人，从普通老百姓到县里的干部，都认认真真地在那个世界过着安逸的日子。但是从2008年5月12号开始，这个县突然成了全中国乃至全世界的焦点。这个县的县委书记也成了最受关注的县委书记。12号中午，汶川县委书记王斌去视察了汶阿高速公路，回到城里走进办公室还没有来得及坐下，14点28分就到了——通信中断、交通中断、电力中断，汶川就像一个突然从雷达上消失的光点，揪住了所有人的心。党中央已经作出指示，部队已经到达，可是还是迟迟听不到来自震中的声音，39个小时后，一个汶川人的声音通过一部海事电话传到了北京。那个声音在说：北京，我们受灾了，需要救援！这个声音就是汶川县委书记王斌的声音。今天，王书记也来到了我们的现场，我们掌声有请他。

宁 您好，王书记。我相信大家和我一样，非常想知道那39个小时里您和您的同事都做了些什么？

汶川县委书记王斌 在第一时间，我们启动了应急预案。不到10分钟的时间组织了县级领导干部、机关干部职工和驻军部队，迅速到达了学校、医院和人口密集的地方开展抢险救援工作和人员疏散工作。在很短的时间内，把县城的4万多人有序的送到了安全地带。同时，在废墟当中，及时地抢救了几百名受伤的群众。我们和乡镇无法联系的时候，我们组成了党员干部和团员组成的突击队，由我们的县级干部带队，徒步到达各乡镇开展抢险救援工作。在几十个小时当中，我们的党员，我们的团员，我们的干部，没有一个面临困难退缩。有的失去了父母、妻子、儿女，忍受着巨大的痛苦，都在第一线默默地工作！

宁 您觉得是什么样的力量让你们支撑了39个小时，乃至后面更长的时间？

王斌 我们每到一个受灾的地方，看到我们自己的百姓的时候，他们对我们信任，对我们的期望给了我们力量和坚定的信心。汶川虽然遭受了严重的灾害，然而今天的汶川仍然充满着希望！谢谢大家的关心！

宁 谢谢，谢谢王书记！我们的四川也是充满希望的四川！谢谢您！朋友们，其实当灾难发生的时候，还有一大批像王斌书记这样坚守在自己工作岗位上的基层干部。向峨乡党委书记罗洪亮和乡长付明涛，在灾难发生的那一刻，组织了20多名乡干部向垮塌的学校狂奔，他们从死神手里夺回了68个孩子的生命。三天之后，才从乡政府的办公楼里抬出8名乡干部的遗体。还有乡干部罗干强，带领群众不眠不休从废墟里抢救了一个又一个的生命之后，突然发现在废墟里露出了一个孩子的脚，他认得那只鞋和那只袜子，那是他的孩子！从今以后，只要闭上眼睛，那只鞋和袜就会在他的眼前出现。爱廉社区支部书记王皖明，将党支部的牌子插在一片废墟上让干部们到这儿来报到。他说：要让大家知道，党支部就在这儿！这样的故事还有很多很多。当灾难来临的时候，这些可爱的基层干部们，他们选择和群众站在一起。由于了解当地的情况，他们给中央和各界力量提供了强有力的配合。他们为了群众的生命忘记了自己，忘记了自己的家。因为此时此刻他们知道更多的生命和自己有关。现在我要告诉大家的是：今天，向峨乡的几名乡干部也来到了我们现场，让我们向他们，也向所有坚守岗位的基层干部们致以崇高的敬意！谢谢！

（在宁远介绍乡干部的同时，合唱团分别从左右出，队形站定为左中右三部分）

歌曲《我们在一起》

作词：段永生　作曲：段永生　刘党庆

演唱：四川音乐学院合唱团

四川大学艺术学院合唱团

（灯光：桃红光、蓝光）

（大屏幕为节目标：以生命的名义）

我们的鲜血流在一起
我们的眼泪淌在一起
我们的呼吸融在一起
我们的信念铸在一起
我们的鲜血流在一起
我们的眼泪淌在一起
我们的呼吸融在一起
我们的信念铸在一起
汶川和中国在一起
四川和世界在一起
坚强和我们在一起
胜利和我们在一起
汶川和中国在一起
四川和世界在一起
坚强和我们在一起
胜利和我们在一起
汶川和中国在一起
四川和世界在一起
坚强和我们在一起
胜利和我们在一起
胜利和我们在一起
在一起

片头视频（主要内容：绿色中国地图上用黄色勾勒出四川省汶川县——北纬31°，东经103.4°，一幅幅地震后凄惨的照片展现在人们面前，引出晚会的主题：以生命的名义——四川省抗震救灾大型特别节目）

讲述《母亲的故事》

（灯光：蓝光）

许 我想说一说——母亲。就在大地震的前一天，5月11号是母亲节。然而今年这个节日似乎一直也没有过完。因为，在大地震中我们每每被母爱感动得泪流满面，在过去的这十多天里，我们听到了太多有关母亲的故事。有这样一位母亲，她从贵州徒步跋涉了三天三夜在废墟上向救援人员指出了自己孩子的位置，并且奇迹般的救出了孩子；有这样一位母亲，她不顾一切的疾走30多个小时，把受伤的孩子背出了灾区；更有这样一位母亲，她用双手支撑身体的姿势死去，身下留着毫发无伤的孩子和一条短信，短信上写着：亲爱的宝贝，如果你能够活着，一定要记着——我爱你！而在另外一片废墟中，人们发现一个脸蛋红扑扑的婴儿躺在已经停止呼吸的母亲怀中安静的吮吸着乳汁。说实话在我自己没有做母亲的时候，我对母爱的理解更多的是抚养、呵护、陪伴。然而只有今天真正做了母亲之后才发现，原来母爱的内涵远比我们想象的要复杂得多，要丰富得多。这里面或许更多的是挂牵，是担忧，是兴奋，是恐惧，是无奈，当然，更有感激！这一次，这场大地震让我们发现了母爱更为广阔的外延。我们现在从屏幕上这张照片可以看到，这位正在哺乳的母亲就是江油市公安局巡警大队的民警蒋小娟，只不过吃奶的并不是她的骨肉，而是受灾群众的孩子。其实蒋小娟做妈妈是去年10月份的事情，这次大地震发生后，她忍痛抛下自己尚在哺乳期的儿子，交给乡下的婆婆去照料，自己毅然决然地投入到救灾过程中。在受灾群众里有很多嗷嗷待哺的婴儿，他们的母亲要么是在地震中不幸遇难，要么因为受伤无法哺乳，还有一些因为受到了过度的惊吓没有了奶水，而这个时候所有的婴儿奶粉都已经用完。看到那些让人心碎的孩子，蒋小娟顾不得太多，她毅然敞开了胸怀，一共喂养了9个婴儿。现在她有一个美丽的名字，叫警察妈妈。人们都说蒋小娟是一位伟大的母亲。然而她自己却说，她不过是做了所有的母亲都会做的一件事情——那就是让全天下的孩子都有妈妈！

诗朗诵《别哭，我的宝贝》

小提琴伴奏：吕思清

（灯光蓝）

（大屏幕：蒋小娟怀抱一个孩子哺乳）

（蒋雯丽右上、小提琴手左上）

蒋雯丽 别哭，宝贝，我就是你的妈妈。到我怀里来，仅仅靠着我的胸口，像妈妈一样温暖的胸口，有你熟悉的妈妈的气息；有你可口的妈妈的乳汁。一样的芬芳，一样的甜美。让我看着你吃饱了乖乖的模样，就像看到已经很久没有见面的那个在家里的儿子。已经六天了，9个婴儿9个原因，突然断了母亲的奶水。五月的大地，撒落无助的蓓蕾。别哭，我的宝贝！那个把你生下来的妈妈已经去天堂了，她真的是不想离开你，她知道天堂的路有多远，这一去就再不能回。别哭，我的宝贝！你那在废墟中受伤的妈妈依然在医院里昏迷不醒，她不能给你喂奶了，你不要怪她这些天不来看你，不要怪她把你扔下，你的妈妈已经生命垂危。别哭，我的宝贝！你的妈妈生你的时候天旋地转，门前的道路已经摧毁，温馨的家园已经破碎。你的妈妈遭受了过度的惊吓，原来充沛的乳汁全都没了，她就站在我的身边，满眼是泪！别哭，我的宝贝！我就是你妈妈，你记着你的妈妈头上有一枚闪亮的警徽。你看我穿着漂亮的警服，那是你的妈妈经常搂着你的襁褓，为你遮着风，为你遮着雨，为你遮着你不该看到的鲜血和眼泪。在这露天的广场上，在这万人避难的公共场所，我不能不敞开胸怀，不能不让你依偎。我知道我违反了警察的风纪，等大难结束，我会写一份检查，在检查的后面我要说：我不后悔！

讲述《温总理看望刘小桦》

（灯光：红）

（王姬手牵小女孩左上）

（大屏幕：节目标）

王姬 我身边这个年仅12岁的女孩叫刘小桦。大震之后，5月13号她被安置在绵阳体育馆内，她是温家宝总理专门去看望的十几个在灾难中失去父母的孩子中的一个。那天，我们亿万观众通过电视机记住了这个哭泣中的女孩和一句滚烫的话语……

视频（主要内容：温家宝总理慰问灾区孩子："别哭，别哭，这是一场灾难！你们幸运地存活下来，就好好活下去！"）

王姬 好好活下去！我现在要告诉大家一个好消息，那就是小桦的父母找到了，他们都还活着！但是由于交通和通信还没有完全恢复，她的父母无法赶来跟孩子见面，也无法用手机联系上，小桦从地震到现在，就再也没有听过父母的声音。大家积极想办法，在中国移动的协助下，安排小桦的父亲走到几里地之外为自己的女儿录下了一段话。现在就让我们跟小桦一起来听一听这个震后18天都没有见过自己的女儿也没有听到过女儿声音的父亲，究竟会对自己的宝贝女儿说些什么?!

视频（主要内容：标注重灾区的地图，什邡白什村刘小桦父亲声音：知道你还在，没有什么生命危险，你要坚强不要伤心，谢谢女儿对我们家人的牵挂，我一定转告给你妈妈。你妈妈很想你，爸爸目前没有办法来看你，希望你能够理解爸爸。我也是这个白什村的村主任，因为作为党员干部，出现这么大的灾情，我是肯定不能照顾你的，我要顾及我们的村民。爸爸一定会爱你，希望你能够坚强的活下来！）

王姬 小桦，听到你父亲的声音，如果你再见到你的父母，你会对他们说什么呢？

小桦 我想对爸爸说，爸爸，我想你们了，很想你们，我想自己的家，想妈妈做的菜，希望我们一家人能早点团聚。我一定会坚强的活下去！

王姬 小桦，你知道吗，通过电视机，大家认识了你，知道了你，关注你，关心你，那么你有什么心里话要对大家说吗？

小桦 我想说，叔叔阿姨爷爷奶奶，谢谢你们对我的关心！我很快就能见到爸爸妈妈了，我不是孤儿，但是我一定会记住那句话——我会好好活下去的！谢谢大家对我的关心！

王姬 说得好！小桦，我也要告诉你，你是灾区的希望，你是四川的希望，你是祖国的未来，一定要好好活下去，努力学习，加油！

歌曲《生死不离》

作词：王平久　作曲：舒楠

演唱：成龙　Sara　张世　姜鸿波　梁慧恩

表演：中国龙韵功夫团

（灯光：桃红光）

（演员分左右出）

生死不离
你的梦落在哪里
想着生活继续
天空失去了美丽
你却等待梦在明天站起
你的呼喊刻在我的血液里
生死不离　我数秒等你的消息
相信生命不息
与你祈祷一起呼吸
我看不到你却牵挂在心里
你的目光是我全部的意义
无论你在哪里　我都要找到你
血脉能创造奇迹
生命是命题
无论你在哪里　我都要找到你
手拉着手　生死不离
生死不离
全世界都被沉寂
痛苦也不哭泣
爱是你的传奇
彩虹在风雨后坚强升起
我的努力看到爱的力气
无论你在哪里　我都要找到你
血脉能创造奇迹
大山毅然举起
无论你在哪里　我都要找到你
天裂了去缝起
你一丝希望是我全部的动力
搭起我的手筑成你回家的路基
无论你在哪里　我都要找到你
血脉能创造奇迹
生命是命题
无论你在哪里　我都要找到你
手拉着手　生死不离
无论你在哪里　我都要找到你
血脉能创造奇迹
大山毅然举起
无论你在哪里　我都要找到你
天裂了去缝起
手拉着手　生死不离

讲述《任思雨的故事》

讲述人：张国立

（灯光蓝）

（大屏幕：汶川震后的废墟）

（张国立从舞台左出）

张国立　儿歌会在什么时候听到，什么时候唱起呢？可能是在妈妈的怀里，在爸爸的肩上，在小伙伴们一起玩耍的时候。总而言之，关于儿歌的记忆一定是一幅温馨美好的画面。然而，有一首儿歌却从汶川大地震后，这片废墟中响起。就在这片废墟下，救援人员发现了一个叫思雨的小孩。她今年才6岁，是汶川县曲山镇小学一年级一班的学生。地震使山体滑坡，整个学校夷为平地。救援人员研究方案动手挖掘，但由于余震不断，救援速度是非缓慢。小思雨被压在水泥板下，双脚被卡住，鲜血流淌，让人心急如焚。就在这个时候，在黑暗中，在废墟下传出了一首儿歌声，那是思雨在唱，一个被死亡包围着的孩子在唱着，她的声音是那么的微弱，让周围的人却感到震耳欲聋。今天的晚会，我们请来了这位废墟下的歌者——一位6岁的孩子。

（工作人员推着轮椅上的思雨从舞台右出）

张国立　思雨今天是从医院赶过来参加我们晚会的。思雨，今天在场的所有叔叔阿姨和电视机前的全国人民都特别想知道你唱的是哪一首儿歌。

思雨　两只老虎。

张国立　两只老虎。你今天能不能再给我们唱一遍？好，大声唱！

思雨　两只老虎，两只老虎，跑得快，跑得快。一只没有耳朵，一只没有尾巴，真奇怪，真奇怪。

张国立亲小女孩 我建议咱们再给她一次掌声！

张国立 其实思雨当时在用歌声安慰着救援她心急如焚的救援人员们。一个6岁的孩子，用这样一首儿歌在天灾面前表现出来的是大从容、大镇定。让我们在今天才看到了、理解了常常挂在我们嘴边的那个词汇——精神。灾难来的时候，孩子们的尖叫声和哭喊声是意料得到的。但是在汶川大地震后，我们却意外看到了很多个无比镇定无比勇敢的孩子。他们在废墟下看书，在废墟下相互鼓励，有的孩子竟拽断了自己的腿给别的孩子让一条生路。还有一个孩子从废墟中爬出，却又跑回废墟中救出两个自己的同学。当别人问他你为什么要这样时，他的回答却是那么的简单——我是班长。短短的四个字，如此的简单，意义却如此的深重。当我们看到灾区的孩子举起自己涂画的家乡重建的蓝图，上面歪歪扭扭写着我们会东山再起的时候，我们这些大人怎么能不感动，怎么能不敬佩！这是一方什么样的土地？养育出一群如此无畏的孩子！他们留在我们耳边的歌声，定格在照片中的笑脸，都是勇敢的四川人必将雄起的证明！我们都知道思雨爱唱歌。思雨，你想不想听歌？

思雨 想。

张国立 那好，今天叔叔把刘德华叔叔请来给你唱歌好吗？（好）有请刘德华。

（刘德华左出）

思雨 刘德华叔叔。

刘德华 阿？你叫我叔叔啊？你叫我哥哥吧！你知道么？我有个歌迷也叫思雨，她去当义工，就是志愿者。你们都是我们的骄傲！你知道吗？

思雨天真的摇头，引来现场短暂的欢乐。

刘德华 不要紧张啊，我带了一些哥哥姐姐为你唱歌，你到下面好好地听，好不？

思雨 好。

张国立 （四川话）用四川话给哥哥说谢谢。

思雨不好意思地说 谢谢。

张国立 思雨不好意思了。

刘德华 非常敬佩她，今天我们带来了我们香港的朋友，希望所有的朋友能明白我们真的能因为你而骄傲。送给你们的《承诺》，谢谢。

歌曲《承诺》

作词：刘德华　作曲：黄家驹

演唱：刘德华　黎明　郑秀文　许志安
　　任贤齐　杨千嬅　何韵诗

刘德华 多少人多少幸福被抢夺
多少生活在一瞬间被埋没

郑秀文 一切变沉默
泪光在眼眶闪烁
尘埃沾满了失落的轮廓情愿是我

黎　明 不必说　你们背后还有我
未来就算崎岖也会陪你过

杨千桦 一个你　一个我
扛起不需要脆弱
前面越走一定会越宽阔　你还有我

许志安 谁都会有恐惧面对黑暗的角落
为了你我再苦也不躲

何韵诗 我要你重获原来的生活
认定了这一辈子的承诺

任贤齐 不必说你们背后还有我
未来就是崎岖也会陪你过

女　合 一个你一个我
扛起不需要脆弱
前面越走一定会越宽阔你还有我

男　合 谁都会有恐惧面对黑暗的角落

为了你我再苦也不躲
我要你重获原来的生活
认定了这一辈子的承诺

任贤齐 让我们每一个人的心抚平了伤痛，迎向希望的未来。

郑秀文 让我们一起手牵手，心连心，发挥爱的力量，为他们重建家园。四川，加油！

郑秀文、何韵诗 纵然山摇地破
也要安然度过
有你有我

合 谁都会有恐惧面对黑暗的角落
为了你我再苦也不躲
我要你重获原来的生活
认定了这一辈子的承诺

刘德华 我要你重获原来的生活

黎　明 认定了这一辈子的承诺

合 谁都会有恐惧面对黑暗的角落
为了你我再苦也不躲
我要你重获原来的生活
认定了这一辈子的承诺

刘德华 一句话，未来的路

合 我们一起走，谢谢

（演员齐鞠躬，舞台右下）

片花视频（主要内容：绿色中国地图上用黄色勾勒出四川省汶川县——北纬31°，东经103.4°，一幅幅地震后凄惨的照片展现在人们面前，引出晚会的主题：以生命的名义——四川省抗震救灾大型特别节目）

濮 感人的故事在灾难的土地上到处发生；动人的情节在祖国的大江南北到处涌现。我们忘不了在赈灾的关键时刻，胡总书记来到重灾区，在余震中为军民鼓劲；我们忘不了温家宝总理在第一时间把抗震救灾指挥部设在了第一线。

宁 我们忘不了将生死置之度外的战士，为了赢得时间，请求再一次回到死亡的废墟；我们忘不了全国各地紧急救援的白衣天使，没日没夜的救死扶伤。

许 我们忘不了来自大江南北的各种救援物资源源不断地向同一个地方涌流；我们忘不了海外华人的捐款箱出现在了世界的每一个角落。我们也忘不了国际社会的捐赠和救援机构以超乎寻常的速度，第一时间赶到了灾区。

濮 这些日子，我们的泪水会流成河。那是悲痛的眼泪，那更是感动的泪水。下面为大家演唱的是一些四川籍的演员，还有一些来自重灾区的娃娃们。我们的眼睛又要饱含泪水了，因为在他们的歌声中，我们感受到我们周围的爱太多、太深！

歌曲《感激在心》

作词：王持久　作曲：张骁
领唱：李丹阳　陈小涛
演唱：青川乔庄小学　映秀中心小学
都江堰十局小学　北川桂溪小学
锦江区文化馆成都娇子小学
四川省歌舞剧院
成都军区战旗文工团
四川音乐学院

（灯光：桃红）

（大屏幕播放各工种人员在灾区救灾，灾区人民以各种各样的方式感谢国家、感谢部队）

（演员从舞台两侧站定）

孩子合唱 患难中见证真情闪亮
不论在身边还是远方
生命中经受了多少震撼
你的爱弥漫在我心房

李丹阳 我知道爱心不图报偿
只为我分忧勉我自强

陈小涛 擦干眼泪要活得更好
不辜负你对我的期望
合 感激在心我要对你讲
把所有的悲痛都化作力量
朝着你爱心指引的方向
重新扬起飞翔的翅膀
感激在心我要对你讲
我会更加勇敢更加坚强
在爱里生长
再把爱传扬
请相信我的爱会和你
和你一样
我知道爱心不图报偿
只为我分忧勉我自强
擦干眼泪要活得更好
不辜负你对我的期望
感激在心我要对你讲
把所有的悲痛都化作力量
朝着你爱心指引的方向
重新扬起飞翔的翅膀
感激在心我要对你讲
我会更加勇敢更加坚强
在爱里生长
再把爱传扬
请相信我的爱会和你
和你一样
合 患难中见证真情闪亮
不论在身边还是远方
生命中经受了多少震撼
你的爱弥漫在我心房
合 感激在心我要对你讲
我会更加勇敢更加坚强
在爱里生长
再把爱传扬
请相信我的爱会和你
和你一样

讲述《郎铮的故事》

讲述人：李佳明

（大屏幕：与故事相关的图片，一个被一群战士抬着的小男孩高高举起右手敬礼。）

李佳明 大家好，接下来这个环节导演希望我为全国观众讲述《郎铮的故事》。就是他，一个感动了13亿人的3岁的敬礼娃娃。可是不知道为什么，从我接到任务到现在，我都不知道应该怎样来讲述这个故事。因为这个故事不需要讲述，他已经深入到每一个中国人的心里。可是我又想为郎铮做点什么，我打开网页发现，现在在网络上停留的还是十几天前那一组略带恐惧的相片。可是我想说，灾难已经过去十几天了，所有的人都在帮助我们。而且，两天以后就是儿童节，我必须要把郎铮现在的生活告诉全国观众。于是，我和摄像蓝小奇昨天踏上了前往西安的航班。

视频（主要内容：李佳明前往西安唐都医院看望郎铮。小郎铮躺在病床上和李佳明一起玩儿起了摄像机，一起唱着儿歌。虽然他的左手受伤严重，但丝毫未影响小郎铮的勇敢和乐观。画面的最后小郎铮再次举起了右手，向镜头行了个军礼）

诗朗诵《废墟上的敬礼》

作者：梁平　朗诵：陈道明

（灯光：蓝光）

（陈道明从舞台右上场）

朗诵词 那是阳光少年没有经历过的黑暗，那是童话世界里没有讲述过的痛苦。一个3岁的孩子，就在这无边的黑和无边的痛里，等到了一片灿烂的迷彩。是英雄抱着他迈出了黑暗走向了阳光。迷彩的手臂上传递着他幼小的身体，此刻的孩子挣扎着举起了他稚嫩的右手，向着抢救他的英雄们表达敬意。我的朋友们啊，这是怎样的一份敬意，这是一种超越年龄的庄重，是一个不规则的军礼。也就是在这一刻，一个正在流血、流泪的中国，忘掉了身上的痛，当他举起右手的时候，几乎每一颗心都为之震撼。那是爸爸的手，妈妈的手，那是小伙伴的手，那是废墟里血肉模糊的手，那是些已经折断不能再举起的手，那是四川八千万森林般的手！举起来，那举起来的是一阵呼啦啦的感恩的风啊！感恩，从一个幼小的心灵流淌出一股清泉，汇成一条大川，向着海的方向奔涌。一位将军说，这是我们接收的最崇高的敬礼。足以让群山肃立，举国敬仰，让每一个生命体会大难面前的从容。孩子，你那高高举起的右手，带给了中国怎样一个感动！它将珍藏在共和国的记忆里，珍藏在十三亿中国人每一刻自豪的心中。

歌曲《祈祷》

（灯光：蓝）

（大屏幕：节目标）

（彩幕：燃烧的红烛，演员左出）

作词：翁炳荣　编曲：张骁

演唱：谭咏麟　辛晓琪　吴宗宪　胡彦斌　黎姿　陈芷青　林韦辰　苏有朋　袁泉

让我们敲希望的钟啊
多少祈祷在心中
让大家看不到失败
叫成功永远在
让地球忘记了转动啊
四季少了夏秋冬
让宇宙关不了天窗
叫太阳不西沉
让欢喜代替了哀愁啊
微笑不会再害羞
让时光懂得去倒流
叫青春不开溜
让贫穷开始去逃亡啊
快乐健康留四方
让世界找不到黑暗
幸福像花开放
让我们敲希望的钟啊
多少祈祷在心中
让大家看不到失败
叫成功永远在
让我们敲希望的钟啊
多少祈祷在心中
让大家看不到失败
叫成功永远在
让大家看不到失败
叫成功永远在

讲述：陈光标和唐山十三义士的故事

讲述人：窦文涛

窦文涛　现在我还想说说咱们的志愿者。他们可真是个行各业干什么的都有。其中有一位，大名叫陈光标。他是一家私营企业的老板，他的公司在南京。他做的工程就是物料循环再用那种环保工程。生意做得很大，光是大型机械就有很多台。5月12日那天下午3点，陈光标的朋友告诉他说：“四川发生大地震了。”你知道，两个小时之后他做了一个什么样的决定？他当即决定他们公司60台原本要去往北京、天津和山西做拆迁工程的60台重型机械，现在不去了，立马砖头向四川开进。而他本人匆匆收拾一下行李，会同几个朋友开着车直奔灾区。14号他的60台重型机械到达了灾区现场，马上就开始了救人。陈光标他搞拆迁，所以他很了解怎么样去救人，同时怎么样支撑住废墟不让他继续再往下塌。所以听说有那么一阵子在北川中学他成了现场指挥的角色，而且他还是不罢休，他还要在灾区到处走，到处帮忙。所以也不知道他从哪儿弄来一身军装穿上了伪装一下，甚至自己还做了一个红十字会的通行证。就靠着这身行头，他在灾区是东奔西走，居然也能畅通无阻。帮了太多的忙了，而居然今天他还穿着这身行头坐在了我们当中，企图继续伪装他的志愿者身份，但是我决定还是无情的揭露他的身份，指出他的位置向他表示我们深深的敬意！陈光标，谢谢你。谢谢！除了向陈光标这样的志愿者个人，当然还有一支又一支的志愿者团体。有一支志愿队，我想给大家介绍一下，而且我很自豪，因为都是我的河北老乡。他们都是唐山人，这支救援队成员 13 名，他们都是唐山玉田县东八里铺村同一个村的甚至是同一个小队的 13 名村民。现在这支救援队江湖之上美名扬，人称他们是“唐山十三义士”。其实，他们早就组织了救援队，在年前大雪灾的时候，这支救援队就曾经去灾区救援过，这回听说四川发生了大地震，他们的队长宋志永当时就兴如烈火，跟兄弟们说：“我先打前站，你们马上跟上。”于是宋志永就为了抢时间，在 5 月 12 日晚上 8 点半从唐山出发。我给大家说说，他这一路是怎么到灾区的。他是从唐山打车到北京，为了从北京火车站赶上从北京去四川的火车，但到了北京火车他错过了，他就在北京站蹲了俩钟头，然后一想，我呀，去郑州。买张火车票去了郑州，为了在郑州搭飞机去四川。可是到了郑州发现，去往成都的航班临时取消。你说，他怎么办？咱们这宋队长硬是从郑州打车去了西安，又从西安打车直奔绵阳，昼夜兼程！这一路上有的司机都不肯走，说那边大地震，路途遥远我不想去，这宋队长一路跟他解释，还拿出自己的驾驶证，说我也能开车，一路上咱们轮流开，你就不怕累。就这样，他是两天两夜没合眼从唐山赶到了绵阳，一到那儿就扑到废墟上去救人。就在 14 号的夜里，宋队长一路救人到深夜，于是就在马路边的一块石头上睡起来，还给冻醒了。到了 15 号，他那 12 个兄弟从唐山经北京飞到了他的身边，13 个兄弟是会同一处到处救人。他们到任何地方都有志愿者加入他们，所以这支救援队他的人数是不固定的，比如说在北川的时候他们有 60 多人，在绵阳他们有 30 多人。为什么志愿者都愿意加入他们这个队伍呢？你一问，人家说了他们靠谱，他们是唐山的。宋队长他们这“唐山十三义士”，我们真是不知道怎样去感谢他们，大家知道么，就这支救援队他们从废墟里救出了 25 个人，挖出了 58 具遇难者的遗体，感动了灾区无数的老百姓。现在，请允许我荣幸的请出他们，有请“唐山十三义士!”，13 人分别从两边上场，窦文涛站中间）我很骄傲，跟我们河北老乡站在了一起，在我身边这位就是我刚才讲到的宋志永队长。宋队长您好，听说咱们这支队伍里头也有父子也有兄弟，都不仅是同一个村的了。你能给我们介绍一下他们吗？

宋志永　好，从左边开始，第一个是王保果，第二个是王保忠，他们是亲兄弟。

窦文涛　亲兄弟！

宋志永　第三个是杨国平，第四个是杨国明，他们是亲兄弟。（两人上前一步向观众鞠躬）

这个杨东和杨国明是父子。（两人上前一步向观众鞠躬）这位王精良和王国龙他们是父子。（两人上前一步向观众鞠躬）这个是我堂哥宋志先。

窦文涛 现在我才发现什么叫打仗父子兵，上阵亲兄弟了。我还有个问题想问问宋队长，他们在救援过程中，很巧，正好20号赶上了宋队长的生日，我想我们还是用掌声给他过一个迟到的生日吧。我在电视上看到，每当我们的救援队成功救出一个人，现场的群众就像我们这样为他们鼓掌。那天宋队长过生日，听说灾区有一对老夫妇就把这支队伍请回到家里，拿出自己珍藏的腊肉香肠、面条，结结实实地给我们的唐山老乡过了一回生日。当时有一个记者在采访，这位记者饱含感情的问宋队长："过这个生日有什么意义啊？"本来希望听到一些豪言壮语，可是宋队长回答却是这样，宋队长，你当时是怎么回答的？

宋志永 当时我就说我今天过了一个我的一生当中可能是最有意义的一个生日，因为我吃到了四川最好的腊肉，也吃到了四川最香的鸡蛋。

窦文涛 那是因为我们唐山老乡的心是最好、最善，我还有一事相求，听说宋队长在救人的过程当中，他身上一直有一个小本子，一边救人一边在本子上记满密密麻麻的人名，可以看看你这个小本子吗？

（宋志永从裤兜内掏出小本子，交给窦文涛。）

窦文涛 我给大家随便一念。四川绵阳市安县茶萍乡老望村4组失去父母的孤儿（只有爷、奶），女儿赵华容15岁，儿子赵林10岁，还有他叔叔的手机电话也记在这个本子上。记这个信息是做什么用的？

宋志永 因为我第一次知道这两个孩子的父母已经在这场地震中受难时，我自己从兜里掏了1500元给他奶奶，当时我心里特别难受。我想这1500块钱并不能维持他们以后的生活，然后我又把他们的具体地址和电话留下，准备以后每月都把生活费打到他们的卡上，来维持他们的生活。虽然我很不富裕，但是我希望他们能够幸福。

窦文涛 谢谢你，谢谢咱们的唐山人。不知道还有多少个志愿者，他们从全国各地赶到灾区，有的是参与救援，有的协助医疗，有的只是做个饭，帮着找个人，帮着递个水，能帮点什么他们都愿意帮忙，还有更多的没有来灾区的志愿者，我们看到他们在全国各地都在组织捐钱、捐物、捐血。我听说有一个工人，一天捐了两次血，上午去了下午又去了，护士跟他说你这样得注意身体。可这位工人说：我收入低，我拿不出更多钱来，我就出点血吧！没有什么可说的，就是这样一些普普通通的人，他们为灾区做了多少实实在在的事。感谢他们，再次的感谢"唐山十三义士"！谢谢！（舞台右下）

歌曲《你可以为这世界付出更多》

作词：古羽　作曲：古羽

演唱：张学友

（灯光：桃红）

张学友 大家好，希望四川的朋友们加油！

尝过绝望你才知道
什么叫做希望
熬过黑夜
你会更欣赏太阳
学会幸福不是必然
睁开眼睛看

若听到苦痛的呼唤
哪可袖手旁观
你可以为这世界付出更多
能够帮助别人你会快乐
非求福和赞美
你会有更美好的收获
究竟你会为这世界做些什么
能够温暖别人的心最快乐
所给的 非施舍
圆满别人才算是真正的活着
跌倒之后再站起来
你会更加硬朗
病过痛过
更懂得珍惜健康
明白幸福不是偶然
掏出心来看
有许多哀伤的哭声
怎能袖手旁观
你可以为这世界付出更多
能够帮助别人你会更快乐
非求福和赞美
你会有更美好的收获
想想你可为这世界做些什么
能够温暖别人的心最快乐
所给的 非施舍
圆满别人才算是真正的活着
你可以为这世界付出更多
能够帮助别人你会更快乐
非求福和赞美
你会有更美好的收获
想想你可为这世界做些什么
能够温暖别人的心最快乐
所给的 非施舍
圆满别人才算是真正的活着

讲述《爱心传递》

讲述人：陈鲁豫

（灯光：蓝光、追光）

（大屏幕：一张怀抱孩子的护士的照片）

（陈鲁豫从舞台右上场）

陈鲁豫 我要讲的是一个关于爱心传递的故事，这个故事要从这个照片讲起。这幅照片是一个四川记者在都江堰的一个临时医疗点拍到的，照片上的护士样子伤痛、焦急，她好像在喊着什么，怀里的男孩闭着眼睛，受伤了，样子很痛苦，这个小男孩叫赵一鸣。不过那个时候没有人知道他叫什么，因为孩子太小了，才1岁。孩子的父母一直找不到，于是网友们在网上为这幅照片取了个名字，叫做“谁是这个孩子的家人”。医生护士给了小一鸣特别的关爱，不久之后，小一鸣被转到了成都儿童医院。在那儿他有了一个新的名字叫都一。很巧，也有一个一字，一是一二三四的一，都是都江堰的都，意思就是从都江堰来的，还没有找到亲人的孩子。小一鸣很可爱，大家都喜欢他。我们看到了照片认识了他喜欢他、心疼他，很多人都说想领养他，不过那个时候好心的人们不知道，这个故事已经有了一个很美的结局：因为那个时候一鸣的爸妈找到了。他的爸爸妈妈经过媒体的帮助几经辗转终于找到了已经失散了47个小时的孩子。于是小家伙又从都一变回了一鸣。按道理说故事讲到这儿，我就可以结束了。可是我还是要把时间拉回到那一天，我们永远都不会忘记的那一天。因为这个故事还有一个非常感人的前传。5月12号那一天，一鸣的爸妈外出了，姥姥带着一鸣去逛农贸市场。地震发生后农贸市场垮塌了，其实我们不知道在地震发生的那一刻，小一鸣和姥姥到底经历了什么。我们只能想象，但有一点可以肯定，在地震发生的那一刻，姥姥拼尽全力使劲地将小一鸣扔到了离农贸市场比较安全的街上。然后农贸市场就塌了，姥姥被压在了下面。在关键时刻，姥姥把爱、把生的希望传递给了一鸣。而接下来救一鸣，保护一鸣，照顾一鸣的任务就落到了另一个人的身上。这个人是谁，叫什么，从哪儿来到哪儿去，我们什么都不知道。只知道她是女性，有人说她可能是成都人，还有一点唯一的线索，那个时候那个人的右臂骨折了，听说伤得很重。于是我们可以想象，在那么危机的时候，她应该是用左手从砖块、瓦砾当中把一鸣抱起来，然后用左手抱着一鸣走到了那个临时的医疗点，用左手小心的把一鸣交给了医生护士，然后转身离开不知去向。我们一直在找这个人，可是一直找不到。我想故事说到这里您可能特别期待我能说：下面我很高兴的告诉你们这个好心人找到了。因为一个美满的故事的结局就应该是这样。可是非常抱歉，我只能很遗憾的说，这个好心人我们还是没有找到。但是寻找仍然在继续。我们不会放弃，一鸣的爸妈也还在寻找这位好心人。下面我希望大家用热烈的掌声欢迎可爱的小一鸣和他的爸爸妈妈。（一鸣及父母从舞台右侧出场）不用我介绍，这是幸福的一家人：小一鸣，一鸣的爸爸赵庆勇，妈妈杨丹。欢迎你们！先告诉各位一个秘密，刚才在上台之前小一鸣是呼呼大睡，怎么醒了？还不会说话！那让爸爸来翻译，他怎么醒了？

一鸣父亲赵庆勇 刚在下面他就醒了。

陈鲁豫 自己就醒了？你太棒了，知道要上台就醒了，谢谢你，叔叔阿姨们都很喜欢你，孩子现在身体状况看起来不错，怎么样？

一鸣父亲赵庆勇 身体相当好，恢复得很快。

陈鲁豫 他的情绪怎么样？最近哭闹得多不多？

一鸣父亲赵庆勇 情绪这几天比较稳定。最近不多了，前两天比较多。

陈鲁豫 我知道你们一直在找那个好心人，我总在想那个人一定是个妈妈，我想我们称她为大姐吧。不知道这个大姐在哪儿，你们会一直找下去的，对不对？

一鸣父亲赵庆勇 对，我们会一直找下去，因为她是我们赵一鸣的救命恩人。

陈鲁豫 我想现在孩子太小了，他可能不知道发生了什么事，他长大以后你们会把这段故事讲给他听么？（会）会讲给他听！我总觉得那个好心的大姐可能在成都，可能在四川某个地方，可能在看我们的晚会。你想对大姐说点什么？

一鸣父亲赵庆勇 首先要感谢大姐，要祝她的身体早日康复。当我的小孩找到她的时候，会当面跟她说一声谢谢，感谢她的救命之恩。

陈鲁豫 我也想说，谢谢这位不知名的好心的大姐。谢谢你救了一鸣，谢谢你把这份爱传递出去。谢谢你让我们看到生命的奇迹，爱的奇迹！谢谢你，祝福你，也祝福天下所有的好心人平安幸福，祝福你们一家人平安幸福！让我们在一起把这份爱继续传递下去。

歌曲《爱的奉献》

作词：黄奇石　编曲：张骁

演唱：韦唯　陆毅　胡兵
　　水木年华　满江　马梓涵
　　四川音乐学院合唱团
　　四川大学艺术学院合唱团

（灯光：蓝光）

（大屏幕：节目标）

这是心的呼唤

这是爱的奉献
这是人间的春风
这是生命的源泉
再没有心的沙漠
再没有爱的荒原
死神也望而却步
幸福之花处处开遍
啊 只要人人都献出一点爱
世界将变成美好的人间
啊 只要人人都献出一点爱
世界将变成美好的人间
再没有心的沙漠
再没有爱的荒原
死神也望而却步
幸福之花处处开遍
啊 只要人人都献出一点爱
世界将变成美好的人间
啊 只要人人都献出一点爱
世界将变成美好的人间
啊 啊 啊

片花（绿色中国地图上用黄色勾勒出四川省汶川县——北纬31°，东经103.4°，一幅幅地震后凄惨的照片展现在人们面前，引出晚会的主题：以生命的名义——四川省抗震救灾大型特别节目）

讲述《震生的故事》
讲述人：陈小艺
（灯光：蓝光）
（主持人舞台左出）

陈小艺 汶川大地震，带走了很多的生命，但也迎来了很多的生命。大地在阵痛和颤抖，母亲也在阵痛和颤抖。“震生”这个名字就代表了这群顽强的小生命。（大屏幕插图：地震时9幅婴儿出生的画面）他们是以各种个样的方式来到人间，有的出生在剧烈摇晃的医院产房，有的出生在急诊室，有的出生在临时搭建的帐篷里，有的靠人墙保护出生在大街上，有的出生在汽车上，还有的是在妈妈刚从废墟里被救出来之后，出生在急救站里。尽管地动山摇，他们还是要来到人间报到，好像他们要向世人宣布——生命的河流是不可阻挡的。在险象环生的地震灾区，这些新生命的到来以及更多生命力的激活，如果没有白衣天使是不可能实现的。（大屏幕变为节目标）地震那天是国际护士节，这些护士们来不及庆祝自己的节日，就投入到一场史无前列的抢险当中。近5万名医护人员他们日夜守护在那里，他们面对的是成千上万正在流血的生命和数百万不同程度的伤员。这些医护人员当中，也有很多的人失去了自己的家人，但是在这个时候他们没有选择离开，从废墟到安置点，从最初的抢救生还者到现在的防病防疫，他们跟部队的战士们一样，从来都没有歇过。这些天使们累坏了，累倒了，但是没有一个人说我不干！生命其实一直是顽强的，地震了也好，天塌了也好，生命永不言败！

歌曲《生命不言败》
作词：王晓峰 作曲：徐建 韩葆
演唱：韩红
（灯光：桃红）
（大屏幕：一幅急救车上的护士护送伤员的照片，在整首歌演唱过程中插播医护人员救死扶伤的照片）
（韩红从舞台左上场）

与爱你和你爱的人别离
你的义无反顾
是全部的勇气
心中为你祈祷

天使的微笑灿烂不熄
我们在这里诞生
我们在这里懂得
懂得生命的意义
当灾难侵蚀母亲的肌体
我们依然爱你永不分离
真英雄　不言败
万众一心凝聚爱的力量
真英雄　不言败
同舟共济托起生命的太阳
真英雄　不言败
万众一心凝聚爱的力量
真英雄　不言败
同舟共济托起生命的太阳
我们在这里诞生
我们在这里懂得
懂得生命的意义
当灾难侵蚀母亲的肌体
我们依然爱你永不分离
真英雄　不言败
万众一心凝聚爱的力量
真英雄　不言败
同舟共济托起生命的太阳
真英雄　不言败
万众一心凝聚爱的力量
真英雄　不言败
同舟共济托起生命的太阳
与爱你和你爱的人别离
你的义无反顾
是全部的勇气
（韩红舞台右下场）

讲述《废墟上的恋人》

讲述人：陈鲁豫

（灯光：蓝光）

（陈鲁豫从舞台左出）

陈鲁豫　这场灾难让我们所有的情感都经历了一次磨难和考验，亲情、友情，当然还有爱情。我相信爱情，相信真爱可以创造奇迹。我要讲的这个故事就是关于爱情、关于生命、关于奇迹。有一对恋人，女孩在北川的一家银行工作，地震发生后她被埋在废墟里，男孩安然无恙，脱离险境后开始疯了一样四处找自己心爱的女孩。他找了四天四夜终于确定了女朋友的位置，然后就寸步不离的守在废墟边，守在女朋友的身边，不停地跟她讲话鼓舞她，为她打气加油。于是，奇迹发生了。地震发生后的第114个小时，这对生死不离的恋人，终于等来了一个好消息。

视频（画外音：黑暗中，消防队员救出了这名女孩，众人用担架抬着女孩，而旁边赤裸着上身，把上衣脱给女孩盖着的那个男孩就是她的男朋友，他跟着担架一路跑着。到临时救护点后，医生全力救她，她男友也开着玩笑逗她说："现在一个管给你输的可乐，一个输的营养快线，随便你选。"小小一句话，却让女孩破涕为笑，更加有勇气、有信心。男孩：你说嘛，只要你想吃，随便你选。女孩：你买了一条大鱼吧？男孩：错，大鱼把你叼了吧！没听说过大难不死必有后福么！）

陈鲁豫　站在我身边这个高高大大很帅气的男孩就是这个爱情故事的男主人公，叫郑广明，我们欢迎他！（男孩鞠躬）广明超帅！我告诉你我们这儿的很多女工作人员都已经喜欢上你了。觉得你很帅！你跟大家打个招呼好不好？

郑广明（黑龙江漠河县人）　大家好！

陈鲁豫　广明的女朋友陈曦现在还在恢复当中，所以不能来到现场。今天广明全权代表，我们都很关心陈曦现在身体恢复得怎么样了？

郑广明 她现在身体状况正在恢复当中，但是她在我来之前就一直嘱咐我，说一定要有一颗感恩的心，要感谢那些救她的人。农发行系统、无锡的消防官兵。是她们给了陈曦第二次生命。我谢谢你们！（鞠躬）

陈鲁豫 陈曦现在在重庆养伤对吧，广明？广明说陈曦现在应该也在看我们的直播。广明想不想陈曦？要不要跟她打个招呼？

郑广明 陈曦，嫁给我吧！

陈鲁豫 广明和陈曦确定恋爱关系已经有两年的时间了对吧？（是的）如果不是因为这场地震，可能到现在陈曦的爸妈都还没有见过广明。他们的保密工作一直都做得非常的好。广明能不能告诉我们为什么一直那么保密，不去见见她的家人呢？

郑广明 因为我们还没有准备好，当我们准备去见她家人的时候，就是我们准备结婚的时候。我想现在我们可以结婚了！可以给她一辈子的幸福，我会爱她一辈子。

陈鲁豫 但是救援人员从废墟中抢救出陈曦一共花了18个小时，那个时候广明就一直在旁边一直跟陈曦聊天，他说了很多特别感人的话。他问陈曦，婚礼你是要西式的还是要中式的？当时陈曦怎么说的？

郑广明 她说她要中式的，但是我喜欢她穿西式的礼服，因为会很漂亮。白色的婚纱。

陈鲁豫 我一直没有见过陈曦，她长得可爱么？

郑广明 在我心里，她是世界上最可爱的人。

陈鲁豫 特别巧，在寻找陈曦的过程当中，广明和陈曦的家人遇见了。这以后陈曦的家人非常喜欢广明，陈曦的姑姑说，孩子们想什么时候结婚就什么时候结婚。我们做家长的百分之百的支持他们，也祝福他们。我想对陈曦说，你要好好养伤，尽快的好起来。广明真的是非常好非常好的男孩子。我们都祝福你，也祝福你们！我要谢谢你陈曦，也谢谢你广明。因为你们让我们看到了生命是那么的伟大，那么的坚强；也让我们看到了爱情是那么的伟大那么的坚强。我想在过去的18天当中，我们都一起重新审视了我们的生活，我们变了很多，我们更加珍视我们身边的那个人。更加爱我们的小家，也更加爱我们共同拥有的这个大家。我想我们在一起，就会有新天新地的新生活，我们在一起就可以重建我们的未来，我们在一起就会有更美好的明天。

歌曲《阳光总在风雨后》
词曲：陈佳明
演唱：阿斯根　容中尔甲　苏都阿洛
侯宏澜　张靓颖　李宇春　张杰
谢娜　谭维维　纪敏佳　李易峰
阳蕾

（灯光：黄光、蓝光）

人生路上甜苦和喜忧
愿与你分担所有
难免曾经跌倒和等候
要勇敢的抬头
谁愿藏躲在避风的港口
宁有波涛汹涌的自由
愿是你心中灯塔的守候
在迷雾中让你看透
阳光总在风雨后
乌云上有晴空
珍惜所有的感动
每一份希望在你手中

阳光总在风雨后
请相信有彩虹
风风雨雨都接受
我一直会在你的左右
人生路上甜苦和喜忧
愿与你分担所有
难免曾经跌倒和等候
要勇敢的抬头
谁愿藏躲在避风的港口
宁有波涛汹涌的自由
愿是你心中灯塔的守候
在迷雾中让你看透
阳光总在风雨后
乌云上有晴空
珍惜所有的感动
每一份希望在你手中
阳光总在风雨后
请相信有彩虹
风风雨雨都接受
我一直会在你的左右
风风雨雨都接受
我一直会在你的左右

采访灾区家庭

（灯光：蓝）

（彩幕：星光点点）

刘仪伟 我是一个地地道道的四川人，是四川这方水土养育了我和我的家族。虽然我后来客居北京，但是我始终为我是一个四川人而感到骄傲，我始终对别人说我的家乡是天府之国，它是那么的美丽，那么的富饶。5 月 12 号这天将在我的生命中永远无法抹掉。5 月 12 号的下午我从 3 点 20 分一直很机械的拨打电话，直到 5 点 30 分才打通了第一个电话知道家里的平安。直到 5 月 13 号的 3 点钟，我才把我认识的每一个人的电话打通。我的家跟都江堰有一些渊源，我经常去那儿玩儿。而现在我一个发小的舅舅再也没有从外出的地方归来。我今天给大家请来的四个家庭就是来自重灾区的曾经那么的完美，而现在却不得不残缺的家庭。这是来自都江堰的杨天才一家，他的儿子、孙女都在地震中遇难了。这是来自彭州中坝村的丁燕，她的丈夫永远离开了她，留下了她和 3 岁的女儿，这是北川县王会林一家，在地震中他们失去了母亲，这是他的妻子、女儿和儿子，他们也许在北川县算得上是比较幸运的一家。这是汶川漩口中学的老师高攀利，在地震中他救出了很多学生，而同样是一名老师的他的妻子却被埋在了瓦砾中，再也无法出来。这是他的女儿高雨。曾经的灾难和苦难我们已经说得太多了，而我们现在所面临的就是如何在我们曾经美丽的家园，而后成为废墟的那片土地上重新把家建起来。所以我们想听一听四个家庭他们的打算。高老师。

高攀利 虽然这次突如其来的大地震夺走了我们的同胞和亲人的生命，毁坏了我们的家园，但却摧毁不了我们的意志。因为在我们的背后有党、政府和 13 亿我们的同胞，他们是我们的坚强的后盾，有这么强大力量的支撑，我们不再会害怕。我们会挺起我们的脊梁，好好的活下去，重建我们的家园。

刘仪伟 四川曾经是美丽的，四川将来也会是美丽的。我相信我们每一个四川人将会和全国人民携手，重新找回属于我们四川的那一份永恒的美丽。

歌曲《与你同在》

作词：晓光　作曲：徐沛东

演唱：宋祖英

（灯光：蓝光）

【四个家庭分舞台两侧八字形站立，宋祖英右出】

你不要颤抖
你不会孤单
有我们风雨兼程
来到你身边
就是远在天涯海角
陌生的人们
也在把你挂念昼夜难免
你要更坚强
你要更勇敢
有我们与你分担悲痛和难关
中南海的大手
握住你冰冷的小手
天崩地裂时
送来信心和温暖
我们与你同在
与你同甘苦
我们与你同在
与你共患难
我们与你一同
走出凄风苦雨
我们与你一起
共建新家园
你要更坚强
你要更勇敢
有我们与你分担悲痛和难关
中南海的大手
握住你冰冷的小手
天崩地裂时
送来信心和温暖
我们与你同在
与你同甘苦
我们与你同在
与你共患难
我们与你一同
走出凄风苦雨
我们与你一起
共建新家园
我们与你同在
与你同甘苦
我们与你同在
与你共患难
我们与你一同
走出凄风苦雨
我们与你一起
共建新家园
我们与你同在
与你同甘苦
我们与你同在
与你共患难
我们与你一同
走出凄风苦雨
我们与你一起
共建新家园
共建新家园

（主持人从舞台左出）

濮　重建家园，我们有祖国的坚强后盾，有社会各界无私的援助，还有让我们感动的遍布全球的华人华侨和留学生的拳拳之心。

许　是，我听到过很多留学生朋友这样告诉我，离国越远越思念祖国，越能感受到祖国同胞的亲切。这一次正是这些海外赤子在我们最困难的时候捐钱捐物，义卖义演，建言献策，让我们深深感受到血浓于水的深情。今天我们把这些海外赤子的衷心祝福也带给灾区，带给重建家园的人们。

视频（画外音：我们是来自日本东京的华人，身在日本，心系四川。愿天佑中华，天佑四川！中国加油，四川加油！我们是来自澳大利亚悉尼的华人华侨，灾区的同胞们，我们惦记着你们，我们思念着你们，我们真诚的希望你们能够战胜困难，重建家园！中国加油，四川加油！我们是来自法国巴黎的四川人，众志成城，抗震救灾，万众一心，重建家园，心连心手牵手，我们永远在一起！中国加油，四川雄起！（伦敦）四川加油，中国加油！我们是来自纽约的侨胞，我们会全力以赴支持灾区人民重建家园！中国加油，四川加油！我们是洛杉矶的华人华侨，一方有难八方支援，我们永远和你们在一起！四川挺住，中国加油！）

歌曲《手牵手》
作词：王力宏　陶喆　陈镇川
作曲：王力宏　陶喆
演唱：王力宏　陶喆　孙燕姿　许茹云
　　　伍思凯　林志炫　蔡健雅　信
（灯光：蓝光）

这世界乍看之下有点灰
你微笑的脸有些疲惫
抬起头天空就要亮起来
不要放弃你的期望和期待
生活中的每一滴泪
化成绿洲的湖水
真心若能被看见
梦会实现
手牵手我的朋友
爱永远在你左右
不再在恐惧
决不要放弃
这一切将会度过
因为你和我
才有明天的彩虹
手牵手我的朋友
爱永远在你左右
这一刻不用躲在害怕后面
这个世界需要多一点信念
那尘埃不会真的将你打败
你将会意外生命的光彩
风雨过去那一天
悲伤就要停下来
感觉你身边的爱
它存在
手牵手我的朋友
爱永远在你左右
不再在恐惧
决不要放弃
这一切将会度过
因为你和我
才有明天的彩虹
我的手握着温暖的火种
散发一点光和热就看到笑容
手牵手我的朋友
爱永远在你左右
不再在恐惧
决不要放弃
这一切将会度过
因为你和我
才有明天的彩虹
手牵手我的朋友
爱永远在你左右
不再在恐惧
决不要放弃
这一切将会度过
因为你和我
才有明天的彩虹
手牵手我的朋友
爱永远在你左右
手牵手我的朋友
爱永远在你左右
不再在恐惧
决不要放弃
这一切将会度过
因为你和我
才有明天的彩虹

手牵手我的朋友
爱永远在你左右
手牵手我的朋友
爱永远在你左右
手牵手我的朋友
（四川加油！我们永远在一起！）

（主持人：舞台左出）

宁 我们永远在一起，有了爱我们就有信心；有了爱，我们更有力量！亲爱的朋友们，此时此刻，中共四川省委书记、省人大常委会主任、省“5·12”抗震救灾指挥部总指挥长刘奇葆同志正在抗震救灾工作的第一线，不能亲临现场，他特意向大家发来了致辞。

濮 向“以生命的名义——四川省抗震救灾大型特别节目”致辞：在我们众志成城奋力救灾的关键时刻，四川省委宣传部、四川广电集团、凤凰卫视、成都市委宣传部等单位举办的“以生命的名义——四川省抗震救灾大型特别节目”生动再现抗震救灾中气壮山河的英雄壮举，充分展示灾区人民奋起自救的坚强意志，大力讴歌一方有难八方支援的如天大爱，必将凝聚各方力量增强我们战胜灾害的信心和勇气。在此，我代表灾区人民仅向活动主办单位和文艺工作者表示衷心感谢。并借此机会向全国人民，向中央各部委，各兄弟省区市，向港澳台同胞海外华人华侨，向国际社会所有支持和帮助我们的人们表示深深地感谢！向奋战在一线的解放军指战员、武警官兵、民兵预备役人员、公安民警和医疗卫生防疫人员，向来自各方面的救援队伍、新闻工作者和志愿者表示衷心地感谢并致以崇高的敬意！面对如此巨大的灾难，我们要更加坚定、坚强、坚毅，要自立、自强、自救，艰苦奋斗自力更生，用我们勤劳的双手在废墟上重建社会主义美好新家园。我们一定要在党中央国务院的坚强领导下，在全国人民的大力支持下万众一心、不屈不挠、友爱互助、自强不息，坚决夺取抗震救灾的全面胜利！刘奇葆。

宁 谢谢刘书记！我们相信坚韧的四川人可以在荒原上建造美丽的天府之国，我们也一定可以在一片废墟上重建新的家园！

诗朗诵《以生命的名义》
根据新浪网络诗歌《爱的民族》改编
朗诵：葛优　潘虹　秦海璐
　　　刘劲　邓超　梅婷
（演员左上场）
朗诵词：

葛优 那一天你悄悄地来了，事先不曾与任何人发出信息。你到过的每一个角落，都成了全体国人最为关注之地。

潘虹 你的到来，带来了大地的震撼，带来了满天的尘土，也带来了天空的哭泣。

刘劲 当你离开的那一刻，你带走了我的家园，带走了属于家人的团聚。

梅婷 带走了校园里朗朗的读书声，带走了孩子们美好童真的记忆。

秦海璐 带走了我的父亲母亲，带走了我的姊妹兄弟。

邓超 我们痛恨你，痛恨你的草率无情；痛恨你不该带走我们这一切的平静和美丽。

潘虹 可你没有想到，我们拥有一个庞大的家庭，我们拥有比别人更多的坚强、勇敢、信心和耐力。

葛优 我们不会被你的到来吓倒，在你肆虐后的废墟上我们依然高高地屹立。

秦海璐　国家的领导出现在灾后的第一时刻

梅婷　党中央最重视的是人民的利益

刘劲　子弟兵们站在了最前线，排列成震不垮的血肉之躯

邓超　校园的老师用身体呵护自己的学生，却与自己的孩子生死别离

梅婷　白衣天使体现出了做崇高的职业精神，救死扶伤却从不想到自己

葛优　新闻工作者冲向灾区前线，让关心同胞的人们及时获知第一手消息

潘虹　更多的志愿者冲向前方帮助那些需要帮助的同胞，留在家里的人伸出我们的救援之手捐钱捐物，一次又一次的将爱心传递

邓超　太多的爱从四面八方涌向四川，太多的爱在此刻去填补被你撕裂的大地

梅婷　危难关头我们心里深知，任何语言都不如伸出我们的手献出我们的爱更实际

刘劲　我们把握着每一个机会，抓紧着分分秒秒去争取去努力。我们创造了许多许多让人难以置信的生命奇迹

秦海璐　悲痛凝聚了巨大的情感，是我们的同胞用鲜活的生命把我们的心更加紧密地连接在一起

葛优　举国哀悼，共和国第一次为普通的老百姓降下半旗，全国人民向罹难的同胞鸣笛、肃立

潘虹　我的同胞阿，你们去得是那么的匆忙，对你们的敬意发自心底

刘劲　让我们一起来为失去亲人的同胞祈福吧。失去父母的孩子们，我们就是你们的父母

梅婷　失去孩子的父母啊，我们就是你们的儿女

秦海璐　我们血脉相连，我们是永不言弃的姊妹兄弟

邓超　这一切都是因为，我们中国人有着坚强的信念，我们会从这场灾难中走出来，我们会把泪水转化成重建家园的动力。我们的付出会换来伟大的奇迹

葛优　大灾面前，让大爱在我们心中流淌

潘虹　因为有爱，我们就能用我们的双手把明天的太阳托起

刘劲　放心吧，所有爱我们的人们，让我们以生命的名义宣誓

合　我们会把家乡建设得更加美丽

（陈鲁豫左上）

陈鲁豫　其实按照晚会的流程，我刚才已经结束了我的工作。可是我临时上台是要插播一个消息，一个好消息——救一鸣的那个好心人已经找到了。就在刚才她通过热线电话把电话打过来了，她说她自己姓王，的确是一个妈妈。不过她不是成都人，是都江堰人。但是目前她正在成都的妈妈家里看电视，她说她做的一切不值一提，但是她愿意认小一鸣做自己的干儿子。在这里我想谢谢王女士，谢谢你让这个爱心传递的故事有了一个最美好最完美的结局。谢谢你让我们明白，越是在灾难面前越是会有奇迹发生。谢谢你！

（鲁豫右下，濮存昕、宁远、许戈辉左上）

濮　朋友们，汶川大地震发生之后我们的灾区发生的点点滴滴传遍了中国，传遍了世界。世界上很多媒体都以“中国感动世界”为标题报道这场灾难。当一位西方记者抨击中国的抗震救灾，企图再次用新闻自由、人权的问题大做文章的时候，一向温和的联合国发言人马丽娥莎女士愤怒了，她驳斥道：“我不许你这样说！”

许　这罕见的斥责应该算是罕见的国际舆论

的一部分，事实上在“5·12”大地震发生之后，无论是亚洲、欧洲还是美洲，几乎所有的主流媒体都报道了这场灾难。而报道中，尤为称道的是中国政府快速的反应和动员能力，信息的畅通程度以及中国人的团结和爱心。澳大利亚人报有这样一篇报道给我留下了非常深刻的印象。文中说，为了救助受灾的四川群众，所有的中国人都敞开了胸怀，打开了钱包，张开了血管。

宁 在全球化的时代，任何的灾难都不再是一国的事情。因为生命高于一切，因为尊重生命，四川人赢得了全中国的尊重；因为尊重生命，中国人赢得了全世界的尊重。

濮 国难，咱不怕；兴邦，我担当！这场地震灾难反而让我们更加感到我们这个民族的团结，我们人民的坚强，我们祖国的伟大。身为一名中国人，这是我们毕生的荣耀！

歌曲《中国人》
作词：李安修 作曲：陈耀川
演唱：刘德华
（灯光：红光）
（大屏幕、彩幕：均为飘扬的五星红旗）

刘德华 我很骄傲能够成为一个中国人！
五千年的风和雨藏了多少梦
黄色的脸黑色的眼不变是笑容
八千里山川河岳像是一首歌
无论你来自何方
将去向何处
一样的泪一样的痛
曾经的苦难
我们留在心中
一样的血一样的种
未来还有梦
我们一起开拓
手牵着手不分你我昂首向前走
让世界知道我们都是中国人
（舞台后侧两边合唱团演员分别一边配唱一边入场站定）
五千年的风和雨藏了多少梦
黄色的脸黑色的眼不变是笑容
八千里山川河岳像是一首歌
无论你来自何方
将去向何处
一样的泪一样的痛
曾经的苦难
我们留在心中
一样的血一样的种
未来还有梦
我们一起开拓
一样的泪一样的痛
曾经的苦难
我们留在心中
一样的血一样的种
未来还有梦
我们一起开拓
手牵着手不分你我昂首向前走
让世界知道我们都是中国人
手牵着手不分你我昂首向前走
让世界知道我们都是中国人

（主持人左边上场）

许 2008对于中国人来说是意义非凡的一年，我们的奥运火炬还在全国各地一站一站的传递。而大地震发生后，每到火炬传递的城市我们都能看到沿途有群众举着自己手写的标语，上面写着汶川加油、四川加油。可以说每一个拥抱奥运的人都在拥抱着四川。

宁 因为地震，四川灾区的奥运火炬将会延迟到奥运圣火传回北京之前。我们相信，四川人一定会接好这不可或缺的一棒。因为有一支火炬已经在我们心底熊熊燃烧，它比任何时候都要神圣！

濮 在圣火的映照下，我们的生命在沸腾着，奥林匹克精神同样鼓舞着灾区人民重建家园。我们需要做的就是像刘翔跨栏一样，一步一步地跨过难关。在重建家园的这条跑道上，我们已经听到了此起彼伏的呐喊声——四川加油！中国加油！

合 四川加油！中国加油！

歌曲《中国加油！四川加油！》

作词：王持久　作曲：刘青

领唱：全体演员

　　四川大学合唱团

　　四川音乐学院合唱团

（灯光：黄光、后面全亮）

（大屏幕：抗震救灾画面）（彩幕：五星红旗）

危难时人人伸出手　伸出手
救援中滚滚热血流　热血流
在海里各个挺起腰　挺起腰
废墟上高高昂起头　昂起头
有眼泪我们不再流　不再流
让生命迸发力无穷　力无穷
携起手重建新家园　新家园
为明天一同去奋斗　去奋斗
不屈不挠汶川加油
自强不息四川加油
万众一心同胞加油
众志成城中国加油
不屈不挠汶川加油
自强不息四川加油
万众一心同胞加油
众志成城中国加油
中国加油

（全体观众起立挥舞国旗，高喊：“中国加油！四川加油。”）

（刘国冬　整理）

《越策越开心》——小胖子夏令营

节目名称：越策越开心——小胖子夏令营

播出台：湖南经视 eTV 综合频道湖南卫视

播出时间：2008 年 8 月 9 日

制片人：向果

片头（字幕：越策越开心）

集体舞《天竺少女》

是那潺潺的山泉是那潺潺的山泉
是那潺潺的山泉山泉
我像那戴着露珠的花瓣花瓣
甜甜地把你把你依恋依恋
噢……沙噢沙噢沙里瓦沙里瓦

噢……沙噢沙噢沙里瓦沙里瓦噢……嗬

（主持人汪涵上台）

汪涵 （以下简称汪）哈哈哈哈，太平盛世，歌舞升平，好好好好（陈英俊上台），太好了太好了，一片其乐融融。（看到陈英俊）你怎么在这里咯？（对舞女）下去下去，搞么子咯。（汪涵、陈英俊走到台前）自我介绍一下，各位亲爱的朋友，这里是天上，我是著名的玉皇大帝。

（字幕：玉皇大帝汪涵饰，王母娘娘陈英俊饰）

陈英俊 （以下简称陈）我就是著名的王母。

汪 嗯嗯嗯，不准乱讲啊。

陈 （笑）一说到我和他的关系我就想笑。

汪 我就想死，我觉得我很失败，我明明是个玉皇大帝，怎么我身边这么多年一直是她咯，真是奇怪。

陈 难道你还想找以前的旧人情，啊不，旧情人。

汪 我恨不得你现在就是我的旧情人。

陈 难道你是看上了刚才几个跳舞的仙女们里面的一个吗？

汪 你不要乱说啊，兔子不吃窝边草啊。

陈 那你为什么又嫌弃我呢。

汪 哎哟，我的蠢堂客，你自己找下镜子看哈咯，你算么子草咯，你是一蒲乱七八糟的草类。

陈 死鬼，你说得我心里也是乱七八糟的。

汪 天上一日，人间一年，这个掐指一算呢，我们好像在天上已经过了一年时间了。

陈 也不知道我这个女儿——织女。

汪 到底是女儿还是侄女？

陈 我的女儿她的名字叫织女。

汪 你说清楚好吧。

陈 不知道我的女儿——织女，她在人间过得好不好？哎呀，她的日子一定过得很苦很苦。（唱）只要你过得比我好，过得比我好。

汪 （从陈英俊右边走到陈英俊左边）哎呀，你别过了。我们到人间去一趟。

陈 好的。

汪 探望一下你的女儿，我的织女。

陈 好的，那我就给我的女儿托个梦。

汪 哎呀，我的个天哪，你还给她托梦啊。

陈 稍个信，打个 CALL 机什么的。

（字幕：人间）

马可 （以下简称马）（马可、YOYO 跳跳舞毯）我与娘子戴发间，你耕田来我织布，你挑水来。（停止跳）诶，好像搞反了啊。（马可、YOYO 坐到沙发上）织女啊，好好休息一下，累吧？（马可为 YOYO 揉腿）

（字幕：小牛马可饰，小织 YOYO 饰）

YOYO 谢谢。小牛，我做了一个噩梦。

马 啊，噩梦啊，什么噩梦？

YOYO 就是王母娘娘和玉皇大帝要来人间了。

马 原来是岳母娘和岳老子要来啦，他们不是又要把你抓回去吧？

YOYO 我红尘情缘未了，死都不要跟他们回去，我不要和你分开。（抓马可手）

马 莫抓这么紧咯！（YOYO 松开）剧本要求还是抓一下咯。

YOYO 嗯（抓马可的手）

马 小织，我爱你，我对你的爱，真是无法用语言来表达。

YOYO 死鬼，说得我的心里乱七八糟。

马 小织，我们还没有吃饭，你说我们吃什么？

YOYO 在家里吃嘛，一般在家里吃我都听你的，随你噻。

马 那我就在家里做你最爱吃的菜。

YOYO　家里家里，又是家里，一点情调都没有。

马　你想出去吃啊？那吃什么，你说。

YOYO　随你嘿。

马　那我们去吃西餐好不？环境又好而且东西又好吃。

YOYO　西餐又贵又吃不饱，吃什么西餐啊。

马　那你想吃什么嘛。

YOYO　随你嘿。

（字幕：天上人间）（汪涵、陈英俊上场）

汪　银河类，把裤脚卷起来，要过银河啦。（汪涵、陈英俊卷裤脚）

陈　我没有穿袜子。

（汪涵、陈英俊走向YOYO、马可）

汪　女儿啊。

陈　女儿啊，你瘦了。

汪　你苦了。

陈　你受苦了。

（YOYO、马可从沙发上站起）

YOYO　母后，父王，你不是过来抓我回去的吧。

陈　不是的，女儿，你不要怕，女儿。

（马可做吐状）

汪　你看你把女婿都吓坏了。

YOYO　要做好心理准备啊。

马　小织啊，到底这个是父皇，还是那个是父皇啊？

汪　你猜。

YOYO　随你觉得嘿。

陈　随你的便嘿。

汪　我亲爱的女婿，人间的生活终究跟天上的生活是没有办法比的，你看我们咯，我们根本不用劳动，都可以锦衣玉食，我们窗帘布、门帘都可以穿在头上。

马　岳父大人，你们上面的生活这么的有创意而且这么的舒适，但是我觉得还是人间比较好。

YOYO　我也觉得非常的幸福。父皇，小牛经常跟我说，我是水做的，他是泥做的，水能够让泥更加地坚强。

陈　说的很好。（走到汪涵身边）老公老公，你觉得我是什么东西做的？

汪　你是水泥做的。

（满哥上场）

满哥　（以下简称满）小牛小牛，在家吗？

（汪涵走到沙发上坐下）

马　隔壁那个满哥来了。什么事？

（字幕：男子汉邻居）

满　听说你的岳父玉皇大帝从天上下到凡间啦，我特地来找他算算，我怎么样才能更爷们儿点。

（满哥走向汪涵）

汪　看你这架势，小伙子，你已经很有男子气概了，不用算了。

满　我也这么觉得，你们觉得呢？

YOYO　有。

马　非常棒。

满　（满哥手机铃声响起，接电话）喂，什么，打五折买衣服？哎呀！你怎么不叫我呢？啊！我来了！（满哥下场）

汪　你们人间都是些这样的朋友啊？

马　他是住我们隔壁的，平时上班不是这样的。

陈　想不到一下凡就有邻居这么热情，哎呀，看来我还是蛮受讨厌的，啊不，蛮受欢迎的啦。

YOYO、**马可**　父皇真是德高望重啊。

陈　（跑向汪涵）老公，想不到你在人间也这么德高望重，你真是我生命黑暗中的电灯泡。

汪　别靠近我，不然我电你啊。

（妖娆邻居上场）

妖娆邻居　织女织女在家吗。

（字幕：妖娆邻居）

YOYO　在。

妖娆邻居 听说你的爸爸玉皇大帝从天上来了。

YOYO 是的。

妖娆邻居 那我特地过来找他算个命。

YOYO 啊，真的啊？

妖娆邻居 （跑向汪涵）神仙，帮我看看这些名片中间有没有谁会是我的真命天子啊。

汪 看看啊，王总，不行，我看了一下，王总其实是个卖白菜的。

陈 这个刘总，刘总也不行，别看他现在是老板，几个月后啊，他脑壳就往地上扳

汪 这个马经理嘛，他是今里不晓得明里，这个陈英俊啊。

YOYO、**马可** 啊，陈英俊你都有啊。

YOYO 我跟你说，陈英俊是他是送盒饭的。

妖娆邻居 啊，这样啊，没关系，我们家里还有好多名片，我都拿来给你帮我算算。

（妖娆邻居下场）

汪 我觉得她服装还是很好看的嘛，我要拿到天庭上去，让我的仙女都换上这个服装。

陈 我也一定要穿这种服装，我一定要走在时代的前列线上。

汪 什么？

陈 时代的最前列。

马 母后，你这个身材就不要有这个打算了咯。

YOYO 母后，你看这时候也不早了，你们该回天庭了。

陈 还早啊，我还没正式架场帮人算命啊。

马 啊？你还没正式架场啊，母后？

汪 我们不回去了，是吧，蠢堂客？

陈 是的，我们不回去了，我们要在人间，过点正常人的生活。

汪 我们两个决定了。

陈 帮你们带崽！

YOYO 可是我还没崽啊。

汪 没有崽可以生。

马 但是你们现在也没有事，你们可以等我们生完崽再下来。

陈 那我们没事就摆个地摊，帮别人算命。

汪 玉皇大帝摆地摊啊？你父皇我已经决定啦，我准备下凡养老。

陈 还有我嘞。

汪 那我就上去了。

陈 那我也上去。

（下场）

画外音 下面请欣赏奥运间隔秀

（字幕：向前冲　表演：燕子宝　豆子宝　绿茵啦啦队）

啦啦队歌舞表演

视频（奥运会花絮）

歌曲

奥运赛场每一天都充满了新鲜
YAYAYAYA
五星红旗随时都在最高处飘扬
YAYAYAYA
除了第一每一件事我都愿意排队
YAYAYAYA
刚出炉的金牌都为咱中国而来
YAYAYAYA
我能体会中国健儿为胜利的训练
再苦也不掉眼泪
咱中国对勇敢面对一切挑战
听号角已吹响
中国向前冲吧

（字幕：中国队必胜越策越开心为北京奥运加油）

（视频：越播越开心片花）

黄小鸭 哎呀呀。

汪 嘿嘿，大家好啊，欢迎收看《越播越开心》，我是三打哈。

（字幕：新闻主播哈得死，新闻主播三打哈）

马 我是主播哈得死。啊，大哥，怎么感觉今天棚里好冷清咯。

汪 是的啊，平时那么多工作人员。

马 小鸭。

汪 小鸭。

马 小鸭。

汪 小鸭。

马 小鸭。

汪 小鸭。

黄小鸭 哦，在这里啊。

马 小鸭，他们人类，节目要开始了，人咧。

汪 就是啊，人咧。

黄小鸭 三打哈，哈得死，他们跑去北京啦，看完昨天的奥运会开幕式，他们一个一个都请假去北京啦。

马 好啊，他们不坚守岗位，跑到北京去。他们跑到北京去干什么咯？

马 对啊。

汪 不怕死咧，那几个实习生咧？

马 就是咯，化妆师咧，摄像师咧，人咧？

黄小鸭 不怕死他说，他去北京搞街头访问了，假得死和破喉咙跑去考志愿者了，化妆师去看各国的帅哥运动员了，摄像师去看各国的美女运动员了。

汪 啊，太过分了吧，你不怕死跟几个实习生去也就算了。

马 就是咯。

汪 那几个化妆师跟着去干什么咯。

马 化妆师跑去干什么咯。

汪 就是啊。

马 我跟你说，我跟三打哈，我们脸都是自己洗的。

汪 哎呀，真是的你们看咯，我们的扣子都是我们自己扣的，哎呀，我还要整理一下我的头发，是我自己整理的，哎呀，我想去北京。

（汪涵、马可拥抱）

马 我也想去看奥运。小鸭，你发型好像也太不对啦。

（汪涵、马可整理黄小鸭头发）

黄小鸭 哦，谢谢啊，哈得死。

马 你的发型怎么变成三根了咯。

汪 三根也要给它梳个背头。

马 以前是五根啦。

黄小鸭 哎哟，好咯，谢谢。

汪 啊，不对啊，他们都跑到北京去了，那谁在帮我们录节目呢？哎呀，别说了，我越说越难过。

（韩国导播上场）

韩国导播 韩语

汪 这是什么东西咯？他讲的什么，我听不明白啊。

马 那确实啊。

汪 真的是。

马 搞么的哦。

韩国导播 看上面咧，都看着你们咧，醒里醒气哦。

（韩国导播下场）

汪 哎呀。

马 他韩国东囤渡的吧。

汪 咦，他调子蛮高。

（视频：韩国电视导播片花）

黄小鸭 预备，起。

汪 各位观众大家好，经过昨天的北京奥运会开幕式，所有的比赛项目，在今天正式展开，各体育场馆现场的观众也是爆满。

黄小鸭 是的是的是的。

（马可侧身对导播做动作）

汪 哎，哈得死，哈得死。

（马可回头坐好）

黄小鸭 是的，去给我们中国运动员加油是一回事，但也要注意个人素质与公共安全。

（视频：搞笑跳远片段，搞笑跨栏片段）

（字幕：比赛之中请运动员们注意自身安全）

汪 下面接着播报新闻，上次呢，我们播出了湖南的两万只奥运鸭 FANS 呢，一起结伴去北京看奥运会，不料呢，所租用的卡车在高速路上翻车，引起了各地观众的关注。

黄小鸭 幸亏有惊无险，没有造成鸭员上网

马 是的，徒步北上，表示一定要在八月八号晚上八点八分赶到北京参加北京奥运会开幕式的它们，现在到底怎么样？让我们一起跟随镜头去看一下。

（视频：群鸭。）（字幕：跟踪报道，奥运鸭历尽艰辛，终抵京。它们秉着不抛弃、不放弃的精神，披荆斩棘，勇往直前。目的只有一个，为奥运加油。）

马 哇，我被他们这种精神感动了，啊，我要澎湃了。

汪 啊？你要澎湃了？要怎么澎湃咯？

马 （拿出两面小国旗）中国队加油，中国队加油，中国队加油！

汪 做好事咯你！你没有一点气势，你看我咯。（拿出两面大国旗）这才叫澎湃，你看见没有咯，旗子都大些。中国队加油，加 97 的油，加 98 的油，加最贵的油，加油，加油。

黄小鸭 你们两个以为我没准备吗？劲是个劲，我的旗子现在，上！（背后出现两面旗子）中国队加航空油，中国健儿加火箭油，中国健儿飞飞飞，中国队冲冲冲。

汪 哎呀，未必你晓得飞啊？

马 做好事咯你。

黄小鸭 我要去北京，我要去会合我的好朋友们去，你们一直以为我不会飞吧。

汪 你飞你飞。

黄小鸭 我跟你们讲，我要走啦。

汪 你怎么可能走咯你。

黄小鸭 我走了，我走啦。

（黄小鸭飞走）

汪 我的天啊，自己把自己丢出这么远，哇，你看这个鸭婆子，它就做得出了。

马 喊走就走啦它，没有一点组织纪律性。

汪 太过分了啊。算了算了算了，我们赶快播新闻，播完新闻，我们也赶紧去北京，我带乐乐去，你咧？

马 我带着 YOYO。

汪 好了，我们现在要提醒各位来中国看比赛的外国朋友。

马 由于这次是世界性的体育盛事，各个国家运动员的到来也带来了各个国家的外国朋友来到我们中国。

汪 对，虽然这个北京的组委会做了非常精细的安排，但还是会有很多地方需要外国朋友自己的配合和注意啊。

马 对的，我哈得死在这里提醒一下来北京看奥运的外国朋友，在中国遇到不懂的问题或困难就寻求旁边的中国公民的帮助，一定不要霸蛮。

（视频：外国人搞笑视频）

汪 烦死了，但是也不知道那些摄像师啊、化妆师啊有没有看到各国运动员他们的帅哥美女啊。

马 帅哥太……美女啊，特别是那些巾帼不让须眉的女运动员。看昨天开幕式咯，有好多各国的美女咧。

汪 哎呀，那要你在这个美女运动员里找堂客，你会找什么类型的类？

马 哎呀，不要这么说大哥。

汪 想想，想想。

马 艺术体操。

汪 哎呀，长得好啊。

（视频：艺术体操搞笑片段）

汪 嗯，那还要有点体力。现在这个男人撒，我跟你说咯，也要有安全感，你知道不？

马 那是的。

（视频：女子举重视频）

汪 哎，你发现没有，我们发呆这么久，怎么那个韩国导播都不作声嘞。

马 嘘，不对劲咧。

汪 啊，怎么不对劲？

马 我有一种强烈的危机感。

汪 啊，真的？

马 危机四伏咧。

汪 哎，难道有杀气啊？

马 不对。

汪 哪是有埋伏？

马 不是。

汪 哪是有宝气？

马 你才有宝气咧。

汪 我又没说你。

马 那你说谁咯？

（工作人员上场）

工作人员 叔叔，叔叔，你到我屋里吃饭去不咯，我娘老子煮了好多饭咧，乐乐姐姐和YOYO姐姐，还有那个韩国导播，都到我屋里去吃饭咧，我娘老子讲，你们要去的话，她就多煮点米，你们要不去的话，他们就少煮点米，你们做句声撒，你们在干什么咯，你们去不去咯？去的话她就多煮点米，你不去的话，她就少煮点米，你们去不去咯？

汪 哎哟，你在说什么，我们听不懂。

马 我来喂你吃啊。

工作人员 爸爸，爸爸，娘老子问你回去吃饭不？你们要去的话，她就多煮点米，你要不去的话，他就少煮点米，你回去吃饭不咯？

嘉宾访谈

（字幕：开场秀　表演：汪涵　马可　小胖子夏令营学员）

在那山的那边海的那边
有一群小胖子
他们活泼又聪明
他们他们调皮又灵利
他们自由自在生活在那
健康的夏令营
他们善良勇敢都不用担心
ou... 可爱的小胖子
ou... 可爱的小胖子
他们齐心合力开动脑筋
减掉了小赘肉
他们唱歌跳舞健康多欢喜

马 列队。

汪 快点列队。

（马可、5个小胖子、汪涵从左至右站成一排）

汪 向右看不齐，因为看不过去，肚子太大啦。

马 这边是多来米法索拉希。

汪 向右看齐啦，从左到右报数。

马 从左到右啊？

汪 哦，是你，对不起啊。

汪 从左到右报数。

贺星宇 五。

汪 啊？报数有从五报起的啊？

马 不是从五报起，从八报起。

汪 好了，预备起。

贺星宇 一。

肖恺欣 二。

贺云 三。

夏添时 四。

邓伟岸 五。

汪 欢迎大家在这么喜悦的气氛当中，收看我们太子奶冠名的《越策越开心》。各位亲爱的观众朋友，我们身边这些虎虎生威的小朋友啊，他们来自一个神秘而且特殊的夏令营。

（马可走到汪涵左边）

马　没错，他们是为了同一个目标聚集到了一块儿。来，我们大家一起大声地说出你们的目标是——
五小胖子　减肥。
（字幕：减肥）
汪　首先给大家介绍一下自己。
（字幕：贺星宇，7岁，88斤，来自益阳）
贺星宇　我叫贺星宇，来自益阳。
汪　体重多少。
贺星宇　88斤
马　今年多大啊，宝贝？
贺星宇　7岁。
汪　7岁，88斤。
（字幕：肖恺欣，10岁，90斤，来自长沙）
肖恺欣　我叫肖恺欣，我10岁，来自长沙
马　你多重咯？
肖恺欣　90斤。
马　她就是不蛮显形的那一种，精壮。
汪　那位黑人小朋友。
（字幕：贺云，11岁，134斤，来自益阳）
贺云　我叫贺云，来自益阳。
汪　一样的小朋友生活条件好好的，你们看到没有？
马　体重是多少？
贺云　134斤。
（字幕：夏添时，11岁，116斤，来自长沙）
马　接下来这个瘦子，叫什么名字。
夏添时　我叫夏添时，我11岁，来自长沙。
马　那你现在的体重是多少？
夏添时　116斤。
马　这个是减肥过后的体重还是？
夏添时　我减肥过后好像增了0.4斤。
汪　减肥减肥，越减越肥啊。
马　也有可能是控制了他的增长速度。
汪　你看，他这个有话说了。
贺星宇　没有细嚼慢咽。
汪　那你是长胖了呢，还是瘦了一点点呢，说实话。
贺星宇　我不知道，因为前面称的那个称已经坏掉了。
汪　我的天哪！我们来看看那个第一个小朋友咯，个子高一点就好一点。哎呀，他笑的时候我就看他的肚子，波澜壮阔的。
（字幕：邓伟岸，15岁，176斤，来自株州）
邓伟岸　我叫邓伟岸，今年15岁。
马　你体重是多少？
邓伟岸　现在是88公斤。
汪　（假声唱）88公斤！贺星宇的两倍！88斤，88公斤！
马　请问一下，伟岸，你在减肥之前是多重？
邓伟岸　91公斤。
马　91公斤，他已经成功减掉了3公斤了。花了多长时间？
邓伟岸　三天。
马　哇，三天时间减掉3公斤，各位，一天减掉一公斤。
汪　厉害啦。
马　非常了不起。
汪　问一下，你们参加的夏令营的名字叫做？
贺星宇　小胖子夏令营。
观众　还小肥羊咧。
（字幕：小肥羊咧）
汪　小胖子夏令营变成了小肥羊夏令营。来来来，一起到我们的访谈区，一起来聊聊天。
马　来，我们到那边去。
（汪涵、马可带领5个小胖子坐到访谈区的沙发上）
汪　这个沙发是不是要加固一下咯。
马　不用不用。
（贺星宇绊倒）

汪　还说不用。

（大家坐定）

汪　我个人觉得啊，他们减不减肥都差不多

马　凭我过去对于小孩子的观念来说，我觉得小朋友越胖越可爱。

汪　很可爱，我就很喜欢贺星宇，贺星宇，来，坐到我腿上。

（贺星宇摇头）

马　你小心待会“卡嚓”啦，大哥。

汪　来咯，不要怕咯。

（贺星宇摆手不同意）

马　他不想伤害你。

汪　来咯。

（贺星宇摇头摆手不同意）

汪　我最喜欢看他摆手摇头了，因为他肉好多，你知道吗，好可爱的。

马　你们当中好像有一位是混血儿。

汪　有吗，是谁？

马　贺云是混血儿。

贺云　我不是混血儿，他们都是说看我长得黑说的。

马　他说你混哪里。

贺云　他说我混非洲。

马　混非洲啊？

汪　每个人啊，在小的时候，都会因为自己的身体啊，或者是因为自己的特点啊，会被别人起一些外号。

马　你有没有被别人取过？

汪　有。

马　你的外号是什么？

汪　我小时候叫西瓜皮。

马　我小时候也有。

汪　叫什么，冬瓜皮？

马　叫马季。

（字幕：小胖子们平时的外号）

汪　你有没有外号，恺欣？你的外号叫什么？

肖恺欣　五花肉。

汪　恺欣，别人叫你五花肉的时候，你会不会叫妈妈从菜市场买一块回来先看看是什么样子啊？

（肖恺欣摇头）

汪　不会啊？你吃过？好，我们来问一下贺星宇。

（贺星宇走到汪涵身边）

汪　你叫什么。

贺星宇　喝水怪。

汪　为什么叫你喝水怪咧？

贺星宇　因为我一天喝水可以喝很多。

汪　你喝水也长胖啊？

贺星宇　我一喝水就饱了。

汪　那不叫喝水怪啦，叫喝水宝啦？喝水怪啊，就是大河马的意思。好，我们来问下这个88公斤的，你有什么绰号吗？

邓伟岸　我的绰号特别的多，所有圆形的瓜类和所有体型比较大的动物都可以称为我的绰号。

马　宝贝，你第一个绰号是什么？

邓伟岸　第一个绰号啊，我已经忘了，因为太多了，没有第一个。

汪　你列举两个。

邓伟岸　最深刻的是西瓜，因为说我肚子里装了个西瓜。

马　听到这些的时候，有没有觉得愤怒，作为一个男子汉。

邓伟岸　没有。

汪　那有什么咯，我的外号也跟西瓜有关啊。

马　对啊，瓜皮帽。

汪　对啊，帅哥都跟西瓜有关。

马　好的，请问一下我们的这个夏添时，你的外号。

夏添时　我的外号叫肉桶。

汪　肉桶啊！

马　贺云呢？

贺云　非洲胖子。

汪 他说什么啊？

马 非洲胖子！

（字幕：小胖子晚上会不会很想吃东西）

汪 你平常到了晚上会不会就是很想吃东西咯？

贺星宇 不饿。

马 饿的时候该怎么办呢？

汪 就是，那你饿了呢？

贺星宇 饿了啊？

马 喝水？

贺星宇 嗯咯。

马 饿了就喝水？

汪涵 你这么好养活啊！

马 喝白开水，宝贝？

汪 还是喝糖水？

贺星宇 有时候喝盐水或是白开水。

马 就是盐水和白开水。

汪 你不想吃肉啊？

贺星宇 不想啊。

汪 巧克力？

贺星宇 不想。

汪 你什么都不想吃啊？

贺星宇 这些东西，对我已经没兴趣了。

汪 这些东西对他都已经没兴趣了！那现在给你一样东西，宝贝，你现在最想吃什么咯？

贺星宇 喝水。

马 这些小宝贝，为了减肥，都吃了很多很多的苦头。我相信啊，哪个小朋友不贪嘴啊。贺星宇一定是在强制自己一定要执行，比方说老师或医生对于他的这样一个减肥目标的执行。

汪 不要怕，说出来。如果我们现在去给你买一样吃的东西，你最想吃什么？比如说猪脚啦，肘子啦，我五花肉不好意思说的哦，扣肉啦，什么什么的，你最想吃什么？

贺星宇 这几天我都没什么胃口，吃那些东西太油腻了。

马 真是一个意志坚定的男子汉！

汪 其实这些小朋友呢，之所以能够在夏令营里面坚持这么久，而且有的人是卓有成效，比如说我们的伟岸啊，是用了三天时间减掉了三公斤，那是因为他们的教官堪称魔鬼教官。

马 接下来我们要有请魔鬼教官——张教官，有请。

汪 还不站起来，教官来了。

（汪涵、马可率五个小胖子起立，张教官上场）（字幕：张教官，小胖子夏令营教官）

张教官 Hi，各位亲爱的朋友们，大家晚上好。

观众 好，好，非常好，YES。

张教官 谢谢我的粉丝们。

马 哇，还有粉丝呢。

张教官 涵哥，你好你好。

（张教官与汪涵握手）

汪 你好你好，教官。

张教官 小马哥，你好。

（张教官与马可握手）

马 你好。

汪 小朋友们，来来，我们现在来模仿一下训练营啊。

（汪涵、马可带领五个小胖子走到表演区）

张教官 向右看齐，向前看，稍息，立正。

马 啊啊。

张教官 又加了一位新成员了啊。

马 对，我是小肥羊俱乐部的。

汪 我怎么着都肥不起来。

张教官 小马同学，你没看齐。

汪 看齐看齐看齐。

张教官 向右看齐，向前看，稍息，立正。先进行我们的第一个科目，就是我们的仰卧起坐。

马 啊。

汪 救命啊，贺星宇这个肚子能仰卧起坐不咯？他可以仰卧，但起坐要到明天早上。

贺星宇 只能不抱头。

张教官 只能不抱头？在营地你不是这样的，他们有一句这样的话，我们在营地，只可以仰卧，不喜欢坐。还有俯卧撑，只喜欢俯卧，不喜欢撑。

汪 撑也喜欢咯，就是吃得撑，他们也愿意。

（字幕：现场模拟训练，仰卧起坐）

张教官 开始。

（五个小胖子开始仰卧起坐）

马 （指邓伟岸、肖恺欣）这边不错，这边不错，大家看。伟岸就不错啊，你看添时也不错。

汪 伟岸那边算什么咯，你看我们的星宇。

（张教官、汪涵、马可走到贺星宇旁帮他）

马 加油星宇，你可以做到。好的，你看，星宇。我帮你抓脚。

汪 来，一二三，起来。

（贺星宇成功做完一个）

马 好的。

汪 好的，再来一个。

（贺星宇成功做了几个仰卧起坐）

马 哇，鼓励鼓励鼓励。

张教官 6、7、8、9、10。

汪 可以啦！现在想吃什么？

贺星宇 什么都不想吃。

汪 他还真的什么都不想吃。

张教官 马上进入到我们的第二项呼啦圈了，朋友们，起立。

（字幕：现场模拟训练，转呼啦圈）

汪 加油，星宇。

张教官 预备，开始。

（五个小胖子开始转呼啦圈）

汪 星宇，你的肚子弹性好好。

马 贺云不错哦，贺云一直都没有落地，添时加油。

汪 （对着贺星宇）你看你咯，你老是落地。

张教官 这个呼啦圈很重的，我们转几圈之后，会感觉那个肚子很疼。

汪 真的吗？我可以试试看吗？

马 你试试看嘛。

汪 我不怎么会转。

（汪涵接过呼啦圈，开始转）

马 沉不沉嘛？

汪 这对我来说，太容易啦！小马，小马，你进来不咯。

马 你不要这样，你这样转的太着急，你要像恺欣那样，她转的云淡风轻。

张教官 （对观众）要不要小马哥转几个？

观众 要！

（汪涵把呼啦圈给马可）

汪 预备，三四走。

（马可转呼啦圈，很快着地）

汪 云淡风轻啊，你要云淡风轻啊！好，现场的观众你不要笑，你们以为好转吗？我们随便叫一个现场的朋友来。你来你来，女孩子。

（女观众上台，接过呼啦圈）

马 转过呼啦圈吗？

女观众 没有。

马 没有转过啊？

汪 没转过是吧？那一个太难，转两个比较容易。

马 你转一个先试试，预备开始。

（女观众成功转呼啦圈）

汪 还说没转过呼啦圈。

马 哎哟。

汪 哇，星宇，跟她 PK，转两个。

马 星宇可以转两个啊？

汪 预备。

（贺星宇套了两个呼啦圈，马上着地）

观众 哈哈。

汪 他们在这样一个团队当中，有没有平常他们在生活中接触不到的一些事物啊，一些比较新鲜的事情？

张教官 有啊，比如说我们给他们制定了一些课程，救护知识的，就是给他们做包扎。

马 好，那我们是病人，我们俩受伤了，帮我们包扎一下。

汪 （走向星宇）星宇，帮我们包扎一下。

贺星宇 我都根本不知道怎么包。

马 你就这样咯，你一边摸索一边包。

（马可带领贺星宇走向汪涵）

马 你是比较擅长包手还是包头？

贺星宇 我不会弄。

（张教官走过来指导贺星宇）（字幕：现场模拟训练，包扎伤口）

张教官 建议你包个长点的。（拿出纱布给贺星宇）

马 那是木乃伊。

汪 （对贺星宇）来，给我包一个。

贺星宇 你哪里受伤了？

汪 我想想看啊，我手指头受伤了。

马 他没有学手指。

汪 那你学过哪里受伤？

马 肚子。

汪 好，哎哟，我肚子受伤了。（捂肚子），配合的好吧？

（张教官帮助贺星宇为汪涵包扎）

马 好的，起立。

汪 然后就让他自己来完成。

（贺星宇在汪涵背后系纱布）

汪 你这是系围裙啦，这看上去我要下厨了。

马 真的是这样的吗？星宇，你确定不是在系围裙吗？咦，下面还有啊。

（马可帮助贺星宇为汪涵包扎好）

汪 大家不要笑，我以前还真这样包过，但是那是三十多年前的事情啦！这是尿片啊！

马 所以你要注意安全不要受伤啊。

汪 哎呀，星宇，我记得我小时候受伤的时候，是躺着包的，不是站着包的，星宇，我本来肚子快好了，被你这么一包，我又笑的肚子痛了。

马 星宇，你包的这种是那种一天都不需要换的，是不是？

汪 还是尿湿了就要换的？星宇星宇，是这样的，汪叔叔也包你一个好不好？

马 你要包他哪里？

汪 你哪里不舒服？

贺星宇 脑袋啊。

汪 脑袋啊？你帮我包成这样，你看咯！

（汪涵替贺星宇包扎头部）

观众 小白猫。

马 （对观众）对吗？

观众 不对！

马 那你们谁给纠正一下？下面好多人都会，不着急啊，待会叫你们。

汪 （指贺云）现在要搞一个正式的包在他头上，来，恺欣，你包一个，我们待会比较一下哪个是对的，哪个是错的，知道吧？

（肖恺欣替贺云包扎头部）

汪 （继续为贺星宇包扎）你今天当着这么多观众的面，把我包成这个样子，我要把你搞成一个偷鸡蛋的。

（张教官帮助肖恺欣替贺云包扎）

马 （指着贺云）这个是比较好看，但是教官，这个有点像跳街舞的啊！当然是很帅。

汪 （递给贺星宇一个篮子）星宇，来，拎着这个篮子，好，过来。

马 告诉大家，贺云这边呢，是正确的示范，真正的包扎头应该是这个样子，那我们星宇这边呢，是比较可爱的示范。

汪 星宇，我告诉你咯，你脑袋这个地方如果要好的话，还有一句咒语。

马　什么咒语？

汪　（对星宇）我悄悄的教你，你不要告诉别人，你念出来就会好的。（对贺星宇耳语）

贺星宇　买鸡蛋不？

汪　怎么样，这个好多了吧？好啦，星宇，你能救救我不。

马　帮他解开一下。

（贺星宇帮汪涵解开包扎纱布）

汪　我第一次被包成这个样子。但是，小朋友会在这个当中玩得特别的有意思。

张教官　就是让他们感觉很没意思的活动的话很让他们感觉很无味很枯燥。

汪　这样就能够玩一些游戏。

马　这样也叫寓教于乐了。张教官呢，在整个夏令营当中，他的工作非常非常辛苦，让我们再次用热烈的掌声感谢张教官的努力付出和辛勤汗水。谢谢教官。

（张教官下场）

马　在训练营当中，与身体训练同样重要的就是心理上的辅导。有请湖南省小胖子夏令营当中的心理辅导师、营养学家、心理学指导老师、湖南省保健所主任钟燕，欢迎。

（钟燕上场，字幕：钟老师，小胖子夏令营心理辅导师）

钟燕　大家好。

汪　你好，请坐请坐。

（汪涵、马可带领大家坐到访问区沙发）

汪　好啦，我们现在就来跟我们的老师聊一聊，你觉得辅导这些孩子难吗？他们调皮吗？

钟燕　他们有可爱的一面也有调皮的时候。

汪　比如说我身边的这个小熊猫（指贺星宇），他怎么调皮呢？

钟燕　他是很可爱，但有时也有些小淘气。

（字幕：小胖日益增多的原因）

钟燕　我们这个小胖子夏令营嘛，就是因为现在小胖子越来越多，跟生活方式的改变有关系。

汪　怎么样才会变成小胖子。

钟燕　总的来说，就是吃得多，动得少，主要是这两个原因。

汪　星宇，你以前一顿饭要吃几碗类？

贺星宇　两碗。

汪　多大的碗？

（贺星宇做手势）

汪　你是拿酒杯子吃饭吧。

钟燕　也有一部分小朋友跟遗传有关系，比如说爸爸妈妈也胖啊。

汪　星宇，爸爸妈妈胖不胖。

贺星宇　胖。

汪　爸爸胖不胖？

贺星宇　我爸爸以前是很瘦很瘦的，但是和我妈妈结婚后就变胖了。

汪　这个，和妈妈结婚后，生了你，他胖了？

贺星宇　我爸爸有 184 斤。

汪　你爸爸 184 斤，妈妈嘞？

贺星宇　160。

马　特别想问一下钟老师啊，见这些小胖子第一面都不觉得他们胖，现在这些中学生啊，好像水准都挺高的，比例都挺可观的，那到底怎么样的才算是肥胖？

（字幕：医学上衡量肥胖的体质指数）

钟燕　从医学上来判断这个小孩肥胖，主要用的是一个指数叫做体重指数。

汪　有没有一个公式，可以算的。

钟燕　有的，这个公式大家都可以算一下。

（字幕：体重（公斤）/身高的平方(米) = 体重指数）

马　（拿出纸板）体重除以身高的平方就等于体重指数。

钟燕　这个体重指数就是说，在同样一个年龄阶段的小朋友，同性别的这些孩子，如果他的这个体重指数一算出来平均值超过两个差以上，就是属于肥胖了。
汪 可以算下我吗？
马 可以，你体重多少？
汪 我大概只有一百二多一点点吧。
马 身高？
汪 身高？看心情。
马 今天心情怎么样？
汪 今天心情还可以。
马 身高是多少。
汪 一米八。
马 我跟你讲，你把身高说的太高，这个指数不一定会很健康啊，最好照实说啊。
汪 照实说，一米七四。
马 60公斤除以一米七四的平方。
钟燕 成年人体重指数大于等于23，就是超重，大于等于25，就是肥胖。
汪 多少啊，算出来没？
马 57点。
汪 不可能，我是小肥羊俱乐部的班长了21，很标准，很正常的。
汪 标准吧，幸亏我没有报错。
钟燕 所以他不是肥胖，所以我们讲肥胖的原因就是动得少嘛，经常坐的话，这个体重肯定会越来越重的。
汪 星宇，星宇，你要是老这么坐着就会发胖，你再去跑两圈好不？去咯，你会发胖的，快去，你最乖了。
马 但是他刚刚已经做过身体训练了。
汪 他又坐了这么久。
星宇 （从沙发上站起来）跑几圈。
汪 跑两圈。
星宇 好吧。（起身去跑步）
汪 星宇这孩子太可爱了，好自觉。
马 哇，好可爱啊。（走到汪涵身边）
汪 星宇加油啊。
（星宇跑完回到汪涵身边的沙发上坐下）
汪 哇，你就像一个轮胎一样的。
马 你有没有可能高抬腿，星宇？
汪 高抬腿，马上抬给你看看。
（星宇起身，走到舞台另一边）
汪 星宇，高抬腿，预备起。
（星宇抬腿，摔倒）
马 （扶起星宇）高抬腿不是这个样子的。
汪 小马叔叔，你会高抬腿吧？
（马可做高抬腿，星宇跟着做）
汪 这就是高抬腿。
（马可、星宇回到沙发坐下）
汪 这个暑假，所有的宝贝们要去减肥，要吃多少苦啊。
马 刚刚我们还听张教官介绍过了训练营当中的饭菜伙食都是以素菜为主。
汪 我们现在通过一段小小的VCR来看看他们开营的那天到底吃的什么。
（视频：小胖子夏令营开营第一天吃饭搞笑情景）
马 营养餐还挺好吃的啊？
汪 饿极了没办法。
马 （对观众）刚刚VCR的小主角都在我们现场对不对？那个舔盘子的请站起来。
（观众中一小胖子站起来）
汪 哇，我忘了提醒你，你脸上还有一粒米没舔的，刚才。
马 （对观众）咱们训练营开营以来已经三天时间了，现在大家状态怎么样？
观众 好。
马 有没有常常感到肚子饿啊？
观众 没有。
马 你看有些小朋友还是有的啊。有没有特别想吃一些以前吃过的，比方肉？
观众 没有。
马 完全不想吗？
观众 不想。
汪 孩子们，你们在这里可以说实话。
马 大可以说实话，真的想不想吃以前的东西？
观众 想。

汪 有个小朋友喊破喉咙了，你最想吃什么？

观众 薯片。

汪 这是高热量的东西啊，我们星宇就不想吃，（对星宇）想不想吃薯片？

星宇 NO。

马 星宇，薯片跟水哪个好吃？

星宇 水。

马 星宇的第一爱好就是喝水。小朋友们看来已经慢慢进入状态了，哎呀，真不容易，刚刚我们中钟老师也提过了，儿童减肥当中的禁忌，一是禁止饥饿疗法，（对钟燕）能吃减肥药吗？

（字幕：减肥不能吃减肥药）

钟燕 不能吃。

马 也提过不能吃减肥药。

钟燕 小孩子不能吃减肥药的，减肥它是属于一种综合的疗法，就是运动和饮食双方面的。

马 要相结合。

汪 小马，今天特别高兴能把这些可爱的小朋友请到现场，其实他们只是我们夏令营当中的一部分，我们现场还有很多很可爱的小朋友。小朋友到到场上来！

马 好不好，都到舞台上来！

（汪涵、马可带领台上嘉宾从沙发站到台中间，观众中的小胖子们上台）

汪 让我们湖南的这些朋友看看我们身边有多少很可爱的小胖墩。今天我们现场看到了这么多很可爱的我们的小肥羊、小胖子减肥团的这些成员们。

马 我们夏令营的小朋友们开营才三天的时间，接下来等待他们的还有很多很大的考验。

汪 对，所以说他们一个个都是非常可爱的小胖子，但是说实话，从我个人的观点真的不用减肥，因为我觉得很可爱，但是这是大人一种比较自私的想法，觉得胖嘟嘟的小孩子很可爱，但是他们辛苦他们自己心里清楚，所以呢，应该让他们的体重稍微减一点点，对生长发育都有好处。

马 一定要理解这一点啊，胖不胖不重要，健不健康才最重要。

汪 加油，用我们可爱的兔子舞来结束我们的节目好不好？谢谢大家收看我们的太子奶《越策越开心》，非常非常感谢！千万不要走开，我们还有非常好看的花絮。

舞蹈：兔子舞

表演者：小胖子夏令营

（何舒　整理）

“荣成月·中华情”2008中央电视台中秋晚会

播出台：中央电视台
播出日期：2008年9月
总导演：郭霁红

片头：月亮与水波倒影动画切入晚会舞台画面，舞台正中央以及两侧放礼花

画外音：中华情，2008中秋晚会全球现场直播。

开场大型歌舞《故乡月光》

作词：华晓春　作曲：古月

编曲：孟可　丁纪

编舞：顾磊　张卓　詹小楠

伴舞：非舞G吉林市歌舞团

演唱：韩庚、牛萌萌、天唱组合、三门汀组合

（舞蹈演员和歌手站定，大屏幕烟火）

韩庚　东方月满海上，千年当空如约与人间相望。

牛萌萌　月光洒满海面，一片清辉如梦映照在心房。

天唱组合　啊，你是故乡，向我传来的醉人心扉呼唤。

三门汀组合　纵然相隔一方，也要像那银色的月光飞翔。

韩庚　月光点亮回忆，往昔岁月如画浮现在心上。

牛萌萌　啊，你是故乡，向我投来的醉人心扉目光。

天唱组合，三门汀组合　纵然相隔一方，也要向那梦中的东方飞翔。啊，你是故乡，向我投来的醉人心扉目光，纵然相隔一方，也要向那梦中的东方飞翔。

合唱　向那东方飞翔

【歌手向走向舞台两侧，奥运射箭冠军张娟娟站定舞台中央，张娟娟做射箭动作，礼花模拟箭飞向天空，舞台四周放礼花，全体开场，演员右下】

【主持人鲁健、吴佩慈、曾宝仪、季小军、王俐左上至舞台中央】

鲁　健　各位现场的好朋友们。

吴佩慈　各位电视机前面的观众朋友们。

曾宝仪　全球的华人华侨朋友们。

季小军　Ladies and gentmen. Dear Chinese around the world.

王　俐　让我们共同祝大家——

合　中秋快乐！

鲁　健　又是一年一度的中秋月圆，那么今天晚上呢我们是在中国大陆海岸最早能够看见月亮的地方，就是山东省荣成市。为大家带来中央电视台中华情荣成月2008中秋双语晚会，我是来自中央电视台的主持人鲁健，大家好！

吴佩慈 我是来自台湾的主持人吴佩慈，祝大家中秋快乐。（台语）

曾宝仪 我是来自台湾，同时也是来自香港的主持人曾宝仪，祝大家中秋节快乐。（粤语）

季小军 我是中央电视台主持人季小军，大家过节好！

王　俐 我带来的是全体山东父老的问候，山东电视台主持人王俐，祝福大家中秋月圆，人团圆。

季小军英语翻译以上内容

鲁　健 此时此刻呢，我想站在这里能够如临其境的感受到古人的情怀“海上升明月，天涯共此时”，这时候银色的月光和海上的点点渔火交织相辉映，而近在咫尺的澎湃的涛声和我们的歌声相互交融，真的是“明月照千里，天地共此情”啊！

吴佩慈 是的，此时我也相信，无论是江中的守望，或是异乡的眺望，全被包在温暖圆月的怀抱里。

曾宝仪 每年中秋节，月亮都会提供给我们一个共同仰望的角度，让远在他乡的游子和在家里的亲人有了一次目光交汇的所在。

季小军 是啊，每年的中秋，月光总是特别的深情款款，它属于所有的有情人，属于我们心中的梦想，属于全球的华人，更属于我们华夏千年灿烂的文化。

王　俐 今晚就让我们跟随着月亮的脚步，伴随着大海的涛声，一同来把心中的思念放飞，来把心中的喜悦唱响。

（主持人左下，大屏幕播放歌曲 MV）

《渔家女》

作词：李隽青　作曲：陈歌幸

编曲：冯达　编舞：詹小楠

伴舞：吉林市歌舞团

演唱：祖海

【歌手右上，舞蹈演员左上】

天上旭日初升湖面好风和顺
摇荡着渔船摇荡着渔船
做我们的营生
手把网儿张眼把鱼儿等
一家的温饱就靠这早晨
男的不洗脸女的不搽粉
大家各自找前程
不管是夏是冬不管是秋是春
摇荡着渔船摇荡着渔船
做我们的营生做我们的营生
天上旭日初升湖面好风和顺
摇荡着渔船摇荡着渔船
做我们的营生
手把网儿张眼把鱼儿等
一家的温饱就靠这早晨
男的不洗脸女的不搽粉
大家各自找前程
不管是夏是冬不管是秋是春
摇荡着渔船摇荡着渔船
做我们的营生做我们的营生

《明月千里寄相思》

作词：金流　作曲：金流　编曲：马久越

编舞：顾磊　伴舞：非舞 G

演唱：陈坤

（大屏幕夜色里的月光动画，歌手右上。）

月色茫茫罩四周
天边新月如钩
回忆往事恍如梦
重寻梦境何处求
人隔千里路悠悠

未曾遥问心已愁
请明月代问候
思念的人儿泪常流
月色朦朦夜未尽
周遭寂寞宁静
桌上寒灯光不明
伴我独坐苦孤零
人隔千里无音讯
却待遥问终无凭
请明月代传信
寄我片纸儿慰离情

王俐 谢谢陈坤，好一曲《明月千里寄相思》。亲爱的朋友们，这一轮弯弯的明月挂在天上，也把我们山东荣成啊，映照的格外美丽。小军你知道吗，荣成啊，不仅拥有着如画的风景，而且啊，它还拥有着全国最大的海上牧场，素有“中国渔乡”之称，另外呢，这里的海洋资源是极为丰富，其中的石岛鱼港，就是中国北方最大的一个渔港。

季小军 （英语翻译以上内容）

王俐 诶，说到大海呢，同样与海有着不解之缘的台湾同胞此时此刻也在欢度中秋佳节，我们在台北的圆山大饭店前设立了一个分会场，现在我们就一起去看一看那里的盛况，接下来进入“中国移动连线台北分会场”环节。

（大屏幕：“中国移动——连线台北分会场”）

（台北分会场燃放礼花画面，主持人舞台中央站定。）

梦　桐 荣成现场的观众朋友，电视机前的观众朋友，以及全球的华人华侨朋友们，大家——

合 中秋佳节快乐！

李大华 现在我们是在台北圆山饭店的前广场为你们做连线直播。

卢秀芳 台北和荣成，相隔何止千里，但是当空的这轮明月却让我们彼此的心更贴近了。

梦　桐 今晚，在这样一个月圆的夜，就让我们手拉着手唱出彼此心中的亲情，共庆这难忘的相聚时刻。

台湾原住民歌曲《知本青年会歌》

表演：高金素梅文化团队

（主持人第二现场，采访余光中）

梦　桐 无论是相思还是乡愁都是我们每个人心中亘古不变的心结，也是我们每个人共同的情感寄托。

李大华 在今天晚上，我们很荣幸的能够邀请到德高望重的文学家余光中先生来到我们的现场，余光中先生，我们想请教您，就您个人的角度，邀您和我们一起聊聊中秋，聊聊和中秋相关的文化民俗。

余光中 秋分是分，那中秋时合，合成什么呢，两个半圆合成一个圆，那所以呢，它的象征就是圆满，就是团圆，以形状而言呢，就是圆满，而就这个文化而言，就是团圆，在今日讲呢，就是更有意义，包括我们的民族呢，现在也还没有完全团圆，啊，所以我们展望将来总有一天能够真正的团圆，能在同一个月光的祝福之下能够真正的在一起。

（主持人舞台中央站定）

卢秀芳 好，接下来这一位很特别，除了歌唱得特别好之外呢，他还是一位地地道道的荣成子弟。

李大华 我们欢迎姜育恒。

（姜育恒左上至主持人中）

梦　桐 欢迎姜大哥，欢迎你。

姜育恒 大家好，我的老爹老妈都是荣成人，那我从小呢就开始讲荣成话，一直到现在，每次讲到荣成话，心里都有很多的思念。

梦　桐 虽然离家千里万里，但是乡音未改。

《爱的痕迹》

作词：姜育恒　作曲：陈志远

演唱：姜育恒

什么样的爱，从未曾离开你。
什么样的梦，会永远陪着你。
春去春回，岁月不停息。
风雨路上，盼望再相聚。
人生漫漫路，不沧桑不容易。
地久变天长，有伤痛有欢喜。
花开花谢，飞鸿踏雪泥。
几度悲欢，相逢应珍惜。
我愿是爱的痕迹，留在你梦里抹不去。
有微笑伴着眼泪共期许，有满足安慰着孤寂。
我愿是爱的痕迹，写在你心里别抹去，
让未来拥抱过去付出的爱，是你我无悔的相遇。
让明朝迎接往昔做过的梦，是永不褪色的痕迹。

（画面回到荣成主会场，主持人站定）

鲁　健 姜育恒这首歌确实让人心醉，台北分会场呢，感觉非常的温馨。同样的语言唱出来的这种祝福啊，让人感觉非常的温暖和亲切，所以说，中秋节是属于整个中华民族的。

吴佩慈 是的，我们也知道中秋节是汉族和很多少数民族共同的传统节日。（并英语翻译）

鲁　健 确实，在这样一个节日呢，各个民族都在用自己的方式进行庆祝，那么接下来呢，为大家带来一组优美的少数民族歌舞。

《桔梗谣》

（歌手右上，大屏幕桔梗动画）

作词：阿里郎　作曲：阿里郎

编曲：赵亮　丁纪

编舞：詹小楠　伴舞：吉林市歌舞团

演唱：阿里郎

고향생각하면서 불러드립니다
（思念着故乡给大家唱这首歌）
어머니가 불렀던 이노래
（妈妈唱过的这首歌）
妈妈曾经唱过古老的民歌就是那首桔梗谣
爸爸常教我也是那首歌就是那首桔梗谣
月光下会想起熟悉的旋律
让我想起我故乡
每次我想家都会唱这首（桔梗谣）
도라지 도라지 백도라지
（桔梗哟桔梗哟白桔梗哟）
심심산천에 백도라지
（深深山川里的白桔梗哟）
한 두뿌리만 캐여도
（只要挖出一两棵）
대바구니에 스리살살 다 놓인다
（就可以满满的装上一大筐）
rap：어머니가 불렀던 도라지 （桔梗谣）
（妈妈唱过的桔梗摇）
月光下会想起那熟悉的旋律让我想起我故乡
每次我想家都会唱这首（桔梗谣）
你我一起唱桔梗桔梗谣

《达坂城的姑娘》

（歌手右上，大屏幕花朵动画）

编曲：赵亮　丁纪　编舞：詹小楠
伴舞：吉林市歌舞团
　　　新疆国际大巴扎歌舞团
演唱：严当当　顾莉雅

达坂城的石路硬啦
西瓜呀是大又甜啦
达坂城的石路硬啦
西瓜呀是大又甜啦
达坂城的姑娘美
辫子是粗又长
达坂城的姑娘美
辫子是粗又长
如果你要是嫁人
你不要嫁给别人
要嫁给我
如果你要是嫁人
你不要嫁给别人
要嫁给我
带着你的嫁妆
赶着那马车来
带着你的嫁妆
赶着那马车来
来……
带着你的嫁妆
赶着那马车来
带着你的嫁妆
赶着那马车来

《天边》
编曲：赵亮　丁纪　编舞：詹小楠
伴舞：吉林市歌舞团
演唱：乌英嘎
（歌手左上，大屏幕草原画面）

天边有一对双星那是我梦中的眼睛
山中有一片晨雾那是你昨夜的柔情
我要登上登上山顶
去寻觅雾中的身影
我要跨上跨上骏马
去追逐遥远的星星星星
天边有一棵大树那是我心中的绿萌
远方有一座高山那是你博大的胸襟
我要树下树下采撷
去编织美丽的憧憬
我要山下山下放牧
去追寻你的足迹足迹

我愿与你策马同行奔驰在草原的深处
我愿与你展翅飞翔遨游在蓝天的穹谷

《姑娘我爱你》
作词：于启祥　作曲：邵兵
编曲：赵亮　丁纪
编舞：詹小楠　伴舞：吉林市歌舞团
演唱：泽旺多吉　邵兵　高原红组合
（歌手左上，大屏幕月光与雪山画面）

长长的头发
黑黑的眼睛
好像在什么地方见过你
山上的格桑花开得好美丽
我要摘一朵亲手送给你
纯纯的笑容傻傻的话语
烙印在我的心头难忘记
头上的彩蝶呀飞得好甜蜜
想要对你说我已爱上你
亲爱的姑娘我爱你
让我走进你的世界和你在一起
亲爱的姑娘我爱你
生生世世为你付出一切
我也愿意
（舞台中央礼花燃放，大屏幕晚会 Logo）

曾宝仪　每次听到这些浪漫的民歌，都会想到很多美丽的故事与传说，其实音乐就是一个这么神奇的东西，尤其是经典老歌，很多当时听歌的回忆与画面，都会随着回忆涌上心头。

季小军 这就是经典的魔力与魅力。（英语翻译以上内容）

曾宝仪 今晚，让我们乘着音乐的翅膀，祝大家今宵多珍重。

《今宵多珍重》

作词：林达　作曲：王福龄　编舞：顾磊

伴舞：非舞 G

演唱：青山

（歌手舞台中央站定，MIC 架固定，大屏幕月光画面）

南风吻脸轻轻飘过来花香浓
南风吻脸轻轻星已稀月迷朦
我们紧偎亲亲说不完情意浓
我们紧偎亲亲句句话都由衷
不管明天到明天要相送
恋着今宵把今宵多珍重
我俩临别依依怨太阳快升东
我俩临别依依要再见在梦中

《人约黄昏后》

作词：欧阳修　作曲：翁清溪

编曲：安栋　彭飞　编舞：顾磊

伴舞：吉林市歌舞团　非舞 G

演唱：张燕

（歌手舞台中央站定，大屏幕夜里的街道画面）

去年元夜时
花市灯如昼
月上柳梢头
人约黄昏后
今年元夜时
月与灯依旧
不见去年人
泪湿春衫袖
去年元夜时
花市灯如昼
月上柳梢头
人约黄昏后
今年元夜时
月与灯依旧
不见去年人
泪湿春衫袖
今年元夜时
月与灯依旧
不见去年人
泪湿春衫袖

《往事如昨》

作词：庄奴　作曲：佐夕木

编舞：顾磊　伴舞：非舞 G

演唱：汤灿

（歌手舞台中央站定，大屏幕海上明月画面）

我想把往事
托白云寄给你
往事或许有多少
值得你编织回忆
那白云来去匆忙
未曾向我告别就离去
留给我往事如昨
心里有话对谁说
如今我才尝到相思滋味
相思滋味苦涩

吴佩慈 谢谢汤灿带来好听的《往事如昨》，往事如昨，历历在目，往事可以是一件曾经在意的事，也可以是曾经收到或者发出的一段祝福。

鲁健 对啊，月圆之夜也是祝福之夜，佩慈你那么多朋友，应该收到了不少短信吧。

吴佩慈 还好，平常做人好，还收到了蛮多的。

鲁健 对啊，所以我们今天现场也收到了很多的祝福，接下来让我们进入“中国平安，祝福时刻”！

（大屏幕显示各地祝福信息）

鲁健 确实哈，这一声声的祝福让我们这个中秋之夜显得更加温馨浪漫了，也让我想起了很多古人对于月亮的描述，比如李白的“今人不见古时月，今月曾经照古人”，还有苏轼的“但愿人长久，千里共婵娟”，等等，真的是数不胜数啊。

吴佩慈 在这个诗情画意的夜晚里，我们特别为大家准备了一首中秋赋，期待在月圆之夜，让我们心中的诗意蔓延。

诗朗诵《中秋赋》

作者：梅隆雪川　作曲：杨博　李鹏

演奏：李谦　黑天使组合　朗诵：张丰毅

（古筝、琵琶、笛子等乐器演奏演员5人台前定位，朗诵者左上，走到台前。大屏幕圆月画面）

五千年一轮满月，九万里四方山河——

放天灯，舞火龙，踩高跷，撒豆沫，

拜中秋沧海明月，祭银汉长虹卧波。

乡情酿酒醉故人，说不够销魂往事，岁月蹉跎。

从来是丹桂飘香，离散游子，悄然动情把乡恋揉破。

却哪堪鸟鸣秋涧，夜静秋山，菊品秋韵，亲人梦断说离合。

陶渊明喻月曦皇上人，李太白邀月对影长歌，苏东坡赏月把酒问天，曹雪芹吟月红楼独坐。

月到中秋，乡音或听江南语；情重团圆，故土还邀塞北客。

且喜玲珑秋月，给神州一杯醒酒：炎黄儿女，盼天下万代祥和。

读懂满月就是读懂团圆，拥有中秋方能拥有祖国。

渔舟宜唱晚，一泓秋水生白露；玉人教吹箫，三秋桂子花雨落。

携手南北东西，挽臂海内海外，中秋夜，共人间悠悠唱和。

曾宝仪 其实仔细想想呢，我觉得我们的老祖宗真的挺厉害的，你看这几百年来，赏月观灯过中秋节，其实他们很浪漫呢。

季小军 非常有意境，非常浪漫。（英语翻译以上内容）

曾宝仪 虽然你用英文介绍了，接下来我还是要用中文好好介绍，因为接下来推出这个表演呢，是一个中西结合的表演，他结合了中国传统戏曲还有西方的芭蕾，让我们一起来欣赏昆曲——

合 《牡丹亭》。

《牡丹亭》

编曲：钱琦　芭蕾编舞：刘莉

芭蕾领悟：田宗文　郭轶爽

芭蕾群舞：辽宁芭蕾舞学校

昆曲表演：沈丰英　俞玖林

（芭蕾舞演员、昆曲演员左右分别上场）

这生素昧平生，何因到此？

姐姐，咱一片闲情爱煞你哩！

则为你如花美眷

似水流年

（昆曲演员走向台前，芭蕾演员退后）

是答儿闲寻遍

在幽闺自怜

鲁健 好一曲如痴如醉的《牡丹亭》。

吴佩慈 真的是好美哦！

鲁健 真的很美，昆曲的美呢，是千言万语用一句话来总结就是实在太好听了，勾起了我们的回忆，我记得小时候过中秋节，那时候过中秋节都自己家做月饼，小伙伴们之间会交换，所以那时候有首歌是“八月十五月儿明，爷爷给我捞月饼啊”，你们呢？应该也很有意思吧！

吴佩慈 其实在台湾，中秋我们比较流行烤肉，所以每一年呢，过完中秋烤肉加上月饼就很容易吃胖，所以要很小心。

鲁健 所以我们今天的晚会，我们也没有忘记孩子们，给孩子们带来一个节目，祝他们健康快乐！

京剧《贵妃醉酒》

编曲：东楠　编舞：詹小楠

伴舞：吉林市歌舞团

（演员与伴舞舞台中央站定，大屏幕月光动画）

唱词：海岛冰轮初转腾
见玉兔
玉兔又早东升
那冰轮离海岛
乾坤分外明
皓月当空

越剧《十八相送》

演唱：王思颖　李弈　编曲：东楠

（舞蹈演员右下，演员右上）

唱词：书院门前一枝梅
树上鸟儿对打对
喜鹊满枝喳喳叫
向你梁兄报喜来
弟兄二人出门来
门前喜鹊成双对
从来喜鹊报喜讯
恭喜贤弟一路平安把家归

豫剧《穆桂英挂帅》

编曲：东楠　编舞：詹小楠　伴舞：北京市九品影视文化传媒有限公司　演唱：孔莹

（越剧演员右下，豫剧演员左右上）

唱词：辕门外那三声炮如同雷震
天波府里走出来我保国臣
头戴金冠压双鬓
当年的铁甲我又披上了身
帅字旗飘如云
斗大的穆字震乾坤
上啊上写着浑啊浑天侯
穆氏桂英
谁料想
我五十三岁又管三军啊
我五十三岁又管三军啊

《不胜依依》

作词：李焯雄　作曲：YUKI

编舞：顾磊　张卓　伴舞：非舞G

演唱：黄圣依

（豫剧演员右下，伴舞左右上场）

唱词：依依不舍你紧紧抱住你
看见吗星星在发芽
沙沙沙沙风在刮听哪
缘分吗无名的野花
千万人家我只为你牵挂
岁月多变又举手无回
青春无悔
老了思念圆了新月说不出再见
你不胜依依的脸
依依不舍你你还没别离已开始想你
紧紧抱住你如果有泪是因为感激
依依不舍你何时再见谁也说不定
答应我保重自己
看见吗星星在发芽
沙沙沙沙雨落在板瓦
缘分吗无名的野花
千万人家我只为你牵挂

岁月多变举手无回但青春无悔
老了思念圆了新月说不出再见
你不胜依依的脸
依依不舍你你还没别离已开始想你
紧紧抱住你如果有泪是因为感激
依依不舍你何时再见谁也说不定
答应我保重自己
我的爱在天涯
我的爱在天涯
岁月多变又举手无回青春无悔
老了思念圆了新月说不出再见
你不胜依依的脸
依依不舍你
紧紧抱住你依依不舍你还没别离已开始想你
紧紧抱住你如果有泪是因为感激
太依依不舍你何时再见谁也说不定
答应我珍重为了我保重自己
看见吗星星在发芽
沙沙沙沙风在刮

《牡丹忧》
作词：何启弘　作曲：李浩荣
演唱：张信哲
（大屏幕夜晚海面潮涨画面，张信哲左上）

娘生儿连心肉
儿行千里母担忧
儿想娘亲难叩首
娘想儿来泪双流
雪冰封了二月的枝头
团圆声此起彼落
她窝在萧瑟的胡同
缝一件旧棉袄来过冬
她覆满了皱纹的双手
将我肩上积雪拂走
当仰望着模糊的轮廓
是我童年里取暖的火
旧棉袄的陈年斑驳
像妈妈的眉头深锁
风霜的岁月经过
熟悉的背影依旧
旧棉袄被寒风刺破
妈妈还是给我笑容
她说再怎么冷用针线补过的痕迹暖和
娘生儿连心肉
儿行千里母担忧
儿想娘亲难叩首
娘想儿来泪双流
她浓浓的乡音身世中
经过几番灾难风波
泪总是在我眼前结冻
从容的走过春夏秋冬
旧棉袄的陈年斑驳
像妈妈的眉头深锁
风霜的岁月经过
熟悉的背影依旧
旧棉袄被寒风刺破
妈妈还是给我笑容
她说再怎么冷用针线补过的痕迹暖和
旧棉袄的陈年斑驳
像妈妈的眉头深锁
风霜的岁月经过
熟悉的背影依旧
旧棉袄被寒风刺破
妈妈还是给我笑容
想念那一声雪在她银色白发上暖和
想念那一声雪在她银色白发上飘落

王俐　谢谢张信哲。
季小军　如果今晚的月亮有知的话它一定会把一个地方照得格外明亮，这个地方叫四川。

王俐 那也是一个让全球华人都牵挂的地方，如果说四川用坚强感动了中国，那么中国就用大爱感动了世界。

季小军 （英语翻译以上内容）

王俐 在这样一个月圆之夜，那里的父老乡亲将会怎样度过这震后的第一个中秋佳节，现在就让我们到山东省对口援建的北川县去看一看。

（大屏幕播放北川县分会场画面，观众围成圆圈，中间为舞台，演员在舞台中央跳舞，主持人桑晨在观众第一排前站定）

桑晨 主会场以及电视机前的观众朋友们中秋节快乐，我现在是在四川省绵阳市北川县擂鼓镇安置房外的操场上，大家都知道，在过去的四个月中，可以说全国人民的心无时无刻不在牵挂着这里，那么我们四川的老百姓是如何渡过震后的第一个团圆节的呢，那么就请您跟随我一起来感受一下我们现场的气氛吧。

（主持人桑晨走到观众席中的圆桌旁）

桑晨 刚才呢在演出过程中我发现呢桌子上啊放了一个特别特别大的月饼。经县长，我想往年中秋节啊，都是和家人在一起吃月饼，那今天这个特别大的月饼，你是打算送给谁的呢?

经大忠 （北川县县长）北川是“5·12”大地震受灾最严重的地区，那么今天参加这个晚会的父老乡亲还有我们自己，可以说没有全国人民的援救，我们的群众不会有今天，有饭吃，有房住，那么在这个地方呢，我最想说的是感谢全国人民，所以我代表我们全县人民把这个月饼送给我们在坐的各位朋友，也送给全国人民，送他们一份真诚，一份祝福，祝他们身体健康，万事如意。

桑晨 一方有难，八方支援，不是亲人，胜似亲人，是爱的力量让我们走到了一起，我们都是一家人!

受灾民众代表 全国人民给我们穿的，吃的，用的，都是全国人民支援我们的，我们要感谢他们。

朗诵《爱的力量》

妈妈，我的身边已经有了更多的家人，他们来自五湖四海，四面八方，他们都有着妈妈的笑脸和爸爸宽广的胸怀，在风雨中是亲人们一次次的向我们伸来阳光般的手掌，抹去我们身上的尘土，为我们重新搭盖课堂，他们让我知道了，我的家人有 13 亿，此刻，我祈祷天上的圆月，照亮妈妈回家的路，祝福天下所有帮助过我的亲人们幸福快乐!

（北川小朋友现场放飞孔明灯）

《天之大》

作词：陈涛 作曲：王备 表演：青岛小海燕艺术团 演唱：毛阿敏

（大屏幕星光闪烁画面）

妈妈月光之下
静静的我想你了
静静淌在雪里的牵挂
妈妈你的怀抱
我一生爱的襁褓
有你晒过的衣服味道
妈妈月亮之下
有了你我才有家
离别虽半步即是天涯
思念何必泪眼
爱长长长过天年
幸福生于会痛的心田
天之大
唯有你的爱是完美无瑕

天之涯
记得你用心传话
天之大
唯有你的爱我交给了她
让她的笑像极了妈妈

吴佩慈 毛阿敏一首让人动容的《天之大》送给我们四川的朋友是再适合不过了。（英语翻译以上内容）

鲁健 所以我们看到天空中飘浮的红灯笼是代表着我们对四川人民的祝福，我们也被四川人民的坚强所感动。这两天呢我一直在贴吧上看。看到很多朋友为灾区的人们献上很多祝福，那么今天的晚会呢，也借着今晚的月光为所有不能和亲人团圆的人们送上一份祝福，愿月光带给你们一份平安和温暖。

吴佩慈 让我们一起来享受这份明亮的月光吧！

《明月光》

作词：梁芒　作曲：马又上　编曲：郝松
编舞：王亚彬　伴舞：王亚彬　孙锐
演唱：陆毅　张静初
（大屏幕夜晚窗户画面）

床前明月光让我的梦今夜又圆又亮
疑是地上霜相思都写在了谁的脸上
举头望明月到底天上人间有何分别
低头思故乡是因为菊花黄
床前明月光让我双手不忍去推开窗
疑是地上霜可心却不知不觉发了烫
举头望明月泪水就顺着脸庞倒流淌
低头思故乡是因为菊花黄
不在你身旁别来无恙
才知道相思也有重量
今生绝不是梦一场
前世我俩是对鸳鸯
游戏在屋前小池塘
风追少年郎独来独往眼睛望穿了那轮月亮
都上了情的当
各在一方人海茫茫
谁又比谁的相思长
床前明月光让我的梦今夜又圆又亮
疑是地上霜让我双手不忍去推开窗
举头望明月泪水就顺着脸庞倒流淌
低头思故乡是因为菊花黄
窗前明月光是因为菊花香

王俐 谢谢。

季小军 举头望明月，低头思故乡。如今读这首诗有一种别样的感受在心头。

王俐 是呀，每逢佳节倍思亲，月圆的时候，也是那些远方的游子思念故乡的时候，说起故乡，我们知道孔子的故乡就在山东，而且山东也是齐鲁儒家文化的发源地，诞生了孔子、孟子等圣者先贤，而如今，勤劳的齐鲁儿女正在向着建设经济和文化强省的目标迈进，我们相信在新的历史征程中，山东人民一定会谱写新的篇章。

季小军 说到家乡，总是会充满激情和自豪。（英语翻译）

王俐 接下来是一组中华武术和服饰表演，我们一起欣赏。

功夫诗《灵》

编导：刘震　詹小楠
表演：中国保利功夫明星表演团
（大屏幕竹林动画，两片竹子道具分别在舞台左右，演员在舞台中央表演武术，节目进行到中间时，两片竹子道具在舞台中间会合，武术演员躲于道具背后，音乐改变，模特从左右走出，引出中华服饰展示）

吴佩慈 月圆中秋，这让我想到每次在国外工作的时候，总是特别渴望知道一些来自家乡的报道和消息。

鲁健 听你这么说感觉你有点想家了。

吴佩慈 有一点了。

鲁健 听说中秋之夜把自己的思念在纸上写下来，或者默默地念出来，那这样远方的亲人就能够感受得到。希望我们今天晚会的祝福和欢乐，那些远在异国他乡的亲人们也同样能够感受得到。

《城里的月光》

作词：陈佳明　作曲：陈佳明

演唱：许美静

（大屏幕月亮画面，歌手右上，舞台左右及中间在歌曲副歌处释放烟火）

每颗心上某一个地方
总有个记忆挥不散
每个深夜某一个地方
总有着最深的思量
世间万千的变幻
爱把有情的人分两端
心若知道灵犀的方向
哪怕不能够朝夕相伴
城里的月光把梦照亮
请温暖他心房
看透了人间聚散
能不能多点快乐片段
城里的月光把梦照亮
请守护他身旁
若有一天能重逢
让幸福洒满整个夜晚
每颗心上某一个地方
总有个记忆挥不散
每个深夜某一个地方
总有着最深的思量
世间万千的变幻
爱把有情的人分两端
心若知道灵犀的方向
哪怕不能够朝夕相伴
城里的月光把梦照亮
请温暖他心房
看透了人间聚散
能不能多点快乐片段
城里的月光把梦照亮
请守护他身旁
若有一天能重逢
让幸福撒满整个夜晚

《走了这么久，你变了没有》

作词：李小龙　作曲：陈翔宇

演唱：韩磊　吴娜

（大屏幕落叶画面）

【许美静右下，韩磊、吴娜左上】

男 走了这么久你变了没有
是否脆弱的泪水还不轻易地流
女 走了这么久你变了没有
有没有找找到你说过的自由
难道除了等待我只有问候
男 难道你不觉得你已走了很久
女 你是否想起过我哭的模样
男 是否你已忘记泪水像杯苦酒
合 走了这么久你变了没有
女 很多人说我变得善感善感多愁
合 走了这么久你变了没有
男 爱你想你想你见你，别无它求
合 走了这么久你变了没有
什么时候回来带我一起飞走

《潜海姑娘》

作词：郑南镇　作曲：王立平

编曲：东楠　编舞：詹小楠

伴舞：吉林市歌舞团

中国保利功夫明星表演团
演唱：许慧欣　马天宇
（大屏幕海水画面）
【歌手左上，舞蹈演员左右上】

浪花，浪花
激荡在辽阔的海洋
海燕，海燕
召唤着潜海的姑娘
水晶天地中展开翅膀
飞翔，自由飞翔
伴舞在水中央
心中深深爱上了美人鱼
这奇妙的家乡
鱼儿告诉我海底是个好地方
珊瑚告诉我到处是宝藏
水晶世界里一片辉煌
珍珠，快快醒来听大地在歌唱
清早人们期待着你放出
那灿烂的光芒

鲁健　哇，好浪漫的场景，好浪漫的歌声。亲爱的观众朋友，您现在收看的是中央电视台荣成月中华情 2008 中秋双语晚会，您还可以登录 www. cctv. com，或者中国移动手机用户通过手机电视收看我们的现场直播。

王俐　欢迎您的继续关注，亲爱的朋友们，通过镜头您可以看到我们架设在海边的镜头有多美，山东荣成有多美，这里的千里海岸，分布着 10 大港湾和 30 多座岛屿，我们听到的声声海浪，我想就是对山东，对荣成的声声祝福。

鲁健　所以晚会进行到这里呢，我们又收到了越来越多的祝福，接下来一起进入到中国平安祝福时刻。

（大屏幕播放中国平安祝福时刻视频）

《欧若拉》
作词：陈立　编舞：顾磊
伴舞：非舞 G　演唱：张韶涵
（大屏幕花朵视频动画，张韶涵，伴舞左上）

神秘北极圈
阿拉斯加的山巅
谁的脸
出现海角的天边
忽然的瞬间
在那遥远的地点
我看见
恋人幸福的光点
灵魂在招唤
唱着古老
陌生熟悉的歌谣
天空在微笑
我的世界缤纷闪耀
爱是一道光
如此美妙
指引我们
想要的未来
魔力北极光
奇幻的预言
赶快去找不思议的爱
爱是一道光
如此美妙
照亮我们
勇气的未来
魔力北极光
传说的预言
原来就是
恋人的眼光
沉默一眨眼
一万年外的光年
我相信
未来其实并不远

哭泣的眼泪
是喜悦的赞美
是因为
有你能展翅高飞
灵魂在招唤
唱着古老
陌生熟悉的歌谣
天空在微笑
我的世界缤纷闪耀
爱是一道光
如此美妙
指引我们
想要的未来
魔力北极光
奇幻的预言
赶快去找不思议的爱
爱是一道光
如此美妙
照亮我们
勇气的未来
魔力北极光
传说的预言
原来就是
恋人的眼光
红橙黄绿蓝
五彩的欧若拉
爱就在心中
相信就会存在
红橙黄绿蓝
美丽的欧若拉
爱就在心中
相信就是永远

《银白色月光》

作词：张乐生　作曲：孟奇　演唱：蔡淳佳

（大屏幕月光画面，歌手站立在移动贝壳型道具上，由舞台左滑动至舞台中央）

多少个夜晚轻轻靠着窗
看月亮把星星都点亮
多少个远方一直在心上
一抬头就把距离拉短
爱因为有聚散才教人难忘
有时等待才是最美的期盼
心其实可以是单纯的渴望
只要想着对方就能感受到温暖
银白色的月光透过思念的窗
把眼泪都晒干
牵手的路上难免有风霜
握紧手掌就能走到晴朗
银白色的月光让快乐都绽放
再幸福的突然
月光的背后找不到孤单
只有拥抱的背影被拉长
爱因为有聚散才教人难忘
有时等待才是最美的期盼
心其实可以是单纯的渴望
只要想着对方就能感受到温暖
银白色的月光透过思念的窗
把眼泪都晒干
牵手的路上难免有风霜
握紧手掌就能走到晴朗
银白色的月光让快乐都绽放
再幸福的突然
月光的背后找不到孤单
只有拥抱的背影被拉长
银白色的月光透过思念的窗
把眼泪都晒干
牵手的路上难免有风霜
握紧手掌就能走到晴朗
银白色的月光让快乐都绽放
再幸福的突然
月光的背后找不到孤单
只有拥抱的背影被拉长

【歌手乘坐道具右下，主持人季小军、曾宝仪观众席中站定】

季小军 2008年的中秋呢，注定是一个特别的中秋，因为2008是我们的奥运年，那么在刚刚结束的奥运会上呢，我国运动健儿取得的金牌总数和奖牌总数可以说都是历史最佳，令全球华人激情澎湃。

曾宝仪 真的是感到非常骄傲。

季小军 （英语翻译以上内容），让我们一起来回顾一下奥运的激情。

（大屏幕播放关于奥运会的视频。）

季小军 好了，在短片中我们看到了很多的冠军，我现在呢，就跟很多的冠军坐在一起，坐在这一桌的呢，都是我们举重奥林匹克冠军，在我身边的这一位是我们国家体育总局举摔柔中心的主任马文广先生，欢迎你，他的弟子在奥运会中获得了8金1银的好成绩。马先生也是山东人，这次带着这些弟子，带着这些金镶玉，是不是有一种荣归故里的感觉。

马文广 回到家乡感觉到非常的亲切。

季小军 多少年没有回来家乡了。

马文广 我01年调到北京担任举摔柔中心主任，很少能和大家聚会在一起，今天这样的时刻非常的美满。

季小军 您知道吗，坐在我们周围的弟子对于您都心存感激，也许平时他们没有表现出来，但是今晚，他们用一种特殊的方式要向您来表示感激之情，来刘春红，已经准备好了是吧，师傅都不知道是吧，来吧，打开来。

（打开一幅漫画）

季小军 一幅漫画，里面是写满了我们弟子的感激之情，是谁做的，刘春红？

刘春红 是我们来之前画了一幅画。

季小军 所有弟子的名字都在上面，好好珍惜我们弟子的一片真情。谢谢谢谢，祝福您马先生和您的家人，在那一桌还有很多冠军，曾宝仪，交给你了。

曾宝仪 是，我们这一桌不但我可以跟很多的冠军同桌让我感到很激动以外，坐在我左右两边的更是我们网络票选奥运十大帅哥的两位，坐在我这边的是我们的奥运跳水冠军王峰先生，恭喜恭喜，中秋节快乐。那在我左手边这位，对，他真的非常厉害，就是我们的击剑冠军，神话般的人物仲满先生，中秋节快乐。其实我非常想拥抱他们，但是没办法，因为今天他们的身边都坐着他们的爱人，所以轮不到我了。但是没有关系，但愿人长久，千里共婵娟就是我们今天中秋晚会想要献给他们的，因为他们真的送给我们非常多，今天呢，坐在我旁边的除了仲满之外，还有即将成为仲太太的，现在还是吴小姐，他们即将在9月19号，也就是下个星期走上红毯，恭喜恭喜仲太太。但是我听说仲太太曾经在网络上抱怨过仲满是吗？

吴小姐 是的，他这个人太实在了，我们在一起快五年了，他从来没有给我任何一个惊喜。

曾宝仪 这就是你的不对了，但是呢，我想今天特别难得，我们的奥运冠军其实平时非常忙，那么就借着今天表现一下，在十几亿人的面前说出你心中觉得最浪漫的话，小心说。

仲满 老婆我爱你，我会用我的一生去爱护你保护你。

曾宝仪 浪漫不浪漫？但除了说之外是不是应该有行动的表示？

仲满 是的，有行动，在我后面。

（仲满拿出一束玫瑰献给太太）

仲满 这是99朵玫瑰，我希望我们的感情天长地久。

曾宝仪 仲太太要哭了。赶快说说你的感觉吧。

吴小姐 太惊讶了，太激动了。

曾宝仪 我正式宣布你们成为仲先生与仲太太，亲一个亲一个，新郎可以亲吻新娘了。

（仲满亲吻新娘）

曾宝仪 我们看到仲满还是一个很腼腆的人哦。我们也希望这种浪漫能够蔓延到全世界，接下来有请吴克群带来《为你写诗》。

《为你写诗》

作词 作曲 演唱：吴克群

（大屏幕花草动画，吴克群左上）

爱情是一种怪事
我开始全身不受控制
爱情是一种本事
我开始连自己都不是
为你我做了太多的傻事
第一件就是为你写诗
为你写诗为你静止
为你做不可能的事
为你我学会弹琴写词
为你失去理智
为你写诗为你静止
为你做不可能的事
为你弹奏所有情歌的句子
我忘了说最美的是你的名字
爱情是一种怪事
你的笑容是唯一宗旨
爱情是一种本事
我在你心里什么位子
为你我做了太多的傻事
第一件就是为你写诗
为你写诗为你静止
为你做不可能的事
为你我学会弹琴写词
为你失去理智
为你写诗为你静止
为你做不可能的事
为你弹奏所有情歌的句子
我忘了说最美的是你的名字

《I’Ll be There》

作词：安竹问　作曲：闻震　演唱：萧亚轩

（大屏幕火焰动画，萧亚轩及伴舞左上，舞台中央定位）

美丽装扮是品味
凸显我的内在美
时尚神经太敏锐
没有礼服无所谓
没有名牌包也无所谓
我的球鞋够特别
跑在我的 runway
跟着我大步往前走
I’Ll be There 自信就能自由
跟着我身体轻摆动
just beat it 梦想开始转动
生活是我的伸展台
镁光灯前我尽情 high
每个角度都精彩
呼喊心的 music
be your style 最精彩
you’re shining in your life
every time，every where
you know I’ll always be there
别害羞身体轻摆动

《大海》

作词作曲：李秉生　编曲：郝松

钢琴：郝松　演唱：满江　黄征　陈楚生

（钢琴在台左定位，伴舞左右上，歌手左上）

从那遥远海边
慢慢消失的你
本来模糊的脸
竟然渐渐清晰
想要说些什么
又不知从何说起
只有把它放在心底
茫然走在海边
看那潮来潮去
徒劳无功想把
每朵浪花记清
想要说声爱你
却被吹散在风里
茫然回头
你在那里
如果大海能够
唤回曾经的爱
就让我用一生等待
如果深情往事
你已不再留恋
就让它随风飘远
如果大海能够
带走我的哀愁
就像带走每条河流
所有受过的伤
所有流过的泪
我的爱……
请全部带走

鲁健 三位帅哥哈，这一曲大海，我感觉把海浪都唱起来了。

吴佩慈 这真的是一个令人难忘的夜晚。（英语翻译）

鲁健 在今天这样的一个夜晚，有这么多奥运冠军和我们一起度过，让我们想起奥运会的精彩一幕一幕，而且目前残奥会正在举行，我们也祝愿所有中国健儿加油，所有来参加残奥会的朋友们平安。

吴佩慈 是的，此时的台北分会场一片欢腾，让我们再次进入中国移动连线台北分会场环节，再一次去感受他们的激情吧。

（到屏幕播放台北分会场画面）

梦桐 时间过得真快，转眼间我们台北分会场的晚会已经到达尾声了。

李大华 而今夜我们在这里和荣成的朋友们一起同欢同庆中秋佳节，我相信此情此景不管在多少年之后，都会让我们记忆犹新的。

卢秀芳 难说再见，不舍结束这场相聚，因为今晚我们有太多的欢乐还来不及细细品味回想。

《难说再见》

作词：平久　作曲：金培沐　演唱：周华健

习惯幕起幕落
总以为明天还很多
没想到这笑脸
会让我难过
习惯一起走过
没想你不在的生活
泪雨也是阳光闪烁
是避风的角落
离开会成最美的洒脱
眼是心的守诺
我和你不逃过
你是我一辈子的收获
难说再见
你的微笑遗落在我眼前
难说再见
永远不忘转身瞬间
海阔天空在明天
再相见
习惯一起走过

没想你不在的生活
泪雨也是阳光闪烁
是避风的角落
离开会成最美的洒脱
眼是心的守诺
我和你不逃过
你是我一辈子的收获
难说再见
你的微笑遗落在我眼前
难说再见
永远不忘转身瞬间
海阔天空在明天
再相见
难说再见
你的微笑遗落在我眼前
难说再见
永远不忘转身瞬间
海阔天空在明天
再相见

（台北分会场燃放礼花，大屏幕播放连战祝贺中秋视频）

季小军 真的是难说再见，月光下的台北夜市分外美丽，我们看着我们的朋友用着同样的语言，送出同样的祝福，真的感觉很亲切。

曾宝仪 你来的亲切其实还没有我的亲切，因为我们做主持的，其实逢年过节总是比别人更忙碌，大家都在团聚的时候我们还在工作。但今天看到台北分会场，看到台北的天空，感觉比回家更亲切。

季小军 英语翻译以上内容

曾宝仪 对对对，中秋快乐！

季小军 过节好！

曾宝仪 其实2008年对于我们来说是特殊的一年，我们经历了奥运的喜悦，不会忘记奥运的口号 one world one dream。只要你心中有梦，明天一定会更加的灿烂。

《中国骨气》

演唱：仲满　谭雪　邹市明　张小平
　　　张娟娟　薛海峰等奥运冠军
　　　尹相杰　屠洪纲
作词：尹相杰　作曲：吴彤　编曲：郝松
编舞：詹小楠　锤鼓表演：张部胜
水鼓表演：亚胜水鼓团
功夫表演：中国保利功夫明星表演团（舞台背后释放礼花，水鼓与表演者定位与舞台左中右，武术演员左右上，歌手左上）

臧天朔 在绚丽的彩虹出现之前哪一次没有风雨雷电

尹相杰 在黎明的曙光出现之前哪一次没有经历黑暗

满文军 我血脉相连的伙伴你的灾是我的难

汪正正 你刻骨铭心的痛啊痛在我心间

庞　龙 我们用火热的情缘温暖过南国的雪天

吴　彤 我们用火热的情缘抚慰着大地的震颤

群　星 给天看看给地看看给世间所有目光看看

臧　汪 风雨中我们大步向前

群　星 给情看看给心看看给传递爱的火炬看看

满　吴 这是一个闪亮的中国

群　星 2008年

尹相杰 在绚丽的彩虹出现之前哪一次没有风雨雷电

臧天朔 在黎明的曙光出现之前哪一次没有经历黑暗

汪正正 我血脉相连的伙伴你的灾是我的难

满文军 你刻骨铭心的痛啊痛在我心间

庞　龙 我们用火热的情缘温暖过南国的

雪天

吴　彤　我们用火热的情缘抚慰着大地的震颤

群　星　给天看看给地看看给世间所有目光看看

庞　汪　风雨中我们大步向前

群　星　给情看看给心看看给传递爱的火炬看看

尹　吴　这是一个闪亮的中国

（主持人及所有演员左上）

王　俐　月圆东方，灿烂辉煌。

季小军　（英语）感谢大家收看。

鲁　健　亲爱的观众朋友们，中央电视台2008荣成月中华情中秋双语晚会到这里就结束了，让我们相约明年！

合　明年再见！

（熊沙扬　整理）

《天天向上》——男乘务员

节目名称：湖南卫视《天天向上》

播出时间：2008年9月19日

制片人：张一蓓

画外音：Ladies and gentlemen，各位旅客朋友，您乘坐的由长沙开往北京的直18次列车马上就要出发了。请您赶紧上车，赶紧上车，谢谢。

（伴随音乐）几位主持人出场，带着行李等道具绕场一周，站定。

汪　涵　（以下简称汪）你们知道我们这次简直是运气太好了。

主持群　怎么了，为什么？

汪　（表情夸张）我们做的是Z18诶。

田　源　（以下简称田）（举起道具火车票）这个票我排了三天队才买到，不容易。

欧　弟　（以下简称欧）所以我们今天盛装出席要坐这台车啊。

俞灏明　（以下简称俞）（指着欧弟）但是你跟那个完全不搭调啊。

（欧弟扛着一个扫把）

汪　你是来打扫卫生的吗？

欧　不不，我跟你们解释一下。我奶奶说湖南的扫把特别好用。

主持群　哦。

欧　所以我就买了一把送给她了。

汪　我们这个Z18之所以在我们心目当中是这样一个崇高的位置，不单单是因为这个号码好。1818要发要发嘛。贼要发，老要发。关键是在车上的乘务员清一色的都是帅哥。

欧　有我们这几个帅吗？

汪　我们几个也能用帅字来形容除了他之外吗？（指着灏明）好了，接下来我们就要用最热烈的掌声有请这支全部由退役军人组成的这样一个乘务组。我们叫做铁男乘务组。非常厉害，接下来我们来看看他们的风采。有请。

（伴随音乐）乘务员身着制服上场，绕场一周站定。

主持群 好帅啊，现场的女孩全都沸腾了。

汪 我们这个铁男乘务组的组员一个个都是非常帅，而且身高……欧弟，你在哪里。

欧 （站在乘务员后方）我在这儿。

汪 你何必呢，人家摘了帽子都比你高。还戴着么高的帽子。

欧 对啊，身材之好啊。

汪 我们首先听他们自我介绍好不好。

嘉宾1 （行礼）大家好，我叫周权，（退役）武警。

嘉宾2 （行礼）大家好，我叫颜诚，（退役）武警。

嘉宾3 （行礼）大家好，我叫罗福荣，（退役）野战军。

嘉宾4 （行礼）大家好，我叫高明亮，（退役）武警。

嘉宾5 （行礼）大家好，我叫乌兰梅林，（退役）空军。

嘉宾6 （行礼）大家好，我叫大雄，（退役）陆军。

嘉宾7 （行礼）大家好，我叫张培，（退役）武警。

嘉宾8 （行礼）大家好，我叫郑德强，（退役）空军。

嘉宾9 （行礼）大家好，我叫刘文庆，（退役）武警。

田 （模仿）大家好，我叫田源，主持人。

汪 你们说，向他们这一支这么优秀的乘务组。他们的队长、列车长会帅到什么样子。大家想不想见见他们的列车长？

主持群 想。

汪 有请列车长，黄可可。

（伴随音乐）列车长出场。

汪 （假装向舞台后方走去）列车长在后面吧。

钱枫 （以下简称钱）在这里，大哥。

汪 列车长我问一下，带领这支队伍大概多长时间了？

列车长 我们这个队伍是5月4号五四青年节那天组建成功。

汪 哇，普通话好好哦。（故意学列车长说话）那个翘舌音发得非常的好。为什么要在5月4号成立这样一个组。

列车长 因为我们Z18次列车是长沙到北京西的一趟直达列车。是连接咱们湖南省和首都北京的一段友谊的桥梁。所以特意在五月四号青年节组建男子乘务组。这支队伍都是从我们单位五千多个人精挑细选出来的十个同志。

俞 五千个人选十个，不容易。

汪 他们都是铁路系统的“快乐男声”。

主持群 哇。

汪 我想问一下，他们都是部队成员，您自己参过军吗？

列车长 我以前也是部队的军人。

汪 我看见他们的军姿都特别的好。还有什么队列可以给我们演示一下。

列车长 这样吧，我们为大家来一段咱们的队列表演，行吗？

主持群 行，好。

列车长 第一个科目，转向动作。全体都有，向左转，向左转，向右转，向右转。半面向左转，敬礼。礼毕。下一个科目，齐步走。齐步走，一二一……（主持人加入，模仿乘务员。）立定。向后转。（主持人逃走）下一个科目，正步走。正步走，一二一……立定。向后转。正步走，一二一……立定。向右转。并成一排，向左看齐。向前看。（向汪涵行礼）报告首长，队列表演完毕。

汪　（假装首长）你要说请指示。

列车长　请指示。

汪　（湖南话）再来八遍，好看。

列车长　算哒吧。

汪　（湖南话）有点累哦。（普通话）欧弟，觉得他们刚才怎么样？

欧　太帅了。

汪　想不想指挥一下这个队伍？

欧　我何德何能我可以指挥他们啊。

汪　队长把帽子借给他一下。

欧　（夸张表情）什么？

汪　（对列车长说）我主要是想看一下你的发型。

列车长　脱了帽子，脑袋好光的。

汪　（湖南话）借一下咯。

列车长　好的。（脱帽）

主持群　哇！

列车长把帽子给欧弟，敬礼。欧弟收下帽子回敬礼。

欧弟夸张地走回列车长所站的位子。

欧　立正。第一个科目……第一个科目是什么？（欧弟转头问列车长）

汪　转向。

欧　转向动作。向左转，向左转。

汪　好听你的指挥。

欧　（夸张表情）好过瘾。

汪　严肃严肃。

欧　向后转，半面向左转。

汪　没错没错。

欧　半面向左转，向左转。

汪　半面向左转是敬礼怎么又……

欧　对不起。（用喊口令的语调说）对不起。转回去。第二个科目。

汪　撤职。

欧　这么快啊。

汪　要不是这样，我们也指挥一下我们的队伍。可可，你指挥一下我。钱枫排头兵，钱枫以前是部队里的。

欧　我最高嘛，我排最后面。

列车长　第一个科目，转向动作。浩二同学请你严肃一点。在队列中不能有任何的小动作。

浩二　老师现在我看哪里好？

列车长　随你看哪里。

汪　看正前方。

浩二　遵命，好。看那个美女。

列车长　全体都有，向右转，（灏明故意转错）向右转，向左转。汪涵同学你怎么总是慢一拍呢？

汪　（湖南话）我年纪最大，反映稍微慢一点，你可以理解好吗。黄可可，我警告你，我有得是时间策你。我告诉你，你不对我客气点。

列车长　向左转。

欧　半面，拌面，拌饭也可以。

列车长　半面向左转，敬礼。礼毕。半面向右转（浩二慢一拍），半面向右转，敬礼。礼毕。敬礼。礼毕。半面向左转。

汪　真不容易。平常你的这些队员们，都要训练吗？

列车长　我们每趟班回来，休班四天，四天时间有一上午是进行业务学习，完了，下午就组织列队训练，永葆军人的本色。

汪　退伍不退色。我们坐下来慢慢聊好不好。有请。

所有人坐在位子上

汪　我们下面还是聊一聊我们队伍的头，我们的可可，Ke ke Huang. 可可肯定是为这支队伍很操心，所以头发已经……

列车长　不是很茂盛。

汪　我们不要再提头发这个话题了。（湖南话）从现在开始都不要再提了，这是一条纪律啊。

欧 只有你提啊。

汪 我知道铁路上工作特别辛苦，每次出车大概要多长时间才回家一趟。

列车长 我们这个车吧，全程不停，是直达。每个乘务员得看两个车厢。而且我们这个车没有宿营车，就是那个休息的车。乘务员必须晚上监守岗位，全程监守岗位一直到第二天。

汪 几点钟出车？

列车长 下午6点出车，第二天早上7点11分到北京。包括我都没有地方休息。

汪 连你都没有。

列车长 我们都这样，第二天到北京之后，一个个都是黑眼圈，都是熊猫。

田 下了火车就找床，是吗？

列车长 下了火车就找不着床了。

汪 可可，我想问一下，你今年多大了。

列车长 我今年已经三十岁啦。已经满三十岁啦。

汪 而立之年了。

欧 好年轻啊。

汪 婚否？

列车长 已婚。

汪 你已经婚了啊？

列车长 已育。

汪 还已育啦？我想问一下，您从事这个职务有多久了？

列车长 我是99年从部队回来。

汪 你以前在哪个部队退役？

列车长 我以前在北京卫戍区，警卫第一师特警六团。

汪 中央警卫团。

欧 这可不简单啊。

汪 你一定和很多国家领导人，为他们服务过？

列车长 服务过，第一年主要是在天安门广场执勤，执了一年，第二年，第三年警卫过很多国家领导人。对，这就是十多年前的我。（列车长指着一张相片）。

汪 （湖南话）胳膊抬了过高了点。这样后坐力会伤到胳肢窝的。（指着另一张）这是哪一年的你？

列车长 六七年前的我。

主持群 哇，好秀气，好可爱。

汪 我们好像听说也有一些文艺界的人士和你合过影。对不对，我们这里有照片为证。我们来看一下十年前的可可跟十年前我台著名主持人某某的合影。（看着照片）哇，她十年前脸就这么圆了。三、二、一（把照片展示给大家看）湘湘。（欧弟对着照片开玩笑）没关系，你拿去古力古力。

田 接下来就看这一张98年11月11日。

汪 看一下，也是两个字的。三，那时候他发型稍微差了点。

欧 现在帅多了。

汪 二、一。

欧 哇，这个我就敢了。（对着照片开玩笑）古力古力。

汪 十年前的何炅和李湘，那时候你还在当兵啊。

列车长 对，那时候我还在部队，我义务给咱们湖南卫视当宣传员，干了三年。我在部队的时候，每天一看到电视，他们在看别的台，我就跑到宿舍去，每个遥控器按过来，把军营的电视都调成湖南卫视了。

汪 听口令，向左什么半面转，敬礼。（主持人向嘉宾敬礼）礼毕。真的非常非常感谢他。其实我也知道，平常你们好像也都保持这种退伍军人的风采。好像平时还在拉歌吧。

列车长 拉歌。想我们有时候出去吃个饭，唱《团结就是力量》，其他桌上的旅客。

汪 这是职业病。真的是，我们平常出去吃饭也是的，我们只要一讲笑话，其他桌上的观众也是这样的。

欧 有的时候我冲着我爸叫来宾。这位来宾，不，爸爸。

汪 我们现场比个赛嘛，我们唱一首他们唱一首。

主持群 好啊。

列车长 是不是比声音大啊。

汪 那就不一定会输啦。

列车长 我来起个头，你来指挥好不好？（嘉宾和主持人各站一排）

汪 可以啊，什么歌？

列车长 团结就是力量。（唱）团结就是力量，预备，唱。

众人 （唱）团结就是力量，团结就是力量。这力量是铁，这力量是钢。比铁还硬，比钢还强。向着法西斯开火，让一切不民主的制度死亡，向着太阳，向着自由，向着新中国，发出万丈光芒。（汪涵一直在指挥，收住的动作做了两次）

汪 哎呀，抓了两次都没抓住呢。我们也来一首。大家排成一排。

其他主持人小碎步站成一排。

钱 大哥，大哥，你要说向右看齐。

汪 欧弟在这里怎么能够看得齐嘛。

欧 我最高，所以我站前面啊。

钱 向右看齐。（蹲下，与欧弟身高保持一致）

欧弟主动走到排头。

汪 这样才对嘛。这样才可以看齐了。

欧 好点吗？

汪 好多了。向右看齐。

欧弟在排头做鬼脸。

汪 再来一次。向右看齐。

欧弟伸直脖子，向前看。

汪 向前看。

欧弟的脖子伸得更长了。

钱 这个右手和左手之间隔一拳的距离。

欧弟使劲将一拳打在浩二的右手上。

浩二 （指着欧弟）刚才他使劲的打我。我想哭。（开始装哭）

欧 （用哄孩子的语气）对不起，对不起。乖，不哭。

汪 预备起。

大家开始唱 团……

汪 我起，团结就是力量，预备，唱。

其他主持人开始唱 （由于欧弟和浩二不熟悉歌词，在浑水摸鱼地唱）团结就是力量，团结就是力量。这力量是铁，这力量是钢。比铁还硬，比钢还强。向着法西斯的开火，让一切不民主的制度死亡，（汪涵一直在指挥，收住的动作做了两次）向着太阳，向着自由，向着新中国，发出……（汪涵一直做收住的动作，没有人停止）

汪 解散，解散。

大家还在唱，已经乱成一团。主持人回到座位上。

汪 列车长，到底要负责一些什么样的工作呢？我反正知道列车长第一个职能就是开票。

田 啊？

汪 就是你上车之前没有票，（说）列车长，我没有座位，麻烦你开个票。然后，就开张票。（模仿开票动作）

欧 那个是普通车的吧。

列车长 大哥，你说的是过去的故事了。我们现在都用补票机了。

汪 列车长主要的只能是什么？

列车长 简单的说吧，确保旅客在运行中的绝对安全。人身安全，财产安全。下了车吧，做好乘务员培训。生活中多关心兄弟们。像兄弟们谈个恋爱，交个女朋友……

汪 你先去看一下。

列车长 我先过目一下。

主持人 哦。

列车长 但是目前还没有一个人向我报告这件事。

田 觉得你眼光不行。

列车长 不是，他们都没女朋友。

汪 不可能吧。我想问一下，我们现场的女孩子们愿意和他们成为朋友的请举手示意一下。

欧 哇，有诶，有诶。

汪 越来越多，不能再举了。

欧 只有九个名额。

汪 再举就超过了。

列车长 她们有的是想坐火车不要钱。

汪 想坐火车不要钱的请举手。

（好多观众举手）

田 连摄像老师都举手了。

汪 太过分了吧你们。可可，我想问一下，五千多人当中选，怎么选。有没有什么海选。

欧 有没有身高的限制啊。

列车长 有啊。

汪 （拍着欧弟的肩膀）完了。

列车长 首先是各个车队推荐的优秀人才。

汪 外型有没有限制。

欧弟整理一下衣服站出来。

列车长 外型像欧弟这么高的就可以了。

欧弟露出得意的表情。

汪 真的？

钱 这样就可以了？

列车长 他是明星，给他一点面子好不？

钱 哦，这样其实是不行的。

欧 我们要听真的。我皮肤这么黑，会不会在夜间行驶的时候看不到我乘务员。

汪 （假装看不见欧弟）乘务员在哪里？

欧 我在这，我从来没有离开过。

汪 在这里啊，太黑了。

欧 那我要是笑着，才能看到牙齿。

汪 对，半空当中。就是我想问一下，他们平时在车上具体都要做一些什么样的工作？我们问一下其中的队员好吗？大雄。

田 大雄没找到，那边是小叮当。

汪 我到处在找大雄，大雄。

浩二 （走到一个嘉宾面前）你原来是大雄啊。（和嘉宾握了一下手）

田 这就是传说中的老乡见老乡。这就是传说中的大雄。

浩二 我们聊天的时候我一直关注他。黄老师和欧弟说话的时候，（模仿大雄的表情、动作）

汪 大雄，平常在车上要做一些什么样的服务？

列车长 首先就是旅客开始，我们就进行换票，换了票以后，然后我们要引导旅客，进行房间内的介绍。

汪 这样，大雄，你帮我们介绍一下车上的设备。

列车长 让乌兰介绍吧，乌兰介绍特别有意思。

汪 乌兰，乌兰，乌兰……

大家 乌兰还不好意思。

汪 乌兰，你好可爱。乌兰你是内蒙人。蒙古人，蒙古族。

俞 我觉得他跟其他队员的说话不一样。（模仿乌兰声音）你好，我是乌兰。

田 还有手势。（模仿乌兰声音和手势）我是乌兰。

汪 假设我们都是乘客。

田 第一次乘坐你的Z18列车。

乌兰站起来，走到台中央，面对主持人。

汪 他的微笑好迷人啊。对着观众讲，你好可爱。

乌兰转身，面向观众。

钱 一下就笑开了，笑开了花儿。

浩二去挠乌兰，乌兰笑得更开了。

田 这旅客真讨厌。

汪 你不能这样。

欧 （摸乌兰）哪有生客随便乱摸的。

乌兰 各位旅客下午好。欢迎您乘坐Z18次列车，我是本车厢的乘务员。我姓乌兰。首先，从现在起，我将服务在你的身边。现在，我们列车位你们准备了免费的绿茶，请问您需要吗？

欧 我来一杯。

乌兰 给您。（递给了浩二）

欧 （假装接到了，喝下去。）谢谢。

汪 隔空传茶。两位高手，隔空取物诶。

乌兰 我向您介绍一下房间内的设施。在我的右手边是风量控制器和音量控制器，每个铺位上方具有一个床头灯和影视控制器。可供您收看喜欢的电视节目。茶几上还有一本服务指南，可供您得到更多的服务信息。下面还有一个电源220V的插座，可供您手机充电和手提电脑使用。

田 这个很方便，还有什么？

乌兰 在我的左手边，是顶能开关和呼唤按钮。如果您在旅途中需要我的帮助，请用呼唤按钮和我联系。我将竭诚为您服务。

欧 呼唤，一按，你就去啊。嘟嘟。

汪 如果客人呼唤你了，快点过来吧。

乌兰 您好，先生。请问您有什么需要我帮助的吗？

欧 我头晕，好像有点晕车。

乌兰 我们列车11号是医药点，您现在晕车的话，我去医药点请我们的红十字救护员提着医药箱过来帮您看看好吗？

欧 好，谢谢，麻烦你。

汪 车上的设施介绍完了吗？

乌兰 还有一点，在这边可以吗？

主持人 可以。

乌兰 我们餐车在列车中部的10号车厢，今天为你们服务的是餐车一组，由于我们列车是无烟车，如果您需要抽烟的话，请到车厢的连接处，再打扰一下，由于我们列车没有随行的医务工作者，如果您是医务工作者，我们需要登记一下。以便有旅客发生疾病时，能得到您及时的帮助。谢谢。

欧 （指着汪涵）他是医生。

汪 对，我是医生。我是兽医。我可以帮你治头晕。

欧 你可以帮钱枫换成“人面兽心”。

汪 好，乌兰，你休息。谢谢。可可，就是你所有的弟兄们都要随时负责车厢的卫生吗？

列车长 对。

汪 可是男孩子做卫生应该不会那么细心吧。

列车长 很多人都有这个误区，我们男子乘务组不仅有女同志服务的那种细腻，更加体现出我们男同志的阳刚之美。

汪 其实我们也知道，我们也都坐过火车，觉得火车上呢，还是很人性化的。一上火车就会有音乐，虽然这个音乐我从10岁坐到现在都没怎么变过。

欧 真的？怎么样的音乐呢？

汪 （模仿音乐）旅客朋友们，您现在乘坐的是Z18列车。我们这里面有没有播音员呢？

列车长 有。我们播音员张培。

汪 张培，你平常播音播得最多的是什么？

张培 炒菜。

汪 （湖南话）你是在播音室还是在餐车？列车上永远有个菜，我们今天中午为您准备的有宫保鸡丁，十年后，我们准备的有宫保鸡丁。爆了十年都没爆熟。来，我们播音一次，从开始，就是欢迎您乘坐……

张培 我还是播炒菜吧。

汪 既然你深爱这份职业，你就炒吧。预备，起。

张培 旅客朋友们……

汪 旅客朋友们，（湖南话）大师傅下车了，今天中午吃盒饭是没有希望了。大家吃泡面吧。继续炒菜，预备开炒。

张培 旅客们你们饿了吧。

钱 饿了，饿了，早就饿了。

田 你快一点好不好。

欧 你快说吧，我口水都快流下来了。

汪 预备起。

张培 旅客朋友们，现在餐车有空座了，需要用餐的朋友欢迎您到餐车去。餐车在列车中部10号车厢。餐车师傅已经为您准备好了可口的饭菜。

钱 和宫保鸡丁。

汪 还没呢，宫保鸡丁在后头呢。

田 也不知道都有点什么。

张培 如果您饿了，欢迎您到宫……

钱 欢迎您到宫保鸡丁去。

主持人笑成一团。

汪 旅客朋友们，如果您饿了欢迎您到10号车厢的宫保鸡丁去。

张培 我们的早餐一般有稀饭、面条、馒头，中餐很多，有……

汪 我们有菜谱。

欧弟觉着字板站在张培对面。

张培 有西红柿炒番茄。

汪 西红柿炒番茄。

钱 怎么是西红柿炒番茄呢？

张培 我也觉得不太对。

田 就是一盘西红柿。

汪 我要下车，西红柿炒番茄。你还报得那么深情。那我们这边是不是还应该报个其他的？

张培 比如旅客在车厢内突发疾病，需要得到医生的救助。

汪 预备起。

欧弟装病。

张培 有兽医啦。

田 兽医不管人的事。

欧弟躺到地上。

张培 11号车厢二号房间的客人突发疾病，需要得到医生的救助。如果您是医务工作者，请到11号车厢2号房间去，谢谢您。

灏明假装要帮欧弟人工呼吸，假装对方有口臭，晕倒。

汪 可可，我们这个车上好像还有vip的包房。

列车长 对，有高级软卧。

汪 谁服务高级软卧？

列车长 周权。

汪 周权在哪？

周权 有。（站起来）

主持人 哇，帅哥。

汪 周权在服务之前，我们先展示他的一组照片。

周权 不要咯。

汪 要咯。周权现在是长沙各大婚纱店的男模。

欧 大哥，我有压力。我觉得他会不干乘务员来抢我主持人的位子。他太帅了。

汪 （展示照片）真的很帅。愿意坐他的vip的请举手。

观众中有很多人举手了。

汪 愿意坐大雄管的那个车厢的？周权，介绍一下vip包厢的设施还有哪些？

周权 vip包厢和普通包厢的设施是不一样的。它有一个服务电话，一共有八间房间。

列车长 每个房间还有洗手间。

田 单独的卫生间。

列车长 对。

欧 不过他长那么帅，有没有人和他搭讪呢？

汪　有没有人半夜打电话说做噩梦睡不着觉？

欧　哇，这太受不了吧。

周权　No。

汪　大家揭发一下。大雄。

大雄　绝对有。

田　既然有了那他怎么去面对。

汪　我觉得这种事情最重要是问一个人，那就是广播员。问一下小喇叭。

张培　据车班传言应该是有的。

汪　周权老实交代。

周权　至少这个礼拜还没有吧。

汪　这个礼拜没有。一般是什么样的情况？你讲，没关系。

周权　一般每节车厢都有一个旅客留言本，旅客都会在上面留下电话啊，QQ 号啊，飞信号啊，还有 E－mail 啊都有。

汪　就是希望和你交朋友对吧。

周权　主要是对我工作的支持和肯定。

主持人　切。

汪　刚才说切的全都是女孩子。她们才不会鼓励你的工作呢。那你们平常差不多一天要工作 13 个小时嘛。难道真的就一点都不困吗？

周权　每个人都发了对讲机。

欧　谁要睡了就提醒谁。你别睡了啊。

汪　别睡，可可刚过去。等下再睡啊。

列车长　说实话吧，你说不困也不现实。他们如果偷偷打瞌睡，他们自己还得传个话，因为对讲机肯定不能使用。我拿对讲机，如果谁睡了，我可以查得到。第二个，就是不间断地去巡视一下车厢。

汪　他们可以发短信。

列车长　我们出乘之前，手机都没收了。因为在运行中不能使用手机。

欧　因为你在服务旅客的时候，突然你自己私事手机响了，不礼貌。

汪　那这样他们说没有女朋友，我们就相信了。你说找这样的一个男朋友，晚上十一二点钟也没有一个短信传过来说亲爱的晚安。我很想你，这样的短信也没有。

欧　不时还有女旅客写加油鼓励的话，还有留言，我好喜欢你啊。你的酒窝好可爱，怎么受得了啊。

俞　我们的可可队长一定很幸福。

大雄　他就是来了之前就已经结了婚了。

汪　我们就是这里边谁比较勤快？

列车长　小强比较勤快。

主持人　小强，小强。

小强　是我。

汪　你现在有没有女朋友？

小强　没有。

欧　你刚刚说没有的时候眨眼睛了啊！

钱　心虚。

汪　你平常都在列车上干些什么啊？

小强　补票员。

欧　什么情况下需要补票呢？

汪　你上车之前没票就要补票啊。

欧　怎么会上车之前没票呢？

田　你没有来得及去买票，所以没票。

欧　没有从半途爬窗户的……

汪　欧弟，我这么跟你讲，要不要我再跟你换一颗心啊？

欧　不用不用。我懂了。脑子需要换一下。

汪　他们都说你是最勤快的，那你平时都做些什么啊？

小强　做勤快事啊。

田　你说得具体点，什么勤快事啊？

小强　大家做的我也做，大家不做的我也做。

主持人　哦！

田　什么是大家不做你还做的？

小强　比如说补票啊。

汪　你发现他回答问题的方式很像许三多。

你要过什么样的人生？我要过有意义的人生。什么是有意义的人生？就是做有意义事的人生就是有意义的人生。谢谢小强。我们都知道在列车上经常有一些丢三落四的人。

列车长 有很多出行的旅客落下东西没拿。我们乘务员拾到以后，首先是交给车长，我们能尽量联系上的旅客就尽量联系。如果联系不上了，就交给车队。所以目前来说，还有很多东西积压在车队，还有没有旅客来认领的。

汪 都有清单记录吗？

列车长 都有。

欧 有没有小孩丢在那里的？

汪 我们这里有一个清单给大家看一下。（拿出单子，读）就最近哦，5月5号拾到眼镜一副，5月10号，索尼充电器。

田 那是我的。

汪 （指着单子）手提电脑是我的。

欧 是我的，是我的。

汪 后面那是你的（指着后面两袋零食）。

欧 5月21日。

汪 都已经过了保质期了。

欧 我不要了。

汪 一个雪龙牌口杯，眼镜一副，东业早安星城杯子一个，怎么都落杯子呢？不锈钢杯，好像都是杯子。

田 这个人掉了好多啊。

汪 不是一个人掉的。

田 哦，这是一天的。我明白了。

汪 （指着单子上的相机）这个是我的，富士牌。

欧 大哥，你都挑贵的啊。

汪 前面都已经被你挑过了。红色太阳帽一个。大雄，大雄啊。（指着另一张单子）大雄拾到手机一个交了，张培拾到宫保鸡丁一盒。

田 没有宫保鸡丁了。

汪 宫保手机一个。乌兰梅林拾到女士手提袋一个，内有手机，现金6000元。

欧 （学香港人说普通话）有钱人来的嘛。

汪 你发现没有，有个奇怪的现象。他们这一组里，捡钱捡的最多的是乌兰，乌兰梅林拾到男式手提包一个，里面又有5000元。你好厉害啊。乌兰，你是不是有透视眼？

乌兰走到主持人中间。

乌兰 不是。

汪 为什么别人捡到的都是眼镜，蓝色口杯，你捡到的就是6000啊，5000啊？你是不是先盯上人家再去捡的？你为什么老是能够捡到钱啊？

乌兰 可能我应该捡到钱吧。

汪 长得就像个捡钱的。但是来之前，你的队友透露了一下，说他是整个车组里最大的八卦。他很八卦。你平时是不是很喜欢看那些娱乐新闻啊什么的。

乌兰 没有没有。刚好在家看电视，一按台就看到了。

汪 凭什么一捡包就捡钱，一按台就看到了？

欧 太好运了。

汪 很巧，对不对。

欧 你问问他难题吧。

汪 像前一段时间李湘拍了一部电影名字叫做？

乌兰 十全九美。

汪 里面有个不可或缺的男演员叫做？

欧 我知道。

乌兰 我知道。

汪 叫什么？

乌兰 汪涵，我看那部戏就主要为了看你。

汪 你觉得那部戏怎么样？其他的不讲了，我演的那一段。

乌兰 太好了。

汪 他好八卦啊。我想问一下，喜欢这个职业吗？

乌兰 喜欢。

汪 但是因为这个职业，很长时间找不到女朋友，你会不会很着急？

乌兰 不会。

汪 因为你运气好。

乌兰 不是。

欧 下车就有女朋友。（伸出手）你好，交往吗？

汪 为什么？你为什么不担心？你今年多大？

乌兰 22 岁。

汪 你属虎的。

乌兰 对。

欧 大哥可以生你了诶。

汪涵假装踹了一下欧弟。

汪 大雄，我特别欣赏大雄。

大雄 为什么？

汪 因为你掌握了很多比八卦还八卦的消息。

欧 是的。

汪 你现在有朋友了吗？

大雄 额。

汪 你看大雄的表情。

田 好微妙啊。有没有？

大雄 对他的崇敬之情的人还是有的。

乌兰 那都是阿姨级的人物。

汪 都是阿姨级的人物。好，你先坐到座位上去。我们待会儿有什么八卦再问你。其实我知道，有很多人出去旅行特别喜欢坐火车，有一个原因就是特别安全。我想问一下，可可，我们这节火车上有没有发生偷盗、抢劫？

列车长 我们直达 18 次列车开勤有四年多了，目前它的治安案件和刑事案件为零。

汪 四年来为零啊。真的很了不起。为什么会这么安全呢？

列车长 因为我们是一支训练有素的队伍，凝聚力特别强。

汪 您这一趟车有多少人？

列车长 有二十多个人。

汪 就是乘务员有九个。还有乘警是一个呢？

列车长 乘警是一个。

欧 这么安全啊。

汪 听说只有一个乘警，你怎么特别高兴啊？（模仿欧弟）只有一个乘警，哦，好安全啊。可以施工了。

田 但是欧弟，他们每一个人都可以当乘警来使啊。

汪 但是他们个个都是部队里出来的武警啊。

欧 那就打消这个念头吧。换其他的车吧。

汪 我们应该还有一些其他的演练，比如说火警。我们有没有头脑的训练方式？

列车长 像我们列车吧，各种预案特别齐全。下雪的时候有扫冰除雪预案，如果是发洪水，那段道就不能开车。有列车发生洪水的预案，有列车发生偷盗抢劫治安案件的预案。有列车大面积停车晚点的预案。有列车旅客发生打架斗殴或发生流血的事件的预案。各种预案特别齐全。

汪 我们来演示一下火警的预案。

列车长 我们就把这个地方当作我们的车厢。你们就是旅客。

汪 我们怎么这么背时遇到火警呢？

张培 首先，我们……

主持人 我们饿了，我们要吃宫保鸡丁和西红柿炒番茄。

张培 我们列车上有一个紧急制动阀，发生火灾的时候要拉动那个，火车就停。请哪个主持人来扮演一下紧急制动阀。

欧 我来演吧。我最像阀了。

汪 好，罚你去演阀。

张培去扳阀门，费了很大的劲。

欧 要下来吗?

张培 要下来，否则车子就不能停。

欧弟把手放下。

张培跑到车长面前 报告车长，11号车厢二号房间发生火灾。我已拉动制动阀，请车长指示。

列车长 请迅速扑救。

张培 是。

列车长 紧急集合。

乘务员集合。

灏明假装被火烧到。

列车长 我们这个动作是特别迅速的。

主持人 不用解释。

列车长 疏散组负责迅速疏散旅客。灭火组负责扑救火。抢救组负责迅速抢救伤员。防护员负责列车防护。警戒组负责两侧警戒。然后我就打电话向下面请求支援。包好119。

欧 我是119。

列车长 列车运行在长沙和岳阳之间，11号车厢发生火灾。列车已启动紧急预案，请予以支援。

汪 你把火车停在那里。

列车长 已经停了。

汪 (装扮成伤员)车长，火灾怎么会烧到头啊?他们怎么乱包。

列车长 你在疏散的时候或者紧急刹车的时候撞破了。

汪 就是紧急制动的时候撞到了，那就是阀门的错啦。

欧 报告车长，阀门是不是可以立起来了?

列车长 现在不行，现在还是停车。阀门辛苦你了。

欧 不客气，谢谢车长(敬礼)。

汪 (专注欧弟的手)阀门又开了。回座位。我们刚才都说过在乘坐Z18出发的时候，我们这些乘务员优秀的礼仪。那么乘客应该注重什么礼仪呢?

列车长 相互尊重吧。

汪 我们来演示一下。我来演乘务员嘛，田源，你来演一个乘客。

田 什么样的乘客?

汪 本色演出就好了。

田源扮演一个一直把垃圾随处乱扔的旅客。

汪 你好，同志。

田 (河北话)什么意思啊?

汪 你在车上踩着别人的凳子不大好。

田 我踩着别人的凳子，可这是我自己的脚啊。

汪 您瓜子不要到处乱扔，我们这样不便于做卫生。

田 我自己嗑的我愿意扔哪儿就扔哪儿啊。(假装向汪涵扔去)

汪 在这种情况下，可以动手了吗?那这怎么办啊，瓜子壳都扔到脸上去了。大雄上。

大雄 您好，为了保持车厢内的清洁，不要将瓜子壳吐在地上。我这里给您准备了果皮盒。您可以吐在果皮盒里，下面有垃圾箱。

田 我不，我偏要扔在地上。你怎么着吧。

欧 我们别的乘客看不下去了。

汪 你脑子有问题吧。你这个太不对了，人家乘务员那么诚恳。

田 不过，大哥，我真的在列车上看到过这样的乘客。就是这种没事找事。

汪 找茬。在这种情况下，我们可以发动群众。对其他乘客使眼色。

田 群起而攻之。

列车长 这个不行。

欧 不能有暴力事件。

汪 那这个怎么办?

列车长 我们要保证旅客的安全。

汪 欧弟，你再演一种旅客。

欧 哪种的?

汪 很拽的。

欧 很拽的，很有钱，vip。

汪 这位先生您好。

欧 干么子咯？

汪 我们右手边有 vip 的服务员周权。

周权 您好，这位旅客。在我的右手边是风量控制器和音量控制器。

欧 什么音量啊。

周权 音量还有风量。

欧 是你的音量还是我的音量啊？

周权 是您的。在左边呢，有一个服务电话，您没事的时候或有事的时都可以拨打 80900。

欧 我没事干吗打给你啊？

周权 你没事打给我那就不用打嘛。

欧 你是不是不开心啊？

周权 我很开心。

欧 我听你口气，你有点生气哦。

周权 没有啊。

欧 你的表情没有在笑啊。

周权 我认得你，你是欧弟哥啊。（走过去握手）您是第一次乘坐我们的火车，谢谢谢谢。您还需要什么吗？

欧 我需要纸巾擦手。

周权 好的，好的。

俞 我也看不下去了。

田 这种人就应该过去，你想怎么着吧？

汪 我觉得想要当一个好的乘务员真的不容易啊。一列火车如果是满员的话是多少人？像我们 Z18。

列车长 520 人。

欧 要服务五百多个人啊。

汪 形形色色啊。

欧 其实我们刚刚两种个性的应该会有啊。

汪 再来一种。浩二演外国的不良少年。（对欧弟说）你对付他。

欧 这位旅客您好，我是乘务员 01 号，我叫欧弟。

浩二假装抽烟。

欧 先生，假如您要抽烟的话，请到车厢后面，我们有吸烟车厢。

浩二 为什么？

欧 因为这里不能抽烟。别的乘客是不抽烟的，您会影响到其他人的空气。

浩二 那我好啊。我想抽烟。

欧 那请你跟我往这边来好吗？

浩二 你带我去哪儿啊？

欧 先生，不要生气。我就带你到那里而已。后面的第八车厢。

浩二 我对你没有兴趣。为什么你带我去那里？

钱 欧弟，归根结底，你看起来像一个女的乘务员。

欧 先生，你换一个是吧。

浩二 我换谁啊？

欧 乌兰上。

乌兰 你好，这位先生。我们这列车是无烟车。如果您需要吸烟请到两头的连接处去。那里为你准备好了吸烟盒。

浩二 你说什么？你笑得太可爱了。

汪 你们有没有碰到过特别奇怪的客人？

列车长 每天都有。我讲一个吧。就是我们早几趟班，一个美女到餐车去吃饭。她就多喝了几罐啤酒，她就端着个啤酒过来走到颜诚车厢。她就，陪我喝杯酒吧。

颜诚 因为我们上班是不能喝酒的。所以说，对不起。

欧 对不起，只能一点点哦。

颜诚 一口都没喝。

汪 那么她呢？

颜诚 我就扶着她回到自己的铺位。

汪 除了这种喝醉的，还有没有其他的？特别无理取闹的。

列车长 上个月吧，在周权的 vip 包厢。一号房间是两名外籍旅客，都是女的。到了晚上，周权去做晚间服务，他就把窗帘拉上。我正好在门外。

汪 你是在监视吧。

列车长 没有。

汪 你是在办事还是在监视。

列车长 我就看见周权刚一进去，马上就出来了。我刚准备发火的，怎么对旅客这个态度。他就跟我解释，那两个女的睡觉不穿衣服。

汪 如果说我们四个人在一个房间里面，田源打呼噜。完全影响我们三个的休息。我们可以要求和他们换房间吗？

列车长 原则上不行。

汪 那我们没办法休息嘛。这个还好，欧弟脚又臭。怎么办吗。

欧 我一直以为你们闻不到的。

汪 早就闻到了。怎么办？

列车长 你就策他了。

汪 （湖南话）我就对着他的脚，怎么这么臭咯。我们能不能反映一下解决这个问题。

列车长 男子乘务组就特别配备一些专门的工具。像有的旅客他上车需要泡脚的，那我们就自己配备了脚浴的盐啊什么的。

欧 听起来好舒服哦。泡着脚看着窗外的风景这舒服啊。

汪 但是你一睁开眼，田源就在你对面。

欧 那就让他泡个脸吧。

汪 田源，你还打呼噜。（作势将田源按到水中）这些乘务员最希望碰到的旅客是什么样的？

大雄 我们在为他们服务的时候，都能用微笑回报我们，对我们成绩的一种肯定。还有收垃圾的时候，帮我顺手递一下。说谢谢你。那我会说非常感谢你对我们的支持。

汪 一句肯定，其实很简单。接下来。

嘉宾 我所希望的旅客就是对我的服务有一种反馈，想外国旅客这点特别好。中国旅客会有点拘谨，比较含蓄。

汪 周权，周权就是希望外籍旅客睡觉的时候穿衣服。

周权 我希望旅客进房间的时候是什么样子的，他走之后，房间还是什么样子的。

汪 有这样的旅客吗？

周权 我碰到过这样的旅客。就是一个老先生和一个老太太很有素质。

汪 基本上上了年纪的人特别讲究，特别讲究这种礼仪。乌兰。

乌兰 我希望他最重要的是吸烟的旅客到连接处吸烟。因为一个小烟头就会引发很大的火灾。

汪 而且在火车高速运行中，火灾有多恐怖啊。

乌兰 对。保证他自身的安全，也保证所有人的安全。

汪 真的这个车厢就像一个小小的社会，什么人都有，什么事情都可能发生。这十三个小时就是要求乘务员保持高度紧张，因为，你不知道，什么时候，你负责的两个车厢将会出现什么样的状况，他们提出什么样的要求。所以他们的工作是高度紧张，今天真的是特别高兴把可可和他们的这个团队请到我们节目的现场，让我们认识了这么多可爱的乘务员。虽然现在我们不可能一一记住他们的名字，但是他们有一个共同的名字，就是Z18。我们非常希望在下面的时间里面在乘务长可可的带领下，让我们这个Z18更加光彩夺目。因为这是我们湖南面向全国人民的一个窗口。他们的一言一行，一举一动，都代表着我们湖南人对礼仪这两个字的理解。

欧 电视机前的额各位观众，各位同学，请你们赶紧把你们的姓名发送到10669588209加入我们《天天向上》，跟我们一起学习，一起进步。就有机会获得很厉害的psp游戏机哦！

汪涵 再次谢谢可可带领他们的团队来到我们节目当中，希望大家可以有时间去乘坐他们的列车，感受他们最最优质的服务。然后，感谢大家收看我们的天天向上，我们下期节目再和大家再见，拜拜。

（姚叶 整理）

《欢乐中国行》国庆特别节目

播出台：中央电视台 CCTV－3
播出时间：2008 年 10 月 6 日播出
总导演：孙滨

字幕：欢乐中国行－国庆特别节目

董卿 所有现场和电视机前的观众朋友们，大家好。您现在正在收看的是我们在中央电视台一号演播大厅为您现场直播的欢乐中国行国庆特别节目。不知不觉啊，咱们也到了这长假的最后一天了，欢乐中国行的直播时间又和您如约相见，那我不知道您这个假期过得怎么样，如果您一直在收看我们节目的话，我想您会通过那些耳熟能详的旋律，通过我们每天在变换的话题，勾起许多对往日的回忆，也会深切的感受到改革开放30年来，我们的祖国所取得的历史性的巨变，当然，心中更会由衷的升出一份身为中国人的骄傲和自豪。那在我们今天节目的开始，就让我们一起来加加油吧，掌声欢迎花儿乐队为我们带来一首《加油歌》！

《加油歌》

词曲：花儿乐队　编舞：贾琼
演唱：花儿乐队

（彩色灯光以凸显加油歌的跳跃、轻快、欢乐之感，伴舞身穿紫色长衣长裤和帽子）

加油加油加油加油加油加油
好男儿加油加油
hero 向前走
青蛙变王子的时候
yeah yeah yeah oh oh oh
好男儿加油加油
hero 笑遨游
站出来英雄般风流
yeah yeah yeah go
h. e. r. o 你是我的 hero
h. e. r. o 你我一起加油
万千群芳为我呼吼

yeah yeah yeah oh oh oh
h. e. r. o 你是我的 hero
h. e. r. o 你我一起加油
万千群芳为我呼吼
yeah yeah yeah oh oh oh 加油
加油加油加油加油加油
好男儿加油加油
hero 笑遨游
站出来英雄般风流
yeah yeah yeah go
h. e. r. o 你是我的 hero
h. e. r. o 你我一起加油
万千群芳为我呼吼
yeah yeah yeah oh oh oh

董卿 谢谢。亲爱的朋友们，30 年说短不短。一个人一生当中能有几十个 30 年。30 年说长不长，在历史的长河里也只是弹指一挥间。但是从 1978 年到 2008 年，这 30 年在中国却发生了翻天覆地的变化。我们在前几期的节目时间里一直在聊电话，因为这也是我们大家最深刻的感受。你看，1978 年的时候，大家伙追求的还是四大件，那个时候，买粮买肉买鸡蛋都还得凭票。到 1988 年，咱们都已经在看彩色电视机，关注着各个连续剧，茶余饭后啊，还聊一聊下海万元户这些新名词。到 1998 年的时候，电话就不是什么新奇的东西了，大家开始打手机，电脑开始普及，互联网也成为发展最强劲的新媒体。2008 年呢，就更不用说了，中华民族实现了自己百年的奥运梦想。所以我想，要说起这变化啊，可说的真的是太多了。今晚，我们依然为大家准备了一个话题，那就是“家乡每年换新装”，因为我们想每一个人都有自己的家乡，每个人的家乡在这些年里，一定或多或少都发生了变化。所以你的家乡变成了什么模样，如何旧貌换新颜，也欢迎您编辑成手机短信发送给我们。全国的手机用户都可以发送至 10669999083 或者拨打我们的热线电话 125908182，参与的热心观众都有机会赢取由央视公众为您准备的海南五日游和欧洲精品游的大奖，我们期待着您的参与。那接下来的时间呢，让我们一起来欣赏一首老歌，掌声欢迎甘萍为我们演唱《大哥你好吗》。

《大哥你好吗》
词曲：陈小奇　演唱：甘萍

每一天都走着别人为你安排的路
你终于为一次迷路离开了家
从此以后你有了一个属于自己的梦
你愿意付出悲伤的代价
每一天都做着别人为你计划的事
你终于为一件傻事离开了家
从此以后你有了一双属于自己的手
你愿意忍受心中所有的伤疤
大哥大哥大哥你好吗
多年以后是不是有了一个你不想离开的家
大哥大哥大哥你好吗
多年以后我还想看一看你当初离家出走的步伐
多年以后我还想看一看你当初离家出走的步伐
每一天都做着别人为你计划的事
你终于为一件傻事离开了家
从此以后你有了一双属于自己的手
你愿意忍受心中所有的伤疤
大哥大哥大哥你好吗
多年以后是不是有了一个你不想离开的家
大哥大哥大哥你好吗

多年以后我还想看一看你当初离家出走的步伐
多年以后我还想看一看你当初离家出走的步伐（重复）

董卿 谢谢。大哥您好吗，家乡的亲人你们好吗，一说到这家乡的变化啊，太多的观众心中有感触了。你看手机尾号是5821的这位朋友说，前两天回老家了，家乡真的是大变样，我们村原来很多人家都和我们家一样，姐妹俩挤一张床，四五个人睡一间房，现在，不得了，一栋栋新房我都对不上号，不知道谁是谁家了，真是的，我想可能主人从屋里走出来，你还是对不上号，人也变了模样了不是吗？手机尾号是9432的这位朋友说，我们家门前的那条老路啊，过去是晴天车过灰尘起，雨天行人一脚泥，土路，现在呢，已经建成了“村村通”的宽敞平坦的公路，孩子们上学再也不用在下雨的时候提着鞋，挽着裤腿，打着赤脚了。我发现好像这都是两位家在农村的观众给我们发来的短信，刚才我还一直在想，哎呀你们怎么不把自己的家乡给写上在哪啊，但是我再转念一想，也不用写了，其实这是你的，也是他的，也是我的。我们大家的家乡，共同发生的变化，这些变化也让我们收获了一份共同的欢乐。接下来就让那个我们一起来欣赏王子鸣为我们带来的《浪花里飞出欢乐的歌》。

《浪花里飞出欢乐的歌》
词：王立平、秀田　曲：王立平
编舞：耿军
演唱者：王子鸣
（灯光以蓝色调为主、伴舞身穿淡蓝色长裙，与歌曲以及其内容相呼应）

松花江水波连波
浪花里飞出欢乐的歌
歌唱天鹅项下啊珍珠城唉
江南江北好景色
绿水载白帆 两岸花万朵
大桥跨南北 游龙如穿梭
哈尔滨的夏天多迷人
唱不尽我们心中的歌
松花江水波连波
浪花里飞出欢乐的歌
歌唱英雄的人民
辛勤劳动的成果
北国江城好巍峨
豆花香千里 厂矿奏新歌
同心干四化 风流人物多
松花江的浪花荡激情
唱不尽美好新生活
歌唱英雄的人民
辛勤劳动的成果
北国江城好巍峨
豆花香千里 厂矿奏新歌
同心干四化 风流人物多
松花江的浪花荡激情
唱不尽美好新生活
新生活

董卿 谢谢王子鸣。观众朋友，在我们今天节目直播的现场啊，也请来了几位特殊的朋友，现在我就向您介绍其中的一位，掌声欢迎宋志勇，有请。您好，志勇，欢迎你又见面了。

宋志勇 大家好。

董卿 我向大家介绍一下宋志勇，来自唐山的朋友，在我们今年年初，南方发生冰雪灾害的时候，宋志勇带着12位兄弟，第一时间，赶到了湖南郴州，帮助当地的老百姓，抗击冰雪灾害，而且在那一待就是17天。后来在5月份，四川汶川大地震发生之后，又是这几位兄弟，义无反顾地赶到了四川的北川，抗震救灾，并且在返回唐山的时候，还带回了240多位灾区的孩子，让他们在唐山读书，重新生活。欢迎你，志勇。

宋志勇 谢谢大家。

董卿 而作为一位来自唐山的观众啊，今天因为我们聊的是家乡的变化，我也想问问志勇，因为我们都知道唐山是在一片废墟上重新建立起来的一座城市，你对家乡的变化一定有格外深刻的感受。

宋志勇 是的，我是这么想。从三十多年前看我们唐山，到今天看我们唐山，在党中央还有各级领导的正确领导下，我们唐山确实发生了翻天覆地的变化，特别是这两年，我们唐山作为农业的龙头城市，在感恩博爱开放超越的新人文精神和发展理念的影响下，又迈出了跨越性的一步，看看我们雄伟壮观的曹妃甸，看看我们唐山美丽宽阔的街道，大伙都感觉到生活在这样的城市里，感到非常的幸福，也坚定了他们只有在共产党的领导下才能生活越来越美好，同时呢，我也感觉我们农村也是发生了巨大的变化，特别是我们村，就像我们村，只有512口人的小村庄，但是现在我们也实现了柏油路面，太阳能路灯，沼气，还有许许多多的，特别是连厕所现在都用上水冲的了，所以说老百姓感到，说有了党的领导，我们才能真正的过上富裕的生活，同时呢，也允许我祝福我们祖国永远繁荣昌盛，富强。谢谢大家！

董卿 说的真好，你看你的家乡虽然在农村，可是现在也过上了现代化的生活，我相信孩子们在那里也一定能度过一个愉快的童年，在这里要再次感谢你们的一片爱心、善心和责任心。那接下来就让我们一起来欣赏朱明瑛为我们带来的一首《童年》。

《童年》

词曲：罗大佑　编舞：耿军

演唱者：朱明瑛

（灯光包含黄白红、蓝等各色以凸显童年的多彩俏皮，伴舞身穿白色无袖上衣、红色格子裙、白色长靴、红色领带）

池塘边的榕树上，知了在声声叫着夏天
草丛边的秋千上，只有蝴蝶停在上面
黑板上老师的粉笔还在拼命叽叽喳喳写个不停
等待着下课等待着放学等待游戏的童年
福利社里面什么都有就是口袋里没有半毛钱
诸葛四郎和魔鬼党到底谁抢到那把宝剑
隔壁班的那个女孩怎么还没经过我的窗前
嘴里的零食手里的漫画心里初恋的童年
总是要等到睡觉前才知道功课只做了一点点
总是要等到考试后才知道该念的书都没有念
一寸光阴一寸金老师说过寸金难买寸光阴
一天又一天一年又一年迷迷糊糊的童年
没有人知道为什么太阳总下到山的那一边
没有人能够告诉我山里面有没有住着神仙
多少平日记忆总是一个人面对着天空发呆
就这么好奇就这么幻想这么孤单的童年
阳光下蜻蜓飞过来一片片绿油油的稻田
水彩蜡笔和万花筒画不出天边那一条彩虹
什么时候才能像高年级的同学有张成熟

与长大的脸
盼望着假期盼望着明天盼望长大的童年
一天又一天一年又一年盼望长大的童年

董卿 谢谢，在这熟悉的旋律当中，我想我们很多人都会想起自己的童年时光，那接下来呢，我还要为大家介绍一位特殊的朋友，让我们掌声欢迎苏俊栓。

（苏俊栓从观众席中站起微笑上台，上台后庄严地向观众席敬礼－观众欢呼）

董卿 你好，苏警官，欢迎您。向大家介绍一下，我们北京市交管局西城支队的民警苏俊栓，苏警官，也曾经被公安部授予国家一级英模称号，您好，苏警官。看看这胸口的奖章啊，数都数不过来，我先看一看好吗？苏警官，有优秀共产党员，先进工作者，劳动模范，五一劳动奖章，您看，这个就应该是公安部的国家一级英模称号的那枚奖章是吧。哎呀，一说到咱们苏警官啊，说实话，在西单那一片，特别是在长安街上开车的司机朋友，都会个个竖起大拇指，风雨无阻在那执勤有十几年的时间了吧。在长安街上……

苏俊栓 有 18 年。

董卿 长安街上 18 年，当交警 37 年，所以您天天站在这个北京的道路上，也应该是对北京的变化有非常多的感触是吗？

苏俊栓 这一点，有非常非常深的感受，你像咱们这个楼房吧，一座座楼房拔地而起，高耸入云，一条条大路像蜘蛛网似的铺在北京的道路上，这 123456 环像花环一样围绕着天安门，在一个就像我们交通民警在路上测试着感受最深的就是车辆，像这北京市有 300 多万辆车，比改革开放之前，改革开放之前十多万辆，现在是 300 多万辆，再一个咱们这个，长安街上的秩序好了，人民自觉遵守交通法规的观念提高了！

董卿 是，一座座的楼，一条条的路，一辆辆的车，还有老百姓面貌的变化，这都是你这些年亲眼所见，其实苏警官吧，当交警已经 37 年了，去年啊，他就应该退休了，但是他跟组织上说，他说，2008 年北京奥运会要举办了，能不能让我再站一年岗，后来又坚持了一年，是吧。那今年北京奥运会已经成功举办了，接下来是要退休了吗？

苏俊栓 自己一点心愿吧，一个愿望就是明年是咱们国家的 60 周年大庆，自己想在最后尽自己的微薄之力，但是最关键的问题还是服从组织安排！

董卿 听出来了吗，可能的话啊，再干一年，因为明年是咱们国家的 60 大庆，还想在工作的岗位上为人民多服务一年，是吧？谢谢您，您的这份心意啊我们领了，其实我们总说交警的工作是最辛苦的，风雨无阻，所以希望您多保重身体，那接下来呢，我们就把一首歌曲献给您，也献给在过节期间啊，一直坚守在岗位上的交警朋友们，有请尹相杰、于文华为我们带来一首《天不下雨天不刮风天上有太阳》。

《天不下雨天不刮风天上有太阳》
词：赵小萍　曲：李凡
演唱者：于文华、尹相杰

男 天不下雨天不刮风天上有太阳
妹不开口妹不说话妹心怎么想
走了太阳来了月亮又是晚上
哥哥什么日子才能闯进你的梦乡
女 小妹妹我心有所想
俺嫁人就嫁哥哥这样
每天晚上对着月亮

梦见哥哥在身旁
地上花儿为谁开放
水中鸳鸯为谁成双
丢块手绢在风中
风吹到哥哥身旁

男　天不下雨天不刮风天上有太阳
妹不开口妹不说话妹心怎么想
走了太阳来了月亮又是晚上
哥哥什么日子才能闯进你的梦乡

女　心上哥哥太迟钝妹妹怪你没眼光

男　心上妹妹猜不透哥哥睡不香

女　想爱哥哥羞出口妹妹怎能对你讲

男　想找妹妹问一声哥哥没胆量

男　天不下雨天不刮风天上有太阳
妹不开口妹不说话妹心怎么想
走了太阳来了月亮又是晚上
哥哥什么日子才能闯进乡你的梦

董卿　谢谢二位，天不刮风天不下雨，但现在咱们房子盖好了，道路修好了，就算刮风下雨也不怕了，不是有首歌这么唱的嘛，房子越来越大，电话越来越小，感觉越来越好，天更蓝了水更绿了，环境越来越好，可能环境的改变啊，也是这几年家乡最大的变化之一。（字幕——发起话题：家乡每年换新装，编辑短信/拨打电话）你看，手机尾号是8478的这位朋友就说了，我们家啊，门前原来是一片菜地，现在啊，已经建成了一个中心广场，周围呢有绿化带，中间还有一个音乐喷泉，平时呢，树上还会停着一些我们都叫不出名字的鸟，多美的一幅画卷，也让我们心底感到欣慰，因为我们在经济发展的同时，也注重环境保护了。只有这样，我们才可能给后人留下一个和谐的、健康的、生态的世界，接下来就让我们一起来欣赏李玲玉为我们演唱的《粉红色的回忆》。

《粉红色的回忆》

词：袁丽人　曲：张平福　编舞：耿军

演唱者：李玲玉

（灯光呼应歌曲多采用暖色系如粉红色、黄色、紫色，伴舞：女舞者身穿粉红色连衣短裙、白色长袜，男舞者身穿白色长衣长裤）

夏天夏天悄悄过去
留下小秘密
压心底压心底
不能告诉你
晚风吹过温暖我心底
我又想起你
多甜蜜怎能忘记
不能忘记你
把你写在日记里
不能忘记你
心里想的还是你
浪漫的夏季
还有浪漫的一个你
给我一个粉红的回忆
夏天夏天悄悄过去
已然怀念你
你一言你一语
都叫我回忆
就在秋天的梦里
我又遇见你
总是不能忘记你

董卿　谢谢。你好泽群。欢迎泽群来到我们的直播现场。

张泽群　感谢欢乐中国行的各位同仁，这几天放假我们都休息了，但是你们为大家送去欢乐，辛辛苦苦地工作在第一线，向你们表达同行的致敬！

董卿　谢谢。其实我们在这里工作着也很快乐，因为我们的工作就是能够把更多的欢乐传播到千家万户嘛，那咱们刚才听到的那首《粉红色的回忆》啊，我跟泽群一直在聊，我说你听，这首歌是不是也是你20年前一直在唱的啊。

张泽群　当然是啊，太熟悉了。而且20年前啊，跟大家讲一讲，当时我是在中央人民广播电台，当时特别火的一个栏目，叫《今晚8点半》做实习编辑，我想问一下在座的中年以上的观众朋友，大家还记得这个栏目吗？有没有当时给这个今晚8点半写过信？你看，这位大姐啊。当年这个栏目也是一种互动的节目，听众写信点播歌曲，当时我们经常安排的就会有这首歌，有一次我记得接这个热线听众的电话啊，听众电话，电话不太清楚，就突然听到一声"给我点首歌"，我说你慢点说，点哪首歌，"粉红色的回忆"，哟我一听这是河南老乡，赶紧记下："你叫什么名字"，你看，把我的普通话都忘了。

董卿　一首歌也是让你有了一段往日的回忆，那我想问问泽群啊，如果说，你的回忆也有色彩的话，你会把它想象成是什么颜色的。

张泽群　应该说借着这首歌就是粉红色的回忆，你像这个红色，给人的感觉是欢快热烈奔放，但是这个粉红色让人感觉是一种朦胧的美，有一种梦幻般的色彩，想当年，20年前，我也是青春年少，应该说那种回忆当然是粉红色的回忆，对不对？

董卿　现在依然少年青春。

张泽群　我觉得今天我们的话题是变化，刚才我们说了我们的电台电视台目前的互动方式的变化，不用再写信了，发个短信，不像过去半个月解决问题，现在是半秒钟完成任务。

董卿　是，其实有很多当年根本无法想象的事情现在都变成了现实，你看，当年怎么能想到今天可能可以开着私家车去上班，当年怎么可能想象你说是在异国他乡的人，我们在互联网上就能聊天。

张泽群　是啊，当年怎么可以想象有这样的发式和这样靓丽的服装。（指着董卿）

董卿　闪。

张泽群　应该说今天我们这话题我也是特别有感触，刚才你讲的是我的家乡天天换新装，对不对，刚才念了两个农村朋友的来信，我想说一下我们这个家乡，哎，我们这个城市的变化。20年前，我们的可爱家乡郑州市有一句广告语"中原之行哪里去"大家说下一句是什么呢？"郑州亚细亚"，很多中老年朋友都记得，但是那时候啊，你真是要去郑州，可能逛的也就是亚细亚附近的那几个商场，可是你现在再去一下我们的家乡郑州，哎呀，到那个郑东新区去看一看，用我们很多老家的父老乡亲的话来说啊"哎，跟出国一样啊"！

董卿　听明白了吧，跟出国一样的。

张泽群　你学的很快啊，跟出国一样的。

董卿　好，说了这么多啊，泽群你既然已经看了我们前几天的节目，也应该知道，每次我们请主持人来不是光来说的，对不对，还要干嘛啊。泽群，因为咱俩也经常搭档，所以我觉得得给你出点难题。不能光唱，还得唱一首啊，跟我们主题贴切的歌。

张泽群　我有备而来啊。

董卿　什么？

张泽群　这个我要学唱一首20年前大家听到的一首歌，这首歌是严肃老先生作词，徐敬请作曲，蒋大为老师为电视连续剧《西游记》演唱的《敢问路在何方》，表达我们坚定的改革开放的信念！

董卿　掌声有请。

张泽群 好，谢谢。

《敢问路在何方》

词：阎素 曲：许振清 演唱者：张泽群

你挑着担，我牵着马
迎来日出送走晚霞
踏平坎坷成大道
斗罢艰险又出发，又出发
啦……啦……
一番番春秋冬夏
一场场酸甜苦辣
敢问路在何方，路在脚下
你挑着担，我牵着马
翻山涉水两肩霜花
风云雷电任叱咤
一路豪歌向天涯，向天涯
啦……啦……
一番番春秋冬夏
一场场酸甜苦辣
敢问路在何方，路在脚下
敢问路在何方，路在脚下
啦……啦……
一番番春秋冬夏
一场场酸甜苦辣
敢问路在何方，路在脚下
敢问路在何方，路在脚下
敢问路在何方，路在脚下
敢问路在何方，路在脚下

董卿 谢谢泽群，来，我发现今儿你们俩的衣服很配。

张泽群 这说明我们要红红火火的过生活，对不对。

董卿 谢谢，欢迎你孙悦，你好。

孙悦 你们好。

董卿 泽群刚说我这衣服20年前没见过，其实啊，这打扮才叫20年前见不着呢，20年前能穿成这样？这好好的衣服这肚子这还得露一条出来，人还以为破了呢。

孙悦 你就拿我开涮。

董卿 好看好看。我记得孙悦有一首歌啊，叫《离家太久》，可能因为这个工作的关系，离开家真的很久了，是吗？

孙悦 我是1992年来到北京，16年了。

董卿 16年了，自己的家乡也应该发生了很多的变化，每一次回去能感受到吗？

孙悦 我觉得可以说是翻天覆地的变化，如果让我现在自己开车回家找到我小时候出生的地方，我找不着了，因为哈尔滨变化太大了，除了我们的中央大街，我们的每一个角落，每一个城市，每一个商铺，原来商铺是小商店变成了大的商场，除了这些的变化还有这次就是我在跑火炬的时候，我在太阳岛，我们太阳岛变化太大了，原来我小的时候印象的太阳岛是绿草沙滩，好像没有什么房子，我这次跑火炬的时候在那个太阳桥上跑的时候发现太阳岛变成了一个像那样小的一个都市，有很多小区，很多大厦，哎哟我真的觉得很骄傲。所以我想借此机会，这么好的机会替我们哈尔滨做下宣传，马上到冰雪节了，到我们哈尔滨去看看冰灯。

董卿 今天现场这些观众啊，有愿意去的报名啊，这个所有的费用孙悦埋单。但说真的啊，每一个人在说到自己家乡的时候，总是热爱之情溢于言表，那你觉得家乡有什么没变的吗？

孙悦 我觉得没变的是我们东北人的热情好客，真的是。

董卿 这倒是。真是这样。还有姑娘小伙子爱美的心可能也没变。

孙悦 对，我真的，不管哪年啊，比如今年流行什么了，你就到哈尔滨吧，肯定哈尔滨满大街姑娘全是这样。比如有一年，我印象特别深，流行女孩剃寸头，我上哈尔滨演出吓我一大跳，大街上80%女孩全寸头。

董卿 都喜欢美，喜欢时尚，没错，我想除了这个热情好客没变之外，除了这个爱美的心没变之外，还有就是我们心底的那份祝愿，这十年二十年也没有改变，都希望大家生活能够平安，健康，幸福。那接下来就请孙悦把一首《祝你平安》献给大家。

《祝你平安》

词曲：小柯　编舞：谢风　演唱者：孙悦

（灯光以白色红色为主以凸显歌曲的温暖和美好祝福之感，伴舞身穿白色长裙）

十年前我对你说祝你平安
这些年你平安吗
周围的世界每天在改变
我们的真诚没变
对吗
当时间无声无息带走一切
太多的事情发生了
朋友们成的成
败的败
今天又聚在一起
共同祝愿
祝你平安
在心底深深的呼唤
祝你平安
无论再过多少年
相隔多遥远
这是我最大的心愿
十年前我对你说祝你平安
这些年你平安吗
朋友们成的成
败的败
今天又聚在一起
共同祝愿
祝你平安
在心底深深的呼唤
祝你平安
无论再过多少年
相隔多遥远
我们又聚在一起
共同祝愿
祝你平安
在心底深深的呼唤（让那快乐围绕在你身边）
祝你平安
无论再过多少年
相隔多遥远
这是我最大的心愿

董卿 谢谢。祝你平安，也把这份祝福送给所有电视机前的观众朋友们，手机尾号是5784的这位朋友给我们发来短信这么说，他说我家啊，住在县城里，以前啊，每到晚上8点多的时候就已经很安静了，可现在你再看看，10点多钟，那路上逛街的，吃饭的，看电影的，还是灯火通明人来人往，热闹着呢，连我3岁的女儿都快变成夜猫子了。是啊，其实我觉得除了很多我们看得见的变化，什么楼高了啊，路宽了，店多了，桥通了之外，还有很多变化是我们看不见但是却能感受到的，那就是我们的生活观念，生活方式，在发生改变，人们的生活态度也越来越主动，越来越积极，你看，这不就有很多的观众积极的参与到我们的互动当中吗。接下来我们就要从这些热心观众当中来抽取我们今晚的第一份奖品。一起来看一看。（大屏幕——海南五日游幸运观众三名，电话滚动、停）开始——停——恭喜手机是139尾号0951，手机131尾号是6623，手机138尾号是1567的这三位观众朋友，恭喜你们，你们获得了由央视公众提供的海南5日游的奖品。也希望你们能够有一段愉快的旅程，那接下来我们要听到的也是一首非常愉快充满动感的歌曲，让我们掌声欢迎动力火车，为我们带来《热情的沙漠》。

《热情的沙漠》

词曲：佚名演　唱者：动力火车

（灯光以橘色红色为主，以凸显歌曲及其内容的热情洋溢之感）

我的热情
好像一把火
燃烧了整个沙漠
太阳见了我
也会躲着我
它也会怕我这把爱情的火
沙漠有了我
永远不寂寞
开满了青春的花朵
我在高声唱
你在轻声和
陶醉在沙漠里的小爱河
你给我小雨点
滋润我心窝
我给你小微风
吹开你花朵
爱情里小花朵
属于你和我
我们俩的爱情就像
热情的沙漠

董卿　谢谢。谢谢我们两位远道而来的朋友为我们带来的这份热情。那接下来呢，我还要向您介绍一位特殊的来宾，让我们掌声欢迎陆永。你好陆永，欢迎你。

陆永　大家好，电视机前的各位朋友大家好。

董卿　第29届，北京奥林匹克运动会85公斤级举重冠军陆永，欢迎奥运冠军来到我们的节目现场，欢迎你。我想问问啊，陆永是哪里人？

陆永　广西三江。

董卿　三江县，那你是哪一年离开家乡的呢？

陆永　2000年吧。

董卿　2000年，2000年先到了？

陆永　先到了广西，那个南宁。

董卿　先到南宁，到省队，后来又到了国家队，那这些年家乡的变化大吗？

陆永　很大，因为就是刚举办完奥运会回家么，感觉第一眼进到我们县城里面，看，哇，那个公路可以参加那个F1比赛了。

董卿　家乡路线这么好啊。

陆永　感觉非常的好，走那个路啊都是新路啊，我自己都不知道的。

董卿　是不是建了高速路了，还是宽敞的公路。

陆永　现在我们县里面有几条高速公路在建设。

董卿　那就很方便了，以前要是你从三江县到北京或者到南宁的话，还得——

陆永　三十几个小时吧。

董卿　火车，现在你看坐飞机也就…

陆永　两个多小时。

董卿　两个小时就到了，方便很多。我想问问陆永，你是广西三江县人，那你是少数民族吗？

陆永　侗族。

董卿　侗族啊？

陆永　对啊。

董卿　侗族的，因为我以前在节目当中介绍过侗族的歌舞，我知道侗族的姑娘小伙特别浪漫多情，他们每年三月三还有什么对歌节啊，然后那个有风雨桥。

陆永 对，有风雨桥，我想说一下那个风雨桥是那个木质结构的，全长是四十几米吧，那条桥没有一个铁定，全部是木头做的。

董卿 对，而且很浪漫的是在那个风雨桥上面那个很多姑娘小伙就在那对着歌，谈恋爱，是吧，我觉得他们都会唱歌。

陆永 可是我不太会啊。

董卿 他好聪明啊，他就知道我想让他干什么，那你不会也得证明给我们看一下，唱得好不好都的让我们听听，是吧，我们以前就看到你在赛场上的飒爽英姿，还没有来得及欣赏你在舞台上的歌声呢，今天可是个难得的机会，大家说是不是。

陆永 从小时候接触举重了以后啊，就每天都在训练馆里面待着，很少有时间去练习这些歌啊，可能不太专业。

董卿 哎呀，没关系，我们不会把你当成刘欢的，你放心好了。

陆永 我要是他就好了。

董卿 你就唱一首家乡的歌吧。

陆永 我就唱两句吧，我们那个《多耶》，那个是我们少数民族最大的节日的时候，很欢快的节日的时候才唱那个歌的。

董卿 民歌《多耶》，嗯好

陆永 要借主持人一下。

董卿 要借我一下。

陆永 对啊，因为我们那个歌啊，我们唱的时候要这样连着手，拖着手，要这样子，那我下面随便来两句好了。

董卿 哎呀，太好了，我能问一下，我跟你晃了半天，你在唱什么吗？

陆永 就是说今天能来到现场很开心，然后祝愿我们欢乐中国行栏目越来越好，也祝愿我们祖国明天更美好。

董卿 太让我惊讶了，原来是你现场编的词。

陆永 对对，这是我现场编的。

董卿 哎哟，再次掌声鼓励一下。不仅会唱，还会即兴填词呢，太有才了，真的。不过说真的，我觉得家乡人民啊，靠自己的努力，在把家乡建设的越来越好，可以说我们陆永也是靠自己的拼搏和苦练为家乡为祖国争得了荣誉，感谢你来到了我们的现场，也希望在今后的赛场上能够取得更好的成绩，谢谢你，谢谢。那接下来呢，就让我们一起来欣赏韦唯和师鹏为我们带来的一首奥运歌曲《超越》。

《超越》

词：苏文　曲：肖白　编舞：阿龙

演唱者：韦唯、师鹏

（伴舞身穿白色短袖长裤）

我们的笑容灿烂绽放
我们的依恋溢出心房
今晚我们相聚在五环旗下
北京挽留着五大洲的目光
超越 让梦想插上飞天的翅膀
超越 让世界洒满和煦的阳光
超越 自我你的坚韧感动上苍
超越 让梦想插上飞天的翅膀
超越 让世界洒满和煦的阳光
超越极限 你的精彩举世无双
让世界洒满和煦的阳光
让心手相牵 让鸽哨悠扬
让力量汇聚 让智慧领航
神奇的奥林匹克之果已经品尝
超越 生命的奇迹你已见证你已分享
超越 让梦想插上飞天的翅膀
超越 让世界洒满和煦的阳光
超越自我你的坚韧感动上苍
超越 让梦想插上飞天的翅膀

超越 让世界洒满和煦的阳光
超越极限 你的精彩举世无双
让世界洒满和煦的阳光
洒满阳光

董卿 谢谢两位，观众朋友，今天也是我们欢乐中国行国庆特别节目的最后一天的直播了，在这里呢我也想感谢这些天来一直在收看我们节目，特别是给我们发送来短信的观众朋友，谢谢你们的支持，谢谢你们的关注，那接下来呢，我要从今天给我们发来短信和打热线电话的这些热心观众当中，来抽取我们今晚的第二份奖品，一起来看一看，（大屏幕——欧洲游幸运观众三名，电话滚动、停）开始——停——恭喜手机159尾号是3736，手机156尾号是5857，手机139尾号9727的这三位观众朋友，你们也获得了由央视公众提供的欧洲精品游的大奖，恭喜你们。好，接下来的时间，我要为大家请出的也是我们节目的老朋友了，掌声欢迎孙楠为我们带来一首《你快回来》。

《你快回来》

词曲：刘沁　演唱者：孙楠

没有你
世界寸步难行
我困在原地
任回忆凝集
黑夜里
祈求黎明快来临
只有你
给我温暖晨曦
走到思念的尽头我终于相信
没有你的世界
爱都无法给予
忧伤反复纠缠
我无法躲闪
心中有个声音
总在呼喊
你快回来
我一人承受不来
你快回来
生命因你而精彩
你快回来
把我的思念带回来
别让我的心空如大海
没有你
世界寸步难行
我困在原地
任回忆凝集
黑夜里
祈求黎明快来临
只有你
给我温暖晨曦
走到思念的尽头我终于相信
没有你的世界
爱都无法给予
忧伤反复纠缠
我无法躲闪
心中有个声音
总在呼喊
你快回来
我一人承受不来
你快回来
生命因你而精彩
你快回来
把我的思念带回来
别让我的心空如大海
你快回来
我一人承受不来
你快回来
生命因你而精彩
你快回来

把我的思念带回来
别让我的心空如大海
别让我的心空如大海

董卿 谢谢孙楠，2008 年对于北京来说真的是意义非凡，所以很多北京的观众给我们发来短信，这位朋友就说了，老北京，最具象征意义的地标是紫禁城，而现在，在和紫禁城遥遥相望的中轴线北端，矗立着水立方和鸟巢，这是新北京的新地标。它们让世界看到了开放的中国，强大的中国。很多朋友在他们发来短信的最后都会由衷的写上一句：感谢祖国，为祖国感到骄傲。是的，这是我们的心里话，为祖国感到骄傲，当然我们也应该为自己感到骄傲。因为这 30 年来，家乡的巨变，祖国的腾飞，也是每一个中国人艰苦奋斗，自强不息的结果，所以就让我们团结奋进，携手走进新时代，让我们掌声欢迎张也为我们演唱《走进新时代》。（张也从舞台右一侧台口慢慢走出，身体和头部随着音乐来回轻摇，左手顺势缓缓抬起向一侧慢慢划过随音乐抒情）

《走进新时代》
词：蒋开儒　曲：印青　编舞：谢风
演唱者：张也
（灯光以黄色为主以凸显歌曲的大气辉煌，伴舞身穿黄色长裙，戴黄色头饰）

总想对你表白我的心情是多么豪迈
总想对你倾诉我对生活是多么热爱
勤劳勇敢的中国人意气风发走进新时代
啊！我们意气风发走进新时代
让我告诉世界中国命运自己主宰
让我告诉未来中国进行着接力赛
承前启后的领路人带领我们走进新时代
啊！带领我们走进新时代
我们唱着东方红当家做主站起来
我们讲着春天的故事改革开放富起来
继往开来的领路人带领我们走进新时代
高举旗帜开创未来

董卿 谢谢。走进新时代，开创新未来，中国在未来发展的道路上必将迎来一个又一个 30 年的繁荣，中华民族在伟大复兴的征程上也必将收获一个又一个 30 年的辉煌。亲爱的朋友们，欢乐中国行国庆特别节目 7 天的直播到这里就全部结束了，让我们收起心中的感动和感慨，向着更加美好的明天整装出发。朋友们，再见。（观众举起充气棒欢呼鼓掌着）

《跟我出发》
词：孙涛　曲：董赫男
演唱者：董卿、师鹏
（伴舞：男舞者身穿白色西装长裤，女舞者身穿黄色长裙）

啊咿呀咿呀 啊咿呀咿呀
和我一起尽情欢乐准备好了吗
啊咿呀咿呀 啊咿呀咿呀
和我一起尽情欢乐准备好了吗
听着太平鼓再点击冬不拉
看红绸带妩媚多情的哈达
融一份真情泼一幅山水画
唱一份骄傲来把欢乐挥洒
雪山给雄鹰发送一封彩信
江水给白帆打一通电话
别说路太远
只要心心相连
越过沙漠就能把绿洲到达
跟着我脚步向沉默出发
从此什么都不怕
跟着我背起音乐的行囊

现在就出发
啊咿呀咿呀 啊咿呀咿呀
和我一起尽情欢乐准备好了吗
啊咿呀咿呀 啊咿呀咿呀
和我一起尽情欢乐准备好了吗
啦啦啦啦啦 啦啦啦啦啦
就让我再朝欢乐飞呀飞呀飞呀
啦啦啦啦啦 啦啦啦啦啦
就让我再朝欢乐飞呀飞呀飞呀
就让我再朝欢乐飞呀飞呀飞呀

（张佩珊　整理）

《铭记》（电视文艺节目）

电视文艺编导奖、优秀抗震救灾电视文艺节目——《铭记》

播出时间：2008 年 10 月 21 日
导演：许卫东　梁晓痴
主持人：董凡　宁远　刘磊

（光蓝、桃红，主持人站在舞台正中）

董　尊敬的各位领导，亲爱的朋友们，今天我们相聚在一起，表彰四川省抗震救灾模范集体和抗震救灾模范。

宁　今天我们重温汶川“5·12”，再次感悟在这场特大地震中的中国精神和大爱之光。

刘　在抗震救灾的日日夜夜里，全国各行业各民族心系灾区，生死与共。规模空前的生死大营救，不畏艰险的千里大驰援，处处涌动的爱心大奉献，汇聚成全民族风雨同舟的强大合力。

董　重温与感动，是让历史铭记我们面对灾难的勇气。

宁　重温与感悟，是让世界铭记我们战胜灾难的坚韧。

刘　重温与感恩，是让时代铭记我们奔涌不息的大爱。

董　在这场特大灾难中，有无数的单位和个人英勇顽强，艰苦搏斗。今天受到表彰的抗震救灾集体和抗震救灾模范就是他们当中的优秀代表。

刘　他们用理想凝聚力量，用信念铸就坚强，用真情凝结关爱，在灾难中凝聚成的万众一心、众志成城、不畏艰险、百折不挠、以人为本、尊重科学的伟大抗震救灾精神，将成为我们永远的精神财富。

宁　今天，我们在这里礼赞。

刘　今天，我们在这里弘扬。

董　今天，我们在这里铭记。

舞蹈《集结》

作曲：杨华　编舞：吴成涛　游海　余撼雷
表演：四川省歌舞剧院
　　　武警四川省总队政治部文工团
　　　武警成都指挥学院

（灯光：蓝光、闪）

（舞蹈演员在黑暗中至舞台正中站队，手持电筒亮出一盏盏整齐的光束）

（舞蹈大意：数十道手电光迅速而强烈地汇集，刺破黑夜和长空，给刚刚受灾的人民带来光明、希望和勇气；数十双手聚集在一起，紧握在一起，相牵在一起，那是中国人民众志成城的手，传达出祈祷、加油和鼓劲的意境。手电筒的光芒映照出一个个剪影，照亮了不屈的民族魂。）

（主持人左上）

董 汶川“5·12”不再是一个简单的时间符号，而定格成为人类特大灾难的代名词。

刘 汶川“5·12”不再是一个寻常的纪念印记，而已升华成为中国民族精神的同义语。

董 灾难袭来，我们看到了军人的勇气——冲锋在前，不怕牺牲。

刘 灾难袭来，我们看到了干部群众的勇气——为国为民，不屈不挠。

董 灾难袭来，我们看到了医疗工作者的勇气——救死扶伤，连续作战。

刘 灾难袭来，我们看到了志愿者的勇气——无私无畏，守望相助。

董 灾难袭来，我们看到了人民教师的勇气——他们把危险留给自己，将希望给予学生。在那些闪亮的日子里，灾难中的人民教师成为了世界的焦点。

视频《闪亮的日子》

（记录了2008年9月1日开学的第一天，什邡市龙居中心小学教师和学生们的一堂音乐课）

什邡市龙居中心小学音乐老师尹霞 今天是我们二年级一班进入板房教室的第一节音乐课，老师今天想教大家唱一首新歌《闪亮的日子》。但在唱歌之前，老师想听听同学们说说自己在新学期的愿望。

什邡市龙居中心小学学生（女） 我这学期的愿望是好好学习，将来考上清华大学。

什邡市龙居中心小学学生（男） 我这学期的愿望是我们全班同学都能好好活下去。

音乐起，画外音 全班同学都能好好活下去，这也是尹霞的愿望。尹霞是什邡市龙居中心小学的一名音乐老师。就是她，当灾难来临时用勇气诠释了教师的高尚情操。在地震发生的那一瞬间，距离教室前门最近的尹霞放弃了逃生的机会。她用双臂在危机关头为两名忘记逃跑的孩子筑起了一座高高的讲台，用勇气在断壁残垣间为孩子们打开了生命的天窗。

什邡市龙居中心小学学生（女） 尹老师是我的救命恩人。

什邡市龙居中心小学学生（男） 尹老师救了我们全班的同学。

画外音 而正在救援的时候，由于情况危急，全体人员被通知必须马上向山上转移。可还没走到半路，尹霞又冲回了学校。

尹霞 天色渐渐比较暗的时候，就开始下起了小雨。抬出来的一些孩子，他们的遗体都还放在操场上面。

画外音 在操场上面，尹霞和同事们搭起两个临时雨棚，当一个个孩子的遗体被抬出来放在雨棚下时，尹霞没有泪水，有的是心痛和自责。有人把老师比作是母亲，可尹霞却说，自己是个不称职的母亲。

尹霞女儿 妈妈说，还有很多孩子跟我一样，她们都是妈妈的好孩子。

全体同学 我们还有好多好多的愿望，希望新的学校有宽敞明亮的教室，有操场有食堂，还有一排排属于我们的桂花树。

歌曲《闪亮的日子》

编曲：杨华　编排：游海彦　华莎

表演：尹霞　北川中学学生

东汽中学学生　聚源中学学生

（灯光：蓝光、桃红光）

（舞台：一群孩子簇拥着尹霞坐在舞台正中台阶上）

（大屏幕：北川中学地震之前的操场上同学们活泼的身影、东汽中学学生照片）

尹霞　我来唱一首歌

古老的那首歌

我轻轻的唱

你慢慢的和

是否你还记得

过去的梦想

那充满希望灿烂的岁月

（合唱者左右台阶出）

合　是否你还记得

过去的梦想

那充满希望灿烂的岁月

你我为了理想

历尽了艰苦

我们曾经哭泣

也曾共同欢笑

但愿你会记得

永远的记着

我们曾经拥有闪亮的日子

（所有演员背身聚集到舞台正中，前面三人转身面向观众走向前）

东汽中学学生代表　我们来自东汽中学。

聚源中学学生代表　我们来自聚源中学。

北川中学学生代表　我们来自北川中学。

三人合　不管经历多少困难，我们相信我们的明天将更加闪亮。

合　我们为了理想

历尽了艰苦

我们曾经哭泣

也曾共同欢笑

但愿你会记得

永远的记着

我们曾经拥有闪亮的日子

我们曾经拥有闪亮的日子

（主持人及嘉宾抗震救灾模范，北川县曲山镇副镇长唐祖华左上）

宁　观众朋友，我身边这位是北川县曲山镇副镇长唐祖华。在地震发生的时候，唐镇长还是曲山镇大水村的党支部书记，他给大家最深刻的印象是曾经作为向导带领部队八上唐家山的传奇经历。我们欢迎他。您好，唐大哥。

唐祖华　主持人你好。

宁　还记不记得八上唐家山，最危险的是哪一次？

唐祖华　最危险的一次是5月24日晚上，我带领1700余名官兵，背了7吨炸药，在黑夜中徒步向唐家山堰塞湖挺进。

宁　整个部队就你一个人是不穿军装的？

唐祖华　对。一路上余震不断，时有山坡上的石头四处滚动传来的声音。（嗯，感觉到了声音的存在）对，当我们行进到半山腰的时候，我感觉到有个不容易被察觉到的滚动。这个经验告诉我一定有危险。所以我就立即向范旅长报告。旅长说，你是向导，你说了算。于是我就立即组织部队官兵原地停留了几分钟。果然，远处的山体滚落下来，硕大的石头砸在路上。

宁　就是说如果当时部队不停下来的话，后果是不堪设想的。那石头离你们的位置大概有多远？

唐祖华　大概有四五十米，非常危险。

宁 说实话，当时心里怕不怕？

唐祖华 不怕，因为我是一名党员，一名退伍军人。唐家山也是我的老家，是我的故乡，在灾难和危险面前，我必须挺身而出，这是我的责任，所以不怕。

宁 谢谢您！如果说当时八上唐家山凭的是勇气和智慧，如今是副镇长了，在新的工作岗位上，有没有信心搞好现在的工作，困难大不大？

唐祖华 因为目前我们的主要任务是灾后重建。目前我在这个新的岗位上确实要面临一些困难，但是我相信，既然能够八上唐家山，这样的困难我一定能够克服。

宁 谢谢您！唐大哥，今天在这里有一位非常想念你的外地老朋友，他又很多话想对你说。他曾经在进入唐家山的时候把一支部队交给了你，想不想知道他是谁？

唐祖华 想知道。

宁 我们一起来看，大家请看大屏幕。

视频

成都军区驻滇集团军军长周小周 祖华同志你好，我们又见面了。首先祝贺你获得了抗震救灾先进模范的称号，也祝贺所有获得荣誉的同志们。祖华同志，我们是在特殊的时期结下的特殊感情。我们不会忘记那段困难的时期你给我们部队作出的特殊的贡献。听说祖华同志你已经走上了新的领导岗位，我希望你在新的领导岗位中建功立业，多为老百姓办实事，再见！

（唐祖华的“壮举”迎来了军长庄严的军礼，平凡的唐祖华用他的故事抒写的是一名共产党员的忠诚。）

歌舞《忠诚》

编曲：王楚翔　编舞：吴多　郝一民

演唱：赵祺

伴舞：四川省歌舞剧院武警四川省总队政治部文工团

（灯光：红蓝光）

（大屏幕：地震后部队官兵抢救转移伤员的照片。歌曲高潮部分全场主光红色）

（舞蹈演员左右三道幕上场在舞台中央造型背对观众站定，演唱者随舞蹈演员上场在造型后正面站定，前奏舞蹈演员随音乐慢慢转头凝视前方，第一句歌词一出，舞蹈演员分两边让出一条通道，演唱者走出）

一转眼已看到天色清晰
你只是情愿是无尽的承受
一次次执著 就不需要理由
也许会忐忑 却从不会停留
就是那给我最深的勇气
它这样燃烧从今天到永久
那一刻付出就无所谓拥有
纵然是风雨 现在一起承受
不停不惜不倦 一生去完成
不怨不悔不变 一切是忠诚
不停不惜不倦 一生去完成
不怨不悔不变 一切是忠诚
忠诚 无怨无悔 不言奉献
无怨无悔是忠诚
无怨无悔不言奉献
无怨无悔是忠诚
一转眼已看到天色清晰
你只是情愿是无尽的承受
一次次执著就不需要理由
也许会忐忑 却从不会停留
就是那给我最深的勇气
它这样燃烧从今天到永久
那一刻付出就无所谓拥有
纵然是风雨 现在一起承受
不停不惜不倦 一生去完成

不怨不悔不变 一切是忠诚
不停不惜不倦 一生去完成
不怨不悔不变 一切是忠诚
无怨无悔 不言奉献
无怨无悔是忠诚
忠诚
（舞蹈演员分别左右下场）

讲述

（大屏幕：一座刻有“勇气”、“坚韧”、“大爱”的碑旋转停在“勇气”二字上）

郭宏 坚强是战胜磨难的利器，勇气是创造奇迹的支撑。这是一切战胜艰难险阻的大无畏精神，这是风雨磨难砥砺出的不屈不挠的品格，这是千锤百炼锻造而成的钢铁意志和铮铮脊梁，在千百年的跌宕中成为民族的基因而代代相传。每当在危难时刻，这种精神就会在瞬间迸发出强大的力量，这就是勇气！

晚会片花

（桃红、蓝光起，主持人左上）

刘 翻开一部人类的灾难史，何曾见过如此惨烈悲壮的家园大毁灭。

董 细读新中国的救灾史，何曾有过如此举国大动员的生命大营救。

刘 四川，经历了人类最惨烈的灾难和最痛苦的牺牲。

董 四川，挺起了人类最坚强的脊梁，竖起了最坚定的信心。

刘 我们不会忘记，那一支在山河改道和余震中强行军进入孤岛汶川的部队。在他们的身上，我们看到了超越极限、连续作战的坚韧品质。

董 我们不会忘记，带领500名灾区群众，历经山体塌方、堰塞湖险情，断水断粮八天八夜终于安全脱险的公安干警。在他们身上，我们看到了友爱互助、不弃不离的坚韧品格。

刘 千百年来中华民族曾历经磨难和挫折，但我们生生不息。因为磨难只会更加凝聚我们民族的力量；挫折只会更加激励我们坚强的意志。

（主持人左下，光暗，音乐起，舞蹈演员手拿道具树左右上场）

视频：地震发生后，映秀百姓各行各业的工作人员忙碌地生产自救。

情景短剧《在映秀的日子》

编剧：李亭　导演：敖小艺　吴承涛
音乐创作：刘党庆　编舞：游海　于撼雷
表演：四川省人民艺术剧院
　　　四川省歌舞剧院
　　　武警四川省总队政治部文工团

（演唱者从舞台右侧推着一位坐在轮椅上的红衣小姑娘走到台前）

老师 小时候仰头看见鸽子
在你的枝头飞翔
心里面充满了神秘的幻想
我渴望是自由的鸽子飞向远方
我就是长满你枝头的翅膀
我的鸽子树见证我的少年轻狂
我的鸽子树记录我的青春时光
我的鸽子树陪伴我美丽成长
我的鸽子树啊茁壮我的生命理想

（张叔叔右侧两道幕出场）（大屏幕为绿色的树木）

肖叔叔 你们好啊孩子们，我来看你们来啦！

孩子们 张叔叔好！

肖叔叔 啊，你们好。

老师 首长，你好你好！

肖叔叔 老师你好！

轮椅女孩 张叔叔！

肖叔叔 哎哟，这个小姑娘是不是我在废墟里救出来的那个？

老师 是呀！

肖叔叔 哎呀小妹妹，你在废墟里唱的那首歌，叔叔这一辈子都忘不掉！

轮椅女孩拥抱叔叔 肖叔叔……

（灯光：蓝色、闪）（特效：干冰）（大屏幕：地动山摇时的情景）

喂，喂，这电话怎么打不通啊！

喂，喂，怎么没信号啊！

肖市长指挥众人 喂，把他扶起来！快，过来！听我说，把那边的人全部给我拉过来！杨镇长！

镇长 在！

肖市长 派去送信的人去了吗？

镇长 去了！

肖市长 来，过来！

这时从远处传来断断续续的声音 帮帮我！快来帮帮我！

一女孩从舞台左边飞奔扑到镇长前面哀哭着说 镇长，快救救我妈妈！妈妈被埋在屋里了！

镇长、肖叔叔 我们会想办法的，我们会想……

“杨镇长。”一声长长的叫声传来。

（男二从左侧两道幕上）

镇长 怎么了

男二 通往成都的路给堵死了！

镇长 什么！

（男三、女一分别从右边三道幕、左边两道幕冲到台前）

男三 镇长，通往汶川的路也被堵死了！

女一 去卧龙……去卧龙的路也给堵死了！怎么办？

镇长 肖市长，出镇的三条路都被堵死了，山崩了地裂了，我们成了一个孤岛！怎么办？

众人惊慌失措。

肖市长 镇静，镇静！镇长，现在镇子的伤亡很严重，我们要马上成立一个临时指挥部。我任指挥长，你们两位任副指挥长！

众人 是！

肖市长 来，听我说！（镇长上前）马上把干部组织起来！不，把全镇的共产党员都组织起来！不，要把18岁到48岁的男人都组织起来！我们要自保自救！

镇长 是！

“不好啦，不好啦！”远处又传来一阵急促的吼叫“不好啦肖市长！”

肖市长 怎么啦？

学校里的300多名学生都被埋在下面了！

众人 什么？

肖市长 乡亲们，只要我们还活着，就要把孩子救出来！走！

（众人两边急下场，舞台留下腿受伤的两个女孩和女一。舞台右侧跑出一个男孩拥入女一怀中，女一见是自己儿子，心疼得抱紧他！）

女一 孩子，你听妈妈说，回去找奶奶，找到了奶奶找一块空地，在空地上待着等妈妈！妈妈还有好多的哥哥姐姐要救！你要勇敢！听话，回去啊！

孩子抱住妈妈的腿 妈妈，妈妈我不走！

女一 孩子，回去，回去！回去！

孩子仍然抱着妈妈的腿。

女一转过身强忍心中的痛 把他给我拖走！

（灯暗红色光聚在舞台左后方的树上面）

（大屏幕：地震时垮塌的学校）

孩子们呻吟着，哭着。

老师 孩子，孩子们别怕！老师在，老师在这儿啊！听着孩子们，老师相信外面的叔叔们一定会想办法把我们救出去的！大家得坚持住，我们得保存体力！听见没有孩子们？

红衣小姑娘 老师，让我唱首歌给大家听吧！

老师 好，来，你给大家唱首歌！

红衣女孩 两只老虎两只老虎跑得快跑得快

一个总是上课打瞌睡打瞌睡

一个钻进课本就不出来

（灯闪。救孩子的人从四面八方赶来）

快，救孩子！快！

肖市长扶着从废墟中刚救出的一位腿受伤伤员，随着音乐节奏加快，一个个孩子被官兵们救出，他们与亲人、老师、身边的人以拥抱赶走恐惧表达谢意。

（另一舒缓音乐起，光蓝、绿，舞台正中央一束追光起，老师爬起来开始演唱）

老师 这里好黑 寂静得只剩下希望的身影

我在哪里 家人在哪里

肖市长 路途好难 崎岖得只剩下跋涉的身影

你在哪里 你们在哪里

全体合 我知道你会来

我知道你在寻找我

你什么时候来

我会坚持到你看到我

（肖市长从废墟中抱出红衣女孩递给老师）

我会坚持到你看到我

肖市长、肖市长！部队，部队送来了卫星电话！我们可以和外面通话了！

女一 肖市长，肖市长赶紧给外面打电话吧！我们需要水，我们需要食物，我们需要帮助，我们需要救援！

肖市长接过电话拨通 喂，对！我是灾区临时指挥部总指挥长——肖川。对，我们已经从废墟里救出来1100个群众，我们现在急需药品粮食和水。对！地震摧毁了我们的家，不过请放心，我们会挺住的！会挺住的！

（光转为桃红色调）（大屏幕：背着背包强行军、在灾区救援的战士们）

肖市长 灾难过去了，可留在我们记忆里的不仅仅是灾难。他将让我们永远铭记的是——坚强还有爱！

肖市长演唱 朝霞还会升起 每天

月亮见证团聚 每天

生活仍在继续 每天

嘱托记在心里 每天

老师演唱 让生活循着往日轨迹 每天

让承诺给你勇气 每天

让爱依然伴你 每天

让记忆随风而去 每天

每天

肖市长 小姑娘，叔叔把这只小老虎送给你，希望你像这只小老虎一样永远坚强！

红衣女孩 谢谢肖叔叔！

肖市长 小姑娘，你能不能把你废墟里唱的那首歌再给我们唱一遍！

老师 唱吧，唱给叔叔听！

肖市长 对，唱给我们大家听！

红衣女孩 嗯！

两只老虎两只老虎长得快长得快

一个总是上课打瞌睡打瞌睡

一个钻进课本就不出来

不出来

（左右演员出，老师将轮椅推向台中后方）

合 两个伙伴两个伙伴

不分开 不分开

记住你的表情

记住我的表情

童年的表情不忘怀

不忘怀

（主持人上，光桃红）

董 在孤岛中自救，与时间争夺生命。这时候的坚韧是果敢，是担当，而有的时候坚韧是牺牲，是顽强。有这样一个女人，作为母亲她失去了孩子；作为妻子她失去了丈夫；作为女儿她失去了父亲。在灾难中，她遭遇了失去16位亲人的巨大悲痛。但是，灾难当头她义无反顾地选择了大家！她的名字叫赵蓉。

视频：泪光中的坚韧

画外音：北川县通口镇是北川连接江油的重镇。镇党委书记赵蓉是一个32岁的羌族干部。地震发生以来，已经过去了125天了，她一直没有到废墟上凭吊过自己的亲人。因为作为镇党委书记，她肩负着7500名乡亲的灾后安置和重建工作。白天的赵蓉是一个干练坚强的领导，而到了夜深人静的时候，她对亲人的思念却无限蔓延。（2008年9月14日）今天是中秋节，也是个周末。赵蓉决定回北川县城到儿子和老公遇难的废墟上去看看他们，给儿子带去他最爱吃的月饼。她清楚地记得5月12日那天早晨，在那个星期一，儿子向她要了5元零花钱，说一天用一块钱，用完了周末妈妈就回家了。这5块钱也许还在儿子小小的书包里面，可她和儿子却被废墟阴阳相隔。不过她相信天堂中的儿子一定能够感受到妈妈浓浓的爱。

诗朗诵《一封没有地址的信》

（根据抗震救灾模范赵蓉和儿子的故事创作的诗歌。北川县通口镇党委书记赵蓉痛失9位亲人却依然坚守岗位。）

（特效：干冰）

（大屏幕：赵蓉站在废墟上那无助的身影）

（小提琴独奏的小男孩右三出，在舞台右后方央站定，朗诵者左二出）

作者：梁平　音乐：彭涛

朗诵：马炼　小提琴表演：陈柏辰

一百个清晨
在你的床前依然掀开那床被盖
被窝很凉　我知道你已经早早地起来
一百个夜晚
在你的房间依然守候那盏台灯
灯光很暖　墙上的照片你笑得那么可爱
孩子　一百天了　一百天你已经走了
走的那么远
可你知到吗
你怎么也走不出妈妈的心怀
那一天　一切那么快那么突然
在废墟深处无边的黑暗里
你听见了妈妈的足音吗
为什么没有抓住妈妈的手
那一天　妈妈每一分每一秒都在和死神竞赛
那一天　妈妈的手抓起了许多的手
可唯独没有抓起你的手
可废墟里深处的每一双手
都是你的手啊
那每一个微弱的呼救
都是你在撕扯妈妈泪水填满的胸怀
妈妈是你的妈妈
妈妈是他们的妈妈
妈妈更是这片土地的妈妈
妈妈没有最后看你一眼
妈妈没有最后送你一程
你走了
就这样悄悄地走了
没带走一片云彩
我知道因为你最懂妈妈的心
妈妈的爱
孩子　你在那边还好吗
妈妈现在只要一闭上眼睛都是你的从前
那个大眼睛的男孩儿
那个小调皮的男孩儿
那个爱看漫画书的男孩儿
那个踢球砸碎了邻家玻璃窗
待在家里整天不敢出门的男孩儿
那个在客厅内撅着小嘴　埋怨妈妈回来

晚的男孩儿
那个在作文里写下　长大以后要像妈妈
那样受老百姓尊敬的男孩儿
我亲爱的孩子　你走了
你知道吗
同学们又回到了课堂
开学那天
他们做了好多洁白的小花放在你的书包
周围
你同桌的那个男孩儿　他告诉我了
他说　这不是一种悼念
这是他们的等待
等待你的回来
妈妈把你的书包和这些等待都带回了家
就放在你房间的小桌上
不管是白天还是晚上
只要你回来就能看见
孩子　你走了
这是妈妈写给你的信
一封没有地址　永远也发不出去的信
你说过　从来没有见妈妈哭过
妈妈不哭　即使现在
妈妈脸上的泪水是让你能看见
再苦再累　妈妈的脸是滋润的　干干净
净的漂漂亮亮的
再苦再累　妈妈也要挺起胸膛
那些洒在身上暖暖的阳光
妈妈知道　那是你的关注
是你的祝福
孩子　再见了
我亲爱的孩子

（光暗，主持人左上，蓝光起）

刘　在这场波澜壮阔的生死大营救中，有那么一些姓名、场景故事深深地流淌在我们的血液中，已成为我们民族的集体记忆。

董　我们怎能忘记，国家领导人怀抱灾区儿童那双温暖而有力的手。

刘　我们怎能忘记，在废墟里与死神赛跑，拼命地挖掘，血肉模糊士兵的手。

董　我们怎能忘记，在祖国各地血战前，那一只只争先恐后伸出的志愿者的手。

刘　我们怎能忘记，从废墟中获救的瞬间，小郎铮敬礼的那感恩的手。

董　我们怎能忘记，在奥运会开幕式上，姚明和小林浩紧紧相牵的手。

刘　那是党和人民的手，那是军队和老百姓的手，是汶川和中国的手，是中华民族万众一心众志成城的手。

歌舞《牵手》

编曲：杨华　编舞：吴成涛
演唱：风信子组合
伴舞：武警四川省总队政治部文工团四川省歌舞剧院
（灯光：黄、绿）
（大屏幕：随风摇摆的向日葵）
【舞蹈演员左三右一出，道具为手上分别带有各种颜色的手套。演唱者左最后一道幕出，左后阶梯站定】

因为爱着你的爱
因为梦着你的梦
所以悲伤着你的悲伤
幸福着你的幸福
因为路过你的路
因为苦过你的苦
所以快乐着你的快乐
追逐着你的追逐
也许牵了手的手
前生不一定好走
也许有了伴的路
今生还要更忙碌
所以牵了手的手
来生还要一起走

所以有了伴的路
没有岁月可回头
因为誓言不敢听
因为承诺不敢信
所以放心着你的沉默
去说服明天的命运
没有风雨躲得过
没有坎坷不必走
所以安心的牵你的手
不去想该不该回头
也许牵了手的手
前生不一定好走
也许有了伴的路
今生还要更忙碌
所以牵了手的手
来生还要一起走
所以有了伴的路
没有岁月可回头

讲述

（灯光：黄光，音乐起，舞蹈演员手拿小号左上依次斜排站定吹号造型。）

【讲述者手拿讲稿舞台右上，台前站定】

（大屏幕：一座刻有“勇气”、“坚韧”、“大爱”的碑旋转停在“勇气”二字上）

郭宏 坚韧是民族精神中的精华，一个坚韧的民族是自信的民族，是不可战胜的民族，是拥有希望和明天的民族。金可柔而不可夺其质，石可破而不可夺其坚。坚如磐石的意志，韧如蒲苇的顽强，向生命挑战极限和命运挑战到底，这种坚定、自信和不屈不挠，他的名字叫——坚韧！

晚会片花

（桃红、蓝光起，主持人左上）

刘 爱是一串心血培育的葡萄，静静地悬挂在无私的绿荫，把所有的香所有的甜毫无保留的滋养别人。

董 大爱是被感动的风聚集起来的吉祥的风及时的雨，不求回报。

刘 大爱是一条生命之路，他托起了每个生命的希望。

董 大爱是一道生命的彩虹，他书写着对生命的礼赞。

舞蹈《生命之路》

作曲：陈彦宇

编舞：于撼雷　郝纪伟　游海

表演：四川省歌舞剧院

武警四川省总队政治部文工团

武警成都指挥学院

（灯光：蓝、桃红光）

（大屏幕：地震时战士、医务工作者共同举起一个躺在担架上的老人的照片）

（舞蹈大意：解放军、武警官兵、消防战士、人民公仆、医务工作者、志愿者……在舞台上筑起生命之路，地震中正是他们，用血肉之躯抒写大爱）

（桃红、蓝光起，主持人左上）

董 在我们表彰的模范中，有一位志愿者他叫李阳，是辽宁省北镇市青堆子村一名普普通通的22岁的农民。灾情发生后，他放下家中年迈的父亲，带着借来的5000块钱在第一时间只身赶赴灾区。在灾区的一百个日日夜夜里，李阳把灾区当成了自己的家，把灾区群众当成了自己的亲人。就在他离开灾区返回家乡的时候，灾区人民为他打出了横幅：李阳，我们会一辈子想你！

刘 同样，在“5·12”汶川大地震中，中国有上百万像李阳这样的志愿者。他们的无私大爱感天动地。接下来，我们将向您讲述一个羌山深处的感人的故事。

（光暗，主持人左下）

视频：羌山深处的记忆

画外音 九月的羌山雾气升腾，天气有些阴沉。在刚修通的都汶路边，羌族妇女刘陈军来到茂县营盘山回归饭店附近三名地震遇难者的坟边。她说，她要按照家乡的习俗，带走一把坟头的泥土，将它们撒向叠溪海子。起伏的山脉和一旁潺潺流过的溪水，让她的思绪难以平静。周围熟悉的一切又把她带回了那个永生难忘的瞬间。5月12日2点28分，大地突然剧烈的摇晃起来，晴朗的天空顿时飞沙走石，眼前的一切让刘陈军惊呆了。到处都是惊恐的人群和损毁的车辆。饭店门口聚集了几百名游客，刘陈军发现有几名游客伤势较重，必须马上送往乡卫生院救治。但此时几乎所有人都被地震吓呆了，除了现场的一名交警和刘陈军饭店的五名职工外，没有人敢站出来帮忙。此时的刘陈军说出了一句后来她自己都感到惊讶的话。（刘陈军：是男人就站出来，跟着我走！）刘陈军有男人的豪爽，在她的鼓励下一些游客开始从惊慌中恢复过来，加入到抢救伤员的行列。随着天色变暗，刘陈军更加感受到了身上的责任。饭店外几百人被困，店里的粮食只能做成清粥供给三天，特别是老人和孩子，她们能熬过这艰难的几天吗？（游客刘荷莲：我们住在刘陈军饭店的那个晚上，有好多同志都穿着短袖，所以她们很冷，冻得直哆嗦。刘陈军说我把我的衣服都拿出来，不管是单的，春天的、夏天的、秋天的、冬天的，统统都拿出来，你看他们谁能穿你就让他们穿吧。）从5月12日到18日的七天里，回归饭店俨然成为了灾难中的一片生命绿洲。几百人相守相依，共同完成了一次生命奇迹。（游客刘荷莲：如果有人要问我，你这一辈子最要感激的人是谁？我说是刘陈军。如果说是你这辈子最忘不了的人是谁？我还是说刘陈军。）叠溪，刘陈军将遇难者坟头的泥土撒向海子。水波荡漾，也许对她来说，这并不仅仅是对逝者的告慰。

（黄光起，宁远左上）

宁 今天，我们把羌山上最美丽的云朵刘陈军请到了晚会的现场，有请。（刘陈军身着羌族服饰左上）您好陈军姐。

刘陈军 主持人好，观众朋友好。

宁 刚才在看到插片的时候，陈军姐特别的激动。是不是又感觉回到那样一个难忘的时间里面？

刘陈军 是的，又想起了当天的那种情形。

宁 在回归饭店6天多的时间里，您记不记得一共救助了多少人？

刘陈军 游客可能就是有几千人，再加上行军过往的部队可能就是有2万多人左右。

宁 这么多人从那儿经过都得到救助，给他们提供一些怎样的帮助呢？

刘陈军 当时人太多，煮饭只能煮肉稀饭给他们吃，鸡蛋拿出来煮了给过往部队子弟兵，他们都不肯要。然后就是快餐面，饭没熟就拿快餐面煮的，拿所有的饼干和家里所有的矿泉水，家里小卖部能有的东西，能吃的全部拿出来了。

宁 全部提供给大家！

刘陈军 晚上没办法的时候，我们就烧一堆柴火，给没地方住的游客烧玉米，烧当地的土豆。

宁 其实这些对于灾难当中的人来说，可能平时我们觉得很平常，但是那个时候就是雪中送炭。而且我知道陈军姐当时，您的女儿也是在一个重灾区，在什邡，并且和您失去了联系。有没有想到说，我就把面前这摊事情就放下不管了，先把女儿找到再说。

刘陈军 作为母亲肯定想自己的女儿，但是当时有8名重伤员在那儿，我想的是先把客人救治走，送到医院去，能救活一个算一个。我在救其他人，我想我的女儿肯定在那些地方也会有人在救她。我只想到能救一个多一个算一个，我心中有那种踏实的感觉。

宁 陈军姐，今天在这个节目这个场合有两位远道而来的客人，他们非常想见到你，有很多话想对你说，我们现在把他们请上来，你看看认不认得他们。我们有请来自江苏的刘荷莲、王淑敏。

（刘荷莲、王淑敏左上与刘陈军拥抱）

宁 我想不用我说大家已经明白了，这两位来自江苏的游客就是曾经被陈军姐救助过的人。来，到这边来可以吗？我可以暂时站到你们中间吗？陈军姐，如果说在大街上这两位迎面向你走来了，你能够认出他们就是被你救助过的那么几千人上万人当中的两名吗？

刘陈军 这位我很清楚，右边这位我印象不太深，因为游客太多了。当时是地震刚刚一完，我就跑过去，因为我们那边是旅游沿线，我想到那边肯定有车子砸了，肯定那边发生了什么事。我跑过去当时他们就在那边。

宁 我们王大姐讲讲当时什么情况。当时她跑过来您是一个什么样的情况？

王淑敏 我气喘吁吁的，全身都在哆嗦。

宁 您在哆嗦？是冷、怕？

王淑敏 对，怕！特别怕！

宁 然后陈军姐她？

王淑敏 陈军姐就说把我带到她的回归饭店。我自我介绍下，我叫王淑敏，来自江苏徐州。地震的当天晚上天气特别冷，又下着小雨。我穿的特别单薄。

宁 当时陈军姐把她最好的一件大衣给您穿上了。

王淑敏 并且刘陈军把他们家能用的、穿的、盖的都给大家用上了，使我们顺利的、安全的度过了四天三夜，所以我非常感谢恩人刘陈军。谢谢你！

刘陈军 那是我该做的。（与王淑敏拥抱）

宁 好吧，我又到一边来，我听说你们所有被陈军姐救助过的人回去以后，大家一起商量，都有了一个约定。这是一个什么样的约定呢？

刘荷莲 我来说下这个约定，在5月12号地震的那一天，我们非常感谢刘陈军，因为是她在我们无助的情况下，在震后第一时间里，她不顾个人的安危，把我们救了出来，我们很多人得到了她的帮助。当我们度过了这几天艰难的日子后，我们大家有了一个共同的约定，那就是：明年的那时我们还要来看望恩人刘陈军。

宁 再次相约，回归饭店。（是的）好，谢谢，这是一个生死与共的约定，这是一个有人间大爱组成的大家庭，祝福你们，谢谢你们，谢谢。

歌舞《人间大爱》

作词：王晋川　作曲：刘戈　编舞：吴成涛

演唱：高杨　王莉

伴舞：武警四川省总队政治部文工团
　　　四川省歌舞剧院

（灯光：黄、绿光）

（大屏幕：一名小朋友和解放军战士互相敬礼）

（舞蹈演员左右出，演唱者男左三出，女右一出）

聆听你在黑夜的呼吸
那是呼唤　真情的潮汐
跨越废墟　执著的前行
那是挑战生命的禁区
等着我　你不要在孤寂中哭泣
等着我　你不能在黎明前离去
等着我　我用千倍百倍的努力
等着我　心和心永远没有距离
让我们　把爱的力量凝聚
让生命之花绽放美丽
人间大爱　温暖大地
爱的阳光　明天依然升起
升起
心手相牵　爱心的传递
那是真诚　浇注的勇气
背负重托　坚定地前行
那是守望　生命的奇迹
等着我　你不要在孤寂中哭泣
等着我　你不能在黎明前离去
等着我　我用千倍百倍的努力
等着我　心和心永远没有距离
让我们　把爱的力量凝聚
让生命之花绽放美丽
人间大爱　温暖大地
爱的阳光　明天依然升起

（黄色、桃红色光起，宁远左上）

宁　今天在受到表彰的模范当中，有一些人，永远都不能来到现场了。但是他们的名字深深地印在了我们心上。让我们向他们致敬！在这里，我想说说陆生苍老人的故事。从省委党校离休后的16年时间里，陆老和虹口乡联合村结下了生死之缘。陆老用他的养老金购买设备，让村里用上了电；陆老用他的养老金引进良种鸡以及先进的中药材帮助村民脱贫致富。大地震让联合村成为重灾区，2008年6月13号的上午，为了给村里的人送食品送药物，陆老冒险进入灾区，但是在通往联合村的路上，突遇余震引发的泥石流和山体塌方，不幸摔下山崖从此长眠在这块他深爱的土地上。今天，我们为大家请来了联合村的三位村民代表。有请！

（代表左出）（大屏幕：抗震救灾模范陆生苍生前照片）

宁　你们好，我听说陆老走后村上做出了一个非常重要的决定，这是一个什么样的决定？

村民代表1　这个决定就是，我们有个地名叫连山坪，现在我们决定把它改为生苍坪，使我们的子子孙孙铭记陆老师对我们的好。

宁　把连山坪改成了生苍坪，子子孙孙都记住陆老的好。

村民代表2　今天在这里，我代表联合村的全体村民给陆老师的家人带了一份礼品，叫厚朴。

宁　厚朴，这是一种中药材是吧？

村民代表2　厚朴是一种中药材，是陆老师92年到联合村去了以后，为联合村带来的一种新的药材药品，有他的带动，联合村从92年到现在一共有一万多亩厚朴。由联合村以前的贫困变为联合村现在富裕的村庄。

宁　好，谢谢，现在我们就请上陆老的女儿陆莹来接过这份礼物。有请！（陆莹手抱一套书籍左上）陆姐，您这边请。陆姐，您作为女儿，陆老对联合村的这份感情您应该最清楚。我听说在地震之后陆老每天都早出晚归，您知道他在忙些什么吗？

陆莹　地震以后，父亲去了很多次都江堰。每次去父亲站在路口不停地望，就是希望看到有人从虹口乡联合村出来。他想帮助那里受灾的村民，一次又一次，父亲就这样静静地站在路口等，站在路口望。终于在6月初，他终于可以进山了。在三天时间，他就连续去了两次虹口。没想到他第二次去的时候就再也没能够回来。今天，我就把父亲生前最珍爱的一套书《本草纲目》送给他最牵挂的村民。

宁 好，谢谢。我相信联合村的人一定会珍藏好、保护好并且使用好这套《本草纲目》。也相信所有的观众朋友能够记住我们的四川好人——陆生苍。谢谢你们，我们把礼物交换一下。谢谢，谢谢大家。

歌舞《共和国之恋》

编曲：左佐　编舞：常艺　演唱：霍勇

伴舞：四川省歌舞剧院

　武警四川省总队政治部文工团

（灯光：桃红）

（大屏幕：地震时战士、医务工作者共同举起一个躺在担架上的老人的照片）

（舞蹈演员第一组大屏幕下方出，造型站定，音乐起，第二组右台出，第三组左台出，演唱者左台出）

在爱里　在情里
痛苦幸福　我呼唤着你
在歌里　在梦里
生死相依　我苦恋着你
纵然是　凄风苦雨
我也不会离你而去
当世界　向你微笑
我就在你的泪光里
你恋着我
我恋着你
是山是海　我拥抱着你
你就是我
我就是你
是血是肉　我凝聚着你
纵然是扑倒在地
一颗心依然举托你
晨曦中
你拔地而起
我就在你的形象里
纵然是扑倒在地
一颗心依然举托你
晨曦中
你拔地而起
我就在你的形象里
我就在你的形象里

讲述

（大屏幕：一座刻有："勇气"、"坚韧"、"大爱"的碑旋转停在"勇气"二字上）

郭宏 地域有界，大爱无疆。在灾难中汇聚成的大爱如海一般壮阔，天一样深远。因为和祖国血脉相连，我们拥有了爱；因为和祖国同呼吸共命运，我们捧出了爱；因为有了这份爱，我们在孤独和黑暗中勇敢前行；因为有了这份爱，我们能感受到生命的无比高贵。大爱注定有声，流淌于人间天地；大爱岂能无形，惠泽于神州大地。

视频：祖国想对你说

绵阳电业局局长林敏 地震带给灾区群众黑夜的恐惧，作为一名电业人，我们的使命就是要为他们寻找光明。

移动绵阳分公司党委书记陈英伟 我发誓要用最快的速度使灾区人民尽早知道亲人们平安的消息。

绵竹市公安局汉旺分局民警赵刚 我是一名人民警察，正是因为警察的神圣职责和老百姓的信任，使我们守住了人性的善良，更捍卫了我们警察的尊严。

四川国旅专职英文导游彭波 游客回国之

后，写来了很多的邮件。他们说地震发生了，我们看到了你和所有的中国人所表现的冷静、理智、无畏。我们以你而骄傲，以所有的中国人民而骄傲。

青川县沙洲镇党委书记曹建忠 保护人民生命财产安全是我的职责所在，是我应该做的事情。

绵竹市人武部政委罗绪平 这次“5·12”大地震展示了我们中国军人逢敌亮剑、剑锋所指、所向披靡的中国军魂。

汶川县映秀小学校长谭国强 映秀小学有许多可爱的孩子，有许多支持我、理解我的家长和老师，能为大家做事，我感到非常光荣。

电信汶川分公司网络支撑中心主任刘道彬 我的责任就是要用这部海事卫星电话与外界取得联系，以挽救更多的生命。我没有辜负大家的希望，我做到了！

武警成都指挥学院一大队政委马毅 我为我的母校和所有参战官兵感到骄傲和自豪。

都江堰向峨乡党委书记罗鸿亮 我们愿意用我们的心血和汗水建设一个富裕、文明和谐的新向峨。

东汽焊接分厂工长赵强 我相信，再干他四十年，一定能建设一个更强大、更美丽、更安全的新东汽。

四川公安消防总队成都支队队长孙国利 人民的需要就是我们应该做的，如果让我再选择，我下辈子还选择消防。

（桃红、蓝光起，主持人左上）

刘 阴霾远去，气壮山河的百日攻坚取得了重大的胜利。承前启后，我们站上了千日奋战的起跑线。

董 沐浴阳光，我们将铭记这一段日子。铭记很多人，很多故事，更要铭记镌刻着勇气、坚韧和大爱的精神丰碑。

刘 让我们从灾难中坚毅起步、勇敢前行，为我们伟大的祖国加油，为我们英雄的民族加油。

合 奋勇前进！

歌舞《铭记》

作词：王持久　作曲：林幼平

编舞：吴成涛

演唱：王倩　张怡　张文博　唐竹雅

伴舞：四川省歌舞剧院

武警四川省总队政治部文工团

武警成都指挥学院

（灯光：蓝光）

（大屏幕：地震时战士、医务工作者共同举起一个躺在担架上的老人的照片）

【一男演员右二出，干冰起，群舞演员左右三幕出，演唱者左右台阶出】

我把你刻在心底
一生都不会忘记
你给我百倍勇气
高高举起坚韧刚毅
我把你刻在心底
一生都不会忘记
你给我百倍勇气
高举起坚韧刚毅
热血满腔英雄遍地
无疆大爱深深铭记
用爱心铸成一座纪念碑
永永远远留下去
用爱心铸成一座纪念碑
永永远远留下去

【身穿迷彩服的演员左出到台前，两个小孩爬上了战士的肩膀，孩子在战士们的背上开心的玩起了游戏。】

温暖从手心传递
心也在一起呼吸

你和我携手同心
重建起家的美丽
温暖从手心传递
心也在一起呼吸
你和我携手同心
重建起家的美丽
真情姐妹深深兄弟
无疆大爱深深铭记
用爱心谱写一首进行曲
永永远远传下去
真情姐妹深深兄弟
无疆大爱深深铭记
用爱心谱写一首进行曲
（孩子在战士筑起的安全岗上，爬到台前捧起了大红花）
永永远远传下去
真情姐妹深深兄弟
无疆大爱深深铭记
用爱心谱写一首进行曲
（战士们转身，每个人珍惜的捧出自己的大红花；身穿绿色、橘红色上衣的志愿者从舞台两侧二道幕走到中央，同样捧出了珍贵的大红花）
永永远远传下去
（获奖者手捧鲜花从舞台左右观众席走上台前）
用爱心谱写一首进行曲
永永远远传下去
（战士托起两个手捧红花的孩子）

（主持人左上）

刘 铭记是一种感动

董 铭记是一种责任

宁 铭记是一种力量

刘 伟大的抗震救灾精神，将激励8800万四川儿女去创造更加

合 美好的明天

董 晚会到此结束，谢谢大家，再见

刘磊、宁 再见

（全体起立，《歌唱祖国》奏响）

（刘国冬 整理）

《我爱记歌词》——全国麦霸城市对决第二季

节目名称：我爱记歌词——全国麦霸城市对决第二季·青岛VS杭州
播出台：浙江卫视
播出时间：2008年11月26日播出
制片人：陈伟

节目片头视频
（舞台灯光以高调光为主。男黑西服、蓝衬衫，女粉裙子。）

男 欢迎各位来到浙江卫视中国蓝。

女 这里是香飘飘《我爱记歌词》。

男 欢迎各位光临，今天晚上是我们全国麦

霸城市对决第二季的第三场现场直播。

女　是的，我们的比赛一直进行得非常的激烈，当然网络上的讨论也是非常的热闹。

男　是的，我们也非常感谢很多朋友在网络上留言给我们，对我们批评指正。

女　是是是，我们一定会改正的。

男　比如说昨天晚上呢，有网络上的朋友就留言给我们说，哎呀，你们太不谦虚了，老是说自己的节目收视率第一啊。

女　哎，我觉得这个建议非常的好，我觉得我们今天一定要谦虚一下。

男　我们今天一定再也不说这个话题了，我们只能说，我们的节目只比第二名好一点点。感谢大家的支持。

女　一点点，一点点。另外呢，我们也想说，真的非常佩服我们的观众朋友火眼金睛，舞台上任何的细节都逃不过你们的眼睛，但是老实讲，还是请把注意力放在选手的身上吧。

男　是，昨天的情况，今天应该（一定）不会出现，请各位放心。马上回到正题，欢迎各位能够通过今晚的节目一样的高兴，共同来营造这么好的唱歌环境，还记得我们的口号吗？

女　我们一起来，南征北战，我是麦霸。

男　希望永远在前方，所谓南征北战，相信熟悉我们的电视观众一定了解，那就是我们每天直播，都会从南方区和北方区，各挑选一个城市来进行对抗，不过问题就出现在，严重的是今天第三场，之前的两场北方区的城市大获全胜。

女　对呀，我们的南方城市真的有一点点遗憾，到目前为止都离开这个舞台了，如果今天南方城市再不获胜的话，我们的脸有一点点挂不住啊。

男　今天代表南方队出场的这四个麦霸实力非常的强，他们都是之前在《我爱记歌词》的舞台上，给你留下过深刻印象的，因为他们是杭州队。

女　哇，那是带给我们信心。但是要知道的是北方城市也是毫不示弱，他们也是非常具有实力的。

男　他们是青岛队。各位，现在我们来看看，这两个城市的麦霸究竟是如何诞生的呢？一起来看。

选手外拍视频（两队麦霸是如何选出来的）

男　好，让我们一起来欣赏麦霸给我们带来的开场秀，首先是青岛队——《浪花一朵朵》。

歌曲《浪花一朵朵》（青岛队演唱）

唱　啦啦啦　啦啦啦　啦啦啦
我要你陪着我看着那海龟水中游
慢慢的趴在沙滩上数着浪花一朵朵
你不要害怕你不会寂寞
我会一直陪在你的左右让你乐悠悠
日子一天一天过我们会慢慢长大
我不管你懂不懂我在唱什么
我知道有一天你一定会爱上我
因为我觉得我真的很不错
时光匆匆匆匆流走
也也也不会回头美女变成老太婆
哎呀那那那个时候
我我我我也也已经是个糟老头
啦啦啦　啦啦啦　啦啦啦
我们一起手牵手
啦啦啦　啦啦啦　啦啦啦
数着浪花一朵朵

（四人坐台侧）

男　掌声谢谢青岛队。

女　谢谢，让我们感受了一下滨海城市的浪漫啊。

男　是，来，接下来让我们也会通过杭州队

的表现来感受一下江南所独有的气质，他们要带来这首歌曲叫做《渡情》。

歌曲《渡情》（杭州队演唱）

（四名选手与四伴舞舞台造型）

唉　西湖美景三月天啊哎
春雨如酒柳如烟啊哎
有缘千里来相会
无缘对面手难牵
十年修得同船渡
百年修得共枕眠
若是千呀年呀有造化
白首同心在眼前
若是千呀年呀有造化
白首同心在眼前　啦

男　谢谢，热情掌声送给杭州队。

女　谢谢，哇，说真的杭州队这四位有一段时间没见了，形象上发生了蛮大的变化。

男　其实我们的节目也见证了他们的成长。

女　是是是，今天我们希望来见证两队在这个舞台上的成长，青岛队，请到台上来，我们逐一认识一下。

男　看上去大家都已经跃跃欲试了。

女　对，状态都很好嘛。

男　现在我们先请各位通过简短的自我介绍方式来跟大家介绍一下。这是青岛的小强。往前一步。

女　来。

《青岛话手机表演》

【画外音】这是谁电话这是，哦我的，喂喂，你在这干什么，我这参加《我爱记歌词》呢，你没看过，这是现在全国收视率最高的节目，好我不跟你叨叨了。对不起啊，我叫青岛小强，不好意思啊。

男　我来给大家介绍一下，因为呢，小强也算是我们从青岛特搜回来的，他在青岛可算是大名人，为什么他有名呢？给你讲一个数据你就明白了，青岛至少有八成的市民，他们用的手机彩铃都是小强的作品，他绝对是个彩铃音乐达人啊。

女　哇，但是不知道彩铃音乐达人能不能记歌词，待会期待你的表现。

男　小强也现场给我们来一段表演，好不好，就现在。我们欢迎嘛，欢迎小强。

青岛小强　谢谢大家。请音乐老师随便给一个节奏。我走在宽宽的大马路上，抬头望望，人家开的都是花花车辆，我也不知道自己到底哪天才能混上，但现在俺也不好搞对象，俺想搞对象，就是搞不上，我搞对象，我搞对象……

男　谢谢。

女　谢谢，从节奏上，但是听意思完全没听明白。

男　把这个悬念留给观众自己去解决。我们欢迎下一位，来，非常漂亮的园园。

女　哎哟，高个儿女孩。

园园　好，大家好，我是园园。然后，我用最俗的一句话，我要用香港人的热情加上今天晚上的舞台。

男　哇。

女　哇，我们期待。来下一位，小诺。

小诺　清凉的海风把我带到了这里，我会给大家带来一股清新的空气。我就是青岛队小诺。支持青岛。

男　好，这一对啊，是青岛街头，非常令人瞩目的姐妹花，在青岛搜到她们的时候，一路上做麦霸的回头率相当的高啊。

女　很多人在猜测。

男　来，元元。

元元　好，你们在这里大家晚上好，我也是来自青岛的元元。大家已经看到了我们队中有两个元元，那么我是胖元元，她是瘦园园，我是矮元元，她是高圆圆；我是帅园园，她是美园园；好希望我们的观众朋友支持我们青岛队，好吗，谢谢。

女　青岛朋友特别能侃啊。

男　是，他们队有很多明显得北方青岛这个城市的特点。每一位都很据特色，像青岛小强刚才带来的一段叫做找对象，好，我们的女园园表现出女孩子的爽朗，青岛另外一位元元歌唱得很棒，来集体的口号的部分给我们展示一下青岛队热情。

青岛队　一、二、三，青岛人，青岛人，我是个青岛人，周围的朋友都说我是个大好人，青岛人最棒。

男　欢迎青岛，欢迎青岛，好，杭州队。

女　杭州的朋友们。

男　现在开场就不能输啊。

李科　大家好，我是我爱记歌词的老人，李科。今天晚上呢，我知道青岛有一个小强，所以呢，我是要在这个舞台上打败过我们杭州小强，所以，叫小强的人我一定灭他。

男　好，不过真的要好好介绍一下，熟悉我们节目的人一定都知道杭州有个小强，歌词厉害，在所有的节目当中，李科是唯一一个打败过小强的人，我们南方区的希望。

女　今天看你们的。

男　下一位。

娜娜　那年夏天我和你都在那一大片宁静的海，大家好，我是杭州队的娜娜。我相信我们杭州队一定会赢，大家说是不是。

女　哇塞。

男　女孩子的霸气，下一位。第一季总冠军，小洁。

小洁　大家好，我是小洁，很高兴今天可以和大家在这边共度这个美好的夜晚，然后，我是去年这个时候在这里成为第一季度总冠军，我希望今天这份幸运能够延续到今天晚上能够给我们的杭州队，谢谢大家。

男　这个就温柔很多了。

女　那今天万一得冠军了，就不能再哭鼻子了。

男　对，下一位要隆重为大家介绍了，我爱记歌词自己的舞台上唯一一个敢于直面的人啊，小白。

小白　大家好，今天，黄品冠出了一张专辑里面有一首歌《小白很乖》就是写我的，虽然他那是一条狗，但我跟他那个长得很像啊。很高兴，再次来到这个舞台，希望大家今天晚上用最大的热情来支持我们杭州队，好不好。

男　这也是个绝对爽朗的女孩。她当年直接说女跑调，这节目还播出了，在很多观众心目中留下了深刻的印象。

女　虽说这是一个事实，但起码还得给我一个面子吧。

男　我们今天节目一定会一样的精彩，您也可以通过以下的方式收看我们的节目。

女　比如说你可以登录浙江卫视的官方网站，新浪搜狐来收看我们的同步直播。

男　是的，您也可以通过发送短信方式跟我们一起参与到节目的进行当中来，对我们场上的八位麦霸、乐队、歌手、主持人、编导等等，任何的意见，或者您想说的话都可以发送到 8 加上你的短信留言内容发送到 10669588298，我们期待您给我们的意见。

女　是的，那现在我们也要正式我们之间的对决。到目前为止我们没有听到杭州队的口号，有没有。有，来三、二、一。

杭州队　杭州队麦霸，不用可怕。

女 哇，这个火药味已经非常浓了。

男 是因为，所以需要仲裁今天在我们现场。

女 冷静一下。

男 仲裁为大家介绍一下，在仲裁席上就座的是泉音堂艺术总监，孙敏先生。

女 旁边为大家介绍的依然是非常美丽的娜娜小姐。

男 欢迎了。现在所有的一切都已经为你们准备妥当，让我们正式开始今天晚上的对决。两个队将首先面临的考验，第一关，团队赛积分制，它积一分。赢的那个队可以首先获得优势，这个单元我们把它叫做是300秒歌词大接龙。

男 300秒歌词大接龙，首先我们请两队先根据你们抽签的顺序依次站好。

女 在你们交错的同时，男会为你们介绍这一环节的游戏规则。

男 300秒歌词大接龙两队在这个单元当中共同享有300秒的时间，在300秒时间之内，哪一队首先过关的人数多，哪一队就获胜。也就是可以获得这个单元所赋予的积分，1分。现在你们看到了两队都交叉站立，300秒倒计时已经为你们在大屏幕上，你们准备好。我们按照抽签的顺序，从青岛小强首先开始，请往前一步。

女 青岛小强，来，你要接唱的这一首歌曲有一点点老，是来自于韩宝仪的《你潇洒，我漂亮》，来。

歌曲《你潇洒，我漂亮》（思琪领唱）

女人爱潇洒
男人爱漂亮
不知地不觉地
就迷上你
我说你潇洒
你说我漂亮

青岛小强接唱：

谈恋爱说情话呀甜言蜜语

男 恭喜。

女 恭喜青岛小强顺利过关。

男 来，请上座。接下来，李科请往前。张捷为你做领唱，王力宏的《唯一》。

歌曲《唯一》（张捷领唱）

BABY 你就是我的唯一
两个世界都变心
回去谈何容易
确定
你就是我的唯一
独自对这电话说我爱你
我真的爱你

李科接唱：

BABY 我已不能多爱你一些

女 恭喜李科。

男 过关，来，上座，继续进行，接下来，园园请往前，王滔为你领唱，周杰伦的《星晴》。

歌曲《星晴》（王滔领唱）

手牵手一步两步三步四步望着天
看星星一颗两颗三颗四颗连成线
背对背默默许下心愿

园园接唱：

看远方的星
如果听得见
它一定实现

女 恭喜。

男 恭喜园园过关，上座。

女 目前我们的青岛队和杭州队都顺利过关，所以是2∶1。

男 娜娜必须延续下去，要不然杭州队会压力很大，请往前。下一首歌，为你介绍一下儿歌天王天悦，这首儿歌她会用心演唱，天悦请准备，叫做《泥娃娃》。

歌曲《泥娃娃》（天悦领唱）

唱　泥娃娃泥娃娃
一个泥娃娃
也有那鼻子
也有那嘴巴
嘴巴不说话
他是个假娃娃
不是个真娃娃
他没有亲爱的妈妈
也没有爸爸
泥娃娃泥娃娃
一个泥娃娃
我做他妈妈
你做他爸爸
娜娜接唱：永远爱着他

男　恭喜过关，请上座。
女　你比天悦对多了。
男　小诺，请往前一步，到你了。下一首歌曲，《新鸳鸯蝴蝶梦》的演唱者黄安所唱的《样样红》。

歌曲《样样红》（天悦领唱）

青春少年是样样红
你是主人翁
要雨得雨要风得风
鱼跃龙门就不同
青春少年是样样红
可是太匆匆
流金岁月人去楼空
小诺接唱：
　人生奥妙在其中

女　说真的，我们希望大家能够接唱出来，而不是朗诵出来。
男　但是在不论英雄，不论音高的本栏目当中，我们恭喜他过关成功。下一位，还有99秒。
女　接下来这首歌来自不是黄蓉的王蓉，一首《哎呀》。

歌曲：《哎呀》（杨丽领唱）

爱你的心啊
funfunfun
没什么大不了我放放放
猜你的心啊烦烦烦
被爱情绊了一跤哎呀
你到底爱不爱我唉呀呀
要么失恋失恋
要么失眠失眠
告诉我你的消息哎呀呀
要么思念思念
要么锻炼锻炼
别让我主动约你哎呀呀
要么习惯习惯
要么改变改变
我不想猜来猜去哎呀呀
（第一次接唱失败）

男　可以么？一、二、三，退回去，下一位，元元继续，《哎呀》。

歌曲：《哎呀》（杨丽领唱）

爱你的心啊
fun fun fun
没什么大不了我放放放
猜你的心啊烦烦烦
被爱情绊了一跤哎呀
你到底爱不爱我唉呀呀
要么失恋失恋
要么失眠失眠
告诉我你的消息哎呀呀

要么思念思念
要么锻炼锻炼
别让我主动约你哎呀呀
要么习惯习惯
要么改变改变
我不想猜来猜去哎呀呀

元元接唱：别让我的爱情永远藏在心里

女　恭喜过关。

男　现在在300秒的时间没有进行完的情况下，青岛队首先完成了，四名队员全部过关。

女　现在我们也可以来看一下，这一环节他们的比分，青岛队获得一分，暂时领先，恭喜他们。

男　请看两对比分。

女　恭喜青岛队。

男　青岛队1比0领先于我们的杭州队，不过要跟杭州队讲，才刚开始没关系，一切才刚刚开始，你们每一个人都在记歌词的舞台上都经历过这样很刺激的单元，所以你们可以禁受得住的，根据我们整个比赛的设置，每一关的难度都在不断的增加，所以每一关的积分也在不断的增加，下一个单元所附有的积分是2分，这个单元我们把它叫做是——歌词大填空。

串场音乐

女　歌词大填空，这个之后的比分上升了，所以难度就增加了，面对的压力也会更大，因为不再是四个人同时作战了。

男　是的，这个单元的规则是，首先我要求你们两队，每队都派遣两名队员进行对抗，青岛杭州互相商量一下，哪两位来应战，他们会总结前两场的经验，根据之前一场的表现和每个选手之间的默契程度来做决定。

女　好，看来他们已经有了选择了，青岛队目前的状态非常的亢奋，小诺和元元。杭州队有结果了么？加油，娜娜和小白。

男　娜娜和小白请到我身边来。

女　因为第一环节是我们的青岛队暂时领先，所以你们具有选择权，你们可以选择对方两位谁来，但是之前我们先要请出的是五位非常美丽的、又非常性感的歌词宝贝。有请他们。

歌词宝贝出场

女　在她们出场的同时，她们手里拿着的扇子上面有五个歌手的名字，分别是张韶涵、张雨生、张栋梁、伍佰和周杰伦。

男　好，规则是，刚刚获胜的青岛队首先你要来挑选杭州队哪位先开始唱，再选定人之后再帮他挑一首歌，他要唱哪一位的作品，然后杭州也一样为青岛来挑。在整个的过程当中，哪一队的正确率更高一点，哪个队可以获得积分2分，现在你们先来挑青岛队。

女　你先给他们挑。

小诺　先挑王娜娜。

男　娜娜，好。

娜娜　你选我很好。

男　OK，你很有信心咯。

娜娜　我要为杭州队加油。

男　你要为杭州证明实力。

娜娜　杭州加油。

男　好，漂亮。

女　哇，加油声此起彼伏。你会为她选择哪个歌手的歌呢？

小诺　张韶涵。

男　娜娜，张韶涵歌熟么？熟得一塌糊涂对不对？

娜娜 熟得一塌糊涂。

女 我们来看张韶涵是哪一首歌曲，请看。

歌词宝贝秀（舞扇展出另一面：《欧若拉》）

女 《欧若拉》，来。

歌曲《欧若拉》（思琪领唱）

神秘北极圈
阿拉斯加的山巅
谁的脸出现在海角的天边
忽然的瞬间
在那遥远的地点
我看见恋人幸福的光点
灵魂在召唤
唱着古老陌生熟悉的歌谣
天空在微笑
我的时间缤纷闪耀

娜娜接唱：

爱是一道光
如此美妙
指引我们想要的未来
魔力北极光
奇幻的语言
赶快去找不思议的爱
爱是一道光
如此美妙
照亮我们勇气的未来
魔力北极光
传说的语言
原来就是恋人的眼光

女 非常有自信的娜娜。

男 掌声非常非常的热烈，而且演唱的也极富激情，不过现在她说她对《欧若拉》熟得一塌糊涂，我们看仲裁席给我们冷静之后的结果。仲裁席。

孙浩 看来她只熟80%，她错了两个。

女 错了两个。

男 不过没关系一样给她掌声的鼓励，好不好！

女 也就是说我们的青岛队，要出的这一位必须要唱对6个以上才有可能胜过我们的娜娜。

男 小诺，我们先别着急，先让杭州队帮你挑歌，现在轮到你们了，你们为小诺挑首歌。剩下的4位歌手里，你想让小诺唱谁的歌？

娜娜 小诺挑我张韶涵，那我挑她张韶涵旁边的张栋梁，一样姓张。

女 张栋梁可以么？

小诺 可以啊。

男 3号宝贝，让我们看看张栋梁到底是什么作品。3、2、1，请看。

歌词宝贝秀（舞扇展出另一面：《当你孤单你会想起谁》）

女 《当你孤单你会想起谁》，小诺加油。

歌曲《当你孤单你会想起谁》（天悦领唱）

你的心那么脆一碰会碎
经不起一点风吹
你的身边总是要许多人陪
你最害怕每天的天黑

小诺接唱：

但是天总会黑
人总要离别
谁也不能永远（的）陪谁
而孤单的（滋味）感觉谁都要面对
不只是你我会感觉到疲惫
当你孤单你会想起谁
你想不想找个人来陪
你的快乐伤悲
只有我能体会
让我再陪你走一回

女　在小诺演唱的过程中，我们真的觉得他们是一个团队，因为身边的元元特别着急。

男　看得出来，因为元元之前就是个歌手，所以我看得出来她对记歌词有相当相当的自信。

女　所以她就是一个非常能给对方压力的选手，现在我们要看一下小诺填词的成绩。

男　仲裁席。

孙浩　小诺同样错了两个，她把谁也不能永远陪谁，多了一个陪着谁，多了一个字，第二个是“孤单的滋味”，她唱成了“孤单的感觉”。

男　掌声给小诺鼓励一下，好么。一样表现得很好。

女　这样一来娜娜和小诺是打成平手。再要看我们之后的小白和元元了。首先给小白挑歌吧。

男　来，两位，为杭州队挑歌。剩下张雨生、伍佰和周杰伦。唱歌的是小白，一个80后的女生。

小白　你是让他给我挑伍佰么？

男　不一定，80后也不一定不会唱伍佰。

元元　我给她挑周杰伦吧。

小白　这么优待我。

元元　因为我相信80后的女生都是比较喜欢周杰伦的对么？还是送给你周杰伦吧。

女　好体贴啊。

男　元元这个话说得杀气腾腾的。

小白　我不会给你们一点点机会。

女　小白你还没有看到哪一首歌呢。

男　先回来一点点。

小白　我，周杰伦的歌我都会唱。

女　真的，那我们赶紧来看一看周杰伦背后是什么歌，请看。

歌词宝贝秀（舞扇展出另一面：《菊花台》）

男　《菊花台》。

歌曲《菊花台》（王滔领唱）

你的泪光柔弱中带伤
惨白的月弯弯勾住过往
夜太漫长凝结成了霜
是谁在阁楼上冰冷地绝望
雨轻轻弹朱红色的窗
我一生在纸上被风吹乱

小白接唱：

梦在远方
化成一缕香
随风飘散
你的模样
菊花残满地伤
你的笑容已泛黄
花落人断肠　我心事静静淌
北风乱
夜未央
你的影子剪不断
徒留我孤单在湖面成双

女　小白在演唱的时候总是能给我们一点惊喜，比如说自动转调之类的。

男　而且转得那么自然。

小白　那个男生调我唱太高了。

男　小白一直都很亢奋，现在我们来看看你的亢奋是不是足够有根据。仲裁席，她的成绩是……

孙浩　恭喜，全对。

男　恭喜。

女　到现在看来谁给谁压力还不一定，元元。

男　你必须要全对，错一点点这个环节的积分2分他们就拿走了，现在杭州为元元挑歌。

小白　我觉得刚刚元元对我那么厚道，那我觉得我想问一句你想唱谁的歌。

元元　无所谓啦。

小白　那这样吧，我选一首张雨生，张雨生他过世很久了，那我们来纪念一下他好了。

元元　OK，谢谢你，谢谢你。

女　还找个冠冕堂皇的理由。

男　先别急元元，我们先来看看张雨生他背后的歌曲是《最爱的人伤我最深》。

女　来，给我们青岛队的元元加油一下，加油。

歌曲《最爱的人伤我最深》（杨丽领唱）

两朵孤单的魂
会心的眼神哦
你我的哭竟是如此吻合
感情的沦落人
相遇在这伤感的城哦
我深爱的人伤我却是最深

元元接唱：

进退我无权选择
紧紧关上心门
只怕还有来生
我爱的依然最真
我深爱的人伤我却是最深
教人无助的深刻
点亮一盏灯
温暖我无悔青春
燃尽我所有无怨的认真

女　挑歌的问题。

男　你刚才说，他会给人压力，事实上他现在自己承受压力了，胜负大家已经知道了，一听就明白，不过我们还是请仲裁席给我们一个比较标准的答案，一个8个空格，究竟他的正确率是。

孙浩　他一共对了三个。

女　只能说小白你在两者中选择了一首他不会的。

小白　我觉得我也给了他选择的机会，因为他之前对我也很厚道，说实话，因为我对伍佰和张雨生也不是很熟，因为我觉得对他的年龄来讲，这两个人他应该都会比较熟一点。

男　你觉得他的年龄是多大。

小白　我觉得他应该比我大，至少不算80后吧。

男　他当然是80后啊。

小白　啊，这样嘛？

男　你这是拐弯抹角的，说人家不对啊。

女　你又成功的伤害了一个人。

小白　没有，我没有要抨击对手。

男　不过，我知道这两队其实在私底下关系也非常好。

女　对，非常友好。

男　不过，比赛就是比赛，我们来看一下两队目前的比分是，请看。

女　杭州队2∶1，暂时领先青岛队。

男　全国麦霸城市对决第二季南征北战，我们刚才在节目一开始就为大家介绍过，杭州现在是代表南方区出战的最后一个代表队，也是唯一一个还保有着进入我们接下来车轮战的城市代表队。

女　这样的话，虽然说我们杭州队压力比较大，但是我们的青岛队也绝对不会轻易的把这个冠军让给我们的杭州队，因为他们的实力其实也是非常的超强的，最后的胜利属于谁还不知道。

男　现在是2比1，杭州队暂时领先，但是下一个环节积分更高，难度更大，而且你会看得更过瘾。

女　那如果想要呈现更多精彩的话，别忘了在我们“香飘飘”之后，收看我们更精彩的比赛。一会儿见。

片头视频

开场音乐

男 欢迎回到浙江卫视中国蓝。

女 这里是正在为您现场直播的香飘飘《我爱记歌词》。

男 全国麦霸城市对决第二季第三场直播，再次感谢各位的收看，谢谢。

男 今天上场的，代表我们北方城市的是青岛队，代表我们南方城市的是杭州队。在刚才的两轮分别是我们歌词大接龙以及我们的歌词大填空当中，目前杭州队暂时以2比1领先于青岛队。

女 但是现在还不到骄傲的时候，因为他们还有至关重要的第三轮。

男 第三单元是难度最高的一个部分，因为每一队排出的那位代表要接唱整整一整段的歌词，而且什么时候接唱完全要由主唱来控制，不是他们一点准备就完成得了，另外这个单元因为它难度大，所以我们给他赋予的积分是3分，也就是说谁赢了这个单元，谁就是今天的冠军，谁代表谁的城市进入接下来的车轮战。杭州还是青岛呢？这个单元叫做，歌词一条龙。

女 刚才说了这一环节每一队只能派出一位来参加，所以我们会给两队一点讨论的时间。在这边我们也要提醒电视机前的观众朋友们，你们不要忘记编辑短信8加留言发送到10669588298，来支持您所喜欢的队员和他们的队伍。

男 是的，现在我们来看一看，杭州队在为自己呐喊，而青岛队则冷静很多，杭州队。

女 有一个唯一一个打败过小强的人在，我也相信只能是你李科了。杭州队，元元。

男 元元，这是证明你自己的时候，加油哟。现在所以的队员已经喊成一片了，这是定胜负的环节。

女 是的，我们也要请出两位非常具有实力的关主，来和你们一起完成这个环节。

男 这两位关主将是在之前的两期节目当中，通过人们的票选人气非常高，网上留言很厉害，而且最重要的是他们的舞台表现力都让我们瞠目结舌，让我们一起欢迎这两位，分别是。

女 阿正和刚子，有请两位。

阿正和刚子上场

女 说真的两位，关主气势就是不一样啊，

男 阿正第一天给我们留下太深刻的印象，就是在他的带领之下，沈阳6比0大获全胜。

女 那说真的，我们的刚子的表现也是可圈可点，把我们所有人都惊了。

男 刚子带领着深圳队，1比5惨败，但是丝毫不影响你在网络上大家对你的好评如潮。

女 是，所以很欢迎你们回到这个舞台上来，来担任关主重任。

男 场中还没有比赛，场下已经吵成一片了。

女 我们默默支持好吧。

男 我们青岛和杭州两队的女生都表现了自己在女权主义方面的杰出代表啊。非常好，你们冷静一点，要替自己队员加油啊，特别是那个高个儿的园园，替自己加油就好了。刚才是杭州队赢的，李科，你可以首先来挑，你要和哪位关主对抗，是刚子还是阿正。

李科 就他吧。

男 刚子，那元元和阿正对抗。

女 来，到旁边稍微休息一下。

男 来，两位到台中。

女　刚子你就站我旁边，必要的时候还是可以的。

男　李科对来自南昌的刚子，规则是我们会给你们一首歌，从关主先开始接唱，什么时候接唱要看女的手势，当女让你的时候就轮到你了，而你什么时候停，看我的手势，当我指向刚子的时候，刚子就要接唱，明白么？

女　因为现在的这一轮，刚子是关主，所以第一段由他来开始，这一首歌是来自于李圣杰的《痴心绝对》。刚子请准备。

歌曲《痴心绝对》（刚子领唱）

刚子　想用一杯 latte 把你灌醉好让你能多爱我一点暗恋的滋味你不懂这种感觉早有人陪的你永远不会

李科　看见你和他在我面前证明我的爱只是愚昧

刚子　你不懂我的那些憔悴是你永远不曾过的体会

李科　为你付出那种伤心你永远不了解我又何苦勉强自己爱上你的一切

刚子　你又狠狠逼退我的防备静静关上门来默数我的泪

李科　明知道让你离开他的世界不可能会我还傻傻等到奇迹出现的那一天

刚子　直到那一天你会发现真正爱你的人独自守着伤悲

李科　看见你和他在我面前证明我的爱只是愚昧

刚子　你不懂我的那些憔悴是你永远不曾过的体会

李科　明知道让你离开他的世界不可能会我还傻傻等到奇迹出现的那一天直到那一天你会发现真正爱你的人独自守着伤悲

男　李科，你真的有一群非常好的队友，要不是有那三位女性默默的在背后支持你，大声告诉你，相信你也很难渡过这一关。

女　我很难相信那个独自，还算是默默么。

男　现在我们来问一下仲裁席。他刚才的表现都看在眼里，根据规则，请你给我们一个答案。

孙浩　算上他最后跌跌撞撞的，全对。

男　恭喜李科。

女　两个男人表现的都非常完美。

男　二位合作的非常好，来，这边先休息一下。现在轮到我们的阿正和元元。

女　同样也是两位男人上场。

男　阿正站到女身边，元元到我身边。

女　因为我要示意的，是给我们元元，而男会给阿正示意。

男　二位，一样从阿正先开始然后到元元，这首歌你应该可以，你可以证明自己了，你可以告诉大家你是个非常优秀的歌手，希望你们都能用男人的感觉来唱出这一首张雨生的《我的未来不是梦》。

女　阿正，关主先来。

歌曲《我的未来不是梦》（阿正领唱）

阿正　你是不是像我在太阳下低头流着汗默默辛苦地工作

元元　你是不是像我就算受了冷落也不放弃自己想要的生活

阿正　你是不是像我整天忙着追求追求一种意想不到的温柔

元元　你是不是像我曾经茫然失措一次一次徘徊在十字街头

阿正　因为我不在乎别人怎么说

元元　我从来没有忘记我对自己的承诺对爱的执著

阿正　我知道我的未来不是梦我认真地过每一分钟

元元 我知道我的未来不是梦我的心跟着希望在动

阿正 我知道我的未来不是梦我认真地过每一分钟

元元 我知道我的未来不是梦我的心跟着希望在动跟着希望在动

男 现场观众，帮我们回答一个问题，所有现场的观众帮电视机前的观众做代表回答一个问题，唱得好听么。真漂亮。

女 好听，现场的气氛快热到爆了，好厉害。

男 所以，每次到这个时候总会有人让我们冷静下来，仲裁席。

孙浩 我要请他重复一段歌词，你是不是像我曾经茫然失措，后面那句。

元元 你是不是像我曾经茫然失措，一次一次徘徊在十字街口。

孙浩 全对。

男 杭州队你们也不要这么落寞，因为你们并没有输，相信李科。好，现在请两位回到中间来。

女 我们首先还是用热烈的掌声感谢一下我们的两位关主，关主，你刚才上场时的那种气势呢。

男 谢谢我们的刚子，谢谢我们的阿正。谢谢两位，掌声送给他们。好，二位可以先休息一下。现在李科和元元，他们将分别代表自己所在的城市争夺今天晚上冠军的资格。看青岛队的两个女生一直在毫不余力地为自己的队友加油，非常好，我赞赏你们。但是杭州队也非常的棒。

女 你们默默的支持。

男 接下来轮到你们，要让你们用同样的歌词一条龙的方式，来进行我们的对抗。

女 刚才那一次是因为杭州队赞赏领先所以我们要从李科开始，当然还是要有领唱歌手为你们做领唱，我们来看看这一首歌，是来自于陈奕迅。

男 这首歌是2003年的一首作品，当年很少，现在我相信每一位都会唱，陈奕迅的《十年》，首先王滔为你们作领唱。

歌曲《十年》(王韬领唱)

王滔 如果那两个字没有颤抖　我不会发现我难受　怎么说出口　也不过是分手

李科 如果对于每天没有要求　牵牵手就像旅游　成千上万个门口　总有一个人要先走

元元 怀抱既然不能逗留　何不在离开的时候　一边享受　一边泪流

男 我听到了仲裁席有话要说。

孙浩 我要请李科再重复遍歌词。成千上万个门口之后。

李科 总有一个人要先走

男 对么？

孙浩 对

男 孙仲裁是点头的是么？

孙浩 对

男 很好，那我们重头再来一次，让我们忘掉刚才那一切，我们重新进行。

歌曲《十年》(王韬领唱)

王滔 如果那两个字没有颤抖　我不会发现我难受　怎么说出口　也不过是分手

李科 如果对于每天没有要求　牵牵手就像旅游　成千上万个门口　总有一个人要先走

元元 怀抱既然不能逗留　何不在离开的时候　一边享受一边泪流

李科 十年之前　我不认识你　你不属于我我们还是一样　陪在一个陌生人左右走过渐渐熟悉的街头

元元　十年之后　我们是朋友　还可以问候　只是那种温柔　再也找不到拥抱的理由　情人最后难免沦为朋友

李科　怀抱既然不能逗留　何不在离开的时候　一边享受一边泪流

元元　十年之前　我不认识你　你不属于我　我们还是一样　陪在一个陌生人左右　走过渐渐熟悉的街头

李科　十年之后　我们是朋友　还可以问候　只是那种温柔　再也找不到拥抱的理由　情人最后难免沦为朋友

元元　直到和你做了多年朋友　才明白我的眼泪　不是为你而流　也为别人而流

女　真厉害，那么激烈的一个接唱过程当中，你竟然还能懂得和我打情骂俏。

男　杭州，青岛，两队的队员真的是非常的热情，现在仲裁席也没有给出任何的异议，也就是说这一轮双方又打平。现在歌词一条龙，这个环节积3分，谁赢谁就是今晚冠军，杭州虽然暂时是2比1领先，但是必须赢下他才能笑到最后。由于他们又打平，所以你们必须用抢唱的方式来决定谁是冠军。

女　也就是说在广告之后，我们就会来揭晓的是，谁是今天晚上的真正的冠军，目前为止南方城市唯一的一个杭州，真的能够替我们所有的南方的麦霸们圆梦么？亲爱的朋友们，广告之后，精彩继续。

片头视频

男　欢迎回来，这里是香飘飘《我爱记歌词》。

女　浙江卫视正在为您现场直播。

男　是的，这一集的香飘飘《我爱记歌词》全国麦霸城市对决已经进行到第三轮，也就是歌词一条龙。

女　是的，到目前为止呢，我们场上的比分杭州队是暂时以2比1领先于我们北方的青岛队，但是第三环节目前他们已经打成平手。

男　这个第三环节，他可以赋予的积分是3分，也就是说，谁赢下这个单元，谁才可以赢得今晚的冠军，如果青岛赢，北区城市将会大获全胜，将所以的南方城市在第一轮中全部击倒，而如果杭州赢，他可以保留那一点点，南方城市的希望。为我们来争夺更多的荣誉。现在他们要通过抢唱的方式来决定，谁是今晚的冠军队。

女　首先，我们请两队的选手们，试一下你们面前的抢唱器。

男　别急，一个一个试。

女　青岛队目前是可以亮的，杭州队，也会亮。

男　现在我们把他复原。两队，现在请仔细听好，仔细听好规则。这一轮的抢唱，必须要在主持人说完开始之后，才能按抢答器，之前按我们会视作无效。仲裁席会对你们的举动做非常仔细的裁定。最后，认真一点元元，你这个完全不像最后的对决，当然放松是好事，也可以，随便尽兴啊。当然主持人会给你们这首歌的些许线索。获得抢答权的队伍可以决定自己唱还是对方唱。但无论如何，唱对了才过关。

女　好，来仔细听好我们给你的信息，这首歌来自于内地的一位女天后的歌。她目前已经结婚，而且已经有孩子。

男　我们不能说得那么仔细。这首歌发行自，听好，2000年，这首歌收录的专辑的同名主打歌是这个女歌手最最最有名的代表作之一。

女　最后给你们一个信息，这首歌的歌名，五个字。

男　内地的女歌手，2000 年发行的专辑，专辑的同名主打歌很有名，但是这首歌不是专辑的同名主打歌。

女　这首歌 5 个字的歌名，但是很有名。给你们时间考虑，我们同样请现场的来宾举起你们的手，陪我们一起来倒数，五、四、三、二、一。

男　开始。杭州队。很紧张对不对，这一刻非常紧张。脸都有点白了。很好，这是你们珍惜荣誉的表现。现在你们要决定一下，你们唱还是对方唱。

李科　我们自己唱。

女　也就是说你们很有信心，很有把握地知道了这首歌嘛，你们猜测这首歌是哪一首。

男　在你猜之前我要和你重申一下，记得，你要唱一整段的歌词。唱错一点点，他们就是冠军。当然你交给他们唱，他们全唱对了，他们就是冠军。

李科　自己唱。

男　自己唱。谁来。李科。掌声给李科鼓励一下。

女　同样的问题，你知道这首歌是哪一首了么？

李科　我不确定是哪首歌，但是可能是那英的歌，我知道。

男　那英，对了，2000 年发行过一张专辑，专辑的主打歌非常有名叫《征服》，这首歌是《征服》中的五个字的作品，叫做《不管有多苦》。

女　思琪领唱。

歌曲《不管有多苦》（思琪领唱）

思琪　不管与你的路有多苦　我只想要拥有最后的祝福　再多的伤害我都不在乎
　　愿你我挣脱一切的束缚

李科　不管与你的路有多远　擦干眼泪告诉自己不准哭　我不怕谁说这是个错误
　　只要你我坚持永不认输

男　仲裁席的铃声已经响了，仲裁席根据你的判断。

孙浩　因为刚才旁边有人在帮唱，所以我希望李科要重新唱一遍。

男　重新唱一遍。

孙浩　让他自己完成。

男　之前可以有领唱么？

孙浩　可以。

男　思琪。

歌曲《不管有多苦》（思琪领唱）

思琪　不管与你的路有多苦　我只想要拥有最后的祝福　再多的伤害我都不在乎
　　愿你我挣脱一切的束缚

李科　不管与你的路有多苦　擦干眼泪告诉自己不准哭　我不怕谁说这是个错误
　　只要你我坚持永不认输。

男　等一等，等一等，我知道你们现在会送给李科拥抱，这代表你们对他一直以来表现的坚强执著非常非常的感激。而且相信自己的队员，但是……

女　仲裁席有话要说。

孙浩　重复你接唱的第一句。

男　我就偷瞄到仲裁席有表情，第一句。

李科　不管与你的路有多苦。

男　够了么，孙仲裁！

孙浩　正确。

女　老实讲真的好紧张。

男　现在先把李科好好的拥抱一下，他为杭州队赢来了今晚的冠军。

女　我们来看看目前两队之间的比分，分别是。

男　杭州队，5 比 1 战胜青岛，现在我们先把青岛队员请到中间。

女　只能说他们把握住了最后一次机会。

男 有点遗憾，在抢答的时候，手没对方快，而且在最后他确实是，虽然有些磕磕绊绊啊，但是也完成的相当的不错，我们也很遗憾，其实今天元元的表现相当的好，相当相当的好，而且我要说的是，青岛队，包括杭州队都是我看到的最团结的两个城市代表队，元元、小强，还有女园园、小诺，每一个都给我们讲两句吧，其实大家都很不舍，你看两个女生那么热烈的在台上加油，这是我们到现在为止看到的热闹的队伍。

女 来，想说什么都可以。

元元 虽然这次比赛输掉了，但是我们青岛队的每一位好朋友，都非常开心的来到了杭州，也非常开心参加这个节目，也非常开心和每位好朋友相聚在这里，谢谢。

女 我们也代表所以工作人员谢谢你们。

男 其实这四位都是我在青岛特地从各个角落当中所发掘到的，很能代表青岛的麦霸，很遗憾你们要走了，不过我们也要对你们说谢谢，谢谢你们给了我们那么好看的一期节目。

女 谢谢四位，谢谢。

男 谢谢你们，我们和青岛说再见。再见了各位。

女 现在杭州队你们可以留在我们的场上了，对，不要忘记拿上你们的话筒。

男 好，送走了青岛是有些伤感，不过我们不得不说杭州的勇敢让他们保留了南方区最后一个代表队，今晚冠军，杭州队。

女 恭喜他们。

男 送给冠军啦啦队的舞蹈。

舞群上来跳舞

男 好，恭喜杭州队，你们终于留在了这个舞台上，成为了冠军，不过，我们要先来看一看，在你们的整个表现过程当中，你们虽然在记歌词方面表现出了卓越的能力，在网络方面的支持率又是如何呢？我们来看看根据目前短信的投票结果，双方目前的短信支持率是，请看……

大屏幕显示票数

男 青岛，76395 票，杭州，103345 票，恭喜杭州队。

女 也感谢所有支持青岛队和杭州队的观众朋友们，那现在你们成了冠军，所以你们有权利从支持你们的朋友当中来抽取四位由“香飘飘”《我爱记歌词》特别准备的奖品。

男 首先是三台数码相机，由你们来定。

大屏幕抽奖滚动

杭州队 停。

男 恭喜这三位朋友，尾号是 3577、5883、4659 的朋友，恭喜你们。

女 还有一位可以获得笔记本电脑。

李科 停。

女 恭喜，尾号是 1816 的朋友。谢谢，谢谢所以朋友的支持。

男 好，接下来所以观众你们最受关注的一个环节，也是大家最爱看的一个环节，马上就要在舞台上即刻开始了，专为每一集的冠军所量身定做的，叫做，爱心大冲刺。

女 好，亲爱的四位，现在重新调整，这一次爱心大冲刺我们为各位设置的奖金额是 3 万元。

男 你们可以最高募得 3 万元的爱心公益

金，每唱对一首歌你们就可以募到2000元的爱心公益金。

女 但是你们在这当中只有一次错的机会，一旦出现第二次错误，你们到此结束，你们能募得多少公益慈善金，就是多少了。

男 每一次我们都会告诉你这首歌的歌名，当我们说完歌名，倒数完三、二、一之后，必须有一位站出来做主要的接唱人，但这个时候你们玩的是团体战，所以身后的队员可以帮助，不像刚才了，明白么？爱心大冲刺，一切就从海峰的歌声和记歌词的精神为你们加油开始。

串场音乐：希望就在前方

女 谢谢海峰，我们来看一看他们迈出的第一步，要唱的歌曲是什么呢？由福将天悦为你做领唱的歌曲是来自于信乐团的《如果还有明天》。

歌曲《如果还有明天》（天悦领唱）

天悦 我们都有伤心的时候　从不在乎这种感受　但是我要把握每次感动　如果还有明天　如果还有明天　你想怎样装扮你的脸

李科 如果没有明天　要怎么说再见

男 爱心大冲刺，玩的是团队战，我刚才说了队友可以帮忙，所以这一次改正，有效，恭喜，接唱成功。

舞群伴舞＋乐队伴唱

男 非常好，开局不错。现在我们来看一看杭州队募得的爱心公益金是2000元。

女 那我们一切继续。

男 下一首歌，2001年戴佩妮的《怎样》。

歌曲《怎样》杨丽领唱

杨丽 如果我们现在还在一起会是怎样　我们是不是还是深爱着对方　像开始时那样握着手就算天快亮　如果我们现在还在一起会是怎样　我们是不是还是隐瞒着对方　像结束时那样　明知道你没有错

小洁 还硬要我原谅

男 恭喜接唱成功。

舞群伴舞＋乐队伴唱

女 谢谢领唱杨丽。

男 现在爱心公益金继续上涨为4000元，我们继续。

女 这一次我们的主唱该多一点了，几位男士都应该上了，因为演唱的是一首男人，因为歌名叫做《甲乙丙丁》。

歌曲《甲乙丙丁》杨丽领唱

领唱 仿佛爱情随时可能出现　仿佛每张脸孔都很顺眼　仿佛每个人有两个童年　仿佛做什么说什么心甘情愿　我们只是路人甲乙丙丁　在这花花世界集体游戏　难得好天气　何不你对我　我对你敬一个礼　难得好心情

李科 整座城市欢天又喜地　路人甲乙丙丁

男 恭喜，接唱成功。

舞群伴舞＋乐队伴唱

女 一首好心情的歌曲。

男 现在让我们继续鉴证爱心公益金的上涨，6000元，恭喜你们。

女 让我们把好心情继续啊。

男　下面一首歌，范琳琳《我热恋的故乡》，上世纪80年代的作品。

歌曲《我热恋的故乡》（思琪领唱）

思琪　一片贫瘠的土地上　收获着微薄的希望　住了一年又年　生活了一辈又一辈　故乡故乡　亲不够的故乡土　恋不够的家乡水　我要用真情和汗水　把你变成

娜娜　地也肥啊　水也美啊　地也肥啊　水也美啊　地肥水美

男　每次都让我们心惊肉跳，但是每次都会说，恭喜，接唱成功。

舞群伴舞+乐队伴唱

男　到目前为止，杭州队是在爱心大冲刺中做的最顺利的一个，现在没有一点点错误的地方，爱心公益金上涨到8000元，恭喜你们。继续继续，下面一首歌，孙燕姿的〈直来直往〉，谁来。

女　《直来直往》。

歌曲《直来直往》（思琪领唱）

思琪　我继续在街上晃一晃　花店的落地窗很漂亮　确定了感情应该走的方向　爱可以是一种习惯单纯的喜欢　对爱很欣赏直来直往　有一种勇敢叫做原谅　在回家的路上想一想　爱如果变难堪就要放　感情的事没有标准的答案

男　三、二、一，抱歉，正确答案应该是。

女　思琪。

思琪　但欠人家的你一定就得还。

女　谢谢思琪。

男　但欠人家的你一定就得还。

女　显然这首歌对他们来说有一点点难度，所以他们失去了唯一一次错的机会，而目前的公益慈善金只到8000元。

男　他们不能再错了，再错游戏就会结束，之前的两集当中，每一个冠军队伍都募到了10000元，而他们现在还没有做到，广告之后我们来看一看，今晚他们能超越之前的两个队伍吗？千万别走开，“香飘飘”《我爱记歌词》，待会儿回来。

片头视频

男　欢迎回到“香飘飘”《我爱记歌词》。

女　浙江卫视正在为您现场直播。

男　现在站在舞台正中的是今天晚上全国麦霸城市对决的冠军队伍杭州队。

女　也是三天来唯一站在这个舞台上，成为冠军的南方城市。

男　现在他们进行的是爱心大冲刺的单元，爱心大冲刺他们只能错2个，错到第二次的时候，游戏就会结束，所以刚才他们已经浪费了第一次错的机会，现在只能错一次，所以呢，不能再错了，现在你们已经募得爱心公益金8000元，如果再错一首歌的话，那么就到此为止了，接下来这首歌对你们来讲很关键。一定要想办法去记住它。

女　老实讲这首歌很熟悉，是来自于戴饶的《故事就是故事》。

男　《宰相刘罗锅》的片尾曲。

女　三、二、一。

歌曲《故事就是故事》（思琪领唱）

思琪　我听爷爷讲了一个故事　故事里的事是那昨天的事　故事里有好人也有坏人　故事里有好事也有坏事　故事里有多少是是非非　故事里的事说是就

是　不是也是

小白　故事里的事说是就是　不是也是

男　三、二、一他们的答案是在错误铃之后，我也不能确定他们对不对，所以，仲裁席。

孙浩　他们刚才已经错误。

男　已经要宣布错误了，对么？所以他们用完了最后一次错误的机会。

孙浩　如果他在刚才错误发生的时候马上想到，然后开口改，我觉得都可以认同

男　但是错误发生之后改，就不能认同了。所以，我们现在要宣布，今晚冠军最终募得的爱心公益金是8000元。

女　让我们再一次把全场最热烈的掌声送给今天的冠军——杭州队。

男　虽然有些遗憾，第二次错误来的有点让我们觉得太突然了一点，但是，放心你们已经进入下一轮了，我们也期待杭州队精彩的表现。

女　是的，那我们明天同一时间开始呢，我们将进入不一样的决战方式，将进入车轮战，所以在前两天直播中胜利的沈阳队和北京队将再次出现在这个舞台上，让我们热烈掌声有请他们。

男　欢迎沈阳和北京的麦霸们。

选手上场

男　欢迎。

女　明天晚上这两只队伍将在这个舞台上一起来争夺他们之间的优胜者，然后再来和我们的杭州队一起进行对抗，到底谁能站到最后，就看明天和后天了。

男　全国麦霸城市对决第二季明晚直播进入全新单元，车轮战，这三个久经战场的麦霸们，谁会是最后的王中王。

女　明天再见。

（史金玮　整理）

《天天向上》——配音演员

节目名称：湖南卫视《天天向上》
播出时间：2008年12月5日
制片人：张一蓓

片头

画外音：欢迎进入《天天向上》

开场舞：集体现代舞《青花瓷》

表演者：俞灏明、欧弟等六人

（舞台灯光以蓝色调为主，6位演员身着白色衬衫及深色长裤，手执纸扇，舞蹈配乐为周杰伦的《青花瓷》）

字幕　素胚勾勒出青花笔锋浓转淡
瓶身描绘的牡丹一如你初妆
冉冉檀香透过窗心事我了然
宣纸上走笔至此搁一半

釉色渲染仕女图韵味被私藏
而你嫣然的一笑如含苞待放
你的美一缕飘散
去到我去不了的地方
天青色等烟雨
而我在等你
炊烟袅袅升起
隔江千万里
在瓶底书汉隶仿前朝的飘逸
就当我为遇见你伏笔
天青色等烟雨
而我在等你
月色被打捞起
晕开了结局
如传世的青花瓷自顾自美丽
你眼带笑意

五位主持人立于舞台中央

汪涵（以下简称汪） 各位亲爱的观众朋友们，大家好。您现在收看的是OPPOreal音乐手机……

主持群+观众齐 天天向上！

汪 大家都知道自从欧弟跟灏明这个《青花瓷》的舞蹈播出之后，我们收到了大量观众的来信、来电、短信、留言、跟帖。

欧弟（以下简称欧） 飞鸽传书。

汪 希望再次看到这个舞蹈。

田源（以下简称田） 对，很多朋友都说这个舞蹈特别的好看，说在这个舞蹈中，有一种含蓄的古典的内敛的性感，真是把古代跟现代结合的非常的beautiful。

欧 过奖过奖。

汪 这就是我们《天天向上》，您想看什么，我们就尽量的满足您什么。言归正传，今天呢，我们请到的几位开场嘉宾，就非常非常厉害。

欧弟等主持人 多厉害啊？

汪 你们知道《青花瓷》是谁唱的么？

欧弟等主持人+观众 周杰伦。

田 都知道。

汪 对，我们今天还有刘德华。

欧弟等主持人 哇！

欧 等下等一下，大哥，你的意思是我们今天的嘉宾是……

欧弟等主持人 周杰伦、刘德华？

俞灏明（以下简称俞） 还有呢？还有呢？

汪 梁朝伟。

欧弟等主持人 梁朝伟！还有谁？

汪 有了梁朝伟之后，自然还有他的爱人刘嘉玲。

欧 哇，嘉玲姐。

汪 还有巩俐、李连杰、金城武、黎明、郭富城、谢霆锋、郑伊健、古天乐……

欧 大哥，冷静一下。你是不是戴那个头戴式按摩机，戴得头有点坏掉啦？

汪 我三十多岁的人了，我长这个样子……

欧 很帅。

汪 就是忠厚……

欧 老实。

汪 老实、不会骗人……

欧 奸商。

汪 什么叫奸商啊！你们不相信的话，我们现在就把我们的摄像机接到我们的化妆间里面。

钱枫（以下简称钱） 真的有啊？

汪 让大家一起来看一看，怎么样？走。

欧弟等主持人 哇！

视频（内容为数部电影片段集锦）

《冒险王》

李连杰 还拦着我看《天天向上》吗？

《唐伯虎点秋香》

巩俐 好好学习，天天向上。

《冒险王》

金城武 《天天向上》好！如果有机会的

话，我一定要去《天天向上》！

《无间道》

梁朝伟 我要的东西呢？

刘德华 我要的你也未必带来了。我要去《天天向上》。

梁朝伟 去干什么？

刘德华 我想要去看汪涵。

梁朝伟 好啊，你去。就一张票，看你怎么去。

刘德华 那你就是要我死。

梁朝伟 对不起，我也爱汪涵。

刘德华 那嘉玲呢？

观众鼓掌

汪 接下来就有请我们开场大嘉宾出场！

欧弟等主持人 有请！

主持人退至舞台右侧一字排开，嘉宾上

叶清同礼仪上

汪 刘德华，这是。

张艺同礼仪上

欧 这是？

姜瑰瑾同礼仪上

汪 巩俐。

刘小芸同礼仪上

汪 刘嘉玲。

刘杰同礼仪上

田 剪过头发的梁朝伟。

李韫慧同礼仪上

袁子文同礼仪上

田 老年古天乐。

主持人回到舞台正中要位置，嘉宾及礼仪分立左右

汪 在这些人的面前，我们真的要小心谨慎。

欧弟等主持人 为什么？

汪 因为他们现在还没有出招。当然在他们出招之前，我们要用热烈的掌声，感谢我们“快乐购”的这些帅哥靓女们，谢谢你们。

主持群 谢谢。

礼仪下台

汪 这几位是我们两岸三地，甚至是我们整个华人世界当中最顶级的配音演员，大家掌声鼓励。

欧弟等主持人 噢！

汪 我们首先给大家介绍的是来自香港的两位著名的配音演员，张艺老师和叶清老师。

主持群 欢迎！

张艺和叶清走至主持人中间

汪 我们是这样，两位。到现在为止两位还没有出声，大家都很期待。现在我们请现场所有的观众，闭上眼睛，全部都闭上，感受一下。两位，来一段就好。三、二、一！

（大屏幕播放电影《无间道》片段）

嘉宾及主持人转向大屏幕

张艺 我要的东西呢？

叶清 我要的你还未必带了呢。

张艺 什么意思啊？你上来晒太阳的啊？

叶清 给我一个机会。

张艺 怎么给你机会啊？

叶清 我以前没得选择，现在我想做一个好人。

张艺 跟法官说，看他让不让你做好人。

叶清 那你就让我死。

张艺 对不起，我是警察。

叶清 谁知道？

主持群 哇!!

欧 我的老天爷啊！大哥！

欧弟和汪涵击掌

田 跟他们拍手！来，老师。

主持人间互相击掌，和嘉宾击掌

田 这太厉害了太厉害的。

俞 这太过瘾了。

欧 如雷贯耳。我全身都起鸡皮疙瘩了。

钱 我毛都竖起来了！

田 你还有毛呢？

欧 哇！好过瘾呐！

汪 我想问一下那个张艺老师，你本身是哪里人？

张艺 本身是青岛人。祖籍青岛。

田 从梁朝伟回来好吗？

汪 您生在哪里？

张艺 生啊？我生在西安。

汪 那你长在哪里？

张艺 长在北京。

田 现在在哪？

张艺 现在在香港。

主持群 哇！

汪 那您配过的这些角色当中，除了像这个梁朝伟以外，还有什么我们大家特别熟悉的没有？我们讲讲看。

张艺 很多啦，比如说，在《门徒》里面配过古天乐。

汪 《门徒》里面古天乐。

张艺 《新警察故事》里面谢霆锋啊，也是我配的。

主持群 哇！

张艺 很多很多啦。

汪 告诉你们还有《三岔口》里面的郭富城。

欧（学郭富城说话） 哦？他有配过郭富城？那当然要配音啊。因为郭富城本来说话是这样子的。

汪 你知道有一部电影好像叫……

俞 《霹雳刑警》吧。

汪 《霹雳刑警》。

俞 《雷霆战警》。

汪 《雷霆战警》！

欧（学郭富城说话） 跟王力宏嘛。

汪 还有工藤静香。

欧（学郭富城说话） 还有工藤静香嘛。

汪 最后王力宏倒在地上，郭富城抱着他。（学郭富城说话）你不要死，你不要死，我不要你死。哇！

全场观众爆笑

欧（学郭富城说话） 你不要死啊，我不要你死。

田 王力宏站起来了，说，我没事。

汪 所以说需要他们这样的非常非常棒的配音演员。这个，我们来看一看，就是您单独配音的那一些，我们来看一下。

欧（学郭富城说话） 我们来看一下VCR啦。

视频（内容为张艺配音的数部电影片段集锦）

《寻秦记》

古天乐 我是一个鬼。

萱萱 你不是跳下去了吗？

古天乐 我是一个好色鬼。

萱萱 你这个死淫贼又戏弄我！

古天乐 哈哈。

《创世纪》

叶锦鸿 公司有今天的成绩，是我们公司上上下下这个多职工齐心协力的成果。

《无间道》

梁朝伟 三年之后又三年，三年之后又三年，就快十年了老大。

《冒险王》

金城武 哇塞，帅呆了。师傅，你快点教我，怎么样可以把两个大肥猪拽上天啊？

《三岔口》

郭富城 搞定这案子吃什么都行，现在没的吃。

《新警察故事》

谢霆锋 忘记过去，把你的痛苦变成你的力量。

《妙手人心》

吴启华 起来吧，我知道你正在努力。尝试再努力一点，你一定行。

主持群　哇！

欧　总觉得这些声音一直陪伴着我长大。

汪　我们接下来介绍一下叶清，叶清老师您是哪里人？

叶　我呢，祖籍是福建，但是我在上海出生，上海长大，然后就去香港了。

汪　你看，作品也有很多。比如说《无间道》里的刘德华啊，《花样年华》当中的梁朝伟。

欧　哇！你也配过梁朝伟。

汪　他也配过梁朝伟。《鹿鼎记》当中他也配过。我们来看一小段好不好，回味一下。

视频（内容为叶清配音的数部电影片段集锦）

《天龙八部》

陈浩明　钟姑娘被人所擒，在下特来报信。

《创世纪》

郭锦安　你以前不是去过台湾么？台湾有什么好玩的？

罗嘉良　怎么突然提起台湾啊？

叶锦鸿　志强，你要去台湾啊？

罗嘉良　别理他，我们继续说。

郭锦安　干吗不理我啊？是我叫你们出来的。有什么理由要我听你们说话。

《无间道》

刘德华　我是刘律师，上个星期五17号下午3点45分到5点你去哪里了？毛哥叫我来问你家里有没有什么要帮忙的。

《冒险王》

关之琳　不对啊，你刚不是女人么？

李连杰　我有这种嗜好，有时候男人，有时候女人。你呢？有没有这种习惯？

关之琳　不必，我是女人，用不着假扮。

李连杰　我知道，而且你还是一个很有吸引力的女人。

主持群　哇！

汪　平常在外面买东西什么的，讲话不会用电影里面某一个演员的声音去讲吧。

张艺　（笑）这样会吓坏人家的。

汪　老一辈有一个非常有名的配音演员，叫童自荣。他配那个佐罗。他的声音极其的华丽。

欧　怎么来的呢？

汪　（学佐罗的语气）哦。非常非常的高兴，今天又能够和大家在一起。他就属于这一种。

田　很绅士！

汪　我就怀疑他出去买白菜也是这样。（学佐罗的语气）哦。亲爱的。你的白菜多少钱一斤啊？

欧　30块一斤。

汪　直接就30了对不对？真的很多人都会这样，你们不会突然间就忘记自己的身份，直接就很帅的那种感觉，有没有？

张艺　不会不会不会。

欧　可是我现在还是觉得梁朝伟在跟我说话。

主持群　对啊。

田　完全脱离不开了。

汪　我听说两位老师还配过一些广告啊，对不对？给广告配音是不是要比较有那种煽动力的那种？

欧　对，看那个产品需要什么感觉。

汪　你就来一个欢迎收看《天天向上》。

叶清　欢迎收看《天天向上》。

主持群　哇！

田　来，梁朝伟来一个。

张艺　欢迎收看《天天向上》。

主持群　哇！

俞　不一样的感觉啊！

汪　介绍完两位来自香港的配音演员之后呢。欧弟，你的老乡啦，来自台湾的。

欧　是的，介绍来自台湾的三位著名配音演

员，刘杰老师、姜瑰瑾老师、刘小芸老师。

主持群 欢迎欢迎！

三位台湾配音演员移至主持人中间

汪 刘杰老师，先听听他的声音，看大家还分辨的出分辨不出，很熟，我很喜欢那个片子。

俞 注意听哦！

刘杰 真相永远只有一个。没错，我就是工藤新一。

主持群+观众齐 哇！

田 有共鸣了！

汪 是谁？

观众齐 工藤新一。

汪 当时您接到这个角色的时候没有想到他会这么火吧？

刘杰 其实最早的时候接这个角色完全就是当一般卡通在配，没有想到。

主持群+观众齐 哇！

汪 你有没有觉得在和柯南讲话？

欧 永远都是这个很有磁性的声音唉。

汪 接下来，同样是一部动画片中的一个角色。

俞 是谁？是谁？

刘杰 哇！真的没有想到可以来到这个地方，感觉好棒哦！多拉A梦，我们一起去那个地方看一看好不好？

主持人齐 小夫！

汪 小时候那种感觉全都回来了。接下来，很有可能现场很多80后，很喜欢看一部动画片，那时候放学马上就要跑回去，里面有很多很神奇的功夫，比如说“庐山升龙霸”。

田 钻石星辰拳。

汪 嘘！听听看。

刘杰 天马流星拳！

主持群 哇！圣斗士星矢。

汪 我们来看一看，回味一下我们童年看他的机会。

钱 天啊！可以看动画片了哦。

视频（内容为刘杰配音的数部动画片段集锦）

《多拉A梦》

小夫 这些全部都可以吃掉吗？

静香 大雄，谢谢你。

小夫 不行了大雄，我已经吃不下了……

大雄 不可以，你们一定要吃到一个都不剩才行。

《名侦探柯南》

新一 成为90年代的夏洛克福尔摩斯，这种将犯人追到穷途末路的惊险，痛快极了，好过瘾。只要当过一次侦探，就没有办法停止不做侦探。你看，这些是侦探迷写来的信，侦探很受欢迎啊。

汪 哇好棒。他讲话的那种感觉当过侦探就不用再……

欧（学工藤新一的动作） 你看，这些是侦探迷写来的信……

汪 我想问一下，您现在配这样的话语的时候，自己是不是也要加上这种动作要很high，对不对？

刘杰 我比较没有像欧弟那么三八就是了。我们一般来讲，我们在配音的时候，面部表情最好要有，可以帮助自己的一些声音的表情出来。有的配音演员他本身来讲会加上一些手势。

汪 也会加肢体。

刘杰 对。

汪 接下来给大家介绍一下我们的姜老师。

姜瑰瑾移至主持人中间

汪 姜老师，在我们这个圈子里，大家都叫她，胖妞姐。配过一个非常有名的角色，就是《功夫》里的包租婆。

俞 等一下，我来饰演一下那个就是露半边屁股那个男生好不好？（广东话饰演角色）哎？包租婆，今天为什么洗一半没水了呢？

姜瑰瑾 我不光是今天停水，明天停水，一、三、五停水，二、四、六停水，我天天停水！

齐 哇！

汪 当然，她也配过《金枝玉叶2》当中的刘嘉玲。

田 哇！那反差很大吧。

汪 那当然，还有哦，《恋爱百分百》当中的梁咏琪，我们一起来看一看吧。

视频（内容为姜瑰瑾配音的数部电影片段集锦）

《金枝玉叶2》

刘嘉玲 阿颖！很高兴能见到你。哎？他是谁啊？

袁咏仪 石斑鱼。

刘嘉玲 听起来真的很忙哎。不过阿SAM好像不喜欢女人是这样哎。

袁咏仪 石斑鱼！

刘嘉玲 不过每个人状况不一样，只要你觉得快乐就行啦。

《功夫》

元秋 水费不用花钱呀？你们这些混蛋！这个月房租也不交，还那么多废话说。

某男 但是我的头洗到一半，你把水闸关了。

元秋 我不光是现在关，从明天开始，逢一、三、五停水，二、四、六间歇性停水。斜眉歪眼的，一个个鬼哭狼嚎什么！找死啊！我看你们都活腻了！

某男2 Good Morning 啊，包租婆。

元秋 我G你妈个头啊！你今天再不交租的话，我就烧了你铺子！别以为你长得帅我就不打你！

主持群 哇！

田 好棒哦。

俞 好熟悉的声音。

欧 有一个问题要问一下，那个包租婆咬着烟讲话，你嘴巴里面咬的是什么啊？

姜瑰瑾 烟啊。

欧 也是烟啊！

姜瑰瑾 对啊，我这边皮都撕掉好几层呐。

欧 因为从头到尾整部戏都是这样子。

姜瑰瑾 就这样子一直叼着烟啊。然后就这样一拿下来，就“啪”的一声。

田 都很干了已经，对不对？

汪 这真的很辛苦。要不然是这样，我们请我们的姜老师用包租婆的声音来说，您现在收看的是《天天向上》，用包租婆的声音哦。

姜瑰瑾 你现在收看的是《天天向上》，千万别转台。转台小心我烧了你铺子！

主持群 哇！

田 没有敢转台了啦。

欧 Good Morning 啊，包租婆。

姜瑰瑾 G你妈个头！

主持群（大笑） 哇！

汪 姜老师啊，你这个会不会形成条件反射，走到哪里，别人一Good Morning，你就G你妈个头！

姜瑰瑾 不会，我会生活上会有很大落差，我故作那个温文婉约状。大家好！

主持群 好温柔呀！

汪 这就回到了那种感觉了。

田 你生活当中比较温柔吧。

汪 接下来给大家介绍一下我们这个刘小芸老师。

刘小芸移至主持人中间

田 刘老师好！

俞 好斯文啊！

汪 对啊。我们先请刘老师把角色里的声音先还原一小段，让大家猜猜看是什么片子里的哪一位？

刘小芸 娘子。

观众 哇！许仙！

刘小芸 你要相信我啊。我这么做也都是为了我们两个。

汪 大家这么快就猜出来了，《新白娘子传奇》当中的叶童、许仙，还配过很多，比如说《逃学威龙》当中的张敏，《青青河边草》里的岳翎等等，不相信么？我们一起来看一看这个片子吧！

视频（内容为刘小芸配音的数部电影片段集锦）

《新白娘子传奇》

叶童 你还说不生气，你看，你都气哭了！都是我不好，好端端的看什么江湖卖艺，丢下你一个人不管，这么不懂体贴。

《青青河边草》

岳翎 你说什么！我帮你拎这玩意儿，弄得我浑身酸疼。你不谢谢我，反而管我坐在上面好不好看?！我不拎了，你自个儿拎！

《唐伯虎点秋香》

巩俐 不行，不行。

周星驰 那算了。

巩俐 你别走。

主持群 哇！

欧 原来，原来你是秋香姐！

汪 刘老师，我还听说你配过一部跟我们现场某一位有相当关联的人的一部戏。那是谁啊？

欧 谁啊？

刘小芸 四九，我是里面的祝英台。

欧 《新梁山伯与祝英台》里面的祝英台的配音。梁小冰的配音！

汪 欧弟你在里面演什么啊？

欧 我当然是演梁山伯……

汪涵等主持群 啊？

欧 旁边的书童“四九”了。

汪 当时这个刘老师就参与过配音。

欧 哇！难怪那么熟悉你的声音呢。

汪 要不是这样，你用一个非常温婉的女性的，就是带一点点那种性感的味道，来讲欢迎收看《天天向上》。

钱 哇！特别想听啊。

汪 对啊，我们就把这两版剪到一起嘛。一个就是用女性的温婉来吸引大家，一个就是烧铺子。软硬兼施嘛。你看不看！

田 不来不行。

刘小芸 欢迎大家收看《天天向上》。

主持群 哇！

欧 秋香姐，我一定每天都看！

汪涵扑向欧弟

田 这一说完了以后，《天天向上》多了好多男性观众。

汪 这真的好棒。接下来再给你介绍两位。

李韫慧、袁子文移至主持人中间

汪 各位，看样子你绝对看不出他们配过什么。但是他们配的这个片子……哇……

欧 怎么样？

俞 你怎么不讲完话？

钱 影响力特别特别大。

汪 我不知道该怎么讲，对于我们的影响。我们配合一下，大家闭上眼睛。

李韫慧 嘿，不要着急，不要着急，休息，休息一会儿。

主持群 哇！

李韫慧 谢谢大家。

田 我真没想到这是您配的音。

汪 有没有汗毛竖起来的感觉？

钱 大哥大哥，毛又竖起来了！

汪 你再这样我给你剃毛。

李韫慧 你们还记得我吗？

观众 记得。

李韫慧 那就谢谢啦！

主持群 哇！

田 这个声音绝对是那个让我们记忆犹新的。

汪 好，我们现在来当中的一段。加上我们身边的这位老师。

田 听听这位老师，他配的是谁？

汪 来，预备，开始。

李韫慧 钟声当当响，乌鸦嘎嘎叫。战火红漫漫，草木遍野烧。武士老爷，那您看看这个是什么？

袁子文 萝卜嘛。

李韫慧 那么这个小的呢？

袁子文 那也是萝卜。

李韫慧 嘿嘿。

主持群 哇！

李韫慧 大的也好，小的也好，萝卜就是萝卜。所以呢，大的是和尚，小的也是和尚。我就不是小秃子，我是叫一休啊！

袁子文 一休？

李韫慧 嘿。就是休息，休息一会儿。

汪 一休，一休。

李韫慧 嗨。师傅叫我了，就到这里，再见吧。

支持群 哇!!

欧 我的天哪！

汪（手舞足蹈） 哈哈！

田 这个声音太棒啦！

欧 我刚才一闭眼睛，我的视线里就是出现动画片那个画面。

汪 看看看。

（大屏幕播放动画片《聪明的一休》片头）

嘉宾及主持人转向大屏幕

主持群＋嘉宾（日文） 咯叽咯叽咯叽咯叽咯叽咯叽，我们爱你。咯叽咯叽咯叽咯叽咯叽咯叽，一休哥。

李韫慧（日文） 机智啊哪个也比不过小机灵，大风大雨什么都不畏惧小机灵。淘气顽皮顽皮淘气数第一，骂人打架却从来没有你小机灵。啊，啊，开动脑筋啊。

主持群 哇！

俞 大哥，我突然觉得真的心境又年轻了好多。

欧 大哥，还好放到这里，要不然我就回去拿零嘴来吃了。

汪 现场看过“一休”的请举手。

田 全场都看过！

汪 百分之百啊！

田 对！

汪 两位老师，我们自我介绍一下。

李韫慧 我叫李韫慧。配了一共是104集的《聪明的一休》。

汪 哇！李老师。接下来给大家介绍一下刚才提问回答的我们的袁老师——新佑卫门。

袁子文 我姓袁，叫袁子文。

汪 当时接这个片子的时候，没有想到对中国的小朋友有这么大的影响吧？

袁子文 绝对没有想到。

汪 对啊。因为我知道配音演员一般就是关在棚里面嘛。没日没夜的。我们管叫“棚虫”。

李韫慧 对。

袁子文 当时配这个第一部的时候，我们52集，整整干了将近半年。当时条件很差，空调没有什么都没有。李韫慧同志当时配音，我记得在录音间都休克了。

汪 哇。好热哦。配这个日本的还有欧美的这方面的动画有什么区别？

李韫慧 比如说吧，我给山口百惠配音。

主持群 哇！

田 山口百惠！

李韫慧 作为日本的女人，她的那个语气感觉和日本男人是完全不一样的。

汪 好，来一段。

袁子文 吃饭了么？

欧 吃……吃过了。不是问我？

袁子文 没吃回家吃去！

欧 嗨！嗨！

李韫慧 导演要求我就说，日本的女人说出的话，应该更温柔一点。

汪 是这样，您用这种……

李韫慧 比如说，我说一句。（饰演日本女人语气）您回来了，是先吃饭还是先洗澡啊？

欧（大爷状） 一起！

钱 怎么能一起嘛。

李韫慧 它和那个欧美的片子就不太一样。比如说，后来我们配那个《特警4587》就是美国的。她说话就不会像那个温柔的，（饰演日本女人语气）是先吃饭还是先洗澡啊？

欧（大爷状） 一起！

汪 你也不怕胀死啊你！多大的澡盆你喝得下吗你。

李韫慧 她配的那个就像这样说的啊。一般是说。（饰演美国女人语气）哦，杰克。你知道，我不是这样的。你还要我说些什么呢！哦，杰克。

主持群 哇！

欧 什么都不要说了！抱我！

汪 是这样，我特别想请李老师，您用那种日本女人的口气，来帮我们讲讲这个欢迎收看《天天向上》，您是先吃饭呢，还是先洗澡呢？就这么接一句好不好？预备，开始。

李韫慧 欢迎您收看天天向上，您是先吃饭，还是先洗澡呢？

主持人齐（大爷状） 一起！

欧 我就知道，肯定是大家一起。

汪 以后看天天向上会不会在澡盆里看啊？

欧 然后洗澡还加那个海苔在上面。

汪 各位，我们今天既然把几位老师请来了。我觉得我们应该把角色互换一下。比如说，在阳台上原本是刘德华和梁朝伟。

欧 然后呢？我好有兴趣哦！然后呢？然后呢？

汪 我们把它换成刘德华和一休。或者是把那一段改成小夫和梁朝伟。

欧 哇！那就精彩了！那先刘德华吗？

汪 刘德华和一休。

叶清和李韫慧移至舞台中央。所有人面向大屏幕

汪 各位，从来没有过哦。刘德华碰到一休哦，而且是在阳台上哦。

田 一起晒太阳。

汪 嘘！

俞 好，准备。

（大屏幕播放电影《无间道》片段）

李韫慧 我要的东西呢？

叶清 我要的你还未必带了呢。

李韫慧 嘿嘿。什么意思啊？你上来晒太阳的啊？

叶清 给我一个机会。

李韫慧 怎么给你机会啊？

叶清 以前我没得选择，现在我想做一个好人。

李韫慧 跟一休说。

（主持人狂笑）

李韫慧 看他让不让你做好人。

叶清 那你就让我死。

李韫慧 对不起，我是一休。

田 老师您太棒了！这什么事都不用找法官了，直接找一休都解决了！

汪 接下来，小夫来刘德华的感觉，然后再搭梁朝伟。小夫配梁朝伟。

刘杰、张艺走向舞台中央。嘉宾及主持人面向大屏幕

（大屏幕播放电影《无间道》片段）

张艺　我要的东西呢？
刘杰　我要的你还未必带了呢。
张艺　什么意思啊？你上来晒太阳的啊？
刘杰　给我一个机会。
张艺　怎么给你机会啊？
刘杰　我以前没得选择，现在我想做一个好人。
张艺　跟法官说，看他让不让你做好人。
刘杰　那你就让我死。
张艺　对不起，我忍不住了（笑）。
刘杰　你骗人！
（现场大笑）
钱　我们梁朝伟都撑不住了。
田　梁朝伟也疯啦！
钱　梁朝伟都撑不住啦！
汪　欧弟，你来一个歌神。张学友搭梁朝伟。直接来噢。预备。
欧弟、张艺移至舞台中央，面向大屏幕
（大屏幕播放电影《无间道》片段）
张艺　我要的东西呢？
欧　我要的你还未必带了呢。
张艺　什么意思啊？你上来晒太阳的啊？
欧　给我一个机会。
张艺　怎么给你机会啊？
欧　我以前没得选择，现在我想做一个好人。
（张艺笑）
欧　那你干脆让我死。
张艺　对不起，我是……我是警察。
欧　谁知道？
（现场狂笑）
汪　要不是这一样，我们配一下。我来长沙话版的，谁能够有家乡话？
田　我！我！
汪　什么话？
田　河北话。
欧　大哥，田哥，我想问一下谁是刘德华，谁是梁朝伟。
田　我演梁朝伟吧，大哥。
汪　好，我演刘德华吧。哎，我演梁朝伟吧。你看我胡子比较像。
欧　对……那你演刘德华。
田　我演刘德华。
欧　你还真好意思啊。
汪涵、田源移至舞台中央，面向大屏幕
（大屏幕播放电影《无间道》片段）
汪　我要的东西呢？
田　我要的你还未必带了呢。
汪　什么意思啊？你上来晒太阳的吧你？
田　给我一个机会吧。
汪　怎么给你机会啊？
田　我以前没得选择，现在我想做一个好人。
汪　你跟法官讲，看他给不给你机会。
田　那你让我死。
汪　不可能，我是警察。
田　谁知道？
主持群　哇！
钱　掌声鼓励。
欧　大哥你配的很好啊，你有情绪刚刚啊。
汪　不，我觉得你要真的去玩配音的话，你还真的很容易被那个人，就是带进去的那种感觉。我们刚刚都是配的电影哦，我们要不要试一下动画片，《聪明的一休》好不好？
俞　来一段粤语跟上海话吧。
（大屏幕播放动画片《一休》片段）
主持人转向大屏幕
一休、一休
嗨。不要着急，不要着急。休息，休息一会儿。

汪　一休、一休。这个我来。一休的声音，灏明试试看吧。
俞　我啊。我先把脸遮住。
汪　预备，开始。一休、一休。

俞（背对观众） 嗨。不要着急，不要着急。休息，休息一会儿嘛。

主持群 哇！

田 有潜质。

汪 要不我们换一下，我们用包租婆的声音来叫一休，然后一休呢，我们干脆就来一个性感的这种辣妹，好不好？我们就请刚才我们的小芸老师跟我们姜老师。

欧 这个就好听了。

姜瑰瑾、刘小芸移至舞台中央。嘉宾及主持人转向大屏幕

（大屏幕播放动画片《一休》片段）

姜瑰瑾 一休，一休。

刘小芸 嗨。不要着急，不要着急。休息，休息一会儿。

欧 配得好准哦。

汪 要不是这样，一个来叶童，一个来那个白素贞。

姜瑰瑾 我来白素贞啊？

汪 对啊，你用包租婆的声音来白素贞。她就直接跟你说，离婚好不好？好，我们来看一段。

（大屏幕播放电视剧《新白娘子传奇》片段）

白素贞 傻官人，我怎么会生你的气呢？

许仙 真的？

白素贞 为妻宠你爱你都来不及。

许仙 你还说不生气，你看，你都气哭了！都是我不好，好端端的看什么江湖卖艺，丢下你一个人不管，这么不懂体贴。我真是比仕林还不如啊！

白素贞 官人，不要再说了。

许仙 那娘子，我下次再也不会了，再原谅我一次好不好？

汪涵 来，就这一段哦。

（大屏幕播放电视剧《新白娘子传奇》片段）

姜瑰瑾 傻官人，我怎么会生你的气呢？

刘小芸 真的？

姜瑰瑾 为妻宠你爱你都来不及。

刘小芸 你还说不生气，你看，你都气哭了！都是我不好，好端端的看什么江湖卖艺，丢下你一个人不管，这么不懂体贴。我真是比仕林还不如啊！

姜瑰瑾 官人，不要再说了。

刘小芸 那娘子，我下次再也不会了，再原谅我一次好不好？

姜瑰瑾 嗯。再有下次我烧了你铺子！

（现场狂笑）

田 休息，休息一下，跟你离婚。

汪 天哪，这是两口子吗？烧了你的铺子。其实呢，我觉得，这是真的这种配音啊，还真的是可以化，不能说化腐朽为神奇吧。因为本身演员们的表演是非常非常好的。但是这些配音演员用他们的第二度创作让这些人物活灵活现。

田 升华了。

欧 没错，有一些演员，特别是大荧幕演员呢，这个表情的戏很好，但是声音的戏可能稍微不足一点，就得靠他们来补足一下。

汪 接下来哦，我们要不要再有请我们现场的一位女观众跟我们的灏明对一段戏。灏明你自己选啊。

欧 灏明，我来帮你挑吧。来，这一个。

俞 谢谢弟哥。谢谢。

汪 欧弟，这是你喜欢的类型吧。

欧 不是，我替灏明选的。

女观众上台，走至主持人中间

汪 好，是这样。女的就说，灏明，请不要离开我。你就对她说，亲爱的，我这么爱你，怎么会离开你。

欧 要加动作哦。

田 对，加上表演进去哦。

欧 灏明先这样吧。（走向俞灏明并表演）

亲爱的，请你不要离开我。

俞 不会的。

欧 对对，就这样吧。

俞 等一下。你再做一下美白我就不会离开你。

汪 做什么美白。你看人家那么漂亮。预备，齐。

女观众和俞灏明在舞台中央表演

女观众 灏明，请不要离开我。

俞（倒地） 亲爱的，我不会离开你的。

汪 不至于吧，灏明，你要矜持一点。

钱 你怎么瘫在地上啊……

田 你俩是属蛇的吧？（学女观众动作）灏明，请不要离开我。

欧 你是许仙，你不是蛇啊。

田 你俩不是蛇！

汪 正经一点。

俞 好，认真一点。

汪 来。预备，齐。

女观众和俞灏明在舞台中央表演

女观众 灏明，请不要离开我。

俞 亲爱的，我怎么会离开你呢。

汪 好。我们请老师们来给你们配音。你们来表演。你想选谁配你。

女观众 包租婆好了。

汪 姜老师你好受欢迎啊，今天。

欧 大哥大哥，可是我觉得一开始要先来个正常版的。

汪 姜老师可以配刘嘉玲的声音啊。

欧 对哦。

汪 灏明你觉得？

俞 我觉得还是小夫比较好。

汪 小夫啊？

欧 那就是有气质的声音咯？

汪 现在正常版。

欧 灏明恋爱第一场。Action。Obaoba。

女观众和俞灏明在舞台中央表演

女观众（姜瑰瑾） 灏明，请不要离开我。

俞灏明（刘杰） 噢，亲爱的，我这么爱你，怎么舍得离开你？

汪 说实话，比你们两个人的声音好听多了。好，接下来，包租婆，小夫。

欧 包租婆小夫姐弟恋第一场。ACTION。

女观众和俞灏明在舞台中央表演

女观众（姜瑰瑾） 灏明，请不要离开我。

俞灏明（刘杰） 嘿嘿，亲爱的，我这么爱你，怎么会离开你呢？嘿嘿

钱 哇！好棒哦！好厉害哦！

汪 我觉得真是非常非常了不起，谢谢你！谢谢。

主持人群 谢谢。

和女观众握手，女观众下台。嘉宾移至舞台中央，主持人分立两侧

汪 我特别想问一下，就是平常，在日常生活当中，会不会用自己特别的声音，跟朋友打电话，去捉弄他们？晚上两三点钟打个电话。

刘杰笑

汪 哎！！一定有！

欧 笑就表示有！

汪 说老实话，有没有？刘老师。

刘杰 找死……

汪 有没有？

姜瑰瑾 半夜没有啦。

刘杰 对。因为配音演员通常白天已经够累了，晚上需要休息。在这个时候打去的话，一定会被对方圈圈叉叉。

欧 大哥，像是我就很无聊。我朋友要是打电话来，我一定都不用我自己的声音接。

汪 喂，我找欧弟。

欧 哦哈。

汪 请问是欧弟么？

欧 我是凌风。

汪 哎？电话是欧弟的。

欧 他手机掉了。

汪 对不起啊。打错了。

欧 那我叫张学友来听一下。

汪 啊？不会吧？

欧 你好，我是张学友。

汪 对不起，我打错，我找周杰伦。

欧 你找周杰伦？你等一下。喂，你好。我是周杰伦。干吗？我在跟蔡依林在约会。

汪 啊？

田 不要瞎说啊！这种都说出来了。

汪 你会被抓起来的。

欧 我都跟我朋友这样子乱玩。

汪 真的啊。那平常我们会不会有意打个电话去吓吓朋友，或者跟朋友玩一下？

姜瑰瑾 有的时候是为了在职进修，就是要知道自己有没有退步，所以我会打电话给我妈。因为她最熟悉我嘛。

汪 对，一般会怎么讲？

姜瑰瑾 喂！江妈妈！我要收会钱呐！

欧 如果她跟你说 Good Morning 呢？

姜瑰瑾 G 你妈个头！我收钱！

田 真是条件反射。见什么样的人都会说这样的话。

姜瑰瑾 对，就已经过成了习惯了。

欧 会不会有接到一休的电话，就会有那个叫你妈妈来啊，小朋友。

汪 会不会有这样的误会？

李韫慧 也有。

汪 打打看。喂，我找李老师。

李韫慧 嗨！你是哪一位？

汪 这个你发现没有，我的电话一接通我就不愿意讲话了，我就听她。我倒看你能说多久。我特别想问一下就是，不可能只配一个人嘛，他是怎么样去调整这个声音的？用什么样的方法？

欧 教一下嘛。

李韫慧 我跟你说啊，我们在配《聪明的一休》的时候，我们有 9 个配音演员，要配 256 个角色。

汪 啊？9 个人？要配 256 个角色？

李韫慧 对。那么导演就是说，同时在这一场戏里，就是说你一定要配出两个人的声音。如果观众看不见你的脸……

汪 就是马上从一休到晨念，来来来。

李韫慧 那么现在呢，我就想给大家表演一下。

主持群 哇！

李韫慧 （一休）秀念大师兄，不要着急，不要着急。休息，休息一会儿。嘿嘿。来咱们把师傅吃剩的糖稀都吃光吧。（晨念）哦，那师傅要是知道了，能行吗？（一休）哎，糖稀甜着呢，糖稀可好吃了！晨念快来吃啊，糖稀可甜啦！（晨念）哇！一休，这糖稀可太甜啦，太好吃啦！哈哈哈！

主持群 哇！

汪 好棒哦！

欧 好厉害哦！

李韫慧 就是说每个人的声音都可以有变化，只是你要练一练。比如说我刚才配一休的时候，多用一点鼻腔、头腔的共鸣。说晨念的时候，多用一点胸腔的共鸣。当然这种有时候破坏一点声带，压迫一点喉头，那么就是这样。（晨念）哈哈哈。

汪 平常，我特别想问一下，平常都会练声吗？刘老师，你们平常会练声吗？

刘杰 抽烟、喝酒、麻辣锅。开玩笑那样讲，就是说台湾的配音演员都好像比较少这一方面。

欧 这个我觉得是老天爷赏饭吃。

汪 今天我觉得特别特别高兴，能够把这几位老师请到节目现场。不然如是这样，我们每一位老师，用自己最有特色的声音，来跟我们说一遍，好好学习，天天向上。我们非常希望几位老师的声音，能够影响到我们电视机前的小朋友，让他们真正的好好学习，天天向上。好不好，来。就是真诚版吧。原音啊，预备，开始。

刘杰 各位朋友，好好学习，天天向上。你会成功的。

俞 哇！好性感哦！

李韫慧 好好学习，天天向上，愿你比一休更聪明。

张艺 好好学习，天天向上。

田 你是警察。

俞 好性感哦。

欧 好有魅力哦。

刘小芸 好好学习，天天向上哦！

欧 哇！张敏！

叶清 好好学习，天天向上。

袁子文 好好学习，天天向上。大家一定要看哦。

主持人 嗨！

姜瑰瑾 好好学习，天天向上。不然小心我烧了你铺子！

田 多少个铺子得烧啊……

汪 对啊，上一期节目烧了多少铺子啊！连小孩的铺子都不放过。我们今天特别特别的开心，而且我们台下呢，在老师的配音当中，仿佛又回到了自己的年少时光。

欧 所以大家看好看的电影跟好看的动画片的时候呢，也要想到我们这么多配音老师的辛苦。

汪 是的。让我们再次用热烈的掌声，感谢我们这些配音老师们。

主持群 谢谢！

汪 谢谢他们用声音伴随我们的成长，谢谢各位！

主持人 谢谢！

下节预告（内容为短剧片断剪辑）

《天天向上》片头

短剧片头

字幕：田源饰小田子　欧弟饰小欧子　姜超饰超大人

字幕：格格阿哥学礼仪　反贪先锋

（两张桌椅放置在舞台两侧）

解说 你又在打瞌睡！

田源从屏风后上台

小田子 哎呀，王爷。我虽然是在打瞌睡，但是我做梦的时候我还是在那看门哪……

解说 是这样啊？那你到梦里去领薪水吧！

小田子 王爷啊……

田源在左边的桌椅坐下

解说 你这个饭桶！

欧弟从屏风后上台

小欧子 王爷……这个是十月份王爷府厨房清单。

（撕碎的纸撒向欧弟）

小欧子 十月份王爷府护卫表。

（撕碎的纸再次撒向欧弟）

小欧子 十月份太监工作总结。

（撕碎的纸第三次撒向欧弟）

解说 给我重写！废物！

小欧子 王爷，你是碎纸机投胎的啊？

欧弟在右边的桌椅坐下

小田子 在紫禁城，皇上最大。

小欧子 在王爷府，王爷最大。

田源欧弟站起。

小田子 在紫禁城和王爷府之间，也就是这道门。

小田子+小欧子 我们最大！

小欧子 这想要找王爷办点事，经过我们这，可得先给我们一点实惠。

小田子 哈哈，说得太对了！（拿出一支烟）你看这是啥？

小欧子 这是啥啊？

小田子 这是上回顺王爷府的刘大人找咱王爷办事给的我西洋烟卷。

小欧子 哎呀！

小田子 这个点烟不过三，过三不点烟。田源点三次烟，没点着。

小欧子 过三啦。

小田子 还有一句常言说得好，点烟不过七，过七不点烟。

田源点七次烟，没点着。

小欧子 过七啦。

小田子 管他三七二十一，啥时候点着啥时候吸。（点着烟）哎呀，火苗抬高烫了我眼睫毛了。这种贿赂的东西就是要不得。

小欧子 真的。我跟你说，上次呢，这个温州知府的状元来找王爷办事，给了我十斤生蚝。

小田子 咋样啊？这生蚝新鲜吗？

小欧子 我不知道。

小田子 那你打开壳你看看不就知道了吗？

小欧子 要打开来才能吃啊？怪不得我牙痛了一天啊！这贿赂的东西吃不得啊。

小田子 偷个懒！

小欧子 打个盹！

两人回到自己的桌椅前，趴睡。

姜超骑马状自左台口上，绕舞台一圈，下马，锁车门的音效

超大人（喊田源） 公公！公公！

小田子 哎呀！我正做梦打算拉着新娘子入洞房呢。吵我干啥，讨厌！

超大人 真没想到公公您还有这个想法。那您接着睡。这太监还想入洞房。

小欧子 哈哈哈！

超大人（喊欧弟） 公公！公公！

小欧子 干嘛吓着人家嘛，我才梦见我老公把我抱进洞房呢，讨厌！

超大人 断背！二位公公。二位公公！哎……

（一锭银子掉地）

田源、欧弟起身。

小田子 啥声啊？

小欧子 好好听啊！

超大人 我银子掉了

小田子＋小欧子 嘿嘿嘿！

超大人 二位公公好！我想进去见王爷。

小欧子 啊……急吗？

超大人 急啊！太急了！

小欧子（摊手） 啊哈？

超大人 您这什么意思啊？

小欧子 有公文吗？

超大人 哦！公文！（递上公文）公文来了！

小田子 这不是有病吗?！

小欧子 我看不懂，我不识字。

超大人 不识字您看他干吗啊？

小欧子 这是王爷府的规定啊！总得看一看啊！

小田子 来来来，你过来。（拿起一张表）你填一个访客安全调查表。

超大人 你这调查啥啊？

小田子 姓名、别名、曾用名、小名加外号、本人面貌特征、身高体重、腰肥身长、穿什么衣服、戴什么样帽子、留什么样头型、身上是否有疤、脸上是否有痣、手上几个簸箕几个斗。

超大人 你这个通缉犯人啊？

小田子 讨厌！谁让你学我说话啊？

小欧子 来来，（拿起一张表）那边填完了之后呢，再到这里来填个随身物品表。

超大人 过海关哪这是……

小欧子 有没有携带易燃易爆易腐蚀的危险品，如汽油、柴油、火药、硫酸、香蕉水、橘子汁。

超大人 橘子汁？

小田子 （将表接过去）听好了，还有呢！

超大人 不，您这不瞎折腾了嘛！

小田子+小欧子 他才明白。

超大人 我是刚出了公差，从英吉利回来，我着急了见王爷汇报工作呢。二位让一让，我进去。

小欧子 哎哟！（拉住姜超）您去过英吉利啊！

小田子 欧公公，英吉利不一般哪！

小欧子 怎么说呢？

小田子 那的大人小孩全都会说英语。

超大人 他们要会说法语那就是到了法兰西了。

小田子 贫嘴！

小欧子 我不信。

小田子 如果我要是说错了，我就把我的姓，我"咔嚓"我翻过来写。

小欧子 如果你要是说对了，我就把我这个姓，"咔嚓"我反过来写。

超大人 等会，二位。您贵姓？

小田子 我免贵姓田（写田字）。

超大人 这位公公，您贵姓？

小欧子 我姓O（写O字）。

超大人 您一个姓田一个姓O，您二位您还倒过来什么劲哪！行了，我有急事，我先进去了啊！

小田子 哎？着急么？

超大人 着急！急死了！

欧弟、田源要钱状。

超大人 您这到底是什么意思啊，您这二位！

小田子 你是真不明白还是在这跟我装糊涂呢？

超大人 我不明白啊！

小欧子 （拿出表）那就填表吧。

超大人 还填哪？这回填什么这是？

小田子 访客健康调查表。有无疾病、本人病史、家庭病史、三代病史，是否得过脑膜炎、神经病、半身不遂、产后失调、心肌梗塞、骨质增生，照过X光没有，做过B超没有，住过院没有，到过火葬场没有。

超大人 我肯定没去过。我要去了，我就见不着二位公公了。

小欧子 要不然怎么叫田公公呢？填！

小田子 对啊，慢慢填啊。

小欧子 其实呢，也有办法不填的。

小田子 我问你，百家姓里面，赵啥孙李来着？

超大人 赵钱孙李。

小田子+小欧子 对哦！

小田子 有啥能使鬼推磨啊？

超大人 有钱能使鬼推磨。

小田子+小欧子 （击掌）GIVE ME FIVE！

超大人 我明白了，我明白了，我终于明白了。想进王爷府最需要的就是……

小田子 啥？

超大人 学问！

欧弟、田源倒地。

超大人 别别，起来，二位。我能进去，我还算有点学问吧？

小欧子 （将表递给姜超）再填个表吧。

超大人 二位公公，我找王爷，是有军国大事。万一要是耽误了这件事情，王爷怪罪下来，二位公公恐怕也脱不了干系。

小欧子 您这意思是我们如果不让你进去，这责任可是我们要扛，是吧？

超大人 有一点点责任的。

小田子 这话都说到这了，进去吧。

超大人 哎好！

小田子 大厅……

超大人 大厅！

姜超跑进屏风后。欧弟、田源两人窃笑。

姜超跑回台上

超大人 二位公公是这样，我去大厅转了一圈，怎么没见着王爷啊？

小田子 你太性急了，我这话还没说完呢。

超大人　那您接着把它说完了。

小田子　我是说大厅……可别去啊。

超大人　那该去哪儿呢？

小欧子　中厅……

超大人　好！中厅！谢谢二位！

姜超再跑进屏风后。欧弟、田源两人击掌窃笑。

姜超跑回台上

超大人　二位田O公公，中厅也没有王爷啊！

小欧子　中厅……的对门。

超大人　那是哪呢？

小田子　小厅……

超大人　小厅！谢谢谢谢！等会儿，我还是听他说完后面的吧。

小田子　旁边。

超大人　小厅旁边是哪啊？

小田子　你咋就不明白！

超大人　您能说得稍微具体一点么？

小田子　你明白么？

小田子＋小欧子　（要钱状）你明白么……

超大人　我不明白啊！你们能不能简单一点的告诉我王爷到底在哪？

小欧子　你能不能明白一点啊！

小田子　你在明白一点！

超大人　我怎么能再明白一点呢？

小田子　（要钱状）我们都这个样了，你还不明白。

超大人　（学习要钱状）这个样我怎么能明白啊？

超大人　哦，我明白了！

姜超作势亲吻田源的手

小田子　干啥啊！

小欧子　你变态啊！

超大人　你们不是要我搞那个英吉利吻手礼么？

小田子　你太变态了！

超大人　我怎么变态了？

小欧子　你下流！

超大人　我怎么……

小田子　你卑鄙！

超大人　太痛苦啦！

小田子＋小欧子　我们也好痛苦啊！

超大人　你们就告诉我行不行啊？

小田子＋小欧子　（要钱状）你意思一下就行了嘛！

超大人　我怎么个意思啊？我这是不知道怎么意思好啊？

（一袋银子掉地）

小田子　银子。

姜超将银子捡起

超大人　我的。

小田子　知道。

超大人　哦！我晓得了！（递给田源一锭银子）王爷在哪啊？

小田子　（接过银子）王爷啊……进大门往左。

超大人　（递给欧弟一锭银子）往左是哪呢？

小欧子　（接过银子）就在那承德楼。

超大人　（递给田源一锭银子）之后呢？

小田子　（接过银子）二楼。

超大人　（递给欧弟一锭银子）还往后呢？

小欧子　在小厅的旁边。

超大人　（将银子收起）谢谢，我这还先留着吧。

姜超跑进屏风后

小欧子　你这人怎么这样少给我一个呢！

小田子　我也觉得好像有点不大对劲的意思啊。

小欧子　我有一种不祥的预兆。

小田子　我也是啊。

小田子＋小欧子　先歇会儿。

两人回到座位

小田子　呀！

小欧子 你干啥?

小田子 欧公公!

小欧子 什么?

小田子 这不是一般的银子啊。

小欧子 那是什么银子?

小田子 底下写了几个大字，大清刑部尚书刻印。欧公公，刚才的陌生人不会就是刑部尚书姜大人吧?

小欧子 哇!! 他没有穿官服啊?

小田子 我们会不会被抓到刑部?

小欧子 哎呀! 那怎么办? 拔出萝卜，什么泥?

小田子 带出泥。

小欧子 拔出萝卜带出泥，我们以前的事情会败露的!

小田子 按照大清的律例，那要是贿赂严重的话，那要被砍头的!

小欧子 哎哟，怎么办，怎么办?

小田子 我觉得此地不宜久留，咱俩赶紧走吧。

小田子+小欧子 走……

两人骑摩托车状

小欧子 田公公，咱们去哪啊?

小田子 还能去哪? 坦白从宽，抗拒从严。咱们去督察院投案自首吧。

小欧子 那会不会要填表格啊? 我可没带银子啊!

两人骑摩托状下台

字幕：中华礼仪：贪欲似黑洞，面临诱惑坚决不伸手，严守第一道防线，永远保持思想的先进性和纯洁性。

视频短剧（内容为系列中华礼仪——健康之道短剧）

百晓生做操

画外音：现在开始做第八套广播体操，原地踏步走。一二三四五六七八，二二三四五六七八……

小阿毛打呵欠上

小阿毛 师傅，这么早不躲在被窝里做什么操呢?

百晓生 身体发肤，受之父母。强身健体，不可懒惰。还不给我把睡衣换了!

百晓生与小阿毛坐于桌前，小阿毛无精打采状

百晓生 无精打采，成何体统!

小阿毛 学业太重，无心睡眠。哎，看来我是老了。师傅教我怎么锻炼身体吧!

百晓生 好……

百晓生 古人对健身颇为讲究，而修养省心则为健身之前提。道德经注：养生须去甚、去奢、去泰。去甚指去除偏激的情绪，与人和睦。去奢指去除奢侈欲望和懒散的状态。去泰指去除私念，大度泰人。

百晓生 “三去”既是道德礼仪的修养，也是养生保健的准则。

小阿毛 那古人到底怎么健身呢?

百晓生 古人用华佗五禽戏。而五禽戏则分为熊戏、虎戏、鹿戏、猴戏、鸟戏。

百晓生 五禽合一，外动内静。

小阿毛 学动物还可以健身啊?

百晓生 当然，此外还有古人健身歌。

百晓生 面常擦，血脉流畅，容颜光泽；齿常叩，齿尖压力，不龋不松；足常搓，祛风除湿，步履矫健；腿常曲，固本益精，全身安然。

小阿毛 原来搓脚还可以健身啊?

百晓生 是。

小阿毛 还有什么师傅?

百晓生 还是站式四段锦。

百晓生 双手托天理三焦，两足同开，与肩同宽，双手掌心向上，举至头顶，足以随双手托举而起落。左右开弓似射雕，左脚向左侧横开一步，身体下蹲成马步，左手持弓，右手拉弦，形容弯弓射

雕。调理脾胃需单举，左手掌心向上，缓缓上举至头，并向左外方用力举拖，右手则下按附应。五劳七伤往后瞧，双手与肩同宽，头部微微向左转动，两眼目视左后方，稍作停顿，缓缓转向右侧，目视右后方，如此数次。

百晓生和小阿毛做操

路人 这么晚了，还做什么操啊？不让人睡觉了……

百晓生 对不起。

字幕 中华礼仪之美，每周一班·入校即学·包教包会·如果不会·免费再学!!!!

下节预告（内容为下半部分节目精彩片断剪辑）

《天天向上》片头

开场舞《舞娘》

领舞：陈爱莲

（舞台灯光以暖色调为主，群舞演员身着橘红色民族服装，两位领舞身着粉色服装，舞蹈配乐蔡依林《舞娘》）

主持群带着鲜花上

汪 电视机前各位亲爱的观众朋友大家好，欢迎大家收看我们的……

欧 OPPO REAL 音乐手机《天天向上》。

汪 在这里首先我们要感谢那些可爱的女孩子们的精彩表现。接下来我们要隆重的给大家介绍我们国宝级的艺术大师——东方舞蹈女神，陈爱莲老师。

音乐起，主持群齐唱《阿莲》

字幕：阿莲

你是否能够听见

这个寂寞日子

我唱不停的想念

阿莲

你是否能够感觉

虽然相隔很远

却割不断的一份情缘

汪 来来来，献花，献花。

欧 今天能够有幸跟舞神见面，太荣幸了！

田 花很漂亮，陈老师更漂亮。

钱 真的。

汪 陈老师是我国著名的舞蹈表演艺术家。在我们国内的舞蹈界，她说自己是第二，没有一个人敢说自己是第一。

田 都说自己是第三。

欧 今天开场有幸可以看到老师跳舞，我真的觉得我这双眼睛挖出来都值得。

汪 他既然有这个愿望，我们来帮你实现。

欧 刚好今天没带工具就算了吧。

汪 挖出来以后“啪唧”。

钱 还踩烂哪？

汪 对。艺术上的成就我们就不要讲，自己跳得很好，而且还领导这个舞蹈界。自己本身是中国舞蹈家协会的副主席，因为没有主席。在个人的政治生涯当中，这个是更让我们崇拜。中国人民政治协商会议，第五届、第六届、第七届、第八届、第九届没有停啊，还有第十届全国委员会的委员。

田 四年一届啊！六届！

欧 大哥，不好意思。因为我是从乡下来的啊。我是不太了解，这个感觉很厉害，有多厉害呢？

汪 就给你形容一下。全国政协委员，她走到任何一个地方只要把她政协委员的证一拿出来，任何单位她可以直接把最高的那个行政长官约出来喝茶。

主持群 哇！

汪 因为她全国之内，她都有调研权，她有知情权。她随便就是，哎，那个台长是吧，跟我走一趟，就走了。

主持群 哇!

汪 没有，她可以去了解一些情况，而且你看在2006年的时候女性世界华人精英大奖之特别贡献奖，这个奖我们一辈子都得不到，因为是女性世界的奖。

欧 大哥……

汪 我们没有办法企及。第三届全国十大公益之星奖，这太了不起了。最关键，看陈老师这个身材，这个身段。我们请大家猜猜看，陈老师、陈阿姨、小陈。

钱 大哥你太能说了吧。

汪 今年大家可以猜猜看多大年龄了?

(主持群与观众互动)

田 18，你好勇敢猜的。

欧 30，年轻人，有前途。

汪 有没有?40。50。有没有高过50的?

欧 50一次。

汪 60。

欧 60一次。

汪 把那边那个小伙子拖出去，斩了。他说90。

欧 我把你眼睛挖出来。

汪 欧弟直接把他眼睛挖出来算了。

欧 对。(做挖眼睛状)

汪 我们要告诉大家，陈老师今年，我们方不方便讲?

陈爱莲 35岁。

汪 35岁。

主持群 哇!

田 还没说完么?

陈爱莲 因为现在跟国际接轨了这个，年龄讲公岁。

汪 陈老师今年70!

田 哇!35岁乘以2啊!

音乐《阿莲》响起，主持群齐唱《阿莲》

字幕：阿莲

你是否能够听见

这个寂寞日子

我唱不停的想念

阿莲

汪 70岁啊，可以做你们现场很多人的奶奶了。陈老师现在如果唱歌的话就是，都是我的孙，你们都是我的孙。

钱 大哥哪有这首歌啊……

汪 有啊，有首粤语歌，(粤语)偷去我的心。

钱 那是偷去我的心。

汪 偷去我的心啊。

欧 大哥，心跟孙差很多啊。

田 不一样，孙女不乐意了。

汪 都是我的孙，你们都是我的孙。

欧 这么多孙，生完要做多少月子啊……

汪 所以你就像，我们想问……坐多少月子?

欧弟不好意思，田源大笑

汪 欧弟。

欧弟自挖眼睛

汪 对对!陈老师哦，从1981年开始一直到今天，大家算算看1981年到今天得多少年?

观众 好多年。

欧 好多年?你好会算哦。你心算好快啊。

田 一看你算数就不及格。

汪 你如果下次再用这种方式回答问题的话，我保证。

欧弟做挖眼状

汪 对。

钱 又来啦。

汪 我们今天挖眼珠的人很多。

田 我们是掏眼二人组。

汪 我跟你讲一共是27年时间，从八一年就有一个非常著名的舞剧叫做《红楼梦》。

陈爱莲 对。

汪 您一直跳到今天。

陈爱莲 跳林黛玉。

汪 跳林黛玉。太难得，我要告诉大家我们陈老师曾经跳过很多很多非常棒的这个舞剧，比如说《鱼美人》。

田 很有名。不要着急，还有哦。

汪 《春江花月夜》。

齐 哇！

汪 《文成公主》。这都是很大的戏。

陈爱莲 五九年开始演《鱼美人》的，然后六二年呢，我的《春江花月夜》和《蛇舞》，还有功舞《小刀会》里的，还有《草笠舞》啊。然后去那个挪威，参加一个世界比赛，非常幸运，四个节目都得了金奖。

主持群 哇！太厉害了。

音乐《阿莲》响起，主持人和嘉宾一起跳舞

字幕：阿莲

你是否能够听见

这个寂寞日子

我唱不停的想念

阿莲

汪 第一次出国有什么不适应，到国外去看人家那些场景啊什么的？

陈爱莲 改革开放的时候有一个小故事，好像七八年吧，搞错了。

汪 那就七八年吧，您说哪一年就是哪一年。

陈爱莲 中美建交前夕，中国改革开放以后首次派一个大的艺术团去美国，我就去了，去演《春江花月夜》，演《长绸舞》，演《草原女民兵》。

汪 哎哎!! 刚才您的脚抬这么高的啊？

陈爱莲 （抬脚）这随便的。

汪 哇！这真的……

陈爱莲 没事，还假的啊？

汪 你们可以把脚放在这个地方固定五秒钟可不可以？

钱 很难。

汪 （抬脚）你看我就会发抖。你看陈老师随便。

陈爱莲抬脚

汪 刚才那个位置。你看。

欧 一、二、三、四……

田 明年“五一”放下来。

汪 哇！太厉害了，太了不起了。好，我们接着讲。

陈爱莲 呃……

汪 稍微快了点？

陈爱莲 那么我们随那个团出国吧。然后我又是……

汪 跳《长绸舞》。

田 《草原小民兵》。

田源、欧弟一起抬脚

陈爱莲 然后跳《春江花月夜》什么。那个时候到美国什么概念就是说，我的妈呀，所有的超市里面，哎哟，那个鸡哦。

汪 排着队的鼓掌。

陈爱莲 那个鸡蛋哦。

欧 （学鸡鼓掌）欢迎欢迎。

陈爱莲 不是活的。

田 不是活的啊。

汪 您说清楚。您说哎哟那个超市那个鸡哦。

陈爱莲 鸡腿。

主持群 （抬腿）鸡腿。《草原小民兵》。

陈爱莲 就是物质水果啊，那香蕉特别特别大。现在跟你们年轻人讲你们都没感觉。

田 这个是香蕉啊？

陈爱莲 香蕉这么老长。

田 我以为甘蔗呢。

欧 我还以为是尚方宝剑呢。

陈爱莲 汽车，尤其我去德国去美国。第一次开那个高速公路，开那个车的时候，我就有点呕吐的感觉，就好像坐飞机那种感觉。

汪 刚刚有没有看见陈老师那个动作？

欧 poping。

田 hip－pop街舞的元素。

（音乐起，嘉宾跳舞）

欧 好，接着讲下去。

汪 好棒哦！

钱 好厉害哦！

田 身体好灵活！

欧 所以美国连车子都很大，人在方向盘下面。

钱 哪里有这样。

汪 你好像猩猩哦。

陈爱莲 然后到了九〇年吧，我的两个女儿也一块儿出国，跟我去美国。当时我心里的感觉就是说，让她们看看什么叫物质极大丰富。结果到美国人家没什么感觉。我说你们怎么样，还行。我说为什么她们没有我这强烈的感觉呢？哦，我的记忆还遗留在，那个时候90年代初，我们已经物质极大丰富了。

汪 您现在再到美国去看，现在，今年您再去美国看。

欧 （比出微小的样子）那个香蕉啊，就这么大。那个鸡腿啊，这样。

田 这样都多说了。

欧 （假装车子很小的开车样）那个车子啊……

钱 这是小孩玩的三轮车。

陈爱莲 所以给我的教育特别深。

汪 我们有一个影集，拿出来让大家羡慕一下。来。

钱枫拿大影集自左台口上

音乐《阿莲》响起，主持人随着音乐跳舞。

字幕：阿莲

你是否能够听见

这个寂寞日子

我唱不停的想念

阿莲

陈爱莲 这个是20岁。公岁！

汪涵亲照片

主持人 啊？不会吧？

汪 我们接着往下看。天哪，说实话，您真的。

陈爱莲 有比这还小的呢。

汪 啊？你不早说，我已经亲过她了。

田 那个我来了。

汪 来来来。

（翻照片）

主持人 哇！

陈爱莲 这个你们猜多大啊？

汪 好美啊！

田 多大？15啊？

钱 18？

陈爱莲 好好看看。

观众 63岁！

汪涵挖眼状

田 谁说的？眼睛挖出来！谁说的？你戴着眼镜也把你眼珠给你挖出来。隔着镜片挖。

汪 陈老师您公布一下。

陈爱莲 这个是62年，想一下，62年我23岁吧。

（翻照片）

主持人 哇！

钱 好清纯哦！

陈爱莲 这张倒是小，大概10岁吧。

欧 得罪了。

欧弟、田源、钱枫冲上去。

欧 不是啊，让我……对不对？

田 10岁，人家女孩比较含蓄。你得这样。（飞吻）

钱 飞吻。

汪 真美啊，真美啊。天哪，我早生几十年，我一定把她追到手。

欧 还可以，大哥，还可以。

汪 追！来我们继续往下看。太漂亮了这简直。

（翻照片）

主持群 哇！

汪 这是您到国外？

陈爱莲 这是我刚才说的去那个联欢节，去世界比赛的时候得四枚金奖。然后那个时候在莫斯科克林姆林宫前面，那是23岁。

钱 哇！这洋溢着胜利的笑容。

（翻照片）

钱 哎呀，好漂亮。

汪 雍容华贵。

欧 好像电影明星。

汪 绝对的珠圆玉润、雍容华贵。

欧 一代佳人。

陈爱莲 那是在法国。你看我们在泛舟呢。是在小船上。

欧 这是泛舟啊？

陈爱莲 你看着船嘛，坐那么多人。打扮得有点像好莱坞原来的影星。

汪 好洋气啊。

陈爱莲 那是六几年。

（翻照片）

汪 好，我们来看看，这张是？

田 在非洲演出吧？

陈爱莲 不是不是，在北京演非洲人。《刚果河的怒吼》演黑人。

汪 黑人。

欧 好可爱哦。

田 您要不是张着嘴巴，看不出来您。

（翻照片）

钱 哎呀，这个大跳。

陈爱莲 这就是当时演《鱼美人》的时候，还穿足尖的嘛，演《鱼美人》。《鱼美人》三幕双人舞。

汪 腾空而起。这个？

陈爱莲 这是我的亲爱的丈夫。

欧 哟，大哥，来不及，追不到。

钱 人家结婚了。

汪 你有没有发现，我如果不留胡子，带一个跟这一模一样的眼镜。来我跟陈老师摆这样一个造型，来。

汪涵和嘉宾陈爱莲摆照片的造型

欧 要看天空哦。

汪 来，预备，齐。

欧 大哥，输了。

田 输在哪了？

欧 人家头发比较多。

（翻照片）

欧 哇！这个了不得了。

汪 这个厉害了。

陈爱莲 这是咱们敬爱的胡锦涛总书记。

汪 当时是在开政协会议还是在？

陈爱莲 不……在元宵佳节。

汪 您约他喝茶？

钱 旁边有个茶杯啊。

汪 真是的。主席，出来一趟。

钱 这话你也敢讲？

汪 直接就喝茶。这个应该是一种很高的礼遇了。

陈爱莲 对，主要是每年呢，我们中央的领导人呢，都要跟那个首都知识界的一些知名人士，要通过他们知识界的这些精英呢，向全国人民表达一种，元宵佳节，大家团员，祝愿的那么一种意思。

汪 我们什么时候能混到这种程度，像这种照片啊，有太多太多，我们今天在这就一一跟大家展示。我们刚才讲了这个陈阿姨啊，不单自己跳舞跳得好，而且呢人家还在舞蹈方面呢，有很多传承。人家办了“陈爱莲舞蹈学校”，培养很多喜欢跳舞的年轻人，走向艺术的道路。所以接下来呢，我们就要有请她的学生上场，给大家秀秀看，看看学习的成果好不好？好，有请陈老师的学生上场。

主持人 欢迎。
主持群扛练功杠至舞台中央。舞蹈学员上。
主持人换至舞台右侧
基本功SHOW
主持群及陈爱莲回到舞台中央，舞蹈学员退至舞台左侧
汪 被陈老师打过的，请到这边来。
欧 大哥，你这样问每个都会出来啦。
钱 都打过啊？
一男一女学员出列
汪 你们两个是因为身材的问题被打过？为什么要打你？
女学员 就是因为我们不是有那种控后腿探海吗？
主持群 探海？
汪 试试看。
女学员 我现在不行了。
欧 啊？你现在不行了？
女学员 我现在当老师了。
另一年轻女学员出列
汪 探一个海哦。走你。
陈爱莲 这不行哦。
田 这还不行？
陈爱莲 （上前指导）这为什么不行呢？你看从技术上看，上身太下去了。然后站住了，站住了哦，站住了别动别动。上……好。马上就抽筋，抽不抽啊？
年轻女学员 抽。
钱 抽筋了怎么办呢？
田 抽筋了以后揉揉。
汪 哇！天哪，要这个样子啊。
陈爱莲 这功才练得出来。
钱 好严格哦。
欧弟上前探海
汪 来，走啊。腰抬起来。
欧 等……
汪 脚跟啊。抽不抽？
田 抽不抽？
欧 不是抽不抽的问题啊。这古代是不是有个叫五马分尸的东西啊。
汪 刚才你看他们，朝天蹬哇，那个脚。
钱 很直哎。
汪 我就知道有些舞蹈演员为了自己的功夫好，他们睡觉的时候会把脚直接当枕头，压在自己的头下面睡觉。被子一掀开，“咦”只有一只脚。
欧弟将鞋脱下放在头边
汪 你这样也能睡得着啊？
钱 太臭了吧。
汪 你这，影响呼吸。
欧 （打电话状）喂，大哥没空啊，跟你说录节目。
汪 哪有这样？有没有睡觉的时候直接把脚压在头底下，有没有？谁有压？
男学员 我。
汪 你可以么？
陈爱莲 这是你们的长沙小子，湖南孩子，湖南娃子咧。
男学员移至主持人中间
汪 你是长沙哪的，湖南的么？
男学员 长沙的。
欧（湖南话） 干什么了？
汪 就是你当年是把脚枕在头底下睡觉。
男学员 就是躺床上，把脚绑在床头上。
汪 把脚绑就是离自己头很近。
男学员 对。
汪 洗过之后对不对？
男学员 那肯定要洗过了。
汪 听说在这个几个学生当中，有您女儿。
陈妤上台。欧弟上前拥抱
田 欧弟，这你能抱么？
欧 国际礼仪嘛。
汪 稍微收敛一点，不要太过于……
钱 害羞一点。
钱 刚刚那个害羞害羞，要害羞。
（主持人害羞状）

汪 哎，我想问一下，她也跟您学跳舞么？

陈爱莲 是啊，从小。

欧 从这么小啊？

汪 那应该就是童子功了。

陈爱莲 对对对。

汪 她如果练得不好的话，你会不会也打她？

陈爱莲 她们有点恨我那个时候。我们在里面练功，这个腿啊。你们知道那个腿，好多人踢成这样，因为这根筋懒得拉，但是这个踢腿。不用扶我。

汪 不用扶我。

陈爱莲 这个踢腿一定要伸直了。这个筋要伸直了，这条腿才能起来是吧。

陈爱莲踢腿

主持人齐 哇！

陈爱莲 那么很多人的小孩怕疼，是这样。就不伸直。因为伸直这根筋很疼的。练的就是这根筋。所以她们小嘛，小时不太懂事，这腿老也伸不直。我就这样反正我说伸直了，还是弯，伸直了，还是弯。反正你们今天这腿，直不了咱们就不吃饭。

陈妤 不仅这样，最厉害的是，在那个这个后面绑一根筷子，两边削得尖尖的。这样呢，绑住了以后呢，肯定你不能弯，因为弯了以后它就扎着。

钱 一踢，啊。一踢，啊。

陈妤 所以当时我们在排练场，就是姐姐也是这么过来的，然后我也是这么过来的。然后我们因为都是一个剧院的嘛，人家阿姨叔叔看见了，就说太残忍了这样，你对孩子都这么狠啊。

汪 有没有就扎破流过血有没有？

陈妤 还好啦，因为知道会痛。她肯定就会……

汪 你看到过什么其他的就不小心扎破过，有没有？

陈妤 好像还没有。

欧 还是现在穿短裤会有风灌过去。

汪 没有那么厉害。意思意思哪有这样。

陈爱莲 其实这说明什么，这腿是可以直的，就偷懒才这样的，所以你一下去不行，这要扎着这就直了。这是一种方法。

汪 就是刚才陈老师的那种踢腿方式呢，腿要踢到这个地方，直接可以踢到头。

钱 更难。

汪 对。有些功夫练得好的，一下控制不了，自己把自己踢晕了。

欧 然后起来说，谁谁谁！

汪 谁踢我？

田 有凶器啊。

汪 完全就是把这根筋啊，拉得非常非常直。陈阿姨您跟我们演示过，比如说有往前的，好像他们刚才还有往后的那一种啊？

陈爱莲 对啊。探海，你想海不在天上是吧，海在下面嘛，所以这么往下看是吧。探海。海，海在那呢。

四个主持人齐探海

欧 大哥，挺高的这悬崖。

陈爱莲抬汪涵的腿

田 双双坠崖您太狠了。

欧 谁？

钱 你掉下去你还问谁？

汪 我们刚才不叫探海，我们叫跳海。我们叫投海自尽。我们现场有没有年轻的朋友，喜欢跳舞的，有没有？

欧 应该有很多吧。

汪 举手示意一下。来，男孩子。

欧 哇！男孩子，这么勇敢。

男观众上台

欧 哎哟，这个也有粉丝哦！看起来大有来头哦。

女观众上台

田 你们俩个穿的好情侣啊。

汪 你是哪个学校的？

欧 学法律的么？

女观众 我是湖南公安高等专科学校的。

钱 哎呀，是同学啊。

汪 你们俩是同学啊？认识么？

男观众 认识。

汪 那喜欢她么？

钱 大哥，你问的太直接啦。

欧 哪有人那么直接的，现在至少先留个MSN或QQ。

汪 好，你们两个都……你喜欢跳舞么？

男观众 喜欢。

汪 平常有跳过么？

男观众 学太空步什么的。

汪 太空步啊？来。

男观众表演太空步

钱 你在踩自行车吧。

田 你是在擦地吧。

男观众 昨天学的。

汪 你这也叫太空步啊？

欧 等一下，大哥……

田 你这叫太恐怖，还太空步。

汪涵学男观众的舞蹈

钱 这个好像过去的迪斯科哦。

欧 没有，我觉得好像那个老伯伯在做腹健哦。

汪 来，再给你一次机会好不好，你如果再走不出太空步的感觉的话，你就要转学了。直接去读老年大学。再来一次啊。

田 你都免试你进去。

汪 准备了，要范儿很准。

男观众跳太空步

田 不行不行。

钱 还是踩三轮。

田 大家只是看到了侧面，我们看看正面的面部表情。预备，太恐怖。

汪 来，预备，往后走。

男观众再次跳太空步

欧 不是，大哥。我知道他的问题在哪。你不能同手同脚啊。你两边一起后退那当然奇怪。你要不同手不同脚。

汪 来预备，走。

欧弟定在原地

钱 欧弟你也不会了。

欧 我被他弄一个突然不会了。

田 来预备齐。

欧弟表演太空步

汪 这很棒，要这样。陈老师，教几个基本动作。

陈爱莲 绸子啊？

汪 彩绸，教他们抖一抖绸子。

陈爱莲 这样吧，这个用不着我亲自了吧，就我的学生，我的学生陈好来教吧。

汪 好，陈好，来，宝贝女儿。教绸子，多长？

钱 哇！这个好长的，西施挽纱。

汪 多少米？

陈 12米。就是两边加起来。

汪 两边加起来也很恐怖啦，12米你要把它抖起来。来看一下哦。

欧 哎哟，有姚明那么高了哦。

陈好抖开绸子打到田源的腿

欧 什么什么，怎么了？打到哪了？

钱 受伤啦。

田 打到这了漏风。

欧 还好。

陈爱莲 躲远一点，你小心一点啊。

汪 小心一点啊。

陈好 （做示范）就是我们先学这绸子的时候，（汪涵：你还敢站这儿）老师教我们的时候，他要先学那个往外甩，（汪涵：你看就甩你那边）越甩得越远越好。它绸尖，等于力量要用到绸尖去。而且呢，这个棍不能杵着。就是不能这样让你看见我那棍使劲，要顺着出去，就感觉绸子出去了，这样的。

汪 来。

田 太恐怖。

汪 你先绕一下。

汪涵用绸子勒男观众脖子

欧 大哥大哥不要冲动。

钱 大哥大哥他太空步跳得难看，也不至于要他死啊。

田 大哥他学法律的，你别弄他。

欧 对，他懂法律的，别惹他。

汪 来来，要把它甩出去。

男观众甩绸子

汪 要有美感来。

欧 美感。

男观众甩绸子

田 脚形好漂亮，脚形好漂亮。

陈好 其实挺不错的，就是他使的劲太蛮了。

钱 扔出去了。

汪 我们是扔绸子不是撒网。

田 你有潜台词，就是前面，讨厌。试试。

汪 来，预备齐。

男观众再甩绸子

汪 有潜台词就不错。来，小姑娘试一下。

田 有前途太恐怖。

欧 他姓太么？

汪 好，来来。要远哦，要很远哦。讨厌哦。

田 你也有潜台词你才讨厌。

汪 你就想着他要追你你肯定不同意嘛，你肯定宁死不屈嘛对不对？

欧 要到宁死不屈啊？

汪 对对，预备走。

女观众甩绸子

钱 果然很远，大哥，果然很远。

汪 她的潜台词是滚远一点。他会走太空步滚的，滚就滚。

汪涵、欧弟、田源学男观众跳太空步

汪 接下来我们来看一看陈好的，专业的几个小动作。绸子不是很容易的事情，告诉大家，不好控制啊。

陈好移至舞台中央，男女观众移至舞台右侧

欧 它软的嘛。

汪 对，不好控制嘛，它不着力嘛，你看人家。

陈爱莲 甩几个花。

汪 甩几个花。

欧 甩几个花。

陈爱莲 咱们边上等着，不然把你给套里了。

汪 真的啊？我愿意被她套住。

陈爱莲 要勒死的。

汪 也心甘哪。

欧 哎哟，这嘴巴真甜。走。

彩练当空 SHOW 表演者：陈好

（舞台灯光随音乐变化，舞蹈配乐《舞娘》，道具彩绸）

主持人 好美哦，好像仙女哦。好有层次。

汪 刚才那个八字。欧弟。

欧 什么？

汪 你是我们四个人当中最会跳舞的。

欧 可是她手上有拿棍子。

田 没关系，当着那么多观众，一定会打你的。

欧 好。

欧弟绕绸带

钱 这个跟手长有没有关系啊？

陈好 有关系，你手越长就越吃香。

汪 欧弟。加油。八字哦，不是脚走八字步哦。

田 棍子慢慢摸。

汪 你手太短了。

彩绸表演，表演者：欧弟。

（舞台灯光随音乐变化，舞蹈配乐《舞娘》，道具彩绸）

田 老师怎么样？

陈爱莲 我发现他很有天分啊。陈好我收你当徒弟，你收他当徒弟吧。

钱 赶快拜师。

汪 开玩笑，这就是你的师祖啊。

陈爱莲 很有天分啊，很有天分。

欧 真的么？谢谢。

汪 欧弟我跟你讲，如果真的是这样的话，你知道你在舞蹈界辈分有多高？

欧 真的假的？

钱 陈老师是你的师祖啊！

汪 你就直接报。

欧 真的么？

汪 陈爱莲，我师奶奶。

欧 我师奶奶。

汪 你开玩笑我跟你讲，我觉得他真的很棒。

陈爱莲 真的有天分。

汪 而且他可以把他都出形状来。这个相当相当丰富。

陈爱莲 而且他想象力很丰富，反正没有的花他都要了是吧。

欧 谢谢师奶奶。

汪 太厉害。我们也跳了那么久，接下来呢，我们用一小段时间，我们坐下来，再跟大家慢慢聊一下，陈老师非常丰富的艺术人生。好不好？来，有请。

主持人和嘉宾与舞台中央的椅子就座

汪 坐下来呢，就要慢慢的聊。您本身是哪里人？

陈爱莲 爸爸离湖南还比较近，广东。

欧 广东人啊。

陈爱莲 爸爸是广东的。

欧（广东话） 你好，你好。

陈爱莲（广东话） 广州。

汪（广东话） 那你懂不懂广东话呢？

陈爱莲（广东话） 一点点。

汪（广东话） 知道讲一点点。

陈爱莲（广东话） 没人和我讲。

欧（广东话） 好厉害啊。

汪（广东话） 我现在不是在和你讲了吗？

陈爱莲 然后我母亲是浙江，宁波。

汪（上海话） 哦，宁波人。

陈爱莲（上海话） 宁波人。

汪（上海话） 你是宁波人。我是上海人，宁波话同上海话……

陈爱莲（上海话） 上海我可以啊。

钱（上海话） 我也是上海的。

汪（上海话） 你也是上海人。

钱（上海话） 我正宗上海人，陈老师。

陈爱莲（上海话） 我在上海读小学。

欧 宁波。您拨的电话现在收不到讯号。

钱 什么您拨的……

汪 宁波是一个地方。什么您拨的电话现在收不到讯号……我们知道陈老师还有一点，就是大家都知道迪斯科。陈老师是中国迪斯科引进和推广第一人。

欧 NO.1。

钱 OH MY GOD。

田 当时迪斯科红遍大街小巷啊。

陈爱莲 当时呢，迪斯科进来以后呢，就认为迪斯科非常可怕，所以，都不许跳。我说迪斯科有什么不能跳，迪斯科的素材是来源于黑人的民间舞蹈。动啊什么的（陈爱莲做相应动作），来源于这种素材，很健康的，没什么不能跳。因为确实只有我一个声音说可以跳。马上就有两个中学生，这两个中学生现在应该三十多岁了。通过湖南电视台《天天向上》，咱们找一找，这两个中学生，男孩子。

汪 叫什么名字？

陈爱莲 就是忘了。非常聪明。是《中学生报》的特约记者。这俩男孩呢就座在我们家门口，等着非要采访我。请问老师能不能跳迪斯科。我说老师怎么跟你们讲的。他说老师说呀，提倡我们跳集体舞，找呀找呀找呀找，找到一个好朋友……

主持群 敬个礼，握握手，你是我的好朋友。再见，再见。

欧 再也不见。

田 那个时候最流行的就是这个。

陈爱莲 他说（老师）推广这个，不反对跳交谊舞，坚决不许跳迪斯科。要是说从中学生的角度来讲的话，我说两个人搂着跳，还不如单独跳迪斯科呢。

钱 对啊，两个人都允许搂着跳了，为什么不能跳迪斯科呢？

陈爱莲 所以我说我觉得迪斯科比较适合年轻人。因为他这种扭动啊、摆动啊，关节的灵活度，可能这个年轻人比较更合适。

汪 要不是这样吧，现场来一段，迪斯科的音乐。我们一起。

田 对，一起来嘛。

音乐起

钱 哇！这个音乐够老啊。

迪斯科舞蹈

表演者：主持群与嘉宾陈爱莲

（灯光随音乐节奏变化）

汪涵主跳。

汪 这是老年人迪斯科。来。

欧弟主跳。

汪 有没有这方面的。

陈爱莲主跳。

汪 霹雳舞。

欧弟主跳霹雳舞。

汪 欧弟。

欧弟和陈爱莲一起跳。

钱 还有这个。

钱枫主跳。

田 这么一跳一下回到了20多年前。

汪 真的，那种感觉很好。您那个徒弟很厉害。哦，徒孙。

欧 对，徒孙，徒孙。

陈爱莲 我早说过他舞蹈感很好，刚才发现你们也都不错啊。

汪 有很多舞蹈，都是非常非常有名的。你比如说我们说到阿根廷的舞蹈啊。

欧 弗朗明哥。

汪 弗朗明哥。包括像西班牙的舞蹈啊。

钱 斗牛舞。

汪 这个西班牙的舞蹈它好像手里面都有那个响板儿，那个是什么？

陈爱莲 它这是西班牙有那个响尾蛇，响尾蛇啪啪啪叫的那个声音。所以呢他手里拿那个响板，啪啪啪。

汪 那个西班牙舞蹈是一个什么样的形。

陈爱莲 不，你这斗牛了。

汪 斗牛？斗牛怎么来？斗牛。

西班牙斗牛舞

表演者：嘉宾陈爱莲，主持群随之起舞，欧弟饰演牛

（灯光随音乐节奏变化）

田 有一头牛。

汪 陈老师教我们一个动作。

汪 好，教难点。

汪 我们都喝醉了。

田 有点晕，我们跳的。

钱 腿踢不到那么高。

钱 动作好潇洒，好漂亮。

汪 哇！这个漂亮，太棒了。那我们接下来说一下我们国家的有一些民族舞吧。新疆舞它是动脖子，为什么他们要动脖子呢？

陈爱莲 这倒没研究过，但是我想人快乐的时候……（动脖子）

钱 就很美滋滋的感觉。

陈爱莲　啊，美滋滋的。很少有生气的时候，哼（动脖子）。汉族人就摇头这样（摇头）。

欧　好棒好棒。

陈爱莲　他们就在心里面。

田　可能是从那个摇头来慢慢转变过来的。

欧　大哥，对啊，那个你要怎样哦，也不可能边这个边这样嘛。（摇头）你要怎么样！

田　你要怎么样是前面，（前后摇头）你要怎么样！前后就对。

欧　前后就对。左右就没有。

汪　那我们来问一下这个朝鲜舞。

陈爱莲　鲜族啊，它主要是崇尚这个仙鹤。

汪　仙鹤。

陈爱莲　对，所以他好多步履都是……

汪　来一个朝鲜舞，鲜族。

鲜族舞

表演者：嘉宾陈爱莲，主持群随之起舞

（灯光随音乐节奏变化）

汪　特别舒展。

钱　好漂亮好漂亮。

田　这个范儿特别到位。而且这个动作里面绝对有这个仙鹤的因素在里面。

汪　藏族舞人家为什么老是这样？

钱　（学藏族舞）摇来摇去的。

田　（学藏族舞）嘿，巴扎嘿。

藏族舞

表演者：嘉宾陈爱莲，主持群随之起舞

（灯光随音乐节奏变化）

汪　他们为什么要老是这样？是想找钱么？

欧　是喝醉了么？

陈爱莲　你们知道藏族人背水的那个桶啊，这么老大，这么长，一般都是这种感觉，是吧，这种感觉。

田　我们看傣族舞也没有这样跳的，水都流下来了。

陈爱莲　对对，而且可能他们原来那个就是奴隶主和奴隶之间的关系，礼节是吧。一般都是见人都是这样。这种时间比较长嘛，再加上他们那个劳动，打那个达嘎达嘎。天冷的时候，过几天长沙，零下18度的时候。

汪　零下？长沙不可能这么冷啊。

田　没到过那个温度。

汪　零下8度都没有。

陈爱莲　您穿着单皮鞋，然后穿着，甩着袋，特时髦，上班去了。打算出门就能上车，结果那天有事故，出了点小问题，车来不了。两分钟没来，然后二十分钟没来，你首先什么感觉？

欧　脚冷。

陈爱莲　（跳踢踏舞）哎呀，冷啊冷啊。

钱　啊，这样就来啦。

踢踏舞

表演者：嘉宾陈爱莲，主持群随之起舞

（灯光随音乐节奏变化）

汪　真是这种感觉。

陈爱莲　你们天冷了，你们回去练练。在院子里，就穿的皮鞋单一点，你肯定就会跳踢踏舞。

汪　你看藏族舞它就是天气冷嘛，因为那边很冷。

陈爱莲　对啊，爱尔兰也冷啊，对啊。

汪　《大河之舞》。

欧　那个很帅的。

陈爱莲　你没看见缅甸人跳踢踏舞的吧？

汪　你没有看见过云南人跳踢踏舞的吧？

欧弟＋钱枫　没有。

汪　所以傣族，那为什么傣族舞那么慢呢？

陈爱莲　你想那么热，泰国啊，缅甸，那么热，热得那个人都很少有这样站着。

汪　对呀。

傣族舞

表演者：嘉宾陈爱莲，主持群随之起舞

（灯光随音乐节奏变化）

欧 哇！好热好热。

汪 动作好慢，懒洋洋的。

田 都找凉快地儿去了。

陈爱莲 对，然后呢，他也是对孔雀啊，比较崇拜，他们的图腾啊，喜欢。所以有很多都是孔雀的形状。另外呢，还有就是鱼，崇拜鱼啊。所以很多都有鱼的东西。因为它特别热，你想想看。

汪 刚才啊，我们跳了几种舞。我们待会儿把这个音乐循环放一遍，有没有那些年轻的朋友愿意上来动一下，感觉真的很好。好，你来，太恐怖。

三个观众上

钱 哟，太恐怖又来了啊。

欧 大哥，那你知道太空步怎么发明的么？不是天气冷。

汪 是什么？

欧 是有一次走路走走踩到一个软软的东西，哎呀，想把它弄掉啊。哎哟，好脏哦。

汪 就踩到那口香糖。好，你们几位哦，来，站在前面。预备，藏族舞。

钱 找天冷的感觉。

汪（对跳得太恐怖的男观众） 你不要同手同脚。

汪涵学男观众跳舞

汪 好，接下来，傣族舞。好懒哦，孔雀。

欧（对男观众） 孔雀孔雀。

汪（对男观众） 你的孔雀得了鸡瘟吧。

陈爱莲加入跳舞

欧 看一下师奶奶。

汪涵和欧弟一起学孔雀

田 两只谈恋爱的孔雀。

汪涵呕吐状

田 吐了。

汪 好，谢谢你们三位。

田 太勇敢了。

汪 不要跟他从一边下。我觉得我们今天真的是超值的享受。

钱 赚到了。

汪 你知道换任何一个地方要想看陈老师跳这么多舞，我跟你讲没门。是不是很多舞蹈都要模仿动物的一些。这是孔雀的三个翎毛，这是孔雀的嘴，对不对？

钱 大哥，这一个姿势让我想起了我的鸵鸟。

汪 哎，你来一个，你来一个。

田 经典曲目。

汪 哇！钱枫，钱鸵鸟。各位亲爱的观众朋友们。三、二、一、走。

钱枫学鸵鸟跑步

田 再跑回来。

汪 好像啊。怎么你也有么？

欧弟学蜥蜴跑步

钱 来，伞蜥蜴。

汪 好像蜥蜴阿。来，一起一起。

欧弟、汪涵一起学蜥蜴

钱 你这是干嘛？

欧弟学蜥蜴

汪 蜥蜴啊。

欧 蜥蜴在沙漠里面脚很烫的时候。

汪 真的啊，蜥蜴在沙漠里面脚烫就这样，你最后把伞丢掉，我就觉得是狗在撒尿了。

田 旁边少了电线杆。

陈爱莲 都是模仿动物啊。

汪 哎，那我记得你跳过蛇舞对不对？

陈爱莲 对。

汪 蛇舞，您教教我们大概是什么感觉嘛。

陈爱莲 蛇舞啊，那先躺在地上你，躺直了。

欧 大哥你白西装没问题吧？

钱 对啊，白西装。

汪 没关系，不是我的。

欧 那我躺。

陈爱莲 你当猎人吧，照顾你一下，你站在那。
汪　我年纪比较大。
欧弟躺下
陈爱莲　你把他给盘起来。
欧　我盘起来啊?
陈爱莲　你反过去才对，不是这么盘，用腰盘。
田　用腰盘。
欧　腰盘是什么?
汪　腰盘。U盘，U盘。
田　腰间盘。
欧　腰间盘。
汪涵+田源　突出。
欧　突出了。然后呢?
田　头找脚。
陈爱莲帮欧弟调整动作
欧　等等等。
田　轻点，轻点。
汪　你怎么这么笨呢?
陈爱莲　不是，一只脚到这。
欧　这样?
陈爱莲　对，你再往后坐一点。
田　老师，他腿短。够不着。
钱　绕不过来。
陈爱莲　不是，你别老要把你的脸给观众看。
汪　你是一条蛇，你露什么脸啊?
陈爱莲　现在开始拧过来。
汪　对，蛇都不要脸的。
陈爱莲　而且脑袋贴着脚。
田　脑袋贴着脚。
汪　然后我呢?
陈爱莲　单脚站起来。
田　使劲踩。
汪涵抬起一只脚
陈爱莲　站起来，探海。
田　探海?
汪　我凭什么要探海啊?我一把年纪了。你的学生来一个。
欧　探海探海。大哥……
陈爱莲　找一个女的，男的不行。
汪　你这不行。
欧弟站起
女学员男学员上
钱　你这不行，你这蛇太肥。
欧　哇!你说我肥啊?你还真有脸说啊。
汪　好来。看人家，你看人家这条蛇，
欧　哇塞，天哪。
陈爱莲亲自示范
汪　哇!
田　老师您这样，我探海。
田源重心不稳跌倒
欧　小心。
欧弟将稳住的田源推倒
汪　你别伤着我们的老师。
欧　师奶奶，你没事吧，没事吧?弟子救驾来迟。
陈爱莲　免你无罪。
田　有人救我么?
钱　许仙滚下去啦。
陈爱莲调整女学员动作
欧　真的像一条蛇啊。
汪　天哪，探海!看蛇熟了没有，看蛇。
欧　熟了。
汪　熟了就端上来。
欧　原来是这样。
陈爱莲　可以教一个最简单的动作。站在这儿啊。
汪　站在这啊。
陈爱莲教蛇的动作
钱　我就不要做了。
欧　哇，这样扭。
钱　对于陈老师来说这样就算简单的啦。
(陈爱莲演蛇，汪涵饰演猎人)
陈爱莲　猎人站在这。
田　猎人。拿把伞当枪。
陈爱莲　猎人你看前面。
汪　我看前面你咬我怎么办?

陈爱莲 就是。

钱 这不是猎人，这是猎物吧。

陈爱莲 你看这动作简单吧。你做做这个。你们配合一下，谁当猎人。

田 我当猎人。

陈爱莲 你别看他。

钱 你是猎物。

欧 你被蛇咬伤了，我快帮你把毒吸出来。哇，好毒哦。

汪 这还真是挺有趣的，学这个舞蹈，都有这种舞蹈语言。我们还想问一下，就是东西方的舞蹈，他有些什么样的区别？

陈爱莲 西方舞那个体系以芭蕾为主的话，就是线条很明确、很清楚是吧。

田 演示一段。

陈爱莲演示芭蕾，田源举着话筒跟在身后。

陈爱莲 你跟不上。

田 你早说呀。

钱 被蛇咬了就乖乖待着嘛。

欧 三角，三角型。

陈爱莲 因为芭蕾的很多转，都是直的。我们中国专门是这样的。

陈爱莲演示中国舞蹈翻身

田 点翻身。

陈爱莲 所有的技巧脑袋都是朝前的，不是朝上的。

主持群齐唱《阿莲》

字幕：阿莲

你是否能够听见

这个寂寞日子

我唱不停的想念

阿莲

汪 我们之所以唱这首歌哦，完全就是表达我们对阿莲，陈老师的崇拜。

田 爱慕。

钱 敬意。

汪 她叫陈爱莲，我们就叫她阿莲嘛。（广东话）你好厉害啊！

陈爱莲 （广东话）都退步了嘛。

汪 （广东话）你好厉害，震住我了。

欧 （广东话）好靓啊。

汪 （广东话）大佬啊你。（普通话）今天我们是太高兴了，我们在这里，你看让陈老师在这个舞台上，又跳这个又跳那个，实在是太辛苦了。虽然说我们不把她当作70岁的老人家。

田 那当然了。

汪 但是人家的实际年龄，她真真正正的就到了那样的一个数目。当然我们特别希望陈老师内心的自我年龄永远就在30岁，我们也永远希望在这个舞台上，能够看到这样一棵常青树。

田 好，亲爱的观众朋友，你可以编辑姓名发送到10669588209，您就会有机会获得由《天天向上》为您送上的PSP游戏机一部。

汪 好，我们来看一看在这一期节目中获奖的会有谁？我们请大屏幕滚动一下。好，停。

田 恭喜这位136天天向上4385，来自浙江的姚敏同学获得由天天向上送出的PSP游戏机一部。

主持人 恭喜。

汪 好，我们再一次用热烈掌声祝愿我们的陈老师能够越活越年轻。

主持人齐 越活越美丽。

欧 也感谢所有的观众朋友收看本期的OPPOREAL音乐手机《天天向上》。

陈爱莲独舞《春江花月夜》

（舞台灯光以蓝色为主，独舞演员身着蓝色戏服，手执白色羽扇）

视频（内容为本期精彩花絮）

（吴思莹 整理）

《开心100》第531期——大魔竞

节目名称：《开心100》第531期——大魔竞
播出台：东南卫视
播出时间：2008年12月20日

节目片头出

本期节目精彩预告
（精彩魔术画面+配音+音乐）：魔界硝烟再起
评审同期：毒舌评审在这里了，毒舌的观众在哪里
（精彩魔术画面+配音+音乐）：两军相逢勇者胜，诸队厮杀间，试问谁住沉浮？
选手同期：很大程度是受了罗宾老师的影响（选手夸张表演的同期）
评审同期 我真的很喜欢他这样的表演。
Eric 他们两个有病这样，我告诉你！（观众笑）
（精彩魔术画面+音乐+配音） 精彩节目，马上开始！

节目片头（短）出
（现场观众欢呼，摇臂镜头从后场观众起，舞台上舞蹈演员就位，干冰出，音乐起，异域风情罗拉舞热闹开场。）（镜头多演员近景及特写，适当切观众拍掌的热闹场面。）
（舞蹈结束，舞蹈演员下，买红妹、管艺、谢霜三位女主持上场。）
管艺（以下简称管）：哟呵，欢迎收看《开心100》之大魔竞！
买红妹（以下简称买） 做跳舞状
谢霜（以下简称谢） 等一下，先把旁边那个安抚一下。
管 你还可以吗？
买 没有，刚才那个开场舞太棒了，你知道吗？
管 对呀对呀，我跟你讲，我们的节目每次都让我们觉得惊心动魄，然后又让我们心跳不止啊。
买 是啊。
谢 你又怎样了？
管 我跟你讲，每次一到我们节目，我就会想到我的梦想。（对着镜头做憧憬状）充满着梦想。
买 什么梦想，说说！
谢 你那个梦想，我跟你说，买。全世界的人几乎都知道她的梦想了。
买 什么？
谢 我都不想说了。
管 全世界都知道。
谢 作为她的好朋友，我们再帮她宣传一下好不好？
买 好。
谢 好，听清楚了，管艺四十多年来的梦想就是。（管做晕倒状）出唱片！（笑声音效出）

买（一本正经的） 这个好像是永远无法实现的梦想。

谢 这个是她的专辑名字耶。你都帮她想到了吗？

买 专辑名字叫什么？

谢 《无法实现的梦想》。

音效同时飞出字幕 交友不慎重啊！

管 错错错错！我现在的梦想我跟你说，我决定从主持界跳到魔界。我要做魔王！

音效同时飞出字幕 女魔王！

管 我现在就现场给你们变一个魔术，吓一吓你们。

谢 诶，好啊。

说毕，管从兜中拿出一根白绳，准备变魔术。

谢 诶，这是从哪里变出来的？

管 厉害吧？我先打一个很普通的结，这是女生很喜欢的蝴蝶结。打死一点。

谢 吃奶的劲都用完了。

管 很紧哦。

买 真的假的管管，我觉得，不要玩砸了啊。

管 这个时候我随便啊，随便把它弄乱一点，都看清楚了啊，乱绕一下，对不对。然后拉，越拉越紧，这时候已经拉不动了。然后呢？

管使劲一拉，本来还打着结的绳子瞬间平整如初。（镜头重复剪辑解结瞬间以交代清楚）。

谢、买二人作惊讶状、管得意，接观众与评审的故障镜头。

管 好啦，其实这个魔术真的是罗宾老师教的。

谢 对，刚刚教的。

管 真的是独门绝技。

谢 所以大家想学的话，就要关注我们的《罗宾魔法学院》对不对？（音效同时出字幕：想学魔术，就要看《罗宾魔法学院》哦！）可以学到很多的小魔术。

买 对啊，一会我们就将把这个绳子的秘密教给大家。

谢 那现在还是回到我们的主题，因为我们的第二季初赛已经是过半了，其实每一次看到一队留下来的时候我们很高兴，课时看到另一队走的时候，真的是好伤悲，好残酷。

管 这是我们的一个全新的形式，因为以前就是很普通的一对一的 PK，可是这一届我们全新改版了，是以团队的形式出现。

谢 今天我们请到现场的艺人领队也是很厉害的，第一位当然留给买说，因为是位帅哥（音效）。

买 谢谢，等下下去请你吃饭啊。

谢、管 好好好。

买 帅哥通常都由我来介绍啊，那么欢迎我们的 A 队队长，乔振宇！

切仰角拍 A 队队员互相打气的场景，最后是乔振宇（以下简称乔）。

乔 加油！

谢 马上介绍我们 B 队的队长，大美女，孟广美！（以下简称孟）

切 B 队

打气画面，队员以千手观音形式出场

B 队队员 M—A—G—I—C，MAGIC！

谢 加油，我看到你们这组啊。当然，还要介绍我们今天掌握生杀大权的评委老师。首先要为大家介绍的就是，我们那么帅气又幽默的 ERIC 老师。

切 ERIC 亮相画面，魔幻亮光效果的字幕与欢快的音乐。

管 哇，好酷。你们说这位帅气就好了，幽默是一定要加给下一位的啊。

谢 对！没错。好，接下来再为大家介绍的就是我们幽默的罗宾老师。

切罗宾的亮相画面，魔幻亮光效果的字幕与欢快的音乐。

谢 老帅哥。

孟 罗宾罗宾我爱你！

谢 现在就开始咯。好，接下来这位，虽然没有听到我爱你，但是看到美女他依旧是非常高兴的 Richard Mao.

切毛镇凯的亮相画面，魔幻亮光效果的字幕与欢快的音乐。

管 好了，我们三位评委介绍完呢，就是我们重要的选手啦。我们八位选手已经各就各位了，这边！

（众选手摆 POSE 亮相的画面，画外是主持人现场音）

谢 欢迎你们！

管 希望你们今天表现出你们最好的成绩，对！

（视频 + 字幕 + 画外音介绍比赛规则：第二届大魔竞初赛规则。8 位选手分成两组，进行团体对抗。3 位评审将用举牌的方式决定选手的去留。4 轮比赛过后，累计分数较高的团队获胜。输的队伍整组淘汰。

本场比赛分组情况 A 队张国洲、黎承宗、李路、龚飞旭。B 队李苏阳、王豪、汤浩、谭龙镝。乔振宇和孟广美分别担任 A 队和 B 队的队长。通过两队队长抽签，今天比赛的 PK 顺序如下：黎承宗 PK 李苏阳，龚飞旭 PK 王豪，张国洲 PK 汤浩，李路 PK 谭龙镝。首先登场的是 A 队的黎承宗，21 岁，来自深圳，魔龄两年。）

（观众欢呼的现场，评审评判的目光再接黎承宗的魔术表演。背景音乐为罗志祥的《精武门》）

（A 组的黎承宗利用蜡烛、绳子等普通的道具进行魔术表演，表演过程中反复切到两队队长的反应镜头以及评审关注的目光。表演的尾声，黎承宗出现了小小的失误，失误后镜头马上接到评审的笑声。表演结束，主持人谢霜和买红妹上场。）

谢 很棒啊，她好喜欢你的表演。

买 对对对，我觉得我都看呆了。你知道吗？

谢 看你有点紧张，因为你刚才表演完，大家报以掌声的时候，我发现你才真的这样（松口气的表情）了一下，对不对？

黎 对对对对。

谢 但是我刚才发现就是，你其实前面的表演都很好，我们老师看着也都很起劲。尤其是 Eric 老师，我竟然发现他看到你的时候，他有笑哦。刚刚点头两下的时候，你那个扇子一出来，Eric 老师就是这种表情，你知道吗？真的，对不对，Eric 老师？

Eric（以下简称 **E**） 因为，罗宾老师常讲，你掉了东西，你千万不要承认那是你掉的。（字幕：罗宾老师的名言。）你还不止，你还自己在摇头，我也跟着你一起摇头这样子。而且我最讨厌你这种油头粉面的小子。（字幕 + 音效：嫉妒！）

谢 人家长得可爱怎么了？

E 可爱，可怜没人爱啊。（字幕 + 音效：可怜没人爱啊！）听我讲，另外我很讨厌你那桌子，你那箱子。你以为盖着黑布我就不知道了吗？

（黑箱子的特写）

黎 其实这不是一个普通的箱子。

谢 他说这不是一个普通的箱子，那是什么？

买 你知道吗？老师这么一讲我才发现，**Eric** 老师最讨厌这种箱子，对呀。

（主持人边揭开罩在箱子上的黑布，发现箱子下面有块白板，写着：**Eric** 你好帅啊，我好爱你啊）

谢 但是他真的很有心啊。哇，**Eric** 你好帅！看到没有？哇，我好爱你啊。

E 我喜欢。（字幕：我喜欢。）加分，加分。

孟广美（以下简称孟） 抗议，抗议！

毛镇凯（以下简称毛） 抗议，有问题！有问题，不公平！

谢 不要说不公平，来！

（箱子上还写着：罗宾，Richard，I love you too.）

毛 这就对了，这就对了。

谢 虽然你的箱子上，三个老师都有讲我爱你。差很多，为什么 Eric 老师就那么大，罗宾老师和 Richard 毛就那么小。

毛 解释一下，解释一下哦。

（下节精彩提示：视频 + 画外音：Richard 毛的妒火一触即发。

毛 你再这样我就给你零分。

画外音 帅帅的黎承宗要如何自圆其说呢？

罗 跟 Richard 毛老师变态的心态比较起来。

画外音 罗宾老师又说了什么？引得现场所有人的爆笑。广告回来，为您一一揭晓。）

片花（短）

谢 虽然你的箱子上，三个老师都有讲我爱你。差很多，为什么 Eric 老师就那么大，罗宾老师和 Richard 毛就那么小。（出不同大小、两相比较的对比画面）。

E 我帮你解释，我帮你解释，因为我长得比较高大，所以他的字要大一点。

谢 这么袒护你哦。Richard 毛也长得很壮啊，难道没有话说吗？

毛 我先不说箱子。

谢 好，你先说其他，来！

买 你说什么啊？

毛 你叫什么名字啊？

黎 黎承宗。

毛 我最讨厌长得比我帅的男生了。

（字幕 + 音效：长得帅不是他的错。）

毛 你再这样我就给你零分。

谢 诶呀，错了，错了。

罗 跟 Richard 毛老师变态的心态比较起来，反而我看到帅帅的黎承宗，让我想起年轻的自己。（字幕 + 音效：想起年轻的自己。全场爆笑。）

罗 但是我还是不满意，为什么呢给 Eric 老师这么大的版面，给我和 Richard 老师就在边边，快看不到了。而且罗宾那两个字，这么的小。你是觉得因为 Eric 老师心狠手辣，我是菩萨心肠，你才这样做吗？

黎 是啊是啊是啊。对的，就是这样了。

罗 我要改变风格。

谢 罗宾老师要转型了。

罗 对，转型，当杀手。那我们言归正传。那我想今天黎承宗，他的表情很丰富，这是他的一个优点。（双画面切出黎承宗表演的精彩画面回放）所以每个观众都觉得他在看他，这是显露他风骚的本性，喜欢勾引别人。我想他最大的好处是他的 Endingpose 很漂亮，有停顿点，知道观众要掌声，对不对？他要掌声是用动作就 OK 的，不要用讲的，讲的就太露白了。

谢 所以节奏很重要。好，现在我们三位评委都点评完了。马上请出我们下一位选手李苏阳。

（字幕 + 画外音：接下来将要出场的是 B 队的李苏阳，21 岁，来自汕头，魔龄两年。）

（苏格兰风情的音乐下，B 祖的李苏阳利用礼帽、绸带等道具变出伞以及鸽子等。表演结束，主持人上场。）

谢 好棒哦，真的好棒，是。买，我跟你说，看这个身型，看这个长相，看这个发型，看那个笑容，多甜啊。

买 让我立马想到了 Eric 年轻时的样子。

谢 Eric 老师，我知道，你有话要说。

E 一定有的啊。我觉得你整个节目雨伞变得不错，可是问题是东西太杂了。（双画面切出李苏阳表扬的精彩画面回放。）等一下又这个，等一下又鸽子，你变得好就算了，你那个鸽子变得那么烂，你干脆不要变了啦。

谢 Eric老师一说之后，我们又替你担心起来。

买 你知道吗？我本来。

李苏阳（以下简称李） 没有，我很有信心的。

谢 很有信心，好，来，Richard毛老师。

毛 我看你捏着鸽子，亲吻它，可是很大力啊。它很惨啊。

李 我很轻哦，因为我很细心照顾我的鸽子。我知道，Richard毛老师也很喜欢看鸽子，罗宾老师更疼爱鸽子，那个程广生更喜欢雨伞。

谢 好会说话，而且他说的这个真的对了。因为之前的时候，你记不记得我们第一季的时候，罗宾老师就说过，鸽子是你的助手对不对？一定要对它爱护有加。罗宾老师，你觉得他今天对各自爱护有加，表演得怎么样？

罗 今天OK了，今天对鸽子的态度是可以接受的。那我想从李苏阳的身上，刚刚的表演可以印证咱们中国先圣先贤以前讲过的一句话：学魔术的孩子不会变坏，只会变帅。

买 对啊，你知道。

罗 你去听一首流行歌曲，很久之前的一首歌。《你的眼神背叛你的心》。

买 哦，怎么讲？

罗 千万不要在表演的时候，把你的意图用你的眼神显露出来。（切回相关的表演画面）刚刚其实，他在正要做一些动作的时候呢，他的眼睛出卖了他，所以呢，我们是明眼人，我们三个评审看得非常清楚，有些观众可能不知道，但是这个是不好的。你在做什么事情的时候，记得观众会追踪你的眼神，好不好？记住这句话。

买 你知道吗？你发现了没有？

谢 哦，怎样？

买 只要我一上台，全是帅哥啊。

谢 好，我们马上把刚才那位你也很喜欢的帅哥请上来，对。来，有请。

（音乐声中，黎承宗走上舞台，两位选手一起在舞台上接受评审的评判。）

谢 哇，这样就有点不好评了。很难得在一组里面都是两个买买都喜欢的帅哥，我们评委老师究竟更喜欢哪一款的帅哥呢？首先请Eric老师，你的选择是？三，二，一。

（鼓点声中，Eric举牌支持黎承宗。）

谢 罗宾老师，你的选择是？3，2，1。

（鼓点声中，罗宾举牌支持李苏阳。）

谢 6号。好，来，毛老师，你的选择是？三，二，一。

（鼓点声中，毛举牌直至黎承宗。）

谢 也是四号。（字幕：A组获胜。）

谢 好，接下来我们马上请出下一组选手。有请。

（字幕+画外音：A组龚飞旭，年龄21岁，来自连云港，魔龄三年。）

龚飞旭（以下简称龚） 大家好，我叫龚飞旭。（舞台上出现一个吧台，一侧站着魔术师龚飞旭，另一侧坐着孟广美及乔振宇两位队长。龚对两位队长说。）你们以前有听说过龚飞旭这个魔术师吗？

孟 我们有听说过宫雪花，没有听过龚飞旭。（全场爆笑）

乔 没有，这完全是两个性别好不好。

龚 好，好，现在我们认识了。（随身拿出一副扑克牌）。你们知道它是什么吗？

孟 扑克牌。

乔　这还用问吗？

龚　对你们来说它是扑克牌，但对我来说，它是我的朋友，我有两个助手在这里面，它们叫我拿出来给你们看一下。

乔　大王小王吧？

龚　对，它们是我的助手。我还有很好的朋友在里面。我的朋友叫做 A，长这样对不对？

孟　对。重点是什么？赶快啦。

龚　我先介绍它们，介绍我的朋友和助手给你们。

乔　你让人家介绍完嘛，对啊。

孟　因为他不是我的队员，所以我就没什么耐性。（尴尬的爆笑）

乔　配合一下工作行不行？

龚　这样会影响我的功力的。

孟　哦，对不起，对不起，对不起。这不就是我存在的目的吗？

乔　女人就是麻烦啊。（字幕＋音效：女人就是麻烦。）

龚　我，我是魔术师。

乔　麻烦你继续，继续，我们不打扰你。

龚　又出来一张。没有看清楚对不对，因为刚才你们在说话，这是鬼牌。

乔　那再来一张吧。

龚　然后把它翻过来，弹一下手指，就这样会多出一张扑克牌。

孟　诶，果然了不起。

（画面接观众鼓掌）

龚　你还记得这里有一支笔。我待会会让你们选扑克牌，然后会让你们签名。我落牌的时候，过会你们随便给我叫停，可以吗？

孟　好的，没有问题。

（龚翻牌，孟叫停）

孟　停。

龚　好，这个位置。

（龚翻牌，乔叫停）

龚　你们都可以看一下自己选的牌，我也可以看。（音效＋画面左下角出相应的扑克牌的形象）

孟　你也可以看啊？

龚　签名啊，现在就可以再扑克牌上签名了。（两位队长在各自选择的扑克牌上签名。）

龚　这张黑桃 J 是你选的？

孟　是的。

龚　我这样把它转一圈之后呢，然后把它插进去。这张黑桃 K 是你选的，我转一圈之后呢，把它插进去。你知道发生什么事情了吗？

乔　那张牌反正就在中间了啊。

龚　牌就在里面了对不对？

乔　对啊。

龚　牌被我插进去了。它们是我的什么？

孟　好朋友。

龚　他们是我的好朋友，他们经常会帮我们做一些事情，比如找出你们的扑克牌，怎么做？很简单。开始你们有看清楚吗？

孟　没有。

龚　就是把它翻过来。弹一下手指之后呢，那扑克牌会被它找出来。

（两位队长选的牌立刻显现，同时出惊讶的音效。）

龚　这两张牌都是比较大的牌对吗？但是它们不是最大的，最大的是什么？

乔　最大的是大王嘛。

孟　哦，你的助手！

龚　最大的是同花顺。（全场笑）

龚　所以在这种情况下，我的好朋友就会（音效＋在选手逐张翻牌的同时，左下角出相应的牌的画面）把这五张牌变成一个同花顺。

孟　好可怕！

龚　其他的 A 跑到哪里去了？我要用到我

的助手，我的助手会把它们找出来。首先这样，然后，还有一个我就把它放在上边。你有发现这中间多出了以张扑克牌吗？这张牌就是A。不过我让它把所有的呃A都找出来，它只找到一张。转一圈之后，所有的A都会出来。

孟　哇，好神奇哦！

龚　这个时候观众应该鼓掌。（观众鼓掌）

龚　它是我的什么你们还记得吗？

孟　你的助手。

龚　那它们呢是我的朋友。所以你们不容易记得，我就要把它们区分开。我会这样做。

（选手将两张牌摩擦一下之后瞬间变色。）

孟　啊！

乔　厉害吧？

孟　厉害厉害！

龚　今天我的朋友都来了，这是我的助手，我其他的朋友都没有来。所以呢，这些牌不是我的朋友，因为它们没有来。全部都没有了。

（选手将牌逐一翻开，牌面都变成了白底。）

孟　啊！好可怕！

龚　谢谢大家。

（音乐声中主持人谢霜和管艺上场）

谢　谢谢！还在跟你的助手们打招呼啊。表演完了一定要先谢谢他们是不是？

龚　对，谢谢他们。

管　我这边已经看到Eric老师的脸色，很难看。

谢　对啊，你看一下。Eric老师有什么意见吗？

E　你控制观众的技巧很差。孟广美，你招架不住。然后我称赞她一下。毒舌评审在这里，毒舌观众在那边。（音效＋相应的字幕）（全场爆笑）

乔　她这是属于捣乱。

管　敌方的队长嘛。

E　可是你帮我很多忙，为什么呢？考验他的功力啊。对不对，这样我就看见他的缺点在哪里了。先谢谢你。然后呢，整个场面，从开始到后面那个部分都是冷场的，还好你后面有一个高潮就是全部牌都变白了。（双视窗出选手刚才表演的精彩片段）

管　我也就那块才看明白。

E　前面你变什么四个A，一个同花顺出来，我完全想睡觉了，虽然我昨天睡得很饱。（观众笑）

龚　那你还睡得着吗？（音效同时出相应的字幕）

E　睡得着，看你的表演我会睡得着。

谢　你仔细看以下，Eric老师说他想睡觉，可是有人，有的评委已经在睡了。

（Richard毛做瞌睡状）

管　Richard毛，醒醒，表演结束了，快醒醒啊。到点了，该你了。刚才你在看吗？

毛　你演完了？

龚　演完了啊。

毛　你在对我演吗？

龚　有啊，有对所有人都演。

毛　哦，我还以为你只顾了他们，眼里就没有我们了。

管　我觉得罗宾老师可以让我们这个现场的气氛稍微活跃一点。因为大家真的有点沉闷，罗宾老师有什么意见？

罗　我想龚飞旭他最大的问题就是，他讲话少了抑扬顿挫。他的声音里面少了一种力量，还有就是有一点啊，就是自己跟观众要掌声。观众会觉得这样表演者不要脸，脸皮厚。最好的方法我教你，你安排一个亲信在观众席，该要鼓掌的时候他先带。带掌，对，马上就有人跟嘛，对不对。

谢　这是个好办法。好，谢谢我们的评委。

虽然感觉，现在你的心是不是已经冷下来了。但是有学到很多东西啊。不要着急，因为待会呢，你的对手跟你同组PK了之后，你才会知道评委老师更喜欢谁，好吗？好，马上请出下一位，王豪。

（字幕+画外音：B队王豪，23岁，来自贵州，魔龄四年。）

（音乐起，王豪运用火机、丝带、扑克牌等进行魔术表演。表演结束，主持人谢霜及管艺上场。）

管 我觉得他虽然感觉个子小小的，看起来年龄很轻。可是以今天现场观众的掌声和欢呼声来说，起码他赢得了观众缘这一票。

谢 对。我觉得他在台上非常有感觉，更重要的是，你看一下你们的队长，自从看到你比赛之后，眼睛都在放光了，非常的高兴，是不是？

管 但是我跟你讲，有观众缘和这个队长的好评的话，也没有用啊，因为我们还是要看我们的评委啊。因为我始终看到Eric老师那个脸一直都板得臭臭的。是Eric老师您觉得他今天有表现得不好的地方吗？

E 太多了。

管 是这样吗？

E 其实我觉得你在魔术教学，一些本来不知道这个魔术怎么变的，看你玩几次之后他就知道怎么变的了。你在破解魔术。

毛（走向观众） 你看到他怎么变出来的吗？

观众 看得到。

毛 观众都看到了，这还算魔术吗？不是魔术，不评了。

管 诶哟，你把评委得罪了，我跟你讲，这种局面下面我们帮不了你。看看罗宾老师他今天能不能帮你。

谢 罗宾老师，他今天教学怎么样？

管 罗宾老师请点评一下。

罗 我刚刚也从中学到了不少啊。（音效+字幕：我刚刚也从中学到了不少。）不过王豪今天值得称许的是，他的爆筒没有吓到人。比较温和一点，点到为止。不太听得到声音，但是可以看到画面，OK。

王 这与我的性格有关。（音效+相应字幕。）

罗 蛮低调的啊，低调不错。（音效+相应字幕。）赚钱的时候不要让人家知道，再来他值得称许的地方还有他的眼神很有力量，他的眼神。表演的时候，他的眼神可以把观众震慑住，那个是表演者需要的。给你个建议啊，你那个服装整体看起来感觉很暗淡，那紫色基本上也是暗色系的，不够绚丽。如果你中间那个一折一折的换成白色的话，这边再放一条红色丝巾，这样你身体的整个感觉，不会乌七抹黑跟乌鸦一样一身黑，会有一点喜气出来，色彩会丰富很多。

管 或者说，像他这么瘦，可以穿白色会不会更好一点？

罗 对。白色看起来会更胖一点。

（该组两位选手的表演小结。音乐+表演片段+画外音：A队龚飞旭的沉闷表演让评委们产生了睡意，而B队的王豪则被指有破解魔术的嫌疑，在两队队员都没有得到好评的情况下，A队能否再得一分而连赢两局呢？或是B队可以扳回一城扭转颓势？别走开，答案稍后为你揭晓。）

（大魔竞片花）

谢 我们来看一下评委老师怎么打分，Eric老师，有请。三，二，一。

（鼓点声中，Eric举牌选择王豪。）

买 8号，恭喜王豪。Richard毛，来，三，二，一。

（鼓点声中，毛举牌选择龚飞旭。）

买 这票给了3号，1比1平了。

谢 罗宾老师这票就非常重要了，来，罗宾老师，你的选择是。三，二，一。

（鼓点声中，罗举牌选择王豪。）

谢 恭喜，孟广美队获胜！

（音效＋礼花效果的特效＋字幕：孟广美队胜利。）

（字幕＋画外音：接下来登场的是A队张国洲，22岁，来自深圳，魔龄三年。）

（弗拉明戈风情的音乐中，张国洲运用四枚硬币进行近景魔术表演。）

买 好厉害，张国洲。刚才看到他的表演之后，我们马上崇拜这两只手。但是我觉得，是不是玩这种魔术的人是不是都必须要有这种手呢，比较像女孩子的手。

毛 其实呢什么时候都可以玩这种魔术，只要练习过。

管 那他刚才那段表演，您觉得怎么样？那是很久的一个流程对吧？也是我很喜欢的一个流程。很Nice的，可是有一件事情。

（毛迅速冲上舞台，拿起选手表演用的道具。）

毛 他的布好脏啊。

管 就是些细节方面的问题啦。因为我觉得他的这双手很漂亮，可是他就那一块布，就让人觉得视觉不是很好看。Eric老师对细节方面要求很严格的，Eric老师请点评一下。

E 你的表演方式很漂亮，做得很漂亮，这是无可否认的。可是就问题来说，整个眼神飘忽，然后自信不足，这是你的致命伤。所以我就要问你，是不是觉得自己很棒？而且你到ending的时候，还喘了一口气。这代表什么？就是你没有信心。

管 你看Eric老师真的观察得很细微，其实我可以给你出一个招。如果你实在不自信的话，戴一副眼镜可能会好一点，罗宾老师，是不是这样子？

罗 我想视线会不会漂移，可能跟练习有关系。我想他的手指头呢，在镜头里面看起来非常漂亮，再看一下。我可以再给你一个建议，你可以把手指甲再磨亮一点，那整个感觉会更美，跟那个硬币的亮度会互相辉映。

买 其实你知道吗？我刚才看的时候，他的表演真的是很棒，对不对啊？

管 现在自不自信？

张 非常自信。

管 好。我们接下来有请下一个选手，他就是汤浩。

（B队汤浩，23岁，来自重庆，魔龄四年。）

（音乐声中，汤浩运用魔术棒和绸带进行魔术表演。）

管 看起来很紧张啊，你今天是第一次上台吗？

汤 对，有点紧张。

E 你今天穿错衣服了，你知道自己的身材，我不是人身攻击啊。你知道像什么？像企鹅。（音效出企鹅的图片。全场笑）千万不要误会，你应该穿那种没有尾巴的那种短礼服比较好。然后呢，你还把工具用错了，你不应该用弹棒，为什么呢？因为弹棒跟你一样高。（全场笑）

管 就了解自己的特征啦。

汤 了解了。

E 对啊，整个节目完全没有创意。而且变球的时候，那个定点不够。几个球在手上，人家看不清楚。每变一个，你要定给人家看，这样定给人家看清楚。定点不够，自己注意一下。好，就这样。

管 其实，Eric老师说了很多。真的是抓住你的特征，要了解自己的特征，然后给自己定位。

罗 好，人家说辣椒是小棵的辣啊，其实很多非常优秀的魔术师，个子并不一定要像 Ericl 老师那么高。像我跟 Richard 毛老师也是矮冬瓜一个。（全场笑）

管 评委开始人身攻击了。

罗 其实他流程算是顺畅的，只是有些小地方角度要注意一下。像你玩那个球的角度要特别注意。因为那个球的角度很容易会被观众看到。

汤 是一个球变四个球那个地方吗？

罗 是那个（声音处理，从评委嘴巴里蹦出几个乱码字幕）那个地方。

管 听明白了吗？是那个地方。到那段的时候一定要角度注意了。

（选手莫名其妙，没有领会。音效 + 几个问号的字幕。）

罗 汤浩，汤浩，这种事情不能在这里讲，这是我们魔术圈的秘密，对。

管 加油加油好不好？我们小个子也不要输给其他人。我们有请刚才的张国洲上场。诶，其实两位应该算是同一级别的。同一国的，你稍微战胜一点啦。好好好，现在我们两位的成绩马上要出来了。究竟是什么样的成绩呢？我们请三位一起来举牌，三，二，一。

（三位评委一致举牌支持 2 号。音效 + A 组获胜的字幕。）

管 恭喜 2 号张国洲！（字幕出战况：乔振宇队 2∶1 孟广美队。）好，我们 A 队同时再获一分。好，马上有请下一组选手。

（字幕 + 画外音：A 队，李路，24 岁，来自合肥，魔龄三年）

（音乐和频闪的灯光效果中，李路运用魔杖、手套以及纸盒进行奥运主题的魔术表演，表演结束后是编导制作的李路接下来的表演的精彩回放。）

（精彩回放 + 画外音：空白的纸袋变出了福娃晶晶和贝贝，它俩的另外三个伙伴也在李路的魔力的召唤下与观众朋友们见面了。接下来，李路还有什么拿手绝活呢？）

（李路继续运用火柴以及丝绸进行奥运主题的魔术表演。表演结束，主持人上场）

谢 哇，好炫哦。

管 看起来好激动哦，好激动。

谢 看了这么久，你怎样？

李 小胡。（李路的搭档小胡上场。）其实今天能走到这一步对我来说挺不容易的。参加这个比赛对我来说，晋级或是淘汰都没有关系，我只希望能和我女朋友一起去面对，因为她确实帮了我很多。

谢 哇，真的是。在场上还要发表一下爱的宣言哦。

管 今天这个主题太棒了。

谢 对呀。我觉得你真的每一个点都做足做到了，处处都能够体现。

管 包括服装啊、道具啊、助手都很好啊。Eric 老师，在赛场上发表爱的宣言，你喜欢吗？

E 我嫉妒。好啦，言归正传，你那个纸袋、花箱，看到我都想睡了，效果一直重复重复。

李 奥委会非要搞五个福娃，我也没办法。

E 你可以一个箱子出两个名字啊，对不对？你一个一个来，如果它有十个福娃的话，你就要变十个吗？自己要改进一下啊。另外一个东西就是，我想请问你，你是不是很有钱啊你？

李 不是，我为了准备这套节目，其实付出了不少。

E 对啊，可是问题是有一些不需要付出的你也付出了，好像丝巾（出相应表演片段的视频），用火这样烧，很浪费。

李 那个不是羊纺，那个是我后来买的旗子布，很便宜的。（评委尖叫无语。）

E 我说你浪费你就说很便宜，这样子啊？扣分了，一定要扣分了。

谢 Eric老师别忙嘛。

E 还有，你变装，我拜托你变整套好不好，你看你的鞋子。（音效接李路鞋子的特写。）

谢 真的诶，他的鞋子。

管 鞋子，以后其实要配一个百搭的鞋子，既可以配西装，又可以配运动服。

E 对啊，这样我整个都冷掉。看到变装很棒，出来一看，哇，皮鞋。

罗 他的变装出来是皮鞋这个我可以接受，因为在这么短的时间要把它喷漆喷成白色，是短了点。（音效）

李 其实我在编这套节目的时候有考虑过，如果这套节目只要换衣服的话大概只需要两秒钟就可以了，但是我试过换鞋子，我可能不太会正确的方法，需要很长的时间。所以没有变。

谢 你不懂吗？你不懂吗？

李 对，所以我刚才一直想说，想向Eric老师请教一下。

E 你不懂你早跟我讲啊，我可以教你啊。

管 毛老师，你有跟自己的女朋友这样子搭档过吗？

毛 什么我女朋友，我没有女朋友啊。

管 好吧，就是你年龄还很小。

谢 对对对，90年的。

毛 对，我现在还很年轻，才十五岁不到一点。（音效+字幕：可是你很显老啊~）

（毛开始点评，双视窗出选手表演片段。）

毛 你刚开始穿了礼服，可是你的女助手出来就是运动服，这样就没有感觉。你可以变完装，然后女助手再变成现在的服装。

谢 对啊，两个都变。

毛 变装没这么难啊，你也可以自己做嘛。

谢 没这么难吗？

李 我们自己变的时候，做了很长很长的时间，我觉得很难。

毛 不难啊。

谢 你不难你来试试啊，要求人家两个都要变。有时候话不要随便讲的毛老师，主持人话都不敢乱讲。

（视窗变小+画外音：一句我觉得不难啊，毛老师被全场观众逼上了舞台。）

谢 你真的是突然来变的话，就像管管讲的，话不能乱讲，要是没变出来你怎么办？

毛 没变出来我给你。

谢 怎样？

毛 变不出来，我给你1000块美金啊。（音效+字幕：1000美金）现场每人再派100块美金给大家好不好？

（音效+字幕：现场每人再派100块美金）

下段预告 （买：我比较喜欢红色。配音：买买的一句“我比较喜欢红色”更增加了变装的难度。RichardMo老师，加油啊！）

大魔竞片头（短）

毛 买姐，随便说一个颜色可以吗？对，随便说一个颜色。

买 我比较喜欢红色。红色。

毛 红色。OK，

（说罢，毛开始在鼓点声中进行变装表演。）

管 可以吗？我不信。出来吧，自己把自己打红。

（毛变红装成功，全场尖叫。）

谢 哇，怎么会，等一下，真的呢。他连里面衬衣的颜色都变了。

管 从里到外。

谢 好夸张哦。

毛 小意思，简单。就是简单。

谢　评委就是评委，哇，掌声，太厉害了。

管　所以说这些老师，评委就是评委，有问题就要多跟他们咨询一下了。好了，我觉得今天李路的表现也很棒了，是不是这样。

谢　而且他也学到了，我们全场观众都赚到了哦。

管　好，我们马上有请下一位选手。

（配音 + 字幕 + 音效：B 组选手谭龙镝，年龄 20 岁，来自深圳，魔龄一年半。）

谭　大家好，谢谢！今天呢，我要带来一个互动的魔术，邀请到我的队长，孟美女。

孟　说，什么可以帮你的？

谭　好的，首先请你吃饼干啊。

（孟将饼干放进嘴边。）

谭　前两年买的。（音效 + 字幕：前两年买的。）要不我先吃一块给你看看。（谭吃饼干）

孟（吃饼干）　你真的怪怪的。

谭　你等一下。（谭吐口气，将咬过的饼干复原）（音效 + 字幕：被咬的饼干复原。怎么可能。）

谭　现在，我们要用到一副扑克牌来表演。这是很简单的一个魔术。

孟　你的好朋友吧。

谭　对。欢迎扑克牌。（转瞬间，扑克牌变成一堆纸屑。）

孟　怪怪的。

管　好怪的叮当猫，跟他人一样诶，粉色的。

谭　这是一副比较旧的扑克牌对不对？

孟　古董。

谭　将就一下了。首先请这位美女，等一下我这样拨牌的时候，你随时喊停，停。这里就是你选的牌，OK 没有问题。

孟　停。

谭　这里。确定吗？

孟　确定。

谭　OK，非常好，把你的牌拿去看一下，让镜头看一下，大家看一下。（镜头给出黑桃 K 的特写。）好吧，现在把你的牌放进牌堆里面。假如要把你的牌找出来的话，怎么办呢？

孟　非常容易。

谭　怎么办呢？

孟　你一定找得出来啊。

谭　谢谢你对我的信任。

孟　那当然，我的队员，开玩笑。

谭　OK，听好。（谭用手使劲摸牌的同时出钻子的音效。）

管　诶，这样也可以吗？

谭　有听到吗？

孟　有。

谭　它到上面来了。（黑桃 K 出现在牌堆的最上面。）Thank you。现在把你的这张牌放在桌面上，OK？可以看一下，牌没有任何的问题，然后我要问你一个很简单的问题。你还记得，这是什么牌吗？

孟　黑桃 K。

谭　不是四张 A 吗？（一张黑桃 K 瞬间变成四张 A。）

孟　明明是黑桃 K 啊。

谭　黑桃 K，你想要黑桃 K 吗？这样，我这样拨牌的时候你随时喊停，我就停下来，停的地方就是黑桃 K。OK，你相信吗？

孟　我很难不相信。（音效 + 字幕：我很难不相信。）

谭　好的，我们来。

孟　但其实我不是很相信。（音效 + 字幕：但其实我不是很相信。）

谭　没关系，我做给你看，随时喊停。（镜头给拨牌的特写。孟在牌都已经全掉的时候喊停。出音效。）

孟 停！我为什么要整蛊我的队员。对不起，我们再来一次。对不起。

谭 队长。队长。

乔 就这样，就这样，我支持你。

谭 随时喊停。

孟 停，停。

谭 我知道，肚子饿了，肚子饿了。

孟 要吃饼干。

谭 不过，身为一个魔术师呢，为观众挨一下饿也是没有关系的。所以我决定坚持下去，再喊一次停啦，帮帮忙。

孟 停。（谭变出一个大面包来吃。）

谢 不是要变黑桃 K 出来吗，怎么变一个大面包出来。你怎么只顾自己吃啊，队长还没吃呢。

谭 队长。（从面包中迅速变出黑桃 K。全场鼓掌。）

谭 我们知道牌非常的残旧。当牌旧了之后怎么办呢？

孟 重新买一副新的，扔掉啊。

谭 假如我没有钱呢？

孟 跟 eric 老师要一副喽。他会把他的房间号码告诉你。 （谭号召观众为 eric 鼓掌。）

谭 eric 老师，没人给你鼓掌。（音效 + 字幕：胆子很大嘛!）

孟 又说了大不敬的话。

谭 对不起。

孟 eric 老师对不起，小朋友不懂事。

谭 OK，假如我们想要新牌又没有钱的话。现在就要跟我做一件事情，我们要念一个咒语。（谭念咒语，全场笑。）

孟 好奇怪的咒语哦。

谭 但是有一张牌会变新，有一张牌变新啦！

孟 这个咒语还是很好用的。

谢 咒语是有用的吗？

谭 这是真的啊，OK，我们再来一遍。（谭再次重复刚才的魔术）有两张变新，两张可以变新，两张，两张。（全场掌声）刚刚我们还剩下另外两张 K，我们再来一遍。（谭重复咒语）三张变新。（孟发出惊叹声）最后一张难度当然是最大的，所以我一个人魔力不够。队长，请你一起帮我念这一句咒语。可以吗？

（孟伸出手指边比画边念出刚才的咒语，全场大笑，谭重复刚才的魔术动作。）

谭 一、二、三、四，四张牌全都会变成新的。（全场掌声，谭从口袋中掏出碎纸片扔向空中，全场继续爆笑。）

孟 好可怕。

谭 当然，我们现在这里还有很多旧的牌。假如我一张张的把它们变新的话，这是一件非常非常非常麻烦的事情。这样会浪费大家的时间，所以我想到一个比较快一点的方法。OK？

孟 好。

谭 先把牌拿着，然后，对着它念那句咒语。

管 我们一起来好了。

谭 对，大家一起来。一，二，三！

（全场一起大声合念刚才的咒语。）

谭 非常好，请把牌给我。一，二，三（谭向手中的整副牌吹了一口气。）

管 外壳已经新了！

谭 一副新的扑克牌，一张两张三张四张五张六张七张八张。（谭边说边潇洒地将手中的新牌张张飞出，全场尖叫。）

管 怎么可能！

谭 谢谢大家！谢谢！（孟急着躲避飞出的牌，字幕 + 音效“躲避”。全场掌声）

谢 谢谢。你还 OK 吗？来安抚一下她。

管 来安抚一下队长。

谢 对，她几乎都快受不了了。（孟广美害怕地走下场，两位主持人上场访问选手。)

管　来来来，这位怪人。

毛　其实我真的很喜欢他这样子的，我觉得很好玩。

谭　谢谢，谢谢老师，谢谢!

毛　其实我演出也是这样。

管　不知道这种类型，Eric 老师会不会喜欢?

E　物以类聚啊，疯子就喜欢疯子啊。他们两个有病啊，告诉你。(全场爆笑)

管　罗宾老师快一点。

谢　你是哪一国的啊？快点灭火，罗宾老师，灭火器!

罗　我们正常人在一国。(罗宾偏向 Eric 一边做，全场笑。)

谭　其实我的表演时受了，很大程度是受了罗宾老师的影响。(字幕 + 音效：受了罗宾老师的影响。)(罗宾做受打击状，全场爆笑)

管　罗宾老师被吓到。原来怪人的始祖是罗宾老师。

罗　这个打击太大了，没想到他和我是同一国的。

谭　但是，最后那个扑克牌整副变新是 Eric 老师教我的！(主持人尖叫)

E　算你有良心。

管　现在罗宾老师已经开始有话要讲了。

罗　好，对于刚才毛老师说他喜欢刚才的咒语这件事情，我要送他五个字。

谢　什么?

罗　你好幼稚哦！(罗宾模仿童声，字幕 + 音效：你好幼稚哦!)(全场爆笑)

罗　好，我想谭龙镝他是有一种疯疯怪怪的喜感。

谢　对。

罗　这种无厘头的喜感其实是她的特色。

谭　谢谢。

罗　那我想他的表演一定会很受病友的欢迎。(全场笑)

谭　其实有一句话一直是我学魔术的指导思想。在刚刚出道的时候，不要立太远大的目标，先要做一个让观众记得自己的魔术师。(全场鼓掌)谢谢大家!

管　哇，很有头脑的一位选手。

罗　那我想我也蛮喜欢他那只粉红色的多啦 A 梦。

谢　Hello Kitty.

罗　那是多啦 A 梦跟 Hello Kitty 结婚生下来的吗？(谭掏出碎纸片抛撒，全场笑)

管　我要说一下啦，我觉得你平时应该稍微正常一点，否则的话，我估计你妈妈每天在家里都是……(两位主持人也掏出碎纸片抛撒)

管　好啦，我觉得他今天的表现获得了三位评审的好评。

谢　很精彩，对。

管　真的很棒。我们全场的观众再给他一点掌声，好不好?

谢　鼓励一下。(全场掌声)

管　好的，接下来我们有请我们的前一位李路上场。(紧张的鼓点)

谢　这样一请出来，我突然发现，最后一组很强哦。刚才他也是获得好评，而他的怪异风格三位评委也是很喜欢。那究竟评委会更喜欢哪一位呢?

(紧张的鼓点加小片)

现场同期：“1 号，1 号”“小叮当，小叮当。”(两位 PK 选手的照片，字幕“李路 PK 谭龙镝”+紧张的鼓点+配音)(“场上的气氛已经白热化，目前比分 2:1，A 队暂时领先。”)(两位选手魔术表演的精彩回放+配音)(“现在 A 队的奥运王子对上 B 队的搞怪小叮当”)(鼓点+字幕“奥运小王子 PK 搞怪小叮当”)(“到底评委会更喜欢哪一个呢？休息片刻，悬念即将揭晓。”)

(大魔竞片头五秒)

谢　哇，这一组真的是太强了。那我们三位评委究竟会做何选择呢？马上揭晓。毛老师，你的选择是？（紧张的鼓点起）三，二，一。

（毛老师起身举起5号牌，全场掌声。）

谢　哇，恭喜五号！

（谭龙镝向毛老师兴奋地飞吻）

管　我确定，物以类聚，人以群分。完全是同一类型，来！

谢　罗宾老师，你的选择是。三，二，一。（紧张的鼓点起）

（罗宾从容的举起1号牌）

管　1号，我们的奥运健儿！

谢　怎么办？现在两个人各自得到了两位评委的支持。打平了。最后就只能靠Eric老师你来给我们解决，好难啊。

E　这样啦，因为我觉得很难评，真的很难评。两组都很好，所以，头一次，《大魔竞》做出这样的选择，两个都有，两个都有。

（Eric将两人的号牌同时举起）

谢　啊，平局！打平局。这是我们录到现在为止第一次出现的平局状况哦。

（两个队伍各自队长的头像+字幕“本局平局”）

管　可见两个人的实力真的是很强，太强了，而且非常受到我们几位评委的喜爱。

谢　对，对，对。

（四轮战绩榜+音乐+配音）（“比赛结束，答案终于揭晓，恭喜乔振宇率领的A队获得了胜利。”）

（画面回到现场，八位选手一字排开，镜头扫+字幕“淘汰时刻，规则：八位选手，两两PK，分组对抗，整组淘汰”）

管　经过四轮的激烈比拼，我们的成绩终于揭晓。

谢　没错，今天获胜的这一组就是——乔振宇，恭喜！

（现场音效，乔振宇与选手击掌庆祝。）

管　实至名归的。

谢　下面有请我们的著名礼仪小姐买买，为乔振宇这一组颁发魔法手卷。

（买红妹手捧手卷姿态优雅的走过了乔振宇率领的队伍。）

谢　诶哟，这专业啊。

乔　别走过了啊。

管　没有，没有，他想多展示一下。专业就是专业。

（现场胜利的音乐+字幕“规则：获胜方队长颁发魔法手卷，失败方队长接受惩罚魔术。”）

乔　是我来颁吗？

（乔为四位选手颁发魔法手卷。）

谢　恭喜乔振宇这一组的四位选手晋级我们的复赛。

管　恭喜，再次恭喜！谢谢买买。

谢　但同时呢，我们还是要很遗憾的宣布，他们的表演也很精彩，可是在这一次的比赛中，被无情的淘汰的，就是孟广美那一组的四位选手。

（四位选手黯然离场，镜头慢放+音乐，接选手赛后采访。）

李　我已经尽力了啊，真的是这样子。你有没有什么感想啊？

汤　其实呢，我觉得我这次，感觉自己在这次表演上，没准备充分啊。我感觉上拖了大家的后退，其实呢，我很想跟我的队友说一句，对不起啦。

谭　我是失败者，复活赛的冠军。

李　我们虽败犹荣。

（闪回节目现场，失败队队长接受魔术惩罚。）

谢　好，马上就开始我们的恐怖魔术。

（画面上出现魔镜特效，主持人与孟广美在魔镜之中。音效+字幕“惩罚魔术，坏人的钉枪”）

谢 孟广美，我只能送你到这儿了。

（镜头扫过一排钉枪＋恐怖音效＋字幕“钉枪”）

谢 我要送你三个字，多保重。

孟 还有六把钉枪。

谢 毛老师，人来喽！去吧。

（毛阴险大笑）

孟 （害怕）坏人。

毛 来吧。这里。

孟 坏人！

毛 你看见这里有六把钉枪。

孟 是的。

毛 这一把是做示范的，请看好。这钉枪的威力在哪里。

（画面右上角出红色字幕：“危险魔术，请勿模仿”。此时毛老师拿出一把钉枪进行示范，一颗不落地扎进黑色木板里。孟广美见状害怕，此时出字幕＋心跳音效：“恐惧”）。

孟 太吓人了吧?!

毛 如果这个钉枪的钉子打倒手里，如果这个钉枪对着手这样打的话，钉子会直接穿到手里，打到骨头这个位置。这是一个很危险的东西，今天我们就更危险。做一个游戏好不好?

孟 （惊恐状）你需要我帮你钉在哪里呢?

毛 不是，是我钉你。

孟 不要啦！

毛 OK，这把拿开，接下来我们有五把钉枪，其中一把，工作人员已经安排好钉子在里面，我会用几张牌来确定它们的位置。为了让你放心一点，第一枪，你打我。

孟 一定要玩这个吗?

毛 这就是我们的游戏了。来吧，我们开始喽。

（孟广美惊恐、犹豫的表情特写＋字幕：“彷徨”）

毛 我把手里的牌一张一张换上来，然后你叫停。

孟 停！

（停在了红桃4）

毛 OK，这个位置。

孟 四号钉枪。

（毛左手拿起四号钉枪，向着自己左手开钉。）

毛 一，二，三。

（钉枪开动的一刹那，全场尖叫，毛做痛苦状。）

毛 空枪。到你了。你自己把牌从底一张一张拿上来。（心跳的音效）停！打开底牌。

孟 1号抢。

（毛准备好钉枪，孟想顺势溜走。此时出字幕＋音效：“溜走……”）

毛 不要走开。

（全场笑，孟广美围着魔术桌无奈地转了一圈。）

孟 我没有做错事情。

毛 有，你那一组输了。

孟 亲爱的观众朋友，你看他这边写的什么字。“坏人”两个字，他真的是一个坏人。

（话音未落，毛拿起钉枪朝孟的左手开钉。孟惊恐万分。）

孟 救命啊！我全身上下都很值钱，我全身每一个地方都可以卖钱的。你知道吗?

（镜头推到对准孟手的钉枪特写，紧张的音效＋孟惊恐的尖叫声。）

毛 一，二，三。没事。

（孟长舒一口气。毛继续翻牌。）

孟 停。五号枪。

毛 其实呢，我有一个感觉，你打过一次，我也打过一次。

孟 嗯，我们要让现场的观众感受一下。

毛　好不好。

孟　我们找一个。

毛　那边的男生在笑，找他过来。你过来，掌声鼓励让他过来！

（全场掌声，一位观众上场。）

毛　没什么话，豁出去了。

观众　对，豁出去了。

毛　来，准备，一，二，三。（其间反复切观众关注以及惊恐的表情特写。）

毛　没事，掌声鼓励，非常勇敢。

孟　下一个。

毛　剩下二分之一的机会，我们也剩下两张牌。这两张牌你帮我拿住，OK。如果其中一张你要交给我。你要交哪一张？

（孟举起右手的牌）

毛　确定？确定你交这张给我？

孟　对。

毛　你手上那一张是什么号码，给大家看一下。

孟　3号。

毛　3号枪。二分之一的机会，只要错了，今天大家就会看到流血。

（毛拿起3号枪，孟非常害怕。）

孟　我们换。

毛　没关系没关系。

孟　我们换腿好了，好不好。腿比较不痛。

毛　没有，手好看。

孟　但是手要做很多事情的。

（全场观众鼓掌。）

毛　你看你看。

孟　哇，你们很坏啊。你们这么高兴的啊？

毛　把手放下来就可以了。最痛的地方就是手掌。

孟　你是一个坏人。

毛　其实我自己也好害怕啊。如果出错了，我要赔好多钱。

孟　真的吗？

毛　一。

孟　等一下，等一下。我们玩手指头就好了，好不好？小拇指。

（毛将钉枪对准孟的小拇指）

毛　好，来。一，二。

孟　等一下。

（全场大笑）

毛　三！没事。来我们看最后一把枪，好不好。

（毛迅速拿起最后一把钉枪，对准木板开钉，钉子又是一颗不落地钉到木板上。孟广美尖叫，字幕+音效：“后怕！”全场掌声。）

毛　谢谢大家，谢谢你。

孟　你玩真的哦。

毛　没错。我是坏人。（同时出字幕：“我是坏人”，毛再次阴险的大笑）

（配音+罗宾接下来魔术精彩片段+字幕：“一条普普通通的绳子，在他的手中，却能玩出令人瞠目结舌的花样。”

罗宾魔术的精彩片段+罗宾同期：“这样轻轻地一吹。”

配音：“想知道罗宾老师是如何化腐朽为神奇的吗？稍后，罗宾魔法学院为您呈现！”）

（罗宾魔法学院5秒钟片头）

罗　罗宾魔法学院，3分钟教你变变变。

（字幕：罗宾魔法学院魔法院长罗宾。星光特效。）

罗　好，我们今天来到罗宾魔法学院的是孟广美。

孟　大家好，我是孟广美。今天要来跟罗宾老师学孙悟空七十二变。

乔　OK，在我的右边是乔振宇。

乔　嗨，大家好。

（字幕+星光音效：魔法学院绳结神结）

罗　好的，我们初学魔术呢，不能学太难的。我们今天教大家一个非常简单的绳子的魔术。

乔　我是不是也要拿一根。

罗　是的，一人拿一根。先看我做啊。我示范玩之后呢，你们再跟着做啊。这样效果会最好。

孟　好。

罗　好。小时候我的鞋带呢，是妈妈帮我绑的非常漂亮的蝴蝶结。

（罗宾将绳子绑成蝴蝶结。）

罗　但是这个有个缺点，第一节下课，第二节下课，放学之后呢，鞋子不晓得跑到哪里去了。

（蝴蝶结很快就散开了。）

罗　所以我小小年纪，想到一个方法。这样子是蝴蝶结，是活结对不对？我只要给它随便乱穿。太好了，这个结呢非常的牢靠。到第二天早上还是这个样子。

（罗宾将绳子迅速打成死结。）

罗　那妈妈要拿剪刀把它剪掉换新鞋带，太麻烦了。小小年纪又想到一个方法。何不轻轻地一吹。

（罗宾轻轻一吹，死结瞬间打开。精彩的打开瞬间通过闪白回放两次。孟惊讶的表情+字幕："怎么会"）

罗　变不见了。好，大家跟着我做，我们这样子啊，来。好，第一个先做一个圈圈，右手绳子在上。好，再重复做一个一模一样的绳眼。这样子，OK。好，现在右边的绳眼压在左边的绳圈的上面，把他捏住。

（罗宾与两位嘉宾照步骤进行拆解，镜头分别给出近景交代。）

罗　好，接下来呢。你的右手拇指跟食指捏住这里，这个边。左手到另外一边，这样捏住。左右拉紧，第一个圈要紧。第一个结要够紧，才会像。好，再来呢，两边的绳眼把它撑开来。撑开来各自去抓一条绳子。

孟　随便哪一条都行吗？

罗　对，就自己那一边的。好，穿过绳眼，慢慢的收紧。不要马上拉掉哦，不要马上拉掉，要慢慢地收，那个结才会像。好，用力拉。

（三人使劲将结拉紧）

罗　对，直到吹一口气的时候，才会把它变不见。

（三人各轻吹一口气，绳结都打开了。全场掌声。）

罗　不错不错不错。如果你觉得用吹的这个太麻烦，教你们一个，直接把这个结呢，把它拔下来会比较干脆。

乔　这样都行。

（字幕+音效："这样都行"）

罗　问题是，这个怎么来的呢？这个就是在家里的时候，看四下无人的时候，偷偷地把它用刚刚的方法，做一个一模一样的结。那随便给它乱穿，有没有。乱穿的话呢，它就变死结。死结之后呢，用剪刀把两边剪掉。好，你就有一颗这样的结。这一颗好好保存可以用十年。

（全场大笑。）

罗　这个动作在哪个地方做呢？一定要在四下无人的时候。如果你在家里来不及做，你在现场做，一定要躲起来，你不要在观众面前做。他们会问你，需要帮忙吗？

（全场大笑。）

罗　再来，这个时候，再做一个结。这时候呢，观众还不知道，你正准备要把它拔下来的时候。好，这时候弄好之后呢，请观众检查这个结。所以你这样抓着给他捏一下，确定一下是不是一个结，很扎实对不对？

（孟捏罗宾打好的绳结。）

罗　要这样捏哦，你不要这样给他拉。他一拉，上次有个观众呢，用力的一拉。

（孟轻易的将绳结拉开。）

罗　结果我比他还惊讶。

（全场大笑。）

罗　那没办法，因为很尴尬，所以我只好强颜欢笑。哈哈，原来你也是魔术师啊。

（全场大笑。）

罗　这是难忘的经验啊。所以记得，来，这一次，这样地扎，拉紧的时候两边穿过去，好，慢慢收紧，观众以为现在也是一样，要用吹的方法把它变出来，其实不是。你准备要做一件事情了。好，请观众捏，这时候他在捏的时候，他不会注意到你别的地方，这时候你的手，右手伸到你的口袋里面，把那个绳结抓出来，这时候过来的时候，一把把这个拉掉，有没有。结就松掉了，松掉的同时……

孟　好神奇哦！

（字幕＋音效："好神奇哦"）

罗　好，谢谢。非常谢谢他们两位参与啊。记得下礼拜同一个时间，一定要记得收看我们的《开心100》大魔竞。谢谢大家，再见。

（下期精彩预告：音乐＋字幕："下期预告"选手帅气魔术表演的片段）

Eric 同期　"你以为你很帅吗？"选手尴尬，

E　"我最讨厌这种油头粉面、皮笑肉不笑的人。"

选手身穿济公服装的滑稽魔术表演片段

Eric 同期　"挑错魔术变了，为什么变这种疯子的魔术啊。"

另一选手表演片段。

Eric 同期　"我请问你，你是来玩的吗？你不看我代表不认同我是不是。"

其他多位选手表演片段的连接，同时飞出工作人员字幕，最后定格在东南卫视的台标和现场主持人的惊呼中。

（杨春果　整理）

《剪子包袱锤》第五期

节目名称：《剪子包袱锤》第五期

播出时间：2008年12月20日

片头

（动画出现剪子、包袱和锤的形象，出现字幕"剪子包袱锤"）

（主持人上场）

刘敏　同学们大家好，欢迎你们收看《剪子包袱锤》节目。同学们也许会奇怪了，刘敏姐姐为什么会拿个球呢，是不是今天的节目跟体育有关系呀？没错，我们今天节目的所有环节呀都跟体育有关系，为什么呢？因为啊，从1949年到1999年，半个世纪，我们伟大的祖国走过了五十年的风雨历程，每一步都记载着辉煌与荣耀，当初被称作"东亚病夫"的中国已经迈入了体育强国的行列，好啦，长话暂且短说，比赛迫在眉睫。首先把今天来到现场的三所学校的同学们介绍给大家：剪子队是来自肥城市实验小学的同学们，欢迎你们（同学们欢呼“剪子队必胜”），好，包袱队是来自淄博柳泉艺术小学的同学们（同学们欢呼“包袱队必胜”），锤头队是来自新泰平阳小学的同学们，欢迎你们（锤头队必胜）。好，同学们，争先恐后谁为先，袋鼠摔跤比比看。

片花（动画出现字幕“争先恐后”）

（主持人上场）

刘敏 袋鼠摔跤比赛呢，每个队派一名选手参加，穿上我们的袋鼠服饰，以连环赛的形式进行，你可以采取推、拉、甩、摔、抖，总之各种形式，只要能把对手从场地上，这个绿色的毯子上摔出去，就是你胜利啦，那么我们根据你比赛的成绩呢，分别为你们加上200分、150分和100分，同学们你们听明白了吗？（同学们回答：听明白了）好，首先上场的是剪子队和包袱队）。

“袋鼠摔跤”比赛环节

刘敏 我们这个比赛呀，采取三局两胜制，首先是剪子队对包袱队，两队选手准备好了吗？

选手 准备好了。

刘敏 首先互相致意。好，预备，开始！

两位身穿袋鼠道具服装的同学在比赛摔跤。

（同学们欢呼：加油加油）

刘敏 好，停。比赛结束，我们剪子队的同学啊，坚持到最后，两个脚还在我们的垫子上。第一轮比赛，剪子队获胜（剪子队的同学们欢呼）。好，请上场。进行第二轮比赛，开始。

两位身穿袋鼠道具服装的同学在比赛摔跤。

（同学们欢呼：加油加油）

刘敏 好，停。包袱队的同学真的是啊，反败为胜，第二轮，包袱队的同学获胜（包袱队的同学们欢呼）。注意啦，两个队的同学，下一轮可就是决胜局了。准备，开始。（同学们欢呼：加油加油）

两位身穿袋鼠道具服装的同学在比赛摔跤。

（同学们欢呼：加油加油）

刘敏 在这一轮比赛中啊，包袱队是先出垫子的，那么这一轮剪子队获胜（剪子队的同学们欢呼）。接下来，请锤头队和剪子队进行比赛。请锤头队同学上场。准备好了吗？

选手 准备好了。

刘敏 经过第一轮的比赛啊，我们剪子队的同学体力有所消耗，锤头队的同学你要注意了啊，预备，开始。

两位身穿袋鼠道具服装的同学在比赛摔跤。

（同学们欢呼：加油加油）

刘敏 停，第一轮比赛锤头队获胜（锤子队同学们欢呼）。第二轮比赛，剪子队的同学要振作精神啊！好，准备，开始。

两位身穿袋鼠道具服装的同学在比赛摔跤。

（同学们欢呼：加油加油）

刘敏 停，第二轮比赛，剪子队的同学获胜。（剪子队的同学们欢呼）好，又到我们的决胜局了。准备，开始。

两位身穿袋鼠道具服装的同学在比赛摔跤。

（同学们欢呼：加油加油）

刘敏 停，这一轮比赛啊，我们锤头队的同学始终有一只脚踩在垫子上，到最后啊，我们剪子队的同学还是坚持不过锤头队的同学，剪子队啊，被他打出了垫子。这一轮比赛，我们锤头队获胜（锤头队同学欢呼）。好，接下来，将由锤头队的同学向包袱对发起挑战。请两队选手上场。

两位身穿袋鼠道具服装的同学在比赛摔跤。（同学们欢呼：加油加油）

刘敏　停，好第一轮比赛，我们锤头队的同学获胜。不要骄傲，还有两局呢。来，预备，开始。

两位身穿袋鼠道具服装的同学在比赛摔跤。（同学们欢呼：加油加油）

刘敏　停，哎呀，我们锤头队的同学果然出手不凡呀，第二局，还是锤头队获胜（锤头队同学们欢呼）。那么这样一来呢，第三局就不用进行了，比赛成绩是显而易见啊，锤头队获得了总决赛的第一名，剪子队是第二名，包袱队的同学也是很不容易的，包袱队是第二名。首先为包袱队的同学加上 100 分，好，为剪子队的同学加上 150 分，最后为锤头队的同学加上 200 分。

（主持人上场）

刘敏　赛场如同战场，胜败乃兵家常事，下面呢，让我们一鼓作气，斗志高高，一起进入快乐夺标。

片花（动画片花，出现字幕“快乐夺标”）

“快乐夺标”比赛环节

刘敏　“快乐夺标”的时间里呢，我们要和同学们来一个超级乒乓球比赛，为什么叫超级乒乓球赛呢，从我手里的乒乓球拍你们就知道为什么叫超级了，因为我们比赛中的所有器械啊都比正常比赛中的器械呀要打上好几倍，你们看地上这个白色的胶带呀，就是我们的乒乓球台，除了我们的器械大了之后呢，我们所有的规则呢，都跟正常的比赛是一样的。我们采取五分制，首先上场的是剪子队和包袱队。好，你在场那边。我们的比赛呢，每一方有两次发球权。首先由包袱队发球。准备开始。

双方同学，手持巨大的乒乓球道具，在场地上打乒乓球。（同学们欢呼：加油加油）

刘敏　包袱队发球失败，给剪子队的一分。啊，包袱队失误，剪子队再得一分。哎呀太可惜了，剪子队再得一分，包袱队同学要加油了。啊，剪子队的同学失误了，包袱队的一分。包袱队同学发球失误，剪子队再得一分。哎呀，这一局，剪子队获胜（剪子队的同学们欢呼）。好，接下来，将要由锤头队和剪子队进行比赛。

双方同学，手持巨大的乒乓球道具，在场地上打乒乓球。（同学们欢呼：加油加油）

刘敏　发球失误，剪子队得一分，发球失误，剪子队再得一分。锤头队的同学把球发出界了，剪子队再得一分，我们锤头队的同学打得非常远。停，刚才啊，锤头队的同学没有把球打过网，这样一来呢，剪子队再得一分，锤头队的同学要加油了，锤头队同学发球失误，剪子队同学再得一分，剪子队获胜（剪子队的同学们欢呼）。好，接下来的比赛将在包袱队和锤头队之间进行。他们将争夺第二名。开始。

双方同学，手持巨大的乒乓球道具，在场地上打乒乓球。（同学们欢呼：加油加油）

刘敏　锤头队的同学把球打出界了，包袱队的同学得一分。锤头队同学发球失误，包袱队再得一分。包袱队的同学没有把球发过网，锤头队得一分。包袱队的同学再次发球失误，锤头队得一分，二比二平。锤头队的同学把球打出界了，包袱队得分。注意了，发球还是很重要的，你们已经在发球上丢掉很多分了。包袱队的同学把球打出界了，锤头队再得一分，三比三平。比赛真是激烈。包袱队的同学发球失误，锤头队再得一分，注意啦，不要再给对方送分了，包袱队的同学加油了。场上又一次出现了平局。同学们要加油了，还有最后一个球。现在换发球。两队队员现在都打得非常小心啊。已经有一些战术了。锤头队同学没有坚持，这一轮比赛包袱队获胜，好，首先为锤头队加上100分，为包袱队加上150分，为剪子队加上200分。（同学们欢呼）

（主持人上场）

刘敏 好，超级乒乓，超级娱乐。快乐夺标，各有所得，无论是袋鼠摔跤，还是超级乒乓球赛，都充分体现了同学们的体能。接下来呢，我们就要看看同学们的眼力和超凡的记忆力了，更重要的是，让我们通过一组组珍贵的镜头资料，去领略我国体育运动史上的辉煌。一起进入“开心擂台”，一睹健儿风采。

片花（动画片花，出现字幕“开心擂台”）

“开心擂台”比赛环节

刘敏 好，首先邀请包袱队的同学上场。下面一起来看一下录像。

视频小片（静态图片蒙太奇，图片为我国体育健儿的照片）

刘敏 好，录像看完了，都是我国在世界比赛中获得金牌的运动员。然后看看你们能记住几个。

选手 李小双、邓亚萍、郎平、伏明霞、刘国梁。

刘敏 还有谁，你可以补充一下。

选手 王义夫、熊倪、王军霞、占旭刚、乐靖宜。

刘敏 对啦，一共十个，你们都答对了，为你们加上200分，祝贺你们。接下来有请锤头队的同学上场。首先让我们一起来看录像好吗？

视频小片（静态图片蒙太奇，图片为奥运会体育项目照片）

刘敏 录像看完了，请你们说出我们录像中都播出了哪些体育项目？开始。

选手 有女子柔道、竞走、举重、跳水、乒乓球、游泳、自行车、击剑、鞍马、排球。

刘敏 哇，你们把10个也都全说出来了，同样为你们加上200分。接下来将参加比赛的是剪子队，请剪子队的同学上场。还是让我们一起先看录像。

视频小片（静态图片蒙太奇，图片为足球队照片）

刘敏 这都是我国的一些甲A足球队。请你们说出他们的名称。

选手 大连实德队、深圳平安队、山东鲁能泰山队、吉林敖东队、辽宁抚顺队、上海申花队、四川全兴郎酒队、北京国安队、重庆隆鑫队、青岛颐中海牛队。

刘敏 全都说出来了，祝贺你们。为你们加上200分。

（主持人上场）

刘敏 好，开心擂台，欢乐开怀，从这些画面，我们领略到了体育健儿五十年的辉煌，也看到了同学们超凡的记忆力，好了同学们，让我们带着对明天的憧憬，带着对健儿们的问候，一起登上“智慧方舟”，知识海洋任遨游。

片花（动画片花，出现字幕“智慧方舟”）

“智慧方舟”比赛环节

刘敏 好，在“智慧方舟”的环节里，我们要开展一场指挥大战，每个队派四名选手参加，三名同学呢站在我们的惊险滑梯上，另外一名同学呀要在我们的摸题台上摸题，题目呢，都被绑在一些小玩具的上面，首先呢，你要猜猜你摸到的是什么玩具，如果猜对了呢，就为你加上50分，然后回答问题，答对一题同样为你加上50分，你的队友呢还可以前进一步。如果答错了，同学们都知道是什么结果了，好，首先请剪子队上场。剪子队的同学可以开始摸题了。照这个动物的特征，能猜出来吗？

选手 这是一个小狗。

刘敏 是一个小狗，首先为你们加上50分。好，我国女排曾在世界大型比赛中五连冠，其中有一位运动员被誉为“神扣手”，她是张荣芳还是郎平，请回答。

选手 她是郎平。

刘敏 回答的对不对呢，让我们来看一下。

另外两队选手从滑梯上滑下。

刘敏 另外两队的选手都从滑梯上滑了下来，只有剪子队的同学还留在上面，那么证明你回答正确，再为你加上50分（剪子队同学们欢呼）。自1986年参加国际性跳水比赛，创造了世界锦标赛、世界杯赛和奥运会世界三大比赛六连冠纪录，获得“世界跳板女皇”之称的运动员，是周继红，还是高敏。

选手 高敏。

刘敏 这么肯定吗？

选手 是。

另外两队选手从滑梯上滑下。

刘敏 啊，又回答正确了，再为你们加上50分（剪子队同学们欢呼）。被誉为“体操王子”的中国运动员是李宁还是娄云？

选手 李宁。

另外两队选手从滑梯上滑下。

刘敏 又回答正确了。在为你们加上50分（剪子队同学们欢呼）。还有最后一题，1956年，在上海举行的中苏友谊举重赛中，以133公斤的成绩打破世界纪录成为中国运动员创造的。第一个举重世界纪录的运动员是陈镜开还是黄强辉？

选手 陈镜开。

刘敏 是陈镜开吗？决定了？

选手 是。

刘敏 好，我们一起来看一看他回答的对不对。呀，又回答对了，剪子队的同学真厉害，在这一轮的比赛中，一共夺得了300分，祝贺你们（剪子队同学们欢呼）。好这个就送给你了，接下来，将要上场的是包袱队的选手。

选手 袋鼠。

刘敏 哦，她很快就摸出来了，说是袋鼠，我们来看一下对不对。回答正确，为你加上50分。在1959年，在25届世乒赛上，为中国夺得第一个乒乓球男子单打冠军的乒乓球运动员是容国团还是庄则栋？

选手 容国团。

刘敏 容国团，对不对我们一起来看一下。

另外两队选手从滑梯上滑下。

刘敏 另外两个对的选手被滑下来，证明你们回答正确，为你们加上50分。请听第二题，在1992年巴塞罗那奥运会上中国第一位夺得游泳冠军的运动员是庄泳还是杨文意？

选手 杨文意。

刘敏 她说是杨文意，回答的对吗？

本队选手从滑梯上滑下。

刘敏 哦，回答错了，应该是庄泳。50分你们得不到了。1984年，第23届奥运会中获得女子花样击剑冠军成为奥运会史上第一个获得击剑金牌的亚洲选手是我国的哪位选手？

选手 栾菊杰。

刘敏 栾菊杰，看一下她回答的对吗？一起来看一下。

另外两队选手从滑梯上滑下。

刘敏 呀，回答正确，为你们加上50分。请听下一题，我国乒乓球女运动员中，获得世界大赛金牌最多的运动员是谁？是乔红还是邓亚萍？

选手 邓亚萍。

刘敏 邓亚萍，一起来看一下她回答的对不对啊。

另外两队选手从滑梯上滑下。

刘敏 回答正确，好，在这一轮的比赛中呀，包袱队一共夺得了250分，这个送给你了。接下来上场的是锤头队。

选手 是狗。

刘静 回答正确，为你们加上50分。被誉为“东方神鹿”的中国女子运动员是陈跃玲还是王军霞？

选手 是王军霞。

刘敏 我们一起来看一下对不对啊。

另外两队选手从滑梯上滑下。

刘敏 哦，是王军霞，为你们加上50分。请听好下一题哈，曾三次打破男子跳高世界纪录的中国运动员是朱建华还是邹振先？

选手 是朱建华。

刘敏 是朱建华，决定了吗？不是邹振先？

选手 不是。

刘敏 好。一起来看一下她回答的对不对。

另外两队选手从滑梯上滑下。

刘敏 啊，又回答正确了，第一个实现中国在奥运史上金牌零的突破的中国运动员是许海峰还是王义夫？

选手 是许海峰。

另外两队选手从滑梯上滑下。

刘敏 再为你们加上50分。请听最后一题，我国第一个登上珠穆朗玛峰的女运动员是谁？

选手 潘铎。

刘敏 潘铎，来看一下回答的对不对？

另外两队选手从滑梯上滑下。

刘敏 好，再为你们加上50分，那么在这一轮的比赛中啊，锤头队也得到了300分，祝贺你们。

（主持人上场）

刘敏 好，我们先来看一下各队的得分情况。包袱队700分，锤头队800分，剪子队850分，祝贺你们（同学们欢呼）。好了，我们本周的冠军队就是剪子队。

（杨宁　整理）

《挑战麦克风》

节目名称：挑战麦克风

播出台：湖南卫视

播出时间：2008年12月25日播出

总导演：洪涛

画外音 九阳挑战麦克风，放马过来！大家一起都来挑战麦克风！挑战麦克风，K歌选手档案。

视频

黄道庆 我当了20年军医了，想当年头发茂盛的时候，也是一个麦霸！在西安上军医大学的时候，经常跟同学们一块儿在城墙根底下唱《信天游》。我抬头，望青天，追逐流失的岁月（哼歌）。你们可能想不到，当初我追我老婆的时候，唱的可是“对你爱爱爱不完”。

路人 黄医生早！

黄道庆 哎。早。我是一名军人。什么挑战都不怕，更别说麦克风了。来，张嘴。

（视频是一个有个性的K歌选手黄道庆的自述。他是一名军医。画面就是他从家到医院，在路上行走，并在工作时展示参赛宣言的过程。）

《挑麦开场曲》

演唱：李好　骁骁　马可

（三主持分散在观众席中，带领大家一起high）

合 And I say hey hey
I say hey 跟着歌声飞

李好 这里就是你我的舞台
一定要摆出最酷的姿态
只要你跟着节奏
一起摇摆

骁骁 如果觉得这还算精彩
请让我们听到你的喝彩
要把所有的烦恼
统统抛开

马可 如果心动你就不要再等待
登上舞台秀出你的风采
让我们
唱出个未来

合 And I say hey hey
I say hey
挑战麦克风
And I say hey hey
I say hey
跟着歌声飞
one more time
And I say hey hey
I say hey
挑战麦克风
And I say hey hey
I say hey（here we go）
跟着歌声飞

Mr. Mic 大家好，我是Mr. Mic，让我们大声唱出来吧！

《溜溜的她》

原唱：费翔

演唱：龙队风队

你未曾见过我
我未曾见过你
年轻的朋友一见面呀
情投意又合
你不用介绍你
我不用介绍我
年轻的朋友在一起呀
比什么都快乐
溜溜的她哟，她哟我哟
心儿咿个嘿嘿嘿
心儿咿个嘿嘿嘿
你不用介绍你
我不用介绍我
年轻的朋友在一起呀
比什么都快乐
你未曾见过我
我未曾见过你
年轻的朋友一见面呀
情投意又合
你不用介绍你
我不用介绍我
年轻的朋友在一起呀
比什么都快乐

溜溜的她哟，她哟我哟
心儿咿个嘿嘿嘿
心儿咿个嘿嘿嘿

Mr. Mic Ladies and gentleman，有请挑战麦克风司仪马可、李好、骁骁。

马 欢迎大家来到湖南卫视九阳挑战麦克风。大家好，我是马可。

骁 大家好，我是骁骁。

李 各位好，我是李好。

骁 哇。那改革开放三十年以来真是有很多经典的歌曲，每次那些旋律响起来的时候，真的会有很多甜美的回忆涌上心头了。如果有这样几首歌也陪伴你成长的话，赶紧发送歌曲的名字到1066958820，分享经典的同时呢，还可以收获幸运。老规矩，第一位幸运观众会获得——（每一场都会有的小动作：指向李好）

李 笔记本电脑。

马 哎，想不想要。

李 是的。那么其实呢，我们的节目呢，是一个非常平民性草根类的节目。虽然呢，我们都是一棵棵的小草，没有花香没有树高，不像专业的歌手，但是，我们热情的星星之火，可以燎原。现场的观众朋友们，让全中国的电视观众感受我们的热情好吗？（欢呼）

马 哇。节目刚刚开始就high翻天了，希望电视机前的您也感受到了这一股热情。那么也希望电视机前所有爱音乐爱唱歌的朋友参与到我们现场的龙凤争锋当中来。如果你表现得够好的话，告诉你一个天大的好消息，你可以参与到湖南卫视跨年演唱会的舞台哦！所以在这里，马可要非常开心地向大家预告一下，我们湖南卫视 Oppo Real 2009 音乐手机跨年演唱会将在12月31日在深圳世纪之窗隆重举行。到时候大家可以组成百人麦霸团到现场跟很多大牌明星一起high歌。如果想去的话，我们屏幕下方的抢票热线一定要记清楚了。好了，今天来到我们现场的，同样有两位非常可爱的朋友。首先是在VCR中跟大家见过面的我们的黄大哥，欢迎你！54号！黄大哥让我们听听你的歌声！

原音回放： 你未曾见过我
我未曾见过你
年轻的朋友一见面呀
情投意又合

骁 哇。唱得真棒。

马 黄大哥，你唱的那首对你爱人唱的那首《对你爱不完》我还是印象很深刻，待会儿有机会好好秀一下啊。

骁 好！同样我们要欢迎的是来自九阳的朋友啊。71号刘阳，跟大家打一个招呼。

众主持 Hello，欢迎你。

李 哇，非常非常的可爱。

马 祝您玩得开心。那么接下来，Mr. Mic 将会在所有的歌手当中要随机抽样一个声音采样。我们大家看一看刚刚大家的演唱质量。到底怎么样。Mr. Mic。

原音回放： 溜溜的她哟，她哟我哟
心儿咿个嘿嘿嘿
心儿咿个嘿嘿嘿
你不用介绍你

李 好可爱！她唱的不是“她哟我哟”，唱的是“打了我哟”，“打了我哟”。

马 而且乡音难改啊。“li 不用介绍 li”。好。到底是哪位可爱的凤队姐妹呢？大家愿意举起手来吗？可能不记得自己的声音咯。Mr. Mic，帮帮忙吧。她是谁？（众主持转向大屏幕）

众主持 108号，高玉萍。

原音回放： 你不用介绍你
我不用介绍我
年轻的朋友在一起呀

比什么都快乐（高不好意思地笑，站起来向众人开心挥手）

马　听得出来还是很快乐的。歌声当中也唱到了。好了。

李　希望你玩得开心。

马　是。接下来，我们要在龙队和凤队当中挑选出第一位代表。

李　诶。等一下等一下等一下。（怎么了？）今天呢，在因为现场啊（嗯？）还有一位非常特别的来宾来到我们的现场，（哦哦哦）（真的吗？）我们也要为大家隆重介绍一下。就是，我叔叔，（在哪里呀？）龙队（哪一位）37号，欢迎我叔叔的到场。

骁　诶，听一下李好叔叔的声音好不好。（好好好，Mr. Mic。）听一下听一下。

原音回放：你未曾见过我
我未曾见过你
年轻的朋友一见面呀
情投意又合

李　哎呀，唱的不错！大家觉得我叔叔唱得怎样！

骁　马可，你觉得这位叔叔唱得怎么样？来。

马　不太好。

李　是这样的。叔叔，您每天看着自己的儿子在台上做节目是什么样的感觉？

37号　我开心哪。呵呵。

李　掌声欢迎马可的爸爸！

骁　欢迎马叔叔。欢迎。

马　我要跟大家道个歉。因为我爸爸平常非常喜爱“挑战麦克风”这个节目，呃，然后当然也是因为其中有个优秀的主持人叫做马可啦。（哈哈哈哈）特别关注。

李　（对台上）但是有一点哦。（嗯？）你在节目的过程当中曾经说过一句话，现在我要现场论证一下是不是真有其事。（对37号）马可说每次您在家里面引吭高歌的时候他跟阿姨都会出去散步。（是真的吗？）有这么回事吗？

37号　没有这回事啦。这是瞎掰啦。

马　我纠正一下。不是我跟我妈要出去散步，是我们的邻居都去散步啦。我和我妈出去把我们的邻居给拖回来说我爸的歌声其实还不错的。不信的话，李好，你可以让他随便唱一两句，我爸爸喜爱的音乐。

李　唉？好啊好啊。（听一下。）对。喜欢什么？呃。稍微的柔情一点的。要不然《涛声依旧》。（半个菠萝蜜是菠萝菠萝蜜）（谢谢啊）

马　我爸爸是从初中开始把我作毛宁培养的，所以他很喜欢毛宁。

37号　几度风雨，几度春秋。

马　干得漂亮！爸爸。

李　我知道，从今天开始，就要把你往刘欢的方向培养啦。

马　是是是。（加油，谢谢马叔叔）我在这里要跟大家道个歉，因为我爸爸特别喜爱这个节目，他特别想到现场来参加，所以我给他开了一个小后门。（哦）但是我当初我提到要不要把他安排到舞台上来唱歌呢，他说不要，凭我的实力，我要经过Mr. Mic的考验，真真正正地考验我的实力够了我才来到这个舞台上。

骁骁　那我们赶紧揭晓吧。叔叔有没有这个实力。

马　爸爸，但愿你能够如愿以偿。（加油哦）接下来，龙队和凤队的第一位代表马上就要产生，我们要有劳Mr. Mic。首先是龙队，在第一首歌当中，谁表现得最好？是你吗，兄弟们。（是谁啊！）还有我爸爸。（欢呼）好了！答案马上揭晓。Mr. Mic，请告诉我答案。

众主持 28号，孙文海。

原音回放：你未曾见过我
我未曾见过你
年轻的朋友一见面呀
情投意又合

骁 唉！如果我没有记错的话，我觉得他是开场VCR里面那个新加坡的朋友吧。（是是是是是是。小帅哥）

28号 我是来自新加坡。然后来到我们的长沙参加“挑战麦克风”！

骁 欢迎欢迎。

李 说明我们的节目在新加坡的收视率都非常的高。

马 是是是。远道而来的朋友一定有两把刷子。可不可以亮亮你的歌喉，平常最擅长什么歌曲。（对啊）《涛声依旧》怎么样？

28号 我就来一首我比较喜欢的歌好吗？（OK，OK，好）《忘不了》回忆过去，痛苦的相思忘不了，为何你还来拨动我心跳。爱你我怎么能了，今夜的你应该明了。缘难了，情难了。（果然不错。好棒）谢谢谢谢！

李 同时呢，我们这位朋友孙文海呢也是通过我们的金鹰网快乐城堡专门报名来到现场的。这位朋友。（不错不错）再次欢迎你。

马 欢迎欢迎孙文海。那么接下来该轮到凤队了。凤队在第一首歌中谁表现得最好。姐妹们，是你们吗？（欢呼）谁？是你们吗？是你吗？Mr. Mic，告诉我答案！

众主持 67号，黄晶。（欢呼）

骁 恭喜。

原音回放：你未曾见过我
我未曾见过你
年轻的朋友一见面呀
情投意又合

马 你看。黄晶黄晶，是金子就会发光，马上就出来了。（对李好）人家是凤队的哦。

李 啊对。没关系啊，我们今天晚上两队要拼实力嘛。（哎好好好）我们这个小伙子也不赖啊。

马 堂堂正正地到舞台上用歌声来一较高下。好啦。接下来马上要挑出的是龙队和凤队第二位代表。同样一首歌的时间。首先是我们的凤队。每位的姐妹想要到舞台上来，想要参加湖南卫视跨年演唱会的话，接下来这首歌一定要好好唱。（加油）Mr. Mic，告诉我，这首歌的名字叫做——

Mr. Mic 我是Mr. Mic。凤队大合唱曲目是《粉红色的回忆》。

李 好嘞！

马 这是当年韩宝仪唱红的一首歌曲。凤队的姐妹们，祝你们好运。大家一起来。Music。

李 加油！

《粉红色的回忆》

原唱：韩宝仪 演唱：凤队

唱 夏天夏天悄悄过去留下小秘密
压心底压心底不能告诉你
晚风吹过温暖我心底我又想起你
多甜蜜多甜蜜怎能忘记
不能忘记你把你写在日记里
不能忘记你心里想的还是你
浪漫的夏季还有浪漫的一个你
给我一个粉红的回忆
喔夏天夏天悄悄过去依然怀念你
你一言你一语都叫我回忆
就在就在秋天的梦里我又遇见你
总是不能忘记你

不能忘记你把你写在日记里

不能忘记你心里想的还是你
浪漫的夏季还有浪漫的一个你
给我一个粉红的回忆
喔夏天夏天悄悄过去依然怀念你
你一言你一语都叫我回忆
就在就在秋天的梦里我又遇见你
总是不能忘记你

马　凤队的姐妹唱得是娇滴滴呀。请问一下我们的骁骁，觉得我们凤队的姐妹表现得怎么样啊！

骁　两个字形容。（哪两个字？）Oh yeah！

马　Oh yeah！好！李队长，你也两个字形容一下凤队的姐妹的表现吧。

李　太有个性啦。

马　太有个性……唉？差不多诶……好了。接下来我们要从凤队的姐妹当中挑选出第二位代表了。Mr. Mic，有劳你啦。是你吗？姐妹们。（欢呼）Mr. Mic 告诉我答案吧！12 号！周超！

原音回放：不能忘记你把你写在日记里
不能忘记你心里想的还是你
浪漫的夏季还有浪漫的一个你
给我一个粉红的回忆

马　周超是通过金鹰网的报名来到现场的，对不对周超？

12 号　对对。

马　您是来自于哪里的朋友？

12 号　长沙。

马　噢！长沙的朋友。好的。我发现有很多很多网络上的唱将都通过金鹰网的报名来到了现场，所以电视机前的您想要加入到这个节目的话，金鹰网是非常好非常方便的一个报名渠道，不妨考虑一下。好了！接下来，龙队！所有的兄弟们，一首歌要交给你们啦。好好地表现，但愿下一个上场的是你。Mr. Mic，请告诉我这首歌的名字叫做——

Mr. Mic　我是 Mr. Mic。龙队大合唱曲目是《两只蝴蝶》。

马　wow！希望大家有装可爱的表现。龙队的兄弟，给大家带来《两只蝴蝶》！Music。

李　加油各位！

《两只蝴蝶》

原唱：庞龙　演唱：龙队
亲爱的你慢慢飞
小心前面带刺的玫瑰
亲爱的你张张嘴
风中花香会让你沉醉
亲爱的你跟我飞
穿过丛林去看小溪水
亲爱的来跳个舞
爱的春天不会有天黑
我和你缠缠绵绵翩翩飞
飞跃这红尘永相随
追逐你一生爱你无情悔
不辜负我的柔情你的美
我和你缠缠绵绵翩翩飞
飞跃这红尘永相随
等到秋风尽秋叶落成堆
能陪你一起枯萎也无悔

马　好了。这首歌当中我们龙队的所有兄弟笑得都跟花蝴蝶似的，特别特别的开心。李队长，你在龙队当中有没有特别的惊喜发现哪？

李　啊哟！真的啊。我在龙队当中啊，放眼望去，就发现 37 号我叔叔时最亮眼哪。但是我身边这位小伙子也非常的不错，来，为自己来加油！

马　好的！接下来啊，包括 37 号你的叔叔我的爸爸呢也要经过 Mr. Mic 的一个挑选，他真的是非常严格的一个人，唱得好就是唱得好，唱得不好他绝对不会选择。好啦，各位，在这首歌当中，表现得最好的那一个，是你吗？兄弟们。（欢呼）还有我爸爸。Mr. Mic，请告诉我答案！39号，陈夫存。

原音回放：我和你缠缠绵绵翩翩飞

飞跃这红尘永相随

追逐你一生爱你无情悔

不辜负我的柔情你的美

马 他这首歌唱得没有任何话说啊。

李 是啊。但是从他的这个表情当中，我觉得他还有些惊讶。诶？你为什么会有惊讶？你平时的话应该是属于唱歌非常棒的一位朋友。来，亮一句嗓子让大家听一听你的感受。

39号 我和你永不分离千千万万世纪无边无际爱是永恒因为爱是你谢谢

马 哇。歌喉真的是很不错。但是他在唱的时候看着我在唱，所以我觉得一身的鸡皮疙瘩。最好是把对象移到凤队的各位姐妹当中。李好。麻烦把两位选手带到舞台上来。接下来我们要把画面交给骁骁了，她那边有太多的奖品，琳琅满目，一起去关注一下吧，骁骁！

骁 这里就是我们“挑战麦克风”的奖品区了，虽然说我们的奖品区呢不是很大，可是呢，奖品却非常的丰富。赶紧来认识一下它们。它们是：九阳小家电健康礼包，能唱卡拉OK的创维酷开TV多媒体娱乐电视，当然啦，还有浪漫欧洲十一国游。那今天晚上呢，上场的龙凤两队的三位代表呢都可以获得由你好漂亮提供的200元的美发卡。那么多的奖品会不会很心动呢？一开场呢骁骁就提醒大家要发送你心目当中的经典到1066958820，不知道你们有没有发送短信呢？发送短信的朋友注意了！现在你要收获幸运了。马可和李好赶紧为我们揭晓第一位获得笔记本电脑的会是谁呢？

马 笔记本电脑想不想要？大屏幕请滚动！

李 五，四，三，二，一，停！河北的朋友。

马 他喜爱的歌曲是《好日子》。（今天是个好日子，心想的事儿都能成）恭喜你获得了手提笔记本一台，再次欢迎我们的骁骁回来。我们的龙队和凤队已经有两位代表站到了这个舞台上，（嗯）马上就要选出第三位了，首先是我们的龙队。

李 好。风水轮流转。Mr. Mic已经把54位龙队的朋友你们的照片全部记录下来了。我们来看一看是谁呢？

Mr. Mic 龙队幸运选手是……let’s go。

李 一起倒数！五，四，三，二，一，停！100号，刘君舟！

马 这个号码大家也特别特别的喜欢。

原音回放：我和你缠缠绵绵翩翩飞

飞跃这红尘永相随

追逐你一生爱你无情悔

李 欢迎你。我们刚刚唱的歌啊，就是庞龙的两只蝴蝶。这位朋友走上来还蛮有庞龙的风采。（诶）就是我发现你走路的时候会不会是今天上台有点紧张，走路的时候手都不带甩的。

马 人家就是很沉稳很淡定好不好。（好）好。接下来，是凤队了。骁骁。

骁 好的。有请Mr. Mic转动我们凤队的名单。

Mr. Mic 凤队幸运选手是……let’s go。

马可 一起倒数。是你吗？

骁 五，四，三，二，一，停！

李 36号，肖凤娇！娇娇。

骁 在哪里？

李 祝贺你

原音回放：不能忘记你把你写在日记里

不能忘记你心里想的还是你

浪漫的夏季还有浪漫的一个你
给我一个粉红的回忆

骁 要走出巨星的风范哦！恭喜我们的娇娇。

马 特别喜欢你唱的那一句浪漫的夏季还有浪漫的一个你。好的好的。特别可爱。每一位朋友的表现都特别可爱。到了舞台上就要好好抓住每一分每一秒好好地表现。因为如果你表现得好的话，下一个舞台就是湖南卫视的跨年演唱会啦。

李 好大的舞台哦。

骁 是的。那么要再次提醒大家。刚才呢我们的工作人员告诉我，今天的奖品又升级啦！（又升级啦！）在现场两队的三位代表呢，将获得香港摩登漂亮宝贝美容国际集团“你好漂亮”提供的500元的美容美发卡哦！（恭喜各位~）好好加油好不好？

马可 恭喜拉。如果想要拿到奖品想要赢得继续唱歌的机会的话，接下来的时间你们好好的休息一下，养养嗓子，想想在舞台上怎么好好表现，因为表现得好的话，真的，惊喜不断。（是的。）我们首先来关注一下，奖品的内容吧。

VCR 内容 同唱30年，30年您最爱经典大推荐，创维酷开 TV，更多欢乐 K 出来。手机用户编辑任意一首你最喜爱的歌曲名发送到1066958820。今晚开奖两次。第一名中奖观众即得由创维提供的名牌笔记本电脑一台。不管现场胜出选手冲关成功与否，他没选择的其他两关奖品，都将归第二名短信中奖观众所有。易关，小家电健康礼包；中关，创维酷开 TV，多媒体娱乐电视；难关，浪漫风情欧洲 11 国游。现在开始，启动你的拇指，来挑战麦克风吧！

《挑麦开场曲》

演唱：李好、骁骁、马可

一起唱，
噢拉里拉里嘞，释放吧
噢拉里拉里嘞，拥抱吧
噢拉里拉里嘞，快乐有我有我有我
一起唱，
噢拉里拉里嘞，释放吧
噢拉里拉里嘞，拥抱吧
噢拉里拉里嘞，快乐有我有我有我

马 各位请坐，欢迎大家来到湖南卫视参加九阳“挑战麦克风”。好啦，接下来我们要用热烈的掌声再一次地欢迎我们龙队和凤队的三位代表！

李 欢迎你们。首先是龙队。28 号，孙文海。39 号，陈夫存。100 号，刘君舟。欢迎三位。

马 凤队！

骁 67 号，黄晶。12 号，周超。36 号，肖凤娇。欢迎大家。

李 欢迎你们！

马 好啦。接下来每一个人都要用一首歌的时间来证明自己的实力和唱功拉。首先来挑歌的是我们的龙队。Mr. Mic，让我们来看看龙队的歌单吧。

李 十五的月亮。偏偏喜欢你。你怎么舍得我难过。让我欢喜让我忧。爱情鸟。如果这都不算爱。当你孤单你会想起谁。找自己。首先是来自新加坡，由我们金鹰网选送的这位选手孙文海，您选择的是。

28 号 我就选唱我很爱的《你怎么舍得我难过》。

李 好嘞。你怎么舍得我难过。黄品源的一首歌曲。好。接下来是 37 号陈夫存，请你选择。

39 号 我就选择张学友这首《如果这都不

算爱》吧。

马 欸，（唱）如果这都不算爱~

李 最后一位是100号刘君舟。

100号 呃，我选择《找自己》。（欢呼）

李 找自己！（找自己！）

马 哇，你看看。完全出乎我们的意料。我觉得这个龙队好像有点兵行险招的意思啊。

骁 没有关系，我们已经胸有成竹了。（好的！）我们非常地有针对性的来选择我们的歌曲。

李 龙队三位请跟我来。

马 请看歌单。

骁 婚誓。你的眼神。最浪漫的事。牵手。你的甜蜜。值得。太委屈。爱情三十六计。我们的67号。

67号 我选《牵手》。

李 气氛很好的一首歌。

骁 牵手……好嘞。12号。

12号 我选《值得》。

骁 值得。36号，肖凤娇。

36号 我选择这个听了大家都回比较酸楚的这个《太委屈》。

骁 太委屈。（欢呼）

马 请问今天要用歌声让谁委屈一下呀？

36号 让那个《找自己》的。

马 为什么让自己委屈呀。

36号 因为这首歌我也不是特别会唱，但是为了大家呢。待会儿，把这首歌除掉。（欢笑）

骁 哇，好有牺牲精神啊。

李 就是她把比较难的歌选掉了以外，就最后大家就不用来唱这首歌。哇！你们好有心机哦你们。

骁 为她加油！

马 嗯。真是考虑得很多阿。好。接下来要进行第一轮的单挑比拼了。那么请问我们的龙队派出的首发阵容是……

李 经过了我们刚刚三分之一炷香的时间的商量，首先派出的是100号刘君舟，对。刘君舟呢，其实是，长的是一副非常斯文的面孔，而他选择的是一首非常激烈的《找自己》。好的，让我们来看看风队那边派出的是谁。

马 骁骁。

骁 他们要找自己嘛对不对。

马 气氛很好的一首歌哦。

骁 在我们挑战麦克风的舞台上找自己，值得！（揽住12号的肩上前一步。）

马 好的。两边都很有说头。但是到底谁唱得更棒我们要用歌声来真正地较量一下。首先上场的是我们龙队的100号，刘君舟。

李 请发表你的挑战宣言。

100号 牺牲小我，成就大家。（欢呼）

好 哈！我们这边也很有心机呀！好了，接下来的时间请你挑战麦克风吧！

马 好期待他的演出啊！

《找自己》

原唱：陶喆　演唱：刘君舟

yeh la la la la la la
昨天晚上做了个梦
我走进撒哈拉沙漠
空无一人站在太阳下
摄氏六十六点六度
快要焚化我的眼珠
忽然一场大雨降下来
汗水被那雨水冲走
结束四十天的折磨
荒漠已然变成了绿洲
彩虹下有一棵大树
大树上有一个苹果
咬下一口我就全明白
可不可以让我再让我再一次回到那个美丽世界里

找自己
哗啦啦啦啦啦天在下雨
哗啦啦啦啦啦云在哭泣
哗啦啦啦啦啦滴入我的心
不用说我只会胡思乱想
不用跟我说我只会妄想
哗啦啦啦啦啦让我去淋雨
我只希望能再能够再一次回到那个美丽时光里
找自己（欢呼）

李 确实。这首歌对于刘君舟来说太不容易。他真的牺牲了小我，最后起码三个字，找到自己了！（欢呼）

马 你唱完之后，我心里有一个大大的问号：其实你对这首歌真的不熟，为什么要选它？

100号 因为大家，我们龙队的各位兄弟对这首歌都掌握不好。

好 你估计大家对这首歌可能都没有太大的把握。

100号 对。

李 你为了让大家能够突出重围，所以你选择了它。

100号 对。（欢呼）

马 好了好了好了。很难得。就是唱得这么不知所谓同时你还可以保持这么淡定。我觉得特别特别不简单啊。很压台的一位选手，对不对龙队的兄弟！（欢呼）

李 不过我要对你说的是君舟。其实你，你下次尽可以选择你喜欢的歌曲。因为，我们龙队是有实力的！加油各位！（欢呼）

马 好了。接下来，骁骁你们要派出的这位队员是？

骁 马可。其实刚才我有提醒过他，我说你可以把这首歌朗诵完。（他真的在朗诵）真的。因为陶喆他可以唱嘛，那与时俱进，到了我们的舞台上，我们就可以把它朗诵完嘛，对不对。

马 诶？这倒是一个变通的方法。

骁 对呀。接下来我们的周超，你要挑战的歌曲是《值得》。一句话的挑战宣言。

12号 挑战麦克风，马到成功。

骁 马到成功，加油！（欢呼）

《值得》

原唱：郑秀文　演唱：周超

关于你好的坏的
都已经听说
愿意深陷的是我
没有确定的以后
没有谁祝福我
反而想要勇敢接受
爱到哪里都会有人犯错
希望错的不是我
其实心中没有退路可守
跟着你错跟着你走
我们的故事爱就爱到值得
错也错的值得
爱到翻天覆地也会有结果
不等你说更美的承诺
我可以对自己承诺
我们的故事爱就爱到值得
错也错的值得
是执著是洒脱
留给别人去说用尽所有力气不是为我
那是为你才这么做

马 谢谢你。第一轮的比拼已经结束了。大家觉得是龙队比较强还是凤队比较棒啊？（欢呼，龙队/凤队）反正我知道龙队兄弟的心里是非常非常坚强的，在接下来呢，马上要进行的是第二轮的比拼。那么第二轮的比拼我们要换过来，骁骁你先出人马。

骁　哇。大家都是很有牺牲精神。（是）团结力量大。36 号她要带来《太委屈》。

马　好嘞。好像她的这个心态和我们的 100 号是一样的哦。牺牲小我。

骁　是的，也是为了大家。为她鼓励好不好！（鼓掌）李好，你们那边选出来谁？

李　我们这边派出的是 39 号陈夫存。

马　好嘞。

骁　一句话的挑战宣言。

36 号　挑战麦克风，美女会成功！（欢呼）

骁　美女会成功！请你挑战你的麦克风！

《太委屈》

原唱：陶晶莹　演唱：肖凤娇

当她横刀夺爱的时候
你忘了所有的誓言
她扬起爱情胜利的旗帜
你要我选择继续爱你的方式
你曾经说要保护我
只给我温柔没挫折
可是现在你总是对我回避
不再为我有心事而着急
人说恋爱就像放风筝
如果太计较就有悔恨
只是你们都忘了告诉我
放纵的爱也会让天空划满伤痕
太委屈
连分手也是让我最后得到消息
不哭泣
因为我对情对爱全都不曾亏欠你
太委屈
还爱着你你却把别人拥在怀里
不能再这样下去穿过爱的暴风雨
宁愿清醒忍痛地放弃你
也不在爱的梦中委屈自己

骁　好棒！

马　哇。好温馨的帮帮唱啊。不过要提醒我们现场所有场下就座的各位选手。待会儿再挑选那个关键代表的时候一定还是要区分对待哦！好好地斟酌每一个人的唱功。好，谢谢你！好啦，第二轮比拼当中的李好你们派出的是。

李　好。刚刚两队呢，都牺牲了小我，我觉得真是东边日出西边雨，Mr. Mic 无情，大家有情啊！好！接下来我们要派出的这位呢，是陈夫存。陈夫存，你要演唱的歌曲是。

39 号　张学友的《如果这都不算爱》。

李　如果这都不算爱。接下来请发表你的挑战宣言吧。

39 号　挑战麦克风，龙队定能登上最高峰！（欢呼）

李　哎哟，好着急啊！能把这句话说顺了就不容易了！好嘞！接下来请您挑战麦克风吧！

《如果这都不算爱》

原唱：张学友　演唱：陈夫存

是否爱就得忍耐
不问该不该
都怪我没能耐转身走开
难道牺牲才精彩
伤痛才实在
要为你留下泪来
才证明是爱
如果这都不算爱
我有什么好悲哀
谢谢你的感慨
是我自己活该 oh..
如果这都不算爱
我有什么好悲哀
你只要被期待
不要真正去爱 oh..

马　谢谢。龙队的兄弟，觉得唱得怎么样？（好！欢呼）好！声势又壮了起来。好的。我们第二轮的比拼呢，已经结束了。接下来马上要进行的是第三轮的比拼。那么请问一下，我们首先派出代表的这一位，龙队的选手他是谁？李好。

李　是的。我们现在气势如虹！马上要派出的是，28 号，孙文海！

28 号　大家好。

马　骁骁，你们那边还有谁！

骁　我们要派出的是 67 号，黄晶。

马　好嘞！首先有请龙队！

李　好的。文海，一句话的挑战宣言！

28 号　音乐无国界，我来自新加坡。挑战麦克风，龙队我们不赢一定疯！

李　哇！一定啦！有你这句话。好了，接下来的时间，请你挑战麦克风吧！

28 号　谢谢。

《你怎么舍得我难过》

原唱：黄品源　演唱：孙文海

对你的思念
是一天又一天
孤单的我
还是没有改变
美丽的梦
何时才能出现
亲爱的你
好想再见你一面
秋天的风
一阵阵的吹过
想起了去年的这个时候
你的心到底在想些什么
为什么留下
这个结局让我承受
最爱你的人是我
你怎么舍得我难过
在我最需要你的时候
没有说一句话就走
最爱你的人是我
你怎么舍得我难过
对你付出了这么多
你却没有感动过（欢呼）

28 号　谢谢。

李　看完了文海的表演。马可，我一定要说句话。这样一位朋友，为了来挑战麦克风，不远万里，从新加坡漂洋过海来到这里，（是）这是什么精神！这是麦霸的精神啊，各位！（欢呼）

28 号　我要讲的就是。我感觉到所有龙队所有凤队你们的热情，你们的爱护，再次感谢所有中国同胞们，谢谢你们。谢谢。（欢呼）

马　文海在演唱的时候凤队姐妹当中有很多姐妹在惊声尖叫啊。（是啊）我打听一下不是麦克风漏电吧，你们面前的？而是被我们文海的歌声所吸引到的，对不对？所以接下来要上场的，骁骁，最后这位代表要小心咯！要挽回一些面子哦！

骁　没有问题！67 号黄晶。告诉大家你选择的歌曲是什么。

67 号　我选择的歌曲是《牵手》。

骁　（唱）牵手，牵手。（是一首现场气氛很好的歌！）还是因为牵着你的手那首歌。到底是哪首？

67 号　我想，应该是张惠妹的《牵手》吧。

骁　到底是张惠妹的还是苏芮的。不如我们听听再说吧。

马　呵。来吧！

《牵手》

原唱：张惠妹　演唱：黄晶

黄　喔！跟着音乐一起 High 起来吧！
今天晚上

当我醒来的时候
我的脚趾头在蠢蠢欲动
它说今天晚上
心情很不错
想到街上走走
于是暗暗的天空
开始灯光闪烁
世界变得有一点无厘头
我的心情
像土拨鼠在挖洞
想找到出口
谁负责轰隆隆的节奏
快出来自首
一起到遥远的外太空
去甩一甩头
我今天决定我要放纵
我要 High 过头
我要到全宇宙的巅峰
和世界牵手
牵手牵手
奇怪的废话少说
牵手牵手
我的热情全年无休
牵手牵手
烦人的步骤先跳过
牵手牵手
我随时随地有空

骁 好棒哦！看到 Mr. Mic 笑脸不断内！

马 是是是是是。我要跟大家介绍一下，如果 Mr. Mic 大笑的话呢，就说明你的歌声在他的评定当中达到了 60 分以上。刚才文海也有同样的待遇。（是的）两位选手就像两磅炸弹一样把我们现场给点燃了。好了各位，接下来歌已经唱完了，选择的权利在场下所有的选手朋友当中，你们要从你们队伍的三位代表当中挑选那位最优秀的代表引领自己的队伍撑到最后，拿到奖品。给你们一点时间好好地考虑一下这个重要的问题吧！我们先去关心一下奖品的内容。

李好 Look 一下。耶！

VCR 内容 同唱 30 年，30 年您最爱经典大推荐，创维酷开 TV，更多欢乐 K 出来。手机用户编辑任意一首你最喜爱的歌曲名发送到 1066958820。今晚开奖两次。第一名中奖观众即得由创维提供的名牌笔记本电脑一台。不管现场胜出选手冲关成功与否，他没选择的其他两关奖品，都将归第二名短信中奖观众所有。易关，小家电健康礼包；中关，创维酷开 TV，多媒体娱乐电视；难关，浪漫风情欧洲 11 国游。现在开始，启动你的拇指，来挑战麦克风吧！

《挑麦开场曲》

演唱：李好、骁骁、马可

（三主持和所有的选手一起站在台上唱）

一起唱，
噢拉里拉里嘞，释放吧
噢拉里拉里嘞，拥抱吧
噢拉里拉里嘞，快乐有我有我有我
一起唱，
噢拉里拉里嘞，释放吧
噢拉里拉里嘞，拥抱吧
噢拉里拉里嘞，快乐有我有我有我

马 欢迎大家来到湖南卫视参加九阳“挑战麦克风”。大家好我是马可。而且现在有一点小变化。

李 哎，是是是。因为呢，诶？你外套为什么会不见。

马 因为，现场实在是太 High 太热了。

李 谁让有些主持人在上台之前还穿着秋裤

在皮裤里面呢。

骁 秋裤外面还套着皮裤~哈哈~

马 不要说啦！因为在上节目之前我担心现场可能会比较冷，但是往往每一场比赛或是每一场挑战麦克风的节目现场都要High到不行。（太热情了）大家如果想在隆冬时节体验夏日的激情的话，赶快来到我们九阳“挑战麦克风”的现场吧！（是）欢迎你！

李 欢迎各位！（欢呼）

马 接下来，再一次，隆重地为大家介绍龙队和凤队三位代表的姓名和编号，同时有一句歌的拉票时间。来吧。

李 首先，龙队28号孙文海。一句歌的拉票。

28号 紧紧相依的心如何say good bye，你比我清楚还要我说明白。

李 哇。（哇。）歌声里面，声音真是非常非常的优质。好，下一位39号。陈夫存。

39号 但当我想起你，就有无穷勇气，闭上眼睛，吸一口气，再走出新意义。

李 谢谢。站上这个舞台呢，每个人都会充满了勇气。接下来是100号，刘君舟！

100号 （韩语歌曲）谢谢。

李 我刚刚跳的这个舞蹈应该没错吧。是韩文歌吗？

100号 对，是韩文歌。

李 哦，您是？

100号 我是学韩国语的。

李 哦，难怪了！

骁 李队长你翻译一下。

马 就是九阳“挑战麦克风”，特别好看好看又好看。

李 大家新年快乐！嗯。

马 下面的时间呢，凤队的姐妹。

骁 好，我们的67号黄晶。

67号 一句话。信我就等于信自己。请大家相信我就等于相信你们自己！支持我一定给你们惊喜！谢谢！

骁 好！12号周超。

12号 我要相信你是爱我的，我要相信你是勇敢的，我烦世界是最残酷的，我怎么等。

李 一个赛一个的好声音哪！

骁 36号肖凤娇。

36号 十个男人七个傻八个呆九个坏，还有一个人人爱，姐妹们，跳出来，就算甜言蜜语把他抢过来，好好爱，不再让他离开。就是我们的目的。

李 我绝对不走。绝对不离开。

马 拉票口号你们不要带人身攻击的啊~好啦。接下来，龙队和凤队、我们场下所有的选手朋友，轮到大家作选择拉。你觉得谁最适合带你自己的队伍走到最后拿到奖品。看到你面前的投票器了吗？R键开启，把你最喜欢的选手编号输入进去，记得一定要确认哦！我说开始投票才能投票，否则的话您的投票可能无效。注意啦！（好）请投票！

《改编ㄘㄨㄚ冰进行曲》

演唱：骁骁

唱：投票，快投票

ㄘㄨㄚㄘㄨㄚㄘㄨㄚ

ㄘㄨㄚㄘㄨㄚㄘㄨㄚ

你要给谁投票

投票，快投票（时间到！）耶！

马 时间到了。只有12秒钟。12秒钟你要做出一个重要的决定。我相信Mr. Mic已经把最后的结果统计了出来。首先是龙队，在这三位当中到底谁才是龙队最后的那位代表呢？Mr. Mic，请告诉我吧。（众人看向大屏幕）28号，孙文海！

骁　恭喜！

李　恭喜文海！同时，也非常谢谢两位，谢谢陈夫存，谢谢刘君舟，谢谢两位！（谢谢两位~）这边。

马　相信文海是龙队所有兄弟的心水之选。那么接下来是我们的凤队啦。

骁　是的。到底谁可以脱颖而出呢？

马　好难选哦！Mr. Mic，告诉我们答案吧！她是……（暂停，众人看向大屏幕）67号，黄晶！

骁　恭喜黄晶！同时要谢谢我们的周超和肖凤娇。谢谢你们两位。谢谢。

马　黄晶一共得到了42票也就是说凤队大部分的姐妹都在支持她。

骁　是的！（嗯）

67号　谢谢谢谢。

马可　是。接下来。黄晶和孙文海。你们两个当中只能有一个留在这个舞台上。无论谁离开都是非常遗憾的事情。因为两位的现场爆发力实在是太强太强了。接下来的时间你们可以好好地稍微放松一下。因为我们要把任务交给场下所有龙队和凤队合唱的曲目。各位，是合唱所以依靠的是集体的力量。我们首先交叉选歌，凤队为龙队选。Mr. Mic，龙队歌单，我们来看一看。

李　又到这一刻了！十五的月亮，偏偏喜欢你，让我欢喜让我忧，爱情鸟，当你孤单你会想起谁。凤队的姐妹们你们选吧！

骁　凤队的姐妹们。

67号　我们选什么！（凤队画面，激烈讨论）

马　要有刁钻的歌曲哦！哪个哪个哪个？

骁　第几首，告诉编号好吗？（凤队：第二个第二个）有人说偏偏喜欢你，有人说十五的月亮。（自己拿主意！）黄晶。

67号　好，爱情鸟吧那就。

李　爱情鸟。（龙队欢呼）

骁　仿佛龙队有一点志在必得。

马　龙队表现得好像正中下怀的样子哦！

李　好开心啊！

马　接下来，龙队的兄弟为凤队的姐妹挑歌。Mr. Mic，我们来看歌单。

骁　婚誓，你的眼神，最浪漫的事，你的甜蜜，爱情三十六计。

马　大家的意见！（龙队闹嚷的场面）

骁　第几首？

马　最浪漫的事吗？各位各位我们用掌声来决定。（大家别激动。）最浪漫的事，鼓掌。（龙队鼓掌）你的眼神，鼓掌。没有。好，婚誓，鼓掌。哇，鸦雀无声。爱情三十六计！（欢呼）文海，你的意见！

28号　好，就跟着我们龙队的朋友的选择吧！

马可　好的！

李　三十六计！哈。你们还是走为上吧！

马　马上就要开始合唱的比拼了。我们请孙队长和李队长去到团队当中，好好地提振一下大家的士气。（好嘞好嘞好嘞）有请！

李　加油啊文海！（骁骁和李好走到观众席中）我们看好你。

马　每天都有口号阿！今天是什么样的内容。李队长你先来吧。

李　我们今天女士优先吧！

骁　好嘞！今天我们凤队先来。好不好？我们要有气势好不好！（欢呼）在三十六计之前要先有气势。来。（改编自《一休哥》）咯叽咯叽咯叽咯叽咯叽，凤队最无敌。咯叽咯叽咯叽咯叽咯叽，龙队回家去。回~家~去~

李　我们是想回家。但是我已经再次强调过了，我们是要带着奖品回家。没错吧！（欢呼）不要输给她们。接下来，朋友们，准备好了吗?！好！预备！（改编自《黑猫警长》）哎，凤队凤队，哎，不要陶醉，龙队龙队，把你唱醉，把你唱醉，把你唱醉！

骁 哇！我觉得龙队的40号大哥他好有底气哦！（模仿）把你唱醉，把你唱醉。

李 唱最后一句！

40号 （唱）把你~唱醉！（欢呼）

马 这位龙队的大哥是我见过最壮的黑猫警长。一群黑猫警长对阵一群一休哥。那么接下来马上要开始了。首先是龙队，文海说他对这首歌不熟，所以仰仗龙队的各位兄弟啦。这首《爱情鸟》，为大家带来的是我们龙队的兄弟！一起来，Music！

马 加油！

28号 一起来好不好，所有的朋友！Com' on！

《爱情鸟》

原唱：林依伦 演唱：龙队

树上停着一只一只什么鸟
呼呼呼让我觉得心在跳
我看不见她但却听得到这呼呼呼
这只爱情鸟她在向我欢叫
树上停着一只一只什么鸟
呼呼呼如今变得静悄悄
因为我爱的人已经不见了呼呼呼
这只爱情鸟何时才会来到
我爱的人已经飞走了
爱我的人她还没有来到
这只爱情鸟已经飞走了
我的爱情鸟她还没来到
我爱的人已经飞走了
爱我的人她还没有来到
这只爱情鸟已经飞走了
我的爱情鸟她还没来到

李 掌声鼓励！（欢呼）

马 咱们文海的现场号召力特别特别的强。而且阿，他刚这首歌是现学现唱哦，跟着大家一起琅琅上口的。接下来黄晶啊，交给你了。嗯！这个现场交给你来点燃！大家一起来！

67号 凤队的姐妹们！我们一起加油！

马 Music！

骁 爱情三十六计。

67号 一起大声地唱出来！

《爱情三十六计》

原唱：蔡依林 演唱：凤队

是谁说的漂亮女生没大脑只懂得爱美和傻笑
你看你说话的表情多么地骄傲难道不怕我 say sorry get out
是谁开始先出招没什么大不了
见招拆招才重要敢爱就不要跑
爱情 三六计就像一场游戏我要自己掌握遥控器
爱情 三六计要随时保持魅力才能得分不被判出局
不必说你和她的关系不用故弄玄虚故意装神秘
不必说你和她的关系不用故弄玄虚故意装神秘（欢呼）

马 哇！真是棋逢对手，将遇良才啊！那么接下来呢，马上就要公布分数了，在公布分数之前我们做一个抽样调查吧。首先是龙队的兄弟。我们请 Mr. Mic 随机抽样一个声音，大家听听自己刚刚在《爱情鸟》当中的表现，Mr. Mic?

原音回放：呼呼呼这只爱情鸟她在向我欢叫
树上停着一只一只什么鸟
呼呼呼如今变得静悄悄
因为我爱的人已经不见了呼呼呼

这只爱情鸟

马　这位朋友是因为在睡觉所以在打鼾吧……这只爱情鸟是不是喝高了啊？好，接下来，我们的凤队姐妹。Mr. Mic，同样会有一个抽样，不过在抽样之前，我们要看一看这位可爱的龙队兄弟到底是谁？Mr. Mic 麻烦你告诉我！（大家一起看大屏幕）

李　64 号李高！（欢呼）

原音回放：呼呼呼这只爱情鸟她在向我欢叫
树上停着一只一只什么鸟
呼呼呼如今变得静悄悄
因为我爱的人已经不见了呼呼呼
这只爱情鸟

马　李高！演唱方面没有大问题，就是把“挥走了”改成“飞走啦”那就 OK 拉！

李　诶诶！学会一个呼呼呼。来，试一遍。

64 号　呼呼呼。

李　很棒嘛！（大家鼓掌）继续加油。玩得开心！

马　接下来，Mr. Mic 已经在凤队的姐妹当中提出了一个声音的采样，我们一起来听听她的演唱质量。

原音回放：没什么大不了
见招拆招才重要敢爱就不要跑
爱情三十六计就像一场游戏我要自己掌握遥控器
爱情三十六计要随时保持魅力

马　这位朋友使用的是三十六计里面的瞒天过海。就像她第一句唱得一样没什么大不了，唱好唱坏没关系，开心最重要。她到底是谁呢？Mr. Mic 告诉我吧。（大家一起看大屏幕）46 号倪静！

骁　在哪里？（走到 46 号旁边，问）听得出来是自己的声音么？

46 号　听不出来，我本来唱得蛮好的！（大家笑）

骁　我们该给她一个机会让她唱一句好不好？（好。）好，来，再唱一句好不好？

46 号　我是说这首歌嘞！（大家笑）

马/骁　拿手的歌来一句！

46 号　（清嗓子，大家笑）那就是青藏高原。（欢呼）

马可　哇！这个高音飙得……

骁　原来你擅长飙高音！

马　开始是稀里糊涂地爬上去，又稀里糊涂地就下来了。哇！非常厉害！灵魂歌手。接下来，各位，马上就要揭晓最后的答案了。到底是我们的龙队合唱最棒还是我们的凤队合唱最强呢？首先，我们来看看大屏幕吧。Mr. Mic。首先是龙队的分数。为自己加油啊，兄弟们！

李　哇！哇！哇！2410 分！

马　这段时间，我没记错的话我们龙队兄弟频频突破 2000 大关呢！（对！）很厉害！接下来凤队了。姐妹们，为自己加油啊！

骁　为自己加油！

马　凤队的成绩！（欢呼，大屏幕数字闪动）恭喜龙队！

骁　恭喜龙队。恭喜恭喜。

马　谢谢凤队。谢谢黄晶。特别舍不得你离开。不过你的歌声仍然感动了很多观众。谢谢！

李　今天，凤队的姐妹们使出的是美人计。但是我们龙队将计就计啦！（欢呼）

马　好啦好啦好啦文海，现在有一个属于你自己的专属歌单，为你精挑细选的，请看。说句心里话。说句心里话，我也想家。热情的沙漠。我的热情，好像一把火，燃烧了整个沙漠。过火。怎么忍心怪你犯了错，是我给你自由过了火。九百九拾九朵玫瑰。我早已为你种下，九百九拾九朵玫瑰。谢谢侬。管他头痛不头痛，有人这样无理他只觉得光荣，我的头痛不再痛，反正就是有恃无恐。

OK了。接下来，文海你要谨慎而仔细地选择。因为接下来你挑出的这首歌演唱完毕之后通过质量将会决定你拿到的奖品，还有现场所有龙队兄弟拿到的奖品。赶紧选歌吧！

28号 呃，我比较熟的是《过火》。

马 《过火》。可以吗！（欢呼）舞台交给你文海！过火！掌声欢迎！

28号 加油！（全场加油）

李 凤队的姐妹们，也给他掌声鼓励！谢谢大家。

《过火》

原唱：张信哲　演唱：孙文海

是否对你承诺了太多
还是我原本给得就不够
你始终有千万种理由
我一直都跟随你的感受
让你疯让你去放纵
以为你有天会感动
关于流言我装作无动于衷
直到所有的梦已破碎
才看见你的眼泪和后悔
我是多想再给你机会
多想问你究竟爱谁
既然爱难分是非
就别逃避勇敢面对
给了他的心
你是否能够要得回
怎么忍心怪你犯了错
是我给你自由过了火
让你更寂寞
才会陷入感情旋涡
怎么忍心让你受折磨
是我给你自由过了火
如果你想飞
伤痛我背（欢呼）

马 文海你听到了下面的山呼海啸了吗？接下来Mr. Mic会将你刚刚的歌声分成10段，每个段落都会打上分数，打完分数之后你自己要进行一个选择，易中难的选择。经过最后的成绩评定，我们会了解到你可以拿到的奖品和大家可以拿到的奖品。我们首先来看看易中难这样的一个选择吧！（看大屏幕VCR）容易的奖品呢，是九阳小家电健康礼包，它要达到的标准是至少三段达到50分；那么中等难度呢，是创维酷开TV，它要达到的难度是至少五段达到50分；最难的难度是，浪漫风情欧洲11国游，它要达到的难度是至少七段达到50分。现在要开始选择了。（欢呼，难）

李 哇。从来没这么样的异口同声过。

马 大家的意见是难你自己的意见，文海！

28号 跟着你们的意见！难！（好！欢呼）

骁 加油！（鼓掌）

马 浪漫风情欧洲11国游，它要达到的标准是至少七段达到50分，在“挑战麦克风”的历史上好像只有一位朋友达到过这个成绩。文海，但愿你成为第二个。同时恭喜我们电视机前有一位观众朋友获得了创维酷开TV以及小家电健康礼包。（大屏幕滚动电话号码）那么他到底是谁，大屏幕，请滚动起来。三，二，一，停。（云南的朋友）云南的这位朋友他喜欢的歌曲是《来生缘》。恭喜你啦。也要谢谢文海给你带来的幸运。好啦。接下来。Mr. Mic已经将文海的歌声分成了10段，我们一段段地听过来。第一段的声音，仔细听。

原音回放：是否对你承诺了太多，还是我原本

马 怎么样？（欢呼，过）下面已经有兄弟打出了具体的分数，80分！Mr. Mic，不

要差太远吧。（大屏幕显示50分，欢呼）

李　（唱）这样刚刚好。

马　第二段的歌声我们听听看。

原音回放：你始终有千万种理由我一直都跟随

马　怎么样？（欢呼，过）文海心里已经没有底了。Mr. Mic，76！（欢呼）太棒了，越来越好。第三段的歌声我们听听看。

原音回放：让你疯让你去放纵

马　高音很自如哦！（欢呼）Mr. Mic？（大屏幕显示42，龙队有人喊“没问题，还有！”一直在加油~）第四段的歌声我们听听看！

原音回放：关于流言我装作无动

（欢呼，过）

28号　我很怕。

马　Mr. Mic。76！（欢呼）已经有三段达到标准拉。接下来是第五段我们听听看。

原音回放：直到所有的梦已破碎才看见你的

（欢呼，过）

马　我们给 Mr. Mic 一个安静的环境。Mr. Mic，分数是……89！（欢呼）接下来是第六段的歌声，我们听听看。

原音回放：我是多想再给你机会多想问你

（欢呼，过）

马　Mr. Mic！（大屏幕显示64。28号高兴地跳起来。）哇！只要有两段过关，你就挑战成功啦！大家可以获得500元的商场购物卡！（欢呼）加油！第七段的歌声听听看。

原音回放：既然爱难分是非

（欢呼，过）

马　文海，有一个小瑕疵你没有注意到。因为在整个演唱的过程当中音准最好是越稳定越好，你有 Feel 的部分，所以我不知道 Mr. Mic 的打分会是怎样。

28号　嗯。

马　祝你好运。

28号　好的。

马　Mr. Mic！（大屏幕显示42，沮丧，加油声）接下来是第八段的歌声，听听看。

原音回放：怎么忍心怪你犯了错

马　怎么样 Mr. Mic？（欢呼，过）Mr. Mic，分数是！（大屏幕显示62）喔！接下来两段中只要有一段过关就可以啦！第九段，听听看！

原音回放：让你更寂寞才会

（欢呼，过）

马　（做出噤声的手势）Mr. Mic。（大屏幕显示68。欢呼）我们看下第十段！喔！（大屏幕显示89）哇！创纪录啦！文海！

28号　谢谢！

马　你是第一名！

李　史上从来没有过的八段全过的！

马　告诉全球的观众，开始吧文海！

28号　非常开心！这一趟老远来到了长沙是值得的！认识了你们真开心！谢谢！（欢呼）

马　欢迎大家来到节目当中参加九阳“挑战麦克风”！让我们一起来！

李　来吧！

主题曲《挑战麦克风》

演唱：全体

大家一起来
唱响麦克风
随着旋律一起挥洒你的梦
大家一起来
拥抱你的梦
大家一起都来挑战
麦~克~风~！耶！
我没有浑厚的声音能够俘虏你的心
我没有清澈的高音能够震撼你的心
我没有流畅的颤音能够缠绕你的心
但我用最最真实的声音感动你的心

我没有帅气的外表简单就能抓住你眼睛
我没有大块的肌肉能够让你死心塌地
我没有高高的个子一眼望去1米90
但我会为你唱歌一首一首直到你满意
其实我也想做麦霸
只是我嗓音太差
今天晚上多唱几句
明天就不能说话
这些年的美好回忆我唱到让你满意
Mr. Mic 告诉你
决定勇敢唱就是第一
你嗓子破了
唱得很 High
我把你话筒霸占过来（Repeat）

（俞淳子　整理）

“辉煌交响”中国电视事业50年暨庆祝中央电视台建台50周年文艺晚会

播出台：中央电视台
播出时间：2009年12月30日
总导演：夏岛　芙英

辉煌交响——中国电视事业50年暨庆祝中央电视台建台50周年文艺晚会出席人员名单（以下排名不分先后）：

赵化勇、董卿、孙正平、赵忠祥、李瑞英、李修平、敬一丹、朱迅、任鲁豫、李雨菲、任志宏、邢质斌、郎永淳、欧阳夏丹、康辉、张泉灵、鞠萍、陈苏、柴璐、白岩松、赵普、朱军、鲁健、罗京、沈冰、李小萌、刚强、张羽、撒贝宁、梁毅苗、魏晓南、沙桐、袁文栋、李文静、赵洪涛、宁辛、张绍刚、周群、任永全、陈蓉、芮成钢、王宁、李咏、王小丫、徐俐、宋世雄、谢颖颖、刘建宏、张斌、小鹿、董浩、刘纯燕、季小军、刘欣、王世林、李红、周洲、涂经纬、杜悦、李恺悦、季家希、薛洛辰、戴露、周佳仪、霍静婷、刘鞅子、艾琪、辛思晴、水亦诗、陈彦宏、宋祖英、刘欢、张也、阎维文、廖昌永、吕继宏、谭晶、孙楠、毛阿敏、韩磊、韩红、周华健、陈红、孙悦、韩雪、汪峰、风云组合、黑鸭子组合、李幼斌、王宝强、刘佳、蒋雯丽、张国立、唐国强、刘劲、王伍福、郭连文、卢奇、侯勇等400多名电视界、音乐界、主持界明星出席。

（舞美：横跨舞台两侧，主要是阶梯式设计，方便交响乐团演出，并配合舞蹈表现。阶梯下设计了灯箱，保证舞台效果。舞台上方很多垂下的银色反光条状景片，通过变换的灯光产生不同的效果，使舞台显得壮丽辉煌。正中央有很宽的Led大屏幕，两侧有横条状的灯箱，增强了舞台的仪式感。舞台后方可以自由组合的视频、彩链）

片头：电脑特技画面以央视新址和电视编辑机房画面，虚实景结合，以展现时间前移，时代变迁”

画外音：辉煌历程，我们与人民同行，与祖国同在，与世界同步，与时代同进。中国电视事业50年暨庆祝中央电视台建台50周年文艺晚会——辉煌交响

（主幕在恢弘的交响乐中徐徐升起，中国爱乐乐团的乐队展现在阶梯式的舞台上，在舞台后方是身着整齐黑白色服装的中国歌剧舞剧院歌剧团。舞台上方有很多垂下的银色闪光条状景片，黄色色调的灯光映在整个舞台，使舞台显得壮丽辉煌。）

开场：歌曲《举杯吧，朋友》

作词：任毅　作曲：肖白

编配：阮昆申　编舞：

编导：谢南　陈君　朱良京　姜若瑾

伴奏：中国爱乐乐团

合唱：中国歌剧舞剧院歌剧团

表演：成都二十一女子舞团

　　北京国际标准舞学院

（1分钟前奏后，魏松、王莹、丁毅、王莉四位歌唱家从左台口走上，立麦演唱）

（间奏前最后一遍主旋律时，一排舞蹈演员手捧鲜花身着红色舞裙从台前的升降台徐徐升起。交谊舞演员在台上演绎华尔兹舞蹈，灯光保持黄色调）

举杯吧朋友
在这千载难逢的时候
先为祖国祝寿
再送世纪远走
举杯吧朋友
在这举国欢庆的时候
儿女情五十年沉酿
让母亲醉在心头
举杯吧朋友
举杯吧朋友
这酒里世纪情一百年畅饮
干一杯祝岁月天长地久
举杯吧朋友
举杯吧朋友
这酒里歌与爱唱尽了风流
干一杯让我们从头携手
举杯吧朋友
举杯吧朋友
来吧来吧来吧朋友
来吧来吧来吧朋友
来吧朋友今夜月光如酒
举杯吧朋友
举杯吧朋友
在这千载难逢的时候
先为祖国祝寿
再送世纪远走
举杯吧朋友
在这举国欢庆的时候
儿女情五十年沉酿
让母亲醉在心头
举杯吧朋友
举杯吧朋友
这酒里世纪情一百年畅饮
干一杯祝岁月天长地久
举杯吧朋友
举杯吧朋友
这酒里歌与爱唱尽了风流
干一杯让我们从头携手
举杯吧朋友
举杯吧朋友
来吧来吧来吧朋友
来吧来吧来吧朋友
来吧朋友今夜月光如酒
举杯吧朋友
举杯吧朋友
来吧来吧来吧朋友
来吧来吧来吧朋友

来吧朋友今夜月光如酒
举杯吧朋友

（音乐弱，主持人朱军、董卿、季小军走到落下的主幕前舞台中央，幕上投影着金黄色的花纹，景片也被嫣红的灯光染成了红色。）

董卿 这里是国家大剧院，今晚，我们非常荣幸地邀请到了全国各地以及世界各地的同行们、朋友们，与我们共同欢度这个难忘的中国电视的庆典之夜。

季小军 （英）女士们，先生们，这里是国家大剧院，今晚我们非常荣幸能够与您共同欢度这个难忘的中国电视的庆典之夜。

朱军 今晚，因为中国电视事业五十年，暨中央电视台成立五十周年，让我们欢聚在了这里。五十年的岁月，半个世纪的春秋，我们有太多的感怀，又有太多的感动。

董卿 就让我们共同追寻，共同来回忆，岁月留给我们的光荣与辉煌。

季小军 （英）今天的庆典晚会将通过中共中央电视台的国际和国内频道与国内外的观众共同分享。作为今晚节目的开场，我们将首先介绍中央电视台第一代节目主持人——沈力、赵忠祥。

董卿 有请中国电视第一代节目主持人——沈力、赵忠祥。

（三位主持人退场，灯光红色褪去，干冰铺在舞台上，大幕在蓝色调中升起）

第一乐章——引子《感怀》

（银白色头发配着红色的唐装，依旧笔挺的经典西服装扮，两位资深主持人的身影出现在舞台中的方形主持台上）

（大屏幕：红黄底色的传统花纹，中央电视台主持人和节目画面的剪辑，电视节目片头画面，电视晚会、综艺节目画面剪辑）

沈力：

中国电视五十年，
让我最受感动的，
是观众给予我们的关爱与支持。
每天能看到那么多热情观众的来信，
对我来说，那是最难忘的时刻。

赵忠祥：

我十八岁的时候参加电视工作，
那时候全国只有上千台黑白电视机。
北京以外的观众，就是有电视机，也看不到我们的节目。
没想到我们的电视，
发展到今天这样的盛况
零八年，我们有亿万观众通过电视屏幕观看奥运的盛会。

沈力：

如果说五十年来最深切的感怀，
那就是我们始终和人民同行，
始终和观众相伴。

赵忠祥：

如今观众和我们的电视已经不可分离了。
我们老百姓的日子越过越好，
中国电视也会越办越好。

（穿着红色为主的民族服装的舞蹈演员从两侧上场，两位老主持人退场，全场整体蓝色调）

情景合唱《好日子》

作词：车行　作曲：李昕
编曲：孟可　丁纪
编导：胡岩　李青　素娅菲
演唱：贵州侗族大歌风之歌组合
　　内蒙古民族歌舞剧院
　　中央民族歌舞团朝鲜伽倻琴演唱组
　　新疆克孜勒苏自治州歌舞团库姆孜演唱组
表演：中国武警总部文工团

（各族人民欢快生活的场景表现色调变为绿

色，舞台降下喜庆的红灯笼

侗族大歌风之歌组合上台，身着各族特色服装的舞蹈演员欢快地舞蹈；配合蒙古族特色的唱法，内蒙古民族歌舞剧院的汉子们诠释着豪放的欢快日子；朝鲜族悠扬的伽倻琴声给人们的日子染上了一番特色的风味；新疆民乐改编使歌曲更加欢快活泼，将全国各族人民欢快祥和的生活场景表现得淋漓尽致。舞蹈演员走到台下，向观众抛撒糖果，象征生活的甜蜜。）

唉
开心的锣鼓敲出年年的喜庆
好看的舞蹈送来天天的欢腾
阳光的油彩涂红了今天的日子哟
生活的花朵是我们的笑容
唉
今天是个好日子
心想的事儿都能成
明天是个好日子
打开了家门咱迎春风
门外的灯笼露出红红的光景
好听的歌儿传达浓浓的深情
月光的水彩涂亮明天的日子哟
美好的世界在我们的心中
唉
今天都是好日子
千金的光阴不能等
明天又是好日子
赶上了盛世咱享太平
今天是个好日子
好日子
好日子
好日子
好日子

（片花）电脑特技画面展现时间前移，时代变迁电视事业向前发展

中国电视事业50年暨庆祝中央电视台建台50周年文艺晚会——辉煌交响"

（小片）各国电视台对中国中央电视台的祝福（红色动态底纹，各国电视界同行在画面中对CCTV表示祝福）

澳大利亚广播公司　总裁　马克斯·科特

美联社　总裁　托马斯克里

美国有线电视新闻网　执行副总裁　托尼麦道克斯

美国　新闻集团　主席　鲁伯特默多克

英国广播公司　常务董事　史蒂夫·马克里斯特

克罗地亚广播电视台　台长　万加苏特里奇

（主持人朱军、季小军在落下的主幕前舞台中央，幕上投影着金黄色的花纹，景片也被嫣红的灯光染成了红色，追光）

朱军　每个时代都有这个时代特殊的感情，而每一个年代又有一个年代集体的记忆。电视剧无疑是记录这些大众情感和大众故事最好的载体。

季小军　（英）长期以来，电视剧一直是一项主要的电视节目内容。今晚，我们将有幸欣赏一首难忘的老歌。这首歌来自一部广受欢迎的电视剧。

朱军　在我们的记忆里有一部电视剧——在改革开放的初期，上个世纪的80年代热播。当初播放这部电视剧的时候，可以说是造成了万人空巷的效果。而这部电视剧的主题歌更是在一夜之间传遍了千家万户。这部电视剧的名字就叫《渴望》。

那今天，我们就有请毛阿敏再度为大家演唱这首《渴望》。

（主幕升起，乐团起立整齐站在舞台上。整体蓝色调）

朱军　在此之前，我们要非常荣幸地为大家

介绍一下担任今天晚会演奏的乐团——他们是中国爱乐乐团。

季小军 （英）欢迎中国爱乐乐团。

朱军 担任合唱的是中国国际歌剧舞剧院歌剧团。

季小军 （英）中国国际歌剧舞剧院歌剧团。

朱军 执棒指挥，著名指挥家——余隆。

季小军 （英）职棒指挥余隆。

朱军 那现在，就让我们掌声有请毛阿敏。

季小军 （英）现在有请毛阿敏。

（主持人下，毛阿敏上，指挥，音乐起。大屏幕：经典电视剧画面剪辑——从2009回望从前）

歌曲《渴望》

作词：易茗　作曲：雷蕾　配器：东楠

伴奏：中国爱乐乐团

演唱：毛阿敏

合唱：中国国际歌剧舞剧院歌剧团

悠悠岁月
欲说当年好困惑
亦真亦幻难取舍
悲欢离合都曾经有过
这样执著究竟为什么
漫漫人生路
上下求索
心中渴望真诚的生活
谁能告诉我是对还是错
问询南来北往的客

悠悠岁月
欲说当年好困惑
亦真亦幻难取舍
悲欢离合都曾经有过
这样执著究竟为什么
漫漫人生路
上下求索
心中渴望真诚的生活
谁能告诉我是对还是错
问询南来北往的客

董卿 接下来我们要欣赏的这个节目也是曾经在春节联欢晚会上获得过歌舞类一等奖的舞蹈——《小城雨巷》。可以说这个舞蹈通过优美的舞蹈语汇，为我们营造出了一个如梦如幻，充满诗情画意的雨中江南。

季小军 （英）下面请欣赏舞蹈《小城雨巷》。这个节目描绘了充满诗情画意的雨中江南。

董卿 接下来请欣赏舞蹈《小城雨巷》。

（主幕随着音乐升起，电脑灯投射蓝色的光束。大屏幕：经典烟雨江南的屋瓦白墙，舞台后方，有着景片搭出的江南小巷街景。身着飘逸舞衣的舞蹈演员打着油纸伞在舞台中央起舞，含蓄优美的舞姿描摹着江南的诗情画意。整体蓝色调，将雨中江南的感觉发挥得淋漓尽致。）

舞蹈《小城雨巷》

编导：应志琪　吴凝

作曲：方鸣

领舞：胡琴心

表演：南京军区政治部前线文工团

（舞蹈阐述：白墙黑瓦，油纸伞，丝质旗袍等具有江南优美、古朴的特点，是对江南美好事物的追忆，它恁被时间抽象出来，具有典型和文化符号的特征，它既是江南的，又是中国的；既是具体的，又是空灵的。油纸伞让人想起了江南水乡的特征，湿漉漉的感觉似乎有一种亲身体验的感受；旗袍代表了一个时代的特征，它衬托出女性身体曲线的玲珑，优美；白墙黑瓦制造了一个规定的情景，并不断强化主题。这些元素加起来在我们头脑中形成了一种身临其境的感觉，感到一种生命的节奏和韵律，淡出一个人格化的甚至是女性般的江南。舞蹈中间灯光的颜色随着舞蹈语汇的变化而由蓝到绿，光束射下千万缕思绪和大屏幕中的树林相映生辉。后来又变为粉紫色，展现江南的柔美，追光突出的领舞姑娘发现了一个活泼可爱的江南）

主持人朱军、季小军（舞台中央，全场黑，仅顶上追光。）

朱军　中国功夫博大精深，名扬四海。但要说到影响，影视剧对它的传播功不可没。因为世界各地的许多朋友正是通过荧屏或银幕了解到中国功夫独特魅力的。说到这里，有一个人的名字不能不提，他就是成龙。

季小军　（英）下面是由著名影星成龙演唱的歌曲。女士们，先生们，有请成龙。

朱军　让我们掌声有请成龙带来《少年强》。

歌曲与武术《少年强》

作词：王平久
作曲：舒楠
编导：马涛
动作设计：胡铭武
表演：中华龙韵功夫表演团

（红光铺在舞台上，着白色功夫装的武术表演演员在氤氲中闪转腾挪，大屏幕上太阳初升，演员们展示着武术的魅力，习武之人的风发意气。大屏幕：红色底色上两只石狮蹲在门口。演员们展示着拳法，腿功，跟斗……灯光配合歌曲的节奏变化，表现出武术的变化多端神奇的魅力。歌手成龙还和舞蹈演员形成互动，欣赏他们的精彩武术表演，拍手叫好。最后，大屏幕画面走进了古代的宫殿，在历史的痕迹中穿梭，俯瞰整个古都。）

少年强心飞扬
断了路梦在天上
败不降最坚强
泪擦干挺起脊梁
情无疆义坦荡
爱种在生命战场
恕我狂勇敢闯
我不是倔强张扬
天的空是地宽阔胸膛
地让天举起年轻的力量
选择了荣光爱需要拼到无尚
人性光芒打亮梦想的路上
痛苦泪水浇灌着歌唱
生命会有看不到边际的阳光
我和你长大让爱也一起成长
成功背后矗立希望的肩膀
啦啦啦
啦啦啦

少年强心飞扬
断了路梦在天上
败不降最坚强
泪擦干挺起脊梁
情无疆义坦荡
爱种在生命战场
恕我狂勇敢闯
我不是倔强张扬
天的空是地宽阔胸膛
地让天举起了年轻的力量
选择了荣光爱需要拼到无尚
人性光芒打亮梦想的路上
痛苦泪水浇灌着歌唱
生命会有看不到边际的阳光
我和你长大让爱也一起成长
成功背后矗立希望的肩膀

少年强心飞扬
路断了梦在天上
败不降最坚强
泪擦干挺起脊梁
情无疆义坦荡
爱种在生命战场
恕我狂勇敢闯
我不是倔强张扬
少年强恕我狂
爱种在生命战场

(片花)电脑特技画面展现时间前移，时代变迁电视事业向前发展
中国电视事业50年暨庆祝中央电视台建台50周年文艺晚会——辉煌交响10”

(小片)各国电视台对中国中央电视台的祝福(红色动态底纹，各国电视界同行在画面中对CCTV表示祝福)
德国电视台二台　台长　马库斯沙和塔
德国　巴伐利亚广播电视台　副台长　黑塞博士
希腊广播公司　董事长　克里斯托斯
日本广播协会　会再和　福地茂雄
匈牙利电视台　理事会主席　拉兹洛
法国电信　首席执行官　皮诺

董卿　中国电视记录着中国社会的发展，而中国的发展也推动着中国电视事业的进步。特别是改革开放三十年来，中国的电视人把握机遇，勇于开拓，使得一方小小的荧屏成为满足人们精神文化需求的大舞台。
季小军　(英)下面有请著名中央电视台新闻节目主持人——白岩松、张泉灵。
董卿　有请中央电视台新闻节目主持人——白岩松、张泉灵。
(主持人下，追光褪。主幕随着音乐升起，电脑灯投射红色调铺满全场。两位主持人站在舞台左侧。大屏幕：鲜艳的红旗，以及各个新闻节目新闻现场的画面剪辑。灯光一直以红色为基调。持续至结尾)

第二乐章——引子《见证》
白岩松　五十年来，中国发生着翻天覆地的变化。我们作为电视人见证着中国每一个辉煌的时刻。当香港和澳门回归，当申奥获得成功，当奥运圣火在全球传递，当神舟升空和嫦娥奔月，我们的内心充满着骄傲和自豪。
张泉灵　我们也见证了中国人无数可歌可泣，气壮山河的壮举。当洪水袭来，当冰雪肆虐，当地震突发，我们都会在第一时间赶赴现场。哪里是人民群众关心的，哪里就会有我们的镜头和声音。我们的心和亿万人民的心一起跳动。
白岩松　今天的新闻就是明天的历史。我们牢牢记住一个电视人的职责和使命。我们和国家与民族的命运紧紧地联系在一起，祖国在我们的心中永远珍重！
张泉灵　我们见证了中国改革开放的伟大历程。在艰难曲折中起步，在开拓创新中繁荣，中国电视永远与祖国同在！

情境合唱《我和我的祖国》
作词：张藜
作曲：秦咏诚
编配：阮昆申
编导：姜若瑾　苏娅菲　陈君
表演：中国歌剧舞剧院歌剧团
　　　成都二十一女子舞团
演唱：杨洪　刘媛媛　张建一
(大屏幕播放宇航员在太空挥动五星红旗的画面，舞台上，稚嫩的小女孩儿也挥动着手中鲜红的国旗。合唱团员都手执五星红旗，

大屏幕播放着中国科技进步，社会发展的里程碑式的画面。灯光红色为主，黄色辅助。舞蹈演员身着鲜活的绿色服装，手持向日葵道具从舞台前面一排的升降台出现，舞台色调变换为黄绿色。

第二段，小女孩钱凌潇在三位歌手的陪伴下走到台前。最后，舞蹈演员在歌手背后整齐造型，大屏幕上的红旗再次飘扬。）

我和我的祖国　一刻也不能分割
无论我走到哪里　都流出一首赞歌
我歌唱每一座高山　我歌唱每一条河
袅袅炊烟　小小村落　路上一道辙
啦……啦……
你用你那母亲的脉搏和我诉说
我的祖国和我　像海和浪花一朵
浪是海的赤子　海是那浪的依托
每当大海在微笑　我就是笑的旋涡
我分担着海的忧愁　分享海的欢乐
啦……啦……
永远给我碧浪清波　心中的歌
我和我的祖国　一刻也不能分割
无论我走到哪里　都流出一首赞歌
我歌唱每一座高山　我歌唱每一条河
袅袅炊烟　小小村落　路上一道辙
啦……啦……
永远给我　碧浪清波　心中的歌
啦……啦……
永远给我　碧浪清波　心中的歌

朱军　中国的民歌可以说是浩如烟海，据统计到目前为止已经搜集整理出来的民歌多达五十余万首。那下面就请大家乘着歌声的翅膀，跟我们一起到中国的北方。那里有青青的草原，蓝蓝的天空，有珍珠般洁白的牛羊，那里是我可爱的家乡，那里是一方纯净的土地。人和自然和谐相处，那里就是我梦中的天堂。

季小军　（英）下面我们将随着音乐来到中国北方的草原，在那里人和自然和谐相处，下面请欣赏描写广阔草原的歌曲《天堂》。

朱军　接下来就让我们掌声有请腾格尔为大家带来《天堂》。

（主持人下，追光褪。主幕升起，交响乐团再次出现。指挥下观众听到了来自大草原的音响。蓝色的灯光配合大屏幕上广阔的草原，让人心旷神怡。歌手腾格尔站在舞台的左前侧，深情的演唱：独特的民族唱腔，让我们体会到原生态的民族风采。充满爆发力的声音描绘着雪山的洁白圣洁，草原的辽阔可爱。结束时，画面到了夕阳，灯光也随后变为紫色，渲染了整首歌曲结束后情感的变化。）

歌曲《天堂》
词曲：腾格尔
配器：万隆
伴奏：中国爱乐乐团
合唱：中国国际歌剧舞剧院歌剧团

蓝蓝的天空
清清的湖水　哎耶
绿绿的草原
这是我的家　哎耶
奔驰的骏马
洁白的羊群　哎耶
还有你姑娘
这是我的家　哎耶
我爱你　我的家
我的家　我的天堂
我爱你　我的家
我的家　我的天堂
蓝蓝的天空
清清的湖水　哎耶

绿绿的草原
这是我的家　哎耶
奔驰的骏马
洁白的羊群　哎耶
还有你姑娘
这是我的家　哎耶
我爱你　我的家
我的家　我的天堂
我爱你　我的家
我的家　我的天堂
哦……Belala……
哦……

董卿　朋友们，在我们今天的晚会上，我们还特意邀请了两位享有国际声誉的小提琴演奏家。一位是薛伟，一位是吕思清。他们二位将要合作一曲《查尔达什舞曲》。

季小军　（英）女士们，先生们，下面是一首小提琴曲。我们请到了世界知名的小提琴演奏家薛伟、吕思清，他们将要合作带来《查尔达什舞曲》。

董卿　有请薛伟、吕思清。

（主持人下，追光褪。舞台上方出现垂吊的弧线装饰。顶部的景片在光下显得精致玲珑剔透。蓝色调清爽高雅。交响乐团和演奏家相映成趣。大屏幕在音乐响起时，出现了华丽的水晶灯画面，与悠扬的琴声配合到位。）

小提琴协奏曲《查尔达什舞曲》

作曲：蒙蒂

演奏：中国爱乐乐团

（演奏结束后，演奏家和指挥握手致意，幕布再次放下）

（片花）电脑特技画面展现时间前移，时代变迁电视事业向前发展中国电视事业50年暨庆祝中央电视台建台50周年文艺晚会——辉煌交响”

（小片）各国电视台对中国中央电视台的祝福（红色动态底纹，各国电视界同行在画面中对 CCTV 表示祝福）(——)

印度　zee 娱乐集团主席　昌德拉

意大利广播电视公司　董事会董事　乌尔巴尼

马来西亚　亚太广播发展机构主任　蒙塔基

老挝国家电视台台长　布恩池穆

缅甸广播电视台　台长　吴金芒泰

泰国大众传播机构　总裁　鲁昂素旺

朱军　不知道从什么时候开始，人们把我们脚下的这颗蓝色的星球称之为地球村。我想，把它说成地球村，电视的功劳啊，功不可没。因为电视把我们这个地球连成了一个大家庭。就拿中国来说吧，通过中国五十年电视事业的发展，现在中国所有的老百姓可以足不出户地看到世界各地优美的风光，在第一时间了解到世界各地所发生的事件。同样地，世界各地的朋友们也会通过电视了解中国，了解中国的文化。

季小军　（英）中共中央电视台拥有多个国际频道，今天我们介绍两位来自国际频道的新闻节目主持人。女士们，先生们，有请徐俐、鲁健。

朱军　接下来我们要为大家请出的就是中央电视台国际频道的节目主持人——徐俐、鲁健。

（主持人下，追光褪。主幕随着音乐升起，两位主持人站在舞台中央，舞蹈演员在两人身后人字形排开，黄色的灯光打出人物的轮廓。大屏幕：新闻现场，科技发展的画面剪辑。）

第三乐章——引子《传播》

徐俐 在人类进入全球信息化的今天，我们中国电视人必将面对世界。这是时代赋予我们的责任和使命。

鲁健 面对着全世界的中华儿女，面对着全世界的电视家族，中国电视架起了一道友谊的彩虹。

徐俐 我们有诸位在座的传媒同行的合作支持，有覆盖全球的电视卫星转播网络。我们将共同为世界的和平与发展作出贡献。

鲁健 当茉莉花香通过荧屏传播四海，我们将看到一个更加美好的前景。

（主持人下，舞蹈演员上场。大屏幕彩色碎花瓣变换到古典的书法体。灯光红紫色暖调和上方剔透的蓝色对比。）

情景合唱《茉莉花》

编曲：金巍　尹铁良

编导：谢南　李青　常艺

表演：中国武警总部文工团

成都二十一女子舞团

（总体阐述：表演歌手李晖、陈笠笠等，古典打扮，旗袍折扇，坐在四方桌边，演绎着古典的《茉莉花》。舞蹈演员服装造型别致，手持花枝，圆台上的演员更是固定单腿，展现惊人的舞蹈技巧。最后结尾时演员都静止不动，更给人屏息观看的惊叹。）

董卿、季小军（舞台左侧，全场黑，仅顶上追光。）

董卿 听完了一曲柔美多情的《茉莉花》之后，再让我们随着歌声走向祖国遥远的西部。那里有沙海，有绿洲，有成片的草场，还有美丽的姑娘。

季小军 （英）女士们，先生们，下面请欣赏歌曲《在那遥远的地方》，演唱者阎维文。

董卿 有请阎维文为我们演唱《在那遥远的地方》。

（舞台后方升起）

歌舞《在那遥远的地方》

词曲：王洛宾

编曲：张宏光

编导：谢南　李青

领舞：苟婷婷

表演：中国武警总部文工团　武警总部直属支队

（暗场起，大屏幕展示沙漠背景，身穿黄袍的舞蹈演员在舞台后方的升降台上升起至高处。阎维文出现在舞台前左侧，女舞蹈演员带着纱巾在追光的跟随下翩翩起舞。舞台表面的红色调和舞台上方的冷暖交叉对比，整体灯光变化比较灵活。屏幕内容也不断变动，瀑布、草原等辽阔的景色。女舞蹈演员在舞台上自由穿梭，最后在升降台上到达了舞台的至高位置。歌曲得到升华和完美诠释。）

主持人朱军、季小军（舞台中央，全场黑，仅顶上追光。）

朱军 可以说一种文化的魅力，代表着一个民族的精神气质。而七彩的视窗正为我们打开了那斑斓的世界，让我们看到了世界文化的多元性。

季小军 （英）下面一组青年舞蹈演员将展示中国的水秀舞蹈的独特魅力。水秀舞蹈来源于京剧。

朱军 接下来我们将要欣赏到的是乐舞《夜深沉》。我们都知道，《夜深沉》是京剧当中著名的曲牌。今天担任京胡演奏的是青年京胡演奏家周佑君，担任表演的是来自上海歌舞团魅力的舞蹈演员们。

季小军 （英）请大家欣赏。

乐舞《夜深沉》

编导：佟睿睿　邵未秋

编曲：吴华

表演：上海歌舞团上海东方青春舞蹈团

（主持人下，追光褪。全场暗，大屏幕出现红色传统花纹的京剧脸谱，红色舞衣下的演员们身姿曼妙。两束追光打向演奏家，勾出轮廓，音乐响起，大屏幕也相应开合，和水袖舞一样有抱琵琶半遮面的婉约美好。整体的红色和舞台周围的蓝色相映成趣，烘托了舞台的效果。演奏家的地位在表演中也充分体现。演员们有序地变换着队形，把水袖舞的飘逸优美，连贯顺畅。演奏的节奏变化和舞蹈紧密配合，天衣无缝。给人们视听觉的双重享受。）

（片花）电脑特技画面展现时间前移，时代变迁电视事业向前发展

中国电视事业50年暨庆祝中央电视台建台50周年文艺晚会——辉煌交响”

（小片）各国电视台对中国中央电视台的祝福（红色动态底纹，各国电视界同行在画面中对CCTV表示祝福）

美国　维亚康姆公司　董事会主席　雷石东

路透媒体集团　总编辑　史进德

路透媒体集团　总裁　克里斯

塞浦路斯广播公司　总经理　塞米

越南电视台　台长　武文献

香港凤凰卫视　董事局主席　刘长乐

香港BTV　电视广播业务总经理　陈志云

董卿　我们今天所处的这个时代，是一个日新月异的时代。各个艺术门类，包括电视在内，都是在继承着不断创新，求进步，谋发展，开创未来，再铸辉煌。这是电视人共同的心愿。就让我们携手并肩，在这条充满光荣与梦想的道路上继续前进吧！

季小军　（英）接下来让我们一起来欣赏歌曲《我像雪花天上来》。掌声有请著名歌唱家殷秀梅、戴玉强。

董卿　接下来让我们一起来欣赏歌曲《我像雪花天上来》。掌声有请著名歌唱家殷秀梅、戴玉强。

（主持人下，追光褪。主幕随着音乐升起，电脑灯投射蓝调铺满全场。交响乐队再次出现。音乐起，两位演唱家上场，立麦，电脑灯和大屏幕配合显得十分华丽而高贵。）

歌曲《我像雪花天上来》

作词：晓光

作曲：徐沛东

配器：杨一博

伴奏：中国爱乐乐团

我像一朵雪花天上来，
总想飘进你的情怀，
可是你的心扉紧锁不开，
让我在外孤独徘徊。
我像一片秋叶在飘零，
多想汇入你的大海，
可是你的眼里写着无奈，
把我的爱浸入浓浓悲哀。
难道我像雪花，一朵雪花，
不能获得阳光炽热的爱，
难道我像秋叶一片秋叶，
不能获得春天纯真的爱。
你可知道雪花坚贞的向往，
就是化做水珠也渴望着爱，
你可知道秋叶不懈的追求，
就是化做泥土也追寻着爱……

啦啦啦啦……我的情怀
啦啦啦啦……我的大海
啦啦啦啦……我的向往

我的追求永远不会改

主持人朱军、季小军（舞台中央，追光。）

朱军 黄河石中华名字的母亲河，她流淌着我们生生不息的血脉，她澎湃着我们百折不回的气概，她激励我们在实现中华民族伟大复兴的道路上奋勇向前。在这个美好的夜晚，我们非常高兴地请到了当今世界最年轻的钢琴大师郎朗来到这里，和爱乐乐团的演奏家们合作，为大家献上钢球协奏曲《黄河》的第四乐章。

季小军 （英）下面是一首钢球协奏曲，中国爱乐乐团将与国际钢琴大师郎朗共同演奏。

（钢琴出现在舞台的正中央。主持人下，追光褪。舞台灯光变为激烈的奋进的黄色基调，将舞台前部打强光，映出大片的黄色，寓意着我们是炎黄的子孙。大屏幕出现黄河的原始图腾，和黄河水滚滚流淌，象征着中华民族的传统和命脉。）

钢琴协奏曲《黄河（第四乐章）》

作曲：冼星海

改编：殷承宗　刘庄　储望华

　　　许繁星　石权诚

演奏：中国爱乐乐团

（片花）电脑特技画面展现时间前移，时代变迁电视事业向前发展

中国电视事业50年暨庆祝中央电视台建台50周年文艺晚会——辉煌交响”

（小片）各国电视台对中国中央电视台的祝福（红色动态底纹，各国电视界同行在画面中对CCTV表示祝福）

香港有线电视　主席兼行政总裁　吴天海

香港亚洲电视　执行主席　张永霖

澳门广播电视公司　副主席　江濠生

台湾　中天电视台董事长　郑家钟

台湾　TVBS　总经理　杨鸣

台湾　东森电视公司　总经理　陈继业

朱军 五十年，我们感怀岁月，我们见证历史，我们传播文明，我们牢记使命。

董卿 张开彩云的翅膀，我们的荧屏世界前程宽广。穿上星光的舞鞋，我们的电视事业魅力无限。

季小军（英）女士们，先生们，让我们一起来欣赏歌曲《让我们舞起来》。

董卿 掌声有请宋祖英。

（三位主持人退场，黄色花纹淡去，留下红色的印记灯光红色褪去，幕升起后，整个台阶铺满彩色。灯光变化频繁，大屏幕播放央视新址画面，央视宣传片《心有多大舞台就有多大》大量干冰铺在舞台上，舞蹈演员在舞台的第二层围着歌手起舞，演出服装华丽精美在他们的簇拥下，宋祖英华丽唱响。大屏幕随着欢快的歌曲播放着彩色的图案，使舞台显得大气瑰丽）

歌曲《让我们舞起来》

作词：王晓玲

作曲：卞留念

编导：林海　苏娅菲　黄文利

表演：中国武警总部文工团

　　　成都二十一女子舞团

擦亮星光的舞鞋　让我们舞起来

舞动心情把梦打开　不要　再等待

擦亮星光的舞鞋　让我们舞起来

舞动青春花开不败　天地　是舞台

阳光下我们舞起来　随风儿摇摆自由自在

阳光下我们舞起来　欢乐开怀　世界更精彩

阳光下我们舞起来　随风儿摇摆自由自在

阳光下我们舞起来　欢乐开怀　世界更精彩

挥动彩云的翅膀　让我们舞起来

舞动青春花开不败　不要　再等待

擦亮星光的舞鞋　让我们舞起来

舞动心情花开不败　天地　是舞台

阳光下我们舞起来　随风儿摇摆自由自在

阳光下我们舞起来　欢乐开怀　世界更精彩

阳光下我们舞起来　随风儿摇摆自由自在

阳光下我们舞起来　欢乐开怀　世界更精彩

阳光下我们舞起来　随风儿摇摆自由自在

阳光下我们舞起来　欢乐开怀　世界更精彩

欢乐开怀　世界更精彩

(此时舞台上灯光绚烂，所有舞蹈演员从两侧上台，在舞台上整齐排列，央视50位主持人排成一排，手抱鲜花，从舞台前部的升降处升起。灯光呈黄色，在舞台上空撒下。)

(歌曲结束，响起《难忘今宵》的旋律，大屏幕出现晚会的图标。)

资深辈主持人（合）：中国中央电视台！

女主持人（合）：中国中央电视台！

男主持人（合）：中国中央电视台！

英文节目主持人（合）：China Central Television！

（众人合）中国中央电视台！

朱军　这个呼号，伴随我们走过了半个世纪，这个呼号还将继续伴随我们走下去。

董卿　今天，在中国电视事业五十年，暨中央电视台成立五十周年之际，中央电视台的五十位节目主持人将代表几代电视人，向全国全世界的观众朋友们，表达我们最真挚的谢意——谢谢大家！

（主持人鞠躬）

朱军　感谢我们亲爱的观众，感谢我们的国家，感谢全世界我们的朋友！

董卿　我们将永远与人民同行，与祖国同在，与世界同步，与时代同进！

朱军　亲爱的观众朋友们，庆祝中国电视事业五十年，暨中央电视台成立五十周年文艺晚会到这里就要和您说再见了，感谢各位的光临和观看，朋友们，再见！

（众主持人及演员鞠躬，音乐起）

（朱梦莹　整理）

DX 中国传媒大学"211 工程"建设项目

ZHONGGUOGUANGBODIANSHIWENYIDAXI

中 国 广 播 电 视 文 艺 大 系

2001—2010

电视综艺节目卷

（下）

游洁◎主编

中国广播影视出版社

目　录

下册

2009 年

"我们一起过年"四川卫视2009年春节大型特别节目…………（837）
《快乐大本营》09春节特别节目…………（867）
"快乐回家我们在路上"湖南电视台2009年春节联欢晚会…………（888）
2009年中央电视台春节联欢晚会…………（916）
春天的祝福　文化部2009年春节电视晚会…………（972）
《非常6+1》童言无忌闹新春…………（995）
《明星转起来》（第一期）…………（1009）
"祝福祖国——四川省、成都军区庆祝中华人民共和国成立60周年"大型歌咏晚会…………（1033）
《复兴之路》大型音乐舞蹈史诗…………（1044）
首都各界庆祝中华人民共和国成立60周年联欢晚会…………（1059）
第27届中国电影金鸡奖颁奖典礼…………（1073）
第十届四川电视节"金熊猫"奖国际电视节目评选颁奖晚会…………（1100）
"年轻的白杨"中国传媒大学五十五周年文艺晚会…………（1109）

2010 年

"星光作证"中国广播影视大奖——第21届"星光奖"颁奖典礼 …………（1139）
"万家灯火平安夜"2010年公安部春节联欢晚会 …………（1157）
"你好春天"文化部2010春节电视晚会 …………（1178）
2010年湖南卫视春节联欢晚会 …………（1197）
"诗意春节"中华情·传统佳节特别节目 …………（1230）
"和谐盛世·福满天津"天津电视台2010年春节联欢晚会 …………（1241）
"中华情·闽南风"首届海峡两岸闽南文化节开幕式大型文艺晚会 …………（1267）
2010第三届北京清明诗会 …………（1288）
《快乐大本营》之20100410期《潮流夜》 …………（1298）
《越策越开心2009》 …………（1339）
中国上海世界博览会开幕式晚会 …………（1349）
中国娇子　中国力量"5·12"汶川大地震两周年特别节目 …………（1355）
"中部崛起"第二届中国中部贸易博览会文艺晚会 …………（1381）
2010同邀明月中秋晚会江苏台湾周中秋闭幕晚会 …………（1390）
《中国达人秀》（第一季）半决赛第二场 …………（1401）
中国2010年上海世博会闭幕式晚会 …………（1415）

2009 年

“我们一起过年”
四川卫视 2009 年春节大型特别节目

播出台：四川电视台、成都电视台
播出日期：2009 年 1 月
总导演：许卫东
主持人：陈颖　小飞　蒋林　宁远

片头：音乐起，一个小孩的声音：“过年啦——”画面为晚会部分内容剪辑片断。

【画外音】他们带来最温暖的问候！

画面：

周杰伦　牛年大吉。

刘德华　万事如意。

于丹　应该更好。

张靓颖　新的一年我们的家乡将会更加美好。

何润东　台湾的同胞还有许多关心我们汶川大地震的所有朋友带来的祝福。

【画外音】他们留下最深情的牵挂。

画面：

山东援建者　四川人民放心，我们再苦再累也一定把援建工作善始善终完成好。

戎金亮妻子　四川人民对我的恩情大如天。

【画外音】四川人民发出最真诚的感恩。

画面：

可乐男孩　我想把祝福送给曾经送给我可乐的人。

郎铮　祝解放军叔叔新年快乐。

最后画面：（主持人）祝全国人民春节快乐！

【画外音】灾后四川第一个春节。（全体演员：我们一起过年）温暖人际，感恩春天，我们一起过年！

音乐起

（字幕：绵竹——年画之乡）

画面为一群站在门口的孩子往外看，跑到一位正在画年画的老人身旁，老人教孩子们画年画，写对联。最后画面落到门上贴着的门神和一张孩子写的“过年啦”的红纸上。

（字幕：汶川县威州镇）

画面为家家户户剪纸、拿着鸡、肉走进广东援建办。

（字幕：永久性安置房——北川）

画面为一群孩子在房子里穿新衣、吃饺子。

（字幕：都江堰板房区）

画面为每家每户贴福字张灯结彩，大家都忙着年夜饭。一个红衣小孩仰天高兴地大喊：

"过年啦!"鞭炮声响起。晚会标：我们一起过年。

情景表演《我们一起过年》

作曲：彭涛

编导：悍雷　郭艺文

情景编排：原建邦　袁永恒

情景表演：黄州全　吴丹　周静　胡衍　陈卫　孙玲　刘晓民　谢慧明　王珂枚　陈育欣

（林妙可站在舞台正中，手捧金橘灯站在雪花中喊："过年啦!"人群声："过年啦!"舞蹈演员从舞台两侧上）

（女1舞台右上，男1左上）

男　妈。

女　刚娃儿，刚娃儿你终于回来了，你在北京上大学习不习惯哦?

男　习惯习惯，家头都还好嘛?

女　好好好，地震以后，政府非常关心我们，政府把新房子都给我们盖起了。走，全村的人等都你回来团年。走!

男　要得!

（女2男2右一上）

女2　大哥，快点快点。

男2　哎呀哎呀，大妹子，大妹子，我都答应张大娘，今天到她们家过年去。

女2　不行，我爸妈说了的，你今年必须到我们家过年!走，走!

男2　哎呀哎呀，大妹子!

（女3男3左出）

女3　走嘛走嘛，快点走，快点走。

男3　姑娘姑娘，你听我解释。

女3　我不听我不听，反正今天你必须要到我们家去过年。快走快走!

（男4、男5右最后一道幕出）

男4　小谢，你看我们住进板房以后就是好邻居了，今年春节就在我家过。

男5　哎呀，老黄老黄，我家今年的年货准备特别丰富，还是到我家去吧!

男4　到我家去。

男5　到我家去。

（女4女5左最后一道幕出）

女4　到我们家去，我们家的年货准备的多。

女5　嫂子，咱们都别争了，我们呀都是邻居，就到我们家吧。

大家争着要大伙去自己家。

男4　嘿嘿嘿，大家都不要争了，我提个建议，今年，我们各家各户把好酒好菜都端出来，大年三十晚上在板房里摆一个板房"百家宴"，要不要得?

众　要得!我们一起过年!

（情景演员跑下台将手中的中国结送给前排观众，舞蹈演员在舞台上跳开场舞）

（光暗，主持人分左右各两人从最后一道幕楼梯上出，齐走上前）

陈　过年了，亲人们回家了。

小　过年了，腊梅花又开了。

蒋　过年了，红红的灯笼点亮了。

宁　这里是2009来自天府之国的春节特别节目——《我们一起过年》。

陈　恭喜恭喜，团圆了。

小　恭喜恭喜，拜年了。

蒋　在这里，我们要代表8800万四川儿女，给全国的观众朋友们拜年，祝大家春节快乐!

宁　春节，是我们中国人最看重的合家团聚的传统佳节。我们即将告别难忘的2008，跨入新年的门槛。此时此刻我们相聚在一起过年，心情格外激动。这个春节有着特别的意义，因为这是"5·12"汶川地震后我们四川灾区的第一个春节。

陈　今晚我们一起过年，和住在板房里搬进新居里的灾区人民一起过年。

小 今年我们一起过年，和来自祖国四面八方的援建者、志愿者们一起过年。

蒋 今晚我们一起过年，和祖国大江南北的父老乡亲兄弟姐妹们一起过年。

宁 今晚我们一起过年，过一个温暖的年，过一个感恩的年，过一个充满希望的年。

小 今天来自东西南北中的亲人们送来了新年的祝福，他们要祝四川人民春节好！

（灯暗，音乐起，切摇臂中国结画面）

《拜年歌曲大联唱》

《小拜年》

演唱：柴宝玉　董墨

舞蹈编导：严桦莎

伴舞：成都市体育学院舞蹈系

来自吉林的问候　我们代表吉林省2700万人口祝愿四川灾区的乡亲父老所有的希望都如愿，所有梦想都实现。

（前排舞蹈演员右一出，后排舞蹈演员左楼梯上侧幕条出）

女 正月里来是新年儿呀啊，

男 大年初一头一天呀啊，

女 家家团圆会呀啊，

男 少地给老地拜年呀啊，

合 也不论男和女呀啊诶呦呦呦呦诶呦呦啊，

都把那新衣服穿呀啊诶呦呦呦呦，

女 都把那个新衣服穿呐啊诶呀啊～。

合 都把那个新衣服穿呐啊诶呀啊～。

《龙船调》

演唱：陈涓

舞蹈编导：吴多

伴舞：武警四川总队政治部文工团

（来自湖北的问候）陈涓　恭祝四川灾区人民合家欢乐、新春吉祥牛年如意；共建美好家园，湖北人民永远和您在一起。

正月里是新年哪咿呦喂

妹娃我年哪呵喂

金哪银儿锁银哪银儿锁

那羊鹊叫啊捎着莺鸽啊捎着莺鸽

白　妹娃要过河是那个来推我吗

答　我来推你吗

艄公你把舵搬哪妹娃子我上了船

啊喂噎唑啊喂噎唑将阿妹推过河呦呵喂

《摘石榴》

演唱：张雯雯　张岳魏

舞蹈编导：宋欣欣

伴舞：武警四川总队政治部文工团

（来自安徽的问候，**女**　新年到，**男**　福运到，**合**　安徽人民祝福到。**男**　祝灾区老人家身体健康，心想事成，**女**　祝灾区小朋友快快乐乐，步步登高）

女 姐在南园摘石榴

哪一个讨债鬼隔墙砸砖头

刚刚巧巧砸在了小奴家的头哟

要吃石榴你拿了两个去

要想谈心你随我上高楼

何必隔墙砸我一砖头哟

呀儿哟呀儿哟

依得依得呀儿哟

何必隔墙砸我一砖头哟

送给我奶奶

男 一不吃你的石榴我二也不上楼

谈心怎么能到你的家里头

砸砖头为的是约你去溜溜哟

合 呀儿哟呀儿哟

依得依得呀儿哟

男 砸砖头为的是约你去溜溜哟

合 嘿～

《拔根芦柴花》
演唱：朱洁
舞蹈编导：文艺
伴舞：成都市歌舞剧院
（来自江苏的祝福——**女**　大家好，我代表江苏人民祝福四川山山水水欢欢笑笑，恭祝六合同春万事如意）

叫啊我这么里来，我啊就来了，
拔根的芦柴花花，清香那个玫瑰玉兰花儿开。
蝴蝶那个恋花啊牵姐那个看呀，鸳鸯那个戏水要郎猜。
小小的郎儿呐，月下芙蓉牡丹花儿开了。

《恭喜恭喜》
演唱：刘罡
舞蹈编导：郝一鸣
伴舞：武警四川总队政治部文工团　成都市歌舞剧院　成都市体育学院舞蹈系
（来自广东的祝福：财源滚滚身体棒棒，好运连连喜事多多。广东人民给您拜年啦！）

每条大街小巷
每个人的嘴里
见面第一句话
就是恭喜恭喜
恭喜恭喜恭喜你呀
恭喜恭喜恭喜你
（所有联唱演员从两侧第一侧幕条出：全国人民共祝四川灾区人民新春快乐！）
合唱　经过多少困难
经历多少磨炼
多少心儿盼望
春天的消息
恭喜恭喜恭喜你呀
恭喜恭喜恭喜你
恭喜恭喜恭喜你呀
恭喜恭喜恭喜你

视频：（北京）拜年啦！（天津方言）拜年啦！（湖北）拜年啦！（辽宁）给四川人民拜年啦！（黑龙江）在远隔3800多公里的哈尔滨（新疆）在美丽的新疆（台湾歌手周杰伦）祝愿四川的同胞们（浙江，演员周迅）新年快乐，平平安安（香港，刘德华）身体健康万事如意（西藏布达拉宫，藏语）四川的朋友们新春快乐吉祥如意！（上海教师：沈翠英）四川的小朋友，好久没见到你们了，奶奶很想念你们，在新的一年里，你们一定要好好学习！（山东农民铁军）为了给四川人民录春节祝福，我们哥几个把最好的衣裳都翻了出来，希望四川人民能够能够收到我们的祝福。合：祝四川人民春节快乐！（行唐老兵）在此新春佳节到来之际，我代表行唐县抗震救灾突击队向绵竹市汉旺镇的各级领导（演员蔡明）向绵竹大东社区希望小家的金传英（陈光标）向北川的尚小兰、黄明德和所有的四川朋友们致以节日的问候！（唐山十三义士）希望我们的问候能够给你们带来温暖！（央视记者张泉灵）地震当中四川人民让全中国全世界你们的坚强（著名导演陈凯歌）你们的勇气（著名学者于丹）新的一年里，我们建立更多的希望。我想，明天的日子应该更好！（武警8750部队长王毅）四川的乡亲们，我们虽然远隔千山万水，但我们永远在一起！（内蒙古）这个春节，无论身在何方我们都不孤单（江苏）这个春节不管我们是否相识，我们都是一家人（湖南孩子们）这个春节，无论你在哪里，我们一起过年！
画面最后定格为一张2009年牛年的明信片，邮票就是那群带给人希望的孩子们。字幕：

让我们一起温暖这个冬天！（动画）：邮戳盖上四川2009．春——我们一起过年

小 因为爱，这个冬天很温暖。陈颖，如今你到灾区走一走看一看，随时都可以看到一幕幕让我们感动、温暖的画面。

陈 是的，有一位网友他为了运送过冬物资已经三次奔赴灾区了。他在他的博客里说道：也许每个人的力量微不足道，但是当所有的温度加起来，就会凝聚成太阳！

小 是的，正是因为这太阳，让我们觉得这个冬天的确很温暖。

陈 在我们的晚会现场除了能够感受到温暖之外，我们更要给大家送去的是新年的祝福和新年的吉祥。我们要祝福大家，

合 牛年大吉！

群口相声《牛年咱最牛》

作者：袁永恒　李多　原建邦

导演：原建邦

表演：李立山、李多、闵浩天、李向东、陈琦

李立山 亲爱的观众朋友们，过年好！（掌声）牛年到了，我们除了给您拜年以外，我们给您带来一个新节目，我们这个节目的名字叫——

其余合 牛年说牛！

李立山 停！在后台怎么跟你们说的？你说你们几个年轻人，思想也不新，观念也不新，这个创意也不新啊！

其余合 怎么了？

李立山 你想这怎么了，到了什么年咋就说什么，牛年就非得说牛。

李多 哦，您的意思是，咱们牛年说马？说马呀，我张嘴就来，李老师，就拿您来说吧，您做事那是马马虎虎，经常指鹿为马、马失前蹄、骑马找马、溜须拍马，大伙都夸咱李老师是——

李立山 什么呀？

李多 害群之马。

李立山 走，我让你说马了吗？这人。

李向东 哦，我明白了您的意思是说狗！

李立山 打住，你这狗嘴里也吐不出象牙来。

李向东 我还没说呢这不是。

李立山 你没说你说什么，我根本，你们就不明白我的意思。

众 您什么意思？

李立山 我是说呀，说牛也没有关系，可以说不过咱们不能老生常谈，老说那些个旧话。咱们的有点新意啊。

众 早说啊！

李立山 问题是你们倒让我说啊。

李多 行行行，李老师您现在就给我们说说，这什么算是有新意的？

李立山 你看看咱们到了牛年了，回首2008，2008什么最牛哇？

众 好好。

闵浩天 怎么算谁说的最好呢？

李立山 这好办啊，你看咱们在场这么多观众，观众就是评委，观众就是裁判。观众的掌声最热烈，那就说他的分最高。

众 好好，这方法好。

李多 行行行，既然都同意我先说。

众 凭什么你先说啊。

李多 我第一个说。

李立山 你头一个说也行，来来你说什么最牛？

李多 李老师，要我说啊咱们2008有一辆车最牛。

闵浩天 宝马。

李多 宝马跟它比差远了。

陈琦 奔驰。

李多 奔驰跟它比一分钱都不值。

陈琦 法拉利。

李多　法拉利跟它比根本不算车。

李立山　你乐什么？过来过来，你要说这是什么车呀这么牛啊？

李多　咱请看大屏幕。（大屏幕：一辆被撞坏的汽车）

众　就这破车呀，哈哈，这有什么牛的？

李多　什么叫破车啊！“5·12”大地震的时候，那是山摇地动飞石滚落。很多汽车都被砸扁了，可这车被砸成这样那是照开不误，朋友们你们说这车它牛不牛啊？

观众　掌声，牛！

李多　鼓掌，谢谢谢谢。

闵浩天　你这车是挺牛的，后边去。我这儿还有牛的。

李立山　你这儿还有什么牛的？

闵浩天　2008 年有一头猪最牛。

李立山　猪最牛。

陈琦　荷兰猪。

闵浩天　不是。

李向东　改良猪。

闵浩天　也不是。

李立山　那你说了半天那是什么猪最牛啊？

闵浩天　请看大屏幕。（大屏幕为一头压在石头下的猪）

李立山　这不就是一头普通的猪吗？这猪有什么牛的

闵浩天　这猪可不普通，“5·12”地震的时候，这头猪被掩埋在废墟底下 36 天，没吃没喝，后来被人们救了出来后依然坚强的活了下来。被人们赐予外号“猪坚强”。大伙说这头猪它牛不牛？

观众　牛！掌声。

陈琦　别鼓掌，别鼓掌，你这猪啊是牛，可是我认为还有更牛的。李老师我给你说，我认为 2008 年有一个口号最牛。

李立山　口号。

李向东　口号我知道，宁停三分不抢一秒，随地吐痰罚款三元。

陈琦　什么口号这起什么哄啊，是农民兄弟的口号。

李多　哦，要想富少生孩子多种树。

李立山　哎，就这句就这句。

陈琦　你这哪年的事了。

李立山　你说，你说说是哪个口号最牛。

陈琦　请看大屏幕（大屏幕为一小栋房子上贴着红色的口号：有手有脚有条命天大的困难能战胜）汶川地震发生的时候，青川县枣树村有个村民叫蹇明，他面对天灾发出了最鼓舞人心的口号，那就是：有手有脚有条命天大的困难能战胜。受到了温总理的赞扬，大家说这个口号牛不牛？

观众　牛，掌声。

李向东　您这口号是够牛的，不过还有牛的。你也后边去，你也来听听吧，李老师。

李立山　你说说你这还有什么牛的

李向东　要说牛的呀，2008 年我觉得有一个笑话最牛。

李立山　笑话？我是说笑话的，我一肚子笑话，我都不知道你说的是哪个笑话。

李向东　您不知道了吧，您也请看大屏幕。（大屏幕为一群俄罗斯人在一辆车前摆上小桌子用餐）

闵浩天　嘿，这哪有笑话呀。

李多　嘿，有笑话有笑话，我看出笑话来了，你先告诉大家，这穿蓝衣服的是谁？

李向东　这穿蓝衣服的，是俄罗斯的一个救援队。

李多　没错呀，俄罗斯的救援队在“5·12”大地震的时候从废墟中救出一位老人，这老人出来一看愣了。

陈琦　怎么了？

李多　眼前全是蓝眼睛高鼻子的外国人，当

时就说了一句话。

众 说的什么啊？

李多 这个地震太凶了，把老子震到外国来了。

李向东 观众朋友们，您说我这笑话牛不牛？

观众 牛，掌声。

众人 我说的牛我说的牛。

李立山 别争别争，我说呀，你们说得都够牛，不过你这也分不出高下来啊。

众 咋办呀。

李立山 好办呀，咱们让他们比赛第二轮怎么样？

众 还有一轮呀。

李多 我先来。

众 凭什么又是你先来啊。

李多 我第一个说我得第一。

李立山 来，头一段来你说。

李多 李老师您看这样行不行，说之前我先跟观众们先打个招呼。

李立山 打个招呼客气客气，这当然好咯，来打个招呼。

李多 观众朋友们我们都知道，咱们四川的观众，那是全人类最有修养、最文明、最热情的观众，那只要演员在舞台上一说话，你们肯定能配合演员发出热烈的掌声，所以我希望我说的。

观众 掌声。

李多 哎呀，谢谢。

李立山 来，别要掌声，你说说什么最牛？

李多 “5·12”大地震的时候呀，一支120人组成的抢险队，带着60台工程机械从江苏安徽日夜兼程，仅用了36个小时就赶到了灾区，成为到达灾区最早的民间救助队。朋友们，请看，这位就是抢险队的队长陈光标（下台与陈光标握手）朋友们，这抢险队牛不牛？

观众 牛，掌声。

李立山 干什么呢，干什么呢！回来！回来！

李多 表扬我啊?!

闵浩天 跟观众要掌声啊？要掌声也行，有你这么要的吗？后边去。我也跟大伙托付一下

李立山 那你托付托付我听听。

闵浩天 观众朋友们大家好，我跟他不一样，我说完话以后大伙给我鼓掌不白鼓。今天在座的有一位算一位啊，成都最好的饭店我请客。

李立山 什么呀。

闵浩天 每人一盘——泡菜。

李立山 就泡菜啊，得了，你先说说什么最牛吧。

闵浩天 北川县擂鼓镇有一位60岁的达斡尔族老人，他的名字叫阿拉坦巴根陶琦。1976年唐山大地震，他被掩埋在矿井下10天，后来被获救生还。这一次汶川大地震，他又被倒塌的房屋压了半天。

李立山 这第二回了。

闵浩天 大伙请看这位老人被人们救起来的时候，一点事没有只擦破点皮。大伙请看，经历了两次地震，均安然无恙脱险，大伙说这位老人他牛不牛？

观众 牛！掌声。

闵浩天 牛还不鼓掌！跺脚啊。

李向东 停停停，别跺脚了，留神这地板。我说你们这样跟观众要掌声，丢不丢人哪。

李立山 不好。

李向东 我都替你们脸红。

李立山 对。

李向东 后边去！李老师，观众朋友们，我再和大家说一次，这个其实吧，一会儿我说完之后有没有掌声真的没关系，一点关系都没有。可是有一样，如果我要

是说完了之后，我这分数要是不高的话，在座的有一位算一位。

李立山 怎么着？

李向东 （做出打人状）谁你们也别想走今天。

陈琦 干嘛呀，你这还带绑架。

李立山 先说说吧，什么最牛？

李向东 我说的是上海有一位退休女教师叫沈翠英，在地震发生之后，她把自己在上海黄金地段的一处商品房拍卖了450万捐给了灾区，修建了一所抗震小学。大家请看（跑下台，引出沈翠英）这位朋友就是我们的沈翠英同志。大家说这位退休女教师沈翠英同志牛不牛？

观众 牛！掌声。

陈琦 嘿嘿嘿嘿，说你呢，回来！没完了你，回来吧。该我了，李老师在说之前，我也跟观众打个招呼。

李立山 打住，别打招呼了，你就说什么最牛吧。你直接说。

陈琦 直接说，好吧，我说的是在“5·12”地震发生过后呀，茂县等地灾情不明，情况是万分紧急，在5月14日中午，由解放军组成了15名空降兵，在没有地面指挥，没有地面标识，也没有天启资料的条件下，从茂县上空近5000米高空跳下，强行进入灾区，创造了世界空降史上绝无仅有的壮举。大伙请看，他们就是咱们空降兵的代表。（下台引出空降兵代表）观众朋友们，你们说咋们解放军的空降兵牛不牛？

观众 牛！掌声。

李立山 回来回来，你也回来！站这儿站好了，我跟你说啊，我还没说呢！

众 啊，你也有最牛的？

李立山 啊，当然了我也有，我是一说出来比你们的都牛！

众 那听听您的听听您的。

李立山 我也给观众说说啊，我不用托付了，你看我这年龄，你看我这穿着打扮，咱是个文明人，是不是这掌声呀您鼓不鼓那是您自己的事！你鼓不鼓那是您自己的掌握，掌字大家都认识，一个高尚的尚底下一个手。就是我说完了以后您谁给我鼓掌，谁那手就是高尚的手。

众 行了行了行了，您比我们还厉害呢，您直接说吧，直接说吧。

李立山 我远处不说，我就说说咱们成都有一个企业的经理叫陈岩，在地震发生的第一天马上他就赶到了抗震救灾的第一线。这时候人家去当志愿者，连续五天五夜没睡觉，和专业救援队一起救下来包括可乐男孩在内的一共二十多个年轻的生命啊。我给大家介绍介绍，这位就是陈岩同志！这个我呀我是从北京来的，我听了您这个事迹之后我是特别感动。我采访采访您吧，您说在当时这么危险的时候，你为什么还要上第一线呢？

陈岩 其实我想我们作为四川人，作为离灾区最近的人，我想在这么大的灾难面前我们还生存下来了。还是那句老话，因为还活着，所以我来了！

李立山 太好了，大家说牛不牛？

观众 牛！掌声。

众 我分最高！

李多 我还有呢，咱们四川人民面对8级强震，英勇顽强不屈不挠，仅100天，灾区一千多万人450万灾民就得到了安置。创造了人类救灾史上的奇迹。朋友们，咱们四川人最牛对不对？

观众 对！掌声。

闵浩天 我还有，咱们中国人在灾难面前是众志成城万众一心，一方有难八方支援，气吞山河大爱无疆。2008年咱们中国人最牛对不对？

观众 对！掌声。

李向东 我还有，北京举办奥运会、“神七”飞天，社会和谐人民幸福，我们伟大的祖国最牛对不对？

观众 对！掌声。

陈琦 我还有？（愣住，不知说什么好）对不对？

众 你这还没说呢，我的最棒。

李立山 别争了，别争了。我觉得你们说的都对，说的都牛。咱这个节目就叫——

众 《2008咱最牛》。

观众 好！掌声。

（主持人小飞在观众席中）

小 刚才他们讲的最牛的。那么在牛年，大家都有着什么样最牛的心愿呢？我们一起来分享一下。来，我身边的这位大哥，您好，新年快乐！

观众（男） 新年快乐。

小 在这里我想问问你，牛年到了，最牛的心愿是什么？

观众(男) 我的心愿在我的孩子身上，我希望我的儿子能考上最牛的大学最牛的专业。

小 真是一个牛气冲天的心愿啊。那么我们的小朋友们又有着什么样的心愿呢？来，小朋友告诉大家，新年你有什么心愿？

小观众 在新的一年，我希望我们全班同学都能到香港迪士尼游乐园玩。

小 哦，不错的心愿呢，希望我们小朋友的心愿能够实现。在这里我们也祝愿所有的小朋友在新年学习进步天天向上。那么我的搭档蒋林作为主持人，在新年你有什么心愿？

（主持人蒋林站在舞台上）

蒋 其实我的心愿呢是代表我们今天四个主持人说的，当然我相信也代表了更多四川人的心声。我希望在新的一年在牛年当中，咱们每个人都有那么一股子初生牛犊不怕虎的闯劲儿。经过了2008年，我相信即便我们未来再面对再大的灾难和挑战，只要我们手拉手心连心，四川人就没有跨不过去的坎儿。

宁（舞台正中） 好，谢谢蒋林，谢谢大家。接下来呢，我还要为大家请上一位远道而来的客人，我们有请来自台湾的何润东，有请！

何润东（右台口上） 成都的朋友们，大家好。

宁 你好。

何润东 你好。

宁 我们知道在地震发生后，第一时间何润东就以一个志愿者的身份去到了灾区。我想这一次灾区之行对你来讲一定有特别的意义。

何润东 对，因为我觉得自己身为艺人，希望可以第一时间去帮助那些需要帮助的人，然后也可以等于抛砖引玉，带领更多的人。这次去我觉得非常的感动，其实大家应该也知道，在这次地震中有很多的例子，就是见证了很多的母爱。很多的母亲父亲他们为了保护自己的小孩，不惜牺牲自己的性命。于是呢那个时候去灾区，还有台湾的艺人包括游鸿明，我们一起去完回来之后，我跟游鸿明觉得非常的感动，我们决定要去写这样的歌。

宁 所以这首歌是关于母爱，关于孩子的一首歌。

何润东 对。

宁 其实在灾区像这样的故事还有很多很多。那今天呢，我们就为您请来了一位你一定是最想见到的人，因为他的经历和你在歌中所描绘的故事是一样的。我们有请小馨懿。小馨懿快来。

（小馨懿爸爸抱着孩子从舞台左边出）

宁 叫一声叔叔。

小馨懿 新年好叔叔。

何润东 你好，跟你握个手好不好（握手），那以后我们就是朋友了。

宁 给大家做个恭喜好吗？做个恭喜（小馨懿照做）恭喜什么要不要跟大家说句话。

小馨懿 新年好（观众掌声）

何润东 我觉得他讲话特别乖。

宁 对，特别可爱。今天何润东还专门带来了礼物是吗？

何润东 对（拿出小熊给小馨懿）以后你每天可以抱着她睡觉。

宁 喜欢吗馨懿，喜不喜欢？

小馨懿 喜欢。

宁 那要说什么？

小馨懿 谢谢。

何润东 其实这些礼物都是代表台湾的同胞和朋友，还有很多关心我们汶川大地震所有的朋友们带来的祝福。

宁 馨懿，你想不想听大哥哥给你唱歌。

小馨懿 喜欢。

宁远 喜欢啊，现在唱好不好？

小馨懿 好。

歌曲《梦想的开始》

作词：徐世珍　雪伦　小庄

作曲：侯志坚

编曲：陈飞午

演唱：何润东

舞蹈编导：向严严

伴舞：武警四川总队政治部文工团　成都歌舞剧院

（灯光：蓝光、桃红）

（何润东站在舞台正中最前，伴舞躺在地上做好造型）

梦在激荡　心向着远方
起跑线上没有时间迷惘
为我最炙热的向往
骄傲出发　绝不计代价
别让孤独　驯服了梦想
张开翅膀冲破所有风浪
飞到天空的另一端
汗水背后　终究是阳光
迎着风放手向前闯　我谁也不怕
只要赢过自己一定会到达
阳光把汗水都蒸发　就看着我吧
没有痛就不会成长面对它
冲吧　迎向希望　行动是梦想的开始
迎着风放手向前闯　我谁也不怕
只要赢过自己一定会到达
阳光把汗水都蒸发　就看着我吧
没有痛就不会成长面对它
冲吧　迎向希望　行动是梦想的开始

蒋（右台口出） 谢谢何润东为我们带来一首和梦想有关的歌曲。接下来我要通过一个小家庭的故事给您讲述梦想。这个小家庭中的男主人公叫张建均，女主人公叫母贤碧。在汶川大地震当中他们都失去了自己的另外一半。地震可能会摧毁我们的房屋，地震可能会带走我们亲人的生命。但是在地震当中，我们不曾失去的是好好活下去的信念，我们不会丢掉的是对美好生活的追求。在汶川大地震过去几个月之后，张建均和母贤碧重新组建成了一个家庭。今天他们也来到了现场，让我们把掌声送给他们。（观众掌声，两人起立转身向观众致敬）希望在将来有两个肩膀共同去承担风雨，能够越来越好越来越顺利。我要告诉大家，他们也是北川县地震之后的第一个“重组家庭”。未来我们还会看到更多共担风雨的重组家庭。此时此刻可能你会问我他们的小日子过得怎么样，他们现在的家怎么样。走，我们一起去他们家里看一看。

（视频）美国《时代周刊》两只手紧紧相握的封面

（画外音：一次震撼让他拍摄的照片登上美国《时代周刊》的封面）

成都摄影师朱建国 在地震当中我曾经拍了一幅心手相连的照片，这张照片让我震撼让我揪心，同时这幅照片向人们传递了一种生命的力量。

（画外音：一场灾难让两个破碎的家庭饱受生死离别的煎熬）

张建均 心里确实太痛苦了，痛痛快快地哭了一场。

母贤碧 就我一个人在家里，连个问候都没有了。

（画面为俯拍灾民板房区。画外音：一个家字在依靠中渗透出相互支撑的力量）

母贤碧 我就是希望有一个家，一家人能团团圆圆的吃饭，团团圆圆的在一起。

朱建国 我一直想拍这么一张图片不同的一张照片，我希望这幅照片能给人们带来一种积极的向上的温暖的一种力量。

（画面为板房区里灾民散步、打水，一片祥和。画外音：早晨在绵阳永安地震板房安置区里，张建均和母贤碧夫妇起得很早。他们要去学校把小儿子接回来，因为今天一位成都的摄影师会来到家里给他们一家拍上一张全家福。两人的默契在不经意间显现出来。如果无人提醒，也许大家不知道他们刚刚结婚不到一个月。给妻子梳头是张建均很多年的习惯，手指顺着发丝滑落，记忆也在朦胧中找到了曾经的岁月。张建均和母贤碧原本都有一个幸福的家庭。但是灾难的来临使他们同时失去了曾经的最爱）

张建均 从他们双双走了以后我心里确实太难受了，在九州体育馆我是想从那河边跳下去。

（画外音：失去亲人的痛苦让两人备受煎熬，不断的打击使张建均差点失去对生活的信心。他说在他最困难的时候是儿子让他支撑过来的，而对于孩子他不能让他再失去父爱。而对于母贤碧来说，丈夫的离去让她丢掉了幸福的支点。痛苦的思念甚至使她的体质迅速变坏，血小板减少，至今左眼的伤口都难以愈合。也许正是有了相同的经历、感伤和对家的渴望，在亲友的帮助下，原本两颗寂寞的心走到了一起，而他们两人也成为了地震之后由两个破碎家庭重组结婚的第一对夫妇。北川中学，夫妇俩带着刚从街上买来的衣服，忐忑的站在校门口，孩子还没有完全接受两人的再婚。婚后母贤碧的儿子到外地当兵去了，而张建均的儿子就一直住在学校，他们不知道孩子愿不愿意出来和自己见面。儿子的出现让两人打消了一些顾虑，可面对新的母亲，孩子却一句话也没有说，而总是一个人坐在一旁若有所思。让母贤碧没有想到的是回到家里化开坚冰的却是孩子自己。）

（孩子端来一盆洗脸水：妈妈洗脸。）

一盆热腾腾的洗脸水，一声久违了的妈妈，融开了母子之间陌生的隔阂，也让这个家充满了更多的温馨。中午摄影师朱建国如期到来，他说在叩开房门的那一刻，他在这个新组建的家庭中感受到了一种希望的味道。等待这个新组建的幸福家庭的将是镜头中那张灿烂而甜蜜的全家福。

（张建均：以前我有一个儿子，而现在两个家庭组合成一个家庭，一个儿子变成两个儿子。母贤碧：只要儿子好好读书，听话，我觉得我们这个家庭还是过得比较幸福。我相信我们后头也会过得比较幸福的。）

歌曲《让爱住我家》

作词：麦伟婷

作曲：赵明

演唱：郭蓉　赵祺

表演：邓文乐　弋弋

舞蹈编导：游海　郭艺文

伴舞：武警四川总队政治部文工团　成都歌舞剧院　成都市体育学院舞蹈系

小女孩　我爱我的家
弟弟爸爸妈妈
爱是不吵架　常常陪我玩耍

郭蓉　我爱我的家
儿子女儿我的他
爱就是忍耐　家庭所有繁杂

赵祺　我爱我的家
儿子女儿我亲爱的她
爱就是付出
让爱不缺乏

合　让爱天天住你家
让爱天天住我家
没有哭泣
不会惧怕
因为有爱住我们的家
让爱天天住你家
让爱天天住我家
不分日夜　不论春夏
全心全意爱我们的家
让爱天天住你家
让爱天天住我家
充满快乐
拥有平安
因为有爱住我们的家

小女孩　让爱永远住我们的家

（视频）我们是青川上坪安置点；我们是绵竹大东社区；我们是汉源县清溪镇富民社区；北川：祝全国人民新春愉快；都江堰：团团圆圆幸福美满。

汶川七盘沟社区党支部书记吴传军　我们住在板房里犹如兄弟姐妹，感谢党和政府。

刘小桦　我想感谢的是胡爷爷和温爷爷，祝他们新春快乐，万事如意。

可乐男孩薛枭　我现在在华西医院进行康复治疗，在春节来临之际，我想把祝福送给曾经送给我可乐的人！

贺晨曦　远在江苏的纪昌劲和石东年两位战士，谢谢你们在地震的时候冒着生命危险来救我。

敬礼娃娃郎铮　祝解放军叔叔新年快乐，我长大了要当解放军。

绵竹大东社区金传英　蔡明老师你还记得我吗？我是金传英，我们这里的人都知道希望小学是你送给我的，所以我的生意越来越好。在春节来临之际，我想通过镜头向你拜个年。希望你有空的时候到我们这里来玩。

志愿者陈岩　远在深圳武警边防七支队的柯坚平大校，希望你永远记住我们在“5·12”大地震中一起抗震救灾的点点滴滴。

都江堰幸福安置点　我们在板房里做点香肠和腊肉，志愿者和援建者你们都来吃，我们一起过年。

北川中学校长刘亚春　北川中学承载了全国人民对学生的巨大关怀，在春节来临之际，我代表北川中学师生向大家拜个年。

成都人民广播电台孙静　新的一年开始了，我们会更加的努力。感谢所有朋友对我们的关心帮助和支持。

彭州光明路派出所蒋敏　有你们的帮助和关心，我会好好的生活好好地工作。

什邡一小学的孩子们　我们要好好读书，等我们长大后我们就去报答关心我们的好人。一二三（全体孩子齐唱《感恩的心》）。

画面最后定格为一张2009年牛年的明信片，邮票就是那群唱歌的孩子们。字幕：感恩春天，因为有你（动画）：邮戳盖上四川 2009. 春——我们一起过年

（回到现场）

陈 从灾难发生到现在已经8个月了，所有的四川人从来没有像今天这样，对“感恩”这个词如此的感同身受，如此的刻骨铭心。

小 是啊，我们在生命的顽强中学会了感恩，我们在援建学堂上学会了感恩，我们在冬天却温暖如春的板房中学会了感恩，我们从那些认识和不认识的同胞的眼泪和血液中学会了感恩。

陈 感恩是伴随我们终身的一本书，是我们人生旅途中的一盏灯，我们四川人知恩感恩，四川人的子子孙孙将会永远铭记这份恩情。我们四川人知恩感恩，我们将会把这份恩情传递给我们的兄弟姐妹。

小 在这个辞旧迎新的日子里，在今天这个难忘的夜晚，我们要代表天下四川人向伟大的祖国感恩，向我们的同胞感恩，向帮助过我们的所有人感恩。

《风中的羽翼》

编曲：陈国华

演唱：阳蕾　冯家妹　张殿菲　张文博

舞蹈编导：吴成涛　宋欣欣

伴舞：武警四川总队政治部文工团　成都歌舞剧院　成都市体育学院舞蹈系

（灯光：蓝光、绿光）

（舞蹈演员右一、左三出，演唱者左楼梯口出）

张文博 黑夜过后太阳就要升起
暴风雨过后也就会天晴

冯家妹 让我们一起手牵手向前
彩虹就在我们心底

张殿菲 人生路一定有风也有雨
用泪水灌溉生命的勇气

阳　蕾 用希望化作风中的羽翼
让梦带走心中的犹豫

合 你陪伴我穿越过高山和大海
我的心有你才会澎湃
我愿意放弃所有坚持和骄傲
相信你因为相信爱

合 你陪伴我穿越过高山和大海
我的心有你才会澎湃
我愿意放弃所有坚持和骄傲
相信你因为相信爱
黑夜过后太阳就要升起
暴风雨过后也就会天晴
用希望化作风中的羽翼
让梦带走心中的犹豫
相信爱因为相信你

（主持人左上场口出）

宁 吉祥如意，新年快乐。这里用羌族的语言给大家拜年了！首先特别要让大家看看我今天穿的这身衣服。这是我在采访中一位羌族大姐一针一线缝制而成之后送给我的。在羌族地区有很多羌族妇女她们在地震之后都靠着羌秀作为他们的主要经济来源。所以说大姐特别希望我上电视的时候能够穿上这身衣服给她做做广告。大家说好看吗？

观众 好看。（镜头给两个同样身着羌族服饰的小姑娘）

宁 谢谢。说到羌族，我们很多人自然会想到一个曾经让全国人民心痛的名字——北川。其实北川的全称是：北川羌族自治县。在那儿居住着七万多羌族同胞。

就要过年了他们的生活还好吗？接下来，就请大家跟着我们的镜头一起去北川，去感受一户羌族人家的亲情和温暖。

视频 音乐起，画面为一位老人正在大山中祭祀。（画外音：风中有一种声音，穿过树越过山透过心灵。这是一个古老民族的歌声。几千年来，这个民族繁衍生息，创造出灿烂的文化。这就是羌族——牧羊人的民族。2008年，上天给了这个民族一次深深地创伤，也让他们变得更加坚强。北川擂鼓镇茨沟村的羌族老人李世富今年66岁，在地震中他失去了四位亲人。过年了，在政府的帮助下，老人一家要搬到永久性住房里。他决定要请一次客，请来在灾难中与他共患难的族人，请来帮助过她们的山东援建者，也想请来明年属于他们的幸福。清晨，老人很早就换上节日的盛装，村里的年轻人也都来到老人家，今天对于他们来说是一个节日。红，对羌族人过年来说是不可缺少的，在家中门前挂上红将会为新年博上一个好彩头，而理顺红布将预示族人来年一切顺利平安。过年了，羌族人吃鸡蛋不会是简简单单煮熟就行，而是要给鸡蛋上好鲜红的颜色。族人认为吃上这样一个鸡蛋将会驱走病魔身体健康。李世富老人从屋里搬出大袋玉米，老人说玉米金黄的颜色是上天给予的吉祥之色。屋前摆上玉米将使是来年五谷丰登衣食无忧。酒对于羌族人来说有着特殊的意义，在族人重要聚会的席间，族里的带头人总会把酒作为一次重要的交流。让心中情感传递给每一个人。）

擂鼓镇茨沟羌寨村长尹显波 今天我们大家欢聚一堂，借李叔叔这个地方我来敬大家一杯酒。李叔叔搬新居我们来朝贺，我们今天的第一杯酒我们敬给地震中我们茨沟村遇难的十五个亲人。大家举杯！干杯（羌语）那我还要敬大家第二杯酒，第二杯酒非常有意义，特别要感谢山东的，还有全国各地，全世界的曾经帮助过我们重建家园的亲人们。大家再次举杯！干杯（羌语）这第三杯酒是我们羌寨茨沟村对以后生活的美好憧憬。希望我们的生活越来越好，越来越幸福。大家一起举杯，干杯（羌语）！

【画外音】畅快的酒歌唱起，桌前的每个人都暂时忘掉了曾经的痛苦回忆，喊出了对生活的憧憬；醉人的美酒饮起，身体的每个细胞都被甘甜的酒滴滋润，透露出一种彻底放松的惬意。过年了，经过灾难的苦痛，新的一年，坚强的羌族人将在酒中在歌里在红上，书写出属于他们的快乐，坚韧的喊出一个幸福的年字。（大家齐声喊羌语“年”）

歌舞《羌红》

编曲：姜祥仲

编舞：梅永刚

演唱：茂县羌族歌手　陈海元

表演单位：北川羌族民间艺术团
西南民族大学

（灯光：蓝、桃红）

（前排舞蹈演员手持红色绸布，后排演员手拿锣鼓随音乐节奏变队形）

（北川羌族民间艺术团是震后保留下来的唯一一个羌族民间舞蹈团体。他们传承着羌族这一古老民族最纯正的艺术文化和最原生态的歌舞形势。本节目表现了羌族歌舞的几大元素：天籁般的羌族多声部和声、传说中的羌族的神秘、皮鼓舞的奔放和萨朗舞的妩媚）

羌语歌词大意

把酒举过头顶
话语在酒中流淌
自古好客的羌家热情豪爽

远方的客人哟
把最醇香的酒
最优美的歌声献给您

（主持人左出）

蒋 在刚才的节目当中，我们听到了浓浓的羌鼓，仿佛是串起了羌族历史上每一次生生不息，我们也看到了美丽的羌红，他告诉我们马上就要过年了。马上就要过年了，所以有一个群体我们要特别隆重的去感谢，他们有一个既亲切又光荣的名字，叫做援建者。这个春节有许多的援建者选择留在四川和我们一起过年，选择坚守自己的工作岗位。那么他们现在还好吗？

视频

画外音：汶川大地震过后，来自全国各地的关怀源源不断。这种关怀是无私的救援，是灾后重建的实实在在的支援。如今汶川大地震各项援建工作在有条不紊的进行着，爱的洪流在援建工作中争分夺秒的流淌。一方有难八方支援，这句响当当的口号背后凝聚着无数夜以继日的身影，当我们看见一套套安置房搭建完成，新的希望燃烧在灾难的土地上时，我们感到这样一个冬天很温暖。

上海援建者 让灾区人民早日住进温暖的新房。

重庆援建者 让灾区的小朋友早日搬进明亮宽敞的教室，我们一定会竭尽全力。

山东援建者 把灾区当作自己的家乡，把灾区的群众当陈自己的亲人。

河南援建者 请全国人民放心，请四川人民放心，我们一定会竭尽全力建设好你们的家园。

北京援建者 北京市前线分指挥部向全国人民拜年。

江苏援建者 江苏对口援建绵竹指挥部的全体工作人员向全国人民拜年，向灾区人民拜年，向家乡父老相亲拜年，祝大家合家欢乐，万事如意，过年咯！

画外音：温暖是因为有爱的热度，希望是因为有爱的力量。当日子翻开新的一页，温暖的冬天中孕育的希望开始萌芽生长。带着希望我们期待着家园的新颜新貌，带着希望我们想说谢谢你，这里永远珍藏着一颗感恩的心。

（主持人在观众席）

蒋 现在站在我身旁的就是一位来自山东的援建者张仲华。但我觉得这么称呼您不亲切，我能称呼您张大哥吗？

张仲华 可以。

蒋 张大哥我想先握握您的手！真有劲。张大哥来四川多长时间了？

张 半年多了。

蒋 其实我知道张大哥是在去年的八月一日报名来北川援建的，我听说你干活特别吃苦，一天工作 12 个小时，而且张大哥有一句话给我留下了深刻的印象。他说，到了灾区就不能闲着。我特别理解您的心情，但是我还是很关心，您累吗？

张 有时候确实有点累，但是我们从山东来到这个地方是来援建的，不是来享福的。再苦再累我们一定要承受，把援建工作做好。（掌声）

蒋 其实张大哥今年也 44 岁了，上有老下有小，有年迈的父母，妻子下岗了，还有一个高二的儿子。张大哥是一个特别孝顺的人，如果不是到四川来援建，这时候肯定回家过年了。这是您第一个不在家里过的春节吗？

张　是的。（掌声）

蒋　因为要援建，所以他留在这儿过年，和我们一起过年。那肯定张大哥现在心里也很惦记着家人。我们作为四川人民，要送一份礼物给他。我们来看看大屏幕。

视频：山东山青州市宋池乡张羊村

画外音：张仲华的家乡宋池乡张羊村是山东山青州市当地最大的村落。在这个淳朴的村子里，春节的氛围浓郁而传统。而张仲华的每一个春节几乎都是在这里度过的。

记者杨旭　据张仲华给我们介绍，每年的这个时候他已经在家里面帮着母亲贴春联、扫院落、包饺子，但是他今年不能够回来过年，希望我们的到来能给这个家增添一份惊喜，能给这个家带来一份欢乐。瞧，他家已经到了。你们好，张奶奶是吧，你好！已经开始包饺子了吧，您家里人好热闹啊。

张奶奶　过年哩，包饺子，我的媳妇们都来了。

画外音：在我们忙活包饺子的时候，张仲华的父亲也在忙着他的事——写春联。每年的这个时候张仲华都会陪伴在父亲的身边，帮着父亲打打下手。这个四世同堂的家里处处都充满浓浓的暖意。

记者杨旭　这么长的时间你有没有担心他在那边生活不习惯啊？

张仲华母亲　没有，没什么，在那儿呆了差不多有半年了，他去了以后他说那里人对他都可好。

张仲华妻子　别的我也不担心，我就担心他身体，但是去了以后你放心了不是，别喝酒多吃点饭，应该没什么问题。

画外音：虽然张妈妈和嫂子的言语中都表达了对张仲华的放心，但是就是在这样平静的言语中我们还是能感到他们一家人对张仲华的思念。每逢佳节倍思亲，相信他们这种对儿子的思念更重更迫切。我们作为远道而来的客人，也给他们带来了一份礼物。

杨旭　张爷爷张奶奶，这次我们来还带来了一份特殊的礼物给你们，我们一起来看一下。

张仲华　爹、娘，你们身体好吗？快过年了，每年这时候我都陪你们一起过年，陪你们一起包饺子、贴春联、打扫卫生，但是今年汶川大地震过后，我到北川参加援建工作，为了让灾区的人民早日搬进新房，让孩子们早日搬进宽敞明亮结构安全的校舍，我跟全国的援建人员一样都坚守在工作岗位，不能回家与你们团圆，但是我相信你们一定会支持我理解我，你们二老年纪都大了，身体都不太好，一定要多注意身体多注意保养。特别是娘的胃口不好，一定要多吃一些容易消化的食品，一定保重身体。我在这里一切都好，请你们一定放心。儿子在这里祝你们二老身体健康、春节快乐。

张仲华父亲　仲华，明天就要过年了，你要在四川安安心心的和四川人民共同过一个欢乐祥和的春节。我一定好好照顾你娘，请不要挂念。

张仲华母亲　仲华你在那边好好工作，家里一切都好，你不用挂念。我的胃现在也好了，你是我的儿子，在我眼里你是最大的骄傲。

张仲华妻子　祝你和你的同事在四川人民一起过一个幸福快乐的春节。

蒋 山东汉子平时可能都不哭吧，但是眼角还是有泪花了。其实在这个地方我有一个小小的请求，我想代表我的同事拥抱您一下好吗？（掌声）说实话，我们在这儿不光是要感谢张大哥，我们要感谢每一个帮助过我们的人，每一个来到四川的援建者。不管您这个春节是回家过年还是现在就座在电视机前，在这儿，蒋林给您拜年了！与此同时我更要感谢的是援建者们的亲人，因为有了你们的支持和理解，他们的身上充满了力量。我想说，请大家放心，援建者来了我们四川就是我们的家人。我们会用款待亲人的方式去款待他们，去呵护他们。我们要说，我们四川人懂情，我们四川人懂感恩。谢谢大家！

小品《回家过年》

作者：朱军

导演：袁永恒

表演：徐玉琨　任萍　李金亮

（徐玉琨　任萍左一出）

徐玉琨 王幺妹，好耍嗦？

任　萍 不好耍。

徐玉琨 不好耍你跟着我做什么？

任　萍 你不答应我就跟着你！

徐玉琨 要跟也没有你这种跟法啊，我走几步你走几步，我回个头你回个头，我快走你快走。我提醒你哈，你再骚扰本村长我就打110报警了哈。

任　萍 打打打，请你打，你看110来了是抓我呢还是抓你！

徐玉琨 他凭什么抓我呢？

任　萍 凭什么，因为你多吃多占。

徐玉琨 你说清楚，我啥子多吃多占？

任　萍 你是呀，我请一个援建工人到我家吃饭，你打死不答应。你呢，喊了五个人到你家里去，你说你是不是多吃多占啊？

徐玉琨 你是说这个嗦，这主要是人家李大铁同不同意，只要他愿意，我没意见。

任　萍 村长要说话算话哦。

徐玉琨 我好久说话又算过话呢？哦，不不不，我好久说话又没算话呢？

任　萍 好，一言为定！大铁哥，这儿这儿，大铁哥。

徐玉琨 大铁哥，大铁哥，人家是山东人听不懂。连普通话你都说不来（川普）。

任　萍 普通话哪个说不来嘛。

徐玉琨 说撒。

任　萍 大铁哥，大铁哥，大铁哥。

徐玉琨 大锑锅，还大砂锅呢。

李金亮 来啦来啦，幺妹。

徐玉琨 来来来大铁啊。

徐玉琨 村长，你找俺什么事啊？不不不，是王幺妹找你。

李金亮 幺妹，你找俺什么事啊？

任　萍 大铁锅，听说你今年不回家过年啦？

李金亮 可不是，这个房子还没修完呢，俺这个春节期间一定要把它给修好了。

任　萍 那你到我家里去吃年夜饭嘛。

李金亮 啥？到你屋里吃饭？那可不行，村长说了，让俺过年到他屋里吃饭。对嘛村长。

任　萍 哎呀，大铁哥，村长屋里房子小，人多坐不下。你就到我家里去嘛。

李金亮 行，到你屋里去，（村长咳嗽几声）还是算了吧。

任　萍 哎呀大铁哥，主要是，你看你给我们修房子修了一个多月，我们确实从心头感谢你们，所以我妈想请你到家里吃个年夜饭，表示下他的心意。

徐玉琨 哟，把她妈都搬出来了。

李金亮 哎呀，这算什么，不是说了吗？山东和四川都是一家人嘛。不用客气，行，干脆干活去了。

任　萍　哎呀大铁哥，其实不全是感谢，主要是我妈想喊我们家里亲戚看看你合不合适。

李金亮　什么合不合适啊？

任　萍　是看你给我家继续修房子合不合适。

李金亮　修房子呀，那行，俺到你家去。告诉你娘，俺修房子最合适了。

任　萍　好好，那我们就说好了。

徐玉琨　大铁，大铁，大铁，我要提醒你，我问你，你们老家吃团年饭吃啥子哦？

李金亮　吃饺子。

徐玉琨　对了嘛，她们家吃团年饭只吃汤圆。我是怕你吃不惯，专门给你包了饺子。你是愿意到我家吃饺子呢还是愿意到她家吃汤圆呢？

李金亮　村长，俺当然愿意吃饺子了。

任　萍　村长，哪个给你说的我家里吃年夜饭只吃汤圆？

徐玉琨　他们都说你们家里只吃汤圆啊。

任　萍　我给你说，为了欢迎大铁哥，我妈专门包了饺子的，而且还准备了我们四川的麻婆豆腐、夫妻肺片、甜烧白、咸烧白、水煮鱼。而且还要给大铁哥蒸一笼山东大包子。

李金亮　啥？你家还有山东大包子？俺的娘，俺半年多没吃过山东大包子了！村长那个大……幺妹，俺上你家吃包子去。

任　萍　好，那就定了。

徐玉琨　大铁，大铁，大铁。我还得提醒你啊……

任　萍　村长，我求求你了嘛，你就不要再提醒了嘛。

徐玉琨　哎呀，我要给人家说清楚撒。

任　萍　要你说清楚，人家大铁哥都准备到屋头去了。

李金亮　行了，村长你也别争了，幺妹你也别抢了，你的心意俺领了。谢谢你们，算了，俺还是到工地上过年去。

徐玉琨　哎呀呀，大铁大铁，这不关你的事，这样，你先在这儿坐一下休息一下，我给她说两句话。真的生气了啊？那你给我说老实话，你为什么非要把他弄到你家里去吃那个团年饭呢？

任　萍　我，我……

徐玉琨　你是真的喜欢他了？哎呀，你不说老实话我就跟他没完了哈。

任　萍　哎呀，村长……

徐玉琨　你说什么？

任　萍　喜欢。

徐玉琨　哎呀，太小声了，我听不到，大声点。

任　萍　喜欢。

徐玉琨　哎哟，这鬼女子，我早就等你这句话了。你放心，包在我身上。大铁，大铁，来来来，我想，我想问你一下，你在老家耍朋友没有？

李金亮　啥？耍朋友！你有毛病了吧？这个朋友咋能耍呢？俺娘从小就告诉俺，这个做人得厚道得实在。不能骗人不能坑人更不能耍人。村长，这个朋友就更不能耍了。你放心吧村长，俺一辈子都不会耍朋友。

徐玉琨　大铁大铁，你误会了，我说的这个耍朋友呢，我们四川话就是谈恋爱、搞对象的意思。

李金亮　搞对象？哎呀，听错了，你问俺有没有对象。过去在老家搞了一个。

徐玉琨　有了？

李金亮　有了。

任萍哭。

李金亮　幺妹……

徐玉琨　大铁，我给你说这个幺妹哭，就是因为你在老家搞了对象了。

李金亮 哎呀，你听俺把话说完呀，俺是搞了一个，后来吹了。

徐玉琨 吹了？

李金亮 吹了！

任 萍 大铁哥，你把话说清楚嘛。（笑）

李金亮笑。

徐玉琨 好好好，本村长宣布，鉴于李大铁没有朋友，王幺妹想要朋友，本村长决定年三十晚上李大铁到王幺妹家里吃团年饭。

任萍、李金亮 谢谢村长。

徐玉琨 还有一点不要忘了，6点钟到你家里吃团年饭，6点零5分到我家里吃饺子。（下场）

任 萍 要得要得，嘿，要不得哦，村长。（追下台）

歌曲《如果爱》

作词：姚谦

作曲：金培达

演唱：高楠

舞蹈编导：吴成涛

伴舞：武警四川总队政治部文工团

成都市歌舞剧院

（灯光：蓝光）

【演唱者从右一出，舞蹈演员从左右楼梯台口出】

高楠 大家好，我是来自绵竹的高楠。曾经我和我的乡亲们经历了一场巨大的伤痛，而今天我们正走向一个最温暖的春天。在这里我想代表我的父老乡亲对所有关爱和帮助我们的人们说一声新年好。（掌声）

每个人都想明白
谁是自己生命不该错过的真爱
特别在午夜醒来更是会感慨
心动埋怨还有不能释怀
都是因为你触碰了爱
如果这就是爱
再转身就该勇敢留下来
就算受伤就算流泪
都是生命里温柔灌溉
哦爱在回忆里总是那么明白
困惑的心流过的泪
还有数不清黑夜等待
如果这就是爱
如果这就是爱
再转身就该勇敢留下来
就算受伤
就算流泪
都是生命里温柔灌溉
哦爱在回忆里总是那么明白
困惑的心流过的泪
还有数不清黑夜等待
如果这就是爱
如果这就是爱
如果这就是爱

（主持人宁远左上）

宁 戎金亮，一位来自山西的援建者。我想所有的四川人都不会忘记他的名字。他到灾区修建板房因过度劳累而牺牲，曾经帮助我们的英雄走了，我们能为他做些什么呢？为了报答戎金亮的一片深情，四川人民为戎家重新修建了房屋，成都市第三人民医院为戎金亮患病的岳母免费手术，成都树德中学还邀请戎金亮的小女儿戎惠到成都读书。过年了，英雄家乡的亲人还好吗？我们的记者来到了山西。

（视频：山西忻州）

画外音：戎惠的家在山西忻州忻府区，迎接我们的是一个崭新的红色大门和两排修葺一新的平房。在家里我们看到戎惠姥姥的脚在成都做完手术后恢复的很快。二哥戎伟也渐渐的变得活泼。我们到山西也带去了戎惠在成都的情况。同学们每周都会邀请戎惠到自己家去做客。

同学家长 大闸蟹好吃不？（好吃）多吃点！

同学家长 我们都很希望你到我们家来，我们等了很久。要排队的是吧？

戎惠 嗯。

戎惠同学兰诗洁的父亲 我们很有幸能够在这个周末把她接到我们家里来，像自己的女儿一样，也是尽我们四川人的一点心意。

画外音：这个冬天，戎惠还收到了都江堰崇义镇桂桥村板房区一份特别的礼物，一个经过了六个人手的爱心毛衣。因为戎惠父亲就是援建桂桥村板房时牺牲的。不管是年轻人还是老年人，织袖子的，织身子的，每个人都不含糊。因为这件毛衣传递了冬天都江堰板房里最温暖的关怀。戎惠在成都树德中学三个月的学习中，老师和同学给了她最大的帮助。成绩也从56分进步到100分。徐美英看到戎惠100分的试卷，满意的笑了。

戎惠母亲 四川人民对我的恩情大如天。虽然我们失去了一个亲人，但恩情是非常大的，我永远是忘记不了的。

画外音：戎惠在成都一直都非常想念她在忻州的老师和同学。我们也专门到了戎惠之前就读的忻州八中。戎惠离开得匆忙，甚至还没有和老师同学告别。

戎惠同学 我的好朋友戎惠已经去了四川，她是一位多么天真可爱的女孩！

戎惠同学 戎惠我知道你在四川最好的学校上学，你在那儿学习怎么样？我希望你能把你们那儿的试卷拿回来，我们一起来探索一起来学习，一起来探索，好吗？

戎惠同学 戎惠，我的作文写得不怎么样，那我给你唱首歌吧：人说山西好风光（忘词，全班笑翻）……

音乐起，画面为2008年6月25日戎金亮因劳累过度突发脑溢血去世的画面；2008年9月9日23点35分戎金亮妻子、岳母、儿子从机场抵达成都市第三人民医院的画面；9月10日零点20分，戎金亮的二儿子戎伟到达成都市第一福利院的画面；上午10点30分戎惠到达成都市树德中学光华校区初一（1）班的教室的画面；2008年11月，成都市政府为英雄假人修建的新家正式完工。戎惠幸福的微笑定格在最后一帧。

宁 观众朋友，现在站在我身边的这位就是戎金亮的小女儿戎惠，我们欢迎她。（掌声）戎惠，到成都这么久了生活习惯吗？

戎惠 习惯。

宁 习惯了啊，我看你今天还带来了很多同学，都是你们同班同学吗？（嗯）都是在成都的同学？（嗯）你在这边会说四川话了吗？听得懂吗？（听得懂）会不会说？

戎惠 会说一两句。

宁 给我们说两句听听。

戎惠 要得，巴适！

宁 就这两句呀，还有吗？

戎惠 我代表树德学子祝大家新年快乐。

宁 哦，代表树德中学祝大家新年快乐（四川话）。我听说你们今天来祝大家新年快乐还带来了一首歌，你还学了一首四川民歌是不是？

戎惠 嗯

宁 叫什么歌?

戎惠 《太阳出来喜洋洋》。

宁 我们要不要听?(观众掌声)来，同学们一起来唱。

同学合 太阳出来啰喂
喜洋洋啰啷啰
挑起扁担啷啷扯哐扯
上山岗咯啷啰

歌曲《英雄》
作词：平久
作曲：游鸿明
演唱：游鸿明
舞蹈编导：郝一鸣 吴多
伴舞：武警四川总队政治部文工团
成都歌舞剧院
(灯光：蓝、桃红光)
(游鸿明右一出，舞台上舞蹈演员在舞台正中摆好造型)

起跑越过 带伤的翅膀
不想飞落 成功擦肩而过
梦想承诺 哪怕赛不过
不曾迷惑 方向心灵掌握
放弃 我不会说
目光 永远闪烁
失败的英雄不多
超越是不朽的选择
眼泪汗水我不会说
目光都在看着我
失败的英雄不多
终点是永恒选择
荣誉是梦的颜色
目光都在看着我
失败的英雄不多
终点是永恒选择
荣誉是梦的颜色
起跑越过 带伤的翅膀
不想飞落 成功擦肩而过
梦想承诺 哪怕赛不过
不曾迷惑 方向心灵掌握

小 谢谢游鸿明为我们带来一首既好听又让人感动的歌曲《英雄》。在每个人的心目当中，都有属于自己的英雄。今天在这里，我要给大家分享我心目当中的一位英雄。在我的采访生涯当中，很多人很多事都随着时光的流逝渐渐的被淡忘了。但有那么一位普通的老人，我想我作为一名四川人我一辈子也忘不了他。他是一位以拉煤为生的老人，今年已经78岁了，他叫陆松芳。在5月16日那天，老人用他那双还沾满煤灰的手向捐赠箱里放入了一万一千元钱，那是一份沉甸甸的爱心呀。老人每天拉两趟煤，每天的收入仅仅只有三十元。一万一千块，那是多少车煤啊！我第一听说陆松芳老人故事的时候，我流泪了。我哭了因为感动，因为崇敬，今天在这里我要代表所有的四川人给老人家拜年！健康长寿，好人一生平安！

(视频)

画外音：汶川地震后的一个月，四川卫视《大爱无疆》系列节目播出了一个短片，由此，为地震灾区捐献了一万一千元的陆松芳老人走进了人们的视线。大爷很忙，从早上5点到中午1点，8个小时才送完了第一趟煤。大爷这才坐下来吃一顿饭。一碗蛋汤两碗米饭，虽然很简单，但对于终日奔波的大爷来说，能进馆子坐下来吃一顿热腾腾的饭已经是很享受的事情了。吃了饭没有歇息，大爷上路了。他每天要到十几里外的煤场拉两趟煤，一车800斤。工人们说大爷是煤场年纪最大拉煤最多的。别人用的都是电动摩托，而他却舍不得买一辆电动车。这样终日劳作每天只有30元的收入，而这就是为四川灾区倾尽所有，捐献了一万一千元的陆松芳大爷。不过大爷很快乐，因为他很满足，在这个年纪没有靠儿女，没有靠政府，自己还能帮助更困难的人。

陆松芳 四川这么苦，我们应该帮忙的。你们来这边（拍我）太费工夫了。

画外音：大爷的想法很单纯，因为小时候是吃百家饭长大的，他从小便学会了感恩。老人没有华丽的语言，也没有多少文化，更不会作秀。他只是始终如一的做好事，只是怠慢了自己。半年之后我们的镜头再次聚焦浙江德清新市镇，与之前有所区别的是记者和两位志愿者密谋了一个感恩计划，去大爷家做些力所能及的事，希望能给他一个惊喜。上午，早出晚归的大爷果然不在家，在热心邻居的帮助下我们顺利拿到了大门的钥匙，虽然我们已经做好了心理准备，但是大爷独居的小屋依然陈旧的触目惊心。

邻居 他住的是公家的，租的。

画外音：这间七平方的房间月租只有三十元钱，几乎是新市古镇最便宜的地方。时间不多了，我们一边开始打扫一边布置房间。刚刚干的热火朝天的时候，忽然一个熟悉的身影出现在我们眼前，想不到大爷突然回来了。

记者 大爷，您还认识我吗？

志愿者 这过年了嘛，我们拿了一些年货来，我们来帮帮忙，给大爷这儿扫一下。

画外音：大爷朴实到不善言谈，在我们说明了来意之后，他只是一再的说不用麻烦，房间太乱了。而当看到我们送来的东西，言辞立刻变得坚决了起来。

陆松芳 东西不要了，东西不要了，呵呵。

画外音：大爷有些固执，不愿意接受任何礼物，我们决定兵分两路，一组留下来帮大爷继续打扫房间，另一组帮他拉煤。此时的浙江气温已经逼近零度，小雨中零星夹杂着雪花，大爷衣着单薄，显得有些步履蹒跚。毕竟，800斤的一车煤对于年轻人都难以承受。可是大爷是快乐的，因为劳动让他找到了自己的价值。同时，在大爷家里志愿者也正忙碌着，大爷不接受礼物，我们就把带来的被褥直接铺在他床上，这么冷的天气，大爷不应该还睡在草席上。半天下来，我们的工作已经初显成效，破旧的小屋焕发出节日的氛围。不过，大爷能接受家里的变化吗？傍晚，大爷结束了一天的工作，而我们的努力也等待着检验。

志愿者 还习惯吗？

陆松芳 好看！

志愿者 我们就是代表灾区人民感谢您。给您拜个早年。

陆松芳 我支援四川是应该的，应该支援他们呀！

志愿者 那我们做的也是应该的。（不用谢）好好，下次我们看你就不带东西了！

画外音：陆松芳老人七十八年的平凡人生，因为这次捐款变成了一个热门话题，还被评为了感动中国的十大人物，对于吃百家饭长大的老人来说，其实这只是一个朴素的关于感恩的故事，而这样的故事还讲继续上演。再见大爷朴实的笑脸，我们体会到了付出的快乐。让我们都来做爱的传递者，把温暖送到每一个需要帮助的人手中。

歌曲《感激在心》

作词：王持久

作曲：张骁

演唱：甘萍

舞蹈编导：吴多　文艺

伴舞：锦江区阳光少儿艺术团

（灯光：蓝、桃红色调）

（大屏幕：红色字幕：四川人民向全国人民拜年）

（演员在舞台正中站定）

众童声　感激的心　我要对你讲

我会更加坚强勇敢更加坚强

在爱里生长

再把爱传扬

请相信我的爱会和你

和你一样

甘萍　患难中见证真情闪亮

无论在身边还是远方

生命中经受了多少震撼

你的爱弥漫在我心房

我知道爱心不图报偿

只为我分忧勉我自强

擦干眼泪要活得更好

不辜负你对我的期望

众　感激在心我要对你讲

我会更加勇敢更加坚强

在爱里生长

再把爱传扬

请相信我的爱会和你

和你一样

甘萍　感激在心我要对你讲

我会更加勇敢更加坚强

在爱里生长

再把爱传扬

请相信我的爱会和你

和你一样

（视频）

绵阳交警　2009年希望绵阳人民平平安安。

汉源护士　希望我们的新县城早日建成，新医院早日搬迁。

刘汉希望小学老师　我们8个老师把71个学生一个不少的带出来丛林，我希望他们今后克服重重困难，努力学习。

青川上坪安置点老人　我今年78了，新年的愿望我们活过100岁。

青川农民　我们是青川地地道道的农民，过年了我们宰了肥猪，零九年我的愿望就是早日把我的房子盖起。

汶川萝卜寨村支部书记马前国　我们萝卜寨每一个村民用自己的双手建设自己的家园，在新的一年里有个好的收成。种的樱桃长得越来越红，越来越大。绵竹农家乐经营者：地震以后，我们成为了同年同月同日生的三兄弟凑在一起开了一个农家乐，希望这个农家乐以后红红火火。

青城山、都江堰风景区导游　我希望在新的一年都江堰和青城山的游客越来越多，因为您来了以后会发现这里的水和山更加美丽了。

成都大熊猫繁育研究基地饲养员　去年我们成都大熊猫基地繁殖了18只小熊猫，在新的一年里祝愿它们健康快乐的成长。

绵阳八一幼儿园小朋友　我的新年愿望是能长高一点。

北川小学生　我们的新年愿望是新学校快快修好，我们在那里快快乐乐地学习。

都江堰中学生 我的新年愿望是在今年的高考中我们高三六班的所有同学都能考上自己理想的大学。

北川县县长经大忠 现在新北川正在规划和建设中，我们相信有全国人民的帮助和支持，有我们自己的努力，我们一定能够把新北川建设得更加美好。

援建者们 加快援建步伐，让灾区人民早日过上幸福的生活。

东方汽轮机厂工人们 我们相信我们会用自己勤劳的双手将新东汽建设得更强大更美好。

（图片：北川新貌、汶川新貌、都江堰新貌、汉源新貌）

画面最后定格为一张2009年牛年的明信片，邮票就是那一幅幅地震灾区的新貌。字幕：2009，加油！（动画）：邮戳盖上四川2009.春——我们一起过年

瞿颖坐在观众席中与一群孩子合唱《小燕子》

合 小燕子，穿花衣，年年春天来这里，我问燕子你为啥来？燕子说，这里的春天最美丽。

蒋林（观众席中） 来，掌声送给我们这群可爱的小燕子，在一群小朋友的环绕当中，我们看到了一位明星，不用介绍——瞿颖。瞿颖认识这些孩子吗？

瞿颖 虽然我是跟他们第一次见面，但是在我心里早就认识他们了。

蒋林 那感觉是有什么渊源或者一段缘分，给我们讲讲。

瞿颖 在2008年奥运会传递火炬的时候，我认识了同为火炬手的映秀小学的老师董雪峰老师，通过董老师知道了很多映秀小学的情况。从地震的那个时候，整个学校只剩下一根旗杆到现在他们能够在板房里面继续他们的学习和生活，依然小孩子们的脸上绽放着他们的笑容，这段时间跟他们联系特别多，也更多的了解了他们，所以对他们的故事我是熟悉的，他们的样子我是第一次见，但是也充满了亲切。我也给小朋友们准备了一份礼物。

（瞿颖将准备的礼物分发给孩子们，走上台献唱）

歌曲《跟着我飞翔》

作词：黄达辉　作曲：梁翘柏

制作：张亚东

演唱：瞿颖

舞蹈编导：宋欣欣　严桦莎

伴舞：武警四川总队政治部文工团
　　成都歌舞剧院

跟着我飞翔　寻找永远的幸福
跟着我飞翔　又怎么会孤独
蓝天总有白云飘
大海总有浪花舞
在这世界里　总有我们的路
跟着我飞翔　寻找美丽的前途
跟着我飞翔　又怎么会痛苦
微风送上它的歌
小鸟唱出的祝福
黄昏日落　为了明天日出
向前走　你不要再痛苦
向前走　去走我们的路
向前走　这一生里面有多少风雨
我们都不在乎
向前走　你不要再痛苦
向前走　去走我们的路
向前走　这一生里面有多少风雨
我们都不在乎

（主持人左上）

小 陈颖，你去板房区也去了好几次了，那板房社区给你印象最深刻的是什么？

陈 我想给我印象最深刻的要数板房社区里那些街巷的名字。比如说有：共建巷、感恩巷，还有和谐巷，而且每一个名字的背后都还有一个故事。那你觉得给你印象最深的是什么？

小 给我印象最深的就是板房社区和谐的氛围。一家有事大家帮忙，邻里之间是互相帮助，相互关心。我感觉他们就像一家人一样，小日子是过的有滋有味。

陈 是的，虽然说板房生活是过渡性的，不久以后等大伙搬进了崭新的永久性住房，但是我相信这段特殊的板房生活经历，仍然会珍藏在大伙心里。

小 是啊，板房就是一个大家，这个家里有我们的亲人，还有和睦的左邻右舍。

小品《板房的故事》

作者：袁航　原建邦　袁永恒

导演：李文启

表演：李文启　严诚　叮当　张玺　周一帆

（灯光：蓝光，舞台正中道具为搭建的板房屋内

（夜晚两家人正在板房内熟睡，呼噜声响起）

英子 哎呀，烦死了！

英子老公 怎么了英子？

英子 这板房一点儿都不隔音，这么大的呼噜，怎么睡啊？我得把隔壁张大爷敲醒了，叫他别打呼噜了！

英子老公 哎呀，大爷那么大岁数了，他睡觉就打呼噜，他不打呼噜怎么睡啊？你就忍一忍，睡吧！

英子 我能睡吗？他那呼噜跟打雷似的。（呼噜声更大了）有时候还像火车拉笛一样。（呼噜声）动不动还吧叽嘴。隔三差五的还要说梦话。（梦话：姚明加油，姚明加油！）你听听，说着说着他还来劲了！

英子老公 大爷，你还配合她干什么啊！

英子 不行，我必须把他敲醒了。

英子老公 哎呀，求求你了，别敲。

英子 我就敲。

英子老公 别敲！

（张大爷、张大妈醒了）

张大妈 你听！

张大爷 哎呀，你真是大惊小怪！年轻人睡觉有点动静正常，你又不是没年轻过。

张大妈 老东西！

英子 你拦着我干什么！

英子老公 姑奶奶你小点声，别把大爷大妈吵醒了。

英子 那你说我怎么睡？我上次回娘家的时候就告诉你，让你给张大爷说说，叫他打呼噜小点声，可你就是不说！

英子老公 你要我怎么说啊？就是因为张大爷睡觉打呼噜，他们都搬了三次家了。我一说，大爷怎么想啊？大爷大妈都是六七十岁的老人了，你就忍心让他们再搬一次家呀？

英子 那我就回娘家去住。

英子老公 回娘家，哎呀，还有两天就过年了，你不是要把我一个人丢在这儿啊？

英子 那我不管！

张大妈 快起来，快起来，小两口吵架啦！

英子老公 哎呀，你干什么你！

英子 我要回娘家！

英子老公 你敢！

英子 你看我敢不敢！

英子老公 给我站住！

英子 我今天偏走！烦死了！

英子老公拉着英子。

张大爷 哎呀，快过去瞧瞧！

英子两人争抢行李。

咚咚咚（敲门声）……

英子老公 谁呀？

张大爷 我们，开门吧！

英子老公 大爷，大妈。

张大爷 怎么回事啊？这三更半夜的还不睡觉啊？

英子老公 没事，没事。

张大妈 吵架了吧？

英子老公 不会，大妈，我们小两口结婚还不到一年，亲热还亲热不过来呢。（顺势去拉英子，被英子甩开）哪儿能吵架呢！（尴尬）

张大爷 那没吵架脸盆怎么跑那儿去了？真是的，跟大爷说实话，为什么吵架？

英子老公 也没什么事，她要回娘家。

张大妈 回娘家？哎呀，英子这三更半夜的你干嘛要回娘家啊？

英子 我，我睡不着。

张大妈 睡不着？

张大爷 哎哟，是不是我打呼噜影响你们睡觉啦？

英子老公 不会不会，大爷，您的呼噜我可愿意听了（模仿呼噜声），又带哨又带钩的，像催眠曲一样。

张大爷 别说了别说了，我全明白了，英子，我保证再不影响你们睡觉。老伴，走。

英子老公 大爷。

英子 大妈。

张大妈 你们睡吧。

英子老公 慢走啊。这事都怪你。（对英子）

张大妈 都怪你这事。（对张大爷）

英子 你让我咋办嘛？（对老公）

张大爷 咋办嘛你让我？（对大妈）

英子老公 你就不能忍着点？

张大妈 忍着点你就不能？

张大爷 我一睡觉就打呼噜。

英子 他一打呼噜我就睡不着觉啊！

（时钟滴答声）

英子老公 那这样吧，你睡不着啊，我也不睡了。咱们就一块儿看看书。亲爱的，看看书来嘛。

英子 讨厌！

张大妈 哎哟，你走来走去的想什么呢？

张大爷 我在想啊，我对不住隔壁这小两口啊。你说咱们搬来之后，那煤气罐每次都是他们帮咱们换，分发救灾的物资都是他们帮着咱们领。咱家里有什么重活他们都抢着干是吧？对待咱们就跟亲人一样。

张大妈 是呀，那天我发烧还是小李子把我背到医院去的呢。

张大爷 就是，可是我还影响人家睡觉。可是我……干脆我不睡了。

张大妈 一天两天不睡行，这天长日久的不睡怎么行啊！

张大爷 可是我一睡着了就打呼噜啊。

张大妈 那也不能因为打呼噜就不睡觉啊！

张大爷 这样吧，我打呼噜的时候你就捅我，你把我捅醒了我不就不打了吗！

张大妈 行，那你睡吧！

张大爷 行了，行了别捅了。再捅腰子都掉了。这不行啊，再想个别的办法。

张大妈 我想起来了，我小时候外婆给我说，晚上睡觉打呼噜，嘴里咬根筷子就不打了。

张大爷 是吗？我也咬根筷子。这不行，这睡着了一张嘴这容易掉啊。

张大妈 这好办，我找根绳给你系上。

张大爷 快点快点。

英子 亲爱的，张大爷没有打呼噜了。

英子老公 真没打了！

英子 咱睡！

英子老公 睡！

英子 不对，你说张大爷怎么就能不打呼噜了呢？

英子老公 一定是大爷怕影响咱们，没睡！

英子 啊，真的啊？

英子老公 英子，你说咱年轻，少睡点觉没关系，大爷那么大岁数了，他不睡觉那哪儿行啊！

英子 那肯定不行啊！要不咱们去给大爷说说，让大爷睡觉。

英子老公 走！

（咄咄咄，敲门声）

张大妈 谁啊？

英子 大妈，我。

英子老公 大妈。

张大妈 来了来了。哦，你们……

英子 大妈，大爷。

英子老公 大妈，大……哎呀，大爷，你这是干什么啊？

张大妈 我们在排练节目！

英子 排练节目？这三更半夜的你们排什么节目啊？

张大妈 这不是快过年了吗？我们老年秧歌队要排个新节目，我跟你大爷就要排一个（转身看张大爷，一时不知怎么说）

张大爷 喵。

张大妈 哦，加菲猫跳舞！

英子 大爷，你们在撒谎。

（音乐起）

张大妈 孩子，我跟你说实话吧，我听别人说晚上睡觉打呼噜嘴里咬根筷子就不打了。你大爷他，他让我给他……

英子、英子老公 大爷！（上前帮张大爷解开筷子）

英子 您不能为了我们这么折腾您自己啊！

张大爷 孩子，我打呼噜老影响你们睡觉，我对不住你们啊！

英子 大爷，您千万别这么说。

英子老公 我们年轻，少睡点觉没关系。地震之后国家争分夺秒的为我们建设永久性住房，这点困难我们能克服。（对！）大爷，您要打呼噜您就痛痛快快地打吧！

张大妈 老头子，咱们明天找社区的吴主任说说再搬一次家吧！

英子 不能搬！大妈，我舍不得你们，不能搬！

吴主任 不用搬了！

张大爷 哎哟，吴主任。

吴主任 还没睡吧？

英子、李子 吴主任。

吴主任 你们也在呢！

张大妈 吴主任有事啊？

吴主任 全国各地又捐助了一批过年物资，您二老岁数大了怕你们冷，给你们提前送来了。这是毛毯，大爷，这是年货。（转头对英子说，你们的明天到社区统一领取。）

张大爷 谢谢吴主任！

吴主任 千万不要谢我，要谢就谢全国人民！

合 对，谢谢全国人民。（鞠躬）

吴主任 英子，这段时间没睡好吧？

英子老公 呵呵，没事没事。

吴主任 今天我给你们买了一种新型的隔音耳机。

英子 隔音耳机？

吴主任 来，戴上试试。

英子 亲爱的，我戴上这个什么都听不见了！

英子老公 啊？你说什么？

英子 我听不见啦！

吴主任 以后大爷打再大的呼噜你们都听不见了吧！

英子、李子 太好了，我们能过个好年了！

吴主任 哟，太晚了太晚了，我走了你们早点休息吧，再见！

合 慢走！

英子 大爷、大妈我们就先回去了。

英子老公 走了大妈！

张大爷 好，把门关上。

英子 吴主任想的真周到。

英子老公 又能睡个安稳觉。

张大爷 吴主任呀，去掉了我一块心病啊。

张大妈 好人呐。

英子、李子 大爷，你们睡吧!

大爷、大妈 英子，你们也睡吧!

英子、李子 咱们同时睡!

大爷、大妈 好，睡!

(主持人小飞左出)

小 板房只是我们一个暂时的家，但是我们四川人的乐观，把板房生活过的有声有色。朋友们，我们四川人棒不棒?

观众 棒!

小 很多人关心我们四川，问我们四川现在怎么样了，在这里我可以自豪的告诉大家，震后的四川依然美丽。快过年了，在这里我有一个建议，我诚邀天下的朋友到我们四川来过春节好不好?

观众 好!

小 告诉大家，如果你来我们四川过节绝对不虚此行。(四川话)我们四川的火锅——霸道；我们四川的美酒——安逸；我们四川的美景——巴适；我们四川人——耿直!

歌曲《I love this city》

作词：苟伟　作曲：苟伟

演唱：张靓颖

舞蹈编导：吴成涛　郝一鸣　吴多

伴舞：武警四川总队政治部文工团

成都市歌舞剧院

(灯光：蓝光)(特效：泡泡机)

(舞蹈演员推着道具一户户房子，左右两边出)

(大屏幕为宽窄巷子)

Love this city
微笑的模样
温柔中坚强，手放我心上
I love this city
起舞的模样
如清澈阳光，轻吻你的窗
I love you
I love my city
就像你永远爱我一样
I know you are the rainbow of my heart
就像你永远爱我一样
(新的一年，我们的家乡将会更加美好!)
I love this city
微笑的模样
温柔中坚强，手放我心上
I love this city
骄傲的模样
用阳光做翅膀，彩虹的方向
I love you
I love my city
就像你永远爱我一样
I know you are the rainbow of my heart
就像你永远爱我一样
I love you
I love my city
就像你永远爱我一样

(主持人宁远、嘉宾左出)

宁 亲爱的朋友们，刚才靓颖用歌声展现了美丽的成都美丽的四川。现在我要用一个新“五子登科”的故事来告诉大家我们乐观坚强的四川人。首先我们来认识我身旁的这对夫妻。丈夫叫吴家芳，他的名字你不一定熟悉，但是地震中那幅背着妻子回家的照片却震撼了世界。随着媒体的报道，吴大哥是感动了太多太多的人。这当中当然也包括很多的女性。求爱信是雪片似的飞来，终于一位深圳女子的执著和认真重新打开了吴大哥尘封的心灵。不久前他们结婚了，这位就是吴大哥的新婚妻子刘如蓉。（掌声）吴家芳的有情有义打动了刘如蓉，在这里特别想问两位一个问题，他到底哪一点吸引了你？

刘如蓉 他是纯朴的农民，他对他妻子感情很好，我就看中他这点。可以说他的事迹感动了我。

宁 好，谢谢我们祝福夫妻俩婚后的生活幸福平安。说完了妻子我们再来说孩子。这位大姐叫羊霞，旁边是她的丈夫鲜子文。一场地震夺走了他们19岁的女儿，但是没有夺走他们对生活的信心。大姐现在又怀孕了，下个月孩子就要出生了！（掌声）如果说新生的孩子给人以希望，而房子则是叫人安心的。这位大叔叫李洪刚，旁边是他的妻子。大叔家住汉源，一场大地震瞬间让他的家成为了废墟。还住在帐篷里的时候大叔看到当时政府正在为抗震救灾忙得不可开交，觉得不能再给政府增添麻烦了，就想着要靠自己的双手重建家园。没有钱就借，没有人就找。终于在亲朋好友左邻右舍的帮助下，新房已经建成了。（大屏幕：李洪刚新建房）大叔，搬进新房最让你高兴的事情是什么？

李洪刚 房子修好了，我最高兴的是我们要为我的儿子娶媳妇了！

宁 我们真的希望住进新房的大叔一家幸福快乐。“回归饭店”的主人刘陈军刘大姐的故事是感动了太多太多的人。大家都叫她是羌山上最美丽的云朵。位于茂县至九寨沟213国道旁的回归饭店在地震的时候可以说是成了一个灾民的临时救助站，铺子的主人刘大姐免费为游客提供食物、水和休息的场所。而做这一切刘大姐是不要求丝毫的回报，没有一点犹豫。现在特别要告诉大家的是在地震当中被毁掉的回归饭店已经又开张了。（掌声）刘大姐，现在铺子的生意怎么样？

刘陈军 现在铺子的生意没有以前好，但是我有信心把它做得更好。你们去九寨黄龙的时候路过回归饭店时，不要忘了停一下，我们饭店为你们准备了羌家人最好的羌家菜。欢迎你们来！最后我还有个愿望就是希望有朋友和我一起明年再重新开一家更大更好的“回归饭店”。欢迎你们！（掌声）

宁 最后我们再来讲一讲车子的故事。这位特别给大家介绍一下，这位就是史上最牛的车的车主杜模明——杜师傅。你好杜师傅。

杜模明 你好。

宁 特别要说的是，这辆车的车牌号是：川FA8512正好和08年5月12号以及地震的震级巧合了，所以生产厂家已经将车连同车牌一起回购，捐赠给了四川省地震博物馆。同时，厂商还赠送给了杜师傅一辆通过一型号的新车。（掌声）杜师傅，开着新车的感觉怎么样？

杜模明 很牛，很爽，还很巴适！

宁 车子、铺子、房子、妻子、孩子，“五子登科”的故事讲完了，咱们再去老百姓的生活还在继续着，希望也还在延续着，我们的梦想依然闪亮。

歌曲《点亮十三亿梦想》

作词：宋汐　作曲：袁田　制作：小柯

演唱：何润东　游鸿明　瞿颖　爱戴

舞蹈编导：吴多　郝一鸣

伴舞：武警四川总队政治部文工团

成都歌舞剧院

成都市体育学院舞蹈系

（灯光：蓝光、桃红光）（特效：泡泡机）

（舞蹈演员左、右后台阶、右一上场；演唱者左一上）

瞿　颖　清风吹开白云的纱帘
阳光终于又露出笑脸
何润东　昨夜的那一场风雨
阴霾已悄然过去
爱　戴　眼泪洗过的天地
清晨又现当初风景
游鸿明　暴风雨过后的彩虹
更绚烂美丽
女　合　祈祷美丽的画面
给你不朽的信念
男　合　看到你的笑脸
是我最大的心愿
合　让我们一起点亮
永不熄灭的烛光
用我们十三亿的力量
让世界都为中国欢呼歌唱
让我们一起点亮
龙的传人千年的梦想
用我们十三亿的声音一起呼唤
瞿　颖　让我们一起点亮
何润东　永不熄灭的烛光
爱　戴　用我们十三亿的力量
游鸿明　让世界都为中国欢呼歌唱
合　让我们一起点亮
五千年沧桑的梦想
用我们十三亿的声音
许下这誓言
直到永远

（四位主持人左一出）
陈　这是一个温馨的夜晚，因为爱让我们这个春节更加温暖。
小　这是一个感恩的夜晚，因为一声冷暖情牵天下。
宁　这是一个充满希望的夜晚，因为在这片生生不息的土地上我们已经听到了春天的脚步声。
蒋　在这里，我们要祝福所有的爷爷奶奶大爷大妈福如东海，新年吉祥。
陈　我们要祝福爸爸妈妈们身体健康，万事如意。
小　我们要祝福亲爱的哥哥姐姐工作进步，事业有成。
宁　我们还要祝福可爱的弟弟妹妹们好好学习，天天向上。
蒋　当然我们还要祝福每一个家庭和和美美，新年有新福，牛年事事牛！
陈　我们更要祝福我们伟大的祖国蒸蒸日上，繁荣富强。
小　亲爱的朋友们，今晚我们和春天一起过年。
宁　今晚我们微笑着过年。
蒋　今晚我们一起过一个温暖的年。
陈　今晚我们一起快乐的过年！

歌曲《春节序曲》
编曲：张亮
演唱：林浩　林妙可
舞蹈编导：吴成涛
伴舞：全体演员
（林妙可左台阶出，林浩右台阶出）

林妙可　爆竹声声绽欢颜
春花春光映春天
林浩　彩灯高挂在今夜
百年的话儿寄思念
合　千家万户尽团圆
千歌万曲共祝愿
千山万水扮笑容
千杯万盏贺新年
（掌声，开场舞女演员左右一道幕出，男开场舞演员左右后台阶出）
全体　爆竹声声绽欢颜

春花春光映春天
彩灯高挂在今夜
百年的话儿寄思念
千家万户尽团圆
千歌万曲共祝愿
千山万水扮笑容
千杯万盏贺新年

（视频：各地祝福剪辑，落到烟花，出字幕：祝全国人民新年快乐！）

（主持人左一出）

宁 亲爱的观众朋友们，2009 春节大型特别节目《我们一起过年》到这里就全部结束了，祝全国人民——

合 春节快乐！朋友们，再见！

（刘国冬　整理）

《快乐大本营》09 春节特别节目

播出台：湖南电视台
播出时间：2009 年 1 月 17 日

节目开始
片头
节目预告
开场：歌舞联唱
（开场歌舞：正月正闹新春）
表演者：何，李维，谢
【三位主持人分别从左右台口出】
（伴舞者身着红色，烘托出喜庆的气氛）

何 正月里，正月正

维 家家户户过新年

谢 龙在前面走，狮在后面跟

齐 精彩的故事真爱人，龙在前面走，狮在后面跟，精彩的故事真爱人。

（开场歌舞《小拜年》）
表演者：吴，海涛
（两位主持分别从左右台口出，上一节目表演者从右台口下）
歌词

吴 正月里来是新年啊

海涛 初一头一天

吴 今个儿团圆会啊

海涛 早起去给老的拜年

齐 也不论男男女女，都把新衣服穿

（开场歌舞：恭喜恭喜）
表演者：五位主持人
【何、李维，谢从右台口再次上台】
歌词齐：恭喜恭喜，吉祥如意，恭喜恭喜，恭喜发财

何 每条大街小巷

谢 每个人的嘴里

维 见面第一句话

吴 都是恭喜恭喜

齐 恭喜恭喜恭喜你啊恭喜恭喜恭喜你

台词 快乐家族祝福大家，新年合家欢乐，

万事大吉！

节目正式开始，开场白（五个人站在舞台中央）：

何　欢迎大家在星期六的晚上管看我们的，“OPPOREAL”音乐手机“快乐大本营”，我们是——

齐　快乐家族。

谢　大家好。

何　真的，今天的节目一开始呢，就带来很喜庆的气氛，再过一段时间马上就过春节，所以我们在今天的节目当中，提前把喜庆的气氛带给大家，而且我们今天的主题就叫做——

齐　恭喜恭喜。

（鼓掌）

何　恭喜恭喜，我们有非常多的喜事要跟大家分享。首先第一喜呢，我们快乐大本营十二周年要送给大家的一份礼物，就是——

维　快乐大本营十二周年珍藏版纪念邮票。

齐　哇！

何　这个里面可丰富了，大家拿到手的就会使外壳是这样子，然后里面呢就会有像我现在手上拿的这一套邮票，大家看到，其实这是一个非常漂亮的设计，这里面有八组，除了由我们主持人的合影，每一组分别有一张单另的邮票外，还有就是我们快乐大本营的这个LOGO，所以呢，整个是我们十二周年的一个非常特别的一个珍藏版的设计。

谢　哇！

维　我做梦都没想到，我自己可以上邮票。

齐　我也是我也是。

何　我做梦都没有想到我脸上会盖个邮戳。零八年就要过去了，大家来说说这一年自己的收获好不好。

谢　我来讲讲。

何　你压轴你压轴，你最重要压轴。

吴　我先说。我觉得2008年我最大的收获就是我出国了。

何　出国是什么意思？

吴　就是有出国旅游和工作的机会，特别难得。

谢　我有你们这种感受就是十年前，我第一次出国的时候，那时候真的也觉得就是像你们一样，特土。

维　说实话，我觉得最大的是收获就是我们节目这个大家庭磨合的越来越好，取得了长足的进步，收视都是综合起来排名第一这是我们最大的收获。

何　对，没错。我和佳佳的心情是一样的。就是最大的收获就是可以在过去的2008年每个星期六给全国的观众带去快乐。这真的是很难得的福分。

吴　对，我觉得我们也好幸福。

维　娜姐呢？

谢　我出了一本书。

齐　发第二本书啦。

谢　叫做《娜写年华》，这本书就继《娜似一阵风》之后，那本书太外在了，这本书主要走内，讲究的是一个内涵和文采。

何　我们也在私底下抢先看了这本书，确实跟之前娜娜给人的印象不太一样，就是很细腻的描写了这些年来她生活当中有的没的一写故事。

维　而且都写到了我们快乐家族每一个人。

何　这个不重要，因为我们本来就在一起。但是关于那个谁啊。

观众　张杰。

何　还有那个谁呀？

谢　我爸爸妈妈。

何　还有那个谁啊，她在书里面全部都予以非常真实的反映。而且最重要的就是你可以看到一个平时生活当中，在电视里面看到的不一样的娜娜。

何 好了，那今天我们的节目呢，恭喜恭喜，带来超强的阵容和大家一起来分享。那首先第一个这个阵容就是没有想到他们这么快就来。

齐 对呀。

维 因为一般的一些大明星一两年我们可能就发一次通告，再邀请他们来一次，可是这个剧组呢，因为在我们内地蹿红的速度太快，而且呢收视率也让我们不断地向他们说恭喜恭喜，有超过2.4亿人看了这个剧组的戏。

海涛 我的天啊，2.4亿的观众，而且热播的时候，每个大街小巷都可以听到。

谢，海涛（唱） 每个人的嘴里。

何（唱） 都在谈论他们。

维 综艺气氛太浓了。

吴 而且他第一部分播完后，第二部分还在播的时候，大家就说：什么时候能看到什么时候能看到。

何 那现在这个第二季正在热播当中，而我们的节目就是一个走在时尚前沿的节目。大家下个看到谁，我们就请谁。今天为大家请来的正是我们的。

齐 《丑女无敌》剧组，有请。

（《丑女无敌》剧组出场）

（歌曲：《你最牛》）

表演者：《丑女无敌》剧组

拍拍手往前冲，拍拍手为你加油
拍拍手噢嘿哟，全世界你最牛

自己和自己赛跑，平凡的你我一样
都有成为不平凡的力量
没有不神气的牛，没有不可能的梦
你的自信心是一条跑道
仔细听自己的心跳
向前跑那就是目标
我们多坚强呼吸就感觉到
没有人能比你还重要

拍拍手往前冲，拍拍手为你加油
拍拍手跟着我，走全世界你最牛
拍拍手往前冲，拍拍手为你加油
拍拍手噢嘿哟，全世界你最牛拍拍手

（嘉宾谈话）

何 又见面啦，来大家掌声欢迎我们的《丑女无敌》，真的，才不到两个月的时间，再次上快乐大本营。

谢 对呀。

何 就是让我们觉得，上一次算来过吗？

维 上次因为片子还没出来，在湖南卫视首播的第一天急赶着来了。

何 赶着来做一个很短暂的见面，而且那次就什么东西都不能讲，我印象特别深刻，欣汝就说，那你就看呗，然后过一会又问了一个问题，欣汝就说，那你就等着瞧呗。

维 那天不只她一个人，所有人都说“你看呗”。

何 第二季跟第一季有很大不同，我们先来聊聊第一个不同。听说在这个戏中呢。剧情有很大的改变。这个谁来跟我们汇报一下呢。

小虎 应该说呢，第二季比第一季更加好看多了，每个人物都有变化，我们希望用一个多字一个字子来形容。

俊杰 先说林无敌，她是比第一季漂亮多了，幼稚少了。

吴其江 费德南就是稳重多了，追求者少了。

俊杰 家明这一期是造型变化多了，给公司干的事情少了。

王凯 偷懒了。

俊杰 接下来我们就说裴娜了。

吴其江 裴娜的职务变多了，工资变少了。

俊杰 好可怜，光干活不给钱。

俊杰 再说说你，他是纹身变多了，正事变少了。

维 这么说好期待，每个人都有一个角色的一个转换。

谢 而且又像说了，又像没有说。

吴 对呀，大家也挺不太懂。

吴其江 其实我们总的说一句，第二季比第一季精彩多了。

俊杰 广告少了。

维 那我们先问问王凯吧，都说你造型多了，都有哪些造型变化？

王凯 应该说是比较正常的生活装的时候，比以前更加时尚，更加 FASHION 了。然后还有一个比较特殊的造型，比如我在戏里有装的很爷们。因为我一再从外在寻求爷们，所以有几个比较雷人的造型。比如说，第一个是李小龙。

维 你造型的时候有没有相应的 POSE。

王凯 有啊，比如，李小龙的时候。

何 来无敌无敌让一下，等下打到你。

维 你还要带你家明的味道。

王凯 一二三，呀！

谢 前面的动作还比较爷们儿，后面的"呀"，就像我特别女人的走过来，（特别女人地朝前走）突然说一句话：干啥呢？

除了造型方面的改变呢还有演技方面的改变，这个很重要，我们请小虎和欣汝聊一聊好不好。

小虎 这一季大家之间的情感递进了，而且整个剧更具有温暖的情意，应该是这样讲。

何 别讲这些虚的，最难拍的一场戏，你印象当中。

小虎 我觉得都挺难拍的，但是我觉得对无敌来说最难拍的有一场。

何 是什么呀欣汝？

欣汝 因为第二季有和小虎的吻戏。

何 那到第二季就吻了，第三季怎么办呢？

谢 而且一般人讲吻戏的时候没有这么快乐吧。

欣汝 是因为刘晓虎的脸被咬破了嘛，她当然好高兴，有牙套吻的嘛。

小虎 我呢，比她年龄大，在一块拍这种戏的，好想要占她便宜似的，无敌一开始就特别纠结，所以那天晚上呢是那种兴奋，就是总在紧张，要拍到怎么办。

何 我明白我明白。

小虎 我呢就是头天晚上没睡觉，我特别困，无敌就更郁闷，看着人睡成这样了，我想跟他交流一下也不知道怎么办，太紧张了。最后就一直笑场，因为他紧张的造成一种很怪异的状态。离得很近啊，又是牙什么的，然后后来终于拍完了，总算拍完了，已经早上 5 点钟了。

欣汝 那场戏从当天晚上十点一直拍到第二天早上十点。

维 应该前面有十个小时是在做纠结到底吻还是不吻吧。

何 所以呢，由此可见，从这一个镜头拍的这么用心，可以看到第二季有多么精彩，那现在第二季正在热播当中，也希望大家多多支持我们的《丑女无敌》第二季。

维 刚才呢，我们了解了每一位在剧中的个性，那其实私底下他们是什么样的人呢，我们一一为大家了解一下好不好。

何 今天我们首先要从个性方面的不同来聊起，首先我们要留下家明和裴娜。有请两位，王凯、毛俊杰。

何 说到个性呢，我觉得王凯和俊杰在《丑女无敌》当中是特别让人印象深刻的。毛俊杰扮演的裴娜是女人当中最有女人味的，而毛俊杰扮演的家明，是男人当中最有女人味的。

维 所以殊途同归，都是女人味。

吴 两个女人。

何 那你觉得王凯，这个角色把握起来难的是在哪里？

王凯 最难的是最经典的手势上——兰花指。这个练了好久的。

维 剧中的兰花指是什么样的？

王凯 这样的。

维 这个还很难拿捏。

何 其实王凯的手很好看，瘦长瘦长的。

维 真的好长，你的手臂三分之二都是手掌。

王凯 那是乌贼。

何 还有别的吗？你经典的动作就很难啊，眼神。

王凯 这是我从我身边的一个朋友那学来的，很经典的。

（做眼神动作）

谢 你比白眼要跟我拼啊。

何 他不是白眼，他是脸往这边偏的时候，眼珠子还在那。

谢 可以啊我可以啊，白眼我很在行的。

何 来PK一下，男人当中最有女人味的和女人当中最有男人味的，来PK一下，先家明来，家明的眼神。来，就嫌弃她吧。

（眼神动作）

谢 这是白眼加媚眼。

何 这是恨中有爱，他自己有加很多层次，娜娜你输了。

谢 不可能。

何 因为本来男人情感就没有女人那么细腻。

谢 我有

维 还好没被绕进去。

谢 都说我不会输的。

（眼神动作）

谢 有没有，我人都过来了，眼睛还在。还有呢，我爱中有很。（眼神动作）

（大笑）

何 其实娜娜你这半边脸可以不用，你所有五官都可以用在这半边脸上。

维 是比目鱼吗？

何 很好，眼神很棒，还有别的吗？

王凯 最后一个是走路。海涛我们两个来走一走。

何 看，直接点兵点将了，滔滔你不能输。

（海涛走过去）

海涛 我只有手这样，我走路还是正常的。

何 海涛在娘界里还是有前途的。

维 预备起。

（王凯走台步）

何 海涛，来，加油加油。

海涛 师傅你好棒啊。

（海涛走台步）

维 海涛是属于那种很优雅的女生。

海涛 我还是我。

何 好样的。

维 你前几年都是会自己爸妈家，这几年可能要改回娘家了。要保持这个形象好难哦。

何 而且你知道，要是一瞬间改变成这个形象还不难，要是在一整个戏里面，第一季第二季第三季里都保持这个形象真的很难。

维 那俊杰，你觉得你的戏里有没有什么难演的。

俊杰 难的我觉得，首先在这个戏里是飘移臀。人家说看过汽车飘移的，没看过臀会飘移的。

何 那飘移臀怎么飘移？

何 她腿好长哦。

谢 没有，他腰带系的高。

何 好来飘一个。

（俊杰演示，向舞台后方走去）

维　来来回去我们看的更清楚。

（从舞台后方向台前走）

何　来老师来讲解一下。

俊杰　就是找什么感觉的，就是五脏六腑特别拧巴，纠结在一起那种感觉，扭到胃抽筋就对了。

维　好了我还是有个问题，王凯就是本色表演是事实吗？

何　要澄清一下。

王凯　当然不是事实啦。

俊杰　他入戏太深，经常在片场这样：（表演）啊，我来了我来了。

何　在生活中有这样。

俊杰　经常说："啊，把这个剧本儿拿给我。"（很女人地）

王凯　有吗我？

俊杰　有，你们可以作证啊。（向剧组其他几人）你们不能犹豫，犹豫就是有了。

何　我觉得小虎用充分的犹豫充分地说明了问题的可疑性。你要扳回一局，自己为自己澄清，摆五个最 MAN 的动作。第一个，来。

（众人稍向后撤，舞台中央留给王凯）

（POSE）

谢　好娘啊，娘中之娘。

何　我们给王凯多一点机会，才第一个嘛。第二个，来。

（POSE）

（大家笑）

维　MAN 应该是这样吧。

（维向何走去，维和何演示动作）

谢　维你演的是痞。

维　（做痞子状）搞两个槟榔来吃吃。

何　（走到台前向观众解释）大家给他加加油。压力很大。你知道有很多大牌明星上台来面对快乐家族五个没正型的，真的压力很大。

谢　加油，翻拍就在今天了。

何　他已经不知道怎么摆了。

维　你可以离开健美界吗？你做的都是健美动作。

（POSE）

（谢、何等人倒地大笑）

谢　这个是总娘，年度总娘。

维（跪地）　让我们拜见娘娘。

何　其实我给你总结一下呢，MAN 是个相对的东西，什么时候显得最男人呢，就是跟女人在一起的时候。台上这么多道具你可以用啊。

谢　比如说台上这么多女人你可以约会。

（谢和何摆 POSE）

维　哇！这两个都很 MAN，我觉得。这个姿势我和吴摆一下。

（维和吴摆动作）

谢　有什么区别啊？

维　你很僵硬啊。

谢　我有一种，你说不说？不说杀了你，我不说。这样，王凯你作为一个很 MAN 的男人，找个女人约会。

何　跟裴娜，来。你要用你的风情万种，衬托他的无比英勇。从家明里跳出来，做你自己。

（做动作）

俊杰　好样的。

维　家明，你录完这段以后结语就是：我是个女的，别逼我。

何　对呀，既然我们的王凯做不出很好的证明只好反咬回去。毛俊杰在生活当中是个什么样的人？她也是万人迷类型的吗？

王凯　如果大家迷她就迷错了，她是个男人。绝对不是报复，你知道为什么吗？就是高跟鞋乱甩的那种。

维　就是大大咧咧的女生。

何　就是能尽快一分钟把高跟鞋脱掉，绝不

多穿一分钟那种。

王凯 她的衣服基本上就不是脱掉的，类似是撕掉的。

何 所以这件衣服其实都是洞，后来拿花补起来。她还有什么特色?

王凯 她有一个绝活，是世界上绝无仅有的。她的耳垂很大很大很大。

谢 头发遮着呢。

王凯 看一下。

灵 可以吗?

俊杰 好吧。

何 他今天好用心，特意遮起来。

齐 哇，天啊。

何 好大，耳朵大的人是有福气的。可以摸一下吗?

俊杰 你要对我负责。

何 摸了这个就要负责啦。来我这里有一个硬币。

王凯 我这里也有一个。

俊杰 你们两个好有钱啊。

维 每个人拿出一毛钱。

俊杰 我可以给它夹着。

(夹硬币)

王凯 以后你可以不用买耳环了。

谢 我觉得你这可以申请吉尼斯纪录了。

何 世界上最能夹硬币的耳朵。

谢 你这就不行吧。

何 我肯定不行。没有，我这主要是想让拍一个特写拍我的人造毛。

何 毛俊杰和王凯两位个性很不同的演员在《丑女无敌》中演了两个个性很不同的角色，谢谢两位。

王凯和俊杰 谢谢。

何 下面有请两位帅哥：费德南和吴庸。这两个我要跟大家揭秘大不同。刚是个性大不同，现在是身份大不同。

维 费总，你在做演员之前是什么职业的。

刘晓虎 舞蹈学院音乐剧系的老师，教表演的老师。

何 你们音乐剧班里要学唱歌跳舞表演什么的。

谢 所以你也会跳舞。

刘晓虎 会一点。所以人家就说，音乐剧的学生比演戏的会唱点歌，比唱歌的会跳点舞，比跳舞的会演点戏。

谢 这种江湖上的话又来了。

维 所以你教教我们吧，教我们肢体语言。

何 那我给你出个题老师，就是用肢体语言表达一种状态，就是我们很不愿看到的状态。我们也希望即将到来的新一年大家都没有这个状态。衰(cīū)!

何 衰就是运气很不到。

谢 也就是怂。

何 就是倒霉的意思。好，来。

刘晓虎 (表演)这钱是买股票啊还是炒楼啊，我想啊想啊。下面是比较衰啦。

何 好，给我么加点分量。

刘晓虎 这股票也套牢了，楼也掉价了，可怎么办啊。来我给你们最衰的。

维 你好爱演衰哦。

刘晓虎 最衰你们看像不像一个人啊。(表演)俺啥也不管，俺走了。谢老师跟我一起走。

(一起在台中间绕着圈走)

维 大家还以为来了南极看企鹅呢。

何 老师好有带动性啊。娜娜只要用脸就可以演这个。衰，特别衰，无比衰。好，第一个有点衰。(谢表演)很衰，(谢表演)特别衰。(谢表演)

维 你好棒，我觉得最后一次刹那间就看到你的脸形成了一个衰字。真的就写着一个衰字。

何 以后翻开《新华字典》，衰字后面就是娜娜的照片。下面说说我们的吴其江，刚才我们的刘晓虎在生活中是个教师，那吴庸在生活当中身份就更加大不同了。来给大家介绍一下。

吴其江 我其实是一名现役军官，是八一制片厂的演员。

维 他真的有军人的气质。

何 那你的同事里面还有别的我们熟悉的演员吗？

吴其江 有很多。比如《亮剑》里面李玉龙的扮演人李幼斌，宋春丽，巫刚，岳红，卢琦啊等。侯勇。

何 全部都是最优秀的演员。那是他们管你还是你管他们。

吴其江 管谈不上吧。其实我是我们八一厂演员剧团演员队的队长。

何 所以说呢？

吴其江 不敢说管他们吧，应该算是他们的勤务兵。

何 所以是一位军人，还是一名军官。

维 唱首军歌吧。

何 唱首军歌给我们听吧，可以吗队长？

歌曲：咱当兵的人

表演者：吴其江

（吴其江模仿动作，音乐放原唱，造成一种喜剧效果）

咱当兵的人，有啥不一样，只因为我们都穿着，朴实的军装。

咱当兵的人，有啥不一样，自从离开家乡，就难见到爹娘。

说不一样其实也一样，都是青春的年华，都是热血儿郎。

说不一样其实也一样，一样的足迹留给山高水长。

咱当兵的人，就是不一样，头枕着边关的冷月，身披着雪雨风霜。

咱当兵的人，就是不一样，为了国家安宁，我们紧握手中枪。

说不一样其实也一样，都在渴望辉煌，都在赢得荣光。

说不一样其实也一样，一样的风采在共和国，旗帜上飞扬。

咱当兵的人，就是这个样。

谈话部分

维 哇！这个好过瘾啊。可以我，何老师，海涛加上你来个男生四人小重唱吗？

（三个人一起走向台后方，背过身）

吴其江 前奏一定要有往前奔的感觉。

何 你要下口令。

维 要往哪边转？

何 停！老师，我被干扰了。我自己在一边很认真地表演的时候，我看到海涛在这边一直在晃，你来个《咱当兵的人》。

海涛表演，其余人唱。

维 吴庸，你学一下何老师的经典动作好不好。

吴其江 何老师，因为我也是一直在看这个快乐大本营，我是非常非常希望上快乐大本营，做这个……

何 啊，邀掌的动作。

吴其江 可以吗，何老师？

何 可以可以，那些细节我希望你都能做到好不好，然后顺便提醒一下，前面很滑，不要滑倒啊。老师给他那个我的音乐，我的音乐，不是娜娜那个猪八戒背媳妇。是我的音乐，好不好，谢谢啊。小飞老师，来，开始。

谢 好计较啊。

（吴其江做动作）

谢 有点有点。

吴其江 是不是还要这么走？

谢 有有有。

维 但是你退回去再加一个（动作），这样表示停车停到位了。

何 是这样，别人我都轻易不教，但因为我今天对你的这个太欣赏了，所以我把一些电视上看不到的细节教给你。脚很重要的，你要注意脚啊。来老师再给我一下，小飞老师再给我刚刚那个音乐啊。

（何走上台前表演）

维 来加那个动作。

谢 言归正传言归正传。

维 你作为军人，是不是私底下是很严肃的人。

俊杰 我爆料我爆料，你抢饭碗抢到快乐大本营来了，他特别喜欢在组里抢饭碗。

何 抢盒饭吗？

俊杰 他有一个外号叫“万金油”。

谢 什么意思？

俊杰 他在组里什么活都干，比如说灯光，音响，举杆的……他连化妆都干，特别是给漂亮的女孩子化妆。

何 等一下我想问一下，你是人好呢还是闲的呢？

吴其江 其实就是我这个人比较乐于助人，要是现场拍戏地方比较狭小的话，灯光师傅在补板的时候，位置小会很困难，这时候我会自己给自己补一下啊，顺道呢板很大给他带一点啊，也会有的。

俊杰 他一般自己托板演戏，这样。（动作）

何 所以呢是个很热心的人，这样好，其实剧组就是整个的气氛最重要。

维 大家都是好朋友。

何 好这个我们个性很不同的两位还有我们身份大不同的两位今天都聊得很开心。谢谢两位。

何 接下来要上场的呢，是我们《丑女无敌》当中那个中心人物了，也是虽然外形不好看，却以她的个性迷倒了亿万观众的非常不错的演员，有没有注意到她消失了很久啊。

齐 对啊。

谢 去哪里了呢？

何 我们来欢迎林无敌的再次出场，李欣汝，欢迎她。

下节预告

谈话部分

何 欢迎大家继续回来，“OPPOREAL”音乐手机“快乐大本营”，我们是——

齐 快乐家族。

维 今天的主题是：恭喜恭喜。

何 接下来要上场的呢，是我们《丑女无敌》当中那个中心人物了，欢迎林无敌的再次出场，李欣汝，欢迎她。

林无敌出场舞

维 我发现她换上生活装好美啊。

何 特别是化一点眼睛的妆，就会跟刚才不一样了，这眼镜可以摘吗？

（摘一下）

何 她眼睛真的很漂亮。

欣汝 但是摘了我怕你们就不想看第五季了，所以现在还要戴一下。

谢 没有，你这样也差不多。

何 没有，她是要到第五季才摘眼镜呢。其实欣汝呢，大家都是从《丑女无敌》中认识她，好像是一个平时动作也很笨拙，而且呢，做事情也是属于林无敌式的那种感觉，但其实李欣汝，她是学舞蹈出身，跟大家介绍一下。

欣汝 我从9岁开始跳舞。

何 你当时学的是什么舞？

欣汝 当时是芭蕾舞，还有中国民族舞。

维 这都是那种经典舞蹈啊，这很难啊。

何 这样吧，我们就欢迎我们那个欣汝在我们快乐大本营现场给我们跳一点舞好不好？

齐 好。

何 我觉得最好能跳一些不同风格的，可以吗？

欣汝 没问题。

何 你要跳什么舞？

欣汝 这样吧，你们放什么音乐我就跳什么舞。

何 好，欢迎我们林无敌。

（节目表演：欣汝跳印度舞、现代舞、傣族舞）

谈话部分

谢 好专业啊。

何 欣汝每次来快乐大本营都是短暂的释放一下，但是都能让观众看到她的一个不同的面，我觉得这样特别的好。

维 这也是她珍惜角色的一个表现，可能大家更期待她在剧中林无敌是什么样子。

何 而且我们现在约定好，你看第二季又来我们快乐大本营，我希望到第三季的时候，或者每一季的时候，欣汝都会有个不同的绽放。我们约好了，第五季的时候摘下眼睛做一个最美的亮相。

欣汝 好，第五季的时候我提前五个小时来快乐大本营化妆。

何 好这个时候我们再请出其他的四位，有请。

谢 小毛，我觉得你刚才跑的纯爷们儿。

何 那今天呢，玩的非常非常开心，而且很不容易的让我们这个《丑女无敌》的五大主演在我们节目当中这么短的时间里面把他们自己的个性，角色的个性都释放的那么的精彩。而且也有理由让大家相信，这么可爱的五个人，大家那么努力的在非常寒冷的天气里奋战啊，拍摄这个《丑女无敌》第二季在我们湖南卫视，乃至在全国各个地方，一定能够赢得非常好的成绩，我们所有人用掌声预祝他们成功好不好。

谢 谢谢他们。

齐 谢谢。

何 请大家多多支持我们的《丑女无敌》，加油加油！

黑 GIRL 部分

开场介绍

谢 接下来我们介绍一个非常可爱的团队。

何 她们可爱在哪里呢？

维 这交给吴跟海涛两个人就行了，因为他们两对这个团队太了解了。

吴 对。

何 他们80后都是非常喜爱和了解这个团队，90后就不是很热。

谢 跟你说，我不愿意介绍她们，今天上节目之前我就跟化妆师说“化嫩点”。

维 你怎么每次化妆都跟自己做一道菜一样，蒸“嫩”点。

吴 说实话，她们都非常小，进入娱乐圈之后呢，涉足了很多领域。

海涛 而且她们每个人都很有个性。

何 而且每一个都是海涛的心头好。海涛等下她们上来我要逼你说出你最喜欢哪一个。

吴 他有他有。

何 好，那你一定要说实话，要不然吴会告诉我们。所以你自己要好自为之，或者你现在就离开这个舞台。

海涛 别别。

维 好，我们先通过一个短片了解她们。

何 她们就是“黑 GIRL”。

（短片：介绍黑 GIRL）

黑 GIRL 出场

（演唱歌曲）

视窗里面你微笑打个哈欠想睡觉
现在又是哪一招却还穿着外套
桌下拇指停不了握着手机拼命敲
一心八用的诀窍你不必知道
你少客气少在那边要心机
嘿小弟弟我比你聪明
恋爱游戏可不是纸上谈兵

快叫姐姐看我的本领
他向左我等在右边的巷口
躲着我表示已经心动
我先走姐妹再透露我的下落
门口等你十分钟

爱的假动作甜蜜的作弄
游戏的规则七分熟的快乐
你的假动作我全都识破
只是懒得啰唆别等到我出手

视窗里面你微笑打个哈欠想睡觉
现在又是哪一招却还穿着外套
桌下拇指停不了握着手机拼命敲
一心八用的诀窍你不必知道
你少客气少在那边要心机
嘿小弟弟我比你聪明
恋爱游戏可不是纸上谈兵
快叫姐姐看我的本领
他向左我等在右边的巷口
躲着我表示已经心动
我先走姐妹再透露我的下落
门口等你十分钟

爱的假动作甜蜜的作弄
游戏的规则七分熟的快乐
你的假动作我全都识破
只是懒得啰唆别等到我出手

爱的假动作甜蜜的作弄
游戏的规则七分熟的快乐
你的假动作我全都识破
只是懒得啰唆别等到我出手
爱的假动作甜蜜的作弄
游戏的规则七分熟的快乐
你的假动作我全都识破
只是懒得啰唆别等到我出手

视窗里面你微笑打个哈欠想睡觉
现在又是哪一招却还穿着外套
桌下拇指停不了握着手机拼命敲
一心八用的诀窍你不必知道

谈话部分

众 HELLO。

何 很高兴来到你们的节目做客。维你离我好远啊。

维 对啊，隔着一条银河啊。

谢 而且维你在光驱外面。

维 你们看得到我吗?

何 欢迎我们重新出发的“黑 GIRL”来到我们的快乐大本营。

维 为什么大牙是跟我们一起出来的?

何 你看大牙的手就知道了。

大牙 对，因为我的手受伤了，刚开完刀，所以不能参加表演。但是刚才我看到海涛在后台一直跟着大家一起跳。

何 其实你们就是把他拽上台他也跟得上你们每一个舞步。

维 其实海涛最大的心愿就是加入你们黑 GIRL。

黑 GIRL 来呀来呀，海涛。

何 海涛，八个女生对你说来嘛你什么感觉。

(海涛笑)

维 特别是她们那个娃娃音，预备齐，来。

黑 GIRL 来嘛来嘛，海涛哥哥。

(何从右向左扮用刀插自己的姿势)

谢 我们何老师平时都是走出来的，今天为了配合你们一路小跑出来。

何 为了配合他们显示我的年轻活力。

维 而且她们的开场舞蹈好棒哦。就那几个动作我们可以一起学一下吗?

黑 GIRL 好啊。

(音乐起，众人一起学黑 GIRL 跳舞)

谢 我跳了这个舞感叹自己还是年轻。

何 好我们首先来认识一下她们。她们真的很细心，为了让我们内地的观众认识她们呢，她们在自己的胸前都写上了自己的名字，这样呢，这一期结束之后，观众就能熟悉她们每一个人。

维 好那我们从这边开始。

（从左向右介绍）

鬼鬼 你们好，我是古灵精怪又俏皮的鬼鬼。

（可爱的下压动作）

何 她们身上好像装了液压装置，你们的鞋真的很奇特，刚我们一群人在后面就是这样看的。

维 好我们一起演一下。

何 我们一群人是这样看的。（维、何、吴做看的动作）

维 她们穿的像滑冰鞋一样。

何 接下来要谁介绍啊，海涛。做你自己，不要羞涩！

海涛 我可以先说一点自己对她们的了解吗？

何 不重要。

众人笑

何 好吧，说一下说一下。

海涛 我就是想说，八项全能的时候，大牙那个太鼓敲得特别帅气。

大牙 谢谢。

海涛 看完你的表演我才知道原来鼓可以这样敲。

何 对呀，就是演完那个大牙就直接手术了。

海涛 还有就是我觉得 MEIMEI 本人会瘦一点。

MEIMEI 谢谢，其实你也很瘦啊。

海涛 其实你没有那么胖，我们一起加油。

何 还有呢？

海涛 我觉得丫头挺可爱的。（害羞地钻到何身后）

丫头 谢谢。

何 我们的宣传片就叫：青涩海涛，勇敢表白，下面我们请 APPLE 好不好。

APPLE 大家好，我是古典，而且腮红很红的 APPLE。

何 你是根据每一天的妆不同都有不同的介绍吗？

APPLE 没有，我每天的妆腮红都这么红呢。

何 因为一定要像 APPLE。

APPLE 对。

何 下一个啰，下面是小薰。

MEIMEI 我不是小薰，好糗哦。

谢 没有，我们的节目是叫到谁谁出场的。

MEIMEI 我就不出场了。

何 （大摇大摆地）我还真不在乎。

谢 完了，主持人跟嘉宾呛起来了。

MEIMEI 再一次哦，上一次有点糗。假装没看到过哦。（动作）嗯哼，我是 MEIMEI。

众人 好冷哦。

维 MEIMEI 真是时候不对，应该怪何老师。

何 为什么怪我？

谢 因为你把她的气场给破了。

维 他要是（动作）那样一下就好了。

谢 你要有个道歉的表白。

何 这样吧，我赔你嘛。你就做刚才那样，我赔你嘛。

MEIMEI 那你也必须嗯哼嗯哼。

谢 那必须的。

何 让大家看到老人家也会嗯哼。

（何学 MEIMEI 做动作）

MEIMEI 五六七八，大家好我是 MEIMEI。

何 我不是 MEIMEI。

众人笑

维 说是话，不做不知道，一做才知道，有一个真的年轻，有一个真的老了。

何 那接下来轮到我们的小薰了。

小薰 大家好，我是最有气质，最会放电的小薰。

何 下面轮到我们的团长大牙了。

大牙 大家好，我是手受伤的团长大牙。

维 这个介绍真是以实事求是为准啊。

何 接下来轮到丫头了，海涛，来。做到观众席上，让丫头为你表演。

（何拉海涛走到台前，背对观众）

海涛 我会紧张。

何 哥给你那个纸巾擦口水。

（字幕）：好紧张。

何 丫头，有没有点儿怪。

丫头 我在电他，你有感觉到吗？

（屏幕上出现张红脸）

丫头 大家好，我是娃娃音达人丫头。

（海涛爬回台上）

何 海涛你有点出息好不好。

何 其实丫头的声音是她的招牌武器。

吴 我以前一直以为你下了节目就会非常低沉，今天彩排才知道你说话真的是这样。

丫头 我今天有点感冒，说话声音有些低沉。

维 这还叫低沉啊。

何 好接下来轮到我们筱婕了。

筱婕 大家好，我是最爱大笑，最活泼的筱婕了。

谢 刚筱婕说的话和动作没有完全合在一起。

何 那筱婕和丫头比输在哪里海涛。

海涛 就是第一印象嘛……

（字幕）：我要怎么说。

谢 我觉得筱婕也很棒。

海涛 筱婕也很好啊。

筱婕 你偏心。

维 刚上演了一出韦小宝，一个男人在评论八个女人，而且女人还争着凭什么啊。

何 那接下来使我们压轴的一位了，小蛮，到中间好不好。

小蛮 大家好，我是腿好长好长，永远比主持人还高的小蛮。

（凑到何身边比高低）

何 大家好，我是永远比价比矮半头的何。你有多高。

小蛮 174。

何 不穿高跟鞋都174？

谢 跟我差不多高嘛。

何 那这次的黑GIRL其实是一个全新的团名嘛，谁给我们介绍一下团名的由来。

大牙 其实我们这次换团名是因为我们刚好已经成立三年了。这次发新专辑想让大家觉得，这些美眉都长大了，这个名字想了很久，因为那时候就想八个人嘛，就想什么八星报喜啊，八仙过海啊。

何 听上去好像个民俗团体一样。

维 听上去在演布袋戏啊。

大牙 所以最后我们定的名字，因为我们是从节目中出来的，所以取节目中的“黑”字，用英文名拼“HEY”，有打招呼的感觉，因为我们是八个女生，所以叫GIRL。

何 就是更亲切。

维 其实海涛知道你们要来，就每天唱的歌虽然是不同的歌，但都可以改成“黑GIRL”。

海涛 比如说嘿GIRL。

何 那这次除了团名的改变还有什么地方做了变化吗？

大牙 其实我们每个人的造型都做了改变，还有每个人都下了很大功夫，比如说唱歌，肢体课，我们还上了正音课。

何 什么是正音？

大牙 就是学北京的国语。

何 就是普通话。

大牙 对，这样唱歌时候就会有跟多的亲切感。

何　那外形上呢，有谁瘦了吗？

维　MEIMEI。

MEIMEI　其实本来我是瘦了一点，但是因为来内地啊，就大家都大吃大喝，我在旁边很痛苦，忍不住夹了一下，就开始吃。

何　你虽然忍不住夹，但是频率比人家快。

MEIMEI　是有一点啦。

维　而且每次比别人多。

吴　我真的想问一句，要是别人不让你吃饭你真的会生气吗？

MEIMEI　我就抢他的饭碗来吃啊。

何　所以叫蹄髈美眉。

大牙　现在有新外号了。

何　现在叫什么？

齐　现在叫金华火腿。

何　火腿比蹄髈真的瘦好多呀。

谢　我觉得女生胖一点可爱啦。

何　好那现在就请我们的黑 GIRL 慢慢地把自己的个性展现出来，更重要的是让大家看到她们不同的可爱之处。我们留下四位代表。分别是我们的大牙、MEIMEI、小薰、丫头。

何　那接下来我们来聊聊丫头的娃娃音好了，说真的你苦恼过吗？

丫头　刚开始进节目的时候会让人感觉有些奇怪。你们觉得奇怪吗？

众人　没有没有没有。

维　就算有我们也不说。

何　有人能学丫头说话吗？

丫头　MEIMEI。

MEIMEI　我没有学，我本身就是丫头。

众人　好像哦。

丫头　我每次听到她这样我就觉得我自己好讨厌哦。

何　你在想我怎么回事这样，因为所有人都说像。

谢　你有试过特别沉就是特别粗的声音说话吗？

何　娜娜示范一下。

谢　（低沉地）你好，找我吗？如果有什么事，请打 13×××，如果没什么事您就挂了吧。

何　丫头你就动用你的喉咙。

丫头　呦，大家好，我是丫头。

维　那这次这么苦练，我们相信这个唱功也进步了，丫头就用娃娃音给大家唱两首歌听听好不好？

丫头　好。

何　那第一首我想让你唱：《我的心里只有你没有他》……

维　这个很难。

何　而且我最喜欢的是黄小虎那一版，还有李宇春的，因为有点浑厚的感觉，女中音的味道。

丫头　加油。五六七八。（唱）我的心里只有你没有他，请你相信我的情意并不假。

MEIMEI　她尽力了。

维　请问你表演的是小品吗？

海涛　刚才那一段好像作为铃声的，就是童声啊。

丫头　是是是。

众人　噢噢。

何　我知道，丫头的一切你都喜欢，你想把的所有都收藏，我懂。你可不可以在节目中说一个：海涛，来电话了。然后我们把他录下来做明年他的新年、圣诞、生日礼物。

维　因为太珍贵了。你们知不知道他还有个外号叫小胖子。

丫头　肥弟弟，来电了。

何　是刚才停电了吗？

维　那什么时候来水啊？

何　你就说，海涛，来电话了。

丫头　海涛，来电话了，快来接电话哟。

维 我都能想象到你在机房拼命转带子的样子

谢 而且是很有底气那种。

海涛 好像每次来电话都是她打来了。

何 其实对方是你妈妈。来娜娜，给大家秀一下你的成名曲好不好。

谢 我已经很久没有在这个舞台上秀了吧，大概有一年了。

何 那需要掌声是不是，来掌声。

（谢夸张地做开始准备唱的姿势）

维 她就是难找准音。

谢 **演唱歌曲**

带大家回到那片美丽的大草原

（唱）（表情和动作都很夸张）

蓝蓝的天空，静静的湖水，那是我的家

我爱你，我的家，我的家，我的天堂。

谈话部分

维 娜娜，忙死键盘老师了，八句话有八个音啊。

何 好，丫头怎么样。

丫头 好，来一句最经典的。

谢 来，把那个气推出去，（身体左倾用力的感觉）（唱）那是我的家啊。后面我也有点没气了，前面稍微节约点用。

丫头 （费力地）（唱）那是我的家啊。

谢 来，（唱）那。

丫头 （唱）那。

谢 丹田，丹田。（摸着丫头的肚子）

丫头 丹田在这。

谢 教不好了，不会。

维 你们真的很想两只猫在打架，

谢 那我再后面，丫头在前面假唱，让人感觉丫头在用这种声音唱，但是你肢体得模仿一下啊。

丫头 好。

谢 我形体比较美，不要丑化我啊。

何 预备齐。

（谢在后面唱，丫头在前面做动作）

谢 那是我的家啊（动作字幕：祈福少女）

我爱你（动作字幕：草原卫士）我的家（动作字幕：咸蛋超人，齐天大圣）我的家（动作字幕：找不到方向）我的天堂……（谢从背后走出来）

丫头 好棒好棒。

维 做幕后的不干了。

谢 不甘于做幕后。

何 而且这边跟你汇报一下，丫头自始自终没有张嘴。

丫头 我忘了。

何 那你知道，丫头就像一个腹部会发音的收音机。……那其实我们据线报，小薰其实在生活中是一个比较大大咧咧的女孩。

MEIMEI 是的，她是个表里不一的人。外表很文静，但其实她是大婶。

何 那我们就请大婶出来演一小段戏好不好。

众人 好。

何 是这样的剧情，你有一天在街上走，在路上遇到你的男友。

小薰 是前男友吗？

何 对，前男友，但是他跟另外一个女孩走在一起。

小薰 那怎么行。

何 其实他跟你分手第二天就交上新的朋友，所以就足够让你大婶的性格飙出。

小薰 好，那我能让我黑 GIRL 的成员一起吗？她是我心中的假想敌，她很漂亮，然后吃又不会胖的 APPLE。

（APPLE 站出来）

小薰 她就演我前男友的那朋友。

维 那前男友何老师演。

话剧表演部分

何 亲爱的。

APPLE BABY。
何 等等，镜头在哪。
（开始表演，APPLE和何牵手，小薰从左台走出）
（小薰与二人撞到）
小薰 哎呀你这个家伙。
何 分手了你还打我。
小薰 你没有跟我说你要跟我分手。等等，这是谁。（上去拉APPLE）
APPLE 她是谁啊。
何 我给你介绍一下。
APPLE 她是谁。
何 我先介绍你吧，因为你比较重要。
小薰 你说什么，她比较重要？我才比较重要。
APPLE 我才比较重要。
何 你昨天比较重要，她今天比较重要。这是我女朋友APPLE。
APPLE 你好啊。
何 这是我过气的女友小薰。
小薰 我并没有过气，他昨天晚上还跟我说他只爱我一个。
APPLE 他今天早上才跟我讲他只爱我一个。
小薰 他说他的女朋友长的像月亮一样，他怎么会喜欢。
APPLE 他说他前女友长的像大婶。
小薰 你说我像大婶。
APPLE 你说我像月亮。
小薰 你说我像大婶。
APPLE 你说我像月亮。
何 好了，是时候约一下MEIMEI了，（打电话的姿势）喂，是MEIMEI吗？
众人 你太坏了。
APPLE 无论怎样你不可以和金华火腿在一起。
MEIMEI 你这个月亮脸。
何 你们知道吗？人有时候听的分贝到达一定境界就会失聪。
谢 换个声音吧，（很粗的声音）你是我的。

谈话部分。
维 俗话说，三个女人一台戏。
何 刚才啊，APLLE和小薰在吵大婶和月亮的问题的时候，我这边就是有一块有个声音在往上顶。
谢 终于理解韦小宝了吧。
何 她们演的好好。这样吧，我们问一下，问一下现场有多少歌迷，问一个比较难堪的问题。
维 先挑一个吧。
何 举手的我跟你说会后悔的。
（与观众互动）（何走下台）
何 你叫什么名字？
观众 我叫小龙。
何 八个黑GIRL你最喜欢谁？
观众 我都喜欢。
众人 不行不行。
何 你看八个女生都在看着你笑呢。
众人 对啊。
何 小龙站不住了。
维 必须选一个。
观众 筱婕。
筱婕 谢谢。
何 为什么？
观众 筱婕很漂亮、很可爱。
何 那其他的不可爱吗？
观众 我觉得其他的也都很好，但是我还是最喜欢筱婕。
何 你说什么？
观众 男生要专一嘛。
维 咱们还没到那个分儿上呢，这不是在挑女朋友。
何 好，那现在请筱婕跟你我下手好不好。
筱婕 谢谢你的支持。
维 海涛，除了你喜欢的丫头外，没有这个选项了，还有谁啊？

众人 谁啊？

谢 算了你们别逼海涛了，何老师你说吧。

何 我可以选吗？

黑 GIRL 选一个选一个，选一个……

谢 何老师，你真的不好选的话，我站过去。

何 娜娜，站正中间我选你。（谢走过去）

谢 让一下啊让一下，别靠太近了有皱纹。

何 作为一个在这个舞台上屹立 12 年不倒的主持人，我很负责人地跟大家说……

谢 我好激动哦。

何 黑 GIRL 里面除了娜娜我都爱。

谢 其实我站过去就是要这样，（谢走到维那边）我就是为了不让朋友难做，你看何老师一个人找了八个，多花心啊。你以前对我怎么说的。

何 对，每一次我都拉着她的手，流着眼泪说，就算你很想很我在一起，我也不会选你的。

维 这个时候张杰会在屏幕这个地方说什么呢。

众主持人 关我什么事。

下节预告

（开场音乐）

谈话部分

何 欢迎回到 OPPO 音乐手机快乐大本营，我们是——

众人 快乐家族。

何 今天在我们恭喜恭喜的主题下，我们请来的是我们可爱的黑 GIRL。

何 果然，见招拆招非常有作用。

维 我觉得之前呢，可能是一些天生的特质，比如可爱的个性啊，唱歌表演的天分啊，那下面我们看到的 VCR 呢，就都是她们努力的结果。

何 因为台前的风光啊，永远都是台后的努力，很多年轻人想一夜爆红，这件事是不存在的，那么我们就看一下幕后的黑 GIRL 是什么样的。请看。

（放 VCR）

VCR 内容：关于黑 GIRL 刚出道时苦练的故事和一些采访，还有歌迷的加油支持。

谈话部分

谢 APPLE 哭了。

维 大牙也哭了。

APPLE 这段视频很久了，你们好用心啊。

何 今天看这个视频感觉很不一样了是不是。

小薰 是呀是呀。

何 其实我比较在意的是，就是你们下面的感觉，因为舞台上的我们都能看到，日播的节目是最辛苦的，没有时间调整和缓冲，尤其是不能说这一季我很努力，能不能休息三个月。像你们小女生，一定都会有一个瞬间就是自己已经快不行了，就会在想，我为什么每天都睡那么少，我为什么要比别人承受更多的压力，我为什么要学自己不会的东西。你们有没有想要放弃的时候？

大牙 曾经有，在节目做的很疲乏的时候，在很累的时候，曾经一度很想放弃。

何 鬼鬼有没有想放弃过。

鬼鬼 有。像是之前我住在外面，然后就是很久才能见家人一次，会有一种距离感。有时候会跟家人发生一些争执，可是是那个时期你不想要的。

吴 听说筱婕的爸爸就曾经对她赶通告非常不理解是吧。

筱婕 对呀，就是说为什么你要在节目上说自己很笨。

MEMIMEI 筱婕你不笨，你一点也不笨。

何 筱婕你不笨，你就是小朋友，反应慢一点我们可以理解。

谢 筱婕我跟你说吧，就是像何老师，他在节目里说我是男的，甚至也有观众相信，我跟你说我当时特别难过。

维 而且我们俩还被在节目中PK过。

吴 别哭别哭。

（海涛上去递纸巾）

何 海涛你给筱婕递纸巾，问过丫头同意没？

筱婕 我要你帮我擦，可以吗？

（海涛看丫头一眼，转回去给筱婕擦泪）

筱婕 你还看丫头。

海涛 其实就是真的没关系的，自己努力的话就会自己知道，然后喜欢你的人更会喜欢你的，来，再擦一下。

何 像你们遇到压力一般怎么解决。

大牙 像我就是回家，我有清洁强迫症，我会拿粘衣服那个滚轮，滚全家的地板，然后擦马桶擦浴缸擦镜子擦窗户。

吴 你下次不高兴真的可以来一趟我家。

维 对，我就是想问，清洁完自己家里还没解除压力，就去打扫隔壁家，好想住在你家隔壁。

吴 我家现在连那个打扫卫生的阿姨谁都不愿意来。

何 所以大牙除了做艺人，还兼职一份清洁工作。丫头呢，丫头会有什么方式减压？

丫头 像我的话我会约几个朋友一起去海边，大声尖叫。把烦恼都喊出来。

维 那还对面都知道是丫头在喊吧。

丫头 我们曾经也有被认出来，海滨有其他人，然后我就装不是。

何 你没有办法装不是，全世界只有你是这个声音，连海都知道。

维 我们模仿一下嘛。

丫头 不如我们一起来呐喊我们的烦恼好了。

何 我还不太懂怎么喊。

谢 你就不懂我们小女生的世界，就是喊啊。

维 不如我们这样好了，她们带头，然后我们每个人喊出一个自己最苦恼的事情。

丫头 那我先来好了。（喊）啊！我的脚指甲长的漂亮一点好不好？

（全场爆笑）

何 我听完她之后我真的觉得自己刚才想的是很严重的问题。

吴 我觉得我们五个人是在很认真地想。

何 你们错了，丫头也是很认真地为这件事烦恼。

丫头 我烦恼了一整年。

维 筱婕喊一下，我觉得你的感染力特别强。

筱婕 （喊）啊，我想要变聪明！

（冷场）

谢 你真的喊出这个，然后远方的天空回了一句“办不到”。

何 最后海涛做一下总结好了，一个人在极度幸福的时候总有一些忧愁的感觉，当你见到最美的东西的时候，你心里会有悲哀，这是一位著名的文人说的。所以现在把你的悲哀喊出来好不好？

（维在海涛耳旁低语）

海涛 啊！

何 好了，接下来我们要——

众人爆笑

何 你让他说，别憋出内伤了，对不起，海涛你重新说。

海涛 啊，可不可以让我永远留在这一刻，永远跟黑GIRL在一起！

众人 办不到。

（海涛扮插死自己的样子）

何 好了，我们每个人都有一些烦恼，但是如果每个人都像黑GIRL那样有舒缓压力的方式，生活可以轻松很多。我们可以学清洁法啊呐喊法啊。

维 这个真的有用，还有一种方法就是收看

我们的节目，因为接下来我们要玩游戏了。玩游戏是很好舒缓压力的方式。

何 今天呢，我们玩游戏要分成两组，来玩不同的游戏。而输的人，将会受到史上最严厉的惩罚。女士们先生们，我们先把这个惩罚亮亮相，然后你们才有危机感。就是我们史上最残酷的十八铜人。

十八铜人出场并且表演节目。

（几位主持人出场）

介绍部分

谢 等一下等一下，我跟你说，我认识他们。曾经创造了大本营收视冠军的一群人。

维 对，他们曾经敲过我的头。

谢 我认出他们了，虽然今天金粉的颜色不一样，但是有个人特别喜欢笑场。他还是来了。

（谢走过去指出第一排的一个铜人）

何 我跟你说，那期节目之后，他就一直练这个。今天他没笑，他瞜上那个笑了。

（众人走过去看）

丫头 哪一个哪一个。

何 我们今天玩的是我们“终极密码”的游戏。

游戏规则 VCR：参加者要进行生肖的歌曲接龙，其中有一个是终极密码，有谁唱到密码或唱错生肖的，就将接受史上最残酷的惩罚

第一个游戏开始

何 第一个游戏我给大家看密码。（走过去拿起个大牌子，打开来，上面写着“鼠”字）

何 如果谁唱到这个谁就输了。唱过的不能重复唱。

APPLE 谐音可以吗？

何 谐音可以。

何 来娜娜。

（场中间有个圆台，每个人一次站到圆台上唱）

谢 （唱）小鸟在前面带路，风儿吹向我们。

何 等一下，请问娜娜鸟是哪个生肖？我问一下，哪一年是鸟年？什么什么？

（跑到观众前）

观众 十八铜人。

（谢跑下台，十八铜人把她抓上来，举到头顶上转圈，之后扔到地上）

（众人跑上来）

维 我们先问，你叫什么？

谢 十八铜人。可不可以给我一个镜头。从我抬起头来一个“衰”啊。

何 最衰的，衰完了就晕吧。

（谢表演衰，配乐比较悲哀的，表演完倒在台上）

何 来把不干净的东西扫下去。

谢 我跟你说，我哪跌倒的哪爬起来，鸟儿平常我很喜欢你，今天我恨你。

何 来，开始。

谢 （唱）遥远的东方有一条龙，它的名字就叫长江，遥远的东方有一条江，他们全都是龙的传人。

何 遥远的东方有一条江，他们全都是龙的传人，好吧，有生肖放你一马。下一位

维 （唱）我头上有犄角，身后有尾巴，我有许多小秘密，就不告诉你，就不告诉你就不告诉你。我是一条小青龙小青龙。

APPLE （唱）红红的太阳下山了，呀嘿呀嘿，小小的羊儿回家了，呀嘿呀嘿。

小薰 （唱）HAPPY BIRTHDAY TO YOU 兔，鼠牛虎兔的兔。

何　这个算你过，大牙。

大牙　不用麻烦了，美女需要我牛仔很忙的。

何　下面丫头。

丫头　老虎老鼠，傻傻分不清楚。

何　等一下，是前面老虎对不对。

丫头　老鼠好了，是鼠还是虎啊。

何　我真是不知道你第一个游戏就可以唱到这个。

（打开题板：鼠）

何　丫头，愿赌服输。

丫头　好。

何　还是说你要找谁帮忙啊？

丫头　海涛（丫头走过去把海涛拉上圆台）。谢谢……你站上来了。你愿意吗？

观众　愿意。

谢　现场来了好多海涛。

海涛　没啦，其实你知道我是肯定愿意的，但是我又知道你不会，你不会。

（音乐起）

众人唱　我愿意为你，我愿意为你，我愿意为你放弃我姓名。

何　你要放弃你的姓名吗？海涛你以后就叫丫头。

谢　不不不，还是把他的姓留住。

何　这样啊。游戏啊，必须有规则，如果这个时候罚了海涛，那下次海涛受罚的时候就要丫头出来了。

维　对。

何　你看你是愿意这世报，还是愿意那个折磨一直跟着你。

丫头　好，黑GIRL有种就自己来承担。

何　十八铜人。

（十八铜人上台，表演用枪顶身体的节目，丫头吓傻）

（丫头跑，十八铜人来抓）

（丫头被抓回台上，十八铜人把一堆气球放在丫头周围，十八铜人把丫头的气球戳爆）

丫头　粉扑呢？

维　还好吧。

丫头　很好。

第二个游戏开始

何　下面呢，就是我们史上最难的“萝卜蹲”游戏。

游戏规则VCR：游戏参加者每个人都有一个角色，而每个角色都会有相应的动作，在做动作的同时还得叫下一个人，叫错或做错都接受惩罚。

何　下面每个人都有了一个自己的角色，下面每个人为自己的角色设计一个动作。首先，“擎天柱”小姐。

吴　大家好，我是擎天柱。（晃动身子）

何　对，擎天柱变身的时候是这样的。

鬼鬼　蜘蛛精啊蜘蛛精。（一边说一边蹲）

何　好的，蜘蛛精就是很美的那种，下面MEIMEI。

MEIMEI　为什么我是猪八戒呢？

何　谁知道呢，它就出现在你的头上。

MEIMEI　我是猪八戒。（边做边晃肚子）

何　你要不要这么用力啊，来，牛魔王、筱婕。

筱婕　牛魔王啊牛魔王，边做边摆手。

何　好，红孩儿。

小蛮　红孩儿很顽皮要这样。（微微抖）

何　好，刘姥姥。

海涛　刘姥姥蹲。（拄着拐杖颤抖）

何　所以，红孩儿和刘姥姥的共同特点就是颤抖。好，接下来，我们要开始了。

（一边说一边做动作）

海涛　刘姥姥蹲刘姥姥蹲刘姥姥蹲完猪八戒蹲。

MEIMEI　猪八戒蹲猪八戒蹲猪八戒蹲完蜘蛛精蹲。

鬼鬼　蜘蛛精蹲蜘蛛精蹲蜘蛛精蹲完刘姥姥蹲。

海涛 刘姥姥蹲刘姥姥蹲刘姥姥蹲完蜘蛛精蹲。

蜘蛛精 蜘蛛精蹲蜘蛛精蹲蜘蛛精蹲完红孩儿蹲。

小蛮 红孩儿蹲红孩儿蹲红孩儿蹲完刘姥姥蹲。

海涛 刘姥姥蹲刘姥姥蹲刘姥姥蹲完猪八戒红孩儿猪八戒……。

何 我已经累了，我没有力气喊出那四个字，但是我知道你们有力气，三二一！

众人 十八铜人。

（海涛被托举上去转圈，之后摔在地上）

（海涛爬起来）

何 好灵活的胖子。

海涛 我真的没想到，刘姥姥也有今天。

何 好，来，我们最后一轮了。我顺便提醒某位同学哦，你那动作不要那么低好不好，那是您自己发明的。

海涛 我觉得不标准也要惩罚。

何 所以呢，要标准，好我们现在换一下，预备齐。

吴 猪八戒蹲猪八戒蹲猪八戒蹲完刘姥姥蹲。

鬼鬼 刘姥姥蹲刘姥姥蹲刘姥姥蹲完蜘蛛精蹲。

海涛 蜘蛛精蹲蜘蛛精蹲蜘蛛精蹲完刘姥姥蹲。

何 红孩儿快睡着了。

鬼鬼 刘姥姥蹲刘姥姥蹲刘姥姥蹲完红孩儿蹲。

MEIMEI 红孩儿蹲红孩儿蹲红孩儿蹲完蜘蛛精蹲。

海涛 蜘蛛精蹲蜘蛛精蹲蜘蛛精蹲完刘姥姥蹲。

鬼鬼 刘姥姥蹲刘姥姥蹲刘姥姥蹲完刘姥姥蹲，刘姥姥蹲完蜘蛛精蹲。

海涛 蜘蛛精蹲蜘蛛精蹲蜘蛛精蹲完刘姥姥蹲。

鬼鬼 刘姥姥蹲刘姥姥蹲刘姥姥蹲完蜘蛛精蹲。

海涛 蜘蛛精蹲蜘蛛精蹲蜘蛛精蹲完刘姥姥蹲。

鬼鬼 刘姥姥蹲刘姥姥蹲刘姥姥蹲完蜘蛛精蹲。

海涛 蜘蛛精蹲蜘蛛精蹲蜘蛛精蹲完刘姥姥蹲。

鬼鬼 刘姥姥蹲刘姥姥蹲刘姥姥蹲完蜘蛛精蹲。

海涛 蜘蛛精蹲蜘蛛精蹲蜘蛛精蹲完刘姥姥蹲。

鬼鬼 刘姥姥蹲刘姥姥蹲刘姥姥蹲完蜘蛛精蹲。

海涛 蜘蛛精蹲蜘蛛精蹲蜘蛛精蹲完刘姥姥蹲。

鬼鬼 刘姥姥蹲刘姥姥蹲刘姥姥蹲完牛魔王蹲。

小蛮 牛魔王蹲牛魔王蹲牛魔王蹲完蜘蛛精蹲。

海涛 蜘蛛精蹲蜘蛛精蹲蜘蛛精蹲完刘姥姥蹲。

鬼鬼 蜘蛛精蹲蜘蛛精……（音效）

众人 完了完了完了。

何 十八罗汉。

（字幕）：惨了

众人 完了完了完了。

（十八罗汉在鬼鬼面前表演打头的动作，鬼鬼吓傻了，然后鬼鬼逃跑，被十八罗汉抓回来用小手爪打头）

谢 蜘蛛精已经残了。

维 蜘蛛精已经变成刘姥姥了。

何 鬼鬼特别有意思，就一直针对海涛，蜘蛛精蹲，最后忘了自己是刘姥姥。大喊一声蜘蛛精，然后惨被惩罚。开始还觉得没什么，还摸人家头，当人家棍子，人家硬气功嘛，当她面劈掉，她就傻了，很帅。谢谢精彩的十八铜人！谢谢。

众人 BYEBYE。

何 谢谢她们每次都带来精彩的表演。

（黑 GIRL 众人去和十八铜人道别）

维 她们很想和十八铜人联谊。

总结语

何 那玩完游戏呢，我们更加了解黑 GIRL 的可爱，当然我们更希望大家多多支持她们的新专辑，支持重新出发的黑 GIRL，也希望他们的音乐可以给大家带去快乐。

维 那么下面就请我们的黑 GIRL 带来新专辑的一首歌曲，名字叫做——

众人 《女生》。

（演唱歌曲《女生》）

我是女生我只是女生
轻轻的留下一吻是你对我的负责
你说我还只是女生不懂爱的沉闷
轻轻擦去我的泪痕是你成熟的象征
你说你只会爱女人还接着笑我笨
但是我心中的爱情没那么多的难题
我只知道爱上了那就是爱上了没有疑问
我是女生只要爱一个人就尽全力去争
不管爱情有多残忍不管你笑我笨
我是女生不管爱多残忍我一直都认真
不管是女生或女人
不管你笑我笨我是女生
我是女生只要爱一个人就尽全力去争
不管爱情有多残忍不管你笑我笨
我是女生不管爱多残忍我一直都认真
不管是女生或女人
不管你笑我笨我是女生

结场语

何 是的，今天非常高兴可以和我们的黑 GIRL 一起度过快乐的星期六夜晚。再一次祝福我们黑 GIRL 的新专辑可以在所有的歌迷中产生很大的影响，同时销量突破最好的成绩。

众人 专辑大卖！

（赵爽 整理）

“快乐回家我们在路上”
湖南电视台 2009 年春节联欢晚会

播出时间：2009 年 1 月 19 日

总导演：马昊

序

片头视频

（字幕）快乐回家我们在路上——湖南卫视 2009 年春节联欢晚会

开场歌舞《回家路上》

表演：曹颖、李宇春、周海媚、秦岚等

（圆形舞台，灯光以黄色红色为主，中央大屏幕视频内为动态中国结图案，两侧彩幕内

为红黄色烟花图案。舞蹈演员服装为红黄色调中国传统服饰在舞台中央表演，男歌手从舞台后方上场至舞台中央）

郎在外面打山歌
姐在房中织绫罗
打得鲤鱼游不得水
打得黄牛子滚下坡

女主持人及女表演嘉宾致开场词（舞台左侧主持区，主持人及表演嘉宾站定）

曹颖、谢娜 小年夜我们给您拜年了。

曹颖 祝您牛年身体健康。

表演嘉宾集体 气壮如牛。

谢娜 我们在这给大家拜年，祝您牛年幸福多多。

表演嘉宾集体 多如牛毛。

主持人及表演嘉宾 一起恭祝各位 Happy New Year.

（主舞台表演区中央，所有歌手站定，身着红色及白色表演服装，灯光以紫色调为主。两侧彩幕中为红灯笼图案，中央大屏幕内为贺卡及炮竹图案）

家中的亲人在盼我
红红的福字早已贴心窝
你看来年会更祥和
回家的路上
那里有你有他我们唱山歌
趟过了门前的那条河
爬上了熟悉的小山坡
听到了那山歌满心的乐
唱的是如今的喜事多

男主持人及男表演嘉宾致开场词（舞台左侧主持区，主持人及表演嘉宾站定）

何炅 在这里要给大家拜早年了。祝大家牛年事事顺意。

表演嘉宾集体 牛气冲天。

汪涵 在这里我们也给大家拜年了。祝大家在牛年里好运连连。

表演嘉宾集体 牛年大吉。

何炅 让我们一起来祝 2009 你最牛。

（主舞台表演区中央，所有歌手站定，身着红色及白色表演服装，灯光以红黄色调为主。两侧彩幕中为烟花图案，中央大屏幕内为红色灯笼图案）

郎在外面打山歌
姐在房中织绫罗
打得鲤鱼游不得水
打得黄牛子滚下坡

（舞台前侧冷焰火）

主持人串场
（舞台左侧主持区，四名主持人站定，身着红色服装）

何 新年快乐。

曹 快乐回家我们在路上，这里是湖南卫视和天娱传媒联合为您献上的小年夜大餐。这里 2009 湖南卫视春节联欢晚会的直播现场。今天晚上我们的晚会还将由湖南卫视新媒体，金鹰网和互联星空联合为您进行网络直播。

汪 今天是小年夜啊。

主持人集体 对。

汪 是个特别特别开心的日子。我是个急性子的人，我想算一下离春节还有几天。

曹、谢娜 六天。

汪 还有六天。我以为只有三天了。这几天大家都在往家里赶，团团圆圆过大年的感觉真的特别好。

谢 对。真的这段时间大家都在回家，像我们看在汽车站，火车站还有飞机上，到处都是行色匆匆，拎着大包小包准备回家过年的人。

何　我觉得不管是什么地方的人都有一颗团聚的心。家里的人在盼着游子早点回来团聚，而在外的游子也盼着赶紧回家团聚。所以我觉得春节不仅是春天的节日，也是团聚的节日。

曹　所以说“快乐回家，我们在路上”——在回家的路上，在团聚的路上，在前往春天的路上。

（视频 VCR 回顾湖南 2008）

何　看完心里特别激动。虽然 2008 年的年初我们经历了一场冰雪，但是可以说 2008 年湖南一直在路上。而且，喜事不断。比如说我们的 GDP 首次迈过了万亿元大关；长株潭的改革方案也初步通过；还有就是刚刚结束的湖南“两会”，也给湖南的 2009 年规划了非常美好的前景。让我们湖南人民满怀信心。

谢　喜事多，心情当然好。今天我们所有人欢聚在这里，就是回望难忘的 2008，展望充满信心的 2009。2009 的湖南一定会更好，2009 的中国一定会更牛，大家说 2009 牛不牛！

何　接下来就让我们请出一些很红的很牛的歌手，为我们一起唱出好运的“牛歌”。欢迎他们！

（牛歌联唱）

表演：范逸臣　胡歌　刘畊宏等

画外音：掌声欢迎最爱音乐的“牛”

（大屏幕内为动画视频，两侧彩幕内为蓝天白云素材。舞台中央有卡通造型道具。舞蹈演员身着卡通服装。灯光为蓝色调）

这是个优美的可爱黄昏
牛群乱跑何等放任
在这山上风光是多么动人
放逐牛儿快乐万分
小妹妹和小弟弟快快出门
你和牛儿看谁天真
太阳虽美一转眼就要西沉
快到山上翻翻滚滚

（舞蹈演员从右侧下场）

【画外音】掌声欢迎最勤劳的“牛”

（舞蹈演员从舞台两侧上场，身着绿色及白色服装，头戴斗笠。歌手胡歌从舞台后方上场。灯光为紫色调）

山顶山顶有一只牛
牛郎牵牛找山牛
树顶个鸟在啾啾叫
树下个阿公在捻胡须
三四五四三
五呀五四三
三四五四三
将窗门来关掉
山顶山顶实在真正凉
青年男女来晒凉
树顶个鸟在啾啾叫
树下的男女真正靓
三四五四三
五呀五四三
三四五四三
将窗门来关掉

（胡歌从舞台左侧下场，舞蹈演员从两侧下场）

【画外音】：掌声欢迎最忙碌的“牛”

（舞蹈演员及歌手刘畊宏集体从舞台后方上场。灯光为蓝紫色调）

呜啦啦啦火车笛随着奔腾的马蹄

小妹妹吹着口琴夕阳下美了剪影
我用子弹写日记介绍完了风景
接下来换介绍我自己
我虽然是个牛仔在酒吧只点牛奶
为什么不喝啤酒因为啤酒伤身体
很多人不长眼睛嚣张都靠武器
赤手空拳就缩成蚂蚁
不用麻烦了不用麻烦了
不用麻烦不用麻烦了不用麻烦了
你们一起上我在赶时间
每天决斗观众都累了英雄也累了
不用麻烦了不用麻烦了
副歌不长你们有几个一起上好了
正义呼唤我美女需要我牛仔很忙的

（联唱歌手及演员集体上场，灯光变为橙黄色调）

拍拍手拍拍手
全世界你最牛
拍拍手向前冲
拍怕手为你加油
拍拍手跟着我走
全世界你最牛

（冷焰火）

主持人串场

曹　哇！一下子就让我们找到了过年的感觉。

汪　全世界你最牛。

曹　对，大家都最牛。再过几天呢，按照我们中国的习惯，过了春节才代表年的交替，等于再过几天真正就到了牛年了。而且我觉得，牛，好像我们中国人特别偏爱它。它既代表勤劳，忠诚，而且许多特别好的事儿都和牛有关。比如说，很多人都盼望的，牛市啊。

汪　牛市。其实说到2008年的最牛的事莫过于我们航天员在太空行走。当翟志刚在太空迈出第一步的时候，电视机前所有的中国人都是屏住呼吸在收看。

曹　当时直播的时候我刚好是在候机室看到的。那个时候现场都是素不相识的陌生人，当直播的时候，大家就特别有默契的守在电视机前，静悄悄的一点声音都没有。当看到我们的航天员迈出那一步的时候，突然之间掌声雷动。那一瞬间我觉得自己眼眶发热。所有人都屏住呼吸，太骄傲了。

汪　你那时候还能屏住呼吸，我都没呼吸了。我只剩下喘气了。我想那个时候所有人都想和航天员说，全世界，你最牛。

曹　没错。我觉得“神七”算是圆了我们所有中国人的一个飞天梦。也使很多孩子开始有了航天梦。（问汪涵）你说要是我们神七的航天员，突然送你一个和航天有关的礼物，你会是什么心情？

汪　不可能。

曹　看我们的晚会就有可能。

汪　所以我要告诉我们所有电视机前的观众朋友，你们一直守着我们的春节晚会，你就很有可能获得“神七”航天员送给你的礼物。我们“快乐家族”的主持人还特地到航天城去取这份礼物。大家一起来看。

“快乐家族”航天城之行

（视频VCR）：湖南卫视主持人“快乐家族”成员造访航天城，与三位英雄航天员翟志刚，刘伯明及景海鹏互动，体验航天员生活，最后接受航天员的新年礼物，献给全国观众。

（舞台主持区，“快乐家族”主持群）

何　我们“快乐家族”从航天中心一下就回到了我们春晚的现场。在这里要告诉大家我们是——

主持人集体 快乐家族！给大家拜年啦。

谢 我想问下何老师和维嘉被海涛压着的感受。

李维嘉 我觉得太沉了。

何 我当时觉得我有可能回不到现场了。这一次我觉得我们给大家拜年底气特别足，因为我们是带着礼物来的。而且这一次去航天中心我们感触良多。维嘉你的感受是什么？

李 我觉得接到这个任务就非常的光荣。第二个，我觉得去了航天中心以后自己都变得英勇了。第三个感想就是，三位英雄航天员真是和蔼可亲。因为他看到我们“快乐家族”就说：“哇，快乐家族啊，都是一个家族啊，都是一个爸妈。”

谢 我觉得这一点吴昕和海涛特别有感触。

吴昕 因为我当时觉得他们是我的老乡，我的第一感觉是：“我的妈呀，他们老帅了。”

谢 而且还很幽默。

杜海涛 到了以后我就想的比较多，我觉得既然去了航天城就一定要帅一下。可是感觉没帅成。

何 那个转椅是不是？海涛已经尽力了，但是实在是太难了。而且我们今天非常高兴的是，我们可以通过自己的努力，三关过后，把这个珍贵的礼物带到现场。

李 这份礼物特别特别珍贵，而且是我们航天中心的一位湖南老乡特地护送到节目现场。

何炅 给大家介绍一下，我们的航天员老乡（观众席中）。欢迎你们。让我们给大家展示一下是什么样的礼物。（“快乐家族”主持群介绍礼物）希望大家能够参与到我们的活动中来。

吴 今天晚上我们一共会进行四轮抽奖，每一次都有一位幸运观众可以得到我们的航天员礼物。

杜 大家也可以编辑牛年的祝福短信至……

吴 赶快行动！

何 我觉得我们这一次“神七”航天员出舱行走，不仅是实现我们征服宇宙的梦想，同时也是我们民族腾飞的一个象征。我相信2009我们的航天事业一定会有更加辉煌的发展。同时也预示着我们祖国的明天会更加辉煌。

（歌舞　万山之巅）

表演者：徐千雅等

（大屏幕为风光图片，彩幕中为红色背景。灯光为紫色调　舞蹈演员身穿白色表演服装。歌手从舞台中央升降台上场）

每个人心中都有一座山峰
翱翔那自由天空
每一片天空都有同一个梦
梦里我们相亲相拥
从你的脚印到无尽的攀登
一路多少动人风景
生命的成长是超越的旅程
一山要比一山更高峰
我要奔向万山之巅
迎着风雨迎着梦的光荣
我要屹立万山之巅
伸手触摸彩虹低头把你相拥
我们被戏弄我们终于相逢
一心想带你奔着有一些宽容
世界和谐大同
原来爱是最高的山峰
我要奔向万山之巅
迎着风雨迎着梦的光荣
我要屹立万山之巅
伸手触摸彩虹低头把你相拥
我要奔向万山之巅
迎着风雨迎着梦的光荣

我要屹立万山之巅
迎风展翅飞翔
只想走向云天

（气柱）

主持人串场

何 非常精彩的节目，谢谢徐千雅。今天站在这个非常温暖的演播室里，让我想起了去年的这个时候。去年这个时候因为冰灾，湖南卫视2008年的春晚取消了。（2008年湖南冰灾视频）说实话这是湖南电视台这么多年，第一次因为天气的原因取消春节晚会。

谢 其实现在想起来，那是一个寒冷的春节，也是一个非常温暖的春节。一方有难八方支援，来自全国各地抢修电缆的工人兄弟们，连大年夜都是在热火朝天的工地上度过的。

何 没错，那段时间有很多感人的故事，很多动人的瞬间。是无私的大爱温暖了冰冻的湖南。那时候湖南的郴州是全省的重灾区，全国的重灾区，常常停电。但是在郴州市人民医院，却保留的一片光明。因为全城唯一的一台发电车就在那里。有220多个小生命在冰灾当中诞生。他们有个共同的名字叫做“冰雪宝宝”。

谢 是，一年已经过去了。又到了春节。这些宝宝已经周岁了。今天我们把很多的宝宝代表请到了现场，还有他们的爸爸妈妈。

何 （对观众）掌声稍微温柔一点，别吓到宝宝。欢迎他们。

何（请出身后的母女） 首先来介绍这一对，是我们在冰雪中诞生的唯一一对双胞胎。

（何炅和谢娜依次介绍几对“冰雪宝宝”及其父母，并与其互动）

何 今天我们的春晚也给宝宝们准备了礼物，不过这个礼物要经过宝宝们的争取才能得到。我们今天要在现场举办一个“宝宝爬行大赛”，看哪个宝宝爬得最快。

（进行“宝宝爬行比赛”）

谢 何老师，我觉得看到这些宝宝心里暖暖的。因为我觉得在这些宝宝的记忆里面，没有留下任何寒冷的记忆。可是我相信所有的湖南人都不会忘记，那个充满了寒冷也充满了爱的冬天。我相信这些爱会让所有的宝宝健康成长。祝福所有的宝宝幸福，健康。

何 其实看到这些幸福，和睦的小家庭，也更觉得我们湖南这个大家庭的温暖。在这里，要衷心的祝福，通过每一个小家庭的努力，我们湖南这个大家庭在2009年可以天更蓝，水更甜，山更绿，人更富。我们祝福每一个小家庭幸福美满，更要祝福湖南这个大家庭，繁荣昌盛。

（歌舞：洞庭鱼米乡）

表演者：曹志强等

（大屏幕为荷花动态图案，两侧彩幕内为绿色树叶素材。灯光为绿色调。部分舞蹈演员身着绿色表演服装，部分舞蹈演员身着红色表演服装）

洞庭啊湖上好风光
八月风吹稻花香
千张白帆盖湖面
金丝鲤鱼装满舱
洞庭湖上哟哟呀哟嗬哎
洞庭湖上好风光
八月风哟　哟哟呀哟嗬哎
八月风吹稻花香
千张白帆哟哟呀哟嗬哎

千张白帆盖湖面
金丝鲤鱼哟哟呀哟嗬哎
金丝鲤鱼装满舱
丰收谷米运全国
轮船结队下长江

（视频 VCR）“神七”航天员拜年
（舞蹈：来跳舞吧）
表演：刘畊宏　张嘉倪
　　上海梦工厂舞蹈团等
（大屏幕为几何图案动态素材，灯光为粉色调。主要演员身着金色表演服装，伴舞演员身穿红色表演服装，背景音乐为《来跳舞吧》）

曹　快乐回家我们在路上。这里是湖南卫视和天娱传媒联合为你送上的小年夜大餐。这里是2009湖南卫春节联欢晚会的直播现场。今天晚上我们的晚会还将由湖南卫视新媒体，金鹰网和互联星空为您进行网络直播。

汪　看这个晚会简直太开心了。好多观众朋友看完刚才小宋电的故事之后，都对今年即将出生的牛年宝宝有了自己取名字的新想法。

曹　比如呢？

汪　我有一个姓宋的朋友，他是我们湖南广电的。他决定给自己的孩子取名叫“宋广电”。

曹　因为在广电工作？

汪　还有一个来自体育局的朋友，他也姓宋，他准备叫“得金牌”。

曹　姓宋应该交“送金牌”啊。

汪　金牌能送吗？金牌当然要得回来啦。体育局的朋友说对不对。大力的为湖南人得金牌。

曹　要通过自己的努力和拼搏得金牌，为国争光。今天晚上我们也要送，接下来就要送礼了。

汪　我们晚会在播出的同时，也得到了很多人的关注。通过金鹰网，我们传递出了“2009我们有力量，2009我们在路上”的心声。有很多朋友都通过金鹰网浏览他们熟悉和喜爱的面孔。

曹　接下来我们要抽出今天晚上的第一位幸运观众。你说小年夜，牛年的第一位幸运观众，应该说她是最牛的观众了吧。

汪　这些观众朋友真是太有才了，他们编了好多有趣的短信发过来。

（介绍观众手机短信，并抽取幸运观众）

汪　下面还将由三位美女来带给大家好听的歌曲。有请周海媚、秦岚和电影《赤壁》主题曲演唱者阿兰。

（歌曲联唱）
表演者：周海媚、秦岚、阿兰·达瓦卓玛等

楼兰姑娘
表演者：周海媚
（大屏幕为孔雀羽毛图案，彩幕为粉色球形素材。灯光为粉紫色调。舞蹈演员身穿蓝色服装）

有一个蒙着花盖的新娘
看不到她那纯真的脸庞
踏着一串悠扬的歌声
去往出嫁的路上
有一个蒙着花盖的新娘
捧起黄沙半个太阳
留给我永不流逝的芳香
牵走我日夜的梦想
楼兰姑娘你去何方
楼兰姑娘你去何方
前面路太远前面风太狂
不如停在我的帐房
楼兰姑娘你去何方

楼兰姑娘你去何方
前面路太远前面风太狂
你是我的梦中新娘
楼兰姑娘你去何方
楼兰姑娘你去何方

(渔家姑娘在海边)

表演者：秦岚

（舞蹈演员从舞台两侧上场，演唱者从升降台上场。大屏幕中为蝴蝶形状动态素材，灯光为蓝色调。舞蹈演员身穿白底蓝花服装）

大海边沙滩上
风吹榕树沙沙响
渔家姑娘在海边
织呀织鱼网，织呀嘛织鱼网
渔家姑娘在海边，织呀嘛织鱼网
高山下悬崖旁
风卷大海起波浪
渔家姑娘在海边
练呀练刀枪，练呀嘛练刀枪哟
渔家姑娘在海边，练呀嘛练刀枪
高山下悬崖旁
风卷大海起波浪
渔家姑娘在海边
练呀练刀枪，练呀嘛练刀枪
渔家姑娘在海边，练呀嘛练刀枪

(阿里山的姑娘)

表演者：阿兰·达瓦卓玛

（大屏幕及彩幕均为花朵图案动态素材。舞台光为绿色调。舞蹈演员身穿高山族服装从舞台两侧上场。歌手从舞台左侧上场）

高山青涧水蓝
阿里山的姑娘美如水呀
阿里山的少年壮如山
阿里山的姑娘美如水呀
阿里山的少年壮如山
高山长青
涧水长蓝
姑娘和那少年永不分呀
碧水长围着青山转

（冷焰火，演员从舞台两侧下场）

主持人串场

汪 看到这些美女演出之后，我突然间想起了丑女。就是2008年我们湖南卫视的自制剧《丑女无敌》里面的林无敌。她戴着一副非常难看的眼镜还戴着牙套，居然让那么多观众朋友深深的喜欢上了她。

曹 很多人都一直在谈论她。非常的爱《丑女无敌》这部戏，也非常喜欢林无敌。但是你知道吗，有一个人看到丑女都火成这样了，心里就有那么一点不舒服。

汪 真的啊。

曹 嗯，就有这么一个人。丑女是形容林无敌。我说的这个人号称“三湘第一美女”。她的名字叫做何晶晶。

汪 真的，她们俩还真有的一比。

曹 何晶晶一直说要和林无敌PK，你说她们俩真比的话，谁会赢。

汪 何晶晶和林无敌比啊，我觉得应该是何晶晶会赢。

曹 为什么？

汪 从重量上来讲，她就不会输。当然林无敌也会赢。

曹 为什么？

汪 因为她都武装到了牙齿。

曹 你这两边都有理，到底站在谁那边。

汪 我当然站在你这边。

曹 还算搭档这么多年，有点默契。接下来赶紧看一看，何晶晶和林无敌，她们两个比一比，到底是什么样的情况。

小品《我们的鼓舞》

表演者：何晶晶，周卫星，李欣汝，刘晓虎等。

（大屏幕内为2009年春晚LOGO. 周卫星和刘晓虎从舞台两侧上场）

周卫星 我成熟，稳重，风流倜傥，号称长沙第一帅哥——周卫星。

刘晓虎 我年少有为，英俊多金，人称概念美女杀手——费德南。

周卫星 我的魅力指数是？

周、刘 五颗星。

刘晓虎 帅哥陪美女这是人之常情。但是我不一样，我爱丑女。

周卫星 我同意你的观点。因为我的女朋友就是一线的丑女。大家说，我的女朋友是谁。

（观众：何晶晶）

刘晓虎 大家知道我女朋友是谁吗？

（观众：林无敌）

周、刘 No!

周卫星 我的女朋友就是丑之极品，林无敌。

刘晓虎 我的女朋友是三湘第一美女，何晶晶。

周、刘 有请——

（音乐起，何晶晶和李欣汝分别从舞台两侧上场）

何晶晶 大家好，我就是湖南最漂亮的女人。我强迫别人称我为“美女”。

李欣汝 大家好，我就是从来不强迫别人，但大家都叫我的丑女，无敌。

何晶晶 我属虎。

刘晓虎 刘晓虎的虎。

李欣汝 我属牛。

周卫星 丑牛年的牛。她的血型是A型。

何晶晶 我的血型如同我优美的身形——O型。大家说我美不美？

（观众：美）

周卫星 大家不要昧着良心表态了，你美什么啊。我觉得我心中最美的就是林无敌。

李欣汝 天啊，这真是个喜讯。

刘晓虎 我觉得我们晶晶，最苗条。

何晶晶 谢谢。

周卫星 纯纯的爱情，让我为这位丑女疯狂。

李欣汝 完了，晶晶，看你的搭档他都疯狂了。

何晶晶 （对刘晓虎）同样的造型来一个。这是几？

周卫星 一。

何晶晶 一加一等于几？

周卫星 三。

何晶晶 完了，你的搭档被我变神经了。

周卫星 说了嘛，还是我的无敌强。

何晶晶 还是我的德南帅。

周卫星 我的强。

何晶晶 我的帅。

李欣汝、刘晓虎 那怎么办呢？

何晶晶、周卫星 PK。

李欣汝 提问！

何晶晶 回答。

李欣汝 什么动物最容易摔倒？

何晶晶 什么动物最容易摔倒？（和刘晓虎商量）不知道！

周卫星 告诉你，什么动物最容易摔倒——狐狸。

何晶晶 为什么呢？

李欣汝 因为它们狡猾（做脚滑状）。

刘晓虎 提问。

周卫星 回答。

刘晓虎 蚂蚁牙为什么黑？

周卫星 蚂蚁牙为什么黑？

李欣汝 我知道，我知道，蚂蚁流行今年戴着钢牙……

周卫星 我没听说过……

何晶晶 因为（唱）吗咦呀嘿，吗咦呀嘿，蚂蚁呀最黑。

刘晓虎 平了吧。

周卫星 大不了是一比一平。

何晶晶 一比一平，林无敌今天我带帮手来了。

林无敌 不要以为全世界只有你有帮手，我也大大的有帮手。

刘晓虎 兄弟们上来！

周卫星 姐妹们，上来！

（音乐起，电视剧《丑女无敌》演员自舞台两侧边跳舞边上场）

左侧演员集体 今年过年看美女，美女只看何晶晶。

右侧演员集体 年年过年看丑女，丑女只看林无敌。

佳明 何晶晶，你要对自己有信心哦。对自己做个改造，垫鼻子磨下巴开眼角，把膝盖骨敲碎了再给我接上。也很有可能成为一位绝世大美女！

何晶晶 工程就是太浩大了。

娜娜 悠悠，你能不能送我一辆三厢的小轿车啊？

悠悠 娜娜，我们先支持一下三湘的美女啊。

左侧演员集体 哦，对她是我们的“三湘美女”！

演员 费德南找了一个丑女人做秘书，我心里很不服气。晶晶，来我们公司，做我的秘书，我们一起对付他！

林无敌及右侧演员集体 敢，你敢！

李安茜 费德南，你甩了我李安茜找了林无敌，这也就算了。你居然甩了林无敌，爱上了何晶晶！

何晶晶 谁让我有魅力！

演员二 何晶晶，你刚才在后台收买我，说你跟我一样胖，不要，我一点都不胖。我就要支持无敌。

（唱）：她的名字叫无敌，她的名字叫何晶晶。我们要支持她，我们支持她赢得胜利。

何晶晶 林无敌有什么了不起的。我不信今天我们这点家当，架不住你。对（刘晓虎），南南，把我们家最大的鼓拿出来。

刘晓虎 把最大的鼓拿出来！

（从舞台右侧上道具鼓）

演员集体 哇，好大的鼓啊！

林无敌 没见过世面。这么大的鼓就把你吓着了。把我们家最小，最可爱的那口鼓拿出来！

周卫星 来，上鼓！

（从舞台左侧上道具鼓，比何晶晶的鼓更大）

演员集体 哇，好小的鼓啊！

何晶晶 德南，她欺负我。

刘晓虎 没关系，给他们来个最雷人的姿势！

何晶晶 林无敌，你接招。

林无敌 （站在鼓上摆出造型）没见过世面就是没见过世面。

何晶晶 林无敌，有本事跟着我的节奏来。

林无敌 谁怕谁，来就来。

何晶晶 丑女碰丑女。

（林无敌和何晶晶开始打鼓，其他演员在身后鼓掌，节奏越来越快，何晶晶支撑不住，瘫倒在地）

何晶晶 做个美女不容易啊。

林无敌 其实做丑女也挺难的。

何晶晶 要不是演这个小品我才能和费德南配一对，要是生活中也是这样，哇！那就爽呆了。

林无敌 幸好这是个小品，所以我才和周卫星老师成为一对。你收这要是生活中，那我不得亏大了！

何晶晶 十年了，我天天叫人称我为“三湘第一美女”。其实我知道，很多人都笑我丑。没有关系，我觉得只要能够施展我的才华，给人们带来快乐，我就是最美的女人。

林无敌 一年了，我都在演《丑女无敌》，虽然丑女无敌是一个很丑很平凡的女孩子，但是她身上有所有女孩子的梦想。所以我认为，无敌是世界上最美最美的女人。

何晶晶 林无敌，你知道吗？其实你演的就是生活中的何晶晶。其实我们都算丑女，但是有一点我们俩是一样的。

林无敌 我知道，你说的一点就是——

何晶晶、林无敌 女人不因美丽而可爱，却因为可爱而美丽。

左侧演员集体 无敌加油！

右侧演员集体 晶晶最牛！

所有演员集体 在这里我们一起祝大家，新年快乐！

主持人串场

何 谢谢晶晶，谢谢无敌，也谢谢《丑女无敌》的演员们。

谢 这大过年的，不如就问一下何老师一个问题。大过年的，你也别觉得为难。如果让你来选何晶晶和林无敌，你选谁？一定要选！

何 这两个里面要选一个是不是。这个真的是太难了。但是如果再加另外一个选项，事情就变得简单很多了。

谢 加什么选项？

何 加上你啊。三个里面选。

谢 我知道，那你很简单就会直接选我啊。

何 如果加上你事情就会变简单。只要不选你，选谁都无所谓。

谢 这大过年的，看我问的问题叫做自取其辱。

何 但是刚才这个小品是告诉我们大家——其实无敌也好，晶晶也好，她们可能代表的就是觉得自己不够美丽的女孩。但是其实每个人身上都有闪光点。顺便也要告诉所有喜欢看《丑女无敌》的观众，明天晚上八点，我们的《丑女无敌》第二季依然会在湖南卫视播出，希望大家锁定。接下来的节目也是由两个非常有个性和非常有特色的女孩子为我们带来的。其中一位是把中国的音乐成功带向世界的优秀创作人，她是一位蒙古族的歌手，叫做萨顶顶。她获得了2008年英国BBC世界音乐大奖，还入围了今年格兰美世界音乐大奖。

谢 太厉害了。另外一位就是人见人爱的白族小姑娘，她的名字叫做小彩旗，她小小年纪就在大型原创舞剧《藏迷》里有精彩的演出。而且有一个小消息，她是著名舞蹈家，杨丽萍的侄女。

何 所以这两个女孩在要在舞台上给我们带来震惊世界的表演，也是代表我们民族艺术的精华。让我们期待小彩旗和萨顶顶为我们带来《万物生》。

歌舞《万物生》

表演者：小彩旗，萨顶顶

（小彩旗在舞台中央击鼓，节奏渐缓，引出萨顶顶。灯光先为红色调后变为粉色调，萨顶顶自舞台后方由两名舞蹈演员抬上场，舞蹈演员在舞台两侧站定。大屏幕内为金色莲花图案）

从前冬天冷呀夏天雨呀水呀
秋天远处传来你的声音暖呀暖呀
你说那时屋后面有白茫茫茫雪呀
山谷里有金黄旗子在大风里飘呀
我看见山鹰在寂寞两条鱼上飞
两条鱼儿穿过海一样咸的河水
一片河水落下来遇见人们破碎
人们在行走身上落满山鹰的灰

主持人串场（观众席内）

汪 电视机前的观众朋友们，现在我们要给大家介绍几位特殊的朋友。就是给我们湖南人带来无数骄傲和自豪，来自湖南体育局的体育湘军们。欢迎你们！

曹 欢迎大家！大家过年好。首先要介绍就几位老朋友了，就是奥运冠军——熊倪、杨霞、龚智超。欢迎你们！

汪 欢迎三位！

曹 同时在我身边的，都是代表湖南参加北京奥运会的奥运健儿，欢迎你们！

汪 接下来给大家介绍的就是一些运动队的朋友了。他们有来自跳水队的、举重队的、羽毛球队的还有体操队的朋友！

曹 同时还有湖南田径队、网球队、射击队，摔跤柔道、跆拳道队的队员代表，欢迎你们！今天体育湘军要在这里，集体给大家拜大年！

（体育湘军集体拜年）

汪 我要问一下，电视机前的各位观众朋友，你们知不知道这个对联是谁写的啊？不知道了吧。告诉大家，这幅对联是我们可爱的小鲍鲍春来亲笔书写的！

曹 很有才华的鲍春来。

汪 书法真的很棒嗳。

曹 突然我发现，鲍春来的名字多适合我们晚会啊！鲍春来，春天到来了。多符合晚会现场啊。我认识小鲍好多年了，我觉得在你身上始终能看到湖南人的倔劲，一股不服输的劲。

汪 那当然，我们湖南人就是这样的啊。我从小就记得我们这边有个顺口溜——困难来了，我不怕，我和困难比一下；春来胜利在眼前，成功的味道最最甜。

曹 掌声！

汪 春天来了，希望就来了；希望来了，胜利就不远了。当胜利来临时，湖南人一定会用最辣的情、最美的酒、最甜的歌表达我们队胜利的祝愿。

曹 没错，知道今天鲍春来是特意从训练基地赶过来的，为了给我们父老乡亲拜年。今天也有很多的“鲍迷”来到现场，要给你个惊喜。

（“鲍迷”为鲍春来送祝福）

曹 （对鲍春来）这么多可爱的“鲍迷”，给了你一个惊喜，你也不知道他们要来对不对。

鲍春来 非常感动也非常惊喜。

曹 有什么想和他们讲的话吗？

鲍春来 谢谢你们一路走来，一直支持我。不管在我成功还是失败的时候，谢谢你们。真的很谢谢你们。

曹 我觉得2009年小鲍一定会加倍努力，带给大家另外一份喜悦的。2009年有什么期望和大家说说？

鲍春来 首先祝大家牛年快乐，万事如意。然后新的一年，希望自己不管在生活中，还是比赛中，尽百分之百的努力。然后，今年最主要的一个是上半年的苏力曼杯，一个是下半年的全运会，在此我祝福也期待我们所有湖南籍的运动员，能够在下半年的全运会上取得好的成绩，为我们湖南的家乡父老争光。

曹 大家一起用掌声给小鲍加油，给体育湘军们加油。09年加油。

汪 加油加油！其实真的要在这里借用刚才“鲍迷”的那首歌《在一起》——我们过小年的时候，在一起；我们不管有多大的困难也在一起；只要在一起就有温暖，只要有温暖，不管再大的困难，我们湖南人都能战胜。接下来，就要给大家带来一首非常好听的歌曲，由飞轮海为我们带来的《我有我的Young》。

曹 有请飞轮海！

歌曲《我有我的 Young》

表演者：飞轮海组合

（舞蹈演员站定，身穿银色表演服装。舞台灯光为蓝色调。飞轮海组合自升降台上场。大屏幕和彩幕内为字母动态素材）

每当我的目光锁定你的目光
秀出我的花样我有我的 Young
跟别人一样等于随波荡漾
只看一眼就遗忘
每当我的力量遥控你的力量
跟别人一样实在太不像样
青春就要不一样
被你拥护没有什么不可
因为我是独一无二
当春天彩绘了花的颜色
我的笑容你要记得
被你崇拜没有什么不可
没有谁比我有资格
当夏天恢复了心的温热
证明我已回来了
因为年轻就是一本最好玩秘笈
开窍了你就会发现奇迹
就像四季在这一刻交会在一起
体会四倍最 Young 的魅力
被你狂恋没有什么不可因为你并没有选择
当秋天吹来了一阵羞涩
我的眼神你要记得
被你想念没有什么不可
没有谁比我更适合
当冬天传来了白色恋歌
提醒你我还在这

（冷焰火）

舞蹈：《牛仔舞》

表演者：李承铉、刘璇
上海梦工厂舞蹈团等

（舞蹈演员在舞台上站定，大屏幕及彩幕内为光束素材图案。伴随舞蹈节奏放冷焰火，灯光随舞蹈节奏变换）

主持人串场

曹 快乐回家，我们在路上。这里是 2009“道道全”湖南卫视春节联欢晚会的直播现场。现在我们的晚会正在湖南卫视新媒体，金鹰网还有互联星空同步进行网络直播。

汪 接下来我们要开始第二次送大礼包了。很多朋友又发来短信，我来给大家念一条——

（念观众短信）

汪 接下来我们要有请我们的开奖嘉宾，看看会把奖品送给谁呢，有请刘璇和龙清泉。

（嘉宾抽幸运观众，并送出各自礼物）

曹 恭喜这位观众朋友，同时也要谢谢刘璇和清泉。谢谢两位。

汪 谢谢两位，谢谢。

（刘璇及龙清泉从左侧下舞台）

汪 在这里我们还要提醒电视机前的观众朋友们，我们下一轮还有很多精美礼品送出。我们还会加上一台 HP 新款笔记本电脑要送给大家。

曹 也相信可以在 2009 年给大家带来更多的好运了。

汪 接下来要请上一位帅哥给大家唱歌了。他的名字叫做黄晓明，带来一首《风的孩子》。

曹颖 有请黄晓明——

歌舞《风的孩子》

表演者：黄晓明，上海梦工厂舞蹈团等

（舞蹈演员在舞台上站定，穿白色表演服装，背后有羽毛翅膀。灯光为蓝色调。黄晓明从舞台右后方上场。大屏幕内为蒲公英图

案，彩幕内为风车图案）

那骄傲的誓言是谁的啊
留在我的桌上没有人带走它
白纸黑字句句都那么纯真
是你还是他放弃当初说的话
那个能让你笑的人
你还有没有梦见他
那首他为你写的情歌你还会唱吗
那个吻那么多年有谁能够代替它
风的孩子停下来吧
人海茫茫不要四处为家
有一天你会懂得怎么样去忘记他
你会遇到爱你的人啊
风的孩子停下来吧
人海茫茫不要四处为家
有一天你会懂得怎么样去忘记他
你会遇到爱你的人啊
别怕　青春无悔的记忆没橡皮擦
我们是不是真的很傻
还在找王子吻公主的童话
相信最美爱情就是祝福她
那个能让你笑的人
你还有还有没有梦见他
那首他为你写的情歌你还会唱吗
那个吻那么多年有谁能够代替它
风的孩子停下来吧
人海茫茫不要四处为家
有一天你会懂得怎么样去忘记他
你会遇到爱你的人啊
风的孩子停下来吧
人海茫茫不要四处为家
有一天你会懂得怎么样去忘记他
你会遇到爱你的人啊
风的孩子停下来吧
人海茫茫不要四处为家
有一天你会懂得怎么样去忘记他
你会遇到爱你的人啊　别怕

脱口秀《天天讲礼》

表演者：汪涵、欧弟、钱枫、田源等

汪涵　谢谢黄晓明。下面有请我们天天向上一班的同学们，给大家带来——天天讲礼。

我们首先用热烈的掌声，有请——欧弟、田源、钱枫、矢田浩二、俞灏明

（欧弟等从舞台右侧上场，给观众拜年）

汪涵　你们太让我嫉妒了，你们都有皮草。

欧弟等　这是假的。不是动物皮草，这是人造革。

汪涵　那我就不嫉妒了。现在开始点名。欧弟！

欧弟　有！

汪涵　哪里人？

欧弟　台湾人。

汪涵　台湾人，厉害厉害。

欧弟　你好，恭喜。

汪涵　恭喜恭喜。田源！

田源　到！

汪涵　哪里人？

田源　河北人。

汪涵　河北人！河北老乡新年快乐！

田源　新年快乐。

汪涵　钱枫。

钱枫　到！

汪涵　哪里人？

钱枫　上海人。

汪涵　侬上海人。

钱枫　上海人。新春愉快！

汪涵　接下来继续点名。灏明！

俞灏明　到。

汪涵　哪里人？

俞灏明　广东人。

汪涵　广东人啊。

俞灏明　新年快乐，恭喜恭喜。

汪涵　浩二。

浩二　到。

汪涵　哪里人？

浩二　外星人。

众人　啊？

浩二　地球人。我是外国人。

田源　汪涵，哪里人？

汪涵　湖南人。

田源　很骄傲啊。

汪涵　好了，接下来我们就要天天讲礼，说给你听。

欧弟　Oh yeah！Everybody，把手举起来！

众人齐　One，two，one two three four（B－box）

汪涵　（湖南话 Rap）湖南的父老乡亲我来拜个年，大家雷急火急回家团圆，哥哥姐姐弟弟妹妹没一个迟到，因为娘老子准备了黄鸭叫。细伢子拿了红包喜得蹦跳，得一猛路还要捂着嘴巴笑，浏阳的鞭炮放的那叫一个响，希望明年牛气冲天各个中大奖。去年的好事坏事大家要记得，信心就是力量我们要清白。新年的中国真的好美，大家跟我吼一声真的韵味。

田源　（普通话 Rap）辞旧迎新我各个笑开颜，我代表河北人给您拜个年。河北 So good，河北 Nice，河北的老白干真的很 High。篓油的饺子真的不赖，漕河的驴肉火烧我的最爱，保定唐山还有秦皇岛，避暑山庄全部都很好。河北人好客 Everybody Know，只要你到河北，你就不想 Go.

钱枫　（上海话 Rap）阿拉上海是金融聚集地，很多外国商人都来到这里，浦东到浦西高楼在林立，坐上黄包车感受历史的遗迹。外滩的夜景交相辉映，霓虹灯下的哨兵谁都羡慕，百乐门、大世界、娱乐大都会，妈妈说那趣事都很前卫。阮玲玉、周旋都很妩媚，穿上旗袍展现东方美。冠军刘翔，健步如飞，巨人姚明扬名 NBA。新年的脚步已经不能再 Wait，愿大家一起天天向上，天天向上，Yeah。

浩二　伸出你的手，跟我一起扭。我是在中国过年的外国朋友。我开心开心开心极了，开心开心开心极了。

（浩二用日语拜年）

欧弟　你说什么？

浩二　什么？什么在天上，多谢。

俞灏明　（广东话 rap）日本的浩二，你真的好厉害，来中国过年我们欢迎你。你知不知道广东过年有什么特点，我讲给你听保证你中意。广东有山，丹霞山和罗浮山，广东有水，东江水和北江水。广东的人都是真的汉子，红包利是说声恭喜恭喜。

众人　红包红包！

汪涵　好了好了，我觉得我们真是太开心了。我们大家一起来啊。最后几句好不好。

众人齐　去年的好事坏事大家都记得，信心就是力量我们要清白。新年的中国真的好美，大家跟我吼一声真的韵味。（向观众一起）小年韵味，大年韵味，春节韵味，长沙韵味，中国韵味，信心 09 韵味！

田源　我们好开心，但是有一个人他一直没有说话（指欧弟）。

汪涵　要罚你，你没有 Rap。

欧弟　我从头到尾一直在 B－box，很累。

汪涵　要罚，我知道了。我们湖南卫视做这个小年夜晚会，有好多的港澳明星都想来参加但是因为种种原因来不了，他们都拜托了欧弟。有一个年轻朋友都很喜欢的明星，黄立行——观众朋友们，让我们掌声欢迎黄立行——

（欧弟模仿黄立行）

欧弟 音量太强，不晃会被撞到地上；酒喝太多，不晃会被撞到地上；不要吃得太多要不让会变太胖。不要吃的太多，不要倒地上（欧弟倒地上，众人扶）。

田源 不要真的到地上，我们要天天向上

汪涵 我们湖南人要天天向上，我们全国人民都要天天向上。

欧弟（对汪涵） 你也来一个吧。

（汪涵模仿刘德华唱《恭喜你》，让欧弟模仿费玉清唱《恭喜你》。众人一起模仿伍佰、郭富城版《恭喜你》）

田源 我特别喜欢台湾的主持人吴宗宪。

（欧弟模仿吴宗宪）

欧弟 哎呀，这就厉害了，大家好，我是吴宗宪。（模仿吴宗宪唱《恭喜你》）

汪涵 我们天天向上一班要恭喜全国的观众朋友，在新的一年当中能够天天向上。刚才我们送来的都是一些男明星的祝福，接下来有一位非常漂亮的女明星也要送来祝福。（对欧弟）但是不用你帮忙，她自己来了——她就是美丽可爱的阿Sa!

（阿Sa从舞台右侧出场）

蔡卓妍 新年好!

汪涵 我想问问阿Sa在香港过年有什么特别的地方吗?

蔡卓妍 我最喜欢逛花市。因为在花市里面除了买花以外，还有很多东西吃。

汪涵 你今天来了，你看我们大家都有礼物，你带了什么礼物呢?

蔡卓妍 我准备了一份见面礼，是一首歌。

汪涵 这首歌真的非常好听，我们所有的祝愿就在里面。我希望在新的一年当中我们每个人脸上都充满着微笑，微笑的时候，最好都能露出自己的小酒窝。有请——

歌舞《小酒窝》

表演者：蔡卓妍，河北省歌舞剧团

（舞台灯光为蓝色调，大屏幕内为繁花朵朵，彩幕内为星星图案舞台上放干冰，歌手和舞蹈演员均穿白色服装）

我还在寻找一个依靠
和一个拥抱
谁替我祈祷替我烦恼
为我生气为我闹
幸福开始有预兆
缘分让我们慢慢紧靠
然后孤单被吞没了
无聊变得有话聊有变化了
小酒窝长睫毛是你最美的记号
我每天睡不着想念你的微笑
你不知道你对我多么重要
有了你生命完整的刚好
小酒窝长睫毛
迷人的无可救药
我放慢了步调感觉像是喝醉了
终于找到心有灵犀的美好
一辈子暖暖的好
我永远爱你到老

主持人串场

何 谢谢阿Sa。刚才我扭头往那边一看，真的就像梦一样。好美啊!

谢 那你转过头呢?

何 就梦醒了。不过刚才阿Sa唱的这首温暖的歌真的让我想起来，过年回家回家团圆是我们中国人这么多年来，千百年来的一个习俗，但是有很多人很了不起，为了大家舍弃小家，在春节期间还要奋战在自己的工作岗位上。今天就有一些不能回家过年的朋友来到了我们的晚会。

谢 今天他们将用他们的歌声，为他们的家

人送去新年祝福。我们一起来听听他们的歌。

（恭喜恭喜）

表演者：马可、李好、孙骁骁及现场所有观众

（表演场地转换至另一演播厅。观众集体和主持人演唱歌曲《恭喜你》。主持人在观众席中）

孙骁骁、李好　新年快乐！

马可　欢迎大家来到湖南卫视春节联欢晚会最特别的一个部分。特别在哪里呢？我们这里的麦克风特别多！人手一只麦！所以我们这里所有人，各个都是主持人，各个都是歌手，对不对！

观众集体　对

马可　接下来我们要用手中的这只麦为全国人民送上最响亮的祝福。

主持人及观众　祝大家新年快乐！

李好　今天来到现场的又很多的朋友，因为过年不能够回家，所以就在小年夜提前在电视机前陪伴大家过年。让我们祝福所有的家里人——

主持人及观众　牛年大吉！

马可　我这里的很多朋友都想通过湖南卫视的荧屏为家人送去问候。

（采访身边观众邓科。观众向家人送出新年祝福）

李好　在我身边是一位空姐。赶紧面对我们的镜头给家人送上祝福。来吧——

（观众二　空姐给家人送去祝福）

孙骁骁　站在我身边的这位大哥已经九年没有回家过年了，赶紧来个家人送上祝福好不好。

（观众三　解放军战士给家人送祝福）

马可　祝天底下所有的爸爸妈妈新年快乐，身体健康。每逢佳节倍思亲，千言万语我们汇成一句话，那就是——

主持人及观众　真的好想你！

马可　让我们一起唱响《真的好想你》，有请周冰倩——

歌曲《真的好想你》

表演者：周冰倩及现场所有观众

（舞台灯光为粉色调，周冰倩及观众一起合唱）

真的好想你
我在夜里呼唤黎明
追月的彩云哟也知道我的心
默默地为我送温馨
真的好想你
我在夜里呼唤黎明
天上的星星哟也了解我的心
我心中只有你
千山万水怎么能隔阻我对你的爱
月亮下面轻轻的飘着
我的一片情
真的好想你
你是我灿烂的黎明
寒冷的冬天哟也早已过去
你的笑容就像一首歌
滋润着我的爱
你的身影就像一条河
滋润着我的情
真的好想你
你是我生命的黎明
寒冷的冬天哟也早已过去
但愿我留在你的心

（周冰倩走下舞台，马可：电视机前的观众朋友，现在不要再坐在沙发上了，赶紧起来，我们一起跳起来吧！观众一起唱快节奏版的《真的好想你》）

主持人串场

汪　新年快乐！

曹 好快乐的场景！

汪 我们知道，其实不管是说还是唱，都表达了对家人的思念，对团聚的渴望。今天是小年夜，我相信一定有很多人都还没有回家，但是他们一定在回家的路上。祝愿他们早日和家人团聚。

曹 可是还有一群人，他们今年春节可能只能在公路上过了。现在湖南正在建设的高速公路当中，有十条路今年春节都要加班加点，所以这些高速公路上的建设者们，今年春节就不能回家过年了。

汪 他们不回家是为了明年后年更多人可以更快的回家。我们大家都知道，五年之后我们湖南的高速公路将会翻上两番，达到5681公里，高速公路将会直达每一个县。那个时候大家回家过年就方便许多许多。

曹 这些美好的将来都是高速公路上这些建设者们一小段一小段打造出来的。今天是小年夜，我们特别把告诉公路上的这些代表们请到了现场。用掌声欢迎这些铁骨铮铮的汉子们！

汪涵 我们每位自我介绍一下来自哪一条高速公路。

（工人代表依次自我介绍）

曹 刚才我们说了，今天是小年夜，他们来到这里和大家一起团聚。但是明天他们马上就要返回工地了。我们觉得小年夜也应该给他们一个给家人团聚的机会。我们特别把他们的家人也请到了现场。掌声欢迎他们，欢迎他们的家人——

汪 其实我们觉得今天他们站在这个地方，不仅仅代表他们自己，也代表了所有修建这十条告诉公路的弟兄们。我们在这里就奉上一杯水酒，让他们在这里给家人拜年。来说说看这一刻最想和家人说的是什么？

（背景音乐起，工人代表依次给家人拜年）

汪 说的真是特别特别的好。我知道在酒桌上有这样一句话，叫做——只要感情有，喝啥都是酒。因为我们主持节目所以不能喝酒，我们碗里装的是清水。我们就以水代酒，代表我们现场的每一个观众朋友，代表我们那些驰骋在高速公路上回家过年的朋友，来感谢我们身边这些可敬的汉子和可爱的兄弟们，谢谢你们！

曹 同时我也想借上这一杯清水敬上电视机前所有为了大家而舍弃小家，留在湖南过年的，可亲可爱的人，敬大家！干杯！

汪、曹 新年快乐！

歌曲《乡下住着咱爹妈》

表演者：王宝强，湖南省歌舞剧团、武警湖南省总队政治部歌舞团等

（舞台灯光为蓝色调。大屏幕内乡村风景，两侧彩幕内为雪花图案。演员在舞台上站定。三位演员在舞台左后方演绎子女回家看望父母场景，歌手自舞台后方上场）

乡下住着咱爹妈
面朝黄土把汗水洒
一年一年，青丝变白发
日日夜夜还把我牵挂
乡下住着咱爹妈
远的路程也要回家
春夏秋冬把握好年华
回家孝敬咱爹妈咱爹妈
不知不觉春暖开了花
我打起背包走天下
在苦在累不低头啊
咬紧呀牙关不说话
你们在家乡还好吗
男儿有泪不轻弹
此刻我却把泪水流下

乡下住着咱爹妈
面朝黄土把汗水洒
一年一年，青丝变白发
日日夜夜还把我牵挂
乡下住着咱爹妈
再远的路程也要回家
春夏秋冬把握好年华
回家孝敬咱爹妈咱爹妈
秋去冬来飞雪花
闯荡的人呀想回家
养育之情心间记
回家孝敬咱爹妈
夜深人静让我想起了家
你们在家乡还好吗
男儿有泪不轻弹
此刻我却把泪水流下
一人在外承受风吹雨打
混乱的世界苦苦在挣扎
纵然漂泊在天涯
有家什么都不怕
乡下住着咱爹妈
面朝黄土把汗水洒
一年一年，青丝变白发
日日夜夜还把我牵挂
乡下住着咱爹妈
再远的路程也要回家
春夏秋冬把握好年华
回家孝敬咱爹妈咱爹妈

视频：片花

歌舞《舞动中国》

表演者：吉杰、周海媚
　　　　上海梦工厂舞蹈团等

（舞台为红黄色调灯光，舞蹈演员在舞台中央站定，大屏幕及彩幕内为抽象几何图案。音乐起。吉杰从升降台上场，伴随音乐表演以中国功夫为主题的舞蹈。周海媚自舞台后方由两位演员抬上场。灯光变为紫色调。以冷焰火结束）

主持人串场

何　谢谢，谢谢吉杰，谢谢周海媚。快乐回家我们在路上，这里是“道道全”2009湖南卫视春节联欢晚会的现场。我们的节目也通过湖南卫视新媒体，金鹰网和互联星空进行现场直播。

谢　此时此刻众多的海外同胞和留学生为我们传来了祝福祖国的视频，请登录金鹰网浏览您熟悉的面孔，倾听您熟悉的声音。

何　接下来我们就要送出我们的新春大礼包了。

（主持人念观众短信）

谢　在这里希望所有的朋友都可以团团圆圆。接下来，我们要请出一个组合，非常非常红的组合，为我们揭晓奖品。有请飞轮海——

（飞轮海揭晓获奖者，送出奖品）

何　感谢飞轮海，在这里还要告诉我们的观众朋友们，下一轮我们的奖品除了刚才提到的航天员丛书，有我们明星送出的礼物之外，还要加上一台大屏幕的液晶电视。

谢　观众朋友只要发送有牛的短语祝福至……就有机会获得牛年的礼物。

何　下面这个节目我们会和飞轮海一起欣赏。表演者是来自广州长隆国家马戏院的俄罗斯朋友，他们的表演走遍了世界各地，受到了观众无数的欢迎和掌声。

谢　当时我就专门去看了这个节目，下面我们就要来看杂技《大跳板》，他们的金牌节目到底有多刺激呢，一起来看一下！

杂技《大跳板》

表演者：广州长隆国家马戏院

（白色舞台光。表演者身着俄罗斯传统服装，从舞台两侧上场。背景音乐为传统俄罗斯音乐。大屏幕内为几何图案。十多位演员借助跳板的力量，在空中连翻好几个跟斗，落在高空的椅子上；一个人跳，两个人一起跳，再踩着高跷跳）

主持人串场

谢 谢谢，谢谢我们的俄罗斯朋友。我们这些俄罗斯朋友也是第一次在中国过年，在这里我们要祝福他们新年快乐，每一天开开心心。

何 我也注意到我们每个观众朋友看这个节目时都十分惊讶。现在有很多外国朋友专门挑春节期间来中国旅游。下面我就为大家介绍几位今年在湖南过年的外国朋友们。

（主持人依次介绍外国友人——“汉语桥”参赛选手，并与其互动。外国友人以演唱中国歌曲，表演舞蹈或者展示中国书法的方式向观众拜年）

何 我们在这里再用热烈的掌声感谢来到我们现场的外国朋友，也祝每一位在中国过年的外国朋友春节愉快。谢谢！刚才是国际化的表演，接下来我们要请出本土最了不起的两位表演者，也是观众们最喜欢的大兵老师和赵卫国老师，带来他们全新的相声节目《热情服务》。

相声《热情服务》

表演者：大兵、赵卫国

（大兵先从舞台左侧上场，白色舞台光，大屏幕内为春晚 Logo）

大兵 全国的父老乡亲先给大家拜年了。谢谢谢谢！看来这里生意很好啊。我早就听说这里有个快餐店生意好的不得了，而且这个快餐店的服务特别的热情周到。我今天倒要来体验一下，看看它的服务到底有多么热情周到。（观众欢呼）谢谢谢谢，不是说你们，我是说看看服务员服务的怎么样。服务员小姐，小姐？服务员小姐？

（赵卫国从舞台左侧上台，穿衬衫，腰间系围裙）

赵卫国 对不起，小姐都用完了，只剩下先生了。

大兵 先生就先生吧，就吃个饭嘛。

赵卫国 欢迎光临。“越点就越多”快餐店，563 号服务员非常高兴为您服务。

大兵 看看人家服务得多规范。

赵卫国 如果您对我的服务有什么意见或者建议的话，请您拨打我们的电话。

大兵 号码是多少？

赵卫国 7456111958。

大兵 你再说一遍？

赵卫国 7456111958。

大兵 气死我了妈妈妈妈救我吧，好记倒是好记啊。

赵卫国 欢迎您的光临。请问先生您需要点什么？

大兵 我就点一个汉堡包就可以。

赵卫国 好的。我们的汉堡有不辣、微辣、爽辣、暴辣，您需要什么？

大兵 我要暴辣。

赵卫国 先生是爽快人。

大兵 湖南人嘛。

赵卫国 先生，如果您再加上 10 块钱，就可以换一个双层的麻辣汉堡。

大兵 那就双层麻辣，我就这脾气。

赵卫国 那您需要多少薯条啊？

大兵　非点薯条不可吗？
赵卫国　我们的薯条有大薯条，小薯条，中薯条。
大兵　那我来个小薯条。
赵卫国　小薯条有5包一装，4包一装，3包一装。
大兵　你有半包一装的吗？
赵卫国　您真幽默。
大兵　我不觉得我有多幽默啊。
赵卫国　那干脆来个最小的吧。最小的薯条只有10根。
大兵　足够了。
赵卫国　叫薯条沙拉。
大兵　听着名字我就喜欢。
赵卫国　我们在不同的薯条旁边配备了不同的沙拉。您可以吃一根薯条，吃一盘沙拉；再吃一根薯条，再吃一盘沙拉；再吃一根薯条，再吃一盘沙拉。
（大兵止住赵卫国）
大兵　我说，你这薯条沙拉是拿脸盆呈上来的吧。
赵卫国　浴缸。
大兵　你拿我当牲口喂啊！
赵卫国　您真幽默。
大兵　我这哪是幽默啊。
赵卫国　先生，您不点点饮料吗？
大兵　来杯可乐吧。
赵卫国　我们有大可乐，中可乐，小可乐。
大兵　又开始了。我点个小可乐。肯定带一炉的鸡翅。我点个中可乐，肯定带一脸盆的鸡腿。
赵卫国　您误会了先生。我们的可乐就是可乐。
大兵　什么都不带吗？
赵卫国　绝对不带。
大兵　那就来个中杯的可乐。
赵卫国　加冰激凌吗？
大兵　加啊。
赵卫国　加几个？
大兵　有可乐里加冰激凌的吗？
赵卫国　实在对不起，我们的冰块用完了，只剩下冰激凌了。
大兵　那也不能把它加到可乐里去啊！
赵卫国　那国外就有喝可乐加冰激凌的啊。
大兵　那是洋鬼子的吃法，我是土豹子，我吃不惯的。
赵卫国　实在对不起，实在对不起。先生，那您要不要试试我们刚推出的一个鸡肉卷？
大兵　不要，不要，不要。
赵卫国　还有特价劲爆鸡米花。
大兵　行了行了。
赵卫国　还有送机器猫的……
（大兵止住赵卫国）
大兵　结束，您服务的太热情了。
赵卫国　客气客气。
大兵　我受不了了。赶快结账让我走人吧。
赵卫国　好的，好的。总共是一百块零五毛。
大兵　好好。
赵卫国　您有五毛钱零钱吗？
大兵　没有，给你两百块钱。
赵卫国　好嘞，收您两百，找您九十九块五。
（欲把钱给大兵，中途收回）
赵卫国　先生，其实您可以选择不找钱。直接参加“吃汉堡，中摩托车”活动。
大兵　我就中了，我怕冷，我开不出去。
赵卫国　那也是。
（欲把钱给大兵，中途收回）
赵卫国　要不您加三块钱，参加“吃薯条，中汽车”活动。
大兵　我估计我没这个手气。
赵卫国　（欲把钱给大兵，中途收回）干脆

您加一块钱，参加“喝可乐，中火车”活动。

大兵 万一我中了火车，谁允许我开着火车跑啊！

赵卫国 那也是啊。（欲把钱给大兵，中途收回）

大兵 （愤怒）我不要了，太客气了。拜拜吧。（转身离开，从舞台右后方下场）

赵卫国 还有中菜刀呢！（对观众）急脾气，你看。大伙说我服务热不热情？（观众答热情）由于我服务特别热情，特别周到，我的顾客总是乘兴而来，满载而归。所以我很快就被提拔成这个店的店长了。还有一个喜事，跟我结婚没两个月的老婆马上就要生了，医生说还是个三胞胎。到底是快餐店店长的种啊！又快又多！我老婆也急性子，说生就生。你看，我衣服都来不及换，直接从快餐店跑来了。三胞胎，我还真是着急。

（大兵从舞台右后方跑上台）

大兵 今天我爱人生孩子，我好紧张，我只想找个人聊聊天。（见赵卫国）这不是5673号吗？他爱人也来生孩子了啊。要不我来和他开个玩笑，我让他也体会一把他对我的那种热情服务！我看他受得了受不了。（整理服装）大家看我这样子像医生吗？像兽医？还有一个道具。（掏出帽子，戴上）这样子像吗？（观众：像）这是我们家的鞋套，废物利用。（走向赵卫国）先生你好。

赵卫国 你好你好。

大兵 欢迎光临“生半天生不出”妇产科医院。

赵卫国 你说什么？

大兵 欢迎光临“生半天生不出”妇产科医院。

赵卫国 我怎么听的是“生不出”医院！

大兵 这是英文，英文。

赵卫国 哦，洋医院。

大兵 如果你对我们的服务有什么意见和建议的话，你可以直接登录我们的网站。

赵卫国 你们的网址是？

大兵 www. 生了怪胎别怪我 . com

赵卫国 什么网址啊，真是！您是？

大兵 我是妇产科的主治医生。

赵卫国 等会等会，你们妇产科没有女医生啊！

大兵 女的都用完了，就剩男的了。

赵卫国 男的就男的。男医生手艺更高。您怎么称呼啊？

大兵 生半天生不出妇产科医院主治医生——见血封喉。

赵卫国 见血封喉啊！

大兵 不，见血封口。

赵卫国 你吓死我了。

大兵 很高兴为您服务。

赵卫国 我很害怕你为我服务。

大兵 请问你们两口子是第一次生小孩吗？

赵卫国 对对，我们都没经验。

大兵 那就好办了。

赵卫国 好办了？

大兵 请问待会你爱人生产的时候，你是为她选择不麻、微麻、局麻还是爽麻啊？

赵卫国 我要全麻啊！

大兵 如果你再多加两百块钱，你就可以跟她来一个“夫妻双麻”。

赵卫国 我还是清醒点好。别让人钻了空子了。

大兵 您真幽默。

赵卫国 我这叫幽默啊！

大兵 请问一会儿您爱人生孩子的时候，产房里除了我和她以外还需要别人吗？

赵卫国 您打算一个人下手是怎么着？

大兵 也有这么生孩子的。

赵卫国 当然得要护士啦。

大兵 要护士，要护士你就说要护士嘛。我们的护士有以下组合供你选择。

赵卫国 您给介绍介绍。

大兵 护士们有，绝代双骄两人组，霹雳娇娃三人组，血战到底四人组。

赵卫国 行，您别说了，别说了。我要五人组。

大兵 你要那么多护士干什么？

赵卫国 这人多我心里踏实啊。

大兵 您到底是高手，一张口就点中了我们这里的最高配置。

赵卫国 是？

大兵 华山论剑五人组。

赵卫国 听着就热闹。

大兵 她们五位分别是护士学院的权威教授。

赵卫国 那我就放心了。

大兵 平均年龄 95 岁。有三个输着液的还有两个挂氧气瓶的。

赵卫国 等会等会。

大兵 他们有经验。

赵卫国 我得问一下，到时候是他们伺候我老婆，还是我老婆照顾他们呀？

大兵 这不是你要的吗？

赵卫国 你这岁数也太大了。

大兵 那你要什么样的嘛。

赵卫国 年轻点的。

大兵 年轻的？最年轻的，那就是绝代双骄两人组。

赵卫国 这可以，绝代双骄啊。绝代、绝代啊！不吉利啊。不过绝代就绝代吧。总比那个百岁老人组强。就是她了。（指远处）哎，里面有人喊了，您快进去，等我老婆把孩子生了咱们接着再聊。我求您，您进去吧。

大兵 （摆手）没关系，我必须先把我们所有的服务项目给你介绍清楚了。不然你怎么知道我们医院是热情服务呢？

赵卫国 您是最热情的好不好？您赶快，救人要紧，好不好？

大兵 不急不急。我要不进去，憋死她都生不出来的。

赵卫国 你不急我急啊！

大兵 为了保证大人和孩子的绝对安全，我们精心设计了以下保险以供选择。

赵卫国 我不要。

大兵 我还没说呢。

赵卫国 你不用说，我有护士我有医生，我要什么保险啊。

大兵 再好的医生护士也不能保证百分之百的安全。

赵卫国 你别吓唬我啊。那有什么保险？

大兵 有“母子平安险”。

赵卫国 好好好，行行行。

大兵 有“母子单方面平安险”。

赵卫国 单方面？

大兵 有“母亲产前紧张险”，有“母亲产后抑郁险”，有“母亲产后奶水不足险”，有“母亲产后奶水过剩险”，有“母乳中含三聚氰胺险”。

赵卫国 啊？这能有吗？

大兵 有“孩子天生发育不良险”，有“小孩长大只喊妈妈不喊爸爸险”，有“小孩越长越不像爸爸险”，有“最后查出来是医院抱错了小孩险”，有“小孩长大了越长越不像爸爸死活查不出原因险”，有“产后两口子离婚险”，有“离婚后得不到小孩险”，有“得到孩子带着孩子找不到对象险”，有“好不容易找到对象后妈虐待小孩险”。

赵卫国 行了行了行了。停停停！您当医生那是屈了才了啊。

大兵 你买哪种保险？

赵卫国 我就买那个“母子平安险”。

大兵 就要这一种吗？

赵卫国 够了。

大兵 也许我没有说的很清楚啊。我再和你说一遍啊……

赵卫国 别别别！我全买，我全买，我全买好不好？我求您，您赶快进去好不好？

大兵 不急。

赵卫国 还不急啊。

大兵 欢迎你参加“生小孩中别墅活动”。只要你保证你生的孩子不男不女不胖不瘦不吃不喝不哭不闹，坚持三天以上，你就可以……

赵卫国 （带哭腔）大夫!!!! 我求您，我求您赶快进去，只要我老婆把孩子赶快生下来，这仨孩子要生下来，这么着，我让他不跟我姓了。

大兵 你什么意思啊？

赵卫国 我让他跟你姓！

大兵 你真幽默啊。

赵卫国 这叫幽默啊！

大兵 啊，生啦！生啦，这么快就生啦！

赵卫国 太好了，太好了。

大兵 母子平安，生的男孩。

赵卫国 不对啊，不是说三胞胎吗？怎么生一个男孩啊？

大兵 啊，对啊，我老婆生了，是个男孩。

赵卫国 什么？你不是医生啊！

大兵 （摘下帽子）废话，哪有这么缺德的医生啊。

赵卫国 你给我站住！

（追着大兵，两人从舞台左侧下场）

主持人串场

曹 谢谢大兵和赵卫国。不过，我们也希望现实生活中，这样的热情服务越少越好。最好根本不要出现。

汪 是的。

曹 好的，那接下来呢，我们要请出来一位大家非常熟悉的老朋友了。而且我特别高兴能够请到她，因为我本人特别喜欢她的歌。我觉得自己嗓音挺低的，平时老去点她的歌唱，后来发现不是嗓子低就能唱得好的。

汪 那当然，喜欢她的人实在太多太多了。接下来我们就用热烈的掌声，有请我们的蔡琴姐，有请——

（蔡琴上场）

蔡琴 谢谢，两位主持人好，各位观众朋友们大家好。

汪 很高兴能够这么近听到白金唱片一样的声音。其实今天是过年，我们过年就会想到一个就是很好吃。在台湾那边过年有什么好吃的东西？

蔡琴 我们也好吃的不得了。过年当然是满桌子菜，什么都有，很丰富。但是在台湾过年的时候最重要的东西就是发糕。发糕不是晚上吃，是早上吃。但是妈妈这一年做的发糕能不能发的很大，非常重要。所以妈妈每次做发糕都是非常紧张。如果发糕发的又高又大，就表示明年就是“发”。

曹 万一哪个妈妈手艺不是那么好，发糕不是那么发怎么办呢？

蔡琴 那她那一年就是心里很不舒服。我觉得大部分的妈妈手艺都很棒，因为她很诚恳在做。最怕是小孩子来破功，小孩子有时候童言童语很可怕的。还有一个就是和这边很像，我们的年夜饭，鸡鸭鱼肉都要有，但是有一样不能吃，鱼。

汪 我们也一样，大年初一上一条鱼等到正月十五才能动筷子。

蔡琴 你们是十五，我们初三就吃了。

曹 放十五天，确定吗？我们基本上除夕还没过早吃光了。因为我从小外号是猫，太爱吃鱼了，我吃过的鱼都是鱼骨头，特别精神的排成一排。

蔡琴 那我赶快建议，今年你不要这么做。因为年年有余嘛。

汪 好了，那么今天蔡琴姐来湖南电视台春晚要给我们带来什么节目呢？

蔡琴 今天的节目什么都有，有欢快的，动感的。我特别选了一个非常感性的。因为我觉得，中国人过年，我们除了要热闹以外，最重要的是能够沉淀。因为去年一整年，一定发生了很多我们需要感性的事，但是好的日子是不会有人遗忘它的。特别是我们非常好听感性的歌——

汪 好，让我们有请蔡琴姐。

歌曲《被遗忘的时光》

表演者：蔡琴，上海梦工厂舞蹈团

（蓝色舞台光，放干冰。舞蹈演员身穿白色表演服装，蔡琴从舞台左侧主持区上场。舞台右侧有钢琴伴奏，大屏幕内为钢琴键盘图案，彩幕内为光束造型动态素材。舞台上方设威亚，舞蹈演员在上方表演）

是谁在敲打我窗　是谁在撩动琴弦
那一段被遗忘的时光
渐渐地回升出我心坎
是谁在敲打我窗是
谁在撩动琴弦
记忆中那欢乐的情景
慢慢地浮现在我的脑海
那缓缓飘落的小雨
不停地打在我窗
只有那沉默不语的我
不时地回想过去
是谁在敲打我窗
是谁在撩动琴弦
记忆中那欢乐的情景
慢慢地浮现在我的脑海
那缓缓飘落的小雨
不停地打在我窗
只有那沉默不语的我
不时地回想过去
是谁在敲打我窗　是谁在撩动琴弦
记忆中那欢乐的情景
慢慢地浮现在我的脑海
记忆中那欢乐的情景
慢慢地浮现在我的脑海

主持人串场

何 谢谢，谢谢蔡琴姐。听着这醇厚的歌声，让我们想起了很多不能遗忘的时光。接下来我们要跟随404个可爱的孩子踏上回家的路。这些孩子的家，在四川省阿坝州的澧县，是汶川地震的灾区之一，也湖南省的对口援助县。

谢 这404名还是是澧县所有的高中生。他们的校舍损坏了，为了持续他们的学业，湖南用温暖的怀抱迎接了他们的到来。

何 孩子们第一次走出大山，远离家乡，迎接他们的是长沙最好的学校、最好的老师和最好的照顾。他们在这里继续学业，开始了一段崭新的人生。

谢 一个学期过去了，他们真的很想家。终于盼来了寒假，盼来了回家。我们晚会的摄制组，也和他们一起踏上了快乐回家的路。

（视频VCR）晚会摄制组陪澧县孩子一起回家。

主持人串场（在观众席）

何　参加外拍的工作人员和维嘉回来告诉我们，那是一个非常非常快乐的夜晚。有一大桌子饭菜，漫天的焰火。大家在一起聊天，在一起有笑有泪，其实从长沙去澧县的路很长，要坐很长时间的火车，还要转汽车。但是我们真的很羡慕我们的外拍组，羡慕维嘉，因为我知道在此时此刻，在全国很多不同的地方，很多朋友都希望这个时候能够陪伴在四川的朋友，在春节到来的时候跟他们一起体会家的温暖，团聚的快乐。

谢　对于这 404 名孩子来说，这是一个温暖又难忘的春节，虽然他们很多的学校还在修，很多的家还在盖，但是有这么多的爱和关怀一直陪伴着他们，护送着他们回家团圆。

何　如果没有五月份的那场地震，这些无忧无虑的孩子们，不用远离自己的家庭，不用饱受对家人的思念。但是，我也想说他们现在拥有另外一个家，在湖南的这个家，在湖南的老师们同学们等待着新学期的重新开始，等待着孩子们的归来。现在在我身后，有回到澧县的 404 名同学他们的同班同学，今天也坐在现场。这些懂事的孩子们，给了四川的孩子们关爱和友谊，也表达了我们湖南人的热情。他们也来到了我们节目当中，谢谢你们！

谢　我是四川人，在这里我要代表我们四川老乡，说感谢。（用四川话）谢谢所有帮助过我们的湖南人，谢谢所有的老师、同学，还有那几位千里迢迢送来温暖礼物的同学，谢谢你们。

何　谢谢。澧县的 404 位同学和家人团聚了。我们知道此时此刻，在四川的很多不同的地方，也上演着这样一幕幕团圆的、非常温暖的画面。也许，因为地震，有些家庭不完整了，但是我们每一个孩子身边一定有这样温暖的爱，也因为这份爱让孩子的未来充满希望，让我们每一个人都尽自己的一份力，来祝福每一个孩子，每一个温暖的家庭。

歌曲《掌心的太阳》

表演者：李宇春、黄晓明，汶川羌族合唱团

（大屏幕内为七彩气泡图案，舞台灯光为粉色调。放干冰。李宇春、黄晓明及汶川羌族合唱团小朋友从舞台左侧上场）

每棵树都有它的凝望
经过雨露风霜　坚定成长
每朵花都努力绽放　只为留一点点香
给世界芬芳
每个孩子都是一颗太阳
用纯真的梦想　闪耀光芒
每个梦都值得被欣赏　一路我为它鼓掌
打开你的翅膀　迎风去飞翔
掌心的太阳　孩子的脸庞
经过那些悲伤　依然坚定眺望
掌心的太阳　微笑中坚强
有爱　有梦就有远方
每个孩子都是一颗太阳
用纯真的梦想　闪耀光芒
每个梦都值得被欣赏　一路我为它鼓掌
打开你的翅膀　飞翔
掌心的太阳　温暖的力量
我用我的肩膀　铸你一个希望
掌心的太阳　守护着梦想
未来路有多长　爱就有多宽广
掌心的太阳　啊
掌心的太阳　孩子的脸庞
经过那些悲伤　依然坚定眺望
掌心的太阳　微笑中坚强
有爱　有梦就有远方
掌心的太阳　温暖的力量

我用我的肩膀　铸你一个希望
掌心的太阳　守护着梦想
未来路有多长　爱就有多宽广
别怕路有多长
有我在你身旁

（视频 VCR）春晚片花

舞蹈《西班牙斗牛舞》
表演者：李宇春，上海梦工厂舞蹈团
（舞台灯光为黄色调。李宇春及舞蹈演员在舞台中央站定。大屏幕内为抽象西班牙风格装饰图案，冷焰火。
舞蹈结束后，舞蹈演员从舞台两边下场）

歌舞《Why Me》
表演者：李宇春等
（舞台灯光为紫色调。伴舞演员从舞台两侧上场。大屏幕和彩幕内均为英文字母动态素材。冷焰火）

每一次站在这个舞台上享受绚烂的灯光
麦克手中 shining shining
全场我来涨
肆无忌惮的想象舞步我原创
张牙舞爪也漂亮 super super young
why me 魅力魅力用音乐 show 自己
why me 奇迹奇迹 cause i am chris lee
why me why me 越问我越神秘
why me why me just chris lee
态度拽拽礼貌却不能忘这才是偶像
打破所有的规章创意要想象
年少就应该张狂想唱我就唱
偶尔自恋的欣赏沾沾自喜 wrong

主持人串场
曹　快乐回家，我们在路上。这里是湖南卫视和天娱传媒联合为您打造的小年夜大餐——“道道全”2009 湖南卫视春节联欢晚会的直播现场。现在我们的晚会也通过湖南卫视的新媒体，金鹰网和互联星空进行网络直播，并且我们湖南的交通电台也在同步进行直播。
汪　是的，看完刚才那个送灾区的孩子回家的短片之后，全国各地有很多的观众朋友都发来的短信，来问候他们、祝福他们。对于家里失去孩子的伤痛，也许我们想不出更好的方法来弥补，每一个有情有义的湖南人，每一个心中充满温暖和大爱的中国人，一定会用最真的心来祝福他们。祝福他们将来的日子，就像我们今天的晚会一样，分分秒秒时时刻刻，都充满的温暖快乐和喜悦。
曹　很多热心的观众都给我们发来了短信。跟大家分享几条吧。
（主持人读观众短信）
曹　谢谢这些发来牛年祝福的观众朋友们。接下来我们就要抽取今天晚上最后一名幸运观众了。
汪　有请我们的抽奖嘉宾——郭敬明，有请小四。
（郭敬明上场，抽取幸运观众，送出奖品和自己准备的礼物）
汪　我们恭喜这位朋友，也谢谢郭敬明，谢谢所有发来牛年祝福的朋友。我们把祝福送给所有电视机前观众朋友，当然也要送给我们现场的每一位观众朋友。
曹　是的，确实很快就要到春节了，我觉得春节对我们来说有很多种可以形容的方式，比如它可以是一盆暖暖的炭火，是围炉而聚的亲人，是关于回忆的温暖还有回家的团聚。
汪　是的，其实当我们说到中国人的时候，不仅是黑头发、黑眼睛、黄皮肤这样的生理特征，其实我们所有人都在过着同样的一个节日，享受着团聚的温暖，我们都在一起享受着过去的那些温暖的回忆，当然我们也在展望即将到来新的一年当中的美好的时光。

曹 我想在这样一个围炉夜话的夜晚，也回忆一下，我们聊一聊过去一年的事。在过去的一年，我们看到了年轻人，看到他们长大了。当汶川地震之后，当北京的奥运会上，我们看到了年轻人的担当，让我们对未来充满了信心。

汪 是的，在这样一个憧憬未来的美好时光，我们展望的未来。所有的中国人都在这陡峭的寒风当中，又一次打开一个崭新的春天。

曹 2009 是牛年，是中国年，中国人一定牛。

歌舞《中国人》

表演者：张艺虞、舜琳、汤子星、姚凯等

（舞台为黄色调光，大屏幕内为抽象球形图案，彩幕内为抽象方块图案；舞蹈演员在舞台中央站定，四位歌手在舞台前方站定）

一声破晓长大已成人
一生笑看烟和云
一脉江山儿女情深
祖传秘方是孝顺
一方有苦八方来分承
一路凭爱留脚印
一腔热血滚烫梦境
爱我中华同一心
情满天下不用问
大爱千秋有后人
皓月当歌百家百姓
锣鼓精神中国人
情满天下不用问
厚德积成巍巍昆仑
举杯同饮和谐前程
骄傲我是中国人
一方有苦八方来分承
一路凭爱留脚印
一腔热血滚烫梦境
爱我中华同一心
情满天下不用问
大爱千秋有后人
皓月当歌百家百姓
锣鼓精神中国人
情满天下不用问
厚德积成巍巍昆仑
举杯同饮和谐前程
骄傲我是中国人

（冷焰火）

主持人结束语

曹 快乐回家，我们在路上。在祝福的歌声当中，我们的晚会就要结束了。

汪 在这里我们也要向给了我们快乐感动，光荣与梦想的 2008 年说声再见。

谢 这是一个在路上的夜晚，快乐回家的脚步，让团圆越来越近。

何 今天晚上真的是让人非常感动。是爱，把冬天变得如此的温暖。

曹 在这样一个喜庆的夜晚，让我们把真心的祝愿送给所有人。

汪 我们要祝福各行各业的朋友们，事事顺心，牛年大吉。

谢 祝福所有过年仍然要坚守在工作岗位上的朋友，平平安安，快快乐乐。

何 我们要祝福每一个家庭，幸福美满，和和美美。

曹 2009，祝福我们的祖国，祝福中国蒸蒸日上，繁荣富强。

汪 让我们紧密团结在以胡锦涛同志为总书记的党中央领导周围，深入贯彻落实科学发展观，坚定信心，实现跨越，建设我们更加美好的明天。

谢 让我们共享吉祥如意的 2009！

何 让我们一起共享牛气冲天的快乐中国年。

主持人齐 观众朋友们，让我们一起过年！

歌舞《一起过年》

表演者：苏醒、张杰等集体演员

（舞台中央悬挂红灯笼，演员自舞台两侧上场。舞台灯光为黄色调，背景大屏幕及彩幕为绿色动态素材）

雪花飘 腊梅艳
冬天过了是春天
鞭炮响起笑声欢
鼠年过去是牛年
一年四季春最好
一年忙完盼新年
千家万户温情涌
天南地北喜团圆
回家路 多温馨
欢聚的时刻多甘甜
亲情无价其乐融融
我们一起过年
让温暖的大家庭 心手相牵
我们一起过年
用信心耕耘美好家园
真诚祝愿新年
伸出你的双手 拥抱春天
我们一起过年
难得相知相亲相爱到永远
我们一起过年
让未来的每一天 快乐美满
我们一起过年
用信念坚守幸福家园
共同祝愿新年
绽放你的笑容 拥抱明天
我们一起过年
难得相知相亲相爱到永远
我们一起过年

（所有演员集体上场，谢幕，晚会结束。工作人员字幕）

（胡婧 整理）

2009年中央电视台春节联欢晚会

播出台：中央电视台
播出时间：2009年1月25日晚20点
总导演：郎昆
制片人：张晓海 王进 江择理
总制片人：李欣雁 苏峰

开场视频

《中华大联欢》

演员：吉林市歌舞团、珠海汉胜艺术团、中国电信武汉艺术团、珠海华发艺术团、海南省三亚市警官艺术团、南京市歌舞团、河南少林塔沟武校嵩山少林武术职业学校

（灯光：第一部分：紫色、蓝色灯光、偶尔有绿色闪过。水波图案。第二部分：黄色、橙色；偶尔有蓝色、绿色。第三部分：金

色、白色。第四部分：紫色，同第一部分。高饱和度亮光）

（道具：前排舞蹈演员配合粉色绸子舞蹈，后排演员配合金色灯笼舞蹈，背景演员配合大扇子和鼓舞蹈、观众席上也有演员配合放灯笼、前排演员下场拿出粉色扇子）

主持人上场

（灯光：暗光起，后面还是紫色。面光给足）

（道具：后面演员挥动扇子做背景）

【主持人上下场：从台中走向舞台前；从左台口下场】

朱 中国中央电视台。

董 中国中央电视台。

白 此时此刻，距离又一个牛年的到来只有不到四个小时的时间了，相信全国各地一定是家家户户过除夕/热热闹闹迎牛年的欢乐景象。

周 是啊，或许现在您正和家人在一起热热呼呼的吃着年夜饭。

张 也许您还在回家的路上，正赶去和亲人们团聚。

迅 也许您正一家人去旅游，在海外度过中国年。

朱 也许您正坚守在自己的工作岗位上，为他人送去新春的快乐。

董 不论你在哪里，都请接受我们的祝福，在这中华民族一年一度最盛大的传统节日里，我们给大家——全体：拜年了！

白 我们向全国各族人民，

周 向全世界所有的中华儿女道一声：

全体 春节好！

《春节好》

演员：林依伦、孙悦、吕薇、解晓东
山西运城稷山县安福艺校高台花鼓表演团、人偶戏表演、春天、中国电信武汉艺术团、河南少林塔沟武校嵩山少林武术职业学校

（灯光：第一部分：大红色、黄色花纹。第二部分：过渡到京剧部门灯光颜色浅，淡粉色，金色背景。歌手定点光、暖色调，最后淡粉色）

【演员上下场：站定走向台前；从右台口下场。歌手上下场：两个从左后台口上，两个从右后台口上】

（道具：小朋友一人一个花鼓，人偶戏表演，后面有个大鼓）

大中华大联欢除夕最火爆春来了喜来到家家福来到
挂灯笼贴春联饺子上桌了发短信寄贺卡祝福最重要
开电视看春晚大家晚上好钟声响放鞭炮金牛来报到
开电视看春晚大家晚上好钟声响放鞭炮金牛来报到
新年景新希望拜年要趁早敬父母祝朋友快乐共相邀
挂灯笼贴春联饺子上桌了发短信寄贺卡祝福最重要
开电视看春晚大家晚上好钟声响放鞭炮金牛来报到
开电视看春晚大家晚上好钟声响放鞭炮金牛来报到
开电视看春晚大家晚上好钟声响放鞭炮金牛来报到
开电视看春晚大家晚上好钟声响放鞭炮金牛来报到
钟声响放鞭炮金牛来报到

主持人串场

（灯光：定点光）（背景：上台口红色的LED柱子）

【主持人上下场：从左台口上，左台口下】

董 观众朋友，您现在正在收看的是中央电视台综合频道、中文国际频道、英语国

际频道、西班牙语国际频道、法语国际频道和中央人民广播电台正在同步直播的2009年春节联欢晚会。

朱　另外，今年央视网还联合了中国台湾网、搜狐网、腾讯网、新浪网和全国的百余家网站向全球华人同步直播我们今天的春节联欢晚会。

董　除夕团圆夜，守岁亲情浓，其实每年到了这个时候啊，对于咱们中国人来说最高兴的事情莫过于一家老小、其乐融融围坐在一起吃个团圆饭、唠唠家常、说说这一年身边的变化。

朱　唉，要说起身边变化，改革开放三十年，年年都有新变化。而这些变化啊咱们老百姓都看得见、摸得着，因为咱们老百姓是实实在在的感受的到这些变化带给我们的福祉和实惠。那么说到细微之处到底有些什么变化呢？让我们有请姜昆、戴志诚为大家伙说相声《我有点晕》。

《我有点晕》

演员：姜昆、戴志诚

（灯光：无色、反射到幕布上有粉色效果。高饱和度亮光）（背景：背景为红色的大幕）

（演员上下场：站定；从右台口下场）

姜　朋友们，

合　春节好！

姜　又一次站在春节晚会的舞台上，我是感慨万千啊。

戴　啊哟姜昆，有什么感慨跟朋友们说一说。

姜　第一年春节晚会我就参加了。

戴　这我们知道，1983年。这小三十年了。

姜　哟，那时候相声多受欢迎啊，（没错）麦克风往着一摆，还没说话呢，底下哇是一片掌声，（大伙儿喜欢听相声）今儿说好几句了，怎么一点动静还没有呢？（你还带要掌声的）

姜　那年我跟李谷一演一个节目。

戴　这大伙儿知道，唱得是《刘海砍樵》。

姜　那个节目好不好？（下面“好”）（确实精彩）三十年前，那李谷一多漂亮啊，啊？（的确漂亮）你再看三十年后的李谷一，（啊）还那么漂亮。

戴　你这和没说一样，老艺术家不减当年。

姜　对，那一年李谷一一个人唱八首歌。

戴　哦，第一届春晚，李谷一一个人唱八首歌？（唉）那今天的春晚呢？

姜　八个人唱一首歌。

戴　八个人唱一首歌？

姜　人才太多了。

戴　姜昆，这些都不主要，今天站在春晚上，你给朋友们说什么相声啊？

姜　哎呀，我有点不会说了，（怎么了？）我有点晕，（晕什么啊？）三十年前、三十年后太多不一样了，（你可以在这儿说一说啊！）我跟大家伙聊一聊。（可以啊）

姜　三十年前，在大街上，这骑自行车的羡慕那开小轿车的。

戴　那时候小轿车是个稀罕物件。

姜　三十年后这个开小轿车的羡慕骑自行车的。（为什么呢？）这一堵车它比我快多了。

戴　别说，这就不一样了。

姜　不一样了吧，三十年前，人吃粉丝。

戴　那么现在呢？

姜　现在弄不好粉丝把人给吃喽。

戴　这俩粉丝概念也不一样。

姜　三十年前，生个儿子起名管他叫狗子。（歪名好养活）

姜　现在养狗管它叫儿子。

戴　对，对对对，那叫宠物。

姜　我女儿遛狗回来，一看我坐那呢，一拍

着狗皮屁股，去找姥爷去，（嗯？姥爷）我哪有这么一个外孙子，成天在地下趴着。

戴 这个辈分还没错，现在人们都喜爱养小动物。

姜 对，三十年前，穿衣服讲究合身，（那个时候讲究可体）现在年轻人讲究时髦，这衣服不是大两号，就是小两号，（那要大两号?）手面、脚面全盖上，（小两号?）沟沟坎坎哪都漏着，（哦）小姑娘长的挺严肃的，就拿肚脐眼老冲你乐。

戴 你观察的还够仔细的，现在年轻人都追赶时尚，另外一种漂亮。

姜 三十年前你要夸这个女同志漂亮，女同志不好意思，哟，这说谁漂亮呢，不许那么说，讨厌。

戴 那时候女同志都比较含蓄。

姜 现在这人多自信啊，大街上你喊一句："美女。"嚯，大娘大婶一起回头，都以为叫她呢。

戴 对，现在你看看人们这个精神状态，透着这么自信。

姜 自信，我们三十年前，结婚搞对象的时候老偷偷摸摸的，就像搞地下工作似的，怕人家看见，碰到一熟人，那什么，我们俩这谈工作呢。

戴 主要是怕别人看见。

姜 三十年以后，谈恋爱哪不能谈啊。

戴 现在小年轻的谈恋爱，随便。

姜 头些日子在商城的那个滚梯上，前边儿，谈恋爱的，（噢，在那谈）在眼前，（呵）脸对脸，越来越近，越来，一会儿嘴跟嘴搁一块儿了，（亲吻上了）就在我眼前，我说："那个，耽误你们一会儿，能不能让我先过去。"（那二位呢?）嘴没动地方，一撅屁股，唉我就过来。（过去了）这一会儿我这个晕啊，我从哪过来的?

戴 你从人家那底下钻过来的啊，（就是啊）瞧你这点出息，这事儿啊，也就让你碰上了。

姜 三十年前，照结婚照，（得照）哎哟，没什么衣服，得去借衣服、租衣服，（那时候都这样）我穿着西服，那好看不好看?（挺漂亮的）里面那衬衫没底下，没袖子，就这么一块（那是假领子）假领子。现在你看着衣服多多啊，春天的、夏天的、现代的、古典的，（什么样都有）听说最时髦照结婚照讲究不穿衣服照了，（不穿衣服照了?）光着往上画画，（嗬）说叫人体彩绘，你说，这玩意儿反正我是不敢照，照完了挂什么地方啊?

戴 姜昆，这个你就不懂了，年轻人有这么句话，这叫留住青春、留住性感。

姜 三十年前你要说人性感呢，那跟骂人似的，马上人就得回你："说谁性感呢，你才性感呢，臭流氓。"（哟这真骂上了）。

戴 姜昆，你刚才说的这些我们在座的各位朋友都感同身受，（对）这说明三十年细微的变化被你发现了。

姜 我说这是巨大的变化，（嗯）我是看在眼里，记在心里。

戴 那我要说说三十年后的事?

姜 那我就给你说说三十年后的变化。

戴 可以啊，咱们先说几个名词，（好）三十年前有个词叫"痛快"。

姜 现在年轻人说痛快"爽歪歪"，新词。（噢，爽歪歪）对。

戴 三十年前叫深入。

姜 现在叫零距离接触。

戴 三十年前叫瘦弱。

姜 现在叫骨干。

戴 三十年前叫减肥。

姜 现在叫瘦身。

戴 三十年前叫半老徐娘。

姜 现在叫资深美人。（嗯？资深）网上你看看，那动作，咔咔咔，来，认识一下芙蓉姐姐。

戴 哟哟，你的姿势一点都不美。（对不对）再来啊，你看三十年起前我要买东西，我拎一大兜子钱，那叫款爷。

姜 哎哟，现在拿那么多现金人家说你土鳖，（怎么了？）刷卡啊，招行卡，一卡不就完了嘛。（噢）

戴 你看三十年前过年才吃顿饺子。

姜 现在饺子是速冻食品，什么时候想起来什么时候吃。

戴 三十年前请客吃饭下馆子得多点肉菜。

姜 现在多点肉菜捞埋怨，十个人九个脂肪肝，老吃肉菜干什么，来上小白菜、野菜、萝卜缨，兔子吃什么咱们吃什么。

戴 嗯？绿色食品，对对对，你看三十年前，人们都缺糖。

姜 你现在打听打听，好些人开始尿糖了。

戴 那得多运动啊。（对）你看三十年前我们住大杂院，邻居们每天吃什么我都能知道。

姜 现在住对门好几年了，不知人姓什么、叫什么。

戴 三十年前老婆一个，孩子一堆。

姜 现在是孩子一个，老婆还是一个。

戴 好，你这吓我一跳。再来，三十年前啊，我要写东西查资料得往图书室（跑）特别的费劲儿。

姜 现在百度一下就知道，网上查啊。

戴 三十年前，特有文化人才出书呢。

姜 现在是不是人都能出书。

戴 你这话怎么讲？

姜 前些日子看了一本书，这书的名字叫《一只狗的生活意见》，（噢）狗对生活有意见，还写出书来，（你看看）是不是你翻译的？

戴 不不不，我没这能耐，你看三十年前啊，人起名字，一看这名字就能明白是什么意思。

姜 对，比方叫建国（建设祖国），爱民（热爱人民），我叫姜昆，（你这什么意思？）我弟弟叫姜仲，昆仲兄弟，我是哥哥。（这个意思啊）你叫？

戴 戴志诚，（什么意思？）志向远大、真诚待人。

姜 哎，甭管这真的假的，他是这意思。

戴 哎？什么叫假的啊，真的。

姜 真的真的，现在起名你不知什么意思。

戴 现在人都起什么名字？

姜 姓唐，给自己起个名字叫唐吉坷德，（外国名字）姓张，叫张牙舞爪。（嚯，这不明白什么意思）还有网上的名字，（嗯）你都写不出来这个字来，（网上什么名字啊？）俩人聊天一个叫两个字（哪俩字啊？）“屁阿叉”，（这从哪掉下来的啊）另一个名字比它稍微好听点，（那个叫）“大屁啊叉”。

戴 这摔得更狠，这现在说明啊，是个多元化的社会，姜昆，你呀，用不着晕。

姜 其实啊，你别看我晕，我晕的高兴，（高兴）因为我总得感觉是咱们中国变大了，世界变小了。

戴 这说对了，现在中国和世界的距离拉近了。

姜 过去刘欢最爱唱的那个歌，挺流行唱的，那是……

戴 唱出来好听啊。“千万里我追寻着你，可是你却并不在意。”

姜 你听，千万里我追寻你，人家都不在意。

戴 那时候是仰视。

姜 2008 年我们中国人流行的是什么歌啊——“我和你，在一起，We are

family。”

姜 一家人了。

戴 我们同住地球村，哎，姜昆，有这么好听的歌千万别晕了。

姜 不晕了（嗯）我现在听那个小青年唱那个外文歌，就是听不懂，我都高兴。

戴 什么外文歌你不懂啊。

姜 就是年轻人都会唱的那个……（哪首啊？）

戴 你是有点晕，这是外文歌啊，这是中文歌，（这是中文歌啊？）全是中文啊。（是吧？）

姜 ……

戴 我告诉你歌词吖，在我这地盘着，就得听我的，他是另外一种音乐形式，他一唱出来就是……

姜 ……

戴 把音乐收割，用听觉找快乐，收割儿、快乐儿。

姜 哎哟真是这意思？（全是这词儿）后面你都听得懂？（我能懂啊）唱的那个。（你再来啊）

戴 不不不，你等等，你这几句我没听明白。

姜 不赖你，（怎么了？）我瞎编的。

戴 什么名啊？

姜 三十年。

合 咏叹调！

主持人串场

（灯光：定点光）（背景：站在观众席里）

白 各位观众朋友，姜昆、戴志诚的相声好不好啊？再来一个要不要？明年春晚吧，让他再准备一年。其实说起来这三十年的变化啊，整个春晚的时间全拿出来，时间都不够用，那要说到百年的变化呢？接下来咱们就走到城市当中，看看城市百年是如何长高、长大、变得更有活力的，欣赏舞蹈《城市变奏曲》。

《城市变奏曲》

演员：吉林歌舞剧院集团有限公司、天津歌舞剧院芭蕾舞团、舞＋＋舞、DRAGON STYLE

（灯光：追光、红色的光、定点光、黄色的光、蓝色、紫色光在蓝色光里形成一个区域（芭蕾那段）

（演员上下场：站定）

（道具：街舞部分结合剧情需要使用道具）

主持人串场＋《团团圆圆》

演员：李伟建、武宾、朱德刚、樊光耀、董卿

（灯光：定点光）（背景：站在上台口的LED前、相声后面是大幕偏橘黄色）

【主持人上下场：定点，再从上台口走上舞台中间）

演员上下场：两个从左上、两个从右上】

董 谢谢，谢谢各位精彩的表演，让我们仿佛插上了舞蹈的翅膀，巡游了百年的时空。亲爱的观众朋友们，你们还记得吗？在两年前的春节晚会上，我们通过亿万观众的投票为一对赴台的大熊猫起了名字叫团团圆圆，如今啊，团团圆圆已经在台湾安了家了，明天，大年初一就要正式和台湾的游客见面了，所以动物园也特地委托我来招聘一名优秀的大熊猫饲养员，有应聘的赶紧上我这儿来报名啊。有吗？

合 我报名、我报名、我报名……

董 你们几位来报名？

武 观众朋友们，（合）过年好！

董 好好，你们都是谁啊？

朱 我是台北的相声演员朱德刚，我代表大熊猫，祝您年年团团圆圆。（谢谢）

樊 我是来自台北的相声演员樊光耀，我代

表大熊猫祝您月月圆圆团团。（谢谢您）

武 我是北京的相声演员武宾，我代表大熊猫祝您时时走猫步。（谢谢）

李 我是北京的相声演员李伟建，我代表大熊猫祝您天天有熊样。（啊？）啊，不，天天有熊猫可爱的模样。（说清楚了）

董 我说几位啊，我这招聘大熊猫饲养员，你们来了四位相声演员干嘛啊。

合 我们有经验啊。

董 你们都养过什么啊？

朱 我养过猫。

樊 我养过狗。

武 我养过猴。

李 我养过我儿子。（唉哎哎，养儿子不算）不，我是说，养熊猫啊，就应该像养我儿子那样精心。

董 说的对，但是各位，你们都养的怎么样啊？

合 好啊，我养的好，我养的好……

樊 我养的好，就拿我们家的那条狗来说，被我养的是特别的从聪明，对不对啊德刚，（对对对）你问它算术题它都答得上来，1+1=几？（汪汪）

董 2。

樊 怎么样？2+2=几？（汪汪汪汪）

董 哟，四声，真能算啊。（多聪明啊）

武 这太简单了，（那你问问）随便问？（你随便问）100×100？

樊 叫。（汪）

董 怎么只叫一声啊？

樊 对对对对，你们没听清楚，问你100×100，叫（万）。

合 万。（没错吧）也对。

李 这有什么啊，（你可以接着问）2008×2009

樊 叫。（哞）

武 怎么改牛叫唤了啊？（就是啊）

樊 对啊，没错啊，（怎么没错啊）2009不是牛年嘛。

朱 不是不是，懵。

武 哦，算懵了都。（没算出来）

樊 你懵了，我让你清醒清醒，你丢我人。

董 哎，樊光耀，（唉）就冲你这表现，我取消你应聘的资格。

合 好好。

武 主持人我跟您说啊，要说饲养动物，还是我细心，就拿我们家那猴来说吧，就特通人性，（真的？）我一敲锣它就出来（是嘛？）（董卿，就他们家猴）呰呰呰呰呰……镗镗镗。

给大伙作个揖，给大伙儿敬个礼，怎么样？（给翻个跟斗）你别难为我们家猴啊。

樊 给他家问声好吧。（观众朋友们，我想死你们了）（啊？）

武 我们这春晚看多了，那个什么，过年了，想吃点什么啊？（下蛋公鸡公鸡中的战斗机哦也）嗯？（下蛋公鸡公鸡中的战斗机哦也）不（下蛋公鸡公鸡中的战斗机，哦也）行了行了行了，我现在是你的主人，你得听我的。（小样吧你，你以为你脱了马甲我就不认识你了？）嗯？你今天怎么话这么多啊，给我闭嘴、闭嘴。（为什么呢？）嗯？（为什呢？这是为什么呢？）嗨。

董 你别问什么了，我说各位啊，这养大熊猫，可得了解它的心理习性，比如说，大熊猫要是郁闷了怎么办？

樊 我可以唱歌逗她开心呐，（唱歌？你唱什么歌啊？）干什么干什么，我打开任督二脉，干什么干什么，“东亚病夫”的招牌，干什么干什么，已被我一脚踢开，快使用双节棍，（哼哼哈嘿）快使用双节棍。（哼哼哈嘿）（好）

李 光耀，唱的不错，（谢谢）白忙活了

（怎么了？）大熊猫听不懂啊，（怎么听不懂呢？）知道大熊猫在哪长大的吗？（四川呐）对呀，你应该用四川的方言演唱这首歌曲，大熊猫才喜欢听呢。（可这四川方言怎么唱《双截棍》呢？）四川话就不能说双截棍是“双截棍”了，（那怎么讲）“双截棍”，（“双截棍”）干什么不能说干什么，（那是）“干啥子”，（干啥子）（这有意思）（有点意思）（给他们来个四川版的《双截棍》）

樊 听你的。

李 ……快使用双节棍（哐哐哐哐）快使用双节棍（哐哐哐哐哐哐哐）我又成猴了我，你就这一手你知道嘛。

董 别闹了你们，说到这语言啊，你们真不知道，大熊猫在送去台湾之前，咱们的四川熊猫基地啊，已经教他们听闽南话啦。

李 哎哟，董卿，我这闽南话说的是最好了，我要这一教这大熊猫……

樊 哈哈哈，（你们俩什么毛病？）我说伟健呐，你的闽南话可说不过我们啊，（把这茬忘了，你看看）德刚，给大家示范一下正宗闽南话啊。

朱 吼！……（好）谢谢。

李 德刚，你那闽南话说的太标准了，（哎哟，谢谢谢谢）（哎，他刚说那什么意思）一句没听懂，（嗨，那你喊什么好啊？）我觉得他不容易，（你就是瞎起哄）你都听懂了？（当然）甭吹，翻译翻译。

武 你听着，听说团团圆圆，要到台北动物园，大家提前订票，组成了亲友团，亲友团的团员过年，要到有团团圆圆的动物园，去看团团圆圆，如果团团圆圆不到动物园，就看不到团团圆圆，亲友团的团员就不去没有团团圆圆的动物园去看团团圆圆，只要团团圆圆来到了团团圆圆的动物园亲友团的团员就一定要去有团团圆圆的动物园去看团团圆圆，海峡两岸盼团圆。（好）

合 脑袋都憋紫了，紫了也是我，我合适我合适，我合适……

董 别争了，你们四位都合适。

合 当饲养员。

董 逛动物园。

樊、李 怎么成游客了，白忙活了。

董 哎，没白忙活啊，咱们可以在这里啊，给团团圆圆送上新春的祝福，（好）祝他们在新的一年里从左到右：快快乐乐、健健康康、和和睦睦、平平安安、（合、董）早生贵子、（合）团团圆圆。

主持人串场

（灯光：定点光）（背景：周涛站在观众席里、朱军站在上台口的LED前）

周 谢谢，谢谢表演。是啊，相信我们的熊猫团团和圆圆在台湾同胞的呵护下，一定会健康成长。其实呢团团圆圆、富贵吉祥这是海峡两岸同胞共同的祈愿、共同的祝福。今年春节晚会的主题是“中华大联欢”，让我们把这份团团圆圆的结，送给普天下所有的中华儿女。

朱 好，亲爱的观众朋友们，今年呢，咱们可以通过手机收看春节联欢晚会了，而且方式非常简单，您只要编辑手机短信“CCTV”发送到“10086”就可以了，我们会把欢乐和祝福送给大家，送给生机勃勃的绿色大地，愿牛年这个好年景带给我们每个人好心情。大家瞧，这只可爱的鹦鹉啊，给大家送来了一份请柬，邀请大家一同去参加森林舞会，大家一起去好吗？

《森林舞会》

演员：黄圣依、庄子龙、吴帆，成都市文化艺术学校、成都艺术剧院、夏云飞武术学院、珠海汉胜艺术团、四川省德阳市杂技团

（灯光：第一部分：蓝色、定点光、绿色。海洋背景、森林背景。第二部分：黄圣依唱歌部分粉色灯光、绿色光中间有黄色光）

（道具：小朋友一人一个花鼓，人偶戏表演，后面有个大鼓）

春来了春来了春来了春来了

春来了春来了春姑你来了

春来了春来了春来了春来了

春来了春来了春天来到了

春风她吹走了吹走了冬天的雪白大森林穿上美丽的花衣

春雨她带来了带来了唱歌的小溪森林里的PARTY跳起春天的舞蹈

我要在天上飞我在地下跑

我要在树上爬我在水里闹

小小的我又长一岁长一岁我们把温暖拥抱

“长颈鹿哥哥、长颈鹿哥哥，你长的最高、看得最远，看见春姑娘了吗?”

山后的云彩正向我们飘来春姑娘马上就来到

花香的味道感觉真的好从地上开放一直到树梢

我来自森林是森林之王小朋友别怕别惊慌

我的脾气大性格不太好可是一到春天我也会微笑

“小朋友，你们好”

钟声轻轻敲响微风在林中飘荡看那鲜花四处绽放阳光照耀温暖的家

“朋友们，舞会正式开始”

小朋友们春天好春天好请跟我们来做个春天的早操

刷刷牙洗个澡穿新衣戴新帽刷刷牙洗个澡穿新衣戴新帽

小朋友们春天好春天好请跟我们一起向新年问个好

爷爷好奶奶好爸爸好妈妈好老师好同学好春天在一起多美好

不要忘记了珍惜时光很重要我们都是春天春天美丽的微笑

不要忘记了我是春天的小宝宝在爱的森林向着阳光在长高在长高

主持人串场

（灯光：定点光）（背景：白岩松、周涛站在上台口的LED前）

周　谢谢、谢谢你们。

白　周涛啊，看见没有，这么精彩一森林舞会，最后马上的主角“牛”就露了这么一小脸。

周　你知道问什么吗？因为牛都帮咱干活去了，要不怎么说吃的是草、挤得是奶呢。

白　这精神咱得好好学。

周　唉，牛年马上就要到了，其实有关于牛的吉祥话特别多，像什么牛气冲天啊、金牛报春啊、金牛献瑞等等等等吧。

白　顺着你这话啊，在这马上要到来的牛年，还得真祝愿所有的年轻人初生牛犊不怕虎，咱们的建设者勤勤恳恳老黄牛，公务员俯首敢为孺子牛，咱们每个人改革创新拓荒牛。

周　总而言之吧，祝大家财源广进，

合　牛年大吉。

周　好，接下来让请出周杰伦。

《本草纲目》+《送你一朵东方茉莉》

演员：周杰伦、侯高俊杰、宋祖英

红罂粟　女子打击乐团　吉林市歌舞团、珠海华发艺术团、中国电信武汉艺术团、海南省三亚市警官艺术团

（灯光：第一部分：红色、黄色红色的视频，定点光。第二部分：蓝色夹杂着紫色。浅紫色的光、定点光、蓝色、绿色、紫色的LED素材，伴舞绿色的衣服）

（道具：鼓、双截棍）

如果华佗再世　崇洋都被医治
外邦来学汉字　激发我民族意识
马钱子决明子苍耳子还有莲子
黄药子苦豆子川楝子我要面子
用我的方式　改写一部历史没什么别的事跟着我念几个字
山药　当归　枸杞　GO　山药　当归　枸杞　GO
看我抓一把中药服下一贴骄傲
辣妹子从小辣不怕　辣妹子长大不怕辣
辣妹子嫁人怕不辣　吖一串辣椒红嘴巴
辣妹子从小辣不怕　辣妹子长大不怕辣
辣妹子嫁人怕不辣　吖一串辣椒
炼成什么丹揉成什么丸
鹿茸切片不能太薄
老师傅的手法不能这样乱抄
龟苓膏云南白药还有冬虫夏草
自己的音乐自己的药　分量刚刚好
听我说中药苦　抄袭应该更苦
快翻开本草纲目　多看一些善本书
蟾酥地龙已翻过江湖这些老祖宗的辛苦
我们一定不能输
就是这个光　就是这个光
一起唱就是这个光　就是这个光
让我来调个偏方专治你媚外的内伤
已扎根千年的汉方有别人不知道的力量
辣妹子从小辣不怕　辣妹子长大不怕辣
辣妹子嫁人怕不辣　吖一串辣椒红嘴巴
辣妹子从小辣不怕　辣妹子生性不怕辣
辣妹子待人热辣辣　抓一把辣椒
辣妹子从小辣不怕　辣妹子长大不怕辣
辣妹子嫁人怕不辣　吖一串辣椒红嘴巴
辣妹子从来辣不怕　辣妹子生性不怕辣
辣妹子待人热辣辣　抓一把辣椒　辣辣

“欢迎宋祖英”

东方的茉莉温柔美丽芬芳的气质令人心怡
这娇艳的花能敖凌冬霜也沐浴春雨
即使你在天涯相隔万里清新的花香都会把爱传递
送你一朵东方茉莉给你一份吉祥如意
当你在话从中与我相遇我把这幸福托茉莉带给你
送你一朵东方茉莉给你一份吉祥如意
当你在花丛中与我相遇我把这幸福托茉莉带给你
好一朵美丽的茉莉花好一朵美丽的茉莉花
东方的茉莉幸福甜蜜浪漫的情怀始终如一
这纯洁的花能增添锦绣也绽放魅力
我愿用她唱出和谐欢歌在激情时刻与你共舞美丽
送你一朵东方茉莉给你一份真挚情谊
茉莉的歌谣让你我牵手这浪漫至少会铭刻一世纪
这浪漫至少会铭刻一世纪

主持人串场

（灯光：定点光）（背景：朱军站在上台口的LED前）

朱　好，谢谢，谢谢演唱。亲爱的观众朋友们，随着时光的变迁，咱们中华民族过年的年俗啊也在悄无声息的发生着变化，加入了许多新的内容。就拿除夕夜来说吧我们要包饺子、吃团圆饭、贴窗

花、放鞭炮，看春节联欢晚会。现在啊，还有一项非常重要的内容，那就是通过手机短信相互拜年。不瞒大家说，今天我就收到了许多短信，其中有一条印象深刻，大概是这么写的："朱哥，过年好，牛年喜事多，我也有喜报，我要娶媳妇儿，请你凑热闹。"瞧瞧，多好，多喜庆啊，我仔细一看，不是别人，是我们小区那位胖胖乎乎特可爱的保安。唉，说着话，瞧瞧，他来了。

《吉祥三宝》

演员：孙涛、绍峰、徐囡楠、刘淑萍

（灯光：正常照明）（背景：背景大屏显示社区图案）

邵　我的工作不一般，为业主的安全来把关，要问我是哪一个，顶天立地一保安！

徐　洗衣做饭不怕苦，家里家外俺做主，要问俺是哪一个，如花似玉小保姆！

邵　兰花。

徐　公安。

邵　兰花，（哎哎）咱们两个的事情，你和哥哥讲了没有？（讲了）他同意了吗？

徐　同意了！（耶）俺说俺找了个公安！

邵　嗯？我的名字叫刘公安，可我干的工作是保安啊！

徐　俺要说俺找了个保安，俺哥他肯定不同意！

邵　他凭什么不同意啊，现在婚姻自由！走走走，咱们现在登记去！

徐　唉呀，登啥记啊，俺的身份证还在俺哥身上呢！

邵　他凭什么拿你的身份证啊？

徐　从小是俺哥把俺带大的，从小俺就听俺哥的！

邵　好了，他到底是你哥还是你爹啊？

徐　哥就是爹，爹就是哥！

邵　他长了一个爹样，你看看他那个样子吧，一天到晚牛哄哄的！我骄傲，我骄傲，他有什么可骄傲的？他……

徐　你还想和俺登记不？

邵　我想啊！

徐　想就听俺的！对付俺哥，俺有办法！其实俺哥是个很有爱心的人！一会儿俺哥来了，咱就这……

孙　嗯……

邵　你爹来了。

徐　讨厌。

孙　我的工作不一般，为业主安全来把关，要问我是哪一个，顶天立地一保安！我骄傲。

徐　哥……

孙　妹啊，你干啥啦，我到处找你。

邵　和刘公安聊天呢。

孙　和他有啥聊的，我最烦他，刘公安。

邵　诶。

孙　我告诉你啊，俺妹妹有对象了，俺妹妹找了个公安，我是个保安，俺家专业对口，我骄傲。妹啊，303 张老师请咱吃饺子，走，吃饭去。

徐　哥，我听刘公安说你训练的姿势可帅了，（那是）他还说他做梦都想让你给他训训呢。

孙　这话不像他说的。

徐　真的。

孙　真的？

徐　真的！

孙　刘公安。

邵　诶。

哥　我听说你想让我训训你。

邵　实话跟你讲吧，训我的人还没有生出来呢。

孙　这是他的心里话啊，这个小子我太了解了，走吃饭去。

邵　你不敢了吧？你吓跑了吧？你吃饺子

去吧！
徐 嘿，哥，他瞧不起你啊！他很狂啊，算了吧。
邵 干什么啊？你还真要训训我啊？好呀好呀。街坊邻居们都在这里，来啊，大家鼓鼓掌，让他来训训我，来啊，来啊。
孙 你狂啥啊你，我问你，你过去在哪站岗？
邵 养鸡场。
孙 现在呢？
邵 小区。
孙 你层次提高很多啊！
邵 为什么？
孙 现在你是为人站岗。
邵 过去呢？
孙 过去你是为鸡收蛋。
邵 诶？
孙 狂啥啊？我不信我训不了你！站好了，都有了，立正，敬礼，礼毕。
徐 哥，你真帅。
孙 那，我骄傲都有了，稍息，立正。你错了吧。
邵 我没有错啊。
孙 我觉得你往后退了。
邵 我没有退啊！
孙 中中中，我退回来了，咱俩现在是平的。
邵 对啊，平的。
孙 平的，都有了，稍息立正，你退了，唉嘿。
邵 我没有啊。
孙 诶黑，我看见你退了，你就是退了。
邵 我没有退啊。
徐 你就是退了。
孙 你看看，我妹妹都看出来你就是退了。
徐 照着俺哥的做，
孙 错了就是错了，改了不就玩了，有啥啊，都有可稍息，立正，对了嘛。
邵 诶有，这样是对了？
孙 那当然，都有了，稍息，立正，稍息，立正，稍息，立正，稍息，立正，你提高很多呀。
徐 刘公安，向俺哥学习。
邵 我跟他学什么啊我，我学这个，啊啊？
孙 嘿，你跟我学的多了，当好一个保安你啥都得练，嘿嘿，练武功；练眼里，是不是咱小区的人一眼就得认出来。那边，走过来两个人，谁？
邵 那是物业公司的黄总。唉？他旁边的那个女的是谁啊？
孙 旁边那个女的不是……（昂）耶，昨天不是这个。
邵 嗯？那会是谁啊。
孙 我怎么会知道啊。我那……坏了坏了。
邵 怎么办啊？
孙 过来了过来了。（怎么办啊？）不该看的别看（噢）
徐 那是人家黄总他妈。
合 阿姨好。嘿嘿嘿。
孙 哎呀，娘俩是真和谐啊。（对啊）咱这个小区是个和谐的小区（嗯）住了很多都是社会的精英啊，人厉害，养的那个狗更厉害，妹儿啊，轻易不要惹啊。
徐 惹咱了？
孙 惹，咬你？
徐 哎，哥你的手让狗咬了？
孙 情况是这养的，昨天咱小区，这大一只狗啊，（哦哟）冲着303张老师家的那个小孩就冲过去了，张老师家那个小孩才三岁，吓得哇哇直哭啊，咱是干啥的，咱是保安，我得管它。我说："你，干啥呢，那狗，你过来。"（我说你这么讲话，狗听得懂嘛？）我是谁啊，我有办法，我说："你，旺，旺旺，旺，旺……"
邵 耶，它还真听懂了。

徐 哥，你真牛。

孙 那，看见了吧，掌握一门外语是多重要，我还对那个狗进行了批评和教育，咬人家小孩算啥，有本事你咬我啊，你敢咬我你，（哎哎唉……慢着）松口。

邵 哎哟，老马啊，这个狗很凶的啊。

刘 小马啊（哎）小马，哎哟，小马，我到处找你，你的手怎么样了啊？（没事）你看我这孙子它真不懂事，把你手给咬了。

孙 不是，不是，大妈，你孙子？

刘 嗯，这是我孙子。（指狗）你还不赶快道歉。（汪汪）

孙 呀，你看你孙子真懂事啊。（汪）哎呀妈呀，它就真咬的我啊。

邵 哎呀，老马啊，就是这条大狼狗把你给咬了？

刘 小马，（哎）你打第二次狂犬疫苗大妈可得跟你一块儿去。（中）那我走了啊，（好好好）快，跟叔叔再见，（旺旺）再见再见。

孙 再见，大侄子。

邵 哎哟，老马啊，这条狗敢把你咬了，它很骄傲啊。

孙 “骄傲”这个词放在这儿不合适，训练训练。

邵 好的。啊，对，我不想训练了。

徐 呀，为啥不想训了？（你说呢？）不想干保安了？（对，我不想干这个保安了）

徐 哎呀，哥，你看看，他不想干保安了。

孙 你为啥？

邵 我觉得干这个保安没有什么意义。

孙 你干啥有意义啊？老弟啊，你可得想好啊，咱在北京工作，你又是干保安，你爹你妈多骄傲啊。北京是啥，祖国的首都啊，那就是心脏，你在心脏里边干保安，那就相当于胸脯肉，多值钱呐！

邵 不管怎么讲，这个保安我是不想干了。

徐 哎呀，出了啥事你跟俺哥讲啊，没有俺哥解决不了的问题。是吧，哥？

孙 嗯，没有我解决不了的问题。

邵 那好吧，老马啊，我找了个女朋友，那个女朋友很爱我，我也很爱她，可就是她的家里人死活就是不同意。

孙 长成你这个样他们家不同意很正常。（哥）那为啥啊？

邵 他们家要给她找个公安，可我是个保安。

孙 这个话说的没水平，公安保安平级嘛，那公安有啥啊？

徐 公安有枪。

孙 那咱保安还有棍呢。

邵 不是，人家公安那身衣服好看啊。

孙 咱这身保安服也很酷毙啊。咱这身保安服穿上，好看，精神，那就是首都一道灰色的风景线。（灰色？灰色？）灰色，你看，人家那个解放军的陆军是松枝绿，空军是天空蓝，海军是浪花白，咱保安，水泥灰。

邵 哎哟，水泥灰，这些我都讲过了，没有用的。

孙 你跟他说重要的，今年的奥运会，无与伦比，安保工作多出色，（嗯）安保，那就是说咱的。

邵 安保怎么会是说咱呢？

孙 你是干啥的？

邵 保安。

孙 倒过来。

邵 安保。

孙 我骄傲。

邵 那那人家就是死活不同意你说怎么办嘛？

孙 她家谁不同意啊？（她哥）她哥凭啥呢，她哥咋这王八蛋呢，她哥是她爹啊？她哥算啥，老弟，别往心里去，你是个很优秀的小伙子，你看你这个个头，你看你这个形象，哎呀，你看你这个样儿，哎哟，我亲娘啊。

邵　怎么了？怎么了？我的样子我骄傲啊。

孙　好啊，气质很硬啊，老弟啊，我跟你说啊，人这一生，老弟啊，会遇到很多的困难，是不是，要勇敢的面对，乐观的生活，只要咱干的不一般，天仙也能嫁保安。

邵　哎呀，老马啊，我干的再好，她的那个哥哥也是不同意的。但是我的那个女朋友在我心目当中就是天仙啊。没有她我自己都活不下去的。

徐　哎呀，这是啥呀？

邵　这是药。

徐　药，哥，出事了，出大事了。

孙　你要干啥呢？

邵　你还给我。（不给不给不给）你把药还给我，（我不能给你这个药）老马，好啊，这个药我不要了，我有的是办法。

徐　你不想活了。

邵　对，我不想活了。

徐　哥，出人命了。

邵　（你要干啥啊？）别拉着我，（我必须要拉着你）你让我走吧，老马我知道你是一个好人，你是一个有爱心的人，但是没有我的女朋友，我觉得生活是没有意义的。

孙　老弟啊，我不能让你走啊，（你别拦着我）我不能看着你出事啊。

邵　我不想活了。

孙　老弟啊，你可不敢这么想啊，你还年轻啊，你爹你妈养你这么大不容易的，生活对你来说是美好的，很多好姑娘都愿意嫁给你的。

邵　有哪个姑娘会嫁给我啊？

孙　我要是个姑娘我嫁给你。

邵　你要是个姑娘我还不要你呢，你要有个妹妹就好了。

孙　哎呀，我要是有个妹妹就好了。（哥）我有妹妹。妹啊，（哥，你这是干啥啊？）妹，你听哥给你说，小刘这个小伙儿是个好小伙儿，他还年轻，咱不能看着他出事，咱得救他，是不是？咱先把他稳住。老弟，你觉得我妹妹咋样啊？

邵　不要开玩笑了，你妹妹有对象，是个公安。

孙　吹了（哥），你别说话（哥），你别捣乱（哥），你有点爱心中不中啊？（中）老弟，你觉得我妹妹人品咋样？（好）长的？（美）

邵　可我跟你妹妹在一起是不是不大般配啊？

孙　很般配啊，街坊邻居们，俩人般配不般配？你看看，大家都说了你俩多般配啊，你看你俩这个个头，你看你看你俩这个形象，你看你看你俩那个的样儿，我的心痛啊。

邵　老马啊，（哎）我就是怕你的妹她不同意。

孙　没事，有我嘞，妹妹，上，（哥）哥求你了中不中啊，（哥）有点爱心中不中啊，哥的心脏受不了了，（中）你是哥的好妹妹。

徐　刘公安，我愿意嫁给你。

邵　咱们俩个终于可以在一起了。（嗯）

孙　我骄傲啊。

邵　走，咱们现在就登记去啊。

徐　嗯，哎，身份证。

邵　对，老马啊，我们俩还不能去登记啊。（为啥？）她没有身份证，（你身份证呢？）在你那里呢。（拿走）

徐、邵　哥。

孙　我骄傲。等会儿，不对啊，（怎么不对

啊）哎，你咋把我妹妹弄走了（不是我把你妹妹弄走了，是你把妹妹给我的），是吗？（大家说是不是啊？是）不不，我没让你俩去登记啊？（怎么没有啊，你亲手把她的身份证交到我手里的，是不是啊邻居们？是）耶？是吗？（是，你看看是不是吧）不对，还是不对，我妹妹的身份证在我身上你是咋知道的？这俩人给我设了个套吧。我看看这个药，口香糖。

徐 哥（别叫我哥），俺跟你说实话吧，俺找的男朋友啊就是他。

孙 你不是找了个公安嘛？

徐 对啊，就是他。

孙 刘公安。

邵 哎哟，哎哟，老马老马。（哥）大舅哥，（起来）大舅哥。

徐 你就别叫了。

邵 好了好了。

徐 哥，俺知道你疼俺，咱爹妈走的早，俺知道，你是想让俺过上好日子。

孙 妹妹，你是在哥背上长大的，爹妈不在，哥发过誓，哥想让你过上好日子，哥想让你幸福，哥想让你幸福一辈子，妹啊，你跟哥说，他能让你幸福吗？

徐 哥，跟他在一块儿，就是俺最大的幸福。

邵 老马，她是我手里的宝，我会陪她一直到老，你放心吧，我一定会让她幸福的。

孙 中吧，那哥还说啥呢，也挺好的，咱家今后两个保安，一个保姆，咱家就是吉祥三宝。

合 啊？吉祥三宝？

孙 我骄傲。

徐 哥哥（干啥），俺们两个什么时候结婚？（你们定吧）

孙 妹夫（干啥），我把妹妹就算交给你了，（你就放心吧）

邵 大舅哥（干啥），我们俩个一起一定快乐。

合 我们三个就是快乐吉祥一家。

合 俺代表所有保姆，我们代表所有保安，给全国人民拜年了。

（灯光：面光）（背景：张泽群、朱迅在电话机前，前台）

张泽群跟随大屏幕一段口播

张 观众朋友们，随着春节联欢晚会大幕的拉开，由中央电视台主办的“郎酒红花郎杯·我最喜爱的春节联欢晚会节目”的评选活动也已经开始了，欢迎您踊跃参与投票。

迅 是啊，首先特别想告诉您我们的投票方式，是在正月初十之前，全国的手机用户都可以免费参与到“郎酒红花郎杯·我最喜爱的春晚节目”评选活动当中。您只需要发送您最喜爱的节目名或者是演员名到10669999，或者在正月初五之前请您寄出您的选票，我们的选票是刊登在去年第52期以及今年1到3期的《中国电视报》上，您还可以登录央视网进行投票呢，www.cctv.com在正月十五之前呀都可以，我们等着您。

张 发手机短信投票的观众朋友将有机会赢取我们的幸运观众奖，奖品是由杭州贝因美提供的春节联欢晚会的吉祥物“劲牛迎春”，评选的结果将在正月十五播出的元宵晚会，也就是“我最喜爱的春节联欢晚会”的颁奖典礼上公布。如果您还想了解有关更多的春节联欢晚会的消息，请您拨打中国电信号码百事通118114。

迅 您看，我们为您准备的这份心意挺牛的吧，赶快参加评选把它带回家。好，亲爱观众朋友们，马上要为大家送去的是今晚的第一副春联。

张 上联是“春融百族大联欢 俏春犹俏”；

迅 下联是“岁启九州新画卷 牛岁更牛”。横批——

合 普天同庆。

张 朋友们，接下来一起欣赏一个舞蹈《蝶恋花》。

《蝶恋花》

演员：孙锐。天津歌舞剧院芭蕾舞团

南京市歌舞团、珠海华发艺术团

（灯光：花的部分：主要灯光蓝色，配合紫色、粉色或者无色的定点光、金黄色、粉色、紫色、最后是金光色）

（道具：花的服装：粉白色纱裙，人体彩绘。蝶偏蓝色）

主持人串场

（灯光：定点光）（背景：上场口的LED前）

董 感谢我们的舞蹈演员，真美。春晚的舞台上总是能够留下许多经典让我们慢慢地回味比如说，22年前著名的相声表演艺术家马季先生说的那段相声《五官争功》直到今天我们都记忆犹新。这一晃20多年过去了，五官也发生了很大的变化，从当年的争名夺利变成了今天的……什么呢？来，让我们掌声欢迎马先生的儿子马东和他的同伴们共同为我们带来《五官新说》。

《五官新说》

演员：刘伟、郑健、马东、大山、周炜

（灯光：无色、反射到幕布上有粉色效果）

（背景：背景为红色的大幕）

马东 全国的观众朋友们，我和我的五官给您——

齐 拜年啦！

眼睛 我是马东的眼睛，我祝大家眉开眼笑。

马东 嘿，我这眼睛多喜庆。

耳朵 我是马东的耳朵，我祝您耳听八方。

马东 大耳朵有福。

嘴巴 我是马东的嘴，我祝大家笑口常开。

马东 我的嘴会说话。

鼻子 我是马东的鼻子，我祝大家Happy Chinese new year!

马东 嘿，为什么到我这辈儿改外国鼻子了？

鼻子 洋鼻子大呀，您喘气儿痛快。

眼睛、耳朵、嘴 （笑）对，您喘气儿痛快！

马东 我痛快什么呀，麻烦了。

眼、鼻、嘴、耳 怎么了？

马东 昨天晚上我酒后驾车，让警察逮着，驾照给扣了，怎么办？

眼睛 我可没看见。

耳朵 这跟我可没关系啊。

马东 停！干嘛？又犯老毛病，谁都跑不了，一个一个说。来，谁先说？你？你！眼睛，你看的最清楚你先说。

眼睛（盯着耳朵） 我说什么呀？

马东 酒后驾车呀。

眼睛（依旧盯着耳朵） 诶哟，你酒后驾车啦？

马东 我说你看着我说行吗？

眼睛 我这不看着你呢嘛。

马东 这是看着我的吗，我，在这儿呢。

眼睛（转向鼻子） 哦，你在这儿呢，诶你好你好。

马东 嘿，我这什么眼睛这是。

眼睛（转向观众） 您不知道，马东这眼睛有毛病。

马东 我眼睛有什么毛病啊。

眼睛 斜眼儿。

马东 我斜眼儿？

眼睛 也不老斜。

马东　什么时候斜呢？
眼睛　一看见女的，他斜上了。
马东　我就算斜眼儿昨天你也看得见警察。
眼睛　来的是男警察，呱唧我把眼睛闭上了，嘿嘿……
马东　嘿他这就算躲了。
鼻子　推脱呀。
马东　你说什么？
鼻子　他这简直就是推脱。
马东　听听，听听，啊，人家这个态度，作为一个外国鼻子，不远万里来到我们脸上，这是一种什么精神，（什么精神？）这就是，登鼻子上脸的精神，得了，鼻子，你说说吧。
鼻子　我说什么？
马东　酒后驾车呀。
鼻子　你酒后驾车了？
马东　你在场。
鼻子　唉呀，这可是中国人的内政啊，哥们儿我就不参与了。
马东　嘿，这时候他不参与了。
鼻子　不是，马东的鼻子有毛病大家都知道啊。
马东　我这鼻子有什么毛病？
鼻子　没窟窿眼儿。
马东　你让大家伙儿看看我死磕堂儿的，我有眼儿。
鼻子　有眼儿也没用啊，那天我一直打喷嚏，啊啾，什么都不知道啊我。
马东　嘿，他也躲了，没关系，我问问这个，耳朵！
耳朵（对嘴说）　昨儿那洋河大曲还不错！
嘴　找你呢。
马东　你啊，我跟你……
耳朵　不是，马东这耳朵呀……
马东、耳朵　有毛病！
马东　我知道你是这句，那你也得说说。
耳朵　您说什么？
马东　我让你说说。
耳朵　大点儿声说什么？
马东　我让你说说。
耳朵　诶哟，怎么干张嘴不出声儿呀，
马东　我这是干张嘴吗？
耳朵（对嘴说）　说什么呢。
马东　谁的钱包？
耳朵　我的。
马东　诶，这你可听见了。
耳朵　不是这……您说什么？
马东　又来了。你呀，你可别装听不见。
耳朵　明天您要上法院？这大过年的干嘛去呀？
马东　你是成心。
耳朵　你要离婚？为什么呀？
马东　“成心”俩字儿听不懂？
耳朵　第三者是冯巩？你说冯巩这人多讨厌你这人。
马东　我不信你听不清。
耳朵　离完你要娶董卿？
马东　你这纯属是装蒜。
耳朵　朱军死活还不干？
马东　这都谁跟谁啊！
耳朵　不行娶徐静蕾啊！
马东　怎么这么乱呢！
耳朵　哦，岳父是毕福剑啊！
马东　你走吧你。
马东　嘴嘴，你也跑不了！你说说。
嘴　不就酒后驾车这点事吗。
马东　对呀。
嘴　这事儿还用再说了。
马东　啊？
嘴　再说马东这嘴有毛病大伙儿都知道。
马东　你等会儿，他们仨说我有毛病我都认了，我，打听打听干什么的，我这嘴，没毛病。
嘴　是呀，你说话的时候，你这嘴肯定没毛病。

马东　对不对啊？
嘴　但是你一喝完酒。
马东　怎么了？
嘴　@#￥￥￥%&*&
马东　我什么？
嘴　#￥……##￥%……#
马东　他说什么？
耳朵　他说你说话不清楚。
马东　这句你怎么听见了。
马东　你呀，把舌头捋直了。昨天晚上怎么回事儿，好好说。
嘴　#&……￥……#&…………#@￥@！￥@%@#%#%……%%！#&**~！@￥#……
马东　我是那样吗，我这舌头要这样我甭喝酒警察就给我带走喽。看看你们四个，事到临头全想躲？咱们这本子怎么能要回来呀，就你们这个态度……
眼睛　哎脑袋。
马东　诶？
眼睛　你这态度就不对啊。
马东　我这态度怎么了？
眼睛　您得好好跟警察说呀。
马东　诶那我应该怎么说呢？
眼睛　警察叔叔。
马东　叫叔叔？
眼睛　酒后驾车是我们的不对。
马东　对。
眼睛　但是责任，是你们的。
马东　诶，责任怎么归警察呢？
眼睛　我们马路上有公交专线。
马东　对。
眼睛　有奥运专线。
马东　对呀。
眼睛　为什么不设一条酒后专线？
马东　给酒后驾车设专线？
眼睛　便于您管理呀。
马东　这怎么管理呀。
眼睛　您一看晃晃悠悠开过来一辆，赶紧上前（敬礼）：“您好，喝了，别慌，请走酒后专线。”
马东　干脆酒后驾车都走一条线上去了？
眼睛　哎不行，造成新的交通拥堵。
马东　那怎么办呢？
眼睛　分单双号。
马东　这还分单双号呢。
眼睛　一三五喝白的走，二四六喝啤的走。
马东　嘿，那混着喝的只能礼拜天走。
眼睛　没错，实在不行我们还能分组嘛。
马东　还能分组呢？
眼睛　喝二锅头的礼拜二走，喝五粮液的礼拜五走。
马东　嘿，那喝金六福的只能礼拜六走。
眼睛（拍马东肩膀）　分得多清楚。
马东（甩开眼睛的手）　什么乱七八糟的。
鼻子　行啦。
马东　胡出主意！
鼻子（走到马东跟前）　别听他的！
马东　不能听他的。
鼻子　你见着警察你得这么说。
马东　我怎么说呢？
鼻子　警察舅舅。
马东　警察舅……怎么到你这儿叫舅舅了。
鼻子　我是外国生，外甥。
马东　对，外甥，外甥是得叫舅舅。
鼻子　酒后驾车的事情确实是我们的责任。
马东　对。
鼻子　但是警察是讲法律的。
马东　法律。
鼻子　这法律呢用英文那叫 law。
马东　law？
鼻子　当然了，捞多捞少啊怎么个捞法这就看你的技术啊。
马东　你以前在加拿大是打渔的。
鼻子　我说的是法律啊。
马东　法律？

鼻子　法律是讲证据地。
马东　对。
鼻子　证据是讲逻辑地。
马东　对。
鼻子　逻辑是讲道理地。
马东　对呀。
鼻子　道理是可以讲不清楚地。
马东　对……啊，啊不对，不对啊不对。
鼻子　啊道理是一定要讲清楚地。
马东　哎这句对。
鼻子　对那么道理用英语怎么讲啊。
马东　啊是道……哎道理我还真不会讲。
鼻子　你看看你看看，连道理都不会讲，
马东　啊！
鼻子　那你怎么能讲清道理啊？
马东　嘿，我让这大鼻子给我绕进去了。
耳朵　脑袋脑袋。
马东　啊？
耳朵　千万别听他的。
马东　不听他的
耳朵　跟警察说这有用吗？
马东　没用！
耳朵　你应该强调咱们中国国情。
马东　那我应该怎么强调呢？
耳朵　你这么说呀。
马东　啊！
耳朵　说那个——警察大大。
马东　警察大……你们怎么一个毛病呢。
耳朵　我肯定不一样啊。
马东　啊你怎么说？
耳朵　我这么说呀！
马东　啊。
耳朵　警察大大听我说，您千万别生气。
马东　唱上了！
耳朵　酒后驾车这事跟我一点儿没有关系，我们老板来请客，让我一块儿跟去。红的、黄的、啤的、洋的、还有两箱大曲。
马东　酒到齐了。
耳朵　不管远近都是客人，我不能客气。
马东　对。
耳朵　既然坐在一起——
马东　怎么样？
耳朵　统统喝下去——
马东　喝上喽！
耳朵　警察我告诉你——
马东　嗯！
耳朵　我酒量没问题，今天我没运气让我碰见你，警察我告诉你——
马东　啊？
耳朵　有梦想谁都了不起——
马东　嚯！
耳朵　我还敢酒后开飞机——
马东　去，去，到那边飞去！太可气了！
嘴　我必须得说两句了。
马东　你得说说。
嘴　冲他们三个这个态度，你那驾照要不回来。
马东　彻底要不回来。
嘴　你得跟警察这么说。
马东　我应该怎么说呢？
嘴　警察姥爷。
马东　警察姥——
嘴　我这个问题呢——
马东　姥爷像话吗?！同志！同志！
嘴　警……警察同……同志！酒后驾车，肯定是我的不对。
马东　态度好。
嘴　但是酒后和驾车，这是两个问题。
马东　两个问题。
嘴　酒后的问题就不要再说了。
马东　这不……哎诶？
嘴　再说一说我为什么要驾车。
马东　为什么呢？
嘴　我为什么要驾车呢？
马东　啊？

嘴 因为我要回家。

马东 对。

嘴 回家为什么要驾车呢？

马东 为什么呢？

嘴 因为家住得远。

马东 对。

嘴 家为什么住得远呢？

马东 为什么呢？

嘴 因为在郊区买的房。

马东 对。

嘴 为什么在郊区买的房呢？

马东 为什么呢？

嘴 因为城里房价太贵。

马东 对。

嘴 为什么房价太贵呢？

马东 为什么呢？

嘴 因为美国资贷危机。

马东 对。

嘴 为什么资贷危机呢？

马东 为什么呢？

嘴 因为它金融滑坡。

马东 对。

嘴 它金融滑坡呢……

马东 你到底等会儿吧你等会儿，你想把我蹬哪儿去啊这是？什么嘴啊你这，你就给我说说酒后驾车的事儿！

嘴 #@！#%%＊&&＊＋——@%#¥¥@！#¥%!%¥……

马东 诶呀行行行行，您看见了吧？连推带躲！我跟你们说现在什么环境？问责制，出了事儿得有人负责！你们说，谁负责？

齐声（除马东外） 脑袋！

马东 啊是，我负领导责任，你们四个也得分出谁负主要责任！

耳、眼、鼻 嘴。

嘴 哎？凭什么我负主要责任？

眼睛 喝酒喝酒你不喝那酒，我们能出那事儿吗？

耳朵 就怨你！

嘴 还怨我？

耳朵 嗯！

嘴 要不是你耳朵根子软，最后那杯白的我能喝下去吗？

耳朵 这是……喝是喝了，问题警察提问的时候让你吹气你那（呼——）你使那么大劲儿干嘛呀？

鼻子 啊对呀！

嘴 你废话，要不是你那洋鼻子喘那么多气儿我拿什么往外吹呀我！

眼睛 嗯！

鼻子 那你眼睛你要是早看见那个警察我不就绕过去了吗！

眼睛 废话来的警察要不是女的我才不往前凑合呢！

嘴 #@%¥%@！@#¥%#¥##¥%@#¥！#&＊&¥%……

马东 别吵了！干嘛呢，让大家看看，像话吗？你推我我推你，就这么个推法？能推得干净吗？

耳、眼、鼻、嘴 不能。

马东 能彻底解决问题吗？

耳、眼、鼻、嘴 不能。

马东 关键时刻，还得靠我！

耳、眼、鼻、嘴 啊？

马东 我跟你们说，明天交通队，咱谁都不用去！

耳、眼、鼻、嘴 怎么了？

马东 我给警察那个驾照啊——

耳、眼、鼻、嘴 啊！

马东 是白岩松的！

耳、眼、鼻、嘴 全推了！

主持人串场

（灯光：定点光）（背景：上场口的LED前）

（主持人上下场：定点）

白　还真被他给拿走了。好一个马东，不过没关系明天一大早我就去给交管局拜年，就是把这事说说，估计明天晚上马东就不用在自己家里吃饭了。当然，开个玩笑啊，我倒真佩服马东这五官推卸责任的功夫。说到汉语里的“功夫”这个词，拿到全世界，哪，不用翻译，大家听得懂，这跟一个杰出华人和功夫大师李小龙紧密相关。接下来就有一个神秘的武林家庭穿过神秘的时空隧道，要跟《李小龙传奇当中》李小龙的扮演者陈国坤来一次荡气回肠的武林对决。不过，别紧张，没那么严肃。

《功夫世家》

演员：陈国坤

河南少林塔沟武校嵩山少林武术职业学校

（灯光：第一部分：褐色，后半部分白色、橙色。第二部分：黄色，后面偏橙色，前面偏粉色、无色。第三部分：橙色，给两人表演区域追光。第四部分：无色，给定点光、橙色

演员上下场：部分站定，剩下的从左右台口一起上，中途从左右台口下）

（道具：小朋友拿的字，双截棍，武打时用的道具）

主持人串场

（灯光：定点光）（背景：上场口的LED前）

（主持人上下场：定点，采访时走到台中间）

（嘉宾上下场：从左后台口走上台中间）

白　这一个春节是汶川大地震发生之后的第一个春节，对于灾区的父老乡亲们来说，不容易，过年就是要在自己的感情上过关，我们知道鞭炮声声还不能立即带走所有灾区父老乡亲内心的伤痛，却可以送去我们所有人的牵挂和祝福。

周　现在全国的电视观众都很惦念灾区的父老乡亲，想知道他们这个年过的怎么样，一起来看我们的记者从灾区发回的报道。

（插播片）

白　今天灾区的百姓派出了五位代表还有五个孩子来到我们的现场，给大家拜年。

周　掌声有请他们上场和大家见面，有请。

白　给大家介绍，社区代表曹代成；美丽的警花蒋敏；地震时候北川中学学生、现在已经是大学预科生的白琳和她的父亲，白琳当初就是在这个舞台上，大地震之后通过电话和她在家乡的父亲重逢的；北川县的县长金大中，在地震发生的那一瞬间，礼堂里有很多的学生，坐在主席台上的他说了这样一句话：“领导留下，让孩子们先走。”

周　我来为大家介绍这五个孩子，他们都是荣获抗震救灾“英雄少年”称号的，这个是林浩、马健、申龙、薛枭，薛枭还有一个我们大家更熟悉的名字，他就是那个“可乐男孩”，这位是来自甘肃灾区的佟世强。欢迎你们。

白　今天他们来到现场，回答我们的牵挂，给我们带来祝福。（左侧）

A　今天是除夕夜，我想向救出我们灾区的朋友们说一句：滴水之恩，涌泉相报，祝全国人民新年好。

B　我们灾区公安民警向全国人民拜年，祝大家牛年吉祥。（敬礼）

C　我们灾区的青少年，向全国的爷爷奶奶、叔叔阿姨、哥哥姐姐们拜年，祝你们新春快乐，牛年大吉。

D　我们代表灾区、代表四川感谢党中央国务院、感谢人民子弟兵、感谢海内外关心、支持和帮助过灾区的社会各界朋友，灾区的明天一定会更加美好。

E　祝全国的小朋友们、大朋友们新年快乐，万事如意。

白　谢谢林浩，大地震发生之后六一的晚会上他跟鞠萍姐姐说，当时他最大的心愿就是一块不太可能长出来的头发能长出来。长出来了没有？

E　长出来了。

白　给大家看看。你看，只要有梦想，给它时间，就会梦圆，对不对，将来的梦想就是长大个像哥哥们一样。

F　我们要努力学习，报效祖国。

白　谢谢你们所有人的坚强和乐观，在这里，我们要给灾区的所有父老乡亲们拜年（鞠躬）。去年的1月25号，是雨雪冰冻灾情开始的日子，也正是从那天开始，中国人心中的爱被更大规模的释放出来，爱陪着我们度过了很多艰难的日子；巧了，今天又是1月25号，这一定是温暖日子的开始。请相信，在伟大的抗震救灾精神的感召下，我们所有的人会像一家人一样陪伴在灾区父老乡亲们的身边，陪您走过每一个家园重建的日子，一直走到平静、快乐、幸福，好好活，活的更精彩，一切会好起来的。加油，灾区的父老乡亲们。

周　亲爱的朋友们，接下来我们很荣幸的为大家介绍一个特殊的演出团体，在大地震当中，他们常年演出的剧场被震坏了，于是，演员们就来到了废墟旁边，为受灾的父老乡亲送去舞蹈、送去歌声，当然也送去了重建家园的勇气和信心，这就是我们的四川民族歌舞团。今晚来自这个艺术团体的羌族、彝族、藏族、汉族等十多个民族的三十多位演员，带着对全国人民的感激和祝福来到这里，一起欣赏他们为我们表演的《天地吉祥》。

《天地吉祥》

演员：卡兰美朵、罗尔吾、嘉央曲珍、康巴人组合、格桑梅朵组合，成都民族歌舞团、四川民族歌舞团、天津歌舞剧院芭蕾舞团、南京市歌舞团、海南省三亚是警官艺术团）

（灯光：第一部分：黄色、暖色调）（道具：红色的哈达）

【演员上下场：一部分从升降台上出现，一部分从左右两侧台口走出来】

【歌手上下场：前三个从舞台后面中间走上台前】

主持人串场

（灯光：定点光）　（背景：上场口的LED前）

【主持人上下场：定点，跟随两位嘉宾一起走到台前】

朱　好的谢谢，谢谢来自灾区的艺术家们为我们带来的精彩表演。我相信所有的朋友看完这个节目以后，内心都充满了温暖、感动和祝福，我们祝福并且坚信灾区的明天一定会更加美好。让我们再一次把祝福的掌声送给他们。亲爱的朋友们，接下来，我要为您介绍两位地地道道的农民兄弟，他们二位一位是来自黑龙江的种粮大户，一位是来自大连的养牛高手，这样我们先通过大屏幕一起认识下他们。

（视频介绍两位嘉宾）

朱　让我们掌声有请马广福、刘仁喜，有请二位。我们这俩农民兄弟往这一站啊，什么都不用说，就把祝福带给了大家，马广福、刘仁喜，这叫福喜双至啊。仁喜啊，有个问题我不明白，我得问问，刚才那个大屏幕上啊，你挤牛奶我们都看明白了，肚子上压块石头干什么啊，是不是太胖了？

刘仁喜　那是我练唱歌的时候，把石头压在肚子上练丹田气。

朱　很独特的练声方法啊。

刘仁喜　这是自个发明的。

朱　自己发明的啊，我觉得 Domingo 要知道的话，一定会学习的。有没有想到唱歌唱唱唱，唱到了中央电视台的春节联欢晚会的舞台上。

刘仁喜　说实在话，走在这个舞台，我像做梦一样。

朱　做梦一样，哎哟，做梦都没想到，意思是……好好好，你呢？广福。

马广福　我连梦也没做着啊。

朱　梦都没做过？广福我问你啊，你在参加《星光大道》月冠军决赛的时候，有两天回家收稻子去了，我们一直想问，怎么样？今年收成如何？

马广福　今年好，今年我们水稻大丰收。

朱　大丰收，（对对）祝贺你啊，太好了（谢谢）。有个事我得给二位说清楚，你看今天，我们春节联欢晚会舞台上所有的歌唱演员都是现场演唱的，你们二位到这来当然也不能例外，现场演唱，怎么样？

刘仁喜　要不是现场，我们就不过来了。（对对对）。

朱　如果不现场唱就不来了，这份自豪，这份自信，真的，还有一点，我想请两个人上来，歌唱家吕继宏、王宏伟，跟你们俩一起唱如何啊？

刘仁喜　人家是歌唱家。

朱　不是，甭管歌唱家不歌唱家，敢不敢吧？

刘、马　敢，敢。

朱　敢，那太好了，来，让我们掌声有请吕继宏、王宏伟。

《超越梦想》（《西部放歌》+《今夜无人入睡》+《超越梦想》）

演员：刘仁喜、马广福、吕继宏、王宏伟

（灯光：后半黄色、面光给足）

【歌手上下场：定点起、右下】

哗啦啦的黄河水日夜向东流
黄土地的儿女跟着那太阳走
一道道岭一条条沟
一声声信天游早已不唱
那走西口
多少年的祈盼多少代追求
年轻的高原人赶上了好年头
哗啦啦的黄河水日夜向东流
黄土地的儿女跟着那太阳走
超越梦想一起飞你我需要真心面对
让生命回味这一刻让岁月铭记这一回
超越梦想一起飞你我需要真心面对
让生命回味这一刻让岁月铭记这一回

主持人串场

（灯光：面光）（背景：张泽群、朱迅在电话机前，前台）

（主持人上下场：定点）

朱迅跟随大屏幕一段口播

张　观众朋友们，我们的晚会已经进行了快两个小时了，欢迎您参加由中央电视台主办的“郎酒红花郎杯·我最喜爱的春节联欢晚会节目”的评选活动，为您喜欢的节目和演员投上一票。

迅　请您别忘了我们的投票方式，是在正月初十之前，全国的手机用户都可以免费参与到“郎酒红花郎杯·我最喜爱的春晚节目”评选活动当中。您只需要发送您最喜爱的节目名或者是演员名到10669999，或者在正月初五之前请您寄出您的选票，我们的选票是刊登在去年第52期以及今年1到3期的《中国电视报》上，您还可以登录央视网进行投票呢，www. cctv. com 在正月十五之前呀都可以，我们期待您的参与。

张 发手机短信投票的观众朋友将有机会赢取我们的幸运观众奖，奖品是由杭州贝因美提供的春节联欢晚会的吉祥物“劲牛迎春”，评选的结果将在正月十五播出的元宵晚会，也就是“我最喜爱的春节联欢晚会”的颁奖典礼上公布。如果您还想了解有关更多的信息，请您拨打中国电信号码百事通 118114。

迅 在这里，我们先祝您好运了，好，亲爱的朋友们，马上要为大家送去的是今晚的第二副春联。

张 我们的上联是：火树银花醉良宵莺歌动地；

迅 下联是：国泰民安逢盛世牛气冲天。横批——

合 四海同春。

张 朋友们接下来有请黄宏、巩汉林、魏积安、黄晓娟给我们带来一个小品《黄豆黄》。

迅 他们来了。（手势）

《黄豆黄》

演员：黄宏、巩汉林、魏积安、黄晓娟

（灯光：正常照明）（背景：背景大屏上是家庭的窗户图案，绿油油的田野山庄）

【演员上下场：第一位右上，第二位左上】

娟 父老乡亲们大家好，哎呀，北京奥运顶呱呱，我村有人去参加，黄豆黄现场看完开幕式，今天早上刚回家。黄豆黄啊这手擀面很筋道啦，黄豆黄，老黄头。

黄 来啦，黄昏恋，恋夕阳，老年人恋爱更疯狂，年轻人谈情说爱太磨叽，我们老年人直截了当，更高更快更强。

娟 回来了？

黄 08 年不兴握手，拥抱更有力量，来一个。

娟 别扯了，咱俩的事还没有公开，我儿子都不知道，还一口一个大哥叫你，让人家看见算咋回事啊。

黄 你儿子现在管我叫大哥，当村长之前管我叫大爷，这小子，人家当官办事，他当官长辈。

娟 别贫了，这手擀面还热乎的，快吃吧，欢迎你的大会马上开始了。

黄 啥玩意儿？欢迎我？

娟 昂，昨天晚上我儿子在喇叭里动员了大半夜，全村老少爷们都等着欢迎你这奥运第一人呢。

黄 哎哟我的妈呀，坏了坏了坏了，出事了出事了，（咋的了？）快进来我跟你说，（咋的了？）我跟你说实话吧，这次去北京鸟巢没进去，开幕式没有看着，我把那张门票给丢了。

娟 啊？全村可就这一张门票给了你了呀。

黄 是啊，丢人啊，窝囊啊，这就等于买了个新车刚一上路让人追尾了，投资股票一分没挣全毁了，要洗澡打好了肥皂停水了，想接吻假牙划拉人家嘴了。

魏 黄豆黄。

黄 坏了，村长来了。

娟 哎呀，千万别让我儿子知道咱俩的事。

黄 到里屋躲躲，（哎）实在不行钻我被窝里（哎呀妈呀，那更说不清楚了），沙发后面，沙发后面，哎呀这体型比沙发还发呢。我跟你说，来赶紧进箱子。（进？）你快点的吧，赶紧进，来不及了，快点进去。（黄豆黄）

魏 黄豆黄老大哥，你好啊。

黄 村长大兄弟你好啊。

魏 为了欢迎你，昨天晚上我是全村上下总动员呐。

黄 听说了，你在喇叭里面喊了半夜，狗叫了一晚，今天早上你醒了，狗全睡了。

魏 也不光为了你，粮油公司的尤总也马上就到，哎，待会儿你把开幕式的盛况好好给他汇报一下。

黄 村长，汇报就算了，我这个人嘴笨。

魏 耶，你开幕式的门票谁给的？

黄 尤总给的。

魏 对啊，你得让人家高兴啊。我告诉你，今天他要跟咱们村签订一千吨的大豆合同，你可别给我搅黄了啊。你好好准备一下，我去接尤总去啊。

黄 哎，完了，哎呀。

娟 憋死我了。

黄 坏了，这个事现在越来越大了，干脆我向村长实话实说。

娟 千万别，你看我儿子那劲头啊，你要实话实说不要他命啊。

黄 不实话实说不要我命嘛。再说我啥也没看着，我怎么向尤总汇报啊？

娟 你没进现场，还没看电视啊？

黄 看啥电视啊，鸟巢外面转了半宿我上哪看去啊，我啊。

娟 我倒是看了，没用啊。

黄 从头到尾都看了？

娟 都看了，为了电视上找你，我看的可仔细了，镜头上有个老头特别像你，仔细一看萨马兰奇。

黄 有了，你把你看的告诉我，我说我现场看的不就完了吗？

娟 这是个办法，开幕式我印象深的有那么几点，（说）第一，场中间一个大画轴一擀一张画，一擀一张画，（还有呢?）姚明啊，运动员入场的时候姚明举旗还带个孩子？（还带个孩子，还有呢?）击缶，那场面啊，上千人击缶可壮观了，（还有呢?）最后你就说铺天盖地的都是祥云，（祥云?）祥云图案，我叫啥？（李祥云啊）记住我不就记住祥云了。

黄 记住了。

娟 我撤了。

黄 等会儿，别走，我现在记性不好，万一忘了，你在旁边比画一下提醒我啊。

娟 我这身份在这不合适。

黄 哎呀，帮帮忙嘛，大家亲兄弟，上阵父子兵，恋人就如同战友嘛。

娟 哎呀，我又没当过兵，啥战友啊。

黄 你想占有我，我想占有你，占有嘛。相互的嘛，为了战友委屈一下，（哎呀，你）谢谢战友，（哎呀）这才是相亲相爱，来演习一遍。第一点，太好了，哈哈。

魏 黄豆黄。

黄 来了，快点。

魏 哎呀，尤总，请请请请请。

巩 好好好好好。

魏 黄大哥，（哎）尤总来看看你。

黄 好好好，欢迎欢迎，热烈欢迎。

巩 黄大爷，你好你好（你好你好）。

魏 快站起来。

黄 尤总啊，谢谢你那张票啊。

尤 你去看了吗？

黄 我看了，太好看了，太壮观了，总共有四点嘛。（讲）第一点，村长你别坐箱子啊。

魏 我每回来不都坐这儿嘛。

黄 今天和平常不一样嘛，你得陪客人。

魏 从北京回来学会客气了，来来来。（坐坐坐）

黄 第一点，擀面杖，（擀面杖?）场中间有一个大的（画轴）画轴嘛，跟擀面杖一样，一擀一幅画，一擀一幅画，比手擀面都劲道。尤总来一碗？

巩 哎，不不不，黄大爷的这个语言很形象的。

魏 我跟你说，不到现场去还真没有这个感受，汇报不错（后面更精彩）。

黄 第二点，（讲）村长你怎么又坐箱子

了，你想当乡长咋的？

魏　我坐箱子就想当乡长了？

黄　你得陪客人嘛，对不对？（来来来，太客气了，是）第二点：举，一个人，姚明举旗带着他儿子。（他儿子？）

巩　哎哟，我说黄大爷，姚明刚刚结婚不久，怎么会有那么大的儿子啊？

黄　那个，尤总是这么回事，（嗯）社会进步了，火车提速了，姚明个大，生下的儿子就会走路了。

魏　你瞎说吧你就，什么姚明的儿子，知道的说，不知道别瞎说，那是灾区孩子的代表。

黄　灾区孩子代表就如同我们的儿子，我这个比喻不对吗？不对吗？（对）不就完了嘛。

巩　黄大爷，你讲的好啊，（就是）讲的好啊。

黄　没有到现场他不知道这情况。就这水平还当村长。第三点，乡长啊。

魏　谁乡长了，我坐箱子就乡长啊，你给我提的级啊？

黄　你要当了乡长，我得管你叫大爷。

巩　哎哎哎，误会了误会了，你坐在箱子上，黄大爷心里不踏实，来来来，沙发沙发。（太麻烦了你这）我心里不踏实啊，你妈心里也不踏实。

魏　这和我妈有啥事啊？

黄　第三点好看，第三点特别好看，第三点，村长，你坐沙发，尤总坐箱子，合适吗？这事。

魏　哎呀，这太不合适了，（对嘛，就是嘛。）哎呀尤总，请坐沙发。（对嘛）

巩　我坐这里挺好的嘛。

魏　那我陪你。（哎呀）

黄　箱子怎么谁得谁坐呢，你们都坐箱子，箱子打不开啊，不是，我这思路打不开，怎么汇报啊？

尤　哦哦哦。（尤总尤总，请坐请坐）

黄　第三点，敲鼓（敲鼓？）击缶，（击缶）上千人呐。

魏　哎呀，这个节目太壮观了，（哎呀）上千人一块敲啊，一边敲还一边喊呐，哈，有朋自远方来不亦乐乎。哈哈。

黄　你听听，太好了，直接反应抗震救灾的。（抗震救灾？）那时候灾区最缺棚子嘛，（什么棚子？）帐篷嘛，咱们村不都捐了嘛，全国全世界帐篷都捐灾区去了，老百姓高兴地，都喊呐，啊有棚子远方来的，不亦乐乎。

魏　你什么乱七八糟的你。

巩　哎呀，黄大爷想象力太丰富了。

黄　哎，尤总尤总，你别坐别坐。还得吃面呢，还有第四点，一个图案，（祥云）对，李祥云呐，（李祥云？）那还有错嘛，那场上铺天盖地都是你妈啊。（啊啊……）

娟　说啥呢，铺天盖地都是我那还有法看呐？（你？）我。

魏　妈，你怎么在这？不是，黄大哥？

黄　大兄弟，改口吧，别叫大哥了，你看我跟你妈发展这速度，将来你能管你妈叫大嫂吗？你这。（哎呀）

娟　啥也别说了儿子，他，把票丢了。（不是你。）

魏　你把啥票丢了？

黄　门票丢了，鸟巢没进去，开幕式没看着。

魏　黄豆黄，全村就这这么一张门票，奖你这个种粮大户，你愣把它丢了，你真的是我爹啊。

黄　哎，孩子终于承认了，关系总算理顺了。

娟　别贫了，快说票。

黄　我跟你说啊，丢了票我也着急啊，我就想买，当时我就拿出钱来，一万不行，二万，两万块钱没买着一张票。

魏　不是你等会儿，你这是买票的钱呐还是卖票的钱呐？

黄　不是，你这什么意思这话？

魏　什么意思，我就不信那么金贵的东西，你说丢就丢了？

黄　这么多年，子一辈父一辈你不了解我吗你呀？

魏　哎呀，我太了解你了，（就是嘛）我听我妈说了，你年轻的时候，我爹有一张电影票舍不得看送给你了，你高兴地呀，出了门你就把它卖了。

黄　我也后悔呀，不知道你妈也看电影去了，要不然我俩早好了，能让你爸钻那么大空子。

娟　呀，说啥呢？

黄　我跟你说，这张票确实没卖啊。

魏　谁能给你作证？谁能给你证明？（谁给我证？）

巩　我证明。

合　尤总？尤总跑哪去了？哎呀妈呀，咋这样了呢？

巩　手擀面确实很劲道啊，（哎呀，尤总，对不起，快请坐）哎哟，我给你讲，他真的没有卖票，（是）你冤枉他了，我在网上一共订了两张开幕式的门票，号码是挨着的，昨天我也到了开幕式的现场，可我旁边的座位一直是空的。

黄　尤总啊，没敢说票丢了，就怕伤你一片心呐。

巩　刚才我都看明白了。（是是）

娟　是，尤总，这张票太珍贵了，去北京之前我就让他缝在身上。

黄　缝到哪都觉得不安全。

娟　我让他缝在左边，（我说右边安全）我让他缝在里边，（我说外面安全）我说缝在下边儿。

黄　我说上面安全，哎呀，（怎么回事这是，咋的了？）我把票给缝在帽子里了，哎呀，我冤呐我，我顶着张门票围着鸟巢跑了16圈愣没进去啊，旁边的人又是鼓掌又是送饮料，说这老头不容易，这么大的岁数还跑马拉松呢。

巩　好了好了，黄大爷，你不要太难过，虽然你人没有进去，但是心到了，我给你讲，昨天开幕式的现场，每个观众座椅上都有奥运礼包，我给你带回来了

黄　哎呀，这里面啥都有，丝巾，给女朋友系上，省得跑了，哎呀，还有拨浪鼓，拿去给孩子玩玩。不知为了啥，现在我一看到这面五星红旗我就激动的想流泪啊。

巩　是啊，昨天开幕式的现场，当鸟巢的上空升起五星红旗的时候，全场9万多观众也都挥动着手中的国旗啊。

黄　你不知啊，鸟巢外面人站着了、车停下了，广场上红旗一片，全北京、全中国，在同一个时间唱响了同一首歌——《国歌》。

魏　心醉了，梦圆了。

娟　好日子越过越甜了。

巩　你种豆，我出油，城乡一步一层楼。

黄　我是爹、她是妈，咱们永远是一家。

魏　爹。

黄　大兄弟。

娟　差辈儿了。

黄　再见。

（第三个小时）

主持人串场

（灯光：定点光）（背景：观众席里）

（主持人上下场：定点，下场走向左台口）

董　谢谢各位，这份对祖国的深情和心底的民族自豪感，也让我想到在我们春晚筹备期间啊，很多海外华人通过网络给我们留言，其中有一位说，虽然我身在海

外，但是心和祖国一起跳动，祖国的强盛是我们最大的荣耀。那接下来就让我们掌声欢迎成龙、陈奕迅、容祖儿、谭晶共同为我们演唱一首《站起来》，也把这首歌曲送过全世界的华人朋友。

《站起来》

演员：成龙、陈奕迅、容祖儿、谭晶
吉林歌舞剧院集团有限公司
珠海华发艺术团

（灯光：金色、从上面射下来的追光。后一部分，灯柱是大红色，整个舞台是浅紫色）（歌手上下场：定点起歌手站在升降台上，右下）（演员上下场：定点起）

站起来 我的爱牵着山脉奔跑才有了期待
起点写着我的未来　嘿呀嘿呀终点没有成与败
站起来　我的爱拥抱大海超越不只是现在
跑过的精彩依然在　嘿呀嘿呀泪水是胜利感慨　嘿呀
多少风雨的等待　穿越心灵　彩虹告诉我的存在
生命真实喝彩　我和你的崇拜
希望看见英雄　奇迹般的色彩
多少梦想的主宰勇敢和我一起　用心赢回真爱
彼此距离不在你和我的竞赛　站起来终点没了　起点也会在
站起来　我的爱牵着山脉奔跑才有了期待
起点写着我的未来　嘿呀嘿呀终点没有成与败
站起来　我的爱拥抱大海超越不只是现在
跑过的精彩依然在　嘿呀嘿呀泪水是胜利感慨　嘿呀嘿呀
多少梦想的主宰勇敢和我一起　用心赢回真爱
彼此距离不在　你和我的竞赛　站起来终点没了　起点也会在
站起来　我的爱牵着山脉奔跑才有了期待
起点写着我的未来　嘿呀嘿呀终点没有成与败
站起来　我的爱拥抱大海超越不只是现在
跑过的精彩依然在　嘿呀嘿呀　泪水是胜利感慨　嘿呀嘿呀
嘿呀嘿呀

主持人串场

（灯光：定点光）（背景：上台口的LED前）

周　谢谢，亲爱的朋友们，在这千家万户和谐团聚的时刻，我们更加感到和平的珍贵，在这里，我们要向守卫祖国安全的中国人民解放军、武警官兵、公安民警致以新春的祝福。

白　观众朋友，我们刚刚收到了一段视频，是来自印度洋的特殊拜年，请看大屏幕。

周　好，亲爱的朋友们，在这里我们要向在亚丁湾巡逻护航的中国海军武汉号、海口号、微山湖号舰上的全体官兵致以新春的祝福！要向在海牙执行使命的维和部队全体官兵，要向在利比比亚、苏丹、海地、科索沃任务区的维和警察，致以新春的祝福！

白　接下来请欣赏小品《水下除夕夜》。

《水下除夕夜》

演员：尚大庆、杨大鹏、范雷、金洋、王红波、侯世甲、胡洋

（灯光：颜色偏蓝、最后变红色）（背景：

海面军舰、海底的水波）

【演员上下场：定点从后面走向前，成倒三角装】

尚　前进三！

杨　前进三！

胡　前进三！

尚　深度二六零！

金　深度二六零！

王　深度二六零！

尚　航向一八零！

侯　航向一八零！

范　航向一八零！

尚　进入休整航行状态！

合　进入休整航行状态！

尚　水下之声……

合　开始广播！（《新闻联播》音乐起）

尚　各位听众，各位战友，今天是2009年1月25号，现在是北京时间22:12。在这万家团圆的除夕之夜，在这蔚蓝色的大洋深处，我给您……

合　拜年了！

尚　战友们，“神七”上天，航天员出舱举世瞩目！而我们的潜艇下海，不能出舱，无人知晓。我们已经默默地在水下航行两个月了，今天我要给大家播报的是，大家都期待已久的重要新闻……

王　分队长……

尚　奏啥吔？

王　你别忽悠我们了，外面的是进不来，咱们也出不去，哪有什么新闻啊？

尚　咋儿没新闻呢？咋儿没新闻呢？亲爱的战友们呐……

合　啊……

尚　一点情绪都没有了，你这个人忒烦人了，大鹏啊，管管他！

杨　咳，坐下！

尚　战友们呐，今天是大年三十儿，我们即将完成任务，顺利返航，回家过年了！

（众人欢呼）

尚　大家高兴不高兴啊？

合　高兴！

尚　开心不开心呐？

合　开心！

尚　这条新闻是我编地。

杨　（唱）如果大海能够把一个人带走……

合　（唱）那就让他把你带走。

尚　忒狠了吧，那我就成了一天到晚游泳的鱼了。

尚　我是说假如，假如我们的潜艇现在就返航了，大家畅想一下。

合　畅想？

尚　上岸的第一件事儿，奏啥吔？

尚　别吵吵，别吵吵，九舱先说。

合　为什么呀？

尚　这就是潜艇上的规则，简称“潜规则”。

合　嗯？

尚　一艘优秀的潜艇它最重要的标志那奏是在水底下待的久哇，九舱先说。

侯　耶！我上岸的第一件事儿，就是好好洗个澡，水温不用太高，最好八十度。

合　啊？

范　退毛呐？

侯　我冲两个小时的淋浴，泡四个小时的大池子，蒸八个小时的桑拿。

杨　再撒点盐，童子鸡就出锅啦！

侯　讨厌！讨厌！在潜艇学院的时候我是出了名儿的爱干净。上了咱们潜艇以后两个月没洗澡了，我现在感觉自己就像刚出锅的饺子……

合　那挺好的呀！

侯　吧唧，掉土堆儿里了。

范　成驴打滚儿了，哈哈哈。

尚　你还麻团儿呢你。

尚　一舱！

杨、王　到，我们想好了。

杨　我说。
王　我说。
杨　我说。
王　我说。
杨、王　猜丁壳。
杨　（吹手势）总是我先说。
杨　上了岸呐，咱就不用顿顿吃罐头了，所以我们的第一件事儿，就是找一家五星级大酒店，支上四口大锅，连吃三天，每人拿两双筷子，吃他个一塌糊涂。
合　都有什么好吃的？
杨　有炒白菜。
王　炒芹菜。
杨　炒菠菜。
王　炒韭菜。
杨、王　炒油菜，炒香菜。
王　只要是绿色的。
杨　炒树叶都行。
尚　嗯，没错，坐下吧，俩兔子！
杨、王　哎！
尚　六舱……
金、胡　到！
胡　呃，你先说。
金　你先说。
胡　你先说。
金　我先说。
胡　哎……
金　我上岸的第一件事儿，就是先到我未来的小舅子那，让我未来的小舅子领我到未来的小姨子那，让我未来的小姨子领我到未来的老丈人老丈母娘那去，我给他们拜个晚年！
合　呵！
胡　绕不绕啊，你直接见你女朋友不就完了吗？
合　就是！
金　唉！咱们潜艇兵谈个恋爱不容易啊。什么时候上岸不能说，什么时候出发不能说。
合　对呀，保密！
胡　不能打电话，不能发信息，哪个晓得我们到哪里要去了嘛？
金　所以千言万语就化作我对她深深的一吻。啵。
胡　哎呀！对喽，你不是经常亲你女朋友照片吗？最近怎么不亲喽？
金　亲不成啦。
胡　怎么啦？
金　漏啦。
尚　哎呀，我说金洋啊，你那是亲呐你还是啃呐你呀？三舱。
范　到！我上岸的第一件事儿，就是再回艇上坐坐。
合　还没坐够哇？
范　坐不够哇。战友们，这是我在水下过的第五个，也是最后一个除夕啦，上了岸，我就转业了，就再也没有机会回到这儿了。不过你们放心啊，不管我人走到哪儿，我的心永远和你们在一起，给老兵呱唧呱唧呀！
尚　“新闻联播”到此结束，下面请听天气预报！
（指响，“啪啪”天气预报音乐起，众人背景和音“嘟嘟嘟嘟……”）
侯　九舱，我们和氧气交换机在一起，春光明媚，温度十八度。
范　三舱，我负责声纳和雷达，秋高气爽，温度二十八度。
金　六舱，我们和柴油机在一起，烈日炎炎，温度四十八度。
杨　一舱，我们和鱼雷导弹在一起，号称水下北极，最低气温，零下十八度。
尚　亲爱的战友们呀，大家都听见了没有哇，我们的潜艇两头尖，舱室温度不一般，春夏秋冬全都有。
合　祖国山河，在里边！

尚 接下来，是“焦点访谈”，请听咱们艇长的新年贺词！

（画外音：亲爱的海）

合 嗯？

（画外音：我想你）

尚 哎呀妈呀，放错了。

（众人吵：哎哎哎，就听这个，就听这个）

尚 别吵吵，别吵。听哪个呀？你们知道这是谁呀？

合 反正不是艇长耶。

尚 咋儿不是艇长呢？这是我家庭庭长，你嫂子。这是你嫂子给我录的呀，让我大过年儿的自个儿听的，那我还没听呢，你们就听？那玩意儿少儿不宜啊。

合 什么少儿不宜呀。

尚 你看……

杨 分队长。

合 快快快。

尚 哎呀。

杨 亲爱的。

合 快快快。

杨 啊，分队长。

合 快快快。

杨 亲爱的。

合 快快快。

尚 行行行，好好好，大过年的，是吧。艇上又没外人，都是自家兄弟，听就听。嘘……（画外音：亲爱的海，你好吗？）

合 好！

（画外音：你想我吗？）

合 想！

（画外音：啵！哎嘿嘿嘿，这是我在吻你，你听到了吗？）

王 听……

杨 体会。

（画外音：亲爱的海，咱们的女儿会说话了，你听……女孩音：爸爸，爸爸）

金 分队长，快答应啊。

合 快答应啊。

（画外音：爸爸……）

尚 哎……

（画外音：爸爸……）

合 哎……

（画外音：爸爸……）

合 哎……

尚 亲爱的战友们呐，让我们在这万家团圆的时刻，在这深深的海底，说上一句咱潜艇兵的心里话吧，九舱先说，他年龄最小。

侯 老爸老妈，过了年我也是一个老兵了，你们放心吧，我长大了，我长大啦！

金 亲爱的，我在海底呢，我爱你爱得最深，2009 年你嫁给我吧！

杨 爷爷奶奶，你们总问我吃的好吗。嘿嘿，其实，我在潜艇上吃到了世界上最珍贵的东西，那就是苦。

杨、王 有苦才有甜！

范 爹，娘！在部队我是个好兵，没给你们丢脸。回家致富，建设咱们的新农村，我还是好样的！

胡 哥！我们要坚强，要自强，在重建的家园里过好第一个春节。新年快乐！

合 新年快乐！

尚 朋友，不要问我在哪里，问我也不能告诉你。你说，你看不见我的军旗和航迹，我在蔚蓝色的大洋深处向你敬礼！我们潜艇兵拜年不说过年好，我们也说三个字。

合 请放心。

尚 一级部署！

合 一级部署！

尚 深度二六零！

合 深度二六零！

尚 航向一八零！

合 航向一八零！

尚 各就各位!

合 各就各位!

尚 全速前进!

合 全速前进!

主持人串场

(灯光:定点光)(背景:上台口的LED前)

(主持人上下场:定点)

董 谢谢各位。

朱 谢谢。

董 朱军你看,咱们的现场啊是一阵阵的欢声笑语,我们可以想象此刻神州大地也一定祝福满天。观众朋友在收看我们晚会的同时是不是吉祥话、拜年话也伴着亲情、友情源源不断地飞到了你的身边呢?

朱 此时此刻我特别想提醒电视机前,所有做儿女的朋友,您给您的父母拜年了吗?这一年啊,无论您和父母是朝夕相处还是天各一方,都应该在这个时候给父母送上一句温暖贴心的拜年话,老人家会高兴的。

董 是啊,如果这几天您正好在家,那就尽量多尽点孝心吧,关爱今天的老人就是关心明天的自己。

朱 说的好,那接下来呢我们就把毛阿敏演唱的《天之大》以儿女的名义送给普天下所有的父母,恭祝所有的老年朋友们新年快乐。

《天之大》

演员:毛阿敏

(灯光:结合视频营造一年四季的样子、定点光)

(歌手上下场:定点)

妈妈月光之下静静地我想你了静静淌在血里的牵挂

妈妈你的怀抱我一生爱的襁褓有你晒过的衣服味道

妈妈月亮之下有了你我才有家离别虽半步即是天涯

思念何必泪眼爱长长长过天年幸福生于会痛的心田

天之大唯有你的爱是完美无瑕

天之涯记得你用心传话

天之大唯有你的爱我交给了他让他的笑像极了妈妈

天之大唯有你的爱是完美无瑕

天之涯记得你用心传话

天之大唯有你的爱我交给了他让他的笑像极了妈妈

让他的笑像极了妈妈

主持人串场

(灯光:定点光)(背景:上台口的LED前)

(主持人上下场:定点)

周 一首深情的歌曲是我们送给全国老年朋友的礼物。好,亲爱的朋友假如要是要盘点2008年记忆的话,我想北京奥运会和残奥会一定是浓墨重彩的一笔。在令人难忘的北京奥运会和残奥会上有一道亮丽的风景线,这就是我们的志愿者队伍。他们用真诚的服务,用美丽的微笑,感动了世界,于是也让古老北京的问候语变成了全球的流行语,这就是"北京欢迎你"。接下来让我们看由郭达、蔡明为我们带来的小品《北京欢迎你》。

《北京欢迎你》

演员:郭达、蔡明、赵麒、杰米尔、于恒、黄杨、宋阳

(灯光:正常照明)(背景:背景大屏北京胡同口)

(演员上下场:前两位从左上,第三位从左上、左下,第四位右上、第五位左上左下,

第六位左上，剩下的都右下）
郭 哎呀，不别老是跟着我行不行。
蔡 志愿者大哥，我给你照张相吧。
郭 不照不照。
蔡 321，再照一张吧。
郭 不照了，不照了啊。
蔡 321。
郭 坚决不照了。
蔡 321。
郭 行了吧。
蔡 再照张合影，真帅气。
郭 真的，我看看，哎，我怎么没脑袋啊。
蔡 没事，我就为照这身衣裳。（你）哎，您的衣服是否可以借我穿穿吗？
郭 得寸进尺，咱俩素不相识，我能跟你照张相就已经是破格了。
蔡 我想跟您一块儿当志愿者。
郭 你以为志愿者谁都能当啊，那志愿者都是经过千挑万选选出来的，那代表中国的形象！
蔡 对头发没有要求？
郭 走走走，走吧走吧，别在这骚扰志愿者的工作。
蔡 您别轰我啊，您是我心目中的英雄。（是嘛？）嗯。
郭 那你做吧，别说话啊。
蔡 哎，谢谢英雄。还是难过美人关啊。
郭 小伙儿，你这瞎跑什么啊你这？
1 ……
郭 你说什么？
蔡 韩国朋友。
郭 Welcome to beijing.
蔡 他说北京欢迎你。
郭 有给外国人翻译中文的吗？
1 ……
郭 啊，不要着急，啊，来来来，有什么困难坐下来慢慢说啊，来来来。
1 ……
郭 不要着急（……）你坐下来慢慢说。
蔡 喝口水。（……）
郭 不客气。
1 WC.
郭 你想上厕所？
蔡 哎哟，厕所他哪听得懂啊，您是不是要打听那个库嗵、哗啦？（嘘嘘）
1 ……
郭 你挺住，别着急，这原来有个厕所，后来拆了，我帮你想一想啊。
蔡 闲着也是闲着，照张合影，来。
郭 哎呀，我想起来了，马路对面就有一个厕所。（……）……
1 ……
蔡 免费的，免费。
郭 赫，这速度。
蔡 慢了，他怕把持不住。
郭 你还知道把持不住啊，就你在那瞎插嘴，人家问我，又没问你。
蔡 我，我要穿这身衣裳保证服务的比您还好。
郭 你穿上这衣服也不行。
蔡 您脱了还不如我呢。
郭 我脱了也比你强。（我不信）不信是不是？不信你试一试，我还不相信了今天。（真好骗）Welcome to beijing.
2 ……
郭 Welcome to beijing.
2 ……
郭 Welcome to beijing.
蔡 你卡带了，就这么一句。
2 哦，志愿者，太好了。
郭 你会说中文啊？
2 我以为你不会。
郭 我中国人，我母语我不会。
2 我只会说一点点，志愿者我迷路，我要去这里。
蔡 哦，我看看。

郭　我看看。（你能，你看）国家篮球馆，啊，您呐……

2　Sorry，我问志愿者，你那边。（问我问我，这哈这哈）志愿者。

蔡　这好走啊，你呐，就从这呐一直往前走，您就上了长安街了，上了长安街以后您得转身啊，假如您脸冲南呢您就奔西走，脸冲北呢您奔东走。

郭　哎呀，这叫乱啊，我说Welcome啊，你啊……

2　No no no，你那边，志愿者，你说。

蔡　沿着长安街走，走，走走啊走，别挡道啊，走啊走啊，哎哟喂，（哎哟喂）历史博物馆。历史博物馆知道吗，历史，从猴到人，从猴到人，从他到我，明白了吗？（啊啊啊）明白了？

2　NO.

蔡　额，没有关系，咱们接茬走啊。走啊走啊走啊，没眼力劲儿啊这人，走啊走啊走啊，哎哟喂，（哎哟喂）到了中央电视台。

郭　春节联欢晚会。

蔡、郭　难忘今宵、难忘今宵，无论天涯与海角。

2　再来一个。

郭　不能来了，你快跟他说篮球馆吧。

蔡　咱接着往前走啊。走起来，走走，（哎哟喂）您认识？（不认识）不认识你瞎哎哟什么呀，哎哟喂，公主坟，（又来了）公主坟，就是从前呐有一个公主，哎，挂了，皇上知道吗？皇上，紫禁城归他管。（城管？）（真是）你快给他演个皇上吧。（咋演啊？）哎哟，说不明白，你给他演个皇上。看这啊，他是皇上。

郭　我是皇上。

2　哦，鸡。

蔡　鸡干什么啊，我是他闺女啊，我来参见他。给皇阿玛请安。

郭　爱女平身。

蔡　您这是公公。

郭　什么公公公公，不演不演不演了，衣服快给我脱下来吧你。这么简单的事，早就该说清楚了，就你在这瞎搅和，你说你，冒充志愿者有意思吗你？

3　您冒充志愿者有意思吗？

郭　对嘛，群众都有反映。

3　爸，我说怎么刚把衣服洗好晾上，一眨眼功夫，没了。您干嘛呢？

郭　我这帮你甩干呢。

3　爸，你知道我最近多忙嘛？您就别再添乱了您就。

郭　儿啊，爸就是想穿上这个过一下奥运志愿者的瘾。（哎呀）

蔡　小伙儿子，这有个老外啊要上国家篮球馆，我们说不清楚，您看？

3　Hello，can I help you？

2　I'm try to get the internation basketball……？

3　……

2　……我爱你们，谢谢。

蔡　哈哈，你雷死我了。

郭　哎，可惜啊，衣服也没了，也帮不了人了，那奥运会下一回，再轮到北京，咱俩就在公主坟喽。

蔡　别泄气，我们人虽然是水货，但这颗心绝对是行货。是吧？没衣服怕什么呀，咱俩就高高兴兴当两个不穿衣服的志愿者，这话怎么别扭啊？

郭　好，不穿就不穿，我就不信帮不了人。

蔡　对啊，姑娘姑娘找什么呐？

4　我找老公。

蔡　嚯：这事下回要趁早，穿着婚纱现逮哪来的及啊？（来不及）

4　不是啦，我和老公是从广东来的，今天刚拍完婚纱照，人太多，走散了。

郭　哎哟，不着急不着急，天底下没有不散的宴席。

蔡　不着急，慢慢找。

4　我怎么能不着急啊，还有三个小时飞机就要起飞了，老公……

郭、蔡　老公……老公……

蔡　咱们喊老公不合适吧？

郭　你老公叫什么啊？

4　鸡仔。

蔡　鸡仔啊……鸡仔啊、鸡仔，这什么名啊这这。

4　哎哟，找不到了啦。

郭　哎哟，不着急。

4　这个气球还是他送给我的，这个也是他画在上面的。

蔡　这个小猴画的真像。（画的是我）更像更像。

4　找不到了。

郭　姑娘不着急，不要着急。

蔡　我说，他们家的鸡仔认得这气球，咱们把这气球啊举得高高的，越高越好，鸡仔看见了没准能找过来。

郭　对对对，我们就一边举一边喊。（对对对）

蔡　姑娘姑娘，别着急啊，一定帮你找到，一定会帮你找到鸡仔。

蔡、郭　鸡仔、鸡仔、鸡仔、鸡仔……

4　老公……

5　宝贝。

4　鸡仔。

5　宝贝。

4　鸡仔。

5　宝贝。

蔡　一看就是新婚，缺练。

郭　就是你看咱俩抱得多好。

蔡　赶紧给我放下来，糟老头子。

4　（宝贝）老公，你是怎么着到我的？

5　哎呀，我看见我们的气球了，飞得很高很高啊。

郭　哎呀，你看看我们俩总算是给别人帮上忙了。（是啊）来来来，我抱你下来。

蔡　不用，你还抱上瘾了你还。

4　老公我告诉你哦，是他们想的办法。

5　是吗？谢谢你啊老婆婆，谢谢你啊老公公。（还是公公）

4　今天是5号，在过三天就是我们……（嚯，怎么了这是？）

5　大喜的日子。

蔡　再过三天也是我们……你瞎提、提什么啊，再过三天是全国人民大喜的日子，8月8号奥运会。

郭　对对对，奥运会马上就要开幕了，咱们一起照个相好不好，来来来，照相机照相机。坐好坐好，坐这来。快来快来，赶紧坐啊，准备照相。

蔡　来了来了。笑一个笑一个。

合　北京欢迎你。

蔡　哎哟，赶快上飞机场。

郭　我怎么还没脑袋？

主持人串场

（灯光：定点光）（背景：上台口的LED前）

（主持人上下场：定点，左下，奥运健儿从幕后向台前走来，右下）

董　好，谢谢各位精彩的表演，谢谢。

朱　谢谢，亲爱的观众朋友们，2008年在北京奥运会、残奥会上，中国运动员夺得了金牌总数第一的好成绩，为中华民族百年圆梦画上了圆满的句号。

董　今晚，我们的奥运健儿带着对全国人民的祝福也来到了我们的现场，让我们掌声欢迎他们。

朱　有请各位。

董　欢迎你们，我们看到大屏幕上，在回放着一个个难忘的瞬间，今天我们也用运动员取得的奖牌组成了四个字“祖国万岁”。这金光灿灿那的四个大字也是，我想是我们奥运健儿给新中国60华诞的最好的礼物。

朱 是啊，祖国万岁这发自肺腑的声音，不仅表达了中国体育健儿对祖国和人民的感激之情，同样也表达了56个民族，13亿中华儿女的共同心声。

董 接下来我们有请，中国奥运代表团副团长蔡振华带领全体运动员，向观众朋友们拜年。我们奥运健儿，为祖国拼搏，为时代争光在新春佳节来临之际，我们（全体）祝全国人民新春快了，祝伟大祖国繁荣昌盛。

《祖国颂》

演员：张也，珠海华发艺术团、珠海汉胜艺术团、海南省三亚市警官艺术团
南京市歌舞团

（灯光：结合视频营造秋天金黄丰收、金黄色；后半部紫色）

（歌手上下场：右上）（演员上下场：左上吧，女演员从两侧上场）

（道具：稻穗，后面是花朵。歌手的衣服颜色脱离出背景色）

你是无边原野醉人的花香　你是月亮树下动人的歌唱

你是美丽的家园祥和的目光　你是满目斜阳平安的广场

我祝福你的麦穗永远金黄　我歌唱你的门窗永远吉祥

在每束灯光相聚的地方　都有幸福的生活炉火兴旺

你是无边原野醉人的花香　你是月亮树下动人的歌唱

你是美丽的家园祥和的目光　你是满目斜阳平安的广场

我赞美你的大地永远安康　我热恋你的花园永远滚烫

在每条路上所有的希望看见人们的脸上洒满阳光

我赞美你的大地永远安康　我热恋你的花园永远滚烫

在每条路上所有的希望看见人们的脸上洒满阳光　洒满阳光

主持人串场

（灯光：面光）（背景：观众席里）

（主持人上下场：定点，走向左侧）

白 好，观众朋友，高兴地告诉大家，今天呢有四位全国道德模范来到现场，和我们一起过年，再次给我们讲述平凡与伟大之间的关系。介绍他们，来自湖北的助人为乐模范吴天祥，来自江苏的敬业奉献模范张云泉，来自西藏的敬业奉献模范李素芝，来自四川的孝老爱亲模范曹于亚，他们来到这，要给大家拜年。

四位 向全国人民拜年，祝全国人民新春快乐，万事如意！

周 谢谢，我们也给你们四位拜年了，祝你们全家新年好。谢谢，请坐。那在这里呢，我们也要通过我们的镜头向全国所有的劳动模范和先进工作者拜年，当然那更要向节日期间依然坚守在工作岗位上的人们表达我们崇高的敬意，你们辛苦了。

白 接下来呢爱尔兰踢踏舞团，将带着对中国人民最好的情感，第一次来到春节联欢晚会的现场，请欣赏《大河之舞》精彩片段。

《大河之舞》片段

演员：爱尔兰“大河之舞”舞蹈团

（灯光：第一部分：演员给定点光，配合素材呈金色，金碧辉煌的感觉。第二部分：灯光不变，前半部分没有追光，群舞都是逆光

定点光。第三部分：没有给谁定点光，后面给了领舞，逆光变成变色闪烁的，造型给定点逆光，简单和开场一样）（演员上下场：第一部分六位演员定点起，领舞右侧上。第二部分男领舞右侧上，女领舞左侧上，其他伴舞两侧上）

《暖冬》

演员：冯巩、金玉婷

（灯光：正常照明）（背景：背景大屏是窗花，吉祥的花色）

（演员上下场：冯巩从观众里走上来，金玉婷从坐台口上来）

（服装：唐装与后面道具结合）

冯 尊敬的各位领导、各位朋友、各位顾客，电视机前的父老兄弟姐们，想死你们了，哎呀真是牛年到了，都穿着新衣服呢？以后再做服装您找我，我给你打五折好吧。奥运会开幕式，好几个代表团衣服咱做的！您穿上我的立领衫，站那就是易中天；穿上我的中山装，马上就变冯小刚；穿上我的皮夹克，短跑冠军伯尔特；穿上我的黑马甲，美国总统奥巴马！您穿上我的皮褛，电影演员葛优；您穿上我的T恤，央视主持老毕。好不好？

一哥们 冯巩，那我呢？（你呀）我穿什么？

冯 你穿上我的皮袍，坐下就是臧獒！左下，他一捏面人的跑这儿坐着干嘛？这是我们一哥们，和面去啊。

金 小巩啊！（哎哎，小巩）

冯 呦！这不是我前女朋友吗？前两年扔下我出国就不理我了，怎么现在回来了？呕，赶上金融风暴了？（哈哈）你说这种人我还理她吗？（不理）这就是爷们儿，不理。

金 阿巩。

冯 阿巩啊，百家姓就没姓阿的！

金 巩哥。

冯 巩哥？巩大爷都不理呦！

金 巩巩。

冯 巩巩，还公公呢？离太监就不远了。

金 冯巩，我给你脸，再不过来，我拧死你！过来！

冯 你早这么客气，我不就过去了吗？我这人就是吃顺不吃呛！哇！这不是来自大洋彼岸的贵妇吗？

金 贵妇是狗，你骂谁呢？我小名叫吉娃娃。

冯 咱俩差不多，我小名叫腊肠。

金 哎！看见我的出现，你是不是感觉到，天上掉下个林妹妹！

冯 是脸先着的地吧？

金 你看见了？

冯 你推理啊？像您这样的海外赤子，好容易回来，能不在第一时间，亲吻一下故乡的热土吗？

金 要说对这片热土的感情，我可不如你！这么些年来还依然在秀水，守望着这个摊位！难怪你妈说，你小时候尿床，一晚上尿湿了两回，把自己湿透了，都不挪窝！

冯 所以，从小啊邻居们就夸我，说我有一种大师的风范！

金 哎！你还记得我出国前，你说的话吗？

冯 我说什么了？

金 你说，如果有一天，我在国外读书，读不下去了。即使，护照丢了，都要千方百计混进货轮夹层前仆后继的回来！你会到天津新港，开着凯迪拉克接我！

冯 你听错了！我说到天津新港，开着卡车拉货捎上你！

金 你还说了，只要你有一个摊位，就有我一半！

冯 前提是你别走。你不听！你非要走！要拿人绿卡！瞎了吧？现如今多少彼岸的金发、碧眼、眉清目秀的贵族千金，哭着、喊着要拿中国的绿卡！奋不顾身地投入到央视春晚未婚男性的怀抱！

金 你怀抱过几个了？

冯 我怀抱？哎呀！肩周炎就没好过呀！哎呀，这是？

金 其实，我特感激你。记得出国的头三年，经济上老是你供我！

冯 要不老叫我“老公”啊，就傻帽呗。

金 为了回报你，我决心好好学习，于是我决定：我读完学士，读硕士；读完硕士，我博士。

冯 你读完博士，我烈士！唉，现在你身边的前仆后继，挺好的吧？

金 什么前仆后继呀？

冯 就是我前仆了他后继，后来他一仆，弄不好别人继他，这么一转圈，欧盟叫什么来着……轮值主席。他挺好吧？

金 我那外国同学？

冯 就是他！长的倍像李金斗。

金 我俩是拼客！为了省钱我俩在一起，拼吃饭！

冯 光拼吃饭那多没劲！

金 拼完吃饭，我们拼开车；拼完开车，我们拼租房……还问吗？

冯 不问了，房都租了，再拼就该拼孩子了。

金 我们只是同学！

冯 梁山伯跟祝英台也同学！都变成蝴蝶了还对对飞呢？

金 你瞎说什么呢你，我告诉你。我这次回来，就是要重操旧业，我正式通知你，从今起，你这摊的一半，就是我的！

冯 什么就是你的？明抢、生切、豪夺，你索马里海盗是吧？你都这么大海龟，跟我皮皮虾较什么劲啊！

金 谁跟你较劲了？咱不是自己人吗？

冯 自己人就更不能这样了？你这叫“吃烙饼，卷炸丸子，驾炮往里打”！

金 你还说我呢你自己？你看满楼的导购小姐，都是你的吧？

冯 哦，没有，还有一半倒休没来呢！

金 个个看着我，就跟看着情敌似的。刚才那个看见我就这样！（哪样）这样。

冯 啊，她见谁都这样，她上礼拜，刚拉完双眼皮。

金 那也是为你拉的！你准备什么时候把她转成老板娘！

冯 都是我身边的同事！我好意思下手吗？

金 你拉倒吧？当初我在你身边，你照切不误。

冯 那是初恋，我不懂爱情。现在，我明白了：啊！天涯何处无芳草，何必非在身边找！本来数量就不多，何况质量又不好！

金 你说谁呢？（我说这样那个呢）我明白了，你现在就属于，近的找不着，远的不好找！

冯 远的，我轰都轰不走！知道你去那个国家的第一夫人吗？

金 总统的媳妇儿！

冯 别提总统。小心眼，总在后面捅我！我刚给他夫人一量衣服，他拿个棍儿：“冯先生，能不能跟我夫人保持一定的距离。”没等我说呢，夫人“噌”就火了，你总瞎捅个啥？你哪凉快哪呆着去！奶奶个嘴！（怎么像赵丽蓉老师啊？）她喜欢赵老师的小品。

金 我看出来了和着喜欢你的都是六七十岁的！

冯 瞎说，80 多岁好几个呢！哎呀，都是 80 后啊！

金 其实，你挺累的！你说也不知怎么着，我在那边的时候经常想起咱们俩小时候一起上学！记得我上三年级的时候，你上六年纪。我上六年级，咱俩就同班了。

冯　我那是故意在等你。

金　我有一次在百老汇看踢踏舞，怎么看怎么像咱俩在绣水练摊，咱俩当年练摊的时候，那天真冷，零下19度你不动都站不住，咱俩就是马路牙子上，小皮球，加脚踢，马莲开花二十一，二八二五六，二八二五七，二八二九三十一。

合　三八三五六，三八三五七，三八三九四十一。

冯　你给我28我找你47，你给我37我找你51，你给我我现在才明白，为什么爱尔兰人的踢踏舞跳得这么好，那都是冻的呀！

金　那人家非洲天热，跳得也不错。

冯　那蚊子多，你不抖他待不住！

金　那时候虽然脚冷，但是心里头暖和，说实话，我这次回来就想再重新跟你跳一回踢踏舞。

冯　不用了，已经有人陪我了，在没有你的岁月里，每年三十儿都有姑娘陪伴着我，啊！感觉真好，虽然我失去了一棵歪脖树，但我获得了一片大森林那！

金　今儿就是除夕。

冯　她早就恭候多时了。

金　就那双眼皮吧？

冯　啊，已经消肿了。

金　我早有预感，那祝你幸福啊！

冯　谢谢！等会！你干吗去？

金　你不觉得，我在这特多余吗？

冯　没事，我这么大盘饺子，还差您这瓣蒜，待着吧！

金　哎你这么说我还真想见见她，你让她出来。

冯　别别，见了就打起来了。

金　出来！

冯　这可是你说的，好吧，你过来吧。出来！你看这是什么？

金　面人？

疯　各个都是双眼皮。

金　怎么这么眼熟啊，这不都是我嘛？

冯　自从你走了以后，每年三十我都找长的像藏獒那哥们儿捏一个呢。

金　和着我这一走，竟然走了11年。

冯　你走出了一个女子足球队的阵容啊！

金　我现在回来你是不是特恨我？

冯　不，我恨我自己，我恨我自己这棵小树留不下，您这样的飞禽。可自打申奥成功那天，我突然感到，我变梧桐了，连凤凰都奔我这落，我就不相信，我招不回你这只家雀！

金　你就那么自信？

冯　我自信的还不够，你看这是什么？

金　咱们俩怎么那么老啊？

冯　我原以为你到这个岁数才会回来，你回来的这么早干吗啊？

金　对不起，我让你等的太久了！

冯　好饭不怕晚呐！

金、冯　嗯嗯嗯？（众人：亲一个亲一个）

冯　不，怎么你几位怎么都好这一口啊，您放心我绝对不辜负你们的期望，回家再说吧。

《抖杠》

演员：上海杂技团

（灯光：偏红色、橙色，灯柱颜色为蓝紫色）（背景：白鸽飞翔在蓝天上，简单，明朗）（演员上下场：两侧对称上场，第一小部分右侧下场；第三小部分右侧上场；第四小部分从左侧上）

主持人串场

（灯光：面光）（背景：张泽群、朱迅在电话机前，前台）

（主持人上下场：定点）

张泽群跟随大屏幕一段口播

张 观众朋友们，我们的晚会已经进行了三个多小时了，欢迎您参加由中央电视台主办的“郎酒红花郎杯·我最喜爱的春节联欢晚会节目”的评选活动，为您喜欢的节目和演员投上一票。

迅 是啊，还想提醒您我们的投票方式，是在正月初十之前，全国的手机用户都可以免费参与到“郎酒红花郎杯·我最喜爱的春晚节目”评选活动当中。您只需要发送您最喜爱的节目名或者是演员名到10669999，或者在正月初五之前请您寄出您的选票，我们的选票是刊登在去年第52期以及今年1到3期的《中国电视报》上，您还可以登录央视网进行投票呢，www. cctv. com 在正月十五之前呀都可以，我们等着您。

张 发手机短信投票的观众朋友将有机会赢取我们的幸运观众奖，奖品是由杭州贝因美提供的春节联欢晚会的吉祥物“劲牛迎春”，评选的结果将在正月十五播出的元宵晚会，也就是“我最喜爱的春节联欢晚会”的颁奖典礼上公布。如果您还想了解有关更多的信息，请您拨打中国电信号码百事通118114。

迅 别忘了跟我们联系，好，亲爱的朋友们，马上要为大家送去的是今晚的第三幅春联。

张 上联是：五福临门燕哺和谐春意暖；

迅 下联是：八方凝爱牛耕锦绣世情浓。横批——

合 放飞希望。

张 朋友们接下来有请董卿给您介绍一个一定会让您大开眼界的节目。

迅 有请。（手势）

《魔手神彩》

演员：上海杂技团

（灯光：正常照明、表演区突出出来）（背景：大红色，有黄色图案）

（演员上下场：董卿先站在台上，刘谦在观众群里，刘谦上台，董卿跟随走到台中间）

董 谢谢朱迅、谢谢泽群，观众朋友们，接下来我要为你介绍的是一位魔术师，来自宝岛台湾，他曾经获得过国际近景魔术大师的称号，所以接下来这几分钟啊，我请在场的每一位，我请电视机前的每一位一定要睁大你的双眼，看一看他的神奇手法能不能颠覆你的眼力。有请刘谦。

刘谦 Hello，各位好，我是刘谦，所谓的近景魔术，又称之为近距离魔术，是在非常非常近距离所观赏的一种魔术表演形式，让我先做一个简单的示范。好，首先呢，我们看到这边呢是一条橡皮筋，好我把橡皮筋这样子拿在手上，然后呢，我用另一条橡皮筋从中间穿过它，看得出来，现在我两个手当然是分不开的状态，大家仔细看。好，可能有人没有看清楚，我再来一次，麻烦这位先生可以帮我一个忙，还有这位先生，伸出你右手的食指，伸出你左手的食指，勾起来，这边勾起来，拉平拉平拉平，不要放手，就维持这个样子，然后我用我的橡皮筋放进你们的里面，看得出来，不要放手，就算我拉也不要放手，这边也不要放，呼。好，这个送给你们留做纪念，各位，刚才只是一个简单的示范，接下来才是真正见证奇迹的时刻。

董 来，有请刘谦上场，是不是很神奇，就算在你的眼皮底下，你都看不出任何的破绽，刘谦还会有更加精彩的节目要呈现给大家，我们看到现在桌上放了一些道具，道具看上去很普通，好像都是平时我们用的一些东西。

刘谦 就是我们每天在日常生活中可以见到的东西，首先我们看到这边，接下来我要用到的是这个，一块钱硬币，首先有请主持人在这个硬币上签个字，（签个名）做个记号签个名，（好，那我就写上董）画什么都可以，主要就是签个名。好签过名之后呢我们知道，这个硬币是全世界独一无二的一枚，暂时先放在这里，接下来我们所要用到的是这个，玻璃杯，看下里面当然什么都没有，请主持人详细仔细的检查一下这两个玻璃杯，确认这两个玻璃杯非常的坚固、耐用、结实、干净。

董 是，就是我们平时喝水的杯子。（没错）完好无损。

刘谦 首先呢，我把小杯子放在桌上，再拿大杯子盖着它，再这种情况之下呢，我请问一下，有没有可能把这个硬币放进杯子里面？

董 放到里面那个小杯子里面？当然不可能。

刘谦 接下来我要做的表演呢，简单的说我要把这个硬币瞬间移动进玻璃杯里面，（里面的杯子？）这件事情相当的困难，所以各位，如果我成功的话，我要的不多，5 秒钟的掌声。

董 当然可以，别说 5 秒，10 秒 20 秒都可以，但是听上去不可思议，我觉得。

刘谦 仔细看，好，硬币、玻璃杯，接下来就是见证奇迹的时刻。

董 哇。

刘谦 各位现场的观众朋友们，全世界独一无二的硬币，谢谢大家，5、4、3、2、1，谢谢。

董 太棒了，你吓了我一跳，这简直太神奇了。

刘谦 送给你作纪念吧（谢谢）。刚才我们看到的呢，这个叫瞬间移动，东西瞬间转移到玻璃杯里，但其实这还不是最困难的，接下来我要做绝对不可能的现象，好，用到的是这个（鸡蛋）鸡蛋，我们每天都在吃鸡蛋，刚从超市里买回来的，首先请主持人选一颗，（现在？）选一颗，（这个吧）这个，这是一颗好蛋，你是坏蛋。好请主持人打破这个蛋，确认一下这是个普通的鸡蛋，相当的熟练，贤妻良母，好普通的鸡蛋。接下来我们要用到另外一颗鸡蛋，再选一颗，（啊，现在？）挑一颗，（现在选一颗鸡蛋？）这一颗吗？我看一下，我把鸡蛋呢放进这个玻璃杯里面，证明我不会去偷换它，从现在开始就放在这里我不会去偷换它，接下来呢，我需要借一样主持人身上的私人物品。

董 我，非常乐意，需要什么？

刘谦 戒指。

董 啊，（戒指，戒指戒指）这不行，你变没了怎么办？（不会，会还你啦）你就拿一块钱就要我的戒指。

刘谦 会还你会还你，哇，上面有钻石，哇哇，这个很贵吗？

董 老贵了。

刘谦 老贵是多贵？

董 老贵、祖传的，无价。

刘谦 会还给你的，好我先说明一下我要做什么事情，接下来我要把这个戒指放进玻璃杯里的鸡蛋里，（现场已经打出了惊叹声）各位这个比刚才困难很多，如果我成功的话，现场的观众朋友们我要的不多，半个小时的掌声。

董 我们先给你 10 秒的掌声（10 秒就好 10 秒就好）但是，我觉得，其实我相信大家伙儿唯一能做的就是别眨眼。

刘谦 10 秒钟就好，仔细看，戒指、鸡蛋，接下来就是见证奇迹的时刻。

董 我的戒指呀，我的戒指呢？我应该让你给我打个借条。

刘谦 如果事情成功的话，现在戒指已经在鸡蛋里。好的，（我不敢相信）相不相信你的传家之宝已经被转移到里面去了。（但愿）打破它，等一下，现场的观众朋友们，如果里面真的有戒指，不要忘记我们的约定。

董 太棒了。

刘谦 8、7、6、5、4、3、2、1谢谢。

董 谢谢刘谦，谢谢。

刘谦 谢谢。

董 下回能把这钻变大一点吗？

刘谦 可以，明年春晚。

董 好，我等你。

刘谦 谢谢大家，谢谢。

董 再次感谢刘谦，谢谢。

刘谦 大家新年快乐。

主持人串场

（灯光：定点光）（背景：上台口的LED前）

（主持人上下场：定点）

周 谢谢表演，这魔术师的一双妙手真的让人眼花缭乱啊，精彩不精彩这节目？特棒是吧，不过呢我们大家也都明白这魔术啊就是舞台上的艺术表演而已，在生活当中可真的没有什么魔力，也没什么魔法，因为所有的幸福生活都得靠咱们自己用双手去创造。过完春节呢，那农民又要开始春耕播种了，各行各业的人们呢也要开始新一年的工作计划，俗话说得好：“一年之计在于春。”就让我们抓紧这大好的春光，去开启崭新的一年，一起来欣赏民俗歌舞《山乡春来早》。

《山乡春来早》

演员：湖北电视总台选送。土苗兄妹组合、比兹卡组合

舞蹈：中国电信武汉艺术团、武汉音乐学院舞蹈系、湖北民族学院

（灯光：第一部分：背景先为绿色山水画、再为蓝色山水画，偏蓝紫色光，歌手定点光背景为粉色桃花，偏紫红色光。第二部分：视频是绿色。后一半绿色、前一半红色，最后中间红色、外边绿色。最后一下偏淡紫色。）

【演员上下场：第一部分：定点起，第一个组合左下，第二个组合在中间衔接部分由两侧上。右下。男演员左右都上场】

（道具：红色的伞、蓝白色的竹子）

哟咿耶春来哒花咚咚的哟花耶哝春来哒
哎春来哒哎春来哒哎
蝴蝶飞那个燕子忙桃花歇在斗笠上
春风春雨推呀推花窗水乡梦里醉春光
丢个眼神伞里藏转身笑比十里香
蝴蝶飞燕子忙桃花歇在斗笠上
春风春雨推呀推花窗水乡梦里醉春光醉呀么醉春光

主持人串场

（灯光：定点光）（背景：上台口的LED前）

（主持人上下场：定点）

朱 好，谢谢，谢谢各位精彩的表演。亲爱的观众朋友们，这两年啊，被称为“百姓大舞台”的央视《星光大道》一到年底的时候啊，就格外的热闹，因为他们说，只要上这个节目并且夺得年度总冠军，就有望参加春节联欢晚会，这下可就热闹了，来了不少人报名，这其中啊有一位东北老汉，为了让自己的孙女上《星光大道》，也为了圆自己年轻时候的梦想，力邀一位特殊的客人共进晚餐，结果如何呢？让我们一起来欣赏小品《不差钱》。

《不差钱》

演员：赵本山、毕福剑、小沈阳、毛毛

（灯光：正常照明）（背景：背景是饭店的样子）

（演员上下场：赵本山和毛毛从右侧上，小沈阳从左后侧门里上，毕福剑从左侧上）

赵本山　到了，这就是铁岭最贵的一家饭店，这不“苏格兰调情”。

毛　毛　爷，你念反了，那是“苏格兰情调”。

赵本山　啊，情调哈，就搁这儿吃。

毛　毛　爷，这家老贵了吧？

赵本山　贵，咱带钱了，带三万多呢。那包呢？

毛　毛　我没拿包啊？

赵本山　装钱那包，黄包？

毛　毛　完了让我落在炕上了。

赵本山　你说你这孩子还能办点事儿不，你说这给你办事儿，落炕上了还，兜里有钱没？

毛　毛　兜……多少钱呢才，才70多块钱。

赵本山　我这还有四百，行了。

毛　毛　那也不能够啊。

赵本山　行了，够，够不够就这样吧。服务员。

小沈阳　对不起大爷，咱们这是高档酒店，不收农副产物。

赵本山　不是，我们是吃饭的。

小沈阳　哎呀妈呀，吃饭的呀？

赵本山　不像吗？

小沈阳　不太像。

赵本山　我说姑娘啊，这顿饭非常重要。

小沈阳　哎呀妈呀你管谁叫姑娘呢，人家是纯爷们儿。

赵本山　那咋还这么个打扮呢，咋着还穿裙子呢？

小沈阳　这是按我们苏格兰风格来包装的，再说也不是裙子哦，这不七分裤吗，你看这不有腿的吗？哎呀妈呀，着急穿跑偏了，我说走道咋没有裆呢？

赵本山　那条腿留明个穿。小伙子我跟你说啊，今天请一位重要客人吃饭，你一定要招待好啊。

小沈阳　没问题。

赵本山　来来来，我问问你，这个，你们这个酒店，如果要急头掰脸吃一顿饭得要多少钱？

小沈阳　这咋还吃急眼了呢？

赵本山　不是，我已是就是最贵的都点上得。

小沈阳　得一两万元吧。

赵本山　一两万，那啥，有没有那种情况，今个吃完了明个来结账来？

小沈阳　打白条啊？

赵本山　不是，不是打白条，不差钱，有钱。

小沈阳　啥意思啊？

赵本山　小费。

小沈阳　哎呀妈呀，大爷你真敞亮，你太帅了。

赵本山　给100块钱还帅了。我跟你说这不白给哦，一会儿客人到了你一定要给足我面子，明白吗，我到点菜的时间你得替我兜着点儿。

小沈阳　咋兜哦？

赵本山　即把体面又给了，但是呢又不能花的太狠，我要点贵菜。

小沈阳　我就说没有呗？

赵本山　哎呀妈呀，你太厉害了。再拿点儿，再给你三十。

小沈阳　我给你兜明白儿地啊，放心吧。

毛　毛　爷，我有点儿饿了。

赵本山　饿啦，来碗面条。

小沈阳　哦，78元一碗。

赵本山　啥面啊这么贵呀？

小沈阳 苏格兰打卤面。

赵本山 是不是卤子贵呀?

小沈阳 卤不要钱。

赵本山 那你先来碗卤子先试试咸淡。

小沈阳 妈,没这么上过呀?

赵本山 那是我没来,我要来你们早就这么上了,去吧去吧。

小沈阳 这老爷子,我要说面条不要钱,要面条儿了呢你还?

赵本山 来站起来,跟你说啊,一会儿《星光大道》的毕老师来了,你要给我争点脸好不,这是人生最好的一次机会,知道吗,爷爷培养你都已经四十多年了。

毛　毛 爷我才多大呀?

赵本山 我还培养你爸三十多年呢,是不,你爸那是个半制品,我都给培育成文化站站长了,你一定要超过他,有决心没?

毛　毛 有。

赵本山 表一下决心。

毛　毛 我指定洪湖水浪打浪,长江后浪推前浪,一浪更比一浪强,把我爹拍在沙岸上。

赵本山 有志向。

小沈阳 来了。

赵本山 来先把这卤子喝了,孩子饿了。

毛　毛 爷有一点咸了。

赵本山 没事儿,再整碗水去。

小沈阳 收费的水是吧。

赵本山 就白开水就行。

小沈阳 行,等着我给你整水去。

赵本山 这么抠啊你。

小沈阳 你别动,哎呀你不那谁吗……

毕福剑 谁呀?

小沈阳 蒙住了,别吵吵,朱军……不是朱军,白岩松……不是,老毕,你是毕老师吗?(我姓毕)哎呀妈呀毕老师来了,你咋出来了呢?快来人啊,一会儿该跑了。

赵本山 干什么,吵什么啊,让狼撵了咋了?

小沈阳 毕老师。

赵本山 我知道,这就是我要请的客人。

小沈阳 哎呀妈呀,毕老师给我照个相呗?

赵本山 你先等一会儿,刚到是吧?(刚到)我在这儿等半天了。

毕福剑 请问您是?

赵本山 你找谁?

毕福剑 我找莲花乡文化站站长赵铁柱。

赵本山 找对了,这就是赵铁柱的爹,(不是)赵铁柱是我爹,我是赵铁柱的爹。你不找爹嘛。不是,找对了。

毕福剑 爹。不是,我找您儿子。

赵本山 他在乡里等你呐,哎呀乡里布置老隆重了。乡长书记都在那排队等你呢。

赵本山 县里部署的很谨慎,布一个大厅,完事弄一个大房间,给你弄一个大照片挂中心了,周围全是花啊。

毕福剑 老哥,那花都是什么色彩的啊?

赵本山 白的、黄的都有的,可漂亮了,真的,老百姓都拿着笔等着你,在那都哭了,(哭什么?)激动嘛你去。来吧,进屋先吃点饭。

毕福剑 不不不,那咱去乡里吧。

赵本山 别,乡里布置我,先在铁岭吃一顿,完事再上那。你看吧。

毕福剑 在这儿吃饭?

赵本山 这是铁岭最贵的。

毕福剑 大爷,不,老哥我在飞机上吃了。

赵本山 客随主便,好不好,给你怎么安排你就听话,来来来。

小沈阳 毕老师给我照个相呗,毕老师。

毕福剑 你是男服务员吧?长的挺委婉

的啊。

赵本山 我刚开始来都误会了，哪有这打扮的，来，坐下，刚到是吧？（刚到刚到）咱是老乡，咱们是老乡，（是吗？）你不是大连人吗，（对对，大连人啊）你住哪？（我住大连老鳖湾。）哎呀，有亲戚，（和您？）孩子她姥爷也在老鳖湾，也姓毕。

毕福剑 你姥爷叫毕什么？

毛　毛 闭门庭。

毕福剑 你姥爷打麻将肯定是高手啊（怎的？）闭门听嘛。

赵本山 正好，你叫闭门炮嘛。说那。

毕福剑 我叫毕福剑。

赵本山 真是的，没准都有亲戚在。这一笑，多像你姥爷临走的时候的照片，（爷你看，不笑更像）（我就躲不开了）孩子这一辈子跟爷爷不亲，就跟姥爷亲，姥爷临走把她哭完了。快认姥爷（姥爷好）？

毕福剑 别别别，起起起，大过年的你要是来这个，我还得给你压岁钱。（不用不用）

小沈阳 毕老师你跟我照个相呗。

赵本山 这还没吃饭呢，你先把那个揣起来，点菜，快点。

小沈阳 照完再点呗。

赵本山 点完再照。

小沈阳 跑了呢？

赵本山 谁跑，这都低调来的，你被跟这个那个说。她姥爷，这都实在亲戚，你就点吧。

毕福剑 不不不，咱随便吃点饭就可以了，您来您来。

赵本山 现在咱家都富了，农民生活跟过去不一样了，你就铆劲儿吃，你吃能吃几多钱？

毕福剑 随便来点。

赵本山 澳洲鲍鱼四只……

小沈阳 对不起没有。

毕福剑 别点那么贵的。

赵本山 四斤的龙虾一只。

小沈阳 对不起，没那么大的。

赵本山 有多大的？

小沈阳 有一斤多的。

赵本山 一斤多的有吗？

小沈阳 有还是没有啊？

赵本山 这个，我跟你说啊，有没有这是你开的店，你还不明白，这不差钱。

小沈阳 哦，那没有。

毕福剑 下面我看看鱼翅就更不要点了。

赵本山 鱼翅有也别吃了，我吃鱼翅有一次卡住了，后来用馒头咽，用醋泡都不好使，到医院让镊子拿进出来的。不吃那玩意儿，（他也没有）不你们酒店怎么要啥啥没有呢，干什么玩意儿，这人能来一趟嘛，把你老板找来。

小沈阳 没有。

赵本山 你就记住一个“没有”了是吧，老板。

小沈阳 老板啊，老板出去了。

赵本山 上哪去了？

小沈阳 不知道啊。

赵本山 吃什么啊？

毕福剑 来点家常便饭。民间的。

赵本山 民间的是吧，来民间的了，你这样孩子，来一个小野鸡炖蘑菇。

小沈阳 没有。

赵本山 这个可以有。

小沈阳 这个真没有。

赵本山 这样吧，我给你带来了，咱有，来鸭蛋，把这个拿来。哎呀，多亏带了，（老哥）我是给你往北京带的，现在你拿不走了，咱们就得在这吃了。

毕福剑 野山鸡不能吃。

赵本山 这是家养的，都野蘑菇，把这个炖了啊，高压锅啊，时间长点，来，好了，这有一个菜了啊。来，笨蛋。

小沈阳 说谁笨蛋呢？

赵本山 我说再点个笨鸡蛋？

小沈阳 没有。

赵本山 来，我有，你这样，（老哥）这个鸡蛋和大葱一炒。

毕福剑 你怎么下一趟饭店材料都自己备上呢？

赵本山 没事，他没有啊。问题是，他没有啊，就这东西，给他东西他都没处找去。这几个菜了？俩了，你这样吧，给你们点机会，这毕老师来一回你们饭馆，表示不？

小沈阳 赠送一个呗，哎哟我的妈，大爷你咋这么抠呢，你说你一个没点，完了我们还要搭一个，是吧？

赵本山 不是小伙子，你这样，咱们不是一个没点，我点完之后鲍鱼、龙虾，你都没有。

小沈阳 有没有你心还没数吗？

赵本山 我有啥数，你不是说没有嘛。

小沈阳 别说话了，一会儿万一要有咋整啊？

赵本山 不是，你到底有没有，这差钱还是咋的？

小沈阳 我知道大爷不差钱，我的意思，毕老师好不容易来一回，咱吃喝不能在乎钱，大爷。你看我今年岁数小，但我总结了，人这一生其实可短暂了，有时候一想跟睡觉是一样一样的，眼睛一闭，一睁，一天过去了；眼睛一闭，不睁，这辈子就过去了。

毕福剑 小伙子，精辟。

赵本山 精辟啥，他是屁精。

小沈阳 大爷我没别的意思，（啥意思？）我那意思吧，人不能把钱看得太重了，钱乃身外之物，人生最痛苦的事情你知道是什么吗？（嗯？）人死了，钱没花了。

赵本山 人这一生最最痛苦的事儿你知道什么嘛？（啥呀？）是人活着呢，钱没了。不差钱，放心吧。把这儿好好做着。

小沈阳 好了，（这孩子）这也太抠了。

赵本山 来，她姥爷啊，菜要做一会儿，你看看鸭蛋来了，这孩子从小就是一身的艺术细菌啊。

毕福剑 艺术细胞。

赵本山 是，看看能不能上你的大道。才艺了不得。

毕福剑 老哥我弄明确了，你今天接我在这来，就是为了让孙女上我们《星光大道》。

赵本山 可不是嘛，还有这么个关系。

毕福剑 哦哦，她都会点什么啊？

赵本山 来，给姥爷表示表示，那什么，服务员，来拿麦克，卡拉OK的麦克给我们拿来，站好了。

毕福剑 那就这样吧，照我们的规矩来。（来你啥规矩？）来，自报家门。

赵本山 瞅前面就行了，别紧张，就各哪来的，说。

毛　毛 我是来自大城市铁岭莲花池水沟子的，我名字叫鸭蛋，今天我心情非常的冲动，今夜阳光明媚，今夜多云转晴。

小沈阳 哎呀妈呀，报天气预报呢？

赵本山 你别跟她说啊，她说的是心情（别着急，来孩子）（继续）。

毛　毛 我心情从多云就转晴了，这是为什么呢？就是，我找到我姥爷了，我姥爷太好了，能带我上溜光大道去。

毕福剑　《星光大道》。

毛　毛　上《星光大道》，我感谢我姥爷你给我这次机会，太感谢你了，如果你要真能把我领上道了，我就感谢你八辈祖宗，不是，我代表八辈祖宗都感谢你，我忘不了你对我的大恩大德，我这辈子也不会忘记你，我做鬼也不放过你的。

毕福剑　她爷，我怎么越听这话越瘆的慌。

赵本山　这孩子啥意思就是想报复你，（报复?）不是报恩，报销嘛，把你，报答，知恩图报，进去了就不能忘了姥爷，唱吧，哎呀，唱李谷一的《青藏高原》。

毛　毛　那个是李娜的。（爱谁谁的，你唱唱）

毛　毛　是谁带来远古的呼唤，是谁留下千年的期盼。

赵本山　中间的不用唱了，最后那个，啊啊啊，那个。

毛　毛　那就是青藏高原。

毕福剑　年龄不大，嗓门真高啊。

赵本山　再来，再长一个调。来来。

毛　毛　爷爷，卤子有点吃咸了。（好好好）

赵本山　还有呢，还有呢，后面那个连哭带唱的那个。

毕福剑　等一下，等一下，老哥，我问一下，连哭带说是什么节目?

赵本山　就我，怎么了，我家庭怎么困难，怎么不容易。

毕福剑　不不不，那叫讲获奖感言，《星光大道》那都是真人真事，你这还没上北京，还没参加《星光大道》你就获奖感言你说。

赵本山　不是你说，这关系另外这条件不获奖能行嘛你还，他姥爷在这里，我还没底吗，来来来，哭，这孩子可厉害了，说三个数，马上就哭，1、2、3哭。咋这么完蛋呢，在家哭那么快呢，真完蛋。快，跟姥爷有情感，看姥爷，姥爷照片在这里呢。

毛　毛　哭……

赵本山　完蛋，笑什么，叫你哭，你笑啥。

毛　毛　太有意思了，这哪照片啊。

毕福剑　不说了，不说了，才艺很不错，唱得很不错。（好吧）

小沈阳　妈呀，这还不错啊，哎呀妈呀，那这样能上的话，我也能上。

赵本山　你往那上啊你？快上菜去。

小沈阳　上《星光小道》啊。

赵本山　你上啥大道啊，上炕都费劲儿。

小沈阳　毕老师好容易来一回，你就让我展示一下，我也会唱。

赵本山　哪有时间听啊，这都艺术圈的事，你一个服务员唱啥唱啊。

小沈阳　你就让我唱一个呗。

赵本山　不让你唱。

小沈阳　你不让我唱我就不给你上菜。

赵本山　你不给我上菜我就找你老板。

小沈阳　你找我老板我就把你交代我的事给你说出来。

赵本山　你要说，你要说，他指定唱得好。

毕福剑　你这样，你还是说，还是自报家门。

小沈阳　其实，毕老师，我的命运跟她是一样的，我也有一个姓毕的姥爷。

赵本山　拉倒吧，用不着别套了，你该唱唱你的。

毕福剑　好，不打断，小伙子，你会点什么啊?

小沈阳　我会模仿秀。

毕福剑　仿照谁。

小沈阳 刘欢老师。

毕福剑 刘欢老师哪一出？

小沈阳 《我和你》。

赵本山 你自己唱，这刚下飞机累这样，跟你唱？

毕福剑 不是他和我唱。

赵本山 跟我我更不和他唱了。

毕福剑 老哥，给你解释一下，这是一首歌的名叫《我和你》。

小沈阳 我给毕老师唱一个，我和你，心连心，同住……

赵本山 拉倒吧，唱跑偏了，你这裤子也穿跑偏了，你就是个跑偏的人，别唱了，上菜吧。

小沈阳 激动了，我重唱一个，毕老师，我再重唱一个行吗？我唱一个刀郎的吧。

赵本山 拉倒吧，你唱个屎壳郎吧。

小沈阳 老哥，刀郎他不是一个昆虫的名字，刀郎是歌手的名字。

毕福剑 你再来一个。

小沈阳 我还会唱《星光大道》阿宝的歌。

毕福剑 你叫什么名字？

小沈阳 我的中文名字叫做小沈阳。

毕福剑 还有外国名字？

小沈阳 小沈阳。

赵本山 英文名字叫小——损——样？

毕福剑 你是哪的人啊？

小沈阳 我是莲花村的。

毕福剑 你儿子让我找的小沈阳，就是他，明天就跟我上北京上《星光大道》。

赵本山 菜都给你炖了，你不给我面子也给她姥爷面子，要不让她姥爷跟你晤面一下。你上搜狐上看一下消息，点击率老高，下面说的鸭蛋就是她。

毕福剑 这样，你马上上菜，今天的这顿饭我包了，我请客。鸭蛋，你明天跟着大哥哥一起去北京，你们搞一个组合，就叫“不差钱”。

毛　毛 我也能去了？（可以啊）谢谢姥爷。

小沈阳 谢谢姥爷。

赵本山 这样吧，我跟你说，毕老师，你们《星光大道》不是百姓舞台嘛，谁都可以参与嘛，他俩都要了，把我也接收得了吧。

毕福剑 搜狐网上也有您的名字？

赵本山 你点一下试试呗，另外我有个重要秘密没给你透露，其实我姥爷也姓毕。

主持人串场

（灯光：面光）（背景：张泽群、朱迅在电话机前，前台）

（主持人上下场：定点）

朱迅跟随大屏幕一段口播

张 观众朋友们，牛年的钟声快要敲响了，请您赶快参加由中央电视台主办的“郎酒红花郎杯·我最喜爱的春节联欢晚会节目”的评选活动，为您喜爱的节目和演员投上一票。

迅 是啊，还想告诉您一次我们的投票方式，是在正月初十之前，全国的手机用户都可以免费参与到“郎酒红花郎杯·我最喜爱的春晚节目”评选活动当中。您只需要发送您最喜爱的节目名或者是演员名到10669999，或者在正月初五之前请您寄出您的选票，我们的选票是刊登在去年第52期以及今年1到3期的《中国电视报》上，您还可以登录央视网进行投票呢，www.cctv.com在正月十五之前呀都可以，我们等着您。

张　发手机短信投票的观众朋友将有机会赢取我们的幸运观众奖，奖品是由杭州贝因美提供的春节联欢晚会的吉祥物“劲牛迎春”，评选的结果将在正月十五播出的元宵晚会，也就是“我最喜爱的春节联欢晚会”的颁奖典礼上公布。如果您还想了解有关更多的信息，请您拨打中国电信号码百事通118114。

迅　把它带回家，祝您牛气冲天。马上要为大家送去的是今晚的第四幅春联。

张　上联是金牛送福绿柳迎春盛景当惊世，

迅　下联是鼓乐和鸣龙狮劲舞神州共举杯，横批——

合　祖国长青。

张　朋友们接下来请您继续欣赏我们的联欢晚会。

主持人串场

（灯光：定点光）（背景：上台口的LED前）

（主持人上下场：定点）（嘉宾上下场：从后面走向台前，再站到一边，从两侧下场）

朱　亲爱的朋友们，公元2008年，中华民族在辉煌的太空史上又写下了浓墨重彩的一笔。

董　2008年中国航天人圆满的完成了第三次飞天之旅，我们航天员走出飞船，实现了历史性的太空漫步。

朱　在这个美好的夜晚，我们非常荣幸的为大家请到了，从神一到神七的中国航天科技工作者的代表，来到我们的现场。

董　掌声欢迎他，他们是载人航天工程总设计师周建平。

朱　航天员系统总指挥、总设计师陈善广。

董　应用系统常务副总设计师赵光恒。

朱　飞船系统总设计师张柏楠。

董　运载火箭系统总指挥刘宇。

朱　发射场系统总设计师陈晋荣。

董　测控听信系统副总设计师朱民才。

朱　着陆场系统总指挥隋起胜。亲爱的朋友们，我们看到他们现在手捧的鲜花，就是经过太空育种的太空花，有请他们的代表给全国人民拜年。

代表　感谢全国人民对航天事业的支持，我们祝全国人民，新春快乐。

董　谢谢各位，观众朋友，接下来让我们用掌声有请神五航天员中国第一位航天英雄杨利伟，神六航天员英雄航天员费俊龙、聂海胜。

杨利伟　敬礼，礼毕，我们为祖国骄傲，我们给全国人民拜年了。

朱　好，亲爱的朋友们，现在让我们以最热烈的掌声有请神七航天员，航天英雄翟志刚，英雄航天员刘伯明、景海鹏。

董　翟志刚手中拿着的这面国旗，曾经在太空飘扬，这面国旗也是所有参与神七发射的工作人员一针一针绣出来的，代表着航天人对祖国最深厚的爱。

代表　我们向全国人民报告，我们圆满的完成了神七太空行走任务，祝大家春节好，敬礼，礼毕。

朱　好，谢谢，亲爱的朋友们一个民族的智慧，一个国家的实力，往往体现在对人类未来的探索上，中国航天人所展示出的航天高新科技正是中华民族面向未来的磅礴伟力，也许会有人问，中国人在实现了太空漫步之后，又将把目光投向哪里，在这个美好的夜晚，我们将非常荣幸非常骄傲自豪的向大家介绍一位，即将加入世界太空之旅的中国航天新成员，它就是“天宫一号”。

董　天宫一号也将实现太空漫步之后的交汇变迁，在未来，借助它，我们的航天员可以在太空生活十天、十个月、一年甚至更长的时间进行科学探索，这也意味着，中国的航天事业将再一次翻开崭新的篇章。

朱 亲爱的朋友们，让我们共同举杯，祝福伟大的祖国，祈福——

合 人类和平。

《神州共举杯》

演员：戴玉强、王莉、王莹

合唱：沈阳市大东区莱茵河畔社区老年合唱团

舞蹈：天津歌舞剧院芭蕾舞团、珠海华发艺术团、南京市歌舞团

（灯光：粉色）

（背景视频：几代领导人的经历功绩、航天人、烟花、祖国山河的景象）

（服装：合唱老年人女的穿紫色旗袍、男的穿白色西装）

斟满北江的青山，斟满南国的碧水，
斟满成熟的晚霞，斟满青春的朝晖，
泰山昆仑遥相呼应着兄弟的召唤，
黄河长江此起彼伏着母亲的赞美，
走过多么艰难的旅程，
才迎得今天祖国的欣慰。
请举杯，请举杯，神州共举杯，
请举杯，请举杯，神州共举杯，
请举杯，请举杯，神州共举杯，
迎来了辉煌的和谐社会。
你捧山野杜鹃，我捧花园玫瑰，
你捧火红高粱，我捧金黄麦穗，
天下百姓春种秋收这祥和的种子，
各族儿女四季绽放着团结的花蕾，
放飞多少超越的梦想，
才换来今天幸福的喜泪，
请举杯，请举杯，神州共举杯，
请举杯，请举杯，神州共举杯，
请举杯，请举杯，神州共举杯，
迎来了中华的和谐社会。
请举杯，请举杯，神州共举杯，
请举杯，请举杯，神州共举杯，
请举杯，请举杯，神州共举杯，
迎来了中华的和谐社会。

主持人串场

（灯光：较暗、红色，主持人区域稍亮些）

（道具：从天上撒花）

（背景：演员都上场）

朱 亲爱的朋友们，在欢声笑语中，零点的钟声马上就要敲响了，来，让我们倒计时……

合 10、9、8、7、6、5、4、3、2、1

（画外：美的集团向全球的华人拜年了。）

合 新年好！

《中华大团圆》

领舞：王亚彬

表演：新疆自治区歌舞团
吉林市歌舞团
中国电信武汉艺术团
珠海华发艺术团
海南省三亚市警官艺术团

（灯光：第一部分：地上有花里胡哨的视频，由暗到亮。第二部分：粉色、藏族、维族、回族、朝鲜族。第三部分：粉色、56个民族中南方的一些民族；蒙古族有花花的视频。第四部分：大联欢背景为大红色上面写的“春”）

（演员上下场：站定；领舞从台中见后面走向台前从右台口下场）

（背景：结合各民族的特色的图片）

主持人串场

（灯光：较暗、红色，主持人区域稍亮些）

（背景：演员都上场）

（道具：从天上撒花）

朱 谢谢，谢谢各民族演员的精彩表演，亲爱的朋友们，2009 年是中华人民共和国六十华诞的大庆之年，如果说世界历

史是一条长长的河流的话，新中国的六十年便是一朵光彩照人的浪花。

董 如果说人类的发展是一座绵延的山脉，那么六十华诞的新中国就是一座景色壮丽的山峰。

朱 此时此刻我们要把心中最美的歌献给你——祖国。我们永远是你的儿女，你是我们的心灵所依，生命所系，让我们永远为你歌唱。

《中国之最》

演员：廖昌永　徐子崴　冯瑞丽

　　斯琴格日乐

（灯光：第一部分：绿色，结合后面视频。第二部分：后一半浅蓝色，跟随视频变换颜色绿色、黄色。歌手追光）

（歌手上下场：两个从左出，两个从右出）

最高的山峰是珠穆朗玛峰奥运的火炬曾经传递到山顶

最高的高原是青藏高原天路上走来了美丽的高原红

最长的河流是长长的长江高峡出平湖一道神奇的风景

最长的城墙是万里长城月亮之上嫦娥在遥望着中国龙

中国之最　唱也唱不尽中国之最　数也数不清

最美的色彩是中国的东方红　最美的梦想是千年的飞天梦

最大的盆地是塔里木盆地　塔里木河上倒映着胡杨的倩影

最大的草原是内蒙古草原　马奶酒里飘出了悠扬的胡琴声

最大的岛屿是宝岛台湾　日月潭上挂着那故乡的月儿明

最大的广场是天安门广场　她就矗立在我那最爱的北京城

中国之最　唱也唱不尽中国之最　数也数不清

最美的地方是中国人的心灵　最美的心愿是世界的和平

中国之最　唱也唱不尽中国之最　数也数不清

最美的地方是中国人的心灵　最美的心愿是世界的和平

最美的心愿是世界的和平

主持人串场

（灯光：定点光）　（背景：上台口的LED前）

（主持人上下场：定点）

朱 亲爱的朋友们，新春的钟声已经敲响，又一个明媚的春天向我们走来，在这里我们再一次的给大家拜年，祝大家己丑牛年大吉。此时此刻，一定有很多很多的朋友，在给自己的朋友送去新春的祝福和问候，我想说，在你送去问候和祝福的时候，千万别忘了我们最容易忽略的人，那就是常伴在我们身边的人，如果您的父母还没有休息的话，请起身，给您的父母鞠躬，感谢他们的养育之恩，感谢他们一年的劳累，感谢他们带给这个家庭的温暖。请用您的笑容为您的丈夫，为您的妻子，也给您的儿女送去祝福，感谢一年来我们相互搀扶走过的日子。最后我想说也让我们感谢我们的自己，感谢我们这一年来的自信与坚强，感谢我们这一年来所取得的工作成绩，最后的最后还是让我们一起把最美的祝福送给我们伟大的祖国，感谢这天地人和的美好年代。

《爱的天空》《山河听我说》《感谢亲人》《满园春》

演员：蔡国庆　汤海　珠海汉胜艺术团

祖海　佟铁鑫　珠海华发艺术团

南京市歌舞团　陈思思

刘和刚　珠海华发艺术团

张燕　蒋大为　南京市歌舞团

海南省三亚市警官艺术团

（灯光：第一部分：紫色、结合后面蓝色视频、紫色的视频。第二部分：金色偏绿色第三部分：绿色大幕、红色灯光渐变到蓝色渐变成橙色。第四部分：红色，大幕上有“和”字）

（歌手上下场：右上）（演员上下场：左右都上）

把我的梦送入太空
变一颗星为你闪动
让每颗心快乐平静
让世界和谐包容　幸福安宁
山川海洋作和声　我们同唱欢乐颂
风霜和雨雪　春夏和秋冬
让天地为爱动容
星星月亮做背景
我们同唱欢乐颂
人间的恩情　美好而充盈
感谢这生命的馈赠
人间的恩情　美好而充盈
感谢这生命的馈赠
喊一声山河　你来听我说呐
谁给你带来　今天的蓬勃呢
好日子总有好的心情好
心情让我对着你来放歌
唱一曲黄河魂　大河扬波呐
唱一首泰山颂山岳巍峨呐
唱一曲塞北雪　雪傲北疆
唱一曲江南雨雨润南国
向山唱首歌　群山都来和呐
向河唱首歌　江河波连波呐
向祖国山河放歌　山河听我说呐
愿好运永伴随锦绣山河
愿好运永伴随锦绣山河

感谢父亲终于写出的宽厚
感谢母亲青丝变成的白头
感谢弟妹不图回报的帮助
感谢爱人无怨无悔的相守

感谢亲人　啊哈感谢亲人你是最好系着我的大双手

感谢亲人　啊哈感谢亲人你是永远等着我的家门口

金风送爽一阵阵　稻花又香了咱新农村
在新希望的田野上　新希望的田野上
乐开了咱四邻八方的庄稼人　庄稼人
唱花鼓奔小康　乘着呐和谐的东风
咱又启程

一路走来一路唱　唱的那大江南北满园春

主持人串场

（灯光：定点光）（背景：上台口的LED前）

（主持人上下场：定点）

周　接的春潮当舞台，化作春风满人间。

白　名家新秀齐登场，新春新曲同声唱。

周　好接下来请您欣赏名家新秀荟萃的《锦绣梨园》。

《锦绣梨园》

演员：吉林歌舞剧院集团有限公司

京剧《赤桑镇》袁慧琴、孟广禄

越剧《何文秀》萧雅

越剧《天线陪》张辉、周源源

豫剧《登殿》李树建

《杨门女将》李胜素、丁晓君、张鑫月

《红色娘子军》于魁智、韩胜存、马力

（灯光：紫色，演员有逆光）

京剧《赤桑镇》

见包拯怒火满胸膛
骂声忘恩负义郎

我命包勉长亭往
与你饯行表衷肠
谁知道你把那良心丧
害死我儿在异乡
有何脸面你活在世上
快与我儿把命偿

好嫂娘 嫂娘亲她把那真情话讲
肺腑言感天地荡气回肠
明是非主正义贤良高尚
劝包拯爱黎民永做忠良
深施礼谢嫂娘恩高义广
小弟我放粮回我孝敬嫂娘

越剧《何文秀》
演唱：萧雅
路遇大姐得音讯
九里桑园访兰英
行过三里桃花渡
走过六里杏花村
七宝凉亭来穿过
九里桑园面前呈

越剧《天仙配》
演唱：张辉　周源源
树上的鸟儿成双对　绿山青山带笑颜
随手摘下花一朵　我与娘子戴发间
从今不再受那奴役苦　夫妻双双把家还
你我好比鸳鸯鸟　比翼双飞在人间

豫剧《登殿》
演唱：李树建
我的老母亲哪
老母亲在上儿拜见
我这孩儿有话您听心间
征西凉我去十八载
家撇下宝钏妻可是娘照管
高叫声老母亲您请　请您下殿
朝事毕带公主王宝钏
咱三人养老宫中问母的安
高叫声老母亲
您请啊请啊请下金銮

《杨门女将》
演唱：李胜素　丁晓君　张鑫月
穆桂英抖威风英勇赴战
你听说西夏吓破胆
我看那王文也等闲
你要求和递降表
我要杀敌保河山
杨家将岂容你心口褒贬
天波府宝剑埋尘锷未残
老太君若是挂了帅
穆桂英就是先行官
抖银枪　出雄关
跃战马　踏狼烟
旌旗指处敌丧胆
管叫那捷报一日三传

《红色娘子军》
演唱：于魁智　韩胜存　马力
众望所归根基牢　宏图大展云路遥
且看明朝新世界　万紫千红分外娇
且看明朝新世界　万紫千红分外娇
万紫千红分外娇　万紫千红分外娇

主持人串场
（灯光：定点光）（背景：上台口的LED前）
（主持人上下场：定点）
董　好，谢谢各位名家新秀，真的是唱不尽千古风流，演不完万种风情。观众朋友，接下来我们要欣赏到的这个节目啊，是歌曲串烧，为我们演唱的这四位全部来自宝岛台湾，他们这个临时组合叫纵贯线乐队，没错，他们可以说真的是纵观了流行歌坛二十多年的时间，有太多的关于音乐的美好记忆留给我们，有欢乐，有感动，有一段又一段关于成长的日子。来，让我们掌声欢迎罗大佑、周华健、李宗盛、张震岳。

《美好的青春舞曲》

演员：罗大佑　周华健　李宗盛　张震岳

（灯光：演出区有逆光，地面上LED暗色时尚花纹）

（歌手上下场：定点）

把握生命里的每一分钟全力以赴我们心中的梦

不经历风雨怎么见彩虹没有人能随随便便成功

把握生命里每一次感动和心爱的朋友热情相拥

让真心的话和开心的泪在你我的心里流动

让真心的话和开心的泪在你我的心里流动

啦啦呼啦啦啦呼啦啦还在上面写你的名字

啦啦呼啦啦啦呼啦啦最后还要平安回来

回来告诉你那一切亲亲我的宝贝

亲亲的我的宝贝我要越过高山

寻找那已失踪的太阳寻找那已失踪的月亮

亲亲的我的宝贝我要越过海洋

寻找那已失踪的彩虹抓住瞬间失踪的流星

啦啦呼啦啦啦呼啦啦还在上面写你的名字

啦啦呼啦啦啦呼啦啦最后还要平安回来

回来告诉你那一切亲亲我的宝贝

啦啦呼啦啦啦呼啦啦还在上面写你的名字

啦啦呼啦啦啦呼啦啦最后还要平安回来

回来告诉你那一切亲亲我的宝贝

没有人知道为什么太阳总下到山的那一边

没有人能够告诉我山里面有没有住着神仙

多少的日子里总是一个人面对着天空发呆

就这么好奇就这么幻想这么孤单的童年

阳光下蜻蜓飞过来一片片绿油油的稻田

水彩蜡笔和万花筒画不出天边那一条彩虹

什么时候才能像高年级的同学有张成熟与长大的脸

盼望着假期盼望着明天盼望长大的童年

一天又一天一年又一年盼望长大的童年

如果说你要离开我请诚实点来告诉我

不要偷偷摸摸的走像上次一样等半年

如果说你真的要走把我的相片还给我

在你身上也没有用我可以还给我妈妈

什么天长地久只是随便说说

你爱我那一点你也说不出口

你认识了帅哥就把我丢一旁

天气热的夏天心像寒冷冬夜

想要买酒来浇忧愁却懒懒不想出去走

想要来一包长寿烟发现我未满十八岁

是不是我的十八岁注定要为爱情流泪

是不是我的十八岁注定要为爱情流泪

出发啦不想问那路在哪不怕运命给什么关卡

当车声隆隆梦开始阵痛它卷起了风重新雕塑每个面孔

夜雾那么浓开阔也汹涌有一种预感路的终点是晴空

出发啦不想问那路在哪迎风向前是唯一

的办法

出发啦不想问那路在哪不怕运命给什么关卡

当车声隆隆梦开始阵痛它卷起了风重新雕塑每个面孔

夜雾那么浓开阔也汹涌有一种预感路的终点是晴空

主持人串场

（灯光：定点光）（背景：上台口的LED前）

白 好好，好。

周 谢谢，谢谢。哎呀，一组老歌让我们感觉到这样的亲切，真的一路走来我们总是有歌声相伴，在歌声中度过了多少美好的岁月，又留下了多少多少难忘的记忆。

白 是啊，过去的一年已经开始慢慢的远去，但是正是这一年把我们所有人的心拉的更近了。就像刚才听完这几个精品的中年老男人唱的这些老歌之后，一下子就把我们带回到原来的时光，你看，好歌就是生命当中最好的坐标，提醒我们拥有一起走过的日子。

周 好，接下来让我们再来听一组老歌，请欣赏《金色回响》。

《金色回响》（《谁不说俺家乡好》+《长江之歌》+《东方之珠》+《年轻的朋友来相会》+《滚滚长江东逝水》+《在希望的田野上》）

演员：梦鸽　严当当　王庆爽
吉林市歌舞团
王红星　霍勇　钟丽燕　胡雁
中国电信武汉艺术团
曹芙嘉　师鹏
吉林歌舞剧院集团有限公司
魏金栋　廖忠　王菲菲　诸海辰
吉林市歌舞团
杨洪基　张海庆
中国电信武汉艺术团
高音　湛蓉　常思思　吴春燕
曾小燕　马晓晨　晏菲　刘莉娜
张娟　阿鲁阿卓吉林歌舞剧院集团有限公司

（灯光：第一部分：橙色。第二部分：金色。第三部分：紫色。第四部分：浅橙色。第五部分：浅紫色。第六部分：浅紫色）

【歌手上下场：第一组左右都下，第二组左上，第三组右下，第四组左下，第五组右下，最后一组分别从两侧上】

《谁不说俺家乡好》

一座座青山紧相连
一朵朵白云绕山间
一片片梯田一层层绿
一阵阵歌声随风传
哎谁不说俺家乡好得儿哟
咿儿哟一阵阵歌声随风传

《长江之歌》

你从雪山走来春潮是你的风采
你向东海奔去惊涛是你的气概
你用甘甜的乳汁哺育各族儿女
你用健美的臂膀挽起高山大海
我们赞美长江你是无穷的源泉
我们依恋长江你有母亲的情怀
啊长江啊长江

《东方之珠》

小河弯弯向南流
流到香江去看一看
东方之珠我的爱人
你的风采是否浪漫依然
月儿弯弯的海港
夜色深深灯火闪亮

东方之珠整夜未眠
守着沧海桑田变幻的诺言
让海风吹拂了五千年
每一滴泪珠仿佛都说出你的尊严
让海潮伴我来保佑你
请别忘记 我永远不变黄色的脸

《年轻的朋友来相会》

年轻的朋友们今天来相会
荡起小船儿暖风轻轻吹
花儿香鸟儿鸣春光惹人醉
欢歌笑语绕着彩云飞
啊亲爱的朋友们美妙的春光属于谁
属于我，属于你，属于我们八十年代的新一辈
啊亲爱的朋友们美妙的春光属于谁
属于我，属于你，属于我们八十年代的新一辈

《滚滚长江东逝水》

滚滚长江东逝水浪花淘尽英雄
是非成败转头空青山依旧在
几度夕阳红白发渔樵江楮上
惯看秋月春风一壶浊酒喜相逢
古今多少事都付笑谈中

《在希望的田野上》

我们的家乡
在希望的田野上
炊烟在新建的住房上飘荡
小河在美丽的村庄旁流淌
一片冬麦一片高粱
十里荷塘十里果香
哎咳哟嗬 呀儿咿儿哟
咳我们世世代代在这田野上
生活为她幸福为她争光
为她幸福为她争光

主持人上场

（灯光：与上个节目灯光不变）（道具：后面演员做背景）

朱 依元复始金牛贺岁报春来。

董 万象更新紫气满堂迎睿志。

白 这一刻普天同庆佳佳同庆福临门。

周 这一刻大地回春处处春光美。

张 这一刻我们要祝福我们伟大的祖国在新的一年里政通人和，国泰民安。

迅 此刻，让我们祝福在新的一年中风调雨顺、五谷丰登。

朱 亲爱的朋友们，在欢声笑语中2009年春节联欢晚会就要和您说再见了。

董 难忘今宵，难忘这团圆的时刻。

白 在鞭炮声声中我们又迎来了新的一年，但是让我们在歌声中再度出发，去收获新的耕耘。

周 让我们在歌声中祝愿，祝愿每一位朋友和谐美满。

合 牛年大吉。

《难忘今宵》

演员：刘斌、雷佳、吴娜、王丽达、李晖

（灯光：不变、喷礼花、背景为大红色上有金牛的图案、礼花、“牛”字样

（歌手上下场：从演员中间走向台前。）（全体演员都上台排好队形）

难忘今宵 难忘今宵　无论天涯与海角
神州万里同怀抱　共祝愿祖国好 祖国好
共祝愿 祖国好 共祝愿 祖国好
难忘今宵 难忘今宵　无论天涯与海角
神州万里同怀抱　共祝愿祖国好 祖国好
共祝愿 祖国好 共祝愿 祖国好
告别今宵 告别今宵　无论新友与故交
明年春来再相邀　青山在 人未老　人未老
青山在 人未老 青山在 人未老
共祝愿 祖国好 共祝愿 祖国好

（王锦萱　整理）

春天的祝福
——文化部2009年春节电视晚会

播出台：中国中央电视台 CCTV－1
播出日期：2009年1月26日20：00
总导演：甘露

片头：红玫瑰绽放，花瓣漫天飞舞，明星及演员演出镜头，包括宋祖英、成龙、谭晶等的抠像，放在特效四季背景上，其他背景内容包括扇子、植物，雪花等。最后漫天礼花，最后出字幕“春天的祝福　文化部2009年春节电视晚会”

（红灯笼镂空大幕从下至上拉开，垫以掌声）
（字幕：向全国各族人民拜年；向全国文艺工作者拜年；向春节期间坚守工作岗位的亲人们拜年！）
开场歌舞《你好春天》
作词：彭小西　作曲：沈丹
编导：甘露　王佳敏
舞蹈：天津音乐学院舞蹈系
（灯光：紫粉为主）
（背景：舞台中央巨大的蝴蝶背景）
（舞蹈编排简述：舞蹈演员70人分两部分，一部分着绿色蝴蝶服饰站在舞台两边与后侧，另一部分着粉色花朵服饰在舞台中央以圆形，花朵造型，倒三角形及双排造型舞蹈。以三小团造型结束。）

风在交谈　雨在交谈　心在交谈
风在交谈　雨在交谈　心在交谈
你好　你好
我的山川大地
甜美的春天每年想起这一天
生命的春天每年走进这一天
春天春天
给我欢乐　给我向往
春天春天
给我欢乐　给我向往
可爱的春天
你好　你好
我的山川大地
甜美的春天每年想起这一天
生命的春天每年走进这一天
春天春天
给我欢乐　给我向往
春天春天
给我力量　给我灵感
春天给我灵感
春天春天　美丽的春天
春天春天　生命的春天
春天春天　美丽的春天
春天春天　可爱的春天
给我欢乐　给我向往
给我力量　给我灵感
给我欢乐　给我向往
你好　你好　我的春天

（串场视频：剪纸特效为底，字幕：春天的祝福·致家园）

朗诵《致家园》

朗诵者：凯丽　佟凡

（蓝光为主，钢琴现场伴奏，舞台道具：绿树）

女　当燕子飞过成片的庄稼
　　闪出一道道飞动的光簇
男　从洒满落日余晖的田野出发
　　我在寻找归去的路途
女　我的思想随这些闪光的绿叶而闪耀
男　我的心灵因故乡气息的抚摸而颤抖
女　一大片阳光孕育的麦粒
　　即将呈现在眼前
男　我亲吻着脚下的大地
　　如同雨点轻吻泥土
女　我们　我们是你想家的孩子
　　母亲　现在从天上回到你这里来了

歌曲《同唱一轮明月》

作词：韩静霆　作曲：羊鸣

编曲：董乐弦　编导：冯慰

演唱：尤鸿斐　王莉　金永哲　徐春雨

舞蹈：天津音乐学院舞蹈系

（灯光：紫色为主）

（舞台背景：月与繁星，两侧装点藤蔓）

（舞蹈演员30人，着紫色芭蕾舞裙，站在舞台中央偏右，分为九列，以雪花造型起舞。舞种：芭蕾。四位主唱定位在在舞台左前高台）

（道具：四个红酒杯）

今宵看火树银花　绽放在长天大地
今宵让流星花语　扑进我们的怀里
啊　欢乐的节日　挚爱亲朋　幸福欢聚
同唱一轮明月　江山万里
啊　江山万里
我们在激情时　刻珍藏着彼此的心语
我们把光荣和梦想　写进明天的日记
啊　欢乐的节日　天下同醉　浪漫畅想
祝愿祖国永远是　好风好雨
啊　来来来　好风好雨
中国在节日里
节日在欢乐里
欢乐在友谊里
友谊在祝福里

祝福在月亮里
月亮在酒杯里
中国在节日里
节日在欢乐里

欢乐在友谊里
友谊在祝福里

祝福在月亮里
月亮在酒杯里
中国在节日里
节日在欢乐里
啊…

祝福在月亮里
月亮在酒杯里
中国在节日里
节日在欢乐里

歌曲《长街宴》

作词：徐荣凯　作曲：万里

编导：王敏佳

演唱：冯瑞丽

舞蹈：天津音乐学院舞蹈系

（灯光：蓝绿为主）

（舞台背景：绿树，哈尼族传统建筑）

（服装：哈尼族服饰）

（舞蹈演员40人。第一部分20女演员两排而出至舞台中央围成一圈，副歌是展开成一排，随之变为三排，又变为一排。第二部分快板起，20男演员手拿道具鼓出至中央，女演员环绕，后变为两大排，女前男后。第三部分，两排弯成两列，蛇形摆动，结束时20女中间围圆，20男等分两边。）

裁剪蓝色天幕（罗佐幕个幕）
长席铺上桌一个布
撒下彩云朵一个朵
长街成花河（罗佐河个河）
天幕　桌一个布
彩云朵朵长街成花河
罗佐坐一坐
罗佐坐一坐
彩云朵朵长街成花河
长街成花河

抱来火红太阳（啰）
点燃屋里火塘（啰）
户户生起炊烟（啰）
家家家家烧煮忙

摘下弯月当刀（啰）
割来山茅野草（啰）
撒把星星作料（唉）
汤菜汤菜味道好
汤菜汤菜味道好

鸟鸣鸡叫狗闹（啰）
唱歌跳舞欢笑（啰）
乡情亲情爱情（啰）
醉了醉了路边倒

不分大人小人（罗佐坐一坐）
我们都是亲一个人
不分这里　那里
我们都在家里（罗佐坐一坐）
不分男人女人（罗佐坐一坐）
我们都是亲一个人
不分这处　那一个处
都是中华民族（罗佐坐一坐）

歌曲《思恋中的北京》
作词：晓光　作曲：杨羊
编曲：温中甲　编导：赵栩可
演唱：廖昌永　表演：周群、梁曙光等
（灯光：黄绿为主）（道具：三个3米高可从中间打开的老北京照片背板，自行车1）
（演员20人，分三组。第一组4人，60年代，爸爸、女儿、爷爷、奶奶，第一块背板打开，人从中出，到舞台右侧站定；第二组6人，80年代，祖孙三代背板打开出，左侧站定；第三组10人，外国游客一家3人，少数民族2人，志愿者3人，游客2人，中间站定）

在渔家孩子的思恋中啊
北京是如诗如画的仙境
在牧羊老人的思恋中
北京是祥云萦绕的福星
在五洲朋友的思恋中
北京是古老神秘的憧憬
在海外游子的思恋中
北京是妈妈慈爱的眼睛
啊　北京　啊　北京
在渔家孩子的思恋中
在牧羊老人的思恋中
在五洲朋友的思恋中
在海外游子的思恋中
在各族儿女的思恋中
啊　北京　啊　北京

在边防战士的思恋中
北京是祖国幸福的笑容
在各族儿女的思恋中

北京是日新月异的光荣
啊　北京　啊　北京
在渔家孩子的思恋中啊
在牧羊老人的思恋中
在五洲朋友的思恋中
在海外游子的思恋中
啊　北京　啊

杂技《心飞翔》
第七届全国杂技比赛创作金奖
编导：李捍忠　季楠　闫兵　马波
表演：广州军区政治部战士杂技团
（灯光：蓝光为主，4束造型光变换颜色）
（道具：150cm左右宽80高圆形升降台1，鸟巢造型）
（大屏幕：一只白鸟划过黑夜，天色渐亮起来，映出森林剪影，后又化为白鸟飞远）
（表演简述：表演者最多至9人叠六层）

歌曲融合《当我长大后》
编曲：王猛
曲一《母亲教我的歌》
作词：海杜克（捷）
作曲：德沃夏克（捷）
演唱：陈小朵
（灯光：蓝粉光为主）
（道具：三层可移动高台上配有月亮造型铁艺，绿树置9，星光背景）

当我幼年的时候
母亲教我歌唱
在她慈爱的眼里
隐约闪着泪光

如今我教我的孩子们
唱这首动人的歌曲
我那辛酸的眼泪
滴滴流在我这憔悴的脸上

曲二《听妈妈讲那过去的故事》
作词：管桦　作曲：翟希贤
演唱：张英泉　韩中　宋学伟　钟鸣达
（表演简述：四位演唱者上场口出，在舞台左前侧站定，高台与前一位歌者移至舞台中央。四位齐唱《听》，陈小朵花腔伴唱，后融合进《母》）

齐　月亮在白莲花般的云朵里穿行
　　晚风吹来一阵阵快乐的歌声
　　我们坐在高高的谷堆旁边
　　听妈妈讲那过去的事情
　　我们坐在高高的谷堆旁边
　　听妈妈讲那过去的事情
陈　月亮在白莲花般的云朵里穿行　啊
　　月亮　穿行
齐　母亲教我歌唱
陈　当我幼年的时候
齐　月亮　月光
陈　当我幼年的时候
齐　月亮　月光
陈　当我幼年的时候
齐　月亮　月亮　月亮

歌曲《呼唤你　我的母亲》
内蒙古民歌
编导：乌兰
演唱：斯琴格日乐
表演：斯日吉德玛　左思远
（灯光：绿光为主）
（背景：草原风光，侧幕为绿树造型）
（道具：推车造型高台1，油茶制作工具）
（舞蹈演员2人，一个扮演妈妈在右后侧演制茶情景，一扮演女儿在高台上缝衣，歌唱者同在高台上演唱，副歌母女相拥，至舞台中央，展现梦中母女相见时欢乐场景，结束时以高台为基础造型，女儿坐于台下睹物思人，母亲与台上登高远望）

（蒙语）

在那云雾迷漫的大地上
我从你怀里来到人间
在我那幼小心灵里
你给我播下了人生的希望
当我举目望故乡
远处闪现着你的身影
当我看着大雁飞远方
我就想呼唤你
呼唤你我的母亲
在那阳光散满的原野上
你把我当作自己的理想
在我那人生的旅途上
承受了人间的艰辛和忧伤
当我举目望故乡
泪水中晃动着你的身影
当我看着大雁飞远方
我就想呼唤你
呼唤你我的母亲
呼唤你我的母亲
呼唤你我的母亲

（字幕视频：2008 年中国文化备忘录
内容：2008 年，文化系统广大干部职工和全国人民一道抗击冰雪灾害级地震灾害，积极参与捐款捐物，组织艺术家深入下去体验生活，积极开展灾区慰问演出，以实际行动为救灾和灾后重建作贡献。）

（串场视频：剪纸特效为底，字幕：春天的祝福　致亲情）

朗诵《致亲情》

朗诵者：王静　张泽群

（蓝光为主，钢琴现场伴奏，舞台道具：绿树）

我找到了一扇门
一扇简朴的透出光亮的门
白天所有的喧嚣都已平息
我感受着你那温柔的心

月亮下
连夜种麦的父亲啊
身上像是流动着金子

明天一清早把我叫醒
我的有耐心的母亲

世界在他的爱人之前变小了
小的像是一首歌
小的如同是一个永恒的吻

让我们在爆竹声中
让我们在温暖的火光里
静静的谈论　爱情和亲情

歌曲《春暖花开》

作词：郭小川　作曲：巩志伟
编曲：王猛　编导：姚晓明
演唱：王庆爽　谢一梅　吴娜　鲍蓉
舞蹈：天津音乐学院舞蹈系

（灯光：黄绿色为主）

（舞蹈演员 20 人成一排，着绿色水袖，与灯架相连副歌时升起变为背景，4 位歌唱者在舞台右前方坐于高台上演唱）

啊　春天来了
要把那春天打扮的更美妙
红旗漫卷　人群鼎沸
春天才如此多娇
春在人里　人在春里
春和人融在一道
人儿年青　春也不老
啦啦啦

春天来了　春天来了
人间喜气万丈高

知心的人儿　莫错怪我浮漂
我们不是仅为个人
也不是仅为家小
一腔热血似火烧
满腹精力如刀出鞘
誓为共产主义打开阳关大道
打开阳关大道

歌曲《我们的母亲》
作词：宋小明　作曲：徐沛东
编导：方涛
演唱：袁晨野
舞蹈：天津音乐学院舞蹈系
（灯光：黄光为主）（背景：烟雾缭绕的高山远景；侧幕：绿叶造型）
（舞台调度简述：歌唱者站定于舞台右后侧高台。舞蹈演员20人着白衣红绸。两斜排站定，后变为两个正方分在舞台两侧，结束造型为前6人错落，其余人变为三排在后。）

这一双手不知有多亲
她捧起了热泪
也温暖了寒心
这一片情
还能有多深
她流淌着博爱
也掩埋了仇恨
啊　我的母亲
我们的母亲
啊　我的母亲
时时追着你的声音
那是心中的隐痛
人间不了的情
啊　母亲　母亲

歌曲《华丽变奏曲》
作曲：阿道夫·阿达姆（法）
演唱：迪里拜尔
（灯光：蓝白为主）（背景：欧式宫廷立柱与栏杆景片，绿树藤蔓）

妈妈
我会告诉你
使我苦恼的缘由
那是因为克里当特尔
用柔情的神态看我
从此我的心时时都在问我
没有恋人能不能生活
那柔情的神态
对我确实迷人的诱惑
迷人的诱惑常念心头
情意绸缪
愿你也会慢慢的感到他的风流
我的心被他占有

芭蕾《希尔维亚》片断
作曲：利奥·德里布
编舞：利赛特·达桑娃儿
（根据路易斯·梅朗特原创改编）
表演：中央芭蕾舞团　张剑等
（灯光：蓝绿为主）（背景：写意绿树）
（简述：三幕芭蕾舞剧《希尔维亚》是一部具有浓郁法国风格的神话舞剧，演出片段表现了美丽的仙子希尔维亚与众仙子在月光如水的林中翩翩起舞的场景。）

京剧与歌剧爱情对唱
编导：张浩
舞蹈：天津音乐学院舞蹈系
曲一《在天愿作比翼鸟》
选自京剧《大唐贵妃》
唱腔设计：金国贤
作词：翁思再
编曲：杨乃林
演唱：于魁智　李胜素
（灯光：黄蓝为主）（背景：舞台中央巨大

的蝴蝶背景，侧幕为四个紫色立柱分开两边）

唱词：长生殿前七月七
夜半无人私语时
好一似那浪子羞愧归故里
往日的荒唐你莫再提
你我的情愿谁能匹
两心之间有灵犀

三郎他道出了悔改之意
君王的率真令人迷
梨花几度迎风泣
却看枝迁根未移
从今后破镜成圆璧
叹我残春有存依

玉环倾城又倾国
孤王难舍有难离
悔恨眼观流泪眼
断肠妻是我爱妻
双星在上重盟誓
神明鉴我李隆基
在天愿为比翼鸟
在地愿为连理枝

在天愿为比翼鸟
在地愿为连理枝

在天愿为比翼鸟
在地愿为连理枝

在天愿为比翼鸟
在地愿为连理枝

京剧与歌剧爱情对唱

曲二《自从见到你的那一天》

选自歌剧《茶花女》

作者：威尔第

演唱：丁毅　王晨

（灯光：紫粉为主）

歌词：

男　有一天　幸福的一天
你突然出现　像明亮的灯光照亮我的生命
自从见到你的那一天　我就着了魔
再不能宁静　沉浸在无名的爱河
你就像这个世界　遥不可及神秘莫测
教我苦乐交融于心中

女　倘若这是真的　请你离开我
因为我能给你的只有友谊
我不懂如何去爱
如此强烈的情感　我承受不起
我诚挚的奉劝您　该去找一个更适合您的人
您终会发现　忘记我并不困难

重：

男　爱情，我感到爱情的力量，爱情的力量
它发出灿烂光芒，爱情的火焰在我的

女　我请你不要这样想，还是把一切遗忘，
不然会使你伤心，我要恳切向你讲，

男　心里燃烧，生活多美好，幸福生活多美好

女　你的爱我配不上，请你对他人诉衷肠，
一定将我遗忘

歌曲联唱

曲一《山茶花》

云南花灯调

填词：杨倩　编曲：阮坤申

编导：甘露

演唱：雷佳

舞蹈：天津音乐学院舞蹈系

（灯光：黄光为主）（背景：蜿蜒河景；侧

幕：绿叶造型）

（舞蹈演员40人着民族服饰单膝跪地成两斜排，贯穿舞台左后与右前。曲一演唱者在排首，唱毕退场曲二歌者再从上场口上。）

山茶那个花来嘛山茶花
谁家阿妹采山茶
大理那个茶花头一朵
山歌呀芬芳绕山崖
小阿哥我说给你
山歌呀芬芳绕山崖

曲二《情姐下河洗衣裳》

贵州民歌
改编：邓成群
演唱：郁钧剑

情姐下河洗衣裳咯
双脚踩在石梁梁
手拿棒槌朝天打咯
双眼观看少年郎

情姐下河洗衣裳咯
双脚踩在石梁梁
棒槌打在妹拇指咯
痛就痛在郎心上

舞蹈《空巢的孩子》

作曲：李斌
编导：马波　险婉
舞蹈：湖南省歌舞剧院
（灯光：粉红开篇后随气氛变换）
（道具：城市高楼景片）
（字幕：向参加祖国建设的农民工和他们的孩子致以节日的问候）

春天的小草发了呀
屋后的桃树开了花
啊　田野的风捎来了消息
那是爸妈回家的日期

歌曲《慈祥美丽的妈妈》

词曲：曲比哈布
编导：乌兰
演唱：“彝人制造”组合
表演：盖一坤
（灯光：黄光为主）（背景：高山；侧幕：绿树）
（道具：火堆）
（舞蹈演员1人，立于舞台右后侧高台上舞蹈，演唱者3人在左前侧低台坐定演唱，曲中以一红绸联系演唱者与舞者关系。）

妈妈　耶
我最亲爱的妈妈
妈妈　嗯
耶
孩儿让你牵挂了　妈妈
孩儿让你受累了　妈妈
是你才赶我第一点眼泪　妈妈
是你让我学会了飞翔　妈妈
我的妈妈
妈妈
只是一个心愿未了　妈妈
我真的不想让你失望　妈妈
因为我的梦想在远方啊
妈妈　嘿
永远慈祥美丽的妈妈
你是我心中永远不灭的火把
黑夜里我不会迷失了方向
妈妈
只是一个心愿未了　妈妈
我真的不想让你失望　妈妈
因为我的梦想在远方啊
妈妈　嘿
永远慈祥美丽的妈妈

你是我心中永远不灭的火把
黑夜里我不会迷失了方向
哦　我的妈妈

歌曲联唱
（灯光：蓝橙）（背景：草原；侧幕：绿树）
（道具：木质车轮，火堆，蒙古民族元素木箱）
（舞蹈演员2人。马头琴演奏2人。所有演员围坐在火堆旁，第一首音乐起“黑骏马”组合起身唱，唱毕落座，金磊鑫起身唱第二首。）
曲一《酒歌》
作曲：魏群
演唱：“黑骏马”组合

金杯金杯斟满酒
双手举过头
炒米奶茶手扒肉
今天喝个够
朋友朋友请你尝尝
这酒纯正
这酒绵厚
这酒绵厚
让我们肝胆相照
共度春秋
在这富饶的草原上
共度春秋
在这崭新的生活中
友情长久

歌曲《牧人的孩子》
作词：国风
作曲：乌兰托嘎
演唱：金磊鑫

我是牧人的孩子
走在遥远的他乡
就像是草原的骏马
飞奔在辽阔的牧场
草原给我力量
草原给我信仰
使我懂得了坚强
还有勇敢奔放
我是牧人的孩子
草原我的家乡
阿妈是我的精神
阿妈是我的吉祥
阿妈是我的吉祥

（字幕视频：2008年中国文化备忘录
内容：2008年，北京奥运期间，来自全国和世界80多个国家和地区的近万名艺术家参加了“2008北京奥运重大文化活动”，演出600余场，观众人数达100万人次）

（串场视频：剪纸特效为底，字幕：春天的祝福　致岁月）
朗诵《致岁月》
朗诵者：丁建华　乔榛
（蓝光为主，钢琴现场伴奏，舞台道具：绿树）
当你老了
白发苍苍的时候
我想起你　想起你当年柔美的眼睛
庭院深深深几许
乱红飞过秋千去
把我带走
带回那古老而温馨的记忆之船上吧
那是人类心灵之路上的一座山
时间穿过你的眼睛漫步
回忆如同一只受惊的鸟儿
当岁月的链条交织在一起
我将在你的面前跪倒
今夜想起了那支歌曲
交织着心灵的回声

歌曲《漫步太空》

作词：韩葆　作曲：李小兵

编导：赵栩可　演唱：殷秀梅

舞蹈：天津音乐学院舞蹈系

（灯光：蓝光为主）（背景：太空）

（道具：透明塑胶球吊饰18个左右）

（舞蹈演员40人。20人围圆站定场上，歌唱者从中走出。随之其余舞者从两边旋转上场，包围聚拢成团。第二段副歌散开成四排八列。以围绕歌者半圆造型结束）

听宇宙的回音
万物的心跳精灵般
听永恒的节拍
天空的目光比火焰还灿烂
心就是梦想
梦想的双眼
能把全世界都点亮
心就是永远
永远的翅膀
漫步太空自由的歌唱
自由歌唱

听天籁的和声
一样的幸福在身边
听自己的呼吸
比最美的乐章还动人
动人心弦
心就是梦想
梦想的双眼
能把全世界都点亮
心就是永远
永远的翅膀
漫步太空自由的歌唱
心就是梦想
梦想的力量
让记忆温暖着眼眶
心就是永远
永远在飞翔
漫步太空自由的歌唱
地久天长

乐舞《映梦》

作曲：张宏光　吉炜　编导：李冬子

古筝演奏：吉炜

舞蹈：天津音乐学院舞蹈系

（灯光：蓝粉为主）（背景：星光幕；侧幕：藤蔓雕栏）

（道具：可升降花瓶形景片、高台、古筝）

（古筝演员坐于高台上花瓶形景片后演奏，独奏时景片升起。）

歌曲串联“记忆中的歌”

（灯光：绿色为主）

（背景：柳树）

（道具：桥形高台，油纸伞）

曲一《问》

作词：易韦斋　作曲：萧友梅

编曲：温中甲　编导：姚晓明

演唱：关牧村　舞蹈：祁野

（灯光：绿色为主）

（背景：柳树）

（道具：桥型高台，油纸伞）

（舞蹈演员1人，手拿油纸伞，在桥上起舞。歌者立于舞台右前）

你知道你是谁
你知道年华如水
你知道秋天生的几分憔悴
垂垂垂垂
你知道今日的江山
有多少凄惶的泪
你想想
对对对
你知道你是谁

你知道人生如蕊
你只知道秋花开的为何沉醉
吹吹吹吹
你知道尘世的波澜有几种温良的泪
你讲讲
脆脆脆

曲二《我住长江头》
作词：李之仪　作曲：青主
编曲：温中甲
演唱：幺红　舞蹈：祁野　殷硕
（舞蹈演员2人，男舞者桥上继续舞蹈，女舞者桥下舞蹈，结束时上桥。歌者立于舞台右前）

我住长江头
君住长江尾
日日思君不见君
共饮长江水
此水几时休
此恨何时已
只愿君心似我心
定不负相思意

此水几时休
此恨何时已
只愿君心似我心
定不负相思意

此水几时休
此恨何时已
只愿君心似我心
定不负相思意

曲三《月明之夜》
词曲：黎锦辉
编曲：温中甲
演唱：沈利　刘五红　巨有燕　张新华
（灯光：蓝）（道具：秋千）
（置景：秋叶）
（演唱者4人，一人坐于台上秋千，三人立于旁，唱至最后四人齐走上桥）

云儿飘星儿耀耀
海早息了风潮
声儿静夜儿悄悄
爱奏乐的虫
爱唱歌的鸟
爱说话的人
都一起睡着了
待我细细的观瞧
趁此夜深人静时
洒下些快乐的材料

鼾儿起梦儿迢迢
人都含着微笑
嘴儿开心儿跳跳
疼爱你的人
佩服你的人
帮助你的人
都一起入梦了
大家好好的睡觉
不要等到梦醒时
失掉了甜美的欢笑

曲四《踏雪寻梅》
作词：黄自
作曲：刘雪庵
演唱："老泥车"组合
（灯光：紫）（道具：梅树4棵）
（置景：梅花背景）（特效：雪花）
（演唱者8人，前一首歌4个女生不下场继续立于桥上，"老泥车"组合从下场口上场，站与舞台右侧前方演唱）

响叮当　响叮当

雪霁天晴朗
腊梅处处香
骑驴把桥过
铃儿响叮当
响叮当　响叮当
响叮当　响叮当
好花采得瓶供养
伴我书声琴韵
共渡好时光
啊～
响叮当　响叮当
雪霁天晴朗
腊梅处处香
骑驴把桥过
铃儿响叮当
响叮当　响叮当
响叮当　响叮当
好花采得瓶供养
伴我书声琴韵
共渡好时光
啊～

歌曲《我依然为你歌唱》
作词：叶旭全
作曲：李小兵
演唱：张建一
（灯光：蓝）
（置景：欧式古典石柱雕栏，背景：星空）

在月儿依恋星光的晚上
你是否也看见家乡的月亮
你离我而去
让我悲伤
我依然从满着希望的遐想
你的明眸秋波荡漾
你的发丝散发幽香
你的脾气有点倔强
你的心地善良
为你歌唱
我可爱的姑娘
就让我为你歌唱
歌唱
为你歌唱
我可爱的姑娘
就让我为你歌唱
歌唱
就让我为你歌唱
歌唱

舞蹈《呼唤绿荫》
第七届全国舞蹈比赛创作一等奖
作曲：安瑜　刘党庆
编导：马琳
舞蹈：四川省歌舞剧院
（灯光：蓝绿为主）（背景：蜿蜒河景；侧幕：树叶）

情景歌舞《回望山川》
创意：阎肃　执笔：冯俐
作词：宋小明　作曲：姚明
编导：由二群　易杰　纪家萱
（灯光：黄光为主）（背景：远山，侧幕：四川羌族碉楼景片，绿叶）
原生态歌手：泽旺仁青　格洛扎西
戏剧表演：王和平等
演唱：崔京浩
演出：煤矿文工团　天津音乐学院舞蹈系
表演简述：
第一部分是40人大舞蹈，展现村寨中过年的热闹景象，表现羌族民族特色；
第二部分羌族原生态歌曲演唱，演唱者扮作族内巫师，演唱时戏剧演员出场；
第三部分——戏剧，点明纪念汶川地震死去的亲人，
第四部分——歌曲回望山川。

第一部分舞蹈配乐

清亮亮的咂酒
请坐请坐
咂酒再也喝不完
再也喝不完的咂酒

清亮亮的咂酒
请坐请坐
咂酒再也喝不完
再也喝不完的咂酒

第二部分原生态歌曲大意：追忆逝去的亲人，岁月绵延，祈愿来年平安。

第三部分戏剧台词：

长者 过年了，按照老祖宗的规矩，这是个团圆的日子，不管是在家的还是没在家的还是走了的，都要一起回屋里过个年。去年那场天崩地裂的灾难，多走了好多亲人，可是短短的几个月我们就回来了，我们的房子就起来了，日子还再过，年还要过啊。今天就让我们把走了的亲人喊回来一起过个年吧，

众人 （重叠呐喊许多人名）回来回来！

回望山川
目光穿越千年万年
回望山川
目光穿越千年万年
沿着你多灾多难的起点
我心疼这片可爱的家园
山岳给我遥远的情怀
江河给我生命的呐喊
山水养育的伟大民族
让我们重新仰望这一片山川
这一片山川

回望山川
泪水流到心海心田
回望山川
泪水流到心海心田
寻着你不喜不灭的繁衍
我珍惜这片美丽的家园
山岳给我遥远的情怀
江河给我生命的呐喊
山水养育的伟大民族
让我们重新仰望这一片山川
这一片山川

回望山川
超越历史面对今天
回望山川
超越历史放眼明天

（结束字幕：向地震灾区人民致以诚挚的慰问和新年的祝福）

（字幕视频：2008 年中国文化备忘录
内容：2008 年 10 月 20 日至 11 月 8 日在山东举办第五届中国京剧节，共有 37 台参演剧目，74 场演出，盛况空前，影响广泛）

（串场视频：祥云特效为底，字幕：春天的祝福　致祥云）

朗诵《致祥云》

朗诵者：凯丽　佟凡

（蓝光为主，钢琴现场伴奏，舞台道具：梅树）

你从大地上一跃而起往上飞翔
犹如一团火云在蓝天里平展着你的翅膀
你的背景是激流
你的肢体凝化成一座花园
阳光和青春年少的天空下
你奉献着可爱的雄健
你不懈的边唱边飞边飞边唱

使人们由冷漠而感动
感动于你所唱出的希望与梦想

微型音乐剧《今夜的星空》
编剧：冯俐　作词：宋小明
作曲：李小兵　导演：信洪海
主演：陈笠笠　李炜鹏
表演：天津音乐学院舞蹈系
（置景：8块活动景片，正面为奥运内容，背面拼起为办公室内景；背景：祥云）
（道具：蛋糕　桌椅。）
第一段：志愿者一天忙碌后下班回家时情景
（灯光：橘红）（景片：奥运内容）

我们我们
祥云迎着我的头班车
星星追着我的末班车
来来去去多少次多少次
回家的时候话最多

笑声装满我的头班车
歌声洒满我的末班车
高高兴兴多少事
我参与我奉献我快乐

热不热　晒脱了几层皮
湿透了几层衣
你说热不热
累不累　背对着比赛场
站住了不挪窝
你说累不累
好不好
奥运选择了我
光荣的志愿者
你说好不好
我看着大家笑
大家也看着我
你说乐不乐

我回家先洗一个热水澡
我回家要把衣服搓一搓
我回家快把论文稿搞定
我回家就钻被窝

（电话铃声响）
南妮　喂？好的。
（灯光：变蓝）
南妮唱　今夜的星空灿烂
又是我独自加班的夜晚
回想经历的一天一天
有一种责任叫做承担
今夜的星空浩瀚
又是我独自享受的夜晚
回想激动的一天一天
生命的感觉美丽新鲜
（景片：转为办公室内）
（福娃演员推出办工桌椅）
福娃唱　太阳走了　星星笑了
美妙美妙　美妙美妙
大家走了　房间空了
静静悄悄　静静悄悄
忙忙碌碌又一天
快快乐乐又一天
忙忙碌碌又一天
快快乐乐又一天

真好真好
房门开了　有人来了
别吵别吵

南妮唱　今夜的星空清寒
又是我独自享受的孤单
回想长大的一天一天
长不大的是女孩的情感
今夜的星空清寒
又是我独自享受的孤单
回想长大的一天一天

长不大的是女孩的情感
情感

福娃唱 又来人了　脚步停了
是谁来到　是谁来到

夜已深了　人都睡了
不妙不妙　不妙不妙

（彩光收，只留造型光）
是谁关灯　他想干嘛
我看见了
一只黑手　一只白手

（生日歌响起，北岩捧出蛋糕，灯光变橘色）

北岩 祝你生日快乐
祝你生日快乐
祝你生日快乐
祝你生日快乐

南妮 嗨！是你呀　北岩。

北岩唱 我来陪陪你
请你别介意
今夜的星空属于你
有我不顾及

福娃唱 我来陪陪你
北岩唱 我来陪陪你
福娃唱 他当然有用意
北岩唱 请你别介意
福娃唱 上次北岩加夜班　帮他的是南妮

（2人重唱）
北岩唱 我来陪陪你　真心和友谊
南妮唱 今夜的星空烂漫

北岩唱 我们大家在一起　生活才美丽
是我们再次走进的夜晚

北岩唱 我来陪陪你　温暖有甜蜜
南妮唱 回想相识的一天一天

北岩唱 我来陪陪你　生命有意义
南妮唱 有一种感觉叫做温暖

（画外音：音乐-我和你　心连心　同住地球村）
（灯光由红转蓝）

南妮唱 今夜的星空壮观
这是我终生难忘的夜晚
回想燃烧的一天一天
我们的青春也被点燃

北岩唱 今夜的星空无眠
这是我们一起飞翔的夜晚
两颗星星在一闪一闪
我们把心愿挂上蓝天

（群体演员上场）
合唱 今夜的星空　灿烂浩瀚
浪漫壮观　美丽相伴

群唱 今夜的星空壮观
这是我终身难忘的夜晚
回想燃烧的一天一天
我们的青春也被点燃

今夜的星空无眠
这是我们一起飞翔的夜晚
两颗星星在一闪一闪
我们把心愿挂上蓝天
今夜的星空　灿烂浩瀚
浪漫壮观　美丽相伴

歌曲《羌家姑娘绣彩绣》

作词：李刚夫

作曲：薛明

编导：马琳

演唱："金沙乐坊"组合

月儿呦　照碉楼
羌家姑娘绣彩绣
绣对呦　鸟儿呀
绣对鸟儿叫枝头

啊　好姑娘啊
啊快呀快快绣啊
啊羌寨的风光美如画呀
情歌唱它九十九

姑娘啊
羌家的日子甜如蜜啊
啊快呀快快绣啊
锅庄跳它九十九
啊依哟

歌曲《梦中的小河》

作词：房千　作曲：姚峰

编导：姚晓明　演唱：祖海

舞蹈：天津音乐学院舞蹈系

（灯光：绿）（前景：荷花；背景：蜿蜒水景；侧幕：绿叶）

（道具：石桥；渔船；荷花）

（舞台简述：荷花道具成三排摆放在舞台上，舞者10人立于荷花间舞蹈，祖海于舞台左前坐于渔船内演唱）

家乡有条弯弯的小河
小河从村前蹦蹦走过
河边是绿绿的森林
林中鸟儿在唱着歌
多少次睡梦中走进了小河
小河轻轻荡着清波
我捧起晴天的河水
水中那天天的微笑就是我
我对着婴儿婴儿阿生的汉娜
惊起了觅食得水鸭和白鹤

歌曲《平安家园》

作词：樊孝斌　作曲：胡旭东

编导：姚晓明　演唱：李丹阳

舞蹈：天津音乐学院舞蹈系

（灯光：绿）（前景：荷花；背景：蜿蜒水景；侧幕：绿叶）

（道具：石桥；荷花）

（舞台简述：舞者10人从桥洞中上场，于舞台中央成一排舞蹈，李丹阳坐于桥上演唱）

一盏灯　一束光芒
沐浴着温暖的梦乡
当微笑推开门窗
爱在慢慢的成长
一朵花一个愿望
亲吻了人生的向往
当月亮抚摸肩膀
家是最美的天堂
男人快乐女人漂亮
脚步潇洒出芬芳
没利用冬翻越了围墙

歌曲《三峡恋歌》

作词：林昌　作曲：刘沛东

演唱：刘斌

（灯光：蓝绿）（前景：绿色小树；背景：蜿蜒水景；侧幕：绿叶）

（道具：石桥；绿树）

（舞台简述：刘斌从墙上走下，边走边唱。）

没见过三峡我也熟悉她
没见过夔门我也想过她
看一回三峡的风景胜过游天下

喊一声三峡大坝
新潮开了闸
哟哦哟哦三峡
哟哦哟哦大坝
哟哦哟哦三峡
哟哦哟哦大坝
你若是个有情人
你若是个有情人
就等我到你家
哟哦
三峡哟
大坝哟
哟哦

杂技《晴空飞燕》

2007年摩纳哥国际杂技比赛“金K奖”
作曲：郭思达　编导：佟思思
技巧编导：张勤　表演：蔡勇
（背景：蓝）（道具：月亮景片，高台，银色布料）
（舞台简述：以高台为支点，银色布料铺满舞台，演员在高台上表演时，鼓风机从下方吹动布料，以展现风起云涌之感）

歌曲《爱的天空有你有我》

词曲：浮克　演唱：汤灿
（灯光：粉）（前景：红梅；背景：红梅；侧幕：雕栏）
（道具：梅树）

蓝色天空清澈透明
虔诚能够取走云层
让每颗心快乐平静
让世界和谐包容
幸福安宁
山川海洋做和声
我们同唱欢乐颂
风霜和雨雪
春夏和秋冬
让天地为爱动容
星星月亮做背景
我们同唱欢乐颂
人间的恩情
美好而充盈
感谢这生命的馈赠

人间的恩情
美好而充盈
感谢这生命的馈赠
幸福安宁

歌曲《故乡》

作词：张金豹　作曲：刘青
演唱：腾格尔
（灯光：蓝绿）（背景：草原；侧幕：绿叶）
（道具：车轮）

多少次深情的遥望
魂牵梦绕的故乡
离开了已经很久
影子却越来越长
村口的那盘石碾
碾碎了多少美好时光
山坡上的羊群
还有天边的那抹斜阳
故乡故乡
我难忘的故乡
游子走多远
相思就有多长
故乡故乡
我难忘的故乡
儿女有出息就报答爹娘
故乡故乡
我的故乡

歌曲《格桑拉》
作曲：吴璇　演唱：孙洁
（灯光：蓝白）（背景：雪山；侧幕：绿叶）
（道具：高台，大块白布）（特效：干冰，雪花）
（舞台简述：约十人左右在白布之下撑起山顶造型，将歌者托起演唱）

牵牦牛的小伙子
佩戴着银鞘宝刀
赶羊群的姑娘们穿上了金边藏袍
牧民们在歌声中劳动哟
牧民们在歌声中劳动哟
格桑啦　格桑啦
乐在心里　喜在眉梢
格桑啦　格桑啦　乐在心里
格桑啦　格桑啦　喜在眉梢

歌曲《红色的美丽》
作词：黎和平　作曲：刘安华
演唱：牟炫甫　刘媛媛
（灯光：黄绿）（背景：红色树根；侧幕：绿叶）
（道具：绿色小树）

看一看红色的圣地
那里有红色的奇迹
多少的红色的故事
让我难忘红色的过去
那里有红色的美丽
红色红色
永远是一种美丽
红色红色
化成了神舟的希冀
红色红色
永远是一种美丽
红色红色
让我们深情地敬礼

歌曲《往事》
作词：易茗　作曲：赵麟
演唱：谭晶
（灯光：黄）（前景：秋叶；背景：黄色树根；侧景：石栏；侧幕：绿叶）
（道具：绿色小树，石栏，落叶）

长城远　黄河流
连绵青山不到头
阳关三唱　君行早
光阴百代任去留
花满地　风满楼
一镬往事半生熟
庭院春深锁不住
一个一个都要走
聚散依依
回灯添酒
故乡明月在　且为人间寿
聚散依依
回灯添酒
故乡明月在　且为人间寿

（字幕视频：2008年中国文化备忘录
内容：2008年6月，国务院公布了第二批国家级非物质文化遗产名录共510项，以及第一批国家级非物质文化遗产扩展名录147项。）

（串场视频：太阳图案特效，字幕：春天的祝福　致和谐）

朗诵《致和谐》
朗诵者：丁建华　乔榛
（蓝光为主，钢琴现场伴奏，舞台道具：梅树）
只要在你温柔的羽翼下
一切的人们都成为兄弟
当土地与土地被水分割了的时候

当道路与道路被水截断了的时候
智慧的人们伫立在水边
于是就产生了桥
给每一条河每一座山
取一个温暖的名字吧
每一个人都变成一只小鸟
唱着无字的歌
又一次我梦见大家都是不认识
醒来却发现我们原来是相亲相爱的

歌曲《让爱你的人放心》

作词：石顺义　作曲：王咏梅
编导：张浩
演唱：严当当　孙维良　王丽达
表演：吕仰平　刘小莉　白雪欧
斯日吉德玛
（灯光：红）（背景：蓝；侧幕：绿叶）
（道具：绿色小树，城市高楼景片，桌椅，沙发）

奔波在外远离家门
可知你系着多少爱你的心哟
妈妈站在路口几次看错眼神
爸爸守着电话等候你的身影
让爱你的人放心
让爱你的人放心
爱你的人满怀期待的望着你这个远行的人
走南闯北风雪冬春
可知你系着多少爱你的心哟
朋友常常惦念此时何处安身
老师总在牵挂几时捎来书信
让爱你的人放心
让爱你的人放心
爱你的人满怀期待的望着你这个远行的人

戏曲联唱“戏曲和”

（道具：可开和紫色贺卡型景片）

黄梅戏《五女拜寿》选段

《和睦才是一家人》
作词：许晓武
作曲：陈祖旺
编曲：温中甲
演唱：张辉　周源源

女　秧雀子叫一声声
男　夫妻二人出家门
合　三姑爷（娘）依儿呀（哟）
去给岳（老）父拜寿辰
女　露珠儿莹莹脚步儿轻
男　欢欢喜喜赶路程
合　三姑爷（娘）依儿呀（哟）
去给岳（老）父拜寿辰
男　出门来一路上好风景
女　你我二人携手行
男　山似蛾眉抹黛影
女　水似玉镜照画屏
男　三月满眼桃花汛
女　人面桃花共一春　共一春
男　娘子本是富贵命
偏偏嫁我穷书生

女　布衣金钗无好礼
送上一颗儿女心
女　有情不怕礼仪轻
合　和睦才是一家人

越剧《追鱼》选段

《观灯》
作曲：陈钧　编曲：温中甲
演唱：何赛飞　赵志刚

夫妻携手往前行
一路之上看花灯

大街小巷锣鼓喧
万户千门弦管声
莫道去年风景好
今年的灯儿色色新
这厢是狮子滚球遍地锦
那厢是二龙戏珠满天星
双双蝴蝶迎风飞舞
对对鸳鸯比翼交腾
脚踏莲花是慈悲佛
手抱琵琶是那王昭君
更有那情深意长神仙灯
画的是人仙相配系红绳
人行灯海情欢唱
明光亮透我们夫妻心

京剧《将相和》选段
编曲：刘闻
演唱：孟广禄　谭孝曾

（念）　走哇
廉　廉颇做事无分寸
羞辱相国意气争
卸盔甲袒胸赤背将错认
背定紫金杖一根
含羞带愧我把相府进
无知廉颇请罪名

蔺　啊，老将军你这是何意啊

廉　哎呀，丞相啊
廉颇老迈昏庸　不该藐视贤才
今身背荆杖　亲自前来过府请罪
望丞相你念在同朝的份上
你是打也打得骂也骂得
你要多多的训教哇

蔺　老将军你何必身背荆杖
有什么衷肠话细说端详
我虽然在秦邦完璧无恙
我虽然瀛池会羞辱秦王
我虽然侥幸封首相
怎比得老将军东挡西杀南征北战
可算得是盖世的忠良

廉　我这里谢过了贤明丞相
从今后保江山文武专长

蔺　走上前行大礼躬身礼让
今日里将相和国富民强

器乐演奏《茉莉花》
演奏：金字塔组合（比利时）
（乐器：钢琴，大提琴，黑管）
（灯光：蓝白）
（背景：蓝；侧幕：雕栏；景片：欧洲宫廷立柱）

歌曲《龙传不停唱》
作词：严丹丹　作曲：刘佳严
演唱：新七小福组合
（灯光：橙，蓝，频闪）
杨政　爆炸的霞光
太阳升起的东方
黄河水悠长
蛟龙腾万丈

王海祥　山河上红妆
日月轮回中相望
相音永不忘
龙传不停唱

何翔　天昏了，地黑了，蛟龙它盘移着
长空咆哮了
雷惊了，电闪了，鸾凤它舞翘了
云中欢鸣了

合　龙的骨一身气傲
惊天动地的咆哮
中国人亿万同胞千难万险打不倒
龙的吼响彻云霄
仁义礼智信得道
一个信念少到老
终修成龙族永传不休的传说

冀涛　千年古桧曾是小童
沧桑析出六朝松
埋腰庭雪化作雨苍龙

易扬　Now look into my eyes
Because it's time to see
We got something
That is plain to be
Our destiny awaits no doubt about it
We are 龙的传人
Step back relax
We're come into china
Take a look around
Nothing could be finer
Fear's not an option
We stay strong

合　龙的骨一身气傲
惊天动地的咆哮
中国人亿万同胞千难万险打不倒
龙的吼响彻云霄
仁义礼智信得道
一个信念少到老
终修成龙族永传不休的传说

歌曲《给心放个假》
作词：清风　作曲：印青
演唱：马晓晨　莫小凤　张妍　刘莉娜
（灯光：粉）（背景：城市高楼景片）

天地那么大
走出小屋吧
闻得草儿香
爽在阳光下

好人那么多
敞开心扉吧
莫道世态凉
真情会说话

青春那么美
努力创造吧
过好每一天
能尝苦和辣

人生那么短
善待自己吧
不为名利累
给心放个假

哒啦哒啦哒啦　哒啦　哒啦啦　哒啦哒
啦哒啦哒啦　哒啦啦
哒啦哒啦哒啦　哒啦　哒啦啦　哒啦哒
啦哒啦哒啦　啦啦啦
开心吧
笑一笑
烦恼忧愁全没啦
开心吧
唱一唱
享受生活伊呀呀
开心吧
笑一笑
烦恼忧愁全没啦
开心吧
跳一跳
快乐节奏嘣恰恰

开心吧

笑一笑
烦恼忧愁全没啦
开心吧
唱一唱
享受生活伊呀呀
开心吧
笑一笑
烦恼忧愁全没啦
开心吧
跳一跳
快乐节奏嘣恰恰
开心吧　给心放个假

歌舞《祖国在微笑》
作词：王德麟　作曲：董乐弦
编导：牛绪光　演唱：万山红
舞蹈：天津音乐学院舞蹈系
（灯光：绿）（背景：蓝绿，侧幕：绿树）
（16个舞蹈演员，在舞台中央成四排，后从中间打开，演唱着走出。后成一半圆围绕在演唱者之后，结束时成三排将演唱者包围在中央）

你也在微笑我也在微笑
十三亿人手拉手
人人在微笑
你也在自豪我也在自豪
五千年的中国人
今天最自豪
天涯海角都看到我的笑脸
敞开胸怀把世界拥抱
不再遥远　你就在我的身边
和平幸福让世界充满微笑　微笑
山也在微笑　水也在微笑
长江黄河同欢乐
祖国在微笑
你也在骄傲我也在骄傲
因为我是中国人　最值得骄傲
天涯海角都看到亲切笑脸
张开胸怀把世界拥抱
不再遥远　我们永远是朋友
和平幸福让世界充满欢笑　充满欢笑

（字幕视频：2008年中国文化备忘录
内容：2008年在意大利举办了“走进中国”中国艺术节，在英国举办了“时代中国”文化节，在瑞士举办了“中国艺术节”等对外文化交流活动）

（串场视频：花朵特效，字幕：春天的祝福·致春天）

朗诵《致春天》
朗诵者：张泽群等
（蓝光为主，钢琴现场伴奏，舞台道具：梅树）

我躺在在春天的小山上
白云成了我的翅膀
把拐杖插在土里　希望它开出红花
把石子扔进水中　希望它长出尾巴
那东方蓝宝石柔和的色彩
在清徹的天空下积聚
比大地还重　比思绪还轻　比时速还快
未来的梦如喷薄的朝阳　光芒万丈

歌曲《相信自己》
作词：王平久　作曲：金培达
演唱：成龙
（灯光：蓝）（背景：星空幕）

妈妈的鼓励　路上的勇气
唤醒阳光　不换季
阻挡风和雨　有爱陪伴你
告诉你不放弃

坚强的泪滴　明天的接力
沐浴生命　不失意
受伤羽翼飞起　在天空搏击
梦燃在泪光里　你最美丽

拥抱你　生命里　痛酿成奇迹
拼到最后明天定会站起

相信自己　这土地永远属于你
无论你到哪里　目光都会牵挂你
心不孤寂　用笑容召唤梦雄起
让生命创造荣誉　滋养天和地
用心的　爱这里　不放弃

坎坷的经历　人生的努力
失败同样　有意义
也是明天奠基　被岁月记忆
情义一起传递　绝不停息

妈妈的鼓励　路上的勇气
相信自己　不放弃

歌曲《致祖国》
作词：国风　作曲：孟庆云
编曲：王猛　演唱：宋祖英
（灯光：粉）（背景：蓝色雕栏图案幕布）
（道具：花环装置，荷花）

有两个太阳一样明亮
一个在天上一个在心上
天上的太阳给我温暖
心中的太阳给我力量

祖国　亲爱的祖国
严冬里你给我带来春天的芬芳
寒夜里你让我看到黎明的曙光
祖国　亲爱的祖国
我愿将青春化为理想
永远为你歌唱　歌唱

有两个母亲一样慈祥
一个是祖国　一个是妈妈
妈妈母亲把我生养
祖国母亲哺育我长大

祖国　亲爱的祖国
在异乡你是游子永恒的念想
在梦中你是妈妈熟悉的脸庞
祖国　亲爱的祖国
我愿将青春化为理想
永远为你歌唱　歌唱

祖国　亲爱的祖国
在异乡你是游子永恒的念想
在梦中你是妈妈熟悉的脸庞
祖国　亲爱的祖国
我愿将青春化为理想
永远为你歌唱

歌曲《致春天》
作词：彭小西　作曲：孟卫东
编曲：王猛　编导：甘露　王佳敏
演唱：马梅　刘君侠
舞蹈：天津音乐学院舞蹈系
（灯光：黄）（背景：粉紫色雕栏图案幕布）
（舞台调度简述：

致春天　致春天
你好你好你好
和风细雨阳光
新鲜新鲜好新鲜
致春天　致春天
你好你好你好
白云青草蓝天
灿烂灿烂多灿烂
致春天　致春天

你好你好你好
我的青春爱情梦幻
浪漫浪漫真浪漫
你好你好你好
我的山川大地家园
致春天春天春天
致春天
致春天
是心灵放飞的起点
致春天
是梦想实现的空间
让人更亲心更近
情更暖真情到永远
用心喝彩人世间
我要致春天
我要致春天
致春天　致春天
你好你好你好
和风细雨阳光
新鲜新鲜好新鲜
致春天　致春天
你好你好你好
白云青草蓝天
灿烂灿烂多灿烂
致春天　致春天
你好你好你好
我的青春爱情梦幻
浪漫浪漫真浪漫
你好你好你好
我的山川大地家园
致春天春天春天
我要致春天

（李楠楠　整理）

《非常6+1》童言无忌闹新春

播出台：中央电视台
播出时间：2009年2月8日
导演：文康
制片人：詹未

（节目片花：乐器演奏、舞蹈、体操、杂技、戏曲、唱歌等一系列简笔画特效，随后出《非常6+1》Logo）

开场画面（切入舞台大屏幕的信号）喜庆的红“福”。音乐渐起，画面淡出，切入演播室现场。

（开场舞《恭喜恭喜》）
表演：非常舞蹈团
伴奏：新编女声版《恭喜恭喜》
（灯光：黄色为主舞台上方的楼梯，12女舞蹈演员身着红色和紫色中国特色传统服装[6男装+6女装]，放下“新年快乐，吉祥如意”的条幅；移动到舞台前方，向观众抛糖果；开场舞开始。屏幕特效：雪花动

效）

主持人开场

大屏幕向两边拉开，节目主持人李咏走出。

李咏 谢谢，我是李咏！正在播出的是中央电视台的《非常6+1》。

（观众热烈欢呼声。舞蹈演员们在亮相动作后撤下）

李 （从楼梯走向舞台中央）谢谢非常舞蹈团漂亮的姑娘们！热烈欢迎电视机前观众朋友们的收看。新的一年新的开始，我准备了礼物，可是没有办法，隔了这么远，没法送给你。希望你在新的一年有新的开始，身体健康，家庭幸福！好，再次感谢现场观众朋友们的光临！（拿出一沓红包）新的一年呢，我们图一个吉利！

（观众热烈鼓掌欢呼）

李 好多朋友看我的节目都问，唉李咏，有没有奖？ （笑）发奖大户啊！我觉得……（向观众）你们猜这里面装的是什么？

观众 钱！

李 （跺脚向后撤）俗死了都！（把红包扔向观众）来，见者有份儿啊！

（观众欢呼争抢）

竞猜游戏《砸金蛋》

李 在这里面要感谢所有关注和支持《非常6+1》的朋友们。感谢你们发来的短信啊，如果你们有什么梦想、愿望和想法的话，发短信给我们。移动、联通、小灵通都在编辑短信发送到10669999081，说不定我们就能帮上你的忙。

（屏幕下方出现参与方式字幕）

李 你的短信我们都储存在电脑当中，现在我们要随机挑选出10位朋友，我要和你电话互动。来，电脑储备开始。停！

（画面切入舞台大屏幕上的幸运观众名单10秒）

李咏 现在我要和你们电话互动。

（礼仪小姐上台）

（金蛋落下）

李 那我们是有规则的。如果电话接通5响后你要不接，或者你设定在彩铃上，在我们规定的时间内没有接听电话，拜托，你就要跟幸运擦肩而过了。在这里感谢你们对《非常6+1》的支持，你们跟幸运擦肩而过后呢，幸运将回到现场观众的手上。来，我们接通第一个电话，连线！

（音效：电话铃）

（接入电话信号。画面切入第一位幸运观众短信内容10秒）

李 （看手中的特指手机）黑龙江手机尾号5055，“看到别人砸蛋，好馋！太馋了！真馋！一直希望能够拍一套好一点的结婚照，咏哥等你电话啊！”这跟砸蛋有什么关系啊？喂喂，你好！（做节目经典手势）这里是中央电视台《非常6+1》，我是李咏。

幸运观众 （惊喜）啊！你好！

（观众大笑）

李 是在黑龙江吗？

幸运观众 是！

李 确认一下你的手机尾号？

幸运观众 5055。

李 好的，正确！怎么称呼？

幸运观众 苏！

李 一直希望能拍一套好的婚纱照。你结婚了吗？

幸运观众 快了！再过一年！

李 （对镜头做夸张表情）那你未婚夫应该负责这个事啊！这是婆家的事情！

幸运观众 我想让你送我一套，这样有意义啊！

李 你知道有啥意义啊？你和你老公结婚的事有意义，我送你婚纱照能有啥意义啊？

幸运观众 那样我不就省钱了嘛！

（现场观众大笑）

李 （手指金蛋）苏女士啊，10颗金蛋，你很幸运，你是第一个选蛋的，来，选一个！

幸运观众 啊，你说我选哪个？

李 我哪知道哪个有金花啊……

幸运观众 我问我老公呢，没问你，哈哈。

（现场观众大笑。李咏装作无奈尴尬的表情）

幸运观众 选1号蛋吧！

李 （插腰）你老公建议你选1号蛋是吧？

幸运观众 对！我们想法一致。

李 把电话给你老公。

幸运观众 等一下啊。（对电话外）起来，叫你！

李 （做纳闷表情）起来，叫你？唉，你在床上干吗呢你？你哪儿不舒服啊？

幸运观众 吃饭呢，吃饭呢。

李 （拿过锤子）选的1号是吧？

（李咏砸1号蛋，金花四溅。现场观众欢呼声。音效起）

李 感谢您的参与！1号蛋砸开，金花四溅。没有问题，婚纱照由《非常6+1》帮您解决，我们会随时与你们保持电话联系的，祝你们恩爱幸福！时间关系我们就挂线了，再见！继续连线。

（音效：电话铃）

（接入电话信号。画面切入第二位幸运观众短信内容10秒）

李 信息来自山东，尾号4992。一台数码相机。因为他爷爷奶奶都已经七十多岁了，也没照过相，也没出过远门？（等待电话）

幸运观众 喂，你好。

李 你好！这里是中央电视台《非常6+1》，我是李咏。

幸运观众 啊！你好你好！

李 请问是在山东吗？

幸运观众 对啊！

李 请问怎么称呼？

幸运观众 姓董！

李 （学山东口音）姓董啊！手机尾号后4位告诉我。

幸运观众 4992。

李 过关了啊。小董！爷爷奶奶已经70多岁了从来没照过相？

幸运观众 啊，最近。

李 （吃惊）最近啊？来，选蛋！1到10号。

幸运观众 6号吧。

（李咏砸6号蛋，金花四溅。现场观众欢呼声。音效起）

李 感谢您的参与！6号蛋砸开，金花四溅。照相机由《非常6+1》送给你，我们会随时与你保持电话联系的，祝你的爷爷奶奶能够健康幸福啊！时间关系我们就挂线了，再见！继续连线。

（音效：电话铃）

（接入电话信号。画面切入第三位幸运观众短信内容10秒）

李 信息来自江苏。尾号0211。很想买台冰箱送给他妈，孝敬她老人家，可是他现在心有余而力不足。（等待电话）

幸运观众 喂，你好。

李 你好！这里是中央电视台《非常6+1》，我是李咏。是在江苏吗？怎么称呼？

幸运观众 对，我在江苏。姓沈。

李 （夸张表情）姓粉？

幸运观众 不是，姓沈，沈阳的沈。

李　噢！沈先生你好！确认一下你的手机尾号。

幸运观众　0211。

李　好，没问题。（开心表情）那你现在来选金蛋，金花四溅的话，电冰箱就送给你妈，然后你说："妈，我孝敬你的！"（突然转为面无表情）

幸运观众　哈哈。

李　（指着镜头）我告诉你啊，你现在赶快选金蛋，要是金花四溅，你就告诉你妈是我送给她的！

（现场观众大笑）

幸运观众　好的好的。我选5号吧。

（李咏砸5号蛋，金花四溅。现场观众欢呼声。音效起）

李　感谢您对节目的支持！那电冰箱由《非常6+1》送给你，我们会随时与你保持电话联系的！时间关系我们就挂线了，再见！继续连线。

（音效：电话铃）

（接入电话信号。画面切入第四位幸运观众短信内容10秒）

李　浙江，手机尾号0406。在看到一把吉他的时候就想起了我？希望我能送给他。为什么看到一把吉他就想起我呢？

（音效：现场乐队奏吉他声）

李　这个我得问问……

（电话：sorry，this is……）

（现场观众欢呼）

李　那幸运呢，来到了现场。（大吼）找！

（大屏幕搜索观众。定住）

李　就是您！

（观众从舞台左侧上台）

李　你好！向大家介绍一下怎么称呼您！

观众　我姓费。

李　费先生你好！现在还剩下7个金蛋，任意选择一个号码。

观众　砸9号吧。

（李咏将槌子递给观众。观众砸蛋，金花四溅。现场观众欢呼声。音效起。礼仪小姐递上礼品）

李咏　来，彩屏手机送给您！恭喜，再见！

（观众从舞台左侧下台）

李　继续连线。

（音效：电话铃）

（接入电话信号。画面切入第五位幸运观众短信内容10秒）

李　内蒙古，手机尾号8166。老看你给别人砸蛋，能为我砸个金蛋吗？我儿子刚考上大学，我想送他一套质量好的防寒服，行吗？行！（等待电话）

幸运观众　喂。

李　你好！这里是中央电视台《非常6+1》，我是李咏。

幸运观众　你真是李咏?!

李　（吓了一跳）我就是！你这么一说，我都不知道我是谁了。来，告诉我你的手机后4位。

幸运观众　8166。

李　好，没问题。怎么称呼？

幸运观众　我姓沈。沈阳的沈。

（现场观众大笑）

李　（无奈）这一南一北啊，俩沈。好！任意选择一颗金蛋，还剩6颗。

幸运观众　9号砸没砸？

李　刚被一姓费的砸了。

幸运观众　那就10号蛋吧！

（李咏砸10号蛋，没有金花。现场观众遗憾声。音效起）

李　感谢您对节目的支持！10号蛋我终于砸开了！

幸运观众　有没有？

李　空蛋。

幸运观众　那空就空吧。

李　参与嘛，这就是一个参与的游戏。那有时间我们再电话连线。时间关系我们就挂线了，再见！继续连线。

（音效：电话铃）

（接入电话信号。画面切入第六位幸运观众短信内容10秒）

李 这位来自贵州，手机尾号0964。我的名字比你多个梅字，父母都高龄了，想送他们一台全自动洗衣机。李梅咏，梅李咏……我真是孝顺别人的模范典型啊！

（现场观众大笑）

幸运观众 喂。

李 （满脸笑容）你好！这里是中央电视台《非常6+1》，我是李咏。

幸运观众 你好。

李 怎么这么不兴奋呢？

（现场观众大笑）

幸运观众 因为我不敢相信是你。

李 （古怪表情）要是不相信，那你把电话挂了好啦。好，告诉我你手机的后4位号码。

幸运观众 0964。

李 （拿起锤子）那你选择一个金蛋吧。

幸运观众 8号吧。

（李咏砸8号蛋，金花四溅。现场观众欢呼声。音效起）

李 感谢您对节目的支持！全自动洗衣机由《非常6+1》送给你的父母，我们会随时与你保持电话联系的，祝你的父母身体健康！时间关系我们就挂线了，再见！继续连线。

（音效：电话铃）

（接入电话信号。画面切入第七位幸运观众短信内容10秒）

李 信息来自湖北，尾号4333。李娜，9岁？

（电话：您好，您拨打的用户已关机……）

（现场观众欢呼）

李 （大吼）找！

（大屏幕搜索观众）

李咏 654321……停！

（观众从舞台左侧上台）

李 你好！怎么称呼？

观众 我姓王。

李 小王你好！现在还剩下4个金蛋，任意选择一个号码。

观众 7号吧。

（李咏将锤子递给观众。观众砸蛋，金花四溅。现场观众欢呼声。音效起。礼仪小姐递上礼品）

李咏 来，彩屏手机送给您！谢谢，再见！

（观众从舞台左侧下台）

李咏 继续连线。

（音效：电话铃）

（接入电话信号。画面切入第八位幸运观众短信内容10秒）

李 安徽，手机尾号9933。宝宝6岁了，一双溜冰鞋送给她，快到她生日了。（等待电话）

幸运观众 喂。

李 你好！这里是中央电视台《非常6+1》，我是李咏。

幸运观众 啊，你好你好！

李 是在安徽对不对？请问怎么称呼？告诉我手机后四位号码。

幸运观众 姓张。9933。

李 还有三个金蛋。2、3、4。来，任意选一个。

幸运观众 4号。

（李咏砸10号蛋，没有金花。现场观众遗憾声。音效起）

李 张女士很遗憾。没有金花。感谢您对《非常6+1》的支持，时间关系我们就挂线了，再见！继续连线。

（音效：电话铃）

（接入电话信号。画面切入第九位幸运观众短信内容10秒）

李 江西，手机尾号6678。要想把你忘记真的好难……这玩意儿让人听着误解啊。因为我还有个梦想没有实现，就是常回家看望父母、婆婆，因为有一段路没车，想要一辆电动自行车……

幸运观众 喂，你好！

李 喂，你好！这里是中央电视台《非常6+1》，我是李咏。

幸运观众 等了你很久了！

李 我……我也找了你很久了啊！怎么称呼？确认一下手机尾号。

幸运观众 姓刘。6678。

李 好，小刘，两颗金蛋，2号、3号，任选一颗。

幸运观众 那就2号吧。

（李咏砸2号蛋，金花四溅。现场观众欢呼声。音效起）

李 感谢您对节目的支持！电动自行车由《非常6+1》送给你，我们会随时与你保持电话联系的！时间关系我们就挂线了，再见！继续连线。

（音效：电话铃）

（接入电话信号。画面切入第十位幸运观众短信内容10秒）

李 广东，手机尾号0154。他快结婚了，想要一台冰箱当嫁妆。女孩子啊。

（电话：您好，您拨打的电话已关机……）

（现场观众欢呼）

李 最后一个金蛋。（大吼）找！

（大屏幕搜索观众）

李咏 654321……停！

（观众从舞台左侧上台）

李 怎么称呼啊？

观众 我姓刘。

李 小刘！没的可选了，就剩3号蛋了，看看你的运气怎么样吧。

（李咏将锤子递给观众。观众砸蛋，金花四溅。现场观众欢呼声。音效起。礼仪小姐递上礼品）

李 好，小刘，彩屏手机送给你！

（观众及礼仪小姐从舞台左侧下台）

李 好。时间关系，我们电话连线的环节到这儿就结束了。谢谢对《非常6+1》节目的支持，如果你们有什么梦想、愿望和想法的话，编辑短信，发送给我们，（屏幕下方出现参与方式字幕）移动、联通、小灵通都在编辑短信发送到10669999081，说不定我们就能帮上你的忙。正在播出的是《非常6+1》。不要走开，我们马上回来。

节目Logo和视频（本期节目预告）

【解说】《非常6+1》祝您春节快乐！李咏现场派红包，里面到底装的是什么？……还有世界上最奇怪的新年歌……还有李咏现场挥毫，和小朋友比书法……非常6+1。

李 好了，那时间依旧会像往常一样，有小朋友要登上《非常6+1》的这个舞台。那1号、2号、3号这些小朋友们究竟会是谁呢？先请上1号，两位小主人公，侯冰俏、陆禹含！

（侯冰俏、陆禹含从舞台上方的大屏幕后招手走出）

（歌曲《新年好》）

演唱：侯冰俏　陆禹含

（演唱者穿粉红色服装，拿鞭炮等小道具边歌边舞）

四季里收成好
转眼又是新年到
新年到
丰收的新年多热闹
大街和小巷放鞭炮
舞龙灯踩高跷

迎财神接元宝
家家户户乐逍遥
过新年人人笑
见面说声新年好
新年好
快乐的新年多热闹

（主持人李咏从舞台右侧上台）

李　欢迎二位来到《非常6+1》的演播室。来，分别做一下自我介绍。

侯　我叫侯冰俏！

陆　我叫陆禹含！

侯　我今年8岁了！

陆　我今年也8岁了！

侯　我来自哈尔滨！

陆　我也来自哈尔滨！

侯　你怎么总学我啊？

（现场观众大笑）

李　一到年根儿的时候大家就都有体会，要对上一年做一个总结。你们有总结吗？

齐声　有！

李咏　把你们总结拿上来。

（工作人员拿上总结）

李　我看看我的年终述职和你们的年终总结有什么不一样没有啊。

陆　（看总结念到）亲爱的爸爸妈妈老师，你们好。

李　（看总结念到）尊敬的各位领导，你们好。

（音效：滑稽）

陆　2008年是很有意义的一年。

李　2008年是很有意义的一年。

陆　一样？

李　是啊。

陆　在这一年里，我们学了很多新的知识。

李　在这一年里，我继续在《非常6+1》砸金蛋……

（现场观众大笑）

陆　也参加了很多表演。

李　也推出了新的节目。

陆　得到了大家的表扬。

李　得到了观众的认可。

（现场观众鼓掌）

陆　在新的一年里。

李　在新的一年里。

陆　我们会更努力地学习。

李　我会更努力地工作。

陆　成为大家喜欢的好孩子。

李　成为……这秘书怎么写的，怎么是省略号？

（音效：滑稽）

（现场观众大笑鼓掌）

李　这个……自个儿对自个儿寄予了无限的希望啊！所以我刚才讲嘛，大家跟小孩做的事情其实差不多。你看这个年终总结和述职报告都差不多。

侯　不对，不一样！有些事情小孩能做，但大人不能做！

李　那我们都从小长大的，做什么啊？

齐声　（边说边做）左手右手交叉，转一个圈，用大拇指夹住鼻子，mer～我是牛！

李　这我不会！

齐声　你给我们做个示范好不好？

李　我待会做，待会做。

（现场观众鼓掌欢呼）

李　这个，我们先来了解一下这两个小选手的情况。来，导播。

节目Logo和视频

（小选手生活趣事：滑雪的故事）

【解说】这是侯冰俏和陆禹含的舞蹈课。虽然她俩跳得很认真，但谁又知道她俩心里又在盘算着什么事情？（趁妈妈睡觉时让妈妈带她们去滑雪）……俏俏成功，我们再来看看。……虽然妈妈没同意，但是两个爸爸可是完全的赞同。……这白茫茫的一片雪地是孩子们的童话世界。当然，在童话的世界里，不一定只有欢乐，偶尔还会有小小的忽悠。(侯冰俏戏弄陆禹含)……雪地里，当然还有我们的保留项目——堆雪人。还不错吧？

李　这个转变开始的时候呢，大家注意到一个细节啊，这俩孩子都挺能忽悠人的啊。侯冰俏忽悠你妈妈是有一套，发现了你妈妈的薄弱环节。

陆　我也发现了！我去超市的时候，我妈妈穿什么衣服我都说好看，她就什么都给我买了！

(现场观众大笑)

李　这俩孩子来到了《非常6+1》的预演中心，因为她们很能忽悠人，观察力也很强。(对小选手)想问问你们在预演中心都发现了什么？

侯　顾老师在沙发上睡觉的时候是这个样子的？(做出四仰八叉的姿势)

李　那是壁虎！

陆　我知道！他说他不在《非常6+1》工作了，他要去幼儿园哄宝宝！

侯　我还知道！顾老师他5天都穿着一模一样的衣服，都没换！

(音效：滑稽)

李　这不讲卫生啊！

陆　那天顾老师拿起一个小姐姐的口红就要往嘴上抹！

李　你可别胡说啊！

(舞台边的顾老师欲解释)

不换衣服？睡觉跟壁虎一样扒墙上？拿人小姐姐的口红往嘴上抹？

顾老师　我擦的不是口红，那是润唇膏！

李　什么颜色的？

侯　白的，还带点粉色。

顾老师　那是润唇膏！

李　带点粉色的润唇膏！哈哈，开个玩笑啊。还发现什么了？

陆　还有你！

李　我刚来，我怎么了？

陆　你一来，我就看见你往红包里塞的是纸，没装钱！

李　(着急摆手)不是不是！那红包里放钱就俗了！那都是祝福的语言！

侯　我还看见你今天买了两个盒饭，把菜全吃了，把肉和米都剩下来了！

(音效：滑稽)

李　不可能！那是别人！

陆　我还看见，你跑着去厕所干吗啊？

李　我急啊我！

陆　那你为什么穿拖鞋啊？

李　行了行了，就这样吧，一会儿什么都抖露出来了……

(现场观众大笑)

李　行了！侯冰俏、陆禹含，两位就要步入自然堂梦想之门了。

(屏幕下方出现赞助商标志)

李　祝你们好运！

(小选手招手后，转身走进舞台后方)

(两人换装后再次上场)

(歌曲《WOOSA》)

演唱：侯冰俏、陆禹含

伴舞：非常舞蹈团

woosa woosa
放轻松快乐摇摆
张开双手迎接蓝蓝大海
woosa woosa
把烦恼通通抛开
say ye say ye
woosa woosa
乌云飘来挥手 bye bye
晴空万里太阳可爱

风吹过来速度有一点快
想爱就跟上节拍
眼泪放假悲伤转台
爱靠过来大声 say hi
没有答案就别问 why or why
想爱就把心打开
不累不累再往前飞
准备准备爱在心扉

节目 Logo 和视频
【解说】《非常 6+1》祝您新春快乐！4 个朝鲜族宝贝要让顾磊新年新面貌！《非常 6+1》和您快乐过新春！

李 欢迎回来！我是李咏！这里是中央电视台播出的《非常 6+1》！那接下来我们要认识一下 2 号！2 号是一个组合，我们掌声请出“牛牛牛牛”组合！
（牛牛牛牛组合从舞台上方的大屏幕后招手走出）

（歌曲《你最牛》）
表演者：牛牛牛牛组合
（小选手们身穿白色衣服，头戴“牛”帽）
唱 拍拍手往前冲拍拍手为你加油
拍拍手噢嘿哟全世界你最牛
自己和自己赛跑平凡的你我一样
都有成为不平凡的力量
没有不神气的牛没有不可能的梦
你的自信心是一条跑道
仔细听自己的心跳
向前跑那就是目标
我们多坚强呼吸就感觉到
没有人能比你还重要
拍拍手往前冲拍拍手为你加油
拍拍手噢嘿哟全世界你最牛

（主持人李咏上台）

李咏 把头低下来。
（小选手们低头，露出帽子上的玩偶牛脸）
（现场观众大笑）
（音效：牛叫）
李 集体来个牛叫，会吗？
齐声 会！mer~！
李 （后退几步）真的是……不太像牛啊。这样吧，我们通过一个短片来了解一下 4 位小朋友。

节目 Logo 和视频
（小选手生活趣事：幼儿园趣事）
【解说】我们可爱的牛牛牛牛组合是 4 个地地道道的朝鲜族小朋友。每天，他们最快乐最忙道的事情就是接下来的几个小时该怎么在幼儿园里度过。……看来监督大家洗手对我们的酷酷牛宇辰来说，是一件很有技术含量的事情。……洗完手要做的事情就是吃饭喽，这可是斌斌的强项。……（铭铭）和小朋友们在一起，吃什么都是香的，包括吃药。……美美地睡个午觉多好啊，但是对于丫丫来说，就是一件很难的事情了。……这就是 4 个可爱的小宝贝，别忘了他们还有一个可爱的组合名字，牛牛牛牛。

（舞蹈《大长今》）
（小选手们身着朝鲜族传统服装）

（主持人李咏上台）
李 好好好，像 4 个小木偶一样啊。新年行大礼是怎么个行法？男孩子呢？
（小选手们趴下磕头。现场观众大笑）
李 在坐的叫哥哥的叫姐姐的，叫叔叔的叫阿姨的，叫爷爷的叫奶奶的，孩子们都行成这样了，你们就光鼓掌啊？（对小选手）辛苦你们了啊！你们穿成这样，那能用韩语说句“新年好”吗？
（小选手们用韩语拜年，再次跪下磕头）

李 （后撤）完了！好了好了，快起来。唉，怪我，我刚才应该留下4个红包来！不然这脸上挂不住啊！（对小选手）你们还会点儿什么？

小选手1 我们会打开鼻孔唱新年歌。

李 打开鼻孔唱新年歌？你们谁来示范一下？

（小选手们示范）

李 打开鼻孔还能干什么？

小选手1 我们还能吸鼻孔唱歌。

李 吸鼻孔唱歌？吸一个我看看？

（小选手们再次示范）

李 （做无奈状）这是谁教你们的？

齐声 洪兵老师！

李 （对台下的洪兵老师）作为音乐指导，怎么能教孩子这些呢？

洪兵 开始啊，教他们唱歌，没人很正式的唱，全在那儿玩。一教这个，他们就全都学会了。

李 你就不怕给孩子留下一后遗症，以后全张着鼻孔唱歌？

小选手1 我还会顶着鼻子唱歌呢！

李 也是他教的？（对洪兵老师）你干吗总跟孩子鼻子过不去啊你？

（小选手们示范）

李 谢谢谢谢！这4位孩子啊，在《非常6+1》的预演中心啊，被洪兵折腾的够呛啊。我们看看他们在那里是怎么度过的。

节目Logo和视频

【解说】接下来这一段是我们在拍摄时候的意外收获。4个宝贝儿正在自己排练。从现场状况来看，丫丫俨然是他们的小领导了。宇辰想偷懒，看我们怎么来对付他。……看来，领导还是有她脆弱的一面的。……

李 （对小选手1）我看这个短片，你们刚才跳舞跳得好好的，然后顾磊大吼一声，人家都没哭，怎么就你哭了呢？

小选手1 因为我怕顾磊老师穿一身黑色。

李 那他穿什么你不怕啊？

小选手1 穿裙子。

（现场观众大笑）

李 他穿裙子你不怕，我怕了！

李 （对其他小选手）你们谁不怕顾磊？

齐声 不怕！我不怕！

小选手2 顾磊老师像我们幼儿园的阿姨！

小选手3 我可以把顾磊老师变成小女孩！

小选手4 我可以把顾磊老师打哭！

李 太闹了！当然，在《非常6+1》的花絮还不止这么多，我们接着看。

节目Logo和视频（排练花絮2）

【解说】宇辰是个很勤快的宝贝儿。在《非常6+1》的预演中心，他是4个人的衣服总管。（宇辰叠衣服）……有人管衣服，就有人负责鞋。铭铭豁出去了，也要开始做个爱干净的男子汉。（铭铭擦鞋）……最麻烦的是斌斌，他在家很少用筷子，来到《非常6+1》，这可愁坏了他。（斌斌用手吃饭）……这样吃饭可不行，我们都来帮帮他。（丫丫用筷子喂斌斌）……看来丫丫也明白“授人与鱼不如授人与渔”的道理，好像用筷子也不是太难。（斌斌学会用筷子吃饭）……

李 你们来这儿这么多天了，想不想妈妈？

齐声 不想！

（李咏带小选手们走到舞台左侧）

李 你们来这边看看，谁来了？

（《大长今》伴奏起，4位母亲身着朝鲜族服装从舞台右侧边舞边上台）

李 感谢4位母亲来到了现场。刚才你们也听孩子们说了，不接你们的电话，100天以后你们再来，不想你们。（对小选手们）想不想妈妈?

齐声 不想!

李 你们要是再说不想，我惩罚你们啊。来，木头人!

（小选手们玩儿起木头人的游戏，在舞台上定住）

李 去，到各自的妈妈身边去。

（小选手们跑到妈妈身边）

李 （向小选手母亲）孩子来到《非常6+1》的预演中心，想不想孩子?

母亲 想，非常想。

李 （对小选手1）想不想妈妈?

小选手1 不想!

李 你说这小男孩不想，好男儿志在四方嘛，这小女孩也不想啊?

李 （转身对小选手们）好，既然妈妈来了，我给你们一个选择。是愿意节目结束之后妈妈带你们回家，还是留在《非常6+1》继续玩?

齐声 继续玩!

李 （无奈状）顾磊推辞不掉了啊，这阿姨是当定了。

（音效：滑稽）

李 现在你们就要步入自然堂梦想之门了，准备好了吗?

（屏幕下方出现赞助商标志）

齐声 准备好了!

李 来，祝你们好运。

（小选手们转身走进舞台后方）

（四人换装后再次上场）

（歌曲《青苹果乐园》）

表演者：牛牛牛牛组合

（四人身着小西服校服边跳边唱）

周末午夜别徘徊
快到苹果乐园来
欢迎流浪的小孩
不要在一旁发呆
一起大声呼喊
向寂寞午夜说 bye bye
音乐星光样样都浪漫
烦恼忧愁都与我无关
这是我们的舞台
散发魅力趁现在
告诉 what's your name
接受这邀请函
I love you
走出角落的黑暗
don't you know
给我全部的爱
I need you
安慰我的不安
跟着我尽情摇摆
跟着我不要伤怀
跟着我散发光彩
照亮天空的阴暗
lalalala
尽情摇摆

节目 Loge 和视频（本期节目预告）

【解说】他是最纯正的中国王……更有小朋友们大拜年……《非常6+1》，新春快乐，精彩连连!

李 欢迎回来！我是李咏！正在播出的是中央电视台的《非常6+1》！那接下来呢，我们要认识一下3号主人公，苗清然。

（苗清然从舞台上方的大屏幕后招手走出）

节目 Logo 和视频

（小选手生活趣事：书法的故事）

【解说】苗清然是班里的小班长，平时一脸正气。得亏等到《非常6+1》来了，同学们可得好好说说这个小班长。（同学们评价苗清然）……最让大家羡慕的，还是苗清然这一手好字。从很小起，苗清然就开始练字。（母亲介绍苗清然的书法）……发黄的纸页上还留着苗清然成长的笔迹。为了帮孩子更好地保存这些珍贵的回忆，妈妈还特地买了一台装裱机，自己都学会了装裱，把孩子的作品装裱起来了。（苗清然展示作品）

李　（搂着苗清然）来告诉大家，为什么那么爱写字呢？

苗　因为书法字非常的漂亮，并且能练就一手很好的字。反正就是喜欢！

李　听说你还给大家伙儿带来了礼物？

苗　当然了！

李　那赶紧拿来看看。

苗　好，我先祝大家五福临门！

（桌子、笔墨纸砚等道具上）

李　告诉大家这都是什么体啊？

苗　（拿起5张福字）这是篆书的福，这是隶书的福，这是行书的福，这是楷书的福，这是草书的福。

李　你刚才说五福临门嘛。那你能不能有选择地把这些字送给在座的哥哥姐姐、叔叔阿姨啊？

苗　行！

（苗清然把福字送给台下观众）

李　这边送还边拉票呢啊。这5个福啊，都是写好的，不见真功夫啊。现场笔墨纸砚都准备好了，你是不是现场给大家来一个？

（现场书法表演）

表演者：苗清然

（配乐：琵琶曲）

书法内容：六顺八方喜

李　来，我们上来两位朋友。

（两位观众上台举对联）

李　上联是？

苗　六顺八方喜。

李　下联是？

苗　一年四季春。

（现场观众鼓掌）

李　缺一横批啊，对吧？那非得我出马一下？

（现场观众鼓掌）

（李写横批）

李　（对苗清然）你把这个横批给大家展示一下？

苗　（展示横批）非常6+1！

（现场观众鼓掌）

（两位观众下台）

苗　我再拿一件礼物，你必须好好收着。

李咏　什么礼物啊？我看看。

（工作人员送上画卷）

（李展开画卷，展示给观众，原来是李的漫画）

（音效：滑稽）

苗　祝李咏叔叔越长越帅气！

李　（卷起画卷）谢谢苗清然，这我得挂我们家门上。其实，我们刚才讲了嘛，苗清然能写能画，自然离不开他的勤奋。当然，也有刻苦的培养。我们来了解一下。

节目Logo和视频

（解说）由于爸爸常年在外工作，苗清然几乎就是妈妈一个人带大的。练字也不是一天两天的功夫，这里面既有苗清然几年来的努力，也有妈妈太多的心血。每个周末，妈妈就是这样骑着车带着孩子去书法班。孩子在里面上课，妈妈就在外面安静地等着。很多时候，妈妈会带苗清然去参加一些演出，在舞台上都会留下孩子快乐的照片。看到这些照片，小小的苗清然却有另外的感受。（苗清然诉说对妈妈的爱）

李 苗清然的心愿按说并不过分，就是希望跟爸爸妈妈一起有个全家的合影。苗清然的母亲来到了现场，我们认识一下。

（苗清然母亲从观众席中站起）

啊，我们再想求证一下。

苗母亲 因为我觉得我和同龄孩子的母亲比，我就觉得自己很老，长得也不漂亮，不想给孩子丢人。

李 可是刚才苗清然说你是世界上最漂亮的妈妈。听了这个话你有什么感觉？

苗母亲 孩子挺懂事的。我儿子能这么说，我心里非常开心。

（背影乐：轻柔温暖）

李 其实我们也非常地遗憾，原本想在《非常6+1》的舞台上让苗清然和他的爸爸妈妈一起有一个合影。但为什么说遗憾呢？苗清然的父亲目前是在黑河的山区里工作，即使电话连线呢，那里都没有电话信号。我想，既然苗清然就这样一个心愿，做妈妈的应该能够完成。

苗母亲 （点头）可以。

李 来，我们有请苗清然的母亲。

（苗清然母亲从舞台右侧上台）

李 来，刚才拿到5个福的朋友们请上场。

（观众从舞台右侧上台）

李 来，苗清然和他的母亲站在中间，（对观众）你们站在后面。

苗母亲 李咏，跟你商量点儿事吧？

李 说吧。

苗母亲 这次机会很难得，想让苗清然跟你一起合影。

李 跟我一起合影？那这样，我们征求一下苗清然的意见吧。（对苗清然）苗清然，如果给你一次选择的话，你选择我还是你妈妈？

苗 （犹豫了2秒钟）我选和我妈妈。

（现场观众鼓掌）

李 来，我们大家摆一个姿势，123！

（照相）

李 苗清然，梦想之门即将为你开启，你将步入自然堂梦想之门，你准备好了吗？

（屏幕下方出现赞助商标志）

苗 准备好了！

李 （与苗清然握手）来，祝你好运。

（苗清然转身走进舞台后方）

（苗清然换装后再次上场）

（歌曲《黄种人》）

表演者：苗清然　伴舞：非常舞蹈团

（苗清然身穿黄色练功服要双节棍，伴舞身穿黑色练功服）

来自流过五千岁的汗还是传说中的城堡
所有倒在江湖里的黄只等我来给他名状
黄种人来到地上挺起新的胸膛
黄种人走在路上天下知我不一样
越动荡越勇敢世界变更要让我闯
一身坦荡荡到四方
五千年终于轮到我上场
从来没有医不好的伤只有最古老的力量
所有散在土地里的黄载着顽强背上东方
黄种人来到地上挺起新的胸膛
黄种人走在路上天下知我不一样
越动荡越勇敢世界变更要让我闯
一身坦荡荡到四方
五千年终于轮到我上场

说 一直能用异光看我的黄色的脸
鲜红色的血留在深山里的人
你说这是我的愤怒我说这是我的态度
奋不顾身勇往直前只有我们中国人

唱 越动荡越勇敢留下属于我的黄
一身坦荡荡　黄天在上看我如何做好汉

李 苗清然，那祝你今天有一个好的成绩。

苗 谢谢！

（苗清然鞠躬退场）

李　（做节目经典手势）《非常6+1》正在播出，小主人公们今天谁会胜出？非常明星，答案马上就将揭晓。

李　欢迎回到《非常6+1》，我们看到了孩子们精彩的才艺展示，马上我们要揭晓今天的非常明星。之前，我们再来认识一下1号、2号、3号主人公。我们首先请上1号主人公，侯冰俏、陆禹含！

（侯冰俏、陆禹含从舞台左侧上台）

视频（1号小选手片花）

李咏　2号主人公，牛牛牛牛组合！

（牛牛牛牛组合从舞台左侧上台）

视频（2号小选手片花）

李咏　3号主人公，苗清然！

（苗清然从舞台左侧上台）

视频（3号小选手片花）

李　通常呢，新年上晚辈要向长辈拜年。拜年的话呢，长辈要给红包。（掏西服口袋）我这儿准备了红包。

（小选手们欢呼）

李　必须每个人要说新年吉利的话！

苗　祝大家新年快乐，阖家欢乐，幸福美满，财源广进，五福临门！

李　（给红包）好，红包拿去。（对2号小选手们）不准说重复的啊！

牛1　新年快乐！

李　这是简约版的啊！（给红包）来，新年好。

牛2　祝全世界的小朋友们新年快乐，不要像我一样牙疼。

李　挺好挺好，这都全世界了啊，全世界孩子都别牙疼啊。（给红包）来，红包。

牛3　祝所有的爸爸妈妈快乐！

李　那我就代表所有的爹妈，（给红包）红包。你不说谢谢啊？

牛3　谢谢！

李　来。

牛4　祝所有的小动物们新年快乐！

（现场观众大笑）

（音效：大象叫）

李　（笑）行，我代表全国的动物园，来，红包。

侯　祝电视机前所有的爸爸妈妈万事如意，阖家欢乐。

李　好。少了叔叔阿姨了啊。

陆　祝大家新年快乐，万事如意，吉祥如意，新年快乐。

李　有点儿啰唆啊。来。

陆　谢谢。

李　客气。都挺可爱的啊。来，拿出你们的选择器。请选择！

（观众选择中）

李　今天的非常明星是……牛牛牛牛组合！

（金花四溅。音乐起）

（礼仪小姐上台颁发奖杯）

李　恭喜牛牛牛牛组合成为了今天的非常明星！新年愉快！继续关注《非常6+1》，我是李咏！下周见！

（同时出字幕，节目结束）

（高园　整理）

《明星转起来》(第一期)

节目名称：辽宁卫视《明星转起来》(第一期)
播出时间：2009 年 2 月 14 日

片头

【解说】大型娱乐互动栏目《明星转起来》首期节目大幕开启。喜剧大师赵本山重量登场，本山弟子搭档众多明星展示明星搭档之间的激烈对抗。凭借央视春晚小品《不差钱》红透全国的小沈阳搭档著名歌手麦穗，央视春晚高音惊爆现场的丫蛋毛毛搭档情歌王子黄鹤翔，《乡村爱情》中成功扮演李大国的王小虎搭档曾志伟爱女名嘴曾宝仪，《乡村爱情》中刘能媳妇的扮演者孙丽蓉搭档台湾著名影视演员张世。贺岁搭档进行二人转比拼，究竟哪对搭档能够最终胜出，让我们共同期待！明星转起来，想了你就来！

(字幕：明星转起来——想乐你就来)(主办：辽宁卫视)

动画片头

爱热闹的快快来上台
黑土地的玩意儿大家学起来
唱念好似烫心的酒
伴舞就像开胃的菜
更有那绝活那才叫精彩
南来北往的人啊
实在惠儿的爱
追着东北风一块转起来
转出一个精神劲儿
转出一个好心态
唱出一个好心态
天天就会乐开怀
天天就会乐开怀

开场舞蹈

(舞台以明亮色调为主，女舞蹈演员帽子、紧身背心和彩色短裙，粉色、黄色、淡蓝色三种，男演员白色套装)

唱 与快乐同在
明星转起来
与快乐同在
明星转起来
转吧转吧转吧
这里有你的舞台
永远与快乐同在
就像一个开心的钟摆
分分秒秒不要停下来
转吧转吧转吧　别忘活个精彩
转吧转吧转吧　人生在这里徘徊
来来来来这是生活的爱
这是快乐发的财
转吧转吧转吧　与快乐同在
转吧转吧转吧　明星转起来
转吧转吧转吧　与快乐同在
明星转起来

(舞蹈后部分主持人王平、露露上场)

主持人上场

王平　明星转起来。

露露 大家乐开怀。谢谢。

王平 现场和电视机前的观众朋友们，晚上好。

露露 晚上好！

王平 您现在收看到的是辽宁卫视2009年隆重推出的大型娱乐互动栏目，《明星转起来》，我是主持人王平。

露露 大家好，我是主持人露露，非常高兴跟大家见面！大家都知道，咱们隆重为大家打造的这个节目叫《明星转起来》。

王平 对。

露露 最重要的就是我们放在中间是一个“转”字，是我们整个节目的主题和宗旨所在了。

王平 那这个栏目做主持我不胜任。

露露 为什么？

王平 因为我有高血压，不转我都晕。

露露 您说什么呢？是二人转，二人转好不好。

王平 咱俩一块转？

露露 不是咱俩一块转，二人转，您转什么呀？

王平 你看你还真认真，这不跟你开个玩笑嘛。

露露 这不着急嘛。

王平 这个“转”字我想我们东北的观众一定非常熟悉，那就是红遍中国的，我们东北的地方戏“二人转”。

露露 说的好。但是，得纠正一下，这些年二人转真的火的不得了，不仅仅是火遍我们全中国，应该说是火遍了全球。

王平 有华人的地方大家都知道二人转。

露露 没错，那为什么这样呢？有一个人功不可没，大家都知道，那就是著名的喜剧大师赵本山先生。

王平 是的，是的。

露露 他不仅仅为我们培养了一大批非常非常优秀的二人转演员，而且还带领着他的弟子们，为我们带来了像《刘老根》、《马大帅》、《乡村爱情》以及《关东大先生》等等很多部非常经典的电视连续剧。

王平 对，再说今年吧。在春节晚会上，本山和他的弟子再次点燃了全球华人的笑神经。

那么我们开办这个栏目的宗旨呢，就是想和本山以及他的弟子还有更多的明星朋友们，把欢乐送到更多的家庭当中。

露露 没错，那在我们本期的《明星转起来》当中，不仅有非常优秀的二人转演员参与其中，而且全国各地的各路大腕，也将都跟随我们一起转起来。

王平 对。

露露 所以说呢，大家要好好的感受一下，我们地地道道的地方特色，而且我们每一位明星都将跟我们的二人转演员，进行亲密亲密再亲密的接触。进行真正的一帮一，一对红，而且在每期的节目当中，我们都将评选出最佳默契的搭档。

王平 是的，那为了方便电视机前的观众朋友们您的参与，我们在现场设置了短信平台。我们两位快乐使者就在现场，我们大家一起来认识一下。

露露 好，欢迎你们。

大长脸 大家好，我是咱们剧组的剧务，也就是跑腿的，名叫于洋，大伙也可以管我叫大长脸。

密密 大家好，我是密密，我是我们剧组的小喇叭。

大长脸 可不呗。

密密 他们都说我长得特撩人，老爱放狠词儿。

大长脸　哎呀，这个亲爱的观众朋友们，你们可以通过屏幕下方的参与方式跟我们节目进行互动。

密密　没错。

大长脸　别忘了也可以发送短信给你的好友祝福啊，支持哪队搭档啊，都可以。

密密　对对对，还可以为自己赢得一份幸运的礼物，来看一下今天为您准备的礼物，是一款所有音频和视频都兼容的一款 MP5，已经出到 MP5 了，很棒的礼物了，想要吧，祝你们的好运了。

大长脸　好运。

露露　好的，谢谢我们的脸脸和密密，很喜庆。

王平　是是是。

露露　那今天到这里，大家一定迫不及待地看一看你们第一期到底给我们请来了什么样的狠人呢对不对。

王平　是啊，不要再卖关子了。

露露　好，那接下来一起来关注一下，我们第一期的自组搭档。

王平　掌声欢迎！

（音乐起，四块大红圆布从舞台两侧分别旋转上舞台）（主持人上场，介绍嘉宾）

王平　好，现场的观众朋友们让我们来认识一下第一队搭档，那就是红透中国的小沈阳和歌手麦穗。

露露　欢迎两位！

（小沈阳、麦穗上场）

露露　这是谁啊，这不是小沈阳吗对不对。小沈阳往那一站，我得离他远一点。

王平　为什么？

露露　大家都知道小沈阳现在是火的不得了，挨着他容易烧着。

王平　没关系，有我在，你让他靠我近点。

露露　怎么呢？

王平　谁火我治谁。

露露　为什么呀？

王平　大伙都知道我是消防队的，专门灭火的。

露露　欢迎小沈阳，跟大家打个招呼好不好！

小沈阳　亲爱的朋友们你们好吗，感谢你们，新的一年来到了，祝愿大家牛年老好了！

露露　谢谢小沈阳，谢谢。

王平　麦穗是我们大家非常熟悉喜爱的一位歌手，她这个名字也特别好听，也特别好记。但是麦穗这个名字它是有季节性的。比方说在这个季节你不能叫麦穗。

麦穗　那叫什么？

王平　你顶多叫麦种，或者叫麦苗，秋天收获的时候才能叫麦穗。

麦穗　那干脆我叫麦粒得了。

王平　麦粒那等于是从麦穗剥离下来之后才可以叫的。

露露　秋天叫麦种，那现在冬天叫什么？

王平　秋天叫麦穗。

露露　哦，秋天叫麦穗。

王平　对。

露露　春天叫麦种，那冬天叫什么？

王平　冬天叫秸秆。

露露　麦秆。

麦穗　王老师，这谁安排让我跟这小沈阳搭档的。

王平　你觉得你吃亏了还是占便宜了。

麦穗　不是，我心里有点害怕。

王平　为什么？

麦穗　这火成这样了，我这待会儿出去得走后门。

王平　没关系。

麦穗 万一要是走前门的话，这女的粉丝看见我都得把鞋跟脱下来咣咣地砸我。

王平 费那事干吗啊。

麦穗 老嫉妒我了。

王平 现在好多女孩都留指甲，不用脱鞋，直接就挠她。

露露 是吧。

麦穗 讨厌。

露露 好了，两位已经配合好默契了对不对，我们祝你们好运！有请两位！

露露 好了，两位已经准备好了，那第二对当然也很厉害喽，有请我们的二人转演员毛毛和歌手黄鹤翔，有请！

黄鹤翔 九妹，九妹，漂亮的妹妹。

毛毛 漂亮的妹妹。

黄鹤翔 九妹九妹透红的花蕾。

毛毛 透红的花蕾。

黄鹤翔 九妹九妹可爱的妹妹。

毛毛 可爱的妹妹。

黄鹤翔 九妹九妹，心中的九妹。

我是黄鹤翔，她是我的九妹——毛毛。

主持人上场介绍嘉宾

露露 黄鹤翔大家太熟了对不对，是我们辽宁卫视的老朋友，非常高兴再次在我们的第一期节目当中见到你，欢迎你！

王平 这个毛毛呢，今年上了春节晚会，受到大家的喜爱，但是我得稍微离她远一点。

露露 你为什么离她远一点？

王平 因为无论我对她好，还是对她坏，都关系到我八辈祖宗的安宁。

毛毛 没事。

王平 没事啊。你不能变成鬼也不能放过我吧。

露露 我们就不问各位前辈好了，问你们好就好了。

王平 希望两位今天有一个非常出色的表现。

露露 好，欢迎两位。

黄鹤翔 谢谢谢谢！

王平 来，让我们一起来认识一下，我们第三队搭档，二人转演员王小虎，还有来自宝岛台湾的影视歌主持，四栖明星，曾宝仪。

露露 欢迎两位！

（王小虎、曾宝仪上场）

王平 这是怎么回事。

露露 怎么了阿宝？

曾宝仪 我先跟现场的观众朋友打声招呼，现场的观众你们好吗。不是我看到那个牌子我实在觉得太好笑了，因为昨天我才去看了小虎老师的表演。

露露 对啊。

曾宝仪 我对小虎老师表演有一段就是这样的，他想演一个大歌星，然后呢他在唱歌之前呢，其实台上没什么人认识他，他就发牌子给大家，然后刚刚他们举的牌子有我的照片，我觉得一定是你发的。

王小虎 这个是我连夜打造出来的这个牌子。

曾宝仪 太好笑了。

王小虎 都是我雇来的。

王平 小虎大家非常熟，在许多部影视剧当中呢有非常出色的表现。那阿宝呢，跟我还有点特殊关系。

露露 跟你有特殊关系？

王平 对啊。

露露 怎样？

王平 我们俩在央视一个栏目里面演过夫妻？

露露 什么？

王平 夫妻。

露露 你当时怎么想的？

曾宝仪 我想当时的导演在想什么，我不知道。

王平 导演就是想撮合一桩好事嘛。

露露 看到没有。看到没有。

王平 你这种人，你这叫破坏人家夫妻团聚你知道吗。

曾宝仪 他现在是我搭档，我来之前我听人家说，我的搭档是全东北最帅的帅哥。

露露 大家说是吗。

曾宝仪 但我来了之后呢，我想说的是，我不肯定我的搭档是全东北最帅的帅哥，但我肯定现场都是最帅的东北朋友，他们多开心。

王平 阿宝来了，我们特别高兴，那就是还想问一下，我岳父大人什么时候到。

露露 你还没出戏呢你。

曾宝仪 没有，我必须要说那个，我家父曾志伟先生跟赵本山老师是非常非常好的朋友。我只担心一件事情，就是如果他来了，他会跟赵老师喝酒喝到天亮，到时候节目没办法录播。

王平 没关系，我们晚上八点半直播。

曾宝仪 可以晚上六点钟起来也可以。行，那我叫他来吧。

王平 好，同样再次欢迎两位，谢谢你们！

露露 好的，已经为大家介绍了我们的三组搭档了对不对，哇你们好居中，到这里等一下好不好。来为大家介绍一下我们的第四对搭档，二人转演员孙丽蓉，和台湾影视明星张世。欢迎两位！

（孙丽蓉、张世对舞 disco 上场）

王平 欢迎！二位可以停了。

露露 谢谢。

王平 等一下。

露露 怎么了？

王平 我要问一下剧务，这晚饭里面掺了什么东西了？

露露 没有，他们真的好和谐哦。

张世 各位大家好，我又来到了这个沈阳，但是今天我特别高兴。

王平 为什么？

张世 因为辽宁卫视啊，介绍了一个非常好的二人转演员，所以我非常的兴奋，我就立刻想要跟她舞一段。

孙丽蓉 而且我长的非常得漂亮。

王平 丽蓉大家都非常熟悉，在《刘老根》《乡村爱情》里都有非常出色的表现。

露露 没错。

王平 也是本山为数不多的女弟子当中的一位。张世呢，张世他的很多影视作品大家都看过，他都是演的一些个小人物，非常真实，有一点小缺点，非常可爱的人。

露露 而且很有特点。

王平 对。二位搭档我觉得在眼睛的大小尺度上是绝对合适的。

露露 怎么呢？

王平 还放电呢。

张世 刚刚你说我演那小人物，我刚刚在调这个麦克风的时候，我忽然觉得我有点像郭富城。

王平 不是，您要说您像郭富城，那您照的是什么镜子？

张世 就是普通的镜子，跟你一起。

露露 你好好回味一下好不好。好的。那我们也欢迎两位肢体最美丽的搭档，欢迎两位！

王平 好，我们这个四组搭档已经闪亮登场了。

露露 是的。

王平 而且我觉得都是绝配的搭档。

露露 绝配。

王平　那下面我要说的是下面将要上场的这位嘉宾，他上场之后，肯定现场会响起雷鸣般的掌声。

露露　我想说到这里，大家肯定都知道是谁了。有请我们的著名导演、喜剧表演艺术家赵本山。

王平　欢迎！

（赵本山上场，后随两位女舞蹈演员，赵本山与各位嘉宾拥抱）

露露　我们改摔跤比赛了。

王平　可以稍微停一下了。本山大哥，今年春晚看了你的演出以后，许多电视观众，包括我们圈里的朋友，熟悉你的朋友，大家一看你这头发呢，都稍微的有一点伤感，（抒情音乐起）就觉着您还是应该稍微造一点假，别让它把这个本来的面目现出来，因为大家看的心情不好。

露露　心疼啊，太累了。

赵本山　其实啊，我二十几岁头发就白了，一直在染，染到今天，那么今天为什么不染了呢，就是要自然一些，年龄都已经50多岁了，我不需要伪装了，所以说就都白了，现在就剩这点黑的，还是染的，我希望你也染成那白头发好不好。

王平　我没您那尊容。但是还有一点大家也是特别关注的，春晚之后，大家知道你去海南呢，带着家人，带着老婆，带着这两个宝贝，媒体来说叫休病假。大家知道你拍这个《关东大先生》，筹备春节晚会的节目，应该说叫积劳成疾。大家心情也不是很好，你比方说咱们看电视剧知道，皇上要是稍微身体有点不舒服了，那叫龙体欠安。皇后要是出了点什么毛病了，那叫凤体欠安。本山大哥偶感小恙呢，我就觉得我联想到一个特别不好的词，不知道当说不当说。

露露　什么呀？

王平　那叫山体滑坡。

赵本山　那王平要是身体有点小毛病，那叫为民除害。

王平　我从来没想到我名分会这么大。

露露　非常高兴教这么一句话，但我没想到的是在第一期《明星转起来》当中，就把我们的本山老师请到现场了。

赵本山　只要有时间，我每一期都来。

露露　真的，说好了！大家都乐的不行了。

赵本山　开心是最快乐的，快乐是最开心的。只要开心就快乐，只要快乐就开心。

露露　这好像是个圈哦。那大家都知道，今年我们辽视春晚上，我们的本山大叔啊，给我们露了一手绝活，不单给大家带来很多笑声，而且手这样一下，就让这个花盆里长出花来了对不对。那今天来到现场，听说您又要给我们露一手。

王平　这样，我想我们现场的观众朋友们配合我一下，喊出我们栏目的口号，来给本山大哥加加油，助助威，不要忘了你的口号，现在我来喊：明星转起来，大家乐开怀！

露露　哇！都得到了吗，本山大叔带来的礼物哦。

王平　那这样，本山大哥，现在请您到台下作为我们的特邀嘉宾坐好，我们的节目就要开始了，来欢送！

赵本山　我还没演呢，就被撵下台了。

王平　好，亲爱的观众朋友们，大家一起来喊口号，明星转起来！

观众　大家乐开怀！

王平　让我们一起步入我们的第一环节，我们的第一环节是——快乐二人转。

露露　好的，马上进入我们的第一环节了，

大家都知道，我们这四组搭档呢，其实早在昨天已经见面了。

王平 对对。

露露 早在昨天呢，就已经对他们所了解的二人转进行了一个初步的小接触。那到底情况如何呢？

王平 我们来看一段短片。

（四组嘉宾第一环节）

（短片）小沈阳　麦穗　毛毛　黄鹤翔

小沈阳 “正月里来是新年”这是女的唱的，“大年初一头一天啊”，这是男的唱的。这标着呢，看见没有。

麦穗 这么短啊？

小沈阳 再加上点身段大秧歌。

麦穗 你教教我。这个吗。

小沈阳 愁人啊，这么来的

毛毛 正月里来是新年。

黄鹤翔 大家初一头一天啊。说这个，大年初一头一天啊。

小沈阳　麦穗 都把那新衣服穿啊，哎哟哟哟哟，都把那新衣服穿啊，哎呀！

小沈阳 乐呵，乐呵。

黄鹤翔 少的给老的拜年。

小沈阳 听着要杀人

黄鹤翔　毛毛 We WIN，胜利胜利，We WIN，我们胜利！

毛毛 耶！

小沈阳 我感觉我现在这搭档挺好，人长的也挺带劲的。

麦穗 一看见他吧我就想笑。

小沈阳 唱的都点磁，民歌的感觉，但是也挺好听。

片花

（主持人上场）

王平 大家看到的这是昨天下午的一个景象，那么从昨天下午到现在，这几位演员有点什么长进吗，让我们拭目以待，来看看他们精彩的表演！

二人转《小拜年》

演唱：小沈阳　麦穗

麦 正月里来是新年呀

沈 大年初一头一天呀

麦 家家团圆会呀

沈 少的给老的来拜年呀

麦 也不论那男和女呀

沈 哎哟哟哟哟哟哟哟

合 都把那个新衣裳穿呀
哎哟哟哟哟哟
都把那新衣服穿哪哎呀

二人转《小拜年》

演唱：毛毛　黄鹤翔

正月里来是新年呀
大年初一头一天呀
家家团圆会呀
少的给老的来拜年呀
也不论那男和女呀
哎哟哟哟哟哟哟哟
都把那个新衣服穿呀
哎哟哟哟哟
都把那新衣服穿哪哎呀

露露 好，谢谢，谢谢两组搭档。

王平 熟悉二人转的朋友都知道，在我们东北的有一句话叫做，二人转不浪，不如睡凉炕。

露露 等等，二人转不浪。这个“浪”是什么意思？

王平 这个“浪”呢，在我们东北话里面，它有这样一个意思，就是带有张扬性的一种，展示美的形象。

露露 就是好话是不是。

王平 那绝对是褒义的。

露露 那形容张扬的美就比如说我夸您，王老师您今天太浪了。是这么夸吗？

王平 是，是，我浪。

露露 您浪吧。

王平 我长江后浪推前浪，一浪更比一浪辣。

露露 祝王老师永远浪下去。

王平 洪湖水浪打浪。

露露 越来越浪。

王平 是。

露露 好，那刚才呢两组嘉宾呢，应该说浪的不错，那接下来看一下第三组和第四组搭档，他们在外景的时候，浪的怎么样。

王平 来看一下。

视频短片

孙丽蓉 我的家在东北松花江上呀

张世 我的家在东北松花江上

孙丽蓉 在那青山绿水旁

张世 在那青山绿水旁

孙丽蓉 嗯，鼻音，颤音。旁……

张世 在那青山绿水旁。

赵本山 名叫张世啊，俺这有个开发区叫张世。

曾宝仪 我的家在东北。

王小虎 我的家在东北。

曾宝仪 我的家在东北。

王小虎 松花江上啊。

曾宝仪 这样吧，老师，你先从头到尾唱一次。

王小虎 我先唱一次，完了你听了再唱一遍。

曾宝仪 我再决定是不是现在马上回台北。在那青山绿水旁。赵老师，好久不见，新年快乐。

张世 还没学完。

曾宝仪 早就学好了。是吧。这个时候我们打肿脸充胖子。

张世 我是奉成龙大哥的命令来的，我要您亲自教我。

赵本山 玩起来就好了，我在外面听的，听着你跑调挺厉害的。

主持人上场

王平 好，这是这两位明星的昨天的表现，我们看今天到为止，他们长进有多少，掌声欢迎！

二人转歌曲《家在东北》

演唱：王小虎　曾宝仪

我家的在东北松花江上啊
那里有满山遍野
大豆高粱啊
在那青山绿水旁
门前两棵大白杨
齐整整的篱笆院啊
一间小草房啊

二人转歌曲《家在东北》

演唱：孙丽蓉　张世

我家在东北松花江上啊
那里有满山遍野
大豆高粱啊
在那青山绿水旁
门前两棵大白杨
齐整整的篱笆院
一间小草房啊

主持人上场

露露 好，那有请我们所有的八位嘉宾，到我们的舞台上来。有请八位！

王平 有请。

露露 好，那现在呢，咱们四组搭档的表演已经结束了，来他们已经站到我们的舞台上。你说一说怎么样？

王平 我没资格，因为我不是二人转演员，我也不是很懂。今天现场本山大哥在，咱们还是请本山大哥发表一下建议吧。

露露 来，有请本山大叔。

赵本山 我觉得会不会唱二人转并不重要，我要用二人转的这种娱乐精神，让大家得到快乐。谢谢你们，都很好。

露露 哇。

张世 我说几句，昨天我一下飞机，我就到本山大哥那基地，我就感受到那个快乐的气氛，然后我在一天半的时间之内，我了解了二人转跟东北老百姓的那种关系，是快乐的，谢谢你本山大哥。

赵本山 谢谢，你非常有魅力，你到我们公司，唱了一天的二人转，把我们公司的人全拐的跑调了。厉害！

王小虎 师傅，求你点事，那个你能不能鼓励鼓励咱家我老姨。

曾宝仪 我刚刚还说你是帅哥，什么咱家我老姨。

王小虎 宝仪。

赵本山 宝仪非常好，曾宝仪是咱们著名的台湾……不是，香港的喜剧明星，也是我好朋友曾志伟的女儿，给她鼓鼓掌，给予鼓励。其实啊好的都用不着评价了。我是不伤人的，麦穗也不错。

露露 好辛苦哦。当评委要好辛苦，好，谢谢本山大叔，谢谢。

露露 好，那接下来呢，我们听完了专家的点评，应该给观众一点机会了对不对。

王平 是是是。

露露 那接下来我们一起来看一下我们短信平台的情况。

（短信平台主持人）

密密 我们台上太快乐了，我们这边可是忙的不可开交啊。

大长脸 可不咋得。

密密 从我们节目一开始呢，就有许许多多的观众发来短信。来看一下，比如有位观众说，哎呀，这节目太有意思了，以后礼拜六我哪都不去，我就看《明星转起来》。谢谢您！

大长脸 哪也别去，就在家待着。

密密 没错。

大长脸 我这有个大哥说了，你看，我从把台调到辽宁卫视，我就一直没敢换台，厕所都没敢去啊，就怕落下什么啥笑料。我跟你说你赶紧去别憋坏了你听见没。

密密 谢谢您关心啊。

大长脸 还有位老妹发的，说你这个节目太有才了，让我一周免费看一次二人转，我跟你说我真是爱死你们了。

密密 谢谢。

大长脸 爱行，但别爱死了。

密密 对对。来看一下这还有朋友发来的短信说，好像在观众席看到了《关东大先生》当中扮演香菱的陈美心，问今天是不是她也有节目啊，观众眼睛。

大长脸 你说你眼睛多贼你说你眼睛。

密密 对，他一定是那个香米。

大长脸 香米是什么意思？

密密 李宇春粉丝叫玉米，香菱粉丝叫香米。

大长脸 香菱就霸道跟你说。

密密 这样吧，我们导演帮您沟通一下，看看她今天能不能表演。说不定待会儿呢，就能圆您这个梦想，那接下来呢，我们要进一段广告，广告之后呢，我们有一个能显示出我们第一轮看谁支持率最高。

大长脸 对对对，来，听我口号，明星转起来!

密密 大家乐开怀。(片花)

主持人上场，公布四组第一轮支持率

王平 欢迎回到我们的直播现场，我们一起来看一看，我们四对搭档的支持率如何。

露露 来，一起看一下大屏幕。好，一起来关注一下，小沈阳和麦穗，是5990票，黄鹤翔、毛毛队是5320票，王小虎、曾宝仪队是5433票，张世、孙丽蓉队是5265票，恭喜各位!

王平 这个小沈阳实在是人气太旺。

露露 太火了。

王平 我们这是一个梯子型的东西，它这个已经出到梯子掉下来了。

露露 又冲出去了。

王平 而且呢我也看到春节晚会之后，很多媒体关注小沈阳，而且还跑到小沈阳家里去采访，把家人呢闹的也都不得安宁。其实大家想更多的了解，我想证明你一下你的人气到底有多旺。我问问我们现场，即兴采访一位观众，看看对你了解有多少好不好。

露露 随便挑一个。

王平 我随便挑一个。哪位愿意啊。太远了，离我太远了，还是第一排的吧。问一位女士啊，您好。

女 你好。

王平 知道小沈阳么?

女 知道知道。

王平 知道他是哪的人吗?

女 他是开原的。

王平 具体哪个乡，哪个村的知道吗?

女 他是带庄子村，上尉地乡的。

王平 是不是啊。这个知道的已经很具体了，那我再想再往深了问一下，你知道他的父母叫什么吗?

女 他的父亲叫沈红九，他的母亲叫张凤琴。

王平 再往深了一下，你知道小沈阳是哪天出生的吗?

女 他是1981年四月初四。

王平 我再问一句，你跟他什么关系。

女 那个我是他媳妇儿。

露露 你怎么搞的你。

王平 撞枪口上了。那这样吧，既然来了咱们到台上来好不好。

露露 有请春阳。有请!

沈春阳上场

王平 我们看到许多报道，其实春晚呢，她也在现场，一直在替小沈阳把关。然后下来之后，给小沈阳还打了一个分，不是满分。

露露 要求好高。

王平 那我现在想问个比较八卦的问题，就是你们俩在现场他下来之后，你们夫妻俩有没有什么夫妻之间的一种亲密的举动。

露露 什么都问啊你。

小沈阳 没有。

王平 你说什么?

小沈阳 没有。

王平 应该有啊。

小沈阳 真没有。

王平 那应该有嘛。

小沈阳 真没有。

王平 没有这样，咱们不落遗憾，还没出正月，你们二位就在今天的现场模拟一下当时的情景，给你一次机会，当众亲密一下。

露露 要不要看。

王平 这还鼓掌呢。这还鼓掌呢。

露露 行不行啊。

王平 这像亲的吗。你这个不合格，来露露咱俩示范一下。你这你怕什么，演戏嘛！

露露 没有，人家是真的。

王平 咱俩不是真的。

露露 咱俩是什么真的。

王平 我把这事给忘了。那这样，其实刚才我们的短信平台呢，还收到了一个观众发来的这么一个短信。

露露 写的是什么？

王平 其实我不太想问，这是一个比较尖刻的问题。但是既然观众有这样的要求，我还必须要当众问一下，小沈阳听好了。这位观众这个短信是这样发的：小沈阳你火了，会不会离开你师傅，会不会拿赵本山当跳板？

露露 小沈阳……

小沈阳 感谢的话我就不说了，就一句话，不是人的事我是绝对不会去做的。

露露 真朴实，但是真好。

王平 因为我想，今天我们当着亿万观众，小沈阳在这能说出这样一句话，我觉得他这也是一个郑重的承诺。将来怎么样，大家的眼睛是雪亮的。我们希望你说的话是发自心底的，而且是永远有效的。

露露 好了，好了，我们已经真诚了这么久了，大家最希望看到的还是小沈阳的表演。那今天春阳也来了，大家知道你们是非常默契的，在现场要不要看他们夫妻俩来一段。

王平 怎么样

小沈阳 那来一个。

王平 什么？

小沈阳 开心嘛，我唱一段，跟我媳妇儿俺俩合作一个。

王平 好啊，唱什么？

小沈阳 给朋友们来一个，经过二人转改编的一首歌曲，也是我师傅给我俩写的，为了弘扬二人转，有这么一首歌名叫《二人转转歌》。

王平 大家掌声欢迎！

露露 有请！

歌曲《二人转转歌》

（舞蹈演员黄色短衣、短裙，粉扇）

演唱：小沈阳　沈春阳

哪啦咦呼嗨呼嗨
哪啦咦呼嗨呼嗨
一块手绢　一把小扇
一男一女台上扭得欢
伴奏的一是副呱哒板儿
外加一支唢呐一把弦儿
小曲小帽拉场戏儿
唱的多带劲儿
插科打诨逗的咱
逗的咱笑开颜
场院地头哪都能演
多么大的舞台都能搁下咱
东北这疙瘩宁舍一顿饭
那个不舍二人转
一件彩衣　一顶丑帽
一丑一旦台上无偏见
打鼓的是东屯张老汉
外加敲锣的李老三
说学逗又唱
看着多有趣
舞蹈绝活更让人
更让人心喜欢
屋里屋外哪都能演啊
多简陋的地方都能搁下咱
东北这疙瘩宁舍一顿饭
那个不舍二人转
东北二人转哟
东北二人转

你是咱关东人心中的精神家园
哪啦—呼嗨呼嗨
哪啦—呼嗨

四组嘉宾第二环节

露露 谢谢，谢谢小沈阳，谢谢春阳，谢谢两位。
王平 好，观众朋友们，明星转起来，
观众 大家乐开怀。
露露 大家都知道这个二人转是实在是太好听了，二人转九腔十八调，调调都美妙。
王平 没错。
露露 那刚才我们欣赏了两个原汁原味的表演了，接下来不能再欣赏，还得回到我们的比拼当中，马上进入第二环节是娱乐单出头。
露露 那接下来我们再一次把八位嘉宾请到我们的舞台上。
王平 有请嘉宾。
露露 有请有请。所谓娱乐单出头啊，我们马上要进行的是真正实打实的挑战了。
王平 对，刚才是两个人合作，那现在呢我们要单挑了。
露露 也就说每位二人转演员呢，要给其他组嘉宾出一道难题，让他们来好好的感受一下。
王平 这是谁出的主意?
露露 你啊。
王平 我怎么那么缺德呢?
露露 所以你让我说，你都不敢说。你知道二人转多难吧。
王平 我说一点挑拨的意思吧。
露露 是吧。
王平 就是刚才呢有支持率高的，有支持率稍微低一点的。那现在给支持率稍微低一点的，或者是高一点的，给你们一个机会。
露露 匀呼匀呼。
王平 对，你们互相出题难为一下好不好。
露露 那咱们毛毛先来好不好。你给随便一个、其他组的嘉宾出题好不好。
王平 你先说给谁出题。
毛毛 谁刚才分最高来着。
王平 他们俩，支持率最高。
露露 不要挑嘛。
王平 不是挑的，是明摆着的，我不挑他也那么高啊。来吧，请。
麦穗 手下留情啊，毛毛老师。
毛毛 别这么说好不好。我就是说一下我在春晚的小品里面的话，你模仿一下就行。
麦穗 哎呀，小品里的话我都能背下来。
王平 那不一定。还有表情的配合。
毛毛 就那段吧。
王平 大家看。
毛毛 今，今天我心情特别冲动，今夜阳光明媚，今夜多云转晴，就这些吧。
露露 看到没有，很经典，不光台词，要注意毛毛眉宇之间的哀愁。
王平 面对一个大家的窘迫，忐忑，拘束。
露露 你要表现出来。
毛毛 多云转晴。
麦穗 借我用一下。
毛毛 表情表情。

(麦穗笑场)

王平 没有这一乐。
麦穗 我重来。(笑场)今、今晚上心情特别冲动。
王平 那我离你远点吧。
麦穗 今夜阳光明媚，今夜多云转晴。
毛毛 你像要哭了似的。
麦穗 像不像。
露露 太不容易了，真是太不容易了。
王平 下面该换了吧，下面咱们让你们出出

气好不好，沈阳。

小沈阳 到我的了哈。

麦穗 师傅，给他们来一个狠的。

露露 你想问谁。

小沈阳 那个。

王平 大家停一下，大家停一下，看他要出什么题。

小沈阳 给谁出题？

露露 你挑一个。

小沈阳 不的，我给张世老师。

露露 你瞧他这个样子。躲不了了。来！

露露 你准备出个什么题目？

小沈阳 我也整一个在舞台上经常用的，因为我瞅张世老师眼睛，俺俩长的也差不多少。

王平 你们俩特别适合在沙漠地区工作。

露露 为什么呀？

王平 基本不能迷眼睛。因为进不去什么东西了。

露露 这两位配的，来，出个什么。

小沈阳 我连动作带表情的，张世老师你瞅点。

张世 你这么火，我必须要跟你学习一下。

露露 哎哟，你们俩。

小沈阳 老妹你能抓住我啊，啪啪。

露露 我都没看明白就过去了。

王平 这个我还要跟您解释一下，这个老妹啊就是妹妹的意思。

张世 你趁我没注意的时候就跳过去了。

露露 我也没看到就过去了。你再来一遍。

小沈阳 我给你跳一遍。看我这步伐。

露露 老妹还有没有了？

小沈阳 老妹你能抓住我啊……

张世 等一下。

王平 慢点。

露露 怎么样，世？跟耳朵没关系。

张世 我得调一下像那郭富城。

露露 来，郭富城小沈阳版。

露露 你干吗呢？

小沈阳 耳朵钩不上了。

露露 从老妹儿开始。

小沈阳 表情，带表情的。

张世 妹啊……

露露 我，我的天哪。

张世 等一下，等一下。

露露 你总弄它干什么。

张世 刚才那个是我学他的慢动作。

露露 快动作呢。

张世 刚才他一蹦过去的，我领悟一下。我过去了。

露露 不容易啊，不容易。

张世 我可不可以给你拜师学艺。

小沈阳 我自己没整明白的。你整的挺好，但我不知道你说什么玩意儿。

张世 我刚才也没听懂你说什么。

露露 好，谢谢，两组表现的还不错吧。

王平 小沈阳都要收徒弟了，师爷在那坐好了，一会儿发红包。丽蓉。

露露 来丽蓉。

王平 你给谁出？

露露 你给谁出？

孙丽蓉 我好好选一选，谁今天要是遇见我的话，算他点背。

露露 有的表情就很背的。

孙丽蓉 我给曾老师。

曾宝仪 千万别这么说。老师我会加油的。

露露 来。

孙丽蓉 别害怕。

露露 丽蓉姐来一个什么绝的，看那个步伐。

王小虎 首先我先告诉你，她的绰号叫黑山老妖。

王平 这属于泄密。

露露 手下留情。

孙丽蓉 放心吧，我会对你温柔的。

曾宝仪 谢谢老师。

孙丽蓉 （笑）

王平 妹啊，你这温柔我怎么听的有点瘆的慌呢。

孙丽蓉 害怕么？

曾宝仪 怕，怕死了。

孙丽蓉 别害怕，咱也不唱，咱也不说。

曾宝仪 那干吗啊。

孙丽蓉 我呢，来一段二人转的形体表演。

曾宝仪 形体。

孙丽蓉 你看好了。

曾宝仪 看好了。

孙丽蓉 看准的。

王平 那个宝仪我再给你介绍一下，二人转讲究唱说伴舞绝，这是舞蹈。

露露 来，舞蹈。预备，起。哎哟妈呀，造型。

王平 看好，下一动作。

露露 预备，走。

孙丽蓉 一二三四五六七八，二二三四五六七八。（二人装舞蹈动作）

露露 停。好，收。

王平 来，宝仪。

露 阿宝来了，OK啊。

曾宝仪 这么高难度的，能再多一点点掌声吗。我来了。

露露 好，造型。

曾宝仪 别看我的脸。一二三四五六七八，五六七八。

王平 好，朋友们，这是正宗的九阴白骨爪。

张世 宝仪，宝仪，我觉得这个舞我必须替你出征一下。

孙丽蓉 他要冲上去。

露露 加分题哦，来张世。张世，造型。

王小虎 咱注点容易腰托啊。

露露 预备，走。

曾宝仪 预备，起，一二三四五六七八，一二三四五六七八，一二三四五六七八。二二三四五六七八。累吧，腰不行吧，很痛吧。

王平 朋友们，刚才张世表演的也是正宗的降龙十八掌失败版。

张世 我觉得二人转不但快乐，它还能活动筋骨。

王平 来，小虎。

宝仪 加油师傅，师傅我给你捶背。

露露 鹤翔只能你来接招了。

王平 只有你一个了。

王小虎 好，不用不用，停。不用。

黄鹤翔 那个我先说一下，昨天我也看你节目了，我特喜欢你。这个待会儿给我留一点。

露露 你拍马屁溜须晚了。

黄鹤翔 不是他那个什么，因为他我知道他，手眼身法步特棒。

露露 你就不用溜了好不好，晚了。来，小虎，小虎，来，考一个什么。

王小虎 现在说别的都没用，前面都整完了，完成都挺好，但是他们跟我比呢多少还差点，为啥说差点呢。就是我的形体跟他们都不一样。

露露 你什么形体？

王小虎 我的形体是以过电式的形体。

王平 啊？过电式。

王小虎 那个王平老师你搁这给我担当一下靶子。

王平 你要射箭啊。

王小虎 你看我怎么表演，你就学会跟我一起表演就行。

黄鹤翔 行行行。

王小虎 你瞅准了，别忘了，耶。

曾宝仪 太棒了老师。

露露 来，你明白吗。

黄鹤翔 不是大家先说这个，王老师你说这难度是不是更够大的。

王平 不是，大不大我先不说，我容易做噩梦。

露露 来该你了鹤翔，就像他那种造型。

黄鹤翔 谁当靶子？

王平 还是我吧，可我一个人了。

黄鹤翔 大家说这难度大不大吧。

众 大。

黄鹤翔 对我有没有信心吧。

观众 有。

黄鹤翔 我学的好的话，咱这支持率是不是……高一点。

露露 好，来，准备了，各就位，预备开始。

黄鹤翔 小样。

露露 你可以回去了。

平 哎呀，这不单是做噩梦的事，且容易撒癔症。

张世 王平老师对不起，我想看你也演一遍。

露露 今天舞台上都怎么了，好，冷静冷静。这样，他们表演的好不好啊。

观众 好。

露露 我们是不是应该听一听大家怎么点评的。

王平 好。这样吧，还是现场。

露露 好，现场找一位观众，简单说两句好不好。谁想说一下，评论一下。

王平 刚才我在那边撞枪口上了，我还得去这边，年轻一点的，三个小同学吧，上学的吧？你先说说，看了他们的表演有什么感受吗？

观众 我感觉小沈阳和麦穗这组比较好。

王平 你就感觉他们俩比较好。看其他的嘉宾呢表演呢。

男观众 其他嘉宾也都挺好的。

王平 来，你有不同的意见吗？

2 观众 我感觉丫蛋，就毛毛挺好。

王平 你多大了。

2 观众 我十八。

王平 现在流行姐弟恋。你不要再发表言论了，请坐。这小姑娘。

女观众 我喜欢王小虎和曾宝仪那组。因为我感觉他俩挺有夫妻相的。

王平 从现在开始起，你跟我做仇了。

露露 对，你不知道夫妻相他有仇啊。谢谢我们所有的观众朋友们，这样我们再给短信平台一点机会，再听听那里的意见。

短信平台主持人

密密 好的，好的，看我们现场的观众，乐的都特别开心。

大长脸 可不呗。

密密 不过我们场外的观众也有话要说，你看有一位观众说你们明星学那两段也太简单了吧。我都会，尤其是家在东北，那是 KTV 必点的，下回你们把我找去，看行不行。观众开始叫板了。

大长脸 行，过来玩呗。你看这位兄弟说了，哎呀，还是我们赵本山老师最着笑了，随便说两句话，我都能乐喷了。我们强烈要求本山老师给我们来个小节目行不行。

密密 观众的呼声，我也喜欢。来来来，这样吧，我们大家可以继续，根据我们屏幕下方的方式，来为你喜欢的，我们这个搭档来投票，我们下一轮，广告之后就会为您揭晓这一轮的支持率了。

大长脸 对！明星转起来，

密密 大家乐开怀，广告之后再见。

片花

主持人上场，公布四组嘉宾第二环节过后支持率

露露 好的，欢迎回到我们的直播现场，接

下来我们一起来关注一下，我们第二轮过后的支持率情况，请看大屏幕，好，我们一起来看一下。好，小沈阳和麦穗这组 8980 票，黄鹤翔和毛毛这组 7456 票，王小虎和曾宝仪是 7325 票，张世、孙丽队是 7012 票，恭喜。

王平 恭喜恭喜。那刚才呢，密密说有观众发短信来说，看见《关东大先生》里面，香菱的扮演者陈美心，希望她能演个节目。我们剧组跟她沟通之后呢，她欣然答应了。下面，我们就掌声欢迎她，为我们演唱一首歌，大家掌声欢迎。

露露 有请陈美心。

（陈美心上场）

陈美心 大家好，我是美新，在《关东大先生》里头，扮演香菱这个角色，在这里感谢赵老师带我来这个节目，在这里和大家拜个晚年，我现在也是赵老师旗下的艺人，正在和赵老师学二人转，那希望如果有机会的话，就可以来这里和其他明星一起转起来，为你们带来《瞬间》，希望你们会喜欢。

歌曲《瞬间》

作词：林加　作曲：李伟菘

演唱：陈美心（舞台蓝色调）

当我看见的故事转变
当她表白对你的爱恋
让陌生的画面
上的幸福情节
一天我的他会出现
当我看见故事的考验
当你和她牵着手向前
爱是永远抓不到的一瞬间
不知道是谁悄悄出现
爱在一瞬间渗透了明天
遥远代表的不只是距离的差别
在一瞬间心跳的感觉
想念深藏在日记那一页
当我看见故事的考验
当你和她牵着手向前
是永远抓不到的一瞬间
不知道是谁悄悄出现
爱在一瞬间渗透了明天
遥远代表的不只是距离的差别
在一瞬间心跳的感觉
好让我每一天多一点
再想你多一点点
爱在一瞬间
遥远代表着你和我距离的差别
爱在一瞬间心跳的感觉
想念深藏在日记那一页
爱在一瞬间
爱在一瞬间

四组嘉宾进入第三环节

露露 真的好美，人美歌甜哦。

王平 是，戏演的好，歌唱的也好。

露露 真的好，真的好。

王平 好，亲爱的观众朋友们，明星转起来，大家乐开怀。让我们一起步入第三个环节，我们第三个环节是欢乐拉场戏。

露露 那前两个环节呢，考验的都是我们这些嘉宾对二人转一个基本功的了解。那到第三个环节就很关键了，是要综合能力的一个整体考验。

王平 在二人转当中有一个最重要的技巧，就是要即兴发挥，临场现抓现演，那么现在我们就要考验一下我们八位嘉宾，四对搭档。刚才他们学过《小拜年》，学过《家在东北》。那我们就根据他们学的这些东西，来设置人物和关系。让他们做一个即兴的表演。

露露 那我们两组两组来好不好。

王平 对，我们先请第一组、第二组，有请。

露露 有请，有请四位。他们刚才学的是《小拜年》对不对。

王平 对，《小拜年》呢咱们想象，这肯定是小两口子，小夫妻，然后还有一对老夫妻，就是岳父岳母。那这样我觉着这一个家里面，尤其农村家里面，应该还有养个宠物看家的之类，五个角色，来了。

露露 什么来了。（大长脸上场）

王平 你来了。

露露 签，带着签让抽取一下对不对。

大长脸 我都做好了这签。

王平 这样，咱们坐好了，咱们五个人，谁抽到什么演什么，这比较即兴，谁先抽呢？

大长脸 你们先抽呗。

王平 他们先抽啊。

露露 好，来来，每人一张。

大长脸 剩下给我。

王平 好，剩下给你。

露露 来脸。

王平 你也不选了是吧，剩下的就是你的。咱们先，鹤翔你抽的是什么？

黄鹤翔 岳父。

王平 哦，鹤翔你演岳父。

露露 爸爸。

王平 那个那毛毛呢？

毛毛 女儿。

王平 你呢？

小沈阳 女婿。

王平 你呢？

麦穗 丈母娘。

王平 关系明确了，来你把你的放开。

露露 干吗啊？

大长脸 不玩了，不带这么玩的。

王平 看看。

露露 我说你拿了一个东西上来了。

王平 你看，我先问你，我说谁先抽啊，这个东西在你手里，你要先抽不就没这事了吗？就剩这么一个玩意儿了，让你赶上了。

大长脸 我寻思我不大方点吗我寻思。

王平 这真大方。

露露 你把你自己东西戴上，

王平 把这个摘下来，这是人戴的。

大长脸 真勤快。就这事你可勤快了。

露露 来来来，我收一下，你们几个商量一下。

王平 给一点时间，大家商量一下好不好。

露露 因为是即兴的，大家也都知道。这个二人转演员啊就是一个临场发挥的。他们简单的攒一个现场的小本子，大家来看一看，他是否能够在短短的时间之内，把人物关系处理好。

王平 还有一个，你知道二人转的演出当中，剧场可能会出现一些意想不到的情况。比方说现场有一点什么声，有一个人站起来了，想上厕所了，他们演员有这样的本事，在不影响正常表演的情况下给人打招呼，干吗上厕所，男的在那边，女的在那边，他们的即兴表演能力非常强。

露露 那么即兴表演能力这么强，咱们就不要给他们过多的时间了好不好，差不多就可以了。观众都等着呢。

王平 商量好了吗。

露露 我们一起来欣赏，开始。

脱口秀表演——《小拜年》

表演：小沈阳　麦穗　黄鹤翔
　　　毛毛　大长脸

毛毛 快点的你快走。

小沈阳 我还会飞啊。

毛毛 费劲啊你。到了啊。死狗啊，哎呀妈呀，你干啥啊。

大长脸 什么玩意儿干啥啊。

毛毛 吓一跳，你抽冷子一下干什么玩意儿啊。

大长脸 干啥啊。

毛毛 干什么我不踢你一脚，你不知道来人啊。

大长脸 啥来人，汪汪汪汪。

毛毛 你冲我叫干啥啊，我是主人，他是陌生人，你冲他叫。

大长脸 我瞅你就够陌生的，妈呀，这不小沈阳吗。

小沈阳 狗还带站起来的啊？

大长脸 狗这咕噜进化了。

毛毛 演戏呢。上这来。

小沈阳 你家的狗脸也太长了。

毛毛 进屋了。

小沈阳 进来了啊。

毛毛 爹啊。

黄鹤翔 哎呀闺女回来啊。真好。

毛毛 快给爹拜年啊。

小沈阳 爹过年好啊。

毛毛 妈。

小沈阳 妈过年好。狗坐下狗。

黄鹤翔 那是咱家狗。

小沈阳 爹，过年好。

黄鹤翔 过年好。

小沈阳 妈过年好。

麦穗 过年好。

小沈阳 过两遍年了，往下进行，给点，过年了吗，表示一下。

毛毛 爹，你看人家都给你拜年了，压岁钱给点。

黄鹤翔 压岁钱啊。

毛毛 对。

黄鹤翔 去年管我借一万，今年还没还呢。

毛毛 那是去年的事。

麦穗 大过年提这事干啥啊。不差钱。

黄鹤翔 不差钱啊，那给点吧。

麦穗 你看兜还有吗。

黄鹤翔 有有，我这有。你别管。压岁钱，拿着花，随便花，随便花。

黄鹤翔 嫌少啊？

毛毛 给大点票。

黄鹤翔 你们来晚了，你大哥，你三哥，昨天晚上都给拿走了。

麦穗 你看看兜还有大票没？

黄鹤翔 你要不然这样，我给你打一白条，三万。

麦穗 行吗。

黄鹤翔 明年一块给行吗。

小沈阳 农村还打白条呢啊？行，爹，你先留着吧，我过年来你再给我，省着你给写了。

毛毛 太抠了你也，给点呗。

麦穗 你俩孩子没领来呢。

小沈阳 设计有孩子了吗。

毛毛 我咋知道啊？你不知道啊？

黄鹤翔 去年那个小子……

麦穗 去年那个，领来了。

小沈阳 去年那个孩子的名额给狗了。

大长脸 我是人。

麦穗 别吱声。

大长脸 现在是狗人。

麦穗 别说话。你俩这大过年的，来看俺们，拿点啥啊？

小沈阳 拿点啥，你家也没有啥东西拿的了。

麦穗 我是说你俩给俺俩拿点啥。

黄鹤翔 给俺俩拿点啥啊。

小沈阳 给你拿啥啊，我寻思拿你们家点东西呢。

毛毛 俺塑料袋都拿来了。

黄鹤翔 要不这么着吧。

麦穗 又来划拉来了这俩孩子。

黄鹤翔 我跟你说明年你就甭来了，我们俩……

麦穗 明年改个习惯行不，俺俩给你俩拜年去。

黄鹤翔 行不闺女？

麦穗 咱也拿个塑料袋。

黄鹤翔 咱也拿两包，行不。

小沈阳 这么的不用了，不用，不用。改了，今年就改了，不改拿了，俺们改牵，狗，跟俺走。

黄鹤翔 那藏獒，野生动物。

麦穗 不能牵。

露露 好，谢谢，谢谢四位，不容易啊。

王平 真的不容易。

露露 短短的一分钟的时间纂出来的。

王平 而且演的还挺热闹。

露露 人狗平分的。

王平 有请第三对，第四对搭档上场。

露露 来，有请四位，有请！那他们刚才呢给我们带来的是《家在东北》，对不对。

王平 《家在东北》这个范围太大。因为刚才呢我们为什么要规定的这么细呢，因为里面有两个歌手，歌手演戏呢，好像不如两位影视演员专长。那这样我们增加点难度，我们就设定一个范围，这个范围就是东北松花江上，然后人物抽一下。

露露 又抽。

王平 抽到什么算什么。

露露 签呢。

大长脸 签来了签。

露露 怎么哪都有你？

王平 不，兄弟，我心疼你。这回给你个机会，你先抽。

大长脸 我先抽。

王平 抽了不能看，抽完签不能看。

露露 你们呢。

王小虎 我拿这个。

王平 来，来，来。

王小虎 看不着。

大长脸 小样我也没看。

王平 小虎你说。

王小虎 我演爸爸。

曾宝仪 待定。

王平 这个是待定的一个。你呢？

张世 姑爷。

王平 姑爷，你呢？

孙丽蓉 女儿。

王平 你把你这个亮出来。

大长脸 那什么这小品四个人演正好。

王平 说好了五个角色嘛。你走什么啊你，你把它亮出来。驴。

露露 适合脸的事产生了。

王平 等会儿，等会儿兄弟，刚才我让你第一抽你不抽，然后这回我让你第一个抽你抽。都是你赶上了。前面一个狗，这回来个驴。你比较适合在畜牧业发展。

露露 我觉得这个更适合你脸。

王平 这话说的不好。

露露 怎么呢。

王平 他没戴上呢就不像。

露露 那戴上呢。

王平 戴上才像。

王小虎 他演狗就屈材料了，要演驴在才是正中下怀。

露露 这样，你们几个也撺掇撺掇好不好，给你们同样一分钟的时间。

大长脸 做这点玩意儿都自己用上了。

王平 这叫搬起石头砸自己的脚。

露露 来我把你们的条子都收一下。驴用不用撺一下？

大长脸 必须得撺啊。

王平 商量商量，你啊，你没有说话的资格，你就打打响鼻，尥尥蹶子什么的。

王小虎 你就搁那趴着。

王平 对，你就在那趴着。人家商量人家的。

露露 同样一分钟的时间过后呢，那四位要给我们带来精彩的《家在东北》。驴干吗呢？

王平 给拴上啊。

大长脸 绳都出来了，我自己拴吧。

露露 让我们一起来欣赏《家在东北》。

脱口秀表演《家在东北》

表演：孙丽蓉 张世 曾宝仪 王小虎

孙丽蓉 我的家在东北，松花江上啊。

张世 我的天哪，这什么地方啊，划得太累了。我从台湾坐飞机来，我到这还得划船，我干什么呀我这。

孙丽蓉 哎呀，你别磨叽了行不行，我们在家松花江上住，你要不划船，你不得淹死了啊。就划得了，急眼收拾你啊！

张世 我说过了嘛，我来这个地方是找我妈妈的吗。

孙丽蓉 找你妈，找你妈的，正好路过我家门口，来看看我爹地哩。

大长脸 （学驴叫）

王小虎 别叫了，停，停。我知道来人了，来人了。呀，闺女回来了。

孙丽蓉 爸爸。你瘦了。

王小虎 爸爸从来就没胖过。

孙丽蓉 爸爸，你的头发是不是想我想的都掉了耶？

王小虎 不是，刚剃的。你别瞎刨槽行不。

大长脸 没有，我不是故意的，真倒了。

王小虎 没你事。闺女。

王丽蓉 爸爸。

王小虎 爸爸非常想你啊。

孙丽蓉 我好想你的哟，爸爸。

王小虎 闺女。

张世 爸，爸，爸。

王小虎 这什么玩意儿。

孙丽蓉 哎哟，爸爸，这是我从台湾带过来的……

王小虎 咱说点普通话行不，说普通话。

孙丽蓉 爹，这是你姑爷子。

王小虎 你这还行。

张世 爸，爸，爸。

王小虎 管我叫啥。

张世 我叫你爹。

王小虎 管我叫爹，你大伙看，比我都老，管我叫爹。

张世 我娶了你女儿，我当然得叫你爹是吧。

王小虎 你娶我女儿。

张世 你就是我爹。

王小虎 你娶我女儿没有点啥陪饰。

张世 是这样，当时我娶你爹的时候呢……

王小虎 娶我爹的时候。

孙丽蓉 你娶我。

张世 我看到爹紧张。我娶你女儿的时候，我比较穷，没花一分钱。

小虎 一分钱没花，大伙听着了吧，女儿你过来，过来。

孙丽蓉 干啥啊。

王小虎 一分钱没花，这大舌头唧叽的，话都说不明白，你跟他过这么长时间，我真服你了我。

孙丽蓉 爹啊，我非常喜欢他。

张世 爹……

王小虎 行了，你别说话了，我现在一点招都没有了。叫唤啊。

大长脸 忘了。（学驴叫）

王小虎 看包。

曾宝仪 我的家在东北，松花江上啊。哟，来人了？

王小虎 这不来人了吗。

张世 你没跟我说过，你有一个妹妹啊。

孙丽蓉 妹妹啊。

王小虎 知道啥意思不？就是不对。

孙丽蓉 我知道了，我爹有钱了，雇了一个小保姆。

王小虎 这就是告诉你更不对。女儿，爹实话跟你说，这个呢是爹有钱了，新给你娶回来的新媳妇儿，新妈。

曾宝仪 老公。

王小虎 宝贝。你看，这才亲。

孙丽蓉 哎呀我的妈呀。

曾宝仪 第一次见面就叫我妈，我太感动了，乖女儿妈来了。

孙丽蓉 去一边的去吧你。

大长脸 你怎么动手呢你。

王小虎 没你事。

曾宝仪 二人转都这么用力吗？挺疼的。

张世 我搞清楚。搞清楚，不是，你们家我觉得太乱了，怎么突然间有一个妈妈，你家要是这么乱的话，当初我就，我就不娶了你嘛，怎么还有个驴会说话呢。

孙丽蓉 谁家乱呢。

张世 你家乱啊。

孙丽蓉 谁家乱啊。

张世 你看嘛。

孙丽蓉 你家好，你家好，你爸和你妈没见面，你不都出生了嘛。

张世 我妈没见面，我怎么会出生呢。

王小虎 我说，你妈跟你爸没见面，就有你，你搁哪来的呢？

张世 爸，你听我说，我爸跟我妈不是说没碰面，我爸爸当初是从东北走的，从东北到了台湾才带了我，就把我妈妈给留在东北。然后我到了台湾之后呢，我长大我就娶了她，爸爸临终之前就交代，一定要到东北去找到我妈妈，所以这次我把她带来就是来找妈妈的，没想到看到你们这些人。

王小虎 控制点，控制点。

曾宝仪 老公，太感人了。

王小虎 感人吗？

孙丽蓉 吓我一跳。

曾宝仪 你放心，在东北什么人我都认识，我一定帮你找到你妈妈。你妈妈叫什么名字啊？

张世 我妈妈叫陈翠莲。

曾宝仪 东北哪人啊？

张世 就东北松花江畔。

曾宝仪 哪？

张世 莽牛屯。

曾宝仪 找到了，找到了。

张世 她怎么了，怎么了嘛。

曾宝仪 我妈也叫陈翠莲，也是东北松花江，什么屯。

张世 莽牛屯。

曾宝仪 莽牛屯人。她跟我说了，她有个老公跟儿子在台湾，然后呢很多年都没见面了，所以后来她就嫁给我爹，然后生下了我，所以你是哥哥。

张世 啊？妹，妹，妹妹。

曾宝仪 哥哥。

王小虎 乱了，什么玩意儿。

张世 这是我妹。

王小虎 谁都不说话，我看太乱了。我问你，你刚才你说他是你什么？

曾宝仪 哥哥。

王小虎 舌头捋直说也行。他是你哥哥，你是他妹妹，你又是我姑爷，你又是我媳妇儿。

曾宝仪 老公。

王小虎 要论起来我还得管你叫大舅哥。

曾宝仪 太乱了。

王小虎 现在我就想问你们一件事，现在我是谁呢。

孙丽蓉 我是谁啊。

曾宝仪 我又是谁呢。

大长脸 别吵吵了，唠两句，要谁呢在这屈半天了我都，臭不要脸的一个个的，有啥理不清的啊？严肃点别笑了。我给你捋。你是他媳妇儿，你是他儿子，不，你媳妇儿吗。

王小虎 他是我姑爷。

大长脸 我是驴嘛，我是什么驴，我不是一般驴我跟你说，我是你爸临走前托生的那条驴。

张世 爹，爹。

王小虎 什么爹，趴下，停，听我的。不用说了，咱们不用再论了，现在我都明白了，现在不管怎么说，我们现在是海峡两岸已经咱们人都到一起了，咱现在是不能再论了，我们现在都是一家人，对不对，朋友们。

曾宝仪 我们都是一家人。

王小虎 听我的。

全体 我的家在东北松花江上啊
那里有漫山遍野大豆高粱啊
在那青山绿旁
门前两棵大白杨
齐整整的篱笆院
两间小草房啊
哎哟哟……

王平 这不单乱，还有点过分，骑在驴身上作威作福。

大长脸 骑行，你听见他们唱啥没？

王平 唱什么？

大长脸 你听他们说，驴脸咋这么长啊。

露露 什么啊。

王平 你啊也不招人可怜，你快下去吧。

大长脸 我下去了我下去了。

露露 谢谢最敬业的驴。同样感谢四位。来有请其他四位嘉宾到我们的舞台上来。我还是没明白，怎么回事。

王平 这个事他是这样，你给我捋一遍，一个姑爷，一个媳妇儿，一个后……我也弄不清楚，太乱了。

露露 那你也点评不了对不对。

王平 我也点评不了。

露露 那我们就请本山大哥给我们点评一下，有请。

赵本山 我也看糊涂了，有点乱，他是台湾的，是什么时候走的，是他跟父亲走的。

王平 他爸爸带着他走的。

赵本山 把母亲扔在大陆了，而且在东北松花江上，他们是回来找母亲，也顺便这个女的看看她的爸爸，她爸爸又娶了一个小媳妇儿，这个小媳妇儿又是他要找那个妈妈的女儿，完了所以乱套了。

王平 同母异父的。

赵本山 现在还缺个角色。

王平 谁啊？

赵本山 就他那爸爸就应该我演。

露露 重捋了又，我听的脑子蒙蒙的。

赵本山 很好看。

王平 谢谢，谢谢您的点评。刚才我们这个声讯台的两位快乐使者，表达了一个观众发的短信，说出来的一个心愿，就是不希望看到您台下做嘉宾点评，特别希望您在在我们这给我们演一个小节目，我希望您能答应观众这个要求。

露露 可以吗？有请本山大叔。（赵本山上）

赵本山 给大家唱一个《乡村爱情》的主题歌，都在呢，谁也别走，热热闹闹的。

歌曲《咱们屯里的人》
作词：马金萍 作曲：杨柏森
演唱：赵本山
（众嘉宾在舞台上鼓掌伴舞）

我的老家就住在那个屯
我是这个屯里土生土长的人
别看屯子不咋大
有山有水有树林
邻里乡亲挺和睦
老少爷们更合群
屯子里面发生过
许多许多的事
回想起来那是特别的哏
朋友们若是有兴趣呀
我领你认识认识
认识认识我们屯里的人
我的老家
就住在那个屯
我是那个屯里
土生土长的人啊
别看屯子不咋大呀
有山有水有树林
邻里乡亲挺和睦
老少爷们更合群
屯子里面发生过
许多许多的事
回想起来那是特别的哏
朋友们若是有兴趣呀
我领你认识认识
认识认识我们屯里的人
屯子里边发生过许多许多的事
回想起来那是特别的哏
朋友们若是有兴趣啊
我领你认识认识
认识认识我们屯里的人

短信平台主持人

露露 谢谢，谢谢本山大叔，再一次感谢您。真的好热闹哟。所以说大家收看我们的节目，过不过瘾啊。谢谢本山大叔，谢谢。好，那接下来我们一起来看一下短信平台的火爆情况。来有请。

密密 好的，好的，我们现场的气氛太火爆了。

大长脸 太火爆了。

密密 当然短信平台一样火爆对不对。

大长脸 必须的，必须的。

密密 来看一下，首先有一位观众说，我就看好小沈阳，他们那组肯定赢对不。

大长脸 哎呀妈呀。

密密 还有观众说，小虎和曾宝仪他们搭档特别招人稀罕。胜利非他们莫属，加油哦。

大长脸 长脸这条短信更热闹了，我给你读一条，有位观众是这么发的，毛毛啊，你们那对个头，实在是太像衣服架了，啥也别说了。

密密 是夸他们吗。

大长脸 把其他人全干在沙滩上，一个别留。还有的说了，孙老师，孙丽蓉老师你好，还有张世老师，我特别喜欢你俩。刚才张世老师，比插电门上还电呢，我投了你们一票，哎呀，支持你们呢。

密密 好，谢谢，看来我们观众啊，支持谁的都有，对不对。其实呢我们待会儿就要公布最后的支持率了，您现在可以利用这点时间，赶快再为他们投上一票，帮他们赢得胜利，当然了也会为自己赢得一份幸运。

大长脸 行了，小喇叭也快滴的没电，大长脸嘴巴也快抽筋了，赶紧交给露露和王平吧好不好。

主持人上场，公布四组最后一轮支持率，抽奖环节

露露 欢迎大家再次回到我们的直播现场，现在给大家最后几秒钟的时间，赶快发送短信，支持一下他们好吗。我们马上来看一下，经过了三轮比拼，四组搭档的支持率，一起来看大屏幕。我们一起来关注一下。好，小沈阳麦穗是14530票，黄鹤翔、毛毛的是12560，王小虎、曾宝仪是11998，张世、孙丽蓉是10526。恭喜！

王平 我说句公道话，那么我们四队搭档的支持率都很高，超过了一万多。因为我们栏目是第一天直播。但是小沈阳呢还是遥遥领先，获得了我们第一期，他们两个人，获得了第一期的最佳搭档。

露露 在这里要告诉大家，每一周我们都将评选出最佳搭档，在一个季度的时候将所有的最佳搭档请回我们的直播现场，再一次做精彩的展示，恭喜两位的同时，也要感谢其他三组。谢谢你们！那既然这么不容易，两位第一期就得了最佳搭档，那给你们一个特权，我们很多观众朋友都支持你们，从所有参与我们的互动这样一个环节的观众朋友当中，抽取出五位最为幸运的好不好，大屏幕调动一下，你们随机喊停。

王平 滚动起来，你们随时喊停。

小沈阳 你喊三二一，我喊停。

露露 预备，走。

麦穗 三、二、一。

小沈阳 停。

露露 好，尾号为5237、8333、9600、2095、2197这五位朋友恭喜你们！

王平 好，朋友们，那我们这一期的明星转起来栏目，到这里就要结束了。

露露 对，我们相信我们的节目，会给更多的朋友带来更多的快乐。而且我们每一个周六的晚上8:30，将准时转起来喽。

王平 好，我相信我们大家今天一定转得非常开心，一定转得非常尽兴。刚才露露说了，从今天开始起以后，每个周六晚20点30分请准时锁住辽宁卫视频道，我们一定会把更多的欢乐送到您的家中。

露露 好了，这一次的节目到这里就要跟大家说再见了，最后一次喊出我们的口号。

王平 好，亲爱的观众朋友们，明星转起来，

观众 大家乐开怀！

露露 谢谢。

王平 再见。

《结束舞蹈》所有嘉宾及主持人、赵本山（舞台明亮色调，伴舞帽子、浅粉色紧身背心，短裙）

转吧转吧转吧
这里有你的舞台
永远与快乐同在
就像一个开心的钟摆
分分秒秒不要停下来
转吧转吧转吧　别忘活的精彩
转吧转吧转吧　人生得意开怀
来来来这是生活攒的爱
这是快乐发的财
转吧转吧转吧　与快乐同在
转吧转吧转吧　明星转起来
转吧转吧转吧　与快乐同在
明星转起来

（王姚丹　整理）

“祝福祖国——四川省、成都军区庆祝中华人民共和国成立60周年”大型歌咏晚会

四川电视台，2009年9月

总导演：许卫东

现场总导演：范和平

导演：叶数　胡成　雷杨

片头（字幕：四川省、成都军区庆祝中华人民共和国成立60周年　大型歌咏晚会·祝福祖国）

合唱《今天是你的生日中国》

作词：韩静廷　作曲：谷建芬

领唱：刘小桦

今天是你的生日我的中国，清晨我放飞一群白鸽

为你衔来一枚橄榄叶，鸽子在崇山峻岭飞过

我们祝福你的生日我的中国，愿你永远没有忧患永远宁静

我们祝福你的生日我的中国，这是儿女们心中期望的歌

我们祝福你的生日我的中国，愿你逆风起飞雨中获得收获

我们祝福你的生日我的中国，这是儿女们心中希望的歌

升旗仪式

（灯光：白，亮）

（护旗手和护旗队从舞台右侧上场，走到旗杆边分列，旗杆位于舞台左侧。护旗手口令：向前看，齐步踏步走，立定，敬礼。）

【画外音】请全体起立，升国旗，唱国歌。

起来　不愿做奴隶的人们，把我们的血肉筑成我们新的长城

中华民族到了最危险的时候，每个人都被迫发出最后的吼声

起来　起来　起来　我们万众一心

冒着敌人的炮火　前进

冒着敌人的炮火　前进　前进

【画外音】请坐下

第一篇章

开篇朗诵

朗诵者：郭宏　董凡　李晓夏　赵博

（灯光：蓝）

（道具：四位朗诵者后面的方阵上拉起了一面巨幅的国旗）

（大屏幕字幕：第一篇章　激情岁月）

（朗诵配乐：红旗颂）

【朗诵者左上，每人间隔半米，站立于舞台中央；结束后从舞台右侧下场。】

郭　公元1949年10月1日，一个崭新的国家在世界的东方宣告诞生

一个五千年文明的传承之地，开始了伟大的创新
一个四万万同胞生活的家园，奏响了新时代的序曲

董 中华人民共和国，这个前所未有的名字预示着这片国土，
永远告别了它的积贫积弱
它的破碎山河，它的国恨家仇

李 中华人民共和国，这个全新的国家，从此走向了她的奋发图强
她的前仆后继，她的光荣崛起
我们不但善于破坏一个旧世界，我们还将善于建设一个新世界

赵 伟大的建设开始了，那是一个激动人心的时代，那是一段可歌可泣的岁月
在那些火红的日子里，我们走在了一条洒满阳光的大路上
赤胆忠心，排除万难，高歌猛进，建功立业

李 在那些难忘的日子里，我们前进在一条波澜壮阔的航道上
众人划桨，乘风破浪，迎着朝阳，奔向东方

郭 在那些光荣的日子里，我们一马当先为共和国的大厦添砖加瓦

董 在那些光荣的日子里，我们作为土地的主人在希望的田野上勤劳耕种

赵 在那些光荣的日子里，我们的人民军队秉承着优良的传统为新中国保驾护航

董 荡起双桨，推开波浪，愉快歌唱幸福的生活，那是一个友爱互助甜蜜纯真的世界

李 所有的日子都来吧！让我们用青春的金线编织你们，这是那个时代最最响亮的声音

合 激情岁月，青春万岁

合唱《我们走在大路上》

演唱：工人方阵

（灯光：红、蓝）

（方阵着装及道具：穿蓝色和红色工作服的工人，头戴白色头盔；另一部分是穿着白衬衣和裙子的女工人，每人手持一个贴了金色纸的五角星）

我们走在大路上，意气风发斗志昂扬，共产党领导革命队伍，披荆斩棘奔向前方

向前进！向前进！革命气势不可阻挡，向前进！向前进！朝着胜利的方向

革命红旗迎风飘扬，中华儿女发奋图强，勤恳建设锦绣河山，誓把祖国变成天堂

向前进！向前进！革命气势不可阻挡！向前进！向前进！朝着胜利的方向

我们的道路多么宽广，我们的前程无比辉煌，我们献身这壮丽的事业，无限幸福无限荣光

向前进！向前进！革命气势不可阻挡！向前进！向前进！朝着胜利的方向

合唱《让我们荡起双桨》

演唱：学生方阵

（灯光：蓝光为主，零星几点红光；后面转为红光）

（看台方阵着装及道具：小学生们身着蓝色短袖T恤，白色短裤，颈带红领巾；中学生身着蓝色短袖T恤和牛仔裤）

（主舞台是9位身着红格子裙、白衬衣戴红领巾的女生分三部分站立；旁边是大批手持蓝色扇子的伴舞坐着舞动扇子。）

让我们荡起双桨，小船儿推开波浪

海面倒映着美丽的白塔，四周环绕着绿树红墙

小船儿轻轻，漂荡在水中，迎面吹来了凉爽的风

红领巾迎着太阳，阳光洒在海面上

水中鱼儿望着我们，悄悄地听我们愉快歌唱

小船儿轻轻，漂荡在水中，迎面吹来了凉爽的风

做完了一天的功课，我们来尽情欢乐，

我问你亲爱的伙伴，谁给我们安排下幸福的生活

小船儿轻轻，漂荡在水中，迎面吹来了凉爽的风

舞蹈《川江号子》

表演：中国人民解放军78188部队

（灯光：蓝光为主，零星几点红光）

（着装及道具：部队队员们身着蓝色无袖衣、长裤，绑着头巾；辅以四根舞台长的丝绸不断舞动）

（表演部队一直位于舞台主区域）

合唱《我是一个兵》

演唱：部队方阵

（灯光：舞台——蓝光为主，零星几点红光，后面转为红光；看台上的方阵——白光）

（看台方阵着装及道具：空军部队身着蓝色队服，头戴白色头盔；陆军部队身着绿色军服，戴绿色军帽）

（主舞台：9位身着红格子裙、白衬衣，戴红领巾的女生分三部分站立；旁边是大批手持蓝色扇子的伴舞坐着舞动扇子）

歌词

我是一个兵，来自老百姓，打败了日本侵略者，消灭了蒋匪军

我是一个兵，爱国爱人民，革命战争考验了我，立场更坚定

嘿！枪杆握得紧，眼睛看得清，谁敢发动战争？坚决打他不留情

轮唱：我是一个兵，来自老百姓，打败了日本侵略者，消灭了蒋匪军

我是一个兵，爱国爱人民，革命战争考验了我，立场更坚定

嘿！枪杆握得紧，眼睛看得清，谁敢发动战争？坚决打他不留情

我是一个兵，来自老百姓，打败了日本侵略者，消灭了蒋匪军

我是一个兵，爱国爱人民，革命战争考验了我，立场更坚定

嘿！枪杆握得紧，眼睛看得清，谁敢发动战争？坚决打他不留情

合唱《一二三四歌》

演唱：武警公安方阵

（灯光：主舞台——蓝光为主，零星几点红光，后面转为红光；大方阵——白光）

（看台方阵着装及道具：军官服装，绿色和深蓝色）

一二三四一二三四像首歌
绿色军营，绿色军营教会我
唱得山摇地也动
唱得花开水欢乐
一呀么一呀么一呀么一
一个钢枪交给我
二呀么二呀么二呀么二
二话没说为祖国，
三呀么三，三军将士苦为乐
四海为家
嗨　嗨嗨
哪里有我
哪里有我
哪里就有
一二三四
一二三四
一二三四
战士的歌

合唱《众人划桨开大船》

演唱：全体方阵

（灯光：主舞台——红蓝黄绿交替，蓝色为

主；大方阵——白光）

（4位主唱的男演员，身着红衬衣、黑裤子，分开站立；旁边是大量身着蓝色无袖衣、长裤，绑着头巾的部队男演员，手拿船桨）

歌词

领唱　一支竹篙，难渡汪洋海
众人划桨哟，开动大帆船
一棵小树也，弱不禁风雨
百里森林哟，并肩耐岁寒，耐岁寒

合唱　一加十，十加百，百加千千万
你加我，我加你，大家心相连
同舟嘛共济海让路，
号子嘛一喊，浪靠边
百舸嘛争流，千帆进
波涛在后，岸在前

领唱　一根筷子呀，轻轻被折断

合唱　十双筷子牢牢抱成团

领唱　一个巴掌呀，拍也拍不响

合唱　万人鼓掌哟，声呀声震天，声震天。
同舟嘛共济，海让路，号子嘛一喊，浪靠边
百舸嘛争流，千帆进，波涛在后，岸在前

第二篇章

开篇朗诵

朗诵者：李晓夏　赵博

（灯光：蓝）

（道具：两位朗诵者后面的方阵上拉起了一面巨幅的国旗）

（大屏幕字幕：第二篇章　锦绣河山）

（朗诵配乐：长江之歌）

（朗诵者右上，每人间隔半米，站立于舞台中央；结束后从舞台右侧下场）

赵　曾经在旧中国黑暗的年代里，一位革命的先驱，在他生命最后的时刻，他依然牵挂着可爱的中国
在他的心里中国是无地不美，到处皆景
这好像我们的母亲，她是一个天资玉质的美人
她的身体的每一部分，都有令人爱慕之美

李　曾经　在新旧中国的转折关头，一位人民的领袖面对壮美的河山慨然高歌
江山如此多娇，引无数英雄竞折腰
天生丽质的中国钟灵毓秀，生长出他的千古文采、万里风光
他的一山一水都装满了传奇的故事，他的一草一木都洋溢这天地的真情

赵　正是因为母亲一样的祖国呕心沥血，养育了她英姿勃发傲然正气的儿女
她的每一丝容颜都烙印着追求与奋斗的痕迹
她的每一个日子都镌刻着建设与创造的足迹

李　美丽的江山因为共和国的诞生而焕发新彩、愈加魅力

赵　英雄的儿女在新中国母亲的养育下智慧倍增、力量更大
看吧，太阳出来了，新中国的大地上霞光万道、喜气洋洋

李　在太阳底下，我们从事着最激动人心的事业
我们在田野里收获希望，我们在车间里制造奇迹
我们在军营中雄壮出列，我们在校园里放飞理想

赵　在太阳底下，五十六个民族心手相连，欢歌起舞
为崭新的时代，为幸福的明天，真诚祝福

合　锦绣河山，地久天长

合唱《在希望的田野上》

演唱：农民方阵

（灯光：主舞台——先为绿光，后变为各种颜色的光轮换；看台方阵——白光）

（看台方阵着装及道具：农民方阵的成员身着粉色T恤和牛仔裤，每人手持一个草帽舞动）

（主舞台3位女领唱各身着红、白、蓝三色的长裙礼服；旁边是大批手持黄色扇子的伴舞坐着舞动扇子，扇群中间几个农民着装的女孩拿着麦穗舞动）

歌词

我们的家乡在希望的田野上
炊烟在新建的住房上飘荡
小河在美丽的村庄旁流淌
一片冬麦（那个）一片高粱
十里（哟）荷塘十里果香
哎，咳哟，嗬呀儿咿儿哟
咳！我们世世代代在这田野上生活
为她富裕为她兴旺
我们的未来在希望的田野上
人们在明媚的阳光下生活
生活在人们的劳动中变样
老人们举杯（那个）孩子们欢笑
小伙儿（哟）弹琴姑娘歌唱
哎，咳哟，嗬呀儿咿儿哟
咳！我们世世代代在这田野上奋斗
为她幸福为她争光
为她幸福为她争光

合唱《金梭和银梭》

演唱：医护方阵

（灯光：舞台主区域金黄光；大方阵白光）

（电脑灯：星点投在国旗上）

（道具：主舞台一面大国旗）

太阳太阳像一把金梭
月亮月亮像一把银梭
交给你也交给我
看谁织出最美的生活
啊　金梭和银梭日夜在穿梭
时光如流水督促你和我
年轻人别笑我
珍惜今天好日月好日月
来来来
啊

合唱《年轻的朋友来相会》

演唱：学生方阵

（灯光：主舞台金黄光、蓝光为主；大方阵白光）（电脑灯：星点投在国旗上）

（道具：主舞台一面大国旗）

歌词

年轻的朋友们今天来相会
荡起小船儿暖风轻轻吹
花儿香鸟儿鸣春光惹人醉
欢声笑语绕着那彩云飞
啊亲爱的朋友们
美妙的春光属于谁
属于我属于你
属于我们祖国未来的新一辈
再过二十年我们重相会
伟大的祖国该有多么美
天也新　地也新　春光更明媚
城市乡村处处增光辉
啊，亲爱的朋友们　创造这奇迹要靠谁
要靠我　要靠你　要靠我们祖国未来的新一辈
但愿到那时我们再相会
举杯赞英雄　光荣属于谁
为祖国　为四化　流过多少汗
回首往事心中可有愧
啊　亲爱的朋友们　愿我们自豪地举起杯
挺胸膛　笑扬眉　光荣属于祖国未来的新一辈
光荣属于祖国未来的新一辈
光荣属于祖国未来的新一辈

合唱《好日子》

演唱：民族方阵

（灯光：主舞台金黄光、蓝光为主；大方阵白光）（电脑灯：星点投在国旗上）

（道具：主舞台一面大国旗）（方阵着装：五颜六色的民族服装）

歌词

哎

开心的锣鼓敲出年年的喜庆

好看的舞蹈送来天天的欢腾

阳光的油彩涂红了今天的日子哟

生活的花朵是我们的笑容

哎

今天是个好日子

心想的事儿都能成

明天是个好日子

打开了家门咱迎春风

哎

门外的灯笼露出红红的光景

好听的歌儿传达浓浓的深情

月光的水彩涂亮明天的日子哟

美好的世界在我们的心中

哎

今天是个好日子

心想的事儿都能成

明天是个好日子

千金的光阴不能等

今天明天都是好日子

赶上了盛世咱享太平

（领导掌声　镜头串场）

舞蹈《力量》

表演：中国人民解放军 78188 部队

（灯光：频闪，以蓝黄光为主）

合唱《爱我中华》

演唱：全体方阵

（灯光：主舞台黄光为主；大方阵白光）

（道具：一面大国旗）

歌词

五十六个星座五十六枝花

五十六族兄弟姐妹是一家

五十六种语言汇成一句话

爱我中华爱我中华爱我中华

啰啰咿啰嗨啰嗨　啰啰咿啰嗨啰嗨

啰啰咿啰嗨啰咿啰嗨啰

爱我中华

五十六个星座五十六枝花

五十六族兄弟姐妹是一家

五十六种语言汇成一句话

爱我中华爱我中华爱我中华

爱我中华

健儿奋起的步伐

爱我中华

建设我们的国家

爱我中华

中华雄姿英发

爱我中华

五十六族兄弟姐妹

五十六种语言汇成一句话

爱我中华

爱我中华

健儿奋起的步伐

爱我中华

建设我们的国家

爱我中华

中华雄姿英发

爱我中华

五十六族兄弟姐妹

五十六种语言汇成一句话

爱我中华

嘿！

第三篇章

开篇朗诵

（灯光：蓝）（道具：一面巨幅的国旗）

（朗诵配乐：红旗颂）

朗诵：郭宏　董凡

郭　从第一次在天安门广场升旗开始

　　鲜艳的五星红旗就一直飘扬在每一个中国人的心里

　　无论是云遮雾绕的艰难时世

　　还是阳光明媚的晴朗日子

　　五星红旗永不褪色　永远飘扬

董　因为与五星红旗一起挺立的

　　是我们伟大的中华人民共和国

　　旗帜就是我们的方向

　　祖国就是我们的家园

　　在这个伟大的国度里

　　盛满了中国人的骄傲

　　充满了建设者的自豪

郭　在六十年风雨兼程的建设之路上

　　每时每刻　我们的生命之花都为着祖国而开放

　　我们的匙子之情都为着人民而激荡

董　六十年一路走来的路上

　　留下了前进的挫折

　　更记载了光荣的奋斗

郭　历史将记住改革开放这个 1979 年的春天发生在中国的故事

　　春回大地　万物复苏

　　在春天里　我们驱散了冬日的阴霾

　　我们播下了希望的种子

董　在春天里　我们创造了中国的奇迹

　　我们走进了崭新的时代

郭　春天　让我们的孩子茁壮成长　天天向上

　　中国少年　伟哉　壮哉

董　春天　让中国力量威震世界

　　哪怕遭遇天崩地裂　旷世之难

　　我们依然坚强崛起　重建家园

郭　只是一个激情燃烧的岁月　万众一心继往开来

　　这是一个创造奇迹的国度

合　崛起中华　复兴大业

合唱《春天的故事》

演唱：机关方阵

（灯光：主舞台红、蓝光，蓝色为主；大方阵白光）

（着装及道具：方阵——机关干部们身着工作服，手拿绿色扇子；舞台主区域——7 位女领唱各身着粉红色短裙礼服；旁边是大批手持绿色扇子的伴舞坐着舞动扇子）

歌词

　　一九七九年那是一个春天

　　有一位老人在中国的南海边画了一个圈

　　神话般地崛起座座城

　　奇迹般聚起座座金山

　　一九九二年又是一个春天

　　有一位老人在中国的南海边写下诗篇

　　天地间荡起滚滚春潮

　　征途上扬起浩浩风帆

　　春风啊吹绿了东方神州

　　春雨啊滋润了华夏故园

　　啊，中国，中国

　　你展开了一幅百年的新画卷

　　你展开了一幅百年的新画卷

　　捧出万紫千红的春天

　　啊……

合唱《走进新时代》

演唱：医护方阵

（灯光：舞台主区域黄光为主；大方阵白光）

（着装及道具：方阵上护士身着粉红色护士服，手拿红色丝绸；舞台主区域：巨幅国旗）

歌词

　　总想对你表白我的心情是多么豪迈

　　总想对你倾诉我对生活是多么热爱

　　勤劳勇敢的中国人意气风发走进新时代

啊！我们意气风发走进那新时代
我们唱着《东方红》当家做主站起来
我们讲着春天的故事改革开放富起来
继往开来的领路人带领我们走进新时代
高举旗帜开创未来
我们唱着《东方红》当家做主站起来
我们讲着春天的故事改革开放富起来
继往开来的领路人带领我们走进新时代
高举旗帜开创未来
开创未来

合唱《崛起四川》
演唱：全体方阵
（灯光：舞台主区域黄光为主；大方阵白光）（道具：巨幅国旗）
歌词

风雨过后彩虹重现
天府四川美丽依然
风雨过后彩虹重现
天府四川美丽依然
依然拥激情似火
依然聚力量如山
依然去迎接挑战
不怕那千难万险
重塑锦绣重建家园
宏伟的蓝图亲手实现
加快建设加速发展
共创一个美好的明天
重塑锦绣重建家园
宏伟的蓝图亲手实现
科学重建科学发展
共创一个美好的明天
重塑锦绣重建家园
宏伟的蓝图亲手实现
科学重建科学发展
共创一个美好的明天
啊
共创一个美好的明天
共创一个美好的明天

合唱《当兵的人》
演唱：部队方阵　武警公安方阵
表演：中国人民解放军78188部队
（灯光：舞台主区域黄光为主；大方阵白光）
（道具，舞蹈演员手拿冲锋枪）
歌词

咱当兵的人，有啥不一样，
只因为我们都穿着朴实的军装。
咱当兵的人，就是不一样，
为了国家安宁，我们紧握手中枪。
咱当兵的人，有啥不一样，
只因为我们都穿着朴实的军装。
咱当兵的人，就是不一样，
为了国家安宁，我们紧握手中枪。
咱当兵的人，就是这个样。

合唱《英雄少年》
演唱：学生方阵
（灯光：舞台主区域黄光为主；大方阵白光）（道具：巨幅国旗）
歌词

我们的读书声
穿透废墟尘烟
我们的双手
挽起受伤的伙伴
生命的烛光照亮平安的路
我们的肩膀撑起明天的家园
英雄啊少年
少年啊英雄
大爱抚育
大爱滋养
大爱博云天
英雄啊少年
少年啊英雄
大爱抚育

大爱滋养
大爱博云天
我们的读书声
穿透废墟尘烟
我们的双手
搀起受伤的伙伴
生命的烛光照亮平安的路
我们的肩膀撑起明天的家园
英雄啊少年
少年啊英雄
大爱抚育
大爱滋养
大爱博云天
英雄啊少年
少年啊英雄
大爱抚育
大爱滋养
大爱博云天

合唱《红旗飘飘》

演唱：全体方阵

（灯光：舞台主区域黄光为主；大方阵白光）

（道具：方阵人手一面小国旗；舞台主区域：巨幅国旗）

歌词

五星红旗，你是我的骄傲
五星红旗，我为你自豪
为你欢呼，我为你祝福
你的名字，比我生命更重要
红旗飘呀飘红旗飘呀飘
腾空的志愿像白云越飞越高
红旗飘呀飘红旗飘呀飘
年轻的心不会衰老
五星红旗，你是我的骄傲
五星红旗，我为你自豪
为你欢呼，我为你祝福
你的名字，比我生命更重要
五星红旗，你是我的骄傲
五星红旗，我为你自豪
为你欢呼，我为你祝福
你的名字，比我生命更重要

第四篇章

开篇朗诵

朗诵：郭宏　董凡　李晓夏　赵博

（灯光：蓝）（道具：巨幅国旗）

（朗诵配乐：红旗颂）

朗诵词：

郭　在历史的长河中
在生命的进化史上
六十年犹如惊鸿一瞥

董　然而，无论过去有多么遥远，未来有多么漫长
无论天长地久，海枯石烂
走过六十年的中华人民共和国注定将永载史册

李　我们用六十年的努力在旧中国满目疮痍的废墟上
走出了一条中国特色的社会主义道路
一个生机无限、活力迸发的国家已经巍然屹立在世界的东方

赵　六十年是信心和力量的汇聚
六十年是光荣和梦想的缔结
六十年让面对未来的中国底气十足、动力十足

董　六十年是一条路，一条满目荆棘终将通向幸福的路

李　六十年是一首歌，一首低回婉转最终辉煌交响的歌

郭　六十年是一座碑，一座屹立在大地根植于人心的丰碑

赵　我们深情致礼　向昨日的光荣

李　我们真情歌唱，为今天的生活

郭　我们豪情万丈，以未来的名义

董　像鲜红的太阳永远不落，日出东方、光

照千秋

赵 让古老的梦想成为现实

合 人民幸福 祖国万岁

合唱《中国中国鲜红的太阳永不落》

演唱：民族、学生、医护、部队、武警公安方阵

（灯光：舞台主区域黄、蓝光；大方阵白光）

（道具：主舞台部队伴舞人人手持扇子）

中国中国壮丽的山河
长江奔腾昆仑巍峨
共产党领导崭新的国家
处处盛开社会主义花朵
中国中国鲜红的太阳永不落
中国中国沸腾的山河
前进浪潮波澜壮阔
新长征步伐无比坚定
加快建设现代化的强国
中国中国鲜红的太阳永不落
中国中国不屈的山河
巍然屹立气势磅礴
英雄的人民严阵以待
时刻准备消灭一切侵略者
中国中国鲜红的太阳永不落
中国中国鲜红的太阳永不落

合唱《我和我的祖国》

演唱：民族、工人、机关、农民方阵

（灯光：舞台主区域黄光为主；大方阵白光）（道具：部队队员人手一朵向日葵花舞动）

我和我的祖国
一刻也不能分割
无论我走到哪里
都流出一首赞歌
我歌唱每一座高山
我歌唱每一条河
袅袅炊烟小小村落
路上一道辙
我最亲爱的祖国
我永远紧依着你的心窝
你用你那母亲的脉搏
和我诉说
你用那你母亲的温情
和我诉说
我的祖国和我
像海和浪花一朵
浪是海的赤子
海是浪的依托
每当大海在微笑
我就是笑的旋涡
我分担着海的忧愁
分享海的欢乐
我最亲爱的祖国
你像大海永不干涸
永远给我碧浪清波
心中的歌
我最亲爱的祖国
你像大海永不干涸
永远给我碧浪清波
心中的歌

合唱《在灿烂阳光下》

演唱：全体方阵

（灯光：舞台主区域蓝、黄光为主；大方阵白光）

（道具：方阵人手一束花舞动；舞台主区域：部队人手一束花舞动，并做出波浪状）

从小爷爷对我说
吃水不忘挖井人
曾经苦难才明白
没有共产党哪有新中国

从小老师教我唱
唱支山歌给党听
几经风雨更懂得
跟着共产党才有新中国
难忘开国大典的礼炮
激荡了亿万人的热血
难忘那世纪大检阅
扬起了民族气魄
闪耀着金光的铁锤镰刀
代表着民族的希望希望希望
啊
从小爷爷对我说
吃水不忘挖井人
曾经苦难才明白
没有共产党哪有新中国
我们在时代春风里
春风催我永开拓
我们在灿烂阳光下
跟着共产党建设大中国
建设大中国

合唱《歌唱祖国》

演唱：全体方阵

（灯光：舞台主区域黄光为主；大方阵白光）

（道具：几面大国旗，人手一面小国旗；舞台主区域，部队方阵人手一束花舞动，还有几面较大的国旗）

歌词

五星红旗迎风飘扬，
胜利歌声多么响亮！
歌唱我们亲爱的祖国，
从今走向繁荣富强！
歌唱我们亲爱的祖国，
从今走向繁荣富强！
越过高山，越过平原，
跨过奔腾的黄河长江；
宽广美丽的土地，
是我们亲爱的家乡。
英雄的人民站起来了！
我们团结友爱坚强如钢！
五星红旗迎风飘扬，
胜利歌声多么响亮！
歌唱我们亲爱的祖国，
从今走向繁荣富强！
歌唱我们亲爱的祖国，
从今走向繁荣富强！

结束语：

（四位主持人在歌曲结束前登台，站在舞台的中央，各间隔半米）

李 亲爱的同志们、朋友们，祝福祖国——四川省、成都军区庆祝中华人民共和国成立60周年大型歌咏晚会到此结束。

合 让我们共同祝福祖国，祖国万岁！

全场齐 （并挥舞着国旗，鲜花）

祝福祖国　祖国万岁
祝福祖国　祖国万岁
祝福祖国　祖国万岁
祝福祖国　祖国万岁
祝福祖国　祖国万岁

（歌唱祖国音乐声起，上字幕版）

（黄博　整理）

《复兴之路》大型音乐舞蹈史诗

播出台：中央电视台
播出时间：2009年9月30日20：00
总导演：张继刚

（舞美：横跨舞台两侧，长30多米的显示屏、舞台后方可以自由组合的视频、彩链）

画外音：近一个世纪以来，我国先后发生三次伟大革命。辛亥革命推翻了统治中国几千年的君主专制制度，为中国的进步打开了闸门。新民主主义革命和社会主义革命，推翻了帝国主义、封建主义、官僚资本主义在中国的统治，建立了新中国，建立了社会主义制度。改革开放这场新的伟大革命，引领中国人民走上中国特色社会主义道路，向着中华民族伟大复兴的辉煌前景奋进。

视频文字　为什么我的眼里常含泪水
因为我对这土地爱得深沉

序　我的家园

（女舞蹈演员手拿鲜花从天而降，与大屏幕上的国旗一同飘扬。舞台上是由众舞蹈演员演绎的山峦，男舞蹈演员由下场口上，在舞台中央定点坐定）

（音乐起，画面由大屏幕信号切换现场晚会信号，演员在舞台中央定点站定，大全景切换成近景，大屏幕显示内容为中国的大好河山。灯光色调偏蓝，有追光）

歌舞《我的家园》

作词：阎肃　作曲：张千一
演唱：谭晶

童声合唱　山弯弯水弯弯
田垄望无边
笑甜甜泪甜甜
一年又一年

谭晶　山弯弯水弯弯
田垄望无边
笑甜甜泪甜甜
一年又一年
燕子飞蜜蜂唱
坡前柳如烟
风暖暖梦暖暖
这是我家园
最难忘最难忘
妈妈脸上又见皱纹添
哦　哦　这是我家园
这是我家园

徐涛　19世纪上半叶，沉迷在一片平静和繁华梦中的清王朝似乎根本没有意识到这已经是梦的尾声了。一场历史上最深重的灾难，正悄悄降临。

奚美娟　看，这是1840年的夏天。北京，世界上最大的皇家园林，圆明园里，依然是铅华粉黛，笙歌绕梁。

第一章　山河祭（1840—1921）

（音乐起，舞蹈演员在舞台站定，灯光色调

明亮，众舞蹈演员演绎的是一段清宫深处华丽富贵的生活场景。大屏幕在此时化身为一面深宫闺房中的镜子，里面的图景是国画山水图。在整段歌舞中大屏幕起到了很大的视觉冲击作用，在最后描述圆明园被毁时，大屏幕中的镜子轰然碎裂，变为烈烈火焰）

舞蹈《惊梦》

表演：邵天帅　马婧　王丽媛　王琳琳
　　　费冬岚　王晓丽

原来姹紫嫣红开遍
似这般都赋予断井颓垣
良辰美景

（舞蹈演员在舞台两侧阶梯最高处站定，鲍国安舞台屏幕上方站定）

（大屏幕的视频由火焰变为一张正在被焚烧的国画，之后视频转化为当年列强侵华的记录片。舞蹈演员演绎列强侵华，奴役中国人民的场景。鲍国安给追光。灯光色调偏暗）

配乐诵赋《山河祭》

编导：唐黎维　常娉娉　王磊
作者：任卫新　作曲：孟卫东
朗诵：鲍国安

盘古开天，三皇拓土；五千春秋，文明尽数。

历代贤哲，礼仪昭睦；山河垂统，盛德卓著。

列强入室，赤县刀俎；割我宝地，掠我财富。

欺我父母，奴我同族。外患内祸，疮痍满目。

悲夫！悲夫！

金瓯被其践踏，生灵任其屠戮。

社稷丧权蒙耻，九州积贫受侮。

饿殍遍地，泣血当哭；家国破碎，何以存乎？

志士仁人，饮恨寻路；前仆后继，誓雪我辱。

天怒！天怒！

（追光暗，舞蹈演员留台上未下，演绎当年被镇压和奴役的老百姓痛苦挣扎的生活画面。大屏幕中视频为长城放狼烟。灯光色调偏蓝）

舞蹈《辛亥童谣》

编导：谭广鹏　宋晓雪　宿哲
作词：佚名　作曲：刘琦
表演：苏宁　朱峰　高相臣
　　　马骏　姚强　王斐

童声合唱　国太弱挨打了
国太穷挨饿了
大帅们开打了
老百姓们没路了
老百姓们没路了

画外音　天下为公，天下为公。

合唱　孙中山开炮了
革命党进城了
小皇上退位了
大清朝他灭亡了
大清朝他灭亡了

（暗场亮起，舞蹈演员演绎挣扎求存的中国劳苦大众，彭丽媛由舞蹈演员中央升降机出，大屏幕视频为曾经签署过的条约与条款的画面）

歌舞《曙色》

编导：蔡薇蔓　辛俊杰　木巴拉克　田甜
作词：晓光　作曲：徐沛东　配器：王猛
演唱：彭丽媛

一年年花开花落
冬去春来草木又蓬勃
一页页历史翻过，
前浪远去后浪更磅礴
一座座火山爆发

天崩地裂君王美梦破
一顶顶皇冠落地
斗转星移世事有新说
风吹过雨打过铁蹄践踏过
火烧过刀砍过列强分割过
抚摸着伤痕昂起头
吞咽下屈辱心如火
走过长夜走过坎坷
走进曙色
一滴滴水滴石穿
粉身碎骨志向永不舍
一曲曲浩荡长歌
起伏回响悲壮动心魄
一代代仁人志士
救国救民　上下求索
一辈辈英雄好汉
前仆后继热血染山河
风吹过雨打过铁蹄践踏过
火烧过刀砍过列强分割过
抚摸着伤痕昂起头
吞咽下屈辱心如火
走过长夜走过坎坷
走进曙色

奚美娟　1921 年 7 月的一个夜晚，一个北京大学暑期旅行团的十三位成员从全国各地聚集到了上海。就在夜幕降临，灯火阑珊 8 点整，法租界望志路 106 号，同盟会员老，李书诚公馆的灯光亮了。悄然发生了一件中国历史上开天辟地的大事情。

第二章　热血赋（1921—1949）

（音乐起，灯光暗场亮起，剪影效果。大屏幕视频为白云画面，以及新民主文化运动的大事年表以及文字资料，后变化为镰刀斧头标志）

【画外音】午后六时书衡往上海，偕行者润之，赴全国某某某某某之招。谢觉哉日记。当时为保密，某某某某某代表“共产主义者”。

画外音：公元 1921 年 7 月，中国共产党第一次代表大会召开，中国共产党成立。

（舞蹈演员演绎红军进行战斗以及工农兵进行自发反击的画面。大屏幕是红旗，字幕）

舞蹈《点燃朝霞》

编导：杰克阿合　曹向东　李瑞锋　李彬　刘玥　董志强

作曲：杜鸣

徐涛　美国青年记者埃德加·斯诺，来到了中国的延安。一年后他撰写的《红星照耀中国》出版，立刻轰动世界。书中写道：红军是唯一一支政治上铁打的军队，他们无论在人力面前或在大自然面前、上帝面前、死亡面前，都绝不承认失败。

（舞蹈演员演绎万里长征画面，吕继宏上场口阶梯侧站定，给追光）

歌舞《长征路上》

编导：邢时苗　王迪　闫兵　朴顺　李晓赫

作词：肖华

作曲：晨耕　生茂　唐诃　遇秋

编曲：杜鸣　演唱：吕继宏

表演：张旸　齐奇　宋珊　何潇　王丹　刘东雷

吕继宏　雪皑皑野茫茫
高原寒吹断粮
红军都是钢铁汉
千锤百炼不怕难
雪山低头迎远客
草滩泥毡扎营盘

合　唱　风雨浸衣骨更硬

吕继宏 野菜充饥志越坚
合 唱 官兵一致同甘苦
吕继宏 革命理想高于天
高于天

奚美娟 1937年7月7日晚8点，一声枪响，宛平县城卢沟桥上空的月亮被击碎。卢沟桥化作一把出鞘的大刀，抗日战争全面爆发。

徐 涛 第二天，中共中央通电全国，平津危急、华北危急、中华民族危急。只有全民族实行抗战，才是我们的出路。迎着漫天炮火，发起捍卫中华母亲的血战。

（暗场，大屏幕上的视频时炮火轰击的画面，舞蹈演员演绎战火中的英勇抗战的工农红军。女舞蹈演员由巨大红布中间出，演绎中华民族母亲的形象，备受创伤但是依然坚强）

舞蹈《为了母亲》

编导：韩真　周莉亚　薛广鹏

作曲：杜鸣

表演：沈培艺

配音：日本强盗夺我东三省，又侵我华北，非灭亡我全国不止。我辈皆炎黄子孙、华族胄裔，生当其时，身负干戈，不能驱逐日寇，何以为人。我们全体红军，联合友军，开赴前线，与日寇决一死战。为了民族，为了国家，为了同胞，为了子孙，谨此宣誓，血战到底。

奚美娟 1949年4月20日，挑起全面内战的国民党政府拒绝在和平协议上签字，北平谈判破裂。第二天，毛泽东与朱德发布向全国进军的命令。当晚8时，百万雄师过大江。一个王朝的灭亡，永远记在了1949年4月22日这天南京总统府的台历上。

（舞蹈演员通过队形的变换演绎汹涌波浪的形状。后演绎群众划大船过江战斗的场面。大屏幕是船帆的画面，后转变为人民英雄纪念碑上的名单。色调由蓝转红）

舞蹈《打过长江去》

编导：王迪　闫兵　朴顺　李晓赫

作曲：董乐弦

（指挥由下场口上，场中央定点站定）

交响合唱《纪念碑》

编导：闫兵　王迪　朴顺　李晓赫　张伟东　马涛　边华　朱宏　陈庆　余粟力

作曲：郝维亚　指挥：李玉宁

歌词

人民英雄
人民英雄
人民英雄
三年以来
在人民解放战争和人民革命中牺牲的人民英雄们永垂不朽
三十年以来
在人民解放战争和人民革命中牺牲的人民英雄们永垂不朽
由此上溯到一千八百四十年
从那时起
为了反对内外敌人
争取民族独立和人民自由幸福
在历次斗争中牺牲的人民英雄们
永垂不朽
永垂不朽
人民英雄
人民英雄
人民英雄

【毛泽东画外音】领导我们事业的核心力量

是中国共产党，知道我们思想的理论基础是马克思列宁主义，我们正在做我们前人从来没有做过的及其光荣伟大的事业，我们的目的一定要达到！我们的目的一定能够达到！

（舞蹈演员演绎的是战场上的中国共产党，屏幕上的视频为五星红旗）

情景表演《共和国的名字》

编导：刘星　闫兵　曹向东　李瑞锋　李彬

作曲：吕其明

表演：何旭将　杜涛

【画外音】1949 年 10 月 1 日下午 3 时，北京天安门举行开国大典。此时，我中国人民解放军南下部队为了彻底解放全中国，正在向华南西南挺进。

【画外音】南下部队某部接到命令，10 月 1 日开国大典，首都：北京，国旗：五星红旗，国歌《义勇军进行曲》代，国名：中华人民共和国。传达到每个战士，一个人不能少，一个字不能丢，一个人不能少，一个字不能丢。

何旭将　喂，开国大典？今天？同志们。新中国今天成立啦。

众　人　新中国成立了

何旭将　新中国叫什么？

画外音　中华人民共和国

何旭将　我听不清，你大声点。

画外音　中华人民共和国

何旭将　我听不清，你再大声点。

画外音　中华人民共和国

杜　涛　连长，咱新中国叫啥？

何旭将　中华人民共和国

众　人　中华人民共和国

毛泽东画外音　同胞们，中华人民共和国中央人民政府，今天成立了！

奚美娟　1949 年 10 月 1 日，金秋的北京，天高云淡，风清气爽。和浴血奋战的共和国元勋，一起登上天安门的有各界代表、社会贤达。中国共产党领导中国人民团结一切爱国民主力量，缔造了新中国大厦。中华民族伟大的新纪元开始了。

第三章　创业图（1949—1978）

（大屏幕的视频为晚霞画面，配新中国成立后的大事年表资料）

合唱　社会主义好社会主义好

社会主义国家人民地位高，

反动派被打倒，

帝国主义夹着尾巴逃跑了。

全国人民大团结，

掀起了社会主义建设高潮，

建设高潮。

共产党好，

共产党好！

共产党是人民的好领导，

说得到，

做得到，

全心全意为了人民立功劳。

坚决跟着共产党，

要把伟大祖国建设好，

建设好。

（视频画面转换为橙黄的天空画面，舞蹈演员演绎中国农民辛苦耕种的场景）

歌舞《我们的田野》

编导：周鹏　贾俊奇　尕媛媛

作词：管桦　作曲：张文纲　编曲：刘琦

演唱：韩红　钟丽燕　曾小燕　孙佳

蒋海玲　穆村

表演：邢超

歌词　我们的田野

美丽的田野

碧绿的河水
流过无边的稻田
无边的稻田
好像起伏的海面
平静的湖中
开满了荷花
金色的鲤鱼
长得多么的肥大
湖边的芦苇中
藏着成群的野鸭
风吹着森林
雷一样的轰响
伐木的工人
请出一棵棵大树
去建造楼房
去建造矿山和工厂
去建造矿山和工厂

（大屏幕的视频是风雪等画面。舞蹈演员演绎纺织女工、修车工人等中国辛苦工人工作的画面）

舞蹈《我们要和时间赛跑》

编导：崔春梅　马丽丽　于晓雪　辛旭
作词：袁水柏　作曲：瞿希贤
编配：郭思达
表演：王晓丽　蔡春美

【画外音】北风当电扇，大雪当炒面，宁可少活二十年，拼命也要拿下大油田。

【画外音】让我们向困难进军。看，一个伟大的社会主义世界，正向我们飞奔。

合唱　我们要和时间赛跑
走向工业化的光明大道
我们要和时间赛跑
迎接伟大的建设高潮
我们要和时间赛跑
走向工业化的光明大道
我们要和时间赛跑
迎接伟大的建设高潮

【画外音】1962 年 8 月 15 日，沈阳军区一位年仅 22 岁的解放军战士因公殉职，他的名字叫雷锋。他平凡又伟大的一生感动了亿万人民。由此，一个向雷锋同志学习的热潮在神州大地轰轰烈烈的展开。

（舞蹈演员演绎老师教授学生向雷锋学习的场景，大屏幕是雷锋照片和证书等）

歌舞《学习雷锋好棒样》

编导：张先敏　翟建伟　明明
作词：洪源　作曲：生茂　配器：王猛
演唱：王丽达

王丽达配音：人的生命是有限的，为人民服务是无限的，我要把有限的生命投入到无限的为人民服务之中去。

王丽达　学习雷锋好榜样
忠于革命忠于党
爱憎分明不忘本
立场坚定斗志强
立场坚定斗志强
学习雷锋好榜样
工作热情高万丈
愿做革命的螺丝钉
集体主义思想放光芒
集体主义思想放光芒

配音：向雷锋同志学习，为人民服务，向雷锋同志学习，为人民服务。

王丽达　学习雷锋好榜样
艰苦朴素永不忘
克己为人是模范
共产主义品德多高尚
共产主义品德多高尚
学习雷锋好榜样
毛主席的教导记心上
紧紧握住手中抢
努力学习天天向上
努力学习天天向上

配音：向雷锋同志学习，为人民服务，向雷锋同志学习，为人民服务。

徐涛 1964年10月16日，北京时间下午3时，中国西部无人区里一朵巨大的蘑菇云翻滚而起。中国第一颗原子弹试验爆炸成功。为了共和国“两弹一星”事业，多少奉献终生的英魂忠骨，长眠在戈壁荒原，大漠黄沙。

（宋祖英下场口上，暗场下。谷亮亮上场口上。舞蹈演员由阶梯两侧下）

（视频背景为大漠黄沙）

歌舞《大漠深处》

编导：刘江　梁克虎

作词：阎肃　贺东久　作曲：印青

演唱：宋祖英

表演：谷亮亮

有一种花儿名叫马兰
你要寻找它请西出阳关
伴着那骆驼刺啊
扎根那戈壁滩
摇着那驼铃吹着那鹰笛
敲醒了黄沙漫卷灰蒙蒙的天
有一个地方名叫酒泉
你要寻找它请西望阳关
丹心照大漠啊
血汗写艰难
放出那银星舞起那长剑
撑起了艳阳高照晴朗朗的天
啊马兰　啊酒泉
一代代追寻者
青丝化白雪
一辈辈科技人
情铸边关恋
青春无悔
生命无怨
莫忘大漠深处
万缕云烟
一代代追寻者
青丝化白雪
一辈辈科技人
情铸边关恋
青春无悔
生命无怨
莫忘大漠深处
万缕云烟

配乐诗朗诵《沉思与抉择》

作者：刘星

编导：崔恩全　梁克虎

作曲：施万春　温涛

朗诵：瞿弦和　丁建华

丁建华 如果不是为寻找历史是在哪里转弯

瞿弦和 如果不是为寻找民族复兴新的起点

丁建华 谁还愿意揭开往日的伤口

瞿弦和 谁还想回首那曾经的劫难

丁建华 大地说　那十年它很累　很累
因为它的上空有一个沉重的云团

瞿弦和 天空说　那十年它很苦　很苦
因为它的眼底有一场不停的动乱

丁建华 小草惊奇的问　参天大树为啥还会折断

瞿弦和 田埂不解的说　杂草怎么比麦苗还光鲜

丁建华 人们发现　民族的脚步在渐渐放慢

瞿弦和 人民在问　这样的折腾何时能完

丁建华 那一年　曾经在历史转弯处站立的伟人
一个接着一个地去了

瞿弦和 迷了途的马儿　在大野上嘶鸣

丁建华 飞散了的孤雁　在苍天里呜咽

瞿弦和 恸哭后的民族开始思索思索思索

丁建华 雷终于来了，撕开阴霾万里

瞿弦和 风终于来了，荡涤尘埃漫漫

丁建华 雷电中回响着人民对“四人帮”的宣判

瞿弦和 风雨里人民在寻找道路　中国在寻找航线

丁建华 历史在选择中国
瞿弦和 中国在酝酿改变
丁建华 1978年的初冬是一个特别的季节
瞿弦和 冰河在撞击
地火在翻卷
丁建华 当钟声在十里长街上再一次响起
瞿弦和 一个震天动地的消息让世界惊叹
丁建华 这一天中国拨正了航线
瞿弦和 这一天人民扬起了风帆
丁建华 共和国从此又一次走进春天
瞿弦和 历史的老人笑了
因为在历史的转折点
合 中国共产党人的雷霆之声
又一次在大地和天空中回旋

徐 涛 改革开放的序曲，首先在农村奏响。1978年末，安徽小岗村率先实行包产到户。中国农民创造的联产承包责任制拉开了农村改革的序幕。

第四章 大潮曲（1978—2008）

（两位女舞蹈演员站立移动板从下场口移动到上场口方向）
（舞蹈演员演绎稻谷等农作物，一派生机勃勃的景象。灯光色调偏绿。仿佛在田间行走的感觉。大屏幕上是蓝天白云，黄色的麦田）

歌舞《在希望的田野上》
编导：穆青 罗丽 蒋楠 张磊
作词：晓光 作曲：施光南 编配：董乐弦
演唱：雷佳
表演：王小燕 国雅琪
合唱 我们的家乡
我们的家乡
雷佳 我们的家乡在希望的田野上
炊烟在新建的住房上飘荡
小河在美丽的村庄旁流淌
一片冬麦 一片高粱
十里荷塘 十里果香
我们世世代代在这田野上生活
为它富裕为它兴旺
合唱 我们的未来在希望的田野上
人们在明媚的阳光下生活
生活在人们的劳动中变样
老人们举杯 孩子们欢笑
小伙儿弹琴姑娘歌唱
雷佳 我们世世代代在这田野上奋斗
为它幸福 为它争光
我们世世代代在这田野上奋斗
为它幸福 为它争光
合唱 我们的家乡
我们的家乡
家乡

奚美娟 20世纪80年代初，一支在改革开放大潮中涌现出的新型劳动大军打破了封闭的城乡就业格局。中国农民，走向市场，走进城市。他们和产业工人队伍一起成为我国现代化建设的一道时代风景线。

（舞蹈演员演绎建筑工人工作的场景，大屏幕变成了一块巨型幕布，采用投影的原理，制造人物的大小对比等特殊效果，呈现出了别具新意的符合打工谣的意境的舞蹈画面。）

歌舞《打工谣》
编导：刘霄 张荪 王昭 王冲
作词：宋小明 作曲：伍嘉冀
演唱：蔡国庆 李炜鹏 陈戈 孔建中
秦毅
表演：耿剑
三人说唱
不管是在哪里 不管干什么

咱们辛辛苦苦多忙活
你看流水线上
有咱们一排排的坐
这脚手架上
有咱们蹭蹭蹭的过
大街小巷有咱们
送一送货
还有家里头带小孩
做饭又刷过
我们就在这城市
城市里有我
我们是闯天下的打工者
不管是天多冷　不管天多热
咱们实实在在挺乐和
你看下班以后
咱们一排排的坐
这碰上老乡
咱就好好唠唠嗑
都说家里好年景
收成还不错
越好春节前一起回家
一块挤火车
我们就是这城市
城市就是我
我们是有梦想的打工者

蔡国庆　趟过大河翻过梁
天多远地有多长
男子汉要闯一闯
相信那路在前方
都说出门在外难
告别了爹和娘
要让我的好光景
一年更比一年强
站在高楼望故乡
心多远梦有多长
想起我的好姑娘
还有梦中的新房
天边那个坠夕阳
有支歌在心中唱
大家那个齐努力
咱们一起奔小康

徐涛　1998年夏天，持续暴雨。长江水位，嫩江、松花江水位，珠江流域，闽江水位同时暴涨。发生了历史上罕见的特大洪水。

奚美娟　114位将军在风雨大堤上，30万官兵和500万预备役部队在惊涛骇浪中。

徐涛　这就是中国的特种钢铁，坚不可摧！

（大屏幕上的视频画面为下雨的场景，后转化为滚滚的洪水。舞蹈演员演绎中国军人面对洪水袭击，英勇献身用身体最为碉堡拦截洪水的画面）

舞蹈《不可战胜》

导演：张冬　谷亮亮　崔凯　王璐

作词：任卫新　作曲：陈丹

表演：蓝天诚　覃江巍

蓝天诚　集合！一营长，二营长，三营长。同志们，第五次洪峰就要来了。我们一定要严防死守，誓与大堤共存亡。

男声合唱　铁硬精钢更硬
血红旌旗更红
横是一挽天弓
立是一脉山峰
铁硬筋骨更硬
浪涌热血更涌
重是一尊青铜
壮是一道长城
千斤力量扛鼎
万钧雷霆难轰
生命守护生命
红星压倒洪峰
千斤力量扛鼎
万钧雷霆难轰
生命守护生命

红星压倒洪峰

压倒洪峰

蓝天诚 跟我上！

男声合唱 千斤力量扛鼎

万钧雷霆难轰

生命守护生命

红星压倒洪峰

【江泽民画外音】我们中华民族是有着很强的凝聚力，任何的困难都压不倒我们，中国人民是不可战胜的。

男声合唱 中国人民不可战胜

奚美娟 百年国耻，一朝雪洗。1997 年 7 月 1 日中国政府对香港恢行使主权。1999 年 12 月中国政府对澳门恢复行使主权。

徐涛 两个难忘的历史大事件，永载史册的宣告了一个时代的终结与另一个时代的开始。

（指挥面对观众站定舞台中央，大屏幕播放视频为虎门销烟的记录影像到香港回归澳门回归画面）

交响合唱《永世不忘》

编导：马涛 熊涛 费波

作词：王晓岭 作曲：赵季平

配器：王猛

指挥：张峥

男声合唱 那是谁的声音穿透世界苍茫

那是谁的硝烟仍在记忆飘荡

枪炮声惊醒我沉睡的夜

祖先的梦

心中的痛

永世不忘

男女合唱 那是谁的胸怀拥抱漫天霞光

那是谁的眺望迎来光荣归航

紫荆花白莲花竞相开放

母亲的爱

儿女的情

永世不忘

女声合唱 深水湾浅水湾

五星红旗升起永世不忘

男女合唱 东望洋西望洋

五星红旗升起永世不忘

男女合唱 那是谁的胸怀拥抱漫天霞光

那是谁的眺望迎来光荣归航

紫荆花白莲花竞相开放

母亲的爱

儿女的情

永世不忘

女声合唱 深水湾浅水湾

五星红旗升起永世不忘

男女合唱 东望洋西望洋

五星红旗升起永世不忘

徐涛 实现祖国的和平统一，是中华儿女共同的夙愿。几代人为此作出了不懈的努力。2008 年 12 月 15 日，这是个历史性的一天，台湾海峡两岸直航由此启动。两岸同胞，时代亲情，一个美丽愿景面对波涛宣告，两岸关系开始书写新的篇章。

（舞蹈演员在场中央站定。其间有两个小孩分别手中捧花坐在模型飞机中，在舞台上空经过，代表两岸通航）

（大屏幕的画面为弯弯的月牙变为满月）

诗朗诵与舞蹈《海峡愿景》

编导：杨笑阳 田甜

作者：庄奴 乔羽

作曲：叶小纲

朗诵：田华 陈铎

空中导演：张磊

表演：山翀 覃江威 秦熙

陈铎 我读过床前明月光，疑是地上霜。为什么，举头望明月，低头思故乡？

田华 今夜里又见月儿圆，又见桂花黄。为什么，为什么年年中秋夜，夜夜思故乡。

陈铎 为什么，为什么夜夜思故乡。哦，故乡情意长啊。有兄。

田华 有兄

陈铎 有弟

田华 有弟

陈铎 有姐妹

田华 有姐妹

陈铎 共享明月光

田华 今夜里天上月儿圆，地下桂花香。好一个花好月圆中秋夜，天地共久长。

陈铎 好一个花好月圆中秋夜

合 天地共久长

奚美娟 2008年9月25日，神舟七号载人飞船发射升空，准确进入预定轨道。当中国宇航员打开舱门，所有中华儿女欣喜若狂，感到自豪与骄傲。五星红旗，耀眼宇宙，浩瀚太空首次踏响中国人漫步的足音。

（大屏幕为宇宙太空和地球的画面，舞蹈演员演绎高科技时代的机器人）

歌舞《遥望我蓝色的星球》

编导：马涛　赵洁　臧馨　陈燕敏　李国栋

作词：集体　作曲：孟可　丁纪

空中导演：张磊

演唱：张妮　周晓琳

表演：赵嘉仪

童声合唱 金星你好

海王星你好

木星你好

天王星你好

水星你好

火星你好

土星你好

冥王星你好

我在地球为你舞蹈

我在太空把你拥抱

我们大家一起飞跑

我们大家一起欢笑

大合唱 太阳让我给你捎话

你好你好

你好你好

月亮托我为你歌唱

你好你好

你好你好

我在地球为你舞蹈

我在太空把你拥抱

我们大家一起飞跑

我们大家一起欢笑

奚美娟 2008年5月12日，汶川特大地震震惊了世界。一双双救援之手伸向灾区，危难之时方显大爱无疆。

徐涛 万众一心，众志成城，不畏艰险，百折不挠，以人为本，尊重科学。气壮山河的抗震救灾说明多难兴邦，无论面对任何艰难险阻，中华民族都不可征服。

（这一节目是本晚会的动情点，在歌曲之中融入了情景再现的模式，舞蹈演员演绎了一段汶川抗震救灾的感人画面。配以歌声更为动人）

歌舞《呼唤》

编导：肖向荣　张云峰　陈燕敏

马涛　赵洁

作词：屈塬　作曲：王备

演唱：毛阿敏

表演：陈典　唐婉妮　李靓　廉子龙

苏宁　高相臣

歌词 倾听你的呼吸

感受你的心跳

你在呼唤我

我时刻会听到
你是我的兄弟
我是你的同胞
我在呼唤你
你一定要听到
我在呼唤你
一声低　一声高
你要等着我
每一分　每一秒
哪怕你远离生的希望
也要让你回到爱的怀抱
你是我的姐妹
我是你的同胞
我在呼唤你
你一定要听到
我在呼唤你
一声低　一声高
你要等着我
每一分　每一秒
哪怕你远离生的希望
也要让你回到爱的怀抱

奚美娟　如果把时钟拨回一个世纪，1980年天津《青年》周刊提出：中国何时能办一届奥运会。中华民族就此诞生的奥运梦想，整整走了一百年。

徐涛　2001年中国申奥成功，七年后北京奥运圣火的点燃就是向先辈们做出的历史回答。

（大屏幕中显示的画面是奥运会开幕式中倒计时等的画面，奥运中的飞天的场景在舞台上得到了一些还原。屏幕中还回放了奥运会中比赛的画面，以及奥运志愿者等等画面，使得观众重温了奥运会举办时那种激动人心的场景）

小号独奏《百年梦圆》

编导：崔恩全　王冲　梁克虎
作曲：陈其钢　编配：郭思达
演奏：邵雨辰
钢琴伴奏：刘诗昆

奚美娟　回望六十年风雨岁月，经过三十年不懈探索，历史的辉煌昭示我们，坚持中国共产党的领导，高举中国特色社会主义伟大旗帜，坚持改革开放，是实现中华民族伟大复兴的必由之路。

徐涛　所有这一切，都写在一幕幕闪光的历程中。

第五章　中华颂（公元2009年10月1日）

（演员在舞台中央的圆形区域就位，大屏幕的视频为闪闪的星空，加中国建国以来历年大事年表滚动字幕。在此节目之中，舞台中间的旋转舞台第一次应用，和后面的星光遥相辉映，产生了一种别样的温馨华丽的美感）

歌舞《闪光的记忆》

编导：李承淑
作词：宋小明　作曲：董乐弦

合唱　星星雨请你告诉我
那往事有多远
还记得我们每个人
现在和从前
我们和岁月一路走
走过沧海桑田
多少眼泪默默流下来
没有更多语言
没有更多语言
这些年还有这些事
所有这些改变
回首往事我们想一想
好像就在眼前
这些年还有这些事

所有这些改变
回首往事我们想一想
好像就在眼前
好像就在眼前

（舞蹈演员未下移动到台前排列一字形，两侧台口下）
（暗场打面光，无视频后变为蒙古大草原视频）

蒙古族歌舞《吉祥草原》

编导：何燕敏
作词：任卫新
驿配：阿尔布杰　蒙古族民歌
编配：栾凯
演唱：韩磊
表演：阿必娅丝　柴森森

（蒙语）鸿雁排成行
草原穿盛装
百花香　百鸟唱
草原多兴旺
敬天地　祝家乡
草原永吉祥
（汉语）鸿雁排成行
草原穿盛装
百花香　百鸟唱
草原多兴旺
敬天地　祝家乡
草原永吉祥

（舞蹈演员后场上，女演员上台口上）
（头顶葡萄演绎新疆维吾尔族人采摘葡萄的美好景象。大屏幕视频为葡萄架）

维吾尔族歌舞《葡萄熟了》

编导：杨凌
作词：赵思思
作曲：简易
表演：迪丽胡玛尔　玉米提　艾尼江

（维语）戴上冰山的雄冠
穿上云霞的彩艳
铺开绿洲的花语
敲响太阳的手鼓
百灵为我们喝彩
夜莺为我们欢呼
（汉语）我们载歌载舞
把丰收的节日来庆祝
我们载歌载舞
把祖国的生日来庆祝
来吧来吧木卡父
来吧来吧康乃母
各族人民一家亲
我们的生活多幸福
我们载歌载舞
把祖国的生日来庆祝
来吧来吧木卡父
来吧来吧康乃母
各族人民一家亲
我们的生活多幸福

（灯光色调偏蓝，大屏幕视频为蓝色的月空）

回族舞蹈《金色的汤瓶》

编导：丁颖
作词：任卫新　作曲：董乐弦
表演：纳薇

金色的汤瓶
举过了头顶
圣洁的泉水好清莹
回族儿女把心中花儿
献给伟大祖国母亲
贺兰的山峰
露出了笑容
黄河的流水唱不停
回族儿女把心中花儿
献给伟大祖国母亲

壮族舞蹈《铜锣敲出壮乡情》

编导：杨世萍　赵叶叶　叶苗壮　李卓果

作词：符又仁　作曲：杜鸣

敲起铜锣满心喜悦想说话
我的祖国好山好水好年华
壮家儿女万众一心跟党走
今日壮乡锦绣前程美如画
敲起铜锣满心喜悦想说话
我的祖国好山好水好年华
壮家儿女万众一心跟党走
今日壮乡锦绣前程美如画

藏族歌舞《彩虹儿女》

编导：格珍

作词：王晓岭　译配：旺堆

作曲：孟卫东　配器：王猛

演唱：索朗旺姆　巴桑

表演：普布　扎西白玛

（藏语）**索朗旺姆**　雪山洒满阳光
照亮我们的心房
年轻姑娘的裙装
飘动着彩虹模样

（汉语）**巴桑**　如果没有
没有阳光
怎有幸福
幸福和吉祥
雅鲁藏布江
江水长
比不上党的恩情
党的恩情长
比不上党的恩情
党的恩情长

（藏语）**合**　雪山洒满阳光
照亮我们的心房
年轻姑娘的裙装
飘动着彩虹模样

朝鲜族歌舞《好光景》

编导：李承淑

作词：宋小明　作曲：崔龙国

演唱：崔丽娜　林松哲

（朝语）　日子一天天过好着嘞
你看看这房子好着嘞
你看看这田地好着嘞
你看看这儿女好着嘞
你看看我们好着嘞
黛青的夜空繁星闪烁
我们在心中憧憬希望

（汉语）　你看看你的皱纹
那是笑出来的
你看看的你胡子
那是美出来的

奚美娟　在迎来新中国六十华诞的大喜日子里，我们要永远铭记，以毛泽东同志为核心的党的第一代中央领导集体，创立毛泽东思想，带领全党全国各族人民建立新中国取得社会主义革命和建设伟大成就。

徐涛　我们要永远铭记，以邓小平同志为核心的党的第二代中央领导集体，创立邓小平理论，开创改革开放伟大事业。

奚美娟　我们要永远铭记，以江泽民同志为核心的党的第三代中央领导集体，创立“三个代表”重要思想，把改革开放伟大事业成功推向21世纪。

徐涛　今天，站在新的历史起点上，让我们更加紧密的团结在以胡锦涛同志为总书记的党中央周围，以邓小平理论和“三个代表”重要思想为指导，深入贯彻落实科学发展观，在全面建设小康社会，实现中华民族伟大复兴的进程中谱写出

合　更新更美的华彩乐章

歌舞《致祖国》

编导：金美花

作词：任卫新

作曲：孟卫东

配器：王猛

演唱：殷秀梅　阎维文

殷秀梅　写下的一页页都是你的名字

唱出的一声声都是你的恋歌

我说不出美到底有多少颜色

母亲啊中国　你永远不会褪色

我说不出心到底有多少承诺

母亲啊中国　你永远让我爱着

阎维文　讲出的一字字都是你的故事

感念的一重重都是你的恩泽

我说不出梦到底有多少颜色

母亲啊中国　你永远都最出色

我说不出爱到底有多么执著

母亲啊中国　你永远让我铭刻

合　为什么我的眼里常含泪水

母亲啊中国　我的祖国

因为我对这土地爱的深沉

母亲啊中国　我的祖国

因为我对这土地爱的深沉

母亲啊中国　我的祖国

（胡锦涛画外音：让我们更加紧密的团结起来，继续解放思想，坚持改革开放，推动科学发展，促进社会和谐，为实现中华民族伟大复兴而团结奋进，努力为人类作出新的更大的贡献。）

歌曲《走向复兴》

作词：李维福

作曲：印青

配器：刘琦

指挥：李玉宁

大合唱　我们迎着初升的太阳

走在崭新的道路上

我们是优秀的中华儿女

谱写时代的新篇章

我们迎着风雨向前方

万众一心挽起臂膀

我们要把亲爱的祖国

变得更加美丽富强

前进　前进　向前进

挺起胸膛　何惧风浪

前进　前进　向前进

肩负民族的希望

我们迎着灿烂的阳光

飞向太空驰骋海洋

我们是英雄的中华儿女

古老文明焕发新光芒

我们迎着胜利向前方

振兴中华是我们理想

我们迈着坚定的步伐

中国屹立在世界东方

前进　前进　向前进

排山倒海　不可阻挡

前进　前进　向前进

走向复兴创造辉煌

前进　前进　向前进

排山倒海　不可阻挡

前进　前进　向前进

走向复兴　创造辉煌

走向复兴　走向复兴

走向复兴　创造辉煌

（王旭　整理）

首都各界庆祝中华人民共和国成立60周年联欢晚会

播出台：中央电视台
播出日期：2009年10月1日晚8点
总导演：张艺谋
执行总导演：甲丁

（舞美：以国旗旗杆为中心，4028棵多彩“发光树”组成9000平方米的“光立方”主题表演区。长安街中心路段和天安门广场东西两侧，分布着13个联欢表演区。人民英雄纪念碑前，耸立着一面巨大的烟花网幕，上面“1949—2009”几个大字闪闪发光）

（片头：夜幕下张灯结彩的天安门，迎风飘扬的五星红旗与一轮满月叠化。管弦乐《红旗颂》垫入。航拍，灯花通明的长安大街）

【解说词】

康辉 中央电视台。

李瑞英 中央电视台。

男 各位观众、各位朋友。

女 全国各族人民、台湾同胞、港澳同胞、海外侨胞。

男 全世界的中华儿女，大家——

男、女 大家节日好！

男 这里是首都北京天安门广场。今天上午，我们为您现场直播了庆祝中华人民共和国成立60周年盛大的阅兵式和群众游行活动。

女 过一会儿，我们将在这里为您现场直播首都各界庆祝中华人民共和国成立60周年联欢晚会的盛况。

男 今天的中国普天同庆、举国欢腾，今晚的北京笑意盎然、欢乐和谐，今晚的天安门广场笑语欢歌、灯火辉煌。

女 俯瞰天安门广场，我们更加深刻的感受到这是一片经济发展、政治稳定、文化繁荣、民族团结、社会进步、国际地位日益提升的热土。

男 今晚，党和国家领导人将与来自全国各地、各民族、各行业的数万观众共庆佳节。

（飞猫：天安门广场）

女 变幻万千的烟花幕和光艺表演是今晚最夺目的色彩，流光溢彩的高空焰火更将为这道风景镶嵌上美丽的花边。夜空、大地交相辉映，装扮节日的广场点亮祖国的夜空。

（五星红旗迎风飘扬近景，俯拍天安门广场欢乐的场面、天安门城楼上领导人向观众挥手致意，音乐起《运动员进行曲》）

【解说词】

男 出席今天联欢晚会的党和国家领导人

是：胡锦涛、江泽民、吴邦国、温家宝、贾庆林、李长春、习近平、李克强、贺国强、周永康等。

20：00（北京电报大楼传来悠扬的《东方红》报时乐声。中共中央政治局委员、北京市委书记刘淇宣布联欢晚会开始。三组60支烛状礼花腾空而起，五彩焰火在空中组成“60”数字造型）

序　我的祖国

（小男孩身着校服系着红领巾用小号吹奏出《我的祖国》前奏，身着艳红色礼服的合唱团合唱《我的祖国》。“发光树”交替组合出“国庆”、“祖国万岁”等字样和金色的五星、枝繁叶茂的森林、巍峨壮观的长城等图案。烟花在网幕上勾勒出炼苗的群山，一道银色的烟火瀑布像天女散花般的焰火从天而降，落在伫立在天安门广场上的烟火幕布上，“光立方”焰火波浪潋滟，汇成一幅祖国锦绣河山的壮美画卷）

《我的祖国》

演员：薛慧中

歌词

我和我的祖国一刻也不能分割
无论我走到哪里都流出一首赞歌
我歌唱每一重高山　我歌唱每一条河
袅袅炊烟小小村落路上一道辙
啦　啦
你用那母亲的脉搏和我诉说
我的祖国和我像海和浪花一朵
浪是海的赤子海是浪的依托
每当大海在微笑我就是笑的旋涡
我分担着海的忧愁分享着海的欢乐
啦　啦
永远给我碧浪清波心中的歌
我和我的祖国一刻也不能分割
无论我走到哪里都流出一首赞歌
我歌唱每一重高山　我歌唱每一条河
袅袅炊烟小小村落路上一道辙
啦　啦
永远给我碧浪清波心中的歌
啦　啦
永远给我碧浪清波心中的歌

男　一道道焰火瀑布将从天而降，在烟火绘画布上铺开一幅壮美的江山万里图。

女　我们祖国的锦绣河山卓然显现，神州大地江山多娇。

（烟火在光立方中逐渐延伸的开来，铺成一条焰火长河，合唱队全体高举双手，天安门广场上空礼花齐放）

第一乐章：这是伟大的祖国

（光立方拼出粉红色的大朵牡丹花图案与中国结图案交替变换，锣鼓方阵敲起欢快的锣鼓点，群众方阵随之挥舞手中的红色彩带。少数民族方阵中穿着各自民族服装的演员跳起整齐的民族舞蹈唱起民族歌曲。天安门城楼上，领导人观看演出的画面）

《爱我中华》

演唱：王滢、李丹阳、吕薇

歌词　爱我中华
爱我中华
赛罗赛罗赛罗赛罗赛罗赛罗——嘿
五十六个星座五十六枝花
五十六族兄弟姐妹是一家
五十六种语言汇成一句话
爱我中华爱我中华爱我中华
爱我中华
健儿奋起的步伐
爱我中华
建设我们的国家
爱我中华
中华雄姿英发
爱我中华
五十六族兄弟姐妹

五十六种语言汇成一句话
爱我中华

男 光立方上绽放出一幅幅美丽的中国结，象征着五十六个民族同享太平，共创和谐。

女 色彩纷呈的中国结象征着五十六个民族生活如意、幸福美满。

（天安门上空绽放起一朵朵五彩的圆形礼花，美丽的国家大剧院在焰火的映衬下异常美丽）

男 腾空飞舞的烟花带着五十六个民族对新中国六十华诞的美好祝愿竞相开放在天安门广场的夜空中

女 我们伟大的祖国就是一个和谐的大家庭，五十六个民族团结和睦、相亲相爱

男 因为有我们多民族的兄弟，中国的大地才会如此绚丽、蓬勃

女 因为有我们多民族的姐妹，祖国的欢歌才会如此悠扬、动听

男 我们心心相连

女 我们携手并肩

男 我们拥有共同的名字，叫中国

女 让我们在一组充满民族风情的歌曲中踏歌起舞，这是当代中国民族团结的辉煌乐章，这是各族同胞为和谐中国汇聚而成的如诗如画的盛世图景。

《北京喜讯到边寨》音乐烟花表演

（礼花表演，形状各异的礼花绽放，城楼上的领导人欢快地观看表演，广场上的群众热情洋溢，天安门广场陷入一片光的海洋之中）

群众联欢和谐中国

（红黄色调的光立方拼出“和谐中国”，身着民族服饰的锣鼓队员响起欢快的鼓点，彩旗队耍动着红黄两色双面彩旗，载歌载舞。身着白蓝色维吾尔服装的舞蹈演员踏歌起舞）

《我们的祖国是花园》

演唱：儿童合唱团

歌词 我们的祖国是花园
花园里花朵真鲜艳
和暖的阳光照耀着我们
每个人脸上都笑开颜
娃哈哈娃哈哈
每个人脸上都笑开颜
大姐姐你呀快快来
小弟弟你也莫躲开
手拉着手儿唱起那歌儿
我们的生活多愉快
娃哈哈娃哈哈
我们的生活多愉快
我们的祖国是花园
花园里花朵真鲜艳
和暖的阳光照耀着我们
每个人脸上都笑开颜
娃哈哈娃哈哈
每个人脸上都笑开颜
大姐姐你呀快快来
小弟弟你也莫躲开
手拉着手儿唱起那歌儿
我们的生活多愉快
娃哈哈娃哈哈
我们的生活多愉快

（黄色的彩旗组翻动起来）

《赞歌》

演唱：呼斯楞与额尔古纳演唱组
斯琴格日乐

歌词 从草原来到天安门广场，
高举金杯把赞歌唱，
美酒飘香，鲜花怒放，
歌声飞出我的胸膛。

英雄的祖国屹立在东方，
像初升的太阳光芒万丈，
各民族兄弟欢聚在一起，
赞美中华的崛起和希望。
啊嗬咿，啊嗬咿，啊嗬咿！

（身着紫色和黄色民族服装的新疆姑娘、小伙摇起手中的铃鼓在马头琴音乐的伴奏下跳起舞来）

《新疆好》

演唱：迪丽娜尔·阿布拉、夏米力

歌词　我们新疆好地方啊
天山南北好牧场
戈壁沙滩变良田
积雪溶化灌农庄
戈壁沙滩变良田
积雪溶化灌农庄
来
我们美丽的田园
我们可爱的家乡
我们美丽的田园
我们可爱的家乡

（彩旗队将红黄两色的旗面展开铺展成藏族经幡的样子，身穿藏族服饰的人们舞动起挂满彩旗的图腾、跳起藏族舞蹈，边防的武警战士们也甩动着金黄的哈达，跳起舞蹈）

《翻身农奴把歌唱》

演唱：才旦卓玛、泽旺多吉

歌词　太阳啊霞光万丈
雄鹰啊展翅飞翔
高原春光无限好
叫我怎能不唱歌
高原春光无限好
叫我怎能不唱歌
雪山呵闪银光
雅鲁藏布江翻波浪
驱散乌云见太阳
革命道路多宽广
驱散乌云见太阳
革命道路多宽广
毛主席呀红太阳
救星就是共产党
翻身农奴把歌唱
幸福的歌声传四方
翻身农奴把歌唱
幸福的歌声传四方
翻身农奴把歌唱
幸福的歌声传四方
翻身农奴把歌唱
幸福的歌声传四方
翻身农奴把歌唱
幸福的歌声传四方

（身穿绿色和粉色朝鲜族服装的演员跳起腰鼓，跳起筷子舞）

《桔梗谣》

演唱：金曼、阿里郎组合

歌词　桔梗哟桔梗哟桔梗哟桔梗
白白的桔梗哟长满山野
只要挖出一两棵
就可以满满的装上一大筐
哎嘿哎嘿哟哎嘿哎嘿哟哎嘿哟
这多么美丽多么可爱哟
这也是我们的劳动生产

（以白色为主的民族方阵组成菱形方阵，男女对跳其民族舞蹈）

《花儿与少年》

演唱：蔡国庆、哈辉

歌词　春季里到了这
迎春花儿开迎春花儿开
年轻的女儿家踩呀踩青来，小呀哥哥
小呀哥哥小呀哥哥手托着手儿来
迎春花开放千里香千里香
女儿家的心上起波浪小呀哥哥
小呀哥哥小呀哥哥扯不断情丝长

迎春花开放千里香千里香
女儿家的心上起波浪小呀哥哥
小呀哥哥小呀哥哥扯不断情丝长
小呀哥哥小呀哥哥扯不断情丝长

《山歌好比春江水》

演唱：黄婉秋、严当当

歌词 唱山歌哎
这边唱来那边和
噢那边和
山歌好比春江水哎
不怕滩险弯又多
噢弯又多

（高山族的舞蹈演员跳起竹竿舞）

《阿里山的姑娘》

演唱：千百惠

歌词 高山长青
涧水长蓝
姑娘和那少年永不分呀
碧水长围着青山转
阿——
阿里山的姑娘美如水呀
阿里山的少年壮如山
高山长青
涧水长蓝
姑娘和那少年永不分呀
碧水长围着青山转

《我们的祖国是花园》

演唱：少儿合唱团

笛子演奏：冯晓泉、曾格格

歌词 我们的祖国是花园
花园里花朵真鲜艳
和暖的阳光照耀着我们
每个人脸上都笑开颜
娃哈哈娃哈哈
每个人脸上都笑开颜
大姐姐你呀快快来
小弟弟你也莫躲开
手拉着手儿唱起那歌儿
我们的生活多愉快
娃哈哈娃哈哈
我们的生活多愉快

（各民族一同舞蹈，共同高呼：祖国万岁！祖国万岁！祖国万岁！一片盛世联欢的景象）

第二乐章　是我生长的地方

《今天是你的生日》

演奏：郎朗　表演：崔紫旭

（一个身穿连衣裙的小女孩在画板上画出一只鸽子的轮廓，钢琴声响起《今天是你的生日》，光立方上拼出一只在蓝天上翱翔的白鸽）

男 广场中央，一位生于10月1日的六岁女孩，在国旗下的画板上绘出了一只飞翔的白鸽

女 同时，光立方上也将变幻出展翅高飞的白鸽

男 白鸽代表美好，凝聚的是十三亿儿女的记忆

女 白鸽象征和平，表达的是十三亿儿女的祝福

（歌唱演员站在人民大会堂楼顶上在一面红旗下放歌。）

（光立方上的白鸽从轮廓一点点被填充出来，白鸽在绿色的背景上飞翔起来，烟火布上由焰火勾画出的儿童画，是阳光下金灿灿的田野，钢琴伴奏与演唱结合，歌曲结束时，礼花齐名、小女孩放飞了手中红色的气球）

《今天是你的生日》

演唱：廖昌永、谭晶

歌词　今天是你的生日　我的中国
清晨我放飞一群白鸽
为你衔来一枚橄榄叶
鸽子在崇山峻岭飞过
我们祝福你的生日我的中国
愿你永远没有忧患永远宁静
我们祝福你的生日我的中国
这是儿女们心中期望的歌
今天是你的生日我的中国
清晨我放飞一群白鸽
为你带回远方儿女的思念
鸽子在茫茫海天飞过
我们祝福你的生日我的中国
愿你月儿常圆儿女永远欢乐
我们祝福你的生日我的中国
这是儿女在远方爱的诉说
今天是你的生日我的中国
清晨我放飞一群白鸽
为你衔来一棵金色麦穗
鸽鸽子在风风雨雨中飞过
我们祝福你的生日我的中国
愿你逆风起飞雨中获得收获
我们祝福你的生日我的中国
这是儿女们心中期望的歌
这是儿女们心中期望的歌

男　这一刻，小女孩放飞了一只红色的气球

女　一只心形的气球载着绘有白鸽的图画飞上了夜空，象征着把最纯真的祝福送到世界各地，送到每一位中华儿女的心里

男　从 1949～2009，六十年波澜壮阔，六十年沧海桑田。五星红旗始终承载着中华儿女的光荣与梦想

女　我们忘不了，忘不了鲜艳的五星红旗第一次在天安门广场冉冉升起

男　忘不了第一面五星红旗在奥运赛场上迎风飘扬

女　忘不了紫金花和金莲花盛开在五星红旗的怀抱

男　忘不了五星红旗骄傲地行走在茫茫太空

女　今晚我们有足够的理由为自豪的中国放声歌唱，今晚我们有太多的话语向鹏飞的中国深情诉说

《黄河》钢琴演奏　烟花表演

歌曲联唱

（光立方拼出黄底红字“改革开放”，舞狮队排列出整齐的方形队列，舞龙队手持红灯笼在方阵外跑动，舞起一圈火红的龙，观众方阵里，一条巨型的红布被托举起来，形成了红色的浪海；顶着大荷叶的舞蹈方阵拼出翠绿的荷塘，荷塘中有莲花和用莲花连起来的巨龙，在荷叶间翻腾；来自全国各地的舞龙队和南狮北狮在金水桥前龙腾狮跃）

《在希望的田野上》

演唱：王丽达、李晖、谌容、吴娜

歌词　我们的家乡在希望的田野上
炊烟在新建的住房上飘荡
小河在美丽的村庄旁流淌
一片冬麦（那个）一片高粱
十里（哟）荷塘十里果香
哎咳哟嗬呀儿咿儿哟
咳！我们世世代代在这田野上生活
为她富裕　为她兴旺
我们的理想在希望的田野上
禾苗在农民的汗水里抽穗
牛羊在牧人的笛声中成长
西村纺花（那个）东岗撒网
北疆（哟）播种南国打场
哎咳哟嗬呀儿咿儿哟
咳！我们世世代代在这田野上劳动
为她打扮　为她梳妆
我们的未来在希望的田野上
人们在明媚的阳光下生活

生活在人们的劳动中变样
老人们举杯（那个）孩子们欢笑
小伙儿（哟）弹琴姑娘歌唱
哎咳哟嗬呀儿咿儿哟
咳！我们世世代代在这田野上奋斗
为她幸福　为她争光
为她幸福　为她争光

《中国进行曲》

演唱：迪里拜尔、戴玉强

歌词　迎着新世纪初升的太阳
中国向前方
我们手挽手　豪情高万丈
中国向前方
走过春秋　走过风浪
从繁荣走向富强
挽起黄河　挽起长江
让春潮澎湃激荡
中国　中国　前进吧
向着新世纪的光荣梦想
中国　中国　前进吧
未来充满希望
拥抱东方那绚丽的曙光
中国向前方
我们心连心
壮志在飞翔
中国向前方
走过长河　走过沧桑
从胜利走向辉煌
各族儿女挽起臂膀
亿万人一起高唱
中国　中国　前进吧
向着新世纪的光荣梦想
中国　中国　前进吧
未来充满希望
中国　中国　前进吧
向着新世纪的光荣梦想
中国　中国　前进吧
未来充满希望

《祖国一片新面貌》

演唱：耿莲凤、梦鸽、麦穗

歌词　哎……山也笑水也笑
你看祖国大地满园春
形势无限好哇
哎……天也新地也新
一代革命新人在成长
一片新面貌哇
新建的厂房一座座
新铺的大路一条条
新竖的井架一排排
新架的银线一道道
哎……啊哎啊噢哎啊哎
钢铁又夺新高产
石油又创新指标
科学技术开新花
工业又传新呀新捷报
哎……山也笑水也笑
你看祖国的大地满园春
形势无限好哇
哎……天也新地也新
一代革命新人在成长
一片新面貌哇
新修的梯田美如画
新挖的水渠环山绕
新开的荒山麦浪滚
新治的沙滩稻香飘
哎……啊哎啊噢哎啊哎
山山水水换新装
产量又有新飞跃
铁牛隆隆马达唱
农业又掀新呀新高潮
哎……啊哎啊……

《祝酒歌》

演唱：李光羲、陈思思

歌词　美酒飘香啊歌声飞
朋友啊请你干一杯
请你干一杯
胜利的十月永难忘
杯中洒满幸福泪
十月里响春雷
八亿神州举金杯
舒心的酒啊浓又美
千杯万盏也不醉
手捧美酒啊望北京
豪情啊胜过长江水
胜过长江水
祖国前程似锦绣
万里山河尽朝辉
瞻未来无限美
人人胸中春风吹
美酒浇旺心头火
燃得斗志永不退
今天啊畅饮胜利酒
明日啊上阵劲儿百倍
为了实现四个现代化
甘洒热血和汗水

征途上战鼓擂
条条战线捷报飞
待到理想化宏图
咱重摆美酒再相会
咱重摆美酒再相会

《好日子》
演唱：宋祖英
歌词　唉
开心的锣鼓敲出年年的喜庆
好看的舞蹈送来天天的欢腾
阳光的油彩涂红了今天的日子哟
生活的花朵是我们的笑容
唉
今天是个好日子
心想的事儿都能成
明天是个好日子
打开了家门咱迎春风
唉
门外的灯笼露出红红的光景
好听的歌儿传达浓浓的深情
月光的水彩涂亮明天的日子哟
美好的世界在我们的心中
唉
今天都是好日子
千金的光阴不能等
明天又是好日子
赶上了盛世咱享太平
今天是个好日子
心想的事儿都能成
明天又是好日子
千金的光阴不能等
今天明天都是好日子
赶上了盛世咱享太平

第三乐章：在这片辽阔的土地上

（烟火布上，璀璨的焰火画出一辆火车从远处巍峨的雪山上飞驰出来，火车行驶的声音由远及近的壮观景象。各个联欢区的群众争先表演充满青春气息的集体舞和风趣幽默的民间文艺节目，广场上掀起一个又一个欢乐的浪潮）

男　现在，青藏铁路以光耀神州的气魄飞架在烟火绘画布上
女　这是一条连接藏族同胞和全国各族同胞的团结之路
男　这更是一条雪域高原通往现代化的幸福之路
女　它沟通了历史和未来，寄托了梦想和期待

《自豪的建设者》
演唱：张迈、郭荣、师鹏、汪正正

歌词 你听 你听
风雨无阻的步伐
蹦吧拉蹦巴蹦巴拉 蹦巴拉蹦巴拉
你看 你看
日夜兼程的身影
蹦巴拉蹦巴蹦巴拉 蹦巴拉蹦巴拉
日月星辰 春秋冬夏
我们用双手托起今天的繁华
当激情在我们的热血里喷发
记住吧 我们的脊梁就是共和国大厦的脚手架
我们是自豪的建设者
请为我喝彩吧
山川为伴 四海为家
我们用辛劳见证神州的变化
当心愿在我们的汗水里发芽
记住吧 我们的创造就是共和国美景的锦上花
我们是自豪的建设者
请为我骄傲吧

你听 你听
风雨无阻的步伐是我们以追梦的 匆忙的创业者的名义和富强对话
你看 你看
日月兼程的身影是我们把快乐的 潇洒的建设者的承诺
向未来表达 向未来表达
啦 啦啦啦啦 啦 啦 啦 啦啦
我们是自豪的建设者
请为我喝彩吧
为这蓝图已变成真实的图画
啦 啦啦啦啦 啦啦 啦 啦啦
我们是自豪的建设者
请为我骄傲吧
这天上飞的 地下跑的是我们和希望正出发
日月星辰 春秋冬夏
我们用双手托起今天的繁华
当激情在我们的热血里喷发
记住吧 我们的脊梁就是共和国大厦的脚手架
我们是自豪的建设者
请为我喝彩吧
啦 啦啦啦啦 啦 啦 啦 啦啦
我们是自豪的建设者
请为我喝彩吧
为这蓝图已变成真实的图画
啦 啦啦啦啦 啦啦 啦 啦啦
我们是自豪的建设者
请为我骄傲吧
这天上飞的 地下跑的是我们和希望正出发
啦 啦啦啦啦 啦啦 啦 啦啦
我们是自豪的建设者
请为我骄傲吧
这天上飞的
地下跑的是我们和希望正出发

（“光立方”上绘出一条通向远方的高速路，一个人在通向光彩纷呈的远方路上奔跑。“光立方”重现神州飞船飞翔太空的历史瞬间，一道光柱直插云霄，一排排烟花飞射向周围的夜空。观众表演区伴着欢快的歌曲一起跳起了整齐轻快的集体舞）

男 看，光立方上神州飞船傲然升空

女 在今日中国前程似锦的画卷中，我们实现了百年飞天的梦想

男 璀璨不夜天，中华共此时。飞升的焰火色彩斑斓，绽放的焰火欢乐吉祥。它翻开了时代的画卷，预示着祖国光明的未来。

女 今天的中国迎来了世界的瞩目与尊重，未来的中国会给世界更多的奇迹与期待。

《节日圆舞曲》烟花表演
歌曲联
（“光立方”上拼出“科学发展”字样。）
《青春中国》
演唱：孙悦、解小东

好爽的风
好美的歌
吹绿了山岗
陶醉了白鸽
春风吹得生机蓬勃
春雷唤醒千山万壑
春光照得江河清澈
春雨预报秋的收获
青春的中国屹立在东方
挽起你的强壮健美的臂膀
青春的中国朝气蓬勃
如今的好事那么多
好事那么多
那么多
好鲜的花
好清的水
红遍了家园
流过了村落
春风吹得生机蓬勃
春雷唤醒千山万壑
春光照的江河清澈
春雨预报秋的收获
青春的中国屹立在东方
挽起你的强壮健美的臂膀
青春的中国朝气蓬勃
如今的好事那么多
青春的中国屹立在东方
挽起你的强壮健美的臂膀
青春的中国朝气蓬勃
如今的好事那么多
好事那么多
那么多

《让我们荡起双桨》
演唱：祖海　手风琴领奏：杨屹
歌词　让我们荡起双桨
小船儿推开波浪
海面倒映着美丽的白塔
四面环绕着绿树红墙
还记得那是在我
很小很小的时候
这是一首
每个孩子都会唱的歌
经过了这么多年
岁月变迁直到今天
我还依然怀念这首歌
它把我带回到那从前
追忆童年
让我们荡起双桨
小船儿推开波浪
海面倒映着美丽的白塔
四周环绕着绿树红墙
小船儿轻轻
漂荡在水中
迎面吹来凉爽的风
小船儿轻轻　漂荡在水中
迎面吹来凉爽的风
迎面吹来凉爽的风

《大中国》
演唱：屠洪纲、谢霆锋（中国香港）
熊天平（台湾）
歌词　我们都有一个家
名字叫中国
兄弟姐妹都很多
景色也不错
家里盘着两条龙
是长江与黄河
还有珠穆朗玛峰儿
是最高山坡
我们都有一个家

名字叫中国
兄弟姐妹都很多
景色也不错
看那一条长城万里
在云中穿梭
看那青藏高原
比那天空还辽阔
我们的大中国呀
好大的一个家
经过那个多少
那个风吹和雨打
我们的大中国呀
好大的一个家
永远那个永远
那个我要伴随她
中国祝福你
你永远在我心里
中国祝福你
不用千言和万语
我们都有一个家
名字叫中国
兄弟姐妹都很多
景色也不错
家里盘着两条龙
是长江与黄河
还有珠穆朗玛峰儿
是最高山坡
我们都有一个家
名字叫中国
兄弟姐妹都很多
景色也不错
看那一条长城万里
在云中穿梭
看那青藏高原
比那天空还辽阔
我们的大中国呀
好大的一个家
经过那个多少
那个风吹和雨打
我们的大中国呀
好大的一个家
永远那个永远
那个我要伴随她
中国祝福你
你永远在我心里
中国祝福你
不用千言和万语
中国祝福你
你永远在我心里
中国祝福你
不用千言和万语

《年轻的朋友来相会》

演唱：王洁实、谢莉斯、于文华、尹相杰

歌词 年轻的朋友们我们来相会
荡起小船儿暖风轻轻吹
花儿香鸟儿鸣春光多明媚
花儿香鸟儿鸣春光惹人醉
欢声笑语绕着那彩云飞
啊亲爱的朋友们
美妙的春光属于谁
属于我属于你
属于我们八十年代的新一辈

《二十年后再相会》

演唱：白雪等

歌词 来不及感慨来不及回味
噢来不及回味
多彩的梦满载理想
一同向着未来放飞
我们把蓝图蓝图再一次描绘
让时代检阅让时光评说
我们是否问心无愧
再过二十年我们来相会
那时的天噢那时的地
那时祖国一定更美

但愿到那时我们再相会
那时的你噢那时的我
那时成就令人欣慰
那时的你噢那时的我
那时我们再相会
那时的你噢那时的我
那时我们再相会
跨世纪的新一辈
那时我们再
相会

第四乐章：到处都是明媚的阳光

（“光立方”上一枝新芽慢慢吐绿展枝、开花结果，慢慢摇曳。歌曲结尾，笑脸形状的礼花在广场上空绽放开来。当“光立方”用烟花书写出“祖国万岁”四个熠熠生辉的大字时全场观众齐声高呼：祖国万岁！人民万岁！欢呼声响彻云霄）

《阳光路上》

演唱：彭丽媛

歌词　走过了春和秋
走在阳光的路上
花儿用笑脸告诉我
天空好晴朗
多少追梦的身影
奔跑着拥抱希望
一路同行的人们
心中暖洋洋
阳光路上
无限风光
前进的脚步日夜兼程
不可阻挡
阳光路上
旗帜飞扬
科学发展为和谐的中国
引领方向
走过了风和雨
走在阳光的路上
鸽子用哨音告诉我
幸福在前方
展一幅盛世画卷
阅尽了壮丽辉煌
风景独好的神州
前程多宽广
阳光路上
无限风光
前进的脚步日夜兼程
不可阻挡
阳光路上
旗帜飞扬
科学发展为和谐的中国
引领方向
阳光路上
旗帜飞扬
科学发展为和谐的中国
引领方向

男　天空中将要飞来60只由焰火勾画出的和平鸽，它们将我们对新中国六十华诞的祝福和对世界和平的期盼从东长安街向广场飞来。

女　“光立方”上，绿色的橄榄枝摇曳多姿，它很快又幻化成了一只巨大的白鸽。4028位表演者吹响了鸽哨，8000只鸽子放射出柔和的光芒向空中的焰火和平鸽发出诚挚的邀请。

男　这一刻，一张张可爱的笑脸在天空中绽放。

女　它们也是此时此刻每一个中国人脸上最真实的表情。

《走向复兴》大合唱

歌词　我们迎着黎明的朝阳
走在崭新的道路上
我们是优秀的中华儿女
谱写时代的新篇章
我们迎着风雨走向前方

万众一心挽起臂膀
我们要把亲爱的祖国
变得更加美丽富强
前进，前进，向前进
挺起胸膛，何惧风浪
前进，前进，向前进
肩负起民族希望
我们迎着灿烂的阳光
飞向太空驰骋海洋
我们是英雄的中华儿女
古老文明焕发新光芒
我们迎着胜利向前方
振兴中华是我们理想
我们迈着坚定的步伐
中国屹立世界的东方
前进，前进，向前进
排山倒海不可阻挡
前进，前进，向前进
走向复兴创造辉煌

（胡锦涛、江泽民等领导人从天安门城楼来到群众联欢表演区，群众欢呼一片。“光立方”上映出“国庆”两个大字，背景音乐《迎宾曲——感动中国》。领导人和着《青年友谊圆舞曲》的节拍，与各族各界青年一同跳起欢快的拉手舞）

《青年友谊圆舞曲》

（国家领导人与各族群众同跳拉手舞齐唱）

歌词 蓝色的天空像大海一样
广阔的大路上尘土飞扬
穿森林过海洋来自各方
千万个青年人欢聚一堂
拉起手唱起歌跳起舞来
让我们唱一支友谊之歌
欢乐的歌声在回旋荡漾
歌颂着我们的幸福时光
亲爱的朋友啊心边连着心
我们有共同的美好理想
拉起手唱起歌跳起舞来
让我们唱一支和平之歌
白鸽在天空中展翅飞翔
青春的花朵在心中开放
朋友啊团结起来
为和平为友谊献出力量
拉起手唱起歌跳起舞来
让我们唱一支团结之歌

（主题为“光耀中华”的焰火绽放在夜空中，一束束焰火将夜空妆点得姹紫嫣红，人们在广场上欢快地歌舞）

《歌唱祖国》全体合唱

歌词 五星红旗迎风飘扬
胜利歌声多么响亮
歌唱我们亲爱的祖国
从今走向繁荣富强
歌唱我们亲爱的祖国
从今走向繁荣富强
越过高山，越过平原
跨过奔腾的黄河长江
宽广美丽的土地
是我们亲爱的家乡
英雄的人民站起来了
我们团结友爱坚强如钢
五星红旗迎风飘扬
胜利歌声多么响亮
歌唱我们亲爱的祖国
从今走向繁荣富强
歌唱我们亲爱的祖国
从今走向繁荣富强
我们勤劳，我们勇敢
独立自由是我们的理想
我们战胜了多少苦难
才得到今天的解放
我们爱和平，我们爱家乡
谁敢侵犯我们就叫他灭亡
五星红旗迎风飘扬
胜利歌声多么响亮

歌唱我们亲爱的祖国
从今走向繁荣富强
歌唱我们亲爱的祖国
从今走向繁荣富强
东方太阳，正在升起
人民共和国正在成长
我们领袖毛泽东
指引着前进的方向
我们的生活天天向上
我们的前途万丈光芒
五星红旗迎风飘扬
胜利歌声多么响亮
歌唱我们亲爱的祖国
从今走向繁荣富强
歌唱我们亲爱的祖国
从今走向繁荣富强

《我们紧握手》

演唱：郁钧剑、张也、佟铁鑫、汤灿

顶着蓝色月亮
走在回忆长廊
那一样的月光
照过我们紧握的手掌
问题没有答案
转了多少个弯
你还签了名在我心上
不能遗忘
就算时间能冲淡了忧伤
想对你说的再也无法讲
淡淡心酸
我的心还为你留一扇窗
等你想起我回来看一看
自由属于你
爱你就该放手让你去想去的地方
怎么能相信我们已走散
不会再停站
希望已风干
一样的月光
冷冷的照在
两个人不重叠的路上
你的心是否也有一扇窗
寂寞时也会抬头看一看
当时的月光
后来是否也出现在你想念的心上
像我一样无处可藏
蓝色月光淡淡心酸

刘淇宣布 联欢晚会到此结束

《国家》

演唱：成龙、刘媛媛

一玉口中国一瓦顶成家
都说国很大其实一个家
一心装满国一手撑起家
家是最小国国是千万家
在世界的国在天地的家
有了强的国才有富的家
国的家住在心里家的国以和矗立
国是荣誉的毅力家是幸福的洋溢
国的每一寸土地家的每一个足迹
国与家连在一起创造地球的奇迹
一心装满国一手撑起家
家是最小国国是千万家
在世界的国在天地的家
有了强的国才有富的家
国的家住在心里家的国以和矗立
国是荣誉的毅力家是幸福的洋溢
国的每一寸土地家的每一个足迹
国与家连在一起创造地球的奇迹
国是我的国家是我的家
我爱我的国我爱我的家
国是我的国家是我的家
我爱我的国我爱我的家
我爱我国家

（成龙和刘媛媛在人民大会堂楼顶演唱，演员方阵用手语演唱歌词内容。烟花表演）

女　今夜星光灿烂

男　今夜礼花漫天

女　今天我们用欢乐传递激情，放飞梦想

男　明天我们用汗水创造未来，编织希望

女　让我们高举中国特色社会主义伟大旗帜，以邓小平理论和“三个代表”重要思想为指导，深入贯彻落实科学发展观，继续解放思想，坚持改革开放，推动科学发展，促进社会和谐。

男　让我们更加紧密地团结在以胡锦涛同志为总书记的党中央周围，万众一心，开拓奋进，为夺取全面建设小康新社会，胜利谱写人民美好生活新篇章而努力奋斗。

男　中央电视台。

女　中央电视台。

男　各位观众各位朋友。

女　台湾同胞、港澳同胞、海外侨胞。

男　全世界的中华儿女。

女　今晚我们用最真诚的笑容为新中国庆祝生日。

男　今晚我们用最美好的方式向母亲献上祝福。

女　我们祝愿伟大的祖国繁荣昌盛、前程似锦。

男　我们祝愿全国各族人民团结和睦、幸福安康。

女　首都各界庆祝中华人民共和国成立60周年联欢晚会就为您转播到这里。

男　再见!

女　再见!

《锦绣中华》烟花表演

（吕晨瑶　整理）

第27届中国电影金鸡奖颁奖典礼

播出台：电影频道

播出日期：2009年10月17日晚21：30

总导演：程青松

（舞美：舞台有4块LED大屏幕，其中舞台背景中间的一块大屏幕可开合，闭合的时候可以播放完整的视频，打开以后是三块，平均分布在背景之上，可以做表演时的气氛营造；两侧的大屏幕是略不规则的梯形，有一定的弧度，分别位于左侧的主持台和右侧的开奖台之后，一方面可以播放视频、营造表演气氛，另一方面可做主持或开奖的局部背景；舞台地面中部有一块延伸至台下的长方形的LED，主要是做气氛的渲染，在颁奖的时候则不断地播放获奖的情况。除此之外，舞台上方顺着纵向方向有主要色调是蓝色的景片，和地面的LED相对应，使高度有限的舞台在高度上有视觉的延伸，纵向的方向和地面LED配合使舞台纵深感更强。当中央大屏幕打开时，在3块子LED的插空中有两座巨型金鸡的奖杯模型，而这一块的背景色以蓝色为主。主要的台口有六个，从左

侧第一个上场口开始算起，按顺时针方向依次编号为1至6号，在下面的调度说明中使用）

开场视频：《印象·南昌》

【解说词】物华天宝，人杰地灵，滕王阁见证日月之瑰丽，天地之悠远，落霞与孤鹜齐飞，秋水共长天一色，成就永恒的经典，赣水苍茫，诉说着激情燃烧的岁月，八一南昌起义，英雄城震惊世界，从此，共和国军队在万水千山之间行走出光荣的画卷，城在湖里，湖在城中，新南昌在山水之间从容呈现，今夜，高朋满座，胜友如云，星空下的南昌，第27届中国电影金鸡奖颁奖典礼璀璨上演。

（晚会是一个标准的颁奖晚会，但也紧紧扣住颁奖地南昌作为本届晚会的东道主这一和以往任何一届都不同的地方做文章，文艺表演都和电影或者南昌有关。晚会整体气氛庄重却不失幽默，华美而观赏性强。张国立作为主持人贯串全场，同样贯串全场的还有主题音乐《映山红》）

（音乐起，整体金黄色光和白色光，四块LED大屏幕是结合了当代的色彩的中国古代水墨画风格的视频素材，配合着中国的书法，其中还穿插着中国电影人的视频片段；背景音乐是以箫为代表的中国古典乐器，中后段变成辉煌的西洋音乐；演员造型是白色、黑色、红色的中国古典色彩浓郁的纱质服装；演员舞蹈动作是中国古典舞，舞蹈动作设计中很大程度上体现着中国古代书法的概念）

（舞蹈中段，领舞邓超身着金黄色演出服从右台口走至台中，最后沿着舞台台面中间的LED大屏走下舞台）

开场舞：《滕王阁·盛宴》

编舞：王媛媛　作曲：吴军

服装设计：吴蕾　造型设计：罗佳

表演：邓超　北京当代芭蕾舞团

（灯光变暗）

【画外音】有请第27届中国电影金鸡奖颁奖典礼主持人——张国立。

（主题音乐响起，中间背景大屏开启，主持人张国立从2号台口走出）

张　各位来宾，各位电视机前的观众朋友们，大家晚上好！今天果然是高朋满座，刚才我看到了谢铁骊导演，看见了于洋老师、秦怡老师、陶玉玲老师，我还看到了祝希娟老师和庞学勤老师，虽然你们都已是满头的银丝，但是，每次看到你们的时候，都能想起你们一个个银幕上年轻时候的形象，看到你们健康快乐，我们这些做晚辈的由衷地感到高兴，祝福你们！

今天果然是胜友如云，我看到了香港金像奖的影后鲍起静老师，我看到了影帝张家辉，我还看到了最佳导演许鞍华，和金像奖的主席——陈嘉上导演，还有金马奖的主席侯孝贤导演，正是因为两岸四地的电影人的亲密合作，使华语电影让世人更加关注。好，接下来我们一起来介绍一下本届电影奖的评委们，他们的阵容也是十分的强大。（中央大屏幕闭合）好！让我们用掌声来欢迎我们的评委们登场！本届电影节的项目都是由他们决定了花落谁家，掌声有请评委！

（视频——第一个段落是中国电影的视频资料配合解说词；第二个段落介绍评委阵容时，视频为评委的照片以及简要介绍；第三个段落是本届金鸡百花电影节的视频片段）

【解说词】翻开中国电影金鸡奖的荣誉画卷，记载着自1981年创办以来中国电影最具权威性、艺术性和学术性以及专业精神的电影评奖。众多的电影佳作和杰出影人因闪耀的时代光芒和鲜活的人物形象，穿越时空，震撼观众心灵，称为永恒的记忆。2007~2009年，中国电影艺术创作的最高艺术水准将因这些充满诚意、饱含深情、才华横溢、兼具国际视野的电影作品，当之无愧地写进金鸡奖史册中崭新的一页。2009年10月17日，第27届中国电影金鸡奖牵动人心的时刻即将到来。23位金鸡奖评委，秉持八面来风、六亲不认的专业精神，经过近四个月时间的评议工作，今晚他们为褒扬金鸡奖的艺术品质，做出了最神圣的选择。

他们是翟俊杰，康健民，尹鸿，王一川，仲呈祥，刘子忠，刘建中，孙淳，余男，张瑜，李准，杨亚洲，陈景亮，侯克明，柳城，赵葆华，贾磊磊，郭运德，戚健，曹小卉，梁明，章绍同，喇培康。

（随着视频的介绍，评委们从2号台口和3号台口依次走出，名单介绍完的时候评委阵容集体亮相舞台）

在南昌星光灿烂的苍穹下，大幕已经拉开，闻鸡起舞，金鸡唱晓，让我们共同期待。

【张国立画外音】好！感谢我们的评委，有请评委台下就座。

（主题音乐响起，评委从舞台前端的两个台口依次下台就座，主持人张国立由左侧1号台口走上左侧舞台）

张　主持人的台本上这个时候提示，说主持人，手拿一座金鸡奖杯，走到左侧主持台，我没有照着主持台本提示这么做，因为我觉得，只有那些获奖的人，他们才有权利拿着这个金鸡奖对着镜头说话，说那些什么感谢CCTV、感谢MTV之类的获奖感言，而我没这个权利，因为我从来没得过这个金鸡奖，尽管金鸡奖的颁奖晚会我已经主持过四次。但是我获过提名，先别鼓掌（指着台下的文章），我获过提名的，但是我提名的时候正好赶上中国电影的大年。什么叫大年呢，这是我们庄稼人的一句行话，就是赶上阳光足、雨水充足的时候，粮食产量打的高，果实也结的多，这个时候就叫大年，反之就叫小年。我被提名那年就赶上大年了，所以好作品特别多，好演员也特别多，我就让人给比下去了，你说我倒霉不倒霉。但是就我一个庄稼人的经验来讲，看着中国电影这个发展趋势，以后这几年估计都得是风调雨顺了，都是大年。今年就是一个大年。你看看提名的名单，含金量特别高，被提名的人都很强啊，张涵予，真的，很强的，所以竞争也很激烈，行了，我不废话了，咱们赶紧颁出中国电影丰收之年的第一个奖项吧。

（主持人张国立从1号台口下台）

【画外音】接下来颁发最佳女配角，有请开奖嘉宾黄梅莹、冯远征。

（主题音乐响起，两位嘉宾由3号台口台阶走下，走至右侧颁奖台）

黄梅莹　大家晚上好！

冯远征　大家好！

黄梅莹　非常高兴，今天晚上能和远征一起来颁最佳女配角奖。

冯远征　对，我心情也很激动，因为是在2004年，在银川，我拿到了我电影生涯当中第一个大奖，金鸡奖，当宣布我的名字的时候，我从台下走到台上，短短的几十米，我突然想到，我已经走了20年，我奋斗了20年，努力了20年，我拿到了我人生中的第一个大奖。实际今天在座的，我想，很多很多的电影人，他们在步入电影的行列的时候，他们并没有想到拿奖是他们唯一的目的，所以，许多没有拿奖的演员、工作人员，还有电影导演们，一直在为这个事业在努力着、奋斗着。那么今天我在这我也特别高兴，今天是电影人的一个大聚会，而且我也真诚地希望我们能够为那些没有能够得奖的演员及导演及工作人员，给他们一点掌声。谢谢！闲话不多说了，我希望得奖和没有得奖的演员继续努力，在他们的演艺事业和道路上，继续奋斗。

（视频——五位获得女配角奖提名的女演员提名片花集锦）

【解说词】获得第27届中国电影金鸡奖最佳女配角奖提名的是：电影《画皮》中“夏冰”的扮演者，孙俪。

（原声——群杂

孙　俪　喂！我请客！

小　二　请吧！

甄子丹　喂！小二！

孙　俪　不用啦，喏！）

电影《走着瞧》中“大连队长”的扮演者，岳红。

（原声——岳红：乖乖的啊，没事没事，这不是好好的，谁说他疯了！他咋就疯了！我看你们才疯了！你来劲他就来硬的，你来硬的他就来劲，知道不，我就是个驴也要梳毛，诶哟喂！）

电影《寻找成龙》中“女警官”的扮演者，姜宏波。

（原声——姜宏波：当警察光会这种花拳绣腿那是不可以的，要靠脑子，知道么？

男配角　队长放心！

姜宏波　诶！让你跟我走你怎么乱跑！

张一山　我不想回家！

姜宏波　为什么！

张一山　我就不回去，我姥姥老管我，我干嘛回去！

姜宏波　不行！你这种小孩不管你行么！）

电影《沂蒙六姐妹》中“婆婆”的扮演者，曹翠芬。

（原声——

女配角　妈！妈！老二，老二回来了！

婆　婆　你吓着我了！

女配角　马上！马上就到了！

婆　婆　你赶快，你赶快到路上迎一迎他们！看一眼心里也踏实！）

电影《立春》中“小张老师”的扮演者，董璇。

（原声——董璇：就算我自作多情了！你话都说到这了，我只能说，不是我心里阴暗，就是你心里阴暗！）

（注：提名名单视频中的电影原声部分，后略）

冯远征　是金子总会发光的！

黄梅莹　第27届中国电影金鸡奖最佳女配角奖授予——

冯远征　很激动，是我的一个朋友，岳红！

（主题音乐响起，岳红伴随音乐由嘉宾区经5号台口走至台中，颁奖嘉宾从2号台口走至台中）

【画外音】评委会评语：岳红在故事片《走着瞧》中饰演生产队长“大连”，表演真实自如，成功地塑造了在特定历史环境中的农村妇女干部形象，令人信服，特授予最佳女配角奖。

有请颁奖嘉宾，陶玉玲、刘佩琦。

岳红　谢谢大家，这条路走的太长了，用了整整的24年，我第一次拿到金鸡奖是1986年。24年，我一直在努力，一直在拼，这24年经过了太多的风风雨雨，但是我今天终于拿到了，谢谢，谢谢评委。生活教会了我太多的东西，感谢生活，感谢我一直在从事我热爱的事业，感谢电影，感谢南昌，爸爸，妈妈，我所有的亲人们，你们都看到了，谢谢你们帮着我，搀着我一直努力地在往前走，活着就很快乐，我健康，我快乐，我爱你们！谢谢，谢谢大家，谢谢你们!

【画外音】感谢开颁奖嘉宾，恭喜获奖者，接下来办法最佳男配角，有请开奖嘉宾，袁泉、冯德伦。

（岳红和陶玉玲、刘佩琦从2号台口下台，黄梅莹和冯远征从4号台口下台，主题音乐响起，袁泉、冯德伦从3号台口台阶走下走至右侧颁奖台）

冯德伦 晚安，我是冯德伦。

袁泉 大家好，我是袁泉。

冯德伦 今天我特别开心，因为可以有机会和你一起开奖，你知道为什么吗？是因为你不只拿过一次，而是两次的金鸡奖。

袁泉 谢谢。

冯德伦 还有，做过金鸡奖的评审。

袁泉 对对，我记得我第一次拿金鸡奖的时候还是一个大学三年级的学生，站在金鸡奖的领奖台上特别激动，然后不知道应该说什么，到今天，站在这个台上，也会觉得，无论是一个电影里面的主角还是配角，一部好的片子没有你们是不可以完成的。所以我们来看看今天最佳男配角的提名都有哪些。

（视频——最佳男配角提名视频）

【画外音】获得第27届中国电影金鸡奖最佳男配角奖提名的是：电影《梅兰芳》中“十三燕”的扮演者，王学圻（电影原声）。电影《集结号》中“郑二斗”的扮演者，邓超（电影原声）。电影《梅兰芳》中“秋如白”的扮演者，孙红雷（电影原声）。电影《阿妹的诺言》中“面馆老板”的扮演者，杨新鸣（电影原声）。电影《铁人》中“赵一林”的扮演者，黄渤（电影原声）。电影《立春》中“胡金铨”的扮演者，焦刚（电影原声）。

袁　泉 获得第27届中国电影金鸡奖最佳男配角的是——

冯德伦 王学圻。

（主题音乐响起，王学圻从台下经5号台口走至台中）

【画外音】评委会评语：王学圻，在《梅兰芳》中，在有限的段落中，尽情展现了“十三燕”性格的光芒，表现了一代京剧名优的风采，细腻地揭示了人物的心灵，出色地完成了这位京剧艺术大家的生动形象，特授予最佳男配角奖。有请颁奖嘉宾，周迅、张家辉。

（周迅、张家辉由2号台口走至台中，为王学圻颁奖）

王学圻 从今以后，早上起床和晚上睡觉，我不用闹钟了，首先非常感谢评委会全体评委，评委会主席，给我这一荣誉，感谢陈凯歌导演，以及《梅兰芳》所有的演职人员，帮助我得到这一荣誉，也希望更多同行们也能得到这一荣誉。谢谢今天到会的所有朋友们，尽管不是什么秘密了，我还是想情不自禁地说，我得奖了，我真的得奖了，谢谢!

（王学圻、周迅、张家辉从2号台口下台，袁泉、冯德伦从5号台口下台）

【画外音】感谢开颁奖嘉宾，恭喜获奖者，接下来办法最佳科教片。有请开奖嘉宾，石兰、苏有朋。

（主题音乐响起，石兰、苏有朋从3号台口走至颁奖台）

石　兰 南昌的朋友们，大家好！（南昌方言）

苏有朋 大家好！吃了饭没？（南昌方言）

石　兰 是，吃了饭没？（南昌方言）大家好，我是南昌籍电影演员，石兰。

苏有朋 我是演员苏有朋。

石　兰 今天，作为南昌人，我非常骄傲，我非常激动。有朋你知道吗？这一届的电影节真的让我觉得特别与众不同，因为今年特意为金鸡奖出版的《南昌与电影》这本书里第一位介绍的南昌籍电影人，就是我爷爷，石林贺，谢谢！

苏有朋 我知道，他是30年代最出名的影评人，还是著名的编剧。

石　兰 对，他写的一部电影，大家应该都知道。

苏有朋 这个我也知道，《十字街头》。

石　兰 是。今天也来了很多我很尊敬的老的电影人、老艺术家，有朋，让我们一起给爷爷奶奶们鞠个躬，表示我们的敬意，好吗？有朋啊，我一直没搞明白，组委会为什么让我和你一起来开这个奖呢？

苏有朋 这你就有所不知了，我的祖籍也是江西。

石　兰 真的？看来江西有很多的帅哥啊！以有朋为代表。

苏有朋 希望大家这一次会喜欢南昌。那接下来让我们来看看有哪些科教片获得了提名。

石　兰 请看大屏幕。

（视频——最佳科教片提名名单视频）

画外音：获得第27届中国电影金鸡奖最佳科教片奖提名的是，电影《月球探秘》（电影片花）。

苏有朋 套句我在电影《风声》里边的台词，现在我非常想知道哪一部科教片能够硬到最后。

石　兰 第27届中国电影金鸡奖最佳科教片授予——《月球探秘》！

（主题音乐响起，获奖者从5号口上台，颁奖嘉宾从2号口走至台中）

【画外音】评委会评语：影片运用电脑三维技术等多种表现手段，全景式地展现人类月球探秘过程的过去、现在和未来，纵情想象大宇宙背景下，月球及其他星体对人类生存的新意义。在运用影响手段传播科技理念方面，做出了新开拓，特授予最佳科教片奖。有请颁奖嘉宾，颜丹晨、欣明。

获奖者 科教片只是电影工业中很小的一部分，但是中国的科教片一直都是非常有传统的，而且一直都拍的非常的棒。尤其是近几年，中国科教电影制作精良，投资巨大，我认为完全可以比美欧美的科教大片，作为一名电影人，能够在中国拍摄科教电影，我感到非常的自豪。在这里我想感谢一直培养了我的北京科学教育电影制片厂，感谢影片的第二投资方——广西电视台，感谢金鸡奖评委会，感谢《月球探秘》剧组全体的工作人员，更要感谢我的家人，尤其是我七个月大的女儿。谢谢大家！

（串场视频：富有南昌特色的风景水墨画，以及本届颁奖典礼的主视觉元素的"水"的呈现，无解说词）

【画外音】接下来颁发最佳纪录片，有请开奖嘉宾伊春德、宁才。

（主题音乐响起，开奖嘉宾由3号台口走上开奖台）

伊春德 大家晚上好！宁才老师，我记得在七年前您拍摄了一部电影，您因为那部电影获得了最佳男演员奖，我想知道您当时的心情是怎么样的。

宁　才 那部电影的名字叫《天上草原》，那是七年前的事了。当时我确实没有想到我能获奖，很兴奋，也非常激动，我记得我当时说要非常非常感谢远在天边的科尔沁草原，我说过这样一句话，还有最大的一个感受就是脑袋一下就大了，我当时的感觉是，喝酒总算有理由了，还有，我觉得已经过去七年了，那部电影是塞夫导演和麦力夫导演联合执导的，那么在七年之中，我们蒙古族的著名导演塞夫，他已经升天了，我在这里衷心地祝愿他，祝愿他的在天之灵，能为中国电影和中国的内蒙古的民族电影而快乐，谢谢大家。

伊春德 下面我们看一下获得提名的电影。

（视频——最佳纪录片提名视频）

【解说词】获得第27届中国电影金鸡奖最佳纪录片提名的是，电影《决战太原》（电影片花），电影《筑梦2008》（电影片花）。

伊春德 第27届中国电影金鸡奖最佳纪录片授予，《决战太原》

（主题音乐响起，获奖者由台下走上台领奖，颁奖嘉宾由2号台口上台为获奖者颁奖）

【画外音】评委会评语：影片以山西乌陀河畔三位同乡徐向前、薄一波和阎锡山的不同人生道路及其命运为主线，叙述太原战役的惨烈经过及其后续故事，生动地表达了人生感叹与历史兴亡轶事，特授予最佳纪录片奖。有请颁奖嘉宾，苗圃、陈国兴。

获奖者 朋友们大家好，我是这部纪录电影的导演郝韵。这是我的处女作，今天晚上能够如此荣幸地站在这里，我要特别感谢尊敬的评委会对于这部纪录电影艺术品质的肯定，我想这份肯定更是对60年前随军记者冒着生命危险拍摄的战争画面的肯定，刚才看短片大家知道了，太原战役竟然是全国解放战争期间大城市攻坚战中历时最长、也是最惨烈的一场战役，而发生在我们今天颁奖地的南昌起义是中国共产党独立领导武装斗争和创建人民军队的开始，今天晚上，这两座城市在这里牵手，我真诚地祝愿它们更具活力，也祝愿我的祖国发展进步，人民幸福安康。

（主持人张国立从1号台口走上主持台）

张国立 说得太好了，我想每一个到南昌来观光的人，除了登滕王阁凭吊亡国之外，一定会去八一广场，会去八一南昌起义纪念馆凭吊那些英雄们。因为南昌是一座英雄的城市，周恩来和贺龙领导的新中国的军队，在南昌打响了中国革命的第一枪。今年也是我们新中国60华诞，我们有很多人都参加了天安门的阅兵式，我想，无论是您通过电视，还是在现场观看，你都能感觉到祖国繁荣强大，人民和谐安康的气息。今年，也是我们中国影协成立60周年，中国电影有着许许多多的奠基人和参与者，接下来我们就讲讲其中的一位，我们来听听她的故事，她的美丽人生。有请讲述人——奚美娟。

（讲述配乐响起，讲述人奚美娟从3号台口走上开奖台开始讲述）

奚美娟 今天，我要给大家介绍一位老艺术家，非常有幸，我和她生活在一个城市——上海。在我心目中，她不仅是中国银幕上最美丽的女性之一，更是一位伟大的母亲。（配合讲述的视频起）她有一个从16岁起就患上智障的孩子，平时，她亲切地唤他为小弟，为了给小弟治病，她省吃俭用，小弟在中年以后患上了糖尿病，为了节省打针的费用，80岁的她学会了注射，每次都是亲自为小弟打针。2007年，59岁的小弟安详地离开了，白发人送黑发人，这是怎样的一种心境，59年来，母子如影随形，59 年来，有多少个清晨与黄昏，2008 年，在中国电影人为汶川大地震举行的赈灾义演中，她捐出了原先为小弟治病准备的 20 万养老金，感动了所有中国人的心。今年，我们在为台湾风灾举行的义演中，又看见了她，她那颗博大的爱心和母爱，使所有人为之动容，为之敬佩。银幕上的她，风华绝代，生活中的她，慈祥淡定，她是我们心目中最美丽的母亲，她就是来自上海的表演艺术家，秦怡老师。

（秦怡从台下走至台中）

（视频：配合解说词的资料，包括秦怡的银幕照片、秦怡的生活照片，以及秦怡的影像资料）

【解说词】从黄浦江的外滩上，走来一个 16 岁的美丽少女，她来到战事处境找寻最初的理想。话剧舞台的锤炼，让她脱颖而出，她与白杨、舒绣文、张瑞芳一起，被称为抗战大后方重庆影剧舞台上的四大名旦，她就是——秦怡。抗日的硝烟散去，秦怡的光芒从舞台向银幕闪耀，重拾她对电影那永远的爱，一位银幕艺人在中国电影的星空升起。

“没有我独立的人格。”（电影原声）

“现在是准备行动的时候啦！”（电影原声）

而在新中国的银幕画廊里，秦怡的芳菲得到了更纵情的绽放，她可以是忧伤的，也可以是坚定的——

“一个革命者，不要说是坐牢，哪怕就是牺牲自己的生命，他不但不觉得冤枉，而且觉得光荣。”（电影原声）

甚至有时是顽皮的——

“你没拉弦当然不会响了。”（电影原声）

像一朵永远盛开的红花，秦怡在数十载的银海泛舟中，一次次甘当绿叶、跑龙套，让小角色焕发出同样夺目的光芒。1958 年，秦怡在电影《摩雅傣》中一人分饰两角，扮演遭受封建组长迫害的一对母女，为了演好这个角色，白天她和傣族同胞一起劳作、纺线，晚上她一一采访曾经遭受封建迫害的傣族妇女，寒冬腊月时节，秦怡经常要光着脚跑过冰冷彻骨的沙子地。功夫不负有心人。秦怡满怀深情地塑造出了一位饱经苦难但却依旧满怀希望的傣族女儿。

“他告诉我，我是人，真正的鬼是这个坏老PIA！”（电影原声）

秦怡在片中激情洋溢的表演感动了每一位观众。1961 年，秦怡当选 22 大明星之一。80 年代，秦怡出演了《海外赤子》、《雷雨》、《闺阁情缘》，为年轻的演员陈冲、张瑜、姜文保驾护航，向世人展示了她那不同凡响的表演技巧。

“为什么打我的儿子！”

“你是谁？”

“我是你，你打的这个人的妈妈。”（电影原声）

2008 年，87 岁高龄的秦怡再上银幕，在《我坚强的小船中》出演了一位独自抚养孙子的善良老人，表演更加炉火纯青。评剧表演艺术家新凤霞这样评价秦怡，因为她的性格和品质的美，她才能塑造那么多美丽的人物，包括伟大的母亲。秦怡，一位心中有爱的母亲，更是中国影坛上一位德艺双馨的表演艺术家。第 27 届中国电影金鸡奖终身成就奖授予——秦怡。

（张国立从 1 号台口走至主持台）

张 有请颁奖嘉宾导演艺术家翟俊杰、肖桂云。

（主题音乐响起，颁奖嘉宾从 2 号台口上台为秦怡颁奖）

张 秦怡老师，我不知道您发现没有，当大屏幕上播您过去演的片子的时候，我们所有的电影人都起立为您表示敬意，我想他们和我一样，此时此刻特别想与您分享您现在的感受。

秦怡 我今天非常激动，也非常高兴，我能得到电影节给我的这样的荣誉，这不仅是一种鼓励，而且还是一种推动，我非常热爱电影事业，非常喜欢在电影事业中，能够去体现我们所有人的想法、我们所有人对国家的贡献，我们有无数的同志们都扮演了英雄人物，也扮演了各种各样的社会的人物，我感觉到电影，是最能够用电影的手段来体现各种各样的人物和事件的最好的艺术品种，所以我希望这种事业是不会停止的，它的发展也是永远的。我想，我今年虽然已经88岁了，但是，不管是88，还是98，我一定还是继续跟着大家，跟着我们所有的同行们，跟着我们老前辈、老中青的同行们，跟在你们后边，一起继续前进。谢谢，谢谢大家！

张 好，谢谢开奖嘉宾、颁奖嘉宾，再次祝福我们的秦怡老师。

（开颁奖嘉宾及秦怡从4号台口下台）

每次我看到秦怡老师的时候，我都有一种特别温暖的感觉，今天听了她的讲话，我有一种感悟，我觉得，秦怡老师应该算是活透彻了的，活到一个境界的人了吧，好，下面我们要用掌声为中国影协60年光辉岁月致敬！让我们有请著名歌手毛阿敏、青年歌手陈楚生。

歌曲《珊瑚颂》

选自电影《红珊瑚》

作词：赵忠　钟艺兵

作曲：胡士平　王锡仁

编曲：吴军　演唱：毛阿敏

（毛阿敏从2号台口阶梯上台）

（蓝光，背景大屏幕分为三部分散开，播放舞美视频素材，左侧大屏幕播放和电影有关的视频素材，右侧大屏幕播放《红珊瑚》电影片段）

歌词 一树红花照碧海
一团火焰出水来
珊瑚树红春常在
风波浪里把花开
啊把花开
云来遮雾来盖
云里雾里放光彩
风吹来浪打来
风吹浪打花常开
哎哎哎
一盏红灯照碧海
一团火焰出水来
红灯高照云天外
火焰熊熊把路开
哎哎哎
云来遮雾来盖
云里雾里放光彩
风吹来浪打来
风吹浪打花常开
哎哎哎

歌曲《边疆的泉水清又纯》

选自电影《黑三角》

作词：凯传　作曲：王酩　编曲：吴军

演唱：陈楚生

（毛阿敏回到2号台口，陈楚生从3号台口阶梯上台）

（三块大屏幕都播放舞美视频素材，而其中两侧的大屏幕还夹杂着电影片段，视频素材主色调为紫色）

边疆的泉水清又纯
边疆的歌儿暖人心暖人心
清清泉水流不尽
声声赞歌唱亲人
唱亲人边防军
军民鱼水情意深情意深

哎哎哎
唱亲人边防军
军民鱼水情意深情意深

歌曲《啊故乡》

选自电影《庐山恋》
作词：周威　作曲：吕其明
编曲：吴军　演唱：毛阿敏
编舞：鄢小强　舞蹈：H－dance 工作室
（陈楚生回到3号台口，毛阿敏从2号台口上台，毛阿敏在台中唱歌，一男一女两位舞者在旁，最后舞者背靠背坐在舞台偏右的位置，顺承接下来的表演）
（视频素材主色调由紫色变为淡绿色，而灯光的色调是蓝色，两侧大屏幕穿插着电影片段。身着复古的西裤、衬衫、长裙，舞蹈风格为现代芭蕾，舞蹈动作表现的是二人的爱情，进而表达对故乡的感情）

每当明月升起
升起的时候
我深深的怀念
亲爱的故乡
那里有美丽的绿水青山
那里是哺育我
生长的地方
每当佳节来到
来到的时候
我深深的怀念
亲爱的故乡
似看见故乡鲜花盛开
似闻见故乡泥土的芳香
啊故乡亲爱的故乡
啊故乡可爱的故乡
我愿化作那天上的白云
乘春风飘呀飘
到你的身旁

歌曲《遇见》

选自电影《向左走，向右走》
作词：易家扬
作曲：林一峰
编曲：吴军
演唱：陈楚生
编舞：张小川
舞蹈：H－dance 工作室
（毛阿敏回到2号台口，陈楚生从背景屏幕中间走出，在台中演唱。上一个节目的两位舞者，加上刚上台的三对男女，一共8位舞蹈演员，分四对彼此演绎着自己的相聚和错过）
（视频素材的整体色调变为蓝色，配合蓝色的灯光，两侧的大屏幕继续播放电影片段。歌曲后段视频素材的色调变为淡红色）

歌词　听见冬天的离开
我在某年某月醒过来
我想我等我期待
未来却不能因此安排
阴天傍晚车窗外
未来有一个人在等待
向左向右向前看
爱要拐几个弯才来
我遇见谁会有怎样的对白
我等的人她在多远的未来
我听见风来自地铁和人海
我排着队拿着爱的号码牌
我遇见谁会有怎样的对白
我等的人她在多远的未来
我听见风来自地铁和人海
我排着队拿着爱的号码牌

歌曲《追寻》

选自电影《建国大业》
作词：张和平　作曲：舒楠　编曲：吴军
演唱：毛阿敏
（毛阿敏从2号台口走出，在台中演唱，陈楚生回到3号台口）
（大屏幕视频素材主色调蓝色，配合淡紫色和蓝色的灯光，两侧大屏幕播放电影片段）

歌词 抹去岁月厚厚的封尘
敞开心的世界记忆的闸门
一幅幅一帧帧不能忘却的画卷
引领着我默默地前行
抚平冉冉逝去的光阴
又见过去岁月如歌的年轮
一页页一篇篇
刻苦铭心的画面
我心之向往无限的追寻
追寻
我生命的那份纯真
心中
抹不去的那一片云彩
追寻那永远
属于我们的那份无悔的忠贞
追寻
我生命的那份纯真
心中
抹不去的那一片云彩
我苦苦追寻那世界的大爱无疆
大到无垠
我执著的求索在半路上
那传说不朽的真爱
追寻
我生命的那份纯真
心中
抹不去的那一片云彩
我苦苦追寻那世界的大爱无疆
大到无垠

（毛阿敏从2号台口下，张国立从1号台口走上主持台）

张 刚才我们在画面的最后一格看到了谢晋导演，谢晋导演离开我们整整一年了，我想朋友们和我一样都很怀念他，我提议，让我们再一次用掌声，为新中国电影的开拓者们致敬。当然，南昌也为中国电影作出了很多很多的贡献，它为我们贡献了很多优秀的电影人才，比如说鲍起静老师的父亲鲍方，还有第一位获得百花影后的祝希娟老师，《庐山恋》的编剧毕必成，还有《童年在瑞金》的导演黄君，还有青年演员石兰刚才她已经说过了，邓超！你一出来，南昌人的掌声特别激烈，还有一个！喻恩泰，也是南昌人，对了，还有一个，很重要的人物，尽管他已经离我们而去，张刚，他是一个喜剧导演，他的草根风格的阿满系列很受观众的欢迎，我至今都很感激他，他两次邀请我演他的阿满系列都因为档期的原因错过了，但是起码他是最早发现我是有喜剧天分的人。这一点他比冯小刚眼光独到，冯小刚是把喜剧全给了葛优，把悲情全给了我，所以让我看着这一座一座金鸡奖杯被人抱走，只能《一生叹息》。好！接下来，我们继续颁奖。

【画外音】接下来颁发导演处女作奖，有请开奖嘉宾姜宏波、文章。

（主题音乐响起，开奖嘉宾从3号台口走上开奖台）

文章 大家晚上好！

姜宏波 大家晚上好！

文章 今天我跟宏波姐开的是导演处女作奖，宏波姐你的第一部电影是什么？

姜宏波 我的第一部电影是一部反映电影成长历程的《电影往事》，那文章你的第一部电影是哪一部呢？

文章 我的第一部电影是《走着瞧》。那么我们就看一下今天提名的导演名单。

（视频——导演处女作奖提名视频）

【解说词】获得第27届中国电影金鸡奖导演处女作奖提名的是——电影《买买提的2008》的导演希尔扎提·雅合甫（电影片

段），电影《走着瞧》的导演李大为（电影片段），电影《我是花下肥泥巴》的导演黄河（电影片段），电影《走路上学》的导演彭家煌，彭臣（电影片段）。

姜宏波 那我就先瞧一瞧，第27届中国电影金鸡奖导演处女作奖花落谁家，来，文章。

文章 第27届中国电影金鸡奖导演处女作奖授予，李大为。

（主题音乐响起，获奖者从台下走至台中领奖，颁奖嘉宾从2号台口走至台中为获奖者颁奖）

【画外音】评委会评语：导演李大为将特殊年代中人与动物的深情讲述成一个寓言故事，作品风格独特，情节传奇，人物和拟人化动物的形象塑造可信，艺术探索精神可嘉，特授予最佳导演处女作奖。友情颁奖嘉宾蒋雯丽、娜仁花。

李大为 有点激动，《走着瞧》是我第一部电影，它讲了那边那个文章从一个人变成一个驴的故事，同时又讲了两头驴变成人的故事，就是一个挺奇怪的故事，国立老师总是说他好几次都没有拿到，我觉得相对而言，我真的特惭愧，我太幸运了，在这要感谢每一个评委，谢谢你们对我，对我们这个电影的肯定，同时感谢我们的投资人明德全先生，还有我们的投资公司，天寰星宇，我觉得还要感谢今天来的，还有没有来的所有的电影的前辈和同行，是你们教我什么是电影，最后，感谢我的爸爸妈妈，妈，爸，我拿到了！谢谢！

（获奖者以及开颁奖嘉宾从4号台口走下。）

【画外音】感谢开颁奖嘉宾，恭喜获奖者，接下来颁发最佳美术片，有请开奖嘉宾龚雪、喻恩泰。

（主题音乐响起）

龚雪 大家晚上好，我是龚雪。

喻恩泰 我是喻恩泰。

龚雪 今天，站在这，我很激动，好像又回到了当年金鸡百花奖的领奖舞台，那时候我得奖的时候上一届得奖的影后潘虹和斯琴高娃还特意前来为我祝贺，使我感到我们中国电影人之间是很和谐团结的。

喻恩泰 的确是非常团结，我们都看到了那一期的杂志封面登了你们三个人的合影，我是忍不住了，真的，必须的，拍张照，我为了我们家里人，真的，我特别激动（喻恩泰从口袋里拿出手机和龚雪合影），为什么要拍这张照呢？很简单，我们家小时候杂志封面还有日历月历上全是那些风华绝代的电影明星的照片，其中最让我印象深刻的就是龚雪老师。

龚雪 你那个时候很年轻啊。

喻恩泰 对，那个时候我还上学呢，每次那杂志我都收藏，月历我都舍不得扔，拿下来包课本的书皮，我可以看一年。

龚雪 这要感谢电影，也要感谢江西，对江西，我是有着特殊的感情的。我的第一部影片《继红》就是在江西拍的，另外，我还在江西下过乡，江西的人民给了我很多的关怀和帮助，谢谢，我跟江西真的是很有缘分。

喻恩泰 龚雪老师，最有缘的还不只是这些，今天和您一块作为颁奖嘉宾的本人也是南昌人。（南昌话）好！废话少说，我们来看一下提名的美术片名单。

（视频——最佳美术片提名视频）

【解说词】获得第27届中国电影金鸡奖最佳美术片提名的是——电影《马兰花》（电

影片段)，电影《淘气包马小跳》(电影片段)，电影《麋鹿王》(电影片段)。

龚雪 好，现在我们来看看谁是最幸运的。第27届中国电影金鸡奖最佳美术片授予——

喻恩泰 《马兰花》，恭喜!

龚雪 恭喜!

(主题音乐响起，获奖者从台下走至台上领奖，颁奖嘉宾从2号台口走至台中为获奖者颁奖)

【画外音】评委会评语：影片以富有冲击力的动画艺术形象，去诠释善良、繁荣、和谐共生的价值观，在传承民族特色方面作出了突出成绩，特授予最佳美术片奖。有请颁奖嘉宾方子哥、王鹰。

获奖者 感谢每一位评委，我想用一段《马兰花》里的童谣，因为它已经50年了，“马兰花，马兰花，风吹雨打都不怕，勤劳的人在说话，感谢大家爱护它!”同时我们也要想培育、帮助、支持我们的老一辈的动画美术工作者、动画美术艺术家们，也许他们今天没有在场，但是他们给了我们力量，使得我们能够奋勇前进。谢谢大家!

【画外音】感谢开颁奖嘉宾，恭喜获奖者。接下来颁发最佳戏曲片，有请开奖嘉宾王馥荔、潘粤明。

(主题音乐响起，开奖嘉宾从3号台口台阶走下走上开奖台)

王馥荔 大家好!我是王馥荔。

潘粤明 大家好!我是潘粤明。王馥荔老师，我特别爱看您的戏。

王馥荔 谢谢!

潘粤明 我记得您是得过一次金鸡奖、两次百花奖，我上学的时候学校组织去看电影，您获得百花奖的那个片子叫《咱们的牛百岁》，对吧?

王馥荔 是的，在获金鸡百花双奖的那个片子呢是演的曹禺先生的名著《日出》中的翠喜，我今天特别荣幸，能和你一块开最佳戏曲片奖，因为大家都知道，在拍电影之前，我是一名京剧演员，我深深知道从事戏曲艺术的不易，而在拍翠喜的时候，我又深深地尝到了有戏曲基础的甜头。

潘粤明 是，我记得我在电影《梅兰芳》中演过一个梨园行的角色，虽然戏份不多，但是为了戏里的角色，我也跟戏曲老师整整学了一个夏天，非常的受益。

王馥荔 所以说，台上一分钟，台下十年功。好，大家请看大屏幕。

(视频——最佳戏曲片提名视频)

【解说词】获得第27届中国电影金鸡奖最佳戏曲片提名的是——电影《公孙子都》(电影片段)，电影《程婴救孤》(电影片段)，电影《廉吏于成龙》(电影片段)。

潘粤明 第27届中国电影金鸡奖最佳戏曲片——

王馥荔 授予——《廉吏于成龙》。

(主题音乐响起，获奖者由台下上台，颁奖嘉宾从2号台口走至台中为获奖者颁奖)

【画外音】评委会评语：影片着力塑造了于成龙不畏权贵、为民请命的形象，突出其性格中的个人谋略和民间智慧的作用，着力创造新的、富于表现力的戏曲程式，在运用电影手段、促进中国戏曲现代化方面作出了突出贡献，特授予最佳戏曲片奖。有请颁奖嘉宾丁柳原、侯勇。

获奖者 《廉吏于成龙》能够在俊采星驰

的夜晚得到这个殊荣，首先要感谢的是中国京剧的历久人心，更要感谢中国电影历史的全部，我们特别感谢上影集团的总裁，我们的出品人，他自始至终的鼎力扶持这个项目，给我们创作的方向，我们特别特别感谢的是我们的主演，尚长荣先生，为了他了不起的技术，为了他开明、睿智，因为它们我们才可以放开胆子放开手脚尝试一些新的手法，感谢电影节，感谢组委会。

（串场视频：富有南昌特色的风景水墨画，以及本届颁奖典礼的主视觉元素的“水”的呈现，无解说词）

【画外音】接下来颁发最佳数字电影，有请开奖嘉宾梁静、任泉。

（主题音乐响起，开奖嘉宾从3号台口台阶走下至开奖台）

任泉 大家晚上好！

梁静 大家好，很高兴跟任泉给大家开最佳数字电影奖。

任泉 我也是。据我所知，金鸡奖第一次给最佳数字电影颁奖是你们家管虎导演拍的，他最近在忙什么呀？

梁静 在家带孩子呢，他很传统，他说女主外，男主内，所以今天我来了。

任泉 那我们就看看今天提名的影片吧。

（视频——最佳数字电影提名视频）

【画外音】获得第27届中国电影金鸡奖最佳数字电影提名的是——电影《十八个手印》（电影片段），电影《走四方》（电影片段），电影《幸福成本》（电影片段），电影《锡林郭勒·汶川》（电影片段）。

任泉 第27届中国电影金鸡奖最佳数字电影授予——

梁静 《走四方》

（主题音乐响起，获奖者从台下走上台领奖，颁奖嘉宾从2号台口走至台中位获奖者颁奖。）

画外音：评委会评语：影片以群姿态讲述普通人的人生困窘，及其化解历程，情节与场面设计富于生活质感，成功地表现了人物对人生尊严和失意的不屑追求，特授予最佳数字电影奖。有请颁奖嘉宾马俪文、高希希。

获奖者 对不起，我应该让赵毅也上来一下好么？（赵毅从台下上台），看到那么多著名的电影艺术家们，看到那么多老前辈，自恃心中有一些诚惶诚恐的感觉，非常高兴也非常激动，非常感谢尊敬的评委把这个奖项给了走四方，作为本片的编导，我受到了很大的鼓舞，我相信此刻有不少走四方的工作人员们在电视前在看着颁奖晚会，我想说，由于你们共同的付出，最终让我们得到了最好的回报，如果你们正在观看今天的颁奖晚会，就让我们一同欢呼把。还有几句感谢的话想说，我曾经是一名电影美工师，在很多年以前我就有一个相当电影导演的梦想，可是十几年过去了，我才知道做一个电影导演不是一个容易的事，现在20多年过去了，我又知道要做一个优秀的电影导演更加不容易。现在我取得了一点点小的成绩，是因为电影频道这个平台把我步入了导演的行列，在这里我要感谢电影频道，感谢电影频道的知遇之恩，谢谢电影频道。我还要感谢紫禁城影业公司的总经理许建海先生，感谢中影集团制片分公司的赵海成先生，感谢我的同届同学，胡雪阳、金戈，还有我的好朋友鲍振江，他们在以往都给了我很多的帮助，谢谢他们，谢谢今天的颁奖晚会。谢谢大家。

【画外音】感谢开颁奖嘉宾，恭喜获奖者，接下来颁发最佳儿童片。有请开奖嘉宾张雨绮、徐娇。

（主题音乐响起，开奖嘉宾从3号台口阶梯走下至开奖台）

张雨绮 大家晚上好！

徐　娇 大家晚上好！

张雨绮 记得在2008年《长江7号》中我饰演了一位女老师，然后我身边的这个小女孩大家可能意想不到，她在《长江7号》里反串了一个男孩子的角色，但是现在已经长的是亭亭玉立了。给大家说点什么娇娇。

徐　娇 是啊！

张雨绮 对啊！好吧！

徐　娇 在曾经金像奖的颁奖台上，说获奖感言的时候，我是非常紧张的。

张雨绮 你说了什么那个时候你记得么？

徐　娇 我说，我终于拿了100分。

张雨绮 你还要不要拿100分？

徐　娇 要啊！

张雨绮 那就加油。下面我们要颁发的是第27届中国电影金鸡奖最佳儿童片，请看候选影片。

（视频——最佳儿童片提名视频）

【解说词】获得第27届中国电影金鸡奖最佳儿童片提名的是——电影《买买提的2008》（电影片段），电影《寻找成龙》（电影片段），电影《男生贾里新传》（电影片段），电影《走路上学》（电影片段）。

张雨绮 娇娇，你来宣布，第27届中国电影金鸡奖最佳儿童片是——

徐　娇 授予《走路上学》，恭喜！

张雨绮 恭喜！

（主题音乐响起，获奖者由台下走至台中，颁奖嘉宾由2号台口走至台中为获奖者颁奖）

【画外音】评委会评语：影片讲述了怒江边上傈僳族姐弟走路上学的故事，表现了他们在艰苦环境中对美好生活的执著向往和追求，其清纯和忧伤的风格令人感动，特授予最佳儿童片奖。有请颁奖嘉宾尹力、庞学勤。

获奖者 特别激动，很意外，首先应该谢谢评委会的评委给我们这个荣誉，我们两兄弟做了电影的梦，这个梦很昂贵，成本1000万。当初很多人要为我们这个梦买单，后来我们自己买了，我们最后自己为自己买单的结果是今天我们走到这个舞台上，谢谢。下面那么多艺术家，真的是诚惶诚恐。那么希望所有的人包括所有的观众能继续关注《走路上学》，我们两兄弟在这里给大家鞠躬了。

（张国立从1号台口上台）

张 高科技已经融入了我们的电影，电影院里挤满了大片。儿童影片几乎已经成了被人遗忘的角落，这是我认为。我还认为我们的孩子们不仅需要看那种两维三维的动画片，不能只让他们生活在童话的世界里，他们应该看一看由孩子们演的那种儿童片，所以这个时候我们更应该向那种坚持拍儿童片的同行们致敬。感谢大家的掌声。60年来中国很多的电影人为中国的儿童电影作出了很多很多的贡献，下面我们要讲述一位，我们一起来听听他的故事，他的人生，有请讲述人，李玲。

（绿野仙踪的音乐响起，李玲从3号台口的台阶走下，至开奖台）

李玲 首先我想说，能为大家讲述这样一个故事，我深感荣幸。我演的第一部电影是儿童片《苗苗》，1981年荣获了首届金鸡奖特别奖，在那次颁奖晚会上，我结识了她，我心中的偶像。那一年，她和她的同事们终于有了几间简陋的平房，在大门扣，她终于挂上了这一块牌子，中国儿童电影制片厂，从此，她的声音总是第一个出现在这里，一晚才离去。从此，一个万众拥戴的艺术家成了一个普通的创业者。从此，她瘦弱的肩膀担起了孩子们的期待与梦想，这是一个冬天的早晨，天特别的冷，她伴着北风伴着雪花打开了办公室的大门，谁知，门上的弹簧坏了，当她进门的一刹那，铁门重重地反弹了回去，她来不急反应，她手指的一截一下子就被冻在了冰冷的门把手上。那一年，她59岁，就是这样，她用剩下的9根手指顽强的支撑起中国儿童电影的一片天空，就是这样，当她银发满头、疾病缠身的时候，她依然四处呐喊："多关注一些儿童电影吧，关心孩子就是关心未来。"她，是中国儿童电影的垦荒者，她，是我们永远的江姐。她是我的，她也是在座的每一位的老乡。她，是中国电影的于蓝！

视频

【解说词】"九一八"事变后，年仅16岁的于蓝告别了故土东北，来到了革命圣地——延安。在鲁艺实验剧团，她开始了自己的艺术之路，她也在这里遇见了她的陪人，田方。新中国的黎明前夜，于蓝回到了东北故乡，在东北电影制片厂，于蓝拍摄了第一部影片《白衣战士》（电影原声），于蓝的表演有一份天然的质朴。

（视频资料不完整）

【画外音】接下来颁发最佳录音，有请开奖嘉宾颜丙燕、富大龙。

（主题音乐响起，开奖嘉宾由3号台口台阶走下至开奖台）

颜丙燕 大家好，我是颜丙燕。

富大龙 大家好，我是富大龙。

颜丙燕 两年之后又站在这个舞台上，这一次是和富大龙一起颁发最佳录音奖。

富大龙 我非常荣幸和上一届金鸡奖最佳的女演员来颁这个我们认为是电影中最重要的奖，有一些特别是非专业的观众可能会奇怪，为什么录音会是电影最重要的奖，因为在电影诞生之初，它是默片，连卓别林这样的大师都在他的影片中最关键的部分要写几个字来表达，来弥补影像的不足，应该说声音的出现使电影发生了革命，成为今天我们见到的这门声画的艺术。不夸张地说，声音是电影的灵魂。

颜丙燕 说的真好，我突然想起李雪健老师非常经典的一句广告语——没有声音，再好的戏都出不来。

富大龙 好，下面我们来看今天这个灵魂大奖录音奖它的提名。

（视频——最佳录音提名视频）

【解说词】获得第27届中国电影金鸡奖最佳录音提名的是——电影《梅兰芳》的录音，王丹戎（电影片段），电影《集结号》的录音，王丹戎（电影片段），电影《麦田》的录音，王长锐（电影片段），电影《八月一日》的录音，王乐文、李安磊、安韶峰（电影片段），电影《李米的猜想》的录音，顾长宁（电影片段）。

富大龙 下面，我们怀着最崇敬的敬意来宣布，第27届中国电影金鸡奖最佳录音授予——

颜丙燕 王乐文、李安磊、安韶峰。恭喜！
富大龙 恭喜！

（主题音乐响起，获奖者由台下走至台中，颁奖嘉宾由2号台口走至台中为获奖者颁奖）

【画外音】评委会评语：录音师王乐文、李安磊、安韶峰在故事片《八月一日》中，音响运用真实而细腻，强弱得当，使声音富有质感，层次感强，出色地渲染了气氛，并对人物的刻画起到了有力的烘托作用，特授予最佳录音奖。有请颁奖嘉宾车永莉、陶晶。

获奖者 非常激动，首先我要感谢第27届金鸡奖评委对《八月一日》这部影片的厚爱，接下来我要感谢军队和八一电影制片厂对我们的培养，感谢明振江厂长对我们工作的大力支持，接下来还要感谢南昌，因为南昌和军人（敬礼）有着一种特殊的情感，南昌是共和国所有军人的故乡。我还要感谢曾经对我们工作支持的战友们，感谢我们的老师和朋友们，感谢我们的家人和我们的妻子和儿女，感谢大家！最后我还要说，这个奖项不光光属于我们，我还要告慰所有为新中国捐躯的英烈们，八一，胜利了！

【画外音】感谢开颁奖嘉宾，恭喜获奖者，接下来颁发最佳美术，有请开奖嘉宾赵子琪、陶泽如。

（主题音乐响起，开奖嘉宾由3号台口台阶走下，走至开奖台）

赵子琪 大家好，我是赵子琪！
陶泽如 大家晚上好，我是陶泽如！
赵子琪 这里是第27届中国电影金鸡奖颁奖典礼的晚会现场，那么趁这个机会我一定要采访一下站在我身边的这位陶泽如老师。为什么呢？我想有不少朋友跟我一样也是今天才知道，原来陶泽如老师也曾经是金鸡奖影帝的获得者。只是很可惜的是，在他获得影帝的那一年，没有举办颁奖晚会。所以刚才，晚会的导演特意嘱咐我，一定要把这段时间留给陶老师，让您把当年没有机会说出来的获奖感言今天跟大家分享一下。
陶泽如 我那一年因为主演三部电影，由吴子牛导演导的《欢乐英雄阴阳界》和《晚钟》，我得了第9届金鸡奖最佳男主角奖，以后又做了一些努力，得过金鸡奖的提名，那是《欢乐英雄阴阳界》，我现在还是在努力，我的心态非常（平和），有合适的电视剧拍电视剧，有合适的电影就拍电影，我心里想到有一个意大利的电影大师叫费德里克·费里尼讲过一句话：没有结束，没有开端，只有永无穷尽的生活激情。子琪，我希望我在70、80岁的时候还能创造各种活蹦乱跳的角色。
赵子琪 好的，我相信一定会的！
陶泽如 看看美术奖的提名吧。

（视频——最佳美术提名视频）

【解说词】获得第27届中国电影金鸡奖最佳美术提名的是——电影《铁人》的美术，芦月林、余麦多（电影片段），电影《冰雪同行》的美术，吴昭华、邱宏军（电影片段），电影《集结号》的美术，张春和（电影片段），电影《梅兰芳》的美术，柳青（电影片段），电影《画皮》的美术，雷楚雄、刘京平（电影片段），电影《麦田》的美术，霍廷霄（电影片段）。

陶泽如 电影美术是多么辛苦的事情啊，但是随着电影制作越来越大，我觉得他们是在电影幕后最为辛苦最辛劳的行业。

赵子琪 嗯，也会更加受到关注。好！第27届中国电影金鸡奖最佳美术授予——芦月林。

陶泽如 余麦多。

（主题音乐响起，获奖者由台下走至台上领奖，颁奖嘉宾由2号台口走至台中为获奖者颁奖）

【画外音】评委会评语：芦月林、余麦多在故事片《铁人》中担任美术，在影片中，还原了大庆油田建设初期的室内景和室外景，风格粗犷，加工细致，与时代氛围高度吻合，为影片营造了准确的环境，特授予最佳美术奖。有请颁奖嘉宾颜靖宇、何群。

获奖者1 其实获得这个奖项提名的还有其他五部影片，他们都是非常非常优秀的电影美术设计师，只不过在他们中间我是幸运的，我一定要向他们学习，获奖后，我要讲到一个人，这个人对中国电影的贡献，他所拍的影片，集成了他自己的聪明和智慧，对一切工作都非常细致，从不忽视，对我的艺术工作帮助很大。这个人就是尹力导演，借此机会，在这里我们俩向尹力导演表示深深的谢意。在感谢让我连续获得三届提名奖的每届专家评委们，你们的每一张选票都是对我工作的肯定和鼓励。借此机会向三届所有评委带去所有的我的深深的谢意。还要感谢这么多年来和我一起工作过的台前幕后的我的同志们，这个奖项他们也付出了辛勤的劳动和汗水，他们很普通，和全国的电影工作者们一道，去支撑着我们中国电影的全部事业。今天他们也在电视机前看着颁奖晚会，借此机会向他们表达深深的谢意。

获奖者2 时间紧就说两句。因为我从北京电影学院毕业以后，跟咱们这次获的第27届金鸡奖的时间是一样的，我等了27年拿到的这个奖，我觉得非常不容易，我也告诫咱们电影人，后来的人，只要努力，持之以恒，就会获得成功。感谢我的同班同学，电影《铁人》的导演尹力，感谢我们美术组的全体同志，再有，还要感谢这次金鸡奖的评委，我希望将来能够更多的站在这里领奖。

【画外音】感谢开颁奖嘉宾，恭喜获奖者。接下来颁发最佳摄影。有请开奖嘉宾鲍起静、郝蕾。

（主题音乐响起，开奖嘉宾由3号台口台阶走下至开奖台）

郝蕾 大家晚上好！

鲍起静 大家好，小蕾你好。

郝蕾 你好，鲍老师！刚才坐在下面，听国立老师说，原来您也是江西人啊！

鲍起静 是的，今天我也是非常地开心，来到南昌有回家的感觉了。因为父亲就是在南昌出生和受教育。南昌培育了我父亲，我父亲又培育了我们几个孩子对电影的热爱。那么今天特别高兴看到秦怡老师，于蓝老师，于洋老师，这些老前辈，跟很多很多中国电影的杰出的代表。我自己深深地感觉到我们中国电影能够攀上世界的高峰，为期是不远了。

郝蕾 那说到这就不得不想起您家里一位重要的成员，就是鲍德熹老师。因为他是奥斯卡最佳摄影的获得者，那我想问你，在你的心中，什么样的摄影师能称地上是优秀的摄影师呢？

鲍起静 好，我们大家一起来看看提名的摄影师就知道这个答案是什么了。

（视频——最佳摄影提名视频）

【解说词】获得第27届中国电影金鸡奖最佳摄影提名的是——电影《集结号》的摄影，吕乐（电影片段），电影《赤壁》的摄影，吕乐、张黎（电影片段），电影《铁人》的摄影，赵非（电影片段），电影《麦田》的摄影，赵晓时（电影片段），电影《画皮》的摄影，黄岳泰（电影片段），电影《白银帝国》的摄影，潘耀明（电影片段）。

鲍起静 第27届中国电影金鸡奖最佳摄影

郝蕾 吕乐。恭喜吕乐老师。

（主题音乐响起，王中磊从台下走至台上代替吕乐领奖，颁奖嘉宾由2号台口走至台中颁奖）

【画外音】评委会评语：摄影师吕乐在电影《集结号》中充分调动各种摄影手段，贴切地表达了影片的主题思想和人物形象。特别是战争场面的拍摄，运用丰富的运动镜头，和极具质感的影像画面，使电影具有了强烈的视觉冲击力和感染人的艺术效果。特授予最佳摄影奖。有请颁奖嘉宾杨静、肖锋。

王中磊 我是《集结号》的制片人王中磊，我是代吕乐吕老师来领奖，因为他正在唐山拍摄我们新的电影《唐山大地震》，为了可以让冯小刚导演和徐帆来颁奖典礼，所以他们商量了一下，由吕乐老师还在前沿阵地继续拍摄，保证我们这部戏可以正常地运作，非常谢谢组委会还有我们的评委给了吕乐还有《集结号》这样一个奖项，现在《集结号》已经拿了两尊奖座了，希望呢后边我们还有更好的斩获，希望涵予、周迅，《集结号》《李米》都有非常好的成绩。再次谢谢金鸡奖，谢谢南昌！

【画外音】感谢开颁奖嘉宾，恭喜获奖者。接下来请欣赏北京当代芭蕾舞团带来的舞蹈《跨界》。

现代舞《跨界》

编舞：王媛媛　作曲：吴军　服装设计：吴蕾　表演：北京当代芭蕾舞团

（灯光为蓝色的色调，只有演员身上打白光，大屏幕的视频素材也是蓝色，视频素材是充满着现代感的几何线条和几何图形，音乐缓慢但节奏明晰，加上钢琴的音色，配合着蓝色为主色调的灯光显示出浓厚的神秘主义色彩。演员依次登场，最初的三名演员出场时在地上滚动着布条，将舞台分割成几个区域。舞蹈中段，虽然依旧是神秘风格的音乐，但是电子乐器的加入、节奏的加快使得舞蹈进入了另一种情境。最后舞蹈在从舞台上方垂落的若干布条中结束）

（主持人张国立从1号台口走上主持台）

张 刚才这个舞蹈叫《跨界》，我就琢磨着它为什么叫跨界，也许是它跳出了水墨丹青的味道？可是它背后的这个大屏幕又不断变换出现代的元素。也许这就是我们电影人的追求吧，我们想把各个艺术领域中的长处都融入我们的电影，哪怕只是一点的变化都会给人带来惊喜。就像开场舞蹈中，混迹在一帮专业演员中跳舞的邓超，虽然你不是很专业，但是已经让我们眼睛一亮了。好！接下来，我们继续颁奖！

画外音：接下来颁发最佳女主角，有请开奖嘉宾张瑜、陶虹。

（主题音乐响起，开奖嘉宾由3号台口台阶走下至开奖台）

张瑜 大家晚上好！

陶虹 大家晚上好！今天特别的开心能够和张姐一起来开这个最佳女演员的奖项，

张姐，其实作为一个演员我特别地羡慕你，因为在你一出道一开始从影的时候就有一个特别好的开始，在19岁的时候就拿到了金鸡百花的双料影后，而且也是我们金鸡百花历史上拿到双料影后的第一人。

张瑜 其实，你也是金鸡影后啊，对不对。

陶虹 对，其实我自己也是在拿到金鸡影后之后给了我很大的鼓励。我也知道当年是夏衍老先生为您颁发的最佳女演员这个奖项，是么？

张瑜 是的。我非常庆幸，那是1981年的事情了，一晃这么多年过去了，我觉得不但是这一点我感到庆幸，另外一点我觉得特别庆幸的是这20多年以来我一直没有离开我挚爱的电影事业，我非常热爱电影，也把整个一生都献给了电影，并且会将继续地努力，我记得那年夏宫就给我写了一封信，他在信上说，得奖当然是一件好事情，但是千万不要把荣誉称为包袱，那么作为今年的评委之一，我想把这句话和五位提名的女演员分享。

陶虹 好，下面我们请看大屏幕。

（视频——最佳女主角提名视频）

【解说词】获得第27届中国电影金鸡奖最佳女主角提名的是——电影《李米的猜想》中李米的扮演者，周迅（电影片段），电影《画皮》中佩蓉的扮演者，赵薇（电影片段），电影《绽放》中月明的扮演者，姚星彤（电影片段），电影《梅兰芳》中孟小东的扮演者，章子怡（电影片段），电影《立春》中王彩铃的扮演者，蒋雯丽（电影片段）。

张瑜 这个时刻是非常激动人心的，那么现在我们就来颁奖。第27届中国电影金鸡奖最佳女演员奖。你来！

陶虹 蒋雯丽！等一等，还有一位，周迅！

（主题音乐响起，获奖者从台下走上台领奖，颁奖嘉宾由2号台口走至台中为获奖者颁奖）

【画外音】评委会评语：蒋雯丽把王彩铃的卑微而又清高、屡屡受挫而又坚忍不拔的人物性格刻画地惟妙惟肖，特授予最佳女主角奖。周迅，成功地融入了影片角色，准确生动地塑造了女出租车司机李米深情、职业而又善良的性格，特授予最佳女主角奖。有请颁奖嘉宾朱迅、李雪健。

蒋雯丽 感谢评委对我的鼓励，为我们的电影《立春》高兴，谢谢。

周迅 今天很特别，我拍戏拍了18年了，第一次拿到金鸡奖，还有，我要谢谢中国电影金鸡奖今天给我特别的礼物，我明天就35岁生日了，拍戏的18年我非常努力和认真，我希望明天是一个很好的结束，也是一个充满期待的开始。谢谢！

【画外音】感谢开颁奖嘉宾，恭喜获奖者。接下来颁发最佳男主角。有请开奖嘉宾秦海璐、夏雨。

（主题音乐响起，开奖嘉宾由3号台口走下至开奖台）

夏雨 大家晚上好！

秦海璐 大家晚上好！夏雨，这是我们第二次开这个最佳男主角奖了，今年建国60年了，又是咱俩开这个最佳男演员奖，说明我们两个的这个搭档还是可以的。

夏雨 很被看好，你知道因为什么吗？

秦海璐 因为你不帅，我也不美。

夏雨 因为我是单眼皮，你也是单眼皮。

秦海璐 有可能，呵呵！

夏雨 就这么简单么？其实不然，因为咱们俩在上一次开奖的时候我没说话，所以我想导演一定是看中了这一点。有句话说得好，在某些场合的时候，说话，就好像女孩子穿裙子，越短越好，因为我们非常知道大家现在想看的是什么。

秦海璐 下面请看大屏幕。

（视频——最佳男主角提名视频）

解说词：获得第27届中国电影金鸡奖最佳男主角提名的是——电影《千钧·一发》中老于的扮演者，马国伟（电影片段），电影《我是花下肥泥巴》中邓平寿的扮演者，孙敏（电影片段），电影《铁人》中王进喜的扮演者，吴刚（电影片段），电影《集结号》中谷子地的扮演者，张涵予（电影片段），电影《耳朵大有福》中王抗美的扮演者，范伟（电影片段）。

夏雨 激动人心的时刻到了。第27届中国电影金鸡奖最佳男主角授予——

秦海璐 吴刚。

夏雨 恭喜吴刚。

（主题音乐响起，吴刚从台下上台，颁奖嘉宾由2号台口走至台中为吴刚颁奖）

【画外音】评委会评语：吴刚饰演的铁人王进喜粗犷、生动、感人、富有激情，成功地再现了我国一代石油工人的典型，特授予最佳男主角奖。有请颁奖嘉宾徐帆、张良。

吴刚 2009年10月17日是我永生难忘的日子，我要把这个喜讯第一时间告诉我在兰州拍戏的我的老婆岳秀清，我记得你无数次地说过，你梦见我在领奖台上接受台下的掌声和祝福，今天实现了。电视机前观看颁奖晚会的我的儿子，你的短信我收到了，你的礼物我准备好了。感谢所有关心、支持我的至爱亲朋，感谢专家评委对我表演的认可，感谢尹力，你对艺术的无私让我佩服。感谢我供职的北京人民艺术剧院，感谢我的经纪公司，名和星河。最后，感谢南昌，感谢金鸡奖。在这里，我可以非常自豪地代表《铁人》所有的演职人员亲吻这个奖杯。

（张国立从1号台口走上主持台）

张国立 说的太好了，说的我都想准备我的获奖感言了，可他们就是不评我啊！我相信，明天媒体上最多的评论一定是，金鸡奖又下双黄蛋，保证的！但是大家一定要鼓掌，因为在我们农村，下双黄蛋的鸡都是金贵的鸡！看到雯丽获奖我特别高兴，真想冲上台来拥抱一下我戏里这个老婆，她是太有运气了。前不久她刚获了釜山电影节的奖，那是她的处女作，今天她又拿了最佳女演员奖。但是对周迅我就不能拥抱了，我就祝你生日快乐吧，涵予没有获奖，但是涵予，我觉得你还是很棒很棒的，因为你已经创造了一个奇迹了，一部《集结号》让你几乎囊括了中国电影几乎所有的大奖，我很嫉妒你。今天你没有拿奖，算是平息了一下我这嫉妒的心态。好！感谢大家的掌声。接下来我们欣赏一个节目。

歌曲《月光爱人》

选自电影《卧虎藏龙》

作词：易家扬

作曲：谭盾　Jorge Calandrelli

演唱：李玟

（灯光是蓝色的主色调，中央大屏幕播放《卧虎藏龙》的片花，两侧大屏幕播放竹林的视频素材）

歌词 我醒来睡在月光里
下弦月让我想你
不想醒过来谁明白
怕眼睁开你不在
爱人心沉入海
带我去把它找回来
请爱我一万年
用心爱
我愿为了爱沉睡
别醒来
永恒哪在不在
怪我的心放不开
北极星带我走
别躲藏把爱找出来
我爱你每一夜
我等待
我的心为了爱
睡在月之海
孤单的我想念谁
谁明白
（我在月光下流泪）
（说你爱我）
我愿为了爱沉睡
到永远

李玟 谢谢！谢谢！每一部好看的电影一定有好听的音乐，那么一首好听、动感的快歌就一定有一段好看的舞蹈，那现在就要送给大家我的全新的作品，叫做《Party Time》送给大家！谢谢！

歌曲《Party Time》
作词：周莹
作曲：周莹
演唱：李玟
编舞：刘志晖
舞蹈：H－dance 工作室
（酒红色的灯光色调，大屏幕播放立体的几何图形，中间夹杂着本届金鸡奖主要候选影片的海报，现代舞伴舞）

歌词 baby girl 穿上漂亮衣裳
今天星期八期待开心一场
baby girl 不爱淑女靓妆
最 in 的时尚来我 twitter 逛逛
角落 that boy
是不是你喜欢的模样
说着一口英伦腔
中央舞池的中央
long hair 金黄色的头发
是不是你姐妹来捧场
it's the party time
赶快忘记你了不起的忧伤
it's the party time
喜欢就来听听我的歌唱
let me rock your time
心情好似发狂的惊涛骇浪
let me rock your time
这里是你最美的天堂
谁都别想让魔鬼来砸场
baby girl 穿上漂亮衣裳
今天星期八期待开心一场
baby girl 不爱淑女靓妆
最 in 的时尚来我 twitter 逛逛
角落 that boy
是不是你喜欢的模样
说着一口英伦腔
中央舞池的中央
long hair 金黄色的头发
是不是你姐妹来捧场
it's the party time
赶快忘记你了不起的忧伤
it's the party time
喜欢就来听听我的歌唱
let me rock your time
心情好似发狂的惊涛骇浪
let me rock your time

这里是你最美的天堂
谁都别想让魔鬼来砸场
角落 that boy
是不是你喜欢的模样
说着一口英伦腔
中央舞池的中央
long hair 金黄色的头发
是不是你姐妹来捧场
it's the party time
赶快忘记你了不起的忧伤
it's the party time
喜欢就来听听我的歌唱
let me rock your time
心情好似发狂的惊涛骇浪
let me rock your time
这里是你最美的天堂
it's the party time
赶快忘记你了不起的忧伤
it's the party time
喜欢就来听听我的歌唱
let me rock your time
心情好似发狂的惊涛骇浪
let me rock your time
这里是你最美的天堂

（串场视频：富有南昌特色的风景水墨画，以及本届颁奖典礼的主视觉元素的“水”的呈现，无解说词）

【画外音】接下来颁发最佳编剧，有请开奖嘉宾马伊琍、郑洞天。

（主题音乐响起，开奖嘉宾由3号台口台阶走下至开奖台）

马伊琍 大家晚上好！郑老师晚上好！

郑洞天 你好！我听到和马伊琍搭档，我非常惊讶晚会的导演工作做的这么细，因为他居然知道我和马伊琍是中学的校友，我们俩出自同一个中学，上海北红中学，只是前后隔了33年。

马伊琍 郑老师是我非常尊重的前辈。我知道您在26年以前就因为一部非常优秀的作品获得了第二届的金鸡奖。

郑洞天 那是我和我电影学院的同学们，还有我们在座的尹力导演，张会军院长我们一起拍的《邻居》，第二届最佳影片。但是我音响更深的是当时我们在西安发奖，当时有很多人在，真的是万人空巷，整个西安人真的是沸腾了。我记得有一个导演跟我们说，西安上一次这么热闹是唐朝。我就觉得电影和老百姓的关系是这样的密切，我就说如果我们中国电影生生不息，最根本的是和老百姓的关系。今天编剧的这6位提名、这6个剧本我觉得都是为老百姓而写的。

马伊琍 尤其是其中的刘恒老师和思芜老师，他们都是以往金鸡奖的获得者，现在我们就看一下大屏幕。

（视频——最佳编剧提名视频）

解说词：获得第27届中国电影金鸡奖最佳编剧提名的是——电影《集结号》的编剧，刘恒（电影片段），电影《高考1977》的编剧，江海洋、谷白、宗福先（电影片段），电影《立春》的编剧，李檣（电影片段），电影《走着瞧》的编剧，述平（电影片段），电影《沂蒙六姐妹》的编剧，思芜（电影片段），电影《清水的故事》的编剧，程晓玲（电影片段）。

郑洞天 第27届中国电影金鸡奖最佳编剧授予——

马伊琍 江海洋、谷白、宗福先。

（主题音乐响起，获奖者从台下走上台领奖，颁奖嘉宾由2号台口走至台中为获奖者颁奖）

【画外音】评委会评语：编剧江海洋、谷

白、宗福先通过一群高考下乡知青的命运，折射改革开放之初的时代变革，对特定年代精神氛围和人物形象的描述逼真，有较强的感染力，展示了驾驭重大题材的能力。特授予最佳编剧奖。有请颁奖嘉宾许鞍华、苏叔阳。

获奖者 我今天是代表另外两位没有来的谷白和宗福先一块来领这个奖。感谢评委给了我这样一个机会可以让我在这感谢一个人，那就是在1977年振臂一呼恢复了高考的邓小平，没有他的恢复高考，我今天不可能站在这，没有他的恢复高考，就没有67万现在在各条战线上为祖国奉献的人。感谢历史给了我们这一代人的痛苦，也感谢历史给了我们这一代人的光荣，感谢电影学院的老师教我拍电影，感谢所有掏钱进电影院看电影的观众。这就是电影，这就是电影让我奋斗一辈子。谢谢大家。

【画外音】感谢开颁奖嘉宾，恭喜获奖者。接下来颁发最佳导演。有请开奖嘉宾宁静、黄建新。

（主题音乐响起，开奖嘉宾由3号台口走下至开奖台）

黄建新 大家好！

宁静 各位晚上好！

黄建新 很高兴能和宁静一起能给同行颁奖。

宁静 我也非常荣幸能和黄导演一起来颁这个最佳导演的奖。

黄建新 今天晚上好像有一个要求，就是来开奖的嘉宾必须谈一谈和金鸡奖的关系，我就想起来刚才跟宁静说，宁静，好像在沈阳那一次，你得了金鸡奖，当时你走到台上领奖的一瞬间定格了，很长很长时间没有说话。

宁静 对啊，刚才雯丽和周迅拿奖的时候我也很激动，就好像我自己拿奖一样。为此我还欠了梁家辉一块手绢，当时给了我一块手绢，我觉得挺不知道是什么感觉，现在想起来还是很激动。虽然拿过一次金鸡奖，我想通过我的努力再拿一次就好了，好事成双。但是我是想说，如果可能的话，我想拿一次导演奖。

黄建新 我自己大概有三部电影拿过金鸡奖，自己也得过最佳导演，所以我跟金鸡奖有很深的感情，也感谢金鸡奖今天给我颁奖的机会。我们还是看一看提名的电影。

宁静 好的！

（视频——最佳导演提名视频）

【解说词】获得第27届中国电影金鸡奖最佳导演提名的是——电影《疯狂的赛车》的导演，宁浩（电影片段），电影《集结号》的导演，冯小刚（电影片段），电影《梅兰芳》的导演，陈凯歌（电影片段），电影《画皮》的导演，陈嘉上（电影片段），电影《李米的猜想》的导演，曹保平（电影片段）。

黄建新 刚才看了这些获得提名的名单，都是我的好朋友。

宁静 都非常的优秀。

黄建新 那我们现在宣读评奖结果。第27届中国电影金鸡奖最佳导演授予——

宁静 冯小刚！恭喜你！

（主题音乐响起，冯小刚由台下走上台领奖，颁奖嘉宾由2号台口走至台中为冯小刚颁奖）

【画外音】评委会评语：导演冯小刚成功地驾驭了战争场面的拍摄，鲜明地刻画了人物形象，为观众奉献了富有强烈艺术感染力的艺术作品，特授予最佳导演奖。有请颁奖嘉宾谢飞、侯孝贤。

冯小刚 这个不得是不得，一得一下拿了三个，百花奖、华表奖、金鸡奖，谢谢大家、谢谢评委。我因为提名的时候多，得奖的时候少，我在很多年前准备获奖说几句话的时候我就在想，我得说说提名的人，我等了十几年有这么一个机会，我就想说，非常感谢跟我一起提名的这几位导演，陈嘉上导演，陈凯歌导演，宁浩导演，还有其他的提名的导演。如果你们现在在座的话，就请你们上台来跟我一块高兴一下，有请，请给获提名没机会上台的导演有一个说感受的机会。

陈嘉上 小刚一定听说我昨天说的话了，想不到我今天还是上来了，谢谢小刚，也谢谢评委，也谢谢大家对电影的关注。小刚说的对，能提名已经很了不起，我很珍惜这个机会，我下次希望我就能拿这个奖。我一直以为我不重视奖，我今天还是有点想了，我下次会想的！谢谢！

（张国立从1号台口走上台）

张国立 好！我们要特别感谢陈嘉上导演，你的获奖感言很让我们感动。冯小刚获金鸡奖了，我很高兴！我的高兴不亚于徐帆啊，但是我的方式不会和你一样的，因为冯小刚本来长的就不怎么好看你还使劲挤他，因为媒体有过报道，说冯小刚和金鸡奖有交恶，这个报道直接影响了我，影响了在他剧中扮演费老的我啊，我演了一个费老，连我老婆都不相信我了，说你演的那么好，是不是生活中也那样啊，我就跟人家说我跟冯小刚根本就不是一伙的，撇也撇不清楚，现在好了不用撇了，冯小刚既然都能拿奖了，那么距我拿奖的机会也就不远了。因为今年的优秀影片特别特别多，所以评委会就特别设立了一个评委会奖，接下来让我们请出三位评委让他们开奖并且颁奖。

【画外音】接下来颁发评委会奖，有请评委孙淳、余男、刘子峰。

（主题音乐响起，颁奖嘉宾从3号台口台阶走下至颁奖台）

余男 大家晚上好！

孙淳 观众朋友们晚上好！非常荣幸，受本届评委会的委托由刘子峰老师、余男小姐和我在这颁发本届评委会特别奖。首先颁发的是评委会的编剧奖。

刘子峰 第27届中国电影金鸡奖评委会特别奖授予影片《清水的故事》的编剧程晓玲女士。

（主题音乐响起，获奖者走到台上领奖）

刘子峰 我先念一下评委会的评语。编剧程晓玲扎扎实实面对生活，善于直面农村和农民的生活现状，展示了他们生存的韧性、人文关怀和农村浓郁的生活气息，给人们留下了强烈的印象。特别授予评委会编剧特别奖。

程晓玲 没想到，很意外，也很高兴，这是一份意外的惊喜，我感谢评委会对我的肯定，这三部影片都是我在病床上写的，所以我还要感谢导演肖锋，如果没有你的认知、认同，就没有今天农村三部曲的百折不回，没有我今天能够站在这个领奖台上，我想这只金鸡是我的希望也是我的起点，我以后就有梦想了，谢谢！

【画外音】恭喜获奖者，谢谢！

刘子峰 第27届中国电影金鸡奖评委会特别奖授予故事片《八月一日》。

（主题音乐响起，获奖者上台领奖）

刘子峰 评委会的评语是——《八月一日》作为重大历史题材影片，成功地塑造了我党我军老一辈革命人物的光辉形象，使英雄城市南昌和伟大的历史时刻共同映现在中国电影的银幕上，特授予评委会故事片特别奖！

获奖者 作为军队电影人，拿到这个奖感觉到非常沉重，非常地珍贵，它超出了任何的奖杯，因为它联系着一座英雄的城市，联系着一个伟大的军队，联系着一段辉煌的历史，八一是南昌的象征，是人民军队的标志，也是八一电影制片厂的厂徽，我们由衷地感谢评委会匠心独运的激励。感谢南昌人民秋水长天般的情怀，我们要传承八一的红色血脉，肩负代表先进文化的神圣使命。

【画外音】感谢三位评委，恭喜获奖者。接下来颁发最佳故事片。有请开奖嘉宾祝希娟、唐国强。

（主题音乐响起，开奖嘉宾由3号台口台阶走下至开奖台）

祝希娟 我是南昌人！（南昌话）借这个机会向南昌的父老乡亲们问好，27届金鸡百花奖能够在南昌举行，我们南昌人都感觉到非常地高兴和骄傲，我想从我们南昌走出去的电影工作者一定不会辜负大家的期望，会更加努力地工作。

唐国强 大家好！本来我想说她是第一届百花奖影后，结果刚才包袱都抖了，大家都知道了，我又想说她是南昌走出去的优秀电影人的代表，她刚才自己也说了，没办法只有说点大家不知道的吧，请看大屏幕。

（视频——最佳故事片提名视频）

解说词：获得第27届中国电影金鸡奖最佳故事片提名的是——电影《立春》（电影片段），电影《高考1977》（电影片段），电影《梅兰芳》（电影片段），电影《集结号》（电影片段）。

祝希娟 获得第27届中国电影金鸡奖最佳故事片奖的是，《集结号》和……

唐国强 《梅兰芳》。

（主题音乐响起，获奖者由台下走上台领奖，颁奖嘉宾由2号台口走至台中为获奖者颁奖）

【画外音】评委会评语——影片《集结号》之作精良，场面悲壮，细节饱满，人物形象鲜明，在复杂的历史背景下，用谷子地等人的命运讴歌了崇高的英雄主义精神，特授予最佳故事片奖。影片《梅兰芳》历史氛围浓郁，艺术手段娴熟，成功刻画了梅兰芳等人生动的艺术形象，特授予最佳故事片奖。有请颁奖嘉宾余洋、李行。

获奖者1 没想到，首先感谢评委，英皇的老总也在呢，应该也上来吧。这个片子是我们和英皇合作的，对英皇老总表示感谢。

冯小刚 谢谢！我们收获了四尊金鸡奖，非常有意义的，非常感谢评委，感谢金鸡奖，感谢南昌的观众朋友，还有电影人。另外我觉得最应该感谢的是刘恒，这个编剧，如果没有刘恒写这个剧本，我们所有的这些奖都是不可能的。因此我觉得这个奖最应该和刘恒分享。感谢编剧刘恒，也感谢主演张涵予，谢谢！

（主持人张国立从1号台口走上主持台，其余人从2号台口下台）

张 对啊，感谢来，感谢去，是应该的。因为往往有这么一个规律，优秀的演员往往产生于一部优秀的作品，而一部优秀的作品呢往往是一大堆专业的工作人员共同努力打造的。所以大家应该一起来分享这胜利的荣誉。我不知道大家有没有一种感觉，今天晚上的颁奖典礼一直有一首熟悉的旋律萦绕着，那就是在江西取景的红色经典电影《闪闪的红星》中的插曲《映山红》，接下来我们有请陈思思、戴玉强为我们演唱《映山红》。

歌曲《映山红》

作词：陆柱国　作曲：傅庚辰　编曲：吴军

演唱：戴玉强　陈思思

合唱：南昌市英雄艺术团

（合唱演员均匀地铺满舞台左右两边，两位主唱在台中演唱）

（舞美的背景色以紫色偏蓝色为主，灯光以红色和黄色为主，充满辉煌和大气。中央大屏幕分为三块，大屏幕的视频素材是现代的媒体技术之作的花，主色调也是红色系的紫色，歌曲中段开始两位主唱开始重唱，编曲风格舒缓、悠远却不乏大气。后段的节奏略有加快，比起之前的悠远更多了几分坚定和力量）

夜半三更哟盼天明
寒冬腊月哟盼春风
若要盼得哟红军来
岭上开遍哟映山红
岭上开遍哟映山红
岭上开遍哟映山红
岭上开遍哟映山红
夜半三更哟盼天明
寒冬腊月哟盼春风
若要盼得哟红军来
岭上开遍哟映山红
若要盼得哟红军来
岭上开遍哟映山红
岭上开遍哟映山红
岭上开遍哟映山红
夜半三更哟盼天明
寒冬腊月哟盼春风
若要盼得哟红军来
岭上开遍哟映山红
岭上开遍哟映山红
岭上开遍哟映山红
若要盼得哟红军来
岭上开遍哟映山红
岭上开遍哟映山红
岭上开遍哟映山红
岭上开遍哟映山红

（主持人张国立由1号台口走上主持台）

张　感谢南昌，感谢每一位和我们一起分享电影荣光的观众朋友们，本届电影盛典是一届有故事的电影盛典，所以给我们留下了很多难忘的记忆。下一届的金鸡百花电影节将在江苏的江阴举行，接下来交接电影节会旗。

（恢弘的音乐响起，四位身着白色西装的男礼仪撑着会旗由2号台口走出，两位市长随后从同一台口走上台，走至台中，礼仪将会旗折叠，交予南昌市市长胡宪，会旗经过南昌市市长和组委会主席的手传递到中共江阴市委书记朱民阳的手中，会旗交接仪式结束。三位领导谢幕，随礼仪从2号台口下台）

歌曲《绽放》

作词：胡海泉　演唱：邓超

（邓超从2号台口走至舞台后部台中，走至台前。歌曲中段小演员出现在舞台前沿和着节拍打节奏，与此同时之前的表演演员依次上台谢幕）

（画外女声开场，中央大屏幕闭合，播放与电影技术相关的视频素材以及南昌市的形象宣传片，两边的大屏幕则播放蓝色的星空视频素材，舞美和灯光的主色调均为蓝色）

故乡梦在他乡
雁飞过一路晴朗
秋水与长天共同的思念
似东湖摇曳的月亮
梦想不在天上
铭刻在我的心房
凝聚我们每个人的希想
未来就被点亮
金鸡在高声的歌唱
散发出绚烂的光芒
秋风吹不散缱绻的爱
化作浓浓的情怀
焰火在夜空中盛开
一声声呼唤我们的未来
秋风吹散所有阴霾
今夜的欢歌无比精彩
鄱阳的渔歌随风飘荡
百花洲百花盛开
滕王阁望不尽尘埃
重写今朝风华绝代
金鸡在高声的歌唱
散发出绚烂的光芒
秋风吹不散缱绻的爱
化作浓浓的情怀
焰火在夜空中盛开
一声声呼唤我们的未来
秋风吹散所有阴霾
今夜的欢歌无比精彩
今夜的欢歌无比精彩

（张国立从2号台口走至台中）

张国立 感谢亲爱的南昌，2010年江阴见！各位现场来宾，各位电视机前的观众朋友们，祝大家晚安！

（张若愚　整理）

第十届四川电视节“金熊猫”奖国际电视节目评选颁奖晚会

播出台：四川电视台
播出时间：2009年11月
总导演：叶数
导演：胡成　王强　张伟　罗欣

片头（字幕：国际纪录片评选 International Awards for Documentary 国际自然灾害影视节目评选 International Awards for Films on Natural Disaster 国际动画作品评选 International Awards for Animation 大学生影视作品 undergraduate 国际新媒体视听作品评选 International Awards for New Media 2009［第十届］四川电视节“金熊猫”奖国际电视节目评选颁奖晚会）

开场歌舞《洒向人间都是爱》（注：此歌为四川国际电视节会歌）

作词：朱嘉琪　作曲：刘青
演唱：于文华　尹相杰
编舞：田英　伴舞：绵阳市少年宫芭蕾舞团
（灯光：以冷色调紫红、蓝为主。特效：干冰。大屏幕：立体旋转的金色金熊猫奖杯，背景为蓝天白云。伴舞16人，白色无袖过膝裙、白色头花）

我们手挽手
走到一起来
歌声飞过高山大海
我们心连心
走到一起来
共同描绘七彩的世界
Television 友谊的花环
你播种希望
你憧憬未来
Television 友谊的彩带
你洒向人间都是爱
Television 友谊的花环
你播种希望
你憧憬未来
Television 友谊的彩带
你洒向人间都是爱
都是爱

女　尊敬的各位领导，亲爱的观众朋友，大家晚上好！

男　Ladies and gentlemen, good evening and welcome to the International Gold Panda Awards Ceremony of the Sichuan TV Festival.

女　这里是2009（第十届）四川电视节“金熊猫”奖颁奖晚会的现场，在这个美丽的舞台，让我们一起来见证“金熊猫”奖国际电视作品的精彩世界。

男　今年，在这儿举办第十届四川电视节可以说是意义非凡，因为2009年，咱们刚刚庆祝了中华人民共和国成立60周年，2009年还是咱们国家进行“西部大开发”伟大战略的第十个年头，今年更是天府四川灾后恢复重建取得伟大胜利的一年。

女　是的，作为重要的电视节目交流与交易平台，历经十届的四川电视节可以说，伴随各界见证着中国电视地高速发展，同时也汇聚着世界电视的新趋势和新潮流。

男　那么作为四川电视节的主体活动之一“金熊猫”奖国际电视作品的评选活动呢也越来越彰显它的影响力和号召力，那么在1991年第一届金熊猫奖评选活动的举办的时候我们是收到了来自29个国家和地区的215部参评作品，而2009年也就是十八年以后，我们是收到了来自62个国家和地区的3900多部作品参评。

女　是的，可以说人气是越来越旺，而且在本届“金熊猫”奖国际电视作品的评选活动中，我们除了国际纪录片和动画作品两大传统系列之外呢，还特别增设了国际自然灾害影视作品、国际新媒体视听作品和国际大学生影视作品三大系列的评选活动。

男　那么在这儿呢，我们也要隆重地介绍一下这次评选活动的各位专家评委，他们是来自中国、澳大利亚、美国、荷兰、俄罗斯、加拿大、中国香港、中国台湾等八个国家和地区的33位著名的专家学者组成的评委会，谢谢你们的辛勤劳动，谢谢！

女　谢谢！此次参评纪录片评选作品的一共有797部，它们分别来自48个国家和地区，按照人文类、社会类、自然及环境类三个类别进行评选，经过评委会的评选之后，以下节目将获得（第十届）

女 四川电视节国际纪录片“金熊猫”奖。

男 Now ladies and gentlemen, we are going to start presenting the awards for tonight's ceremony. And first, we present the international gold panda awards for documentaries. And we have received 797 documentaries from 48 different countries and regions. They fall in to three different categories namely anthropology category, society category, nature and environment category, and the winners are:

国际纪录片颁奖部分（共三轮颁奖）

片花（字幕：“金熊猫”奖国际纪录片评选）

第一轮颁奖：

播放获奖作品短片（短片中宣布每个获奖作品的奖项名称、制作单位和作品名称）

女 有请2009四川电视节组委会主席、国家广播电影电视总局副局长田进先生，上台颁奖。

男 And ladies and gentlemen, please welcome Mr. Tianjin chairman of Sichuan TV festival and vice minister of SARFT to present the awards to all the winners.

女 祝贺获奖者，也谢谢颁奖嘉宾。

男 Congratulations again and many thanks to everyone, thank you. 谢谢！

第二轮颁奖：

女 下面将颁发本次金熊猫国际纪录片评为特别奖，获奖作品是：

男 And now we present the special jury awards for documentary. And the winners are:

播放获奖作品短片（短片中宣布每个获奖作品的奖项名称、制作单位和作品名称）

女 有请2009四川电视节组委会主席、四川省人民政府副省长黄艳荣女士，上台颁奖。

男 And please welcome Ms Huang Yanrong chairman of Sichuan TV festival and vice governor of Sichuan provincial people's government to present the awards.

女 好，掌声再一次祝贺他们，也谢谢颁奖嘉宾。

男 Congratulations again, Thank you.

第三轮颁奖：

女 好，接下来我们要颁发的奖项是金熊猫国际纪录片，亚洲制作奖。

男 And next we present the Asia production award for documentaries. And the winners are:

播放获奖作品短片（短片中宣布每个获奖作品的奖项名称、制作单位和作品名称）

女 有请2009四川电视节组委会副主席、国家广播电影电视总局副总编、宣传管理司司长金德龙先生，加拿大国家电影局主席汤姆先生，上台颁奖。

男 And please welcome Mr. Jin Delong, vice chairman of Sichuan TV festival, deputy editor in chief of SARFT and director of the department of publicity and administration of SARFT and Mr. Tompromoter, president of national film broad of Canada to present the awards.

女 让我们祝贺他们，也谢谢颁奖嘉宾。

男 Once again congratulations!

讲述

表演：陈铎

（灯光：蓝、紫为主，讲述者四面有追光。大屏幕放映相应影片的片段）

讲述词：

Ladies and Gentlemen, good evening. 女士们先生们，晚上好，非常高兴来参加中国电视的盛会，51年前，就是1958年9月1

号，我光荣地迈进了中国电视的大门。十八年前，1991年，在成都的舞台上，我主持了第一届四川电视节，也是中国的第一次电视节，我同四川同行们，一起拉开了电视节的帷幕。回首电视事业的风雨历程，我觉得，我们的电视事业就像长江一样，一直在激流险滩中勇往直前，电视纪录片也是在沉浮中不断地探索前进。

长江后浪推前浪啊！本届电视节上涌现出来的大量优秀纪录片也印证了这个规律，获得社会类纪录片大奖的《小人国》，它打动了很多人，摄制组在北京的一个幼儿园里，整整花了两年多的时间跟踪拍摄，记录了一群孩子的生活。

片子里有一个叫晨晨的小姑娘，每天都要早早地守在幼儿园门口，风雨无阻，等待一个叫难得的小男孩，这份纯真而执著的友情，让成年人也不甚唏嘘啊！就像美酒一样，一部优秀的纪录片的诞生，往往都需要时间的酿造。

《小人国》的跟踪拍摄花去了两年多的时间，不过，来自日本的纪录片《亚诺玛米最后的部落》创造了另一个纪录，他们为了获得拍摄对象的许可，摄制组跟南美洲的一个原始部落，竟然展开了长达十年的谈判，最后，终于跟这个原始部落共同生活了五个月，完成了拍摄。

啊！真是应该感谢这些真实的记录，他们都将化为明天的珍藏啊！还是，让我们慢慢地去品味吧！

彝族歌舞《山寨情歌》

编曲：刘党庆　演唱：果果阿鹏组合

伴舞：成都市文化艺术学校　编舞：吕品

（灯光：以冷色调紫红、蓝为主，后面加入黄光。大屏幕：山寨、田野、竹林、江河等静态图片。伴舞12男12女，身着鲜艳的民族服饰）

歌词大意：阿哥啊阿哥　美丽的山寨　美丽的歌美树栽岩上清水石上流

阿妹啊阿妹　美丽的山寨　美丽的梦火的月亮在心间　梦的眼泪谁知道

阿哥阿妹情意长　如果放弃了青春的机遇老年时候后悔莫及

国际自然灾害影视节目颁奖部分（共两轮颁奖）

片花（字幕："金熊猫"奖国际自然灾害影视节目评选）

第一轮颁奖：

男　去年"5·12"汶川地震发生以后，电视人是第一时间行动，用各种电视语言，是直击这场灾难，表现的就是我们人类的尊严，颂扬的就是人类的真情和大爱。

女　在本次金熊猫奖国际自然灾害影视节目的评选活动中，我们一共收到了参赛作品是306部，他们分别来自18个国家和地区，按照新闻报道类、纪录片类、科教片类和特别节目类四个类别进行评选，经过评选之后呢，以下节目将获得第十届四川电视节国际自然灾害影视节目"金熊猫"奖。

男　And next we present the international gold panda awards for natural disaster. And we have received 306 productions from 18 different countries and regions. And they fall in to four different categories namely news reporting program, documentaries program, scientific educational program and special program, and the winners are:

播放获奖作品短片（短片中宣布每个获奖作品的奖项名称、制作单位和作品名称）

女　有请2009四川电视节组委会副主席、四川省人民政府副秘书陈保民先生，俄罗斯欧亚协会常务副总裁鲁京先生上台颁奖。

男 And please welcome Mr. Chen Baoming, vice chairman of Sichuan TV festival, and vice secretary general of Sichuan provincial people's government and Mr. Ruzing Zale ring, vice president of EATR Russia to present the awards.

男 再一次恭喜各位。

女 再一次祝贺他们，谢谢颁奖嘉宾。

男 And congratulations once again, thank you

第二轮颁奖：

女 接下来我们要颁发的是，“金熊猫”自然灾害类节目的评为特别奖。

男 And next we present the special jury award for natural disaster. And the winners are:

播放获奖作品短片（短片中宣布每个获奖作品的奖项名称、制作单位和作品名称）

女 有请2009四川电视节组委会副主席兼秘书长、四川省广播电影电视局局长何大新先生，中央电视台副台长胡恩先生上台颁奖。

男 And please welcome Mr. He Daxing, vice chairman and secretary general of Sichuan TV festival, and director of Sichuan radio film and TV bureau, and Mr. Hu En, vice president of China Central Television to present the awards.

女 好，让我们再一次祝贺所有的获奖者，也谢谢颁奖嘉宾。

男 Once again congratulations! Thank you.

讲述

表演：陈铎

（灯光：蓝、紫为主，讲述者四面有追光。大屏幕放映相应影片的片段）

讲述词：

2008年的5月12日，就在我们脚下的这块土地上，一场特大的地震夺走了无数同胞的生命，摧毁了无数温馨的家园，让很多人感动和震撼的是，电视人的行动与生死救援同步，电视人的身影闪现在每一个危难时刻，摄像机的镜头延伸到每一个揪心的角落，我听说，担任这个奖项评选的评委们，在评选过程当中常常是泪流满面啊。透过纪录片大奖作品《为了生命》，我们仿佛在阅读一首“生命至上、以民为贵”的英雄史诗，我看到了在恢弘的纪实结构里，卓越的令人激动的拍摄和制作手段。透过特别节目大奖作品，“众志成城、抗震救灾”直播特别节目，我看到了身处危难现场的电视人空前的报道效率与果敢，空前的使命感与情怀，空前的从容与坚守。透过评委特别奖作品《山东在行动——抗震救灾特别节目》，我看到了惊天大灾中的无疆大爱，看到了八方电视人的同心协力，面对“5·12”汶川大地震，海内外电视人通过迅速、深入、全面的报道与纪录，弘扬了对生命的尊重与热爱，彰显了人类不屈不挠地奋勇救灾精神。

我们感动，我们感谢，我们佩服！

歌舞《北川的鸽子树》2′20″

作词：韩静霆　作曲：谷建芬

演唱：李毅

编舞：冯彬彬　伴舞：成都市文化艺术学校

（灯光：以冷色调紫红、蓝、绿为主，后面加入黄光。大屏幕：山寨、田野、竹林、江河等静态图片。伴舞16人左右－白色无袖长裙、白色头花，每人佩戴不同色配成对的带臂手套）

北川的鸽子树，一条黄丝带，
天塌地陷也牵手，我心永爱。
北川的鸽子树，一条黄丝带，
天塌地陷也牵手，我心永爱。
给我你的手，给你我的爱，
给我你久违的笑容，一起从头来。

给我你的手，给你我的爱，
给我你久违的笑容，一起从头来。
给我你的手，给你我的爱，
给我你久违的笑容，一起从头来。
给我你的手，给你我的爱，
给我你久违的笑容，一起从头来。

国际动画作品评选颁奖环节部分（一轮颁奖）

片花（字幕："金熊猫"奖国际动画作品评选）

女　本届金熊猫奖国际动画作品的评选活动中，我们一共吸引了来自47个国家和地区的784部作品参评，经过评选之后，以下节目将获得第十届四川电视节国际动画片"金熊猫"奖。

男　And next we present the international golden panda awards for animation. And we have received 784 submitions from 47 different countries and regions. And the awards goes to：

（立体金熊猫奖视觉过场，配有划过的音效）

播放获奖作品短片（短片中宣布每个获奖作品的奖项名称、制作单位和作品名称）

女　有请2009四川电视节组委会委员、四川省委宣传部副部长邹吉祥先生上台颁奖。

男　And presenting the awards is Mr. Zou Jixiang, member of Sichuan TV festival organizing committee, and vice director of the publicity department of the CBC Sichuan provincial committee.

女　让我们掌声祝贺获奖者，也谢谢颁奖嘉宾。

男　Congratulations once again, and many thanks. Thank you. 谢谢！

讲述

表演：陈铎

（灯光：蓝、紫为主，讲述者四面有追光。大屏幕放映相应影片的片段）

讲述词：

从2005年四川电视节设置动画作品的评选以来啊，动画片的金熊猫评选不断地给我们带来惊喜和期待，获得本届动画片大奖的《美猴王》，为我们奉献出了一个全新概念的猴王形象，其实啊，做这个题材那风险是很大的，因为早就有一部经典的《大闹天宫》横在前面，可以说在从前几乎是不可逾越的高度，但是看了今天的《美猴王》，评委们还是叹服了：作品在尊重原著的前提下，实现了传统与时尚地精彩结合。

传统文化似乎是现代动画取之不尽的源泉，《美猴王》源自于《西游记》，而另一部22集的电视系列动画片《三国演义》，为我们还原出了中国历史上最激动人心的一段故事。关于这部系列片啊，我要告诉大家几个很有意思的信息，第一，它的每张图都是手绘而成，而且它的全部画稿加起来，最后的重量是20吨；第二，创作团队的成员，他们的年龄从25岁到80岁；第三，这是一部在中央电视台电视剧频道播出的中国原创动画片，也是一部适合成年人观看的优秀动画作品。

而来自英国的动画短片《失而复得》，可以说也让我们大饱眼福啊，这是一部高水准的动画短片，是那种很值得期盼的动画精品，对了，有机会啊，你可得看一看哦！

动画歌曲汇编

《喜羊羊与灰太狼》

编舞：何苗　苏凌

表演：成都军区空军直属机关幼儿园

（灯光：以暖色调白光、紫红、黄为主。大屏幕：《喜羊羊与灰太狼》动画片段）

喜羊羊，美羊羊，懒羊羊，沸羊羊，慢羊羊，软绵绵，红太狼，灰太狼。

别看我只是一只羊，绿草因为我变得更香，天空因为我变得更蓝，白云因为我变得柔软。

别看我只是一只羊，羊儿的聪明难以想象，天再高心情一样奔放，每天都追赶太阳。

有什么难题去牵绊我都不会去心伤，有什么危险在我面前也不会去慌乱，就算有狼群把我追捕，也当作游戏一场。

在什么时间都爱开心，笑容都会飞翔，就算会摔倒站得起来，永远不会沮丧，在所有天气，拥有叫人大笑的力量，虽然我只是羊。

《阿童木》

编舞：张雯婷

表演：成都市第三幼儿园

（灯光：白光、黄光为主。大屏幕：《阿童木》动画片段）

越过辽阔天空，啦啦啦飞向遥远群星，

来吧，阿童木，爱科学的好少年。

善良勇敢的，啦啦啦铁臂阿童木，

十万马力，奇大神力，无私无畏的阿童木。

穿过广阔田地，啦啦啦潜入深深海洋，

来吧，阿童木，爱和平的好少年，

善良勇敢的，啦啦啦铁臂阿童木，

我们的好朋友啊，无私无畏的阿童木，

我们的好朋友啊，无私无畏的阿童木。

《功夫熊猫》

编舞：郭静

表演：成都市文化艺术学校

（灯光：黄光为主。大屏幕：《功夫熊猫》动画片段。道具：穿夫熊猫装的人配一球）

歌词大意：

每个人都有功夫　你的思想快如闪电

虽然未来有点可怕　但却是你书写的生命史书

你是一块未经加工的钻石　一个出色的黏土球　你也可以是一件艺术品

如果你一直努力　那么将会有所突破

我相信你能弯曲　现在只是你必须战斗

但你必须胜利

每个人都有功夫　你的思想快如闪电

虽然未来有点可怕　但却是你书写的生命史书

你是个有天赋的人　为什么不难看出

可能是因为　你一直在看我

一个人的征途　比我们知道的还要寂寞

但有时你不得不继续　继续为成为一个英雄而奋斗

《太阳出来喜洋洋》

（所有参加该节目的演员全部上台，完成最后一个亮相动作）

国际大学生影视作品评选颁奖环节（共一轮颁奖）

片花（字幕：“金熊猫”奖国际大学生影视作品评选）

女　为了发现影视人才，鼓励优秀作品，培育新生力量，本届四川电视节和中国教育电视台联手，面向全球，征集大学生影视作品，参与此次金熊猫奖的评选。

男　是啊，也许大学生还年轻，也许他们的作品还稍显稚嫩，但是，大学生是代表了未来，一个影视业的未来，同时，从他们的作品当中，我们可以看到明天影视业的希望。

女　是的，在本届金熊猫奖国际大学生影视作品的评选活动中，我们一共收到了参评作品1351部，他们分别来自32个国家和地区，经过评委会的评审之后呢，以下节目将获得第十届四川电视节国际大学生影视作品“金熊猫”奖。

男　And next we present the international gold panda awards for students. And we have received 1351 films from 32 different countries and regions. And the awards goes to：

播放获奖作品短片（短片中宣布每个获奖作品的奖项名称、制作单位和作品名称）

女　有请2009金熊猫奖国际大学生影视作品评选评委会主席、中国教育电视台台长康宁女士上台颁奖。

男　And please welcome Ms Kang Ning, chairman of the jury of international students works also president of China education television to present the awards.

女　好，掌声祝贺获奖者，谢谢颁奖嘉宾。

讲述

表演：陈铎

（灯光：蓝、紫为主，讲述者四面有追光）

（大屏幕放映相应影片的片段）

讲述词：

要说80后、90后的年轻人啊，那可是在电视机前长大的一代啊，可他们具有创新的意识和大胆的表现。也许他们的作品还不够老道，但是却无比的鲜活呀！也许他们还差一点恢弘，但是却同样让人觉得震撼。

这里，我特别想提到获奖作品中那部名叫《巢》的作品，它讲述了燕子在一户农家累窝的故事，向我们展示了人跟燕子和谐共处的美好景象。乔德伟为了拍摄这部片子，还有一段惊险的经历，那是为了在山上供高角度拍摄一个雨后清晨的村庄的外景，刚刚架好机器，小乔一脚踏空，从山顶上摔了下去，这一摔不要紧，要命的是啊当他顺着山坡滚下去的时候，惊动了马蜂窝，马蜂倾巢出动，小乔被马蜂蛰得全身红肿，疼痛难忍。幸好他被及时送到卫生院，才算是逃过了这一劫啊！

可以说，正是小乔这样的大学生，这样的作品，让我、让我们电视事业的一些老人们，看到了我们电视艺术的未来，真是长江后浪推前浪啊！我们的事业就需要这样的大学生，需要这样的年轻人。

啦啦舞《舞动青春》

教练：张讴　金萍

表演：西华大学啦啦操队

（灯光：以红光、蓝光为主）

国际新媒体视听作品评选颁奖部分（共一轮颁奖）

片花（字幕：“金熊猫”奖国际新媒体视听作品评选）

女　为了顺应世界传媒发展的趋势，反映传统媒体和新媒体的融合，本届四川电影节国际金熊猫奖的评选活动，还特别增设了国际新媒体视听作品的评选系列。

男　是啊，通过这次的评选活动呢，我们可以促进新媒体业者之间的合作，同时也可以促进新媒体作品的创作与发展。

女　在本届金熊猫奖国际新媒体视听作品的评选活动中，我们一共收到了来自6个国家和地区的725部作品参评，经过评选之后，以下作品将获得第十届四川电视节国际新媒体视听作品的“金熊猫”大奖。

男　And next we present the international gold panda awards for new media. And we have received 725 productions from 6 different countries and regions. And the winners are:

播放获奖作品短片（短片中宣布每个获奖作品的奖项名称、制作单位和作品名称）

女　有请2009四川电视节组委会副主席兼副秘书长、四川广播电视集团党委书记管委会主任先生陈华先生上台颁奖。

男　And presenting the awards is Mr. Chen Hua, vice chairman and vice secretary general of Sichuan TV festival, and president of Sichuan broadcasting group.

女　让我们再一次用掌声祝贺他们，也谢谢颁奖嘉宾。

讲述

表演：陈铎

（灯光：蓝、紫为主，讲述者四面有追光）

（大屏幕放映相应影片的片段）

讲述词：

让我这个传统媒体人来谈论新媒体，这本来就是一个新鲜事儿，不过呢，我可以把这个当做是一个动向，那就是我们将会更多地谈论新媒体，接受新媒体，甚至于啊我们可以投身到新媒体。

获得大奖的作品《巴巴象》给我带来很多的想象，在《巴巴象》这个奇特的造型设计上，很难发现模仿的痕迹，这是一部具有优良艺术品质的原创作品。让我感叹的是啊，《巴巴象》的制作团队只有七个人，他们都是80后，怀揣梦想的一代，他们没有雄厚的资金做后盾，有的只是对动画的无限热爱，创作的热情和娴熟的制作技术。他们是靠制作户外广告和商业动画片来维持创作的。

当然，他们也有过退却、有过动摇，可是最后，对动画的热爱让他们坚持了下来，也让我们有机会分享到《巴巴象》的快乐。虽然，本届新媒体作品评选只是一个尝试，但是我们已经开始收获惊喜啊！他们时时呈现出的流行元素让人惊喜，他们处处洋溢的青春气息也让人惊喜。年轻人，让我们惊喜啊！谢谢你们！

人物角色扮演——Cosplay表演

《加勒比海盗》

编舞：冯彬彬

表演：西南动漫联盟

伴舞：成都市文化艺术学校

（灯光：以冷色调紫红、蓝为主，主要人物辅以追光与顶光）

《天堂Ⅱ》

编舞：冯彬彬

表演：西南动漫联盟

伴舞：成都市文化艺术学校

（灯光：以冷色调紫红、蓝为主，主要人物辅以追光与顶光）

《真三国无双》

编舞：冯彬彬

表演：西南动漫联盟

伴舞：成都市文化艺术学校

（灯光：以紫蓝光开始，后大量使用黄光等亮色，主要人物辅以追光与顶光）

谢幕《洒向人间都是爱》

（歌曲到第一次副歌部分时，两位主持人登台，站在舞台的中央）

女　尊敬的各位领导，亲爱的观众朋友2009第十届四川电视节金熊猫奖颁奖晚会到此结束，让我们彼此相约2011年第十届电视节再见！

男　Ladies and Gentlemen, we now come to the end of the awards ceremony of the Sichuan TV festival once again. Thank you for coming, and all the congratulations to all the winners. See you in 2011. Good night!

女 朋友们，再会！

男 Good bye!

（喷洒金花，上最后的字幕版）

（黄博　整理）

“年轻的白杨”中国传媒大学五十五周年文艺晚会

总导演：陈临春　游洁

主持人：白岩松（85级校友）　鲁健（98级校友）

管彤（90级校友）　胡蝶（01级校友）

徐春妮（96级校友）　曹涤非（95级校友）

（片头）

字幕：“年轻的白杨”中国传媒大学建校五十五周年文艺晚会

交响乐《乡村骑士》序曲

指挥：洪侠　中国歌剧舞剧院

演奏：中国传媒大学交响乐团

（开场视频）（校园风光、学生生活）

舞蹈《春潮》

舞蹈编导：丁颖

表演者：海南三亚市艺术团

（舞台灯光以粉紫色为主，舞蹈演员身穿粉色长裙，大屏幕素材为两片迎着朝露的春芽）

白 六十年的风雨兼程，新中国走过了荡气回肠的发展之路、改革之路和复兴之路。

管 五十五载桃李芬芳，中国传媒大学和祖国一路同行，收获了一个个硕果累累的金秋。

鲁 各位领导、各位嘉宾、各位亲爱的老师们、同学们，大家——

全体 晚上好。

白 欢迎各位，欢迎大家来到“年轻的白杨”晚会现场共同来庆祝中国传媒大学建校五十五周年，我是中国传媒大学85级校友，中央电视台的节目主持人白岩松。

管 大家好，我是90级校友，中央电视台的主持人管彤。

鲁 大家好，我是98级研究生，中央电视台主持人鲁健。

胡 大家好，我是01级的校友，中央电视台主持人胡蝶。

曹 大家好，我是95级的校友，北京电视台的节目主持人曹涤非。

春 我是96级的校友，北京电视台的主持人春妮，大家好。我们大家都是——

全体　中国传媒大学的校友！

白　在这里，我们要对过去55年的时间里头，对从北京广播学院一直到中国传媒大学一路上给予了我们巨大支持的社会各界的人士表示我们最衷心的感谢，谢谢你们！而今天，来到现场的领导和嘉宾们正是这种支持的延续，他们是全国政协副主席孙家正同志，欢迎您！教育部、文化部、国家广电总局、国家税务总局、中国文联、人民日报、新华社、中央人民广播电台、中国国际广播电台、中央电视台、凤凰卫视、中国出版集团和北京市的领导同志，欢迎你们！当然，还有从祖国四面八方来到这儿的各级的校友，以及在校的师生、老师们、师哥、师姐、师弟、师妹们，欢迎你们。接下来让我们一起展开思绪，回到校园最美好的生活当中。

管　是啊，今晚就让我们共同回望母校伴随祖国发展的足迹，也让我们共同见证我们中国传媒事业的灿烂与辉煌。

鲁　五十五载的与时俱进，桃李无言下自成蹊，我们敬爱的老师们，对于青青校园的默默奉献用一句话总结就是我把青春献给你。

胡　五十五年的春风化雨，我们各地的这些赤诚的学子们都在五湖四海奉献着自己的青春。

曹　没错，无论我们走到哪里，我们都会心系我们始终也忘不了的我们深爱着的母校。

春　当然，今天我们和大家相聚在这金色的十月，所以无论我们走到哪里，我们也深深眷恋着养育我们的祖国。

朗诵《祖国——唱不完的一首恋歌》

作者：张锲

表演者：王明军（90级校友）
金北平（95级校友）
喻梅（95级校友）
查谦（96级校友）
仲梓源（03级校友）
芦巍（90级校友）

我曾经不止一次地想过，祖国啊，究竟是什么？我想呀，想呀，每当我一想起祖国这两个字，我的血管里便燃烧着一股股热血，眼里闪烁着晶莹的泪花，心中荡漾着温柔的浪波。

祖国是什么？它是山，是海，是森林，是草地，是村庄，是城市，是茫茫无垠的沙漠，是绵延起伏的丘陵。

祖国是什么？它是炊烟，是鸽哨，是端午的龙舟，中秋的火把，是情人在木栅栏后热烈的亲吻，是婴儿在摇篮里咿咿呀呀的呼唤，是母亲在平底锅上烙出的煎饼，是父亲在远行时的殷殷叮咛。

祖国是什么？它是孔子、老子、庄子的思考，是屈原、李白、陆游的诗，是韩愈、柳宗元、苏轼的散文，是李煜、李清照、辛弃疾的词，是八大山人、郑板桥、齐白石的画，是米芾、黄山谷、林散之的书法，是我们先辈中那些最智慧的人的创造，是我最尊崇的那些大师们的劳绩。

祖国是什么？它是一次次的屈辱，一次次的抗争，一次次的失败，又一次次的奋起。它是战士手中的枪，是志士颈上的血，是胜利后的狂欢，是史书上一页页不朽的篇章。

这个世界上有许多美好的地方。但是，那里有黄山、黄河么？

那里有长江、长城么？

有母亲生育我时的衣胞么？

有我一步步艰难跋涉过来的足印么？

有我和亲友们早已熟悉了的那些难以尽说的民风民俗么？

有我一开口哼唱就觉得荡气回肠的乡音黄梅戏么？

既然都没有，那么，祖国就是一个不可替代的地方。

祖国啊，它是一首唱不完的恋歌，一篇写不尽的美文。

它是我们的祖先以及祖先的祖先赖以繁衍生息的地方，

也是我们的子孙和子孙的子孙赖以生存发展的地方。

让我们更多的了解祖国的昨天，也更加努力地建设祖国的今天和明天！

未来属于中国！

中国的未来属于青年！

歌曲《国泰民安》

作词：阎肃

作曲：邵智敏

演唱：吕继宏

编导：韩真

舞蹈：海南三亚市艺术团

你还记得慈母手中线
你还记得长河日落圆
你还记得夜雪瓜洲渡
你还记得春风　春风玉门关
五千年沧桑经沉浮变换
有多少仁人志士
渴盼着风清云淡
花好月圆呀　花好月圆
拥一片明亮亮的天
花好月圆　花好月圆
拥一片明亮亮的天
国泰民安
你还记得停车枫林晚
你还记得钟声到客船
你还记得云破花弄影
你还记得千里　千里共婵娟
九百万山河看群芳灿烂
齐奋进再接再厉
铸造个富强田园
碧水青山呀　碧水青山
拥一片明亮亮的天
碧水青山　碧水青山
拥一片明亮亮的天
国泰民安
碧水青山
碧水青山
拥一片明亮亮的天
国泰民安
国泰民安

（主持人串场）

管　谢谢，谢谢吕继宏老师的演唱。

白　刚才歌曲的名字叫《国泰民安》，不管工作在哪一个行当，国泰民安都是我们共同追求的目标。在过去的岁月里，传媒人的个人命运是和祖国的发展曲线紧密相连的，我们的心跟祖国的脉搏一起跳动。

管　是啊，此时此刻，说起我们中国传媒大学也是我们母校的发展历程，应该说它是经历了三个台阶，它的前生是创建于1954年的中央广播事业局技术人员训练班，而到了1959年4月的时候，经国务院批准正式升格为北京广播学院，而在2004年8月，也就是五十周年校庆的时候，北京广播学院正式更名为中国传媒大学，这也是教育部直属的国家“211”工程的重点建设大学。

白　是的，在过去五十五年的时间里头，一届又一届的校友从校园里走出，用他们手中的笔、话筒还有摄像机，把昨天的新闻变成了今天的历史。而今天，白发苍苍的师哥师姐和年轻朝气的师弟师妹一起聚集在这里头，为母校的生日送上祝福。

相声《为您放歌》

表演：冯巩、艾莉、李志强、崔艺东

李　尊敬的各位领导，各位来宾，老师们、同学们大家晚上好！非常的高兴，来这里参加我们中国传媒大学五十五周年的庆典，另外今天还有一件事让我特别的高兴，是什么呢？我听说今天在现场要选一位志愿者，代表我们中传赴四川灾区扶贫支教任音乐老师，我想这个志愿者非我莫属，为什么呢？因为今天在座的女同胞们都不是外人，都是我的姐，姐！你们好吗？男同胞更不是外人，都是我的姐夫。啊，姐夫在二楼呢，太高兴了，你问我有什么本事，好，我首先在这里为你们献歌一曲：“我和你心连心，共住地球村，为梦想千里行，相会在中传。来吧，朋友，伸出你的手，我和你心连心，都是中传的人。”谢谢，谢谢大家。

崔　尊敬的领导，各位老师，我们，我的校友们，我也是中传大学毕业的，我的亲爱的校友大家晚上好。热烈点，热烈点，作为老校友，作为一名志愿者的候选人，我要为您放歌一曲，让我跟所有的朋友们携起手来超越梦想，展翅飞翔。超越梦想一起飞，你我需要真心面对，让生命回味这一刻，让岁月铭记这一回。谢谢，哈哈哈，怎么样？唱出来就比他强。不像某些人，上来就跟朋友们套近乎，张嘴就是姐、姐夫，那女同学还没毕业呢，你管人叫姐是吧？那是你姐吗？

李　不是。

崔　那是我姨。你知道吗，姨。

李　他比我还厉害。

崔　在座的女同胞都是我姨，男同胞更不是外人了。

李　谁呀？

崔　姨夫。

李　你停！我告诉你，你也别说你唱得好，我也别说我唱得好，咱俩谁唱得好，得评委会主任说了算。

崔　我们有请评委会主任——

崔、李　冯巩。

冯　尊敬的各位领导，各位朋友，亲爱的老师们、同学们，ladys and 乡亲们，想死你们了。我太荣幸了，能代表我们传媒大学为四川灾区输送志愿者是我的光荣与梦想，我的职责就是公平、公正、公开，你们相信我吗？谢谢！中传人都是活雷锋，我也不是外人，我是雷锋的传人，你们叫我雷人就可以了。

崔　说得太好了。

李　说得对。

冯　闭嘴！你们俩太不像话了，上来还没怎么着呢，先跟观众套近乎。听见了吗，来自群众的呼声，对你们表示质疑和不信任，张嘴就姐、姐夫、姨、姨夫，那是你亲姨吗？

崔　不是。

冯　那是你亲姐吗？

李　不是。

冯　即便是亲的，你们俩有我跟他们的关系近吗？

李　您跟在座的各位什么关系？

冯　我们？

崔　啊？

冯　亲爱的爸爸妈妈，你们好吗？怎么样？

李　在座的都是你的父母。

冯　观众就是父母，人民就是爹娘，我说得不对吗？

李　对。

冯　听见了吗？

崔　对对。

冯　你们俩想当志愿者，这个意愿很好，关键是你们得有专业素质，你们上过我们中传吗？你们得演唱得有水平啊。

李 评委主任，我有水平。

冯 什么水平？

李 我告诉你，我是腿肚子上挂暖壶——

冯 腿肚子上挂暖壶，怎么讲？

李 水平比脚高。

冯 比脚高啊？

崔 这是什么词啊？

冯 那你呢？

崔 我也有啊。

冯 什么水平？

崔 是脑袋上顶暖壶——

冯 怎么讲？

崔 水平高他一头。我高。

冯 我明白了，合着你们俩都是臀部上挂暖壶。都有一腚的水平。

李 这什么词啊这是？

冯 跟你们俩学的，怎么能这么有水平啊？

李 老师，我首先为您献歌一曲。

冯 我听听。

李 同学们，献出你们的热情的掌声给我，支持下好不好，楼上的朋友们，我一定好好的工作。祖先的玩意儿传到今天，生旦净末丑样样齐全，花脸的脸谱千姿百态，武生的打斗最是精彩，啊啊啊…我唱得怎么样？谢谢，同学们鼓励，评委老师，评委老师，我唱得怎么样？

冯 太好了，你是男的是女的？

李 我是男的。

冯 他说他是男的。

崔 没听出来。

李 老师，老师，您一听这个就听出来。

冯 这什么呀？

李 MP3。

冯 借给我？

冯 我最烦这种人了，公然给我送东西，你以为你给我送点东西我就给你打高分吗？我们苏志武校长是这么教育我的吗？我不怕你不高兴，实事求是地讲，你的演唱啊，好得不得了。

崔 不是。

冯 盖了帽了，祝贺你。

李 谢谢评委。

崔 那我，我呢？

冯 你什么呀？

崔 我唱得怎么样？

冯 傻帽，没事。

崔 不是，我还没唱呢就傻帽。

冯 你不是从现在傻，从历史上就奠定了基础。

崔 伴奏，来，我亲爱的校友们，我也是毕业生啊，咱们老校友支持我一下，咱们共同做一个互动游戏，来击垮这个李志强。来，楼上楼下的朋友，做一个互动啊。朋友你们身体好吗？我想听听你们的回答！

观众 好。

崔 哎呀，不太齐啊，校友们，加把劲，再来一次。朋友们你们身体好吗？我想听听你们的回答？

崔 谢谢，就让我们团结一起，来，随着我的节奏一二三，大声的耶一下，共同击垮这个李志强，来，一二三。拉那么长声干吗？简短一点校友们。来，一二三！

李 干什么你？

崔 评委，我唱得怎么样。评委，你仔细听听我唱得怎么样？

冯 这什么呀？

崔 MP4。

冯 那你这个呢？

李 MP3。

冯 人家比你多一 P。祝贺你，光荣当选了志愿者。

崔 谢谢。

李 那我呢？

冯　你，严格地说，你唱得比他傻，你形象比他差，你们俩加一块的优点正好等于我，我跟苏校长汇报一下，这个志愿者由我来担当你们有意见吗？朋友们，谢谢，下面为大家演唱一首《山歌好比春江水》，伴奏！One，two，three，four

艾　唱山歌，这边唱来那边和，那边和。山歌好比春江水，不怕滩险弯又多，弯又多，弯又多呀。唱得怎么样？

李志强、崔　真好听！

冯　那我呢？

李志强、崔　大傻帽！

冯　你别说，唱得太好了，衷心的祝愿你啊，志愿者朋友。

艾　谢谢。

冯　祝贺你，请把它收下，表达我们传媒大学播音系的一片真情。

艾　这是什么啊？

冯　这是 MP2 的俩亲兄弟，P3、P4，把它送给灾区的孩子吧，让他们在快乐中成长。

艾　还有礼物。

冯　那是啊，从现在开始，只要你唱一歌我们就送你一礼品。

艾　真的？

冯　没问题。

艾　伴奏。“我在马路边捡到一分钱，把它交到警察叔叔手里边。”

冯　停。兄弟，带手机了吗？

李　我带着呢。

冯　哎，充值了吗？

李　我刚充的。

冯　把它送给学校的老师吧。一定要跟孩子们多多沟通，有利于他们的健康成长，接着唱。

艾　请把我的歌带回你的家，请把你的微笑留下。嗨！

崔　哎呀，我没带手机。不是，这是我汽车钥匙。

冯　把它直接交给校长，这是我们李培元书记的一片真情啊。一定要让他接一接路远的孩子们，接着唱，好。

艾　我爱北京天安门，天安门上太阳升。嗬！

李　我没有汽车。

冯　把它送给传达室的大爷吧。接着唱。

艾　左三圈，右三圈，脖子扭扭屁股扭扭，早睡早起我们来做运动。

崔　我不能再脱了，再脱就剩下本人了，那个什么。不是不是。

冯　这是送给你自己的，为人师表很重要，上课千万别迟到。

崔　这表太大。

冯　我知道，搁在宿舍可以当闹钟嘛。

艾　嗯。

冯　朋友们，四川人民都是我们的亲人，我们中传人非常挂念着他们，我欢迎他们随时到我们这儿走亲访友，观光旅游，中传欢迎您。我家大门常打开，开放怀抱等你。

艾　拥抱过就有了默契，你会爱上这里。

李　不管远近都是客人，请不用客气。

崔　相约好了在一起，中传欢迎你。

全体　中传欢迎你，用音乐感动你，让我们都加油去超越自己，中传欢迎你，有梦想谁都了不起，有勇气就会有奇迹，耶！

艾　谢谢，谢谢，谢谢，谢谢，谢谢。

冯　别谢了孩子，赶紧报到去，晚了就来不及了，赶紧走。

艾　报到去了，那个　那个　谢谢两位哥哥。

李志强、崔　不客气！

艾　我就先走了。

冯　走。

艾　爸爸。

冯 哎，走。
李 爸爸？
冯 这是多好的孩子，哎，那表是我的。

歌曲《木棉花开》
作词：杨松波
作曲：胡廷江
演唱：汤灿

情歌在梦中流淌
思念在远方飞翔
星星月亮的海洋
你我向往的故乡
啊　木棉花开的地方
云雾散绿春江
花朵飘香要欢畅
你划桨来我歌唱
歌声悠悠水荡漾
啊　木棉花开的地方
啊呀依耶　在那向往的故乡
歌声悠悠水荡漾
啊呀依耶　你我一起歌唱
木棉花儿开放
红红的木棉花开
我心等待
灿烂的木棉花开
山歌如海
暖暖的木棉花开
传情的爱
木棉花开凤凰飞来

云雾散绿春江
花朵飘香要欢畅
你划桨来我歌唱
歌声悠悠水荡漾
啊　木棉花开的地方
啊呀依耶　在那向往的故乡
歌声悠悠水荡漾
啊呀依耶　你我一起歌唱
木棉花儿开放
红红的木棉花开
我心等待
灿烂的木棉花开
山歌如海
暖暖的木棉花开
传情的爱
木棉花开凤凰飞来
红红的木棉花开
我心等待
灿烂的木棉花开
山歌如海
暖暖的木棉花开
传情的爱
木棉花开凤凰飞来
木棉花开凤凰飞来

相声《金秋的祝贺》
表演：朱时茂、陈佩斯
陈 谢谢，谢谢。
朱 什么谢谢？我说你干什么呢你在这儿？
陈 这么热情的观众欢迎我能不感谢吗？谢谢。
朱 那，那，那是欢迎你吗？
陈 废话，不是欢迎我欢迎谁呢？
朱 那是欢迎我，对不对？
陈 欢迎你？
朱 哎。
朱 我们中国传媒大学，你知道吧？
陈 谁？谁？
朱 中国传媒大学。
朱 传媒，知道不知道？什么叫传媒？
陈 知道啊。
朱 什么叫传媒，你说？
陈 传媒能不知道吗？
朱 什么你说？
陈 那不就是媒婆。
朱 什么？

陈　我没说错吧，传媒就是拉线嘛，媒就是媒人嘛，这谁能不知道啊，我这么大人了我能不知道这个吗。

朱　你可别瞎说啊，今天在座的都是专家、教授、学者。

陈　今天。

朱　特别是你看我们传媒大学的苏校长还坐在下边，你说这，你说人家是媒婆？

陈　我没说人家是媒婆，我说人家了不得啊，人家那是全国媒婆的总舵主。

朱　我告诉你，你把我们下面在座的传媒大学的朋友鼻子都气歪了。

陈　没歪，没歪。肯定没歪。

朱　我告诉你，我们这个传媒大学真是培养了很多人才。

陈　肯定是培养了不少媒婆，好媒婆。

朱　不用说别的吧，就说现在全国各个电视台著名的主持人有多少？

陈　主持人。

朱　我们这儿不但培养了主持，而且培养了很多的编剧。

陈　哎哟，那是得会编，

朱　而且由我们传媒大学发起，而且联合了全世界十多个国家，几十所大学，完了成立了高等教育国际联盟。

陈　国际媒婆？这事了不得。

朱　我们这儿还真是除了刚才我说还培养了很多的表演艺术家。

陈　当然要懂表演了，我们这里的人表演能差吗？你想啊，是不是？到什么场合就得说什么话，这错不了。你该大声说话的时候就不能小声，该小声说话的时候你还就不能大声。保媒拉线对不对。

朱　这和你大声小声没有关系。

陈　怎么能没关系呢？

朱　大声小声和着。

陈　你介绍对象的时候你能大声嚷嚷吗？

朱　你说他这愣在说这个。好，我们传媒大学这说咱们先不说，我就给他掰扯掰扯这个大声小声。

陈　你不信？

朱　我不信。

陈　不信咱们在这儿表演一下。

朱　咱们俩表演。

陈　看看该小声说话的时候能不能大声？

朱　咱们俩表演谈恋爱。

陈　咱们俩表演一下。

朱　谈恋爱。

陈　谈恋爱。

朱　嗯。

陈　对不对，怕什么？

朱　我们两个一对和尚怎么谈恋爱？

陈　怎么谈？

朱　谁当女的呀。

陈　你当女的，你浓眉大眼嘛。

朱　有我这么络腮胡子的女的吗？

陈　那有我这模样的姑娘吗？你这让在座的女同学看了往下轰我，那不行。

朱　没事，我们找个，有没有那个头巾，围巾，谁戴围巾了？

陈　你甭，甭找，找什么围巾哪？你来你来。朱时茂你来，你浓眉大眼的你来。

朱　别耽误大家时间。

陈　你来。

朱　去。

陈　你就算了，扮一回阿拉伯妇女，来来来，来来来。

朱　什么呀，你快戴上，你像，你快。

朱　来了？

陈　来了。

朱　我把你约出来，不会怪我吧？

陈　不怪你怪谁呀？

朱　你爱我吗？

陈　爱。

朱　你爱我什么？

陈　我爱你呀，工作好、学习好、说话有幽

默感，看着我，尤其喜欢你…

朱 什么？

陈 那个水汪汪的大眼睛。

朱 咱们结婚怎么样？

陈 结婚就结婚呗。

朱 在什么地方结婚呢？

陈 你说什么时候地方就什么时候地方。

朱 那咱们就今天晚上在人民大会堂。

陈 讨厌，讨厌，讨厌！多美呀。

朱 美什么美？我这鸡皮疙瘩起这么大。

陈 你行了，你这就叫抬杠了。你看刚才那感觉，大家都高兴，一看呀乐的。

朱 哎什么哎？现在什么年代了还像你这样子。

陈 那你说怎么谈？

朱 我可以干净利索，对不对。

陈 干净利索，大声嚷嚷不怕。

朱 大大方方没问题啊。

陈 没问题？

朱 没问题啊。

陈 我还就不信了，来来来，再来。试试。

朱 你把那头巾围上。

陈 再来啊，大声的。

朱 大声的。

陈 你看能谈成吗？

朱 来啦！

陈 来啦！

朱 我把你约出来不会怪我吧？

陈 废话，不怪你怪谁呀。

朱 你爱我吗？

陈 爱。

朱 你爱我什么？

陈 我爱你呀，工作好、学习好，说话有幽默感，尤其喜欢你。

朱 什么？

陈 那个贼眼珠子。

朱 咱们结婚怎么样？

陈 结婚就结婚呗。

朱 那咱们什么时间什么地点？

陈 你说什么时候就什么时候，谁怕谁呀。

朱 那咱们今天晚上在大会堂。

陈 讨厌，讨厌，讨厌！

朱 这是谈恋爱吗？

陈 该打离婚了。

歌曲《饮酒歌》

作词：皮阿维

作曲：威尔第

演唱：卢国文（中国传媒大学　教师）

　　　梁晶（中国传媒大学　教师）

编导：韩真

舞蹈：海南三亚市艺术团

（舞台以红紫色灯光为主）

让我们高举起欢乐的酒杯
杯中的美酒使人心醉
这样欢乐的时刻虽然美好
但诚挚的爱情更宝贵
当前的幸福莫错过
大家为爱情干杯
青春好像一只小鸟
飞去不再飞回
请看那香槟酒在酒杯中翻腾
像人们心中的爱情
啊　让我们为爱情干一杯再干一杯
在他的歌声里充满了真情
它使我深深地感动
在这个世界上最重要的是快乐
我为快乐生活
好花若凋谢不再开

（片花）

（视频）（各地校友会）

董嘉耀 各位中国传媒大学的老师和同学们，大家好，我是凤凰卫视的董嘉耀，在这里呢，我代表解放军三军的指战员，这是不可能的，我只能代表我自己，向母校建校五十五周年，表示衷心的祝贺。

杨舒 在中国传媒大学五十五周岁生日之际，要祝你 Happy Birthday，桃李满天下。

杨娟 中国传媒大学是中国电视界的黄埔军校，每年呢，都会为电视界输送新鲜的血液。

任韧 祝中国传媒大学越办越好，桃李满天下。

刘长乐 今天早晨，中国传媒大学的苏志武校长给我打来电话，希望我能在传媒大学五十五岁生日的时候讲几句祝福的话。独乐乐不如众乐乐，我想到另外一个方式。

凤凰卫视校友会 我们一起来祝福传媒大学的生日，传媒大学，Happy Birthday，传媒大学，生日快乐。

湖南校友会 我是湖南卫视主持人张丹丹，在这里谨代表湖南校友会的全体校友，祝母校生日快乐。

江苏校友会 回顾过去，我们江苏校友无比自豪，展望未来，我们信心十足，在此，我们祝愿校庆活动圆满成功，愿母校：再谱华章，永远年轻。

江西校友会 生日快乐。

四川校友会 祝母校生日快乐，永远年轻。

安徽校友会 安徽校友，感恩母校，生日快乐。

广东校友会 恭祝你福寿与天齐，庆贺你生辰快乐，广东校友会祝母校生日快乐。

北美校友会 我们衷心的希望我们的母校能够在全球声名大震，桃李满天下。

英国校友会 我们在伦敦祝亲爱的母校五十五周年生日快乐。

欧洲校友会 （柳怡）广院的人，广院的事，广院一切的回忆，无论我们走到哪里，都给我们留下了深深的烙印，让我们受益匪浅。祝我们年轻而充满活力的母校生日快乐。

我也祝福母校在新的时代焕发新的活力，迎来更加辉煌的明天，衷心的祝福母校五十五岁生日快乐。

法国校友会 传媒大学学子在巴黎祝母校生日快乐。

中央人民广播电台非洲总台 我们祝愿母55周年校庆圆满成功，祝母校越办越红火，愿母校桃李满天下，校友遍全球。

朗诵《我们的呼号》

作者：任卫新

表演者：李修平（83级校友）
贺红梅（86级校友）
海霞（89级校友）
郭志坚（92级校友）
杨晨（90级校友）
纳森（82级校友）

中央电视台，中央电视台，中央电视台！

这是我们全体的呼号！这是我们光荣的呼号！其实，我们每一个人，都会有一种不同使命的选择。选择文学，去当一名诗人，或者作家，选择军营，去做一名士兵或者成为将军，选择讲台，去教书育人，桃李满天下。但我们选择了电视，这使命的呼号就是我们的选择，也是五十年来我们几代人共同的选择。

中央电视台，这是我们全体的呼号，这是我们责任的呼号。我们选择了电视，就是选择了一生的热爱，就像士兵选择了军营，选择了一种持枪的动作。那是一份义不容辞，那是一份痴心不改，那是一份直到生命的尽头都无怨无悔的爱！这就是我们以全身心融入并为之自豪的事业——中国电视！

中央电视台，这是我们全体的呼号，这

是我们使命的呼号。这呼号已经整整穿越了五十年 光阴如水岁月如歌，春秋风雨，风华秋实。我们选择了电视，电视也在选择我们，考验我们。每当重大历史关头，都有我们出现的身影，记录伟大时代的镜头，就是我们肩负的使命，为了不辜负中国电视人这光荣的称号，为了无愧于这光荣的职业，我们没有松懈，我们只有努力！

中央电视台，这是我们全体的呼号，这是我们光荣的呼号。我们爱中国电视事业，我们爱这个大家。中国电视事业是一棵大树，我们都是这棵大树上的一片叶子，受这棵大树的支撑，在阳光下闪烁。我们的青春，我们的热血，我们的汗水与泪水，我们的荣誉与责任，甚至我们的生活方式和思维方式全都融入了它。我们热爱它的心，使我们坚信中国电视事业这棵大树一定会根深叶茂，日益繁盛，生命常新！

这是我们全体的呼号，这是我们责任的呼号。我们是 CCTV 电视人，是与光荣同行与光明同行的中国电视人。电视，让我们跨越时空，这里是一道永不消失的风景；电视，让我们缩短时空这里是一条永不褪色的彩虹，光荣的呼号，让我们注定必须奔跑。因为我们滚烫的热血在脉管里奔腾，寻常的行走不能让生命飞扬，领先的渴望让我们的心插上翅膀。

中央电视台，这是我们全体的呼号，这是我们使命的呼号。在人类已经进入全球信息化的今天，传媒联通世界，无所不在。电视没有国界，但是电视人有祖国。中国电视人感谢祖国改革开放的时代，中国电视事业跨越式的发展得益于祖国改革开放的时代，传承文明，开拓创新，面向未来，我们目标不变，情怀不改。

我们理解 CCTV 这台标深刻的含义，它的黑色代表着墨迹，代表着中国文化；它的红色代表着热血，代表着事业的忠诚；它的绿色代表着生命，代表着生机盎然；它的蓝色代表世界，代表着梦想与未来。让我们永远播报这个光荣的呼号，让我们永远珍惜这个光荣的名称，把中央电视台建设成为技术先进，信息量大，覆盖广泛，影响力强的国际强台，更是我们始终如一不变的追求。

中央电视台！中央电视台！中央电视台！

（主持人串场）

（主持人从左台口陆续上场）

白 随着时代的发展，我们所从事的传媒事业已经成为人们生活当中不可或缺的一部分，我们的所作所为深刻地影响着时代的进程，并且走进每一个百姓非常普通的日子里。

管彤 而身为一名传媒人，我们无愧于今生的选择，也将会全身心地投入工作。

鲁 21 世纪什么最缺？人才。长江后浪推前浪，前浪更加有力量。中国经济的发展，使得传媒业进入了黄金的发展时期，所以我想在座的师弟师妹们，大好的未来在等待着你们去大展宏图。

胡 没错，我们要感谢我们的母校中国传媒大学给予我们传媒人独有的激情和活力，让我们能够勇往直前，乘风破浪。

曹 是的，我们感谢祖国，感谢母校，当然我们尤其要感谢那些曾经教育过我和帮助过我们的师长们，让我们今天把我们这份感激之情化为一首首歌声，我们要用歌声唱出一直对您想说的那三个字，谢谢您。

春 我想我们和大家一样，每个人当年在学校的时候我们都是唱着年轻的白杨，从中汲取精神的力量，而今在这个舞台上，我们也要用歌声唱出我们中传人的骄傲之情。

歌曲《十月阳光》

作词：李广平

作曲：小春

演唱：师鹏（92级校友）

编导：韩真

舞蹈：海南三亚市艺术团

（师鹏从升降台上场）

师鹏 “老师们，同学们，你们好吗，十月阳光，祝愿我的母校生日快乐！”

歌词 走过泥泞　爬过雪山
雪与火的交融是历史的景象
失败的悲壮　胜利的喜悦
义无反顾为了梦想的飞翔
有过曲折　有过失望
悲与喜的交锋是历史的画像
人民的期盼理想的力量
百转千回奏响大国崛起的新乐章
十月阳光是最暖的呼唤
让每个人的笑脸在天地间荡漾
十月阳光是回家的方向
让远方的游子诉说衷肠
十月阳光是深情的呐喊
让中国人的骄傲　在天地间飘扬
十月阳光是祖国爱的花瓣
炎黄子孙祝福你　永远芳香
走过泥泞　爬过雪山
雪与火的交融是历史的景象
失败的悲壮　胜利的喜悦
义无反顾为了梦想的飞翔
有过曲折　有过失望
悲和喜的交锋是历史的画像
人民的期盼理想的力量
百转千回奏响大国崛起的新乐章
十月阳光是最暖的呼唤
让每个人的笑脸在天地间荡漾
十月阳光是回家的方向
让远方的游子诉说衷肠
十月阳光是深情的呐喊
让中国人的骄傲在天地间飘扬
十月阳光是祖国爱的花瓣
炎黄子孙祝福你永远芳香

主持人联唱

《故乡是北京》

作词：阎肃

作曲：姚明

演唱：李晓晖（95级校友）

走遍了南北西　东也到过了许多名城
静静地想一想　我还是最爱我的北京
不说那天坛的明月　北海的风
卢沟桥的狮子　潭柘寺的松
唱不够那红墙碧瓦的太和殿
道不尽那十里长街　卧彩虹
只看那紫藤古槐四合院
便觉得甜丝丝　脆生生
京腔京韵自多情
京腔京韵自多情
走遍了南北西东　也到过了许多名城
静静地想一想　我还是最爱我的北京

歌曲《好大一棵树》

作词：邹友开

作曲：伍嘉冀

演唱：王淏（96级校友）
柴璐（95级校友）
李雨霏（92级校友）
史小诺（91级校友）

（大屏幕素材内容为阳光下轻轻摇动的绿叶）

头顶一个天　脚踏一方土
风雨中你昂起头
冰雪压不服
好大一棵树　任你狂风呼
绿叶中留下多少故事
有乐也有苦
好大一棵树　绿色的祝福

你的胸怀在蓝天
深情藏沃土
好大一棵树
绿色的祝福
你的胸怀在蓝天
深情藏沃土
你的胸怀在蓝天
深情藏沃土

歌曲《奔跑》
作词：黄征
作曲：黄征　陈羽凡　胡海泉
演唱：尼哥买提（02 级校友）
　　　陈大伟（02 级校友）
（舞台以蓝色灯光为主调，大屏幕素材为青草地）
速度七十迈
心情是自由自在
希望终点是爱琴海
全力奔跑梦在彼岸
我们想漫游世界
看奇迹就在眼前
等待夕阳染红了天
肩并着肩许下心愿
随风奔跑自由是方向
追逐雷和闪电的力量
把浩瀚的海洋装进我胸膛
即使再小的帆也能远航
随风飞翔有梦作翅膀
敢爱敢做勇敢闯一闯
哪怕遇见再大的风险再大的浪
也会有默契的目光

歌曲《宁夏》
作词：李正帆
作曲：李正帆
演唱：瑶淼（95 级校友）
　　　张栗坤（03 级校友）
　　　吴乐文（02 级校友）
　　　李蜜（04 级校友）
（舞台灯光以红紫色为主，大屏幕素材内容为蓝天白云下的蒲公英）
宁静的夏天
天空中繁星点点
心里头有些思念　思念着你的脸
我可以假装看不见
也可以偷偷的想念
直到让我摸到你那温暖的脸
知了也睡了　安心的睡了
在我心里面宁静的夏天
知了也睡了　安心的睡了
在我心里面宁静的夏天
宁静的夏天　天空中繁星点点
心里头有些思念　思念着你的脸
我可以假装看不见
也可以偷偷地想念
直到让我摸到你那温暖的脸

歌曲《同桌的你》
作词：高晓松
作曲：高晓松
演唱：冯殊（02 级校友）
　　　刘婧（02 级校友）
　　　白羽（03 级校友）
（舞台灯光以粉紫色为主，大屏幕素材为大树上不断飘落的绿叶）
明天你是否会想起昨天你写的日记
明天你是否还惦记曾经最爱哭的你
老师们都已想不起猜不出问题的你
我也是偶然翻相片才想起同桌的你
谁遇到多愁善感的你
谁安慰爱哭的你
谁看了我给你写的信
谁把它丢在风里
谁娶了多愁善感的你
谁看了你的日记

谁把你的长发盘起谁给你做的嫁衣
啦 啦 啦 啦

歌曲《黑夜中的光亮》

词曲：方辉（85 级校友）
编曲：韦佳威
演唱：孙晓梅（85 级校友）

（舞台以蓝色灯光为主，大屏幕素材为夜空中流星划过）

在遥远的山谷里
僻静的小河旁
零零碎碎的野花
默默地绽放
一阵微微的冷风
吹过河边的野花
那阵阵清香
飘散在小路上
在那动人的歌声回荡的天空下
你可还记得黑夜里的光亮
你可还记得黑夜里的光亮

《老毕的爱》

表演：毕福剑（85 级校友） 于文华
舞蹈编导：韩真
舞蹈：海南三亚市艺术团

毕 自我介绍一下，希望大家多多关照，好吧。想当年北京广播学院最漂亮的学生毕福剑，好不好。校园里大路两旁，有一排年轻的白杨。一提这歌我眼泪哗哗的，难受。1985 年，一个同学，自己从青岛那边进了北京广播学院，进了学校呢，被老师给选中了合唱校园歌曲，校园里有一排年轻的白杨，领唱就是那个同学，他叫毕福剑。结果到了排练的时候我准备要上去唱了，老师不让我唱，因为我上小学，上中学，赶上的那是个特殊的十年，所以考大学晚了，赶了个雨夜末班车，26 岁上的北京广播学院。老师说领唱同学你不合适，我说我怎么不合适？他说你要唱还得改词，那不能叫年轻的白杨，就年老的白杨了。就这样，我就与那个领唱无缘了。难受，谁心里不难受？今天，中国传媒大学五十五周年，我在家里练这个歌准备来唱，校园里大路两旁，有一排年轻的白杨，我闺女不让我唱，说我不符合实际。我说怎么了？说哪个学校就一排白杨啊？是，现在不一样了，当年我上学，整个学校，北京广播学院，学生不到两千人，现在上万人了。现在就是有一片年轻的白杨了。包括我们今天，在我们今天台上大家都看了，绝大部分都是我们在校生、老师，还有我们毕业以后的校友，就咱这一拨人就组成了一台戏啊。

毕福剑当年在北京广播学院学的是导演专业，当然现在了也干摄像，不对吗？我是导演专业不对吗？师弟啊，不是你不能叫我师哥，叫师叔或者师大爷都可以。那个，后来现在又干点别的了，但是我导演的专业我一直兼着，最后我觉得把握一个要领，就是在上学期间，北京广播学院与其他学校有所不同，非常厚，基础。就是每个基础课，你看学导演的，我们知道，当然基础课都得学，古代汉语，古代文学，什么文艺理论，包括一些好多的历史，还有我们学导演的也去学舞蹈，也学唱歌，这一些构成了一个厚厚的基础，所以将来你毕业干什么行当都可以。所以大家注意这点，这点厚基础至今我不能忘，重实践。当年北京广播学院和其他学校不一样，在学校期间就逐渐地渗入让你实际工作去操作一项。学校的实验室、各种设备都比其他的学校要强一些，全一些，到了四年级给你提供一些实际机会，到哪个片子做个副导演，到哪个地方做个试验播音员这都可以做。所以最后导出的结论，你毕业之后上手的速度比其他学校都快。我尽管已经毕业多少年了，但是非常注意我们北京广播学院的动向，包括中国传媒大学后来改名。改名我也闹误会了，说中国传媒大学我也弄不清楚是哪个学校，传媒大学，我说是卖船和卖煤的大学吧，后来这个传媒大学。现在已经采取了国际化的措施。我们的学校现在和世界上有二十个大学构成了联盟，还有三十多所大学跟我们直接有学问上的交流，就现在这个背景下，中国的传媒，世界的传媒，向哪个方向去发展？怎么发展？今天包括舞台上有好多，包括我看，包括我们生活当中、学校里面都有好多外国学生。我相信咱们制订那个计划，2020 年中国传媒大学一定会能成为世界上高水平的一所大学。

毕福剑有幸 26 岁上了中国传媒大学，有些人她不幸，想来上上不了，有一位歌手当年就想考北京广播学院，我说不行，你长得都不如毕福剑漂亮你别考了，所以她就没有来。但是一直她有一个梦她想圆一下，我今天让她圆一下，沾姥爷的光，来中国传媒大学五十五周年的校庆晚会上给大家演一个节目，此人叫于文华，有请。

于　老毕，老毕，我刚才听你说了你长得太漂亮了对吧。

毕　不不。

于　是啊，那你说我长得也不好，唱得也不好，咱们传媒大学肯定考不上，对吧

毕　不是不是，我说的不是你，我说长相我提的是尹相杰。不是，那人来了吗？

于　没来，我自己来的。你想啊，今天是中国传媒大学五十五周年，这么喜庆的日子，他不来没关系，有老毕你就足够了。

毕　好好好好，我跟于文华演个节目？好，咱俩整一段。

于　整什么呀？

毕　咱俩唱个歌。

于　哦，尹相杰不来你就要跟我唱歌，我不跟你唱。

毕　不，你为什么不跟我唱？

于　说实话老毕，你主持还真是棒，确实棒，但是唱歌你太没谱了。那你要是啥时候把我给带沟里去我都不知道。

毕　不会的，那歌谁都会唱，调、旋律大家都知道，你可以在实践当中来检验我吗？

于　什么歌？

毕　就唱那个《纤夫的爱》。

于　《纤夫的爱》？

毕　新版《纤夫的爱》。

于　我不唱。

毕　不是，你唱不唱？

于　我不唱。

毕　你唱不唱？

于　不唱。

毕　你真不唱我跟你说。

于　我真不唱。

毕　你不唱我就不给你上菜，我跟你说。

于　你不给我上菜我就不给你唱。

毕　还是唱了。

于　MUSIC

于　撒手。

妹妹你坐船头
哥哥在岸上走
恩恩爱爱纤绳荡悠悠
妹妹你坐船头
哥哥在岸上走
恩恩爱爱纤绳荡悠悠
小妹妹我坐船头

哥哥你在岸上走
我俩的情我俩的爱在纤绳上荡悠悠 荡悠悠
妹妹你大胆地往前 坐船头啊 坐船头 莫回呀头
荡悠啊悠 张开啊手
小妹妹我坐船头
哥哥你在岸上走
我俩的情我俩的爱
在纤绳上荡悠悠 荡悠悠
妹妹你坐船头
哥哥在岸上走
恩恩爱爱纤绳荡悠悠
纤绳荡悠悠 呀喉咦喉嘿
妹妹你坐船头
哥哥在岸上走
恩恩爱爱纤绳荡悠悠
纤绳荡悠悠 呀喉咦喉嘿
咿呀咿呀咿呀 呀咦喉嘿
咿呀咿呀咿呀 呀咦喉嘿 咦呼呀喉嘿
小妹妹我坐船头
哥哥你在岸上走
小妹妹 哎
大哥哥 啊
嘿一步一叩首喽
没有别的祈求喽
只盼拉着妹妹手
跟你并肩走
跟你并肩走
走喽 啊行喽
走喽 啊行喽
得来 得来得来 得来来来来来来

毕 于文华，我们两个人是不是唱得有点太歪了？
于 没有啊，一句都没歪啊。
毕 嘿嘿，那我们就接着来。
于 来呀。
毕 唉唉唉。

（片花）

校园原创歌曲联唱

歌曲《我来广院那一年》

词曲：王公冠（01 级校友）
演唱：徐睿（99 级校友）
指导老师：孙德元（中国传媒大学 教师）
表演：中国传媒大学影视艺术学院表演系
（大屏幕素材为广院里的校园风景，黄色落叶、长椅等）

说起来难免有点感伤
学校一直在改变着模样
南院的小琴房
北院的篮球场
再也找不到吻过你的地方
我来广院那一年
这还叫广播学院
我的宿舍还在你的对面
时间在变 在改变
这变成传媒大学
只希望她一天会好过一天
我来广院那一年
这还叫广播学院
我的宿舍还在你的对面
时间在变 在改变
这变成传媒大学
只希望她一天会好过一天
不知你有没有
和我一样的感觉
我的爱都停留在这个校园

歌曲《如果我也有个小孩》

词曲：戈锐（04 级校友）
演唱：戈锐（04 级校友）
动画：钟鼎（03 级校友）
孙韫博（03 级校友）
（大屏幕播放动画素材）

我的小孩有一天也不再是小孩
他也会追求自己梦想中的未来
选择想要的生活告别了充满各种问题的时代
我会多愉快
我也是从小孩一点一点长大
也许现在还没为过去犯的错接受惩罚
时间没有尽头　我也终会老了
如果我也有了小孩　我不会再像个小孩
我要学会爱和责任　让他把我当作依赖
如果我也有了小孩　一个不算好的小孩
可是我相信　他有天会明白
如果我也有了小孩　哪怕他不像个小孩
我要学会爱和责任　不让他的天空阴霾
如果我也有了小孩　一个不算好的小孩
可是我相信　他也会像我一样明白

歌曲《西湖恋》

词曲：陈燕（05 级校友）
演唱：陈燕、李洋（05 级校友）
编导：闻鸣（中国传媒大学教师）
舞蹈：安博（06 级在校生）
　　　刘思颖（06 级在校生）
动画：任达（06 级在校生）
（舞台以粉紫色灯光为主，大屏幕播放水墨动画素材）

遥望西湖杨柳岸　唯见爱恨情仇在
孤帆远影衬美景　谁又知断桥人的痴
柳浪闻莺百鸟鸣　世间万物皆欢喜
唯有我的愁却难下心头
是否还该为你守候
千古恋　西湖边　明月只为你而圆
不管多少个春夏秋冬
相信爱会跨越时空
千古恋　西湖边　感动天地的誓言
不管多少个春夏秋冬
相信爱会绽放心中
夕阳映雷峰塔尖
白云披袅袅炊烟
只见一叶小舟载着你回到了我身边
这熟悉的画面
已被搁浅了千年
却依然无法尘封　我们的誓言
跨越了时间空间
只为了见你一面
我站在断桥头痴痴地等着你出现
相信你能够听见　对你的无限思念
我已经将爱全部融入这首　西湖恋

歌曲《中国话》

词曲：郑楠（02 级校友）　施人诚
演唱：孙亮亮（06 级在校生）
　　　戴晓晓（06 级在校生）
　　　金迪（07 级在校生）
编导：韩真
舞蹈：海南三亚市艺术团

扁担宽板凳长　扁担想绑在板凳上
扁担宽板凳长　扁担想绑在板凳上
伦敦玛莉莲　买了件旗袍送妈妈
莫斯科的夫司基　爱上牛肉面疙瘩
各种颜色的皮肤　各种颜色的头发
嘴里念的说的　开始流行中国话
多少年我们苦练　英文发音和文法
这几年换他们卷着舌头　学平上去入的变化
平平仄仄平平仄　好聪明的中国人　好优美的中国话
扁担宽板凳长　扁担想绑在板凳上
板凳不让扁担绑在板凳上
扁担偏要绑在板凳上
板凳偏偏不让扁担绑在那板凳上
到底扁担宽还是板凳长
哥哥弟弟坡前坐　坡上卧着一只鹅
坡下流着一条河　哥哥说宽宽的河
弟弟说白白的鹅　鹅要过河河要渡鹅
不知是那鹅过河　还是河渡鹅

全世界都在学中国话　孔夫子的话　越来越国际化

全世界都在讲中国话　我们说的话　让世界都认真听话

纽约苏珊娜　开了间禅风 lounge bar

柏林来的沃夫冈　拿胡琴配着电吉他

各种颜色的皮肤　各种颜色的头发

嘴里念的说的　开始流行中国话

多少年我们苦练　英文发音和文法

这几年换他们卷着舌头　学平上去入的变化

仄仄平平仄仄平　好聪明的中国人　好优美的中国话

有个小孩叫小杜　上街打醋又买布

买了布打了醋　回头看见鹰抓兔

放下布搁下醋　上前去追鹰和兔

飞了鹰跑了兔　洒了醋湿了布

嘴说腿腿说嘴　嘴说腿爱跑腿　腿说嘴爱卖嘴

光动嘴不动腿　光动腿不动嘴　不如不长腿和嘴

到底是那嘴说腿　还是腿说嘴

全世界都在学中国话　孔夫子的话　越来越国际化

全世界都在讲中国话　我们说的话　让世界都认真听话

全世界都在学中国话　孔夫子的话　越来越国际化

全世界都在讲中国话　我们说的话　让世界都认真听话

全世界都在学中国话　孔夫子的话　越来越国际化

全世界都在讲中国话　我们说的话　让世界都认真听话

曹　好，谢谢。

春　谢谢，谢谢，谢谢同学们，刚才大家这首那么熟悉的《中国话》是我们中国传媒大学的同学们原创的，听了她们刚才三位姑娘在台上唱，我觉得咱们中传人自己写的中国话比 SHE 唱得更有味道。

曹　我说怎么听着好多词像咱们当初练声的教材呢。

春　对对，我们都练过那些绕口令。

曹　对，这歌听起来格外地亲切。其实刚才这一组呢是我们中传的各级的校友，他们给大家带来的一组原创的这个歌曲。通过这些歌曲让我也想起了当初在广院时那些日子。改不过来口，那会儿呢我们就是叫广播学院。

春　是。

曹　后来是中国传媒大学。

春　是。

曹　我记得，没有改变的是有更多的演出，像广院之春，那会儿，还有朗诵艺术节，非常多的演出，有很多的同学老师一起来参与。

春　当然，通过刚才那些歌声也让我想到在学校的时候，每每在一个阳光灿烂的午后，我们会坐在操场上唱着那个时候的原创歌曲，是 91 级播音系师姐赵杰写的一个文科生的下午还有教书先生，我不知道今天在场的同学们还有记得吗？有吗？啊，看来我们这两个人真的是属于我们那个年代的人的记忆吗？

曹　没有，大家都记得，大家用沉默认可了你刚才的话。

春　是吗？是这样的，也算是引起了内心的共鸣。但是在那个时候，那两首歌曲非常的火爆，引起了我们大家所有的共鸣，因为它是对中国传媒大学生活感受的一种独特的表达。但是刚才听了这样的一些歌曲，那么欢快、流行的歌曲，我也知道这样的表达变得更加丰富和多元，由此可见，我们的校园文化变得更加的包容和开放。

曹 听你刚才说完我知道就是肯定别人会相信你是播音系的，因为咱们播音系有一句口号叫说得比唱得好听，对吧，刚才呢我们是原创的歌曲。

春 是。

曹 其实我觉得特别感谢一点，无论您想说、想唱、想跳、想演，我们的母校都给您提供一个广阔的舞台，让您尽情施展您的才华，发挥您的热情。不过有一点，我记得过去的广院，今天的中传这个舞台可不好上。

春 是。广院的舞台告诉我们靠的绝对是实力，所以接下来要上场的他们都是有实力的人，他们是用实力说话的人，他们要为我们带来一组经典影视片段的配音。

（配音视频）

当赵军先锋分两路，大兵压境之际，墨家援军依然杳无音讯。

来者何人，墨者革离。

哦，不对，今天是母亲节，我女儿想起来她还有个妈妈，她要我向她介绍男友。

所以呢？

得抓紧时间。

我最喜欢看电影，我最喜欢看的就是国产电影，和长风新电影。

可你们不想听到，不敢听到，也不愿听到，但是但是，革命一定会到来的，没有什么力量，能够阻挡革命，阻挡友爱和平等的力量。

你可不许跟我提钱，你这个该死的混蛋，不许在这提钱，任何地方都不许。

来人那。

是要到这一层吗，哦，感谢上帝。

我一定得吃这么多吗，为什么好多讨厌的事有好处呢。

康夫，你在干什么呀，是不是大雄又欺负你了啊，康夫，今天你又要让我给你变什么宝贝啊。

谁敢靠近梁城半步，我绝不留情。

女士们，先生们，加菲猫和他的朋友们。

配音《魅力声线》

表演者：李易（82 级校友）
刘纯燕（82 级校友）
杨晨（82 级校友）
李立宏（82 级校友）
王明军（90 级校友）

曹 听着这些熟悉的声音都出自我们各级的校友，可以说未见其人先闻其声，不过他们当中很多的朋友一直是常年在幕后默默地奉献的，今天就由我们这个舞台，也把他们请到了现场，热烈掌声请出各位幕后的英雄。其实说老实话，今天这几位我有些都是第一次见，给大家介绍一下，他们分别是 82 级校友李易、82 级校友李立宏、刘纯燕、90 级校友杨晨、90 级校友、也是我的班主任王明军老师，接下来的舞台就属于他们，热烈掌声送给他们。

李立宏 我们简单先说两句，在广院校友里头我们想了想也有这么一些人有我们一些共同的特点，除了我们都是广院的校友，都是广院毕业生之外，我们各自都有各自的工作之外，还有就是我们有一个共同的爱好、嗜好、追求就是影视配音。当然不止我们五个，远远不止我们五个，从我知道的从我们的 77 播音的我们的校友就已经开始了配音，而且也算是经典，当年的中央电视台播出的《铁臂阿童木》，从过去到现在，一直都有我们广院毕业生一批人从事着影视的配音，有电影、有电视剧，也有纪录片、宣传片、广告等，我们几个人姑且算做一个代表，在这儿向母校做一个小小的汇报，谢谢。

配音：《加菲猫》

表演者：李易（82级校友）
李立宏（82级校友）

李易 加菲，加菲，该起来啦，你已经睡了二十年了。

李立宏 才5分钟而已。

李易 我们回家吧，来吧。

李立宏 好吧。

李易 二十年里有很多变化。

李立宏 二十年，我这一觉居然过了这么久？

李易 好了，路途还长着呢。准备好。好啦，就要到家啦，碰上交通堵塞，我们的速度慢了许多。

李立宏 别的人呢？

李易 欧迪又去追汽车了。

李立宏 啊欧迪还爱追汽车。

李易 可不，不过现在和以前可大不一样啦。

李立宏 这不是欧迪？没错，的确是欧迪。

李易 来吧孩子们，吃午饭。

李立宏 午饭，太棒了，我上次吃饭到现在都二十年了。

李易 来点猪肉卷，加菲猫。

李立宏 猪肉卷，好好，我都二十年没吃过猪肉卷了。什么，就这个？

李易 这是有味道的药片，是用脱过水的电解蛋白质制成的，现在所有的食物都被做成了药片，以保持营养价值，这是加了芹菜、烤肉还有西红柿的面包片。吃起来虽然不过瘾，但是很有营养。

李立宏 我没吃饱。求你们，求你们，我不要做这个梦了，把我叫醒吧，把我叫醒吧。

李易 如果你真想这样。

李立宏 求你们了，把我叫醒吧，把我叫醒吧。

李易 起来加菲猫。

李立宏 叫醒我。

李易 起来加菲猫，你还要我叫你多少次，该吃午饭了。

李立宏 午饭，今天，还是今天，还有午饭，啊，一切又恢复正常了，欧迪还是欧迪，纳尔玛还是那么讨厌，我又有了午饭，把它拿来。噢，不！他们把所有的食物变成药片以前，我要去找个骑士汉堡。

李易 这是每天都要吃的维生素片，它跑什么呀？

配音：《小歌星》

表演者：刘纯燕（82级校友）
李立宏（82级校友）

刘 您好。

李立宏 你怎么进来的？你是谁？

刘 我是波尼多兰，广播大明星，您知道多兰多兰多兰一家吗？我们可棒了。

李立宏 他们派你来软化我的是不是？小姐，你在浪费时间，现在你出去。

刘 你怎么有这么多门？

李立宏 防止别人打扰，一扇门不够。

刘 可门都是能开的。嗯，嗯，这是什么？

李立宏 这跟你没关系，现在你出去吧。

刘 为什么让我走呢？您一个人多冷清，我也没做什么呀？给我讲个故事吧。

李立宏 我不知道什么故事。你去哪儿？

刘 我现在要出去啦。

李立宏 为什么？

刘 您让我走的啊。

李立宏 我并没有那么说，回这儿来。到那儿坐着。到这儿来，来，你喜欢这些图画吗？

刘 您知道一件事吗？

李立宏 什么？

刘 我觉得我刚才不太喜欢您，不过现在喜欢了。

李立宏 呵呵呵呵，是吗？

刘 是的，你的眉毛挺好玩，乱蓬蓬的。

李立宏 是啊，我的眼睛。对了，你是个歌手是不是？

刘 嗯。

李立宏 好吧，给我唱支歌。

刘 好吧，买一块贝瑞肥皂，各家经营贝瑞。

李立宏 行了，行了，别唱了，别唱了。

刘 怎么了？

李立宏 这破歌从哪儿学来的？

刘 从收音机里，收音机里唱的。站起来。

李立宏 我？

刘 对。转过身。

李立宏 怎么？

刘 现在把我的手臂围着你的脖子，就是这样子。骑着木马来到班波利，去看白房子里的郝夫人，她手指戴环，脚趾戴铃，她到哪里总有音乐伴随。好，现在你一边跑一边唱。抱着我的腿。

李立宏 好，好吧。骑着木马到班波利去，去看白房子里的郝夫人，她手指戴……

配音：《天使之城》

表演者：杨晨（90级校友）

王明军（90级校友）

杨 能帮我把这个切开吗？你出生在加拿大的哪个省？

王 我并不是在加拿大出生。

杨 你的父母叫什么名字？

王 我没有父母。

杨 建筑工人很少有这么细嫩的手。

王 我不是建筑工人。

杨 非常非常苍白的手。

王 你为什么要这样？

杨 检查一下你的手。

王 不。

杨 你姓什么？

王 你知道的。

杨 不，我不知道。

王 普莱德。

杨 赛斯普莱德。我切到你了。我明明切到你。我就是用那把刀切的，我感觉到刀子的确切到你，你有感觉？

王 和你的不同。

杨 我的感觉，这是什么意思？你说医生的感觉、女人的感觉还是什么？

王 是那种人类的感觉。我的身体没有感觉。

杨 你有感觉了吗？

王 你不需要感到害怕？

杨 什么？你这个怪物，你到底是谁？

王 我原来是来带贝福德先生的，然后我看到了你。我没办法把目光从你身上移开，你尽力在救他，你定定地看着我，像看一个普通的男人。

杨 你是来带贝福德的。

王 我在手术室里，在每一个临死人的房间里。

杨 你到底在说什么？

王 当你为病人哭泣的时候，我也在楼梯间里。我碰触到了你，记得吗？

杨 你为什么要告诉我这些？

王 因为我爱上了你。

杨 我不相信，你能觉出来吗？

王 是你不愿相信我。

杨 我不明白你在说什么？

王 麦琪。

杨 请你离开这儿。出去！

舞蹈《天唱》

编导：杨扬（中国传媒大学教师）

表演者：中国传媒大学影视艺术学院表演系

歌曲《感谢你》

作词：于淑然

作曲：孙川

演唱：毛宁

感谢明月照亮了夜空
感谢朝霞捧出的黎明
感谢春光融化了冰雪
感谢大地哺育了生灵
感谢母亲赐予我生命
感谢生活赠友谊爱情
感谢苍穹藏理想幻梦
感谢时光长留永恒公正
感谢你我衷心谢谢你
我忠诚的爱人和朋友
感谢你我衷心谢谢你
这旋转不息蔚蓝色的星球
感谢生活感谢和平
感谢这一切一切这所有
感谢这美好的所有
感谢母亲赐予我生命
感谢生活赠友谊爱情
感谢苍穹藏理想幻梦
感谢时光长留永恒公正
感谢你我衷心谢谢你
我忠诚的爱人和朋友
感谢你我衷心谢谢你
这旋转不息蔚蓝色的星球
感谢生活感谢和平
感谢这一切一切这所有
感谢这美好的所有
感谢这美好的所有

访谈《师恩难忘》

主持人：王刚（中国传媒大学教师）

嘉宾：周毅（78级校友）
王伟（78级校友）
崔永元（81级校友）
徐滔（87级校友）
陈晓卿（82级校友）
李瑞英（79级校友）

王刚 大家好，我是王刚，刚才毛宁那首歌叫，谢谢谢谢，感谢你，其实从某种程度上也说出了我自己的心里话。在我们学校建校五十五周年的时候，我也要由衷的说一句感谢你传媒大学。为什么这么说呢？就在昨天深夜，或者说今天凌晨，我是从河北咱们央视的某拍摄基地赶来参加我们这次校庆活动的，有一场戏，跟我对手的一个大腕级的演员说了一句台词，这个台词是这样的，他跟我说，前后我就不讲了，说是他心怀叵测，觊觎已久了，我说对不起导演，停，是心怀叵测，觊觎已久。现场也没有字典，他有点不屑，我说我呀是教育部和国家语委聘任的全国推广普通话形象大使，您听我的吧。这件事张颂老师可以作证，对吧。他还是有点因为面子上过不去，我说我再告诉你，在下是中国传媒大学播音主持艺术学院的教授！哎，这回他服了，看来我们中国传媒大学这块牌子很硬啊，老师和同学们。其实作为老师最欣慰的事情呢就是所谓桃李满天下，看到自己培养出来的学生，啊，在工作岗位上表现得那么样的优秀，那么接下来呢，我就给大家介绍几位我们传媒大学的芬芳桃李，大家欢迎他们。

我们先有请78级电视播控专业的校友周毅。

有请78级无线专业的校友王伟。

这个我们不用多加介绍了，他的形象大家再熟悉不过了，有请崔永元。崔永元是81级新闻编采专业的校友。

我们有请87级电视编辑的校友徐滔。

有请82级摄影专业校友陈晓卿。

好，有请79级播音专业的校友李瑞英。我不知道周毅先生有没有一种感觉，我学习崔永元的风格要实话实说，你发现了没有，你刚才上场接受的掌声似乎不像崔永元哪、徐滔啊、李瑞英啊他们上场赢得的掌声那样地热烈。

周毅 昨天晚上我从延安回来，在延安我特别地到有一个新闻的纪念馆，从我们广播电视的历史发展，我知道了1940年的3月份，我们敬爱的周恩来总理从苏联带回了一部德国制的广播发射机，从此以后我们的新华广播电台就开播了。这就寓意着我们中国，新中国的广播电视事业在那个时候，也就是1940年的12月30号正式地开始了。从这个历史可以说明一个问题，我们的广播电视是以技术，就是那两台发射机为起点的，如果说我们在台上的崔永元老师、徐滔老师，还有李瑞英老师是灿烂的群星的话，那么我在这里可以无愧地跟我们老师报告，我们技术领域也是群星灿烂。从目前我们广电总局的技术主管的领导到我们中央三台，甚至是各地方电视台、广播电台的技术主管有许许多多的都是我们的校友，同时，他们在各自的工作岗位上起着非常重要的作用。

王刚 容我插一句，现在周毅先生是中国国际广播电台总工程师。

周毅 在我们这个领域常常把这个著名的主持人、播音员，以及这个著名的导演说成是我们这个领域的红花，把搞技术的同志呢，有些会说成是绿叶，那么我希望呢我们这个红花绿叶相互配合，创造我们广播影视明天的辉煌，谢谢大家。

王刚 谢谢。谢谢谢谢，王伟先生他从事的工作更重要，甚至还带几分神秘色彩。为什么这么说呢？他是中国航天科工集团某型号总工程师。就这一个某字，就代表了应该有那么几分神秘，您不妨谈谈。

王伟 我们广播学院不仅为广播事业培养了许多栋梁之才，同时广播学院也为包括航天在内的各行各业培养了许多有用的人才。作为来自广播学院的航天的一员非常激动，是广播学院培养了我，使我能够步入，特别是能够成为航天的一员打下了坚实的基础。所以我在这儿非常深深地感谢广播学院，感谢广播学院的老师们，谢谢大家。

王刚 谢谢你。我们都习惯称他为小崔，其实小崔现在已然不小了，从实话实说到最近一系列的节目，小崔一直坚守在自己的这个岗位上，有一段还抑郁了，现在还抑郁吗？

崔永元 好多了。

王刚 好多了。我觉得应该很兴奋，很激动，我想不给你甩什么问题，你就谈谈你此时此刻的感想吧。

崔永元 我记得我们在学校办广播站的时候，那就是学校的广播站，有线广播，那时候曹璐老师就跟我说这不是你们家办的，也不是你们班办的，这是代表全校的同学办的，所以你们要有责任。小了说同学吃不好饭，大了说影响学院的安定团结。这个话我一直深深记在心里，现在我们待的这个平台更大，中央电视台，所以更得讲责任。我希望我的学友们深深地记住责任这两个字，就像一个人每天要吃三顿饭一样，再说一句，真羡慕你们很年轻。

王刚 责任哪，同学们，记住吧，记住老崔的嘱托吧。我正愁没法问徐滔这个问题，应该从哪儿入手呢，小崔这一句责任这个词倒使我知道该怎么问她了。最近几个月无形中我老停留在北京了，就是所谓科教频道，我说为什么呢？后来我才知道，原来啊咱徐滔啊当了这频道的负责人了，所以说你怎么担负这个责任？此其一。其二，我们在屏幕上看见过，你在比如西客站比如面对歹徒劫持人质，你跟他对峙了八个小时，包括后来还有一次劫持人质是在北京那个北边，你就算你再胆大，你作为一个，你是个女人嘛对不对，你不害怕？

徐滔 说不怕真的是假的。真的是害怕。为什么在犯罪嫌疑人的尖刀和爆炸物面前能够毫不退缩呢？有的人说徐滔是一个新闻记者，这是她的职业本能，还有人说了，徐滔是一个主持人哪，她特别愿意沟通，特别愿意交流，这是她的惯性意愿。

王刚 谁愿意跟歹徒去交流啊。

徐滔 我感觉这些都不是最真实的原因，最真实的原因是四年的大学生活让我明白了一个道理，记者是来自人民的，记者是为人民服务的，当人民需要你的时候你不能退缩。

王刚 这话说得掷地有声。

徐滔 我觉得我这一生最美好的记忆就是在中国传媒大学四年的大学生活，我非常非常感激我的母校，是你们把我培养成了一个懂得为老百姓排忧解难，懂得敬业就是快乐的新闻人。我爱大家，爱我的母校，母校就是我的妈妈！谢谢。

王刚 这是徐滔的一番心里话。接下来陈晓卿先生，那么恐怕从镜头里，或者我们刚才在休息室接触的时候，这是一个粗犷的北方汉子的形象。

陈晓卿 是他们没通知我要穿正装。

王刚 不光是这样，你看这黝黑的皮肤，啊，短短的直发，啊，但是你看他拍摄出来那个东西，哎呀，那般富有美感，甚至有几处近乎婉约，有的时候柔情似水，似水呀。你，你，你不是在心理上有什么。

陈晓卿 其实有这些画面是我和我的同事们可能在更多的是在寂寞中度过了很长时间。纪录片是一个特别特别寂寞的电视的一个分支，尤其是用很长的时间拍一个片子，总想给什么人看一看，可是它的观众没有那么多，尤其是当你刚刚做完片子的时候，特别想跟人交流，特别幸运地是我们还有自己的，作为广院的一个学生我们还有自己的老师可供自己折磨。可以说我工作二十年，拍了这么多片子，我的第一个观众永远都是我的导师朱羽君老师。我想说的是作为广院一根非常老的白杨了，我至今还在汲取着母校的营养，谢谢。

王刚 讲得好。颇有深意。李瑞英老师呢咱们都不用多加介绍了，现在是我们央视《新闻联播》的主播，此外她还担当着很多业内业外的工作。比如最重要的是播音主持人出镜指导委员会的秘书长，原来叫执行主席啊。那么李主席能不能给我们讲一讲，你自己这个专业很忙，还要忙这些杂事，这怎么能兼顾得到啊？

李瑞英 谢谢你，王刚老师，我先说一点感慨再回答你这个问题好吗？其实我入学的时候正好赶上北京广播学院成立二十五周年，那时候一晃啊就三十年过去了。我看到了那些我刚入学的时候还是非常年轻的老师如今已经白发苍苍，看到了我的恩师张颂老师坐在第一排。以张颂老师为代表的所有的老师真是都是我们最强大的后盾。我觉得我们这一代人非常的幸运，我们进了广播学院，有美好的四年，打下了坚实的基础，我们正好赶上改革开放三十年的特别好的时代，赶上了祖国发展，广播电视事业大发展，大繁荣的这个年代。同时呢我们有央视这样的一个平台。所以我们走到今天都是千千万万的人，所有人对我们的这种厚爱和支持。还有你这个问题呢就是，其实在自己的专业之外，做一些服务工作我觉得非常的欣慰，因为我们要感谢的人太多，要回报的人也太多。现在呢我们工作这么多年，后来还有一代一代，一批一批我的师弟师妹们在茁壮地成长，为大家做一些服务的事呢，就是希望我们的后来的这些年轻人，路走得更长远一些，走得更平坦一些，希望大家一起为我们这个伟大的时代去工作，去勤奋地工作，谢谢大家。那么此时此刻，我还有一个心愿，就是我要代表我们不仅仅是中央三台的播音员，还要代表我们所有工作在全国各地的各个台的播音员，感谢我们的母校，感谢我们的老师，此时此刻我们最大的心愿也是把我们手里这些鲜花应该献给我们最敬爱的老师们。

王刚 谢谢你们，敬爱的老师们，请。

歌曲《永远的诉说》

作词：易茗

作曲：孙川

演唱：中国传媒大学合唱团

每一次迎来晨光　送别日落　知道你的祝福还在陪伴着我

每一次鲜花在手　掌声响过　就会想起你还在默默耕作

每一次风雨路上　艰苦跋涉　知道你的目光还在注视着我

每一次我已感到　胜利在握　就会听到你的话还有一搏

再一次全体起立　向你致敬

再一次听你说　同学们请坐

再一次安下心来　回答你的问题

再一次流泪为了　毕业那一刻

每一次迎来晨光　送别日落　知道你的祝福还在陪伴着我

每一次鲜花在手　掌声响过　就会想起你还在默默耕作

每一次风雨路上　艰苦跋涉　知道你的目光还在注视着我

每一次我已感到　胜利在握　就会听到你的话还有一搏

再一次全体起立　向你致敬

再一次听你说　同学们请坐

再一次请你帮我　做出人生选择

再一次共同唱起　未来的歌

亲爱的老师你不会寂寞

千万个生命因你而蓬勃

共同的辛勤就是共同的收获

永远的感激就有永远的诉说　诉说

再一次全体起立　向你致敬

再一次听你说　同学们请坐

再一次安下心来　回答你的问题

再一次流泪为了　毕业那一刻

再一次全体起立　向你致敬

再一次听你说　同学们请坐

再一次请你帮我　做出人生选择

再一次共同唱起　未来的歌

未来的歌

（片花）

（视频2：校友贺词）

赵忠祥 五十五年春华秋实，五十五年桃李芬芳。

周涛 在白杨树下我们的心灵永远年轻。

康辉 十年树木，百年树人，广院的核桃林曾经带给我四年美好的时光。

李梓萌 如果我能够高高飞翔，是母校北广给了我一双有力的翅膀。

王宁 我的母校北广给我打下了很好的专业基础。

赵赫 用语言播种，用彩笔耕耘，用汗水浇灌。

沙桐 这里就像一片神奇的海滩，让我俯拾人世间最美的贝壳。

金越 在中国传媒大学建校五十五周年的时候，我希望我的母校越来越好，我希望我的母校越来越红火。

申家宁 在母校迎来五十五周岁生日的时候，衷心祝愿她今后能够为祖国培养出更多优秀的人才，也欢迎以后更多的校友能够以母校为家。

涂经纬 祝中国传媒大学，我的母校。

王旭东 广播电视界培养人才的航母。

王业 越办越好，创造新的辉煌。

桑朝晖 我的师弟师妹们，能够好好学习，天天向上。

杨影 也祝我的母校的同学和老师身体健康，万事如意。

唐骏 母校的创新精神一直鼓励着我，一直在感染着我，在母校校庆五十五周年的之际，我将设立一个五百万人民币的唐骏吴远江奖学金，来奖励那些母校的学子。

谭晶 衷心地希望传媒大学的明天更加美好。

蒋雯丽 祝贺传媒大学55岁生日快乐，也祝愿同学们有一个美好的明天，祝愿中传有一个美好的未来。

陈道明 大家好，我是陈道明，作为一个20多年的广院家属，我感到非常高兴，能够在这次这个广院五十五周年的庆典活动当中，讲几句话，希望咱们传媒大学的师生首先是身体健康，第二是工作愉快，第三，希望在传媒这个有特质的职业上，我们坚守我们自己作为传媒工作者的职业操守。

（传媒高等教育国际联盟盟校贺词）

传媒高等教育国际联盟盟校－美国普渡大学 非常荣幸在这个激动人心的时刻来到这里，在过去的日子里，传媒大学非常的优秀，不仅在国内传媒教育享有盛誉，在国外也非常的有名。

传媒高等教育国际联盟盟校－俄罗斯国立莫斯科大学 我祝中国传媒大学五十五周年生日快乐。

白 在广播学院的日子里，相信每一个人都会有这样的记忆，那就是播音系的同学在练声，在锤炼自己的声音，它已经成了我们共同的记忆。如果说在过去重大的历史事件发生的时候，是用文字和图片记录在历史当中，那么广播作为电视的前辈，从广播一直到电视，终于建造了一个用声音连接起来的历史。接下来，就让我们走近这些声音，走近这些声音的历史，走近属于中国的声音的历史。

朗诵《中国的声音》

作者：李有兵（中国传媒大学　教师）
　　游洁（中国传媒大学　教师）
　　刘子璇（00级校友）

表演者：方明（中国传媒大学　客座教授）
　　敬一丹（76级校友）
　　岳斌（78级校友）
　　朗永淳（94级校友）
　　欧阳夏丹（95级校友）
　　柴璐（95级校友）

（大屏幕播放齐越、罗京的照片）

照片上的这位，是我的老师。

看上去他就是一个普通人，但却拥有不平凡的声音。

他曾站在天安门广场，直播新中国的庄严诞生。

他曾说：我是中国人民的播音员、中国共产党的播音员，

我传达的是中国人民战胜艰难险阻走向胜利的声音，

我传达的是中国共产党的堂堂正正的真理之声，

我以此引为自豪。

他也是我的老师。

许多年前，我就听着老师的声音慢慢长大。

他总是把祖国正在发生的故事告诉万户千家。

他的声音是那样坚定、豪迈，又是那样诚挚、亲切。

直到生命的最后一刻，他还在教诲我们。

祖国的声音我们要用最真实的情感来表达。

老师离去了，我们却还有许多要说的话。

亲爱的老师，很幸运，我们成为了您的学生。

您也为我们竖起了人生的灯塔。

无私的老师啊！您就是那个时代的中国的声音！

照片上的这位，是千千万万媒体人当中普普通通的一位。

就在不久前，他还在屏幕上播报新闻。

他承担着中国和世界沟通的任务。

不断把祖国的变化呈现给大家。

我们是那么熟悉他，就好像我们的朋友、家人。

他是我的师兄，也是我的同事。

曾在新闻联播的播音岗位上坚守了二十多年的他。

在重病期间最常说的一句话就是：

我会早一点回到我的工作岗位上。

他用自己短暂的一生告诉我们，

什么是传媒人的责任。

亲爱的师兄，你是那么平和、坚韧、谦虚。

我们想念你，不仅是一个师长，

更是一座高大的丰碑。

你打造了又一个时代的经典。

你就是今天中国的声音。

中国的声音。

来自一个个普通的生命。

这些像小草一般普通的生命。

却有着博大的胸怀和高尚的理想。

我们要用绿色装扮世界。

纵然枯萎，也要化成泥土回报大地。

听，中国的声音，

响彻在忙碌的工地和广阔的田间、院场。

听，中国的声音。

激荡在抗击天灾的前线，在拼搏竞技的赛场；

听，中国的声音。

要把民族和国家的崛起告诉世界，激励人民奋发、努力。

我们热爱中国的声音。

我们传达中国的声音。

我们一定会记住老师的教导。

我们会以优秀的传媒人为榜样。

还有多少年轻的生命，正在汇成中国的声音。

看吧！他们已经整装待发！

无论是在浪漫的海滨，还是壮美的边疆。

无论是在繁华的都市，还是广阔的乡村。

新一代传媒人已经接过了前辈们的接力棒。

用青春与汗水续写着对事业的忠诚。

我们要用谦恭和热忱。

去寻找真诚和坚持，善良和美丽。

我们要带着青春和理想，

去打造和谐与文明，宽容和友爱。

让我们以传媒者的眼光和行动。

去探寻生命的意义，铸就真理之光华。

其实我们懂得，前面的道路就像那连绵不绝的远山。

天地间还有无数的挫折和考验。

但不论未来有多远，传媒人行进的目标永远是正前方。

让我们用爱和真诚，去迎接清晨的阳光。

让我们用智慧和汗水，应和生命的蓬勃交响。

让我们以传媒者的视野眺望江山，以开拓者的胸怀放眼未来。

让我们牢记中国的声音。

勇担继往开来的使命。

让我们奋勇前行。

立德、敬业、博学、竞先。

我们时刻准备着！

我们时刻准备着！

我们时刻准备着！

我们时刻准备着！

把自信、正义、豪迈的中国的声音！带给人们。

把真诚、善良、美丽的中国的声音，传遍天下！

歌曲《When you Believe》（4′30″）

演唱：曾晖（中国传媒大学　教师）

彭青（05级校友）

Many nights we pray with no proof anyone could hear

In our hearts a hopeful song we barely understood

Now we are not afraid although we know there's much to fear

We were moving mountains long before we know we could

There can be miracles when you believe

Though hope is frail it's hard to kill

Who knows what miracle you can achieve

When you believe somehow you will. You will when you believe

In this time of fear when prayer so often proves in vain

Hope seems like the summer birds too swiftly flown away

And now I am standing here. My heart's so full. I can't explain

Seeking faith and speaking words I never thought I'd say

There can be miracles when you believe

Though hope is frail it's hard to kill

Who knows what miracle you can achieve. you can achieve

When you believe somehow you will. You will when you believe

They don't always happen when you ask of

And it's easy to give in to your fear

But when you're blinded by your pain, can't see you way safe through the rain

Thought of a still resilient voice says love is very near

There can be miracles when you believe. Though hope is frail it's hard to kill

Who knows what miracles you can achieve

When you believe somehow you will. You will when you believe.

Just believe. You will when you believe

鲁　其实我想呢中国传媒事业的发展就像我们今天晚会上的节目一样异彩纷呈，而今天我们在汇聚这里最不应该忘记的就是为我们的传媒事业的发展，为我们的传媒教育事业发展而默默奉献的传媒工作者和传媒教育者。我想我们每个人都曾经怀抱着青春的激情和梦想走入到校园当中，疯狂地汲取知识和营养，而我们不知不觉地发现身边的这些师长、学长，很多的都已经两鬓斑白了，正是因为他们的俯首甘为孺子牛，才有我们今天的千树万树梨花开。

胡 没错，那作为传媒人，我们为这些前辈所取得的成就感到骄傲，同时作为中国的传媒人，我们更为祖国今天取得的辉煌成就而自豪。

鲁 而我们今天这样一个夜晚，所有的媒体人汇聚在这里，把爱和激情融化成一种力量，共同为我们的祖国喝彩，祝愿我们的祖国永远年轻，永远蓬勃。

胡 祖国请相信，我们一定不会辜负历史的重托，让我们共同的心声唱出心中的旋律，让我们共同的祝福都来迎接事业扬帆远航。

歌曲《让我们舞起来》

作词：王晓岭　作曲：卞留念

演唱：宋祖英

编导：韩真

舞蹈：海南三亚市艺术团

挥动彩云的翅膀
让我们舞起来
舞动心情把梦打开
不要再等待
擦亮星光的舞鞋
让我们舞起来
舞动青春花开不败
天地是舞台
阳光下我们舞起来
随风儿摇摆自由自在
阳光下我们舞起来
欢乐开怀世界更精彩
阳光下我们舞起来
随风儿摇摆自由自在
阳光下我们舞起来
欢乐开怀世界更精彩
挥动彩云的翅膀
让我们舞起来
舞动心情把梦打开
不要再等待
擦亮星光的舞鞋
让我们舞起来
舞动青春花开不败
天地是舞台
阳光下我们舞起来
随风儿摇摆自由自在
阳光下我们舞起来
欢乐开怀世界更精彩
阳光下我们舞起来
随风儿摇摆自由自在
阳光下我们舞起来
欢乐开怀世界更精彩
阳光下我们舞起来
随风儿摇摆自由自在
阳光下我们舞起来
欢乐开怀世界更精彩
欢乐开怀世界更精彩

歌曲《年轻的白杨》

作词：叶延滨（78级校友）

作曲：刘天礼（中国传媒大学　教师）

演唱：中国传媒大学合唱团

校园里大路两旁
有一排年轻的白杨
早晨你披着彩霞
傍晚你吻着夕阳
啊　年轻的白杨
汲取着大地的营养
汲取着大地的营养
啊　年轻的白杨
树叶沙沙响
年轻的白杨
你好像对我讲

要珍惜春光　珍惜春光　珍惜春光　珍惜春光
我们是年轻的白杨
我们是未来的栋梁
枝条捧出朝阳
绿叶伴着星光
啊　我们在成长
汲取着知识的营养
汲取着知识的营养
啊　年轻的白杨
树叶沙沙响
年轻的白杨
你好像对我讲
要珍惜春光　珍惜春光　珍惜春光　珍惜春光
珍惜春光　珍惜春光　珍惜春光

（结束语）

白　在我们的歌声里流淌的是我们的青春的回忆。

管　在我们的歌声中回旋着青春的乐章。

鲁　我们感悟经久不息的激情。

胡　我们怀抱延绵不绝的深情。

曹　让我们用智慧和拼搏去书写青春的梦想。

春　让我们用执著和敬业去铸造祖国的辉煌，让我们一起为青春礼赞。

全体　为祖国喝彩。

白　在这里祝愿老师们，师哥师姐们身体健康，万事如意，祝师弟师妹们前程似锦，祝我们的母校包容、开放、人才辈出。晚会到此结束，谢谢各位。

春　谢谢。

鲁　老师们、同学们再见。

胡　再见。

（张蕾　整理）

2010 年

“星光作证”中国广播影视大奖——第21届“星光奖”颁奖典礼

播出台：中央电视台
播出时间：2010年1月19日
总导演：夏岛　王芙英

片头（插播录像）

配音：璀璨的荧屏映亮灿烂的星空，看中国电视人高举奖杯和光荣。向祖国致敬，向观众致敬。中国广播影视大奖，星光奖，颁奖盛典——星光作证！

开场舞

（独舞演员身着金色服装，伴随着宏大的主题。音乐从舞台正中的奖杯雕塑后升起，运动向观众席并撒下花瓣，由两个追光提供演员照明。后，群舞演员身着金银两色服装上台，舞台灯光由蓝色的冷光变为金色的暖光。主屏幕播放红底黄字晚会名称，侧幕播放奖杯图片，彩幕配合灯光播放相应色调的素材。舞蹈末尾各省、直辖市台主持人从舞台中部升降台升起）

朗诵《我们是星光》

表演者：中央电视台，全国各省、直辖市电视台代表

演区：舞台中前区

李瑞英　中国中央电视台！
栗　坤　北京电视台！
李宗瑶　天津电视台！
于　辉　河北电视台！
李黛微　山西广播电视台！
噶毕热　内蒙古电视台！
邵文杰　辽宁广播电视台！
薛一倩　吉林电视台！
周　巍　黑龙江电视台！
金　炜　上海广播电视台！
周一丹　江苏省广播电视总台！
沈　涛　浙江广播电视集团！
余　声　安徽电视台！
古　晓　福建电视台！
沈　琪　江西电视台！
王　俐　山东电视台！
吴震宇　河南电视台！
田　野　湖北省广播电视总台！
张丹丹　湖南广播电视总台！
竺　宇　广东电视台！
潘湛元　广西电视台！

王　艳　海南广播电视总台！
薛　薇　重庆电视台！
李晓夏　四川广播电视台！
邢　华　贵州电视台！
李　天　云南电视台！
达　桑　西藏电视台！
刘晓明　陕西电视台！
牟　婕　甘肃省广播电影电视总台！
袁祥仁　青海电视台！
张　染　宁夏广播电视总台！
娜迪拉　新疆电视台！
李瑞英　难忘今宵！一颗又一颗的星星亮了，今夜又是星光满天。
周　巍　我带着北国的雪花走来。
栗坤、李宗瑶、于辉、李黛微、噶毕热、邵文杰、薛一倩、周巍　我们是带给你温暖的那颗星。
王　艳　我带着南海的椰风走来。
吴震宇、田野、张丹丹、竺宇、潘湛元、王艳、薛薇、李晓夏　我们是带给你幸福的那颗星。
娜迪拉　我带着大漠的清泉走来。
邢华、李天、达桑、刘晓明、牟婕、张染、娜迪拉　我们是映亮你快乐的那颗星。
金　炜　我带着东海的朝霞走来。
金炜、周一丹、沈涛、余声、古晓、沈琪、王俐　我们是祝福你平安的那颗星。
栗　坤　每一个星光梦都是这样美丽。
达　桑　每一座星光奖杯都是这样闪亮。
李瑞英　每一条星光路都有说不完的故事。
全　我们在星空下一起歌唱。我们共同的名字是——星光！

齐唱主题曲《我们是星光》
（主持人串场）
董卿　李咏　张泽群　庞晓戈
音乐起
（演区：台前正中。二道幕降下，侧幕播放红底黄色奖杯、晚会名称）

董　今晚群星荟萃。
李　今夜星光灿烂。
张　尊敬的各位领导各位来宾。
庞　来自全国的电视同行朋友们，大家——
齐　晚上好！
董　在新的一年到来之际，首先要欢迎大家从全国各地来到中原郑州。今晚，我们相聚在河南电视台第八演播厅，在这里隆重举行中国广播影视大奖，第21届“星光奖”颁奖典礼，让我们共同见证中国电视文艺事业的又一个辉煌时刻。
李　中国广播影视大奖“星光奖”从1986年开始到今天，已经走过了20多年的辉煌历程。星光奖全方位囊括了中国电视文艺的各个特殊的类型。它包括12个门类。在某种程度上说，它对中国当代电视文艺的发展起到了非常重要的引领作用。“星光奖”也是所有电视文艺工作者的最高荣誉。
张　本届“星光奖”是近两年我国电视文艺辉煌成就的集中展示，也是（对）我国广大电视文艺工作者辛勤工作的充分肯定和最高褒奖。
庞　我们的事业和荣誉以“星光”命名，我们电视人就是点点星光，汇聚在一起就是灿烂的星座，连接起来就是一条跨越时空的星河。
董　荧屏连接着千家万户，“星光”寄托着我们的使命和责任，也闪烁着我们的骄傲与自豪。
李　好，首先我们要颁发的是第21届“星光奖”电视综艺节目大奖。有请开奖嘉宾宋祖英、冯巩。

（电视综艺节目大奖开奖　宋祖英　冯巩）
音乐起

（演区：右前开奖台。二道幕降下，侧幕播放红底黄色奖杯、晚会名称）

宋祖英 我对电视综艺节目有着特殊的感情。作为一个歌唱演员，我最早就是通过这个平台被全国广大的电视观众认识和接受。今天，我要对你们说一声，谢谢。因为有你们在幕后的默默奉献，才使我们这些站在舞台上的人有了更多的鲜花和掌声。谢谢你们。

冯　巩 各位领导各位朋友各位来宾，电视机前的父老乡亲兄弟姐妹们，我想死你们啦！我就是春晚培养出来的演员。但是从某种意义上，准确地说，就是这几个即将获奖的导演培养出来的。恰巧这几位导演对我有着共同的偏爱，仨字儿：喝死我。让我喝啤酒。《笑看人生》跟朱军演一场喝四罐，有时候一天带着我们演三场，滴水之恩当涌泉相报。我今天晚上一定要请他们在郑州，喝汤，喝胡辣汤。中不中？可带劲！

宋祖英 好，下面我们进行开奖仪式。请看大屏幕。

（大屏幕插播电视综艺节目大奖视频片头）

获得中国广播影视大奖（第21届）“星光奖”电视综艺节目大奖的是

获奖者入场

（演区：台中领奖台　获奖者站在运动领奖台上从舞台右侧幕后随音乐上台）

（舞台呈现白色明亮照明主屏幕播放获奖作品VCR，侧幕彩幕播放金色圆点素材）

（VCR还音）

2008年中央电视台春节联欢晚会

2009年中央电视台春节联欢晚会

繁花似锦－第十届精神文明建设“五个一工程奖”颁奖晚会

中部崛起－第二届中国中部投资贸易博览会大型文艺晚会

向祖国报告－2008迎七一暨抗震救灾晚会

我们一起过年——《爱心大融冰》赈灾特别节目

以生命的名义－2008四川省抗震救灾大型特别节目

潮涌中部－第三届中国中部投资贸易博览会文艺晚会

奔腾西部－第九届中国西部国际博览会文艺晚会

阳光·生命——2007年世界夏季特殊奥林匹克运动会闭幕式

（主持人串场）

演区：左前主持台

李 有请李瑞英宣读颁奖词。

（宣读颁奖词李瑞英）

演区：右前开奖台

李瑞英 获得第21届“星光奖”电视综艺节目大奖的作品，牢牢把握时代脉搏，贴近重大社会事件和文化热点。从改革开放的火热生活中提炼主题，从民族的艺术传统中汲取灵感。经典元素与时代理念相统一，世界潮流与本土特色相交融。用多姿多彩的艺术形式折射出中华民族在艺术创造进程中的信心与气魄，激情与智慧，执著与奉献。在流光溢彩中展示了新时代文艺的辉煌，凸显出电视文艺在整合创新方面的非凡实力，从而成为当代中国一道亮丽的人文景观。

（主持人串场）

演区：左前主持台

董 谢谢。那接下来就让我们掌声有请2009年中央电视台春节联欢晚会总导演郎昆发表获奖感言。

（郎昆获奖感言）

演区：台中领奖台

郎昆 首先感谢评委会授予春节联欢晚会这样一个大奖。众所周知，这个奖不是奖给个人的，是奖给春节剧组的。因为每一年的春节，尤其是春节联欢晚会，在“开门办春晚”和“创新办春晚”上都下足了工夫。它都会成为每一年度的图景。因此这个奖项要感谢全体观众，要感谢这个伟大的时代，谢谢大家的支持。

（主持人串场）

演区：左前主持台

李 让音乐响起来，让掌声响起来，让我们为星光喝彩

串场舞蹈《为星光喝彩》

演出单位：海南省三亚市艺术团

（舞蹈演员从幕后、台下同时上台。）

（演员身着粉红色啦啦操服装、手持花穗。舞蹈内容为喝彩呼号和啦啦操。音乐节奏明快活泼，舞台灯光随音乐节奏快速变换颜色和闪烁）

为星光喝彩　为星光喝彩　为星光喝彩
嘿嘿嘿嘿
为星光喝彩　为星光喝彩　为星光喝彩
嘿嘿嘿嘿

（主持人串场）

演区：台中

张 激情热舞为你喝彩，累累硕果令人振奋，让我们对获奖者表达我们热烈的祝贺和新年的祝福。

庞 喝彩声中，我们更要感谢广大电视观众对电视文艺的厚爱和支持，观众给予电视文艺的这份关爱是我们前进的永恒动力。接下来让我们一起来欣赏由腾格尔演唱的歌曲《给我》。

歌曲《给我》

作词：杨晓民

作曲：小柯

演唱：腾格尔

表演：河南电视台演艺艺术团　洛阳歌舞剧院

（演唱者从群舞演员中走出、演唱中与群舞演员有一定互动。）

（领舞演员身着粉红色服装在树布景上舞蹈，扮演梅花。群舞演员身穿灰色服装、手执梅枝，扮演树丛。主要采用蓝色调为主的冷色光，两侧以及背景的大屏幕配合播放树林花丛的素材。）

给我一粒种子　我为一颗颗荒芜的心灵插上新绿

给我一缕阳光　我用爱去点燃跳动的田野

让星火传递星火　让夏日的野藤爬满一个个光秃的山头

给我一滴白露　我涂抹一条丰收的河流

给我一个妄想　我要让时间一分分慢下来

让头顶上飘扬的白发　和新年的雪花一起来悄悄地融化

给我一个妄想　我要让时间一分分慢下来

让头顶上飘扬的白发　和新年的雪花一起来悄悄地融化

悄悄地

给我一个妄想　我要让时间一分分慢下来

让头顶上飘扬的白发　和新年的雪花一起来悄悄地融化

给我一个妄想　我要让时间一分分慢

下来

让头顶上飘扬的白发　和新年的雪花一起来悄悄地融化

悄悄地

（主持人串场）

演区：左前主持台

董　观众朋友们，电视记录了改革开放以来中国社会的发展与进步，而电视文艺作为中国电视的重要组成部分，也已经成为推动电视文艺事业大繁荣大发展的生力军。

李　近些年来的电视文艺节目，大力唱响了社会主义精神文明建设的主旋律，秉承传统的红色经典，弘扬优秀文化，不断追求思想性、艺术性、观赏性的完美统一和结合，取得了令人瞩目的成绩。

董　好，接下来我们要颁发的是第21届“星光奖”电视歌舞节目大奖、电视音乐节目大奖、电视戏曲节目大奖。有请我们的开奖嘉宾，中国音乐家协会党组书记徐沛东、中国舞蹈家协会党组书记冯双白、中国戏曲家协会副主席刘长瑜。

（电视歌舞节目大奖、电视音乐节目大奖、电视戏曲节目大奖开奖　徐沛东、冯双白、刘长瑜）

音乐起

演区：右前开奖台

（主屏幕播放红底黄字晚会名称，侧幕播放红底黄色奖杯、晚会名称，彩幕为金黄色圆点素材）

徐沛东　我们欣喜地看到，中国电视文艺在介入大众音乐方面，起到了越来越重要的强势推广作用。无论是纪念、庆典，还是唱响那些让几代人青春和梦想的红歌，音乐的翅膀在电视的传播下将会飞得更高，更远。我们衷心地希望我们的电视文艺工作者把出精品、推新人作为始终不渝的艺术追求。

冯双白　在现代社会里，有了电视，歌舞传遍了千家万户。中央电视台电视舞蹈大赛过后，很多人跟我说：“舞蹈真好看啊！不看不知道，一看心直跳。”正是电视艺术为歌舞插上了自由翱翔的翅膀，也让我们对今晚电视歌舞节目的大奖充满了期待。

刘长瑜　人们说：“舞台小天地，天地大舞台。”我要说的是呢，电视荧屏也是一个大舞台，是传承和展示中国戏曲文化的大舞台。

徐沛东　下面我们进行开奖仪式，请看大屏幕。

（大屏幕插播电视歌舞节目大奖视频片头）

获得中国广播影视大奖（第21届）“星光奖”电视歌舞节目大奖的是：

获奖者入场

演区：台中领奖台

（获奖者站在运动领奖台上从舞台右侧幕后随音乐上台，舞台呈现白色明亮照明主屏幕播放获奖作品VCR，侧幕彩幕播放金色圆点素材）

（VCR还音）

献给中国改革开放30周年舞蹈精品晚会

科学发展　富民强省－山东省纪念改革开放30周年大型歌舞晚会

在祖国的怀抱里－2008年新疆电视台、内蒙古电视台新春大联欢

守望家园－中国非物质文化遗产专场晚会

（大屏幕插播电视音乐节目大奖视频片头）

获得中国广播影视大奖（第21届）“星光奖”电视歌舞节目大奖的是：

获奖者入场

演区：台中领奖台

（获奖者站在运动领奖台上从舞台右侧幕后随音乐上台　舞台呈现白色明亮照明主屏幕播放获奖作品 VCR，侧幕彩幕播放金色圆点素材）

（VCR 还音）

歌声飘过 30 年－百首金曲系列演唱会

第 13 届 CCTV 青年歌手电视大奖赛

大型电视音乐艺术片《草原颂》

中国红歌会－永远的红歌

（大屏幕插播电视戏曲节目大奖视频片头）

获得中国广播影视大奖（第 21 届）“星光奖”电视歌舞节目大奖的是：

获奖者入场

（获奖者站在运动领奖台上从舞台右侧幕后随音乐上台，舞台呈现白色明亮照明主屏幕播放获奖作品 VCR，侧幕彩幕播放金色圆点素材）

（VCR 还音）

盛世梨园春－中央电视台 2008 年春节戏曲晚会

梨园春潮－2009 年十八省市地区元宵戏曲晚会

（主持人串场）

演区：左前主持台

李　接下来，有请李瑞英宣读颁奖词。

（宣读颁奖词　李瑞英）

李瑞英　获得第 21 届“星光奖”电视歌舞节目大奖的作品，以富于时代感的形式，呈现出中国音乐舞蹈艺术的多元形态。以艺术的方式解读历史进步，以昂扬的格调彰显理想的力量，展现社会和谐，抒发民族情怀，唤起我们对未来的美好憧憬。

获得第 21 届“星光奖”电视音乐节目大奖的作品，在音乐与电视媒体的最佳结合点上，唱响了我们时代充满阳光的旋律，追求壮美的文化品格，张扬蓬勃的生命状态，用一次次心灵洗礼，激发出人民群众向上的力量。

获得第 21 届“星光奖”电视戏曲节目大奖的作品，追随时代的进步，积极探索如何运用视听元素，强化传统艺术的魅力，用文化经典提升观众的审美趣味。即开拓了戏曲的发展空间，又丰富了电视艺术的内涵。

（主持人串场）

董　谢谢。接下来让我们有请新疆电视台少儿频道总监孙健发表获奖感言。

孙健获奖感言

音乐起

孙健　我国五十六个名族都是能歌善舞的民族，尤其是我们今天的新疆。你无论走到哪里，那些歌声和舞姿都赞美着我们的伟大祖国，赞美着我们美好的生活。这次我们获奖的作品《在祖国的怀抱里》就是对这种真实的情感一次全新的表达。在这里，我要感谢，并把这种感谢带给我们新疆的各族人民，并带给全国的各族人民，谢谢。

（主持人串场）

李　再一次为星光喝彩。

串场舞蹈《为星光喝彩》

演出单位：海南省三亚市艺术团

（舞蹈演员身着粉红色啦啦操服装、手持花穗从幕后、台下同时上台。舞蹈内容为啦啦操。音乐节奏明快活泼，舞台灯光随音乐节奏快速变换颜色和闪烁。）

为星光喝彩　为星光喝彩　为星光喝彩

嘿嘿嘿嘿

为星光喝彩　为星光喝彩　为星光喝彩

嘿嘿嘿嘿

（主持人串场）

张　激情热舞，为星光喝彩，而星光也在为我们的时代精神喝彩。长期以来我们的电视文艺一直努力踏准时代的节拍，奏出时代的强音。而全国的广大电视文艺工作者，一直把弘扬社会主义的核心价值观作为我们的首要使命和职责，而这也是广大的电视观众对我们的要求和希望。

庞　当全国许多地方都大力唱响红歌的时候，我们的电视荧屏上也洋溢着这样如火如荼的场景。在接下来这组节目中，我们就要为大家展现一幅红歌的画卷。一起来欣赏歌舞《一路红歌》。

歌舞节目组《一路红歌》

表演：武警河南总队直属支队

河南电视台演艺艺术团

洛阳歌舞剧院（独唱《映山红》李丹阳）

（舞台总体开始呈蓝色为主的冷色调，亮度较低。随着歌曲进入高潮，亮度提高，色彩趋于暖色。群舞演员手持红色火把道具在舞台后部置景上造型。独唱演员身着红色服装，并以追光突出。两侧屏幕配合歌曲播放火焰和映山红元素）

夜半三更哟盼天明
寒冬腊月哟盼春风
若要盼得哟红军来
岭上开遍哟映山红
若要盼得哟红军来
岭上开遍哟映山红
岭上开遍哟映山红
岭上开遍哟映山红

群舞《上前线去》

（画面：手持火把的舞蹈演员退向舞台后方，另一批身着红军服装舞蹈演员挥舞红旗，手持大刀、步枪从左侧上台。舞台光线完全变成橙色，大屏幕播放红旗和激烈的炮火视频。最后所有演员由主屏幕两侧下台）

歌词　炮火连天响　战号频吹　决战在今朝
我们红军战士　英勇武装上前线
用我们的刺刀　枪炮　头颅和热血
嘿用我们的刺刀　枪炮　头颅和热血
坚决与敌决死战

独唱《山丹丹开花红艳艳》赵大地

（画面：窑洞景片从左台口运动上台，独唱演员从景片后走出。身着陕北农民服装舞蹈演员从右台口上台，在舞台后部台阶上造型。大屏幕播放黄土高原、黄河素材）

歌词　一道道的那个山来哟
一道道水
咱们中央噢红军到陕北
咱们中央噢红军到陕北
山丹丹的那个开花哟红艳艳
毛主席领导咱们打江山
毛主席领导咱们打江山

歌曲《拥军花鼓》

演唱：王庆爽、陈笠笠、谌蓉

（舞蹈演员走到舞台中前区。演唱者身着与舞蹈演员相同服装从右台口上台。表演结束后从左台口下台）

（灯光呈粉色、橙色。大屏幕播放北方民居素材）

正月里来是新春　赶上了猪羊出呀了门

猪哇、羊呀送到哪里去？　送给那英勇的八呀路军

嗨来梅翠花　嗨呀海棠花　送给那英勇的八呀路军

八路军英雄是个个能　保卫咱边区陕甘宁

帮咱们种来又帮咱们割　哪一家百姓不呀领情

嗨来梅翠花　嗨呀海棠花　哪一家百姓不呀领情

歌曲《解放区的天》

演唱：张英席、尤鸿斐

（舞蹈演员簇拥着演唱者从两侧台口和屏幕后上台）

（舞蹈演员身着四五十年代学生装。灯光呈现黄、蓝交替的明亮色调。大屏幕播放解放时资料片，侧幕播放红色灯笼和绸缎）

解放区的天是明朗的天，
解放区得人民好喜欢，
民主政府爱人民呀
共产党的恩情说不完
呀呼嗨嗨　一呼呀嗨
呀呼嗨呼嗨　呀呼　嗨嗨
呀呼嗨嗨　一呼呀嗨（重复一遍）

歌曲《没有共产党就没有新中国》

演唱：郗茜、张英席、尤鸿斐

（小女孩清唱，从台下正中走上台，与台上两位演唱者合唱。所有舞蹈演员上台合唱）

（灯光由蓝色渐变为红色。主屏幕播放党旗，侧幕播放华表，彩幕为蓝天白云）

没有共产党就没有新中国　没有共产党就没有新中国

共产党辛劳为民族　共产党他一心救中国

他指引了人民解放的道路　他引导中国走向光明

他坚持抗战八年多　他改善了人民的生活

他坚持敌后根据地　他实行了民主好处多

没有共产党就没有新中国　没有共产党就没有新中国

（主持人串场）

董　一首首老歌今天听来还是那么亲切，那么悦耳。这也让我想到，飞速发展的科技手段，能让我们的电视文艺工作者为电视观众们献上一台又一台的视听盛宴，但是无论技术怎么发展，最终打动人心的还是情怀。在这一点上，可能电视纪录片有着自己的优势，因为它总是用真实的画面留给我们许多思考的空间。

李　我们的电视文艺工作者就是这样：在喧哗中坚守良知，在平凡中仰望崇高，把艺术的高品位视作毕生事业的追求。

董　那接下来我们要颁发的是，第21届“星光奖”电视文艺专题片大奖、电视纪录片大奖、电视文学节目大奖。有请我们的开奖嘉宾：阳光媒体集团主席杨澜、导演康洪雷、文艺评论家仲呈祥。

（电视文艺专题片大奖、电视纪录片大奖、电视文学节目大奖开奖　杨澜、康洪雷、仲呈祥）

音乐起

（演区：右前开奖台　主屏幕播放红底黄字晚会名称，侧幕播放红底黄色奖杯、晚会名称，彩幕为金黄色圆点素材）

杨澜　我们这位领导比较谦虚，所以让我先说。如果说丰富多彩的电视综艺节目就像一串串甘甜多汁的葡萄的话，我想说电视文艺专题片就像是一杯杯甘甜的美酒，它需要时间的酝酿、需要岁月的沉淀、也需要酿酒人耐得住一份寂寞。就像葡萄可以解渴一样，红酒更让人回味无穷。所以非常荣幸在这里向我的同行们表达我深深的敬意。

康洪雷 我的工作是把生活中点滴的感悟通过艺术的形象、虚拟的人物展现出来。下面要登台捧奖的这些同行们，他们的摄影机直接面对着现实生活，他们用他们的良心、用他们的执著把他们的思想把他们的认识通过摄影机展现给民众。我们对他们的工作充满敬意，他们将把历史非常鲜活地呈现在我们面前，谢谢他们。

仲呈祥 在人类发展的历史上，是先有艺术而后有文学的，文学是语言的艺术。但是，在当代风姿多彩的文艺作品中，他们的基础都是文学，文学决定着包括电视节目在内的一切文艺形式的文化品位，和审美格调。因此，我们离不开电视文学节目，同时，电视文学节目以它的独特的风姿，使我们的电视节目的花园里既有欢乐、欢快，也有沉静、思考。它使我们中国的电视文化生态环境得到了平衡。因此，我要说，文化化人、艺术养心，重在引领，贵在自觉。

杨澜 请大家看大屏幕。

（大屏幕插播电视文艺专题片大奖视频片头）

获得中国广播影视大奖（第21届）“星光奖”电视文艺专题片大奖的是：

获奖者入场

（获奖者站在运动领奖台上从舞台右侧幕后随音乐上台）

（舞台呈现白色明亮照明，主屏幕播放获奖作品VCR，侧幕彩幕播放金色圆点素材）

【画外音】

昆曲六百年

戏曲文化专题片《黄河戏话》

我们在场－中国纪录片三十年

2008中国农民工之夜

大屏幕插播电视纪录片大奖视频片头

获得中国广播影视大奖（第21届）“星光奖”电视纪录片大奖的是：

获奖者入场演区：台中领奖台

获奖者站在运动领奖台上从舞台右侧幕后随音乐上台

（舞台呈现白色明亮照明，主屏幕播放获奖作品VCR，侧幕彩幕播放金色圆点素材）

【画外音】

复兴之路

百年世博梦

见证南京大屠杀

珠江－献给中国改革开放30周年

茶马古道

蚂蚁，蚂蚁

电视往事－中国电视剧二十年纪实

森林之歌

大屏幕插播电视文学节目大奖视频片头

获得中国广播影视大奖（第21届）“星光奖”电视文学节目大奖的是：

获奖者入场

（演区：台中领奖台　获奖者站在运动领奖台上从舞台右侧幕后随音乐上台）

（舞台呈现白色明亮照明主屏幕播放获奖作品VCR，侧幕彩幕播放金色圆点素材）

【画外音】

2009新年新诗会

潮起千年

（主持人串场）

演区：左前主持台

李 有请李瑞英宣读颁奖词。

宣读颁奖词李瑞英

李瑞英 获得第21届“星光奖”电视文艺专题片大奖的作品，自觉地传承文明星火，引领文化关注，守望精神家园。通过真实的影像和深邃的意境，使民族的历史记忆获得了一种富于个性和韵味的充分表达。

获得第21届“星光奖”电视纪录片大奖的作品，忠实地记录了时代巨变的波澜壮阔和生活流淌的点点滴滴，并与其中融入对社会、历史的感悟和思索。这里，每个故事都可以成为一则启示，每段人生都可以成为一篇史诗。

获得第21届“星光奖”电视文学节目大奖的作品，穿越时空的界限，开辟了一条心灵之间对话的途径。在简洁的形式中，蕴含深刻的哲理，在静穆悠远的美感中贯穿着我们民族绵延不绝的文化血脉。

（主持人串场）

董 接下来让我们有请任学安导演代表获奖者发表获奖感言。

任学安获奖感言

音乐起

任学安 谢谢全体评委！《复兴之路》获此殊荣，要特别感谢所有参与创作的专家、学者、有关领导。此刻，我想，《复兴之路》与其说是我们创作的，不如说它是100多年来，由一代代仁人志士带领所有的中国人用鲜血和智慧共同写成的。没有他们，复兴也许仍只是百年前那一声沉重的叹息。因此，我要向他们、向亲爱的祖国、向持续推进了30年的伟大的改革开放献上我深深地敬意。

（主持人串场）

演区：左前主持台

董 让我们再一次用掌声向获奖者表示祝贺。

串场舞蹈

演出单位：海南省三亚市艺术团

（舞蹈演员身着蓝色啦啦操服装、手持荧光棒从幕后、台下同时上台。舞蹈内容为啦啦操。音乐节奏明快活泼，舞台灯光随音乐节奏快速变换颜色和闪烁。最后摆成五角星造型）

（主持人串场）

张 满天的星光为你喝彩，中原大地为你祝福。

庞 当接下来将要出场的这位艺术家，是我们的河南老乡、小提琴演奏家薛伟。今天，在家乡，在星光奖的舞台上，他将要和古筝演奏家袁莉合作，为大家奉献一曲《渔舟唱晚》。

器乐合奏《渔舟唱晚》

（演员追光，整体采用冷色光，舞台上铺满干冰，大屏幕和彩幕营造出泛舟江上的氛围）

（主持人串场）

音乐

董 李，我要是问你现在孩子们最爱看的动画片是什么，你会说……

李 《喜羊羊和灰太狼》！因为我就像灰太狼，因为嫁人就嫁灰太狼。

董 这部动画片好像成了孩子们的最爱啊！但其实我想了一想，我们也有属于我们那个年代的欢乐的记忆。

李 好像我们有多老似的。我记得那个时候有什么《小蝌蚪找妈妈》……

董 《大闹天宫》啊，葫芦兄弟啊，《黑猫警长》啊，《阿凡提的故事》等等等等吧，陪伴我们的童年。让我们非常欣喜的是，你看，在老一辈打下的基础之上，现在啊，经过几代电视人的努力，如今的电视动画文艺也渐渐地进入了一个成熟阶段。

李 哎，其实所谓成熟的关键所在，就是文化创意产业的诞生。这是一条充满了探索、充满了智慧的创新之路，也是中国电视文艺走向世界的必由之路。我们有信心，我们也有能力让中华文明在人类文明的社会中发出更加响亮的声音。

董 那接下来我们要颁发的是，第21届“星光奖”少儿电视节目大奖、电视动画片大奖、电视科普节目大奖。有请我们的开奖嘉宾：主持人鞠萍、配音演员李杨、电影表演艺术家于洋。

（少儿电视节目大奖、电视动画片大奖、电视科普节目大奖开奖鞠萍、李杨、于洋）

音乐起

主屏幕播放红底黄字晚会名称，侧幕播放红底黄色奖杯、晚会名称，彩幕为金黄色圆点素材

鞠萍 少儿电视节目伴随孩子们的成长，它既是苗圃，也是乐园。党和国家高度重视未成年人的思想道德建设，从一两个电视节目到一两个电视栏目到现在全国的30多个少儿频道。我和我的同事们将以一颗爱心，一颗童心和一份耐心共同前行，为今后的孩子们创作出更多的精品少儿节目。所以，我说，我是世界上最幸福的人。谢谢！

李杨 随着中国的国富民强，中国的动画事业近年来也得到了长足的发展。国家工商总局统计，在中国注册的专门生产动画片的公司达到了一万间。教育部统计，有五百多所专门培养动漫人才的学校每年培养着超过八万人的毕业生。国家广电总局统计，到2009年，我们国产动画片的总产量连续4年超过了十三万分钟。但是我们清醒地看到，民族动画精品还不够多，中国动画事业的工作者们要树立远大的志向，充分利用动画这个人类喜闻乐见的艺术形式，把人类精髓的中华民族精神和璀璨的中华民族文化普及、传播到全世界。

于洋 朋友们，2003年“非典”来的时候啊，当时的人们是非常惊慌的。但是就在这个时刻，我们的电视台及时地播放了有关SARS的常识，使大家看了之后就明白了许多事情。所以我说，科学是可以改变人的生活的，而科普这个节目使我们能够认识到科学的力量。

杨澜 谢谢于洋老师，接下来我们进行开奖仪式，请大家看大屏幕。

（大屏幕插播少儿电视节目大奖视频片头）

获得中国广播影视大奖（第21届）“星光奖”电视文艺专题片大奖的是：

获奖者入场

（获奖者站在运动领奖台上从舞台右侧幕后随音乐上台舞台呈现白色明亮照明主屏幕播放获奖作品VCR，侧幕彩幕播放金色圆点素材）

童心中国－2009年十二省市少儿春节晚会

大型奇幻儿童互动剧《爱的彩衣》

小英雄－少年儿童野外生存挑战

欢乐蹦蹦跳

SK状元榜北京电视台

大屏幕插播电视动画片大奖视频片头

获得中国广播影视大奖（第21届）“星光奖”电视动画片大奖的是：

获奖者入场

演区：台中领奖台

（获奖者站在运动领奖台上从舞台右侧幕后随音乐上台舞台呈现白色明亮照明主屏幕播放获奖作品 VCR，侧幕彩幕播放金色圆点素材）
福娃奥运漫游记
三国演义
少年狄仁杰
大耳朵图图（第二季）
小卓玛
大屏幕插播电视科普节目大奖视频片头获得中国广播影视大奖（第21届）“星光奖”电视科普节目大奖的是：
获奖者入场
演区：台中领奖台
（获奖者站在运动领奖台上从舞台右侧幕后随音乐上台舞台呈现白色明亮照明主屏幕播放获奖作品 VCR，侧幕彩幕播放金色圆点素材）
消防大本营

（主持人串场）
演区：左前主持台
李 有请李瑞英宣读颁奖词。

宣读颁奖词李瑞英
演区：右前开奖台
李瑞英 获得第21届“星光奖”少儿电视节目大奖的作品，关注未成年人成长，真诚揭示童心世界，以新颖活泼的样式培养少年儿童的科学素养和道德品质，启迪他们的想象力和创造力，为下一代人提供了丰富的精神营养。

获得第21届“星光奖”电视动画片大奖的作品，以鲜明的形象、绚烂的色彩、跃动的节奏，创造出一个个奇幻的世界。在满足青少年对于知识渴求的同时，让孩子增强自信，认知潜能，引发了青少年广泛的情感共鸣。

获得第21届“星光奖”电视科普节目大奖的作品，以动画形式为载体，通过充满童真童趣的故事，生动形象地普及了消防安全知识，从一个独特的角度，对提高国民消防素质做出了有益的尝试。

（主持人串场）
董 接下来让我们欢迎北京电视台总编辑张晓代表获奖者发表获奖感言。

张晓获奖感言
张晓 大家晚上好！首先非常感谢组委会授予北京电视台这一很高的荣誉和很有价值的大奖。众所周知，2008年，北京成功地举办了举世瞩目的奥运会，这次奥运会彰显了中国的国际势力和良好的国家形象。我台50集《福娃奥运漫游记》当时是作为奥运会的献礼节目制作的，它之所以能够取得一点小小的成绩，是反映了奥运精神，反映了时代精神，反映了文化创意产业的发展方向，也是和在座诸位的支持分不开的。谢谢大家！

（主持人串场）
李 为星光喝彩！

串场舞蹈
演出单位：海南省三亚市艺术团
（舞蹈演员从两侧台口上台。）
（舞蹈演员身着绿色啦啦操服装、手持粉红色花朵道具，舞蹈内容为啦啦操。音乐节奏明快活泼，舞台灯光随音乐节奏快速变换颜色和闪烁。最后摆成五角星造型）

（主持人串场）
张 今夜的星光为你喝彩，为电视文艺工作者的锲而不舍喝彩，为您的艰苦创新喝彩。我们还要特别为全国的少儿文艺工作者喝彩。您辛苦的工作，丰富着我们少年儿童的生活，也在感染着他们的心灵，为你们喝彩，也是在为祖国的未来喝彩，为明天喝彩。

庞 接下来就让我们一起聆听发自内心深处最真诚的歌唱，有请毛阿敏演唱歌曲《天之大》。

独唱《天之大》毛阿敏
作词：陈涛
作曲/编曲：王备
表演：河南电视台小明星艺术团

（主要分两个演区。第一段毛阿敏在左前演唱，装扮成熊猫和洋娃娃的小朋友在右后方配合做舞蹈动作诠释场景内容。间奏过后小女孩与毛阿敏进行互动。最后一段副歌一群捧着红烛的孩子上台伴舞。）
（舞台总体采用蓝色逆光，大屏幕、彩幕、播放星空、红烛配合烘托气氛。毛阿敏、舞蹈演员以追光突出。一轮明月挂在舞台左后方，而表现家中环境的景片则使用暖橙色光线）

妈妈　月光之下　静静地　我想你了
静静淌在血里的牵挂
妈妈　你的怀抱　我一生爱的襁褓
有你晒过的衣服味道
妈妈　月亮之下有了你　我才有家
离别虽半步即是天涯
思念　何必泪眼　爱长长　长过天年
幸福生于会痛的心田
天之大　唯有你的爱　是完美无瑕
天之涯　记得你用心传话
天之大　唯有你的爱　我交给了他
让他的笑像极了妈妈
妈妈　月亮之下有了你　我才有家
离别虽半步即是天涯
思念　何必泪眼　爱长长　长过天年
幸福生于会痛的心田
天之大　唯有你的爱　是完美无瑕
天之涯　记得你用心传话
天之大　唯有你的爱　我交给了他
让他的笑像极了妈妈
让他的笑像极了妈妈

（主持人串场）
音乐起

李 现在的电视文艺栏目真的从内容上讲，从形式上讲，真的是丰富多彩。有的在强调知识性，有的呢在突出它的趣味性，但是不管怎么说，只要是与老百姓的生活息息相关的，就一定会拥有广泛的收视群体。

董 那接下来我们要颁发的就是，第21届“星光奖”电视文艺栏目大奖。有请我们的开奖嘉宾：国家广播电影电视总局副局长胡占凡，中国曲艺家协会党组书记姜昆。

（电视文艺栏目大奖开奖　胡占凡、姜昆）
音乐起
主屏幕播放红底黄字晚会名称，侧幕播放红底黄色奖杯、晚会名称，彩幕为金黄色圆点素材

胡占凡 我们现在的电视文艺栏目，是我们国家广播电影电视总局近两年当中向全国广播电视系统推荐的优秀的文艺栏目。我们的这些栏目有很强的示范性，导向正确、价值观正确、艺术水平精湛。姜昆作为后来人我觉得还是应该由

你来多说。

姜昆 我呢，在咱们电视文艺栏目当中演相声，但是我也忝列于电视栏目主持人的行列有很多年了。过去有春节晚会还有正大综艺。我知道，当我们的这些综艺栏目把我们美好的节目奉献给大家的时候，大家品尝着这杯美酒的时候，有多少人曾经用他的汗水、用他的劳动来酿制这杯美酒。今天，又跟过去不能比啦，今非昔比！过去的电视栏目多少啊，现在，就是一秒钟您看一个我们的电视文艺栏目，我估计两天三天你也看不完。所以呢，从心里头为我们的中国老百姓祝福。下面请看我们的大屏幕。

大屏幕插播电视栏目大奖视频片头

获得中国广播影视大奖（第21届）“星光奖”电视文艺栏目大奖的是：

获奖者入场

（获奖者站在运动领奖台上从舞台右侧幕后随音乐上台）

（舞台呈现白色明亮照明主屏幕播放获奖作品VCR，侧幕彩幕播放金色圆点素材）

河南电视台　梨园春

中央电视台　艺术人生

国家广电总局电影频道节目中心　流金岁月

吉林电视台　回家

中央电视台　空中剧院

广西电视台　金色舞台

宁波电视台　江南话语

安徽电视台　相约花戏楼

上海文广新闻传媒集团　闪电星感动

山东电视台　天下父母

中央电视台　星光大道

（主持人串场）

李 接下来请李瑞英宣读颁奖词。

宣读颁奖词　李瑞英

演区：右前开奖台

李瑞英 获得第21届“星光奖”电视文艺栏目大奖的作品，注重表现形式的多样化和观众趣味的多样性，近距离地反映了中国人的生存状态和精神追求。在满足电视观众多层次需求的同时，让高雅文化走进大众，让民族美德深入人心。

（主持人串场）

演区：左前主持台

董 我们有请河南电视台总编辑王少春代表获奖者发表感言。

王少春获奖感言

音乐起

演区：台中领奖台

王少春 只要常看电视的人都知道，在一个电视频道中，栏目是它的主要构成，在众多的栏目中，文艺栏目又是主要支柱。全国各级电视台，究竟有多少个文艺栏目，我虽然没有做过统计，但想必数量一定是非常庞大的。我们河南台的《梨园春》和其他台的十个栏目能从众多的栏目中突围而出，夺得大奖，的确来之不易。我深知创办一个名牌栏目的不易，我为《梨园春》总结的经验是十六个字：甘于寂寞，坚持理想，勇于创新，永葆热情。谢谢大家。

（主持人串场）

演区：左前主持台

李 为星光喝彩！

串场舞蹈

演出单位：海南省三亚市艺术团

（舞蹈演员从两侧台口上台。）

（舞蹈演员身着红色啦啦操服装、胸前绑着

小鼓。舞蹈内容为带有民族风格啦啦操。音乐节奏明快活泼，舞台灯光随音乐节奏快速变换颜色和闪烁）

（主持人串场）

张 今夜的星光特别为那些年年月月默默无闻制作栏目的电视同行们喝彩，你们辛苦的工作丰富着电视荧屏，伴随着我们的生活。你们在每一期栏目中体现着电视人的追求。

庞 作为一名电视人，我们深知自己肩负的使命和责任，从更宏观的意义上讲，我们的一切努力和追求都是为了让中华文明在新时期更加发扬光大。让我们一起来欣赏刘斌演唱的歌曲《中国魂》。

歌舞与武术《中国魂》

作词：王晓岭

作曲：王路朝

演唱：刘斌

表演：河南少林武术专修院

河南电视台演艺艺术团

（男演员从舞台中部升降台上场。随后分组在台前进行武术表演。第二段主歌，女演员身着大红色戏装从升降台上场群舞）

（男演员化装成铜人，集体造型，整个舞台采用红、黄两色光，大屏幕和彩幕播放代表中国元素的黄河、红门。营造出金碧辉煌的气氛）

煌煌列阵　一腔豪气干云
凭栏处　掌上乾坤
仰望星空　参悟了象形脚本
只是谁能明了　我的甲骨文
暖暖余温　江山马蹄声震
红罗帐起舞佳人
执手一刻　成全了情缘凡尘
多情怎应笑我　豪放的天真
天之籁　笛声琴韵
秦腔楚歌　蜀绣湘锦
四宝文房　八大山人
都在我晨钟暮鼓里寻　哎嗨哟
地之脉　黄河昆仑
中原问鼎　边塞行军
刚柔相济　从容坚忍
我的爱让我找到了根　找到了根　哎嗨嗨

（主持人串场）

董 现在的电视文艺，已经参与到了社会的发展当中，我们看到近些年来，每当国家有重大事件发生的时候，电视文艺也显示出了它独特而不可替代的宣传力量。

李 我们难忘2008年5月12日那场震惊世界的汶川大地震，短短6天之后的5月18日，由中央各部门共同发起了一场“爱的奉献——2008宣传文化系统抗震救灾大型募捐活动”。

董 这不是一台普通的电视晚会，它体现的是全体中国人民，所有中华儿女众志成城、大爱无疆的精神面貌，这台晚会最终募集到了15.15亿元的善款，当时有46个国家和地区的106家媒体转播或者是部分使用了晚会信号。可见它的影响力。

李 胡锦涛总书记和其他国家领导同志对晚会给予了高度的赞扬，全国各族人民也被深深地感动着。其空前的影响力必将是历久而弥新。

董 当时我们邀请到北川中学高三的一位同学白琳来到我们现场，那时候她和她的家人已经完全失去了联系，她的父亲在收看电视直播，通过热线电话在直播现场和女儿通过声音重逢了。这一幕当时也打动了很多人，这一次我们再一次把白琳又请到了我们颁奖晚会的现场，让我们掌声欢迎她。

嘉宾互动　董　白琳

董　你好白琳。真高兴又见面了，欢迎你来到我们的现场。

白琳　首先，请允许我向全国的观众朋友们鞠个躬。

董　这深深地一鞠躬，我觉得真的是包含了千言万语，有什么想说的现在可以跟大家说说。

白琳　其实从5月12号到现在，我憋了很久，真的很想跟关心我的叔叔阿姨、哥哥姐姐说声感谢，今天，终于有机会表达我的感激之情。首先，我要感谢中央电视台，在地震以后让我找到了我的父亲，给了我希望。感谢各界人士的捐款让我家乡人民可以重建家园。

董　白琳在我们直播现场有一句话打动了我们所有人，她当时在电话里听到了父亲的声音，当她还没有完全从激动的情绪中平复下来的时候，她说第一句话是："爸爸，我们活下来了。我们以后要做志愿者，去帮助更多的人。"而现在，她也实现了自己的这个愿望和承诺，她已经成为一名志愿者了，是吗？

白琳　对，我现在是一名志愿者，我希望尽我的微薄之力去帮助别人，去做一些小事，同时我也希望把这个爱传播下去，传扬下去，让更多的人得到幸福和温暖。最后，我要祝所有的电视工作者身体健康、万事如意、好人一生平安。

董　祝福你孩子，希望你好好学习，早日成才。谢谢你。

（特等奖开奖）

董　好，观众朋友，那接下来我们要颁发的就是，第21届"星光奖"特等奖。获得这个崇高荣誉的就是《爱的奉献－2008宣传文化系统抗震救灾大型募捐活动》。有请国家广播电影电视总局，中国人民解放军总政治部，中国文学艺术界联合会，中国作家协会，中华新闻工作者协会，中国中央电视台的代表上台领奖。

获奖者入场　颁奖

音乐起

（获奖者从左台口上台）

（呈现白色明亮照明主屏幕播放获奖作品VCR，侧幕彩幕播放金色圆点素材）

李　让我们用热烈的掌声向第21届"星光奖"特等奖获奖代表表示忠心的祝贺。

董　同时有请中宣部副部长，国家广播电影电视总局党组书记、局长王太华同志和中共河南省委副书记，河南省人民政府、省长郭增茂同志为第21届"星光奖"特等奖获奖代表颁奖。

（主持人串场）

董　谢谢我们的颁奖嘉宾！

李　谢谢我们的颁奖领导，让我们以热烈的掌声再一次向第21届"星光奖"特等奖获奖代表表示祝贺。感谢他们，感谢他们用爱的力量为当代中国留下了一份永久的、珍贵的记忆。

（特别奖颁奖）

（舞台呈现白色明亮照明主屏幕播放获奖作品VCR，侧幕彩幕播放金色圆点素材　获奖代表台下就座）

张　朋友们，在伟大的2008年和辉煌的2009年，我们拥有太多太多这样非凡的时刻和难忘的瞬间。这两年，我们广大的电视文艺工作者，也不辱使命，不负众望，用多种文艺形式记录了历史也展示了时代。所以本届“星光奖”设立特别奖，以表彰电视文艺工作者的非凡业绩。

庞 获得第21届“星光奖”特别奖的是。

张 感动中国2007年度人物颁奖盛典

庞 先行之路－广东省纪念改革开放30周年大型文艺晚会

张 在茉莉花盛开的地方－江苏省纪念改革开放30周年大型文艺晚会

庞 天地交响－庆祝“神舟七号”载人航天飞行圆满成功文艺晚会

张 中国广播影视大奖（第20届“星光奖”）颁奖典礼

庞 怀念敬爱的周总理大型情景音乐会——你是这样的人

张 纪录片《北川中学》

庞 大型人文纪录片《台北故宫》

张 《我们的奥林匹克－微笑·1988》

庞 宣传片《让世界倾听我们的声音》

张 英雄少年－2008抗震救灾英雄少年颁奖晚会

庞 让我们再一次用热烈的掌声向所有的获奖作品和单位表示衷心的祝贺。

张 当星光再一次照亮夜空，我们每个人的心中都有太多刻骨铭心的记忆，魂牵梦绕的向往，和豪情满怀的憧憬。

庞 无论是欢笑还是泪水、无论是鲜花还是荆棘，在这一刻都化作了庄严和神圣。因为我们的一切努力和追求都有星光作证。

朗诵《星光作证》

（演员站在移动领奖台上从右台口上场，随着朗诵走到台前）

（舞台中后方领奖台　大屏幕和彩幕播放奖杯和满天星光背景，整个舞台采用蓝白色光，朗诵者追光）

董 今夜，我们是星光。

李 今夜，我们是星光。

齐 今夜，我们是星光。

董 从千家万户的荧屏，汇聚到流光溢彩的舞台上。

李 此刻，中原大地冰封千里，可母亲河仍在我们身边歌唱。

董 我想问黄河，是谁，让我们灿若星辰。

齐 点亮你生命中每一秒阳光。

李 我更想问我自己，是谁让我们的心长出翅膀。

齐 飞向你生活中所有的希望。

李、董 从身边流水的日子。

齐 一直到未来与梦想拥抱的远方。

沈力 我年轻的时候，电视还是黑白的图像，在九英寸的荧屏上，我以“为您服务”话家常。直到今天，“您”依然在我心上。

陈铎 我心目中的星光，是一道划时代的光芒。从《话说长江》到《行走的运河》，画出了人与大自然和谐美妙的天地华章。

董 我那缤纷的舞台啊，沐浴着灿烂星光。行走在新世纪第一个十年的路上，大江南北的掌声让我听见了一个走向复兴的民族发自内心愉悦的欢畅。

李 为普通人“锻造”星光，打造百姓偶像，是我的梦想。为什么生活中朴实的他们一面对镜头就神采飞扬？我理解，那是因为你们期待的目光！

王小丫 每年的春天，我都要跑进“两会”的现场。有人说，这不是一个普通的会议，这关系到百姓生活的幸福方向。其实我一直想对“幸福”说：你如星光，曾经离我很远，但是现在，你就在我的身旁。

撒贝宁 从法学院的课堂走到主持人的岗位上，伴随我成长的，是一个个见义勇为、匡扶正义的形象。每天，我记录的主角就是你，为了他人的生命和生命的尊严燃烧的星光。

张泉灵 干我们这一行，要具有怎样的新闻目光？回望我镜头里那些有价值的“新闻”人物，最吸引我的，还是面对困难的微笑，坚强不屈的脊梁。

董浩 哪怕最微弱的星光，都有可能点亮明天的太阳。我想对所有的父母说，对你的孩子，不要吝啬夸奖，就像今天把星光的奖杯抵到年轻人手上。

海霞 坐在新闻直播间，每天和世界对话，有人问我在想什么，我想，无论地球发生了怎样的变化，都要让世界在第一时间听到中国的声音，十三亿人和声的力量！

撒贝宁 仰望无尽苍穹。

撒贝宁、张泉灵、王小丫 谁在辉映星光？

董 身在荧屏世界

董、李 谁在守望星光？

陈铎 徜徉浩瀚星海。

陈铎、沈力 谁在播撒星光？

海霞 回眸真情岁月。

海霞、董浩 谁在呵护星光？

董 如果，我们是星光，那璀璨星光的天幕就是祖国。

齐 一个名叫中国的美丽地方！

李 如果，星光是我们，那点亮星光的光源就来自您。

齐 中华儿女最温暖的目光。

董 星光作证！

齐 你是我灿烂荧屏的永恒绽放。

李 星光作证！

齐 我是你连接未来的国家形象。

（主持人串场）

张 星光作证，我们都是一颗颗默默闪光的星星。

庞 星光作证，我们都为理想而奋斗和燃烧。

张 星光作证，星空下的事业是最光明的事业，最灿烂的事业。

庞 星光作证，星空下的前程必定美丽如歌，繁花似锦。

（歌舞《繁花似锦》宋祖英）

作词：王晓岭

作曲：孟勇

表演：河南电视台演艺艺术团

河南省歌舞剧院艺术团

（群舞演员身穿粉红色大摆裙铺满舞台。大屏幕和彩幕播放繁花素材。灯光采用粉色、橙色、红色等暖色系光。第二段主歌开始，星光奖奖杯模型景片运动上台，定位在台中）

我深情望着你　你越来越美丽
新城村寨都是和谐美图画
我真情唱着你　爱在我心里
欢歌笑语都是和谐表达
花开的祖国　流光溢彩
花样的儿女　青春焕发
繁花似锦　共享盛世阳光
似锦繁花　铺开锦绣中华
铺开锦绣中华
我精心描绘你　你越来越神奇
小康大道通向万户千家
我衷心祝福你　情在我梦里
云霞霓虹引亮火树银花
花开的祖国　流光溢彩
花样的儿女　青春焕发
繁花似锦　共享盛世阳光
似锦繁花　铺开锦绣中华
铺开锦绣中华
铺开锦绣中华

主持人结尾　**董 李 张 庞**

音乐起

（大屏幕播放晚会名称，侧幕播放红底黄色奖杯，彩幕播放金色素材）

董 每一颗星光，都有一个故事，让我们用荧屏连接起整个世界。

李 每一颗星光，都会收获一个寓言，为的是让整个的荧屏世界再增添新的光彩。

张 中国广播影视大家，第21届“星光奖”颁奖圆满礼成

庞 我们期待两年之后再相逢。朋友们

齐 再见！

字幕

（姬文月　整理）

“万家灯火平安夜”2010年公安部春节联欢晚会

恭贺新春大幕启

开场歌舞《春天的贺卡》

作词：任卫新　作曲：李昕

编曲：李珂　演唱：张也

编舞：魏思佳　纪家萱

把所有的雪花都做成春天的贺卡
赠送给神州大地上的每一户人家
写进我们最简单　最代表心愿的话
给祖国一个平安　它来自人民警察
请收下吧　收下吧
春天的贺卡
用它装点我们神州大地每一个家
请收下吧　收下吧
平安的贺卡
用它福佑我们中华民族共同的家
请收下吧　收下吧
春天的贺卡
用它装点我们神州大地每一个家
请收下吧　收下吧
平安的贺卡
用它福佑我们中国民族共同的家
中华民族共同的家

主持人出场：

朱军 尊敬的各位领导各位来宾。

董卿 来自全国各地的公安民警们，电视机前的观众朋友们。

合 大家　春节好。

温耀龙 首先，请允许我们以深情的敬礼向全国人民拜年，向所有的战友们拜年。（敬礼）

朱彦廷 送走牛年，迎来虎年。我们用春天的贺卡，为平安中国的有一个新春，送上最诚挚的祝愿。

朱军 今年公安部春节晚会的每一首歌曲，都是一张精美的贺卡。而这一张张贺卡，又承载着我们最美好的祝福。

董卿 我们也要把这一份份温暖而美好的祝福，送给全国的观众朋友们。送给此时此刻依然坚守在岗位上的全国公安民警们。

歌舞：《有事请找我》

作词：马青山　作曲：大平　编曲：李珂

演唱：郭冬临　编舞：王雪梅

表演：珠海华发艺术团

海南三亚市艺术团
重庆市公安局消防文工团
新疆公安边防总队文工团

东院的大嫂　西院的大哥
新来的片儿警有事儿跟你说说
跟你说说　跟你说说
片儿警我有事儿跟你说说
出门时别忘了关好煤气
娱乐时要记住不能赌博
邻里关系要好好地处
别为小事儿看着上火
着急上火　着急上火
别为小事儿着急上火
您不用客气　有事儿请找我
我是您的兄弟　我为您巡逻
您不用客气　有事儿请找我
我是您的兄弟　我为您巡逻
楼上的大婶　楼下的大爷
新来的片儿警有事儿跟您说说
跟你说说　跟你说说
片儿警有事儿跟你说说
刮风了要注意安全防火
遛弯儿时　别忘了交通规则
上街买菜要把门锁好
亲朋聚会酒要少喝
酒要少喝　酒要少喝
喝酒千万不能开车
您不用客气　有事儿请找我
我是您的孩子　我为您巡逻
您不用客气　有事儿请找我
我是您的孩子我为您巡逻
为您巡逻

相声：《我要当交警》

作者：北京市公安局组织创作　康沟　张峰　韩笑

表演：李伟建　武斌

李　广大的公安干警啊，今天非常的激动。

武　一看见警察我这心跳就会加快。

李　但是我相信，真正配合一定没亏吃。

武　对，坦白从宽是最好的出路。

李　我检举案犯武斌。

武　我检举主谋李伟建　咱俩跑这儿自首来了?!

李　赖你啊。

武　怎么赖我啊?

李　什么叫看着警察心跳就加快啊。

武　我的意思实说啊，我特别羡慕警察这份工作。哎，尤其是交警，多威风。一身儿警服，倍儿帅一骑一辆摩托车，倍儿酷；一开罚单，倍儿傻。

李　倍儿傻?

武　啊。一开罚单，倍儿，我就傻了。

李　咳，你傻了。

武　多新鲜啊，我得交罚款，我不得傻么。不瞒你说啊，我就想当交警。

李　当交警可不容易。处理问题需要技巧。最关键的一条，脑子转得要快。

武　哎，我这脑袋转得就快。

李　就你那智商，非让那违章者绕糊涂了不可啊。

武　小瞧人。

李　不服气。

武　怎么着?

李　抬杠？试试。

武　试试就试试。

李　您看我怎么难为他。

武　交警上岗。

李　警察同志，您好，您辛苦。

武　为人民服务。

李　真辛苦。

武　你哪那么多说的啊　喝多了吧?

李　啊　喝了。

武　喝多少啊?

李　一瓶。

武　一瓶？
李　白的。
武　还白的？动车了吧。
李　动了，我动车组的。
武　你哪儿那么多废话啊？这醉酒驾车知道怎么办么？
李　治安处罚啊。
武　怎么处罚啊？
李　进看守所。
武　啊你全知道？
李　傻了吧。
武　我傻什么啊？
李　我实在不实在？
武　实在。
李　我真诚不真诚？
武　真诚。
李　我坦白不坦白？
武　坦白。
李　坦白应该怎么着？
武　坦白从宽。
李　回见。
武　回来，哪儿你就走啊。我问你喝酒为什么开车？
李　烦能不喝酒么。
武　烦什么啊？
李　我们家那个辈儿忒乱。
武　这个辈儿还能乱到哪儿去啊。
李　我给您说说。
武　怎么了？
李　我们爷俩娶了他们娘俩。
武　你先等会儿这头一句就是醉话啊。
李　啊这都听不懂，我爸离了婚带着我，她妈离了婚带着她。
武　咳，两个破碎家庭重新组合在一起啦、那这儿辈儿乱什么啊。你爸和她妈是平辈，你和她是一辈儿。
李　不是照您说的那么娶的。
武　那是怎么娶的？
李　我爸爸娶的是那个闺女。
武　你娶的是那个妈啊。
李　啊。
武　你够孝顺的啊。
李　我有点恋母。
武　咳，什么人都有。
李　从此后，我后妈的妈就成了我媳妇，我爸，就成了我媳妇闺女的老公。
武　这我们还都能听明白喽。
李　再后来呢，我们同时生孩子了。
武　你们爷俩还是够齐的哈。
李　都说有困难找警察，您受累给排排这个辈儿。
武　这儿辈儿我排不了。
李　这辈儿你都排不了你查什么酒后啊；这么点事儿你都闹不清楚你还当交警呢。回去加强学习啊。下不为例。
武　哎，那我肯定得改啊。
李　回见。
武　哎，不对啊。我查酒后挨辈儿什么事儿啊。这人太可气了嘿。瞎编这么个故事，这不诚心绕疼我嘛，哼，我真得机灵点儿。待会儿啊，甭管是谁，上来，我就得让他吹。想难为我，门儿都没有。
李　朋友今天你要远走，喝了这杯酒。
武　好嘛。端着酒杯就上来了。哎，站住。
李　干嘛？
武　吹！
李　什么？
武　我让你吹。
李　祝你生日快乐，祝你生日快乐。
武　你先别快乐啊。
李　你不是让我吹嘛，那不得许个愿啊。
武　我让你吹蜡烛过生日啊。
李　今年是我本命年。
武　你哪儿这么多说的，喝酒了吧？
李　嗯。

武 我问你喝酒了没有？
李 嗯。
武 看着我说话，看着我的眼睛。
李 你讨厌。
武 怎么了？
李 你是看我长得太漂亮了。
你喝了吧。咱是一家人。
武 别套近乎。
李 这可不是套近乎啊。哎，你住哪个区啊？
武 我东城。
李 哎，我也住东城。
武 东城你动手干什么啊？
李 你属什么的啊？
武 属猴。
李 哎。
武 你也属猴啊？
李 嗯。
你几月的？
武 十二月 你也十二月？
李 我一月的。
武 一月你打我干什么你。
李 叫姐姐叫姐姐。
武 凭什么叫你姐姐啊。
李 十二月你猴尾巴，一月我是猴头。
武 你就是孙猴儿，今儿你也得给我吹。
李 怎么着说半天你就是不给面儿是吧。
武 今儿我吃了秤砣了。
李 告诉你，姑奶奶可不是好惹的。
武 你甭吓唬我。
李 今天我跟你同归于尽。
武 你想怎么着？
李 来人啊，帅哥抱美女不撒手啦。
武 这谁抱着谁呢这是。走走走。
李 这可是你让我走的啊。
武 赶快从我眼前消失。这都什么人啊这都是。不对啊，她又把我绕里边了。呦看来交警这工作是挺难的啊。我是得多个心眼。哎，那小面怎么开的车，小面，停下。司机，下来。你们那儿倒腾什么，司机快下来，过来。
李 来了来了来了。
武 大妈你怎么个意思啊？
李 什么怎么个意思？你不是让停车么。
武 停车我让司机下来。
李 啊，我就是司机。
武 您会是司机？
李 怎么着，你有点儿三枪拍案惊奇啊。
武 咳，我太惊奇了。您够得着那离合器么？
李 帅哥，你 OUT 了。我们那是自动挡的。
武 小面还自动挡啊 您别胡说了，您到底会开车还是不会开车啊？
李 反正我看我儿子这么一来，这么一来，这车就走了。
武 那您儿子哪儿去啦？
李 我儿子你可找不着啦，打喝完酒以后啊，他就潜伏啦。
武 潜伏啊。您甭跟我对付，我知道，您儿子酒后开车，看见我们检查，找您来冒名顶替来了。
李 哎您先别说这事儿，咱们有事儿好商量。我的大兄弟——从东单到西单，我们到处把你躲。躲了您大半天，还被您逮着。嘿，原来您在这犄角旮旯，在这儿查酒后。哎呦喂，我的警察哥，哎呦呦我的叔叔啊。在这么冷的天儿你怎么能够吃得消。吃不消啊吃不消。我给您准备了一个红包，您看看，这是一打又新又厚没撕边没折角大面额挨着号儿的亿万钞票啊。
武 好嘛，这么还有行贿的事儿啊。以前啊，我确实是把交警的工作看得太简单了。今天我这么一体会我才知道，交警啊，确实不容易。我啊，还是该干什么就干什么去吧。

李 等等，回来，交警你不当啦？

武 我当不了啊。

李 不当你也得向警察同志学习啊。

武 我怎么学啊？

李 搀着大妈一块儿下去啊。

主持人串场

朱军 喝酒不开车，开车不喝酒。集中整治酒后驾车行动，为的就是司机的平安，行人的安全。

董卿 朱军你知道吗？从去年八月开始到现在，全国一共查处酒后驾车行为20余万起。这大大减少了交通事故的发生。但是从另外一个方面讲，这也增加了我们交警的工作量。那接下来介绍给大家的就是几位由网友评出来的特殊的交警。

朱军 首先要为大家介绍的，是北京市公安局交通管理局的交警，孟昆玉。他被北京的网友评为——北京最帅的交警。欢迎您。

董卿 第二位是来自上海市公安局的交警——陈栋。被网友评委是上海最帅的交警。

朱军 第三位啊，是来自武汉市公安局的交警——张倩芳。张倩芳被武汉市的网友评为：武汉市最美丽的交警。

董卿 第四位是来自杭州市公安局的交警——钟连伟。小钟警官啊，平日里自己是滴酒不沾，但是他有这么一个本事，单凭这个酒气，就知道司机喝的是什么酒。所以啊，被网友评为是最牛的交警。

朱军 哎，这第五位啊，更有点儿意思。他就是在网上被网友盛传，在半个小时之内，敬了十三个礼。网友啊还给他起了个特别可爱的名字——叫“温柔一刀”。来自成都市公安局的女交警——胡玲。

董卿 我们也欢迎各位的到来。那说到道路交通的人性化管理啊。其实在成都，还有这样一个故事，在成都的市区啊，有一处两江汇合的地方有一座合江亭。因为景色秀丽，很多新婚夫妇，喜欢到那里拍摄婚纱照。但每一次都要横穿马路，非常危险。所以我们的成都交管部门就特意在那里设立了一条“爱情斑马线”。

朱军 就是这么一条爱情斑马线。让我们深切感受到我们人民警察人性化服务的细致入微，和对文明交通的温馨传递。当然了，在这条“爱情斑马线”上执勤的年轻警察韩涛，同样在这儿收获了属于他自己的爱情。

节目四

歌舞《爱情斑马线》

成都市公安局组织创作

作词：苏柳　作曲：李珂

演唱：满江、张燕

编舞：阿龙　表演：白龙舞之轩

斑马线斑马线
你是美丽的五线谱
你是快乐的琴弦
斑马线斑马线
你是生命的五线谱
你是平安的琴弦
这一刻匆匆的车流停在两边
斑马线上是平安的祝愿
你守护爱情　把甜美送到心间
我守护生命　把欢笑送到永远
仿佛你是我的礼物
带着敬意才会发现
喜欢看你把每辆汽车变成花朵
喜欢看你把每缕阳光变成斑马线
仿佛你是我的礼物

带着欣喜才会发现
喜欢看你把每个脚印变成音符
喜欢看你把每条斑马线变成钢琴键
今天你是英俊的斑马王子
带着我奔向那爱情宫殿
今天你是美丽的斑马公主
伴我共赴花好月圆
斑马线斑马线
你是青春的协奏曲
你是浪漫的伊甸园
斑马线斑马线
你是爱情的协奏曲
你是幸福的伊甸园
你是幸福的伊甸园

主持人串场：

董卿 那接下来，我们要送出的是晚会的第一张贺卡。收件人是一位普通的社区民警。

朱军 是啊，他就是江苏省扬州市绵阳分局的社区民警——徐兆华。

董卿 徐兆华从事社区民警的工作已经有二十三年的时间了，在这二十三年的时间里可以说亲民爱民的故事不胜枚举。有人说，他用一个人的力量改变了一种社会风气。他所辖的友谊社区从原来的人情淡漠，到现在变成了一个和美的大家庭。而给他写这张贺卡的，正是他们社区的一个居民——小曾。小曾曾经因为盗窃，被判处有期徒刑一年。刑满释放以后，失去了生活下去的勇气和信心。在这个时候，徐兆华向他伸出了温暖的手，让他重新获得了勇气。在徐兆华的帮助下，他办起了一个玩具店，现在生活非常幸福。而且结婚以后还喜得了一个大胖小子。

董卿 那接下来就让我们看看，小曾在贺卡上是怎样写的。

大屏幕（贺卡翻开）

“这是我写出的人生中第一张贺卡，连我的名字都是您教我写的。在这里我想喊您一声爸爸。

祝您新春快乐，万事如意。”

董卿 其实在全国，像徐兆华这样的民警还有许许多多。他们用自己的实际行动，践行着“心中无百姓，不配当民警”的承诺。

歌舞《你是我一生的最爱》

作词：朱海　作曲：孟卫东
演唱：殷秀梅　编舞：魏思佳　董雪梅
领舞：魏思佳
表演：珠海华发艺术团　海南三亚市艺术团

从未离开彼此的温暖
这世界有你　就有了春天
你在我身边
撑起人间艳阳天
我在你心间
绽放生命的灿烂
一年又一年
一天又一天
有你的付出我的一生更美满
一年又一年
一天又一天
有你的付出我一生幸福美满

从未忘却　曾经的誓言
老百姓有你　就有了平安
一颗赤子心
呵护社稷与江山
多少英雄情
牵手神州盛世还
你的爱　就是我的存在
你的爱　就是我的未来
未来

歌舞《带一片月光出发》

广州市公安局组织创作

作词：苏虎

作曲：桑雨

演唱：江涛　黄征

编舞：魏思佳　纪家萱

表演：广州警官艺术团男生小合唱队

珠海华发艺术团

重庆市公安局消防文工团

广东公安消防总队文工团

月亮在天上不说话
默默地跟着我们的步伐
告别了故乡　再见了妈妈
那几颗星星多像含情的泪花
我们的脚步很潇洒
帽徽上闪烁着月亮的光华
爬上了山腰　翻过了山崖
年轻的队伍向着那远方出发
带一片月光出发
带去妈妈深深地牵挂
每一个中华儿郎
就是一个孝顺的月牙
带一片月光出发
带去妈妈深深地牵挂
每一个中华儿郎
就是一片孝顺的月牙
带一片月光出发
走向梦中圆圆的家
当我们凯旋归来
共举团圆美酒敬妈妈

全国各地拜年视频

河北民警，青岛民警，福建民警，江苏民警，武汉市公安局

向全国公安战线离退休老同志拜年

祝全国人民合家幸福

祝大家新春快乐　万事如意

主持人串场

温耀龙　回顾2009年，重中之重的一件大事，就是中华人民共和国成立六十周年的国庆盛典。

朱彦廷　广大的公安民警同志，他们恪尽职守，圆满完成了国庆安保工作。赢得了党中央国务院和全国人民的高度赞扬和广泛好评。

温耀龙　国庆安保人物的圆满成功，凝聚着全国公安民警的辛劳和汗水，也凝聚着民警家人的奉献和牺牲。

小品：《犟子倔爹》

北京市公安局组织创作

作者：王宏　孙静

导演：由二顾

表演：孙静　陈磊　马灵燕

爸　呀，儿子，你听我说。

儿子　爸，您说您又不是孤寡老人，您有儿子，哪有把您送到敬老院的。

爸　不是你送，是我自己要去。

儿子　那也不行，您让街坊邻居怎么看我。敬老院咱不去了啊。咳。

爸　你要干什么？

儿子　我给队长打电话，人家等我回信呢。

爸　回什么信儿啊。

儿子　把我退到二线的信儿啊

爸爸　不行，把电话放下。你这个孩子。国庆安保这么大的事儿。

儿子　一线一线：我跟我们领导说说，等我找到保姆啊。我再回到一线。

爸爸　找什么保姆，找了这么多天了，你找到了么。现在找保姆，比找爸爸都难。

儿子　您一个人在家我不放心。

爸爸　有什么不放心的，你有任务出差，不都我一个人在家。快走……

儿子　以前您是好人。

爸爸　我现在也不是坏人啊。

儿子　您不是摔了么。

爸爸　我摔了怎么了，我这一辈子就是磕磕碰碰过来的，别解释，赶紧走。
儿子　哎，爸。
爸爸　哎你这个孩子怎么不听话了呢。
儿子　您高血压。
爸爸　是啊，但是我这一摔，不高了。
儿子　您低血糖。
爸爸　这一摔，不低了。
儿子　您腰间盘突出。
爸爸　是啊，这一摔，不突出了。摔平了。你要干什么？
儿子　打电话。
爸爸　打什么电话，我让你打。
儿子　哎呀，爸。
爸爸　哎呀呀……
儿子　哟，爸。
爸爸　你给我来这个你，爸爸当警察的时候还没你呢。年轻啊。
儿子　对，您是爹，0101，我是……
爸爸　儿子，你要是给我耽误正事儿，我就给你整出点儿事儿来，你这……
儿子　哎呀，我怎么摊上你这么个倔爹啊。
爸爸　哎呀，我怎么摊上你这么个犟儿啊
儿子　你倔。
爸爸　你倔……
客人　王老倔在家吗？
爸爸　找你的。
儿子　找你的。谁叫王老倔啊？
爸爸　哦对，是找我的。请进。
客人　您好。
爸爸　您好。
客人　哎，你们这是？
爸爸　厄，练瑜伽。不练了不练了。扶我起来。你是哪个？
客人　我姓刘，我是……
爸爸　哦，刘刘……倒水去。
儿子　爸，这是？
爸爸　你倒水去，没看见来客人了么。
客人　哎哟，别客气别客气。王师傅，我们敬老院的车在下面等着呢。你的情况我们都了解了。
爸爸　嘘……
客人　您什么意思，想上厕所，我推您去。
爸爸　上什么厕所，我怕儿子听见。
客人　听见怎么了，他就更放心了。到了我们敬老院，我亲自负责护理您。您放心，我是护理标兵，二十多个健健康康的老头，都让我送走了。
爸爸　啊？
客人　哦不，都让我健健康康地送回家了。
爸爸　哦。
客人　咱走。
爸爸　哦别别，你让我说句话。你先坐啊大妹子。一会儿见到我儿子，千万别说你是敬老院的，千万别提敬老院的事儿。
客人　那为什么？
爸爸　哟，这儿子倔啊，一听说要去就闹我啊。
客人　明白了，孝子。那你就说我是保姆。
爸爸　不行啊，你见过保姆把主人给接走的。
客人　没有，那怎么办呢？
爸爸　我倒有个办法，就怕你不同意啊。
客人　有什么不同意的啊，有什么需要帮忙的，你就说。
爸爸　那行，你就说啊，你是……哎呀不行，说不出口。
客人　有什么不行的啊，你儿子不是参加国庆保卫嘛，咱们支持他工作，就等于是为国庆作贡献。
爸爸　为国庆奉献？那行。你就说啊，你是我啊，新找的老伴儿。
客人　老伴儿？那不行，我们家有老伴儿。
爸爸　你不说奉献么？
客人　我说奉献给国庆，又没说奉献给你啊。

爸爸 谁让你奉献给我了啊，这老伴儿是假的。这就给儿子演的一场戏，把他给糊弄走了就完了。哎呦大妹子你就给帮帮忙吧。大妹子……你要是不帮这个忙啊，我就去不了敬老院了。我去不了敬老院，我儿子就参加不了国庆保卫了。你就帮帮这个忙吧。哎呦，完了完了全完了。

客人 那 那行，这忙我帮。

爸爸 哎呦谢谢大妹子，坐坐，快坐。哎，这儿。

客人 坐这就行了。

爸爸 这儿这儿 老伴儿近点。哎茶水这么半天，好了没有啊？

儿子 来了来了。

爸爸 叫阿姨。儿子啊，有个事儿我跟你明说了吧。前些日子有个人给我介绍了个新老伴儿啊。就是你刘阿姨啊。

儿子 老伴儿？

爸爸 是吧？

客人 是。

爸爸 这不今天你刘阿姨啊，要接我去她家。是吧？

客人 是。把你爸爸接去我们家。

儿子 不是，爸，这也太快了吧。阿姨，您喝水。爸，这是真的么？

爸爸 这还能是假的么。

儿子 哎呀，您老隐藏得够深的。我是说啊，太好了，这真是雪中送炭啊。

爸爸 什么雪中送炭，雪中送妈。

儿子 对对，雪中送妈。妈……

爸爸 哎叫上了你这孩子。你下去。行了行了，没你事儿了。你赶紧走吧。

儿子 阿姨，您坐您坐。阿姨，您今年高寿啊。

客人 啥高寿，43。

儿子 爸，小点儿了吧。

爸爸 小吗？我看着差得不多。

儿子 阿姨，这事儿 你们家。

爸爸 哦，她们家都没意见。是吧？

客人 是，我父母我儿子我老公全同意。

儿子 老公！

爸爸 老公公！老公公。什么耳朵啊你。你阿姨孝顺啊，到现在都带着老公公一块儿过呢。

行啦行啦，赶紧走吧。

儿子 阿姨，我爸这人脾气倔。

爸爸 你阿姨就喜欢脾气倔的，脾气不倔的还不嫁呢。是不？

客人 是 前两天刚散一个，就因为他脾气不倔。

儿子 我爸不太讲卫生。

爸爸 你阿姨就喜欢不讲卫生的。讲卫生的还不嫁呢。是不？

客人 前两天刚散一个，就因为他讲卫生。

儿子 我爸爸腿可断了。

爸爸 你阿姨就喜欢腿断的，腿不断的还不嫁呢，是不？

客人 前两天刚散一个，就因为他腿没断。

儿子 阿姨。

客人 我喝水。

儿子 爸，这阿姨脑子没啥毛病吧

爸爸 有毛病么？我看挺好的。行了，别耽误人，赶紧走吧。

儿子 阿姨，既然都这样了。干嘛还上您那儿去啊，您直接搬过来住不就完了么。

客人 不行，我们家还有，狗。狗离不开人。

儿子 那您把狗牵来不就行了么。

爸爸 不行，我怕狗。打小落下的毛病。带毛的都怕。

儿子 那您过去就不怕了啊。

爸爸 你阿姨是这么安排的，我过去狗过来。我们两个换换。

儿子 阿姨，您家条件？

爸爸 你告诉他。

客人 条件太好了啊。房子大，条件好，你爸爸去了啊也不寂寞。

儿子 您家什么位置?

客人 和平区和平街和平胡同13号。

儿子 您那大院叫和平大院。门口有个大牌子，上面写着和平敬老院。您是敬老院的?

客人 对!

爸爸 错，错啦。

客人 没错儿，是敬老院

爸爸 哎呀，说漏啦。

客人 漏啦。不是你让说的吗。那我跟他说。我不是敬老院的。

儿子 行啦阿姨。我当过片儿警，那儿曾经是我的辖区。我外号叫活地图。骗我?爸，您还跟我在这儿演戏。

爸爸 演什么戏，演什么戏啊。

客人 演砸了。

爸爸 不，你演的挺好。

儿子 演了吧，演了吧。

爸爸 演了怎么了演了怎么了，我这儿演戏还不是为了你啊。还不是为了你赶紧走啊。你走不走?

儿子 我不能走。

爸爸 你走不走?

儿子 我不走。

爸爸 你不走我就——我这可不是演戏啊。我这可不是演戏啊。我就……

儿子 爸，别摔了。我心疼!爸，我不能不孝。我不能让人指我脊梁骨啊。

爸爸 儿子，你爹我当了一辈子警察啊，当警察就得豁得出顶得上扛得住啊。国庆保卫是大事儿啊。你是警察啊，关键时刻你要是冲不上去，你才是要被人戳脊梁骨呢。你要是冲不上去你就不配当警察，你就不配当警察的儿子。我告诉你，在咱家，不忠，就是不孝。

客人 孩子你放心吧，我们一定会照顾好你爸。我们一起为国庆做贡献。等你国庆完成任务。我们一定还你一个健健康康的老爸。

话外手机 动拐动拐我是动幺，收到请回到

儿子 我是动拐。队长请讲。

队里研究过你家的情况。决定让你留在二线，照顾你父亲。

爸爸 动幺动幺，我是动拐他爹。我不需要儿子照顾啦，我有新老伴儿啦。我有新地方啦。

儿子 队长，我。—

爸爸 归队。

客人 归队吧。

儿子 谢谢阿姨。谢谢队里关心。队长，我马上归队。保证完成任务。

音乐声响 我的老父亲我最疼爱的人……

合唱《致祖国》

作词：任卫新

作曲：孟卫东

编舞：王猛

演唱：首都警官合唱团

歌词 为什么我的眼里常含泪水
母亲啊中国我的祖国
因为我对这土地爱得深沉
母亲啊中国我的祖国
因为我对这土地爱得深沉
母亲啊中国我的祖国
为什么我的眼里常含泪水
母亲啊中国我的祖国
因为我对这土地爱得深沉
母亲啊中国我的祖国
因为我对这土地爱得深沉
母亲啊中国我的祖国

主持人串场

朱军 一首《致祖国》唱出了我们所有人的心声。接下来呢，我们要送出我们今

晚的第二张贺卡。这张贺卡是送给来自新疆维吾尔自治区的两位民警的。第一位是新疆乌鲁木齐公安局水磨沟乡派出所民警：刘乾坤。大家知道么，刘乾坤警官把多年来自己的工资，用化名，捐给了慈善事业和贫困人士。到今天来，能查到的汇款单就有 719 张。汇出的善款多达 30 万。掌声表达了我们的敬意。大家知道么，刘警官每个月的工资，也就是 2000 多块钱。他还把单位给他分的房子买了下来，过户给了已去世的警官沙依提的家人。直到今天，我们的刘警官，依然住在危房里。再一次地向您表示敬意。

董卿 第二位是来自公安边防总队克州边防支队，哈拉峻边防派出所的民警：王吉祥。他用自己的工资为白血病患者阿伊布捐款筹钱，进行治疗。所以当地啊，有 1176 名牧民群众联名写信并且按手印儿为他请功。

朱军 接下来，让我们一起，来打开这张人民群众送给我们的好警官的满含真情的贺卡。

董卿 金杯，银杯，不如群众的口碑；金奖银奖，不如百姓的夸奖。你们头上的警徽，就是百姓心中闪亮的福星。

朱军 在这里我要说，其实，像这样感人的故事，在美丽辽阔的新疆，比比皆是。接下来大家要看到的这个节目，反映的就是在新疆帕米尔高原上，维吾尔警官和赫尔克孜兄弟间亲如一家的关系。

歌舞剧《寻找吾斯曼江》

新疆公安边防总队组织创作

编剧：任卫新　沈华芳

作曲：刘刚

编导：陈纳

表演：蔡国庆　阿不力孜

阿尔法　天山雪莲

新疆兵团公安局文工团

新疆公安边防总队文工团

珠海华发艺术团

重庆市公安局消防文工团

海南三亚市艺术团

新疆是个好地方
遍地牛羊肥又壮
各族人民是一家
幸福花开在我们科克亚尔乡
新疆是个好地方
处处奶茶都飘香
鲜花开了满山坡
边防警察有个名叫吾斯曼江
吾斯曼江　吾斯曼江
我们最爱的人叫吾斯曼江

语言 远方的客人，你是在找人么？

蔡国庆 是啊，我从远方过来，专程来找一个人。

哦，他长得什么模样？

唱 他长得宽宽的肩膀，他长着高高的鼻梁。在他那一副黑黑的脸庞上，一双明亮的眼睛非常善良

他穿着绿色的衣装。他佩戴金色的肩章。在他那头顶高高的帽檐上，一枚明亮的国徽闪耀光芒。吾斯曼江，吾斯曼江。我要感谢的人叫吾斯曼江。

叔叔叔叔，你找的吾斯曼江，不仅是我们边防派出所的警官。还是我们村的村官呢。我们都在等他一起回家过节呢。

远方的客人，你找的是我们的哥哥吾斯曼江。那一年阿爸去牧羊，跌进河里不幸身亡。孤苦伶仃三姐妹好似凄凉。是他来把我家的希望点亮。

远方的客人，你找的是我的儿子吾斯曼江。我的儿子不在身旁，老伴儿常年卧在床。吾斯曼四处寻找好药方。喂水喂药喂米汤。寒冬里他把炉火燃旺，风雨中他去修补

院墙。寒冬里他把炉火燃旺，风雨中他去修补院墙。人都说好人的心就是太阳。吾斯曼江就像他的亲儿子一样。

吾斯曼江　吾斯曼江

我们最爱的人吾斯曼江

远方的客人，你找的是我的未婚夫吾斯曼江

盼春天盼到花又放

盼秋天盼到草又黄

盼封江盼到又开江

盼燕子盼到又歌唱

虽然他已经是我的准新郎

可半年来一面也没能见上

在今天节日欢庆的好时光

要让父母见到我的准新郎

吾斯曼江　吾斯曼江

我们最爱的人吾斯曼江

远方的客人　你怎么也知道吾斯曼江呢

两年前我来到帕米尔高原

旅行走进慕士塔格风山间

在那飞鸟也去不到的地方

迷失了路　昏倒在冰谷里面

难道这美丽又圣洁的雪山

竟要变成了我生命的终点

是他越过那高山爬过冰川

把昏迷的我背出　送进医院

他就像冰封的雪，闪耀着光芒

化成水　滋养四方　又悄然隐藏

他就像戈壁滩上迎风的胡杨

春天给你绿荫　冬天一片金黄

他是边防线的一匹骏马飞扬

他是帕米尔的一只雄鹰翱翔

他是我们科克亚尔乡每一家的亲人

他的故事比那雪上下的溪水还长，还长

可是我的兄弟　吾斯曼江　你在哪儿啊

远方的朋友，太巧啦

今天，他就回来了。

我们也都在等他呢

那就让我们一起等着吾斯曼江回来，共同照一张全家福吧

新疆是个好地方

处处奶茶飘着香

鲜花迎着风绽放

边防警官个个都是吾斯曼江

吾斯曼江　吾斯曼江

我们最爱的人　吾斯曼江

主持人串场

董卿　观众朋友，现在在我身边的这位，就是刚才歌舞短剧中的主人公——维族民警，吾斯曼江。我听说在我们科克亚尔乡，几乎每一家人中都挂着一张和你拍的全家福。真的么？

吾　真的。

董卿　一共有多少户？

吾　140 多户。

董卿　观众可能不知道，这 140 多户分布在 400 多平方公里，海拔 4000 多米的帕米尔高原上。要走完辖区大约要花半个多月的时间。而每个星期有四五天，吾斯曼江都在老百姓的家里。所以当地的老百姓怎么能不把他当作自己的亲人呢。现在当地呢，也流传着这样的一句谚语，离边疆最近的心是民警的心，离老百姓最近的人是民警。请问吾斯曼江，你是如何处理和百姓的关系的呢？

吾　新疆是多民族的一个地方，56 个民族就是一家人。就像 5 个手指头，紧紧握在一起就有最大的力量。

董卿　我觉得吾斯曼江就像戈壁滩上的胡杨，扎根在西北边陲，用一颗全心全意服务的心。谱写着戍疆富民的新篇章。在此感谢你，谢谢。

为了迎接新中国六十甲子后的第一个春天，我们今天在现场，也特别邀请了香港特别行政区的警务处警察乐队，

来为我们即兴表演。他们要用一曲《我和我的祖国》来表达对祖国的热爱和祝福。

歌曲《我和我的祖国》

作词：张黎

作曲：秦咏诚

演唱：马剑成

表演：香港特别行政区警务处警察乐队

我的祖国和我　像海和浪花一朵
浪是海的赤子，海是那浪的依托
每当大海在微笑　我就是笑的漩涡
我分担着浪的忧愁　分享海的欢乐
我最敬爱的祖国
你像大海永不干涸
永远给我碧浪轻波
心中的歌

主持人串场

朱军　亲爱的朋友们，接下来我们将要展示的是今晚的第三张贺卡，这是由第三届我最喜爱的人民警察送出的贺卡。这是张极不寻常的贺卡，因为所有的收卡人，都是为国捐躯的公安英烈。

董卿　段大军。2009年春节前期，他连续工作了8个昼夜，最终因为劳累过度，倒在了自己的工作岗位上。年仅43岁。

朱军　宋文博，2009年6月13日在抗洪抢险中以身殉职，年仅37岁。

董卿　谭东。在冰冷的刺骨寒流中，舍身抢救落水司机。在2009年1月5日，谭东永远告别了他挚爱的警龄。年仅46岁。

朱军　周鑫，2009年2月20日晚，只身与持刀歹徒搏斗。献出了年仅30岁的宝贵生命。涪陵10万余群众洒泪为他送行。

董卿　北京时间2010年，1月13日晚。海地发生强烈地震，我公安部赴海地维和部8名维和警察在地震中遇难。八位烈士为维护世界和平事业献出了最宝贵的生命。他们是中国警察的骄傲，也是中国优秀的儿女，也是全国人民警察学习的榜样。你们永远活在我的心中。接下来我们就要打开这张我们的十大警察、献给这些英雄们的贺卡。我们也把它献给新中国成立六十年来，所有为国捐躯的公安英烈们。

朱军　战友们，过年了，向你们拜个年。又是一个春天要来了。我们知道，你们并没有走远。你们庄严的敬礼还在。你们自豪的微笑还在。你们危难中的英勇还在，你们岗位上的光荣还在，你们忠诚的血液。仍然在我们的血液中澎湃。战友们，人民公安为人民的庄严誓言会永远与你们同在。

董卿　朋友们，今天我们的十大警察也来到了我们的晚会现场。他们要向牺牲的战友们以及他们的家属们献上崇高的敬礼。

朱军　也向你们献上崇高的敬礼。我相信，每一位人民警察，从警的第一天起，就知道人民公安这支队伍是和平年代伤亡最多的一支队伍。但是，他们毅然地举起了自己的右手，庄严宣誓，坚定地走近了公安行列中。用自己的实际行动诠释了“人民警察为人民”的铮铮誓言。

歌舞：《你的肩膀》

作词：葛根塔纳　作曲：张宏光

演唱：汤灿

编舞：纪家萱　魏思佳

表演：珠海华发艺术团
重庆市公安局消防文工团
海南三亚市艺术团
广东公安边防总队文工团

你的脸　太平常

不曾想英雄是你那样
暗淡时　信仰装在胸膛
从此你成了不朽的仰望
你的肩膀　有点儿不寻常
每当你扛起重量
你会笑得孩子一样
你的肩膀　消失在生死茫茫
顾不上告别一场
怎能让爱因此失望
你的眼　远远望
烫熟了洒落早晨的光
没人知道　你当年的心
是怎么成了我永远的想
你的肩膀　有点儿不寻常
每当你扛起重量
你会笑得孩子一样
你的肩膀　消失在生死茫茫
顾不上告别一场
怎能让爱因你失望
拜年视频：
沈阳铁路公安局
哈尔滨民警
北京民警
河南省公安厅
大连市公安局
洞口县公安消防大队
向全国人民和全国公安民警家属拜年
向全国公安民警英烈家属拜年
祝大家合家幸福　身体健康

主持人串场

温耀龙　这是一种深沉的大爱，这是警察对人民的热爱。

朱彦廷　群众在我们的心中有多重，我们在群众的心中就有多重。把人民群众的呼声作为第一信号，把人民群众的满意作为第一标准，把做人民群众的贴心人作为第一标准。

小品《社区民警于三块》
深圳市公安局组织创作
作者：王宏
导演：尚大庆
表演：句号　尚大庆　王宏坤等

小伟　（哭泣上场，对于三快）你可别哭。

于三快　是啊，你这一哭，弄了我一身。

小伟　你擦擦吧，这是我没用过的毛巾。

于三快　小伟啊，出来快一年了吧，表现地蛮不错的。要想重新做人，这里里外外都得像个人样。

小伟　于警官，向你发誓，我要是再偷一次，我祖宗八辈儿都是小偷。

于三快　还是祖传的?

小伟　我要是再偷一次，我子孙万代都是小偷。

于三快　你还想传下去?

小伟　不是啊于警官，我听你的。我再也不偷了我好好做人。于警官，我真的舍不得你走，但是你再不走，飞机就走了。

于三快　行。我得走了，一会儿上班人也多，我就走不成了。走吧，轻轻地我走了；正如我轻轻地来，我挥一挥衣袖，不带走一片麻布！再见！

小伟　再见。

民警　老于！老于！

小伟　走啦。

民警　走啦？老于!！老于！唉　他怎么这么快就走了呢。唉你说这个于三块，昨天说好了要送他，怎么今天就走了呢。

小伟　于三块？于三块是谁啊?

民警　就是于警官，这是我给他起的外号。你不知道，上警校的时候我们就是同学，他这个动作，太快了。

小伟迅速拿起民警帽子，迅速放下。

民警　他……他快到什么程度呢？他，他快啊。他睡觉快，我这脑袋还没挨着枕头呢，他睡着了；上厕所快，我这儿还没蹲下呢，他起来了；喝水快，我还没喝呢，他吐了。

小伟 吐了？

民警 烫啊……哈哈哈。他不应该叫于三快，他应该叫于五快于六快。

于三快 哎。

民警 哎呀！你怎么回来了呢。

于三快 我突然想起来啦，我这个枪，忘带啦。

民警 枪？枪你能带走么？别耍赖，昨天你可打电话说送我了。

于三快 我记得是答应送给我儿子的。你不能跟我儿子争吧。

小伟 你比他儿子岁数大。

民警 我大多了！拿去，拿去，谁要你这玩意儿。

于三快 不好意思啊。哎呀我们一家团聚啦。过去是两地分居，现在可以同床异梦啦。

民警 什么？同床异梦啊。

于三快 再见啊。

民警 哎你说这个人，昨天明明说把枪送给我了。可是今天，他又拿走了。能干出这种事儿的只有于三快。

于三快回来：你叫我啊？

民警 我没叫你啊？

于三快 我明明听你喊我啦。

民警 小伟可以证明啊我明明刚才只是“哎”一下嘛。

于三快 我刚刚明明听你是“于三快”一下嘛。小伟有事儿要跟你说。

民警 他有什么说的么。

于三快 你快坐。

民警 你坐你坐。

于三快 你坐吧！小伟你快讲。

小伟 尚警官，我以前工作不太好。

民警 这我得说说你，这人哪，得干一行爱一行。你以前干什么工作的？

小伟 小偷。

于三快 表现得好提前一年释放了。出来以后一直没有工作。我向那个家具厂的厂长打过包票，说如果再偷一次，就拿我试问。然后他也答应了。

民警 这不挺好嘛这。

小伟 一直没信儿一直。

民警 没信儿啊？那这样，我先带着去找厂长说说去。

于三快 唉，你不要现在去，你晚上再去，晚上不要到厂子里去，直接到他家去。他家住在杏子里小区六号楼六单元六零六房间。

民警 我拿笔记一下。

于三快 这还记什么啊，我跟你讲啊。你不能空着手去，你拿点儿好烟啊好酒啊人参啊鹿茸啊……

民警 鹿茸啊……我哪儿弄鹿茸去？

小伟 好弄，不用花钱我就能弄到！

于三快 还偷啊。

小伟 不是……过去……

民警 你说得这名明白你怎么不送去呢？

于三快 我去啦。我前天我还送他个西瓜呢。

民警 你没给人家买鹿茸啊。

于三快 太贵啦，我送了人家这么大一个西瓜。

民警 你送了这么大，那也是西瓜啊！那你送西瓜我送鹿茸啊。

于三快 东西都买好啦都在柜子里。穿着便衣去啊。实在不行就让你老婆去。

民警 我让我老婆去干嘛啊？

于三快 哎呀人家是厂长，大高个儿大眼睛，未婚，有爱心。

民警 让你老婆去吧。

于三快 人家是个女厂长，好交流。

民警 唉行，那我去啦。来不及啦快跑。

小伟 谢谢警官。

民警 你赶紧把你的资料再整理一份给我。

小伟 谢谢尚警官。

民警 别谢我，还得谢谢于三快。

于三快 谢我什么!

民警 哎呀老于啊，我刚到这边来。我得赶紧上班去。

于三快 我抓紧时间说。是这样啊。我刚才出门啊，碰见小何两口子啦。

民警 哪个小何啊。

于三快 就是开饭店的啊。两口子都姓何，应该和和美美啊。但是人家，天天打架！他们一打架你得去劝架吧。

民警 哎呀老何啊，劝架这事儿我会啊。

于三快 你会也先听我说啊。你到人家啊，得先敲门。

民警 我到谁家我都得先敲门啊。

于三快 别着急啊，你一敲门，人家把门一开。

民警 我进去。

于三快 欧呦，这时候你可不能进去，这时候你进去屋里嗖地飞出一只高跟鞋来。

民警 这时我进去。

于三快 欧呦，这时你就会发现从屋里嗖，又飞出一只高跟鞋来。

民警 然后我再进去。

于三快 欧呦，这时候你更不能进啊。这时候你要是进，你就会发现嗖地又飞出一只高压锅，也许是手机，也许是暖水瓶，也许是充电器。看见没有，都已经是第六副眼镜了。

民警 那这个时候……我是进去还是不进去

于三快 欧呦，你要是不进去就要出人命啦。这时你进去以后啊，连看都不要看小何他老婆一眼，这时候你就冲小何说两句话：我拘留你，我让你进去。

民警 明白啦。

于三快 说一遍。

民警 我拘留你，我让你进去。

于三快 没有气势。

民警 我拘留你，我让你进去！

小伟回来在身后：我刚出来。

民警 行么?

于三快 可以啦，这时候你就会发现，小何的老婆不再打小何啦。

民警 那我就放心了。

于三快 就冲着你来了。

民警 她打我啊?

于三快 她不打你，她挠你……开玩笑啦。这时候你就可以做他们的思想工作啦。

民警 行了，我知道了我会做了。

于三快 我跟你说啊，你要是不做他们工作啊，饭店就会黄了，七八个服务员就要下岗啦。

民警 我来不及啦!

小伟 材料。

民警 （回头）你说他还会回来么。没事儿。

于三快 最后一点儿事情，最后一点事情！非常重要啊，我跟你讲啊。

民警 来来来说说说。

于三快 这是，这是我的椅子。

民警 现在归我啦。

于三快 坐着舒服么。

民警 差俩扶手。

于三快 但是我必须告诉你，这个椅子上有个钉子。

民警 钉子？我怎么没发现呢?

于三快 刚开始我也没发现，但是过两天呢，它就钻出来扎你一下；再过两天，它就钻出来再扎你一下。

民警 老于啊老于，你上飞机，我就把它拔了。

于三快 老尚，我们都是社区的民警，如果我们坐在社区的椅子上时间长了，太安逸了，就会出问题的。

民警 老于你是啥意思啊。跟我玩语言呢。

于三快 我要赶飞机，我得走了。

民警 不是你等会儿。小伟啊你跟司机说，改签了，改签了啊。

于三快 两折的机票是不能改签的。

民警 我给你买，我给你买下一班的。买头等舱行了吧。老于你赶紧把刚才那话给我说说是啥意思。

于三快 我，我就是想说……

民警 你啥也别说了，我明白了。你是对我不放心啊。哎呀老于，老于啊。你是警校毕业的，我也是警校毕业的；你有社区经验我也有社区经验；你是党员我也是党员；你心里有老百姓我心里也有老百姓。你能干得好我能比你干得更好。老于你调走啦！你调走啦。你原来是于三快不是于三慢。你说咱们局长为了你们两口子团聚的事儿费了多少心。我要是你，我现在拿着包，嘎嘎嘎，我回家找老婆去了我。我飞啊飞啊。

于三快 我，我是不是有点儿太烦人了。好兄弟，什么都不要讲了。再见回头回来。

于三快 可这，我走不了了。

民警 我这还上不上班了。

群众出现 于警官，我们来送你啦。警官，你就放心吧。我们厂里已经研究过了，小伟已经可以上班了。

群众 于警官，说啊，你说啊。先听我说。我们保证以后再也不管了。于警官，这是咱店里今天第一笼包子，你拿着路上吃。

群众 小于，孩子你这一走啊。也不知道啥时候见到你。大爷想你啊。

街坊邻居们，我们合于警官合张影，留个念想。

一，二，三，于警官，常回家看看！

歌曲：《驼铃》

词曲：王立平

演唱：羽泉

李洋（上海消防总队民警）

刘兴林（吉林公安局民警）

送战友　踏征程
默默无语两眼泪
耳边响起驼铃声
路漫漫　雾蒙蒙
革命生涯常分手
一样分别两样情
战友啊战友
亲爱的弟兄
当心夜半北风寒
一路多保重
送战友，踏征程
任重道远多艰辛
撒下一路驼铃声
山叠嶂　水纵横
顶风逆水雄心在
不负人民养育情
战友啊战友
亲爱的弟兄
待到春风传佳讯
我们再相逢

歌曲《绒花》

作词：刘国富　作曲：王世

演唱：吕薇　苏琼（浙江杭州民警）

张仪（广东广州民警）

世上有朵美丽的花
那是青春吐芳华
铮铮硬骨绽花开
滴滴鲜血染红它
啦～啦～绒花
绒花绒花
矮啦～
一路芬芳满山崖
世上有朵英雄的花
那是青春放光华
花载亲人上高山

顶天立地迎红霞
世上有朵美丽的花
那是青春吐芳华
铮铮硬骨绽花开
滴滴鲜血染红它
来～来～
绒花绒花
lai～来～绒花
一路芬芳满山崖

歌曲《边疆的泉水清又纯》

作曲：王酩　作词：凯传

演唱：李丹阳　王大军（广州深圳民警）

（女）　边疆的泉水清又纯
　　　　边疆的歌儿暖人心
（男）　暖人心
（女）　清清泉水流不尽
　　　　声声赞歌唱亲人
（男）　唱亲人边防军
　　　　军民鱼水情意深
　　　　情意深
（女）　哎　哎　哎
　　　　哎　哎　哎
　　　　唱亲人边防军
　　　　军民鱼水情意深
（合）　情意深
（女）　顶天的青松扎深根
　　　　人民的军队爱人民
（男）　爱人民
（女）　浩浩林海根相连
　　　　军民联防一条心
（合）　一条心保边疆
（男）　锦绣河山万年春
　　　　万年春
（女）　哎　哎　哎
　　　　哎　哎　哎
　　　　一条心保边疆
　　　　锦绣河山万年春
　　　　万年春
（女）　清清泉水流不尽
　　　　声声赞歌唱亲人
（男）　唱亲人边防军
　　　　军民鱼水情意深
　　　　情意深
（女）　哎　哎　哎
　　　　哎　哎　哎
　　　　唱亲人边防军
　　　　军民鱼水情意深
　　　　情意深
　　　　哎　哎　哎
　　　　哎　哎　哎
　　　　一条心保边疆
　　　　锦绣河山万年春
（合）　万年春

主持人串场

朱军　接下来我们将要展开的是今天晚上的第四张贺卡。这张贺卡的收信人是湖北省武汉市公安局特警支队的副大队长谭纪雄。

董卿　2009 年 6 月 3 日下午 2 时 40 分。在武汉大学的行政办公室里，歹徒的枪口对着人质的头部，和警方对峙了四个多小时。就在这个危机的时候，被人们称为武汉警界一把尖刀的特警谭纪雄，慢慢逼近了歹徒。趁着歹徒放松警惕、人质在挣扎的时候猛地扑了过去，人质获救了。但是歹徒却扣动了扳机，子弹击中了谭纪雄的头颅。

朱军　但是英雄的生命是顽强的。经过两次手术，医生从谭纪雄的头颅内取出了 50 多块颅骨碎片。在医生的全力抢救下，在谭纪雄与死神的全力搏斗中，他终于挺了过来。今天，我要高兴的告诉大家，今天，谭纪雄也在战友的陪伴下，来到了我们晚会的现场。让我们掌声有请。

谭纪雄上场

董卿 你好，欢迎你我们的英雄警察。能够看到你这样平平安安地回到我们大家中间，我们都特别的高兴特别地激动。我们都知道谭纪雄现在每天都要做 5 到 6 个小时的康复训练。大家伙儿最关心的是，现在恢复得怎么样了？

谭纪雄 现在能够站得起来了，能够走几步了。

董卿 能够站起来了，能够走几步了。大家伙儿想不想看谭纪雄站起来走几步啊？试试看好么？

谭纪雄下车行走　敬礼

董卿 太好了　您快请坐。虽然现在步子还有一点儿蹒跚，但这已经是一个奇迹了。让我们感动，除了进行肢体的康复外，还有大脑功能的恢复。我们来现场测试一下好不好。

一百，减去七，递减。

谭纪雄 93。

董卿 再减。

谭纪雄 86。

董卿 再减。

谭纪雄 79。

董卿 再减。

谭纪雄 72。

董卿 几？哦，79 减 7 等于 72，我错了。

朱军 这是谁锻炼谁啊董卿。

董卿 算得比我好多了。这样我们就真的放心了。今天，我们说了要为您打开一张特殊的贺卡。

朱军读贺卡 英雄就是力量。一个没有英雄的民族，不会是一个强大的民族；一个不崇尚英雄的民族，不会是一个有希望的民族。见证人间大勇，传承英雄力量。这里，让我们以最高的敬意，向英雄致敬。——成龙。

歌曲《国家》

作词：王平久　作曲：金培达

演唱：成龙、刘媛媛、美合、七小福

一玉口中国一瓦顶成家
都说国很大其实一个家
一心装满国一手撑起家
家是最小国国是千万家
在世界的国在天地的家
有了强的国才有富的家
国的家住在心里家的国以和矗立
国是荣誉的毅力家是幸福的洋溢
国的每一寸土地家的每一个足迹
国与家连在一起创造地球的奇迹
一心装满国一手撑起家
家是最小国国是千万家
在世界的国在天地的家
有了强的国才有富的家
国的家住在心里家的国以和矗立
国是荣誉的毅力家是幸福的洋溢
国的每一寸土地家的每一个足迹
国与家连在一起创造地球的奇迹
国是我的国家是我的家
我爱我的国我爱我的家
国是我的国家是我的家
我爱我的国我爱我的家
我爱我……国家

主持人串场

董卿 观众朋友，英雄辈出的公安队伍一直是许多优秀青年的向往。而选择警察作为自己的终身伴侣，也是对自己人生的一种郑重的托付。接下来我们要举行的就是一年一度的公安部盛大的公安民警集体婚礼。

朱军 在这里要特别强调的是，这是新中国在迎来他第一个甲子之后的第一个阳光明媚的春天。这一百对新人将携手步入这爱的殿堂，与全国人民一起分享他们的喜悦和快乐。那现在就让我们有请这一百对新人闪亮登场。

新人登场

（婚礼进行曲大屏幕：LOVE 玫瑰花）

董卿 庄严的婚礼进行曲已经让我们感受到了一份浓浓的爱意。亲爱的观众朋友们，让我们用掌声欢迎他们，祝福他们。

朱军 我来问我们今天到场的这些英俊的小伙子们，你们愿意娶站在你们这边的这位美丽女子为妻，并与她终生相伴，爱惜她保护她吗？愿意吗？

新郎合 愿意。

朱军 多响亮啊。

董卿 请问，所有的新娘们，你们愿意嫁给你们身边的这位最英俊的男士作丈夫，和他终生在一起，体贴他照顾他吗？

新娘合 愿意。

董卿 愿意吗？

新娘合 愿意。

董卿 多温柔啊。好了那么现在就请我们的主婚人，中华全国总工会副主席张明启，致婚词。

朱军 有请。

张明启 此时此刻，我宣布，新郎新娘结为夫妻，从今以后，在漫漫人生路上，无论是顺利还是曲折，不管是富有还是清贫，你们都要心手相牵，恩爱永远。共同为我们伟大祖国的繁荣昌盛，贡献你们的青春年华。谢谢。

董卿 谢谢。

朱军 那下面让我们有请证婚人。共青团书记处书记汪鸿雁致征婚词。

汪鸿雁 在这新春佳节，我们见证了一百对公安新人喜结连理，携手走进了人生更加美好的春天。希望你们在今后的日子里，互敬互爱，互谅互助，风雨同舟，真爱一生。幸福到永远。谢谢你们。

董卿 谢谢，谢谢你。看着这样盛大的婚礼场面，我就想我们是不是把百万民警的祝福当作一张春天的贺卡送给我们的一百对新人。

歌曲：《夫妻情》

作词：李绍林　作曲：戚建波

演唱：阎维文

编舞：纪家萱　魏思佳

表演：珠海华发艺术团

　　海南三亚市艺术团

你也有情，我也有请
人世间最莫过
携手夫妻情
说的是家里话
道的是恩爱情
在风中在雨中
磕磕绊绊过一生

啊　夫妻情是不了情
相濡以沫伴终生
莫道岁月催人老
携手迎来夕阳红

啊　夫妻情是不了情
相濡以沫伴终生
莫道岁月催人老
携手迎来夕阳红
啊　夫妻情是不了情
相濡以沫伴终生
莫道岁月催人老
携手迎来夕阳红
迎来夕阳红

主持人串场

朱军 万家灯火平安夜，来自于人民警察对党的无限忠诚，对祖国的无限热爱。

董卿 万家灯火平安夜，来自于人民警察的牢记使命，恪尽职守，勇于拼搏，甘于奉献。

温耀龙 万家灯火平安夜，来自于广大公安民警转变执法理念，理性、平和、文明、规范执法，不断提高执法素质和执法水平，维护社会公平正义。

朱彦廷 万家灯火平安夜，来自于和谐的警民关系。人民群众的理解和支持，就是公安机关力量的源泉。

朱军 全国公安系统和全体民警，将共同更加紧密地团结在以胡锦涛同志为总书记的党中央周围，高举中国特色社会主义伟大旗帜，以邓小平理论和三个代表重要思想为指导，深入贯彻落实科学发展观。

董卿 永葆忠于党，忠于祖国，忠于人民，忠于法律的政治本色。永远做党的忠诚卫士，和人民群众的贴心人，忠诚可靠为人服务，竭诚奉献，在新的起点上不断开创公安工作新局面，为党和人民再立新功！

歌舞《万家灯火平安夜》

作词：张南　作曲：王黎光　编曲：张宏光

演唱：宋祖英

编舞：纪家萱　魏思佳

表演：珠海华发艺术团

海南三亚艺术团

重庆市公安局消防文工团

广东公安消防总队文工团

一年又一年　警徽告诉我
万家灯火又留下一首平安的歌
一天又一天　平安告诉我
万家灯火有你就有美好的生活
每当万家灯火　在星光下闪烁
我的梦在守候中　轻舞祥和
我梦见山在说　日月在说
有一群星座为平安中国
为平安中国　点亮百姓的欢乐

一年又一年　警徽告诉我
万家灯火又留下一首平安的歌
一天又一天　平安告诉我
万家灯火有你就有美好的生活
每当冰雪消融绽放花朵
你的笑容永远是我温暖时刻
我知道你是谁　为谁无悔
献一生真情为平安中国
为平安中国　挥洒大地的春色
为平安中国　挥洒大地　大地的春色

（黄硕　整理）

“你好春天”文化部2010春节电视晚会

播出台：中央电视台
播出日期：2010年2月
总导演：谢晓泳
总策划：阎肃　宋小明　冯俐　田青

（片头：电脑制作的夜空中礼花绽放的画面，宋祖英、殷秀梅、戴玉强等参与演出的演员表演片段依次叠入，金色立体字“文化部2010春节电视晚会”左入右出，正中央飞入晚会主题“你好春天”）

开场歌舞《咏梅》
舞蹈：广东南方歌舞团　云南红河州歌舞团
天津音乐学院舞蹈系
改编毛泽东诗词
（片头后叠入第一个画面为簇簇盛开的梅花布景，背景灯光为蓝色，给人以天空下繁花似锦的感觉。舞蹈演员散开，布满舞台，男声齐唱，有一种“风雨送春归”的力量感。后两句为女声齐唱，有“俏也不争春”的柔美。舞台布景以梅花为主，灯光由蓝色转变为紫色，蓝色背景，歌舞中下起瑞雪，舞台两侧有干冰吹入。伴随着歌曲风格转向轻快的女声，舞台色调渐渐向粉色转变，凸显春意盎然）

风雨送春归
飞雪迎春到
已是悬崖百丈冰
犹有花枝俏
（反复一次）
俏也不争春
只把春来报
待到山花烂漫时
她在丛中笑
（反复四次）
风雨送春归
飞雪迎春到
已是悬崖百丈冰
犹有花枝俏
俏也不争春
只把春来报
待到山花烂漫时
她在丛中笑
她在丛中笑

进入片头，金色立体字飞入第一篇章标题“春之绚丽”。

开场白：
（四个主持人背后布景为梅树，舞台灯光为粉红色。）
凯丽　盼望着，盼望着，东风来了，春天的脚步近了。
陶虹　山朗润起来了，水涨起来了，太阳的脸红起来了。

佟凡 桃树、杏树、梨树，你不让我，我不让你，都开满了花儿赶趟儿。

王刚 花下成千成百的蜜蜂嗡嗡地闹着，大小的蝴蝶飞来飞去，野花遍地都是，散在草丛里，白的像雪，红的像火，粉的像霞。

歌舞《致春天》

演唱：殷秀梅

舞蹈：广东南方歌舞团　云南红河州歌舞团　天津音乐学院舞蹈系

（舞台灯光为紫色，几道侧幕为圆拱形，有精致的镂空花纹。舞台背景所打灯光为蓝色，同样有镂空花纹。背景前方悬挂下两条红黄相间的花束条为布景。舞蹈演员的服装为白与黄的渐变色，与灯光相搭配，给舞台带来一抹亮色）

致春天
在蝴蝶翅膀的中间
致春天
在彩虹跨越的两边
让山更青　水更绿
天更朗　花儿更鲜艳
用心关爱大自然
我要致春天
我要致春天

（伴随着第一段歌声，间奏中打出红色全屏字幕“向全国各族人民拜年，向全国文艺工作者拜年，向春节期间坚守工作岗位的亲人们拜年”）

致春天
是心灵放飞的起点
致春天
是梦想实现的空间
让人更亲　心更近
情更暖　真情到永远
用心活在人世间
我要致春天
我要致春天
致春天　致春天
你好　你好　你好
和风细雨阳光
新鲜　新鲜　好新鲜
致春天　致春天
你好　你好　你好
白云　绿草　蓝天
灿烂　灿烂　多灿烂
致春天　致春天
你好　你好　你好
我的青春爱情梦幻
浪漫　浪漫　真浪漫
你好　你好　你好
我的山川大地家园
致春天　春天　春天
我要致春天

女声组唱与舞蹈《春天的芭蕾》

演唱：常思思　王倩

舞蹈：广东南方歌舞团

（舞台灯光色调以绿色和蓝色为主，背景有茂盛的绿叶作为点缀。舞蹈演员的服装为白与绿的渐变色，与上一个节目形成统一风格）

随着脚步起舞纷飞
跳一曲春天的芭蕾
天使般的容颜最美
尽情绽放青春无悔
啊　春天已来临
有鲜花点缀
雪地上的足迹是欢乐相随
看那天空雪花飘洒

这一刻
我们的心紧紧依偎
啊　春天的芭蕾
啊　幸福的芭蕾
啊　春天的芭蕾　芭蕾
随着脚步起舞纷飞
跳一曲春天的芭蕾
天使般的容颜最美
绽放青春无悔
啊　雪地上的足迹是欢乐相随
啊　这一刻
我们的心紧紧依偎
啊　春天的芭蕾
啊　幸福的芭蕾
啊　春天的芭蕾　芭蕾
脚步起舞纷飞
跳出纯真韵味
大地从梦幻中醒来开出花卉
雪人也想扭动身体来减减肥
春天的芭蕾
灿烂的芭蕾
啊　随着脚步起舞纷飞
跳一曲春天的芭蕾
天使般的容颜最美
尽情绽放青春无悔
啊　春天的芭蕾

新疆木卡姆《刀郎麦西来普》　（列入联合国“人类非物质文化遗产代表作”）

领舞：吐尔逊　表演：新疆木卡姆艺术团

（灯光由金黄色闪变为葡萄紫，都是使人能感受到浓烈新疆气息的颜色。表演进行到高潮阶段，灯光开始闪烁各种颜色，配合着具有民族特色的表演是气氛更加喜庆）

内蒙古呼麦和长调　（列入联合国“人类非物质文化遗产代表作”）

表演：内蒙古民族歌舞剧院安达组合

（镜头以红漆板车轱辘作为与上个节目的转场。灯光以绿色和橙红色为主，是草原与马匹的颜色。大片绿色布景与蓝色背景模拟出草原与蓝天）

西藏山南卓舞《雅砻春朝》　（列入国家非物质文化遗产名录）

表演：尼玛、罗布等琼结久河村农民

（灯光以蓝色和橙色为主，以悬挂起的白布打蓝光模拟雪山布景）

陕西华阴老腔《关中古歌》　（列入国家非物质文化遗产名录）

主唱：张喜民　表演：陕西省华阴市老腔保护中心

（灯光以红色和橙色为主，舞台上模拟窑洞布景，背景悬挂起圆形红色纸老虎剪纸，具有浓郁的陕北特色）

进入片头，金色立体字飞入第二篇章标题“春之温暖”。

陶　小草柔软的手臂托起太阳，果子像宝石一样在少女手中闪光。心灵不再躲到幕布后面，任群鸟自由飞翔。

王　不同肤色的人走向你，汇成光芒像钟声一样鸣响。每个人都有了自己的名字，自己的声音、爱情和愿望。

歌曲《烛光里的妈妈》

演唱：丁毅　金永哲　刘君侠

情景表演：盖一坤

（舞台灯光暗下，橙色追光突出后景区的表演。老门框中白发苍苍的老母亲在纳鞋底，突然老母亲拿起油灯向远处张望，翘首企盼远行的游子归来。男声美声唱法演绎此歌，感情有重量感）

妈妈我想对您说
话到嘴边又咽下
妈妈我想对您笑
眼里却点点泪花
噢妈妈　烛光里的妈妈
您的黑发泛起了霜花
噢妈妈　烛光里的妈妈
您的脸颊印着这多牵挂
噢妈妈　烛光里的妈妈
您的腰身变得不再挺拔
噢妈妈　烛光里的妈妈
您的眼睛为何失去了光华
妈妈呀儿女已长大
不愿意牵着您的衣襟
走过春秋冬夏
噢妈妈　烛光里的妈妈
您的黑发泛起了霜花
噢妈妈　烛光里的妈妈
您的脸颊印着这多牵挂
噢妈妈　烛光里的妈妈
您的腰身变得不再挺拔
噢妈妈　烛光里的妈妈
您的眼睛为何失去了光华
妈妈呀儿女已长大
我愿牵着您的衣襟
走过春秋冬夏
噢妈妈相信我
儿女自有儿女的报答
噢妈妈相信我
儿女自有儿女的报答

中国经典歌剧选段组合

演唱：刘丹丽　刘思奇　韩延文　王丽达

（洪湖赤卫队选段：舞台灯光色调为淡绿色，地面上流动的干冰配以莲花的布景，给人一种泛舟洪湖的感觉。由舞蹈演员模拟表演泛舟，只有一根模拟的船桨，轻盈灵动，这样的表现方式体现了中国戏曲虚拟性的特征，具有写意的美感。

红珊瑚选段　蓝色灯光，演员表演唱，舞台表演区域在模拟的船头上，边唱边升起了具有象征性的红灯笼。

江姐选段　红灯笼与红旗的衔接作为两个选段之间的转场。橙色灯光，表演唱绣红旗，由舞蹈演员捧着大幅红绸作为演唱背景）

洪湖水呀浪呀嘛浪打浪啊
洪湖岸边是呀嘛是家乡啊
清早船儿去呀去撒网
晚上回来鱼满舱啊啊……
四处野鸭和菱藕
秋收满帆稻谷香
人人都说天堂美
怎比我洪湖鱼米乡啊
洪湖水呀长呀嘛长又长啊
太阳一出闪呀嘛闪金光啊
共产党的恩情
比那东海深
渔民的光景
一年更比一年强啊

一树红花照碧海
一团火焰出水来
珊瑚树红春常在
风波浪里把花开
云来遮雾来盖
云里雾里放光彩
风吹来浪打来
风吹浪打花常开
一盏红灯照碧海
一团火焰出水来
红灯高照云天外
火焰熊熊把路开
云来遮雾来盖
云里雾里放光彩
风吹来浪打来

风吹浪打花常开

线儿长针儿密
含着热泪绣红旗绣呀么绣红旗
热泪随着针线走
与其说是悲不如说是喜
多少年多少代
今天终于盼到你！盼到你
千分情万分爱
化作金星绣红旗绣呀么绣红旗
平日刀丛不眨眼
今日里心跳分外急
一针针一线线
绣出一片新天地

歌舞《江河万古流》

演唱：廖昌永
舞蹈：广东南方歌舞团　云南红河州歌舞团　天津音乐学院舞蹈系
（舞台灯光以橙色和白色为主，大面积绘出的江河波涛作为背景）

长江流　黄河流
滔滔岁月无尽头
天下兴亡多少事
莽莽我神州
情悠悠　思悠悠
炎黄子孙志未酬
中华自有雄魂在
江河万古流
情悠悠
思悠悠
炎黄子孙志未酬
中华自有雄魂在
江河万古流
（反复）
江河万古流
江河万古流

舞蹈《龙飞凤舞》

表演：上海戏剧学院舞蹈学院
（舞台灯光以红色和白色为主，背景悬挂下大幅红色绸缎。演员服装为红白二色。融入中国功夫元素的舞蹈刚柔相济）

声乐融合《生命之树》　（根据《绿叶对根的情意》与《橄榄树》创作）

演唱：冯瑞丽　汤子星　伴唱：巴风组合　吸引力组合
（舞台为绿色灯光，星空背景。身穿绿色服装的舞蹈演员与空中垂下的紫色宽条状布景模拟出一棵大树的形态。唱着《橄榄树》的女歌手从“树干”中走出。四句之后，男歌手继续演唱《绿叶对根的情意》，两首歌交织进行。巧妙地以“从哪里来、到哪里去”为契合点）

不要问我从哪里来
我的故乡在远方
为什么流浪流浪
流浪远方　流浪
不要问我到哪里去
我的心依着你
还有　还有
不要问我到哪里去
我的情牵着你
还有　还有
为了梦中的橄榄树橄榄树
我是你的一片绿叶
我的根在你的土地
春风中告别了你
橄榄树
今天这方明天那里
还有梦中的橄榄树
不要问我到哪里去
不要问我到哪里去
不要问我到哪里去
我的路上充满回忆

请你祝福我
我也祝福你
这是绿叶对根的情意
不要问我到哪里去
还有　还有
我的路上充满回忆
还有　还有
请你祝福我
我也祝福你
为了梦中的橄榄树
这是绿叶对根的情意
不要问我从哪里来
不要问我到哪里去
不要问我从哪里来
不要问我到哪里去
这是绿叶对根的情意

舞蹈《长白祥云》
表演：中央民族大学舞蹈学院
（布满干冰的舞台，蓝色灯光，身穿白色朝鲜族服装的演员仿佛身处祥云之中。背景悬挂起的白布打蓝光模拟雪山的布景又一次出现）

歌曲《爱你比永远多一天》
演唱：戴玉强　王莉
（灯光色调为粉红色，舞台地面上铺的粉色绸缎上撒满花瓣。背景布景为闪烁的星空。美声唱法，有情景动作的表演唱，感情真挚投入。歌曲后半部分，灯光渐变为淡蓝色，与王莉水蓝色的礼服相呼应，舞台风格既清新又温馨）

怕一起走过的日子太短太短
想问你永远是多少年
如果永远就是白头偕老
永远就是常说的海枯石烂
如果永远只是今生今世的缘
我爱你可否比永远多一天
爱你比永远多一天
让我了结还来不及实现的心愿
爱你比永远多一天
让我们静静回首
风风雨雨的从前
爱你　爱你　比永远多一天
让我好好对你说
永远之后　我依然爱你
我依然爱你到永远　永远

话剧片段组合《跨越时空的爱恋》
导演：田沁鑫
表演：濮存昕　秦海璐　殷桃
张歆艺　奚美娟

（四幕不同国度不同时代的戏剧同台上演，兼具中国古典题材和世界名著，有着强烈的视觉冲击力与极具张力的表现方式。导演天马行空的想象力和演员狂热的肢体表达语汇，有力拓展了舞台的空间与戏剧的意义，展现了复杂的时空结构所带来的美感。背景为悬挂的一轮圆月，四个玻璃格子里面分别坐着四出戏剧的女主角）

濮存昕　这就是我们的舞台呢，第一道侧幕，第二道侧幕，后面是个开阔的空间，没有布景，一眼望去就是湖水和地平线，八点半钟，月亮一升起来就开幕，我听见了她的脚步声了，没有她，我活不下去啊！就连她的脚步声也是那么美好，我简直幸福得要发狂了！

一、《海鸥》片段　契诃夫
（特里波列夫——濮存昕　妮娜——秦海璐）
妮娜　柯思嘉！
特里波列夫　妮娜，妮娜！妮娜，我的天神，我的梦。

妮娜 我没迟到吧?

特里波列夫 没有，没有的。

妮娜 我整天都在担心，我怕我的父亲他不让我来。可是，父亲和后娘刚刚出去了。我想我们的演出马上就要开始了！天上已经挂起了红霞，月亮也刚刚升起，我不断地鞭策着我的马，我高兴极了！我们在哪儿演出?

特里波列夫 就在这儿!

妮娜 就在这儿吗?咱俩得快点儿，半点钟以内我就得走。

特里波列夫 妮娜，这不行的!

妮娜 柯思嘉！我的父亲他不知道我到这儿来，他也不让我到这儿来，他们说，这儿太江湖气了，他们怕我也会走上舞台。可是，我还是来了！我就像一只海鸥，给这片湖水迷住了！我的心里也充满了你!

特里波列夫 没有旁的人吗?

妮娜 那棵是什么树?

特里波列夫 榆树。

妮娜 它为什么那么暗?

特里波列夫 夜晚了，一切都暗下来了，妮娜，我求求你不要早走。

妮娜 我也是没有办法的。

特里波列夫 要是这样的话，我就到你的花园里，整夜地看着你的窗户。

妮娜 那也是不行的。打更的人不认识您，我家的狗儿也会汪汪叫的。

特里波列夫 妮娜，我爱你!

妮娜 我们什么时候开始?

特里波列夫 马上开始，我都准备好了。你心慌吗?

妮娜 怪心慌的。说实话，您的剧本真的很难演。里面没有什么活的人物。

特里波列夫 不应该死死板板地去反映生活呀。

妮娜 那总该有些动作什么的吧?里面净是些台词。

特里波列夫 妮娜，不应在舞台上原原本本地照搬生活的。我们应该在舞台上、在舞台上表现梦想呀!

妮娜 那爱情呢?剧本里不是应该有些爱情什么的吗?

特里波列夫 爱情，当然有!

(第三个玻璃格子里的鸣凤起身，妮娜转身跑回来，鸣凤把给觉慧叠好的衣服放在木椅上，将木椅搬出。拿起衣服，为觉慧穿上)

二、《家》片段　巴金

(觉慧——濮存昕　鸣凤——殷桃)

鸣凤 您知道吗?我多……多爱啊!

觉慧 鸣凤!

鸣凤 三少爷!

觉慧 我自己来，鸣凤，你这个小小的人儿，你的小心里，怎么能装下这么多忧愁呢?我跟你说，我们之间没有障碍的。

鸣凤 有的，在上面的人是看不见的。就这样待一天，就这样待一天，多好啊!

觉慧 这么待下去，要闷死的。我想叫，我想喊，我想告诉人的……

鸣凤 别，三少爷，您千万别！您要是这样的话，就把我的梦给毁了。

觉慧 这不是梦!

鸣凤 这是！三少爷，我求求您了，您千万别喊。您一喊，梦醒了，人走了，就剩鸣凤一个人，孤孤单单的，您再叫我怎么过呀!

觉慧 鸣凤，我不走，我陪着你。

鸣凤 三少爷，您这不就是梦话吗?

觉慧 鸣凤，我知道的，一个人在黑屋子里住久了，就会忘记天地有多大、多亮、多自由!

鸣凤 怎么会不想呢！我难道尝不出来，苦是苦，甜是甜，我怎么会不向往那个自由的地方！要是您不是您，我不是我，我们就是一块儿长大的兄妹，那该多好啊！

觉慧 鸣凤，我跟你说过，你还是那样您呀您的称呼我……

鸣凤 我习惯了！您就让我这么称呼吧！我就是一个人在屋里，低低地喊您，跟您说话的时候，我也是这么称呼的。

觉慧 你一个人在屋里说话？你都说些什么呢？

鸣凤 我一个人在屋里，真是有说不完的话，说着说着，我就觉得您对我笑了，说着说着，我又对您哭了。我就这样说呀说呀，一个人，说到半夜。

觉慧 鸣凤，你就是这样爱啊！

鸣凤 嗯。

觉慧 你太苦了。

鸣凤 不。

觉慧 都是我不好，让你这么苦，是我害了你。我还是想告诉人，我要跟母亲说的，总这么隐隐瞒瞒的我觉得是在欺负你。我要跟太太说，我要娶你！

鸣凤 三少爷！为什么总要想着那些做不到的事儿呢？现在不就很快乐么？为什么为想着将来就把眼前这一点快乐给毁了呢？三少爷，您不是说今天晚上会教我说一段月亮的词么？我们进屋去，找一本书，您说给我听，好不好？

觉慧 好。

（鸣凤搬木椅回到玻璃格子，觉慧脱下外衣，有一次转换角色）

三、《哈姆雷特》片段　莎士比亚

（哈姆雷特——濮存昕　奥菲利亚——张歆艺）

哈姆莱特 生存还是毁灭，这是值得考虑的问题；默然忍受命运的暴虐的毒箭，或是挺身反抗，并结束这人世无涯的苦难，这两种行为，哪一种更高贵？就这样重重的顾虑，使我们全变成了懦夫，使决心的光彩被审慎的思维盖上了一层灰色，使那些高瞻远瞩的计划半途夭折！生存还是毁灭，奥菲利娅，女神，在你祈祷的时候，不要忘记替我忏悔我的罪孽。

奥菲利娅 殿下，您这许多天来您贵体安好吗？

哈姆莱特 谢谢你，我很好。

奥菲利娅 我这儿有几件您送给我的纪念品，我早就想把它还给您了，现在请您现在收回吧。

哈姆莱特 我从来没送给你过什么东西。

奥菲利娅 我记得您把它们送给我的时候，对我说了许多的甜言蜜语，使这些东西格外显得贵重。如今它们的芳香已经消散，请您拿回去吧，因为在有骨气的人看来，送礼的人要是变了心，礼物再贵，也会失去了价值。

哈姆莱特 你贞洁吗？

奥菲利娅 殿下！

哈姆莱特 你美丽吗？

奥菲利娅 殿下什么意思？

哈姆莱特 要是你既贞洁又美丽，顶好不要让你的贞洁跟你的美丽来往。

奥菲利娅 美丽除了贞洁以外，还有什么更好的伴侣吗？

哈姆莱特 因为美丽可以使贞洁变成淫荡，贞洁未必能使美丽操守！我曾经爱过你。

奥菲利娅 真的，殿下，您曾经使我相信您爱我。

哈姆莱特 可是你当初就不应该相信我，进尼姑庵去吧！因为贞洁不能熏陶我们罪恶的本性！

奥菲利娅 天哪！救救他！

哈姆莱特 进尼姑庵去！进尼姑庵去！进尼姑庵去！

奥菲利娅 殿下！

哈姆莱特 告诉我，你父亲呢？告诉我，你的父亲在哪里？在哪里？

奥菲利娅 在家里。

哈姆莱特 那就把他关起来吧！让他在家里发发傻劲吧！进尼姑庵去！想结婚吗？这个诅咒送给你当嫁妆，即使你像冰一样坚贞，像雪一样纯洁，还是要受到世人的诽谤。进尼姑庵去！

奥菲利娅 殿下！谁能救救他！

哈姆莱特 我还知道你们会怎样涂脂抹粉，上帝给了你们一张脸了，你们又替自己另外造了一张。你们淫声荡气，矫揉造作，替上帝造下的生物乱取名字！够了，我受不了了！进尼姑庵去！进尼姑庵去！

奥菲利娅 一颗多么高贵的心是这样陨落了！我曾经在他音乐一般的盟誓中吮吸芬芳的甘蜜，而如今却眼看着他的高贵无上的理智，像一串美妙的银铃失去了谐和的音调，无比的青春美貌在疯狂中凋谢！我，好苦啊！

（奥菲利娅失落地回到玻璃格子里，董祀开始说话）

四、《蔡文姬》片段　编剧　郭沫若

（董祀——濮存昕　蔡文姬——奚美娟）

蔡文姬 我夜不能寐，在天幕里感到气闷，我以为夜静更深，别人都睡熟了，不会惊醒，便弹奏了一曲《胡笳诗》。这都是由于我沉沦在个人的悲哀里，没有余暇顾及别人，我真是万分有罪！然而在半夜里，弹唱毕竟扰了别人的安眠。连董都尉也被我扰醒，来到墓亭下徘徊，他责备我只顾自己，不顾他人，要我效法曹丞相，以天下之忧为忧，以天下之乐为乐。像我这样只沉溺在儿女私情里面，毁灭自己，是在辜负曹丞相对我的期待。董都尉的这番话，我感受到了，可惜我不能够照样说出。因为我个人的悲哀太深，总是扭转不过来呀！

董祀 大姐，我是同情你的，我要向你说句老实话，我从小就敬重你！你博学多才，就是班昭也无法和你相比。

蔡文姬 你把我看得太高了！

董祀 可我现在更要向你说句老实话，我对你是有些失望了。到底个人事大还是天下事大？天下人几年前有多少人流离失所、妻离子散，你不曾这样悲哀，而你现在却只是怀念着你那对平安无事的子女。你的心胸为什么这么狭窄呢？

蔡文姬 公胤，我谢谢你。

董祀 因为你是我的姐姐，我才这么毫不掩饰地说，但我也是鼓起勇气的。一路上我早就想说又怕伤了你的心，但是现在却不能不说了！不说就好比是看着一个人沉溺在水里，而袖手旁观不肯搭救他一样。大姐啊，你总是这样下去，那是要毁灭你自己的！我们看着你毁灭那是对不住你，对不住伯喈先生，也对不住曹丞相。请您把我的话回味一下吧，可能是逆耳之言，不大好听的。

蔡文姬 公胤，你这话说得多好呀！这对于我来说，就算是起死回生的良药啊！我要谢谢你，是你两次搭救了我。我向你发誓，从今以后，要听你的话，尽量减少个人的悲哀。

董祀 这太好了，大姐！现在的中原和你十二年前离开的时候是完全两样了！曹丞相去年远征三郡乌桓，正是证明了王者之师，天下无敌。曹丞相他爱兵如命，视民如伤，他除豪强，抑兼并，济贫弱，兴屯田，使流离失所的农民又重新安定了下来，使纷纷扰扰的天下又呈现出太平的景象。丞相的主张是，天地间，人为贵。

蔡文姬 天地间，人为贵！

（董祀与蔡文姬相互作揖礼拜）

进入片头，金色立体字飞入第三篇章标题“春之浪漫”。

佟凡 所有的日子，所有的日子都来吧！让我编织你们，用青春的金线、幸福的璎珞编织你们！

凯丽 是单纯的日子，也是多变的日子，好大的世界样样让我们惊奇。从来都兴高采烈，从来不淡漠。眼泪、欢笑、深思，全是第一次！

歌曲《喜庆的日子》

演唱：谭晶

（舞台灯光为粉红色，舞台上布满红黄粉相间的花簇，背景前方悬挂下花束条作为布景，给人繁花似锦的绚丽感觉）

看看花样的生活越来越美丽
感觉快乐的心情越来越普及
辛勤的日子每一天都是花季
撒欢的笑声跟着我缠着你
喜庆的日子红日历
听听流行的歌儿越来越着迷
连人生也觉得越来越有意义
喜庆的日子 哎
和是根基
看看爱美的妈妈越来越挑剔
感觉身边的变化越来越新奇
喜庆的日子每个人都很甜蜜
多情的玫瑰亲着我吻着你
喜庆的日子红日历
品品甜美的生活越来越珍惜
连心灵也觉得越来越会默契
喜庆的日子 哎
和我相依 咪

歌剧《蝙蝠》选段《笑之歌》

演唱：迪里拜尔 钢琴：张佳林

（舞台灯光以紫色和蓝色为主，钢琴现场伴奏，花腔女高音演唱流畅，跃动性强）

泉州提线木偶《闹新春》 （列入国家非物质文化遗产名录）

表演：中国泉州市木偶剧团

（蓝色灯光的雕花背景下，演员在模拟的房屋道具后进行木偶表演）

器乐声乐融合《故乡之歌》 （根据《故乡曲》、《念故乡》创作。）

演唱：陈小朵 田彦 武猛 祖志恺 管奇明

竖琴：卢炯男

小提琴：金辉

（蓝色灯光，星空背景下模拟小桥与飞鸟的剪影，绿色树丛作为舞台上的布景）

记得藤萝月儿
记得秋虫吟
朗朗的夜空星星
数来数去数不清
记得那弯西窗月儿
记得依稀慈母吟
闪闪树下缝衣襟
一针一线缝不停

念故乡 念故乡
故乡真可爱

天甚青　风甚凉
乡愁阵阵来
故乡人　今如何
常念念不忘
在他乡　一孤客
寂寞又凄凉
我愿意回故乡
重返旧家园
众亲友　聚一堂
同享从前乐

俄罗斯民歌《三套车》
演唱：谢尔盖·罗曼诺维奇·卡亚茨基（俄罗斯功勋演员）
（背景为深蓝色灯光，舞台上为浅蓝色灯光，钢琴现场伴奏，俄语演唱）

彝族歌舞《踩着云》
演唱：霍思羽　林林　张娴
舞蹈：云南红河州歌舞团
（粉色灯光，舞台布满干冰，如在云间。背景为蓝色，前面悬挂起具有彝族特色的装饰）

歌舞《亲圪蛋下河洗衣裳》
演唱：阎维文
舞蹈：广东南方歌舞团
（蓝色与橙色为主的舞台灯光，身穿具有陕北特色服装的男女舞蹈演员伴舞，洗衣木盆等为道具）

亲圪蛋下河洗衣裳
双圪丁跪在石头上
呀　小亲圪蛋
呀亲呀个亲　蛋呀个蛋
小妹妹河边她把头抬
呀亲呀个亲　蛋呀个蛋
哥哥在山上唤你来
呀亲呀个亲　蛋呀个蛋
小亲圪蛋
哥哥在山上唤你来
呀　唤你来
小亲亲来小爱爱
把你那好脸扭过来呀
小亲亲来小爱爱
把你那好脸扭过来呀
（重复三次）
小亲圪蛋
呀　小亲圪蛋
你说扭过就扭过
好脸要配好小伙
呀小亲圪蛋
呀小亲圪蛋
呀亲呀个亲　蛋呀个蛋
好脸要配好小伙
呀亲呀个亲　蛋呀个蛋
小妹妹河边盼哥哥来
亲呀个亲呀
小妹妹河边盼哥哥来
呀　盼哥哥来
亲圪蛋下河洗衣裳
双圪丁跪在石头上
呀　小亲圪蛋
呀亲呀个亲　蛋呀个蛋
小亲圪蛋
呀　小亲圪蛋

黄梅戏《女驸马》选段《谁料皇榜中状元》
演唱：韩再芬　孙方玲
（梅树上盛开着粉艳的梅花作为舞台布景，灯光为粉色偏紫色调，背景为蓝色灯光）

为救兆廷离故乡
侥幸得中状元郎
金阶饮过琼林宴
谁人知我是红装

奴家　冯素珍
是我顶替李郎之名前来应试
不料得中头名状元
眼看李郎得救
叫人好喜哟

为救李郎离家园
谁料红榜中状元
中状元着红袍
帽插宫花好哇
好新鲜哪
我也曾赴过琼林宴
我也曾打马御街前
人人夸我潘安貌
原来纱帽照哇
照婵娟哪
我考状元不为把名显
我考状元不为做高官
为了多情的李公子
夫妻恩爱花儿好月儿圆哪

京剧《四郎探母》选段《坐宫》
演唱：于魁智　李胜素
（浅蓝色灯光，以《春色满园》图作为背景，一桌二椅为道具）

听他言吓得我浑身是汗
十五载到今日他才吐真言
他本是杨家将把名姓改换
他思家乡想故土不得团圆
我这里走向前重把礼见
驸马
尊一声驸马爷细听咱言
早晚间休怪我将你怠慢
不知者不怪罪你就海量放宽
我和你好夫妻恩爱不浅
贤公主又何必礼仪太谦
杨延辉有一日愁眉得展
誓不忘贤公主恩重如山
说什么夫妻情恩爱不浅
我与你配夫妻千里姻缘
为什么终日里愁眉不展
你有什么心腹事只管明言
非是我这几日愁眉不展
有一桩心腹事不敢明言
萧天佐摆天门两国交战
老娘亲押粮草来到北番
我有心去宋营见母一面
怎奈我身在番不能过关
你那里休得要巧言舌辩
你要见高堂母我不阻拦
公主虽然不阻拦
无有令箭怎过关
有心赐你金妣箭
怕你一去就不回还
公主赐我金纰箭
见母一面我即刻还
宋营离此路途远
一夜之间你怎能回还
宋营虽然路途远
快马加鞭一夜还
适才叫咱盟誓屁你对苍天表一番
公主叫我盟誓愿
双膝跪在地平川
我若探母不回转
怎么样啊
罢　黄沙盖脸尸骨不全
言重了
一见驸马盟誓愿
咱家才把心放宽
你到后宫乔改扮
盗来令箭也好出关哪
公主去盗金妣箭
本宫才把心放宽
扭转头来叫小番

古筝与男子独舞《良宵》

演奏：吉炜　独舞：孙科

伴奏：中央音乐学院

（舞台灯光以红色和蓝色为主，长幅红色绸布垂直而下作为背景。红灯笼为背景道具）

进入片头，金色立体字飞入第四篇章标题“春之激情”。

陶　所有使我像草一样颤抖过的快乐或者好的思想，都变成声音飞到四面八方去吧！不管她像一阵风或者一片阳光。

王　我的琴弦上失掉了成年的忧伤，我重新变得年轻！我的血液流得很快，对于生活我又充满了梦想，充满了渴望！

歌舞《板蓝花》

演唱：雷佳　舞蹈：云南红河州歌舞团

（舞台灯光为绿色调，身着相同色调服装的舞蹈演员俯卧在舞台上，仿佛山坡上开满了板蓝花。演唱者身着明黄色礼服，像百花丛中最灿烂的一朵）

小时候山野里
春风吹来开满了板蓝花
我总是采几朵戴上我的头发
日日夜夜陪伴在我身边
花儿美蝶儿飞
我们慢慢地长大
板蓝花儿开哎板蓝花儿开
开在那春天里哎开在那阳光下
有一朵是你
有一朵是我
你我你我
你我带着那妈妈最深的牵挂
开遍了海角天涯
心中的板蓝花哎
亲亲的板蓝花板蓝花
长大了记忆中
从此以后开满了板蓝花
我常常在梦里梦里梦见了它
春秋冬夏呵护着我的心
板蓝花儿飘哎板蓝花儿飘
它把根留下它把爱全留下
那花儿是我
那根儿是妈妈
岁岁年年带上我们最真最真的报答
飘向了大地千万家
板蓝花儿开哎板蓝花儿开
迎着风雨哎开呀开不败
绵绵思恋常呀常相伴哟
绵绵思恋常相伴
心中的板蓝花哎亲亲的板蓝花
亲亲的板蓝花板蓝花

中国版芭蕾舞剧《胡桃夹子》选段《鹤舞》

领舞：管文婷　舞蹈：中央芭蕾舞团

（舞台灯光变幻为蓝色，带有水般梦幻的气息。伴随着层次丰富的交响乐伴奏，身着白色芭蕾舞服的近二十只“小天鹅”灵巧地起舞。随后女声的合唱加入交响乐，流畅动听。之后音乐节奏变快，其他伴舞退场，舞台上只剩下领舞随着欢快的节奏独舞）

声乐融合《月色》

（包含歌曲《在银色的月光下》与《桑塔露琪亚》）

演唱：王晨　张英席　钢琴：宁楠

四弦乐：苏雅菁　刘博轩　卜宏　陈美彤

（演唱者站在舞台右前方区域，中间左侧为钢琴，舞台后方偏右侧是弦乐四重奏）

（舞台灯光色调模仿银白色的月光，左上方升起圆月布景。身着白色长裙的四个女孩在舞台上喷出的干冰的作用下仿佛月宫中的仙子。两首歌被“月色”巧妙地结合在了一起，所表达的气氛暗合，男女演唱者分别演唱完各自的部分后，进入了合唱部分，虽然依旧唱着各自的歌，但不仅在旋律上产生了和声，更在歌词的部分碰撞出了巧妙的契合）

在那金色的沙滩上
洒着银色月光
寻找往事踪影
往事踪影迷茫
寻找往事踪影
往事踪影迷茫
看晚星多明亮
闪耀着金光
海面上微风吹
碧波在荡漾
在这黑夜之前
请来我小船上
桑塔露琪亚
桑塔露琪亚

在那金色的沙滩上
洒着银色月光
看晚星多明亮
闪耀着金光
寻找往事踪影
海面上微风吹
往事踪影迷茫
碧波在荡漾
寻找往事踪影
在这黑夜之前
往事踪影迷茫
请来我小船上
寻找往事踪影
桑塔露琪亚
往事踪影迷茫
桑塔露琪亚
啊

器乐融合《菊花台》

独舞：李宏钧　二胡：宋飞
大提琴：朱亦兵

（舞台灯光为饱和度很高的绿色，舞台营造出一种盛夏的感觉。低沉委婉的大提琴演奏第一乐段，随后明亮却带凄楚的二胡继续演奏，如泣如诉仿佛是两个人在对话。大提琴开始进入并为二胡伴奏，身着绿色纱裙的男舞蹈演员赤裸上身，身上是藤条彩绘，舞蹈柔美又具有力量感）

合唱组合《当我们年轻时》、《让我们荡起双桨》

领唱：刘秉义
合唱：文化部老干部合唱团
　　　北京第八十中学舞蹈团

（音乐剧式的舞台布景，秋叶、路灯、长椅，洒满落叶的街心花园，爷爷奶奶在情景中表现着生活。独唱《当我们年轻时》演唱结束后，一群少年儿童捅上舞台，与爷爷奶奶们一起合唱《让我们荡起双桨》。舞台灯光为橙色，烘托出暖暖的气氛，像秋日的傍晚。音乐自然过渡，又一次唱起了《当我们年轻时》，老人合唱，儿童伴唱）

当我们年轻时光
在美妙的五月早上
你说过你爱我
当我们年轻时光
让我们荡起双桨
小船儿推开波浪
海面倒映着美丽的白塔
四面环绕着绿树红墙
小船儿轻轻
飘荡在水中
迎面吹来凉爽的风
小船儿轻轻飘荡在水中
迎面吹来凉爽的风
凉爽的风

当我们年轻时光
在美妙的五月早上
你说过你爱我
当我们年轻时光
你说过你爱我
我们俩拥抱相望
也流泪也欢笑
从此后天各一方
当春之歌又唱
又回忆起五月早上
别忘了你爱我
当我们年轻时光

苏州评弹《苏州美》

演唱：邢晏芝

（舞台灯光色调为淡紫色，十个身穿淡粉色旗袍的年轻女孩弹奏琵琶，领唱者邢晏芝穿深紫色旗袍，同样弹奏琵琶。温婉甜糯的声音配上灵动的琵琶仿佛将舞台带到江南水乡之畔）

苏州美呀世无双
太湖明珠焕容光
建城两百五十载
誉满人间比天堂
比天堂
美则美　寒山钟声虎丘塔
西院罗汉留院曲回廊
四季风清土也香
美则美　玉宇琼楼黄金地
人在丹青画中央
繁华自古数金阊
美则美　狮子林毗邻忠王府
假山玲珑红莲满池塘
时闻宝塔风铃韵悠扬
苏州美呀世无双
太湖明珠焕容光
历尽沧桑胜天堂

歌曲《乡愁》

演唱：么红　袁晨野

（美声唱法，男女重唱，句句呼应着述说着乡愁。钢琴与大提琴分别为之伴奏，声音呈现出一种厚重。舞台灯光色调为深蓝色，半空中悬挂着一轮圆月，依稀是一湾海峡）

小时候　乡愁是一枚小小的邮票
我在这头　母亲在那头
长大后　乡愁是一张窄窄的船票
我在这头　新娘在那头
后来啊　乡愁是一方矮矮的坟墓
我在外头　母亲在里头
而现在　乡愁是一湾浅浅的海峡
我在这头　大陆在那头
乡愁　乡愁　乡愁是一湾浅浅的海峡
乡愁　乡愁　我在这头　大陆在那头
我在这头　大陆在那头
乡愁　乡愁　我在这头　大陆在那头
我在这头　大陆在那头

诗歌朗诵《我愿意是激流》

表演：瞿弦和　张筠英　钢琴：刘诗昆

（舞台灯光为橙色调，布景为居家的客厅，一扇门、简单的沙发和落地灯作为道具，给人一种家的气氛。表演朗诵温馨自然，钢琴伴奏张弛有度）

我愿意是急流
山里的小河
在崎岖的路上
岩石上经过……
只要我的爱人
是一条小鱼
在我的浪花中
快乐地游来游去
我愿意是荒林
在河流的两岸

对一阵阵的狂风
勇敢地作战……
只要我的爱人
是一只小鸟
在我的稠密的
树枝间做窠，鸣叫
我愿意是废墟
在峻峭的山岩上
这静默的毁灭
并不使我懊丧……
只要我的爱人
是青春的常春藤
沿着我荒凉的额
亲密地攀援上升
我愿意是草屋
在深深的山谷底
草屋的顶上
饱受风雨的打击……
只要我的爱人
是可爱的飞焰
在我的炉子里
愉快地缓缓闪现
我愿意是云朵
是灰色的破旗
在广漠的空中
懒懒地飘来荡去
只要我的爱人
是珊瑚似的夕阳
傍着我苍白的脸
显出鲜艳的辉煌

乐舞融合《南音四宝与弗拉门戈》
表演：汉唐乐府南管古典乐舞团（中国台湾）Jairo Rodriguez（西班牙）
（舞台背景为半悬挂着的红幕与竹帘，铺满蓝色的灯光。泉州南音表演者坐在具有中国江南特色的圆椅上演奏。弗拉门戈舞者被包围在其中。伴随着南音弗拉门戈舞者以独特的舞步翩翩起舞，极具想象的中西音乐舞蹈文化的结合，给人一种民族间文化的强大碰撞，碰撞出一种独特的美。）

进入片头，金色立体字飞入第五篇章标题“春之和谐”。

凯　小路上、石桥边，城里乡下家家户户、老老小小一个个都出来了，舒活舒活筋骨，抖擞抖擞精神，各做各的一份事。
佟　春天像刚刚落地的娃娃，从头到脚都是新的，她生长着。春天像健壮的小伙儿，有铁一般的胳膊和腰脚，领着人们上前去。

歌曲组合《家乡美》　（《故乡河》、《山歌唱出好兆头》、《青青的山、绿绿的水》）
演唱：钟丽燕　牟炫甫　李丹阳
（蓝色的总体灯光色调，中间一排黄色的光束垂直打下，契合演员蓝色的服装与具有民族风格鹅黄色的伴舞服装。
第二段独唱舞台总体色调不变，加入了绿色的灯光元素，呼应同样具有民族特色的男舞蹈演员表演划龙舟。
第三段独唱舞台灯光变为粉色，配合女歌手粉红色如盛开的牡丹般的礼服，艳丽大气。）

心中有一条故乡河
深情的水波总在血液里流过
心中有一条故乡河
无论我身在何方
也不会把你忘却
啊　故乡河
给我母爱　给我温暖　给我欢乐
啊　故乡河
给我信念　给我责任　给我嘱托
啊　故乡河

给我今生　给我来世
给我很多　给我很多

哎　石榴山上哎　长石榴哎
红豆岭上挂红豆哎
今天山歌也结果
结出来欢笑随风游哎
三月三哎　六月六哎
六月六　九月九哎
握着好日子不松手
四季都是好时候哎
龙江水上哎　划龙舟哎
金牛桥上走金牛哎
山歌多了顺水流
流过了花海流上楼哎
三月三哎　六月六哎
六月六　九月九哎
踩着好日子往前走
山歌唱出好兆头
三月三哎　六月六哎
六月六　九月九哎
山歌唱出好兆头哎

青青的山　绿绿的水
大江南北响春雷
五十六枝花朵齐绽放
中华民族在腾飞
大地　轰隆隆隆隆
山川　换新颜
美好蓝图我们来描绘
大地　轰隆隆隆隆
山川　换新颜
美好蓝图我们来描绘
来描绘

京剧《贞观盛事》选段《共铸盛事太平年》

演唱：尚长荣

（简单石栏杆布景，浅蓝色的舞台灯光，舞台环形背景逐渐转变为紫色）

心潮如浪急翻卷
难按肺腑万千言
难道说
难道说兴衰更替
周而复始千古难更变
难道说果真是
善始容易克终难
忆当年
朱雀宫中彻夜论殷鉴
君与臣手相执
我们坦诚吐真言
他言道
为君者节欲尊贤莫轻慢
为臣者坦言诤谏
才能够社稷安
抚今追昔生百感
共铸盛世
太平年

昆曲《牡丹亭》选段《游园》

演唱：沈丰英　沈国芳

（繁花似锦的舞台布景，花团锦簇，春意盎然。舞台灯光为明黄色，仿佛春日的阳光。与杜丽娘鹅黄色的水衫、春香脆绿色的小衫相得益彰）

看画廊金粉半零星
啊　小姐　这是金鱼池
金鱼池
池馆苍苔一片青
踏草怕泥新绣袜
惜花疼煞小金铃
春香　不到园林
怎知春色如许
原来姹紫嫣红开遍
似这般都付与断井颓垣

良辰美景奈何天
便赏心乐事谁家院
朝飞暮卷
云霞翠轩
雨丝风片
烟波画船
锦屏人忒看的这韶光贱
是花都开了
唯有牡丹还早呢
遍青山啼红了杜鹃
那荼蘼烟丝醉软
春香啊
那牡丹虽好
他春归怎占的先
成对儿莺燕
闲凝眄
啊　小姐
那莺燕叫得好听啊
声声燕语明如翦
呖呖莺歌溜的圆

歌曲组合《春天放歌》《幸福花开了》《美丽的田野》《黄河妈妈》

演唱：陈思思　马晓晨　刘莉娜　沈利
　　　鲍蓉　孙维良

（第一段歌曲整体舞台灯光偏暗，以橙色灯光为主，花团锦簇的布景配以歌手花团锦簇的礼服，春天气息浓烈；第二段歌曲以绿色灯光为主，四个歌手身着红紫蓝粉四色礼服，在舞台布景的映衬下使人感到了一个姹紫嫣红的春天；第三段歌曲背景灯光转变为红色，舞台地面灯光为橙色，模拟黄河波涛的气势磅礴）

春到　福就到
一副春联　一挂鞭炮
那个满堂吉庆　热热闹闹
热热那个闹闹
又是一年好收成
又是一春步步高
国运兴　民安康
盛世欢歌响九霄
春到　福就到
福到喜就到
你看那春回大地
千山都秀啦
幸福花开啦
幸福花开啦
幸福花开啦

春天　春天　春天　春天
终于来到田野上
红的　黄的　蓝的　紫的
无数花儿吐芬芳
燕子　燕子　燕子　燕子
回来飞到新楼房
田野的春天
和我们的春天的心情一个样
田野的春天
和我们的春天的心情一个样
你看那江河春潮涨
你看那天空春雨洒
你看那田野春风吹
你看那
你看那山岗春花放
田野上的春天里
田野上的春天里
啊
春意盎然比酒香

走出冰川的时候
你是那样的清亮
你一路起舞　一路歌唱
奔向那太阳
当你经过了九曲回肠哟
你就把那晶莹变成浑黄

我忽然想起了我的妈妈
以为曾经很美很美的姑娘
美丽姑娘哟
黄河原本并不黄
因为容纳百川才改变了模样
妈妈原本很漂亮
因为养育了儿女才历经沧桑
啊　黄河
一路歌唱
啊　黄河
一路歌唱
你一路歌唱

歌舞《唱起来》

演唱：宋祖英　舞蹈：广东南方歌舞团等

（身着各少数民族服饰的舞蹈演员形成里外两个环形，簇拥着中间的歌者。）

（开场粉色的灯光逐渐加深，向深粉色渐变，过渡为紫色，随着演唱与舞蹈，灯光渐浅，变为淡黄色。布景依旧是艳丽的花团。歌曲节奏渐快伴随着各色灯光不断闪烁，呈现出一个异彩纷呈的喜庆舞台）

唱起来呀　唱起来
唱起来呀　唱起来
月亮唱起来
星星唱起来哟
唱起来呀　唱起来
唱起来呀　唱起来
唱起那欢歌
分享每一秒精彩
唱起来呀　唱起来
唱起来呀　唱起来
夜空的礼花
绽放青春美丽开
我们把歌声一唱唱到云天外
一唱唱到云天外
唱到云天外
太阳唱起来
霞光唱起来
唱起那飞歌
火红的年代
幸福的节日
欢庆在人间
你我的歌声是最动听的天籁
唱起来呀　唱起来
青山当背景哟
绿水做舞台
唱的花儿灿烂开
唱的春江也澎湃
唱起来　唱起来
唱起来　唱起来
天地多和谐哟
世界多可爱
唱的歌儿飘啊飘
飘向五湖四海

结束词：

凯　春天向我们走来了！她微笑着，此时连小鸟都想唱一支希望的歌！

陶　我们是勇于奋斗的中国人，五千年的道路上平坦少于坎坷。

佟　是我们创立了春的节日，因为我们最热爱生活。从此年年期盼吉祥如意，虔诚地相互祝贺。

王　我们走在大路上，你好，春天！

凯　祝福伟大的祖国繁荣富强，你好，春天！

虹　祝福亲爱的人民吉祥健康，你好，春天！

佟　祝福文艺百花园花开鲜艳，你好，春天！

王　祝福明天辉煌灿烂，

合　春天，你好，你好，春天！

结尾歌舞《走向复兴》

演唱：王莹　黄越峰

舞蹈：广东南方歌舞团云南红河州歌舞团天津音乐学院舞蹈系

（背景为黄色灯光，舞台以白光与黄色灯光为主，营造出一种灿烂辉煌的感觉。红黄白粉等颜色的花束作为布景充满舞台，身着各少数民族服饰的舞蹈演员齐舞表现和谐欢乐的祖国大家庭，在激昂的歌声中将晚会推向高潮）

我们迎着初升的太阳
走在崭新的道路上
我们是优秀的中华儿女
谱写时代的新篇章
我们迎着风雨走向前方
万众一心挽起臂膀
我们要把亲爱的祖国
变得更加美丽富强
前进　前进　向前进
挺起胸膛　何惧风浪
前进　前进　向前进
肩负民族的希望
我们迎着灿烂的阳光
飞向太空驰骋海洋
我们是英雄的中华儿女
古老文明焕发新光芒
我们迎着胜利向前方
振兴中华是我们理想
我们迈着坚定的步伐
中国屹立世界东方
前进　前进　向前进
排山倒海不可阻挡
前进　前进　向前进
走向复兴创造辉煌
前进　前进　向前进
排山倒海不可阻挡
前进　前进　向前进
走向复兴创造辉煌
走向复兴　走向复兴
走向复兴创造辉煌

（徐馨　整理）

2010年湖南卫视春节联欢晚会

播出台：湖南卫视
播出时间：2010年2月7日

动画片头

（开场歌舞：《虎虎生威大拜年》）

编舞：王小元　杨允金　赵涛　伴舞：河北省歌舞剧院　石家庄市歌舞团　海口市艺术团　长沙市四方坪少儿舞蹈培训中心

（主持人伴随着热闹的音乐，从舞台中间走出）

汪涵　曹颖　观众朋友们，过年好！

曹　虎年到了，在这里祝愿所有的朋友们在虎年里能够龙腾虎跃，虎气冲天！

汪 是的，虎年可是一个好年头啊，祝愿大家虎年行大运。

汪曹 恭喜恭喜。

歌词

多位艺人 每条大街小巷

每个人的嘴里

见面第一句话

就是恭喜恭喜你

恭喜 恭喜 恭喜你呀

恭喜 恭喜 恭喜 恭喜你

（伴奏变，舞群左右下台，另一批主持人和艺人从舞台中间走出。）

张丹丹 给大家拜年了，虎年祝大家虎虎生威身体好，虎步龙行运气好！恭喜发财！

歌词

多位艺人 恭喜你发财

恭喜你精彩

最好的请过来

不好的请走开

礼多人不怪

恭喜发财

（伴奏变，舞群左右下台，另外主持人和艺人从舞台中间走出。）

谢娜 各位观众朋友们大家好，在这里祝大家虎到福到，虎到财到！

何炅 在这里祝世界如虎添翼，祝每个家庭五福临门，祝福你！

歌词

多位艺人 祝福你 健康又美丽 天天都笑眯眯

祝福你 大吉又大利 顺心又顺意

衷心祝福你 永远祝福你 万事都如意

（伴奏变，舞蹈欢快热闹）

歌曲《欢乐中国年》

演唱：易秒英

歌词 恭喜恭喜中国年

五谷丰登笑开颜

恭喜恭喜中国年

歌声万里连成片

欢乐欢乐中国年

欢歌笑声连成片

欢乐欢乐中国年

红红火火到永远红红火火到永远

易秒英 大家好，我是易秒英，在这里我祝家乡的父老乡亲和全国观众新年快乐，虎年吉祥！

歌词 金风送喜来

紫荆花已开

二月大地春雷锣鼓敲起来

百年梦已圆

千年手相牵

中国走进新时代

恭喜恭喜中国年

五谷丰登笑开颜

恭喜恭喜中国年

歌声万里连成片

欢乐欢乐中国年

欢歌笑声连成片

欢乐欢乐中国年

红红火火到永远

红红火火到永远

（观众掌声）

汪 过年了。

曹 过年好。

何 过年好。

谢 过年好。

张 过年了。

曹 亲爱的观众朋友们。

汪 全国的父老乡亲兄弟姐妹们。

张 亲爱的解放军展示武警官兵公安民警朋友们。

何 全国的工人农民兄弟姐妹们和各行各业最亲爱的朋友们。

谢 我们在这里给大家——

合 拜年啦！

曹　我们祝愿所有的爷爷奶奶，爸爸妈妈，我们的长辈们身体健康，虎年吉祥。

汪　是的，祝愿所有的男同胞大展宏图，事业旺旺。

张　我们要祝所有的女同胞美丽幸福，青春永驻。

谢　我们祝所有的小朋友好好学习，天天向上。

何　那我说点儿实在的，祝大家钱包越来越鼓，身体越来越棒，日子越过越好。

曹　让我们大家一起来祝愿我们伟大的祖国——

合　繁荣昌盛。

汪　电视机前还有现场各位亲爱的观众朋友，这里是欢乐中国相约小年夜，植美村2010湖南卫视春节联欢晚会的直播现场，由金鹰网、芒果TV同步网络直播，同时金鹰网芒果春晚互动专区也期待您的光临。

谢　又到了小年夜，在这里我们又跟所有的观众朋友们约会了。但是观众朋友们你心里最想跟谁约会，可以说出你的新年祝福，登陆金鹰网编辑短信发送到1066958820，我们将通过湖南卫视春晚传递您的祝福，待会儿我们会读幸运观众发来的祝福短信。

何　这真的是一个非常难得的机会，因为这是一个很特别的夜晚，我们也感谢所有的观众朋友在小年夜和我们湖南卫视相约，在这个夜晚我们也要我们一起过年和幸福相约，和感动相约，和快乐相约。

张　这是一个特别的春节，是一个特别的新年，六十年一个甲子轮回，回首2009这是新中国第一个甲子的收官之年，我们可以自豪的说：中国最牛，我最牛。

曹　2010翻开了一个新的甲子，一个新的春天就要来了，在这里让我们和春天相约，和虎年相约，和未来相约。

（VCR天安门阅兵画面）

【解说】这是一场注定被铭记的盛典，世界在倾听，中国人的步伐，从来没有像今天这样自信豪迈。

（蓝天白云的变幻画面、五彩气球、高速公路、林立的高楼、外滩夜景）

【解说】这是一个注定写入历史的年轮，一个甲子的追求和荣光，铸就了引领世界经济从寒冬中苏醒的中国力量。

（3D动画，金属质感的“2009”，奋蹄前进的牛造型）

【解说】同1949一样，2009又是一个牛年，一个牛气冲天的中国年

（中国地图中的湖南板块，红旗飞舞，省领导画面）

【解说】在破浪前行的中国大势中，崛起的湖南以科学发展为旗，以“一化三基”为导航，以“弯道超车”的雄姿驶入了经济发展快车道。

（劳动者拿着再就业证，农民拿着奖状，渔民住上新房，机场画面，签约仪式）

【解说】这一年，拥有勤劳双手的劳动者笑了，湖南新增城镇就业60.32万人；这一年，满脸沧桑的农民笑了，106万以上60岁农民领取基本养老金；这一年，洞庭渔民笑了，5600户渔民告别水上漂泊的船，住上了岸上温暖的家，在坚实的大地上，开启一个崭新的人生支点；这一年，黄花机场1128万人次的起落繁忙，佐证着湖南的发展热度；这一年，世界汽车业百年品牌“菲亚特”落子长沙；这一年，湖南年度境外投资全国第一；这一年，高铁开通、地铁开工、电信并网，0731成为长株潭三座城市面向世界的统一呼号……这一年，湖南经济增速13.6%，经济总量位列全国第十，成功迈上中国经济版图的新高地。

（各行各业人们的笑脸）

【解说】牛年的牛气依然昂扬，虎虎生风的步伐已经迈入2010。
（天安门升旗，阅兵飞机）
走过60年，中国站在了又一个甲子的新起点。这是年轻共和国又一个崭新的航程，虎啸风生，英贤奋发，朝着富强的方向，让我们相约这一个新的春天。

歌舞：《春来了》
演唱：春雷　编舞：王小元　杨允金
伴舞：赵涛　袁杰
　　河北省歌舞剧院　石家庄市歌舞
（以暖色调为主，舞蹈演员身着粉绿色和粉红色的服装，春意盎然，繁花似锦，大屏幕是动画效果，树枝发芽）
歌词
　　天暖了云开了
　　南归的大雁飞回来了
　　叫醒你　叫醒他
　　春天的你　像一朵太阳花　太阳花呀啦索
　　春来了
　　我要为你歌唱　为你歌唱
　　唱出美好吉祥　美好吉祥
　　迎着明天的朝阳　明天的朝阳
　　走向灿烂辉煌　灿烂辉煌
　　啊　大地上　高天下　快乐的种子　已经发芽
　　来自你　来自他
　　懵懂的心　是一个真童话　真童话　呀啦索
　　春来了　我要为你歌唱　为你歌唱
　　唱出美好吉祥　美好吉祥
　　迎着明天的朝阳　明天的朝阳
　　走向灿烂辉煌　灿烂辉煌
　　我要为你歌唱　为你歌唱
　　唱出美好吉祥　美好吉祥
　　迎着明天的朝阳　明天的朝阳　走向灿烂辉煌
　　我要为你歌唱　为你歌唱　唱出美好吉祥　美好吉祥
　　迎着明天的朝阳　明天的朝阳
　　走向灿烂辉煌　灿烂辉煌　呀啦索辉煌

汪　春天到了，经济也就回暖了。我知道最近在网络上流行这样一个字，叫做“晒”，比如说晒工资、晒奖金，我觉得“晒”这个字特别好，很温暖，有一点点小小的自豪，小小的幸福。说到幸福呢，我想说去年对于我们所有的中国人来说，最幸福的事莫过于国庆大阅兵了。站在我身边的这位呢，就是被网民评为“2009最美中国女人”的首都女民兵方阵的代表，小菲。小菲，我特别想问一下，为什么我看着你就那么眼熟呢？
小菲　大家好，我是国庆六十周年阅兵女民兵方阵的左一领队。
汪　领队，难怪。大家说她漂不漂亮？
观众　漂亮——
汪　美不美？
观众　美——
汪　光一个站在我身边这么漂亮，你想要是一排的话，得是什么感觉？
小菲　汪涵哥，今天我们的战友也来到了这里。
汪　接下来就用热烈的掌声有请战友们闪亮登场！
（大屏幕开启，一排女民兵登场）
（女民兵方队表演队列）
汪　哇，真的是虎虎生威啊，今年是虎年啊，我想问一下这个女兵方阵有属虎的吗？属虎的举手。三只老虎。刚才叫口令的也属虎，难怪声音这么嘹亮。我给大家介绍一下我身边的这只老虎，这只老虎是我们湖南人，地地道道的湖南人，叫做杨展。杨老虎，给家乡的父老乡亲打个招呼，用湖南话。

杨展 （湖南话）大家好，我是属虎的杨展，今天在这里给大家拜个早年，祝爷爷奶奶们身体健康，叔叔阿姨们工作顺利，小朋友们天天开心。

汪 （湖南话）好有味，地道的长沙话。

汪 这位叫做元元，元元本身在新加坡工作和学习已经五年了，取得了永久的居留权，但是听说六十年的阅兵仪式，毅然的回到了祖国，我特别想问一下，本来你放着好好的白领不做，晒着大太阳，流着汗还有可能会中暑，会不会有人说你挺傻的？

元元 那汪涵我想问你一个问题啊，如果是你有机会参加阅兵你会不会去？

汪 那必须的啊，最好把我安排在女兵方阵。

元元 你想要来我们女民兵方队吗？

汪 当然

元元 我可以说实话吗？

汪 说

元元 你长得不够美，得把胡子刮了，还得去整容。

汪 我估计再怎么整，都整不彻底。大过年的你有什么话或者参加了这次阅兵仪式有什么感受要跟大家说一下？

元元 其实刚才我跟你开玩笑啦，我想在座的每一个人，如果有机会来参加阅兵都会加入到我们当中的，毕竟在国庆六十周年的时候，能够迈着正步通过天安门，接受全国人民的检阅，是2009年最光荣最幸福的时刻。

汪 多自豪啊“幸福”这两个字说出来的时候。这次我们首都女民兵方阵来到湖南，是不是要给湖南人民拜个年，好不好？

女民兵 首都女民兵向湖南人民拜年，向全国人民拜年。敬礼！

何 太棒了，太棒了，接下来我们继续来晒幸福。接下来要晒幸福的是我身边这位陆翥恒大哥，看上去非常年轻的样子，但是告诉大家，59岁了。

张 没想到吧。

何炅 而且我陆大哥呢，笑得非常美，他被长沙网民集体投票评委，星城最美的笑脸。

张 告诉大家啊，你们赶紧回头看，如果你现在不回头看，就只能去五星级酒店才能够看到了。

何 这话怎么说。

张 好好给大家介绍一下，陆大哥呢，以前其实是一个下岗职工，他也可以跟很多人一样抱怨发牢骚，但是他觉得愁也是一天，乐呵也是一天，所以他积极面对，所以他这种笑是发自内心的，积极的笑，然后酒店的老总看到了，特别喜欢，就聘他为酒店的迎宾员。

何 哦，有了新工作，那我现在怀疑您这个笑，是职业性的笑，肌肉已经固定在这里了。

这样，我给你提个要求，陆大哥，你现在给我一个不笑的表情。

张 三、二……

（陆翥恒还是在不停的笑）

何 是不笑的表情。

张 那是不可能的，好难的，不笑。

陆翥恒 其实呢，很简单，像我们这一代人呢，只要有个正式的工作，能够高高兴兴的为大家做事情，就是最高兴最幸福的事儿了。

张 所以不可能不笑。

何 你普通话很标准（用方言）

陆翥恒 真的吗？谢谢，我还涨了工资呢。

何 怪不得那么开心。

张　还有喜事儿呢，女儿昨天结婚了，所以呢怎么可能不笑。

何　怪不得这么开心，这就是陆大哥来晒他的幸福，接下来这一位我们要好好介绍一下。

张　这个帅小伙满脸笑容。大家都知道湖南有洞庭湖，洞庭湖上的渔民世世代代以湖为家，以船为家，其实有很多不方便，因为岸上也没有房子没有家的。但是零九年湖南启动“渔民安居解困”工程，王明就和5000多户渔民朋友们一起，搬上了岸，有了新房子。

何炅　诶，除了有了新房子之外呢，还娶了媳妇儿，新娘子在哪里？跟我们打个招呼，挥挥手。噢，在那里，而且也是一身红呢，喜气洋洋。王明还开了一个养鸡场，丹丹，这应该叫三喜临门吧？

张　对啊，所以王明啊，你要晒幸福你要晒哪一个呢？

王明　好为难的。

张　他要是说是房子，老婆肯定不干，回去肯定要挨罚；他要说是老婆呢，这个养鸡场又算什么呢？但是你总得答一个，哪一个？

王明　那我选养鸡场吧。

何　为什么是养鸡场呢？

王明　作为一个男人嘛，总要有番事业嘛。

何　我发现你上了岸，底气好足了。

王明　不是吹牛皮哦，我的养鸡场办得很火哟。

张　噢不是吹牛皮哦，我的养鸡场办得很火哟。

张　何老师，给你介绍一下，他真的有资本吹牛皮，大兵，大家很喜欢的相声演员都慕名去他那儿体验生活，回来之后写了一个关于养鸡场有关的段子，回来的时候他从他那里拿了好多鸡蛋，可是大兵好小气的，只送了省委书记两个。

何　怪不得大家看了那个段子以后都说大兵好抠门的。

张　王明跟他不一样，王明带了一篮子鸡蛋给大家。

何　而且这个鸡蛋，给大家介绍一下，这个壳是绿色的，为什么，丹丹给大家介绍一下。

张　给大家介绍一下，王明这个养鸡场生产的洞庭有机生态蛋，鸡是吃的洞庭湖边的野草长大的，所以吃了这种鸡蛋健康幸福快乐就会围着你转了。

何　丹丹，你这个稍微有点复杂，我简单一点，这个广告词就是：信张丹丹，吃生态蛋

张　我觉得也不错。

何　大家以后多多买我们洞庭湖的蛋，好不好？那接下来呢，我们要带着这份喜悦的心情跟大家继续晒晒幸福，希望我们每个人都能在虎年得到更多的幸福。下面这个节目叫做《潇湘新韵》，让我们一起来领略洞庭湖的美，有请黄英和张冬玲。

歌舞：《潇湘新韵》

演唱：黄英　张冬玲

编舞：王小元　伴舞：海口市艺术团

（以绿色为主，大屏幕洞庭景象，渔民打渔，云烟围绕，荷花朵朵，伴舞者身着金黄色的服装穿梭在舞台上的荷花之间，歌曲后半部分，男舞者身着蓝色服装，头举大荷花上场）

歌词

天上的云波
水里的霞
八百里洞庭我的家
日从家里出哎
月在家中挂哎
桨开千条路哎

网撒万朵花
飞鸟也吃金丝鱼咯嘿
芦苇垂钓红须虾
船举金杯露斟酒
柳摇那个绿扇浪煮茶咮咯嘿
八百里洞庭美如画咯嘿
我们生活在花里面咯嘿

歌舞：《刘海砍樵》

演唱：关喆　毛毛　郭彪　陆虎　王栎鑫
编舞：杨允金　伴舞：河北省歌舞剧院
演唱：S. H. E.
（歌手分别站位两边小舞台。）
（伴舞者身着具有民族特色的喜庆服装）

歌词

虎年到
心情好
恭贺大家乐陶陶
好运来
嘿
发大财
哈
新年我们为大家送祝福
我祝你步步高升大吉又大利
我祝你虎年爱情甜蜜
那我就祝你吉祥如意
一帆风顺　双喜临门　是三阳开泰
四季平安　五福临门　要六六大顺
七星拱照　八仙过海　你是九五之尊
十全十美　百战百胜　是万事如意
走咯　行咯　走咯　行咯　得儿来　得儿来　得儿来　开心过大年

何　开心开心，快乐中国相约小年夜，欢迎大家来到植美村2010湖南卫视春节联欢晚会的现场。

谢　欢迎大家，但是何老师，我刚才有一点不高兴，因为《刘海砍樵》是你的保留节目，为什么是别人来唱呢？

何　这是我们湖南花鼓戏，全世界的朋友都喜欢，都可以来唱啊。

谢　我觉得这大过年的，这么重要的场合应该给何老师颁一个奖。

何　你要给我颁什么奖？

谢　就是将《刘海砍樵》推向世界之奖。真的，何老师不管是在跟中外友人，甚至跟白雪公主都唱过这个歌。

何　以上的详情请大家搜索一下往期的《快乐大本营》，先别说这些了，因为今天有很多朋友通过我们的金鹰网互动平台，赶快来看一下大家有什么好句子。

谢　好，这里有一位女士说，祝自己的孩子虎头虎脑学习好，祝自己的老公虎背熊腰身体好。

何　哇。

谢　还有这里，希望何老师对娜娜好一点……

何　等一下，那些都没有好不好。我来看看，短信平台上，有位朋友，非常会说，摸摸虎头精神抖，拽拽虎尾财富有，福虎伴您好前程，虎虎生威你最酷。虎年就是福年，对不对？

谢　所以呢你可以福虎不分。

何　没错，那接下来这个节目呢，希望大家注意一下湖南卫视小年夜的舞美啊

谢　说到舞美，它真的太fashion了，相当的科技化。

何　好遗憾自己不能进去唱首歌。

谢　我哪怕自己不能进去唱首歌，即便站在里面主持一下，我也是开心的。

何　但是呢，让他们在里面表演，我也是心服口服的，因为他们是最可爱，最棒的——

合　S. H. E.

歌舞：《可爱万岁》
演唱：S. H. E.
作词：黄建洲
作曲：郑楠

和宠物谈心陪玩具入睡
偶尔单纯有什么不对
就算带刺玫瑰也需要些甜味
太过高贵只失掉趣味
如果可爱也有专柜
尽情消费属于你的不要白白浪费
娇媚到让月亮惭愧
请归队不管你是几岁
可以冷艳聪慧也能可爱甜美
我担纲巡回人生这舞会
偶尔天真无邪心智纯白如雪
没有人会不配要世界赞美
没有人不配让世界称美
可爱到万岁比冰更清脆
没有人不对让世界赞美
没有人理会现在是几岁
用一座流星串一条项链
就算长大幻想不会变
用外套的纤维织成一座堡垒
翻个跟斗时空就后退
如果有人觉得反胃
多谢收看也请你高抬你的贵嘴
可爱是年华的圣水
谁都配被人想入非非
可以冷艳聪慧也能可爱甜美
我担纲巡回人生这舞会
偶尔天真无邪心智纯白如雪
没有人会不配要世界赞美
没有人不配让世界称美
可爱到万岁比冰更清脆
没有人不对让世界赞美
没有人理会现在是几岁
亲爱的姐妹一直模仿谁
连六亲都不认得你是谁
不如脱下糖衣做自己
返璞归真才是最美
我的姐妹一直想做
巾帼须眉也许太累
吐吐舌头做做鬼脸
只有真心才最难能可贵
偶尔返老还童也是一种代谢
没人学不会美丽的智慧
谢谢上天恩惠谢谢你的恭维
没有人会不配你受之无愧
谢谢老天爷谢谢你恭维
可爱万万岁你受之无愧
谢谢我栽培谢谢你奉陪
没有人不配没有人不会

变奏《Super star》
演唱：S. H. E.
歌词　笑就歌颂一皱眉头就心痛
我没空理会我只感受你的感受
你要往哪走把我灵魂也带走
它为你着了魔留着有什么用
你是电你是光你是唯一的神话
我只爱你 you are my super star
你主宰我崇拜没有更好的办法
只能爱你 you are my super star
you're my super star boy
手不是手是温柔的宇宙
我这颗小星球就在你手中转动
请看见我让我有梦可以作
我为你发了疯你必须奖励我
你是意义是天是地是神的旨意
除了爱你没有真理
火你是火是我飞蛾的尽头
没想过要逃脱为什么我要逃脱
谢谢你给我一段快乐的梦游
如果我忘了我请帮忙记得我

曹 谢谢，谢谢。

汪 You are my super star 所以我们要祝愿所有的观众朋友在虎年都能成为自己心中，朋友心中，还有爱人心中的 super star。

曹 没错，我觉得新的一年，大家心中一定有特别多的美好的愿望，比如说住的房子可以再大一点点啦，赚的钱可以再多一点点啦，开车的时候可以不堵车啊，像我知道汪涵有个特别大的愿望。

汪 什么愿望？

曹 就是来年家里可以再添口人啊。

汪 彼此彼此。

曹 承让承让。

汪 谢谢谢谢，接下来我们来说说看观众朋友们给我们发过来的一些新年的心愿和祝福，有一位湖北的观众他说，你们的节目为我们传达了最简单的快乐，让我们每个家庭都了解，原来快乐是如此的简单，我们都是快乐家庭。

曹 我这里有一位辽宁的朋友，她说，2010年我希望我能成为一个美丽的新娘，我的生活还有亲人朋友都能快乐幸福，身体健康。你要知道，当新娘子这件事情，说起来，特别有感触。

汪 怎么了？

曹 因为今天现场就有一个美女，她说她一定要在今天成为一个美丽的新娘。

汪 美女啊，是谁啊？

曹 提起她来，大家都认识，三湘大地响当当的美女——何晶晶。

汪 好嘛，您看虎年多好啊，连何晶晶都成美女了。

曹 来掌声有请——何晶晶。

汪 掌声有请。

小品：《婚礼》

表演：何晶晶　周卫星

编剧：何晶晶　周卫星

何晶晶 （唱）“美丽的家，美丽的家，无限美咯喂”

我用微笑控制我的低调，用低调控制大家的尖叫。

不要迷恋姐，小心流鼻血。

我叫何晶晶，人称洞庭湖边的李嘉欣。

我的男朋友周卫星，海岛前线在当兵，说好过年之前就成亲，不信啊，我这就给他打电话。

（电话铃响，两个空间）

周卫星 来了，报告连长，我是周卫星。什么，海岛刘要结婚啊？好啊，太好了。噢，我一个人坚守岗位，没问题，没问题啊。连长，有问题，我的婚礼怎么办呢？噢，不，我的婚礼可以推迟。

何晶晶 怎么老是占线呢？难不成又是我长胖了，屏蔽了所有的手机信号？

周卫星 是，我一定做好思想工作，保证完成任务。

何晶晶 讨厌。

周卫星 哎呀，我怎么跟她说呢？

何晶晶 看他怎么跟我说。

周卫星 我的婚礼啊，是推了又推，推了三年了，何晶晶那个脾气你们不是不知道，重机枪一样，哒哒哒哒……

何晶晶 嘟嘟嘟……

（电话铃响）

周卫星 重机枪来电话了。喂。（嗲声嗲气）

何晶晶 喂（嗲声嗲气）你还好吧？

周卫星 我……

何晶晶 我极好的咧，你身体还好吧？

周卫星 我……

何晶晶 我身体好好的咧，你吃的还好吧？我吃的好饱的咧，话又说回来了，我要是不吃饱，怎么有力气减肥咧。喂，你怎么不说话咧？

周卫星 嗯，报告首长，我刚要说话，你那重机枪的火力太猛，把我那嘴都封锁了。

何晶晶 好好好，今天我不封锁消息，你就跟大家说一说，什么时候回来跟我结婚？

周卫星 哎哟（摔一跤），等一下啊，这个台子怎么这么溜滑的，等一下。

何晶晶 结婚。

周卫星 晶晶，你还好吧？

何晶晶 我……

周卫星 我还好咧，你吃的还好撒？我吃的蛮好的，你说我要是不多吃点，怎么有力气跟你汇报呢？

何晶晶 踩一脚（方言：等一下），这句话我刚才好像说过。

周卫星 你没说过。

何晶晶 我说过。

周卫星 你真的没说。

何晶晶 那我刚才说的什么？

周卫星 你就说，什么时候回来结婚。

何晶晶 对，什么时候回来结婚啊？

周卫星 我……我……

何晶晶 说我们……

周卫星 对，我们……

何晶晶 说我们的婚礼

周卫星 我们的婚礼……

何晶晶 我们的婚礼怎么样？

周卫星 我们的婚礼要……

何晶晶 我的婚礼要怎么？

周卫星 我们的婚礼要延期……

（何晶晶摔倒在地上）

周卫星 晶晶你没摔着吧？

何晶晶 我摔着了。

周卫星 我感觉到了，房子都在动诶。

何晶晶 周卫星！

周卫星 到！

何晶晶 你还到啊你，我回回都摔在你这个到上了，你信不信，我发脾气啦我，我嫁别人去……

周卫星 不不不，晶晶，你怎么这么大的脾气咯你？

何晶晶 我的脾气和我的体积是一样大的，我都觉得丢人咧，这么多年了，好不容易推销出去了，你说有没有道理吗，我请帖都发了，大家都知道了，这好没面子咯，最严重的是隔壁的那个赵卫国嗲嗲，我直接通知他发的账号，要他送人情咧……当时他还对我说，何晶晶，你就现形啦，太有才了，我还腆他，怎么样咯，这个人啊，怀才跟怀孕一个道理，我就是现形，怎么样咯？现在是真的现形啦，怎么退钱咯……

周卫星 我说晶晶，你别哭好不好？

何晶晶 我要哭啊。

周卫星 你听我说。

何晶晶 怎么说咯？

周卫星 晶晶！你知道海岛刘吗？

何晶晶 谁不知道啊，就是海岛上守了八年的那个老兵。

周卫星 是啊，那个老刘多不容易啊。

何晶晶 他有我这个老姑娘容易吗？

周卫星 你想，介绍那么多女孩子，一个都没有谈成。

何晶晶 我就谈你一个男朋友，我还没有搞定呢，我扮式样哪我。（方言：丢人）

周卫星 他守了八年的海岛，就是守不来自己的爱情。

何晶晶 我守了这么多年的你，我还守不住你这棵枯树咧，周卫星。

周卫星 我是枯树，老刘就是铁树。

何晶晶 铁树它能开花嘛。

周卫星 你别说开花啦，现在有个女孩子愿意嫁给他，他马上就要结婚啦。

何晶晶 铁树要开花，老刘要结婚啦？

周卫星　是啊，岛上就我们俩人。

何晶晶　那他结婚，谁站岗？

周卫星　当然是我啦。

何晶晶　那你站岗，谁和我结婚？那当然也不是他咯，我也不会同意咯。那我们的婚礼怎么办？

周卫星　晶晶，为了这位可敬的老兵，我们的婚礼推迟好吗？

何晶晶　老刘是不容易，我可以为他推迟，可是你想过我没有？你们想想我目前的状况，再推迟，我的青春就进入了倒计时啊。还有，你们看看我现在的型号，你说我是穿婚纱咧，还是批袈裟咧？

周卫星　晶晶，想开一点。

何晶晶　想不开咧。

周卫星　袈裟袈裟，你就当是加大号的婚纱嘛。

何晶晶　木棉袈裟都没有这个型号撒。想不开，我就想现在尝一尝当新娘子的味道。

周卫星　噢，你想这个呀，没问题啊，只要你开心，我什么都想得出来。来，我现在就来娶你！

何晶晶　现在？

周卫星　对，听！迎亲的锣鼓敲响了！

（口技：锣鼓声）

何晶晶　我看见你了，我看见你了，你就像一个白马王子，开着豪华的车来迎接我。

（口技：拖拉机声）

何晶晶　踩一脚（方言：等一下），停，你们觉得我这么拉风的少女，开拖拉机是不是有点扮式样……

周卫星　对不起啊，我们家只有拖拉机啊。

何晶晶　不，我要汽车。

周卫星　汽车，好嘞。

（口技：汽车声）

周卫星　嘀嘀。

何晶晶　开像幸福的号笛，这就是我梦想的婚礼，乡亲们，我终于结婚啦，我们乘上了飞机。

（口技：飞机起飞声）

何晶晶　来到一个浪漫的地方。

周卫星　这个地方，就是我们的家乡啊。

何晶晶　美丽的洞庭湖旁。

周卫星　可是个鱼米之乡。

何晶晶　四季风景如画。

周卫星　湖里游着鱼虾。

何晶晶　天上飞着蛤蟆，不，野鸭，我想象的婚礼，我想飞什么，你随我撒。

周卫星　好好好，我们踏上了绿色的田野。

何晶晶　田野上开满了鲜花。

周卫星　我们一起打开了幸福的香槟酒。

（口技：开瓶盖声）

何晶晶　好喝，再开一瓶。

（口技：开瓶盖声）

何晶晶　好喝，还要一瓶。

周卫星　还要啊。

何晶晶　今天来了这么多的好朋友，大家说要不要。

观众　要。

周卫星　好，我再开一瓶吧。

（口技：开瓶盖声）

何晶晶　再来一瓶。

（口技：开瓶盖声）

何晶晶　再来一瓶。

（口技：开瓶盖声）

何晶晶　再来一瓶。

周卫星　别来了别来了，再来啊，这就打肿了。

何晶晶　嗨，朋友们，这就叫大众脸充瓶子嘛。

周卫星　乡亲们，我宣布，婚礼现在开始！

（婚礼音乐起，伴舞上，身着白色服装的男女舞蹈演员围绕在男女主角身边，周卫星手捧鲜花走向何晶晶）

何晶晶 他送我的鲜花，我就像童话中的白雪公主，幸福总是不经意的来到我的身旁，其实在梦里，我就经常这样想象着和他永远的依偎在一起。在这个世界上，最浪漫的三个字，我认为不仅仅是“我爱你”，还有三个字更重要，就是“在一起”……

（舞蹈演员和男女主角在音乐声中起舞，军号声突然想起，男女主角惊慌失措）

何晶晶 军号响了。

周卫星 我要上岗了。

（舞蹈演员撤场）

何晶晶 你快去吧。

周卫星 我走了。

何晶晶 你走吧。

周卫星 我走了。

何晶晶 你走吧。

周卫星 晶晶，我爱你。

何晶晶 星星，我等你。

周卫星 （大声喊出）晶晶，我爱你。

何晶晶 （大声喊出）所有最可爱的人，我们永远等你们。祝福天下有情人终成眷属，向所有最可爱的人致敬。

周卫星 敬礼！

（观众席上，解放军官兵方阵）

指挥官 敬礼！

（全体解放军官兵敬礼）

全体官兵 向全国人民拜年

指挥官 礼毕！坐下！

歌舞《你来了》

演唱：吴碧霞

编舞：王小元 赵涛

伴舞：河北省歌舞剧院

（舞蹈演员从两个小舞台到中心舞台。）

（大屏幕繁花似锦，一朵鲜花慢慢绽放。）

歌词

还是那双温暖的手
融化冰雪山寨
还是那份浓浓的情
化作天地大爱
你来了，你来了
你是我们最亲的人
你来了，你来了
牵挂人心怀
站在山间喜歌漫山来
你来了，四季花盛开
站在海边浪花踏歌来
你来了，破浪有白帆
站在山间喜歌漫山来
你来了，四季花盛开
站在海边浪花踏歌来
你来了，破浪有白帆
还是那掏心窝的话
就像春风吹来
还是那熟悉的身影
推门把家还
你来了，你来了
我们是你最爱的人
你来了，你来了
家常话不完
站在山间喜歌漫山来
你来了，四季花盛开
站在海边浪花踏歌来
你来了，破浪有白帆
站在山间喜歌漫山来
你来了，四季花盛开
站在海边浪花踏歌来
你来了……
破浪有白帆

谢 哇，好美啊。涵哥，你今年应该很高兴吧？

汪 那当然，我今年特别特别的高兴，因为今年是虎年，我又属虎，是我的本命年，我当然高兴啦，大家都知道24岁，本命年。

谢 24岁？

汪 对啊。

谢 那何老师也是属虎啊。

汪 何老师比我大一点，他大我一轮，何老师今年36了

谢 真的假的？

汪 真的啊。

谢 那这样吧，我送一首歌给你们两个。

汪 给我们俩？你现场？

谢 对，我现场创作的一首歌。

汪 真的？你唱唱。

谢 两只老虎，两只老虎，72岁，72岁，一只有招风耳，一只留着胡子，真奇怪，真奇怪。

汪 什么呀，一首这样的歌，你至于唱得这么来劲吗？但是接下来呢，我们要给大家带来一个特别特别来劲的节目。

谢 什么来劲的节目？

汪 功夫诗，有请。

《功夫诗》

选自中国首部国学巨制功夫诗《九卷》

编舞：刘震

表演：中国保利功夫明星表演团

（大屏是满屏竹林，舞台上有竹子的移动道具，随着音乐变动，竹子道具摆成阵型，中间一个木桶上有一个演员表演武术，从竹林后面出现许多武术表演者，抱起竹桶进行武术表演。音乐变化，大屏幕是一个寺庙正面，武术表演者推出一张长条桌子，上面摆满了铜碗，随着音乐律动，变化武术动作。桌子侧倾，表演“飞檐走壁”。音乐变换，集体表演武术，大屏幕出现烫金汉字）

（两位主持人模仿武术动作）

何 曹老师，准备打到几时？

曹 再打一会儿，这把年纪是需要锻炼的时候了。

何 小时候不学功夫，这个时候也只能凑合学学太极拳了。

曹 只能老骨头打打这个了。

何 诶，太极拳其实很厉害，而且我跟你说，现在学也来得及，而且现在也必须要学。

曹 为什么？

何 因为中国功夫这种中国元素的东西现在全世界都通用，很多外国人都喜欢把中国元素的东西放到他们自己的文化作品里面。

曹 没错，这话是真的，因为现在是一个多元化的时代，可以说世界各地都非常喜欢中国风格和中国元素的东西。

何 诶，接下来的两个节目，都是多元化的产物。比如说第一首歌叫做《东风》，它就是一首现代流行歌曲，但是它又把《阿里山的姑娘》融到了里面。

曹 第二首歌就更有意思了，大家有没有听过英文版的《康定情歌》。

何 没有诶。

曹 接下来我们这个新《康定情歌》将会由郝歌和纪敏佳来共同完成。

何 第一首歌我们有请到的是非常美丽的黄圣依。

曹 来，有请。

歌舞《东风》

演唱：黄圣依

词曲：陈涛

（黄圣依和舞蹈演员从升降台中出现，小舞台上有一个舞蹈演员独舞。）

（大屏幕鲜红的火焰之花，舞蹈演员身穿黑色马甲，白色衬衣，手拿羽毛扇子，大屏幕从红色基调转为蓝色基调）

歌词

冰消时水比酒浓

千万树摇荡任东风

起舞中你我重逢
身在云端心在动
当红尘不在眼中
我一定在冥冥之中
趁此刻灵犀相通
但愿重逢且从容
让美梦展现底片
岁月收缩光圈
为重逢的画面
定格此刻焦点
随尘封的心弦
听熏风共舞动
忘不掉的歌谣
高山常青涧水常蓝
阿里山的姑娘美如水呀
阿里山的少年壮如山
冰消时水比酒浓
千万树摇荡任东风
起舞中你我重逢
身在云端心在动
当红尘不在眼中
我一定在冥冥之中
趁此刻灵犀相通
但愿重逢且从容
让美梦展现底片
岁月收缩光圈
为重逢的画面
定格此刻焦点
随尘封的心弦
听熏风共舞动
忘不掉的歌谣
高山常青涧水常蓝
姑娘和那少年永不分呀
碧水常围着青山转
高山常青涧水常蓝
姑娘和那少年永不分呀
碧水常围着青山转

歌舞《康定情歌》

演唱：郝歌　纪敏佳

编舞：王小元

伴舞：河北省歌舞剧院

（舞蹈演员定位出场，男女歌手从左右两边走到中间后半部分有舞蹈演员身着白色大长裙，威亚飞天）

（蓝色基调）

歌词

纪敏佳　I dreamt I saw a lover one i've never seen
梦境中我见到让我一见钟情的人
fading like a flower
他像花朵似的
left to die in rain and wind
在风雨中凋落

郝歌　and so i gave him cover
所以我为他遮风雨
asked him where he'd been
询问他来自何方
he smiled a smile of sadness
他的笑容中带有惆怅
like the song i felt within
就像这首歌

合　oh my love
我的爱人
can you feel my heart
你能感受到我的爱吗
here's my love，do you know it
我的爱，你知道吗
oh my love though we are apart
我的爱人，虽然我们已隔岸天涯
where's your loving，can you show it?
你能回应我的爱吗？
oh……show it
请回应我吧
show your loving if you know it
如果你能感受到我的爱

合　跑马溜溜的山上一朵溜溜的云哟
端端溜溜的照在康定溜溜的城哟
月亮弯弯康定溜溜的城哟
月亮弯弯
康定溜溜的城哟

歌舞《五虎大拜年》

演唱：张亚飞　谈莉娜　刘惜君
唐笑　张娟

歌词

恭喜恭喜你　祝大家吉祥如意
恭喜恭喜你　祝大家新年快快乐乐
恭喜恭喜恭喜你
祝福祝福在心里
大家团聚在一起
欢歌又笑语
恭喜恭喜
铺天盖地的祝福语
美好情意又在传递
好事好运好的心情
都会排着队来等你
一祝健康好身体
二愿春风又得意
三让福星带给你意外的惊喜
恭喜恭喜恭喜你
祝福祝福在心里
大家团聚在一起
欢歌又笑语
恭喜恭喜恭喜你
祝福祝福在心里
喜气福气围绕你
欢歌又笑语
恭喜恭喜恭喜你
祝福祝福在心里
大家团聚在一起
欢歌又笑语
恭喜恭喜

曹　谢谢，快乐中国相约小年夜，大家好，这里是植美村2010湖南卫视春节联欢晚会的直播现场。

谢　对，刚才几位美女带来了别样的《五虎大拜年》呢，我们现场植美村也带去了这个美丽的祝福，祝所有的女同胞在新的一年里越来越年轻，越来越美丽。

何　而且在刚才的过程当中，植美村还送来了很多现场观众礼物，那就是请女孩子们和美丽相约，那我们男同胞怎么办？

张　你不要着急嘛，会有的。男同胞的祝福挺多的，要祝正在谈恋爱的呢，爱情甜蜜，你要是婚了的，就恩恩爱爱，要是你还没有约着，那就拜托您，虎年加把劲儿，猛虎下山，约个母老虎吧。

曹　何老师，让你娶个母老虎回家，你愿意吗？

何　其实也没什么不好，但是问题是，我自己就属虎，将来两虎相争不太好吧。母老虎，有什么好，你说说看。

张　母老虎好得很，出门能捕食，回家能带崽，事业生活两不误，这样的老虎谁不娶？

曹　这话我爱听，因为我才是真正的母老虎。

何　曹颖也属虎！

曹　拜托，湖南卫视，有多少只老虎啊。

何　真的诶。

谢　怪不得湖南卫视那么棒。

张　现场所有的朋友，属虎的朋友，请举举手，在哪儿？真的吗？

谢　台上有只公老虎等好久了，他的爪子举了个球，等了很久了，我们一起期待。

汪　你们搞什么搞嘛，举个水晶球在这里摆了这么久的POSE，好累人的咧。当然，我今天不是给大家来表演魔术，今天我要给大家带来一个非常新奇的节目，在接下来这个节目当中解晓东将会载歌载舞的带领大家来到一个平民的不夜城，他们里面有最 IN 的网络红人，还有最牛的绝技，还有非常古怪精灵可爱的小朋友，看这个水晶球，将要展现魔力了。

（一个表演者在幕布前面拿着水晶球，水晶球慢慢悬空，表演者不停的在手中来回转动水晶球，幕布开，白色的大幕布上都是影子，根据画外音的内容变换形象）

【画外音】女士们，先生们，欢迎来到奇妙的影子世界，这里是冰天雪地的南极，有三只快乐的小企鹅，他们茁壮成长，但是否该减减肥了呢，小企鹅越长越大，越长越大。突然，有一天，他们变成了一只展翅大鹏，它飞向蓝天，飞向九霄，它飞过了山川大河，飞跃了绿色田野。最后它飞到了神秘的非洲大地，这里有曼妙的舞姿，动感的身影，还有一只憨厚的大象，与象共舞，其乐无穷，突然间，神秘的脚步声出现，他是谁？他的身影好帅哦，但是他怎么，怎么突然间变成了一只庞大的金刚？金刚来了，一场别开生面的派对，就此拉开序幕。

（大幕布拉起）

画外音：感谢我们的光影艺术团

小品《民星不夜城》

表演：解晓东　大小姐组合等网络红人

解晓东　女士们，先生们，接下来有更多的奇妙在等待着你们。首先让我们掌声有请我们的舞蹈团闪亮登场——

（音乐起，穿着各式时尚服装的青年男女群舞。来开一个方盒，舞蹈演员由里面跳到舞台中央，身着银灰色的服装和墨镜）

这个信息的高速时代
网络让平凡化为了神奇
虽然他们普通
却得到万人瞩目
我们看看他们到底有什么神奇
他叫张乐是个交警（张乐从舞台中间走出来）
喜欢上网“偷菜”还喜欢 KTV
待人彬彬有礼而执勤格外帅气
他是最帅交警

【画外音】谢谢大家关注我这个平凡的交警　开车多一份小心　家人多一份安心　希望大家新年幸福　平安

她是一道流动风景
灿烂微笑传递着温馨
90 后妹妹
冰糖葫芦西施
名字叫做康小函（康小函举着许多冰糖葫芦）

【画外音】其实我有比卖糖葫芦更美好的梦想　但是我会带着微笑卖出每一串　因为我和你一样爱生活祝您新年眉开眼笑每一天

再看他英俊帅气憨厚朴实（包建斌在卖烧饼）
在校园里把烧饼卖
他远近闻名引来网络关注
大名鼎鼎烧饼帅哥包建斌

【画外音】我现在开店了　欢迎来我的帅哥烧饼店　帅哥烧饼 = 肉夹馍 + 帅哥的心血 + 帅哥的微笑只要 2 块 5 还附赠帅哥签名哦）

这两个妹妹看看有什么特别
双腿长得不像话
我小小心愿想和你一起跳跳舞
长腿妹妹姐妹花　来吧
（长腿妹妹走秀）

解晓东　感谢我们的网络红人们，接下来了各位观众，记住了不要眨眼睛，我们的魔幻达人李晓楠会使你们眼花缭乱。

（魔术师在玩快速摞纸杯）

歌词　嘿嘿　嘿嘿

动感的节奏响起了
酷酷的帅哥跃跃欲试
外表普通
身怀绝技
一个动口
一个动手
动口动手都风靡优酷
想听动口
动动你的手
掌声欢迎 B – BOX
（B – BOX 组合的口技 HIP – POP）

解晓东 这么可爱的两位小朋友，你们是谁啊。

大小姐 你连我们是谁都不知道呀？我们是谁呀？

全体演员 大小姐！

大小姐 大声一点！

全体演员 大小姐！

解晓东 好吧，两位大小姐，那么你们今天来干什么呢？

大小姐 我们来给大家拜年。祝爷爷奶奶新年快乐，叔叔阿姨新年快乐，哥哥姐姐新年快乐！现在请现场的朋友还有电视机前的观众跟我们一起做新年瘦身操。

歌词

大小姐 全场一起动起来，动起来，跟我一起动起来

现在没有丑女人，只有懒女人，快跟大小姐一起来瘦身，大小朋友跟我一起动，5678，吸小腹，大家一起吸小腹，再来瘦哪里，瘦手臂，大家一起瘦手臂，再来瘦哪里，瘦大腿，压，压，用力压，最后瘦哪里，全身都要瘦，跟我一起瘦，大家一起来，大家拍拍手

大小姐 one，two，ABC，我是无敌无敌无敌无敌大小姐

one，two，you and me 我爱爸爸妈妈哥哥姐姐小妹妹

我就是 shinning shinning 大小姐
快大声喊一遍
我就是 shinning shinning 大小姐
加满气冲上天
啦啦啦宇宙无敌大小姐
要努力一万倍
啦啦啦宇宙无敌大小姐
快跟世界 HO HA HEY

解晓东 只要有梦想 努力奔向前

歌词 忘掉不如意 开心每一天
快乐无极限 幸福就在你眼前
只要有梦想 努力奔向前
忘掉不如意 开心每一天
快乐无极限 幸福就在你眼前
虎年会闪闪发光

何 谢谢，谢谢解晓东，谢谢大小姐，谢谢我们这么多的网络红人。

曹 这个节目太好看了。

何 可以说这是一个跟网络红人相约的时代，你看刚刚那个节目里面，我们最帅的交警啊，烧饼帅哥啊，B – BOX啊，可以说都是我们的网民朋友用鼠标点击出的一个又一个的草根明星。

曹 没错，我觉得在这样一个时代只要能够挑动时代的脉搏就可以得到更广泛的认同。

何 但是呢不管时代怎么变迁，有一些情感和有一些爱是不会变的，特别是对国家的爱，不知道大家是不是记得，当时清华的国学大师赵元任先生写下了《教我如何不想她》这首诗呢就是以拟人的手法表达出了对国家的爱。

曹 那现在我们清华学子又写了这样一首歌，这首歌背后还有一个故事，故事是这样的。

（大屏幕上出现一个打字的键盘：就在二零

零九年，有一首歌，突然在北美华人中不胫而走。这首歌的名字叫做——《妈呀，中国》。创作这首歌的作者，是一位叫做“我爱微风”，一位叫Timothy，当然这只是他们的网名。他们两个人一个在美国，一个在加拿大，他们两个人是同年同月同日生，他们都毕业于清华大学，他们只有妈妈，他们通过网络相识结下了情谊，相似的生活经历，让两个热爱音乐的海外华人通过网络创作了这首歌曲《妈呀，中国》。令他们没有想到的是，这首歌迅速在网上走红，在海外华人圈中引起了巨大反响）

何炅 说出来你们可能不相信，这两个人通过网络创作了这首歌，他们通过网络成为了好朋友，但是这两个人从来没有见过面。

曹 连视频都没有视频过。

何 知道我们湖南卫视的春晚的主题叫做“相约”，他们把最宝贵的这第一次相约定在了湖南卫视春晚的舞台上。

曹 我想就让我们现场还有电视机前所有的观众朋友，我们共同来见证者美丽的心灵之约，好不好？

曹 我们有请“我爱微风”。

何 以及“Timothy”。

合 欢迎两位。

（分屏：两人从左右舞台入口上台。）

何 第一次的相见啊，一位从加拿大来，一位从美国来。

曹 第一次的拥抱定格了在湖南卫视的舞台上。

（两人拥抱）

曹 看到两个人大男人这么紧紧的拥抱在一起，而且是第一次。

何 我们很少用这么黄金的时段，让嘉宾抱这么久，对不对？这样的相约真是太不容易了。

曹 而且我们想告诉大家，我们湖南卫视的编导也特别的用心，就是想让他们两位在所有人的见证下相见，所以这次来到湖南之后呢，住的宾馆不在一个地方彩排分开彩排，就想尽一切办法让他们两个别见面，别生我们的气啊。

何炅 这样吧，两个人来说说这样的一次“相约”有什么样的感觉，Timothy来说说。

Timothy 今天晚上很激动，因为是第一次和“我爱微风”相约，我记得在去年十月初，有一位网友，在这首歌《妈呀，中国》刚刚流行的时候，他为我们大胆的设计了一次电视秀，第一次见面有一个电视台可以把它记录下来。但是呢，我当时想，这简直就是天方夜谭，我们两个只是一个普通的工程师，只是喜欢音乐而已。

曹颖 但是没有想到今天湖南卫视就有这样的一个舞台。

Timothy 对，我们今天在这里要特别的感谢湖南卫视的国际频道，是他们第一次把我们邀请了过来。

曹 我头一次看到他第一次这么紧张的说话，平时在台下放松得不得了。

何 而且他是一个很自信的人，那“我爱微风”你觉得呢？

我爱微风 我现在觉得像在做梦，你知道从虚拟世界走到现实世界，这种落差让我想到那个电影《阿凡达》，像做梦一样，而且还是三维的。

曹 那你觉得和你想象的一样吗？

我爱微风 比我想象得更高大一些，不过我知道他在清华的时候他是三级跳远和跳高的国家二级运动员。

Timothy 好汉不提当年勇。

曹 我想知道，当时那首歌，创作完了以后上传到网络，你什么时候觉得这歌红了，我红了。

我爱微风 我的歌一般放在网上，能有个几百的点击量就不错了，这首歌啊，在一个星期之内，点了十七万，把我的那个serve点爆掉了。

曹 那你当时是怎么想的呢？

Timothy 我当时觉得是有人把他的网站给黑了。

何 告诉大家这首歌不仅是在网络上，到目前为止点击量已经超过了一千万，而且在去年国庆期间我们湖南卫视把这首歌作为主打MV播出之后，真的是在华人世界引起了非常大的反响。

曹 你们有没有想过，这首歌，为什么在海外华人当中那么有共鸣？是跟歌词有关对不对？

Timothy 我想可能是这首歌让这种真实的感受引起了所有海外华人的共鸣，这是他们所经历过的，是他们生活当中所真实的发生的。

曹 我觉得其实不仅是海外华人，其实每一个炎黄子孙，对我们祖国母亲的感情都是一样的，所以才会这么有共鸣。

何 这歌这么红，咱们要不然转行算了，不当软件工程师了。

曹 来当歌手吧，来参加《快乐男声》的比赛怎么样？

我爱微风 我跟你们说个故事啊，你们来判断一下啊，我从1994年出国，然后就忙着学习，工作养孩子一直没有什么机会去接触音乐，一直到了2007年的时候，我才开始接触电脑录音，一下子特别喜欢，我在想唱什么歌呢？最新的流行歌曲是《吻别》。

何 好新的歌啊，你在这个时代其实是算有点out，但是你又写出了最真的情感，那我觉得《快乐男声》是会欢迎你的，你该不会没有听说过《快乐男声》吧？

我爱微风 别人还真提过这个问题，别人听我唱第一首歌的时候，说，你应该去参加“快男”。

我说，谢谢，但是什么是“快男”呢？

何 火星来的朋友，地球很危险哪。两位的相约，真的是把一个网络虚拟的世界变成了一个实实在在的三维的世界，我们要把这个在网络中红的歌曲变成我们在现场听的歌，好不好？

曹 我们一起来唱这首歌，来，有请两位。

歌曲：《妈呀，中国》

词曲：我爱微风 Timothy

演唱：我爱微风 Timothy

（大屏幕动画）

歌词

我生在新中国，我长在红旗下
我带过红领巾，我爱国如爱家
十年寒窗苦，我好不容易进清华
我成绩不算差，可我户口落不下
阴差又阳错，我出国像出家
为了养家糊口，我得赶紧办绿卡
出国护照难拿，回国却偏要visa
入了外国籍，但我做梦都说中国话
我的大中国，我的大华夏
尽管我在外飘泊，总是把你牵挂
我的大中国，我的大华夏
风里雨里同度过，我只认你这个妈
我曾经爱闯荡，现在却很想家
在国外住得越久，我心里就越放不下
好不容易请了假，我兴冲冲地飞回家，北京欢迎你
车比纽约还多，路比伦敦要大 那当然
到处奔驰宝马，坐进去那真叫害怕
不管怎么样，是你把我养大
即使跑遍了全世界，也忘不了这个家
只希望你更好，原谅我有时乱说话
儿女发点牢骚，当妈的根本不用怕

我的大中国，我的大华夏
尽管我在外飘泊，总是把你牵挂
我的大中国，我的大华夏
风里雨里同度过，我只认你这个妈
风里雨里同度过，我只认你这个妈
风里雨里同度过，我只认你这个妈

张 海外游子的赤诚之心让我们特别的感动，所以在这里呢，有一个提议，请现场所有的观众朋友们在这个小年夜，带着最诚挚的心，我们一起对着我们在海外的兄弟姐妹们，说一声新年好，给他们拜年，好不好？

观众 好！。

张 一——二——三——

观众 新年好！

张 祝所有海外的同胞们虎年顺心顺意！如今是有越来越多的人走出国门，也有越来越多的外国人来到了中国，今年最大的期待莫过于世博会，我们跟世界的拥抱了。给大家介绍一下，我们今天特别有眼福，我身边的这位是上海世博会湖南馆的总设计师，清华大学的美术学院的鲁晓波教授，我们大家可以在大屏幕上看到我们湖南馆的外形。教授，请您给我介绍一下我们湖南馆的一些特点。

鲁晓波 湖南馆的主题是“都市桃花源”，它的整个造型就是两个躺绕着的环，就像我现在展示的一张白纸条，如果旋转180°再粘合起来，就是我们那个环的造型了。

张 这么简单？

鲁晓波 这个环有个特别有意思的特征，你从外环走到里环再走到外环，它的正规名字叫摩比斯环，它体现了一种循环和环保的理念。

张 体现了一种循环和环保的理念，但是我有个疑问，你就把这个纸环胶一下就这样，你不怕主办方说你太不当回事儿了或者说这个太前卫了吗？

鲁晓波 我们曾经担心过，我们这个比较前卫的设计，通常一个设计想到的是怎么保险，我们这个方案报上去，没想到，一次就通过了，我想这也能从侧面反映我们湖南人的创新意识，我就是湖南人，挺骄傲的。

张 教授挺骄傲的，那我们也相信这个满是新意的展馆能在世博上增添精彩。越来越好的中国也会给世界增添精彩，虎年到了，一起期待虎年的精彩，一起期待下一个路口的精彩。

歌舞《下个路口见》

演唱：李宇春

作词：李宇春　作曲：李宇春

歌词

刚下的地铁还不算拥挤
你那边飞机碰巧也落地
东京下雨淋湿巴黎
收音机你听几点几
当半个地球外还有个你
当相遇还没到对的时机
夏天一去又是冬季
7－11 暖杯巧克力
秒针转动 didida
小小时差 didida
我早茶月光洒在你头发
平行的画 didida
几时交叉 didida
下个路口再见吧
忙碌会议你头脑转不停
我街头散步偷偷喘口气
伦敦叹息倾听悉尼
同时期就像在一起
我偏爱弗朗明哥的热情
我倾心维也纳古典钢琴

不曾相遇未曾熟悉
深呼吸你会在哪里
秒针转动 didida
小小时差 didida
我早茶月光洒在你头发
平行的画 didida
几时交叉 didida
下个路口再见吧
秒针转动 didida
小小时差 didida
我早茶月光洒在你头发
平行的画 didida
几时交叉 didida
下个路口再见吧

歌舞《五虎大拜年》
演唱：王乔　姚凯　海涛　柯豆　宋歌
伴舞：河北省歌舞剧院
歌词

新年快乐　新年新年快乐
新年快乐　新年新年快乐
所有的朋友，举起你们的双手
新年快乐　新年新年快乐
我们一起唱一首快乐的歌
今天是个好日子　心想的事儿都能成
明天是个好日子　打开了家门
金牛辞岁寒风尽　Come on
瑞虎迎春喜气来　Come on
爆竹声声辞旧岁　喜气洋洋贺新年
新年快乐　新年快乐　Yo
新年快乐　新年快乐　Wo
虎年快乐　虎年快乐　Yo
今天是个好日子　唱
新年快乐　新年新年快乐
每天都是好日子　一起唱
今天是个好日子　心想的事儿都能成
明天是个好日子　打开了家门
咱迎春风

汪　谢谢，新年快乐，新年快乐。虎年我们要祝大家日子红红火火，财运是虎虎生威。

何　而且今天不止我和汪涵和大家拜年，我们芒果训练营非常优秀的学员们也要给大家拜年，我们的阿哥们和格格们。

汪　首先是我们的阿哥们，给我们送上祝福。

阿哥们　祝大家在新的一年里事业如虎添翼，虎年吉祥！

汪　接下来轮到我们的格格们啦。

格格们　格格们祝大家在虎年里爱情甜甜蜜蜜，家庭和和美美，身体健健康康。

何　你知道吗？这个《还珠格格》播出的时候，1998 年。

汪　虎年！

何　12 年岁，也是属虎的。

汪　这么巧啊。

何　今年又重新翻拍这个经典，我们的新《还珠格格》能不能再创辉煌，我们的阿哥们，格格们，小伙子们，姑娘们，要多多加油啦，好不好？

合　好！

何　汪涵啊，我俩主持春晚这么多年，有一个问题我压在心里很不舒服呀，我想问问你啊，大家也很关心。

汪　你说。

何　你说，你啊，我啊，谁是湖南卫视的一哥？

汪　你觉得有必要今天说出来吗？

何　我觉得是时候，都本命年了，咱俩都 24 了。

汪　既然是这样的话，大家都是家里人，我也把压在我心里这么多年的话，我今儿就说出来。

何　我们俩谁是一哥？

汪　我说实话，从个头，气质上来讲，我觉得我们俩都是湖南卫视的资深帅哥。

何　好！当什么一哥嘛，就是要当帅哥，而且今天也不止是我们两个资深帅哥，我们请来了一群资深帅哥。

汪　对，这几位绝对是偶像级的帅哥。

何　我们来为大家介绍，这几位，第一位是大有实力的苏永康，大有帅气的张卫健。

汪　能文能武的梁汉文。

何　大有魅力的许志安。

何　其实说真的，这真的是我们的偶像。

汪　当然，而且是我们年轻时候的偶像。

何　听汪涵解释一下，真的时间流逝哦，香港回归多少年了？

汪　十三年了。

何　澳门回归多少年了？

汪　十年了。

何　真的，他们一直都是我们心目中的偶像。现在我知道你们有了一个新的组合，叫做 BIG4。请问四位，你们每个人都是巨星，为什么要组这样的一个组合？

汪　这是我们第一个想问的问题，既然大家都来自广东，那我自然要用粤语来问下这个问题。

张卫健　好，请问。

汪　（*搞笑式广东话*）

张卫健　你还是用普通话好了。其实我们已经认识了很多年，是很好的朋友也十几年了，我们本来是想趁着我们认识了十几年的会，随便两三场演唱会而已，只不过我们很幸运，我们一宣布我们要开演唱会呢，马上五场在红磡体育馆都爆满了，所以呢，我们非常非常开心。

何　所以一直会这样唱下去是吗？那为什么要叫 BIG4 呢？

许志安　非常简单呢，第一就是我们 BIG 嘛，第二就是我们 Four 嘛，没有啦没有啦。

张卫健　BIG 就是大嘛，Four 就是四嘛，我们四个人都有大的地方。我大的地方就是头咯。

许志安　那我呢，就是鼻子很大。

梁汉文　我呢，就是眼睛比较大。

苏永康　我比较麻烦，我发现我跟他们合作，我一个头两个大。

何　但是我要告诉大家，他们 3 月 11 号到 3 月 15 号香港红磡会有演唱会，可是 BIG4 第一次在世人面前亮相这是破天荒第一次，就是在湖南卫视小年夜的春晚舞台上，这是第一次集体亮相。

BIG4　谢谢大家。

何　有没有带什么礼物来？

张卫健　首先我们带来春联来，春联没什么特别，特别就在于都是我们亲自写的，首先第一个，张卫健的春联就是祝大家在新的一年“事事如意身体健”。

苏永康　我比较惭愧，在四个人当中，我写得最烂，希望大家鼓励，实在是难看。

何　我以为你是客气一下。

苏永康　心是最重要的“家家顺心永安康”，希望大家永远安康。

梁汉文　我的是“能文能武生虎气”。

许志安　我最后了，我的是“接财接福迎平安”。

何　横批是“四喜临门”，BIG4 大四喜，好不好？

BIG4　好！

何　那么接下来就欢迎 BIG4 带来他们精彩的演唱。

汪 OS　首先有请苏永康。

（*歌曲串烧*）

《男人不让女人流泪》

演唱：苏永康

歌词　喔相信我无悔无求

我愿为你放弃所有

男人不该让女人流泪

至少我尽力而为

喔~相信我别再闪躲
我愿陪你
直到最后
男人不该让女人流泪
至少我尽力而为
相信我

汪涵OS 接下来有请张卫健。

歌曲《你爱我像谁》

演唱：张卫健

歌词 其实你爱我像谁
扮演什么角色我都会
快不快乐我无所谓
为了你开心我忘记了累不累
其实你爱我像谁
任何的表情我都能给
woo在你身上学会流眼泪

汪涵OS 有请梁汉文。

歌曲《蝴蝶来过这世界》

演唱：梁汉文

歌词 我终于能走出你走的那一夜
也许你能给的珍贵就只是那个季节
蝴蝶它不再飞它来过这世界
时间不能衡量昨日的深邃

汪涵OS 接下来有请许志安

歌曲《上弦月》

演唱：许志安

歌词 你是否还会记得上弦月
等它慢慢的缺
慢慢圆
圆了有情人赴今生约
缺成我最孤单的想念
啦……
你试着抬头看看上弦月
看得疲倦不妨闭上眼
如果你的眼角还有泪
也许它没听见你的心愿

歌舞《东方之珠》

演唱：许志安　梁汉文　张卫健　苏永康

伴舞：海口市艺术团

歌词

苏永康 小河弯弯向东流
流到香江去看一看

张卫健 东方之珠我的爱人
你的风采是否浪漫依然

梁汉文 月而弯弯的海港
夜色深深灯火闪亮

许志安 东方之珠整夜未眠
守着沧海桑田变幻的诺言

合 让海风吹拂了五千年
每一滴泪珠仿佛都说出你的尊严
让海潮伴我来保佑你
请别忘记我永远不变黄色的脸

曹 谢谢，好帅。

谢 我要去看你们的演唱会。

曹 你看他们四个人，分开的时候都那么红，那么有人气，这和在一起的时候，人气该有多旺啊。

谢 对啊，那接下来的节目就会很有压力了。

曹 在他们后面的表演的人就会很有压力，你知道一定要兼具人气，兼具实力，来，娜娜，推荐两个人选。

谢 是这样的，汪涵哥说非常期待他们两个合作，因为第一个他们两个都有天籁之音，第二他们名字当中都有个字是相同的。

曹 我知道这两个人，一个是我们新生代的小天王，另一个绝对是未来的小天王，我们这位未来的小天王名字叫——

谢 未来的小天王厉害了，他参加了我们全球最红的节目《快乐大本营》，还有《天天向上》，拥有了非常多的粉丝，他的名字叫徐杰。

曹　那新生代的小天王是？

谢　新生代的小天王是这样的，他刚刚获得了“最佳人气偶像”还有“最佳男歌手”，他的名字叫做……

曹　好了，别客气了，就是张杰嘛，好了今天“双杰”合作，很值得期待，带来的歌曲是——

谢　《仰望星空》。

歌曲《仰望星空》

演唱：张杰　徐杰

舞蹈：赵莹莹

歌词

这一天我开始仰望星空发现
心并不远梦并不远只要你踮起脚尖

张杰　我相信有一双手把我轻轻牵到你的跟前
我相信有一根线将梦想与现实相连

徐杰　我相信有一种缘会把所有的偶然都实现
我相信就是这一天命运开始改变

张杰　这一天我开始仰望星空发现
心并不远梦并不远只要你踮起脚尖

徐杰　我从此不再彷徨也不再腼腆
张开双臂和你一起飞得更高看得更远

张杰　我相信有一种缘会把所有的偶然都实现
我相信就是这一天命运开始改变

徐杰　这一天我开始仰望星空发现
心并不远梦并不远只要你踮起脚尖

张杰　我从此不再彷徨也不再腼腆
张开双臂和你一起飞得更高看得更远

徐杰　开始仰望星空感觉爱的时间空间

张杰　寻找生命中最灿烂的亮点

徐杰　这一天我开始仰望星空发现

合　心并不远梦并不远只要你踮起脚尖
我从此不再彷徨也不再腼腆
张开双臂和你一起飞得更高看得更远

何　好，谢谢张杰和徐杰。我们中国人过年，有个特比重要的习俗，除了要给自己的父母和长辈拜年，还要给自己的老师拜年，如果你去乡下过年，会发现堂屋里竖着这样一块牌子，写着“天地国亲师”，意思就是在我们中国人心目当中，可以跪下了拜年的就只有“天地”“父母亲”“国家”，还有就是“老师”。我们相约小年夜的晚会推出了一个活动，在网上征集，新年你最想跟谁“相约”呢，我身边的这两位朋友就是想在我们小年夜的春晚上跟老师相约，给老师拜年，这两位其实之前并不认识，这一位呢是吉首大学的教授黎克双先生，这位是来自张家界的一位导游，她的名字叫做王萍，他们之前不认识，但是他们是同一所小学毕业的，而且他们那里升起的国旗，网民称之为史上最美的国旗，要想知道这个故事，我们先去这个小学去看一看。

（VCR 乡村学校）

【解说词】每一个人的心底都会有一面旗帜，而对于桑植姚峰界大山深处的孩子们来说，这是他们人生里看到的第一面国旗。53年来，村子里的几代人开始认识人生里的第一个字；53年来，这所乡村的学校，只有这一对坚守的父子

（同期声）字幕：王元举 70 岁 姚峰界小学创始人

王元举　我一辈子就是为了这个学校，我的心就在这个学校里。

【解说词】1956 年 17 岁的王元举回乡，当起了农民夜校的老师，为了建教室，王元举和村民们花了 500 多天，用最原始的办法肩

挑背扛，硬是在大山顶上削出了一块平地，建起了当年全乡最好的小学

（同期声）（读书声）白白的墙，宽宽的门，高高的窗，哪座房子最漂亮，要数我们的小学堂

【解说词】如果没有这个学校，村里的孩子要读书认字，至少要多走二十多里的山路。几十年来，除了王元举再也没有别的老师愿意留下来，所以儿子高中一毕业，（字幕：王化安47岁 姚峰界小学教师）就被他拉上了讲台。那时村里越来越多的年轻人走出大山，闯世界，为了摆脱贫困，妻子不断的催促王化安出去打工，但是父亲却执意劝阻

（同期）**王化安** （孩子们）不失学的话，要到很远的地方去读书。教呢，我又没有好大的出路，这也是摆在我面前的一个难题所以很矛盾。

王元举 是的，我说不，不能出去，你还是要为了孩子着想。吃亏，受苦，只能苦自己，不能苦孩子。这个学校是我办起来的，不能在儿子手里没了这个学校

（读书声）妈妈告诉我，沿着弯弯的小路，就能走出大山，我多想去看看

【解说词】为了父亲，王化安没有走，但真正把他的心留住的还是孩子，还是学生

（字幕：王化安的女儿王群）

（同期）**王群** 正月份开学的时候，爸爸其实都已经打算走了，行李都快在收拾了，小孩子们背着书包来报名，因为他们不知道我爸爸要走

王化安 我看到那些孩子喊老师的那么礼貌，对我那么尊敬，喊老师我们要报名，我们要上学啦，这个想法又烟消云散了。好，教一年，再教一年。

【解说词】只教一年，再教一年，还教一年，就这样王化安在山里教了一年又一年，甚至妻子最终离婚出走，王化安也没耽误孩子们一天的课

（同期）**王化安** 别人讲我蠢讲我傻，我傻就傻到底

王元举 在老师来说，我是一个好老师，在我儿子面前，我就是个坏爸爸了，误了儿子的青春，误掉他的前途啊

王化安 我觉得我对不起我的父亲，我没有能力让他在晚年过上好的生活，我真是一个不孝的儿子

学生 我的老师很可爱，我的老师喜欢上课，我的老师走路很快，我的老师只有一个，我的老师……

何 最后大家听到的是孩子们用“我的老师”造句，孩子们造的句有“我的老师很爱上课”，“我的老师很爱笑”，“我的老师只有一个”，刚才在看这个短片的过程当中，黎教授和王萍都很激动，黎教授呢是老王老师的学生，那个学校在姚峰界，你有多少年没回姚峰界了？

黎克双 将近三十年了。

何 王萍你是小王老师的学生，你有多少年没有见到小王老师了？

王萍 大概十年了。

何 今天呢，我们要让他们师生在我们小年夜的春晚上，来一次相约，我们用掌声请出两位可亲可敬的坚守的教师，欢迎他们两位。

张 给大家介绍，这位就是今年已经71岁高龄，把一辈子献给了山里教育的王元举老师。我左手边这位是老王老师的儿子，在乡村已经教了二十八年书的王化安老师，小王老师。

何 王萍，十年没见老师，老师有变化吗？

王萍 有，明显感觉老了很多。

何 我知道你们小的时候，很喜欢坐在他的腿上，拔他的胡子，为什么要这么做？

王萍 因为老师一个人也挺不容易的，他呢

家里面也比较穷，家里面没有钱去买剃须刀，记得小的时候，老师是拿着一片很薄的还生了锈的刀片去刮胡子，所以我们小的时候就座在他的腿上，帮他拔胡子。其实，这么多年来，老师在我的内心深处，就像我的父亲一样。

张　像爸爸一样的老师，那老王老师，您还记不记得他?

王元举　记得。

张　他叫什么?

王元举　小时候我喊他双儿，现在叫黎克双。

张　双儿见到老师是什么感觉。

黎克双　很激动。

张　我之前跟教授有个交流，我说教授，你对老师印象最深的事情是什么?教授说，印象最深的事情就是十岁那年，老师带我们去县城。我就很奇怪，我说这件事情你为什么会印象深?教授说，你不知道，在我们那个大山深处，很多老人家甚至我们的父辈，他们一辈子都没有走出过大山，他们不知道外面是什么样子，老王老师在当时很困难的情况下，拿着我们勤工俭学攒了一点车票钱，带着我们去了县城里。于是这件事在十岁的双儿的心中，看到了外面的世界，他立志于要去看更大的世界，今天他做到了。

何　黎教授，您今天教书教了多少年了?

张　跟老王老师汇报一下，双儿教了多少年书，教了多少学生?

黎克双　我教了二十五年了，我也没有统计过，大概有五六千人吧。

何　老王老师教出了双儿，黎教授又教出了五千多六千的学生，这就是文化的传承，其实有人统计过，老王老师和小王老师加起来教书教了那么多年，有一千多名的学生，这些学生，从姚风界这个大山走出去在全国各地开始他们的人生，在过年的时候学生心中也有着一份对老师的惦记。

张　今天不止是双儿和王萍，老师的很多学生都来到了我们的现场，老王老师，小王老师往后看。

何　他们从全国各地而来。

(数十名学生从大屏幕后面跑出。)

何　来，我们来给大家介绍一下，这些学生当中，有一些非常特别的学生，首先我要给大家介绍的是这一位，这是今天来的学生当中，年龄最大的一名学生，他今年已经77岁了，他比我们老王老师还要大六岁，他当时是老王老师识字班里的学生，这位老人的名字叫做“王本真”，欢迎您。还有一位最小的小朋友，她名字叫做“陈敏”，她今年才四岁，她是现在小王老师学前班的学生。从77岁的老人到4岁的小朋友，这就是我们老王老师和小王老师的学生们。

张　在这边也有三位给大家介绍，老先生叫“杨银华”，这是他的儿子“杨海明”，这个小姑娘是老先生的孙女叫“杨华”，他们祖孙三代都是老王老师和小王老师的学生。

何炅　这么多人，从大山开始他们的人生，现在已经在全国各地有着他们自己的事业和美满的家庭，而他们的老师现在还在那个学校，但是我想说，老师并没有停止他们的脚步，每一年每一年教出那么多的学生，带出了知识，带出了希望，应该说老师们在不断创造出新的精神财富。

张　而且我刚才在跟老王老师说，今天高兴吗?老师说，特别高兴。我相信对于所有的老师来说，今天就是小年夜收到的最珍贵的礼物。

何炅　那今天同学们来了，我们带着最真挚

的感激，我们再来说一声“老师好”，我们有请两位老师。

张 就像当年我们上课一样。

两位王老师 同学们好！

同学们 老师好！

张 同学们好，老师好，这就是知识给我们的力量，这就是希望给我们的感动，今天也特意跟老王老师还有小王老师报告，同学们还有一份礼物要送给你们两位，他们跟我们联系，我们《勇往直前》栏目会跟湖南青少年发展基金会联合做一期特别的节目，为姚风界筹集善款，重建我们新的校舍。今年是希望工程二十周年纪念，在二十年的过程当中，希望工程做了很多的好事，二十年过去了，不代表这份好心这份路途不会再继续，我们希望只要有所有的爱心在，只要有需要帮助的孩子，我们就会尽我们最大的努力用知识去点燃他们梦想。

何炅 我们再一次谢谢老王老师和小王老师，让我们一起过年。

歌舞《一起过年》

演唱：林宥嘉　金莎　刘力扬　魏晨

编舞：王小元　伴舞：河北省歌舞剧院

歌词

雪花飘　腊梅艳
冬天过了是春天
鞭炮响起笑声欢
牛年过去是虎年
一年四季春最好
一年忙盼过年
千家万户温情涌
天南地北喜团圆
回家路　多温馨
欢聚的时刻　多甘甜
亲情无价　其乐融融
我们一起过年
让温暖的大家庭　心手相牵
我们一起过年
用信心耕耘美好家园
真诚祝愿新年
伸出你的双手　拥抱春天
我们一起过年
难得相知相亲相爱到永远
我们一起过年
让未来的每一天快乐美满
我们一起过年
用信念坚守幸福家园
共同祝愿新年
绽放你的笑容　拥抱明天
我们一起过年
难得相知相亲相爱到永远
我们一起过年

歌舞《快乐出发》

演唱：至上励合

歌词

向快乐出发世界那么大
任风吹雨打梦总会到达
向快乐出发别害怕
幸福就像天边灿烂的晚霞
一起来吧

第一缕曙光照在我脸庞
世界那么的晴朗
在梦想中央要展翅飞翔
向着心的方向
就算会受伤有我在你身旁
快乐是打败挫折那份力量
用指尖画下最美丽的期望
我喜欢看到你的微笑模样
向快乐出发世界那么大
任风吹雨打梦总会到达
向快乐出发别害怕

幸福就像天边灿烂的晚霞
一起来向快乐出发世界那么大
盛开的繁花甜蜜的解答
向快乐出发别害怕
不用言语表达同样的想法
一起来吧

在我小小的胸膛快乐不停的酝酿
希望悄悄的在生长我们不会再迷惘
曾经还稚嫩的肩膀变得那么的坚强
相信快乐是心底的阳光
第一缕曙光照在我脸庞
世界那么的晴朗
在梦想中央要展翅飞翔
向着心的方向
就算会受伤有我在你身旁
快乐是打败挫折那份力量
用指尖画下最美丽的期望
我喜欢看到你的微笑模样
向快乐出发世界那么大
任风吹雨打梦总会到达
向快乐出发别害怕
幸福就像天边灿烂的晚霞
一起来向快乐出发世界那么大
盛开的繁花甜蜜的解答
向快乐出发别害怕
不用言语表达同样的想法
一起来吧

曹 谢谢至上励合。

何 是的，谢谢。

曹 你知道吗？在我们小年夜开始宣传的时候，就一直知道有两个人要一起合演小品，我们都特别期待，那两个人的名字叫做何炅和谢娜，不知道为什么到现在都没有看到呢？

何 想不想看我们两演小品，跟大家汇报一下，我们的小品现在进展的特别顺利，已经到了剧本的创作阶段了。

曹 好快啊。

谢 这个剧本我已经开始着手创作了，但是遇到了一些瓶颈。

何炅 今年最大的问题就是因为我们把剧本交给了娜娜，我们有望在明年的春晚上为大家表演。

张 你们这个等的时间太长了一点，这么多热情的朋友来参加我们的相约小年夜，你们好歹也要表示一下，对不对。

何 好啊，演啊。

谢 现场出题？

曹 我觉得你没有问题，首先你要演一个赚了大钱的老虎。

（谢娜表演）

张 那这样，何老师，你来一个中了彩票的老虎。

（何炅表演）

曹 最后再出一道题吧，我觉得真的是一个好年头，不是很多人都想在今年结婚吗？你们演一对热恋中的老虎。

（一起表演）

何 我们没有准备好，有别人准备好了，接下来我们就来欢迎一个准备好的非常精彩的节目，有请大兵、赵卫国。

小品《蚊如其人》

表演：大兵　赵卫国

赵卫国 现场的观众朋友们大家新年好！虎年马上就要到了，我衷心的祝愿您，虎年大吉，虎虎生威！今天，我给大伙讲个故事：在一个浪漫的夜里，我遇见了“她”，（大兵从舞台后面跳着舞出场）只见“她”婀娜多姿，翩翩起舞，“她”轻启朱唇，欲说还休，“她”自尊自爱，自力更生，“她”忽左忽右，让我欲罢不能，“她”就是一只蚊子。

大兵 掌下留蚊。

赵卫国 掌下留蚊？

大兵 你要打死我吗？

赵卫国 对啊，你是害虫啊，太讨厌了

大兵 我咬你了吗？

赵卫国 那倒没有。

大兵 各位，这叫滥杀无辜啊。

赵卫国 你虽然没咬我，但是你咬别人了啊。

大兵 我咬谁了我？在座的，被我咬过的，你们鼓鼓掌看看。

赵卫国 你看看，都是受害者。

大兵 没有被我咬过的，鼓鼓掌。

赵卫国 这到底是咬了还是没咬啊。

大兵 前面的人，你鼓了两次掌，这都是瞎起哄的。告诉你吧，我是一只，不咬人的蚊子。

赵卫国 这世上还有不咬人的蚊子？

大兵 世上本无不咬人的蚊子，咬不到人的次数多了，也就有了我这样的蚊子。

赵卫国 这蚊子还有点文化。

大兵 要不然怎么说“文绉绉”的咧。

赵卫国 这挨不上这，这么多年你都打算咬过谁啊你？

大兵 告诉你，我第一个想要的人，叫做诸葛亮。

赵卫国 三国时期的诸葛亮？

大兵 对。

赵卫国 您这蚊子，有点岁数啊。

大兵 老蚊子了嘛。

赵卫国 你怎么老咬不找别人呢？

大兵 那一天，诸葛亮正在跟刘备开会，商量如何退司马懿的兵。

赵卫国 好机会啊。

大兵 一看我飞进来了，诸葛亮想在领导面前做个秀，赶紧操起了一把琴，弹唱了一首歌曲。

赵卫国 什么歌儿啊？

大兵 （唱）“2002年的最后一只蚊子，比以往的时候来的更晚一些”。

赵卫国 这是唱的谁的歌儿啊？

大兵 来的可是蚊子老弟？

赵卫国 正是在下。

大兵 来来来，你看我这里，一没有擦花露水，二没有点蚊香，三没有买电蚊拍，你来咬我吧，我绝不拍你。

赵卫国 好机会啊，咬啊。

大兵 这能咬吗？

赵卫国 当然啊。

大兵 他是诸葛亮，万一有埋伏，我不就完了吗？

赵卫国 不可能，这招叫“空城计”，当年司马懿就是中了这计。听我的没错的，咬。

大兵 咬。

赵卫国 上去了。

大兵 就听见晴天霹雳“啪……”

赵卫国 真有埋伏啊。

大兵 幸好我运气好，跑得快，当时我才明白了一个真理。

赵卫国 什么呀？

大兵 （唱）“我不是司马懿，我不会武功，我只要一巴掌，就见了祖宗”这是我第一次失败的咬人经历。

赵卫国 第二回呢准备咬谁？

大兵 第二回我准备咬的是水泊梁山上的黑社会头子宋江。

赵卫国 你咬的可都是名人啊。

大兵 那当然，要想出名早，就把名人咬，要想出名快，就把名人害。

赵卫国 这还是个爱炒作的蚊子。

大兵 那一天，宋江正在聚义堂上跟他的兄弟们忆苦思甜，一见我来了，立刻对我深鞠一躬，蚊弟。

赵卫国 诶，蚊弟？

大兵 你还没有吃饭吧？

赵卫国 对。

大兵 来吧，你咬我吧，我保证一动不动，等你咬完了以后，我还送你一个一次性注射器，你从我身上再抽一管血带回家去。

赵卫国 干嘛啊？

大兵 你们家老的老，小的小，他们也要吃饭啊。

赵卫国 哎呀，这也太感人了这个。

大兵 一听他这话，聚义堂上一百零七个兄弟大喊：（唱）“大河向东流啊，天上的星星参北斗啊”大哥，你才是我们的，亲哥哥啊。

赵卫国 不要迷恋哥，哥只是一个传说。

大兵 你说有这么爱炒作的人，我敢咬他？

赵卫国 你咬不着他。

大兵 于是我忍饥挨饿，就飞到了今天。

赵卫国 所以你就打算来咬我？

大兵 是啊，没有麦当劳，来块烤红薯也可以。

赵卫国 说我是烤红薯，当心我烫死你。

大兵 牛什么你，咬你是看得起你。

赵卫国 用不着你看得起，你咬名人去啊。

大兵 现在这名人都在哪里啊？

赵卫国 电视台啊。

大兵 电视台我去过了，没咬到，差点被电视台的咬了。现在电视台太厉害了。我那天一进电视台，正好赶上他们搞全国的唱歌比赛。

赵卫国 是啊，好机会啊。

大兵 什么好机会啊。

赵卫国 你唱歌唱的不错啊，要是万一得了第一名，有多少粉丝哭着喊着让你咬啊。

大兵 参赛，报名，唱一首歌《蚊子座》。

赵卫国 怎么唱的呀？

大兵 （唱）“七月份的尾巴是蚊子多，八月份的前奏蚊子更加多，如果你晚上睡觉忘记了盖被窝，早上起来，一身的陀”。

赵卫国 什么乱七八糟的这个，这是废话之歌。

大兵 我唱完了以后，那位著名的评委，开始对我进行点评。

赵卫国 他是怎么讲的呀？

大兵 听过难听的，但是没听过这么难听的，你到底是在唱歌，还是在学蚊子叫，你有唱歌的态度，没有唱歌的程度，我以我二十几年的专业修养，保证比赛的质量，今天，你留我走。

赵卫国 别走啊。

大兵 一定要走，别拉着我。

赵卫国 那您好走。

大兵 我上个厕所再回来。

赵卫国 他压根儿没想走。

大兵 废话，这不都是炒作吗，你以为他是真的？

赵卫国 这评委你得来两口啊。

大兵 我去了没咬着啊，皮太厚，扎不透。

赵卫国 那完了，这辈子你就饿肚子吧。

大兵 不可能，我不能饿着，哪里人多，我往哪里去。我想人最多的，足球场。我到那儿一看，比赛还没有开始，球迷就座满了，我一看球场里面，名气最大的就是那个教练。咬他吧。

赵卫国 上去了。

大兵 我在他的胳膊上软着陆，正准备下嘴，这位教练跟我说话了。恩？蚊子，饿了吧，来，我问几个问题，你要是答上来，我就让你吸我的血，你要是答不上来，我可拍死你。

赵卫国 这不是赌命吗？

大兵 第一个问题，你知道我今天在场上用的是什么计策吗？

赵卫国 这谁知道啊。

大兵 我得蒙啊，我说您大概用的是空城计吧，而且还真有埋伏？

赵卫国 这教练怎么说？

大兵 恭喜你，答对了。第二个问题，你猜我请谁来当的裁判啊。

赵卫国 那也没法知道啊。

大兵 我还得蒙啊。我说，您大概请的是宋江吧？因为他人缘好，谁都服他啊。

赵卫国 教练怎么说？

大兵 恭喜你，又答对了。第三个问题，你知道今天比分几比几吗？

赵卫国 这还没赛呢，怎么知道比分呢？

大兵 我说，应该是三比零吧。

赵卫国 三比零？

大兵 这不是连咬三个人都没有咬到吗？

赵卫国 这教练怎么讲。

大兵 恭喜你，又答对了。

赵卫国 这假球。

大兵 万一场上有哪位队员不服气，怎么办呢？

赵卫国 这怎么办呢？

大兵 我说这好办，你红牌给他罚下啊，你留我走，作秀这谁不会啊。

赵卫国 这回教练怎么说？

大兵 这回教练二话没说，“啪”把我拍死了。

赵卫国 拍死了？教练觉得你都回答错了。

大兵 不，教练嫌我知道的太多了。

汪 谢谢，谢谢大兵刚才带来的精彩的相声，接下来要上场的这位，也是一位大兵，大家都知道有一部电影呢，叫做《大兵小将》，大家知道这里面的大兵是谁吗？是的，接下来就要用热烈的掌声欢迎我们的成龙大哥。

成龙 大家好！好热情的观众。

汪 大哥您好，今天除了您自己还带来了这么多您可爱的徒弟们，给我们介绍一下

成龙 好，一个个来，你自己介绍一下。

易扬 大家好我是新七小福成员之一，我是成龙的徒弟，我叫易扬。

何翔 大家好，我是新七小福成员之一，叫做何翔，来自新疆。

王海祥 大家好，我是新七小福的队长，来自山东。

涂圣成 大家好，我是新七小福成员之一，涂圣成。

杨政 大家好，我也是新七小福成员之一，叫做杨政，来自天津。

汪 大哥，你到了我们湖南，总要带点礼物来吧。

成龙 这两位还没有介绍，都是新人，这位是《大兵小将》里的女主角她叫林鹏。

林鹏 大家好，我叫林鹏。

成龙 这位不用介绍了，自己说。

刘承俊 大家好，我是韩国的刘承俊，你们好。

林鹏 今天我和刘承俊哥哥一起，临时准备了一个《刘海砍樵》。

汪 在湖南，两个不是湖南人，还有一个韩国人，唱《刘海砍樵》？

成龙 他们已经背了两个晚上，背得我已经受不了了。

汪 好了，那我们来检阅一下《刘海砍樵》。

歌曲《刘海砍樵》

演唱：林鹏　刘承俊

歌词

我这里将海哥好有一比呀
胡大姐——呃～
我的妻——啊？
你把我比作什么人罗嗬嗬
我把你比牛郎不差毫分啦
那我就比不上罗嗬嗬
你比他还有多咯呃
胡大姐你是我的妻咯荷荷
刘海哥你是我的夫哇
胡大姐你随着我来走罗嗬嗬

海哥哥你带路往前行罗
走罗～行啦
走罗～行啦
得儿来得儿来得儿来

成龙 我不明白，他们背了两个晚上，这么容易？你别背了，你背完观众还是听不懂。

汪 大家觉得唱得好不好？

成龙 非常不容易。

汪 接下来，就轮到我们的新七小福了。大家都知道在很多年前，包括我们的成龙大哥，洪金宝，他们就是一个七小福，今天呢，我们的成龙大哥又收了这几个徒弟，组成了新的七小福，希望能够打造出新一代的功夫之星，所以接下来成龙大哥和新七小福要给我们带来《大兵小将》的主题曲——《油菜花》。有请！

歌曲《油菜花》
演唱：成龙　新七小福　林鹏　刘承俊
歌词

一条大路呦通呀通我家
我家住在呦梁呀梁山下
山下土肥呦地呀地五亩啊
五亩良田呦种点啥
林鹏：谁会记得我的模样
谁会记得我受过的伤
谁的欲望谁的战场
让我们都背离善良
何时才能回到故乡
何时才能看她的红妆
我用长剑劈断目光
劈不断我想家的狂
一条大河呦通呀通我家
有妻有儿呦瓦呀瓦房大
鸡肥鹅肥呦牛呀牛羊壮啊
种豆种稻呦油菜花
林鹏：谁会记得我的模样
谁会记得我受过的伤
谁的欲望谁的战场
让我们都背离善良

何时才能回到故乡
何时才能看她的红妆
我用长剑劈断目光
劈不断我想家的狂
一条大路呦通呀通我家
我家住在呦梁呀梁山下
山下土肥呦地呀地五亩啊
五亩良田呦油菜花

何 谢谢七小福，谢谢刘承俊。

曹 新年快乐。

何 我觉得这首歌会在接下来的虎年里流行，“油菜花”又是“有才华”的意思，所以呢，所以有才华的朋友们都请支持我们的《大兵小将》，在过去的一年呢，成龙大哥有一首歌是非常非常的红，大家都好喜欢，名字叫做什么——

观众 《国家》。

曹 我觉得这首歌大家之所以这么喜欢，是除了成龙大哥的号召力，更是因为唱出了大家心里的感觉，大哥现在非常喜欢唱，对不对？

成龙 对，尤其是我特别喜欢在国外唱，在美国啊，英国啊，唱给他们听，解释给他们听，尤其是解释给一些外国人听，听完以后他们说，对，我们也要爱我们自己的国家，其实这首歌适合每一个国家的人唱，不单是我们中国，我是希望，每一个人都爱他们自己的国家，爱他们自己的家，有了这两样东西，我们就有了和谐的社会，有了和谐的社会就了和谐的地球。

何 说的好！真是“家是最小国，国是最大家”真的就是这种感觉，在我们中国人心里，国和家从来没有分开过。

曹 在过年的时候我们也祝愿我们电视机前每一个家庭都能够幸福团圆，也祝愿我们的祖国能够繁荣富强。

何 那今天呢成龙大哥要跟一个新搭档来唱这首歌。

成龙 一个新的未来大明星，虽然她现在还很小，但是我看得出她将来一定非等闲之辈，那就是我们可爱的小女孩——美合。

曹 有请美合。

成龙 她也是新人，每个新人我都给他们机会。

何 我们欢迎成龙大哥和小美合为我们共同带来《国家》。

歌曲《国家》

演唱：成龙　美合

作曲：金培达作词：王久平

（身着各色少数民族服装的演员进行伴舞）

歌词

成龙 一玉口中国一瓦顶成家
都说国很大其实一个家

美合 一心装满国一手撑起家
家是最小国国是千万家

成龙 在世界的国在天地的家

美合 有了强的国才有富的家

合 国的家住在心里家的国以和矗立
国是荣誉的毅力家是幸福的洋溢
国的每一寸土地家的每一个足迹
国与家连在一起创造地球的奇迹

美合 一心装满国一手撑起家

成龙 家是最小国国是千万家

美合 在世界的国

成龙 在天地的家

合 有了强的国才有富的家
国的家住在心里家的国以和矗立
国是荣誉的毅力家是幸福的洋溢
国的每一寸土地家的每一个足迹
国与家连在一起创造地球的奇迹
国是我的国家是我的家
我爱我的国我爱我的家
国是我的国家是我的家
我爱我的国我爱我的家

谢 谢谢成龙大哥。

何 谢谢小美合。

曹 在祝福的歌声当中，我们的晚会也接近了尾声。

汪 在这里我们要向带给我们快乐和感动的牛年说一声再见。

谢 我们又看到一个奋发昂扬的春天向我们走过来了。

何 怀着希望和感动我们用一个感恩的心去感受春天去拥抱春天。

张：感谢您今天跟我们一起相约小年夜度过这样一个愉快的夜晚，在这里湖南卫视祝福所有的朋友新年顺心顺意，祝福每一个家庭和睦美满，祝福所有的人新年有新福。

谢 还要祝福每一个梦想早日实现。

曹 这是一个充满了期待的夜晚，2010快乐中国年的大门为我们打开了一个壮丽辽阔的未来，这一年属于我们，属于快乐，属于中国，让我们共同祝愿祖国——

合 蒸蒸日上，繁荣富强。

歌曲《深深的祝福》

演唱：江映蓉　张翰

编舞：王小元

歌词

江映蓉 夜已深灯依旧

心儿已经许诺
情相拥话相投
人儿依然相守
张翰　夜已深灯依旧
钟声虽然响过
情相拥话相投
合　彼此还在倾诉
这是朝思暮想
朝思暮想的聚首
这是百年相约
相约的开头
让我们深深地祝福吧
深深地祝福吧
祝福这花常好月常圆
山常青水常秀
天长共地久
这是朝思暮想
朝思暮想的聚首
这是百年相约
相约的开头
让我们深深地祝福吧
深深地祝福吧
祝福这花常好月常圆
山常青水常秀
天长共地久

（李小贝　整理）

“诗意春节”中华情·传统佳节特别节目

播出台：中央电视台
播出时间：2010年2月13日
总导演：郭霁红

片头：水墨动画视频：富有中国古代韵味的水墨画交相辉映。由高塔穿越到月亮门，再转入荷花的画面。几只白鹤又飞过苍茫山林，画面再转入江南的亭台楼榭，最后，几只蜻蜓飞翔在荷花之上，出“诗意春节”四个大字。

（导演出镜，背后为肇庆市七星岩景区美丽夜景）

郭霁红　海内外的观众朋友们，新年好。今天为您播出的是《中华情·传统佳节》系列节目中的《诗意春节》。我是《中华情》栏目组的导演郭霁红。此刻我置身于广东省肇庆市七星岩景区内的五龙亭中。邀这夜幕下的一阕湖光山色，与您共度诗意春节。中华传统节日是对我国悠久历史文化的传承，刻在人们记忆的竹简上，而将其写进婉转的诗篇，就不再是单纯的庆祝与纪念，更是倾注了一种文化的情感。除夕过后就是元日，现在我们称为大年初一。传说女娲创世，她在正月初一创造了鸡，初二造狗，初三造猪，初四造羊，初五造牛，初六造马，到了初七，才创造了万物之灵长的人。所以农历正月初七又被成为“人日”，就是人类的生日。除夕有送别旧年的欢宴，人们整宵不眠，守着岁月经过的痕迹，期盼着零点钟声的响起。闭上眼睛，让一切不愉快随着旧年辞去。爆竹炸响在除夕的最后一秒，再睁开眼时新年便拉开了崭新的序幕。爆竹声后，灿若碎锦，人们踩着满地红彩，相逢道贺，辞旧迎新。时光与诗情相互哺育，将每一个节日的古老与深邃诉诸笔端，沉淀于心田。今天就让我们一起徜徉在古典诗词的粼粼波光中，体味诗意的春节。

画外音（朗诵）：

（画面为春天美景与书法长卷的融合。这作为一种风格，出现在每个节目的串场之时）

《探春令》宋·赵长卿

笙歌间错华筵启。
喜新春新岁。
菜传纤手，青丝轻细。
和气入，
东风里。
幡儿胜儿都姑嫜。
戴得更忔戏。
愿新春以后，
吉吉利利，
百事都如意。

郭霁红 作为宋朝皇室宗亲的赵长卿，远离了荣华，在诗词中自娱，活泼朴素的言语，讲述着世间平凡的悲喜。就如这一年一度的除夕，人间烟火里平淡的欢愉，排沓出明朗的诗情。乐声与人生掩映交错于行将开启的华筵，从唐代开始，人们在吃春酒钱，要先尝尽春盘里的菜色。春盘包括萝卜，芹菜，韭菜，葱蒜等辛辣之菜。翠缕红丝，色香味俱佳。取迎新之意。幡儿胜儿则是姑娘们用纸做的花饰，满载着轻盈的心绪，如袅袅春旗绽放于美人发髻。眼前这除旧更新的气象，惹人情不自禁要端起满溢的新酿，愿新春以后，愿新春之后，吉吉利利，百事都如意。

歌舞《吉祥颂》

作词：佚名　作曲：姚小强　演唱：张也

（舞台分三层，正后方有大屏幕，最上一层两边有形似钢琴键盘的带状装饰。开始全场灯光轮番为黄色，绿色，蓝色和玫红色。伴舞演员身穿统一的黄色藏族服装，第三层舞台上跳舞）

长城飞舞的巨龙
是中华民族无言的坚强
黄河吹响的唢呐
是中华民族豪情万里长
欢歌笑语飘荡
锣鼓敲响了好时光
兄弟欢聚一堂
祖国未来更加安康
一千个祝福一万个祝福
我们的祖国快乐吉祥
东方灿烂的灯火
是中华儿女动人的目光
西部热闹的脚步
是中华儿女又追逐新希望
大地喜气洋洋
鲜花盛开了好时光
姐妹满脸春光
祝福祖国快乐吉祥
一千个祝福一万个祝福
我们的祖国快乐吉祥

《节日快乐》

作词：车行　作曲：戚建波　演唱：刘和刚

（舞台为两层，正中央最后方有一个大屏幕，舞台两侧有花瓣状立体装饰。伴舞为一对一对的男女演员表演交际舞）

来把节日的酒杯斟满快乐
花香太浓醉了多彩的生活
心中是甜蜜身边是祥和
男女老少的脸上荡漾着春色
节日快乐
看那孩子是一群　一群花朵
看这前景是一片　一片广阔
来吧节日的家园普及快乐
风光太美摄进人人的心窝
汗水是种子幸福是硕果
安居乐业的日子盛产着欢歌
节日快乐　节日快乐
为家放飞一群一群白兰鸽
为国建设一片一片好山河
节日快乐　节日快乐
为家放飞一群　一群白兰鸽
为国建设一片　一片好山河
一片好山河

（画面为书法长卷与春天美景的融合）

画外音（朗诵）配乐：古筝《渔舟唱晚》

《祝英台近除夜立春》南宋·吴文英

剪红情，裁绿意，
花信上钗股。
残日东风，
不放岁华去。
有人添烛西窗，
不眠侵晓，
笑声转、新年莺语。
旧尊俎。
玉纤曾擘黄柑，柔香系幽素。
归梦湖边，还迷镜中路。
可怜千点吴霜，
寒销不尽，
又相对、落梅如雨。

郭霁红　诗人吴文英通过一个夕阳西下的除夕之夜，描绘了世间悲喜的情致，除夕又恰逢立春，天涯倦客在盛大的节庆里，思情无处投递美人头上的春意，夙夜不歇的欢喜，却只是昨日的记忆。旧年的酒器盛满了今日的思念与孤寂。除夕之夜的家宴上，一双记忆里的纤纤玉手剥开了黄灿灿的橙子。那幽香好似依然萦绕于鼻息。而往事散如轻烟，恍如在梦境般的湖边，看不清迷蒙的归岸。白梅凋零于霜鬓，更添内心凄苦。吴文英一生未第，终生游走，人生的地图上留下了许多生命迁徙的痕迹，迷失在一段段辗转的短暂光阴里。新年的欢腾反衬含蓄的忧郁，勾勒出诗人在节日里别样的心境。在残阳将逝的西窗下，在除夕婉转的欢歌里，回望一生奔波的行踪，时光在每个人心中都刻下了深深的印迹。

（“中华情”Logo划过画面进行转场）

歌曲《被遗忘的时光》

作词：陈宏铭　作曲：陈宏铭　演唱：蔡琴

（舞台分为三层，偏左侧后方有大屏幕。舞台整体设计模仿中国古代亭台楼阁，两侧有突出部分。舞台前侧有水景。两边以帆形装饰为主）

（灯光：整体采用蓝色。对歌手使用追光。伴舞：伴舞身着白纱裙表演芭蕾）

是谁在敲打我窗
是谁在撩动琴弦
那一段被遗忘的时光
慢慢地浮现在我的脑海

那缓缓飘落的小雨
不停地打在我窗
（加入红色灯光）
只有那沉默无语的
我不时地回想过去
是谁在敲打我窗
是谁在撩动琴弦
记忆中那欢乐的情景
慢慢地浮现在我的脑海

歌曲《爱的旅程》

作词：陈少琪　作曲：金培达　演唱：那英

（舞台以宫殿屋顶为大背景。分为两层，四个区域。歌手所在的舞台中央设计为栏杆石阶。边有梅花树、祥云和月圆的装饰物。舞台边皆设计以中国古代的边栏。舞台下有荷花和仙鹤的装饰物。其它区域为圆形。以桥相连。有水景。灯光：牌楼中以灯笼的暖黄色光作为光源。月亮、梅花树等装饰物处以蓝色光线）

当音乐跟我相遇
那一些日子
仿佛从不下雨
当经历变成回忆
才让我明白
什么应该珍惜
一路上在唱歌
你们让我快乐
就是因为执着
就算天空海阔都能飞过
一首歌一次相聚
生命是一段旋律
感动过你
感动过自己
去过的旅程都成为过去
这些年生活一直给我勇气
经过风雨人生有多少旋律
可以胜过千言万语
不分朝夕我的心不顾及
因为爱住在我心里
一首歌一次相聚
生命是一段旋律
感动过你
感动过自己
去过的旅程都成为过去
这些年生活一直给我勇气
经过风雨人生有多少旋律
可以胜过千言万语
不分朝夕我的心不孤寂
因为爱住在我心里

画外音（朗诵）（配乐：《琵琶语》）：

《除夕》明·文徵明

人家除夕正忙时，
我自挑灯拣旧诗。
莫笑书生太迂腐，
一年功事是文词。

郭霁红　在八十九岁的文徵明所写的行草七律诗里，我们看到了这首小诗。这位书生的前半生都是在不懈地追求功名，终于在五十四岁时被推荐，以贡生的身份进京，待诏翰林院。而后却因目睹官场的腐朽，做官四年后便乞归故里，潜心于诗文书画。勤勉的文徵明“文笔满天下”，一生致力于文词的造诣。仕途坎坷的遭遇消磨了他的英年锐气，尽兴的书写却难掩他浑然天成的儒雅之气。耄耋之年，生命即将走向时光的尽头，一世繁华，浮名未已，还有什么能够握在手里，已不须追问，也许就是那些陈旧的诗句，以及终其一生寻觅的真意。于是，在除夕之夜整夜不歇的欢声笑语里，书生心中默诵诗句，感受着凝结在岁月中的真情，从心灵的荒原上缓缓驶过……

（“中华情”Logo 划过画面进行转场）

歌曲:《外面的世界》

作词: 齐秦　作曲: 齐秦　演唱: 齐秦

（舞台分为两层。正中间后方为圆形大屏幕，两侧有帆船状立体装饰。舞台正前方有走道。两边有水景。左右两侧都有不规则形状的凸出舞台。灯光: 以蓝色为主。歌手有追光）

在很久很久以前
你拥有我我拥有你
在很久很久以前
你离开我去远空翱翔
外面的世界很精彩
外面的世界很无奈
当你觉得外面的世界很精彩
我会在这里衷心的祝福你
每当夕阳西沉的时候
我总是在这里盼望你
天空中虽然飘着雨
我依然等待你的归期
在很久很久以前
你拥有我我拥有你
在很久很久以前
你离开我去远方流浪
外面的世界很精彩
外面的世界很无奈
当你觉得外面的世界很无奈
我还会在这里耐心的等着你
每当夕阳西沉的时候
我总是在这里盼望你
天空中虽然飘着雨
我依然等待你的归期

歌曲:《给我感觉》

作曲: 邬裕康　作词: 陈志远

演唱: 张惠妹

（舞台分为两层。最上一层有半圆形和不规则的凸出立体装饰。有六个方形 LED，舞台正前方有半圆形凸出舞台。两侧有不规则的立体装饰。舞台前有水景。灯光: 以红色和蓝色在不同区域搭配而成的粉色或紫色为主。舞台外围被蓝色光包围）

现在才是关键
最重要的在眼前
抓住还是拒绝
follow 你的感觉
现在才是关键
不要再犹豫不决
爆满的热情像烟火直冲上天
爱要爱的热切
不要就干干脆脆
做白日梦的人上不了最前线
跟勇气通上电
让脆弱站到一边
摇醒你的心跟希望
say hi，say hi
（主体灯光变为黄色）
现在才是关键
最重要的在眼前
抓住还是拒绝
follow 你的感觉
现在才是关键
不要再犹豫不决
爆满的热情像烟火直冲上天
爱要爱的热切
不要就干干脆脆
作白日梦的人上不了最前线
跟勇气通上电
让脆弱站到一边
摇醒你的心跟希望

say hi，say hi
come on，come on 给我感觉
给我给我真的感觉（oh yeah）
爱就爱
敢爱敢做的人超级精彩
he ya，he ya
（主体灯光变为粉色与紫色）
come on，come on 给我感觉
给我给我真的感觉（oh yeah）
爱就爱
谁能阻止我们开怀
给我给我真的感觉（oh yeah）
爱就爱
敢爱敢做的人超级精彩
he ya，he ya
come on，come on 给我感觉
给我给我真的感觉（oh yeah）
爱就爱
谁能阻止我们开怀

画外音（朗诵）（配乐：《春江花月夜》）：
《元日》宋·王安石
爆竹声中一岁除，
东风送暖入屠苏。
千门万户曈曈日，
总把新桃换旧符。

郭霁红 大年初一又被称作元日，是新年的肇始。中国的元日，据传说是将舜帝祭祀天地的那一天，当作一年的开始。在古老的习俗里，正月初一这一天，要点燃竹子，发出爆响声，驱鬼避邪，全家人还要聚在一起从幼到长依次饮用屠苏草浸泡的酒，驱除瘟疫。在大门两侧要悬挂桃木板，写上神荼、郁垒两位神灵的名字，称作“桃符”，用来压邪。写这首诗的王安石当时正处在变法改革的关键时刻，所以将激扬的情绪，挥洒在极具生活气息的点滴片段里，写出一种除旧布新的明朗心境。

（“中华情”Logo 划过画面进行转场）
歌曲《精忠报国》
作词：陈涛　作曲：张宏光
演唱：屠洪刚
（舞台整体为金黄色。正中央为大屏幕。左侧有涡形舞台，右侧为台阶。左上方有“中华情”三个霓虹灯字。灯光：主体灯光为黄色与绿色。伴舞身着兵马俑式服装，群舞）

狼烟起　江山北望
龙起卷　马长嘶　剑气如霜
心似黄河水茫茫
二十年　纵横间　谁能相抗
恨欲狂　长刀所向
多少手足忠魂埋骨它乡
何惜百死报家国
忍叹惜　更无语　血泪满眶
马蹄南去　人北望
人北望　草青黄　尘飞扬
我愿守土复开疆
堂堂中国要让四方
来贺

狼烟起　江山北望
龙起卷马长嘶　剑气如霜
心似黄河水茫茫
二十年　纵横间　谁能相抗
恨欲狂　长刀所向
多少手足忠魂埋骨它乡
何惜百死报家国
忍叹惜　更无语　血泪满眶
马蹄南去　人北望
人北望　草青黄　尘飞扬
我愿守土复开疆

堂堂中国要让四方
来贺
马蹄南去　人北望
人北望　草青黄　尘飞扬
我愿守土复开疆
堂堂中国要让四方
来贺

歌曲:《盖世英雄》
作词:王力宏　作曲:王力宏
演唱:王力宏
(舞台分为两层。最上一层有半圆形和不规则的凸出立体装饰。有六个方形LED,舞台正前方有半圆形凸出舞台。两侧有不规则的立体装饰。舞台前有水景。LED主要显示京剧脸谱。灯光:以黄色,金色为主。伴舞:街舞群舞和京剧角色)

迫不及待看见我的未来
对什么都看开
盖世英雄真的到来盖世英雄到来
什么都期待
盖世英雄站上舞台世界是舞台
我出门儿了载四个哥儿们儿
读落轮框约四寸
今晚我的目的明确
带 chinked - out 到全世界
加入了京剧昆曲
hip - hop 进入新的格局
新的突破新的曲风
才有新的盖世英雄
把收音机开最大声
听见的声音又是武生
道白的共鸣又最流行
要模仿他真的是不容易
他的唱法独一无二
这种艺术数一数二
希望帮全世界的华人
唱出大家的心声
(霸气傲中原)
(王者扬烽烟)
(力拔山河天)
(宏威征凯旋)
盖世英雄真的到来盖世英雄到来
迫不及待看见我的未来盖
什么都期待盖(一位英雄要上台了)
世英雄站上舞台世界是舞台(欧阳先生在那?)
yo, it's jin and leehom
it feels good to be home
i got the skills to be know
so I'm a chill on my throne
yes, I keeps it blazing n
from shanghai out to beijing
stop in taiwan back to hong kong
where they stay don't they thing
this something special
my coach is so contagious
they wanna kown about us
we been around for ageas
a couple thousand years
a bunch of pioneers
just artists and scholars making noise
it was loud and clear
hey yo, the future's here
the revolution's near
jin got the solution for pullution in your ear
不用问你得同意做英雄是不容易
you'll got see from me just listen close to
let's go
(灯光变为粉色)
盖世英雄到来
世界是舞台 yo
盖世英雄站上舞台

画外音朗诵,配乐《琵琶语》

《岁日/家宴/戏示/弟侄/等，兼呈/张侍御/二十八/丈、殷判官/二十三/兄》唐·白居易

弟妹妻孥小侄甥，
娇痴弄我助欢情。
岁盏后推蓝尾酒，
春盘先劝胶牙饧。
形骸潦倒虽堪叹，
骨肉团圆亦可荣。
犹有夸张少年/处，
笑呼张丈唤殷兄。

郭霁红 在诗人白居易的传世之作中，被我们熟知的总是一些具有深厚历史背景的大作。在制作这期诗意春节节目时，我们欣喜地发现了这首小诗，他将视点聚焦到自己小家的新年家宴上，描摹了骨肉团聚天伦和乐的融融氛围。泪浸青衫的诗人，在这至情至性的团圆时刻，免不了被触动了心弦，敞开胸怀，举杯痛饮，流露出真性情。古时聚会轮流饮酒，坐在最末尾的人要连喝三杯，故称“蓝尾酒”。欢宴中的诗人调侃着自己的潦倒模样。心情如少年般肆意疏狂，只因美酒相伴无限酣畅。

歌曲：《团圆》

作词：木子　作曲：巫启贤　演唱：巫启贤

（主体为黄色。正前方有半圆形前伸式舞台。后方正中央为大屏幕。后左有城楼的元素，后右有楼房的元素。皆以梯相连。灯光：主体为蓝色和紫色）

一个人孤孤单单
走到海角天边
偶尔想从前
回味成长的酸和甜
多希望有一天能再轻抚你的脸
再多的辛苦披星戴月心甘情愿
全世界走一遍不枉来人间
兜一圈梦可以很遥远
狂风暴雨都不改变
全世界心相连
用爱围一个大圈圈
梦就算再遥远
心里有家就会团圆
全世界走一遍不枉来人间
兜一圈梦可以很遥远
狂风暴雨都不改变
全世界心相连
用爱围一个大圈圈
梦就算再遥远
心里有家就会团圆
（灯光变为黄色）

歌曲《绿光》

作词：天天　作曲：李伟菘　演唱：孙燕姿

（舞台分为三层。最上层中间为大屏幕。两边皆有几何立体装饰。左右各有两个圆形的相对独立的舞台区。分别在二层和三层灯光：绿色为主。舞台整体为蓝色）

（孙燕姿开始站在最高层舞台）

期待着一个幸运和一个冲击
多么奇妙的际遇
翻越过前面山顶和层层白云
绿光在那里
触电般不可思议像一个奇迹
划过我的生命里
不同于任何意义你就是绿光
如此的唯一
green light I'm searching for you
always 不会却步
哦珍爱不会结束
green light in my life
（走下到第二层舞台。）
遇见了一个传奇却如此熟悉

在天空里的精灵
说一声 listen to me 有一道绿光
幸福在哪里
触电般不可思议像一个奇迹
划过我的生命里
不同于任何意义你就是绿光
如此的唯一
maybe it's myth I'm seeking
you say
maybe it's a wild dragon chase anyway
but still I'm gonna listen to my heart and try
pack up all my load
so long，goodbye
green light i'm searching for you
always 不会却步
哦珍爱不会结束
green light in my life
期待着一个幸运和一个冲击
多么奇妙的际遇
翻越过前面山顶和层层白云
绿光在那里
触电般不可思议像一个奇迹
划过我的生命里
不同于任何意义你就是绿光
如此的唯一
（舞台边放焰火）
na na na na
green light's right here
爱永远在你身边身边身边……
（舞台边放烟火）
遇见了一个传奇却如此熟悉
在天空里的精灵
说一声 listen to me 有一道绿光
幸福在哪里
触电般不可思议像一个奇迹
划过我的生命里
不同于任何意义你就是绿光
如此的唯一
na na na na
这是最美的传说在我心里
你就是唯一

画外音（朗诵）
《人日新安道中见梅花》唐·罗隐
长途酒醒腊春寒，
嫩蕊香英扑马鞍。
不上寿阳公主面，
怜君开得却无端。

郭霁红 元日绽放在唇角的欢颜还未散去，人日便悄然临近身边，正月初七，又称人日。这一天，人们祈祥祝安，吃下一碗团圆面，游子便起身远走他方，重思归年。千年前的一个人日，屡试不第的诗人罗隐行走在投靠杭州刺史的途中，郁郁不得志的身世之感，怀乡的忧愁，羁旅的漂泊，一触即发。而这乍现的初梅，便成了所有情绪流泻的出口。那些美好而芬芳的料峭春意，席卷了诗人的视觉与内心。同样在一个大年初七，南朝寿阳公主卧于含章殿檐下，梅花坠落在她的额头上，竟成花迹，拂之不去。宫女们竞相效仿，梅花妆便因此流传至今。这般浪漫美丽的信物，却为何飘零人间，开放在这落魄之人的眼前？诗人难解的心结，怨而不怒的忧郁，随着淡淡的梅香凝于轻盈的诗句间。
（“中华情”Logo 划过画面进行转场）
歌曲《千里之外》
作词：方文山　作曲：周杰伦
演唱：费玉清
（舞台形似水上大片莲叶。以江南特色的亭台楼榭为大背景。有荷花、荷叶的装饰。舞台正后方为形似圆镜的大屏幕，前方有水景）

（灯光：蓝色为主）

屋檐如悬崖风铃如沧海我等燕归来
时间被安排演一场意外你悄然走开
故事在城外浓雾散不开看不清对白
你听不出来风声不存在是我在感慨
梦醒来是谁在窗台把结局打开
那薄如蝉翼的未来经不起谁来拆
我送你离开千里之外你无声黑白
沉默年代或许不该太遥远的相爱
我送你离开天涯之外你是否还在
琴声何来生死难猜用一生去等待
闻泪声入林寻梨花白只得一行青苔
天在山之外雨落花台我两鬓斑白
闻泪声入林寻梨花白只得一行青苔
天在山之外雨落花台我等你来
一身琉璃白透明着尘埃你无瑕的爱
你从雨中来诗化了悲哀我淋湿现在
芙蓉水面采船行影犹在你却不回来
被岁月覆盖你说的花开过去成空白
梦醒来是谁在窗台把结局打开
那薄如蝉翼的未来经不起谁来拆
我送你离开千里之外你无声黑白
沉默年代或许不该太遥远的相爱
我送你离开天涯之外你是否还在
琴声何来生死难猜用一生……
我送你离开千里之外你无声黑白
（舞台边起冷焰火）
沉默年代或许不该太遥远的相爱
我送你离开天涯之外你是否还在
琴声何来生死难猜用一生去等待

歌曲：《流转》

作词：姚谦作曲：曲世聪演唱：李玟

（舞台以宫殿屋顶为大背景。分为两层，四个区域。歌手所在的舞台正后方为圆形大屏幕投影。舞台边皆设计以中国古代的边栏。舞台下有荷花和仙鹤的装饰物。其他区域为圆形。以桥相连。有水景。灯光：红色和黄色）

你信不信一见钟情这样的爱情
你信不信永远的爱情
我有时候感到怀疑有时却相信
当我又忽然想起你
青春流转爱情流转流转
旧地重游的我看见人群之中像你的背影
还有流泪无解情绪
为什么闭上眼吻的新伴侣
希望他会是你
为什么遇见良辰和美景时
希望身边有你
也许有一天能忘记
你在下一个世纪就怕转身又遇见你
（舞台边放烟火）
是谁轻唱起原来姹紫嫣红
开遍这般都付与断井颓垣
良辰美景奈何赏心乐事谁家院
我又忽然想起了你

郭霁红　除夕夜晚不眠的烛光，元日清晨喝下的酒酿，人日的思念在去往他乡的路上。像是记录着时光与内心的痕迹，在遥远而古老的习俗里，在诗人深埋的情思里，有世间平凡的悲喜，也有诗人独特的生命体验。而此刻静卧在我身后的星湖，则像极了一方深幽的古砚，流露出的是浓淡相宜的墨色，让人不禁猜想那些数千年来成就了岩洞里石刻诗廊的文人骚客，彼时便是由着这满池的雅韵生发出了浓浓的诗情。这诗情牵引着我们穿越那长满苔藓的流光，回溯到光阴的上游，细数这历久弥新的良宵佳期。亲爱的观众朋友们，我们这一期的《中华情诗意春节》节目就要结束了。在这里，我们向您致以最诚挚的祝福：

祝您健康快乐，平安幸福。有华人的地方就有中华情，感谢您的收看，再会！

（“中华情”Logo划过画面进行转场）

歌曲《快乐崇拜》

作词：林夕，潘玮柏　作曲：Turties

演唱：潘玮柏

（舞台以蓝色为主。以树木、桥、江南特色的房屋等立体装饰为背景。舞台正中后方为圆形大屏幕，上方有“中华情”三个红色霓虹灯大字。舞台左右各有两个圆形伸出式表演区。前方为水景。灯光：蓝、黄、粉色根据节奏轮番出现）

现在让我们向快乐崇拜
放下了包袱的请跟我来
传开去建立个快乐的时代
快乐到底属于那个年代
708090还是y世代
（全场灯光变为粉色和绿色）
翻开历史课本答案就算仔细找
也会找不到背也会背不好
放松让我来说什么年代吹着什么样的风
我拿我的麦克风
唱出old school show
yell ready toroll
70的年代复古我最high
disco fever
从来不肯say goodbye
只有放放放克才能酷
男男女女老老小小
我们穿着喇叭裤爆炸头望春风
左右摇摆上下一指神功
黑白电视可能无法感受
但相信你们可以悟出黑色幽默
忘了你存在　存在
有什么期待　期待
欢乐你邀请它一定来
与其渴望关怀
不如一起精彩
快乐会传染
请你慷慨come on
相恋的失恋的请跟我来
一边跳一边向快乐崇拜
开心不开心的都跟我来
美丽而神圣的时光不等待
到了80年代要喊什么
b boys b girls
let's make some noise

【舞台调度】歌手与伴舞走向台左圆形表演区。

要穿什么呢hmmm…
紧裤子紧上衣
秀出你的身材有人露金牙
千万不要惊讶嘻哈正在发芽
别拔它假牙
lockin poppin we dancing
ain't no life that's right 跟我一起唱
快乐崇拜　快乐无害
虽然快乐像个簿簿会传染
90年代我们等待千禧年
party电子音乐疯狂玩整溢
hip hop for life that's right
每个人嘴里喊着westside
管你是不是真正party天才
扬起你的嘴角
跟我快乐崇拜
忘了你存在　存在
有什么期待　期待
欢乐你邀请它一定来
与其渴望关怀
不如一起精彩
快乐会传染
请你慷慨come on

（歌手与伴舞回到台中央。）

忘记了姓名的请跟我来
（舞台后侧开始按照节奏放冷焰火）
现在让我们向快乐崇拜
放下了包袱的请跟我来
现代这个匆忙时代
虽然小了时间但千万不要倦息
今天的事交给今天去做
因为明天才有很多时间一起去疯
yo 放肆的节奏
看你放肆的互动
看你放肆的感动
看我放肆的创作
要我怎么再说
pepole feel my flow
看我拿着麦克风
唱出快乐的 show
忘了你存在存在
有什么期待期待
欢乐你邀请它一定
来与其渴望关怀
不如一起精彩
快乐会传染
请你慷慨 come on
相恋的失恋的请跟我来
一边跳一边向快乐崇拜
开心不开心的都跟我来
美丽而神圣的时光不等待

（吴若琳　整理）

“和谐盛世·福满天津”天津电视台 2010年春节联欢晚会

台2010年春节联欢晚会
（全国电视文艺节目评选晚会类一等奖获奖作品）
播出台：天津卫视频道
播出日期：2010年2月14日
总导演：丁蓬

片头：《虎送吉祥》（40秒）（由喜羊羊灰太狼之父黄伟明原创小老虎形象，写福字，最后乘着鞭炮飞入演播大厅）

开场歌舞：《喜传天下》
音乐：王伟洲　编舞：张浩
舞蹈：天津歌舞剧院　青少年活动中心
演唱：李清资　陈笠笠　冯光　扈佳
（欢歌盛世不夜天，鼓舞春潮中国年，由六十面中国鼓构成的三层舞台分别喻意天、地、人三个层面，百余位舞者化身海河之子从舞台上下纷至沓来翩翩起舞，六十面中国鼓齐齐作响鼓声震天。舞台上大色块的变化不断轮换的歌舞场面象征天、地、人三个段落，体现人民欢欣鼓舞喜迎新春。最后，一面火红的大鼓映像在背景大屏幕上，海河之子一跃腾空向上击响天鼓，而后甩开长达十二米的金色长绸敲击两侧大屏幕上的中国

鼓，在空中划出“人”字，舞蹈演员配合舒展出“春”字，体现天地人合万物迎春的盛世景象）

（舞美视频呈红色背景，黄色“福”字，舞台地面、台阶呈蓝色荧光）

（四位歌手两两从左右台口上台。）

陈笠笠 送给你一首歌　唱出满天云霞
送给你一幅画　绘出万树新芽
送给你一团火　烧得红红火火
送给你一束花　香遍海角天涯

众人 喜传天下　喜传天下　百川汇流向大海　欢天喜地好年华

众人 喜传天下　喜传天下　春风得意马蹄疾　九州同乐是一家
送给你一份爱　爱得潇潇洒洒
送给你一腔情　醉得无牵无挂
送给你一个梦　梦里幸福无价
送给你一颗心　温暖春秋冬夏

众人 喜传天下　喜传天下　百川汇流向大海　欢天喜地好年华

众人 喜传天下　喜传天下　春风得意马蹄疾　九州同乐是一家是一家

（前台烟火）

（主持人包括：管军、宗瑶、李彬、尹畅、那威、邵静六个人分两组，从两侧台口分别走上舞台中央）

管军 喜传天下　银花万树　同歌神州万里春风。

李宗瑶 喜传天下　美酒千杯　共庆盛世千秋伟业。

尹畅 观众朋友大家好，您现在收看的是《和谐盛世　福满天津》天津电视台2010年春节联欢晚会。

李宗瑶 又是万家团圆时，又是一年春来到。今天是大年初一，我们的虎年春晚为大家请来了明星大腕儿，而且还有很多的家庭都把大年初一的聚会搬到了晚会的现场。

李彬 你别瞧我们台上都是一对一对一对的，台下呢它也是一家一家一家的。这些家庭从哪儿来，就是从我们的“我家上春晚”春节的这个活动中选出来的。

那威：这个创意非常的好，开场的创意也非常的好，特别是开场节目中那个卡通小老虎给人印象太深了，我太喜欢了。

尹畅 这可是著名的“喜羊羊和灰太郎”之父——黄伟明先生为天津电视台独家打造的。今天，他也来到了我们的晚会现场，欢迎。

李彬 我们掌声有请黄伟明上场。

（黄伟明从观众席上场）

李彬 能不能给我们介绍一下您笔下的这个津虎啊。

邵静 来，小津虎，到我们中间来。

（津虎从右台口到舞台中间）

黄伟明 他叫津虎，津是天津的津，是我特意为天津电视台设计的吉祥物形象，在新的一年里，我和津虎一起祝福大家工作如虎添翼，生活虎虎生威。

李宗瑶 谢谢，也谢谢我们的小老虎。

管军 大师刚刚说到虎，眼下可有哥五个，说虎正说的是不可开交呢。让我们一起来欣赏群口相声——

众人 《虎年说虎》。

群口相声：《虎年说虎》

表演：李嘉存　刘俊杰　王佩元
　　　刘洪忻　兰成

创作：刘俊杰

兰成 虎年来了，我首先给天津的父老乡亲们拜年。

刘俊杰 凭什么呀？我是天津人，对吧。要拜年，得我先拜。

刘洪忻 哎哎，你们等我拜完了你们再拜。我给您拜年了啊，谢谢各位。

王佩元 其实啊，说了半天我先上来的，我应该先拜年，给您拜年。

李嘉存 行行行行，等我拜完喽，你们再拜。各位，我给您拜年！

刘俊杰 凭什么你先拜？

兰成 我先拜年，我有理由。今年什么年啊？

合 虎年。

兰成 看出来了嘛，我是属老虎的。

刘洪忻 你让大伙儿看看，这模样像属老虎的么。就你这小眼睛，你属耗子的。你看咱这样，咱才是属虎的呢。

刘俊杰 你呀，就你这水蛇腰，你像属长虫的。去，后边儿去。

李嘉存 去。不是属虎的别说话啊。属虎的拜。

王佩元 其实你也不像属虎的。

李嘉存 那我像？

王佩元 狗熊。

李嘉存 有这属性嘛！

刘俊杰 要说拜年得我先拜。

（五虎争着要拜年）

王佩元 行了行了，朋友们，心情可以理解。都惦记拜年对么，咱们五虎一起说观众听谁的？这么着吧，咱们五只虎分出大小号来，这么一说，朋友们就听得清楚了。

刘洪忻 赞成。

李嘉存 好主意。

兰成 我是12月份生人，我最小。大让小，必定好。我五虎，我先拜。

刘俊杰 我同意，我比你大几个月，你要是五虎，我四虎。你拜完了，我拜。

刘洪忻 我说各位，要找你们这么排，就轮到我啊。不成，这里面我岁数最大。我得先来，我大虎。对不对？

王佩元 要说岁数么，您是大一点儿。可是按岁数排，那我就是三虎啊，我是三虎，您是大虎。您是四虎。您是五虎。嘉存，你是几虎啊？

李嘉存 我二虎啊。

刘俊杰 哈哈哈哈，有点儿意思。

合 够二乎的。

兰成 别逗了，还是我先来。

王佩元 你先说？

兰成 我五虎啊。

王佩元 兰成你先说？

王佩元 说之前我提个要求。同志们，虎年给您拜年，我们几个人说当中，您注意听啊，必须每句都有虎字。行嘛？

刘俊杰 这个可够难的。

王佩元 这叫水平嘛。还有难的呢，说出虎字来不行，最后说来说出说落个动作，这动作得像虎形，而且得体现出虎，得有虎字，行嘛？

刘洪忻 来得了吗？

兰成 没问题。

李嘉存 太好了。我说，咱让他先来，咱先看看，咱跟他学，咱不省事儿么。

王佩元 哎，他不二乎啊。兰成，我们几个人切磋完了，给您点儿小便宜，让您先说。来，鼓鼓掌来。你先说得有虎字，每句话得有虎字，开始。

兰成 你们听好了。说，喜迎虎年，有虎么？

合 有！

兰成 虎踞龙盘，有虎么？

合 有！

兰成 心里高兴，有虎么？

合 有！

刘俊杰 哪儿就有虎啊？

王佩元 这句话没有虎。心里高兴哪儿有虎啊？

兰成 下一句有虎啊。

合 接着说。

兰成 我给属虎的小朋友们拜年。

刘俊杰 你等会儿，我得问问你，为什么给小朋友们拜年啊？

兰成 你不懂啊，小孩儿给大人拜年，你得掏压岁钱。大人给小孩儿拜年，省钱哪。是不是？

王佩元 就别说压岁钱了，虎年给小朋友拜年，你得说虎的事儿啊？

兰成 你听好哇，我祝愿属虎的小朋友们，一个个长的虎头虎脑，虎虎有生气；在学习上，咱们不能马虎；碰到了困难像小老虎；咱们要有决心，有志气，好好学习，天天向上。少小不努力，老大徒伤悲。

王佩元 你等会儿，虎字儿在哪儿呢？

刘俊杰 说虎啊？

兰成 那个，初生牛犊不怕虎。

刘洪忻 好好好，不错不错。

王佩元 他岁数小，咱原谅他。就这水平，也算不错。兰成，你站一边儿去，咱换一位。

刘俊杰 该我的了，他是五虎，五虎说完了，该我四虎的了。四胡儿？

王佩元 你是胡琴儿？您四胡儿啊？

刘俊杰 四胡儿干嘛？

王佩元 你说的啊。

刘俊杰 什么耳朵！四虎，就是说我排行老四。四胡儿就是胡琴儿。

王佩元 别在这儿练功。让你说虎年拜年的事儿。

刘俊杰 拜年！虎年拜年我先给我嫂子拜年。

为什么？

刘俊杰 我嫂子叫虎妞。

王佩元 挺巧哇。

刘俊杰 我嫂子这人可好。我嫂子对上能忽悠，对下她呵护。

刘洪忻 你等会儿。您这可一个虎字儿没有啊。

王佩元 这忽悠能算虎字儿嘛。

刘俊杰 这 Huhuhuhu（一声、二声、三声、四声），沾虎的音儿就算。

王佩元 咱们会了，咱们也这么说。

刘俊杰 我嫂子这人对上忽悠，对下呵护。就是一看见我哥哥，她就虎视眈眈，整天走来走去的，像母老虎似的。虎年了，我给嫂子拜个年，您别这样，对我哥哥热情点儿，给我哥哥弄点儿虎皮辣豆儿，虎皮尖椒，喝点儿虎骨酒。嫂子我劝您啦，您别整天老这样儿。

王佩元 诶，这叫什么动作啊？

刘俊杰 老虎的屁股摸不得。

兰成 咳！小心你嫂子揍你啊。

王佩元 这四虎说的不错，四虎说完了可就该我这三虎了。

刘俊杰 该你了，来吧。

王佩元 我是三虎，我，虎年给您拜年了。拜完年我在您面前检讨一下。年前我犯了个错误，虎口脱险。

合 怎么回事儿啊，这是？

王佩元 跟您交代吧，我酒后驾车了。

刘俊杰 哎，这可不应该。

李嘉存 这不成啊。

王佩元 我知道酒后驾车是不对的，可是为什么酒后驾车呢？这里有原因。我们老少爷们儿一年了，难免要聚一聚，这一聚就摆上了，就有酒。一喝酒容易高。说实在的，那天为什么喝高啊？这个嘉存的醋熘肉片做得太好了，那手艺比鸿宾楼的还强。

兰成 咳，主题。

王佩元 您听着啊，可全是虎了啊。我喝多了，我这一喝多了呢。心里就马虎了，脑子犯迷糊，看什么都模糊，开车一踩油门，当时车来一个猛虎跳崖。我掉河里了。哎哟，掉到河里我赶紧来一个龙腾虎跃，一看这河里藏龙卧虎啊。

合 都有什么呀？

王佩元 这河里有，旧报纸、易拉罐、手套、皮鞋，还有车把呢。当时我从水里上来，嘴里还叼着块虎皮仙人掌。

刘洪忻 嚯，这河里都什么乱七八糟的！

王佩元 没公德乱扔啊。交警过来问我，我当时跟他对胡。我说警察同志，您拦我我知道，您认为我是喝酒了，其实我没喝酒。没喝酒你说话怎么那么大酒气呢？那是这么个原因，我没喝酒酒气从哪儿来啊？是他们喝我看着呢。我喜欢看，这个酒气就串到我这儿来了。中国不是有句老话么，近朱者赤，近酒者醉。

合 没这么一句啊。

王佩元 我吃俩醉枣，刚才摔着抹点酒精，这样一来您感觉酒气了。结果警察说了一句话，真痛快。王老师，你瞎白活嘛，你哄谁呢。

王佩元 今天心里话说了，虎年伊始，虎年快乐，虎年到了，我劝各位朋友别跟我学，您那，喝酒就别开车，开车就不能喝酒。别跟我似的，喝完就开车，稀里糊涂、迷迷糊糊地给自己钻进了闷葫芦，当时还不含糊，借着酒劲儿还不在乎。

刘俊杰 哎，不是，你这动作是？

王佩元 这还看不出来嘛，酒后驾车，拘留半个月。

合 好好好！

刘洪忻 好什么啊，这就？

李嘉存 省他们家粮食了。

刘俊杰 该你的了。

李嘉存 该我了，我拜年！

刘俊杰 哎哎哎，可不许说二乎话。

李嘉存 你放心吧。今年是虎年，我给我爸爸拜年啦。

王佩元 咳咳，这就二乎上了。你给你爸爸拜年，上你们家拜去啊。

李嘉存 我爸爸没在家啊。

王佩元 干嘛去了？

李嘉存 找我舅去了。

王佩元 那你也去找你舅舅啊。

李嘉存 我找去了，转了一圈，我在那儿看见我舅舅了。因为我舅舅是农民工，这么着吧，我给在座的所有农民工朋友们拜个年，祝您虎年大吉。这农民工啊，个顶个的都是虎将，走的是虎步，抖的是虎威，虎背熊腰。现在，中央对农民工有了新政策。那农民工都老虎长这个啦。

刘洪忻 这什么啊？老虎长翅膀？这叫什么？

兰成 如虎添翼。

李嘉存 对啦，对对对对。跟你说，农民工高兴啊。舅舅，我给你们大伙放个炮竹祝贺祝贺怎样？好不好？

合 好！

李嘉存 叮咚！

刘俊杰 别放了，你说了半天你的虎字呢？

李嘉存 在这儿呢。叮——咚——呼！

刘洪忻 这“呼”就是虎字啦。你先过去，该我啦。几位，你们都说完了，我要在想你们这么说还新鲜么这个？我给大伙唱几句怎么样？

合 好！

刘俊杰 我跟你说，唱可是唱，你可不能没有虎。

刘洪忻 这你放心得了，一张嘴就有虎。各位认真听着啊。西边的太阳快要出山了。

王佩元 停停停，怎么出了《铁道游击队》了？

刘洪忻 哎，对啊，《铁道游击队》又叫什么啊？

王佩元 《飞虎队》。

刘洪忻 哎，我谢谢您嘞。咱这里有虎了嘛。

刘俊杰 哎，你唱这什么乱七八糟的，你这没内容啊。

兰成 你看刚才我是给小朋友们拜年。

刘俊杰 我给我嫂子拜年，那个是和谐啊。

王佩元 我奉劝各位别酒后驾车，这有内容啊。

李嘉存 我给农民工朋友拜年，多好啊。

刘俊杰 您这是什么啊？唱的什么呀。

刘洪忻 各位，你们以为我真唱不上来嘛。待会我唱这段，不但有内容，我句句都得有个虎字。

刘俊杰 您来两句？

刘洪忻 听着啊。千家万户庆虎年，虎虎雄威干劲添，干瞪虎目朝前看，龙腾虎跃闯雄关。

合 好！

（李彬、邵静右侧主持区）

邵静 咱们中国人讲究“开门红”，所以这大年初一头一天，大家都是忙着送礼送喜送祝福啊。

李彬 说到开门红，我得考考你，你预测一下，这2010年谁最红？

邵静 那还用考嘛，有首歌唱的好，青春少年是样样红，你是主人翁，要雨得雨要风得风，鱼跃龙门就不同。听明白了吗？是青年人，是80后，90后。你看我就是80后。

李彬 哎，我就是90后。

邵静 你是90后？你得把0去了，你是酒后，还没喝，你就醉了。

李彬 我没醉，我清楚着呢。不信，你们听我说。（拿出竹板，说天津快板）

竹板这么一打呀，
您了别着急，
跟您说说新鲜事，
件件都传奇。
80后、90后，
为梦想努力。
网络也有大明星，
牵动我和你
聚焦全运会，
健儿真争气。
奖牌拿了一大摞，
一起庆胜利。
我先说到这儿，
太多说不齐。
要问虎年谁最红，
（合）您了瞧仔细。

歌曲串烧《虎年我最红》

演唱：至上厉合《齐天大盛》
王一冰《boy》
斯琴高丽《犯错》
江映蓉《野》

（台前冷焰火，灯光黄蓝主调，视频黑红背景，皇冠、King字样）

至上励合《齐天大圣》

站如松　血脉翻涌
坐如钟
行如风　气魄长空　谁才是英雄
来无影　分秒之中　去无踪
拿捏轻重　转时空
几度秋冬　忆匆匆
说不懂　乱了时空　在心中
画面朦胧　那天空
一道彩虹　紧握在手中

太不同　每人的梦　心相通
开始接触　被感动
划过额头的微风
充满梦的天空　吹散冰冻的风
说太多也不懂　要怎么去形容
不想要太平庸　做沉默的观众
人群之中　甩掉惶恐　各显神通
翻江倒海　世界由我主宰
不用多余的交代　就要比你拽
无所不在　梦想与生俱来
就是要齐天大圣　永远的王牌
不管成败　在你眼前盛开
驱散心底的阴霾　散发出光彩
别再发呆　不需要开场白
就是要齐天大圣　永远的王牌
我们的未来是场比赛
每秒都是我们的时代
把所有的虚伪全收起来
站在属于自己的舞台
我不需要别人的崇拜
太嚣张的神态　请不要见怪
翻江倒海　世界由我主宰
不用多余的交代　就要比你拽
不管成败　在你眼前盛开
驱散心底的阴霾　散发出光彩
别再发呆　不需要开场白
就是要齐天大圣　永远的王牌

(灯光蓝色紫色主调舞台视频黑色背景蓝绿身影街舞)

王一冰《Boy》

Boy 不要再抱怨　说女生太麻烦
有没有爱情指南
爱没那么困难
需要你耍手段
永远都学不完
Boy 怎能再为你　开爱情的罚单
你只是有点贪玩
太爱你才会敏感
看准了谎言
别让我偷偷失眠
Babyboy 不必玩浪漫
有真心才能给我幸福感
我的心为你转
给我一种信念
你的爱只能够交给我保管
我不怕有危险
我要一直相信
你的爱永远都经得起考验
当然我会有一点人性在你面前
那是我会害怕失去你怎么办
要不是太在意
我宁愿信任你你每句誓言
我的心为你转
给我一种信念
你的爱只能够交给我保管
我不怕有危险
我要一直相信
你的爱永远都经得起考验
我的心为你转
给我一种信念
你的爱只能够交给我保管
我不怕有危险
我要一直相信
你的爱永远都经得起考验

江映蓉《把握你的美》

你是 everything everything everything
Everything everything everything eh eh
随时随地炫耀你的美 with me
Sorry 不要拉着我街拍
无厘头的问题答不来
帅哥有多帅　又不能崇拜
拜托我只学要我的爱
嘴唇涂上性感的色彩
好心情让自己更气派

超自信年代　我是大牌
全世界都在跟着我摇摆
我是 everything everything everything eh eh eh eh
Everything everything everything eh eh eh eh
爱就是要把握你的美 with me
你是 everything everything everything eh eh eh eh
Everything everything everything eh eh eh eh
随时随地炫耀你的美 with me
我的身材不好也不算太坏
有时腼腆有时也会变高姿态
聪明坦率闪闪惹人爱
不会欣赏的人要被淘汰
就要简单轻松的自在
美丽随心所欲不彩排
时尚是畅快又不是比赛
我要的精彩就是我现在
我是 everything everything everything eh eh eh eh
Everything everything everything eh eh eh eh
爱就是要把握你的美 with me
你是 everything everything everything eh eh eh eh
Everything everything everything eh eh eh eh
随时随地炫耀你的美 with me
爱自由　我就是要自由
跟着我　闪耀整个星球
你可以　是你自己 everything
你是 everything everything everything eh eh eh eh
Everything everything everything eh eh eh eh
随时随地炫耀你的美 with me

(主持人邵静和管军从右侧上台)

尹畅　厉害厉害。这音乐声停下来了，掌声和尖叫声还在绵延不绝啊。

江映蓉　天津的朋友还有所有现场还是电视机前的朋友们，应蓉想在这里向大家拜个年，希望在新的一年，祝愿所有的老人们身体健康，所有的年轻人都快快乐乐每一天，希望所有人一起努力让快乐继续。

管军　今天来了不能光唱歌，我们还想看看没有了伴舞，音乐之后的音乐素养。

尹畅　我怎么听着你要出坏招儿呢。

管军　近几年在电视上最火的就是东北的电视剧，那在舞台上最火的呢，自然就是东北的秧歌和二人转。刚才我们都看到了，映蓉的舞跳的特别好，我想考考你，东北二人转的舞蹈你会不会?

江映蓉　我就会小沈阳唱过的那一段。

邵静　就给我们来一段转手绢的，来道具上

管军　映蓉的粉丝们可要注意了，这可是全球首演。

江映蓉即兴表演二人转。

(宗瑶、那威主持区)

那威　今年呢是虎年，对不对，

李宗瑶　众所周知啦。

那威　但是你知道我是属什么的么，我跟着个年份又有什么样的瓜葛和关系呢?

李宗瑶　哇，这么复杂，我不是算命的，但是从您的身形来看，我觉得您是集牛虎豹于一身之大成者。

那威　哎呀，你真会说话。

李宗瑶　不会是属猪的吧？我瞎猜的。

那威　第一次看见猪站起来了是吧。

其实是这样的，有那么一句话叫做，谁不在家我称王呀?

李宗瑶　老虎不在家猴子称霸王呀。不可能，你是属猴的呀?

那威 对啦。所以今年是虎年，我的心情是什么样呢，就是山中无老虎，猴子称霸王。

李宗瑶 那可就翘了，我是比你小很多轮的那只虎。这虎也在山上，这霸王可怎么办呢？

那威 您呆着，我上树。

说起老虎啊，这虎年还有一个祥瑞的意思。在民俗当中也是瑞虎是代表着喜庆、繁荣、昌盛，虎在民俗当中是非常的吉利、吉祥。

李宗瑶 那我们还是应该请出一位知名的画家，掌声欢迎。

书画舞蹈《高山流水》

书画：孙福泉

编舞：张浩　伴舞：周鹏翔　李清
宗伟　刘宝旭

（灯光蓝色，干冰烟雾效果，背景视频高山流水风景，古琴与萧在后景演奏，画家在旁伏案作画，前景为男女双人舞蹈）

那威 在美妙的乐曲当中，一幅作品很快就完成了。

您是我们天津的骄傲。您经常画老虎吗？

孙福泉 不常。

那威 经常画一些美好描绘天津的画是不是？

孙福泉 对，对。

那威 那我们一起来欣赏一下这幅作品，好不好，请看。

李宗瑶 虎虎生威。非常感谢孙老师给我们的春节晚会带来这么珍贵的笔墨。我们也一定会永久的留存。接下来有三位朋友啊，他们也是带着礼物来的，而且他们的关系也不一般，是一仆二主。掌声欢迎姜昆、戴志成、郑健。

那威 有请。

相声《一仆二主》

表演：姜昆　戴志诚　郑健

姜昆 尊敬的各位领导，各位嘉宾，各位朋友，大家——

合 春节好！

姜昆 今天来到天津非常高兴，我特意伙同我们天津籍的两位相声表演艺术家共同在这里表演节目，大家欢迎不欢迎？

戴志诚 今天我们表演的这个作品，是咱们相声大师马季先生的一个作品。

郑健 拿到我们家乡来给大家汇报。

戴志诚 这也体现了我们相声界的一个优良传承。

姜昆 在演节目之前，我把他们俩给大家介绍一下。

戴志诚 那你要介绍的话，你得先介绍我，因为我很久没来到天津了。而且我跟天津的关系……

郑健 你得先介绍我，我是地道的天津人……

姜昆 哎，好了好了好了，先介绍谁我自己心里有标准。

戴、郑 什么标准？

姜昆 你们两个人谁官大我先介绍谁。

戴志诚 你这是势利眼哪。

姜昆 我从我老师那儿就继承了这么点儿优点。

戴志诚 这还有点儿哪。

姜昆 我先问问你，你一个月挣多少钱啊？

戴志诚 你问我挣多少钱干什么？

姜昆 谁挣得多谁的级别就高，官就大啊。

戴志诚 你问我挣多少钱啊，我告诉你，每个月3500。

姜昆 哎哟，挣3500。

郑健 我比他挣得少，每个月差500四千。

姜昆 这不还是3500嘛。这人不识数。你儿级啊？
郑健　我是八级。
姜昆　哎呦，您八级。那你呢？
戴志诚　我俩四级。
姜昆　也是八级啊。那我问问你，您在单位里面，大家对您的印象怎样？
戴志诚　我跟群众心连心。
郑健　群众跟我心连心。
姜昆　有差不多。那你们两个在单位里，谁管事儿，谁说了算？
戴志诚　在我们单位我说了算。
郑健　定点儿什么，得我拍板。
姜昆　双胞胎，这是。我这么问你吧，你上班的时候乘什么交通工具？
戴志诚　我坐小汽车。
姜昆　哎呦，您上班坐小汽车哪。
戴志诚　甭说上班了。这一天到晚，甭管干什么工作离不开汽车。
姜昆　您干什么工作啊？
戴志诚　汽车司机。
姜昆　说了半天，就是个汽车司机啊。
郑健　不行了吧。
姜昆　那你是？
郑健　汽车驾驶员。
戴志诚　你先介绍谁都不行啊。
姜昆　俩人都是开车的，那我就随便介绍介绍。我问你啊，你姓什么？
戴志诚　问我啊，姓戴。
姜昆　带鱼的带？
戴志诚　有那个带吗？
姜昆　要不就海带的带？叫什么名字？
戴志诚　志诚。
姜昆　志诚？让人管制的不许进城？
戴志诚　是这么解释吗？
姜昆　这什么名字啊？今年多大岁数啊？
戴志诚　38.
姜昆　38？怎么长得像83的似的。
戴志诚　我有那么老么？
姜昆　太老相了。工作多少年了？
戴志诚　20年。
姜昆　20年才混成现在这样啊。
戴志诚　主要是舞台实践机会少。
姜昆　就怪你自己不努力。
戴志诚　那不是，自打当了领导之后，工作太忙了，今儿开个会啊，明儿学个习啊，上台的机会就少了。
姜昆　你等会等会儿。您刚才说您自打当了什么？
戴志诚　领导啊。
姜昆　哎呦，您是领导。您看我这眼真拙。我没看出来。就站在我边上。真对不起，那我重新介绍。您贵姓？
戴志诚　姓戴。
姜昆　哎呦，这姓可太好了。
戴志诚　好什么啊。带鱼的带。海带的带。
姜昆　不能那么讲。您这个戴是感恩戴德的戴。您叫什么名字啊？
戴志诚　志诚。
姜昆　哎呦，志诚这个名儿可太好了。
戴志诚　好什么啊，让人管的不敢进城。
姜昆　不是，众志成城，有志者事竟成，志诚。您多大岁数啊？
戴志诚　38。
姜昆　哎呦，38这岁数太好了。
戴志诚　好什么啊？长得像83的似的。
姜昆　哎，不不不。您38不是一般的岁数啊。三十而立，三十八，您都立了八年了。
戴志诚　看见领导这词儿全变了。
姜昆　哎呦，跟您这样的领导在一起，多好。您看他，看他那样。
郑健　我怎么啦？
姜昆　你姓什么？
郑健　我姓郑。
姜昆　姓郑，争崩那争。
郑健　什么叫。

姜昆　什么姓这是，叫什么名字啊？

郑健　单名一个健字。

姜昆　犯贱的贱。

郑健　什么叫犯贱的贱。

姜昆　什么名字这是，多大岁数了？

郑健　50。

姜昆　五十啦，完啦。

郑健　完啦？

姜昆　你没听大家伙都说嘛。三十撒欢儿，四十当官儿，五十打蔫儿，六十靠边儿，七十冒烟儿。你离冒烟儿不远了啊。

郑健　你说冒烟就行啊。这不上级把一个单位交给我，咱得负起这个责啊。尤其现在这种单位——

姜昆　哎，不不不，您等会儿。您刚才说，您上级把一个什么给您？

郑健　单位。

姜昆　一个单位您管着？哎呦您也是领导。我这只眼睛不好，这只眼睛也不好。我重新给您介绍。您贵姓？

郑健　姓郑。

太好了。

郑健　好什么啊？争崩那争。

姜昆　您干什么您都是争崩。那您叫？

郑健　单名一个健字。

姜昆　健字太好啦。

郑健　好什么啊？你讲了，这犯贱的贱。

姜昆　哎，不不不。这是健康的健，说明您健康长寿。今年多大岁数？

郑健　五十啦。

姜昆　这五十太好了，少年得志。

郑健　你等会儿吧，这五十要是少年，这中年得多大岁数啊？

姜昆　中年74。我这老团长的悼词就这么写的，终年74岁。

郑健　那是哪个zhong，是终了的终啊。

姜昆　甭管怎么说，跟两位领导同志在一起，这是我的荣幸。

戴志诚　你过来吧，我也问问你吧，你贵姓啊？

姜昆　哎呦，您还问我贵姓，您就问我姓什么叫什么就行。

戴志诚　你叫什么啊？

姜昆　我，这么着吧，您领导决定。

戴志诚　这有领导决定的么。

姜昆　您领导，决定我姓什么我就姓什么。要不这么着，您猜？你们领导可敏锐了，一猜就猜中了。

戴志诚　那我要猜，你姓bia？

姜昆　我姓什么？

戴志诚　bia。

姜昆　bia？

戴志诚　对不对？

姜昆　对！太对了。您一眼就看出我姓bia。我是姓bia。

戴志诚　你姓哪个bia啊？

姜昆　我就姓那个，就您刚才说的那个bia。那个bia。

戴志诚　这个bia字儿怎么写呢？

姜昆　这个bia字就是一个宝盖儿加一个单立人，一个走之儿，加一个三点水，再一个立刀。

戴志诚　这是什么字儿啊？

姜昆　这什么字儿都不念这个。

戴志诚　废话。

姜昆　这个bia字儿，是哪个bia呢。就是我这人特别喜欢贴近领导。您看见那膏药吗？膏药贴的时候，先把它热了，打开之后，到了肚子上一bia。我就是这个bia。

戴志诚　敢情这是一贴老膏药。

姜昆　您就管我叫小bia。

戴志诚　好，小bia同志。

郑健　哎，等会儿吧。我才你可不姓bia。

姜昆　哎，那您猜我姓什么？

郑健 你姓ver。

姜昆 ver。他说我姓bia，他说我姓verr。我们家怎么尽这倒霉姓啊。我姓ver。

郑健 对不对？

姜昆 对。领导同志，你一眼就看出来我们家姓ver了。我就是姓ver。

郑健 哪个ver啊？

姜昆 您知道抬轿子前面有吹喇叭的嘛，ver了哇啦的，我就姓这个ver。

郑健 小ver。

姜昆 您以后管我叫小ver。

戴志诚 我说你姓bia。

姜昆 我可不就姓bia嘛。

郑健 我说你姓ver。

姜昆 我就是姓ver。

戴志诚 我说你姓bia。

姜昆 我就是姓表。

郑健 我说他姓ver。

姜昆 我说二位，你们别急，我又姓bia，又姓ver。

戴志诚 这是怎么回事儿？

姜昆 我爸爸那边姓bia，我妈妈那边姓ver。我姓一个月bia，一个月ver。省的领导闹矛盾。

郑健 过来我问问你吧。你今年多大岁数啦？

姜昆 我今年多大岁数啊，您说。

郑健 你多大岁数也要我拍板儿啊。我说啊，今年你八十了。

姜昆 我，八十了。

郑健 对不对？

姜昆 对，我前些日子刚过了八十大寿啊。

戴志诚 我说你可不像八十的。

姜昆 那您说我多大？

戴志诚 你也就是，十八。

姜昆 我，十八。

戴志诚 对不对？

姜昆 太对了，我就是十八。

戴志诚 十八怎么长这么老啊？

姜昆 我，老十八。天津人不是讲老实巴交嘛。老十八。

戴志诚 喔。

郑健 我说他八十了。

戴志诚 我说他十八。

郑健 我说他八十了。

戴志诚 十八。

姜昆 好好好，二位领导。我是又十八又八十。

戴志诚 这怎么回事儿啊？

姜昆 我虚岁八十，周岁十八。

戴志诚 那你虚的可够厉害的啊。那我得问问你啊，你是男的还是女的？

姜昆 这就要麻烦啊这个，我是男的还是女的，这得看领导需要了啊。

戴、郑 啊？

姜昆 您需要我是男的我就是男的，需要我是女的我就是女的。

戴志诚 你到底是男的是女的？

姜昆 我。您说？

戴志诚 那我再猜猜。我猜你是男的。

姜昆 您这就对了，我可不是男的么。

郑健 你等会儿，我猜你是女的。

姜昆 哎呦，别看您眼睛小，但是您一针见血。看出我本质了。

戴志诚 我说你是男的。

郑健 我说你是女的。

戴志诚 这么说我错了？

姜昆 你没错。

郑健 那就是，我错了？

姜昆 你也没错。

郑、戴 那谁错了？

姜昆 我错啦。

郑、戴 你怎么错了？

姜昆 谁让我长得男不男女不女的呢。

戴志诚 你到底是男的还是女的？

姜昆 两位领导，这么着吧。其实我又是男的，又是女的。我刚生出来的时候我是女的，后来我妈特别希望要个小子。我想，咱不能让老人家失望啊，我就努力，使劲儿，我一使劲我又变成男的了。

郑健 我问问你吧。我猜你是腊月的生日。

戴志诚 不不，我猜你是六月的生日。

郑健 腊月。

戴志诚 六月。

姜昆 两位领导，我说你们俩，到底谁大啊？谁管着谁啊？

戴志诚 你问这个？

姜昆 啊。

戴志诚 过来告诉你，我比他大。我管着他。

姜昆 你比他大，管他！告诉你，我是六月生日。

郑健 你六月生日。实话跟你说，我比他大，我管着他。

姜昆 您管着他。我不是六月生日，我腊月生日。

戴志诚 我比他大。

姜昆 我六月生日。

郑健 我比他大。

姜昆 我腊月生日。

戴、郑 我俩，一般大。

姜昆 我又是六月生日，又是腊月生日。

戴、郑 这怎么回事儿？

姜昆 我六月出来天太热，回去待了半年，又出来了。

戴、郑 咳。

（观众茶座席）

李宗瑶 为了虎年春晚我们节目组特别启动了“我家上春晚”这样的征集活动，于是呢就有很多幸福美满的家庭来到了我们晚会现场和我们共同度过这个欢乐而盛大的节日。

管军 没错，活动启动之后呢，我们收到了很多的来信还有观众打来的电话。真的，看着那一张张洋溢着幸福的照片，听着一个个非常感人的家庭故事，我们时时被感动着，被震撼着。

李宗瑶 那么立刻为大家介绍的是来到我们现场的苏现凯一家。欢迎你们。

听说您是山东人，来天津有多长时间了？

苏现凯 我来天津有24年了，1986年来的天津。

管军 苏先生现在应该已经称得上是天津人了，在天津港工作了这么多年，而且现在是装卸队队长，而且我知道苏先生是新长征突击手，五一劳动奖章获得者，天津市劳动模范。

李宗瑶 今天既然家人来了，我们得现场采访一下。我们先从儿子说起。你今天当着大伙说说在你心目中爸爸是一个什么样的形象？

苏现凯儿子 我爸爸是一个严厉的，而且还很凶的爸爸。

李宗瑶 你就挨他这么近，你还敢说他凶。他怎么个凶法？

苏现凯儿子 他平时很注重我学习，如果我学习成绩下降的话，那我就糟糕了。

管军 这个父爱如山，那父威也是相当了得的。

李宗瑶 那当然了。

管军 但是苏静不一样，苏静今天坐妈妈旁边，你看苏静笑得多温馨啊。今天同样也给你话语权，爸爸在你心目中是一个什么样的形象呢？

苏现凯女儿苏静 他有时候下班回来比较晚，之后呢还是忙于工作，就是拿一些资料在那儿翻，然后写一些东西，挺忙的。

李宗瑶 我跟你讲这一家子当中最权威的必

须要留到最后来采访，来，苏队长的爱人。其实苏队长平时这么忙，这一家子的重担应该都在您的身上了。很辛苦。

苏现凯爱人 他平时工作比较忙，家里一切是都是我来承担了。

李宗瑶 刷过碗么？

苏现凯爱人 没有。

李宗瑶 那自己的袜子洗么？

苏现凯爱人 那更不洗了。我想他工作太忙了也不怪他了。

李宗瑶 虽然嫂子没抱怨过，但是您能了解到她每一天有多辛苦都在忙些什么吗？

苏现凯 有时候我确实家庭是顾不上的，包括孩子，做丈夫和父亲的责任，工作有时确实太忙，我对象承担了所有事情，无怨无悔的干着家务，养育着孩子，谢谢。

管军 苏先生说这段话的时候真的是动情说的，而且应该看得出来眼眶已经潮湿了，而嫂子，应该说，这个理解呢，不是在语言中理解，而是在行动中理解，一年三百六十五天啊，养儿育女，照顾家里，我想，正是有家庭这样强大的支撑才能有苏队长这样很多的建设者真的放开手为天津的建设作更大的贡献。所以在这里我们也想所有辛勤劳动的像苏队长这样的建设者，向所有这样的家庭，表示衷心的感谢。累了一年了，您们辛苦了。

（灯光黄红，背景视频笑脸群像，群舞）

歌舞《累了一年辛苦了》

演唱：宫政　词曲：万隆

编舞：齐玉凤　伴舞：天津歌舞剧院

一年忙到头就像过年早回家
一杯团圆酒盛满亲人的牵挂
一年的辛苦换来老人孩子笑
酸甜苦辣全化作一句拜年话

（插入外景录制：天津津湾广场武警战士：爸爸妈妈，很想吃到你们包的饺子，但是今年我又不能回家和你们一块儿过年了，因为我要站好虎年的第一班岗。在这里我和我的战友向全国的爸爸妈妈拜年了。春节快乐。敬礼。）

天津总医院妇产科医生 莉莉，我知道你特别想跟妈妈一起过年，但是妈妈有工作要做不能回家陪你，你看这是妈妈刚接生的津虎宝宝，可爱么？在这里妈妈和两位护士阿姨祝全天下小朋友快乐健康，开心永远。

天津地铁二号线施工现场工程师 天津地铁二号线现在正在加紧施工，不仅是我，很多同事都不能回家过年了，今天我要给所有支持我们的家人拜个年，祝所有的家庭幸福美满甜甜蜜蜜。

天津机场客运服务值机员 我想和我的家人说，放心吧，一切顺利，虎年我最大的心愿就是为更多的旅客送去便捷，祝所有的朋友事业发达，一飞冲天。

天津港码头集装箱装卸桥司机 我喜欢天津，热爱滨海，每天看着这么多集装箱运往世界各地，心里都特别高兴，过年了，我们祝所有不能回家的工作在一线的兄弟姐妹们，春节快乐，虎年大吉。

（现场歌曲继续）

只身闯天涯谁不想富贵荣华
风雨几十载才知幸福是什么
为人父母后不仅多了几分爱
终于懂得了要孝敬咱的爹和妈
您了累了一年辛苦啦
您了累了一年辛苦啦
为了生活为了工作为咱们前程好
为了升学为了就业为了养全家
您了累了一年辛苦啦

您了累了一年辛苦啦
为了亲人为了朋友为咱们大家好啊
为了职责为了理想为了咱中华
您了累了一年辛苦啦
您了累了一年辛苦啦
为了生活为了工作为咱们前程好
为了升学为了就业为了养全家
您了累了一年辛苦啦
您了累了一年辛苦啦
为了亲人为了朋友为咱们大家好啊
为了职责为了理想为了咱中华

邵静 听了《累了一年辛苦了》，我这脑子里面就蹦出好多画面，就像过小电影一样。越听越有感触。

李彬 可不是么。其实我们每一位朋友在这一年当中都够辛苦的，但是话又说回来，如果不辛苦咱们怎么取得成就，怎么把自己的日子过好呢，但是有一点，我在这里给大家传递一个小经验，要像我学，不论多累，您保持三心二意就行，但是我哥您说保持三心二意可不容易，太累了……

邵静 你等等，等等，停。人家都一心一意，你怎么出来个三心二意呢。

李彬 哎呦，这你都不知道呀，三心二意现在时髦。

邵静 时髦？我怎么不知道呢？

李彬 那我赶紧给你给你传递这信息。

邵静 恩。

李彬 三心：工作要上心，生活要舒心，感情别花心

邵静 这么个三心啊，那二意呢？

李彬 二意是：父母要在意，身体要注意。

邵静 好一个三心二意啊，不过真要做到你这个三心二意，可不容易啊。

李彬 努力吧。不过是真的不容易，您瞧那位就正为他那房子闹心呢。

小品《借房风波》
表演：韩兆　邹妍妍　张凯辉　马童琳

那威 常在北京和天津之间，发现天津的变化是非常频繁。昨天出了个意式风情街，跟着又出了个天津之眼，又是津门津塔，变化非常的快，就跟变魔术似的。

尹畅 我发现那威还是个挺浪漫的人啊。像你关注的都是海河两岸的风情，你可知道咱们滨海新区的发展啊更是一天一个样。您瞧大乙烯，大火箭，大飞机，大轮船，这大公司是一个接一个的落户，大项目是一个接一个的上马，这是什么，这就是咱天津的速度。

那威 速度？我知道时间乘以速度就是距离，那要按这样的速度乘以三百六十五天，咱天津的距离得多远啊。

尹畅 这样算太复杂了，咱直接一点。

那威 那你说怎么算？

尹畅 咱直接时间乘以速度就等于效益。

那威 效益？

尹畅 没错，咱们天津的速度就造就了天津的效益，你只要赶上了天津这条高速路一定能为企业缔造出告诉发展的奇迹。

那威 那么速度就是关键。接下来咱们就请观众朋友们欣赏一个速度的节目，那就是杂技《摩天轮》。

（灯光黄，视频背景宇宙，摩天轮）

杂技《摩天轮》
表演：沈阳杂技团
（灯光蓝，视频背景星光，天津眼摩天轮）

歌曲《永不停歇》
演唱：尚雯婕

天空划过光亮

大地渐渐发烫
背上我的行囊
去到我想去的地方
气氛慢慢酝酿
热情已经高涨
谁也不能阻挡
这里就是我的战场
我要追　我要飞　不后退
无所谓　就算累　不后悔
哪怕终点再遥远　我也不妥协
永不停歇　永不停歇
我要追我要飞　不后退
去感觉　去体会　这世界
哪怕终点在遥远　我也不妥协
永不停歇　永不停歇
忘掉昨日悲伤
穿上心爱的装
不管别人怎么想
我喜欢我的模样
偶尔感觉　会疲惫
擦干眼泪　去体会
不相信有什么绝对
喜欢自由　去追
我要追　我要飞　不后退
无所谓　就算累　不后悔
哪怕终点在遥远　我也不妥协
永不停歇　永不停歇
我要追　我要飞　不后退
无所谓　就算累　不后悔
哪怕终点在遥远　我也不妥协
永不停歇　永不停歇
不会停歇
不停歇
我要追　我要飞　不后退
无所谓　就算累　不后悔
哪怕终点在遥远　我也不妥协
永不停歇　永不停歇

（管军、尹畅、尚雯婕在舞台中央）

管军　谢谢在大年初一为我们带来这么热情的歌曲。掌声感谢老何。是叫老何吧？

尚雯婕　对，其实我不姓何，我还姓尚，没有改，只不过我的外文名叫 Laure，班里同学叫着好玩叫着叫着就成老何了。我很高兴在这里和大家一起来庆祝春节，祝大家新的一年，能够事业顺利，身体健康。

尹畅　我知道雯婕虽然是上海人，但经常到我们天津来，天津方言会说吗？

尚雯婕　就是老是有一个叫“嘛”的音。

管军　今天别看是大年初一的晚会，但是舞台上也是充满了智慧和智慧的碰撞。我觉得啊，几句拜年的话不能完全表达你的情感。

尹畅　用你自己的尚式方式。

尚雯婕　我觉得法语歌大家听的也很多了，最近学了一个比较好玩的，叫法语说唱。

尹畅　掌声有请。

（灯光紫，背景视频红，气泡）

（主持人在观众茶座席）

管军　观众朋友您正在收看的是天津电视台2010 年春节联欢晚会。我相信我们的晚会进行到这里，很多朋友会发现，来到我们晚会现场的很多观众都是以家庭为单位到来的。此时此刻，坐在我旁边包括身份是一个大家族，就是哈萨克族姑娘阿依努尔和她的同学们。

宗瑶　2009 年年底，就是这个家庭中的一员，牵动着天津和新疆两地百姓的心，架起了渤海和天山的爱心飞虹。她就是哈萨克姑娘阿依努尔。

管军　阿依努尔在几个月以前不幸患上了急性白血病却无钱医治，同班的同学们为了救助她，发起了募捐倡议。而就是这个小家庭的一份爱心求助，唤起了整个大家庭的爱心接力。社会各界纷纷伸出援助之手，让这个年轻的生命重燃希望。

宗瑶 你们当时有没有想到一份倡议书能引来这么多人的关注？

（采访班长：最早发出“求救”呼吁的我们始终被感动包围着。正是因为有了这种跨越地域、超越民族的大爱，我们的求救才有如此强烈的响应。）

同学 其实，阿依努尔患的是白血病，所以不能很多人去探视她。我们已经很久没有见到她了，尤其此时此刻，春节之时，更是格外想念。

管军 今天是大年初一，经过努力，我们把视频信号连通到了血液研究所，连通到了阿依努尔的病床前。现在，就让我们一起去给她拜个年！

［现场视频连线：阿依努尔病房（设备准备）］

管军 阿依努尔，现在你的图像正通过天津卫视的荧屏，传递在全国的每一个角落。所有关注着你，帮助过你的人们，此时此刻都能看到你。还有，你的同学们也在这里。

（同学们和阿依努尔打招呼，祝福）

（阿依努尔感谢大家，拜年）

宗瑶 阿依努尔，大家现在都很关心，你的身体恢复的怎么样了？

（阿依努尔说自己病情）

管军 也预祝你手术成功，快快康复。从视频里，我们看到阿依努尔的笑容，感受到了她的乐观与坚强。我想这正是祖国大家庭赋予她的强大力量。同学们，就让我们发奋读书，在不久的未来报效祖国，也为祖国增添一份力量，好不好？

（众同学齐声“好”！）

歌曲《祖国之恋》

作词：屈塬　作曲：印青

演唱：龙飞　编舞：齐玉凤

伴舞：天津歌舞剧院

我是你春天的一枝花蕾我是你长河里一滴水
我的梦想从你怀里放飞生来就为把你追随
我的生命因为你无比尊贵我的笑容因为你无限明媚
我的长路撒遍你的春晖结伴同行多少兄弟姐妹
再大的风雨从未停下脚步
您的千山万水遍野芳菲
不知经过了多少年年岁岁
我的生命都属于你啊
把一切交给你我无怨无悔
我是你春天的一枝花蕾我是你长河里一滴水
我的梦想从你怀里放飞生来就为把你追随
我的生命因为你无比尊贵我的笑容因为你无限明媚
我的长路撒遍你的春晖结伴同行多少兄弟姐妹
再大的风雨从未停下脚步
您的千山万水遍野芳菲
不知经过了多少年年岁岁
我的生命都属于你啊
把一切交给你我无怨无悔
我无怨无悔

宗瑶 李彬，你发现没有咱们主持圈里，很多人以前都不是学主持的，因为某种机缘巧合，才干了主持这行，比如说我，我以前就是学××的。

李彬 也比如说我，以前我当过兵，说过相声，演过小品。也是一步一步才走进了主持这个圈。

宗瑶 你看，你是从说相声起家，一步一步转到了主持这行。下面这几位啊，当主持人时间不短了，可现在非要拜魏文亮老师为师，跳槽去说相声。

李彬 转得好啊，都去跟冯巩、姜昆他们抢碗饭，咱们俩这碗里饭就多了。

宗瑶 你也别高兴得太早了。他们几个人还未必能跳槽成功呢，咱们赶紧去看看吧！

相声《这一夜我们说相声》
表演：魏文亮　李佳　孙媛　邵静　史超
导演：刘俊杰

音乐小品剧《铁人三项》
表演：大张伟　邵静　窦书梅　吕晓军
　　女子对练（三人）

歌曲《爱火烧》
作词：琼瑶　大张伟
作曲：黄仁清　大张伟
演唱：大张伟

就是要把你燃烧　就是要把你照耀
就是要天知道　地知道　你知道
我心似火燎
别问我为什么　为什么　为什么
我控制不了
哦
就是要让你燃烧
就是要让你倾倒
就是要天感到　地感到　你感到
我情在咆哮
别盼我会放过　会放过　会放过
你每分每秒
哦
亲爱的　燃烧吧
燃烧吧　火苗
我与你　燃烧吧
燃烧吧
让爱火烧
亲爱的　燃烧吧
燃烧吧　火苗
我与你　燃烧吧
燃烧吧
哦燃烧吧
让爱火烧

（管军、宗瑶在主持区）

管军 宗瑶，你家里养宠物吗？

宗瑶 （养或不养都成）

管军 我提醒你，养什么别养鹦鹉！这鹦鹉太精了，它能学你说话。回头你背着人说的话，它能给你嚷嚷的地球人都知道了。

宗瑶 没事，咱身正不怕影子斜，说话不怕鹦鹉学！

管军 你是不怕，但有怕的。下面这个小品就是告诉大家一个道理“影子斜早晚得穿帮”！

小品《拜年》
表演：刘桂娟　王斌等　导演：赵宇

（李彬、邵静、那威、尹畅台下某圆桌旁就位）

李彬 你们知道现在变魔术的谁最火吗？

合 刘谦。

李彬 那是去年，（拍胸脯）今年是李彬。

邵静 我和你合作这么长时间了，也没见你变过魔术啊。

李彬 太不了解我，要说了解我（拖长音），还得是尹畅。

尹畅 不知道。（李彬转头看那威）

那威 （快速摇头）不知道。

李彬 这么大一魔术界大腕，你们都不知道，孤陋寡闻，太孤陋寡闻了。这样，让我给你们露上一手。

（李彬变小型魔术——多彩的杯子。变完后，那威把杯子里水喝了，拆穿了李彬，弄得李彬很郁闷）

李彬 你们这些人，同事一场何必呢？算了，不合你们一般计较，我找我师傅去，

尹畅 你师傅？

李彬 瞧见没有，我师傅来啦！

魔术《师傅来了》

表演：粘立人　文沛然

魔术最后变出一个小虎（孩子装扮）：辞旧迎新笑开颜，小虎给您拜大年，拜完大年我不走，收钱。

宗瑶 谢谢师傅们的精彩表演。管军，你看咱们现场是一阵阵欢声笑语。想必此时此刻每一个家庭，也一定是笑声不断。说不定还有朋友，是一边收看我们的晚会，一边收发亲朋好友的祝福短信呢。

管军 没错，在这我特别想提醒电视机前所有做儿女的朋友，您给父母拜年了吗？这一年，无论您是与父母朝夕相处，还是天各一方，都别忘了在这个时候给父母送上一句温暖贴心的拜年话。

宗瑶 可能有些人，平时忙着上班，还很少有时间陪老人说话聊天。沟通越来越少，了解也越来越少。

这一少不要紧，就特别容易闹出误会，不信？咱们一块儿瞧瞧去。

小品《家》

表演：开心麻花团队

[家庭互动：采访王大爷家庭（养老院）——那威互动]

观众互动——采访特殊家庭（王大爷家庭）+主持人尹畅、李彬、那威（老太太扮相，入戏）

尹畅 那大娘，您这要和李老爷子一起去养老院，这哪家养老院您定了嘛？

那威 恩，看了几家养老院，还没最后定下来呢。

李彬 没定下来好啊，我这给您推荐一家。

那威 那感情好。

李彬 介绍一下，这位就是养老院的负责人王恩浦王大爷。他这养老院就建在风景秀丽的宁河七里海。

尹畅 而且今天不仅王大爷来了，他这养老院里的老奶奶老爷爷们都来了，欢迎你们。

李彬 王大爷，听说您这脾气挺倔的，当初为了盖这敬老院，把每年能有20多万效益的厂子都卖了？

王大爷 对，我干个小厂还行，没奢望开大公司。当时看着我们村有好多孤寡老人，生活很困难。所以就想办个敬老院。

尹畅 在我身边的是王大爷的妻子闫淑霞大娘。大娘，我想知道当时王大爷作出这个决定，您同意吗？

王大娘 不同意。为了这事，我俩好些日子不说话。而且伺候老人苦点累点都不怕，就是遇到那老人不理解你的时候，特别委屈。现在慢慢适应了，自己也养成了一副好脾气。

那威 听着这养老院真好，那王大爷，王院长，您看我能去你们养老院吗？

王大爷 能去，欢迎。

李彬 不行，王大爷。我跟您说进咱养老院，您得有门槛。比如说半男不女的不要，体重超标的不要~

王大爷 没事，只要你想来，啥情况我

都要。

那威 大爷太可爱了。

尹畅 我还听说王大爷特别细致，院里每个老人的生活习惯他都记得特别清楚，是吧？

王大爷 是呢，你看这王大娘……李大叔……（随便说两三个人）

李彬 王大爷，既然您欢迎那大娘去，我也给您简单介绍一下那大娘的生活习惯。他主要习惯是能坐着绝不站着，能躺着绝不坐着。另外，就是睡觉爱打呼噜，说梦话，磨个牙什么的。

那威 反正我这半夜动静不小。

王大爷 没关系，咱不怕。

那威 行了，明个我就和老李头一块儿去你那！

尹畅 跟王大爷的交流中，真的是感受到了大爷的朴实和爱心。在这也祝愿王大爷的敬老院越来越好，祝愿天下所有的老人身体健康，万事如意！

歌曲《绿色中国》
词曲：友殿
演唱：张鹤 编舞：刘颖

和煦的春风拂面过，
江南和塞北满园春色，
彩蝶飞舞，鸟儿唱歌，
祖国每一寸热土都温暖祥和。
好一个绿色的中国和谐的中国，
多少文明的故事正在诉说，
长城内外鲜花万朵，
每一缕阳光都沸腾着人们的心窝；
好一个绿色的中国和谐的中国，
五十六个民族携手开拓幸福的生活。

和风细雨轻轻洒落，
北疆和南海生机勃勃，
百花争艳，阳光闪烁，
祖国每一寸热土都累累硕果。
好一个绿色的中国和谐的中国，
多少灿烂的文化正在传播，
大河上下万家灯火，
每一滴甘霖都滋润着人们的心窝；
好一个绿色的中国和谐的中国，
五十六个民族携手开拓美好的生活。

那威 哎，这时间过的太快，转眼一年，又到了我给自己制定目标的时候了。

尹畅 哦？那这2010年你给自己定的什么目标？

那威 我想当首富。

尹畅 这容易，来天津！

那威 （那威本来是乱说的，没想到邵静还回话，就用眼睛瞄邵静，接着试探地说）那，我想造飞机。

尹畅 来天津。

那威 那我想造火箭。

尹畅 来天津。

那威 （实在忍不住了）我怎么说什么，你都来天津呢。

尹畅 我说的没错啊，你想当首富，许多世界五百强企业都在天津，随便干点什么都有赚钱的商机。你想造飞机，我们有空客A320。你想造火箭，我们有天津大火箭基地。我另外在附送你一条明道，中山门上车，30分钟轻轨，直达滨海新区，你这些愿望都能实现。

（那威冥想，邵静看他还要说，顿了一下接着说）

尹畅 你还有什么愿望，趁着2010年天津夏季达沃斯，我一块儿给你实现了。

那威 哎哟，尹畅，我真没看出来啊。

尹畅 没看出来吧。

那威 这家地儿厚，说话就是硬气。哎，你再给我说说，还有什么。

尹畅 知道天津最大的特点是什么吗？那就是中西交融，古今合璧（高丽书记的话），看看你就知道了。

乐器联奏《金色狂想》
编曲：赵文斌 钢琴：朱丹
小提琴：唐甜甜 双排键电子琴：孙双鸾

（管军、宗瑶主持区就位）
宗瑶 今天2月14日即是大年初一头一天，也是西方的情人节。所以，咱们春晚策划的这“我家上春晚”活动，如今征集上来好几对夫妻，他们要借着咱们的春晚舞台，唱出爱情宣言。
管军 这就叫双节同庆，借春节喜气，唱浪漫情歌，两不耽误。
宗瑶 那咱俩就别耽误了，赶快有请三对甜蜜爱人登上舞台。

情景歌曲《浪漫的节日》
《我们的小世界》
作词：彭坦 作曲：彭坦
演唱：春晓 彭坦

没有流星的花园
我们坐在街道边
只要有浪漫的誓言
我们笑的一样甜
唱着情歌的感觉
好像风儿抚过肩
明明分开一转眼
却又开始了想念
在这下雨的夜
在这浪漫的夜
多想跟着你一起去冒险
在这浪漫的夜
在这下雨的夜
让雨水代替我亲吻你的脸
你对我很特别
很奇妙的感觉
你的微笑能映红我的脸
我对你很特别
不一样的感觉
这是个只属于我们俩的 爱的 世界……
多少美丽的诗篇
就像为我们谱写
让我感动的画面
就藏在你心间
在这下雨的夜
在这浪漫的夜
多想跟着你一起去冒险
在这浪漫的夜
在这下雨的夜
让雨水代替我亲吻你的脸
你对我很特别
很奇妙的感觉
你的微笑能映红我的脸
我对你很特别
不一样的感觉
这是个只属于我们俩的 爱的 世界……
在这下雨的夜
在这浪漫的夜
多想跟着你一起去冒险
在这浪漫的夜
在这下雨的夜
让雨水代替我亲吻你的脸
你对我很特别
很奇妙的感觉
你的微笑能映红我的脸
我对你很特别
不一样的感觉
这是个只属于我们俩的 爱的 世界

《月亮代表我的心》

演唱：山河　杨扬

你问我爱你有多深
我爱你有几分
我的情也真
我的爱也真
月亮代表我的心
你问我爱你有多深
我爱你有几分
我的情不移
我的爱不变
月亮代表我的心
轻轻的一个吻
已经打动我的心
深深的一段情
教我思念到如今
你问我爱你有多深
我爱你有几分
你去想一想
你去看一看
月亮代表我的心
轻轻的一个吻
已经打动我的心
深深的一段情
教我思念到如今
你问我爱你有多深
我爱你有几分
你去想一想
你去看一看
月亮代表我的心
你去想一想
你去看一看
月亮代表我的心

《祈祷》

演唱：吴卫凤夫妇

让我们敲希望的钟呀
多少祈祷在心中
让大家看不到失败
叫成功永远在
让地球忘记了转动呀
四季少了夏秋冬
让宇宙关不了天窗
叫太阳不西冲
让欢喜代替了哀愁呀
微笑不会再害羞
让时光懂得去倒流
叫青春不开溜
让贫穷开始去逃亡呀
快乐健康留四方
让世间找不到黑暗
幸福像花儿开放
让我们敲希望的钟呀

（宗瑶、管军将吴魏凤夫妇留在舞台上）

管军　感谢吴指导和赵指导给我们带来的这首《祈祷》，这是你们第一次在舞台上对唱吧？

吴魏凤　……

宗瑶　我想看了今天早些时候的5小时春节直播的朋友，一定也通过短片走进了吴魏凤夫妇在天津的家。吴指导和赵指导两个人相濡以沫16年。这16年的时间，两个人可以说是形影不离，在柔道队一个主外，一个主内，为中国柔道培养出了佟文、窦书梅等许多优秀运动员。

管军　大年初一，你们用歌声为我们带来了一份祝福。为了表示感谢，我们也准备了一个惊喜送给你们。

（儿子赵峰手捧百合花走上舞台，儿子和吴魏凤夫妇拥抱）

宗瑶　我来给大家介绍一下，这位小帅哥就是赵指导和吴指导的儿子赵峰。今天，儿子带来了一束百合，我想这一定有什么寓意对吗？

赵峰 是的，百合是我妈妈最爱的花。2008年备战奥运会的时候，佟文姐姐送给妈妈的也是百合花，妈妈一看到百合，就特别高兴。

管军 那我问问吴指导，你高兴吗？（高兴）其实，16年前，吴指导为了给中国女柔培养人才，在赵峰出生不久，就把赵峰送回了老家，这一送就是三年。那个时候，您舍得吗？

吴魏凤 ……不舍得，三岁回来，不认识我们了，不知道我们是他的爸妈。

宗瑶 虽然吴指导和赵指导陪在儿子身边的日子不多，但是我知道赵峰一直都支持着爸妈。我手中有一篇作文，是2008年佟文获得奥运冠军的时候，赵峰写的。今天，赵峰，把你的作文给大家念一念好不好？（如果赵峰不行，宗瑶来念）

赵峰《母亲夺金》 生日那天，我问妈妈“妈妈，我想你了，明天是我的生日，我想你和爸爸陪我过，你能回来吗？”妈妈却说“妈妈为了夺金牌，不能陪你过了，等妈妈拿了金牌好好陪你好吗？”

“妈妈，为什么你总是说要拿金牌？拿金牌很重要吗？”妈妈告诉我“儿子，奥运金牌是妈妈的追求，妈妈当运动员的时候因为伤病没能完成这个梦想，现在只能把希望寄托在你佟文姐姐身上！2008年，等妈妈到2008年！2008年后，妈妈哪也不去了，天天陪着你！”我问“这样做值得吗？”妈妈说“金牌拿了什么都值了！”

就这样交替了7个春秋——2008年！2008年！一切都为了今天！随着年龄的增长，我理解妈妈，也更加愿意支持妈妈。金牌拿了什么都值了！“母亲！夺金！”

管军 此时此刻，只有拥抱能诠释这份父母对儿子的爱。刚才赵峰说妈妈喜欢百合花，看见它就高兴。其实这百合花还有一层含义，就是百年好合。所以在这，也让我们祝愿吴指导和赵指导生活美满幸福，事业再创新高。

宗瑶 是的，就像《祈祷》中所唱的一样“让大家看不到失败，叫成功永远在”。

（家庭互动：采访外国家庭——米勒一家）

（那威端着两杯酒，走到米勒一家桌旁）

那威 最近这访谈节目都流行吃着谈，我也畅想一吧，以后的以后啊，我那小嘴访谈是一边喝一边谈。

现在坐在我身边的是捷克兄弟米勒一家～今天咱俩是边喝边谈，你就看咱俩这身材啊，这肚子，在我们中国，这就叫TWINS～来，为咱俩这缘分，干一杯！

（干第一杯）

那威 这身边坐着的是嫂子啊，（可问他知不知道嫂子什么意思?）你和嫂子怎么认识的？

米勒 我和太太都是捷克人，但是我们是在天津相识相爱的。她很贤惠，好太太。

那威 好，这说明天津是你的福地。为这个，咱俩得再干一杯！祝你和太太白头到老。

（喝第二杯）

那威 那我再问问，你这行来天津，打算做点什么？

米勒 我所在的公司打算投资天津，我一直都很看好滨海，我认为它以后会有很大的发展空间。

那威 好，好眼力，我告诉你，你的选择是VERY，VERYGOOD的。为了这个，咱俩还要干一杯！祝你在天津的投资能够取得非常好的效益！

（喝第三杯，表现有点喝高了）

那威 米勒，我再问你啊，嗨，不问了，来为了这个，咱俩再，再干一杯！

（尹畅上来，拦）

尹畅 别干了，那威，再喝你就高了，后面还得主持呢！

那威 没关系，后面主持有你盯着呢，我放心。

尹畅 啊？我不放心。

（那威清醒过来）

那威 你还真以为我和米勒喝酒了？你尝尝我们俩这白酒。

（尹畅尝了一口）

尹畅 凉白开？

那威 没错，正所谓君子之交淡如水，我和米勒就是君子之交。

米勒 NO，NO，我下一次再从捷克回天津，给你们带捷克茅台。

那威 捷克茅台？

米勒 就是我们那的国酒，叫XX。到时候咱们真喝一把，预祝我在天津的投资成功，也祝愿天津的发展越来越好。

尹畅 好，到时候，我们一定不醉不归。下面，还是让我们请出歌手陈小春，为我们带来一首好听的歌曲。

歌曲《黄豆》

作词：陈奂仁/李安修　作曲：陈奂仁

演唱：陈小春　伴舞：SAGA舞团

我们都是小黄豆　活在同一个宇宙
不必急著到处走　再过不久会出头
为何要争斗　要多少钱才够
在自己院子里要闹到什么时候
外面的事太多　墙太厚看不透
其实我们都属于同样一个节奏
（把后门打开看看外头）
朋友快来把我的手
（五指合起来变成拳头）
要我怎样让你懂
要我怎样让你懂
我们都是小黄豆　活在同一个宇宙
一粒豆挤不出油　别再让彼此难受
外人叫我们大豆　应该一起去奋斗
不必急着到处走　再过不久会出头
同一个梦　同一首歌放送著我们的心痛
希望你会听懂　我心中的激动
rap：一个不熟悉的现象　我们的互相
勉强搞得整个地区受到影响
使我联想　到这个倾向　就像　百年前大豆投降
但现在不一样　是我们的时光
该轮到我们做个小黄豆的打狗棒
陈　李　吴　刘　王　张　周　许　郑　卢　萧　方　接下来世界上
创一番　闯一番
小心　脚腕脱臼　小心心里的偏见
别管数字而忽略素质
因为当你有了quality跟著将来你不缺任何东西
我们都是小黄豆　活在同一个宇宙
风水总是轮流走　一朝兴起一朝落
外人叫我们大豆　应该一起去奋斗
只要我们同步走　明天世界是黄豆

（主持人宗瑶、李彬迎上）

李彬 小春唱歌特别有感觉，总是这样（模仿陈小春的动作）很rock的感觉，其实我知道他还有很温柔的一面。

宗瑶 比如说他还会作诗……

陈小春 床前明月光。

李彬 这个听着耳熟……

宗瑶 这样吧，小春用广东话教我们说这四句怎么样？

陈小春 没问题。

（陈小春用广东话教李彬唐诗，李彬故意学

不像的效果）

宗瑶 还是来听晓春的歌吧。

李彬 算你狠。

《算你狠》

演唱：陈小春

一杯二锅头呛得眼泪流
生旦净末丑好汉不回头
你若要走我不会留
强留的爱情不会撑得太久
不耐寂寞尺度游走
别以为地下恋情密不透风
我说算你狠善用无辜的眼神
谎话说了两次我就当真
我说算我笨软不隆咚的耳根
只为一时的气氛搞一肚子的气愤
一看到你我就想到过去
就立刻让我血冲到脑子里去
我的心里只会永远的恨你
你跟别人吃香又喝辣去
丢我一个人在这里吹冷空气
我会活得很好真的没关系
你真是没什么良心把我就这样抛弃
我真是没什么出息对你还放不下去
喝什么酒解什么愁
“喝一杯”请你走路不必回头
午夜过后酒吧门口
我走了以免爱又飞来横祸
（rap）what’s up speak up or just shut up
你到底哪一点在不爽心里不平衡
作祟的是男人最要命的自尊 you know
还是那女人骄傲的高跟和红唇
思春的虫子命运蠢蠢蠢
打不开的心门那就只好闷闷闷
你要学学那个屡败屡战的陈小春
否则就注定要当一辈子的光棍
心事那无讲出来有谁人会知
心爱你拿有了解请你着忍耐
一杯二锅头呛得眼泪流
生旦净末丑好汉不回头
一杯二锅头（台）呛得眼泪流（粤）
生旦净末丑好汉不回头（客）

（李彬、邵静、尹畅、那威在主持区）

李彬 过年了，家家户户都少不了要贴一幅好春联，讨个好彩头。在这，我也送大家一幅，怎么样？

上联是，吃饺子吃面就大蒜越咂摸越香。

下联是，买房子买车娶媳妇越乐呵越有。

横批：津津有味

邵静 俗！不过啊，这大俗即大雅，你这“白话春联”说的正是咱老百姓的心里话。

那威 哎，那我也来一幅，我这上联是南坡湾来福（No1. life）

下联是，万德福我得（wonderfulworld）

尹畅 单看这字，我都明白，怎么连在一起这么怪呢？

那威 哎，我这是出口对联转内销了。解释解释啊，上联南坡湾就是 No1，来福就是 life 生活，意思是最棒的生活。

尹畅 哦，那我明白你这下联了。万德福我得，就是 wonderful world 意思是美好的世界。

李彬 别说，还真有点新意。

那威 那是，我跟你们说现如今，中国风是刮遍了天南地北，五湖四海。不少外国人那都是学汉语，学汉字，学中国功夫，一样都不能少。

邵静 没错，那下面我们就有请戏曲名家为我们带来一首有着浓郁中国风的《和谐盛世福满天津》。

戏曲联唱《和谐盛世福满天津》

表演：孟广禄　王平　赵秀君　吕洋　王燕　刘桂娟　曾昭娟　陈春

唱词：

和谐盛世沐春风
福满天津乐融融
和谐发展花似锦
一方热土书豪情
你看那家家贴上了红吊钱
户户挂起了红灯笼
社会稳定民心暖
百姓心头春意浓
这红红火火的天津卫
就像腾飞的五彩凤
身披彩霞展双翼
展翅高歌上九重
和谐盛世沐春风
福满天津乐融融
率先发展花更艳
滨海新区焕新容
你看那建设涌起了跃进潮
生产吹起了创新风
国际大港春意闹
津沽大地百业兴
这蓬蓬勃勃的天津城
就像腾飞的五彩龙
壮志凌云闯世界
弄潮四海建奇功
弄潮四海建奇功

尾声《国家》

演唱：刘媛媛　胡智增　石广羽　骊影黛

一玉口中国一瓦顶成家
都说国很大其实一个家
一心装满国一手撑起家
家是最小国国是千万家
在世界的国在天地的家
有了强的国才有富的家
国的家住在心里家的国以和矗立
国是荣誉的毅力家是幸福的洋溢
国的每一寸土地家的每一个足迹
国与家连在一起创造地球的奇迹
一心装满国一手撑起家
家是最小国国是千万家
在世界的国在天地的家
有了强的国才有富的家
国的家住在心里家的国以和矗立
国是荣誉的毅力家是幸福的洋溢
国的每一寸土地家的每一个足迹
国与家连在一起创造地球的奇迹
国是我的国家是我的家
我爱我的国我爱我的家
国是我的国家是我的家
我爱我的国我爱我的家
我爱我　国家

（歌曲结尾处六位主持人从两侧分别走向舞台中央，结尾音乐再次响起。）

尹畅　银花万树同歌神州万里春风。

李斌　美酒千杯共庆盛世千秋伟业。

宗瑶　骄傲的2009年值得我们用掌声与它告别，而锦绣的2010年正在以新的姿态等待我们去开创。

管军　此时此刻，美妙的歌声，唱不完我们“打造新滨海，建设新天津，实现新跨越”的豪迈激情！

邵静　此时此刻，吉祥的话语，道不尽我们对伟大祖国真诚祝愿！

那威　此时此刻，喧天的鞭炮，挡不住我们“未来生活的美好呼唤”！

尹畅　观众朋友们，《和谐盛世福满天津》天津电视台2010年春节联欢晚会即将结束。

李斌　就让我们在这歌声中，共同祝福天津
祝福祖国繁荣昌盛
祝福家家户户
也祝福每一位朋友。

合　虎年吉祥。

（彩虹机）

（田朝　整理）

“中华情·闽南风”首届海峡两岸闽南文化节开幕式大型文艺晚会

播出台：中央电视台 CCTV4 频道
播出时间：2010 年 3 月 6 日
总导演：郭霁红
制片人：郭霁红

（舞美：露天；舞台分两层，上层是巨型显示屏和小平台，设置为桥形，有闽南特色，LED 屏可自由组合的视频、彩链；下层舞台半弧形，两侧伸展区到观众席，中央一块圆形台，盆栽植物；舞台左侧设置主持台；各色激光灯；舞台前方、上方喷射烟花；“中华情”红色大字高高挂起）

开场歌舞：《大吉大利中国年》
作词：王麟　华晓春　作曲：谢文
编曲：郑铁临　央院频谱
演唱：张熙　SS 组合　Reborn 田华
编舞：贾文正　李金鹏
伴舞：泉州歌舞剧团　泉州聚龙小镇艺术团
北京八拍文化
（舞蹈演员站定整个弧形舞台，从覆盖的巨幅红绸下出来，歌手从一层右台口上台）
（演员手持灯笼、假鞭炮等道具，舞台上方前方喷射烟花，巨幅 LED 屏同步直播或自由播放视频）

过大年贴春联乐翻天
幸福生活比蜜甜
好日子多团圆
事业兴旺人平安
大吉大利中国年
咿呀咿呀咿呀咿呀
爷爷奶奶健康身体都顺心如意
叔叔（uncle）阿姨（aunty）事业顺利
生活很甜蜜
弟弟妹妹聪明伶俐都有好成绩
恭喜你大吉又大利
过大年贴春联乐翻天
幸福生活比蜜甜
好日子多团圆
事业兴旺人平安
大吉大利中国年
咿呀咿呀咿呀咿呀
中国年中国年
咿呀咿呀咿呀咿呀
过大年贴春联乐翻天
幸福生活比蜜甜
好日子多团圆
事业兴旺人平安
大吉大利中国年
咿呀咿呀咿呀咿呀
过大年挂红灯映红天
和谐生活比蜜甜

舞龙灯踩高跷
大街小巷人欢笑
花灯照亮中国年
咿呀咿呀咿呀咿呀
盼来年花更红人更旺
实现美好的心愿
好日子乐无边
和谐盛世歌声甜
花灯照亮中国年
咿呀咿呀咿呀咿呀

（歌手从右台口下台，舞蹈演员分别从左右台口下台，黄蓝绿紫红等色灯光自由变换）

（音乐起，主持人从LED旁的右台口上台，下台阶走到舞台中央）

鲁健 大家好，各位现场的亲爱的朋友们。

桑晨 电视机前的观众朋友们。

尹乃菁 全球的华人和华侨朋友们。

郑实 大家……

合 元宵节快乐。（鞠躬）

鲁健 过年好，今天我们是相聚在著名侨乡泉州共同为大家主持中央电视台中华情闽南风大型文艺晚会。我是中央电视台主持人鲁健，你们好吗！

桑晨 我是来自中央电视台的节目主持人桑晨。泉州的朋友们，你们好！

尹乃菁 我是来自台湾的主持人尹乃菁。（闽南语问候）

郑实 我是泉州电视台主持人郑实，大家过年好！

鲁健 真的是元宵佳节，我觉得中国人非常重视这样一个节日，在这一天，逛花灯、猜灯谜、吃元宵、吃汤圆。其实呢，自古以来就有的习俗和传统，就像那首著名的词《青玉案》所写的“东风夜放花千树，更吹落，星如雨。宝马雕车香满路。凤箫声动，玉壶光转，一夜鱼龙舞”，那是多么热烈的气氛。所以呢现在很多人说其实古代元宵节是中国的狂欢节或者说是情人节。那么今天我们来到泉州，不仅感受到了元宵佳节热烈的气氛而且还感受到一种独特的闽南文化的氛围，我相信我们今天的晚会一定能够让你感受到这一点。

尹乃菁 是，的确是。今天我们来到泉州和大家共度佳节，都觉得非常开心。泉州位于海峡西部经济特区的中部，在这里地灵人杰，依山傍海，地理条件十分优越。

郑实 说的没错，泉州文化积蕴深厚，是古代海上丝绸之路的起点，南宋的朱熹称泉州“满街都是圣人”。

桑晨 是啊，泉州是我国著名的侨乡，这里也是台湾汉族同胞的主要祖籍地之一。那么泉州和台湾只有一水之隔。所以大家今天看到我们舞台上呢，有乃菁这样台湾的同行来到了泉州，就像我们的邻居一样，对于我们来说正是同根共祖、血脉相连的一家人啊。

鲁健 说得没错。而且泉州是闽南文化重要的发祥地，同时是闽南文化生态保护区的重要核心区，所以来到这里就会被这里浓浓的闽南文化所深深吸引。

尹乃菁 是，为了弘扬和传承我们两岸共同的闽南文化，同时为了拓展两岸闽南文化的交流和合作，第一届的海峡两岸闽南文化节就在这泉州隆重登场，更为今年的元宵节增添了和谐和温馨。

郑实 亲人相聚倍感温暖，今天晚上让我们在我们共同的节日里，同唱家乡曲，点燃我们手中节日的花灯，将我们的幸福照亮。

桑晨 是啊，今晚在元宵佳节这样一个美好的夜晚，我想就让我们品尝相亲的元宵在浓浓的闽南风中共同沐浴2010年元宵佳节的一份甜美和欢乐。在此我们也衷心的祝福海峡两岸的同胞以及全世界的华人华侨朋友们元宵节……

齐 ……幸福快乐!

歌舞组合《欢乐元宵节》

《卖汤圆》

作词：陈蝶衣　作曲：姚敏

编曲：央院频谱　演唱：顾莉雅杭航

编舞：贾文正　李金鹏

伴舞：泉州歌舞剧团

【舞台调度】舞蹈演员在舞台中央表演，歌手从右台口上台

（灯光黄色调　舞蹈表现歌词中卖汤圆的热烈场景）

卖汤圆卖汤圆
小二哥的汤圆是圆又圆
一碗汤圆满又满
三毛钱呀买一碗
汤圆汤圆卖汤圆
汤圆一样可以当茶饭
唉嗨唉哟……
汤圆汤圆卖汤圆
汤圆一样可以当茶饭
唉小二哥来哟
这里要买汤圆
好咧
汤圆多少钱一碗啊
三毛钱一碗
祝愿大家团团圆圆
卖汤圆卖汤圆
小二哥的汤圆是圆又圆
一碗汤圆满又满
三毛钱呀买一碗
汤圆汤圆卖汤圆
公平交易可以包退换
哎呦哎呦
汤圆汤圆卖汤圆
公平交易可以包退换

（舞蹈演员、歌手从右台口下）

《五哥观灯》

填词：华晓春　编曲：周天澈　央院频谱

演唱：袁成杰　求斯

编舞：贾文正　李金鹏

伴舞：泉州歌舞剧团　泉州聚龙小镇艺术团

（舞蹈演员、歌手从左台口上台）

（灯光紫红色调）

正月格里正月正
正月那个十五挂上红灯
红灯那个挂着唉大来门外
我等我五那个哥他观灯来
哎呦哎哎呦哎哎来唉咳呦
我等我五那个哥他观灯来
正月格里正月正
花灯照亮我们转回家园
妹妹（那个）紧紧握住哥哥手
花灯把我俩（那个）脸儿红艳艳照
哎呦（那个）哎呦哎哎来唉咳呦
花灯把我俩（那个）心儿照亮

（舞蹈演员、歌手从左台口下台）

《大团圆》

作词：樊孝斌　作曲：戚建波

编曲：周天澈

演唱：张殿菲　李西

编舞：贾文正　李金鹏

伴舞：泉州歌舞剧团　北京八拍文化

（舞蹈演员分别从左右台口上台，歌手从LED旁右台口上台，边唱边走到舞台一层，走到圆形台）

（灯光自由变换色调，喷干冰）

忙完了这一年再忙新一年
长长的岁月路谁又忙得完
平日大家都在忙难得见个面
今儿个阖家欢聚问长又问短

辛苦了这一年就为这一天
生活中一些酸通通放一边
大红灯笼挂起来一片艳阳天
你的我的快乐连成一串串
哎
万水千山多么遥远
谁能阻挡回家的心愿
兄弟和姐妹相互抱成团
浓浓的亲情热火朝天
生命最贵是平平安安
大雪飘飘天冻地寒
谁能切断回家的路线
（袁成杰、求斯、顾莉雅、杭航分别从左右台口上台一起演唱）
亲朋和好友相互拜个年
千年的祝福温暖心田
人间最美是团团圆圆
（舞蹈演员、歌手分别从左右台口下台）

（主持人郑实观众席采访唐骏）

郑实 观众朋友，在我身边的这位就是大家非常熟悉的唐骏先生，也是我们新华都集团的CEO。唐先生，你好。

唐骏 你好。

郑实 知道您工作非常繁忙，不经常在泉州，那您今年元宵节是不是在咱泉州过？

唐骏 对，这是我第一次在泉州过元宵节。

郑实 那发没发现我们泉州过元宵节有什么样的特点？

唐骏 这里的元宵节特别热闹，踩街、看灯笼、吃元宵确实和其他地方完全不一样，闽南独特的这种风格。

郑实 有着闽南我们独特的文化气息在里边。那么在元宵佳节里边，您能不能对着这个电视机的镜头对着我们海外的华人华侨，还有我们海峡两岸的同胞们送上您元宵节独特的祝福呢？

唐骏 海内外的华人华侨，海峡两岸的同胞，我们都是中国人，我们都有着中华情，让我们一起来庆祝中国人的节日元宵节。

郑实 好，谢谢唐骏先生，掌声送给唐先生。谢谢您。

（音乐起，主持人在舞台左侧主持台）

鲁健 好，非常感谢唐骏先生，那么刚才一组精彩的歌舞已经把我们带入到元宵佳节的气氛当中。我现在就盼着能赶紧吃一碗热腾腾的汤圆，因为汤圆特别具有南方的元宵节的风俗习惯。

桑晨 对啊。北方来的人一定要好好品尝品尝。

鲁健 对，而且来到这里我相信现场的表演不仅让我们体会到元宵节的氛围还能让我们体会到浓浓的闽南文化特色。

桑晨 是的。泉州是一座有着1200多年历史的古城，悠久的历史孕育了同样悠久的文化。这一次来到泉州过元宵节，不但要尝元宵而且我要向你特别推荐一个不得不看的当地的代表文化，就是泉州的“提线木偶”。其实泉州的“提线木偶”在古代不叫这个名字，叫做“悬丝傀儡”，它是产生于汉唐时期，后来就一直流行于福建的闽南地区。不仅如此，在港澳台还有东南亚地区等等，都有很广泛的影响。而且它还被评为国家级的非物质文化遗产。

鲁健 而且这个“悬丝傀儡”，说实话我已经是第二次来泉州了，所以我已经感受过。可能大家还记得，2008年北京奥运会的开幕式上当时有“提线木偶”的表演，四将开台，特别精彩。三分零八秒的这个表演，但是我相信可能吸引了全世界的目光。那咱们泉州的“提线木偶”能够登上北京奥运会的舞台，你想全国三百多个戏曲曲种，起码有几千个戏剧剧团，但是最后泉州的“提线木偶”能够登上奥运舞台，这不仅仅是泉州“提线木偶”的骄傲也是所以泉州人的骄傲。

桑晨 是啊，刚才说了当时在鸟巢的表演只有三分多钟啊，大家没看够，所以接下来这个舞蹈节目所呈现的就是咱们泉州“提线木偶”的表演绝活，同时把闽南特有的乐器压脚鼓融为一体，舞台上呈现的更是人偶同台闹元宵的节日气氛，让我们好好来感受一下吧。

《戏偶闹元宵》

编导：丁聪辉　张文辉

编曲：汪洋

表演：泉州提线木偶剧团　泉州歌舞剧团

集美大学体育学院

舞蹈阐述：乐器演员一字排开舞台中央，道具压脚鼓。木偶演员站在三面大鼓上表演，有戏曲木偶表演，民族风格木偶表演，仙女木偶表演，舞狮木偶表演，民族活动木偶表演，表现人偶同台闹元宵的热烈节日氛围。舞狮演员在舞台下方，观众席前表演双狮戏舞。

第一篇章：《蓝蓝泉州湾》（山海篇）

（视频关于泉州地理风貌） 泉州，中国历史文化名城，全国著名侨乡。当2010年元宵的灯火映红开元寺巍峨的双塔、安平桥澎湃的波涛，人们似乎再次感受到这座古城“市井十州人”“满街皆圣人”的久远传说和不朽的传奇。四季如春，依山面海的独特地理优势，赋予这座城市山的坚毅和海的包容，更在这块神奇的土地上滋养起独具魅力的闽南风情。这里与宝岛台湾隔海相望，是台湾汉族同胞主要祖籍地之一。此时此刻，在共同节日的召唤下两岸同胞欢聚泉州弘扬闽南文化，唱响两岸欢歌更成了人们心中共同的期盼。而共赏闽南乡音、同点元宵花灯、共沐和谐亲情，更将蓝蓝泉州湾装点得分外深情和美丽。今宵就让我们心手相握，伴着海峡激扬的涛声，让节日的灯火将我们心中的渴望和幸福照亮。

《蓝蓝泉州湾》

作词：陈日升　华晓春　作曲：谷建芬

编曲：周梦茵　央院频谱

演唱：李晖

编舞：贾文正　李金鹏

伴舞：泉州歌舞剧团　泉州聚龙小镇艺术团

（舞蹈演员分布舞台两层、台阶，歌手从左台口上台走到台中央，灯光蓝色调，LED屏播放泉州海景，舞蹈演员表现海鸥海湾。）

蓝蓝泉州湾　青青戴云山
海上丝路从这里铺向世界
螺号声声　南音悠扬
刺桐花赠给远去的风帆
今生难忘的瞬间
花灯高照　亲情说不完
我爱蓝蓝泉州湾　我爱青青戴云山
泉州我的故乡　我的故乡
我爱蓝蓝泉州湾　我爱青青戴云山
泉州我的故乡　我的故乡
泉州我的故乡　我的故乡

（音乐起，主持人在舞台左侧主持台）

鲁健 非常优美动听的歌声，那么在这样一个温馨的夜晚，两岸的相亲团聚在戴云山下、泉州湾盼共度这样一个夜晚感觉非常温暖。而且我也非常激动同我一直很崇拜也很喜欢的台湾名嘴乃菁再度合作，而且在美丽的泉州度过这样一个元宵佳节那是非常难忘的。

尹乃菁 哇，谢谢鲁健。今天和鲁健合作也非常开心。上次我和鲁健合作的晚会曾经在台湾播出，播出以后很多朋友跟我打听，这么高的帅哥是哪一位。那泉州离台湾这么近，但这是我第一次来到泉州，觉得非常亲切。除了我们的语言是一样的之外，我们的地理环境，泉州和台湾也有很相近的地方。泉州和台湾都是依山傍海，而我们说一方水土养育一方人，不同的地理环境和条件会形成独特的人格，比如说依山者就向山求发展，面海者就朝海里谋生存。

鲁健 对。其实从泉州走出去的台胞有很多，而且从泉州走出去现在分布在世界各地的海外华侨华人更多。在全世界129个国家有751万人，而且在香港还有70万人，在澳门有6万人。这么多从泉州走出去的同胞在这里也向大家拜个晚年，祝大家元宵节平平安安、快快乐乐、团团圆圆。

尹乃菁 是，我也用家乡话跟大家说“恭喜恭喜，万事如意”。我们知道很多泉州同胞在外面打拼但他们心里总有一个地方惦记着故乡，当他们在海外事业有成的时候仍不忘故乡的建设。不论泉州的乡亲走到哪里最想念的永远是故乡的一草一木，最想念的永远是父母之邦。

歌曲串烧

《感谢你的爱》

作词：林垂立　彭莉　作曲：林垂立　彭莉

演唱：阿宝　杨琪琦

编舞：黄东艺

伴舞：晋江世纪星少儿艺术团

（舞蹈演员分布舞台一层，女歌手从舞台上层右台口上台，男歌手从舞台左台口上台）

（灯光紫色调）

感谢你的爱
你总是置阮身边
因为知影你的好
阮希望陪你行人生的路
感谢你的爱
千言万语放底心内
无论是风还是雨
你总是跟着阮的脚步
一生的爱拢乎你
只要你过着好日子
因为你乎阮勇气
加添人生的意义
一生的爱拢乎你
只要你疼惜阮的心
你是阮永远的春天
一生的爱拢乎你
只要你过着好日子
因为你乎阮勇气
加添人生的意义
一生的爱拢乎你
只要你疼惜阮的心
你是阮永远的春天

（歌手从一层右台口下台，舞蹈演员分别从左右台口下台）

《爱吃歌》

演唱：叶建国　林小娇

编舞：贾文正　李金鹏　编曲：汪洋

伴舞：泉州歌舞剧团

（歌手从一层左台口上台，舞蹈演员分别从左右台口上台）

正月算来新春喜
娘担病仔咸酸甜
我来问娘子
你爱吃什么
阮爱吃那城内的上元圆
爱吃我来去买
你买乎我吃
哎呦老婆哎
喂

二月算来人踏青
娘担病仔面青青
我来问娘子
你爱吃什么
阮爱吃那韭菜煎蚝蛭
爱吃我来去买
你买乎我吃
哎呦太太喂

【舞台调度】舞蹈演员从一层左台口下台，歌手从一层右台口下台。

《歌声满天下》

作词：武雄　作曲：日本曲
演唱：林舒香　李璇璇　黄小玲
编舞：贾文正　李金鹏
伴舞：北京八拍文化

（舞蹈演员从一层左右台口上台，歌手从上册右台口上台）
（灯光自由变换色调）

麦搁拣啊上把新衫的来换
麦搁想啊做阵来去拼一摊
麦搁讲啊电话关机你上大
麦搁闹啊新闻看着头会痛
麦搁闪啊我来陪你你陪我
掌声鼓励今夜的歌声满天下
麦搁抢啊大家公家唱一段
好歌彼多谁点的拢不管啦
闹热的音乐声永远是咱的伴
快乐爱趁今夜天掉落来嘛不惊
麦搁乱啊卡紧来参一脚
唱歌的人拢同名叫做快活
闹热的音乐声永远是咱的伴
快乐爱趁今夜天掉落来嘛不惊
麦搁乱啊卡紧来参一脚
唱歌的人拢同名叫做快活
啦

（主持人在舞台左侧主持台，音乐起）

尹乃菁　哇，让我们再次以热烈的掌声谢谢他们的演出，非常精彩。你知道吗，听到这么熟悉的闽南语歌曲，就让我想到我们在台湾度元宵的情况。两岸的习俗真的非常像，几乎是一样的，我们在台湾也是吃元宵、赏花灯，还有舞龙舞狮，当然还有很重要的就是台湾民众非常喜欢的偶戏。但是我们的偶戏跟“悬丝木偶”不一样，我们说布袋戏。

郑实　布袋木偶，对吧？

尹乃菁　我们不是布袋木偶，它是从漳州传到台湾的，传来之后两岸的文化正是一脉相承的过来了，立刻在台湾民间引起广大欢迎。我们小时候为了在家里看布袋戏，家里要是谁有电视机就挤满了小朋友，非常风光。但是布袋戏的戏偶比较小，所以就是掌中戏，所以在观看的时候视觉效果就比较差一点，所以台湾的民间艺术家就在传统的基础上做了一些不同的变化。像现在在台湾非常流行的《霹雳布袋戏》，那个戏偶比原来的戏偶大了三倍，而且加了很多声光效果，所以出场的时候真的是……（闽南语）

郑实　所以说您刚才说的那个霹雳木偶，其实我们泉州观众也不陌生，因为木偶剧团也曾来和本地的木偶剧团进行交流展览，我也去看过，确实是非常好看，非常精彩。所以说毕竟是同根同源，一样的语言，一样的习俗，沐浴着同样精彩的闽南文化，诉说着我们心中同样的情，一样的爱。接下来有请周艳泓给我们带来《梨花满天开》

《梨花满天开》

作词：周艳泓　作曲：韩雷
演唱：周艳泓

（歌手从舞台二层右台口上台）
（背景绿色色调，紫色灯光）
（在三十年代的江南，有一对青梅竹马的年轻人，在历经种种磨难之后，终于走到了一起。解放前夕，故事的男主角去了海的那边，从此故事的女主角便在思念中开始了漫长的等待）

小河边梨花悄悄开放
当微风吹过满天飘香
忽然又想起离别景象
昨日恍若梦一场
小桥下我们约定了方向
明年我就是你的新娘
靠着你的肩膀羞红脸庞
是谁在那轻轻唱
春季到来绿满窗
大姑娘窗下绣鸳鸯
鸳鸯早已成双你不在身旁
听说梨花再开爱就回来想你想断肠
梨花又在开放春来春往无奈天各一方
我守着古老的村庄鬓发染满白霜
梨花又在开放隔海相望何时回故乡
挥去寂寞的沧桑你陪我闻花香

（这首歌的男女主人公就是我最亲爱的外婆外公，在这元宵佳节、万家团圆之际，我衷心祝福天下有情人终成眷属）

小桥下我们约定了方向
明年我就是你的新娘
靠着你的肩膀羞红脸庞
是谁在那轻轻唱
春季到来绿满窗
大姑娘窗下绣鸳鸯
鸳鸯早已成双你不在身旁
听说梨花再开爱就回来想你想断肠
梨花又在开放春来春往无奈天各一方
我守着古老的村庄鬓发染满白霜
梨花又在开放隔海相望何时回故乡
挥去寂寞的沧桑你陪我闻花香
梨花又在开放春来春往无奈天各一方
我守着古老的村庄鬓发染满白霜
梨花又在开放隔海相望何时回故乡
挥去寂寞的沧桑你陪我闻花香
挥去寂寞的沧桑你陪我闻花香

【郑实画外音】好，谢谢。接下来有请潘美辰带来《我曾用心爱着你》

《我曾用心爱着你》

作词：潘美辰　作曲：潘美辰
演唱：潘美辰
编舞：贾文正
伴舞：北京八拍文化
（歌手、舞蹈演员从舞台一层左台口上台）
（灯光蓝色调）

我曾用心的来爱着你
为何不见你对我用真情
无数次在梦中与你相遇
惊醒之后
你到底在哪里
不管时光如何被错过
如果这一走你是否会想起我
这种感觉往后日子不再有
别让这份情换成空
你总是如此如此如此的冷漠
我却是多么多么多么的寂寞
事隔多年
你我各分东西
我会永远把你留在生命里
我曾用心的来爱着你
为何不见你对我用真情
无数次在梦中与你相遇
惊醒之后
你到底在哪里
不管时光如何被错过
如果这一走你是否会想起我
这种感觉往后日子不再有

别让这份情换成空
你总是如此如此如此的冷漠
我却是多么多么多么的寂寞
事隔多年
你我各分东西
我会永远把你留在生命里
啦……啦……
事隔多年
你我各分东西
我会永远把你留在生命里
啦……啦……
时隔多年
你我各分东西
我会永远把你留在生命里

（主持人在舞台左侧主持台，音乐起）

鲁健 谢谢，谢谢亲爱的美辰。真的是今天全场第一次大合唱“你总是你总是如此如此如此的冷漠/我却是多么多么多么的寂寞”我真的是特别喜欢潘美辰。

尹乃菁 哇，你真是太棒了。

鲁健 还可以，今天这个嗓音唱这歌特别有感觉，对不对。

尹乃菁 太棒了，厉害厉害。

鲁健 我们真的非常感谢潘美辰，用闽南话怎么感谢她？

鲁健、尹乃菁 （闽南语）多谢多谢。

尹乃菁 潘美辰的情歌在台湾也陪伴大家度过很多情伤的岁月，真是疗伤的歌声，非常棒。

鲁健 对，也陪我们度过了很多初恋的岁月。

尹乃菁 是，鲁健，你真的很不简单哦，你可以转行了。

鲁健 其实今天我觉得来到这里应该学几句闽南话。

尹乃菁 对，你不开口我还想考考你。你是北方人，对吧？你会说闽南话么？

鲁健 会，“爱拼才会赢”嘛。

尹乃菁 你知道吗，闽南语跟我们的古汉语很多都是相同的，比如说锅子叫鼎，书呢就是册，眼睛就是目。所以我们用闽南语朗诵古诗词，韵脚韵味非常传神。从这里我们也知道泉州是闽南文化的发源地，但是整个闽南语，以闽南语为载体，事实上是中原的黄土文化和闽南的海洋文化结合而成的。

鲁健 而且泉州是闽南文化的发祥地，每年有大量台胞回到泉州祭祖。说起妈祖、郑成功、保圣大帝……应该说两岸的乡亲有共同的文化和信仰，闽南文化也是两岸乡亲共同的精神家园。

尹乃菁 的确，文化的血脉是斩不断的，而乡音是走到哪都不会改的。像我在泉州听到闽南语非常亲切。我们说乡音是靠近家乡的一扇窗，我们只要轻轻地推开那扇窗就可以看到家乡最亲切的风景。接下来就让我们欢迎张立萍所演唱的《轻轻推开一扇窗》

《轻轻推开一扇窗》

作词：许雁　作曲：李小兵
编曲：李小兵
演唱：张立萍
（歌手从舞台一层左台口上台）
（蓝色调）

轻轻地　轻轻地　轻轻地
我推开一扇窗　那一扇窗
梦里的星星在手中闪亮
心灵的旅途深远悠长
回眸凝望你是生命的过往　过往
在浩瀚的星空　我已找到你
我生命那每一个印记
你在我无尽无期的梦里
留下不熄不灭的记忆
爱你

回眸凝望你是生命的过往　过往
在浩瀚的星空我已找到你
我生命那每一个印记
你在我无尽无期的梦里
留下不熄不灭的记忆
在浩瀚的星空我已找到你
我生命那每一个印记啊
你在我无尽无期的梦里
爱你

第二篇章:《海风对面吹》(文化篇)

(视频：泉州素有“海滨邹鲁”的美誉。这里文化积淀深厚，有“世界宗教博物馆”之称，更是闽南文化的主要发祥地。泉州与台湾一水之隔，泉台关系源远流长，地缘近、血缘亲、文缘深、商缘广、法缘久，以及无法割舍的闽南文化情缘更是一座座跨越海峡、联系彼此亲情和心灵的永恒桥梁。聚会的时候，我们会奏响共同的南音曲调；欢乐的时候，会唱起一样精彩的梨园戏、高甲戏。童年的记忆里，有同样神奇的提线木偶和布袋戏；元宵佳节里，更会点亮描满相同故事和传说的耀眼花灯。毕竟同宗同祖，终究同根同源。每当轻柔的海风吹起，都仿佛在诉说着手足情深的不变情怀。踏浪而行的闽南乡音风行世界，承载者的依旧是我们共同的传奇和永远的笑容)

南音名谱《梅花操》

演奏：泉州南音乐团

(乐器表演演员着古装，排开呈半弧形位于舞台中央)

(蓝色调，使用干冰，LED屏播放梅花视频)

(音乐起，主持人在舞台左侧主持台)

鲁健　刚才我觉得一种如梦如幻的意境，欣赏这个节目一定要静静欣赏。

桑晨　尤其是在这样一个传统佳节的夜晚，这样传统的曲目加上这样如诗如画的画面仿佛走入了时光隧道，回到了过去一样。

鲁健　对，有时光倒流的感觉，不仅是有如回到古代，而且有如临仙境的感觉。觉得刚才演奏的不是凡夫俗子，都是神仙。

桑晨　而且让我们的心境一下变得非常坦然和祥和。

鲁健　所以闽南文化其实有很多特色需要大家一一领略。所以特别为大家介绍刚才这个节目，可以称得上是闽南文化的一绝，就是南音。它被称为世界上最古老的音乐，也被称为中国音乐的活化石，所以非常优美。

桑晨　真是仙乐飘飘，余音绕耳啊。其实我知道如今在泉州还保留着有像南戏、南音、南少林、南建筑为代表的文化遗产。而且这个南音也说了是活化石，历史非常悠久。不仅如此，在泉州还有许许多多的传统文化项目呆会我们都会一一来领略。

鲁健　所以元宵节来泉州那真是来对了，不过通过我们晚会你也能大饱眼福，来泉州不仅能欣赏到花灯彩扎也有泉州独特的文化特色。

桑晨　真的是大饱眼福啊。所以呢今晚在这样一个美好夜晚一边来慢慢品味泉州美好文化一边来慢慢聆听美妙神韵。接下来掌声有请黑鸭子组合。

《海风对面吹》

作词：娃娃　作曲：陶喆

编曲：周天澈

演唱：黑鸭子组合

编舞：贾文正　李金鹏

伴舞：泉州歌舞剧团泉州聚龙小镇艺术团

(歌手从舞台二层右台口上台)

（蓝色色调为主，紫红色灯光）

独夜无伴守灯下
清风对面吹
十七八岁未出嫁
想着少年家
果然标致面肉白
谁家人子弟
想未问伊惊歹势
心内弹琵琶
谁说女人心难猜
欠个人来爱
花开当折直需摘
青春最可爱
自己卖花自己戴
爱恨多自在
只为人生不重来
何不放开怀
呜
独夜无伴守灯下
清风对面吹
十七八岁未出嫁
想着少年家
果然标致面肉白
谁家人子弟
想未问伊惊歹势
心内弹琵琶
啊

郑实画外音 好，谢谢。接下来有请童丽带来《渔家姑娘在海边》

《渔家姑娘在海边》

作词：黎汝清　作曲：王酩
编曲：钟春阳
演唱：童丽
（歌手从舞台一层左台口上台）
（观众席手舞小手电）

大海边哎沙滩上哎
风吹榕树沙沙响
渔家姑娘在海边哎
织呀织鱼网
织呀嘛织鱼网
嗨　嗨　嗨　渔家姑娘在海边
织呀嘛织鱼网

大海边哎沙滩上哎
风吹榕树沙沙响
渔家姑娘在海边哎
织呀织鱼网
织呀嘛织鱼网
嗨～嗨～嗨～
渔家姑娘在海边
织呀嘛织鱼网

【郑实画外音】：好，接下来有请潘安邦为我们带来《爸爸的草鞋》。

《爸爸的草鞋》

作词：叶佳修　作曲：叶佳修
演唱：潘安邦

（歌手从舞台二层右台口上台，走到舞台中央。）
（蓝色调为主，灯光自由变换）
草鞋是船　爸爸是帆
奶奶的叮咛载满舱
满怀少年十七的梦想
充满希望的启航启航
船儿行到黄河岸
厚厚的黄土堆上船
夜来停泊青纱帐
天明遥遥山海关
草鞋是船　爸爸是帆
奶奶的叮咛载满舱
一股离乡的惆怅噎满腔

蓦然回首又要启航启航
一路跋涉到江南
洞庭湖景无瑕看
峨眉山下好荒凉
不堪回首泪暗弹
草鞋是船　爸爸是帆
姑姑的叮咛不敢忘
强忍无奈小别的悲怆
信誓旦旦又将启航启航
船儿行到澎湖湾
多了妈妈来操桨
深情款款
撑起疲倦的帆
又冲破了许多风浪
草鞋是船爸爸是帆
远远的故乡在召唤
满载半世纪漂泊的沧桑
倦航的船儿快来靠港靠港
倦航的船儿快来靠港靠港
倦航的船儿快来靠港靠港
(歌手从舞台一层右台口下台)

(主持人在舞台左侧主持台，音乐起)

桑晨　这两天来到泉州过元宵佳节我发现咱泉州的元宵节还真的是特别热闹，而且我知道这份热闹也是由来已久的。在明代的《闽书》是这样描写的“泉州上元后数日，大赛神像，妆粉故事，盛饰珠宝，钟鼓震天，一国若狂。”大家单看这最后八个字我们就可以想象当时的泉州肯定是敲锣打鼓，人们高兴的几乎是疯狂了，那该是多么热闹的场面啊。

郑实　在泉州过元宵啊，踩街是不容错过的。在踩街队伍中有大家非常熟悉的，比如说是拍胸舞、彩球舞，舞狮弄龙，还有南音清唱、高甲戏、歌仔戏等等很多富有闽南文化特色的表演项目都会融入到踩街的队伍当中，非常热闹，大家非常喜欢。

桑晨　哇，太有特色了，到时候你要带我去看一看好不好。而且我听说除了这些有意思的表演之外，元宵泉州还会办元宵灯会，而且据说泉州的元宵花灯有特殊的寓意。因为它象征着繁衍子嗣和人丁兴旺。因为在闽南语中，“丁”字和“灯”字是谐音的。所以在这一天人们出来挂灯送灯，特别是妇女出来赏灯是有着祈求生子的特殊意义。

郑实　没错，其实也就是元宵花灯它是向往着美好和祝福。那接下来这个节目也是和灯有关，叫做《灯上芭蕾》，我们一起欣赏。

《灯上芭蕾》

编导：李西宁　林影
表演：任翠翠　向丽　玖丹等
表演单位：成都军区战旗文工团杂技分团
(演员位于舞台中)
(道具圆形灯座，使用干冰，蓝色调，紫色灯光)
(主持人在舞台左侧主持台，音乐起)

桑晨　哇，我觉得刚才的表演真的是让我们懂得了什么叫做台上一分钟，台下十年功。

鲁健　确定啊。杂技和芭蕾，能够把这两门艺术都练到真么高超非常不容易。

桑晨　再次感谢她们。我觉得这次来到泉州仿佛我们走进了一个文化大观园。你看，泉州是我们中国古代海上丝绸之路的起点，在唐朝的时候就已经成为了世界四大口岸之一，到了宋元时候更被称作是东方第一大港。那当时的局面曾经有这样的记载，我来描述一下“市井十州人”“涨海声中万国商”，到处是一片繁荣的局面。而且很多古代著名的旅游家，比如说意大利人马可波罗还有摩洛哥人伊本白图泰都曾经来到过泉州。

鲁健 所以万商云集形成了泉州的一个特色，多元文化，所以这里也被称为世界宗教博物馆。而且联合国教科文组织把世界第一个世界多元文化展示中心定址在泉州，这是非常高的荣誉啊。

桑晨 非常了不起。而且据我所知目前在泉州拥有各级重点文物保护单位一共有767处。不过我可以给你举几个其中特别有名的例子，比如说这里有我国现存最早的伊斯兰的清净寺，还有世界仅存的摩门教的佛像石刻。当然这里还有中国最大的道教石雕老君岩，以及千年古刹开元寺及东西塔，另外还有一座桥不得不提，那就是被称作天下无桥长此桥的安平桥。怎么样，想不想去参观参观。

鲁健 太想了，难怪叫世界宗教博物馆。那么接下来我们还是请大家继续欣赏美妙的音乐，我们有请来自宝岛台湾的游鸿明。

桑晨 有请！

《诗人的眼泪》

作词：林利南　作曲：游鸿明

演唱：游鸿明

（歌手从舞台一层左台口上台）

（蓝色调）

春色转呀夜色转呀
玉郎不还家
真教人心啊梦啊魂啊
逐杨花
春花秋月小楼昨夜
往事知多少
心里面想啊飞啊轻啊
细如发
新秋年年有
惆怅还依旧
只是朱颜瘦

天空飘着雪
诗人的泪
两者都太悲都太美
因为爱情化作冰冷白雪
结晶破碎
天空飘着雪
诗人的泪
手提金屐鞋步香阶
都是不被祝福还是愿意
背负原罪
愿意为爱独憔悴

春色转呀夜色转呀
玉郎不还家
真教人心啊梦啊魂啊
逐杨花
春花秋月小楼昨夜
往事知多少
心里面想啊飞啊轻啊
细如发
新秋年年有
惆怅还依旧
只是朱颜瘦

天空飘着雪
诗人的泪
两者都太悲都太美
因为爱情化作冰冷白雪
结晶破碎
天空飘着雪
诗人的泪
手提金屐鞋步香阶
都是不被祝福还是愿意
背负原罪
愿意为爱独憔悴

天空飘着雪
诗人的泪
手提金屐鞋步香阶
都是不被祝福还是愿意
背负原罪
愿意为爱独憔悴

（歌手从舞台一层左台口下台）

【郑实画外音】接下来有请伊能静为我们带来《你是我的幸福吗》

《你是我的幸福吗》

作词：伊能静　作曲：易桀齐
演唱：伊能静
编舞；贾文正
伴舞：北京八拍文化
（歌手从舞台上层右台口上台　舞蹈演员从一层右台口上台）
（灯光紫色）

总是相信有更好的
会在前方
就不顾一切的漂洋过海去
用尽一生寻找
倦了累了渴望拥抱
却找不到
才忽然想起你还在我身后
静静等着我，给我依靠
你是我的幸福吗
为何幸福让人如此忧郁
爱情渐渐模糊
你的付出
我总不够清楚
你是我的幸福吗
为何幸福让人变得忧郁
我爱你不再怀疑
只想对你说　我愿意……
总是相信有更好的
会在前方
就不顾一切的漂洋过海去
用尽一生寻找
倦了累了渴望拥抱
却找不到
才忽然想起你还在我身后
静静等着我给我依靠
你是我的幸福吗？
为何幸福让人如此忧郁
爱情渐渐模糊
你的付出
我总不够清楚
你是我的幸福吗？
为何幸福让人变得忧郁
我爱你不再怀疑
只想对你说　我愿意……
你是我的幸福吗？
为何幸福让人如此忧郁
爱情渐渐模糊
你的付出
我总不够清楚
你是我的幸福吗？
为何幸福让人变得忧郁
我爱你不再怀疑
只想对你说　我愿意

（歌手从舞台右台口下台，舞蹈演员分别从左右台口下台）

【郑实画外音】接下来有请费玉清为我们带来《相思比梦长》

《相思比梦长》

作词：吴若权　作曲：靳铁章
演唱：费玉清

（歌手从舞台一层左台口上台）（灯光蓝色调）

纷纷红尘扰扰
岁月用风霜把泪深藏
茫茫天涯走遍
寂寞心酸
忧忧时光流转
再没有青春能换沧桑
默默擦肩而去
夜已栏栅
人生如萍　聚散无常
何须朝朝暮暮盼望
燕子回时愿别来无恙
怕相思比梦还长
人海浮沉　随波逐流
各自风风雨雨几盼
别问归航　把秋水望穿
怕相思比梦还长

纷纷红尘扰扰
岁月用风霜把泪深藏
茫茫天涯走遍
寂寞心酸
忧忧时光流转
再没有青春能换沧桑
默默擦肩而去
夜已栏栅
人生如萍　聚散无常
何须朝朝暮暮盼望
燕子回时　愿别来无恙
怕相思比梦还长
人海浮沉　随波逐流
各自风风雨雨几盼
别问归航　把秋水望穿
怕相思比梦还长

费玉清　谢谢，各位贵宾，各位先生女士，各位现场朋友，电视机前的朋友，大家好。非常荣幸今天晚上有这个机会参加这个盛会，也要说几句闽南语“我是费玉清，大家好。”非常的谢谢大家给我热情的掌声，接下来还要为大家带来一首歌曲《千里之外》。

《千里之外》
作词：方文山　作曲：周杰伦
演唱：费玉清
编舞：贾文正
伴舞：北京八拍文化

屋檐如悬崖　风铃如沧海
我等燕归来　时间被安排
演一场意外　你悄然走开
故事在城外　浓雾散不开
看不清对白　你听不出来
风声不存在　是我在感慨
梦醒来　是谁在窗台
把结局打开　那薄如蝉翼的未来
经不起谁来拆

我送你离开
千里之外　你无声黑白
沉默年代　或许不该
太遥远的相爱
我送你离开
天涯之外　你是否还在
琴声何来　生死难猜
用一生去等待

一身琉璃白　透明着尘埃
你无瑕的爱　你从雨中来
诗化了悲哀　我淋湿现在
芙蓉水面采　船行影犹在
你却不回来　被岁月覆盖
你说的花开　过去成空白
梦醒来　是谁在窗台
把结局打开　那薄如蝉翼的未来
经不起谁来拆

我送你离开
千里之外　你无声黑白
沉默年代　或许不该
太遥远的相爱
我送你离开
天涯之外　你是否还在
琴声何来　生死难猜
用一生……

我送你离开
千里之外　你无声黑白
沉默年代　或许不该
太遥远的相爱
我送你离开
天涯之外　你是否还在
琴声何来　生死难猜
用一生去等待

第三篇章:《爱拼才会赢》(精神篇)

(视频:千百年来,蓝蓝泉州湾总是张开其宽广的胸怀,激情拥抱潮起潮落。日夜澎湃的无尽波涛,更将大海的性格赋予这里的每一个生命。如果说是自然的恩赐使得这里成为古代“海上丝绸之路”的起点,享有“东方第一大港”的盛誉。那么正是泉州人“输人不输阵”、勇于进取、敢于冒险、百折不挠的拼搏精神为今天的泉州赢得了国际花园城市、国家园林城市、国家卫生城市、国家环保模范城市、最佳中国魅力城市、中国优秀旅游城市、中国品牌之都等众多荣誉。在改革开放30周年之际,泉州北中央确定为全国18个改革开放典型地区之一。如今建设现代化泉州的新征程已经开始。“爱拼才会赢”的泉州精神在海西建设的大潮中正激情飞扬。爱拼才会赢,2010年在这片古老而又年轻的土地上将再次奏响奋发有为、拼搏开拓的时代最强音)

《爱拼才会赢》
作词:陈百潭　作曲:陈百潭
编曲:伍茜
演唱:西岸男孩
编导:陈颖　王卫
表演:泉州南少林武术学校
(黄色灯光　舞蹈与武术结合)

一时失志不免怨叹
一时落魄不免胆寒
那通失去希望
每日醉茫茫
无魂有体亲像稻草人
人生可比是海上的波浪
有时起　有时落
好运歹命
总吗要照起工来行
三分天注定
七分靠打拼
爱拼才会赢
一时失志不免怨叹
一时落魄不免胆寒
那通失去希望
每日醉茫茫
无魂有体亲像稻草人
人生可比是海上的波浪
有时起有时落
好运歹命
总吗要照起工来行
三分天注定
七分靠打拼
爱拼才会赢

(主持人在左侧主持台音乐起)

尹乃菁　谢谢,谢谢西岸男孩带来这么精彩的演出。《爱拼才会赢》真的是在闽南地区受到非常欢迎的一首歌,我觉得这里面有非常重要的原因就是“爱拼才会赢”充分展现了我们闽南人的拼搏精神。我们说这里的地理环境依山傍海，是非常美丽，但是就生存条件来说确实非常辛苦。我们必须同山里面恶劣的环境来拼搏，同时还有漂洋过海来这里开拓新世界的勇气，就像歌词里面所说的“三分天注定七分靠打拼”，因为我们相信幸福要靠自己拼才能挣来。

郑实 说的真好。的确，改革开放30多年，泉州能够成就飞升全国的经济模式，在经济建设发展上取得一系列成就，能够扛过去年全球金融危机的冲击，稳住大盘、奋力发展，交出一份绚丽的成绩单就是靠这样的精神打拼回来的。所以说在闽南，特别是泉州来过元宵节，你不但能够感受到浓浓的闽南气息，同时还会被注入一股强劲的爱拼才会赢的精神力量。好，接下来让我们跟着凤凰传奇一起自由飞翔。

《自由飞翔》

作词：张超　作曲：张超
演唱：凤凰传奇
编舞：贾文正
伴舞：北京八拍文化

rap：yo yo yo come on baby go
这　这感觉就像
一路的芳香还有婆娑轻波
转了念的想那些是非因果
一路的芳香让我不停捉摸
rap：yo yo baby go come on

是谁在唱歌 It's me 温暖了寂寞 I love
白云悠悠蓝天依旧泪水在漂泊 Don't go
在那一片苍茫中一个人生活 Yeah yeah
看见远方天国那璀璨的烟火 OK

rap：yo yo yo come on baby go
这这感觉就像
一路的芳香还有婆娑轻波
转了念的想那些是非因果
一路的芳香让我不停捉摸
rap：yo yo baby go come on

是谁听着歌遗忘了寂寞
漫漫长夜一路芬芳岁月曾流过
在那人潮人海中你也在沉默
和我一起漂泊到天涯的交错
在你的心上自由地飞翔
灿烂的星光永恒地徜徉
一路的方向照耀我心上
辽远的边疆随我去远方
rap：don't come back

是谁在唱歌 It's me 温暖了寂寞 I love
白云悠悠蓝天依旧泪水在漂泊 Don't go
在那一片苍茫中一个人生活 Yeah yeah
看见远方天国那璀璨的烟火 OK

在你的心上自由地飞翔
灿烂的星光永恒地徜徉
一路的方向照耀我心上
辽远的边疆随我去远方

rap：don't come back
这是我远行的感受
不应该让我继续这种伤痛
别覆盖我会坚持往下行走
原始界的风伴随我们的行踪
脚步重变得重变得失去自我
迷恋风景我会尽情地去放松
轻风伴我相送岁月如此沉重
早已热泪感动被你一水消融
（驾驾驾吁）

在你的心上自由地飞翔
灿烂的星光永恒地徜徉

一路的方向照耀我心上
辽远的边疆随我去远方
（舞蹈演员从右台口下台）
（凤凰传奇）曾毅 大家好。
杨魏玲花 泉州的朋友们大家晚上好。
曾毅 我们的海外华侨，我们的台湾同胞，今天是我们的元宵佳节，在这里给大家拜个晚年，祝大家新年快乐。
杨魏玲花 对，祝愿我们全球的华人朋友们新年快乐。在这里刚刚给大家演唱的这首歌是我们第二张专辑的《自由飞翔》，那么下面给大家带来一首新歌，这歌的名字叫《全是爱》，带给你们。

《全是爱》
作词：张超 作曲：张超
演唱：凤凰传奇

如果你不爱我就把我的心还我
你用爱换走青春我还留下了什么
如果你还爱我就什么话都别说
就跟我一路狂奔就不要想太多
痴情不是罪过忘情不是洒脱
为你想得撕心裂肺有什么结果

你说到底为什么都是我的错
都把爱情想得太美太现实太诱惑
到底为什么让你更难过
这样爱你除了安慰还能怎么做

寂寞寂寞是谁的错
寂寞让你变得那么脆弱
我们不要继续再这样沉默
这段感情应当要保持联络
我不想不问是什么星座
这个时代为什么那么多的迷惑
寂寞寂寞就变得冷漠
这样下去我们之间还能有什么
没错是我那么多的冷漠
让你感觉到无比的失落
不过一个女人的心
不仅仅渴望得到的一个承诺
我害怕欺骗也害怕寂寞
更害怕我的心会渐渐地凋落
爱情不是随便许诺
好了不想再说了
有什么样的情有什么样的爱
用什么样的爱还什么样的债
我知道你的心里有些想不开
可是我的心里满满的全是爱
你回头看看我不要再沉默
你说到底你想追求个什么结果
我知道你在躲你为什么不说
你情愿让这样的思念把我淹没
你说到底为什么都是我的错
都把爱情想得太美太现实太诱惑
到底为什么让你更难过
这样爱你除了安慰还能怎么做

【郑实画外音】好，谢谢，谢谢凤凰传奇。接下来有请孙悦为我们带来《爱上你没道理》

《爱上你没道理》
作词：关喆 作曲：关喆
演唱：孙悦
（歌手、舞蹈演员从左台口上台）（灯光随节奏闪烁）
也许你在怀疑
对你的爱就像在演戏
我决定已迷上你
请你不要躲来躲去
也许你再犹豫
对我的爱不说有秘密
我决定只要你愿意
我的世界属于你

我需要你我爱你
爱上你爱上你没道理
oh baby 想着你快忘记我自己
爱上你　爱上你没道理
oh baby 只有你无可代替

（舞蹈演员从右台口下台）

孙悦　哇，你们太棒了，谢谢。泉州的朋友们你们好，还有电视机前的朋友们。因为刚刚来时我在酒店看电视直播，现场的朋友真的很棒，很热情。看到你们灿烂的笑脸，所以一会还有首快歌，你们更加的 High 点，开心一点，然后给你们的镜头会多一些，很不容易哦。所以今天来一首快乐的歌献给你们，《快乐指南》，好吗！

《快乐指南》

作词：张俊以　作曲：金昌焕
演唱：孙悦
编舞：贾文正　李金鹏
伴舞：泉州歌舞剧团

（舞蹈演员从舞台一层左右两侧台口上台）

讨论一下你为什么不快乐
我们看看幸福手册上它说些什么
你照着它去做会收获很多
别让那快乐走了噢吧吧吧
不要枕着难题总是很忧郁
命运安排我们日子都有许多坎坷
如果发现错了就马上改过
别让那快乐走了噢吧吧吧
不贪不占你会快乐
不抽少喝你会快乐
清清白白你会快乐
善待朋友你会快乐
孝敬老人你会快乐
有了爱情你会快乐
好的心情总是让你快快乐乐
你笑一笑它很容易
不要忧郁不要灰心和叹息
用你的珍惜和你的感激
有了知己有了幸福和甜蜜

（喷射烟花灯光闪烁）

（主持人在左侧主持台音乐起）

尹乃菁　哇，非常棒！

鲁健　谢谢孙悦。这首歌非常棒，让我们现场的气氛一下 HIGH 到了最高潮。朋友们，你们快乐吗！今晚我们在这个中国民族的传统佳节元宵佳节共同欢聚在美丽的泉州，用歌声唱出了我们心中所有的美好祝福，使得今天这个夜晚更加温馨。

尹乃菁　没有错，在今天晚上相信所有观众和电视机前的观众朋友和我们一样，我们都看到了泉州湾的辉煌，我们一起见证了闽南文化的灿烂和精彩，同时我们也体会到了泉州湾的多情。在这里我们一起感受到了我们大家血脉相连、亲情永远。

鲁健　对，亲情这条路让我们能够走到一起，让我们今天晚上相聚在这里。亲情是一首歌，让我们无论走到哪里都能唱出心中的美好，唱出心中共同的家园。

尹乃菁　是，接下来就让我们来欣赏期待已久的孙燕姿的《天黑黑》。

鲁健　孙燕姿有请。

《天黑黑》

作词：廖莹如　作曲：李偲菘
演唱：孙燕姿

（歌手从舞台一层左侧台口上台）

我的小时候吵闹任性的时候
我的外婆总会唱歌哄我
夏天的午后姥姥的歌安慰我

那首歌好像这样唱的
天黑黑欲落雨
天黑黑黑黑

离开小时候有了自己的生活
新鲜的歌新鲜的念头
任性和冲动无法控制的时候
我忘记还有这样的歌
天黑黑欲落雨
天黑黑黑黑

我爱上让我奋不顾身的一个人
我以为这就是我所追求的世界
然而横冲直撞被误解被骗
是否成人的世界背后总有残缺
我走在每天必须面对的分岔路
我怀念过去单纯美好的小幸福
爱总是让人哭让人觉得不满足
天空很大却看不清楚好孤独

天黑的时候我又想起那首歌
突然期待下起安静的雨
原来外婆的道理早就唱给我听
下起雨也要勇敢前进……
我相信一切都会平息
我现在好想回家去

天黑黑欲落雨
天黑黑黑黑

孙燕姿 今天很开心可以来到泉州跟大家一起团圆，在这里祝大家元宵节快乐，接下来带给大家这首歌《绿光》。

《绿光》
作词：天天 作曲：李偲菘
演唱：孙燕姿
编舞：贾文正
伴舞：北京八拍文化

期待着一个幸运和一个冲击
多么奇妙的际遇
翻越过前面山顶和层层白云
绿光在那里
触电般不可思议像一个奇迹
划过我的生命里
不同于任何意义你就是绿光
如此的唯一
green light I'm searching for you
always 不会却步
哦珍爱不会结束
green light in my life
遇见了一个传奇却如此熟悉
在天空里的精灵
说一声 listen to me 有一道绿光
幸福在哪里
触电般不可思议像一个奇迹
划过我的生命里
不同于任何意义你就是绿光
如此的唯一
rap：maybe it's myth I'm seeking you say
maybe it's a wild dragon chase anyway
but still I'm gonna listen to my heart and try
pack up all my load
so long，goodbye
green light I'm searching for you
always 不会却步
哦珍爱不会结束
green light in my life
期待着一个幸运和一个冲击
多么奇妙的际遇
翻越过前面山顶和层层白云
绿光在那里
触电般不可思议像一个奇迹
划过我的生命里

不同于任何意义你就是绿光
如此的唯一
na na na na
green light's right here
爱永远在你身边身边身边
遇见了一个传奇却如此熟悉
在天空里的精灵
说一声 listen tome 有一道绿光
幸福在哪里
触电般不可思议像一个奇迹
划过我的生命里
不同于任何意义你就是绿光
如此的唯一
na na na na
这是最美的传说在我心里
你就是唯一
（喷射烟花）

【郑实画外音】谢谢孙燕姿。接下来有请孙楠为我们带来《不见不散》。

《不见不散》

作词：张和平　作曲：三宝
演唱：孙楠
（歌手从舞台二层右台口上台。）
不必烦恼是你的想跑也跑不了
不必苦恼不是你的想得也得不到
这世界说大就大说小就小
就算你我有前生的约定
也还要用心去寻找
不见不散 be there or be sqare
不见不散
噢不见不散 be there or be sqare
不见不散
（LED 同步直播）

孙楠　谢谢。各位亲爱的泉州朋友们，晚上好。孙楠在这里祝大家节日快乐。那么节日当然有节日礼物送给大家，接下来这首歌曲《节日礼物》送给大家。元宵节快乐。

《节日礼物》

作词：刘雨潼　作曲：皇城虎　刘雨潼
演唱：孙楠
编舞：贾文正　李金鹏
伴舞：泉州歌舞剧团　泉州聚龙小镇艺术团　北京八拍文化
（喷射烟花）
城市里的烟花
点亮夜的喧哗
我也放慢了步伐
发现一个她
闪烁着的亮指甲
见到她一刹那
对视那一刹那
眼睛迸出了火花
人群里的她
舞动着的黑头发
DJ 在说话
happy hours boys and girls
伸出你的手
我们一起来跳舞
跟着节奏
就在那一瞬间
感觉就像春天
一股暖流涌入我胸怀
我们尽情地摇摆
我们就这样相爱
无所谓你是谁
无所谓我是谁
整个时间只有你我最美
这是上天的安排
我们就这样相爱到永久

城市里的烟花
点亮夜的喧哗
我也放慢了步伐
发现一个她

闪烁着的亮指甲
见到她一刹那
对视那一刹那
眼睛迸出了火花
人群里的她
舞动着的黑头发
DJ 在说话
happy hours boys and girls
伸出你的手
我们一起来跳舞
跟着节奏
就在那一瞬间
感觉就像春天
一股暖流涌入我胸怀
我们尽情地摇摆
我们就这样相爱
无所谓你是谁
无所谓我是谁
整个时间只有你我最美
这是上天的安排
我们就这样相爱
就在那一瞬间
感觉就像春天
一股暖流涌入我胸怀
我们尽情地摇摆
我们就这样相爱
无所谓你是谁
无所谓我是谁
整个时间只有你我最美
这是上天的安排
我们就这样相爱到永久
到永久

（主持人从舞台一层左台口上台所有舞蹈演员留着台上音乐起所有演职人员从左右两侧台口上台）

鲁健 元宵花灯璀璨，照亮亲情温暖。

桑晨 悠悠闽南神韵，共谱和谐乐章

尹乃菁 海峡欢歌，今宵难忘。

郑实 祝福明天，灿烂辉煌。

鲁健 亲爱的观众朋友们，中央电视台中华情闽南风大型文艺晚会到这里就全部结束了。谢谢您的收看，再次祝大家元宵节快乐。

齐 再见！

（大屏幕为五彩缤纷飘落的花瓣，现场一片欢乐场景）

（田女　整理）

2010 第三届北京清明诗会

播出台：北京卫视
播出日期：2010 年 4 月 4 日 1
总导演：李兰　李雪萍

（舞美：舞台背景为体育场看台，来自不同行业的朗诵者组成不同方阵分居各看台，以

不同颜色服装区分，舞台前景为一大屏幕，显示各节目信息及所朗诵诗歌的内容，并配合不同节目显示不同背景、播放视频等）

片头：水墨画风格的开场动画，墨滴在水中渲染开来的效果，行书杜牧诗《清明》，牛背上的牧童、江流山间等景物，“清明诗会”的标志以中国印的形式出现。

大型群众诗朗诵

演出单位：北京节日合唱团、北京市自忠小学合唱团、首师大初等教育学院学生合唱团、石景山区文化馆启明星少儿舞蹈团、大学生方阵、社区居民方阵、文艺工作者方阵、驻京部队官兵方阵、政法干警方阵

（除作为背景的朗诵方阵外，舞台正中和舞台两侧为开场朗诵表演方阵）

《清明》杜牧（唐）

（第一首诗童声朗诵、群众方阵朗诵各一遍，每首诗最后一联全体重复一遍）

清明时节雨纷纷，
路上行人欲断魂。
借问酒家何处有，
牧童遥指杏花村。

《春日》朱熹（宋）

胜日寻芳泗水滨，
无边光景一时新。
等闲识得东风面，
万紫千红总是春。

《忆清明》仰望星空

天下寒食当自省，
上坟祭祖正清明。
阳春三月踏青去，
无限风光妙笔生。

（大屏幕显示“中国节，中华情”字样，主持人上台）

徐涛：尊敬的各位领导，各位来宾，观众朋友们，大家——

合 晚上好。

春妮 现在您正在收看的是2010年第三届北京清明诗会的演出现场。本届清明诗会是由中共北京市委宣传部、首都精神文明办、北京市文化局、中共石景山区委员会、石景山区人民政府、北京电视台主办的，并由中共石景山区委宣传部、北京文化艺术活动中心、北京电视台文艺节目中心、石景山区文明办、石景山区文化委员会、石景山区体育局、石景山区广播电视中心承办，并由北京卫视BTV在线网络和BTV手机视频同步播出。

罗旭 清明是我国二十四节气之一，也是重要的民俗传统节日，清明一到，气温升高，正是春耕春种的好时节。

田歌 清明时节，既有祭扫祭祀时悲伤的眼泪，更有踏青游玩时欢乐的笑声。清明凝聚着古往今来的人文情感，也满载着万象更新的美好祝愿。

徐涛 清明是感怀生命的节日。在感怀中，我们深切地体会到生命的可贵，从而升腾起一种蓬勃向上的力量。

春妮 清明也是感恩生活的节日。行走在蓝天碧水间，我们听着鸟儿欢乐的歌唱，我们感受到的是万物的勃勃生机，感受到的是生命的多姿多彩。

罗旭 清明更是感受绿色的节日。踏青时春意盎然尽收眼底。满目的青山绿水，带给我们对于生命的渴望。

田歌 那就让我们以诗为伴，一起来品读清明，感悟清明。

（大屏幕字幕：第一篇章：生命）

百人古琴配乐诗词吟诵

演出单位：北京市朝阳区文化馆、九嶷派古琴艺术传承人

《七律·清明祭》作者：淡淡的云　朗诵：王和平
（灯光暗下，蓝色调）
旧梦如烟无处寻，一声叹息泪染襟。
春风拂柳涟漪荡，细雨润物翡翠魂。
寒食无烟推之介，清明悲祭晋公文。
不约而同亲朋到，纸钱佳肴奉先亲。
《清明即事》孟浩然（唐）朗诵：王和平
帝里重清明，人心自愁思。
车声上路合，柳色东城翠。
花落草齐生，莺飞蝶双戏。
空堂坐相忆，酌茗聊代醉。
（全场灯光暗下）

（左主持区灯光亮起）
徐涛　清明的雨，把永远的唐诗宋词化作了清新的生命水墨。
春妮　清明的风，把生命的春暖秋寒燃成了岁月的澎湃激情。
徐涛　杏花春雨江南，让我们想起了那些为了彻底埋葬旧世界而上下求索的仁人志士。
春妮　胡马秋风塞北，让我们永远记住那些为了民族解放和新中国的建立而舍生取义的民族精魂。

诗与歌《七律·长征》毛泽东
作曲：彦克、吕远
朗诵：刘小娜
演出单位：驻京部队官兵方阵、老战士方阵
（灯光暗，朗诵者站立于驻京部队官兵方阵之中）
刘小娜　长征是历史记录上的第一次，长征是宣言书，长征是宣传队，长征是播种机。长征是以我们胜利、敌人失败的结果而告结束。红旗飘，军号响，战马吼，歌声亮。铁流两万五千里，红军威名天下扬。
（全场灯光亮起，驻京部队官兵方阵、老战士方阵朗诵）：
红军不怕远征难，万水千山只等闲。
五岭逶迤腾细浪，乌蒙磅礴走泥丸。
金沙水拍云崖暖，大渡桥横铁索寒。
更喜岷山千里雪，三军过后尽开颜。
（音乐起，全场合唱《七律·长征》两遍，刘小娜在歌声中再次朗诵一遍）

（灯光暗，左主持区灯光亮起）
罗旭　清明，总是伴随着追思与缅怀、感恩和传承。
田歌　从雨花台的枪声到叶挺的囚歌，无数的革命先烈用他们短暂的生命为我们诠释了生命的短暂和高贵，演绎了革命的激情和浪漫。
罗旭　在中国人民革命军事博物馆的展柜里，静静地躺着两份烈士的遗书。这遗书来自一对年轻的革命伴侣——陈觉和赵云霄烈士。
田歌　从他们刘畅而又工整的笔触中，我们看不到两个将死之人的任何恐惧，而我们感受到的是共产党人面对死亡的从容和对亲人的满腔真情。

情景朗诵：烈士书信摘抄《难忘的记忆》
造型舞蹈：北京黑祥子时空艺术团
朗诵：刘鉴、马以
（灯光暗，演员以雕塑群像的形象出现在大屏幕正前方）
刘鉴（陈觉烈士的形象）：
云霄我的爱妻：
这是我给你的最后的信了，我即日便要赴死了，你已有身（孕），不可因我死而过于悲伤。他日无论生男或生女，我的父母会来抚养他的。我的作品以及我的衣物，你可以选择一些给他留作纪念。
你也迟早不免于死，我已请求父亲把我俩合

葬。以前我们都不相信有鬼，现在则唯愿有鬼。“在天愿为比翼鸟，在地愿为并蒂莲，夫妻恩爱永，世世缔良缘。”回忆我俩在苏联求学时，互相切磋，互相勉励，课余时间闲谈琐事，共话桑麻，假期中或滑冰或避暑，或旅行或游历，形影相随。及去年返国后，你路过家门而不入，与我一路南下，共同工作。你在事业上、学业上所给我的帮助，是比任何教师任何同志都要大的，尤其是前年我病本已病入膏肓，自度必为异国之鬼，而幸得你的殷勤看护，日夜不离，始得转危为安。那时若死，可说是轻于鸿毛，如今之死，则重于泰山了。

前日父亲来看我时还在设法营救我们，其诚是可感的，但我们宁愿玉碎却不愿瓦全。父母为我费了多少苦心才使我们成人，尤其是我那慈爱的母亲，我当年是瞒了他（她）出国的。我的妹妹时常写信告诉我，母亲天天为了惦念她的在异国的爱儿而流泪，我现在也懊悔此次在家乡工作时竟不去见他（她）老人家一面，到如今已是死生永别了。前日父亲来时我还活着，而他日来时只能看到他的爱儿的尸体了。我想起了我死后父母的悲伤，我也不觉流泪了。云！谁无父母，谁无儿女，谁无情人！我们正是为了救助全中国人民的父母和妻儿，所以牺牲了自己的一切。我们虽然是死了，但我们的遗志自有未死的同志来完成。大丈夫不成功便成仁，死又何憾！

（灯光暗，音乐起）

（马以饰演赵云霄烈士由舞台右侧上，追光）

马以（赵云霄烈士的形象）：

启明我的小宝贝：

启明是我们在牢中生了你的时候为你起的名字。（小女孩自舞台左侧上，追光）这个名字是很有意义的。因为有了你4个月的时候，你的母亲便被湖南清乡督办署捕于（到）陆军监狱署来了。当时你的母亲本来（是）立时（处）死的罪，可是因为有了你的关系，被督办署检查了四五次，方检查出来，是有了你！所以为你起了个名字叫启明（与你同样同生一个叫启蒙）。小宝宝！你是民国十八年正月初二日生的，但你的母亲在你才有一月有十几天的时候，便与你永别了。小宝宝！你是个不幸者，生来不知生父是什么样，更不知生母是如何人？小宝宝！你的母亲不能扶（抚）养你了，不能不把你交与你的祖父母来养你。你不必恨我，而（要）恨当时的环境！

小宝宝！我很明白的告诉你，你的父母是共产党员，且到俄国读过书（所以才处我们的死刑）。你的父亲是死于民国十七年阳历十月十四日，即古历九月初四日。你的母亲是死于民国十八年阳历三月二十六日，即古历二月十六日。小宝贝！你的父母，你是再不能看到，而（且）也没有相片给你，你的母亲所给你的记（纪）念只有相片和衣物及一金戒指，你可作一生的唯一的记（纪）念品！

小宝宝！我不能扶（抚）育你长大，希望你长大时好好的读书，且要知道你的父母是怎样死的。我的启明，我的宝宝！当我死的时候你还在牢中。你是不幸者，你是个世界上的不幸（者）！更是无父母的可怜者。小明明！有你父亲在牢中给我的信及作品，你要好好的保存。小宝宝！你的母亲不能多说了。血泪而（书）成。你的外祖母家在北方，河北省阜平县。你的母亲姓赵，你可记着。你的母亲是二十三岁上死的。小宝宝！望你好好长大成人，且好好读书，才不（辜）负你父母的期望。可怜的小宝贝，我的小宝宝！

你的母亲于长沙陆军监狱署泪涕

（全场灯光暗）

群体朗诵《少年中国说》

作者：梁启超

朗诵：徐涛

演出单位：共青团员方阵、志愿者方阵、大学生方阵、驻京部队官兵方阵、少数民族方阵、文艺工作者方阵、社区居民方阵、驻京部队官兵方阵、环卫工人方阵、城市管理监察大队方阵

（徐涛自上台口上，追光，大屏幕与朗诵同步显示《少年中国说》的内容）

徐涛　造成今日之老大中国者，则中国老朽之冤业也。制出将来之少年中国者，则中国少年之责任也。彼老朽者何足道，彼与此世界作别之日不远矣，而我少年乃新来而与世界为缘。如僦屋者然，彼明日将迁居他方，而我今日始入此室处。将迁居者，不爱护其窗栊，不洁治其庭庑，俗人恒情，亦何足怪！若我少年者，前程浩浩，后顾茫茫。中国而为牛为马为奴为隶，则烹脔鞭棰之残酷，唯我少年当之。中国如称霸宇内，主盟地球，则指挥顾盼之尊荣，唯我少年享之。于彼气息奄奄与鬼为邻者何与焉？彼而漠然置之，犹可言也。我而漠然置之，不可言也。使举国之少年而果为少年也，则吾中国为未来之国，其进步未可量也。使举国之少年而亦为老大也，则吾中国为过去之国，其澌亡可翘足而待也。故今日之责任，不在他人，而全在我少年。少年智则国智，

（一方阵亮，一方阵合）少年智则国智，

徐涛　少年富则国富，

（二方阵亮，二方阵合）少年富则国富，

徐涛　少年强则国强，

（三方阵亮，三方阵合）少年强则国强，

徐涛　少年独立则国独立，

（四方阵亮，四方阵合）少年独立则国独立，

徐涛　少年自由则国自由，

（五方阵亮，五方阵合）少年自由则国自由，

徐涛　少年进步则国进步，

（部分方阵合）少年进步则国进步，

徐涛　少年胜于欧洲则国胜于欧洲，

（部分方阵合）少年胜于欧洲则国胜于欧洲，

徐涛　少年雄于地球则国雄于地球！

（部分方阵合）少年雄于地球则国雄于地球！

（音乐起）

徐涛　红日初升，其道大光。河出伏流，一泻汪洋。潜龙腾渊，鳞爪飞扬。乳虎啸谷，百兽震惶。鹰隼试翼，风尘吸张。奇花初胎，矞矞皇皇。干将发硎，有作其芒。天戴其苍，地履其黄。纵有千古，横有八荒。前途似海，来日方长。美哉我少年中国，与天不老！

（全场合）与天不老！

徐涛　壮哉我中国少年，与国无疆！

（全场合）与国无疆！

徐涛及全场合：与国无疆！

（灯光暗）

（大屏幕字幕：第二篇章：生活）

（左主持区灯光亮）

春妮　感恩生活，催护新生，正是清明节所具有的象征意义。

罗旭　清明是感恩生活的节日，因为感恩能让我们懂得生命的真谛，因为感恩能让我们感受生活的美好。

春妮　接下来要请大家欣赏的这一组诗篇，是通过北京电视台官方网站互动征集精选出来的一组有关生活主题的现代诗。

罗旭　而来到诗会现场的群众演员，来自首都的各行各业。尽管他们不是名人名家，更不是专业演员，但是他们希望用

心去感受美好的生活，用真情实感来迎接更加灿烂的明天。

群众生活组诗朗诵《生活就是这样》（节选）

作者：宋青松　领诵：尹鑫磊

演出单位：文艺工作者方阵

（文艺工作者方阵灯光亮，朗诵者出现在方阵之中）

尹鑫磊

生活就是这样
好日子总在后头
好风景还在前方
当你翻不过那座山时
一条河已为你流淌
不能不低下头的时候
你的背上正驮起一轮太阳

（文艺工作者方阵合）

生活就是这样
无论你有多少欢乐
还是忧伤
你都应该学会
为自己也为生活歌唱

群众生活组诗朗诵《我为少男少女们歌唱》（节选）

作者：何其芳　领诵：马思源

演出单位：志愿者方阵

（志愿者方阵灯光亮，朗诵者出现在方阵之中）

马思源

我为少男少女们歌唱。
我歌唱早晨，
我歌唱希望，
我歌唱那些属于未来的事物，
我歌唱正在生长的力量。
所有使我像草一样颤抖过的，
快乐或者好的思想，
都变成声音飞到四方八面去吧，
不管它像一阵微风，
或者一片阳光。
轻轻地从我琴弦上，
失掉了成年的忧伤，
我重新变得年轻了，
我的血流得很快，
对于生活我又充满了梦想，充满了渴望。

（志愿者方阵合）

对于生活我又充满了梦想，充满了渴望。

群众生活组诗朗诵《青春万岁》（节选）

作者：王蒙　领诵：李洋

演出单位：共青团员方阵

（共青团员方阵灯光亮，朗诵者出现在方阵之中）

李洋

所有的日子，所有的日子都来吧，
让我编织你们，用青春的金线，
和幸福的璎珞编织你们。
有那小船上的歌笑，月下校园的欢舞，
细雨蒙蒙里踏青，初雪的早晨行军，
还有热烈的争论，跃动的、温暖的心……
转眼过去的日子，也是充满遐想的日子，
纷纷的心愿迷离，像春天的雨，
我们有时间，有力量，有燃烧的信念，
我们渴望生活，渴望在天上飞。

（共青团员方阵合）

我们有时间，有力量，有燃烧的信念，
我们渴望生活，渴望在天上飞。

群众生活组诗朗诵《理想》（节选）

作者：流沙河

领诵：王凤江

演出单位：驻京部队官兵方阵

（驻京部队官兵方阵灯光亮，朗诵者出现在方阵之中）

王凤江

理想是石，敲出星星之火；
理想是火，点燃熄灭的灯；
理想是灯，照亮前行的路；
理想是路，引你走向黎明。
理想如珍珠，一颗缀联着一颗，
贯古今，串未来，莹莹光无尽。
美丽的珍珠链，历史的脊梁骨，
古照今，今照来，先辈照子孙。
理想使你微笑地观察着生活，
理想使你倔强地反抗着命运。
理想使你忘记鬓发早白；
理想使你头白仍然天真。
理想使忠厚者常遭不幸；
理想使不幸者绝处逢生。

（驻京部队官兵方阵合）

平凡的人因有理想而伟大；
有理想的人就是一个“大写的人”。

群众生活组诗朗诵《生活诗篇》（节选）

作者：谢燕

领诵：王珊珊

演出单位：少数民族方阵

（少数民族官兵方阵灯光亮，朗诵者出现在方阵之中）

王珊珊

生活是艘船，
任你远航；
生活是支笔，
任你写下人生梦想。
生活是台演出，
生活是心中的清泉，
滴滴珍贵；
生活是动听的老歌，感人心肺；
眼观世界，心扣生活，
让我们拥抱分分秒秒，

（少数民族方阵合）

双手托起各自心中的梦想，
在蔚蓝的天空展翅翱翔。

诗与歌《我能行》

作者：刘玉生

朗诵：陶舜

手语老师：冷新雪、郝燕

演出单位：首都师范大学初等教育学院学生合唱团、社区工作者方阵、公务员方阵、企业方阵、政法干警方阵、教师方阵、医护人员方阵、体育工作者方阵、城市管理监察大队方阵、来京务工人员方阵、首都文明乘车监督员方阵

（全场暗，朗诵者轮椅由上台口推上，追光）

（朗诵者及两名手语老师分别追光）

陶舜

不要说我不行，跨近一步也许就是成功。
只要你敢下海，就会发现大海给每个人的浮力相等。
只要你敢登山，就会知道大地给每个人同样的支撑。
不要说我不行，伸出双手就能够触摸到天堂。
只要抛弃偏见，就能发现一个自强不息的生命。
不要说我不行，给我信任我会炼成钢铁，
给我机会，我可以创造成功！
不要说我不行，赶走自卑我的心会生出翅膀。
战胜懦弱，我的手能托起彩虹。
不要说我不行，不要说我不行。
给我一个支点，我也能把地球转动。
你说我行，是因为信任、挚诚；

我说我行，是因为热爱生命。
获得成功，为了心中的梦想。
即使跌倒，也是为了向前的飞跃，向上的攀登！

（全场亮，电脑灯绚丽的舞台效果，全场合唱）

我要飞得更高　飞得更高
狂风一样舞蹈　挣脱怀抱
我要飞得更高　飞得更高
翅膀卷起风暴　心生呼啸
我要飞得更高　飞得更高

（全场暗）

（左主持区灯光亮）

田歌　清明是对生活的感恩，是对亲人的感恩。来自父母亲朋的爱，就像丁香一样，淡淡的，悠长的。只有当岁月走过，我们才会渐渐品味出那份淡淡的爱中所蕴含的深远的韵味。

徐涛　这份爱，如同和风细雨，润物无声，深情无言。在我们的心灵深处，撑起一片绿荫，供我们歇息。

田歌　这份爱，将永远陪伴在我们的人生路上。在我们努力生活的同时，更加深刻地领悟血脉的奔腾和生命与爱的厚重。

配乐诗朗诵《我的父亲母亲》

作者：郭劲松

朗诵：宋春丽

（朗诵者由下台口上，追光）

宋春丽

你给了我乌黑发亮的头发
你给了我白皙柔嫩的脸颊
你给了我明亮深邃的眼睛
你给了我温柔而坚强的一颗心
你给了我思想你给了我生命
让我在蓝天之下在黄土之上
呼吸奔跑
享受自由的每分每秒
你是我的父亲母亲
无时无刻不把我牵挂在心
你是我的父亲母亲
你的爱温暖鼓励我
在人生的风雨中
执著前行
你留给自己苍白稀疏的头发
你留给自己枯黄干裂的脸颊
你留给自己浑浊模糊的眼睛
你留给自己衰老还在挂念的一颗心
你献出了思想你献出了生命
而后在太阳之下在月亮之下
静静等候
那最后一次的出门远行
你是我的父亲母亲
无时无刻不把我牵挂在心
你是我的父亲母亲
你的爱温暖鼓励我
在人生的风雨中
执著前行

（全场暗，左主持区灯光亮起）

罗旭　走进四月，感悟清明。

春妮　走近清明，感恩生活。

罗旭　感恩是一种生活态度，是一种善于发现生活之中的感动，并能享受这一感动的思想境界。

春妮　感恩是一种信仰，是一份坚守。感恩的心，容易感动；感动的心，充满感激。而感激的心，充满快乐。

罗旭　让我们一起用感恩的心传递感动，让我们一起来感恩生活，让我们的生命灿烂多彩，让我们的生活五光十色。

诗与歌《生活是多么广阔》

作者：何其芳

演出单位：北京盛基舞蹈学校、首都文明乘车监督员方阵、社区工作者方阵、公务员方阵、医护人员方阵、教师方阵、体育工作者方阵、来京务工人员方阵
朗诵：曹涤非、陈晨、曹扬、刘婧
（朗诵者自上台口上，追光）

曹涤非

生活是多么广阔，生活是海洋。
凡是有生活的地方就有快乐和宝藏。

陈晨

去参加歌咏队，去演戏，去建设铁路，去做飞行师，
去坐在实验室里，去写诗，

曹扬

去高山上滑雪，去驾一只船颠簸在波涛上，
去北极探险，去热带搜集植物，

刘婧

去带一个帐篷在星光下露宿。
去过极寻常的日子，去在平凡的事物中睁大你的眼睛，
去以自己的火点燃旁人的火，去以心发现心。

曹涤非

生活是多么广阔，生活又多么芬芳。
凡是有生活的地方就有快乐和宝藏。

（合）

生活是多么广阔，生活又多么芬芳。
凡是有生活的地方就有快乐和宝藏。

歌舞《我们的生活充满阳光》

幸福的花儿心中开放
爱情的歌儿随风飘荡
我们的心儿飞向远方
憧憬那美好的革命理想
啊
亲爱的人啊携手前进
携手前进
我们的生活充满阳光
充满阳光
并蒂的花儿竞相开放
比翼的鸟儿展翅飞翔
迎着那长征路上战斗的风雨
为祖国贡献出青春和力量
啊
亲爱的人啊携手前进
携手前进
我们的生活充满阳光
充满阳光

（大屏幕字幕：第三篇章：自然）

春妮 清明节有着丰富的文化内容，千百年的传统一代代沿袭，形成了我们民族特有的清明风俗。

徐涛 是啊，除了禁火、扫墓，还有蹴鞠、踏青、植树、放风筝、荡秋千，这种种的习俗赋予了清明节别样的特色。既有慎终追远的伤感，又有欢乐踏青的愉悦；既有生死别离的悲酸，又有清新明丽的景象。

春妮 清明节也是感受绿色的节日，是我们对春天的拥抱。在和煦的春风里，垂髫的孩童嬉闹着荡起秋千；耄耋的老人悠然地放着纸鸢；风华正茂的年轻人在林间欢快地穿梭……此情此景，是一幅多么温馨而美丽的画面啊。

徐涛 正如欧阳修笔下那首著名的诗歌：难过脣瓣踏青时，风和闻马嘶。青梅如豆柳如眉，日长蝴蝶飞。

童声合唱表演《春晓》
作词：孟浩然（唐）
作曲：谷建芬演出单位：北京市自忠小学童声合唱团、石景山区文化馆启明星少儿舞蹈团
（全场暗，小女孩出现在舞台正中，追光）

春眠不觉晓，
处处闻啼鸟。
夜来风雨声，
花落知多少。

（音乐起，全场亮，舞蹈演员自两侧上台）

舞蹈《踏青》
编舞：岳小东
演出单位：北京盛基艺术学校、西城区武术协会、宣武区广外街道空竹艺术团、宣武区椿树街道办事处踢花毽表演队、朝阳区街道社区、中国传媒大学、陈经纶中学、和平街四小、芳草地小学
（全场暗，舞台正中绿色灯光，大屏幕出现风筝、绿树等春日清明风光。如红花绿柳的婀娜少女演绎出春日万物生长、生机勃勃的美丽画卷。老年人在这一篇春意盎然之中打太极拳、抖空竹、踢花毽，展现出一片最美不过夕阳红的美好和温馨）

（全场暗，左主持区灯光亮起）

罗旭　春风无限，正是清明。让我们在绿意盎然的世界里一同感悟清明。

田歌　春色满园，又是清明。在繁花盛开的锦绣里，让我们一起来感悟清明。

罗旭　感悟清明，感悟生命的可贵。

田歌　感悟清明，感悟生活的美好。

罗旭　感悟清明，感悟自然的清新。

（合）　让我们一起来感悟清明。

朗诵《感悟清明》
作者：杨德祥
朗诵：各行各业代表吴弘毅、于菲、王霓、马千芳、郝姗姗、张海、何凯鹏、金鹏、陶理、赵世伟、薛凯义、壮博雄
（舞台中央绿色灯光）

都说这个节日的春色非常浓稠，
都说这个节日的内涵十分丰厚，
清新的风和明亮的雨是中国特有的门帘，
清秀的山和明丽的水是全球向往的窗口。
我们的清明多像一叶扁舟，
缅怀和思念就这样静静地跨过时间的鸿沟。
我们的清明多像一座彩楼，
憧憬和向往就这样静静地登上明媚的霄九。
生存的意义在这一天得到洗礼；
生命的价值在这一天得到探究；
生活的底蕴在这一天得到升华；
生息的状态在这一天得到运筹。
我们坚信稚嫩的对岸肯定是丰满的成熟，
我们坚信青涩的前方无疑是飘香的丰收。
牵着清明的手我们大步往前走
每一条绿水都是壮行的美酒，
每一座青山都是抒情的长绸。
朋友们让我们带着珍惜二字出发吧！
先祖先贤先烈们的遗愿，
已催开我们的情窦，
是种子就该吐翠，
是花朵就该竞秀。
是双桨就该弄潮破浪，
是翅膀就该搏击云头。
因为真正的富有需要丰收后的丰收！
因为最美的享受需要奋斗后的奋斗！

（舞台中央灯光亮起）

徐涛　我们拥抱传统，让我们和祖先的血脉紧紧连在一起。

春妮　清明节，我们感怀生命，让我们懂得情感的珍惜和生命的珍贵。

罗旭 清明节，我们感恩生活，让我们把爱心化作实际行动，为西南那片干涸的土地送去爱的春雨。

田歌 清明节，我们感受绿色，让我们和西南地区的人民群众一起，手拉手，心连心，共同投入到这场抗旱救灾的战斗中。让我们共同努力，把最美的绿色染遍北京，染遍西南大地。

徐涛 朋友们，让我们在清明节一同走进春天。让我们在清明节一同——

（合） 走进春天。

混声合唱主题歌《清明雨》

作词：车行作曲：陈光

合唱编曲：明子琪 编曲：凯波

指挥：明子琪

演出单位：北京节日合唱团、首师大初等教育学院学生合唱团

（全场绿色灯光）

梨花飘落一阵小雨
打湿心头点点滴滴
带上亲情和湿透的回忆
一到此刻感受分离
风儿踏青一地草绿
留下思念两行足迹
收好泪水和朦胧的思绪
一条血脉生生不息
清明雨下在我心里
人生有聚散，道路有崎岖
清明雨下在我梦里
今生是亲人，来生还相依
清明雨下在我梦里
雨后有彩虹，大地有生机

（全场亮，全体演员及主持人由舞台两侧上）

春妮 朋友们，到这里2010年第三届北京清明诗会的演出到此结束。

田歌 各位朋友们，春天好！

徐涛 朋友们

（合） 再见！

（崔天奇 整理）

《快乐大本营》之20100410期《潮流夜》

播出台：湖南卫视
播出时间：2010年4月10日
制片人：龙梅
执行制片人：罗昕
导演：李蓓 屈露 周晶 吴怡希 易文轩

（片头）《快乐大本营》节目片头

（现场舞美：舞台上方小灯闪烁，灯光暗，体现夜晚气氛。舞台两边有不同的柱体，上面有一些不规则的图案，呈粉红色镂空。舞台后侧是大约五米左右的大屏幕）

【男解说】欢迎来到“万千星辉耀湘江”

"潮流炫动星城夜"的晚会现场！有请今晚的司仪，Mr. 杜！

（舞美：舞台一角。亮片背景门板）

音乐黄立行《我是你的谁》

（音乐起，杜和两个女舞者随音乐跳舞出场。）

杜 YA 嘿嘿嘿！欢迎来到马栏山潮流夜，我是今晚的主持人海涛杜。

（字幕：海涛·杜）

杜 今天晚上我们的马栏山潮流夜，会有很多的大牌明星。首先第一位，我喜欢他的新潮流，让我们欢迎犀利哥，让我们感受他的忧郁。哈！

（舞美：舞台中央有一个长椅，背景是涂鸦画）

（音乐：2NE1《Fire》）

（音乐起，一男一女两个舞者坐在长椅上扮演情侣，李从长椅旁一个垃圾桶后跳出，身着犀利哥服饰。字幕：犀利嘉。三人随音乐共舞）

（演出结束）

（舞美：舞台一角。亮片背景门板）

（音乐：黄立行《我是你的谁》）乐起，杜和两个女舞者随音乐跳舞出场

杜 嘿！啾啾啾，喵喵喵，哟哟哟！呼！接下来，要上场的这个好朋友，是本人特别喜欢的一个小动物，因为它火遍了全球，而且我对它很有感情，因为我生平收到的我最喜欢的礼物，就是它。让我们欢迎可爱的小猴子，蒙奇奇！

（舞美：舞台布置温馨，可爱的带花园的小房子。猴子蒙奇奇在舞台坐在其中。视频背景为动画制作的简单风景。灯光为粉色调，夜晚气氛）

（音乐：李胜基《结婚好吗》）

（音乐起，何和三个舞者出场，随音乐跳舞，身着蒙奇奇服饰。字幕：蒙奇奇何）

（演出结束）

（舞美：舞台一角。亮片背景门板）

（音乐：黄立行《我是你的谁》）

（音乐起，杜和两个女舞者随音乐跳舞出场）

杜 Oh my Lady gaga！在任何的潮流夜之中，当然不能少了 Lady gaga 的身影，这个潮流教母就连吃一餐晚餐都要把自己打扮成火鸡的样子。接下来，让我们有请出她吧！Oh my Lady gaga！

（舞美：舞台中央两个红色长沙发，沙发旁各站两名舞者。背景视频为三维效果图。灯光炫目，蓝白色调。夜晚气氛。追光表演者）

（音乐：Lady gaga《Poker Face》）

（音乐起，吴和谢轮流从左右侧沙发跳起，与舞者跳舞，从头到脚类似 Lady gaga 怪异的打扮，白色的头发，带着有半边亮片的眼镜，抹深红色的口红。字幕：Lady 昕嘎。吴和谢同台与四名女舞者跳舞。紧接着，李着犀利哥服饰，何着蒙奇奇服饰，杜上场。五名主持人同台，与多名舞者共舞）

何 大家好，欢迎各位来到我们的 Oppo real 音乐手机《快乐大本营》，我们是——

五人齐 快乐家族！（音乐渐消。灯光渐亮。字幕：快乐家族）

何 今天真的有妖孽到。

谢 有。Oh my Lady gaga！（画面下方 Lady gaga 照片）

何 Oh my 犀利 brother！（画面下方犀利哥照片）

李 Oh my 蒙奇奇！（画面下方蒙奇奇照片）

谢 Oh my 主持人！

杜 Oh 我是个潮人！耶！

何　海涛，你介绍一下我们今天的主题嘛。

杜　嘿！这里是“马栏山潮流夜”的现场了。那现在我们今晚所有的大咖已经——

何　啊节奏好慢。（何面对李）所以你今天演的是犀利哥——

杜　已经在我们的舞台上了，接下来我们有请他们自我介绍一下吧。（字幕：上发条后的海涛）

何　好，OK。

杜　首先第一位。

李　犀利哥没有台词的。

何　OK。

李　只有犀利的眼神。

何　和忧郁。来，预备开始。

（李展示犀利哥眼神。字幕：犀利就是一种态度。画面下方犀利哥照片）

谢　啊哈哈。

何　有哎，朦胧之中，好像哦。

李　GAGA

谢　这是我自己化的妆，请大家给一点热烈的掌声。（字幕：洋洋得意的娜娜）

李　其实我觉得要成为Gaga不难。

何　其实今天你看Lady gaga，还有蒙奇奇，蒙奇奇是一只很可爱的猴子嘛。（谢做Lady gaga舞蹈动作，字幕：都给我跳起来）你看我今天。（何手里拿着一个小蒙奇奇，他和蒙奇奇穿着一样的衣服）

李　哇，一模一样。

何　这是我的原形。

李　对啊，你没穿上这个衣服就很像猴子了，穿上就是蒙奇奇了。

何　怪不得《西游记》找我去演孙悟空。（何对吴）所以，你也是Lady gaga对不对？

吴　啊对，hello everybody，我是Lady 昕嘎！

何、李　Lady 昕嘎！

何　其实Lady gaga现在慢慢从一个另类的舞台走上主流的市场，现在的时尚秀如果不请到Lady gaga，就觉得有很大的损失。

杜　就不叫时尚秀了。

何　大家都把她当潮流指标。但是犀利哥，说实话——

谢　对！就像时尚秀没有我一样，也是一样的损失。

何　sorry.（谢旁边字幕：受伤）但我觉得犀利哥，我觉得其实原来大家偷拍他，就是觉得他很时尚很帅就算了，可是现在他已经回到家里，大家还去打扰他，我就觉得已经不太好。

李　对。我觉得就是应该祝福他，以后过上平静的生活。好好生活，对不对？

何　对呀。

李　找到一条属于自己的路。

谢　对！

何　今天我有一些好东西要给大家看——

杜　我知道，我知道——

何　我的蒙奇奇家族！来，大家看一下。

（杜把装着大大小小蒙奇奇的篮子拿上舞台，放在地上。）

何　蒙奇奇开会。你看它们多可爱啊。

李　好多人家里有这个猴子。

杜　对，我家里就有。你看这个老虎的！

何　哇，这是我重点要推荐的，虎年的开运。

谢　我gaga都爱上这个猴子了。I like this-monkey.

李　我很喜欢它们解放军的造型。

何　你看蒙奇奇还有解放军的造型超可爱。

李　可问题是它还叼着奶嘴。

何　对。（何对谢）难受你就摘掉吧。

（谢指着眼镜和嘴巴。）

谢　但是摘了的话，这个嘴巴就很怪。

何　好，OK。那其实这些都是——

谢　我其实特别难受。

何　都是非常非常非常可爱的。那今天我们台下还有一个小朋友，好可爱，你也很像蒙奇奇哟。Hello！

（画面是台下的小朋友，字幕：妈妈，怪哥哥来了）

谢　Hello！你害不害怕我？

何　他不怕我，你看我今天打扮得很像蒙奇奇，他好爱我。

（何走下舞台，来到小朋友身边）

何　要不要摸摸我，来亲一个。啊么！你好像蒙奇奇哟。（字幕：原来是何哥哥）

李　送一个给你。OK？

（何走上舞台）

李　所以我们今天的潮流夜就要请到各种各样的潮人来到我们节目现场吗？

何　没错。

李　对对对，赶紧吧。

谢　因为我这个嘴巴不能笑。

何　为什么呢？

谢　因为它，只能放在一个固定的地方，一笑就裂了。

何　你试一下你笑一下。

李　而且我也有要求。

谢　笑吗？

李　笑。你学那个 Lady gaga 在那个 MV 里面笑的。

（谢学 Lady gaga 在 MV 里面笑的画面）

何　有的！

谢　然后我要笑开吗？

何　笑开。一二三。

谢　就没有了，这妆就完了。

何　看一下。

谢　嘿嘿嘿嘿。（谢笑开）

何　好可怕。

李　我也要换一身装，热死了。

何　热死了，对不对。

李　而且我的假发一直在我嘴里面吃。

（吴指着自己的衣服）

吴　而且我这个翅膀好想把它摘下去。

何　好。我们这时候马上和蒙奇奇一起介绍我们今天第一位潮人。她就是《破天荒》的张芸京！

（主持人换装归来。）

（配乐起）

何　欢迎大家来到我们的 Opporeal 音乐手机《快乐大本营》，我们是——

五人齐　快乐家族！（配乐渐消。字幕：快乐家族）

李　欢迎来到我们“马栏山潮流夜”！

谢　太“潮”了。

何　下面这一位是潮人。

谢　真的是潮人。

何　她带领了一个潮流，同时她也可以说是一鸣惊人。

谢　对。

李　因为她的名字里面带一个“京”字，而且她也是选秀出身嘛，有很多很多支持者。

谢　我虽然没有，不特别了解她，但是我很喜欢她，因为在那个“百度盛典”听到她唱歌，我觉得她唱得非常好。

何　超会唱的。

李、吴　对对对。

谢　非常喜欢她。

杜　而且她有一种特别的气质，就是让你觉得会很吸引人的感觉。

吴　然后我也觉得现在听她的歌呀，也是一种“潮”的体现。

何　真的哦！

吴　因为代表一股新势力嘛。

何　所以今天潮流夜就请来这一位《破天荒》的张芸京！欢迎她！

（音乐起，张芸京上台）

张芸京：带来这首歌曲《破天荒》！

（歌曲《破天荒》）
作词：陈信延 作曲：五月天怪兽
演唱：张芸京
（舞美：柱体呈黄色镂空。灯光渐暗，舞台上方小灯闪烁，五颜六色变换。视频背景为简单动态效果图，深色调）

我带着我的渺小的心脏和我无限胆量
我越过我的荒野和海滩踩过一片夕阳
转了一个弯忽然到天堂
才发现我没有翅膀
旅途多漫长眼泪多倔强
今天我理直气壮
我正在破天荒观众不要紧张
第一次骄傲像个王
请看我破天荒挑战你的想象
梦想被我刷亮
我带着我的忧愁和快乐那么独一无二
我知道我的风格和原色就要掀起狂热
背着梦高喊你的排行榜
秒杀了全场的目光
怀着爱勇闯前方多困难
也可以理直气壮
我正在破天荒观众不要紧张
第一次骄傲像个王
请看我破天荒挑战你的想象
梦想被我刷亮未来现在开创
一整个破天荒

张芸京 谢谢！
何 谢谢！
（舞美：柱体呈粉色镂空。前场灯亮。音乐渐消）
（主持人们和张芸京打招呼击掌）
何 Hello！Hi！
谢 Hi！Give me five. Rock you！
何 说实话，张芸京是我们这个贴吧上面歌迷们呼声最高的，好多人都呼唤她来快乐大本营，我们要特别跟大家讲说，不是说我们不想请，比如说大家想要的明星来，其实要敲那个时间，正好碰到，因为我们的时间也少嘛。
张芸京 对对。
谢 那个 run down 很难凑。哈哈哈。
李 那个叫 schedule.
何 OK. 好，我们首先请张芸京跟大家问好。
张芸京 各位朋友大家好，我是来自台湾的歌手，我叫张芸京。
李 欢迎！这是你第二次来到长沙哦。
张芸京 对，第二次。
李 感觉怎么样。
张芸京 很开心。因为上次印象很深刻。
李 这一次有没有觉得大家更喜欢你，更热烈一些？
张芸京 有有有。这次就是，上次还没有那么多牌子耶。
何 对呀。
李 你今天也准备了一个特色的介绍，只是送给我们“快乐大本营”的。
张芸京 对，没错没错。
李 好，来，我们掌声欢迎。她用自己的特色来介绍。
何 大家也想一想，因为我们从来没有过特色的自我介绍，我们跟张芸京学一下，等她讲完我们自己也发挥一下，好不好。
谢 好啊好啊。
张芸京 这首歌呢，我是改编陶喆的《找自己》。
何 喔！
张芸京 就是，哗啦啦天在下雨，哗啦啦云在哭泣。
何 好，我们听一下改一下之后会是什么

样子。

（张芸京弹吉他演唱。字幕：张芸京个性自我介绍）

我的名字叫做张芸京
今天要来“快乐大本营”
这么好的节目上哪找去
现场我要唱一首歌曲
这首歌曲非常好听
希望你们都能洗耳恭听
只为他穿过一次的黑裙子
还在风中荡
黑裙下短头发
有些话不用讲
为爱爱爱
我的名字叫做张芸京

五人齐 哇喔！

谢 作为我们就是音乐爱好者——

何、李 啊哈哈。

谢 刚刚听那几个八度，那扯得呀真的，特别厉害。

何 什么扯得呀，那叫跨度，有没有。

李 那个不就是 R&B 嘛。

何 真的太好听了。

谢 我喜欢听。

何 喜欢听，而且重点就是她刚才呢，在这个把《找自己》改编的同时，她又把她的《黑裙子》放进去。

李 好好听，好像一个演唱会那种就是结尾和大家互动的感觉。

何 对，所有朋友都会唱。

谢 有一种 FreeStyle 的感觉。

何 对，其实娜娜也是一把吉他好手。

（谢表情惊讶，头顶出现“？”字样，同时字幕：娜娜也是吉他好手）

张芸京 真的啊？

何 真的。我们下面也欢迎她一边弹吉他，一边自己介绍一下，好不好。

张芸京 好啊好啊。

何 借你的琴啊，来。

（张芸京把吉他递给谢）

谢 真的假的？你们没跟我对过这段！

李 娜娜都一副不相信的样子。

（谢拿着吉他的拨片看）

谢 这是？啊哈哈

李 我觉得首先大家先鼓掌，掌声鼓励一下娜娜背对吉他了

（谢拿着拨片）

谢 是必须弹吉他必须有这个吗？

何 对，拨片这个叫。

张芸京 你用这个弹不然手会流血。

（何尝试把话筒放进谢脖子上的耳机中夹住，但是没夹住）

何 好啦，我帮你举，我帮你举。真的。

（谢谢把挂在脖子上的耳机戴在了头上。字幕箭头指向**谢** 好认真）

张芸京 哇，这是监听耳机吗？

何 重点是她就听不见了

（谢尝试拨弦，然后拿开一边耳机）

谢 我先听一下。

（谢拨了两下弦）

李 准不准，准不准。

（谢戴耳机弹吉他唱歌。字幕：娜娜个性自我介绍）

当里个当
当里个当里个当
我的名字叫娜娜
海浪逐沙滩
没有椰林缀斜阳
来到我的“大本营”
“大本营”里真开心
大家都在一起
我们五个人和观众一起

一起笑开颜
我的名字叫娜娜
海浪逐沙滩
没有椰林缀斜阳
这是一个“大本营”
“大本营”里灯光璀璨
大家都多开心
让我们一起来到这里
全国收视第一的“大本营”

五人齐　啊哈哈哈哈。

张芸京　耶！好酷啊。

杜　哇，还有 Rap.

张芸京　还不错哎。

何　我只能送给娜娜三个字，胆真大。

李　你为什么不学张芸京也把你《菠萝菠萝蜜》串到后面去。

谢　你知道吗？我为什么要戴上这个。（谢手指耳机）

何　为什么？

谢　因为我知道很难听。我自己不想听。

六人齐　啊哈哈哈哈。

何　好。其实呢，张芸京是台湾《超级偶像》第一届的总冠军，而且 2009 年她成绩特别耀眼，她的专辑《破天荒》拿到五个排行榜的冠军。

观众　哇哦!!

何　那其实呢，我们今天看到这个张芸京呢，也是——

李　帅气打扮。

何　对，比较中性化的打扮。

张芸京　对，没错。

何　我听到一个说法，我不知道你自己会不会介意。如果有人说你是台湾的李宇春，你知道李宇春吧。

张芸京　嗯，我知道我知道。

何　你会介意别人这么说你吗？

张芸京　其实不会耶。因为其实我觉得内地的朋友可能都比较不认识我，那可能就是让大家知道说，我也是这样子，就是比较中性帅气打扮的歌手，我觉得算是一个很好的介绍，我也还蛮与有荣焉的。

何　嗯嗯！

李　听说你还有一个非常好的朋友，是李宇春的粉丝是吗？

张芸京　对对。那个时候李宇春她在比赛的时候，我朋友就会把她所有的视频都贴给我看，然后她说她这样子表演很棒啊，你一定要参考一下。

李　你应该这样，你应该那样。

张芸京　对对对。

何　那你真的有去借鉴或者学到一些什么吗？

张芸京　其实我就是在那一次知道李宇春的。

何　喔。所以我觉得其实今天我们要正式的说，张芸京是张芸京，李宇春是李宇春。

谢　当然啊。

何　春春有春春的魅力，然后芸京有芸京的魅力。

谢　是啊，就是每个人都不一样。就像我是我，妮可基德曼是妮可基德曼。

（画面下方出现妮可基德曼照片，字幕：关我什么事啊）

六人齐　啊哈哈哈。

何　谁谁。本来妮可基德曼就是妮可基德曼啊。

李　你要从我们马栏山，让我们突然想到一个好莱坞的巨星。

杜　飞的太快了。

谢　我平常都是混好莱坞的。啊哈哈，随便讲一个。

六人齐　哈哈哈。

何　好，我们今天来看一下，张芸京今天在

潮流夜为我们带来哪些潮品。来看一下。

（李拿着潮品上台，潮品都是吉他小模型。舞台侧边主题呈蓝紫色镂空。配乐起）

何 给我们讲解一下。

李 原来潮流的人用的东西都一样的。啊哈哈。

张芸京 这是，我先介绍这个是——

谢 这是，我们一样的相机。

张芸京 这个是我的歌迷朋友，他们都会，就是知道我很喜欢乐器吉他，然后他们就会送我很精致的小吉他，然后——

何 这个是可以出声音的吗？它其实是模型来的。

张芸京 模型模型。

何 可是好漂亮哦。

张芸京 对，它很精致。

何 那这是什么？

张芸京 这是我随身的相机。

何 这个很“潮”耶。

张芸京 真的吗？

何 重点是你看它打开之后的那个镜头盖。看一下看一下。一二三。

（张芸京打开相机，镜头盖分三片像开门一样打开）

李 这个声音不够响亮。来关上，再来一次。配合一下。

张芸京 再一次。

（张芸京再次演示打开相机，声音响亮）

观众 哇啊啊！

何 等一下等一下，有个男的，还没开他就叫了。

众人 啊哈哈。

杜 那个戴眼镜的朋友。

谢 那边的。

何 闹场了，闹场了。

谢 你先知。

何 好，OK. 这是你平时会用的对不对？

张芸京 对，没错。

（何又拿上来一个盒子）

何 这个盒子是什么呢？

张芸京 这个盒子里面是，就是也是歌迷送的——

杜 这个好可爱啊。

张芸京 就是吉他的项链。

（张芸京把盒子打开）

何 天哪。

谢 全部都是吉他。

何 这个好好看哦。

李 你真的好爱吉他哦。

（张芸京和谢在盒子里面翻看吉他项链。谢手里拿了一把五角星形状的吉他，何指着这把）

何 你看这一把有多漂亮，这一把你看：还有这里有一个全是钻的。

（张芸京拿起全是钻的那把吉他）

吴 你看后面还有照片。

（舞台背景大屏幕上出现张芸京收藏的吉他的照片）

五人齐 哇！这么多！

谢 吉他控。

（张芸京手里拿着全是钻的吉他）

张芸京 这个很酷的是，它是一个随身碟。

何 什么东西？

张芸京 它是随身碟。

何 哦，就是我们叫U盘。

（张芸京打开随身碟）

谢 哇！

（舞台背景大屏幕上出现另一张照片，也是很多把吉他）

何 这是你的琴，你家吗？

张芸京 对，我家。就是所有的，我把所有的歌迷朋友送给我的这些东西都收集起来。

李 陈列起来。

何 喔！

谢　那所以你经常演出会带这样的配饰是吗？

张芸京　有时候会选搭，对。

谢　就是有一个标志。

何　有一个她自己喜欢的东西。我觉得像我的东西对我特别好，然后他们老觉得我嗓子哑嘛，所以他们就，我不管走到哪里，都是送我喉片。

众人　啊哈哈。

张芸京　很好啊。

何　然后我们家的喉片哪，我觉得任何一个药方都没有我们家的喉片多，然后谁去我们家我都说要不要带一盒喉片走啊。因为我觉得放在家好浪费啊。

众人　啊哈哈哈。

谢　就是我的歌迷，因为之前你们有一次在“大本营”搜我的包里面搜到一些膨化食品，那他们都送我膨化食品，其实现在我根本不吃膨化食品，因为对于就是，有时候嗓子哑，对，所以我现在喜欢吃豆制品。

众人　啊哈哈哈。

何　你还点菜。

吴　赶快告诉大家。

张芸京　快告诉歌迷呀。

李　我最奇怪的是，我有一个就是观众啊，知道我喜欢手机，他给我寄了两台手机来。

（主持人和张芸京反应惊讶）

谢　哦哦，那我不是喜欢的豆制品，我喜欢的是那个——

众人　啊哈哈哈。

谢　就是那个电脑。啊哈哈。

张芸京　那我可以说我喜欢跑车吗？

众人　啊哈哈。

谢　你喜欢什么？

张芸京　跑车。

李　她喜欢跑车。

（画面下方出现字幕：以上言论纯属节目效果）

谢　她喜欢跑车，她喜欢跑车啊。

吴　这样啊，我喜欢房子。

何　吴你应该说，我喜欢男朋友。

吴　啊对，我喜欢男朋友。啊那别都来了，我也没办法。

众人　啊哈哈哈。

谢　你可以选哪。

何　对。反正这个我们还是跟大家说，这个小礼物是一种心意，但是其实大家支持我们的作品就好，我们其实特别怕大家花钱。

李　对对对。

（舞台背景大屏幕出现吉他照片）

何　那这个琴有什么故事吗？像纸片一样哦。

张芸京　这两把琴就是——

谢　吉他盒。

张芸京　就是我存很久的钱买到的吉他。

何　算贵的，是不是？

张芸京　算蛮贵的，对。就是我小时候就是打工啊，然后一次兼两份差，就是为了要买乐器这样子。

何　你从什么时候开始拥有自己的第一把吉他？

张芸京　高中的时候。

谢　就是用打工赚来的钱买的？

张芸京　对对。

何　好。你觉得我们快乐家族的主持人“潮”吗？

张芸京　很“潮”啊。

何　点评一下我们身上的“潮”点。海涛，哪里“潮”？

张芸京　他今天——

何　胳肢窝底下潮。

众人　啊哈哈。

张芸京　他今天就是——

何 哪里“潮”？

张芸京 就是蕾丝混搭。

李 对。他今天穿了蕾丝。

（何走去摸杜的衣服，袖子是镂空设计）

何 而且海涛居然有透视，然后完全没有性感的感觉。

杜 啊没有吗？

何 你是个纯真的孩子，你就是那种天真无邪——

谢 就是让人不会有那种遐想是吧。

众人 啊哈哈。

（字幕：是夸还是贬啊）

谢 啊哈哈哈哈。

何 那娜娜呢，她的“潮”点——

杜 她，她一直看我的鞋。她要说什么。你要说什么是不是！

（杜展示他脚上的鞋）

张芸京 就是好几层，好妙哦，好特别。

杜 有吗？我就随便拿了双限量版而已。

谢 哇。

杜 随便拿的一双，对。在韩国买的。啊哈哈。（字幕箭头指向海涛：好得意）

何 早就过你那一篇了。

谢 到我了。

何 到娜娜了。

（张芸京摸谢脖子上挂的耳机。）

张芸京 我特别喜欢这个耳机。

谢 对对对。

张芸京 我觉得很有那种年轻人的那种感觉。

谢 对对对，我特别“潮”。

何 就全身上下只有这个有年轻人的感觉。

众人 啊哈哈哈。

何 我呢，我“潮”在哪里？

（何展示自己的衣服，在正常的衣服胸前多加了两片布。）

李 流衣。

张芸京 就是有那种——

（谢展示何的衣服。）

谢 他就是这个衣服就是撕开了，你以为有什么，但是还是一个衣服。

何 你觉得维嘉身上哪里？

张芸京 其实你们今天全部都是蕾丝的元素的，我觉得就是很酷。

何、谢 对对对。

（李身上的小西装开口的地方有两条蕾丝。何指着李的衣服）

何 而且男生的蕾丝其实要低调，可是他又会在这边存在。好，吴呢？

张芸京 我是觉得她的鞋子好特别哦。

吴 对，真的，这个是那个——

李 限量版。

吴 对，不，是胖子送给我的生日礼物。（吴手指着杜）

杜 是。

张芸京 而且我觉得这一片就是很特别。

吴 真的吗？

张芸京 很像我绑便当的带子。

众人 啊哈哈哈哈。

杜 绑便？

李 就是绑盒饭的那种。

谢 穿了两个盒饭。

（何指着吴的脚）

何 那今天的盒饭内容是蹄花。

谢 啊哈哈。

吴 是我的脚让你想起了是吗？

何 没有，就这个带子啦。

吴 把我那些 Hello kitty 给我拿上来！

众人 啊哈哈。

何 所以张芸京有尝试过很温柔女性化的打扮吗？

张芸京 只有在念书的时候有穿过裙子。

何 是哪一种？

谢 是蕾丝的那种还是——

吴 这种裙子你会穿吗？（吴指着自己身上的裙子）

何　校服裙子是不是？
李　这种可以吗？（李指着吴身上的裙子）
张芸京　不可以。
何　为什么？
李　念书是多大那时候？
张芸京　就是高中的时候。
何　你为什么不爱穿裙子？
张芸京　因为男生会去掀哪。
何　噗！
众人　啊哈哈哈。
李　你周围都是些什么男人。
谢　这原来是因为男生。
（李指着台下。）
李　只有一个男生鼓掌，那个经常是掀——
张芸京　有掀过女生裙子的男生自己自首。
谢　啊！这个男生！抓住他——
杜　真的是他。
何　小坏孩。可是那么多女孩都穿了裙子耶，难道她们就不怕吗？
张芸京　其实也不是，就是你会觉得有点太凉了。
众人　啊哈哈哈。
何　太透气。
吴　我每天在台上都好凉爽。
谢　啊哈哈。
何　其实我们有一张她女装那个照片很漂亮。
谢　咦！女装。
何　对对，我们来看一下她的不同造型。来看一下张芸京不同造型！
（舞台背景大屏幕上出现张芸京新专辑造型）
何　哇，这个有未来空间感。
谢　我喜欢这个。
李　帅气。
张芸京　穿黑裙子啊。
何　那后面是黑裙子啊，哦。那个亮的是什么东西？是外套的一部分对不对？
张芸京　就是有点那种，盔甲，苏格兰女战士的感觉。
何　好，我们来看下一张。
（舞台背景大屏幕上出现张芸京小时候骑木马的照片）
众人　喔！
谢　小时候。
何　这是你吗？
张芸京　对。
（舞台背景大屏幕上出现张芸京上学时期和同学的合照）
张芸京　你猜哪个是我？啊哈哈。
谢　你不会是中间最胖的那个吧？
何　我觉得不是，是拿杯子那个。
张芸京　对。
何　拿杯子那个是你！
（舞台背景大屏幕上出现张芸京女装造型，长卷发，小礼服）
众人　啊啊啊啊！！！
谢　救命啊！
李　这是你啊。
谢　真的假的！
何　什么时候？
谢　好漂亮啊。
杜　PS的吧？
何　而且你还冲着镜头那样来的。你记得吗？在《破天荒》里面，冲着镜头那样来着。
谢　什么时候？
（舞台背景大屏幕上播放张芸京MV里女装情节）
李　那个MV里面就是她自己啊！
何　对啊。
李　好漂亮。
谢　好好看。
张芸京　真的吗？
何　有人说她的女装有林熙蕾的风范。
谢　有，有，我觉得有。

（画面下方出现林熙蕾照片，字幕：我也觉得像）

李 我一直认为就是你是在旁边唱的那个，就是今天这样打扮的这个——

何 没有，她在那里面尝试了很多造型。比如说有睡衣的呀，有这个女装的，还有那个马路工人。

张芸京 对对对。

（舞台背景大屏幕上播放张芸京MV各种造型情节）

何 在那个，就是镜头里面挑眉毛那个，就是那个MV里面那个。

张芸京 可是我现在没有长发这样子，就没有Feel了。

李 假装有吧。

张芸京 假装有是不是。

（李拿纸挡住张芸京的脸）

李 好，三二一。

（李拿下纸，张芸京表演挑眉毛情节）

何 啊哈哈。好灵活哦。

杜 就是觉得好可爱。

李 这样看有点在像演关公。

张芸京 啊哈哈。

何 我突然想起来娜娜的开场舞里不是有一个POSE吗？性感的POSE。

谢 哦我知道就是那个。

何 来，娜娜来做一下。

谢 那个吴刚才有做。

何 来，吴一二三。

（吴做性感下蹲再上升动作）

众人 哇哦。

谢 最重要的是起来的时候，腰先塌下去，然后这样起来。（谢演示）

李 你可以吗？

何 我们看一下。

张芸京 我试试看我试试看。

谢 好，掌声鼓励。

（张芸京第一遍尝试失败）

谢 来这样。第一步——

（张芸京第二遍尝试失败）

谢 NO，NO.

何 反了。

谢 第一步要蹲下。（谢演示）来，下来。

何 其实我知道，我来帮她分解，我知道怎么分解。来放松啊，整个人放松。

张芸京 好难放松哦。

何 来，请蹲下。完全蹲下。（张芸京照做）

何 请把身体向前倾。（张芸京照做）

何 请抬屁股。慢慢的抬。（张芸京照做）

何 请把你的手从腿摸到屁股。（张芸京照做）

何 慢慢地摸——

（张芸京做完）

吴 有耶！

众人 哇！

谢 你明明就会呀。

李 你连贯的来一次。这样这样，你连贯的来一次，然后你定格的时候就挑眉毛。

张芸京 那你们两个陪我。（张芸京手指谢、吴）

谢 好，陪你。

何 好，三个人朝一个方向。

（张芸京、谢、吴一起做性感POSE）

谢 下去、起来、摸腿。

（张芸京定格时给了一个帅气的打手枪的姿势，画面中出现爱心）

众人 哇！

李 我特别想问一下就是说，你觉得男生会喜欢就是比较帅气的中性的这种女生吗？

张芸京 其实我觉得应该会耶。

李 你有什么经验吗？

张芸京 因为我在幼稚园的时候啊，然后就是我们班上有一个男生，然后我不晓得他有没有喜欢我，但是就是有一天下雨的时候，他就撑一把伞，然后就送我回家。

李　就是你刚才骑在马上那个头发吗？哈哈。

张芸京　差不多了。

何　但是我觉得如果要说烂漫的故事，只能说到幼儿园的地步，稍微有点尴尬——

谢　是幼儿园啊。

何　对啊。

李　中学的有没有，你再长大一些？

张芸京　有男生跟我告白。

谢　怎么告白啊？

张芸京　就是因为我们全班同学就出去玩啊，然后突然间呢，就是其他人都不见了，只剩下我跟那个男生，然后我也不知道为什么，他们安排好的。然后那个男生就突然要跟我讲，要跟我告白。

谢　他跟你说了什么呢？

张芸京　他正要讲的时候，我就说，好，我们当朋友就好了。哈哈我直接就拒绝他。

谢　所以你能感觉到他要跟你表白。

张芸京　就是感觉他要跟我表白了。

谢　他刚刚要——

何　其实他并没有表白。

张芸京　对，他没有表白。

何　有没有可能他其实并没有想要表白呢？

众人　啊哈哈哈。

谢　对啊。

李　还是你误会了。

谢　他只是想让你一起去吃烤肉。

何　或者他这是说，芸京同学，能不能借我五毛钱。

众人　啊哈哈。

何　结果你跟他说做朋友。

张芸京　气氛哪气氛，感觉是他要跟我表白啊。

何　你小时候爱撒娇吗？

张芸京　还可以啊。

何　现在呢？

张芸京　还——

何　如果你要撒娇的话，你会有撒娇的对象吗？

张芸京　可能就，可是我撒娇没有很女生。

何　真的啊？

张芸京　对。

何　我们来试一下，我们来用同一台词，看一下大家撒娇的功力。

谢　好。

何　这句台词叫做“我开始想你了”。海涛，来，我开始想你了。

（杜深吸一口气）

杜　我……我……我可以——

谢　嘿！（谢在旁边吓唬了一下杜，杜要讲的话都憋回去了）

众人　啊哈哈哈哈！

吴　哎呀好好笑哦！

张芸京　好可怜哦。

杜　我那个劲都使出去了，又憋回去了。

何　好了好了没关系没关系。

谢　好，再来一次。

杜　我就看还有点余的了，不然全部都没了。

何　现在有，现在有。来。

杜　我开始想你了。（杜演绎撒娇，字幕显示：失败）

何　我们来看张芸京好不好。这个难了耶。你会讲出这种话吗？我开始想你了这种话。

谢　你是对何老师。

张芸京　好，我知道了。

（张芸京和何演绎撒娇片段，两人一直在台上来回走动）

吴　时装展吗这是？

张芸京　我开始想你了。（张芸京对何，语

气真诚）

何 死鬼，不早说。（何对张芸京，语气扭捏）

众人 啊哈哈。

吴 你好厉害哦。

张芸京 真的吗？

李 好棒啊。

吴 她说出来就是很真诚的那种感觉。

何 重点你们没有注意她的眼神吗？后续的眼神。那个撒娇的眼神。

谢 怎么了怎么了。

何 她就是我开始想你了，然后（何学张芸京刚刚的表演），眼神有一点闪烁，有一点不好意思。

吴 对。

李 而且我觉得一定是有经历过的人。

何 我们今天就是开发我们阿京就是她其实有，但是连她自己都没有发现的——

李 不怎么表露的一面。

何 因为其实我觉得她情歌里面，有一部分细腻的东西，是她用歌声带出来了，可是我们现在可以看外在也可以表现出来。海涛你要跟谁？喔不，女生挑。（字幕：情景演绎我们去相亲）听听你要跟谁相亲？

吴 我跟海涛。

杜 我就在这儿守株待兔啊。

谢 守你个头啊。

（吴和杜演绎我们去相亲）

吴 你是阿涛？

杜 你是小小昕。

（吴点头）

杜 哇！好美啊！（杜转身自言自语）

吴 哇！好丑啊！（吴转身自言自语）

吴 啊，那个阿涛啊。那个你平时喜欢吃什么啊。

杜 我喜欢吃的东西好多哦。比如说大米饭和白菜。

吴 哦，真不巧，我喜欢吃面食。

杜 哦，我忘说了，我喜欢吃大米饭白菜和面食。

吴 哎怎么办啊（吴转身自言自语）

杜 她是我最喜欢的类型。哈哈哈（杜转身自言自语）

吴 那你觉得两个人在一起啊，最重要的是什么啊？

杜 要吃的好。

吴 可是，可是我觉得两个人在一起，有共同的兴趣才重要，吃得好不好不是很重要耶。

杜 你爱吃面我也爱吃面啊。

吴 啊！你饶了我吧……

何 好谢谢！

众人 啊哈哈。

谢 她一直在下面，“好干哦”。（谢指张芸京）

众人附和 真的很干。

何 来一个不干的好不好，来娜娜，娜娜。

谢 这样，我们四个人连环相亲。

李 集体相亲对吧。

谢 对。

何 可以呀。

（张芸京、谢、何、李四人演绎我们去相亲。）

（谢和张芸京私聊，何和李私聊）

李 不知道今天联谊会都是些什么样的人啊。

谢 妹妹，妹妹，我们今天去相亲，也不知道都是什么人啊。

张芸京 姐，我们已经到了要相亲的年纪了吗？

谢 就是从小就有一个备胎嘛。是吧。可是我好担心哦。

张芸京　是吗？担心我？

谢　不是，我不担心你，我担心我们相亲的人。

何　你们两个要讲多久啊。（何出戏）

谢　啊哈哈哈。走走走，妹妹。

李　哟，来了来了，你觉得哪个好？

谢　不会是他们两个吧？不是那个名单上说有一米八吗？

李　他们本来就是一对男女朋友吧。

何　不是不是。我跟你讲那个穿白夹克的那个——

谢　为什么出来相亲穿一样的裤子？

何　噗！

张芸京　其实他们是一对吧。

谢　不是。

张芸京　好。

谢　他们为什么出来相亲穿一样的裤子。

何　我们俩相亲，下半身一模一样。（何出戏）

众人　啊哈哈哈。

（谢和张芸京走至何李面前，互相打招呼）

四人　您好您好。

李　hello 你好！我们还是做朋友吧！

谢　我是娜娜。

张芸京　我是阿京。

李　我是维嘉。

何　我是何。

谢　我们就是，最开始以为找的一米八的两个，因为名单上写的一米八。

李　我们一米八啊。

何　是加起来一米八。

李　对啊。

谢　哦那也行。那你们有什么特长啊？

李　我们特长很长。

谢　有什么特长啊？

李　就是特别多的特长啊。

谢　比如说呢？

李　比如说，我们会主持，我们会唱歌。

谢　喔。这小伙子看着像唱歌的，要不来一个。

何　我可以唱一首我特别喜欢的歌吗？

谢　可以。

何　“我正在破天荒观众不要紧张，第一次骄傲像个王。”（何唱张芸京《破天荒》）

张芸京　我喜欢这个！

谢　你喜欢这个？

张芸京　对啊。

谢　你不要跟我抢。

李　我也会，我也会唱。“只为他穿过一次的黑裙子。”（李唱张芸京《黑裙子》）

谢　怎么样？你喜欢哪一个？

张芸京　两个都不错哎。

谢　但是如果只选一个的话呢？

何　这样我们两来争取一下好了。

谢　所以现在已经成为了你们两个争她一个，其实我也是——

李　好干。啊哈哈哈。

谢　我也是来相亲的啊。怎么就成了你们两个抢她了呀。

何　不是，娜娜等一下。我们还有些别的那个货色，不，别的人介绍给你。现在我要跟阿京小姐说，其实呢我个人呢是非常喜欢音乐，而且我个人也觉得就是我们很适合，因为——

（何在舞台上来回走动）

众人　啊哈哈。

李　因为就走啦。

何　我开始想你了。

观众　哇哦！

（何站在原地扭动。张芸京学他）

张芸京　为什么要这样。

何　这是男孩撒娇的方式。

李　你还是走吧你。啊哈哈。

谢　来，下一个，你呢你呢。

（何演完自己的部分以后就跑到舞台后侧和

杜吴坐在一起。前场三人笑成一片）

谢 啊哈哈。维嘉给你了。

李 等一下，他们三个人是在看我们三个人怎么干死吗？

六人齐 啊哈哈哈哈哈。

谢 没有。不会的不会的，该你了。

（戏中）

李 哎，好难想。我知道他在想你，其实我也在想你。你知道哪里想吗？

张芸京 不知道。

李 把手给我。

（李把张芸京的手放在自己的胸口，画面出现红心）

观众 哇！

张芸京 怎么跳的很缓慢啊。

（谢走过来把手也放在李的胸口）

谢 你在想我。

众人 啊哈哈哈。

（李搂过谢）

李 是的。

众人 啊哈哈。

众人 好干哦。

何 但是我们干出了一个境界，真的。

众人 啊哈哈。

何 因为张芸京的歌声是我觉得大家都喜爱的。

谢 我喜欢听她的歌。

李 她的声音跨度很大。

何 而且辨识度非常高。唱什么歌都有张芸京自己的味道。

李 我们来点唱一下吧。我们点一些我们熟悉的歌，然后你唱出不一样的感觉。

张芸京 好。

何 我要听《我的未来不是梦》。

张芸京 好。所以你们对张雨生还熟悉吗？

何 非常熟悉。而且很爱他。

张芸京 那所以我们要带一点动作吗？

何 OK. 好。

张芸京演唱《我的未来不是梦》

作词：陈家丽　作曲：翁孝良　原唱：张雨生

你是不是像我在太阳下低头
流着汗水默默辛苦的工作
你是不是像我就算受了冷漠
也不放弃自己想要的生活
你是不是像我整天忙着追求
追求一种意想不到的温柔
你是不是像我曾经茫然失措
一次一次徘徊在十字街头
因为我不在乎别人怎么说
我从来没有忘记我
对自己的承诺对爱的执著
我知道我的未来不是梦
我认真的过每一分钟
我的未来不是梦
我的心跟着希望在动
我的未来不是梦
我认真的过每一分钟
我的未来不是梦
我的心跟着希望在动
跟着希望在动

（张芸京演唱中，谢配唱）

何 请问一下您刚才在旁边？

李 娜娜，你跟她合的不是在一个 key 里面。

谢 因为配唱都是在另外一个声部。

杜 娜姐之前跟我说了一句特别诚恳的话“把场子热起来，然后就 High 了”。

众人 啊哈哈。

何 有的有的。

李 我要听一首那个，王菲要复出了嘛，你可以唱她的歌吗？《再见萤火虫》。

众人 哇哇哇哦！

张芸京 可是直接干唱好像有点干呐。

何　没关系——

谢　有我有我。没事儿有我——

何　其实刚才那一首也是有伴奏的，但是keyboard老师刚刚去尿尿了，所以现在已经回来了。对不对小飞老师？

谢　那刚刚用不用重新来一次？

何　不用。因为有您在旁边。

谢　啊哈哈哈。

何　气氛就有High到好不好。好，下面来我们看张芸京的《再见萤火虫》。

张芸京演唱《再见萤火虫》

作词：作词：林夕　作曲：cykong

原唱：王菲

谁说那盏微弱灯火
是萤火虫在闪烁
谁约过谁去看
这一场忽灭忽明的传说
剩下的梦想不断的做
上升的气球不断的破
别难过别难过没原因有结果
天亮你不能见我天黑至少想念我
如果没有灯火紧握这萤火
闪耀你阴暗的下落
事到如今你不肯亲我
那么至少肯定我
吹不熄的光芒努力燃烧自己
只为你爱过的萤火永不坠落（永不坠落）
请看我漂亮的坚持
别忘记我
让丛林中一个灯笼
独自为黑夜闪烁
让腐朽的感情
绚烂得化做飞舞的魂魄
永不坠落永不坠落
吹不熄的光芒
努力燃烧自己
请看我漂亮的坚持
别忘记我

观众　哇喔！

何　我开始想你了。哈哈。

李　唱的好好哦，我好担心那个keyboard老师，她唱完了都没跟上她的节奏。最后终于跟上了。

谢　她把王菲的歌唱出自己的感觉了。

李　这就是她典型的辨识度超强。

谢　对。

何　其实《超级偶像》这个节目在台湾非常受欢迎，另外还有一个同类型的节目，叫《超级星光大道》，曾经有一个内地的男生，唱一首闽南语的歌叫《家后》，好多人喜欢这首歌。用闽南语怎么讲？

张芸京　gie ao。

何　是什么意思呢？

张芸京　就是老婆的意思。

李　就是闽南语的老婆。

何　就是一个人走了很远之后，然后想到自己的妻子把所有的青春把所有的一切都奉献给了自己和他的家庭，很感动。对不对？

张芸京　对，没错。

谢　那会儿唱，唱哭了。现场好多人都听哭了。

何　对，我们先听一下。

张芸京演唱闽南语歌曲《家后》

作词：郑进一　陈维祥　作曲：郑进一

有一日咱若老找无人甲咱友孝我会陪你
坐惦椅寮听你讲少年的时阵你有外摮
吃好吃丑无计较怨天怨地嘛袂晓你的手
我会甲你牵条条因为我是你的家后

阮将青春嫁置恁兜阮对少年跟你跟甲老
人情世事已经看透透有啥人比你卡重要
阮的一生献乎恁兜才知幸福是吵吵闹闹
等待返去的时阵若到我会让你先走
因为我会呒甘放你为我目屎流

有一日咱若老有媳妇子儿友孝你若无聊
拿咱的相片看卡早结婚的时阵你外缘投
穿好穿丑无计较怪东怪西嘛袂晓
你的心我会永远记条条因为我是你的家后

阮将青春嫁置恁兜阮对少年就跟你跟甲老
人情世事嘛已经看透透有啥人比你卡重要
阮的一生献乎恁兜才知幸福是吵吵闹闹
等待返去的时阵若到你着让我先走
因为我会呒甘看你为我目屎流

何 好好听。

李 她有一首歌曲，被很多很多的朋友喜欢。

观众 《偏爱》!

何 叫什么！你们偏爱谁啊！

众人 张芸京！

何 有请芸京带来这首歌曲《偏爱》!

张芸京演唱《偏爱》

作词：葛大为　作曲：陈维　演唱：张芸京

（舞台背景大屏幕上动态效果图案，灯暗，舞台侧面柱体镂空呈蓝色）

把昨天都作废现在你在我眼前
我想爱请给我机会
如果我错了也承担认定你就是答案
我不怕谁嘲笑我极端
相信自己的直觉
顽固的仍不喊累
爱上你我不撤退
我说过我不闪躲我非要这么做
讲不听也偏要爱更努力爱让你明白
没有别条路能走你决定要不要陪我
讲不听偏爱看我感觉爱
等你的依赖对你偏爱
痛也很愉快
不后悔有把握
我不闪躲我非要这么做
讲不听也偏要爱更努力爱让你明白
没有别条路能走你决定要不要陪我
讲不听偏爱看我感觉爱
等你的依赖对你偏爱
痛也很愉快

何 好谢谢！

（配乐起）

何 欢迎大家来到我们的Opporeal音乐手机《快乐大本营》，我们是——

五人齐 快乐家族！（配乐渐消。字幕：快乐家族）

李 欢迎来到我们“马栏山潮流夜”!

何 接下来要上场的这些，有一个人要拿出精神来，就是吴。

李 你要加油哦。有大来宾来，你要控制好自己。

吴 是，是?

李 就是反正很特别，很潮的东西。

何 我们先把它拿上来让吴和娜娜伸手进去探一下看是什么东西，好不好。来，我们请工作人员拿上来。

（工作人员把东西拿上舞台。舞台中央放着一个桌子，桌子上有两个盒子）

李 准备好了吗，两位美女?

（吴想偷偷溜走）

李 吴已经——

（何把吴带回舞台中央）

何　娜娜先来吧。把手探进去感受一下。

（谢准备把手放进盒子里，何抓住了她的手）

何　首先告诉你，是活的。

谢　活的。

何　有牙齿。长毛。

（有一个小动物从一个盒子里钻了出来）

五人　呀啊。啊哈哈。

谢　出来啦。

杜　冒戏了孩子。

谢　孩子，乖乖。这是我最爱的呀。小，小——

何　不许看不许看。

谢　就是有一种小兔子的感觉。

（何把盖在盒子前面的布揭开，从透明的盒子中看见一个小动物）

何　这是什么，是龙猫吗？

谢　小兔子。

何　龙猫啊。快请它出来吧。来，这个由吴来摸。

李　吴吴。

（杜把另一个盒子前面的布揭开，从透明的盒子中也看见一个小动物）

杜　啊哈哈，这个太可爱了。

（杜把布盖上，吴准备从上面伸手进去摸）

（音乐起）初音未来《甩葱歌》

台下某观众　：蛇！

吴　啊！

李　吴可不可以，吴可不可以！

观众　可以！

何　大胆的走出这一步。

（吴把手慢慢得伸进盒子，这时维嘉突然从吴后面钻出伸出手抓住吴的手腕）

吴　啊！啊！

（吴再次把手伸进盒子，摸了一下）

何　没摸到。

（吴第三次摸。摸到以后立刻把手拿出来，并躲到其余四人后面）

吴　啊！

杜　摸到了，没事没事。

何　什么感觉什么感觉。

吴　：动的。

何　是动的。

李　是啊，活的啊。

（谢的那个盒子里的小动物再次把头探出盒子。）

何　咦！你来啦，帮帮它。娜娜帮帮它。要拎耳朵，呃不，尾巴，龙猫要拎尾巴。

谢　它特别短。特别小啊尾巴。

（谢拎不出来，何把手伸进盒子试图把龙猫拎出）

何　来。

（何把龙猫从第一个盒子里拎出）

杜　哟！大肥肥。

（何展示龙猫给观众，抓住龙猫的尾巴把它倒过来）

谢　真的可以倒着吗？

（何尝试着松了一下手，龙猫想跑。何又把它抓了回来）

何　千万别松手。

谢　跑不动，跑不动。

（何把龙猫放在谢的一只胳膊上）

何　抓住尾巴。千万抓住尾巴。

（李把另一个盒子里的小动物拿了出来）

何　哎呀！好可爱哦！（字幕：好萌啊）

何　吴，这个你也不可以吗？这个是垂耳兔。

（谢和李各抱着一只小动物，走到一起）

何　这个呢，是非常可爱的两只小宠物。这只呢，叫做垂耳兔（手指李手里的那只），这只叫龙猫（手指谢手里的）。

（何从谢手中接过龙猫。龙猫在何身上乱动，何稳定住它）

何　好，我爱你，我也爱你。

（谢逗旁边的垂耳兔）

谢 垂耳兔！啊哈哈。

（音乐渐消）

何 好，非常可爱的宠物。今天，我们潮流夜的下面这个单元我们会为大家带来一些非常另类的宠物，跟大家一起来分享时下一些朋友们他们特殊的养宠物的潮流爱好，好不好。

（工作人员把舞台恢复原状）

何 接下来，我们要欢迎两位，刘雅娜和唐啸，看看他们有什么宠物。

李 来，有请他们出场。

（刘雅娜和唐啸从舞台两边侧后方上台。站定后摆造型）

何 两位好。所以您是刘雅娜？

刘雅娜 对，我是刘雅娜。

何 你是叫什么？

唐啸 我是唐啸。

何 你是本名叫唐啸是吗？就是唐笑的那个唐笑吗？

唐啸 不是，海啸的啸。

何 OK. 首先我问一下雅娜，我们今天不是要讲宠物吗？你——我明白了，唐啸是你的宠物！

谢 哈哈。或者你是他的宠物。

何 你们是好朋友吗？

刘雅娜 是的。

何 刘雅娜，你的宠物在哪里？

（刘雅娜从背后拿出一条藏在衣服里的蛇）

李 哇！

（男解说：刘雅娜，兽医学专业，从小对蛇有浓厚兴趣）

（字幕：刘雅娜，兽医学专业，从小对蛇有浓厚兴趣）

何 哦，一个好小好小的小朋友。你养它多长时间了？

刘雅娜 半年。

何 你为什么要养蛇？

刘雅娜 因为喜欢。上大学就开始养了。

何 你第一次接触蛇是什么时候？

刘雅娜 是在补校的时候。

何 其实是在窗台上看到的一条小蛇对不对？当时周围的同学什么样的反应？

刘雅娜 第一反应是，刘雅娜，抓蛇！

何 你就过去啦？

刘雅娜 嗯。

何 抓完之后听说在食堂买菜都不用排队。

刘雅娜 食堂买菜的时候，那男孩子就站在我前面，我就跑过去，他就望了我一眼，说“哦，你先吧。”我说“没事啊，你打嘛”，他说“哦不不不，你先吧你先吧”，然后我去打饭，然后食堂的那个给菜给好少嘛，我就跟师傅说，我说师傅啊，多给一点嘛。师傅说，哦哟哟，你要抓蛇，来来。舀了三瓢。

何 啊哈哈。

李 我想问一下，就是蛇它可以通人性吗？养久了。

刘雅娜 通啊。

李 那它有什么表现？你给我们展示一下。

刘雅娜 你看它的嘴巴，它在笑。

（刘雅娜展示她的蛇）

众人 啊哈哈哈。

谢 谁说啊。

刘雅娜 你看它嘴巴嘛，是在笑，是个笑脸。是吧。

何 它一直朝着你，就是因为你就是它的主人对不对？那你可以让它朝着我们吗？

刘雅娜 可以可以。条条，你喜欢何哥不？莫钻进去了。

何 刘条条。

（蛇朝着何）

谢 来了来了。

何 刘条条，我喜欢你。

（字幕：我怕你）

（蛇躲过何不再朝着他）

何 可是我想问你啊，你们别的身边的人看到它会害怕吗？

刘雅娜　不害怕，我同学不怕它。

何　你每一个同学都不怕它？

刘雅娜　没有，我有一个同学怕它。

何　它能知道那个同学怕它吗？

刘雅娜　它知道。

谢　怕它，它还要专门去吓那个同学。

刘雅娜　不会，它不会过去了。然后别人骂了它，它会记仇啊。

谢　它可以在我手上爬吗？

（谢伸出一只胳膊，刘雅娜把蛇放在上面）

杜　那它的寿命大概是多久呀？它就是一直这么大吗？

刘雅娜　它可以长到一米二。

（蛇在谢的手腕上缠绕）

谢　咦，好像一个镯子哟。

何　所以它还是个小朋友对不对。

李　它吃什么。

刘雅娜　吃乳鼠。然后喂牛奶。

谢　哟哟，它给我缠起来了，我有点儿出不了气儿。

（刘雅娜把蛇从谢的胳膊上拿下来）

刘雅娜　还有蛋白质。

杜　那它长到一米二的时候怎么办啊。

刘雅娜　继续养啊。

李　那就要背着出来了。

刘雅娜　我不会背它出来，放在家里。

何　其实很少有人养蛇是天天带在外面走的。其实今天，刘雅娜还有带一条巨大的黄金蟒来到现场。我们来看一下黄金蟒！

李　唔！

（工作人员把黄金蟒送上舞台）

众人　哇！

谢　也是你养的吗？

何　雅娜，这条不是你养，对吗？哇塞，颜色真的很漂亮，这个是你养的吗？

刘雅娜　不是。

李　借来的对不对。

刘雅娜　借来的。

李　这样一条蛇要多少钱？

刘雅娜　血统纯正的话，在美国，然后日本那边韩国那边，六位数以上的美元。

谢　个十百千万十万。

何　十几万美元。

李　就是意味着相当于差不多一百万人民币。

（何在玩刘雅娜抱着的黄金蟒）

何　好凉啊。其实我们国家有规定，在居民楼里不让养这种蟒什么之类的规定吗？

刘雅娜　有。

何　所以这一条其实我们在动物园借来的。

刘雅娜　对。

何　好，宝贝，欢迎你来到快乐大本营啊。来，跟观众打个招呼吧。你那么漂亮。

李　看它的眼睛都是那种橙色的耶。

何　好乖好乖。好，谢谢雅娜，也谢谢我们这只非常漂亮的黄金蟒。辛苦了。谢谢你啊。

（刘雅娜抱着黄金蟒走下台）

何　好，下面唐啸。

谢　你是什么呢？

何　好，我来检查一下，看在哪个兜里。

李　在手套里面。

杜　鞋子里，是不是，踩着呢。

何　裤子裤子。没有。

李　肯定跟这个手套有关系。

唐啸　我给你们叫上来吧。

何　好，来，欢迎它。

（唐啸吹口哨把自己的宠物叫上舞台，可是宠物没有听从，停在台下工作人员的胳膊上）

（男解说）哈哈，没想到平时训练有素的鹰在陌生的环境里竟然使起了小性子。

何　大家安静。

（唐啸继续）

（字幕：乖乖！快过来啊！）
（鹰飞上了舞台）
（音乐起）（字幕：终于飞起来了）
众人 哇！
何 好厉害！原来你是养鸽子的。（字幕：总算没给我丢脸。）（音乐渐消）
唐啸 它不是鸽子。
何 这只鸟，这是什么啊。
唐啸 这是鹰。
（男解说）唐啸，两年前迷上养鹰，先后驯服过5只鹰和隼。
（字幕：唐啸，两年前迷上养鹰，先后驯服过5只鹰和隼）
何 这就是鹰！
唐啸 传说中的鹰。
李 这就是我的好兄弟，鹰。因为我是雕。
何 鹰，快认你雕叔。
众人 啊哈哈哈。
何 哇，你在养鹰啊。这只鹰是什么鹰。
唐啸 这是我们南方这边的松雀鹰。
谢 它长得最大可以到多大。
唐啸 它就这么大。
谢 可是通常鹰很大呀。
杜 不是那种飞在天上的。
唐啸 它是那种雀鹰，就是抓以小型鸟类啊，为食的。
谢 OK.
李 听说你还给它准备了一个配饰对不对?
唐啸 它的配饰都比较有趣。
（鹰突然冲着李抖动了一下，李往后退了一步）
李 唔。
李 很潮对吗?
唐啸 对，就是小帽子。
（唐啸从口袋拿出小帽子展示）
何 这个起什么作用，就是好看吗?
唐啸 没有，它就是声音来的时候，就比较那个闹腾嘛。
何 这样可以保护它，让它安静一点对不对。
唐啸 对，它就不会乱动了。我给你们戴上看。
（唐啸试图给鹰戴上帽子）
杜 好帅啊这个帽子。
（唐啸没有成功）
谢 哎哟，不戴呀。
何 因为刚刚把它的肉抢走，它有点不爽。
众人 啊哈哈。
（唐啸终于把帽子给鹰戴上了）
何 哎哟这就戴上了。
谢 好像一个将军。
（帽子掉了）
何 又掉了。（湖南话）
（何捡起帽子）
谢 好。
何 我试一下。
（何尝试把帽子戴到鹰的头上，但是一直没成功）
李 小心点啊。
（字幕：好霸蛮）
李 何老师你这是要把它硬钻进去吧。（湖南话）
何 好，来了来了。
（唐啸再次尝试给鹰戴上帽子，终于戴上了）
何 乖了。好乖呢。
李 好可以了，可以了。
何 哟，小将军，小将军。
（唐啸在系帽子上的绳子）
何 这是什么？哦，这是要给它系紧一点。
李 哦，这样子。
（鹰晃了两下脑袋，帽子掉了）
（男解说）这真是个有个性的小家伙。
何 好，谢谢。
李 可以了，我们大概知道是什么。
何 其实呢这个鹰，我有听有些朋友说鹰要熬，有没有这回事？

唐啸 比较大型的鹰就要熬。

何 我有一个朋友，他养了一只鹰，然后他就熬。熬鹰呢就是不让鹰睡觉，你也不能睡。你的眼睛瞪着他的眼睛，三天三夜。

唐啸 不止呢。

何 他就是熬了三天三夜，然后特别骄傲地拿着鹰出去说，哥儿们这鹰熬成了，给你们看一下，然后就拿着那只鹰，然后你们看！因为熬成了的鹰就是会认你做主人，他就把那只鹰一放，那只鹰就会回来，回到他的肩膀上，或者是回到他的手上。他熬了三天三夜，整个人面无人色，然后给你看，一放，再也没有回来。

观众 啊哈哈。

李 所以他熬的鹰是给别人熬的吗。

（唐啸手上又多了一个动物，也戴了一个小帽子）

何 哇好可爱哦。这也是鹰吗？

唐啸 它是隼。

何 隼好可爱啊。就是上面一个佳下面一个十对不对。（字幕：隼 sun）

谢 可是它这样戴着它看不见。

唐啸 也就是要看不见嘛。

何 然后让它安静，给它一个小的空间。

李 哦，就不会动了。

唐啸 对，它就比较安静。

何 就让它直接站到手上不会卡到你，不会不舒服吗？

唐啸 它没事的，它如果看到肉的话，它就会用力地去抓。

何 养鹰的乐趣在哪里啊唐啸。

唐啸 就是平时带它出去打麻雀呀。

谢 打麻将。

唐啸 哈，然后再叫回来。

李 也就是熬成了鹰，然后它就回来对不对。享受那种把它召回来的乐趣。

唐啸 对。那种感觉非常有成就感。

何 你养了多长时间了。

唐啸 这两只鹰大概快——

何 这是隼。

唐啸 哈哈，对，隼。养了快半年了。

何 好，谢谢，希望你的鹰可以长命百岁，然后陪你度过快乐的时光好吗？

唐啸 好。

何 宝贝你今天表现的很好，因为特别有个性，好吗。

谢 很成功，非常成功。

李 好，下次再吃点肉。

何 好，辛苦唐啸，辛苦你啊。谢谢。

李 谢谢！

（唐啸走下舞台）

何 好，接下来下一组我们要再请出两位，他们带来的宠物又不一样了。好，我们掌声欢迎廖平安和谢瑶，欢迎两位！

（廖平安和谢瑶上场）

何 哈哈，两位像逛大街逛到这边似的。

李 对对，而且都觉得他们身上有料。

何 对，肯定是的。来谢瑶，看看一下你的是什么。

谢瑶 我的是鬃狮蜥，蜥蜴的一种。

（谢瑶从包里拿出鬃狮蜥）

何 哇！好漂亮啊。

杜 我的妈呀，这跟外面卖的玩具一样。（男解说）谢瑶，养爬五年，是个既爱冷爬又爱老婆的新好男人。

（字幕：谢瑶，养爬 5 年，是个既爱冷爬又爱老婆的新好男人）

何 鬃狮蜥。

谢瑶 对。

杜 天哪。

谢 可是它的背，好麻哦，看起来。

何 没有，可是你不觉得它的颜色很漂亮吗？这种动物来自哪个国家哪个地区？

谢瑶 澳大利亚。

李 澳洲的是吗。哦澳洲那个沙漠里面好多这种。

谢 哦那个谢霆锋，谢霆锋就喜欢养这个。

何 你可以让它停在我这个肩膀上吗？

谢瑶 没问题。

何 那他会跑吗？

（谢瑶把鬃狮蜥放在何的肩膀上）

谢瑶 它不会动的。

谢 好像一个装饰。好可爱哦。

何 它不动吗，那我走两步它也不动吗？

谢瑶 你走吧。因为它爪子很利耶。

谢 好可爱，它好可爱。

（字幕：好有型）

（何肩膀上趴着鬃狮蜥，向前走）

何 它这里轻轻的挠我的脖子。好舒服啊。

（鬃狮蜥又挠了一次）

何 OK. 我开始想你喽。

观众 哈哈。

李 它一直在看着它的主人耶。

何 看着它的主人吗？

（何走回去把鬃狮蜥放回主人手里）

何 所以像这样的动物很奇妙，这算冷血动物对不对。

谢瑶 对。

何 它根本不会跟人交流吧。它会跟人交流吗？

谢瑶 基本上它跟你交流的时候就是吃东西的时候。

李 哈哈，就是有奶便是娘。

谢瑶 没错。

何 它会吃什么东西。

谢瑶 蟋蟀啊，大麦虫。

李 可是它就是蜥——

谢瑶 它吃蟋蟀。

李 哦，昆虫。

何 像这样的蜥蜴就是这种颜色吗？还是它可以更亮一点，因为我怎么看过图片，有那种灿灿的黄的。

谢瑶 哦有的那个普通的颜色，它就很黑，可能再澳大利亚大家也看过，它属于金色系，它如果泡热水澡的话，或者它心情很好的话，就变成金黄色。

众人 哇！

李 它可以在地上爬吗？

谢瑶 可以吧。别到时候跑了啊。

何 不会不会。

（何把鬃狮蜥放在地上抓住）

何 宝贝我们跟观众问个好啊，来。

李 say hello.

何 好，我们来配音啊。

（何和谢瑶抓住鬃狮蜥的前爪，问好的姿势，何配音。）

何 大家好，我是鬃狮蜥呀，你也可以叫我西施。我来自澳大利亚，今天很高兴看见大家。

李 你养了多久了？

谢瑶 这条两岁了。

何 它们一般的寿命有多长？

谢瑶 活十几二十年都可以。

何 哇真棒耶。

李 还有一只蜥耶。

（工作人员又拿上来一只蜥，放在盒子里。）

（舞美：舞台中央一个镯子，上面放了装有蜥的盒子和一个盆）

谢瑶 这只叫绿鬣蜥。这条是一个小的个体，很小的。

何 这个可以拿出来吗？

谢瑶 这个拿出来，可以呀。

李 凶猛吗？

谢瑶 它有点拿尾巴抽人。

何 抽——呃（绿鬣蜥刚巧抽动了一下尾巴）

谢瑶 没事没事。

谢 这个颜色好漂亮。它抽人疼吗？

谢瑶 疼的。

何　啊那是什么？鳄鱼吗？

（工作人员又拿上来一个动物）

谢瑶　这是泰加。

何　哇！

李　这条厉害了。

何　好憨哪它长的。

杜　哇天哪。

谢瑶　它的尾巴是断掉的。

何　断掉啦？哎呀好可怜。

李　它真的很像家里面一种家具看到没有。

谢瑶　像LV的皮包是吧，哈哈。

何　不过说实话，这条的样子，第一次看见的人可能会有点害怕。因为它比较大，体型比较大。

谢瑶　它很温顺。

李　不咬人吗？

谢瑶　不咬。

杜　谁要养这个太帅了。

谢　那个鱼肉是干吗的呢。

谢瑶　那个鱼肉是它的食物啊。

何　来，宝贝吃一个吧。

（蜥蜴叼住一块鱼肉）

杜　哇！

何　没看见它的牙，没有牙。

（蜥蜴把鱼肉吞下肚）（字幕：味道不错）

何　那么大块你——

李　它吞进去了啦！

何　宝贝你喝点水不。

众人　哈哈。

何　我听说你这个太太原来不知道你养这些东西对不对。

谢瑶　对。

李　听说太太也来了现场吗？

何　哪一位是你太太。

谢瑶　那一位。

（舞台下方）

何　你好，你们在认识的时候他在养什么？

谢瑶太太　我认识他的时候，他是弹吉他，打篮球。

何　哇，so shiny. 很阳光。然后呢，谈恋爱的时候呢？

谢瑶太太　谈恋爱的时候，开始养小狗。

李　这个不错，有爱心。

谢瑶太太　扯了结婚证之后，开始发现他喜欢爬行动物。

何　啊哈哈。

（舞台上）

何　为什么会喜欢养这个啊。

谢瑶　因为它们是跟恐龙的近亲，有的时候你想的会很酷，你在家里养了一条小恐龙，或者是一条龙，所以就是这个是最开始喜欢的原因，完了之后就是它们的颜色，它们的习性啊，你就觉得很，就很 nice.

何　而且我觉得养这个东西，可以让人心静下来。因为它们什么都慢慢的静静的，对不对。

谢瑶　对。

何　所以我觉得也是一个很有趣的选择，好不好。

谢　好，谢谢。

（谢瑶下场）

何　我们先通过一个短片来看一下今天平安带来的是什么可爱的小宠物。来请看短片。

（短片：宠物貂）

（配音：嗨大家好，我是宠物貂，我呀可爱又温顺而且又特别爱干净，才三年时间，我就蹿红成了世界第三大宠物，唱片歌手、明星们的挚爱呀）（画面：何洁、赵琳、希尔顿分别和宠物貂的合影）

（配音：哦最最重要的是，我还是颇有天分的演员呢。在《黄金罗盘》《墨水心》《遇见波莉》，我可是非常主要的，呃，配角）

（画面：三部电影中有宠物貂的片段）

（配音：如果，如果，如果你不自觉的爱上

我，那还等什么呢，快把我带回家吧）

（画面：宠物貂的可爱图片）

何 好，平安给我们带来的就是一只可爱的貂，对不对，它在哪里。

李 在哪儿，在哪儿。

（廖平安指了指肚子，貂在肚子上，被衣服盖住）

廖平安 睡着了。

何 哦，我刚才还想说，你就是身材整体不错，就是肚腩有点太大。

廖平安 呵呵。

（廖平安轻轻用手拍打，试图让貂钻出来，但是貂钻到廖平安背后）

何 躲。

廖平安 还没睡醒。出来，出来。

杜 它爬到——

（廖平安把貂从背后拿了出来）

（男解说）廖平安，养貂两年，认为貂有狗的温顺猫的灵性。

（字幕：廖平安，养貂2年，认为貂有狗的温顺猫的灵性）

谢 好可爱。吃什么呢平常。

廖平安 貂粮。

李 貂有专门的粮食，是吗？

谢 你为什么会喜欢貂呢？

廖平安 因为它清静。

（廖平安把貂放在肩膀上，靠近脖子）

李 你冬天是不是就不用戴围巾了。直接披着它就好了。

廖平安 是啊。

何 啊一直钻到你——

谢 它一直钻啊。

（貂从廖平安的后颈钻进衣服里）

李 好可爱哦。

何 它为什么可以成为世界第三的宠物？

廖平安 因为它的驯养时间比较长，也有两千多年，然后——

何 哦，你养了它两千多年了。

李 啊哈哈哈。

何 是人类养貂作为宠物，历史有两千多年。

李 听说它有三种拿法对不对？

何 教教我们，好不好。

（廖平安示范第一种）

李 撸着脖子。

廖平安 这样你可以安抚它。

李 扯着。

何 它这样是舒服对不对。

廖平安 它这样的时候，现在有点紧张，它的脚会跷起来。如果它很乖的时候，它的脚是垂着的。

李 它原来就是这么长吗，还是你拉长的。啊哈哈。

廖平安 我也很想拉长它。

何 第二种呢？

廖平安 第二种就是这样，拎着它的脖子。（廖平安示范第二种。）

何 它会怎么样。

廖平安 会发晕，然后会打哈欠。

何 这样它会不舒服么？

廖平安 不会。因为它爸爸妈妈就是说从小的时候就把它拎来拎去。它这么拎的话，嗯，爸爸妈妈疼我。

何 它没有打哈欠。我拎一下好吗？拎这儿对不对。

廖平安 对，拎脖子。

（舞台下方一个养貂人，手里拎着一只貂，拎着它的脖子，貂打了哈欠）

（舞台上何手里拎着貂的脖子）

李 特别像那个料理鼠王，《美食总动员》里面你自己的形象。

何 好，还有哪种？

廖平安 它最喜欢拖鞋了。它就喜欢藏拖鞋。

（廖平安示范第三种，貂叼住了拖鞋。廖平安拿着拖鞋，貂咬住拖鞋吊着）

五人齐　啊哈哈。

李　它这样撑着，万一它又想打哈欠怎么办。

何　啊哈哈。听说它很爱干净是不是。

李　会洗澡。

廖平安　对，它会自己把它弄干。

李　真的啊？我们这里有盆水，来试验一下好不好。

廖平安　可以。

（廖平安把貂放在装了水的盆里，给它洗澡）

李　头啊，谁说把头要按下去。

杜　憋气儿。

谢　太狠了。

（廖平安把洗完澡的貂放在地上的一块毛巾上，貂自己在上面翻滚弄干）

何　好可爱的。那背怎么办。背也滚一下呗。

（廖平安把毛巾一角掀起，盖住貂。貂继续滚）

何　哎哟，你在哪里呢。哈哈。好，谢谢可爱死了。

李　它是不是特别喜欢钻在什么有兜啊或者就是可以有安全感的地方。

（貂在杜衣服后面的帽子里蜷缩着）

廖平安　对，他的帽子，我觉得特像它的床。

李　这个多少钱一只啊？

廖平安　两千多。

何　我听说它心情好的时候，会配合你，叫它站着就站着，打圈圈就打圈圈是不是。我们试一下，好不好。

廖平安　可以可以。

（杜试图让貂从帽子里爬出来）

何　你想把它倒出来，是吗？

李　哈哈。

（廖平安示范让貂做动作。以食物为诱饵）

谢　我再看看，站起来一下。

（廖平安把食物举高，貂就站了起来）

何　啊，好可爱。

李　牙齿好利。

何　我们看一下它会不会打哈欠啊。心情好咧，心情好就打个哈欠呗。一二三——

（貂不打哈欠，字幕：不给你面子！）

李　它不打。

何　对不起，对不起。好了，谢谢，谢谢平安。辛苦你，非常可爱。谢谢！

（廖平安下场）

（配乐起）

何　欢迎大家来到我们的Opporeal音乐手机《快乐大本营》，我们是——

五人齐　快乐家族！（配乐渐消。字幕：快乐家族）

李　今天的主题名字叫做——

五人齐　潮流夜！（字幕：潮流夜）

何　第一位潮人，她就是霍思燕！

（霍思燕出场，舞蹈表演）

（舞蹈：《椅子的诱惑》）

表演：霍思燕

伴舞：SPD新势力舞团

（音乐起）配乐：Madonna《Erotica》

（音乐渐消）

众人：哇！

（何学霍思燕的性感舞步）

何　哇！

谢　有耶！

李　我们那种惊叹声太剧烈了。

谢　性感啊。

李　就是那种所有男人心里面的虎被放出来了。

何　对啊，就刚才我们燕燕一做这个动作的时候啊（何在学霍思燕的性感动作），就听我们那个制作人，罗昕小姐就说，机位机位不要从下面拍，上面上面上面。

六人齐 啊哈哈哈。

谢 我一说也是，我们吴没有做过这样的动作，吴做也很好看的。

吴 真的假的？

何 真的吗，你今天方便吗？

谢 真的吴。

李 试一下试一下。

谢 掌声！

何 这白裙子真的，夏天来了，这样的裙子好方便防蚊。

李 这样吧，你跟她一起。就对着的。

（吴和霍思燕同做侧面下蹲起的性感动作）

何 哇哦！

李 就是有点站不稳，对不对。哈哈。

何 那大家都喜欢霍思燕，来说说看燕燕在心中，你觉得霍思燕是什么？

吴 我印象最深是水晶女孩那个感觉，就是像邻家的大姐姐一样清纯。

谢 你不是邻家小妹妹嘛。啊哈哈。

何 哈哈，这个便宜你也占。

吴 小妹妹是我。

李 所以你觉得霍思燕在你心目中是那种清纯的可爱类的那种女生是吗？

吴 对对对。

何 因为很多人都记得她出道的时候那个水晶果冻的广告嘛。坐在一个木头的船上，她身后是陈龙，就小陈龙。然后他们两个伸起手那样，当时那个《泰坦尼克号》，他们就山寨人家嘛——哈哈哈。

霍思燕 那个是《泰坦尼克号》的贴片广告。

谢 《泰坦尼克号》学的他们。哈哈。

何 是《泰坦尼克号》的贴片广告啊？

霍思燕 对对对，所以是学的他们。

何 所以你还能找到，那个时候你好像还在读书嘛对不对。

霍思燕 对，那时候导演让我去试镜，然后我很紧张，然后导演问你有交过男朋友吗，我当时就呜呜呜呜，低下头，然后导演说你能不能见到男朋友羞涩地一笑，那时候又没谈恋爱，就肯定很羞嘛，然后涩就不知道了，肯定很羞，然后——

何 那你怎么笑的，来预备开始。

（霍思燕展示当时试镜的羞涩笑容）

谢 这叫羞涩？我可以羞涩地一笑，特别正统。

何 是吗，来。

（谢表演羞涩地一笑）

谢 还有涩啊。

（谢挤眉弄眼）

何 不是那个色！

李 好色呀！

谢 哈哈哈。

李 那两个人来比一下可爱嘛。

何 对，那水晶女孩如果要放电应该要怎么样放电。（何指着谢）

谢 她是水晶女孩先看怎么放电。（谢指着吴）

何 这里有个水晶女孩。

霍思燕 对，让她来。

吴 我今天学了个新的。大家电视机前的朋友们跟我一起做——

何 谁要跟你一起做。哈哈。

吴 就是先要咬嘴唇，先咬右边，然后逐渐逐渐地把它再吐出来。最后伸一下舌头。

何 OK. 好，看一下。

（吴展示水晶女孩的放电）

何 OK.

杜 我觉得我做的都比她性感。

何 我觉得是有一种看到扣肉的感觉，家里又没有钱买。

吴　我辛辛苦苦在网上查的。

谢　我觉得那个燕燕吧。因为我最好嘛所以我压轴。哈哈哈。

何　你倒是——

谢　小心我对你羞涩地一笑。

何　你对得起那个压轴吗。来，我们来看水晶女孩的放电。

（霍思燕展示水晶女孩的放电）

霍思燕　啊这样不水晶了。

何　哦我明白了。其实还是整个人就是要绷住，但是笑从里面忍不住得散发出来。

李　对，因为她可能就是喜欢那个男生，但是还是有羞涩的那种感觉在里面。

何　就是感觉她整个人在跟她的笑在打架。拉扯的那种感觉。

谢　人和笑在打架——啊哈哈哈。怎么个打法。

何　来，水晶女孩的放电。

（谢展示水晶女孩的放电）

杜　怎么有大海的感觉呢。

谢　有吗？

何　就是想吐嘛。

谢　啊哈哈。

李　晕船是吧。

何　来，娜娜你觉得霍思燕是什么样的人？

谢　就是很有意思的一个人。

李　那她塑造那么多荧幕形象——

何　你印象最深的是谁？

谢　哦对对对，这台本上的是吧。（字幕：娜娜想起台本了）哈哈哈。我印象中啊，我印象中霍思燕是一个古典美女。

何　为什么呢。

谢　因为她演了很多古装戏啊。

何　比如说呢。

（谢看了一眼杜手里的台本）

谢　像那个台本上都有写啊，比如说——

李　我跟你说现在节目里面经常会回放我们说过的一些白话。好可怕的。

谢　就是《少年天子》，还有《杨乃武与小白菜》。她演的杨乃武？哈哈。

何　她演的小白菜！

谢　还有《最后的格格》、《嘉庆皇帝》好多呢。

何　对对对。

李　都是清宫戏居多啊。

谢　因为她在我心目中是——古、典、美、女。哈哈。

李　我以为她在你心目当中是容嬷嬷呢。哈哈哈。

何　古典美女要怎么样走路呢。

霍思燕　其实会穿花盆底，然后就会有那种——

何　姿态出来。

霍思燕　然后通常手上会拿一个小的纱绢，然后比如说见到太后就这样——

（霍思燕准备走向谢）

谢　怎么我就——

霍思燕　这个手要随着这个身体摆动这样，走走走，走到太后面前，尽管我不喜欢这个太后。但是我还是要很笑，太后吉祥！

（谢演绎出拿东西扔出去的戏码）

谢　斩了。

何　啊哈哈哈。你是拿了个什么就给斩。

谢　就是那个——

何　令牌是不是。太后凭什么撒令牌啊。

谢　啊哈哈哈。太后有好多令牌呢。

何　好，那涛涛，在你心目当中霍思燕是什么样的？

杜　我觉得她给我很多形象，但是我都记不得了。唯一记得就是——

何　哈哈，你的记性是有多差。

杜　没有没有。就主要是开场舞就勾起了我很多的那个回忆。

李　哦我知道你说哪个了。

杜　刚刚那个秀的感觉，我觉得她就是新一

代的性感女神，就是宅男杀手嘛。

何 哦，没错。

谢 你刚刚说了人家瑶瑶是，然后现在你又说霍思燕是，到底谁是啊？

杜 瑶瑶是？

谢 哦，忘了忘了。

何 哈哈哈。你记不记得她有一个电影在香港非常轰动，《我要成名》，然后那个海报几乎就没穿，就是那个胶片，电影胶片那样绕住重要的部位。

谢 是吗？你就是用那个胶片——

霍思燕 其实都有穿啦只是那个——

何 后期做的。

霍思燕 对，PS把它完成。

何 但是身材是你的身材吗？

霍思燕 对，是我当时喷了好多的古铜色的漆在身上，全身喷。喷漆很简单，关键是怎么卸掉它。

何 对。

谢 怎么卸呢。

霍思燕 我是用两瓶卸妆油慢慢搓慢慢搓，卸了差不多两三个小时。

何 你知道有个最大的问题，背，你卸不到。

霍思燕 找人帮忙喽。

李 哦，那谁呀？

谢 你傻呀。（谢指着何）

何 我不是没有那么亲密的人嘛。

谢 我有一个好办法，就是冲醋。

众人 啊哈哈哈。

李 什么。

谢 冲醋啊。就是金粉在身上的时候洗不掉的时候，还有你那个漆，用醋冲。（谢把醋发音成翘舌，把冲发音成平舌）

众人 啊哈哈哈哈。

谢 全说错了。

何 好，那我们现在回到这个《我要成名》里面非常性感的燕燕好不好，我们看一下一个性感的美女——

李 性感美女啊，放电。

何 要做一个什么样的眼神来给大家。

霍思燕 就刚刚舞蹈就已经很——

何 对，那倒真的是，已经极致了。我们现在只要求脸上，不可以有身体好不好。

李 我们来给你挡一下啊。来，三二一开始。

（霍思燕表演性感美女放电）

霍思燕 海涛，你注意力集中一点好吗？

杜 @##¥%#……

霍思燕 你爱吃什么呢？

杜 我爱吃很多东西。

霍思燕 我听不太清楚，可不可以说清楚一点。

杜 我说我爱吃很多东西。我爱吃你——

何、李 啊！

（李冲杜走过来，佯装要打他）

杜 不是不是，我没有——

谢 什么?!

杜 不是，我顺着那个说出来的，我没想说这些。

谢 学坏了你。

杜 我刚才说了什么啊。

谢 你学坏了你。

何 学坏了你这个孩子你真的，你之前那些油腻而清纯的形象荡然无存了。

众人 哈哈。

谢 接下来我骂你的这段话请节目组打上马赛克。

何 对啊。

谢 海涛！你@#¥%&9……，我¥%##@&，你！~¥#&*（谢佯装骂了很多话，其实没有）

众人 啊哈哈哈。

谢 马赛克啊，不好意思这个不能播的。

杜 太残忍了太残忍了。

何 我觉得是这样，这个马赛克没有用，应该在海涛那句话出来之前，突然飞一个字幕，以下内容请家长指导观看。

六人齐 啊哈哈哈。

何 所以我觉得她那个理解是对的。女生的性感是要在交流沟通当中，不要自己觉得那边搔首弄姿就有多性感。

李 对对对。我觉得她跟每一个来的女明星就是表现自己的那个热辣跟性感都不一样。她会用聊天的，对不对。

何 没错，那吴你要跟那个嘉嘉怎么聊天。聊出你那种女生的魅力，就是你最缺失的那一部分。

霍思燕 清纯加性感的。

众人 啊哈哈。

何 对，你跟你嘉哥那个来一下。

（吴和李表演片段）

吴 嘉哥，你最喜欢吃什么呢。

（吴贴着李扭动了一下）

众人 啊哈哈。

杜 哈哈，没站稳。

李 除你之外的任何东西。

众人 啊哈哈。

何对谢说 你，你来。你跟我聊聊呗。

谢 我真的太性感了。

何 就是我得想办法要招架住你是吧？

谢 就是，就是没有男生可以招架住我，就是我一聊天一放电。

何 Ok.（何走一步离开谢）

众人 啊哈哈。

谢对何说 你别走啊。来。

何 天生的有点害怕。

谢笑着说 来。

何 抗体抗不住。

谢 灵。

（谢站到何前面摆头佯装接吻，何一动不动站着）

众人 啊哈哈。

何 所以呢？

吴 娜姐你好开心，何老师面无表情。

谢 啊哈哈哈。

吴 并且还咬着嘴唇，形成强烈反差。

何 你可不可以给我点——

谢 拍下来——

何 拍下来不——

李 喂，喂，张杰啊——

吴 姐夫，姐夫。

李 她刚刚亲了何老师啊。

谢 告状婆。

何 嘉嘉在你心目当中，燕燕是什么样的女生？

李 我觉得她挺潮的。就是潮女之类的，那一类的。因为她有自己的那个潮牌嘛。

霍思燕 对，我刚刚在生日的时候，创立了一个自己的品牌，叫 Teddy family. 当然我也请了很多的朋友来加入，包括何老师也加入过来，然后我们可能每个明星献的产品的所得收入都会捐赠给慈善机构，然后我也希望人多力量大。

何 比如说，有一个朋友，他是干吗的，他有什么特色，她就可以根据这个朋友来做一个 T 恤，比如说我就有一个 Teddy-family 的一个 T 恤，是拿着麦克风的，就是因为我一直拿着麦克风，谁抢都抢不走。

（何正得意，谢一把抢走了何手上的麦克风）

谢 嘿嘿，哈哈哈。

何 今天呢，燕燕还给我们带来一个就是送给快乐大本营的 Teddy family 的一个纪念版的玩偶对不对，那个是有的卖的吗？

霍思燕 那个目前还没有，特意给“快乐大本营”的礼物。

（工作人员拿上舞台一个滑动式衣架，上面挂满了衣服和玩偶）

何 哪个是？

霍思燕 就那个。

何 哎呀，就那个，好可爱。

霍思燕 它明明是一只 Teddy，然后画成了虎的样子。

何 为什么 Teddy 要画成虎的样子。

谢 因为今年是虎年呀。

杜 好可爱啊。

（何把 Teddy 拿到舞台中央）

何 为什么说这是送给快乐大本营的呢？

霍思燕 因为这个肩膀上有一个快乐大本营。

何 哦，所以就是——哦真的哦。

霍思燕 然后我也希望快乐大本营今年也虎虎生威。

李 你们觉得自己是它的哪个部分？

何 我觉得我是它的眼睛。因为它的眼睛特别大特别有神，我很喜欢它的眼睛。

杜 然后我觉得我是它的腿，我是它的根基特别稳。

李 我觉得这个肚子不是跟你的一模一样吗？

谢 对啊，这个肚子不是吗？

观众 啊哈哈哈。

李 我想做它这个“王”字。

何 嘿嘿。

谢 哦，你就是这个“王”吧，是吧。

何 啊哈哈哈。

（李起身打谢）

谢 不是，这个“王”吧。哈哈。

（李欲夺走谢手中的话筒，未成功）

何 娜娜今天就占这点小便宜。吃饱了一晚上。

谢 啊哈哈哈。

何 吴昕你呢？

吴 我是它那个嘣露头。

何 这个嘣头。

吴 对。

李 哦，那我在你上面哈。啊哈哈。

何 娜娜你是它的什么？

谢 嘿嘿，我是它背后的女人，嘿嘿嘿。哈哈哈。

观众 哈哈哈哈。

何 顿时觉得这只 Teddy 好可怜。

李 好可悲哦。

何 任何一个成功的男人都躲不了背后有一个倒了大霉的女人。

谢 哈，哈，哈。

李 魔怔了都。

何 你看嘴立刻就撇下去了。好可爱哦。好，谢谢燕燕。

谢 谢谢！

何 另外呢，今天还有那个专门的 Teddy family 特制的 T 恤，来送给我们的主持人，每个都不太一样。

谢 啊？哟。

李 真的啊。

何 我们来看一下。

（舞台上，五位主持人和霍思燕走到衣架旁，霍思燕拿出衣服）

霍思燕 这个就是何老师的。

何 你看我拿着麦克风，谁都抢不走我的麦。

（谢又再次伸手想夺走何手中的麦克风，何同时间把手举高）

何、谢 哈哈哈。

霍思燕 这是娜娜的。

李 娜娜我们俩的挂都没挂起来。

众人 哈哈。

谢 为什么我是那种乌黑的呢。

霍思燕 然后还有红脸蛋。

（谢把叠好的衣服打开看了一眼，挥手把衣服搭在肩膀上）

谢 谢谢你啊。哈哈哈。

李 你怎么像那种买地摊货的那种。

何 嘉嘉呢。

霍思燕 嘉嘉……

（霍思燕在衣架上翻找）

李 你该不会没给我准备吧?!

众人 哈哈哈。

（霍思燕拿出李的衣服）

何 哇，你的最时尚了。

霍思燕 你的最 fashion.

何 好好看哦。

李 好看，你好了解我哦。

谢 你的好潮。

何 哦，这个荧光很漂亮，而且这个因为嘉嘉年纪大了，穿着这个过马路的时候，容易会被车子看到。

谢 啊哈哈哈。

李 那我站在马路中间，所有的车都不会开了是吧。

何 对，因为——

何、李 像红灯。

（霍思燕从衣架上拿了一顶帽子）

霍思燕 这是限量的。

何 今天燕燕就是带着这个，而且你看这边全是特别亮的钻。好不好，来送给我们的观众。来，三，二，一。

（何背对观众，每说一个数字就往舞台中央跨一步。说完后佯装要把帽子扔出去）

何 要不要!

观众 要!

何 我们请燕燕来扔给大家好不好。来。

（霍思燕站到舞台中间拿着帽子，背对观众，把帽子扔出去。台下观众疯抢争抢）

何 哇，好厉害。

谢 那位女生。

李 有一个小女生抢到了帽子，但是她的头差点没了。

观众 啊哈哈哈。

何 那位女生，麻烦你上来好不好。来，请你上来。

（抢到帽子的女生走上舞台）

何 你好。

（台下观众尖叫）

何 怎么，是你们学校的是不是。好，你叫什么名字?

女生 我叫高祥。

何 这样，我们现在要给娜娜、吴和燕燕出一个任务，就是你们每个人到观众席当中，从观众身上借一个单品——哇，我在说话的时候她一直在我旁边说“我好喜欢你我好喜欢你”，OK. 我也喜欢你。（对高祥）

观众 哈哈。

何 有听到有听到。要从大家身上找一个单品——

谢 我也喜欢你，我好喜欢你。

何 就是配饰——

（何转头看着谢）

谢 哈哈哈。

何 要搭到她的身上。好不好，来，现在。我们只给大家三十秒钟的时间。

李 一个女生找一个单品哦。

（谢走下舞台，来到之前长得像蒙奇奇的小男孩身边）

谢 大哥，借你头巾用一下可以不。不要哭，一会儿就还给你，乖。

（谢拿了小男孩头上的头巾，亲了一下他的脸颊）

何 时间到。

（谢、吴、霍思燕各拿着自己找到的单品走上舞台）

何 现在我们看大家都找到了什么。那个娜娜从小朋友头上借了一个很时尚的骷髅头的围巾。

谢 今年大——

何 就是一直就大热的一个单品。好，昕昕抢到的是一个手镯。

吴 手表。

李 还有一个小项链。

何 然后燕燕呢，拿到的是一条领带。

霍思燕：对，这个我觉得蛮好看的。

（何看见李手上的黑短裙。）

何　嘉嘉你把谁的裙子脱了。

观众　哈哈哈。

谢　嘉嘉，你怎么能这样。这是谁的裙子。

李　没有。我陪娜娜去互动的时候，突然一个女的塞给我一条裙子。我拿上来我也想，她的裙子脱下来，她——

谢　哪个哪个？所以这位——

杜　又一个又一个！

（台下女生又拿出一条裙子）

李　你们三个女的是在这儿开网店是吧，在我们节目现场。

观众　哈哈。

何　那我们来看一下啦。

（霍思燕给高祥戴上领带）

谢　哇，好会弄哦。

何　有耶。好，这是我们燕燕的设计。

谢　这个是今年特别热的，就是骷髅头。这样系在头上就特别好看。

何　怎么个好看我看一下。

谢　等一下，就是这样系。

（谢用头巾将高祥的脸蒙住）

观众　哈哈哈。

何　走两步走两步。

（高祥戴着霍思燕的帽子，和霍思燕系上的领带，在舞台上展示）

何　自信的美眉。你看你看。有的有的有的。谢谢！

（高祥下场）

何　刚刚看到我们燕燕，还有我们娜娜和吴昕，即兴的给我们观众带来一些潮流的感觉。

李　其实我们“快乐大本营”的两位女主持人平时也是很潮的。

谢　潮界达人。

李　现在又来了一位潮流达人，我们就一起来 PK 一下好不好。

何　好。

李　今天，吴和娜娜也特地从家里面带来了一些私藏品。

谢　对，我真的是潮流达人。

何　我们先看吴。

吴　我等这一天等了好久了。

（工作人员把吴的衣架拿上舞台）

吴　这个是史迪奇的一个音箱。

何　啊。

吴　对，它的两个耳朵可以放那个音乐。然后它可以插 IPOD，然后嘴打开可以放 CD，但是嘴弄坏了现在打不开了。

众人　哈哈。

（吴拿出一个杯子）

吴　这是上面有我生日号码的杯子，是 Hello kitty 限量的。

何　会出很多个么。

吴　不不不，现在上面有我的生日嘛，然后这个被我买到的话，跟我同一天生的你就买不到了。

何　号召大家买到这个杯子，到网络上跟我们说一下，我们在那个贴吧上建一个最高楼。哈哈哈。

（吴从衣架上拿出一个帽子）

吴　这个是我在迪士尼买的一个米老鼠的帽子。戴着很可爱，没有了。

（吴把帽子戴到头上）

李　这个很可爱。

吴　而且这个都是在那个日本的迪士尼买的。

何　所以这个也是买完一个就再也没有了是吗？

吴　没有，这个有一大堆。

众人　哈哈哈。

谢　霍思燕冷眼观看。

吴　你别冷眼，就你爱上它，它真的很好。

何　还有什么东西。

（吴从衣架上拿出一件衣服）

吴 这个是今年 Hello kitty 出的限量版的衣服。它特别在哪里呢？它有四个袖子。就是这一个洞两个洞三个洞四个洞。

李 哦，可以作披风穿。

何 昕昕，我问你了，如果手从这儿伸出来的话，那这儿会不会把中间露出来呢？

观众 哈哈哈。

霍思燕 问你个问题，你那么喜欢 Hello kitty，猜一个机智问答，如果 Hello kitty 死了，它会怎么死的？

吴 它不能死！

何 哈哈哈。

霍思燕 那如果它很难受，它会因为什么难受？

杜 它死了，就可以帮吴省钱了，哈哈。

李 因为它那个不能说八卦，憋死的。

吴 它不能死！

（吴打了一下李）

霍思燕 因为它没有嘴巴。

谢 它没有嘴巴。

李 对啊，对。

何 可不可以不要在这里说 Hello kitty 会死的事，因为对吴来说这是一个很大的伤害。

吴 对，它要是死了我的世界就垮了。

观众 哈哈哈。

（吴从衣架上拿出一件衣服）

吴 这个是 Hello kitty 的睡衣。然后这是我在北京的一个店买的，它没有很贵但是很暖和。然后材质也很好，就放在洗衣机里搅了七八回也没有碎。

何 可是我怎么觉得这一定是假的啊。

吴 是假的。

何 啊哈哈哈。你也好意思拿出来。

（吴从衣架上拿出一件衣服）

吴 这个是我在迪士尼买的，然后它神奇的地方就是它后面有个帽子，就是你穿上之后它就变成一个蓑衣。

李 你经常抱怨你没有男朋友，你不觉得就是这些猫头鼠头，把他们挡在外面了吗？

何 我不许你这么说话，因为还有鸭头。

（何拿了一件上面印有唐老鸭的T恤）

吴：哈哈哈哈。

（李拿了一个拉杆箱）

李 就是说把这些头全放在这个猫头的箱子里面。

何 这个是 Hello kitty 的箱子。

李 这个好看耶。

杜 这个特别好看。

吴 这个也是限量的啊，就是他说全国有五个，我抢到了一个。

何 你真的相信他们说的只有多少个只有多少个这种事吗？

吴 我相信，因为我没有看见过别人拿呀。

何 因为别人不会买这个。

吴 没有，这个很好看耶。

李 这个很贵。

何 这个贵吗？

吴 其实这些东西说实话都不便宜。

李 都要几百块钱以上对不对。

（何从衣架上拿出那件睡衣）

何 除了这一件。好，吴的部分我们就先看到这边。好，燕燕，你带来什么东西跟我们分享，有趣的东西。

（霍思燕从衣架上拿了一双鞋，鞋上印有脚趾图案）

何 啊。好可爱。

霍思燕 这是我一直很喜欢的鞋子。

何 这个好看。

霍思燕 对，你除了穿了它之外，因为自己可以涂指甲油嘛，也可以帮他给他涂上。

何 真的假的。

李 哦真的啊。

霍思燕 对，然后你不喜欢也可以用那个洗甲水把它洗掉。

何 你真的做过这个件事吗？

霍思燕 对啊。

何 好。娜娜，你的东西在哪里。

谢 她们呢，都是一些穿戴什么的，我就是把我的随身的包就是——

（谢从架子上取下包，包很沉，谢抖了一下。字幕：好重啊）

李 家当。

何 哈哈。

谢 首先是这个包是现在今年特别潮的一个包。

何 真的耶。嘉嘉你穿上了T恤，你背上这个，你俩都不会被车撞到。

谢 包里面的东西就是一个套枕，但是也是一个音箱。就是它可以把那个——

何 你是借来的吧。

谢 没有没有。真的。

何 找拉链没找着。

（谢把外面的套取下）

谢 这个是这样的。

何 娜娜，你也喜欢粉红色。

谢 我也可以呀。

何 我以为你喜欢土黄色。

谢 哈哈。我喜欢粉红色。它就是这两面是音箱，然后这个线插到那个 Iphone 里面，这个声音——

李 就直接放出去是吗？

谢 这里面睡觉，就有声音。

何 那会不会太吵了一点。

谢 不会。它就是很轻音乐的那种。

（谢从包里拿出一个耳机）

谢 这就是刚才——

李 霍思燕说的那个耳机。

谢 对，挂在脖子上。就随着戴着，就特别潮的那种感觉。

李 我想问一下，你身上为什么要这么多音响。哈哈哈。

何 因为她是爱音乐。

谢 因为音乐是我的生命。

（谢把耳机戴到耳朵上）

谢 这样就很潮，可以配很好看的衣服。（音乐起）张杰《看月亮爬上来》

谢 我们一起看月亮爬上来

何 哈哈哈。还哼唱了起来。

李 还顺便给老公打打歌。

谢 哦，还有一个很重要的，因为就是有人说我就是要大牌嘛，我也不知道大牌是什么样子，所以我就去买了一个大牌。

（谢从包里拿出一套比一般扑克牌大的牌）

何 哈哈。

谢 因为我这样平常跟我很多兄弟姐妹，一起要、大、牌！哈哈。

李 你飞一张出去这叫甩大牌了。

谢 那一定要明天的新闻就是谢在——

何 快乐大本营现场。

谢 在快乐大本营现场要大牌好吧。

李 就要到这儿了。

（谢从中拿了一张牌，甩出去，落在舞台上）

何 观众以为娜娜会把这个牌给你们，那肯定不会因为她就不全了。

李 因为她都是借来的。嘿嘿。

谢 没有，都是我自己的东西。

何 都展示完了？

谢 喔！

（谢从包里拿出一样东西）

谢 这是我的就是特别爱的一个，它的名字叫做打地鼠。把它打开。

（谢展示玩打地鼠）

谢 特别激烈。

霍思燕 很专注，越来越快对不对。

谢 这个游戏特别激烈。等我打到第五关的时候，大家看到时候——

李 你在旁边打。哈哈哈。掌声鼓励一下。

何 谢谢！好了，我觉得潮流是个好东西，因为生活当中，其实有一些有的没有太多实用性的东西，但是因为他们的奇思妙想，让生活多了很多乐趣。那广告之后呢，我们会请出来自不同地方的一些可爱的潮孩儿来跟大家见面。什么是潮孩儿呢，广告之后就给大家揭晓。

李　不要走开。

何　待会儿见！

（配乐起）

何　欢迎大家来到我们的 Opporeal 音乐手机《快乐大本营》，我们是——

五人齐　快乐家族！（配乐渐消。字幕：快乐家族）

李　今天的主题名字叫做——

五人齐　潮流夜！

何　好，今天潮流夜呢。我觉得潮流要从孩子抓起，所以我们请了一些潮孩儿潮妈来。

谢、李　你知道吗？——

五人　哈哈哈。

谢　好烦，一模一样。“你知道吗？”哈哈哈。

何　来，你们俩一起。预备起。

谢、李　你知道吗？现在网络上那些帖子呀。那些小孩潮得呀。

李　好咧。尤其是和星爸星妈在一起的时候。

何　对，没错。那今天我们真的请到了在网络上非常受欢迎的三位潮孩儿和他们的家长来到现场，我们看一下小朋友潮起来，到底有多潮好不好。

李　掌声欢迎！

何　欢迎他们！

（音乐起）

（三个小朋友和妈妈一起上场，随音乐跳舞）

（字幕：网络小潮人：肖展羿、YIYI、SASA）

（音乐停）

何　好，首先请我们的潮孩儿潮妈们来做自我介绍。首先是你啊。

肖展羿　我是肖展羿，我说话很喜剧，有人说我帅，是遗传我爹地。我是肖展羿，我有点小脾气，叫我搞破坏，我就是不会去。我是肖展羿，双臂很有力，展开小翅膀，飞向大天地。谢谢大家！

何　哈哈哈。好棒哦。旁边这个是谁？

肖展羿　我的妈妈。

何　觉得妈妈好看吗？

肖展羿　好看！

何　那你呢？

肖展羿　也好看。

李　呵呵呵。

何　那我呢？

肖展羿　也好看。全家都好看。

何　全家。我们不是一家的。好，很可爱。来，眼镜帮你摘一下，卡到鼻子了，哦好。

（何摘下肖展羿的墨镜）

李　帽子也戴上一点。

（肖展羿的妈妈把肖展羿的帽子戴上了一点）

李　好，接下来一对要一起对不对。来，你们上前一点。我和何老师给话筒给你们。预备开始。

SASA　大家好。

YIYI　Hello!

谢　哈哈哈。

（YIYI 掉头冲 SASA 笑了笑）

SASA、YIYI　大家好。

SASA　我叫 SASA.

YIYI　我叫 YIYI.

SASA　她是我的女朋友。

YIYI　他是我的男朋友。

谢　呵呵呵。

李 你们是?

SASA、YIYI 我们是麻豆小潮人。

SASA的妈妈徐晓雪 他们两个是同一个医院出生的，然后就是当时不认识——

何 对，刚出生应该不认识。

徐晓雪 呵呵呵。然后后来就他们两个小时候就一起在同一家医院游泳。然后我们家长之间就有点面熟，然后后来到了上幼儿园的年龄了，发现他们两个是同一个幼儿园，而且是同一个班，更巧的是同桌。

何 哇!

李 所以这些你之前都不知道对不对。

徐晓雪 对，都不知道。

何 好棒哦。我们来问一下好了，对，肖展羿，请问你觉得什么叫做潮?

肖展羿 衣服打湿了。

谢 衣服湿了就叫做潮。

李 没错。

何 也对。来，SASA你说，什么叫潮。

SASA 就是上幼儿园要喷香水。

李 上幼儿园要喷香水。你的嗓子好潮啊。

何 YIYI你说什么是潮?

YIYI 可爱。

何 你可爱吗?

YIYI 可爱。

李 做一个最潮的表情。

何 来，做一个最潮的POSE，好不好，来。

(SASA和YIYI摆出一个pose。)

何 再一个再一个。

(SASA和YIYI又摆出一个pose.)

何 好，我们肖展羿来一个。一二三，潮!

(肖展羿摆了一个pose.)

谢 哇!

何 再一个，三二一，潮!

(肖展羿又摆了一个pose)

杜 哈哈哈。

何 再一个，三二一，潮!

(肖展羿又摆了一个pose)

杜 哟!

何 好棒哦!好，那问一下妈妈好了，我首先问一下SASA妈妈，你是怎么样打扮小朋友平时?

徐晓雪 平时就是喜欢看一些杂志，然后杂志上面可能要介绍一些有关小朋友的流行趋势，或者是看一些大人的杂志，然后结合小朋友一起。

何 喔，就是把大人的一些时尚元素也用到小朋友身上。

徐晓雪 对对。

何 哦。那肖展羿妈妈呢?你们的鞋子怎么那么可爱，这是哪儿买的我也想买。

肖展羿妈妈王渝泓 这是我们自己动手做的。

李 是自己的涂鸦的是吗?

王渝泓 对，就是用马克笔在那个白色的鞋子上给它涂鸦的，这个图案呢叫做一半是海水一半是火焰。

何 对哦，蓝色跟红色好好看。

王渝泓 然后中间的图案就是一个羿。肖展羿的羿字的变形。

何 哇，好。那我们今天三位潮孩儿来到我们现场。那下面呢，我们要再次请出燕燕。

李 要帮小朋友搭配潮流的装束。

何 自己也要打扮一下。

李 然后跟他们成为一个组合，我们来评比哪一组最潮。

(霍思燕上场)

何 喜欢YIYI是不是?

霍思燕 YIYI我可以选你吗?

李 YIYI是被蚊子咬了个包包，一直在抠腿。哈哈。

谢 你喜欢谁呀?(问肖展羿)

肖展羿 你。

谢 那就也只有我了。

何　三个人来抽好了。好，看到都是些什么题目。

（工作人员拿上题目，三人抽题）

何　好，吴抽的是要搭一套潮流的打扮，去乡间务农。

李　霍思燕的是出席马栏山潮流派对，也就是我们今天的主题。

何　娜娜是婚后第一次带着孩子参加同学聚会。

李　哇，好适合你哦，娜娜。

何　你知道这个重点就是绝对不能输。要特别特别的张扬有魅力。接下来，我们是挑选服装的时间。来请。

（音乐起）

（三位女生和潮孩儿一起打扮）

何　好，我们第一组作品，去乡间务农。来，音乐！

（吴带着SASA出场）（音乐加大）

（字幕：SASA好无奈呀）

（两人蹦蹦跳跳，吴蹲下来把史迪奇的音箱递给SASA。字幕：我可不想要）

李　觉得碰到了一个疯子妈妈。啊哈哈。

何　好，ok，我们请SASA来点评一下，你喜欢你的衣服吗？（音乐停）

（SASA不回答，李把SASA耳朵的耳机摘下。）

李　他在听音乐。

何　哈哈哈。

（SASA逗何，把他推坐到地上）

吴　我是不是把你带疯了怎么回事。

（SASA穿了吴的披肩，李掀开披肩）

李　哇，里面有没有。

何　好，你这个创意是什么？为什么是这样一身就是打扮。

吴　因为要干活嘛，就要通点风，因为会很出汗，所以我这套衣服就是四周都通风，然后干活的话，万一怕下雨嘛，然后还得戴一个帽子，戴帽子然后干活，有的时候回家晚了就打个电话。这个是一个电话一个手机。

何　真的假的，你打开我看看。

（吴打开手机）

何　天哪。

吴　对，这是一个手机。

李　而且他干活干累了出了汗啊，还可以用这个毛巾擦一下。

吴　对对对。

杜　一起都搞定。

吴　然后我们俩干活就很无聊，还能听点音乐，这个不是那个CD嘛。

何　OK. 好，谢谢，这是昕昕的作品。接下来我们欢迎燕燕以及YIYI这一组。

（霍思燕和YIYI上场）

何、李、杜　哇！哇！

何　酷！好漂亮啊。

李　太惊艳了吧。

吴　穿这个出来，为什么你们那么大的欢呼声，不公平。

李　你一边去。

霍思燕　一般参加时尚派对不是要拍照嘛，我们摆一个漂亮的pose好不好。来，一二三，拍照！然后擦擦。因为我想妈妈带着自己的孩子去参加派对容纳后怕小孩子流口水呀就在手上扎一个丝巾。

李　哦，这么名贵的丝巾给她擦口水。

霍思燕　然后背一个大一点的包包，这里面可以放奶瓶放尿布。

何　哎，燕燕其实今天这个装扮里面结合了非常多的时尚元素，比如说大的动物图案，然后上半身非常宽松，然后下面这个裤袜，她这个legging是非常潮的。Lady Gaga也穿过这样的。中间一条一条的，它其实是露的这种，非常好。

李　而且她这个墨镜太有设计了吧。

何　对啊，这上面还有一个蝴蝶结。

李　远处看像贴了一个黑色的透明胶，

哈哈。

何 对对。

观众 哈哈哈。

李 但是特别好看

何 我们小朋友也是，你看她身上的这些很可爱的小斑点也是跟燕燕的那个条纹是搭配的。好漂亮哦你！

李 你喜欢吗你喜欢这一套吗。

YIYI 喜欢。

何 你看，你有没有看到 sasa 在干吗，你觉得他好看吗。

李 sasa 你过来。

吴 好看吗。

（sasa 走到李旁边）

观众 啊哈哈哈。

吴 很好看，你们为什么要笑。

李 你觉得他还能做你的男朋友吗？还可以吗？他变成这样你也接受吗？

观众 啊哈哈哈。

吴 你觉不觉得有比刚才帅。

（YIYI 点头）

吴 你看！

李 她现在说什么都只会点头。

何 他们彼此之间找到了一种——好，各位。接下来婚后第一次带孩子参加同学聚会的娜娜和肖展羿来啦，掌声欢迎他们两位！

（谢和肖展羿上场）

谢 孩儿，走。哎哟，老同学，怎么着。（对何）

何 娜娜，你老公啊。（指着肖展羿）

谢 这是我儿子啊。

何 这么可爱。

谢 真的，你看他。

何 你叫什么名字？

肖展羿 肖展羿。

何 肖展羿，那你爸爸姓什么？

肖展羿 肖凌罡。

谢 哈哈。

何 妈妈呢。

肖展羿 王渝泓。

谢 对，这是我另外一个名字。

何 哈哈哈。好可爱。

谢 对了，你知道吗，我们家真的是太有钱了。

何 怎么说？

谢 你看这个眼镜，这个眼镜一个眼镜就是好几千，而且我们根据时辰和阳光的照射度不停得换。孩儿，该换眼镜了。

（肖展羿在包里翻找眼镜）

李 一包的眼镜。

谢 啊哈哈哈。

（肖展羿从包里拿了一副戴上。）

李 应该不久以后就中暑了吧。

谢 哎呀孩子，妈把这一堆卡给你，你出去帮我买一点——哈哈哈哈哈哈。

李 你真的不能输是吗。

谢 你帮妈再买几个豹爪回来。来拿着，到那边刷卡去，乖。不去啊，不去那咱这样，耍大牌，来。

（谢从包里掏出大牌）

何 啊哈哈哈。最后我们来进行汇报演出，我们三组，非常帅的走一走好不好。

（音乐起）

（三组一起上场，谢与肖展羿第一组走秀。）

谢 走，儿，咱到前面耍大牌去。

何 好可爱。下面吴昕和我们 sasa。

（吴和 sasa 上场）（音乐渐消）

李 可爱。

何 好，下面霍思燕和 YIYI。

（音乐起）

（霍思燕和 YIYI 上场）

李 哇，真正的潮妈咧。好闪啊。转一圈转一圈。

何 好，谢谢！（音乐渐消）

李 好，再次谢谢三个小朋友。

何 同时我们要谢谢霍思燕，今天来到节目当中给我们展现她不一样的几个侧面，而且现在有这么一个牌子是她为了慈善和公益在做，然后会把朋友的好多想法放到里面，希望这个牌子得到越来越多人的支持和欢迎。

李 也谢谢你出更多的电视剧给我们欣赏好不好。

霍思燕 好，谢谢，谢谢大家。

何 好，谢谢小朋友们，拜拜！

（下期节目预告）

（现场）

（音乐起）Lady gaga《Poker Face》

（字幕上）

何 好了，那以上就是我们今天 oppo real 音乐手机快乐大本营的全部内容啦。

李 我们要特别感谢“你好漂亮”对于我们主持人形象的特别支持！

谢 如果你快乐的话要看快乐大本营，如果不快乐的话更要看快乐大本营！

杜 如果你也是一个具有娱乐精神的人，就收看我们全国最具有娱乐精神的快乐大本营！

吴 祝大家天天开心，下期节目再见！

字幕

制片人：龙梅

执行制片人：罗昕

导演：李蓓　屈露　周晶　吴怡希　易文轩

导演助理：朱剑锋（实习）

导播：陈思如

灯光：吴星进　杨禹　陈耀荣　周跃飞
　　　周晓凌　覃斌晓

音响：段前贵　肖卫华　刘珊　杨德雄
　　　钟继华　甘甜　熊昭民　劳欣　付晓

摄像：龙建平　郑文勇　冉笛　陈映宏
　　　莫建军　杨谦　陈新宇

视频：韩坚定　王骏　唐长亮　宋翼平
　　　杨荣祺　聂凯

化妆：落红涛　关虹　谢亚莉　方艳

制片主任：孙竹

制片：王琪　黄学寨　陈仕球　阳眉

监制：汪炳文　张勇

欢迎你跟我们联系

0731－84801550

84801551

鸣谢

乐队：时韵小飞工作室

服装造型：林东东

你好漂亮

金鹰网

冠名单位

OPPO real 音乐手机

（张羽佳　整理）

《越策越开心2009》

节目名称：湖南卫视《越策越开心2009》
播出时间：2010年4月11日
总导演：胡明
制片人：张一蓓

（长十米，宽6米舞台，后有长宽3米LED背板，前有窗帘布装饰，舞台布置桌椅三组。灯光来自舞台后方红黄光源。主持人、演员已在舞台上站定）

【画外音】（第八套广播体操+音乐）原地踏步，走。一二三四五六七八，二二三四五六七八。跳跃运动，一二三四五六七八，二二三四五六七八。三二三四五六七八，四二三四五六七八。跳跃运动，一二三四五六七八，二二三四五六七八。三二三四五六七八，四二三四五六七八。跳跃运动，一二三四五六七八，二二三四五六七八。三二三四五六七八，四二三四五六七八。

（节目进行的同时，舞台灯光慢慢亮起来。）跳跃运动，一二三四五六七八，二二三四五六七八。三二三四五六七八，四二三四五六七八。（声音加速播放，出现电子音的感觉）

马可（以下简称马） 怎么老是跳跃运动喽，都有同学累晕了嘞。

汪涵（以下简称汪） 今天的广播体操给人的感觉怎么都是怪怪的。陈英俊同学那么肥那么胖，肯定都已经跳得累晕了。

陈英俊（以下简称陈） 那他人在哪里？

汪 陈英俊？

陈 运到哪里去了他。

陈 在这里。我没有晕倒。下一节课是法语课，再累也要挺下去。再热也要等她上完。

汪 为什么嘞？

陈 我最爱的法语老师——尚老师。她是全校最有魅力的老师。（湖南口音）

汪 什么力？

陈 魅力。

汪 那个字读“鬼”嘞。

陈 对，最“鬼力”的老师。

马 不管是“鬼力”还是魅力，不准跟我们抢。

汪 不准跟我们抢。

马 汪小涵同学，陈小英俊同学，我们一所小学，为什么要开法语课咯？显得好高深的嘞。

汪 要是不开法语课的话呢，我们就请不到尚雯婕，谁让我们校长全家都是“芝麻”嘞。

马 哦。那校长九十岁的老母亲只怕是世界上面最老的老芝麻了。

汪 那就是的。

（现场上课铃音响起）

汪 唉呀呀，打预备铃了。快快快……回到自己座位上。

（群众演员下场，主持人坐到桌椅上）

马 快点嘞。
陈 哎呀，上课上课。
汪 看你作业怎么样啊?
陈 好宝贝的嘞。
汪 真的啊。
陈 看咯，法语老师在我作业本上写了好大的字。我要把它收藏起来。
汪 哎呀，如果是法语老师签的字的话，我觉得你还不如送给校长他妈妈。
马 给我看看咯。给我看看写什么咯。哎呀，全部重做。
汪 切，我以为是写的什么东西咯。
马 真是的，我给你们两个讲咯。
汪 说什么咯。
马 我那一天我看到尚老师……她的男朋友了。
汪 不行，老师是属于我们的。决不能让她开心，被别的男人带走了。
马 哎，那我们几个要好好想想办法了。
陈 我们要采取行动。
汪 & 马 对。
(马可一拍桌子：哎呀我的杯子)
(上课铃声响起)
陈 哎呀，快坐好快坐好。老师来了。
汪 老师来了，老师来了。
(尚雯婕左侧上场)
尚雯婕（以下简称尚） 同学们好。
观众 老师好。
尚 大家好。
汪 哎哎哎，老师又不是给你们上课的，你们多什么嘴咯。
马 这些观众嘴巴子真的是蛮多啦。
汪 她是我们的法语老师嘞。
马 讨嫌啦，预备齐。
马 & 汪 & 陈 老师好。
尚 大家好。Jem`appelle（法语）尚雯婕。我是你们的法语老师。Commed`allsz-vous.
汪 老师说得好好的。
尚 马小可同学。
马 哎。
尚 听说上学期你的数学成绩不太理想，这学期有没有进步嘞。
马 这次，我的数学成绩……历史又重演了。
陈 我觉得这个历史他总是惊人的相似嘞。
马 你别嘴巴子多啦你。
汪 尚老师，马小可他还是进步了的。他上次打的是28分，这次他打了29分。
陈 可是尚老师，按马小可同学进步的速度到六年级他都未必能够及格嘞。
尚 陈小英俊同学。
汪 叫你啦。
陈 到。
尚 不要嘲笑落后的同学。
汪 尚老师，陈小英俊同学他从来不嘲笑比他落后的同学，因为他在我们学校找了半天才找到比他更落后的了。
尚 我们就进入正题，来复习一下昨天学习的内容。老师念一句，你们跟一句。（法）Bonjour.
马 & 汪 & 陈 Bonjour.
观众 Bonjour.
尚 Bonsoir.
马 & 汪 & 陈 Bonsoir.
观众 Bonsoir.
马 停停停停，又不是给你们上课。
陈 多什么嘴咯。
尚 接下来老师再考你们两个题目。“很好”用法语怎么说。
马 很好就是“特别好”
汪 嗯?
马 特别好～
汪 恩，就是Tres bien.
尚 回答正确，发音还要稍稍纠正一下。Tres bien.

马 & 汪 & 陈　Tres bien.
尚　马小可同学。
马　哎。
尚　谢谢用法语怎么说。
汪　别人给你说谢谢的时候，你一般会怎么说咯。
马　没事。
汪　对呀，就是“没事”。Merci
尚　正确，就是 Merci
汪 & 马 & 陈　Merci
尚　再下一句，commed`allezvous.
观众　commed`allezvous.
汪　咯么大的雾啊。
尚　陈小英俊同学，请你来翻译 Jet`aime 是什么意思。
陈　啊?
马　我爱你。
陈　你是男孩子，你不要爱我咧。
马　我是讲“我爱你”。
陈　我讲了你不要爱我。你爱我，我会宝气咧。
汪　是“我爱你”。
陈　你也爱我啊。哎呀～我这个桃花运真的是个冲咧。
汪　尚老师，麻烦你把那句话再单独教我一遍。
尚　Jet`aime
汪　我也是。
马　得便宜也不能这样的吧。
汪　那要怎么样咯。
尚　Moiaussi。
马　我也是。
陈　Me too.
尚　下面我们宣布一下我们昨天各位的法语成绩，马小可同学，你得了鸭蛋。
马　不可能，因为我的答案全部都是抄的书上的。不可能有错。
陈　你抄了书上都得了零分。那要是没抄书，那不是得了负几十分啦。
马　尚老师，我真的全部都是抄书上的，不可能有错误，晓得不咯。
汪　看一下。哎呀，你抄的是小学英语书啦。我们考的是法语咧，我告诉你。
尚　看来大家以后有不懂的地方还是要及时提出来。
汪　尚老师，我有一个不清楚的地方。为什么每次考试的时候前面那个同学的卷子我总是看不清楚咧。
陈　尚老师我们都愿意认真地学习法语，但是你可不可以答应我们一个条件。
尚　好啊，说一下嘛。
汪　你……可不可以不要谈男朋友咯。
马　陈小英俊他说有一天晚上他留校，他路过树林，他看见尚老师跟一个男的……他们两个在……他们在做人工呼吸。
陈　人工呼吸前的准备动作。尚老师，你千万不要和别人结婚，你一定要等我长大了，好不?
马　老师，与其等他长大了，你还不如和别人结婚了算了。
陈　结婚不好。我妈咪说，以前不知道什么是烦恼，嫁给我“爸比”之后。
马　你“爸比”?
陈　嫁给我爹地之后，她就知道什么是烦恼了。
汪　尚老师，你的男朋友是你的亲戚不咯?
尚　啊，不是。
汪　那就不能结婚啦。只有亲戚才可以结婚。你看我爷爷就娶了我奶奶，我外婆就嫁给了我外公，我爸爸就和我妈妈结婚了，我叔叔就娶了我婶婶，就是他们是亲戚才可以结婚的。
马　不是亲戚是犯法的啦。
陈　我表妹就嫁给了我表妹夫。
尚　同学们是不是担心尚老师有了终身大事之后就会离开学校，不当你们的老师了呢？

马＆汪＆陈　是的是的……

尚　那就请大家放心，之后不论如何我都会坚守岗位，在这里给你们教书。

汪　可是尚老师，我们已经做了一些对不起你的事情。我们在路上看见老师的男朋友在游泳，所以我们就顺手把他的衣服全部都拿过来了。

男友　雯婕雯婕，有人把我的衣服偷走了。

马＆汪＆陈　欢呼。

（舞台不变，背后长宽3米LED荧幕，屏幕显示“越策越开心”LOGO，两主持人穿白色左侧上场，灯光整体是蓝色）

（音乐起，两人在舞台跳舞，主光源灯光逐渐转成正常光线。LED旁两个光源闪动绿色＆蓝色光束）

汪涵在舞台上变魔术，把马可盖在黑色幕布下。

汪　刚刚我们只是跟大家开一个小小的玩笑。

马　只要是我们俩完成的魔术，那必定是一个很差劲的魔术。

汪　但是我们今天青岛的这位嘉宾可是真正的魔术大师。

马　我们之所以不怕把这么差劲的魔术拿出来丢人现眼，就是因为我们的后台很硬。

汪　接下来，让我们用最热烈的掌声有请我们华人魔术界的代表、华人魔术的骄傲——刘谦老师。有请。

马　欢迎。

（音乐起，LED荧幕变暗。刘谦上场，灯光闪烁）

刘谦上场在舞台中央表演魔术。画板中变出保龄球。（音乐明快，灯光闪烁配合）

刘谦（以下简称刘）　各位现场的观众朋友们，大家好。

马　不可能吧。

汪　是真的假的。

马可把球砸在地板上。

汪　哇。太厉害，太神奇了。哎，小马，一二三。

两人做出搞怪动作。

汪　对于我们《越策越开心》的观众朋友刘谦应该是不陌生了。

马　第二次来到这个节目。

汪　变魔术会不会需要从小练起？你是从几岁开始练起的？

刘　我从八岁开始就对魔术产生了兴趣。

汪　他十二岁的时候变了四年魔术，大卫·科波菲尔亲自飞到他所在的那个城市给他颁完奖之后，又亲自飞了回去。

汪　今天我们刘谦老师在现场，给我们带来的魔术都是全新的。

马　每一次在媒体上露面，基本上刘谦都没有重样过。今天是第二次来到《越策越开心》，他同样带来了很多他刚刚创作的，还是热气腾腾的魔术。

汪　各位观众朋友真的是很有幸，因为他是世界近距离魔术冠军，所谓近距离魔术就是隔这么近，就是面对面，变魔术给你看。

马　然后你都看不出来。大家都觉得好像魔术都是只可以远观不可近玩，但是刘老师他没有这个忌讳。

汪　但是我有一个疑问啊，一般我们看传统的魔术师都会有一个助手，而且长得很漂亮的，你为什么不配一个美女。

刘　不行不行，对我来说不行。

汪　为什么？

刘　会抢走我的风头。观众会只看美女不看我。

汪　那是这样，我们今天给你配备一个不会抢走你风头的大美女。

刘　真的吗？我很期待。

马　来给你当助手。

汪 来，有请美女。

【舞台调度】音乐起，灯光闪烁。美女助手从左侧上场，绕场一周左侧下场。

刘 她显然把我的风头抢走了。

汪 她没有啊，她如果是这样上场……就抢你风头啦。

马 希望能够帮你的忙。

刘 呃……她只要负责举牌就可以了。

马 你就给她这么多工作啊。

汪 现在是这样，用一些魔术让大家见识一下，好不好，我们首先有请你的助手。

（舞台中央有一张桌子 女助手左侧上台绕场一周下场 音乐起）

汪 开始。

刘 好。魔术最常用到的是什么？

汪 牌。

刘 我是一个民主的魔术师，我让观众来选择用什么颜色的扑克牌。这是一幅蓝色的牌，这是一幅红色的牌。大家想要红色还是蓝色。

观众 红色。

刘 红色，好。红色就放在桌上不用，用蓝色。扑克牌正面每一张都是不一样，背面每一张都是一样，这是扑克牌正常的道理。

马 正常扑克牌都是这个样子。

刘 你们刚说这是什么颜色的牌？

汪 要红色的。

刘 对……这是一幅红色的。蓝色的牌在这里。

汪 这未免也显得我们两个太笨了吧。我们站这么近居然什么都没看出来。

刘 接下来就进入主题了，要一位现场观众来帮忙。

马 现场观众，谁愿意来。叫一位美女吧，叫一位女孩子。

汪 就是你了，大家给她掌声鼓励一下。

刘 好，从里面请你随便选一张。好，这里有一支笔，请你在牌的正面签一个字。

马 看一下叫什么名字。

汪 你也可以留下你的电话号码。

刘 我们魔术师是有格调的人，不做这种事情。

汪 但是魔术师的搭档不见得要有格调。

刘 戴娟。你不用把它藏起来，大家都看得到，这是红桃七。接下来这个魔术，要用到的是这个，知道这是什么吗？打洞机。

马 纸放在这里打洞就可以了。

刘 我把戴娟的这张牌反过来然后在打洞机上面打个洞。

马 就做个记号。

刘 像这样。

马 哇，好神奇。

刘 还没开始。

马 哦。

刘 神奇的事还没有发生。这是真的洞哦。看得到的真的洞。

汪 你是说你的手真的动吗？

马 真的在动，这是真的在动哦。

刘 这是真的洞。好接下来，严肃的事情要来了，这个洞，可以把它移到旁边去。

马 不可能吧。

汪 啊。

刘 还没有没有，刚动作太慢。我接下来来个快一点的。它就跳到这边去了。

观众 哇。

刘 接下来我来个更神奇的。我再拿一张牌出来，放在这里，仔细看这个洞，会跳到另一张牌上面去。你看看是不是真的洞。那这张牌呢，你的签名还在上面。

汪 哇，真的洞啊。

刘 这张牌送你做纪念。大家给她点掌声鼓励一下，谢谢。

马 这张牌还完好无损。大家看，刚刚明明是在这张上面打的洞啊。

刘 来这张送给戴娟做纪念。谢谢你的帮忙，谢谢。

汪 刘谦在上面签个名，签个名。对，汪涵。

汪 能不能教我们这个。

刘 我跟各位解释一下好了。

马 不用解释了。

刘 稍微解释一下。嗯，再用点力。

汪 喂。

刘 很多人都说呢，学习魔术是不是一定要手法快或是头脑快，其实不是，其实最重要呢，魔术师要有气。

马 是精气神的气。

刘 我来跟你做个试验。跟现场观众朋友借一个硬币。

马 就一块钱的。

刘 你就直接上来吧，大家给他掌声鼓励一下。

汪 可以啊，一块钱就可以上台啦。

刘 你好，把布铺在这里，然后呢你在这块布上面随便一个地方打个叉。确定一个方位，把笔就放在这个叉上面。好然后把硬币放在上面。

汪 这是你的硬币吧。

刘 再把杯子盖在上面。

汪 上面又没写你的名字，凭什么说是你的。

刘 好好，不要动，接下来什么叫做气。

马 再转，硬币在转。哇～这是说这个魔术可以考验一个人有没有资质当魔术师，对不对。

汪 我能不能换一个地方。

刘 当然可以，但是你要先打一个叉。

汪 一定要打一个叉吗？

刘 一定要打一个叉，能量才能够集中。

汪 真的是“差”。

刘 试试看，经过你这样动乱之后，看我的气能不能贯穿这个玻璃杯。

汪 注意观察他的脚。脚，没什么问题。

观众 哇。

汪 我们现场能不能再叫几个观众上来，围观大家一起看一下。

刘 好，我们把这个桌子搬到下面去。

马 让大家近距离地见证一下。

汪 谁来摆，来你来。

马 来，你来。

汪 先打个叉，然后把笔竖在这里。

马 放在正中间。

汪 你自己有没有带硬币，你自己的硬币也可以。

马 杯子盖上自己检查一下。有没有问题。这个地板不可能震动的啊，不可能有任何东西接触到这个。

（汪涵在很远的地方对着杯子猛吹气。刘谦把他拉开。）

汪 哦，不需要帮忙。

马 真的在转咧。

（硬币掉落）

汪 搞什么搞。

马可对参与观众 小伙子你说，你是不是和他一起来的。

观众 师傅。

刘 我们完全没有串通过对吧。这位先生虽然长得很可疑，但是我们真的没有串通过。

马 谢谢你小伙子，谢谢。硬币还给你，谢谢大家，演出的劳务给你。

汪 等一下等一下，为演出做最后一点贡献，把桌子抬起来。

马 谦。

汪 你既然来了还是教我们一点吧。

刘 教，我今天会教大家一个魔术。

马 教大家，就教我们两个人咯。

刘 教大家之前，我要先做一个表演，用到的东西呢，橙子。

马 谁能用到这么大一把叉子。

刘　表演开始了，请把东西放回原位。我现在需要个观众，来，丢给我插在叉子上。

马　不可能吧。

刘　训练你的运动神经，来。我近一点好了。

汪　哇，好准啊。

刘　拿着，举高，不要动。

马　哦，明白，就是用这个去丢她对不对。

刘　接下来我需要有一个有绘画天分的。

汪　这位女孩子。

刘　画汪涵的脸。

汪　你呀，积点手德啊。看在多年友情的分上，可以把耳朵还给我吗。

刘　接下来那位橘子小姐可不可以请她上台来一下。这张图呢，现在是全世界独一无二的一张图。

汪　没错，谢谢。

刘　接下来，这是一张纸巾，我要把刚才这位小姐画的画——这个汪涵呢，放进纸巾里面，这个包着汪涵的纸巾，我现在需要打火机，举高。接下来，神奇的一刻从现在开始，仔细看。

汪　你对我实行火葬。啊啊啊……

刘　有没有觉得突然重了一点。

观众　恩。

刘　有对不对，你现在有一点毛病，要看医生。好，放下来一点，看一下。

汪　啊耶……这个橘子不能吃了。魔术师一点都不爱卫生。你不要吓我啊。不要吓我啊，有点过分了，我告诉你。

刘　各位观众朋友，汪涵。送给你做纪念，谢谢。大家赶快给她掌声鼓励一下，谢谢。

马　我知道啦，这个魔术的精髓，百密一疏。

汪　到底怎么弄的。

刘　精髓就是，精髓就是。

汪　你要是不想让我们揭开刚才那个谜底，就麻烦你再给我们多变几个，大家说要不要。

刘　接下来，我真的要变严肃一点的东西了。危险性的魔术，魔术师学习魔术之后呢，其实全身都会有一股真气在保护着，完全可以趋吉避凶。我要和各位解释一下，首先我们的长桌子要推出来，这边有六个纸袋，然后呢，这边有一把刀子，这是真正的刀子。

汪　真的刀子。

刘　这是一个色子，每次丢的点数都不一样。六。马可，丢丢看。

马　三。

刘　无论丢几次都是不一样的结果。现在我要做什么呢？等我要把这个刀子，请一位观众朋友随便放到任何一个纸袋下面，我们没有人知道刀子在哪一个里面，然后呢请观众丢色子，丢到几，我就从袋子上拍下去。

马　你徒手拍吗？

刘　徒手拍，我要告诉观众魔术师是可以趋吉避凶的。两位主持人找一位观众上来。

马　这边算起来，你来吧你来吧。

刘　放到任何一个袋子，不要让我们看到，工作人员拿两块布出来挡一下。

汪　我们也不能看到，观众也不能看到。

刘　好，刀子放在哪个纸袋里面呢，全世界只有这位先生知道。这位观众可以了吗？好了，这块布可以撤走了。你可以回去，大家给他掌声鼓励一下，谢谢你。我还真有点紧张有时候这个真气呢是要看当天的状况来决定的，这位小姐来一下。

汪　她帮你打吗？

刘　我的命运就交在这位小姐手上。四号。

马　是要拍四号袋子是吗？

汪 不准吊我们的胃口啊。
马 这个算他运气好了。
汪 恩 再来。我们帮你丢可以不拉。
刘 不可以不可以，你们两个长得太可怕了。哪一位要决定我右手的命运。多少，五。
汪 把他串起来也好，我们就烧烤。
刘 接下来呢，我们还剩下四个。其中一把有刀，也就是说有三个袋子是空的。这三个袋子就是开放给主持人的，还有现场的一位观众朋友来试试看。自己的运气怎么样。汪涵的命运谁要来决定一下。
汪 我自己选……我自己选……这个游戏蛮引渡的啊……
刘 三。
马 大哥没关系，主持人反正只要一只手拿话筒。
刘 你先感应一下它在不在里面。
汪 这个……感应一下。哇……
马 早晓得我应该先玩。
汪 谁愿意来决定马可的命运。小马，哈哈哈。
马 交给大家，我放心。
汪 一。
马 大哥，要不谁丢的色子谁来拍好不好。
汪 这个不可以，我们感受一下嘛。
马 感受不出来。啊，没事没事。
刘 所以这两个剩下的其中一个一定有刀子。我们请一个现场观众试试看好不好。
汪 谁愿意来？
刘 自己丢自己拍哦。
马 这个男生，戴眼镜的。
刘 我不保证一定成功哦。
男观众 没问题，我不怕。
马 你真的不怕吗？
男观众 我真的不怕。
马 你是有问题吧。
刘 今天《越策越开心》终于可能出现这种血洒演播厅的场面。
汪 我们盼望这一天很久了。你自己来摇，自己的命运自己决定。六。
马 不着急哦，感受一下。
刘 先生，如果里面有刀子的话，你会不会很后悔来录《越策越开心》。
马 要不还是先签一份合同吧。
刘 这位朋友，看得出你很有经验嘛。很多人想说，刚才那位观众朋友是不是根本没有把刀子放进去。根本六个都是空的。
马 有可能有可能。
刘 所以现在就要证明给大家看。
汪 妈呀，吓死人啦。
刘 谢谢。
马 这个是大家都亲身参与了，我们两个主持人也参与了，到底怎么回事，搞不清楚。
刘 我们刚才看了一串表演，接下来大家想不想学一招魔术。
马 要不要。
观众 想。
刘 接下来我们需要那个桌子，这个叫做预测未来术，这个桌上放了四罐饮料，这个是健力宝，雪碧，可乐，王老吉。等会我请现场一位观众朋友随便从里面选出一罐饮料出来。他会选哪一罐饮料呢，我已经预测好放在这个纸袋里面了。
汪 不可能，这绝对不可能。
刘 为了证明呢我不会偷换这个纸袋，我把它放在大家看得到的地方。
汪 我们刚才选了男的选了女的。
马 选一下后排的吧。
刘 这样子选的很可能大家以为我找个“托”。所以呢，我现在丢下去，接到的就上来好不好。有没有，来大家给她掌声鼓励一下。好，你会选哪一罐饮料呢，我已经预测好放在里面了，我没有和你串通过吧。

女观众 没有。

刘 我们之前都没有这么沟通过，我们是第一次见面。等一会呢，我会要求你把其中一罐饮料拿着然后举起来给大家看，但是为了避免大家会影响到她的决定，我把它遮起来。像这样子。然后把选的饮料高高举起来，我数到三再举。好一二三。

（观众举起可乐）

刘 这是可乐。好，这位小姐到这边来，仔细看。

汪 25%的蒙对嘛。

刘 100%会成功，可乐是吧，我找到了。

汪 你里面放了四瓶饮料吧。

马 可乐。

刘 谢谢大家。你们以为里面有四罐啊。

汪 当然。

刘 你们太小看我了。里面是有四罐，第二罐也是可乐，第三罐也是可乐，最后一罐也是可乐，谢谢大家。想不想知道怎么变的。

观众 想。

刘 这个魔术呢，其实非常简单，其实里面本来就是四罐可乐，那怎么样我让这位小姐，一定会选到可乐呢？问题呢就出在这块板子上，“拜托请选可乐。”

汪 搞鬼。我只能说，太过分了。

刘 我常会碰到一些观众，故意看到这行字故意不选可乐，故意捣乱这种坏观众，怎么办？不用怕，嘿，拿不起来。谢谢大家，谢谢。

汪 这是什么魔术嘛。

马 刘老师，我觉得这个魔术是我们魔术界的耻辱。

刘 都学会了吧，都学会了吧。

汪 这个魔术真的能不能够给我们揭几个你刚才变过魔术的谜底。

刘谦 其实真的不可以，因为魔术师他有他的行规，在魔术界我们有三个原则，是一定要遵守的，第一个，表演前不会告诉观众表演的内容是什么，接下来会发生什么事，永远不会说出来，第二个，表演完的魔术绝对不会告诉观众秘密。

汪 打死不能说。

刘 打死可能会说啦。再来呢，就是绝对不会表演一样的魔术两次，同一个地方，同一个观众，同一个时间，连续表演两次。

汪 我们再请刘谦给我们玩一个非常非常神秘的魔术好不好。

刘 很多人想说，魔术师变魔术是不是一定要用手，其实不一定，接下来这个表演用到的是影子。

刘 接下来呢，我们要用到扑克牌，扑克牌我请现场的观众帮我检查一下。请帮我洗一下牌，挺好，可以啦。随便选一张，其他的还给我。

汪 面对观众，不要给他看。

马 告诉大家，不要给他看。

刘 给大家看过了吗？真好是正中央，请给我一个能看到影子的灯。

（舞台灯暗，舞台上顶光照射舞台中央。）

刘 我把这个牌放在地上。各位可以看见我的手影子在这里吧。嗖。等一下等一下，这位先生，你先帮我检查一下这个牌有没有问题，好，你还记得你选的牌是什么吧。什么牌？

观众男 草花K。

刘 草花K。谢谢大家。

观众男 太厉害了。

汪 谢谢你对我徒弟的夸奖。

刘 师傅我这样表现还可以吧。

汪 还可以啦。

刘 谢谢，谢谢。

马 接下来呢，我们刘谦老师再给大家变一个魔术。

汪 接下来才是真正的预测未来，我这里有个信封上面写的是预言。这个预言呢，我要把它放在一个非常非常安全的地方。

马 我的口袋里。

刘 接下来，这是一副扑克牌，我们专门看到魔术师洗牌，或者一般人洗牌都是这样洗，其实这是最不好的洗牌方法，因为这样洗根本不会乱。什么样才叫做乱的洗牌方法呢？给各位解释一下，首先把牌分两边，然后这样，随便一组抓几张这样子，反过来然后推到一起，然后这边抓几张跟另外一叠推到一起，好，你们两个试一下。

汪 抓几张，推到一起。

马 恩，我也是。

刘 有没有观众要试试看。

汪 我们叫一个我们的工作人员吧，我们的摄影师来一下好不好。他是最不相信魔术的。

刘 左边，右边。随便你喜欢哪一边。好，你抓一叠牌反过来，几张都可以。和这边，和在一起。好，基本上你的工作结束了。谢谢谢谢。其实，你们这样子洗乱了，对不对。最后我再把它反过来，推到一边去。这样它非常非常的混乱。

马 这简直是乱七八糟的。

刘 非常非常乱，其实现在这种混乱的状态，我早就预测好了，放在哪个信封里。

汪 这怎么可能。

刘 打开。好请看，完全预测正确，这个状态，自信看，“乱七八糟”。猜中了。

马 我看到这里想扁人咧。

刘 没有啦，真正的秘密在背面。背面向上的牌有23张，数数看。

马 & 汪 123

汪 你不要动你不要动。

马 & 汪 456789

汪 你不要做声。

马 & 汪 10 11 12 13 14 15 16

汪 你不要看。

马 & 汪 17 18 19

汪 老戴（摄影师）有点吓人啦。

马 20 21 21……

汪 我不数，我气死你。

刘 千万不要以为这样已经很神奇了，接下来背面向上的牌黑色有12张，红色有11张。

马 12345……

汪 黑色有12，红色有11。

刘 红色牌就是没有这种花牌。

马 就是全部都是十和十一下的。

刘 最后厉害咯。红色的牌都是偶数。

汪 多了一个三。

刘 对不起，还有一个。现场的来宾用手指着红桃三。预测完全正确。

汪 谦。

刘 再用点力，再用点力。

汪 太神奇了，也不能问为什么。

刘 当然不能问。

汪 打个半死他都不会告诉你谜底是什么。

刘 或者他对钱的话……

汪 你没有预测她会出来吧……（指助手）

（场灯全亮）

汪 感谢我们刘谦老师来到我们节目当中，谢谢。

刘 谢谢，也谢谢两位主持人。

汪 希望下次还有机会来我们节目当中做客，谢谢，谢谢刘谦给我们带来如此大的欢乐。

刘 谢谢，谢谢两位主持人，谢谢现场的观众朋友，谢谢。

（杨松源　整理）

中国上海世界博览会开幕式晚会

播出平台：中央电视台
节目总导演：滕俊杰
节目总时长：1小时10分40秒
节目播出时间：2010－04－30　20：00：00

（字幕）**序《和谐欢歌》**
作词：王平久　作曲：张千一
演唱：宋祖英　成龙
编导；李建平　李燚智　王美意　李涛　孙苏　黄晓东　徐兹静　宋汶嘉

（画面）现场一片宁静，温馨，色调开始呈暖色，以红、黄、粉为主，后又变为蓝色，大屏幕上出现有中国特色的水墨荷花及山水，舞台上，数百位中国穿淡粉色舞衣少女亭亭玉立，两边是苍翠的大树造型，在台阶上圣洁哼鸣的演唱声中，宋祖英出现在中区的舞台上，渐渐地，由770个微型计算机控制的小球矩阵款款落下，优美波动，形成一只象征和谐美好的和平鸽。少女们手中依次瞬间变换出数百个晶莹剔透的水晶球，大屏幕点点蓝色星光上升着闪光透明球体，后变换到繁华都市上空一轮圆月，最后定格在云雾中的巍峨长城。随后，中国香港著名影星、上海世博会形象大使成龙也出现在舞台上。

女合唱　鲜花簇拥约定地方
熟悉没见过的脸庞
呼唤听见心灵激荡
邀世界分享

宋祖英　千山万水憧憬向往
彼此遥遥远却在身旁
拥抱感动星星闪亮
欢乐天空情谊飞扬
渴望的目光穿越海洋
所有的祈愿幸福流淌
欢聚因为梦想　爱和谐绽放
东方满眼香
欢聚因为梦想　爱和谐绽放
圣洁的土壤　滋养力量
相约世界　沐浴芬芳
美丽耀东方　也照亮人类梦想

成龙　欢聚因为梦想　爱和谐绽放
圣洁的土壤　滋养力量
相约世界　沐浴芬芳
美丽耀东方　也照亮人类梦想

合　欢聚因为梦想　爱和谐绽放
圣洁的土壤　滋养力量
相约世界　沐浴芬芳
美丽耀东方　也照亮人类梦想

（画面）舞台上演员有序退台，军乐演奏
（解说词）女　今天开幕式由中国2010年上海世界博览会组委会第一副主任委员俞正声主持。

（画面）俞正声讲话　桌麦　近景　观众起立　舞台上穿各民族服饰的演员　升国旗　升国际展览局旗　升上海世博会旗

（同期声）　女士们、先生们，中国2010年上海世界博览会开幕式现在开始。请全体起立，升中华人民共和国国旗，奏唱中华人民共和国国歌。升国际展览局旗，奏国际展览局曲。

升上海世博会旗，奏上海世博会主题曲。

请坐。请参展方旗帜入场。

（画面：舞台上演越变换队形200多个旗手手持参展国国旗和国际组织旗从舞台两侧按队形走上舞台，大屏幕上呈现logo滚动参展国家名称）

（画面：俞正声讲话　桌麦　近景）

同期声：请中国2010年上海世界博览会组委会主任委员、国务院副总理王岐山致辞。

（画面：舞台正面远景）

（画面：讲话　桌麦　近景　领导人画面）

（同期声）王岐山　尊敬的胡锦涛主席和夫人，尊敬的蓝峰主席，尊敬的各位来宾，女士们，先生们：此刻，我们相聚在美丽的黄浦江畔，共同开启一场全球盛会的帷幕。明天，有着159年历史的世博会将首次在发展中国家、在中国举行。感谢国际展览局的成员国！是你们的选择，让中国人民对世博会的向往，从遥远的憧憬成为今天的现实。感谢246个国家和国际组织以及中外企业的参展方！是你们的无限激情、智慧、创意、精湛技艺，让一座座美轮美奂的展馆展现了生命的力量，传递着和平、友爱、希望。感谢全国人民，尤其是上海市人民，以及上海世博会的建设者、工作者和志愿者！是你们的参与和奉献、理解和支持，让我们得以分享上海世博会的辉煌。一个半世纪以来，人类前进的脚步在世博会上留下了不可磨灭的印迹。“城市，让生活更美好”。第一次以“城市”为主题的上海世博会，是各国人民创新、合作、交流的平台。她将打开未来城市的大门，引领新的生活方式，促进人与城市、自然相和谐，推动建设平安、文明、幸福的城市，促进人的全面发展。上海世博园即将开放。我们会以周到的服务、真诚的笑容，让所有观众在中国体验一届成功、精彩、难忘的世博会。

女士们，先生们！以人为本、全面协调可持续发展的理念，已成为中国政府和人民的坚定选择。一个更加开放、包容的中国，将与世界各国一道，共同推动人类文明进步。最后，预祝中国2010年上海世博会圆满成功！谢谢！

（同期声）俞正声　请国际展览局主席蓝峰致辞。（蓝峰）尊敬的胡锦涛主席和夫人，各位政府领导人，各位总代表，女士们、先生们：国际展览局代表其157个成员国，对以城市为主题的2010年世博会在上海举办，在中国这个世界人口最多、历史最悠久、文化底蕴最深厚，同时正在经历巨大和史无前例的城市革命的国家举办，感到无比高兴。

蓝峰　这次精彩的世博会将展示21世纪初中国的崛起。通过各个国家的展馆和第一次在世博会上设立的以世界城市和地区相互学习和对话为内容的城市最佳实践区，你们将把世博会办成一次全球性的盛会。最后，由于通信技术的进步，通过图像和研讨会的展示，你们也将把世博会办成全球盛会。本次主题“城市，让生活更美好”的选择，表明今后全球大部分人口将迁入城市。未来几十年中，城市人口将增加近30亿，这将促使我们提升发展中国家和发达国家城市居民的生活条件，他们都同样面对污染、贫穷、社会差距和不安全等问题的困扰。这次世博会将促使人们提高认识，努力建设更持久、更公正、更安全、更和谐的城市。衷心祝愿中国2010年上海世博会圆满成功！（出讲话字幕）

俞正声 现在，恭请中华人民共和国主席胡锦涛宣布上海世博会开幕。

胡锦涛 我宣布，中国2010年上海世界博览会开幕。

（画面：大屏幕花团锦簇，众演员台阶上手闪动着粉色花扇，一群小朋友在舞动着彩条、鲜花、吉祥物）

（画面：镜头切到室外　夜景）

（字幕）第一篇章　相约上海

解说词 我们在这里相约，在上海、在中国。我们在这里欢呼，为世博、为世界。

（画面：色彩斑斓　三歌手在舞台中央站立，手持麦。大屏幕、舞台前电子屏幕上世博吉祥物在丛林里可爱地摇摆，营造了热闹欢快的气氛。紫色、黄色灯光为主）

欢庆歌舞《相约上海》

作词：李晓　唐宁　作曲：印青

演唱：毛阿敏　刘媛媛　周华健

编导：赵亚玲　李涛

迎接你的是我期盼的双眼
温暖我的是你灿烂的笑脸
我们相约在今夜相约上海
相约从很久以前很久以前
有一种执着可以绽放奇迹
有一种信念可以融化冰川
有一种情感可以穿越时空
有一种梦想要共同实现
我在这里你在那里耕耘每一寸土地
让繁花似锦生机无限生机无限
盼你握住我的手
让我靠近你的肩
真情相邀直到永远直到永远
相约上海拥抱世界分享收获的喜悦
共赴世博的盛典世博的盛典
让我握着你的手
请你靠近我的肩
我们一起直到永远直到永远
相约上海拥抱世界

（画面：镜头切到室外　夜景）

（字幕：第二篇章　江河情缘）

【解说词】这是一场精彩的对话，它跨越了159年的时空。西方的多瑙河和东方的长江，因为世博会的源远流长而深情守望。

（画面：镜头切到室内起初，舞台上下一片星空闪烁，疑是银河落九天。）

【解说词】今天，在这盛大的舞台上，我们把灵感融入音符，在江河的记忆里感悟岁月的悠远。今天，在辉煌的舞台上，我们让激情盈满心间，在生命的交响中演绎未来的情缘。

（画面：一束灯光打出，随着《茉莉花》的轻柔音乐，大型交响乐团出现在沉浸于碧波荡漾的舞台上，奏出《蓝色多瑙河》，随着音乐节奏的起伏，神奇的小球矩阵忽而幻化成立体的EXPO字样，忽而款款如波浪般轻柔舞动，最终渐渐变成一座“中国馆”的造型，神奇的变化令人充满遐想。26台世界最先进的巴库影像灯投射出美丽的蓝色多瑙河，舞台上一组空气动力浮球随音乐优美的旋律，悬浮在舞台台口浪漫地起伏舞动。在美妙的乐曲声中，世博会150多年来的人类智慧结晶在大屏幕上一一出现：电灯、丝绸、汽车、蒸汽火车、磁悬浮列车、飞机、航天器……音乐转调，屏幕上的人类指挥结晶，幻化成黑白琴键，著名钢琴家朗朗在舞台上激情演奏钢琴协奏曲《新上海协奏曲》

当钢琴进入清新优美的《长江之歌》旋律时，160余名中国芭蕾舞界最优秀的舞者层层叠叠、翩翩起舞，用充满中国元素的现代芭蕾表达着城市的朝气、青春和开放的活力，超大型的经典阵容，表达着新时代的上海一种海纳百川的开放仪容。与此同时，大屏幕上也出现了大透视三峡、长江江面、代表人类未来能源方向之一的风力发电机和远远的城市天际线。）

交响　钢琴　芭蕾《江河情缘》

原作者：王世光　安栋

演奏：上海交响乐团

指挥：余隆

钢琴独奏：朗朗

编导：赵明　辛丽丽

（画面：镜头切到室外　夜景）

（字幕：第三篇章　世界共襄）

【解说词】今晚，来自世界各地的朋友们，将用他们的歌声和舞姿共襄世博盛世，今晚，我们将听到热情友好的远方朋友们和我们一起搏动的心跳。接下来我们要欣赏到的是由美国作曲家昆西·琼斯与华人音乐家谭盾专门共同为本届世博会创作的英文主题歌《Better City，Better Life》。这首歌生动的诠释了本届世博会的主题“城市，让生活更美好”。

（画面：镜头切到室内　两位歌手手舞台中央持麦　主光是蓝光　舞台大屏幕、台口屏幕上展现了一幅幅现代清洁、绿色城市生活的动感、活力。音乐从清新的水乐开始，凸显了人类文明与水的密切关系舞台布置均衡，左边升降台上是4个人有节奏地在敲打着盆中的清水，一种独特的打击乐表现形式四位乐器弹奏者在歌手左右，右侧是3个人的乐充满爵士动感队组合，在升降台上，来自拉美的舞者表演着热情奔放的舞蹈。）

歌曲《城市　让生活更美好》

作词：昆西·琼斯　席依达·盖特瑞　作曲：昆西·琼斯谭盾

演唱：席依达·盖特瑞　乔拿森·巴可（美国）

编导：麦克·苏马纳　赵亚玲

表演：TEMPO舞蹈团 Tan Dun Water乐团

我们一起看世界 We're gonna see the world together

更好的城市 Ala nong，nong，nong – better city

我们一起拯救世界 Gonna heal the world together

（我们和你们）更好的生活 Ala nong，nong，nong – betterlife

我们一起教育世界 We're gonna teach the world together

（我们和你们）更好的城市 Ala nong，nong，nong – better city

我们将世界汇聚在一起 gonna bring the world together

（我们和你们）更好的生活 Ala nong，nong，nong – better life

我们所有的梦想都将成真 every thing that we dream can come true

如果我和你共同努力 If we do what we try you and I

和一个人的力量相比 Together we can do much more

共同的力量将创造更多 Than we could ever do alone

我们将地球变得更绿 we can make our planet green

将水变得更清澈 Make our water fresh and clean

一步一步 Oh，ee – bu，ee – bu，ee – bu

我们将有所提升 We all can rise
城市让生活更美好 better city better life
每天教育我们的孩子他们将找到更好的方式 Teach our children every day and they'II find a better way
教育是关键帮助我们从历史中学到更多 education is the key to help us learn from history
一步一步 Oh，ee－bu，ee－bu，ee－bu
每天教育我们的孩子他们将找到更好的方式 Teach our children every day and they'II find a better way
教育是关键帮助我们从历史中学到更多 education is the key to help us learn from history
一步一步 Oh，ee－bu，ee－bu，ee－bu
我们一起看世界 We're gonna see the world together
更好的城市 Ala nong，nong，nong－better city
我们一起拯救世界 Gonna heal the world together
（我们和你们）Ala nong，nong，nong
城市让生活更美好 Better city better life

【解说词】接下来是新西兰毛利艺术团热情洋溢的器乐歌舞表演——《勇敢的号角》。

器乐歌舞表演《勇敢的号角》
表演：新西兰毛利艺术团
（节目内容身着民族服装，身上描绘临时涂彩文身的演员们踏着欢快的节奏，带来原汁原味的南太平洋民族舞蹈；小提琴手则用华丽的炫技点燃全场的热情。演出有点像交响乐表演，不过除了小提琴独奏、合奏之外，还有毛利歌曲和哈卡舞，《勇敢的号角》旋律悠扬激人奋进。大屏幕及台口屏幕上是具有毛利民族风情的一片篝火、民居等，灯光主要是蓝色光。红黄色光辅助）
（字幕）歌词大意：
一个人的力量算不了什么
只有大家在一起抱成团
互相合作
组成一个团队
群体的力量总会大于个人的力量
我们大家一定要团结在一起

【解说词】现在有请歌手谷村新司为我们带来歌曲《星》
（画面：镜头从室外闪烁着星光的会场外顶摇到场内。一全场灯光交相辉映，营造出星河绵延的温馨氛围。舞台上繁星闪烁，几千支 LED 手电筒在观众手中轻轻晃动。中国 2010 年上海世博会海外推广形象大使、著名歌手谷村新司为全场带来观众耳熟能详的经典歌曲《星》。灯光以蓝色光为主，舞台上星光点点）
歌曲《星》
作词：谷村新司　作曲：谷村新司
演唱：谷村新司（日本）
编导：陈白桦　姜羽飞
表演：中福会少年宫小伙伴艺术团
歌词大意：闭上眼睛
一片遐想
星光
洒向四方
照亮我一路前行
穿越荆棘
我的心中充满热情
追随美妙梦想我一刻不停

【解说词】接下来登场的是，屡获世界合唱金奖的索韦托非洲合唱团，他们将为我们带来歌舞《一种爱》。
（画面：舞台上的演员、服饰、歌舞、大屏幕动画被染成一片热情的橙黄色，浓郁的非洲风情跃然而现，强烈的动感音乐震动着全场。歌手激情澎湃、载歌载舞，绚丽的灯光。舞台上影像灯投射出层峦的沙丘，富有流动感。）

歌舞《一种爱》

表演：索韦托非洲合唱团

编导：赵亚玲　王娟　仪庚　徐兹静

伴舞：非洲热火艺术团

歌词大意：

世界的美好是由无数颗爱心组成
我们每个人一颗心　一种爱　让我们汇聚在一起共同感受这美好

【解说词】今晚，耀眼的星空和真挚的热情将陪伴我们度过一个美好的不眠之夜。现在著名歌唱家安德烈·波切利将用他精妙的歌声，掂量着无人入睡的夜空。

（画面：舞台上、观众席点点星光一片静谧的蓝色，一束白色追光打在舞台中央两位表演者身上。立麦大屏幕上是田园诗般的美妙欧洲夜景，屏幕画面过渡到黎明日出辉煌灿烂的盛典氛围，台上舞者的造型相溶。浓烈的舞台灯光效果营造出来自四方的人们共襄盛举、激动难眠的场面和真挚感情）

歌曲《今夜无人入睡》

作词：朱塞佩·阿达米作曲：贾科莫·普契尼

演唱：安德烈·波切利（意大利）

编导：陈白桦

表演：中福会少年宫小伙伴艺术团

歌词大意：

今夜无人入睡
远方的人也一样
热烈地盼望
那因希望而闪烁的星光
但秘密藏在我心里
没有人知道我姓名
等黎明照耀大地的时候
我们会赢得胜利

【解说词】当世界在黄浦江畔把梦想交到我们手中，我们就有了拥抱明天的信念。当人类在新的纪元有了和谐、合作的精神理念，彼此就有了尊重和携手的未来。

（字幕）第四章　致世博

（画面：优美的音乐响起，黄种人三口之家出现在舞台上，同时，左右方还有黑人三口之家和白人三口之家。他们在眺望，在寻找，他们中的三个孩子首先发现了彼此，突然奔跑，聚拢并令人感动的拥抱在一起。两位来自青海玉树地震灾区的藏族小朋友也出现在了舞台上。

他们与三个三口之家走到一起，五个孩子手拉着手，深情地紧紧拥抱。舞台上缓缓升起一朵连接五大洲的“友谊之花”，它旋转、合拢，变化成一个人类赖以生存繁衍的巨型地球。舞者们深情起舞，地球也开始了旋转。舞台上的演员们“心手相连”，表达了人类必须团结一心相互支撑、携手面对未来一切挑战的寓意。音乐高潮中，75位年轻演员，用人体和威亚技术拼搭成“心手相连”的巨大造型，在音乐中骤然升起，飞向天空，表达了栖息在地球上的人们必须彼此信任、互助与支撑才能真正登上地球之巅、主宰人类未来命运的深层次主题。蓝色光为主。音乐尾声，全体演员从两侧走向舞台

歌舞　行为艺术　《致世博》

作词：甘世佳　作曲：赵光

演唱：谭晶　黄英　廖昌永　孙楠

编导：李建平　黄晓东　陆婷　陈春华　徐龙涛　仪庚

你曾是阳光下打开的窗
看尽了千万里风光
你曾把文明的光带到远方

穿过了山脉海洋
世界在你手中转动
播下友谊火种
博大的心胸不停跳动
让人类血脉相融
这一刻我们又相逢
我知道你会懂
虽然我们的面容并不同
笑容却相通
EXPO 你的名字曾刻在风雨里
每一次呼吸
我会铭记
EXPO 当你的笑化成了彩虹
爱已越过青山万重
这一刻你把世界交到我手中
这一刻分享城市晚风
这一刻我们聆听心灵的沟通
这一刻生命和谐永恒

（常阳　整理）

中国娇子　中国力量“5·12”汶川大地震两周年特别节目

播出时间：2010 年 5 月
制作：四川电视台
总导演：叶数
导演：胡成　张伟　罗欣　由红
撰稿：古早茶
总时长（170 分钟）

片头（字幕：中国娇子　中国力量 5·12 汶川大地震两周年特别节目）

朗诵
表演：濮存昕　董凡　李晓夏　刘劲
（灯光：四位朗诵者的后侧顶光　整个以粉红色为主）
朗诵词：

那一天　我们的心碎了
而后　破碎的心却筑起了风雨不倒的长城
那一天　我们的泪干了
而后　感动的泪注入了重获新生的灵魂
那一天　我们的家毁了
而后　荒芜的家却迎来了素昧平生的亲人
那一天　我们的路没了
而后　消失的路开始了千古未闻的延伸
匆匆两春秋
今晚让我们仔细端详经过两年重建后的四川
是否依然还是变了模样
让我们聆听发生在这里的故事
看看这里的人们是否已经走过寒冬

站在中国四川成都
我们向全中国人民报告
三年重建两年基本完成的目标四川即将达成
站在中国四川成都
我们向世界宣告
看看今天的四川吧　在中国力量的托举之下
他已经涅槃重生
就在二十八天前
又一次地动山摇　又一次生死离别
青海玉树大地震　又一次震惊了中国和世界
那里不是四川　却让巴蜀大地上的人们
再次感受两年前的那种心急如焚　肝肠寸断
就在举国上下又一次火速驰援的第一时间
四川省委省政府拨款2000万急救青海
四川紧急救援玉树的各路队伍
迅速集结向灾区挺进抢救生命
汶川大地震的浴血奋战
锻造了中国的灾难应急机制
四川经验第一时间温暖了玉树寒冷而虚弱的容颜
中国相信玉树　因为曾经在汶川废墟中升起的中国力量
正有力地托举着受伤的玉树　要让她东山再起美丽依然

第一篇章　生命时速

片花（字幕：中国娇子　中国力量“5·12”生命时速）

视频（主要内容：四川紧急支援青海玉树救灾的过程回顾）

讲述《玉树的“四川力量”》

主要讲述人：刘仪伟

（灯光：蓝光、白光）（大屏幕配相关被访者当时的照片）

刘仪伟　2008年5月12日，让8800万四川人永远铭记，而今年的4月14日也牵动着每一位四川人的心。站在台上的就是代表8800万四川人奔赴玉树参加抗震救灾的代表们。站在我身边的这几位呢，来自我们四川石渠县的救援队，地震发生刚刚五个小时，他们就已经出现在了结古镇废墟之上，他们是第一支来到玉树的外地救援队伍。我想问一问，石渠为什么能够反应那么快？为什么行动那么快？

卓玛泽措　我们石渠距离玉树最近的一个县，石渠人理当自觉承担起救援玉树的责任。

刘仪伟　正是这一份责任，让他们那么迅速地赶到了灾区，自觉担当救援的重任。

（刘仪伟移步到第二群人）

刘仪伟　这几位是我们四川省矿山救护总队的代表们。（代表们齐敬礼、礼毕；观众掌声）在玉树当天傍晚7点半，四川矿山救援总队就已经赶到了玉树，他们在汶川大地震救援当中总结了很多的经验，把这些经验以专业的和科学的方式带到了玉树，为抢救生命赢得了非常非常宝贵的时间。让我们记忆最深的是，在灾后的第六天，他们成功地救出了被困123小时之后的一对婆孙，让生命的奇迹在玉树再次上演。我想问一问欧总队长，是什么让你们克服困难到达玉树？

欧钦（字幕：四川省矿山救护总队长欧钦）

“5·12”汶川大地震时，是全国人民和各地的救援队伍帮我们四川抢救生命，帮我们重建家园，玉树地震正使我们报恩的最好时候，我们全体参加玉树救援的指战员，发扬特别能吃苦、特别能奉献的精神，圆满完成了抢险救援任务。

（代表们齐敬礼）（刘仪伟移步到第三群人）

刘仪伟 在我身边这也是一支救援队伍，他们很普通，他们只是普普通通的村民，而他们又特别的特殊，因为他们是来自四川地震的重灾区汶川县，他们只是汶川县最普通的村民。玉树地震第二天，在于小刚的带领下，有9位村民，他们带上了食品、带上药品，经过两天一夜的长途跋涉，终于抵达玉树参与救援。这一位就是年轻的于小刚，后边的是他的部分队员。

余小刚 我记得两年前“5·12”地震发生，我们在最困难和最无助的时候，迎来了各地的救援队伍，是他们给我们带来了生的希望，这种恩情永生难忘。玉树地震发生后，我们只想做一件事，就是感恩，把我们两年前所感受到的力量和关怀带到玉树，把我们的坚强带到玉树，谢谢。

（刘仪伟移步到第四群人）

刘仪伟 我身边的这几位是四川特警救援队的代表们。（代表们齐敬礼、礼毕；观众掌声）他们在玉树不但参加了紧张的救援工作，而且还成立了一个成玉帐篷希望小学，成是成都的成、玉是玉树的玉，在当地接收了6位藏族的小学生，让他们在灾后还能继续上学，而教员就是我们特警队的队员们。我想请教一下队长，在那么紧张的救援工作当中，你们怎么想到还要做一个帐篷小学？

杨勇（字幕：四川省特警救援队队长 杨勇） 当时是想让孩子们早一点回到他们熟悉的和安全的课堂中去，让他们尽早地忘掉地震所带来的影响，尽我们的努力给他们最大的呵护。

刘仪伟 这就是铁骨柔情，谢谢你们！

（代表们齐敬礼、礼毕；观众掌声）

（刘仪伟移步到第五群人）

刘仪伟 从搜救到救治，只是一场抢救生命的大接力，四川省卫生救援队在前方共救治了伤员7000多人，在四川各地的医院里面共收治了来自玉树灾区的伤员有400多人。我们的甘孜医疗队，他们是到达玉树灾区的第一支灾区之外的医疗队，我们来问一问林银生队长跟我们介绍一下当时你们奔赴灾区的情况。

林银生（字幕：甘孜卫生局副局长林银生）

通过汶川地震我们积累了丰富的灾后医疗救援的经验，我们首批到达的医疗队伍具有丰富的高原急救的优势。那么在4月14号这一天，我们首批到达的这支医疗队，就救治了一千多名伤员。在大灾面前，我们医疗卫生人员，始终冲在最前面！

刘仪伟 谢谢您，正因为你们冲在了最前面，所以才与很多的生命又获得了新生。

（刘仪伟移步到第五群人的后半部分）

刘仪伟 站在我这边的这几位是来自四川华西医院和四川省人民医院的白衣天使们，在14号下午3点钟，他们已经完成了玉树医疗救援队的人员和物资的集结，并迅速地奔赴玉树，康焰主任就是其中的一员。

康焰（字幕：四川省人民医院康焰） 是的，在“5·12”汶川大地震的医疗救治当中，我们和来自全国的专家、甚至来自全球的专家密切地配合。在重症伤员的救治当中，取得了非常好的成绩，也积累了非常宝贵的经验。在这个过程当中，我们也亲身感受到了，他们对四川的无私的奉献，因此带着这样的感恩，带着这样宝贵的经验，我们在第一时间赶赴玉树，这是我们义不容辞的责任，我和我的团队为此非常地光荣，也非常地自豪，谢谢。

刘仪伟 因为你们的表现，作为四川人，我们也感到非常的自豪。这位是四川省人民医院的张文护士长，她在医院里面不但要照顾很多来自灾区的伤员，而且她还为一位玉树的小伤员做起了临时妈妈，像亲生母亲一样关怀着那位小伤员。

张文（字幕：四川省人民医院　张文） 今天我们那个四位护士妈妈都到了现场，因为作为我们都是母亲，作为母亲我们深深地知道就是那个小伤员来的时候父母亲都不在身边的那种心情和感受，我们是想以一个母亲的关怀，让小伤员感受到家的安全和温暖，谢谢。

（刘仪伟缓步走向舞台中央）

刘仪伟 在场的这些位都是四川人，都是我们四川人的骄傲，其实我们和玉树本来也是一家人，我们都是华夏子孙，我们都是中国人，不仅仅是因为灾难让四川和玉树连在了一起，也是爱把我们连在了一起。

合唱：《我们在一起》

演唱：郭瓦·伽毛吉、容中尔甲、旺姆、宋阿依姆、曾小利、三郎王青、时继原、成林江措（青海）、贡尕达哇（青海）、央金次卓、阿斯满

（刚刚的所有受访者原地不动，参与合唱）

（灯光：一直有白光，先配蓝光、再配紫红色光）

（大屏幕配相关新闻图片与五星红旗，不时滚动标语）（彩幕以红黄色为主）

我们的鲜血流在一起　我们的眼泪淌在一起

我们的呼吸融在一起　我们的信念铸在一起

我们的鲜血流在一起　我们的眼泪淌在一起

我们的呼吸融在一起　我们的信念铸在一起

汶川和玉树在一起　中国和世界在一起

坚强和我们在一起　生命和我们在一起

我们的鲜血流在一起　我们的眼泪淌在一起

我们的呼吸融在一起　我们的信念铸在一起

我们的鲜血流在一起　我们的眼泪淌在一起

我们的呼吸融在一起　我们的信念铸在一起

汶川和玉树在一起　中国和世界在一起

坚强和我们在一起　胜利和我们在一起

汶川和玉树在一起　中国和世界在一起

坚强和我们在一起　胜利和我们在一起，在一起

聂远 在四川众多的志愿者中有一个人叫陈岩，很多人都知道，他是那位救出可乐男孩在内29个人当中，救人最多的一位志愿者。两年以来，陈岩的使命感从来没有消散，这次玉树地震仅仅六小时以后，陈岩和他的四川应急救援队从成都出发，经过24小时不间断驱车近1200公里，以最快的速度到达玉树开始救援。他们把感恩的心从四川带到玉树，延续着大爱的传递。什么叫国家兴亡、匹夫有责，这一群平凡的志愿者已经为我们写下了最崇高的答案。现在我们有请这位传递希望的志愿者，陈岩。

聂远 我听说你们在去这个灾区的路上呀，看到很多四川牌照的汽车，那你到了灾区以后，四川的志愿者多不多？

陈岩 四川的志愿者在4月14号的当天非常多，当时我看到那种情况以后，我立马启动了四川省应急支援服务总队的整条从康定、石渠、甘孜整个这个生命通道的就在沿线安排了18个服务站。无论你从哪里来，只要你通过这个生命通道，无论你有什么需求，我们的四川志愿者将为你提供一切的帮助。

聂远 那我们大家都谢谢陈岩。两年过去了，我们其实不忍心去说是汶川大地震为中国志愿者积累了经验，但是我们必须要说的是，经过“5·12”的洗礼，中国志愿者已经成为一个更庞大更高效的群体，成长为中国社会的一支不可或缺的民间救援力量，无论是在四川盆地还是在青藏高原，让我们大家为这些志愿者们致敬。

歌曲：《爱在天地间》

演唱：祖海

编舞：冯建华　高洋　伴舞：四川青年艺术剧团宜宾市歌舞团　绵阳艺术学校成都校区

（灯光：主要是紫红色光、辅以黄红白绿蓝光交替）（特效：干冰）

（大屏幕祖国山川和一些新闻图片）（彩幕以蓝色天空为主）

（伴舞－60位白衣白裤、绿丝带，有一位红衣演员扮演志愿者，还有一个少数民族朋友和一个少数民族孩子）

情未了　像春风走来
爱无言　像雪花悄悄离去
彼此间我们也许不曾相识
爱的呼唤让我们在一起
在一起穿过了风和雨
在一起走来了新天地
这份情希望了人间
这份爱温暖在你我心里
情未了　像春风走来
爱无言　像雪花悄悄离去
彼此间都把真情埋在心底
爱的故事才这样美丽
在一起穿过了风和雨
在一起走来了新天地
这份情希望了人间
这份爱温暖在你我心里
在一起穿过了风和雨
在一起走来了新天地
这份情希望了人间
这份爱温暖在你我心里
情未了　像春风走来
爱无言　像雪花悄悄离去
彼此间我们也许不曾相识
爱的呼唤让我们在一起

讲述：将军王沁林的两个地震战场

讲述人：于震

（大屏幕配相关内容的图片）

（灯光：蓝光、白光）

于震 在玉树大地震的救援现场，我们发现了一张非常熟悉的面孔，他就是曾经在“5·12”大地震当中率领着重庆消防队，立下赫赫战功的王将军，他现在的职务是公安消防局副局长，全国公安消防部队玉树抢险救援总指挥，我们的四川将军，王沁林！是的，我们的王将军已经站在了玉树的这片土地上，从汶川到玉树，这一次王沁林将军他的战场在青藏高原，面对这场在世界上海拔最高的地区开展的最大规模的救援，王将军充满了信心，他比任何人都清楚经过汶川大地震，中国消防救援部队的救灾能力、救援效率、应急机制，已经得到了很大的提高和改善。就像两年前一样，这是一场凝聚全民族力量的救援；就像两年前一样，再苦再难国家和人民，也要坚持到底。王将军站在玉树的废墟上就像两年前一样，高声喊着只要一息尚存，我们绝不放弃。

于震 王将军，大家都知道这次的玉树救援，无论从我们的组织还是配合，都非常的迅速，而且我们大家伙都知道，汶川和玉树情况很大的不同，他们的地形比较险，那我们怎么才能做到及时迅速。

王沁林（字幕：公安部消防局副局长王沁林） 汶川“5·12”地震以后，我们感到在地震救援当中，必须抢抓，第一时间到达，必须抢抓救援的黄金72小时，救援就是和死神赛跑。于是，全国公安消防部队，在“5·12”地震以后组建了20多个地震救援的专职队伍，同时我们还购置了一大批，包括生命探测仪在内的大量的消防器材装备，并且我们还开展了一系列的有针对性的训练，开展了跨省跨区的联合演练。正是我们有充分的准备，因此玉树地震发生后仅4分钟，玉树消防支队的官兵，就兵分三路已经开始了救援。

于震 我们都知道您亲身经历了汶川地震玉树地震，那么作为您个人来讲，这两次有什么不同？

王沁林 我感到“5·12”地震不仅为我们抢险救援提供了宝贵的经验和帮助，但是我们四川重建的经验和实践，也必将为我们玉树的重新崛起提供坚定的信念和有益的借鉴，现在我们四川的灾后重建非常令人高兴，我们的人民正在逐步过上幸福安定的生活，我相信在党中央和国务院的坚强领导下，在全国人民的支持下，在青海人民的艰苦奋斗下，玉树的明天一定会更加美好。

于震 从汶川到玉树，王沁林将军是中国力量的参与者与见证者，两年的时间，两场大地震，中国都顽强地站起来了，中国军人用卓越的表现，奔赴每一片饱受创伤的土地，用生命写下了庄严的承诺。因为生命无价，所以力量无穷！

合唱：《生命时速》
演唱：四川音乐学院大学生合唱团
（灯光：黄红白绿蓝光交替）
（大屏幕：祖国山川和一些新闻图片图像）
（彩幕：以红色的火等意象为主）

快快快　快枪险
快快快　飞向前
灾难就是命令　时间就是生命
每一分每一秒每一分每一秒
都和老百姓紧相连
快快快　追狂飙
快快快　逐闪电
和灾难赛跑和死神抢时间
快一分快一秒　快一分快一秒
奔赴救灾最前线
这是生命的时速
急如风　快似箭　快似箭
这是生命的时速
我们跨越万水千山
这是生命时速
拯救生命刻不容缓
这是生命的时速
我们跨越万水千山
这是生命的时速
急如风　快似箭　快似箭
这是生命的时速
我们跨越万水千山
这是生命时速
拯救生命刻不容缓
这是生命的时速
拯救生命　就在第一时间

第二篇章　华夏大爱

片花（字幕：中国娇子　中国力量　“5·12”华夏大爱）

朗诵

表演：李晓夏　董凡　濮存昕　刘劲

（灯光：四位朗诵者的后侧顶光　整个以粉红色、白色为主）

李晓夏　这里是四川电视台“5·12”中国娇子，中国力量，汶川大地震两周年特别节目现场。

董凡　暴风雨停了，经过激烈紧张的生命救援阶段，玉树也进入了恢复与重建，失去亲人和家园的痛还没有消散，百废待兴的艰难又摆在了玉树人的面前。

李晓夏　这样的心情，这样的局面，同样经历过大地震的四川是多么地了解，又是多么的感慨万千。

濮存昕　人有悲欢离合，月有阴晴圆缺，灾难虽不可避免，但永不放弃却是我们的信念。

刘劲　18个省区对口援建的战略部署，写下了18种爱的语言，援建者们的汗水，浇灌了这满目疮痍的土地，旧貌换了新颜。

李晓夏　我们如此贴近玉树的心，因为来自中华民族大家庭的关爱，注定会在灾区的废墟上，播种新的希望。

刘劲　我们轻轻拉起玉树的手，因为汶川地震的今天，就是玉树灾区的明天。

董凡　援助之手，感恩之心，在这片土地上交相辉映，一个个知恩图报的故事，在这里广为流传，如果命运有冬天，让我们抱团取暖。

李晓夏　如果命运有缺口，让我们一起携手，画一个圆。

濮存昕　没有贫富亲疏，没有高低贵贱，没有路途远近，没有民族界限，大爱，是一样的深沉，生命，有一样的尊严。

刘劲　从巴蜀大地的苍翠山林，到青藏高原的玛尼经典，一个声音在华夏大地上回响，唯大爱者永存，为大爱者加冕。

齐　唯大爱永存，为大爱加冕。

讲述：刘猛和他的“妈妈之家”

讲述人：黄小蕾

（灯光：蓝光、白光）

（大屏幕配相关被访者当时的照片）

黄小蕾　“5·12”大地震发生之后，一位北京的心理专家刘猛，迅速赶到灾区，对灾区的群众进行了大规模的心理抚慰。不久，他关注到灾区丧子母亲再生育难的问题，这些母亲中，有很多人失去了孩子，却没有办法走出痛苦，刘猛看到这种情况，他成立了妈妈之家，专门为地震中失去孩子的母亲提供帮助。妈妈之家，是一个通往春天的地方，在这里，刘猛帮助妈妈们走出了心理阴影，保证她们再孕，以及产后的心理健康。

视频（主要内容：妈妈之家在地震两年后的变化，及刘猛不顾自身癫痫等病痛，一直留在灾区，及一段刘猛的个人采访）

黄小蕾　站在我身边的这位，就是我们真正的勇士刘猛。让我们再次给予他最热烈的掌声。还有今天来自妈妈之家的五位妈妈，我们勇敢的母亲，让我们再次给予她们热烈的掌声。（方言）刘大哥，我代表我们灾区的妈妈们，向你鞠一躬，感谢你，其实我今天有一个问题特别想问你，在我们四川的灾区呆了七百多天，是什么样的力量在支撑着你。

刘猛　现在我们国家国力强大了，物质家园的重建可以说是非常的神速，但是心理的创伤需要持久的弥补，那么作为一位援助人员，我有责任陪伴这些妈妈度过她们人生最艰难的时刻；作为一位职业心理咨询师，我必须做到有始有终。所以在这里我想呼吁我们大家，把更多的爱给予这些妈妈们，因为关爱母亲就是关爱生命。今天，我也想向大家汇报一下，我们妈妈之家的这些妈妈们，现在在用手工折叠妈妈之花，折叠义卖的款项，将用于援助玉树的妈妈。

黄小蕾 非常感谢你，那今天来到我们现场的五位妈妈，可以帮我们介绍一下吗？

刘猛 这是我们的小玲妈妈。

黄小蕾 小玲妈妈，你有什么要对刘大哥说的吗？

小玲妈妈 在“5·12”地震发生之后，刘老师来到了我们最痛苦的时候，走进了我们的生活。在这期间，我亲爱的儿子走了，但是刘老师和他的志愿者，一直鼓励支持我们，用他们的真诚感动我们，我们非常感谢刘老师，感谢所有给我们爱的所有的人，我们谢谢刘老师。

（五位妈妈抱着新生儿集体给刘老师鞠躬）

黄小蕾 这是一个特别温馨特别感人的场面，今天啊，妈妈之家的姐妹们，还给刘老师带来了一份特别地礼物，看看这是什么礼物。哇！来我们一起给大家分享一下。心连心，手拉手，我们将来一定会看见幸福的。谢谢刘老师，非常地感谢您。重建心灵家园，可能比重建家园的难度更大，可能需要更漫长的时间，需要我们慢慢地耕耘和灌溉，两年来，支援四川灾区人们心灵的那双手一直没有松开，就是像刘猛这样的志愿者们，用一点一滴的行动，为所有人积累着希望和梦想，让我们感谢那些牺牲了小我的人们，是你们的大爱让我们勇敢地走出了阴霾，迎接新的生活。

歌曲：《感动》

演唱：孙悦

编舞：高洋　冯建华　伴舞：四川青年艺术剧团　宜宾市歌舞团　绵阳艺术学校成都校区

（灯光：主要是紫红色光、最后辅以歌手和领舞的黄色顶光）

（大屏幕、彩幕：以暖色调的祖国山川和新闻图片为主）

（伴舞：24女红色上衣，白色裤子，扮演有孕妈妈）

手中相片映出那张稚嫩的脸
映出了天真倔强不服输的一面
或许是怀念从前一起的伙伴
如今却已不见
曾经有人劝我生活别太认真
也许是对自己要求的一切太完美
回放的记忆片段
我想起你感动依然
路有多难走　会有多么的辛酸
但感觉你还在我身边
像是寒冷的冬天
带来火焰的瞬间　温暖我的脸
就让我生命点燃　我愿唱着那首歌
唱着那首老歌　这份感动不曾停过
就让我生命点燃　一直唱着那首歌
唱着我爱的歌和你一起轻声来和
这感动不曾停过
曾经有人劝我生活别太认真
也许是对自己要求的一切太完美
回放的记忆片段
我想起你感动依然
路有多难走会　有多么的辛酸
但感觉你还在我身边
像是寒冷的冬天
带来火焰的瞬间　温暖我的脸
就让我生命点燃　我愿唱着那首歌

唱着那首老歌　这份感动不曾停过
就让我生命点燃　一直唱着那首歌
唱着我爱的歌和你一起轻声来和
就让我生命点燃　我愿唱着那首歌
唱着那首老歌　这份感动不曾停过
就让我生命点燃　一直唱着那首歌
唱着我爱的歌和你一起轻声来和
这感动不曾停过

讲述：绵竹人王代建的感恩绝唱
讲述人：萨日娜
（灯光：蓝光、白光）
（大屏幕配相关被访者当时的照片）

萨日娜　我今天要为大家讲述的这个故事的主人公叫王代建，王代建的家住在四川省绵竹市的一个小村落里，五年前，他被查出了鼻咽癌，这突然的变故，让原本还过得去的家庭顿时陷入了困境。在汶川大地震中，虽然王代建的家人都没有受伤，可是他们家的五间房子却全部垮塌了。生活的残酷已经把这个家庭逼到非常艰难的境地，王代建 11 岁的女儿眼看着就要辍学了。可就在这个时候，正在这里的江苏省援建队，不仅帮孩子付了所有的学费，还常常在经济上资助王家。病重的王代建心里无比感激，他无以回报。一天，他终于想到了一个报恩的方式，他跟妻子说，等我死了，就把我的眼角膜捐给帮助过我们的江苏人民吧。

刚开始，家里的人都不同意，可是王代建却说，我三分之二的身体全都瘫痪了，就剩下这双眼睛还是最好的，答应我，让我为他们做点事情，全家人都流泪了，他们听懂了，他们听懂了王代建的心愿。

2010 年的 1 月，那个时候的王代建已经躺在了病床上，他表达了他最后的心愿，我愿意将我的眼角膜捐给对口援建绵竹的江苏人民。随后，他艰难地支起了身子在捐献志愿书上重重地按下了自己红红的手印。

一个月以后，王代建走了，那么谁会是那个幸运的受捐者呢？谁会是王代建把大爱留在世间的见证人呢？我们有请江苏泰州的朱文英一家。

萨日娜　你好！这位就是朱文英女士，这位是她的丈夫闵红喜，这位是她的儿子闵嘉辉。我现在要告诉大家的是，王代建捐助的眼角膜，现在已经成功地植入了朱文英的眼中。王代建大哥对江苏人民感恩的遗愿终于实现了。我想问问你，你现在看东西看得清楚吗？

朱文英　看东西比以前更清楚了，生活也更方便了，我非常感谢王代建全家人。

萨日娜　真好！那我听说自从手术以后，你们一家人非常非常想当面感谢王家人，可是他们一直都拒绝了，是吗？

朱文英　是的，手术以后，我一直想跟他们成为一家人，虽然我的生活也不富裕，但是我很想表达我自己的一点心意，我一直在和他们联系，但是他们不愿意跟我见面。

萨日娜　我听说为此嘉辉还给电视台的叔叔阿姨写过一封信是不是？

闵嘉辉　是的，我向四川台的叔叔阿姨们写过一封信，希望他们帮我感谢恩人。

萨日娜　谢谢懂事的小嘉辉，那我告诉你今天晚上你们全家人的这个愿望能实现了，就是四川台的叔叔阿姨们帮你们实现的，你们看是谁来了。（萨日娜迎向王家人）这位就是王代建的父亲和他的小女儿兴琦，来来来，到这边来。终于见到你们的恩人了。王爸爸，有什么话想对我们大家说？

王代建父亲　我叫王万国，我是绵竹的，因为我儿子从“5·12”地震过后，江苏队我们支持很大，修房子、修路、修学校，还到洛水镇那个广济到洛水镇那个大桥石平江大桥也是江苏人民，几辈人都没修起那个桥，现在江苏对我们支持把那个桥架起了，所以我儿子，随后看了有这样子的感动，他就把他的眼角膜捐到江苏去了，就这个意思。

萨日娜 多么朴实的话语啊！感谢王爸爸，你养育了这么平凡而伟大的儿子，我想问问小兴琦，你当时支持爸爸的决定吗？

小兴琦 我支持爸爸的决定。因为爸爸捐出了自己的眼角膜，可以让更多人看到光明，我也支持爸爸这个决定。

萨日娜 谢谢小兴琦！你知道吗，你爸爸的眼角膜现在植入了朱阿姨的眼睛里面，你爸爸是通过朱阿姨的眼睛在看着你，他在天上看着你，他希望你能好好学习，将来成为像他一样的知恩图报的人、一个品德的高尚的人好不好？

小兴琦 （哭）好！

萨日娜 谢谢孩子！谢谢孩子！（拥抱住了孩子）文英，你跟你的亲人们说点什么吧。

朱文英 今天我终于能够看见他们了，千言万语不能够表达我的谢意，没有他们我就不能够重见光明，真的感谢你们。（朱文英下跪）

王代建父亲 一家人一家人，都是一家人。

萨日娜 王爸爸说都是一家人了。

朱文英 王大哥虽然走了，我的眼睛就是王大哥的眼睛，我们以后就是一家人。我还有一个心愿，就是能认小兴琦做我的干女儿。

萨日娜 小兴琦，你愿意吗？

小兴琦 愿意！妈妈！（两人拥抱）

萨日娜 谢谢，其实我今天站在这儿我也特别感动，最后我想跟大家说的是，一双眼睛实现了一个梦想，两家陌生人变成了一家人，这就是四川人王代建，和江苏人朱文英之间的故事，也是发生在四川和全国各地援建者之间无数真实感人故事的其中之一。因为地震的不幸他们相遇了，因为滴水之恩当涌泉相报的品格，他们拥有了最深的缘分，他们成就了别人完满了自己，在每一个危难的时刻，让我们感谢每一个好人。谢谢！

歌曲：《最初的梦想》

演唱：范玮琪

编舞：高洋 冯建华伴舞：四川青年艺术剧团宜宾市歌舞团 绵阳艺术学校成都校区

（灯光：A段主要是蓝色光，B段以粉红色光为主）

（伴舞50人左右，以前面相关故事为核心，做的艺术化处理）

如果骄傲没被现实大海冷冷拍下
又怎会懂得要多努力才走得到远方
如果梦想不曾坠落悬崖千钧一发
又怎会晓得执着的人拥有隐形翅膀
把眼泪种在心上会开出勇敢的花
可以在疲惫的时光闭上眼睛闻到一种芬芳
就像好好睡了一夜直到天亮
又能边走着边哼着歌用轻快的步伐
沮丧时总会明显感到孤独的重量
多渴望懂得的人给些温暖借个肩膀
很高兴一路上我们的默契那么长
穿过风又绕个弯心还连着像往常一样
最初的梦想紧握在手上
最想要去的地方怎么能在半路就返航
最初的梦想绝对会到达
实现了真的渴望才能够算到过了天堂

最初的梦想绝对会到达
实现了真的渴望才能够算到过了天堂

讲述：崔学选的大爱情怀
讲述人：张国立
（灯光：蓝光、白光）
（大屏幕配相关被访者当时的照片）

张国立 在四川北川新县城，建设指挥部的白墙上，曾经贴着一张规划图，这张大大的规划图下面写着一行小小的字，新县城建设组组长，崔学选。这样的墙，在四川灾区重建这两年很常见，但因为崔学选这一行小字，北川的这面墙变成了一座丰碑。本来崔学选不应该出现在援建北川的大军里，山东援川人员的要求是45岁以下，可当时的老崔已经53岁了，而且还担任着潍坊市建设局党委书记和局长的职务，有人劝他说，干几年就退休了，你争这个为什么呀，这个老党员干部很倔，回答说，为什么？为了心安。就是为了心安，老崔瞒着他的母亲，把自己变成了北川人，白天和年轻人一起摸爬滚打，晚上和指挥部人员在帐篷里开会调度，短短四个月，他暴瘦了40斤，可是，他带领大家建起了3369套板房，这是山东第一，也是全国第一。

在那些忙碌的日子里，老崔遇到了六个孩子，他们本是亲戚，但因为父母全部遇难，而组成了一个新的家庭，挤在一个帐篷里，老崔看到这几个孩子，最大的24岁，和自己的女儿一般大小，而最小的刚刚4岁，老崔的心，真疼，从此，这个孤儿之家有了一位山东爸爸，然而就在此时，崔学选突然病倒了，医院的诊断是结肠癌晚期。老崔被送回山东治疗，剧烈的疼痛经常使他汗湿床单，但是只要一提起北川，他的双眼顿时有了神采，他对自己84岁的老母亲说："娘，等我好了，我带你去看新北川！"可是他的愿望随着身体越来越虚弱，变得越来越遥远。

2009年7月，弥留之际的崔学选叫女儿拿来纸笔，用颤抖的手，艰难地写下了一行字：回北川，给孩子钱，叫他们去，这事重要。这是老崔让妻子儿女，给自己救助的孤儿之家的孩子们送钱去，这就是他留给家人的最后的遗言。

老崔走了，他还没来得及孝顺母亲、疼爱妻女。没来得及安顿好那六个孤儿，还没来得及带家人看一眼新建设的北川，可是他却完成了一件了不起的事情。那就是把新生活的新的希望，送到了震后重生的北川新城。

今天，老崔的女儿崔彤，也来到了我们节目的现场，有请崔彤。

（崔彤登场）

张国立 你好，崔彤你好！我知道你已经去过北川了。

崔彤 是的，今天白天我们去看了北川新县城的建设，还看了我父亲曾经亲手规划设计的桂溪中学。我知道我父亲生前最牵挂的就是北川新县城的建设，今天我代替他来看了，而且感受颇深，所以我现在终于可以对我父亲说，爸爸，新县城建设得非常好，这里的一切都非常好，您终于可以放心了。

张国立 我想台下热烈的掌声，是对你父亲的最衷心的感谢，也是对你们家人的最衷心的感谢，你爸爸在北川收养了六个孤儿，知道你来到了晚会的现场，他们也赶来了，非常想和你见见面。

崔彤 我也非常想念他们。

张国立 一起来吧，孩子们。今天来了四位孩子，一位是大姐汪美，二姐汪华，还有贾小李，最小的是张关林，地震那年他4岁，今天已经6岁了，大姐说现在已经6岁了，本来老崔的爱人也想来看看孩子们，但遗憾的是他因为身体不好也住进了医院，躺在千里之外的病床上，但她依然忘不了老崔的嘱托，孩子们我们一起来看看，崔妈妈对你们说些什么好吗？

视频（主要内容：宋妈妈对孩子们的问候和嘱咐）

张国立 崔妈妈这番话，让我们特别特别地感动，孩子们想对你们的崔爸爸崔妈妈还有你们的姐姐说一些什么吗？

汪美 我想对宋妈妈说，希望她早日康复，我们虽然在四川，但我们在心里为她祈祷，希望她身体健康，天天开心，我一定不辜负她的嘱托，带好弟弟妹妹，我也不会忘记崔伯伯之前对我们说的每一句话：坚强，一定要坚强地面对生活，在崔伯伯离开我们之前，我一直，我们一直有一首歌想献给他，但是没有来得及，我把我们羌族的一首歌，是改编的歌，送给远在天边的崔伯伯，希望他在天之灵能够安慰，我们现在都很好，我们也学会了坚强，从他身上学会了要关爱别人，要勇敢地生活。

（四姐妹清唱：羌山高，蜀水长，说不尽崔伯伯的恩情；羌红艳，咂酒醇，拿来献给我们的亲人，崔伯伯啊崔伯伯，最亲最敬的人啊，永远记着你想念你，我们永远祝福你）

张国立 谢谢孩子们，谢谢，你们永远都不会孤单的，谢谢你们，谢谢！崔学选是一位牺牲了自己成就了别人的壮士，而无数从全国各地赶来的援建者们，也正像他那样丢开了安逸、放下了家人、忘记了自己，奋战在重建四川灾区的工地上，他们付出的一切心血都没有白费，看看今天的四川你就知道，他们用生命播种的大爱已经从废墟里生根发芽，生长出充满希望的未来！

歌曲：《追寻》
演唱：孙楠
编舞：何川　冯建华
伴舞：四川青年艺术剧团　宜宾市歌舞团　绵阳艺术学校成都校区　成都市歌舞团

（灯光：A段主要是蓝色光，B段各种色光交替）

（伴舞：50人左右，以前面相关故事为核心，做的艺术化处理）

抹去岁月厚厚的封尘
敞开心的世界记忆的闸门
一副副一帧帧不能忘却的画卷
引领着我默默地前行
追寻我生命的那份纯真
心中抹不去的那一片云彩
追寻那永远
属于我们的那份无悔的忠贞
忠贞
抚平冉冉逝去的光阴
又见过去岁月如歌的年轮
一页页一篇篇
刻骨铭心的画面
我心驰神往不懈地追寻
追寻我生命的那份纯真
心中抹不去的那一片云彩
追寻那永远
属于我们的那份无悔的忠贞
忠贞
追寻我生命的那份纯真
心中抹不去的那一片云彩
我苦苦追寻那世界的大爱无疆
大道无垠
我执着地求索的漫漫路上

那传颂和不朽的真爱
追寻我生命的那份纯真
心中抹不去的那一片云彩
我苦苦追寻那世界的大爱无疆
大道无垠

第三篇章 坚强奋进 83′40″

片花（字幕：中国娇子 中国力量 512 坚强奋进）

朗诵

朗诵：李晓夏 董凡 刘劲 濮存昕

（灯光：四位朗诵者的后侧顶光 整个以粉红色、白色为主）

李晓夏 这里是四川电视台“5·12”中国娇子 中国力量汶川大地震两周年特别节目现场。

董凡 如果说大地震后的生死救援是一场百米冲刺，那么重建家园就是一场超级马拉松是否有足够的耐力，是否有足够的斗志，是这场比赛中最大的考验。

李晓夏 我们没有理由松懈，巴蜀大地百废待兴，孩子们刚刚走进新校舍，年轻人刚刚起步创业，人们刚刚开始穿行在新的道路上，寻找致富发展的机会。

刘劲 我们更加不能停歇，闯过了千难万险，灾区人民早已把自强不息变成了日常生活的起点，每一个遭逢不幸的人，都以坚强面对命运，而彼此共勉。

董凡 坚强，那不是一阵风，不是灵光乍现，那是一场持久战，可以水滴石穿

濮存昕 坚强，那不是一句口头的话，不是作秀的门面，那是一种承诺，必须勇往直前。

李晓夏 因为坚强，四川没有太多伤心的时间，日新月异加速发展，人们不停地拼搏，要追回失去的美满。

刘劲 因为坚强，所以四川还是那个快乐的四川，人们从容地生活，要给悲伤画下句点。

李晓夏 我们就是这样，走过了灾后的这两年。

董凡 四川就是这样，他巨大的变化告诉中国人，有一种力量可以久远。

刘劲 这就是坚强地力量，它能冲破哀伤，让心情云开雾散。

濮存昕 这就是坚强地力量，它能升华大爱，让心灵迎来曙光满天。

讲述：十口人的特殊家庭

讲述人：杨立新

（灯光：蓝光、白光）

（大屏幕配相关被访者当时的照片）

杨立新 在漫长的人生道路上，我们都会面临一个又一个的选择，尤其是遭逢重大灾难和人生转折的时刻。而在现实生活当中，普通人的选择，往往比艺术家笔下描写的还要曲折、还要离奇、还要感人。那是因为这当中蕴含着的崇高情操和高尚精神，往往令我们不禁肃然起敬。我们现在看到的这张大屏幕上的照片，来自于汶川大地震中重灾区安县，拍摄的时间使今年的五一国际劳动节，这是一个多么和谐而幸福的大家庭啊！，但是，您可能想不到，这个家庭的成员，在“5·12”大地震中，经历了怎样的磨砺，经历了怎样的痛苦；您可能更想不到，这个大家庭的成员，是由震前的五个家庭组成的，要让我介绍清楚这五个家庭中的成员是怎样组成这样一个大家庭的，还真要费些事，一时也可能说不清楚，但我可以告诉你，在我第一次听到这个故事的时候，我愣了很长时间，是感慨、是感动，是震惊、或许是震撼，在我的心中油然升起了一股深深的敬意。朋友们，我们今天荣幸地请到了林兴聪一家，来到我们晚会的现

场，让我们用热烈的掌声欢迎他们。小林啊，请你为我们广大观众介绍一下你家庭的成员好吗?

小林 这是我的妻子李荣香，这是我前妻的爸爸。

杨立新 这是他前妻的父亲，也就是他原来的岳父。

小林 这是我的女儿。

杨立新 这是他的女儿。

小林 这是李荣香的婆婆。

杨立新 这是他现在妻子的婆婆，现在妻子的原先的婆婆。

小林 这个是我的儿子。

杨立新 这是他的儿子。

小林 这个是我现在妻子的妈妈。

杨立新 这是他现在的岳母。

小林 这个是李荣香的儿子，现在也是我的儿子。

杨立新 小林在介绍的时候，心里充满着亲情。

小林(字幕：林兴聪) 另外还有两位老人，今天因为家里农活很多，现在没有亲自到场。

杨立新 他们这个大家庭当中现在有五位老人、三个孩子，加上他们两口子，一共是十位成员。小林啊，我想问你一下，在你们二位结合的时候，你们有没有想到这么复杂的家庭关系，会对你们未来的婚姻造成很多困难。

小林 没有想那么多，因为在地震当中，他们失去了他们的儿女，已经够难受的了，让走了的人没有完成的事情，我们把它做好，照顾父母孝敬他们是我们应该做的事情。

杨立新 朋友们，在这个家庭的房间当中，现在仍然挂着林兴聪前妻的照片，也挂着他妻子前夫的照片，是这样吗?

小林 是的，因为在经过这次这么大的灾难，把我们两家人变成了一家人，因为我们挂上他们的照片，他们仍然是我们这个家庭中的一分子，我们整个家庭还是很快乐的。

杨立新 说得太好了，他们仍然是我们家庭的一分子，他们仍然没有忘记他们那些亲人，虽然那些亲人已经离开他们两年了，这个大家庭有五位老人要照顾，有三个孩子要抚养，他们两口子担着沉重的家庭的担子，我想问一下小林，对今后的生活你们有什么具体的打算吗?

小林 对于今后的生活我们一定把我们家的，种好我们家的树子啊！种些野菜，种些草药、中草药这些，只要我们勤劳苦干，多干些，相信我们这个家庭后头还是很快乐很幸福的！

杨立新 朋友们，今天他们家庭没有全到场，但是我们通过这个家庭，看到了我们中华民族博大的包容精神，这么大的家庭，家庭的担子全部压在这一对夫妻身上，我们也从他们两位夫妻的身上，看到了那种坚忍不拔不屈不挠地精神，我们大家一起鼓掌，祝贺他们未来更美好更幸福，谢谢，谢谢你们！

歌曲：《only love》
演唱：蔡健雅
编舞：高洋　冯建华
伴舞：四川青年艺术剧团　宜宾市歌舞团
绵阳艺术学校成都校区　成都市歌舞团
(灯光：以粉红色、蓝色光为主)
(伴舞50人左右)

偶尔抬起头会看到无数颗星星
它守护着天空已经千万个世纪
生命里也存在一种类似的东西
那就是爱永恒的延续
only love 爱是我最美丽的原因

像空气自然而然就懂得呼吸
多珍惜我和你有的这种默契
传递心中的温暖和全世界分享
因为真爱存在
如果可以我想写段旋律给自己
别忘记脸上要用笑容盖过泪滴
我确定每一双单纯去爱的眼睛
说的故事会更加动听
only love 爱是我最美丽的原因
像空气自然而然就懂得呼吸
多珍惜我和你有的这种默契
传递心中的温暖和全世界分享
因为真爱存在
only love 爱是我最美丽的原因
像空气自然而然就懂得呼吸
多珍惜我和你有的这种默契
用爱去探索总能找到新的意义我相信
only love 爱是我最美丽的原因
像空气自然而然就懂得呼吸
多珍惜我和你有的这种默契
就算未来还未知记得把心打开
证明真爱存在

讲述：坚强母亲周小红
讲述人：陈瑾
（灯光：蓝光、白光）
（大屏幕配相关被访者当时的照片）

陈瑾　“5·12”大地震让很多家庭残缺不全，失去了丈夫和儿子的周小红、失去了妻子和一双儿女的杨昌斌，就是其中两个孤单的身影，相同的命运让两个受伤的灵魂慢慢靠近，终于在2009年他们组成了新的家庭。婚后不久，周小红怀孕了，可是这个喜讯对这个家庭来说，却需要一些勇气去接受。37岁的周小红在地震中受了重伤，断裂的脊椎只能用钢针连接，医生告诉他，她生孩子不能够全身麻醉，一定要做好自然生产的准备。高龄加上残疾，生育对于周小红来说充满了不确定的风险，但是这个孩子是他们生命的希望也是两个失去后代的家庭血脉的再生。周小红说：老公，这个孩子我一定要把她生下来。那是一段充满幸福感的日子，杨昌斌下班回家，经常牵着怀孕的周小红，在板房区散步，憧憬着未来，新房快修好了，到冬天孩子出生时，就可以在新房里过新年了。可是没有想到，幸福就像昙花一样短暂。2009年夏天的一个晚上，丈夫杨昌斌在工地加班，被一场暴雨塌方夺走了生命。一个刚刚愈合的巨大伤口，再一次被无情地撕扯开，周小红又一次失去了自己的挚爱，幸福的希望再一次破灭。就在她痛不欲生的时候，肚子里的孩子轻轻地萌动了，周小红抚摸着自己日渐隆起的腹部一种在为人母的勇气，慢慢温暖了几乎已经冻僵的心。她告诉自己，再苦、再难、再痛，我也要把这个孩子生下来，这孩子是杨昌斌和自己的爱情结晶，更是两个苦难家庭的生命延续。2010年1月23日周小红顺利自然分娩，生下了一个体重7斤2两的女孩。

视频（主要内容：周小红过去和现在，还有她的心声）

陈瑾　现在站在我身边的就是坚强的母亲周小红，还有她可爱的小天使，小红你好，我们大家都非常地关心你，你现在生活得怎么样，将来有什么打算吗？

周小红　谢谢大家的关心，我们现在的生活还算过得去，等我们搬进新县城，我打算开个副食店，人手不够的话我会请个人，只要能照顾女儿。

陈瑾　未来的日子还很长很长的，那你有信心吗?

周小红 有，再大的痛苦和困难我都挺过去了，我相信以后的日子会更好，我等女儿长大以后，我会告诉她我和她爸爸的故事，让她也学会坚强，谢谢大家!

陈瑾 谢谢小红。周小红的坚强令人感动，周小红的信心更令人敬佩，无论遭受多少次命运的冲击，无论面对着多大的困境，这片土地上，总有这样一种顽强和不屈，只要相信自己、相信梦想，再大的苦痛也终究会过去。生命也许像小草一样平凡，但是却永远生生不息。

歌曲:《朋友的诗》
演唱:信
编舞:何川　高洋
伴舞:四川青年艺术剧团　宜宾市歌舞团
绵阳艺术学校成都校区
(灯光:以蓝色光为主，乐曲中部时变为黄绿色光，结尾处为紫红和黄色光)

云雾散开风的速度在等待怕离开
光的影子浓得化不开
故事结局已经布满了尘埃不再打开
所有关心被掩盖
习惯选择孤单还是害怕背叛
为何人总是要留一些遗憾
爱很简单但心只能孤单
随风带走的只剩下一些温暖
一直往前走一直往前走
泪流以后
我会带着回忆漂泊
一直往前走让风陪着我一起到最后
不让你看见勇敢背后的脆弱
思念蔓延模糊视线
却看见你的脸我们还能走多远
一直往前走一直往前走
泪流以后
我会带着回忆漂泊
一直往前走让风陪着我一起到最后
不让你看见勇敢背后的脆弱
一直往前走有最美的感动
多年以后能将往事喝个够
一直往前走就算这世界已变得丑陋
一看见辽阔所有悲伤都沉默
牵挂所有的温柔找到新宇宙

讲述:代国宏的奥运梦
讲述人:印小天
(灯光:蓝光、白光)
(大屏幕配相关被访者当时的照片)

印小天 汶川地震那一年，北川中学高二五班的学生代国宏刚满十八岁，他是一个1米72阳光健康的少年，他平时喜欢打打篮球，喜欢书画，爱好非常广泛。在那场山崩地裂之后，他在废墟里坚持了两天两夜，当他醒过来的时候，他发现自己已经躺在医院的病床上，右腿只剩下15公分，左腿只剩下5公分，一个曾经阳光健康的少年，就此陷入了长长的沉默。地震，切掉的不只是他的双腿，而是他原本应该拥有的阳光、灿烂、奔跑的青春。这个追梦少年不停地问自己，我的未来在哪?和许多在地震当中受伤致残的人一样，代国宏接受了国家免费康复治疗，2008年10月，他装上了假肢，他第一次从轮椅上站了起来，在那一刹那，久违的笑容又重新回到了他的脸上。也就是那些日子，北京举办了2008年残疾人奥运会，代国宏看在眼里，他的心早就热血沸腾，他告诉自己，身体的残缺不是梦想的残缺，他要张扬他的青春，他说，我也要走进奥运赛场，我要用我的勇气，我的信念，我的努力，用我那坚忍不拔的毅力去争一面冉冉升起的五星红旗，就这样，北川少年代国宏的奥运之梦开始了。

视频（主要内容：代国宏的追逐体育梦想的艰辛与困难）

印小天 这位就是我们北川勇敢拼搏的少年，代国宏，那么这位呢就是他的教练，沈斌心。国宏，我首先要恭喜你，大家看到了他在残疾人游泳锦标赛上夺得了冠军，我们再次祝贺他。那么我想问一下，国宏，你对你的成绩满意吗？

代国宏 我觉得还可以，但是还有一些遗憾吧，因为我觉得这只是一个开始，我们今后的路还长，然后我还需要通过自己，就是更多地付出努力，然后去争取就是更大的进步。

印小天 大家刚才都看到了，你的训练那么的累、那么的苦，会遇到很多很多的困难，你有没有想过放弃呢？

代国宏 说实话就是一开始的时候也想过，但是你又一想，就是我在生死关已经来回地走过四五次了，就是这点困难对我来说还算什么呢！然后就是又一想，如果你不付出，哪会有成绩呢？

印小天 下面，我要问一下，我们代国宏的教练沈斌心，那么请问，在你眼中，他是一个什么样的运动员？你对他有什么样的期待呢？

沈斌心 我在国宏的身上呢看到了很多优秀的品质，他有着坚忍不拔的毅力和顽强拼搏的精神，我也希望能够陪伴他一起，实现他的理想，为参加伦敦残奥会继续努力。

印小天 谢谢，我和所有人都会相信，国宏离他的梦想一定会越来越近的。那么代国宏今天要给我们一个他很重要的决定。

代国宏 因为这块金牌是我的第一块金牌，我就想在北川中学新校园建好的时候，就是9月1号把它捐给北川中学，因为我觉得这块金牌不是我一个人的，它背后的故事真的太多太多，然后我还希望就是北川中学的所有孩子，特别是残疾孩子，一定要努力，然后用成绩来回报那些爱我们的人。

印小天 国宏，我和所有的人都会永远地祝福你的。

歌曲：《水手》
演唱：郑智化　表演：代国宏
编舞：何川　冯建华　高洋
伴舞：四川青年艺术剧团　宜宾市歌舞团
（灯光：以紫红光光为主）

苦涩的沙吹痛脸庞的感觉
像父亲的责骂母亲的哭泣
永远难忘记
年少的我喜欢一个人在海边
卷起裤管光着脚丫踩在沙滩上
总是幻想海洋的尽头有另一个世界
总是以为勇敢的水手是真正的男儿
总是一副弱不禁风孬种的样子
在受人欺负的时候总是听见水手说
他说风雨中这点痛算什么
擦干泪不要怕至少我们还有梦
他说风雨中这点痛算什么
擦干泪不要问为什么
长大以后为了理想而努力
渐渐的忽略了父亲母亲和故乡的消息
如今的我生活就像在演戏
说着言不由衷的话戴着伪善的面具
总是拿着微不足道的成就来骗自己
总是莫名其妙感到一阵的空虚
总是靠一点酒精的麻醉才能够睡去

在半睡半醒之间仿佛又听见水手说
他说风雨中这点痛算什么
擦干泪不要怕至少我们还有梦
他说风雨中这点痛算什么
擦干泪不要问为什么
寻寻觅觅寻不到活着的证据
都市的柏油路太硬踩不出足迹
骄傲无知的现代人不知道珍惜
那一片被文明糟蹋过的海洋和天地
只有远离人群才能找回我自己
在带着咸味的空气中自由的呼吸
耳畔又传来汽笛声和水手的笑语
永远在内心的最深处听见水手说
他说风雨中这点痛算什么
擦干泪不要怕至少我们还有梦
他说风雨中这点痛算什么
擦干泪不要问为什么

讲述：灾区人的自强不息
讲述人：张国强
（灯光：蓝光、白光）
（大屏幕配相关被访者当时的照片）

张国强 我想给大家介绍一位从青海玉树赶来的村支书才哇，才哇是结古镇扎西大同村的党支部书记，玉树大地震把扎西大同村变成了一片废墟，才哇书记在震后的第一时间带人赶到了现场，没有工具、没有挖掘机，什么都没有，他们就靠他们的双手，在残垣断壁当中搜寻活着的人，就在救人的过程当中，有人跑过来告诉他，他家里的三个亲人遇难了，他哭了，但是他的双脚没有挪动一步，他的双手继续在废墟之中刨着挖着。为了抢救群众的生命，为了找寻那些活着的人，他分秒不停地用双手在废墟当中刨着、挖着。在震后的几十个小时，他没有合过眼，他甚至都没有回到家里去看看遇难的三个亲人，正在当地视察灾情的青海省委书记强卫知道了他的情况后，强卫书记拉着他的手哽咽了，强书记说，我很感动，我要特别感谢你，在你身上体现了一个共产党员的优秀品质。不仅是青海省的领导，还有扎西大同村的每一个村民都想对才哇书记说一声感谢，感谢他在最危难的时候，尽职尽责没有抛弃他们，他们和群众在一起。才哇书记他能听懂普通话，他是他表述起来可能会有些困难，站在他旁边的是藏语的翻译，一位志愿者。你好！才哇书记我特别想知道，您当时是怎么想的，您为什么不回家去看看呢？

才哇用藏语表述（字幕：扎西大同村村委书记　才哇）

翻译 他的意思是说，他是一名共产党员，同样又是当地群众的领头人，在群众需要帮助的时候他不能抛弃他们不管。

张国强 那现在这个灾民的安置情况怎么样？就是将来有什么规划吗？

翻译 在那边感谢政府、感谢人民、感谢军队，他们现在在那边有吃的地方，也有住的地方，所以请大家放心。

张国强 才哇书记您听到现场的掌声了吗？我想全国的，正在收看这个节目的电视机前的全国的观众和我都相信，扎西大同村的明天一定会更好！说到这儿我特别想让才哇书记看一个村子，这个村子在四川省的青川县叫李坪村这个村子在两年前跟这个扎西大同村现在的情况是一样的。但是两年的时间过去了，这个李坪村可以说是发生了惊人地变化。当然，这个背后有国家的援助，更重要的他们有三样宝贝，才书记，你想知道这三样宝贝是什么吗？这个第一样宝贝啊，就是他们有一条震不烂的路，因为这条路是连接李坪村和外界的唯一一条通路，那场大地震几乎是将这条路完全的毁坏了，但是仅仅两个月之后，当地的村民就用肩扛手提，用镰刀、锄头、石碾石磨24小时不间断地干，27天后，27天呐，一条全长2.6公里的崭新的乡村公路就奇迹般地出现在伤痕累累的青川大地上，当地的村民们说，这条路震得再烂，咱村也能修。这个路修好了，他们就可以把第二件宝贝运出大山了，这就是青川当地的特产菌中之王，竹荪。按理说，种这个竹荪特别不容易，再加上赶上地震，就彻底断了当地村民致富的愿望，但是就在这个时候，有一位村主任，他是一个竹荪种植大户，他拿出了他的菌种，把这么多年积攒下来的种植经验无偿地、手把手地、无私地教给所有的村民，这样一来，全村的每家每户都成了竹荪大王。就在去年，他们全村的年收入已经达到了300万，比震前翻了两番。这个第三件宝贝，我不知道才哇书记能不能听懂，但是您应该能猜到了，这第三件宝贝就是这位带头修路、带领村民们种植竹荪的村主任唐述刚，就是这样一位平凡的村主任在灾难来临的时候，他成了全村人的顶梁柱，他自己家的房子震得已经倒塌了，他都顾不上去修，但是他为了重建李坪村，为了重建美好的新家园，他不停地到处去跑贷款、找补贴。他自己说，我都记不清跑烂了多少双鞋，就是这样一位平凡的村主任，当有一天，他回到了这个村里，回到了他家倒塌的房子前的时候，他呆住了，呈现在他眼前的是一座崭新的大房子。这是全村人给他的惊喜，给他的感激和关爱。有请村主任唐述刚。我现在知道你肯定有很多的话想对才哇书记说，你有什么要说的吗?

唐述刚（字幕：四川省青川县李坪村村主任　唐述刚）　我想说的是，才哇书记你做得好、你做得很对，请你坚信，有我们的党，我们的政府，我们全天下有爱心的千千万万的人帮助着你，我们玉树的明天一定会更加美好，一定会像我们青川县李坪村一样有奔头、有收获，玉树加油，才哇加油。

（才哇用藏语表述）

翻译　书记的意思是说，你也是一个好样的，我也想向你多学习一下，然后他相信他们的扎西大同村和书记一样，李坪村一样会变得更加美丽。

张国强　多么可爱可敬的两位村干部，因为我们现在很难去统计，汶川大地震和玉树大地震之后，有多少个村落是在村干部的带领下挺直了腰身、站稳了脚跟的，但是我们知道，有千百个唐主任，千百个才哇书记正在每一个村落里，为了重建他们美好的新家园默默地奉献，他们就像承重的螺丝钉密集地、牢牢地铆在已经修复的山川高原上，有了他们，村民们就会感觉心里头踏实，有了他们就一定会有美好的新家园。

歌曲：《我的未来不是梦》
演唱：胡彦斌
编舞：冯建华　高洋　伴舞：四川青年艺术剧团　宜宾市歌舞团　绵阳艺术学校成都校区
（灯光：以绿色光为主）
（道具：伴舞树木道具）

你是不是像我在太阳下低头
流着汗水默默辛苦的工作
你是不是像我就算受了冷漠
也不放弃自己想要的生活
你是不是像我整天忙着追求

追求一种意想不到的温柔
你是不是像我曾经茫然失措
一次一次徘徊在十字街头
因为我不在乎
别人怎么说
我从来没有忘记我
对自己的承诺
对爱的执着
我知道我的未来不是梦
我认真的过每一分钟
我的未来不是梦
我的心跟着希望在动
跟着希望在动
你是不是像我整天忙着追求
追求一种意想不到的温柔
你是不是像我曾经茫然失措
一次一次徘徊在十字街头
因为我不在乎
别人怎么说
我从来没有忘记我
对自己的承诺
对爱的执着
我知道我的未来不是梦
我认真的过每一分钟
我的未来不是梦
我的心跟着希望在动
我知道我的未来不是梦
我认真的过每一分钟
我的未来不是梦
我的心跟着希望在动
跟着希望在动

现场采访：爱心人士见证重建奇迹
采访人：宁远

宁远 汶川地震过去这两年，我们无法忘记在救援和重建中和四川人结下深厚友情的老朋友们，而他们也无法忘记这片饱经风霜的土地，这些日子他们当中的一些人又来到了四川灾区，现在就让我们掌声请出来自上海的沈翠英、来自大庆的周加代，有请。沈翠英沈阿姨在大地震发生之后把拍卖自家住宅所得的450万元全部捐献给了都江堰，在都江堰市修建了尚慈翠英小学，而在去年的这个时候，也就是今天在我们节目当中呢我们曾经看到尚慈翠英小学还在修建当中，而今天呢，在上节目之前啊，沈阿姨才刚刚从都江堰赶过来，去到了学校，见到了孩子们。您给我们大家介绍一下学校和孩子们现在的情况。

（字幕：沈翠英）

沈翠英 我今天去了我们学校，我们学校造得很规模很漂亮，看见孩子们在学校里高高兴兴地上学，我安心了，我也很开心。

宁远 谢谢沈阿姨，孩子们看到您也特别开心，他们怎么称呼您呢？

沈翠英 他们都称我上海奶奶。

宁远 上海奶奶，听说上海奶奶今天还给孩子们上了一堂课，是一堂什么样的课？

沈翠英 对，我今天向孩子们上了一堂课，世博是中国人民百年的梦想，今天我们终于实现的梦想，我给孩子们上世博课，让孩子们了解世博，我还把我自己有幸参加了这次开幕式的，看见的壮观情景，告诉孩子们，让孩子们和我一起感受，世博的快乐和精彩。另外，我也给孩子们带去了世博的礼物，好找孩子们积极参与世博，还邀请了几位优秀学生将去上海参观世博。

宁远 太棒了，我相信这样一堂特殊的课一定会在孩子们的心中埋下希望和美好的种子。那这次沈阿姨到四川来呢，除了去看看学校和孩子们，还参加了一个活动，那就是“抗震救灾模范灾区行”的活动，您还去了哪些地方？

沈翠英 我去了除了都江堰以外，还去了汉旺、北川和汶川几个重灾区，我看到了一座座崭新的城市拔地而起，非常的震撼。以前我只听人们说，四川的重建赶上20年，可是这次，我去了，听到当地的人民告诉我，已经赶上了30年。震撼啊！才两年啊！我见证了四川人民的坚强，中国人民的力量和党中央的英明领导。四川的今天已经非常美好，四川的明天将更辉煌！

宁远 谢谢！谢谢沈阿姨，谢谢上海奶奶。四川这些变化就有您的一份贡献，谢谢！

（移步到第二位被访者面前）

亲爱的朋友们，我身边这位来自大庆的周加代周大哥，相信大家对他都不会陌生，地震发生之后，周大哥是开着自家的一辆农用货车，车上呢是装满了粮油物资还有7万块钱的现金，经过5天5夜的跋涉几乎是穿越大半个中国，把这些物资和钱送到了汶川受灾群众的手中。现在距离"5·12"大地震已经过去整整两年的时间了，周大哥也是两年之后再次来到四川灾区，您最大的感受是什么？

周加代 我这是第七次再回来，我到了汶川的很多地方，灾区重建的速度和面貌让我非常地惊讶，特别是崭新的汶川，西羌文化街，还有水磨羌城，具有羌族文化气息，还建成了很多很多的旅游景点，特别漂亮，在以后我一定带着我的家人和我的朋友来这里参观旅游。

宁远 好，我们非常欢迎，我相信汶川的老百姓还有我们所有四川的老百姓一定会用我们最大的热情欢迎您和欢迎您的家人。

周加代 好，谢谢！

宁远 当然，同时我们也欢迎所有的人来四川，相信四川依然美丽，四川会更美丽，谢谢！汶川大地震发生之后啊，不管是普通老百姓还是一些颇有声望的知名人士，都在用自己的方式献出他们的关心和爱，那接下来呢我还要给大家请出几位特别的嘉宾，他们是几位电影人。韩导您好，三位好！在2008年7月的时候，华语大片《赤壁》全球首映礼上，当时韩导和黄导两位就宣布中国电影导演协会还有中国电影制片人协会，将会在四川的崇州捐献一所电影希望小学，现在这所学校的情况怎么样了？给我们介绍一下。

韩三平（字幕：中影集团董事长韩三平）

这个为了表达电影界对四川灾区的情义，我们中国电影制片人协会和导演协会援建了崇州的西山电影小学，我觉得他有两重意义，一重是作为一个中国人的爱心，一重是作为一个电影人的爱心，我们不光是因为他取名为西山电影小学，我刚才今天我们很感动，看了很多四川灾后一些优秀人物的经历、遭遇、意志和他们的事迹，那么我们也愿意为四川的小朋友献上圆他们电影梦的机会，这是我们的初衷，我们还会长期地关注这所学校，关注这些学校对电影充满希望的一些学生。

宁远 谢谢，谢谢韩导，那我们也请黄导介绍一下。

黄建新（字幕：著名导演　黄建新） 今年9月应该是9月1号开学的时候，对，何平导演刚才说我一定要来，冯小刚导演说他也要来，凯歌导演说如果他的戏拍完他也来，吴宇森导演说他也要来，周星驰说他也要来，就是大家都希望能来看一看这个小学。

宁远 太幸福了孩子们。

黄建新 还有就是说我们会有一个长久的互

动，我们也想，就是根据我们的情况，请这个学校在适当的时候每一年能派一些优秀的学生代表到北京去，我们带他们去参观电影厂，去看电影博物馆，去让他们多一点见识，使他们的生活能够丰富，能够忘却过去的那段日子。

宁远 真没有想到在咱们四川一个普通的小镇上会有这样一所艺术气息非常浓厚的小学，我觉得听到这些特别好，尤其是我在想贾樟柯导演肯定特别羡慕这些孩子们，因为我看到您在您的书里边写小时候就特别想看电影，但是没有机会，看到一部电影就会过目不忘，而现在这所学校的孩子他们可以经常看到好电影。

贾樟柯 我相信这个学校的孩子们不仅可以看到各种各样的好电影，而且我相信可能会有特别好的导演从他们中间产生，用他们的镜头，用他们的语言去讲他们的故事、记忆，把这个生生不息的大地呈现出来，我相信会这样。

宁远 嗯，我们都相信。地震已经过去了两年了，在短短的两年时间里面一个美丽的新四川正在迅速地崛起，四川灾区的迅速崛起是四川人民自力更生、艰苦奋斗的结果，也是18个援建省市无私奉献、全力支援的结果，那在今天呢我们也非常有幸地请到了18个援建省市的代表们，我们有请他们！

山东省援建代表　王汉成 山东援建北川，建精品工程，重产业发展，谋长期合作，我们三万多山东援建大军，有决心、有信心，在国庆节之前全部完成援建任务，把一个崭新的北川新县城，交给北川人民！

广东省援建代表　蔡伟生 我们优先考虑民生，突出生态文化，建设精品城镇，我们有理由、完全有理由相信汶川人民将生活越来越红火。

浙江省援建代表　张启标 浙江332名援建干部12000名建设者与英雄的灾区人民心手相连，建幸福工程、筑爱心丰碑。

江苏省援建代表　刘大威 两年来，江苏百亿资金，落户绵竹，援建的千栋新楼装点绵竹、千里路桥横贯绵竹、百家企业签约绵竹、百亿投资意向绵竹，一个崭新的、朝气蓬勃的绵竹，正在四川大地上崛起。

北京市援建代表　杨明贺 北京人民与什邡人民心手相连，在两年的援建时间里，谱写了什邡与北京的友谊，促进了两地经济的共同发展，祝福什邡的明天更加美好。

上海市援建代表　张海涛 灾后重建与世博理念是一致的，岷江、黄浦江水水相融，上海、都江堰心心相连，上海对口援建都江堰彰显世博精神，体现世博速度，重建后的都江堰更美丽了。

河北省援建代表　符睿敏 河北的唐山和邢台，都经历过大地震，我们感受过党和政府亲切关怀，感受过全国人民的无疆大爱，我们知恩，我们感恩，我们怀着报恩的心援建平武县，和平武人民共同努力，建设一个宜居宜业宜游的美好家园。

辽宁省援建代表　宋国祥 辽宁把安县当做辽宁的第45个县，我们举全省力量援建安县，输血和造血并举，一个崭新美丽的安县即将展现在世人的面前。

河南省援建代表　张志怀 河南援建，以基础促发展，建优质工程，我们把一个美丽的新江油交付给了江油人民，江油是我们的第二故乡，我们会和四川、和江油一起，继续建设美丽的李白故里，江油。

福建省援建代表　孙建平 我们发扬爱拼才

会赢的海西精神，叫响一个口号，建精品工程，塑海西形象，灾区不变美，我们不收兵。

山西省援建代表　姚建平　在茂县灾后重建工作中，我们与茂县11万羌山儿女，携手并肩、同舟共济，我们坚信，浴火重生的茂县将重新屹立在美丽的巴山蜀水之中。

湖南省援建代表　李永东　湖南人民与理县人民同福吉、共命运、心相连，我坚信，通过湖南的援建和全国人民的支援，理县一定会更加辉煌。

吉林省援建代表　房继路　白山黑水一家亲，白山黑水心连心，我们吉林人以不畏艰险、只争朝夕的精神，克服高原缺氧、山高路险的困难，加快援建项目建设，回报黑水。

安徽省援建代表　王刘生　黄山黄龙辉映华夏盛景，安徽松潘共举重建伟业，在安徽的援建下，高原古城松潘，一定会实现建成国际旅游胜地的战略目标。

江西省援建代表　王季华　特别能吃苦，特别能战斗，特别能奉献，我自豪，这种援建精神创造了来自革命老区的江西速度，小金，明天会更好，扎西德勒！

湖北省援建代表　攀幼成　援建工作即将结束，但湖北对四川灾区，特别是对汉源发展的支持还没有结束，经过两年的援建，湖北和汉源人民结下的友谊长存。我们期待着汉源更加美好的明天。

重庆市援建代表　周顺尧　重庆对口援建崇州，川渝一家亲，携手建家园，以建优质工程，安全工程，廉洁工程，精品工程为标准，让党中央满意，崇州人民满意，重庆人民满意。

黑龙江省援建代表　张焕昭　援建四川两年，黑龙江援建队伍收获了宝贵的工作经验，收获了伟大的抗震救灾精神，也收获了与剑阁人民的深情厚谊，我们祝愿剑阁的明天更美好！

宁远　谢谢！谢谢这份珍贵的情谊，感谢所有的援建者，他们在四川不仅留下了建设的成果，还有一方有难八方支援的历史丰碑，谢谢！

歌曲：《自豪的建设者》
演唱：张迈
编舞：何川　冯建华　高洋
伴舞：四川青年艺术剧团　宜宾市歌舞团
绵阳艺术学校成都校区　成都市歌舞团
（灯光：以橙黄色光、黄光、白光为主）
（道具：脚手架，供演员在上面舞蹈）

你听你听
风雨无阻的步伐
蹦吧拉拉拉　蹦巴拉　蹦吧拉拉拉拉
你看你看
日夜兼程的身影
蹦吧拉拉拉　蹦巴拉　蹦吧拉拉拉拉
日月星辰春秋冬夏
我们用双手托起今天的繁华
当激情在我们的热血里喷发
记住吧我们的脊梁就是共和国大厦的脚手架
我们是自豪的建设者请为我喝彩吧
山川为伴四海为家
我们用辛劳见证神州的变化
当心愿在我们的汗水里发芽
记住吧我们的创造就是共和国美景的锦上花
我们是自豪的建设者请为我骄傲吧
你听你听风雨无阻的步伐是我们以追梦的
匆忙的创业者的名义和富强对话
你看你看日月兼程的身影是我们把快乐的

潇洒的建设者的承诺向未来表达向未来表达
向未来表达
啦啦啦啦啦啦啦啦啦
我们是自豪的建设者请为我喝彩吧
为这蓝图已变成真实的图画
啦啦啦啦啦啦啦啦啦
我们是自豪的建设者请为我骄傲吧
这天上飞的地下跑的是我们和希望正出发
你听你听风雨无阻的步伐是我们以追梦的
匆忙的创业者的名义和富强对话
你看你看日月兼程的身影是我们把快乐的
潇洒的建设者的承诺向未来表达向未来表达
向未来表达
啦啦啦啦啦啦啦啦啦
我们是自豪的建设者请为我喝彩吧
为这蓝图已变成真实的图画
啦啦啦啦啦啦啦啦啦
我们是自豪的建设者请为我骄傲吧
这天上飞的地下跑的是我们和希望正出发

视频：（主要内容：灾区孩子心系世博，向世博献礼物）

林浩 老师对我说，世博会的主题是让生活更美好，所以我希望让我生活的城市和我们伟大的祖国也更加美好。我还希望，让四川小朋友和玉树小朋友一起做的礼物能够成为友谊的见证，还能够永久地保留在世博会上。

才仁旦周 我在电视上看到世博会开幕式有我们玉树的两个藏族小朋友，我特别高兴，全国人民不仅来帮助我们，还帮我们救灾，还把我们灾区的孩子带上这么美丽的大城市，我很想很想代表所有玉树的小朋友对你们说一声，谢谢！

张大帆（字幕：成都天府华侨城董事总经理 张大帆） 心里有爱，欢乐归来，我们想通过我们孩子们稚嫩的书写在世博会上能够向全世界展示我们中国地震灾区孩子们的坚定、阳光、向上，也让全世界能够看到我们中国未来的希望，能够看到我们中国未来的力量。

李力（字幕：四川省世博办副主任 李力）

这是一份非常珍贵的礼物，它表达了灾区小朋友，祝福世博、感恩祖国、感恩世界的美好愿望，我们会尽快地把这份珍贵的礼物带进上海世博会，展示给全国人民、展示给世博人民。

歌曲：《相信爱》
演唱：林浩 才仁旦周
编舞：何川 冯建华 高洋
伴舞：玉树州红旗小学 都江堰团结小学 成都市娇子小学 四川艺星艺术培训学校
（灯光：以紫红色光、黄光、白光为主）
（大屏幕和彩幕是孩子们画的五颜六色的画作）
（有百位小朋友合唱，第一排是身着各民族服装的小朋友，舞台后方是身着红、黄两色的儿童合唱团）

当风雨淋湿梦想的翅膀
当彩虹还没映照你脸庞
伸出手它代表想要的温暖
相信爱会有无限的希望
用微笑回答所有的迷惘
用眼睛串成友爱的光芒
不孤单当我知道你就在身旁
相信爱就是改变的力量
相信爱是永恒不变的期待

相信爱是幸福的主宰
相信爱把最美的心愿连起来
爱天长　爱地久　爱同在
让希望决定奔跑的方向
让友爱超越荣耀的光芒
心和心交换与生俱来的消息
让爱去雕刻追梦的时光
相信爱是永恒不变的期待
相信爱是幸福的主宰
相信爱把最美的心愿连起来
爱天长，爱地久，爱同在
相信爱是永恒不变的期待
相信爱是幸福的主宰
相信爱把最美的心愿连起来
爱天长　爱地久　爱同在
相信爱是永恒不变的期待
相信爱是幸福的主宰
相信爱把最美的心愿连起来
爱天长　爱地久　爱同在
相信爱是永恒不变的期待
相信爱是幸福的主宰
相信爱把最美的心愿连起来
爱天长　爱地久　爱同在
相信爱是永恒不变的期待
相信爱是幸福的主宰
相信爱把最美的心愿连起来
爱天长　爱地久　爱同在
爱天长　爱地久　爱同在

片花（字幕：中国娇子　中国力量　“5·12”　汶川大地震两周年特别节目）

朗诵

表演：李晓夏　濮存昕　董凡　刘劲

（灯光：四位朗诵者的后侧顶光　整个以粉红色、白色为主）

李　这里是四川电视台“5·12”中国娇子　中国力量汶川大地震两周年特别节目现场。

濮　古人说，蜀道难，难于上青天，我们说，蜀道难难不过赈灾重建这两年，四川闯过了千年未有的难关。

董　我们不能忘记，这一次闯关多少人付出了多少劳动，有多少人付出了多少情感，我们不能忘记，这一次闯关让中国释放出多大潜能、让世界发出了多少惊叹。

李　两年来，在四川地震灾区，这片复苏而蓬勃的土地上，理解和关爱组成了大爱的港湾。

刘　两年来四川地震灾区就像一个巨大而忙碌的工地，进行着一场史无前例的重建。

董　这就是中国的力量，18 个省市，20 万对口援建大军为四川灾区民众重建住房、重建农业，重建公共服务和基础设施，让受灾地区的发展水平至少提前了十到二十年。

刘　这就是中国力量，不到两年时间，五百万灾区群众搬入新房，灾区学生全部告别板房学校，搬进了永久性校舍学习，这样的速度何止分秒必争，这是疾风闪电。

董　如今中国力量已经从四川盆地延伸到玉树高原，四川经验让我们相信，玉树必将远离今天的劫难。

濮　如今，中国力量将在玉树地震灾区重建过程中再次彰显，我们有理由相信，四川的今天就是玉树的明天。

李　谁说蜀道难难于上青天，当我们看到了玉树，才发现这朗朗青天就在眼前。

刘　青天上的玉树也明白巴蜀风雨的珍贵，因为我们共同拥有一种中国力量叫做众志擎天。

歌曲：《和谐中国》

作词：潘家华　作曲：孟勇

演唱：霍勇

编舞：郝一明　吴多　高洋　冯建华

伴舞：成都市歌舞团　四川青年艺术剧团

宜宾市歌舞团　绵阳艺术学校成都校区

（灯光：以黄光、白光为主）

（演员从左台口登台，伴舞200人从左右台口上。）

那是太久的期盼
那是太久的等待
把华夏儿女的血脉
融汇成民族的和谐
东方智慧引领我们
开创一个新的世代
把定航向高举旗帜
看我神州绚丽多彩
和谐中国
我们永远的祝福
祝福您啊中国和谐
青春永在　青春永在
新的起点建设小康
魂系千秋美好未来
世代传承和谐中国
天地一家民富国泰
和谐中国
我们永远的祝福
祝福您啊中国和谐
青春永在　青春永在
这是历史的呼唤这是时代的安排
把华夏儿女的血脉　融汇成中华的和谐
融汇成中华的和谐

（四位朗诵者再次登台，所有演员登台）

濮　两年了“5·12”仍是我们挥不去的记忆，但我们眼前分明看到的是重建的大地上万家灯火、山花烂漫。

李　两年了“5·12”依然是一串震撼人心的数字，但如今，让我们最激动的数字是多少个项目完工、多少人重拾欢颜。

董　两年了“5·12”是四川人每一天的新生，是中国人每一秒的惦念，是逆境中闪耀的航标，是幸福时感恩的双眼。

刘　两年了“5·12”依旧是一个饱含坚强大爱与力量的日子，“5·12”中国力量是让人永远感动和骄傲的丰碑，是中国人永不枯竭的精神源泉。

李　在这个特别的日子，让我们送上深深的祝愿，祝愿所有的灾区人民，幸福安康、好梦香甜！

刘　祝福所有帮助和支援过灾区的人们顺心多福、健康平安！

董　祝福我们可爱的祖国更加繁荣昌盛、和谐发展、花好月圆！

濮　祝福我们伟大的中华民族在复兴之路上，风雨无阻、龙行九天！

李　“5·12”中国娇子　中国力量　汶川大地震两周年特别节目到此结束，朋友们再见！

齐　再见！

（黄博　整理）

“中部崛起”第二届中国中部贸易博览会文艺晚会

首播频道：CCTV－3 综艺
播出时间：2010 年 08 月 13 日

序篇章

司仪 尊敬的各位领导、各位来宾，晚上好。首先，让我们荣幸地请出第二届中国中部贸易博览会庆典晚会主礼嘉宾，河南省人民政府省长李成玉，河南省人民政府常务副省长李克上场。

背景墙 Welcome，欢迎。

司仪 有请河南省副省长李克主持欢迎仪式李克致辞。

李成玉致辞

开场节目：钢琴协奏曲《黄河》片段
表演：孔祥东
节目内容：

民歌清唱 立体舞台顶部用黄色的布打成火焰燃烧效果，正面数码（暗色）变化，随音乐起突然整体变亮。前奏：巨大绸子从立体舞台上留下，继续流到平面舞台再流到观众席，形成黄河之水从天而至的壮观景象。黄河绸幕落下，立体舞台上演员站满所有格子打鼓，钢琴音乐起。

旋律《黄河大合唱》：钢琴独奏在舞台正中，弦乐团左右两边分布，随机械舞台从两侧缓缓移至中央，鼓阵在前台和后台圆形舞台列阵。

旋律《东方红》：立体舞台随音乐变奏突然变为大红色。

旋律《黄河大合唱》＋《国际歌》。

第一篇章　江西

序曲：《江西》编曲：张宏光
服饰秀《景德镇青花瓷》
表演：吕燕、李冰等演奏：古典时尚
节目内容：服饰秀。灯光和立体舞台视频冷色调，蓝紫变换。所有模特的服饰都做成景德镇瓷器样子。

歌曲《请茶歌》
作词：莽彦　作曲：解策励　演唱：邓蓉
（节目内容：歌曲＋杂技转盘子。灯光视频蓝色调）

同志哥
请喝一杯茶呀请喝一杯茶
井岗山的茶叶甜又香啊甜又香啊
当年领袖毛委员啊
带领红军井岗啊
茶叶本是红军种
风里生来雨里长
茶树林中战歌响啊
军民同心打豺狼啰
喝了红色故乡茶
同志哥

革命传统你永不忘啊
前人开路后人走啊
前人栽茶后人尝啊
革命种子发新芽
年年生来处处长
井岗茶香飘四海啊
棵棵茶树向太阳向太阳罗
喝了红色故乡茶
革命意志坚如钢啊
啊革命意志你坚如钢

歌曲《望庐山瀑布》
为李白诗谱曲　作曲：张宏光　演唱：韩磊
（节目内容：童声合唱＋韩磊独唱。歌词唱到“疑是银河落九天”时，立体舞台静止画面消失，突然出现人手持宽丝带，形成银河状，加上灯光变化，由银变黄，由黄变银、紫、蓝）
日照香炉生紫烟，遥看瀑布挂前川。飞流直下三千尺，疑是银河落九天。

歌曲《你的微笑》
作词：FIR　作曲：FIR　演唱：FIR
（节目内容：大木偶伴舞大木偶身上有LED亮灯）

喜欢用我的音调
唱出你的味道
这一秒有种感觉甜蜜的发酵
一百种言语知道
爱有一个声道
才明了是你眼神传来的暗号
太多的幸福报到
拼凑爱的美妙
笑一笑
投入你怀里然后撒娇
不需要别人来教
把爱紧紧抓牢
这一秒决定拥抱你给的美好
爱情是你独特的味道
在我的心中围绕
别人都不了只有你知道
因为你世界不再单调
我的微笑
你明白就很好
你就像月亮绕着轨道
拥抱着地球闪耀
在我的星球
写下惊叹号
有了你世界神魂颠倒
你的微笑
编织了每一个奇妙

第二篇章　湖北

序曲：《湖北》编曲：卞留念　孟可
（节目内容：在序曲中，龙舟从两侧上台。每条龙舟载近40人，用道具大桨划船，划至中部大桨下侧喷出火焰）
吆喝声：“加加加加加加加……硕嘿硕嘿硕”。

歌曲《龙舟竞渡》
作词：任志萍　作曲：施光南　演唱：吕继宏
（节目内容：立体舞台视频以黄鹤楼图像为背景，歌曲间奏中，火车状长龙阵直线出现，在舞台中央绕成圆形。随后龙舟上划桨者大桨再次喷出火焰）

锣声（哟）密密（哟）鼓声稠（哟）
端阳佳节赛龙（啊）舟赛龙舟
锣声（哟）密密（哟）鼓声稠鼓声稠
端阳赛龙舟
嘿端阳赛龙舟
粗胳膊的小伙显身手哟啰哟啰嗬
大嗓门的姑娘喊加油哟啰哟啰嗬嗬
桨作蛟龙腿呀
旗是那蛟龙头

江上搏来浪里斗
不夺头名不罢休
不夺头名不（哇）罢休哇
哟啰哟啰哟啰哟啰不（呀么）不罢休
挥动（哟）战旗（哟）闯急流闯急流
同心争上游
嘿争（呀么）上游
十七八青年赛猛虎哟啰哟啰嗬
拼搏正是好时候哟啰哟啰嗬嗬
胜也不摆尾呀
败也不低头
汨罗江上五月五
你追我赶赛龙舟
你追我赶赛（呀）龙舟哇
哟啰哟啰哟啰哟啰
赛（呀么）赛龙舟
哟啰啰喂喂啰哟哟啰啰喂喂依啰哟哟啰
嗬哟啰嗬哟啰嗬哟啰嗬
你追我赶我追你赶
加油加油加油加油加油加油加油加油
赛（呀么）赛龙舟

歌曲《龙船调》
演唱西兰卡普
（节目内容：演员身着少数民族服装，火车状龙阵下场，龙船继续作为舞美景观，演员在船上进行舞蹈）

正月里是新年哪咿呦喂
妹娃我年哪呵喂
金哪银儿索
银哪银儿索
那羊鹊叫啊捎着莺鸽啊
捎着莺鸽
白：妹娃要过河是那个来推我吗
答：我来推你吗
捎公你把舵搬哪妹娃子我
上了船啊喂噎唑啊喂噎唑
将阿妹推过河呦呵喂
三月里是春风哪咿呦喂
妹娃子去探亲哪呵喂
金哪银儿索银哪银儿索
那羊鹊叫啊捎着莺鸽啊捎着莺鸽
白：妹娃要过河是那个来推我吗
答：还不是我来推你吗
捎公你把舵搬哪妹娃子我上了船
啊喂噎唑啊喂噎唑
将阿妹推过河呦呵喂

歌曲《红湖水浪打浪》
作词：张敬安　作曲：王世庆
演唱：徐帆
（节目内容：节目以绿色调为主。演员及伴舞均穿绿色。伴舞服装呈荷花状，舞台中央圆形舞台升起时，伴舞散布在中心舞台周围，犹如朵朵荷花。立体舞台视频为荷花图片，演员在立体舞台中剪影舞蹈，形成格子状造型变化）

洪湖水呀
浪呀嘛浪打浪啊
洪湖岸边
是呀嘛是家乡啊
清早船儿
去呀去撒网
晚上回来
鱼满舱啊啊
四处野鸭和菱藕
秋收满帆稻谷香
人人都说天堂美
怎比我洪湖
鱼米乡啊啊
洪湖水呀
长呀嘛长又长啊
太阳一出
闪呀嘛闪金光啊

共产党的恩情
比那东海深
渔民的光景
一年更比一年强啊

歌曲《看我七十二变》
作词：陈镇川　作曲：陈浩然　演唱：蔡依林
（节目内容：立体舞台视频快速变化各种图案）
梦里面空气开始冒烟
蒙眬中完美的脸慢慢的出现
再见丑小鸭再见我要洗心革面人定可以胜天梦想近在眼前
今天新鲜改变再见
美丽极限爱漂亮没有终点追求完美的境界
人不爱美天诛地灭
别气馁旧观念抛到一边
现在就开始改变麻雀也能飞上青天
无所谓管它缺不缺陷
让鼻子再高一点空气才新鲜
再见单眼皮再见腰围再小一点
努力战胜一切缺点变成焦点
什么正面侧面对面只是完美弧线弧线
我的腰围再小一点我的缺点变成优点
再见面要你们傻了眼
无所谓正面侧面都是完美弧线
再见丑小鸭再见自卑留给昨天
女大要十八变看我七十二变

第三篇章　安徽

序曲：《安徽》编曲：卞留念　丁纪
节目内容：凤阳鼓音乐，移动楼阁状戏台（戏台分两层，上下都可站舞蹈演员从两边上，每边上两个）
歌曲联唱《打猪草》《摘石榴》
（节目内容：演员站在移动戏台中演唱）

《打猪草》
演唱　梅院军　魏蓓蓓
郎对花姐对花
一对对到田埂下
丢下一粒籽
发了一颗芽
麽杆子麽叶
开的什么花
结的什么籽
磨的什么粉
做的什么粑
此花叫做
呀得呀得喂呀得儿喂呀得儿喂呀得儿喂的喂尚喂

《摘石榴》
演唱：祖海
女俎在南园摘石榴
哪一个讨债鬼隔墙砸砖头
刚刚巧巧砸在了小奴家的头哟
要吃石榴你拿了两个去
要想谈心你随我上高楼
何必隔墙砸我一砖头哟
呀儿哟呀儿哟
依得依得呀儿哟
何必隔墙砸我一砖头哟
一不吃你的石榴我二也不上楼谈心怎么能到你的家里头
砸砖头为的是约你去溜溜哟
昨个天个我为你挨了一顿打
今个天我为你又挨一顿骂
挨打受骂都为你小冤家哟
呀儿哟呀儿哟依得依得呀儿哟
挨打受骂都为你小冤家哟

黄梅戏《女驸马》
演唱：祖海
（节目内容：移动舞台在正中间，演员站在移动戏台中演唱）

为救李郎离家园
谁料皇榜中状元
中状元
着红袍
帽插宫花好啊好新鲜啊
我考状元不为把名显
我考状元不为作高官
为了多情的李公子
夫妻恩爱花好月儿圆啊

歌曲《天仙配》
演唱：韩再芬　刘国平
（节目内容：移动楼阁移到舞台两侧，空出舞台中央，演员在舞台中央表演。立体舞台中在歌曲间奏时突然全部出现灯笼）

树上的鸟儿成双对
绿水青山带笑颜
从今不再受那奴役苦
夫妻双双把家还
你耕田来我织布
我挑水来你浇园
寒窑虽破能避风雨
夫妻恩爱苦也甜
你我好比鸳鸯鸟
比翼双飞在人间

歌曲《苏三说》
作词：作曲：演唱：陶喆
（节目内容：伴舞与歌手离散，伴舞镜头里没歌手，歌手镜头里没伴舞。在歌曲最后蔡依林出现，和陶喆一起坐上童话椅子）

Susan在那命运月台前面
再上车春天开始落叶
转接间话断了线
离台北南京是多么远
那诺言还会不会兑现
不在乎爱情里伤痛在所难免　一个人却一个世界
你是否也像我　也动摇过几遍　爱只是个错觉
苏三说思念常常思念不常见面她怀疑
Sam是虚拟的脸　但爱情还在上演
那是谁在放古老唱片
那片段像对未来留言
不在乎爱情里伤痛在所难免　一个人却一个世界
你是否也像我也动摇过几遍爱会不会实现
苏三离了洪桐县将身来在大街前未曾开言心惨淡过往的君子听我言
（rap：苏三离了洪桐县　挂了个牌子在那大街前　被那凶恶群众包围　稍微等一下，过往的君子，请你听我言。哪一位去往南京转与我那三郎把信转就说苏三把命断，来生变一只狗一只马　我当报还）
不在乎爱情里伤痛在所难免　一个人却一个世界
我怀疑你像我动摇过几遍是否爱本来嬗变
苏三说我的苏三说苏三说我的苏三说苏三说我的苏三说苏三说我的苏三说

歌曲《今天我要嫁给你》
作词：陶喆　娃娃　作曲：陶喆
演唱：陶喆　蔡依林
（节目内容：舞台垂直掀起，童话椅子悬在半空，且掀起的舞台上同样有影像）

春暖的花开带走冬天的感伤
微风吹来浪漫的气息
每一首情歌忽然充满意义
我就在此刻突然见到你
春暖的花香带走冬天的饥寒

微风吹来意外的爱情
鸟儿的高歌拉近我们距离
我就在此刻突然爱上你
听我说
手牵手跟我一起走
创造幸福的生活
昨天你来不及
明天就会可惜
今天嫁给我好吗
jolin in the house
dt（davidtao）in the house
jolin in the house
dt（davidtao）in the house
jolin in the house
dt（davidtao）in the house
our love in the house

第四篇章　山西

序曲：《山西》编曲：卞留念
唢呐：孟可
歌曲《人说山西好风光》
作词：乔羽作曲：张棣昌
演唱：谭晶
（节目内容：红色调为主，伴舞服装设计成剪纸样，所用道具为大剪纸）

人说山西好风光
地肥水美五谷香
左手一指太行山
右手一指是吕梁
站在那高处望上一望
你看那汾河的水呀
哗啦啦啦流过我的小村旁
杏花村里开杏花
儿女正当好年华
男儿不怕千般苦
女儿能绣万种花
人有那志气永不老
你看那白发的婆婆
挺起那腰板也像十七八
男儿不怕千般苦
女儿能绣万种花
人有那志气永不老
你看那白发的婆婆
挺起那腰板也像十七八

歌曲《想亲亲》
演唱：牛宝林　王好奇
（节目内容：所用道具为山西布老虎，左右两边上，每边各9只。后孩子们身着老虎服上场伴舞）

男　想亲亲想得我手腕腕（那个）软　呀呼嘿　拿起个筷子我端不起个碗　呀儿呦
女　想亲亲想得我心花花花乱　呀呼嘿　呀呼嘿　煮饺子下了一锅山药（那个）蛋　呀儿呦　呀儿呦
男　头一回毛妹妹你不在　呀呼嘿　你妈妈劈头打我两锅盖　呀儿呦
女　想你呀　想你呀　实格在在想你　呀呼嘿　呀呼嘿　三天我没吃下一颗颗颗米　呀儿呦呀儿呦
合　茴子白卷心心十八（那个）层　呀呼嘿　妹子你爱不爱受苦（那个）人　呀儿
女　灯锅锅点灯半个炕炕明　烧酒盅盅挖米不嫌哥哥你穷
男　茅庵庵的房房　土的炕炕　烂大了个皮袄伙呀么伙盖上
女　雪花花落地化成了（那个）水　至死了（那个）也把哥哥你（那个）随
合　咱二人相好一呀一对对切草刀铡头不呀么不后悔　切草刀铡头不呀么不后悔

《威风锣鼓》
（节目内容：锣鼓演员从后台、两侧、观众

席同时上，和老虎一起）

歌曲《月半弯》
词曲：郝雷　演唱：陈坤
（节目内容：全场蓝色灯光。歌手站在轨道大道具魔法茶杯上演唱，立体舞台视频和剪影伴舞相互配合。平面舞台无伴舞）

那夜真的好浪漫
我带你去看月半弯
有点害羞却很幸福
这种感觉我很喜欢
让我温柔靠近你身边
你也紧紧陷入我臂弯
感觉爱情悄悄来临
纷纷扰扰与我无关
夜色初凉人又渴望
眼神交换
原来恋爱现场感觉
不像想的那样主观
月半弯好浪漫月光下的你显得特别的好看
月半弯我喜欢
有情有义有你还有天
有情有义有你
还有月半弯还有月半弯

第五篇章　湖南
序曲：《湖南》　编曲：中国喜鹊

歌曲《洞庭鱼米香》《浏阳河》《采槟榔》联唱
《洞庭鱼米香》
演唱：吴彤
（节目内容：提琴、吉他、笙、琵琶四乐器演奏，吴彤唱歌）

洞庭啊湖上哟好风哟光呃
八月哟风吹呀稻花哟香呃
千张啊白帆哟盖湖哟面呃
金丝哟鲤鱼呀装满哟仓呃
洞庭啊湖上哟哟哟喂哟嗬剑
洞庭湖上啊好呃风光
八月呀风吹哟哟哟喂哟嗬剑
八月风吹呀稻呃花香
千张呀白帆哟哟哟喂哟嗬剑
千张白帆呀盖呃湖面
金丝呀鲤鱼哟哟哟喂哟嗬剑
金丝鲤鱼呀装呃满仓
红太阳光辉哟照洞哟庭呃
轮船哟结队呀下长哟江呃

《浏阳河》
演唱：汤灿
（节目内容：绿色伴舞，演员在舞台一侧，四乐器演奏者在另一侧。立体舞台剪影表演）

浏阳河弯过了几道弯
几十里水路到湘江
江边有个什么县哪
出了个什么人
领导人民得解放啊咿呀咿子哟
浏阳河弯过了九道弯
五十里水路到湘江
江边有个湘潭县哪
出了个毛主席
领导人民得解放啊咿呀咿子哟
浏阳河弯过了九道弯
五十里水路到湘江
江水滔滔流不断哪
比不过毛主席恩情长咿呀咿子哟
毛主席像太阳
他指引着人民前进的方向
我们永远跟着毛主席呀
人民的江山万年长咿呀咿子哟

浏阳河弯又长
两岸的歌声响四方
幸福歌儿唱不尽呀
歌唱敬爱的毛主席
心中的红太阳咿呀咿子哟
歌唱敬爱的毛主席
我们心中的红太阳红太阳

《采槟榔》
演唱：阿朵
（节目内容：上一曲子的伴舞再加本首歌的伴舞）

高高的树上结槟榔
谁先爬上谁先尝
谁先爬上我替谁先装
少年郎采槟榔
小妹妹提篮抬头望
低头想又想呀
他又美他又壮
谁人比他强
赶忙来叫声我的郎呀
青山高呀流水长
那太阳已残
那归鸟儿在唱
教我俩赶快回家乡

歌曲《胆小鬼》
作词：作曲：演唱：梁咏琪
（节目内容：演员在突起的中心舞台表演，舞台降落到平面）

你爱咖啡低调的感觉
偏爱收集的音乐怪的很另类
你很特别每一个小细节哎呀呀呀
如此的对味
我怕浪费情绪的错觉
讨厌自己像刺猬小心的防卫
我很反对为失恋掉眼泪哎呀呀呀
离你远一些
喜欢看你紧紧皱眉叫我胆小鬼
你的表情大过于朋友的暧昧
寂寞的称谓甜蜜的责备
有独一无二专属的特别
喜欢看你紧紧皱眉叫我胆小鬼
我的心情就像和情人在斗嘴
奇怪的直觉错误的定位
对你哎呀呀呀
我有点胆怯
我在我的世界不能犯规
你在你的世界笑我无所谓

歌曲《怀念战友》
作词：雷振邦　作曲：雷振邦　赵心水
演唱：刘欢
（节目内容：节目设计较简单，立体舞台为静止图案，无伴舞）

天山脚下是我可爱的家乡
当我离开他的时候
好像那哈密瓜断了瓜秧
白杨树下住着我心上的姑娘
当我和她分别后
好像那都它尔闲挂在墙上
瓜秧断了哈密瓜依然香甜
琴师回来都它尔还会再响
民族乐器都它尔
当我永别了战友的时候
好像那雪崩飞滚万丈
啊亲爱的战友
我再不能见到你雄伟的身影和蔼的脸庞
啊亲爱的战友
你也再不能听我弹琴
听我歌唱吉他

歌曲《盛开的牡丹》
作词：李海鹰　李克　作曲：李海鹰
演唱：宋祖英
（节目内容：彩布从后台流出，铺满整个舞台、观众席，在彩布上形成巨大的牡丹花）

幽幽清香飘过我的家
疑是天上飞雨花
谁能听清风儿在说话
多少人间故事留下
天香出自寻常的人家
花开时节满天下
轻轻闭上双眼
深深地祝愿
醉人芬芳飘天涯
山水同绘一幅画
你是盛开的牡丹
回眸一笑不觉惊动天下
你用天地间最美的生命
点点温暖万户千家
你是盛开的牡丹
国色天香只为滋润天下
你用一万年最深的牵挂
遍洒芬芳同醉天涯

第六篇章　河南

序曲：《河南》编曲：卞留念　孟可

豫剧《谁说女子不如男》
演唱：虎美玲　李金枝　王慧
（节目内容：立体舞台视频为戏曲演员演出时所用旌旗。演员在舞台中心表演。伴舞色彩为淡紫色）
歌词
刘大哥讲那话理太偏
谁说女子享清闲
男子打仗到边关
女子纺织在家园
白天去种地
夜晚来纺棉
不分昼夜辛勤把活干
将士们才能有这吃和穿
你要不相信哪
请往这身上看
咱们的鞋和袜
还有衣和衫
这千针万线都是她们连哪许多女英雄
也把功劳建
为国杀敌
是代代出英贤
这女子们
哪一点儿不如儿男

歌曲《编花篮》
演唱：吴娜　吉喆　孔倩
编编编花篮
编个花篮上南山
南山开满红牡丹
朵朵花儿开得艳
朵朵花儿开得艳
银个丹丹嘿银牡丹银牡丹
纳哈啦呼一呀黑唉嗨
摘摘摘牡丹
三朵两朵摘一篮
花儿开的多娇艳
姑娘见了好喜欢
姑娘见了好喜欢
五彩缤纷嘿齐争艳
齐争艳哪个纳哈一呀黑
唉嗨唉嗨哟哟哟哟哟哟吃啦吃呀呼嗨
嗨嗨嗨嗨嗨唉嗨唉嗨唉嗨
啦呼一呀嗨嗨
纳一呀呼一呀黑
提着花篮走花间
祖国春色没个边
没个边没个边

歌曲《牧羊曲》
作词：王立平　作曲：王立平

演唱：陈明
（节目内容：少林武僧持刀伴舞）

日出嵩山坳晨钟惊飞鸟
林间小溪水潺潺
坡上青青草
野果香山花俏
狗儿跳羊儿跑
举起鞭儿轻轻摇
小曲满山飘满山飘
莫道女儿娇无暇有奇巧
冬去春来十六载
黄花正年少
腰身壮胆气豪
常练武勤操劳
耕田放牧打豺狼
风雨一肩挑一肩挑

歌曲《少林少林》
作词：王立平　作曲：王立平

演唱：王宏伟
（节目内容：舞台中央立起，垂直于地面。满台少林演员。五块悬空飞毯型舞台，飘在空中。五位演员靠威亚悬在空中。悬空飞毯而后垂直于地面。楼中全变少林武僧）

少林少林
有多少英雄豪杰都来把你敬仰
少林少林
有多少神奇故事到处把你传扬
精湛的武艺举世无双
少林寺威震四方
悠久的历史源源流长
少林寺美名辉煌
千年的古寺神秘的地方
嵩山幽谷人人都向往
武术的故乡迷人的地方
天下驰名万古流芳

（马骁　整理）

2010 同邀明月中秋晚会江苏台湾周中秋闭幕晚会

播出台：江苏卫视
播出时间：2010 年 8 月 15 日
总时长 107 分钟
总导演：孙奕　郭晓峰　王念
总策划：陈辉　蔡绍中　王纪言
总监制：周莉

开场舞
演出单位：

（大鼓开场，背景以蓝色调为主，红色灯光闪烁在舞者身上。灯光暗，绿红两色为主的

舞者入场，灯光起，主光以彩色光为主，背景大屏幕为红色）

主持人上场：卢秀芳，白岩松，吴小莉，贺笑

贺　尊敬的各位来宾，各位朋友。

白　为海峡两岸的繁荣与发展，付出了心血与智慧的同胞们。

卢　为江苏与台湾交流交往，经贸合作架设金桥的给位朋友们。

吴　各位海内外的朋友们，大家。

合　晚上好！

卢　晚安！我是台湾中天电视台主持人卢。

白　我是中央电视台主持人白。

吴　大家好！我是凤凰卫视的吴。

贺　大家晚上！我是江苏卫视的主持人贺。在中秋节的前夜，我们在素有美誉的人间天堂的苏州同邀中秋月，欢聚迎佳节。

吴　今夜同邀中秋月，江苏台湾周闭幕晚会在这里隆重的举行。今天的晚会江苏卫视将与江苏国际频道，苏州驻电视总台的新闻综合频道将进行现场的直播，而凤凰卫视的欧洲台，美洲台会向全球的华人观众就行转播，台湾中天电视台也会将现场的实况进行转播。

白　今夜月圆、团圆、梦圆。在姑苏城为这暖暖的空间里头，今天的这台晚会既是对海峡两岸同胞中秋团圆的心愿的祝福，也是对刚刚圆满落幕的《江苏台湾周》送上一份祝贺，跟是对海峡两岸未来更好的合作送上的美好的祝愿。

卢　岩松说到了《江苏台湾周》而此情此景让我想到了去年的《台湾江苏周》，但是在台北的圆山大饭店，江苏访问团印象深刻的带来了一首《好一朵茉莉花》。

白　就在去年的《台湾江苏周》的期间呢，江苏省委书记梁宝华率领江苏访问团，可以说在台湾种下了一颗又一颗友谊之树、合作之树，一转眼又是一年的秋天，一个收获的季节这棵棵大树上结上了累累的硕果。

贺　通过一次次的互访交流携手合作，我们之间的互信在增进，共识在增多，情感在交融。

吴　现在就让我们来回顾友好交流的美好瞬间，请看大屏幕。

（音乐起大屏幕插播：《江苏台湾周》回顾结束）

白　我跟秀芳呢已经搭档多年，其实我知道他跟江苏其实是颇有渊源的。秀芳从台湾来，但是他其实是一个地道的山东姑娘。山东、江苏是邻居。所以今天远亲不如近邻。

卢　好一个远亲不如近邻，我是江苏的近邻，可是岩松可是江苏的近亲啊。我不说大家不知道，他是地道的江苏女婿。

白　所以我们两个站在这不是应邀出席，属于硬要出席。那么去年的《台湾江苏周》期间你该是格外的关注。

卢　的确，这个《台湾江苏周》真的是给台湾造成了轰动，给台湾带来了极大的商机。从去年到今年，两方的各个合作专案，可以说涵盖了各个产业层面。

白　那么我想，由于历史和现实的很多因素，其实台湾和江苏之间的交流是非常的畅通的。因此不仅仅是经贸领域，很多的领域的合作越来越棒。

卢　是的，你说到了终点，特备是我们文化艺术方面的融合互动，现在全面深化。有越来越多的台湾艺术家到大陆发展，也有很多内陆的艺术家为宝岛的人民所熟知。

白　接下来将要登场的这位歌手就是你刚才

说的合作的证明。为什么呢，他是从台湾这个舞台上慢慢的成长起来的，又是大陆派的偶像歌手，她叫丁当。她带来的歌曲叫做《漂洋过海来看你》，台湾歌曲。

歌曲：《漂洋过海来看你》

演唱：丁当

（以橙色灯光开场，背景屏幕是日出中的海洋。主唱丁当身穿黑色晚礼服，舞蹈者身穿蓝白西装，右臂带有白色的天使翅膀）

为你我用了半年的积蓄漂洋过海的来看你

为了这次相聚　我连见面时的呼吸都曾反复练习

言语从来没能将我的情意表达千万分之一为了这个遗憾

我在夜里想了又想不肯睡去　记忆它总是慢慢的累积　在我心中无法抹去

为了你的承诺　我在最绝望的时候都忍着不哭泣

陌生的城市啊　熟悉的角落里，也曾彼此安慰，也曾相拥叹息

不管将要面对什么样的结局　在漫天风沙里望着你远去

我竟悲伤得不能自己　多盼能送君千里直到山穷水尽

一生和你相依　为你我用了半年的积蓄漂洋过海的来看你　为了这次相聚

我连见面时的呼吸都曾反复练习　言语从来没能将我的情意表达千万分之一

为了这个遗憾　我在夜里想了又想不肯睡去

记忆它总是慢慢的累积　在我心中无法抹去为了你的承诺

我在最绝望的时候都忍着不哭泣

陌生的城市啊　熟悉的角落里　也曾彼此安慰　也曾相拥叹息

不管将要面对什么样的结局

在漫天风沙里　望着你远去　我竟悲伤得不能自己

多盼能送君千里直到山穷水尽

一生和你相依　陌生的城市啊　熟悉的角落里　也曾彼此安慰　也曾相拥叹息　不管将要面对什么样的结局

在漫天风沙里望着你远去　我竟悲伤得不能自己

多盼能送君千里直到山穷水尽

一生和你相依陌生的城市啊熟悉的角落里

也曾彼此安慰也曾相拥叹息不管将要面对什么样的结局

在漫天风沙里望着你远去我竟悲伤得不能自己

多盼能送君千里直到山穷水尽一生和你相依

灯光暗，音乐停

（音乐起，主持人入场）

吴　贺，我不是第一次到苏州，但是我是第一次在苏州过中秋。我在这里看到了很多新老朋友，我只想到了一个字。

贺　已经是缘字，是么？

吴　一点都没有错，圆圆满满，团团圆圆，你想中秋节的时候，圆圆的月亮，圆圆的月饼，合家团圆、事事圆满。

贺　是的，一个圆字，表达出了许许多多美好的心愿。那么今天晚上呢，就让我们举杯邀明月，共画红心圆。

吴　首先呢我们先要将《江苏台湾周》画上一个圆满的句号，然后再为明天画上一个演唱的破折号。

贺　好，那我们现在呢就让歌曲《圆》的旋律想起来吧。

歌曲：《圆》

（灯光暗，前景身穿白裙的舞者，背景为明月白云。独舞下，粉舞裙群舞和主唱上）

秋月圆在天上　好梦圆在心上
一轮清辉照两岸　万露情思牵波浪
啊明月
月是故乡明　人与月相望，圆在中华和韵唱
啊明月
月是故乡美　月与桂飘香　圆在盛世爱久长
皓月圆在海上　血脉圆在根上
一只玉盘春九州　千鱼纯纯动心房
啊明月
月是故乡明　月是故乡明
人与月相望，圆在中华和韵唱
啊明月
月是故乡美，月与桂飘香
圆在盛世爱久长　爱久长

吴　中秋是中华民族血脉中流淌千年的节日，比如说在唐朝的时候，已经有海上生明月，天涯共此时的名句。

贺　是啊，说到中国传统文化可以说是举不胜举，源远流长。

吴　一点都没有错，比如说我们的苏州，我们的昆曲堪称是百戏支柱，还有我在台湾从小听到大的歌仔戏到现在还非常的流行。这些都是中华民族的非物质遗产。

贺　那么今天晚上我们专门从台湾请来了著名的歌仔戏剧团，明华园星字团和我们江苏省昆剧院还有我们的两岸流行歌手同台献艺，请欣赏戏歌联唱《风华佳月》。

歌曲《风华佳月》

表演团队：明华园星字团
江苏省昆剧院

（镜头转到礼堂外景，然后转内场，演员穿着戏服表演歌仔戏。流行歌手上场，背景中国风山水画。穿插京剧）

歌仔戏

鼓声炮声响连天
七爷八爷集市赶啊赶　集市赶啊赶
弄得龙王嘴张开　嘴张开
平安符拿回去　平安符粘保庇
乖乖睡　好长大　好长大
流行歌曲：
初一十五月又圆
月圆月缺五千年
月光底下的缠绵
这是有几分自恋
不管你用什么语言
有一种无法呼吸的想念
昆曲：
妾身捻着如花月
满天影蝶一叶怜
流行歌曲：
昨天明天流传着时光的遥远
不能阻挡重逢的酒伤的欢颜
爱可以恰似红颜
爱可以断镜残缘
爱可以生生死死奈何天
爱可以无声无悔等月圆

（群舞着戏服，背景江南阁楼风情）

昆曲：

是哪处曾相见，相看俨然，早难过好吃相见无一言。

（礼堂外景，湖水景色转内景）

白　秀芳，刚才这个节目呢有所不同，用网络上的语言呢叫穿越，用时尚的语言叫混搭，用咱中国人的老化叫异曲同工。但是不管怎么说都是韵味十足，更何况其中的情节，已经把他们带到了浓浓的节日氛围当中。

卢 是，说到过节的气氛，我们听戏、吃团圆饭、赏月是华人过中秋是必不可少的内容。

白 其实从南到北，从东到西，中国人过中秋都很有意思，为什么这么说呢，一样的月亮，一样的月饼。但是游戏地方的习俗和说法都不一样。比如在我们的东北这么说，八月十五云遮月，正月十五雪打灯。台湾肯定没有，因为台湾不会下雪。

卢 虽然台湾不会下雪，但是我们也发展出了独特的中秋文化。我们看到欢乐的时光总是过得特别快。好不容易回家跟家人团圆，吃个团圆饭总觉得意犹未尽。因此台湾的这种习俗就是希望把时光尽量的留住。不过这导出到了一个有趣的话题，就是现在我们所在的苏州跟海峡另一头的台北。这两个城市的中秋各有什么样的习俗呢？

白 电视同行也会帮我们穿越一下，接下来我们就看一下苏州广播电视总台和台湾中天电视台联手拍摄的一段视频。请看大屏幕。

（大屏幕录像资料）

外景主持人：黄晴

结束

白 秀芳你看，其实我到台湾也已经很多次了，即使没有在那过过中秋。再有想象力也没有想象会用烤肉的形式去赏月了，这也属于一种混搭。

卢 大江南北都有，这又是一种混搭，在这里我将代表所有好客的台湾同胞邀请江苏朋友们走进台湾，做客宝岛。

白 那么我也以江苏女婿的身份邀请台湾同胞们，因为这好山好水好景好人好机会好回忆。

卢 好，让我们带着着相同的祝愿一起来欣赏由台湾常青树之称的费玉清带来的中秋礼物江苏歌曲《太湖美》。

歌曲《太湖美》

演唱：费玉清

（群舞演员穿着青衫，提着绿色的灯笼一字型入场。然后分两行排开，费玉清入场，站群舞中）

太湖美　太湖美
美就美在太湖水
水上有白帆哪，　啊
水下有红磷啊　啊
水边芦苇青
水滴鱼虾肥
湖水支万袋网
稻香过巷绕湖飞
嘿　呦　太湖美　太湖美
太湖美　太湖美
美就美在太湖水
水上有白帆哪，　啊
水下有红磷啊　啊
水边芦苇青
水滴鱼虾肥
盛满深情盛满爱
送给故乡报春晖
嘿　呦　太湖美啊　太湖美
水上有白帆哪，　啊
水下有红磷啊　啊
水边芦苇青
水滴鱼虾肥
湖水支万袋网
稻香过巷绕湖飞
嘿　呦　太湖美啊　太湖美

（音乐停，费玉清讲话）

谢谢各位的掌声，各位贵宾晚安。非常荣幸今天晚上参加这场盛会，中秋佳节即将来临，接下来带来的这首歌，祝大家佳节愉快。为你安排这首《但愿人长久》。

歌曲《但愿人长久》

演唱：费玉清

（背景古画白云明月）

明月几时有　把酒问青天
不知天上宫阙　今昔是何年
我欲乘风归去　又恐琼楼玉宇
高处不胜寒　起舞弄清影　何似在人间
转朱阁　低绮户　照无眠
不应有恨　何事长向别时圆
人有悲欢离合　月有阴晴圆缺
此事古难全　但愿人长久　千里共婵娟
转朱阁　低绮户　照无眠
不应有恨　何事长向别时圆

吴　贺你知道吗，费玉清在台湾被称作金嗓歌王，很多人都认为他永远是情歌王子。他的桑应唱出了我们的心声。但愿人长久，千里共婵娟。小的时候我最喜欢中秋节了，因为望着明月总时候有很多的想象，因为老祖宗给了我们很多的神话。

贺　小的时候我就听说过嫦娥奔月的神话。

吴　一样的神话，一样的传说，在一样的童心里头孕育出了同样的歌谣。

贺　都说童心如秋月，下面我们就有请台湾大小姐少儿组合晶晶儿童合唱团和大陆的侯高俊杰、苏州市沧浪少年宫艺术团的小朋友们共同为大家表演的少儿歌舞《童声星星秀》。

少儿歌舞《童声星星秀》

舞蹈：大小姐少儿组合

晶晶儿童合唱团

侯高俊杰

沧浪少年宫艺术团

晶晶儿童合唱团

（台湾民间服装，两人扮演阿公和阿妈）

天黑黑欲落雨　阿公仔锄头欲锄芋
掘啊掘　掘啊掘
掘到一尾旋留鼓　咿呀嘿呦真正趣味
天黑黑欲落雨　阿公仔锄头欲锄芋
掘啊掘　掘啊掘
掘到一尾旋留鼓　咿呀嘿呦真正趣味
阿公欲煮咸　阿妈欲煮淡
两人想打弄破鼎　咿呀嘿都咚呛咚呛
哈　哈　哈
阿公欲煮咸　阿妈欲煮淡
两人想打弄破鼎　咿呀嘿都咚呛咚呛
哈　哈　哈
阿公欲煮咸　阿妈欲煮淡
两人想打弄破鼎　弄破鼎
咿呀嘿都咚呛咚呛
哈　哈　哈　哈　哈　哈　哈　哈　哈

侯高俊杰

（群舞学生装）

被怀疑，我没有这种能力
用音乐和舞蹈能力炫耀自己
雨过天空就会晴
成长的烦恼就彻底会忘记
外来色该怎么装扮
选择了勇敢让微笑更灿烂
天空的颜色随我的心思在改变
今天我想要不一样的童年
节奏在变快梦想在变大
世界在变化流行我不唱
Dang bada bada ku
跳舞我最酷
Bada bada bada bong

大小姐少儿组合

一闪一闪亮晶晶晶晶
魔法项链到底在哪里
满天都是小星星星星
我要瞬间变成大明星
一闪一闪眨眨眼眼眼眼
气球摆来摆去的乐园
比太阳还耀眼眼眼眼
钻石都让到一边
我就是 shining shining 大小姐
快乐大声喊一遍
我就是 shining shining 大小姐
快乐大声喊一遍

（侯高俊杰和大小姐站在一起，群舞坐在三人之后。背景卡通图画）

合唱 天上一个月亮
水里一个月亮
天上的月亮在水里
水里的月亮在天上
天上一个月亮
水里一个月亮
天上的月亮在水里
水里的月亮在天上
低头看水里
抬头看天上
看月亮思故乡，一个在水里，一个在天上
一个在水里，一个在天上

吴 我相信在座的每一位观众跟我们都一样，对孩子们的童言童语听起来都特别的欢乐。

贺 那么这种欢笑呢还来自于人海中的相约和不期而遇。

吴 对，不期而遇我们也可以说成是一种缘分，今天一位歌手带来了一份有缘分的歌曲，这位歌手经常在两岸三地的奔走，经常在电视上和我们不期而遇。今天他带来的歌曲呢《原来，你也在这里》。

歌曲《原来，你也在这里》
演唱：刘若英
（背景 MV，整体暖色调，紫色为主。群舞橙色西服，手着紫色阳伞）

请允许我尘埃落定　用沉默埋葬了过去
满身风雨　我从海上来　才隐居在这沙漠里
该隐瞒的事总清晰　千言万语只能无语
爱是天时地利的迷信　喔　原来你也在这里
啊　哪一个人　是不是只存在梦境里
为什么我用尽全身力气
却换来半生回忆
若不是你渴望眼睛　若不是我救赎心情
在千山万水人海相遇　喔　原来你也在这里

白 吴秀芳，其实中秋的时候呢，的确应该让刘若英唱歌。因为他是最好的月饼伴侣，大家都叫她奶茶。说起歌的时候呢，我觉得月亮跟人的情感真的很深。有一首歌是这么说的“我们喜欢一个月光，就算是谈恋爱的时候也要让月亮代表我的心”。

吴秀芳 不仅是歌词，也表达了每个人的心。无论我们在什么地方，只要抬头看看天上的月亮，就可以解思乡之苦。

白 说到诗词呢，自然会想到乡愁。这个愁字也很有趣，你看它上面是一个秋字，下面是心。

吴秀芳 乡愁的作者余光中老先生，总是说江苏是他的故乡。他虽然在台湾，不过他捎来了他的祝福。他要为家乡的父老们朗诵他所写的诗，表达祝福。

（视频：余光中《乡愁》）

小时候，乡愁是一枚小小的邮票。我在这

头，母亲在那头。长大后，乡愁是一张窄窄的船票。我在这头，新娘在那头。

歌曲《乡愁》

（开场，船从舞台后方划过，船的长度与舞台宽度一样，船完全开出停住。四位白衣女合唱站在船尾。黑色西装男人站在船头）

小时候，乡愁是一枚小小的邮票。
我在这头，母亲在那头。
长大后，乡愁是一张窄窄的船票。
我在这头，新娘在那头。
后来啊，乡愁是一方矮矮的坟墓
我在外头，母亲在里头。
而现在，乡愁是一湾浅浅的海峡。
我在这头，大陆在那头。
未来啊，乡愁是一条长长的桥梁。
你去那头，我来这头。

白 现在海峡两岸讲究的是一个通字，你看现在什么都通了，我们的心也在相互沟通。另外一个字是什么呢？现在的通就有助于我们写下一个大大的爱字。因为毕竟是血脉相连。

吴 我现在想说的两个字就是生命，近年来，台湾和大陆的故事真的是数不胜数，我跟贺也见证了两起这样的故事。现在我们就跟大家分享这两段至今难忘的救援故事。

（视频《救援故事》）

【画外音】：面对自然界的大灾大难，两岸同胞同舟共济。亲情，乡情，恩情，更爆发出巨大的力量。再2008年的大陆汶川地震中，救援及灾后的重建中，台湾同胞不遗余力。2009年台风莫拉克重创台湾，当看到台湾同胞的家园被毁时，大陆同胞也在为台湾同胞筹集善款。还有这样一群人，他们没有血缘关系，但是流淌着相同的血液。他们就是两岸的骨髓捐赠者和受捐者。（两岸骨髓捐赠影像资料）

吴 那时候两岸还没有三通，我们日行2000公里来到了苏州，骨髓进入了陈霞的身体以后，我们等待着奇迹的出现，而这个奇迹就在我们的身边。

陈霞 小莉姐姐好，我现在的身体非常的好，我现在穿梭在四川北京再做我的文化事业。一切都很好，谢谢大家！谢谢！

吴 我们应该谢谢远在台湾的郑哥哥，我记得我把那本《生命24小时》交给他。现在你见过他吗？

陈霞 我现在还没有见过哥哥，虽然我没有见到哥哥，但是我还是依然在等待着。

白 32岁的陈霞要比22岁时的陈霞更加美丽健康。美丽的不是他的外表，而是她的内心。在这十年里，陈霞成立了一个基金会，募集了两亿多人民币，帮助了很多需要帮助的人。我在猜想是不是你用这样的行为对社会说谢谢。

贺 杭彬女士，我想我们是第一次面对面，我守在医院，从清晨到黑夜，我没有等到你的人，但是我等到了你的救民骨髓。茫茫人海当中只有他的这一袋骨髓能够救治这个16岁的女孩。今天我也很想谢谢你，我想知道你是一种什么样的感情要去捐赠。

杭彬女士 当时我只是抱着救人的态度去营救这个小女孩的，而且我也是作为一个母亲的心态去想她的父母是有多着急多心痛。这三年我真的是对融融很牵挂，我想知道他的境况，想知道他现在怎么样了，想听听融融的声音。

贺 在这个中秋的夜晚许愿是很灵的，你是不是想听听融融的声音，大家是不是都想听听融融的声音。那好我就完成你们的愿望，请看大屏幕。

（融融录音资料）

（屏幕上是蓉蓉住院时的照片，一瓶装满血液的点滴瓶，一朵花）

蓉蓉 情爱的杭杉阿姨你好，我一直都不能忘怀三年前的那个晚上。当我躺在床上看见骨髓从点滴慢慢流入我的身体时，心中的感谢。护士们都说，做完骨髓的孩子就会像凤凰一般，经历了重生。我在就读的高中，参与了很多活动，认识了很多知心的朋友。这一切都是因为有了您。我现在仿佛重生，能够体验更多的人生。我希望以后能与你相见，我也希望需要帮助的人能像我一样得到各界人士的帮助。

白 想在杭彬女士脸上是带泪的笑容，幸福的泪花。谢谢。其实中国人常说一句话，大爱不言谢。因为是兄弟因为是姐妹。

吴 杭彬和陈霞，施与受都有福。他同时见证了海峡两岸血脉相通的全过程。我们都是中华儿女，我们都是炎黄子孙。

贺 杭彬和陈霞的故事仍在继续，我们希望所有的白血病患者都能够健康的活下去，希望所有人都有一个怒放的生命。

歌曲《怒放的生命》
演唱：汪峰

曾经多少次跌倒在路上
曾经多少次折断过翅膀
如今我已不再感到彷徨
我想超越这平凡的生活
我想要怒放的生命
就像飞翔在辽阔天空
就像穿行在无边的旷野
拥有挣脱一切的力量
曾经多少次失去了方向
曾经多少次扑灭了梦想
如今我已不再感到迷茫
我要我的生命得到解放
我想要怒放的生命
就像飞翔在辽阔天空
就像穿行在无边的旷野
拥有挣脱一切的力量
我想要怒放的生命
就像矗立在彩虹之颠
就像穿行璀璨的星河
拥有超越平凡的力量
曾经多少次失去了方向
曾经多少次扑灭了梦想
如今我已不再感到迷茫
我要我的生命得到解放
我想要怒放的生命
就像飞翔在辽阔天空
就像穿行在无边的旷野
拥有挣脱一切的力量
我想要怒放的生命
就像矗立在彩虹之颠
就像穿行璀璨的星河
拥有超越平凡的力量
我想要怒放的生命
就像飞翔在辽阔天空
就像穿行在无边的旷野
拥有挣脱一切的力量
我想要怒放的生命
就像矗立在彩虹之颠
就像穿行璀璨的星河
拥有超越平凡的力量

吴 我们都听说少数民族啊，只要能说话的都能唱歌，会走路的都能跳舞。在台湾也有一个少数民族，他们很勤劳很淳朴，各个都很有艺术天分。

白 说到台湾这样一个生命里的人群呢，我是感受到了。但是说到内地我就有些意义，因为我就是蒙古族，我能说话但是不一定能唱歌。我去过台湾华联的时候，参加过这样一种非常有生命力的这样一个族群。其实不用去华联，我们在北京奥运会的开幕式上就已经看见这样的一种冲击。他们是一个精英的艺术团队，名字很特别，叫《飞鱼云豹音乐工团》

吴 今天这个鼓舞团来到了我们的现场，带来歌曲和舞蹈《丰收歌》。

歌舞：《丰收歌》

表演团队：飞鱼云豹音乐工团

（黄色为主，背景是一片大山，穿着少数民族耕种时的衣服，群舞演员肩肩相扣成弧形。舞蹈形态像是在稻田里耕作的动作。侧台有两名演员伴奏乐曲，一个拿吉他，一个拿手鼓。群舞慢慢的手牵手走向台下，站在观众前表演，台上同时走出一群服装各异的少数民族演员）

【画外音】：现在我们的少数民族演员为我们的观众献上了他们珍贵的礼物，琉璃珠。琉璃珠代表平安如意吉祥幸福。凝聚着海峡两岸的骨肉真情。

贺 我听说这个琉璃珠是台湾少数民族俳湾族最珍贵的饰品。

卢 今天这些琉璃珠是我们台湾灾区 88 风区的灾民制作的，也象征着海峡两岸事事平安。平和亲和两厢和，正是我们共同的祈愿。真是因为平安的保证，两岸才有了法协议的签署。在江苏这块土地上，落户的台商都有了回家的感觉。请看大屏幕。

（影像资料）

内容 始于台湾的经贸合作，经过近 30 年的发展，形成了全方位，多层次，宽领域的良好格局。台湾在大陆投资，三分之一在江苏。两地贸易额达到了 175 亿美元。增长 78.2%。（采访，人物感言）2011 年《海峡两岸正式框架协议》当天正式生效。

卢 贺啊，我来到江苏才两天，我发现江苏真的是名不虚传。这里有良好的投资环境，又迷人的江南风光，这个季节还有好多好吃的大闸蟹呢。

贺 在这里我邀请所有的台湾同胞来做客，我们江苏是一个茉莉花盛开的地方，也是一个来了就不想走的地方。那么我们就在茉莉花盛开的地方来感受《茉莉花》带来的神韵吧。请欣赏歌曲，《在茉莉花盛开的地方》。

歌舞《在茉莉花盛开的地方》

（舞蹈演员一身绿色，头戴茉莉花环，像是花精灵，大屏幕小朋友身穿白衣唱歌、江南美景）

我地家乡，
是茉莉花盛开地方，
茉莉花盛开地方，
是我的家乡，
是我的家乡。
（主唱后台入场）
这里是中国的东方，
春天总在这里歌唱，
一阵阵温馨的气息
一片片含笑的深情给我无边的欢畅
每当我从她的身旁走过都能感受青春的光芒
啊在茉莉花盛开的地方每一处都有吴韵汉风的华章
啊在茉莉花盛开的地方每一天都有云正霞蔚的辉煌

杂技舞蹈《和之韵》

表演：狄葆华，吴正昇

（舞台呈现深蓝色。群舞围成一圈躺在舞台上，双手伸出交叉左右摆动，像水影的波动。中间两个主舞身穿白色紧身衣飞翔姿势。群舞散开围成大弧形，男女演员站在最

中央杂技舞蹈）

贺：和谐可以创造美，和谐可以创造一片美好未来，这是我们做儿女的承诺也是华夏儿女的约定。

吴：就让我们同邀一轮明月，同绘一幅蓝图。让我们来歌颂我们的家园。

贺：好，请欣赏张也演唱的《锦绣中华》

歌曲：《锦绣中华》

演唱：张也

（中国红的舞台，大屏幕从中间展开，露出一个小屏幕和一个中国石雕走廊的小舞台。男群舞身穿红色武术装，手拿金龙。女群舞身穿宽裙，裙如大红花，头戴大红花）

九曲黄河水，万顷长江浪
阳光下的家园，我的歌舞之乡
东奏渔光曲，西喉大秦腔
南有龙船调，北有秧歌唱
九天凤起舞，万里龙飞翔
阳光下的家园，我的快乐之乡
元宵闹花灯，三月赶街忙
端午赛龙舟，重阳登高望
民风乡谣，花儿朵朵香
开出个四季灿烂阳光
风调雨顺，生活步步高
沐浴着四季灿烂阳光
九天凤起舞，万里龙飞翔
阳光下的家园，我的快乐之乡
元宵闹花灯，三月赶街忙
端午赛龙舟，重阳登高望
阳光灿烂灿烂阳光
人人都喜洋洋天地亮堂堂
灿烂阳光，阳光灿烂，
天地亮堂堂人人喜洋洋
阳光灿烂，灿烂阳光
人人都喜洋洋天地亮堂堂
灿烂阳光阳光灿烂
天地亮堂堂人人喜洋洋
天地亮堂堂人人喜洋洋

张也　亲爱的苏州人民大家好，在这个皓月当空的夜晚，祝大家中秋节快乐。祝大家幸福平安和谐快乐！在为大家演唱一首《幸福》。

歌曲《幸福》

演唱：张也

幸福是玫瑰花，牵手月下的情侣
幸福是红风铃，叫醒窗外的晨曦
幸福是夜晚妈妈的摇篮曲
幸福是父母亲　有个好身体
家和谐啊　人团聚
幸福比什么都美丽
请温暖　爱甜蜜
幸福比什么都美丽
幸福是街道旁　织成融融的草绿
幸福是老外婆　唠叨嫦娥的话题
幸福是爸爸领着　花样的好儿女
幸福是漂泊的人　受到幸福的好消息
家和谐啊　人团聚
幸福比什么都美丽
请温暖　爱甜蜜
幸福比什么都美丽
家和谐啊　人团聚
幸福比什么都美丽
请温暖　爱甜蜜
幸福比什么都美丽　美丽

卢　今晚我们同邀明月，海峡两岸共聚首，带着相同的心愿。

白　今晚我们同邀明月，炎黄子孙齐祝愿，说着相同的语言

吴　今晚我们同邀明月，共同举杯，花好月圆。

贺　今晚我们同邀明月，真情相连，相约明天。

白　在这彼此铭记的日子里，我们祝贺

《江苏台湾周》圆满成功。我们祝福所有的华夏儿女，

合 中秋快乐！幸福美满！

（歌舞《神州共举杯》）

演唱：周洁　王莉丽　苏映东　张美林

贺 尊敬的各位嘉宾

卢 亲爱的各位朋友

吴 亲爱的观众朋友们

白 江苏台湾周闭幕晚会到此结束，谢谢各位

（王鑫　整理）

《中国达人秀》（第一季）半决赛第二场

播出台：上海东方卫视

播出时间：2010 年 9 月 19 日

总导演：金磊

制片人：金磊

短片：介绍比赛地点（5 个外拍镜头——上海标志性建筑的场面大全景）

主持人程雷【画外音】 这里是中国上海，这里是 2010 上海世博会的主办地。

主持人同期声 上周《中国达人秀》进行了首场半决赛，一共两名选手直接晋级决赛。

短片 上期回顾（内容：上期半决赛中评委的精彩点评以及 8 位选手的表现。将上场半决赛中的镜头进行重新剪辑，以三位评委的点评串联起对上场半决赛的回顾）

伊能静 我有一点点失望，今天真的没有第一次好。

周立波 你们的人生不是一种常态，但照样闪烁着生命的光芒。

（评委按代表淘汰的“X”灯发出的音效）

伊能静 你们今天的表演我不喜欢。

寿君超 （rap 演唱）今天我玩儿是还是即兴……

周立波 非常期待有一天，你能够走向世界，感动世界。

主持人 刘伟和寿君超进入了总决赛。

短片：本期预告（内容：依次介绍每位选手的姓名，预告这期节目中的画面，展示选手对此次半决赛的希望和决心）

解说词 杨迪

杨迪 我今天就是要把所有人，笑到趴下，笑到抽筋，笑到崩溃。

解说词 蔡岫勍

蔡岫勍 我希望我可以用我的歌声，打动每一个人的心灵。

解说词 姜仁瑞

姜仁瑞　今晚我会带来一个更新的才艺，会让老婆更开心。

解说词　力量组合

力量组合　今晚我们会让身体和精神上都要有默契。

解说词　张艾青

徐宏东　【画外音】没有人比我更需要赢得这场比赛，（同期声）今晚我一定要赢。

主持人上场　程雷

程雷　欢迎收看中国达人秀半决赛第二场。

（片头：动画短片代表中国达人的动画人物在绚烂的烟花背景下表演才艺）

程雷说开场白并与观众互动

（一开始，游机跟拍程雷从舞台的左后方走向中间，他背对观众席，暗处的观众席成为背景。与观众互动时，程雷转向观众。观众应答“YES”时，游机急推至观众席，同时给观众群光，从暗变亮，突出主体）

（音乐起）

程雷　欢迎您再次收看“海飞丝中国达人秀”，本节目由去屑实力派海飞丝冠名播出，由玉兰油、吉列分别赞助呈现。上个礼拜我们中国达人秀的首场比赛可以说是惊心动魄，本周的第二场半决赛同样会非常紧张、刺激、残酷，因为八组达人只有两个晋级名额，直接进入我们中国达人秀的总决赛，现在在您的心目当中谁才是今晚真正的中国达人呢，一会儿在台上您看到您喜欢的表演的话，你们会说？

观众群　YES！

程雷　谢谢。如果你们希望他晋级的话，你们会对我们的评审团更加大声地说？

程雷　相信有你们的支持，我们的比赛一定会非常精彩，是时候开始我们中国达人秀第二场半决赛了，热烈掌声有请中国达人秀的三位评委！

（音乐起）

三位评委从大屏幕中走出登场：高晓松、伊能静、周立波

程雷　【画外音】让我们欢迎著名的音乐制作人、电影导演高晓松。美丽教主伊能静。海外清口创始人周立波。

程雷与评委互动

程雷　我们的八组达人已经在后台准备就绪了，他们特别想问三位评委，今晚他们怎样的表现和发挥可以获得你们手中的十票，立波？

周立波　这也是我们想问他们的问题，我们不知道谁能晋级。

程雷　伊能静在台上有太多经验了，我们选手在听，你有没有什么经验可以和他们分享，让他们在台上摆脱紧张发挥潜力？

伊能静　我觉得做自己就好。因为当初他们说服我们晋级的就是他们做了最好的自己，所以今天晚上也一样，只要回到最好的那个自己的状态就可以。

程雷　我们知道晓松已经制作完成了我们中国达人秀的主题歌，能不能和我们分享你的创作灵感和歌曲最精彩的部分？

高晓松　那里面最让我觉得好的一句话不是我们任何人创作的，是我们的老祖宗创作的，叫“穷则独善其身，达则兼济天下”，独自的时候没有站上舞台的时候是独善其身的，而站上舞台的时候能够启迪千百万人，不是光要了自己的手艺，能给这个社会向善的一些东西。

（音乐起，程雷介绍媒体评审团）

程雷　谢谢评委，每轮表演完之后，选手将

接受来自全国的七十家媒体评审团，掌声欢迎。

程雷 我们的达人秀之所以吸引我们的每一位观众，是因为在我们的台上有那么多达人精彩绽放，所以说今天节目组决定作为程雷我还是在侧幕为达人加油鼓劲，对于观众，对于评审团，对于我们的三位评委，今天的台上只有一个焦点，那就是怀揣梦想、想要创造奇迹的中国达人！今晚要登场的这一位是一个组合，让我们重新理解了时尚。年轻人时尚那叫赶时髦，老年人时尚那叫时代的进步，希望她们在这个舞台上能进一大步，下面请看时尚七太！

大屏幕插播短片介绍第一位选手情况——将她们的参赛画面（注重对她们舞蹈时的腰部特写）、听说晋级时喜悦激动的画面、日常生活中游泳攀岩的画面、辛苦排练的画面与对评委的采访和她们的采访巧妙剪辑在一起。

时尚七太们 【画外音】我48岁。我41。我今年50岁。我今年56岁。我今年62岁了。

周立波 （同期声）其实年龄不是问题。【画外音】只要觉得年轻你就永远年轻。（同期声）恭喜你们过关了。

时尚七太1 当评委宣布我们过关的时候我们特别惊喜，这是我们跳舞以来最大的成就。我们这个团队年龄从四十多岁到六十多岁，因为跳舞我们走到了一起。

伊能静 我觉得她们很不容易，因为每一位女士都带着积极乐观的精神，也非常喜欢她们的笑脸她们的自信。当我们在宣布她们晋级的时候，我看到她们那种彼此大喊的精神，比年轻人还认真。

时尚七太2 年龄不是问题只要心态好，年轻人能做的事情我们一样能做。

周立波 尽管她们的舞技不是最好的，但是她们都非常投入。

时尚七太3 我们不想被淘汰，为了今晚我们已经付出了很多。

周立波 这次的舞蹈组合有很多。要晋级还是有困难的，所以我认为她们必须有所突破。

时尚七太2 今晚的表演你们一定非常意外，是年轻人喜欢的、老年人不敢做的。

《肚皮舞秀》

表演者：时尚七太

（一开始，是冷峻的机械舞，伴奏节奏感强，只有几束冷色光，LED画面为齿轮。选手脱掉黑风衣，开始展现妩媚的肚皮舞。伴奏是印度歌曲。舞台灯光以黄色为主。LED是色彩绚烂的万花筒般的图案）

表演时，画中画展现程雷对选手老伴儿的现场采访

程雷 你们结婚都有二三十年了吧？

老伴儿 三十年！

支持人 今天晚上你看你太太是不是比新娘子还新娘子？

老伴儿 那肯定啦。

程雷 腰身就看出来了是吧。

程雷 我觉得咱晋不晋级都精彩了。

老伴儿 行了，把最美的展现给观众了。

（评委点评）

周立波 太棒了太棒了，时尚七太们，我觉得非常惊讶，你带给我的震撼。岁月带走你们的年龄却没有带走你们的青春，非常震撼，看出已经下过苦功夫了，你们有没有信心晋级？

时尚七太 有！

伊能静 刚刚有看到你们有做过魔鬼训练，

对，就是体能训练吗，刚看到你们的指甲全部修得漂漂亮亮的。

时尚七太之一 我们来了上海之后，大家一起到街上做了一个指甲。

高晓松 从你们身上我们想给年轻人看看梦想和欲望的区别。很多人分不清这个，老觉得这是我的梦想，其实只是个欲望。梦想是什么？梦想是只要它在永远快乐，欲望是什么？它只要在他就有无穷的苦恼。我特别敬佩你们。

程雷 我们请媒体评审团为时尚七太投票。第一排请投票！

（音乐起，媒体评审团举牌逐牌投票）

程雷 第一排6票。第二排9票。……第五排7票。最后一排…

插播广告

广告回来，公布最终票数

程雷 最后一排11票。最后获得的总票数是50票。恭喜！再次掌声送给时尚七太，谢谢！

（音乐起，第一位选手退场）

程雷 下一位选手唱歌使我们很多人关注的也许并不是她的歌声而是她有没有穿高跟鞋，因为她的歌声是没有声音，不穿高跟鞋依然觉得自己很漂亮的蔡岫勍，请看一下……

大屏幕插播短片介绍第二位选手：短片：选手儿时照片、评委采访、日常生活（爱吃）、选手采访、选手在唯美海边歌唱玩耍的情景……

高晓松 我很喜欢你的音质。

蔡岫勍 穿着高跟鞋我没办法唱歌。

伊能静 然后我让你说，我没有这双高跟鞋我一样可以很漂亮。

蔡岫勍 我没有高跟鞋也可以很漂亮。

伊能静 Hoo

高晓松 蔡胖妞，你晋级了。

蔡岫勍 真的是我，我终于可以再继续为大家唱歌了。

伊能静 胖胖其实胖的非常可爱。

蔡岫勍 参加比赛之后感觉我也没有变瘦呀，还是那么胖。

伊能静 我非常非常喜欢她。

高晓松 其实在初赛的时候我不是很想给你过，光靠一个声音是不够的，我最害怕的是没有办法控制好我自己的情绪，我很容易破音。呵呵。

伊能静 我相信进入复赛之后，她应该会承受很大的压力，因为其实她不是唱的最好的歌手。

蔡岫勍 进入下一个阶段竞争会更大，有时候就会晚上睡不着，有时候就一首旋律就在我脑海里一直折腾我不让我睡着。

伊能静 我希望今天晚上她能够像脱掉高跟鞋那样子丢掉所有压力、束缚。

蔡岫勍 如果这一次我失败了，我想，我会把我的笑容还有歌声留在这个舞台上，然后甩甩头回家吃我的牛肉丸，呵呵呵……

短片结束

程雷 有请蔡岫勍！

歌曲《When you believe》

表演者：蔡岫勍

（LED唯美的星空，偶尔流行划过苍穹，代表梦想的实现。背景灯光为蓝色，舞台的灯光聚集在歌者身上，演唱者是焦点。

歌曲进入高潮，伴唱/伴舞从LED中走出。灯光由冷色的蓝变为温暖的黄色。整个舞台在颜色、光影中显得神圣优美。）

Many night we've prayed 许多个夜晚我们

祈祷
with no proof anyone could 不能证明谁能听得到
In our heart a hopeful song 我们的心就是希望之歌
we barely understood 我们刚刚明了
Now we are no tafraid 而如今我们不再惧怕
Although we know there's much to fear 虽然我们有太多害怕的事情
we were moving the mountian long 我们能够移山
Before we knew we could 在我们知道之前

There can be miracles 这一定是个奇迹
when you belive 当你相信的时候
Though hope is frail 尽管希望如此脆弱
it's hard to kill 但也不能轻易扑灭
who knows what miracles 谁知道奇迹是什么
you can achieve 你可以做到
when you belive 当你相信的时候
somehow you will 不知道什么原因你就会做到
you will when you belive 当你相信的时候就会做到

And this time of fear 在这个令人寒心时刻
when prayer so often proves in vain 当信徒们徒劳无功地证明
hope seems like the summer birds 希望像是夏天的小鸟
too swiftly flown away 飞快地掠过
and now I am standing here 现在我站在这里
my heart's so full I can't explain 我的心满满的无法解释
seeking faith and speaking words I never thought I'd say 我从未想过我会说

there can be miracles 这是个奇迹寻找信仰
when you believe (when you believe) 当你相信的时候
though hope is frail 尽管希望如此脆弱
it's hard to kill 但也不能轻易扑灭
who know what miracle 谁知道什么是奇迹
you can achieve (you can achieve) 你可以做到
when you believe 当你相信的时候
somehow you will 不知道什么原因你就会做到
you will when you believe 当你相信的时候就会做到

there can be miracles (miracles) 这就是奇迹奇迹
when you believe (when you believe) 当你相信的时候当你相信的时候
though hope is frail 尽管希望如此脆弱
it's hard to kill 但也不能轻易扑灭
who know what miracles 谁知道什么是奇迹
you can achieve (you can achieve) 你可以做到你可以做到
when you believe 当你相信的时候
somehow you will 不知道什么原因你就会做到

评委点评

周立波 蔡蔡，蔡蔡，你太棒了，你站在达人秀的舞台上，你唱出了你完全的自信。我觉得你今天站在台上非常美，你就像一个豪华型的芭比娃娃。其实你不要为你的胖很纠结我觉得你的胖也是一种美，至少你的胖让我们感到你非常幸福。

蔡岫勍 哈哈哈……

周立波 有一个可爱的小问题想问你一下，你觉得你美吗？

蔡岫勍 因为大家都说我美，我渐渐的觉得我有点美了，呵呵。

周立波 真没主见，看你美得，哈哈，晓松？

高晓松 你知道你今天最好的地方就是，solo的地方，真假音的转换，就这个技巧你在一个半八度，在很多个八度都做到了，这个进步简直太大了。

蔡岫勍 谢谢老师！

（评委欢呼、惊呼）

程雷 她的歌声能赢得多少媒体朋友的支持呢？请投票。

（音乐起，媒体评审团举牌逐排投票）

程雷 第一排12票，满票！第一排！第二排会满票吗？请投票！……最后一排，10票！我们的蔡蔡最后的得票是64票！恭喜蔡蔡，再次把掌声给蔡蔡！

（音乐起，第三位选手退场）

第二、三个选手之间的过渡

伊能静 我有点想哭……

程雷 我那天如果让她NO了就没有今天的她。

周立波 我们已经原谅你了呵呵

伊能静 对，好感动哦，我们留下了一个选手。

程雷 看来我们的选手真的震撼到我们的评委了，蔡蔡64票，会不会给接下来的选手带来压力呢？他一上场，他一上场所有的选手都会被他迷住，在海选的时候，各位在台上看到的是小鬼当家，我在侧幕看到的是家有老爸。真的是让人羡慕的一个大家庭，我们来看一下万人迷张爱青还有她的daddy。

大屏幕插播短片介绍第三位选手：晋级赛画面、选手采访、评委采访、父女生活中相亲相爱的画面（在家、在公园里）、排练场景

周立波 这个要出事情的。这个女孩儿会迷死很多人的。爸爸用他的笨拙配合女儿的灵巧，你成功了！

张艾青 我们进半决赛实在太开心了！

伊能静 那艾青，你看爸爸白天要去上班晚上要陪你练舞都瘦了，你要跟爸爸说什么呢？

爸爸 我花了很多时间陪艾青跳舞。因为这一次比赛的话，对她对我很重要。

妈妈 我问她爸爸，你一天二十四个小时都跟女儿黏在一起，你烦不烦？他说，不烦~

爸爸 我的梦想呢就是天天看她长大，天天越长越漂亮。我活了52岁从来没跳过舞，为了七岁的小孩，我豁出去了！

张艾青 爸爸你可不要拉我的后腿哦。

爸爸 不会的。

伊能静 现在的舞台可爱是没有用的，她跟爸爸之间的配合能不能有更新的内容呈现给我们才能够决定今天晚上他们能不能晋级。

张艾青 爸爸，你只要今天晚上表现好的话，我就帮你足底按摩。

歌舞表演《大眼睛》

表演者：张艾青、张艾青爸爸

（背景音乐：爵士+拉丁）

Hey hey hey hey balibaba lalalalalala

Hey hey hey hey balibaba lalalalalala

大家知不知道我叫张艾青我很喜欢芭比

更爱我 daddy
我的小宝贝爸爸也爱你跳舞我从不会为你跳一回
Hey hey hey hey balibaba lalalalalala
Hey hey hey hey balibaba lalalalalala

评委点评

周立波　非常感谢张先生能够把这么可爱的孩子介绍给全国，乃至全球华人。看到你女儿第一次，休兰登布尔是我给她起的名字，这让我想起了美国 1929 年经济危机大萧条的时候出了一个可爱的休兰登布尔，咱们说花一块美元可以看一个可爱小女孩天真的笑容，时至今日在股票低迷的时候你女儿出现了，她是个天才，但是她现在这个年龄我到底是该给她晋级还是让她好好读书，真的真的非常纠结，所以我想问问晓松你是什么感受啊？

高晓松　我作为一个女儿的父亲，我特别高兴地看到这个，因为没有女儿的人演不出女儿的父亲，不管多好的演员但是你不用演就是那种感觉的样子。我其实特感动，而且第一次看你们表演我发现你（艾青）是个小天才，可是这次我觉得你爸爸也是一老天才，真的……

周立波　你看我们休兰登布尔的标识性的笑脸，你看，可爱吧，可爱到飞血啊！

伊能静　我想问一下可爱的艾青爸爸的舞跳得怎么样？

张艾青　爸爸以前不是专门练舞的时候跳得不好，是他自己练得不好……

评委　哈哈

伊能静　那有没有什么好玩的事情练舞的时候？

张艾青　爸爸他犯一个错误我就骂他一下，他改正了我就很开心。

伊能静　你是他的小老师是不是？那爸爸能不能说一下就是跟艾青练舞的时候自己的感觉？

爸爸　我其实很辛苦，我晚上练到十二点钟，早上五点钟起来又练，瘦了十多斤吧。

伊能静　回去陪你女儿练跳舞！

高晓松　对，参加比赛。

爸爸　我女儿开心呢我就很开心。女儿是我的生命所以我豁出去啦！

评委　哈哈哈哈

程雷　谢谢，谢谢艾青。今晚艾青能不能得到很多票呢？媒体评审团请投票。

（镜头切到艾青像评审团飞吻的画面）

（音乐起，媒体评审团举牌投票46分）

程雷　第一排……最后一排是……最后张艾青获得的支持票数是57票！恭喜！

再次掌声送给我们的张艾青父女，谢谢！

（音乐起，第三位选手退场）

程雷　刚才的选手表现得都非常出色，接下来的这队选手呢是达人更是恋人，他们的节目可以让我们所有人都感受到爱情的力量，力量组合！请看一下……

大屏幕插播短片介绍第四位选手：晋级赛画面、选手采访、评委采访、排练画面（虚焦，梦幻的感觉）、日常生活中亲密欢笑打闹的镜头（虚焦）。

周立波　她是你的同事？

男人　恋人。

高晓松　这不叫达人还有什么能叫达人呢？

周立波　我觉得你们这个节目完全有可能代表中国杀到世界去。

观众　YES！YES！

周立波　OK！恭喜你们晋级了！

力量组合　谢谢！

男选手　评委当时宣布我们晋级的时候我们

非常高兴。

女选手 然后下来的时候还给了他一个大大的拥抱，亲了他一下。

女选手 我们在一起排练的时候没有那么近的动作，他会安排一些故意拉低你很近距离的动作。

女选手 要让我想这样，像抱新娘那样

男选手 那是很幸福的感觉吧

女选手 但是我喜欢他坏坏的样子。

女选手 今天晚上的半决赛对我们来时是一个全新的尝试，有些动作的难度真的很大很大，但是我们必须成功。

伊能静 力量组合的舞蹈呢其实是必须建立在彼此信任彼此依赖的这种表演上，他们才能够完成这样的力量表演。

男选手 今晚我们要互相信任，身体和精神上都要有默契。

绸吊表演《我用所有报答爱》

表演者：力量组合

（白色绸子高挂在舞台上方。LED 是蓝色的流星、朦胧炫丽的星空。灯光为蓝、白色。身穿白衣白裙的两位选手进行类似杂技的表演，因为绸子吊得很高，使他们有足够的舞台空间进行才艺展示。整体氛围唯美。很多倾斜角度的构图更显表演的惊险）

（评委点评）

周立波 太棒了太棒了。我想问一下你们这个节目需要默契，当然有了默契还不够，还需要一种信任。你们之间彼此的信任是爱情的力量吗？

男选手 是。

周立波 爱情真的那么有力量吗？

男选手 是。

周立波 你们是什么时候认识的？

男选手 零八年年底

周立波 距离今日是两年，你们是怎么相爱的？怎么相遇的？给你们两分钟时间。

女选手 开始的时候是只做搭档，但是我们俩在排练的时候他总是把动作安排的很近。

评委们＋观众 哈哈……

伊能静 我想问一下男孩子，你为什么见到她要千方百计地靠得那么近然后得到她？哈哈

男选手 因为在我七岁的时候离开父母，现在很想有一个安定的家，见到她以后我在她身上找到一种很特别的、有安定的感觉。

高晓松 我上次想给你们过的原因是因为我觉得某一样力量也好某一种技巧也好，都是一种手段，它不能达成一种表演。表演是拿这个手段表达你真的要表达的这个东西，所有艺术的意义都是为了后面的那个“树”服务的，今天让我看到你们力量、技巧的那些东西，而且让我看到用它们表达出来的那种情感、那种和谐和让我感觉温暖的东西，完全感受到了。从海选到复赛，我希望电视机前所有怀有这种技艺的人来看看这种爱与温暖。

点评结束，过渡

程雷 我们的小伙子得到了恋人，在台上能不能得到支持的投票？请媒体评审团投票支持。

（音乐起，媒体评审团举牌投票）

程雷 第一排……最后一排请投票，9 票！我们的力量组合获得的是 32 票，再次把掌声送给力量组合，祝他们幸福！

（音乐起，选手退场）

周立波 我想最后问你们一个问题力量组合，晋级重要还是爱情重要？

男选手 爱情！

周立波 好！谢谢你！

程雷 谢谢，再次把掌声送给他们！

第五个选手比赛开始，

程雷 下一位选手的晋级在我们的观众中产生了一些小小的争议，大家说他有故事没有才艺，但是在我心里他有才艺更有情意！今晚“孔雀哥哥”能否凤凰涅槃呢？孔雀哥哥姜仁瑞，看看……

（大屏幕插播短片介绍第五位选手：1. 晋级赛的回顾　2. 选手性格展示对瘫痪的老婆不离不弃、照顾有加，很有情谊）

姜仁瑞 亲爱的老婆大人，我会一生一世永远爱你，伺候你。

周立波 打开你的孔雀屏，让它再绽放一次！

高晓松 YES！

伊能静 YES！

周立波 YES！

姜仁瑞 我家住在内蒙古呼伦贝尔阿荣旗，我们家一楼是我休息和工作的地方，我搭的阁楼是我和我瘫痪在床的老婆休息的地方，我家的一砖一瓦都是我自己设计自己制作搭建出来的。

我工作的时候非常喜欢把我老婆放在我的身边，让她晒着太阳我也看着她放心。

我跳舞只是为了刺激她，她锻炼几分钟我给她跳几分钟舞，这样渐渐地她的身体恢复。

比赛以后她的笑容多了，每当我看到她，她就会对我笑，对我是一种佩服的笑和温馨的笑。

为了老婆愿意付出一切，甚至把我的房子卖了给她治病。

我一步一步背着她到上海，哪怕爬也要爬来，给她找好的医生，钱可以再挣，老婆是唯一的，有老婆在有我在，就有完整的家在，为了老婆愿意付出一切，甚至把房子卖了给她治病。

舞蹈道具表演《爱的小屋》

（这个表演主要是展示选手的道具——自制孔雀屏。

背景音乐：傣族歌曲和蒙古歌曲——将孔雀元素和内蒙古身份结合在一起。

LED、灯光都颜色绚烂。运用干冰机营造梦幻效果）

评委点评环节

周立波 孔雀哥哥，我觉得你这个表演我们看不出是什么类型的……你在初赛的时候感动了千千万万的人，本来我们期待你在半决赛的时候能不能给我们些许惊喜，但是我们在惊喜之前没有找到方向诶。

高晓松 多了三个新疆扭脖子。

周立波 后面是什么东西？

姜仁瑞 代表未来的幸福小屋。

周立波 噢～！这是为你爱人造的？可以用的？

姜仁瑞 未来小屋的模型。

周立波 模型已经这么大啦？那今后真的造出来了它是可以移动的吗？

姜仁瑞 可以移动。

周立波 移到哪里动呢？

姜仁瑞 走到哪里就到哪里。

周立波 哦，等于四海为家啊……那你原来的房子呢？

姜仁瑞 我原来地房子我已经卖了，给我老婆治病。

周立波 哦……原来的房子现在有人接盘了吗？

姜仁瑞 还没有。

周立波 晓松去看一下。

高晓松 我不用去看那个房子，你不用卖掉房子。我会尽我自己的力，我想我们都会尽力来帮你做这个事情。你不用卖掉那个房子。（姜仁瑞感谢地鞠躬）但我还是想说，孔雀哥哥你是生活给我们的礼物，你是达人秀带给所有观众的一个礼物。但我们坐在这儿当评委的时候被告知达人有达人的标准，我觉得您暂时还做不到是一个舞蹈达人还是机械达人……就像立波说的，我们不知道这是一个什么类型的表演。

伊能静 我在想孔雀哥哥应该算是发明达人吧，因为他有一个情怀想为他爱的人，博她一笑，他开始展开他发明的人生之旅，但是孔雀哥哥您不能先把很闪的那个关一下，太闪了。能不能介绍一下您发明的这个爱的屋子它现在能住吗？

周立波 来，孔雀哥哥来介绍一下功能。这真的是用心诶，我看到床底下有很多设备。

（姜仁瑞开始介绍道具，音乐起）

姜仁瑞 老婆大人，这是我为你设计咱们未来幸福的家园。老婆，你晚上躺在这个床上休息、睡觉。枕头为什么是两个？一个方的、一个心形的，这个代表你天天睡在床上枕着我一颗滚烫的心灵。（周立波不住地点头）（老婆的反应镜头）让你感觉到家的温暖，有我在就有家在。（姜仁瑞将床板向上掀开，瞬时变成一个厨房）这是做饭用的电磁炉。

姜仁瑞 太阳能。这是洗菜池，我在这里给你做一日三餐。这里是你最爱吃的水果和蔬菜。把这个打开这也是一个太阳能接收板……老婆大人就在观众席上。

评委问 她能感觉到吗？

姜仁瑞 可以可以。

周立波 这真是一个平凡又伟大的男人，真的，当一个男人真的爱上一个女人，为她付出一切的时候，他的智商仅次于爱因斯坦，对不对？非常非常聪明。所以说我觉得什么是男人？男人就是担当。什么是担当？担当就是像我们孔雀哥那样365天平淡，你太伟大了！所有的感动都在了，但我们能不能因为感动投出这冲动的一票？我很为难。

高晓松 我不为难，我还是那句话，孔雀哥哥是生活中给我们的最好的礼物。每个人感受到夫妻之间相濡以沫的那种情感，他已经成功了，他不需要去国际舞台上跟别人比什么，他比达人还要珍贵，他是男人！

点评结束，

程雷 孔雀哥哥是不是达人我们不知道，他一定是全世界最棒的爱人，在媒体投票团投票前我们再次全体掌声祝愿孔雀哥哥和他的老婆大人祝他们幸福！媒体投票团，我们这次一起投票吧。看看有多少的支持，请投票！

（音乐起，媒体评审团举牌逐排投票）

程雷 孔雀哥哥姜仁瑞，24票！

再次把掌声送给孔雀哥哥~祝他们全家平安幸福！

（音乐起，第五位选手退场）

程雷 下一位选手呢海选的时候非常精彩，我们叫他们大怪和小怪。他们再次登台想证明他们是王者归来，因为他们呢自称自己是英皇武帝，掌声有请徐鸣飞、张正邦……

（大屏幕插播短片介绍第六位选手情况：晋级赛画面、选手采访、评委采访、徐鸣飞妈妈采访、排练画面、日常生活展现）

周立波 大怪和小怪啊

伊能静 你们的身体每一块都可以拆卸下来，简直像个机器一样。

周立波 我终于看到我们梦寐以求的中国达人了。

高晓松 我不是想按叉啊，我是一激动……

徐鸣飞 评委宣布我们晋级的时候我们真的是很开心。

伊能静 看到徐明飞的表演时我吓了一大跳，他已经训练到身体每一个部位都可以说话。

徐鸣飞 在我八岁那年我第一次看到太空步的时候当时我就已经深深地被它吸引，也就是在那一刻开始，跳舞成为我生命中不可缺少的一部分，为了跳舞，我曾经放弃了高考，我妈甚至说宁愿打断我的双腿也不让我走这条路。

徐的妈妈 那个时候我很后悔没有叫我儿子学舞蹈，我还拉他后腿了，我不同意（他跳舞）。徐鸣飞：我跟我妈说这条路是我自己选的，就算是爬我也要把它爬完。

徐鸣飞 今晚我们的表演一定会光芒四射

张正邦 震撼全场！

舞表演《中国风机械舞》

表演者：徐鸣飞、张正邦

（背景音乐：古琴乐+节奏感强的电子乐

表演开始、结尾都是竹林LED、古琴背景音乐，彰显中国风。且首尾呼应。

中间是电子感十足的机械舞，LED是不停变化的马赛克图案，背景音乐是节奏感强的电子音乐）

舞台 是棋盘。而两个舞者一黑一白的装束正是象征着黑白棋子

评委点评环节

周立波 很棒！你们的控制力非常惊人，简直难以想象这个舞蹈是由人跳出来的，你们肯定不是一般的人！但是，你们半决赛抓眼球的东西反倒没有初赛时候来得赏心悦目了！（高晓松画外音：哪个太好了！）

伊能静 今天的表演虽然没有第一次的细节，可我觉得他们跳的是这个时代孩子们的世界，是电动玩具的世界。他们呢在台上让我好想看到大型的电玩展览。

徐鸣飞 我们觉得中国达人秀应该跳出一些中国人的东西，比如说中国有武侠有围棋。现在很多孩子，像我们八零后会去模仿别人，但是我们也希望创作出一些自己民族的东西，有可能明年外国达人能穿着唐装跳西游记，呵呵……

（音乐起，媒体评审团投票）

程雷 这次表现他们足以晋级吗？请亮牌！第一排，8票！第二排……最后一排，9票！

最后的得票总数是42票！掌声再次感谢徐鸣飞、张正邦！

（音乐起，选手退场）

程雷 下面这位选手的成功告诉我们一个道理，就算男人长得怪，一样可以凭着脸蛋吃饭，表情帝杨迪我们一起来看一下！

大屏幕插播短片介绍第七位选手情况：晋级赛画面、选手采访、评委采访、生活中画面（在家、在马路上）

杨迪 大山的子孙呦。

伊能静 这个是我心目中的达人

杨迪 听到宣布我进半决赛，我整个人马上High起来了，我觉得我进半决赛实至名归。

伊能静 达人秀上有很多让人流泪的选手，但是让人欢笑的选手好像只有杨迪。

周立波 他可是带给了我们一个史无前例的表演。

杨迪 其实他们说我爱现，其实我自己觉得我只是碍眼而已，我在路上也演就演那种装死人啊什么。路人有时指着我鼻子骂我神经病，我只能说我演的太好了。

周立波 他又是一个很有争议的选手，所以说今天晚上她的表演将是他回复这些评论的关键所在。

杨迪 因为我刚刚大学毕业也没什么正当的工作，不过我心中有一个非常远大的梦想，那就是拍一部属于我自己的武林外传，我之前在电视里就是演那种出现的几秒钟的路人甲路人乙，不过就几秒钟我也在用力地演，我觉得我天生就是个演戏的胚子！

伊能静 所以我迫不及待地看他今天晚上的表演。

杨迪 今天网上我会非常用力地表演，把我的脸扭曲到整个脸变形，因为我觉得一定要给观众和评委都大吃一惊，让大家知道我这个“表情帝”的称号不是白叫的！

《小人物的三个女朋友》

表演者：杨迪

（音乐：《壁花小姐》《爱情买卖》等歌曲串烧）

评委点评环节

周立波 我觉得你的半决赛没有你的初赛精彩，没有跳跃出初赛时你给我们的元素诶。

杨迪 都怪我初赛时下料太猛了，导致我现在……

高晓松 你的成功就是考猛，要是靠表演就是你今天这节目，正常一个中戏表演系学生就能做到，今天你是个表演，那天你是爆发，所以这个真的是……

伊能静 而且要扬长避短嘛，你这个舞蹈和歌反而是拖掉了你喜剧的元素了，除非你唱得很棒，跳得很棒，要得又要得很开……而且我一直是力保你，有一种小失望。你一定要记住，喜剧的最高境界是卓别林，是无声的沉默的。

周立波 你原来的优点今天全收起来了。

伊能静 你知道我儿子有多喜欢你吗？

周立波 你让我想起来过去有个人去考电影厂结果考取了，他有大龅牙，他很开心就把大龅牙给拔了，后来电影厂不要他了，看到你就是想让你做反派的嘛！

我们评委说的不一定时媒体朋友们想表达的，我们看看媒体怎么打分……

（音乐起，媒体评审团投票）

程雷 杨迪你能用一个表情来表达你现在的心情吗？

杨迪 我真是好后悔呀

程雷 已经没有表情啦？

杨迪 对……

程雷 杨迪很紧张，我们的媒体评审团愿意给他机会吗？请投票！第一排，11 票！你们看到他的潜力啦……最后得票是 31 票！掌声送给杨迪！

（音乐起，第七位选手退场）

程雷 今晚我们的最后一个选手是一位农民，是一个爱唱歌地农民，是一个想像帕瓦罗蒂那样唱歌的农民，为了今晚的登台，他准备了整整十二年，徐宏东，来看一下！

短片介绍第八位选手情况：晋级赛画面、选手采访、评委采访、生活中画面（在家、

在田间地头）

周立波 歌声响起你觉得可以对得起帕瓦罗蒂吗？

徐宏东 可能不会太逊色于他。

高晓松 你特别能投入你的整个心灵去歌唱。

周立波 为你那么投入，我的选择是 yes

徐宏东 俺做梦也没想到，俺这个干农活的农民居然今天能站在这里为大家歌唱。俺吃饭的时候在唱，走路的时候在唱，插秧的时候在唱，有的时候在梦中也在唱歌，村里的人没有一个人理解俺在干什么，他们一直以为俺在学驴叫。

村民 听不出他在喊啥，也听不出他在唱啥。听着像驴叫，俺也听不懂！

徐宏东 其实俺觉得自己唱的还是不错的，就是缺乏经验。

高晓松 在这样的一个舞台上，不会说你是一个农民你可以先加分。如果能有巨大的进步我觉得还是有希望。

徐宏东 今晚对我来说比娶媳妇还重要，是我实现梦想的最后一次机会。

（徐宏东在田间歌唱）

歌剧《女人善变》

一开始：夜晚农田。

（开始演唱后：欧洲皇家的舞会。灯光变为高贵的黄色。）

评委点评环节

周立波 我想问一下，无论晋级与否会不会影响你的心态和继续为农业事业作贡献的明天呢？

徐宏东 无论俺走在路上还是走在舞台上，俺始终都是个农民，是一个普普通通的劳动者。

周立波 你觉得你今天已经成功了吗？

徐宏东 今天能站在这么大的舞台上，为观众，为劳动人民歌唱，俺很高兴。

周立波 你觉得你今天的表演对得起帕瓦罗蒂吗？

徐宏东 嗯……的确，我感到我今天确实表达得还不是很好，说实在地，今天确实有点惭愧对待帕瓦罗蒂先生……

周立波 你今天在台上的自信，我觉得帕瓦罗蒂师傅也应该能够含笑九泉了。

高晓松 我觉得帕瓦罗蒂只要能看到他那种“居庙堂之高”的音乐，它能感动那种普普通通的人，我觉得他就会很快乐了。

伊能静 我来给大家解释一下徐宏东刚刚的表演方式为什么是那样，刚这首歌叫《女人善变》，所以你看他在那儿晃来晃去不像是我们一般对歌剧的理解，他一直在找女人呢呵呵。我想问一下，你是用什么情感在表达这首歌的？伤心的？

徐宏东 我是用那种很无知的感觉唱这首歌因为我从来没有成功的恋爱过……

伊能静 啊？!

徐宏东 所以很无知对这首歌的理解……

……

高晓松 音乐拿它当酒喝比拿它当饭吃要幸福很多。

程雷 第一排请投票！

（音乐起，媒体评审团投票）

程雷 ……徐宏东获得的票数是 27 票！再次掌声送给徐宏东的精彩表现！

（音乐起，徐宏东退场）

程雷 我们来看看今晚的 8 位选手表现如何，再次来看看晋级决赛对他们来说意味着什么。

（片花）

大屏幕插入短片回顾本场比赛 8 位选手赛况

时尚七太 我们一定要进决赛，无论你是什么阶层的人都可以像我们这样健康快乐地活着！

蔡岫勍 我一直幻想着能在几万人的大舞台唱歌给大家听，我希望这个梦想可以在这个舞台上实现。

张艾青爸爸 现在我们每天除了唱歌就是跳舞，就是为了今晚，我想给我的女儿留下美好的回忆。

力量组合 我们一定要进入总决赛，我们要好好表现给爸妈看。

姜仁瑞 我很想进总决赛，因为还能为我老婆在舞台上开一次屏，让她能更开心！

徐鸣飞 我们一定要进入总决赛，因为在所有选手中能够和世界达人 PK 的，只有我们！

杨迪 我当然想进总决赛呀，因为我的才艺在达人秀的舞台上是独一无二的，总决赛一定要有我！

徐宏东 我的梦想就是要向大家证明一个农民也可以唱歌剧！

程雷 让我们再次以热烈掌声请出我们的 8 位达人选手！

（音乐起，八组达人选手登场）

程雷 今晚我们的八组达人选手最后只有两组拿到晋级资格，其他人将面临淘汰。我们来看看今晚他们的媒体投票情况。

时尚七太，50 票！

蔡岫勍，64 票

张艾青，57 票！

力量组合，32 票！

徐鸣飞，张正邦，42 票！

姜仁瑞，24 票。

杨迪，31 票。

徐宏东，27 票。

（三位评委投票）

程雷 我们的三位评委每人手上还有 10 票，得票数最有的那位选手有资格直接进入总决赛，晓松？

高晓松 最后进入决赛，全世界的达人都要来，看到说不管以前是什么样的背景，最后要以最优秀的技艺拿到我们的舞台上，我个人觉得他们的舞蹈技艺是第一流的，在达人秀的舞台上实际上是最好的……我要把这十票给英皇武帝。

（音乐起）**程雷** 晓松把他的十票给了徐鸣飞张正邦，他们现在是 52 票！

伊能静 ……请你们就算离开这个舞台也能做生活里的达人、生命里的达人。我要把我的十票投给大小怪！

（音乐起）**程雷** 徐鸣飞张正邦 62 票！现在排第二，在立波投票之前我们先看一段广告……

（插入广告）

广告回来，继续三位评委投票环节

周立波 其实能冲进达人秀半决赛的选手都有各自出彩的地方，但就今天 8 为参赛选手来说，相比之下，给我留下比较深印象的是休兰登布尔还有力量组合，还有我们的蔡岫勍，但既然是比赛就会有留下的有离开的。今天我只能把我的票给蔡岫勍！

（音乐起，程雷公布直接晋级总决赛的选手）

程雷 这样的话，我们恭喜蔡蔡可以直接晋级十月十号的总决赛！

（蔡岫勍退场）

公布第二第三位选手

程雷 现在分别排在第二第三位的分别是张艾青、徐鸣飞、张振邦～同样，我们将热烈掌声送给其他六位选手～谢谢他们带给我们的精彩表演，谢谢！

（音乐起，其他选手退场）

（音乐起，评委二选一环节开始，要决定第二个晋级名额花落谁家）

程雷 谁会晋级总决赛？一个是才艺非凡，一个是迷倒众生，三位评委？

高晓松 我不知道……

周立波 很难在这么短的时间让我们做抉择……

程雷 蔡岫勍毫无悬念，72 票可以直接晋级 7 月 10 号的总决赛，目前我们评委的最后十票将决定谁是第二名谁是第三名，他们谁能获得今晚的最后一个晋升名额？广告之后马上揭晓。

（插入广告）

（片花）

（音乐起，继续最后的评委选择环节）

程雷 立波，你选谁？

周立波 我觉得很难，左右都难以割舍。但是两者都不能兼备，只能选一个。我觉得当今世界压力那么大，我还是希望给我们可爱的休兰登布尔！

伊能静 我还是把我这一票给英皇武帝。

程雷 英皇武帝今晚能加冕吗？我们的艾青能成为有一个休兰登布尔吗？晓松？

高晓松 那个……答应我一件事情，两位舞蹈大师，一定要收我们可爱的休兰登布尔当徒弟，教她好好跳舞，我把我这票投给你们（指英皇武帝）。

程雷 恭喜徐鸣飞和张正邦，也谢谢张艾青带给我们的精彩表演好吗？

（观众欢呼声）

（晋级选手感想）

程雷 十月十号你们要互相对决啦，今天的晋级有什么感想吗？

蔡岫勍 我觉得我好意外好幸运，谢谢大家！

徐鸣飞 我们一定会在决赛的时候给大家绝对的震撼！

（观众欢呼声）

结束

程雷 希望决赛的术后你们能相信梦想，创造奇迹，下周日我们中国达人秀最后一场半决赛再见。

（刘芳　整理）

中国 2010 年上海世博会闭幕式晚会

播出台：央视一套

播出时间：2010 年 10 月 31 日

总导演：滕俊杰

（20 时 30 分，温家宝宣布：2010 年上海世界博览会闭幕！全场响起阵阵热烈的欢呼声和掌声。手举国际展览局旗、上海世博会旗的轮滑少年从会场两侧涌上场地中央。伴着音乐的节拍，上百名少年儿童手持鲜花和花环，200多位少女手举参展国家和国际组织的旗帜，尽情挥舞。大屏幕上视频是世界各地人们在一起、欢呼雀跃）

（主持人在舞台一侧站定）

朱军 来宾们，朋友们，在这个令人难以忘怀的夜晚，让我们铭记世博带给我们的每一次感动。

董卿 在这流光溢彩的夜晚，让我们共同回眸世博留下的每一段风景。

曹可凡 现在三位著名的中国男高音歌唱家魏松、莫华伦、戴玉强将再度唱响本届世博会主题歌《致世博》。

陈蓉 与此同时，155名中外模特将头顶用环保材料制成的世博场馆模型，在这绚丽的舞台上，构筑出一方流动的世博园。

男高音演唱《致世博》暨大型景观表演《流动的世博园》

作词：甘世佳　作曲：赵光

演唱：魏松　莫华伦　戴玉强

表演：东华大学模特专业

上海工程技术大学

复旦视觉艺术学院

北京中华女子学院

吉林市歌舞团

上海圣音文化艺术团

编导：李建平　黄晓东　裴云　徐兹静　许逸俊　凌岑

（舞台斑斓，大屏幕上视频是动画上海的城市景色和世博园，灯光以黄色光为主，模特头顶用再生环保材料制成的展馆模型款款登场，舞台两侧彩幕内为蓝色球形、星光图案动态素材）

歌词

你曾是阳光下打开的窗
看尽了千万里风光
你曾把文明的光带到远方
穿过了山脉海洋世界
在你手中转动
播下友谊的火种
博大的心胸不停跳动
让人类血脉相融
这一刻我们又相逢
我知道你会懂
虽然我们的面容并不相同
笑容却相通
你的名字曾在风雨中
每一次呼吸我会铭记
当你的笑化成了彩虹
爱已越过青山万重
这一刻你把世界交到我手中
这一刻分享城市晚风
这一刻我们聆听心灵的沟通
这一刻生命和谐永恒

心与心相连　紧握双手
向未来　唱这首歌

朱 亲爱的朋友们，当古典与现代交汇，我们聆听着穿越时空的交响。

陈 当和谐与文明相遇，我们感受多元融合的魅力。

朱 在接下来的节目中，您将见证悬浮于空中的编钟奏响动人的乐章。您将亲眼目睹几十位少女或悬空而坐，或在空中翩翩起舞的梦幻场景。

陈 让我们共同体验艺术与科技的完美融合，共同体验东西方文化水乳交融的独特韵味。

音画行为艺术《多元融合》
作曲：赵光　领舞：黄豆豆
舞蹈：上海歌舞团
上海音乐学院
上海戏剧学院
吉林市歌舞团
北京龙影威亚
南京艺术学院
编导：赵亚玲　黄豆豆　崔恩全　郭爽

（舞者威亚悬空，24位女乐手用琵琶、小提琴等在台中中西方乐器倾情合奏）
（舞台上空是灯光营造的“星空”，大屏幕上是转动的编钟，竹子、荷花、山水、收获的土地、蓝天白云流动画面，两侧彩幕内也是翠绿的竹叶。舞者充满激情的舞姿，蓝色光、黄色光为主）

曹　朋友们、来宾们，在这难忘的184天里，总有那么一群人他们伴随着世博园区的日出日落，给我们送来温暖与微笑。他们在风中、雨中奔忙，在烈日下热情服务。

董　他们当中大部分都是80后、90后的年轻人，所以有被亲切地称为海宝一代。接下来就让我们走进这些可爱的世博志愿者。

领唱　互动大合唱《世界》
作词：王平久　作曲：何沐阳
领唱：谭晶
合唱：上海师范大学
上海市盲童学校
上海浦东新区陆家嘴社区志愿者
上海市税务局阳光合唱团
杨澜　成龙　刘翔　李宁　金晶　柏万青
林志玲　黄奕　史依弘　茅善玉　钱慧丽
刘伟　朱晓明　寿君超等

表演：上海歌舞团
上海东方青春舞蹈团
编导：王美意　崔恩全　张颖　夏冰
（两侧彩幕内是字母图案黄色光为主舞台上下互动融合。视频短片：表现上海世博会志愿者的热情奉献及与盲童孩子们的感人故事）

歌词

一个拥抱　一个世界
你的世界　是我们的拥抱
拥抱很大　很小的世界
世界很远　很近的拥抱
世界拥抱
一个微笑　一个世界
你的世界是我们的微笑
微笑有情有爱的世界
世界有涩有甜的微笑
世界微笑
世界在你眼前我们在你身边
微笑的你我开始热烈爱世界
微笑辽阔无界拥抱超越一切
你的爱就是我们的世界

一个微笑　一个世界
你的世界　是我们的微笑
微笑有情有爱的世界
世界有涩有甜的微笑
世界微笑
世界在你眼前　我们在你身边
微笑的你我开始热烈爱世界
微笑辽阔无界　拥抱超越一切
你的爱就是我们的世界
世界在你眼前　我们在你身边
微笑的你我开始热烈爱世界
微笑辽阔无界　拥抱超越一切
你的爱就是我们的世界
一个微笑　一个世界

你的世界　是我们的微笑

朱　朋友们，这是一片孕育情感的土地，不同语言不同肤色的人们在这里用奉献和热诚迎来了一天又一天。

陈　这是一个充满爱意的世界，不同地域、不同文化的人们在这里留下了款款深情。

朱　接下来有请中国歌手韩红和刘德华分别为大家演唱的《多情的土地》和《爱你一万年》。

男、女声独唱《多情的土地》和《爱你一万年》

女声独唱《多情的土地》

作词：任志萍　作曲：施光南

演唱：韩红

（灯光红、黄为主，歌手着红色装，舞台上色彩斑斓，大屏幕上视频为山水等自然风景）

歌词

我深深地爱着你
这片多情的土地
我踏过的路径上
阵阵花香鸟语
我耕耘过的田野上
一层层金黄翠绿
我怎能离开这河叉山脊
这河叉山脊
啊……啊……
我拥抱村口的百岁洋槐仿佛拥抱妈妈的身躯
我深深地爱着你
这片多情的土地
我时时都吸吮着
大地母亲的乳汁
我天天都接受着你的疼爱情意
我轻轻地走过这山路小溪
这山路小溪
啊……啊……
我捧起黝黑的家乡泥土
仿佛捧起理想和希冀
我深深地爱着你
你这片多情的土地
多情的土地
土地　土地

男声独唱《爱你一万年》

作词：刘德华　作曲：乔治　莫洛德尔　刘德华　陈德建

演唱：刘德华

（歌手从升降台上缓缓升起）

（灯光以蓝色光为主，大屏幕内是星球图案，歌曲尾声世博 Logo 出现在屏幕）

地球自转一次是一天
那是代表多想你一天
真善美的爱恋
没有极限　也没有缺陷
地球公转一次是一年
那是代表多爱你一年
恒久的地平线
和我的心　永不改变
爱你一万年
爱你经得起考验
飞越了时间的局限
拉近了地域的平面
紧紧的相连
紧紧相连

有了你的出现
占据了一切我的视线
我爱你一万年

朱 来宾们、朋友们，在本届世博会举行的184天时间里，有这样一批和我们从陌生到熟悉的朋友，他们同样是值得我们尊敬的世博会的功臣。他们就是来自世界各国和国际组织的参展人员。

陈 为了友谊与发展，他们从遥远的国度来到中国上海，日复一日、月复一月，他们和我们，包括全体观众一起共同创造成功、精彩、难忘的世博盛会。

VCR短片 展现世博期间世界各国和国际组织的参展人员，最后世博logo出现

互动情景歌舞《欢声笑语》
英文歌曲《红河谷》
法文歌曲《玫瑰人生》
俄文歌曲《红莓花儿开》
西班牙歌曲《也许》
阿拉伯文歌曲《微风吹起来》
中文歌曲《茉莉花》
参演：外国国家馆政府总代表
外国国家馆馆长代表
外国参展参演者的代表
国际组织代表
表演：中福会少年宫小伙伴艺术团
上海学生艺术团舞蹈团
上海圣音文化艺术团
编导：李建平　李燮智　陈白桦　胡蕴琪
于俊　胡亚楠　姜羽飞
音乐编配：孙红　董健

（歌曲《茉莉花》数十位中外小朋友在舞台前的场地上搭起心目中未来城市的巨大模型，象征着人们对未来美好生活的无限期盼。）

【画外音】来宾们、朋友们现在上场的是来自世界各国和国际组织的参展人员代表，让我们用掌声欢迎他们。

《红河谷》

歌词

人们说，你就要离开村庄，
我们将怀念你的微笑。
你的眼睛比太阳更明亮，
照耀在我们的心上。

走过来坐在我的身旁，
不要离别的这样匆忙；
要记住红河谷你的故乡，
还有那热爱你的姑娘。

你可会想到你的故乡，
多么寂寞多么凄凉；
想一想你走后我的痛苦，
想一想留给我的悲伤。

走过来坐在我的身旁，
不要离别的这样匆忙；
要记住红河谷你的故乡，
还有那热爱你的姑娘。

要记住红河谷你的故乡，
还有那热爱你的姑娘。

《玫瑰人生》

歌词　中文大意

他的双唇吻我的眼
嘴边掠过他的笑影
这就是他最初的形象
这个男人，我属于他
当他拥我入怀
低声对我说话
我看见玫瑰色的人生
他对我说爱的言语
天天有说不完的情话
这对我来说可不一般
一股幸福的暖流

流进我心扉
我清楚它来自何方
这就是你为了我
我为了你
在生命长河里
他对我这样说，这样起誓
以他的生命
当我一想到这些
我便感觉到体内
心在跳跃
爱的夜永不终结
幸福悠长代替黑夜
烦恼忧伤全部消失
幸福，幸福一生直到死
当他拥我入怀
我看见玫瑰色的人生
他对我说爱的言语
天天有说不完的情话
这对我来说可不一般
一股幸福的暖流
进我心扉
我清楚它来自何方

《红莓花儿开》

歌词　中文大意

田野小河边红莓花儿开
有一位少年真使我喜爱
心中热恋爱情是否多痛苦
满怀的心腹话儿没法讲出来
他对这桩事情一点也不知道
有位年轻的姑娘为他日夜想
河边红莓花儿已经凋谢了
少女的思念一点儿没减少
少女的思念天天在增长
我是一个姑娘怎么对他讲
没有勇气诉说我尽在彷徨
让我们的心上人儿自己去猜想
啊～～啊～～
让我们的心上人儿自己去猜想

《也许》

歌词　中文大意

无数次我这样问你
等待你的答案
而你总是这样回答
也许　也许　也许
你总是这样犹豫不决
我们的故事就不会开始
我不愿这样结束
不要再这样伤心下去
无数次我这样问你
等待你的答案
而你总是这样回答
也许　也许也许

《微风吹起来》

歌词　中文大意

微风从洼地吹来
吹拂着花朵
吹向我们
微风带我们来到世博会

《茉莉花》

歌词

好一朵美丽的茉莉花
好一朵美丽的茉莉花
芬芳美丽满枝桠
又香又白人人夸
让我来将你摘下
送给别人家
茉莉花呀茉莉花

好一朵美丽的茉莉花
好一朵美丽的茉莉花
芬芳美丽满枝桠

又香又白人人夸
让我来将你摘下
送给别人家
茉莉花呀茉莉花

曹 海宝，智慧的精灵。

董 海宝，活力的象征。

曹 让我们随着他们舞动的脚步，走进海宝的美妙世界。

董 就让我们跟随他们跳跃的节奏，一起来感受世博的成功带来的欢乐。

卡通海宝舞《世博节拍》
作曲：彭程　领舞：吴佳琦
表演：上海体育学院
　　上海星光艺术团
　　山西晋城市歌舞团
　　河北白洋淀高跷艺术团
编导：仪庚　宋汶嘉　曾勇
（蓝色光为主　大屏幕、两侧彩幕内是内花树、海宝动画）

朱 相逢总有告别时，我们会永远铭记在世博这片璀璨的星空下，我们共同拥有的每个故事，每段时光。

陈 深情更在离别处，我们会永存感动，在这片中国的星空下彼此倾力付出的一幕一幕、一步一步。

曹 再见了朋友，所有的付出都将凝聚成人类文明史上又一个里程碑。

董 再见了，中国2010年上海世博会，让我们从这里开始新的出发，为人类的和谐发展，我们共创明天。

大型互动歌舞《星空下告别　为明天》
作曲：许舒亚　作词：朱海
演唱：韦唯　廖昌永
作曲：许舒亚
作词：陈念祖　甘世佳
演唱：汤灿　解晓东　古巨基　张韶涵
表演：中国人民解放军合唱团
　　上海音乐学院合唱团
　　东华大学留学生部
　　同济大学留学生部
　　吉林市歌舞团
　　太原市杂技团
　　上海松江少林武校
　　山西吕梁文联艺术团
　　全体中外参演人员
编导：李建平　王美意　马晨骋　陈春华
　　吴佳琦　夏璐璐　包军英　夏辛
　　黄辉
（所有演职人员和参展方、志愿者代表以及小朋友们涌上舞台，观众们纷纷起立，全场一片沸腾。最后，所有演职人员上台演出结束）
（蓝色光为主两侧彩幕上星光斑斑，舞台顶上瞬间就出现了7560立方米的蓝色“星空”矩阵，“V形天梯”从天而降）

《星空下告别》
歌词

难忘今天
星与星的相约
璀璨你我世博
时光在心中
画出美好明天
这一刻永难忘
星空下说再见
难说再见
难舍今日情缘
相逢总是温暖
让思念更久远
难说再见

难忘你的笑脸
和春风和秋月长相伴
星光多灿烂
梦想已被点燃
告别的时刻在眼前
祝福声声浦江边
情无限
难说再见
回眸每个瞬间
你的心留给
我是永远
朋友珍重珍重彼此箴言
请相信
我们在　爱就在　欢乐在

《为明天》

歌词

一声声的祝愿还在耳畔跃动着狂欢
一张张的笑脸还在眼前就像在昨天
一幕幕的美好画面将珍藏永远
我们又要启程共同建造更美的家园
一声声的祝愿还在耳畔跃动着狂欢
一张张的笑脸还在眼前就像在昨天
一幕幕的美好画面将珍藏永远
我们又要启程共同建造更美的家园
明天在招手亲爱的朋友
友谊天长地久不用再开口
用心去感受用爱和谐交流
为这蔚蓝星球我们同携手
明天在招手亲爱的朋友
期待化作河流心连成宇宙
真情去感受用爱和谐交流
为这蔚蓝星球我们同携手
明天在招手亲爱的朋友
为这蔚蓝星球我们同携手
明天在招手亲爱的朋友
友谊天长地久不用再开口
真情去感受用爱和谐交流
为这蔚蓝星球我们同携手
明天在招手亲爱的朋友
为这蔚蓝星球我们同携手
明天在招手亲爱的朋友
为这蔚蓝星球我们同携手
为明天

（常阳　整理）

图书在版编目（CIP）数据

中国广播电视文艺大系：2001～2010. 电视综艺节目卷：全2册／游洁主编．—北京：中国广播影视出版社，2015.11

ISBN 978－7－5043－7454－7

Ⅰ.①中… Ⅱ.①游… Ⅲ.①电视节目—概况—中国—2001～2010 Ⅳ.①G229.2－53

中国版本图书馆CIP数据核字(2015)第154109号

中国广播电视文艺大系（2001－2010）电视综艺节目卷（上、下册）
游 洁 主编

责任编辑 宋蕾佳
封面设计 亚里斯
责任校对 谭 霞

出版发行 中国广播影视出版社
电　　话 010－86093580 010－86093583
社　　址 北京市西城区真武庙二条9号
邮　　编 100045
网　　址 www.crtp.com.cn
电子信箱 crtp8@sina.com

经　　销 全国各地新华书店
印　　刷 涿州市京南印刷厂

开　　本 787毫米×1092毫米 1/16
字　　数 2161(千)字
印　　张 89.75
版　　次 2015年11月第1版 2015年11月第1次印刷

书　　号 ISBN 978－7－5043－7454－7
定　　价 230.00元